图书在版编目（CIP）数据

陶渊明接受通史／李剑锋著. --济南：齐鲁书社，2020. 9
ISBN 978-7-5333-4243-2

Ⅰ. ①陶… Ⅱ. ①李… Ⅲ. ①陶渊明（365—427）—人物研究 Ⅳ. ①K825. 6

中国版本图书馆 CIP 数据核字（2019）第 295927 号

责任编辑／刘玉林 张敏敏
装帧设计／郭 觐 李 生
封面题签／徐 超
内封题签／郑训佐

陶渊明接受通史
TAOYUANMING JIESHOU TONGSHI
李剑锋 著

主管单位	山东出版传媒股份有限公司
出版发行	齊魯書社
社　　址	济南市英雄山路 189 号
邮　　编	250002
网　　址	www. qlss. com. cn
电子邮箱	qilupress@ 126. com
营销中心	（0531）82098521　82098519
印　　刷	山东临沂新华印刷物流集团有限责任公司
开　　本	720mm×1020mm　1/16
印　　张	74
插　　页	6
字　　数	1450 千
版　　次	2020 年 9 月第 1 版
印　　次	2020 年 9 月第 1 次印刷
印　　数	1—1000
标准书号	ISBN 978-7-5333-4243-2
定　　价	398. 00 元（上、下册）

序

张可礼

剑锋教授对陶渊明情有独钟，有一种抑制不住的志趣，对陶渊明的研究有一种持之以恒的坚毅精神。剑锋于1995年考取了山东大学中文系中国古代文学博士研究生，在攻读博士学位时，即开始读陶渊明，研究陶渊明，并以“元前陶渊明接受史”为博士论文题目，顺利地通过了答辩。1998年，他毕业留校任教，至今20年。20年间，他一直坚守在教学第一线，担任本科生的基础课、选修课，培养硕士研究生、博士研究生。他做过本科生辅导员，兼任过山东大学图书馆副馆长、文学院副院长等职务。他在完成教学和其他工作任务的同时，心中一直有陶渊明，同陶渊明研究相伴。他积年累月，锲而不舍，锐意求新，辛勤劳动，不断有研究成果问世。2002年9月，经过修改的博士学位论文《元前陶渊明接受史》由齐鲁书社出版。2001年12月，他以“陶渊明及其诗文渊源研究”为题，申报国家社会科学基金项目，得到了批准。他白天忙，晚上常常“开夜车”。经过4年多的耕耘，课题顺利结项。课题成果于2005年10月由山东大学出版社出版。他早在完成《元前陶渊明接受史》时，就想向下延伸，撰写《辽金元明清陶渊明接受史》。2009年2月，他以此题申报了国家社会科学基金项目，7月获准立项。此项目原计划3年完成。经过3年的努力，按计划完成了50多万字的书稿，本来可以结项，但他严格要求自己，知道书稿不论是在内容方面，还是在表述方面，仍有很大的修改余地，于是申请延期一年，做了两次全面的修订和补充，字数达到62万字。项目上报后，经由专家鉴定，获得了优秀的评价。剑锋在完成上述著作的同时，还在《文学评论》《文学遗产》《文史哲》《文献》等著名刊物上先后发表了有关陶渊明研究的论文（达55篇之多）。2016年6月，山东大学出版社出版了古直笺、李剑锋评《重定陶渊明诗笺》。20年间，剑锋出版的陶渊明研究的论著,特别是有关陶渊明接受史的论著,具有前沿性,为学术界所瞩目,在学术界产生了相当大的影响。他感到欣慰,但并没有就此止步。剑锋在完成《辽金元明清陶渊明接受史》之后,又开始宏观思考,总体设计,纵向贯通,把元前陶渊明接受史和辽金元明清陶渊明接受史连缀起来,进一步修改充实。经过3年多的努力,形成了百余万字的《陶渊明接受通史》。《陶渊明接受通史》是剑锋20年间研究陶渊明及其接受史的总结和提升,是其志趣与劳作相融合结出的硕果,也是学术界期盼的一部著作。

从学术史的角度来看,学术著作大致可分为深化型和开拓型两类。深化型著作的主要特点是在此前著作的基础上,进一步发掘深入,如同一眼旧井的深挖。开拓型著作的明显特点是前人想写而未及写、后人一定要写的必不可少的著作,如同新挖一眼井。综观陶渊明研究史,不难发现,《陶渊明接受通史》是一部开拓型的著作。陶渊明及其诗文的影响虽然在不同时期有差异,但就总体而言,是有持续的、相当广泛的影响力的。从南北朝开始,历代人们对陶渊明都有不同程度的接受。在古代,主要体现在对陶渊明作品的整理和许多诗话类著述的品评等方面。在现代,有新的突破,诸如萧望卿《陶渊明批评·陶渊明历史的影像》、钱锺书《谈艺录· 陶渊明诗显晦》、《文学遗产》编辑部编《陶渊明讨论集 · 历代对陶渊明的一些探索》、钟优民《陶学史话》《陶学发展史》、刘中文《唐代陶渊明接受研究》等著作,各具特点,各有创获,在内容和体式上,都有了很大的进展。但由于多方面的局限,以前关于陶渊明接受史的研究多限于某一点、某一侧面、某一时段,有树木而未成林,特别是辽金元明清时期,很少有论著涉及。以前众多的研究成果既为"接着"研究提供了基础,又留下了很大的继续研究的空间。《陶渊明接受通史》就是在前人研究的基础上,着眼于开拓,系统地梳理了1300多年的陶渊明接受史,为陶渊明研究史增添了新的篇章,有补阙之意义。

研究古代文学有一个通则,就是应当以史料为基础。历代关于陶渊明的史料繁富而分散。在20世纪60年代之前,基本上没有进行系统的搜集整理。系统地搜集整理始于20世纪60年代。重要的成果有中华书局1961年出版的《陶渊明诗文汇评》,1962年出版的《古典文学研究资料汇编 · 陶渊明卷》。这些成果为研究者提供了方便,但由于未全面地搜集整理,也在很大程度上制约了研究的深入和开拓。剑锋在研究陶渊明接受史的过程中,不愿意吃现成饭,没有走捷径,一直重视搜集史料、整理史料。在这方面,他本着"事不避难"的精神,付出了很多心血,努力做到广撒网,"竭泽而渔"。在没有网络和古籍数据库时，他耐心地在图书馆一本一本地搜检各种文集。有了网络和数据库后，他又充分利用。他搜集史料，钩发沉伏，不限于古代，也涵盖了现代；不限于国内，也关注了域外。为了搜集史料，他阅读了“海量”的各种文集论著。他初步搜集整理的史料达500多万字。他搜集整理的史料相当全面，如搜集的历代拟、效、和、集、律、用韵陶诗词至少有1100多家，历代桃源诗作家至少有930多家，历代有关陶渊明的戏剧至少有35种。其中，绝大部分史料是第一次揭示。历代对陶渊明的接受是一种复杂的文化现象，涉及许多方面。以前搜集整理的史料主要是着眼于文学方面，剑锋视野开阔，拓展了史料的类型，由文学拓展到绘画、书法、园林等领域；在文学方面也有开拓，由诗文拓展到戏曲、小说等体裁。剑锋相当全面地搜集整理史料，不仅使他的接受史研究有扎实的依据，史料翔实，同时也开阔了视野，因为新的史料常能引发出新问题、新见解。《陶渊明接受通史》第七编第五章特设四节，分别论述了绘画、小说、园林、书法等领域对陶渊明的接受。这是以前陶渊明接受史研究未涉及的。

剑锋在研究陶渊明接受史的过程中，在注重搜集整理史料的同时，一直注重学习理论，提高理论水平。史料虽然很重要，是研究的基础，但史料是死的，是否能激活史料、正确阐释史料，不能仅靠直感、悟性，还要靠理论的启发。剑锋注意学习多方面的理论，尤其重视学习接受美学、阐释学。《陶渊明接受通史》就是他在所学理论的启发下自觉写成的一部著作。全书注意史论结合，没有离事而言理，没有随意性的主观臆测，努力体现史料和阐释“互为相塑”的密切关系。陶渊明在历代的被解读、被接受是一种历史的动态的复杂的文化现象。《陶渊明接受通史》尝试纵向整体把握，长于论述历史变化的轨迹，梳理出一个系统，为读者全面了解陶渊明接受史提供了方便，提供了一个前所未有的读本。全书在“绪论”后，把陶渊明接受史分为7个阶段加以论述。剑锋在论述每一阶段的情况时，注意在大量的史料中选好典型、解剖典型，进而探讨每一阶段的特点。剑锋在论述时能由表及里，注意发掘史料背后蕴含的诱因。如该书第七编第三章第六节对清代陶澍的论析。陶澍在古代陶渊明接受史上占有重要的地位。他辑注的《靖节先生集》是历来整理陶渊明集的集大成之作。《陶渊明接受通史》把陶澍选作一个重点，用一万多字的篇幅做了比较全面的论述。剑锋在论述时，在肯定陶澍在陶渊明接受史上取得的重要成就和特点之后，又进一步揭示了他取得成就和其特点形成的根由：陶澍接受和研究陶渊明是在尊崇儒学、考据之学尚盛的嘉庆、道光年间，故其接受陶渊明多从儒家出发，遵循乾嘉学风求实严谨的治学态度。这揭示的是社会文化背景方面的根由。此外，还特别揭示了宗族对陶澍研究、接受陶渊明的诱导:他接受陶渊明还有家族的特殊条件和影响。陶澍把自己的家族归入陶侃、陶渊明一脉……以陶渊明的子孙后代自居,在宗法社会里,自然对陶渊明另看一眼。《陶渊明接受通史》在纵述通史的基础上,还在最后的"余论"部分,分四节总结论述了陶渊明接受史上的一些历代共同性的问题和启示,其中陶渊明的仁爱精神、陶诗的经学化和意境化问题都是此前学术界没有论及的重要问题。凡此种种,不仅为读者接受陶渊明提供了多方面的参照,有助于读者全面系统地思考和认识陶渊明,也为文学史研究和写作提供了一些启示。

《陶渊明接受通史》虽然是一部开拓性的著作,多有创获,但它毕竟是一部阶段性的著作。任何对陶渊明接受史的研究只有结项和截稿时间,没有终结。《陶渊明接受通史》也是这样。书中已经论述的问题有些有待进一步研究深化,如历代绘画、书法、园林、小说、戏曲对陶渊明的接受,内涵丰厚,形式多样,是读者感兴趣的问题,但剑锋在书中只做了初步勾列,未进行深入探讨。剑锋在书中虽然对陶渊明接受史显现的复杂性、不平衡性等有所论述,但有待深化,以揭示陶渊明接受史既有古代文学接受的一般规律,还有自己的特殊规律。

陶渊明接受史是一条长河,从南北朝时期一直流淌到现代。剑锋在完成陶渊明接受史古代部分的过程中,也关注了现代部分。现在他已经开始撰写现代部分。剑锋很敬业,很勤奋,又有长期积累的学养和不断进取的精神。我相信,陶渊明接受史的现代部分一定能够完成。天道酬勤,我衷心期待他的新著作问世。

张可礼

2018 年 6 月 25 日

于山东大学农子晚学斋

目 录

绪 论

从学术角度讲，国内文学研究现状特别是陶渊明研究现状促使笔者去寻求一条新的研究思路，纯粹的朴学研究或者生吞活剥西人理论皆非所长，思索的结果是以西方现代解释学和接受美学为主要理论参照，兼用旧的方法搜集爬梳资料。在此思路影响之下，本书主要对清代及其以前陶渊明接受史的轨迹进行描述和探因。笔者下面就自己对西人理论的理解、对文学史写作的思考以及陶渊明接受史研究的现状和意义、理论运用于具体研究中的操作方法、陶渊明接受史的概况等问题做一些粗浅的解说。

一

接受美学对文学研究的一个最大贡献是：提供了从读者出发进行研究的崭新视角，开辟了一个广阔的新研究领域。现代西方现象学和解释学是接受美学的哲学基础。特别是现代西方解释学，它赋予人类的理解活动以变动性、不确定性和历史性，打破了传统解释学一直企图寻求本文客观存在的“原意”的迷信。加达默尔在《真理与方法》一书中指出，任何理解都离不开解释主体，都是本文拥有的过去视界同解释主体拥有的现在视界融合后新产生的现时视界。所谓视界就是理解所具备的知识、情感、观念、阅历等前提要素的总和，是理解事物的立足点。因此，理解既不是本文“原意”，也不是解释主体的主观臆断，而是两者在特定历史时空下融合后的新的含义。因此理解的历史性、不确定性决定了本文“原意”的虚无。任何理解都不可能是对原意的复制。这给接受美学的基本论点以直接的启示。首先，接受美学区分了本文和作品这两个概念。本文是作者审美意识借助某种媒介固定下来的符号形式系统和开放式结构，在未经读者阅读以前，它正如未被消费的产品不能称商品一样，不能称为作品。作品是本文符号系统和开放式结构的具体化形态，是经读者阅读后、留存于读者意识中的审美客体。其次，接受美学格外突出了读者的作用和地位，与本文中心论针锋相对，提出了读者中心论。本文的“空白”“未定性”只有通过阅读才能成为一种充实和确定，本文也才能成为作品，才能实现自身价值与意义。再次，既然本文只是一种有待读者阅读的多层面的形式结构，那么经阅读后的本文即作品的含义便具有不确定性和历史性。因为不同的读者具有不同的期待视野（相当于解释学中的“视界”），对作品的解释便不同。而读者不论就其生理存在而言还是精神存在而言，都是历史性的，因此，作品的本质便成为历史中永无完成的读者接受结果的展示。姚斯以此为基点提出了新的文学史理论，认为文学史就是文学作品的消费史，是被读者阅读、接受的历史。文学史不应只关注作家、作品，同时应关注读者，具体说，即应研究一部作品在不同历史时期的被阅读、理解、阐释、评价等接受情况。① 这便在基本观念上与传统的文学史观形成了鲜明对立。

在回顾与总结中国文学史的编写历史时，戴燕曾经说过一段引人深思的话：

> 还原文学历史的真实面貌，这正是本世纪大多数文学史家的信念和心愿，人们不仅相信有过一个实存的文学历史，还主张通过精心的“考古”手段，用文学史的形式将它客观地再现出来。就是在这样一个背景下面，中国文学史的叙述者们渐渐酝酿出了他们理想的叙事方式，他们不断地用历史来解释文学的存在，用历史学的观念、方法、技巧来圆满编织和随时丰富文学史的传奇故事，因此，如果要说20世纪“中国文学史”的叙事模式是靠着历史学的滋养形成的，是历史主义的一个神话，也许并不算夸张。②

这儿的确道出了一个事实：“还原文学历史的真实面貌”是“历史主义的一个神话”，更确切地说，这是传统真理观的产物，是传统的把历史之真归结为纯粹的客观存在的观念的产物。任何历史从其历代的不同解读来看，都是当代史，文学史也不例外，它是编写者自己的视野所能够看到并以这种视野梳理出的文学史，没有不存在编写者主观见解的纯粹的客观文学史，任何还原历史真相的做法只是主观努力。在此并不是否定这种努力的意义、否定文学史写作中史料考订的基础作用，而是在说明传统的写实的文学观正面临着被指责为“神话”的困

---

① 关于接受美学的论述主要参考了［德］H. R. 姚斯、［美］R. C. 霍拉勃著，周宁、金元浦译《接受美学与接受理论》一书，辽宁人民出版社1987年版。版本下同，本书不再详注。笔者按：本书每一章节中的页下注，在第一次出现时详注所据论著出处情况，在本书同章同节内再次出现时，不再详注。

② 戴燕：《文学史的权力》，北京大学出版社2002年版，第49页。

境。这种指责是有道理的，而且伴随着西方解释学和接受美学的兴起和深入影响，也越来越得到人们或多或少的赞同。作为文学史的研究者和编写者，不应当满足于对"神话"指责的反驳，而应当在世界文化的背景下实事求是地检讨原来传统文学史写作的局限，认真探讨新的学术思路和文学史写作的方式，以避免传统局限，走出困境，开拓属于我们当代的中国文学史。

当我们力图去反映文学史的真实时，解释学的真理观是值得我们重视的。根据解释学的观点，任何理解都是局限在历史传统中的理解，主体对客体的理解不是主体对客体的静止考察，而是主体与客体之间的"对话"，是对话中形成的视野融合。客体以其历史的存在方式制约着主体的理解，而在"对话"之前，理解的主体也已经有一个"先见"或视野，主体只能带着先见去与客体对话。任何理解都是既有视野制约之下的理解，是相对的。因此，传统的真理观就应当修正。学者指出："传统认识论将真理看作那种以命题形式出现的判断与对象的符合。这种以求知为目的的真理观在认识领域内有其合法性，但推到极点，那种以认识对象为唯一标准，作为实践的工具（方法）的真理，则可能与人的存在隔膜，甚至成为一种与人怎样立身处世这一生命意义无关的真理，使真理丧失了本体论意义。"①解释学抛弃了传统的真理观，认为真理是存在的敞亮，是自身展露并同时揭示他者的澄明过程。因此，对精神科学中真理的揭示就不是客观对象一极所决定的，应当正视和重视人与物的历史性，一定不能离开对其有制约性的传统进行思考，传统的要素总是在起作用。② 任何真理都是前理解制约下的过去与现在的视野融合。这看似强调了真理的相对性，而实质上是更为实事求是的真理观，它破除了专断论哲学中绝对真理的神话，与马克思主义历史和实践制约下发展的真理观是契合的。真理都是视野交融中的真理。因此，寻找文本的"真实"意义就是一种错误的思路，如果把作者赋予文本的意义称为原始意义或者"真实意义"，那么它也仅是前视野制约下的作者与文本所表现的同样受前视野制约的对象之间的融合，这种意义仅仅是文本成为具有阅读价值的作品的开始，而不是终结。文本的作品价值是在后代读者与文本以及其前读者的视野交融中逐步展现的，也就是说文本没有一成不变的"真实意义"等着人去发现出来。文本不是盛着苹果的篮子，等着你去拿，拿完以后，篮子里就

---

① 王岳川：《现象学与解释学文论》，山东教育出版社 1999 年版，第 207 页。

② ［德］汉斯－格奥尔格·加达默尔著，洪汉鼎译：《真理与方法——哲学诠释学的基本特征》，上海译文出版社 1999 年版，第 363 页。

没有了;文本是一棵苹果树,苹果是文本的意义,不同的人会摘到不同的苹果,即使一个人把苹果全摘下来了,那么明年所摘到的苹果与今年所摘到的仍然不一样,虽然苹果都是苹果树结出来的。从对话的角度讲,文本也是一个受传统制约的特殊说话主体,它有自己的视野和生命,但它存在的意义和它自身的本性还需要对话的另一方不断来激发和确证;否则,文本的意义对于读者而言就像成熟了却没有摘到、任其从树上落下烂掉的苹果,毫无意义。苹果树上的苹果年年生,苹果年年的味道在类似中又有差异;文本的意义也在年年产生,这些意义有视野交融中的相似性,也有很大的差异性。在视野融合中不断变换的相似性和差异性才是文本的"真实意义"。

传统的追求文学史真实的写作方式难免有所不足,教给我们学生的主要是一种静止的知识,它是传统真理观的思维表现,不利于开发读者的创造性和开拓性思维。近代以前的哲学主要是独断论的哲学,即认为世界的决定力量是给定的,不论是精神的上帝、绝对理念,还是物质的气、原子,都是"一"的衍化和派生。这种哲学影响下的话语是等级社会制约下的权力话语,认为凡是与"一"相合的都是"真实"的,或者说,等级社会中的哲学在追求虽然是虚构却被设定为真理的"一"。其积极意义是在文明的旗帜下把世界变得有条不紊,变成"一"支配下的秩序世界。强调万有的统一性没有错误,但不能因此忽视了万有的差异性,因为终极的"一"、绝对的真理是不存在的。独断论的哲学时代已经结束了,"人们已抛弃了这样的标准:一个人可以从所谓自明的第一原理着手推演,并靠着纯粹的反思而达到一种世界图景,它具有独立不倚的合法权力"①。真正具有"合法权力"的不是绝对的"第一原理"(终极真理),不是永恒,而是"相对"和变化,只有变化才是绝对的。英国理论物理学家斯蒂芬·霍金在《时间史之谜》中认为静态的宇宙是不存在的,宇宙处于永恒的变化中,宇宙在膨胀和收缩之间循环往复,旧宇宙的终止意味着新宇宙的开始。现在的宇宙在时间上有一个开端,这就是宇宙创生时大爆炸的奇点;时间在宇宙的开端遭受剧烈的改变,时间概念在宇宙开始之前没有任何意义。宇宙空间在不断膨胀,星体离我们越来越远。"有理智的人只能存在于膨胀阶段。"②看来,属于人类目前的生

① [英]艾耶尔著,李步楼等译:《二十世纪哲学》,上海译文出版社 1987 年版,第 20 页。

② [美]斯蒂芬·霍金著,张星岩、刘建华译:《时间史之谜　从大爆炸到黑洞》,上海人民出版社 1991 年版,第 182 页。此书又译为《时间简史——从大爆炸到黑洞》,吴忠超等译,湖南科技出版社 1992 年版。

存时间和空间不是永恒和无限的。随着人类视野的开拓,另一个有生命的“地球”将可能被发现。人类永恒、人类中心主义的观念也越来越失去依据。如果回忆一下过去人们对宇宙和人类的看法,不难发现这些崭新的观念本身就是真理相对性的绝好证明和启示。宇宙、时间这些被传统观念认为是永恒不变的东西也已经被量子宇宙学证明是变化发展的。它们在人类的视野中呈现出迥异于传统的新意义。世界是变化的,现在只是变化中的相对静止,历史也是变化着的相对静止,文学史也不例外,在变化中生成也是文学史的本质特性。因此,试图通过文学史去告诉读者一段静止的真实历史的做法是不明智的,不利于解释文学史的真正面貌,也不利于读者从变化的角度进行创造性思考。

《周易·系辞》云,“天地之大德曰生”,“生生之谓易”,①在变化中创造是大自然的本质特性,重视变化就是重视人的创造力,有利于为新文学意义的产生奠定发散性思维的心态。而重视从读者视角来编写文学史可以突出文学史的变化性。解释学文论和接受美学为我们从读者视角看待文学史提供了有益的理论借鉴。他们突出了读者在文学系统中的地位,认为作家、作品“并不是一个自身独立、向每一时代的每一读者均提供同样的观点的客体”,其内涵不是生成不变的客观存在,而是“历史的一个能动的构成”②,它的含义、价值、地位是在一代又一代读者的阅读活动中不断地被揭示、充实和丰富起来的。作家是作品的生身父母,而读者才是作品永远的养育者。传统的文学史编撰格外关注作者、作品与世界,认为“作品与作者之间的关系是最真实最牢靠的,因此他对文学的解释,所着眼的主要就是这一层关系,当他试图阐释一部作品的意义并对其评估的时候,往往都要从作者身上去求最终的正确答案,由作者的写作动机到引发动机的心理,由隐秘的心理到养成它的身世处境,由个别作者的身世处境到造成它的总体环境”③,在“世界、作者、作品、读者”的文学四维关系中,忽视了读者的一维,至多是引用或赞同个别读者的“真知灼见”以佐证编撰者的观点。作为文学构成维度之一的读者最足以体现文学作品的变化性,从历史的眼光看,他们至少与作者具有同等重要的地位,而如果从作品意义的生成和存在价值来看,读者的地位远远超越了作者。作为文学史的研究和编写者,我们必

① 高亨注:《周易大传今注》,齐鲁书社 1987 年版,第 558 页、第 515 页。

② [德]H. R. 姚斯:《文学史作为向文学理论的挑战》,见《接受美学与接受理论》,第 26 页、第 24 页。

③ 戴燕:《文学史的权力》,北京大学出版社 2002 年版,第 53 页。

须以开放的胸怀把读者的智力融入进来，如此才能更好地开发当代读者创造作品意义的热情和心智。

历史的本真处于迷雾之中，何况“本真”发生时，当事人眼中的“本真”就已经有了主观色彩，愈到后来，“本真”愈是在“横看成岭侧成峰”的多种视角中存在着。因此，要还原文学史的真实面貌不论是从理论上还是从事实上来说，都是不可能的。我们寻找纯粹客观真实的传统思维方式应该变一变了，我们仍然可以“还原文学历史的真实面貌”，但不是到筐子里去拿苹果，而是到树上摘，不但要尽量把今年的苹果摘完，而且要把历年的苹果考察一番。也就是说，文学史的编写者要超越纯粹客观的立场，承认自己的历史局限性。看一看既有的文学史，几乎没有一种不是力图教给我们可靠的真实，然而没有一种是经得住时间检验的可靠真实。我们并不能避免从自己的视野出发去考察文学史，但不能因此把自己看到的当作纯粹的真实，而应当重视过去读者对作品的解读成果，把固定不变的真实转变成生长变化着的历时真实，把自我看到的文学史看作文学史写作中的一个相对阶段，而不是最后的完成。

二

那么，文学史具体应该怎么写？近年来，仁智之见与躬行之作不断面世，但多数仍然走着传统思维的路子，在实践“还原文学历史的真实面貌”的神话。所不同的只是变换了对文学的观照视角，由把文学看作是社会生活的反映转换为文学是社会生活的审美反映、人性和灵魂的写照等，这种视角的转换使新的文学史关注到以往文学史所忽视的文学本质，发现了许多传统文学观所看不到的盲点，自有其存在的当代意义。但写作的思路仍然是用编写者个人的视野笼罩整个文学史，个人视野之外的“非本质”的文学史被舍弃或者忽视了。在“世界、作家、作品、读者”的四维关系中①，更多地关注了前三者，而忽视了读者。或者说，读者被单一化为编撰者。文学史所要叙写的仍然是“我看到的真实历史”，文学史讲授是“我要把这些真实的文学史”作为“科学”的知识在课堂上传授给听课的学子。只要抱了单纯求真的意图，不论换什么样的撰写者，其中虽然不乏真知灼见，也大多是换汤不换药的传统文学史。由此，中国文学史的写作仍然没有走出从“我”的视野出发追求历史真实的神话。也许，由于“先见”的存

---

① 参[美]M. H. 艾布拉姆斯著，郦稚牛等译《镜与灯——浪漫主义文论及批评传统》，北京大学出版社 1989 年版。

在，我们永远走不出，但我们至少应该走出“这就是真实的文学史”的机械的静止的传统观念，而传达给文学史读者这样的观念：我所阅读的只是编撰者所看到的文学史，而这个文学史不是最后的历史实在，它虽然接近了某些历史的真实，但永远不是千古不变的真实本身。真实仿佛是一个地平线，看着它近了，它实际上仍然在远方。即使有我们共同认可的当代真实，这些真实的面目在未来肯定会不同。这是一种变化着的富有容纳精神的开放思维。

我们今天如何走出传统“权力”文学史的困境呢？换一种问法就是：我们如何寻找视野交融中的文学史，如何寻找更多读者（包括过去的和现在的）视野中的个性化的文学史？我们的回答是：充分重视读者在文学史研究和写作中的地位，写一部变化着的文学史。

既然读者是以往文学史所忽视的，而且又与变化的开放观念始终相连，那么应当如何突出读者在文学史撰写中的作用呢？我们认为首先应当重视古代文学接受史的研究，在细致深入的接受史研究的基础上，于文学史的编写中凸显读者的重要作用，并在对读者接受史的梳理中贯穿变化的观念和视野交融的观念，由此可以写一本开放的变化着的文学史。这也是笔者从 1998 年以来一直坚定不移地从事陶渊明接受研究所要努力去探索和实践的路径。

首先来看古代文学接受史的研究。按照读者的身份来分，可以分为两类：一类是针对作为读者的作者的研究；一类是作品产生以后，针对阅读作品的读者的研究。

第一类研究也就是把作者看作读者的研究。作者创作的作品不是凭空产生的，他在创作之前已经有一个前视野，重视这个视野也就是重视作品的渊源。传统的文论史家认为：“从历史的取向来说，接受理论也是研究‘关系’，而不是研究‘起源’……‘接受史’肯定不是‘起源史’。”①我们现在扩大读者的含义，把作者在一定程度上也纳入“读者”，把影响作者创作的作者所能够看到的传统设定为他的阅读对象，相对这些对象，作者也就转变为读者，针对作为读者的作者的研究就是“起源”研究、“渊源”研究。② 此非本书论述中心，不予详述。

第二类研究——针对阅读作品的读者的研究也就是通常意义上所理解的接受史研究。我们认为接受史研究要重视描绘积淀性成果形成的轨迹和突破

① ［荷兰］佛克马、［荷兰］易布思著，林书武等译：《二十世纪文学理论》，生活·读书·新知三联书店 1988 年版，第 158 页。

② 详参拙著《陶渊明及其诗文渊源研究》“绪论”，山东大学出版社 2005 年版。

性成果产生的历程,就是希望展示作品意义日益显明的发展变化,使文学史融入众多读者的声音,给予文学史读者以新思维的启迪。比如对陶渊明作品地位升降的深切描述,对人们指责或肯定其《闲情赋》观点流变的描述,对陶渊明思想归属儒、道、佛争论历史的描述等,比静止地论述陶渊明作品的崇高地位、《闲情赋》到底说了个什么意思、陶渊明的思想应该归属某家,会让文学史读者学会更多。至少,他明白了“文学史的真实”:初始的文坛不是传统文学史梳理出来的样子,作品的意义、地位是变化着的,是不断生成和正在生成的,作为读者的自己也可以参与作品意义的创造性建构。变化着的文学史会为其读者搭建起登高望远的平台,拓宽他的视野,为其读者提出融合过去又富于当代意义的新见打下基础。贯穿于文学史中的变化观念也在无形中浸润着文学史读者的心灵,为他带来了主动创造的心理态势。或者说,变化着的文学史解放了读者的心灵,使读者从传统的追求文学史“原貌”、获取纯粹客观知识的思维中走出来,激发起读者参与解读作品与创造意义的热情。那种把答案说死、不给读者留下思考空间的做法很可能就堵塞了读者(尤其是学生)发散性的思维路向,遏制了他们的创造力。

然而编撰这种充分吸收古代文学接受史研究成果的文学史,目前时机尚不够成熟。原因很简单,古代文学学科内的接受史研究才开展有年,连一些大作家的接受史都没有研究充分,遑论一般作家和作家流派,作品渊源研究也几乎没有人多做关注。但是,在个别有了接受史研究的作家的编写方面,我们完全可以先做尝试,以此开启变化着的文学史的先河。重视读者并非完全以读者为本位,而是把传统文学史所忽视的一个文学维度凸显出来,当然,对于读者之外的作品、作者和世界也给予应有的重视,具体问题具体分析。这样一种既重视作品、作者、世界又重视读者的、变化着的文学史可以使我们迈出传统文学史写作的困境,为文学史的写作开辟一条崭新的开放道路。它的撰写既可以充分吸纳传统文学史的优长,充分重视可靠的原始资料,描绘文本与作者视野交融中的作品意义,也可以扩大史料的搜集视野,使史料由作者的时代向前追溯到作者作为读者所看到的前代史料,向后延伸到文学史读者所在的时代,描绘作品意义形成和显明的历程;既可以重视历史的真实性,又可以把这种真实性放在变化着的读者之流中加以审视,避免静止和机械的误区,使其变化性在根本上与宇宙的绝对变化性统一起来。我们这样做不是不要静止,而是把静止相对化,具体地说就是把静止的“真实”更多地让读者来承担,使静止的真实体现在多数读者认同的积淀性成果上,不要完全压给作者和文学史的编撰者。这样一部变化着的文学史是一部开放的文学史，阅读文学作品和文学史的历代读者都可以参与建构文学史，文学史因此就是广大读者的文学史，是一部真正民主化的文学史。

当然，变化着的文学史所展现的文学变化历程也绝不可能是完全客观的，因为编撰者总有自己的前视野。文学史的编撰者也应当发表自己对文学的见解。但他的前视野所看到的，只是他所编写的文学史中的一种声音，他留给历代读者多种声音的存在空间，也留给当代读者更多的说话余地。除了把那些视野融合中的创见写出来，他甚至有选择地把那些奇谈怪论也提出来讨论。“天地与我并生，而万物与我为一”（《庄子·齐物论》），中国传统的天人合一观念启示我们摆脱自我中心，以容纳万物的开放胸怀对待其他物种、对待世间万物，这样才有利于人类自己的健康发展。变化着的文学史的编撰者对待读者也应当有此胸怀，唯有如此，才有利于文学的健康发展，才有利于主体潜能创造性的发掘。

三

弱水三千，取饮一瓢足矣。本书无意于全面评述接受理论，但其最富创造性的两个概念——读者与历史——是无论如何不能忽视的。接受美学基本的论点为文学研究提供了一个前所未有的或者说尚未自觉的新的研究视角、思路，开辟了读者研究、历时研究的广阔前景。我们不同意接受美学仅把作品当作一种图式结构、将作品意义的不确定性和历史性推向极端的看法。但我们不得不承认，任何作品的内涵、价值及其在文学史上的地位和意义从来就不是一成不变和客观存在的，而是随着作者所处时代及后代读者的阅读欣赏、阐释评价而逐步被发掘、凸现和确立的。并且，这一过程往往不是直线发展的。作品在传播、接受过程中，其内涵的某一侧面往往先被忽视或发现，其价值、地位、意义往往有所沉浮。从作为审美客体的作品本身看，作品一旦产生，便与既有作品同处一个参照系统中。随着新作品的不断产生，这一作品参照系统也将随着历史的发展变化而变动和调整。因此，作品的内涵、价值等都将因不断面对与其他作品的对比而不断获得再阐释和评价。从读者来看，读者的身份地位、文化修养、美学趣味、世界观、人生观等不同，期待视野不同，会形成变化多样的阅读、评价作品的标准和价值取向。即使同一读者，在不同的人生阶段，随着期待视野的变化，对同一作品的看法也会前后有变。从接受环境来看，特定的社会、政治、文化、美学等社会因素凝定而成的时代精神、读者心态、审美趣尚等也是代代不同的，即接受美学所说的每一个时代有每一个时代的审美期待视野。另外,对一部作品理解的深度还有赖于人类意识发展的情况。因此,一部文学作品某个侧面含义的隐显、地位的升降浮沉都是不可避免的。但同时,“文章如精金美玉,市有定价”①。我们应该承认,不同时代的不同读者总有些类似或相同的价值标准、审美趣味、情感体验,而且优秀的文学作品总有某些形异神似的精神特质和艺术特质。即使同一部文学作品,作者赋予它的内容和形式总是一个既定的实体存在。它们制约着读者的理解并不仅仅体现为变动性、不确定性,同时也有稳定性、确定性。比如,陶诗的田园题材终究是“田园”,而不是“游宴”“边塞”,这是不同读者的共识,即作品的稳定性因素,也是读者理解的稳定性因素。因此,一部作品在历史长河中意义的呈现便是不确定性与确定性、变动性与稳定性的辩证统一。其中稳定性的接受成果一开始往往表现为一种变动性,确切地说是一种新变性,它是由一些优秀的读者揭示并由同时代或后代的众多读者在阅读欣赏作品的基础上产生的。比如,陶渊明田园诗在题材上的开创之功并不是读者一开始就意识到的。鲍照拟陶诗、萧统评陶诗着意在陶诗写酒,钟嵘赞陶“咏贫之制”②,江淹拈出“田居”为题拟陶,只是个别现象。隋末唐初的王绩在不自觉中接受了陶渊明田园诗的影响。到盛唐,随着孟浩然、王维、储光羲等对陶田园诗的创造性接受,田园诗成为诗歌创作中的一大重镇,而读者也普遍认为陶渊明最擅长写作田园诗。从此,这一接受成果便因合乎实际而成为陶渊明接受史中的稳定性因素。质言之,稳定性、确定性往往是接受成果的历史积淀、凝定,它体现了作品的某种本质性特点,而变动性、不确定性则往往是接受成果的新变。它既可能是原来接受成果量变性的补充,也可能是质变性的突破。它是读者在作品激发下对作品做出的创新性理解。比如陶诗平淡深粹的特点,虽然这一特点一直影响唐人的诗歌创作,但无人从理性上揭示出来。伴随着平淡诗美的思潮在宋代的展开,梅尧臣、苏轼等人才首先揭示了陶诗的这一艺术特质。这便是对陶渊明接受成果的突破。而苏轼之后,众多读者又从不同的角度论述陶诗的平淡美,使其内涵更丰富地呈露出来。这则是对陶渊明接受史成果的补充。由此形成本书理论依据的最基本观点:一部作品的接受史便是一部后代读者对作品及前代读者的接受成果的继承发展史、扬弃创

---

① 〔宋〕苏轼:《与谢民师推官书》,见孔凡礼点校《苏轼文集》第四册,中华书局 1986 年版,第 1419 页。

② 〔南朝梁〕钟嵘:《诗品序》,见吕德申校释《钟嵘诗品校释》,北京大学出版社 2000 年版,第 119 页。

造史，是凝定与新变、积淀与突破辩证结合的历史。考察一部作品的接受史，最应注意描绘的是积淀性成果形成的轨迹和突破性成果产生的历程，以及它们形成、产生的原因。这便同只着眼作者在历史上的声誉、影响而忽视历史环境和阅读中的变化的历史研究方法区别开来。

尽管接受美学在20世纪60年代崛起后，“东进西渐”①，历时几十年，几乎漫延全球，完成了美学发展史上的一次重要变革，但接受美学所提供的基于读者视点的自觉的接受史研究在20世纪90年代前后几乎是一片荒漠，古典文学研究也是如此。就笔者的目力所见，当时自觉的接受史研究著作寥若晨星，其中高中甫的《歌德接受史1773—1945》②是较早的一部研究专著。而在古典文学研究领域很少见到这方面的力作问世，虽已有相当的资料积累和某些侧面的探索。资料积累主要有两种情况：一种是研究资料的历代汇编，一种是某一重要作家作品的集说，如隋树森的《古诗十九首集释》、游国恩主编的《离骚纂义》，叶嘉莹的《杜甫〈秋兴八首〉集说》、张树波编著的《国风集说》、刘学锴与余恕诚的《李商隐诗歌集解》、詹锳主编的《李白全集校注汇释集评》，等等。侧面的探索主要是对某一作家作品的研究史的撰述，如《诗经研究史》《楚辞研究史》，此外还有单篇的论文考察，如程千帆的《张若虚〈春江花月夜〉的被理解与被误解》等。上述资料的积累和侧面的探索所取得的成就是不容置疑的，但大多不是从读者出发的自觉研究，大多关注的是读者对作品的评价阐释，而较少顾及特殊的读者（作家）对作品的创造性接受，这不能不说是一种缺憾。当然，传统的文学研究实际上也涉及作品对后世的影响问题，如各种文学史在论述一位重要作家时，往往要点到他对后世的影响，其中当然包括创作上的影响，但往往点到为止。近年来，这种影响研究有所进展。如莫砺锋的《江西诗派研究》便论述到杜诗对江西诗派的创作影响，是相当精到的。在陶渊明研究领域，进行接受史方面的研究也是罕见的、零星的。

随着社会学、美学、人类文化学等方法的运用，随着对陶渊明各个侧面的关注，陶渊明研究的深度和广度不断被开掘。但我们同时注意到，以往的陶渊明研究多注重静态的、共时的分析、研究。有相当多的论文在论述陶渊明的思想、艺术特点时往往走不出传统的观点，并无大的拓展。这就使那些对陶渊明做动态的、历时的考察、研究显得难能可贵。就笔者视野所及，在现代陶渊明研究史

① 朱立元：《接受美学》，上海人民出版社1989年版，第31页。

② 高中甫：《歌德接受史1773—1945》，社会科学文献出版社1993年版。

上，萧望卿的《陶渊明历史的影像》首先粗略地考察了历代对陶渊明的接受情况。① 他在该文中指出，“从晋到唐，陶渊明在一般人眼里是个高雅旷达的隐逸人物……他底诗他那个时代是不认识的”，“唐朝人实在太不认识渊明了”，“到了宋朝……他底形象便渐渐明朗确定”，“关于陶渊明的研究到宋朝已有了个纲领，明清两代没有什么新的发展（元朝关于这方面的材料此时一点也找不着）”。但正如萧望卿所云，这仅是“陶渊明反映在人间形象的轮廓，不过那只是他底影子”，材料及梳理的脉络都是极简略的。其后，钱锺书在《谈艺录》中以较为翔实的资料梳理了陶渊明在历代声名的显晦，提出了“渊明在六代三唐，正以知希为贵”“渊明文名，至宋而极”的精到论点。② 20 世纪 50—60 年代注意到历代对陶渊明评价、阐释问题的论文以 1961 年中华书局结集的《陶渊明讨论集》中的《历代对陶渊明的一些探索》为代表。该文指出：“晋末和南朝，陶渊明还没有受到应有的重视。陶诗真正受到较为普遍的重视还是从唐代开始的。”“宋代，对陶渊明的研究也出现了一个高潮。”“元代研究陶渊明的人很少，到明代才又逐渐多了起来。这一时期研究者的工作，大都是解释前代所提出的问题。到了清代，对陶渊明的研究又掀起了一个高潮。”近年来出现了两篇考察陶渊明接受史轮廓的论文，分别是钟涛的《从陶诗显晦看中国古代诗歌审美观念之走向》、吴兆路的《陶渊明的文学地位是如何逐步确立的》。③ 前者认为南北朝是“陶诗的混沌”期，唐代是“陶诗的渐显”期，宋以后是“陶诗的显明”期。后者以为“作为晋末宋初的诗人陶渊明，似乎到了唐代才受到较为普遍的重视”，“宋人对陶渊明及其诗文作品的评论，无论在广度还是深度上，都远胜唐人的水平”。这两篇综合考察陶渊明接受史的文章所用材料和观点基本上承袭了萧、钱二位先生以及《古典文学研究资料汇编·陶渊明卷》④，其新颖之处在于开始联系时

---

① 见萧望卿《陶渊明批评》，开明书店 1947 年版，第 1～16 页；下引该书原文分见第 5 页、第 10 页、第 12 页、第 16 页、第 17 页。

② 钱锺书：《谈艺录》（补订本），中华书局 1984 年版，第 91 页、第 88 页。

③ 钟涛：《从陶诗显晦看中国古代诗歌审美观念之走向》，《青海民族学院学报（社会科学版）》1991 年第 1 期；吴兆路：《陶渊明的文学地位是如何逐步确立的》，《渭南师专学报（社会科学版）》1993 年第 2 期。

④ 中华书局 1962 年版。该书分上下编，收入《古典文学研究资料汇编》丛书，原或题作《古典古文学研究资料汇编·陶渊明卷》，或题作《陶渊明诗文汇评》；编者题名，上编作“北京大学、北京师范大学中文系教师同学编”，下编作“北京大学中文系文学史教研室教师、五六级四班同学”。2004 年，中华书局将上下编统一改作《陶渊明资料汇编》上下册，编者题名统一作“北京大学北京师范大学中文系、北京大学中文系文学史教研室”。

代的审美趣味等期待视野考察陶渊明接受史。此外,钟优民在《陶学史话》中对历代的陶渊明研究有所概述。① 以上对陶渊明在历代接受情况的考察,其开路之功不容置疑,但总的来说,显得粗略且资料来源明显不足,陶渊明接受史研究并未较为全面、详尽地展开。此外,还有不少对陶渊明接受史上某些特殊读者做个案考察的研究者。在现当代,闻一多是其开山之祖。他在谈到王绩时提出,"陶渊明死后,他那种诗的风格几乎断绝,到王绩才算有了适当的继承人",王绩"是继承了陶诗这一嫡系真传的"②。其后陆续出现了一系列研究成果,如王晋光《陶渊明对王安石的影响》③,韩钟文《朱熹论陶渊明》④,袁行霈《辛词与陶诗》⑤,道坂昭广《试论初唐四杰笔下的陶渊明形象——以卢照邻为中心》⑥,宋丘龙《苏东坡和陶渊明诗之比较研究》⑦,戴建业《澄明之境——陶渊明新论》"由冷落到推崇——陶渊明接受史片论",钟优民《陶学史话》《陶学发展史》,拙著《元前陶渊明接受史》,刘中文《唐代陶渊明接受研究》,等等。此外,还有不少对陶渊明接受史上某些特殊读者做个案考察的研究成果。这些研究成果或者微观考察、凸显具体问题,或者宏观立论、提出创见,为陶渊明接受史的深入研究奠定了基础。但其不足在于大多缺少历史眼光或缺少系统性,有时难免只见树木而不见森林。有些在陶渊明接受史上具有重要意义的读者被忽视,如唐代的皎然、宋代的梅尧臣。此外,关注辽金元明清陶渊明接受史的研究几乎没有;涉及辽金元明清陶渊明接受史的研究几乎属于简要的宏观概论,缺少具体深入的探讨。接受研究一直是陶渊明研究新的学术增长点,也是其薄弱环节。

真实的历史描述必须建立在扎实的资料基础上。陶渊明接受史资料的搜集成果主要是前面提到的《古典文学研究资料汇编·陶渊明卷》。但它仅限于后代的评价阐释资料,而且这方面的资料也不全面,还忽略了对后世创作影响方面的资料。所以,近年来的陶渊明接受史研究在资料的搜集上基本没有大的突破。

---

① 钟优民:《陶学史话》,台北允晨实业股份有限公司 1991 年版。

② 闻一多选,张志浩、俞润泉注释:《闻一多选唐诗》,岳麓书社 1986 年版,第 480 ~ 481 页。

③ 见香港中文大学中国语言文学系编《魏晋南北朝文学论集》,文史出版社 1994 年版。

④ 韩钟文:《朱熹论陶渊明》,《上饶师专学报(社)》1985 年第 3 期。

⑤ 袁行霈:《辛词与陶诗》,《文学遗产》1992 年第 1 期。

⑥ 道坂昭广:《试论初唐四杰笔下的陶渊明形象——以卢照邻为中心》,《东方丛刊》1995 年第 1 辑。

⑦ 宋丘龙:《苏东坡和陶渊明诗之比较研究》,台湾商务印书馆 1985 年版。

四

鉴于以上理论基础和陶渊明研究的实际，写一部陶渊明接受史是很有意义的工作。

第一，可以加深陶渊明研究，把陶渊明研究由共时的、静态的研究转入历时的、动态的研究，为站在前人理解的制高点上，运用当代意识，吸纳前人高见，对陶渊明做出突破性或新变性的阐释提供坚实基础。“而接受美学意欲造成过去与现在的对话，从而将所有的事实联系在一起，为理解过去所发生的一切提供了一个选择模式。”①陶渊明意义的各个侧面是在不同时代读者的阅读中逐步展开的，陶渊明研究中的具体疑难问题也是在接受中被提出的。只有在系统整理旧说、排除误解的基础上，才能提出有说服力的创见。比如对陶诗是否源出应璩，历代有不同意见。袁行霈先生在《钟嵘〈诗品〉陶诗源出应璩说辨析》一文中，在比勘历代意见的基础上，进一步探讨了陶诗的渊源。② 在陶渊明研究中，如果无视前人的接受成果，执一己之见，那就不可能对陶渊明研究中的疑难问题有进一步的解决，甚至不可能走出前人虽片面却深刻的观点，盲目地进行重复性论证。

第二，通过陶渊明接受史研究，可以察知时代的文艺风气和审美趣味的变化轨迹，进而深刻地理解与陶渊明接受相联系的文学批评理论，特别是其中一些难以界定和把握的批评术语，可以总结某些诗学规律，为建立有个性的中国诗学理论、接受理论系统做切实的铺路工作。接受研究是走向理论揭示的坚实桥梁。单纯的理论分析与演绎往往因缺少对读者接受事实的关注而显得空泛、不着边际。在接受研究基础上，梳理对被接受对象的认识历程，加深对被接受对象的认识，从而进一步获得理论上的启示，这是接受史研究应循序渐进的道路。陶渊明是中国古代作家中最具个性、最具影响力的作家之一。我们认为，接受史研究应当首先关注这样一些在读者阅读的历史长河中表现出强大生命力的作家。读者对陶渊明的接受往往与一些传统的诗学理论、术语甚至艺术精神紧密联系。通过读者对他的接受情况，不但可以窥知读者及其所在时代的审美趣味，也可以窥知不同时代读者的共同审美趣味、艺术精神。传统诗论特别是其中的一些较为固定的术语的内涵往往在对陶渊明的评价、阐释中显示出

---

① ［德］H. R. 姚斯、［美］R. C. 霍拉勃著，周宁、金元浦译：《接受美学与接受理论》，第451页。

② 见袁行霈主编《国学研究》第二卷，北京大学出版社1994年版。

来,也在对陶渊明诗作的创造接受中显示出来。它们是传统诗学理论的重要基石。另外,在梳理接受史的同时,发现一些有中国个性的接受规律也应是陶渊明接受史研究的目标之一。如果借助陶渊明接受史对这些特点、规律进行合理有效的论证、总结,它们便可成为未来传统诗学理论体系的砖瓦。

第三,可以推动古典文学领域的接受史研究。不仅是陶渊明,任何一个具有强大生命力的作家都应有一部接受史。不仅是作家,任何一篇名作、一个流派都应有它的接受史。而这方面的工作还远远没有展开。

第四,有利于扩大搜集、利用文献资料的视野。以往的资料搜集、利用往往注重接受中的分析、阐释、评价言论,而忽视了受原作影响的作品。笔者在从事陶渊明接受史研究时,明确感受到以往资料的缺陷,便从第一手资料做起,对一些重要读者的接受资料在仔细、反复阅读、品味的基础上尽量较为全面地占有,共集得陶渊明接受史资料五六百万言。

第五,对陶诗的一般读者来说,陶渊明接受史研究可以提高他们的鉴赏力;对作者来说,可以丰富他们借鉴他人作品的有效方法。比如,拟陶之作历代不绝,有优有劣。如果把一首诗同其和作、仿作放在一起比较阅读,便可以品味出孰优孰劣;再进一步思考优在何处、何以优以及劣在何处、何以劣;如此,读者的鉴赏力自然可以提高,作者也会悟到借鉴前人的有效途径。古人对这种提高阅读鉴赏力的方法早有所悟,宋代蔡正孙编写的《诗林广记》便是一例。如该书在陶渊明《饮酒二十首(之五)》后附有东坡和陶饮酒诗、王安石效陶诗,在《桃花源诗》后附有王安石的《桃源行》等。蔡正孙于自序中言,此书本为"以课儿侄"而作。可见古人已经在教学中运用原作与受影响之作对比的方法来提高鉴赏力。今天,我们如果在接受史研究中,通过陶诗原作与受影响作品的比较分析,找出各自的特点,总结影响规律、创作规律,不论是对提高读者的阅读鉴赏能力,还是对作家借鉴前人成功的"模仿"经验,都具有十分切实的意义。

第六,本书在形而上的意义上对文学史写作的思考,对接受理论的实践,或能够为一部体现变化观念的中国古代文学史的诞生做些铺路工作,借助典型个案研究丰富和变革文学史的传统写作模式。

最后,陶渊明接受史研究还有助于深入理解中国文化的某些精义。陶渊明不仅是一位诗人,还是一位文化名人,他与儒、道以至释家文化紧紧相连,已经成为一种源远流长的文化现象。因此,透过读者对陶渊明的接受,我们可以具体感知和深入理解中国文化的某些特点和精神。

基于以上认识,再联系陶渊明接受史的实际,我们以为一部陶渊明接受史在共时态上要把握陶渊明为人和诗文两条横线，即要考察两条横线在不同时期的不同形态，因为陶渊明接受史并不仅仅是其诗文的接受史，还是其人品的接受史，两者在历史中占几乎同等重要的位置；在历时形态上则要把握五条纵线——重点读者史、声名传播史、创作影响史、阐释评价史、视野史。

美国传播学者拉斯韦尔提出了“五 W”文艺传播模式：谁（WHO 传播者）→说什么（WHAT SAYS 文艺信息）→通过什么渠道（IN WHICH CHANNEL 传播媒介）→对谁（TO WHOM 受传者）→取得什么样的效果（WITH WHAT EFFECTS 传播效果）①。“五 W”模式简明扼要地抓住了传播过程的要素。但从接受史看，他忽略了传播环境（IN WHAT OCCASION ）这一要素，即读者的时代阅读视野。在对陶渊明传播、接受的研究中，我们应着眼于对上面传播模式中各个环节的描述、探因，但在各个环节上绝不能平均用力，在每一个相对的传播、接受时期内，都应抓住重要环节做重点考察，而其他次要环节和因素则做附带性的简略考察和说明。根据传播学的一般传播模式和对接受理论的理解，在陶渊明接受史研究中，我们注意了四大环节：传播接受媒介、受传者（读者）、传播接受效果、传播接受环境（主要是阅读视野）。在实际操作中，第一个环节的研究可化为对声名传播史的研究，主要考察陶渊明在历代的声名显晦、传播途径、方式等。第二个环节的研究可变化为对重点读者的历史研究，主要考察在接受史上具有重要地位的读者接受陶渊明的心灵历程，探索他们接受陶渊明的特殊原因。第三个环节的研究可以分化为两个方面，一是要关注偏于感性的审美创作影响，即考察陶渊明对后代作家或流派创作的影响情况，或者说后代作家或流派在创作中吸收了陶渊明的哪些东西，又是以怎样具体的形式吸收的，其值得肯定处、否定处及原因；二是要关注偏于理性的阐释评价，它相当于传统研究中的“研究史”评述。第四个环节的研究可以转变为对时代阅读视野的历史描述，即考察各个时代之所以接受或排斥陶渊明的社会、文化、美学等融合而成的接受背景、原因。

以上五个方面就是陶渊明接受史中的五大纵线。相比较而言，创作影响史是最为棘手的一个侧面，也是极为重要的一个侧面。说极为重要，主要是因为作品影响的大小、广狭及其精神、艺术价值往往在创作影响上表现出来。创作影响的成果与原作品在各个侧面及整体对比中往往显示出各自的个性和成败所在，显示出作品的生命力所在。说极为棘手，主要是因为：①创作影响除了典故、辞句、仿作等明显层面，还有句式、结构、韵律、风格、艺术、精神等较为隐蔽

① 参孙宜君《文艺传播学》，济南出版社 1993 年版，第 49 页。

的层面。这一层面往往是虚隐的、难以指实的，有时真如蓝玉生烟，可望而不可即，只可意会，不可言传，用语言表述出来往往就走了形。②陶渊明的影响面极大，这便增加了把握的难度。如在苏轼之后的宋代，绝大多数作家都受陶渊明影响。③陶诗影响的程度有深浅之分，这便需要准确把握下笔尺度。②③两项在陶渊明声名传播史、阐释评价史中也不同程度地存在着。为了处理这较为庞杂的接受史问题，笔者紧紧把握住对接受史具有本质性的理解：接受史是积淀与突破的统一。笔者在本书的章节安排和写作过程中，努力将陶渊明接受史上具有恒定性的接受成果的形成及具有突破性的接受成果的产生统一起来。前者在于突出接受共性的产生历程（如本书第二编着重考察了陶诗田园精神、平淡自然的艺术精神的凝定过程），后者在于突出接受成果的个性，努力找准具有代表性的读者，考察其对陶渊明的接受情况，重点理出其不同于前人、超越前人的接受成果及其在接受史上的意义。在实际操作中，对这五大纵线既不能平均用力，也不能机械描述，要根据不同的接受时期、不同的读者做侧重点不同的考察、描述。比如：在唐代以前，陶渊明的声名传播史仍是一个极重要的线索，应注意多描绘；而苏轼之后，陶渊明的历史地位已基本确立，则不需要多花笔墨，陶渊明的声名显晦自然寓于创作影响史、阐释评价史之中。

要之，陶渊明接受史中的两条横线和五条纵线交错变化，需彼此兼顾、轻重有别、取舍有章。这是笔者在研究过程中所努力做的。

五

本书初步勾勒了东晋南北朝至清代的陶渊明接受史概貌，揭示和阐释了“陶渊明现象”的历史根源。具体言之，即考察了陶渊明在历代的声名升降、传播影响和接受成果积淀形成、突破前行的动态历程及其阶段性特点，揭示了众多为学界所忽视的重要接受现象，展现了与之相关的许多丰富多彩的人文景观，探讨了陶渊明被接受、被忽视的历史、文化、政治诸方面的深刻原因，以图解释陶渊明这一独特的文化现象。从接受历史来看，历代陶渊明接受史是一段相对独立、完整的历史时期，本书将之分为奠基期、发展期、高潮期、衍展期、复变期和收获期六个时期。

东晋南北朝是陶渊明接受史的奠基期。在这一时期，读者接受陶渊明为人和诗文的基本观点、资料，同陶诗文一起为后代读者接受陶渊明奠定了基础。受时代审美趣味和陶渊明个人价值追求的影响，陶渊明首先被目为闻名遐迩的隐士，然后才是独具风格的诗人。以颜延之、沈约为代表的读者对隐士陶渊明的兴趣远远大于对诗人陶渊明的兴趣，他们认为陶渊明身上既体现了率真任性、旷达脱俗、顺任自然的道家精神，又体现了固穷守节、独善其身、安贫乐道的儒家精神。鲍照、江淹开启了拟陶诗的先河。江淹的拟陶诗由于放在了《杂体诗三十首》序列中，而且首次以“田居”为题，在陶渊明接受史上尤具有开创意义。钟嵘、萧统对陶诗的评价和阐释是诗人陶渊明开始被关注的第一个重要转机。他们初步探讨了陶诗的艺术渊源，高度评价了陶诗的艺术成就，并抬高了陶渊明在诗歌史上的地位，还注意到了陶渊明文如其人的特点。注意陶渊明的绝不是上面寥寥数人，从梁代开始，人们对陶渊明的接受已不是需要细细辨析的蛛丝马迹，而是开始成为一望即见的疏朗星辰。萧氏家族除萧统外的萧秀、萧纲、萧绎，沈肩吾、沈炯、周弘让、沈君攸、费昶、释慧皎、何逊、阴铿、陈后主都曾对陶渊明有所接受。而且，陶诗的传播逐渐从南朝扩大到北朝，颜之推、庾信、阳休之等人对陶渊明都有所接受。

隋唐五代是陶渊明接受史的发展期。在这一时期，陶渊明风度和诗文的魅力像上弦月一样日益流光溢彩。他的个性风神、他的诗歌精神从隐居之地走出来，向社会、文化、诗歌创作领域辐射、渗透。王绩酒兴诗情多学渊明。以“四杰”为代表的初唐人喜好用“彭泽”称呼渊明。但这时，陶渊明主要还是一位颖脱不群、好酒拔俗的风流雅士，而不是一位下笔能文的诗人。盛唐人王维、李白、杜甫等有不满陶渊明人生选择的一面。这是陶渊明接受史上所没有出现的新现象，这主要是受积极进取、建功立业的盛唐精神的影响。但总体上看，盛唐人还是十分欣赏陶渊明的风流雅趣的，特别是在隐逸和饮酒上多受陶渊明的影响。从盛唐开始，陶诗（特别是其田园诗）对中国古典诗歌创作产生了广泛而又深刻的影响。盛唐人对陶诗的学习已经不是单纯的典故运用，也不是词句的表面借鉴，而是融合陶、谢诗精神和技巧，创造了成就辉煌的山水田园诗。盛唐孟浩然、王维、储光羲等山水田园诗人对陶渊明深入接受的情况表明，陶渊明其人其诗所代表的价值追求、审美追求在盛唐已经在一定程度上被较为普遍地肯定或认同。它作为一种与社会、城市、官场等世俗世界相对立的、具有普遍意义的人生价值、审美价值向知识阶层进一步扩散并初步凝定为山水田园精神。这一精神经过中唐韦应物、白居易等诗人的创作接受，日益发扬光大，成为诗歌创作领域中独具个性的诗风和平淡自然的田园精神。它不再局限于以山水、田园为题材的诗里，而且渗透至以官衙生活、日常生活等为题材的诗里。如白居易的闲适诗便强化了陶诗中的闲适情趣，使这一以超越、化解悲情为特点的恬适精神成为诗歌和人生共同追求的一种境界，这对后代诗人（尤其是宋人）产生了深远的影响。晚唐诗人对陶渊明的接受也有独特之处。他们对陶渊明为人的推崇、对陶诗较普遍的肯定,在抒写冲淡情思、避世心理时对陶诗较普遍的学习,以及对与陶渊明有关的典型意象的进一步定型,都是陶渊明接受史发展期内的自然结果。其中对《闲情赋》的接受是较具个性的部分。同时,唐人对陶诗的艺术价值也越来越重视,继盛唐李白、杜甫、王昌龄等人以审美感悟的方式点评陶诗之后,中唐有更多的诗人以更为明确和理性的方式发现了陶诗。皎然、白居易等人给予陶诗相当高的历史评价和地位。这既是他们的慧眼独识,也是对陶渊明接受史进行总结的结果,因此,他们的理性批评便超越了个人的意义,成为一代读者所认知的陶诗状况在理论上的结晶。这一切为后代读者从创作上接受、从理性上揭示陶渊明及其诗文的内涵奠定了丰厚的基础。唐人之所以接受陶渊明,与他们的尚隐观念、以酒入诗的风气、庶族文学的兴起有极大的关系,陶集的流传、《文选》的备受重视、类书的编纂、陶渊明传进入史书等也是重要条件。

两宋是陶渊明接受史的高潮期。在这一时期,陶渊明的人品和诗文都被逐渐推到典范地位上,成为理想人格和理想诗美相统一的作家之一。受特定社会、文化条件制约下的人格追求的影响,宋人在学习陶渊明潇洒飘逸、诗酒风雅一面的同时,格外看重他不仕二朝、固穷守节的人格美,二者合而为"渊明风流"。宋初六十年对陶渊明的接受无多大拓展,但白体诗人、晚唐体诗人对陶诗的学习直接影响了后代读者对陶渊明的接受,至梅尧臣方开启了陶渊明接受史的新局面。他在创作上接受陶渊明经历了一个"浅学—力学—超越"的过程,在学习中创出了自己的风格;在理论上,他提倡平淡美,并将其源头上溯到陶渊明。他接受陶渊明既有个人禀性、经历方面的原因,又有时代价值观和审美思潮方面的影响。王安石与陶渊明别有神会。他对《桃花源》的解读、对《归去来兮辞》中"无心云"的体悟、对陶诗精神的学习等都有独到之处。苏轼对陶渊明有全面而深入的接受。他接受陶渊明经历了始发期、骤转期、回旋期、高潮期四个阶段。他不但在诗歌创作上深受陶诗影响,而且继梅尧臣之后,在理性上深刻地揭示了陶诗平淡美的内涵,把陶诗推到了诗美理想的典范地位和无人能及的诗史巅峰,从而牢固地奠定了陶渊明在中国诗史上的独特地位,开辟了陶渊明接受史的辉煌时代。作为一代宗师、精神领袖,苏轼的崇陶行为和对陶渊明的一系列见解直接影响和感召着同时代的读者,并深深沾溉了后代的读者。苏辙、李之仪、陈师道、晁补之、张耒、释道潜、释惠洪、郭祥正、葛胜仲、葛立方、张戒等人对陶渊明的看法无不受苏轼的影响。苏轼是陶渊明接受史上最重要的里程碑。苏轼之所以接受陶渊明,与他坎坷多难的人生经历(特别是"乌台诗案”)、刚执的个性以及扎根于时代的审美追求是分不开的。

南宋人不但把陶诗推上了诗歌美的典范地位,而且也把陶渊明的人品推上了人格美的典范地位。朱熹一派理学家、陆九渊一派心学家以及叶适一派实学家都格外看重陶渊明的人品、诗文。真德秀、包恢更把陶渊明看作名教中人,认为陶渊明安贫乐道、得孔颜乐处,认为陶诗天然自发,认为这是诗人创作应遵循的根本准则。南宋辛弃疾等人不但注意到了陶渊明为人潇洒飘逸的一面,而且发现了陶渊明豪放不羁的一面。朱熹等人进而从诗文方面揭示了陶诗劲健豪放的风格。至此,一个完整的陶渊明形象和完整的陶诗风格被读者发现并统一了起来。从江西诗派、中兴诗人到江湖诗人、宋末爱国诗人,他们对陶渊明的为人和诗作都表现出极大的热情,各有独到的接受成果。黄庭坚等江西诗人对陶诗的学习是自觉的。他们在诗歌创作的最高境界方面,把陶渊明同杜甫一起推为“不烦绳削而自合”的典范。“中兴四大诗人”之一的陆游在学习陶渊明时,立足于自己的生活实践和生命体验,对陶渊明的接受又有新开拓。江湖诗人在从创作上学陶的同时,又从真情的角度、从诗体的角度评论陶,发前人所未发。宋末爱国、遗民诗人在宋元易代的社会大背景下,与陶渊明的悲愤之情、旷达之思取得了强烈而深刻的共鸣。辽代和金代的读者对陶渊明也有所接受,但基本是对宋人的继承,发展性的成果不多。其中,元好问对陶渊明的接受情况较具代表性。宋末元初的方回对元前陶渊明接受史做了总结。这从陶杜、陶谢并称的历史中可以窥斑知豹。方回认为陶渊明的为人和诗文体现了人格理想和诗美理想的高度统一。陶渊明人品极为清高,超拔流俗,知天理,与宇宙始终;有品节,与万古长存。陶诗格尤高,诗体浑大、劲健有力,剥落铅华,自然质朴,看似平淡,却“极天下之豪放”。

辽金元是陶渊明接受史的衍展期。陶渊明走出中原和汉族文化圈,也向更广阔的艺术文化领域进一步渗透。此期的陶渊明是不可替代的士人典范,是豪放而飘逸的诗人。在为人接受方面,吴澄、虞集、耶律楚材、吴弘道等人承续宋代,立足北方文化和视野,突出了陶渊明豪放忠愤的形象,明确将陶渊明和诸葛亮、张良、屈原等人相提并论。卢挚《题渊明归来图》云:“留侯晚岁游赤松,武侯早岁称卧龙,亡秦扶汉声隆隆。渊明初非避俗翁,两侯大节将无同。阳秋特书晋甲子,辞锋时露长沙雄。”陶渊明是有经济才略、功名之心的忠义之士,为元人共识;与前人相比,元代读者更多地感受到陶渊明豪逸忠愤、阳刚大气的一面,其形象在飘逸之外增添了豪放和傲然之气。在艺术阐释和创作接受方面,陶渊明是元代诗歌领域内被称引最为频繁的诗人之一。方回、元好问等人对陶诗的“真境”、真醇美等有独到的阐发。金元时期数量丰富的和陶诗、陶渊明戏以及赵孟頫画陶可以作为三大接受成果。仅以陶戏而言,元代以陶渊明及其作品为中心的剧作至少有尚仲贤《归去来兮》等六种,陶渊明及其创造的桃源开始以舞台形象亮相接受史。

明代是陶渊明接受史的复变期,在整体推尊陶渊明的同时,出现了一些贬抑陶诗的回潮。明代的陶渊明接受是在正统的复古、理学思潮与新生的浪漫心学思潮前后交替的大视野下展开的,总体而言,他被看作第一流人物、第二流以上的作家。

在为人方面,明代读者把陶渊明归入第一流人物,赞颂渊明不事二朝的忠贞气节和"动与道合""定志于性命之始,娱情乎人事之常"的理学气象,逐渐把他推上了理想化、崇高化的偶像神坛。然而,陶诗在明前中期基本被贬抑在二流之列。以何景明为代表的复古派虽然兴起了一股贬抑陶诗的思潮,但几乎同时就有人表示反对,经过胡应麟、许学夷等人的理论调整以及浪漫派、性灵派、竟陵派诗人的推崇,陶渊明又重新恢复到一流作家的地位。明前中期的陈白沙、王世贞、祝允明等对陶渊明的创作接受,明末黄文焕对陶诗阐释的陌生化,张岱的和陶诗等都是特色鲜明、成就卓著的接受成果。要之,明人对陶诗的评价经历了一个起伏变化的过程,即由明初立足诗教的崇高化转入明中期立足复古的贬抑,再转入晚明立足性灵的张扬,对陶诗的评价经历了一个正、反、合的辩证发展过程。

在明代,陶渊明更广泛地渗透到日常生活和文化艺术之中,在诗歌、散文(如小品文)、戏剧、小说、绘画、园林、旅游、出版等众多方面留下了明显影响,产生了一大批可圈可点的接受成果。如,和陶、拟陶等诗文在数量上远超前代。南朝,仅鲍照、江淹二家拟陶;唐代,有崔颢、白居易、韦应物、刘驾、曹邺、司马扎等七家拟陶;宋代,拟陶、和陶、集陶作家可考者至少有苏轼等七十三家;金元时期,有赵秉文等三十家;明代从梵琦开始,到张岱止,拟陶、和陶、集陶、律陶作家至少有一百五十四家,其中留存超过二十首(篇)者就有二十六家。

较之前代,明代读者接受陶渊明的一个突出特点是对陶渊明及其诗文的阐释走向深细化。许学夷《诗源辩体》第六卷计三十一条集中论述陶诗,钟惺、谭元春《古诗归》选陶诗五十二首,为汉魏六朝之冠,采用大量评语,揭示陶诗深厚浑朴等艺术特点。郭绍虞《陶集考辨》所列明代陶集有三十八种,其中介绍黄文焕《陶诗析义》时称:"然自来评陶之作,要不得不推此书为首创。吾尝以明代为《陶集》之评释时期,是则虽谓此本为《陶集》评析之代表作可也。"①

① 郭绍虞:《陶集考辨》,载《燕京学报》1936 年第 20 期,第 68 页。

明代最值得称道的是以绘画、书法的形式对陶渊明及其作品做了新的创作接受。仅就《桃源图》做不完全统计,唐宋元三朝共有四幅传世,而明代有三十六幅,又多是明代中晚期创作的。据徐邦达编《历代流传书画作品编年表》统计,仅文徵明流传至今、与陶渊明相关的书画就有《桃源别境图》等十种。

清代是陶渊明接受史的收获期。陶渊明及其诗文以更加饱满、立体和丰富多彩的面貌展现出来。相对于宋代苏轼推动的第一个高潮,清代是陶渊明接受史的又一个高潮。宋代苏轼激发了读者对陶渊明为人和诗文持续的热爱,然而丰富多彩的言论和成果中还存在诸多主观臆断和接受的盲点,缺少更为冷静的思考、坚实的学术梳理和深入的理性总结。清代读者无愧于传统陶渊明接受史的殿军,弥补了这一历史缺憾。

清代接受成果琳琅满目,明遗民对陶渊明的接受是富有诗性精神的有力开端,他们感通了陶渊明的忠愤,也体会了陶渊明的宇宙胸怀,王夫之对陶渊明的归隐大义与远大体势有独到见解,贺贻孙、叶燮、吴淇对陶诗特点和地位等多有独到阐释。清中期的学者沈德潜、钱大昕、陶澍等,皇帝乾隆,诗人袁枚等对陶渊明各有新的接受。他们的接受成果除了具有朴学、儒教特色,也不乏异端色彩。清晚期的读者因时代原因与陶渊明多慷慨共鸣,大都感受到桃源旧梦苏醒的悲凉,其中郑珍、邓辅纶、王闿运等人的学陶诗,钟秀、方宗诚论陶渊明的儒家生命境界,"诗界革命派"对桃源的新感慨等皆具特色。本书末章还梳理源流,系统勾勒了陶渊明与中国小说、戏剧、绘画、书法和园林的关系。

与明代读者有一个贬抑陶诗的思潮不同,从明遗民开始到清遗民结束,清代读者在整体上始终把陶渊明视作不可逾越的圣贤,高度评价他妙绝千古、平淡而醇厚的诗作。受考据之风和儒学复古之风的影响,清代读者对陶渊明的接受和阐释更为理性和学术化,对其家世、生平、思想、品节和风雅等有了更为全面、客观和深入的阐发;在创作接受上,他们也创造了形式多样、琳琅满目的作品。《清代诗文集汇编》收书四千多种、作家三千多人,据粗略统计,其中明显带有陶渊明印记的作家不下一千四百人,约占作家总量的二分之一,如果细致观察用词用典,这个比例至少要超过三分之二。仅就以"桃源"为题的诗作而言,唐五代桃源题材的诗作有三十一家,宋代有四十二家,金元有三十三家,明代至少有二百一十一家,而到清代,仅笔者所检就有六百一十八家。

清代富有特点的标志性接受成果可举例如下,有陶渊明年谱及其考异六种及大量题跋辨析言论,有传统陶集集大成性质的陶澍《靖节先生集注》诞生。明代敷衍与陶渊明相关的戏剧至少有十一种,清人也至少有十二种,而尤侗的《桃花源》杂剧等质量皆为上乘，远非明剧可比。据初步统计，绘陶画家唐代有十一人，宋有三十六人，金、元有三十一人，明有七十八人，而清代多达一百一十二人；就质量来看，清代也产生了足以冠称整个中国绘画史的陶画，陈洪绶、戴本孝和石涛等人的作品可为代表。

本书前有绪论，后有余论，并附录《历代拟和陶诗文一览表》《历代陶画一览表》等五种。

余论是关于陶渊明受史的几点思考。首先是价值追求和史学理论方面的。元前陶渊明接受史留给我们的启示是多方面的。如对摆脱异化、回归自然、审美地享受平凡美好人生的渴望，对平淡深粹、自然悠远的诗美理想和艺术精神的追求，对文如其人的作家作品的重视等都体现了鲜明的民族特色。读者揭示的陶渊明的价值追求、审美追求以及独具特色的接受理论都值得我们重视。其次论析了陶渊明仁爱精神的历史穿透力、陶诗阐释的经学化与意境化以及在接受研究中如何在作家与读者之间保持平衡等问题。

总之，陶渊明接受史波澜壮阔，起伏有致，经历过东晋到唐代的沉寂，经历过宋代的热闹和辽金元时期的广泛传播，到明清时期，陶渊明的诗史、文化史地位已经牢固确立，其间，虽然有过明代复古派的贬抑思潮，但陶渊明的品味普遍地渗透到知识阶层和众多文化艺术领域，陶渊明及其作品的崇高地位整体上已难以动摇。除了对陶渊明为人和作品的阐释，还产生了一系列可圈可点的文学作品、绘画作品、书法作品和园林艺术等，它们与陶渊明作品相得益彰，一起成为文学史、艺术史和文化史上别具特色的人文景观。

纵观接受史，我们不难看出，随着陶诗价值的凸显，几乎每一个诗歌流派都把陶诗作为创作学习和诗论阐发的典范之一。陶渊明是一位影响力巨大、再生力强盛的优秀作家，一千多年来，已经渗透到中国文学、艺术、文化等众多领域，成为融汇到中华民族血液中的生机和活力。

本书还存在不足和欠缺，有许多尚需深入研究的问题，如对文学史之外的艺术接受问题的研究有待进一步深入，尤其是历代书法、绘画、园林对陶渊明的接受情况。笔者在欣喜于初步全面勾勒的同时，也深感对一些深层问题的探讨还很欠缺，比如书法对陶渊明的接受问题，笔者勾勒了一些现象，触及书法对陶渊明精神的发扬，但没有深入思考两者之间的精神共性、差异性以及文学、作家和书法之间融通的理论问题。

第一编

『青山遮不住，毕竟东流去』

——陶渊明接受史的奠基期（东晋南北朝）

第一章 隐名日显 知音其稀

第一节 声名悬殊的隐士与诗人

“悲哉，秋之为气也。萧瑟兮，草木摇落而变衰。”①被我们今天目之为大诗人的陶渊明在一个草木黄落、鸿雁哀鸣的季节里，用他被疾病折磨得羸瘦的躯体包裹着的诗人心灵，敏锐地预感到生命也将走向一个冬季：“陶子将辞逆旅之馆，永归于本宅。”②虽然“死去何所道，托体同山阿”，然而“亲戚或余悲”[《拟挽歌辞三首(之三)》]，真情难泯灭。只要人类追求生命的意义与价值，那么赋以积极意义与价值的生命必将得到亲人的怀念，也必引得后来者的沉思与追忆。一生执着于真善美，执着于自然、自由与和谐的陶渊明虽然远去了，但他的精神如一颗闪烁的星辰，从中古一直照耀到今天，也必将照耀到将来，为意义追寻者指示路径。不慕名利、看轻浮名的诗人一生顺任自然，乐天委分，参透生命哲理，生前没有看重千秋万岁后的荣辱，也没有看重同时代人对他的褒贬。有意栽花花不发，无心插柳柳成荫。不要虚名的陶渊明在同时代人心中的名声随着他年龄的增长一日日增长起来。

晋宋之际，不管战乱也罢，黑暗也罢，腐朽无耻也罢，笼罩在儒道释文化氛围下的人们还是憧憬着真善美，还是怀揣着一团生命的火光。陶渊明把这团火光积累起来，便引来志同道合者的共鸣与向往，也引来追名逐利者别有私心的褒扬。

尽管陶渊明讨厌名，可我们还需从名入手来探讨陶渊明在同时代的接受情况。

---

① 〔战国〕宋玉：《九辩》，见〔宋〕朱熹集注《楚辞集注》，上海古籍出版社 1979 年版，第 119 页。

② 〔晋〕陶渊明：《自祭文》，见逯钦立校注《陶渊明集》，中华书局 1979 年版，第 196 ~ 197 页。如不特别注明，本书所引陶渊明诗文皆据版本，不再详注。

一

在东晋南北朝，陶渊明主要是闻名遐迩的隐士。

首先，陶渊明是著名的“寻阳三隐”之一。

沈约《宋书·周续之传》云：

> （续之）入庐山事沙门释慧远。时彭城刘遗民遁迹庐山，陶渊明亦不应征命，谓之寻阳三隐。①

稍后，萧统的《陶渊明传》亦云：

> 时周续之入庐山，事释慧远，彭城刘遗民亦遁迹匡山，渊明又不应征命，谓之浔阳三隐。②

据逯钦立《陶渊明事迹诗文系年》，慧远结白莲社在晋安帝元兴元年（402），时刘遗民、周续之皆预之。刘遗民弃官归隐在元兴二年（403），陶渊明辞彭泽令、最后一次归隐在晋安帝义熙元年（405）。③ 而周续之出山在义熙十二年（416），时陶渊明有《示周续之祖企谢景夷三郎时三人共在城北讲礼校书》诗，刘遗民卒于是年之前一年。所以周续之与陶、刘并称“寻阳三隐”当在405年至416年之间。也许当时只出现陶渊明一个隐士，陶渊明在当代未见得引起人们的特别注意，但事实上寻阳同时出现了三个隐士，且以集体的名义被相提并论，这便给我们一个信息，“三隐”之一的传播所及往往便是另外二隐的传播所及，他们彼此借助，所以名声被不断推广，以致朝野皆有所闻。因此刘遗民、周续之这寻阳二隐不能不引起我们的重视。

刘遗民不但在佛界广有影响，而且为朝廷所知，屡召不就，孤隐至死。而周续之虽名为隐士，但俗心难泯。如果说从释慧远而游尚能得到世人原谅，那么“江州刺史每相招请……颇从之游”便被目为“不尚节峻”了④，而后来得刘裕隆遇的事实证明也的确如此。萧统《陶渊明传》载：“后刺史檀韶苦请续之出州，与

---

① 〔南朝梁〕沈约：《宋书》卷九三，中华书局1974年版，第2280页。版本不同，本节不再详注。“寻阳”或作“浔阳”。

② 北京大学北京师范大学中文系、北京大学中文系文学史教研室编：《陶渊明资料汇编》上册，中华书局1962年版，第7～8页。版本下同，本节不再详注。

③ 此据逯钦立《陶渊明事迹诗文系年》，见逯钦立校注《陶渊明集》，第275页。按，陶渊明生卒年众说纷纭，本文取沈约《宋书·陶潜传》六十三岁说，考证、依据多取于逯钦立先生，兼取李华《陶渊明年谱辨证》（收入李华《陶渊明新论》，北京师范学院出版社1992年版）。

④ 〔南朝梁〕沈约：《宋书》卷九三《周续之传》，第2280页。

学士祖企、谢景夷三人，共在城北讲《礼》，加以雠校。所住公廨，近于马队。是故渊明示其诗云：‘周生述孔业，祖谢响然臻；马队非讲肆，校书亦已勤。”①据《资治通鉴》载，义熙十二年（416）八月，檀韶为江州刺史，而这一年正是“寻阳三隐”之一——刘遗民死后第二年，现在随着周续之的出山，“寻阳三隐”中真正是守节自高的隐士只有陶渊明一个人了。周续之所为已非一位真正守节隐士所为，他的隐居生活也难免有欺世盗名之嫌，因此被认为“不尚节峻”。试想当时人们在谈论“寻阳三隐”时，通过对比，人们会更推崇“靖节先生”。沈约在为陶、周二人写的传记中就透露出个中信息。他在批评周“不尚节峻”的同时，大力褒扬靖节先生耻事二主。同刘遗民一样，周续之也在无意中充当了陶渊明在时人接受中的传播媒介，而且同刘遗民相比，由于周续之“不尚节峻”，又同达官贵人、社会名流接触得更广，他在陶渊明的当代接受中起得作用更大。

当周续之追求事功而在江州乃至朝廷名噪一时时，陶渊明也在他相对默默无闻的一生中获得了极高的声誉，因为他本有希望被征召。《宋书·周续之传》：“江州刺史刘柳荐之高祖……俄而辟为太尉掾。”②按刘柳卒于晋安帝义熙十一年六月，则荐续之当在六月以前。《宋书·陶潜传》：“义熙末，征著作佐郎，不就。”又云：“自高祖王业渐隆，不复肯仕。”③故陶渊明可能与续之同时被征，但陶渊明没有去，他以自己的行为选择向世人确证了一个真隐士的自我。正是这个高洁不俗的自我和任真的风度所放出的光辉，在那样一个嘉隐亲遁的时代吸引来了各种各样的人，他们都以自己的方式接受着陶渊明，向陶渊明靠拢。

其次，陶渊明是江州刺史青眼相待的人。

“你方唱罢我登场”，从陶渊明刚出生时的桓冲开始，到大诗人“永归于本宅”时的檀道济为止，其间，江州刺史轮换十多人次（据万斯同《东晋方镇年表》及《宋书》）。作为郡治长官，他们中有几人知道陶渊明？几人同陶渊明有交往？在一个官本位的传统社会里，我们且不可小看了刺史们对陶渊明声名传播、接受的作用。他们上达朝廷，下及百姓，正如鲁迅所云，当一个阔人说好，一群“狭人”也随声附和。用在陶渊明身上，话不无偏激失当之处，但是用以测知江州刺史们对陶渊明声名传播、接受的“贡献”之大，也不失合乎逻辑与事实。

---

① 北京大学北京师范大学中文系、北京大学中文系文学史教研室编：《陶渊明资料汇编》上册，第8页。

② 〔南朝梁〕沈约：《宋书》卷九三，第2280～2281页。

③ 〔南朝梁〕沈约：《宋书》卷九三，第2288～2289页。

至少在30岁以前，陶渊明便为江州刺史耳闻。据万斯同《东晋方镇年表》，此时王凝之为江州刺史(391—397)。如果陶渊明27岁之前曾为州祭酒，那么可能还会为王凝之之前的江州刺史桓伊所知；如果在27岁之后为州祭酒，又加史书记载他在而立之年州召主簿不就，那么当为崇信佛道的刺史王凝之所知。此后，34岁时，陶渊明仕桓玄幕府达三年之久，当为桓玄所知；40岁在刘裕幕下任镇军，41岁为建威参军、彭泽令，或者当为刘裕等人所闻。41岁归田后，陶渊明同刘遗民、周续之并称"寻阳三隐"，当时应已名满江州，其后的刺史如何无忌、司马庾悦、孟怀玉、刘柳、檀韶、王弘、檀道济等当多知陶名。其中史书有明确记载的是王弘、檀道济。他们非但闻知陶渊明，且同陶渊明有或深或浅的交往。

据《宋书·王弘传》，王弘任江州刺史在晋安帝义熙十四年(418)，时陶渊明54岁，距刘遗民卒(415)三年，距周续之出山(416)两年，正是"寻阳三隐"解体后的岁月。据前所论，此时陶渊明在江州的知名度应已极高。所以续之出山后的江州刺史尤其推重"寻阳三隐"之一——陶渊明。

对于王弘同陶渊明的相识、交往，《宋书·陶潜传》、萧统《陶渊明传》、《晋书·陶潜传》都有类似记载：

> 义熙末，征著作佐郎，不就。江州刺史王弘欲识之，不能致也。潜尝往庐山，弘令潜故人庞通之赍酒具于半道栗里要之，潜有脚疾，使一门生二儿舁篮舆，既至，欣然便共饮酌，俄倾弘至，亦无忤也。……尝九月九日无酒，出宅边菊丛中坐久，值弘送酒至，即便就酌，醉而后归。①

义熙末，陶渊明有《于王抚军座送客》诗。《文选》卷二〇有谢瞻《王抚军庾西阳集别时为豫章太守庾被征还东》诗。李善注引沈约《宋书》曰："王弘为豫州之西阳新蔡诸军事、抚军将军、江州刺史。庾登之为西阳太守，入为太子庶子。"又引《集序》曰："谢还豫章，庾被征还都，王抚军送至湓口南楼作。"又注谢宣远诗云："瞻时为豫章太守。"②李公焕《笺注陶渊明集》云："此诗宋武帝永初二年辛酉秋作也。……王弘送至湓口(今浔阳之湓浦)，三人于此赋诗叙别。是必元休(王弘字)要靖节预席饯行……"③

从《宋书·王弘传》所描写的王弘的个性及他同陶渊明以酒相交的方式看，

---

① 〔南朝梁〕沈约：《宋书》卷九三《陶潜传》，第2288页。

② 〔南朝梁〕萧统编，〔唐〕李善注：《文选》，上海古籍出版社1986年版，第979页。

③ 北京大学北京师范大学中文系、北京大学中文系文学史教研室编：《陶渊明资料汇编》下册，第97页。

他们之所以交往接近九年(王弘于426年正月改任扬州刺史)，在于他们的个性有相投之处。此时的陶渊明已是知名隐士，有相当独立的人格和声望，所以王弘主动通过陶渊明的故人庞遵同陶渊明相识，而且王弘还深知陶渊明嗜酒，第一次见面送的礼物便是酒，这说明陶渊明在当时隐士中的声誉及他某些独特的嗜好习惯乃至行为方式已广为人知，包括像王弘这样的高级官员。联想到拉陶渊明与官为西阳太守、太子庶子的庾登之及豫章太守谢瞻同座，陶渊明在王弘心中的地位可想而知，陶渊明这位隐士的声名也可推知。至此，我们可以断言，在王弘为江州刺史期间，陶渊明已名溢江州，为州外之人、朝廷贵官所知。陶渊明被拉送客时，不仅是以名隐士的身份而且是以诗人的身份列席的，谢瞻有诗，陶渊明亦有诗。这说明他的诗或多或少已成为人们注意的因素。

陶渊明同官员们虽有交往，但总是取个性、行为方式、思想情趣与自己相投者相交(如同王弘之交)，绝非滥交，绝不同流合污，绝不有失人格尊严，如同王弘之后的江州刺史檀道济的交往便显出这一点。

据《宋书·文帝纪》，宋文帝元嘉三年(426)夏五月乙未，以征北将军、南兖州刺史檀道济为征南大将军、江州刺史。萧统《陶渊明传》载：

> 江州刺史檀道济往候之，偃卧瘠馁有日矣。道济谓曰：“贤者处世，天下无道则隐，有道则至。今子生文明之世，奈何自苦如此?”对曰：“潜也何敢望圣贤，志不及也。”道济馈以粱肉，麾而去之。①

檀道济同陶渊明的志趣有天壤之别，自难投合。与王弘欲识陶潜形成鲜明对比，王弘深知渊明志趣、嗜好，故能心通，且投其所好；而檀道济则如庄子所云之猫头鹰，以腐鼠为甘食，他不是拿酒，而是拿肉引诱渊明，他不是降低身份以心同陶渊明交往，而是以统治者的身份拿“官话”劝导陶渊明。而陶渊明是固穷守节、淡泊名利之人，难怪陶渊明不买他的账。像檀道济这样的人也欲结交陶渊明，无非是为了借陶渊明的声望来抬高自己，檀道济实在是跟着“阔人”说好的“狭人”。但这从另一方面说明，在江州郡内，此时的陶渊明已成为郡中最高长官所不可忽视的人物，已被看作是一位隐世的贤者。尽管陶渊明自认为“何敢望贤，志不及也”，到陶渊明死时，“近识悲悼，远士伤情”②，也是理所当然了。

---

① 北京大学北京师范大学中文系、北京大学中文系文学史教研室编：《陶渊明资料汇编》上册，第7页。

② 〔南朝宋〕颜延之：《陶征士诔》，见〔南朝梁〕萧统编、〔唐〕李善注《文选》卷五七，第2472页。

陶渊明在生命的最后一段时间里，同王弘、檀道济两位江州刺史的交往极鲜明地显示了陶渊明作为隐士的独特个性。他既不是“不尚节峻”者，也不是“考室林薮”、“绝迹往来，精思禅业”①者，而是一位入世的出世者，是一位固穷守节、淡泊名利而又自甘融入世俗生活、参与群体交往的隐士。即他有一种因随自己的生命个性交接万物的品质，看似拘守于一种理念，在实际行动中却不拘于教条，从心所欲不逾矩，在某种程度上具有佛家“随缘自适”的特点。这便为后来深受佛家文化影响的苏轼等人从禅趣的角度解读陶渊明埋下了种子。

最后，陶渊明是名垂南北朝的“大贤”。

颜延之对陶渊明的人格做了全面而深入的论述。之后，沈约在《宋书·隐逸传》中以所传隐士中最长的文字篇幅第一次记述了陶渊明的生平事迹，在赞赏他高尚的人格时，特别提出了其耻事异代的观点，对后世影响甚巨。萧统、《南史》为陶渊明作传都基本继承了沈约的观点。我们从南北朝与陶渊明有关的有限诗文中，也可以看出陶渊明的隐士声名一直是很高的（详后）。有趣的是当时出现了一本叫《莲社高贤传》的书，书中说慧远送客向不过虎溪，一日与陶渊明及陆修静语道，不觉过溪数百步，虎因大吼，三人相视大笑云。学者们早已辩明这段文字实为不合史实的杜撰②，但它表明了陶渊明作为名隐士在当时人心中的崇高地位，而且古人也大多相信这一记载，所以这一记载成为诗文中熟见的典故。

二

与陶渊明作为隐士的声名相比，他的文名却较小。如果说刘勰《文心雕龙》对刘宋以来的近代文学存而不论，因此没有论及陶渊明，那么萧子显在《南齐书·文学传论》中历评自古而今的五言诗人及沈约作《宋书·陶潜传》皆未论及陶渊明诗，当不是一种偶然现象，它代表了当时普遍的看法。但这并不等于说陶渊明诗文湮没无闻，相反，它正以顽强的生命力在东晋南北朝潜滋暗长，正以独特的魅力在社会上悄悄流传，并获得越来越广泛的关注。

颜延之在《陶征士诔》中提到陶“文取指达”“赋诗归来”。就文学创作的接受而言，由于模拟之风的盛行，从刘宋开始，便流传着一种“彭泽体”，鲍照、江淹

① 〔唐〕释法琳:《辩正论》卷八陈子良注引《宣验记》，见《永乐北藏》整理委员会《永乐北藏》第151册，线装书局2000年版，第474页。

② 参汤用彤《汉魏两晋南北朝佛教史》，北京大学出版社1997年版，第261页。

皆有拟作。如鲍照《学陶彭泽体》云：

长忧非生意，短愿不须多。但使尊酒满，朋旧数相过。秋风七八月，清露润绮罗。提瑟当户坐，叹息望天河。保此无倾动，宁复滞风波。

此诗写于元嘉二十九年(452)秋，当时鲍照约39岁，离陶渊明去世已有25年。鲍照自南兖州任返建康，在义兴奉和王僧达所作。① 王僧达即王弘之子，《宋书》有传。诗分两层，前四后六。前四句感于“人生不满百，常怀千岁忧”(《古诗十九首》)，即陶渊明所谓“世短意恒多”(《九日闲居》)，从反面取意，进而主张如渊明一样“樽中酒不燥”[《杂诗十二首(之四)》]、酒朋乐余生足矣。后六句从眼前秋天月景写起，联想到自己漂泊的仕宦人生，渴望像静立于天上的银河一样超然于风波之上。字里行间充满着迁逝之忧和身世漂泊之感，及对陶渊明式的酒朋相伴、安定欢乐生活的向往。该诗学陶而寓自我情思，虽曰“彭泽体”，而自具个性。鲍照这首拟陶诗在陶渊明接受史上的意义在于他为陶渊明诗文在后代的接受引来了第一丝曙光。从现存史料看，在陶渊明去世后的近三十年里，鲍照是最早注意到陶诗并受其影响的著名诗人，他从感性上把握到了陶诗某些独特的个性，并命之为“陶彭泽体”，从而开启了后世拟陶诗的先河。鲍照还有整首诗受陶渊明影响的作品。如《秋夜二首(之二)》云：

遁迹避纷喧，货农栖寂寞。荒径驰野鼠，空庭聚山雀。既远人世欢，还赖泉卉乐。折柳樊场圃，贞绠汲潭壑。霁旦见云峰，风夜闻海鹤。江介早寒来，白露先秋落。麻垄方结叶，瓜田已扫箨。倾晖忽西下，回景思华幕。攀萝席中轩，临觞不能酌。终古自多恨，幽悲共沦铄。②

按“遁迹避纷喧”“既远人世欢”“荒径驰野鼠”“霁旦见云峰”“瓜田已扫箨”等句直接化于陶之“结庐在人境，而无车马喧”[《饮酒二十首(之五)》]、“弱湍驰文鲂”(《游斜川》)、“三径就荒”(《归去来兮辞》)、“既耕亦已种”[《读山海经十三首(之一)》]，字句、情趣得陶之神。如果说像鲍照《拟古诗八首(之六)》“束薪幽篁里”那样写田园的诗里还充满着寒士呼之即出的悲愤不平之气，那么这首诗里的不平已变得深沉，较类陶诗襟抱矣。但此诗不是亦步亦趋地模拟，而是借鉴、化用陶诗的题材、字句、情趣、神韵，只是雕琢痕迹明显，尚欠自然，所以该诗虽基本出于陶，但根本上还是自己“悲愤”之怀的艺术抒写，如“临觞不能

---

① 参〔南朝宋〕鲍照著、钱仲联增补集说校《鲍参军集注》，上海古籍出版社1980年版，第362～363页。

② 〔南朝宋〕鲍照著，钱仲联增补集说校：《鲍参军集注》，第402～403页。

酌”尤见其与渊明放意饮酒的不同。又如鲍照《拟古八首(之五)》“伊昔不治业”,王壬秋评此诗“微似渊明”①,细索之,此诗实自渊明《拟古九首(之八)》化出,不独怀古意绪一脉相承,且结构、神韵大似。

从鲍照的个别诗句看,偶或见到类似陶诗的蛛丝马迹。如“抚剑远辞亲”②之于陶“抚剑独行游”[《拟古九首(之八)》]、“人生随事变,迁化焉可祈”③之于陶“迁化或夷险,肆志无窊隆”(《五月旦作和戴主簿》)、“提觞野中饮”④之于陶“提壶接宾侣”(《游斜川》)和“提壶抚寒柯”[《饮酒二十首(之八)》]、“安得草木心,不怨寒暑移”⑤之于陶“天地长不没,山川无改时。草木得常理,霜露荣悴之。谓人最灵智,独复不如兹”(《形赠影》)……谢灵运、谢朓、江淹诗也偶见类陶的蛛丝马迹。如,谢灵运《晚出西射堂》“羁雌恋旧侣,迷鸟怀故林”⑥之于陶“羁鸟恋旧林,池鱼思故渊”[《归园田居五首(之一)》]。谢朓《游敬亭山》诗句“缘源殊未极,归径窅如迷”用“桃源”之典,《高斋视事》诗句“暧暧江村见,离离海树出”化用陶《归园田居五首(之一)》“暧暧远人村,依依墟里烟”,“连驾止容膝”用《归去来兮辞》成词。⑦ 江淹也有类似的例子。而且,江淹将拟陶诗列入著名的《杂体诗三十首》序列,对陶诗做了“不评之评”,意义深远。

梁代是陶渊明接受史上一个值得注意的时代。从梁代开始,人们对陶渊明诗文的接受已不仅仅是需要细细辨析的蛛丝马迹,而是开始成为一望即见的疏朗星辰。梁释慧皎《高僧传》卷一四载“陶渊明《搜神录》”云,又卷一〇《晋上虞龙山史宗》载“陶渊明记白土埭遇三异法师”云,知当时有一本署名陶渊明撰的《搜神录》即《搜神后记》在社会上流传。⑧ 陶渊明的诗文更是如此。钟嵘、萧统首先慧眼独具,对陶诗文给予中肯而较高的评价,徐陵《玉台新咏》这样以收情

---

① 〔南朝宋〕鲍照著,钱仲联增补集说校:《鲍参军集注》,第343页。

② 〔南朝宋〕鲍照:《行乐至城东桥》,见钱仲联增补集说校《鲍参军集注》,第372页。

③ 〔南朝宋〕鲍照:《代邦街行》,见钱仲联增补集说校《鲍参军集注》,第203页。

④ 〔南朝宋〕鲍照:《三日》,见钱仲联增补集说校《鲍参军集注》,第398页。

⑤ 〔南朝宋〕鲍照:《赠故人马子乔六首(之三)》,见钱仲联增补集说校《鲍参军集注》,第280页。

⑥ 〔南朝宋〕谢灵运撰,顾绍柏校注:《谢灵运集校注》,中州古籍出版社1987年版,第54页。

⑦ 〔南朝齐〕谢朓著,曹融南校注集说:《谢宣城集校注》,上海古籍出版社1991年版,第240页、第280页。

⑧ 〔南朝梁〕释慧皎撰,汤用彤校注,汤一玄整理:《高僧传》,中华书局1992年版,第524页、第378页。

爱诗为主的总集也收录了一首陶诗（《拟古》“日暮天无云”）。值得指出的是，围绕着萧氏家族和陶渊明故地（含彭泽）形成了两个传播中心。

在陶渊明故地，历史留给我们的只有两个例子，一个是萧秀（详第三章第二节），一个是张正见。萧秀未涉及陶渊明诗文，而张正见则是一名诗人。张正见在梁代做过彭泽令，写过五首与陶渊明明显相关的诗。其中，《秋晚还彭泽诗》《还彭泽山中早发诗》可以肯定是作于彭泽令任内的。前者云：

> 游人及丘壑，秋气满平皋。路积康成带，门疏仲蔚蒿。山明云气画，天静鸟飞高。自有东篱菊，还持泛浊醪。①

此诗虽见出声律的齐整，但用语、情趣自陶《饮酒二十首（之五）》等诗中化出。其他三诗不能确定是否作于梁代，分别用了“武陵桃花”“结宇”“草长三径合……门外无车辙，自可绝公卿”等与陶渊明相关的典故、词句。

萧氏家族对陶渊明表现出特别的喜爱。萧秀敬佩陶渊明为人，他是武帝萧衍的七弟，他的侄辈萧统、萧纲、萧绎皆嗜爱陶渊明其人其文。萧统为陶渊明编集、写序、写传，并在其主持编写的《文选》中第一次选录了陶诗文九篇。萧绎在《金楼子·戒子篇》中专门引用陶渊明《与子俨等疏》里的话来告诫子弟，还说“经纶之才，虽坐三槐，不妨家有三径；接五侯，不妨门垂五柳”②。萧纲爱陶渊明文，“置几案间，动静辄讽味”③。萧统、萧纲、萧绎都有与陶渊明有关的诗文。如萧纲《述羁赋》云：“云嵯峨而出岫”（《全梁文》卷八）陶渊明《归去来兮辞》：“云无心以出岫。”又《答定襄侯饷卧簟书》云：“三伏余炎……高卧北窗。”（《全梁文》卷一一）陶渊明《与子俨等疏》：“北窗下卧。”又《秋晚诗》云：“浮云出东岭，落日下西江。”（《梁诗》卷二一）陶渊明《杂诗十二首（之二）》：“白日沦西河，素月出东岭。”又《听早蝉诗》：“时荫五官柳。”（《梁诗》卷二二）陶渊明《五柳先生传》：“宅边有五柳树。”尤其值得注意的是，围绕在“三萧”周围的文士在梁代或陈代也作有不少与陶渊明相关的诗文。如庾肩吾《赠周处士诗》（一作庾信诗）云：“篱下黄花菊，丘中白雪琴。”（《梁诗》卷二三）沈炯《同庾中庶肩吾周

---

① 逯钦立辑校：《先秦汉魏晋南北朝诗·陈诗》卷三，中华书局1983年版，第2498页。本节所引南北朝隋诗，不特别注明，皆据此书，仅注到卷次。

② 〔南朝梁〕萧绎：《全德志论》，见〔清〕严可均校辑《全上古三代秦汉三国六朝文·全梁文》卷一七，中华书局1958年版，第3049页。本节所引南北朝隋文，不特别注明，皆据此书，仅随正文夹注到卷次。

③ 〔北齐〕颜之推：《颜氏家训·文章》，见王利器集解《颜氏家训集解》，上海古籍出版社1980年版，第276页。

处士弘让游明庆寺诗》云:“擿菊山无酒,燃松夜有香。”(《陈诗》卷一)周弘让《留赠山中隐士诗》云:“忽见茅茨屋,暖暖有人烟。”(《陈诗》卷二)徐陵《山斋诗》云:“桃源惊往客……宁辨汉将秦。”(《陈诗》卷五)庾信作于前期的《明月山铭》云:“宁殊华盖,讵识桃源?”①他们借用了陶《饮酒二十首(之五)》《归园田居五首(之一)》《桃花源记》等诗文中的词句、典故,由此足见“三萧”已成为更大范围内读者的传播中心。

何逊是梁代另一位值得注意的读者。在现存史料中虽找不到他明确提及陶渊明的言论,但他的个别诗作明显受到了陶诗文的影响。在何逊诗作中,“北窗”凡三见。其《登禅冈寺望和虞记室诗》云:“北窗北溱道,重楼雾中出。”(《梁诗》卷九)又《送韦司马别诗》云:“北窗倒长簟,南临夜闻织。”(《梁诗》卷八)这两处“北窗”虽难以遽言得自陶渊明,但《答高博士诗》不同。其诗云:

> 北窗凉夏首,幽居多卉木。飞蝶弄晚花,清池映疏竹,为宴得快性,安闲聊鼓腹。将子厌嚣尘,就予开耳目。(《梁诗》卷九)

全诗写夏日于“幽居”萧然自得之趣,首句即用陶渊明“北窗”之典。何逊诗又有得陶诗田居某些风神者:

> 目想平陵柏,心忆青门瓜。曲陌背通垣,长墟抵狭斜。善邻谈谷稼,故老述桑麻。寝兴从闲逸,视听绝喧哗。(《南还道中送赠刘咨议别诗》,《梁诗》卷八)

> 抚弦乏欢娱,临觞独叹②嗟。凄怆户凉入,徘徊檐影斜。无为淹戚里,见就还田家。(《秋夕仰赠从兄寘南诗》,《梁诗》卷八)

前者用的邵平种瓜之典是陶渊明在《饮酒二十首(之一)》中用过的,“善邻谈谷稼”很容易令人联想到陶《归园田居五首(之二)》“时复墟里人,披草共来往。相见无杂言,但道桑麻长”的意趣,“视听绝喧哗”则又与《饮酒二十首(之五)》“结庐在人境,而无车马喧”有相通之处。后者“见就还田家”以回归“田园”为人生选择,显然是受了陶渊明的启发。

陈代读者直承梁代好称“桃源”,如伏知道《赋得招隐》云“桃花隔世情”(《陈诗》卷九),陈后主《立春日泛舟玄圃各赋一字六韵成篇》云“暖日暖源桃”(《陈诗》卷四),《上巳宴丽晖殿各赋一字十韵诗》云“日照源上桃”(《陈诗》卷

---

① 〔北周〕庾信撰,〔清〕倪璠注,许逸民校点:《庾子山集注》,中华书局1980年版,第700页。

② 叹:底本误作“歡”(欢),应作“歎”(叹)。

四）。而陈后主是与群臣文士宴会赋诗，则渊明诗文当不止为后主一人所知。如江总《于长安归还扬州九月九日行薇山亭赋韵诗》云：“故乡篱下菊，今日几花开？”（《陈诗》卷八）用陶典甚为分明。

徐陵、庾信、颜之推等人将陶渊明传播到了北齐、北周等。徐陵《在北齐与宗室书》用桃源之典云：“昔桃花之峡，长避秦嬴。”（《全陈文》卷七）颜之推在《颜氏家训》中记载了萧纲嗜爱陶渊明诗文的逸事，他必知陶渊明诗文，其《古意二首（之二）》结句“归真川岳下，抱润潜其荣”雅有陶趣。又梁宗室上黄侯萧晔之子萧悫天宝中入北齐，曾与颜之推一起被爱好文艺的北齐后主调至京都①，颜曾赞萧诗“萧散”②，萧悫所作《和司徒铠曹阳辟疆秋晚》流露出了如陶渊明一样“田园聊复归”的志趣，由是知萧悫亦知陶渊明。阳辟疆是阳休之的儿子。阳休之在北齐曾同颜之推同入文林馆，预撰《御览》等类书，还曾在当时流行的三种陶集（其中一种是萧统所编）的基础上编成了十卷本陶集，并作《陶集序录》。又据《北史·卢思道传》载，周武帝平齐后，卢思道在长安与阳休之、颜之推等人同赋《听鸣蝉篇》，思道所作，词意清切，为时人所重。他在诗中用陶典写道“寻源不见已封侯……归去来，青山下，秋菊离离日堪把”（《隋诗》卷一），等等。由此知颜、萧、阳、卢诸人皆熟知陶渊明其人其文，而且彼此熟识。颜、萧为自南入北者，阳、卢为北人（阳曾出使南朝），从颜、萧、阳、卢诸人的关系推测，很可能是在梁代同北齐的友好通使过程中或梁亡后，类似颜、萧的文人或使者将萧统所编陶集等版本传入北齐，使陶渊明诗文得到传播。

庾信等人则把陶渊明诗文带到了西魏、北周。据清人倪璠《庾子山集注》，庾信诗文中至少有12处与陶诗文有明显关系。据北周滕王逌《庾子山集序》，庾信的绝大多数诗文写于后期，庾信后期的诗歌创作逐渐形成了两大鲜明的主题——退隐之思和乡关之思。从其表现退隐之思的作品中可看出受陶诗文影响的痕迹，如其著名的《小园赋》云：

> 虽有门而长闭，实无水而恒沉。三春负锄相识，五月披裘见寻。③

陶渊明《归去来兮辞》云“门虽设而常关”，又《归园田居五首（之二）》云“时复墟里人，披草共来往”，又《移居二首（之二）》云“闲暇辄相思，相思则披衣”。其受陶诗文字句启发一见而知，其实整首诗的隐逸之趣也与陶渊明《归园田居》

① 参李百药《北齐书》卷四五《文苑传序》，中华书局1972年版，第603页。

② 〔北齐〕颜之推：《颜氏家训·文章》，见王利器集解《颜氏家训集解》，第275页。

③ 〔北周〕庾信撰，〔清〕倪璠注，许逸民校点：《庾子山集注》，第25页。

《归去来兮辞》等诗文有着似断实联的关系。其他如《归田》对田园生活的细致描写,《示封中录二首》对庄园景色的简要勾勒,《卧疾穷愁》写“有菊翻无酒,无弦则有琴”似的愁绪,《拟咏怀二十七首(之二十四)》感慨古今沧桑巨变,结云“昔日东陵侯,惟有瓜园在”,《拟咏怀二十七首(之二十五)》感叹“由来千种意,并是桃花源”,表示要饮酒忘世等,都属于类似情况。① 值得指出的是,庾信在诗文中五次写到桃源,除了前文提到的《明月山铭》《拟咏怀二十七首(之二十五)》,还有《咏画屏风诗二十四首(之五)》《奉报赵王惠酒》《徐报使来止得一见》三首。“桃源”在庾信那儿除了比喻美丽的景地,还有非人世所有、子虚乌有的喻义。随着南北文化的交流,陶渊明已广为北方文人所接受,而且北方文人的创作亦曾或多或少地受到陶诗文的影响。

这样,陶渊明的声名便由他的故地逐渐传播到了全国,特别是在隐士声名胜于诗文声名的情况下,他的诗文显示了顽强的生命力。从总的接受情况看,读者用得最多的陶典是“桃源”“五柳”“篱菊”“饮酒”,它们成为一种高雅脱俗、自由旷达的隐居生活或环境的象征。这种现象表明了读者对陶渊明审美情趣的向往,也表明陶渊明的志趣爱好、理想憧憬、生活方式已开始被象征化、模式化,与读者的审美理想有巨大的亲和力,开始获得越来越普遍的文化新义。“青山遮不住,毕竟东流去”②,陶渊明诗文的顽强生命力正以此为起点走向一个更为辉煌的时代。

第二节 在审美时尚中独辟蹊径

陶渊明作为隐士之所以在当时和南北朝获得广泛而极高的赞赏,与这一时期的隐逸之风是分不开的,这方面他人已言之甚详。

陶渊明作为文人之所以被相对忽视,关键是因为陶诗平淡质直的美学风貌与当时注重藻饰、声律的审美时尚难以相合。他不趋奉时俗,时俗也不欣赏他独辟的蹊径。

南朝宋代颜延之与谢灵运并称江左。而颜延之在义熙年间文名已盛,《南

① 〔北周〕庾信撰,〔清〕倪璠注,许逸民校点:《庾子山集注》,第 283 页、第 246 页、第 247 页。

② 〔宋〕辛弃疾:《菩萨蛮·书江西造口壁》,见邓广铭笺注《稼轩词编年笺注》(增订本),上海古籍出版社 1993 年版,第 41 ~ 42 页。

史》卷三四《颜延之传》云：“及武帝北伐，有宋公之授，府遣延之庆殊命。行至洛阳，周视故宫室，尽为禾黍，凄然咏《黍离篇》。道中作诗二首，为谢晦、傅亮所赏。”①按，刘裕北伐及宋公之赐在义熙十二年(416)，当时延之33岁。刘宋开国之初，延之与周续之辩礼于朝廷，“时尚书令傅亮自以文义一时莫及，延之负其才，不为之下，亮甚疾焉”②。谢晦、傅亮权倾一朝，又是当时的文坛领袖，他们对颜延之大加赞赏，而颜延之也自恃才高，不为之下。可见此时颜延之的文名正是大盛之时。他的文名大约一直持续到元嘉初年(424)。按，元嘉三年(426)，谢灵运出为永嘉太守，文名日盛，其每一诗至京师，“贵贱莫不竞写，宿昔之间，士庶皆遍”③。他开始登上“元嘉之雄”的宝座，而“颜延年为辅”。④换言之，以颜延之为代表的时代审美视野在经历了晋末宋初这一时期之后，向以谢灵运为代表的新的时代审美视野转变。所谓审美期待视野指阅读一部作品时，读者的文学阅读经验、审美经验受时代影响而凝成的审美取向或先在的审美趣味。

文至南朝宋代一变，突破玄言诗的质朴无华，追求浓墨重彩。颜延之便是这一变化的先声。《宋书》卷六七《谢灵运传论》云：

> 爰逮宋氏，颜、谢腾声。灵运之兴会标举，延年之体裁明密，并方轨前秀，垂范后昆。⑤

钟嵘《诗品(中)》评颜诗：

> 其源出于陆机。尚巧似。体裁绮密，情喻渊深。动无虚散，一句一字，皆致意焉。又喜用古事，弥见拘束……汤惠休曰：“谢诗如芙蓉出水，颜如错采镂金。”

《诗品序》曰：

> 观古今胜语，多非补假，皆由直寻。颜延、谢庄，尤为繁密，于时化之。故大明、泰始中，文章殆同书抄。⑥

所谓“明密”“绮密”“繁密”“错采镂金”“喜用古事”皆指颜诗摒弃了东晋玄言

---

① 〔唐〕李延寿：《南史》，中华书局1975年版，第877页。

② 〔唐〕李延寿：《南史》卷三四《颜延之传》，第878页。

③ 〔南朝梁〕沈约：《宋书》卷六七《谢灵运传》，中华书局1974年版，第1754页。

④ 〔南朝梁〕钟嵘：《诗品序》，见吕德申校释《钟嵘诗品校释》，北京大学出版社2000年版，第3页。

⑤ 〔南朝梁〕沈约：《宋书》，第1778～1779页。

⑥ 〔南朝梁〕钟嵘撰，吕德申校释：《钟嵘诗品校释》，第91页、第55页。

诗文尚清质的风格，而求浓墨重彩。后代文人“俪采百字之偶，争价一句之奇；情必极貌以写物，辞必穷力而追新”①便受到了这一影响。这种诗虽有繁冗、堆砌之病，但诗文辞理较之玄言诗显明而不玄虚，且喜用古事、多用对偶，典雅不俗。因为这种新的诗歌在时人看来既新颖又易学，所以颜诗能够为时人所赏，且能“垂范后世”。以颜延之为中心形成的“明密”风格一度成为当时诗坛占统治地位的审美期待视野，并影响到他以后的南朝人的审美选择。

而陶诗按当时人的看法是“文体省净，殆无长语”，“文取指达”（颜延之《陶征士诔》），是“质直”的“田家语”②，没文采，也不够典雅，根本不具有“明密”的特点。一句话，陶诗的审美追求同颜延之的审美趣味形成鲜明对比，也难怪颜延之在《陶征士诔》中对陶诗文不加推重。连具备相当审美能力的一代文豪颜延之都发现不了陶渊明诗文的美，其他一般士人就可想而知了。这也是刘宋以后，推崇颜诗的诗人不买陶诗账的原因。

虽然谢灵运诗因“才高词盛”③而“吐言天拔，出于自然”（萧纲《与湘东王书》），但人们在密丽的丛林中时见名章迥句、丽典新声，他的审美追求仍是“密”并益以“丽”。钟嵘《诗品》评其诗“富艳难踪”“寓目辄书，内无乏思，外无遗物”“颇以繁芜为累”。④ 后起诗人鲍照、汤惠休穷力追新，发现了颜谢“雕缋满眼”与“自然可爱”的不同艺术个性，并从谢诗中吸取“自然”的合理内核，借鉴民歌的优秀诗风，独成一派，形成“险俗”的风格，但在形式追求上仍以“雕藻淫艳”⑤为正宗。

所以“元嘉三大家”——颜、谢、鲍所代表的每一诗派的审美期待视野在总体上都迥异于陶渊明质朴平淡的美学追求。当时的文人一般分宗颜、谢、鲍三家。即颜、谢、鲍三人以他们“新奇”而富藻采的诗文满足并造就了当时及其后齐梁读者的审美期待视野。抱有这种审美视野的南朝人自然大多不会发现或推崇与他们视野相去甚远的陶诗。这便是颜延之及其同时代人轻视陶渊明诗文的根本原因。

值得首先补充的一点是，以“元嘉三大家”为代表的诗歌题材和情感与陶渊

---

① 〔南朝梁〕刘勰撰，陆侃如、牟世金译注：《文心雕龙译注》上册，齐鲁书社 1981 年版，第 67 页。

② 〔南朝梁〕钟嵘撰，吕德申校释：《钟嵘诗品校释》，第 87 页。

③ 〔南朝梁〕钟嵘撰，吕德申校释：《钟嵘诗品校释》，第 3 页。

④ 〔南朝梁〕钟嵘撰，吕德申校释：《钟嵘诗品校释》，第 3 页、第 51 页。

⑤ 〔南朝梁〕萧子显：《南齐书》卷五二《文学传论》，中华书局 1972 年版，第 908 页。

明诗文存有差距。颜谢代表的读者群、诗人群多属门阀贵族，关注的题材多是山水、游览、行田、谈玄、说佛、侍宴，而非农村田园风光，是高华清贵的情思，而非平凡而又脱俗的情思，他们是不会欣赏类同“田家语”语的陶诗的，正如贵族总瞧不起平民的“俗气”“野气”。而以身地孤贱的鲍照为代表的寒族诗人群和读者群则更关注艰难的仕途人生，他们关注的题材是与进身更高等级、建功立业紧密相关的军旅、边塞、侍宴、游宦以及艰辛生活中的种种体验。他们虽同陶渊明一样有过田园生活的经验，并有过倦于仕途的想法，但基本上还是选择了仕途功名而非自然田园。田园生活留给他们的主要是“刈黍寒涧阴”(《拟古诗八首(之六)》)式的苦辛，而非摆脱物役的喜悦。他们没有心情像陶渊明一样欣赏田园风光，他们倦于仕途的心情偶或似陶，所以是鲍照而非颜谢首先较多地注意到了陶渊明的存在，当然注意得并不够。

如果从陶渊明自身找原因，我以为这除了其诗文与时代审美趣味格格不入有关，或许也与其诗文创作观念及与之相联系的人生追求、生活方式密切相关。他写文章以抒发自我胸怀，但他主要还是把写诗作文看作隐士生活的一部分。所以他说:“常著文章自娱，颇示己志。”(《五柳先生传》)又云:“既醉之后，辄题数句自娱。”(《饮酒二十首并序》)他写作诗文并不是为了干谒世家大族、干谒当时权贵并以之作为被赏识任用的手段。陶在诗文创作上的“自娱说”与他任真自然的人生追求是一致的。因此他并不趋奉时尚，不追求华词丽藻、雕琢堆砌，而是放弃当时人普遍崇尚的潘(岳)陆(机)文风，直绍汉魏古风。陶渊明对古朴风格的追求与他归隐的生活方式及其对古代民风、隐士的向往又是一致的。一句话，陶渊明文如其人，他作文也走向了“隐”的道路。作文是他隐士生活不可分割的一部分。而当时人重人之隐逸，尚未见重文之“隐逸”。只有到钟嵘时，钟嵘才首先提出“隐逸诗人”的名称，将之作为一个群体现象予以一定注意。但总体来看，社会上对“隐逸诗人”现象是忽视的。张可礼先生在《东晋文艺综合研究》中提出陶渊明诗歌在当时影响不大的原因在于传播意识淡薄、门阀士族的偏见。① 这与一般从当时审美风气着眼相比令人耳目一新。因此，陶渊明诗文传播便失去了有力的媒介，即失去了通过世俗所认同的权要名士的褒扬而被推崇的可能，像颜延之诗曾通过当时文坛领袖谢晦、傅亮的褒扬而身价倍增。但话又说回来，如果陶渊明也走了干谒王侯的道路以抬高自己的诗名，那么我们今天看到的就不是独具一格的陶诗，而是流归“元嘉三大家”的陶诗了。

---

① 参张可礼《东晋文艺综合研究》，山东大学出版社 2001 年版，第 322 ~ 327 页。

最后,陶渊明作为隐士的声名远远压倒了其作为诗人的声名,这是陶诗在当时被忽视的原因,也是陶诗在陶渊明去世后逐渐被有识之士发现并悄然流传、潜滋暗长的原因。中古时期,隐逸行为及其背后的理念逐渐被社会肯定和推崇,作为时代精神中受到普遍赞赏的价值观念向士人精神渗透。对于陶渊明这位远近知名的隐士,人们总是在“想其人德”的同时,自然而然地受其诗文、志趣的影响,这是一个合理的历史悖论。

以往的论者多论到陶渊明诗文不被南北朝人重视的原因就止步不前了,而《陶渊明集》是魏晋南北朝流传至今原貌保持最好的别集之一,这不能不引起我们的思考:在朝代更迭频繁、战火不断的年代,到底是什么原因使陶诗文在当时传播不息?

陶渊明诗文之所以能传而不断,与东晋南北朝是一个崇尚隐逸的时代是密切相关的。首先,隐逸使陶渊明获得了极高的声誉,这从颜延之《陶征士诔》、沈约《宋书·隐逸传》中篇幅最长的《陶潜传》以及萧氏家族人的言论中可以看出。人们在“想其德”的同时,免不了进一步“爱嗜其文”①。这从陶集的传抄情况可以推知。陶渊明在《饮酒二十首》诗前小序中说,他作了诗,“辞无诠次,聊命故人书之,以为欢笑尔”。由此推测,在陶渊明在世时,就可能已有友人或门生等书的陶集抄本了。阳休之在《陶集序录》中说,在萧统编陶集前就已经存在两种本子,这两种本子极可能就是爱陶者的抄本。其次,由于社会动荡,南北朝出现了一大批隐士,他们中的代表被写进了史书。隐士们对陶集的保存与传播起了重要作用。北周武帝建德年间,贺襄以文学为时人所重,“而亦溺于酒德,自方陶潜、故叟。龙门人至今传之,故号君(按:指王绩)为小贺襄。君闻之笑曰:‘我得方贺襄,是不减陶元亮、故伦许,复何所恨?’”②贺襄好酒也好文,不仅在行为上效仿陶渊明,而且在文学上也可能受陶渊明影响,他手头极可能有陶集。从隐逸诗人王绩熟知陶渊明的情况看,王绩手头是有陶集的。像贺襄、王绩这样的隐士由于避世隐居,离战火较远,所以他们保存的陶集不易被毁而得以流传。再次,身处仕途、宫廷的读者也肯定、向往隐逸。一方面由于隐逸本身代表了时代崇尚的价值,另一方面官场凶险,如履薄冰的紧张心灵需要一片放

① 〔南朝梁〕萧统:《陶渊明集序》,见〔晋〕陶渊明撰、逯钦立校注《陶渊明集》,中华书局 1979 年版,第 10 页。

② 〔唐〕吕才:《王无功文集序》,见〔唐〕王绩著、韩理洲校点《王无功文集》前附,上海古籍出版社 1987 年版,序文第 5 页。

松、休息的绿地。像萧统便由于宫廷斗争而深畏其父梁武帝,常在自然山水中获得放松和休息,深会了陶渊明归隐的原因——存道全身,因此对陶诗文爱不释手,为陶诗文的传播做了大量工作。其后,萧纲、萧绎等人爱陶也或多或少有类似的原因。因此,陶诗又得以在官场上传播。

当然,陶渊明诗文本身的魅力是一个基本原因。陶诗作为一种诗体在刘宋时被人模仿,表明陶诗在追求新变的时代提供了一种新质,虽然不同读者的感受不同(比如在题材上,鲍照认同的是饮酒,江淹认同的则是田居),对陶诗之“这一个”却有同感。陶诗开辟的是一条与俗迥异的道路。梁代人对“这一个”做了揭示,其中对陶诗之“真”的批评就具有共同性:钟嵘以为是“笃意真古”①,萧统以为是“旷而且真”②。而梁代人已渐不满于以谢灵运、颜延之等人为代表的繁芜伤真的诗风,主张吟咏情性,追求自然英旨。这在钟嵘、萧统、萧纲、萧绎等人的文论中都有明确的论述。此外,陶诗的“风力”、“风华清靡”、简洁直致也是梁代人所提倡的。因此,陶诗在梁代开始受到许多人的注意、重视,从艺术上看,实在是由于其艺术特性在很大程度上满足了读者的审美需要。

---

① 〔南朝梁〕钟嵘撰,吕德申校释:《钟嵘诗品校释》,第87页。

② 〔南朝梁〕萧统:《陶渊明集序》,见〔晋〕陶渊明撰、逯钦立校注《陶渊明集》,第10页。

第二章　宋齐时期的陶渊明

第一节　颜延之与靖节征士

陶渊明很幸运，后代爱陶者也很幸运，历史给了陶渊明一个莫大的机缘，让他结识了当时名噪文坛的大诗人颜延之(384—456)，而且两人一见如故，结成莫逆。陶渊明死时，颜延之为他作诔。这篇诔文即被萧统《文选》收录的《陶征士诔》。颜延之最早在诔文中把陶渊明的形象展示给后代读者。

一

《宋书·陶潜传》云："颜延之为刘柳后军功曹，在寻阳，与潜情款。"①陶澍《陶靖节年谱考异》云："是柳为江州，实踵怀玉之后，以义熙十一年到官，十二年除尚书令，未去江州而卒。"②刘柳卒于义熙十二年(416)六月③。盖于刘柳在任期间，延之随至寻阳而识渊明。当时渊明居住在寻阳上京里。据上章所论，此时"寻阳三隐"实际上只剩陶渊明一隐。也许是延之到州后，闻"寻阳三隐"之名而今名副其实者仅余陶潜一人，故尤重之。《陶征士诔序》云："虽今之作者，人自为量，而首路同尘，辍途殊轨者多矣。"④他感叹当世隐士真正持节终身的太少了，所以带着景仰之情结识了陶渊明。二人相见恨晚，遂成莫逆。他在《陶征士诔》中回忆这段生活说："自尔介居，及我多暇。伊好之洽，接阎邻舍。宵盘昼憩，非舟非驾。"可见，他们的交往纯粹是一种忘利之交、心灵之约。

---

① 〔南朝宋〕沈约：《宋书》卷九三，中华书局1974年版，第2288页。

② 〔宋〕王质等撰，许逸民校辑：《陶渊明年谱》，中华书局1986年版，第98页。

③ 据〔唐〕房玄龄等撰《晋书》卷一〇《安帝纪》，中华书局1974年版。

④ 〔南朝梁〕萧统编，〔唐〕李善注：《文选》，上海古籍出版社1986年版，第2470页。本节所引颜延之《陶征士诔并序》原文皆据此版本，不再出注。

宋少帝景平二年(424)，被贬为始安郡太守的颜延之经过寻阳时，“日日造潜，每往必酣饮致醉。临去，留二万钱与潜，潜悉送酒家，稍就取酒”①。“物忌坚芳，人讳明洁。”②遭嫌外徙的颜延之在历史上找到了屈原作为知音③，而在现实中则找到了陶潜作为知音。中国传统知识分子在魏晋时期由于受老庄文化、时世变化的影响，不论在朝或在野皆生嘉隐慕遁之思。仕途遇挫的颜延之对归隐更是深有感触，他在灵魂深处读懂了陶渊明的选择，读懂了这位隐士的“坚芳”“明洁”，况且知音难逢，不久又要面临令人黯然销魂的离别，所以“日日造潜，每往必酣饮致醉”，而陶渊明本人平日饮酒亦“期在必醉”(《五柳先生传》)，他们在一起体验到了“酒中有深味”[《饮酒二十首(之十四)》]。同心之言，其臭如兰。颜延之在《陶征士诔》中回忆这段生活说：“念昔宴私，举觞相诲。独正者危，至方则碍。哲人卷舒，布在前载。取鉴不远，吾规子佩。尔实愀然，中言而发。违众速尤，迕风先蹶。身才非实，荣声有歇。睿音永矣，谁箴余阙?”(按：一般认为这是颜延之对其与陶第一次相识情形的回忆。但细味此语之意，与《祭屈原文》之意相近。又以“念昔”引起，故有别于“自尔介居，及我多暇。伊好之洽，接阎邻舍。宵盘昼憩，非舟非驾”一段文字。)二人同心，其利断金。当友谊建立到生命与灵魂的潜层，自我之外的东西都已轻若浮云，所以颜延之“临去，留二万钱与潜”，而陶渊明也不以为是嗟来之食，慨然接受。但他并不如一般人那样只把这钱看作物质上的接济，而是看作精神上的接济，“悉送酒家，稍就取酒”，在一次次的取酒酣饮中体味友谊和生命之真。颜延之的金钱与后来檀道济的“粱肉”具有完全不同的意义。而陶渊明对“粱肉”和“金钱”的去取态度鲜明地体现了他作为高尚隐士的独特个性特征：重真情而鄙假意。六百年之后，陶渊明的又一知己苏东坡最了解其中的奥秘，因此他在《和陶贫士七首(之三)》中咏道：“忽饷二万钱，颜生良足钦。急送酒家保，勿违故人心。”④

颜、陶之间的友谊一直持续到他们的生死之别。宋文帝元嘉四年(427)，中古文坛一颗璀璨的明星悄然滑落了。若不是在当时被推为文坛霸主之一的颜

① 〔南朝宋〕沈约：《宋书》卷九三《陶潜传》，第2288页。

② 〔南朝宋〕颜延年：《祭屈原文》，见〔南朝梁〕萧统编、〔唐〕李善注《文选》，第2606页。

③ 〔唐〕李延寿《南史》卷三四《颜延之传》载延之此时作《祭屈原文》，中华书局1975年版。

④ 〔宋〕苏轼撰，〔清〕王文诰辑注，孔凡礼点校：《苏轼诗集》第七册，中华书局1982年版，第2138页。

延之为他作诔,或许他真的要湮没无闻了。《文选·陶征士诔》李善注引何法盛《晋中兴书》曰:"延之为始安郡,道经寻阳,常饮渊明舍,自晨达昏。及渊明卒,延之为诔,极其思致。"①和陶渊明同时代的其他人一样,他的好友颜延之在诔文中也主要把他看作"南岳之幽居者"。颜延之运用儒家、道家及当时玄学的道德标准对陶渊明的为人给予了崇高的评价,对陶渊明出仕、归隐的原因做了初步揭示,对陶渊明的生平、生活做了简略记述,还略微提到了陶渊明的诗文。颜延之在《陶征士诔》中对陶渊明的评述深深地影响了同时代及后代陶渊明的接受者。

二

中古时期,"学者以《庄》《老》为宗,而黜《六经》"②,盛行以道家、玄学的价值标准品评人物的风气。流风所及,颜延之对陶渊明为人的评价也使用了道家、玄学的价值标准。在颜延之看来,陶渊明这位"南岳之幽居者"身上有着独特的道玄精神风貌,即有着与道家思想和玄学旨趣相契合,以个体的独立、自由、超脱尘俗为旨归的个性特征。归纳起来,陶渊明身上占主导地位的道玄精神风貌主要有以下几点:

首先是"远"。颜延之在《陶征士诔》中云,陶潜"道不偶物,弃官从好。遂乃解体世纷,结志区外,定迹深栖,于是乎远"。"远",从居住地上看,指远离喧嚣的世俗住区,"定迹深栖"于"南岳";从精神上看,指生活的旨趣、心灵的憧憬与追名逐利之徒存在着距离,不偶于俗,"结志区外"。

"远"的自然意义是就时空距离而言。先秦典籍多在形而上的抽象意义上使用它。在《老子》一书中,"远"被用来形容"道"③,指道的运行无所不至、穷极天地万物、超出天地万物。"远"还有深奥微妙的意义,如《易传》云:"夫《易》彰往而察来……其称名也小,其取类也大。其旨远。其辞文。"④"远"的意义在汉代就已由形而上的哲学意义向价值意义转变。司马迁在《史记》卷八四《屈原

---

① 〔南朝梁〕萧统编,〔唐〕李善注:《文选》,第2469页。

② 〔晋〕干宝:《晋纪·总论》,见〔清〕严可均校辑《全上古三代秦汉三国六朝文·全晋文》卷一二七,中华书局1958年版,第2192页。

③ 《老子·第二十五章》:"吾不知其名,字之曰道,强为之名曰大。大曰逝,逝曰远。"见冯达甫译注《老子译注》,上海古籍出版社1991年版,第60页。本节所引《老子》原文皆据此版本,不再出注。

④ 高亨:《周易大传今注》卷五,齐鲁书社1979年版,第580~581页。

贾生列传》中评屈原辞赋“其称文小而其指极大，举类迩而见义远”①，这里的“远”指文义意味深长、意义远大。到魏晋时期，“远”的价值又得到固定，被普遍用以评价有脱俗旨趣的名士。《世说新语·德行》云：“晋文王称阮嗣宗至慎，每与之言，言皆玄远，未尝臧否人物。”②《世说新语·赏誉》载裴令公“见山巨源，如登山临下，幽然深远”③。魏晋易代之际，迫于司马氏的高压统治，正直的名士们厌恶现实中的丑恶，又在实践中找不到出路，便在精神上与现实生活保持一定的心理距离，“越名教而任自然”。他们“出言玄远”、神情“深远”都是迫于政治气候而在精神上形成的一种道家精神风貌。后人推崇他们的人格和风神，便不断学习和模仿，使“远”不但具有人格与风神的内涵，而且带有更广泛意义上超越世俗的含义乃至审美的含义。《世说新语·文学》载阮孚每读郭璞“林无静树，川无停流”“辄觉神超形越”④。“形超神越”即一种审美感觉上的“远”，它与在人格、风神上与世俗保持极大距离的“远”是一致的，或者说，前者是后者的审美外化，是对后者的审美体验。

陶渊明在他的生活和诗文中追求的就是这种“远”的境界。“远”在陶渊明这里首先是一种心理努力，《饮酒二十首（之七）》云“泛此忘忧物，远我遗世情”，诗人要努力忘却的是束缚人心灵自由的“世情”，与现实生活拉开距离。其次是一种心灵的境界，《饮酒二十首（之五）》云：“问君何能尔？心远地自偏。”《晋故征西大将军长史孟府君传》云：“至于任怀得意，融然远寄。”《读史述九章》叹张长公曰：“远哉长公，萧然何事？”这种境界就是远离世俗车马喧嚣，从而在心灵上与之保持一定距离的自由心境。这种“远”的心境进一步发展到“忘天”（《连雨独饮》），与自然融为一体，忘却万物，与束缚人真性的文明观念保持心理距离，类似于庄子所谓的“黜聪明，堕形体”“心斋”“坐忘”的境界，是陶渊明追寻的最高的“真”的境界。所不同的是他把庄子的凝神静虑转化为平凡的日常生活，将玄思默想融入平淡无奇的生活方式之中。饮酒可以“忽忘天”，采菊东篱、远望南山也可以得“真”意，这便是陶渊明实践着的最平凡又最高妙的

---

① 〔汉〕司马迁：《史记》，中华书局1959年版，第2482页。

② 〔南朝宋〕刘义庆著，〔南朝梁〕刘孝标注，余嘉锡笺疏，周祖谟等整理：《世说新语笺疏（修订本）》，上海古籍出版社1993年版，第17页。

③ 〔南朝宋〕刘义庆著，〔南朝梁〕刘孝标注，余嘉锡笺疏，周祖谟等整理：《世说新语笺疏（修订本）》，第422页。

④ 〔南朝宋〕刘义庆著，〔南朝梁〕刘孝标注，余嘉锡疏，周祖谟等整理：《世说新语笺疏（修订本）》，第256～257页。

“远”的境界。“远”是对“真”境界的心理努力,也是对静态的真的境界的动态描述。

可以说,只因“远”,才能获得个体的独立与自由。“韬此洪族,蔑彼名级”(《陶征士诔》),“不慕荣利”,“忘怀得失”,“不戚戚于贫贱,不汲汲于富贵”(《五柳先生传》),在“介居”的生活中,从事自己喜好的事情,实现自己的个性追求。可以“泛览周王传,流观山海图”(《读山海经十三首(之一)》),在“子不语”的“怪力乱神”中获得精神上的愉悦①;可以在“晨烟暮蔼,春煦秋阴”之时,“陈书辍卷,置酒弦琴”(《陶征士诔》),“陶然自乐”,忘忧忘俗,满足自己“性乐酒德”的志趣。

颜延之在《陶征士诔》中指出陶渊明的“远”既是一种空间距离,也是一种心理距离、精神距离,是两种意义的融合与统一。实际上,陶渊明正是借自然意义上的“远”来达到精神意义上的“远”,否定和拒斥社会现实,向往和憧憬自然田园,从而建立起一种“高蹈独善”的精神家园,完成自己的人生追求,实现自我之人生价值的。

其次是“简”。颜延之在《陶征士诔》中称陶渊明“简弃烦促,就成省旷”,又曰“廉深简洁”,又曰“博而不繁”。在先秦时,简就有简约不繁的意思②,先秦道家摒弃儒家提倡的繁文缛节,更是把简约不繁推向极致,推崇“拙讷”“无为”③,把言行的简约发展到任其自然、不用任何人为努力的地步。

两汉经学却走向了简的反面,变得烦琐迂阔。《汉书·艺文志》云:“博学者又不思多闻阙疑之义,而务碎义逃难,便辞巧说,破坏形体,说五字之文,至于二三万言。”又《儒林传赞》云:“一经说至百余万言。”④从东汉末年始,至魏晋时期,文人学士渐不满此种学风,摒落汉儒注经繁琐之弊,用传解经,以简驭繁。随着儒学的衰落,时人又突破儒经到老庄之学中寻求现实的出路。由此产生的玄学崇庄老之义,更是弃繁就简。其突出表现是在政治上推崇无为之治,在学风上推崇“清通简要”⑤。

在评价人物方面,“简”除了有辞令言简意赅之义,又有直率任性、不求礼节

① 杨伯峻译注:《论语译注》,中华书局2009年版,第71页。

② 参《论语·雍也》第二章“仲弓问子桑伯子”。

③ 参《老子》第二章、第二十四章、第四十五章。

④ 〔汉〕班固:《汉书》第六册、第十一册,中华书局1962年版,第1723页、第3620页。

⑤ 〔南朝宋〕刘义庆著,〔南朝梁〕刘孝标注,余嘉锡笺疏,周祖谟等整理:《世说新语笺疏(修订本)》,第216页。

繁缛、不作隐瞒虚饰之义。《世说新语·任诞》云:“阮宣子常步行,以百钱挂杖头,至酒店,便独酣畅。虽当世贵盛,不肯诣也。”注引《名士传》曰:“修性简任。”①阮修行为力求简单任性,被归于“任诞”之列。而与这种行为有类似特点的一类事却被单独归于“简傲”之列。《世说新语·简傲》所记名士的言行特点偏于“傲”,但也有“简”的特点。第三条云:(钟会去见打铁的嵇康,)“康扬槌不辍,傍若无人,移时不交一言。钟起去,康曰:‘何所闻而来?何所见而去?’钟曰:‘闻所闻而来,见所见而去。’”又第六条云:“王平子出为荆州,王太尉及时贤送者倾路。时庭中有大树,上有鹊巢。平子脱衣巾,径上树取鹊子。凉衣拘阂树枝,便复脱去。得鹊子还,下弄,神色自若,傍若无人。”②这种怪诞的言行中除有态度轻慢、不考虑自己的言行是否会引起他人的不满或惊诧的一面(即“傲”),还有直率任性、从容自如、不拘礼节、不作隐瞒虚饰的一面(即“简”)。

颜延之评陶渊明为人崇简,在言辞上是说陶渊明不以言辞修饰自己,心想何物便说何话,决不巧言令色。陶渊明喝醉了酒,在别人家便“曾不吝情去留”(《五柳先生传》),在自家便直说:“我醉欲眠,卿可去!”想做官了便说:“聊欲弦歌,以为三径之资,可乎?”不想做官了,便直说:“我不能为五斗米折腰向乡里小人。”③这些直率任性的言行同《世说新语》所记“简傲”一类是一脉相承的,只是将“傲”的一面由矫情放诞转向了真情流露而已。在言辞上,“简”有时又表现为“在众不失其寡,处言愈见其默”(《陶征士诔》),即渊明评褚裒之“简穆”之谓(《晋故征西大将军长史孟府君传》)。“简”表现在读书上就是“好读书,不求甚解。每有会意,便欣然忘食”。这同南方人在做学问方面之崇尚“清通简要”是一致的。读书只求得意,得意即可忘言,再不作深究,不像汉儒一样牵强附会、做繁琐的注释。在日常生活中,“简”表现为力求简单从容,摒弃繁琐与紧张。简单即颜延之在《陶征士诔》中所谓“存不愿丰,没无求赡。省讣却赙,轻哀薄敛”。从容即不为世事所累,过一种自由自在的田园生活:“园日涉以成趣,门虽设而常关。策扶老以流憩,时矫首而遐观”(《归去来兮辞》);或“五六月中,北窗下卧,遇凉风暂至,自谓是羲皇上人”(《与子俨等疏》);或“忽与一觞酒,日夕欢相持”[《饮酒二十首(之一)》];或“闲暇辄相思;相思则披衣,言笑无厌时”

① 〔南朝宋〕刘义庆著、〔南朝梁〕刘孝标注,余嘉锡笺疏,周祖谟等整理:《世说新语笺疏(修订本)》,第736页。

② 〔南朝宋〕刘义庆著,〔南朝梁〕刘孝标注,余嘉锡笺疏,周祖谟等整理:《世说新语笺疏(修订本)》,第766页、第770页。

③ 〔南朝梁〕沈约:《宋书》卷九三《陶潜传》,第2287~2288页。

[《移居二首(之二)》]。

“简”的生活作风和精神追求固然与陶渊明贫困的物质生活分不开,但也是诗人的个性使然。陶渊明一生求“真”,“任真无所先”,又“性刚才拙,与物多忤”,不愿说委婉之辞、行违心之事,于是追求一种简单朴素而又直率任性的生活。

最后是“旷”。颜延之在《陶征士诔》中评陶“简弃烦促,就成省旷”,“亦既超旷,无适非心”。“省”即“简”的意思,“超”是“远”的表现;“旷”与“简”“远”是相互联系的。三者皆指超尘拔俗,与现实功利保持一定距离。但如果说“远”偏重于对理想境界的努力与追求,“简”偏重于当下生活的作风与方式,那么“旷”则偏重于对心胸的描述,指心胸的开阔无碍(详第三章第二节)。

可见,颜延之立足于当时品评人物的标准,以远、简、旷评陶渊明是抓住了陶渊明的风神个性的。

三

如果说“远”“简”“旷”主要体现了陶渊明“任自然”的道玄精神风貌,那么“独善其身”则主要体现了陶渊明的儒家道德人格。儒家的道德人格修养自儒家思想诞生之日起便被划分为两种完成途径。一种是社会的途径,即“达则兼善天下”;一种是个人的途径,即“穷则独善其身”。前者旨在“修身齐家治国平天下”,在社会生活中完成自我、实现自我;后者则旨在固穷守节、安贫乐道,在个体生活中通过自我的节操、言行影响世风,从而完成自我、实现自我。

在颜延之看来,陶渊明就属于“独善其身”者,是一位走着通过个体自救从而救人(使风俗淳化)之道路的隐者。陶渊明的儒家道德人格即以儒家的道德规范自觉进行自我约束、自我修养并终生奉行的稳定性个性特征,是在“独善”的过程中实现的,是在安贫乐道的隐居生活中实现的。

颜延之《陶征士诔》云:“若其宽乐令终之美,好廉克己之操,有合谥典,无愆前志。故询诸友好,宜谥曰靖节征士。”又云其“仁焉而终,智焉而毙”,“旌此靖节,加彼康惠”。与站在道家角度评价陶渊明的道家精神风貌不同,颜延之是站在儒家角度评价陶渊明的道德人格的,“靖节”二字实际上主要是对陶渊明儒家道德人格的褒扬。儒家最高的道德人格是“仁”。子曰:“克己复礼为仁。”(《论语·颜渊》)而仁者“爱人”(《论语·颜渊》)是在人与人的关系中体现出来的。对于不同的人与人间的理想关系,儒家又用不同的道德价值范畴进行评价。从颜延之《陶征士诔》来看,儒家“仁”的精神在陶渊明身上首先表现为“孝”。《陶征士诔》云“孝惟义养”，又云“母老子幼，就养勤匮。远惟田生致亲之议，追悟毛子捧檄之怀”。“弟子入则孝，出则悌。”（《论语·学而》）“孝弟（悌）也者，其为仁之本与！”（《论语·学而》）把陶渊明归隐的原因归结为儒家首先注重的道德要求“孝”，这便在大节上肯定了陶渊明身上“仁”的精神。

其次，《陶征士诔》又云：“睦亲之行，至自非敦。然诺之信，重于布言。”李善注引《周礼》曰：“二曰六行：孝、友、睦、姻、任、恤。郑玄曰：睦亲于九族。”又注引《汉书》曰：“季布，楚人也。谚曰：得黄金百斤，不如得季布一诺。”①可见颜延之认为陶渊明不仅把亲戚关系处理得好，合乎儒家“睦”的标准，而且把邻里关系、朋友关系也处理得很好，合乎儒家“信”“义”的道德标准。从陶渊明诗文中看，这也是符合实际的。他对从弟敬远、胞妹程氏都一往情深，与邻人朋友“话桑麻”、析“疑义”、诗文酬唱、饮酒谈天，娓娓不倦，深得信赖。所以“世霸虚礼，州壤推风”，陶渊明死时，“近识悲悼，远士伤情”。

再次就是“好廉克己”。颜延之在《陶征士诔》中评陶曰：“畏荣好古，薄身厚志。”孔子在《论语·述而》中曰：“信而好古。”陶渊明一生向往古风，不慕荣利，是为“好廉”；“居备勤俭，躬兼贫病”，虽遭种种考验，如朝廷征召著作郎、生活中贫困的再三打击等，但终守志不移，奉行自己的道德信条，克制自我的物质欲望，可谓“克己”。子曰：“岁寒，然后知松柏之后雕也。”（《论语·子罕》）陶渊明可谓好廉克己、有节操。这就是陶渊明身体力行而且颇为自信的“固穷节”（《癸卯岁十二月中作与从弟敬远》）。

但是颜延之以为陶渊明虽然“居备勤俭，躬兼贫病”，但并“不戚戚于贫贱”。陶渊明身上有儒家安贫乐道的精神，而且终生奉行。这便是所谓“宽乐令终之美”，“智焉而毙”之“智”。颜延之认为这种精神作为一种道德人格表现，除了受道家思想的影响，主要受儒家思想的影响。所以颜延之《陶征士诔》曰：“人否其忧，子然其命。”子曰：“一箪食，一瓢饮，在陋巷，人不堪其忧，回也不改其乐。”（《论语·雍也》）又曰：“饭疏食饮水，曲肱而枕之，乐亦在其中矣。不义而富且贵，于我如浮云。”（《论语·述而》）贫困的物质生活并不能束缚因与“仁”为伍而获得的自由心灵。

陶渊明在物质上虽然贫困，但在精神上是富有的。除了因深味道家精神而获得心灵解脱的自由，尚有因屡践儒家道德规范、保持自我终生高洁节操而获得的精神充实感。陶渊明在他的归隐生活中实践了儒家的道德人格，而这是在

① 〔南朝梁〕萧统编，〔唐〕李善注：《文选》，第2472页。

当时的社会政治生活中所不能实现的,所以他因自己得以实现自我的价值追求而安贫乐道。颜延之对此是有一定认识的。

颜延之对陶渊明的道德评价还采用了儒家中庸的原则。《陶征士诔》云陶渊明"贞夷粹温。和而能峻,博而不繁";又曰"不隘不恭";并记陶渊明的言论云"独正者危,至方则碍。哲人卷舒,布在前载","违众速尤,迕风先蹶"。孔子曰:"中庸之为德,其至矣乎!"(《论语·雍也》)又曰:"过犹不及。"(《论语·先进》)孔子"温而厉,威而不猛,恭而安"(《论语·述而》)。在颜延之看来,陶渊明较好地表现了儒家中庸的精神,所以用相反相对的儒家道德观念来评价陶渊明的个性。这也是陶渊明儒家道德人格的组成部分。

虽然我们在上文中对陶渊明的道家精神风貌和儒家道德人格分开进行论述,其实不论是在陶渊明身上,还是在《陶征士诔》中,两者都是有机统一在一起的。颜延之在《陶征士诔》中对陶渊明为人的评价采用了儒道兼宗的态度,他并没有把陶渊明说成是一个纯粹的道家思想的实践者或者儒家思想的奉行者,而是一位"靖节征士",是把儒道思想灌注成自我个性的活生生的人。颜延之《陶征士诔》云陶氏"高蹈独善"。"高蹈"偏于道家,"独善"则偏于儒家,两词合一,统一于陶渊明的为人。这种评价方式与当时玄学中儒道融合的趋势是紧密相连的。

总之,透过颜延之对陶渊明为人的评价,我们可以认为陶渊明的精神人格有两大基石,即道家精神和儒家精神。陶渊明以自己的个性吸取了两家精神中与自己追求相契合的成分,并用生命进行了成功的实践,从而成为自己独具的生活方式和精神个性。作为陶渊明的生前好友、陶渊明生活与为人的见证人,颜延之以当时的道德标准首先对陶渊明的生活方式和精神个性进行了描述,成为后来陶渊明接受者测知陶渊明为人的主要依据。

受时代限制,颜延之虽对陶渊明诗文的评价不高,但是他对陶渊明为人的评价很高,而且对陶渊明为人的评价不但影响了后代接受者对陶渊明为人的评价,也影响了对陶渊明诗文的评价。特别是颜延之对陶渊明道家精神风貌的揭示更是如此。因为陶渊明身上有着文如其人的特点,所以颜延之稍后的人评陶渊明诗文的特点也与颜氏评陶渊明为人有着惊人的相似。如钟嵘以"笃意真古""文体省净,殆无长语"评陶渊明诗文①,萧统以"论怀抱则旷而且真"评陶渊明,与颜氏评陶渊明为人是极为一致的。从某种意义上说,是颜延之评陶渊明

---

① 〔南朝梁〕钟嵘撰,吕德申校释:《钟嵘诗品校释》,北京大学出版社2000年版,第87页。

为人影响了后代接受者评陶渊明诗文。

四

颜延之在《陶征士诔》中还论及陶渊明出仕、归隐的原因及其诗文的特点。

关于出仕的原因，颜延之《陶征士诔》云：“少而贫病，居无仆妾。井臼弗任，藜菽不给。母老子幼，就养勤匮。远惟田生致亲之议，追悟毛子捧檄之怀。”颜延之认为陶渊明出仕的原因主要有二：一是生存的需要，一是“孝”养。

生存的需要是人类的基本需要，也是人类行为最深层的动因。人只有基本满足了这一基本生命需要，才能从事其他精神、文化活动。陶渊明毫不讳言自己出仕的基本动因是生存的需要。其《饮酒二十首（之十九）》云：“畴昔苦长饥，投耒去学仕。”《归去来兮辞序》云：“余家贫，耕植不足以自给。幼稚盈室，瓶无储粟，生生所资，未见其术。亲故多劝余为长吏，脱然有怀……公田之利，足以为酒，故便求之。”陶渊明的言辞是坦率的，丝毫没有虚伪的自饰。但同时我们要看到陶渊明出仕的这种动因是与其他原因紧密联系在一起的。由于生活在一个高度推崇伦理道德和家庭义务的文化国度，所以陶渊明摆脱不了对家人义不容辞的责任。再加上他对家人充满爱心，人在仕途尚想“一欣侍温颜”[《庚子岁五月中从都还阻风于规林二首（之一）》]，儿子刚出生便希望他们长大了有所作为（《命子》），具有仁爱精神的陶渊明怎忍心看着家人为基本生存需要的匮乏而承受身心的双重折磨？陶渊明为生存而出仕的举动中又深深渗透了中国传统文化的价值观念。颜延之之所以特别突出“孝”的观念，是因为在当时人看来，满足“孝”这一价值需要是人生的最高精神需要，“孝”为“仁”之本（《论语・学而》），其他都在其次。《世说新语》记载了那么多任诞不羁的名士，尽管他们在行为上有违礼法，但许多人都“性至孝”。如《世说新语・德行》第26、29、42、45、46、47条及《世说新语・识鉴》第10条都提到并推崇“性至孝”的名士。社会舆论和自我心灵都使真性情的人奉“孝”为人生价值第一要义，生活在封建文化背景下的陶渊明也是如此。在这一点上，颜延之抓得比较准，而且也受了时代价值标准的影响。

至于陶渊明出仕的另一原因则是更高层次的精神需要：通过建功立业、兼济天下以实现自我的需要，颜延之倒未提到。陶渊明虽处在个性觉醒的时代，但并未抛弃两汉时代的传统价值观念。陶渊明少年时即“猛志逸四海”[《杂诗十二首（之五）》]，只是由于艰难生活的压力，他才把这“猛志”压在心底，而只言出仕是为了生存和“孝养”。特别是在母亲孟氏去世以后，为实现“孝”养而出仕的想法随之消失，为了建功立业而出仕的想法则由潜层上升到显层。四十岁左右时，陶渊明还想一展宏图大志。但是各种因缘条件阻碍了他在仕途中实现自我价值的途径，所以他退而“独善其身”。这也就是颜延之《陶征士诔》推崇的“高蹈独善”。

关于陶渊明“高蹈独善”的原因，颜延之《陶征士诔》提到了两点。

首先是“道不偶物，弃官从好”，即陶渊明的归隐是其个性所致。这也是符合陶渊明在诗文中的自白的。陶渊明在作州祭酒时“不堪吏职，少日，自解归”①，自云：“是时向立年，志意多所耻。遂尽介然分，终死归田里。”［《饮酒二十首（之十九）》］他仕于桓玄幕府时，又云：“静念园林好，人间良可辞。当年讵有几，纵心复何疑！”［《庚子岁五月中从都还阻风于规林二首（之二）》］“诗书敦宿好，林园无世情。如何舍此去，遥遥至南荆。”“商歌非吾事，依依在耦耕。投冠旋旧墟，不为好爵萦。”（《辛丑岁七月赴假还江陵夜行涂口》）他作镇军参军时云：“弱龄寄事外，委怀在琴书。”“目倦川途异，心念山泽居。望云惭高鸟，临水愧游鱼？真想初在襟，谁谓形迹拘。聊且凭化迁，终返班生庐。”（《始作镇军参军经曲阿》）他作建威参军时云：“伊余何为者，勉励从兹役？一形似有制，素襟不可易。园田日梦想，安得久离析。终怀在壑舟，谅哉宜霜柏。”（《乙巳岁三月为建威参军使都经钱溪》）他做彭泽令时又云归隐是由于“质性自然，非矫厉所得。饥冻虽切，违己交病。尝从人事，皆口腹自役。于是怅然慷慨，深愧平生之志”（《归去来兮辞序》）。由此可见，陶渊明归隐是为了实现自己的个性追求。

其次，颜延之认为陶渊明归隐是由于对古代贤达归隐行为的个体心灵感悟。《陶征士诔》云：“长卿弃官，稚宾自免。子之悟之，何悟之辩？”这一感悟是基于对社会和自我的认识，故《陶征士诔》又云“独正者危，至方则碍”等。这虽是渊明规劝延之的话，但也可看作是陶氏之所以归隐的自白之语。

反观历史，方正刚介之士因看不惯现实，往往出言“违众”，发语“迕风”，自致祸害。陶渊明有自知之明，故曰“性刚才拙”，又有社会之知，故曰“羲农去我久，举世少复真”［《饮酒二十首（之二十）》］。“自真风告逝，大伪斯兴，闾阎懈廉退之节，市朝驱易进之心。”（《感士不遇赋序》）生活在这样一个动乱无道的社会中，如果放任自己违俗的个性在社会上闯荡，必遭后患。明哲保身，见微知著，趋利避害，古之贤达早已做出榜样，陶渊明从他们身上悟出了人生进退保身

① 〔南朝梁〕沈约：《宋书》卷九三《陶潜传》，第 2287 页。

的哲理,其《归去来兮辞》云:“悟已往之不谏,知来者之可追;实迷途其未远,觉今是而昨非。”陶渊明看到了个体生命的宝贵,于是抛弃进入社会建功立业的想法,觉得“商歌非吾事”(《辛丑岁七月赴假还江陵夜行涂口》),做出了“畏荣好古,薄身厚志”的坚定选择。

这是“明哲保身”,也是“高蹈独善”。这种选择如果变成了矢志不移的人生追求,在世时可以使“世霸虚礼,州壤推风”,去世时可以使“远识悲悼,近士伤情”。这种行为可以激贪厉俗、淳化世风,有益于天下,必当垂名后世。这也就是陶潜所谓“养真衡茅下,庶以善自名”(《辛丑岁七月赴假还江陵夜行涂口》)。可见陶渊明的“明哲保身”不是苟且偷生,而是以对社会、历史的深刻认识和负责为前提的,它立足于个体自我,又超越了自我。

从“独善”这个意义上看,陶渊明的“淹留”是“有所成”(《九日闲居》)的。可见陶渊明归隐也有儒家思想方面的原因。颜延之在《陶征士诔》中虽未明确提出这一点,但所云“道必怀邦”已点到。

关于陶渊明的诗文,颜延之在《陶征士诔》中只提到两句八字——“文取指达”“赋诗归来”。实际上,只有“文取指达”是评论性文字。孔子在《论语·卫灵公》中曰:“辞达而已矣。”《陶征士诔》评陶诗文正是“辞达”之意,即陶诗文文意清晰明了、能够达意。刘勰《文心雕龙·诔碑》曰:“诔者,累也;累其德行,旌之不朽也。”“详夫诔之为制,盖选言录行,传体而颂文,荣始而哀终。论其人也,暧乎若可觌;道其哀也,凄焉如可伤,此其旨也。”①颜延之在《陶征士诔》中对陶渊明的德行大加赞扬,对其文章却一笔带过。该历史时期的其他诔文也主要评论人的德行,对文章多一笔带过,但对文章的褒扬之词溢于言表。如《文选》录曹植《王仲宣诔》、潘岳《夏侯常侍诔》,虽然诔文主体多是对王粲、夏侯湛德行的褒扬,但提到他们的文章时极为推崇,如赞王粲“文若春华,思若涌泉。发言可咏,下笔成篇”,赞夏侯湛“飞辩摛藻,华繁玉振。如彼随和,发彩流润。如彼锦缋,列素点绚”。② 这评论明显不同于颜延之对陶渊明诗文的态度。他人这样评陶渊明诗文或许可以理解,作为陶渊明好友的大诗人颜延之也这样评陶渊明诗文,却不能不令我们深思。我们认为其中的关键在于陶渊明诗文的美学特征并没有满足包括颜延之在内的同时代人的审美期待视野,甚至与他们的审美期待视野相抵触。

---

① 〔南朝梁〕刘勰撰,陆侃如、牟世金译注:《文心雕龙译注》上册,齐鲁书社 1981 年版,第 141 页、第 146 页。

② 〔南朝梁〕萧统编,〔唐〕李善注:《文选》,第 2435 页、第 2450 页。

五

颜延之之所以能同陶渊明结成莫逆之交，并为他写下了诔文，其原因除了历史的奇妙机缘，还在于两位知己的身世、思想、个性、行为方式有着惊人的相似之处。

小时候，他们都是家道中衰的次等士族的无父孤儿。颜延之“曾祖含，右光禄大夫。祖约，零陵太守。父显，护军司马”；“少孤贫，居负郭，室巷甚陋”①。陶渊明“曾祖侃，晋大司马”②，祖茂昌太守，父某安城太守；八岁丧父，“少而穷苦”（《与子俨等疏》），“冬无缊褐，夏渴瓢箪”（《祭从弟敬远文》）。然而他们都励志自强，游好诗书。颜延之“好读书，无所不览”。据《晋书·颜含传》载，颜氏家族自颜含以来，世奉儒学，则延之少时所读之书必有渊明少时游好之《六经》[《饮酒二十首（之六）》]。他们从小就受到了儒家弘道济世思想的熏陶，成为真正的儒家精神的服膺者。陶渊明中晚年虽然过着隐居生活，然而少时的“猛志”仍常常来袭击他，让他在四十多岁时还慨叹“总角闻道，白首无成”，要“脂我名车”，千里命驾，投身济世弘道的现实行动中去。我们由此也可以理解为什么陶渊明没有拒绝同官场人物特别是一些有真正儒家精神的人物交往，而是同他们中的许多人（如王弘、庞主簿、羊长史等）成为好友并有诗文交往。颜延之也身在官场，是一个实践着自己理解的儒家精神的真正儒者。如他被贬为永嘉太守时，“甚怨愤，乃作《五君咏》，以述竹林七贤”；被贬为始安太守时，“道经汨潭，为湘州刺史张邵《祭屈原文》以致其意”。③ 他的言行都表明了一位儒者济世宏道的坚定意志。

颜延之与陶渊明除了皆有儒家济世弘道的精神，还都有一种儒家仁者的胸怀，能从人性平等的角度或民本的角度对待一般百姓、仆役。陶渊明在躬耕生活中与农民的思想情感日益交融，乃至“相见无杂言，但道桑麻长”[《归园田居五首（之二）》]。他在做彭泽令期间，“不以家累自随，送一力给其子，书曰：‘汝旦夕之费，自给为难。今遣此力，助汝薪水之劳。此亦人子也，可善遇之。’”（萧统《陶渊明传》）陶潜从人性的角度即从人生而皆为人的角度看待仆役，认为仆役也是人，也应受到人应有的待遇。无独有偶，颜延之也说过类似的话。他在

① 〔南朝梁〕沈约：《宋书》卷七三《颜延之传》，第 1891 页。

② 〔南朝梁〕沈约：《宋书》卷九三《陶潜传》，第 2286 页。

③ 〔唐〕李延寿：《南史》卷三四《颜延之传》，第 878 页。

《庭诰》中告诫家人：“率下多方，见情为上……虽及仆妾，情见则事通。”“蚕温农饱，民生之本，躬稼难就，止以仆役为资，当施其情愿，庀其衣食，定其当治，递其优剧，出之休飨，后之捶责，虽有劝恤之勤，而无沾曝之苦。”又云：“含生之氓，同祖一气，等级相倾，遂成差品，遂使业习移其天识，世服没其性灵。至夫愿欲情嗜，宜无间殊，或役人而养给，然是非大意，不可侮也。”①颜延之既从儒家的等级观念出发，表现了儒家“仁恕”的胸怀，又从人性的角度出发，表达了人生而平等的观念。他说的这些话简直是陶渊明“此亦人子，可善遇之”的详细解释。除了儒家仁爱思想的影响，这或许也与他们都有过躬耕田亩的艰苦生活经历密切相关。

颜延之和陶渊明是传统价值观念的服膺者，也是传统价值观念的怀疑者。颜延之在《陶征士诔》中慨叹：“纠缪斡流（祸福无常），冥漠报施（天道报应）。孰云与仁？实疑明智。谓天盖高，胡諐斯义？履信曷凭？思顺何置？”陶渊明也有类似的言论。其《饮酒二十首（之二）》云：“积善云有报，夷叔在西山。善恶苟不应，何事空立言？”《饮酒二十首（之十一）》云：“颜生称为仁，荣公言有道，屡空不获年，长饥至于老。”《老子·第七十九章》云：“天道无亲，常与善人。”《论语·雍也》云：“仁者寿。”两汉时期董仲舒的天人感应说进一步赋予天以道德价值的意志，人们普遍相信天会对人间的善恶做出公平的裁决。然而汉末的天灾人祸动摇了人们的天道观。在陶渊明和颜延之所处的时代，因为战乱与死亡仍然较为频繁，所以他们基于当时混乱的社会、浇荡的世风、个人的挫折经历，对传统的天道观产生了怀疑。支撑人们灵魂与行为的传统价值观念坍塌了，人们普遍陷入苦闷与彷徨的状态中。陶渊明与颜延之也一度感受到这种精神危机，从某种意义上讲，他们共同的嗜好——饮酒便是这一精神危机的表现形式之一。

陶渊明“性嗜酒”（《五柳先生传》）。颜延之一生也是“饮酒不护细行”，“好酒疏诞”；每当醉酒，“肆意直言，曾无遏隐”；闲居时，“好骑马，遨游里巷，遇知旧辄据鞍索酒，得酒必颓然自得”。② 陶渊明好饮酒，却深知酒为“促龄具”（《形影神三首·神释》）；颜延之嗜酒，却劝诫家人——“酒酌之设，可乐而不可嗜”（《家诫》）。他们的饮酒行为从积极的角度来说，体现了他们任真自得、不

① 〔南朝梁〕沈约：《宋书》卷七三《颜延之传》，第1896页。

② 〔南朝梁〕沈约：《宋书》卷七三《颜延之传》，第1891页、第1893页、第1902～1904页。

为俗扰、放达独立的个性；而从消极的角度来说，是他们看到世风日下和传统的价值观念坍塌后而精神上的苦闷无处解脱的表现。这种复杂的心情对陶、颜二人来说是一致的。所以他们在交往的日子里，几乎天天离不了酒，正所谓“酒逢知己千杯少”。

传统的价值观念虽然在社会上坍塌了，但并未消失。颜、陶二人便始终抱持传统之“道”，认为道之所在便是乐处。为了道，他们一生都推崇“固穷守节”的人格和生活方式。陶渊明把儒家的固穷守节、安贫乐道奉作一生的道德信条，在诗文中反复吟咏：“高操非所攀，谬得固穷节。”（《癸卯岁十二月中作与从弟敬远》）“不赖固穷节，百世当谁传。”［《饮酒二十首（之二）》］“宁固穷以济意，不委曲而累己。”（《感士不遇赋》）他还在历史贤达中寻找固穷守节的知己，极力推崇他们高洁的节操，坚定固穷守节、安贫乐道的人生选择。颜延之一生也是“居身清约，不营财利，布衣蔬食”①。尽管他因做官而有享受富贵生活的条件，但他还是宁愿保持童年艰苦生活启示给他的俭约生活，认为“浮华怪饰，灭质之具；奇服丽食，弃素之方”②。即使在他儿子颜竣权倾一朝时，他也“凡所资供，一无所受，器服不改，宅宇如旧”。他这样做的原因就在于他有与陶渊明一样坚定的固穷守节、安贫乐道的人生选择。他在《庭诰》中云：“道可怀而理可从，则不议贫，议所乐尔。或云：‘贫何由乐？’此未求道意。道者，瞻富贵而同贫贱，理固得而齐。自我丧之，未为通议，苟议不丧，夫何不乐。”道之所在便是乐处。生活的贫困与否、物质的缺乏与否并不重要。陶渊明于隐居的艰难生活中能守此节、明此理，颜延之于为官的仕途生活中也能守此节、明此理。两人所择出处道路不同，对道的选择却相似。

此外，他们的个性也有相似之处。陶渊明“性刚才拙，与物多忤”，“遂尽介然分”自不必论。颜延之的褊激耿介也是出了名的。史书评他“肆意直言，曾无遏隐”。《宋书·颜延之传》载：“（延之）见刘湛、殷景仁专当要任，意有不平，常云：‘天下之务，当与天下共之，岂一人之智所能独了！’辞甚激扬，每犯权要。谓湛曰：‘吾名器不升，当由作卿家吏。’湛深恨焉，言于彭城王义康，出为永嘉太守。”③如此个性，也难怪陶渊明“举觞相诲”（《陶征士诔》）了。

总之，颜、陶二人的友谊是以身世、思想、追求、个性等方面的相似为基础

① ［南朝梁］沈约：《宋书》卷七三《颜延之传》，第1902～1903页。

② ［南朝宋］颜延之：《庭诰》，见［南朝梁］沈约《宋书》卷七三《颜延之传》，第1898页。

③ ［南朝梁］沈约：《宋书》卷七三，第1893页。

的。颜延之接受陶渊明并为之作诔是水到渠成的事。颜延之在《陶征士诔》中赞扬的陶隐士形象有着颜延之自己对朋友深刻独到的理解，甚至在某种程度上是颜延之自我理想和追求的写照。

第二节 江淹与以假乱真的拟陶诗

江淹的《杂体诗三十首》名倾一时。江淹成功地模拟了炎汉至刘宋五百年间三十家五言诗人的代表作，拟诗从遣词造句到题材意境基本准确地传达了各家不同的风格特征和主要艺术成就。从某种意义上说，三十首拟诗与诗前总序一起组成了一部小型的“历代五言诗选”，无形中体现了作者本人对历代诗人诗作的审美的和文学史地位的肯定。

我们首先在这种意义上探讨江淹对陶渊明的接受。

一

严沧浪云：“拟古惟江文通最长，拟渊明似渊明。”①殊为确论。江淹《杂体诗三十首》中的《陶征君田居》一诗竟然蒙骗了具有高度审美鉴赏力的北宋大文豪苏东坡。东坡误把拟诗作陶诗，并在拟诗的启发下复作一首拟诗。读过陶诗的人再读江淹拟诗，定会感觉江淹拟诗陶味浓郁而难辨真假。那么，这种以假乱真的拟陶诗的成功之处何在呢？请看下表：

江淹拟陶诗	陶渊明有关诗文
种苗在东皋	种豆南山下，草盛豆苗稀。[《归园田居五首(之三)》] 登东皋以舒啸。(《归去来兮辞》)
苗生满阡陌	翼彼新苗。(《时运》) 阡陌不移旧。(《还旧居》)
虽有荷锄倦	带月荷锄归。[《归园田居五首(之三)》] 日入负禾(一作耒)还。(《庚戌岁九月中于西田获早稻》) 虽无挥金事，浊酒聊可恃。[《饮酒二十首(之十九)》] 虽有五男儿，总不好纸笔。(《责子》)

① 〔宋〕严羽：《沧浪诗话·诗评》，见〔清〕何文焕辑《历代诗话》下册，中华书局1981年版，第698页。

（续表）

江淹拟陶诗	陶渊明有关诗文
浊酒聊自适	浊酒且自陶。（《己酉岁九月九日》） 引壶觞以自酌。（《归去来兮辞》） 聊复得此生。［《饮酒二十首（之七）》］ 聊以永今朝。（《己酉岁九月九日》） 一觞聊可挥。（《还旧居》）
日暮巾柴车	或命巾车。（《归去来兮辞》） 日暮犹独飞。［《饮酒二十首（之四）》］ 日入室中暗。［《归园田居五首（之五）》］
路暗光已夕	欢来苦夕短。［《归园田居五首（之五）》］ 山气日夕佳。［《饮酒二十首（之五）》］ 日夕气清，悠然其怀。（《归鸟》）
归人望烟火	归子念前涂。［《庚子岁五月中从都还阻风于规林二首（之一）》］ 依依墟里烟。［《归园田居五首（之一）》］
稚子候檐隙	稚子候门。（《归去来兮辞》）
问君亦何为	问君何能尔？心远地自偏。［《饮酒二十首（之五）》］ 问子为谁欤？田父有好怀。［《饮酒二十首（之九）》］ 问君今何行？非商复非戎。［《拟古九首（之二）》］
百年会有役	伊余何为者，勉励从兹役？（《乙巳岁三月为建威参军使都经钱溪》） 于时风波未静，心惮远役。［《归去来兮辞·序》］ 自古叹行役。［《庚子岁五月中从都还阻风于规林二首（之二）》］
但愿桑麻成	但道桑麻长。［《归园田居五首（之二）》］ 但使愿无违。［《归园田居五首（之三）》］ 但愿长如此。（《庚戌岁九月中于西田获早稻》） 但愿饱粳粮。［《杂诗十二首（之八）》］
蚕月得纺绩	春蚕收长丝。（《桃花源诗》）
素心正如此	闻多素心人。［《移居二首（之一）》］ 素抱深可惜。［《饮酒二十首（之十五）》］ 素襟不可易。（《乙巳岁三月为建威参军使都经钱溪》）
开径望三益①	三径就荒，松菊犹存。（《归去来兮辞》）

由上表可以看出，第一，在用词方面，江淹拟诗或者仿造或者完全摘用陶渊

① 〔南朝梁〕江淹撰，〔明〕胡之骥注，李长路、赵威点校：《江文通集汇注》，中华书局1984年版。本节所引江淹诗文皆据此本，不再详注。

明诗文中的词语。典型的表示动作的词语有：种苗、荷锄、候。这些词语的使用为我们呈现了带有动感的类似于陶渊明田园生活的场景。典型的名词有苗、东皋、浊酒、巾柴车、归人、阡陌等十几个之多。几乎每句拟诗中都有一个与陶渊明诗文中的名词类似或相同的名词。这些名词的使用为我们呈现了类似于陶渊明诗文中带有静意的田园生活意象。值得注意的是拟诗对表示时间的词语“日暮”“夕”的使用。通读渊明诗文，细心者会发现渊明于一天之中尤喜傍晚时分，日暮、日夕、日入等都是他在追求欢乐或和谐的心情时使用的时间词语。这或许是因为“山气日夕佳”“日夕气清，悠然其怀”，傍晚时分的静谧清幽正与诗人的襟怀向往交融为一。不管是有意还是无意，江淹极为准确地把握了陶渊明这一带有审美特征的时间偏好。

第二，在用典方面，明暗各一，合于渊明诗文。明者为“三径”之典。渊明于《归去来兮辞》云：“三径就荒，松菊犹存。”江诗结云：“开径望三益。”此典明隐居洁操之志。暗者为“东皋”。渊明在诗文中多次使用“东”字，一则渊明居处实有东皋、东郊，二则恐怕与他对“东”字的喜爱心理有关。其《戊申岁六月中遇火》为我们描绘了诗人想象的古太平时代——东户时代。“东”字寄托了诗人陶渊明的慕古思绪，江淹拟诗中的这一词语却暗合了渊明的思绪。一明一暗两典，暗者在首，明者在尾，首尾呼应，俨然陶诗。

第三是句式、语气的刻意模仿。江诗之“种苗在东皋”“虽有荷锄倦”“浊酒聊自适”“稚子候檐隙”“问君亦何为？百年会有役”“但愿桑麻成”，实在得陶诗句式、语气之神。特别是虚词“虽”“聊”“但”与句式的配合使用，使拟诗逼肖陶诗。“问君”一句，设问语气与一问一答的句式更令人难辨真假。

第四，语言的总体风貌亦类陶，基本为“田家语”，朴素无华，明白易了。

第五，也是最根本的一点，在内涵意境上类陶。该诗的表层意义是写“田居”，这在拟诗题目中已明确提出，而且在具体行文中也紧扣田居，写田园生活。其写作手法是截取富于典型特征的田居生活娓娓道来，意象随着叙述叠映而至：种苗、东皋、荷锄、浊酒……首先展示给我们的是一幅类似陶渊明在诗文中描写的田园生活图景。然而好诗的语言是有穿透力的，各种意象在诗人的情感志趣中交融，拟诗进一步穿过表层意义，透露给我们它的“言外之意”，那就是一位田居者的“素心”、一位隐士的生活情趣和平凡而高洁的人生追求。

模拟的前提是首先找到一个可供模拟的典范，而要模拟得很像，则必须对典范有深入细致的揣摩。江淹既然“拟渊明似渊明”，那么他肯定对陶渊明诗文下过一番工夫。单据上表，我们可以肯定地说，他一定详细研读过陶渊明的《归园田居》及《归去来兮辞》，并对其中的部分词句烂熟于心，因为拟诗中的多处用语、句式和全诗的意境都直接承自二作。我们也可以肯定地说，江淹的诗文创作乃至人生观都曾受到陶渊明潜移默化的影响。检之江淹诗文，我们会发现个别意象、句子有着陶渊明的影子，如《秋夕纳凉奉和刑狱舅》诗云“虚堂起青蔼”（卷三），疑“虚”字得于渊明诗句“虚室有余闲”［《归园田居五首（之一）》］；《冬尽难离和丘长史》之“闲居深怅怅”（卷三），疑受渊明诗句“息驾归闲居”（《饮酒二十首（之十）》）、“称疾闲居”（《扇上画赞》）、“闲居离世纷”（《述酒》）、“闲居执荡志”［《杂诗十二首（之十）》］等影响。陶渊明诗中多飞鸟意象，江淹诗中亦多鸟意象，如“鸟鸣秋草穷”（卷三《赤亭渚》）、“征鸟怨水湄”（卷三《刘仆射东山集》）、“水鸟望川梁”（卷三《灯夜和殷长史》）、“若无孤鸟还”（卷三《无锡舅相送衔啼别》）等。在句式语气上，如江淹《自序》之“颇著文章自娱”绝类《五柳先生传》之“常著文章自娱”。江淹《从建平王游纪南城》之“迁化每如兹，安用贵空名”（卷三）亦绝类陶诗思想。

总之，不管是实证，还是据实证的揣测，江淹较为准确而深刻地审美解读过陶渊明诗文，并在创作和文艺观点上都接受了陶渊明的影响。

二

正因为江淹对陶渊明有较准确而深刻的审美解读，所以他才可能对陶渊明做出超乎前人的评价。这一评价是通过其拟陶诗在《杂体诗三十首》组诗中的位置体现出来的。如果说此前鲍照的《效陶彭泽体》也是对陶渊明的审美解读，那么鲍照的解读并没有江淹抓得准确：第一，没有抓住田园这一最具代表性的题材；第二，鲍照之拟诗虽见出鲍照的个性，但没有江淹拟诗更契合陶渊明心灵。而且鲍照的拟诗仅停留在审美层次，尚没有上升到文学史的高度。江淹则进一步从文学史的角度把作为田园诗人、隐逸诗人的陶渊明暗示给后来的接受者。

《杂体诗三十首》所拟皆为五言诗。历经曹魏、两晋、刘宋，已在诗坛占据主要地位的五言诗尚没有获得系统的评论。这种创作的历史与现状呼唤一个以系统的文学史眼光看待和评论五言诗之时代的到来，这个时代就是《文心雕龙》《文选》《诗品》的时代，而江淹则是开启这扇大门的第一人。其《杂体诗三十首》所拟诗人及标题体目，经笔者分类标号罗列如下：

汉代古诗：1 无名氏《古离别》 2 李陵《从军》 3 班婕妤《咏扇》(3 人)

建安诗人：4 曹丕《游宴》 5 曹植《赠友》 6 刘桢《感遇》 7 王粲《怀德》(4 人)

正始诗人：8 嵇康《言志》 9 阮籍《咏怀》(2 人)

西晋诗人：10 张华《离情》 11 潘岳《述哀》 12 陆机《羁宦》 13 左思《咏史》 14 张协《苦雨》 15 刘琨《伤乱》 16 卢谌《感交》(7 人)

东晋诗人：17 郭璞《游仙》 18 孙绰《杂述》 19 许询《自序》 20 殷仲文《兴瞩》 21 谢混《游览》 22 陶潜《田居》(6 人)

刘宋诗人：23 谢灵运《游山》 24 颜延之《侍宴》 25 谢惠连《赠别》 26 王微《养疾》 27 袁淑《从驾》 28 谢庄《郊游》 29 鲍照《戎行》 30 汤惠休《怨别》(8 人)

江淹的这组拟诗并非论诗之作，但其所拟诗人上起汉代无名氏，下迄刘宋休上人，都是各时代最具代表性的诗人，并按时代顺序给出这个诗人序列。诗的标题体目基本概括了不同作家在文学史(主要是五言诗史)上的主要成就，也显示了江淹所处时代之诗人所宗尚之题材的渊源所自。它实际上简明地勾勒了五言诗发展的历史轮廓，它所昭示的意义被后世批评家进一步明确揭示。刘勰《文心雕龙》论述历代代表诗人及其风格流派特征，基本没有超出江淹所述诗人序列及其流派体目。如评曹丕、曹植、刘桢、王粲等“并怜风月，狎池苑，述恩荣，叙酣宴”①，与江淹所拟四人之诗的主题——游宴、赠友、感遇、怀德大体吻合。钟嵘《诗品》对江淹所拟三十家诗人毫无遗漏地收评，以时代顺序对其风格源流一一品评。萧统《文选》对除许询、孙绰外的其余二十八家诗皆有采录，而且《文选》所分诗的体目如公宴、咏史、游仙、咏怀、赠答等都从《杂体诗三十首》之体目承袭而来。陶渊明就是江淹以文学史的眼光审视的五言诗发展历程中的重镇之一。江淹在这儿所暗示的陶渊明在文学史上的意义和地位都被后代评陶者进一步揭示、接受。

首先，江淹第一次暗示了陶渊明作为诗人在五言诗史上承上启下的重要地位。鉴于陶渊明生平凌跨晋、宋，当时人对陶潜归晋归宋就有分歧。对作为诗人的陶潜，江淹虽未明言其归晋归宋，但在上面的诗人序列中，其前谢混为晋诗人，其后谢灵运为宋诗人，故其承上启下的地位呼之欲出。

其次，第一次标出陶潜为隐逸诗人。江淹所拟隐士诗人有许询、陶潜、王微三位，并都明确标出“征君”字样。《诗品》承之，将三人全部收评，并特标陶渊明为“古今隐逸诗人之宗”。

再次，第一次标出陶潜为田园诗人。江淹所拟陶题为“田居”，抓住了陶诗

① 〔南朝梁〕刘勰撰，陆侃如、牟世金译注：《文心雕龙译注》上册，第 65 页。

的主要艺术成就所在。《诗品》所言、《文选》所录虽非其代表作《归园田居》，但主要是田园题材的作品，后代“田园诗派”之名亦渊源于此。

最后，第一次把陶潜作为诗人与当时人所推崇的一流诗人如曹植、潘岳、陆机、谢灵运等并列，未加轩轾。这里所暗示的意义要等北宋才有人揭示。

江淹之所以能发现陶渊明，与他文学史家的眼光和兼收并蓄、绝不崇古抑今的态度是分不开的。这主要体现在其《杂体诗三十首》的序文中。从序文中可以看出，江淹对不同体制的诗歌都持欢迎态度。楚谣汉风、魏制晋造虽属异体，但从审美欣赏的角度看，它们都是动魂悦魄的娥眉香草。因此他批评宋齐以来“世之诸贤，各滞所迷”，“论甘而忌辛，好丹而非素”，以一己之狭隘审美趣味评骘古人，拘泥于宗派偏见；批评他们“贵远贱近”“重耳轻目”，不看作品实际，只以作者在时人口头上的声名定高下，拘泥于时代风气，人云亦云。他主张“通方广恕，好远兼爱”，以开放宽容、兼收并蓄、绝不崇古抑今的批评态度审视各具审美价值的诗人诗作，要“合美并善”，无须妄作轩轾。因此江淹对颇为后人（如刘勰、萧统）疵议的孙绰、许询的玄言诗也予以模拟，对近世刘宋作家所取最多，这从我们前面对其拟诗的标号分类可以看出。

为了具体证明自己的观点，江淹“作三十首诗，效其文体”。而这三十首诗亦是“品藻渊流”的，即用文学史的眼光审视当代各种文体风格的渊源。他的模拟是有历史选择的。他在模拟时，选择的都是各个历史时期最有代表性、开创新诗风、至今尚为人们关注的诗人诗作，并且按时代先后进行。这种文学史的眼光得益于江淹学识渊博、喜以史家眼光看待事物的个性。《南史·江淹传》载：“建元二年，始置史官，淹与司徒左长史檀超共掌其任。”①江淹曾自撰《齐史》十志行于世。又其《铜剑赞序》由一柄古冢铜剑引发，以历史家的眼光旁征博引，从先秦《山海经》《越绝书》《周书》《左传》，经秦代，一直到自己的实际所见，步步推论，在历史上第一次证明了“古者以铜锡为兵器”②而到战国时代铁制兵器才出现的观点，是一篇相当有价值的考察文物源流的历史学论文。当他以这种眼光看文学时，便是文学史的眼光。

由于有宽容开放的文学批评态度，江淹才有可能对各种风格流派的诗都有所取，以欣赏赞美的眼光看待它们。当他再以文学史的眼光审视历代诗人时，便有可能发现陶渊明这位独具风格的诗人了。陶诗可谓一种“非丹而素”、用

① 〔唐〕李延寿：《南史》卷五九，中华书局1975年版，第1450页。

② 〔南朝梁〕江淹撰，〔明〕胡之骥注，李长路、赵威点校：《江文通集汇注》，第387页。

“田家语”写成的诗，与颜、谢、鲍及新体永明诗等流行、被推崇的诗相比，不合时流。如果江淹也同时人一样“重耳轻目”、人云亦云、泥于时代风气，那么他便发现不了陶渊明，当然也不可能给陶渊明以文学史上的特殊地位。

三

江淹在文艺思想上深受陶渊明影响，主要表现为他继承和变异了陶渊明的文艺“自娱说”，同陶渊明一起上承中国隐士文化传统中的自娱精神，为打破中古时代以悲为美、以文章为不朽的格局做出了贡献。

中国的隐士文化中一开始便存在着一种乐观主义精神，后世的隐士们继承前辈接舆、孔子、庄子等人的乐观精神①，并将其日常生活化。由于隐士羞逐名利，便存在一个如何打发平凡而琐碎的日常生活的问题。他们都是有较高文化修养的“士”，俗人用以仕进的书籍、文艺在他们手里便成了自娱的手段。三国魏之管宁“玄虚澹泊，与道逍遥；娱心黄老，游志六艺”②。同时代的胡昭躬耕乐道，以经籍自娱。渊明外祖孟嘉之弟孟陋“布衣蔬食，以文籍自娱”③。何琦“养志衡门，不交人事，耽玩典籍，以琴书自娱”④。

陶渊明继承了隐士文化中的自娱精神，而且第一个成功地将文学创作同自娱精神结合在一起，在文艺思想上形成了魏晋南北朝文学批评史中独具一格的自娱说。一方面，他继承了古隐士以音乐、书籍自娱的精神，“委怀在琴书”（《始作镇军参军经曲阿》），经常“息交游闲业，卧起弄书琴”［《和郭主簿二首（之一）》］、“欣以素牍，和以七弦”（《自祭文》），有时还同邻人共赏奇文、争论古今［《移居二首（之一）》］。另一方面，他“常著文章自娱，颇示己志。忘怀得失，以此自终”（《五柳先生传》）。闲居寡欢之时，他饮酒“既醉之后，辄题数句自娱”，等纸墨已多，便“命故人书之，以为欢笑尔”（《饮酒二十首序》），进一步把文学创作当作自娱自乐的手段。

江淹也把文艺的作用归于自娱，这显然是受了陶渊明的影响。江淹在《自序》中云：

---

① 参《论语·微子》《庄子·至乐篇》《论语·先进》。

② 〔晋〕陈寿撰，〔宋〕裴松之注：《三国志·魏书》卷一一《管宁传》，中华书局 1959 年版，第 359 页。

③ 〔唐〕房玄龄等：《晋书》卷九四《隐逸传》，中华书局 1974 年版，第 2443 页。

④ 〔唐〕房玄龄等：《晋书》卷八八《孝友传》，第 2293 页。

放浪之际，颇著文章自娱。①

又云：

人生当适性为乐，安能精意苦力，求身后之名哉！故自少及长，未尝著书，惟集十卷，谓如此足矣。重以学不为人，交不苟合，又深信天竺缘果之文，偏好老氏清净之术，仕，所望不过诸卿二千石，有耕织伏腊之资，则隐矣。常愿幽居筑宇，绝弃人事，苑以丹林，池以绿水，左倚郊甸，右带瀛泽。青春爰谢，则接武平皋；素秋澄景，则独酌虚室。侍姬三四，赵女数人。不则逍遥经纪，弹琴咏诗，朝露几间，忽忘老之将至。淹之所学，尽此而已矣。②

其《袁友人传》推其友"任心观书，不为章句之学"，《与交友论隐书》云"今但愿拾薇藿，诵诗书，乐天理性，敛骨折步，不践过失之地耳"。可见，江淹对音乐、读书的态度是主张自娱。渊明读书"不求甚解，每有会意，便欣然忘食"（《五柳先生传》）；江淹则推崇"任心观书，不为章句之学"，愿与诗书为伍，乐天理性，弹琴以养生，"忽忘老之将至"。他对文学创作的态度也师承陶渊明，主张自娱说。其"颇著文章自娱"与渊明"常著文章自娱"仅有一字之差，实为渊明观点之翻版。他虽"留情于文章"，但"不以著述在怀"③；虽在文学上享有盛誉，却说"自少及长，未尝著书"。他写了文章也不整理，"竟无次序"④，比"聊命故人书之"的陶渊明有过之而无不及。其视文学创作为自娱的思想是相当明显的。

可见他们进行诗文创作都不是为了自我以外的功利目的——不是为了干谒王侯，以此取得达官贵人的赏识；不是著文章以求不朽，看它为经国大事；也不是为文艺而文艺，要为艺术的发展做出贡献，而是为了娱乐或陶冶自己的性情，把文学创作看作自我审美生活水乳交融的一部分。

总之，江淹接受了陶渊明及其隐士文化传统中的文艺自娱精神，特别是"以文章自娱"的文学观。江淹接受陶渊明的自娱说并非偶然，这与江淹"人生当适性为乐"的人生观同陶渊明任真自然的人生观类似紧密相关。

正由于有类似的人生观，他们才都倡导文艺自娱说。当然，他们的自娱说实质上存在着高雅、低俗的区别。"陶渊明所追求的，主要不是悦耳悦目、感官层次上的娱悦，而是心理层次和精神层次上的娱悦。"陶渊明的文艺自娱主要是

---

① 〔南朝梁〕江淹撰，〔明〕胡之骥注，李长路、赵威点校：《江文通集汇注》，第379页。
② 〔南朝梁〕江淹撰，〔明〕胡之骥注，李长路、赵威点校：《江文通集汇注》，第381页。
③ 〔唐〕李延寿：《南史》卷五九《江淹传》，第1450页。
④ 〔唐〕李延寿：《南史》卷五九《江淹传》，第1450页。

为了打破人的情感体验的局限性，以补偿自己的情感。在心理层次上，"这种娱悦，对忧伤是一种消解，对欣喜是一种增值"；在精神层次上，"陶渊明用文艺来娱悦，涵冶了他的节操，净化了他的灵魂，坚定了他对真、善、美的追求和对假、恶、丑的鄙弃"。①

江淹的自娱说则主要是为了悦耳悦目，主要停留在感官、心理层次上，其精神层次上的追求主要拘于狭小的自我游戏，缺乏陶渊明用以涵冶节操、净化灵魂、提高自我、坚定对真善美追求的理想高度，即缺乏孔子在《论语·宪问》中所推崇的"学者为己"的真儒精神。江淹前期写过许多富于真情实感的诗赋，也写过游戏性的文字，如有时"戏书为短赋"（卷一《石劫赋序》），这倒类于陶渊明写《止酒》诗的态度。而到后来，随着社会地位的提高，江淹的自娱说同陶渊明的自娱说的距离愈来愈大，文学真的等同了"婢女"，"侍姬三四，赵女数人"，既然如文学一样可以自娱，文学创作也就大可不必了。笔者以为所谓"江郎才尽"②正可以从此得到深刻的理解。

江、陶二人之自娱说存在差异的原因主要在于江淹之"适性为乐"毕竟不同于陶潜之任真自然。江淹在追求"适性为乐"时，在生活实践中做不到自我标榜的"方学松柏隐，羞逐市井名"（卷三《从冠军行建平王登庐山香炉峰》），丢弃不了富贵，也就缺乏陶渊明为任真自然而付出的坚实努力，缺乏陶渊明对儒家节操的固守。沈德潜《古诗源》卷一三评"文通颇能修饰，而风骨未高"③，可谓有眼力。我们也可以说，与陶渊明的自娱说相比，江淹的自娱说"风骨未高"，是其人生观缺乏气节导致的。

综上所论，江淹在陶渊明接受史上做出了不可磨灭的贡献。在陶渊明声名未盛的情况下，他较为准确而深刻地审美解读了陶渊明诗文，特别是首次标出了最能代表陶渊明艺术成就的题材风格所在——田园诗；他第一次以文学史的眼光审视了陶渊明，肯定了陶渊明作为诗人（而非隐士）在五言诗史上的重要地位；他第一次赞同并实践了陶渊明著书以自娱的文学观点，超拔于中古时代以悲为美、以文章为不朽、为经国之大业的传统文学观念，为文学融入审美人生做出了新的实践。

---

① 张可礼：《陶渊明的文艺思想》，载《文学遗产》1997 年第 5 期。

② "江郎才尽"（即"江淹才尽"）之说可参看〔唐〕李延寿《南史》卷五九《江淹传》、〔南朝梁〕钟嵘《诗品》"梁光禄江淹"条。

③ 〔清〕沈德潜选：《古诗源》，中华书局 1963 年版，第 300 页。

第三章　陶诗在梁代的初显

第一节　钟嵘论“隐逸诗人之宗”

在陶渊明接受史上,钟嵘是现存史料中最早对陶诗进行深入批评研究的接受者之一。钟嵘在《诗品》中对陶诗的渊源所自、艺术成就以及陶诗在文学史上的地位做了言简意赅的说明,对后代陶渊明的接受者产生了深远的影响。

一、陶诗的艺术渊源

论诗注重溯源流,是《诗品》评诗的一个重要特点。《诗品》收122位诗人,其中上品11人,悉明其源;下品72人,仅一组七人明其祖袭;中品39人,仅16人溯其源,陶潜是其一。

钟嵘《诗品》评陶诗曰:

> 其源出于应璩,又协左思风力。文体省净,殆无长语。笃意真古,辞兴婉惬。每观其文,想其人德。世叹其质直。至如“欢言酌春酒”、“日暮天无云”,风华清靡,岂直为田家语耶?古今隐逸诗人之宗也。①

又评魏代诗人应璩曰:

> 祖袭魏文。善为古语,指事殷勤,雅意深笃,得诗人激刺之旨。至于“济济今日所”,华靡可讽味焉。②

我们不赞成陶诗主要源于应璩说,但也不排除陶潜受其影响,因为任何一个大作家的影响源都不是单一的,而且应璩诗的风貌的确有似陶之处。找出这些似陶之处及不似之处,有利于我们看清钟嵘持论之因,也有利于我们认识陶诗的

---

① 〔南朝梁〕钟嵘撰,吕德申校释:《钟嵘诗品校释》,北京大学出版社2000年版,第87页。

② 〔南朝梁〕钟嵘撰,吕德申校释:《钟嵘诗品校释》,第76页。

艺术特点。对于钟嵘认为的应、陶相似之处，笔者基本同意逯钦立、王叔岷两位先生的意见。逯先生云：“寻陶诗所以见称出于应璩者，就《诗品》二家评语观之，盖基于三点，此三点即二家之共同特色也。”①他举例论此三点：一曰华靡，二曰真古，三曰质直。王先生云：“钟氏分应诗为古语与华靡二类……陶诗‘质直’类，与应诗‘古语’类相似；陶诗‘风华清靡’类，与应诗‘华靡’类相类似。此钟氏所以谓陶诗源出应璩也。”②

下面笔者就其论点稍做修正，以明钟嵘所谓“其源出于应璩”者。

其一为古雅。钟嵘皆以“古”评二人，评应曰“善为古语”，从语言上着眼；评陶曰“笃意真古”，从思想感情上着眼。钟嵘又评应诗“雅意深笃”。“雅者，正也，言王政之所由废兴也。”③李充《翰林论》曰：“应休琏五言诗百数十篇，以风规治道，盖有诗人之旨焉。”孙盛《晋阳秋》曰：“应璩作五言诗百三十篇，言时事颇有补益。”④证之现存应诗，亦颇有讥刺时政之作，如其“细微可不慎”就是。可见应诗的思想情感体现了诗“可以怨”的古代传统。因此，所谓“雅意”也是一种“古”意。陶潜诗中也有体现“雅意”的诗，萧统评之“语时事则指而可想”⑤，如其《述酒》诗悼国伤时，便颇有“雅意”。当“古”与“俗”相对时，尚有向往古风、不同流俗的内涵。陶诗自不必说，应璩在诗中常以“君子慎厥初”“堤溃自蚁穴”“古有行道人”之类的古义来发议论。⑥ 由此可见，应诗、陶诗在思想情感上有某些相类之处。从语言上看，陶渊明笃意于古，便于诗中多用古语，即多将先秦古籍《论语》《尚书》《诗经》《庄子》等中的词语化入诗中，从而使诗具有古朴风貌。应璩诗也是如此，如“下流不可处”“是谓仁智居”（用《论语》语词），“茫茫九州内，莫非帝者民。民有忠信行，莫非王者臣”（用《诗经》语词），“堤溃自蚁穴”（用《荀子》语词）等。

其二为质直。《诗品》说应诗“祖袭魏文”，而魏文帝诗“率皆鄙直如偶

---

① 逯钦立著，吴云整理：《汉魏六朝文学论集》，陕西人民出版社1984年版，第482页。

② 袁行霈：《钟嵘〈诗品〉陶诗源出应璩说辨析》，见袁行霈主编《国学研究》第二卷，北京大学出版社1994年版，第113～130页。

③ 《诗大序》，〔清〕阮元刻《十三经注疏》本《毛诗正义》卷一。

④ 〔南朝梁〕萧统编，〔唐〕李善注：《文选》，上海古籍出版社1986年版，第1015页。

⑤ 〔南朝梁〕萧统：《陶渊明集序》，见〔晋〕陶渊明撰、逯钦立校注《陶渊明集》，中华书局1979年版，第10页。

⑥ 〔三国魏〕应璩：《百一诗》，见逯钦立辑《先秦汉魏晋南北朝诗·魏诗》卷八，中华书局1983年版，第469～470页。下文所引应璩《百一诗》原文皆据此版本，不再出注。

语"①。钟嵘之意主要是说应诗承袭了曹丕诗率直的特点,这也是当时人对应璩诗的基本看法。刘勰《文心雕龙·明诗》即云:"若乃应璩《百一》,独立不惧;辞谲义贞,亦魏之遗直也。"②证之应璩存诗,也绝多如此。陶诗继承的应诗质直的特点恐怕不是应璩鄙陋、粗直一类诗(如"少壮面目泽"一首)的特点,而是"独立不惧,辞谲义贞"一类诗的特点。这类诗如"下流不可处""细微可不慎""洛水禁罾罟"等语,虽率直,但因使用比喻、格言而较富于变化。所谓"独立不惧,辞谲义贞"是也,即对所表达的讽意不直说,曲折言之,义理鲜明,毫不含糊,堂堂正正。如陶渊明的"咏贫之制"(《诗品序》)、《咏荆轲》、《咏二疏》与应璩的"汉末桓帝时"一样率直古拙、义理鲜明。所以陶诗的"质直"一类诗主要继承了应诗。

其三为华靡。《诗品》以摘句的形式肯定了应诗、陶诗华美、富于文采的一面。华靡二字兼言词采、音节之美,华者在目,靡者入耳。钟嵘所摘应氏全诗已不可见,检之逯钦立先生校辑的应诗,整篇可称华靡者实属罕见。像"山风寒折骨""茫茫九州内""放戈释甲胄,乘轩入紫微。从容侍帷幄,光辅日月辉"这样的诗句大约可以称得上华靡吧。它们与钟嵘摘引的应诗、陶诗有着共同的特点:都是"直寻"来的,"自然英旨"而又稍离"质直"。

又值得注意的是,钟嵘摘引了陶潜《读山海经十三首(之一)》中的诗句"欢然酌春酒",而应诗里有极类似的一句"酌彼春酒",这种诗句的相似大约也是钟嵘持论的一个原因。

尽管应诗与陶诗有如此多的相似之处,但两人之诗毕竟不同,钟嵘也感觉到了这一点。所以同为好古,一从形式着眼,一从内容着眼;同有典正之意,一为偏于激刺之旨,一为偏于真古之意;同是华靡,一为"华靡可讽味",一为"风华清靡"。而我们读应诗、陶诗进行比较,也感觉出应诗缺乏陶诗充溢其间的艺术感染力。所以,在陶诗声价已高的时代,有人认为说陶诗源出应诗,"盖嵘之陋也"③,"不足深辩也"④。其实并非钟嵘浅陋,这一点也值得深辩。

以往论家之所以在这个问题上说钟嵘浅陋,其中一个很重要的原因在于他

---

① 〔南朝梁〕钟嵘撰,吕德申校释:《钟嵘诗品校释》,第65页。

② 〔南朝梁〕刘勰撰,陆侃如、牟世金译注:《文心雕龙译注》上册,齐鲁书社1981年版,第65页。

③ 〔宋〕叶梦得:《石林诗话》卷下,见〔清〕何文焕辑《历代诗话》上册,中华书局1981年版,第434页。

④ 〔清〕王士禛:《渔洋诗话》卷下,见丁福保辑录《清诗话》上册,上海古籍出版社1978年版,第204页。

们机械地理解了“其源出于应璩”这句话，没有把“又协左思风力”及具体评语联系起来考虑。陶诗“出于应璩”者已如前所论，现试对其所“协左思风力”者简论之。

“风力”一词除在评陶中一见，在《诗品序》中又有二见：

爰及江表，微波尚传，孙绰、许询、桓、庾诸公诗，皆平典似《道德论》，建安风力尽矣。

又云：

干之以风力，润之以丹采，使味之者无极，闻之者动心，是诗之至也。①

如果联系《诗品》的其他言论考察，大体可以认为风力是一种贯穿于整个作品中的感染人、鼓舞人的真情意气的内在艺术力量。《诗品序》开篇即言：“气之动物，物之感人，故摇荡性情，形诸舞咏。”②从诗的起源看，有风力的诗应有一种动人性情的内在力量。又从接受的角度看，诗歌只有“干之以风力”，才会使“味之者无极，闻之者动心”，是“诗之至”；“平典似《道德论》”的玄言诗缺乏“建安风力”，“理过其辞，淡乎寡味”。所以，风力实际为一种使人回味无穷、动人心扉的艺术感染力。总体看来，应璩诗因专意“诗人激刺之旨”，有些“理过其辞”，相对缺乏这种感动人的内在艺术力量。而陶诗则情理并茂，又加以“风华清靡”，实乃“篇章之珠泽，文采之邓林”③，故有着一种自然动人、鼓荡人的真情意气的艺术感染力。钟嵘以为这种力量不得于应璩而来自左思。

钟嵘以为这种风力又有什么独特性呢？

那就是一种贯穿于作品中超拔流俗的阳刚之力。《诗品》评左思“其源出于公干”，而刘桢诗之风力的主要特点是“真骨凌霜、高风跨俗”，即刘桢诗之风力是一种具有凭借真挚的精神品格傲霜斗雪、拔于流俗特点的内在感染力。从左思的代表作《咏史》诗来看，其诗的确有这种松柏般的阳刚之力。贯穿于《咏史》八首的一种思想就是“功成不受赏，长揖归田庐”，它充分体现了诗人高拔脱俗的出世精神。这种激扬着的精神变得相对宁静时，便是其《招隐诗》流露的心境。这心境与陶渊明田园诗的精神已极为相似。而以松菊高节自许的陶渊明在处于“有志不获骋”的矛盾中喷发的诗情便极似左思之《咏史》诗了。“隐逸诗人”的诗里同样鼓荡着一种傲霜斗雪、超拔流俗的真挚精神力量。这种精神

① 〔南朝梁〕钟嵘撰，吕德申校释：《钟嵘诗品校释》，第93页、第14页。

② 〔南朝梁〕钟嵘撰，吕德申校释：《钟嵘诗品校释》，第1页。

③ 〔南朝梁〕钟嵘撰，吕德申校释：《钟嵘诗品校释》，第119页。

力量便是与左思一脉相承的“左思风力”。

与“左思风力”联系在一起的艺术特征是“文典以怨，颇为精切，得讽谕之致”。在义理上，典正蕴藉，味之无穷；在文辞上，准确简洁，无冗长语；在社会作用上，有讽刺、教化的情致。而这也是陶诗的特色：“笃意真古”，诗意真诚而有古风，可谓典正；文辞“省净”“婉惬”“无长语”，可谓“精切”；“每观其文，想其人德”，其文可谓有“讽谕之致”。由此可见，钟嵘对陶诗艺术的评论在很大程度上与其对上品诗人左思的评论是一致的。难怪钟嵘说陶诗“协左思风力”，而不是“建安风力”或其他“风力”。

清人章学诚在《文史通义》中说过一段极有分寸的话：“钟氏所推流别，亦有不甚可晓处。盖古书多亡，难以取证。但已能窥见大意，实非论诗家所及。”① 应璩、左思之诗现存极少，但从现存诗篇及当时人对他们的片段评论看，我们可以说钟嵘说得虽流于简单，但还是有一定根据与道理的。至少他是第一个探讨陶诗艺术之主要渊源所自的人。这为后人进一步探讨这一问题开启了先河。

二、陶诗的艺术成就

钟嵘虽将陶诗列于中品，但对陶诗艺术成就的评价是极高的。

南朝不少论者主张文章应当文质并重、文质彬彬，对质木无文的玄言诗不满，对竞尚浮靡的齐梁文风也不满。刘勰论文主张“酌奇而不失其真，玩华而不坠其实”②。钟嵘亦云“干之以风力，润之以丹采”，而且这是他评论古今诗人的根本性标准。钟嵘推曹植为诗中之圣，评其诗“骨气奇高，词采华茂”“体被文质”。钟嵘认为其他名家则往往偏胜，成就不及曹植；如评刘桢诗“气过其文，雕润恨少”，质胜文；评王粲诗“文秀而质羸”，文胜质。钟嵘之所以选中陶诗，给陶诗以高度评价，很大程度上是因为他认为陶诗基本上符合文质彬彬的诗学标准。他力辟世俗评陶“质直”之论。他一方面认为陶诗“协左思风力”“笃意真古”，有风骨，有雅意；另一方面又认为陶诗“风华清靡”“辞兴婉惬”，不乏丹采，实乃“篇章之珠泽，文采之邓林”，非“田家语”所能概括。钟嵘对陶诗的评论都是赞扬之语，没有贬低之词。这同评论其他中品诗人颜延之、鲍照等有褒有贬是大不相同的。

钟嵘论述了陶渊明的艺术成就，其功绩具体表现在以下几个方面。

---

① 〔清〕章学诚著，叶瑛校注：《文史通义校注》，中华书局 1985 年版，第 559 页。

② 〔南朝梁〕刘勰撰，陆侃如、牟世金译注：《文心雕龙译注》上册，第 53 页。

首先，钟嵘是陶渊明接受史上最早发现陶诗“真美”的人之一。《诗品》评陶诗抓住一个“真”字，曰“笃意真古”。这个“真”字从创作的角度讲就是钟嵘所说的“直寻”，从欣赏的角度讲就是他说的“真美”“自然英旨”。《诗品序》云：

至乎吟咏情性，亦何贵于用事……观古今胜语，多非补假，皆由直寻。

又云：

尔来作者，寖以成俗。遂乃句无虚语，语无虚字，拘挛补衲，蠹文已甚。但自然英旨，罕值其人。

又评谢朓、沈约声律论云：

故使文多拘忌，伤其真美。①

齐梁人论文标举情性。而当时文坛上存在着过分用事用典、过分藻饰、拖沓冗长的文风，这无益于情性的顺畅表达。所以他们在创作上主张灵感兴会，即创作主体的情性与审美客体的猝然遇合，不假外物，自然天拔。故萧子显认为创作时“有来斯应”，“须其自来，不以力构”②；颜之推云“文章之体，标举兴会，发引性灵”③，萧纲评谢灵运云“吐言天拔，出于自然”④。处于这种时代批评风气中的钟嵘因感于文坛之弊也基本认同了齐梁人论文的观点，认为对用事、对偶、声律等形式的过分追求严重妨碍了诗歌“吟咏情性”本质的显现。因此他在创作上主张“直寻”。“直寻”即“直致”、不“尚规矩”⑤，拘于时俗所好，就是灵感兴会、直抒胸臆，“正在无所用意，猝然与景相遇”⑥。从欣赏角度讲，只有“直寻”来的诗句才会“自然英旨”，才有“真美”。像钟嵘所摘陶诗“欢言酌春酒”“日暮天无云”都是“直寻”来的、体现了“真美”的好诗。

钟嵘评陶又将“真古”并称。其评阮瑀等七人诗曰“并平典不失古体”，评曹操诗曰“曹公古直”，评张永诗曰“颇有古意”。可见“古”既指一种古朴的风貌，又有与流俗相对、合乎古人理想的雅正之意。“真”与“古”联系在一起，在内容上指陶诗拔越流俗的真感情、真性灵。“真”本是道家赋予自然的价值属

---

① 〔南朝梁〕钟嵘撰，吕德申校释：《钟嵘诗品校释》，第55页、第55～56页、第115页。

② 〔唐〕姚思廉：《梁书》卷三五《萧子显传》，中华书局1973年版，第512页。

③ 〔北齐〕颜之推撰，王利器集解：《颜氏家训集解》，上海古籍出版社1980年版，第222页。

④ 〔南朝梁〕萧纲：《与湘东王书》，参〔唐〕姚思廉《梁书》卷四九《庾肩吾传》，第691页。

⑤ 〔南朝梁〕钟嵘撰，吕德申校释：《钟嵘诗品校释》，第42页。

⑥ 〔宋〕叶梦得：《石林诗话》卷中，见〔清〕何文焕辑《历代诗话》上册，第426页。

性。庄子云:“真者,所以受于天也,自然不可易也。故圣人法天贵真,不拘于俗。”①而宇宙万物是自然的表现,所以“真”表现在事物上,就是事物的本性。故《庄子·马蹄篇》云:“马,蹄可以践霜雪,毛可以御风寒,龁草饮水,翘足而陆,此马之真性也。”②又《老子·第二十五章》云:“人法地,地法天,天法道,道法自然。”所以表现在人身上,“真”就是人的本性、人的自然之性:“真者,精诚之至也。不精不诚,不能动人。故强哭者虽悲不哀,强怒者虽严不威,强亲者虽笑不和。真悲无声而哀,真怒未发而威,真亲未笑而和。”③人的自然本性就是人真诚的自我、人本来的自我。人领悟到它也就领悟到自然的真谛、人生的真谛,从而达到回归自然、与宇宙万物融为一体的和谐化境。

陶渊明“养真衡茅下”(《辛丑岁七月赴假还江陵夜行涂口》),一生追求的最高人生境界正是“真”的境界,所谓“此中有真意,欲辨已忘言”[《饮酒二十首(之五)》]④,正是领悟到真之境界时的审美幻觉。在日常生活中,他当然不可能总实现这种伴随着审美愉悦的形而上体验,但是不论做什么都以真为依归,不“强悲”、不“强怒”、不“强亲”,而是“真悲”“真怒”“真亲”。总之,陶渊明诗文中流露的是精诚动人、拔于流俗的真情真性。钟嵘品味到了这种以道家思想为基础的个体生命在领悟到自然真意时的真实情性,于是将它的特质概括为“真”。这一概括是相当精到的,同时代的萧统评陶诗时也说陶诗“论怀抱则旷而且真”⑤。如果不是受钟嵘的影响,那么可谓英雄所见略同了。这是后人评陶诗“此翁岂作诗,直写胸中天”⑥的本源。

其次,钟嵘评陶诗“风华清靡”,指出清雅是陶诗区别于一般华靡之作的艺术特点。“清”同“真古”一样皆指陶诗拔出流俗的艺术个性,但“清”偏重于风格。“清”原指水的清澈。古《孺子歌》曰:“沧浪之水清兮,可以濯我缨。沧浪

---

① 《庄子·渔父篇》,见〔清〕郭庆藩撰、王孝鱼点校《庄子集释》,中华书局1961年版,第1032页。

② 〔清〕郭庆藩撰,王孝鱼点校:《庄子集释》,第330页。

③ 《庄子·渔父篇》,见〔清〕郭庆藩撰,王孝鱼点校《庄子集释》,第1032页。

④ 按:逯钦立校注《陶渊明集》“此中有真意”原作“此还有真意”,今从他本。下同。

⑤ 〔南朝梁〕萧统:《陶渊明集序》,见〔晋〕陶渊明撰、逯钦立校注《陶渊明集》,第10页。

⑥ 〔金〕元好问:《继愚轩和党承旨雪诗四首(之四)》,见姚奠中主编、李正民增订《元好问全集》(增订本),三晋出版社2015年版,第46页。

之水浊兮，可以濯我足。”①又《诗经·郑风·溱洧》曰：“溱与洧，浏其清矣。”②上例中的“清”字即此义。其意思后逐渐向人文意义转变，指人的心灵空虚澄明、不染尘俗。这最早见于道家言论。《老子·第四十五章》云：“躁胜寒，静胜热，知清静以为天下正。”清也指道的属性，如《庄子·天地篇》云：“夫道，渊乎其居也，漻乎其清也。”因为六朝人贵玄，所以“清”字在人物品评中频繁出现并在文学观念中获得重要的地位。用以评论那些体现玄远旨趣、高雅脱俗的诗人诗作成为玄学精神的审美呈现。钟嵘《诗品》即多用之，如评谢庄“气候清雅”，评刘琨“自有清拔之气”，评江祏“猗猗清润”，评虞羲“奇句清拔”等，都是指其诗风格清雅、超尘脱俗。③ 钟嵘评陶诗出于应璩，又评应诗“华靡”，未用“清”字，而评陶则多一“清”字，这说明“清”是陶诗区别于一般华靡之作的艺术特点之一。这种艺术特点也是陶诗受玄学精神影响的结果。钟嵘在此把它点了出来。

再次，钟嵘注意到了陶诗与当时文坛“繁密”“芜累”之风不同的艺术特点——“文体省净，殆无长语”。钟嵘论诗斥繁冗而崇简洁。他在《诗品序》中对当时师从颜延之和谢庄、务为“繁密”“句无虚语，语无虚字”的诗风大为不满。钟嵘推谢灵运为上品诗人，但也批评他“颇以繁芜为累”。他在谈到诗歌创作手法——“赋、比、兴”时，也特别提到不要专用赋体，以免有“芜漫”之累；就连选辑诗文也反对有文必录，批评“谢客集诗，逢诗辄取；张隐《文士》，逢文即书”④。反对繁冗也就是提倡简洁。钟嵘称赞“俊赏之士”刘绘诗“词美英净”，评“旷代之高手”张协诗“文体华净，少病累”，评卞彬等人诗“虽不宏绰，而文体剿净”。钟嵘写作《诗品》也以简要为旨，如评沈约时自云：“嵘谓约所著既多，今剪除淫杂，收其精要。”⑤他选择每一个诗人都是下了一番权衡工夫的，他评价每一个诗人的文字可以说是“颇为精切”。所以，他对陶诗简洁风格的评价是极高的评价。明人许学夷《诗源辩体》卷六曰：“靖节诗不为冗语，惟意尽便了，

---

① 逯钦立辑：《先秦汉魏晋南北朝诗·先秦诗》卷二，中华书局 1983 年版，第 21 页。

② 高亨注：《诗经今注》，上海古籍出版社 1980 年版，第 126 页。

③ 〔南朝梁〕钟嵘撰，吕德申校释：《钟嵘诗品校释》，第 145 页、第 79 页、第 166 页、第 171 页。

④ 〔南朝梁〕钟嵘撰，吕德申校释：《钟嵘诗品校释》，第 60 页。

⑤ 〔南朝梁〕钟嵘撰，吕德申校释：《钟嵘诗品校释》，第 110 页。淫，原作“泾”，从吕氏校记意见改。

故集中长篇甚少,此韦(应物)、柳(宗元)所不及也。”①像这样的评价最早应渊源于钟嵘。

最后,钟嵘还注意到陶渊明文如其人的艺术特点。司马迁在《史记·孔子世家》传末云:“余读孔氏书,想见其为人。”②钟嵘暗用司马迁评孔子的语气评陶说“每观其文,想其人德”,把陶渊明的为人与为文联系了起来,看到了陶渊明文如其人的特点,即陶渊明诗文是其人格的写真。钟嵘评陶诗“笃意真古”也可算是对陶渊明为人的评价。钟嵘又云“使穷贱易安,幽居靡闷,莫尚于诗矣”,同时称赞“陶公咏贫之制”,评陶渊明为“隐逸诗人”。这便把陶渊明的心灵、生活同陶诗联系了起来。这些言论虽尚不直接且不具体,但对后人评陶是有影响的。稍后的萧统在《陶渊明集序》中便将陶渊明的诗文与为人统一起来考察,并说“余爱嗜其文,不能释手,尚想其德,恨不同时”③,这与钟嵘的言论是一脉相承的。

三、陶诗的历史地位

钟嵘在陶渊明接受史上第一次明确确立了陶渊明在诗歌史上的历史地位——古今隐逸诗人之宗。

陶渊明刚去世时没有多大文名。颜延之在《陶征士诔》中也只提到“文取指达”四字。稍后,鲍照、江淹受当时模拟风气的影响,每人写了一首拟陶诗,这说明陶诗已开始被视作一种独具个性的诗体。特别是江淹的拟陶诗是安排在他的拟诗系列《杂体诗三十首》当中的,而《杂体诗三十首》按时代先后给出一个从汉到齐的诗人序列,第一次暗示了陶潜在诗歌史上的地位,但只是暗示,未明确提出。同时,大多数人还是把陶潜当隐士看待而非诗人,如沈约。而萧子显、刘勰等人论文只字未提陶渊明。钟嵘则彻底打破了这一格局,他第一次将隐士和诗人的头衔结合成一顶桂冠,戴到了陶渊明头上,并给他以“宗”的极高地位。这说明钟嵘不是简单接受时人评陶的意见,而是有着自己文学史的评判眼光。

钟嵘对汉魏至齐梁五六百年间的众多诗人只取120多位,他的选择是颇费了一番神思的。所以他说:“预此宗流者,便称才子。”陶渊明既被选入,那么在

---

① 〔明〕许学夷著,杜维沫校点:《诗源辩体》,人民文学出版社1987年版,第102页。

② 〔汉〕司马迁:《史记》,中华书局1982年版,第1947页。

③ 〔南朝梁〕萧统:《陶渊明集序》,见〔晋〕陶渊明撰、逯钦立校注《陶渊明集》,第10页。

钟嵘心中,他至少是一位才子诗人。钟嵘又把陶渊明看为“隐逸诗人之宗”,这说明他已把隐逸诗人作为一种文学史现象看待,并扩大及僧人、逸士。《诗品》收评的隐士、僧人共八人:晋处士郭泰机、宋征士陶潜、宋征君王微(以上中品)、晋征士许询、晋征士戴逵、齐惠休上人、齐道猷上人、齐释宝月(以上下品)。在这八人中,钟嵘独标陶潜为“隐逸诗人之宗”,这绝不是随意而为的。钟嵘云“陈思之于文章也,譬人伦之有周、孔”,把曹植喻为诗中圣人。他又模仿司马迁评孔子的话说:“每观其文,想其人德。”他在无意间有推崇陶潜的意思。可见,钟嵘在出世的诗人中独标渊明为宗与在入世的诗人中独标曹植为圣一样,这足以说明钟嵘对陶潜其人其诗的高度推崇。

钟嵘既然如此推崇陶潜,为什么又将他列入中品而不列入上品呢?袁行霈先生认为,细察《诗品》对诗人的品第,凡居上品者,其源必出于上品,或直接源自“国风”“小雅”、《楚辞》,而源出中品者,只能居于中品或下品,毫无例外。应璩既然位居中品,那么源出应璩的陶潜只能屈居于中品了。[①] 话虽不无道理,却忽视了这样一种现象:钟嵘评陶又说他“协左思风力”,而左思是被列入上品的。再者,有许多被列入中品的诗人是如上品一样源出于上品的。如曹丕“其源出于李陵”,张华、刘琨“其源出于王粲”,郭璞“宪章潘岳”,颜延之“其源出于陆机”,所以此说并不能给出圆满解释。那么钟嵘为什么这样做呢?恐怕还得以他难以彻底冲破时代局限来解释:其所列上品诗人之诗大多为时人所重,而陶潜诗名甚微,钟嵘能把他置于中品已经很“抬高”这位“无名”诗人了,此其一。其二,据前面立论,钟嵘对陶渊明的评价都是赞扬之语,但还是提出了“质直”“田家语”的问题,再推测“至于”的口气,可知他尚认为陶诗中有一部分“质直”的诗。而对“质直”的诗人,因局限于时代审美观点,钟嵘给予的评价是不高的,如曹操。其三,也据前面立论,凡上品诗人皆为入世诗人,八位隐士、僧人皆为出世诗人,在钟嵘以前的文学史上尚没有声名极盛的“隐逸诗人”,钟嵘能把“隐逸诗人”的开宗者列入中品已是颇费斟酌了。

至于后人指责或迷惑于钟嵘把陶渊明这样一位大诗人放在中品而不放在上品,关键在于他们没有以发展联系的眼光看问题。钟嵘能突破时代局限进而把湮没在众多诗人中的陶渊明“救”出来,已是极了不起的举动了。后代陶渊明的接受者之所以能进一步发现、接受陶诗,钟嵘的功劳无论如何是不可抹杀的。

---

① 袁行霈:《钟嵘〈诗品〉陶诗源出应璩说辨析》,见袁行霈主编《国学研究》第二卷,北京大学出版社 1994 年版。

他对陶诗的艺术渊源、艺术成就及历史地位的看法无疑为后来的接受者开掘了先河，乃至今天我们阅读理解陶诗，他的意见仍有启示价值。

四、接受原因

关于钟嵘的生平事迹，史书所载极为简略，散见于史料中的相关记载也极少。因此他发现、接受陶渊明的机缘、原因也只能依据这一鳞半爪做一些推测。

钟嵘在《诗品序》中称梁武帝萧衍为“方今皇帝”，由此可知此书写于梁武帝时。他在《诗品序》中又称该书感于刘绘“欲为当世诗品”“未遂”而作。刘绘卒于梁武帝天监元年(502)。又《诗品》“不录存者”，而现知沈约是所评诗人中卒年最晚的一位，沈约卒于天监十二年(513)，所以《诗品》的写作时间当在天监元年至天监十二年间或稍后一段时间。而天监四年(505)，萧元简出守会稽，引嵘为宁朔记室，专掌文翰①。钟嵘后又被选为西中郎晋安王记室。作为专掌文翰的记室，钟嵘极可能在此期间阅读了大量文学资料，其中当有与陶渊明有关的资料，因此他接触或深入研读陶渊明可能在写作《诗品》期间。

钟嵘个性正直耿介，敢说真话，而且推崇隐士。《南史・钟嵘传》载他于齐建武初、梁天监初两次上书直言，改革时弊。《南史・钟嵘传》《梁书・钟嵘传》俱载：“居士何胤筑室若邪山，山发洪水，漂拔树石，此室独存。元简令嵘作《瑞室颂》以旌表之，辞甚典丽。”②《瑞室颂》已佚，推测之，它虽为应酬文字，但“辞甚典丽”。受当时重隐之风的影响，其中必含有钟嵘本人对隐士的推崇之情。如此，他的个性当与陶渊明有相合之处。因为陶渊明在时人眼中主要为隐士，而且为人耿介，不为五斗米折腰，所以也难怪钟嵘“每观其文，想其人德”了。

最后，通过钟嵘的《诗品》，我们不难看出他首先是一位极有审美鉴赏力的批评家和文学史家，这便为他发现陶诗提供了先决条件。《梁书・钟嵘传》称他青少年时“好学，有思理”，“明《周易》”。这说明钟嵘从小就有一种善于辨析名理的头脑，这在他以后两次上书的言论中也表现了出来。再加上爱好文学，当阅读了大量文学资料后，他便不满意当时“随其嗜欲，商榷不同，淄渑并泛，朱紫相夺”③般妄论诗人优劣的风气。其中就含有要为一些受到不公之评的诗人正名的动机，这一动机非常重要，它使钟嵘论诗突破了时代局限，进而使钟嵘发现

① 参〔唐〕姚思廉《梁书》之《衡阳王元简传》及《钟嵘传》。

② 〔唐〕李延寿：《南史》卷七二《钟嵘传》，中华书局1975年版，第1779页。

③ 〔南朝梁〕钟嵘撰，吕德申校释：《钟嵘诗品校释》，第22页。

了一些受到不公之评的优秀诗人。其诗被世人叹为“质直”、讥为“田家语”的陶潜就是钟嵘要正名的诗人之一。

第二节 萧统论文如其人的“大贤”

陶渊明在中古时期得到的最高评价来自梁代昭明太子萧统。萧统“望陶以圣贤”①,不但在为人方面给陶渊明以崇高的赞扬,而且在诗文上给陶渊明以前所未有的极高评价。他自称“余爱嗜其文,不能释手,尚想其德,恨不同时”②。他为陶编集、作序、作传,于自己的创作中用陶之典,并于历代文人学子必读必究的《文选》中选录了陶潜诗文。因此,在陶渊明尚被忽视的时代,萧统在陶渊明前期的接受、传播史上写下了最有价值的一页,为陶渊明的被接受开通了重要渠道。

现存萧统接受、评价陶渊明及其诗文的资料可以粗分为四项:

其一为《陶渊明传》,其二为《陶渊明集序》。二者大约最早附于萧统所辑八卷本《陶渊明集》③,见于现存《陶渊明集》各本,流传至今。据日本近代学者桥川时雄《陶集版本源流考》,其所见旧抄本《陶渊明集》所附《陶渊明集序》末又记云“梁大通丁未年夏季六月昭明太子萧统撰”④,则《陶渊明传》也可能是同时而作。其三为《文选》所录陶诗七题八首:《始作镇军参军经曲阿作》《辛丑岁七月赴假还江陵夜行涂口》《挽歌诗》《杂诗二首》《咏贫士诗》《读山海经诗》《拟古诗》,文《归去来(并序)》一篇⑤。其四为萧统诗文中使用的陶渊明典故(详后)。

一

与其诗文的遭遇截然相反,陶渊明的为人在东晋南朝时期就有口皆碑。为

① 〔明〕郭子章:《豫章诗话》卷一,明万历三十年吴献台刻本。

② 〔南朝梁〕萧统:《陶渊明集序》,见〔晋〕陶渊明撰、逯钦立校注《陶渊明集》,中华书局1979年版,第10页。本节所引萧统《陶渊明集序》皆据此版本,不再详注。

③ 参阳休之《陶潜集序录》,见〔清〕严可均校辑《全上古三代秦汉三国六朝文·全隋文》卷九,中华书局1958年版。

④ 〔日〕桥川时雄:《陶集版本源流考》,文字同盟社1931年铅印本,第4页。

⑤ 此处陶渊明诗文标题据〔南朝梁〕萧统编、〔唐〕李善注《文选》,上海古籍出版社1986年版。

陶渊明作诔的颜延之、写传的沈约都对其为人极为推崇。天监六年(507),萧统的叔父萧秀为江州刺史,“及至州,闻前刺史取征士陶潜曾孙为里司。秀叹曰:‘陶潜之德,岂可不及后世!’即日辟为西曹”①。

萧统对陶潜为人的记述、推崇基本承袭了时人的观点,但也有自己的特点。对比萧统《陶渊明传》和沈约《宋书·陶潜传》(以下分别简称《萧传》和《宋传》),我们会发现萧统对陶潜的刻画有一种理想化、完美化的倾向。《宋传》云:“潜弱年薄宦,不洁去就之迹,自以曾祖晋世宰辅,耻复屈身后代,自高祖王业渐隆,不复肯仕。”此虽推崇陶渊明之操守,但对其年轻时“不洁去就之迹”略有微词。《萧传》对陶渊明的生平记述基本上承袭了《宋传》,但删去了上面引文中的前两句,只说“自以曾祖……不复肯仕”云云②,对陶潜早年的仕宦生涯不置微词。这说明萧统比沈约更加推崇陶渊明的节操。因此,他在传记中除了承袭记载了陶潜不愿折腰向乡里小儿、自解罢职一事,又记载了《宋传》中没有的两件事:一件是江州刺史檀道济以“粱肉”救济断炊的陶潜而被陶潜“麾而去之”,另一件是作诗嘲讽出山的周续之等在马队边讲《礼》。这两件事都突出了陶渊明高尚自洁的操守。

萧统将陶渊明理想化的倾向在他的《陶渊明集序》(以下简称《陶序》)中有更鲜明的体现。沈约在《宋书·隐逸传》开头,站在儒家入世者的立场上来推崇“贤人之隐”,把他们所晦之道看作以社会为指归而非以个体为指归的儒家之道。萧统在《陶序》中则主要以道家思想为准的推崇陶渊明。他说:“圣人韬光,贤人遁世。其故何也?含德之至,莫逾于道;亲己之切,无重于身。故道存而身安,道亡而身害。”可见他所理解的道实为道家自然之道,主要以觉醒的自我个体为指归,而非以儒家等级社会为指归。人只要获得道之德性,“与大块而荣枯,随中和而任放”,因以晦迹,与道逍遥,得享天年,便是圣贤;否则,因逐物欲而亡道害身,便是愚夫贪士。而陶渊明“贞志不休,安道苦节,不以躬耕为耻,不以无财为病”,“与道污隆”,正是一位得道全身的近代“大贤”。

陶渊明的生活情趣和爱好以其鲜明的特色也倍受东晋南朝接受者称赏。陶渊明好酒是出了名的,他在世时便有好多人邀他喝酒,从颜延之开始便推崇他“性乐酒德”,把他的饮酒行为看作隐士高洁出俗的举动。之后,陶渊明的早

---

① 〔唐〕姚思廉:《梁书》卷二二《萧秀传》,中华书局1973年版,第343页。

② 北京大学北京师范大学中文系、北京大学中文系文学史教研室编:《陶渊明资料汇编》上册,中华书局1962年版,第8页。本节所引萧统《陶渊明传》原文出处相同,不再注出。

期接受者江淹、鲍照、钟嵘等都提到了陶渊明与酒的关系。沈约在《宋传》中把饮酒看作陶渊明的独特爱好,除了引用陶渊明作品中写酒的文句,在他自己的叙述文字中,接连六次写到陶渊明和酒的关系。

萧统在《萧传》中承接《宋传》,进一步突出了陶渊明的好酒志趣,七次写到陶渊明与酒的关系。除了沈约写到的六次,萧统还补写了一次。《萧传》云:(潜为彭泽令,)“公田悉令吏种秫,曰:‘吾尝得醉于酒足矣!’”因要“春秫作美酒”(《和郭主簿》),所以“悉令吏种秫”。萧统补写的这一笔不但解释了悉令种秫的原因,而且富于夸张性地突出了陶渊明好酒的志趣。

在《陶序》中,萧统还第一次揭示了陶渊明饮酒的内涵。他说至人达士晦迹山林,“或怀釐而谒帝,或被褐而负薪,鼓楫清潭,弃机汉曲。情不在于众事,寄众事以忘情者也。有疑陶渊明诗篇篇有酒。吾观其意不在酒,亦寄酒为迹焉”。这里,萧统联系对隐士“寄众事以忘情”的理解来阐释陶潜的饮酒行为,说他“意不在酒”,是“寄酒为迹”,即像众贤人达士意不在负薪、鼓楫而是以之为生命依托来忘掉俗情一样,陶渊明饮酒也是如此。这便将陶渊明饮酒的志趣同一般意义上的饮酒区别开来,点出了饮酒行为背后的深层寓意,为后人进一步挖掘陶氏饮酒行为背后的含义开辟了路径。

萧统还将陶渊明饮酒的志趣及陶渊明在诗文中写到的其他典型意象以典故的形式写入自己的诗文。其《锦带书十二月启》云:

> 走野马于桃源……放旷烟霞,寻五柳之先生。琴尊雅兴,谒孤松之君子。(《夹钟二月》)
>
> 郁郁丹城,并挂陶潜之柳。(《中吕四月》)
>
> 既传苏子之书,更泛陶公之酌。(《南吕八月》)①
>
> 必来三径人。(《贻明山宾诗》)
>
> 无三径之可求。(《七契》)②

“陶公之酌”“五柳之先生”“陶潜之柳”“桃源”“三径”等都是作为一种高雅脱俗、自由自在的隐居生活或环境的象征而被引用的。这种现象表现了萧统本人对陶渊明审美情趣的心向神往,从而表明陶渊明的志趣爱好、理想憧憬、生活方

① 〔清〕严可均校辑:《全上古三代秦汉三国六朝文·全梁文》卷一九,中华书局1958年版,第3062~3063页。按:俞绍初校注《昭明太子集校注》(中州古籍出版社2001年版)置《锦带书十二月启》于“附编”部分,疑非萧统所作;然宋代以来即题萧统所撰,此聊从之。

② 俞绍初校注:《昭明太子集校注》,第38页、第79页。

式已开始被象征化、模式化,开始获得越来越普遍的文化新义。这在萧统所处的时代并非是孤立的存在。笔者在第一章概述中曾云,围绕着萧绎、萧统、萧纲等梁代宗室已经形成了一个重要的陶渊明传播中心。下面是梁代诗文中的几则珍贵事例:

鱼从流水,本在桃花之源。(萧绎《荆州放生亭碑》)

况乃交垂五柳,若元亮之居。(庾肩吾《谢东宫赐宅启》)①

篱下黄花菊,丘中白雪琴。(庾肩吾《赠周处士诗》)

纺绩江南,躬耕谷口。庭中三径,门前五柳。费昶[《赠徐郎诗六章(之六)》]

开筵临桂水,携手望桃源。(沈君攸《赋得临水诗》)②

在上列诗人中,萧绎是萧衍第七子、萧统弟,即后来的梁元帝。庾肩吾在萧纲为太子时,兼任东宫通事舍人,属上层文人。费昶,江夏人,官至新田令。沈君攸生平不详,但据其遗诗可知,他至少曾为下层文人③。如此,则陶渊明诗文已经在上、下层文人中有传播和接受事实。上列文人在诗文中所用陶典,最多的是"桃源"之典和"五柳"之典。前者用以指超出凡俗、非人间所有的美好所在,后者用以指隐士居处的象征景物,以抒写性爱山水、高雅脱俗的胸怀志趣,表现出了当时重隐崇隐的时代之风。可见,陶渊明作为高雅隐士的形象是颇受梁人推崇的,萧统崇陶并非凭空臆想,而是有时代基础的。

二

东晋南朝时期,陶渊明诗文虽然一直悄悄地被有识之士发现、接受和传播,但也有许多有识之士忽视了陶渊明诗文潜在的文学价值和历史地位。颜延之、沈约接受陶渊明,重其为人而轻其诗文。刘勰《文心雕龙》、萧子显《南齐书·文学传论》对陶渊明只字未提。在有史家眼光的评论家当中,唯钟嵘与萧统独具慧眼,看到了陶潜诗文的夺目光彩,而尤以萧统为最。

如评陶渊明的为人一样,萧统评陶渊明的诗文也有理想化、完美化的倾向。

---

① 〔清〕严可均校辑:《全上古三代秦汉三国六朝文·全梁文》卷一八、卷六六,第3057页、第3341页。

② 逯钦立辑校:《先秦汉魏晋南北朝诗·梁诗》卷二三、卷二七、卷二八,中华书局1983年版,第1994页、第2084页、第2111页。

③ 参其《羽觞飞上苑》《同陆廷尉惊早蝉诗》,见逯钦立辑校《先秦汉魏晋南北朝诗·梁诗》,第2110~2112页。

这主要表现在《陶序》中，萧统给予陶渊明诗文前所未有的极高评价。

概言之，萧统把陶渊明的诗文和为人统一起来考察，看到了陶文如其人的特点。钟嵘在《诗品》中已表现出将陶渊明的为人与为文联系起来的倾向。他说：“使穷贱易安，幽居靡闷，莫尚于诗矣。”[①]钟嵘推崇“陶公咏贫之制”，评陶为“古今隐逸诗人之宗”，说“每观其文，想其人德”，把陶渊明隐居清贫的生活、高尚的品德和他的诗文联系了起来，但尚不直接，也不具体。萧统则克服了这一点，在《陶序》中，他先以古代贤人达士暗比陶，接着对其为人、诗文交互评赞。在指出陶诗篇篇有酒的同时，又品出“酒中有深味”[《饮酒二十首（之十四）》]；在高度推崇其诗文的艺术成就的同时，又赞扬他“贞志不休，安道苦节”云云。这便把论文与论人结合起来、统一起来，向我们指出陶文如其人。

具言之，萧统认为陶渊明诗文的特点首先表现为“其文章不群，词采精拔，跌宕昭彰，独超众类，抑扬爽朗，莫之与京”（萧统《陶渊明集序》）。“跌宕”“抑扬”近义，指陶诗文情感充沛而富于变化，而非平铺直叙、寓目辄书。“昭彰”“爽朗”近义，指情感表现清澈明朗，不浑浊晦涩，即《文心雕龙·风骨》所谓“风清”“文明”。合而言之，陶诗文超群出众，文采精妙拔俗，情感显豁起伏而动人情性，有一种超越众人、无与伦比的风力。这种评价与钟嵘评陶“协左思风力”是相通的，也符合齐梁人以诗歌吟咏情性、摇荡性灵的文学观念。

其次是“横素波而傍流，干青云而直上”。这是从总体评价陶渊明诗文在精神风貌上立志高远，超拔尘俗喧嚣，远离声色歌舞。

再次是评陶潜诗文“语时事则指而可想，论怀抱则旷而且真”。渊明所处晋宋易代之际，正如汉末、魏末“道丧向千载”[《饮酒二十首（之三）》]，“闾阎懈廉退之节，市朝驱易进之心”（《感士不遇赋序》）。历史上频繁上演的弑君之剧这时又重演了一次。渊明在好多诗中都暗写了晋宋易代的时事，如其《述酒诗》《读山海经十三诗（之十一）》《拟古九首（之九）》等。沈约在《宋传》中就指出陶潜诗文年号在晋宋所标相异的现象。《萧传》上承《宋传》，推崇陶不仕二代，在《陶序》中又说“语时事则指而可想”，当指陶诗文中那些隐射晋宋易代的作品。因此，萧统是陶渊明接受史上最早将其作品与时代联系起来解读的读者之一。

---

① 〔南朝梁〕钟嵘：《诗品序》，见吕德申校释《钟嵘诗品校释》，北京大学出版社2000年版，第17页。

萧统又进一步从陶渊明诗文的情感特质上将其诗文的高度艺术成就概括为“旷而且真”。旷，本义指空间的辽阔远大。《老子·第十五章》用之来形容道，曰“旷兮其若谷”，使道具备了抽象的哲学意义。后来，特别是在品评人物兴盛的中古时代，旷又获得了价值、审美意义。《世说新语·品藻》篇王导评王述云：“真独简贵，不减父祖；然旷澹处故当不如尔。”又《世说新语·任诞》篇云：“张季鹰（翰）纵任不拘。”刘注引《文士传》云：“（张）翰任性自适，无求当世，时人贵其旷达。”①旷都是指心胸开阔，对世俗孜孜以求的东西不存芥蒂：陶潜虽箪瓢屡空，却依旧“晏如”，他“不慕荣利”“忘怀得失”（《五柳先生传》），正表现了他开朗阔达的胸怀。所以萧统用“旷”来评价陶渊明。那么“真”又指什么呢？“真”指陶潜诗文中流露的精诚、真挚的感情以及摆脱了世俗的旷达之情（可参本章第一节）。即渊明并非心胸狭隘者，他虽发抒真情，但不执迷于真情而难以自拔，往往以理、以玄遣情，重情而不役于情，显得心胸开阔、旷达脱俗。因此萧统评陶曰“论怀抱旷而且真”，是明言其感情特质拔于流俗，有“大贤”之风，读其文如见其人。

总之，萧统认为陶渊明文如其人。其人为“大贤”，“少有高趣”，“颖脱不群，任真自得”（《萧传》）；“其文章不群，词采精拔”，发抒旷达真情。其文与其人皆堪称楷模。

三

萧统评陶的理想化倾向还表现在他苛求陶渊明的《闲情赋》和重视陶渊明诗文的社会作用上。

萧统在《陶序》中高度评价了陶渊明文如其人之后，接着说：

> 白璧微瑕者，惟在《闲情》一赋，扬雄所谓劝百而讽一者，卒无讽谏，何必摇其笔端？惜哉！无是可也！……尝谓有能读渊明之文者，驰竞之情遣，鄙吝之意祛，贪夫可以廉，懦夫可以立，岂止仁义可蹈，亦乃爵禄可辞！不劳复傍游太华，远求柱史，此亦有助于风教尔。

一方面，他认为像陶渊明这样的“大贤”是不应该写无助于讽谏的《闲情赋》这样的文章的。萧统的人生观中存在着言行一致的观念，即人的心灵与外在的一

---

① 〔南朝宋〕刘义庆撰，〔南朝梁〕刘孝标注，余嘉锡笺疏，周祖谟等整理：《世说新语笺疏（修订本）》，上海古籍出版社 1993 年版，第 516 页、第 738 ~ 739 页。

切行为（包括创作）应该在真善美上统一起来。他主张“立身行道，始终如一”①，推崇“文质彬彬，有君子之致”的文章②。而他本人也是如此做的，持性严谨，“不畜声乐”③，而非如其弟萧纲所云“立身之道与文章异：立身先须谨重，文章且须放荡”④。那么陶潜既为“大贤”，就应写“大贤”之文，而不应有失身分，写《闲情赋》这样“劝百讽一，卒无讽谏”的文章。当然，萧统本人排斥浮艳之文，但并不完全排斥写女人。这从《文选》所选的宋玉等人的情赋及他自己创作的《三妇艳》等写女人的文字可以看出。按照儒家文学观念，写艳情、写女人可以，但应好色而不淫、“既温且雅”⑤、“文质彬彬，有君子之致”。受陶渊明《闲情赋》“瞬美目以流眄”句的影响，萧统《七契》虽描写歌女“扬美目以流眄”⑥云云，但这是被文中虚构的逸士否定的。《闲情赋》写爱情大胆奔放，虽“终归闲正”，但爱的表白太直露、太热烈，有伤温柔敦厚，有伤中和之美。这就难怪有着浓厚正统观念的昭明太子为陶潜这样的“大贤”写这样的文章而叹息了，觉得“无是可也”，而于《文选》中也不予选录。

与上述相联系的是，萧统高度评价了陶渊明诗文的社会教育作用，认为其诗文有助于风教。这与萧统从小所受的儒家正统教育、太子身份以及与时代批评风气息息相关的文学主张密切相关。据《梁书·昭明太子传》，其父萧衍从小便注重对萧统进行严格的儒家经典熏陶，萧衍晚年很注重诗文的教化作用，曾因宫体诗兴盛而迁怒其创始人徐摛，“召摛加让”⑦。作为皇储，萧统的文学思想与其父晚年的文学思想是较为一致的，都黜靡崇雅，强调文学的教化作用。与曹丕、陆机等一脉相承，齐梁文论家面对讹滥的文风，大多没有忽视儒家风教观。萧统就是在这种批评氛围中形成了自己的风教观，非但在《陶序》中，而且在《文选序》中也有鲜明的言论。他依此来评价陶渊明的作品，虽看到一篇《闲情赋》不合风教观，但总体上看，陶渊明诗文还是可以激贪厉俗的。因此，他高

---

① 〔唐〕姚思廉：《梁书》卷二七《到洽传》，第 405 页。

② 〔南朝梁〕萧统：《答湘东王求文集及〈诗苑英华〉书》，见〔清〕严可均校辑《全上古三代秦汉三国六朝文·全梁文》卷二〇，第 3064 页。

③ 〔唐〕姚思廉：《梁书》卷八《昭明太子传》，第 168 页。

④ 〔南朝梁〕萧纲：《诫当阳公大心书》，见〔清〕严可均校辑《全上古三代秦汉三国六朝文·全梁文》卷一一，第 3010 页。

⑤ 〔南朝梁〕萧统：《答〈玄圃园讲颂启〉令》，见〔清〕严可均校辑《全上古三代秦汉三国六朝文·全梁文》卷一九，第 3060 页。

⑥ 〔清〕严可均校辑：《全上古三代秦汉三国六朝文·全梁文》卷二〇，第 3066 页。

⑦ 〔唐〕姚思廉：《梁书》卷三〇《徐摛传》，第 447 页。

度评价了陶渊明诗文“有助于风教”的社会教育作用。

四

萧统的《文选》是我国现存最早、最负盛名的诗文总集。它文兼众体，包容古今，充分体现了齐梁时代的审美趣味和审美标准，也透露出不同时代的文人在编选者心目中的地位。《文选》所选东晋诗文甚少。东晋玄言诗“理过其词，淡乎寡味”（钟嵘《诗品序》），缺乏文采和可读性，所以《文选》于东晋诗文只选了26篇：赋2、诗17、其他7。其所录诗歌以陶渊明诗最多（8首），其次是郭璞诗（7首），再次是殷仲文诗、谢混诗（各1首）。由此可见《文选》对陶诗是相当重视的，至少是把陶诗看作与郭璞诗不相上下的作品，认为其艺术成就远远高于殷仲文、谢混等人的诗，高出玄言诗。再联系刘勰《文心雕龙》提到玄言诗、郭璞诗而独不及陶诗来看，《文选》对陶诗的重视是显而易见的。

《文选》将诗分为23类（除“骚”类），陶渊明的七题八首分别选入“杂诗”（4首）、“行旅”（2首）、“挽歌”（1首）、“杂拟”（1首）。《文选》尚没有专列“田园”一类，与江淹《拟陶征君田居》直接以“田居”名题相比，《文选》在把握陶诗主要艺术成就上是略逊一筹的。但就所选诗的内容看，被归入杂诗的《饮酒二十首（之五）》“结庐在人境”、《饮酒二十首（之七）》“秋菊有佳色”以及《读山海经十三首（之一）》“孟夏草木长”都是写田园生活的，且都为陶诗的优秀代表作，这说明选者还是有极高鉴赏力的。《文选》所选的《咏贫士七首（之一）》《饮酒二十首（之五）》《读山海经十三首（之一）》都是钟嵘在《诗品》中赞扬过的。因此，《文选》选陶诗可能受了《诗品》的影响，或者他们不谋而合，在以“润之以丹采，干之以风力”（《诗品序》）、“事出于沉思，义归乎翰藻”（《文选序》）这样文质并重的标准读陶诗时，找到了符合他们口味的作品。

关于《文选》的编者，大家都有一种共识：不止一人参与了编纂工作①。既然《文选》编选了陶渊明的诗文，那么我们可以推论：凡参加编选工作的大都可能读过陶渊明的诗文，至少应知道陶渊明这样一位不可忽视的文人。因此，我们可以说，在萧统的文学集团内部，陶渊明的诗文被传播着、接受着。他们在“讨论篇籍”“商榷古今”②时是极有可能涉及陶渊明的。

① 可参何融《〈文选〉编撰时期及编者考略》，载《国文月刊》1949年第76期；曹道衡《关于萧统和〈文选〉的几个问题》，载《社会科学战线》1995年第5期。

② 〔唐〕姚思廉：《梁书》卷八《昭明太子传》，第167页。

《文选序》的结尾部分说明了《文选》的编撰目的是由于年代久远、作家作品众多，必须“略其芜秽，集其清英”，才便于阅览揣摩。从《文选》的影响史来看，这一目的可以说完全达到了，而且获得了巨大成功①，《文选》以至成为中国中古文学史上影响最大的一部诗文总集。只要《文选》产生影响，它所编选的陶渊明诗文便产生影响。

从传播学的角度看，《文选》的传播从诞生之日起就是同萧统紧密联系在一起的。而《文选》收录了陶渊明诗文，所以萧统的《文选》成为后人接受陶渊明的一个重要而特殊的途径，这在陶渊明诗名未盛而《文选》广为人知的唐代尤其如此（详第二编第一章）。

五

总之，萧统在陶渊明接受史上写下了极有价值的一页。那么萧统为什么会接受陶渊明呢？萧统接受陶渊明的根本原因何在？

文明和异化的二律背反是不以人的意志为转移的客观规律。“恶是历史发展的动力借以表现出来的形式。这里有双重意思，一方面，每一种新的进步都必然表现为对某一神圣事物的亵渎，表现为对陈旧的、日渐衰亡的、但为习惯所崇奉的秩序的叛逆，另一方面，自从阶级对立产生以来，正是人的恶劣的情欲——贪欲和权势欲成了历史发展的杠杆，关于这方面，例如封建制度的和资产阶级的历史就是一个独一无二的持续不断的证明。”②“从纯粹的人的感情上来说，亲眼看到这无数勤劳的宗法制的和平的社会组织崩溃、瓦解、被投入苦海，亲眼看到它们的成员既丧失自己的古老形式的文明又丧失祖传的谋生手段，是会感到悲伤的。”③魏晋时期是中国封建文明的成长期，这种文明的成长也是依靠恶的形式实现的，是以平静的家园和古老而神圣的道德的丧失为条件的。这便是历史前进过程中文明与异化的二律背反。陶渊明看到了历史发展带来的丑恶：“自真风告逝，大伪斯兴，闾阎懈廉退之节，市朝驱易进之心。”（《感士不遇赋序》）天下熙熙，皆为利来；天下攘攘，皆为利往。陶渊明在痛苦和彷徨中拒绝了历史发展的逻辑，毅然在历史发展所否定的平静家园和神圣道

---

① 关于《文选》的历代传播情况，可参看骆鸿凯《文选学》，中华书局 1989 年版。

② ［德］恩格斯：《路德维希·费尔巴哈和德国古典哲学的终结》，见《马克思恩格斯全集》第 21 卷，人民出版社 1965 年版，第 330 页。

③ ［德］马克思：《不列颠在印度的统治》，见《马克思恩格斯全集》第 9 卷，人民出版社 1961 年版，第 148 页。

德里寻找生命的依据。他固穷守节，躬耕自资，安贫乐道，用整个生命实践了整整几代人在痛苦中寻求的真善美的人生，铸就了一种拒恶守善的高洁人格。萧统对此大加赞扬说："自非大贤笃志，与道污隆，孰能如此乎！"作为同一历史时期的接受者，萧统也经历过社会、历史带给他的痛苦和彷徨，因而他与陶渊明有着相似的心灵渴求。

据《梁书·昭明太子传》，昭明太子与其父梁武帝的关系并不好。"昭明对梁武帝始终是深怀畏惧，战战兢兢的。"①作为皇储，萧统密切注视着梁武帝的思想言行，随时在自己的一言一行里做出响应以取得父皇的欢心。如武帝崇尚俭朴，萧统亦时时奉行；武帝大弘佛教，萧统亦崇信三宝，遍览众经。从梁武帝多次干预萧统的行动看，萧统的思想言行也是处在父皇的密切监视下的。发生在普通七年的事是最典型的例证。这一年，萧统因母丁贵嫔薨而哀毁骨立、不进饮食。武帝多次派人制止他的这种过分行为。武帝这样做名义上是劝儿节哀，实则不满儿子的做法，明确地对儿子说："有我在，那得自毁如此！""正为汝如此，胸中亦圮塞成疾。"可见，萧统连饮食起居也在父皇的监视干预之中，他的其他言行就可想而知了。也就在这一年，发生了一件充分暴露他们父子间矛盾的事。《南史·昭明太子传》称："初，丁贵嫔薨，太子遣人求得善墓地，将斩草，有卖地者因阉人俞三副求市，若得三百万，许以百万与之。三副密启武帝，言太子所得地不如今所得地于帝吉，帝末年多忌，便命市之。葬毕，有道士善图墓，云'地不利长子，若厌伏或可申延'，乃为蜡鹅及诸物埋墓侧长子位。有宫监鲍邈之……密启武帝……帝密遣检掘，果得鹅等物。大惊，将穷其事。徐勉固谏得止，于是唯诛道士，由是太子迄终以此惭慨，故其嗣不立。"②年仅31岁的萧统史载因溺水受惊而死，其真假也是一个谜。可见，身为太子的萧统因处在政治斗争的漩涡中，并不能获得一个正常人应有的自由和轻松。陶渊明指斥的"大伪"天天在宫廷上演，而且萧统也不得不于其中扮演一个角色。因此萧统奉行的儒家神圣道德和向往的平静生活受到了无情的嘲笑，他绷紧的神经和劳累的心灵需要一块休息的天地。对于深受中国传统文化熏染的萧统来说，最好的休息天地莫过于自然家园了。

事实上，萧统经常让他绷紧的神经和劳累的心灵在社会推崇和认可的自然

---

① 李泽厚、刘纲纪主编：《中国美学史》第二卷下，中国社会科学出版社1987年版，第596页。

② 〔唐〕李延寿：《南史》卷五三，中华书局1975年版，第1312～1313页。

山水里得到放松和休息。《梁书·昭明太子传》称他："性爱山水，于玄圃穿筑，更立亭馆，与朝士名素者游其中。"①他这种将山水纳入紧张人生的生活情趣在他的《与何胤书》《答晋安王书》《七契》等多篇文章中都有鲜明的体现。从现存《全梁文》看，梁代还没有哪一个人对自然的兴趣比萧统表现得更浓厚。正是在自然家园里，通过与战战兢兢的宫廷生活的对比，萧统读懂了包括陶渊明在内的隐士之所以归隐的原因——存道全身，从而对隐士倍加推崇。而隐逸诗人陶渊明在他的诗文里为在文明与异化的二律背反中挣扎的人提供了一种自然的精神家园，足以使"驰竞之情遣，鄙吝之意袪……"，足以消除社会历史发展带给人的异化现象和心灵矛盾，从而使人获得在现实生活中寻找不到的心灵和谐。所以当爱好文学的萧统在读陶隐士的诗文时，便摆脱了宫廷生活带给他的紧张与痛苦，在陶渊明诗文构筑的自然家园里获得了精神上的解脱，也难怪他对陶渊明诗文爱不释手。这便是萧统对陶渊明为人为文高度推崇的根本原因所在。

① 〔唐〕姚思廉：《梁书》卷八《昭明太子传》，第168页。

第二编

『随风潜入夜，润物细无声』

——陶渊明接受史的发展期（隋唐五代）

第一章 文名渐高 精神广润

第一节 流光溢彩的上弦月

在隋唐五代，陶渊明为人和诗文的魅力再也遮挡不住，他像上弦月一样日益流光溢彩。他的个性风神、他的诗歌精神从隐居之地走出来，向社会、文化、诗歌创作领域辐射、渗透。在特定的时代风气下，这种辐射、渗透是强有力的，同时又如春雨润物般细而无声。它贯穿于整个隋唐五代陶渊明接受史。

伴随着南北文化的融合，隋代人对陶渊明已不陌生。由南北朝入隋的诗人江总、卢思道等都分别曾在《于长安归还扬州九月九日行薇山亭赋韵》《听鸣蝉篇》等诗中用到陶渊明诗文中的词语和典故。这种情况在隋代诗人中也不止一例。又如孔德绍《登白马山护明寺诗》云：“今日桃源客，相顾失归途。”孙万寿《别赠诗》云：“酒随彭泽至，琴即武城弹。”李巨仁《登名山篇》云：“避世桃源士，忘情漆园吏。”胡师耽《登终南山拟古诗》云：“结庐终南山……且对一壶酒，安知世间名。寄言朝市客，同君乐太平。”①杨暕《与逸人王真书》云：“彭泽遗荣，先有《归来》之作。”②由隋入唐的刘孝孙、王通、王绩等人对陶渊明都有或多或少的接受。被当时人称为“王孔子”的文中子王通一生致力于周、孔之道，恪守儒家道德规范，认为即使不得已而退隐，也应不忘兼济天下。因此当有人问他对陶渊明的评价时，他回答说：“放人也。《归去来》有避地之心焉，《五柳先生传》则几于闭关矣。”③他也批评效仿陶渊明的弟弟王绩说：“汝忘天下乎？纵心

① 以上四条引文分见逯钦立辑校《先秦汉魏晋南北朝诗·隋诗》卷六、卷一、卷七，中华书局 1983 年版，第 2722 页、第 2640 页、第 2726 页、第 2730 页。

② 〔清〕严可均校辑：《全上古三代秦汉三国六朝文》，中华书局 1958 年版，第 4060 页。

③ 〔唐〕王通：《中说》卷九《立命》，影印清文渊阁《四库全书》本。

败矩，吾不与也。”①王绩倒是陶渊明的一个大知音，在饮酒和诗文创作方面都深受陶渊明的影响。别人把他称为当时的陶渊明。实际上，王绩真是陶渊明为人和诗文的嫡系真传。王通、王绩兄弟对陶渊明的抑扬影响了唐人对陶渊明的基本态度。

初唐时期，陶渊明主要还是一位颖脱不群、好酒拔俗的风流雅士，而不是一位诗人。因此，《隋书·文学传序》《隋书·经籍志》《周书·王褒庾信论》《唐西台舍人赠泗州史徐府君碑》等在历述、称引中古时期的著名作家时，动辄言及曹植、王粲、刘桢、阮籍、嵇康、潘岳、陆机、张协、左思、郭璞、谢灵运、江淹、徐陵等，独不及陶渊明。这表明初唐人在泛论文学史历代作家时，往往忽视陶渊明。类似的情况在一定范围内是隋唐五代陶渊明接受史上的一种常见现象。如盛唐殷璠《河岳英灵集》评王昌龄语、中唐李华《扬州功曹萧颖士文集序》、韩愈《荐士》诗、晚唐顾陶《唐诗类选序》、李商隐《献相国京兆公启》、后晋刘昫《旧唐书·文苑传序》等也没提到陶渊明。这显示了陶诗文在初唐直至五代知音稀少、被轻视的一面。但知音稀少并不等于没有知音，被轻视并不等于没有被注意。同前期相比，从初唐开始，陶渊明的知音、读者便有增无减。上至最高统治者，下至著名文人乃至一般文人大都欣赏陶渊明之为人，常常在宴会等集体场所称引陶渊明好酒的典故。初唐“四杰”可为其中的代表。

同时，王维、李白、杜甫等人都对陶渊明的人生选择和襟怀抱负有不欣赏的一面，这是前代读者所没有提出的新的接受史现象。承接初唐，在盛唐，陶渊明的志趣（主要是饮酒和隐逸）进一步由个体走向群体，向社会、文化领域渗透。盛唐人在陶渊明接受史上最重要的一个贡献是，他们以群体（而非个体）的形式发现并深入学习了陶渊明的田园诗，即从盛唐开始，陶诗（特别是其田园诗）开始对中国古典诗歌的创作产生大面积而又较深刻的影响。盛唐人对陶诗的学习已不是单纯的典故使用，也不是词句的局部借鉴，而是在融合陶、谢（灵运）诗的基础上创造了辉煌的山水田园诗。以孟浩然、王维、储光羲等人为主的山水田园诗派发展壮大了始自陶、谢的山水田园诗传统，特别是将陶、谢开创的山水田园诗传统凝聚成一种淡雅自然、率性任真的艺术精神。这种精神对整个中晚唐乃至更远的宋、元、明、清诗歌产生了深远的影响。

盛唐人贬抑陶渊明的观点直接影响了中唐文人，像顾况、李端、白居易等人都对陶渊明略有微词。但从整体、主流看，中唐人比盛唐人更加理解陶渊明的

---

① 〔唐〕王通：《中说》卷三《事君》。

人生追求。在盛唐人（如李白）看来，陶渊明的隐逸、饮酒显示出了洒脱不群、憧憬自由的个性特征，隐逸与仕途尚是基本对立的两种不同生活。中唐人则比盛唐人更加津津乐道于陶渊明的隐逸闲趣，并把这一闲趣普遍化、平俗化，从田园引向官衙、从理想引入世俗。由此，隐逸闲趣进一步超越形迹，向心灵内敛，变为超越出处、仕隐而又不避世俗的闲适。这在韦应物、白居易身上表现得最为明显。因此，盛唐人学陶以示不羁个性的隐逸、饮酒，在中唐则成为独善生活、心灵超越状态下闲适之趣的佐助。中唐的韦应物、柳宗元直接继承了导源于陶、谢而壮大于盛唐的山水田园精神。特别是韦诗，其艺术渊源首先是陶渊明及其诗文，然后才是其他诗人诗作。韦诗继承并发展了陶诗恬淡冲和、真率自然的精神。韦应物进一步把这种精神大量带进其他题材的诗歌创作中，特别是写官场、官衙的诗作中。正是在打破诗歌题材、将陶诗精神普遍化这个意义上，从韦应物开始，陶诗以平淡自然、率真无饰为内核的田园精神才真正成为中国传统的艺术精神和理想的人格境界之一。白居易的闲适诗正是因为受韦诗的直接影响才产生的。白居易的闲适诗强化了来自陶诗和韦诗的恬适精神。白居易进一步将恬适精神贯穿于各种题材的作品里，使这一以超越、化解悲情为特点的恬适精神成为诗歌和人生共同追求的精神境界，进而对渊源于陶诗、以平淡自然为理想的宋诗精神和人生追求产生了深远影响。虽然柳宗元在诗作中没有提到陶渊明，且极少使用源于陶渊明诗文的典故、词语，但他的许多诗如《南涧中题》《觉衰》《首春逢耕者》《夏初雨后寻愚溪》《田家（三首）》《饮酒》《读书》等不但在意趣、题材上借鉴了陶诗，而且在风格上"萧散简远，秾纤合度，置之《渊明集》中，不复可辨"①。因此，苏轼《题柳子厚诗》云："柳子厚晚年诗，极似陶渊明。"②中唐韩孟诗派因诗学追求的差异，于陶诗虽接受不多，但韩愈也赞赏"古淡"③、自然的诗作，所以他的《秋怀诗十一首（之一、之五）》《晚菊》《南溪始泛》《江汉虽云广》（即《江汉答孟郊》一诗）等"未尝不师法陶公"④。孟郊《隐士》《秋怀》《奉报翰林张舍人见遗之诗》等诗写淡泊闲适之趣，也明显受

---

① 〔宋〕曾季貍：《艇斋诗话》，见丁福保辑《历代诗话续编》，中华书局 1983 年版，第 295 页。

② 〔宋〕苏轼撰，孔凡礼点校：《苏轼文集》第五册卷六七，中华书局 1986 年版，第 2109 页。

③ 〔唐〕韩愈：《醉赠张秘书》，见〔清〕彭定求等编《全唐诗》卷三三七，中华书局 1960 年版，第 3774 页。

④ 钱锺书：《谈艺录（补订本）》，中华书局 1984 年版，第 89 页。

陶诗影响。继盛唐李白、杜甫、王昌龄等人以审美感悟的方式点评陶诗之后，中唐有更多的诗人以更为明确和理性的态度发现了陶诗，特别是皎然在《诗式》《诗古文联句》中明确运用当时的诗学观点对陶诗的艺术特点、艺术价值进行发掘，并在分析的基础上确立了陶诗在诗史上非同寻常的地位。这代表了唐代人对陶诗的最高理性认识。

晚唐五代人对陶渊明便几乎没有微词了。他们虽仍然认为陶渊明是嗜酒的县令、高雅的隐士，但推崇之情溢于言表。初盛唐人大多把陶渊明看作有优点也有缺点的朋友对待，对陶渊明是欣赏和宽容的。到中唐，有人自称“异世陶元亮”①，对陶渊明是倾慕和效仿的。而晚唐似乎又回到了萧统的观点，有对陶渊明极为仰慕、将陶渊明理想化的一面。他们更加突出了陶渊明不愿同流合污、不满现实、高蹈避世的鲜明个性。晚唐五代诗人中的大家、名家如杜牧、李商隐、杜荀鹤等对陶渊明的接受甚少，但众多的小诗人对陶诗有或多或少的接受。特别是在业已形成的崇尚淡泊诗歌精神的影响下，他们在写隐逸淡泊情思时，往往受陶诗的影响，如司空图、李建勋、徐铉等人都有不少明显受陶诗影响的作品。其中，司空图在诗歌理论方面倡导冲淡之美，提出“味外之旨”“韵外之致”的诗论命题，并以深受陶诗影响的王维诗、韦应物诗为典范。虽未明言陶诗如何，但联系宋代梅尧臣、苏轼等人的论陶言论，司空图的这一时代诗歌理论在揭示陶诗美学内涵上具有不同寻常的重要意义。

第二节　独具魅力的魏晋风度

唐人接受陶渊明并不是偶然的。

在唐代，隐逸已经成为全社会普遍欣赏乃至效仿的一种价值观念和生活方式。因此，尚隐仍然是唐人接受陶渊明的一个基本原因。王瑶在《论希企隐逸之风》中考察了中古文人与隐逸的关系。其实，经过中古人的“希企隐逸”，隐逸作为包含着高雅脱俗等价值观念的生活方式已经成为文人喜爱谈论和效仿的一种时尚。这种时尚伴随着隋唐的社会变革，非但没有削弱，反而受时代精神的影响，以新的面貌在唐代社会漫延。

---

① 〔唐〕白居易:《醉中得上都亲友书，以予停俸多时，忧问贫乏。偶乘酒兴，咏而报之》，见顾学颉校点《白居易集》，中华书局 1979 年版，第 837 页。本节所引白居易诗文皆据此版本。

尚隐与唐代统治者对道教的重视、对人才的重视是紧密相关的。出于维护王权统治的需要，李渊、李世民父子有意把老子李耳称为自己的祖先，并编制各种关于李耳的神话。从唐高宗乾封元年（666）追尊老子为“太上玄元皇帝”开始，中间除去崇佛的武则天期间仍称老子为“老君”，其余时代皆尊称老子为“皇帝”。至唐玄宗天宝十三年（754），加长号“大圣高上大道金阙玄元皇帝”①。《新唐书·选举志上》云：“其天子自诏者曰制举，所以待非常之才焉。”②为了表现对贤才的重视，出于实际统治的需要，唐代几乎每个皇帝都下过搜求“丘园栖隐”“遁迹藏名”之士的诏书③。这股风气实际是导源于唐高宗、武则天的。《旧唐书·隐逸传》云：“高宗、天后，访道山林，飞书岩穴，屡造幽人之宅，坚回隐士之车。”非但高宗下诏求隐，而且显庆四年（659）所设制举中竟有“安心畎亩，力田之业夙彰科”“养志丘园，嘉遁之风载远科”④。当时著名的“方外十友”卢藏用、司马承祯等的方外之交便发生在这种背景下。从他们走“终南捷径”的行动看，他们的隐逸含有迎合统治者需要的动机。而统治者又与这些走“终南捷径”的隐士不谋而合，因此他们之间的配合默契大大激发了社会上的重隐之风。如《旧唐书·隐逸传》记载了许多皇帝征隐的故事，其中唐玄宗征卢鸿一便是著名的例子。唐玄宗征卢入朝，因卢固辞官爵，唐玄宗只好放他回山，并作《赐隐士卢鸿一还山制》，表现他对隐士卢鸿一的嘉许，当然也流露了他礼贤下士的尊隐心态。不管出于何种动机，最高统治者如此礼待隐士的做法对积极用世的盛唐士人的影响是可想而知的，对后代统治者及士人的影响也是可想而知的。如大诗人李白不愿走正常的科举之道进仕，便曾走过以隐用世的道路。刘昫等《旧唐书·文苑列传》载李白“少与鲁中诸生孔巢父、韩沔、裴政、张叔明、陶沔等隐于徂徕山，酣歌纵酒，时号‘竹溪六逸’。天宝初，客游会稽，与道士吴筠隐于剡中”⑤。王维、孟浩然、储光羲等对陶渊明接受甚多的盛唐诗人都有过隐居的经历。翻看唐人诗作，嘉隐慕遁的言论，终三唐五代不胜枚举。只不过盛唐人的隐主要是为了用世，中唐人则主要是为了独善，而晚唐五代则主要是为了避世。

以往讲初盛唐时代精神多强调其建功立业、积极进取的一面，其实是不全

---

① 参王溥《唐会要》卷五〇《尊崇道教》，影印清文渊阁《四库全书》本。

② 〔宋〕欧阳修、〔宋〕宋祁：《新唐书》卷四四，中华书局 1975 年版，第 1159 页。

③ 据《册府元龟》卷六七、卷六八“帝王部”下“求贤”目。

④ 〔宋〕赵彦卫：《云麓漫钞》，古典文学出版社 1957 年版，第 82 页。

⑤ 〔后晋〕刘昫等：《旧唐书》，中华书局 1975 年版，第 5053 页。

面的。初盛唐人的时代精神是由两方面融合而成的,另一方面是希企隐逸、徜徉于山水、追求个体的独立自由。这两方面共同融合成真正的盛唐精神:待时而起,功成然后身退。初唐人便开始思考并实践这种精神,其中陈子昂的思索因深邃而具代表性。他上承"四杰",在《感遇》诗中借助道教的基本哲学观、历史观对时代兴废、个人行藏做了深入思索,认为"太极生天地,三元更废兴"(其一)、"终古代兴没,豪圣莫能争"(其十七)①。天道的周而复始决定了朝代的兴废。个人在出处行藏方面也应顺天应运、把握时机、待机而起,功成然后身退,即"囊括经世道,遗身在白云"。张九龄继陈子昂之后,在《感遇十二首》中将陈子昂的思辩明确地简化为"乘运而起,功成身退"。盛唐精神的歌者李白更是毫不犹疑地接受了这一观念:

终与安社稷,功成去五湖。(卷九《赠韦秘书子春》)

愿一佐明主,功成还旧林。(卷一五《留别王司马嵩》)

功成身不居,舒卷在胸臆。(卷二二《商山四皓》)

事君之道成,荣亲之义毕,然后与陶朱、留侯浮五湖、戏沧洲,不足为难矣。(卷二六《代寿山答孟少府移文书》)②

初盛唐人天真地想在封建等级社会里将追求建功立业与追求人格独立自由结合起来。而事实是大多遭遇挫折、四处碰壁,此时他们采取的态度正是退隐山林江湖——"时非我与,遂厄宋而围陈;道不吾行,终乐天而知命"③、"人生在世不称意,明朝散发弄扁舟"④。可见融入儒家积极用世的思想正是初盛唐隐逸思想的特点。他们失意时或沉浸在隐逸情思中时,便禁不住联想到高唱"归去来"的陶渊明,联想到优游于田园的陶渊明,并对他表示欣赏认同;而他们在要乘时而起、大济苍生时,便对陶渊明固守一隅的生活方式表示不满。

中唐人基本延续了盛唐人的时代精神,但把"功成身退"替换成"兼济独善",用世进取的成分因时世的艰难、理想的沦落而减弱了。中唐人面对现实,无可奈何地更多强调独善的一面,并将"独善"同"吏隐""中隐"观念结合起来。

---

① 〔清〕彭定求等编:《全唐诗》卷八三,中华书局1960年版,第889页、第891页。

② 〔唐〕李白著,〔清〕王琦注《李太白全集》,中华书局1977年版,分见第478页、第712页、第1031页、第1225页。

③ 〔唐〕杨炯:《大唐益州大都督府新都县学先圣庙堂碑文序》,见徐明霞点校《杨炯集》卷四,中华书局1980年版,第50页。

④ 〔唐〕李白:《宣州谢脁楼饯别校书叔云》,见〔清〕王琦注《李太白全集》卷一八,第861页。

大历诗人多受谢朓的影响，采取吏隐态度——“既欢怀禄情，复协沧洲趣”①，在官位上归隐，不忍舍弃柴米油盐的基本保障。白居易更是津津乐道“天下有道见，无道卷怀之”②，在官位上奉行适意人生的态度。即使遭遇不幸、被贬江州，他也能旷达自适，“长笑灵均不知命，江篱丛畔苦悲吟”③。中国古代的逐臣心境至此已基本消除了屈原、贾谊之沉于悲愤、不能自拔的特点，而渐与隐、禅结合，超脱旷达。明乎此，则不难理解中唐人何以对陶渊明隐逸、淡泊、闲适的心态产生共鸣了。但中唐人身上的盛唐用世精神毕竟没有泯灭，仍然高倡“兼济”之志。白居易《新制布裘》云：“丈夫贵兼济，岂独善一身？安得万里裘，盖裹周四垠？”④时世似乎尚可有为。正是由于兼济之志仍在、怀禄之心难除，受盛唐人的影响，中唐人也有不满陶渊明的一面。

晚唐五代，时世由中唐的艰难进而至于艰险，兼济之志似成泡影，独善之志发展成避世心理，这使他们与陶渊明的隐逸避世有相通的一面。但同时，冷漠幽寂的因素渗进了晚唐五代人的隐逸之中，所以他们对现实持一种空漠的态度，这在司空图、贾岛等人的作品中都有很明显的体现。他们所推崇的带有空、冷、看破红尘特点的淡泊与陶渊明脱俗而不离于俗的淡泊并不一致，因此他们诗作中的淡泊之趣便与陶诗中的淡泊之趣相去较远，而对陶渊明的接受也大多限于避世隐居，对其诗作并未给予足够重视。

要之，隐逸虽在不同的时期有不同的特点，但尚隐、寻求个体的独立自由和恬适是三唐五代人普遍的心态。而陶渊明是前代著名的隐士，不但被后人在官修史书中以较长篇幅的文字作传，而且被收入了社会上流行的《高士传》。因此唐人在表达隐逸之情、出世之志时，便大多不约而同地联想到陶渊明其人其诗。

将诗与饮酒之风进一步融合起来是唐人接受陶渊明的又一重要原因。王瑶《中古文学史论集》受鲁迅《魏晋风度及文学与药及酒之关系》的启发，以翔实的材料论证了中古文人与酒的关系，并指出：“陶渊明最和前人不同的，是把酒和诗连了起来……以酒大量地写入诗，使诗中几乎篇篇有酒的，确以渊明为第一人……酒和文学发生了更密切的关系。”陶渊明饮酒既是对传统饮酒风俗文化（如重阳节饮菊花酒）、时代嗜酒时尚的继承，又是独具个性的发展。萧望

① 〔南朝齐〕谢朓：《之宣城郡出新林浦向板桥》，见曹融南校注集说《谢宣城集校注》，上海古籍出版社1991年版，第219页。

② 〔唐〕白居易：《答〈四皓庙〉》，见顾学颉校点《白居易集》卷二，第44页。

③ 〔唐〕白居易：《咏怀》，见顾学颉校点《白居易集》卷一六，第341页。

④ 〔唐〕白居易著，顾学颉校点：《白居易集》卷一，第24页。

卿在《陶渊明批评》中称，到陶渊明手里，“才是更广泛的将日常生活诗化”，朱自清以为这“是很得要领的”。[①] 文人饮酒、日常生活在陶渊明手里成功诗化并显示出高雅脱俗的文化品味和自娱自适、真率自然的个性特色。陶渊明成为魏晋风流人物中独具个性的好酒高士。承接源远流长的酒文化的余脉，唐代诗人进一步将诗与酒融为一体，其中最典型的代表莫过于“酒中仙”李白，其后白居易也自称“醉吟先生”。在诗中写酒用典、引前代好饮之士作同调是自然的事情，而独具个性的陶酒便成为众诗人瞩目的典故。

需要指出的是，隐逸与饮酒同属魏晋风度的两大主题，唐人对陶渊明这两方面志趣的接受与对魏晋风度的接受是紧密相关的。质言之，陶渊明独具个性的隐逸与饮酒在唐人看来，正是魏晋风度的重要组成因素之一。因此他们往往将陶、谢（指谢安或谢灵运或谢朓）并称以表高雅脱俗的情志，在提到的好饮之中古名士中不独陶渊明，又遍及“竹林七贤”中的刘伶、山涛等人。至唐代，经济基础、上层建筑虽有变异，但封建社会的本质未变，而且又提供了一种极为自由、宽松的政治氛围，因此，产生于特定时代和制度下的魏晋风度褪掉其乱世背景下沉重的精神内涵，以其洒脱不羁的形式吸引了唐代文人。即魏晋风度对唐人的影响显示了文化的传承性特点，同样，陶渊明对唐人的影响当然也显示了文化的传承性特点。所不同的是，陶渊明有着鲜明的个性，因此除了时代的原因，尚有陶渊明本人的原因促成唐人对他的接受。此不赘言。

唐人之所以在诗歌创作中受陶渊明的影响，一个重要的原因便在于庶族文学的兴起。唐代封建专制主义的阶级支柱是在皇权统治下门阀豪族和新兴庶族的“品极联合”，但到武周时，庶族地主的势力更显然上升了，进士科更成为出仕的主要途径。庶族地主通过科举，尤其是进士科，在政治上形成了一个新的官僚集团。[②] 他们可以授永业田，依法成为地主阶级，在法律上同过去的门阀士族享有同等的特权。其实，到了唐代，士族仅仅以士族制度的残余形态存在。唐代前期，贞观、显庆、开元年间三次官修《氏族志》《姓氏录》《姓族系录》的共同原则是压抑旧士族，重视今朝新官僚，士族地位在唐代一降再降。到后来即使士族入仕后，他们也已成为新的官僚士大夫集团的成员。经安史之乱和其他战乱之后，登上政治舞台的大量士族后裔已失去了门阀士族赖以存在的经济基础，他们除了几百年前有一个显赫的祖先，在其他政治特权、经济基础乃至文化

① 参《陶渊明批评 · 朱自清序》，开明书店 1947 年版。
② 参侯外庐主编《中国思想通史》第四卷，人民出版社 1959 年版，第 91 页。

修养方面，同一般地主官僚无多大差别。因此，他们登上政治舞台并不表明魏晋南北朝以来世家大族在政治经济上有极大势力。相反，这说明最后他们已融化到一般地主的行列中，从而丧失了地主阶级中一个阶层或集团的地位。总之，这是一个士族走向衰败、庶族走出低谷的时代。因此唐代文学主要是庶族要求建功立业、追求独立人格自由的艺术显现，表现出了风华清靡、劲健清真的美学风貌。这种美学风貌与门阀士族占统治地位时的东晋南朝文学典丽雕缋、绮艳浮靡的美学风貌截然不同。文学总的发展方向是清真、自然、平畅、质朴，而这正是魏晋南北朝以来庶族文学的一些基本特点（如鲍照诗）。当然，士族文学也有这方面的特点（如谢灵运、谢朓诗）。但这些特点一直到唐代特别是盛唐之后才成为诗歌的基本特点，而盛唐正是陶诗在唐人诗歌创作方面产生影响的时代。安史之乱后，由于世俗文化对高雅文化的浸润，出现了元白一派“尚实、尚俗、务尽”的美学思潮①。文学进一步走向平易质朴，走向“田家语”。同时，出身庶族、熟悉田家生活、关注人民疾苦的文人读起陶诗来便比不知稼穑、高高在上的士族（真正意义上的）文人读起来感觉亲切得多。到此时，出现韦应物、白居易等人对陶诗格外注意便不是偶然。当然，文学有其自身发展的内在规律。唐人敏于审美感悟，并在感悟的基础上逐渐形成了王昌龄、皎然等人重视情景交融、重视诗歌意境的理论。因此唐人便能初步发现早已同他们的诗歌理论相吻合的陶诗之美。

与庶族地位的上升、官僚地主阶层的扩大相联系，自高宗、武周以后，随着均田制的日趋破坏和瓦解，唐代庄园经济的普遍化成为唐人接受陶诗的经济基础。庄园在唐诗中又被称为庄、庄墅、庄宅、庄田、别业、别墅等。在唐代，从一般地主到高层统治者都有庄园，甚至僧尼和工商业者也有庄园。它是封建地主对土地的一种占有形式和经营方式。庄园主人往往按照自己的审美观点在庄园内布置楼台阁榭、花木泉石。如王维的辋川别墅便是极具文化品味、审美意义的庄园。《陕西通志》载：

> 辋川别墅在县南峣山之口。去县八里，川口为两山之峡。随山凿石，计五里许，路甚险狭。过此豁然开朗，村墅相望，蔚然桑麻肥饶之地。四顾山峦掩映，似若无路。环转而南，凡十三区，其美愈奇。王摩诘别业在焉。有孟城坳、华子冈、文杏馆、斤竹岭……二十景。维日与裴迪游咏其间。②

这里所记辋川地理形势及风物、生活简直是陶渊明笔下的桃源！正是在这种经

① 参罗宗强《隋唐五代文学思想史》第七章，上海古籍出版社 1986 年版，第 274 页。

② 〔清〕王功成续纂，〔清〕韩奕续修：《康熙陕西通志》卷二七上，清康熙年间刻本。

济上自给自足、环境优美动人的庄园里，文人、士大夫“游咏其间”，进行审美欣赏和文学创作活动。庄园景色、生活进入了他们的审美视野。因此陶渊明开创的田园诗在盛唐发展壮大。虽遭战乱，中晚唐庄园也很发达，如李德裕的平泉庄、司空图的王官谷庄园。即使战乱破坏了庄园，避世之地的环境和生活也俨然庄园。因此唐人在写田园诗时，便自觉不自觉地联想到陶渊明的田园诗、桃花源。渊源于陶诗、壮大于盛唐的田园精神自然也就渗透到文学创作中去了。

陶渊明诗文和传记通过各种途径在唐代的传播是陶渊明被唐人接受的必要条件。

第一，陶集的流传是陶渊明传播的重要途径。唐初魏征等撰《隋书·经籍志》集部类录“宋征士《陶潜集》九卷”，并注云：“梁五卷，录一卷。”又史部类录“《搜神后记》十卷，陶潜撰”。[①] 房玄龄等撰《晋书·隐逸传》之陶潜本传云陶“所有文集并行于世”[②]。可见从唐初便一直流传着《陶潜集》及署名陶潜撰的《搜神后记》。证之以晚唐郑谷《读前集二首(之二)》“只应陶集是吾师”云云及后晋刘昫等撰《旧唐书·经籍志》所录“《陶渊明集》五卷”等，则知唐代所传陶渊明作品集已非一种，至少有九卷本、五卷本两种。

第二，萧统所编《文选》在唐代的流传和倍受重视是陶渊明传播的一个极为重要的条件。萧统的基本文学观点是文质并重，并且针对当时的文风有黜靡崇雅的倾向。萧统编纂《文选》基本贯彻了这一基本标准。而这又与唐初统治者倡导的“文质彬彬”(《隋书·文学传序》)、“丽而能典”(《周书·王褒庾信论》)的理想文学标准极为一致。据《旧唐书·曹宪传》，唐初曹宪等人“相继以《文选》教授，由是其学大兴于代”。显庆三年(658)九月，李善在《上〈文选注〉表》中云，《文选》为“后进英髦，咸资准的”。唐玄宗开元年间，吕延祚等五臣重注的《文选》影响亦甚大。“唐进士科之试杂文，始于高宗末年，然未成定制；至中宗以后，才基本上定下来。然所谓‘杂文’，开始并非专用诗、赋，在玄宗时，才逐渐定下来，但后来又两度停试(笔者按：指太和七年与建中二年两次)。”[③]而“唐

① 《四库全书总目》引明沈士龙的说法，认为此书为伪托，现代学术界一般也这样认为。梁释慧皎《高僧传》卷一四称“陶渊明《搜神录》”云云。如属伪托，由来已久。陶渊明好读《山海经》等异书，《搜神后记》又收录《桃花源记》。因此不能排除《搜神后记》中的某些作品是陶渊明所作的可能性。

② 〔唐〕房玄龄等：《晋书》卷九四，中华书局 1974 年版，第 2463 页。

③ 马积高：《唐代的科举考试与诗的繁荣》，见《唐代文学论丛》总第三辑，陕西人民出版社 1983 年版，第 19 页。

以诗赋试士……时主雅重其书（指《文选》），乃至分别本以赐金城，书绢素以属裴行俭。风尚所趋，尤关轻重。故唐代士人之于《文选》，无不人手一编，奉为圭臬”①。因此乡学要讲《文选》②。杜甫也以《文选》教子，要他“熟精《文选》理”（杜甫《宗武生日诗》）。李德裕这位自称家中世代不藏《文选》的人，在《文章论》中也注云：“《文选》诗有五韵、七韵、十一韵……”由此可知，统治者的提倡、科举取士及诗歌创作的需要等使唐代士人从小便受到《文选》的熏陶。萧统于《文选》中选录陶诗七题八首，并《归去来辞》一篇，另外还有江淹拟陶诗、颜延之《陶征士诔》。唐代《文选》注家无不旁征博引为之作注。唐代士人之所以普遍知晓陶渊明其人其诗文，与《文选》在唐代倍受重视是极为密切的。

又皎然等人在《讲古文联句》中提到“江淹杂体，方见才力。拟之信工，似而不逼”③。刘禹锡《送慧则法师上都，因呈广宣上人引》云：“时也秋尽，咏江淹杂拟以送之。”《韩十八侍御见示岳阳楼别窦司直诗，因令属和，重以自述，故足成六十二韵》云：“桃源访仙官，薜服祠山鬼。……羊璇要共和，江淹多杂拟。”④不论他们是从《文选》中还是从江淹集中读到江淹的杂拟诗，其拟陶之作当是通过《文选》或江淹集被唐人接受。由此推测，唐人为数不少的拟陶诗也应受江淹拟诗的启发。

第三，唐代类书的编纂是陶渊明传播的一个途径。欧阳询等撰《艺文类聚》开唐人类书引用陶诗文、典故之端。之后，徐坚等撰《初学记》卷一四“礼部下”之“挽歌十”条举陶《挽歌诗》之“荒草何茫茫”，卷一八“人部中”之“贫六”条举陶《咏贫士诗》之“万族皆有托”，卷二八“果木部”之“桃三”条举陶《桃花源记》。中唐白居易原本、宋孔传续撰《白孔六帖》卷四“九月九日”条、卷十五“酒”条、卷一百“菊”条，皆论及陶典。

第四，史书中的《陶渊明传》也是陶渊明传播的一个重要途径。房玄龄等撰《晋书》、李延寿等撰《南史》在《隐逸传》之陶渊明本传中基本上综合抄录了沈约《宋书·陶潜传》和萧统所作的《陶渊明传》。此外，唐代尚流行收入陶渊明的《高士传》。唐人所熟知的陶渊明形象基本是以史书的描绘为蓝本的。

第五，与陶渊明相关的地理环境也是陶渊明在唐代传播的一个客观条件。

---

① 骆鸿凯：《文选学》，中华书局 1989 年版，第 71～72 页。

② 据〔宋〕李昉等编《太平广记》卷四四七引张鷟《朝野佥载》语。

③ 〔清〕彭定求等编：《全唐诗》卷七九四，第 8933 页。

④ 〔唐〕刘禹锡：《刘禹锡集》，上海人民出版社 1975 年版，第 271 页、第 347 页。

陶渊明为他所生活的地理环境打上了深深的印记，唐人对此看得很清楚。李吉甫《元和郡县志》云："彭泽故城在县北四十五里。晋陶潜为令，理此城。""彭泽令"一直是唐人对陶渊明的敬称。盛唐好称陶渊明的李白便游过庐山，其《九日登巴陵置酒，望洞庭水军》一诗贬渊明"握齱东篱下"①，实在是诗歌创作中就近联想之笔。白居易贬江州司马，以为"庐山自陶、谢洎十八贤已还，儒风绵绵，相续不绝"②，并带着倾慕之心"游庐山，经柴桑，过栗里，思其人，访其宅"③。因此诗人处于庐山、彭泽等与陶渊明有关的地理环境中便不能忽视陶渊明，如王贞白有《书陶潜醉石》，崔涂有《过陶征君隐居》，陈光有《题陶渊明醉石》。南唐诗坛上的徐铉在《江州彭泽县修山观碑》《送欧阳大监游庐山》《奉命南使经彭泽》等诗文中都联想到陶渊明，李建中、做过彭泽令的孟宾于等人之诗之所以受陶渊明的影响，其原因之一也应归于地理关系。

---

① 〔唐〕李白著，〔清〕王琦注：《李太白全集》卷二一，第 994 页。

② 〔唐〕白居易：《代书》，见顾学颉校点《白居易集》卷四三，第 942 页。

③ 〔唐〕白居易：《访陶公旧宅序》，见顾学颉校点《白居易集》卷七，第 128 页。

第二章　初盛唐精神的一道风景线

第一节　王绩酒德文心效渊明

东晋南北朝诗人所理解的陶渊明形象在隋末唐初的“隐逸诗人”王绩诗文中得到了形象而丰满地再现。

据韩理洲先生校点的五卷本《王无功文集》，王绩现存诗文172篇，其中明显与陶渊明有关的有21篇，占八分之一。如果再考虑到受陶渊明影响而缺少明显痕迹的《野望》《独酌》《秋夜喜遇姚处士义》等作品，比重还要更大。这种比重和数量在此前的陶渊明接受史上是没有的，此后也极为罕见。

王绩主要接受的是陶渊明的适意人生方式和桃花源式的社会理想，并在崇陶和学陶中，有意无意地接受了陶渊明诗文的影响。

一

王绩在《答处士冯子华书》中说：

> 夫人生一世，忽同过隙。合散消息，周流不居。偶逢其适，便可卒岁。陶生云：“富贵非吾愿，帝乡不可期。”又云：“盛夏五月，跂脚东窗下，有凉风暂至，自谓是羲皇上人。”嗟乎！适意为乐，雅会吾意。①

陶渊明身上体现了王绩“适意为乐”的理想生活方式。所谓适意人生，与后世所谓的吏隐人生完全不同。吏隐人生是在调和仕隐矛盾的基础上，身为物役而心则努力追寻闲适超脱的人生方式。王绩的适意人生则是在贬仕扬隐的基础上，获得身心和谐、任性自然、纵恣散诞的人生方式。这种人生方式正是王绩对陶

① 〔唐〕王绩著，韩理洲校点：《王无功文集》卷四，上海古籍出版社1987年版，第147页。本节所引王绩诗文皆此本，不再详注。

渊明适意人生的个性解读，主要表现在他对陶渊明饮酒行为的嗜爱与仿效上。

陶渊明作为一代名隐，好酒的志趣一开始就伴随着他。颜延之称陶“性乐酒德”（《陶征士诔》），《宋书·陶潜传》、萧统《陶渊明传》都着重渲染了他好酒的一面。隋“武德中，有贺德仁为蒲州治中，弟襄随德仁任，因游龙门。岁余，襄文学见贵于时，而亦溺于酒德，自方陶潜、故叟。龙门人至今传之”①。可见，陶渊明之好酒在南北朝和隋代是出了名的。

在现存史料中，贺襄可谓是第一个在饮酒行为上“自方陶潜”的人。然而他并没有具体的文学作品流传于世。他所接受的活生生的陶渊明形象，我们无从得知。

从贺襄手里把陶渊明接过来，放在心里、挂在口上并仿效在行为上、书写在诗文里的是由隋入唐的隐逸诗人王绩。王绩被同时代人称为“小贺襄”，王绩“闻之笑曰：‘我得方贺襄，是不减陶元亮、故伦许，复何所恨？’”②王绩认为因酒德而能作陶渊明，已是生无遗憾了。从这话看，陶渊明早已跻身不朽名士的行列。王绩之挚友吕才在《王无功文集序》《东皋子后序》中皆云王绩著《会心高士传》五卷。我们虽不能读到此书，但足可以想见陶渊明必在其中占有一席之地。陶渊明典型的特征当被描写为好酒：

> 酒瓮多于步兵，黍田广于彭泽。（卷一《游北山赋》）
>
> 阮籍醒时少，陶潜醉日多。百年何足度？乘兴且长歌。（卷二《醉后口号》）
>
> 野杯浮郑酌，山酒漉陶巾。但令千日醉，何惜两三春！（卷二《尝春酒》）
>
> 彭泽有田惟种黍，步兵从宦岂论钱？但使百年相续醉，何辞夜夜瓮间眠？（卷二《解六和承还》）③

王绩“性简傲，饮酒至数斗不醉。常云：‘恨不逢刘伶，与闭户轰饮。’因著《醉乡记》及《五斗先生传》，以类《酒德颂》”④。故“时人号为‘斗酒学士’”。王绩还著有《酒谱》，设立杜康庙。“止宿酒店，动经数月，往往题咏作诗。”⑤在众多嗜

① 〔唐〕吕才：《王无功文集序》，见〔唐〕王绩著、韩理洲校点《王无功文集》前附，序文第5页。

② 〔唐〕吕才：《王无功文集序》，见〔唐〕王绩著、韩理洲校点《王无功文集》前附，序文第5页。

③ 以上独立引文分别见〔唐〕王绩著、韩理洲校点《王无功文集》，第1页、第58页、第61页、第61～62页。

④ 〔唐〕吕才：《王无功文集序》，见〔唐〕王绩著、韩理洲校点《王无功文集》前附，序文第2页。

⑤ 〔唐〕吕才：《东皋子后序》，见〔唐〕王绩著、韩理洲校点《王无功文集》附录一，第220～221页。

酒弃礼的古代“酒友”中，隐士陶渊明是王绩最为激赏的一位。从王绩将陶渊明、阮籍、刘伶等人并称看，在王绩眼中，他们在酒德上的区别并不是很大，都是感于世事人生，“乘兴且长歌”，以适意任性、纵诞不羁为根本特点的，所以他在《答刺史杜之松书》中说：

走意疏体放，性有由然；弃俗遗名，与日已久。渊明对酒，非复礼义能拘；叔夜携琴，惟以烟霞自适。登山临水，邈矣忘归；谈虚语玄，忽焉终夜。僻居南渚，时来北山。兄弟以俗外相期，乡间以狂生见待。歌《去来》之作，不觉情亲；咏《招隐》之诗，唯忧句尽。帷天席地，友月交风。新年则柏叶为樽，仲秋则菊花盈把。罗含宅内，自有幽兰数藂；孙绰庭前，空对长松一树。高吟朗啸，挈榼携壶，直与同志者为群，不知老之将至。①

陶渊明在饮酒中就像竹林名士一样，“非复礼义能拘”。王绩也标举“不知天下之有仁义厚薄”②，体现了“越名教而任自然”的不羁个性及对社会现实的清醒认识和戒惧心理。与饮酒一样体现“适意为乐”的其他生活内容还有诗歌、琴书、山水风月。此种生活则由饮酒时的放纵趋向于悠然自得。其《薛记室收过庄见寻率题古意以赠》云：

忆我少年时，携手游东渠。梅李夹两岸，花枝何扶疏。同志亦不多，西庄有姚徐。尝爱陶渊明，酌醴焚枯鱼。尝学公孙弘，策杖牧群猪。③

又《田家三首（之二）》云：

家住箕山下，门枕颍川滨。不知今有汉，唯言昔避秦。琴伴前庭月，酒劝后园春。自得中林士，何忝上皇人。④

这里的饮酒虽也是任性自适但已融入和谐宁静的陶渊明式的田园生活中，纵诞之举变为自得之态，愤懑之情化为萧然之思。

王绩还在《醉乡记》中借助酒描绘了他所憧憬的社会理想。苏轼曾称赏《醉乡记》为奇文。《醉乡记》曰：

醉之乡，去中国不知其几千里也。其土旷然无涯，无丘陵坂险；其气和平一揆，无晦明寒暑；其俗大同，无邑居聚落；其人任清，无爱憎喜怒，呼风饮露，不食五谷。其寝于于，其行徐徐。与鸟兽鱼鳖杂处，不知有舟车器械之用。

① 〔唐〕王绩著，韩理洲校点：《王无功文集》卷四，第134页。
② 〔唐〕王绩著，韩理洲校点：《王无功文集》卷五《五斗先生传》，第180页。
③ 〔唐〕王绩著，韩理洲校点：《王无功文集》卷二，第55页。
④ 〔唐〕王绩著，韩理洲校点：《王无功文集》卷二，第66页。

昔者黄帝氏尝获游其都。归而杳然丧其天下，以为结绳之政已薄矣！降及尧舜，作为千钟百壶之献。因姑射神人以假道，盖至其边鄙，终身太平。禹、汤立法，礼繁乐杂，数十代与醉乡隔。其臣羲和，弃甲子而逃，冀臻其乡，失路而道夭。故天下遂不宁。至乎末孙，桀、纣怒而升其糟丘，阶级千仞，南面向而望，卒不见醉乡。成王得志于世，乃命公旦立酒人氏之职，典司五齐，拓土七千里，仅与醉乡达焉，四十年刑措不用。下逮幽、厉，迄乎秦、汉，中国丧乱，遂与醉乡绝。而臣下之受道者，往往窃至焉。阮嗣宗、陶渊明等数十人，并游于醉乡。没身不返，死葬其壤，中国以为酒仙云。

嗟乎！醉乡氏之俗，其古华胥氏之国乎？何其淳寂也如是！绩将游焉，故为之记。①

王绩曾在《春庄走笔》中描绘了一幅人间的桃源图景：

野客元图静，田家本恶喧。枕山通箘阁，临磵创茅轩。约略栽新柳，随宜作小园。草依三径合，花接四邻繁。野妇调中馈，山朋促上樽。晓羹犹未糁，春酒不须温。卖药开东铺，租田向北村。梦中逢栎社，醉里觅桃源。猪肝时入馔，犊鼻即裁裈。②

如果说这一田园图景尚带有写实的成分，那么，王绩在“醉里觅桃源”时，便在醉眼朦胧中深味了《桃花源记》的深层含义。王绩以更加抒情的笔调所写的这篇《醉乡记》与《桃花源记》一样，融入了较多的黄老思想。而且由于王绩吸取了庄列文风，所以《醉乡记》的境界显得比《桃花源记》的境界更加阔大浩渺。《醉乡记》所描绘的这一消除人间诸种社会矛盾、心灵矛盾且和谐淳寂的社会图境与《桃花源记》等诗文所描绘美化的远古社会理想是一脉相承的。因此王绩说陶渊明曾“游于醉乡”。《醉乡记》所记“醉乡”实乃又一“桃花源”。应当说《醉乡记》是王绩对《桃花源记》的一次富有创造性的成功接受，是在创作上接受陶渊明所产生的第一个也是最优秀的成果之一。

二

王绩接受陶渊明而创造的另一个优秀成果是，创造出了成熟的田园诗，开启了唐代田园诗的序幕。

王绩处在隋末动荡的社会环境中，仕途凶险，又怀才不遇，故三仕三隐，最

---

① 〔唐〕王绩著，韩理洲校点：《王无功文集》卷五，第181～182页。

② 〔唐〕王绩著，韩理洲校点：《王无功文集》卷二，第53～54页。

终像陶渊明一样选择了躬耕田园的生活，这一生活实质是王绩适意人生的一部分。在田园生活中，王绩虽未以葛巾漉酒，却“尝葛巾驱牛，躬耕东皋”①。“绩有奴婢数人，种黍，春秋酿酒，养凫雁，莳药草自供。以《周易》《老子》《庄子》置床头，佗书罕读也。”②他平常“有客谈名理，无人索地租”（卷三《独坐》）。他又同陶渊明一样赋诗自娱，以为“题歌赋诗，以会意为功，不必与夫悠悠闲人相唱和也”（卷四《答处士冯子华书》）。正是在这种比陶渊明更为富足闲适的田园生活中，王绩以审美的态度看待田园生活，像陶渊明一样借田园生活抒写高雅脱俗、遗世独立的隐逸志趣，创作了许多疏淡朴野、自然清新的山水田园诗。除上引诗文，还有《秋夜喜遇姚处士义》《田家三首（之一、之二）》《野望》《山中独坐自赠》《新园旦坐》《秋园夜坐》《九月九日赠崔使君善为》等。

总体来看，这些诗虽受陶诗题材、审美观照方式等的影响，但个性还是很鲜明的。

首先，虽然诗中偶有忧生之嗟，但一例没有稼穑之苦，虽无陶诗的沉厚，但色调较陶诗明朗，这是其生活富足闲适使然。如上引《薛记室收过庄见寻率题古意以赠》及《田家三首（之二）》，虽有陶诗的隐逸闲趣，却不是“从田园耕凿中一段忧勤讨出”③，因此便不如陶诗更亲切自然、贴近本真的田园生活。

其次，在艺术上与陶诗相似但不相犯。如其传世之作《野望》云：

> 薄暮东皋望，徙倚将何依？树树皆秋色，山山唯落晖。牧人驱犊返，猎马带禽归。相顾无相识，长歌怀采薇。④

这是一首成熟而优秀的田园诗，情景交融，自然工整，尤以“树树皆秋色”等中间两联最为后人称赏。在此诗中，我们无从指出哪一点受了陶诗的影响，如果读了陶渊明《饮酒》诗之“结庐在人境”、《归园田居五首》之“种豆南山下”等作品，我们便会对此诗中那淡然的心情、落日景色、田园氛围有一种似曾相识的感觉。这大盖是受陶诗对田园所持的审美观照态度影响的结果。但这种影响已如盐融水，无迹可求。王绩同时又把田园景色剪裁入律，以近体诗的形式平易地表达出来，并流

---

① 〔唐〕吕才：《王无功文集序》，见〔唐〕王绩著、韩理洲校点《王无功文集》前附，序文第5页。

② 〔宋〕欧阳修，〔宋〕宋祁：《新唐书》卷一九六《王绩传》，中华书局1975年版，第5594页。

③ 〔明〕钟惺、〔明〕谭元春选评，张国光等点校：《诗归》上册，湖北人民出版社1985年版，第179页。

④ 〔唐〕王绩著，韩理洲校点：《王无功文集》卷二，第77页。

露了一丝淡淡的忧愁,这便使得该诗不与陶诗相犯而自具审美个性。

就风格而言,《野望》学陶平淡自然处,但由于工整入律,较多人工之美,王绩诗中普遍存在的、体现其纵诞不羁个性的特色反而减弱了。王绩的大多数学陶田园诗还是以疏快朴野为主要特色的。比如《田家三首(之一)》云:

阮籍生年懒,嵇康意气疏。相逢一饱醉,独坐数行书。小池聊养鹤,闲田且牧猪。草生元亮径,花暗子云居。倚杖看妇织,登垅课儿锄。回头寻仙事,并是一空虚。①

又如《赠学仙者》云:

采药层城远,寻师海路赊。玉壶横日月,金阙断烟霞。伶人何处在?道士未还家。谁知彭泽意,更道步兵耶?春酿煎松叶,秋苏泛菊花。相逢宁可醉,定不学丹砂。②

虽然这两首诗及前引《尝春酒》《醉后口号》没有被人作为典型的好诗评赏,但愚以为落笔比《野望》更加疏快流动,句子、句意更加率意朴野,整首诗都是作者纵心任性鲜明个性的尽情挥发,特别是结尾"回头寻仙事,并是一空虚""相逢宁可醉,定不学丹砂",其理性的人生态度虽与陶渊明一脉相承,但用语的率意、痛快、明露较陶渊明有过之而无不及。这便与以肃穆、平淡为特色的陶渊明田园诗迥然不同。

但是,王绩的学陶田园诗基本上继承了以真我为中心统摄万物的审美观照方式和倾向于写意的表现方式,即其田园诗中的景物、意象主要是为了表现自我志趣而选取的,是主体对客体的主动摄取,而非主体与客体的互融、印证。与《野望》一诗相比,这在《田家三首(之一)》《赠学仙者》等诗中体现得更加明显。因此如果说王绩田园诗直接开启了盛唐王维、孟浩然等人的田园诗,那么从他对陶诗的接受及创新的角度来看,有以下几点值得说明:

第一,王绩是承接陶渊明之后才开启唐人田园诗的。

第二,如果说《田家》等诗偏于以真我(主体)为中心的审美观照方式主要还是继承了陶诗的审美观照方式,那么《野望》融情于景、物我印证的审美观照方式则是一种新变,而此新变之方式即盛唐山水田园诗典型的审美观照方式。

第三,王绩开启了盛唐将陶渊明田园诗的典故、题材、意趣、古体风格蟠曲入律而又浑然天成的成功先河,即以律体(近体)诗写田园生活而又自然无饰的特点为盛唐人所发扬光大。

---

① 〔唐〕王绩著,韩理洲校点:《王无功文集》卷二,第65页。

② 〔唐〕王绩著,韩理洲校点:《王无功文集》卷二,第68页。

三

由上面的论述可知，王绩并非仅爱陶渊明以饮酒为主要特色的适意人生，而且由于对陶渊明的生活方式、情趣浸淫日深，在写作上自觉不自觉中受了陶渊明诗文的影响特别是审美观照方式的影响。其实从艺术技巧上看，王绩之诗文也是受了陶渊明影响的：

第一，用典。王绩是第一个将陶典大量入诗的诗人。除了上引诗文中的例子，王绩还在《九月九日赠崔使君善为》中用了“王弘送酒”的典故，云“香气徒盈把，无人送酒来”。另外，王绩还用了“元亮径”“五柳”“折腰”“东篱菊”等典故。

第二，化用陶渊明诗句。王绩《游北山赋》“请交息而自逸”（卷一），化用陶渊明《归去来兮辞》之“请息交以绝游”；《赠梁公》“朱门虽足悦，赤族亦可伤”（卷二），化用陶渊明《拟古九首（之四）》“荣华诚足贵，亦复可怜伤”；《阶前石竹》“常恐零露降，不得全其生”（卷二），化用陶渊明《归园田居五首（之二）》“常恐霜霰至，零落同草莽”；《薛记室收过庄见寻率题古意以赠》之“忆我少年时”，化用陶渊明《杂诗十二首（之五）》“忆我少壮时”，等等。

第三，化用陶诗的结构形式和语势。王绩《晚年叙志示翟处士正师》一诗采用了“回忆式”的结构，相次以“弱龄慕奇调”“中年逢丧乱”“晚岁聊长想”领起各层诗意，总结坎坷不遇的一生。这与陶渊明《怨诗楚调示庞主簿邓治中》的结构极为相似。虽然陶渊明在后半部分重点写艰难的生活和心理活动，但在前半部分也采用了“回忆式”结构，相次以“结发”“弱冠”“始室”回忆叙事。更为典型例子是王绩的《五斗先生传》在结构形式、语势上完全借鉴了陶渊明的《五柳先生传并赞》。文曰：

> 有五斗先生者，以酒德游于人间。人有以酒请者，无贵贱皆往。往必取醉，醉则不择地斯寝矣，醒则复起饮也。尝一饮五斗，因以为号。
>
> 先生绝思虑，寡言语，不知天下之有仁义厚薄也。忽然而去，倏焉而来；其动也天，其静也地：故万物不能萦心焉。尝言曰：“天下大可见矣！生何为养，而嵇康著论；途何为穷，而阮籍恸哭？故昏昏默默，圣人之所居也。”遂行其志，不知所如。①

陶渊明以“五柳先生”自许，带有自我调侃的幽默意味。王绩效陶自称“五斗先

① 〔唐〕王绩著，韩理洲校点：《王无功文集》卷五，第 180 页。

生”,与陶渊明之谑号仅差一字,联系他爱酒又屡称陶渊明饮酒的一生看,这个称号的意味与陶渊明是相通的。比照上引“人有以酒请者,无贵贱皆往”以下七句与《五柳先生传》之“亲旧知其如此,或置酒而招之。造饮辄尽,期在必醉,既醉而退,曾不吝情去留”“宅边有五柳树,因以为号焉”等句,便会发现前者在语气、句式、意味上都刻意模仿后者。陶文以“赞”的形式结尾,并引娄氏的话,以抒情言志;王文以对话的形式结尾,用庄子的言论,以议论言志。两文所体现的萧然自得、独行其志的心态及这一心态传达出来的畅然无阻、错落有致的独特文势都是相通的。不同的是,陶文在意趣上放而不狂、傲而不简,境界平实而形象性十足;王绩的《五斗先生传》也是自我个性的写照,在意趣上狂放简傲,境界也较阔大,形象性似嫌不足。

总之,王绩几乎全方位地接受了陶渊明的隐逸生活方式和思想情趣,于酒德文心上得尽渊明风流。当然,他主要还是把陶渊明看作一位隐逸高士。而且在接受陶渊明时,其诗中常常透露着王绩本人的个性特征,也正是这一个性特征才使得王绩成为王绩而不为陶渊明所湮没。贺裳在《载酒园诗话又编》中对陶王的异同概括得相当形象而精到:

> 王绩,诗之乱头粗服而好者,千载一渊明耳。乐天效之,便伤俚浅,惟王无功差得其仿佛。陶、王之称,余尝欲以东皋代辋川。辋川诚佳,太秀,多以绮思掩其朴趣。东皋潇洒落穆,不衫不履……旷怀高致,其人自堪尚友,不徒音响似之。

又云:

> 彭泽、东皋,皆素心之士,陶为饥寒所驱,时有凉音;王黍秫果药粗足,故饶逸趣。以九方皋相马法观之,顾不河汉。①

王绩实在是在隋末唐初的社会背景下,以富足的经济生活为保障,用喜剧的形式把陶渊明的人生重演了一遍。

四

那么,王绩何以如此钟情于陶渊明呢?这除了因为陶渊明的声名一直流传不息,实在得力于时代的风云际会和陶、王相似的个性志趣。

陶渊明处于晋宋易代之际,社会动荡,明哲保身,以隐逸为高且隐逸成风;

---

① 〔清〕贺裳:《载酒园诗话又编》,见郭绍虞编选、富寿荪校点《清诗话续编》上册,上海古籍出版社 1983 年版,第 296 ~ 297 页。

王绩处于隋唐易代之际，所处的大背景与陶渊明所处的背景是相似的。用他的话说，当时“明治若不足，昏暴常有余”（卷二《端坐咏思》）。“降及中世，昏主作式。刑罚不中，谗淫罔极”（《祭杜康新庙文》，《王无功文集》“补遗”部分），“无处不营营”（卷二《山中独坐》），“物情争逐鹿”（卷二《赠薛学士方士》），这正是一个天下多事、世道丧尽、有才难施的时代。许多有才之士在奔波无益后只好归隐，“不能役心而守道，故将委运而乘流”（卷一《游北山赋》）。仅王绩在诗文中提到的隐逸之士就有李处士、仲长先生、薛学士方士、程处士、姚处士、苗道士、崔使君善为、郑处士、苏道士、翟处士正师、黄道士等，足见当时隐逸之风也是相当兴盛的。而且直到唐初，人们还是抱有以隐逸为高雅的传统观念。王绩在《答刺史杜松之书》中说自己疏放任性，并谦称“狂生”。而刺史杜松之在回信中说：“结庐人境，植杖山阿。林壑地之所丰，烟霞性之所适。荫丹桂，藉白茅，浊酒一杯，清琴数弄，诚足乐也。此真高士，何谓狂生？”（卷四《答刺史杜之松书》后附《杜使君答书》）这种时代背景和风气正是王绩接受陶渊明的外因。①

推赏陶渊明在当时已非一人之举，与王绩有文字交往的吕才、崔善为、杜之松等都曾提到陶渊明并用过与陶渊明有关的典故文辞，而唯王绩爱陶成痴，这与他的思想个性是紧密相关的。王绩思想狂放，其思想融有儒、释、道、阴阳、历、数诸家学说，而尤以儒、道两家影响最著，其思想实乃内儒外道。他终生的诗作都在感慨自己的怀才不遇，如《晚年叙志示翟处士正师》、学陶《自祭文》而作的《自作墓志铭》，都流露了“才高位下”的愤懑。他通晓丧礼（《重答杜使君书》中有详细记载），还曾为其兄、一代大儒王通作传。他在行为上选择隐逸，但“相逢宁可醉，定不学丹砂”，不入空门，也不入仙门，而是立足酒德、田园。这种避世而不出世、不远离人间凡俗生活的做法与陶渊明是一脉相承的；而更加一脉相承的是充分吸收庄老思想而形成的纵心任性的个性，同陶渊明“质性自然”、从小便“委怀在琴书”一样。王绩自白道：

> 吾受性潦倒，不经世物。屏居独处，则萧然自得；接对宾客，则苶然思寝。加性又嗜酒，形骸所资。河中黍田，足供岁酿。闭门独饮，不必须偶。每一甚醉，便觉神明安和，血脉通利；既无忤于物，而有乐于身，故常纵心以自适也。②

① 〔唐〕王绩著，韩理洲校点：《王无功文集》，第 75 ~ 76 页、第 212 页、第 64 页、第 4 页、第 138 页。

② 〔唐〕王绩著，韩理洲校点：《王无功文集》卷四《答程道士书》，第 158 页。

这种天然的个性和嗜好在时代大环境和个人三仕三隐、怀才不遇之经历的促使下,愈来愈走向开放而不是收敛,乃至王绩发出“不知天下之有仁义厚薄”这样有违儒家道德规范的言论。所以其兄王通在《中说·事君》中批评他说:“汝忘天下乎?纵心败矩,吾不与也。”①王绩如陶渊明一样溺于酒德,是“放人”,有狂放不羁的一面。故而王绩在陶渊明那儿取得共鸣也便顺理成章了。

第二节 走出田园的陶彭泽

在初唐,陶渊明的传播范围进一步扩大,陶渊明成为从一般士人到最高统治者都熟知和欣赏的文化名人、志趣高雅的名士。伴随着对陶渊明为人的接受,陶渊明的志趣、价值取向不再封闭在田园里,而是向社会渗透。同时,陶渊明的诗名虽没有跻身于初唐人推崇或提到的六朝著名诗人之列,但已为人所知。下面便以《艺文类聚》和“初唐四杰”诗文中与陶渊明有关的资料为中心,试加论述。

一

虽然王绩诗被认为启唐诗之先鞭,但初唐人并没有认识到王绩诗的价值。王绩对陶渊明的敬爱之情也没有影响到初唐人。但这并不影响陶渊明声名传播的连续性,初唐比六朝有更多的不同层次的人都欣赏陶渊明的志趣。

欧阳询等奉唐高祖之命,于武德七年(624)编成我国第一部官修类书《艺文类聚》,其中涉及陶渊明的地方有12处。从这12处来看,当时人所熟知的陶典有“王弘送酒”“五柳”“桃花源”等,后代人所赞赏的“无弦琴”等典尚没有进入初唐人的视野。

初唐人所用陶典为数不多,大多集中在酒、菊、桃源上。如王梵志有诗云:

> 同欣咏五柳,适意□□错。②

杨炯《群官寻杨隐居诗序》云:

> 忆桑海而无时,问桃源之易失。③

骆宾王《秋日饯尹大往京并序》云:

---

① 〔唐〕王通:《中说》卷三,影印清文渊阁《四库全书》本。

② 〔唐〕王梵志撰,张锡厚校辑:《王梵志诗校辑》,中华书局1983年版,第206页。

③ 〔唐〕杨炯著,徐明霞点校:《杨炯集》卷三,中华书局1980年版,第47页。

金晖照岸，秀陶菊于寒堤。①

王勃《九日》云：

九日重阳节，开门有菊花。不知来送酒，若个是陶家。②

卢照邻《山林休日田家》云：

还思北窗下，高卧偃羲皇。③

上官昭容《游长宁公主流杯池二十五首》最后一首云：

凭高瞰险足怡心，菌阁桃源不暇寻。④

武则天《夏日游石淙诗序》云：

就林薮而王心神，对烟霞而涤尘累。森沉丘壑，即是桃源；淼漫平流，还浮竹箭。⑤

杜审言《重九日宴江阴》云：

降霜青女月，送酒白衣人。

苏味道《嵩山石淙侍宴应制》云：

隐暧源花迷近路，参差岭竹扫危坛。

李峤《侍宴桃花园咏桃花应制》云：

不能拥路迷仙客，故欲开蹊待圣君。⑥

以上所用陶典看似与六朝人没有多大区别，但有三点值得注意：

第一，陶渊明的高雅志趣仍然是被人普遍推崇的，并没有因改朝换代而改变。第二，用陶典的作者面比六朝广泛。从一般的平民诗人王梵志到寒族诗人的优秀代表“四杰”、杜审言，从宫廷文人苏味道、李峤、上官昭容到最高统治者武则天，这个范围相当广泛，足以代表整个文人群体。第三，熟知陶典的人群相当密集。从上引例证的诗题看，使用陶典的场合大多是集体场合，如群官访隐、与他人郊游、宴会等。这便提供给我们一个信息，熟知陶典的人不仅范围广而且密度大、人数多。再举一例，当更能说明问题。中宗李显“于景龙中，置修文

---

① 〔唐〕骆宾王著，〔清〕陈熙晋笺注：《骆临海集笺注》卷二，上海古籍出版社 1985 年版，第 40 页。

② 〔唐〕王勃撰，何林天校注：《重订新校王子安集》，山西人民出版社 1990 年版，第 70 页。

③ 〔唐〕卢照邻著，徐明霞点校：《卢照邻集》卷三，第 37 页。

④ 〔清〕彭定求等编：《全唐诗》卷五，中华书局 1960 年版，第 63 页。

⑤ 〔清〕董诰等编：《全唐文》卷九七，中华书局 1983 年版，第 1003 页。

⑥ 以上三条独立引文分别见〔清〕彭定求等编《全唐诗》卷六二，第 736 页；卷六五，第 755 页；卷六一，第 729 页。

馆学士，盛引词学之臣，从侍游宴……秋登慈恩浮图，献菊花酒称寿……帝有所感，即赋诗，学士皆属和焉"①。其《九月九日幸临渭亭登高得秋字并序》云：

陶潜盈把，既浮九酝之欢；毕卓持螯，须尽一生之兴。人题四韵，同赋五言。其最后成，罚之引满。

九日正乘秋，三杯兴已周。泛桂迎尊满，吹花向酒浮。长房萸早熟，彭泽菊初收。何藉龙沙上，方得恣淹留。②

《全唐诗》原注引《唐诗纪事》云："时景龙三年，是宴也，韦安石、苏瓌诗先成。于经野、卢怀慎最后成，罚酒。"既然中宗皇帝在序和诗中用到了陶典，那么完全可以推知，凡参加宴会的文臣应大都熟知陶典。前引李峤、苏味道侍宴诗即明证。

由此，我们可以得出这样的接受史结论：对陶渊明式的高雅志趣、精神追求的玩赏已不再封闭于孤独的个人，而是流通于群体当中，成为群体共通的情趣和憧憬。即陶渊明的生活情趣和精神追求正由个人的创造品向群体渗透，开始转化为传统文化的独特因子。这一新变在初唐文人的代表——"初唐四杰"那里有更为典型的例证。

二

据近人徐明霞点校本《卢照邻集　杨炯集》、清人陈熙晋《骆临海集笺注》、罗振玉《王子安佚文》及《全唐诗》《全唐文》，现存"四杰"之诗文中涉及陶渊明的，王勃、杨炯各有八处，卢照邻有五处，骆宾王有六处。与初唐其他文人相比，"四杰"在诗文中论及陶渊明的次数是最多的，而且有一个共同的特点，即以"彭泽"这一地名或官职代称渊明。

纪昀云："称渊明为彭泽，乃唐人语，六朝但有征士之称，不称其官也。"③纪昀此说并不准确，六朝宋代鲍照即有《效彭泽体》，隋代孙万寿《赠别诗》"酒随彭泽至"亦称渊明为彭泽。但纪昀说出了一个事实，即称渊明为彭泽在唐前并不常见，到初唐才相当普遍。这尤以王勃、杨炯为最。王勃在诗文中七次将彭泽与渊明并称，如《上明员外启》云：

彭泽陶潜之菊，胜气仍存；河阳潘岳之花，芳风遂远。④

---

① 〔清〕彭定求等编：《全唐诗》卷二"小传"，第 23 页。

② 〔清〕彭定求等编：《全唐诗》卷二，第 23 页。

③ 转引自杨明照《文心雕龙校注拾遗》，上海古籍出版社 1982 年版，第 307 页。

④ 〔唐〕王勃撰，何林天校注：《重订新校王子安集》，第 137 页。

《梓州郪县兜率寺浮图碑》云：

陶潜彭泽，自得高人；王吉临邛，仍延重客。①

《春日序》记在蜀中同王县令春游时云：

横琴对酒，陶潜彭泽之游；美貌多才，潘岳河阳之令。②

他人文中称彭泽如宋璟《梅花赋》云：

江仆射之孤灯向寂，不怨凄迷；彭泽之三径长闲，曾无愔结。③

又阙名《大唐故骑都尉濮州濮阳县令于君之碑》云：

陶潜琴酒，对彭泽而谁欢；言偃弦歌，临武城而莫奏。④

从上面的引文看，王勃等多以彭泽令陶潜的高雅不俗表现自我或称扬他人，特别是官为县令的人，而且与彭泽并称的王吉、潘岳亦为县令。这种情况同样存在于杨炯、卢照邻的诗文中。

上述事实表明初唐人推指的具有陶渊明气息的人并不限于隐者、处士，还扩大到官僚，特别是与陶渊明同一级别的县令。从创作主体的目的看，这是借陶渊明推崇一种与建功立业的社会价值相对的高雅脱俗的精神价值，由于这一精神价值与山水田园等自然物象相关，以超越对社会名利的追求为特点，我们不妨称之为自然价值。自然价值在初唐已非仅仅是个人自我标榜的精神价值，而是群体的共识，即高雅脱俗的精神价值同建功立业一样成为社会上具有普遍性的精神价值追求，是大唐时代精神的另一面。从接受者的角度讲，陶渊明开始摆脱六朝时期单纯的隐者、征士的形象，向具有普遍意义的士人形象转变，他既有隐逸的一面又有做官（而不累于俗物名利）的一面。他的活动场所开始由隐逸之所（田园山林）向社会（宫廷官场）辐射。而他高雅脱俗、融于自然田园山水、独立自由的精神追求是始终不变的，这一独具个性的不变的精神追求也由个人的范围向士人群体辐射。

当然，转变才刚刚开了个头，所以在“四杰”的诗文里，陶渊明仍然具有隐者形象的一面，这一过渡性形象所残留的痕迹主要表现在卢照邻的诗文里，其次是杨炯、骆宾王，王勃最不明显。如卢照邻《杨明府过访诗序》云“彭泽琴书，田园寝咏”，《山林休日田家》云“还思北窗下，高卧偃羲皇”⑤。杨炯《庭菊赋》云：

---

① 〔唐〕王勃撰，何林天校注：《重订新校王子安集》，第234页。

② 〔唐〕王勃撰，何林天校注：《重订新校王子安集》，第252页。

③ 〔清〕董诰等编：《全唐文》卷二〇七，第2090页。

④ 〔清〕董诰等编：《全唐文》第十一册《唐文拾遗》卷六二，第11071页。

⑤ 〔唐〕卢照邻著，徐明霞点校：《卢照邻集》卷六、卷三，第78页、第37页。

“渊明解印，退归田野，山郁律兮万里，天苍莽兮四下，凭南轩以长啸，坐东篱而盈把，归去来兮何为者。”①但是这一隐者的形象也有所变易。如卢照邻《三月曲水宴得樽字》诗云：

风烟彭泽里，山水仲长园。繇来弃铜墨，本自重琴樽。②

诗人在这里虽以彭泽代指渊明，却将陶渊明与后汉富于叛逆精神的隐者仲长统并称，接着又表达了鄙弃功名、高扬隐居的意思，然后描述了“曲水宴”仙境桃花源般的场面及“长怀去城市”的隐逸之趣。该诗中的陶渊明形象基本还是一位隐者的形象，但所在环境由田园变成山林，加以作者个性思想的投射，使得这一隐者身上充满神仙气、道士气，这倒与六朝征士的平实形象不同。这种形象还存在于卢照邻的《于时春也慨然有江湖之思寄此赠柳九陇》《过东山谷口》、杨炯的《群官寻杨隐居诗序》、骆宾王的《同辛薄简仰酬思玄上人林泉四首》等诗文中。其中所描写的与陶渊明有关的隐逸环境无不是隐于山林的“真隐”环境，其特征也是远离人间烟火，道士气、神仙气浓郁。这应当与初唐道教盛行的时代环境相关。

三

初唐人虽然普遍推慕陶渊明身上与隐逸相关的高情逸趣，但对陶诗文并未给予足够的注意，至少没有将陶渊明纳入著名诗人的行列。“四杰”虽然在《滕王阁序》等诗文中将陶渊明同潘岳、谢灵运并称，但着眼点并不在陶诗文，主要还是在其高情逸趣。这在“四杰”评述六朝文人的言论中可见一斑。如杨炯在《王勃集序》、王勃在《上吏部裴侍郎启》、骆宾王在《和道士闺情诗启》、卢照邻在《南阳公集序》等中论及六朝文学时，列举过刘琨、潘岳、陆机、江淹、鲍照、谢灵运、徐陵、庾信等有定评的作家，而独不及渊明。《艺文类聚》虽然征引了不少陶诗，但仍把陶渊明放于“人部”之“隐逸”部分作为事例，而且在卷四“岁时部中”之“九月九”条、卷七“山部上”之“庐山”条、卷八一“药香草部上”之“菊”条这些最应征引陶渊明优秀诗作的条目下，没有征引陶诗，却征引了六朝谢灵运、鲍照、江淹、萧纲、何逊等众多诗人的诗。这足以说明初唐人对陶诗的相对轻视。

但这并不表明陶渊明在初唐毫无诗名、陶诗没有引起一定的审美关注，相反，陶渊明诗文还是潜流于社会上的。《艺文类聚》征引陶渊明诗文 14 首，它们分别是：《张长公赞》《周妙珪赞》《鲁二儒赞》《夷齐赞》《尚长禽庆赞》《读山海

① 〔唐〕杨炯著，徐明霞点校：《杨炯集》卷一，第 13 页。

② 〔唐〕卢照邻著，徐明霞点校：《卢照邻集》卷一，第 11 页。

经十三首（之一）》《咏荆轲》《归园田居五首（之一、之三）》《饮酒二十首（诗序及之五、之七、之十三）》《桃花源记》《五柳先生传》。从初唐人的用典情况看，他们对《桃花源记》《五柳先生传》尤为熟悉。由隋入唐的刘孝孙在《沙门慧净诗英华序》中云“彭泽之摛微雨”，由此可知慧净的《诗英华》当选录了陶诗。这应当是继《文选》之后又一本选录陶诗的诗选吧。

而从初唐四杰的言论和创作实际看，在接受陶渊明诗文方面，他们虽远不能同王绩相比，但还是注意到了陶诗的存在并在创作上受到了一定的影响。王勃《三月曲水宴得烟字》云：“彭泽官初去，河阳赋始传。田园归旧国，诗酒间长筵。”①根据诗文中互文的惯例，“诗酒”二字恐怕不单纯指潘岳；又卢照邻云“彭泽琴书，田园寝咏”，涉及陶渊明以田园为背景的诗歌创作问题。从他们的创作中可明显看出他们对陶诗的关注。如骆宾王《夏日游德州赠高四》云：“一顷南山豆，五色东陵瓜。”又《秋日山行简梁大官》云：“地偏心易远，致默体逾玄。”②陈子昂《群公集毕氏林亭》云：“默语谁能识，琴樽寄北窗。”③前两诗分别化用了陶渊明《归园田居》中“种豆南山下”“心远地自偏”两句诗的词语、意趣，后一首诗则用了陶渊明《与子俨等疏》中的“北窗”一词及文中的志趣。

在“四杰”中，对山水田园更为钟情的卢照邻受陶诗的影响更为明显。除了用典，其归隐志趣、题材、对田园的审美表现方式都曾得益于陶渊明诗文，如《于时春也慨然有江湖之思寄此赠柳九陇》云：

> 提琴一万里，负书三十年。晨攀偃蹇树，暮宿清泠泉。翔禽鸣我侧，旅兽过我前。无人且无事，独酌还独眠。遥闻彭泽宰，高弄武城弦。形骸寄文墨，意气托神仙。我有壶中要，题为物外篇。将以贻好道，道远莫致旃。相思劳日夜，相望阻风烟。坐惜春华晚，徒令客思悬。水去东南地，气凝西北天。关山悲蜀道，花鸟忆秦川。天子何时问？公卿本亦怜。自哀还自乐，归薮复归田。海屋银为栋，云车电作鞭。倘遇鸾将鹤，谁论貂与蝉。莱洲频度浅，桃实几成圆。寄言飞凫舄，岁晏共联翩。④

虽然这首诗中充满了怀才不遇的怨愤，但诗人“无人且无事，独酌还独眠”“自哀还自乐，归薮复归田”的志趣与陶渊明是一脉相承的。如果说这首五言古诗主

---

① 〔唐〕王勃撰，何林天校注：《重订新校王子安集》，第60页。

② 〔唐〕骆宾王著，〔清〕陈熙晋注：《骆临海集笺注》，上海古籍出版社1985年版，第25页、第60页。

③ 〔清〕董诰等编：《全唐诗》卷八四，第910页。

④ 〔唐〕卢照邻著，徐明霞点校：《卢照邻集》卷一，第14页。

要继承了谢灵运、庾信等人的艺术表现方式，尚不见陶诗在艺术上的影响，那么《山林休日田家》则一目了然。《山林休日田家》云：

归休乘暇日，馌稼返秋场。径草疏王篲，岩枝落帝桑。耕田虞讼寝，凿井汉机忘。戎葵朝委露，齐枣夜含霜。南涧泉初冽，东篱菊正芳。还思北窗下，高卧偃羲皇。①

这是一首五古田园诗，题材与陶渊明田园诗相同，偏向于写意，在写意中写景的审美表现方式也与陶诗相同，不同的地方是对仗较陶诗工整，可见出近体诗的影响；语言不如陶诗自然，犹有雕琢痕迹。这些学陶田园诗与王绩学陶诗一样，应是盛唐山水田园诗的先导。

四

以“初唐四杰”为主的初唐人之所以接受陶渊明的隐逸高趣，而又把陶渊明定位在彭泽令上，关键是由初唐正在形成的盛唐理想的两面性决定的。历经两晋南北朝，以庄老释为思想核心的玄思淡化了人们的名利观念，促使了生命个体在理性上的觉醒。人们逐渐接受了这样的观念：除了建功立业的社会价值，遵循自然之道、追寻个体生命与自然的融和也是一种值得肯定的精神价值，而且是一种更为内在的精神价值。“大隐”“朝隐”观念的出现正是这种变化开始普遍化的标志。南北一统的政治局面唤醒了有才能的下层士人建功立业、求取名禄的理想和欲望，但有着强烈用世之心的初唐人并没有因此抛弃六朝时已形成的自然精神价值，仍然认为山水风月足以澡雪精神、兴寄情思：

嗟乎！山川之感召多矣，余能无情哉。爰成文律，用宣行唱。（王勃《入蜀纪行诗序》）

然赏由物召，兴以情迁，故其游泳一致，悲欣万绪。（王勃《采莲赋》）②

时玄冬遇夜，微月在天，白云半山，志逸海上。酒既醉，琴方清，陶然玄畅。浩尔太素，则欲狎青鸟、寄丹丘矣。（陈子昂《喜马参军相遇醉歌序》）③

于是初唐人建功立业的执着心理渗入了缓解性的思想情趣，那便是与建功立业、求名追禄相对的、基于自然之道的脱俗情志、山水田园之思。建功立业被进一步修定为功成身退或功不成则安于道，淡泊以求其志，寄情山水田园：

---

① 〔唐〕卢照邻著，徐明霞点校：《卢照邻集》卷三，第36～37页。

② 〔唐〕王勃撰，何林天校注：《重订新校王子安集》，第79页、第18页。

③ 〔清〕彭定求等编：《全唐诗》卷八三，第903页。

归我田庐，功成不居。（杨炯《唐昭武校尉曹君神道碑》）

及其玄黄再造，日月重轮，功成而不居，名遂而身退。南华吾师也，亲居贱职；东方达人也，安乎卑位。然后武城弦唱，优游礼乐之中；彭泽琴樽，散诞羲皇之表。（杨炯《原州百泉县令李君神道碑》）

若乃时之不与，数之不通，贵贱任于天，穷通由于命。（杨炯《益州温江县令任君神道碑》）①

至若身处魏阙之下，心存江湖之上，诗以见志，文宣王有焉。（王勃《平台秘略论·艺文三》）②

初唐人理想中的这种并不排斥自然山水精神的一面正是初唐人不排斥陶渊明的根本原因。而建功立业偏于用世的一面又使他们把陶渊明引向官场，于是便出现了一位在官而有山水清思、脱俗雅趣的吏隐的陶渊明形象。

陶诗在初唐被忽视与初唐的批评作风和诗歌艺术主张不无关系。大唐初建，人们面临着如何对待前代文学遗产并开拓前进的重大理论问题。虽然不同时期不同地位的人们有不同的回答，但不外乎两种倾向。一种是肯定六朝文学的审美倾向，不做翻案文章，如唐太宗、魏征君臣等，这与南朝文学批评的一般倾向大致相同，而与李谔那种否定前代文学的态度截然相反。同样的倾向也存在于由初唐入盛唐的张说的言论中。这昭示了一种宏通开阔的批评胸怀，为唐人接受六朝任意一位作家提供了前提。但是又由于缺少相当力度的批评眼光，所以只敏于接纳前人的文学观念而陋于发现被忽视的作家。第二种批评倾向是针对“彩丽竞繁”的六朝文风，完全否定或部分否定六朝作家。这以“四杰”和陈子昂为代表，做完全的翻案文章或倡导建安风骨、正始之音。这种富于开拓性的文学批评本有助于他们发现前代被忽视的优秀作家，但是由于矫枉甚力、急于提出新的文学见解，而不能深细涵泳前代的作家作品。其表现就是重视骨力外溢、兴寄深远、政教功能强的作家作品，而忽略了骨力内蕴、政教功能不明显而又被前人相对忽视的作家作品。这表现在他们革新性的创作上便是骨力有余、意气淋漓而缺少含蓄自然之美和意境之美。另外，这两派的文学观点都强调文的重要性，不论是唐初史家在《隋书·文学传记》中合南北文学之长的主张，还是“四杰”、陈子昂提倡刚健的文风，都没有忽视文学本身的审美功能，或以为“文质斌斌，尽善尽美”③，或以为诗应“音情顿挫，光英朗练，有金石

① 〔唐〕杨炯著，徐明霞点校：《杨炯集》，第135页、第109～110页、第105页。

② 〔唐〕王勃撰，何林天校注：《重订新校王子安集》，第165页。

③ 〔唐〕魏征、〔唐〕令狐德棻：《隋书》卷七六《文学传序》，中华书局1973年版，第1730页。

声”①。他们或神往于六朝声律对偶的技巧，或虽反对过分的雕缋但不反对“雕而不碎”②。一言以蔽之，质朴无文在初唐并不是被推赏的一种文学风貌，而按一般的观点和一般的第一审美感受，语言质朴平淡、不讲究声律之美而发以自然之音的陶诗便难以引起初唐人的注意了。

第三节　避俗高士与个性诗人

在盛唐，陶渊明的风雅高趣上承初唐，进一步向群体、向社会文化渗透。据不完全统计，盛唐提到陶渊明或其诗文的作者有35人之多。文学史上的重要作家如孟浩然、王维、李白、杜甫、储光羲、高适、岑参等都倾慕陶渊明的为人，其中前五人对陶渊明都有较多的学习和赞誉。盛唐人所认识的陶渊明既是隐逸高士，又是独具个性的诗人。

一

最早将陶渊明称为高士、写入史书和文章的要数颜延之、萧统、沈约三人。据现存史料推测，第一个将陶渊明列入《高士传》的人当是王绩。而据盛唐人的诗文史料可知，当时有的《高士传》收有陶渊明。如孟浩然《仲夏归汉南园寄京邑旧游》云：“尝读高士传，最嘉陶征君。”③李白《口号赠杨征君》云：“陶令辞彭泽，梁鸿入会稽。我寻《高士传》，君与古人齐。”④其实，陶渊明可能是唐代人最后补充进《高士传》的。吴筠就把陶渊明看作最后一位高士。他在《高士咏序》中说：

> 《易》称君子之道，或出、或处、或默、或语。盖出而语者，所以佐时致理；处而默者，所以居静镇躁，故虽无言，亦几于利物，岂独善其身而已哉。夫子曰：隐居以求其志，行义以达其道。所谓百虑一致，殊途同归者也。夫好同恶异，人之常情。予自弱年，窃尚真隐。远览先达，实怡我心。虽不见古人，而余风可仰。是则是效，其唯嘉遁之士乎。故企慕之不足，则师友之；师友之不足，则咏歌之，聊乐我员，于是乎在。昔玄晏先生皇甫谧因其

---

① 〔唐〕陈子昂：《与东方左史虬修竹篇序》，见《全唐诗》卷八三，第896页。

② 〔唐〕杨炯：《王勃集序》，见徐明霞点校《杨炯集》卷三，第36页。

③ 〔唐〕孟浩然撰，李景白校注：《孟浩然诗集校注》，巴蜀书社1988年版，第120页。本节所引孟浩然诗文皆据此书。

④ 〔唐〕李白著，〔清〕王琦注：《李太白全集》卷九，中华书局1977年版，第511页。

所美而著《高士传》,梁伯鸾有《高士颂》。愚今有《高士咏》,亦各一时之志耳。太初渺邈,难得而详;洪崖之流,无迹可纪。故始于混元皇帝,终于陶征君。举其绝伦,明其标的,为五十首,以吟讽其德音焉。①

吴筠感于“浇风久成俗,真隐不可求”②,从儒家的观点出发来看待历代的隐士。他认为隐士、处士也是符合“君子之道”的,他们隐逸行为的意义并不仅在于个体的“独善其身”,对社会也有激贪励俗的作用。因此隐士与“佐时致理”的士子一样值得肯定。当然陶渊明也是这样一位隐士,是一位名副其实的“真隐”。把陶渊明看作隐士,这是盛唐人的普遍观点,如刘昚虚《浔阳陶氏别业》云“陶家习先隐”③,元结《招陶别驾家阳华作》云“陶家世高逸”④,等等。对陶渊明这样孤高自守的隐士,盛唐人是宽容的、尊崇的。《全唐文》卷三九八、三六四、四〇六中有这么三份同题判书,它们是窦翚、张鼎、常无欲写的《对吏脱帻判:得丁为吏脱帻挂县门而去断不应为》。他们在判文中都引陶渊明为例,认为“丁吏”挂冠而去情有可原,不应治罪。如常无欲云:

责其廉退之节,科其高洁之辜。欲使疏广厚颜,陶潜负谴。仆虽不敏,窃谓非宜。⑤

他们以入世者的眼光一致认为陶渊明所为正是一位高尚其志、廉退其节的“真隐”所为,在政治开明的时代不但应予宽容而且值得格外尊敬。吴筠在《陶征君》中是这样描绘陶渊明这位名隐之个性特征的:

吾重陶渊明,达生知止足。怡情在樽酒,此外无所欲。彭泽非我荣,折腰信为辱。归来北窗下,复采东篱菊。⑥

李白在《戏赠郑溧阳》中则是这样描绘的:

陶令日日醉,不如五柳春。素琴本无弦,漉酒用葛巾。清风北窗下,自谓羲皇人。何时到栗里,一见平生亲。⑦

旷达知足、怡情于酒、遗世独立、悠然自得正是盛唐人所理解的典型的陶渊明形象。

---

① 〔清〕彭定求等编:《全唐诗》卷八五三,中华书局1960年版,第9651页。

② 〔唐〕吴筠:《舟中遇柳伯存归潜山因有此赠》,见〔清〕彭定求等编《全唐诗》卷八五三,第9650页。

③ 〔清〕彭定求等编:《全唐诗》卷二五六,第2868页。

④ 〔清〕彭定求等编:《全唐诗》卷二四一,第2707页。

⑤ 〔清〕董诰等编:《全唐文》卷四〇六,中华书局1983年版,第4156页。

⑥ 〔清〕彭定求等编:《全唐诗》卷八五三,第9661页。

⑦ 〔唐〕李白著,〔清〕王琦注:《李太白全集》卷一〇,第541页。

饮酒是陶渊明表现其旷达任真个性的典型行为。而陶渊明又爱重九之名，尝于九月九日无酒坐菊丛中怅望久之，见白衣人王弘送酒至，即便就酌。因此盛唐人每于九日诗中称引渊明，且与饮酒、菊花联系，如崔国辅《九日》、崔曙《九日登望仙台呈刘明府》、王昌龄《九日登高》、刘眘虚《九日送人》、高适《九月九日酬颜少府》及《重阳》、杜甫《九日杨奉先会白水崔明府》及《复愁十二首(之十一)》、张均《九日巴丘登高》、孟浩然《卢明府九日岘山宴袁使君张郎中崔员外》等都是如此。重阳节饮菊花酒本是古老的民间习俗，自从陶渊明赋予菊、酒一种典型的高雅脱俗的意味后，盛唐人第一次大量在“九日”诗中称引陶酒、东篱菊以加强重阳节高雅的文化品位，使陶酒与东篱菊成为日后“九日”诗中的两种典型意象。

当然，不仅“九日”诗多称陶好酒，王维《送六舅归陆浑》、孟浩然《和卢明府送郑十三还京兼寄之什》、杜甫《奉寄河南韦尹丈人》及《寄张十二山人彪三十韵》等诗也称陶好酒。好酒的确是盛唐人对陶渊明的最深印象，因此王维那首著名的咏陶之作《偶然作六首(之四)》便扣住“酒”字一气呵成：

> 陶潜任天真，其性颇耽酒。自从弃官来，家贫不能有。九月九日时，菊花空满手。中心窃自思，傥有人送否？白衣携壶觞，果来遗老叟。且喜得斟酌，安问升与斗。奋衣野田中，今日嗟无负。兀傲迷东西，蓑笠不能守。倾倒强行行，酣歌归五柳。生事不曾问，肯愧家中妇。①

王维遗形取神，对陶渊明一切个性、言行、心理的刻画都围绕着一个“酒”字，陶诗篇篇有酒，王诗则句句有酒。在浓郁的酒香中，我们仿佛看到了一位任真自然、潇洒飘逸、遗世傲兀的醉酒的陶渊明形象。

然而在盛唐人中，真正继承陶渊明饮酒之风而又饮出自己丰满传神之个性的只有大诗人李白。中国的酒文化源远流长。在文学史上，以饮酒闻名而又独具个性的优秀作家当先要数的应是阮籍、陶渊明和李白。阮籍是狂闷之饮，陶渊明是率真之饮，李白则是豪情之饮。然就师承关系而言，李白的饮酒之风既受到了以阮籍为代表的竹林名士的影响，又受到了陶渊明的影响。在李白现存的990首诗、166篇杂文中，至少有78篇诗文与陶渊明有较直接的关系，而这78篇诗文中又有21篇与陶渊明饮酒有关。概而言之，李白学陶饮酒主要有如下三点值得注意：

---

① 〔唐〕王维撰，〔清〕赵殿成笺注：《王右丞集笺注》，上海古籍出版社1984年版，第74页。

第一，表现隐逸高雅之趣，流露率然天真的个性。如《题东溪公幽居》云：

宅近青山同谢朓，门垂碧柳似陶潜。好鸟迎春歌后院，飞花送酒舞前檐。客到但知留一醉，盘中只有水精盐。（卷二五）

又《对酒醉题屈突明府厅》云：

陶令八十日，长歌《归去来》。故人建昌宰，借问几时回？风落吴江雪，纷纷入酒杯。山翁今已醉，舞袖为君开。（卷二三）

又《游谢氏山亭》云：

田家有美酒，落日与之倾。醉罢弄归月，遥欣稚子迎。（卷二〇）

又《山中与幽人对酌》云：

两人对酌山花开，一杯一杯复一杯。我醉欲眠卿且去，明朝有意抱琴来。（卷二三）①

上述诗歌特别是最后两首诗表现出的李白饮酒时所自然流露的孩童般的天真烂漫和蓝天般的澄澈明净是陶渊明所缺乏的，但饮酒时弃伪饰率真情的作风、亲切近人的情感、毫无世俗气味的高雅情调显然是与陶渊明一脉相承的。

第二，展现外视名利、洒脱自得的风姿，突出个体的人格意识。如《赠崔秋浦三首（其二）》云：

崔令学陶令，北窗常昼眠。抱琴时弄月，取意任无弦。见客但倾酒，为官不爱钱。东皋多种黍，劝尔早耕田。（卷一〇）

又《嘲王历阳不肯饮酒》云：

笑杀陶渊明，不饮杯中酒。浪抚一张琴，虚栽五株柳。空负头上巾，吾于尔何有？（卷二三）

又《赠宣城宇文太守兼呈崔侍御》云：

颜公二十万，尽付酒家钱。兴发每取之，聊向醉中仙。（卷一二）

又《九日登山》云：

渊明《归去来》，不与世相逐。为无杯中物，遂偶本州牧。因招白衣人，笑酌黄花菊。（卷二〇）

上述诗歌表现出的陶渊明饮酒时潇洒自得、外视名利的形象分明带有李白狂放不羁的个性特征，尤其是最后一首，一个“招”字格外显示出诗人独立不依、蔑视王侯的个体人格意识。

---

① 以上四条引文依次见〔唐〕李白著、〔清〕王琦注《李太白全集》，第 1156 页、第 1062 页、第 941 页、第 1074 页。

最后，借酒消除悲愁，流露怀才不遇、时光空逝的悲叹以及由此产生的深深的孤独意识。如《拟古十二首(其三)》云：

长绳难系日，自古共悲辛。……即事已如梦，后来我谁身？提壶莫辞贫，取酒会四邻。仙人殊恍惚，未若醉中真。(卷二四)

又《寻阳紫极宫感秋作》云：

何处闻秋声，翛翛北窗竹。……懒从唐生决，羞访季主卜。四十九年非，一往不可复。野情转萧散，世道有翻覆。陶令归去来，田家酒应熟。(卷二四)

又《月下独酌四首(其一)》云：

花间一壶酒，独酌无相亲。举杯邀明月，对影成三人。月既不解饮，影徒随我身。暂伴月将影，行乐须及春。我歌月徘徊，我舞影零乱。醒时同交欢，醉后各分散。永结无情游，相期邈云汉。(卷二三)①

以上三例皆为诗人自我在历史与现实的时空中反思人生意义时写到饮酒的诗作。诗歌表现出的在广漠空间中的孤独、在匆匆时间中的悲哀以及寄情于酒的文化惯性，既有李白独特的体验，又有陶渊明的影响。其中《月下独酌》是李白的名篇。只有李白才能把诗中天真烂漫的奇幻想象、谪仙般的洒脱风姿和纯美动人的诗情完美融合成一个艺术整体。然而，诗中饱含醉意的自我分明是受到陶渊明《形影神》组诗的启示，体现了“欲言无予和，挥杯劝孤影”[陶渊明《杂诗十二首(之二)》]式的孤独意识的渗透。

强调个体人格的独立和尊严是盛唐诗人自我意识的典型表现。他们在这一点上也曾受陶渊明的影响。陶渊明不为五斗米折腰的精神和“归去来兮”的心声在盛唐时期开始向士人的自我意识渗透。丘为在《答韩丈》中称“且得免输天子课，何曾屈腰乡里儿”②；高适感于“折腰知宠辱”③，“拜迎官长心欲碎”，“转忆陶潜《归去来》”④；岑参亦曾感叹“头白翻折腰”，“五斗米留人”⑤；杜甫更

① 以上三条引文依次见〔唐〕李白著、〔清〕王琦注《李太白全集》，第1094页、第1114页、第1063页。

② 王重民辑录：《补全唐诗》，见《全唐诗外编》，中华书局1982年版，第25页。

③ 〔唐〕高适：《古乐府飞龙曲留上陈左相》，见孙钦善校注《高适集校注》，上海古籍出版社1984年版，第163页。

④ 〔唐〕高适：《封丘县》，见孙钦善校注《高适集校注》，第170页。

⑤ 〔唐〕岑参：《衙郡守还》，见陈铁民、侯忠义校注《岑参集校注》，上海古籍出版社1981年版，第211页。

是在饱尝艰辛后,在《醉时歌》中抒发了怀才不遇的深沉感慨,对广文“先生早赋归去来”①深表共鸣,表现了个体意识的觉醒。在《梦游天姥吟留别》中高唱“安能摧眉折腰事权贵,使我不得开心颜”②的李白,更是将其个体人格高高张扬。他“归去来”的呼声中没有任何悲天自悯的自怨自艾,充满的都是张扬个体人格的昂扬奋呼。这在前面所引之诗中已有所表现,又如:

归去来兮,人间不可依托些,吾将采药于蓬丘。(卷一《悲清秋赋》)

大道如青天,我独不得出。……行路难,归去来![卷三《行路难三首(之二)》]

梧桐巢燕雀,枳棘栖鸳鸾。且复归去来,剑歌《行路难》。[卷二《古风五十九首(其三十九)》]

华发长折腰,将贻陶公诮。(卷一二《经乱后将避地剡中,留赠崔宣城》)

归来归去来,宵济越洪波。(卷二二《纪南陵题五松山》)③

李白是一个个体人格意识极强烈的浪漫诗人,对自己的人格才能充满自信:“天为容,道为貌,不屈己,不干人,巢、由以来,一人而已。”④他不以政治地位的高低、出身的尊卑为标准评价人物,而是高扬起理想的鹏翼,以才能为依据平交王侯、评价人物。在自己的人格尊严被当权者损害时,李白不是垂头自悲,而是昂头高歌,大胆而毫无遮掩地倾诉出对权贵、对现实的不满和蔑视。这种维护人格尊严的初衷和由此而生的“归去来兮”的心灵呼声,虽受陶渊明的影响,却独具豪放不羁、抗争社会的悲愤气骨,而非陶渊明式的回归自然、倾心自然的快意喜悦。

个体人格意识如果同爱国忠君思想结合起来,便是一种忠烈刚直的政治气节。我们发现盛唐人中除了忠烈刚直的颜真卿,尚未有人将陶渊明的个体人格意识同爱国忠君思想结合起来看待。颜真卿在《咏陶渊明》中写道:

张良思报韩,龚胜耻事新。狙击不肯就,舍生悲缙绅。呜呼陶渊明,奕叶为晋臣。自以公相后,每怀宗国屯。题诗庚子岁,自谓羲皇人。手持《山

---

① 〔唐〕杜甫著,〔清〕仇兆鳌注:《杜诗详注》卷三,中华书局1979年版,第176页。

② 〔唐〕李白著,〔清〕王琦注:《李太白全集》卷一五,第708页。

③ 〔唐〕李白著,〔清〕王琦注:《李太白全集》,第24页、第190页、第137页、第636~637页、第1047页。

④ 〔唐〕李白:《代寿山答孟少府移文书》,见〔清〕王琦注《李太白全集》卷二六,第1225页。

海经》，头戴漉酒巾。兴逐孤云外，心随还鸟泯。①

颜真卿在诗中所解读的陶渊明形象既有忠君爱国的政治气节，复有悠然自得的风流雅韵。这比盛唐任何一位诗人所解读的陶渊明形象都更为丰满，它更接近于宋代以后读者的解读。所以明朝张溥《汉魏六朝百三名家集·陶彭泽集》题辞云："古来咏陶之作，惟颜清臣称最相知，谓其公相子孙，北窗高卧，永初以后，题诗甲子，志犹'张良思报韩，龚胜耻事新'也。"②

二

盛唐人在总体上是倾慕陶渊明的风流气节的，但他们也有不满其人生选择的一面。在陶渊明接受史上，这是从盛唐开始一直延续到中唐的一个较为普遍的现象。王维在《与魏居士书》中云：

近有陶潜，不肯把板屈腰见督邮，解印绶弃官去。后贫，《乞食诗》云："叩门拙言辞。"是屡乞而多惭也。尝一见督邮，安食公田数顷，一惭之不忍，而终身惭乎？此亦人我攻中，忘大守小，不□其后之累也。③

由该文结尾"仆年且六十""偷禄苟活，诚罪人也"云云，可推知该文当写于安史之乱受伪职后、复被朝廷加任高官时。王维对此高官厚禄是感激涕零的，因此他在《谢除太子中允表》中说："恩过望表，捧戴惶惧，不知所裁。"④一向受功成然后身退之盛唐理想影响的王维（参其《不遇咏》《送韦大夫东京留守》）在战乱中饱尝心灵与肉体的双重折磨，渴望国家彻底摆脱战乱、恢复和平盛世。因此感激朝廷、贪恋禄位、恢复盛世三者融合成王维的现实思想意识——入世。这与他以往向往隐逸出世的思想意识是不同的。因此王维为了劝魏居士出世，便在文章中确定了入世的基本立意，否定了包括陶渊明在内的出世者。更进一层看，王维之所以否定陶渊明，又是以他对佛家思想、儒家思想的独特理解为根本依据的。从《与魏居士书》中可以看出，由于受佛家思想的影响，王维站在佛家般若智慧（"虚空"）的高度观照世事万物，主张"正见"，排除"异见"；主张看事物的本原真相，而不应受碍于"色事"。真正的旷达之士，其心如镜，"无所不遍，光明遍照"；其心灵应受万物而不起波澜，保持虚空自性。质言之，就是破除我

---

① 〔清〕彭定求等编：《全唐诗》卷一五二，第1583页。

② 〔明〕张溥辑：《汉魏六朝百三名家集》第三集，江苏古籍出版社2002年版，第225页。

③ 〔唐〕王维撰，〔清〕赵殿成笺注：《王右丞集笺注》卷一八，第334页。

④ 〔唐〕王维撰，〔清〕赵殿成笺注：《王右丞集笺注》卷一六，第294页。

执、法执而达于自性圆满。王维又以儒证佛，将孔子的“无可无不可”归于“身心相离”、以心为主的认识方式，为心灵对行为的自由选择提供理论根据。王维认为许由、嵇康心存好恶、分别之心，或“闻尧让，临水而洗其耳”，或褒“顿缨狂顾”“长林”“丰草”而贬“俯受维絷”“官署门阑”，要之，都碍于世俗“异见”，不能以“正见”从“虚空”处观照世事万物，不能算作旷达之士、心性圆满之士。在王维看来，陶渊明也是如此，以“把板屈腰见督邮”为耻，以归隐田园为高，孰不知，归隐后仍不免行乞之惭，是为“忘大守小”，不足为高。

其实，按照王维的逻辑，指责陶渊明弃官归隐的行为和陶渊明以乞为惭的心态尚能自圆其说，而指责陶渊明“一惭之不忍，而终身惭”实在是自相矛盾，只不过是他依违于富贵山林生活之间的遁词而已。既然从般若智慧看世俗的一切诸如贫与富、惭与非惭、隐与仕没什么区别，那么主体无论处在什么样的境地中，只要“身心相离，理事俱如”，不违般若空道，应当是处贫若富或处富若贫、处惭若不惭或处不惭若惭、处隐如仕或处仕如隐……而王维选择了富、不惭、仕，并且以贫、惭、隐为拘泥于行迹、拘泥于分别之心，有违空道。王维还是有“异见”、分别之心的。由此足见王维对陶渊明的批评只是为了劝人出仕、为自己安心享受利禄所作的并不高明的辩解而已。

李白和杜甫也有不满陶渊明的言论。李白《九日登巴陵置酒，望洞庭水军》云：

> 九日天气清，登高无秋云。造化辟川岳，了然楚、汉分。长风鼓横波，合沓蹙龙文。忆昔传游豫，楼船壮横汾。今兹讨鲸鲵，旌旆何缤纷。白羽落酒樽，洞庭罗三军。黄花不掇手，战鼓遥相闻。剑舞转颓阳，当时日停曛。酣歌激壮士，可以摧妖氛。握齱东篱下，渊明不足群。（卷二一）①

该诗题下王琦引“旧注：时贼逼华容县”，又据王注，巴陵山、华容县都在荆州。《资治通鉴》卷二二一载：“八月，乙巳，襄州将康楚元、张嘉延据州作乱……九月，甲午，张嘉延袭破荆州，荆南节度使杜鸿渐弃城走，沣、朗、郢、峡、归等州官吏闻之，争潜窜山谷。”②由是知贼军当指康、张叛军。当时李白正在永王璘军中，是诗为乾元二年（759）重阳节登山观望永王水军而作。此时的李白对永王怀有幻想。安史之乱爆发后，李白避乱流浪东南，后隐于庐山。玄宗之子永王

① 〔唐〕李白著，〔清〕王琦注：《李太白全集》，第 993 ~ 994 页。

② 〔宋〕司马光编著，〔元〕胡三省音注：《资治通鉴》，中华书局 1956 年版，第 7080 ~ 7081 页。

璘以复兴大业的名义三次请李白下山。李白弃隐从戎，豪情满怀，“过江誓流水，志在清中原”①，“为君谈笑静胡沙”②。李白想凭借永王实现其建功立业的英雄抱负。李白登高望远，天朗气清，长风鼓浪，楼船如云，战鼓声壮，自然豪情万丈，禁不住“酣歌激壮士”，写成此诗。因此，在这种情境下，李白满脑子都是建功立业的出世之思，陶渊明的生活方式（亦即自己刚刚结束的隐逸庐山的生活方式）便显得不足言说了，因为“苟无济代心，独善亦何益”③。再加上李白善以激情、夸张为诗，因此便有了上面诗文中唯一一次贬低陶渊明的诗句：“握齱东篱下，渊明不足群。”

杜甫的《遣兴五首（其三）》也体现了贬低陶渊明的思想：

> 陶潜避俗翁，未必能达道。观其著诗集，颇亦恨枯槁。达生岂是足，默识盖不早。有子贤与愚，何其挂怀抱。④

从字面意义而言，杜甫以为陶渊明并非“知道”之士而只是一个“避俗翁”，列出的原因是诗歌“枯槁”、“默识不早”、牵挂子女等。这些原因在一定程度上对陶渊明来说都是事实，但宋朝黄庭坚等人以为此诗为杜甫自嘲之作，《韵语阳秋》卷一〇云：

> 然子美于诸子，亦未为忘情者。子美《遣兴诗》云：“骥子好男儿，前年学语时。世乱怜渠小，家贫仰母慈。”又《忆幼子诗》云：“别离惊节换，聪慧与谁论。忆渠愁只睡，炙背俯晴轩。”《得家书》云：“熊儿幸无恙，骥子最怜渠。”《元日示宗武》云：“汝啼吾手战。”观此数诗，于诸子钟情尤甚于渊明矣。山谷乃云：“杜子美困于三蜀，盖为不知者诟病，以为拙于生事，又往往讥宗武失学，故寄之渊明尔。俗人不知，便为讥病。”所谓痴人面前，不得说梦也。⑤

如果联系杜甫诗中亦多穷愁之叹且写此诗时正闲居，又诗题为“遣兴”，故宋人之论可备一说。但是如果再联系杜甫一生“致君尧舜上”，永远把政治理想放在第一位而置个人私利于度外的人生追求和实践，该诗的字面意义也代表了杜甫某些时候对陶渊明的评价，即陶渊明诗中的穷愁之叹多忧个人而非“忧黎元”，

---

① 〔唐〕李白：《南奔书怀》，见〔清〕王琦注《李太白全集》卷二四，第1141页。

② 〔唐〕李白：《永王东巡歌十一首（其二）》，见〔清〕王琦注《李太白全集》卷八，第427页。

③ 〔唐〕李白：《赠韦秘书子春》，见〔清〕王琦注《李太白全集》卷九，第478页。

④ 〔唐〕杜甫著，〔清〕仇兆鳌注：《杜诗详注》卷七，第563页。

⑤ 〔清〕何文焕辑：《历代诗话》下册，中华书局1981年版，第561页。

旷达识道之士应不仅仅满足于此。该诗中的“道”若仅就此诗微观地来看，指不能“达生”的道；若联系诸作宏观地来看，也可以指胸怀天下的儒家之道。

由上面的分析可以看出，盛唐人不满陶渊明的言论都是在特定情境下生发的，并不代表他们一贯的态度，带有偶然性。但是联系起来看，从王通开始，经盛唐王、李、杜，直到中唐的白居易，都有类似的贬陶言论，而且他们的出发点都与儒家的入世观念相关。他们在此基础上对陶渊明的出世隐逸生活方式表示不满：“何必桃源里，深居作隐沦。”①从大的文化背景及时代精神看，这一现象又具有必然性。这一文化背景和时代精神便是唐人以儒家思想为根基的强烈的入世精神，正是在入世精神的激发下，在特定的情境中，他们才流露出对陶渊明的否定性评价。当然这否定性评价里也有对自己以往或从前崇隐观念的暂时性或冲动性的否定。

总之，盛唐人对陶渊明的为人是基本持肯定态度的。陶渊明体现了盛唐人追求人格独立与自由的精神面，是盛唐气象不可或缺的一道风景线。

同时，盛唐人对陶诗也是基本肯定的。对于魏晋六朝的诗人，盛唐人格外推崇的是曹植、刘桢、陆机、鲍照、谢灵运、谢朓、庾信，这在王昌龄的《诗格》、殷璠的《河岳英灵集》、李白和杜甫的诗文中都有明显的体现。他们虽然没有将陶渊明格外突出到上述“一流”诗人的地位，但陶渊明独特的个性特征和成就所在已被许多有识之士意识到。盛唐人承接陶渊明的田园诗，创作了大量的山水田园诗（详见下节），当时仍然存在一种独具个性的“陶体”诗。如著名诗人崔颢曾写有一首《结定襄郡狱效陶体》：

> 我在河东时，使往定襄里。定襄诸小儿，争讼纷城市。长老莫敢言，太守不能理。谤书盈几案，文墨相填委。牵引肆中翁，追呼田家子。我来折此狱，五听辨疑似。小大必以情，未尝施鞭棰。是时三月暮，遍野农桑起。里巷鸣春鸠，田园引流水。此乡多杂俗，戎夏殊音旨。顾问边塞人，劳情曷云已。②

上诗记叙的是一案件的审理过程，而不是田园生活。然而诗风平淡无饰，语言质朴自然，音韵悠然而远，显然与陶诗风神相通。又李、杜、王、孟等大家都有为数不少的学陶之作，足见盛唐人对陶诗还是给予了充分关注的。从盛唐人评陶

---

① 〔唐〕祖咏：《清明宴司勋刘郎中别业》，见〔清〕彭定求等编《全唐诗》卷一三一，第1336页。

② 〔清〕彭定求等编：《全唐诗》卷一三〇，第1323页。

的少数言论来看,也是如此。李白《别中都明府兄》称赞"明府""诗酒继陶君"。杜甫《可惜》云:"宽心应是酒,遣兴莫过诗。此意陶潜解,吾生后汝期。"是皆谓陶渊明不但能酒而且能诗。

而且盛唐人初步意识到陶诗的成就所在和艺术个性。李白《早夏于将军叔宅与诸昆季送傅八之江南序》云:

(傅)侯篇章惊(当作"警")新,海内称善,五言之作,妙绝当时。陶公愧田园之能,谢客惭山水之美。佳句籍籍,人为美谈。①

可见李白认为陶诗的主要成就是用五言所写的田园诗,其对傅侯的称赞之语如"警新""佳句籍籍""妙绝"云云也不妨看作是对陶诗的称赞。值得指出的是,李白又将陶谢并称,是开始注意到了陶谢诗有某种共同的特质,而且透出陶诗地位提高的信息。将陶谢并称始于宋之问、王勃。宋之问《宴龙泓诗序》云:"同谢客之山行,类渊明之野酌。"②王勃《滕王阁诗序》云:"睢园绿竹,气凌彭泽之樽;邺水朱华,光照临川之笔。"③"临川"指谢灵运。宋之问以风流雅趣将陶谢并称,王勃则将陶酒与谢诗并称。至李白进而将陶谢诗并称。

陶谢并称并非孤立现象,另一位盛唐大诗人杜甫《石柜阁》云:

优游谢康乐,放浪陶彭泽。

又《江上值水如海势聊短述》云:

为人性僻耽佳句,语不惊人死不休。老去诗篇浑漫与,春来花鸟莫深愁。新添水槛供垂钓,故著浮槎替入舟。焉得思如陶谢手,令渠述作与同游。

又《夜听许十一诵诗爱而有作》云:

陶谢不枝梧,风骚共推激。④

前一首诗在为人的任性自然上将陶谢并称,后两首皆以诗将陶谢并称。第二首,王琦注云:"公盖以陶谢诗为惊人语也,此惟深于诗者知之。"联系该诗首联,此解当切诗意。这是以佳句将陶谢并称,与李白"警新"之赞是一致的。陆机《文赋》云:"立片言而居要,乃一篇之警策。"⑤陶诗中惊人之语俯拾皆是,慧眼

---

① 〔唐〕李白著,〔清〕王琦注:《李太白全集》卷二七,第1277页。

② 〔清〕董诰等编:《全唐文》卷二四一,第2437页。

③ 〔唐〕王勃著,何林天校注:《重订新校王子安集》,山西人民出版社1990年版,第86页。

④ 以上三则引文依次见〔唐〕杜甫著、〔清〕仇兆鳌注《杜诗详注》卷九、卷十、卷三,第717页、第810页、第247页。

⑤ 〔晋〕陆机:《文赋》,见《陆士衡文集》,《四部丛刊》影印明人翻宋本。

人自能识之。杜甫便是这样的慧眼人。其《投简咸华两县诸子》云：“南山豆苗早荒秽。”《述怀》云：“今夏草木长。”《题郑十八著作丈故居》云：“穷巷悄然车马绝。”《四松》云：“我生无根蒂。”《阆州东楼筵奉送十一舅往青城》云：“虽有车马客，而无人世喧。”①杜甫借用了陶诗名句“种豆南山下”“三径就荒”“孟夏草木长”“穷巷寡轮鞅”“结庐在人境，而无车马喧”等，是深于陶诗者也。第二首诗从艺术上的简洁特点着眼，将陶谢并称。至于两诗中的“谢”，不管是指谢灵运还是指谢朓，联系盛唐人对“二谢”的尊崇，将陶谢并称预示着陶诗之诗史地位在有识士心中的提高。相对此前人们对陶诗的冷落，这应当是盛唐人在陶渊明接受史上留下的重要一笔，至少比钟嵘列陶诗于中品有一小步的前进。

三

盛唐人之所以在创作和评论上都发现了陶诗，一个关键的原因便是盛唐人不再像初唐人一样简单地重风骨、声律对偶，而是重意境、兴象、情景交融。因此盛唐诗人比初唐诗人有着更为敏锐的审美鉴赏能力和创造力，在创作了意境完美之诗作的同时，也发现了意境完美的作家作品。陶渊明诗便是他们最新发现的兴象兼具、情景交融的诗。王昌龄《诗格》云：

> 诗有五趣向：
>
> 一曰高格，二曰古雅，三曰闲逸，四曰幽深，五曰神仙。高格一：曹子建诗：“从军过函谷，驰马过西京。”古雅二：应休琏诗：“远行蒙霜雪，毛羽自摧颓。”闲逸三：陶渊明诗：“众鸟欣有托，吾亦爱吾庐。”②

这是继钟嵘《诗品》后又一次以摘句的形式批评陶诗。王昌龄在《诗格》中论诗重情景交融的意境美，他说：

> 凡诗，物色兼意下为好。若有物色，无意兴，虽巧亦无处用之。如“竹声先知秋”，此名兼也。
>
> 诗有：“明月下山头，天河横戍楼。白云千万里，沧江朝夕流。浦沙望如雪，松风听似秋。不觉烟霞曙，花鸟乱芳洲。”并是物色，无安身处，不知何事如此也。③

---

① 〔唐〕杜甫著，〔清〕仇兆鳌注：《杜诗详注》，第108页、第358页、第471页、第1117页、第1038页。

② 〔宋〕陈应行编，王秀梅整理：《吟窗杂录》（上），中华书局1997年版，第226～227页。

③ 转引自王运熙、杨明《隋唐五代文学批评史》，上海古籍出版社1994年版，第216页、第206页。

“物色”(景物)与“意兴”(情思)应兼融方好,否则如“明月下山头”一诗“并是物色”,便非好诗。在诗歌理论上深受王昌龄影响并屡屡称引王氏论诗言论的弘法大师也持同样的观点。其《文镜秘府论·南卷·论文意》云:

夫诗,一句即须见其地居处。如:“孟夏草木长,绕屋树扶疏。众鸟欣有托,吾亦爱吾庐。”若空言物色,则虽好而无味。①

这种称引陶渊明《读山海经十三首(之一)》诗句的评诗观点显然受到了王昌龄和钟嵘的直接影响。我们由此可以推知,在王昌龄看来,“趣向”“闲逸”的陶诗也应是“物色”与“意兴”兼融的好作品。虽然其他盛唐人没有从意境理论上称引、批评陶诗,但重意象、意境、情景交融是他们比较一致的观点。再联系盛唐人在创作上对陶诗的学习,我们不难看出,意境理论的趋向成熟和审美鉴赏力的深细发展是陶诗被盛唐人注意的关键原因之一。

其次,由对陶渊明为人的倾慕到学其作诗也是一个重要的原因。从上文中已经看出这一点,此不赘述。此外,盛唐人之所以没有突出陶诗的历史地位,与文学批评的历史传承性有关。中古、初唐人在官修史书的文学评论中,都没有将陶渊明列入诗史批评;风骨与文采兼融的盛唐审美理想与陶诗质朴的风格还有很大差距。由上文所引崔颢效陶体及杜甫评陶诗“颇亦恨枯槁”可以推知,时人认为陶诗是质朴无华的。

第四节　盛唐山水田园诗的鼻祖

盛唐人在融合陶谢田园诗、山水诗的基础上创造了辉煌的山水田园诗。尽管在陶渊明之前已存在田园诗的滥觞,但田园诗的真正鼻祖是陶渊明。他首先确立了中国文学史上田园诗的写作典范。这主要表现在以下几个方面。第一,开创了田园题材,使田园景色、生活开始具有独立的审美价值、精神价值。第二,确立了观照自然的审美观照方式,即以真我为中心统摄或者化入自然万物的“静照忘求的审美观照方式”②。但陶渊明的大多数田园诗是统摄式的观照与化入式的观照相互交融,即田园景物皆倾向于显示主体的心灵意趣,虽也有主体化入客体的成

---

① [日]弘法大师原撰,王利器校注:《文镜秘府论校注》,中国社会科学出版社1983年版,第288页。

② 葛晓音:《论山水田园诗派的艺术特征》,见袁行霈主编《国学研究》第一卷,北京大学出版社1993年版。

分，但主客体并非在对等印证、交融，而是以主体为主、客体为从。如著名的《饮酒二十首（之五）》，其中主体对“采菊东篱下，悠然见南山。山气日夕佳，飞鸟相与还”的景物观照，主要体现了主体对景物无意间的化入，主客互融、难辨彼我，但“问君何能尔？心远地自偏”“此中有真意，欲辨已忘言”则是主体意识跳出景物的自我表白，体现了以主体为中心的统摄式审美观照的特点。第三，陶渊明的田园诗倾向于寄托主体意趣，在表现方式上虽有写实的成分，但主要偏于写意，即对景物的选择体现了很强的主观性，客观观赏和描绘较少。第四，由于主体意识的渗透性强，陶渊明创造了一系列带有象征意味、表现主体高雅脱俗、亲和自然的典型审美意象，包括自然意象（如松、菊、五柳）和人文意象（如饮酒、北窗），并进而塑造出一位有着独特个性的典型高士形象。最后，陶渊明在创作诗歌时创造了清雅平淡、素朴自然的风格、语言、韵律等。

陶渊明对盛唐山水田园诗的影响是全面而广泛的。就广泛而言，以王维、孟浩然为中心，绝大多数写过山水田园诗的盛唐诗人无不受陶渊明的影响，如明显受陶诗影响的诗人有包融、丘为、崔颢、王昌龄、张九龄、裴迪、祖咏、殷遥、卢象、綦毋潜、刘昚虚、高适、储光羲、杜甫、李白等。从创作成就和影响大小来看，尤以王、孟、储最具代表性。据清人赵殿成《王右丞集笺注》，王维现存的479首诗中与陶渊明有明显关系的约50首，约占总量的十分之一；据近人李景白《孟浩然诗集校注》，孟浩然现存的近270首诗中与陶渊明有明显关系的有42首，约占总量的六分之一；据《全唐诗》卷一三六至一三九，储光羲现存的225首诗中有17首与陶渊明明显相关，约占总量的十三分之一。当然，在这些受陶渊明影响的诗作中，山水田园诗占绝大多数。如果再考虑到没有明显带有陶渊明及其作品的痕迹而在题材、审美态度等方面受陶渊明影响的作品，盛唐山水田园诗中的学陶之作的数量和比例是惊人的。就全面而言，盛唐山水田园诗对陶渊明开创的田园诗的写作典范有继承和创造性的发展。

一

陶渊明开创田园题材后，南北朝、初唐诗人基本没有继承之作，倒是谢灵运开创的山水题材得到了较为长足的发展。隋末唐初的王绩、初唐的个别诗人（如卢照邻）或多或少地注意到田园独立的审美价值，但未成气候。至盛唐，随着庄园经济的发展，庄园里面的山水、田园同时被盛唐人纳入了审美视野，继陶渊明之后，田园再一次获得了具有广泛诗人基础的独立审美价值。盛唐人创作了大量典型的田园诗。如孟浩然的《过故人庄》《赠王九》《题张逸人园庐》，王维的《瓜园诗》《戏赠张五弟諲三首(之二)》《赠裴迪》《送六舅归陆浑》《渭川田家》《偶然作六首(之二、之四)》《田园乐七首》《田家》,储光羲的《田家即事》《同王十三维偶然作十首(之二、之四、之八)》《田家即事答崔二东皋作四首》,丘为的《泛若耶溪》,杜甫的《寒食》《夏日李公见访》《赤谷西崦人家》等,都明显有陶渊明田园诗的影子。如王维《偶然作六首(之二)》云:

田舍有老翁,垂白衡门里。有时农事闲,斗酒呼邻里。喧聒茅檐下,或坐或复起。短褐不为薄,园葵固足美。动则长子孙,不曾向城市。五帝与三王,古来称天子。干戈将揖让,毕竟何者是。得意苟为乐,野田安足鄙。且当放怀去,行行没余齿。①

这首诗写田舍老翁农闲饮酒的生活和知足常乐的志趣,与陶渊明在《饮酒二十首(之九)》《移居二首》、《杂诗十二首(之四)》等诗中写到的田家生活和志趣都有某些相似的地方,甚至连句子都是从陶诗中化出的。

盛唐人的田园诗中往往融合着山水诗的影子,如杜甫《赤谷西崦人家》云:

跻险不自安,出郊已清目。溪回日气暖,径转山田熟。鸟雀依茅茨,藩篱带松菊。如行武陵暮,欲问桃源宿。②

丘为《泛若耶溪》云:

结庐若耶里,左右若耶水。无日不钓鱼,有时向城市。溪中水流急,渡口水流宽。每得樵风便,往来殊不难。一川草长绿,四时那得辨。短褐衣妻儿,余粮及鸡犬。日暮鸟雀稀,稚子呼牛归。住处无邻里,柴门独掩扉。③

在这两首受陶诗影响的诗中,山水与田园融为一体,很难分清彼此。更多的时候,盛唐人喜欢写方外之士的居住地,并在描写中流露出陶渊明式的高雅脱俗之趣。如王昌龄《静法师东斋》云:

筑室在人境,遂得真隐情。春尽变草木,雨来池馆清。琴书全雅道,视听已无生。闭户脱三界,白云自虚盈。④

又如李白《赠闾丘处士》云:

贤人有素业,乃在沙塘陂。竹影扫秋月,荷衣落古池。闲读《山海经》,散帙卧遥帷。且耽田家乐,遂旷林中期。野酌劝芳酒,园蔬烹露葵。如能

---

① 〔唐〕王维撰,〔清〕赵殿成笺注:《王右丞集笺注》卷五,上海古籍出版社1984年版,第72页。

② 〔唐〕杜甫著,〔清〕仇兆鳌注:《杜诗详注》卷七,中华书局1979年版,第593页。

③ 〔清〕彭定求等编:《全唐诗》卷一二九,中华书局1960年版,第1318页。

④ 〔唐〕王昌龄撰,李云逸注:《王昌龄诗注》,上海古籍出版社1984年版,第107页。

树桃李，为我结茅茨。①

前诗写僧人“筑室在人境”，后诗写处士“素业”“沙塘陂”，皆流露出如陶渊明一样的对可游可居的自然山水、田园的审美情趣。

王维的《偶然作六首（之二）》明显体现了主体统摄田园生活的观照方式和议论的笔法，还融入了很强的主体意识。因此该诗在表现方式上主要是写意，写实的成分较少，包括对田园生活的描绘也是直接为“得意苟为乐”的意识服务的，并不专意于写实。这同陶渊明的审美观照方式和写意的表现方式极为相似，因此这首诗不论在格调上还是在意趣上基本没有走出陶诗的审美范式，创新的成分并不多。同样的情况也大量而明显地存在于储光羲的学陶田园诗里。

例引中的其他诗则不同。它们主要体现了化入式的审美观照方式，是创作主体不自觉地融到所描写的环境（景色和生活）中去了，是自我与环境的互融、互证。如杜甫的《赤谷西崦人家》，开始时创作主体的情绪是因路险而“不自安”，但情随物迁，“出郊已清目”，接下来溪回路转，美景在前，应接不暇。创作主体没有写自己如何欣赏，而是让景物自我显现：“鸟雀依茅茨，藩篱带松菊。”创作主体即使露面也是作为环境的组成因素出现的：创作主体是以“欲问桃源宿”者的行路人身份出现的，而非让理性意识抬头，像谢灵运一样来一句悟道的结尾，或如多数情况下的陶渊明一样在结尾证明人生选择的正确性。正是因为诗人采取了化入式的审美观照方式，所以创作主体相对较为隐蔽，诗中的景物才成为相对自足独立的存在，而非依附于某种明显的人生意念，景物因此具有了独立的观赏价值。这便是融入谢灵运山水诗式的写实的表现方式所取得的成果，当然，这其中也有陶渊明本不在于写物而物自工之诗作的影响。如“鸟雀依茅茨，藩篱带松菊”一联，除了在意象上受陶诗影响，与陶诗“狗吠深巷中，鸡鸣桑树巅”一类的写实语句也极为相似。像上引杜甫诗、丘为诗、李白诗所体现的化入式的审美观照方式以及写意与写实交融并重的表现方式是盛唐山水诗的基本特点所在。王维、孟浩然等人的大多数诗作都是如此。这也正是盛唐山水田园诗学陶谢而超出陶谢、自成格局的艺术原因之一。再如王维《赠裴十迪》云：

风景日夕佳，与君赋新诗。澹然望远空，如意方支颐。春风动百草，兰蕙生我篱。暧暧日暖闺，田家来致词。欣欣春还皋，澹澹水生陂。桃李虽未开，荑萼满其枝。请君理还策，敢告将农时。②

① 〔唐〕李白著，〔清〕王琦注：《李太白全集》卷一二，中华书局1977年版，第629～630页。

② 〔唐〕王维撰，〔清〕赵殿成笺注：《王右丞集笺注》卷二，第27页。

通过“风景日夕佳”“澹然望远空”“请君理还策”“欣欣”“篱”“暧暧”“桃李”等语词，我们可以看到王维在诗歌创作上受陶渊明《饮酒二十首（之五）》《归园田居》《归去来兮辞》等诗文影响的明显痕迹。但该诗体现的审美观照方式已基本脱离了陶诗倾向于以真我为中心统摄万物的审美观照方式。王维发展了陶诗化入自然万物、物我互相在无言无语中印证的审美观照方式。那些完全脱离前人痕迹、精美绝伦、脍炙人口的《竹里馆》等绝句体现了王维纯粹的化入式的观照方式。如果说陶诗倾向于以主体意识为中心的单向圆览，那么王维等盛唐山水田园诗人则进一步转向双向感应和印证。在表现方式上，王维诗主要是在写实中写意，即主体的情趣是融会在对景物的细致描写中的。在整首诗中，所有的景物都具有相对自足独立的形神和审美价值，它们虽然都是主体意兴精心选择的结果，但已不是主体意识的附庸，不再具有陶诗景物较浓厚的象征意味。

二

陶诗对盛唐山水田园诗的另一重大影响是风格的影响。可以这样说，盛唐山水田园诗人不仅发展壮大了陶诗的雅淡风格，创造了艺术成就不下于陶诗的优秀作品，而且他们的艺术实践与陶诗遥相呼应，为后代读者进一步发现、学习、解读陶诗提供了最可凭借的艺术桥梁。

虽然受陶诗影响的李白、杜甫、祖咏、裴迪等大小诗人的山水田园之作在风格上也有陶诗的影子，但巍然独自成家、以鲜明的个性为后代读者所认可、推崇的优秀山水田园诗人的代表是王维和孟浩然，此外还可加上一个储光羲。他们学陶而自成格局，创造出了新的诗歌境界和个性风格。沈德潜《说诗晬语》云：

> 陶诗胸次浩然，其中有一段渊深朴茂不可到处。唐人祖述者，王右丞有其清腴，孟山人有其闲远，储太祝有其朴实，韦左司有其冲和，柳仪曹有其峻洁，皆学焉而得其性之所近。①

清人施补华《岘佣说诗》云：

> 摩诘五言古，雅淡之中，别饶华气，故其人清贵；盖山泽间仪态，非山泽间性情也。②

又李东阳《麓堂诗话》云：

① 丁福保辑录：《清诗话》下册，上海古籍出版社1978年版，第535页。
② 丁福保辑录：《清诗话》下册，第980页。

> 王诗丰缛而不华靡，孟却专心古澹。①

又胡应麟《诗薮》云：

> 孟五言秀雅不及王，而闲澹颇自成局。②

又《四库全书总目》卷一四九云：

> 其（储光羲）诗源出陶潜，质朴之中，有古雅之味。位置于王维、孟浩然间，殆无愧色。

虽然唐人自己没意识到王、孟、储诸人诗作之风格出于陶诗，但随着历史距离的拉远，略形取神，后代读者越来越清晰地看到了诸人诗作与陶诗的渊源关系及他们本人的独创性。据上面所引有代表性的言论、再证之于他们本人的学陶之作，我们以为王、孟、储三人受陶诗自然冲淡风格的影响，分别形成了自己的主导风格——清腴自在、疏淡闲旷、质朴古雅。下面便以他们的学陶之作为例论析之。

王维著名的《田园乐七首》直接开启了后世众多的同题诗作。如其三、其四、其五、其六云：

> 采菱渡头风急，策杖村西日斜。杏树坛边渔父，桃花源里人家。
> 萋萋芳草春绿，落落长松夏寒。牛羊自归村巷，童稚不识衣冠。
> 山下孤烟远村，天边独树高原。一瓢颜回陋巷，五柳先生对门。
> 桃花复含宿雨，柳绿更带春烟。花落家僮未扫，莺啼山客犹眠。③

山水与田园兼融，诗中景色丰腴华秀，尤以第一首和第四首为最，其中透出的“风华清靡”风貌，我们只有在《桃花源记》《读山海经十三首（之一）》等诗文中才能依稀看到。但这种“风华清靡”并非流于声色的泛滥、炫目，而是一种秀雅，清新自然、丰腴饱满。这是诗人脱俗而清贵性情的自然显现，其中仍然充溢着一种高雅素淡的审美趣味，所以当诗人以更闲远的意兴摄取自然景物时，便转换为第二首、第三首涵融较多淡雅色调的诗作。王维学陶的优秀代表作《渭川田家》便是体现较多雅淡色调的田园诗。但不论是雅淡还是华腴，王维绝大多数的学陶之作里都透着一种超越于艰苦劳动之上的自在自足的气调，上举几首诗也不例外。能够以旁观者的眼光、悠闲地说出“即此羡闲逸，怅然歌式微”（《渭川田家》）且在桃花源式的环境中“莺啼山客犹眠”的诗人不仅没有陶渊明

---

① 丁福保辑：《历代诗话续编》下册，中华书局2006年版，第1372页。

② 〔明〕胡应麟：《诗薮》内编卷二，上海古籍出版社1979年版，第37页。

③ 〔唐〕王维撰，〔清〕赵殿成笺注：《王右丞集笺注》卷一四，第257～258页。

"北窗"之乐背后的体力劳动和心灵超越,也没有王绩放意自适背后的避世远祸和狂放不平,一丝淡淡的惆怅也仅仅是晴朗天空里偶尔飘过的一朵白云,决不影响诗人自在自足的空灵心境。清人施补华在《岘佣说诗》中说得好:"读诗亦须识其真处。后来王、孟、韦、柳,皆得陶公之雅淡,然其沉痛处率不能至也,境遇使然,故曰'是以论其世也'。"明朗、自在、自足也是包括孟浩然、储光羲等绝大多数盛唐山水田园诗人的基本气调,只是在吏隐自在的王维这儿表现得更加典型而已。要之,王维学陶而得其清腴自在。

孟浩然的学陶之作则另具一种个性。如其《李氏园卧疾》云:

> 我爱陶家趣,园林无俗情。春雷百卉坼,寒食四邻清。伏枕嗟公幹,归山羡子平。年年白社客,空滞洛阳城。

又其《过故人庄》云:

> 故人具鸡黍,邀我至田家。绿树村边合,青山郭外斜。开筵面场圃,把酒话桑麻。待到重阳日,还来就菊花。①

与王维亦官亦隐的生活不同,孟浩然虽有过强烈的出仕想法,但大多数时光是在隐居中度过的。受了时代进取风气的影响,他才"端居耻圣明",其实他对隐逸生活还是充满真爱的。其《仲夏归汉南园寄京邑旧游》云:"尝读高士传,最嘉陶征君。日耽田园趣,自谓羲皇人。余复何为者,栖栖徒问津。"②诗中悔于求仕的情感倾向与上举《李氏园卧疾》相通,与陶渊明每一出仕便"静念园林好,人间良可辞"[《庚子岁五月中从都还阻风于规林二首(之二)》]的情感指向也相通。因此虽然孟浩然对田园的亲近之情难与断然摒弃官场、社会的陶渊明相比,却比王维深一层。所以孟浩然的诗便有一种真心要求远离名利、回归自然与田园的闲旷,而非王维因在官僚生涯间隙中企图融入自然山水以使疲惫的心灵获得放松与休息而在诗中表现出的空寂。当孟浩然真的融入日常田园生活时,他的诗便显得疏淡近人,而非王维诗的远离尘俗,在这一点上,孟浩然诗也更接近陶诗。如其《过故人庄》明显受陶《归园田居》的影响,是用参入者的眼光而非王维《偶然作六首(之二)》《渭川田家》等诗以旁观者的眼光写田园日常生活。因此孟诗的创作主体便比王诗的创作主体更加融入田园生活,诗中雅淡的情趣更加贴近生活,诗歌冲淡的风格较王诗更朴实。孟浩然这首《过故人庄》

---

① 以上两条引文分别见〔唐〕孟浩然撰、李景白校注《孟浩然诗集校注》卷四,巴蜀书社1988年版,第461页、第463页。

② 〔唐〕孟浩然撰,李景白校注:《孟浩然诗集校注》卷一,第120页。

已是工整的律诗，但比王维学陶之作较率然直快，口语味也较浓。孟浩然的其他学陶之作也多如此。如其《题张逸人园庐》云：“与君园庐并，微尚颇亦同。耕钓方自逸，壶觞趣不空。门无俗士驾，人有上皇风。何必先贤传，唯称庞德公。”①该诗不如王维诗秀整精致，但疏快洒脱又胜王维一筹，这倒有些像“粗头乱服”的王绩，只是狂醉稍逊，益以“风神散朗”②了。要之，孟浩然学陶而得其疏淡闲旷、真朴近人。

储光羲学陶而能在王、孟之间立脚，实在得力于他发展了陶诗古朴的一面。如其《同王十三维偶然作十首（之三）》云：

> 野老本贫贱，冒暑锄瓜田。一畦未及终，树下高枕眠。荷蓧者谁子，皤皤来息肩。不复问乡墟，相见但依然。腹中无一物，高话羲皇年。落日临层隅，逍遥望晴川。使妇提蚕筐，呼儿榜渔船。悠悠泛绿水，去摘浦中莲。莲花艳且美，使我不能还。③

又《田家杂兴八首（之二）》云：

> 众人耻贫贱，相与尚膏腴。我情既浩荡，所乐在畋渔。山泽时晦暝，归家暂闲居。满园植葵藿，绕屋树桑榆。禽雀知我闲，翔集依我庐。所愿在优游，州县莫相呼。日与南山老，兀然倾一壶。④

两诗语言都质朴无饰，甚至有点拙直，都表现了一位正直之士与世不偶、回归自然的真朴情志。虽然精致不及王维，散朗不及孟浩然，但格调高古，写田园生活细致朴实却超过王、孟。储光羲曾参加过一些田家劳动，对劳动甘苦的体会不仅远超王维，而且为专注于隐逸理想而较少关注田家细部生活的孟浩然所不及。如果把上引诸诗第一首同前引王诗、孟诗相比较，便会发现：王、孟所写田园景色、生活多是劳动之余的场景或者静观的景象，而储光羲深入劳动，写了老农一天的活动，先是冒暑锄瓜，接着因又累又热于树下高眠，遇到荷蓧者，一见如故——“高话羲皇年”，最后写落日时分远远看到的美丽景色和劳动场景。其细节方面（如“使妇提蚕筐，呼儿榜渔船”）的逼真也是王、孟所缺乏的。储光羲的许多田园诗都有这一特点。此外，储光羲还继承了陶诗写意的特点，如在后一诗中借田园景色直接抒发自己拔出流俗的高古情志和对官场的厌倦之情。

---

① 〔唐〕孟浩然撰，李景白校注：《孟浩然诗集校注》卷四，第473页。
② 王士源：《孟浩然集序》，见李景白校注《孟浩然诗集校注》，第555页。
③ 〔清〕彭定求等编：《全唐诗》卷一三七，第1384页。
④ 〔清〕彭定求等编：《全唐诗》卷一三七，第1386页。

这也是储光羲山水田园诗比较普遍的特点。如《田家杂兴(之四)》结尾云:“人生如蜉蝣,一往不可攀。君看西王母,千载美容颜。”①《田家即事》结尾云:“亲戚更相诮,我心终不移。”②《杂诗五首·题太玄观》云:“所喧既非我,真道其冥冥。”③就直接抒情言志的写意性特点而言,储光羲比王、孟更近于陶,而且储光羲的情志也是直接“羲皇”的,高古拔俗,我行我素,与世俗毫不妥协。因此他的诗便格外带有一种古朴的风貌。他的一些诗在意境的浑融和构思的精致上虽难与王诗、孟诗比肩,其高古质朴的风格、细致逼真的笔触却自具个性。

三

由于与陶渊明相关的许多典故和意象都具有象征意味,其意义是确定性和模糊性的统一、狭义性和广泛性的统一。这便为后世读者的个性解读提供了方向明确而又不拘一格的原型话题。上节提到的陶酒是盛唐人所感兴趣的一个原型话题、意象,盛唐人最感兴趣的另一个话题和意象是“桃源”。我们可以夸张地说,整个盛唐山水田园诗在共同诉说一个桃花源的母题,即桃花源已不仅仅是一个普通意象,而是一个凝聚着盛唐诗人的理想和憧憬甚至某种潜意识体悟的原型母题。

绝大多数盛唐山水田园诗的作者都或多或少地直接写到桃源意象,将这些意象梳理概括一下,按其所指的对象看,桃源的应用范围有如下两种情况。

第一,以桃源喻指现实幽美的境地,又以可细分为三种场景和景色。

一是写别业园林景色。如祖咏《题韩少府水亭》《清明宴司勋刘郎中别业》,殷遥《友人山亭》,储光羲《玉真公主山房》,綦毋潜《题沈东美员外山池》,王维《田园乐七首(之三)》《送钱少府还蓝田》等。二是喻指方外(处士、道士、僧人)居地。如王昌龄《武陵开元观黄炼师院三首(之一)》,张九龄《与生公寻幽居处》,裴迪《留别王维》,储光羲《昭圣观》,孟浩然《山中逢道士云公》《梅道士水亭》《游精思题观主山房》《送元公之鄂渚寻观主张骖鸾》,王维《春日与裴迪过新昌里访吕逸人不遇》《酬比部杨员外暮宿琴台朝跻书阁率尔见赠之作》《蓝田山石门精舍》《和宋中丞夏日游福贤观天长寺之作》等。三是喻写山水田园美景。如包融《赋得岸花临水发》,张旭《桃花溪》,萧颖士《蒙山作》,綦毋潜

---

① 〔清〕彭定求等编:《全唐诗》卷一三七,第1386页。
② 〔清〕彭定求等编:《全唐诗》卷一三七,第1384页。
③ 〔清〕彭定求等编:《全唐诗》卷一三六,第1376页。

《春泛若耶溪》《若耶溪逢孔九》，杜甫《赤谷西崦人家》《春日江村五首（之一）》《水宿遣兴奉呈群公》，李白《小桃源》，孟浩然《宿武陵即事》《武陵泛舟》《檀溪寻故人》《登望楚山最高顶》等。

第二，以桃源喻指非现实的理想境地，即以桃源为仙家境地、悟道的真境或和平和谐的境地，这是一种融合着作者理性和非理性的哲学与宗教精神的境界。如王昌龄《武陵开元观黄炼师院三首（其二）》云：“先贤盛说桃花源，尘忝何堪武陵郡！闻道秦时避地人，至今不与人通问。”是以桃源为仙境，并寄寓古今兴亡之叹。该诗之三云：“山观空虚清静门，从官役吏扰尘喧。暂因问俗到真境，便欲投诚依道源。”①则以桃源喻指悟道真境。又如杜甫《不寐》《巫峡敝庐奉赠侍御四舅之沣朗》，在现实与桃源的对比中，流露了对桃源和平和谐境地的向往。李白在《奉饯十七翁二十四翁寻桃花源序》中以桃源为“神仙之境”②、别为洞天，并在不少诗作中表现了对桃源仙境的向往。而将桃源仙境写得最富时代气息而又最旖旎动人的当数王维的《桃源行》。其诗云：

> 渔舟逐水爱山春，两岸桃花夹去津。坐看红树不知远，行尽青溪不见人。山口潜行始隈隩，山开旷望旋平陆。遥看一处攒云树，近入千家散花竹。樵客初传汉姓名，居人未改秦衣服。居人共住武陵源，还从物外起田园。月明松下房栊静，日出云中鸡犬喧。惊闻俗客争来集，竞引还家问都邑。平明闾巷扫花开，薄暮渔樵乘水入。初因避地去人间，更闻成仙遂不还。峡里谁知有人事，世中遥望空云山。不疑灵境难闻见，尘心未尽思乡县。出洞无论隔山水，辞家终拟长游衍。自谓经过旧不迷，安知峰壑今来变。当时只记入山深，青溪几度到云林。春来遍是桃花水，不辨仙源何处寻。③

这首诗是王维十九岁时写的，是陶渊明接受史上最早以桃源为题材的长篇七言歌行。虽同是写桃源，所不同的是，由于陶渊明有扎实的躬耕生活作基础，所以其桃花源里融汇着较多的现实因素，其景其人皆与现实无异，只是那里没有人世的纷争，也没有王税的剥削；而王维则以唐代庄园经济及其闲逸的隐逸生活为基础，凭着少年人浪漫的想象，以抒情、奇幻的笔调把桃源写成没有人间烟火的仙境，田园处“物外”，“日出云中鸡犬喧”，居民“初因避地去人间，更闻成仙

---

① 〔唐〕王昌龄撰，李云逸注：《王昌龄诗注》，第175页。

② 〔唐〕李白著，〔清〕王琦注：《李太白全集》卷二七，第1255～1257页。

③ 〔唐〕王维撰，〔清〕赵殿成笺注：《王右丞集笺注》卷六，第98～99页。

遂不还”，而非《桃花源记并诗》中与人世无异的田园和秦民。是仙境是人境无关宏旨，关键是王维借助桃源抒写了对自由、和谐、美好的理想境界的憧憬和向往；其理想的明朗昂扬、文字的秀丽自然都是盛唐气象的典型表现。寻找这样一个桃源正是所有胸怀功成身退、天人合一理想的盛唐诗人的共同愿望。质言之，桃花源与盛唐人的理想有着异体同构的关系，因此它成为盛唐山水田园诗中最具典型意义的母题原型。

就盛唐的四大诗人而言，孟浩然有 12 次明确写到桃源，王维有 8 次，李白有 14 次，杜甫有 8 次。如王维《蓝田山石门精舍》云：

> 落日山水好，漾舟信归风。玩奇不觉远，因以缘源穷。遥爱云木秀，初疑路不同。安知清流转，偶与前山通。舍舟理轻策，果然惬所适。老僧四五人，逍遥荫松柏。朝梵林未曙，夜禅山更寂。道心及牧童，世事问樵客。暝宿长林下，焚香卧瑶席。涧芳袭人衣，山月映石壁。再寻畏迷误，明发更登历。笑谢桃源人，花红复来觌。①

这是一首体现典型的桃源结构模式的诗作，其结构框架和用笔线索是：无心（或有心）而游——疑路不通——豁然开朗——兴尽而返。以这种结构取得的艺术效果是：避免了谢灵运山水诗寓目辄书平铺直叙的呆板模式，使诗有一种内在的紧张，能取得引起读者蓦然惊奇的欣赏效果；营造了一个自足独立的诗意环境和心灵境界，在与外在世界不言而喻的对比中传达出某种难以言喻的理趣；两种时间和空间的交织以及峰回路转、美丽和谐的场景，造成一种惝恍迷离、含蓄蕴藉的艺术效果。可以说，前列写到桃花源的诗作都或多或少地具有这一特点，只是在结构模式上有所变异、并不典型而已。如孟浩然《梅道士水亭》云：

> 傲吏非凡吏，名流即道流。隐居不可见，高论莫能酬。水接仙源近，山藏鬼谷幽。再来迷处所，花下问渔舟。②

这首诗便省去了“无心（或有心）而游——疑路不通”两个环节，而直接写“豁然开朗”后的活动：“傲吏非凡吏……水接仙源近。”“兴尽而返”“再来”云云也是盛唐寻访诗较典型的结尾。其他结构上有变动的事例俯拾皆是，不烦赘举。

值得进一步指出的是，桃源式的典型结构模式并不仅仅存在于写桃源的诗作里，而且也广泛存在于未写桃源的山水田园诗里。如前面引到的杜甫《赤谷西崦人家》便是一种较为典型的例子。而王维的许多诗更为典型，如其《青

---

① 〔唐〕王维撰，〔清〕赵殿成笺注：《王右丞集笺注》卷三，第 33 ~ 34 页。

② 〔唐〕孟浩然撰，李景白校注：《孟浩然诗集校注》，第 286 页。

溪》云:

言入黄花川,每逐青溪水。随山将万转,趣途无百里。声喧乱石中,色静深松里。漾漾泛菱荇,澄澄映葭苇。我心素已闲,清川澹如此。请留盘石上,垂钓将已矣。①

这首诗省去了“兴尽而返”一节而代之以“留连忘返”。同其《蓝田山石门精舍》的结构模式是一致的。王维《终南别业》《酬张少府》《千塔主人》《渡河到清河作》《赠东岳焦炼师》《欹湖》《寒食城东即事》《过香积寺》《游感化寺》等都基本采用了桃源结构模式,而且大多在结尾传达出禅悟般的无穷理趣,起到了余音绕梁的艺术效果:

行到水穷处,坐看云起时。(卷三《终南别业》)
君问穷通理,渔歌入浦深。(卷七《酬张少府》)
所居人不见,枕席生云烟。(卷九《千塔主人》)
支颐问樵客,世上复何如。(卷一一《赠东岳焦炼师》)
君问终南山,心知白云外。(卷一三《答裴迪》)
湖上一回首,山青卷白云。(卷一三《辋川集·欹湖》)②

我们不能断定诗人运用这种桃源结构模式是其有意识的努力,但至少可以说,桃源及其代表的与世俗相对的自由和谐的理想境界是盛唐山水田园诗人内心的一个诗意情结,套用西方原型批评的术语,这一诗意的情结正是一个直接渊源于陶渊明的原型母题。其明确性的结构和意念指向是陶渊明在中国古代人民对往古原始社会生活美好记忆的基础上,立足于动乱的文明社会创造出来的。盛唐人在《桃花源记并诗》的基础上,又立足于盛唐的庄园经济和理想追求,为桃源母题进一步增加了新因素。

除了王维,成功发展了桃花源母题的另一个大诗人是李白。李白在他写到桃花源的诗里,突出了秦人形象:

秦人相谓曰:“吾属可去矣。”一往桃花源,千春隔流水。[卷二《古风五十九首(其三十一)》]

称是秦时避世人,劝酒相欢不知老。各守麋鹿志,耻随龙虎争。(卷四《山人劝酒》)

---

① 〔唐〕王维撰,〔清〕赵殿成笺注:《王右丞集笺注》卷三,第34页。

② 〔唐〕王维撰,〔清〕赵殿成笺注:《王右丞集笺注》,第35页、第120页、第155~156页、第208页、第239页、第246页。

谪官桃源去,寻花几处行。秦人如旧识,出户笑相迎。[卷十一《赠从弟南平太守之遥二首(其二)》]

石门流水遍桃花,我亦曾到秦人家。(卷二二《下途归石门旧居》)

恨丹液未就,白龙来迟,使秦人著鞭,先往桃花之水。(卷二七《秋于敬亭送从侄耑游庐山序》)①

不管是直写秦人,还是将他人比作秦人,秦人形象都有强烈的主体抗争意识。他不满社会纷争,为了自己的理想与世俗毫不妥协,向往美好自由的桃源世界。秦人身上很有些任性负气的狂士的味道,是李白自我主体意识和理想投影的产物,这在其他诗人那儿是极少见的。

此外,盛唐人还首先解读了"无弦琴"的含义,这主要见于王昌龄《赵十四兄见访》、杜甫《过津口》、李白《赠临洺县令皓弟》《戏赠郑溧阳》《赠崔秋浦三首(其二)》等诗中。在盛唐人看来,"无弦琴"除了表示高雅脱俗、知音难遇的情趣和涵义,还有寄寓"茫然太古心"②的涵义,"太古"即"羲皇"以上的理想时代,而这又与桃源的喻指相通,因此更证明了桃源意象的原型性特点,它是与古人对往古人类历史的追寻和对未来的憧憬血肉相连的。

盛唐山水田园诗对陶渊明诗文的接受情况表明,陶渊明及其诗文所代表的审美追求、价值追求在盛唐已经在一定程度上被较为普遍地肯定或认同,它作为一种与城市、社会、官场等世俗世界相对立的、具有普遍意义的审美价值、人生价值,已向知识阶层进一步扩散并初步定型。人们虽然还没有在理性上给予充分的重视,但在审美和生活上已较为普遍地学习和效仿,并进一步创造了独具个性而且成就辉煌的盛唐山水田园诗及山水田园精神,对后世的陶渊明接受者产生了深远的影响。

---

① 〔唐〕李白著,〔清〕王琦注:《李太白全集》,第127页、第227页、第588~589页、第1012页、第1267页。

② 〔唐〕李白著,〔清〕王琦注:《李太白全集》卷九,第499页。

第三章　陶诗精神在中晚唐的凝定与发展

第一节　大历诗人与陶诗精神的泛化

大历诗人对陶渊明并不陌生。当时文坛上有几大派诗人，如江南地方官诗人（如刘长卿、戴叔伦、李嘉祐、韦应物、戎昱、独孤及、张继等）、台阁诗人（如钱起、李端、司空曙、耿沣、崔峒、韩翃、卢纶、郎士元等）、方外诗人（如秦系、刘方平、李季兰、皎然等）以及表现出从大历诗坛向元和诗坛过渡特点的诗人顾况、李益、权德舆等。① 他们在诗文创作中或者引用陶典，或者在字、词、句、篇上受陶渊明或明或暗、或多或少的影响。大历诗人在熟知、认可陶渊明的同时，对陶渊明又有新的发现。

一

对大历诗人来说，称赏陶渊明的为人已不是鲜见鲜闻的话题。顾况在《礼部员外郎陶氏集序》中称陶渊明为“生人表秀”②，李吉甫于《元和郡县志》“江南道”之“彭泽”县下，特别标出“晋陶潜为令，理此城”。钱起《酬陶六辞秩归旧居见柬》称：“靖节昔高尚，令孙嗣清徽。”③皎然于《哭吴县房耸明府》中则称自己“素高陶靖节”④。他们虽也如盛唐人一样于九日、饮酒等特定情境下每每引用陶典，标举高雅，但他们比盛唐人更加津津乐道的是陶渊明的隐逸闲趣：

宁辞园令秩，不改渊明调。［钱起《罢章陵令山居过中峰道者二首（之

① 诗人群体的划分参蒋寅《大历诗人研究》，中华书局 1995 年版。

② 〔清〕董诰等编：《全唐文》卷五二八，中华书局 1983 年版，第 5366 页。

③ 〔清〕彭定求等编：《全唐诗》卷二三六，中华书局 1960 年版，第 2616 页。

④ 〔清〕彭定求等编：《全唐诗》卷八二〇，第 9248 页。

一)》]①

故合志同方,贤者有柴桑之隐。(梁肃《游云门寺诗序》)②

终罢斯结庐,慕陶真可庶。(韦应物《东郊》)③

等陶辞小秩,效朱方负樵。(韦应物《沣上西斋寄诸友》)④

皎皎寻阳隐,千年可为偶。(皎然《答裴集阳伯明二贤各垂赠二十韵今以一章用酬两作》)⑤

潘郎作赋年,陶令辞官后。达生遗(一作贵)自适,良愿固无负。(皇甫冉《寄刘方平》)⑥

五柳终期隐,双鸥自可亲。(司空曙《逢江客问南中故人因以诗寄》)⑦

但同时,他们又上承盛唐人不满陶渊明的一面,如称赏过陶渊明的顾况在《拟古三首(之三)》中云:

浮生果何慕,老去羡介推。陶令何足录,彭泽归已迟。空负漉酒巾,乞食形诸诗。吾惟抱贞素,悠悠白云期。

又其《闲居自述》云:

一樽朝暮醉,陶令果何人。⑧

顾况在第一首诗中讥诮陶渊明"乞食形诸诗",显然是继承了王维的观点。但两首诗总的意旨还是肯定隐逸闲居的生活方式,与王维否定归隐不同。因此,顾况在诗中对陶渊明的讥诮很有些正话反说或者立意取奇的味道,并非真的在否定陶渊明。再联系顾况崇道慕隐、狂傲不逊的鲜明思想和强烈个性,上引两诗实在是其强烈个性的写照,正如好辩的苏轼所云,是"反常合道"⑨,即对陶渊明明贬暗褒。当然,并不是人人都如顾况一样意志坚定、个性鲜明,更多的大历诗人是迫于时世、生活维艰的生存环境在仕途上奔波,因此有时便不免流露出并

① 〔清〕彭定求等编:《全唐诗》卷二三六,第 2618 页。

② 〔清〕董诰等编:《全唐文》卷五一八,第 5264 页。

③ 〔清〕彭定求等编:《全唐诗》卷一九二,第 1979 页。

④ 〔清〕彭定求等编:《全唐诗》卷一八七,第 1909 页。

⑤ 〔清〕彭定求等编:《全唐诗》卷八一六,第 9188 页。

⑥ 〔清〕彭定求等编:《全唐诗》卷二四九,第 2804 页。

⑦ 〔清〕彭定求等编:《全唐诗》卷二九三,第 3335 页。

⑧ 以上两条引文分别见〔唐〕顾况撰,王启兴、张虹注《顾况诗注》,上海古籍出版社 1994 年版,第 29 页、第 155 页。

⑨ 〔宋〕苏轼撰,孔凡礼点校:《苏轼文集》之《苏轼佚文汇编》,中华书局 1986 年版,第 2552 页。

非真正崇慕陶渊明的心声。如李端《晚游东田寄司空曙》云：“莫作瞏官意，陶潜未必贤。”①崔峒《送陆明府之盱眙》云：“陶令之官去，穷愁惨别魂。”②这才是在仕与隐中间徘徊不定而最终选择了“吏隐”态度的大部分大历诗人对陶渊明的真实态度。虽同是不满陶渊明，但同盛唐人以建功立业、心怀儒道的宏大借口相比，因为理想的丧失，大历诗人的借口显得世俗、猥琐。

在称赏陶渊明的为人时，大历诗人常常把陶渊明同谢灵运、谢安石等并称：

强劝陶家酒，还吟谢客诗。（李冶《湖上卧病喜陆鸿渐至》）③

谢公山不改，陶令菊犹存。（皇甫冉《和中丞奉使承恩还终南旧居》）④

征诗逢谢客，饮酒得陶公。（李端《夜宴虢县张明府宅逢宇文评事》）⑤

谢客才为别，陶公已见思。（李端《赠岐山姜明府》）⑥

狂歌好爱陶彭泽，佳句唯称谢法曹。（韩翃《和高平朱参军思归作》）⑦

闲心近掩陶使君，诗兴遥齐谢康乐。（韩翃《赠兖州孟都督》）⑧

心许陶家醉，诗逢谢客呈。（卢纶《春日过李侍御》）⑨

谢守通诗宴，陶公许醉过。（卢纶《送宁国夏侯丞》）⑩

只将陶与谢，终日可忘情。（皎然《赠韦卓陆羽》）⑪

日得谢客游，时堪陶令醉。（刘长卿《送薛据宰涉县》）⑫

谢守临斋，以观咏之不足；陶公开卷，则知室是远而。（张仲素《窗中列远岫赋》）⑬

在上引众例中，陶谢并称多标举一种高雅脱俗的志趣，这与初盛唐人是相同的。但陶谢并称的频率和范围远远超过了初盛唐人。这表明大历诗人已较为普遍地感觉到陶谢志趣相同的一面，在并称时，虽没有提到陶渊明的文采风流，但大

---

① 〔清〕彭定求等编：《全唐诗》卷二八五，第3247页。
② 〔清〕彭定求等编：《全唐诗》卷二九四，第3345页。
③ 〔清〕彭定求等编：《全唐诗》卷八〇五，第9057页。
④ 〔清〕彭定求等编：《全唐诗》卷八八二，第9973页。
⑤ 〔清〕彭定求等编：《全唐诗》卷二八五，第3260页。
⑥ 〔清〕彭定求等编：《全唐诗》卷二八六，第3274页。
⑦ 〔清〕彭定求等编：《全唐诗》卷二四三，第2728页。
⑧ 〔清〕彭定求等编：《全唐诗》卷二四三，第2733页。
⑨ 〔清〕彭定求等编：《全唐诗》卷二七九，第3166页。
⑩ 〔清〕彭定求等编：《全唐诗》卷二八〇，第3180页。
⑪ 〔清〕彭定求等编：《全唐诗》卷八一六，第9194页。
⑫ 〔清〕彭定求等编：《全唐诗》卷一五〇，第1552页。
⑬ 〔清〕董诰等编：《全唐文》卷六四四，第6517页。

历诗人格外尊崇谢灵运诗、谢朓诗,对陶诗也已普遍接受(详下),因此陶谢并称便极易令读者就近联想到陶诗,为后来的接受者注意到陶谢诗的异同奠定了基础。

实际上,大历诗人比盛唐人更为普遍也更为理性地发现了陶诗,如李益、广宣、杜羔三人于所作《兰陵僻居联句》中便提到"陶潜独酌谣"①,独孤及则在《癸卯岁赴南丰道中闻京师失守寄权士繇韩幼深》中云要"三奏《归来词》"②,司空曙于《闲园书事招畅当》中则云"羸病懒寻戴,田园方咏陶"③。如果说这些例子还是他们在抒写隐逸之趣时偶然联想到陶渊明诗文,那么钱起于《晚过横灞寄张蓝田》中所云"林端忽见南山色,马上还吟陶令诗"④、张继在《冯翊西楼》中所云"陶令好文常对酒"⑤则已超越了偶然性的意义,二诗既是即景即时性的联想,又是熟读陶渊明诗文后的理性记忆。而真正上承王昌龄《诗格》等盛唐人论陶的观点,在文学理论批评中明确运用当时的诗学观点对陶诗的艺术特点、艺术价值进行发掘,并在分析的基础上确立了陶诗在诗史上非同寻常地位的则是释皎然。释皎然,字清昼,简称昼,俗姓谢,自称谢灵运十世孙,是大历诗僧的代表,"在唐诸僧之上"(严羽《沧浪诗话》)。其《诗式》是中国文学批评史上上承钟嵘《诗品》、王昌龄《诗格》,下启司空图《诗品》的一部重要著作。王运熙、杨明于《隋唐五代文学批评史》中在详细剖析皎然《诗式》的基础上,得出如下平实确切的结论:

> 皎然分五格评论汉魏六朝以至隋唐的诗歌。其品评标准,主要是情、格二者,结合是否用事。情要真挚高远,格要高雅健壮。大致说来,第一、第二两格,情格俱高;第三、第四两格,情格稍为低弱,第五格情格俱下。在历代作家作品中,他最推重的是汉代古诗和建安诗,六朝陶潜、谢灵运、鲍照、谢朓、江淹、吴均、柳恽诸家。⑥

南朝宋代作家向以"元嘉三大家"著名,陶渊明诗名甚微。钟嵘于《诗品》中虽不喜颜延之,尚将颜、陶并列中品。至唐代,一般的诗史纵论、列举六朝作家时,有颜无陶,而就实际的创作影响而言,陶的影响要远远大于颜的影响,因此,陶

---

① 〔清〕彭定求等编:《全唐诗》卷七八九,第 8890 页。
② 〔清〕彭定求等编:《全唐诗》卷二四六,第 2762 页。
③ 〔清〕彭定求等编:《全唐诗》卷二九二,第 3314 页。
④ 〔清〕彭定求等编:《全唐诗》卷二三九,第 2689 页。
⑤ 〔清〕彭定求等编:《全唐诗》卷二四二,第 2720 页。
⑥ 参王运熙、杨明《隋唐五代文学批评史》。

诗声名实际上在走一条上升的路线，而颜诗则相反。这一接受史的事实在皎然的《诗式》中鲜明地反映了出来。试看下表：

诗人	五格举例次数				
	不用事第一	作用事第二	直用事第三	有事无事第四	情格俱下第五
陶渊明	1	8	5	0	0
颜延之	0	0	3	0	0
谢灵运	3	9	0	0	0
鲍照	0	10	4	0	0
谢朓	0	11	3	0	0

从上表可以看出，在情格要求俱高的第一、第二格中，根本就没有举颜诗为例，颜在皎然心目中的地位明显大大低于陶、谢（灵运）、鲍、谢（朓）诸人。陶诗的地位虽明显不如谢灵运诗，但与鲍照诗、谢朓诗等难定高下。总之，陶渊明进入了皎然最推重的诗人行列，其诗属于感情真挚、丰富、含蓄且格力高雅健壮的优秀作品，在情格方面具有典范性①。

因此皎然在理性上明确将陶渊明纳入诗歌史中的重要作家行列。他在《诗式》卷三“论卢藏用《陈子昂集序》”一节中不满于卢藏用“道丧五百年而有陈君（子昂）”的观点，举例反驳说：

> 若但论诗，则魏有曹、刘、三傅，晋有潘岳、陆机、阮籍、卢谌，宋有谢康乐、陶渊明、鲍明远，齐有谢吏部，梁有柳文畅、吴叔庠，作者纷纭，继在青史，如何五百之数独归于陈君乎？②

将陶渊明作为重要作家列入诗史，这并不是皎然唯一的文字，也不是大历时期皎然个人的看法。皎然、潘述、裴济、汤衡四人在合作的《讲古文联句》中历述文学史上的重要作家，并言简意赅地点出各位作家的主要艺术成就、特点。《讲古文联句》是一篇小型的文学史纲要。从宋代开始，依次列述了谢灵运、陶渊明、江淹、鲍照、沈约、谢朓、汤惠休、吴均等六朝作家。其中评陶诗曰：

---

① 王运熙、杨明：《隋唐五代文学批评史》，上海古籍出版社 1994 年版，第 350 页。

② 〔唐〕释皎然著，李壮鹰校注：《诗式校注》，齐鲁书社 1986 年版，第 162 页。

陶令田园，匠意真直。春柳寒松，不凋不饰。①

这正是皎然的联句，当然也体现了其他作者的某些共同意向。它在陶渊明接受史上至少有三个方面的意义。第一，陶渊明作为重要作家列入诗史已是一种较为普遍的看法。相对于从前的陶渊明接受史，这儿讲得最明确，也代表了较多诗人的看法，表明陶渊明在被看作高尚隐士的同时，开始以诗人的面目出现在读者面前。第二，陶诗的主要成就在田园诗。盛唐人如李白虽也意识到陶渊明在田园诗方面的特殊成就，但将田园明确而理性地拿到诗史上加以批评，作为陶诗区别于“灵运山水”“江淹杂体”“鲍照从军”等的主要标志，这在陶渊明接受史上是第一次（前此的江淹仅仅是一种暗示）。第三，评陶诗的艺术特点是“匠意真直”“不凋不饰”。论陶诗“真直”主要继承了钟嵘、萧统的观点，当然也有他自己的见解。试揣度之：遍检《诗式》列举的所有陶渊明诗例，其中有三例被评为“高”、三例被评为“意”、两例被评为“达”、一例被评为“气”——“风韵朗畅曰高”“立意盘泊曰意”“心迹旷诞曰达”“风情耿介曰气”。“盘泊，通盘礴，广大貌。立言盘泊：谓诗中之言，旨意恢广。”②合而言之，陶诗的“真”至少具有明朗畅达、旨意恢广、旷放耿介的特点。说陶诗有“匠意”“不凋不饰”则主要是皎然自己的心得。皎然论诗主张自然出于苦思：

又云：不要苦思，苦思则丧自然之质。此亦不然。夫不入虎穴，焉得虎子？取境之时，须至难至险，始见奇句。成篇之后，观其气貌，有似等闲不思而得，此高手也。（《诗式》卷一“取境”条）

或曰：诗不要苦思，苦思则丧于天真，此甚不然。固须绎虑于险中，采奇于象外，状飞动之句，写冥奥之思。夫希世之珍，必出骊龙之颔，况通幽含变之文哉！但贵成章以后，有其易貌，若不思而得也。（《文镜秘府论》南卷引皎然《诗议》）

他又重格高，尝于《答苏州韦应物郎中》诗中称赞韦诗“格将寒松高，气与秋江清”。合而言之，则陶诗符合皎然所谓取境“至难至险”、历经苦思且出以等闲自然的特点，而且陶诗的自然又与格高相连，如春柳寒松般高洁脱俗。

要之，皎然对陶诗的较高重视和评价既是如钟嵘、萧统等人对陶渊明的慧眼独识，也是对以前陶渊明接受史进行总结的结果。因此，他对陶诗带有审美感悟特点的理性批评便超越了个人的意义，成为一代读者所认知的陶诗情况在

---

① 〔清〕彭定求等编：《全唐诗》卷七九四，第8933页。

② 〔唐〕释皎然著，李壮鹰校注：《诗式校注》，齐鲁书社1986年版，第65页。

理论上的结晶。从这种普遍意义上说，皎然对陶诗的批评已超越了钟嵘、萧统，标志着陶渊明接受史的又一次较大飞跃。

皎然之所以能发现陶渊明，与他以情、格、自然为标准评诗是分不开的。这已是上文所论题中之意。需要补充的是，皎然是方外僧人，他对陈子昂诗中那种关心国计民生的情志并不重视，因此不满于卢藏用过于看重陈子昂的诗史地位。他欣赏的“真”情主要偏于隐逸闲趣或日常人伦情感。这从其《诗式》卷一所列“辨体一十九字”的出世特点以及他本人的诗歌创作中可以看出。因此气格高古、脱俗而又多表现隐逸情思的陶诗便格外适合皎然的口味。

二

然而皎然在实际创作中主要不是受陶诗的影响，而是更多受二谢、王维等人的影响，他只是在用典、用字、用词及个别篇章（如《寻陆鸿渐不遇》）上明显受陶影响。同样的情况也较为普遍地存在于其他大历诗人身上。但有一个超越大历时代的著名诗人例外，他便是韦应物。

据《全唐诗》及外编，韦应物现存诗 567 首，其中明显地留有陶诗印记的至少有 45 首，约占总量的 1/13。其实数字比例对说明韦应物受陶渊明影响之深的意义不大，陶渊明的灵魂已经作为一种艺术精神和人生境界深深化入韦应物的灵魂里。如果说盛唐人“转益多师”，山水田园诗的艺术渊源主要是“二谢”，然后才是陶渊明，这种状况在大历其他诗人那儿尚没有改变，而在韦应物这儿则完全改观。其诗歌的艺术渊源主要是陶渊明，其次才是“二谢”等人。韦应物现存诗中的拟作共有三处，一是《拟古诗十二首》，一是拟陶体诗二首（《与友生野饮效陶体》《效陶彭泽》），一是拟何逊的《效何水部二首》。而从韦应物的整体创作来看，只有具有鲜明个性的陶诗精神才能成为韦诗的基本气质。因此明人何良俊《四友斋丛说》卷五云：“韦左司性情闲远，最近《风》《雅》。其恬淡之趣，亦不减陶靖节。唐人中五言古诗有陶谢遗韵者，独左司一人。”清人施补华《岘佣说诗》云：“后人学陶，以韦公为最深，盖其襟怀澄澹，有以契之也。”因此后世多以“陶韦”并称：“韦诗古澹见致，本之陶令，人所知也。”①如其《九日沣上作寄崔主簿倬二李端系》云：

凄凄感时节，望望临沣涘。翠岭明华秋，高天澄遥滓。川寒流愈迅，霜

---

① 〔清〕叶矫然：《龙性堂诗话续集》，见丁福保辑录《清诗话续编》下册，上海古籍出版社 1983 年版，第 1008 页。

交物初委。林叶索已空，晨禽迎飙起。时菊乃盈泛，浊醪自为美。良游虽可娱，殷念在之子。人生不自省，营欲无终已。孰能同一酌，陶然冥斯理。①

从表层看，该诗词句明显从陶《乙酉岁九月九日》《饮酒二十首（之二、之七）》《停云（第一章）》化出。从深层看，该诗对秋天的敏感体悟、对友情的真挚、对饮酒的旷达深趣乃至整首诗淡旷的襟怀和风格真可谓得陶诗之神。此外，《郊居言志》《答长安裴丞说》等学陶皆得神似。学贵在出个性。韦应物学陶主要继承了陶诗恬淡冲和、真率自然的精神。如其《答畅校书当》云：

偶然弃官去，投迹在田中。日出照茅屋，园林（一作种园）养愚蒙。虽云无一资，樽酌会不空。且忻百谷成，仰叹造化功。出入与民伍，作事靡不同。时伐南涧竹，夜还沣水东。贫蹇自成退，岂为高人踪。览君金玉篇，彩色发我容（一作蒙）。日月欲为报，方（一作历）春已徂冬。②

诗中没有仕隐矛盾激发的痛苦，没有情感的激动和不满，一切仿佛日升日落中的自然造化，在绵绵不断、无首无尾的时间静流中悄无声息地展开。弃官是偶然的，“贫蹇自成退”，非为高蹈故。归田没有怨言，也没有欣喜，与民为伍，和光同尘。饮酒读书，日劳夜息，一切随缘任运，日月就在这平平淡淡却深味隽永的生活中化入了自然。清代廉兆纶曾评韦应物《谢栎阳令归西郊赠别诸友生》诗云：“和平之音，使人意也消。陶令不为五斗折腰，视此为激切矣！”③其实以此评《答畅校书当》更为贴切。“沈德潜说韦应物得陶诗之冲和，不知陶诗的冲和是经过剧烈的感情冲突和心灵折磨后方获得的，而韦诗却仿佛与生俱来，天然成就。”④其实不是天生俱来，而是将禅思融入人生和艺术的结果，正是禅家人生观使韦诗比陶诗更呈现一种恬淡闲静的气质。恬淡冲和是从陶诗中化出的，然而已不属于陶渊明，而是作为一种人生精神和艺术精神打上了韦应物本人真率自然的个性印记：

率性方卤莽，理生尤自疏。今年学种瓜，园圃多荒芜。众草同雨露，新苗独翳如。直以春窘迫，过时不得锄。田家笑枉费，日夕转空虚。信非吾侪事，且读古人书。（《种瓜》）⑤

盛唐人学作陶田园诗［如上节所引王维《偶然作六首（之二）》］时，往往在诗中

---

① 〔清〕彭定求等编：《全唐诗》卷一八七，第1911页。

② 〔清〕彭定求等编：《全唐诗》卷一九〇，第1948页。

③ 中国社会科学院文学所藏汪立名刊《韦苏州诗集》卷上，朱隽瀛过录廉兆纶批语。

④ 蒋寅：《大历诗人研究》，中华书局1995年版，第109页。

⑤ 〔清〕彭定求等编：《全唐诗》卷一九三，第1994页。

把作为社会角色的自我转化为披着田夫外衣的田夫角色，从而抒写自我高蹈隐逸的志趣。韦应物的这首田园诗朴素平淡，全从陶出，虽然仍像王维等盛唐人的田园诗一样缺少与田园生活血肉相连的真挚情感，但像陶诗一样率真自然。他老老实实地以现实社会中“我”的口吻写出自己的真实感受，包括“信非吾侪事，且读古人书”这样疏离田园生活的内心自白。即韦应物在这首诗中又恢复了陶诗中的自我角色，没有把自己置换成田夫、以异于现实社会中的自我角色的口吻、角度标榜高逸；而是就写真实的自我，以我的眼光来体味田园以及田园以外的读书之事。这是韦应物学陶田园诗一以贯之的个性特色。他做官时所写的《观田家》，以士大夫的悯农情怀描写田园的艰苦生活，结以“方惭不耕者，禄食出闾里”的自白；退居时所作的《沣上西斋寄诸友》《九日沣上作寄崔主簿倬二李端系》《野居》《寄冯著》《晚归沣川》以及上引《答畅校书当》等学陶之作，写田园景色、生活以及旷淡恬适的心境、追求皆如陶诗一样出于自我角色，使用了没有伪装的第一人称。加上语言简洁无饰，意脉流畅无阻，韦诗显示出带有诗人个性的真率自然。

这种化出于陶渊明田园诗的精神在韦应物这儿进而在空间与题材上冲破了田园山水，渗透进官衙（郡斋）生活，从而将郡斋变为田园：

> 栖息绝尘侣，孱钝得自怡。腰悬竹使符，心与庐山缁。永日一酣寝，起坐兀无思。长廊独看雨，众药发幽姿。今夕已云罢，明晨复如斯。何事能为累，宠辱岂要辞。（《郡内闲居》）①

陶诗《戊申岁六月中遇火》云“鼓腹无所思，朝起暮归眠”，写理想生活的散淡无求、怡然自得。他当时哪里想到韦应物在他弃若敝履的官涯里也能如此自在！这种“吏隐”的生活就是白居易的“中隐”生活，这种郡斋诗便是白居易闲适诗的响亮前奏！韦应物《郡中西斋》《休暇东斋》《县斋》《社日寄崔都水及诸弟群属》《郡斋赠王卿》《新理西斋》《郡斋感秋寄诸弟》《东郊》《秋郊作》《园林晏起寄昭应韩明府、卢主簿》《同韩郎中闲庭南望秋景》等写郡斋生活、郡斋郊外田园山水景色的诗，无不渗透着陶诗平淡率真的田园精神。说“渗透”是说韦应物已经接纳了“吏隐”的生活方式。他有时虽然说“慕陶真可庶”（《东郊》），表示“一来当复去，犹此厌樊笼”②，实际上“虽怀承明恋，忻与物累暌”③、“身多疾病

---

① 〔清〕彭定求等编：《全唐诗》卷一九三，第1987页。

② 〔唐〕韦应物：《忆沣上幽居》，见〔清〕彭定求等编《全唐诗》卷一九一，第1960页。

③ 〔唐〕韦应物：《答库部韩郎中》，见〔清〕彭定求等编《全唐诗》卷一九〇，第1948页。

思田里，邑有流亡愧俸钱"①才是他真实的矛盾心情。他借山水景色"澹吾虑"②，将陶渊明式的淡泊情思纳入官僚生活中，又不惮于掩饰对仕禄的留恋之意，这虽然受后人的疵议，但毕竟是坦白真率的。因此韦应物建立在"吏隐"生活方式基础上的散淡情趣和真率自然，已同陶诗的田园精神交融成一体，难分难解，陶渊明的田园精神已走进韦应物的灵魂，走进非田园题材的诗作里。同样的情况也存在于崔峒《题桐庐李明府官舍》、钱起《题张蓝田讼堂》等受陶渊明影响的郡斋诗里。这种郡斋诗再往后便成为白居易的闲适诗、宋人的平淡诗作。这便与中国传统的艺术精神、理想的人格境界浑然一体了。而韦应物诗提前达到了这一水准，并以出色的艺术成就参与了这一平淡自然的田园精神的建构。

因此，是中唐的韦应物而非盛唐的王、孟真正将陶诗的田园精神首先普遍化，带入包括官宦生涯的日常生活中，带入抒写官宦生涯的诗作中。从此，陶诗田园精神的内核——平淡自然、率真无饰开始成为中国传统的艺术精神和理想的人格境界！韦应物在艺术实践和人生实践中发现并再现了陶渊明，成为陶渊明接受史发展期内的转折点和高潮之一。唐人能继者唯有白居易，但白氏与陶诗精神尚隔一层(详下节)。

韦应物之所以能如此发现和再现陶渊明，关键原因在于从大历时期，中国古代文人的心理由于受社会的、禅学的影响进一步走向内敛：摒弃外在的形迹，转入内心深处，走上内在的自我精神超越之路。韦应物便是一个典型的例子。释皎然曾云"隐心不隐迹，却欲住人寰……居喧我未错，真意在其间"③。韦应物也吸取禅道玄思，努力在心灵上泯灭出处矛盾，摆脱形迹对人心灵的束缚，认为"出处似殊致，喧静两皆(一作依)禅"④、"道妙苟为得，出处理无偏。心当同所尚，迹岂辞缠牵"⑤，因此"出处两为得"⑥。隐与仕的行为本身说明不了什么，关键在于心灵是否超越了行迹，是否与道俱在、心存淡泊：

---

① 〔唐〕韦应物：《寄李儋元锡》，见〔清〕彭定求等编《全唐诗》卷一八八，第 1920 页。

② 〔唐〕韦应物：《东郊》，见〔清〕彭定求等编《全唐诗》卷一九二，第 1979 页。

③ 〔唐〕皎然：《偶然五首(之三)》，见〔清〕彭定求等编《全唐诗》卷八二〇，第 9252 页。

④ 〔唐〕韦应物：《赠琮公》，见〔清〕彭定求等编《全唐诗》卷一八八，第 1920 页。

⑤ 〔唐〕韦应物：《春月观省属城始憩东西林精舍》，见〔清〕彭定求等编《全唐诗》卷一九一，第 1962 页。

⑥ 〔唐〕韦应物：《谢栎阳令归西郊赠别诸友生》，见〔清〕彭定求等编《全唐诗》卷一八九，第 1935 页。

道心淡泊对流水。(《寓居沣上精舍寄于张二舍人》)

思怀在云阙,泊素守中林。(《沣上对月寄孔谏议》)

方愿沮溺耦,淡泊守田庐。(《秋郊作》)

情虚澹泊生。(《同元锡题琅琊寺》)

形迹虽拘检,世事澹无心。(《南园陪王卿游瞩》)

于焉日淡泊,徒使芳尊盈。(《县斋》)①

这与陶渊明结庐人境、心远地偏的心态在本质上有一致性(当然实际的情感和行为选择并不同,这也是韦诗较陶诗更无情感波澜、更加散淡恬和的原因)。而更为一致的是这种内敛的心态是以自谦而非自我标榜的面目出现的,其典型表现便是如陶渊明一样“守拙”:

拙直余恒守。(《示从子河南尉班》)

弃职曾守拙。(《答僩奴重阳二甥》)

爰以林壑趣,遂成顽钝姿。(《答长安丞裴说》)

日出照茅屋,园林(一作种园)养愚蒙。(《答畅校书当》)

始唱已惭拙。(《酬刘侍郎使君》)

栖息绝尘侣,孱钝得自怡。(《郡内闲居》)②

正是这种偏向于平凡淡泊的内敛心态使他对平凡的人生表现出浓厚的兴趣,使他以恬淡的心情对待人生的一切,与陶渊明心情恬适的一面获得共鸣。据笔者所查资料,韦应物是陶渊明接受史上较早、较多使用“北窗”一词的文人(参《野居》《道晏寺主院》《夏景园庐》《燕居即事》《览褒子卧病一绝聊以题示》等诗),且深味其中闲适之趣。前代读者仅仅走到“心远地自偏”的隐逸淡泊境界便已难能可贵,而进一步悟得日常生活中的闲适之趣则需要更为淡泊而深爱平凡生活的心灵,韦应物便具备这样一种心灵。

三

除了韦应物,大历诗人中对陶渊明表现出浓厚兴趣的还有刘长卿和钱起。笔者据《全唐诗》及外编初步统计发现,刘长卿现存 518 首诗中有 51 首明显有

① 以上六条引文分别见〔清〕彭定求等编《全唐诗》卷一八七,第 1912 页、第 1914 页;卷一九二,第 1979 页、第 1983 页、第 1976 页;卷一九三,第 1987 页。

② 以上六条引文分别见〔清〕彭定求等编《全唐诗》卷一八七,第 1903 页;卷一九〇,第 1951 页、第 1947 页、第 1948 页、第 1952 页;卷一九三,第 1986 页。

陶渊明的印记,约占总量的1/10;钱起现存323首中至少有25首明显有陶渊明的印记①,约占总量的1/13。

大略言之,刘长卿诗得陶之远趣而流于凄清。如其代表作之一的《送灵澈上人》云:

苍苍竹林寺,杳杳钟声晚。荷笠带夕阳,青山独归远。

又《游四窗》云:

我来游其间,寄傲巾半幅。白云本无心,悠然伴幽独。②

两诗中的"荷笠带夕阳""白云本无心"等句分别从陶诗文《归园田居五首(之三)》"带月荷锄归"及《归去来兮辞》"倚南窗以寄傲""云无心以出岫"化出。两诗中悠然深远的情调与陶诗情调极似。但刘诗中悠悠的苍凉和默默的孤独犹如其诗中频繁出现的"夕阳"意象,带有时代的印记和诗人的个性。陶诗虽也多写"日暮",但充满人间的生活气息,而非不食人间烟火的样子。

刘长卿诗还得陶之静趣,而流于空寂。如《送金昌宗归钱塘》云:

柴门嘶马少,藜杖拜人稀。惟有陶潜柳,萧条对掩扉。

又《过前安宜张明府郊居》云:

寂寥东郭外,白首一先生。解印孤琴在,移家五柳成。夕阳临水钓,春雨向田耕。终日空林下,何人识此情。③

刘长卿《九日登李明府北楼》云"无劳白衣酒,陶令自相携"④,是学陶饮酒也乐于独饮,而非"过门更相呼,有酒斟酌之"[陶渊明《移居二首(之二)》]。上引两诗写静趣,不仅贯穿着同样的孤独,而且流于衰飒和空寂。诗人虽如陶渊明一样"白日掩荆扉,对酒绝尘想"[《归园田居五首(之二)》],却无人"披草共来往"(同上),而是"嘶马少""拜人稀",乃至"终日空林下",寂寞度此生。刘长卿不仅像陶渊明一样与社会保持较远的距离,而且与平凡有味的日常生活也保持较远的距离。因此,刘长卿诗写静趣便带有凄清、孤独、空寂的个性特色。

最后,刘长卿诗得陶之意象而流于孤小、封闭。刘诗中的飞鸟意象便受陶诗飞鸟意象的影响,但刘诗强化了陶诗飞鸟意象所寄寓的某些孤独意识,这飞鸟已失群无伴,失去自由,失去注视前途的信心和勇气,当然也就没有获得自我

---

① 钱起诗的总数量统计参蒋寅《大历诗风》附录一,上海古籍出版社1992年版。

② 以上二条引文分别见〔清〕彭定求等编《全唐诗》卷一四七,第1482页;卷一五一,第1581页。

③ 以上二条引文分别见〔清〕彭定求等编《全唐诗》卷一四七,第1487页、第1490页。

④ 〔清〕彭定求等编:《全唐诗》卷一四八,第1516~1517页。

后的快乐。“天涯一鸟夕,惆怅知何已”①,这只“落日独归鸟”②经常进渺茫、退无路,已难归自然,被拘系在社会的牢笼中。刘长卿在《小鸟篇上裴尹》中淋漓尽致地刻画了这只“小鸟”的形象,吟唱出“众鸟纷纷皆有托”“长似孤云无所依”③的忧伤诗句。刘长卿还在诗中借用了陶渊明的“桃源”意象,借用次数达18次之多,是唐代诗人中使用这一意象次数最多的一个。但他笔下的桃源突出了其与人世隔绝、深藏不露的特点:

千载空桃花,秦人深不见。(《自紫阳观至华阳洞宿侯尊师草堂简同游李延年》)

危石才通鸟道,空山更有人家。桃源定在深处,涧水浮来落花。(《寻张逸人山居》)④

桃源人已不是“黄发垂髫,怡然自乐”、充满人间乐趣的人,而是“身卧桃园寂寂春”⑤的孤士。“寂寂孤莺啼杏园,寥寥一犬吠桃源”⑥,莺啼犬吠愈显其寂深、与世隔绝的特点。这是中唐人心态走向内敛的反映。

钱起在诗中喜称“陶令”“渊明”“陶潜”等,使陶渊明直接成为其诗歌中的典型意象,以自标其隐逸之趣和慕陶之情。如《送马明府赴江陵》《送褚大落第东归》《酬陶六辞秩归旧居见柬》《罢章陵令山居过中峰道者二首(之一)》《蓝上采石芥寄前李明府》《题张蓝田讼堂》《九日田舍》《晚过横灞寄张蓝田》等都是。

总的来说,与韦应物不同的是,刘长卿、钱起二人之诗风主要不是承接于陶渊明,而是承接于谢朓、王维等人。他们只是因倾慕陶渊明而受到了其诗文的影响(主要表现在意趣、词句、意象上)。

第二节 白居易对闲适情趣的强化

陶渊明是白居易一生中最喜爱且受其影响最深的诗人之一。据顾学颉先

---

① 〔唐〕刘长卿:《李侍御河北使回至东京相访》,见〔清〕彭定求等编《全唐诗》卷一四九,第1545页。

② 〔唐〕刘长卿:《负谪后登干越亭作》,见〔清〕彭定求等编《全唐诗》卷一四九,第1540页。

③ 〔清〕彭定求等编:《全唐诗》卷一五一,第1576页。

④ 〔清〕彭定求等编:《全唐诗》卷一四九,第1547页;卷一五〇,第1555页。

⑤ 〔唐〕刘长卿:《寻龙井杨老》,见〔清〕彭定求等编《全唐诗》卷一五一,第1565页。

⑥ 〔唐〕刘长卿:《过郑山人所居》,见〔清〕彭定求等编《全唐诗》卷一五〇,第1558页。

生校点《白居易集》，白居易现存诗词2892首，其中明显有陶渊明印记的至少有150首，约占十九分之一，其受陶渊明影响的作品在唐代诗人中数量最多。虽然其受陶渊明影响的作品占总量的比例小于其他诗人，但白居易诗比韦应物诗更多更广地受到了陶诗精神的浸润。他自称“异世陶元亮”①，后人亦曾称“陶渊明，唐之白乐天”②。正是从白居易开始，陶诗精神才真正成为中国古典诗歌创作和诗人中的一种自觉的艺术追求和人生追求。

一

对陶渊明的为人，白居易首先接受的是其贞苦自守的高洁节操。作于元和三年（808）的《赠内》诗，引“陶潜不营生，翟氏自爨薪”等古代贫贱夫妻为例与妻子同勉，以“贞苦”“贫素”自守，以“清白遗子孙”③。又有作于此时左右的《丘中有一士命首句为题二首（之二）》，虽不能说诗中的“丘中一士”即陶渊明，但陶渊明或其笔下的“东方一士”（《拟古九首（之五）》）至少是这位固穷守节、安贫乐道的高士的原型之一。白居易作这两首诗时才37岁左右，任翰林学士、左拾遗，在仕途初露头角，直言时事，讽谕现实，其积极仕进、兼济天下的姿态是十分明显的。但是白居易同时独善其身，当然这时的独善其身并非要像陶渊明一样“行披带索衣”，而是“但在学其心”，即有为道义而粪土千金、贞苦自守的节操。白居易被贬江州时，其慕陶为人的情感在《访陶公旧宅并序》中得到更为清晰而深入的表达：

> 予夙慕陶渊明为人……今游庐山，经柴桑，过栗里，思其人，访其宅，不能默默，又题此诗云。
>
> 垢尘不污玉，灵凤不啄膻。呜呼陶靖节，生彼晋宋间：心实有所守，口终不能言。永惟孤竹子，拂衣首阳山；夷齐各一身，穷饿未为难。先生有五男，与之同饥寒。肠中食不充，身上衣不完。连征竟不起，斯可谓真贤。我

---

① 〔唐〕白居易：《醉中得上都亲友书，以予停俸多时，忧问贫乏。偶乘酒兴，咏而报之》，见顾学颉校点《白居易集》卷三六，中华书局1979年版，第837页。本节所引白居易诗文皆据此版本，不再详注。

② 〔金〕元好问：《论诗三十首（之四）》自注，见姚奠中主编、李正民增订《元好问全集》（增订本），三晋出版社2015年版，第230页。

③ 〔唐〕白居易撰，顾学颉校点：《白居易集》卷一，第15页。关于白居易的生平及诗文系年，本书参考了顾学颉校点《白居易集》及朱金城笺校《白居易集笺校》（上海古籍出版社1988年版）。

生君之后,相去五百年;每读五柳传,目想心拳拳。昔常咏遗风,著为十六篇。今来访故宅,森若君在前。不慕樽有酒,不慕琴无弦;慕君遗荣利,老死此丘园。柴桑古村落,栗里旧山川;不见篱下菊,但余墟中烟。子孙虽无闻,族氏犹未迁;每逢姓陶人,使我心依然。①

与盛唐人的解读不同,在白居易这儿,陶渊明的贫穷并没有受到讥讽,而是成为显示其节操的外在压力;陶渊明最受欣赏的不是潇洒飘逸的超然形象(即"不慕樽有酒,不慕琴无弦"),而是遗弃荣利、固穷自守的高洁节操(即"慕君遗荣利,老死此丘园")。身处逆境的白居易认为陶渊明是一位"真贤",出淤泥而不染,以节操贫寒自守,遗弃荣利,老死丘园。当然倾慕归倾慕,至于白居易后来在行为上做到做不到,那又是一回事。

其次,白居易接受了陶渊明好酒的一面。他在《太湖石记》中说:"古之达人,皆有所嗜。玄晏先生嗜书,嵇中散嗜琴,靖节先生嗜酒。"(《白居易集·外集》卷下)元和八年(813),42岁的白居易退居渭上,作了十六首《效陶潜体诗》。这十六首诗中"篇篇有酒"。如其十二描述陶渊明云:

吾闻浔阳郡,昔有陶征君:爱酒不爱名,忧醒不忧贫。尝为彭泽令,在官才八旬;愀然忽不乐,挂印著公门。口吟归去来,头戴漉酒巾;人吏留不得,直入故山云。归来五柳下,还以酒养真;人间荣与利,摆落如泥尘。先生去已久,纸墨有遗文。篇篇劝我饮,此外无所云。我从老大来,窃慕其为人。其他不可及,且效醉昏昏。②

这首诗同王维《偶然作六首(之四)》(参上章第三节)一样紧扣"酒"字一气呵成。王诗将陶弃官归隐的情节略过,而白诗用三分之一的篇幅写了弃官归隐的过程。王诗只描绘陶之好酒,白诗则写了自己的感慨,结以"且效醉昏昏"。因此,与王维在诗中一味地潇洒飘逸不同,白居易在诗中深隐着不愿明言的忧闷和对世事的不满。此年,白居易虽已除母丧之服,但由于此前在长安时曾对政治和社会进行过尖锐的批判,尽管有在京友人的照顾,但要复归长安仍很困难。因此白居易仍居于下邽(渭上),待机而动,再加上"时属多雨,无以自娱"③,其苦闷之情可想而知。韩愈曾在《送王秀才序》中云:"吾少时读《醉乡记》,私怪隐居者,无所累于世,而犹有是言。岂诚旨于味耶?及读阮籍、陶潜诗,乃知彼

① 〔唐〕白居易撰,顾学颉校点:《白居易集》卷七,第128~129页。

② 〔唐〕白居易撰,顾学颉校点:《白居易集》卷五,第107页。

③ 〔唐〕白居易:《效陶潜体诗十六首序》,见顾学颉校点《白居易集》卷五,第104页。

虽偃蹇不欲与世接，然犹未能平其心，或为事物是非相感发，于是有托而逃焉者也。”①白居易于效陶诗中对陶渊明好酒的理解与同时代人韩愈正相合拍，这看似偶然，实际上表现了中唐士人感于时世偃蹇、精神苦闷而又难以有为的心态。白居易于《读谢灵运诗》中说谢灵运的山水诗是怀才不遇的产物，正可同他对陶渊明饮酒的体会相参看。

其实白居易在饮酒方面继承陶渊明的主要还不是借酒消忧解闷的一面，而是以酒自娱、自适的一面。在《效陶潜体诗十六首》中，白居易借助陶酒、陶诗对个体的生存困境做了系统深入的思考。其中有怀才不遇、与世不谐的愁叹和对天命的怀疑（如其十三、其十四、其十六），有对忧生伤逝的努力化解（如其一、其二），更有对自我面对社会所产生的穷困、孤独、是非、名利、富贵等俗累的超越（如其二、其四、其五、其九、其十、其十二、其十五），但不论如何都归于饮酒忘忧、知足常乐、以酒自娱。其三、其八便是专写以酒自娱、归于超越心态的。如其三云：

> 朝饮一杯酒，冥心合元化。兀然无所思，日高尚闲卧。暮读一卷书，会意如嘉话。欣然有所遇，夜深犹独坐。又得琴上趣，安弦有余暇。复多诗中狂，下笔不能罢。唯兹三四事，持用度昼夜。所以阴雨中，经旬不出舍。始悟独往人，心安时亦过。②

饮酒与弹琴、作诗一起成为白居易自娱生活中的三要素，而最早开启这一传统并形之于诗文的正是陶渊明，之后有学陶的王绩。白居易算是第三位倾心学陶渊明适意人生的诗人。

因此，白居易充分接受并强化了陶诗精神中的闲适情趣，将之改造成为独具个性的适意人生。他虽饮酒但不过度，以适意为旨，所以他说“一杯复两杯，多不过三四：便得心中适，尽忘身外事”，而“一饮一石者，徒以多为贵”③。这种以闲适为内核的适意人生体现了白居易独善其身的人生追求，而且愈到老年愈成为他主要的存在方式。这表现在诗中便是对闲适之趣孜孜不已的追寻。实际上，这一得之于陶诗精神的闲适之趣已经泛化为一种创作精神（详后）。开成三年（838），67 岁的白居易“效陶潜《五柳先生传》，作《醉吟先生传》以自况”④，

---

① 〔清〕董诰等编：《全唐文》卷五五五，第 5619 页。

② 〔唐〕白居易撰，顾学颉校点：《白居易集》卷五，第 104 页。

③ 〔唐〕白居易撰，顾学颉校点：《白居易集》卷五，第 105 页。

④ 〔后晋〕刘昫等：《旧唐书》卷一六六《白居易传》，中华书局 1975 年版，第 4355 页。

对自己一生追求的适意人生做了形象而明晰的总结：

醉吟先生者，忘其姓字、乡里、官爵，忽忽不知吾为谁也。宦游三十载，将老，退居洛下。所居有池五六亩，竹数千竿，乔木数十株，台榭舟桥，具体而微，先生安焉。家虽贫，不至寒馁；年虽老，未及耄。性嗜酒，耽琴，淫诗。凡酒徒、琴侣、诗客，多与之游。游之外，栖心释氏……洛城内外六七十里间，凡观寺、丘墅，有泉石花竹者，靡不游；人家有美酒、鸣琴者，靡不过；有图书、歌舞者，靡不观。自居守洛川洎布衣家，以宴游召者，亦时时往。每良辰美景，或雪朝月夕，好事者相过，必为之先拂酒罍，次开诗箧。酒既酣，乃自援琴，操宫声，弄《秋思》一遍。若兴发，命家僮调法部丝竹，合奏《霓裳羽衣》一曲。若欢甚，又命小妓歌《杨柳枝》新词十数章。放情自娱，酩酊而后已。往往乘兴，屦及邻，杖于乡，骑游都邑，肩舁适野。舁中置一琴、一枕，陶、谢诗数卷。舁竿左右，悬双酒壶。寻水望山，率情便去；抱琴引酌，兴尽而返。如此者凡十年。其间日赋诗约千余首，日酿酒约数百斛。而十年前后赋酿者不与焉。……遂率子弟，入酒房，环酿瓮，箕踞仰面，长吁太息曰：吾生天地间，才与行，不逮于古人远矣；而富于黔娄，寿于颜回，饱于伯夷，乐于荣启期，健于卫叔宝：幸甚幸甚！余何求哉？若舍吾所好，何以送老？因自吟《咏怀》诗云：“抱琴荣启乐，纵酒刘伶达。放眼看青山，任头生白发。不知天地内，更得几年活？从此到终身，尽为闲日月。”吟罢自哂，揭瓮拨醅，又引数杯，兀然而醉。既而醉复醒，醒复吟，吟复饮，饮复醉：醉吟相仍，若循环然。由是得以梦身世，云富贵，幕席天地，瞬息百年，陶陶然，昏昏然，不知老之将至，古所谓得全于酒者，故自号为醉吟先生。于时，开成三年，先生之齿，六十有七，须尽白，发半秃，齿双缺；而觞咏之兴犹未衰。顾谓妻子云：今之前，吾适矣；今之后，吾不自知其兴何如？①

如果说陶渊明《五柳先生传》等诗文描绘的适意人生是物质生活极端贫困、精神生活极为丰富的人生，是安贫乐道者的审美人生；学陶诗酒的王绩的适意人生则是物质生活自给自足、精神生活也很丰富的人生，是佯狂避世者的审美人生；那么白居易的适意人生则是富贵闲人、入世者将现实与审美交融的人生。他虽然在口头上常说要忘掉名利富贵，在行为上却是追求者和享受者。他不拒绝来自社会上的一切娱乐，不拒绝声色财利，当然也接纳自然山水、诗酒琴书。一句话，白居易是一位物质与文化的双重消费者、富翁。他把拒绝庸俗财利、声色的

① 〔唐〕白居易撰，顾学颉校点：《白居易集》卷七〇，第1485～1486页。

陶式闲趣彻底融入了世俗人生，把高雅带入了世俗，把理想化入了凡尘。在陶渊明那儿不可融合的仕隐矛盾、自然（田园）与社会的矛盾、理想与现实的矛盾在白居易的适意人生里得到了圆满的化解。这是因为白居易上承韦应物等前辈诗人，充分吸纳了传统文化中心灵超越行迹的精神。

白居易以为“人心不过适，适外复何求”，只要像陶渊明一样“置心世事外，无喜亦无忧”①，“但委心形任去留”②，那么便会达到闲适的境界。可见，闲适不闲适关键在于人的主观精神（心），而不在于客观外物。所以他说：“近岁将心地，回向南宗禅。外顺世间法，内脱区中缘。进不厌朝市，退不恋人寰。自吾得此心，投足无不安。”③因此白居易不论处顺处逆都能很快调节自己，使自己处于闲适的心境。既然自我追求“适外无求”，那么衣食丰足的闲适总比归耕田园的闲适更加自在无忧：

> 地贵身不觉，意闲境来随；但对松与竹，如在山中时。（卷五《夏日独直，寄萧侍御》）
>
> 门严九重静，窗幽一室闲；好是修心处，何必在深山？（卷五《禁中》）
>
> 人间有闲地，何必隐林丘？（卷五《赠吴丹》）
>
> 官俸将生计，虽贫岂敢嫌？金多输陆贾，酒足胜陶潜。（自注：陶潜诗云：“常苦酒不足。”）床暖僧敷坐，楼晴妓卷帘。（卷三四《书事咏怀》）
>
> 持此聊过日，非忙亦非闲。山林太寂寞，朝阙空喧烦。唯兹郡阁内，嚣静得中间。（卷八《郡亭》）④

处官衙如处田园山林，这是白居易直接从韦应物那儿继承来的、来自陶诗田园精神的恬适精神，而更进一步强调官衙是最合适的处身之地则是白居易的“独到”经验。乡间生活太艰苦，高层统治者的生活又充满凶险、令人厌倦，只有州府与闲职的生活悠游自在。他综合前人小隐、大隐、吏隐等诸种观念，在《中隐》一诗中提出了闻名中国文学史乃至思想史的“中隐”观念⑤。“中隐”是白居易式的适意人生。这种“适意人生”有陶渊明适意人生的印记，但已完全成为“官方哲学”，成为封建官僚、士子安于声色财利的堂皇借口。

---

① 〔唐〕白居易撰，顾学颉校点：《白居易集》卷六《适意二首（其一）》，第111页。

② 〔唐〕白居易撰，顾学颉校点：《白居易集》卷三五《足疾》，第800页。

③ 〔唐〕白居易撰，顾学颉校点：《白居易集》卷六《赠杓直》，第125～126页。

④ 〔唐〕白居易撰，顾学颉校点：《白居易集》，第97页、第98页、第98页、第784页、第155～156页。

⑤ 〔唐〕白居易撰，顾学颉校点：《白居易集》卷二二，第490页。

二

白居易对陶诗也是很推崇的。他很喜爱陶诗，早在作盩厔尉时，便喜读“陶潜诗”①，直到晚年作太子少傅，仍以陶谢诗数卷随置左右。他是第一个将陶渊明和韦应物并称的人：

常爱陶彭泽，文思何高玄。又怪韦江州，诗情亦清闲。今朝登此楼，有以知其然。大江寒见底，匡山青倚天。深夜湓浦月，平旦炉峰烟。清辉与灵气，日夕供文篇。我无二人才，孰为来其间？因高偶成句，俯仰愧江山！（卷七《题浔阳楼》）

诗成淡无味，多被众人嗤：上怪落声韵，下嫌拙言词。时时自吟咏，吟罢有所思：苏州及彭泽，与我不同时。此外复谁爱？唯有元微之。（卷六《自吟拙什，因有所怀》）②

前诗说陶诗高古玄远、韦诗清新闲淡。细味第二联之“亦”字，头两联似为互文，“高玄”“清闲”为陶、韦并有。又，韦应物曾做过江州刺史，所以白居易以诗风的相似、居处的相同而并崇二人，并以为两人的文章得江山之助。后诗引陶、韦为知己，说自己所作诗平淡朴直，也暗含了对陶、韦诗风类似的评价。白居易在当时有不少追随者。如他在《与元九书》中称“有邓鲂者，见仆诗而喜”③，而他在《读邓鲂诗》中称邓诗“疑是陶潜诗”④。同时白居易还在《哭王质夫》中称王诗“篇咏陶谢辈”⑤。他在《代书》中称：“予佐浔阳三年，（刘）轲每著文，辄来示予。予知轲志不息，异日必能跨符、杨而攀陶、谢。”⑥这都是把陶诗标举为一种典范，开启了宋人尊陶的先河。这同时也表明陶诗文在当时已得到较为广泛的肯定。同时代的人如孟郊《奉报翰林张舍人见遗之诗》云：

忽吟陶渊明，此即羲皇人。⑦

白居易的诗友刘禹锡《酬湖州崔郎中见寄》云：

---

① 〔唐〕白居易撰，顾学颉校点：《白居易集》卷五《官舍小亭闲望》，第95页。
② 〔唐〕白居易撰，顾学颉校点：《白居易集》，第128页、第118页。
③ 〔唐〕白居易撰，顾学颉校点：《白居易集》卷四五，第963页。
④ 〔唐〕白居易撰，顾学颉校点：《白居易集》卷一〇，第185页。
⑤ 〔唐〕白居易撰，顾学颉校点：《白居易集》卷一一，第215页。
⑥ 〔唐〕白居易撰，顾学颉校点：《白居易集》卷四三，第943页。
⑦ 〔清〕彭定求等编：《全唐诗》卷三七八，中华书局1960年版，第4243页。

今来寄新诗，乃类陶渊明。①

张祜于《叙诗》中在历评曹植、刘桢、王粲、阮籍、陆机、潘岳、左思、颜延之、谢灵运、沈约、谢朓、鲍照之后，特别举出陶渊明云：

飘飘陶彭泽，于在务脱遗。②

此外，韩愈在《荐士》中历述《诗经》至孟郊的诗史，独未及陶渊明，但他也明言读过陶诗。对比他们的言论、参照他们现存的诗文及对后世的影响，其中只有白居易最具代表性。

白居易在创作实践中是深受陶渊明影响的。前面提到的《效陶潜体诗十六首》是苏轼之前陶渊明接受史上数量最多的一组效陶诗。其诗在思想情感方面受陶之影响已略如前文，就艺术个性而言，这组诗平淡自然的风格、渗透玄思的理趣、平易流畅的语言、自然天成的韵调都成为白诗的基本特色。试以其中留有陶诗痕迹最明显的第一首与陶诗对比分析之。

效陶潜体诗十六首（之一）　白居易

不动者厚地，不息者高天；无穷者日月，长在者山川。
松柏与龟鹤，其寿皆千年。嗟嗟群物中，而人独不然。
早出向朝市，暮已归下泉。形质及寿命，危脆若浮烟。
尧舜与周孔，古来称圣贤；借问今何在？一去亦不还！
我无不死药，兀兀随化迁。所未定知者，修短迟速间。
幸及身健日，当歌一樽前；何必待人劝，念此自为欢。③

形赠影　陶渊明

天地长不没，山川无改时。草木得常理，霜露荣悴之。
谓人最灵智，独复不如兹！适见在世中，奄去靡归期。
奚觉无一人，亲识岂相思？但余平生物，举目情凄洏。
我无腾化术，必尔不复疑。愿君取吾言，得酒莫苟辞。

白诗实质上是陶诗的阐释诗，也可谓亦步亦趋的和诗。其意兴、意象、意脉皆袭自陶诗。白诗的意兴同陶诗一样，抒写的都是迁逝之悲，意象在陶诗自然意象（天地山川）等基础上添加了历史意象（尧舜周孔等），意脉也没多大变化。陶诗是在人与自然意象的相反对比中引出迁逝之悲，进而导出饮酒行乐的结论；

① 〔唐〕刘禹锡：《刘禹锡集》，上海人民出版社1975年版，第355页。

② 王重民等辑录：《全唐诗外编》上册，中华书局1982年版，第190页。

③ 〔唐〕白居易撰，顾学颉校点：《白居易集》卷五，第104页。

白诗只是又加入了人与历史意象的正面类比而已。再加上语言、韵调的质朴流畅、古淡无奇以及句式的刻意逼肖，其结果是：拟诗形貌简直就是陶诗的孪生兄弟，只是弟弟比哥哥长得更肥胖一些——白诗将陶诗的意兴表达得更加充分，虽不似陶诗言简意赅，留有回味余地，但能将意思说得更加详尽、平俗。所以张戒在《岁寒堂诗话》中云：“元白张籍诗，皆自陶阮中出，专以道得人心中事为工，本不应格卑，但其词伤于太烦，其意伤于太尽，遂成冗长卑陋尔。”①如果白诗的效陶诗、学陶诗都像这首诗，那么白居易诗也便几无个性了。这种与陶诗意兴、意象、意脉几乎雷同的作品在这组诗中是很少的。大多数诗或多或少地显示出白氏的个性，有的是对陶诗中饮酒意趣的强化（如其十），有的是抒发基于自己生活的情志（如其七），诗中的意兴、意象、意脉多有不同于陶诗的变化。而不变的是化出陶诗的平淡自然、平易流畅、求实务尽、不避冗俗、议论说理的个性特色以及对自娱、闲适人生的追寻。

据笔者初步统计，白居易与陶渊明明显有关的诗词的情况是，172 首讽谕诗中有 2 首，215 首感伤诗中有 13 首，216 首闲适诗中有 49 首，2109 首杂格律诗及补编诗词中有 96 首。这组统计数字表明，白居易在创作上受陶诗影响的诗作并不仅限于闲适诗，只是以闲适诗为主。白居易的闲适诗最早作于他刚入仕途任校书郎时（32 岁），最晚的作于晚年卜居洛阳任太子左庶子时（53 岁）。实际上，白居易的闲适诗并不仅限于这 216 首。被收入杂格律诗中的许多诗（特别是晚年所作的绝大部分诗）应属闲适诗，因为它们符合他在《与元九书》中对闲适诗下的定义：

> 又或退公独处，或移病闲居，知足保和，吟玩情性者一百首，谓之“闲适诗”。……谓之“闲适诗”，独善之义也。②

白居易把他的闲适诗在本质上划归儒家独善之道，是以超越悲情的方式对个体人格情趣的抒写。超越悲情、融入平凡的审美人生正是陶诗的本质特点之一，是陶诗的精神所在。白居易在闲适诗中（也包括一些非闲适诗）将这种精神化为了以闲适为特征的创作精神，这与他对适意人生的追求是血肉相连、互融互渗的。适意人生是在生活中追求适意，而闲适的创作精神是在写诗时不写穷愁哀叹之类的悲情，而是以理性之思化解之且出之于平淡、闲适。

愁叹主要源于没有归宿感，而白居易在闲适诗里处处如陶渊明一样找到了

① 丁福保辑：《历代诗话续编》上册，中华书局 2006 年版，第 459 页。

② 〔唐〕白居易撰，顾学颉校点：《白居易集》卷四五，第 964～965 页。

"吾庐",找到了心灵的归宿:

常闻陶潜语:心远地自偏。君住安邑里,左右车徒喧。(卷六《酬吴七见寄》)

吾亦爱吾庐,庐中乐吾道。前松后修竹,偃卧可终老。[卷一一《玩松竹二首(之一)》]

孟夏爱吾庐,陶潜语不虚。花樽飘落酒,风案展开书。(卷二三《寄皇甫七》)

寂无城市喧,渺有江湖趣。吾庐在其上,偃卧朝复暮。……此是白家翁,闭门终老处。(卷三〇《闲居自题》)

谁能雠校闲,解带卧吾庐。(卷五《常乐里闲居,偶题十六韵……》)

吾庐在其下,寂寞风日暮。(卷一〇《西原晚望》)

履道西门有弊居,池塘竹树绕吾庐。[卷三六《履道西门二首(之一)》]

出府归吾庐,静然安且逸。(卷二九《咏兴五首·出府归吾庐》)

陶庐闲自爱,颜巷陋谁知?(卷三三《自题小草亭》)①

陶渊明的归宿是田园,他的"吾庐"筑在田园里,不是没有人间烟火的山林,也不是污浊的官场。而白居易的"吾庐"主要是为官退居的地方,是公务之余的歇脚处。虽然白氏写"吾庐"的作品中也有类似于陶诗对田园风景、生活的描写,但这类作品显然已很难称得上田园诗。如《春日闲居三首(之一)》云:

陶云爱吾庐,吾亦爱吾屋。屋中有琴书,聊以慰幽独。是时三月半,花落庭芜绿。舍上晨鸠鸣,窗间春睡足。睡足起闲坐,景晏方栉沐。今日非十斋,庖童馈鱼肉。饥来恣餐歠,冷热随所欲。饱竟快搔爬,筋骸无检束。岂徒畅支体,兼欲遗耳目。便可傲松乔,何假杯中渌。②

诗人在诗中虽然描写了屋前屋后的景色,其中也不乏精神上的愉悦,但又在诗中毫无节制地写睡觉、梳头、吃喝(而且是贪恋鱼肉美酒)、搔痒等主要属于生理上的生活和快感。陶渊明云"人生归有道,衣食固其端"(《庚戌岁九月中于西田获早稻》),是把衣食纳入了道,放在道之端的重要地位,并没有否定道、脱离理想、沉沦于平庸琐碎,而是从中超拔出来,使平凡的生活、景物都浸润着一种

---

① 〔唐〕白居易撰,顾学颉校点:《白居易集》,第124页、第225页、第527页、第676页、第91页、第193页、第831页、第655页、第737页。

② 〔唐〕白居易撰,顾学颉校点:《白居易集》卷三六,第813页。

脱俗的气质，浸润着一种平凡而美丽、平淡而愉悦的雅趣。白居易则云“所须者衣食，不过饱与温”①，其诗往往缺少理想之光的照耀，把平凡的生活限制在个人狭隘卑微的生活欲望上，而不能更上一层楼，在精神上浸润着一种空灵脱俗的气质，虽平凡而不免于平庸，虽闲适而不免俗气。白居易学陶为人，师心不师迹，学陶作诗也是如此。为了表现闲适精神，不善于也不懂得剪取生活素材，学陶闲适往往得其皮毛。

但可贵的是白居易敢于说真话，在他的闲适中贯穿了陶渊明任真自然的精神。因此他的闲适又不仅仅流于生理上的感觉，有时也向精神升华。这不仅表现在他对“吾庐”的精心爱护上，把“吾庐”看作身心的归宿，而且表现在他对陶渊明北窗闲趣的创造性接受上。大和八年(834)，63岁的白居易在洛阳任太子宾客，写了《北窗三友》一诗：

> 今日北窗下，自问何所为？欣然得三友，三友者为谁？琴罢辄举酒，酒罢辄吟诗。三友递相引，循环无已时。一弹惬中心，一咏畅四支；犹恐中有间，以醉弥缝之。岂独吾拙好？古人多若斯。嗜诗有渊明，嗜琴有启期；嗜酒有伯伦，三人皆我师。或乏儋石储，或穿带索衣；弦歌复觞咏，乐道知所归。三师去已远，高风不可追；三友游甚熟，无日不相随。左掷白玉卮，右拂黄金徽；兴酣不叠纸，走笔操狂词。谁能持此词，为我谢亲知；纵未以为是，岂以我为非？②

正如一位日本学者所分析的，该诗并不是以“三友”“三师”为主题的诗，“而只是以三人中最初提到的陶渊明一人，由他影响了白居易的创作意识而创作的”③。关键在于诗题中的“北窗”，诗中所写的闲趣主要是受了陶渊明《与子俨等疏》等诗文的影响。白居易于北窗闲趣是深得三昧的：

> 渠分南港水，窗借北家风。(卷三二《小宅》)
>
> 夏卧北窗风，枕席如凉秋。(卷五《赠吴丹》)
>
> 卧风北窗下，坐月南池头。(卷二九《老热》)
>
> 安知北窗叟，偃卧风飒至。[卷三〇《旱热二首(之一)》]
>
> 日下西墙西，风来北窗北。中有逐凉人，单床独栖息。(卷三〇《晚凉

---

① 〔唐〕白居易撰，顾学颉校点：《白居易集》卷一《赠内》，第15页。

② 〔唐〕白居易撰，顾学颉校点：《白居易集》卷二九，第665～666页。儋，原作“檐”，误，据注改。

③ [日]西村富美子：《白居易诗中的“北窗”及“竹窗”的问题——与陶渊明〈与子俨等疏〉之关系》，见《唐代文学研究》第五辑，广西师范大学出版社1994年版，第481～482页。

偶咏》)

暑月贫家何所有?客来唯赠北窗风。(卷二五《新昌闲居,招杨郎中兄弟》)

斋后将何充供养?西轩泉石北窗风。(卷三一《喜照、密、闲、实四上人见过》)①

唐人中得陶渊明北窗闲趣者,以韦应物为早,但远没有白居易如此深好。白居易在北窗基础之上,进一步将“竹”与“窗”联系在一起,形为了独具个性的竹窗意象。如其《竹窗》一诗云:

尝爱辋川寺,竹窗东北廊。一别十余载,见竹未曾忘。今春二月初,卜居在新昌。未暇作厩库,且先营一堂。开窗不糊纸,种竹不依行。意取北檐下,窗与竹相当。绕屋声淅淅,逼人色苍苍。烟通杳蔼气,月透玲珑光。是时三伏天,天气热如汤;独此竹窗下,朝回解衣裳。轻纱一幅巾,小簟六尺床。无客尽日静,有风终夜凉。乃知前古人,言事颇谙详:清风北窗卧,可以傲羲皇。②

此外,白居易还在《思竹窗》《秋斋》《北窗竹石》《北窗闲坐》《玩松竹二首(之二)》等诗中,将“竹”与“窗”“北窗”联系了起来。竹窗意象表现了诗人不同流俗、高洁自守的一面,也流露了诗人如陶渊明一样傲然自足的闲适情趣。对北窗、竹窗意象、意趣的成功抒写是白居易对陶诗文闲适精神创造性接受的结果。

又,白居易退居渭上时,还曾像陶渊明一样躬耕田园,作过《归田三首》《秋游原上》《观稼》等关注民生的田园之作。但他的态度只是士大夫处穷时的悯农情怀,而非真的如陶渊明一样安于畎亩之间。元和四年(809)左右写的《朱陈村》很有些桃花源的影子,可以归于桃源母题。开成五年(840),白居易又曾学陶《形影神》组诗的结构形式、思辩方式作过《自戏三绝句》等。

从以上论析看,陶诗文对白居易的影响已不仅仅是字词、意象上的,而是作为一种精神渗透进白居易的艺术意识里,至少是他创作闲适诗时的意识里。

三

白居易刚踏上仕途便开始了对陶渊明为人和诗文的接受。大致而言,白居

---

① 〔唐〕白居易撰,顾学颉校点:《白居易集》,第731页、第98页、第670页、第682页、第688页、第559页、第698页。

② 〔唐〕白居易撰,顾学颉校点:《白居易集》卷一一,第222~223页。

易在做忠州刺史以前，格外强调陶渊明贞苦自守的高节，并在效陶诗中借助陶渊明系统地思索了人生，基本形成了对陶师心不师迹的基本原则。从做忠州刺史到做苏州刺史前后，他便把带着陶诗精神的闲适情趣进一步纳入仕宦生涯中，在职司上师心于陶，明确表示“归去诚已迟，犹胜不归去”（卷二一《自咏五首（之五）》），借助陶渊明形成了独具个性的适意人生观念。从卜居洛阳任太子宾客到去世，白居易超然于朋党之争之外，在高级官僚的闲职上，进一步将陶诗闲趣纳入富贵闲人知足保和的闲适生活中。退居渭上、遭贬江州两大事件是白居易倒向庄禅并进而接受陶渊明的现实原因。

元和六年（811）四月，白居易丁母忧。服丧期间，刚刚三岁的爱女金銮子又得病夭折。白居易悲痛欲绝，无以化解，再加上退居期间生活颇为困乏，白居易面临一次重大的精神危机。他强烈地需要精神上的解脱，因为罕言性命的儒家思想已很难满足他的精神需要，所以这时他“外身宗老氏，齐物学蒙庄”（卷一五《渭村退居，寄礼部崔侍郎、翰林钱舍人一百韵》），其思想开始向老庄倾斜。亲人之死是直接的刺激源，生死问题、时光迁逝之感是深入思索的切入点：

形质本非实，气聚偶成身。恩爱元是妄，缘合暂为亲。念兹庶有悟，聊用遣悲辛。［卷一〇《念金銮子二首（之二）》］①

思索的目的则是忘忧，寻找生命的存在方式：

寓心身体中，寓性方寸内；此身是外物，何足苦忧爱？（卷六《遣怀》）

化吾足为马，吾因以行陆。化吾手为弹，吾因以求肉。形骸为异物，委顺心犹足。［卷六《归田三首（之三）》］②

接受老庄的生命观，齐物坐忘、委顺自然、放意自娱就是白居易在渭上思索的结果，也是他以后思想深入发展的基本走向。恰是在陶渊明诗作中，白居易读到了这种思想情感：

余退居渭上，杜门不出，时属多雨，无以自娱。会家酝新熟，雨中独饮，往往酣醉，终日不醒。懒放之心，弥觉自得，故得于此而有以忘于彼者。因咏陶渊明诗，适与意会，遂效其体，成十六篇。（卷五《效陶潜体诗十六首序》）③

丧亲悲未已，积雨添愁新。白居易遂借酒“忘于彼”（忘悲愁），“得于此”（委顺

---

① 〔唐〕白居易撰，顾学颉校点：《白居易集》，第191页。

② 〔唐〕白居易撰，顾学颉校点：《白居易集》，第109页、第114页。

③ 〔唐〕白居易撰，顾学颉校点：《白居易集》，第104页。

自适)。他读陶诗时,“适与意会”,正好同自己借助老庄对人生的思索相契合!据我们前面对白氏效陶诗的分析,其第一首正是受了陶诗中最具哲理性的《形影神》组诗之一《形赠影》的影响。而且整组诗就是面对生与死的困扰、现实是非荣辱的困扰而感悟的人生对策。其委顺任化、放意自娱、知足不忧的思想同陶渊明、庄老是一脉相通的。

白居易在思想情感上倾向老庄、认同陶渊明尚有政治上的原因,与其政治理想在现实中屡屡受挫是紧密相连的。白居易在进士及第前刻苦攻读,“昼课赋,夜课书,间又课诗,不遑寝息矣。以至于口舌成疮,手肘成胝”①。这个时候,他虽“见酒无时节,未饮已欣然”,但大多时候是“易为兴所牵”②,专注于钻研儒家用世思想。因此他很难有时间对庄禅思想、陶渊明有较深入的体会、感悟。白居易科举考试连连得中的时候正是中唐改革势头高涨的时候。白居易受“永贞革新”之潮的激励,写作政论批评时政;进谏献策,直言时事;创作诗歌,讽谕现实。总之,他所作的一切都是为了履践青少年时代在儒家经典熏陶下形成的兼济天下的理想与抱负。然而,虽“怀王佐道”,“命为时所屈”③,他的进谏并非总是被皇帝采纳。元和三年(808),新及第的牛僧孺等人因“直言时事”、忤犯权倖而遭排斥、贬抑。白居易上《论制科人状》为牛僧孺等人力辩,但未被采纳。元和五年,白居易又上疏请罢讨王承宗兵,论元稹不当贬,均未被采纳。即使被采纳,也同样遭权倖忌恨。如元和四年,白居易屡陈时政,请求免租税、放宫人、禁卖良人等,又论裴均等不应进贿、宦官吐突承璀不当为统帅。虽然这些建议多被采纳,但白居易因此颇遭权倖忌恨,埋下了遭贬江州的种子。

可见,白居易积极参政之时正是被权倖猜忌之时。如果白居易在朝廷继续坚持正言直行,那么可以肯定,他像元稹、牛僧孺等人一样被贬出朝廷是迟早的事情。丁母忧在家,把这种合乎逻辑的假设推迟了三年。元和九年(814),白居易被召回长安,任左赞善大夫。第二年,发生了强烈反对藩镇割据的宰相武元衡被刺杀的政治事件。正当人们在震惊中心有余悸、不知所措时,白居易“不识时之忌讳”④,越职向皇帝直接上书,请求全力缉捕刺客。这引来朝臣的一片责难,并引来曾受白居易抨击的权倖们的憎恶和忌恨。他们“狺狺吠声,唯恐中伤

① 〔唐〕白居易撰,顾学颉校点:《白居易集》卷四五《与元九书》,第962页。
② 〔唐〕白居易撰,顾学颉校点:《白居易集》卷六《东园玩菊》,第116页。
③ 〔唐〕白居易撰,顾学颉校点:《白居易集》卷二《叹鲁二首(之二)》,第49页。
④ 〔唐〕白居易撰,顾学颉校点:《白居易集》卷四四《与杨虞卿书》,第947页。

之不获”[①]，于是巧立名目，说“其（居易）母因看花堕井而死，而居易作《赏花》及《新井》诗”[②]，犯了“名教罪”，这样的人是不适合参议要政的。这实际上纯系无中生有的加罪之词。白居易之母有疯病，实为不慎堕井而死，况且“乐天长于情，无一春无咏花之什。……又验《新井篇》，是尉盩厔时作。隔官三政，不同时矣”[③]。白居易以诗讽谕现实政治，正言直行，其结果是因诗而获罪，被人弹劾且被诏准贬江州司马。这对信守儒家理想并依之行动的白居易来说，无疑是一个致命的打击。他在《琵琶引》中淋漓尽致地写了这种“迁谪意”[④]。人生和思想再一次遇到严重危机，但青衫不能总被泪浸湿。面对痛苦有着很强理性反思能力的白居易，为克服人生和思想的危机，他痛苦地继续着渭上的思索，并最终决定“安时顺命，用遣岁月”[⑤]，暂时放弃兼济之志，“养志忘名，安于独善”[⑥]。正是在这种被贬的痛苦思索中，他又找到了陶渊明作为往古知音，何况贬所正是陶渊明的家乡呢？《访陶公旧宅》强调的就是陶渊明身处困穷、独善其身的一面。这当不是偶然。

到后来升迁刺史、回朝述职，白居易仍然在儒家兼济、独善的两极中寻找人生的平衡点。但总的来说，与“惟歌生民病”的青年时期相比，其锐气及志存邦国的儒家精神大大地减弱了，追求在愈演愈烈的朋党之争的夹缝里乐天知命、知足保和。庄禅思想充实了他的独善思想，闲适成为他生命中最宝贵的东西。因此他能独领陶渊明北窗闲味，能够在“酒足愧渊明”（卷二九《首夏》）的富足生活里深会陶渊明的闲适人生。

虽然退居渭上、遭贬江州两大事件使白居易进一步在生活、环境和精神上向陶渊明靠近，但其接受陶渊明的原因并不能仅仅归于此。因为在此前后，他都曾对陶渊明表现出浓厚的兴趣。白居易之所以接受陶渊明，笔者以为还在于他对前辈诗人韦应物的倾慕和他独具特色的诗歌艺术主张。韦应物对陶渊明的接受情况已如上节所言。据白居易《吴郡诗石记》，他还是十多岁的青少年时，便已格外倾慕韦应物的诗酒风流：

---

① 〔唐〕白居易撰，顾学颉校点：《白居易集》卷四四《与杨虞卿书》，第947页。

② 〔后晋〕刘昫等：《旧唐书》卷一六六《白居易传》，中华书局1975年版，第4344页。

③ 〔宋〕陈振孙：《白文公年谱》元和十年引唐末高彦休《阙史》佚文，参《白香山诗集》“前附”，世界书局1935年版，第26页。

④ 〔唐〕白居易撰，顾学颉校点：《白居易集》卷一二，第242页。

⑤ 〔唐〕白居易撰，顾学颉校点：《白居易集》卷四四《与杨虞卿书》，第949页。

⑥ 〔唐〕白居易撰，顾学颉校点：《白居易集》卷四三《江州司马厅记》，第933页。

> 贞元初，韦应物为苏州牧，房孺复为杭州牧，皆豪人也。韦嗜诗，房嗜酒，每与宾友一醉一咏，其风流雅韵，多播于吴中，或目韦、房为诗酒仙。时予始年十四五，旅二郡，以幼贱不得与游宴，尤觉其才调高而郡守尊。以当时心言，异日苏、杭，苟获一郡，足矣。①

白居易于《与元九书》中称赞韦应物五言诗“高雅闲澹，自成一家之体”②。联系白氏将韦、陶并称的言论，我们完全有理由推测，白居易正是由于爱重“近岁韦苏州”的诗歌、人品，才进而对韦应物爱重的陶渊明产生兴趣，且深得其诗三昧。他的效陶诗极可能是因为受了韦应物效陶诗的影响、有感于现实处境而创作的。

韦应物诗高雅闲淡，其源正出于陶渊明，而白居易又极为推重这一诗风，即白居易的艺术主张有同其前辈韦应物一脉相承的一面。韦应物处宦如隐的态度也影响了白居易，其诗中的闲淡之趣到白诗中进一步化为闲适无忧。白居易在创作中逐渐形成了创作闲适诗的主张，其内核便是超越悲情、追求“苦词无一字，忧叹无一声”的“泰适”之音。③ 此外，白居易还尚平俗入耳，认为“为文者，必当尚质抑淫，著诚去伪”④，与当时韩孟诗派的险怪诗风、穷愁之叹形成了鲜明对比。这些文学创作主张既是对诗以自娱、词尚质朴传统的回归和继承，也开启了典型的宋调。因此陶诗的闲趣及美学风貌便与白氏的主张极为合拍，至少在白居易创作闲适诗时是如此的。

当然，白居易在强调独善其身时，还强调兼济天下，由此形成了强调关注现实政治的诗歌主张。所以，他从写讽谕诗时的儒家立场出发评陶诗，并认为“以渊明之高古，偏放于田园”⑤。

第三节　晚唐五代诗人与陶渊明

晚唐五代诗人中的大家、名家如杜牧、李商隐、皮日休、杜荀鹤等对陶渊明接受甚少。但经过盛唐、中唐人的接受后，陶渊明为人和诗文的特性、地位已基本定型，这一接受史成果在晚唐五代毕竟没有中断，得到了众多诗人的认同。陶渊明

---

① 〔唐〕白居易撰，顾学颉校点：《白居易集》卷六八，第 1430 页。
② 〔唐〕白居易撰，顾学颉校点：《白居易集》卷四五，第 965 页。
③ 〔唐〕白居易撰，顾学颉校点：《白居易集》卷七〇《序洛诗》，第 1475 页。
④ 〔唐〕白居易撰，顾学颉校点：《白居易集》卷六五《策林 · 议文章》，第 1369 页。
⑤ 〔唐〕白居易撰，顾学颉校点：《白居易集》卷四五《与元九书》，第 961 页。

接受史的成果在晚唐五代虽然并不是很大，但仍然有一些值得注意的独特之处。

一

在为人方面，晚唐五代诗人依然认为陶渊明是嗜酒的县令、高雅的隐士。如李贺《昌谷诗》云：“泉樽陶宰酒，月眉谢郎妓。”①温庭筠《赠郑处士》云：“醉收陶令菊，贫卖邵平瓜。”②许浑《南海使院对菊怀丁卯别墅》云：“罢酒惭陶令，题诗答谢公。”③齐己《题东林十八贤真堂》云：“陶令醉多招不得，谢公心乱入无方。”④晚唐人对陶渊明的为人似乎再没有微词，其推崇之情溢于言表，甚至有将其理想化的表现，如陈光《题陶渊明醉石》云：

> 片石露寒色，先生遗素风。醉眠芳草合，吟起白云空。道出乾坤外，声齐日月中。我知彭泽后，千载与谁同。⑤

说陶“道出乾坤”、“声齐日月”、千载无偶，这是极高的赞美之词，是萧统之外的其他读者所没说过的话。这从某种意义上显示了陶渊明的人品、地位在晚唐的空前提高。晚唐五代人更加突出了陶渊明不愿同流合污、不满现实、高蹈拔俗的鲜明个性。如陆龟蒙《漉酒巾》云：

> 靖节高风不可攀，此巾犹坠冻醪间。偏宜雪夜山中戴，认取时情与醉颜。⑥

陆龟蒙为突出陶的“高风”，将漉酒巾放在严寒山中的雪夜、冻酒中间，衬写陶渊明之高风如梅花之香，自苦寒中来，又傲立苦寒，非俗流可及。结句云尚能从漉酒巾上看到陶公当年的情形和醉态，流露出倾慕之情。深受儒家仁政理想熏陶而又对破败腐朽的现实强烈不满的陆龟蒙有着散诞不羁的个性，这种个性有受陶渊明影响的一面：他为好友皮日休作《甫里先生传》，云“甫里先生者，不知何许人也。人见其耕于甫里，故云。先生性野逸无羁检，好读古圣人书，探六籍，识大义……”⑦他又有《江湖散人歌并传》，为自己作传，于歌中云：“江湖散人悲

---

① 〔唐〕李贺著，〔清〕王琦等注：《李贺诗歌集注》，上海人民出版社1977年版，第231页。

② 〔唐〕温庭筠著，〔清〕曾益等笺注：《温飞卿诗集笺注》，上海古籍出版社1980年版，第152页。

③ 〔清〕彭定求等编：《全唐诗》卷五三七，中华书局1960年版，第6132页。

④ 〔清〕彭定求等编：《全唐诗》卷八四四，第9536页。按，此诗或作贯休诗。

⑤ 〔清〕彭定求等编：《全唐诗》卷八八六，第10021页。

⑥ 〔清〕彭定求等编：《全唐诗》卷六二九，第7223页。

⑦ 〔清〕董诰等编：《全唐文》卷八〇一，中华书局1983年版，第8420页。

古道，悠悠幸寄羲皇傲。”①这两篇传记明显皆受陶《五柳先生传并赞》的影响，流露出作者不满现实、高拔流俗的思想情感。这种借助陶渊明激发出来的思想情感并不仅限于陆龟蒙一人。李商隐在《自贶》中云：“陶令弃官后，仰眠书屋中。谁将五斗米，拟换北窗风？”②王贞白则在《送建昌冯明府》中云：“尝闻陶彭泽，解印归匡庐。今见冯海昏，辞官还隐居。贤人五百年，间生信非虚。清风激贪冒，白云同卷舒。”③吕从庆在朱梁代唐后，“隐于旌德之丰溪，每以陶彭泽自况”④，尝于《偶兴》中云“吾亦陶彭泽，从来懒折腰”⑤。他们皆以陶自比或比人，表达了不满现实、高蹈弃俗的思想情感。是的，“陶潜岂是铜符吏”⑥，晚唐诗人带着愤激的感情偶尔也发现了陶渊明刚直愤世的一面。皮日休在《续酒具诗序》中认同了韩愈的观点，认为陶渊明“虽偃蹇不欲与世接，然犹未能平其心”⑦，所以才借酒抒怀。胡曾的《咏史诗·彭泽》则云：

英杰那堪屈下僚，便栽门柳事萧条。凤皇不共鸡争食，莫怪先生懒折腰。⑧

胡曾把陶渊明看作怀才不遇、羞逐鸡食的“英杰”，这在陶渊明接受史上还是第一次。

陶渊明是诗人，是作家，这对晚唐诗人来说已是并不陌生的常识。裴敬于会昌三年(843)写的《翰林学士李公墓碑》中云：

前以诗称者，若谢吏部、何水部、陶彭泽、鲍参军之类……⑨

这虽是信笔而举前辈著名诗人，却没有漏掉陶渊明。郑谷《读前集二首(之二)》云“爱日满阶看古集，只应陶集是吾师”⑩，则把陶诗推到极高的地位。而他又在《读故许昌薛尚书诗集》中云：

---

① 〔清〕彭定求等编：《全唐诗》卷六二一，第7147页。

② 〔唐〕李商隐撰，刘学锴、余恕诚集解：《李商隐诗歌集解》，中华书局1988年版，第344页。

③ 王重民等辑录：《全唐诗外编》，中华书局1982年版，第227页。

④ 王重民等辑录：《全唐诗外编》，第235页。

⑤ 王重民等辑录：《全唐诗外编》，第238页。

⑥ 〔唐〕韦庄：《九江逢卢员外》，见李谊校注《韦庄集校注》，四川省科学院出版社1986年版，第340页。

⑦ 〔清〕董诰等编：《全唐文》卷五五五，第5619页。

⑧ 〔清〕彭定求等编：《全唐诗》卷六四七，第7431页。

⑨ 〔唐〕李白著，〔清〕王琦注：《李太白全集》下册，中华书局1977年版，第1469～1471页。

⑩ 〔唐〕郑谷著，严寿澂、黄明、赵昌平笺注：《郑谷诗集笺注》，上海古籍出版社1991年版，第262页。

篇篇高且真，直为《国风》陈。澹薄虽师古，纵横得意新。翦裁成几箧，唱和是谁人。《华岳》题无敌，《黄河》句绝伦。吟残《荔枝》雨，咏彻《海棠》春。李白欺前辈，陶潜仰后尘。①

郑谷与诗风工丽、自视极高的薛能等人被时人称为“咸通十哲”。郑谷在这首诗的自注中云：“公（按：指薛能）有《论诗》一章云：‘李白终无取，陶潜固不刊。’”②薛能《论诗》今已不存。严氏等笺云：“‘李白’二句：意谓李白枉为前辈，而诗风直仰接陶潜，故曰‘终无取’、‘固不刊’也，亦即‘澹薄师古’之意也。”③而《后村诗话》卷一二则云：“太白视谷斐然小子，渊明人物高胜，何至仰能辈后尘？”④揣摩诗意，当以后村之说为是。但此诗意在夸谀薛能诗，李白、陶潜仅是用以反衬薛能的。若李白、陶潜当时诗名不大，郑谷、薛能何须拉二人反衬？郑谷崇陶并非空穴来风。郑谷的前辈诗人杜牧于《同赵二十二访张明府郊居联句》中云：“陶潜官罢酒瓶空，门掩杨花一夜风（杜牧）。古调诗吟山色里，无弦琴在月明中（赵嘏）。”许浑《途经李翰林墓》云“陶令醉能（一作吟）诗”，又《南海府罢归京口经大庾岭赠张明府》云“陶诗尽写行过县”，又《寄当涂李远》称赞李远“赋拟相如诗似陶”。李群玉在《送郑子宽弃官东游便归女儿》中赞郑氏“新诗山水思，静入陶谢格（一作室）”⑤。郑谷诗虽多写艳情，但也有追求淡泊情思的一面，赞赏“真”美、“淡泊”。他曾受知于写过效陶诗的曹邺，前辈诗人又有如此言论，因此赞赏陶诗也是情理之内的事。此外，僧人贯休在《再游东林寺作五首（之四）》中、仕于南唐的李中在《春日书怀寄朐山孙明府》中等都提到陶诗。李商隐于《偶成转韵七十二句赠四同舍》中、李群玉于《请告南归留别同馆》中则提到了陶渊明的《归去来兮辞》。可见晚唐文人对陶诗文的熟悉程度。

二

诗人们既然肯定陶诗，那么在创作实践中学习陶诗便是很自然的事。韦应物、白居易之后，晚唐五代人多有效陶诗。大中（847—859）左右，诗人司马扎有《效陶彭泽》，刘驾有《效陶》。诗人在诗中皆感叹时光飞逝、人生短暂，认为宜

① 〔唐〕郑谷著，严寿澂、黄明、赵昌平笺注：《郑谷诗集笺注》，第434页。
② 〔唐〕郑谷著，严寿澂、黄明、赵昌平笺注：《郑谷诗集笺注》，第435页。
③ 〔唐〕郑谷著，严寿澂、黄明、赵昌平笺注：《郑谷诗集笺注》，第436页。
④ 〔宋〕刘克庄撰，王秀梅点校：《后村诗话》，中华书局1983年版，第209页。
⑤ 〔清〕彭定求等编：《全唐诗》卷五六八，第6578页。

摆脱形役、饮酒行乐。著名诗人聂夷中的《饮酒乐》属于同一主题，诗云：

日月似有事，一夜行一周。草木犹须老，人生得无愁。一饮解百结，再饮破百忧。白发欺贫贱，不入醉人头。我愿东海水，尽向杯中流。安得阮步兵，同入醉乡游。①

不言效陶而得陶神韵，狂放不羁的个性溢于诗外。著名诗人曹邺也有《山中效陶》《田家效陶》二诗，写山中闲居、田家生活和情趣。如后诗云："黑黍春来酿酒饮，青禾刈了驱牛载。大姑小叔常在眼，却笑长安在天外。"②又有《老圃堂》（一作薛能诗）云："邵平瓜地接吾庐，谷雨干时手自锄。昨日春风欺不在，就床吹落读残书。"③《老圃堂》虽未言效陶，但与《山中效陶》同一意味，借用陶诗"吾庐"一语，抒写田家生活中自由自在、和谐愉快的情趣，而且两诗都平直流畅、诙谐有味，特别是《老圃堂》更具个性，很有杨万里"诚斋体"的趣味，却比"诚斋体"更富生活气息。与司马扎、刘驾的效陶诗相比，此诗更为成功。

现实是极动乱、极令人失望和不满的。晚唐五代诗人因此大多形成了隐逸避世的心理，于诗中抒写并追求淡泊情思，多有得于陶渊明的冲淡之作。如崔涂《过陶征君隐居》云：

陶令昔居此，弄琴遗世荣。田园三亩绿，轩冕一铢轻。衰柳自无主，白云犹可耕。不随陵谷变，应只有高名。④

这是由陶渊明故居直接引发的情思。又如司空图《丁未岁归王官谷》云：

家山牢落战尘西，匹马偷归路已迷。冢上卷旗人簇立，花边移寨鸟惊啼。本来薄俗轻文字，却致中原动鼓鼙。将取一壶闲日月，长歌深入武陵溪。⑤

"乱后烧残数架书，峰前犹自恋吾庐。"⑥在那动荡险恶的政治、社会环境中，诗人看不到人生的出路，因此避世隐居，冲淡中带有一股难以言喻的时代悲凉。司空图论诗推崇冲淡之美，在《与王驾评诗书》中云："右丞、苏州，趣味澄敻，若

---

① 〔唐〕聂夷中撰，任三杰注析：《聂夷中诗注析》，山西人民出版社 1987 年版，第 56 页。

② 〔清〕彭定求等编：《全唐诗》卷五九三，第 6880 页。

③ 〔清〕彭定求等编：《全唐诗》卷五九三，第 6881 页。

④ 〔清〕彭定求等编：《全唐诗》卷六七九，第 7777 页。

⑤ 〔清〕彭定求等编：《全唐诗》卷六三二，第 7249 页。

⑥ 〔唐〕司空图：《光启四年春戊申》（一作《归王官次年作》），见〔清〕彭定求等编《全唐诗》卷六三二，第 7250 页。

清沇之贯达。”①他认为大历诗人、元白诸人皆不及。又《与李生论诗书》云：“王右丞、韦苏州，澄澹精致，格在其中。”司空图还于《二十四诗品》第二品中专列“冲淡”，以比喻、象征的手法来描绘冲淡之美韵味深远、品格高雅的特点。司空图又以“韵味”论诗，在《与李生论诗书》中云：

文之难，而诗之尤难。古今之喻多矣，而愚以为辨于味而后可以言诗也。江岭之南，凡是资于适口者，若醯，非不酸也，止于酸而已；若鹾，非不咸也，止于咸而已。华之人以充饥而遽辍者，知其咸酸之外，醇美者有所乏耳。彼江岭之人，习之而不辨也，宜哉！……噫，近而不浮，远而不尽，然后可以言韵外之致耳。……足下之诗，时辈固有难色；倘复以全美为工，即知味外之旨矣。②

司空图强调优秀的诗歌应有意境之美，即其美感意蕴不应仅停留在诗歌语言、语意的表层，而应给人以审美想象的悠长境界，具有深远含蓄的韵味。司空图称之为“味外之旨”“韵外之致”。这是充分继承和发展了钟嵘、王昌龄、皎然等人的诗论而形成的重要而影响深远的观点。优秀的冲淡之作（如王维诗、韦应物诗）应当是有“味外之旨”“韵外之致”的。司空图虽然没有把冲淡诗祖推到陶渊明，却拈出受陶诗影响甚巨的王维诗、韦应物诗作典范。他的诗歌理论为宋人进一步发现陶诗冲淡有味之美及陶诗在诗史上的特殊地位奠定了坚实的基础。比如梅尧臣、苏轼的论陶观点便直接受司空图诗论的影响。除司空图及上面提到的诗人，还有雍陶、杨发、李频、刘沧、李远、杜荀鹤、李山甫、方干、张乔、王贞白、黄滔、徐夤等晚唐五代诗人有零星的明显受陶渊明影响的作品，多写避世心理和冲淡情思。在楚国诗坛上，曾经做过彭泽令的廖凝、孟宾于等人的古诗曾受陶渊明影响。在吴国及其后的南唐，诗坛的主流诗风是宗法白居易，进而取法元和体，但是由于朋党之争的内忧和对外战争造成的外患，诗人们又专注于学白居易的吏隐态度，多写闲适之情。因此，不少诗人的作品便兼有学陶的痕迹。著名的徐铉、李建勋、李中、王操、陈陶等诗人都有不少学陶之作。如李建勋诗清淡平易，见称于时，很得陶诗韵味。试举两例：

长爱田家事，时时欲一过。垣篱皆树槿，厅院亦堆禾。病果因风落，寒蔬向日多。遥闻数声笛，牛晚下前坡。[《田家三首（之三）》]

水木绕吾庐，搴帘晚槛虚。衰条寒露鹊，幽果落惊鱼。爱酒贫还甚，趋

---

① 〔唐〕司空图：《司空表圣文集》卷一，《四部丛刊》影印旧抄本。

② 〔唐〕司空图：《司空表圣文集》卷二。

时老更疏。乖慵自有素，不是忽簪裾。(《溪斋》)①

语言虽有雕琢痕迹，对偶也极讲究，却不失平易清新。其清淡的情思、闲适的志趣则明显继承了陶渊明。他们中的许多人活到了宋代，并开启了初宋的白体诗及对陶渊明其人其诗的基本态度，如徐铉便是其中很突出的代表。

三

在晚唐五代，与陶渊明有关的著名典故、意象仍然被文人们广泛运用着，而且体现了定型化的特点，有的也染上了乱世的独有色彩。陶酒已略如前言。下面仅略述（五）柳、（东篱）菊、桃源三大意象，以窥一斑。

柳之意象尽管有多重审美意蕴，但作为隐逸、高雅脱俗人格的象征，则是陶渊明首先通过《五柳先生传》赋予的。而且这一象征意蕴一旦产生便深深地在文学作品中扎下了根。从南朝开始，柳、五柳一直成为诗文中层出不穷的审美意象。如王绩《游北山赋》云："昔蒋诩之三径，陶渊明之五柳。"包融《浔阳陶氏别业》云："陶家习先隐，种柳长江边。"②李白《题东溪公幽居》云："宅近青山同谢朓，门垂碧柳似陶潜。"孟浩然《寻梅道士张逸人》云："彭泽先生柳，山阴道士鹅。"③刘长卿《使次安陆寄友人》云："君在江南相忆否，门前五柳几枝低。"④钱起《秋园晚沐》云："五株衰柳下，三径小园深。"⑤李绅《柳二首（之一）》云："陶令门前罥接篱，亚夫营里拂朱旗。"⑥可见一直到中唐，与陶有关的柳意象绵延不断。但此前，在专门的咏柳诗里（如贺知章《咏柳》）很少形成一种审美定势，即提到柳便想到渊明的宅柳。到晚唐，诗人们不仅在并非以"柳"为题的诗作里提到陶柳，而且在众多以"柳"为题的诗作里不约而同地写到了陶柳。如司空图《杨柳枝二首（之一）》云：

陶家五柳簇衡门，还有高情爱此君。

孙鲂《杨柳枝》云：

---

① 〔清〕李调元编，何光清点校：《全五代诗》，巴蜀书社 1992 年版，第 531 页、第 528～529 页。

② 〔清〕彭定求等编：《全唐诗》卷二五六，第 2868 页，作刘昚虚诗；据《全唐诗补编》第 369 页作包融诗。

③ 〔唐〕孟浩然撰，李景白校注：《孟浩然诗集校注》卷三，第 327 页。

④ 〔清〕彭定求等编：《全唐诗》卷一五一，第 1568 页。

⑤ 〔清〕彭定求等编：《全唐诗》卷二三七，第 2628 页。

⑥ 〔清〕彭定求等编：《全唐诗》卷四八三，第 5495 页；卷四九一，第 5562 页作滕迈诗。

彭泽初栽五树时，只应闲看一枝枝。

韩溉《柳》云：

彭泽有情还郁郁，隋堤无主自依依。

翁承赞《柳》云：

彭泽先生酒满船，五株栽向九江边。长条细叶无穷尽，管领春风不计年。

徐夤《柳》云：

五株名显陶家后，见说辞荣种者稀。①

李建勋《柳花寄宋明府》云：

遥知陶令宅，五树正离披。②

此外，汪遵《隋柳》、罗绍威《柳》、薛能《折杨柳十首(之九)》《柳枝四首(之三)》、僧齐己《杨柳枝》等都写到了陶柳。我们由此可以说，写柳而自然联想到陶渊明，在晚唐已经是诗人写作的思维定式。这表明陶柳意象及其相对稳定的比德意蕴在晚唐五代进一步定型，如血液一样融到审美文化中了。

同样的情况也发生在陶菊意象上。陶渊明去世之后，陶菊成为一种高洁美好人格的象征向审美文化渗透，每每出现于“九日”之类的诗中。在专咏菊花而联系到陶渊明的诗中，元稹的《菊花》可谓其中较早且写得极成功的一首。其诗云：

秋丛绕舍似陶家，遍绕篱边日渐斜。不是花中偏爱菊，此花开尽更无花。③

此诗曾博得白居易的极力赞赏④。而到晚唐五代，以菊为题而又与陶渊明相连的诗也像咏柳诗一样层出不穷。如李商隐、杜牧、司空图、王启、公乘亿、李郢、徐夤、李建勋、李山甫、罗隐、僧无可等都曾以菊为题作诗，并在诗中不约而同地联想到了陶渊明。其中写得较成功的如李商隐的《菊》：

暗暗淡淡紫，融融冶冶黄。陶令篱边色，罗含宅里香。几时禁重露，实

---

① 以上五条独立引文分别见于〔清〕彭定求等编《全唐诗》卷六三四，第7281页；卷二八，第400页，又卷七四三重出；卷七六八，第8723页；卷七〇三，第8092页；卷七一〇，第8176页。

② 〔清〕李调元编，何光清点校：《全五代诗》，第526页。

③ 〔唐〕元稹撰，冀勤点校：《元稹集》，中华书局1982年版，第180页。

④ 参〔唐〕白居易《禁中九日对菊花酒忆元九》诗，见顾学颉校点《白居易集》卷一四，第272页。

是怯残阳。愿泛金鹦鹉，升君白玉堂。①

又杜牧《折菊》云：

篱东菊径深，折得自孤吟。雨中衣半湿，拥鼻自知心。②

徐夤《菊花》云：

桓景登高事可寻，黄花开处绿畦深。消灾辟恶君须采，冷露寒霜我自禁。篱物（一作槿）早荣还早谢，涧松同德复同心。陶公岂是居贫者，剩有东篱万朵金。③

李氏之菊文质彬彬，仿佛一高雅拔俗的纤纤少女；杜氏之菊孤芳自赏，仿佛一自怜自伤的文弱士子；徐之菊则傲然庄重，仿佛品德高尚的老隐士。但与陶渊明相联系的高雅脱俗是其共性。

桃源意象也是一个备受读者喜爱的审美意象。在盛唐诗人的笔下，它尽管有多种比喻和象征意义，但不是把桃源写得绮丽华美，就是写得清丽可居，境界浑融阔大，俨然是盛唐庄园景色的诗性再现。人们似乎真诚地相信有一个桃源仙境存在。到了中唐，桃源便有些深远和凄凉，与世隔绝而又狭窄，经常以“洞”称桃源，如刘商《题水洞二首》、钱起《送毕侍御谪居》、刘长卿《望龙山怀道士许法棱》《桃源》等。刘长卿于《自紫阳观至华阳洞宿侯尊师草堂简同游李延年》中发出了“千载空桃花，秦人深不见”的感叹。盛唐时那华丽美好的桃源引起了中唐人几多的感伤。寻找桃源成为中唐诗文的一个主题。刘禹锡《游桃源一百韵》《桃源行》、权德舆《桃源篇》等皆以桃源为仙境，“秦人获天爵之所”④，“不似在人寰间”⑤。这同盛唐田园俨然人间庄园形成了鲜明的对比。中唐的现实环境已很难令人想起桃源了，因此韩愈作《桃源行》以理性的眼光首先力斥桃源之说的荒唐。

到晚唐五代，现实社会的破败又胜过安史之乱后的中唐，加上社会的动荡凶险，晚唐五代人的桃源便打上了时代动乱的印记，成为人们憧憬的安定生活场地的代称和避世心理的折射。前面所引司空图的《丁未岁归王官谷》便反映了这一憧憬和心理，其实他的《春山》《武陵路》，以及杨发的《南溪书院》、吴融的《山居即事四首（之四）》、曹唐的《题武陵洞五首》、陆龟蒙的《桃花坞》等多写

① 〔唐〕李商隐撰，刘学锴、余恕诚集解：《李商隐诗集解》，第469页。

② 〔唐〕杜牧著，〔清〕冯集梧注：《樊川诗集注》，上海古籍出版社1978年版，第244页。

③ 〔清〕彭定求等编：《全唐诗》卷七〇八，第8152页。

④ 〔唐〕韦乾度：《桃源观石坛记》，见〔清〕董诰等编《全唐文》卷七二四，第7452页。

⑤ 〔唐〕舒元舆：《录桃源画记》，见〔清〕董诰等编《全唐文》卷七二七，第7494页。

隐逸情景和心态都属于同一种情况。如陆龟蒙《桃花坞》云:

行行问绝境,贵与名相亲。空经桃花坞,不见秦时人。愿此为东风,吹起枝上春。愿此作流水,潜浮蕊中尘。愿此为好鸟,得栖花际邻。愿此作幽蝶,得随花下宾。朝为照花日,暮作涵花津。试为探花士,作此(一作出作)偷桃臣。桃源不我弃,庶可全天真。①

诗中的“愿”字句借鉴陶渊明《闲情赋》的笔法,强烈地表达了对安定和谐生存环境的憧憬和避世全真的心理。又如吕洞宾在《桃花溪》《桃川仙隐》《秦人洞》等诗里写到桃花源,表现了对桃源仙境的无限向往和难以寻到的惆怅之情。如后者云:

洞门深锁白云封,九节丹崖第几重。欲向山中询甲子,秦人尽日不相逢。②

其实正是动乱的现实使“桃源化为战地”③,使晚唐人对桃源的真实存在产生了怀疑。无名氏《失题》云:

东上波流西上船,桃源未必有真仙。干戈满目家何在,寂寞空山闻杜鹃。④

吕从庆《避乱》云:

海内风光半血污,杀人声过侣樵苏。一身驱路忙如蚁,八口无家散若乌。栗里无踪空怅望,桃源有梦失招呼。饥来野店供飧饭,敢怨匙前脱粟粗。⑤

连隐居的“栗里”都难寻,更何况桃源。因此怀疑桃源未必真有便是残酷现实对比下的必然结果。

四

最后,格外值得一提的是,晚唐人接受了久被忽视的陶渊明的《闲情赋》。此前虽有刘希夷《公子行》、崔怀宝《怀江南·平生愿》、李德裕《鸳鸯篇》等一鳞半爪用到陶渊明《闲情赋》“愿”字句意趣,但不如晚唐令人眼明。如崔道融《读杜紫微集》云:

---

① 〔清〕彭定求等编:《全唐诗》卷六一八,第7121页。
② 王重民等辑录:《全唐诗外编》,第560页。
③ 〔唐〕李观:《道士刘宏山院壁记》,见〔清〕董诰等编《全唐文》,卷五三四,5423页。
④ 王重民等辑录:《全唐诗外编》,第273页。
⑤ 王重民等辑录:《全唐诗外编》,第240页。

紫微才调复知兵，长觉风雷笔下生。还有枉抛心力处，多于五柳赋《闲情》。

段成式《嘲飞卿七首(之二)》云：

醉袂几侵鱼子缬，飘缨长罥凤皇钗。知君欲作《闲情赋》，应愿将身作锦鞋。①

司空图《白菊三首(之一)》云：

不疑陶令是狂生，作赋其如有定情。②

《升庵诗话》卷九云："梁昭明太子序陶渊明集云：'白璧微瑕，惟在《闲情》一赋。'杜牧尝著《孙武子》，又作《守论》《战论》《原十六卫》，皆有经济之略，故道融以此绝句少之。杜牧尝讥元白云：'淫词媟语，入人肌肤，吾恨不在位，不得以法治之。'而牧之诗淫媟者，与元白等耳，岂所谓睫在眼前犹不见乎？"③因为杜牧既有诗才，又知兵法，所以读其诗常觉有风雷之气。但是杜牧的诗并不总是如此。他还写了许多艳情诗，诗风绮艳，多脂粉气。崔道融以为这像陶渊明作《闲情赋》一样，"枉抛心力"，不作也罢。实际上，崔道融是同意了萧统评陶《闲情赋》的观点。

上引段成式诗是他《嘲飞卿七首》组诗中的一首。按，作诗善意地戏谑友人是当时诗坛上的一种风气。如段成式在一次宴会上"速罢驰骋，坐观花艳，或有眼饱之嘲"④。周繇便作了一首《嘲段成式》，戏云"恣情窥窈窕"⑤。段成式因此回赠一首《和周繇见嘲》(一作《和周为宪广阳公宴见嘲诗》)，于诗中自我解嘲云："乱翠移林色，狂红照座殷。防梭齿虽在，乞帽鬓惭斑。傥恕相如瘦，应容累骑还。"⑥段成式还曾因别人"为宪与妓人戏"⑦，而作《嘲元中丞》。可见，写诗嘲谑朋友与女子的关系是当时诗坛上的一种风气。《嘲飞卿七首(之二)》是嘲谑温庭筠在狎妓时的可笑表现：温庭筠为了所爱妓女要学陶渊明作《闲情赋》，而且猜测温氏可能会像陶渊明一样"愿在丝而为履，附素足以周旋"(《闲

① 以上两条独立引文分别见〔清〕彭定求等编《全唐诗》卷七一四，第8210页；卷五八四，第6769页。

② 〔清〕彭定求等编：《全唐诗》卷六三四，第7281页。

③ 丁福保辑：《历代诗话续编》中册，中华书局2006年版，第821页。

④ 〔清〕彭定求等编：《全唐诗》卷六三五，第7293页。

⑤ 〔清〕彭定求等编：《全唐诗》卷六三五，第7293页。

⑥ 〔清〕彭定求等编：《全唐诗》卷五八四，第6772页。

⑦ 〔清〕彭定求等编：《全唐诗》卷五八四，第6769页。

情赋》)。说温庭筠“欲作《闲情赋》”可能是事实,也可能是段成式的故意戏谑之语:看你小子那好色的样子,据此,我推知你一定会写一篇《闲情赋》……

仅据此诗,难以测明段氏对《闲情赋》的态度。但有一点是应肯定的:他对陶渊明的《闲诗赋》不像萧统、崔道融那样持断然否定的态度,而是能够予以容纳的。如果联系段成式对待艳情的欣赏态度,这一点更应肯定。然而检之现存温庭筠诗文,没有发现《闲情赋》,倒有一篇《锦鞋赋》。现抄录如下:

> 阑里花春,云边月新。耀粲织女之束足,嬿婉嫦娥之结璘。碧缱缃钩,鸾尾凤头。鞵称“雅舞”,履号“远游”。若乃金莲东昏之潘妃,宝屧临川之江姬。匍匐非寿陵之步,妖蛊实苎萝之施。罗袜红蕖之艳,丰跗皓锦之奇。凌波微步瞥陈王,既蹀躞而容与;花尘香迹逢石氏,倏窈窕而呈姿。擎箱回津,惊萧郎之始见;李文明练,恨汉后之未持。重为系曰:瑶池仙子董双成,夜明帘额悬曲琼。将上云而垂手,顾转盼而遗情。愿绸缪于芳趾,附周旋于绮楹。莫悲更衣床前弃,侧听东晞佩玉声。①

无论从情趣的健康还是艺术的完美上看,这篇赋都难与陶渊明的《闲情赋》相提并论。但它无疑是以陶赋“愿在丝而为履,附素足以周旋”为灵感触发点的,而且在结尾中变通地化用了陶赋原文的形式和意趣。当然,该赋也有其独特之处,如以拟人化的手法咏物,将咏物与咏人融成一片,寄托了对古代弃妇的同情等。检之温庭筠诗文,借鉴陶诗文词语、典故、意趣的共有十多处,但大都很零星,特色不大。其《锦鞋赋》对陶渊明《闲情赋》的接受可谓最具特色。

联系当时文坛多流行写男女之情的绮艳之风以及文人放荡不检的生活作风来看,段成式、温庭筠等人对陶《闲情赋》的欣赏、接受当不是偶然的。《新唐书·李商隐传》云温庭筠与李商隐、段成式等人的诗被时人称为“三十六体”。受市井文化的影响,侧重于写艳情的词风也在此时盛行。温庭筠即专擅艳词。《旧唐书》本传说温庭筠“士行尘杂,不修边幅,能逐弦吹之音,为侧艳之词,公卿家无赖子弟……相与蒱饮,酣醉终日,由是累年不第”②。温庭筠在《上盐铁侍郎启》中也说自己“强将麋鹿之情,欲学鸳鸯之性。遂使幽兰九畹,伤谣诼之情多;丹桂一枝,竟攀折之路断”③。可见正是在当时特定社会环境下形成的绮艳诗风和放荡习气使温庭筠等人接受了《闲情赋》。他们基本是从情爱角度出发

---

① 〔唐〕温庭筠著,〔清〕曾益等笺注:《温飞卿诗集笺注》附录二,第232页。

② 〔唐〕温庭筠著,〔清〕曾益等笺注:《温飞卿诗集笺注》附录三,第252页。

③ 〔唐〕温庭筠著,〔清〕曾益等笺注:《温飞卿诗集笺注》附录二,第243页。

来肯定它的,而非从礼教的角度。如果从萧统写《陶渊明集序》的大通丁未年(527)算起,到温庭筠(812—870?)止,从现存史料看,三百多年间,对陶渊明《闲情赋》的接受基本是一个空白。晚唐诗人则填补了这个空白,而且对《闲情赋》的接受角度、评价态度都有新的变化,这在陶渊明接受史上具有很重要的意义。

要之,晚唐五代时期,读者对陶渊明为人的推崇、对陶诗文较普遍的肯定,在抒写冲淡情思、避世心理时对陶诗较为普遍的学习,以及与陶渊明有关的典型意象的进一步定型化,都是陶渊明接受史发展期内的自然结果。其中对《闲情赋》的接受当算是比较有个性的部分。这些亦是后来宋人接受陶渊明的一个不可或缺的环节。

第三编

『忽如一夜春风来，千树万树梨花开』

——陶渊明接受史的高潮期（两宋上）

第一章 山高月小 水落石出

第一节 “渊明文名，至宋而极”

“渊明文名，至宋而极”①，其实又何止文名！然而，陶渊明接受史高潮在宋代的出现并不是一蹴而就的，作为一个相对独立的接受时期，它也有一个发展历程。

在高潮到来之前，陶渊明接受史有一段酝酿期。宋初六十年受中、晚唐诗风影响而形成的白体诗人、晚唐体诗人、西昆体诗人对陶渊明皆有程度不同的接受。如果说白体诗人多受白居易闲适诗的影响，普遍认为陶渊明是一位“吏隐从弦歌”②的脱俗官吏，其心灵与行为存在着矛盾，那么晚唐体诗人多因其固穷守节的人生选择而对陶渊明的隐逸之趣、对陶诗的平淡深味有较为深细的品味。而在西昆体诗人那儿，陶潜之趣只是他们富贵生活的高雅点缀，陶诗的美学追求与他们典丽雕艳的诗风背道而驰。要之，“三体”诗人基本承袭了中、晚唐诗人对陶渊明的态度，认为陶渊明主要是道德、情趣高尚脱俗的士子，没有特别注意陶诗的价值。虽然在具体的诗文创作中已见陶诗影响的痕迹，但从总体上看，他们还没有大力推崇和学习陶诗，没有开拓出超越唐人的接受史新局面。

在宋代，首先打开陶渊明接受史新局面的是“变晚唐卑陋之习，启盛宋和平之音”③的梅尧臣。他是第一个大力倡导并深入学习陶诗的宋代诗人，第一次对陶诗的平淡美学价值有清醒的理性认识，并奉之为诗美的极致，从而开启了陶渊明

---

① 钱锺书：《谈艺录》（补订本），中华书局1984年版，第88页。

② 〔宋〕徐铉：《送薛少卿赴青阳》，见〔清〕李调元编、何光清点校《全五代诗》卷二六，巴蜀书社1992年版，第547页。

③ 〔元〕刘性：《宛陵先生年谱序》，见朱东润编年校注《梅尧臣集编年校注》，上海古籍出版社1980年版，第1169页。

接受史的新局面，为苏轼全面而深入地接受、解读陶渊明奠定了直接基础。在梅尧臣的时代，接受陶渊明、学习陶诗并非一个孤立现象。互有诗文酬唱的欧阳修、晏殊、韩维、刘敞、刘攽、王安石等人皆有崇陶为人和学习陶诗的言论和作品。其中，韩维、刘敞、王安石都曾下功夫研习陶诗。把自己的住处称为“安乐窝”的北宋理学家邵雍深得陶渊明安贫乐道之趣，其诗歌吟咏的理趣时时与陶诗不谋而合，“平易浑厚，气全而致远”①。他开启了后世理学家关注陶渊明的先河。

陶渊明接受史在一代文坛宗师苏轼手里被推向高潮。苏轼在晚年倾其精力学陶、和陶、推重陶的人格并以陶自许，不仅为世人描绘出一个代表宋人理想人格、任真飘逸的陶渊明形象，而且首次对陶诗“质而实绮，癯而实腴”“外枯而中膏，似澹而实美”②的美学价值做了明确而深入的理性揭示，把陶诗推到了诗美理想的典范地位和无人能及的诗史巅峰，从而牢固地奠定了陶渊明在中国诗歌史上的独特地位，开辟了陶渊明接受史的辉煌时代。继萧统之后，他在陶渊明接受史上写下了又一具有里程碑意义的篇章。苏轼之后，陶渊明的影响“忽如一夜春风来，千树万树梨花开”③。陶渊明仿佛蓦然间成为宋代士人膜拜的对象。苏轼作为一代文坛宗师、精神领袖，其对陶渊明的挚爱和阐释直接、深深感召和影响了同时代及稍后的文人士子。苏辙、李之仪、陈师道、晁补之、张耒、释道潜、释惠洪、郭祥正、苏过、葛胜仲等著名诗人都有大量的和陶、学陶之作，在解读陶渊明时也多祖述或发挥苏轼的论陶言论。当时的大画家李公麟对陶渊明情有独钟。有宋一代，李公麟以陶为题材的画流传很多，且被视为至宝④。至今，南京博物馆尚珍藏有其南宋摹本《莲社图》。图上，陶渊明乘篮舆归去之态栩栩如生⑤。正是这一大批时代文化精英将陶渊明接受史推向了广阔的未来。

---

① 《伊川击壤集》卷末所附《康节先生伊川击壤集后序》，《四部丛刊初编》影印本。

② 〔宋〕苏轼：《与子由六首（其五）》《评韩柳诗》，见孔凡礼点校《苏轼文集》，中华书局1986年版，第2515页、第2110页。本书所引苏轼文如不特别注明皆据此本版本。

③ 〔唐〕岑参：《白雪歌送武判官归京》，见陈铁民、侯忠义校注《岑参集校注》，上海古籍出版社1981年版，第163页。

④ 〔宋〕孙绍远编《声画集》卷一所收僧祖可、僧善权的诗中皆提到李公麟（伯时）所画《归去来图》；苏轼有《题李伯时〈渊明东篱图〉》（见〔清〕王文诰辑注、孔凡礼点校《苏轼诗集》，中华书局1982年版，第2542页）；陆游有《跋归去来、白莲社图》（见《陆放翁全集》上册《渭南文集》卷二八，中国书店1986年版，第172页）；〔宋〕吴坰《五总志》、〔宋〕刘才邵《㰖溪居士集》（卷一〇）皆提到李氏所画《渊明归去来图》。

⑤ 可参中国美术全集编辑委员会编《中国美术全集4绘画编·两宋绘画》（上），文物出版社1988年版，第64页。

陶渊明的诗史地位和文化史地位在北宋末年至南宋末年得到了进一步深化和巩固。陶诗的美学价值及其在诗史中的一流地位既已确立，全面展开对陶诗的学习和解读成为陶渊明接受史的必然现象，而且伴随着这种学习和解读，南宋士人对陶渊明的人品也有了更为深入的理解。

首先，陶渊明其人其诗成为诗人们学习的典范。江西派诗人以气节自立，于“渊明风流”多有解悟。他们虽重诗法，推崇杜诗精严的诗律和技巧，但同时又不停留在诗法上，而是超越法度，向往自由的创作境界，追求“不烦绳削而自合”的自然美。因此，他们在像学习杜诗一样在文学技巧上自觉借鉴陶渊明诗文的同时，又神往于陶诗自由、自然的美学境界。对陶诗文字技巧和美学境界的学习在前代读者那儿也有所表现，但多停留在不自觉状态。以黄庭坚为首的江西派诗人在创作借鉴和理论阐释上达到了双重自觉的状态。从江西派脱胎而来的中兴诗人在文字技巧上对陶诗的学习，基本上不出江西派的规范，但他们立足于现实生活和自然万物，把生活与生命的热力灌入陶诗平淡自然的精神中，从而在对陶诗的学习中超越了江西派诗人，也超越了学习对象，其诗歌创作成为富有个性的“这一个”。陆游是他们当中的典型。

第二，之前陶渊明形象和诗歌风格的内涵被忽略的一面获得了凸现和前所未有的重视。陶渊明并非总是静穆飘逸的，其狷介不偶的个性、豪放不羁的精神为历代接受者所忽略。随着民族矛盾、社会动乱的加深，陶渊明与世不偶、怀才不遇的豪放形象的内涵也被宋人挖掘了出来。黄庭坚、陈与义第一次把陶渊明看作识时委命的诸葛亮、“英雄”①。南宋黄彻在《䂬溪诗话》中说陶渊明本有“康济之念”②。辛弃疾则把陶渊明称作“卧龙诸葛”③。与此相对应，陶诗中的悲愤情感、豪放风格也被有识之士挖掘出来。如陆游说陶诗是抒写“激于不能自已”的悲愤之情④，朱熹则说陶诗豪放得令人不觉，等等。至此，陶渊明的形

① 〔宋〕黄庭坚《宿旧彭泽怀陶令》：“鼓泽当此时，沉冥一世豪。司马寒如灰，礼乐卯金刀。岁晚以字行，更始号元亮。凄其望诸葛，骯髒犹汉相。”（见〔宋〕任渊等注、刘尚荣校点《黄庭坚诗集注》，中华书局 2003 年版，第 57～58 页。）〔宋〕陈与义《题酒务壁》：“当时彭泽令，定是英雄人。”（见〔清〕吴之振等选、〔清〕管庭芬等补《宋诗钞·简斋诗钞》，中华书局 1986 年版，第 1303 页。）

② 丁福保辑：《历代诗话续编》上册，中华书局 2006 年版，第 387 页。

③ 〔宋〕辛弃疾：【贺新郎】《把酒长亭说》，见邓广铭笺注《稼轩词编年笺注》，上海古籍出版社 1993 年版，第 236 页。

④ 〔宋〕陆游：《澹斋居士诗序》，见《陆放翁全集》上册《渭南文集》卷一五，中国书店 1986 年版，第 86 页。

象和陶诗的全貌得到了较为全面、辩证而深入的描画。

第三，陶渊明其诗其人在文学史、文化史上的典范地位牢固确立起来了。其文学史地位的确立与宋代诗话的阐释是紧密相连的，葛立方的《韵语阳秋》、张戒的《岁寒堂诗话》可谓其中的代表。其文化史地位的确立以宋代士人对陶渊明人品的普遍推崇为基础，以理学家们的理性定位为标志。宋儒之中，陈渊“与翁子静论渊明，以不知义责之，未免讲学诸人好为高论之锢习”①，其实，陈渊在他的诗歌中对陶渊明还是极为推慕的。如果说程朱理学的集大成者朱熹尚称陶渊明的精神旨趣近于老庄，那么稍后，他的学生真德秀等人则把陶渊明完全拉入“名教”中来。心学派从陆九渊开始，就认为陶渊明有志于儒家之道，且在其后包恢等人那儿得到反响。实学派理学家叶适等人也从自己的哲学观点出发，充分肯定了陶渊明在文化史上的典范地位，认为陶渊明之“所守则通而当于义，和而蹈于常，所以为优也。至于识趣言语，足以高世；而咏歌陶然，顺于物理，则不惟当于义，而又有文词之可观焉。盖中世之士如潜者，一二而已。潜之所称，山林居处，殆孔子所谓不堪颜子之忧者，潜能乐之”②。正如朱熹以宏阔的文化眼光确立陶渊明在诗史、文化史上的突出地位一样，叶适也认为陶诗志趣“高远”，自为一家，足以“继古人之统”，而陶之人品则合乎儒家风范，有颜子之风。总之，在宋人眼里，陶渊明不仅是优秀的诗人和隐逸人格的典范，更是一切有志于儒家之道的士人的人格典范。陶渊明这一形象所代表的意义也就不是“古今隐逸诗人”所能涵盖了的，应在文化史上重新进行定位：他是晋宋人物中最优秀的代表之一，是闻道见性的诗人，也是怀才不遇、忠贞不贰的卧龙诸葛。

第四，陶渊明不仅作为诗人，而且作为一种文化象征全面影响着宋人尤其是宋末士人的心灵和行为。苏轼而后，宋代挚爱陶渊明的士人层出不穷。晁补之“尤好晋陶渊明之为人。其居室庐园圃，悉取渊明《归去来词》以名之”③。取陶诗文为室庐园圃之名在南宋尤为普遍。从辛弃疾、陆游、朱熹、吴芾、王质等前中期士人，到宋末舒岳祥、陈著、方岳、罗思敬、萧廷直④等士人，无不如此。宋

① 〔清〕纪昀等：《四库全书总目》卷一五八，影印清文渊阁《四库全书》本。按陈渊有《答翁子静论陶渊明》，见其《默堂集》卷一六。

② 〔宋〕叶适：《习学记言》卷三〇，影印清文渊阁《四库全书》本。

③ 〔宋〕张耒：《晁无咎墓志铭》，见李逸安等点校《张耒集》卷六一，中华书局1998年版，第902页。

④ 参〔宋〕刘辰翁《须溪集》卷二《小斜川记》、卷四《吾庐记》。

代士人爱菊成癖，与陶渊明有关的吟咏之作络绎不绝。仅就菊谱而言，便有元丰（1078—1085）中周师厚、崇宁（1102—1106）中刘蒙、淳熙乙未（1175）史正志、淳熙丙午（1186）范成大、淳祐壬寅（1242）史铸等人所撰数种。史铸《百菊集谱》将陶渊明所赏的“九华”菊列为一品，并广泛搜罗了陶渊明与菊有关的典故、诗作及他人的引陶咏菊之作等。元前陶渊明接受史的最后一章是由江湖诗人和宋末爱国、遗民诗人书写的。他们一方面承接前辈，在创作上从自我个性出发学习陶诗，对陶诗做出符合自己诗歌见解的新解释，另一方面将陶渊明的精神追求和生活方式广泛引入自己的价值体系和日常生活中。饱尝亡国之悲的宋末诗人与晋、宋易代之际的陶渊明取得了深刻而全面的情感共鸣。所有这些都表明陶渊明已超出了一位诗人的存在，成为影响一代士人的文化象征。

第五，陶渊明接受史被宋人初步认识和总结。早在江西派诗人那儿，许多人就已发现唐代韦应物、柳宗元、白居易等人学陶的现象，对陶渊明接受史有了初步的自觉。生活在宋末元初的方回对元前陶渊明接受史做了简洁明了的总结，这在陶谢、陶杜并称的历史中可以窥斑知豹。此外，南宋中、末期对陶渊明接受史的总结性成果还体现在诗话里。随着宋诗话的发展、兴盛，北宋末、南宋初“松菊道人”阮阅广采众诗话纂集而成《诗话总龟》，虽于“达理门”“评论门”“忠义门”等部分广引众人评陶言论，但没有专列评陶章节。到南宋中期胡仔《苕溪渔隐丛话》、宋末江湖诗人魏庆之《诗人玉屑》，便分别辟出“五柳先生”“靖节”条目罗列历代评陶言论。宋末元初谢枋得的门人蔡正孙编撰的《诗林广记》（十卷）是一部晋、唐、宋的诗选，晋朝部分只选了陶渊明，并搜集有关的诗话资料附在“陶渊明”条目、陶渊明原作及所附摹仿或可比照的作品的后面，可谓一部小型而又生动可感的陶渊明接受史。这表明南宋士人对陶渊明接受史有了初步的认识，并做了初步的总结。

最后，南宋士人对陶渊明接受的深入还体现在他们所编的陶渊明年谱和陶渊明诗文的整理、注释、选辑本里。据目前资料，刊于北宋的陶渊明年谱仅吴仁杰《陶渊明年谱》（一卷）一种（据《直斋书录解题》卷一六），而刊于南宋的则有六种：张縯《陶靖节年谱辨正》（一卷）（据陆游《跋陶靖节文集》，《渭南文集》卷三〇）、王质《栗里谱》（一卷）、李焘《陶渊明诗谱》（三卷）（据《宋史》卷三八八本传）、赵彦慧《靖节年谱》（二卷）（据《福建通志・艺文志》存目）①、杨恪《陶渊

① 〔清〕怀荫布《泉州府志艺文志》著录，清同治九年刻本，据贾贵荣、杜泽逊辑《地方经籍志汇编》第三七册，国家图书馆出版社 2008 年版，第 411 页。

明年谱》、黄公绍《陶渊明年谱》。[①] 南宋陶谱的频频出现既昭示了南宋士人对陶渊明的浓厚兴趣，也昭示着陶渊明接受史的深化。同时，年谱也是固定接受成果的一种形式。文集的编定、校注则是另一种较为集中的形式。在北宋，普遍流行的陶集至少有两种，据欧阳修、宋祁撰《新唐书·艺文志》，一种是二十卷本《陶潜集》，另一种是五卷本的。前一种不知何据，后一种极可能是后晋刘昫《旧唐书·经籍志》所录五卷本《陶渊明集》。据周必大《文忠集》卷一八，邵雍曾手抄陶诗，不知所据何本。但朱熹于《朱子语类·论文(下)》中辨其为伪。此外，苏轼曾在江州东林寺得到过一种"字大纸厚"的《陶渊明集》[②]，这很可能是马永卿所谓的"庐山东林旧本"[③]。治平年间(1064—1067)，僧人思悦曾编《陶渊明集》[④]，贺铸、黄伯思曾点校过陶集[⑤]，宣和年间(1119—1125)曾纮曾在莪阳太守所刊的陶集上题词[⑥]。又蔡绦《西清诗话》云："其(陶)集屡经诸儒手校，然有《问来使》篇，世盖未见，独南唐与晁文元家二本有之。"[⑦]又有宋庠本九卷、陈述古本等。鉴于此，《蔡宽夫诗话》"陶诗异文"条曾描述当时的陶集状况云：

> 《渊明集》世既多本，校之不胜其异。有一字而数十字不同者，不可概举。[⑧]

至南宋，陶集的校点工作仍在进行。如真德秀主编、刘克庄参编的《文章正宗》，对所选陶诗的个别异文特别标出。其他陶集本子有：张缜本、绍兴本、江州本、曾集本、焦竑藏本、韩子苍本、蜀本、汲古阁藏本十卷、费元甫注本等。但人们已不满足于校点，而是进一步为诗作注。其中最著名的是汤汉《陶靖节诗注》。他充分吸收陶渊明接受史的成果，又独出己见，窥陶奥旨，详加笺释。如注《述酒》一篇，在韩驹等人言论的基础上，发前人所未发，豁人耳目。陈仁子感于"渊明

---

① 后两种见〔宋〕蔡正孙《精刊补注东坡和陶诗话》引录，参卞东波《宋代诗话与诗学文献研究》所录《韩国所藏孤本诗话〈精刊补注东坡和陶诗话〉考论》，中华书局2013年版，第119～120页。

② 〔宋〕苏轼：《书渊明"羲农去我久"诗》，见孔凡礼点校《苏轼文集》，第2091页。

③ 参〔宋〕马永卿《懒真子》，影印清文渊阁《四库全书》本。

④ 参〔宋〕曾季狸《艇斋诗话》，见丁福保辑《历代诗话续编》上册，第292页。

⑤ 〔宋〕贺铸：《题陶靖节集后》，见傅璇琮等主编《全宋诗》第一九册，北京大学出版社1995年版，第12539页；黄伯思：《东观余论》卷下《跋〈陶渊明集〉后》，宋刻本。

⑥ 可参北京大学北京师范大学中文系、北京大学中文系文学史教研室编《陶渊明资料汇编》下册，中华书局1962年版，第302～303页。

⑦ 〔宋〕胡仔纂集，廖德明校点：《苕溪渔隐丛话》前集卷四，人民文学出版社1962年版，第26页。

⑧ 郭绍虞辑：《宋诗话辑佚》下册，中华书局1980年版，第380页。

诗家冠冕”而萧统《文选》“十不存一二”，于《文选补遗》中选陶诗39题81首、赞9篇、赋2篇、祭文3篇，并参考汤汉等人的观点，于各篇后做了较为详细的笺注。由编校到笺注，既是陶渊明接受史深入化的表现，又是逐步总结陶渊明接受史成果的表现。

总之，在宋代，对陶渊明的接受不论是对其为人的推崇、效法、评价，还是对其诗文的阅读、学习、整理、阐释，都达到了元前陶渊明接受史的高潮。如果说陶渊明其人其文既作为一种文学史现象，又作为一种文化史现象，为中国古典诗歌、诗论、艺术精神打上了深深的烙印，为中国传统文化、中国士人心态注入了鲜活的血液是众所周知的既定事实的话，那么其全面展开和真正实现是从宋代开始的。宋人对陶渊明的态度、观点深深影响了包括现代知识分子在内的陶渊明接受者。

此外值得介绍的是陶渊明在辽、金两代的传播、接受情况。

陶渊明为辽人所知是确凿无疑的。《舆地纪胜》收载辽代人张季万《长生观》诗云“山中宰相晋遗民”①，“晋遗民”即渊明也。又张通古《灵壁寺》诗云：“渊明能止酒，叔夜况携琴。”②《辽东行部志》评张通古《游高冠古诗》“平淡浑成，意趣高远。向使生晋、唐间，必当升陶彭泽之堂，入韦苏州之室矣”③。

又元人耶律楚材所译辽代寺公大师《醉义歌》云：“渊明笑问斥逐事，谪仙遥指华胥宫。”④如果耶律不是意译，而是直译，则渊明诗文有可能曾被译为契丹文。陶渊明之所以能传至辽代，与辽、宋交往、通使密切相关。汉人本有能诗者入辽为宦，如萧柳曾“著诗千余篇”（《辽史·萧柳传》）。他们有可能直接接触过陶集。同时，他们之所以接受陶渊明，与唐、宋作家的影响分不开。上面提到的张季万曾在绍兴时官郎中，同南宋作家孙觌唱和⑤。其实这种文学交往早在北宋时就已开始。辽元辛曾对出使辽国的苏辙说：“令兄内翰《眉山集》已到此多时，内翰何不印行文集，亦使流传至此？”（《栾城集》）辽代人像宋人一样推重苏轼诗文，同时又推重唐代诗人白居易。⑥ 白居易、苏轼、苏辙、孙觌等人在作品

---

① 蒋祖怡、张涤云整理：《全辽诗话》，岳麓书社1992年版，第250页。

② 蒋祖怡、张涤云整理：《全辽诗话》，第77页。

③ 蒋祖怡、张涤云整理：《全辽诗话》，第257页。

④ 陈述辑校：《全辽文》，中华书局1982年版，第363页。

⑤ 蒋祖怡、张涤云整理：《全辽诗话》，第250页。

⑥ 参郭预衡主编《中国古代文学史长编》（宋辽金卷），北京师范学院出版社1993年版，第512～513页。

中都很推崇陶渊明其人其诗，他们对辽代人接受陶渊明可能产生过或直接或间接的影响。

辽代国祚不长，文学不发达，留存作品有限，故目前所见的辽代文学中的陶渊明接受史料仅是一鳞半爪。到金代则完全不同。金代文学全面接受了汉文化的影响，特别是唐宋文化的影响。因此金代众多读者对陶渊明其人其诗有较多的接受。从金代初期的主要作家宇文虚中、蔡松年，到中期的代表作家蔡珪、党怀英，到后期的重要作家赵秉文、王若虚、元好问、李俊民等，都是如此。另外，元好问《中州集》所收诸多次要作家如高谈、张子羽、刘迎、路铎、庞铸、刘从益、张建、宋九嘉等也是如此。在诗文接受方面，党怀英"诗似陶、谢，奄有魏晋"①。赵秉文五言诗"真淳简淡学陶渊明"（元好问《中州集》卷三），有《和渊明拟古九首》《和渊明饮酒二十首》《仿渊明自广》等受陶影响之作。李俊民"抗志遁荒，出处之际能洁其身。集中于入元后只书甲子，隐然自比陶潜"（《四库全书总目》卷一六六）。李诗多寄怀宗邦，冲淡和平中时露幽忧激烈之音，受陶影响之作不少。据王若虚的一些评陶言论，他曾校读过《晋书》《宋书》所载《归去来兮辞》与金代《陶集》所载《归去来兮辞》，注意到它们在字句上的异同（《滹南集》卷三四），并评东坡和陶云："渠亦因彼之意，以见吾意云尔，曷尝心竞而较其胜劣邪？"（《滹南诗话》卷二）这是很有见地的观点。在为人方面，金代作家认为陶渊明高洁脱俗、固穷守节、洒脱任性、闻道见性。要之，金代读者对陶渊明的接受基本是对宋人的继承，发展性的成果不多。其中元好问对陶渊明的接受情况较具代表性。

第一，元好问在《论诗三十首》中突出了陶诗的典范地位，简洁精到地概括了陶诗的艺术特点和陶渊明的人格特点。"《论诗》三十首大致可分为三个部分，即分论了魏晋南北朝、唐、宋三个时期的作家作品。对这三个时期，作者的态度有明显的不同。对魏晋南北朝时期，作者以颂扬为主，意在指出师古的典范。"②陶诗是这些典范中的一个。他评陶曰：

> 一语天然万古新，豪华落尽见真淳。南窗白日羲皇上，未害渊明是晋人。

他在这里极简洁地概括了陶诗自然清新、平淡真淳的艺术特点以及陶渊明洒脱

---

① 赵秉文：《翰林学士承旨文献党公碑》，见《滏水集》卷一一，影印文渊阁《四库全书》本。

② 顾易生等：《宋金元文学批评史》下册，上海古籍出版社1996年版，第880页。

风流、节操高洁的人品。这是对宋人陶渊明观言简意赅的总结，对后代读者及诗学观点影响甚大。

第二，元好问创作了不少受陶影响的作品。据《元好问全集》①，他至少有50多篇诗词明显带有陶渊明的痕迹。其借鉴形式诸如用典、用词、集陶，化用句式、意趣、风格等无所不包。他又善于熔铸消化，故能自具个性，非一般金代学陶作家能比。

第二节 闻道见性 得韵之极

纵观宋代对陶渊明的接受，我们惊奇地发现，陶渊明接受史高潮的到来与几种现象是同步的，与儒学复古运动、文学复古运动的兴起是同步的，与杜甫其人其诗的被推崇几乎是同步的；与“宋调”的形成几乎是同步的。这便启示我们，要探讨宋人接受陶渊明的普遍性原因，必须结合特定社会、政治、文化、美学背景下宋人的人格追求和美学追求立论。

陶渊明的为人之所以被宋人推崇，关键在于他们认为陶渊明的为人体现了他们所追求的理想人格——闻道见性。

首先，“闻道”是宋代人追求的理想人格的最高境界。宋代，儒、释、道三教进一步走向融合，而且儒学复兴，涵摄释、道二家，凝聚着宋代精神的新儒学即理学逐渐形成。受复兴儒学的影响，宋代士人把自身修养的最高目标定在闻道上。孔子曰：“朝闻道，夕死可矣。”②程颐解释说：“言人不可以不知道，苟得闻道，虽死可也。”朱熹则解释得更为明确、透彻：“道者，事物当然之理。苟得闻之，则生顺死安，无复遗恨矣。”③因此，“闻道”成为饱受儒学熏染的宋人评判历史人物的最高标准。由于理论素养不同，宋代不同类型的士人（如诗人与理学家）对道的界定与理解有着随意与严密的差异，但这个道不论偏于儒、释、道三教的哪一方，都预示着人生修养的终极。而在终极之处的自由、审美的人生境界上，三家是相通的。唐人十分推崇陶渊明的人品，但没有将其推到典范的地位，且从王维、李白、杜甫到白居易皆对陶渊明颇有微词，其根本原因在于唐人认为“陶潜避俗翁，未必能达道”。尚未充分融会、吸纳佛道两家学说（特别是其

---

① 〔金〕元好问：《元好问全集》，山西人民出版社1990年版。

② 杨伯峻译注：《论语译注》，中华书局1980年版，第37页。

③ 〔宋〕朱熹：《四书集注·论语章句》，岳麓书社1987年版，第100页。

中的心性学说）的唐代儒士对儒家之道的理解尚停留在比较机械的教条层面，抓住陶潜言行上与儒家道德规范相冲突的地方来否定陶潜。到宋代，儒学才真正融会贯通地充分吸纳了释、道二家的心性学说，以“理”解“道”，对“道”做出了更为深刻的解释。陶渊明“委运乘化”，识时知命，所作所为合乎“事物当然之理”。所以，与唐人评陶截然相反，宋人从陶渊明的言行中取证，普遍认为：

> 陶潜真达道，何止避俗翁。萧然守环堵，褐穿瓢屡空。粱肉不妄受，菊杞欣所从。一琴既无弦，妙音默相通……使遇宣尼圣，故应颜子同。［郭祥正《读陶渊明传二首（之二）》］①

杜甫批评陶渊明“有子贤与愚，何其挂怀抱”。黄庭坚等人苦心孤诣地曲加解说②，为杜甫解脱。渊明闻道之说始于苏轼而定论于南宋末期的理学家，所闻之道也由偏于庄禅之道而完全滑入儒家之道。陶渊明既为闻道之士，“闻道”又是宋代士人毕生追求的最高道德境界、人生境界，宋人把陶渊明的人品推上理想地位、典范地位便可以理解了。

其次，宋人进一步强调淡泊是道的一个本质性规定，淡泊自守成为他们所推崇的自身修养方面的理想品格。儒、释、道三家对道的理解虽有差异，但都把“淡”作为道的一个本质属性。《老子·第三十五章》云“道之出言，淡乎其无味”，《庄子·应帝王》云“汝游心于淡，合气于漠”③，《景德传灯录》卷九《潭州沩山灵祐禅师》云道人之心“譬如秋水澄渟，清净无为，澹泞无碍”④。道、释两家皆以道味为淡，以淡泊为人生修养的理想品节和境界。《中庸》云：“君子之道：淡而不厌，简而文，温而理。”朱熹在集注中解释说：“淡、简、温，絅之袭于外也；不厌而文且理焉，锦之美在中也。小人反是，则暴于外而无实以继之，是以的然而日亡也。”⑤宋末诗人姚勉在《汪古淡诗集序》中亦云：“有道味，有世味，世味今而甘，道味古而淡。”宋代儒家的尚淡思想既是对其前儒家思想（如《礼记·乐记》之“大羹玄酒”、《论语·八佾》之“绘事后素”等）的继承和发挥，也是融合释、道两家思想的结果。“学者为己。”⑥伴随着儒学复古运动的兴起，在自

---

① 傅璇琮等主编：《全宋诗》卷七六三，北京大学出版社版，第 8865 页。

② 参〔宋〕蔡梦弼《杜工部草堂诗话》卷二“山谷黄鲁直诗话曰”条、〔宋〕葛立方《韵语阳秋》卷一〇“陶渊明《命子篇》”条。

③ 〔清〕郭庆藩撰，王孝鱼点校：《庄子集释》，中华书局 1961 年版，第 294 页。

④ 〔宋〕道原：《景德传灯录》，《四部丛刊三编》影印宋刻本。

⑤ 〔宋〕朱熹：《四书集注·论语章句》，第 56～57 页。

⑥ 杨伯峻译注：《论语译注》，第 154 页。

身修养上，宋代士人一直将淡泊静退放在极为重要的位置上。欧阳修感于“世好竞辛咸，古味殊淡泊”①，范仲淹感于“士病其躁兮”②，在自身修养上倡导淡泊精神。梅尧臣“耻游公相门，甘自守恬淡”，表示“淡泊全精神，老氏吾将师”。③名臣诗人韩维在《送宋钧秀才落第还乡》中赞赏宋秀才说：“爱君抱冲淡，荣利不可迁。”④“文彦博为相，荐安石恬退，乞不次进用，以激奔竞之风。”⑤理学家周敦颐在《爱莲说》中推崇一种高洁自守的君子人格，其中便包含着对陶渊明式的淡泊精神的推崇。宋代儒学复古运动的先驱者们既已开辟出推崇淡泊静退的一代士风，后代士人更是奉而行之。然而正如陆象山所云：“‘君子之道，淡而不厌。’淡味长有滋味，便是欲人不爱淡，却只爱闹热。”⑥面对世上的奔竞之风、嗜欲之徒，理学家们不忘以道德为本的祖训，极言“存天理，灭人欲”，但其合理的内核是倡导一种淡泊精神。

宋人以淡泊品格去衡量文化史、文学史上的名人时，便发现了陶渊明这个淡泊自守的典型。徐积《和石宣德五柳亭》云：

> 五柳神君气貌端，所希所向静而安。每思往行投闲地，肯逐时情慕热官。⑦

晁补之《书鲁直题高求父扬清亭诗后》云：

> 陶渊明泊然物外，故其语言多物外意，而世之学渊明者，处喧为淡，例作一种不工无味之辞。曰：吾似渊明。其质非也。⑧

朱熹则总结性地说陶渊明是晋宋间真正称得上“清高”的人物。以上三人皆注意到了陶渊明淡泊品节中超脱名利的一面，将陶渊明与一般的逐利之徒区别开来。同时，超脱名利而不流于狂放是淡泊的另一方面，使陶渊明与不合于儒家中和之性的人区别开来。所以陆游在《家酿颇劲戏作》中云：“竹林嵇阮虽名胜，

---

① 〔宋〕欧阳修：《送杨闢秀才》，见傅璇琮等主编《全宋诗》卷二八三，第3593页。

② 〔宋〕范仲淹：《祭谢宾客文》，见曾枣庄、刘琳主编《全宋文》第一〇册卷三九一，巴蜀书社1990年版，第78页。

③ 〔宋〕梅尧臣：《正仲见赠依韵和答》《依韵和邵不疑以雨止烹茶观画听琴之会》，见朱东润编年校注《梅尧臣集编年校注》，上海古籍出版社1980年版，第717页、第847页。本节所引梅尧臣诗文皆据此书。

④ 傅璇琮等主编：《全宋诗》卷四二一，第5171页。

⑤ 〔元〕脱脱等：《宋史》卷三二七《王安石传》，中华书局1997年版，第10541页。

⑥ 〔宋〕陆九渊：《象山先生全集》卷三五，商务印书馆1935年版，第464页。

⑦ 傅璇琮等主编：《全宋诗》卷六五〇，第7669页。

⑧ 〔宋〕晁补之：《鸡肋集》卷三三，《四部丛刊初编》本。

要是渊明最可人。”①

再次，宋人认为闻道、淡泊之士所持的人生态度和生命形式应当是任真自然、恬然自适的。淡泊在根本上就是去除物欲、名利之累，反身而诚，与道合一，与天合一，见出本真之性，获得孔、颜乐处，任真自然，恬然自适。从心理学的角度讲，这是一种克服人生患难困苦、以微笑面对一切从而获得心理平衡的做法；而从理学的角度讲，则是一种驱除蒙蔽在人的澄明本性上的俗累，使自我本真之性得以显露，获得孔、颜乐处的人生境界，即一种“见性”的境界。其中的关键是以任真自然的生活态度实现对人生困境、悲情的超越，进而达到恬然自适的境界。任真重在从主体意识上强调所肯定的自我本性。自然则重在从主体行为上强调所作所为的天然无伪、无拘无束。儒家把自我本性、天然无伪定位在“中和”上，“喜怒哀乐之未发，谓之中；发而皆中节，谓之和”②。如果说任真之“真”是“中”，那么“自然”则是“和”。喜、怒、哀、乐是情，情有正、邪，未发之前“无所偏倚”，“发皆中节，情之正也，无所乖戾，故谓之和”③。反言之，穷愁哀叹、狂喜大乐皆为“情之邪”，与“中和”的本性要求相悖，理应在儒家排斥之列。因为在现实生活中，人们真正难以超脱的还是困境悲情、穷愁哀叹，所以对儒家心性说深有体会的宋人便多对此而发：

> 屈原自沉于江，虽曰褊心，亦可谓不幸。然圣人亦有不幸，而有以处不幸；亦有不得已，而有以处不得已；必不至于自戕，故如屈平，孔、孟不为也。（徐积《节孝集》卷三一）④
>
> 其后卒以自伤哭泣，至于夭绝。是亦不善处穷者也。（苏轼《贾谊论》）⑤
>
> 世事寒暑耳，四时旋斗杓。勿学怀沙赋，离魂不可招。（黄庭坚《次韵答常甫世弼二君不利秋官郁郁初不平故予诗多及君子处得失事》）⑥

屈原所为不可取，真正的君子应看通穷达，“不得志则奉身而退，乐道不仕”⑦；

---

① 〔宋〕陆游：《陆放翁全集》下册《剑南诗稿》，卷七四，中国书店1986年版，第1019页。

② 〔宋〕朱熹：《四书集注·中庸章句》，岳麓书社1987年版，第25页。

③ 〔宋〕朱熹：《四书集注·中庸章句》，第26页。

④ 〔宋〕徐积：《节孝集》，影印清文渊阁《四库全书》本。

⑤ 〔宋〕苏轼撰，孔凡礼点校：《苏轼文集》，中华书局1986年版，第106页。

⑥ 〔宋〕黄庭坚撰，〔宋〕任渊、史容、史季温注，刘尚荣校点：《黄庭坚诗集注》，中华书局2003年版，第1576页。

⑦ 〔宋〕苏轼：《续欧阳子朋党论》，见孔凡礼点校《苏轼文集》，第128页。

“无入而不自得”①，“达亦欣欣也，穷亦欣欣也”②，淡泊以明志，见“青山白云，江湖之水湛然，可复有不足之叹耶”③？陶渊明做到了这一点，所以，与屈原、宋人等相比，显示出宋人所青睐的道德品质：

> 屈原、贾谊、陶渊明文辞皆喜道孟夏而悲乐不同。虽所遭之时异，要亦怀抱使然耳！（陈傅良《和张端士初夏》诗前序）④

陶渊明虽箪瓢屡空，却无穷愁之叹，一切任真自然、恬然自适，得情之正。蔡宽夫等人又继承并发挥了苏轼《书李简夫诗集后》中的观点，在与他人的比较中，尤其钟情于陶渊明：

> 子厚之贬，其忧悲憔悴之叹，发于诗者，特为酸楚。闵己伤志，固君子所不免，然亦何至是，卒以愤死，未为达理也。乐天既退闲，放浪物外，若真能脱屣轩冕者，然荣辱得失之际，铢铢校量，而自矜其达，每诗未尝不着此意，是岂真能忘之者哉！亦力胜之耳。惟渊明则不然。观其《贫士》《责子》与其他所作，当忧则忧，遇喜则喜，忽然忧乐两忘，则随所遇而皆适，未尝有择于其间，所谓超世遗物者，要当如是而后可也。观三人之诗，以意逆志，人岂难见？以是论贤不肖之实，亦何可欺乎！⑤

需要说明的是，这则诗话也见录于《苕溪渔隐丛话》前集卷一九、《诗话总龟》后集二一、《竹庄诗话》卷四、《诗人玉屑》卷一二，足见其在当时受重视的程度和影响的广度。他们以为陶渊明欲仕则仕，欲隐则隐，仕隐不拘于形迹，凭任真性；遇忧则忧，遇喜则喜，忽然忧喜两忘，一切任真自然，无所不适。这又是不拘于儒家观念并杂以释家任运随缘、道家齐物忘我的观念来衡量和解读陶渊明的人生态度和生命形式了，但认为陶渊明闻道见理是不变的。

最后，在儒学复古运动中，受边患不断、民族矛盾激化等社会、政治因素的影响，宋人格外强调忠贞不移的政治气节。自范仲淹、欧阳修等，“以直言谠论倡于朝，于是中外搢绅知以名节相高，廉耻相尚，尽去五季之陋矣。故靖康之变，志士投袂，起而勤王，临难不屈，所在有之。及宋之亡，忠节相望，班班可书，

---

① 〔宋〕朱熹：《四书集注·中庸章句》，第35页。

② 〔宋〕刘敞：《欣欣亭记》，见《公是集》，中华书局1985年版，第435页。

③ 〔宋〕黄庭坚：《书赠俞清老》，见刘琳、李勇先等校点《黄庭坚全集》第二册，四川大学出版社2001年版，第653页。查郑永晓整理本未见此篇。

④ 〔清〕吴之振等选，〔清〕管庭芬等补：《宋诗钞》，中华书局1986年版，第2034页。

⑤ 〔宋〕蔡启：《蔡宽夫诗话》，见郭绍虞辑《宋诗话辑佚》卷下，中华书局1980年版，第393页。

匡直辅翼之功，盖非一日之积也”[①]。出仕每饭不忘君，处隐亦不仕二朝，不论出与处，皆以忠义相尚，是宋代士人最强烈的政治情感。为此，他们一方面推崇忠君忧国的诗人杜甫，另一方面又推崇不仕二朝的陶潜，认为他们都是忠义的典型。宋代士人特别是文人在他们身上取得了强烈的共鸣，在模仿陶、杜的思想、言行中获得了莫大的心理平衡和精神慰藉，这在宋亡不仕的宋末士人那里表现得尤为突出。

综上所述，宋人在人品修养上强调闻道见性，又强调将道与性落实到日常生活中，推赏淡泊静退的高尚品节、任真自然与恬然自适的生命形式、忠贞不移的政治情感。所有这些融汇成宋人崇尚的理想人格。这种人格的一个很大特点是，既要有坚定不移的儒家信仰，又须活得潇洒飘逸，既要“名教”，又要“自然”。宋人为此把目光投向了“晋宋风流”，将“晋宋人物”作为理想人格的代表，认为只要“人物晋风流”[②]、“超然有晋士之风”[③]，便是可以推赏的。元初刘迎在《题归去图》中云：“余子风流追魏晋，上人谈笑自羲皇。”[④]这大约便是鲁迅先生所谓“魏晋风度”经宋人品评后在元初的最早凝定吧。晋宋人物中，宋人又独推“渊明风流”。如唐庚《寄傲斋记》云：“尝考论晋宋人物，至《渊明传》，慨然有感于吾心。”[⑤]陈政敏《遁斋闲览》云：“渊明趣向不群，词彩精拔，晋、宋之间，一人而已。”[⑥]张栻《采菊亭赠张建安诗前序》云：“陶靖节人品甚高，晋宋诸人所未易及。”[⑦]洪迈《容斋随笔》云：“陶渊明高简闲靖，为晋、宋第一辈人。”[⑧]当宋人以他们理想人格的各种标准去衡量陶渊明时，他们发现陶渊明几乎是一个完人。尤其看重人品的宋代士人推崇陶渊明便是理所当然的事了。

陶渊明的诗文之所以被宋人接受、推崇，关键在于他们认为陶渊明诗文体现了与理想人格一致的审美理想。

---

① 〔元〕脱脱等：《宋史》卷四四六《忠义列传序》，第13149页。

② 〔宋〕叶茵：《枕簟入林僻茶瓜留客迟十韵》，见〔宋〕陈起编《江湖小集》卷四〇，影印清文渊阁《四库全书》本。

③ 〔宋〕韩元吉：《故中散大夫致仕苏公墓志铭》，见《南涧甲乙稿》卷二〇，影印清文渊阁《四库全书》本。

④ 〔宋〕陈思编，〔元〕陈世隆补：《两宋名贤小集》卷三六三，影印清文渊阁《四库全书》本。

⑤ 〔宋〕唐庚：《眉山文集》卷二，影印清文渊阁《四库全书》本。

⑥ 〔宋〕胡仔编：《苕溪渔隐丛话》前集卷四引录，人民文学出版社1993年版，第18页。

⑦ 〔宋〕张栻：《南轩集》，见〔宋〕陈思编、〔元〕陈世隆补《两宋名贤小集》卷二一一，影印清文渊阁《四库全书》本。

⑧ 〔宋〕洪迈：《容斋随笔》，上海古籍出版社1978年版，第103页。

在宋人看来，诗品与人品是应高度统一的，最理想、最优秀的诗作是最理想、最优秀人格的自然显现。宋代的儒学复古运动并非一种简单的儒学回归，而是借复古以通变。从个体修养的角度讲，是深入挖掘生命深处的道德潜能，使之与儒家道德规范、人格追求达到高度一致，即通过内在超越，达到通于天、道的审美化的道德自由境界。因此，在文学复古运动中强调诗以言志的文学传统便不是从前儒家言志观的简单回归，而是在更自觉、更高层的意义上向“建安陶阮以前诗，专以言志”①的传统回归。宋人云：

诗非一艺也，德之章，心之声也。其寓之篇什，随体赋格，亦犹水之随地赋形。然其有浅有深、有小有大。概虽不同，要之同主忠厚而同归于正。②

仆尝论为诗之要。公（韩驹）曰：诗言志，当先正其心志，心志正，则道德仁义之语、高雅淳厚之义自具。三百篇中有美有刺，所谓“思无邪”也。先具此质，却论工拙。③

《诗大序》云：“在心为志，发言为诗。”然就诗学的实际状况而言，陶渊明之前的“诗缘情而绮靡”④，强调抒发创作主体的情感，尤其是悲哀之情，诗品与人品未必一致。到南朝，诗之声色大开，普遍认为诗以“吟咏情性”。但这“情性”不仅不排斥儒家所禁的男女私情，而且有泛滥化的倾向。所以萧纲适应新的文学风气，提出了“立身之道与文章异：立身先须谨重，文章且须放荡”⑤的观点。诗品与人品显然有两极分离的一面。唐人重兴寄风骨，意在恢复风雅传统，但实际上仍然以“体物”“缘情”为深层要求。白居易所谓“根情、苗言”的言论、对感伤诗的格外看重透出了其中的隐情。宋人倡言“言志乃诗人之本意，咏物特诗人之余事”⑥，其力图恢复的“志”不仅是先秦两汉人所谓的伦理道德观念，更是一种根于道⑦、根于心⑧、合乎儒家道德观念的“无邪之思”。从创作主体而言，这个“志”是天长日

① 〔宋〕张戒：《岁寒堂诗话》卷上，见丁福保辑《历代诗话续编》上册，中华书局2006年版，第450页。

② 〔宋〕赵孟坚：《赵竹潭诗集序》，见《彝斋文编》卷三。

③ 〔宋〕范季随：《陵阳室中语》，参〔宋〕魏庆之编《诗人玉屑》卷一三“陵阳发明思无邪之义”条，上海古籍出版社1978年版，第269页。

④ 〔晋〕陆机：《文赋》，见《陆士衡文集》，《四部丛刊》影印明人翻宋本。

⑤ 〔南朝梁〕萧纲：《诫当阳公大心书》，见〔清〕严可均校辑《全上古三代秦汉三国六朝文·全梁文》卷一一，中华书局1958年版，第3010页。

⑥ 〔宋〕张戒：《岁寒堂诗话》卷上，见丁福保辑《历代诗话续编》上册，第450页。

⑦ 〔宋〕胡宿：《太傅致仕邓国公张公行状》，见《全宋文》卷四六七，第553～559页。

⑧ 〔宋〕黄裳：《乐府诗集序》，见《演山集》卷二一。

久涵泳于儒家之道、流连于儒家道德而在人的精神层面自然形成的纯正性灵、情思，是经儒家文化熏陶后的生命本体感于外物的自然流露，“性有所感，志有所适，然后着于色，形于声”①。因此，这里的“志”便是创作主体的人格，对诗言志传统的恢复就是使诗成为创作主体的心声（“心之声”）、成为创作主体的人格再现（“德之章”）。人格与诗格在宋人这里不再有矛盾，而是高度统一的。

陶诗之所以被宋人推崇，就是因为陶诗体现了诗品与人品高度一致的审美理想。

从创作主体着眼，宋人普遍认为人品是诗品的一个决定性因素，陶诗之所以高是因其人品高：

陶彭泽诗，颜谢潘陆皆不及者，以其平昔所行之事，赋之于诗，无一点愧词，所以能尔。②

盖渊明人品素高，胸次洒落，信笔而成，不过写胸中之妙尔……故其好者皆出于自然，此其所以不可及。③

不纯乎天理，公论不尽；不拔乎流俗，人品不高；然揭是以自标，则孔融、嵇康不容于曹马矣。必知此者，始可与语陶渊明之诗也欤！④

陶渊明的理想人格使宋人对陶诗抱有了充分的好感，并且成为宋人将陶诗的典范性同其他诗人诗作区别开来的最后依据之一。

通过诗文表现出来的创作主体之志（人格）便是诗文的情思。因此，从作品着眼，宋人认为诗文中的情思的第一个特征是纯正，即“思无邪”“主忠厚而同归于正”。“陶渊明人品自高，其率然而出，率然而归，赖其诗文，兴寄足自道本志。”⑤陶诗能充分表达自己的“本志”，而陶诗中的“本志”是“思无邪”的，因此张戒《岁寒堂诗话》卷上云：

孔子删诗，取其思无邪者而已。自建安七子、六朝、有唐及近世诸人，思无邪者，惟陶渊明杜子美耳，余皆不免落邪思也。⑥

---

① 〔宋〕黄裳：《乐府诗集序》，见《演山集》卷二一。

② 〔宋〕许顗：《彦周诗话》，见〔清〕何文焕辑《历代诗话》上册，中华书局1981年版，第383页。

③ 〔宋〕陈模：《怀古录》，见《陶渊明资料汇编》上册，中华书局1962年版，第115页。

④ 〔宋〕方回：《张泽民诗集序》，见《桐江集》卷一，江苏古籍出版社1988年版，第21页。

⑤ 〔宋〕刘辰翁：《吾庐记》，见《须溪集》卷四，影印清文渊阁《四库全书》本。

⑥ 丁福保辑：《历代诗话续编》上册，中华书局2006年版，第465页。

具言之，“思无邪”的一个基本要求就是合乎儒家温柔敦厚的诗教，不以“叫呼怒骂”为诗，不“以豪气言诗”①。而陶诗成功地做到了这一点，故刘才邵《跋李龙眠〈渊明归去来图〉》云：

> 嵇叔夜、阮嗣宗号称旷达，至其文辞，颇务扬己炫异，以贬剥当世，有臭腐、裈虱之语。夫志在于脱世纷，反激而速之，则其被祸害、取雠疾，非不幸也。渊明萧然自寄于埃壒之外，初无忤物之累，故其辞平淡有太古之遗音。②

与强调人格修养中的闻道见性相一致，宋人认为诗文中的情思的第二个特征是超越悲情。文学艺术不仅是苦闷和悲情的载体，还是对苦闷和悲情的超越。超越程度越高，越能显示出人觉醒的程度之深。魏晋时代是人觉醒的时代，人们开始明确感受到个体存在的悲哀。他们以游仙、谈玄、服药、饮酒等方式力图超越悲哀，他们的诗歌中也弥漫着浓浓的悲情，由此形成了以悲为美的时代心理。陶渊明虽也有苦闷悲情，但他很少直接抒写，而是受玄学的影响，以一种委运乘化的理性之思淡化、超越悲情，开始以异于前人的慧眼看待苦难贫穷的生活、看待迁逝之悲、穷通生死，赋予平凡的生活以诗意的愉悦。这表现在他的文艺观点上便是重视文艺的自娱作用，陶渊明之前的文艺思想和文艺创作，虽然也有尚乐的内容，但相当零星，相当微弱，很少受到人们的关注和倡导。那时人们推崇的主要是悲慨之音与穷苦之作，哀怨伤感成了文艺的基调。陶渊明在思想上对文艺娱悦作用的重视，特别是他的文艺实践，第一次打破了以悲慨伤感为基调的格局③。历经南朝、大唐，以悲为美、溺于情感而不能自拔仍然是诗歌创作中的一个基调。以白居易闲适诗为标志，超越悲情开始成为诗歌创作中的一个基调，这在僧人的诗作中表现得尤为突出。力革五代以“悲哀为主”的习气、融汇“三教”文化的宋人由于对闻道见性的追求，在诗歌中普遍推崇超越悲情的格调。宋初徐积曾云：

> 人之为文，须无穷愁态乃善。如杜甫则多穷愁，贾岛则尤甚，李白又近于放言，此皆贫贱之所忌。

又云：

> 凡人为文，必出诸己而简易乃为佳耳。为文正如为人，若有辛苦态度，

① 〔宋〕叶适：《习学记言》卷四七，影印清文渊阁《四库全书》本。

② 〔宋〕刘才邵：《檆溪居士集》卷一〇，影印清文渊阁《四库全书》本。

③ 张可礼：《陶渊明的文艺思想》，载《文学遗产》1997年第5期。

便不自然。①

苏辙则云：

唐人工于为诗，而陋于闻道。孟郊尝有诗曰："食荠肠亦苦，强歌声无欢。出门如有碍，谁谓天地宽？"郊耿介之士，虽天地之大，无以安其身。起居饮食，有戚戚之忧，是以卒穷以死。而李翱称之，以为郊诗"高处在古无上，平处犹下顾沈谢"，至韩退之亦谈不容口。甚矣，唐人之不闻道也！②

闻道见性之士喜怒哀乐发而合于中和之节，进而能完全超越情累，无往而不适。基于此，宋人强调诗歌所抒写的情思也应如此，不应发"羁愁感叹之言"③，而应化悲观为旷达，以理性的智慧去超越苦闷、悲情。这不论是在中国文学史上还是在中国思想史上，都是一个迥异于前代的重大转变。至宋代，陶渊明所开创的以理趣超越悲情的诗歌格调才在民族诗歌中结出累累硕果。宋人以超越悲情的标准去衡量前代诗人诗作时，便对历受称扬的许多优秀诗人的穷愁之叹不满了。其实，何止徐积、苏辙，整个宋代，批评屈原、贾谊、庾信、杜甫、柳宗元、李贺、贾岛、孟郊等人抒写悲情的言论比比皆是，如刘敞、苏轼、张耒、蔡宽夫、朱熹、范成大、陈襄、姚勉、牟巘等人都曾批评上列古代诗人及同代诗人"闭门自造愁"④的"不良"影响。在所有这些被批评的诗人中，连宋人最推崇的人品与诗品高度统一的典范之一——杜甫也未能幸免，只有陶渊明一人得以幸免。其原因便在于陶诗超越悲情的格调同宋代诗人的审美追求是高度一致的。黄庭坚《和答李子真读陶庾诗》云："乐易陶彭泽，忧思庾义城。"⑤《诗经·小雅·何人斯》云："尔还而入，我心易也。"⑥易者，安稳、和悦也。又朱熹《楚辞后语》论陶渊明《归去来辞》云："欧阳公言：'两晋无文章，幸独有此篇耳。'然其词义夷旷萧散，虽托楚声，而无其尤怨切蹙之病云。"⑦黄庭坚、朱熹并非不在艺术上或情

① 〔宋〕徐积：《节孝集》卷三一。

② 〔宋〕苏辙：《栾城第三集》卷八《诗病五事》，见曾枣庄、马德富校点《栾城集》，上海古籍出版社 1987 年版，第 1554 页。

③ 〔宋〕欧阳修：《梅圣俞诗集序》，见朱东润编年校注《梅尧臣集编年校注》，上海古籍出版社 1980 年版，第 1162 页。

④ 〔宋〕范成大：《陆务观作春愁曲悲甚，作诗反之》，见《范石湖集》卷一七，上海古籍出版社 1981 年版，第 246 页。

⑤ 〔宋〕黄庭坚撰，〔宋〕任渊、史容、史季温注，刘尚荣校点：《黄庭坚诗集注》，第 816 页。

⑥ 高亨注：《诗经今注》，上海古籍出版社 1980 年版，第 301 页。

⑦ 〔宋〕朱熹集注：《楚辞集注》，上海古籍出版社 1979 年版，第 262 页。

感上推崇庾诗、屈辞，然而当他们再从闻道见性、超越悲情的角度进一步衡量古人诗作时，便把合于他们审美理想的陶诗表现了出来。

创作主体之志（人格）表现在诗文的整体风貌上便是诗文的风格。与在人格修养上崇尚淡泊静退、任真自然相一致，宋人在诗歌美学风格上追求平淡质朴、自然深远。这也是宋人对诗歌艺术规律深刻认识的结果。伴随着儒学复古运动的深入，欧阳修等人针对五代尚文黜质、雕琢造作的文风，力倡平易流畅的文风。这又影响到诗歌，进而促使追求平淡的美学思潮形成。这一美学思潮在苏轼等人那里达到完全的艺术自觉。苏轼感于艺术发展到唐代杜甫、韩愈、颜真卿、吴道子，“天下之能事毕矣”①，进而推崇以平淡自然为特点的魏晋“高风绝尘”之美。这便是宋人自觉企图超越唐人、另辟蹊径从而推举“晋韵”的标志。苏轼的好友文同在《读渊明集》中云“文章简要惟华衮，滋味醇是大羹”，这也是这一美学思潮走向自觉的表现。王安石、苏轼、苏辙等晚年所作之诗都以追求平淡简远为目标，也以平淡著称。至于苏轼而后推赏平淡风格的言论，终宋不衰，俯仰皆是。在苏轼看来，陶诗平淡质朴而至味深永的特点正是“晋韵”的本质内涵，也是其最优秀、最典型的代表。这一观点得到了宋人的普遍认同。陈善《扪虱新话》、范温《潜溪诗眼》都认为陶诗以“韵胜”“得韵之极”。

宋人标示审美理想的概念除了“韵”，还有味、格、趣等，但无一不是以苏轼对平淡美的阐释为基本内涵的，而且无一不是以陶诗为典型例证的。

宋人论诗讲究法度，但受任真自然的人生态度的影响，受诗乃是诗人之志、诗人人格天然呈露观点的影响，在艺术追求的终极上，力求超越法度、获得创作的高度自由，以达于自然无迹的理想境界。这是宋代几乎所有诗派的共同理想，江西诗派是典型例证。而直写胸中之妙、信手拈出皆珠玉的陶诗便成为大匠运斤、毫无斧凿之痕的自然美的典型了。

此外，陶渊明之所以受到宋人的普遍认同，也有社会、政治方面的原因。宋代是中国封建社会走下坡路的阶段，内忧外患，愈演愈烈，终至亡国。仁人志士虽欲“先天下之忧而忧”，但处于衰朽的官僚体制内，大多因刚直而遭贬黜，坎坷不遇、毕生蹭蹬者见多，而宋代士人又格外强调人格的挺立、生命的自由，于是便时时同懒为五斗米折腰和归去来兮的陶渊明取得遥远的共鸣。宋代士人回归自我的强烈渴望因现实而生、借陶潜而发的现象因此贯穿整个宋代，和陶《归去来兮辞》在宋代不绝如缕便是一个典型例证。

① 〔宋〕苏轼：《书吴道子画后》，见孔凡礼点校《苏轼文集》，第2210页。

第二章　陶诗美学价值在北宋的初步确立

第一节　宋初六十年的陶渊明

宋代开国伊始，陶渊明之风流雅趣，人皆慕之，然其诗文，鲜有景慕。《太平御览》于“文部二”之“诗”条下未论陶渊明，然于“时序部一七”之“九月九日”条、“逸民部（四）”之“遗民四”条、“饮食部二”之“酒（中）”条、“木部五”之“杨柳（上）”条、“果部四”之“桃”条、“百卉部三”之“菊”条皆列与陶渊明有关的典故。又吴淑《事类赋》之《酒》《秋》《柳》《桃》四赋，乐史《太平寰宇记》“江南西道”之“江州”目下皆涉陶典。宋人慕其为人之不足，便吟咏诗文，自觉或不自觉地接受陶渊明诗文的影响。如朱昂、田锡、晁迥分别学陶作《广闲情赋》《归去来》《仿归去来辞》，许多诗人偶有学陶之处。

宋初六十年的诗坛在中晚唐诗风的笼罩下，先后形成了白体、晚唐体、西昆体。三体诗人分别宗法白居易、贾岛、李商隐等人。三体诗人基本承袭了中晚唐人推崇陶渊明之志趣与为人的态度，但又略有不同。

白体诗人以徐铉、王禹偁为代表。徐铉是从五代南唐入宋的重要诗人，其诗主要诗法白居易，但也明显有陶渊明的影子。如其《送薛少卿赴青阳》云：

> 我爱陶靖节，吏隐从弦歌。我爱费征君，高卧归九华。清风激颓波，来者无以加。我志两不遂，漂沦浩无涯。①

徐铉学习陶渊明的“吏隐”态度，知足保和，洁身自高，明显带有自我的个性理解。徐铉极为推崇陶潜的为人，他在《江州彭泽县修山观碑》中推重“陶令高名”②，在《送刁桐庐序》中称陶为“清真之才，高尚其事”③。这种态度在宗白诗

① 〔清〕李调元编，何光清点校：《全五代诗》卷二六，巴蜀书社1992年版，第547页。

② 曾枣庄、刘琳主编：《全宋文》第一册卷三一，巴蜀书社1988年版，第525～526页。

③ 曾枣庄、刘琳主编：《全宋文》第一册卷一八，第366页。

人中是比较一致的。

王禹偁对陶渊明的态度足以代表白体诗人所理解的陶渊明。同徐铉一样，王禹偁也完全接受了“吏隐”的观念：

我今方吏隐，心在云水间。(《游虎丘》)

吏隐宁陵县。(《寄宁陵陈长官》)

吏隐江东五六年。(《送李中舍罢萧山赴阙》)

吏隐金门只似闲。(《朝退偶题》)①

这虽受白居易的影响，但其情趣在很大程度上同陶渊明紧密相关：

轗轲位不进，陶潜还折腰。(《酬杨遂》)

应笑陶潜未归去，折腰奔走在泥沙。[《寄献润州赵舍人二首(之二)》]

吴门吏隐过三年，何事陶潜捧诏还。(《岁暮偶书寄苏台旧僚友》)

百里封疆三馆客，折腰休叹似陶公。(《送史馆赵寺丞出宰咸阳》)

使印星车适旧游，陶潜今日在瀛洲。(《送罗著作两浙按狱》)②

王禹偁仕途坎坷，屡屡以陶潜自许或许人，把陶渊明的形象定位在归隐前的官位上。这与徐铉所说的“吏隐从弦歌”的陶渊明形象是一致的。他们之所以如此解读陶渊明，除了作为有政治抱负的正直士人辗转于仕途而屡受排斥的现实原因，与他们共同推崇白居易也是分不开的。

王禹偁自少家境贫寒，进入仕途后不甘做一名无为的俗吏，而耿介刚直的性格使他屡屡受挫。黑暗、不平的现实使他想到了桃花源。于是，他在《录海人书》中假借海岛夷人的所见所闻，仿陶渊明描写了一个“世外桃源”。在那儿，人们不知有“五岭之戍”“长城之役”“阿房之劳”“太半之赋”“三夷之刑”③，一如“桃源”中人愉快地劳动生息。这表明由于陶渊明为人的影响，陶渊明的诗文也在自觉不自觉地影响着王禹偁的诗文创作。

如果说在白体诗人那里，陶渊明是一位心存“吏隐”之念的官吏，心灵与行为处于矛盾状态，那么在晚唐体诗人那儿，陶渊明则主要是一位洁身自好、情趣高雅的隐逸之士，心灵与行为基本处于和谐状态。晚唐体诗人除了寇准，大多

---

① 以上四条分别见于傅璇琮等主编《全宋诗》，北京大学出版社版，卷六二第687页；卷六三第688页；卷六三第697页；卷六三第699页。

② 以上四条分别见于傅璇琮等主编《全宋诗》卷六一第680页；卷六三第699页；卷六三第701页；卷六三第702页。

③ 曾枣庄、刘琳主编：《全宋文》第四册卷一四四，巴蜀书社1989年版，第329～330页。

是在野的僧侣或鄙薄功名、生活淡泊的士人。其审美追求不同于白体诗人的浅质平易，而是苦意于清淡自然。晚唐体诗人尤以林逋、魏野名节最著。陆游《跋林和靖帖》云：

祥符、天禧间，士之风节、文学名天下者，陕郊魏仲先，钱塘林君复。二人又皆工于诗。方是时，天子修封禅、告太平，有二人在，天下麟凤芝草，不足言矣。①

二人之诗名、节操名天下，即使最高统治者亲诏州县长吏存问，二人淡泊之志仍毫不为动。他们是立志要做"小隐"亦即"真隐"的诗人。他们的精神支柱里明显地流淌着陶渊明的血液。释圆智在《寄林逋处士》中曾这样描写林逋的居住环境和生活：

湖山淡相映，世尘那得侵。杳杳烟波色，苍苍云木阴。苔荒石径险，犬吠桃源深。中有上皇人，高眠适闲心。花开还独酌，花落还独吟。空庭长瑶草，幽树鸣仙禽。不见已三载，鄙吝盈虚襟。终期秋月明，乘兴闲相寻。②

林逋《省心录》曾云：

陶渊明无功德以及人，而名节与功臣、义士等，何耶？盖颜子以退为进，宁武子愚不可及之徒欤？③

他们的生活方式、精神旨趣、人生追求同陶渊明是一脉相承的，因此书写他们心灵的诗歌也明显有陶诗的痕迹。魏野《寓兴七首(之六)》云：

天地劳覆载，日月劳往还。此尚不能息，何况在其间。鸟兽饮食外，悠悠无贪悭。如何入异此，昼夜机相关。顾我道何如，心足身长闲。④

这与陶渊明《形影神》《饮酒二十首(之三)》等诗的风貌极为相似。不论是流溢在诗句间的理趣还是用语的平淡质朴，都与陶诗如出一辙。林逋诗也有明显的学陶痕迹。如其《郊园避暑》云：

柴门鲜人事，氛垢颇相忘。爱彼林间静，复兹池上凉。托心时散帙，迟客复携觞。况有陶篱(宋本、正统本作"庐")趣，归禽语夕阳。⑤

又如《山中冬日》云：

残雪照篱落，空山无俗喧。鸡寒懒下树，人晏独开门。废圃春荣动，回

① 〔宋〕陆游：《陆放翁全集》上册《渭南文集》卷三〇，中国书店 1986 年版，第 184 页。

② 傅璇琮等主编：《全宋诗》卷一三九，第 1560 页。

③ 《宝颜唐秘籍》本，转引自《陶渊明资料汇编》上册，中华书局 1962 年版，第 23 页。

④ 傅璇琮等主编：《全宋诗》卷八七，第 964 页。

⑤ 傅璇琮等主编：《全宋诗》卷一〇五，第 1193 页。

塘雾气昏。谁家岁酒熟，辍棹忆西村。①

这两首诗在语言、句式、意趣上都明显有陶诗的痕迹。特别是第一首，可以说是陶《归园田居五首（之二）》“野外罕人事”、《饮酒二十首（之五）》“结庐在人境”二诗的巧妙融合。林逋诗学陶处颇多，《秋日西湖闲泛》《西村晚泊》《夏日即事》《易从上人山亭》《孤山寺端上人写望》等诗都巧妙地借鉴了陶诗。但同时，林逋诗学晚唐，善于精巧构思、推敲辞意，又多流连于幽山寂水，因此，他的诗虽清淡自然，但较之陶诗的浑朴，更偏于清幽；较之陶诗浓郁的生活气息，更偏于个人的孤芳自赏。然而他深得陶诗的平淡之趣。梅尧臣曾在《林和靖先生诗集序》中评林逋“顺物玩情为之诗，则平澹邃美”②，正抓住了林诗艺术特征的本质所在，同陶诗的精神也是相吻合的。因此，相对于白体诗人，晚唐体诗人特别是林逋，对陶渊明的学习更为深入。如果说白体诗人尚停留在对陶“吏隐”情趣、平易质朴诗风的表层接受上，那么晚唐体诗人则以一生固穷守节的生活实践为基础，对陶的“真隐”之趣、平淡有味的诗风有了更为深层的接受。

西昆体诗人杨亿、钱惟演、晁迥、丁谓等诗学晚唐，主要师法音节、辞彩华美的李商隐诗。他们有显赫的政治地位，又崇尚士大夫高雅的文化情趣，因此，在诗歌创作中标举陶渊明的风雅之趣成为他们富贵典雅生活的一个点缀。他们在酬唱诗中只偶尔用到与陶有关的典故，对陶的接受较之白体诗人更为浮浅，他们追求的典丽雕琢之美同陶诗的美学追求是背道而驰的。

相对于唐人，宋初士人对陶渊明的接受并无多少创新之处。但他们对陶为人的普遍推崇、对陶诗文的学习直接影响了之后梅尧臣等人对陶的创造性接受。

第二节 开创新局面的梅尧臣

在宋代，首先打开陶渊明接受史新局面的是“变晚唐卑陋之习，启盛宋和平之音”③的梅尧臣。他是第一个大力倡导并学习陶诗的宋代诗人。他第一次对

① 傅璇琮等主编：《全宋诗》卷一〇五，第1194页。

② 〔宋〕梅尧臣著，朱东润编年校注：《梅尧臣集编年校注》“拾遗”，上海古籍出版社1980年版，第1150页。本节所引梅尧臣诗文皆据此本，不再详注。

③ 〔元〕刘性：《宛陵先生年谱序》，见朱东润编年校注《梅尧臣集编年校注》，第1169页。

陶诗平淡而深邃的美学价值有了明确的理性认识，并奉之为诗美的极致，从而初步开拓出超越唐人的陶渊明接受史新局面，为苏轼全面而深入地接受、解读陶渊明奠定了最为直接而坚实的基础。

从现存梅尧臣诗文看，他对陶渊明的接受是贯串终生的，且有一个“浅学—力学—超越”的基本历程。

一

44岁以前，梅尧臣已明确把陶渊明作为师法的对象之一，曾说“唯师独慕陶彭泽”①。但他对陶渊明的接受基本停留在浅显层面：他对陶诗的学习主要表现在对陶诗题材、语词的明显模拟和直接借用上，他对陶渊明为人的接受主要表现在对陶外在风貌的景慕上。

梅尧臣生长在农村，对田园生活极为熟悉，所以陶潜田园诗最易引起他的共鸣。其《田家（诗四首）》《田家》《观理稼》《早春田行》等早期作品都与陶田园诗意趣有或多或少的相似。《田家诗四首》以春夏秋冬四时为序吟咏田园，最得陶趣。其一云：

昨夜春雷作，荷锄理南陂，杏花将及候，农事不可迟。蚕女亦自念，牧童仍我随，田中逢老父，荷杖独熙熙。②

该诗与陶渊明《归园田居五首（之三）》“种豆南山下”都写从事劳动之乐，用语多本于陶诗。只是陶诗写景在于写意，结云“衣沾不足惜，但使愿无违”。梅诗则吸取唐人孟浩然等人作田园诗时的审美观照方式，偏于写景，在写景中融入“熙熙”之乐。尽管有此细微差别，其摹陶痕迹还是一望而知的。

梅尧臣还注意到了陶诗文中的其他题材。如《武陵行》抒写《桃花源记》题材，《九月五日得姑苏谢学士寄木兰堂官酝》写陶好酒，《思归赋》虽云“非效渊明之褊衷”，但显系受《归去来辞》的启发，等等。

在个别语句上，梅尧臣也是直接借用，用陶典故亦复如此，少作曲折变化：

南山尝种豆。（卷六《田家》）

陶柳应惭弱。（卷六《县署丛竹》）

---

① 〔宋〕梅尧臣：《答新长老诗编》，见朱东润编年校注《梅尧臣集编年校注》卷一三，第216页。

② 〔宋〕梅尧臣著，朱东润编年校注：《梅尧臣集编年校注》卷一，第9页。

幽岸足以觞，幸有彭泽酒。（卷二《联句》）①

其《昼寝》《送永叔归乾德》二诗描绘的陶潜形象——“悠然目远空，旷尔遗群物”②，与前人理解的高士、隐士形象是一致的，尚停留在风貌神情上，没有深入陶潜的灵魂。

总之，梅尧臣前期学陶虽不乏个性色彩，但基本没有超越前人，尚停留在浅表层次，这与梅尧臣此期主要学习韦应物等唐人之诗而未能着力学陶是密不可分的。梅尧臣学陶的具体原因从创作上讲，与韦应物等人的学陶、尊陶不无关系。

二

梅尧臣对陶潜的大力学习是在44岁之后。这以他对陶诗平淡美学价值的认识和大力学习为标志。

44岁以前，梅尧臣只有一次用“平淡”论诗③。44岁之后，梅始屡屡以“平淡”论诗，且将“平淡”与陶诗相提并论：

方闻理平淡，昏晓在渊明。（卷一五《答中道小疾见寄》）

中作渊明诗，平淡可拟伦。（卷一五《寄宋次道中道》）

远寄平淡辞，曷报琼与瓌。（卷一六《和江邻几见寄》）④

庆历五年（1045）、庆历六年（1046）两年的大部分诗作及其后的一部分诗作皆平淡质朴，有陶风。这与对陶诗的大力学习是分不开的。

与前期学陶重在题材、词语、用典的浅层接受不同，此期重在学习陶诗的结构、理趣、风格，在力度和广度上都要超过前期。梅尧臣对陶《形影神》《止酒》诗的学习是两个典型例子。

庆历五年，梅尧臣写了《拟陶体三首》，分别以“手问足”“足答手”“目释”为题模拟陶诗；庆历八年写有《拟陶止酒》诗，每句皆用“止”字。这几首诗在形式、结构上与陶原诗如出一辙，但梅尧臣并没有停留在形似层面，而是对陶

---

① 〔宋〕梅尧臣著，朱东润编年校注：《梅尧臣集编年校注》，第93页、第93页、第47页。

② 〔宋〕梅尧臣著，朱东润编年校注：《梅尧臣集编年校注》卷九，第142页。

③ 〔宋〕梅尧臣：《和绮翁游齐山寺次其韵》，见朱东润编年校注《梅尧臣集编年校注》卷八，第115页。

④ 〔宋〕梅尧臣著，朱东润编年校注：《梅尧臣集编年校注》，第293页、第304页、第344页。

诗的理趣有较深入的把握。如其《依韵和发运许主客咏影》专以咏影,《寄题金州孙御史处阴亭》借形影写日月迁逝之速。二诗对陶诗理趣有所继承,同时又有创造发明。梅尧臣对《止酒》诗的学习更是做到了举一反三,于理趣上多有创造,仅庆历六年便写有《樊推官劝予止酒》《依韵和通判二月十五日雨中》《感春之际以病止酒水丘有简云时雨乍晴物景鲜丽疑其未是止酒时因成短章奉答》《汝州王待制以长篇劝予复饮酒因谢之》四篇,对陶原诗理趣做了个性解读。其中以最后一首写得最为成功,且在风格上也类陶诗。诗云:

前因饮酒多,乃苦伤营卫,呕血逾数升,几不成病肺。上念父母老,下念妻儿稚,不死常抱痾,于身宁自贵。樊子来劝我,止饮良有谓。公复遗我诗,责我词甚毅,指以年齿衰,非酒何养气。春饮景可乐,夏饮暑可避……我读才一过,不觉颜起愧,自兹愿少饮,但不使疾炽。书此以谢公,公言诚有味。①

诗人于诗中历述由饮酒到止酒、复到饮酒的委曲心灵历程,夹叙夹议,娓娓道来,字里行间的理趣、风貌无不透着陶潜《止酒》诗的风味。但诗人在写作此诗时又在一定程度上摆脱了对陶诗的规模,抒写自己的心路历程和襟怀,融入饱经风霜后的个性,故虽学于陶,而仍自具风格。

同时,在此期,梅尧臣仍然使用陶诗语词、句式、典故等形式因素。但与前期相比,此期由前期的明显借用向较隐蔽的暗用和创造性的应用转化,将大家都熟悉的陶诗和陶典向陌生化、新奇化发展,而陌生和新奇正是审美发展的必然要求。这正是梅尧臣所说的"以故为新,以俗为雅"②。其化用陶诗语词、意趣、句式,令人几乎不觉。试比较:

1	带月入涡尾,落帆防石根。(卷一八《涡口》)	带月荷锄归[陶潜《归园田居首(之三)》]
2	田收野更迥,墟里隔烟陂……荆扉候不掩,稚子望先知。(卷一八《田人夜归》)	依依墟里烟、稚子候门[陶潜《归园田居五首(之一)》《归去来兮辞》]

① 〔宋〕梅尧臣著,朱东润编年校注:《梅尧臣集编年校注》卷一六,第338~339页。

② 〔宋〕陈师道:《后山诗话》,见〔清〕何文焕辑《历代诗话》上册,中华书局1981年版,第314页。

（续表）

3	斑斑远林鸟，极目波烟中，各识时早暮，不忘巢西东，推物得真意，吾将效陶公。（卷一九《拟水西寺东峰亭九咏·栖烟鸟》）①	山气日夕佳，飞鸟相与还。此还有真意，欲辨已忘言。[陶潜《饮酒二十首（之五）》]

前一例在异于陶原诗的情境下，化用了陶诗语词、句式。第二例把陶语掰碎了散在诗中。第三例在领悟陶原诗意趣的基础上，将陶诗意象推演为一首诗，且意象比陶诗显得更为集中。

此期，梅尧臣用陶典一方面承接前期，标榜陶高雅脱俗之趣，另一方面由对陶风貌的领会转入对陶灵魂的深入理解。如饮酒之趣，《九日次寿州》云“昔人把酒望青榼，今我持酒无黄花”，把自己持酒无花的情况同陶对比，以抒己意，用典不直说，多了一层变化、曲折。这不但表明学陶创作的深入，也表明对陶趣领会的深入。如在前文所引《汝州王待制……》一诗中，诗人融入身世之感，更深会了饮酒背后的甘苦。这与前期在直述典故中表现超然尘外之趣是很不同的。

此期梅尧臣开始大力接受陶渊明的具体原因有两个。

其一是在庆历四年，43 岁的梅尧臣祸不单行，连续经历丧妻失子的人生巨痛。次年，好友尹子渐、裴易又去世。梅尧臣为此写了许多悼念诗。在这些诗里，面对死亡的梅尧臣表现出寻求理性解脱的倾向。在短短两年中，梅氏一下子失去这么多至亲好友，痛苦是必然的，寻求解脱也是必然的。而陶诗中超脱生死的理趣、旷达之思正适应了梅氏这种内心渴求。因此他一方面学陶饮酒，“莫惜倒瓶罂”，“莫负吾樽罍”②，有寄愁于酒的倾向。但酒又使他生了病，所以另一方面他又屡提止酒，学陶“止酒”中的理趣。对于人在中年的梅尧臣而言，冷静、理性的态度还是占了上风，所以以理趣见胜的陶诗引起了他的极大关注。这表现在诗歌创作中，不仅是对理趣的追求，更在于对平淡滋味的追求，即以平淡的语言抒写郁愁，把不可解的郁愁以有节制的平淡形式固定下来。梅诗在庆历五年、庆历六年开始写与陶平淡诗美相似的诗作，其深层原因正在于此。

其二，梅尧臣之所以在此期开始大力学陶，还有来自知音、朋友方面的影

① 〔宋〕梅尧臣著，朱东润编年校注：《梅尧臣集编年校注》，第 477 页、第 486 页、第 522 页。

② 〔宋〕梅尧臣：《答中道小疾见寄》《和中道雨中见寄》，见朱东润编年校注《梅尧臣集编年校注》卷一五，第 293 页、第 295 页。

响。庆历六年，梅尧臣从汴州乘舟取道颍州回许州，这时晏殊罢相，以工部尚书知颍州。晏殊见到梅尧臣后，极力推奖，相互多有唱和。晏殊称赞梅诗似陶，有平淡之风，说梅诗"陶韦比格吾不私"①。而梅尧臣则自谦说"因吟适情性，稍欲到平淡。苦辞未圆熟"，"愧抱独慊慊"②，并自白说"宁从陶令野，不取孟郊新"③。梅尧臣回到许昌后，与韩氏兄弟韩绛、韩维、韩缜等多有唱和。韩维诗歌创作极有成就，他赞梅诗"中有冲澹意，要以心志穷"④，认为梅诗诗风平淡，多有学陶、似陶处，对陶诗极为推崇。可见，在对平淡诗美的追求上，梅尧臣同晏殊、韩维等人都是一致的，都极力推尊陶诗，三人又互相唱和推许，所以梅尧臣在这一年多有学陶之诗、似陶之语也就不足为怪了。

三

梅尧臣学陶并最终超越陶诗是在50岁左右。这时，他对陶为人的理解也由风貌潜入灵魂。

说"超越"并非说梅诗的艺术成就超过了陶诗，而是说梅诗在陶诗基础上的创造发明完全成为自我个性风格的写照，是"这一个"而非陶诗或准陶诗。

"超越"在理论上的标志是他提出了"作诗无古今，唯造平淡难"⑤的艺术主张，并进一步把对平淡诗美的追求看作诗歌创作的极境。梅尧臣所说的平淡实则是深远内涵与平淡形式的自然、完美统一。其《林和靖先生诗集序》云：

> 其(林逋)顺物玩情为之诗，则平澹邃美，读之令人忘百事也。其辞主乎静正，不主乎刺讥，然后知趣尚博远，寄适于诗尔。⑥

---

① 〔宋〕梅尧臣：《途中寄上尚书晏相公二十韵》，见朱东润编年校注《梅尧臣集编年校注》卷一六，第370页。

② 〔宋〕梅尧臣：《依韵和晏相公》，见朱东润编年校注《梅尧臣集编年校注》卷一六，第368页。

③ 〔宋〕梅尧臣：《以近诗赞尚书晏相公，忽有酬赠之什称之甚过，不敢辄有所叙，谨依韵缀前日坐末教诲之言以和》，见朱东润编年校注《梅尧臣集编年校注》卷一六，第369页。

④ 〔宋〕韩维：《览梅圣俞诗编》，见傅璇琮等主编《全宋诗》卷四一七，第5116页。

⑤ 〔宋〕梅尧臣：《读邵不疑学士诗卷，杜挺之忽来，因出示之，且伏高致，辄书一时之语以奉呈》，见朱东润编年校注《梅尧臣集编年校注》卷二六，第845页。

⑥ 朱东润先生将该序收于"拾遗"部分，见朱东润编年校注《梅尧臣集编年校注》，第1150页，未编年。但据梅尧臣《送林大年寺丞宰蒙城先归余杭逋之侄孙》(卷二三)、《送林大年殿丞登第倅和州》(卷二九)及该序所云"诸孙大年能掇拾所为诗，请予为序"，梅尧臣当于50岁以后作该序。

又《王直方诗话》云：

> 欧阳公谓梅圣俞诗，始读之则叹莫能及，后数日，乃渐有味，何止橄榄回味，久方觉永。①

又欧阳修《六一诗话》云：

> 圣俞尝语余曰：“诗家虽率意，而造语亦难。若意新语工，得前人所未道者，斯为善也。必能状难写之景，如在目前，含不尽之意，见于言外，然后为至矣。”②

平淡美的本质特征是“平淡邃美”，其美感特征是值得“回味”、“久方觉永”。具言之：在语词上，看似率意而为、平易浅切，实则“造语亦难”，只有达于“工”，“状难写之景，如在目前”方才合乎理想；在诗境创造上，不但要“新”，“道前人所未道者”，更重要的是“含不尽之意，见于言外”，如此方能使读者愈读愈有味；就情感特质而言，应表现“趣尚博远”的情性，即涤除外物束缚后的淳正性灵，至少是经过理性节制后的真挚情思。故梅尧臣论平淡美时所讲的“情性”常与“古”“适”“疏越”“静正”“不须大厥声”等相联系。让平淡诗情偏于脱离情累的闲远趣尚，梅尧臣自己也未必能做到，却是他为自己设定的一个最高目标。

对平淡美的追求并不是一蹴而就的，需要经历文字和胸襟的双重磨炼，这在梅尧臣学陶中期就已明确显露出来。其实，梅尧臣前期、中期学陶的差别已见出这样一种磨炼过程，所以他才能写出较具个性的学陶诗来。只是到后期，本来就“苦于吟咏”的梅尧臣对陶诗的学习更加自觉。《晚坐北轩望昭亭山》云：“方同陶渊明，苦语近田舍。”③又《早春田行》云：“予非陶靖节，老去爱田园。”④但这种向陶诗平淡美的艰苦靠近并非以丧失自我为前提，相反，不论是在为人上还是在作文上，梅尧臣总是坚持自我，故其《答了素上人用其韵》云“我趋仁义急，不解如陶谢”，又《答宣阗司理》云“复为苦硬句，酬报强把笔”⑤。梅尧臣追求平淡邃美，不仅学陶诗一家。他早年学诗多源并进，后虽云“不取孟郊

---

① 郭绍虞辑：《宋诗话辑佚》上册第300条“梅诗如橄榄回味”，中华书局1980年版，第108～109页。

② 〔清〕何文焕辑：《历代诗话》上册，第267页。

③ 〔宋〕梅尧臣著，朱东润编年校注：《梅尧臣集编年校注》卷二〇，第531页。

④ 〔宋〕梅尧臣攻，朱东润编年校注：《梅尧臣集编年校注》卷二四，第721～722页。

⑤ 〔宋〕梅尧臣著，朱东润编年校注：《梅尧臣集编年校注》卷二五，第804页；卷二六，第826页。

新”，但仍“窃比于老郊”①，说“樊文韩诗怪若是，径取一二传优伶”②。可见，他对韩孟怪、奇、新的诗风也敞怀接纳，同时又“刻意咏芳菲，追补李杜失”③。梅诗的平淡风格实际上涵融了多种艺术营养，最终形成了“气完力余，益老以劲”④的独特个性。梅尧臣在学陶后期已经将陶诗的一切——从语词、典故到句式、风格都融到平淡老劲的个性中去了。

这从梅尧臣尚存陶诗蛛丝马迹的诗中可以看出。如《饮酒呈邻几原甫》写饮酒之趣虽有陶诗意味，但行文闲肆畅达，摆落模仿痕迹。《重送杨明叔》一诗几乎每联中有一“之”字，可谓深得陶《止酒》诗“止”味。两诗不仔细品味，已全然不觉学于陶诗。又如《送林大年寺丞宰蒙城先归余杭逋之侄孙》云：

> 东方有奇士，隐德珠在渊，川壑为之媚，草树为之妍。殁来十五载，独见诸孙贤，煌煌出仕途，皎皎如淮玭。今为蒙城宰，归问浙江船，何时渡杨子，夜入明月边。有舄不化凫，有琴何用弦，真趣还自得，治民唯力田。⑤

诗中的“东方有奇士”“有琴何用弦”“真趣还自得”等语显然从陶《咏贫士》《归园田居》等诗中化出，但它们都成为全诗的有机组成部分，不可句摘。而且整首诗着力甚苦、对仗工整、用语新工、音韵铿锵而又一气贯注，真可谓气完力余、古硬老劲，一读便知为梅诗而非陶诗。

此期梅尧臣对陶渊明为人的理解也由形貌潜入灵魂，与陶穷愁失志的心态取得心灵共鸣。他因“突冷无晨炊”⑥，感叹“陶令奈贫何”⑦。梅尧臣虽不可能如陶一样贫穷，但官职卑微，处在达官贵人间，难免不发出“故人已贵身

---

① 〔宋〕梅尧臣：《别后寄永叔》，见朱东润编年校注《梅尧臣集编年校注》卷一八，第468页。

② 〔宋〕梅尧臣：《寄题绛守园池》，见朱东润编年校注《梅尧臣集编年校注》卷二六，第881页。

③ 〔宋〕梅尧臣：《送晋原乔主簿》，见朱东润编年校注《梅尧臣集编年校注》卷二二，第642页。

④ 〔宋〕欧阳修：《梅圣俞墓志铭并序》，见朱东润编年校注《梅尧臣集编年校注》，第1157页。

⑤ 〔宋〕梅尧臣著，朱东润编年校注：《梅尧臣集编年校注》卷二三，第682页。

⑥ 〔宋〕梅尧臣：《贷米于如晦》，见朱东润编年校注《梅尧臣集编年校注》卷二一，第564～565页。

⑦ 〔宋〕梅尧臣：《次韵和景彝秋兴》，见朱东润编年校注《梅尧臣集编年校注》卷二九，第1111页。

独贱，篱根枯死佳花菊”①的慨叹，觉得“才比陶潜无用处”②。由此足见梅尧臣虽仍认为陶“寂然得真趣”③，且自云“归意如陶潜”④，但已从陶外在的风貌深入陶的灵魂了，已领会到陶潜穷愁失志时的难言之苦。这种理解或许是梅氏的误读，但就其学陶来看，是更深入了一步。

梅尧臣对陶渊明形象的这种深入解读与他一生郁郁不得志的经历是分不开的。而愈到晚年，这种不得志的感触愈为强烈。欧阳修《六一诗话》载：

> 梅圣俞晚年，官亦至都官，一日会饮余家，刘原父戏之曰：“圣俞官必止于此。”坐客皆惊。原父曰：“昔有郑都官，今有梅都官也。”圣俞颇不乐。未几，圣俞病卒。⑤

梅尧臣虽志存淡泊，但心存仁义之道，进取之心终生未泯，故于他人谑言，深有感触，口不能辩，心实不乐，亦非出于无因。所以梅尧臣能对陶潜穷愁失志的心态、灵魂有独到的理解。

四

从梅尧臣对陶渊明刻苦而成功的接受历程看，对一位优秀作家的成功接受并不是典故、语词等形式上的袭用、模拟，也不是单求神韵上的相似，而是将他的一切化为自我，使之成为自我文学生命的血液；对一位作家的成功接受也不是一蹴而就的，须经历一个由浅而深、由神似而超越的过程，需要广纳众家，经历文字和胸襟的双重磨炼，对其诗文的深入接受同时伴随着对其为人的深入理解。当然，梅尧臣学陶“浅学—力学—超越”的基本历程并不是直线型的，而是前后有交叉。比如，其学陶后期也有《桃花源诗并序》这样模仿陶诗同题题材的作品，前期也有化用陶诗语词极为成功的例子，像他 33 岁时所写的《早渡长芦

---

① 〔宋〕梅尧臣：《江口遇刘纠曹赴鄂州寄张大卿》，见朱东润编年校注《梅尧臣集编年校注》卷二五，第 814～815 页。

② 〔宋〕梅尧臣：《依韵和秋夜对月》，见朱东润编年校注《梅尧臣集编年校注》卷二二，第 633 页。

③ 〔宋〕梅尧臣：《次韵和永叔夜坐鼓琴有感二首（之一）》，见朱东润编年校注《梅尧臣集编年校注》卷二九，第 1130 页。

④ 〔宋〕梅尧臣：《和吴冲卿江邻几二学士王景彝舍人秋兴》，见朱东润编年校注《梅尧臣集编年校注》卷二八，第 1028 页。

⑤ 〔清〕何文焕辑：《历代诗话》上册，第 265～266 页。

江》云“带月出寒浦，残星浸水渍”①。“带月”二字写寒夜之景，其凄冷之意全不似陶诗“带月荷锄归”之“带月”便娟可人，已脱出陶诗窠臼。但他这一历程的基本方向是大致如此的。

梅尧臣接受陶渊明的具体原因已散见于上文，但他对一位长期被忽视的大作家的发现尚有更为复杂而必然的条件。从大的时代背景、审美思潮考虑，尚可进一步理解梅尧臣接受陶渊明的必然性。

从大的时代背景看，已走入下坡路的宋代统治者抛弃了盛唐人建功立业的精神，追求倡导淡泊自守的品格。这是从宋太祖赵匡胤便开始的政治引导，他“杯酒释兵权”，鼓励士大夫多蓄“歌儿舞女”②、享乐人生，同时采取切实措施，保证士大夫官僚在职与退休后的优厚待遇，以消除其不臣之心、功业之志。而宋代又重文轻武，士大夫官僚多从科举进身，有较高的文化修养，在进退无虞、优游自得的生活中大多推崇自白居易始大力倡导的“中隐”观念。到欧阳修等人发起儒学复古运动，虽意在进取，但在个人修养上仍推崇淡泊自守的品格。这在本编第一章第二节中已有涉及。梅尧臣更奉淡泊为人生正味，奉行“淡泊全精神，老氏吾将师”③的精神，因此便极易同淡泊自守的陶潜取得心灵共鸣。

从时代审美思潮看，宋初、中期渐渐兴起一股推崇平淡美的时代审美思潮。这股思潮直接导源于中、晚唐山水诗风，而文化渊源则来自先秦道家。道家认为“道之出言，淡乎其无味”(《老子·第三十五章》)，但“大盈若冲，其用不穷”(《老子·第四十五章》)，故人应师法道，“见素抱朴，少私寡欲”(《老子·第十九章》)。由于在人生追求上推崇冲淡，所以在美学追求上就推崇平淡朴素之美，认为“澹然无极而众美从之”④。中晚唐人推崇“独善”的人生道路，在淡泊自守中又加入空灵的禅趣，如释皎然论诗即推崇冲淡之美，司空图在《二十四诗品》中把“冲淡”列为第二品，而且每一品中都体现着老庄、禅宗之虚静恬淡、超尘拔俗的精神品格。他又在《与王驾评诗书》中把王维诗、韦应物诗推为平淡美的典范。同时，司空图论诗又主张“味外之味”“旨外之旨”“景外之景”，这便离

---

① 〔宋〕梅尧臣著，朱东润编年校注：《梅尧臣集编年校注》卷四，第73页。

② 〔元〕脱脱等：《宋史》卷二五〇《石守信传》，中华书局1977年版，第8810页。

③ 〔宋〕梅尧臣：《依韵和邵不疑以雨止烹茶观画听琴之会》，见朱东润编年校注《梅尧臣集编年校注》卷二六，第847页。

④ 《庄子·外篇·刻意》，见〔清〕郭庆藩撰、王孝鱼点校《庄子集释》，中华书局1961年版，第537页。

揭示平淡美“邃美”的内涵仅隔一层窗纸了。宋初美学思潮虽笼罩在唐风之下，掀起一股浮艳之风，但白体诗人、晚唐体诗人都对平淡诗风有侧重不同的推崇。释智圆论诗便推崇“辞尚平淡，意尚幽远”①者。随着儒学复古运动在文学领域的开展，统治阶层对西昆雕艳文风尤为不满，提倡平易流畅的文风。晏殊、欧阳修等人推崇平淡诗美已略如前文所言，连诗风豪放的苏舜钦也极力推尊梅诗，表示“会将趋古淡，先可镇浮嚣”②。可见，不论是从纵向的审美历史看，还是从横向的审美追求看，梅尧臣所处的时代确乎蔚然兴起一股推崇平淡诗风、平易文风的审美趣尚。如前文所论，梅尧臣本人也是从多种渠道接受平淡诗风熏染的。梅尧臣提倡平淡诗说，实际上是在时代之风的助推下，继承和发展了皎然、司空图的观点。然而，难能可贵的是，梅尧臣把平淡诗美的创作源头由王维、韦应物进一步向前推到陶潜，比他们更清醒地看到陶诗的艺术价值所在，并实践了一条学习陶诗的成功之路，从而为陶渊明接受史做出了贡献。如果联系到苏轼等人推崇陶渊明的言论，那么梅尧臣在陶渊明接受史上的开创之功便显而易见了。

第三节　别有神会数安石

梅尧臣所在时代推崇并接受陶渊明的，还有同梅尧臣有诗歌酬唱的两个人值得一提。

其一是刘敞。《宋史》卷三一九有传。据《全宋诗》，刘敞现存1400余首诗，其中与陶渊明有较明显关系的有近70首。刘敞的五言古诗主要师法汉魏古诗，而陶诗是他着力学习的对象。他曾写过《效陶潜体》《停云诗》《卧北窗下读书》《桃源》等风格、意趣、取材追摹陶诗的诗，并同他的弟弟刘攽一起作过《续黄子温读陶渊明诗》。他作了十首，刘攽作了八首。此外，《昼寝三首》《昼寝上府公》《同梅二十五饮永叔家观所抄集近事》《访杨异寺丞》《张学士送酒》《杂诗二十二首（之二十二）》《杂诗二十二首（之十九）》《新年》《筑室种树》《九日》《苍筤源》《负暄四首（之三）》《祠部王郎中送山水枕屏作》《闻张六复弃官归》

① 〔宋〕释智圆：《远上人湖居诗序》，见曾枣庄、刘琳主编《全宋文》第八册卷三一〇，巴蜀书社1990年版，第226页。

② 〔宋〕苏舜钦：《诗僧则晖求诗》，见沈文倬校点《苏舜钦集》卷八，上海古籍出版社1981年版，第91页。

等诗之风格、意趣亦逼似陶诗。刘敞的学陶之作大多如渊明一样感时叹逝、鄙弃“夸竞常汲汲”的“市朝士”①,保一己之洁素,以静退、自适为归。其言语、句式、气调、立意多本陶诗,然创新之处不多。

其二是继欧阳修、梅尧臣之后,唱出迥异于唐音的宋诗风调的第一人——王安石。据《全宋诗》,王安石现存1500余首诗,其中与陶渊明有较明显关系的有75首。这一比例与刘敞是一致的,看似偶然,如果联系上节梅尧臣等人对陶渊明的接受实际看,这是时代精神与审美思潮制约的必然。王安石明显有陶诗痕迹的诗大部分作于晚年罢相退居钟山时期。王安石在运用陶诗意象、借鉴陶之风格意趣等方面多有创新,故本节略读刘敞而详谈王安石。

罢相之前,王安石取材于陶渊明《桃花源记并诗》,写作了著名的《桃源行》诗。诗云:

> 望夷宫中鹿为马,秦人半死长城下。避世不独商山翁,亦有桃源种桃者。此来种桃经几春,采花食实枝为薪。儿孙生长与世隔,虽有父子无君臣。渔郎漾舟迷远近,花间相见惊相问。世上那知古有秦,山中岂料今为晋。闻道长安吹战尘,春风回首一沾巾。重华一去宁复得,天下纷纷经几秦。②

王安石于舒州任满,回汴京候命。嘉祐元年(1056),他在京都拜会了仰慕已久的前辈欧阳修、名扬四海的诗人梅尧臣,并同他们多有唱酬之作。是年,梅尧臣作《桃花源诗并序》。他于诗中云:“英雄灭尽有石阙,智惠屏去无年华,俗骨思归一相送,慎勿与世言云霞。”③梅尧臣仍承唐以来的看法,视桃源为仙境。与梅尧臣“通家情有连”④、总角相交、终生莫逆的刘敞也作过《桃源》,亦以桃源为仙境。王安石此作或受梅诗感发,亦未可知。但王诗翻出新意,以桃源为避世之地,晋时渔人所见桃源人乃秦人子孙。这一带有历史理性眼光的新见解获得了宋人普遍的赞同。王安石于诗中又以“虽有父子无君臣”来解读《桃花源记》中这一无剥削、无压迫的理想世界,较之前人视为仙界更合乎陶原作意旨。该

---

① 〔宋〕刘敞:《续黄子温读陶渊明诗十首(之三)》,见傅璇琮等主编《全宋诗》卷四六四,北京大学出版社版,第5628~5629页。

② 〔宋〕王安石:《临川先生文集》卷四,中华书局1959年版,第113页。如不特别注明,本节所引王安石诗文皆据此本。

③ 〔宋〕梅尧臣著,朱东润编年校注:《梅尧臣集编年校注》卷二六,上海古籍出版社1980年版,第895页。

④ 〔宋〕刘敞:《同永叔哭圣俞》,见傅璇琮等主编《全宋诗》卷四七八,第5782页。

诗叙事、议论、抒情相结合,要而不烦,兴寄深远,是继王维与韩愈之后、受陶原作影响的又一力作。但此时,王安石身在仕途、正欲有为,故其诗风劲健明朗、气势凌厉,虽取材于陶,却殊少陶诗之风格意趣。

正是由于以历史的眼光把桃源看为避世之地,又同时以理想的眼光视之为与世俗纷乱世界相对的优美和谐的生活环境,王安石在诗歌创作中屡屡使用“桃源”之典来描写宁静优美的山水环境,抒发其脱俗不偶的志趣。江宁段约之的住处是一个常令他想起桃花源的地方。王安石曾写有《奉酬约之见招》《段氏园亭》二诗,皆以桃源况之。如后诗云:

> 欹眠随水转东垣,一点炊烟映水昏。漫漫芙蕖难觅路,脩脩杨柳独知门。青山呈露新如染,白鸟嬉游静不烦。朱雀航边今有此,可能摇荡武陵源。①

其实,钟山之下,哪一处景色不令人想到“武陵源”呢?

> 两山松栎暗朱藤,一水中间胜武陵。午梵隔云知有寺,夕阳归去不逢僧。(卷三三《游钟山》)

> 径暖草如积,山晴花更繁。纵横一川水,高下数家村。静憩鸡鸣午,荒寻犬吠昏。归来向人说,疑是武陵源。(卷一四《即事》)

> 舍南舍北皆种桃,东风一吹数尺高。枝柯蔫绵花烂熳,美锦千两敷亭皋。晴沟涨春绿周遭,俯视红影移渔舠。山前邂逅武陵客,水际髣髴秦人逃。(卷三《移桃花示俞秀老》)②

诗人于上面诗中皆以桃源拟现实美景。王安石还偶尔用桃源喻征佛家真境。《游钟山》已略有此意味,《达本》则“豁然开朗”,诗云:

> 未能达本且归根,真照无知岂待言。枯木岩前犹失路,那堪春入武陵源。③

该诗全然宋调,理趣、禅机直与“桃源”相连。王安石有时借桃源创写诗歌意境,出神入化,令人不觉。如其《南浦》云:

> 南浦随花去,回舟路已迷。暗香无觅处,日落画桥西。④

小诗风格淡雅,意境悠远。诗人于诗中虽写南浦之游,却未正面言景色之美,而

---

① 〔宋〕王安石:《临川先生文集》卷一七,第 222 页。

② 〔宋〕王安石:《临川先生文集》,第 361 页、第 196 页、第 97 页。

③ 〔宋〕王安石:《临川先生文集》卷三四,第 374 页。

④ 〔宋〕王安石:《临川先生文集》卷二六,第 300 页。

是巧借《桃花源记》中“遂迷不复得路”的情节构思，侧面虚写，含蓄蕴藉，不言景美而景之美已如蓝田之玉矣。

欧阳修云“晋无文章，惟陶渊明《归去来》一篇而已”①，并尝受之影响作《暇日雨后绿竹堂独居兼简府中诸僚》云“开轩见远岫，欹枕送归云”“南窗若可傲，方事陶潜巾”②。又于《罢官后初还襄城弊居述怀十韵回寄洛中旧寮》中云“路尽见家山，欣然望吾庐。陋巷叩柴扉，迎候遥惊呼”③，是其心情、诗语皆自《归去来兮辞》来。然欧阳修受《归去来兮辞》的影响远比不上王安石。王安石对《归去来兮辞》别有灵犀暗相通，巧妙地将其中的词句、意象、情境融合到自己的创作中。

虽然王安石有匡济天下之志，但其诗中每每响起“归去来兮”的声音：

彭泽陶潜归去来，素风千岁出尘埃。（卷一九《题仪真致政孙学士归来亭》）

百年多病独登台，知有归日眉放开。功名富贵何足道，且赋渊明归去来。[卷三六《送吴显道五首(之五)》]

久闻阳羡安家好，自度渊明与世疏。亦有未归沟壑日，会应相近置田庐。（卷二五《寄虞氏兄弟》）

渊明未得归三径（自注：金陵有旧庐），叔夜犹同把一杯。（卷二五《答熊本推官金陵寄酒》）

官身有吏责，触事遇嫌猜。野性岂堪此，庐山归去来。（卷二六《代陈景元书于太一宫道院壁》）

可笑远公池上客，却因松菊赋归来。（卷二五《钟山西庵白莲亭》）④

诗人感于仕途的凶险、坎坷，引用陶渊明“归去来”之典，表达了对陶渊明静退高风的崇仰，也表达了自己视富贵如浮云、崇尚松菊高节、终当退居的脱俗志趣。正如明用陶典一样，王安石又每于诗文中用《归去来兮辞》正文中的词语、句式、意趣，且略有变化、别具新趣：

柴门虽设要常关。（卷三〇《与北山道人》）

---

① 〔宋〕魏庆之编，王仲闻校勘：《诗人玉屑》下册卷一五，上海古籍出版社 1978 年版，第 322 页。

② 傅璇琮等主编：《全宋诗》卷二九六，第 3731 页。

③ 傅璇琮等主编：《全宋诗》卷二九七，第 3736 页。

④ 〔宋〕王安石：《临川先生文集》，第 244 页、第 388 页、第 294 ~ 295 页、第 295 页、第 301 页、第 288 页。

望超然之白云，临清流而长叹。［卷二《寄蔡氏女子二首（之二）》］

临流写所爱。（卷八《结屋山涧曲》）

秋径深松菊。（卷一一《蒙亭》）

家山松菊半荒芜。（卷二〇《次韵平甫赠三灵山人程惟象》）

岁晚北窗聊寄傲。（卷一七《北山三咏·觉海方丈》）

谁为吾侍者，稚子候柴门。［卷一四《怀古二首（之一）》］

中园日涉非无趣。（卷二三《和微之林亭》）

恕心量己，虽知容膝之易安。［卷五七《辞免使相判江宁府表二道（之一）》］①

上引诗文的语言、句式、意趣皆从《归去来兮辞》中的“临清流而赋诗”“三径就荒，松菊犹存”“稚子候门”“倚南窗以寄傲，审容膝之易安。园日涉以成趣，门虽设而常关”等语句而来，别有一番风味。王安石还以同样的方式从陶渊明《五柳先生传》《读山海经》《饮酒二十首》等诗文中汲取营养。

王安石对《归去来兮辞》中最感兴趣而又别有心得的是“无心云”。其诗中凡八题写到“无心云”或与之有关的云意象。如其《题定林壁怀李叔时》云：

云与渊明出，风随御寇还。燎炉无伏火，蕙帐冷空山。②

又《即事二首》云：

云从钟山起，却入钟山去。借问山中人，云今在何处。

云从无心来，还向无心去。无心无处寻，莫觅无心处。③

又《白云》云：

英英白云浮在天，下无根蒂旁无连。西风来吹欲消散，落日起望心悠然。愿回羲和借光景，常使秀色当檐边。时来不道能为雨，直以无心最可怜。④

陶渊明《归去来兮辞》云“云无心以出岫”，既为写景，亦状其超然无羁的飘逸之心。据《闻见近录》载，王安石晚年退居钟山，“出即乘驴”，“一卒牵之而行”，“若牵卒在前听牵卒，若牵卒在后即听驴矣……欲止即止，或坐松石之下，或憩田野耕凿之家，或入寺随行。未尝无书，或乘而诵之，或憩而诵之。仍以囊盛饼

① 〔宋〕王安石：《临川先生文集》，第339页、第90～91页、第140页、第164页、第249页、第226页、第200～201页、第276页、第620页。

② 〔宋〕王安石：《临川先生文集》卷二六，第300页。

③ 〔宋〕王安石：《临川先生文集》卷三，第98页。

④ 傅璇琮等主编：《全宋诗》卷五七六，第6775页。

十数枚，相公食罢，即遗牵卒；牵卒之余，即饲驴矣。或田野间人持饭饮献者，亦为食之”①。王安石曾于《同陈伯通钱材翁游山二君有诗因次元韵》中云：“安得湖山归我手，静看云意学无心。”晚年的王安石在生活方式、心情上都是以陶渊明的“无心云”为师法对象的。其诗中的“无心云”正是其渴望彻底摆脱官场世俗生活羁縻、获得身心自由与超脱之心情的审美写照，也是王安石本人脱俗志趣的诗性流露。蔡上翔《王荆公年谱考略》评《即事二首》云：“此全类禅家机锋语，而独无其荒忽。‘无心无处寻，莫觅无心处’，正可为后来阳儒阴释者下一针砭。”来去无意、自然飘逸、行于当行、散于不可不散的“无心云”，由于融入了王安石悠闲无拘的隐居生活、萧然淡泊的脱俗情怀以及富含理趣、禅机的人生深味甚至一丝丝难以觉察的悲凉心情，形象可感，韵味无穷，开启了后人吟赏“无心云”的心智。“无心云”的内涵因此增益不少。

王安石晚年诗深婉不迫、平淡有味。其写“无心云”的诗便充分体现了这一特点。如《招杨德逢》云：

> 山林投老倦纷纷，独卧看云却忆君。云尚无心能出岫，不应君更懒于云。②

杨德逢是王安石在半山园的邻居。诗人因云思友，以云邀友，拿云况友，立意新巧微妙、自然含蓄、平淡有味。如果没有陶渊明那样的情怀和真诚之意，是难以写出这样风格韵味得陶神髓而又越陶出新的好诗的。

王安石对陶诗是非常感兴趣的。

王安石不仅精识杜诗，而且精识陶诗。在陶渊明接受史上，他是第一个对陶《饮酒二十首（之五）》发表推崇备至言论的读者。明代都穆《南濠诗话》云：

> 如《饮酒》其五云：“结庐在人境，而无车马喧。问君何能尔？心远地自偏。”王荆公谓“诗人以来，无此四句”。③

对于王安石为什么说“诗人以来，无此四句”，我们不得而知。但联系他在《遁斋闲览》中评杜甫的言论，我们可以推知，这四句诗至少体现了杜诗“平淡简易”“淡泊闲静若山谷隐士者”的风格。又其于《示俞秀老二首（之二）》中云：“君诗何以解人愁，初日红蕖碧水流。未怕元刘妨独步，每思陶谢与同游。”④这是推

---

① 转引自〔宋〕詹大和等撰、裴汝诚点校《王安石年谱三种》，中华书局 1994 年版，第 146 页。

② 〔宋〕王安石：《临川先生文集》卷二八，第 323 页。

③ 〔清〕丁福保辑：《历代诗话续编》下册，中华书局 1983 年版，第 1342 页。

④ 〔宋〕王安石：《临川先生文集》卷二九，第 328 ~ 329 页。

赏陶诗旷达、自然、脱俗的风格旨趣。因此王安石在创作中屡屡翻用《饮酒二十首(之五)》中的意趣与技巧:

我池在人境,不与猨獭居。(卷一《要望之过我庐》)

地偏人罕至,心远境常寂。(卷四《次韵约之谢惠诗》)

结屋在墙阴,闭门读诗书。……杖藜出柴荆,岂无马与车。[卷一一《客至当饮酒二首(之一)》]

亦有床座好,但无车马喧。[卷一四《怀古二首(之一)》]①

当然,王安石晚年对多变的政治风云还是偶或不安和心有余悸的,并非真能做到陶渊明《饮酒二十首(之五)》中那样的超然。如其《偶书》云:“穰侯老擅关中事,尝恐诸侯客子来。我亦暮年专一壑,每闻车马便惊猜。”②可见,此老胸中尚有“车马喧”,并没有完全忘怀政治。其实,这与陶渊明的心情也是相通的,只是由于地位、经历的不同,陶渊明表现得更为洒脱一些而已。

王安石的确是扎扎实实学习过陶渊明诗文的,前面之例已略见一斑,又如《岁晚怀古》云:

先生岁晚事田园,鲁叟遗书废讨论。问讯桑麻怜已长,按行松菊喜犹存。农人调笑追寻壑,稚子欢呼出候门。遥谢载醪祛惑者,吾今欲辩已忘言。③

诗中加重点号之词句全袭用、借鉴于陶渊明《归去来兮辞》《归园田居五首(之一)》《饮酒二十首(之五)》等诗文,是为宋人隐括陶渊明诗文以成诗词的滥觞。此尚浅显易见,风格与陶有异。又有立意、格调全仿陶者。如其《怀古二首》《即事三首(之一)》《客至当饮酒二首(之一)》《泊舟姑苏》等诗的立意、格调即受陶渊明《饮酒二十首(之五)》、《形影神》组诗、《拟古九首(之四)》等诗的影响。试举《怀古二首(之二)》为例:

长者一床室,先生三径园。非无饭满钵,亦有酒盈樽。不起华边坐,常开柳际门。漫知谈实相,欲辩已忘言。④

王安石将陶诗文意趣与佛家意趣并举,开引禅入陶之先河。又如《即事三首(之一)》云:

---

① 〔宋〕王安石:《临川先生文集》,第87页、第107页、第172页、第200页。

② 〔宋〕王安石:《临川先生文集》卷三四,第375页。

③ 〔宋〕王安石:《临川先生文集》卷一七,第222页。

④ 〔宋〕王安石:《临川先生文集》卷一四,第201页。

我起影亦起，我留影逡巡。我意不在影，影长随我身。交游义相好，骨肉情相亲。如何有乖睽，不得同苦辛。①

从句式、意趣上看，头两句似受李白《月下独酌》的影响；但之后六句不论在人生感喟还是在语气、风格上，都得自陶《形影神》组诗。

陶诗对王安石晚年诗的影响，更为深层的是一种平淡精神的影响。王安石前半生直面现实，锐意进取，诗风亦恢奇纵横、劲健凌厉，虽偶有傲岸恬退之调，要亦不是主流。晚年闲退后，其诗法愈益精严工巧，悲愤凄凉之叹常出之于恬淡闲适，且新意迭出，“唐人格调，始一大变。苏、黄继起，古法荡然”②。王安石对杜甫诗极为推崇。这通过《遁斋闲览》的记载及他本人的《杜甫画像》等诗文可略见一斑。其诗法渊源主要承自杜甫，但杜诗并不是唯一的创作之源。韩愈、王维等人的诗对王安石诗都产生过不小影响，而于平淡之中深蕴悲慨精神的陶诗对王安石晚年诗风的影响尤深。前面所举见出陶诗影子的诗如《偶书》《即事三首(之一)》《题定林壁怀李叔时》等已见一斑。至于作为一种精神浸润在一般诗作中的例子便不烦赘举了。宋人许彦周在《彦周诗话》中评曰“东坡海南诗、荆公钟山诗，超然迈伦，能追逐李、杜、陶、谢”③，是为精当之论。

王安石对陶渊明的人品是相当敬重和倾慕的。王安石最看重的是陶渊明清高自守的品节和高雅出尘的情趣。在王安石看来，陶渊明是“素风千岁出尘埃”④的不朽人物，他虽然贫穷⑤，却能够避开世俗之徒所奔竞追求的富贵名利，“适野无世喧”⑥，固穷守节。王安石认为陶渊明的清高中还有着怀才不遇、曲高和寡的深沉内涵。王安石《和晚菊》云：

不得黄花九日吹，空看野叶翠葳蕤。渊明酩酊知何处，子美萧条向此时。委翳似甘终草莽，栽培空欲傍藩篱。可怜蜂蝶飘零后，始有闲人把一枝。⑦

王安石在此诗中以晚菊自况，其中深含着虽失意而又自高自怜的士大夫情怀。

---

① 〔宋〕王安石：《临川先生文集》卷六，第124页。

② 〔明〕胡应麟：《诗薮》外编卷五，上海古籍出版社1979年版，第211页。

③ 〔清〕何文焕辑：《历代诗话》上册，中华书局1981年版，第383页。

④ 〔宋〕王安石：《题仪真致政孙学士归来亭》，见《临川先生文集》卷一九，第244页。

⑤ 参〔宋〕王安石《临川先生文集》卷二三《始与韩玉汝相近居，遂相与游，今居复相近，而两家子唱和诗相属，因有此作》，第272页。

⑥ 〔宋〕王安石：《与吕望之上东岭》，见《临川先生文集》卷一，第86页。

⑦ 〔宋〕王安石：《临川先生文集》卷二〇，第252页。

一个“似”字巧妙地传达出这种心态。这是王安石的自我写照，也是对陶渊明、杜甫的精神写照。因此他又在《狄梁公陶渊明俱为彭泽令至今有庙在焉刁景纯作诗见示继以一篇》中说“陶令清身托酒徒”①。这与说“渊明酩酊知何处”同意，皆云渊明并非仅仅是一逍遥尘外的隐士。他心中仍然记挂着世事，有着对现实政治的不满。这也是王安石自我心态投射到陶渊明身上获得的阅读结论，它与中晚唐韩愈等人对陶渊明心态的理解是一致的。

只是王安石比韩愈对陶渊明更感兴趣。王安石把自己高雅出尘、融入自然山水的诗人情怀同洁身自好的陶渊明结合起来。他认为陶渊明非但品节高尚，而且本性便非凡俗。他在《寄阙下诸父兄兼示平甫兄弟》中云：“久闻阳羡溪山好，颇与渊明性分宜。”②渊明之神明与山水息息相关，他是丘壑中人，而非追名逐利之徒。陶渊明在这方面的具体表现就是“却因松菊赋归来”③，置身于自然田园，时常“东篱醉”④；寄傲北窗，“静看云意学无心”⑤，“临流遇兴还能赋”⑥。这种任性逍遥、高雅闲适、潇洒尘外的田园生活都是真性情的自然流露。王安石也是真心倾慕和效仿的，在晚年尤其如此。

熙宁十年(1077)六月，王安石继罢相之后，又辞去江宁府之职，以集禧观使的名义闲居，于是在府城江宁东门至钟山间约一半的白塘，营建半山园，并定居于此。他是带着陶渊明“吾亦爱吾庐”一样的深情营建半山园的。其《示元度》诗云：

> 今年钟山南，随分作园囿。凿池构吾庐，碧水寒可漱。沟西雇丁壮，担土为培塿。扶疏三百株，莳栋最高茂。不求鹓鸲实，但取易成就。中空一丈地，斩木令结构。五楸东都来，斸以绕檐溜。老来厌世语，深卧塞门窦。赎鱼与之游，喂鸟见如旧。独当邀之子，商略终宇宙。更待春日长，黄鹂哢清昼。⑦

诗的前半部分写构筑“吾庐”的过程，寓含高雅的志趣；后半部分写寄怀山水的

---

① 〔宋〕王安石：《临川先生文集》卷二〇，第253页。

② 〔宋〕王安石：《临川先生文集》卷二四，第287页。

③ 〔宋〕王安石：《钟山西庵白莲亭》，见《临川先生文集》卷二五，第288页。

④ 〔宋〕王安石：《九日登东山寄昌叔》见《临川先生文集》卷二四，第285页。

⑤ 〔宋〕王安石：《同陈伯通钱材翁游山二君有诗因次元韵》，见《临川先生文集》卷二一，第261页。

⑥ 〔宋〕王安石：《移柳》，见《临川先生文集》卷三七，第310页。

⑦ 〔宋〕王安石：《临川先生文集》卷一，第84页。

闲适生活。其“商略终宇宙”的情怀、“黄鹂啀清昼”的雅趣与陶渊明“俯仰终宇宙，不乐复何如”(《读山海经十三首(之一)》)、“见树木交荫，时鸟变声，亦复欢然”(《与子俨等疏》)的情怀志趣是一脉相连的。据作《王荆文公诗注》的李壁说，王安石曾作《五柳》诗，把甥婿龚原的住宅也比作陶庐。其诗云：

五柳柴桑宅，三杨白下亭。往来无一事，长得见青青。①

王安石有了自己的“陶庐”，便于诗歌中不止一次地描写“吾庐”及在庐中的生活。如他在《要望之过我庐》《与吕望之上东岭》《招约之职方并示正甫书记》《北窗》等诗中写“吾庐”中的生活，有时虽难免伴随“漫读毗耶数卷书”式的孤寂情怀，但能在“吾庐”中品味陶渊明式的人生，获得融入宇宙、融入自然的生命感悟。

王安石对陶渊明为人的倾慕和效仿，与白居易一味地学陶闲适、不免平俗不同，而是能拔出流俗、高标自赏。虽多了些士大夫式的孤高，但在精神品味上比白居易更接近陶渊明。王安石既学陶风流雅趣，又赏陶孤高品节，表现了典型的宋人精神。

王安石对桃花源的解读，对《归去来兮辞》中“无心云”的解读，对陶诗在语词、句式、风格、精神上的学习，对陶渊明为人的倾慕和效仿，皆有精深独到之处。这一切对后代特别是江西诗人学陶影响极深。

王安石之所以接受陶渊明，除了与梅尧臣、欧阳修等人同处于推崇静退之节、平淡诗风背景之下的共因，其个人方面的原因主要有以下两点。

第一，王安石人格高尚，于静退之节身体力行。朱熹曾说：“安石以文章节行高一世，而尤以道德经济为己任。”②其经济之志略而不论，而其个人修养的确是可以高标一世的。《宋史·王安石传》称“安石未贵时，名震京师，性不好华腴，自奉至俭”③。虽屡次有进职的机会，他都辞而不就。这看似与他积极进取、厉行变法的做法相违悖，实则与他的操守相一致。熙宁五年，王安石带着悲痛与倾慕之情写了《祭欧阳文忠公文》，在文中称颂欧阳修“果敢之气、刚正之节，至晚而不衰”以及“功名成就，不居而去”④的高风亮节。熙宁十年，他于《宝文阁待制常公墓表》中云：“自周道隐，观学者所取舍，大抵时所好也。违俗而适

① 〔宋〕王安石：《临川先生文集》卷二六，第299页。

② 〔元〕脱脱等：《宋史·王安石传》，中华书局1977年版，第10553页。

③ 〔元〕脱脱等：《宋史·王安石传》，第10550页。

④ 〔宋〕王安石：《临川先生文集》卷八六，第894页。

己，独行而特起，呜呼！公贤远矣！”①而“夷甫清风高节，进退有道，数十年间，不改其操”②。王安石激赏“术素修而志素定”、有独立头脑而非趋时随俗的“真儒”③。这正是对他们特立独行、高风亮节的赞语，也是自我追寻的表白。由于变法引起的复杂矛盾，王安石被迫罢相，急流勇退，很快辞去一切官职。“所居之地，四无人家，其宅仅蔽风雨，又不设垣墙，望之若逆旅之舍。”④神宗所赐之马死后，自己买驴乘之，也不坐轿，生活俭朴而随便。无怪乎黄庭坚叹云：“余尝熟观其风度，真视富贵如浮云，不溺于财利酒色，一世之伟人也！”⑤如此崇高而又具有静退之节的“一世之伟人”，自然会对“素风千岁出尘埃”的陶渊明抱有极大的好感。

第二，王安石晚年闲退的生活与陶渊明有某些类似。这在前文已略有所论。概而言之，王安石罢相之后，深感于世事不可再为，愤慨苦闷、孤独悲凉之情自然难免。但王安石乃风雅之人，洁身自好，寄情于钟山烟水，流连于寺门诗书，淡泊其情怀以化解不平之气。王安石在《与耿天骘书二（之一）》中说：“今夏复感眩瞀如去秋，偶复不死，然几如是而能复久存乎！旁妇已别许人，亦未有可求昏处，此事一切不复关怀。陶渊明所谓‘身如逆旅舍，我为当去客’，于未去间，凡事缘督应之而已。”⑥他从个体生命出发，如“无心云”一样超脱俗事、闲适自由、融入自然、恢复自我的渴望使他与陶渊明取得了深刻的共鸣，于吟赏品味陶渊明诗文意趣之余，便自然会操笔效陶、发而为诗了。

---

① 〔宋〕王安石：《临川先生文集》卷九〇，第935页。

② 〔宋〕詹大和等撰，裴汝诚点校：《王安石年谱三种》，第508页。其，原作“甚”，笔者疑误，径改。

③ 〔宋〕王安石：《送孙正之序》，见《临川先生文集》卷八四，第884～885页。

④ 〔宋〕魏泰撰，李裕民点校：《东轩笔录》卷一二，中华书局1983年版，第139页。

⑤ 〔宋〕黄庭坚：《跋王荆公禅简》，见郑永晓整理《黄庭坚全集辑校编年》，江西人民出版社2011年版，第1582页。

⑥ 〔宋〕王安石：《王文公文集》卷四，上海人民出版社1974年版，第52页。

第三章　苏轼与陶渊明接受史高潮的到来

第一节　“地偏心远似陶潜”

从苏轼出生(1037 年)到“乌台诗案”(1079 年),是苏轼接受陶渊明的始发期。据清代王文诰辑注《苏轼诗集》①,苏轼的编年诗自 1059 年始,卷一至卷一九共有 1006 首,其中与陶有关的诗有 38 首,约占总量的二十七分之一。而在熙宁四年(1071)青年苏轼出调杭州之前,苏诗中与陶有关的诗仅有 4 首,占此期诗作的六十九分之一,比例更小。任杭州通判之后,苏诗中与陶有关的诗才稍多起来,截至“乌台诗案”,共有 34 首,约占此期总量的二十二分之一。

以上统计数字表明,青年苏轼对陶渊明还不太重视。出任杭州通判之后,开始品尝到人生之苦的苏轼才稍稍注意到陶渊明的存在。在整个始发期,苏轼欣赏的是陶渊明的归去情结、吏隐情趣和率真旷达的人生态度。

由于受传统文化的熏陶和对家乡的留恋,归隐和思乡之念从苏轼一踏上出仕的征途便成为他诗歌中永恒的呼唤。而这一呼唤又是与陶渊明紧密相连的。苏轼在第一次离开家乡时所写的《浰阳早发》中云“我行念西国,已分田园芜”②。苏轼初任凤翔判官时,在《中隐堂诗(其一)》中明确表示“退居吾久念,长恐此心违”③。他出任杭州之前,又在《次韵张安道读杜诗》中说:“殷勤理黄菊,未遣没蓬蒿。”④然而,既然“田园处处好”,那么“渊明胡不归”⑤? 关键是在

① 〔宋〕苏轼撰,〔清〕王文诰辑注,孔凡礼点校:《苏轼诗集》,中华书局 1982 年版。本节所引苏轼诗皆据此书,不再详注。

② 〔宋〕苏轼撰,〔清〕王文诰辑注,孔凡礼点校:《苏轼诗集》第一册卷二,第 70 页。

③ 〔宋〕苏轼撰,〔清〕王文诰辑注,孔凡礼点校:《苏轼诗集》第一册卷四,第 166 页。

④ 〔宋〕苏轼撰,〔清〕王文诰辑注,孔凡礼点校:《苏轼诗集》第一册卷六,第 268 页。

⑤ 〔宋〕苏轼:《出都来陈,所乘船上有题小诗八首,不知何人有感于余心者,聊为和之(八首其三)》,见〔清〕王文诰辑注、孔凡礼点校《苏轼诗集》第一册卷六,第 260 页。

苏轼这儿，一如韦应物、白居易，心灵是高于行迹的，即心灵可超越行迹。这就是他在《浉阳早发》中所说的“人生重意气，出处夫岂徒”。更何况，尚无大的人生挫折动摇他积极用世的儒家观念。所以，尽管苏轼偶有归理田园黄菊的想法，但也仅是暂时的，仅是初入人世者的玄思，而非真的要实践。这种看待陶渊明田园的观念一开始就基本显示了苏轼重心灵超越而轻出处行迹的特点。

出任杭州之后，苏轼归隐与思乡的想法变得较为强烈。这种想法同陶潜一样源于对现实的强烈不满：

功名一破甑，弃置何用顾。更凭陶靖节，往问征夫路。[卷一〇《与周长官、李秀才游径山，二君先以诗见寄，次其韵二首（其一）》。杭州作]①

陶潜一县令，独饮仍独醒。……会当拂衣归故丘，作书贷粟监河侯。（卷一三《莫笑银杯小答乔太博》。密州作）②

吾生如寄耳，归计失不早。故山岂敢忘，但恐迫华皓。从君好种秫，斗酒时自劳。（卷一五《过云龙山人张天骥》。徐州作）③

对现实不满归不满，但较之陶渊明，苏轼“归去来兮”的欲求显然较弱。实际上，苏轼也不可能归隐，他只是借陶的举动，浇灭胸中的郁忿和乡思而已。他津津乐道的倒是打破出处行迹的“中隐”生活。

陶渊明是苏轼“中隐”生活中一个闲雅的点缀。苏轼在杭州时所写的《六月二十七日望湖楼醉书五绝（其五）》云：“未成小隐聊中隐，可得长闲胜暂闲。我本无家更安往，故乡无此好湖山。”④异乡的山水田园景色同样可以引发他的高情逸趣。他认为“自非陶靖节，谁识此闲趣”⑤。苏轼在家“北窗归卧等羲炎”⑥，出游“想像斜川游，作诗寄彭泽”⑦，饮酒“不辞中路伺渊明”⑧。与白居易

---

① ［宋］苏轼撰，〔清〕王文诰辑注，孔凡礼点校：《苏轼诗集》第二册，第 488 页。

② ［宋］苏轼撰，〔清〕王文诰辑注，孔凡礼点校：《苏轼诗集》第二册，第 617 页。

③ ［宋］苏轼撰，〔清〕王文诰辑注，孔凡礼点校：《苏轼诗集》第三册，第 749 页。

④ ［宋］苏轼撰，〔清〕王文诰辑注，孔凡礼点校：《苏轼诗集》第二册卷七，第 341 页。

⑤ 〔宋〕苏轼：《雨中过舒教授》，见〔清〕王文诰辑注、孔凡礼点校《苏轼诗集》第三册卷一六，第 832 页。

⑥ 〔宋〕苏轼：《泛舟城南，会者五人，分韵赋诗，得“人生苦炎”字四首（其四）》，见〔清〕王文诰辑注、孔凡礼点校《苏轼诗集》第三册卷一九，第 977 页。

⑦ 〔宋〕苏轼：《游桓山，会者十人，以“春水满四泽，夏云多奇峰”为韵，得“泽”字》，见〔清〕王文诰辑注、孔凡礼点校《苏轼诗集》第三册卷一八，第 923 页。

⑧ 〔宋〕苏轼：《次韵答孙侔》，见〔清〕王文诰辑注、孔凡礼点校《苏轼诗集》第三册卷一九，第 994 页。

一脉相承,苏轼把陶渊明式的闲趣引向了官场。如果说陶渊明的闲趣是抛弃官场、回归田园后而获得身心和谐的“长闲”,那么苏轼则是官役之余的“暂闲”,并非在行迹上与陶合一,而是在心灵上效仿陶。在这个意义上,“心远地自偏”更适合于苏轼,无怪乎苏轼在《监洞霄宫俞康直郎中所居四咏·远楼》一诗中说“地偏心远似陶潜”①。

由上述苏轼对陶渊明的态度,约略可见苏轼在人生思考的深度上比陶又透过一层:企求心灵超越行迹束缚,直达生命本真状态,企求获得人世间无往而不适的自由,非止于故乡田园。这种透彻的深思更深层地表现在他对“无弦琴”的解读上。

陶渊明的“无弦琴”寄意悠远,知音其稀。庾信首先在《卧疾穷愁》一诗中使用这一典故,但“无弦琴”的喻指很模糊。初唐房玄龄等撰《晋书·陶潜传》比萧统、《宋书》及《南史》多记陶潜一句话:“但识琴中趣,何劳弦上声!”②这实是开辟了后人解读“无弦琴”的先河。盛唐李白第一个悟出其中的深意,其《赠临洺县令皓弟》云:“陶令去彭泽,茫然太古心。大音自成曲,但奏无弦琴。”大音希声。真正的音乐是大自然发出的无声之声,只有它才能与浑茫的太古之道融而为一。李白认为陶渊明弹奏无弦琴是寄托他回归大道的“太古心”,立意深到,发前人所未发。之后,知音渐稀,直到宋代欧阳修、梅尧臣那儿,“无弦琴”才再一次散发出诱人的魅力。欧阳修《夜坐弹琴有感二首呈圣俞(之一)》云:

> 吾爱陶靖节,有琴常自随。无弦人莫听,此乐有谁知。君子笃自信,众人喜随时。其中苟有得,外物竟何为。寄谢伯牙子,何须钟子期。③

梅尧臣和诗《次韵和永叔夜坐鼓琴有感二首(之一)》云:

> 夜坐弹玉琴,琴韵与指随,不辞再三弹,但恨世少知。知公爱陶潜,全身衰弊时,有琴不安弦,与俗异所为。寂然得真趣,乃至无言期。④

欧、梅两人皆借无弦琴抒发知音难遇的感慨,同时又上承《晋书》之说,指出:只要对自己坚守的真趣坚信不疑且心有所得、自足自乐、自我圆满,世无知音也算不得什么。无弦琴在此成为漠视世俗、超然自得的寄托。欧阳修的《论琴帖》、梅尧臣的《送林大年寺丞宰蒙城先归余杭逋之侄孙》等诗文中也有同样明确的

---

① 〔宋〕苏轼撰,〔清〕王文诰辑注,孔凡礼点校:《苏轼诗集》第二册卷一一,第547页。

② 〔唐〕房玄龄等:《晋书》卷九四《隐逸传》,中华书局1974年版,第2463页。

③ 傅璇琮等主编:《全宋诗》第六册卷二八九,北京大学出版社版,第3655页。

④ 〔宋〕梅尧臣著,朱东润编年校注:《梅尧臣集编年校注》卷二九,上海古籍出版社1980年版,第1130页。

表述。这一解读跳出了音乐范围,深入人生追求的层次上,这实际上是对自我心灵追寻的肯定和自信。

苏轼是欧、梅二人提拔、看重的高足。苏轼对两位老师终生敬爱。他一入世便对无弦琴的喻意心有灵犀,以玄思之笔承绪了老师的意旨,在写于凤翔判任内的《谢苏自之惠酒》中认为无弦琴实则喻指一种如月亮般皎洁圆满的“全”的心灵妙境、一种摆脱外物束缚的真趣。在杭州,苏轼顺着这一思路,进一步解读无弦琴的妙意:

城市不识江湖幽,如与蟪蛄语春秋。试令江湖处城市,却似麋鹿游汀洲。高人无心无不可,得坎且止乘流浮。公卿故旧留不得,遇所得意终年留。君不见抛官彭泽令,琴无弦,巾有酒,醉欲眠时遣客休。[卷七《和蔡准郎中见邀游西湖三首(其二)》。杭州作]①

高人逸士旷达超脱,决不留意于什么,即不以环境、外物的改变、有无而心存芥蒂,他总是自由而洒脱。处城市固佳,处江湖更佳;饮酒佳,不饮酒亦佳;有琴佳,无琴亦佳。“高人无心无不可,得坎且止乘流浮”,随缘自适,不滞于物,不落筌蹄。而陶渊明即得此中趣,琴不设弦,得大自在。苏轼从庄子齐物观、禅家随缘观、儒家变化观的角度解悟“无弦”之意,在思辩的深度上比欧、梅二人又透过一层,露出进一步彻底超越行迹的心灵渴求。而这一点到后来益加明显:

列子御风殊不恶,犹被庄生讥数数。步兵饮酒中散琴,于此得全非至乐。乐全居士全于天,维摩丈室空翛然。平生痛饮今不饮,无琴不独琴无弦。(卷一三《张安道乐全堂》。密州作)

无弦则无琴,何必劳抚玩。(卷一三《和顿教授见寄,用除夜韵》。密州作)②

此时,苏轼非但否定了“弦”,也进而否定了“琴”。六祖慧能云:“菩提本无树,明镜亦非台。本来无一物,何处惹尘埃。”(《坛经》所载《传法偈》)《庄子·逍遥篇》云:列子御风,“犹有所待”,“未数数然也”。又《达生篇》云:“圣人藏于天。”③苏轼充分吸收禅家空观思想、庄子“无待”观念,渴望心灵彻底超越于形迹、念执、凭借,以使身心获得大解脱、大自由。“无琴不独琴无弦”正是苏轼心

---

① 〔宋〕苏轼撰,〔清〕王文诰辑注,孔凡礼点校:《苏轼诗集》第二册,第338页。

② 〔宋〕苏轼撰,〔清〕王文诰辑注,孔凡礼点校:《苏轼诗集》第二册,第642页、第626页。

③ 〔清〕郭庆藩撰,王孝鱼点校:《庄子集释》,中华书局1961年版,第17页、第636页。

灵渴求的写照。至此,“无弦琴”也像“琴”一样被当作心灵自由的障碍,成为苏轼超越、悟达人生之道过程中的玄思筹码、要忘掉的“言象筌蹄”。这一解悟实际上已经超越了“无弦琴”的最初寓意,而灌注了个性的玄思——彻底超越行迹!

由此足见苏轼借助“无弦琴”所作的人生思索达到了前所未有的深度,“无弦琴”的潜在意义也在思索中得到深入发掘。但不论苏轼如何超越陶渊明,在摆脱俗累、超然自得这一点上,他与陶的心灵还是息息相通的,只是尚缺少逼近陶的现实生活体验而已。

“接近故乡就是接近万乐之源。”①陶渊明为这个“万乐之源”唱出了最动人的歌。苏轼不是不想接近它,只是尚未经一番流浪的苦难。当命运的悲剧降临时,关在囚牢中的苏轼又想起了有陶渊明影子的故乡:“故山今何有,秋雨荒篱菊。”②“归去来兮”的声音正如慈母呼唤孩子乳名的声音一样,在苏轼心中变得亲切而强烈起来。

从元丰二年(1079)的乌台诗案到元丰八年(1085)被朝廷再次起用,是苏轼接受陶渊明的骤转期。在这一时期,苏轼由于在黄州贴近了陶渊明式的躬耕生活和乐易人生,心中的退隐之声变得切实而强烈起来。他由渊明的旁观者、欣赏者一变而为实践者、仰慕者。于是陶渊明便不仅仅是引发人生玄思的对象,而且成为“前生”的自己、今世的老师。

根据《苏轼诗集》卷二〇至卷二六,苏轼这一时期的编年诗共有 387 首,与陶有关的诗作有 25 处,约占总量的十六分之一。其中黄州时期共有诗作 187 首,与陶有关的有 17 首,约占总量的十一分之一,此外尚有词 4 首、文 3 篇与陶有关。

以上统计数字表明,与前一时期相比,苏轼这一时期与陶有关的诗作在该期诗作总量中所占的比例有较大增加,尤其是黄州时期更为明显。乌台诗案、黄州之贬是苏轼人生的重要转折点(详本章第五节)。

从元丰八年(1085)被启用为登州太守到元祐八年(1093)外任定州,是苏轼接受陶渊明的回旋期。这一时期,神宗去世,高太后掌权,启用旧党,苏轼再次踏入仕途。苏轼“不识时务”,针对他人尽废新法的极端做法,主张酌用新法。

---

① [德]海德格尔著,郜元宝译,张汝伦校:《人,诗意地安居——海德格尔语要》,上海远东出版社 1995 年版,第 86 页。

② 〔宋〕苏轼:《御史台榆、槐、竹、柏四首 · 竹》,见〔清〕王文诰辑注、孔凡礼点校《苏轼诗集》第三册卷一九,第 1004 页。

他直言谠论,不容于时,于是屡被外调为地方官。鉴于此,其欲学陶渊明“归去来兮”的想法时时困扰着他,使他觉得自己因不能断然归隐而有愧于陶渊明。同时,他借陶渊明对人生多有解悟。

根据《苏轼诗集》卷二七至卷三六,苏轼这一时期的编年诗共有507首,与陶渊明有关的有32首,约占总量的十六分之一,与上一时期的比例基本是持平的。这表明了苏轼对陶渊明持续不断的热爱之情。

与陶渊明一样,苏轼这次踏上仕途的心情是矛盾的。苏轼早在由登州归朝廷途经密州时,便不无感慨地说:“江湖久放浪,朝市谁相亲。却寻泉源去,桃花应避秦。”①在汴京卷入政治漩涡,当看到李伯时画的《归去来》《阳关》二图后,他却更爱前者,在《书林次中所得李伯时〈归去来〉〈阳关〉二图后》中说:“为君翻作《归来引》,不学《阳关》空断肠。”他甚至觉得退隐的生活即桃花源的生活:“桃花流水在人世,武陵岂必皆神仙。江山清空我尘土,虽有去路寻无缘。还君此画三叹息,山中故人应有招我归来篇。”②以江山为“清空”,以自我为“尘土”,正反映出苏轼心中的出处矛盾。

他虽表示“早晚渊明赋归去,浩歌长啸老斜川”③,但人仍然身在官场,所以这一时期苏轼的出处矛盾进一步向深层转化为心形矛盾:在社会上做官以实现尊主泽民的理想还是到自然中退隐以结束漂泊人生的渴望之间的矛盾,转化为渴望退隐以摆脱外物对自我本性的束缚与身不由己地处于有害本性的外物(官场)之间的矛盾。由于矛盾进一步内在化、自我化,苏轼与陶渊明心为形役、渴望解脱的认识和想法取得了强烈共鸣。他在《送小本禅师赴法云》中云“寓形天宇间,出处会有役”,“出岫本无心,既雨归亦得。珠泉有旧约,何年挂瓶锡”④。这是借陶《归去来兮辞》“既自以心为行役”“寓形宇内复几时”“云无心以出岫”等句表达的思想抒写退隐之志。他又于《欧阳叔弼见访,诵陶渊明事,叹其绝识,既去,感慨不已,而赋此诗》中,从渊明知几而退的“绝识”与多欲伤身者的愚

---

① 〔宋〕苏轼:《再过常山和昔年留别诗》,见〔清〕王文诰辑注、孔凡礼点校《苏轼诗集》第四册卷二六,第1381页。

② 〔宋〕苏轼:《书王定国所藏〈烟江叠嶂图〉》,见〔清〕王文诰辑注、孔凡礼点校《苏轼诗集》第五册卷三〇,第1608页。

③ 〔宋〕苏轼:《和林子中待制》,见〔清〕王文诰辑注、孔凡礼点校《苏轼诗集》第六册卷三三,第1763页。

④ 〔宋〕苏轼撰,〔清〕王文诰辑注,孔凡礼点校:《苏轼诗集》第六册卷三三,第1757～1758页。

蠢的对比中,深自省察,得出“往者不可悔,吾其反自烛”[①]的自警之论。在心为形役的矛盾中,苏轼明确地选择了陶渊明的明智选择。所以他在《题损之故居》中说:“陶元亮云:‘嗟岁月之遂往,悼吾年之不留。’若人犹尔,况吾侪乎?”[②]他又于《问渊明》一诗的自注中说:“或曰:‘东坡此诗,与渊明相反。’此非知言也。盖亦相引以造于道者,未始相非也。”(卷三二)苏轼在此诗中接续陶渊明《形影神》组诗的思路,在对形、影、神的思辩中虽把陶渊明肯定的委运乘化看空了,但在渴求彻底解脱形役、俗累上与陶渊明是完全一致的。

苏轼既然认同了陶渊明的思想追求,说“渊明形神自我”(卷三四《刘景文家藏乐天〈身心问答三首〉,戏书一绝其后》),引陶为同道,但仍然奔波仕途,心为形役,便觉有愧于渊明。这种想法越来越缠绕着他,所以元祐七年(1092)苏轼转任扬州太守时,便积郁成不得不发的势态。他在后来谪居岭南时回忆说:“昔我居广陵,怅望柴桑陌。长吟《饮酒》诗,颇获一笑适。当时已放浪,朝坐夕不夕。”[③]苏轼于是作《和陶饮酒二十首》(卷三五,以下只注和诗序号)。和诗以陶渊明为触发媒介和参照对象,充分流露了苏轼的心形矛盾以及苏轼超越这一矛盾的心灵努力。

苏轼在和诗第一首开篇便点出自己的身心矛盾:“我不如陶生,世事缠绵之。”这虽也是苏轼之异于陶渊明的人生基点,但惭愧之情毫无掩饰。陶已摆脱世事束缚,返归自然,获得身心统一的自由;而自己仍漂泊于仕途,心与身为仇,所以便有“每用愧渊明,尚取禾三百”(其十五)、“一欢愧凡情”(其十六)[④]的感叹。

苏轼弥补这一感叹、超越身心矛盾的心灵努力是以对陶的个性解读为寓托的。因此和诗并非陶诗的翻版,也非要与陶决一胜负,而是自具个性、抒写己意。东坡之意与渊明之意的最大不同之处在于创造性地融入了禅家思想旨趣。如果说渊明是把儒、道两家的思想旨趣作为超越身心矛盾的诗性源泉,而东坡

---

① 〔宋〕苏轼撰,〔清〕王文诰辑注,孔凡礼点校:《苏轼诗集》第六册卷三四,第1815页。

② 〔宋〕苏轼撰,孔凡礼点校:《苏轼文集》第五册卷七一,中华书局1986年版,第2264页。

③ 〔宋〕苏轼:《和陶归园田居六首(其六)》,见〔清〕王文诰辑注、孔凡礼点校《苏轼诗集》第七册卷三九,第2106页。

④ 〔宋〕苏轼撰,〔清〕王文诰辑注,孔凡礼点校:《苏轼诗集》第六册卷三六,第1889页。

则把儒、释、道三家的思想旨趣作为超越身心矛盾的诗性源泉。比如，陶的基本人生态度是委运乘化，而苏则是随缘任运。如和诗其五云：

小舟真一叶，下有暗浪喧。夜棹醉中发，不知枕几偏。天明问前路，已度千重山。嗟我亦何为，此道常往还。未来宁早计，既往复何言。

苏轼试图将陶“纵浪大化中”的人生态度进一步引入世俗人生，引入充满艰险的现实社会。在委运乘化中，陶自我与运、化是一体的。而在苏轼的随缘任运中，自我与运、缘是异体的，后者成为一种异己力量，主体所努力的只是提升自我心灵的高度，入乎其中而又超越其上。其他反映随缘任运态度的还有和诗其九、其十。随缘任运同时也包融着入世的内涵，至少不排斥入世，只不过是“乘流且复逝，抵曲吾当回”（其九）①而已，这就是黄州时期所说的“且乘流、遇坎还止”②。即只有在遇到现实阻力、缘分已尽时，东坡方考虑归隐。归隐时，有出仕的机会，东坡亦为之。这便与陶渊明返归自然的单向选择不同。再如在对是非、毁誉、穷通的态度上，苏、陶皆从生命终极处进行观照，出以达观。而陶尚有所执守，依赖古贤士来安慰当下的选择，以固穷守节的方式支撑人生。苏轼则进一步从佛家空观、无住的观点看待人世的是非、毁誉、穷通。陶说“觉今是而昨非”（《归去来兮辞》），而苏则在和诗其六中说“念念竟非是”，认为“百年六十化”，每一执着之念皆入俗执，非为旷达。苏轼也不依赖古圣先贤站稳脚跟，而是直接生命本源，说“是身如虚空，谁受誉与毁”，生命本身并无实体，世俗的毁誉岂能有所凭附？悟此至理，故能“倒床自甘寝，不择菅与绮”。言外之意，不管贵贱穷通，皆不能遮我虚空真性。又如，渊明罕言世事，将世事隐于饮酒行为的背后；而东坡则直借陶韵写时事、写兴亡之感，如和诗其十一、十八便是。

不同归不同，但由于此时苏轼面临的人生矛盾是他已经在仕途上遇到了社会的阻力、他人的诋毁，所以他正在考虑的是如何摆脱俗累以获得真我与身心和谐自由即“遇坎还止”的问题。在这一点上，他与陶是相通的。所以他学陶饮酒，“偶得酒中趣”③：以酒自适（如其一）、因酒得真（如其二、其七、其二十）、借酒言隐（如其四、其八），乃至自愧于陶。

苏轼在《跋李伯时卜居图》中云“士大夫逢时遇合，至卿相如反掌，惟归田古

---

① 〔宋〕苏轼撰，〔清〕王文诰辑注，孔凡礼点校：《苏轼诗集》第六册，第 1886 页。

② 〔宋〕苏轼：《哨遍 · 为米折腰》，见石声淮、唐玲玲笺注《东坡乐府编年笺注》，华中师范大学出版社 1990 年版，第 203 页。

③ 〔宋〕苏轼撰，〔清〕王文诰辑注，孔凡礼点校：《苏轼诗集》第六册，第 1883 页。

今难事也”，“吾若归田，不乱鸟兽，当如陶渊明”。他又于定州读陶《归园田居五首》之“种豆南山下”一诗时，慨然叹息道：“噫嘻，以夕露沾衣之故而犯所愧者多矣。”①为世事所缠的苏轼带着这种欲归不能的愧疚心情进一步向陶渊明靠近。

第二节 “我即渊明，渊明即我也”

苏轼在被贬黄州之前，由于建功立业心切，只是偶然提及陶渊明，是“地偏心远似陶潜”②。“乌台诗案”的严重打击、谪居黄州的田园生活则使苏轼怀疑起建功立业的可行性，使苏轼转慕陶渊明一样的归隐生活、虚心师法陶渊明并奉之为师友。但从赴登州任开始，苏轼因迷惑于政治处境的转机，又踏入仕途。此时，他与陶渊明在心为物役上产生共鸣，但又一时难于断然归隐，觉得有愧于渊明。黄州之后，“归去来兮”一直是苏轼生命中的强音。待遭贬岭南、海南，这一强音几乎占据了他的整个生命。

根据《苏轼诗集》卷三七至卷四五，苏轼在岭南、海南时期的编年诗共有410首，而与陶渊明有关的诗作多达160首，占总量的近三分之一。从绍圣元年(1094)至建中靖国三年(1101)约七年间，平均每年写作23首与陶渊明有关的诗，达到了苏轼一生各个阶段所作与陶渊明有关诗作数量的高峰。在这160首诗中，和陶诗有44题113首，另有《归去来集字十首》《和陶归去来兮辞》(1首)，合计共有47题124首。在和陶之作中，苏轼曾亲自将其中的109首(其余为结集后所作)“集而并录之”，交付其弟苏辙“以遗后之君子”③。此外，作于此期的有关陶渊明的题跋、书信、词作等尚有10多处。可见此期苏轼对陶渊明极度重视。实际上，苏轼在岭南、海南期间与陶渊明取得了强烈共鸣，这一时期是苏轼接受陶渊明的高潮期。这种强烈共鸣感在和陶诗中有四项彼此联系的基本内容。

---

① 〔宋〕苏轼撰，孔凡礼点校：《苏轼文集》第五册卷七〇，第2216页；卷六七，第2112页。

② 〔宋〕苏轼：《监洞霄宫俞康直郎中所居四咏·远楼》，见〔清〕王文诰辑注、孔凡礼点校《苏轼诗集》第二册，中华书局1982年版，第547页。

③ 〔宋〕苏辙：《子瞻和陶渊明诗集引》，见曾枣庄、马德富校点《栾城集》下册，上海古籍出版社1987年版，第1402页。

一、复得返自然——身心的解放，生命的回归

苏轼在《东坡志林 · 乐天烧丹》中说自己本有出世之志，“而终无成者，亦以世间事未败故也，今日真败矣”①。苏轼之贬岭南意味着其“功成”理想的彻底幻灭，是一种“真败”，现在他不“身退”也只好“身退”了。原为“古今难事”、久蕴胸中的“归田”之念现在已成为现实。生性旷达的苏轼很快从苦难中超脱出来，找到了生命的归宿。在经历一番玄思之后，他又螺旋式地回到了黄州时归园田居的生活，回到了心仪已久的大自然，在心灵上、在生活方式上向陶渊明靠近，而且这次比从前靠得更近，基本摆脱了世俗功名的缠绕。

苏轼在岭南的第一组和陶诗《和陶归园田居》中抒写了身心获得解放、生命找到依归的愉快心情。苏轼“游白水山佛迹岩……归卧既觉，闻儿子过诵渊明《归园田居》诗六首（按：含混入当时陶集的江淹拟诗一首），乃悉次其韵。始，余在广陵和渊明《饮酒二十首》，今复为此，要当尽和其诗乃已耳。今书以寄妙总大士参寥子”②。贬谪是朝廷对“罪臣”的一次放逐，也是对“缠绵”世事却热爱自然的诗人的一次放归。这儿，大自然又是那么美丽，“环州多白水，际海皆苍山”，“南池绿钱生，北岭紫笋长”，“仰观江摇山，俯见月在衣”③，诗人足可“以彼无尽景，寓我有限年”。对旷达的诗人苏轼来说，这实在是一次生命的回归，仿佛“穷猿既投林，疲马初解鞅”④，其如陶渊明一样“复得返自然”的喜悦之情是可想而知的。所以儿子的读书声成为灵感的触发媒介，欣然命笔而成岭南第一组和陶诗。诗成之后，苏轼将之寄给方外密友参寥子也不是没有原因的。除了友情的坚贞不渝，参寥曾劝苏轼归于佛门当也是一个潜在原因。归于空门是一种生命的回归，而归于自然田园也是一种生命的回归。苏轼实在是从陶渊明身上而非从佛祖身上找到了安顿灵魂的切实家园，因此他非但表示“尽和其诗乃已”，更急于把自己找到灵魂家园的感受告知参寥。

诗中洋溢着的像陶渊明一样回归自然、回归真朴的解脱之感正是苏轼和陶

---

① 〔宋〕苏轼：《东坡志林》，中华书局 1985 年版，第 9 页。

② 〔宋〕苏轼：《和陶归园田居六首引》，见〔清〕王文诰辑注、孔凡礼点校《苏轼诗集》第七册，第 2103 ~ 2104 页。

③ 〔宋〕苏轼：《和陶归园田居六首（其一、其二、其三）》，见〔清〕王文诰辑注、孔凡礼点校《苏轼诗集》第七册，第 2104 ~ 2105 页。

④ 〔宋〕苏轼：《和陶归园田居六首（其二）》，见〔清〕王文诰辑注、孔凡礼点校《苏轼诗集》第七册，第 2104 ~ 2105 页。

诗的主旋律。它使苏轼能在贬谪的困境里保持与陶渊明一样闲散、飘逸的生活心态。因为心灵的自由感和归宿感给了他一种“空且静”的审美心境。他用这样的慧眼看生活，故无往而不美、无往而不适。虽然生活有时“衣食渐窘”，“樽俎萧然”①，但“江山千里，供我遐瞩”②，况且自己还有整治得像陶庐那样的“吾庐”③呢。渡海之后，苏轼曾在《和陶还旧居》等诗中一度抒写怀恋故土的“坟墓悲”④，但不久便像居住惠州一样超然自乐了。他在《和陶拟古九首（其四）》《和陶杂诗十一首（其十一）》等诗中描写的海南未遭人为破坏的自然环境和田园风光化解了苏轼流落无归的孤寂感。他又高兴地把海南看作第二故乡、看作安顿灵魂的家园。于是在荒怪蛮夷之地，他仍能保持一份闲适飘逸的心情。

苏轼在自然的一山一水、田园的一草一木的沐浴下，暂时忘却了世俗功名的诱惑，忘却了仕与隐的矛盾，优游于自然与田园之间，体会到回归自我的快乐。联想到平生多难，他后悔当初没有像陶渊明一样尽快摆脱俗累，平安而愉快地度过自己的晚年：

> 退居有成言，垂老竟未践。何曾渊明归，屡作敬通免。[卷四一《和陶田舍始春怀古二首（其一）》]
>
> 人间无正味，美好出艰难。早知农圃乐，岂有非意干。（卷四二《和陶西田获早稻》）
>
> 但恨不早悟，犹推渊明贤。（卷四一《和陶怨诗示庞邓》）⑤

这正是苏轼因进一步靠近陶渊明的生活方式和心灵而发出的肺腑之言。

二、古风真情——热爱人间、热爱生命的现实维系

在陶渊明的笔下，田园乡村民风淳厚古朴，充满人情味。苏轼在岭南、海南也感受到了这一点。苏轼之所以能处逆若顺、以他乡作故乡，除了美丽的自然

---

① 〔宋〕苏轼：《和陶咏贫士七首引》，见〔清〕王文诰辑注、孔凡礼点校《苏轼诗集》第七册卷三九，第 2136 页。

② 〔宋〕苏轼：《和陶时运四首（其二）》，见〔清〕王文诰辑注、孔凡礼点校《苏轼诗集》第七册卷四〇，第 2219 页。

③ 参〔宋〕苏轼撰、〔清〕王文诰辑注、孔凡礼点校《苏轼诗集》卷三九《和陶咏贫士七首（其七）》、卷四〇《和陶酬刘柴桑》、卷四二《和陶和刘柴桑》等诗。

④ 〔宋〕苏轼撰，〔清〕王文诰辑注，孔凡礼点校：《苏轼诗集》第七册卷四一，第 2250 页。

⑤ 〔宋〕苏轼撰，〔清〕王文诰辑注，孔凡礼点校：《苏轼诗集》第七册，第 2280 页、第 2315 页、第 2272 页。

田园景色使他获得了精神上的愉悦,关键在于当地古朴的民风以及亲朋之间真情的存在。如果抽去了古风真情,苏轼恐怕便不会学陶、和陶,而真的要看破尘缘,“起舞弄清影”(《水调歌头·明月几时有》)、“江海寄余生”(《临江仙·夜饮东坡醒复醉》)了。

与统治者之间争权夺利的风气以及统治者居心叵测、置之死地而后快的险恶用心截然相反,岭南、海南的民风淳朴,当地百姓对苏轼真挚而友好。在惠州“东家著孔丘,西家著颜渊。市为不二价,农为不争田。周公与管、蔡,恨不茅三间”①。这简直有些像陶渊明向往的“东户”时代了。至于那位“有酒持饮我,不问钱有无”②的纯朴老翁和那位“遗我古贝布”③的“野人”,则令人油然想起拿酒给陶渊明喝并与陶渊明谈心的好心“田父”。一般民众如此,而对苏轼稍有了解且表倾慕之心的人便可想而知了。苏轼把经常照顾自己的惠州太守詹范比作“半道要我饮”的“王弘”,把经常帮助自己的昌化军使张中称为怀才不遇的“海国奇士”④,而把接济自己粮米的吴远游、陆道士看作知心朋友⑤。因此,难怪苏轼说“我视此邦,如洙如沂”⑥。

情谊是相互的,苏轼对谪所的百姓也用尽了爱心。且不说他通过各种途径关心当地的政治民情,单就《和陶劝农六首》而言,便足以见出苏轼的一片圣贤之心。与陶渊明以隐士身份劝农不同,苏轼是以地方官的身份劝农,以一个士大夫的口吻劝农。虽然语气较渊明严峻切直,但殷切期望之情、拳拳爱民之心还是显而易见的。

此外,苏轼在和陶诗中还写到兄弟手足之情(如《和陶止酒》《和陶停云》《和陶连雨独饮二首(其一)》等)、朋友忠贞之情(如《和陶赠羊长史》)、怀乡念

---

① 〔宋〕苏轼:《和陶归园田居六首(其一)》,见〔清〕王文诰辑注、孔凡礼点校《苏轼诗集》第七册卷三九,第2104页。

② 〔宋〕苏轼:《和陶归园田居六首(其四)》,见〔清〕王文诰辑注、孔凡礼点校《苏轼诗集》第七册卷三九,第2106页。

③ 〔宋〕苏轼:《和陶拟古九首(其九)》,见〔清〕王文诰辑注、孔凡礼点校《苏轼诗集》第七册卷四一,第2266页。

④ 〔宋〕苏轼:《和陶与殷晋安别》,见〔清〕王文诰辑注、孔凡礼点校《苏轼诗集》第七册卷四二,第2321页。

⑤ 〔宋〕苏轼撰,〔清〕王文诰辑注,孔凡礼点校:《苏轼诗集》卷四〇《和陶岁暮作和张常侍》,第2217页。

⑥ 〔宋〕苏轼:《和陶时运四首(其三)》,见〔清〕王文诰辑注、孔凡礼点校《苏轼诗集》第七册卷四〇,第2219页。

亲之情(如《和陶郭主簿》)等。

总之,苏轼在岭南、海南因生活环境、接触到的风土人情与陶渊明相似,便常常产生与陶原诗类似或相通的诗情。而这诗情正是他留恋人间、留恋生命的根基。正如陶渊明不愿随刘柴桑孤隐山林一样,苏轼也没有遁入空门,其中当然不能抹杀陶渊明的生活实践和诗歌给他的启示。

三、托古言志——回归自我的历史依据

咏史诗在本质上是咏怀诗,是托古言志,借古人的作为寄寓自我的思想情感,是自我对历史的个性阐释。陶渊明的咏史诗如此,东坡和陶之作中的咏史诗也如此。苏轼无疑曾受到陶诗的启发,而且受陶渊明超俗出世之志的深刻影响,但他也有不同于渊明诗意、独出新解的诗作。苏轼的和陶咏史之作在思想意趣上有如下两点受陶影响:

其一是从咏史中证得鄙弃功名、回归自然、回归自我的正确选择。如果说"复得返自然"是从大自然中获取回归的依据,那么咏史则是从历史中寻找回归的依据。

这种历史的启示首先是来自陶渊明本人的:

斜川追渊明,东皋友王绩。[卷三九《和陶归园田居六首(其六)》]

青天无古今,谁知织乌飞。我欲作九原,独与渊明归。[卷三九《和陶咏贫士七首(其一)》]

渊明初亦仕,弦歌本诚言。不乐乃径归,视世羞独贤。[卷三九《和陶咏贫士七首(其二)》]

东坡信畸人,涉世真散材。仇池有归路,罗浮岂徒来。践蛇及茹蛊,心空了无猜。携手葛与陶,归哉复归哉。[卷三九《和陶读〈山海经〉十三首(其十三)》]

渊明堕诗酒,遂与功名疏。(卷四三《和陶始经曲阿》)①

苏轼在《书渊明述史章后》中说:"渊明作《述史九章》,《夷齐》、《箕子》盖有感而云。去之五百余载,吾犹知其意也。"②渊明以史自托,而苏轼又以渊明自托。世事不可为,功名亦虚无。时间却如织乌西飞,"顾念兹岁,屈指可尽",又生活

---

① 〔宋〕苏轼撰,〔清〕王文诰辑注,孔凡礼点校:《苏轼诗集》第七册,第2107页、第2137页、第2138页、第2136页、第2356页。

② 〔宋〕苏轼撰,孔凡礼点校:《苏轼文集》第五册卷六六,第2056页。

在充满威胁生命的毒热瘴气、蛇蛊蚊虫的环境中,“今我不为乐,知有来岁不”?[①] 如果不翻然证悟自我本性、与功名相疏、专注当下的人生、投身于自然田园的怀抱、细心体味生命之真的美好,难道不是有愧于渊明吗? 过去曾经惭愧,那是世事未败,今已“真败矣”,所以要“斜川追渊明”、“独与渊明归”、“携手葛与陶,归哉复归哉”! 这不是对现实的逃避而是心灵对现实的内在超越、对社会负面作用的内在超越。因为功名利禄、挫折不幸是现实社会强加给人的,它烧旺人的七情六欲,而七情六欲又蒙惑了人的真性,消蚀了人的肉体。苏轼在岭南、海南有一种想超越痛苦、悲情的强烈渴望,也有一种生存下去的强烈渴望。两者作为人的本能层次和精神层次的根本需要促使苏轼在历史中寻找精神伴侣,而陶渊明便是他找到的且给予他最大启示的先贤。

潇洒飘逸而又获得真我是苏轼解读的陶渊明形象的主要一面。早在元祐六年(1091),他对渊明就有独到的理解:

> 孔子不取微生高,孟子不取於陵仲子,恶其不情也。陶渊明欲仕则仕,不以求之为嫌,欲隐则隐,不以去之为高,饥则扣门而乞食,饱则鸡黍以延客,古今贤之,贵其真也。李公简夫以文学政事有闻于天圣以来,而谢事退居于嘉祐之末,熙宁之初。平生不眩于声利,不戚于穷约,安于所遇而乐之终身者,庶几乎渊明之真也。(卷六八《书李简夫诗集后》)[②]

苏轼以为渊明的潇洒飘逸与他的“真”是联系在一起的。所谓“真”是一种去掉伪饰后的自然真性、任真率性的态度。在陶渊明身上,“真”主要表现在两个方面。第一是一切行为出于真性:“欲仕则仕,不以求之为嫌,欲隐则隐,不以去之为高,饥则扣门而乞食,饱则鸡黍以延客”,即“弦歌本诚言,不乐乃径归”。第二是超越世俗穷通贫富观念:“不眩于声利,不戚于穷约,安于所遇而乐之终身”,即“践蛇及茹蛊,心空了无猜”。陶渊明身上确有真率自然、超世脱俗的一面,但一般认为陶渊明是有所执着的,即以归隐抱道为高,鄙弃仕途与世俗。苏轼则认为渊明对世事本无执着,出处纯任一片真性,随遇而安。这是苏轼对陶渊明的创造性解读。因此有学者指出:“超脱人世的陶潜是宋代苏轼塑造出来的形象。”[③]应当进一步指出的是,苏轼对陶渊明不满世事的一面还是有着清醒

① 〔宋〕苏轼:《书渊明酬刘柴桑诗》,见孔凡礼点校《苏轼文集》第五册卷六七,第2115页。

② 〔宋〕苏轼撰,孔凡礼点校:《苏轼文集》第五册,第2148页。

③ 李泽厚:《美的历程》,生活·读书·新知三联书店2009年版,第107页。

认识的。如其《书渊明饮酒诗后》疑问“（渊明）正饮酒中，不知何缘记得此许多事”①即明证。苏轼只是在后期的反复吟咏中突出、强化了陶渊明超世脱俗的一面，而且赋予了创造性的见解。这一见解在陶渊明接受史上具有突破性的意义，对后世影响甚大。

肯定陶渊明回归自我的人生选择还在苏轼吟咏其他古人的诗篇中表现出来，如在《和陶乙酉岁九月九日》中说欲壑难填、空求长寿的“伯始真粪土”②，在《和陶杂诗十一首（其六）》中肯定老子、关尹“独立万物表，长生乃余事”③，在《和陶拟古九首（其七）》中肯定“我师吴季子，守节到晚周”④，等等。其中的感触与“渊明作诗意”⑤基本相通，是在陶渊明咏史诗基础上进行的新解读。

其二，超越渊明，通过咏史表达拔出流俗的史识。这主要以《和陶咏三良》《和陶咏荆轲》为代表。

从司马迁《史记·刺客列传》起，人们就一直颂扬荆轲刺秦的壮举，把荆轲看作除暴复仇的英雄、为知己而死的壮士。陶渊明也不例外，在诗中叹息荆轲“奇功遂不成”。从个人情感看，以上理解似乎合理，而从唯物史观看，未免迂执。苏轼和诗在陶诗的基础上翻出完全相反的见解，他认为国家兴亡大事应慎重从事，应依赖“数十城”的人民和“肘足本无声”的智谋，而不应把一个国家的命运押在一次刺杀行动上。因此他认为“荆轲不足说，田子老可惊。燕赵多奇士，惜哉亦虚名”⑥。从唯物史观的角度看，苏轼的见解是深刻的、敏锐的，这是一位政治家的眼光，而非仅为诗人的感情用事。

《和陶咏三良》更显示出苏轼卓越的史识。年轻的苏轼曾在《秦穆公墓》（作于凤翔判任内）诗并序中为秦穆公辩护，说他昔不诛孟明，今亦不忍用三良殉葬，而三良所做是三良自愿忠君之举。这种肯定三良殉主的观点同陶《咏三

① 〔宋〕苏轼撰，孔凡礼点校：《苏轼文集》第五册卷六七，第2091页。

② 〔宋〕苏轼撰，〔清〕王文诰辑注，孔凡礼点校：《苏轼诗集》第七册卷三九，第2145页。

③ 〔宋〕苏轼撰，〔清〕王文诰辑注，孔凡礼点校：《苏轼诗集》第七册卷四一，第2275页。

④ 〔宋〕苏轼撰，〔清〕王文诰辑注，孔凡礼点校：《苏轼诗集》第七册卷四一，第2265页。

⑤ 〔宋〕苏轼：《和陶咏二疏》，见〔清〕王文诰辑注、孔凡礼点校《苏轼诗集》第七册卷四〇，第2184页。

⑥ 〔宋〕苏轼：《和陶咏荆轲》，见〔清〕王文诰辑注、孔凡礼点校《苏轼诗集》第七册卷四〇，第2186页。

良》的观点是一致的。但坎坷的政治遭遇擦亮了苏轼的眼睛,他在《和陶咏三良》中摆正了君主和社稷二者的位置,认为社稷是第一位的,“君为社稷死,我则同其归”,否则一个人决不能轻易愚忠而死、为食而死。因此“三子死一言,所死良已微”,是不足言说的。值得注意的是,苏轼和陶咏史的用意并不在反驳陶渊明,而是从伴君如伴虎的角度证明陶渊明退隐的明智性:“仕宦岂不荣,有时缠忧悲。所以靖节翁,服此黔娄衣。”①踏入仕途便是踏入一个处处充满杀机的大网。明智的人“见微而知著”②,看重比泰山还重的个体生命,不愿像犬马一样成为君主的殉葬品,而是及时退身、安贫乐道。

总之,在对历史的重新阐释中,苏轼虽然显示出高于陶渊明的史识,但他的落脚点与陶是一致的,对陶所肯定的功成身退、安贫乐道之举给予了全新的解释和佐证。这既表明了此时苏轼对现实与历史有着较年轻时更清醒的认识,又表明了他对陶退隐之举认识的深入。这一深入的认识比把陶归隐之因单纯归于“不愿为五斗米折腰”而洁身自好的观点,更为深刻和符合实际。而在苏轼之前,极少有人明确从仕途凶险这一角度来理解渊明之隐,这是苏轼在陶渊明接受史上用自己的生命体验写下的又一重要之笔。

四、禅思玄悟——回归自我的行动指南

东晋时代,玄佛合流,文人喜于诗中谈玄,“诗必柱下之旨归,赋乃漆园之义疏”③。由于玄言诗大多不是从生命的感悟出发、从感性形象出发,而是从抽象的玄思入手、从概念的推演入手,因此“淡乎寡味”,缺少生命的内蕴。同样受玄风的影响,陶渊明诗则克服了玄言诗的弊病,充分吸收了玄言诗重理趣的优点。陶渊明是一位专注于生命体验的诗人,往往能从生活出发,升华出融汇着感性生命体验的哲理性悟解,《形影神》组诗是其哲理诗的代表。

苏轼以陶自托,其接受陶渊明、解读陶诗的一个最大特点便是用禅思玄悟来解读陶诗中的理趣,引禅入陶。如果说黄州之贬是苏轼思想庄禅化的一大转折,那么惠州、儋耳的艰难环境更使苏轼在禅思玄悟的道路上勇猛前进。禅思

---

① 〔宋〕苏轼撰,〔清〕王文诰辑注,孔凡礼点校:《苏轼诗集》第七册卷四〇,第 2184 ~ 2185 页。

② 〔宋〕苏轼:《和陶咏二疏》,见〔清〕王文诰辑注、孔凡礼点校《苏轼诗集》第七册卷四〇,第 2184 页。

③ 〔南朝梁〕刘勰撰,陆侃如、牟世金译注:《文心雕龙译注》下册,齐鲁书社 1982 年版,第 331 页。

玄悟意在求解脱，带着这一思想、心情读陶诗时，苏轼便从陶诗中发现了理趣禅机。

苏轼借助陶诗悟出的第一大禅机是："我即渊明，渊明即我也。"苏轼在《书渊明东方有一士诗后》说："此东方一士，正渊明也。不知从之游者谁乎？若了得此一段，我即渊明，渊明即我也。"①苏轼正是从探寻"从之游者谁乎"出发来感悟人生、感悟自我与陶渊明的关系的。他在《和陶东方有一士》中对此问题做了回答：

> 瓶居本近危，甑坠知不完。梦求亡楚弓，笑解适越冠。忽然返自照，识我本来颜。归路在脚底，殽潼失重关。屡从渊明游，云山出毫端。借君无弦琴，寓我非指弹。岂惟舞独鹤，便可摄飞鸾。还将岭茅瘴，一洗月阙寒。②

苏轼在诗中说他曾经在充满凶险的仕途中迷失了自己的本性，如今在现实的残酷打击下，迷而知返，顿悟自己原来追求的东西仿佛梦中的楚弓、拿到越地的帽子，于自我的本性毫无用处。他蓦然间瞥见了自我的"本来颜"，悟到了自己应走的路，那便是追随陶渊明，去除遮蔽自我"本来颜"的云雾，找到自己的真如本性。一个"屡"字表明苏轼过去也曾随渊明游，但那只是前生的事或者今生的偶然之举，态度不坚定。现在态度坚定了，眼前的艰难困苦再也不能遮住自我皎洁如月的真如本性。由此可见，那个追从"东方一士"遨游的人便是见出真如本性的苏轼自己。如果说从前"偶然得一适，亦有如渊明"，那么现在解悟后的苏轼便觉自己就是陶渊明了。这便是苏轼通过陶诗悟出的第一大人生哲理。也正是这一禅悟使他在贬谪生涯中找到了坚强的精神支柱，使他对陶诗产生了浓厚而持久的兴趣。

苏轼借陶诗悟出的第二大禅机是：渊明为知道之士，超越悲情是陶渊明其人、其诗的本质特征。苏轼在《书渊明饮酒诗后》中说：

> 《饮酒》诗云："客养千金躯，临化消其宝。"宝不过躯，躯化则宝已矣。人言靖节不知道，吾不信也。③

渊明所知之道的具体内涵便是随缘自娱、超越悲情。这虽是苏轼早已思辨过的问题，但从来没有像现在这样富有现实意义和平易近人：

① 〔宋〕苏轼撰，孔凡礼点校：《苏轼文集》第五册卷六七，第2115页。

② 〔宋〕苏轼撰，〔清〕王文诰辑注，孔凡礼点校：《苏轼诗集》第七册，第2266～2267页。

③ 〔宋〕苏轼撰，孔凡礼点校：《苏轼文集》第五册卷六七，第2112页。

当欢有余乐，在戚亦颓然。渊明得此理，安处故有年。嗟我与先生，所赋良奇偏。人间少宜适，惟有归耘田。我昔堕轩冕，毫厘真市廛。困来卧重裀，忧愧自不眠。如今破茅屋，一夕或三迁。风雨睡不知，黄叶满枕前。（卷四一《和陶怨诗示庞邓》）

谪居澹无事，何异老且休。虽过靖节年，未失斜川游。春江渌未波，人卧船自流。我本无所适，泛泛随鸣鸥。中流遇洑洄，舍舟步层丘。（卷四二《和陶游斜川》）①

释道宣《续高僧传》本传载禅宗东土初祖菩提达摩之语曰：“随缘行者。众生无我，苦乐随缘。纵得荣誉等事，宿因所构，今方得之。缘尽还无，何喜之有？得失随缘，心无增减、违顺风静，冥顺于法也。”②可见，禅宗所谓的随缘，即超越世俗得失引起的欢乐与悲伤，让心灵保持自性，“冥顺于法”。苏轼一贯主张“随缘自娱”③，但并不看破红尘，并提出了“此心安处是吾乡”（《定风波·常羡人间琢玉郎》）的观点。在岭南、海南，苏轼便以“随缘委命”④的态度对待苦难的遭遇。上引两诗所云“风雨睡不知，黄叶满枕前”“春江渌未波，人卧船自流”等语就体现了随缘任运的禅趣。在苏轼那儿，“随缘”的本质性特点就是力图超越苦难、悲情，使其不影响心灵、生命的平静，从而更好地融入适合自我本性的生活中。苏轼把这一本质性特点概括为“当欢有余乐，在戚亦颓然”、“胜固欣然，败亦可喜”⑤，并说陶渊明就悟得此理，所以能“安处故有年”。苏轼这种超越悲情的精神没有走向否定人生，相反，倒是同世俗生活紧密相连。这既是苏轼对陶诗理趣的个性解悟，也是对陶诗本质的创造性发现。

魏晋时代社会动乱，痛苦与死亡酿成浓郁的悲情，形成以悲为美的时代心理，诗人中只有陶渊明成功地拔越流俗、安贫乐道、超越悲情。陶渊明虽未受佛家随缘思想的影响，但这种人生态度显示了随缘自娱的禅趣。宋代士人“先天下之忧而忧”，以天下为心，倾向于看轻个人的忧患，在吟咏情性的诗歌创作中

---

① 〔宋〕苏轼撰，〔清〕王文诰辑注，孔凡礼点校：《苏轼诗集》第七册，第 2271 页、第 2318 页。

② 〔唐〕道宣：《续高僧传》，文殊出版社 1988 年版，第 471 页。

③ 〔宋〕苏轼：《答李琮书》，见孔凡礼点校《苏轼文集》第四册卷四九，第 1434 页。

④ 〔宋〕苏轼：《与程德孺四首（之一）》，见孔凡礼点校《苏轼文集》第四册卷五六，第 1687 页。

⑤ 〔宋〕苏轼：《观棋》，见〔清〕王文诰辑注、孔凡礼点校《苏轼诗集》第七册卷四二，第 2311 页。

不赞成一味唉声叹气、怨天尤人,主张超越悲情(参本编第一章第二节)。苏轼身上更体现了这一时代精神。他在《读孟郊诗(二首之一)》《次韵答刘经》等诗中都主张作诗应超越个人的穷通悲情。他把这种精神投射到“不汲汲于富贵,不戚戚于贫贱”的陶渊明其人其诗上后,便发现了陶渊明这一超越悲情的特质。这也是他之所以喜爱陶诗的原因之一。日本学者吉川幸次郎在《宋诗概说》中指出,但自从汉代以后,特别是在六朝诗里,开始认为人生是绝望的、充满着悲哀的存在,于是悲观思想也就变成了诗的基调;宋诗之转化悲情在中国文学史上,甚至在中国思想史上,可以说是一个重大的转变。① 这是相当有见地的,但应当进一步指出的是:六朝的陶渊明是一个例外。将陶诗的乐观精神同宋代士人超越悲情的精神融合起来,塑造出善于处穷的陶渊明这一典型形象,这是苏轼在陶渊明接受史上的又一大贡献。这对后世影响甚巨,特别是到理学家那儿,更进一步把陶渊明超越悲情的哲理同“孔颜乐处”相联系,使之成为宋代士人的精神象征。

总之,苏轼和陶诗的这四项基本内容无一不是在陶诗的基础上生发出的人生感悟,当然其中融汇着苏轼独特的思想、个性。因此,苏轼眼中便有了一个独特的陶渊明形象:潇洒飘逸,目光高远,透过历史与现实深悟人生之道,超越世俗悲情而不厌弃人生,将自我融入自然、融入淳朴的生活,真正获得了自我。苏轼和陶诗的这四项基本内容又是互相联系的。总的看来,苏轼把眼光伸向历史,落足点却是现实的人生和当下的自我;把思维的触角伸向禅思玄悟,目的则是为自己的人生选择寻求理论上的依据。再简言之,玄思、历史都是为当下回归自然田园、回归淳朴的人生服务的,而不是厌弃人生、驰思于虚无的境界。

第三节　着意学陶　贵在本色

贬黄州之前,苏轼对陶诗的学习主要停留在用典上。但苏轼用典一开始便表现出创新的特点:他并不是用陶典点缀高情雅趣,而是用之表达高出流俗的见解和追求。如本章第一节所举“无弦琴”即一例。又如《李行中秀才醉眠亭三首(其二)》云:

---

① [日]吉川幸次郎著,郑清茂译:《宋诗概说》,联经出版公司 2012 年版,第 33 ~ 34 页。

君且归休我欲眠，人言此语出天然。醉中对客眠何害，须信陶潜未若贤。[1]（湖州作）

在苏轼看来，陶渊明以客在影响睡眠，犹如借无弦琴寄意一样，尚有所滞碍，超脱得不彻底，故“未若贤”。与昔人用陶典一样，苏轼也是表达率真拔俗之趣，但他对率真拔俗之趣的理解与昔人不同，并由此对陶潜的举动做出异于前人的评价。用典而不直接正面运用，而是有所曲折，反用以合己意，而己之意与陶之意在情趣追求上又是一致的。此反常合道之法，亦可谓创新出奇而不逾理之法。此时也偶有学陶平淡诗风的作品，如其《出都来陈，所乘船上有题小诗八首，不知何人有感于余心者，聊为和之八首（其三）》云：

烟火动村落，晨光尚熹微。田园处处好，渊明胡不归。[2]

语言借于《归去来兮辞》及江淹拟陶诗，得陶诗之平易简洁及《归去来兮辞》之骏快流畅。

到黄州之后，苏轼开始着意学习陶诗。

这首先表现在受陶诗题材、诗风影响的《东坡八首》中。初到黄州，苏轼由于生活艰难，辟“东坡”以自救。“垦辟之劳，筋力殆尽。”[3]苏轼备尝陶渊明的躬耕之苦。其《东坡八首》便生动描述了开垦东坡的过程及切实感受。纪昀评之曰：“八章皆出入陶、杜之间，而参以本色，不摹古而气息自古。”又王文诰注云：“八篇皆田中乐易之语，如陶渊明。”[4]如其五云：

良农惜地力，幸此十年荒。桑柘未及成，一麦庶可望。投种未逾月，覆块已苍苍。农父告我言，勿使苗叶昌。君欲富饼饵，要须纵牛羊。再拜谢苦言，得饱不敢忘。[5]

此诗的风格与他任杭州通判时所写的农村田园诗《新城道中二首》《山村五绝》明显不同。后两诗清新旷逸，而上举诗古朴谦和，虽与诗的体格不无关系，但更重要的原因在于后两诗写于作专城之官时，是以一位悠闲士大夫的眼光观照田

---

① 〔宋〕苏轼撰，〔清〕王文诰辑注，孔凡礼点校：《苏轼诗集》第二册卷一二，中华书局1982年版，第586页。

② 〔宋〕苏轼撰，〔清〕王文诰辑注，孔凡礼点校：《苏轼诗集》第一册卷六，第261页。

③ 〔宋〕苏轼：《东坡八首叙》，见〔清〕王文诰辑注、孔凡礼点校：《苏轼诗集》第四册卷二一，第1079页。

④ 〔宋〕苏轼撰，〔清〕王文诰辑注，孔凡礼点校：《苏轼诗集》第四册卷二一，第1079页、第1084页。

⑤ 〔宋〕苏轼撰，〔清〕王文诰辑注，孔凡礼点校：《苏轼诗集》第四册卷二一，第1081～1082页。

园生活的:或写自己对田园生活的愉悦感受,里面明显带有作者的理想情怀(如《新城道中二首》),或以士大夫博爱的悯农胸怀审视农家不幸的生活,而没有切实的体验(如《山村五绝(之三)》)。而如今,苏轼与陶渊明一样亲自参加了艰苦的田园劳动,虽为初学稼穑,但个中甘苦是与陶渊明相通的。陶渊明《归园田居五首(之二)》云:"相见无杂言,但道桑麻长。"《乞食》云:"感子漂母惠,愧我非韩才。衔戢知何谢,冥报以相贻。"诗中体现的渊明与农民融洽朴实的关系、交情同苏轼听了"农夫告我言"后"再拜谢苦言,得饱不敢忘"谦和而真朴的态度是何等相似！诗人在这首诗中,从语言上,努力去掉雕琢痕迹,尽量少用故实,少用生涩语,以显质朴本色;在句式上,不以对仗取胜;在语气上,去掉逞才使气的一贯天性,以显平实真诚。总之,整首诗风格古朴平实,感情真挚,与陶诗"笃意真古"的特色极似。这也是《东坡八首》的共同特色。

其次表现在以陶诗为话题表达自己的理性感悟。如《问渊明》借陶《形影神》组诗的话题发表新见,独抒机杼,不落窠臼。

最后表现在开始和陶上,在和陶诗中展开对陶诗艺术的全面学习。如其第一组和陶诗《和陶饮酒二十首》诗前总序云,和诗意欲借陶韵表达与陶的共鸣之处。和诗明显受陶诗影响。这二十首和诗也基本奠定了苏轼岭南、海南和陶诗的基本特色。这些特色与陶诗相较主要表现在以下四个方面:

(一)借韵为诗,即苏轼和诗仅是借陶诗原韵表达己意,而与陶原诗内容总体无涉。如其十一、十六、十八。

(二)形神似陶,即苏轼和诗在用语、意趣特别是诗的总体风貌上与陶原诗恍如姊妹。如其一结云:"纵心与事往,所遇无复疑。偶得酒中趣,空杯亦常持。"其四结云:"幸此未化间,有酒君莫违。"①皆与陶原诗形神相似。这倒有些像江西诗派的"换骨法":"不易其意而造其语。"②其本质只是以自己的人生体会重新表达陶诗中的意趣。

(三)基本本色,即和诗的语趣、风格主要为苏轼一贯的个性特色。如其五、其十、其十三、其二十。其二十"三杯洗战国,一斗消强秦"③,人评全然苏轼诗,

---

① 〔宋〕苏轼撰,〔清〕王文诰辑注,孔凡礼点校:《苏轼诗集》第六册卷三五,第1883~1884页。

② 〔宋〕惠洪:《冷斋夜话》(与《风月堂诗话》《环溪诗话》合刊),中华书局1988年版,第15~16页。

③ 〔宋〕苏轼撰,〔清〕王文诰辑注,孔凡礼点校:《苏轼诗集》第六册卷三五,第1891页。

了无陶诗气貌。两句对偶工整、气势超迈、词锋不掩，在陶渊明诗中极少见。

（四）陶风与本色相间，即和诗参以陶意，终露本色。这一方面表现为以庄禅解陶，另一方面表现为傲然畅快、议论横生的诗风虽脱之于陶，但较陶为露。如其六。

就全部和陶诗而言，在上述四类情况中，第一、二类属少数，而第三、四类占绝大多数。可见，在陶诗的基础上，刻意求新出奇，见出个性，正是苏轼和陶诗的特色所在。前人论和陶诗多以似与不似来评价其成功与否，这种评论是以抹杀和诗的个性为前提的，认为“相似”才是成功的条件，其出发点便违背了审美陌生化的艺术规律。清人纪昀、王文诰都说过很有见地的话。纪昀说苏轼和陶诗“敛才就陶，亦时时自露本色，正如褚摹《兰亭》，颇参己法，而正是其善于摹处。明七子之摹古，不过双钩填廓耳”①。王文诰则讲得更具体：“公之和陶，但以陶自托耳。至于其诗，极有区别。有作意效之，与陶一色者；有本不求合，适与陶相似者；有借韵为诗，置陶不问者；有毫不经意，信口改一韵者。若《饮酒》、《山海经》、《拟古杂诗》，则篇幅太多，无此若干作意，势必杂取咏古纪游诸事以足之，此虽和陶，而有与陶绝不相干者，盖未尝规规于学陶也。……诰谓公《和陶》诗，实当一件事做，亦不当一件事做，须识此意，方许读诗。每见诗话及前人所论，辄以此句似陶，彼句非陶，为牢不可破之说，使陶自和其诗，亦不能逐句皆似原唱，何所见之鄙也。”②

宋丘龙先生在《苏东坡和陶渊明诗之比较研究》一书中，在对陶诗、苏诗做了细致的比较分析后，指出：就写作技巧而言，渊明诗最为人称道者，乃其一派自然浑沦之气，不见雕琢痕迹，故陶诗读之，觉其一气贯注。然句与句、段与段之间转折甚多，几乎段段有照应，而妙处在于使人乍看之下，不见其转折照应之迹，非审视之不足以见其妙，此法诣之甚难。东坡和诗则少一气贯注之妙，而多曲折婉转之致，此乃逞其才力之故。故陶诗读之，似无用力，和诗读之，知作者有意为之。东坡和诗多用典，渊明诗甚少用典，此又甚异者。又东坡诗好发议论，就议论本身而见其意；渊明之议论则寓于事中，以叙事见理，而所言之理乃深刻。就辞而言，渊明之辞甚白，几无俪句，然句之含蕴甚丰富，如“采菊东篱

---

① 〔宋〕苏轼撰，〔清〕王文诰辑注，孔凡礼点校：《苏轼诗集》第六册卷三五，第 1892 页。

② 〔宋〕苏轼撰，〔清〕王文诰辑注，孔凡礼点校：《苏轼诗集》第六册卷三九，第 2107 页。

下，悠然见南山”“微雨从东来，好风与之俱”“众鸟欣有托，吾亦爱吾庐”等句是。东坡则文辞无陶之自然，时有刻意求工之嫌，淋漓之概，则渊明似有不及。综上所论，东坡和陶之作，未必全然似陶，此是其学问、性情、襟抱有异之故，若句句似陶，意意是陶，则东坡何得为东坡。①

宋先生所论平实而当意，基本道出了陶诗与苏轼和诗在艺术上的区别。

应当进一步指出的是，苏轼和陶诗受陶诗艺术影响的最大处表现在议论化、理趣化的倾向上。议论在陶诗中尚结合事实，形象道出（如《饮酒二十首（之六、之十一）》），而苏轼的一些和诗则全以议论出之（如《和陶饮酒二十首（其六）》）。故在陶渊明那儿，议论只是融于事实或形象叙写中的自然流露；而在苏轼这儿，有时基于一点事实转化为思辩，乃至以纯议论为诗，因此有的诗变得抽象难懂，非借助相当的外围知识难解诗意，如其《和陶形影神》《和陶桃花源记》。但苏轼的议论、思辩又非干瘪迂腐，而是融铸着现实、历史、玄思、自然等人生智慧。下面仅以《和陶桃花源记并引》为例试析之。

苏轼在《和陶桃花源记并引》中集中抒写了他心灵的桃花源——仇池：

世传桃源事，多过其实。考渊明所记，止言先世避秦乱来此，则渔人所见，似是其子孙，非秦人不死者也。又云杀鸡作食，岂有仙而杀者乎？旧说南阳有菊水，水甘而芳，民居三十余家，饮其水，皆寿，或至百二三十岁。蜀青城山老人村，有见五世孙者，道极险远，生不识盐醯，而溪中多枸杞，根如龙蛇，饮其水，故寿。近岁道稍通，渐能致五味，而寿益衰，桃源盖此比也欤。使武陵太守得而至焉，则已化为争夺之场久矣。尝意天壤间，若此者甚众，不独桃源。予在颍州，梦至一官府，人物与俗间无异，而山川清远，有足乐者。顾视堂上，榜曰仇池。觉而念之，仇池武都氐故地，杨难当所保，余何为居之。明日，以问客。客有赵令畤德麟者，曰："公何问此，此乃福地，小有洞天之附庸也。杜子美盖云：万古仇池穴，潜通小有天。"他日工部侍郎王钦臣仲至谓余曰："吾尝奉使过仇池，有九十九泉，万山环之，可以避世，如桃源也。"

凡圣无异居，清浊共此世。心闲偶自见，念起忽已逝。欲知真一处，要使六用废。桃源信不远，杖藜可小憩。躬耕任地力，绝学抱天艺。臂鸡有时鸣，尻驾无可税。苓龟亦晨吸，杞狗或夜吠。耘樵得甘芳，龁啮谢炮制。

① 宋丘龙：《苏东坡和陶渊明诗之比较研究》，台湾商务印书馆1985年版，第233～234页。

子骥虽形隔，渊明已心诣。高山不难越，浅水何足厉。不如我仇池，高举复几岁。从来一生死，近又等痴慧。蒲涧安期境，罗浮稚川界。梦往从之游，神交发吾蔽。桃花满庭下，流水在户外。却笑逃秦人，有畏非真契。①

首先，苏轼以议论的笔法，将传说、历史、现实融为一炉，以历史理性的眼光审视一贯被人误传为仙国的桃花源，得出桃源乃人间实有之地的新论，并进一步推论像桃源这样的地方，“天壤间”“甚众”，比如“仇池”即其一。而苏轼对仇池的描述亦侧面索证，非正面详写。这与《桃花源记》注重感性形象的小说笔法是大相径庭的。

其次，苏轼以对仇池的现实描述为基点，进一步生发议论，赋予仇池、桃花源以精神家园的内涵。仇池实有其地，又名瞿堆、百顷山，在甘肃成县西。《宋书·氐胡传》《水经注》皆有记载。苏轼出任扬州时作《双石叙》云：“至扬州，获二石。其一，绿色，冈峦迤逦，有穴达于背。其一，正白可鉴，渍以盆水，置几案间。忽忆在颍州日，梦人请住一官府，榜曰仇池。觉而诵杜子美诗曰：万古仇池穴，潜通小有天。乃戏作小诗，为僚友一笑。”他在诗中表达了“一点空明是何处，老人真欲住仇池”的愿望。② 后来，苏轼与友人多次唱和仇池诗。他在流放岭南时，独带“仇池石”一慰孤旅。仇池虽为实有，苏轼亦表示过欲往仇池的愿望，但这仅仅是表达一种寻求精神家园的愿望，而非真的要去居住，因为苏轼并没有把仇池仅仅看为实境。

第一，苏轼是把它看为“梦境”的，是在梦中见到这一理想国的。与“桃源”不同的是，“仇池”在梦中是“官府”，即按儒家理想建立起来的世界。苏轼在《睡乡记》中描述的“睡乡”是对这一世界的注解：“睡乡之境，盖与齐州接，而齐州之民无知者。其政甚淳，其俗甚均，其土平夷广大，无东西南北，其人安恬舒适，无疾痛札疠。昏然不生七情，茫然不交万事，荡然不知天地日月。不丝不谷，佚卧而自足，不舟不车，极意而远游。冬而絺，夏而纩，不知其有寒暑。得而悲，失而喜，不知其有利害。以谓凡其所目见者皆妄也。”③苏轼并以黄帝尧舜

① 〔宋〕苏轼撰，〔清〕王文诰辑注，孔凡礼点校：《苏轼诗集》第七册卷四〇，第2196～2198页。

② 〔宋〕苏轼撰，〔清〕王文诰辑注，孔凡礼点校：《苏轼诗集》第六册卷三五，第1880～1881页。

③ 〔明〕焦竑《刻苏长公外集序》谓《睡乡记》“拟无功《醉乡记》而作”，今“属子瞻”意谓此文非苏轼作。愚谓从文风、思想看，该文应出自苏轼之手。参〔宋〕苏轼撰、孔凡礼点校《苏轼文集》第二册卷一一，中华书局1982年版，第372页。

所治之天下“似睡乡”，后庄周等梦为蝴蝶，曾翩至其间云云。这与充满天伦之乐的桃花源有相似之处，但也有相异之处：仇池、睡乡有君有民，只是人民淳朴，不知君之所在而已，而桃源则无君臣。

第二，苏轼又把仇池看作禅思玄悟的境界。达于这一境界的关键在于破除世俗观念，不以常见观物，而用“闲心”观之，即借用佛、道两家的修养方式。佛家的是废“六用”、观“真一”，以达于顿悟。去除眼、耳、鼻、舌、身、意六根所生之“六贼”，见出“自性”，以“闲心”观之，所见即“仇池”之境界也。道家的修养方式是返璞归真、归于造化。“堕肢体，黜聪明，离形去知，同于大通”，最终达到“坐忘”“物化”这样“哀乐不能入”的境界即“仇池”的境界。①

第三，苏轼最终把仇池看作一种人生境界。“桃源信不远，杖藜可小憩”，仇池也不远，“桃花满庭下，流水在户外”，关键在于通过禅思玄悟后，去除一切俗念（包括“逃秦人”的“有畏”之心），再以悟道后的慧眼重新观照苦难的现实，苦难不见了，现实即仇池也。总之，仇池是现实境界、梦境、禅思玄悟之境，更是一种人生修养的境界，是融会着历史、现实、哲思的人生境界。

《和陶桃花源记并引》是继隋末唐初王绩的《醉乡记》之后，读者接受《桃花源记并诗》的最大成果之一，乃至“睡乡”与“桃源”“醉乡”并列成为后世的习见用语。它的形象性虽不能与《桃花源记并诗》相比，但在充分调动人文智慧以及融铸历史、现实、哲思、想象等为一体的思辨性方面是独树一帜的。

在陶渊明，田园生活是完整的，它本身即“诗”，即“桃花源”，可歌可咏；在苏轼，生活已破碎，山水田园须经玄悟弥合、超越后，才能还原为“诗”、成为“仇池”，可以栖迟。因此，同为将感性的生活情趣与人生感悟融为一体的诗歌特色——理趣在苏轼、陶渊明那儿便有不同的面貌。在陶渊明那儿，理趣仿佛土里长出来的，自然而不见人工苦思。而苏轼则以新辞重新点化陶诗理趣，又与生活隔着玄思的界线，所以苏轼和诗以己意解陶意，常常翻新出奇。他在《书柳子厚渔翁诗》中云：“诗以奇趣为宗，反常合道为趣。”②其和陶诗、学陶诗中的理趣就充分体现了这一特色。如其《和陶形影神》《问渊明》等诗都比渊明理趣翻新一层、透过一层。这便给人这样一种印象：苏轼想同陶渊明一较高下。苏轼

① 参《庄子·大宗师》，见〔清〕郭庆藩撰、王孝鱼点校《庄子集释》，中华书局1961年版，第284页、第260页。

② 〔宋〕苏轼撰，孔凡礼点校：《苏轼文集》第六册《苏轼佚文汇编》卷五，第2552页。

之弟苏辙也这样认为①，但苏轼自己并不这样认为。他曾在《问渊明》一诗自注中说，此诗意旨非与渊明相反，而是“相引以造于道者”②。这一观点也可用于苏轼在理趣上翻新出奇的和陶诗上。

但这种“出奇”并非仅仅有意为之，而是以切实的生命体验为基础的。即苏轼为超越现实、弥补艰难的命运遭遇，比陶渊明付出了更多的心灵努力。如果说陶渊明在解决仕途矛盾之后，“复得返自然”，“纵浪大化中”，使心灵与自然、田园基本取得了和谐统一；而苏轼在仕、隐矛盾的纠缠之外，还品尝着贬谪生活的漂泊苦难，其生活没有陶渊明的生活完整，苏轼需要经过更多的心灵努力弥补生活的缺陷。因此说，在陶渊明，生活即诗；在苏轼，生活须经过理性超越方变为诗。基于此，苏轼在借助庄禅对人生做深入思索、借陶自托时，便不免“出奇制胜”了。

正是由于苏轼和陶诗的议论化、理趣化都比陶诗增强了，苏诗才显出一种傲然出奇的风貌。如果说“傲然”同陶诗“豪放”的一面相似，那么“出奇”则更多是苏轼个人的东西了。

总之，苏轼学陶、和陶诗在艺术技巧、用典、用韵、理趣等方面都受陶原诗的影响，但又多露本色，是自我理想、个性的写照，其成就基本上应予以肯定。如果联系后世缺乏个性的和陶之作看，我们的这一结论更应值得赞同，更何况苏轼和作中的佳作和警句俯仰皆是呢。

第四节　苏轼对陶诗的理性阐释

苏轼全面学陶、和陶在陶渊明接受史上是空前的创举，而他对陶渊明诗文的创造性阐释更是前无古人的。两者促成了陶渊明接受史高潮的到来，并深深影响了后代的读者。就目前所存苏轼论陶的言论来看，苏轼对陶诗文的理性阐释主要可归纳为如下几个方面。

一、论陶诗的平淡美

对陶诗平淡有味这一重要特色的揭示，在梅尧臣那儿尚隔一层没有戳破的

① 参〔宋〕苏辙《子瞻和陶渊明诗集引》，见曾枣庄、马德富校点《栾城集》卷二一，上海古籍出版社 1987 年版，第 1401 页。

② 〔宋〕苏轼撰，〔清〕王文诰辑注，孔凡礼点校：《苏轼诗集》第六册卷三二，第 1716 页。

窗纸。梅尧臣作诗以平淡为诗美极境，同时又言好诗当有言外之意，并学陶、崇陶。所以他的确意识到了陶诗平淡有味的美学内涵，只是不曾明确说破，即将平淡的风貌与有味的深蕴结合起来论陶。苏轼则紧接着其老师梅尧臣论诗的思路向前推进了一步，将包裹陶诗平淡有味特点的窗纸戳破了。他在《评韩柳诗》中说：

> 柳子厚诗在陶渊明下，韦苏州上。退之豪放奇险则过之，而温丽靖深不及也。所贵乎枯澹者，谓其外枯而中膏，似澹而实美，渊明、子厚之流是也。若中边皆枯澹，亦何足道。佛云："如人食蜜，中边皆甜。"人食五味，知其甘苦者皆是，能分别其中边者，百无一二也。①

又于《与子由六首（之五）》中说：

> 吾于诗人，无所甚好，独好渊明之诗。渊明作诗不多，然其诗质而实绮，癯而实腴，自曹、刘、鲍、谢、李、杜诸人，皆莫及也。②

又于《书黄子思诗集后》中说：

> 李、杜之后，诗人继作，虽间有远韵，而才不逮意，独韦应物、柳宗元发纤秾于简古，寄至味于澹泊，非余子所及也。③

首先，苏轼在此继承了梅尧臣"作诗无古今，唯造平淡难"的观点，以陶、韦、柳等人的诗为典范，进一步阐释了平淡美的内涵，即"外枯而中膏，似澹而实美""质而实绮，癯而实腴""发纤秾于简古，寄至味于澹泊"。"枯澹""质癯""澹泊"主要针对诗歌的外在风貌而言，它与色彩绚烂、雕琢繁富相对。当然，这种风貌是艺术修养和人生修养达到极致的自然流露，而非人为造作（详后），因此它又是与诗歌的精神内涵水乳交融的。"膏美""纤秾""至味"则主要指诗歌平淡的外貌背后有耐人咀嚼的阅读空白。这一空白既有艺术技巧上的，也有精神内涵上的。它与诗乏"远韵"、一览无余、缺少蕴藉之美是相对的。其次，苏轼把这种平淡美的最早源头推到了陶渊明，这与梅尧臣是一致的。但苏轼又往前走了一步，把陶诗推为平淡美的最高典范，说"自曹、刘、鲍、谢、李、杜诸人，皆莫及也"。一代文坛领袖惊世骇俗的言论虽然未免矫枉过正，但对提高陶诗的诗史地位、正确看待陶诗的美学价值所起的作用是空前绝后的。后来论者（如晁说之、张

① 〔宋〕苏轼撰，孔凡礼点校：《苏轼文集》第五册卷六七，中华书局 1982 年版，第 2109～2110 页。

② 〔宋〕苏轼撰，孔凡礼点校：《苏轼文集》第六册《苏轼佚文汇编》卷四，第 2515 页。

③ 〔宋〕苏轼撰，孔凡礼点校：《苏轼文集》第五册卷六七，第 2124 页。

戒）多不同意苏轼此说，原因在于他们着眼的角度不同、所持的诗学观点有异。苏轼主要是基于“高风绝尘”的美学理想论陶的（详下节）。

平淡美是一种老成美、成熟美，它既是诗歌成熟的一种标志，也是人生修养达到极高造诣的一种标志。因此臻于平淡美并不是一蹴而就的，须经历一个过程。苏轼在《与二郎侄一首》中说：

> 凡文字，少小时须令气象峥嵘，采色绚烂，渐老渐熟乃造平淡；其实不是平淡，绚烂之极也。汝只见爷伯而今平淡，一向只学此样，何不取旧日应举时文字看，高下抑扬，如龙蛇捉不住，当且学此。①

这是从作文的角度讲的，其实作诗也是如此。上面一段话容易给人一种错觉，即平淡美仿佛是一种老境美，其实并不然。

从艺术上看，平淡美是一种成熟美。苏轼在《书唐氏六家书后》云：

> 永禅师书，骨气深稳，体兼众妙，精能之至，反造疏淡。如观陶彭泽诗，初若散缓不收，反覆不已，乃识其奇趣。②

“疏淡”义近“枯淡”，它内里蕴蓄着深稳的骨气、各种书体的奥妙，并非枯燥无味。因此从创作角度看，它是绚烂之极的产物。陶诗“初若散缓不收”，正是外表枯淡的一种表现，但并非没有骨力，没有青春血气，缺少直观感受力，相反，陶诗是富含骨力与血气的。这骨力与血气隐藏在“散缓”的背后，苏轼名之为“奇趣”“绮”“腴”“膏”“美”“远韵”……而南宋人又从这些“奇趣”中品出了豪放、郁忿的激情。如果把平淡美归于老境美，便给人一种“衰惫”的错觉，容易令人忽视平淡美极高的美学价值。

从作者的创作年龄看，对平淡美的追求也并不一定发生在晚年。陶渊明很多诗的编年难以确定，但他的代表作《饮酒》《归园田居》一般被认为是 39 岁、42 岁时的作品。此正值渊明壮年时。而梅尧臣提出“平淡”之说是在 40 岁以后，苏轼在《书黄子思诗集后》中倡平淡之说是在 43 岁。而从此前他们实际创作的平淡作品看，那就更早了。可见诗人对平淡美的追求从实际创作看并不拘于年龄。从理论主张看，则正是壮年而非老年，这个年龄正是他们创作与理论的成熟期。再联系宋代平淡美学思潮看，追求平淡更是初学写作者朝暮所思的，上文所提苏轼的侄子便是一例。退一步说，晚年产生的平淡作品也并非缺少青春活力，如苏轼晚年之作，苏辙即评之“不见老

---

① 〔宋〕苏轼撰，孔凡礼点校：《苏轼文集》第六册《苏轼佚文汇编》卷四，第 2523 页。

② 〔宋〕苏轼撰，孔凡礼点校：《苏轼文集》第五册卷六九，第 2206 页。

人衰惫之气”①,而实际亦是如此。

从欣赏者的年龄看,也是如此。虽然黄庭坚云“血气方刚时读此诗(按:指陶诗),如嚼枯木。及绵历世事,知决定无所用智。每观此篇,如渴饮水,如欲寐得啜茗,如饥啖汤饼”②,但他只说对了一半。陆游年十三、十四岁时,读陶诗即“欣然会心”③,会心处未必很深,但并非“如嚼枯木”。

从人生境界的追求上看,平淡美也是一种成熟美,是淡泊胸襟的自然流露,是至高的人生境界在艺术上的显现。我尚找不到一个恰切的概念来表述中国传统文化在人生修养上的一大特点:那些深爱着传统文化且对其博大精深的内核有着精到生命体验的人,愈到老年,其生命愈闪耀出夺目的光彩,创造性的火花反而比血气方刚时更为灿烂。那些深爱着传统文化而且深得其精髓的人,实在是走着一条不断内在超越之路。中国传统文化的这一特点,我们不妨称之为“增值性”。就传统文人的修养而言,他们所走的也是肉体衰落而精神增值的上升线。他们的修养路径不外乎儒、道、释三途。儒家走的是有为之路:对人的“善我”处处护养之、增益之,不断提升自我于世俗之上,最终修养成充溢着至大至刚的浩然之气、无往而不合于道的“大人”。道家走的是无为之路,对于蔽塞“真我”的文明观念决不留情地予以清除,最终归于真朴。释家则单刀直入,让人从空的本质上看待万物,消除实相念执,脱出文明语言的定向规约,而代之以获得空性后的般若智慧。

诸种人生修养途径虽异,但都归到自我的本来面目即“真我”上,即寻求一种生命可以自然自由发展而不受阻碍的理想极境,这是一种超越外物后空灵淡泊的人生化境。而接近或达到这样一种境界并非一日之功,需以一定的人生阅历、经验等为“悟道”条件。人愈到老年,对此领悟得愈深。因为青年时代所有干扰生命力自然自由发展的诸种矛盾,到中老年时基本得以解决。比如出与处、生与死、穷与通等文明社会中恒定性的矛盾冲突,固然可以使心灵产生浪花,流而为澎湃的诗情。但是中国传统文化所追求的极境并不在矛盾冲击时的交汇点上,而是在超越矛盾冲突后的“道”上,这是一种融自我与宇宙大化为一体的空灵至境,它涵纳一切,浩大无边,无所不在。中老年人由于解决了有碍于

① 〔宋〕苏辙:《子瞻和陶渊明诗集引》,见曾枣庄、马德富校点《栾城集》中册,上海古籍出版社1987年版,第1402页。

② 〔宋〕黄庭坚:《书陶渊明诗后寄王吉老》,见郑永晓整理《黄庭坚全集辑校编年》,江西人民出版社2011年版,第957~958页。

③ 〔宋〕陆游:《陆放翁全集》上册《渭南文集》卷二八,中国书店1986年版,第171页。

人之生命力自然流淌的矛盾,从而使生命力凝聚成一股清澈而又浩博的水流,随物曲折,皆成妙观。当然得其中三昧的人也并非一定要到返璞归真的老年才可,青年时、中年时甚至懵懂童年时也可能得其中三昧,只是有多少之别、久暂之别、成熟与不成熟之别而已。平淡美正是修养成熟后表现出来的一种风貌,它的本质特点是在高度超越干扰生命力正常发挥的世俗事物的基础上,以慧眼重新审视外界时,发现一切呈现出盎然的诗意。这时,人的直观感受力不是弱了,而是强了,它正是苏轼在《送参寥师》中所描述的“空且静”的境界:

颇怪浮屠人,视身如丘井。颓然寄淡泊,谁与发豪猛。细思乃不然,真巧非幻影。欲令诗语妙,无厌空且静。静故了群动,空故纳万境。阅世走人间,观身卧云岭。咸酸杂众好,中有至味永。诗法不相妨,此语更当请。①

在这种“空且静”的淡泊心态下看到的盎然诗意、深永至味就是平淡背后耐人咀嚼不尽的深味。苏轼深受传统文化的影响,一走向社会便追寻这种平淡的人生境界,表示“永怀江阳叟,种藕春满湖”②,他的人生极境是如庄子、陶渊明一样“酣羲皇之真味,反太初之至乐”③,是如“阮千里善弹琴,无贵贱长幼皆为弹,神气冲和,不知向人所在”④的审美境界。他对平淡诗美的追求正是其人生追求在诗歌领域的表现。

综上所述,决不能蔽于现象将平淡美单纯归于“老境美”,从而忽视了平淡美的真正内核。不论从艺术上看,还是从作者与读者的角度看,还是从人生境界的追求上看,平淡美都是一种成熟美,而非仅为老境美;都是一种天趣美、真淳美,而非一种虚饰美、雕琢美。

南宋人葛绍体在《赠休斋沈老丈》一诗中云:

酒边风月是诗情,平淡精神最老成。每爱晋人标韵别,发挥天趣更渊明。(《东山诗选》卷下)

平淡美及其代表作家陶渊明在南宋被推为不可企及的诗美典范之一。纵观陶

---

① 〔宋〕苏轼撰,〔清〕王文诰辑注,孔凡礼点校:《苏轼诗集》第三册卷一七,中华书局1982年版,第906~907页。

② 〔宋〕苏轼:《涮阳早发》,见〔清〕王文诰辑注、孔凡礼点校《苏轼诗集》第一册卷二,第70页。

③ 〔宋〕苏轼:《酒隐赋》,见〔清〕王文诰辑注、孔凡礼点校《苏轼文集》第一册卷一,第20页。

④ 〔宋〕苏轼:《书朱象先画后》,见〔清〕王文诰辑注、孔凡礼点校《苏轼文集》第五册卷七〇,第2211页。

渊明接受史，可以说，真正将陶诗主要美学价值发掘出来并将陶诗毫不犹豫地推入一流作品的第一人正是苏轼。曾季狸《艇斋诗话》云："前人论诗，初不知有韦苏州柳子厚，论字亦不知有杨凝式。二者至东坡而后发此秘，遂以韦柳配渊明，凝式配颜鲁公，东坡真有德于三子也。"①且不论"三子"，单就渊明而言，东坡"以韦柳配渊明"，并指出陶诗平淡有味的美学内涵和风格特征，这是东坡的独见先明。自苏轼始，陶诗平淡的美学特点及一流的诗史地位遂成定论。后人论陶诗多承遗义，或变言申述，或侧面补充，大约不出苏轼所论范围。

二、论陶诗的自然率真美

苏轼论文艺重自然率真之美，评诗画曰：

诗画本一律，天工与清新。［卷二九《书鄢陵王主簿所画折枝二首（其一）》］

画师争摹雪浪势，天工不见雷斧痕。（卷三七《次韵滕大夫三首·雪浪石》）②

道子画人物，如以灯取影，逆来顺往，旁见侧出，横斜平直，各相乘除，得自然之数。（卷七〇《书吴道子画后》）③

又评书法曰：

我书意造本无法，点画信手烦推求。（卷六《石苍舒醉墨堂》）④

书初无意于佳，乃佳尔。（卷六九《评草书》）

此数十纸，皆文忠公冲口而出，纵手而成，初不加意者也。其文采字画，皆有自然绝人之姿，信天下之奇迹也。（卷六九《跋刘景文欧公帖》）⑤

可见，苏轼欣赏的是"初不加意"而又能暗合美的规律的自然、率真之美。苏轼认为陶渊明为自然率真之人，其诗也体现了自然率真之美。其《录陶渊明诗》云：

"清晨闻扣门，倒裳自往开。问子为谁与？田父有好怀。壶浆远见候，疑我与时乖。褴缕茅檐下，未足为高栖。一世皆尚同，愿君汩其泥。深感

---

① 丁福保辑：《历代诗话续编》上册，中华书局2006年版，第292页。

② 〔宋〕苏轼撰，〔清〕王文诰辑注，孔凡礼点校：《苏轼诗集》第五册，第1525～1526页；第六册，第1999页。

③ 〔宋〕苏轼撰，孔凡礼点校：《苏轼文集》第五册，第2210页。

④ 〔宋〕苏轼撰，〔清〕王文诰辑注，孔凡礼点校：《苏轼诗集》第一册，第236页。

⑤ 〔宋〕苏轼撰，孔凡礼点校：《苏轼文集》第五册，第2183页、第2198页。

父老言，禀气寡所谐。纡辔诚可学，违己讵非迷。且共欢此饮，吾驾不可回。”此诗叔弼爱之，予亦爱之。予尝有云：言发于心而冲于口，吐之则逆人，茹之则逆予，以谓宁逆人也，故卒吐之。与渊明诗意不谋而合，故并录之。①

又《次韵定慧钦长老见寄八首（其二）》云：

我醉君且去，陶云吾亦云。②

又《书渊明孟府君传后》云：

陶渊明，孟嘉外孙，作《嘉传》云：“或问听丝不如竹，竹不如肉，何也？”曰：“渐近自然。”而今《晋书》乃云“渐近使之然”，则是闾里少年鄙语。虽至细事，然足以见许敬宗等为人。③

苏轼在上述引文中认为陶渊明为人自然率真、毫无做作，并从诗如其人的角度进一步评论陶诗“言发于心而冲于口”、真率天然。这与评论诗画、书法“冲口而出，纵手而成，初不加意”而有“自然绝人之姿”是完全吻合的。苏轼评陶诗自然美更有名的一段话乃是《题渊明饮酒诗后》所云：

“采菊东篱下，悠然见南山。”因采菊而见山，境与意会，此句最有妙处。近岁俗本皆作“望南山”（注云：文中“因采菊而见山”至“皆作望南山”二十五字，《稗海》本《志林》作“采菊之次，偶然见山，初不用意，而景与意会，故可喜也。今皆作望南山），则此一篇神气都索然矣。④

苏轼从创作心态、诗意产生的方式等方面思考，认为渊明所作之诗有自然天工之妙，即“初不用意，而景与意会”，一切在无意为诗时自然产生，诗仿佛从胸中流出。一个“见”字足以传达创作主体悠闲、自然、脱俗的神气。而“望”字便有人为、造作之态，创作主体的神气也陡然而变、索然无味。

可见，自然率真之美正是陶诗的根本特色，那么，这一特色与他人相比又有其他什么个性呢？苏轼认为——

首先是平淡。已见于上文所论。

其次是“超然”。苏轼《书黄子思诗集后》云：

苏、李（按：原作“季”，误）之天成，曹、刘之自得，陶、谢之超然，盖亦至

---

① 〔宋〕苏轼撰，孔凡礼点校：《苏轼文集》第五册卷六七，第2111页。

② 〔宋〕苏轼撰，〔清〕王文诰辑注，孔凡礼点校：《苏轼诗集》第五册卷三九，第2115页。

③ 〔宋〕苏轼撰，孔凡礼点校：《苏轼文集》第五册卷六六，第2047页。

④ 〔宋〕苏轼撰，孔凡礼点校：《苏轼文集》第五册卷六七，第2092页。

矣。而李太白、杜子美以英玮绝世之姿,凌跨百代,古今诗人尽废,然魏、晋以来高风绝尘,亦少衰矣。①

苏轼常以"超然"二字描述超脱俗累的旷达胸怀。如《超然台记》以"超然"明不为外物所挟之理,在《题王晋卿诗后》中赞王氏善于处穷而"超然有世外之乐"②,在《与侄孙元老四首(之一)》中说自己虽处海南恶劣境况下如"苦行僧","然胸中亦超然自得,不改其度"③。苏轼以"超然"状陶诗,正可表明其旷达脱俗的特点。"天成""自得""超然"是自然天工之美的三种特点。如果说"天成"侧重于从作品毫无人工痕迹而言,"自得"侧重于从主体心灵的自足、不假外求而言,那么"超然"则侧重于从作品与创作主体相一致的风神韵致而言。即陶诗的自然美格外体现了一种超拔流俗的魏晋风度——"高风绝尘"之美。陶诗虽也有"天成""自得"之美,但其"超然"之美更体现了其个性。

第三是"清新"。清新往往与自然之美相联系,所以苏轼在《书鄢陵王主簿所画折枝二首(之一)》中云:"诗画本一律,天工与清新。"又于《跋蒲传正燕公山水》中云:"燕公之笔,浑然天成,粲然日新,已离画工之度数而得诗人之清丽也。"④陶诗便具有清新的特点:

惟陶渊明一集,柳子厚诗文数策,常置左右,目为二友。今又辱来贶,清深温丽,与陶、柳真为三友矣。(卷五五《与程全父十二首(之十一)》)⑤

柳子厚诗"温丽靖深"。苏轼说程全父诗"清深温丽"实是综合了陶、柳二人的诗风。"清"与"超然"相联系,指诗意的绝俗、音韵的清脆悦耳。所以苏轼说"清诗五百言,句句皆绝伦""清诗绝俗,甚典而丽",又说"清诗缀琼琚""清诗鸣珮环"。"新"则主要指诗歌的创造性特征,即"陌生化",但又不能违反自然、"好奇务新",而是"以故为新,以俗为雅",是自然之美的天然特色。⑥

最后是"真"。这基本继承了钟嵘评陶"笃意真古"的观点。苏轼在《和陶饮酒二十首(其三)》中云:

---

① 〔宋〕苏轼撰,孔凡礼点校:《苏轼文集》第五册卷六七,第 2124 页。

② 〔宋〕苏轼撰,孔凡礼点校:《苏轼文集》第五册卷六八,第 2137 页。

③ 〔宋〕苏轼撰,孔凡礼点校:《苏轼文集》第五册卷六〇,第 1841 页。

④ 〔宋〕苏轼撰,孔凡礼点校:《苏轼文集》第五册卷七〇,第 2212 页。

⑤ 〔宋〕苏轼撰,孔凡礼点校:《苏轼文集》第四册,第 1627 页。

⑥ 以上分别见《苏轼诗集》第七册卷四五《和犹子迟赠孙志举》,第 2435 页;《苏轼文集》第五册卷六三《祭张子野文》,第 1943 页;《苏轼诗集》第三册卷一五《答任师中、家汉公》,第 757 页;《苏轼诗集》第六册卷三四《二鲜于君以诗文见寄,作诗为谢》,第 1841 页;《苏轼文集》第五册卷六七《题柳子厚诗二首(之二)》,第 2109 页。

渊明独清真，谈笑得此生。

又《和陶饮酒二十首（其七）》云：

有士常痛饮，饥寒见真情。

又《和陶饮酒二十首（其十二）》云：

惟有醉时真，空洞了无疑。坠车终无伤，庄叟不吾欺。呼儿具纸笔，醉语辄录之。①

渊明是笃于真情之人，而其诗是其人的写照。“饥寒见真情”，故有《咏贫》之叹；“惟有醉时真”，故“醉语辄录之”。真情即自然之情，是庄子所谓得“天全”之性后的自然流露。

三、肯定《闲情赋》

与萧统贬抑陶渊明《闲情赋》的态度截然相反，苏轼对《闲情赋》持完全肯定的态度。他在《题文选》中说：

舟中读《文选》，恨其编次无法，去取失当。齐、梁文章衰陋，而萧统尤为卑弱，《文选引》，斯可见矣。如李陵、苏武五言，皆伪而不能去。观渊明集，可喜者甚多，而独取数首。以知其余人忽遗者甚多矣。渊明《闲情赋》，正所谓《国风》好色而不淫，正使不及《周南》，与屈、宋所陈何异，而统乃讥之，此乃小儿强作解事者！元丰七年六月十一日书。②

苏轼认为《闲情赋》正合诗教，“好色而不淫”，是完全应予以肯定的作品。苏轼之所以要为陶渊明正名，恐怕不仅仅是为了标新立异、驳斥《文选》，而是与苏轼的学术主张、一贯思想紧密相连的。苏轼与“二程”同代，分属两个不同的学术派别——蜀学和洛学。蜀学不排斥人情，认为情礼合一、不相违悖；而洛学则认为理是第一位的，为了与理相合的礼，不惜牺牲性情。“元祐更化”时期，苏轼就曾受到来自洛党的人身攻击。程颐由于重“理”，进而拘于“理”的外在形式“礼”，动辄搬出古礼压人。苏轼认为他不近人情，常常讥诮他，使程颐及其弟子极其反感。如在司马光的葬礼上，苏轼便讥讽拘于孔子言论的程颐是替汉高祖制定礼仪的乡野叔孙通，引起哄堂大笑，也使程颐老羞成怒。虽不能说苏轼“越名教而任自然”，但他至少不是僵化、顽固的腐儒，他更看重近情。苏轼相继娶

① 〔宋〕苏轼撰，〔清〕王文诰辑注，孔凡礼点校：《苏轼诗集》第六册卷三五，第 1884 页、第 1885 页、第 1888 页。

② 〔宋〕苏轼撰，孔凡礼点校：《苏轼文集》第五册卷六七，第 2092 ~ 2093 页。

过三位夫人——王弗、王闰之、朝云，与她们的感情都很好。对她们每人的早逝，苏轼都是悲痛的，曾写诗词沉痛悼念，如《殢人娇》（赠朝云）一词便是。在词中，苏轼甚至表示要“寻一首好诗”书写在自己的裙带上佩戴着它。这种深情是不亚于写《闲情赋》的陶渊明的。又苏轼虽不拈花惹草，但对于超越肉体的灵魂之爱并不拒之门外，相反，倒表现出浓郁的伤感之情。如宋人张邦基《墨庄漫录》、袁文《瓮牖闲评》都记载苏轼《江城子》（“凤凰山下雨初晴”）是为一位倾慕他但又已出嫁的妇女写的。又袁文《瓮牖闲评》、宋人胡仔《苕溪渔隐丛话》（前集）、吴曾《能改斋漫录》等记载苏轼《卜算子》（“缺月挂疏桐”）是为一位钟情于苏轼但未能如意的少女写的。苏轼虽然不满柳永词的俗艳，但对高雅的真情还是充分肯定的。他甚至在以“言志”为主的一首和陶诗（卷四〇《和陶和胡西曹示顾贼曹》）里写自己对朝云的悼念之情。通过以上分析，我们便不难理解主张近情、笃于爱情的苏轼为什么会肯定《闲情赋》了。

苏轼对《闲情赋》的肯定在陶渊明接受史上也是具有开创意义的，从此否定《闲情赋》的声音明显减弱了，南宋人则承其观点，完全肯定了《闲情赋》。

此外，苏轼对陶诗超越悲情的理趣特点、对陶渊明《桃花源记》皆有独到发现和见解，已见于上节，不赘论。

第五节　个性就是命运

从大的时代背景而言，宋初中期的士人鼎力革新，有一种强烈干预现实、改变现状的心态，百折不挠，死而后已。贯穿于他们诗文中的是白居易、杜甫等人的现实情怀和李白等人的豪放之气。虽然偶有“折腰”之叹、“归来”之思，但未构成一股强大的时代潮流。宋至苏轼时期，朝政日非，屡改不振，党争纷纭，小人乘机当道，仁人志士屡遭贬斥。苏轼得风气之先，对现实的热切关注、实践不得不转入心灵的超越、自足，积极的入世有为转而为出世逸想，加上在个人修养上倡导淡泊，于是趋淡、内敛的人生追求、美学追求日益成熟。正是在这强大的时代背景、时代走向制约下，苏轼与陶渊明其人、其诗取得了共鸣。

纵观苏轼接受陶渊明的历程，“乌台诗案”的沉重打击和紧随其后的黄州贬谪是苏轼接受陶渊明的历史转折点，也是最直接的现实动因。

贬黄州前，苏轼虽然在诗中屡屡表示学陶“归去来”，但那只是因不满于现实的反弹之语，而非发自内心的自觉呼声。只有经历了生死大难，只有到了黄州，苏轼的生活才贴近了陶渊明躬耕田园的生活。原来苏轼只是以一个旁观者、欣赏者的身份观照田园生活，现在他却对田园生活有了一份融入生命的体验。在此基础上，他与陶渊明的心灵贴得更近了：原来带着玄思性质的闲情逸趣转变为超越艰难生活的闲适旷达和融入自然田园的恬淡愉悦。就在开辟东坡的这一年七月，苏轼在给好友王定国的信中说：

> 近于侧左得荒地数十亩，买牛一具，躬耕其中。今岁旱，米贵甚。近日方得雨，日夜垦辟，欲种麦，虽劳苦却亦有味。邻曲相逢欣欣，欲自号鏖糟陂里陶靖节，如何？①

劳动的汗水洗涤了仕途引发的身心疲惫和余悸。而看到自己的劳动将变成丰收的果实，丰收的喜悦是他人所无法体会到的，如《东坡八咏（其四）》便细致入微地表现了这种亲切真朴的喜悦之情，这就是“虽劳苦却亦有味”之“味”。更何况淳朴的交往代替了仕途中的凶险，所以“欲自号‘鏖糟陂里陶靖节’”了。

苏东坡由于有了类似陶渊明一样的生活感受和恬淡心情，便把自己的生活同陶联系在一起，诗化生活的环境，以提高生活的品味，为灵魂的安顿提供高雅脱俗的寓所。元丰五年（1082）正月，苏轼于东坡下得废园，建雪堂，在堂前栽上了他喜爱的梅花，也栽上了陶渊明喜爱的柳树。二月，董毅夫“过而悦之，有卜邻之意”。苏轼感于董氏知遇之情，便用《哨遍》隐括陶渊明《归去来兮辞》“使就声律，以遗毅夫，使家僮歌之，相从于东坡，释耒而和之，扣牛角而为之节”，认为这是“不亦乐乎”的举动。② 七月，他又作《江城子（并序）》说：

> 陶渊明以正月五日游斜川，临流班坐，顾瞻南阜，爱曾城之独秀，乃作《斜川诗》。至今使人想见其处。元丰壬戌之春，余躬耕于东坡，筑雪堂居之。南挹四望亭之后丘，西控北山之微泉，慨然而叹。此亦斜川之游也。乃作长短句，以《江城子》歌之。
>
> 梦中了了醉中醒。只渊明。是前生。走遍人间，依旧却躬耕。昨夜东坡春雨足，乌鹊喜，报新晴。　　雪堂西畔暗泉鸣。北山倾。小溪横。南望亭丘，孤秀耸曾城。都是斜川当日景，吾老矣，寄余龄。③

上片写东坡躬耕生活的愉悦、恬淡心情，并不露声色地寄寓了身世之慨，吐露了“只渊明、是前生”的心声。下片写东坡周围的景物直是“斜川当日景”，想到自

---

① 〔宋〕苏轼：《与王定国四十一首（之十三）》，见孔凡礼点校《苏轼文集》第四册卷五二，中华书局 1986 年版，第 1520～1521 页。

② 〔宋〕苏轼：《哨遍·为米折腰·叙》，见石声淮、唐玲玲笺注《东坡乐府编年笺注》，华中师范大学出版社 1990 年版，第 202 页。

③ 〔宋〕苏轼著，石声淮、唐玲玲笺注：《东坡乐府编年笺注》，第 187 页。

己也已到近知天命的年龄了,慨然而生效法渊明归隐之意。

"东坡"这一带有浓郁陶渊明文化氛围的灵魂寓所的建立,反过来又加重了苏轼心中固有的"归去来兮"情结。这一次要"归去"已不仅是从前不满现实的心思,更是经历生死磨难后发自内心的想法。元丰六年(1083),苏轼爱妾朝云生一子,苏轼名之为"遁"。从这一命名行为上,我们可以进一步窥如苏轼归隐的深层心理。元丰七年(1084)四月一日,苏轼要告别生活了五年的黄州,移往汝州。这时,苏轼已对黄州产生了深情,而这眷恋深情又是与陶渊明"归去来兮"的呼唤紧密相连的。苏轼在临别时写的《满庭芳》一词中,借陶渊明"归去来兮"一语发端表达了对黄州的深深眷恋之情和试图为自己漂泊不定的灵魂找一个寓所的强烈渴望。又有友人请他"书赤壁二赋"留念,而苏轼却"欲为书《归去来辞》",以示终老黄州、终归田园之志。

正是黄州的田园生活铸就了苏轼"归去来兮"的恋陶情结,而且这一情结从此便伴随他的后半生,成为其漂泊不定的生命中永远的呼唤和多灾多难的灵魂的慰藉。苏轼于元丰八年(1085)被朝廷启用之前,似乎要真的学陶求田问舍了。在元丰七年移往汝州途中,经陶渊明故乡九江,"为闻庐岳多真隐"①,访问"真隐"便成了苏轼寓寄情怀的举动。当他遇到"小靖节"陶骥时,作《陶骥子骏佚老堂二首(其一)》,再一次倾吐出黄州时酝酿的肺腑之言——"渊明吾所师"②。从诗中可以看出,他要师法的正是陶渊明顺任真性、超然脱俗的情怀以及历经磨难后断然归隐、回归自我的举动。同年七月,道经金陵,苏轼又会见了一位隐退八年的"老靖节"王安石。苏轼在临别时所作的《与王荆公书》中表达了"欲买田金陵,庶几得陪杖屦,老于钟山之下"的归隐心愿,并说自己"日以求田为事"③。事实也正是如此:十月、十一月,苏轼两次上书神宗,乞常州居住。到商丘时,即"蒙恩放归阳羡"④。苏轼很高兴,回船南返,大有陶渊明辞去彭泽令时那样的愉快心情。《满庭芳》一词即借"归去来兮"发语,抒写了归隐时喜忧参半的心情。苏轼学陶归去的正是超越仕途苦难的"万乐之源"。

---

① 〔宋〕苏轼:《次韵道潜留别》,见〔清〕王文诰辑注、孔凡礼点校《苏轼诗集》第四册卷二三,中华书局1982年版,第1233页。

② 〔宋〕苏轼撰,〔清〕王文诰辑注,孔凡礼点校:《苏轼诗集》第四册卷二三,第1231页。

③ 〔宋〕苏轼撰,孔凡礼点校:《苏轼文集》第四册卷五〇,第1444页。

④ 〔宋〕苏轼:《满庭芳·归去来兮叙》,见石声淮、唐玲玲笺注《东坡乐府编年笺注》,第287页。

毕竟，漂泊中的苏轼是不同于陶渊明的。虽然在超越苦难、旷达自适、寻求灵魂的归宿方面，他们是一致的，但陶渊明坚定地斩断了出与处的矛盾，而苏轼则犹豫不决。这主要表现在两个方面。其一，他在恢复自我尊严、安定自我灵魂的同时，从来没有放弃他尊主泽民的一贯理想。苏轼在《满庭芳》一词里所忧的正是“君恩未报”。他在《到黄州谢表》、给李公择的信中等公开或私下的场合都鲜明地表达了这一思想。又在这一时期，他在推重陶渊明的同时，又推重杜甫，在给王定国的信中说：“杜子美在困穷之中，一饮一食，未尝忘君，诗人以来，一人而已。”①陶渊明返璞归真、闲适旷达的人生追求与杜甫“致君尧舜上，再使风俗淳”的儒家理想仿佛天平的两极，共同支撑着苏轼的平衡。苏轼哪一头也放不下。因此他对陶渊明的理解也没有流于表面，而是深入其灵魂，如其在《书渊明饮酒诗后》中认为渊明并非真醉，否则“正饮酒中，不知何缘记得此许多事”②？陶并没有忘掉世事，这一矛盾心情同苏轼是一致的。所不同的是陶渊明归宿于田园，委运乘化，而苏轼则欲归不忍，以此印证不忘世事、追寻儒家理想的正确性。其二，苏轼把陶渊明任化放旷的人生态度加以扩大、加深，即由田园展向社会，由任性顺化转向随缘自适。陶渊明从出仕生涯中认识到自己“质性自然，非矫厉所得”，于是决定任性顺化、归去来兮，在田园生活中而非在世宦生活中满足附和自己本性的“介然”之分，以固穷守节、执着的态度完成对自我的追寻。而苏轼虽也认识到“只渊明、是前生”③，“觉从前皆非今是”④，但他融儒、释、道为一体，对人生别有胜解。他在黄州期间，“覃思于《易》、《论语》”⑤，出入于佛寺禅经，深悟处世之道：

> 任性逍遥，随缘放旷，但尽凡心，无别胜解。以我观之，凡心尽处，胜解卓然。⑥

---

① 〔宋〕苏轼：《与王定国四十一首（之八）》，见孔凡礼点校《苏轼文集》第四册卷五二，第1517页。

② 〔宋〕苏轼撰，孔凡礼点校：《苏轼文集》第五册卷六七，第2091页。

③ 〔宋〕苏轼：《江城子·梦中了了醉中醒》，见石声淮、唐玲玲笺注《东坡乐府编年笺注》，第187页。

④ 〔宋〕苏轼：《哨遍·为米折腰》，见石声淮、唐玲玲笺注《东坡乐府编年笺注》，第203页。

⑤ 〔宋〕苏轼：《黄州上文潞公书》，见孔凡礼点校《苏轼文集》第四册卷四八，第1380页。

⑥ 〔宋〕苏轼：《与子由弟十首（之三）》，见孔凡礼点校《苏轼文集》第五册卷六〇，第1834页。

“任性逍遥”为庄，“随缘放旷”是禅，“但尽凡心”为儒。合此三者即苏轼独特的人生观：“高人无心无不可”①、“出本无心归亦好”②、“且乘流、遇坎还止”③。如果把陶渊明比作静穆的“南山”，苏轼则是“常行于所当行，常止于不可不止”④、随物赋形的水。陶渊明在稳定（田园）中任性顺化、求“放心”，而苏轼则在漂泊中随缘放旷、求“尽心”。所以苏轼要退归的地方也不一定是其出生地“岷峨”故乡，也可以是黄州、常州。

实现儒家尊主泽民的理想与学习陶渊明“归去来兮”两者存在着不可调和的矛盾，而苏轼试图以随缘放旷的态度（即当隐则隐、当仕则仕）来解决两者之间的矛盾。再加上苏轼极注重人格操守，矢志不渝，即使在最失意时，“形容可似丧家狗，未肯弭耳争投骨”⑤。这便注定了他今后的人生道路不会平坦，而且注定了与陶渊明的缘分：如果苏轼知难而退、决定归隐，那么他的归隐生活便是黄州田园生活的延续，也是陶渊明归隐生活的历史重现；如果苏轼知难而进、“且乘流”，那么社会现实中的矛盾冲突便会增加他“心为形役”的不自由感，黄州生活铸就的“归去来兮”、回归田园与自我的呼唤声便永远响彻在他的灵魂里。事实上，苏轼的个性、思想使他不由自主地选择了后者，陶渊明便成为他灵魂里形影不离的师友。

纵观苏轼坎坷的一生及其对生活道路的个性选择，我们尽管可以说各种历史与现实的外在因素铸就的“命运”造成了他的坎坷，但不同的人面对“命运”有不同的行为选择。因此，我们也可以说，性格就是命运。性格因素是苏轼接受陶渊明的根本内因。在坎坷多难的人生旅程中，苏轼一直追寻理想、坚持自我、热爱生命，百折不挠，于是由倾慕陶渊明的风范到对陶渊明的为人深有感触。在遭贬岭南之前，苏轼屡挫屡起，每起必直言谠论，以国事为重，毫不虚饰，足见其刚直无畏之个性。他在《刚说》中云：

孔子曰：“刚毅木讷，近仁。”又曰：“巧言令色，鲜矣仁。”所好夫刚者，

---

① 〔宋〕苏轼：《和蔡准郎中见邀游西湖三首（其二）》，见〔清〕王文诰辑注、孔凡礼点校《苏轼诗集》第二册卷七，第338页。

② 〔宋〕苏轼：《和文与可洋川园池三十首·望云楼》，见〔清〕王文诰辑注、孔凡礼点校《苏轼诗集》第三册卷一四，第670页。

③ 〔宋〕苏轼：《哨遍·为米折腰》，见石声淮、唐玲玲笺注《东坡乐府编年笺注》，第202页。

④ 〔宋〕苏轼：《自评文》，见孔凡礼点校《苏轼文集》第五册卷六六，第2069页。

⑤ 〔宋〕苏轼：《次韵孔毅父久旱已而甚雨三首（其一）》，见〔清〕王文诰辑注、孔凡礼点校《苏轼诗集》第四册卷二一，第1122页。

非好其刚也，好其仁也。所恶夫佞者，非恶其佞也，恶其不仁也。吾平生多难，常以身试之，凡免我于厄者，皆平日可畏人也，挤我于险者，皆异时可喜人也。吾是以知刚者之必仁，佞者之必不仁也。……方孔子时，可谓多君子，而曰“未见刚者”，以明其难得如此。而世乃曰“太刚则折”！士患不刚耳，长养成就，犹恐不足，当忧其太刚而惧之以折耶！折不折，天也，非刚之罪。①

又于《醮上帝青词三首(之一)》中云：

少年多欲，沉湎以自残；褊性不容，刚愎而好胜。积为咎厉，遘此艰屯。臣今稽首投诚，洗心归命。誓除骄慢，永断贪嗔。幸不死于岭南，得退归于林下。少驻桑榆之暮景，庶几松柏之后凋。②

在外在环境大致相同的背景下，性格就是命运，它决定了一个人一生的道路。苏轼先是慕陶风流雅致，待稍历坎坷，慕陶归去来兮；但刚直之性死不改悔，每每得罪于人；至贬岭南，方于自我个性痛下针砭，产生强烈的退归愿望，而且由与陶退归的心情产生共鸣转而为与陶个性产生强烈共鸣。他在给苏辙的书信中说：

然吾于渊明，岂独好其诗也，如其为人，实有感焉。渊明临终《疏》告俨等：“吾少而穷苦，每以家弊，东西游走，性刚才拙，与物多忤。自量为已，必贻俗患，俯仰辞世，使汝等幼而饥寒。”渊明此语，盖实录也。吾真有此病，而不早自知，平生出仕以犯世患，此所以深愧渊明，欲以晚节师范其万一也。③

至此，苏轼对自己刚执的个性有了一个深刻的反思和清醒的认识，并在陶渊明身上发现了自我的影子。再加上岭南、海南生活是黄州生活的延续：此时，苏轼的生活方式及其在生活中遇到的困苦都与陶渊明有相似的一面。陶渊明诗文中处逆若顺、安贫乐道、放旷自适、超越悲情的情怀给旷达的苏轼以极大的人生启示。如果说借陶诗浇胸中之块垒是对历史、现实、过去人生的重新审视和反省，那么学陶任性自适则是专注于当下的生活，开辟一片安顿灵魂的家园。因此，东坡在越来越艰难的生存遭遇中对陶渊明的挚爱有增无减，对陶渊明展开了全面的解读。这实质上也是对自我理想、自我生命的无限挚爱和肯定。热爱他人便是热爱自我。很难想象，如果抽去了对理想的苦苦追寻、抽去了对自我

---

① 〔宋〕苏轼撰，孔凡礼点校：《苏轼文集》第二册卷一〇，第338～339页。

② 〔宋〕苏轼撰，孔凡礼点校：《苏轼文集》第五册卷六二，第1901页。

③ 〔宋〕苏轼撰，孔凡礼点校：《苏轼文集》第六册《苏轼佚文汇编》卷四，第2515页。

生命的热爱、抽去了对刚毅个性的珍视，屡屡受挫而身处艰难境地的苏轼也许不会对陶渊明产生越来越强烈的共鸣。

最后，独具个性的美学理想、美学追求是苏轼接受陶诗的最重要原因。苏轼一生最憧憬的美学理想不是体现盛唐之音的风神情韵，而是显现魏晋风度的“高风绝尘”，而陶渊明则是这一诗歌领域的最优秀代表。

“宋人生唐后，开辟真难为。”①宋人处于盛唐美学理想的笼罩下，要闯出自己的新路实在是极为困难的。好诗已被唐人写尽，好技巧已被唐人用尽。宋人在吸取唐人优秀成果的同时，便力求避开唐人的阴影。宋代渐成“积贫积弱”之势，这也是封建制度走下坡路的前兆。宋代士人由于坚持儒家的用世理想以支撑起破败的封建大厦，所以拥有了双重的忧患：一为忧国忧民，二为仕途中时有不测的自我之忧。忧患令人沉思，而沉思的积极结论在社会中得不到实现，便使宋代士人产生了强烈的出世、超脱之志，使他们不再在外部世界而是在心灵中寻找自我的本来面目。沉思使宋代士人充分吸取了唐人（特别是中唐诗人白居易）艺术中议论化、理趣化的成分，而超脱则使宋代士人扬弃了唐人役于俗情、不得志则穷愁苦吟的一面即激情有余而冷静不足的一面，使宋代士人进一步把眼光伸向崇尚玄思、旷达自适的魏晋文化。在魏晋文化中，宋人不但找到了自己感兴趣的玄思，而且也找到了超越悲情的旷达人生态度以及二者的生命载体——高风绝尘的魏晋艺术。

早在宋初，诗人就已露出追慕魏晋风流的端倪。林逋、梅尧臣便是其例，尤以后者为最。虽然梅诗师唐人平淡处，但梅尧臣又把平淡美学理想的源头推到了陶渊明。他虽没有明确点出陶诗与唐代清淡诗人群的内在联系，但其艺术感觉是相当敏锐的。他的学生苏轼则“起舞弄清影”，直追魏晋风流了。因为他明确意识到他喜爱的平淡之美（如柳宗元诗）是源于陶诗等魏晋艺术的。苏轼才情豪逸，早年推重杜甫、李白、颜真卿等开放型、外向型盛唐美学理想的代表，本可以创造出豪迈雄放的作品，但忧患、沉思使苏轼越来越倒向内敛型、沉思型的魏晋美学理想。苏轼经历生死大难后在黄州的生活是其一生最重大的思想转折点，也是其美学理想变化的转折点。有辩士之风、作文“气象峥嵘，采色绚烂”的苏轼开始倒向魏晋之“高风绝尘”，发出了李、杜之后“魏晋以来高风绝尘，亦少衰矣”的慨叹。虽然他在《书黄子思诗集后》等作品中也极赞唐颜柳书法、李

① 〔清〕蒋士铨：《辩诗》，见邵海清校、李梦生笺《忠雅堂集校笺》卷一三，上海古籍出版社 1993 年版，第 986 页。

杜诗歌，但实质上，苏轼更心仪“萧散简远，妙在笔画之外”的钟、王书法以及陶、柳、韦、司空(图)平淡而有远韵的诗歌。此于苏轼并非一时之思，而是其一以贯之的美学理想。又如论画，苏轼曾称体现盛唐狂放不羁、雄奇庄重精神的吴道子画为“古今一人而已”①，但与己心灵相契的并不是吴道子画，而是萧散简远、得画外之致的王维画。所以他在《凤翔八观·王维吴道子画》中说：“吴生虽妙绝，犹以画工论。摩诘得之于象外，有如仙翮谢笼樊。吾观二子皆神俊，又于维也敛衽无间言。”②苏轼这样说的原因便在于王维画脱略形似，神意超越，有魏晋之风。

苏轼又经常以晋宋美学理想来褒贬他人：

其文清和妙丽如晋、宋间人。(卷一〇《邵茂诚诗集叙》)

张长史草书，颓然天放，略有点画处，而意态自足，号称神逸。……今长安犹有长史真书《郎官石柱记》，作字简远，如晋、宋间人。(卷六九《书唐氏六家书后》)③

诗成辄寄我，妙绝陶、谢并。(卷三九《次韵程正辅游碧落洞》)④

此皆见苏轼崇尚晋宋美学理想之一斑。

陶渊明诗“质而实绮，癯而实腴”，平淡之中有深味、有远韵、富理趣，与苏轼的美学理想是充分吻合的。所以在盛唐人看来“颇亦恨枯槁”的陶诗反而成为苏轼终生赞叹、学习的最高美学理想的代表。

---

① 〔宋〕苏轼：《书吴道子画后》，见孔凡礼点校《苏轼文集》第五册卷七〇，第2211页。

② 〔宋〕苏轼撰，〔清〕王文诰辑注，孔凡礼点校：《苏轼诗集》第一册卷三，第109~110页。

③ 〔宋〕苏轼撰，孔凡礼点校：《苏轼文集》第一册，第320页；第五册，第2206页。

④ 〔宋〕苏轼撰，〔清〕王文诰辑注，孔凡礼点校：《苏轼诗集》第七册，第2126页。

第四编

『一年好景君须记，最是橙黄橘绿时』

——陶渊明接受史的高潮期（两宋下）

第一章 陶渊明历史地位的深化

第一节 江西诗派与无法可循的渊明风流

苏轼之后，陶渊明在文学史上的一流地位牢固地树立起来。苏轼的朋友和弟子黄庭坚等充分接受苏轼的陶渊明观，并从自己的创作实践出发大力推尊和学习陶渊明。陶渊明接受史迎来了它的丰收期，橙黄橘绿，正是一年的好光景。受黄庭坚的深刻影响，陶渊明成为江西诗派最推崇的古代作家之一，并逐渐与他们所倾心师法的杜甫一起成为不可企及的艺术典范和人格典范。

一

以黄庭坚为首的江西诗派对陶渊明的艺术学习是多方面的，也是相当深入的。

首先是用陶典。到苏轼为止，在陶渊明接受史上，这是最常见的接受陶渊明的 ·种方式，但大多是零星的、偶然的。而江西派诗人充分接受了苏轼学陶的精神，在诗文创作中大量而频繁地运用陶典，且出现了异彩纷呈的局面。概而言之，主要有两种方式，一为“单用”，一为“叠用”。

所谓单用，即在一篇诗文中仅使用一个与陶渊明有关的典故。江西派诗人在单用陶典时，绝大多数从正面使用，并且举一反三，不厌其烦，如黄庭坚经常用的“折腰”之典便是；有时则反用陶典，如黄庭坚《听崇德君鼓琴》云：“丝声谁道不如竹，我已忘言得真性。”①典出陶渊明《晋故征西大将军长史孟府君传》：“（桓温）又问（孟嘉）听妓，丝不如竹，竹不如肉，答曰：‘渐近自然。’”苏轼是反

---

① 〔宋〕黄庭坚撰，〔宋〕任渊、史容、史季温注，刘尚荣校点：《黄庭坚诗集注》，中华书局2003年版，第784页。本节所引黄庭坚诗皆据此版本，不再详注。

用陶典的能手，如前文所论，苏轼对“无弦琴”“我醉欲眠卿且去”等典故的运用便是例证。反用陶典并不是与陶作对，而是反常合道、以出奇趣。其审美效果在于使人惊奇、以陌生性引起强烈的审美印象。惜乎苏、黄之外，江西派的其他诗人极少反用陶典。

所谓叠用，即在一篇诗文中两次或两次以上使用与陶渊明有关的典故。叠用又分连用和递用。连用即在诗文中接连使用不同的陶典。这在江西派诗人那儿是经常出现的，如黄庭坚《次韵奉送公定》《还家呈伯氏》、李彭《怡颜堂》、谢薖《寄题王立之赋归堂》、赵蕃《连雨独饮偶书四首(之三)》等。递用即在诗文中连续使用同一典故，但每次使用的寓意是不同的。这在江西派诗人那儿是罕见的。黄庭坚《送陈萧县》是很难得的例证：

> 欲留君以陈遵投辖之饮，不如送君以陶令无弦之琴。酒嫌别后风吹醒，琴为无弦方见心。……德性忠纯吏不欺，闺门孝友民所慕。麦陇童儿怜雉乳，冰天穷子兼襦袴。愔愔琴意如温风，乃知不必徽弦具。明月清河佳可游，官仓縻我不得去。白露为霜水一篙，秋香莲荡浮轻舠。此中亦有无弦意，相忆樽前把蟹螯。①

“无弦琴”成为贯穿整首诗的一条线索。“陶令无弦之琴”主要喻指默契的志趣友情。“不必徽弦具”之琴主要喻指朋友以德化民，如春雨润物，潜移默化，其功也大。“此中亦有无弦意”主要喻指摆脱俗累的闲适雅趣。此典三用三新，叠用叠奇，而又相互关联，实为陶渊明“无弦琴”接受史中的创举。

第二方面为“点铁成金”。即陶冶陶渊明诗文中的“陈言入于翰墨”(黄庭坚《答洪驹父书》)，使之成为自己诗文的有机组成部分。这主要有三种情况。

第一种是直接搬用陶诗文中的词句。除集句诗(如黄庭坚《铜官县望五松山集句》《同吉老饮清平戏作集句》)外，这在其他诗歌创作中是极为普遍的。此不赘言。

第二种是对陶诗文中的语句略作变化或创造。例如：

> 雨后月前天欲冷，身闲心远地常幽。(黄庭坚《次韵黄斌老晚游池亭二首(其二)》)②

---

① 〔宋〕黄庭坚撰，〔宋〕任渊、史容、史季温注，刘尚荣校点：《黄庭坚诗集注》，第1564页。

② 〔宋〕黄庭坚撰，〔宋〕任渊、史容、史季温注，刘尚荣校点：《黄庭坚诗集注》，第465页。

心远由来地自偏,有琴何必问无弦。(李彭《怡颜堂》)①

流水鸣无意,白云出无心。水得平淡处,渺渺不厌深。云行不能雨,还归碧山岑。(黄庭坚《以同心之言其臭如兰为韵寄李子先八首(其二)》)②

无心时共白云出,忘机日对沙鸥闲。(谢莈《次刘世基韵》)③

前两例将陶渊明《饮酒二十首(之五)》“心远地自偏”的诗句略作变化,后两例则将陶《归去来兮辞》“云无心以出岫”的文句稍作曲折。

第三种情况便是暗用陶渊明诗文字眼、句法。如黄庭坚《将归叶先寄明复季常》云“简书驱我出”④,即化自陶渊明《乞食》诗“饥来驱我去”。其句式与陶完全相类,而在完全不同的情景下使用了“驱”这一字眼。又如黄庭坚《次韵子瞻题无咎所得与可竹二首粥字韵戏嘲无咎人字韵咏竹二首(其一)》云:“舍前粲戎葵,舍后荒苜蓿。”⑤《次韵时进叔二十六韵》云:“舍前花木深,春物丽观睹。舍后曲池蛙,斋堂风月苦。”⑥二诗“舍前……舍后……”句式即暗用陶诗《归园田居五首(之一)》“榆柳荫后檐,桃李罗堂前”的句式。像这样暗用的例子在黄庭坚诗中是很多的。韩驹《津上人蜗舍》、赵蕃《连雨独饮偶书四首》、韩淲《正月五日读东坡和斜川诗于霞山》等诗作中也有类似的例子。而谢莈的《喜晴》一诗是“点铁成金”的成功之例。诗云:

十日江村烟雨濛,晓来初快日升东。挼莎蕉叶晨新绿,纵臾榴花开晚红。得句又从山色里,发机浑在鸟声中。披衣出户眄四野,好在良苗怀晚风。⑦

尾联“眄”字借于陶《归去来兮辞》“眄庭柯以怡颜”,“良苗怀晚风”化用陶《癸卯岁始春怀古田舍》之“良苗亦怀新”一句。单纯看此联,似有抄袭之嫌。但联

① 傅璇琮等主编:《全宋诗》第二四册卷三八八,北京大学出版社 1995 年版,第 15938 页。

② 〔宋〕黄庭坚撰,〔宋〕任渊、史容、史季温注,刘尚荣校点:《黄庭坚诗集注》,第 905 页。

③ 傅璇琮等主编:《全宋诗》第二四册卷一三七三,第 15772 页。

④ 〔宋〕黄庭坚撰,〔宋〕任渊、史容、史季温注,刘尚荣校点:《黄庭坚诗集注》,第 1543 页。

⑤ 〔宋〕黄庭坚撰,〔宋〕任渊、史容、史季温注,刘尚荣校点:《黄庭坚诗集注》,第 275 页。

⑥ 〔宋〕黄庭坚撰,〔宋〕任渊、史容、史季温注,刘尚荣校点:《黄庭坚诗集注》,第 773 页。

⑦ 傅璇琮等主编:《全宋诗》第二四册卷一三七六,第 15792 页。

系整首诗看,此联实为全诗的有机组成部分,与其他联不仅毫无不合之处,而且大大开阔了诗歌浑远的境界。

第三方面是“换骨”。即“不易其意而造其语”①,用自己的语言来重新表述陶诗文中的意趣。如黄庭坚《北窗》诗云:

生物趋功日夜流,园林才夏麦先秋。绿阴黄鸟北窗簟,付与来禽安石榴。②

该诗是对陶渊明《与子俨等疏》“见树木交阴”一段文字的诗性抒写。其中的意趣基本没变,语言形式却变了。上文所举谢薖《喜晴》一诗在意趣上也是融合了陶渊明《饮酒二十首(之五)》《癸卯岁始春怀古田舍》等诗的意趣。这两首诗虽然换汤不换药,但皆为接受者性情的自然流露,而且轻隽清新、流畅自然,仍不失为独具个性的成功之作。继苏轼之后,江西诗人也写过许多次韵、追和陶诗的作品,但大多囿于陶诗原来的意趣,语言又不生新,只一味平易,因此并不成功。如赵蕃所写的许多次韵、追和陶渊明的诗便有这种毛病。像其《和陶咏贫士七首(之五)》云:

去年迫重九,倦游正长干。税驾僧屋古,无从借船官。今年山中居,朝暮无续餐。朔身谩九尺,何时辞馁寒。货殖赐何有,箪瓢未臞颜。因知昔人意,道胜贫非关。③

我们不能说诗中没有自己的感受,但这感受与陶诗的意趣并无二致,而又不及陶的深厚,共鸣之处仅在表层,殊乏言外之意。诗的语言平易质朴,但缺乏韵味,亦无新奇之处。所以他学陶只得皮毛,只是在陶诗篱下徘徊而不能稍越一步。这也是大多数和陶诗人的通病。

第四方面是“夺胎”。即“窥入其意而形容之”④,借鉴陶诗的意趣,而创新立意,自铸新意新词。如黄庭坚《题山谷石牛洞》云:“白云横而不度,高鸟倦而犹飞。”⑤意趣借鉴陶渊明《归去来兮辞》之“云无心以出岫,鸟倦飞而知还”,但

---

① 〔宋〕惠洪:《冷斋夜话》(与《风月堂诗话》《环溪诗话》合刊),中华书局1988年版,第15~16页。

② 〔宋〕黄庭坚撰,〔宋〕任渊、史容、史季温注,刘尚荣校点:《黄庭坚诗集注》,第403页。

③ 〔宋〕赵蕃:《乾道稿》卷上,影印清文渊阁《四库全书》本。

④ 〔宋〕惠洪:《冷斋夜话》(与《风月堂诗话》《环溪诗话》合刊),第16页。

⑤ 〔宋〕黄庭坚撰,〔宋〕任渊、史容、史季温注,刘尚荣校点:《黄庭坚诗集注》,第59页。

并不泥于陶。即不是对陶文原意的翻写，而是深入理解陶文“白云”“倦鸟”的完整含义，在另一种情况下引入自己的诗中。倦鸟、白云的意蕴是多向度的：陶文原写白云的无心之“动”，而黄诗写白云的无心之“静”；陶文写倦鸟的知倦而返，黄诗写倦鸟的知倦而犹飞。虽都在“无心”“倦”上用笔，意趣、心情却不同。而且黄诗语言生新，“横”“犹”两字见出奇崛的力度，又与陶文的舒卷自如不同。黄诗“夺胎”于陶，而个性鲜明。又如谢薖《翠云分韵得禅字》云：“杖履信所适，溪流忽溅溅。如行武陵村，偶入桃花源。划然见华屋，佛界开青莲。忽忽伊蒲馔，一饷腹果然。”①借描写桃源而形容悟道经过，实为独创。再如惠洪的《和陶归去来辞》，如苏轼和陶一样引陶入禅，透出新意。要之，“夺胎”都是在陶诗文意趣的基础上有所发明创造，故或多或少有其可取之处。

第五方面是在总体风貌上对陶诗文有所借鉴。黄庭坚诗格韵高绝，往往得之于陶。如其《溪上吟》不论诗前小序，还是诗中所写，如其中“临沧波，拂白石，咏渊明诗数篇。清风为我吹衣，好鸟为我劝饮”②的景色、意趣，都与陶渊明斜川之游极为相似。而劲硬之力显露于外，则又与陶异。又如其《晚发咸宁行松径至芦子》云：

咸宁走芦子，终日乔木阴。太丘心洒落，古松韵清深。聊持不俗耳，静听无弦琴。非今胡部律，而独可人心。③

该诗格高脱俗、气韵拔云，与陶渊明《咏贫士》诗相类，而凄清之气则为陶诗所乏。又如被黄庭坚赞为“陶谢不枝梧”④的陈师道诗质朴平淡，得陶言简意赅之风，其《登快哉亭》是典型之例。陈与义诗风主流豪健有力，而其诗风闲雅的模山范水之作则多学于陶。他曾用陶诗《止酒》《还旧居》《连雨独饮》为韵赋诗，又以陶诗《诸人共游周家墓柏下》首句“今日天气佳”为首句赋诗，而且于用语、韵调、意趣方面多有借鉴，清新平淡，颇得陶风。赵藩“五言有陶、阮意”⑤。以布衣终老、“高节亦不可及”的谢薖由于自身的隐逸生活同陶接近，其诗写隐逸

---

① 傅璇琮等主编：《全宋诗》第二四册卷一三七三，第15772页。

② 〔宋〕黄庭坚撰，〔宋〕任渊、史容、史季温注，刘尚荣校点：《黄庭坚诗集注》，第745页。

③ 〔宋〕黄庭坚撰，〔宋〕任渊、史容、史季温注，刘尚荣校点：《黄庭坚诗集注》，第645页。

④ 〔宋〕黄庭坚：《和邢惇夫秋怀十首（其九）》，见〔宋〕任渊、史容、史季温注，刘尚荣校点《黄庭坚诗集注》，第170页。

⑤ 〔宋〕刘克庄：《瓜圃集序》，见《后村集》卷二三，影印清文渊阁《四库全书》本。

之趣，平淡清逸而时露豪猛。

总而言之，在艺术层面，陶诗对江西诗派的影响是多方面的、普遍的。就接受者而言，在学陶诗时，只要能坚持自我个性风格，将陶诗铸入自我个性风格中，创出新意，接受便是成功的。黄庭坚为此提供了一个较为成功的例证，其学陶之例大多学而不泥，举一反三，而又自铸新辞，不失个性风格。否则，搬用陶诗的形式，或者泥于陶诗点滴意趣，寄于陶诗篱下，便消融了自我的个性而毫无创新发明，如赵蕃等人的和陶诗便是例证。

二

黄庭坚与江西诗派对陶渊明诗文有着特殊的评价。江西诗派在诗歌理论方面一个最重要的观点便是将诗人的艺术修养过程划分为两个阶段。其一是有法可循的阶段。在这一阶段，要熟读古代优秀诗人的优秀作品，而陶渊明的作品则是必须读得“入神”的书目①；要推敲字法、句法，或“点铁成金”，或“夺胎换骨”。要之，须认真、扎实地学习前人的创作经验，熟练掌握各种艺术技巧。其二便是无法可循的阶段。这是对前一阶段的超越，是诗艺成熟的最高表现，它意味着艺术之最高境界的豁然开通。正是从无法可循的阶段着眼，江西派诗人把陶渊明推上最高的艺术典范。陈师道云：

> 学诗当以子美为师，有规矩故可学。退之于诗，本无解处，以才高而好尔。渊明不为诗，写其胸中之妙尔。学杜不成，不失为工。无韩之才与陶之妙，而学其诗，终为乐天尔。②

黄庭坚云：

> 拾遗句中有眼，彭泽意在无弦。[《赠高子勉四首(其四)》]③
>
> 但熟观杜子美到夔州后古律诗，便得句法。简易而大巧出焉，平淡而山高水深，似欲不可企及，文章成就，更无斧凿痕，乃为佳作耳。④

---

① 〔宋〕黄庭坚：《与王庠周彦书》，见郑永晓整理《黄庭坚全集辑校编年》，江西人民出版社2011年版，第1108页。

② 〔宋〕陈师道：《后山诗话》，见何文焕辑《历代诗话》上册，中华书局1981年版，第304页。

③ 〔宋〕黄庭坚撰，〔宋〕任渊、史容、史季温注，刘尚荣校点：《黄庭坚诗集注》，第574页。

④ 〔宋〕黄庭坚：《与王观复书三首(之二)》，见郑永晓整理《黄庭坚全集辑校编年》，第940页。

江西诗人推宗杜甫诗，既嘉其“有法可循”，又嘉其“更无斧凿痕”。学杜能找到可学的字法、句法、结构等，至少“不失为工”。而对待陶渊明诗却不能如此。因为陶诗出神入妙，无法可循，若达不到超越技巧的阶段，不能窥其奥妙。但这并不妨碍江西派诗把陶诗与杜诗推到同等的典范高度。黄庭坚云：

> 宁律不谐，而不使句弱；用字不工，不使语俗。此庾开府之所长也，然有意于为诗也。至于渊明，则所谓不烦绳削而自合者。虽然，巧于斧斤者多疑其拙，窘于检括者辄病其放。孔子曰：“宁武子，其智可及也，其愚不可及也。”渊明之拙与放，岂可为不知者道哉！①

又云：

> 观杜子美到夔州后诗，韩退之自潮州还朝后文章，皆不烦绳削而自合矣。②

“不烦绳削而自合”即经过大匠运斤、雕琢而又不见雕琢痕迹的自然美。这是江西派诗人推崇的最高诗歌境界，杜诗能享受这一美誉，陶诗也同样享受这一美誉。

黄庭坚与其他江西派诗人认为，与他人的“有意”为诗不同，陶渊明是“无意”为诗，即“直寄”：

> 谢康乐、庾义城之于诗，炉锤之功不遗力也。然陶彭泽之墙数仞，谢、庾未能窥者，何哉？盖二子有意于俗人赞毁其工拙，渊明直寄焉耳。（黄庭坚《论诗》）③

> 挥觞赋新诗，诗成聊自慰。初不求世售，世亦不我贵。意到语自工，心真理亦邃。（谢逸《读陶渊明集》）④

> 陶渊明《归去来辞》……沛然从肺腑中流出，殊不见斧凿痕。（惠洪《冷斋夜话》引李格非语）⑤

谢灵运、庾信等人的诗不可谓不工，但他们的诗仍然无法与陶诗较胜。关键便在于他们“有意于俗人赞毁其工拙”，因此“炉锤之功”仍然显露于外；而陶渊明

---

① 〔宋〕黄庭坚：《题意可诗后》，见郑永晓整理《黄庭坚全集辑校编年》，第1529页。

② 〔宋〕黄庭坚：《与王观复书三首（之一）》，见郑永晓整理《黄庭坚全集辑校编年》，第939页。

③ 〔宋〕黄庭坚撰，郑永晓整理：《黄庭坚全集辑校编年》，第1613页。

④ 傅璇琮主编：《全宋诗》第二二册卷一三〇三，北京大学出版社1995年版，第14813页。

⑤ 〔宋〕惠洪：《冷斋夜话》（与《风月堂诗话》《环溪诗话》合刊），第26页。

“初不求世售”，并不在乎他人的毁誉，写诗只是为了“自慰”，其诗沛然从胸中流出，是直写胸中之妙，是“直寄”。所以陶诗的天然之美非学而能到，它实质上是其人品的直接外化。这也是江西诗派共同的认识。陈师道在《绝句》中表示“不共卢(照邻)王(勃)争出手，却思陶谢与同时”①，就是因为“陶、谢诗所以妙者，由其人品高。王、杨、卢、骆，叫呼炫鬻以为文耳”②。

因此，与强调学习杜甫诗的艺术技巧不同，江西派的创始人黄庭坚更强调学习陶诗“从心所欲不逾矩”的一面：

> 予友生王观复作诗，有古人态度，虽气格已超俗，但未能从容中玉珮之音，左准绳、右规矩尔。意者读书未破万卷，观古人之文章，未能尽得其规摹及所总览笼络，但知玩其山龙黼黻成章耶？故手书柳子厚诗数篇遗之。欲知子厚如此学陶渊明，乃为能近之耳。如白乐天自云效陶渊明数十篇，终不近也。③

陶诗自然从容，“无所拘系，而依依规矩准绳之间”④。唯柳宗元窥其妙，故学陶而能近陶。白居易、王观复作诗太拘泥于规矩，所以他们的诗不能如陶诗一样从容自若，因此终不近陶诗之天然。

三

江西派诗人对陶渊明的人品也是极其推重的。他们认为陶渊明是千古不朽的人物：

> 彭泽千载人。(黄庭坚《跋子瞻和陶诗》)⑤
>
> 渊明死千年，日月走名誉。(陈与义《寄题康平老眄柯亭》)⑥
>
> 一歌百世苏，重歌千载陶。(韩淲《九日次陶韵》)⑦

他们把陶渊明高妙而独特的人品称为“渊明风流”：

---

① 〔宋〕陈师道：《后山居士文集》卷三，上海古籍出版社1984年版，第207页。

② 佚名：《雪浪斋日记》，见〔宋〕胡仔纂集、廖德明校点《苕溪渔隐丛话》前集卷二引录，人民文学出版社1962年版，第8页。

③ 〔宋〕黄庭坚：《跋书柳子厚诗》，见郑永晓整理《黄庭坚全集辑校编年》，第1026页。

④ 〔宋〕黄庭坚：《溪上吟并序》，见〔宋〕任渊、史容、史季温注，刘尚荣校点《黄庭坚诗集注》，第745页。

⑤ 〔宋〕黄庭坚撰，〔宋〕任渊、史容、史季温注，刘尚荣校点：《黄庭坚诗集注》，第604页。

⑥ 〔宋〕陈与义：《简斋集》卷六，影印清文渊阁《四库全书》本。

⑦ 〔宋〕韩淲：《涧泉集》卷一，影印清文渊阁《四库全书》本。

风流岂落正始后，甲子不数义熙前。（黄庭坚《次韵谢子高读渊明传》）①

乐易陶彭泽，忧思庾义城。风流扫地尽，诗句识余情。（黄庭坚《和答李子真读陶庾诗》）②

九日东篱采落英，白衣遥见眼能明。向令自有杯中物，一段风流可得成。（韩驹《题采菊图序》）③

“渊明风流”最本质的内涵便是与道俱在、超越悲情，亦即通常所谓的“安贫乐道”：

衡门低首过，环堵容膝坐。四旁无给侍，百衲自缠裹。论事直如弦，观书曲肱卧。饥来或乞食，有道无不可。（黄庭坚《颜徒贫乐斋二首（其一）》）④

漆园游濠梁，得意鲦鱼乐。渊明爱吾庐，感彼众鸟托。两贤俱达道，妙处要商略。（谢薖《亦爱轩》）⑤

先生抱道肯乞怜，凛凛有面方如田。（夏倪《次韵题归去来图》）⑥

因知昔人意，道胜贫非关。［赵蕃《和陶咏贫士七首（其五）》］

渊明所乐者在道，所以功名富贵等世俗所好不足撄其心胸，即使生活贫困艰难，他也能泰然处之。渊明由此获得了自己的真性，平凡的生活与大自然的一切向他敞开了诗意的面貌：

青青陵陂麦，妍暖亦已花。长烟淡平川，轻风不为波。无人按律吕，好鸟自和歌。杖藜山中归，牛羊在坡陀。本自无廊庙，政尔乐涧阿。（黄庭坚《溪上吟》）⑦

---

① 〔宋〕黄庭坚撰，〔宋〕任渊、史容、史季温注，刘尚荣校点：《黄庭坚诗集注》，第 796 页。

② 〔宋〕黄庭坚撰，〔宋〕任渊、史容、史季温注，刘尚荣校点：《黄庭坚诗集注》，第 816 页。

③ 傅璇琮等主编：《全宋诗》第二五册卷一四四〇，北京大学出版社 1995 年版，第 16596 页。

④ 〔宋〕黄庭坚撰，〔宋〕任渊、史容、史季温注，刘尚荣校点：《黄庭坚诗集注》，第 634 页。

⑤ 傅璇琮等主编：《全宋诗》第二四册卷一三七五，第 15786 页。

⑥ 傅璇琮等主编：《全宋诗》第二二册卷一三一八，第 14967 页。

⑦ 〔宋〕黄庭坚撰，〔宋〕任渊、史容、史季温注，刘尚荣校点：《黄庭坚诗集注》，第 746 页。

这是黄庭坚在《溪上吟》中解读的陶渊明斜川之游中的诗意。渊明之乐是脱俗而又平实的,“当其滲然无所拘系,而依依规矩准绳之间,自有佳处。乃知白莲社中人,不达渊明诗意者多矣。过酒肆则饮,亦无量也,然未始甚醉。盖其所寓与毕卓、刘伶辈同,而自谓所得与二子异,人亦殊不能知之也”①。陶渊明趣向不群,但又并非如释慧远等白莲社中人一样抛弃平凡世俗的人生、寄希望于来生,也并非如毕卓、刘伶辈一样执着于短暂的生命、醉生梦死,而是把自我有限的生命融入大自然中的一草一木、平凡人生中的一觞一咏,在对当下人生的品味中获得与道同在、与真我同在的永恒和愉悦。这种闲适而富有诗意的审美人生态度正是多数仕途失意的江西派诗人从陶渊明身上汲取的“乐易”因素。如陈师道《登快哉亭》、韩驹《津上人蜗舍》、李彭《读西京杂记十三首次渊明读山海经韵》、洪朋《和答驹父见寄二首(之二)》等受陶渊明影响的作品都涉及这种“乐易”的审美人生。这是“渊明风流”本质特点的典型表现。

“渊明风流”的第二个特点便是节气高峻,固穷自守,不与俗同流。黄庭坚及其他江西派诗人经常用的陶渊明典故便是“安能为五斗米折腰向乡里小儿”。他们在“折腰”这一点上总表示深愧渊明,原因是在仕途上“取舍不由己”②,时常感到难以实现人格独立和自由。但江西派诗人大多还是以高行峻节著称的。黄庭坚说“我学渊明贫至骨”③,一生“行要争光日月,诗须皆可弦歌”④。陈师道亦“固穷有胆气”⑤。陈与义仕途失意,但亦壮节凛然,说“微官不救饥,出处违壮图”,要“归卧渊明庐”(《书怀示友十首(之六)》)。因此他们认为陶渊明本来抱负不凡,只是看到世事不可为、大道不可行,才慨然退隐、固穷守节的:

潜鱼愿深眇,渊明无由逃。彭泽当此时,沉冥一世豪。司马寒如灰,礼乐卯金刀。岁晚以字行,更始号元亮。凄其望诸葛,骯髒犹汉相。时无益州牧,指挥用诸将。平生本朝心,岁月阅江浪。空余诗语工,落笔九天上。

---

① 〔宋〕黄庭坚:《溪上吟并序》,见〔宋〕任渊、史容、史季温注,刘尚荣校点《黄庭坚诗集注》,第745~746页。

② 〔宋〕黄庭坚:《赠陈公益》,见〔宋〕任渊、史容、史季温注,刘尚荣校点《黄庭坚诗集注》,第1543页。

③ 〔宋〕黄庭坚:《戏用题元上人此君轩诗韵奉答周彦起予之作病眼空花句不及律书不成字》,见〔宋〕任渊、史容、史季温注,刘尚荣校点《黄庭坚诗集注》,第1474页。

④ 〔宋〕黄庭坚:《再用前韵赠子勉四首(其二)》,见〔宋〕任渊、史容、史季温注,刘尚荣校点《黄庭坚诗集注》,第576页。

⑤ 〔宋〕黄庭坚:《和邢惇夫秋怀十首(其九)》,见〔宋〕任渊、史容、史季温注,刘尚荣校点《黄庭坚诗集注》,第169页。

向来非无人，此友独可尚。（黄庭坚《宿旧彭泽怀陶令》）①

野马本不羁，无奈卯与申。当时彭泽令，定是英雄人。（陈与义《题酒务壁》）②

世人但以不屈于州县吏为高，故以因督邮而去。此士识时委命，其意固有在矣，岂一督邮为之去就哉？（韩驹语、李公焕《笺注陶渊明集》卷五引）

把陶渊明看成“识时委命”的“英雄”、诸葛亮，这在陶渊明接受史上还是第一次。它开启了南宋辛弃疾、朱熹等人论陶为“卧龙诸葛”“豪放”的先河。正因为有志而隐，所以陶渊明的固穷守节才有了超俗拔流的深厚内涵，而非一般的高洁孤守、以诗酒自娱的隐士行为。

“渊明风流”的第三个特点是神韵高胜、清深悠远，只可意会，不可言传。黄庭坚认为“无弦琴”最能体现这一风流特点。他在《晚发咸宁行松径至芦子》《次韵谢子高读渊明传》《松下渊明》《送陈萧县》《赠高子勉》《戏用题元上人此君轩诗韵奉答周彦公起予之作病眼皆花句不及律书不成字》等数篇中，或多或少地感悟到“无弦琴”清新、深远、浑朴而又难以言传的审美意味。黄庭坚同其他江西派诗人还常借陶渊明《归去来兮辞》中的“云无心以出岫”一语，在诗中感悟渊明风流平淡自然、闲适自由的微妙内蕴。

如果说安贫乐道、固穷守节是“渊明风流”的深层内蕴，那么平淡自然、清深悠远则是“渊明风流”的外在风神。而这一风神与陶诗的风格又是高度一致的。江西派诗人把与这种风神相对应的风格之美称为“韵”。苏轼在《书黄子思诗集后》中曾提到司空图的“二十四韵”，又于《东坡题跋》卷五《北齐校书图》中称黄庭坚认为“书画以韵为主”。的确，把韵作为最高批评标准的是黄庭坚。他在《晚发咸宁行松径至芦子》《题东坡字后》《题绛本法帖》《书徐浩题经后》《题摹锁谏图》《题摹燕郭尚父图》《题明皇真妃图》等多处诗文中以“韵”评书法、绘画。“韵”之含义与“清新”“洒落”“无一点俗气”“温润”都相关，只可意会，不可言传，关乎书画精神生气。之后虽有李廌、陈善、张戒等人以韵评诗文，但“韵”的观念内涵仍旧偏于感性知觉，含混难明。真正对“韵”的内涵加以明确

① 〔宋〕黄庭坚撰，〔宋〕任渊、史容、史季温注，刘尚荣校点：《黄庭坚诗集注》，第57～58页。

② 〔宋〕陈与义：《简斋诗钞》，见〔清〕吴之振等选、〔清〕管庭芬等补《宋诗钞》第二册，中华书局1986年版，第1303页。

和深入阐发的是黄庭坚的弟子范温。范温在《潜溪诗眼》“论韵”条中云：

有余意之谓韵。……且以文章言之，有巧丽，有雄伟，有奇，有巧，有典，有富，有深，有稳，有清，有古。有此一者，则可以立于世而成名矣；然而一不备焉，不足以为韵，众善皆备而露才用长，亦不足以为韵。必也备众善而自韬晦，行于简易闲澹之中，而有深远无穷之味，观于世俗，若出寻常。至于识者遇之，则暗然心服，油然神会。测之而益深，究之而益来，其是之谓矣。其次一长有余，亦足以为韵；故巧丽者发之于平澹，奇伟有余者行之于简易，如此之类是也。……自曹、刘、沈、谢、徐、庾诸人，割据一奇，臻于极致，尽发其美，无复余蕴，皆难以韵与之。惟陶彭泽体兼众妙，不露锋铓，故曰：质而实绮，臞而实腴，初若散缓不收，反覆观之，乃得其奇处；夫绮而腴、与其奇处，韵之所从生，行乎质与臞，而又若散缓不收者，韵于是乎成。《饮酒》诗云：“荣衰无定在，彼此更共之。”山谷云：此是西汉人文章，他人多少语言，尽得此理？《归园田居》诗，超然有尘外之趣。《赠周祖谢》诗，皎然明出处之节。《三良》诗，慨然致忠臣之愿。《荆轲》诗，毅然彰烈士之愤。一时之意，必反覆形容；所见之景，皆亲切模写。如“孟夏草木长，绕屋树扶疎”；“日暮天无云，春风扇微和”，乃更丰浓华美。然人无得而称其长。是以古今诗人，惟渊明最高，所谓出于有余者如此。①

“韵”的基本内涵是“有余意”，超越了其外在形式和字面意义，是一种更高的境界。它只可意会，不可言传。“一长有余”可以称为“韵”，识见有余也可称为“韵”，“备众善而自韬晦”亦可称为“韵”。就文章而言，后者是韵之极，是最理想、最完美的风格，而陶渊明诗“体兼众妙，不露锋铓”，得韵之极，“是以古今诗人，惟渊明最高”。同时，范温又把“韵”的使用范围扩展到绘画、书法等整个艺术领域以及圣贤功业方面。因此“韵”亦可用以评人。“韵”实即“渊明风流”的风神显现。它与“无弦琴”“无心云”的审美意味是灵犀暗通的。

要之，江西派诗人认为陶渊明的人品即诗品，陶渊明的生活即诗，陶渊明本人即诗。江西派诗人谢薖的《陶渊明写真图》形象而全面地概括了“渊明风流”的全部内涵：

渊明归去浔阳曲，杖藜蒲鞋巾一幅。阴阴老树啭黄莺，艳艳东篱粲霜菊。世纷无尽过眼空，生事不丰随意足。廊庙之姿老蓬荜，环堵萧条仅容膝。大儿顽顿懒诗书，小儿娇痴爱梨栗。老妻日暮荷锄归，欣然一笑共蜗

① 转引自郭绍虞辑《宋诗话辑佚》，中华书局 1980 年版，第 373 ~ 374 页。

室。哦诗未遣愁肝肾,醉里呼儿供纸笔。时时得句辄写之,五言平淡用一律。田家酒熟夜打门,头上自有漉酒巾。老农时问桑麻长,提壶挈榼来相亲。一尊径醉北窗卧,萧然自谓羲皇人。此公闻道穷亦乐,容貌不枯似丹渥。儒林纷纷随溷浊,山林高义久寂寞。假令九原今可作,举公篮舆也不恶。①

此外,江西派诗人在"陶谢并称"方面也提出了自己的新见(详本编第二章第三节),对陶渊明接受史有了初步的认识。

苏东坡指出,柳宗元诗在陶渊明诗下、韦苏州诗上,且柳晚年诗极似陶诗,又曾对萧统在《文选》中仅选陶少量诗文的做法表示不满。这是对陶渊明接受史的无意涉及。尔后,江西派诗人才对陶渊明接受史有了初步的自觉意识。他们当中的一些诗人与一些非江西派的诗话作者一起,对陶渊明接受史(截止苏、黄)做了较粗略的、不全面的考察。② 从这些考察中可以看出,主要是江西派诗人及其观点的祖述者初步勾勒了从梁代江淹到唐末薛能、郑谷的陶渊明接受史,但这仍然是粗线条的,多着眼于学陶的似与不似,指出现象而不能以发展的、联系的、历史的眼光看待陶渊明接受史,所以很不系统。

另外,江西诗派及一些诗话作者对从欧阳修、梅尧臣到苏轼、黄庭坚的宋代陶渊明接受情况也有较清醒的认识。此不赘述。

第二节 诗话论陶渊明

成熟的诗话写作始于欧阳修的《六一诗话》。之后,继作不绝,但苏轼之前的诗话极少论到陶渊明。南宋至少有60多种诗话或笔记或多或少地涉及陶渊明,其中有许多观点是辗转相抄或互有损益的。本书在相应的章节中引用了其中较具个性的观点。下面仅就论述陶渊明较多且具个性的两种诗话,略陈其对陶渊明接受史的贡献。

一、《韵语阳秋》论陶

在北宋末、南宋初的诗话中,葛立方《韵语阳秋》中的陶渊明观具有承上启

---

① 傅璇琮等主编:《全宋诗》第二四册卷一三七五,第15783页。

② 参〔宋〕韩驹与〔宋〕范季随《陵阳室中语》、〔宋〕范温《潜溪诗眼》、〔宋〕蔡居厚《蔡宽夫诗话》(以上可参〔宋〕胡仔《苕溪渔隐丛话》前集卷四、卷一),〔宋〕惠洪《跋山谷诗》(见《石门文字禅》卷二七),等等。

下的重要地位。葛立方论陶主要综合、补充、发展了苏轼、黄庭坚等人的论陶观点，同时也充分吸纳了其父葛胜仲的陶渊明观。这些观点及论陶思路大大启发了后代诗话作者及其他接受者。概而言之，葛立方论陶主要有以下贡献：

第一，对陶诗平淡美的内涵做了新的补充。他说：

> 陶潜谢朓诗皆平淡有思致，非后来诗人怵心刿目雕琢者所为也。老杜云"陶谢不枝梧，风骚共推激。紫燕自超诣，翠驳谁翦剔"是也。大抵欲造平淡，当自组丽中来，落其华芬，然后可造平淡之境，如此则陶谢不足进矣。今之人多作拙易语，而自以为平淡，识者未尝不绝倒也。梅圣俞《和晏相诗》云："因今适性情，稍欲到平淡。苦词未圆熟，刺口剧菱芡。"言到平淡处甚难也。所以《赠杜挺之诗》有"作诗无古今，欲造平淡难"之句。李白云："清水出芙蓉，天然去雕饰。"平淡而到天然处，则善矣。①

这一段话基本是对前人陶渊明观点的祖述。它实是针对江西诗派末流诗风而发、针对学陶中"多作拙易语"的现象而发。葛立方有一种综合前人观点的历史眼光，言简意赅地阐发和补充了陶诗平淡美的内涵。首先从作者的角度讲，平淡"自组丽中来"，须经一水到渠成的艰苦磨炼过程，而非故为表面的"拙易"、非猝然而至。因此，他又从读者的角度赞同黄庭坚论陶的观点："血气方刚时读此诗，如嚼枯木。及绵历世事，知决定无所用智……"②原因便在于"绵历世事"后方能品出平淡的真味。这实即金人元好问评陶"豪华落尽见真淳"的直接来源。其次，葛立方格外强调了平淡的自然美特点，以为"平淡到天然处"才是最高的诗美境界。为此，他又赞成黄庭坚论陶诗为"直寄"而谢、庾雕琢之诗未能窥彭泽数仞墙的观点。这一观点显然与两宋之交理学家杨时评"陶渊明诗所不可及者，冲澹深粹，出于自然；若曾用力学，然后知渊明诗非著力之所能成"③的精粹表述相互发明。它们共同开启了朱熹等论陶诗"平淡出于自然"④的观点。

第二，葛立方极论陶渊明为"第一达磨"，将苏轼引陶入禅的做法推向极端。

---

① 〔宋〕葛立方：《韵语阳秋》卷一，见〔清〕何文焕辑《历代诗话》下册，中华书局 1981 年版，第 483～484 页。

② 〔宋〕黄庭坚：《书陶渊明诗后寄王吉老》，见郑永晓整理《黄庭坚全集辑校编年》，江西人民出版社 2011 年版，第 957～958 页。

③ 〔宋〕杨时：《龟山集》卷一〇，影印清文渊阁《四库全书》本。

④ 〔宋〕黎靖德编，王景贤点校：《朱子语类》卷一四〇《论文下》，中华书局 1986 年版，第 3324 页。

他说：

不立文字，见性成佛之宗，达磨西来方有之，陶渊明时未有也。观其自祭文，则曰：“陶子将辞逆旅之馆，永归于本宅。”其拟挽词，则曰：“有生必有死，早终非命促。”其作《饮酒诗》，则曰：“采菊东篱下，悠然见南山。此中有真意，欲辨已忘言。”其《形影神》三篇，皆寓意高远，盖第一达磨也。而老杜乃谓“渊明避俗翁，未必能达道”何邪？东坡谂陶子自祭文云：“出妙语于纩息之余，岂涉生死之流哉？”盖深知渊明者。①

又说：

韦应物诗拟陶渊明，而作者甚多，然终不近也。《答长安丞裴税诗》（“税”，《全唐诗》卷一九〇作“说”）云：“临流意已凄，采菊露未晞。举头见秋山，万事都若遗。”盖效渊明“采菊东篱下，悠然见南山。此怀有真意，欲辨已忘言”之句也。然渊明落世纷深入理窟，但见万象森罗，莫非真境，故因见南山而真意具焉。应物乃因意凄而采菊，因见秋山而遗万事，其与陶所得异矣。②

自从苏轼提出渊明为“知道”之士后，这一观点得到士人的普遍认同。如叶梦得（1077—1148）在《玉涧杂书》中分析了陶渊明《形影神》组诗后说：

此公天姿超迈，真能达生而遗世，不但诗人之辞，使其闻道而达一关，则其言岂止如斯而已乎？③

葛胜仲则说：

其诗云：“蕤宾五月中，清明起南飔。不驶亦不迟，飘飘吹我衣”。《归来引》亦云：“风飘飘而吹衣。”意渊明进御寇乘风之理，因以睹道也。至若“树木交荫，时鸟变声，辄欢然有喜”，岂在物耶？声尘种种，皆道所寓。惟渊明领此。

渊明垂死之文，读之令人恍然自失，与今世悟道坐脱立亡者何以异？④

他们所说的道皆有庄释之道的意味。葛立方承之，直云渊明为“第一达磨”，且凿凿有据，实乃破天荒的警语；同时又云渊明“深入理窟”，见出“真境”，这便有

① 〔清〕何文焕辑：《历代诗话》下册，第575页。

② 〔清〕何文焕辑：《历代诗话》下册，第515页。

③ 北京大学北京师范大学中文系、北京大学中文系文学史教研室编：《陶渊明资料汇编》下册，中华书局1962年版，第33页。

④ 〔宋〕葛胜仲：《书渊明集后三首（之二、之三）》，见《丹阳集》卷八，影印清文渊阁《四库全书》本。

融会儒释道的意味了。葛立方的这些观点对后世论陶的影响是很大的。赞成者有之,反对者亦有之,只是各人所站的角度不同罢了。

第三,葛立方毕竟是文学家、诗评家,他并没有理学家较周严的思维。因此他又指出渊明实是名教中人:

> 世人论渊明自永初以后,不称年号,只称甲子,与思悦所论不同。观渊明《读史》九章,其间皆有深意。其尤章章者,如《夷齐》《箕子》《鲁二儒》三篇。《夷齐》云:"天人革命,绝景穷居。正风美俗,爰感懦夫。"《箕子》云:"去乡之感,犹有迟迟。矧伊代谢,触物皆非。"《鲁二儒》云:"易代随时,迷变则愚。介介老人,时为正夫。"由是观之,则渊明委身穷巷,甘黔娄之贫而不自悔者,岂非以耻事二姓而然邪!①

"耻事二姓"之说最早出自《文选》五臣注文。北宋僧人思悦经过考证首先提出质疑。葛立方不同意思悦的观点,仍然赞成《南史》"自宋武帝王业渐隆,不复肯仕"的观点。只是他立论的角度已非《宋书》所云义熙前后题不题年号的问题,而是从陶渊明诗文内部寻找例证。他的这一观点和做法实际上直接袭自他的父亲,只是葛胜仲又承接苏轼论陶"欲隐则隐,欲仕则仕"的观点,十分强调陶渊明"任真自得""颖脱不羁"的一面。②

葛立方还从陶渊明身上挖掘了"尊祖"的美德,认为陶《赠长沙公诗并序》表现了他"以尊祖自任"的贤德。③ 这种挖掘陶渊明身上美德的做法也受其父葛胜仲的启发。葛胜仲曾说:"古今人士颂渊明德美众矣,罕有颂其孝友者。作《五孝传赞》自天子至庶人寄寓深矣;《哀程氏妹》《悲敬远仲德弟文》,尤为凄惋;至于凯风、寒泉之念兴,而述外祖《孟家传》;念礼服昭穆之远,而作《赠族祖诗》,盖所谓永锡尔类者邪?"④其实与葛胜仲同时代的江西派诗人韩驹也注意到了陶渊明"友爱"的美德,并指出渊明去职非"耻屈于督邮",而是"因妹丧即去"。⑤ 与韩驹相比,葛胜仲、葛立方父子挖掘陶渊明身上美德的做法显得更加自觉。此外,葛立方还在同杜甫、王褒的比较中指出了渊明在役使仆夫时的"忠

---

① 〔清〕何文焕辑:《历代诗话》下册,第530页。

② 参〔宋〕葛胜仲《书渊明集后三首(之一)》,见《丹阳集》卷八;《次韵良器真意亭探韵并序》,见《全宋诗》第二四册卷一三六二,北京大学出版社1995年版,第15595页。

③ 〔宋〕葛立方:《韵语阳秋》,见〔清〕何文焕辑《历代诗话》下册,第651页。

④ 〔宋〕葛胜仲:《书渊明集后三首(之三)》,见《丹阳集》卷八。

⑤ 〔宋〕胡仔纂集,廖德明校点:《苕溪渔隐丛话》前集卷三,人民文学出版社1962年版,第14~15页。

厚”美德。

总之，飘逸不羁、任真自得的陶渊明仍旧是生活在儒家人伦中的，是名教中人，其所作所为足可称为道德上的典范。葛立方等人的这种观点得到了后世陶渊明接受者的普遍认同（如朱熹、罗大经等）。

最后，葛立方在比较中论陶渊明，将具体分析和综合论述相结合。这是陶渊明接受史在南宋诗话中走向自觉的表现。比如在论陶“尊祖”时，较之前人论陶偶有感触、随手记录的非自觉性，葛立方引经据典、证之以陶渊明诗文，并连类并举，与杜甫比较。这种综合与分析相结合的方法并不是偶然的，而是贯穿于葛立方论陶的各个观点中。再如，葛立方论陶总是与杜甫并举：

> 杜甫《客夜诗》云：“客睡何曾著，秋天不肯明。”《陪王使君泛江诗》云：“山豁何时断，江平不肯流。”不肯二字，含蓄甚佳，故杜两言之。与渊明所谓“日月不肯迟，四时相催迫”同意。
>
> 贤者豹隐墟落，固当和光同尘，虽舍者争席奚病，而况于杯酒之间哉？陶渊明、杜子美皆一世伟人也，每田父索饮，必使之毕其欢尽其情而后去。渊明诗云：“清晨闻叩门，倒裳往自开。问子为谁与？田父有好怀。壶浆远见候，疑我与时乖。”老杜诗云：“田翁逼社日，邀我尝春酒。”“叫妇开大瓶，盆中为我取。”二公皆有位者也，于田父何拒焉。至于田父有“一世皆尚同，愿君汩其泥”之说，则姑守陶之介。“久客惜人情，如何拒邻叟。”则何妨杜之通乎？①

在比较陶、杜的过程中，得出他们“皆一世伟人”的警论，这是前人所未说过的；而在方法上，自觉运用对比、详细引证分析则更发前人所未发。此外，葛立方还将陶《咏三良》放在同类题材的诗作（《诗经》以及王粲、柳宗元、苏东坡等人所作的诗等）中考察，将韦应物诗与陶诗比较以论高下等。这种在比较中综论陶渊明的方法在南宋诗话中被广泛采用，如洪迈、罗大经、严有翼等人论陶渊明的《责子》、《咏三良》、《形影神》组诗、《桃花源记并诗》等，不论在观点还是方法上，都与葛立方论陶一脉相承。

二、《岁寒堂诗话》论陶诗

张戒《岁寒堂诗话》论陶诗在陶渊明阐释史上主要有如下三个方面的重要意义：

---

① 〔清〕何文焕辑：《历代诗话》下册，第485页、第651页。

第一，从诗以言志的理论出发充分肯定陶诗。如果说苏轼之后的江西诗派在北宋、南宋之交主要从艺术风格和创作技巧上肯定陶诗，说陶诗“不烦绳削而自合”、“句法分明”①、工于“造语”②等，那么对“以用事为博”和“以押韵为工”的苏、黄诗风表示强烈不满的张戒则主要从思想内容方面肯定陶诗。这与其诗以言志的主张是密不可分的。他说：

> 建安、陶、阮以前诗，专以言志；潘、陆以后诗，专以咏物……言志乃诗人之本意，咏物特诗人之余事。古诗、苏、李、曹、刘、陶、阮本不期于咏物，而咏物之工，卓然天成，不可复及。其情真，其味长，其气胜，视《三百篇》几于无愧，凡以得诗人之本意也。潘、陆以后，专意咏物，雕镌刻镂之工日以增，而诗人之本旨扫地尽矣。谢康乐“池塘生春草”，颜延之“明月照积雪”（案：“明月照积雪”乃谢灵运诗，此误），谢玄晖“澄江静如练”……就其一篇之中，稍免雕镌，粗足意味，便称佳句，然比之陶、阮以前苏、李、古诗，曹、刘之作，九牛一毛也。③

又说：

> 然诗者，志之所之也。情动于中而形于言，岂专意于咏物哉？子建“明月照高楼，流光正徘徊”，本以言妇人清夜独居愁思之切，非以咏月也，而后人咏月之句，虽极其工巧，终莫能及。渊明“狗吠深巷中，鸡鸣桑树颠”，本以言郊居闲适之趣，非以咏田园，而后人咏田园之句，虽极其工巧，终莫能及。④

张戒论诗意在纠苏、黄用事求工之弊，故尤其强调诗歌“专以言志”的特点，认为“言志”先于“咏物”，应“为情而造文”，而不应相反。因此同江西派诗人主要从艺术形式方面肯定陶诗不同，张戒主要从思想内容方面肯定陶诗“专以言志”的特点，认为陶诗“咏物之工，卓然天成”的高度艺术成就是“志之所之”“情动于中而形于言”的结果，远远胜过专以咏物为工而忘却“诗人之旨”的颜、谢之诗。那么，陶诗之志的特点是什么呢？张戒说：

> 孔子曰：“《诗》三百，一言以蔽之，曰：‘思无邪。’”世儒解释终不了。

---

① 〔宋〕吕本中：《童蒙诗训》，见〔宋〕胡仔纂集、廖德明校点《苕溪渔隐丛话》前集卷一八，第119页。

② 〔宋〕强幼安：《唐子西文录》，见〔清〕何文焕辑《历代诗话》上册，第443页。

③ 〔宋〕张戒：《岁寒堂诗话》卷上，见丁福保辑《历代诗话续编》上册，中华书局2006年版，第450页。

④ 〔宋〕张戒：《岁寒堂诗话》卷上，见丁福保辑《历代诗话续编》上册，第452页。

余尝观古今诗人,然后知斯言良有以也。《诗序》有云:“诗者,志之所之也。在心为志,发言为诗。情动于中,而形于言。”其正少,其邪多。孔子删诗,取其思无邪者而已。自建安七子、六朝、有唐及近世诸人,思无邪者,惟陶渊明杜子美耳,余皆不免落邪思也。六朝颜鲍徐庾,唐李义山,国朝黄鲁直,乃邪思之尤者。①

在众多的成功作家中,张戒根据儒家的诗教观念仅拈出符合“思无邪”之旨的陶、杜二人,充分肯定了陶诗纯正古雅的思想内容。那么,同是“思无邪”,陶诗不同于杜诗之处何在呢?张戒又进一步说:

子美自以为孔雀,而以不知己者为牛。自当时观之,虽曰薄德可也,自后世观之,与子美同时而不知者,庸非牛乎?子美不能堪,故曰“老翁慎莫怪少年,葛亮《贵和》书有篇。丈夫垂名动万年,记忆细故非高贤”,盖自遣也。渊明之穷,过于子美,抵触者固自不乏,然而未尝有孔雀逢牛之诗,忘怀得失,以此自终,此渊明所以不可及也欤!②

陶、杜之志虽皆纯正无邪,但杜志尚关怀得失,陶渊明志则忘怀得失,在这一点上,陶渊明达到了他人所不可攀及的巅峰。

第二,张戒虽然从言志的角度肯定陶诗,但并未否定陶诗“咏物之工,卓然天成”的艺术成就。他首先说“陶渊明诗,专以味胜”,“妙在有味”③。苏轼评柳宗元诗“寄至味于淡泊”,并兼论陶诗“枯淡”之美,但没有像张戒这样将“味”与陶诗鲜明地联系在一起并将陶诗之“味”推为“味”之“不可及者”。张戒举例说:

渊明“狗吠深巷中,鸡鸣桑树颠”“采菊东篱下,悠然见南山”,此景物虽在目前,而非至闲至静之中,则不能到,此味不可及也。

陶渊明云:“迢迢百尺楼,分明望四荒。暮则归云宅,朝为飞鸟堂。”此语初若小儿戏弄不经意者,然殊有意味可爱。④

张戒所谓陶诗之“味”虽有司空图“味外之致”之“味”的意思,但更侧重于从创作状态中揭示陶诗之“味”的个性特征,强调其“不经意”“初于无意”

① 〔宋〕张戒:《岁寒堂诗话》卷上,见丁福保辑《历代诗话续编》上册,第465页。

② 〔宋〕张戒:《岁寒堂诗话》卷下,见丁福保辑《历代诗话续编》上册,第473页。

③ 〔宋〕张戒:《岁寒堂诗话》卷上,见丁福保辑《历代诗话续编》上册,第450页、第451页。

④ 〔宋〕张戒:《岁寒堂诗话》卷上,见丁福保辑《历代诗话续编》上册,第453页、第462页。

的自然特点和“至闲至静”的平淡特点。这显然是对苏轼评析陶渊明“采菊东篱下，悠然见南山”诗句之观点更为理性的揭示。其次，与论陶诗有“味外之致”的余蕴相适应，张戒认为陶诗格高、词简、含蓄不尽。他说：“元、白、张籍诗，皆自陶、阮中出，专以道得人心中事为工，本不应格卑，但其词伤于太烦，其意伤于太尽，遂成冗长卑陋尔。……若收敛其词，而少加含蓄，其意味岂复可及也。”①

第三，张戒比较辩证地摆正了陶渊明在诗歌史上作为一流诗人的地位。他说：

> 国朝诸人诗为一等，唐人诗为一等，六朝诗为一等，陶阮、建安七子、两汉为一等，《风》《骚》为一等，学者须以次参究，盈科而后进，可也。……子瞻则又专称渊明，且曰“曹、刘、鲍、谢、李、杜诸子皆不及也”，夫鲍谢不及则有之，若子建、李、杜之诗，亦何愧于渊明？即渊明之诗，妙在有味耳，而子建诗，微婉之情、洒落之韵、抑扬顿挫之气，固不可以优劣论也。古今诗人推陈王及《古诗》第一，此乃不易之论。至于李、杜，尤不可轻议。……鲁直云：“太白诗与汉魏乐府争衡”，此语乃真知太白者。……子美诗奄有古今，学者能识《国风》《骚》人之旨，然后知子美用意处，识汉魏诗，然后知子美遣词处至于掩颜谢之孤高，杂徐庾之流丽，在子美不足道耳。欧阳公诗学退之，又学李太白。王介甫诗，山谷以为学三谢。苏子瞻学刘梦得，学白乐天、太白，晚而学渊明。鲁直自言学子美。人才高下，固有分限，然亦在所习，不可不谨，其始也学之，其终也岂能过之。屋下架屋，愈见其小，后有作者出，必欲与李杜争衡，当复从汉魏诗中出尔。②

在张戒之前，晁说之曾对苏轼所云“曹、刘、鲍、谢、李、杜诸诗人皆莫及”陶的言论有所辨正。晁氏为了肯定曹、刘诸人诗，从儒家正统观点出发，转而同意钟嵘把陶渊明视为“隐逸诗人之宗”的看法，认为“曹、刘、鲍、谢、李、杜者，岩廊诗人之宗也，窃尝譬之，曹、刘、鲍、谢、李、杜之诗，《五经》也，天下之大中正也。彭泽之诗，老氏也，虽可以抗五经而未免为一家之言也”③。张戒上面这段话的基本思路承自晁氏，但着眼点不同。张戒从诗史、艺术的角度出发，把历代诗分为五等，并认为每后面一等所达到的成就要高于前面一等，所以“学者须以次参究，

① 〔宋〕张戒：《岁寒堂诗话》卷上，见丁福保辑《历代诗话续编》上册，第459页。

② 〔宋〕张戒：《岁寒堂诗话》卷上，见丁福保辑《历代诗话续编》上册，第451～452页。

③ 〔宋〕晁说之：《和陶引辨》，见《景迂生集》卷一四，影印清文渊阁《四库全书》本。

盈科而后进”。陶诗仅是倒数第二等中优秀的代表之一，它的不可及之处在于“有味”，而在其他方面未必胜过曹植、李、杜诗。因此他批驳了苏轼以陶诗之偏概众诗之全的观点，在肯定陶诗的同时，充分肯定了苏轼贬抑的曹植、李、杜诗，从而比较辩证地摆正了陶诗在众多一流诗人诗作中的地位。

“论事切直”的“鲠亮之士”①张戒之所以能从思想内容方面肯定陶诗、从艺术的总成就方面辩证地看待陶诗的地位，与他对苏、黄诗风的强烈不满和在北宋、南宋之交的特定历史背景下高度推崇杜诗是分不开的。张戒的诗话历来受到很高评价。如潘德舆《养一斋诗话》云：“吾于宋人诗话，严羽以外，只服张戒《岁寒堂诗话》为中的。”②张宗泰《跋张戒岁寒堂诗话》云：“戒名不甚著，诗亦不多见，而其持论，乃远出诸家评诗者之上。”③因此，他的陶诗观对后世的影响是不宜低估的。

第三节 理学家与陶渊明典范地位的确立

宋代理学家朱熹、真德秀、包恢等向来极看重作者的人品和作品的思想内容，尤其注重前者。因此陶渊明成为他们钟爱的作家。

一

早在理学集大成于朱熹之前，陶渊明的人品便得到理学家们的交口称赞。周敦颐在他流芳千古的《爱莲说》中倡导一种高洁拔俗的君子人格，而菊则是孤高避世的隐逸者的象征，与君子人格相通。他称赞“晋陶渊明独爱菊”，并将陶渊明与富贵的嗜爱者进行对比。邵雍一生隐居讲学，在“安乐窝”里深会陶渊明任真自得之趣。朱松的老师罗从彦推赏陶渊明率真拔俗的人生态度④。朱松则称“渊明乃畸人，游戏于尘寰”，赞其丘壑之志“本出轩裳先”。⑤ 但他们都没有理学的集大成者朱熹那样广博的文化视域和精深的理学眼光，没有对陶渊明给

---

① 〔清〕永瑢、纪昀等：《四库全书总目》卷一九五，影印清文渊阁《四库全书》本。

② 郭绍虞编选，富寿荪校点：《清诗话续编》，上海古籍出版社 1983 年版，第 2017 页。

③ 〔清〕张宗泰：《鲁岩所学集》卷一四，见《清代诗文集汇编》第五一六册，第 397 页。

④ 参〔宋〕罗从彦《罗豫章集》卷一〇《寄傲轩用陈默堂韵》，中华书局 1985 年版，第 113 页。

⑤ 〔宋〕朱松：《题寄陈国器容膝斋》，见〔清〕吴之振等编、〔清〕管庭芬等补《宋诗钞·韦斋集补钞》，中华书局 1986 年版，第 3437 页。

予较多的注意，也没有像朱熹那样充分认识到陶潜人品对于理学的意义、对于儒家伦理道德的意义。

朱熹从其理学思想出发，从两个层次来论析陶渊明的人品。

首先，朱熹从“天理”的体现层次即从儒家伦理道德规范的层次来肯定陶渊明的历史行为。朱熹把以“三纲五常”为核心的伦理道德原则提升到“天理”的高度，将其哲学本体化、绝对化，并以之为衡量历史及历史人物的根本准绳。在他看来，陶渊明的历史行为是极符合儒家“大伦大法”的：

> 陶元亮自以晋世宰辅子孙，耻复屈身后代，自刘裕篡夺势成，遂不肯仕。虽其功名事业，不少概见，而其高情逸想，播于声诗者，后世能言之士，皆自以为莫能及也。盖古之君子，其于天命民彝、君臣父子、大伦大法之所在，惓惓如此。是以大者既立，而后节概之高，语言之妙，乃有可得而言者。如其不然，则纪逡、唐林之节非不苦，王维、储光羲之诗非不翛然清远也，然一失身于新莽、禄山之朝，则其平生之所辛勤而仅得以传世者，适足为后人嗤笑之资耳。（卷七六《向芗林文集后序》）
>
> 读洪刍所撰《靖节祠记》，其于君臣大义，不可谓懵然无所知者，而靖康之祸，刍乃纵欲忘君，所谓悖逆秽恶有不可言者。（卷八一《跋洪刍所作〈靖节祠记〉》）
>
> 右唐鲁郡颜文忠公《栗里诗》……读之者亦足以识二公之心，而著于君臣之义矣！（卷八一《跋颜鲁公〈栗里诗〉》）①

生活于民族危机渐深的时代，朱熹在《资治通鉴纲目凡例》中确立了“辩正闰”的根本史学精神，明确规定周、秦、汉、晋、隋、唐六个朝代为正统，其余皆非正统。而刘宋篡“移晋祚”②，乃不义之王朝。陶渊明不与之合作，“耻事二姓”③，自然符合封建“大伦大法”。陶渊明明于“君臣大义”，节概极高，而屈节不义王朝的纪、唐、王、储诸人只可“为后人嗤笑”而已。

其次，在“天理”的最高层次（境界）即心性修养的最高境界方面，朱熹认为陶渊明是真正清高脱俗且时或与天理同流、得孔颜乐处的人。

朱熹认为陶渊明禀清正之气，在本质上与天理一致：

---

① 以上三段引文据〔宋〕朱熹《晦庵先生朱文公文集》，《四部丛刊》本。

② 〔宋〕朱熹集注：《楚辞后语·归去来辞第二十二》，见《楚辞集注》，上海古籍出版社1979年版，第262页

③ 〔宋〕朱熹集注：《楚辞后语·归去来辞第二十二》，见《楚辞集注》，第262页。

晋宋间人物,虽曰尚清高,然个个要官职,这边一面清谈,那边一面招权纳货。渊明却真个是能不要,此其所以高于晋宋人也。①

理是万物的根源和根本,“是个净洁空阔底世界,无形迹,他却不会造作;气则能酝酿凝聚生物也”②。万物循理禀气而生,“禀得精英之气,便为圣,为贤,便是得理之全,得理之正。禀得清明者,便英爽;禀得敦厚者,便温和;禀得清高者,便贵……禀得衰颓薄浊者,便为愚、不肖,为贫,为贱,为夭”③。“但得气之清明则不蔽锢,此理顺发出来。蔽锢少者,发出来天理胜;蔽锢多者,则私欲胜。”④陶渊明淡视物欲,“真个是能不要”“权”“货”,得“清明”之气,因此性善理胜,自是“清高”,“高于晋宋人物”。这与“实爱官职”⑤的假清高者白居易是有区别的。

所以朱熹“每寻《高士传》,独叹渊明贤”,在陶渊明身上时时感悟到与天理合一的孔颜乐处:

予生千载后,尚友千载前。每寻《高士传》,独叹渊明贤。及此逢醉石,谓言公所眠。况复岩壑古,缥缈藏风烟。仰看乔木阴,俯听横飞泉。景物自清绝,优游可忘年。结庐倚苍峭,举觞酹潺湲。临风一长啸,乱以《归来篇》。⑥

高人结屋乱云边,直面群峰势接连。车马不来真避俗,箪瓢可乐便忘年。移筇绿幄成三径,回首黄尘自一川。认得渊明千古意,南山经雨更苍然。⑦

从审美感悟的结果看,朱熹认为“渊明千古意”是与“箪瓢之乐”、“清绝”的“景物”紧密相连的。“箪瓢之乐”即“颜子之乐”。“颜子之乐”并非为富贵贫贱所羁的俗情,而是“私欲既去,一心之中浑是天理流行,无有止息”,“动静语默日用之间无非天理,胸中廓然,岂不可乐!”“颜子之乐”是穷究天理“至纤至悉,十分

---

① 〔宋〕黎靖德编,王景贤点校:《朱子语类》卷三四《论语十六·述而篇》之“子谓颜渊曰章”,中华书局1986年版,第874页。

② 〔宋〕黎靖德编,王景贤点校:《朱子语类》卷一《理气上·太极天地上》,第3页。

③ 〔宋〕黎靖德编,王景贤点校:《朱子语类》卷四《性理一·人物之性气质之性》,第77页。

④ 〔宋〕黎靖德编,王景贤点校:《朱子语类》卷四《性理一·人物之性气质之性》,第66页。

⑤ 〔宋〕黎靖德编,王景贤点校:《朱子语类》卷一四〇《论文下》,第3328页。

⑥ 〔宋〕朱熹:《陶公醉石归去来馆》,见《晦庵先生朱文公文集》卷七。

⑦ 〔宋〕朱熹:《题郑德辉悠然堂》,见《晦庵先生朱文公文集》卷四。

透彻，无有不尽"后自然显露出的最高道德境界。"颜子之乐，亦如曾点之乐。"①"曾点见得事事物物上皆是天理流行。良辰美景，与几个好朋友行乐。他看那几个说底功名事业，都不是了。他看见日用之间，莫非天理，在在处处，莫非可乐。"②可见颜子、曾点之乐又与"良晨美景""事事物物"紧密相连，亦即这种最高的道德境界既超越私欲，又融于宇宙万物之中；既是学养积累至极所达到的心、理合一的境界，又是超越理性、与感性的自然合一的境界，且与审美境界相通。而"渊明千古意"便有类似的特点，朱熹虽并不认为陶渊明有颜子一样穷性尽理的细密功夫，却有颜子之乐的"平淡"③："抵拒"私欲，不以"箪瓢"为忧；也有曾点的高远和洒脱，于"清绝"的"景物"中"优悠""忘年"，自我的性灵与"千古意"、与感性的自然万物融而合一。陶渊明似是达到了极类似于孔颜之乐的最高道德境界，这也难怪朱熹要"尚友千载前"的陶渊明了。

但同时，我们应看到朱熹并没有把陶渊明的人品推到与孔颜一样的圣贤高度，而仅仅是确立了他特殊的人格典范。朱熹在审美中感悟到的"渊明千古意"与他从理性上对陶渊明的认识是有差距的。在《朱子语类》中，据他的学生回忆，朱熹在公开场合明确地认为：

> 陶渊明亦只是老庄。
>
> 渊明所说者庄老。
>
> 陶渊明，古之逸民。④

北宋晁说之说陶诗好比五经之外的老子（详上节），北宋末蔡絛在《西清诗话》中说"渊明意趣真古，清淡之宗；诗家视渊明，犹孔门视伯夷也"，都只是在艺术风格方面将陶渊明比为老子、伯夷。朱熹进一步从理性上把陶渊明其人其诗同老、庄、夷、齐、柳下惠等人归为一途。在义理上，朱熹不"以人废言"⑤，认为庄、老、佛皆有可取之处。在人格上，朱熹也不狭隘，对伯夷、叔齐、柳下惠、长沮、桀

---

① 〔宋〕黎靖德编，王景贤点校：《朱子语类》卷三一《论语十三·雍也篇二》之"贤哉回也章"，第795~798页。

② 〔宋〕黎靖德编，王景贤点校：《朱子语类》卷四〇《论语二十二·先进篇下》之"子路曾皙冉有公西华侍坐章"，第1026页。

③ 〔宋〕黎靖德编，王景贤点校：《朱子语类》卷三一《论语十三·雍也篇二》之"贤哉回也章"，第798页。

④ 第一条见于〔宋〕黎靖德编、王景贤点校《朱子语类》卷一二五《老氏·老子》，第2987页；后两条见于卷一三六《历代三》，第3243页。

⑤ 〔宋〕黎靖德编，王景贤点校：《朱子语类》卷九七《程子之书三》，第2498页。

溺、严子陵等都给予了高度评价,赞扬他们"归洁其身"①、惟义是履、"高气远迈"②等与儒家伦理一致的品质。但同时朱熹又认为他们各有不合理学思想的地方,难与孔颜相比,而陶渊明也是如此。朱熹说"颜子之安于陋巷,它那曾计较命如何","只看义如何"③,并不将富贵贫贱放在心里,其守其乐是一种对物欲的完全超脱和自然流露。而"好名"的陶渊明"说尽万千言语,说不要富贵,能忘贫贱,其实是大不能忘,它只是硬将这个抵拒将去"④。陶渊明虽高于晋宋人物,但离真正的孔颜乐处还差一截穷性尽理、水到渠成的功夫。

要之,朱熹从理学的观点出发确立了陶渊明在文化史上特殊的人格典范,但并未把陶渊明推到无比崇高的圣人地位。同时,朱熹对陶渊明的理性认识和审美感悟存在着一定的差距。

二

朱熹是理学家,也是诗人。他推重陶渊明的人品,也极喜爱陶渊明的诗文,"每爱诵""渊明《归去来》并诗"⑤,尝劝人说:"但能参得此一诗[按:指《庚子岁五月中从都还阻风于规林二首(之二)》]透,则公今日所谓举业,与夫他日所谓功名富贵者,皆不必经心可也。"⑥他对陶渊明诗文的精神内涵、风格特点有着精深的认识。

首先,他在陶渊明诗文接受史上,第一次明确地阐释了陶渊明诗文的劲健豪放之美。

> 问:"(韦应物诗)比陶如何?"曰:"陶却是有力,但语健而意闲。隐者多是带气负性之人为之。陶欲有为而不能者也,又好名。韦则自在,其诗直有做不著处便倒塌了底。"

---

① 〔宋〕黎靖德编,王景贤点校:《朱子语类》卷四八《论语三十 · 微子篇》之"柳下惠为士师章",第1195页。

② 〔宋〕黎靖德编,王景贤点校:《朱子语类》卷一二九《本朝三》之"自国初至熙宁人物",第3090页。

③ 〔宋〕黎靖德编,王景贤点校:《朱子语类》卷三四《论语十六 · 述而篇》之"子谓颜渊章",第874页。

④ 〔宋〕黎靖德编,王景贤点校:《朱子语类》卷三四《论语十六 · 述而篇》之"子谓颜渊章",第874页。

⑤ 〔宋〕黎靖德编,王景贤点校:《朱子语类》卷一〇七《朱子四》之"内任",第2674页。

⑥ 〔宋〕黎靖德编,王景贤点校:《朱子语类》卷一〇七《朱子四》之"内任",第2676~2677页。

> 李太白诗不专是豪放，亦有雍容和缓底，如首篇“大雅久不作”，多少和缓！陶渊明诗人皆说是平淡。据某看，他自豪放，但豪放得来不觉耳。其露出本相者是《咏荆轲》一篇，平淡底人如何说得这样言语出来！①

陶诗的劲健豪放之美有自己独具的个性。朱熹论诗文推赏萧散简远之美，也推赏豪健有力的阳刚之美。他赞司马迁、贾谊、苏辙之文“雄健”，但“意思不帖帖”②；赞鲍照、李白诗“俊健”③，皆能写出心中之意、事物之状；但不赞成陈亮“才高气粗，故文字不明莹”④。要之，这些诗的劲健之美都是外显的，这与陶渊明“露出本相”的《咏荆轲》一诗的美大致相同。但陶诗劲健之美的个性在于含而不露，是内蕴的，是于“自在”中显出“有力”“语健”，是平淡中见豪放，“豪放得来不觉耳”。

朱熹以辩证圆通的态度在同他人的比较中指出陶诗“有力”“语健”“豪放”的一面，这是前人所没有明确意识到的。朱熹之前，从梅尧臣开始都普遍认为陶诗风格平淡，苏轼于平淡之中挖掘出“奇趣”，江西派诗人等在苏轼的基础上论述了陶诗“奇趣”中“韵”与“味”的特点，但都局限在与陶渊明为人超逸一面相一致的诗风，而与陶渊明为人并非超逸一面相一致的诗风则无人明确提出。在宋人中，梅尧臣开始意识到陶渊明为人耿介不偶、“傲佚”（梅尧臣《答中道小疾见寄》）不群的个性。黄庭坚、陈与义等人偶或把陶渊明比作不得志的“诸葛”（黄庭坚《宿旧彭泽怀陶令》）、“英雄”（陈与义《题酒务壁》，《宋诗钞·简斋诗钞》），南宋初黄彻在《䂬溪诗话》中点出陶本有“康济之志”，辛弃疾则把陶渊明直接比作“卧龙诸葛”（《贺新郎》）。陶渊明并非超然物外的一面渐渐被越来越多的人认识。然而这一面仅仅停留在作家形象上，尚没有人相应地在诗歌风格上予以凝定。朱熹则以其敏锐独到的批评眼光首先挑出了与平淡相对的豪放的一面，将陶渊明为人“带负性气”“有为而不能”的一面凝定到陶诗的风格上。“豪放”“有力”“语健”实际便是陶诗的劲健之美、阳刚之美。至此，陶渊明“文如其人”的全貌得以呈现，一个完整的陶渊明与一种完整的陶诗风格显露在世人面前。应当说，朱熹对陶诗劲健豪放之美的揭示是继苏轼对陶诗平淡之美的揭示后又一具有里程碑意义的创造性阐释。

---

① 分别见于〔宋〕黎靖德编、王景贤点校《朱子语类》卷一四〇《论文下》，第3327页、第3325页。

② 〔宋〕黎靖德编，王景贤点校：《朱子语类》卷一三九《论文上》，第3299页。

③ 〔宋〕黎靖德编，王景贤点校：《朱子语类》卷一四〇《论文下》，第3324页。

④ 〔宋〕黎靖德编，王景贤点校：《朱子语类》卷一二三《陈君举》，第2965页。

其次，朱熹从自己的文学观出发，强调了陶渊明诗文的自然美。江西诗派也注意到陶诗不事雕琢的自然美，但他们认为这种美是“不烦绳削而自合”的，只是从技巧上着眼。朱熹则从创作主体的角度认为：

渊明诗所以为高，正在不待安排，胸中自然流出。东坡乃篇篇句句依韵而和之，虽其高才，似不费力，然已失其自然之趣矣。①

朱熹认为“文皆是从道中流出”②，人循理（道）禀气而生，“有那情性，方有那词气声音”③。陶诗“平淡出于自然”，是情性的自然流露，而非着力“安排”所为。“后人学他平淡，便相去远矣。”④连高才如苏东坡由于违背了诗从“胸中自然流出”的原则，虽看似不费力，“然已失其自然之趣矣”。朱熹认为陶诗的高度艺术成就（包括众人公推的平淡美）根基于“自然”之上。这是对江西诗派论陶观点的继承，也是对江西诗派“恁地着力做”诗风的矫正和发展，实际上也是对理学家杨时论陶诗“平淡深粹，出于自然”观点的继承和发展。

此外，朱熹还对陶渊明的《归去来兮辞》提出了自己独到的观点。在《楚辞辩证》中，他把《归去来兮辞》看作屈原《楚辞》流变之作中的代表之一。在《楚辞后语》中，他赞成欧阳修“两晋无文章，幸独有此篇”的观点，并进一步揭示该作品的特点，“词义夷旷萧散，虽托楚声，而无其尤怨切蹙之病”，指出了陶文同《楚辞》在情感特质上的区别在于不为情累、夷旷萧散，并从其理学立场出发给予充分的肯定。将陶渊明与屈原联系在一起，这在陶渊明接受史上实属开创之见，实为后人（如元代人）将屈陶并称的滥觞。

朱熹在创作上也深受陶渊明的影响。除了上文所举的诗歌，尚有《石马斜川之集分韵赋诗得灯字》《挽沈菊山》《题霜杰集》《留秀野刘丈二首（之二）》《简寂观》等众多诗篇明显受陶诗影响。他曾向人指示学陶的详细门径说：“作诗须从陶、柳门庭中来乃佳，不如是，无以发萧散冲淡之趣，无由到古人佳处。”⑤“将渊明诗平侧用字，一一依他做。到一月后便解自做，不要他本子，方

---

① 北京大学北京师范大学中文系、北京大学中文系文学史教研室编：《陶渊明资料汇编》上册，中华书局1962年版，第76页。

② 〔宋〕黎靖德编，王景贤点校：《朱子语类》卷一三九《论文上》，第3305页。

③ 〔宋〕黎靖德编，王景贤点校：《朱子语类》卷二五《论语七·八佾篇》之“关雎乐而不淫章”，第626页。

④ 〔宋〕黎靖德编，王景贤点校：《朱子语类》卷一四〇《论文下》，第3324页。

⑤ 〔宋〕罗大经撰，王瑞来点校：《鹤林玉露》甲编卷六，中华书局1983年版，第113页。

得作诗之法。”①宋人李耆卿在《文章精义》中指出，“《选》诗惟陶渊明……自理趣中流出”，“晦庵诗，音节从陶、韦、柳中来，而理趣过之，所以不可及”，则并非无稽之谈。②

朱熹由于如此看重陶渊明的人品和诗文，所以要将陶诗立为诗之“根本原则”。他在《答巩仲至第四书》中说：

> 偶记顷年学道未能专一之时，亦尝闲考诗之原委，因知古今之诗，凡有三变。盖自书传所记，虞夏以来，下及魏晋，自为一等。自晋宋间颜谢以后，下及唐初，自为一等。自沈宋以后定著律诗，下及今日，又为一等。然自唐初以前，其为诗者，固有高下，而法犹未变。至律诗出，而后诗之与法，始皆大变，以至今日，益巧益密，而无复古人之风矣，故尝妄欲抄取经史诸书所载韵语，下及《文选》、汉魏古词，以尽乎郭景纯、陶渊明之所作，自为一编，而附于《三百篇》《楚辞》之后，以为诗之根本准则。又于其下二等之中，择其近于古者，各为一编，以为之羽翼舆卫。其不合者，则悉去之，不使其接于吾之耳目，而入于吾之胸次，要使方寸之中无一字世俗言语意思，则其为诗，不期于高远而自高远矣。③

尚古与通变是中国传统文化的根本特点之一。朱熹从其理学伦理道德观出发，在诗歌创作中主张“复古人之风”，以变革当下诗坛“益巧益密”的弊病。他以“古法”为准则将诗歌发展史划为三等，其中晋诗在第一等、第二等间具有过渡性，既有属于第一等的，也有属于第二等的。颜、谢诗明确属第二等。虽未明说陶诗属于哪一等，但陶诗“辞却简古”④，有古风，“为诗之根本准则”，属于最高的一等是无可置疑的。晋诗中享有这一荣誉的只有郭璞诗和陶渊明诗。从现存材料看，朱熹论郭璞诗的言论几乎不见，郭诗在创作上对朱诗的影响也没有陶诗大。因此将陶诗附于《诗》《骚》之后，足见朱熹对陶诗在诗史上之地位的格外重视。

值得特别指出的是，朱熹重视陶诗在诗史中的特殊地位，并不仅就诗“法”而言，而是与陶诗的思想旨趣紧密相连。朱熹虽然把陶诗旨趣归于庄老，但在这段话中又明确肯定陶诗“无一字世俗言语”，这与他去人欲、存天理的理学主

---

① 〔宋〕黎靖德编，王景贤点校：《朱子语类》卷一四〇《论文下》，第3324页。

② 〔宋〕李耆卿：《文章精义》，影印清文渊阁《四库全书》本。

③ 〔宋〕朱熹：《晦庵先生朱文公文集》卷六四。

④ 〔宋〕黎靖德编，王景贤点校：《朱子语类》卷一三六《历代三》，第3243页。

张是一致的。由此便透出一个信息，朱熹之所以突出陶诗在诗史中的地位别有意图。朱熹曾经批评隋末儒学家王通说：“及知时势之不可为，做周公事业不得，则急退而续《诗》《书》，续《玄经》，又要做孔子底事业。”①朱熹认为这是迂执乖时的举动。朱熹自己何尝不是“要做孔子底事业”。他的弟子黄榦在《朱熹行状》中综论朱熹说：

自筮仕以至属纩五十年间，历事四朝，仕于外者仅九考，立于朝者四十日，道之难行也如此。然绍道统，立人极，为万世宗师，则不以用舍为加损也。

他要取陶诗等“附于《三百篇》《楚辞》之后，以为诗之根本原则”，实则与王通“欲取曹刘沈谢者为续《诗》”②的目的相似，都是效法“万世师表”孔子“删诗”的做法，以“绍道统，立人极”。只不过朱熹“发明”的道理比王通要高明罢了。因此说，朱熹突出陶诗，从理学的终极目的看，实质上如突出《诗》《骚》一样，是突出陶诗在文化哲学史上的典范地位，是在广阔的人文背景下树立陶诗在文化史、文学史中的典范地位。这在陶渊明接受史上是空前的。

三

朱熹编选陶渊明等人诗以为诗之“根本原则”的想法，在他有生之年并没有实现。然而他的再传弟子、大理学家真德秀在《文章正宗》中，禀承祖师遗意，将之变为现实。在《文章正宗》一书中，真德秀录陶诗 49 首，录魏晋南北朝的其他诗人之诗皆不过 7 首，录郭璞诗 1 首。如果说朱熹基本确立了陶渊明在文化史、文学史中的典范地位，那么真德秀则把这种典范地位定论化了。他充分继承了朱熹肯定陶渊明的一面，同时又对朱熹论陶旨趣出于庄老的观点做了修正，将陶渊明完全拉入理学中来。他在《跋黄瀛甫拟陶诗》中说：

予闻近世之评诗者曰：“渊明之辞甚高，而其指则出于庄老；康节之辞若卑，而其指则原于六经。”以余观之，渊明之学正自经术中来，故形之于诗，有不可掩。《荣木》之忧，逝川之叹也；《贫士》之咏，箪瓢之乐也。《饮酒》末章有曰：“羲农去我久，举世少复真。汲汲鲁中叟，弥缝使其淳。”渊明之智及此，是岂玄虚之士所可望邪？虽其遗宠辱、一得丧，真有旷达之风，细玩其词，时亦悲凉感慨，非无意世事者。或者徒知义熙以后不著年号，为

① 〔宋〕黎靖德编，王景贤点校：《朱子语类》卷一三七《战国汉唐诸子》，第 3255 页。
② 〔宋〕黎靖德编，王景贤点校：《朱子语类》卷一三七《战国汉唐诸子》，第 3256 页。

耻事二姓之验，而不知其眷眷王室，盖有乃祖长沙公之心。独以力不得为，故肥遁以自绝。食薇饮水之言，衔木填海之喻，至深痛切，顾读者弗之察尔。渊明之志若是，又岂毁彝伦、外名教者可同日语乎？①

真德秀不同意其祖师朱熹的意见，明确指出“渊明之学正自经术中来”，与理学是没有抵牾的。陶渊明之所咏所叹、所作所为无一不合乎“彝伦”“名教”。在朱熹那儿，陶渊明的所作所为与孔颜之乐还不甚统一；真德秀则明确提出陶渊明得“箪瓢之乐”，即陶渊明达到了理学修养的最高境界。这便从理学的角度把陶渊明的人品完全典范化了。

四

宋末理学家包恢写的几篇扎实有力的文论都是对陆九渊心学观点的详尽发挥。包恢对陶渊明的阐释代表了宋代心学家对陶渊明的基本认识和认识高度。

包恢认为“彭泽一派，来自天稷”，体现了他心目中最高的审美理想——“汪洋澹泊”之美。他在《答傅当可论诗》中标举“晋宋高风”，将其美学理想设定为“汪洋澹泊”，而“彭泽一派”是其代表。即陶诗的美就是一种“汪洋澹泊”之美。包恢首先从创作的根源上强调了这种理想美的“自然”属性。他从性理学的角度把“汪洋淡泊”之诗分为“造化之未发者”和“造化之已发者”两种。《中庸》云：“喜怒哀乐之未发，谓之中；发而皆中节，谓之和。中也者，天下之大本也；和也者，天下之达道也。”实际上，“凡言心者，皆指已发而言”。因此，包恢将诗歌分为“已发”“未发”之诗，意在突出理想诗境与道化一的自然属性，强调“天机自动，天籁自鸣，鼓以雷霆，豫顺以动，发自中节，声自成文”②的天然之美。其次，从创作的修养过程看，“汪洋澹泊”之美正是艰苦磨炼、臻于成熟、自然浑成的结果。最后，包恢对陶诗“汪洋澹泊”之美的审美特征做了进一步阐释。“汪洋”主要指诗歌的境界阔大无涯，这主要是因为它与造化为一，是“自大化混浩中沙汰陶镕出来”的，与“大道本体之宏”潜流暗通。③ 这与陆九渊的弘扬主体精神说——“吾心便是宇宙，宇宙便是吾心”是一致的。以“汪洋”指陶诗境界的宏大，实是发展了陶诗“豪放”的观点，只是不像“豪放”那样引起人的误解、

① 〔宋〕真德秀：《西山文集》卷三六，影印清文渊阁《四库全书》本。

② 〔宋〕包恢：《答曾子华论诗》，见《敝帚稿略》卷二，影印清文渊阁《四库全书》本。

③ 〔宋〕包恢：《敝帚稿略》卷二。

掩盖陶诗“平淡”美的主要美学特征。“澹泊”主要指这种理想美的表象与本质反常合道的辩证特点。包恢在《书徐致远无弦稿后》中，以花为喻，认为陶诗“意味风韵，含蓄蕴藉”，将“表里深浅”处理得至为得当，是诗中最高的典范，是“诗之至”：“虽若天下之至质，而实天下之至华；虽若天下之至枯，而实天下之至腴”；“状理则理趣浑然，状事则事情昭然，状物则物态宛然，有穷智极力之所不能到者，犹造化自然之声也”。① 在此，包恢将苏轼的陶诗平淡论推向了极端，推向了一种至高的理想境界。“澹泊”也是与心学的“道”相通的。陆九渊曾云陶渊明“有志于吾道”②，而“君子之道，淡而不厌。淡味长，有滋味便是欲。人不爱淡，却只爱闹热”③。而诗“黄初而降，日以澌薄。唯彭泽一源，来自天稷，与众殊趣，而澹泊平夷，玩嗜者少”④。包恢充分接受了陆氏论陶的观点，并在《书徐致远无弦稿后》《答傅当可论诗》等文中做了详尽的发挥。总之，虽然“汪洋”与“澹泊”的侧重点不同，但两者在心学的“道”上获得了统一。这虽有“理化”的倾向，却在性理学上为陶诗的平淡论找到了深厚的依据，比以往单从审美特征上阐释陶诗又深入了一层。这应当说是理学家论陶的个性特点，也是他们论陶的创造发明。

包恢认为陶渊明诗之所以能达到审美理想的高度，首先是由于创作主体志意高深。他在《答曾子华论诗》中说：

> 况在心为志，发言为诗。今人只容易看过，多不经思，诗自志出者也，不反求于志而徒外求于诗，犹表邪而求其影之正也，奚可得哉！志之所至，诗亦至焉，岂苟作者哉！后世诗之高者，若陶与李、杜者，难矣。陶之冲澹闲静，自谓是羲皇上人，此其志也，“种豆南山”之诗，其用志深矣。“羲农去我久”一篇，又直叹孔子之学不传，而窃有志焉，惟其志如此，故其诗亦如之。

又说：

> 陶渊明少学琴书，性爱闲静。曰：“结庐在人境，而无车马喧。”曰：“闲居三十载，遂与尘事冥。”彼方以居闲处独为乐，若有秋毫岑寂无聊之态，其能道此等语、作此等诗乎？曰“心远地自偏”，曰“此中有真意”，曰“闻禽鸟

---

① 〔宋〕包恢：《敝帚稿略》卷二。
② 〔宋〕陆九渊：《语录》上，见钟哲点校《陆九渊集》，中华书局 1980 年版，第 410 页。
③ 〔宋〕陆九渊：《语录》下，见钟哲点校《陆九渊集》，第 460 页。
④ 〔宋〕陆九渊：《与程帅》，见钟哲点校《陆九渊集》，第 103 页。

变声，复欣然忘食”，此其志高矣、美矣！好诗者进于此也，诗当自别矣。①

陶渊明志高，“居闲处独”不妨有颜子陋巷之乐，见自然万物无非真意显露；陶渊明志深，“叹孔子之学不传”，晋亡而“种豆南山”，“志之所至，诗亦至焉”，所以陶诗高深美妙，一如其人其志。

此外，陶渊明诗高在情真意挚，是自我性情的自然流露，是为情而造文，而非为文而造情。包恢在《石屏诗后集序》中说：

> 陶靖节言“此中有真意，欲辨已忘言”，故读书不求甚解。黄太史称杜诗“无一字无来处”，然杜无意用事，真意至而事自至耳。黄有意用事，未免少与杜异。不知四诗、《三百篇》用何古人事若语哉？石屏自谓少孤失学，胸中无千百字书。予谓其非无书也，殆不滞于书与不多用故事耳，有靖节之意焉。果无古书则有真诗，故其为诗自胸中流出，多与真会。②

包恢论诗继承了陆九渊“自出精神与他披判”③的自立精神，反对拘泥前人，反对“牵强以起其情”、“妄想以立其意”④，提倡“自咏情性”“自运意旨”⑤、有激而发、为情造文。他认为陶诗便是自写“真意”。针对宋代黄庭坚等人强调以学问为诗的状况，包恢从反面抬出陶渊明，认为他非不读书，只是读书“不求甚解”，求与己真意契合之处。因此他在作诗时，也不以用事为目的，而是“不滞于书与不多用故事”，任凭性情“自胸中流出，多与真会”。当然与单纯从情感方面强调陶诗之真的钟嵘、苏轼等人不同，包恢所谓的“真”是天地万物之理的体现⑥。

五

强调陶渊明诗品与人品的一致性在理学家那儿是渐趋一致的。本来，朱熹完全可以指出陶渊明有志于儒家之道、得孔颜乐处，但是由于朱熹又注意到了陶渊明受庄老思想旨趣影响的一面，所以尽管他推重陶渊明的诗品、人品，但没有把两者逻辑而具体地统一起来。真德秀看出了这个问题，便把陶渊明的人品完全划入儒家范围内，但是由于他持论太严，过于忽视文的个性特点，所以评论陶诗的艺术价值时只能重复杨时、朱熹的意见，而无所发明。魏了翁则对陶诗

① 〔宋〕包恢：《敝帚稿略》卷二。

② 见〔宋〕戴复古《石屏诗集》卷首，《四部丛刊续编》本。

③ 〔宋〕陆九渊：《与吴仲时》，见钟哲点校《陆九渊集》卷六，第 88 页。

④ 〔宋〕包恢：《答曾子华论诗》，见《敝帚稿略》卷二。

⑤ 〔宋〕包恢：《论五言所始》，见《敝帚稿略》卷二。

⑥ 参〔宋〕包恢《书吴伯成游山诗后》，《敝帚稿略》卷五。

的艺术价值有较深的体会。他继承了邵雍诗论,以理观陶,论曰:

> 风雅以降,诗人之词,乐而不淫,哀而不伤,以物观物,而不牵于物,吟咏情性,而不累于情,孰有能如公者乎?有谢康乐之忠,而勇退过之;有阮嗣宗之达,而不至于放;有元次山之漫,而不著其疏。此岂小小进退,所能窥其际邪?先儒所谓经道之余,因闲观时,因静照物,因时起志,因物寓言,因志发咏,因言成诗,因咏成声,因诗成音者,陶公有焉。①

魏了翁之论虽是其理学观念的推衍,但他毕竟注意到了陶诗合于儒家诗教的艺术特质,并将诗品与人品高度统一起来。与朱熹学派不同,心学派的理学家似乎从一开始便将陶渊明完全划入儒家,并将其诗品与人品严格统一起来。与朱熹多有切磋的张栻说:

> 陶靖节人品甚高,晋宋诸人所未易及。读其诗,可见胸次洒落,八窗玲珑,岂野马游尘所能栖集也?

又说:

> 地偏心则远,意得道岂否。②

陆九渊认为陶渊明诗有志于儒家之道,其诗足以“追蹑《骚》《雅》”。包恢论陶渊明诗品与人品的高度统一与上述心学派理学家的观点是一致的。虽然两派理学家大多认为陶诗是“经道之余”闲观万物的产物,但朱熹一派更看重学问积累,心学派则直指本心、情志。所以包恢说陶诗高是因为其志高、意真,是人品的自然流露。

总之,在心学派理学家中,包恢对陶渊明其人其诗的阐释最为详尽系统。第一,他充分吸纳了前人论陶成果,对陶诗“平淡深粹,出于自然”的本质特点做了详尽、系统、理性的发挥、阐释,将陶诗的典范地位推向了极端。第二,他在性理学上为陶诗找到了依据,将陶渊明的人品与诗品逻辑而具体地统一起来。在这一点上,他超越了朱熹一派理学家,成为继朱熹之后宋代阐释陶渊明最富系统性、总结性的理学家。

第四节　辛弃疾爱陶的心路历程

据邓广铭先生增订本《稼轩词编年笺注》及《辛稼轩诗文笺注》③,现存629

---

① 〔宋〕魏了翁:《鹤山集》卷五二《费元甫陶靖节诗序》,影印清文渊阁《四库全书》本。

② 〔宋〕张栻:《南轩集》卷一《采菊序》,影印清文渊阁《四库全书》本。

③ 两书分别为上海古籍出版社1993年、1995年版。

首辛词中吟咏、提及陶渊明及借用、化用陶诗文的词有87首，约占七分之一；现存140首诗中与陶渊明有关的有18首，约占八分之一；现存21篇散文中涉及陶渊明的有1篇。根据邓广铭先生对辛词的分期，江、淮、两湖之什共词88首，与陶渊明有关的10首，约占九分之一（此期又有与陶渊明有关的文1篇）；带湖之什共词228首，与陶渊明有关的17首，约占十三分之一（此期又有与陶渊明有关的诗7首）；七闽之什共词36首，与陶渊明有关的5首，约占七分之一（此期又有与陶渊明有关的诗1首）；瓢泉之什共词225首，与陶渊明有关的50首，约占五分之一（此期又有与陶渊明有关的诗4首）；两浙、铅山之什共词24首，与陶渊明有关的5首，占五分之一（此期又有与陶渊明有关的诗6首）。①

由上述数字可知，与陶渊明有关的诗词在辛弃疾现存诗词中所占的比重是相当惊人的。如果联系辛弃疾年轻时作品保留较少的状况看，带湖之什、七闽之什、瓢泉之什和两浙、铅山之什中与陶渊明有关的诗词在诗词作品总量中所占的比例呈明显上升趋势，而这四个时期正是辛弃疾中、晚年时期（43～68岁）。除了在53～55岁、64～66岁两度出仕闽中、镇江，辛弃疾其余20个春秋都过着退居的生活。就是在这长期的退隐生活中，辛弃疾对同处江西一方水土又是“古今隐逸诗人之宗”的陶渊明产生了越来越浓厚的兴趣。辛弃疾在他的文学作品里，用自己独特的心灵解读了陶渊明，为我们一笔笔地勾勒出一个独具个性的陶渊明新形象，为陶渊明接受史写下了极有价值的一页，同时也让我们窥见了辛弃疾本人的个性胸襟。

一

辛弃疾接受陶渊明经历了一个由浅到深的过程。下面把这一过程分为三个阶段略加论述。

（一）“待学渊明，酒兴诗情不相似”②

宋孝宗淳熙九年（1182），在43岁罢居上饶带湖（今属江西）宅地以前，于事业、官场上奔波的辛弃疾已对陶渊明颇有好感。他在少数诗词文中用到了与陶渊明有关的“归去来兮”“三径”“无弦琴”“吾庐”“折腰”等典故。如《新荷叶·春色如愁》巧用陶无弦琴之典，抒发知己难逢的孤独感；《满江红·照影溪梅》用

① 又补遗28首统计从略。

② 〔宋〕辛弃疾：《洞仙歌·婆娑欲舞》，见邓广铭笺注《稼轩词编年笺注》卷二，上海古籍出版社1993年版，第144页。

桃源之典，以桃源客自比，忧心美景美情失而难得，等等。到他退隐的前一年，即淳熙八年，辛弃疾虽仍在江西安抚使任上，但渐渐看清迫于他人排贤嫉能、自己不得不退的形势，因此“常有静退之心，久矣倦游”①，便欲学“渊明归来”②。这年秋天，上饶带湖新居将成，也就是自己的退隐之所将定，辛弃疾在《沁园春·三径初成》一词中抒写了自己思绪万千的状态，一方面“三径初成”、准备“骇浪船回”、急流勇退，却又“怕君恩未许”③、空负平生恢复故土之志。但是他在想到没有凶险奸诈的退隐生活时，又禁不住像陶渊明一样顿生欣喜之情，“望物外逍遥之趣，‘吾亦爱吾庐’”，还“要辑轩窗看多稼”④。据《宋史·辛弃疾传》载，辛弃疾尝谓“人生在勤，当以力田为先”，所以他以“稼”名轩，并自称“稼轩居士”⑤，还专门为“稼轩”写了《踏莎行·进退存亡》一词，来菲薄孔子、抒发归田学稼之志。“稼轩”的由来和寓意是深受陶渊明影响的。陶渊明《劝农》诗云：“民生在勤，勤则不匮。”又《移居二首（之二）》云：“衣食当须纪，力耕不吾欺。”又《癸卯岁始春怀古田舍二首（之二）》云：“先师有遗训，忧道不忧贫。瞻望邈难逮，转欲志长勤。”辛弃疾不以孔子的是非为是非，其重视农耕的思想与陶渊明是一脉相承的。

但是，与陶渊明不愿“为五斗米折腰向乡里小儿”（萧统《陶渊明传》）、自动弃官归隐不同，辛弃疾是被劾罢官、不得不放弃自己的事业进而退隐的。因此，在隐居带湖长达十年（宋孝宗淳熙九年至宋光宗绍熙三年，即1182—1192）的时间里，他虽然也体验了放意田园美景、欣赏没有官场污浊之气的大自然的乐趣，“扫迹衡门下，终朝抱膝吟。……有酒无余愿，因闲得此心”⑥，“身似枯株心似水”⑦，但总因英雄心志，抑郁难平。他在吟咏陶渊明的诗词里，虽然一再说“愧

---

① 〔宋〕辛弃疾：《新居上梁文》，见邓广铭辑校审订、辛更儒笺注《辛稼轩诗文笺注》上卷，上海古籍出版社1995年版，第102页。

② 〔宋〕辛弃疾：《西河·西江水》，见邓广铭笺注《稼轩词编年笺注》卷一，第88页。

③ 〔宋〕辛弃疾：《沁园春·三径初成》，见邓广铭笺注《稼轩词编年笺注》卷一，第92页。

④ 〔宋〕辛弃疾：《新居上梁文》，见邓广铭辑校审订、辛更儒笺注《辛稼轩诗文笺注》上卷，第103页。

⑤ 〔元〕脱脱等：《宋史》，中华书局1977年版，第12165页。

⑥ 〔宋〕辛弃疾：《即事示儿》，见邓广铭辑校审订、辛更儒笺注《辛稼轩诗文笺注》下卷，第173页。

⑦ 〔宋〕辛弃疾：《书渊明诗》，见邓广铭辑校审订、辛更儒笺注《辛稼轩诗文笺注》下卷，第172页。

渊明久矣，犹借此翁湔洗，素壁写归来”①、“东篱多种菊，待学渊明”，但他自己也意识到他与陶渊明终归是“酒兴诗情不相似”。② 因此，他这段时期所作的诗词并没有陶诗静穆可爱的一面，其中充溢着抑郁悲愤之情。

在黄菊盛开之日，辛弃疾不能像“悠然”的陶渊明一样静心欣赏、“裛露掇其英”（陶渊明《饮酒二十首（之七）》）、酿菊花酒，而是想到国事：

今日复何日，黄菊为谁开。渊明谩爱重九，胸次正崔嵬。酒亦关人何事，政自不能不尔，谁遣白衣来。醉把西风扇，随处障尘埃。（《水调歌头·今日复何日》上片）③

“政自不能不尔”，无可奈何之时，只有学习“爱酒陶元亮”，一“醉”消千愁：

人间无凤凰，空费穿云笛。醉里却归来，松菊陶潜宅。（《生查子·谁倾沧海珠》下片）

莫向空山吹玉笛，壮怀酒醒心惊。……今宵依旧醉中行。试寻残菊处，中路候渊明。（《临江仙·莫向空山吹玉笛》）④

空有一身才能抱负，而无用武之地，悲愤难诉，壮怀难抒，只有借酒浇愁。这都是“不能不尔”。陶渊明不仅是志操高洁的真情诗人，更是一通观悟妙的哲人。他借诗酒松菊寓人生感慨，将深深的幽恨压抑在生命的底层，“纵浪大化中，不喜亦不惧”（陶渊明《形影神》），表现出一种恬淡、静穆的外表来；而辛弃疾这时很难从恢复无望、遭谗受斥的悲慨中超然而出，因此内心的悲愤积聚成一股不平的诗情，“待学渊明，酒兴诗情不相似”也就在所难免了。一个“待”字透出英雄失路时无可奈何的选择心态。

也正因为辛弃疾心存激烈矛盾且抑郁不平，所以其诗词中才有一个诗酒松菊之外的陶渊明的新形象：

把酒长亭说。看渊明风流酷似，卧龙诸葛。（《贺新郎·把酒长亭说》）⑤

把陶渊明比作三国时尚未出山的诸葛亮是辛弃疾在陶渊明接受史上的创举。

---

① 〔宋〕辛弃疾：《水调歌头·君莫赋幽愤》，见邓广铭笺注《稼轩词编年笺注》卷二，第131页。

② 〔宋〕辛弃疾：《洞仙歌·婆娑欲舞》，见邓广铭笺注《稼轩词编年笺注》卷二，第144页。

③ 〔宋〕辛弃疾撰，邓广铭笺注：《稼轩词编年笺注》卷二，第128页。

④ 〔宋〕辛弃疾撰，邓广铭笺注：《稼轩词编年笺注》卷二，第204页、第208页。

⑤ 〔宋〕辛弃疾撰，邓广铭笺注：《稼轩词编年笺注》卷二，第236页。

当然这并不仅仅是为了比方的新奇,而是辛弃疾自己心灵的新感悟。因为带湖之隐是被迫的,辛弃疾希望能像诸葛亮一样待机而出,辅佐明主,恢复故土,以“了却君王天下事,赢得生前身后名”①。辛弃疾这一新见解在陶渊明接受史上有着非同寻常的创新意义。以往的接受者绝大多数只解读了陶渊明作为隐士不染尘俗、超然物外、浑身静穆的一面,没有看到陶渊明作为豪杰胸怀壮志、凛然有生气的一面。而辛弃疾把两面都看到了,以激荡抑郁的心灵阐述了一个新的陶渊明形象——豪杰般的隐士形象,并在以后的仕隐生活中不断深化。

值得一提的是,此期辛弃疾创作的脍炙人口的田园词《清平乐·茅檐低小》《西江月·明月别枝惊鹊》等作品虽近承苏轼,实则远绍陶渊明田园诗。其场景的鲜明生动、情调的和谐欢快都是对陶渊明田园诗静谧之境、淡然之情的超越。

(二)“陶县令,是吾师”②

宋绍熙三年(1192),辛弃疾在带湖闲居10年之后,仍不忘整顿乾坤,又出山到福建做了三年官。现在总可以解决仕隐矛盾并在政途上专心干一番事业了吧?却又不然。他刚要离开隐居之地,就留恋起退居生活来:

> 细听春山杜宇啼,一声声是送行诗。朝来白鸟背人飞。　　对郑子真岩石卧,赴陶元亮菊花期。而今堪诵《北山移》。(《浣溪沙·细听春山杜宇啼》)③

他隐居时渴望有所作为,即将出仕了又感于仕途凶险、时光迅速流逝,渴望归隐。不过,辛弃疾还是以知其不可为而为之的精神勤于职守、尽力谋国。但还是有人伺机排挤他,加给他“残酷贪饕,奸赃狼藉”④的罪名,所以他先罢帅任,最终又于宋宁宗庆元元年(1195)二度罢居上饶。

体验过隐居之乐的辛弃疾在任闽宪的三年中,不时有一种发自内心的归隐渴望。他常常因国事不可为而怀念过去的隐居生活。春天来了,他想起带湖,

---

① 〔宋〕辛弃疾:《破阵子·醉里挑灯看剑》,见邓广铭笺注《稼轩词编年笺注》卷二,第242页。

② 〔宋〕辛弃疾:《最高楼·吾衰矣》,见邓广铭笺注《稼轩词编年笺注》卷三,第331页。

③ 〔宋〕辛弃疾撰,邓广铭笺注:《稼轩词编年笺注》卷三,第307页。

④ 〔清〕徐松辑:《宋会要稿》一〇二册《职官门·黜降官类》卷一〇,转引自邓广铭《辛弃疾传》,生活·读书·新知三联书店2007年版,第77页。

扪心自问:“几时归也?”①烦闷了,“记得瓢泉快活时,长年耽酒更吟诗”,觉得“不如归”②,慨然而叹:“云胡不归留此耶?”③于是他在官任上便忙里偷闲,学起陶渊明来:“引壶觞自酌,须富贵何时。”④

辛弃疾归隐的愿望随着政敌的排挤也越来越强烈。他终于决定上表乞归,时在绍熙五年(1194),有词为证:

吾拟乞归,犬子以田产未置止我,赋此骂之。

吾衰矣,须富贵何时。富贵是危机。暂忘设醴抽身去,未曾得米弃官归。穆先生,陶县令,是吾师。　　待葺个园儿名“佚老”,更作个亭儿名“亦好”,闲饮酒,醉吟诗。千年田换八百主,一人口插几张匙。便休休,更说甚,是和非。(《最高楼·吾衰矣》)⑤

辛弃疾感到政事不可再为,为也无济于事,再加上年老体衰,颇有迁逝之悲,于是他决定以陶渊明为师,不为五斗米留恋官位。如果说第一次退隐的被迫性很强,那么这一次退隐的被迫性已减弱,而且多了一层主动因素。对于辛弃疾而言,陶渊明此时已不仅仅是可以仿效的力田的隐士、待出的孔明,更是日后生活上的老师。随着这一心态的变化,陶渊明在辛弃疾此后的诗词中出现得越来越频繁,可以说充满了辛弃疾的晚年生活。

(三)“老来曾识渊明,梦中一见参差是”⑥

辛弃疾二度罢居上饶不久,举家徙居铅山瓢泉。宋宁宗庆元元年至嘉泰二年(1195—1202)即其隐居瓢泉时期。他这一时期的作品中有关陶渊明的诗词最多,占全部咏陶词的一半以上,而且在形式上与以往的也有很大不同。除了依旧于诗词中提及陶渊明及其诗文与爱好,更多的是满篇陶渊明,其极端的表现就是出现了隐括陶诗的词,如用《沁园春》《声声慢》隐括陶渊明的《止酒》《停

---

① 〔宋〕辛弃疾:《贺新郎·觅句如东野》,见邓广铭笺注《稼轩词编年笺注》卷三,第311页。

② 〔宋〕辛弃疾:《添字浣溪沙·记得瓢泉快活时》,见邓广铭笺注《稼轩词编年笺注》卷三,第316页。

③ 〔宋〕辛弃疾:《书清凉境界壁二首(之一)》,见邓广铭辑校审订、辛更儒笺注《辛稼轩诗文笺注》下卷,第190页

④ 〔宋〕辛弃疾:《临江仙·记取年年为寿客》,见邓广铭笺注《稼轩词编年笺注》卷三,第308页。

⑤ 〔宋〕辛弃疾撰,邓广铭笺注:《稼轩词编年笺注》卷三,第331页。

⑥ 〔宋〕辛弃疾:《水龙吟·老来曾识渊明》,见邓广铭笺注《稼轩词编年笺注》卷四,第521页。

云》诗，更重要的是思想内容和情趣上的变化。他过去也景慕陶渊明，但又“酒兴诗情不相似”；欲拜陶为师时，又身在官场，总之，在心灵、行动、趣味上，难以与陶渊明在较深层次上发生共鸣；而在此期的咏陶诗词中，辛弃疾对陶渊明的景慕变为极大的赞颂与推崇，并在心灵和情趣上努力向陶渊明靠近，在一定程度上深味了陶渊明的审美人生。

首先，他以陶渊明的情趣为情趣，对陶渊明在诗文中写到的一切都津津乐道，并用自己的心灵在新的时代下进行重新感悟。

陶渊明爱菊，爱菊花盛开的重阳节，其“采菊东篱下，悠然见南山”的名句让无数诗人倾倒，如极受辛弃疾称颂的苏轼就对之推崇备至。辛弃疾平生所喜花卉也以菊花为最，其中一个重要原因就是“渊明最爱菊”①、“自有渊明方有菊”②。而菊花象征的又是凌霜不屈、高洁脱俗的优秀品格。

> 万事纷纷一笑中。渊明把菊对秋风。细看爽气今犹在，惟有南山一似翁。　　情味好，语言工。三贤高会古来同。谁知止酒停云老，独立斜阳数过鸿。(《鹧鸪天·万事纷纷一笑中》)③

这种“把菊对秋风”“独立数过鸿”的审美生活方式正是辛弃疾此期所努力追求的。陶渊明有《停云》诗，辛弃疾筑有“停云堂”“停云竹径”，并在词中多次咏及。另外，“停云”还成为他诗情的激发物。辛弃疾“一日，独坐停云，水声山色，竞来相娱，意溪山欲援例者，遂作数语，庶几仿佛渊明思亲友之意云”④。这就是著名的《贺新郎·甚矣吾衰矣》。这首词与隐括渊明《停云》诗的《声声慢·停云霭霭》那种纯粹拟古不同，而是别有含义，抒发自己的现实情怀。他在词中写在“停云”对酒赋诗，俨然以渊明自况，“情与貌，略相似”，于渊明高风亮节表仰慕之情，谓其真知妙理者。陶渊明“宅边有五柳树”，辛弃疾也“种柳已成陶令宅”⑤；陶渊明鄙弃功名，辛弃疾也说“富贵非吾愿”⑥；陶渊明爱诗酒琴书，辛弃

---

① 〔宋〕辛弃疾：《水调歌头·渊明最爱菊》，见邓广铭笺注《稼轩词编年笺注》卷四，第441页。

② 〔宋〕辛弃疾：《浣溪沙·百世孤芳肯自媒》，见邓广铭笺注《稼轩词编年笺注》卷四，第366页。

③ 〔宋〕辛弃疾撰，邓广铭笺注：《稼轩词编年笺注》卷四，第405页。

④ 〔宋〕辛弃疾撰，邓广铭笺注：《稼轩词编年笺注》卷四，第515页。

⑤ 〔宋〕辛弃疾：《满江红·我对君侯》，见邓广铭笺注《稼轩词编年笺注》卷四，第402页。

⑥ 〔宋〕辛弃疾：《哨遍·一壑自专》，见邓广铭笺注《稼轩词编年笺注》卷四，第424页。

疾自称“停云老子，有酒盈尊，琴书端可销忧”①。他还自谦“饮酒已输陶靖节”②，并因疾学陶戒酒，写有《止酒篇》，颇得渊明风味。

由单纯的抑郁不平到学陶审美地看待生活，由学陶醉饮到学陶止酒，表明辛弃疾正对陶渊明理性妙悟的智慧时有深会，并以之自觉消解失志悲愤，向陶渊明回归自然、超越悲情的生存方式靠近。

其次，这种以陶渊明之好为好的追求不是亦步亦趋的模仿，而是深寄了对国事不可言说的幽恨。如上所举《贺新郎·甚矣吾衰矣》，本为怀古思亲，而当念及国事身世，悲愤难禁，不由“回首叫、云飞风起”，顿出豪放之语。又如《贺新郎·路入门前柳》，满篇可见陶诗文中的辞句、意象，但不显零乱、不流于游戏，原因就在于词的背后似隐若现地寄寓了世风日下、时局日非的家国之慨：“欲辨忘言当年意，慨遥遥我去羲农久。天下事，可无酒！”③也正是因为有这股幽恨，他真正读懂了陶渊明：陶渊明静穆的外表下，同样是一颗深含幽恨的心灵，他并未忘情于山水而心如死灰，而是“到如今凛然生气”④。

最后，当辛弃疾在这个层次上理解了陶渊明后，他对陶渊明便由外在的景慕变为发自内心的赞颂，并引陶渊明为千古知己：

> 老来曾识渊明，梦中一见参差是。觉来幽恨，停觞不御，欲歌还止。白发西风，折腰五斗，不应堪此。问北窗高卧，东篱自醉，应别有，归来意。
>
> 须信此翁未死，到如今凛然生气。吾侪心事，古今长在，高山流水。富贵他年，直饶未免，也应无味。甚东山何事，当时也道，为苍生起。（《水龙吟·老来曾识渊明》）⑤

他甚至把陶渊明推上了理想的高峰：

> 读渊明诗不能去手，戏作小词以送之
>
> 晚岁躬耕不怨贫，只鸡斗酒聚比邻。都无晋宋之间事，自是羲皇以上

---

① 〔宋〕辛弃疾：《雨中花慢·马上三年》，见邓广铭笺注《稼轩词编年笺注》卷四，第480页。

② 〔宋〕辛弃疾：《读邵尧夫诗》，见邓广铭辑校审订、辛更儒笺注《辛稼轩诗文笺注》下卷，第196页。

③ 〔宋〕辛弃疾：《贺新郎·路入门前柳》，见邓广铭笺注《稼轩词编年笺注》卷四，第446页。

④ 〔宋〕辛弃疾：《水龙吟·老来曾识渊明》，见邓广铭笺注《稼轩词编年笺注》卷四，第521页。

⑤ 〔宋〕辛弃疾：《水龙吟·老来曾识渊明》，见邓广铭笺注《稼轩词编年笺注》卷四，第521～522页。

人。 千载后,百篇存。更无一字不清真。若教王谢诸郎在,未抵柴桑陌上尘。(《鹧鸪天·晚岁躬耕不怨贫》)①

他在词中好以“风流”许人、自许。“王谢风流”②是辛弃疾所曾仰慕的风流,而今却说王谢诸郎“未抵柴桑陌上尘”,可见陶渊明其人其诗在晚年辛弃疾心目中的崇高地位。辛弃疾同样的情感变化也表现在对待诸葛亮、屈原的态度上。他说:

岁晚凄其无诸葛,惟有黄花入手。(《贺新郎·路入门前柳》)

往日曾论,渊明似胜卧龙些。(《玉蝴蝶·贵贱偶然浑似》)

记醉眠陶令,终全至乐;独醒屈子,未免沉菑。(《沁园春·杯汝知乎》)③

诸葛亮和屈原都是辛弃疾毕生仰慕和推为千古知音的风流人物④,而今失路英雄在思考人生的归宿、生命的安顿点时,理性的智慧使他不得不忍心否定诸葛亮建功立业的人生追求、屈原自沉殉志的人生选择。反过来,他带着满腔的郁愤,立足于现实生活,肯定了借酒浇愁、乐天安命的陶渊明的人生选择。

在人生的最后近五年(嘉泰三年至开禧三年,1203—1207)里,辛弃疾进一步把陶渊明融进自己的心灵:

胶胶扰扰几时休?一出山来不自由。秋水观中山月夜,停云堂下菊花秋。(《瑞鹧鸪·胶胶扰扰几时休》)⑤

渊明去我久,此意有谁知?(《感怀示儿辈》)

朝阳照屋小窗低,百鸟呼檐起更迟。饭饱且寻三益友:渊明康节乐天诗。(《鹤鸣偶作》)⑥

稼轩虽受权相之召出山,但并不被重用,不得参与军机,仅仅是他人的一块招牌而已,宋金开战之前,又被劾离职。所以在任上,辛弃疾感叹“一出山来不自由”,怀念起千古知音陶渊明来。60多岁的老诗人受佛家色空观念的影响,认

① 〔宋〕辛弃疾撰,邓广铭笺注:《稼轩词编年笺注》卷四,第416页。

② 〔宋〕辛弃疾:《八声甘州·把江山好处付公来》,见邓广铭笺注《稼轩词编年笺注》卷一,第36页。

③ 〔宋〕辛弃疾撰,邓广铭笺注:《稼轩词编年笺注》卷四,第446页、第467页、第387页。

④ 参〔宋〕辛弃疾《和傅岩叟梅花二首(之二)》《千年调·左手把青霓》等。

⑤ 〔宋〕辛弃疾撰,邓广铭笺注:《稼轩词编年笺注》卷五,第552页。

⑥ 〔宋〕辛弃疾撰,邓广铭辑校审订,辛更儒笺注:《辛稼轩诗文笺注》,第246页、第255页。

为“功名此去心如水，富贵由来色是空”①，说“此心自拟终成佛，许事从今只任真”②。陶潜《连雨独饮》亦云：“天岂去此哉？任真无所先。”辛弃疾要像陶渊明一样任真自然地度此余生。所以这时，陶渊明由学习的榜样变为千古知己、生活“益友”了。人生渐老渐归于平淡，晚年的辛弃疾体味得更多的是陶渊明平淡任真的一面，所以“暮年不赋短长词，和得渊明数首诗”③。

总之，在辛弃疾有关陶渊明的诗词文里，陶渊明是一位高风亮节的隐逸和豪杰之士，有着脱俗的生活情趣，有着对时世和人生的独特见解，其恬淡静穆的生活外表下掩藏着一颗忧时伤世的豪杰之心。这是一代英雄、豪放派词人辛弃疾在借渊明酒杯以浇自己胸中块垒的过程中对陶渊明的个性解读，所以他能由与陶“酒兴诗情不相似”发展到以陶为师，终而推陶为千古知己。由此可见，辛弃疾与陶渊明都集静穆与豪放于一身，只不过一个豪放显于静穆，一个静慕显于豪放，一个是隐士般的豪杰，一个是豪杰般的隐士而已。

二

尽管辛、陶有某些相似的个性和大体一致的仕隐历程、思想轨迹，但我们也必须注意到辛、陶二人巨大的差异点：陶渊明的每次归隐都是主动的，他的仕隐历程是其逐步放弃建功立业而融入自然、回归真朴人生以实现自我价值的心路历程。简言之，陶渊明弃阶级社会，择自然真朴。而辛弃疾每次退居皆是被劾而罢官，属于被动，且每征必出。他的仕退历程表明他始终没有放弃恢复故土的强烈愿望，没有以融入自然、回归真朴为人生的第一和终极目标，喜称陶渊明只是他消解忧愤的一种方式。陶渊明是有着高度智慧、追求自由和人格独立的士人，他生性好静，营建丰盈的内心世界是其所长，而经营外在世界是其所短。辛弃疾虽亦有渊明的智慧与追求，但他生性好动，他首先是一位夺旗斩将、雄才大略的英雄豪杰，如果风云际会，在三国六朝，他便是他所称颂的曹操、孙权、桓温式的枭雄，而在宋代则是精忠报国的岳飞。他的第一选择不是把“平戎策”换成“种树书”，也不是把复国志变成填词手。

---

① 〔宋〕辛弃疾：《丁卯七月题鹤鸣亭三首（其二）》，见邓广铭辑校审订、辛更儒笺注《辛稼轩诗文笺注》下卷，第262页。

② 〔宋〕辛弃疾：《丙寅九月二十八日作，明年将告老》，见邓广铭辑校审订、辛更儒笺注《辛稼轩诗文笺注》下卷，第254页。

③ 〔宋〕辛弃疾：《瑞鹧鸪·暮年不赋短长词》，见邓广铭笺注《稼轩词编年笺注》卷五，第550页。

要之，辛弃疾、陶渊明之别基本上是济世英雄和独善隐士之间的区别。差异如此巨大，辛弃疾却终引陶渊明为知己，这是陶渊明接受史上的一个奇特现象。

从陶渊明接受史的发展状况而言，辛弃疾前代的苏轼等人以及同代的朱熹、陆游、赵蕃等已经营建了一种士人无论如何也不能忽视陶渊明存在的文化氛围。辛弃疾也不例外，他在退居带湖前的诗文里曾用陶典。但这只是一般士人接受陶渊明的共因，对辛弃疾这位读书的英雄豪杰而言，若不从更深的文化史方面寻找原因，不足以完全道出他热爱陶渊明的缘由。

儒、释、道互补的文化格局决定了古人安身立命的精神支柱难以超越“三教”规定的方向。辛弃疾之前，古人早已以“三教”为理论依据确立了两种人生模式：一是积极入世，二是超脱出世。前者是一般士人的选择，但又有不同。一为屈原式的“入而不回式”，杜甫亦可归于此类；一为白居易式的“入而能回式”。伴随着三教文化的互相融合，中国传统士人特别是宋代士人大多采取了白居易式的“入而能回式”的入世方式。屈原式的过于执着、入而不回的人生选择已被宋人扬弃。忠愤之志不减屈原、豪雄之气不下孙（权）曹（操）的辛弃疾本可以放任才性，选择他们的人生选择，即或者在牢骚中自沉汨罗，或者挥兵自起。但两者皆有违儒家之道，与宋代士人普遍推崇的忠义气节背道而驰。同时，儒、道（释）互补的格局也已从屈原、曹操的时代走到了宋代，一种吸收释家任运随缘、道家齐物逍遥思想的更加圆通、更加超然旷达的人生方式已被普遍认同（参本编第一章）。辛弃疾这位被以偏安一隅、维持现状为立国方针的南宋统治者硬压下来的英雄豪杰，先是在岁月虚度、功业成空的焦虑中愤慨而言“求田问舍，怕应羞见，刘郎才气”①，继而便不得不“求田问舍”，把“平戎策”换成“种树书”，在农村田园里消磨掉壮岁年华。辛弃疾便从历史文化中吸取消解苦闷、挺立精神的营养——主要是屈子的爱国高洁之志、庄子旷达超脱的人生观，还有陶渊明超越悲情、融入真朴自然的审美人生方式。这三者令其精神不坠，尤其是陶渊明的人生方式使辛弃疾避免了个性的纵任，没有走入“入而不回”的极端，也没有走入虚无缥缈的极端，而是踏踏实实地在自然、田园里获得了灵魂的慰藉。

在没有新的思想、文化曙光烛照的南宋封建社会，失路英雄选择陶渊明

---

①〔宋〕辛弃疾：《水龙吟·楚天千里清秋》，见邓广铭笺注《稼轩词编年笺注》卷一，第34页。

为其灵魂无可奈何的栖息地，是比走出世或入世的极端道路更为明智的唯一可行的人间道路。辛弃疾因不可能完全做到心平气和，才有了他词中的独特个性。

第五节　在生活激发下解读陶渊明的陆游

以陆游为代表的中兴诗人在接受陶渊明时充分继承了前人接受陶渊明的成果，但又并非徘徊不前，而是立足于自己的生活实践和生命体验，对陶渊明的接受有新的开拓。

陆游、杨万里等人从创作实践中悟出生活与自然才是创作的真正不竭源泉，彻底突破了江西诗派诗内求诗的局限，但他们并没有完全否定江西诗派的优秀作家及其创作技巧方面的精论。陆游本人是在江西派诗人吕本中、曾几等的直接影响下成长起来的一代诗人。陆游晚年所写《示儿》诗云："文能换骨余无法，学但穷源自不疑。"①可见，陆游曾下过一番功夫学习江西诗法。因此，陆游对陶诗的学习也就同江西诗派学陶一样，在技巧的借鉴方面有同江西诗派重合的一面。

陆游在用典、用词、化用句式、借鉴意趣等方面学习陶诗，同江西诗派学陶时的"点铁成金""夺胎换骨"都极相类似。同样的情况也存在于中兴时期的其他诗人那里，如杨万里、范成大、韩元吉、张镃等。陆游在借鉴陶诗意趣时有一个较为突出的特点，即以陶诗文中具有典型意义的意象为题写诗，如他曾多次以《吾庐》《北窗》《东篱》《荷锄》等为题赋诗，来抒写类似陶渊明的风流雅趣；甚至一题数咏，如《北窗》就写了九次（尚不包括十多次有"北窗"字样的三字以上的诗题）。黄庭坚曾以《北窗》为题赋诗，但没有陆游用得如此频繁。同时期的其他文人在文学创作中也多有这种现象，如辛弃疾、杨万里、韩元吉等经常以"心远""东篱""菊楼""停云""归耕""乐归""东皋""容膝"等与陶渊明诗文有关的词句赋诗或为自己的居处命名。这表明陶渊明诗文中具有典型意义的高雅情趣在中兴时期已被文人们普遍接受，并有了较为确定的内涵，陶渊明成为知识阶层不可或缺的精神之侣。换言之，陶渊明的情趣已普遍融入诗性文化中，成为中华民族文化不可或缺的一部分了。

① 〔宋〕陆游：《陆游集·剑南诗稿》卷二五，中华书局1976年版，第694页。

一

陆游等首先接受了陶渊明超然飘逸的传统观点，认为陶诗“皆适然寓意，而不留于物”①。

苏轼在《宝绘堂记》中提出的“君子可以寓意于物，而不可以留意于物”②的观点及在《书李简夫诗集后》中提出的陶渊明不以出处为意、任真自适的观点对宋人影响甚大。苏辙在《子瞻和陶公读山海经诗欲同作而未成梦中得数句觉而补之》中云：

> 此心淡无著，与物常欣然。③

汪藻在《信州郑固道侍郎寓屋记》中云：

> 渊明之方出也，不以田园将芜为忧，其既归也，不以松菊犹存为喜，视物聚散如浮云之过前，初未尝往来于胸中，盖知夫物我之皆寓也。……放怀于诗酒之间，了然知身外之物无秋毫可恋著者，故随其遇乐之，略无留吝之意。而其乐至于不可胜计，非有得于渊明者，能如是乎？④

韩驹则云：

> 往在京口，为曾公卷题《采菊图》：“九日东篱采落英，白衣遥见眼能明，向令自有杯中物，一段风流可得成。”蔡天启屡哦此诗，以为善。然余尝谓古人寄怀于物而无所好，然后为达。况渊明之真，其于黄花直寓意耳，至言饮酒适意，亦非渊明极致，向使无酒，但悠然见南山，其乐多矣，遇酒辄醉，醉醒之后，岂知有江州太守哉？当以此论渊明。⑤

他们论陶渊明为人寓意于物而不留意于物（即以外物为寄托但不执迷于物）的看法直接受东坡观点的启发。陆游等中兴诗人也受这种观点的影响。韩元吉在《东皋记》中云：

> 夫世之所慕于渊明者，非特其去就可尚也，惟其志意超然旷达，适于物

① 〔宋〕陆游：《老学庵笔记》卷四，见《陆放翁全集》上册，中国书店1986年版，第25页。

② 〔宋〕苏轼撰，孔凡礼点校：《苏轼文集》，中华书局1986年版，第356页。

③ 〔宋〕苏辙著，曾枣庄、马德富校点：《栾城集》中册，上海古籍出版社1987年版，第1125页。

④ 〔宋〕汪藻：《浮溪集》卷一九，影印清文渊阁《四库全书》本。

⑤ 〔宋〕胡仔纂集，廖德明校点：《苕溪渔隐丛话》前集卷四引录，人民文学出版社1962年版，第23页。

而不累于物，有所得者焉。①

陆游在《老学庵笔记》卷四中则云：

茶山先生云："徐师川拟荆公'细数落花因坐久，缓寻芳草得归迟'云：'细落李花那可数，偶行芳草步因迟。'"初不解其意，久乃得之。盖师川专师陶渊明者也。渊明之诗，皆适然寓意，而不留于物。如"悠然见南山"，东坡所以知其决非"望"南山也。今云"细数落花""缓寻芳草"留意甚矣，故易之。又云："荆公多用渊明语而意异，如'柴门虽设要常关，云尚无心能出岫。'""要"字、"能"字皆非渊明本意也。②

如果说韩元吉尚在重申前人观点，那么陆游显然并非人云亦云，而是对陶渊明有独到的心灵体会。第一，他除了重复东坡论陶"悠然见南山"的言论，尚引他人诗佐证，且点评得极为精切；第二，前人多着重从创作主体出发，即重点在论陶渊明的为人而非陶渊明的诗文，陆游则从创作主体与客体（即心与物）的关系着眼，落脚于陶诗，意在点出陶诗与物冥会、毫无矫揉的特点即平淡自然的特点。

从创作主体来看，"自然"就是"不留意于物"，不是用主体意识去干预外物，而是主体之意寄寓在事物中，是意与物的天然融合。因此陆游在《读陶诗》中称赞陶诗说：

陶谢文章造化侔，篇成能使鬼神愁。君看"夏木扶疏"句，还许诗家更道不？③

"大巧谢雕琢"④，陆游在此极赞陶诗自然天成之美，像《读山海经十三首（之一）》"孟夏草木长，绕屋树扶疏"这样的句子便达到了自然美的极致。这是王安石把主体之意强加于外物的学陶之诗所难以比拟的。

"平淡"在陆游看来是一种超然物外的远韵，也是"不留于物"的自然表现。陆游论诗极推赏冲淡简远的风格：

至于安时处顺，超然事外，不矜不挫，不诬不怼，发为文辞，冲澹简远，读之者遗声利、冥得丧，如见东郭顺子，悠然意消，岂不又难哉！

---

① 〔宋〕韩元吉：《南涧甲乙稿》卷一五，《丛书集成初编》本，中华书局1985年版，第288页。

② 〔宋〕陆游：《陆放翁全集》上册，第25～26页。

③ 〔宋〕陆游：《剑南诗稿》卷八〇，见《陆放翁全集》下册，第1094页。

④ 〔宋〕陆游：《夜坐示桑甥十韵》，见《陆放翁全集》下册《剑南诗稿》卷一九，第337页。

(陆郎中)尤长于诗，闲澹有理致。

伯謩甫之作，则闲澹简远，有一唱三叹之音。①

无意诗方近平淡。②

陆游所说的平淡是创作主体超功利的审美态度的产物，“超然事外”，“无意于诗”，方能创作出“闲澹简远，有一唱三叹之音”的作品。这与杨万里在《诚斋诗话》中评陶诗“句雅淡而味深长”③的观点是一致的。当然，陆游更多还是接受了梅尧臣、苏轼等人的平淡论，因此有时把平淡美推向诗美的极致，认为平淡到“令人不爱时”④方是好诗，而“俗人犹爱未为诗”⑤。陶渊明诗文正是平淡美的典型，所以他在《读陶诗》中说：

我诗慕渊明，恨不造其微。退归亦已晚，饮酒或庶几。雨余锄瓜垄，月下坐钓矶。千载无斯人，吾将谁与归。⑥

陶诗正是超然于“声利”“得丧”之外、“雨余锄瓜垄，月下坐钓矶”式平淡生活的写照，冲淡简远的美学风格正是“不留于物”的极致表现。

二

事实上，陆游学陶诗平淡自然处是超越了江西诗派的。江西诗人学陶时虽追求“不烦绳削而自合”的最高目标，但往往于平淡中透着奇崛瘦硬，实际上并没有达到平淡自然的高度。即使偶有外貌显得平淡自然之作，但在情感特质方面没有突破陶诗情趣的束缚，缺少感性生活的热力。而陆游学陶平淡自然，用语平易，对偶工整，却略无奇崛怪硬处，一气潜转，毫无滞涩；尤为重要的是陆游在陶诗情趣的基础上融入了自己对农村田园生活的感受，洋溢着人间生活的活泼气息。如其《冬初至法云》云：

晓日曈昽露未干，东中十月始微寒。牛闲处处农功毕，米贱家家酒盏宽。烟浦白鸥迎鼓枻，渔村红树入凭阑。归舟莫恨无人语，手把陶诗侧

① 〔宋〕陆游：《曾裘父诗集序》《陆郎中墓志铭》《方伯謩墓志铭》，分见陆游《陆放翁全集》上册《渭南文集》卷一五、卷三四、卷三六，第88页、第214页、第225页。

② 〔宋〕陆游：《幽兴》，见《陆放翁全集》下册《剑南诗稿》卷六四，第906页。

③ 丁福保辑：《历代诗话续编》上册，中华书局2006年版，第142页。

④ 〔宋〕陆游：《山房》，见《陆放翁全集》下册《剑南诗稿》卷六九，第968页。

⑤ 〔宋〕陆游：《朝饥示子聿》，见《陆放翁全集》下册《剑南诗稿》卷四六，第678页。

⑥ 〔宋〕陆游：《剑南诗稿》卷二七，见《陆放翁全集》下册，第443页。

卧看。①

又其《小园四首(之一)》云:

小园烟草接邻家,桑柘阴阴一径斜。卧读陶诗未终卷,又乘微雨去锄瓜。②

能把对偶、格律要求极严的律诗、绝句写得平淡自然、含蓄浑然是相当不容易的。写近体诗往往出现两种弊病:“一则所病有:各一物一事,断续破碎,而前后气脉不相照应贯通,谓之不成章;二则所病有:刻琢痕迹,止取对偶精切,反成短浅,而无真意余味,止可逐句观,不可成篇观,局于格律,遂乏风韵。”③陆游上面两首学陶之作完全避免了上面两种弊病,前后照应,一气贯通,对偶精切,隽永有味,平淡自然,得陶之神;同时又摆脱了陶诗以写意为主、崇尚理趣的束缚,充分吸收了唐人田园诗的特点,情景交融,不言情理而情理已寓于景物之中,更为打动人的是诗中清新质朴、浓浓郁郁的生活气息。诗人在诗中所写的江南农村生活和景物都不是概念化的,也不是为了附和陶诗情趣故作“夺胎换骨”,而是陆游从生活中获得的亲切感受的自然流露。这种平淡自然、富于生活气息的特点在陆游学陶而脱离陶诗痕迹同时又融入孟浩然田园诗特点的《游山西村》等优秀农村诗歌中表现得更为鲜明。

陆游学陶诗平淡自然处真可谓“陶谢行前更出头”④、“源流不嗣江西祖”⑤。

类似的情况也存在于杨万里、范成大的学陶之作里。杨万里“晚因子厚识渊明”⑥,像陆游一样推崇陶诗的平淡自然之美:“雕空那有痕?灭迹不须扫。腹腴八珍初,天巧万象表。”⑦范成大则称赞陶渊明如菊花一样“虽寂寥荒寒中,味道之腴,不改其乐者也”⑧。杨万里的学陶之作如《野菊》《甲申上元前闻家君不快西归见梅有感二首(之二)》等,虽学陶平淡自然处,却透着更多灵动诙谐的

① 〔宋〕陆游:《剑南诗稿》卷五五,见《陆放翁全集》下册,第791页。

② 〔宋〕陆游:《剑南诗稿》卷一三,见《陆放翁全集》下册,第221页。

③ 〔宋〕包恢:《书抚州吕通判(开)诗稿后》,见《敝帚稿略》卷五,影印清文渊阁《四库全书》本。

④ 〔宋〕杨万里:《跋徐恭仲省干近诗》,见王琦珍整理《杨万里诗文集》上册,江西人民出版社2006年版,第471页。

⑤ 〔宋〕姜特立:《应致远谒放翁》,见《梅山续稿》卷五,影印清文渊阁《四库全书》本。

⑥ 〔宋〕杨万里:《书王右丞诗后》,见王琦珍整理《杨万里诗文集》上册,第117页。

⑦ 〔宋〕杨万里:《读渊明诗》,见王琦珍整理《杨万里诗文集》上册,第387页。

⑧ 〔宋〕范成大:《范村菊谱·序》,影印清文渊阁《四库全书》本。

个性。范成大的田园诗更多地继承了乐府诗中关心民生疾苦的精神，将歌咏田园与表现民生结合起来。这也存在于差不多同时代的楼玮的诗歌中。在田园诗史上，这是对陶诗的超越。但其中个别写躬耕之乐和优美农村风光的诗作也明显受到陶诗平淡自然风格的影响，如范成大《四时田园杂兴六十首》中的“槐叶初匀日气凉”“探梅公子款柴门”两首。楼玮《耕织图诗》中的《登场》《采桑》二诗虽或平淡清新，或质朴无饰，但缺乏鲜明的个性风格，难与杨万里的学陶之作相较，更难与陆游的学陶之作并提。

当然，陆游的学陶平淡之作中也有并不很成功的作品。如其律诗《幽居二首(之一)》后半部分云：

> 雨霁桑麻皆沃若，地偏鸡犬亦翛然。闭门便造桃源境，不必秦人始是仙。①

本诗纯然宋调，以议论为诗，向陶诗意趣靠近，既不能像苏轼和陶诗一样在理趣上透过一层，又不能在情感上与陶诗意趣交融，缺少个性化的生活气息。因此，这首诗便缺少内在的审美感发力。该类学陶诗没有前类成功。这种情况相当普遍地存在于一些学陶诗人的诗作中，江西派末流诗人自不必言，中兴前后的学陶诗人也多有这种弊病。如稍早于陆游的和陶诗人吴芾主战斥和，曾以不附秦桧劾罢，晚年“退闲者十有余年，年几八十，乃渐趋平淡。和陶诸诗当作于其时，亦殊见闲适清旷之致”②。但他的和陶诗与陶诗形趣太似，多宋调，缺少陶诗的傲然之气，又缺少陆游的生活热力，质朴平畅有余，绮丽膏腴不足。试举一例：

> 世人耽宠荣，往往麾不去。日已迫桑榆，驰骛方成趣。谁肯急流中，便作冥鸿举。屈指数哲人，在昔独疏傅。万口共称贤，饯送塞归路。天子亦嘉之，赐金示优顾。渊明作此诗，端欲迷者悟。我观二疏高，岂无子孙虑。挥金以自娱，益表清节著。(《和陶咏二疏韵》)③

和诗“澜翻泉涌”④，流转无滞，平淡有味，不失为好诗。可是对照渊明原诗，便会发现二诗在意象、题材、立意上皆步陶诗后辙，创新之处压不倒模拟之处，仅仅是对陶诗的“换骨”作品。该诗表面上虽合于自然，但个性尚不够鲜明，缺少

---

① 〔宋〕陆游：《剑南诗稿》卷七一，见《陆放翁全集》下册，第983页。
② 〔清〕永瑢、纪昀等：《四库全书总目》卷一五八，影印清文渊阁《四库全书》本。
③ 〔宋〕吴芾：《湖山集》卷一，影印清文渊阁《四库全书》本。
④ 〔清〕永瑢、纪昀等：《四库全书总目》卷一五八，影印清文渊阁《四库全书》本。

自我风格，不用说难同陆游富于自我生活气息的学陶之作相比，也难与平淡之中见奇崛的黄庭坚的学陶之作相比，甚至在立意上远不如苏轼的和陶诗。

总之，陆游等人成功的学陶平淡自然之作寓意于物，并不专为摹陶而摹陶，而是以自己对生活的热爱、自我鲜明的个性为内核，是以己为主而非以陶为主。这一点使他同一般失去自我个性的和陶诗人区别开来。此外，陆游学陶真正做到了“律令合时方帖妥，工夫深处却平夷”①。这又使其诗作同江西派末流诗人的学陶之作区别开来。

三

除了强调陶渊明超然飘逸、平淡自然的一面，陆游更为强调陶渊明介节凛然的一面，认为这是陶渊明浩然正气的自然流露。

萧统曾云渊明意不在酒，是寄酒为迹。陆游进一步发挥了这一观点。他在《陶渊明云“三径就荒，松菊犹存”，盖以菊配松也，余读而感之，因赋此诗》中写道：

> 菊花如端人，独立凌冰霜。名纪先秦书，功标列仙方。纷纷零落中，见此数枝黄。高情守幽贞，大节凛介刚。乃知渊明意，不为泛酒觞。折嗅三叹息，岁晚弥芬芳。②

孔子云：“岁寒，然后知松柏之后凋也。”（《论语·子罕》）陆游以为陶渊明“以菊配松”，寓意深远。菊是渊明幽贞高情、凛然介节的象征。陆游主要从儒家思想出发肯定陶渊明的气节：

> 君子尚大节，又甚恶不情。鲁连故可人，用意终近名。千载高夷齐，采薇忘其生。周公述易象，所以贵幽贞。去圣虽已远，江左见渊明。我读《饮酒》诗，朱弦有遗声。［《杂兴十首以贫坚志士节病长高人情为韵（之十）》］
>
> 寄奴谈笑取秦燕，愚智皆知晋鼎迁。独为桃源人作传，固应不仕义熙年。（《书陶靖节桃源诗后》）③

在此，陶渊明的隐居守节并不是贤哲保身，而是“君子尚大节”，不仕二朝，是与圣人“贵幽贞”的微言大义一脉相承的。

---

① 〔宋〕陆游：《追怀曾文清公呈赵教授赵近尝示诗》，见《陆放翁全集》下册《剑南诗稿》卷二，第37页。

② 〔宋〕陆游：《剑南诗稿》卷一九，见《陆放翁全集》下册，第332页。

③ 以上两条引文分见〔宋〕陆游《剑南诗稿》卷五二、卷二三，见《陆放翁全集》下册，第758页、第391页。

陆游进一步认为陶渊明的凛然介节是养气所至。他说:

千古英雄骨作尘,不如一醉却关身。鼎来虽恨王陵戆,熟味方知孟子醇。试问浩歌遗世事,可如酣枕养天真。竹林嵇阮虽名胜,要是渊明最可人。(《家酿颇劲戏作》)①

孟子云“我善养吾浩然之气”②,强调要在人格修养过程中充实自我至刚至大的正气。陆游在酒中品尝到的正是孟子浩然之气的“醇味”。“酣枕养天真”也主要养的是既刚正又中和的儒家正气,因此偏于放纵不节的嵇阮便不如渊明更可人。

陆游由人及文,认为渊明之诗乃其为人的写照,是儒家浩然正气的自然流露。他在《自勉》诗中说:

学诗当学陶,学书当学颜。正复不能到,趣乡已可观。养气要使完,处身要使端。勿谓在屋漏,人见汝肺肝。节义实大闲,忠孝后代看。汝虽老将死,更勉未死间。③

陆游论文继承了曹丕、韩愈、苏辙等人以气论文的观点,认为优秀的诗文乃人的浩然之气的自然外化④。“学诗当学陶”的原因便在于陶诗“趣乡”正,是浩然正气、高尚人品的写照。陆游的这一观点主要继承了李格非论陶的观点:

李格非善论文章,尝曰:诸葛孔明《出师表》,李令伯《陈情表》,陶渊明《归来引》,皆沛然如肝肺中流出,殊不见有斧凿痕。是数君子在后汉之末、两晋之间,初未尝以文章名世,而其词意超迈如此。吾是以知文章以气为主。⑤

李格非认为陶渊明《归去来兮辞》是创作主体诚心正意、修身养性的自然结果,其所论仅限于陶之“文章”且对儒家浩然之气强调得不够;而陆游则以气论陶诗,且充分注意了儒家的浩然之气,说“养气要使完”,强调了陶诗的道德属性,以为渊明文章是处身端正、讲求节义的自然结果,是气全力余的天然显露。

但陆游毕竟不是理学家,而是情感丰富的诗人。他并没有像理学家那样以理、气抹杀了情感在文学中的关键地位。所以他能从更接近诗歌本质的情感角度解读陶诗,发前人所未发,认为陶诗是悲愤之情的自然发露:

---

① 〔宋〕陆游:《剑南诗稿》卷七四,见《陆放翁全集》下册,第1019页。
② 杨伯峻译注:《孟子译注》,中华书局1960年版,第62页。
③ 〔宋〕陆游:《陆放翁全集》下册《剑南诗稿》卷七〇,第971页。
④ 参陆游《上辛给事书》。
⑤ 〔宋〕彭乘:《墨客挥犀》卷八,影印清文渊阁《四库全书》本。

盖人之情，悲愤积于中而无言，始发为诗。不然，无诗矣。苏武、李陵、陶潜、谢灵运、杜甫、李白，激于不能自已，故其诗为百代法。……绍兴间，秦丞相桧用事，动以语言[罪]士大夫。士气抑而不伸，大抵窃寓于诗，亦多不免。若澹斋居士陈公德召者，故与秦公有学校旧，自揣必不合，因不复与相闻，退以文章自娱。诗尤中律吕，不怨不怒，而愤世疾邪之气，凛然不少回挠。(《澹斋居士诗序》)①

陆游在论及文学与现实的关系时，突破江西诗派专重诗法的理论束缚，提出"工夫在诗外"乃"诗家三昧"②，强调现实对创作主体的激发作用。基于此，与前人单纯论陶诗平淡不同，陆游从切身的现实体验出发，从陶诗中读出了"悲愤积于中""感于不得已"的跌宕情感。陆游把陶诗也列入屈原"发愤抒情"、司马迁"发愤著书"、韩愈"不平则鸣"等强调创作主体之自我意识的作品中，认为陶诗是自我意识受阻于社会后有激而发的产物。上面引文后半部分虽是评陈德召诗，实际上也是对陶诗的评论。陆游在《醉中歌》中深有感触地说："吾少贫贱真臞儒，贪食嗜味老不除。折腰敛版日走趋，归来聊以醉自娱。"③这是做官时人格自由不得伸扬的愤叹，而当真的被迫罢职退居时，壮志不伸的抑郁不平之气便潜寓于平淡的诗句之中：

胸中万卷书，老不施毫芒。持酒一浇之，与汝俱深藏。生当老穷巷，死埋南山冈。古来共如此，已矣庸何伤。(《对酒》)

旧学樊迟稼，新通汜胜书。不成筹国论，且复爱吾庐。[《早春四首(之一)》]

昔如架上九秋鹰，今似窗间十月蝇。无复櫜鞬思出塞，不妨粥饭略同僧。白苹洲晚初回棹，绿树村深已上灯。莫谓陶诗恨枯槁，细看字字可铭膺。[《杭湖夜归二首(之一)》]④

陶渊明在《五柳先生传》中说："常著文章自娱，颇示己志。"又于《饮酒二十首序》中云："顾影独尽。忽焉复醉。既醉之后，辄题数句自娱。"又于《感士不遇

---

① 〔宋〕陆游：《渭南文集》卷一五，见《陆放翁全集》上册，第86页。

② 〔宋〕陆游：《示子遹》《九月一日夜读诗稿有感走笔作歌》，见《陆放翁全集》下册《剑南诗稿》卷七九、卷二五，第1076页、第418页。

③ 〔宋〕陆游：《剑南诗稿》卷一，见《陆放翁全集》下册，第15页。

④ 〔宋〕陆游：《剑南诗稿》卷一九、卷二七、卷二一，见《陆放翁全集》下册，第335页、第437页、第365页。

赋序》中云:“夫导达意气,其惟文乎?”[1]陆游“平生济时意,却作爱吾庐”[2],从陶渊明“自娱”的自白背后读到了创作主体自我意识受挫后的悲愤之情,“莫谓陶诗恨枯槁,细看字字可铭膺”! 上引数诗即陆游同陶渊明产生情感共鸣后的愤激之作。他们与陈德召一样都是“激于不得自已”,“退以文章自娱”。其诗作看似平淡,“不怨不怒”,内里却蓄含着一股“愤世疾邪之气,凛然不少回挠”。这与陆游对陶渊明介节凛然、正气浩然的看法是完全一致的。它既是陆游对陶诗深隐特征的独特发现,也是与陶诗悲叹时世的实际相吻合的。

因此,陆游在学陶平淡自然时,于平淡中寓含了对农村田园的挚爱,其诗歌散发出来的浓厚生活气息中还寓含着爱国之志不得伸发的悲愤之情。而这悲愤之情除了与屈原、杜甫等取得共鸣,遭受压抑后的陆游更多与陶渊明取得了共鸣。因此,陶诗“感于不得已”的一面对陆诗的影响也是深刻的,上举数诗已见一斑,其他如《醉中出西门偶书》《题斋壁》《醉书》《即事》《醉赋》《拟古四首(之四)》《东斋杂书十二首(之四)》《社饮》等诗无不见出陶诗的鲜明烙印。

四

陆游之所以能接受陶渊明,除了他作为一代集大成诗人的个性心灵方面的因素,就外在的条件而言,尚有如下原因:

从人文环境看,先辈对陶渊明的接受为陆游接受陶渊明奠定了丰厚的基础。陆游出身于一个文学传统深厚的官僚地主家庭,祖父陆佃、父亲陆宰皆著述较丰,藏书富甲一时。外祖母是晁家的女儿,与晁补之同辈。陆家因此同上层文人多有往来。陆游曾有《书叹》诗云:

> 大驾初渡江,中原皆避胡。吾犹及故老,清夜陪坐隅。论文有脉络,千古著不诬。[3]

可见,他从小便受到长辈们有意无意间的熏陶。也许在“故老”谈论欧阳修、王安石、曾巩、苏轼等人时,也涉及他们推尊的陶渊明的名字(比如苏轼崇陶的问题,陆游后来多次提及,详后)。在十三四岁时,陆游偶然看到父亲“藤床上有渊明诗,因取读之,欣然会心。日且暮,家人呼食,读诗方乐,至夜,卒不就食”[4]。

---

① 〔晋〕陶渊明撰,逯钦立校注:《陶渊明集》,中华书局1979年版,第175页、第86页、第145页。

② 〔宋〕陆游:《夜分复起读书》,见《陆放翁全集》下册《剑南诗稿》卷三一,第493页。

③ 〔宋〕陆游:《剑南诗稿》卷七,见《陆放翁全集》下册,第119页。

④ 〔宋〕陆游:《跋渊明集》,见《陆放翁全集》上册《渭南文集》卷二八,,第171页。

他在七十一岁高龄时还对这件事记忆犹深。从主客体的关系看，是独具风格的陶诗一开始便同他幼小的心灵撞击出了火花。从外在的人文环境看，则是先辈们对陶诗的嗜好为陆游接触陶渊明提供了契机。试想，如果没有“故老”清谈的启示，没有父亲把陶诗作为不离床头的随手读物的嗜好，陆游接触陶渊明诗的机缘和印象至少不会如此早又如此强烈。类似的情况也存在于杨万里身上。杨万里在《读渊明诗》中说：“渊明非生面，稚岁识已早。”如果没有崇陶的人文环境及陶集的广泛传播，小小孩童即读陶诗是不太可能的。

因此，先辈及同辈推崇陶渊明的事实随时激发着陆游向陶渊明靠近。1179年，在蜀期间，陆游得到北宋著名大画家李龙眠的《归去来》《白莲社》图二卷，命儿子装裱收藏，并亲自在画上作《跋归去来白莲社图》①。1203年，陆游在《梅圣俞别集序》中提到苏轼只次韵和陶渊明及梅尧臣二家诗。② 1205年，他为张缜编的《陶渊明集》（内附《年谱辨正》）作跋③。1208年，朱公“取陶渊明诗语名其堂曰‘心远’”，既成，书告陆游，陆游为之作《心远堂记》。④《老学庵笔记》还记载他因敬佩老师曾几的言论而会得陶诗妙处，两次记载东坡在岭海间目陶、柳为“南迁二友”等。先辈及时辈对陶渊明的人品与诗品都是交口称赞的。自东坡而后，宋人的理想人格与诗格都在力求避开盛唐气象，推崇“豪华落尽见真淳”的晋宋风流。稍早于陆游的吴芾在《姑溪集序》中称李端叔尺牍“有晋宋人风味”⑤，与陆游有诗文交往的韩元吉在《故中散大夫致仕苏公墓志铭》中称苏氏“赋诗见志，超然有晋士之风”⑥。杨万里称范成大“风神英迈，意气倾倒，拔新领异之谈，登峰造极之理，萧然如晋宋间人物”⑦。不论从人品上看，还是从诗品上看，晋宋风流的最高代表人物都是陶渊明。与陆游同时且有交往的辛弃疾、朱熹、张𬍤等人都是这样看的。陆游也称“竹林嵇阮虽名胜，要是渊明最可人”。总之，正是在日益形成的推崇陶渊明人品、诗品的文化氛围里，作为一名敏感而耿介的优秀诗人，陆游没法也不会避开陶诗的“袭击”，从而对陶渊明做

---

① 参〔宋〕陆游《渭南文集》卷二八，见《陆放翁全集》。

② 参〔宋〕陆游《渭南文集》卷一五，见《陆放翁全集》。

③ 参〔宋〕陆游《渭南文集》卷三〇，见《陆放翁全集》。

④ 参〔宋〕陆游《渭南文集》卷二一，见《陆放翁全集》。

⑤ 〔宋〕吴芾：《湖山集》卷一〇，影印清文渊阁《四库全书》本。

⑥ 〔宋〕韩元吉：《南涧甲乙稿》卷二〇，第408页。

⑦ 〔宋〕杨万里：《石湖先生大资参政范文公集序》，见王琦珍整理《杨万里诗文集》中册，第1278页。

出了个性化的审视。

而实际上，外在的社会环境、自然环境都促使陆游日益向陶渊明靠近。陆游的童年是在“几不保头颅”①的兵难生活中度过的，加上志士仁人如曾几的言传身教，陆游与他同时代的爱国志士一样，有着强烈而深厚的民族感情。然而这种感情又因南宋统治者的妥协投降政策而几次三番地遭受压抑，所以他只好借诗宣发。在仕途坎坷的生涯中，一生报国赤心坚如铁的陆游悲痛于“晚落空村学灌园”②，同陶诗背后的愤激之情产生共鸣；“生来避世傲公卿”③的陆游同陶渊明自由的人格、孤高的情操产生了共鸣，“倦游思税驾，更觉爱吾庐”④，感叹“早知栗里多幽事，虚走人间四十年”⑤，表示要学陶渊明归去来。带着郁愤的爱国之情，淳熙八年（1181）到淳熙十二年（1185），陆游被迫闲居家乡山阴。绍熙元年（1190）以后，66 岁的老诗人的绝大部分时光是在家乡山阴度过的。此间，他除了仍同陶渊明的愤激之情产生共鸣，更多的时候是同陶诗中热爱农村田园生活的各个侧面产生共鸣。开个小圃名“东篱”⑥。盖所住宅称“吾庐”⑦。他时常在大自然里，“手把陶诗侧卧看”⑧；闲了，“颓然北窗下，兀兀有余味”⑨；忙了，放下手中的陶诗，“又乘微雨去锄瓜”；醉了，便学渊明告诉人“君当恕醉人”⑩；贫了，便“和渊明乞食诗”⑪。他更多的时候是被农村的田园风光吸引。这时时令他想起陶诗中的典型意境。总之，社会环境与自然环境中的诸多情境都激发陆游同陶诗中的审美意境和情趣产生共鸣，从陶渊明那儿获得遥远的精神慰藉，闲适时如此，悲愤时也如此。

---

① 〔宋〕陆游：《杂兴五首（之三）》，见《陆放翁全集》下册《剑南诗稿》卷六六，第 924 页。

② 〔宋〕陆游：《灌园》，见《陆放翁全集》下册《剑南诗稿》卷一三，第 231 页。

③ 〔宋〕陆游：《醉题》，见《陆放翁全集》下册《剑南诗稿》卷三八，第 578 页。

④ 〔宋〕陆游：《白帝泊舟》，见《陆放翁全集》下册《剑南诗稿》卷一〇，第 161 页。

⑤ 〔宋〕陆游：《题斋壁》，见《陆放翁全集》下册《剑南诗稿》卷一〇，第 170 页。

⑥ 〔宋〕陆游：《小园春思二首（之二）》，见《陆放翁全集》下册《剑南诗稿》卷七〇，第 970 页。

⑦ 〔宋〕陆游：《吾庐》，见《陆放翁全集》下册《剑南诗稿》卷一〇，第 171 页。

⑧ 〔宋〕陆游：《冬初至法云》，见《陆放翁全集》下册《剑南诗稿》卷五五，第 791 页。

⑨ 〔宋〕陆游：《东斋杂书十二首（之四）》，见《陆放翁全集》下册《剑南诗稿》卷六六，第 931 页。

⑩ 〔宋〕陆游：《醉书》，见《陆放翁全集》下册《剑南诗稿》卷一一，第 188 页。

⑪ 〔宋〕陆游：《贫甚戏作绝句八首（之八）》，见《陆放翁全集》下册《剑南诗稿》卷六三，第 886 页。

对于禀性耿介、情趣脱俗的中兴诗人来说，外在环境的激发具有共同性。吴芾不愿与秦桧合作，退而作和陶诗。王铚因迕秦桧，斥居庐山，结诗社，学陶日以觞咏自娱。① 范成大感于仕途凶险，与人相约“田园将芜各早计”②。杨万里屡屡感到“某老矣倦飞，已焉荣望”③，等等。只是各人的个性心灵不同，对陶渊明接受的深浅、侧面便有所不同。

① 参〔宋〕陈思编、〔元〕陈世隆补《两宋名贤小集·雪溪诗集》，影印清文渊阁《四库全书》本。

② 〔宋〕范成大：《清湘驿送祝贺州南归》，见《范石湖集》卷一五，上海古籍出版社1981年版，第193页。

③ 〔宋〕杨万里：《贺周子充参政启》，见王琦珍整理《杨万里诗文集》中册，第911页。

第二章　宋末士人与陶渊明

第一节　江湖诗人与陶渊明

陶渊明是江湖诗人喜爱的优秀诗人。他们从各自的角度出发，对陶渊明的人格、情趣以及陶诗的艺术技巧、风格有或多或少的吸收。江湖诗人的师法渊源很复杂，并不像“四灵”——徐照、徐玑、赵师秀、翁卷一样多限于晚唐，他们之中有尊杜者，如赵汝回、戴复古、叶茵等；又有尊江西或陆游者，如林希逸、敖陶孙、刘过等；还有许多学诚斋体的，如高翥、叶绍翁、朱继芳、葛天民等。此外还有道学派、盛唐派，有打破门户之见、转益多师而自为一家之言者。然而，不论哪一派，他们对陶渊明都抱有极大的好感，这种好感用陈造的一句诗可概括为：“陶翁清节人可追，陶诗妙处吾所师。”①

江湖诗人中虽不乏沽名求利、不顾廉耻之徒，如宋谦父、高似孙不惜以文字迎合权奸，但更多的是以品节自重者，他们樵歌渔隐、笑傲江湖，对陶渊明的高风清节极为推崇。“四灵”一生耻于干谒王侯、奔走权门，他们安贫乐道、淡泊自守，时常能从陶渊明那儿获得精神上的慰藉。陈起极赞“千载靖节翁”、“高蹈世莫俦”②。叶茵称渊明“彼美一晋士”③，“东篱千古占风流”④。赞扬陶渊明最力且得其神气的是陈造。他在《题五柳先生诗编年后二首（之一）》中称：“渊明英杰气，不减运甓翁。漫仕径拂衣，高枕北窗风。平生经世意，萧然诗卷中。……

① 〔宋〕陈造：《谢襄阳陶宰惠靖节先生编年大本》，见《江湖长翁集》卷九，影印清文渊阁《四库全书》本。

② 〔宋〕陈起：《真静馈新茶、菰干、黄独、乳酪，约葵窗、适安共享，适安不赴，葵窗诗来道谢，次韵答之，兼呈真静、适安》，见《江湖小集》卷二八，影印清文渊阁《四库全书》本。

③ 〔宋〕叶茵：《己酉九日次靖节是岁是月韵》，见〔宋〕陈起编《江湖小集》卷四二。

④ 〔宋〕叶茵：《陶渊明》，见〔宋〕陈起编《江湖小集》卷四一。

把菊得沉醉，直气敛长虹。区区记隐德，史笔殊未公。”①陈造的理解并不像“四灵”等江湖诗人理解得那么片面，将陶渊明闲适淡泊的情怀局囿于狭小的生活天地，而是充分吸取前人论陶观点，描绘了一个完整而传神的陶渊明形象：豪放耿直，本有“经世意”②，而又潇洒飘逸，“与道俱”在，仕退任运，一片“天真”③。

二

江湖诗人的诗法渊源虽复杂，但大都或多或少与陶渊明有联系。其中学陶甚力者，有陈造、叶茵、黄文雷、方岳、薛嵎、赵崇嶓、赵寺丞④、宋吉甫⑤、邵英甫⑥、陈子宽⑦、付子渊⑧等人。他们大多有和陶、学陶之作，其作品在遣词造句、风格意趣等方面有同陶诗一致之处。可以称他们为江湖诗人中的学陶派。下面主要以诗歌成就较高的陈造、方岳为例简言之。

陈造文集中有和陶诗二十七首，主要和陶《饮酒》及《归园田居》，并有多首次“程帅”和陶诗之韵的诗及咏陶、学陶之作。

陈造认为“陶翁诗百篇，优造雅颂域”⑨，“古雅仍深醇”⑩，其和陶诗意趣兼取陶诗及苏轼和陶诗，风格古雅，文气豪快，语言简练。如其《和陶渊明二十首（之二）》云：

壮岁锐著述，瞢欲藏名山。中间忽自哂，聒聒厌多言。弃置杯中乐，雕镂耗岁年。不知百岁后，何益空名传！

《和陶渊明二十首（之十二）》云：

访书酒诰空，扬子浪伤时。颂德誉大人，刘伶颇费辞。人生意行耳，暇复商略兹。用己律世人，一信起千疑。规规滞所然，在物宁非欺。我心受

---

① 〔宋〕陈造：《江湖长翁集》卷五。

② 〔宋〕陈造：《题五柳先生诗编年后二首（之一）》，见《江湖长翁集》卷五。

③ 〔宋〕陈造：《和陶渊明二十首（之二十）》，见《江湖长翁集》卷二。

④ 参〔宋〕刘克庄《赵寺丞和陶诗序》，见《后村集》卷二三，影印清文渊阁《四库全书》本。

⑤ 参〔宋〕刘克庄《跋宋吉甫和陶诗》，见《后村集》卷三一。

⑥ 〔宋〕方逢辰：《邵英甫诗集序》，见《蛟峰文集》卷四，影印清文渊阁《四库全书》本。

⑦ 〔宋〕林希逸：《陈子宽诗集序》，见《竹溪鬳斋十一稿续集》卷一二，影印清文渊阁《四库全书》本。

⑧ 〔宋〕林希逸：《跋静观小稿》，见《竹溪鬳斋十一稿续集》卷一三。

⑨ 〔宋〕陈造：《题五柳先生诗编年后二首（之二）》，见《江湖长翁集》卷五。

⑩ 〔宋〕陈造：《和陶渊明二十首（之二十）》，见《江湖长翁集》卷二。

风舟，漂然随所之。①

两诗风格平淡古雅，风骨豪气潜转于内，虽乏陶诗的形象可感，理趣、议论却自陶诗、苏中来。如果说第一首主要与陶渊明感时叹逝、弃置功名的意趣相近，那么第二首则与苏轼和陶诗引禅入陶、随缘自适的意趣相近。这便使得陈诗个性不够鲜明，有演绎陶、苏二家诗之嫌。其后的江湖诗人的和陶诗，如叶茵的拟陶诗、和陶诗以及黄文雷的和陶诗等在语言上比陈造的和陶诗较为平易，旨趣皆近陶诗，时露个性化的真情、意趣，有独创之处。如叶茵《己酉生日敬次靖节先生拟拟挽歌辞三首》理趣寓于形象之中，迁逝之悲出自肺腑，感人至深。黄文雷《和陶五首（之三）》借陶诗韵律论诗，提倡清雅朴实的文风，得出“文章有心印，昔人端不欺”的观点，是为心得之见。

方岳有《深雪偶谈》一卷，论诗推崇陶渊明、贾岛、苏轼等。方岳集中没有和陶诗，但有数量不少的山水田园诗，清新有致，雅韵悠远，有陶诗平淡率然之风。其《山居十六咏》《山居十首》《春日杂兴十五首》《山中六首》《次韵郑佥判八首（之二、之四、之五、之八）》《次韵宋尚书山居》《次韵田园居》《九日》《重阳》等皆明显受陶诗影响。如其《山居十六咏 · 田园居》云：

秋风新饭香，蔬亦美可茹。宁知世有人，万钱无下箸。②

写景以写意，立意精警，率然无滞，虽是绝句，亦有陶风。又如其《山居十首（之二）》云：

我爱山居好，红稠处处花。云粘居士屐，藤覆野人家。入馔春烧笋，分灯夜作茶。无人共襟抱，烟雨话桑麻。③

清新雅淡中见孤寂之情，韵味隽永，虽乏陶诗浑朴之气，要亦自是一家。

方岳才锋凌厉、不掩个性，在学陶之作中时露弃厌世俗、渴望回归自然、回归自我的傲然之气。这是其他学陶的江湖诗人的作品中所缺少的。上引《田园居》一首已见一斑，又如其《赵玉汝自作戏墨各题六言其上》之《鸜鹆》云：

晴树暖以流憩，霜实饱而倦飞。何与人间世事，再三自整缁衣。④

其《满江红 · 九日治城楼》上片云：

且问黄花陶令后，几番重九？应解笑、秋崖人老、不堪诗酒。宇宙一

① 〔宋〕陈造：《江湖长翁集》卷二。

② 〔宋〕方岳：《秋崖集》卷一，影印清文渊阁《四库全书》本。

③ 〔宋〕方岳：《秋崖集》卷五。

④ 〔宋〕方岳：《秋崖集》卷一。

舟，吾倦矣。山河两戒，天知否。倚西风无奈，剑花寒、虬龙吼。①

方岳屡次在作品中表达倦于仕途的情绪，而且总以渊明为知音，说“归来也，问渊明而后，谁是知音”②，“这一归，更落渊明后”③。其孤傲之气、回归之思明显承自陶渊明。

二

其实江湖诗人在陶渊明接受史上的贡献不仅在于津津于陶渊明闲适之趣、淡雅之风，更在于从一个新的视角重新评价了陶诗的艺术个性。

江湖诗人认为“陶渊明自是一家”，自觉注意到了陶诗独特的体貌。体貌与风格在本质上有一致之处，只是体貌尚强调体裁、形式的时代性特点。自陶诗流传伊始，其独特的艺术风貌便被敏感的接受者强烈感受到。即如拟陶体诗而言，南朝江、鲍导其始，唐朝韦、白等开其流，至宋渐浩荡成势。自苏轼始，和陶之风，终宋不衰。苏轼之前对陶诗体貌上的独特性多停留在不自觉的审美感受上，苏轼而后，有了明确理性认识，但着眼点并非陶诗的体制风貌。如苏轼阐发了陶诗的美学内涵，意在标举一种“高风绝尘”的理想诗美。朱熹拟列陶诗自为一编，为诗之“根本原则”，其着眼点乃在陶诗醇正的意趣。他们并非强调陶诗的体制个性。江湖诗人则有意识地提出陶诗体貌上难以企及而又不可重复的个性特征。

最早提出这一问题的是早期江湖诗评家敖陶孙。他在《臞翁诗评》中说：

因暇日与弟侄辈评古今诸名人诗：魏武帝如幽燕老将，气韵沉雄。曹子建如三河少年，风流自赏。鲍明远如饥鹰独出，奇矫无前。谢康乐如东海扬帆，风日流丽。陶彭泽如绛云在霄，舒卷自如……④

敖氏用中国诗学中传统的感性评诗手法，历览古今独具个性的著名诗人，对各家诗歌体貌特点进行了把握，形象而传神。其状陶之语给人以多方面的想象：平淡闲适，自然悠游……

在诗词创作上独树一帜的江湖诗人姜夔在《白石道人诗说》中则强调了陶诗不易学的一面：

---

① 〔宋〕方岳：《秋崖集》卷一六。

② 〔宋〕方岳：《沁园春·赋子规》，见《秋崖集》卷一六。

③ 〔宋〕方岳：《贺新凉·己酉生日用戊申韵时自康庐归犹在道也》，见《秋崖集》一六。

④ 郭绍虞主编：《中国历代文论选》上册，中华书局1962年版，第453页。

陶渊明天资既高,趣诣又远,故其诗散而庄、澹而腴,断不容作邯郸步也。

这实是继承了黄庭坚“无韩之才与陶之妙,而学其诗,终为乐天”①的观点,但姜夔的语气更重一些。

江湖诗人的后期领袖人物刘克庄则继承和发挥了敖、姜二人论陶的观点。他说:

自有诗人以来,惟阮嗣宗、陶渊明自是一家,譬如景星庆云,醴泉灵芝,虽天地间物,而天地亦不能使之常有也。然嗣宗跌宕弃礼法,矜傲犯世患,晚为《劝进表》以求容。志行扫地,反累其诗。渊明多引典训,居然名教中人,终其身不践二姓之庭,未尝谐世,而世故不能害。人物高胜,其诗遂独步千古。唐诗人最多,惟韦、柳得其遗意。李、杜虽大家数,使为陶体,则不近矣。②

刘克庄通过对比陶、阮人品,历览古今诗人,充分强调了陶体诗独一无二、独步千古的体貌特点,得出了“陶渊明自是一家”的崭新论断。此外,他还历览四言诗体的发展史,认为“四言自曹氏父子、王仲宣、陆士衡后,惟陶公最高,《停云》、《荣木》等篇,殆突过建安矣”③。他注意到了陶渊明诗在体裁上的成就。正因突出陶渊明极高的人品与诗品相统一的个性,所以刘克庄在继承苏轼将陶诗推为一种“简澹之内出奇伟,藏大巧于朴,寄大辩于讷”④的诗美理想的同时,强调了陶体诗的难学甚至不可学的特点,说“陶公如天地间之有醴泉庆云,是惟无出,出则为祥瑞,且饶坡公一人和陶可也”⑤。这尚是对晁以道“推东坡一人于渊明间可也”⑥的翻版。刘克庄从人品方面论苏轼的和陶诗时,便像对阮籍诗一样颇露微词,说:

和陶自二苏公始,然士之生世,鲜不以荣辱得丧挠败其天真者。渊明一生,惟在彭泽八十余日涉世故,余皆高枕北窗之日,无荣恶乎辱?无得恶

① 〔宋〕陈师道《后山诗话》,见〔清〕何文焕辑《历代诗话》上册,中华书局 1981 年版,第 304 页。

② 〔宋〕刘克庄:《赵寺丞和陶诗序》,见《后村集》卷二三。

③ 〔宋〕刘克庄撰,王秀梅点校:《后村诗话》前集卷一,中华书局 1983 年版,第 3 页。

④ 〔宋〕刘克庄:《赵寺丞和陶诗序》,见《后村集》卷二三。

⑤ 〔宋〕刘克庄撰,王秀梅点校:《后村诗话》前集卷一,第 5 页。

⑥ 〔宋〕洪迈:《容斋随笔》卷三,上海古籍出版社 1978 年版,第 32 页。

乎丧？此其所以为绝倡而寡和也。二苏公则不然，方其得意也，为执政侍从，及其失意也，至下狱过岭，晚更忧患，始有和陶之作。二公虽惓惓于渊明，未知渊明果印可否？(《跋宋吉甫和陶诗》)①

要之，陶体诗“自是一家”，集最优秀的人品和最优秀的诗品于一身，乃天地间独一无二之物，没有陶渊明“天真”的人品，诗艺再高，亦难望其项背。刘克庄如此论陶体诗显然受了其理学家老师真德秀的影响，也是宋学影响下的产物。

宋末也是一个辨析诗体的自觉时代。严羽在《沧浪诗话》中单列“诗体”一部分，当他“以人而论”体时，特别标出“陶体”②。严羽对陶体诗的体貌有着高超的审美敏感性。他在其诗话的“考证”部分说：

《西清诗话》载：晁文元家所藏陶诗，有《问来使》一篇云：“尔从山中来，早晚发天目？我屋南山下，今生几丛菊？蔷薇叶已抽，秋兰气当馥。归去来山中，山中酒应熟。”余谓此篇诚佳，然其体制气象与渊明不类，得非太白逸诗，后人谩取以入陶集耳。③

严羽认为自己辨别各体风貌的审美鉴赏力甚高，他在“诗法”部分说：“辨家数如辨苍白，方可言诗。”且自注曰：“荆公评文章，先体制而后文之工拙。”④又于《答出继叔临安吴景仙书》中云：“作诗正须辨尽诸家体制，然后不为旁门所惑。”⑤严羽所说的“体制”主要指不同时代流派和重要诗人诗歌由其思想精神所决定的区别于他派、他人的个性风貌。严羽在品味晁文元家陶集中《问来使》一篇时，明确感觉到它的“体制气象与渊明不类”，而且猜测其为李白诗，这一猜测是相当敏锐的。《问来使》一篇实为赝诗。上半首脱胎于王维《杂诗》第二首：“君自故乡来，应知故乡事。来日绮窗前，寒梅著花未？”下半首又借鉴于李白《紫极宫感秋》：“陶令归去来，田家酒应熟。”严羽在诗话“诗评”部分认为“太白体”的主要特点是“飘逸”“多率然而成者”，发句即“开门见山”，如“香象渡海”，体现了典型的“盛唐气象”。而“陶体诗”有“汉魏古诗，气象混沌，难以句摘”的一面，“高古”而有“风骨”，其主要特点是“质而自然”，并有“佳句”，体现的是汉魏

---

① 〔宋〕刘克庄：《后村集》卷三一。

② 〔宋〕严羽：《沧浪诗话》，见〔清〕何文焕辑《历代诗话》下册，中华书局1981年版，第689页。

③ 〔宋〕严羽：《沧浪诗话》，见〔清〕何文焕辑《历代诗话》下册，第702页。

④ 〔宋〕严羽：《沧浪诗话》，见〔清〕何文焕辑《历代诗话》下册，第695页。

⑤ 郭绍虞主编：《中国历代文论选》中册，第176页。

“气象”。①

严羽联系诗史不同时代的美学风貌来认识陶体诗的个性特点，这在陶渊明接受史上是一个创举。

三

江湖诗人还格外强调了前人所忽略的陶诗的抒情性特征，认为陶诗是对自我情性的抒写。

在江湖诗人之前，苏轼等人认为陶渊明乃“知道”之人，“而无人之情”②，诗亦不滞于情；理学家则主要以理观陶，认为陶诗是“经道之余”的产物，是胸中之道的自然流露。要之，是看重陶诗“思无邪”的特征，亦即“言志”特征。当然也有人注意到其抒情性特征。如《蔡宽夫诗话》以为渊明“当忧则忧，遇喜则喜，忽然忧乐两忘，则随所遇而皆适”③。但目的还是同苏轼一样，即强调陶诗“任真”的特点，强调其“超世遗物”的精神。南宋中兴诗人不满于江西诗人过分看重文字技巧，向自然与生活求诗，因此陆游等注意到了陶诗中的郁愤之情。江湖诗人不满江西诗论，也不满理学家诗论，在继承中兴诗人向外求诗做法的同时，转而向人的内心求诗。因此他们在论陶时，全面总结了前人的观点，并对陶诗的抒情性特征做了明确说明。

刘克庄一方面对苏轼的和陶之作不满，另一方面又继承了苏轼的论陶观点，强调陶诗“天真”的“妙旨”与“高情”。方岳开始明确强调陶诗抒情性特征。他在《深雪偶谈》中说陶“温柔敦厚”云云，还是强调陶诗“思无邪”、自然素朴的一面，但方岳的出发点不是“理”，而是诗的本质特性——“性情”，即陶诗的“温柔敦厚”“超然”云云都是以“性情”为根本的：“曷尝舍去性情，别出意见，而习为高远之言哉！”④方逢辰在《邵英逋诗集序》中对陶诗的性情特征说得更概括。他说：

> 诗不必工，工于诗者，泥也。诸所以吟咏性情，足以寄吾之情性之妙可矣，奚必工？前辈有以放而诗者，谢灵运是也。有以狂而诗者，李太白是

---

① 〔宋〕严羽：《沧浪诗话》，见〔清〕何文焕辑《历代诗话》下册，第696页。

② 〔宋〕晁补之：《饮酒二十首同苏翰林先生次韵追和陶渊明》，见傅璇琮等主编《全宋诗》第一八册卷一一二二，北京大学出版社1995年版，第12766页。

③ 郭绍虞辑：《宋诗话辑佚》，中华书局1980年版，第393页。

④ 〔宋〕方岳：《深雪偶谈》，商务印书馆1936年版，第6～7页。

也。有以寓而诗者,陶渊明是也。①

陶诗是将性情寓于物为诗的,是以物寄其“情性之妙”的。

关于诗以道“性情”,不同的人有不同的理解。在程朱理学家那儿,主要偏于与“理”相通的“性”;在实学派理学家薛季宣等人那儿,则“性”“情”并重,实际是比较曲折地肯定了情在诗歌中的合理性。江湖派诗人论诗也是如此。严羽论诗标举“兴趣”,除了重视诗歌本身的艺术特征,更重要的是提出了与以议论、理性为诗相对的以性情为诗的主张,对“诗者,吟咏情性也”做出了符合诗歌本质特征的创造性阐释。在这方面,江湖诗人的意见是基本一致的。因此他们认为陶渊明属于“幽人羁士”,其诗“语出妙一世”②,其诗是充分体现了诗本道性情的优秀诗作。

江湖诗人之所以接受陶渊明,除了他们在标举清雅之趣上能与陶渊明取得共鸣以及陶诗本身的地位业已牢固树立的原因,最根本的原因在于处于末世的江湖诗人或与世不偶、落拓江湖,或隐居田园、安贫乐道,因境生情,与陶渊明归去来兮的心声、清高孤傲的人格、萧然物外的志趣产生了共鸣。如方岳在《归来馆记》中自云因迕荆帅、被劾贬移,愤激之余,“即日解印绶归,问讯竹树无恙,外步雪林而下潦山之麓以西,屋其坳处为三间,号‘归来馆’,间与客醉,起而歌渊明之辞”。而“金华宋吉甫,在其兄弟中天资尤近道,自少至老,不出闾巷,不干公卿,有久幽不改之操。未论其诗,若其人固可以和陶矣”③。叶茵感于迁逝之悲,在作《己酉生日敬次靖节先生拟挽歌辞三首》之后,又作《既次韵或非之作解嘲》表示“假我以耆艾,年年续斯诗”④,晚年开辟了一块荒地为圃,便用东坡诗韵和陶《归园田居》六首。由此足见,在南宋末季,建功无望而情趣内敛的江湖诗人在社会、自然、人生的种种境遇、情景下都能从陶诗中获得心灵的慰藉。

第二节　爱国、遗民士人的深刻共鸣

元前陶渊明接受史的最后一章是由宋末爱国、遗民士人完成的。在天翻地覆、国破家亡的时代,他们对陶渊明的忠义高节、亡国悲愤和超然情怀从情感深

① 〔宋〕方逢辰:《邵英甫诗集序》,见《蛟峰文集》卷四。

② 〔宋〕刘克庄:《跋何谦诗》,见《后村先生大全集》卷一〇六,《四部丛刊》影明抄本。

③ 〔宋〕刘克庄:《跋宋吉甫和陶诗》,见《后村集》卷三一。

④ 〔宋〕陈起编:《江湖小集》卷四〇。

层到理性高度都有了深刻的体认。陶渊明的精神情怀和行为方式深深地影响了特殊时代的士人群体。丹心秉史、义赴国难的文天祥,生为宋臣、入元不仕的郑思肖、牟巘、于石、俞德邻、熊禾、何梦桂、柴望、舒岳祥、刘辰翁、汪元量、罗荣祖,宋亡变节、但儒雅不减的方回,无不从陶渊明身上汲取精神营养,滋育处身动荡社会中或渺小或伟大的生命。

一

陶渊明的忠义高节是宋末士人格外强调和深入搜抉的。陶诗的微言大义在这个时代受到了普遍关注,文天祥《发彭城》云:

> 我爱陶渊明,甲子题新诗。①

又其《(重阳)又三绝(之一)》云:

> 黄花何故无颜色,应为元嘉以后诗。②

牟巘《九日》赞陶渊明:

> 终身书甲子,凛凛义形色。③

俞德邻《次韵龙仁夫种菊二首(之一)》云:

> 我欲从子醉,不羡高阳池。焉知义熙后,此会非今时。④

何梦桂《题骆菊岩诗稿》云:

> 寒英摇落渊明老,尚见遗编说义熙。⑤

沈约《宋书·隐逸传》:“(陶)潜弱年薄宦,不洁去就之迹,自以曾祖晋世宰辅,耻复屈身后代,自高祖王业渐隆,不复肯仕。所著文章,皆题其年月,义熙以前,则书晋氏年号,自永初以来唯云甲子而已。”⑥萧统《陶渊明传》、佚名《莲社高贤传》、《南史》、五臣注《文选》中皆有类似的观点。陶渊明“不仕二朝”的忠义之说遂行于世。唐人对此尚未多关注。苏轼以庄、禅解陶,对忠义之说不以为然。王质《栗里谱》既称“自宋武帝芟玄复马,逆揣其末流,即不出”,同时又赞其“世地色言俱避”的超然高格⑦,将传统的忠义形象和飘逸形象揉为一体。然自两

① 〔宋〕文天祥:《文天祥全集》,中国书店1985年版,第363页。

② 〔宋〕文天祥:《文天祥全集》,第379页。

③ 〔宋〕牟巘:《陵阳集》卷一,影印清文渊阁《四库全书》本。

④ 〔宋〕俞德邻:《佩韦斋集》卷三,影印清文渊阁《四库全书》本。

⑤ 〔宋〕何梦桂:《潜斋集》卷三,影印清文渊阁《四库全书》本。

⑥ 〔南朝梁〕沈约:《宋书》,中华书局1974年版,第2288~2289页。

⑦ 〔宋〕王质等撰,许逸民校辑:《陶渊明年谱》,中华书局1986年版,第1页。

宋之交，忠义之说日受重视。吴仁杰《陶靖节先生年谱》格外强调陶渊明“虽晋臣，未尝一食宋粟”①，不同意世称陶渊明为宋代人的看法，把陶渊明看作晋代人。南宋理学渐盛，朱熹论史，极重有气节的人物，所以陶渊明为其推崇的典范之一。自朱熹配享孔子，理学为宋末一代士人所共同濡染，其流弊不必详说，但就其熏染士人民族气节一面而言，功不可没。上述文天祥诸爱国、遗民诗人或深或浅无不受到濡染。他们因此于陶渊明大节凛然之处体味尤深。民族意识极强的郑思肖因德祐年间帝被虏北去，痛心疾首，坚持“诗后唯书德祐年”②，仿陶渊明晋亡唯书义熙年号之说，以示忠诚故国的丹心。即使入元书至元年号的牟巘也是因认为“陶集诗本无年号者，渊明耻事刘裕，大节较（当为‘皎’）然，此未须深论”才如此做的。文天祥奔波国事，气节铮铮，为的便是“元亮犹怜典午身”③。柴望“仕当革命之际……其感愤激烈之怀，则见于《谢叠山》二诗，慨然有渊明《咏荆轲》报强嬴之志，而且坚叠山以不仕之节”④。连入元变节的方回也极重渊明松菊高节，称“元亮真成晋伯夷”⑤。

同时，理学的影响和特定时代方面的原因使宋末士人深深体味到了陶渊明的亡国之悲。汤汉注陶的基本出发点便是陶渊明“不仕异代之节，与子房五世相韩之义同”，因此对陶诗的“忠愤”情志多有独到的发掘。如陶《述酒》一诗，黄庭坚为之束手，韩子苍微窥其义然不达诂，及汤汉始“清言微旨，抉出无遗”（《四库未收书目提要》）。王应麟在《困学纪闻》中云：“陶靖节之《读山海经》犹屈子之赋《远游》也，‘精卫衔微木，将以填沧海’‘刑天舞干戚，猛志固常在’，悲痛之深，可为流涕！”⑥王应麟首次从亡国悲愤上将屈、陶并称。牟巘于《题渊明图》中云：“‘帝乡不可期’，盖其微词所寓，而论者或未之察也。呜呼，内望彷徨，修门愈邈，吾生行尽，去将安之，亦惟安乎？天命而已！奚复疑哉！”⑦牟巘以较为超脱的心态深味了渊明的亡国之悲。

---

① 〔宋〕王质等撰，许逸民校辑：《陶渊明年谱》，第11页。

② 〔宋〕郑思肖：《偶成二首（之一）》，见陈福康校点《郑思肖集》，上海古籍出版社1991年版，第31页。

③ 〔宋〕文天祥：《得儿女消息》，见《文天祥全集》，第380页。

④ 〔明〕柴复贞：《柴氏四隐集序》，见〔明〕柴复贞辑《柴氏四隐集》，影印清文渊阁《四库全书》本。

⑤ 〔元〕方回：《久过重阳菊英粲然即事十首（之五）》，见《桐江续集》卷二二，影印清文渊阁《四库全书》本。

⑥ 〔宋〕王应麟：《困学纪闻》卷一八，影印清文渊阁《四库全书》本。

⑦ 〔宋〕牟巘：《陵阳集》卷一五。

上述诸人的言论代表了宋末士人对陶渊明深隐难掩的亡国悲情的理性认识，其中渗透着他们本人的深厚感喟。这种感喟更多表现在诗歌里。郑思肖的亡国悲愤浓烈异常，如血如泣，时常借助渊明精魂得以抒发：

一叶飞秋万树寒，行吟憔悴倚栏干。渊明只忆晋朝事，满眼黄花泪不干。[《绝句十首(其六)》]

长城徭役苦咨嗟，澧水偷春隐岁华。有耳不闻秦汉事，眼前日日赏桃花。(《桃源图》)

拂袖归来未是迟，传家何用五男儿？不堪生在义熙后，眼见朝廷被篡时。(《题陶渊明集后》)

三径今非昔，多愁老此身。谁知陶靖节，只是晋朝人。[《对菊四首(其四)》]①

悲秋、观图、读书、赏菊，无一处不与渊明的亡国之悲取得共鸣，只是较之渊明隐言晦情，郑氏直抒胸臆，吞咽之声如闻于耳。他人如何梦桂、汪元量、刘辰翁、牟巘等，其亡国之悲或执着难拔或超然自拔，皆时与渊明取得共鸣。

二

宋末爱国、遗民诗人对陶渊明的接受是全面的。他们既能从人与社会的角度出发，在感叹时世、抒发忠愤之情时想到陶渊明，又能从人与自然、人与自我的角度出发，深味陶氏的超然情怀，在感时叹逝中，站在人生终极处关注生命本体的生存意义，追求精神的解脱与自由。他们中的大多数人坚持宋亡不仕、归隐田园，以陶渊明式的固穷守节、安贫乐道为立身处世的生命根柢，然后在诗酒田园中摆脱俗累、摆脱形役，融入自然大化，回归自我本体。

牟巘在《侍辂院叔过山庐，意行甚适。夜过半，乃知醉卧山中，而亲友或去或留。因借渊明〈时运〉〈暮春〉篇一笑》中云：“狷者隐沦，狂者咏沂。千载彭泽，异致同归。匪怨匪荒，天趣发挥。”②这种“天趣”的发挥既是回归自然、天人合一，又是回归自我、身心和谐。牟巘受渊明影响之诗甚多，如其《东坡九日尊俎萧然，有怀宜兴高安诸子侄，和渊明贫士七首。余今岁重九有酒无肴，而长儿在宜兴，诸儿苏杭溧阳。因辄继和七首》《九日》《和赵子俊闲居十首》等多如渊明一样，在感时叹逝中深悟人生真谛。俞德邻宋亡不仕，“高节不减陶潜”(《四

① 〔宋〕郑思肖撰，陈福康校点：《郑思肖集》，第 37 页、第 222 页、第 34 页、第 41 页。

② 〔宋〕牟巘：《陵阳集》卷二。

库全书总目》),其诗“恬澹夷犹,自然深远”,其人品、诗品均受陶影响至深。其《靖节先生画像赞》曰:

> 不降其志,不辱其身。徜徉三径,夭夭申申。世指为晋宋之人,噫!孰知其为无怀、葛天氏之民也邪![1]

俞德邻从人生终极的高度审视陶渊明,将固穷守节、萧然外物集于一身。他在《山阳客中杂言四首(之一)》中总结自己的人生道:

> 三载行万里,劳生真转蓬。转蓬去日远,何时归本丛。万古一生死,趋竞徒忽忽。况复遭丧乱,天地多秋风。退无鹿门隐,进乏麟阁功。一岁复一岁,倏忽成衰翁。嵇康殊寡识,陶潜真固穷。萧然北窗下,瓶粟从屡空。[2]

诗中蕴含着羁旅漂泊之苦、时光迁逝之悲、回归自然和自我的强烈渴望,在遭逢丧乱的末世显得如此急迫而真诚;再加上平淡质朴、自然深远的诗风,令人俨然目睹“静念园林好,人间良可辞”的陶渊明的再世形象。俞德邻在新的时代背景下,重新实践着陶渊明的人生选择和精神追求,因此他每触景生情,于闲居、九日、饮酒、种菊、游山、课仆诣田、连雨独坐无不在心灵深处与渊明灵犀暗通。如其《暇日饮酒辄用靖节先生韵积二十首(之三)》“酒酣见真情”[3],于时光迁逝的感叹、世事成毁是非的思索、屏弃人事而融入自然的深会等方面所表现出的超然情怀,深得陶渊明诗外余意、酒中深味。他人如柴望、方回等于陶的超然情怀也各有所得。

这种超然情怀最本真的表现便是融入自然后的“适然之感”的自然流露。因为在此时,诗歌抒情主体已完全忘怀世事得失包括对人生意义的思索,从而成为大自然的组成因子了。学习陶渊明、抒写超然情怀的诗歌是宋末爱国、遗民诗人医治心灵创伤的艺术之花。在他们本人的集子中,这样的诗固然值得一提,但《月泉吟社诗》一集在元前陶渊明接受史上的终结地位尤其值得重视。《四库全书总目》解题云,该书为“宋吴渭编。渭,字清翁,号潜斋,浦江人。尝官义乌令。入元后,退居吴溪,立月泉吟社。至元丙戌丁亥间征赋《春日田园杂兴诗》,限五、七言律体,以岁前十月分题,次岁上元收卷。凡收二千七百三十五卷。延致方凤、谢翱、吴思齐评其甲乙,凡选二百八十人。以三月三日揭榜。此

---

① 〔宋〕俞德邻:《佩韦斋集》卷八。
② 〔宋〕俞德邻:《佩韦斋集》卷二。
③ 〔宋〕俞德邻:《佩苇斋集》卷三。

本仅载六十人,共诗七十四首,又附录句图三十二联”①。《月泉吟社诗》一书对陶渊明开创的田园诗的理解从创作到理论皆表现了完全的自觉性。书中解“春日田园题意”云:

所谓田园杂兴者,凡是田园间景物,皆可用,但不要抛却田园,全然泛言化物耳。

《归去来辞》全是赋体,其中“木欣欣以向荣,泉涓涓而始流;善万物之得时,感吾生之行休”四句,正属兴。②

他又于“诗评”总论中云:

“春日田园杂兴”,此盖借题于石湖作者。固不可舍田园而泛言,亦不可泥田园而他及。舍之则非此诗之题,泥之则失此题之趣。有因春日田园间景物感动性情,意与景融,辞与意会,一吟风顷,悠然自见其为杂兴者,此真杂兴也。③

作者在这里对田园诗的创作要求、概念内涵做了详尽而清晰的说明与界定,表明田园诗的创作经陶渊明、王维、孟浩然、范成大而至于宋末元初,在理论上已达于完全自觉的水平。作者在《月泉吟社诗》中格外强调了陶渊明的创始地位,除举《归去来兮辞》四句为例,还以“如遇桃源,如共柴桑墟里,抚荣木、观流泉,种东皋之苗、摘中园之蔬,与义熙人相尔汝也”等类似的“评语”“送诗小札”赞誉成功的诗作者。而在具体的写作、评论过程中,陶诗也始终是一个难以拒之门外的优秀参照系。如“第三名高宇”应征诗云:

膏雨初晴布谷啼,村村景物正熙熙。谁知农圃无穷乐,自与莺花有旧期。彭泽归来惟种柳,石湖老去最能诗。桃红李白新秧绿,问著东风总不知。

评语曰:

前联妙于纽合,后联引陶范,不为事缚,句法更高,末借言杂兴,的是老手。④

“第廿二名骑牛翁”应征诗云:

已学渊明早赋归,东风吹醒梦中非。莺声睍睆来谈旧,牛背安闲胜策

① 〔清〕永瑢、纪昀等:《四库全书总目》,影印文渊阁《四库全书》本。

② 〔元〕吴渭编:《月泉吟社诗》,中华书局1985年版,第2页。

③ 〔元〕吴渭编:《月泉吟社诗》,第5~6页。

④ 〔元〕吴渭编:《月泉吟社诗》,第11页。

肥。时听樵歌时牧笛，间披道氅间农衣。篇诗那可形容尽，何似忘言对夕晖。

评语曰：

五六作意就杂字上形容，略似为气格之累，然而不可少也。第二句颖拔，末用渊明意尤佳。①

由此足见，就创作的实践而言，作者的审美意趣、用典用语都自觉远承陶诗，而读者的评语也自觉远引陶诗为审美标准。该书所收作者是极其广泛的，其中不少是由宋入元、不仕而隐的遗民，评诗者谢翱等都是著名的爱国、遗民诗人。所以说，宋末元初，陶渊明开创的田园诗在创作和理论上都达到了前所未有的广度和深度，成为带有群众性特点的自觉的诗歌创作领域。

在宋末元初的爱国、遗民诗人手中，田园诗所表现的适意还带有超然时世的情怀。郑思肖《无弦处士说》道出了这种情怀的真谛：

典午之梦，义熙以还，满目不堪，吾何以观！渊明见几颇早，解印息交，竟归去来。性刚才拙，邈与世绝，数咏高节，独书岁月。却喜野老，尔汝怀抱，愿锄荒草，复闻斯道。尚情梦古，流笑睨物，自见自心，白于白日，非羲皇上人而何？或诗焉，或酒焉，或耕焉，或游焉，或著文焉，或观书焉，亦寓于无弦琴焉。②

“无弦琴”实为个体真我的象征，它“安在吾心尔，不以存亡得失而失焉”，“与万化冥而为一”。它既是对故国之心的寄托，又是对故国之心的超越。宋末诗人用不思之思寄托亡国之思，即通过回归自然、回归自我超拔时世、超拔时代变迁之悲。我们亦应从这一角度深入理解其田园诗。明乎此，才能真正理解宋末爱国、遗民诗人从陶渊明那儿获得的浩渺情怀的深广内涵，也才能理解他们所认识的陶渊明形象——我们超然无滞，而又永不失真，一如无弦之琴。

三

对于陶渊明创造的桃花源这一文学形象，宋末士人也倾注了自己的忠愤之情和社会、人生理想，从而做出了异于前人的解读。

首先，宋末士人为桃花源注入了更强烈的现实感喟和理想憧憬。唐人多以

---

① 〔元〕吴渭编：《月泉吟社诗》，第26页。

② 〔宋〕郑思肖撰，陈福康校点：《郑思肖集》，第240页。

桃花源为仙境，宋人自苏轼、王安石始力谓桃花源是避世之地，桃源人仅是避秦人的子孙后代。这一观点深深影响了理性精神极强的宋代士人。汪藻《桃源行》、吴芾《和陶桃花源》、李纲《桃源行》等基本继承了前辈之论。但从吴芾、李纲等人始，桃源中的现实因素加强了。吴芾在诗中言自己住处有桃万株，自谓此即“小桃源”。李纲在诗中直接证以桃源不远，于诗前序中谓“今闽中深山穷谷，人迹所不到，往往有民居。田园水竹，鸡犬之音相闻，礼俗淳古，虽班白未尝识官府者，此与桃源何异！”①李纲的观点在宋末于石那儿得到了回应。于石在《小石塘源》中描述了一个类似桃源的小石塘源，并在其中注入了前人桃源诗中所没有的强烈的现实感喟：

> 风埃暗宇县，干戈几抢攘。朽骨缠蔓草，呻吟卧残创。荒丘奔狐兔，断础悲蛩螀。奔逃不相顾，流离各凄伤。十年未返业，几人失耕桑。而此源中民，熙然独徜徉。数家联聚落，茅茨带林塘。笑语声相闻，隔篱灯火光。翁妪各垂白，童稚纷成行。……昼无悍吏恐，夜无群盗狂。生者遂所养，死者得所藏。其乐有如此，宜与世相忘。②

该诗通过动乱的社会现实与和谐的“桃源”生活的鲜明对比，寄寓了作者向往美好生活的强烈愿望，萧然之致虽不如陶，但慨然之喟则实过之。这种对美好生活的渴望在姚勉的《桃源行》里便升华为“愿令天下尽桃源，不必武陵深处所”③的大同理想。

其次，宋末士人在桃源中读出了忠愤之志、兴亡之悲。文天祥《海上》诗云“得官须报国，可隐即逃秦”，道出了宋末仁人志士普遍的忠宋心态。其忠愤情志时时借陶而发，已如前言。他们带着这种情志读《桃花源记》时，便发现了异乎前人的意义。洪迈在《容斋随笔》“三笔”卷一〇“桃源行”一条下，先云前人解桃源事皆“不及渊明所以作记之意”，接着引《宋书》本传“唯云甲子”及五臣注《文选》“耻事二姓”等语为据，推论云：

> 予窃意桃源之事，以避秦为言。至云“无论魏、晋”，乃寓意于刘裕，托之于秦，借以为喻耳。近时胡宏仁仲一诗，屈折有奇味。大略云：“靖节先生绝世人，奈何记伪不考真？先生高步窘末代，雅志不肯为秦民。故作斯

---

① 〔宋〕李纲：《梁溪集》，见〔宋〕陈思编、〔元〕陈世隆补《两宋名贤小集》卷一三八，影印清文渊阁《四库全书》本。

② 〔清〕顾嗣立编：《元诗选》二集上，中华书局 1987 年版，第 414 页。

③ 〔宋〕姚勉：《雪坡集》卷一八，影印清文渊阁《四库全书》本。

文写幽意，要似寰海离风尘。”其说得之矣。①

胡宏的《桃源行》虽作于南宋初中期，却在南宋末年士人那儿得到了认同，当是民族危机的社会背景使然。

此外，宋末士人还借桃源之事写兴亡之感，其情深远，非如前人专为一时闲情逸致而用之。如何梦桂《桃源三首（之一）》叹云“相逢休问秦时事，世上兴亡又几春”，代表了宋末士人普遍的心态。

第三节　方回与陶杜、陶谢并称

方回一生于诗歌创作上崇陶、学陶不遗余力，也十分推崇陶渊明的人格，闲居时，于生活方式与情趣上多向陶渊明靠近。本节不拟综合探讨，仅把他放在元前陶渊明接受史的煞尾，纵观陶杜、陶谢并称的历史，兼论其在元前陶渊明接受史上的总结性地位。

一

陶潜、杜甫是宋人最为推崇的两位优秀作家，是宋人从人品和诗品着眼精选出来的“双子星座”。然而，这种特殊地位并不是一蹴而就的。陶渊明在宋代的显晦已如前所言。关于杜甫，《蔡宽夫诗话》中有一段简要的论述：

> 国初沿袭五代之余，士大夫皆宗白乐天诗，故王黄州主盟一时。祥符天禧之间，杨文公、刘中山、钱思公专喜李义山，故昆体之作，翕然一变，而文公尤酷嗜唐彦谦诗，至亲书以自随。景祐庆历后，天下知尚古文，于是李太白、韦苏州诸人，始杂见于世。杜子美最为晚出，三十年来学诗者，非子美不道，虽武夫女子皆知尊异之，李太白而下殆莫与抗。②

“杜子美最为晚出”主要指被宋代广大范围内的读者接受。其实就单个人而言，王禹偁早已尊“杜甫且为诗宰相”③。据刘攽《中山诗话》，欧阳修、杨大年等人尚不喜杜诗，但稍后，司马光称“近世诗人，惟杜子美最得诗人之体”④，王安石

---

① 〔宋〕洪迈：《容斋随笔》，上海古籍出版社1978年版，第537页。

② 郭绍虞辑：《宋诗话辑佚》，中华书局1980年版，第398～399页。

③ 〔宋〕叶廷珪：《海录碎事》卷一九，上海辞书出版社1989年版，第517页。

④ 〔宋〕司马光：《温公续诗话》，见〔清〕何文焕辑《历代诗话》上册，中华书局1981年版，第277页。

五言诗“得子美句法”①,谓杜诗“与元气侔”②,“光掩前人,而后来无继也”③。苏轼极称杜甫“以英玮绝世之姿,凌跨百代,古今诗人尽废”④。自黄庭坚学杜尊杜,江西诗派及其他诗人始众口一词,“皆知尊异之”。随着陶渊明与杜甫在宋代的诗名鹊起,也出现了将陶杜并称的接受史现象。

陶杜并称的基础是由苏轼奠定的。当然,苏轼之前及同时代也有将陶杜并称的例子,如韩维《和曾通判招饮后见贻》云:

自愧效陶无好语,敢烦凌杜发新章。(《全宋诗》卷四二七)

又曾巩《孙少述示近诗兼仰高致》云:

少陵雅健材孤出,彭泽清闲兴最长。(《全宋诗》卷四六〇)

又王安石《和晚菊》云:

不得黄花九日吹,空看野叶翠葳蕤。渊明酩酊知何处,子美萧条向此时。⑤

又黄履《次韵和全玉九日同游清凉寺过高斋》云:

少陵怀北阙,靖节傲东皋。(《全宋诗》卷六二七)

又彭汝砺《置酒抵暮还驿而作是诗》云:

子美诗千首,渊明醉一瓢。(《全宋诗》卷九〇五)

他们或者从诗歌学习的角度或者从心境类似的角度或者从人品对峙的角度将陶、杜联系了起来。这是将陶、杜并称的滥觞,但这种并称属作诗过程中属对、联想的审美对举,尚没有将陶、杜并称的明确的自觉意识。苏轼也没有将陶、杜并称的自觉意识,但苏轼认为杜甫“集古今之大成”,又谓“古今诗人众矣,而杜子美为首”⑥;同时又认为陶诗淡中有奇,体现了“高风绝尘”的理想美,为李、杜等古今诗人所不及。这便推出了两个诗歌创作上的典范。从人品角度看,苏轼推杜诗“为首”,是因杜甫一生“流落饥寒,终身不用,而一饭未尝忘君”⑦,而陶

① 〔宋〕强幼安:《唐子西文录》,〔清〕何文焕辑《历代诗话》上册,第445页。

② 〔宋〕王安石:《杜甫画像》,见唐武标校《王文公文集》,上海人民出版社1974年版,第560页。

③ 〔宋〕胡仔纂集,廖德明校点:《苕溪渔隐丛话》前集卷六引〔宋〕陈正敏《遁斋闲览》,人民文学出版社1962年版,第37页。

④ 〔宋〕苏轼:《书黄子思诗集后》,见孔凡礼点校《苏轼文集》,中华书局1986年版,第2124页。

⑤ 〔宋〕王安石著,唐武标校:《王文公文集》卷七七,第827页。

⑥ 〔宋〕苏轼:《王定国诗集叙》,见孔凡礼点校《苏轼文集》,第318页。

⑦ 〔宋〕苏轼:《王定国诗集叙》,见孔凡礼点校《苏轼文集》,第318页。

诗之所以高乃由于陶任真自适，飘逸不群，不为外物所撄，直写胸中之妙。苏轼的思想外儒内道，又其个性、经历与陶多有共鸣，而且他自觉在唐诗高峰后开出“魏晋以来，高风绝尘”之路，所以他真正喜欢的是陶而非杜。周密《齐东野语》卷一六说东坡不喜司马迁《史记》。而吴可《藏海诗话》则载：“有以杜工部问东坡似何人，坡云：‘似司马迁’”①可见，苏轼在情感上是优陶而劣杜的，正如喜《汉书》而不喜《史记》。显然，陶的飘逸与杜的忠诚在苏轼这儿还是难以调和的，然而苏轼对陶、杜双峰并崇的公开言论为宋人将陶、杜并称提供了最有力的依据。

最早以诗将陶、杜并称始自苏轼门人黄庭坚。他在《赠高子勉四首（其四）》中云：“拾遗句中有眼，彭泽意在无弦。”②对于杜甫，他的主要着眼点在其诗法；而对于陶渊明，他的着眼点则在其诗妙合自然、难以迹求的特点。当然，黄庭坚认为陶、杜诗皆体现了“不烦绳削而自合”的理想诗美，是作诗之人必须熟读的作家作品（参《与王彦周书》）。黄庭坚为陶、杜并称提出了艺术依据。

苏、黄而后，止于北宋，偶有将陶、杜并称者，如李廌《和人九日诗》云：

> 三径就荒陶令宅，两峰高并杜翁情。悲秋不奈黄花好，落帽谁怜白发生。（《全宋诗》卷一二〇三）

洪刍《次子字韵呈郑太玉》云：

> 风味契渊明，流落逾子美。（《全宋诗》卷一二八〇）

李光《杜子固参议累觅南窗诗勉成鄙句子固谓杜氏古无二族祁公其近属也》云：

> 长怀杜陵老，遐想靖节翁。二子不并世，千载余清风。（《全宋诗》卷一四二一）

又其《琼惟水东林木幽茂予爱此三士所居虽无亭馆之胜而气象清远连日水涨隔绝悠然遐想各成一诗目为城东三咏（之一）》云：

> 城东有幽居，潇洒真隐沦。渊明寓栗里，子美还羌村。（《全宋诗》卷一四二二）

由于家国多难、遭遇坎坷，他们同陶、杜与世不偶的身世经历取得了共鸣。而时世难为，不如归去，他们在情感上更倾向于退隐的陶渊明。陶、杜虽“千载余清

---

① 〔宋〕吴可：《藏海诗话》，见丁福保辑《历代诗话续编》上册，中华书局2006年版，第339页。

② 〔宋〕黄庭坚著，〔宋〕任渊、史容、史季温注，刘尚荣校点：《黄庭坚诗集注》，中华书局2003年版，第574页。

风”，且皆曾潇洒“隐沦”，但其出世、入世的思想旨趣似仍不可调和。

这种情况在发生家国巨变的南宋初、中期发生了根本转变。如果把此前定为陶杜并称的“奠基期”，那么现在则进入了“发展期”，陶、杜的思想旨趣得到了调和，陶、杜的个性特征得到了明确认识。此时，宋人亦注意强调陶渊明不仕二朝的忠义思想。韩驹在《陵阳室中书》里赞“渊明忠义如此”，王观国在《学林》中一反萧统对《闲情赋》的指责，以为其“辞意宛雅，伤己之不遇，寄情于所愿，其爱君忧国之心，惓惓不忘”①。这与杜甫忠君忧国的思想是相通的。因此，陶杜诗的相同之处亦被人注意。如张戒以“思无邪”为审美标准历览古今诗史，以为“唯陶杜能当之”，葛立方提出“陶杜皆一世伟人”的鲜明论点。大处相类，细部也有相类之处，如葛立方注意到陶、杜每于田父索饮，必使毕其欢，尽其情而后去，陶、杜《乞食》《水上遣怀》都写了贫穷之状等。这种调和陶、杜矛盾的思路实际承自黄庭坚。《韵语阳秋》卷一〇、《王直方诗话》第129条、《杜工部草堂诗话》卷二中皆有黄庭坚努力为两位被推崇的大诗人调和矛盾的类似言论，这种做法显示了将陶、杜并称的自觉。因此理学家以为“杜甫、陶渊明皆有志于吾道”②，而诗话作者（如葛立方、陈善）则将他们放在一处进行横向比较。如陈善《扪虱新话》云：

> 陶渊明诗：“采菊东篱下，悠然见南山。”采菊之际，无意于山，而景与意会，此渊明得意处也。而老杜亦曰：“夜阑接软语，落月如金盆。”予爱其意度闲雅，不减渊明。而语句雄健过之。每咏此二诗，便觉当时清景，尽在目前，而二公写之笔端，殆若天成，兹为可贵。③

是谓二人诗皆风貌闲雅，写景如在目前，自然天成，为诗坛高手。

在陶、杜并称的发展期，他们也注意到了陶、杜各自的特点。首先，在陶、杜优劣问题上，张戒承晁说之《和陶引辨》中的观点，不同意苏轼所云李、杜诸人皆不及陶的言论，并进一步指出陶、杜各有所长，已如前论。其次，在出处问题上，他们也充分注意到陶、杜各自的主要特征。如周紫芝在《乱后并得陶杜二集》云：“少陵有句皆忧国，陶令无句不说归。”忧国与归隐相反相成地表现了处于动乱社会中宋代士人的心态，它们是统一的而非矛盾的。最后，至为重要的是，他们还注意到陶、杜诗不同的审美特征及其创作上的原因。施德操在《北窗炙輠

① 〔宋〕王观国撰，田瑞娟点校：《学林》，中华书局1988年版，第225页。

② 〔宋〕陆九渊：《象山语录》卷一，影印清文渊阁《四库全书》本。

③ 〔宋〕陈善：《扪虱新话》下集卷三，中华书局1985年版，第78～79页。

录》中有一段相当精辟的论述：

> 正夫尝论杜子美、陶渊明诗，云："子美读尽天下书，识尽万物理，天地造化，古今事物，盘礴郁结于胸中，浩乎无不载，遇事一触则发之于诗。渊明随其所见，指点成诗，见花即道花，遇竹即说竹，更无一毫作为。"故余常有诗云："子美学古胸，万卷郁含蓄。遇事时一麾，百怪森动目。渊明淡无事，空洞抚便腹。物色入眼来，指点诗句足。彼直发其藏，义但随所瞩。二老诗中雄，同人不同曲。"盖发于正夫之论也。①

上面的观点理学味很浓，上承陆九渊，认为陶、杜皆为得道之人。杜甫读书穷理，浩然之气盘于胸中，仿佛浩荡之流，触物为浪，发而成诗。渊明则"平生学道至苦"，"既有会意处，便一时放下"②，不为外物所滞，淡然无事，在创作时，心境虚静，如镜摄影，寓目辄书，真趣盎然。然二人皆能状物如生，"百怪森动目"，发意无隐，"义但随所瞩"。故称"二老诗中雄，同人不同曲"。

至南宋末年，宋代士人又面临着南北宋之交的激烈民族矛盾和阶级矛盾，而且有过之而无不及。在这种类似的社会背景下，士人们对陶、杜的态度与前辈一脉相承，但对陶杜挚爱的程度、并称的频率与范围以及同陶杜感情共鸣的深度都远远超过了前人。陶、杜并称从此进入了定型期。陶、杜并称在宋末爱国、遗民等诗人那儿主要有如下依据：

首先，在思想情感方面，宋末士人认为陶、杜所作所守都是古代文人士大夫的优秀典范，是儒家之道的完美体现者。陶渊明"腰不为米折，头独采菊低。晚节名元亮，思与隆中齐"③，杜甫则"平生忠义心，一饭不少忘。臣甫宁饿死，愿君尧舜唐"④。两人一处晋宋易代之际，一处安史之乱时代，生不逢时，但皆有济世之志、忠爱之心，立身行世，高行洁操，皆合儒家之道。而文如其人，因此他们的诗作也成为他们心志的忠实而成功的写照，体现了诗人的根本准则。熊禾在《佩韦斋集原序》中赞余德邻曰：

> 《饮酒》诸篇酷似陶遗怀等作，大类子美，则其时实使之然。⑤

王应麟《阆风集序》称舒岳祥曰：

> 进而文日进，《述酒》之微婉，《同谷》之悲壮，友陶、杜于千载，德业之

---

① 〔宋〕施德操：《北窗炙輠录》卷下，影印清文渊阁《四库全书》本。

② 〔宋〕施德操：《北窗炙輠录》卷上。

③ 〔宋〕姚勉：《先贤八咏·靖节采菊》，见《雪坡集》卷一六。

④ 〔宋〕姚勉：《先贤八咏·杜甫吟诗》，见《雪坡集》卷一六。

⑤ 见〔宋〕俞德邻《佩韦斋集》前附，影印清文渊阁《四库全书》本。

进亦未艾也。①

林景熙的弟子章祖程曰：

诗自《三百篇》《楚词》以降，作者不知几人，求其关国家之盛衰、系风教之得失，而有合乎六义之旨者，殆寥乎其鲜闻也。惟陶渊明以义熙为心、杜子美以天宝兴感，为得诗人忠爱遗意。霁山先生之诗盖祖陶而宗杜者也。②

宋末士人从儒家诗教的传统标准和自己的身世经历出发，认为陶、杜诗与他们的时代紧密相关，并得“诗人忠爱遗意”，有黍离之悲，与儒家诗教、儒家之道完全合拍。方回批评过的刘元辉诗《观渊明、工部诗因叹诸家之诗有可憾者二首（之一）》中有对陶、杜并称的极简要总结：

三百五篇既删后，寥寥正派有传否？如何更历晋唐世？惟见推尊陶杜流。应是二家诗尚古，故能千载世无俦。③

刘元辉历览古今，以儒家诗教及尚古思想衡诗，唯得陶、杜二人千载无俦。方回认为陶、杜皆为知道之士，处穷不愁，得天人合一之趣。因此其于《拟咏贫士七首》中极称杜甫、苏轼“暗与渊明合”、“惟此三老翁，浩然无所忧。作诗配日月，万古长空流”。④ 从思想情感而言，宋末士人实在将陶、杜二人推到了难以复加的高度。

其次，就诗的艺术成就而言，陶、杜诗皆为诗之最高典范。陶、杜诗在艺术形式上是完美的，故宋末士人作诗往往“辞庚彭泽，律仿杜陵”（柴望《秋堂集》所附苏幼安《宋国史秋堂柴公墓志铭》）。陶、杜诗思皆是自然迸发的，“痛愤忧切，皆自肺肝流出，故可传”⑤。更为重要的是，陶、杜诗格皆高，并入一流（方回《唐长孺艺圃小集序》，详见下文）。因此，方回在《诗思十首（其二）》中云“老子持公论，评诗众勿惊。更无双子美，止有一渊明”，又于其三中称“万古陶兼杜”，主要着眼于陶、杜诗歌独步千古的艺术成就，推尊陶、杜、苏（东坡）、李（白）为“四先生”。⑥

当然，南宋士人也意识到了陶、杜二人在思想情感和艺术上的个性特征。

① 见〔宋〕舒岳祥《阆风集》前附，影印清文渊阁《四库全书》本。
② 见〔宋〕林景熙《霁山文集》前附《白石樵唱序》，影印清文渊阁《四库全书》本。
③ 转引自〔元〕方回《桐江集》卷五，清嘉庆宛委别藏本。
④ 〔元〕方回：《桐江续集》卷九，影印清文渊阁《四库全书》本。
⑤ 〔元〕熊禾：《题童竹涧诗集序》，见《勿轩集》卷一，影印清文渊阁《四库全书》本。
⑥ 〔元〕方回：《桐江续集》卷二八。

杜甫的主要个性是显明的“一饭不忘君”，而陶渊明的主要个性是深隐的“不仕二朝”，其外在的表象是“逃秦”归隐、作诗“不书纪年”①，而非“得官须报国”②。就诗的风貌特征而言，陶、杜也是各具个性的。陈仁子《放翁剑南集序》云：“世之诗陶者自冲澹处悟入，诗杜者自忠义处悟入。”③“冲淡”与“忠义”对举，一淡一浓，有超然与执着的不同。

之所以将陶、杜并称，就内因而言，在于其诗皆达于一种个性美的极致，其人皆存至深至厚的仁爱之心，而又遭时不竞，“元亮气高还作令，少陵形瘦不封侯”④，皆与宋代士人的人格追求和身世经历有或多或少的共同之处。就外因而言，第一，特殊的社会背景提供了必要的条件。在社会大变革时期，北强南弱，而有志于恢复民族政权的南宋仁人节士，在其位则知其不可为而为之，不在其位或大势已去之时，便转而退居闲咏，山静日长，则随意读陶杜诗⑤，“看渊明归了，有形谁役，少陵醉里，无闷堪排”⑥，“也学那陶潜，篱栽些菊，依他杜甫，园种些蔬”⑦，借陶、杜以寄其声气胸怀。第二，儒道融合的文化背景提供了条件。儒、道思想的矛盾性决定了进、退的矛盾性。然而，随着文化的深层融合，尚儒复古的宋代士人充分吸纳佛、道静退思想，注入宋代士人的心灵气节，使他们在忠义谋国的同时，心存淡然名利之想，悠然其怀，超越世事与苦难。而在民族矛盾尖锐、敌强我弱并终致敌胜我灭的情况下，大多数受宋代新儒学影响至深的仁人志士除了死国，便只有一条路可走了，即“可隐即逃秦”，不仕二朝。因此，不论在官任上，还是在归隐生活中，他们都能在忠义与冲淡两处同陶、杜取得侧重点不同的共鸣。

二

在文学史上，最早将陶、谢并称的是初盛唐人。唐人并称陶谢，主要着眼于

---

① 〔宋〕刘定之：《文山诗史序》（即关于文天祥的《集杜诗序》），见〔清〕薛熙纂、〔清〕何洁辑《明文在》卷四八，台湾京华书局 1967 年版，第 759 页。

② 〔宋〕文天祥：《海上》，见《文天祥全集》，中国书店 1985 年版，第 351 页。

③ 〔宋〕陈仁子：《牧莱脞语》，《四库全书存目丛书》集部第二〇册，齐鲁书社 1997 年版，第 577 页。

④ 〔宋〕汪莘：《浣溪沙·一曲清溪绕舍流》，见唐圭璋编《全宋词》，中华书局 1965 年版，第 2191 页。

⑤ 〔宋〕罗大经撰，王瑞来点校：《鹤林玉露》丙编卷四，中华书局 1983 年版，第 304 页。

⑥ 〔宋〕陈著：《沁园春·次韵侄演自遣》，见唐圭璋编《全宋词》，第 3047 页。

⑦ 〔宋〕蒋捷：《沁园春·为老人书南堂壁》，见唐圭璋编《全宋词》，第 3433 页。

他们在山水田园、诗酒风流等方面高雅之趣的共同性。唐人也意识到了陶谢志趣的差别。这可以白居易为代表。他在《与元九书》中称：

以康乐之奥博，多溺于山水；以渊明之高古，偏放于田园。①

话虽从反面说，但明确指出了陶、谢在精神风貌和诗歌写作题材方面的差异。此外，唐末僧人齐己在《题东林十八贤真堂》中云："陶令醉多招不得，谢公心乱入无方。"②齐己从佛家角度着眼注意到了陶、谢心性之别，这便突破了白居易在《与元九书》《代书》等文章中从儒家角度看陶谢的局限。

从诗歌方面而言，承接李白、杜甫等人将陶谢并称的是皎然。皎然在《诗式》"直用事第三格"中论卢藏用《陈子昂集序》云"宋有谢康乐、陶渊明、鲍明远"③，纵观诗史，将陶谢并提但谢在陶前，实为皎然崇祖之心的表现；同时又不称颜谢，标志着陶渊明诗史地位的提高。之后，白居易在《哭王质夫》中称王质夫"篇咏陶谢辈"④，又李群玉《送郑子宽弃官东游便归女儿》云"新诗山水思，静入陶谢格（一作'室'）"⑤，都注意到了陶、谢诗在风格、题材方面的共同之处。

宋人承接唐人并称陶、谢时，也着眼于其脱俗雅趣。如，与陆游同时的苏泂《闲居复遇重九，悠然兴怀，颇谓此节特宜于贫，盖富贵者，不知若是之清美也，因赋唐律呈同社》云：

瓮头无酒心仍醉，篱下看山意愈真。自采黄花供陶谢，迩来嘉兴属何人。⑥

江西派诗人洪朋《梦登滕王阁作》云：

独佩一瓢供胜事，恨无陶谢与俱来。（《全宋诗》卷一二七九）

但与唐人不同，宋人并举陶谢以标举脱俗情趣的现象极少，更多的是以陶的情趣代替谢的情趣。其根本原因乃在于陶的情趣更契合宋代士大夫的理想情怀：心高气傲而又心存忠义，高雅脱俗而又安贫乐道，而谢（灵运）只有心高气傲、高雅脱俗，而于安贫乐道、静退自守方面不及渊明，故《韵语阳秋》卷八称："谢灵运在永嘉临川，作山水诗甚多，往往皆佳句。然其人浮躁不羁，亦何足道哉！"

---

① 〔唐〕白居易撰，顾学颉校点：《白居易集》卷四五，中华书局1979年版，第961页。

② 〔清〕彭定求等编：《全唐诗》卷八四四，中华书局1960年版，第9536页。本诗一作贯休诗，文字有不同；参陈尚君辑校《全唐诗补编》，中华书局1992年版，第1538页。

③ 〔唐〕皎然著，李壮鹰校注：《诗式校注》卷三，齐鲁书社1986年版，第162页。

④ 〔唐〕白居易撰，顾学颉校点：《白居易集》卷一一，第215页。

⑤ 〔清〕彭定求等编：《全唐诗》卷五六八，第6578页。

⑥ 〔宋〕苏泂：《泠然斋诗集》卷五，影印清文渊阁《四库全书》本。

宋人还承接唐人，在诗歌艺术方面并称陶谢。江西诗人尊崇杜甫，专重诗法，因此在论诗观点上也继承了杜甫的观点，主要从诗艺方面并称陶谢。黄庭坚《跋与张载熙书卷尾》云：

老夫久不观陶、谢诗，觉胸次愊塞……杜子美云："安得思如陶谢手，令渠述作与同游。"真知言哉！①

又其《和邢惇夫秋怀十首（其九）》云：

吾友陈师道……秋来入诗律，陶谢不枝梧。②

又其《出迎使客质明放船自瓦窑归》云：

惜无陶谢挥斤手，诗句纵横付酒杯。（《全宋诗》卷一〇〇八）

陈师道《绝句》云：

不共卢王争出手，却思陶谢与同时。③

陈与义《雨》云：

惜无陶谢手，尽意破忧端。④

他们的着眼点或在于陶谢写景抒情、超拔俗世的能力，或在于陶谢诗简洁不繁的艺术特点。他们的基本观点承自杜甫，但与杜甫不同的一点是，他们注意到了陶谢诗与卢照邻、王勃等初唐诗人叫嚣喧呼为诗不同的一面，即超拔俗情的平淡特点。

宋人在并称陶谢时还强调他们自然拔俗的艺术风格。据叶梦得《石林诗话》卷中，王安石称俞紫芝诗：

公诗何以解人愁，初日芙蕖映碧流。未怕元刘争独步，不妨陶谢与同游。⑤

中兴诗人陆游《读陶诗》云：

陶谢文章造化侔，篇成能使鬼神愁。⑥

杨万里《跋徐恭仲省干近诗三首（之三）》云：

---

① 〔宋〕黄庭坚著，郑永晓整理：《黄庭坚全集辑校编年》中册，江西人民出版社 2008 年版，第 1271 页。

② 〔宋〕黄庭坚：《和邢惇夫秋怀十首（之九）》，见〔宋〕任渊、史容、史季温注，刘尚荣校点《黄庭坚诗集注》，第 169～170 页。

③ 〔宋〕陈师道：《后山居士文集》卷三，上海古籍出版社 1984 年版，第 207 页。

④ 〔宋〕陈与义：《简斋集》卷九，影印清文渊阁《四库全书》本。

⑤ 〔宋〕魏庆之编：《诗人玉屑》卷一八，上海古籍出版社 1978 年版，第 404 页。

⑥ 〔宋〕陆游：《剑南诗稿》卷八〇，见《陆放翁全集》下册，中国书店 1986 年版，第 1094 页。

黄陈篱下休安脚，陶谢行前更出头。[①]

“清水出芙蓉，天然去雕饰。”与错彩镂金相对，陶谢诗代表了一种自然清新之美。因此，为摆脱江西末流的雕琢之风，陶谢成为某些江湖诗人学习的“一的”。赵汝回《薛师石〈瓜庐集〉序》云：“晋宋诗称陶谢。”林希逸则于《刘元高诗序》中明确指出：“陶谢一的也，韦柳取之。”这是对范温《潜溪诗眼》“唐诸诗人，高者学陶谢”观点的继承，但更强调了陶谢诗作为学诗目标的一面。这说明宋人明确意识到了陶谢诗独特而又共同的风格特点。苏轼视这一特点为“超然”。《彦周诗话》受苏轼观点的影响，称“东坡《海南诗》、荆公《钟山诗》，超然迈伦，能追逐李、杜、陶、谢”[②]。葛立方在《韵语阳秋》卷一中则目之为“平淡有思致”[③]。

方回对陶、谢诗的共同特点做了总结。方回“追谢尾陶，拟康乐，和渊明”[④]，对陶谢诗下过深入的体味和学习工夫，自称“学诗六十载，钻仰二老且”，“比陶似不足，方谢尚有余”[⑤]。在他看来，将陶谢并称的理由有如下几点：第一，以时代而并称。他在《仇仁近百诗序》中说：“降及西都苏李、东都建安七子、晋宋陶谢，律体继兴……”[⑥]从诗史来看，陶谢诗是其时代的代表。第二，以五言古诗著名而并称。北宋晁说之在《次韵和法琦》中云：“报以五字陶谢家，要看素丝难纯束。”方回在《恢大山西山小稿序》中则说：“论今之诗，五、七言古、律与绝句凡五体，五言古，汉苏李、魏曹刘、晋陶谢。”[⑦]方回认为陶谢五言诗“神出鬼没，不可捕捉”[⑧]。从创作实践看，苏轼而后，宋人的五言古诗多有陶谢诗的影子，方回亦如是。他曾在《春半久雨走笔五首》自注中说：“五言回慕后山，苦心久矣，亦多退为平易。”[⑨]而陈师道五言诗质朴处大类陶诗。方回学后山诗实有间接学陶之处，至于其直接和陶、学陶之作便不必细论了。第三，以诗作的体

---

① 杨万里：《跋徐恭仲省干近诗》，见王琦珍整理《杨万里诗文集》上册，江西人民出版社 2006 年版，第 471 页。

② 〔宋〕许顗：《彦周诗话》，见〔清〕何文焕辑《历代诗话》，第 383 页。

③ 葛立方所说的“谢”指谢朓。“陶谢”之“谢”一般指谢灵运。偶有人指为谢朓、谢安。可参裴夷直《奉和大梁相公重九日军中宴会之什》、李贺《昌谷诗》、皮日休《杂古诗十六首·奉献致政裴秘监》、徐积《山中乐》等诗。

④ 〔元〕方回：《虚谷桐江续集序》，见《桐江续集》卷三二。

⑤ 〔元〕方回：《学诗吟十首（之一）》，见《桐江续集》卷二八。

⑥ 〔元〕方回：《桐江续集》卷三二。

⑦ 〔元〕方回：《桐江续集》卷三三。

⑧ 〔元〕方回：《刘元辉诗评》，见《桐江集》卷五。

⑨ 〔元〕方回：《桐江续集》卷二七。

制风格相类而并称。首先,“苏李体至陶谢而极”①,陶谢诗在体制风格上同属苏李古体,且是苏李古体发展到极致的代表。其次,陶谢诗皆从淡中出清新。方回在《夏自然(希贤)惠五言古体久之以律体和谢》中称夏诗云:“政用整严藏细润,元从冷淡出清新。着鞭更与追陶谢,莫向齐梁踵后尘。”②又于《题孙元京近诗》中称孙诗云:“精刮洁磨犹未已,直须陶谢与同时。”③陶谢诗代表了一种自然、清新、冲淡的诗美理想,是后辈诗人应当追攀跟从的。

三

时代毕竟不同了,审美趣味发生了变化,即由尚绮丽到尚质朴。陶谢并称在唐人那儿还是“谢优陶劣”,到宋代便完全成了“陶优谢劣”。用方回的话说便是“世称陶谢诗,陶岂谢可比”!④

“陶优谢劣”论肇始于苏轼。苏轼曾云:“渊明作诗不多,然其诗质而实绮……自曹、刘、鲍、谢、李、杜诸人,皆莫及也。”江西诗人明确指出“陶优谢劣”。黄庭坚认为谢灵运不能窥“陶彭泽之墙数仞”。稍后,南宋江西派“二泉”说“向来陶谢并,今日要重论”(赵蕃《读东坡和陶诗》)、“雕残沈谢陶居首”(韩淲《江湖集钱塘刊近人诗》)。⑤ 要之,陶渊明诗“晋宋之间,一人而已”(《遁斋闲览》),“同时颜谢流,望风悉披靡”[方回《次韵王以南闲居漫吟十首(之五)》]。至此,一直号称“元嘉之雄”、冠压晋宋诗坛的谢灵运诗完全败在了陶渊明诗下。这是历史的较量,也是接受者的较量,更是自然浑朴与雕琢繁富两种审美观的较量。豪华落尽见真淳,历史是无情的,也是公正的。

宋代士人认为“陶优谢劣”的原因关键在于陶渊明的诗品和人品比谢灵运更符合宋代士人的审美理想和人格理想。

在审美理想方面,就创作要求而言,陶诗更合于真正的自然之美。黄庭坚以为渊明诗之所以高,是因为陶诗“直寄”胸怀,而谢灵运则“有意于俗人赞誉毁拙”,故不及渊明,并举陶《饮酒二十首(之一)》“衰荣无定在”为例说:“渊明此诗,乃知阮嗣宗当敛衽,何况鲍、谢诸子耶?诗中不见斧斤,而磊落清壮,惟陶能之。”就美学风貌而言,陶质谢绮。方回于《秋晚杂诗三十首(之二十七)》中云:

---

① 〔元〕方回:《李寅之招饮同登九江城》诗后跋,见《桐江续集》卷四。

② 〔元〕方回:《桐江续集》卷一一。

③ 〔元〕方回:《桐江续集》卷九。

④ 〔元〕方回:《秋晚杂书三十首(之二十七)》,见《桐江续集》卷二。

⑤ 〔宋〕赵蕃《淳熙稿》卷八、〔宋〕韩淲《涧泉集》卷一四,影印清文渊阁《四库全书》本。

“世称陶谢诗，陶岂谢可比。池草固未雕，阶药已颇绮。如唐号元白，白岂元可拟。中有不同处，要与分朴诡。”如苏轼所论，陶诗的绮、腴是蕴于质、癯之内的。在方回看来，陶诗的基本特点是与绮、诡相对的质朴，而后者更合宋人的审美理想。就美学风格的内在特质而言，“陶劲谢婉”①，“无一语不平淡，而豪（当作毫）放之气自不可掩”②。陶诗优游不迫的平淡外表之下，是松菊般的风骨气节，是一种与儒家正气合而为一的阳刚劲健之美，而这是谢灵运诗所缺少的。就诗的思想情感而言，陶诗“笔势所到处，足与二雅角”③，得诗人雅正之音，比谢诗更合儒家诗教。方回在《学诗吟十首（之六）》中云：“曹刘与陶谢，五柳擅正音。”④陶诗是继《诗经》《离骚》之后的擅雅正之音的醇正之诗，而谢诗于此则要略逊一筹。

在人格理想方面，陶渊明是宋人最为推重的诗人之一。方回《张泽民诗集序》云：“不纯乎天理，公论不尽；不拔乎流俗，人品不高。然揭是以自标，则孔融、嵇康不容于曹马矣。必知此者，始可与语陶渊明之诗也欤。”⑤受理学影响，方回在总结论陶时，认为陶渊明为闻道之士，其品节可比古代伯夷。其《次韵汪以南闲居漫吟十首（之五）》云：

> 晋季有诗人，忽如古伯夷。其人果为谁，请读渊明诗。同时颜谢流，望风悉披靡。东阡西陌间，黍稷何薿薿。烹葵酌浊醪，世味无复美。百万呼卢公，枉为寄奴死。漫仕心未安，托辞避邮史。自挽何谓亡，宇宙与终始。眷言尘缨客，试问沧浪水。

又其《久过重阳菊英粲然即事十首（之五）》云：

> 平生我解量人品，元亮真成晋伯夷。

又其《秋晚杂书三十首（之二十六）》云：

> 我不识渊明，但以菊观之。白露化为霜，百草忽已萎。始见南山松，青青虬龙枝。眷此粲然英，凛有千尺姿。撷菊酹我酒，倚松哦我诗。二物足相配，仿佛齐与夷。遥遥袭世胄，岂无王谢儿。故是芙蓉花，亦得与同时。⑥

从方回的概括可以看出，渊明人品高如圣之清者伯夷，知天理，与宇宙终始，拔

---

① 〔元〕方回：《李寅之招饮同登九江城》诗后跋，见《桐江续集》卷四。
② 〔元〕方回：《张泽民诗集序》，见《桐江集》卷一。
③ 〔元〕方回：《西斋秋感二十首（之十七）》，见《桐江续集》卷一一。
④ 〔元〕方回：《桐江续集》卷二八。
⑤ 〔元〕方回：《桐江集》卷一。
⑥ 以上三则独立引文分见〔元〕方回《桐江续集》卷八、卷二二、卷二。

流俗，配青松黄菊，其品节之高，“万世一陶叟”（《秀亭秋怀十五首（之十三）》），无与伦比。颜谢之流，只能“望风披靡”。

审美理想与人格理想是水乳交融的，陶渊明的诗品与人品达到了审美理想与人格理想交融的最高点，所以宋人得出结论说：

> 陶彭泽诗，颜谢潘陆皆不及者，以其平昔所行之事，赋之于诗，无一点愧词，所以能尔。①

方回在以“格”论诗时，便把陶诗推为第一流。他在《唐长孺艺圃小集序》中云：

> 诗以格高为第一。三百五篇，圣人所定，不敢以格目之，然风、雅、颂体三，比、兴、赋体三，一体自有一格。观者当自得之于心。自骚人以来，至汉苏李、魏曹刘，亦无格卑者，而予乃创为格高卑之论者，何也？曰：此为近世之诗人言之也。予于晋独推陶彭泽一人格高，足方嵇、阮……其中以四人为格之尤高者：鲁直、无已上配渊明、子美为四也。②

方回有感于宋末诗人学唐末许浑、姚合等为格卑无力之诗，推出诗史上的四位格高诗人为典范，而陶渊明是其中最早的一位。虽然格高在不同的人那儿有细微差别，但概而言之，“格高”实质是诗品与人品融汇的产物，是审美理想与人格理想融汇的产物，它主要指诗的理想精神内蕴通过理想的艺术形式体现出来的理想的体制风貌。陶诗为“格之尤高者”，原因便在于陶渊明其诗其人是诗美理想和人格理想的体现者，他的诗体现了“格高”的众多理想特点：诗体浑大、劲健有力、剥落繁华、自然质朴，看似平淡，“极天下之豪放”，是一种理想诗美的成功典范。

---

① 〔清〕何文焕辑：《历代诗话》上册，第383页。

② 〔元〕方回：《桐江续集》卷三三。

第五编

『一语天然万古新，豪华落尽见真淳』

——陶渊明接受史的衍展期（辽金元）

辽金元是中华民族融合的特殊历史时期,从辽代建国的十世纪初到元代灭亡的十四世纪中后期,前后时间跨度为四百六十余年(907—1368),粗犷、质朴的北方民族迅速发展,给中原汉族造成了强大的威胁,并最终在军事与政治上占领和统一了中原。北方民族文化与汉族文化在激烈的碰撞中迅速走向新的融合,北方民族文化创造性地吸收了汉族文化的雅致与华丽,汉族文化也在家国巨变的形势下注入新鲜的北方民族文化血液。

在这样一个多民族文化大交融的历史时期,陶渊明作为汉族文化的优秀代表人物之一,依然是北方读者喜爱的诗人与士人,在读者的接受中也表现出新的历史特质。这些新的特质主要表现在两个方面:在作品方面,民风相对淳朴的北方读者十分喜爱陶渊明作品天然真淳、不作矫饰的特点,也给予了格外的关注,并最终凝定为元好问"豪华落尽见真淳"这一精到的审美评价;在为人方面,动荡的社会现实和坎坷不测的人生际遇使他们更多感受到陶渊明及其作品的豪逸忠愤、阔达不羁;大多数汉族士人由于沉沦下层,多有抑郁不平之感,这使他们更加向往陶渊明的隐逸,从景仰走向行动,在实际生活中体悟和解读陶渊明的审美生活方式。

辽金时代与宋代在历史时间上几乎是同步的,在元好问出现之前,辽金时代的读者对陶渊明的接受在总体上未能超越宋代读者的藩篱。元代虽然没有出现里程碑式的读者,但他们对陶渊明表现出普遍的浓厚兴趣,甚至沉醉于陶渊明的审美生活方式,以其时代影响下的特定心态解读了陶渊明的作品和为人,出现了一些值得注意的新的接受现象,如对陶酒的迷醉,对陶氏"闲情"的理解,对陶诗玄机的体悟和真境美的发现,在屈原、陶渊明并称中是陶非屈,在绘画和戏剧中表现陶渊明的形象等,都是前代没有或者表现并不突出的现象。相对于宋代的高潮期,此可谓衍展期。

第一章 从熟悉到认同

第一节 北地视野下豪放而飘逸的诗人

在北地,对于少数民族读者而言,陶渊明是一个陌生人,但文化的融合决定了陶渊明必将进入他们的视野,完颜璹、耶律楚材、马祖常、贯云石、萨都剌、迺贤等女真、畏兀儿、色目、回鹘等族诗人对陶渊明的接受和理解标志着少数民族读者对陶渊明的接受状况从了解走向熟悉;对于汉族士人和从小深受汉族文化熏陶的少数民族后裔如赵秉文、元好问、郝经、刘因等人而言,陶渊明本来就不陌生,他们传承着苏轼等人对陶渊明的热情,在特定的人生境遇和思考中与陶渊明产生异代共鸣,他们在人生理念乃至生活方式方面,他们在诗歌审美追求乃至实际创作方面,每每认同和学习了陶渊明。汉族文化不可替代,汉族文化中的士人典范——陶渊明也不可替代。

由辽而金,由金而元,陶渊明越来越受到关注,由诗文和生活的风雅点缀逐渐转化为心灵的寄托,成为诗歌领域内被称引最为频繁的诗人之一,而他的形象在飘逸的基础上又多了北朝读者特有的豪放和傲然之气。

一、辽代读者熟知并喜欢的作家

从 907 年辽太祖耶律阿保机登位始,至 1125 年辽灭亡止,辽代共立国二百一十九年。辽代流传下来的文献资料寥若晨星,我们可以找到的辽代人接受陶渊明的资料更是吉光片羽。但我们完全可以根据这有限的资料肯定,陶渊明是辽代读者熟知并喜欢的作家。

辽代诗人中有很多皇族人员,如耶律倍、圣宗耶律隆绪、兴宗耶律宗真、道宗耶律洪基、道宗皇后萧观音、天祚皇妃萧瑟瑟等都会写汉诗,且推崇汉诗,他们最有可能接受过陶渊明。辽太祖皇太子耶律倍“工辽、汉文章”①，因受做了皇帝的弟弟耶律德光（辽太宗）的猜忌，曾写过《乐田园诗》，其诗已佚，当受陶渊明的影响。圣宗时，规定“止以词赋、法律取士，词赋为正科，法律为杂科”②。据说，他认为“乐天诗集是吾师”③，曾诏令学习白居易诗，亲自译白诗为《讽谏集》。道宗耶律弘基有《题李俨黄菊赋》云：

昨日得卿《黄菊赋》，碎剪金英填作句。袖中犹觉有余香，冷落西风吹不去。④

白居易诗有《效陶潜体诗十六首》，其他诗文中用陶典、陶语处甚多，深得陶之三昧，乃至有人称“陶渊明，唐之白乐天”⑤。道宗诗句“袖中犹觉有余香，冷落西风吹不去”与李清照“东篱把酒黄昏后，有暗香盈袖”（《醉花阴》）如出同一机杼，令人想见陶渊明的风神韵致，而且今已佚失的李俨《黄菊赋》很可能用到陶典。因此，《陶渊明集》或者有关陶渊明的传记等资料极可能在十到十一世纪间传到辽代。辽代寺公大师曾在用契丹文写的《醉义歌》中提到陶渊明，诗云：

渊明笑问斥逐事，谪仙遥指华胥宫。华胥咫尺尚未及，人间万事纷纷空。……我爱南村农丈人，山溪幽隐潜修真。⑥

这是元初著名作家耶律楚材的译文。耶律楚材在诗歌序言中云：“辽朝寺公大师，贤而能文，《醉义歌》乃寺公之绝唱也。昔先人文献公尝译之。先人早逝，予恨不得一见，及大朝之西征也，遇西辽前郡王李世昌于西域。予学辽字于李公，期岁颇习，不揆狂斐，乃译是歌，庶几形容其万一云。”⑦从《醉义歌》提到的李白等诗人、诗中体现的儒道佛思想和饮酒雅趣来看，陶渊明的名字很可能是契丹文原诗中就有的，不太可能是耶律楚材的意译。好在历史还留给我们几则辽代诗人接受陶渊明的例子：

通古字乐之，易州易县人。……辽天庆二年进士第……宋人欲收人

---

① 〔元〕脱脱等：《辽史》卷七二《义宗倍传》，中华书局 1974 年版，第 1211 页。

② 〔宋〕叶隆礼撰，贾敬颜、林荣贵点校：《契丹国志》卷二三《试士科制》条，上海古籍出版社 1985 年版，第 227 页。

③ 〔宋〕阮阅：《诗话总龟》卷一七《古今诗话》，《四部丛刊》影印明嘉靖本。

④ 〔宋〕陆游：《老学庵笔记》卷四，上海书店 1990 年版。

⑤ 〔金〕元好问：《论诗三十首（之四）》自注，见姚奠中主编、李正民增订《元好问全集》（增订本），三晋出版社 2015 年版，第 229 页。

⑥ 〔元〕耶律楚材：《醉义歌》，见陈述辑校《全辽文》卷一二，中华书局 1982 年版，第 363 页。

⑦ 〔元〕耶律楚材：《醉义歌序》，见陈述辑校《全辽文》卷一二，第 364 页。

望，召之。通古辞谢，隐居太宁山下。后仕金，至平章政事……卒年六十九。（《金史》）其《灵壁寺》诗云：“……石磴崎岖上，桃溪窈窕寻。渊明能止酒，叔夜况携琴。所恨无长暇，徒勤惜寸阴。清宵谁我伴？乘兴但孤斟。”①

《图绘宝鉴》云：“张季万名镃，北人。绍兴时官郎中，与孙觌唱和。后居滁州，山水得破墨法，善草书。”《舆地纪胜》收载其《长生观》诗云：“山中宰相晋遗民，下视雄特何仆臣。”②

刘元英，初名操，后得道号“海蟾子”。有《题潭州寿宁观》诗云：“醉走白云来，倒提铜尾柄。引个碧眼奴，担著独壶瘿。……吴牛买十角，溪田耕半顷。种秫酿白醪，总是仙家境。醉眠松阴下，闲过白云岭。要去即便去，直入秋霞影。”（见《全五代诗》）③

《辽文存》收录张通古《灵壁寺》诗，《（道光）长清县志》将该诗题作《被命按山东路因游灵岩》。诗人在诗中用陶渊明桃源、止酒之典甚当，张季万诗所云“晋遗民”即指陶渊明，刘元英《题潭州寿宁观》诗用陶典，且写及田园饮酒有陶风，张通古“《游高冠古诗》中有‘人间无此景，树下悟前生’之句，平淡浑成，意趣高远。向使生晋、唐间，必当升陶彭泽之堂，入韦苏州之室矣”④。刘海蟾，《神仙通鉴》称其或为大辽人，中过辽进士。⑤ 由此足见，到了辽末，辽代的文人已经熟稔陶渊明及其诗文，陶渊明的忠义高节和洒脱人生都被士人认同。

二、金代读者师法的典型

相对于辽代，金代的陶渊明接受史料可算是非常丰富了。据薛瑞兆、郭明志编撰《全金诗》（南开大学出版社 1994 年版）统计，金代诗人 534 人，诗作总数达 12066 首⑥；金代诗人中有 93 人接受过陶渊明，明显留有陶渊明痕迹的诗歌有 300 余首。这些诗人是张通古、张斛、宇文虚中、马定国、张子羽、吴缜、洪皓、吴激、姚孝锡、朱弁、蔡松年、胡光谦、王喆、马钰、谭处端、李晏、韩汝嘉、朱自牧、

---

① 见蒋祖怡、张涤云整理《全辽诗话》，岳麓书社 1992 年版，第 77 页。

② 蒋祖怡、张涤云整理：《全辽诗话》，第 250 页。

③ 《新补辽诗话》卷上，见蒋祖怡、张涤云整理《全辽诗话》，第 225 页。

④ 蒋祖怡、张涤云整理：《全辽诗话》，第 257 页。

⑤ 阎凤梧、康金声主编：《全辽金诗》，山西古籍出版社 2001 年版，第 11 页。

⑥ 此统计数字据刘达科《建国以来辽金元诗文总集整理概况》，载《古籍整理出版情况简报》2001 年第 11 期（总 369 期）。

王磵、王寂、朱澜、蔡珪、边元鼎、刘汲、党怀英、郝俣、冯子翼、杨庭秀、李楫、刘处玄、丘处机、王庭筠、周昂、刘迎、元德明、赵沨、赵秉文、郝天挺、田彦皋、张建、于道显、路铎、初昌绍、张昌祚、李永安、郦掖、崔巍、郭安民、高延年、庞铸、尹志平、完颜璹、侯册、薛继先、王若虚、冯延登、李俊民、王特起、赵元、张著、刘从益、李夷、麻九畴、雷渊、宋九嘉、史肃、王渥、杨奂、秦志安、陈赓、白华、释宝莹、胡汲、郭邦彦、杨宏道、元好问、曹之谦、麻革、姬志真、房皞、段克己、段成己、李庭、王志坦、杜仁杰、李惟寅、兰光庭、张纬、薛玄、高鸣、刘德渊、李道玄、长筌子等。清人张金吾编纂《金文最》(中华书局1990年版)录金代文章1790余篇,其中明显留有陶渊明痕迹的文章有10余篇(涉及作者7人)。联系到作者之间多有交游,诗文之中虽无明显影响痕迹但可以感觉到的情况,我们完全有理由认为陶渊明是金代作家普遍熟悉的诗人,而陶诗是金代作家师法的重要对象。

金代诗人中有一股拟和陶诗之风。在金代作家中,宇文虚中、蔡松年、赵秉文、党怀英、刘从益、元好问、刘俊民、段克己、段成己、吴缜等人留有陶诗印记的作品较多。其中学陶成就突出者当数赵秉文和元好问,他们学陶之作甚多,诗风古淡真淳、豪爽畅达,取得了较高的艺术成就,我们后面专节论述。通过现存金代史料可知,最早拟陶的是金初的吴缜,他有《拟渊明贫居》诗。吴缜三十岁时以贫暂仕,旋“归隐于鱼山狼溪之侧”①,与渊明经历大相类似,于渊明之贫深有体会,故其《山居》诗云“地僻少人事,终朝掩柴扉”②、《拟渊明贫居》云“坐读贫士诗,吾乃渊明俦”③。金章宗时期,诗人张建的《拟古十首(之十)》“丘中有一士”虽未明言拟陶,但明显模拟陶渊明《拟古九首(之五)》“东方有一士”。诗云:“丘中有一士,颜貌清且癯。缊袍仅蔽体,蔬饭不满盂。时出蓬荜门,鼓腹歌黄虞。不如何所得,矫首望八区。”④丘中一士清癯、悠远、傲然的形神与陶渊明笔下的贫士如出一辙。金代中期,赵秉文、刘从益等人多有和陶之作。此外,金末杜仁杰《自遣二首(之一)》云“闲得工夫细和陶”⑤,寇兴祖“歌诗只和陶”⑥,

① 〔金〕元好问撰:《中州集》诗人小传《张子羽传》,见姚奠中主编、李正民增订《元好问全集》(增订本),第724页。

② 薛瑞兆、郭明志编纂:《全金诗》第一册,南开大学出版社1995年版,第43页。

③ 薛瑞兆、郭明志编纂:《全金诗》第一册,第43页。

④ 薛瑞兆、郭明志编纂:《全金诗》第二册,第537页。

⑤ 薛瑞兆、郭明志编纂:《全金诗》第四册,第506页。

⑥ 〔金〕段克己:《寿寇兴祖》,见薛瑞兆、郭明志编纂《全金诗》第四册,第391页。

陈至道“效和陶故事不可得,作《和陈难诗》云‘和陶容易和陈难’”①。可见,拟陶、和陶等学陶现象终金不衰。总体而论,金代的拟和陶诗不乏佳什,用语真率质朴,少雕琢,得陶诗真淳风味;虽缺少鲜明的个性和自铸的伟词,难以找到像苏轼和陶诗一样差可抗衡陶诗的模拟之作,但足可作为陶诗之鼓吹。

金代读者接受陶渊明的形式是不拘一格的,除了拟和陶诗,大凡用典取意、遣词造句、借题抒怀等无不毕备。比如九日诗、咏菊诗、饮酒诗、闲居诗、桃源诗、题画诗、题居处诗等往往引陶为同道,用到与陶相关的典故词语。九日诗词如:宇文虚中《乙丑重阳在剑门梁山铺》,姚孝锡《重九偶成》,洪皓《重九彦清出猎,独处无聊》,蔡松年《丁巳九月,梦与范季沾同登北潭之临芳亭,觉而作诗纪其事,以示范》《念奴娇·九日作》,郝俣《子文致君九日用安字韵聊示同赋》,薛季光《九日感怀》,李俊民《九日下山》《九日答朱寿之》《七言绝句集古·重九日》,张著《九日》,曹之谦《九日》,段克己《九日园小宴,取五柳公“采菊东篱下”为韵赋诗侑觞》《满江红·重九日,山居感兴》,雷渊《九日登少室绝顶,同裕之分韵,得萝字》,赵秉文《伯胜九日诗萧然有陶风趣次韵》,元好问《九日读书用陶诗“露凄暄风息,气清天旷明”为韵赋十首》等。咏菊诗如宇文虚中《白菊》,党怀英《西湖晚菊》《黄菊集句》,郝天挺《莲花菊》,宋九嘉《酴醾菊》,曹之谦《白菊》,李俊民《一字百题示商君祥·菊》《七言绝句集古·十日对菊》,赵秉文《菊》《野菊》《十月菊得深字》,段克己《满红红·雨后荒园》等。饮酒诗如宇文虚中《泾王许以酒饷龙溪老人,几月不至,以诗促之》,蔡松年《韩侯晁仲许送名酒,渴心生尘,以诗促之》,边元鼎《八月十四日对酒》,侯册《醉中》,段成己《满江红·张文信夫林亭小酌,感事怀人,敬用遁庵兄韵》,谭处端《酹江月·题酒》,元好问《饮酒》《后饮酒》《水龙吟·东园醉后》等。闲居诗如宇文虚中《郊居》,高士谈《予所居之南,下临短壑,因凿壁开窗,规为书室。坐获山林之趣,榜曰野斋,且作诗约诸友同赋》,吴缜《山居》,吴激《穷巷》,姚孝锡《闲居》,李晏《病起书事》,朱澜《寒食不出》,边元鼎《新居》,冯氏妇《病后口占》,完颜璹《自适》《闲咏》,赵元《村居》,赵沨《新凉》,杨宏道《次韵张敏之新居》,曹之谦《幽居有感》,段克己《满庭芳·山居偶成,每与文翰二三子论文把酒,歌以侑觞,亦足以自乐也》等。桃源诗如元德明《桃源行》,陈赓《武善夫桃园图》,杨弘(宏)道《望江南·桃花源》等。

以上列举的九日诗、咏菊诗、饮酒诗、闲居诗、桃源诗等诗题足以表明金代

① 〔元〕不著撰人:《氏族大全》卷四,影印清文渊阁《四库全书》本。

诗人在日常审美生活中对陶渊明的认同和共鸣，而实际上，对于金代读者来说，陶渊明代表着一种理想的高雅脱俗的生命存在方式，它是精神的寄托、价值的渊薮、存在的家园。这典型表现在两个方面：一是以陶名居，即用与陶渊明有关的词句命名所住园林居处，如松菊堂、容安堂、容安轩、自然斋、成趣园等频见于金代诗文，另外，虽未以陶名居，但题咏居处时以陶类比的题居处诗也可归属于此；二是借陶尚隐，即将退隐的愿望和闲居隐逸的生活与陶渊明紧密联系在一起。

金人以陶名居意在获得类通于陶渊明的意趣。初昌绍在《成趣园诗文序》中这样描述成趣园的生活：

> 日诣其园，或命巾车，或乘款段，或幅巾杖履，乘兴而往，朝至暮还，如愿就宿于此，亦或有焉。客有扣门，则命壶觞，具鸡黍，讲道论德，俯仰二仪，错综人物。客去则阖扉而居，优游偃仰。既而焚香默坐，诵渊明诗，读南华真人语。所谓逍遥一世之上，睥睨天地之间，不爱当时之誉，永保性命之期，可以凌霄汉出宇宙之外矣！①

这与陶渊明在《归去来兮辞》中想象的田园生活有异曲同工之妙，只是比陶渊明少了劳动的实感，多了名士与贵族气息。然而这毕竟是在接受陶渊明的前提下设计的精神家园，而且得到了“朝廷名卿，山林高隐，以至硕儒衲子”的认同，文人雅士更是纷纷题咏，发其要义。再联系被标榜为“晋之渊明，无以过也”②之类的园林居处，我们可以说陶渊明及其开创的田园审美生活方式和人与自然合一的人生境界在金代得到了士人的普遍认同，成为金代读者重要的精神家园。“趣”作为带有审美兴味的终极人生境界，在金代读者对酒、无弦琴的理解中有直接或者间接的表现：

> 我爱陶渊明，爱酒不爱官。弹琴但寓意，把酒聊开颜。自得酒中趣，岂问头上冠。（庞铸《漉酒图》）③
>
> 归去来兮尊有酒，素琴解写无弦趣。（段克己《满江红·重九日，山居感兴》）④

---

① 〔清〕郭元釪编，〔清〕康熙御订：《御订全金诗增补中州集》卷六二，影印清文渊阁《四库全书》本。

② 〔金〕范怿：《掖县宇术鲁园亭碑》，见〔清〕张金吾辑《金文最》卷七六，光绪七年粤雅堂刊本。

③ 薛瑞兆、郭明志编纂：《全金诗》第三册，第68页。

④ 唐圭璋编：《全金元词》上册，中华书局1979年版，第138页。

风动龙吟自不知，无弦底处觅成亏。世间真乐类如此，但恐此声非此耳。（赵秉文《风琴堂》）①

琴筑虽有韵，不鼓则不鸣。流水无徽弦，使我神虑清。风月为节奏，是中无亏成。聊将不俗耳，听此无弦声。无声非无闻，声自根极生。隐几以服听，颓然遗其形。少焉性空水，灵台湛虚明。从渠童子见，掷瓦戏清泠。（赵秉文《遂初园八咏·琴筑轩》）②

“趣”之“妙处心知口莫言”③，它主要与隐逸生活相联系，因此“潜中有真趣”④；或者至少与非功利的审美生活相联系，而与世俗相悖，因此“爱酒不爱官”，方能“自得酒中趣”；在这种境界里，我是脱俗的，物是无染的，物与我各自敞亮纯真之性，彼此映照，进入自由和谐自然的“真境”，这正是陶渊明“欲辨已忘言”之“真意”！所谓“悠然处、是中真趣，欲写还无句”⑤，说的就是这种“真意”。可贵的是金人以为只要立志，人人都可以达到（“我欲仁，斯仁至矣”），如果以“彼之行诚高矣，我何敢望”搪塞，那是“自弃也”。⑥

借陶尚隐在与陶渊明相关的题画诗中有鲜明的体现。其中除了对陶渊明洒脱生活方式的认同和向往，也涉及对陶渊明的评价。因此，我们主要以此为中心论析金代读者所解读的陶渊明形象。这些题画诗有：刘迎《归来图戏作》《题归去来图》，路铎《题邹公所藏渊明归去来图》，庞铸《漉酒图》，王若虚《题渊明归去来图五首》，刘从益《题苏李氏合画渊明濯足图》，宋九嘉《莲社图》，陈赓《武善夫桃源图》，白华《题靖节图》，李俊民《渊明归去来图》《北窗高卧图》《申元帅四隐图·陶渊明》，元好问《采菊图二首》等。

金代诗人认为陶渊明是千古不朽的高尚之士，这位高士身上明显带有北人的豪放和傲气：

渊明千载士，既出乃更悟。（党怀英《成趣园诗》）⑦

---

① 薛瑞兆、郭明志编纂：《全金诗》第二册，第403页。

② 薛瑞兆、郭明志编纂：《全金诗》第二册，第415页。“清泠”原作“清冷”，据《丛书集成初编》本《闲闲老人滏水集》校改，中华书局1985年版，第47页。

③ ［金］初昌绍：《成趣园诗》，见薛瑞兆、郭明志编纂《全金诗》第三册，第59页。

④ ［金］李惟寅：《归潜堂诗二首（之一）》，见薛瑞兆、郭明志编纂《全金诗》第四册，第522页。

⑤ ［金］段克己：《点绛唇·暮秋晨起书所见》，见唐圭璋编《全金元词》上册，第147页。

⑥ ［金］路铎：《成趣园记》，见《御订全金诗增补中州集》卷六二。

⑦ 薛瑞兆、郭明志编纂：《全金诗》第一册，第510页。

千载渊明翁，谁谓不知道。[赵秉文《和陶饮酒二十首(之十一)》][1]

折腰不乐翻然去，此老犹为千载人。(王若虚《题渊明归去来图五首(之五)》)[2]

千古栗里高情，雄豪割据，戏马空陈迹。(蔡松年《念奴娇·九日作》)[3]

宋代人虽然也认为陶渊明是“千载士”，但在表达这一意思时，显得含蓄蕴藉，典型的如黄庭坚《跋子瞻和陶诗》所云：“彭泽千载人，东坡百世士。出处虽不同，风味乃相似。”[4]娓娓道来，理蕴其中。金代读者则用反问、“此老”等句式、语词表现“千古栗里高情”，表现一种平生不受羁勒的豪放纵横之气。金代读者之所以称陶渊明为千古不朽的人，除了因为他有优秀无比的作品，还在于陶渊明的为人。他们一般认为陶渊明是“知道”高士，是“晋名流”中最有“清节”的人物[5]，因为陶渊明“平生腰骨硬”[6]，“瓶无储粟犹归去”[7]，富有傲然之气。他的傲然之气不仅表现在耻为五斗米折腰的骨气上，还表现在思想的独立不移上：

野鹜家鸡俗好乖，虎溪泉石满尘埃。壮哉砥柱颓波里，惟有渊明挽不来！(宋九嘉《莲社图》)[8]

当佛雾缭绕、举俗倾心的时候，“惟有渊明挽不来”，这是何等傲然不羁的形象！这种形象身上有北国士人特有的豪侠之气，体现出了金代陶渊明接受史的新特

---

① 薛瑞兆、郭明志编纂：《全金诗》第二册，第436页。

② 薛瑞兆、郭明志编纂：《全金诗》第三册，第145页。

③ 唐圭璋编：《全金元词》上册，第10页。

④ 〔宋〕黄庭坚撰，〔宋〕任渊、史容、史季温注，刘尚荣校点：《黄庭坚诗集注》，中华书局2003年版，第604页。

⑤ 参〔金〕李永安《成趣园诗二首(之一)》，见薛瑞兆、郭明志编纂《全金诗》第三册，第60页。又〔金〕段克己《寄张弟器之二首(之一)》，见薛瑞兆、郭明志编纂《全金诗》第四册，第391页；段成已《满江红·盾庵兄以闵菊乐府见示，三复之余，依歌和之》，见唐圭璋编《全金元词》上册，第148页。

⑥ 〔金〕王寂：《咏张宫师二疏东归图》，见薛瑞兆、郭明志编纂《全金诗》第一册，第377页。

⑦ 〔金〕王寂：《丙午，次宜民县。予行宜民道中，是日熟食节，山林间居民携妻孥上冢，往来如织，撩人归思，殊无聊赖。又念壮岁献赋上都，尝出此途，今四十年矣。虽山川依然，而苍颜华发，殆非昔日。感今怀旧，漫作诗以自遣》，见薛瑞兆、郭明志编纂《全金诗》第一册，第421页。

⑧ 薛瑞兆、郭明志编纂：《全金诗》第三册，第379页。

点。他的傲然之气更表现在他对晋朝的忠义上:

南渡国不竞,晋民益疮痍。陶翁遂超然,不忍啜其醨。[蔡松年《淮南道中五首(之三)》]①

南渡龙孙角秃颠,不甘横跷寄奴弦。一襟义气麾周粟,满筒清风削宋年。(李夷《书渊明传后》)②

陶渊明又安贫乐道,一生“贵在适意”③,如山中的白云一样“向来无心出,亦复无心还”④,虽贫穷而不改其乐:“曲肱枕书卧,乐亦在其中。”⑤隐逸生活潇洒风流,无往而非趣。要之,品节高洁、傲然不羁、洒脱逍遥,这就是金代读者心目中豪放而飘逸的陶渊明形象。

金代读者如边元鼎、李庭、王若虚等不囿常见,别出心裁看待陶渊明,从而发现一些前代读者很少注意的侧面。这可以王若虚为代表。其《题渊明归去来图五首》云:

靖节迷途尚尔赊,若将觉悟向人夸。此心若识真归处,岂必田园始是家。

孤云出岫暮鸿飞,去住悠然两不疑。我自欲归归便了,何须更说世相遗。

抛却微官百自由,应无一事挂心头。销忧更借琴书力,借问先生有底忧?

得时草木竟欣荣,颇为行休惜此生。乘此乐天知浪语,看君于世未忘情。

名利醉心浓似酒,贪夫滚滚死红尘。折腰不乐翻回去,此老犹为千载人。⑥

苏轼《李行中秀才醉眠亭三首(其二)》评陶云:“君且归休我欲眠,人言此语出天然。醉中对客眠何害,须信陶潜未若贤。”⑦王若虚前四首诗反弹琵琶,

① 薛瑞兆、郭明志编纂:《全金诗》第一册,第107页。
② 薛瑞兆、郭明志编纂:《全金诗》第三册,第351页。
③ 〔金〕李俊民:《酒檄》,见〔清〕张金吾辑《金文最》卷一一七,光绪七年粤雅堂刊本。
④ 〔金〕赵秉文:《望北山云》,见薛瑞兆、郭明志编纂《全金诗》第二册,第397页。
⑤ 〔金〕赵秉文:《和陶饮酒二十首(之十七)》,见薛瑞兆、郭明志编纂《全金诗》第二册,第437页。
⑥ 〔金〕王若虚:《滹南集》卷四五,影印清文渊阁《四库全书》本。
⑦ 〔宋〕苏轼撰,〔清〕王文诰辑注,孔凡礼点校:《苏轼诗集》卷一二,中华书局1982年版,第586页。

立意出奇，很有苏轼此诗议论风发的特点。前三首以禅责陶，第四首禅意虽不明显，但立足陶渊明原文对陶渊明“于世未忘情”的责备态度是很明显的。妙在第五首忽然大转弯，顿然变责备为赞颂，这看似自相矛盾，实际正如苏轼于《评柳子厚渔翁诗》中所云：“诗以奇趣为宗，反常合道为趣。”①王若虚《文辨》亦曾云：“古人或自作传，大抵姑以托兴云尔。如《五柳》《醉吟》《六一》之类可也。”②王若虚对陶渊明的批评和赞赏“大抵姑以托兴”，是为了追求“反常合道”的审美效果，事实上，无论是批评还是赞颂，两者都同陶渊明原来的行为选择相互引发，进而达于超俗的至理，这至理却是王若虚和陶渊明共同追求与探究的。

王若虚的不囿常见还表现在他大胆对陶渊明《归去来兮辞》的指摘上。他说：

> 晋、宋史载渊明《归去来辞》云：“善万物之得时，感吾生之行休。已矣乎，寓形宇内复几时，曷不委心任去留？胡为皇皇欲何之。”“已矣乎”之语，所以便章而为断，犹“系曰”“乱曰”之类，则与上文不相属矣。故当以“时”字之字为韵，其“留”字偶与前“休”字相协而已。后之拟者自东坡而下，皆杂和之。然则果孰为韵邪？近见《陶集》本作“能复几时”此为可从。盖八字自是两句耳。然《陶集》云“胡为乎遑遑兮欲何之”，殆不可读。却宜从史所载也。③

关于王若虚此论的错误，钱锺书先生曾在《管锥编》（四）中有所辨正。王若虚言论的对错姑且不论，在欧阳修对《归去来兮辞》无以复加的称扬得到普遍认同和苏轼隐括《归去来兮辞》等追和之作络绎不绝的情况下，他能够师心造论，不人云亦云，为陶渊明指瑕，虽然其中难免有逞才斗奇的心理因素，但从读者的创造精神方面而言，还是值得肯定的。

此外，金代读者对《闲情赋》的肯定也是很有时代特色的。楚清之画白乐天“小娃撑小艇，偷采白莲回。不解藏踪迹，浮萍一道开”诗意，党怀英因题其后云：“道人无心被花恼，对画作诗真适然。君不见元亮投名莲社里，不防更赋闲情篇。”④以陶渊明作过《闲情赋》为清之和尚画艳情图开脱，其中既有对清之善

---

① 〔宋〕苏轼撰，孔凡礼点校：《苏轼文集·苏轼佚文汇编》卷五，中华书局1986年版，第2552页。

② 〔金〕王若虚：《滹南集》卷三七。

③ 〔金〕王若虚：《文辨》，见《滹南集》卷三四。

④ 薛瑞兆、郭明志编纂：《全金诗》第一册，第508页。

意的嘲谑,同时也透露出作者对《闲情赋》的宽容态度。刘迎《归来图戏作》云:“云髻春风一尺高,笑携儿女候归桡。情知一首闲情赋,合为微官懒折腰。”①刘迎以《闲情赋》嘲谑陶渊明,只是以《闲情赋》与“微官”对比,意在肯定《闲情赋》的闲情逸致。

又,值得注意的是金代留存的道教劝世诗比较多,多为全真教道士所作,其中涉及陶渊明的诗篇极少,但个别涉及陶渊明的诗篇很有特点:

碧落湛澄非有意,白云来往本无心。(王喆《咏雪》)②

归去渊明,先游蓬岛。[刘处玄《述怀十一首(之一)》]③

身似藕根,心是莲宫。白云出岫,自在空中。[刘处玄《马姑到东莱州近二载,满郡奉道之家各见敬爱,却要去都下,所言有些小事未了,中秋旦后相辞,信笔数言,自知未达曰二十一首(之十三)》]④

吾家此曲皆自然,管无孔兮琴无弦。得来惊觉浮生梦,昼夜清音满洞天。[丘处机《青天歌八首(之八)》]⑤

高歌物外归去来,大隐鄽中益开悟。(丘处机《陇山松》)⑥

金谷人多感,桃源路易差。回头皆是梦,说与道人家。(丘处机《游春》)⑦

仙人玉女时游集,不许桃源过客迷。[丘处机《烟霞洞四首(之四)》]⑧

了却一生容膝计,胜如三载抱官囚。(于道显《赠张库副》)⑨

诗人对无弦琴、无心云的理解带有道教特有的玄虚色彩;对桃源的理解则倾向于神仙境界;连陶渊明也要“先游蓬岛”,有道士气息。这些富于道教文化特色的理解与作者本人就是全真教信奉者有关。道教诗虽不乏哲理,但多为说教,缺少真情实感和生活气息。而陶渊明归根到底还是烟火气浓郁的诗人,因此,道教的说教诗便很少涉及陶渊明。

---

① 薛瑞兆、郭明志编纂:《全金诗》第二册,第258页。
② 薛瑞兆、郭明志编纂:《全金诗》第一册,第198页。
③ 薛瑞兆、郭明志编纂:《全金诗》第二册,第118页。
④ 薛瑞兆、郭明志编纂:《全金诗》第二册,第128页。
⑤ 薛瑞兆、郭明志编纂:《全金诗》第二册,第169页。
⑥ 薛瑞兆、郭明志编纂:《全金诗》第二册,第174页。
⑦ 薛瑞兆、郭明志编纂:《全金诗》第二册,第184页。
⑧ 薛瑞兆、郭明志编纂:《全金诗》第二册,第203页。
⑨ 薛瑞兆、郭明志编纂:《全金诗》第三册,第13页。

三、元代读者服膺的宗师(上)

元代读者对陶渊明的人品、精神和诗文的接受,继承了宋代读者和金代读者的成果,又有自己的个性特点。

在接受的广度上,元代读者丝毫不逊色于南宋读者。根据顾嗣立编《元诗选》(初集、二集、三集)、顾嗣立与席世臣编《元诗选癸集》、钱熙彦编《元诗选补遗》统计,2657位诗人27900多首诗中①至少有近500位诗人近700首诗歌明显受到陶渊明的影响。鉴于《元诗选癸集》和《元诗选补遗》所收诗人众多而每人名下诗作极少,这个数字统计还不能较好反映元人接受陶渊明的广度。顾嗣立《元诗选》初集、二集、三集所收诗人名下诗作较多,共选339位诗人19574首诗,其中至少有90多位诗人近300首诗歌明显受到陶渊明的影响。他们是元好问、李俊民、刘因、方回、牟巘、戴表元、黄庚、袁易、袁泰、尹廷高、胡长儒、钱选、陈赓、曹之谦、许衡、程钜夫、杨奂、袁桷、贡奎、张养浩、马祖常、许有壬、许有孚、蒲道源、胡炳文、邓文原、何中、虞集、杨载、范梈、黄溍、萨都剌、宋无、张翥、贡师泰、迺贤、谢宗可、何失、傅若金、王士熙、刘将孙、雅琥、李孝光、成廷珪、黄公望、吴师道、周权、杜本、方澜、许谦、刘诜、丁复、彭炳、王翰、黄镇成、郑元祐、陈基、张宪、王冕、吴景奎、宇文公谅、刘汶、张天英、屠性、吴克恭、杨维桢、倪瓒、郭钰、叶颙、华幼武、丁鹤年、顾瑛、戴良、贡性之、谢应芳、金涓、郑洪、沈右、周棐、瞿智、陆仁、马麟、吕诚、马臻、张雨、蒲大䜣、释至仁、宗衍、于立、祖柏、张玉娘等,接受陶渊明者占到《元诗选》初集、二集、三集所收诗人数的四分之一,这个比例是相当大的,因此,有文学史家曾经指出,元诗文献引称频率最高的古人是陶渊明,其次是李白。② 考虑到元代诗人作品散佚甚多,可以推测,实际上接受陶渊明的作家远远大于这个群体。比如据隋树森编《全元散曲》等考察,213位散曲家中涉及陶渊明及其作品的作家至少有50多位,占到四分之一,这个比率与元诗作家的接受比率相近。这50多位散曲家是:张养浩、张怡云、王实甫、滕斌、贯云石、鲜于必仁、康进之、郑光祖、曾瑞、孛罗御史、周文质、乔吉、刘时中、薛昂夫、虞集、姚燧、吴澄、吴弘道、张可久、任昱、孙周卿、徐再思、钱霖、曹

① 《元诗选补遗》按83家统计,将入乙集附录的杨镒也统计在内。据人民文学出版社2003年版杨镰《元诗史》第38页统计,《元诗选》初集、二集、三集共选339位诗人19574首诗;《元诗选癸集》2235位诗人5058首诗。据笔者初步统计《元诗选补遗》共收83家诗人3300多首诗,另附录部分收70位诗人141首诗。

② 杨镰:《元诗史》,人民文学出版社2003年版,第59页。

德、王仲元、吕止庵、孙叔顺、景元启、查德卿、吴西逸、玄中、赵显宏、朱廷玉、李德载、秦竹村、李致远、张鸣善、李伯瞻、宋方壶、周德清、钟嗣成、刘庭信、汤式、杨讷、胡用和、无名氏、王子一、方回、赵孟頫、杨载、范德机、刘埙、揭傒斯等。接受者大多是汉族读者，但也有为数不少的少数民族读者；既有宋金旧朝的遗民，也有元新朝的士人。汉族文化影响所及几乎就是陶渊明影响所及。如，早在蒙古统一中原之前，陶渊明就传播到蒙古大军征伐所到的西域“古阳关”。今存《青门引·题古阳关》云：“凭雁书迟，化蝶梦速，家遥夜永，翻然已到。稚子欢呼，细君迎迓，拭去故袍尘帽。问我假使万里封侯，何如归早。　时运且宜斟酌，富贵功名，造求非道。靖节田园，子真岩谷，好记古人真乐。此言良可取，被驴嘶恍然惊觉。起来时，欲话无人，赋与黄沙衰草。”①此乃元无名氏作品。作者把“万里封侯”与“靖节田园”两种人生追求相对比，在巧妙的构思中，借助梦境传达出对陶渊明田园生活方式的向往和难以实现的悲凉。该词题于西域故地“古阳关”石门，或以为也许就是成吉思汗军中的汉人或用汉语写作的蒙古色目人信手所写②，足见陶渊明在蒙古统一中原之前就已经远播大漠草原了。

在接受形式上，元代读者也充分继承了宋金等前代读者。这些接受形式丰富多彩，有拟陶、和陶、集陶、评陶、读后感、题画、用韵、以陶名居、选注陶诗、编撰年谱、用典取意、遣词造句、沿用题材，等等。

和陶是元代作家接受陶渊明的一种重要形式。据初步考察，元代有和陶作品的作者至少有 31 位，现存较多和陶诗的作家有方回、刘因、郝经和戴良四家，方回今存和陶诗 20 余首，郝经今存 118 首，刘因今存 76 首，戴良今存 51 首。这些和陶诗在形式上以陶诗原韵限韵，立意、用语或者受原诗启发或者略有变化；多在议论中阐发陶意以期与陶同气相求，其中虽然有一些耐读的佳作，但多缺少新意和余韵。作为个人的一种情趣、爱好，其存在不无价值，但若像苏轼和陶诗一样在相当程度上冲破陶诗明亮光环的笼罩，还缺少精神和艺术上的力度。

画陶与在同陶相关的画上题诗吟咏是两种相互结合的接受方式，这在宋代比较多地存在着，到了元代变得更加普遍。元代士大夫中广泛流行着以陶渊明为题材的图画，除了大画家赵孟頫所画，从元人题画诗文来看，多得不胜枚举，现存者有一百多首（篇）涉及陶画。其中绘画题材涉及“归去来”、“桃源”、“三

① 唐圭璋编：《全金元词》下册，第 1313 页。

② 杨镰：《元诗史》，第 7 页。

笑”、“采菊”、“抚松”、“漉酒”、“夏居”、陶渊明肖像等。题陶画诗比较集中和全面地反映了元代读者的陶渊明观，有的立意精警，有的情趣盎然，多有佳作。

同题共咏是元代读者接受陶渊明的一种重要形式。金代读者已经使用这种形式，比如上面论及的成趣园诗文就是一个典型例证。元初文坛有两个典型的例子，一个是同题共咏“春日田园杂兴”，一个是同题共咏“菊山”。前者有宋遗民吴渭编成《月泉吟社诗》，据《四库全书总目》提要解题，月泉吟社于至元二十三年(1286)征赋《春日田园杂兴诗》，邀请方凤、谢翱、吴思齐评其等级，凡选出二百八十人。《月泉吟社诗》一书“仅载六十人，共诗七十四首”，附录评语。①该书对陶渊明开创的田园诗的阐释从创作到理论皆达到了完全自觉的水平。关于“菊山”同题共咏的诗作收集在《元诗选癸集》中，其中明确涉及陶渊明的作品有九首，即梅实、刘景元、洪颐、马夷中、高煜、祖瑛、僧蕙、慈感和元逊等的同题《菊山诗》。与赵松雪有方外交的祖瑛之诗有序云：

> 吴兴黄君，隐德不仕，责于邱园，自号菊山，盖有慕于靖节者也。靖节之时，八表同昏，南山蔽于阴霾，采菊之际，悠然见之，不能不以之兴怀。其不书义熙，更字元亮，其志将以有为也。其赋归去来而徜徉乎松竹之间，盖知其无可奈何而安之若命者也。岂若吾黄君，老于太平之世，幅巾杖屦，优游田里，为太平之民。莳菊东篱之下，对南山之苍寒，举杯独酌，挹爽气而咀秋香之为乐也。夫靖节之自谓羲皇上人，愿为之而不得者也。若黄君者，其无慊矣。为赋诗一章，歌以侑酒。②

序言把黄菊山同陶渊明做了一个对比，认为陶渊明处动荡之世，“志将以有为”而不得，愿为羲皇上人而不得；而黄菊山“老于太平之世”，有陶渊明的理想生活，却没有陶渊明的遗憾。这当然是为了颂赞“有慕于靖节”的黄菊山，不无美化之词。众多诗人在同题《菊山诗》中嘉赏菊山高雅脱俗的隐逸生活，往往将之比作陶渊明。如刘景元、高煜二人诗云：“陶后又闻黄处士，坐吞山绿茹寒英。”“渊明一去无知音，千载之下得我心。苕溪处士天机深，以此好乐胜华簪。何须膝上横素琴，人间诗卷多清吟。”③此外，以“题徐良夫渔耕”“题徐良夫遂幽轩”“题秀野轩”“友竹轩”等为题同题共咏也多涉及陶渊明，此不赘述。

---

① 〔清〕永瑢、纪昀等：《四库全书总目》，影印清文渊阁《四库全书》本。

② 〔清〕顾嗣立、席世臣编，吴申扬点校：《元诗选癸集》下册，中华书局2001年版，第1386页。

③ 〔清〕顾嗣立、席世臣编，吴申扬点校：《元诗选癸集》，第867页、第1332页。

阅读和编撰年谱也是元代读者接受陶渊明的一种方式。元代人阅读的陶渊明年谱首先当然是宋人编撰的。陶宗仪《南村辍耕录》卷一六云：“宋泰山王质所著《云韬堂绍陶录》，录中首载栗里、华阳二谱。惟先生大节高风，流播千古，而质者乃能次第其出处，作为年谱，且以名吾书绍陶之志，是可尚已。遂录于此云。”①陶宗仪所读的王质《栗里谱》是现存最早的陶谱，它是元代人了解陶渊明的一种渠道。现存元代陶谱只有一种，即《画靖节年谱》，编者赵孟頫（松雪），此为年谱别体——图谱，有图有文。画卷见录于清人陈撰《玉几山房画外录》卷上，又见于潘正炜《听驲楼书画记》续卷上。此外，还有杨奂（紫阳）的《陶渊明年谱》。此谱虽佚，但有名于时，李庭《跋陶渊明年谱序》云：

> 诗家之有年谱，尚矣。所以著出处之实，记述作之由，千载之后，使人诵其诗而知其志，不烦注释，意义朗然。盖自唐宋以来，诸名公皆有，独靖节先生阙焉。今紫阳先生始追而补之，起晋宁康，讫宋元嘉，六十三年之间，灾变废兴，班班可考。学者先读此而后观陶诗，则思过半矣。己酉重阳日谨跋。②

“考李庭字显卿，华州奉先人，金承安四年（1199）生，元至元十九年（1282）卒，据其在世年代，仅淳祐九年（1249）为己酉年，跋则撰于是年。据《杨文宪公考岁略》，今‘紫阳先生’乃是杨奂，而非朱熹。”③此谱作于宋末，而撰者已进入元代。又据《红雨楼书目》，陶宗仪（九成）可能有《陶栗里年谱》一卷，但陶氏《辍耕录》里收的是王质《栗里谱》，他本人即使有，也已经佚失。

以陶名居在宋金已经很盛行，元代读者也乐此不疲。详见《陶渊明与中国园林文化》一节。

四、元代读者服膺的宗师（下）

元代读者对陶渊明为人、诗文的理解和接受有自己的特色。

在为人方面，元代许多读者强调了陶渊明形象豪逸忠愤的一面，这在陶渊明接受史上是很有特点也很有意义的侧面。比如，元人吴澄、虞集、卢挚、耶律楚材、吴弘道等人明确将陶渊明和诸葛亮、张良、屈原等人相提并论，认为陶渊明是有经济才略、功名之心的忠义之士；刘履的《选诗补注》和李公焕的《笺注陶

---

① 〔宋〕王质等撰，许逸民校辑：《陶渊明年谱》，中华书局1986年版，第9页。

② 李修生主编：《全元文》第二册，江苏古籍出版社1999年版，第135页。

③ 谢巍编撰：《中国历代人物年谱考录》，中华书局1992年版，第83页。

渊明集》等在解释陶诗时，着意挖掘甚至不惜曲解陶渊明的忠义之心。与前人相比，元代读者更多地感受到陶渊明豪逸忠愤、阳刚大气的一面，把这一面以审美和理性的方式凸显出来，这是他们在陶渊明接受史上做出的新贡献。明代黄文焕的《陶诗析义》、清代陶澍辑注的《靖节先生集》等经典陶集评注本以儒解陶、注意凸显和发掘陶渊明诗文政治蕴含的思路与此一脉相承，明清时期和近现代陶渊明接受史中强调陶渊明豪放入世一面的言论也可追溯于此。

陶渊明在元代不仅仅是豪放忠愤的志士，还是潇洒飘逸、逍遥陶醉的田园隐士。作为风流飘逸的隐士，陶渊明的种种生活情趣渗透到元代士人的日常生活中。在元代士人看来，陶渊明是完美的，是隐士中的圣贤，可以与巢父、许由、伯夷、叔齐、范蠡、严子陵等高隐典范相提并论。元人尚隐，陶渊明是隐士中屈指可数的典型，陶渊明带着自己的个性符号进入这个行列。于是，元人常在诗文中将陶渊明与他们并称。如卢挚【双调】《蟾宫曲·箕山感怀》云："巢、由后隐者谁何？（试）屈指高人，却也无多。渔父严陵，农夫陶令，尽会婆娑。"①关汉卿【双调】《乔牌儿》云："采蕨薇洗是非，夷齐等巢由辈，这两个谁人似得？松菊晋陶潜，江湖越范蠡。"②在陶渊明身上，元代读者体味最深刻的恐怕要数"醉酒"。陶渊明嗜酒，元前诗人也喜欢用陶渊明饮酒的典故，但多是借酒衬托风雅和陶乐天真，往往不至于喝醉。或者说，元前嗜酒的陶渊明形象还主要是爱好喝酒而已，还不是醉酒者的形象。而在元代诗人的笔下，陶渊明不但嗜酒，而且主要是一位整天醉醺醺、逍遥于酒中乾坤的高士。这种形象几乎出现在每一个接受陶渊明的诗人的笔下。元代士人不但醉酒，而且"醉陶"，单纯的酒精麻醉还不足以解决他们精神上的苦闷，他们还需要借助理想化的隐士形象来进一步"麻醉"自己，在与古代圣贤的共鸣中表达苦闷、消解苦闷，以使灵魂获得解脱和升华。陶渊明在元代士人那里充当了一个文化和审美上的"美酒"的角色。元

---

① 〔元〕卢挚撰，李修生辑笺：《卢疏斋集辑存》，北京师范大学出版社1984年版，第120页。版本下同，不再详注。

② 隋树森编：《全元散曲》上册，中华书局1964年版，第189页。此外，如方回《杂兴十二首（之三）》："子陵湍石上，元亮菊篱边。"（《桐江续集》卷二三，影印清文渊阁《四库全书》本）戴表元《怀通呈阮使君君美时与诸公讲易》："吾评陶渊明，略似段干木。"（《剡源文集》卷二七，影印清文渊阁《四库全书》本）吾丘衍《仇仁父解秩建康有新文曰金渊集》："老去陶元亮，归来向子平。"（《竹素山房诗集》卷二，影印清文渊阁《四库全书》本）鲜于必仁【越调】《寨儿令》："汉子陵，晋渊明，二人到今香汗青。"（隋树森编《全元散曲》上册，第391～392页）查德卿【双调】《庆东原》："锄瓜邵平，思尊季鹰，采菊渊明，清淡老生涯，进退知天命。"（隋树森编《全元散曲》下册，第1162页）

代士人借之忘俗忘忧，也借之搭建起一片没有喧嚣红尘的审美天地。这片天地的理想“符号”首先是桃源和田园。他们多称引桃源，认识到陶渊明是特殊的、独一无二的田园诗人。胡祗遹云：“禾之受风，有此天地，即有此二物。且无馨香姿艳之美，田夫野老从事而不厌者，爱其秋实之成，糊口之利而已，岂知天地造物生意之美？机心一绝，与物闲适之乐，达官贵人日以芗泽纷华美丽炫其目，沉浸醲郁于高堂华屋、名卉珍木之境，一至田畴，恐为草木泥土之所污，蹙然为之不乐。古今幽人隐士，涧阿岩谷躬耕妻织不为不多，亦未尝形容是乐于歌诗。由此观之，自有天地以来，至于今之久，知是乐之极至，而又能声于文者，独晋处士陶渊明一人而已。”①农夫对待田园是功利的，达官贵人对待田园是口是心非的，能够乐田园、“知是乐之极至”且“形容是乐于歌诗”者，千古以来，“独晋处士陶渊明一人而已”。

在诗文方面，陶渊明是元代作家服膺的宗师，尤其是诗歌创作上的宗师。元代诗人不满宋末雕琢诗风，主张“宗唐复古”，“古体宗汉魏两晋，近体宗唐，正是元诗的一个基本特点”②。“宗唐”主要是就格律诗而言，“复古”则主要是就古体诗而言，而陶渊明无疑是元人心目中五言古诗的祖师。方回《送俞唯道序》云：“大概律诗当专师老杜、黄、陈、简斋，稍宽则梅圣俞，又宽则张文潜，此皆诗之正派也。五言古陶渊明为根柢，三谢尚不满人意，韦、柳善学陶者也。”③刘埙《诗说》推崇“杜、黄音响”“陶、柳风味”④。杨载于《诗法家数》中认为诗“写景要雅淡，推人心之至情”⑤。因此，元代的五言古诗宗尚陶、孟、王、韦、柳等人，追求平淡隽永的韵味。元人《诗法正宗》云：“大抵句缚于律而无奇，语周于意而无余，语句之间，救过不暇，均为无味。槁壤黄泉，蚓而后甘其味耳。若学陶、王、韦、柳等诗，则当于平淡中求真味，初看未见，愈久不忘。”⑥元人诗多有直接得于陶诗者。如，戴表元称方回“于陶、谢学其纡徐”⑦，吴澄《跋冯元益诗》称

---

① 〔元〕胡祗遹：《韩氏南园远风台记》，见《紫山大全集》卷一一，影印清文渊阁《四库全书》本。

② 邓绍基选注：《金元诗选·前言》，人民文学出版社 2005 年版。

③ 〔元〕方回：《桐江集》卷一，见《宛委别藏丛书》第一〇五册，江苏古籍出版社 1988 年版。

④ 〔元〕刘埙：《雪崖吟稿序》，见《水云村稿》，影印清文渊阁《四库全书》本。

⑤ 〔清〕何文焕辑：《历代诗话》下册，中华书局 2004 年版，第 731 页。

⑥ 旧题〔元〕揭曼硕或虞集《诗法正宗》，见张健编《元代诗法校考》，北京大学出版社 2001 年版，第 321 页。

⑦ 〔元〕戴表元：《剡源戴先生文集》卷一〇，影印清文渊阁《四库全书》本。

“冯元益诗效陶靖节、韦苏州，欲其冲澹，自然而然”①，程钜夫在《卢疏斋江东稿引》中称卢挚“意尚清拔”，“匠旨辑辞”取于陶、韦。② 元代著名作家郝经、吴澄、虞集、揭傒斯、张养浩、倪瓒等人的五言古诗甚至其他体裁的诗作多有继承陶诗平淡自然、真率悠远的风气。因为元人论诗尚辨体，所以在艺术上，陶诗首先是被当作一种特殊诗体看待的。他们格外看重这种诗体“真”的特点，而且值得注意的是，元代人还从“真”和自然的角度认识陶诗之“境”。方回在《心境记》中认识并揭示了陶诗特殊的意境美，这是元代读者了不起的创见，在陶渊明接受史上具有突破性的意义，它在一定程度上超越了以平淡自然、真醇清旷等概念论陶的时代。

田园隐逸是元散曲最重要的内容之一，陶渊明及其诗文在创作上对元散曲的影响也鲜明地表现在这里。其中受陶渊明影响的作品不胜枚举。白朴【双调】《得胜乐・秋》、马致远【南吕】《四块玉・恬退》三章之二、张养浩【中吕】《朝天曲・咏四景》、张可久【中吕】《普天乐・次韵归去来》、鲜于必仁《越调・寨儿令》等可称优秀代表。这些与陶渊明相关的散曲或写田园生活和景色，或咏隐逸高情，或寄寓愤世之情，多短章逸韵、飘逸超俗，语言以清雅为主。元散曲中还有在套数中专门以“闲居”“隐居”等为题且受陶渊明影响者，其中卢挚【双调】《沉醉东风・闲居》③、王实甫【商调】《集贤宾・退隐》④雅俗结合，可称翘楚。元散曲中的这类作品虽然在题材、意趣上与陶渊明诗文相通，但由于运用了全新的艺术形式和特殊的腔调韵味，特色十分鲜明。可以说，这是陶渊明开创的田园隐逸题材的诗文在特定时代的新发展。陶渊明接受史上众多的和陶诗、拟陶诗因亦步亦趋地效仿原作，局囿在五言古诗雅正平淡的诗学樊篱中，大多难以显示独特的个性，以致失去了在文学史上的独立价值，而同类题材的元散曲借助陌生化的艺术形式和时代意趣在很大程度上克服了个性不足的缺点。这是陶渊明接受史上学习陶诗时值得肯定的成功范例。

元代读者在接受陶渊明的《闲情赋》和一些诗文意象上也有自己的特色。他们通过《闲情赋》认识了陶渊明“有情”的一面，认为陶渊明写作《闲情赋》“不

---

① 〔元〕吴澄：《吴文正公集》卷七三，影印清文渊阁《四库全书》本。

② 〔元〕程钜夫：《雪楼集》卷一四，影印清文渊阁《四库全书》本。

③ 〔元〕卢挚撰，李修生辑笺：《卢疏斋集辑存》，第100页。

④ 隋树森编：《全元散曲》，第292页。

害其为处士节”[1],又通过诸多诗文意象认识了陶渊明高雅悠远的风神,对菊花、无心云、无弦琴等意象心有灵犀,多发胜解。

随着新的文学形式——元杂剧的出现,陶渊明及其作品也被搬到舞台上,这是陶渊明接史上的崭新现象。

陶渊明最早被写入戏剧是在南宋,几乎与戏剧的兴起同步。音乐是戏曲的重要因素,第一个将陶渊明作品与音乐结合起来的读者当属苏轼。苏轼《与朱康叔二十首(之十三)》云:“旧好诵陶潜《归去来》,常患其不入音律,近辄微加增损,作《般涉调哨遍》。”[2]《哨遍》今存,其前小序云:“陶渊明赋《归去来》,有其词而无其声。余既治东坡,筑雪堂于上,人俱笑其陋,独鄱阳董毅夫过而悦之,有卜邻之意。乃取《归去来词》,稍加隐括,使就声律,以遗毅夫。使家僮歌之,时相从于东坡,释耒而和之,扣牛角而为之节,不亦乐乎?”[3]苏轼用当时的《般涉调哨遍》隐括《归去来兮辞》,符合时调的韵律,便于歌唱。苏轼的做法直接影响了辛弃疾,辛氏也有一篇《哨遍》词,但隐括的不单纯是《归去来兮辞》,而是借陶渊明生平典实自抒胸臆。[4] 这虽然是词作,但由于可以演唱,可以“扣牛角而为之节”,也就为陶渊明走向戏曲开启了端倪。宋末元初,周密(号四水潜夫)在《武林旧事》卷一〇“官本杂剧段数”录《五柳菊花新》。[5] 王国维在《宋元戏曲史》第五章《宋官本杂剧段数》中认为《五柳菊花新》属于普通词调。王国维认为“其单用词调或曲调者,只有一曲,当以此曲循环敷演”[6]。若按照王国维的意见,此《五柳菊花新》是用当时词调连缀敷衍的一段可以搬演的陶渊明故事。

元代涉及陶渊明戏的剧作至少有六种,其中有两个戏剧家值得注意:一个是尚仲贤,一个是王子一。尚仲贤,真定人,江浙省省务提举。贾仲明题词称他“弃官归去捻渊明”[7]。此时还有《陶渊明归去来辞》杂剧,题目又作《归去来

---

① 〔元〕杨维桢:《续夋二十首序》,见〔清〕顾嗣立编《元诗选》初集下,中华书局1987年版,第2007页。

② 〔宋〕苏轼撰,孔凡礼点校:《苏轼文集》第四册,第1788页。

③ 〔宋〕苏轼撰,龙榆生校笺:《东坡乐府笺》卷二,中华书局香港分局1979年版,第6页。

④ 〔宋〕辛弃疾撰、邓广铭笺注《稼轩词编年笺注》(上海古籍出版社1993年版)第424页录其词。

⑤ 〔宋〕四水潜夫辑:《武林旧事》,西湖书社1981年版,第155页。

⑥ 王国维:《宋元戏曲史》,东方出版社1996年,第54~55页。

⑦ 〔元〕钟嗣成:《录鬼簿》,上海古籍出版社1978年版,第73页。

兮》《陶渊明归去来兮》等①，钟嗣成《录鬼簿》著录。《太和正音谱》录尚仲贤《归去来兮》第四折【正宫调】二首：

【倘秀才】面对着青山故友，眼不见白衣送酒。（我则怕）明日黄花蝶也愁，（好教我）情绪懒，意难酬，无言低首。

【灵寿杖】（即【呆骨朵】）西风落叶山容瘦，（呀呀的）雁过南楼，霜满汀洲，水痕渐收，山泼黛层层险，水泛碧粼粼皱。（记的是）清明三月三，（不觉又）重阳九月九。②

曲词素雅清丽，以景传情，意境超俗，摹写渊明情绪和风韵，具体可感，十分传神。可惜全剧已佚，今仅存此二支残曲。王子一，生平不详，据《太和正音谱》，他当是由元入明的剧作家，所作仅见《误入桃源》杂剧一种，又题作《晋刘阮误入桃源》等③，见存。此剧把背景设定为“天下荒芜，干戈并起”（第三折）之际，当是对元末明初社会现实的反映，故被看作元代戏剧。此剧铺写刘晨、阮肇误入天台桃花源洞事，总体上与陶渊明《桃花源记》无涉，但通过具体描写显然可以看出后者的影响。如，男主人公刘晨、阮肇已不是小说中的樵夫，而是被隐逸化了的士人，他们一出场就自白说：“某姓刘名晨，这位兄弟姓阮名肇，俱系天台县人氏。幼攻诗书，长同志趣。因见奸佞当朝，天下将乱，以此潜形林壑之间，无志功名之会。现在天台山下，盖一所茅庵，与兄弟修行办道。岂不闻圣人之言：天下有道则见，无道则隐，倒大来达时务也呵！”④这与砍柴的樵夫显然不同，倒与陶渊明志趣相合，是士人心灵的写照。

此外，元代后期作家汪元亨有《桃源洞》杂剧，题目作《二人误入武陵溪刘晨阮肇桃源洞》，《录鬼簿续编》著录，今佚，当也写及隐逸避世之趣。《录鬼簿续

---

① 〔元〕钟嗣成、〔明〕贾仲明撰，马廉校注：《录鬼簿新校注》，文学古籍刊行社 1957 年版，第 82 页。按：该著所录元代尚仲贤杂剧《陶渊明（王太守白衣送酒，陶渊明归去来兮）》题下注解云：“案曹本作《陶渊明归去来辞》，孟本和《太和正音谱》作《归去来兮》；《永乐大典》卷二〇七四〇《杂剧四》有目。有《太和正音谱》选第四折《正宫调》二首。《北词广正谱》选《正宫调》一首。”又可参庄一拂《古典戏曲存目汇考》卷六著录，上海古籍出版社 1982 年版，第 372 页。

② 〔元〕钟嗣成：《录鬼簿》，第 184 页。

③ 〔元〕钟嗣成、〔明〕贾仲明撰（马廉校注）《录鬼簿新校注》第 36 页于《误入桃源》题下注解云：“案曹本作《刘阮误入桃花源洞》。孟本作《桃源洞》，《曲录》作《刘阮误入天台洞》，王子一有此目。有《太和正音谱》、《北词广正谱》选第四折《双调》一首。”此剧当即王子一所作。臧懋循《元曲选》收录，题作《刘晨阮肇误入桃源》，据《西谛书目》卷五（文物出版社 1963 年版）。

④ 〔明〕臧晋叔编：《元曲选》第四册，中华书局 1958 年版，第 1353 页。

编》云汪元亨“有《归田录》一百篇行于世，见重于人”①。可见他对陶渊明并不陌生。又马致远《晋刘阮误入桃源》（一名《刘阮误入桃源洞》，今存残曲）②、陈伯将《晋刘阮误入桃源》③、刘晋元《小桃源》传奇④等当也与陶渊明有关。又《太和正音谱》著录无名氏《梦天台》一剧，并录其残曲头折【六么序】、第二折【挂金锁】曲，如其残曲头折【六么序】写仙境云：“破丹砂桃瓣如朱，武陵溪岸上将春暮。”又录其第二折【挂金锁】曲云：“弃职休官，寻取个彭泽县；入圣超凡，免走上参罗殿。富似石崇，保不得金谷园；德胜王乔，（我和你）同赴蟠桃宴。”⑤虽写道教升仙，也与陶渊明有关。在尚仲贤、王子一、汪元亨等人的陶渊明戏里，陶渊明及其创造的桃源开始真正通过戏剧舞台的形式亮相，成为陶渊明接受史上一种崭新而富有生命力的文学现象。

元代许多读者还将屈原和陶渊明相提并论，令人惊异的是他们大都肯定陶渊明的人生选择，而否定屈原的愤懑忧愁。屈、陶并称和是陶非屈成为元代读者接受陶渊明过程中又一极富特色的现象。屈原与陶渊明首先以“忠愤”诗人并称。吴澄、虞集、吴师道等人是其中有代表性的读者。屈原和陶渊明还以所嗜爱的寄寓高洁美好节操的植物意象等并称。这早在唐代、北宋时就已经出现，但在元代比较普遍。此外，屈原和陶渊明还以各自的个性特点等并称。在屈、陶并称时，屈原被责备和嘲讽之处有：“违天”（不达道）⑥、“避谗死”（不善于保身）⑦、“行吟泽畔”（眷恋功名、忧愁憔悴——不会安心）⑧、过于执着清醒（不懂得放弃和隐逸也是一种人生）；而陶渊明正相反，屈原欠缺的，他都拥有，他通达大道、明哲保身、不争功名、隐逸自在。值得指出的是，元人对屈原的责备和嘲讽并不是恶意的，表面上是陶非屈、颂陶嘲屈，内里却认为屈、陶精神相通。他们的嘲屈赞陶既是人生理想、人生价值的表达，也是精神苦闷的表征，与那个知识分子难以有所作为的时代密切相关。

---

① 〔明〕贾仲明：《录鬼簿续编》，见《录鬼簿》（外四种），第103页。

② 参王季思主编《全元戏曲》第二卷，人民文学出版社1990年版。

③ 〔明〕贾仲明《录鬼簿续编》著录，佚。庄一拂：《古典戏曲存目汇考》，第374页。

④ 〔明〕高弈：《传奇品》卷下，见《录鬼簿》（外四种），第346页。

⑤ 〔明〕朱权：《太和正音谱》，见《录鬼簿》（外四种），第152页、第211页、第287页。

⑥ 〔元〕郝经：《和陶饮酒十九首（之十）》“屈子重违天，陶公乃达道”，见《陵川集》卷七，影印清文渊阁《四库全书》本。

⑦ 〔元〕马祖常：《读陶潜诗》，见李叔毅、傅瑛点校《石田先生文集》，中州古籍出版社1991年版，第5页。

⑧ 〔元〕张养浩：【双调】《沽美酒·兼太平令》，见隋树森辑《全元散曲》，第401页。

辽、金、元读者尤其是元代读者是敢于行动的一代读者，他们景仰陶渊明，与陶渊明进行心灵沟通，但不满足于玄思，而是进一步落实到行动上，在实际生活中效仿和体味陶渊明及其诗文的风流韵味。这些韵味里有酒的生理陶醉，更有对陶渊明的精神迷醉。他们借助散曲的文学形式，唱出了属于自己时代的"醉陶"之歌；他们理解了陶渊明的风流闲情，深入体悟到陶渊明的弦外之韵，也窥到了陶诗魅力的奥秘，发现了陶诗的"真境"之美；对于陶渊明的苦涩也有自己的品尝，那是超然于屈原又与屈原同样执着的味道。元代人看到了精神、行为和诗文高度统一的理想典范，正如元初作家王恽所云："古今闻人，例善于辞，而克行之者鲜。践其所言，能始终而不易者，其惟渊明乎，此所以高于千古人也。"①他们太爱陶渊明了，禁不住把陶渊明搬上舞台，也请到画里。这是一个时代读者的共同实践和创造，在一些接受成果的侧面有相应的代表人物，如耶律楚材、方回和赵孟頫，但更多是群体的声音，是一群人在推动着陶渊明走向接受史的未来。

第二节　不可替代的士人典范

辽、金、元三代是中国历史上少数民族建立的王朝，三者的历史发展轨迹极其相似，都迅速经历了由游牧民族的奴隶社会向农耕民族的封建社会过渡的风雨历程。这一历程伴随着的不仅是在政治制度层面向汉民族学习，更重要的是在文化精神层面对汉民族先进的封建文明的全方位认同和积极吸收。后者是辽金元读者接受陶渊明的最基本原因。

一、科举取士提供契机

出于现实政治的用人需要和对汉族士人的安抚，辽、金、元代最高统治者表现出卓越的文化眼光和实事求是的务实作风。这首先表现在他们对唐、宋科举制度的继承和借鉴上。会同元年(938)，辽太宗耶律德光得后晋燕云十六州，于是设置科举取士，但一直设废无常。至统和六年(988)，"诏开贡举"，辽代贡举取士步入了正常轨道。贡举分两个阶段进行，前一阶段每年一试，后一阶段三

① 〔元〕王恽：《秋涧先生大全文集》卷七二，《四部丛刊》影印明刊本。

年一试。天祚帝天庆八年(1118)后，一般三年一试进士，“有乡、府、省三试之设”①，“程文分两科，曰诗赋，曰经义”。“圣宗时，止以词赋、法律取士，词赋为正科，法律为杂科。”②后来又改为词赋、经义。辽代共试进士五十三次，放进士“2111 人，今辑录所得只有 190 人，而且殿试、礼部、乡贡三试合计，尚不足所试总人数的百分之一”③。辽代科举虽然主要针对汉人，以笼络汉人为目的，“国制无契丹试进士之条”，但契丹人也不乏“博通经籍”之士，如蒲鲁，他甚至在“重熙中，举进士第”④。今存辽代文集书目十七种⑤，其中，契丹人的文集占多数。

金承宋辽之制，继续实行科举考试，而且有所变通、发展，并呈现出繁盛的局面。金太宗天会元年(1123)，“职员多缺”，“急欲得汉士，以抚辑新附”，设立科举，“南北各因其素所习之业取士，号为‘南北选’”⑥，“辽人应词赋，两河人应经义”⑦；发展到熙宗、海陵王时期，词赋与经义为南北士人所共习，于是变“南北选”为“南北通选”，熙宗天眷元年(1138)五月，“诏南北选各以经义、词赋两科取士”⑧，但事实上南北选仍然存在着，天德三年(1151)才真正“并南北选为一，罢经义、策试两科，专以词赋取士”⑨。世宗、章宗时期，科举制度发展到鼎盛阶段。科目除词赋，又恢复了经义、经童、制举、宏词等科，还专门为女真族设立女真进士科。这时，录取人数不断增加，会试“勿限人数”⑩，突破了大定以前以五百人为限的规定，承安二年(1197)多至九百二十五人。府试之处遍布北国。金代科举考试一直持续到金代灭亡以前的哀宗正大七年(1230)。在科举制度影响之下，学校遍布全国，读书蔚然成风，“士或带经而锄，有不待风厉而乐

---

① 〔宋〕叶隆礼撰，贾敬颜、林荣贵点校：《契丹国志》卷二三《试士科制》条，上海古籍出版社 1985 年版，第 226 页。

② 〔宋〕叶隆礼撰，贾敬颜、林荣贵点校：《契丹国志》卷二三《试士科制》条，第 227 页。

③ 朱子方、黄凤歧：《辽代科举制度述略》，见陈述主编《辽金史论集》第三辑，文献书目出版社 1987 年版，第 8 页。

④ 〔元〕脱脱等：《辽史》卷八九《耶律蒲鲁传》，中华书局 1974 年版，第 1351 页。

⑤ 参王巍《辽代著述研究》，见张畅耕主编《辽金史论集》第六辑，社会科学文献出版社 2001 年版。

⑥ 〔元〕脱脱等：《金史》卷五一《选举志一》，中华书局 1975 年版，第 1134 页。

⑦ 〔宋〕宇文懋昭撰，崔文印校正：《大金国志校证》卷五《太宗文烈皇帝三》，中华书局 1986 年版，第 84 页。

⑧ 〔元〕脱脱等：《金史》卷五一《选举志一》，第 1134 页。

⑨ 〔元〕脱脱等：《金史》卷五一《选举志一》第 1135 页。

⑩ 〔元〕脱脱等：《金史》卷五一《选举志一》，第 1135 页。

为之者”①。金代文人多为举子出身。据《金史·艺文传》统计,在金代成长起来的二十七个文人有十九人进士出身;据《中州集》统计,金代二百九十四个诗人中有一百五十七人进士出身。② 著名作家如蔡珪、党怀英、王寂、赵秉文、王若虚、元好问等无不是科举出身。

科举考试涉及的文化典籍相当广泛,“凡经,《易》则用王弼、韩康伯注,《书》用孔安国注,《诗》用毛苌注、郑玄笺,《春秋左氏传》用杜预注,《礼记》用孔颖达疏,《周礼》用郑玄注、贾公彦疏,《论语》用何晏集注、邢昺疏,《孟子》用赵岐注、孙奭疏,《孝经》用唐玄宗注,《史记》用裴骃注,《前汉书》用颜师古注,《后汉书》用李贤注,《三国志》用裴松之注,及唐太宗《晋书》、沈约《宋书》,萧子显《齐书》、姚思廉《梁书》《陈书》、魏收《后魏书》、李百药《北齐书》、令狐德棻《周书》、魏征《隋书》、新旧《唐书》、新旧《五代史》,《老子》用唐玄宗注疏,《荀子》用杨倞注,《扬子》用李轨、宋咸、柳宗元、吴秘注,皆自国子监印之,授诸学校”③。其中,《晋书》《宋书》有陶渊明的传记,《隋书》《旧唐书》《新唐书》著录过《陶渊明集》。若考试词赋,《文选》也是必读书。赵秉文在给李天英的书信中论到作诗的师法对象时,曾经提到“为诗当师《三百篇》《离骚》《文选》《古诗十九首》,下及李、杜”④等。这些都是金代读者直接接受陶渊明的契机。

虽然元代汉族士人的科举之路很艰难,但元代统治者也为恢复科举考试做出了努力。读书人即使不准备科举考试,也接受南宋汉族文化传统,接受基本的传统文化教育。值得注意的是,科举考试所提供的进仕之途的堵塞及民族政策造成的仕途坎坷又为元人接受陶渊明提供了必要的出世心态,具体论述详后。

二、重视汉族文化奠定基础

辽、金、元统治者对汉族文化的重视还表现在对汉族典籍文物、知识人才的重视和对孔子儒教的尊崇上。辽、金、元三代开国雄主们不约而同地实行了以下政治举措,史称:

---

① 〔金〕元好问:《寿阳县学记》,见姚奠中主编、李正民增订《元好问全集》(增订本),山西古籍出版社2004年版,第674页。

② 参赵冬晖《金代科举制度研究》,见中国辽金史学会编《辽金史论集》第四辑,书目文献出版社1989年版。

③ 〔元〕脱脱等:《金史》卷五一《选举志一》,第1131~1132页。

④ 〔金〕赵秉文:《滏水集》卷一九,影印清文渊阁《四库全书》本。

辽起松漠，太祖以兵经略方内，礼文之事固所未遑。及太宗入汴，取晋图书、礼器而北，然后制度渐以修举。至景、圣间，则科目聿兴，士有由下僚擢升侍从，骎骎崇儒之美。①

(金)太宗继统，乃行选举之法，及伐宋，取汴经籍图，宋士多归之。熙宗款谒先圣，北面如弟子礼。世宗、章宗之世，儒风丕变，庠序日盛，士繇科第位至宰辅者接踵。当时儒者虽无专门名家之学，然而朝廷典策、邻国书命，粲然有可观者矣。金用武得国，无以异于辽，而一代制作能自树立唐、宋之间，有非辽世所及，以文而不以武也。②

朕(元世祖)获缵旧服，载扩丕图，稽列圣之洪规，讲前代之定制。建元表岁，示人君万世之传；纪时书王，见天下一家之义。法《春秋》之正始，体大《易》之乾元。③

辽、金两位太宗攻下汴京之后，不约而同地掠走经籍图书。宋金议和的条件不仅仅涉及银两财物，还涉及“书五监”④。除了抢夺书籍，他们还抢夺宋代的人才。辽代作家“李澣，初仕晋，为中书舍人。晋亡归辽”⑤。金破汴京“索太学博通经术者三十人，如法以礼敦聘前来”⑥。而在辽、金两代做官的宋代士人更是多有其人。如金初对陶渊明多有接受的蔡松年就是很典型的例子。蔡松年之父蔡靖于宋宣和末降金，元帅府辟松年为令史。“天会中，辽、宋旧有官者皆换授，松年为太子中允，除真定府判官，自此为真定人。”⑦官位高至右丞相，加仪同三司，封卫国公。“崇儒之美”不仅表现在科举取士上，还表现在尊崇孔子上，金“熙宗款谒先圣，北面如弟子礼”⑧，礼待孔子后代，封孔子第四十九代孙为衍圣公，改革礼乐制度，确立了以儒家为主要统治思想的施政路线。之后，世宗、章宗等皆效仿有加。元蒙统治者要完成统一天下的大业，尤其是要把广大汉族人民纳入他们统治的轨道，就必须重视以儒家为主的封建传统文化及受

---

① 〔元〕脱脱等：《辽史》卷一〇三《文学上》，第1445页。

② 〔元〕脱脱等：《金史》卷一二五《文艺上》，第2713页。“汴经籍图”或疑为“汴京籍图”“汴经籍图书”。

③ 〔元〕忽必烈：《建元中统诏》，见〔明〕宋濂等《元史》卷四《世祖本纪一》，中华书局1976年版，第65页。

④ 〔元〕脱脱等：《金史》卷九三《完颜宗浩传》，第2079页。

⑤ 〔元〕脱脱等：《辽史》卷一〇三《文学上》，第1450页。

⑥ 〔宋〕丁特起：《靖康纪闻》，《学津讨源》本。

⑦ 〔元〕脱脱等：《金史》卷一二五《文艺上》，第2715页。

⑧ 〔元〕脱脱等：《金史》卷一二五《文艺上》，第2713页。

封建传统文化教育成长起来的汉族知识分子。事实上,受有识见的儒家知识分子(如耶律楚材)的影响,铁木真的继承者窝阔台一度改变奴役儒士的政策,任用儒士,甚至不顾蒙古贵族的反对,在金灭亡后的第四年——太宗十年(1238),实行了第一次科举考试——"戊戌选",参加考试的有"四千三十人,免为奴者四之一"①,今天可考者尚有二十四人。② 忽必烈更是大力实行"汉法"。他周围聚集了一大批儒士,如对陶渊明接受甚多的郝经、刘秉忠等人就是其中重要的代表。宪宗二年(1252),忽必烈欣然接受了"儒教大宗师"的称号③。从他的建元诏书来看,忽必烈显然是在以中原封建正统的继承者自居。随着元王朝的建立和稳定,儒家文化一直是被统治者承认的一种主流文化。

辽金统治者还注意翻译以儒家思想为主的汉族文化典籍。现存辽代译为契丹文的典籍,除了佛经子书,还有萧韩家奴译的《五代史》《贞观政要》,辽圣宗译的《讽谏集》等。金"自大定四年,(世宗命)以女直(真)大小字译经书颁行之"④。所译开始有《五经》中的《书》《易》《春秋》,后来又译《诗》《礼》。广宁尹耶律固曾"奉诏译书"⑤。

对唐宋科举制度的继承,对孔子儒教的尊崇,对汉族典籍的掠夺、翻译和普及,无疑就是对汉族文化的一种弘扬与普及,它既为辽金元少数民族读者提供了接受陶渊明的直接契机,也塑造了类似于汉族士人的文化心理和审美心理,为辽金元读者接受陶渊明奠定了文化心理基础。特别是科举取士,其意义除了调和了汉族与少数民族之间的矛盾,为少数民族的封建统治提供了大量政治人才,更在于促进了中国传统文化在士人中的普及和发展。在少数民族融入中华民族大家庭的历程中,科举制度使汉族对少数民族士人的影响由生活方式、政治制度层面进入文化精神和审美创造层面。陶渊明是中国传统文化史上耀眼的星辰,至少从中唐的韦应物、白居易开始,陶渊明除了人格的影响,他的诗文开始普遍获得士人的推崇,并作为一种具有田园个性的平淡精神浸润到文学、文化领域,最后在宋代被苏轼推崇到极致。陶渊明已经成为接受传统文化绕不开的基础人物。由于统治者对以儒家文化为主的汉族文化的提倡,由于科举制度的推行,深受传统文化熏染的辽金少数民族士人和辽金元统治下的汉族士人

---

① 〔明〕宋濂等:《元史》卷一四六《耶律楚材传》,中华书局 1976 年版,第 3461 页。

② 可参黄仁生《论元代科举与辞赋》,载《文学评论》1995 年第 3 期。

③ 〔明〕宋濂等:《元史》卷一六三《张德辉传》,第 3825 页。

④ 〔元〕脱脱等:《金史》卷五一《选举志一》,第 1133 页。

⑤ 〔元〕脱脱等:《金史》卷一二五《文艺上》,第 2720 页。

接受陶渊明便是顺理成章的事。

三、苏轼、黄庭坚等人的影响

金代、元代读者接受陶渊明、兴起和陶之风，与苏轼、黄庭坚等人在两代的强大影响密不可分。这在金代尤其突出。元好问总结金代文学说：“百年以来，诗人多学坡、谷。”①清人翁方纲、王士禛等也一再指出金代“苏学盛于北”②的事实，认为“蔡松年、赵秉文之属，盖皆苏氏之支流余裔”；“金人之尊苏，不独文也，所以士大夫无不沾丐一得”③。赵翼《瓯北诗话》卷十二多举金人集中牵涉苏轼、黄庭坚者为例，论证北宋人著述流布金元的情况。后来，元好问、王若虚等人认识到苏轼和江西诗派影响的流弊，于江西诗派多有指摘，倡论“北人不拾江西唾”④。钱锺书先生在《谈艺录》第四十五条中辨析之后说：“亦一时快语，未堪尽信。”⑤信然！今人胡传志曾以“金代文学与苏轼”为题专门探讨过苏学在金代初、中、末期的影响情况，认为“纵观金代文学，苏学一直贯穿始终。金代文学的得与失，都与苏轼相关”⑥。粗略翻检《全金诗》，我们已经发现苏轼对金代诗人的影响甚大。如高士谈《次韵东坡定州立春日诗》，蔡珪《雪拟坡公韵》，朱之才《次韵东坡跋周昉所画欠伸美人》《后薄薄酒》，朱弁《龙福寺煮东坡羹戏作》，刘从益《岁除夕次东坡守岁韵》《次韵别岁》《次韵馈岁》《题苏李合画渊明濯足图》，赵秉文《东坡赤壁图》《拟东坡谪居三适》《题东坡与佛印帖》，李纯甫《赤壁风月笛图》，刘祖谦《雅集图》，元好问《赤壁图》《题苏氏宝章》，曹之谦《东坡赤壁图》，冯璧《题东坡海南烹茶图》，田锡《过东坡墓》等，皆直接得苏轼泽惠。此外，许多集句诗中也多有苏轼的诗句，如高士谈《集东坡诗赠程大本》《晚起戏集东坡句二首》，李遹《集句题广陵胜览亭》，李俊民的七言绝句集古等。值得指出的是，在这些直接受苏轼影响的诗作中，许多都提到了陶渊明，如

---

① 〔金〕元好问：《赵闲闲书拟和韦苏州诗跋》，见姚奠中主编、李正民增订《元好问全集》（增订本），第844页。

② 〔清〕翁方纲：《斋中与友论诗五首（之三）》，见《复初斋诗集》卷六二，清刻本；〔清〕王士禛：《带经堂诗话》卷四，清乾隆二十七年刻本。

③ 〔清〕翁方纲：《石洲诗话》卷五，见郭绍虞编选、富寿荪校点《清诗话续编》下册，上海古籍出版社1983年版，第1446～1447页。

④ 〔金〕元好问：《自题中州集后五首（之二）》，见姚奠中主编、李正民增订《元好问全集》（增订本），第321页。

⑤ 钱锺书：《谈艺录》，商务印书馆2016年版，第403页。

⑥ 胡传志：《金代文学研究》，安徽大学出版社2000年版，第57页。

《集东坡诗赠程大本》《晚起戏集东坡句二首》、李俊民的七言绝句集古《重九日》、刘从益《题苏李合画渊明濯足图》等都用到陶典、陶语，且集句诗中本来就是苏轼诗的原句。

元代方回等人和陶都明显受到苏轼的影响。如方回和陶、拟陶有自身遭遇感慨上的原因，也受苏轼直接影响。其《和陶渊明饮酒二十首序》云："和陶自苏长公始，在扬州和饮酒二十诗又为和陶之始。是二十诗者，子由、无咎、文潜相继有和。然长公典大藩，子由居政府，无咎通判扬州，皆非贫闲之言。惟文潜所和，在绍圣丙子，罢郡宣城，奉祠明道，闲居宛丘之时。近世严陵滕元秀家贫嗜酒，亦尝和焉。予以严陵旧守，复至秀山。甲申九月九日，屡饮之后，因亦用韵赋此。有文潜之闲，而又有元秀之贫，感兴言志宜也。"①又《拟咏贫士七首序》云："渊明有《咏贫士》诗七首，前二首自谓，后五首引古贤士七人，亦借以自谓也。东坡迁惠州一年，九日无酒，乃追和渊明诗以寄意。夫以侍从偃藩谪仅一年，已云'衣食渐窘，樽俎萧然'，且有'典衣作重九'之句，况予多历患难，休官五年者乎？不敢如东坡和渊明韵，姑以江淹杂拟体赋之。非于贫有憾也，以贫为悦而甘之者也。乙酉九月八日方回序。"②杨维桢《张北山和陶集序》评苏轼和陶诗云："东坡和渊明诗，非故假诗于渊明也。其解有合于渊明者，故和其诗，不知诗之为渊明、为东坡也。涪翁曰：'渊明千载人，东坡百世士。出处固不同，气味乃相似。'盖知东坡之诗可比渊明矣。"③他认为苏轼和陶并非为了模仿而模仿，而是与陶渊明有千古相合。曾随元世祖南征的申致远有《无弦琴》云："静中有物即萦心，物象相忘趣转深。为报柴桑陶处士，无弦争似更无琴？"④苏轼在《渊明非达》中云："陶渊明作《无弦琴》诗云：'但得琴中趣，何劳弦上声。'苏子曰：渊明非达者也。五音六律，不害为达，苟为不然，无琴可也，何独弦乎？"⑤又在《张安道乐全堂》中云"无琴不独琴无弦"⑥。申致远《无弦琴》诗立意直接得益于苏轼。可见苏轼影响元人和陶、学陶之一斑。

---

① 〔元〕方回：《桐江续集》卷五，影印清文渊阁《四库全书》本。

② 〔元〕方回：《桐江续集》卷九。

③ 〔元〕杨维桢：《东维子集》卷七，影印清文渊阁《四库全书》本。

④ 〔清〕顾嗣立、席世臣编，吴申扬点校：《元诗选癸集》上册，中华书局 2001 年版，第 178 页。

⑤ 〔宋〕苏轼撰，孔凡礼点校：《苏轼文集》第五册，中华书局 1986 年版，第 2029 页。

⑥ 〔宋〕苏轼撰，〔清〕王文诰辑注，孔凡礼点校：《苏轼诗集》，中华书局 1982 年版，第 641 页。

金、元两代读者对陶渊明的认识也多承苏轼、黄庭坚等宋人。宋人推崇平淡美,以平淡论陶定于苏轼。苏轼爱陶为金人所共知,金代诗歌中就有平淡一派。金代诗人中的大家党怀英、赵秉文等人的五言诗宗尚平淡。元好问等人论到平淡诗风,也曾将之与陶渊明相联系,如评赵秉文诗“真淳古淡似陶渊明”,又云“近世苏子瞻绝爱陶、柳二家,极其诗之所至,诚亦陶、柳之亚”①。可见元好问对苏轼与陶渊明的关系有很深的理解,他评陶及受陶影响之作家的观点深受苏轼的影响。又如金代读者认为“渊明千载人”的观点就得自黄庭坚等人。此后,南宋士人多承其说,如韩淲《九日次陶韵》云:“一歌百世苏,重歌千载陶。”②楼钥《谢湖山居士示和陶诗(吴给事芾)》云:“渊明千载人,风节仰孤峭。”③金代的和陶诗时时引禅入陶,有苏轼和陶诗的影子。即使批评苏轼次韵诗有失自然,也可以看出金代读者接受陶渊明时从苏轼那受到的影响。如王若虚《滹南诗话》批评苏轼云:“东坡酷爱《归去来辞》,既次其韵,又衍为长短句,又裂为集字诗,破碎甚矣。陶文信美,亦何必尔,是亦未免近俗也。”④如果不是熟悉苏轼接受陶渊明的情况,王若虚的批评很难如此中肯。方回《张泽民诗集序》评陶曰:“渊明诗,人皆以为平淡,细读之,极天下之豪放,惟朱文公能知之。”⑤明显是朱熹评陶言论的翻版。王义山《乾坤清气诗选跋》云:“东坡谓渊明好诗甚多,《文选》未尽录。吕东莱编诗,谓渊明诗如《归田园》、如《问来使》,与夫《饮酒》《责子》《拟古》等诗,皆《文选》所遗。诗岂易选哉!”⑥陆文圭《江阴有〈桃源图〉,方圆尺许,宫室人物,如针粟可数。相传有仙宿民家,刻桶板为之,一夕而成,明日遁去。友人以本遗,余戏题二绝(之二)》自注云:“洪驹父诸人论桃源,谓陶《记》中本言避秦者,初非仙也。东坡、荆公诗得之。如王摩诘、退之、梦得皆误。然余考之本记,亦有可疑,如渔人回舟,竟不能认前路。后有问津者辄死,桃源果在世间何不可复见耶?”⑦可见王义山等人对宋人接受陶渊明诗文的观点是很熟悉的。

---

① 〔金〕元好问:《〈东坡诗雅〉引》,见姚奠中主编、李正民增订《元好问全集》(增订本),第751页。

② 〔宋〕韩淲:《涧泉集》卷一,影印清文渊阁《四库全书》本。

③ 〔宋〕楼钥:《攻媿集》卷一,影印清文渊阁《四库全书》本。

④ 丁福保辑:《历代诗话续编》上册,中华书局2006年版,第514~515页。

⑤ 〔元〕方回:《桐江集》卷一,《宛委别藏丛书》第一〇五册,江苏古籍出版社1988年版,第21页。

⑥ 〔元〕王义山:《稼村类稿》卷一〇,影印清文渊阁《四库全书》本。

⑦ 〔元〕陆文圭:《墙东类稿》卷二〇,影印清文渊阁《四库全书》本。

此外，元代人的陶集读本承接宋代而来，也是元代读者接受陶渊明的重要媒介。元人马端临《文献通考》著录三种与陶渊明相关的著作。一种是《陶靖节集》十卷，目下录晁公武《郡斋读书志》提要云，该本乃源自阳休之的宋庠家传十卷本，当是元代通行本之一。该本提要之后附录苏轼、黄庭坚、杨时、朱熹、真德秀和刘克庄等人的评陶言论各一则。《文献通考》著录的第二种书是"《靖节年谱》一卷，《年谱辩证》一卷，《杂记》一卷"，目下录陈振孙《直斋书录解题》云："吴郡吴仁杰斗南为《年谱》，张演（缜）季长辩证之，又杂记晋贤论靖节语。此蜀本也。"①这第二种书当是"蜀本"陶集的附录。《文献通考》著录的第三种书是汤汉的《靖节诗注》四卷，其下提要特别提到该本"以《述酒》一篇为晋恭帝哀词"，并录汤汉自序云："陶公诗精深高妙，测之愈远，不可漫观也。不事异代之节，与子房五世相韩之义同。既不为狙击震动之举，又时无汉祖者可托以行其志，故每寄情于首阳、易水之间。又以《荆轲》继《二疏》《三良》而发咏，所谓'拊己有深怀，履运增慨然'者，读之亦可以深悲其志也已。"②在宋人陶集的基础上，元人也有自己整理的陶渊明作品，其中流传至今的有三种。第一种是元初李公焕《笺注陶渊明集》十卷。注文多吸收宋人言论，卷首总论部分辑录朱熹、杨时、真德秀、胡仔（《苕溪渔隐丛话》）、苏轼、葛常之、黄庭坚、陈师道、姚宽（《西溪丛语》）、陈知柔（《休斋诗话》）、蔡宽夫、汤汉、祁宽、张缜十四家二十三条评陶言论；正文笺注基本不注异文，偶有按语、释词，大量吸收萧统、《文选注》和宋人的相应评语，可谓元人为陶集作注的集大成之作。第二种是陈仁子的《文选补遗》。陈仁子于陶诗选三十九题八十一首之外选收陶赞及赋、祭文计十四篇，实是对《文选》选陶诗太少的一种反拨。第三种是刘履的《选诗补注》。其选诗宗旨本于真德秀《文章正宗》，录魏晋名家诗，以陶渊明最多，共二十题三十七首，其次是谢灵运，录二十四题二十五首。此外还有已经佚失的《陶集注》三卷（王沂撰）、《陶渊明集》十卷（詹若麟撰）。上述诸书注陶多引宋人汤汉、赵泉山等人语，詹若麟《陶渊明集补注》也"因汤所注而广之"③，宋人的著作及其评陶言论无疑直接影响了元代读者。

---

① 〔元〕马端临：《文献通考》卷一三〇，影印清文渊阁《四库全书》本。

② 〔元〕马端临：《文献通考》卷二三〇。

③ 〔元〕吴澄：《（詹若麟）渊明集补注序》，见《吴文正集》卷二一，影印清文渊阁《四库全书》本。

四、特殊的政治、社会原因

金代、元代读者接受陶渊明还有政治、社会方面的特殊原因，这是他们同陶渊明产生共鸣的生活基础。金初统治者借才异代，主要是出于政治统治的需要，当然也就无暇考虑辽宋士人的情感选择。一句话，金初汉族士人仕金带有很大的强迫性。因此，深受传统文化影响的辽宋士人心中时时鼓荡着乡国之思和屈仕异代的情感波澜。同时，金代统治者对他们既利用又提防，仕途凶险不测，这让金初辽宋士人又多了一层忧虑。他们渴望摆脱忧思以使灵魂获得安宁，他们渴望回归故园以使精神获得安顿，于是他们的回归心态同陶渊明取得了遥远的共鸣。金初的主要文人宇文虚中、蔡松年、高士谈、吴激、张斛等人都是金太宗从北宋罗致来的人才。他们对陶渊明都有所接受，诗作中时常响彻着归去来兮的声音和故国之思：

昭文不鼓缘何意，靖节无弦且寄情。乞与南冠囚絷客，为君一奏变春荣。（宇文虚中《从人借琴》）①

誓收此身去，田园事春耕。（蔡松年《漫成》）②

吾庐想见扶疏树，宦意浑如浩荡鸥。（蔡松年《和子文寒食北潭》）③

独上层楼意已阑，栏干倚遍悄无言。白衣不至黄花少，怅望庭闱涕泪繁。［洪皓《重九彦清出猎，独处无聊二首（之一）》］④

万里流离只一身，东西南北与谁亲。登高且伴高僧话，揖孟怀陶任世人。（洪皓《次李通奉韵见招二首（之一）》）⑤

他们的隐逸心态因此也向陶渊明靠近：

蓬蒿似欲荒三径，疏懒谁知意更长。（宇文虚中《郊居》）⑥

怡颜眄庭柯，明目增遥岑。……巷陋颜子乐，地偏陶令心。（高士谈《予所居之南，下临短壑，因凿壁开窗，规为书室。坐获山林之趣，榜曰野斋，且作诗约诸友同赋》）⑦

---

① 薛瑞兆、郭明志编纂：《全金诗》第一册，南开大学出版社 1995 年版，第 17～18 页。
② 薛瑞兆、郭明志编纂：《全金诗》第一册，第 106 页。
③ 薛瑞兆、郭明志编纂：《全金诗》第一册，第 112 页。
④ 薛瑞兆、郭明志编纂：《全金诗》第一册，第 52 页。
⑤ 薛瑞兆、郭明志编纂：《全金诗》第一册，第 61 页。
⑥ 薛瑞兆、郭明志编纂：《全金诗》第一册，第 16 页。
⑦ 薛瑞兆、郭明志编纂：《全金诗》第一册，第 23～24 页。

容膝易安聊自适,瓮天闲看舞醯鸡。(姚孝锡《柳溪别墅》)①

穷巷无来辙,贫家有旧醅。(吴激《穷巷》)②

据史料记载,上面列举的诗人都是从南入北的士人,而且多在凶险的政治斗争中不得善终或者遭遇坎坷。宇文虚中以六十七岁高龄谋起事南归,事败被杀;高士谈受此事件牵连被杀;蔡松年几乎是在完颜亮一怒之下惨遭横祸;洪皓使金被留,迫仕不从,皇统三年,才因宋金议和,得赦南归;吴激是宋代宰相之子、米芾女婿,使金被留;姚孝锡于靖康二年后入金暂仕,旋即称病闲居,放浪山水,以诗酒自娱。可见他们都因家国之难和身处异乡而很容易同陶渊明在归去和隐逸上获得共鸣。

金代中期,随着政治的稳定和经济的发展,在金代生长起来的新一代士人的心态相对平稳,不再有金初辽宋入金士人思念故土与眷恋旧朝的心灵矛盾与痛苦,在诗歌领域悄然而起闲适之风。特别是党怀英、赵秉文,更把闲适平淡的诗风同陶渊明联系在一起。金宣宗贞祐二年(1214),受蒙古强大军事攻势的威胁,金室被迫南渡黄河,由于战祸连绵、内忧外困,从此日趋直下,国势顿衰,终至灭亡。虽然文学作品中多有慷慨悲壮之音,但消极避世之风也蔚然而起。他们在山水田园间逍遥自遣,怀着"但使平生忠义在,乐天知命复奚疑"③的价值理念,"几若淡然与世相忘者"④,把亡国之痛萧然寄寓到陶渊明式的旷达和忠义里。所谓"陶之达,杜之忧,盖兼而有之"⑤正说明了这一点。这与南宋末年爱国士人与陶渊明的深刻共鸣血脉相通。元代之初,一部分南宋士人接受陶渊明的原因也可作如是观。

元代读者接受陶渊明还有自己的特殊性,那就是由于民族政策的影响,元代知识分子尤其是汉族知识分子在仕途中往往坎坷不遇、沉沦下僚,即使有幸为官者,也备受猜忌,这让他们深感仕途凶险。秦竹村的套数【双调】《行香子·知足》很形象地刻画出了元代士人的追求与幻灭心态。全曲前半部分如下:

壮岁乡闾,养志闲居。二十年窗下工夫。高探月窟,平步云衢。一张琴,三尺剑,五车书。

[庆宣和]引个奚童跨蹇驴,竟至皇都。只道功名掌中物,笑取,笑取。

---

① 薛瑞兆、郭明志编纂:《全金诗》第一册,第86页。

② 薛瑞兆、郭明志编纂:《全金诗》第一册,第69页。

③ 〔金〕段克己:《寿家弟诚之》,见《二妙集》卷四,影印清文渊阁《四库全书》本。

④ 〔元〕吴澄:《〈二妙集〉原序》,见《二妙集》。

⑤ 〔元〕吴澄:《〈二妙集〉原序》,见《二妙集》。

[锦上花]高引茅庐,无人枉顾。不遇知音,难求荐举。慷慨悲歌,空敲唾壶。落魄无成,新丰逆旅。

[幺]古今千百年,际会几人遇。试把前贤、从头细数:应聘文王、渭滨渔夫,梦感高宗、商岩版筑。

[清江引]蹭蹬几年无用处,枉被儒冠误。改业簿书丛,倒得官人做。元龙近来豪气无。

[碧玉箫]今我何如,对镜嗟吁。岁月催促,霜染半头颅。老矣夫,终焉计尚疏。南山敝庐。收拾园圃,安排隐居,效靖节先生归去。①

元代士人多仕进艰难,苦读半生后,满以为可以“平步云衢”,没有想到仕途碰壁,“落魄无成”;然后才蓦然惊醒,看清历史和现实,对未来做出新的选择:不得不“效靖节先生归去”,在政治体制之外寻求别样的人生。一句话,元代知识分子从传统的中心位置被挤到了边缘。同时,身在仕途者也因等级体制带来的屈辱而向往隐逸,“自隐居,谢尘俗,云共烟,也欢虞。万山青绕一茅庐,恰便似画图中间裹着老夫。对着这无限景,怎下的又做官去”②;“罢罢要要,茫茫世界尽宽大。五斗米折不得彭泽腰,一碗饭受不得淮阴跨。种几亩邵平瓜,卜几文君平卦。哈哈,快活煞!心窝里无牵挂,耳跟厢没嘈杂。哈哈,世上人劳劳堪讶”③!与以往相对重视士人的时代相比,民族政策下的屈腰之辱使得个体的自由洒脱、等级体制之外的生活显得更具有诱惑力,功业和仕途之外的生活如市井、田园、隐逸等向他们敞开了,而田园隐逸本来就有传统文化的价值支撑,一大批优秀的隐逸士人已经做出了千百年的实践,其中不仅有功成身退的范蠡、鲁仲连,而且有缺乏功业、逍遥于政治体制之外的严陵、陶渊明。尤其是陶渊明,他为隐逸生活注入了无比丰富多彩的诗意,提供了一般人可以效仿的实践。作为士人、诗人,陶渊明因此成为一代文化和文学史上不可替代的可以寄托人生的典范。

---

① 隋树森编:《全元散曲》,中华书局 1964 年版,第 1246 ~ 1247 页。

② 〔元〕张养浩:【双调】《胡十八》,见隋树森编《全元散曲》,第 403 页。

③ 〔元〕无名氏:【小石调】《归来乐五首(之一)》,见隋树森编《全元散曲》,第 1717 页。

第二章　真淳与豪放

第一节　赵秉文等人古淡真淳的学陶之作

辽金元读者得江山之助，受游牧民族草原文化的熏陶，性格质朴雄豪；同时又受中原农耕文化的影响，向往封建文明尤其是宋代文化的高雅风流。这使辽金元读者在接受陶渊明时既继承传统，感受陶渊明身上高雅脱俗的志趣，同时也与其精神上自由、傲慢和豪放激荡的侧面产生共鸣。他们认同陶诗的平淡，对陶渊明发自天性的真淳更有感触。金代中后期的著名作家赵秉文和元好问等人可称读者中的代表人物。

金代初期，借才异代，由宋入金的作家们对陶渊明的接受主要是借助陶典、陶趣、陶语抒情言志，表达弃官归去之旨、对故国故乡的思念和对高雅脱俗志趣的追慕；在诗风上，除了蔡松年，绝少自觉以陶渊明为典型进行模拟和学习者。

蔡松年（1107—1159），字伯坚，自号萧闲老人，北宋宣和末年（1125）随父降金时，已十九岁。蔡松年仕至右丞相，封卫国公，卒谥文简。他虽官运亨通，却因身仕异朝的犹豫和苦闷而常有远离官场之念。其《雨中花》词序借陶渊明《归去来兮辞》语句自白云：“自幼刻意林壑，不耐俗事……长大以来，遭时多故，一行作吏，从事于簿书鞍马间，违己交病，不堪其忧。”①“吾庐想见扶疏树”②，便觉宦意渺茫，认为“适意在归与，肉食非我谋”［《庚申闰月，从师还自颍上，对新月独酌十三首（之一）》］，希望早日归去来兮。虽然蔡松年终生没有走向隐居，但他的心灵中有一片令他魂牵梦绕的隐逸绿洲，在那里，“落身尘网”“低眉受机

① 唐圭璋编：《全金元词》上册，中华书局1979年版，第11页。

② 〔金〕蔡松年：《和子文寒食北潭》，见〔金〕元好问编《中州集》甲集第一，《四部丛刊》影元刊本。

械”“身宠神已辱”的拘束和苦闷暂时得到消解①,身心和谐,自由“萧闲”;这种回归田园、回归自我的渴望往往与陶渊明式的人生思索和选择相联系。蔡松年今存诗五十九首,其中留有陶渊明痕迹者十六首②。其五言诗共三十二首,如《漫成》《淮南道中五首》《丁巳九月,梦与范季霑同登北潭之临芳亭,觉而作诗记其事,以示范》《庚申闰月,从师还自颍上,对新月独酌十三首》《七月还祁》《闲居漫兴》等二十余首总体风貌萧淡真淳,文辞洒落,饶有陶风,如:

人生各有适,一受不可更。违己欲徇世,忧患常相婴。……世俗古今险,方寸风涛惊。封侯有骨相,使鬼须铜腥。誓收此身去,田园事春耕。(《漫成》)③

大块本何事,遑遑劳一生。所过种陈迹,岁月如流星。贪夫甘死祸,幅纸驰虚名。晋室有先觉,柴桑老渊明。[《庚申闰月,从师还自颍上,对新月独酌十三首(之二)》]

灯花何太喜,似报天雨霁。客情念还家,如瞽不忘视。到家问松菊,早作解官计。青镜发萧萧,及此霜雪未。[《庚申闰月,从师还自颍上,对新月独酌十三首(之七)》]④

以上所举皆遵循渊明思路反观人生和世俗,流露出否定名利、摆脱俗羁的淡泊追求,诗风古淡高雅,语言平易畅达,富含理趣。蔡松年的词作也带有渊明雅趣,如《念奴娇·九日作》《相见欢》《水调歌头·闰八月望夕有作》《千秋岁·起晋对菊小酌,有怀溪山酒隐》《水调歌头·丙辰九日,从猎涿水道中》等格外推赏陶渊明的松菊高情。蔡松年身事元朝、纵浪宦海,有着深厚的汉族文学和文化修养,是金初作家中的凤毛麟角。鉴于他对陶渊明人品的推崇、对隐逸生活的向往和对陶诗的学习,他足可称为金代读者中接受陶渊明的第一位重要诗人。

到金代中期,“国朝文派”走上创作舞台⑤,这批在金代长大的作家们提出新的创作主张,推崇风雅,也转益多师,在文学史上寻找自己的学习典范。陶渊

① 分见其《师还求归镇阳》《庚申闰月,从师还自颍上,对新月独酌十三首(之三)》《庚申闰月,从师还自颍上,对新月独酌十三首(之四)》。

② 据薛瑞兆、郭明志编纂《全金诗》第一册统计,南开大学出版社 1995 年版。

③ 薛瑞兆、郭明志编纂:《全金诗》第一册,第 106 页。

④ 以上二首并见薛瑞兆、郭明志编纂《全金诗》第一册,第 108 ~ 109 页。

⑤ 〔金〕元好问:《中州集·蔡太常珪传》,见姚奠中主编、李正民增订《元好问全集》(增订本),山西古籍出版社 2004 年版,第 848 页。

明的人品和诗歌成为格外受到青睐的典型。陶渊明之所以成为金代作家喜欢的诗人,作为当时文坛领袖和重要作家的赵秉文和党怀英起了关键作用,可以说,如果没有这两位作家的身体力行,金代文坛上的学陶之风也就难成蔚然之势。

赵秉文(1159—1232),字周巨,号闲闲老人,磁州滏阳(今河北磁县)人。金世宗大定二十五年(1185)登进士第,金宣宗兴定元年(1217)拜礼部尚书,兼侍读学士,同修国史、知集贤院事,哀宗即位,改翰林学士。赵秉文诗、文、书、画皆工,是金朝文坛的领袖人物,在文学创作、文学理论等方面都多有建树,今存《闲闲老人滏水文集》二十卷。

《全金诗》收赵秉文诗643首,其中明显带有陶渊明印记的有82首,占总量的八分之一。赵秉文十分注意师法古人,且转益多师,多有模拟诗作。诗题中直接标明的前代作家有:严武(1首)、李白(1首)、李贺(1首)、张志和(1首)、王维(1首)、白居易(1首)、郎士元(1首)、苏轼(3首)、梅尧臣(2首)、韦应物(20首)、刘长卿(2首)等,其中拟陶诗最多,有三十八首,它们是:《和渊明拟古九首》《和渊明归田园居送潘清容六首》《拟陶和许至忠二首》《和渊明饮酒二十首》。此外,《杂拟十首(之三)》《遂初园》《归愚庄》《伯胜九日诗萧然有陶风趣次韵》《东篱采菊图》《仿渊明自广》《十月菊得深字》《菊二首(之一)》等诗歌也明显受到陶渊明的影响。

元好问评赵秉文“五言,则沉郁顿挫似阮嗣宗,真淳古淡似陶渊明,以它文较之,或不及也”①。赵秉文的五言古诗多有陶诗风气。如《仿渊明自广》云:

> 天地有常度,日月有常数。有生则有死,如朝必有暮。来者不可却,去者那容驻。但喜故岁新,新年行复故。故交零落尽,世岂能久住。年衰性自忘,所以语多误。况复眼半昏,文字宜少戏(《文渊阁四库全书》本《滏水文集》作“觑”)。前路那可知,正宜委运去。幸近古稀年,无复更多虑。②

该诗意趣、用语、议论多自陶渊明《形影神》《归去来兮辞》等诗文中化出,自然畅达,平淡而饶理趣,显示出赵秉文深细的研陶工夫和理学功底。又如《和渊明饮酒二十首(之三)》云:

---

① 〔金〕元好问:《闲闲公墓铭》,见姚奠中主编、李正民增订《元好问全集》(增订本),第403~404页。“五言”,《闲闲老人滏水文集》附录《学士承旨资善大夫知制诰兼同修国史上护军天水郡开国侯食邑一千户实封一百户赵公墓志铭》作“五言古诗”,元好问编《中州集》卷三作“五言大诗”;“古淡”,后二者作“简淡”。

② 〔金〕赵秉文:《闲闲老人滏水文集》卷五,《四部丛刊初编》本。

漆园去我久,举世少真情。晋宋多名流,惜哉亦虚名。浮虚忘轩冕,逾检称达生。渊明初亦仕,不为宠辱惊。笑彼夸毗子,空误竟何成。①

赵秉文《答李天英书》曾云:"尝谓古人之诗,各得其一偏,又多其性之似者。若陶渊明、谢灵运、韦苏州、王维、柳子厚、白乐天得其冲淡。……渊明、乐天,高士之诗也,吾师其意不师其词。"②然首二句仿陶渊明《饮酒二十首(之二十)》"羲农去我久,举世少复真"之语甚明;该诗评论晋代名士,推尊陶渊明,议论风发,用苏轼和陶诗语③,又有宋诗风气;"夸毗子"二句语气学自阮籍《咏怀诗》。看来名曰和陶,在艺术上实际不拘束于陶渊明一家,当然陶渊明的影响还是第一位的,因此元好问才说"以它文较之,或不及也"。

赵秉文未直接标明学习陶渊明的五言诗如《遂初园八咏》《伯胜九日诗萧然有陶风趣次韵》《遂初园八咏·闲闲堂》《杂拟十一首》等也明显得益于陶诗,如《杂拟十一首(之三)》云:

白日沦西汜,沧海无回波。四时更代谢,奈此迟暮何。我欲制颓光,惜无鲁阳戈。凭高望八荒,晴瞀(原作"瞷睨",此从《四库全书》本《滏水集》)迷山阿。惊风振江海,山林无静柯。兽狂走四顾,旷野迷絓罗。西登广武山,北顾望三(原作山,此从《四库全书》本《滏水集》)河。蓬蒿蔽极目,人少虎狼多。喟然发长叹,抚剑徒悲歌。④

本诗情绪沉郁苦闷、境界恢宏阔大,更倾向于阮籍,而感时叹逝的语调以及"白日沦西汜""四时更代谢""我欲制颓光"等化出于陶诗的语句则明显得自陶渊明。

又如《遂初园八咏·闲闲堂》云:

天地如转毂,日月如循环。人生天地内,顷刻安得闲。所贵心人事,心安身自安。低头拾红叶,仰面看青山。朝听新泉响,目送飞鸟还。清晨了人事,过午掩柴关。高非出天外,低不堕尘寰。花落鸟声寂,我处动静间。⑤

---

① 〔金〕赵秉文:《闲闲老人滏水文集》卷五,《四部丛刊初编》本。

② 〔金〕赵秉文:《闲闲老人滏水文集》卷一九。

③ 苏轼《和陶咏荆轲》云:"荆轲不足说,田子老可惊。燕赵多奇士,惜哉亦虚名。"《和陶贫士七首(其二)》云:"渊明初亦仕,弦歌本诚言。不乐乃径归,视世羞独贤。"分见〔宋〕苏轼撰,〔清〕王文诰辑注、孔凡礼点校《苏轼诗集》,中华书局1982年版,第2185页、第2138页。

④ 〔金〕赵秉文:《闲闲老人滏水文集》卷三。又见于〔金〕赵秉文《滏水集》卷三,影印清文渊阁《四库全书》本。

⑤ 〔金〕赵秉文:《闲闲老人滏水文集》卷四。

该诗题目中的“闲闲堂”是赵秉文的居所，“诗歌集中抒写其闲适自得之趣，情调和风格都与陶诗相似”①，可谓“兴寄高妙，有陶、谢之风”②。但此诗又与陶诗有所不同，此诗在形式上吸取了唐诗的特点，如“低头拾红叶，仰面看青山。朝听新泉响，目送飞鸟还”四句在理趣上与陶诗相比似曾相识，而工整自然的对偶很得唐人神韵。其真淳简淡之味得自陶渊明，也兼具韦应物、白居易等唐人意趣。

赵秉文还学习《归去来兮辞》，创作了《咏归词》：

归去来兮，风乎舞雩，咏而归。既勿忘而勿助，抑何喜而何悲。时未来而莫预，事既往而焉追。化新新而不停，习念念而觉非。譬已饥而方食，孰既寒而忘衣。无一毫之私意，信天理之精微。我思古人，瞠乎若奔。仰骛前轨，游心圣门。习矣而察，操之斯存。坐见于舆，饮见于樽。利何为兮桀跖，善何为兮孔颜。匪义路兮焉由，匪仁宅兮孰安。严三省以日儆，防六欲而常关，戒屋漏以慎独，尚衣絅而中观。存夜气之牿亡，收放心而知还。渐云开而雾廓，俄鸢飞而鲵桓。

归去来兮，诸从沂上之游，娱曾点之舍瑟，终不慕兮由求。既尽心而不贰，亦乐天而何忧。天地均仁于万物，播一气乎郊畴。陆有下泽，水有方舟，野阳浮兮薮泽，光风泛兮林丘。草渐渐而茁长，水源源而交流。观物态之熙熙，廓予怀之休休。

已矣乎，力天力兮时天时，我初无将亦无留。舍圣道兮将安之，存心以养性，守死以为期。虑道学之荒芜，遂日耘而日耔，廓七篇之孟训，咏二南之周诗。会天人而一贯，穷理尽性吾何疑。③

《咏归词》满篇玄理，缺少形象，缺少情趣，算不上成功的文学作品，但它是金代陶渊明接受史上现存的唯一一篇仿陶渊明《归去来兮辞》的赋作。

赵秉文对陶渊明的人品也是格外推服的。他曾表示学陶归隐：“我欲作九原，独与渊明归。”④在他心目中，陶渊明是忠义廉介的典范。其《东篱采菊图》推崇陶渊明松菊一般的“忠义心”，时人王遗安母死，不受邻里财物，赵秉文作《遗安先生言行碣》赞云：“其廉介类此，其贞纯之德、卓绝之才、渊深之学、廉正

---

① 胡传志：《金代文学研究》，安徽大学出版社2000年版，第190页。

② 〔金〕赵秉文：《竹溪先生文集引》，见《滏水集》卷一五。

③ 〔金〕赵秉文：《闲闲老人滏水文集》卷一。

④ 〔金〕赵秉文：《和渊明饮酒二十首（之四）》，见《闲闲老人滏水文集》卷一。

之操，黄叔度、陶渊明、元紫芝、司空表圣之徒欤?”①至于陶渊明的风流雅趣如饮酒、赏菊等，他也一一追模，此不赘述。

党怀英(1134—1211)，字世杰，号竹溪，金代著名文学家、书法家，祖籍冯翊(今陕西大荔)，其父宦泰安，因家奉符(今山东泰安市)，遂为奉符人。据刘祁《归潜志》卷八，党怀英少年时曾与辛弃疾同门。金人攻陷山东后，他留而事金，“应举不得意，遂脱略世务，放浪山水间。箪瓢屡空，晏如也”②。党怀英于大定十年(1170)中进士，官至翰林学士承旨，故世称“党承旨”。党怀英诗书兼善，金章宗明昌年间，主盟文坛，“当时称为第一，学者宗之”③，有《竹溪集》，已佚。

赵秉文《中大夫翰林学士承旨文献党公神道碑》评价党怀英“诗似陶、谢，奄有魏晋”④，卷一五《竹溪先生文集引》亦云党怀英“晚年五言古体，兴寄高妙，有陶、谢之风。此又非可与夸多斗靡者道也”。元好问在《继愚轩和党承旨雪诗》中也将陶诗与党诗类比，认为他们诗作的共同之处在于“天然”雅正。党怀英的五言古诗平淡旷达，缘于生活的切身体验，得陶诗之情实。如：

翻翻雪中鸦，飞鸣觅遗粟。雪深不可求，绕屋啄寒玉。顾我如鸱鸢，多储有余肉。我亦生理拙，冻卧僵雪屋。日中甑无烟，饥吟搅空腹。岂不知屠沽，肥甘随取足。幸得春雪消，吾犹多杞菊。[《雪中四首(之二)》]⑤

重湖汇城曲，佳菊被水涯。高寒逼素秋，无人自芳菲。鲜飚散幽馥，晴露堕余滋。蹊荒绿苔合，采采叹后时。古瓶贮清泚，芳樽湔尘霏。远怀渊明贤，独往谁与期。徘徊东篱月，岁晏有余悲。(《西湖晚菊》)⑥

宦游履危途，常撄机阱惧。家居对田园，信脚得平路。渊明千载士，既出乃更悟。新欢见僮稚，喜气到草树。胸中自立豁，所适皆胜遇。嗟人尔何为，空诵归来赋。达人岂必仕，出处本同素。献陵十亩园，想像富嘉趣。直求古人心，著君荣观处。(《成趣园诗》)⑦

党诗造语拙朴、平易。如“我亦生理拙，冻卧僵雪屋”“徘徊东篱月，岁晏有余悲”“新欢见童稚，喜气到草树”等语，与陶渊明“众鸟欣有托，吾亦爱吾庐”

① 〔清〕张金吾辑：《金文最》卷八八，光绪七年粤雅堂刊本。
② 〔元〕脱脱等：《金史》卷一二五《党怀英传》，中华书局1975年版，第2726页。
③ 〔元〕脱脱等：《金史》卷一二五《党怀英传》，第2726页。
④ 〔金〕赵秉文：《闲闲老人滏水文集》卷一一。
⑤ 薛瑞兆、郭明志编：《全金诗》第一册，第498页。
⑥ 薛瑞兆、郭明志编：《全金诗》第一册，第499~500页。
⑦ 薛瑞兆、郭明志编：《全金诗》第一册，第510页。

[《读山海经十三首(之一)》]、“人皆获其宜,拙生失其方”[《杂诗十二首(之八)》]、“凄凄岁暮风”(《癸卯岁十二月中作与从弟敬远》)、《岁暮和张常侍》等诗语对比,很容易感觉出党怀英五言古诗在情感、意趣、用语上与陶诗皆有相似之处。《西湖晚菊》“高寒逼末秋,无人自芳菲”二句足称警句,可与陶渊明“芳菊开林耀,卓为霜下杰”比美,虽然两者的境界有狭阔之别,但高洁拔俗的凛然英气是相通的。元好问《中州集》诗人小传《承旨党公传》称党怀英未第时,“不以世务婴怀,放浪山水间,诗酒自娱。箪瓢屡空,晏如也”①,深得儒家安贫乐道、固穷守节的思想精髓,难怪党怀英的五言古诗往往能脱略形似、追陶情神。

在金代学陶作家中,刘从益也是一位值得注意的诗人。刘从益(1181—1224),字云卿,浑源(今属山西)人,大安元年(1209)进士,历任葛簿、郾城令、监察御史、叶县令等职,关心民疾,有良吏之声。刘从益是金源南渡(1214)诗坛上的重要诗人,与赵秉文、王若虚等交往甚密,长于五言古诗。其诗多和韵诗,他认为“如能以彼韵就我意”,“亦一奇”②。其和陶渊明诗今存《和渊明杂诗》二首、《和渊明始春怀田舍》和《和渊明饮酒韵》四首,皆真淳自然、劲健畅达,流灌着北方诗人的阳刚之气,形象与理趣交融,得陶诗之气骨。如《和渊明杂诗二首(之二)》云:

> 少为饥所驱,老为病所迫。人生能几何,东阡复南陌。急须沽酒来,一笑举太白。浩歌草木振,起舞天地窄。同欢二三子,谁主复谁客。浮沉大浪中,毕竟归真宅。岁月去何速,老炎变新凉。游子久不归,回首望大梁。风埃惨如此,何处真吾乡。野菊明落日,林枫染飞霜。劝我一杯酒,悠然秋兴长。③

全诗议论风发,自然畅达,豪爽之气不可掩抑;虽不乏渊明式的智慧体悟,但主要是诗人自己的风格,足称一时之奇。又如《和渊明饮酒韵》云:“日入了公事,援琴洗尘喧。秋堂一灯明,清响到夜偏。弹罢枕书卧,渺然梦青山。山英向我问,君驾何时还。家僮忽唤觉,惆怅不能言。”④这首诗和的是陶渊明《饮酒二十首(之五)》“结庐在人境”一首。除用韵外,无一语蹈袭渊明原诗,如果不是题

---

① 〔金〕元好问撰,姚奠中主编,李正民增订:《元好问全集》(增订本),第861页。

② 〔金〕刘祁撰,崔文印点校:《归潜志》卷八,中华书局1983年版,第90页。

③ 薛瑞兆、郭明志编:《全金诗》第三册,第341页。

④ 薛瑞兆、郭明志编:《全金诗》第三册,第341页。

目提醒,其接受陶诗韵脚处几乎令人不觉。该诗虽真淳深远,然并非步趋陶诗,而是兼取阮籍《咏怀诗》“夜中不能寐”和孔稚珪《北山移文》意趣,主要写企望摆脱“尘喧”而终于难以超然物外的惆怅,理趣融入事象之中,直而能婉,意味隽永,自家特色鲜明。

赵秉文和党怀英都是当时文坛的领袖人物,这一特殊地位促使他们“不得不经常思考一些理论问题,以理论来指导自己和后学的创作”①。尤其是赵秉文转益多师,格外重视师法古代优秀作家,倡导风雅纯正,反对“尖新艰险”②,而受北宋苏轼、黄庭坚等人的影响,陶渊明就成为他们格外推重的学习典范。赵秉文《解朝酲赋》羡慕“涪翁与坡仙”③,其《和渊明饮酒二十首(之十一)》云:“千载渊明翁,谁谓不知道。闲赋《责子》诗,调戏乃娱老。杜陵盖自况,亦岂恨枯槁。壶觞清浊共,适意无丑好。归来五柳宅,守我不贪宝。长啸天地间,独立万物表。”④其立意明显接受了苏轼、黄庭坚的陶渊明观。陶诗平淡自然,真淳隽永,符合他们反对奇峭文风的审美理想,所以成为金代倡导古淡闲雅诗风者喜好和追慕的诗作。

金代中期士人之所以接受陶渊明的萧淡诗风,与金代中期相对繁荣、稳定的经济政治环境也密切相关。金世宗、金章宗两朝改变金初战争策略,与南宋讲和,倡导文治,经济快速发展,社会趋于安定,文化趋于繁荣。这使诗人有心情深入细致地体味汉族包括闲适文化在内的审美文化的精微之处,向往高雅脱俗的志趣,追求高洁的人格境界,诗坛上也因此悄然兴起一股闲适之风,连女真诗人也浸淫其中,如金世宗的孙子完颜璹天资雅重,薄于世味,作《自适》诗云:“小斋蜗角许,夜卧膝仍屈。能以道眼观,宽大犹四极。”⑤他创造性地审美感悟了陶渊明《读山海经十三首(之一)》中“吾亦爱吾庐”和《归去来兮辞》中“审容膝之易安”等诗句的哲学意蕴。可以说,金代中期“继承发展陶谢王孟一脉冲和淡远的诗风、追求清雅高逸的审美境界,成为一种主导的倾向”⑥。这一倾向继续影响到金源南渡诗坛,形成了与尚奇诗风相对的“淡远平实诗风”⑦,陶渊明

---

① 胡传志:《金代文学研究》,第182页。

② 〔金〕赵秉文:《竹溪先生文集引》,见《滏水集》卷一五。

③ 〔清〕张金吾辑:《金文最》卷一。

④ 〔金〕赵秉文:《滏水集》卷五。

⑤ 薛瑞兆、郭明志编:《全金诗》第三册,第117页。

⑥ 张晶:《辽金元诗歌史论》,吉林教育出版社1995年版,第113页。

⑦ 张晶:《辽金元诗歌史论》,第161页。

因此一直成为平实派诗人所追慕的学习对象。

第二节　豪华落尽见真淳：元好问与陶渊明

元好问是金源诗坛上的领袖人物，是继李白、杜甫、苏轼等人之后的又一优秀大作家，其对陶渊明的关注和接受尤其值得重视。元好问今存诗歌一千三百八十七首①，其中明显带有陶渊明及其作品痕迹的有近一百首，另有三十篇左右乐府、文章和传记涉及陶渊明及其诗文词语。元好问对陶渊明的作品和为人都十分推崇，他对陶渊明的接受有自己的特点和创造，主要表现在对陶渊明及其作品的精到阐释和创作学习上。

一、诗中柱天手与异代知音

元好问十分推崇苏轼的文学成就，但仍然把苏轼诗歌的地位放于陶渊明诗歌之后，所以他称赞友人杨飞卿诗作："溯石楼（贾岛），历雪堂（苏轼），问津斜川（陶渊明）之上。"②元好问论诗崇尚风雅正体，其视野中有一个雅正的传统，这个传统是由《诗经》、汉魏建安、陶渊明等人相续传承的。他说："五言以来，六朝之谢、陶，唐之陈子昂、韦应物、柳子厚最为近《风》《雅》。"③"风雅久不作，日觉元气死。诗中柱天手，功自断鳌始。古诗十九首，建安六七子。中间陶与谢，下逮韦柳止。"④他在《琴辨引》中感叹"今世爱陶诗者几人"⑤，就是因为看到陶渊明诗不同于世俗郑卫之声、雅正有古意的特点；历观五言诗史，他把陶渊明看作风雅传统中的"柱天手"、五言古诗里最优秀的作家之一。元好问年轻时就以"诗中疏凿手"⑥自任，得到赵秉文的赏识之后，更是牢记师训，以天下文章为己

---

① 此统计据〔金〕元好问撰、姚奠中主编、李正民增订《元好问全集》（增订本），山西古籍出版社2004年版。

② 〔金〕元好问：《陶然集诗序》，见姚奠中主编、李正民增订《元好问全集》（增订本），第772页。

③ 〔金〕元好问：《东坡诗雅引》，见姚奠中主编、李正民增订《元好问全集》（增订本），第751页。

④ 〔金〕元好问：《别李周卿三首（之二）》，见姚奠中主编、李正民增订《元好问全集》（增订本），第36~37页。

⑤ 〔金〕元好问撰，姚奠中主编，李正民增订：《元好问全集》（增订本），第760页。

⑥ 〔金〕元好问：《论诗三十首（之一）》，见姚奠中主编、李正民增订《元好问全集》（增订本），第268页。

任，纵横论诗，有涵容古今的大胸怀、大视野，论诗以诚为本①，努力引导文坛诗风回归风雅正体，为此就需要树立学习的典范。其《继愚轩和党承旨雪诗四首(之二)》云：“今古几诗人，扰扰剧毛粟。吾爱陶与韦，泠然如冰玉。大雅久不作，闻韶信忘肉。求音扣寂寞，一叹动邻屋。水风清鹤梦，月露洗蝉腹。白头两遗编，吟唱心自足。谁为起九原？寒泉荐芳菊。”②陶诗冰清玉洁、雅正丰韵，是他终生反复阅读吟唱的两种作品之一。

元好问对陶渊明的为人也极为称赏，陶渊明的高洁令他油然敬仰，表示如果九原可作，死者复生，一定“寒泉荐芳菊”，献上一枝插在清凉泉水里的芳菊。他称许陶渊明“义熙留在陶元亮”③的高节，对陶渊明隐逸饮酒、读书自娱的志趣十分向往，曾作《遣兴》云：“几案满书史，欣然忘百忧。一篇诗遣兴，三盏酒扶头。千载陶元亮，平生马少游。但留强健在，老矣复何求。”④其《寄题沁州韩君锡耕读轩》名为题人耕读轩，实际可将其作为一篇颂陶之作看。诗云：

> 束带见督邮，甘以辞华轩。啸傲南窗下，且乐我所然。斜川今在亡，问津有遗编。行寻柴桑里，遂得桃花源。桃源无汉魏，况复义熙前。读书与躬耕，兀兀送残年。渊明不可作，尚友乃为贤。田家岂不苦，岁功聊可观。读书有何味，有味不得言。遥知一尊酒，琴在已亡弦。⑤

“辞华轩”，方能“且乐我所然”，披阅陶集先识斜川、柴桑之美，进而渐入桃源佳境。接着由书中所得转入实境实感，拈出陶生三味——读书、躬耕和饮酒。诗中所云琴外之趣正是真性流露与天合一的境界。渊明识别此味，诗人元好问悟得此味，亦欲以此引起朋友的共鸣。又《虞乡麻长官成趣园二首(之二)》云：“蹉跎匡山游，烂漫彭泽酒。慨然千载上，怀我平生友。夫君负奇节，剑气郁星斗。为吏非所堪，径去如避走。王官唐以还，寂寞盖已久。柴车君来隐，清风动林薮。至今溪上诗，往往在人口。渊明不可作，此士宁复有？”⑥他把朋友比作陶渊明，对陶渊明表露出千载难逢的崇仰之情。他尚友陶渊明，在《夜宿秋香亭

---

① 〔金〕元好问《杨叔能小亨集引》：“唐诗所以绝出于《三百篇》之后者，知本焉尔矣。何谓本？诚是也。”见姚奠中主编，李正民增订《元好问全集》(增订本)，第763页。

② 〔金〕元好问撰，姚奠中主编，李正民增订：《元好问全集》(增订本)，第53页。

③ 〔金〕元好问：《怀安道中寄怀曹征君子玉》，见姚奠中主编、李正民增订《元好问全集》(增订本)，第207页。

④ 〔金〕元好问撰，姚奠中主编，李正民增订：《元好问全集》(增订本)，第160页。

⑤ 〔金〕元好问撰，姚奠中主编，李正民增订：《元好问全集》(增订本)，第56～57页。

⑥ 〔金〕元好问撰，姚奠中主编，李正民增订：《元好问全集》(增订本)，第22页。

有怀木庵英上人》中以渊明自比，而在《与西僧伦伯达二首（之二）》中自谦“渊明自比吾何敢”①，都是出于同一喜爱景仰之情。由此可见，元好问对陶渊明多么一往情深！

二、天然真淳与羲皇、晋人

元好问在陶渊明接受史上影响最大的接受成果是在他著名的《论诗三十首》中精到地评论了陶渊明诗歌的艺术特点和陶渊明的人品风流。《论诗三十首（之四）》云：

> 一语天然万古新，豪华落尽见真淳。南窗白日羲皇上，未害渊明是晋人。②

前代读者的诗歌虽然论及陶诗，却没有从艺术批评的角度评论陶诗。在论诗诗史上，这首论陶诗首先从审美上集中评价了陶渊明。前两句着眼于陶渊明诗歌的艺术特点，主要突出两个方面的特点。一方面是“天然”常新的特点，即语言朴素自然、历久弥新的美，这是一种洗尽铅华，“不加雕饰，以真面目示人”的美丽③；其《继愚轩和党承旨雪诗四首（之四）》表达了相同的意思，可以作为“天然”的注脚，诗云：“愚轩具诗眼，论文贵天然。颇怪今时人，雕镌穷岁年。君看陶集中，饮酒与归田。此翁岂作诗，直写胸中天。天然对雕饰，真赝殊相悬。乃知时世妆，粉绿徒争怜（一作妍）。枯淡足自乐，勿为虚名牵。”④“天然”在风格上与“雕饰”相对。在创作上是“直写胸中天”，与“雕镌穷岁年”相对。其《采菊图二首（之一）》亦云：“信口成篇底用才，渊明此意亦悠哉！枉教诗景分留在，百绕斜川觅不来。”⑤“陶谢风流到百家”是因为其天然清新之美⑥，而不是因为闭门苦吟、徒费精神的雕琢之态。另一方面是“真淳”的特点。“真淳”应从艺术和性情两个角度来理解。从艺术角度来看是对苏轼、黄庭坚等人绚烂之极后归于平淡之论的继承和发挥，但元好问没有使用枯淡之类的词语，而是对举“真

---

① 〔金〕元好问撰，姚奠中主编，李正民增订：《元好问全集》（增订本），第366页。

② 〔金〕元好问撰，姚奠中主编，李正民增订：《元好问全集》（增订本），第269页。

③ 邓昭祺：《豪华落尽见真淳——试论元遗山〈论诗绝句〉第四首》，载《忻州师专学报》1987年第2期。

④ 〔金〕元好问撰，姚奠中主编，李正民增订：《元好问全集》（增订本），第53页。

⑤ 〔金〕元好问撰，姚奠中主编，李正民增订：《元好问全集》（增订本），第328页。

⑥ 〔金〕元好问：《自题中州集后五首（之二）》，见姚奠中主编、李正民增订《元好问全集》（增订本），第321页。

淳”与“豪华”两词，这是元好问不满雕饰诗风、注重“性情之外，不知有文字”观念的反映①；因此，从诗作性情角度来看，真淳指返璞归真的淳厚，更接近于道家的自然之性，是去除物欲名利滞塞、摆脱世俗是非分别观念影响而物我相亲、身心俱和的天性。这种醇厚的天性在源头上与陶渊明和元好问共同推崇的上古民风一致，“与渊明《桃花源诗》里‘淳薄既异源’的‘淳’字含义相同”②。元好问此诗作于二十八岁，与后期以诚论诗有所不同，“诚”虽然也有真的意思，但更多带有儒家伦理道德中善的观念的内化特点；而元好问主要是在道的本源意义和社会的尚古意义上来使用“真淳”的，更接近于道家，类似于无目的而合目的的审美意趣，与“古淡”意义相近，古淡是就风貌而言，真淳是就内核而言。元好问在其他诗文中也曾经这样运用过这个词或者类似意蕴的词语，如：

晋人禀赋例真淳，儿能读书知养亲。(《赠张润之》)③

陇坂经行十过春，也随风土变真淳。[《商正叔陇山行役图二首(之一)》]④

自圣人以书契代结绳之政，大朴虽散，天理之真淳者，犹在人也。(《章宗皇帝铁券行引》)⑤

尧民羲皇去未远，日作日息天机全。……废兴知经几今昔，淳朴别有一山川。(《汾亭古意图》)⑥

独余醉乡地，中有羲皇淳。[《饮酒五首(之二)》]⑦

巧尽露天质，到眼皆奇探。(《历下亭怀古分韵得南字》)⑧

观君木讷姿，百念为日损。顾方惭衣絅，又被以华衮。桑榆傥可收，岁事在穮蓘。(《酬韩德华送归之作》)⑨

---

① 〔金〕元好问:《杨叔能小亨集引》《新轩乐府引》《陶然集诗序》，见姚奠中主编、李正民增订《元好问全集》(增订本)，第763页、第764页、第772页。

② 邓昭祺:《豪华落尽见真淳——试论元遗山〈论诗绝句〉第四首》，载《忻州师专学报》1987年第2期。

③ 〔金〕元好问撰，姚奠中主编，李正民增订:《元好问全集》(增订本)，第91页。

④ 〔金〕元好问撰，姚奠中主编，李正民增订:《元好问全集》(增订本)，第331页。

⑤ 〔金〕元好问撰，姚奠中主编，李正民增订:《元好问全集》(增订本)，第378页。

⑥ 〔金〕元好问撰，姚奠中主编，李正民增订:《元好问全集》(增订本)，第93页。

⑦ 〔金〕元好问撰，姚奠中主编，李正民增订:《元好问全集》(增订本)，第15页。

⑧ 〔金〕元好问撰，姚奠中主编，李正民增订:《元好问全集》(增订本)，第33页。

⑨ 〔金〕元好问撰，姚奠中主编，李正民增订:《元好问全集》(增订本)，第37页。

闻君作损斋，似觉豪华非。惩忿与窒欲，百年有良规。[《送钦叔内翰并寄刘达卿郎中白文举编修五首(之四)》]①

性情入吟咏，古淡无妖妍。酸咸与世殊，至味久乃全。(《赵吉甫西园》)②

天机嗜欲泾渭杂，道念纷华邹鲁哄。令人却羡愚轩愚，一蹴藩篱开廓空。愚轩虚室久生白，掌上精真元自洞。(《愚轩为赵宜之赋》)③

豪华非日损，信厚出天然。(《綦威卿毅挽辞》)④

草圣前头一树春，豪华落尽只天真。(《华光梅》)⑤

不论是评文、评人还是评物，真淳大致指与上古淳朴民性联系在一起的天性，这种真淳主要出于天然，所谓“豪华非日损，信厚出天然”；但借助修养或者酒力，为道日损，去除嗜欲，也可落尽豪华，归于古淡真淳。有人将“真”理解为诗歌表现客体之真，理解为传神写照之真，元好问虽然也在这个意义上使用“真”来评价诗歌的传神特点，但此处评价陶渊明“真淳”之“真”不能这样理解，这里的“真”更倾向于修辞的天然朴素和诗情的真朴淳厚。这是“性情之外不知有文字”之真淳“性情”、“不烦绳削而自合”的自然“性情”⑥，而非为华丽辞藻和嗜欲习见所遮蔽的矫饰性情。

元好问以“天然真淳”论陶诗是对苏轼、黄庭坚、朱熹等人以自然平淡论陶意见的继承与阐发，用语精到而富于审美感染力，后世遂成定论和成语，每每为人所重复和引用。其中“天然”虽有自然之意，但更强调了天性无为的特点，“自己而然，则谓之天然。天然耳，非为也，故以天言之。以天言之，所以明其自然也”⑦。“真淳”中的“真”字是钟嵘、萧统、苏轼等论陶者的共识，以“淳”字评陶此前少见，偶尔有之，如宋代韦骧(1033—1105)《和孔彦常待郎癸酉冬雪》云：“淳深等彭泽。”⑧许及之(？—1209)《次转庵用坡公韵并简洪楞野》云：“窠臼

---

① 〔金〕元好问撰，姚奠中主编，李正民增订：《元好问全集》(增订本)，第15页。

② 〔金〕元好问撰，姚奠中主编，李正民增订：《元好问全集》(增订本)，第42页。

③ 〔金〕元好问撰，姚奠中主编，李正民增订：《元好问全集》(增订本)，第63页。

④ 〔金〕元好问撰，姚奠中主编，李正民增订：《元好问全集》(增订本)，第140页。

⑤ 〔金〕元好问撰，姚奠中主编，李正民增订：《元好问全集》(增订本)，第352页。

⑥ 〔金〕元好问：《陶然集诗序》，见姚奠中主编、李正民增订《元好问全集》(增订本)，第772页。

⑦ 〔晋〕郭象：《齐物论注》，见《中国历代哲学文选》“两汉—隋唐编”下册，中华书局1963年版，第391页。

⑧ 傅璇琮等主编：《全宋诗》第一三册，北京大学出版社1993年版，第8427页。

已脱卑晋宋,真淳更拟出陶谢。”[①]陶渊明《饮酒》云:“羲农去已久,举世少复真。汲汲鲁中叟,弥缝使其淳。”赵秉文《和渊明饮酒二十首(之二十)》云:“渊明非嗜酒,爱此醉中真。谓言忘忧物,中有太古淳。”[②]联用“真淳”二字评陶实非从元好问始,而以“真淳”专论陶从此却成不刊之论。

“南窗白日羲皇上,未害渊明是晋人”两句是着眼于陶渊明人品风流的审美评价。陶渊明《归去来兮辞》云:“引壶觞以自酌,眄庭柯以怡颜。倚南窗以寄傲,审容膝之易安。”《与子俨等疏》云:“常言五六月中,北窗下卧,遇凉风暂至,自谓是羲皇上人。”“南窗白日羲皇上”是用陶文典实突出他“不知秦汉,无论魏晋”的高远萧散、不受世俗羁绊的隐士情怀。自《晋书·陶潜传》作者沈约开始,历代读者尤其是宋、元读者,注重强调陶渊明不仕二姓、忠心晋朝的政治节操;“未害渊明是晋人”实际是说陶渊明虽然是陵跨晋宋、萧然世外的高士,却不妨害他是一位心系东晋王朝、不能忘怀世事的隐者,其忠义节操依然是人们所崇敬的。有学者将“晋人”理解为晋代优秀诗人,认为“未害”一句的潜在意义在强调“陶渊明无愧于晋代优秀诗人中的佼佼者”[③],恐怕不妥当。元好问委婉嘲讽人品和作品不统一的潘岳:“心画心声总失真,文章宁复见为人。高情千古《闲居赋》,争信安仁拜路尘。”陶渊明性情在羲皇之上,诗歌意蕴真淳如古,是人品与诗品相统一的优秀作家,最为元好问所推崇,《论诗三十首(之四)》正是着眼于此论文论人,标示一诗家榜样,但末二句旨在评人,而非评诗。

三、前、后《饮酒》诗

元好问的五言古诗明显受到陶诗的影响,陶诗是元诗的重要源头之一。元好问《饮酒五首》《后饮酒五首》等是接受陶诗最直接的成果。

《饮酒五首》题下注云“襄城作”[④],襄城今为河南省许昌市属县。元好问《酒里五言说》云:“‘去古日已远,百伪无一真……’此予三十六七时诗也。”[⑤]“去古日已远”为《饮酒五首》中的第二首。又元好问《清平乐》(“垂杨小渡”)

---

① 〔元〕许及之:《涉斋集》卷三,见《全宋诗》第四六册,北京大学出版社 1998 年版,第 28301 页。

② 〔金〕赵秉文:《滏水集》卷五,影印清文渊阁《四库全书》本。

③ 刘泽:《元好问论诗三十首集说》,陕西人民出版社 1992 年版,第 326 页。

④ 〔金〕元好问撰,姚奠中主编,李正民增订:《元好问全集》(增订本),第 15 页。

⑤ 〔金〕元好问撰,姚奠中主编,李正民增订:《元好问全集》(增订本),第 814 页。

词小序云“罢镇平归西山草堂”①，所谓“西山草堂”应当就是《饮酒五首（之一）》所云“西郊一亩宅”，元氏罢镇平令在金正大三年（1225）秋天以后，时元好问三十七岁。《饮酒五首》则为元好问罢镇平令归襄城西山草堂时所作。《后饮酒五首》注云“阳翟作”②，阳翟今属河南省禹州市，缪钺先生系此诗于金正大三年，联系诗中蕴含的思想情感与《饮酒五首》相似的特点以及“离官寸亦乐”的诗句，此诗当亦作于罢官之后，故从缪说。此录《饮酒五首》如下：

西郊一亩宅，闭门秋草深。床头有新酿，意惬成孤斟。举杯谢明月，蓬荜肯相临。愿将万古色，照我万古心。

去古日已远，百伪无一真。独余醉乡地，中有羲皇淳。圣教难为功，乃见酒力神。谁能酿沧海，尽醉区中民。

利端始萌芽，忽复成祸根。名虚买实祸，将相安足论。驱驴上邯郸，逐兔出东门。离官寸亦乐，里社有拙言。（“离官寸亦乐”，晋俚谚云然。）

万事有定分，圣智不能移。而于定分中，亦有不测机。人生桐叶露，见日忽已晞。唯当饮美酒，傥来非所期。

此饮又复醉，此醉更酣适。徘徊云间月，相对澹以默。三更风露下，巾袖警微湿。浩歌天壤间，今夕知何夕？

再录《后饮酒五首》如下：

少日不能觞，少许便有余。比得酒中趣，日与杯杓俱。一日不自浇，肝肺如欲枯。当其得意时，万物寄一壶。作病知奈何，妾妇良区区。但愧生理废，饥寒到妻孥。吾贫盖有命，此酒不可无。

金丹换凡骨，诞幻若无实。如何杯杓间，乃有此乐国。天生至神物，与世作酣适。岂曰无妙理，滉漾莫容诘。康衢吾自乐，何者为帝力。大笑白与刘，区区颂功德。

客从崧少来，贻我招隐诗。为言学仙好，人间竟何为？一笑顾客言，神仙非所期。山中如有酒，吾与尔同归。

酒中有胜地，名流所同归。人若不解饮，俗病从何医。此语谁所云？吾友田紫芝。紫芝虽吾友，痛饮真吾师。一饮三百杯，谈笑成歌诗。九原不可作，想见当年时。

饮人不饮酒，正自可饮泉。饮酒不饮人，屠沽从击鲜。酒如以人废，美

① 〔金〕元好问撰，姚奠中主编，李正民增订：《元好问全集》（增订本），第1054页。
② 〔金〕元好问撰，姚奠中主编，李正民增订：《元好问全集》（增订本），第16页。

禄何负焉。我爱靖节翁,于酒得其天。庞通何物人?亦复为陶然。兼忘物与我,更觉此翁贤。

这两组诗计十首,都是借酒抒怀言志之作,诗题源于陶渊明组诗《饮酒二十首》。陶诗开此题后,唐人柳宗元首效其题,作《饮酒》诗“绝似渊明”①,聂夷中《饮酒乐》一诗豪放中颇有陶风;然以《饮酒》为题,皆未能动俗。自苏轼《和陶饮酒二十首》出,效陶《饮酒》为题者开始盛行。写作数量较多者如苏辙《次韵子瞻和渊明饮酒二十首》、晁补之《饮酒二十首同苏翰林先生次韵追和陶渊明》、赵秉文《和渊明饮酒二十首》和《和渊明饮酒九首》等。王直方《诗话》云:“绍圣间,山谷见东坡《和饮酒诗》,读至‘前山正可数,后骑且勿驱’……又云:‘东坡在扬州《和饮酒诗》,只是如己所作……’”②元好问接受了这一观点,其《跋东坡和渊明饮酒诗后》:“东坡和陶气象只是坡诗,如云‘三杯洗战国,一斗消强秦’,渊明决不能办此。独恨‘空杯亦尝持’之句,与论‘无弦琴’者自相矛盾。别一诗云:‘二子真我客,不醉亦陶然。’此为佳。丙辰秋八月十二日题。”③“丙辰”即元宪宗蒙哥六年(1256),为元好问去世前一年。但由此可以窥探元好问对苏轼等人和陶《饮酒》诗歌的基本态度,即元好问并不欣赏与陶渊明风格不类、完全展现自我诗风的和陶作品,而是更加欣赏像其恩师赵秉文之和陶诗一样的“古淡真淳”之作。

因此,元好问的学陶饮酒诗也主要倾向于五言古诗的雅正真淳,而努力摒弃逞才使气、锋芒直露的风格。这十首诗主题集中,篇篇有酒,主要立足于自我之真,表达孤洁自守的超世志趣,境界高远。《饮酒五首》第一首写因酒见月,确立“万古心”的高洁追求;第二首写疾伪慕真,希望借酒回复真淳民风;第三首写遣发身外名利,虽不及酒而实赖酒功;第四首写安守身内性分,借酒忽忘祸机;第五首写酒深真复而乐生,终于在醉中实现了自我的憧憬。五首成一组合,结构紧凑,主题集中。《后饮酒五首》主要表达对“万物寄一壶”这种身心和谐、物我和谐境界的追寻,进一步突出了酒具有“圣教难为功”的神力。组诗文字素净、简洁而不乏跌宕之美,时有精警之句,如“愿将万古色,照我万古心”“去古日已远,百伪无一真”“人若不解饮,俗病从何医”等句令人惊奇之余,复有回味之

---

① 不著撰人:《笔墨间录》,见〔宋〕何汶撰,常振国、绛云点校《竹庄诗话》卷八,中华书局 1984 年版,第 163 页。

② 〔宋〕胡仔纂集,廖德明校点:《苕溪渔隐丛话》前集,人民文学出版社 1962 年版,第 22 页。

③ 〔金〕元好问撰,姚奠中主编,李正民增订:《元好问全集》(增订本),第 838 页。

美，这些方面很得陶诗佳处。

元好问叹往惜今，疾伪存真，由世风而追及远古的思路与陶诗保持了一致性，而由己及人，由追寻自我的忘俗忘物忘我的本真之性推广到“尽醉区中民”，与陶渊明相比，更显露地表达了元氏得益于杜甫、白居易等诗人关注现实的执着热肠。组诗个别诗句仍然不能掩饰元好问豪爽的个性。如“举杯谢明月，蓬荜肯相临。愿将万古色，照我万古心”“谁能酿沧海，尽醉区中民”“浩歌天壤间，今夕知何夕”“大笑白与刘，区区颂功德”“一饮三百杯，谈笑成歌诗”“庞通何物人？亦复为陶然”等诗句，实际与李白“举杯邀明月”（《月下独酌》）、苏东坡“今夕不知何夕”（《念奴娇》）之类的天真、豪放、傲然等气质更相近。

元好问的《杂著五首》（集陶句）当亦作于三十七岁时，所集陶句涉及陶渊明诗文《饮酒》《游斜川》等二十四题，而尤以最后一首出色。其诗云：“世短意恒多，时驶不可稽。感彼柏下人，泫然沾我衣。运生会归尽，彼此更共之。理也可奈何，一觞聊可挥。酒中有深味，情随万化遗。西南望昆墟，灵人侍丹池。我无腾化术，帝乡不可期。且极今朝乐，千载非所知。”①此诗虽集陶，上下递接自然，表达委运随化、饮酒乐生之旨，意旨畅达有味，可称集陶诗中的上乘之作。

三十七岁对元好问来说是一个人生的转折点。元好问三十五岁中博学鸿词科后，在汴京史馆任国史院编修官，第二年夏天告归嵩下。次年夏过方城，从商帅完颜鼎至南阳；秋又归嵩下，“旋除镇平令，不久即罢去”②。元好问初仕为官就首鼠两端，表现出矛盾心情。其《方城道中怀山中幽居》云：“技拙违时用，年饥与食谋。江山贫士叹，日月贾胡留。楚客频招隐，文园故倦游。衡门有幽事，还我北窗秋。”③他因荒年谋食而出仕，但一踏上仕途就禁不住怀念起陶渊明那样“北窗”下隐居的生活。在镇平任上，他的心情动荡、孤独甚至有些低落，其《镇平县斋感怀》云：“老计渐思乘款段，壮怀空拟谩峥嵘。西窗一夕无人语，挑尽寒灯坐不明。”④一叶落而知秋，何况头已半白，时光荏苒，壮怀成空，故思乘坐“款段”之马，缓步优游，一想到此，彻夜难眠。他在《自镇平暂往秋林道中寄家》诗中表达了终将回归家乡的惆怅：“风雨尘埃了半生，西山归去眼增明。浮云夫婿今如此，莫遣迎门有叹声。”⑤与陶渊明想象回家时“稚子候门”的欢悦

① 〔金〕元好问撰，姚奠中主编，李正民增订：《元好问全集》（增订本），第11页。

② 〔金〕元好问撰，姚奠中主编，李正民增订：《元好问全集》（增订本），第1383页。

③ 〔金〕元好问撰，姚奠中主编，李正民增订：《元好问全集》（增订本），第142页。

④ 〔金〕元好问撰，姚奠中主编，李正民增订：《元好问全集》（增订本），第200页。

⑤ 〔金〕元好问撰，姚奠中主编，李正民增订：《元好问全集》（增订本），第281页。

不同,元好问想象的回家有些一事无成的黯然神伤,他毕竟比陶渊明更想在现实中一展抱负,但风雨飘摇的时代和县令违心的公务都让他感到事不如意。所以,这一年,元好问的思想是动荡的,在仕与隐、济世与优游之间徘徊,他在年底作《除夜》总结云:“一灯明暗夜如何？梦寐衡门在涧阿。物外烟霞玉华远,花时车马洛阳多。折腰真有陶潜兴,扣角空传宁戚歌。三十七年今日过,可怜出处两蹉跎。”①他身在官府,却“梦寐衡门”;仕途折腰,难免有归去来兮之想,在除夕之夜感叹“出处两蹉跎”。总之,在三十七岁这一年,元好问的心态是矛盾、动荡和惆怅的,“四十头颅半白生,静中身世两关情”(《镇平县斋感怀》)。眼看要四十岁,对自身衰老迹象的敏感和对时世遭遇的不满促使元好问思索人生,促使元好问一度准备放弃仕途,追随陶渊明追寻自由的生存方式。借助陶渊明的《饮酒》诗来浇灌胸中的块垒,这应当是元好问这一年创作《饮酒》诗的现实动因。

四、多用渊明语及其他

清人施国祁《元遗山诗集笺注》笺注《淮右》一诗云:“遗山诗用前人成语极多,陶、杜句尤甚。”②这是学者在笺注元遗山诗时发现的事实。举例如下:

仲经张君从予卜邻,得王氏之败屋焉。环堵萧然,不蔽风日。(《行斋赋序》)③

如何千载下,乃与茅焦比。(《颍谷封人庙》)④

衡门在人境,三径深以悄。中庭八九树,晨坐听百鸟。[《虞乡麻长官成趣园二首(之一)》]⑤

思得菊潭酒,为公制颓龄。[《九日读书山,用陶诗“露凄暄风息,气清天旷明”为韵,赋十诗(之十)》]⑥

由来马队非讲肆,况与匏牢通过路。(《戏题新居二十韵》)⑦

① 〔金〕元好问撰,姚奠中主编,李正民增订:《元好问全集》(增订本),第174页。

② 〔金〕元好问撰,〔清〕施国祁笺注:《元遗山诗集笺注》,人民文学出版社1958年版,第391页。

③ 〔金〕元好问撰,姚奠中主编,李正民增订:《元好问全集》(增订本),第5页。

④ 〔金〕元好问撰,姚奠中主编,李正民增订:《元好问全集》(增订本),第12页。

⑤ 〔金〕元好问撰,姚奠中主编,李正民增订:《元好问全集》(增订本),第22页。

⑥ 〔金〕元好问撰,姚奠中主编,李正民增订:《元好问全集》(增订本),第40页。

⑦ 〔金〕元好问撰,姚奠中主编,李正民增订:《元好问全集》(增订本),第71页。

浇愁欲问东家酒，恨杀寒鸡不肯鸣。（《秋夕》）①

心远由来地自偏，不离城市得林泉。（《过寂通庵别陈丈》）②

东壁图书欣有托。（《赠答雁门刘仲修》）③

陋巷陋复陋，老屋在人境。门前轩盖多，闭户自幽屏。［《曲阜纪行十首（之四）》］④

闲门无车马，明月即佳客。（《留月轩》）⑤

眼中茅屋兴，稚子已迎门。（《临江仙》）⑥

三径在，一枝安。小斋容膝有余宽。（《鹧鸪天·隆德故宫，同希颜钦叔知几诸人赋》）⑦

以上诸例画线部分基本引用陶诗文成句或者成词，变化错落的地方不多；但也时有新颖意趣，如云“东壁图书欣有托”，主语改陶诗之众鸟为图书，在另外的情境下使用陶语，顿生新趣。又有一种，把陶语掰碎了，糅合进诗句，多有错落之处。如《赵吉甫西园》：“筑屋临清流，开窗见西山。人境偶相值，遂无城市喧。”⑧套用陶渊明《饮酒二十首（之五）》句式，拆散其语句，居然能够自达情意。有时化用融合几于无痕，如《宿张靖田家》“山深饶风露，夜气凄以耿”⑨化用陶渊明《庚戌岁九月中于西田获早稻》“山中饶霜露，风气亦先寒”一句，几乎令人不觉；《饮酒》“人会有归尽”⑩化用陶《连雨独饮》“运生会归尽”，也很隐蔽。

元好问赋菊花（《丙午九日咏菊二首》《野菊座主闲闲公命作》《野菊再奉座主闲闲公命作》《辛亥九月未见菊》）、写景（《内乡杂诗》）、题画（《采菊图二首》《武善夫桃溪图二首》）、铭物（《无弦琴铭》）等每好用陶典，隐含桃源（5 次）、北窗（5 次）、南窗（8 次）等意趣。如其《无弦琴铭》云：

厥初制琴，意寓于器。器如可忘，圣则徒制。如陶所言，奚贵于琴？羊

① 〔金〕元好问撰，姚奠中主编，李正民增订：《元好问全集》（增订本），第 184 页。
② 〔金〕元好问撰，姚奠中主编，李正民增订：《元好问全集》（增订本），第 234 页。
③ 〔金〕元好问撰，姚奠中主编，李正民增订：《元好问全集》（增订本），第 239 页。
④ 〔金〕元好问撰，姚奠中主编，李正民增订：《元好问全集》（增订本），第 45 页。
⑤ 〔金〕元好问撰，姚奠中主编，李正民增订：《元好问全集》（增订本），第 41 页。
⑥ 〔金〕元好问撰，姚奠中主编，李正民增订：《元好问全集》（增订本），第 999 页。
⑦ 〔金〕元好问撰，姚奠中主编，李正民增订：《元好问全集》（增订本），第 1032 页。
⑧ 〔金〕元好问撰，姚奠中主编，李正民增订：《元好问全集》（增订本），第 42 页。
⑨ 〔金〕元好问撰，姚奠中主编，李正民增订：《元好问全集》（增订本），第 44 页。
⑩ 〔金〕元好问撰，姚奠中主编，李正民增订：《元好问全集》（增订本），第 100 页。

存礼存，大中之心。我琴无弦，弦会当具。尚因正声，以识真趣。①

元好问《密公宝章小集》云：“渊明素琴嵇阮酒，妙意所寄谁能量。”②“妙意”的传达需要完整的琴的器具形式（“弦会当具”，“会”通“徽”，指琴饰），真趣的获得需要因循雅正的音乐。形式（包括器具、乐曲等）很重要，是“妙意”这个根本的容身之所，如果没有形式，和谐融洽的本真之心（“大中之心”：元好问《最乐堂铭》：“大本在中，至和与融。”③）就得不到维护。正如“爱礼存羊”④一样，为维护根本应当保留有关仪节，为因循雅正之声获得真淳之趣，无弦琴应当配备琴弦和徽饰。元好问此铭立意饶有新意，其宗旨主要归于儒家，是对苏轼从佛教角度理解无弦琴的反拨。⑤

此外，元好问可能阅读过《搜神后记》。他在作品中多次用到丁令威化鹤升仙的词语、典故，感叹世事变迁、物是人非：如《二月十五日鹤》云“城郭并与人民非”，《王学士熊岳图》云“古来说有辽东鹤，仙语星星谁为传”，《游龙山》云“异时华表见老鹤，姓字莫忘元丹丘”，《癸巳四月二十九日出京》云“华表鹤来应有语，铜盘人去亦何心”，《送邦彦北行》云“诗酒重留连，白鹤归华表”，《浩然师出围城赋鹤诗为送》云“辽海故家人几在，华亭清唳世空怜”，《赠张致远》云“老鹤千年见城郭，征君晚节傍风尘”，《益都宣抚田侯器之燕子图诗传本，己亥秋七月余得于冯翊宋文通家。会侯之子仲新自燕中来，随以归之。仲新谓余言，兵间故物一失，无所复望，乃今从吾子得之，焕若神明，顿还旧观，似非偶然者。方谒时贤以嗣前作，幸吾子发其端。因赋三诗，丙午春三月河东元某谨题》云“休惊燕子诗留在，化鹤归来未可知”等。⑥

五、以道德文章为己任

元好问之所以接受陶渊明，与他自觉弘扬风雅、继承中华正统文化的心态有关。陶诗体现了他的风雅理想。前文已经述及，此不赘述。

---

① 〔金〕元好问撰，姚奠中主编，李正民增订：《元好问全集》（增订本），第791页。

② 〔金〕元好问撰，姚奠中主编，李正民增订：《元好问全集》（增订本），第68页。

③ 〔金〕元好问撰，姚奠中主编，李正民增订：《元好问全集》（增订本），第792页。

④ 《论语·八佾》：“子贡欲去告朔之饩羊。子曰：‘赐也！尔爱其羊，我爱其礼。’”参杨伯峻《论语译注》，中华书局1980年版，第29页。

⑤ 关于苏轼对无弦琴的理解，参拙著《元前陶渊明接受史》，齐鲁书社2002年版，第276页。

⑥ 〔金〕元好问撰，姚奠中主编，李正民增订：《元好问全集》（增订本），第64页、第96页、第118页、第183页、第156页、第181页、第228页、第334页。

元好问接受陶渊明还受到北宋苏轼、金朝赵秉文等人的直接影响。清人翁方纲《斋中与友论诗五首(之三)》云:“苏学盛于北,景行遗山仰。”①元好问受苏轼影响甚重,而苏轼乃极力褒扬陶渊明者,所以元好问自然重视陶渊明之言论和行为。如元好问《东坡诗雅引》云:“近世苏子瞻绝爱陶、柳二家。极其诗之所至,诚亦陶、柳之亚。然评者尚以其能似陶、柳,而不能不为风俗所移为可恨耳。夫诗至于子瞻,而且有不能近古之恨,后人无所望矣!”②元好问还在《题学易先生刘斯立诗帖后》《跋东坡和渊明饮酒诗后》等作品中多次提到东坡和陶之事,可见其接受陶渊明受苏轼影响之一斑。长辈的教育与熏陶无疑是元好问接受陶渊明的一个重要途径。赵秉文乃元好问座师,元氏一生视若精神之父,而赵秉文受陶影响甚深,元好问不但可能读到他的和陶诗和赞陶言论,而且认为赵秉文诗歌“真淳简澹学陶渊明”③。元好问的另一位老师郝天挺(字晋卿)、父亲元德明现存诗歌不多,但都有受陶渊明影响的作品。郝天挺《莲花菊》、元德明《桃源行》《山中秋夕》《家园假山》《忆山中二绝句(之二)》《送张冀州致政还都》等诗都用到与陶有关的典故、题材、词句。师父之所好,每影响至于晚辈。元好问之所以喜欢陶渊明,赵秉文等长辈也是起了重要中介作用的。

元好问以金代乃至中华道德文章为己任,对传统文化和前代文学博览广收。单纯从他对陶渊明的接受情况来看,他对有关陶渊明的第一手资料和第二手资料都曾涉猎甚至钻研过。可以肯定地说,他研读过《陶渊明集》,读过《陶渊明传》《高僧传》或《莲社高贤传》(其《夜宿秋香亭有怀木庵英上人》《赠答普安师》《与西僧伦伯达二首(之二)》等都用到莲社之典)等传记材料。此外,他还读过《文选》或者《江淹集》(卷二《萧寺僧归横轴》诗句“露暗光已夕”化用江淹《拟陶诗》“路暗光已夕”一句)。由于他博览广收,所以他接触陶渊明的机会非常多。如,元好问论诗格外尊崇唐代李白、杜甫、韦应物、白居易等人,而他们都有拟陶、受陶影响之作。他对此是有相当认识的,如在《论诗三十首(之四)》自注中云:“陶渊明,唐之白乐天。”元好问曾经编过一部指导初学唐诗的后学者的教材——《唐诗鼓吹》。元好问的学生郝天挺为之作注,在注解中对其中涉及陶渊明的典故多注出。如注皇甫冉《三月三日义兴李明府后亭泛舟》“壶觞须就陶彭泽”(卷三)、杜牧《同赵二十二访张明府郊居聊句》“陶潜官罢酒瓶空,门掩黄花一径风”和“无弦琴在

① 〔清〕翁方纲:《复初斋诗集》卷六二,清刻本。

② 〔金〕元好问撰,姚奠中主编,李正民增订:《元好问全集》(增订本),第751页。

③ 〔金〕元好问撰,姚奠中主编,李正民增订:《元好问全集》(增订本),第864页。

月明中”（卷六）、权德舆《送李处士山居》“逢迎只是坐篮舆”（卷八）、苏广文《自商山宿隐居》“闻道桃源堪避秦……陶令门前五柳春”、谭用之《寄王侍御》“黍已成畦菊已开”（卷九）、司空图《光启四年春戊申》“峰前犹自恋吾庐”（卷九）、陆龟蒙《奉和袭美夏景无事因怀章来二上人次韵》“还闻拟结东林社，争奈渊明醉不来”（卷三）等诗句，都引用陶渊明集原文或者有关传记做注释。① 既然《唐诗鼓吹》被当作教材，那么元好问肯定对唐诗用到的陶典十分熟悉。因此，元好问接受陶渊明还受到苏轼之外其他前代读者的间接影响。

元好问接受陶渊明还有社会历史巨变方面的影响。元好问生当元代大军南灭金代的重大历史变革时期，社会动荡，风雨飘摇，国家命运和个人命运若风中微火，随时都有被颠覆的可能。最终，元代灭亡了金代。而元好问是在金代成长起来的新一代诗人，他们没有了父辈对宋朝的眷恋，却因为金代明昌、大定时期盛世文化的影响而对金朝产生了比较深厚的国家政治情感。特别是金代对儒家文化的推崇塑造了一大批忠义之士，元脱脱等撰《金史·忠义传》，用卷一二一至卷一二四的篇幅为八十一人立传。金代覆亡的命运改变了金代士人个人的命运，使他们对金朝的热爱丧失了切实的寄托。他们在另一个政权里品尝到了他们父辈的灵魂痛苦。这种亡国之痛虽然没有南宋亡国士人那么痛彻骨髓，然而仍然让他们万难释怀、魂牵梦绕。这对以道德文章为己任的元好问来说尤其如此。读元好问的作品，我们就可以感受到他对故国的深厚感情；读他为金代以诗存史的《中州集》，我们也可以体味这种情感。明人瞿佑《归田诗话》云：“元遗山在金末，亲见国家残破，诗多感怆。如云‘高原水出山河改，战地风来草木腥’，‘花啼杜宇归来血，树挂苍龙蜕后鳞’，‘白骨又多兵死鬼，青山元有地行仙’，‘燕南赵北无全土，王后卢前总故人’，皆寓悲怆之意。至云‘神功圣德三千牍，大定明昌五十年’，不忘前朝之盛，亦可念也。”②这的确是实情。同时元好问又因对儒家忠义文化价值的认同而格外看重个人节操问题。这集中而典型地体现在关系他一生名节的两件事上。一件是对“崔立碑事件”的态度问题。金哀宗天兴二年（1233），在蒙古大军围困京都汴京“食尽无策”的窘境下，叛将崔立降蒙，投降后崔立以救一城生灵为由，让人为他勒碑颂功。而碑文出自元好问还是刘祁成为历史上的疑案。出自谁手不是我们这儿关心的问题。我们关心的是元好问对这一事件的情感态度。元好问在《外家别业上梁

---

① 〔金〕元好问辑，〔元〕郝天挺注：《唐诗鼓吹》，清顺治十六年陆贻典、钱朝鼒等刻本。

② 〔明〕瞿佑：《归田诗话》中卷，清《知不足斋丛书》本。

文》中对此事矢口否认,足见其对降元之举的贬抑心态。一件是金代灭亡以后,他也坚决不再出仕,足见他对忠义名节多么看重。因此他能同陶渊明的忠义品节取得共鸣。上引《寄题沁州韩君锡耕读轩》一诗很能表现他这一具体的共鸣心态,他从陶渊明那儿体会到的不仅仅是忠晋的思想情感,更重要的是陶渊明的傲骨、品节和化解人世感慨的超然。也只有不拘束于对一朝一姓的忠义,才能够化解亡国的悲痛。诗中的桃花源意象也应当在此意义上加以理解。“南渡衣冠几人在,西山薇蕨此生休”①,元好问在亡国悲痛中深味了陶渊明诗文背后的深层意蕴。

元好问嗜酒的习性也是他接受陶渊明的一个个人化原因。元好问的嗜酒与当时的社会政治巨变有关。借酒浇愁忘忧是文人雅士的宿习,而社会的每况愈下和家国巨变带来的悲痛正可以借助酒精得到一定程度的化解。喝酒要引前人做知己,诗文创作为了达到艺术表现的目的要用典,而陶渊明嗜酒是出了名的。元好问的诗词中不乏涉及喝酒的篇章,而词中尤甚,几乎篇篇有酒,可见他对酒的感情之深。其前后《饮酒》诗即典型例证,此外引陶助酒的如:

蹉跎匡山游,烂漫彭泽酒。慨然千载上,怀我平生友。[《虞乡麻长官成趣园二首(之二)》]②

风流五凤楼前客,寂寞千秋身后名。解道田家酒应熟,诗中只合爱渊明。[《和仁卿演太白诗意二首(之二)》]③

江州未觉风流减,可使陶潜望白衣。(《从邓州相公觅酒时在镇平》)④

宿醒未解渴生尘,惊见王宏饷酒人。(《药正卿饷酒》)⑤

黄菊霜华日日添,也应有意醉陶潜。(《辛亥九月末见菊》)⑥

百年同是红尘路,行近醉乡差有趣。坐中谁是独醒人,我醉欲眠卿可去。(《玉楼春》)⑦

陶潜罢官,无酒令人意缺然。[《沁园春·除夕二首(之一)》]⑧

---

① 〔金〕元好问:《太原》,见姚奠中主编、李正民增订《元好问全集》(增订本),第195页。

② 〔金〕元好问撰,姚奠中主编,李正民增订:《元好问全集》(增订本),第22页。

③ 〔金〕元好问撰,姚奠中主编,李正民增订:《元好问全集》(增订本),第212页。

④ 〔金〕元好问撰,姚奠中主编,李正民增订:《元好问全集》(增订本),第281页。

⑤ 〔金〕元好问撰,姚奠中主编,李正民增订:《元好问全集》(增订本),第300页。

⑥ 〔金〕元好问撰,姚奠中主编,李正民增订:《元好问全集》(增订本),第353页。

⑦ 〔金〕元好问撰,姚奠中主编,李正民增订:《元好问全集》(增订本),第1037页。

⑧ 〔金〕元好问撰,姚奠中主编,李正民增订:《元好问全集》(增订本),第1061页。

不论是得酒全真还是借酒寄慨，元好问很自然地引陶渊明为千载之上的酒中知己。

第三节 吴澄等人与豪放忠愤形象的凸显

在元代理学家中，吴澄地位崇高，与许衡并称“北许南吴”①。吴澄与陶渊明有地理之缘，也有文化之缘。他是抚州崇仁（今属江西）人，元成宗元贞（1294—1297）年间讲学于龙兴（今江西南昌），大德年间（1297—1307）曾被举为江西儒学副提举。从其《湖口县靖节先生祠堂记》《送彭泽教谕刘芳远序》《跋黄祖德庐山行卷》等作品看，他曾经到过陶渊明游观仕历的鄱阳湖、彭泽、庐山周围一带。吴澄是朱熹再传弟子的学生，一生折中于朱熹和陆九渊，也接受了他们赞赏陶渊明的观点。如他曾见过朱熹书写的陶诗，作《跋朱子所书陶诗》云：“朱子尝言，陶靖节见趣皆是老子意。观此写陶诗四首与刘学古，而卷末系以老氏之六言。盖其诗意出于《道德经》之绪余也。”②吴澄《吴文正集》中至少有四十三处明确涉及陶渊明，其《（詹若麟）陶渊明集补注序》《陶诗注序》《谭晋明诗序》《送袁用和赴彭泽教谕诗序》《湖口县靖节先生祠堂记》《心远亭记》《题陶庵邵庵记后》《送彭泽教谕刘芳远序》《跋张蔡国〈题黄处士《秋江钓月图》〉诗》《复庵记》《题陶渊明画像》等诗文较为集中系统地阐发了他的陶渊明观。

与元代许多读者一样，吴澄对陶渊明的平淡闲适并不陌生，如其《跋冯元益诗》云：“颖（应为“颍”）川冯元益，诗效陶靖节、韦苏州，欲其冲澹，自然而然，非求工于一字一句者。”③《送袁用和赴彭泽教谕诗序》云：“其为诗也冲澹，华而不衒，如絅褢之锦，读者莫知其藏，绚丽之美也。”④但更有特点的是他与元代读者普遍强调和感受了陶渊明形象豪放忠愤的侧面，这在陶渊明接受史上是很有特点且很有意义的侧面。陶渊明豪放忠愤的形象主要表现在以下几个方面。

第一，陶渊明被明确与诸葛亮、张良、屈原等人相提并论，吴澄和元代读者以陶渊明为有经济才略、功名之心的士人。理学家兼诗人的吴澄最早也最明确

---

① 参〔明〕宋濂《文宪集》卷三〇《吴草庐先生赞》、〔明〕孙承恩《文简集》卷四一《吴文正公澄（赞）》，影印清文渊阁《四库全书》本。

② 〔元〕吴澄：《吴文正集》卷六一，影印清文渊阁《四库全书》本。

③ 〔元〕吴澄：《吴文正集》卷五八。

④ 〔元〕吴澄：《吴文正集》卷三一。

地称他们四人为“四君子”①、“四贤”。其《陶诗注序》云：

楚三闾大夫，竭其忠志，欲强宗国，怀王信谗疏之，国事日非，竟客死于秦。襄王又信谗，放之江南，原不忍见宗国骎骎趋于亡，遂沉江而死。韩为秦所灭，韩臣之子子房，自以五世相韩，散财结客，为韩报仇。博浪之椎不中，则匿身下邳以俟时。山东兵起，从沛公入关，立韩公子成续韩后。秦亡而楚霸，王沛公于汉，又杀韩成。良乃辅汉灭楚，而后隐去。诸葛孔明初见昭烈，已知贼之必亡汉，而劝昭烈跨有荆、益，图霸业，复帝室，后卒偿其所言。晋陶渊明自其高祖长沙桓公为晋忠臣，及桓玄篡逆，刘豫起自布衣，诛剿，又灭秦灭燕，挟镇主之威。晋祚将易，既无昭烈可辅以兴复，又无高皇可倚以报复。志愿莫伸，其愤闷之情，往往发见于诗。盖四贤者，其遇时不同，其为人不同，而君臣之义重，则其心一也。子房、孔明得伸其志愿者，屈、陶二子抑郁无聊，因其情每托之空言。②

简要地说，吴澄认为陶渊明是志愿未得伸展的诸葛亮、张良，“其遇时不同，其为人不同，而君臣之义重，则其心一也”。吴澄对陶渊明十分推崇，他在《题陶庵邵庵记后》中说：“往年尝于吾庐之侧，治一室，置文成张司徒、靖节陶征士、希夷陈先生、康节邵先生画像其中，晨夕瞻敬。”③他认为陶渊明“究其实，当与子房、孔明相后先。……其为人也隐退，实而不沽，如匣中之剑，论者莫知其负经济之略也。然则渊明之华之实，知之者鲜矣。‘彭泽当此时，沉冥一世豪。空余诗话工，落笔九天上。’知渊明之实、之华，莫豫章黄太史若也”④；“谨于守身，熟于应务，厚伦理之常，明古今之变，居之不失其正，行之不失其宜，此靖节之所以为靖节也。其发于诗文也，人徒见其冲澹退逊，而绚丽雄健藏于中，后之辞人尽力学之而不能到。名明字亮，盖自比于诸葛，真一代之人豪也”⑤。吴澄把陶渊明的名字与诸葛亮联系在一起，前所罕见，实在是吴澄的一个创举。陶渊明有没有“经济之略”，单纯从他几任小官的仕途经历似乎看不出来，史传和他本人的作品中也没有明确称赞他有有志于天下之雄才大略的言论。最早将陶渊明与张良并称的是唐代的颜真卿，其《咏陶渊明》云：“张良思报韩，龚胜耻事新。狙击不肯就，舍生悲缙绅。呜呼陶渊明，奕叶为晋臣。自以公相后，每怀宗国屯。题

① 〔元〕吴澄：《（詹若麟）陶渊明集补注序》，见《吴文正集》卷二一。

② 〔元〕吴澄：《吴文正集》卷二一。

③ 〔元〕吴澄：《吴文正集》卷五六。

④ 〔元〕吴澄：《送袁用和赴彭泽教谕诗序》，见《吴文正集》卷三一。

⑤ 〔元〕吴澄：《送彭泽教谕刘芳远序》，见《吴文正集》卷二七。

诗庚子岁，自谓羲皇人。手持《山海经》，头戴漉酒巾。兴逐孤云外，心随还鸟泯。”①朱熹承其说云：“此其（按指向芗林）平生始终大节，岂不凛乎！其有子房、元亮之心哉！然二子当时皆不得位，而为之于不可为之后，是以大义虽明，而不及有益于人之国。”②但他们只是以忠义品节并称，并没有以才略并称。宋代黄庭坚、辛弃疾等人则进一步认为陶渊明“凄其望诸葛，骯髒犹汉相”③，汤汉把陶渊明比作张良。吴澄受黄庭坚等人影响，接受并综合了陶渊明是诸葛亮般一流人物的观点，自然推论陶渊明有“经济之略”，只是由于条件、时机的限制，没有能够像诸葛亮、张良一样发挥出来而已。这种明确凸显陶渊明有“经济之略”的言论带有破天荒的色彩，令人对陶渊明刮目相看。所以，吴澄的言论在当时引起了相当反响。比如虞集在《跋子昂所画渊明像》中重申了吴澄将陶渊明与诸葛亮、张良、屈原并称的意思。卢挚《题渊明归来图》以诗歌的形式并咏陶渊明与张良、诸葛亮：

留侯晚岁游赤松，武侯早岁称卧龙，亡秦扶汉声隆隆。渊明初非避俗翁，两侯大节将无同。阳秋特书晋甲子，辞锋时露长沙雄。王弘何幸奉吾足，督邮能芥平生胸？归来种豆南山中，斜川只许桃源通。门前五柳春濛濛，落絮不与江波东。环堵萧然吾未穷，北窗尽有羲皇风。画图不尽千古意，诗成一笑浮云空。④

在这一诗歌中，陶渊明飘逸忘世的形象之所以与传统的隐士形象迥然不同，原因就在于陶渊明身上不仅流淌着长沮、桀溺一类单纯淡泊功名隐士的血脉，而且有张良、诸葛亮这样富有功名才略之士的灵魂，因此于飘逸之外显得厚重、沉雄，一腔忠愤，意味深远。在同时代的诗文中，类似的说法俯拾可得，如：

大厦将颓，非一木所能支，独渊明何能救其弊哉！适丁天地不交，万物不道，君子道消，小人道长之时，渊明见几而作，挂印绶而归，结社同志，安林泉之乐，较之躁进苟容于小人之侧者，何啻九牛毛耶？以渊明之才德，假使生于尧、舜、汤、武之世，又安知不与皋、夔、伊、周并驱争先哉！宣尼有云：用之则行，舍之则藏。又云：进退存亡，不失其正者，其惟圣人乎！斯亦

---

① 〔清〕彭定球等编：《全唐诗》卷一五二，中华书局1960年版，第1583页。

② 〔宋〕朱熹：《向芗林文集后序》，见《晦庵先生朱文公文集》卷七六，《四部丛刊》本。

③ 〔宋〕黄庭坚撰，〔宋〕任渊、史容、史季温注，刘尚荣校点：《黄庭坚诗集注》，中华书局2003年版，第57～58页。此诗一作林之奇作。

④ 〔元〕卢挚撰，李修生辑笺：《卢疏斋集辑存》，北京师范大学出版社1984年版，第58页。

名教之内昭昭可考者也。(耶律楚材《和裴子法韵序》)①

归来尚忆渊明菊,高卧谁知诸葛庐。醉后达观今古事,寥寥千载只须臾。(张观光《茅山相对》)②

吾乡王氏自伯伦……仅晚授南廊一秩,丞佐小邑。权虽卑,不肯龌龊苟禄,屡与上官争役钱、辩水利、列边防形势,欲以经济自见。言既不酬,即和渊明《归去来辞》,弃官归养,洒然有近古豪杰之风。(戴表元:《题王氏寓庵遗稿》)③

丰碑大字极誉扬,并祀渊明与狄梁。宇宙事皆吾己分,君臣义亦本天常。休官彭泽当存晋,取日虞渊合为唐。自是后人无远识,不知遗臭与流芳。(王奕《题陶狄二贤祠》)④

有才比管葛,感奋为武侯。保身慕夷齐,静退渊明俦。[何中《读晋史九首(之九)》]⑤

跳下竿尖。摆脱钩钳。乐天真休问人嫌。顾前盼后,识耻知廉。是汉张良,越范蠡、晋陶潜。(曾瑞【双调】《行香子·叹世》)⑥

晋时陶元亮,自负经济才,耻为彭泽一县宰。栽,绕篱黄菊开。传千载,赋一篇《归去来》。[吴弘道【南吕】《金字经十一首(之六)》]⑦

袖里惭无博浪椎,酒醒空赋稚桑诗。悲凉一曲山阳笛,满眼山河是义熙。(郑元祐《陶靖节像》)⑧

归来不为督邮轻,自为松根长茯苓。博浪金椎拈不起,倚锄却读相牛经。(张雨《松下渊明为郑明德作》)⑨

世以渊明为隐者,渊明岂无功名之志哉!观其《命子》之篇,历叙陶族之兴,追想桓桓长沙之业;自以晋世衣冠,耻事异姓,义熙以后,止题甲子。故得朱氏《(资治通鉴)纲目》"晋征士陶潜"之书,则谓渊明为隐者,非知渊

① 〔元〕耶律楚材著,谢方点校:《湛然居士文集》,中华书局1986年版,第9页。

② 〔元〕张观光:《屏岩小稿》,影印清文渊阁《四库全书》本。按,此诗一作元黄庚诗,见《月屋漫稿》,影印清文渊阁《四库全书》本。

③ 〔元〕戴表元《剡源文集》卷一八,影印清文渊阁《四库全书》本。

④ 〔元〕王奕:《玉斗山人集》卷一,民国刻《枕碧楼丛书》本。

⑤ 〔清〕顾嗣立编:《元诗选》二集上,中华书局1987年版,第356页。

⑥ 隋树森编:《全元散曲》上册,中华书局1964年版,第526页。

⑦ 隋树森编:《全元散曲》上册,第727页。

⑧ 〔清〕顾嗣立编:《元诗选》初集下,第1851页。

⑨ 〔清〕顾嗣立编:《元诗选》初集下,第2441页。

明者也。谓渊明有志于功名,亦非也。公则深知其心矣。(陆文圭《悠然亭记》)①

留侯报韩仇,还寻赤松去。后生同一心,成败顾随遇。归来抚孤松,犹是晋时树。(杨维桢《渊明抚松图》)②

昔无刘豫州,隆中老诸葛。所以陶彭泽,归兴不可遏。(张以宁《题海陵石仲铭所藏陶渊明归隐图》)③

吴澄认为陶渊明并非忘怀天下者,而是本欲有为,归隐乃出于不得已:“征士(渊明)少时作镇军参军而经曲阿,为建威参军而经钱溪,因长史秦川而欲游目于中都,曷尝遗世绝俗而忘天下也?义熙《归来》之赋,盖有不得已焉。”因为陶渊明的志向根底本在儒学:“陶子《时运》《暮春》之诗,慨想清沂咏归之乐,孰谓陶子不知圣学哉!”④这些言论显然是在传统的陶渊明形象之外特意强调其相对被忽视的济世弘道的侧面。在元代读者看来,单纯的隐士和单纯的功名之士都不能够准确地指称陶渊明了,“谓渊明为隐者,非知渊明者也。谓渊明有志于功名,亦非也”。真正的陶渊明是一位“自负经济才”而又遭遇非时、明智退隐的志士。胡祗遹《士辨》云:“自伯夷、叔齐、长沮、桀溺、接舆、荷蒉之后,四皓之避秦,管宁之蹈海,沧海横流,以及东晋,中间鄙夷国步隐逸之士不为不多,千载而下,独推渊明,何也?诵其诗,读其书,见其为人,不得不为之称道,观渊明之《咏贫士》诸诗,暨‘羲农去我久’、‘东方有一士’、‘先师有遗训’、‘清晨闻叩门’、‘辞家夙严驾’、‘少时壮且励’诸章,则渊明之所学、所以自任者,岂徒嗜酒傲世、赏花柳、醉尽江山而已耶?后人之知渊明者,目为闲适放旷,长于作诗而已,岂真知渊明者哉?”⑤陶渊明是一位“隐逸之士”,但他不是“嗜酒傲世、赏花柳、醉尽江山而已”,不是“闲适放旷,长于作诗而已”,而是一位关心儒教世风且如遇机遇将会大有作为的士人。自此,陶渊明的形象就变得丰满起来,豪放与飘逸、忠愤与淡泊、出世与入世相反相成地统一成一体。

第二,吴澄和元代读者强调了陶渊明的节义。张观光《杂咏九首(之二)》云:“人非陶令空看菊,诗不林逋漫咏梅。晋宋后来爱花者,输他高节与高

① 〔元〕陆文圭:《墙东类稿》卷八,影印清文渊阁《四库全书》本。
② 〔清〕顾嗣立编:《元诗选》初集下,第2037页。
③ 〔清〕朱彝尊编:《明诗综》卷四,影印清文渊阁《四库全书》本。
④ 〔元〕吴澄:《心远亭记》,见《吴文正集》卷四四。
⑤ 〔元〕胡祗遹:《紫山大全集》卷二〇,影印清文渊阁《四库全书》本。

才。"①陶渊明的创作才气姑且不论,"经济"之才已如上论。而陶渊明的忠义高节是元代人格外看重的又一面。他们往往在诗文中加以称赏,吴澄《题陶渊明画像》云:"凄凉义熙后,沉痛永初元。天阔目无力,相随酒一尊。"②又其《感兴诗二十五首(之十七)》云:"杨雄莽大夫,陶潜晋处士。男儿百岁中,盖棺事乃已。"③《和桃源行效何判县钟作》云:"元亮至今尚东晋。"④这是强调陶渊明的政治节操。吴澄《题双头菊》云:"天下无双士,风流靖节翁。如何名利域,有此两心同。"⑤《松友说》云:"松,木之贞坚也,其为友者为谁?鲁《论》美其后凋,蒙庄美其冬夏青青,皆与柏并称,然则柏其松之友乎?戴《记》美其贯四时不改柯易叶,则不止与柏俱,而又与竹俪。世俗亦以松、竹、梅为'岁寒三友',然则竹、梅,其松之友乎?人之可与松友者,必如柏、如竹、如梅而后可。盘桓于孤松之侧,松所友者,晋渊明也。"⑥这是欣赏陶渊明如松柏一般的坚贞品性。陶渊明的节操受到元代读者的一致称赞,如:

我爱陶元亮,忠肝义胆存。不忘一饭报,况受累朝恩。解印彭泽县,归田栗里村。贫非无粟在,宋粟不堪餐。(刘元辉诗)⑦

渊明年十九,谢公破苻坚。此时尚可为,未及出仕年。太傅一丘志,永言负东山。道子国宝辈,日趣晋祚迁。参军与百里,黾勉一纪间。典午竟已矣,于兹遂归田。至今会心人,仰高醉中言。[方回《醉吟五首(之五)》]⑧

归来忽复河山移,忠愤意切语益微。(尚野《渊明归来图》)⑨

已曾采石酹诗仙,又拜书岩(即靖节祠名)荐菊泉。京口火头才负乘,柴桑处士便归田。驱驰名并诸公驾,尸祝谁碑百世贤。近代从容人死义,后先二尹合俱传(池阳别驾赵昴发曾尹彭泽,德祐间死于池之从容亭)。

---

① 〔元〕张观光:《屏岩小稿》。
② 〔元〕吴澄:《吴文正集》卷九一。
③ 〔元〕吴澄:《吴文正集》卷九一。
④ 〔元〕吴澄:《吴文正集》卷一〇〇。
⑤ 〔元〕吴澄:《吴文正集》卷九一。
⑥ 〔元〕吴澄:《吴文正集》卷六。
⑦ 见〔元〕方回《桐江集》卷四,清嘉庆宛委别藏本。
⑧ 〔元〕方回:《桐江续集》卷一三,影印清文渊阁《四库全书》本。
⑨ 〔清〕顾嗣立、席世臣编,吴申扬点校:《元诗选癸集》上,中华书局2001年版,第171页。

(王奕《彭泽新县靖节祠》)①

鸣呼,典午去矣!柴桑归矣!黄花老矣!征士卒矣!尚飨!(王奕《彭泽祭陶靖节祠》)②

庙堂衮衮宋元勋,争信东篱有晋臣。(刘因《采菊图》)③

不缘斗米挂朝衣,自是知几勇赋归。莫把秋英等闲看,商山芝草首阳薇。(艾性夫《渊明采菊图》,《剩语》卷下)

我怀陶元亮,早弃彭泽令。宁甘柴桑饿,不受宋人聘。晚诗题甲子,统著义熙正。得书晋征士,千载论始定。(陆文圭《和陆振之见赠韵》)④

宋文心腹寄王宏,来刺江州却有声。不怪孤臣书甲子,时时送酒赏渊明。(陆文圭《渊明像》)⑤

诗中甲子春秋笔,篱下黄花雨露枝。便向斜川频载酒,风光不似义熙时。(邓文原《题陶渊明像》)⑥

北窗羲皇上,东篱晋宋秋。零陵一杯酒,终古属斯愁。[何中《读晋史九首(之九)》]⑦

黄花憔悴应思晋,才遇渊明香便清。[张观光《秋吟六首(之六)》]⑧

由于有经济才略和忠义高节隐含在背后,陶渊明的飘逸也因此显得大气淋漓:

那老子彭泽县懒坐衙,倦将文卷押,数十日不上马。柴门掩上咱,篱下看黄花。爱的是绿水青山,见一个白衣人来报,来报五柳庄幽静煞。(无名氏【黄钟】《红锦袍》)⑨

江湖豪迈,为惜黄花归去来。名无言责,身无俗债,任家私匾窄,但醉里乾坤大。[无名氏【中吕】《四换头十一首(之三)》]⑩

归去来兮,笑人生苦贪名利。我岂肯陷迷途惆怅独悲。假若做公卿,居宰辅,划地心劳形役。量这些来小去官职,枉消磨了浩然之气。(李致远

---

① 〔元〕王奕:《玉斗山人集》卷一,民国刻《枕碧楼丛书》本。

② 〔元〕王奕:《玉斗山人集》卷二。

③ 〔清〕顾嗣立编:《元诗选》初集上,第139页。

④ 〔元〕陆文圭:《墙东类稿》卷一五。

⑤ 〔元〕陆文圭:《墙东类稿》卷二〇。

⑥ 〔清〕顾嗣立编:《元诗选》二集上,第283页。

⑦ 〔清〕顾嗣立编:《元诗选》二集上,第356页。

⑧ 〔元〕张观光:《屏岩小稿》。

⑨ 隋树森编:《全元散曲》下册,第1659页。

⑩ 隋树森编:《全元散曲》下册,第1707页。

【中吕】《粉蝶儿·拟渊明》)①

一任教秦灰冷，从教那晋鼎移。倚窗或乐琴书味。从情或棹孤舟济。登山或念车轮意。美哉之志乐田园，浩然之气冲天地。（张可久【仙吕】《点绛唇·翻归去来辞》)②

漂泊江湖只自怜，人生穷达信关天。老难干禄心灰矣，贫不求人气浩然。五斗岂能留靖节，一瓢亦足乐颜渊。客来问我生涯事，闭户开书对圣贤。（张观光（一作黄庚）《偶述》，《屏岩小稿》)

那老子觑功名如梦蝶，五斗米腰懒折。……种著三径黄花，栽著五株杨柳，望东篱归去也。（徐再思【黄钟】《红锦袍》)③

“老子”是北方人自称老大的粗语，现在也用来指称陶渊明；隐逸者似乎与世无涉，但“江湖豪迈”“醉里乾坤大”“一任”“从教”那样的语气里分明透着不平。“浩然之气冲天地”较之陶渊明委顺性命的飘逸，平添了多少阳刚豪迈之气！

第三，吴澄和其他元代读者理解的豪逸忠愤还表现在对陶渊明诗文忠义之心的理性挖掘甚至曲解上。吴澄在《陶渊明集补注序》中称赞詹若麟《陶渊明集补注》云：“屈子之辞，非藉朱子之注，人亦未能洞识其心……吾乡詹麟若麒，因汤氏（指汤汉）所注而广之，考其时，考其地，原其序以推其意，于是屈、陶二子之心，粲然暴白于千载之下。若麟之功，盖不减朱子也。”④詹若麟的《陶渊明集补注》今不见存。从吴澄的话来看，该书在汤汉注陶的基础上，进一步凸显了陶渊明如屈原一样的“忠义”之心。詹若麟《陶渊明集补注》如何凸显了陶渊明的“忠义”之心我们不得而知，但通过元代的两本书我们可以窥斑知豹。这两本书是刘履的《选诗补注》和李公焕的《笺注陶渊明集》。刘履和李公 焕解陶的一个共同特点就是联系晋、宋历史事件挖掘陶渊明诗文的微言大义，有时甚至不惜曲解附会。如刘履评《归园田居五首（之二）》“野外罕人事”一篇云：

此篇言野外事简人静，绝无尘虑，唯与邻曲往来共谈桑麻之长而已。然我之生理有成，而志愿已遂，但恐天时变革，霜霰凋伤，而零落同于草莽耳。盖是时朝廷将有倾危之祸，故有是喻。然则靖节虽处田野而不忘忧

① 隋树森编:《全元散曲》下册，第1257页。

② 隋树森编:《全元散曲》上册，989页。

③ 隋树森编:《全元散曲》下册，第1033页。

④ 〔元〕吴澄:《（詹若麟）陶渊明集补注序》，见《吴文正集》卷二一。

国,于此可见矣。(《选诗补注》卷五)①

又解《拟古九首(之七)》“日暮天无云”云:

此诗殆作于元熙之初乎?“日暮”以比晋祚之垂没。天无云而风微和,以喻恭帝暂遇开明温煦之象。“清夜”则已非旦昼之景,而“达曙”则又知其为乐无几矣。是时宋公肆行弑立,以应“昌明之后,尚有二帝”之谶,而恭帝虽得一时南面之乐,不无感叹于怀,譬犹云间之月,行将掩蔽,叶中之华,不久零落,当如何哉!其明年六月,果见废为零陵王,又明年被弑。此靖节预为悯悼之意,不其深欤?(《选诗补注》卷五)②

又解《咏贫士七首(之一)》“万族各有托”云:

且所谓朝霞开雾,喻朝廷之更新;众鸟群飞,比诸臣之趋附。而迟迟出林,未夕来归者,则又自况其审时出处与众异趣也。③

又解《咏荆轲》云:

此靖节愤宋武弑夺之变,思欲为晋求得如荆轲者往报焉,故为是咏。④

李公焕引赵泉山评《乙巳岁三月为建威参军使都经钱溪》云:

此诗大旨庆遇安帝光复大业,不失旧物也。(《笺注陶渊明集》卷三)⑤

又吴师道《吴礼部诗话》云:

《杂诗》第二首“日月掷人去,有志不获骋。”陶翁之志非他,忠愤而已。“念此还悲凄,终晓不能静”,此与《述酒》篇“流泪抱中叹,倾耳听司晨”意同。⑥

从上引元代人解陶的言论来看,他们认同了宋论陶渊明“眷眷王室”的观点⑦,

---

① 北京大学北京师范大学中文系、北京大学中文系文学史教研室编:《陶渊明资料汇编》上册,中华书局1962年版,第54页。

② 北京大学北京师范大学中文系、北京大学中文系文学史教研室编:《陶渊明资料汇编》下册,第237页。

③ 北京大学北京师范大学中文系、北京大学中文系文学史教研室编:《陶渊明资料汇编》下册,第267页。

④ 北京大学北京师范大学中文系、北京大学中文系文学史教研室编:《陶渊明资料汇编》下册,第283页。

⑤ 北京大学北京师范大学中文系、北京大学中文系文学史教研室编:《陶渊明资料汇编》下册,第137页。

⑥ 北京大学北京师范大学中文系、北京大学中文系文学史教研室编:《陶渊明资料汇编》下册,第251页。

⑦ 〔宋〕真德秀:《跋黄瀛拟陶诗》,见《西山文集》卷三六《评诗》,影印清文渊阁《四库全书》本。

认为“凡靖节退休后所作之诗，类多悼国伤时托讽之词”①，为了凸显陶渊明的“忠愤”，不惜从陶诗中捕风捉影。宋人论陶略形取神者多，往往不指实。因为陶渊明诗文很难与具体历史事件一一对应。元人注陶虽然也能深味陶诗三昧，但又过于指实，胶柱鼓瑟。如刘履评《归园田居五首（之二）》基本与陶诗实际相合，而说“盖是时朝廷将有倾微之祸，故有是喻。然则靖节虽处田野而不忘忧国，于此可见矣”，未免把陶渊明理解得太拘谨。至于上引解陶《咏荆轲》等更是如此，仿佛陶渊明真是一位处心积虑等待时机报仇尽忠的张良。实际上，就是表达“忠晋”情绪的《述酒》诗也写得隐晦难解，其中不仅仅有对晋朝覆亡的追悼，同时寄寓了深远的历史感慨。其他诗文更是有意避开时事，以委婉含蓄的方式抒发对现实的感慨。元人解陶说得如此直接也有重要意义，那就是让读者明白陶渊明并不是一位飘然世外的单纯隐士。

刘因《归去来图》议论道：“渊明豪气昔未除，翱翔八表凌天衢。归来荒径手自锄，草中恐生刘寄奴。中年欲与夷皓俱，晚节乐地归唐虞。平生磊落一物无，《停云》怀人早所图。有酒今与庞通沽，眼中之人不可呼，哀歌抚卷声呜呜。”②此诗很得元人所理解的陶渊明之神，把陶渊明高节和飘逸背后的豪气、忠愤展现得淋漓尽致。

元代读者为什么能感受到陶渊明豪逸忠愤、阳刚大气的一面呢？

首先，强调陶渊明的忠愤是元代一部分读者的恋旧心态决定的。如，吴澄二十七岁以前是在南宋度过的，由宋入元后，在很长一段时间里隐居山林；戴表元是南宋咸淳进士，曾任建康府教授，元兵攻陷临安后，隐居家乡奉化（今属浙江）；陆文圭，咸淳中乡选，宋亡后也曾经隐居过一段时间。入元以后，他们虽然由于种种原因在元代任过职，但是对旧朝总难免流露出眷恋情绪。这种恋旧心态在根本上是旧的道德情绪的自然流露，也是汉族传统文化、中原文化长期熏陶的结果。元人入主中原后，也很快被中原文化吸引，崇奉朱子理学、尊奉道教等都是典型的反映。统治者在道德品节上认同了儒家文化的价值观念。如元世祖忽必烈曾下《封伯夷、叔齐诏》云：“辞爵以明长幼之序，谏伐以严君臣之分，可谓行义以达道，杀身以成仁者也。……扬义烈以激清尘，期于世教之有补。

① 〔元〕刘履补注：《选诗补注》卷五，见《陶渊明资料汇编》下册，第220页。

② 北京大学北京师范大学中文系、北京大学中文系文学史教研室编：《陶渊明资料汇编》上册，第124页。

可追封伯夷为昭义清惠公，叔齐为崇让仁惠公。”①对伯夷、叔齐这样不忘旧朝的隐士的肯定典型地表现了元人继承中原儒家文化的基本态度。因此，在诗文中强调陶渊明的忠义既抚慰了怀旧的心态，也符合元代统治者所肯定的价值观念。

其次，陶渊明形象的豪放与北方文化的熏染大有关系，是陶渊明进入北方文化后与读者碰撞的结果。北人自古豪放，以豪放胸怀接受前人，遂有豪放的陶渊明形象。比如，刘因，今河北人，其《玉漏迟·泛舟东溪》云：“故园平似掌。人生何必，武陵溪上。三尺蓑衣，遮断红尘千丈。不学东山高卧，也不似、鹿门长往。君试望。远山颦处，白云无恙。　　自唱。一曲渔歌，觉无复当年，缺壶悲壮。老境羲皇，换尽平生豪爽。天设四时佳兴，要留待、幽人清赏。花又放。满意一篙春浪。”②虽然表示“满意一篙春浪”这样优游的尘外生活，但“平生豪爽”之气难以掩抑。白朴祖籍隩州（在今山西），后迁居真定（今河北正定），其《水龙吟·用前韵，赠答光辅》云：“倚阑千里风烟，下临吴楚知无地。有人高枕，楼居长夏，昼眠夕寐。惊觉游仙，紫毫吐凤，玉觞吞蚁。更谁人似得，渊明太白，诗中趣、酒中味。　　惭愧东溪处士，待他年、好山分翠。人生何苦，红尘陌上，白头浪里。四壁窗明，两盂粥罢，暂时打睡。尽闻鸡祖逖，中宵狂舞，蹴刘琨起。”③那学陶的酒趣里分明有李白、祖逖、刘琨一样的豪气。王实甫是大都（今北京）人，其【商调】《集贤宾·退隐》云：“退一步乾坤大，饶一着万虑休。怕狼虎恶图谋。遇事休开口。逢人只点头。见香饵莫吞钩。高抄起经纶大手。”④抄手也就罢了，偏偏说“高抄”，说“经纶大手”，直是豪杰举止。总之，他们多从小受到北方粗犷豪放地理文化氛围的熏陶，性格也随之潜移默化。其作品写隐逸情怀，许多隐然令人想起陶渊明，但境界阔大、气格豪迈，非但没有绮艳之态，也不纯粹是飘逸之致。即使是南方读者，由于生活在元代，胸怀天下者也自具一番临视天下的大气。比如，吴澄乃江西崇仁人，虽非北人，但也到过大都，感受到元代大一统局面下的大气；他志向非凡，少年时就“慨然以豪杰之士自许”⑤，历经世道变故，仍然以“圣贤”自期，希望用理学来教育天下，手定“教法

---

① 李修生主编：《全元文》第三册，江苏古籍出版社 1998 年版，第 371 页。

② 唐圭璋编：《全金元词》下册，中华书局 1979 年版，第 780 页。

③ 唐圭璋编：《全金元词》下册，第 630 ~ 631 页。

④ 隋树森编：《全元散曲》上册，第 293 页。

⑤ 〔元〕吴澄：《谒赵判簿书》，见《草庐吴文正公外集》卷三，影印清文渊阁《四库全书》本。

四章”，涉及“经”“行实”“文艺”“治事”等庞大系统的教学内容①。他当然是希望用这些教学内容教育包括元代统治者在内的北方人的。北方文化的自然熏染和影响使元人不会把陶渊明看作拘束一隅的“小隐”，而会把他看作胸怀天下大志的不遇高士。

再次，强调陶渊明的经世才略是元代士人的事功心态决定的。对于旧朝，年轻的士人眷恋归眷恋，但迫于各种因素和诱惑，入元以后，他们中的许多人或早或晚出仕了。其中，接受陶渊明较多的吴澄是很典型的。他在元初本来隐居山林，以著述为事，但随着元代统治者实施尊孔礼士的政策，他终于走上了仕途。吴澄是以江南遗逸的身份被早年好友、现任“江南行台御史”的程钜夫请出山的。他曾经三次进京任职。吴澄虽然立志于圣人学问，但还是希望有朝一日“获大用于世”②。受儒学影响的经生一般不能摆脱出仕有为的心态，他们中有抱负的读者将这种心态投射到陶渊明身上，就发现了一个不能忘怀世事而且颇富经世才略的新陶渊明形象。

复次，元人认识到陶渊明豪逸忠愤、阳刚大气的一面也是接受宋人观点的结果。宋代黄庭坚《宿旧彭泽怀陶令》、陈与义《题酒务壁》、辛弃疾《贺新郎·把酒长亭说》、朱熹《朱子语类》卷一四〇《论文下》等最早将陶渊明比喻为“卧龙诸葛”，认为陶渊明是“英雄人”，有“豪放”之气。《宋书·隐逸传》云陶渊明“耻复屈身后代”，宋人韩驹、汤汉等人最早强调陶渊明一些诗文中蕴含的缅怀故国、不忘晋朝的忠愤情绪，通过分析去印证史书的观点。南宋士人从江西派诗人到理学家再到宋末亡国诗人（尤其是爱国诗人）都格外强调陶渊明“耻复屈身后代”“不仕二朝”的气节，并与他的忠愤情绪取得共鸣。豪放忠愤与一般读者理解的飘逸平淡在宋代已经开始被奇妙地结合到陶渊明身上，到元代，这两个方面都得到加强、凸显，并获得新的发展。比如吴澄称詹若麟《陶渊明集补注》是“因汤氏所注而广之”③的陶集注本，詹若麟继承了汤汉以忠愤解陶的见解，吴澄也承认自己赞同黄庭坚认为陶渊明是“沉冥一世豪”的看法等。没有前代的积累，元人很难如此普遍而明确地看到陶渊明豪逸忠愤的精神面貌。

此外，吴澄等人强调陶渊明的忠义节操与他们的理学立场也分不开。吴澄在《湖口县靖节先生祠堂记》中表达的意见最具有代表性。他说：“窃惟靖节先

① 〔元〕吴澄：《道学基统》，见《草庐吴文正公外集》卷一。

② 〔元〕吴澄：《发解谢缪守书》，见《草庐吴文正公外集》卷三。

③ 〔元〕吴澄：《（詹若麟）陶渊明集补注序》，见《吴文正集》卷二一。

生高志远识，超越古今。而设施不少概见，其令彭泽也，不过一时牧伯辟举扳授，俾得公田之利以自养，如古人不得已而为录者尔，非受天子命而仕也。曾几何时，不肯屈于督邮而去，充此志节，异时讵肯忍耻于二姓哉？观《述酒》《荆轲》等作，殆欲为汉相孔明之事而无其资。责子有诗，与子有疏，志趣之同，苦乐之安，一家父子夫妇又如此。夫人道三纲为首，先生一身而三纲举无愧焉。忘言于真意，委运于大化，则几于同道矣。谁谓汉魏以降而有斯人者乎？噫，先生未易知也，后人于语文字间窥觇其髣髴而已。”①很明显，他们尊崇表章陶渊明“一身而三纲举无愧”，目的是“以励末俗”②，他们认为陶渊明是一位符合理学伦理纲常观念的典型人物。

第四节　方回、郝经、刘因和戴良等人的学陶诗文

陶渊明诗文是元代作家青睐的学习对象，据粗略统计，在作品中明确涉及陶渊明者有二百多人。耶律楚材、方回、郝经、赵孟頫、卢挚、刘因、吴澄、程钜夫、马祖常、胡祗遹等人接受陶渊明的作品和言论在元代作家中是最多的，耶律楚材有四十六则，方回有一百零三则，郝经有一百二十则，赵孟頫有四十八则，卢挚有十九则，刘因有一百一十二则、吴澄有四十三则，程钜夫有二十一则，马祖常有十四则，胡祗遹有四十六则。其他负有盛名的元代作家也有学陶或者受陶影响的作品，如虞集《历戊辰前绽咏贫士一首》《题郑秀才隐居》，杨载《桶底图》《赠魏虚舟少府》，范梈《送菊》，黄溍《集渊明句题李中甫员外稼亭》《集渊明句题胡主簿嘉树轩》《永嘉王君自制挽歌词，盖能安死生而未忘情乎死生者也，集渊明句以释之》《初至宁海二首（之一）》《龙潭山》《送叶仲舆巡检》，萨都剌《皂林道中》《游吴山紫阳庵》《野潜堂》，杨维桢《题陶渊明漉酒图》《题山居图》《渊明抚松图》等，皆明显得益于陶渊明。隐士诗人更是自觉学陶。彭炳，字元亮，“醉歌渊明诗”，“诗效陶、柳”③；何失“心事巢、由以上，文章陶、阮之间”④，今存诗作几乎篇篇有酒，可惜少有佳作。元人的五言古诗往往学陶有成，这首先明显表现在和陶、拟陶上。在陶渊明接受史上，首先拟陶的是鲍照和江淹，而

① 〔元〕吴澄：《吴文正集》卷三七。

② 〔元〕吴澄：《湖口县靖节先生祠堂记》，见《吴文正集》卷三七。

③ 〔元〕彭炳《南溪》、〔清〕顾嗣立《彭征士炳（传）》，见《元诗选》三集，中华书局 1987 年版，第 312 页、第 311 页。

④ 〔清〕顾嗣立：《何处士失（传）》引揭傒斯诗，见《元诗选》三集，第 433 页。

真正对后世和陶、拟陶产生广泛而深远影响的是遍和陶诗的苏轼。从北宋到南宋，从金代至元初，“喜和陶诗者”①甚多，有作品见存的就有十几人。张养浩《和陶诗序》云：“余尝观自古和陶者，凡数十家。”②从现存元代诗文来看，虽无和陶作品见存，但曾经和陶、拟陶的作者不少，张养浩就是其中之一；此外，还有雷思齐③、张北山④、郑子封⑤、严陵、滕元秀⑥、汪以南⑦、丁叔才⑧、刘正仲⑨、王伯伦⑩、任士林⑪、沈和甫⑫、王义山⑬、黄南岫⑭等。和陶诗见存较多的作家有方回、刘因、郝经和戴良四家。方回有《和陶渊明饮酒二十首》《拟咏贫士七首》《和渊明咏二疏为郝梦卿画图卢处道题跋作》等。郝经今存和陶诗一百一十八首。刘因今存和陶诗七十六首。戴良有《和陶诗》一卷，今存和陶诗五十一首。此外，安熙、牟巘、戴表元、吴莱、王恽、谢应芳、仇远、程文海、汪克宽、程钜夫等今亦存零星和陶诗。

陶渊明的《归去来兮辞》等也广为元人接受，仅就辞赋而言就有近二十篇作

---

① 〔宋〕晁说之：《和陶引辨》，见《景迂生集》卷一四，影印清文渊阁《四库全书》本。

② 〔元〕张养浩：《归田类稿》卷三，影印清文渊阁《四库全书》本。

③ 〔元〕揭傒斯《易图通变序》：“雷先生思齐，字齐贤，临川之高士也。遭宋亡，独居空山之中，著……《和陶诗》三卷。”

④ 〔元〕杨维桢：《张北山和陶诗序》，见《东维子集》，影印清文渊阁《四库全书》本。

⑤ 〔元〕方回：《跋郑子封诗》，见《桐江集》卷四，《宛委别藏丛书》第一〇五册，江苏古籍出版社1988年版。

⑥ 严、滕二人俱见方回《和陶渊明饮酒二十首并序》，见《桐江续集》卷五，影印清文渊阁《四库全书》本。

⑦ 〔元〕方回：《送汪以南教授》，见《桐江续集》卷九。

⑧ 〔元〕吴澄：《丁叔才诗序》，见《吴文正集》卷二三，影印清文渊阁《四库全书》本。

⑨ 〔元〕舒岳祥：《刘正仲和陶集序》，见李修生主编《全元文》卷九〇，江苏古籍出版社1998年版。

⑩ 〔元〕戴表元：《题王氏寓菴遗稿》，见《剡源文集》卷一八，影印清文渊阁《四库全书》本。

⑪ 〔元〕任士林：《侍家君行雷公山中谒大父墓因和渊明韵》，见《松乡集》卷九，影印清文渊阁《四库全书》本。

⑫ 〔元〕钟嗣成：【双调】《凌波仙·吊沈和甫》，见隋树森编《全元散曲》下册，中华书局1964年版。

⑬ 〔元〕王义山：《送升甫归九江二首（之一）》，见《稼村类稿》卷二，影印清文渊阁《四库全书》本。

⑭ 〔明〕贝琼《黄南岫先生墓志铭》：“在昔元之季世……括苍奇士黄南岫先生……前没之时拟陶靖节作挽诗二解。”（见《清江文集》卷三〇，影印清文渊阁《四库全书》本）

品因此产生，它们是：金履祥（1232—1303）的《和苏金华归去来辞以送之》①、陈普（1244—1355）的《归去来辞》②、卢琦（1254？—1362）的《悠然亭赋》③、周权的《植菊赋并序》④、袁桷（1266—1327）的《悠然阁辞》⑤、马祖常（1279—1338）的《悠然阁赋》⑥、许有壬（1287—1364）的《吊渊明辞》⑦、傅若金（1304—1343）的《归来三曲送李建中》⑧、汪克宽（1304—1372）的《和陶靖节归去来辞并序》、汪克宽的《又和陶渊明归去来辞》⑨、朱善（1314—1385）的《和陶渊明归去来辞并序》⑩、宋讷（1311—1390）的《桃溪图赋为知浚县事项侯如英作》⑪、戴良（1317—1385）的《和陶渊明归去来兮辞》⑫、唐肃（1331—1374）的《归田操三章并序》⑬等。

从广义上说，和陶、拟陶、效陶、集陶、用典以及因追随艺术精神等而产生的与陶渊明密切相关的诗文都可以称作学陶诗文。本节仅以方回、郝经、刘因和戴良等四人的和陶诗为中心对元代作家的学陶诗文略做考察。

一、方回学陶诗：在议论中出新

方回和陶诗以议论为主，兼取故实，不脱江西诗派旧习。但方回也有写出自家心事的作品，如其《和陶渊明饮酒二十首（之十六）》云：“早省宦径恶，荷锄宁带经。岂不尝守郡，生涯百无成。一夕偶不饮，鳏枕听遥更。残灯暗虚牖，落

① 〔元〕金履祥：《仁山文集》卷二，影印清文渊阁《四库全书》本。

② 〔元〕陈普：《石堂先生遗集》卷一五，明万历三年薛孔洵注刻本。据李新宇《元代辞赋作家作品一览表》，见《元代辞赋研究》，中国社会科学出版社 2008 年版，第 268 页。

③ 〔元〕卢琦：《圭峰集》卷下，影印清文渊阁《四库全书》本。

④ 〔元〕周权：《此山先生诗集》卷一，《丛书集成续编》本。

⑤ 〔元〕袁桷：《清容居士集》卷二，影印清文渊阁《四库全书》本。

⑥ 〔元〕马祖常：《石田先生文集》，中州古籍出版社 1991 年版。

⑦ 〔元〕许有壬：《至正集》卷八六，影印清文渊阁《四库全书》本。

⑧ 〔元〕傅若金：《傅与砺诗集》卷一，影印清文渊阁《四库全书》本。

⑨ 〔元〕汪克宽：《环谷集》卷二，影印清文渊阁《四库全书》本。又清康熙十八年刊《汪氏三先生集》本，据李新宇《元代辞赋作家作品一览表》，见《元代辞赋研究》，第 292 页。

⑩ 〔元〕朱善：《朱一斋先生文集》，《四库全书存目丛书》集部第二五册，齐鲁书社 1997 年版。

⑪ 〔元〕宋讷：《西隐集》卷一，影印清文渊阁《四库全书》本。

⑫ 〔元〕戴良：《九灵山房集》卷二四，《四部丛刊》上海涵芬楼影印明正统间戴统刊本。

⑬ 〔元〕唐肃：《丹崖集》卷六，据李新宇《元代辞赋作家作品一览表》，见《元代辞赋研究》，第 291 页。

叶锵空庭。鼠啮吡不止，呼奴效猫鸣。孰与醉卧熟，万事忘吾情。”①陶渊明原诗自回忆“少年罕人事，游好在六经”起笔，主要写接近不惑之年时贫士失志的慨叹。方回和诗反省平生仕宦经历，流露后悔之意，主要写面对当下情景饮酒忘情的心态。感慨平生是二诗相同之处。方回此诗以议论始，以议论终，中间“一夕”以下六句事真、景真、情真，学陶能见陶神韵；“残灯暗虚牖，落叶锵空庭”等句难免雕琢痕迹，与陶不类。方回又有《读陶集爱其致意于菊者八因作八首》，因陶集八次咏及菊花而作，虽全出议论，不乏新颖有味之篇，如其一《秋菊盈园而持醪靡由》：

陶公爱菊满园秋，甚欲持醪竟靡由。世事重华那复尔，无钱更觉少陵愁。

其四《尘爵耻虚罍，寒华徒自荣》：

杯空无酒非瓶耻，耻在虚罍敢怨嗟。想见此翁不憔悴，天寒犹自有荣花。

其六《采菊东篱下，悠然见南山》：

采采东篱迹易寻，悠然见处孰知心。也曾目送飞鸿否，谁不能挥叔夜琴。

其八《松菊犹存》：

种松今世见松老，种菊常年见菊开。十一月霜花欲槁，巾车岂可更迟回。②

陶公“持醪靡由”犹胜杜甫穷愁，“悠然见南山”与“目送归鸿”同一意趣，菊花的“不憔悴”和“巾车”回归的坚定显示出陶渊明固穷守节、从我所好的高洁追求。方回的人格虽受指责，但上引四诗颇得渊明心态和陶诗的魂魄。

方回善议论，学陶颇能立异出奇。除了上述事例，尤其值得一提的是他的《桃源行(并序)》：

予谓避秦之士非秦人也。乃楚人痛其君国之亡，不忍以其身为雠人役，力未足以诛秦，故去而隐于山中尔。至晋，而后渔者见其子孙，或夸讹以为神仙，固已非矣。王介甫“知有父子无君臣”之句，尤为悖理。“楚虽三户，亡秦必楚。”不遽亡之，则亦避之，盖深于知君臣之义者。介甫殆未知也。渊明岂轻于作此记，亦私痛晋之士大夫翻然事刘裕而无耻者尔。予遍

① 〔元〕方回：《桐江续集》卷五。

② 〔元〕方回：《桐江续集》卷二二。

读桃源题咏数百首，无能发明此意，故大书道士壁，而刊之，不知其僭。兼是时，北兵破蜀，降将或为之用，因并以寓一时之感。而其实亦足以为天下后世为人臣者之劝云。

佩兰骚人葬鱼腹，章华台倾走麋鹿。祖龙南游万事非，肠断沅江为谁绿。王孙公子入函关，半作长城鬼不还。委质良难身死易，长歌深入桃花山。姬周以义兴，夷齐用为耻。怀王殁于欺，此恨痛入髓。力不加虎狼，固有去之尔。向来长往人，素心政如此。俗人不识呼为仙，谓无君臣益欺天。慷慨褰裳睨东海，不见当年鲁仲连。渊明胡为作此记，不纪义熙同一意。羞杀人间浅丈夫，反君事雠如犬彘。我来山中觅余春，千古义气犹如新。楚人安肯为秦臣，纵未亡秦亦避秦。①

此诗虽风情欠佳、不出宋诗议论之风，但把避秦与忠义结合起来理解桃源，在意蕴上多所发明。与前代读者目桃源为仙境、秦人避世之境不同，方回认为桃源人不是秦人，而是满怀亡国之痛的楚人，把桃源“当做反抗异族的表现”②，突出了桃源的抗暴和忠义之义。这在桃源接受史上超越了王维、韩愈、王安石、苏轼等人的见解，是非常新颖的解读。

二、郝经和陶诗：感时叹命，效陶自解

郝经对陶渊明的为人及诗歌格外推崇，其《和陶诗序》云：“陶渊明当晋、宋革命之际，退归田里，浮沉杯酒，而天资高迈，思致清逸，任真委命，与物无竞。故其诗跌宕于性情之表，直与造物者游，超然属韵。《庄周》一篇，野而不俗，澹而不枯，华而不饰，放而不诞，优游而不迫切，委顺而不怨怼，忠厚岂弟，直出屈、宋之上，庶几颜氏子之乐，曾点之适。无意于诗而独得古诗之正，而古今莫及也。”③这虽然是对宋人观点的阐发，但他对“任真委命”的体会格外深刻。其和陶诗中以理语入诗者，言尽意了，语词雕琢欠自然，不耐读。但他有十余年羁留南国的特殊经历，于和诗中感时叹命、效陶自解之词颇有以情动人之处，如和陶《始作镇军参军经曲阿》云：

青苔入室深，蜗涎萦素书。坐席凝阴尘，形骸久块如。臂困礫株木，冥

---

① 〔明〕程敏政：《新安文献志》卷五〇，影印清文渊阁《四库全书》本。《桐江续集》未收。

② 谭家健：《六朝文章新论》，北京燕山出版社2002年版，第214页。

③ 〔元〕郝经：《陵川集》卷六，影印清文渊阁《四库全书》本。

升蹑天衢。投胶止河浊，自笑真迂疏。羁魂重凌竞，枯肠漫萦纡。一榻不复移，转首十年余。空期汗漫游，慨想山泽居。兀兀几上肉，喁喁釜中鱼。有物皆恣睢，而我独囚拘。安得天地风，吹上太行庐。①

和陶《乙巳岁三月为建威参军使都经钱溪》云：

夜窗密有声，庭阿遽深积。谁知大江头，却似穷海昔。鹖鸟喑不鸣，羁鸿敛云翮。乾坤一模糊，玉气皓无隔。嗟余雪国来，十年一行役。体发久已变，兹心独难易。真宰岂仇予，运数会崩折。途穷岁亦穷，真标见松柏。②

和陶《拟古九首(之一)》云：

陶潜避世士，手种门前柳。作传复自序，实录传永久。高风激余中，论世期尚友。何当菊花秋，共漉山中酒。嗟嗟随世纲，愿言久已负。枯肠充殷忧，览镜颜益厚。会有还归日，再觅无何有。③

以上诸诗情感悲怆，似有吞咽之声，节操凛然，可以睹见性情，然“瞖困磔株木，冥升蹑天衢”“乾坤一模糊，玉气皓无隔”“枯肠充殷尤，览镜颜益厚”等语或者锻炼未精或者过于草率，音韵也欠流畅，于艺术上难以“望陶项背”。

三、刘因和陶诗：真淳自然，有傲然之气

刘因是元代著名理学家，少有大志，其《和陶拟古九首(之八)》云：“忽记少年日，猛志隘九州。”④“猛志隘九州”与渊明“猛志逸四海”相类。刘因于元世祖至元十九年(1282)应召入朝，为承德郎右赞善大夫，不久借口母病辞官归。至元二十八年，朝廷以集贤学士嘉议大夫的官职复征为官，刘因“以疾辞归”⑤，之后隐居教授至终。他的和陶诗作于晚年隐居教授期间。刘因学陶清节自守，其和陶诗真淳自然、畅然跌宕，有傲然坚贞之气，是和陶诗中的上乘之作。如《和(陶)饮酒》云：

凝冰得火力，郁郁阳春姿。宁灭不肯寒，阳火如松枝。诗家有醇醪，酿此松中奇。一饮尽千山，枯株彼何为？所以东坡翁，偃蹇不可羁。

士穷失常业，治生谁有道？身闲心自劳，齿壮发先老。客从东方来，温

---

① 〔元〕郝经：《陵川集》卷六。

② 〔元〕郝经：《陵川集》卷六。

③ 〔元〕郝经：《陵川集》卷七。

④ 〔元〕刘因：《静修先生文集》卷三，《四部丛刊》景元本。下引刘因和陶诗出处相同，不再注出。

⑤ 〔明〕宋濂：《元史》卷一七一《刘因传》，中华书局1976年版，第4007页。

言慰枯槁。生事仰小园，分我瓜菜好。指授种艺方，如获连城宝。他年买溪田，共住青林表。

《和(陶)咏贫士》云：

陶翁本强族，田园犹可依。我惟一亩宅，贮此明月辉。翁复隐于酒，世外冥鸿飞。我性如延年，与众不同归。孤危正自念，谁复虑寒饥。努力岁云暮，勿取贤者悲。

三诗立意高洁坚定，文气畅然充沛，语言素净自然，能道出心中苦闷和志向，与陶相近而不失个性。

但刘因毕竟服膺理学，对社会的不满、对济世弘道比陶渊明有更为自觉的流露。如：

客从关洛来，高论听未终。连称古英杰，秉国或从戎。建立天地极，蔚为盖世雄。功成脱弊屣，飘然籥遗风。生世此不恶，君何守贱穷？急呼酌醇酒，延客无何中。[《和(陶)拟古九首(之二)》]

日食百马刍，足有万里尘。乃知一骏骨，可百驽骀身。生汝天已艰，天复无私亲。安肯养一物，侵夺空四邻。长饥汝自取，况值秋霜晨。难生复难长，愁绝艺兰人。[《和(陶)杂诗十一首(之一)》]

生备万人气，乃号人中英。以此推众类，可见美恶情。阴偶小故多，阳奇屹无倾。谁将春雷具，散作秋虫鸣。既知治常少，莫叹才虚生。[《和(陶)饮酒二十首(之七)》]

这些诗作蕴含的怀才不遇的悲愤无奈与陶渊明“若复不快饮，空负头上巾”的负气很相似，但毕竟更为雄放。因为陶渊明对社会的批评较为内敛含蓄，在《饮酒二十首(之十二)》中说完“空负头上巾”之后，接着说“但恨多谬误，君当恕醉人”，语气有一回旋；在之九结尾处坚定地回答劝他出仕者云“吾驾不可回”，虽然斩钉截铁，但主要针对自己“禀气寡所谐”的性情、操守而言。而刘因则自比为英杰骏马，自诩为“生备万人气，乃号人中英”，主要针对自己的才华、不遇而言。这类诗作虽偶有“莫叹才虚生”这样的理性化解不平，但雄放之气较陶诗更为外显，体现了北方文化粗犷的特点，也是刘因和陶诗中最个性化的作品。

四、戴良和陶诗：高雅闲澹中时露豪放悲慨之情

元遗民戴良的《和陶诗》寓悲慨于平淡，出语真诚自然，温厚蕴藉，多类陶诗风貌。戴良在元代曾经出仕儒学提举，入明不仕。其和陶诗多创作于元亡之后的明洪武五年(1372)，表现了遗民节义自守的心态，故在淡泊自守外，时露陶诗

慷慨凛然的劲气。关于戴良和陶诗的思想内容,魏青博士将其概括为“羁旅思归”“固穷安贫”“忧时伤生”三个方面①,这三个方面并非截然分立,而是统一于诗人的节义操守。如其《和渊明拟古九首(之八、之九)》云:

故国日已久,朝暮但神游。谁谓相去远,夙昔隘九州。此计一云失,坐见岁月流。岁月未足惜,恐遂忘首丘。在昔七人者,抱节去衰周。不遇鲁中叟,履迹将安求。

墙头有丛菊,粲粲谁复采。蹉跎岁年晚,香色日以改。我欲一往问,渺渺阻烟海。遥知霜霰繁,茎叶不余待。亦既轻去国,已矣今何悔。②

《和陶渊明饮酒二十首(其十二)》云:

靡靡岁云晏,此已非吾时。深居执荡志,逝将与世辞。破屋交悲风,得处正在兹。握粟者谁子,无烦决所疑。道丧士失己,节义久吾欺。于心苟不愧,穷达一任之。③

这类诗作正如四库馆臣评戴良诗所云:“眷怀宗国,慷慨激烈,发为吟咏多磊落抑塞之音。”明人谢肃在戴良《和陶诗集序》中评其特点和价值云:“其豪放之气、猛烈之志,寓于高雅闲澹之辞,足以使人嗟叹咏歌之者,不但与靖节异世同符,而《离骚》之怨慕,《出师表》之涕泣,亦莫不具在其间也。……自渊明之后,人知重其诗者不为甚少,韦苏州学之于憔悴之余,柳柳州效之于流窜之后,仿之而气弱者非王右丞乎?拟之而格卑者非白太傅乎?而苏长公又创始和之,自谓无愧于靖节矣。然以英迈雄杰之才,率意为之,故无自然之趣焉。有自然之趣而无柳、白、黄、苏之失者,其为先生是集乎?”④在改朝换代之际,元遗民的忠义情结不如宋遗民、明遗民普遍和强烈,戴良的节义感慨因此显得意义非凡。通过其和陶诗可知,其“忠义之心无愧于古君子”⑤,忠义悲慨之情与陶遥相呼应。其和陶诗是连接宋遗民和明遗民和陶诗、学陶诗的中间环节,在元代陶渊明接受史上具有独特的价值。另外,与“柳、白、黄、苏”的和陶诗、学陶诗相比,其和陶诗气不弱、格不卑,不憔悴、不率意,“豪放之气、猛烈之志,寓于高雅闲澹之辞”,把相反相成的两种陶诗风貌融为一体,深沉而不狭隘,得陶诗之神。但即使如此优秀、耐读的和陶诗,终因个性的自觉消融而难以在陶诗、苏轼和陶诗面

---

① 参魏青《元末明初浙东三作家研究》,齐鲁书社2010年版,第278~281页。

② 〔元〕戴良:《九灵山房集》卷二四《越游稿》,《四部丛刊》影印明正统本。

③ 〔元〕戴良:《九灵山房集》卷二四《越游稿》。

④ 〔元〕谢肃:《密庵诗文藁》辛卷,《四部丛刊三编》影印明洪武本。

⑤ 〔元〕谢肃:《密庵诗文藁》辛卷。

前展露风华。

此外，需要指出的是，陶诗的平淡自然已经渗透到戴良的其他诗作尤其是所有的五言诗中。如其《还旧居》云：

自我远行游，故庐今始归。如何廿载间，旧事都已非。曳杖过比邻，相呼寻故知。不见垂白翁，但见初长儿。我园既稍葺，我田亦就治。种秫酿美酒，拾薪煮豆糜。一笑集亲朋，相从说睽离。以之感畴昔，俯仰多所悲。人生一世中，所忧渴与饥。力耕给其用，此外更何思。但当息吾驾，皓首以为期。①

其《饮酒》云：

在昔童丱时，得年辄自喜。谓当羽翮成，青冥将立至。去去曾几何，已觉非初意。每思前日事，翻恨莫重遇。盛衰迭相寻，壮极老会至。曩也叹时迟，今焉惜年逝？人生已如此，有酒且须醉。②

诗作中蕴含的人生经历、感悟、意愿和超然之思基本是陶诗意趣的注脚，“语淡而思逸”③，韵调、用语追模原作至于畅达自然。又如其《治圃四首（之二）》云：“长夏罕人事，斋居有余闲。北窗多悴物，且遂灌吾园。攒根既舒达，积叶亦葱芊。瓜瓞绕畦长，新葵应节鲜。抱瓮一回视，生意盈化先。在我岂不劳，即境多所欢。悠悠千载间，樊生信为贤。”④“罕人事”“北窗”“信为贤”等语意撷取于陶，“即境多所欢”即陶渊明《癸卯岁始春怀古田舍二首（之二）》所云“即事多所欣”。其用语、意趣与其他的和陶诗相比，没有鲜明的区别；但因是写自家事，比其他一些和陶泛论之作要耐读。

此外，戴良还有《和陶渊明归去来兮辞》《怡颜堂记》《爱菊说》《六柳庄记》等文申说陶氏意趣。戴氏的理想是“逐猿鹤以长往，俯陇亩而耘耔；歌接舆之古调，和渊明之新诗；为一世之逸民，委运待尽盖无疑”⑤。他效陶饮酒、感怀叹世，委运随化、以诗自娱，在风雨飘摇的元末明初躲在陶渊明建立的精神家园里为元代的和陶诗画上了一个圆满的句号。

要之，和陶诗在元代虽然取得了一些成绩，出现了一些耐读的好诗。但总体来看，对其个性风貌和艺术水平都不能做过高的估计。也就是说，以和陶诗

① 〔元〕戴良：《九灵山房集》卷一。
② 〔元〕戴良：《九灵山房集》卷一。
③ 〔元〕戴良：《和陶渊明饮酒二十首序》，见《九灵山房集》卷二四。
④ 〔元〕戴良：《九灵山房集》卷八。
⑤ 〔元〕戴良：《和陶渊明归去来兮辞》，见《九灵山房集》卷二四。

的形式向陶诗靠近的努力往往事倍功半,元人和陶诗的总体水平不仅难以"望陶项背",也不能与苏轼争衡。刘后村云:"陶公如天地间之有醴泉庆云,是惟无出,出则为祥瑞。且饶坡公一人和陶可也。"①若诗人没有超逸的天才和机遇,其和陶诗在典范的陶诗面前难免捉襟见肘的命运。张养浩在《和陶诗序》中云,他所看到的数十家和陶诗人,"惟东坡才盛气豪,若无所牵合。其他则规规模仿,政使似之,要皆不欢而强歌,无疾而呻吟之比,君子不贵也"②。这恰恰证明了陶诗无可企及和难以重复的典范性。但需要指出的是,和陶是有现实意义的,它首先是一种心灵呼应的需要,其次也是学习诗歌艺术的需要。在和陶中,陶诗的精神和技巧已经悄然转化为和陶诗人精神家园及其新诗的特质之一。和陶继宋人之后开始蔚然成风,它越来越超越创作学习的艺术层面,转变为士人回归自我、寻求精神安顿的一种特殊的审美化了的生活方式和人生追求。

五、陶诗艺术精神的广泛浸润

和陶(拟陶)仅是学习陶诗的最明显的方式之一。元代读者在学习陶诗时,充分继承了前代读者学习陶诗的形式和经验,采取了丰富多彩的方式。举其大端如:(1)集陶,即择用不同陶诗中的成句,搭配组合成一首能够独立表情达意的诗歌。(2)用陶诗文名句中的字押韵或次韵。(3)因读陶渊明及其相关诗文有感而作。如刘元辉《观渊明、工部诗因叹诸家之诗有可憾者二首》③、方回《读陶集爱其致意于菊者八因作八首》④等皆因读陶而作。王义山《读东坡和陶诗》云:"北门西掖傍丹墀,此正坡仙得意时。不是惠州饭难吃,如何去做和陶诗。"⑤议论精警,因苏轼和陶诗而起。(4)因观赏、经历与陶渊明有关的物事和节日产生联想而作。欣赏有关的绘画,经过有关的地理位置、祠堂等都可能使人联想到陶渊明及其诗文。如元人与陶渊明有关的题画诗初步统计有一百家左右。(5)学习陶诗的形式、语句、风格、题材、情趣等。

值得强调的是,陶诗的艺术精神也在有形无形地广泛浸润着元代诗人中平

---

① 〔宋〕蔡正孙编著,常振国、降云点校:《诗林广记》前集卷一,中华书局 1982 年版,第 2 页。

② 〔元〕张养浩:《归田类稿》卷三。

③ 〔元〕方回:《桐江集》卷五,《宛委别藏丛书》第一〇五册,第 321 页附。

④ 〔元〕方回:《桐江续集》卷二二。

⑤ 〔元〕王义山:《稼村类稿》卷二。

淡自然的一派,如元末画家诗人倪瓒、王冕、黄公望、吴镇等人虽不专门和陶,却深得陶诗古淡清真、高雅脱俗的精神。倪瓒《雪后过陈子贞隐居》云:

陶公卜宅南村里,快雪初晴思一游。树辨微茫来独鹤,橹摇攲侧散轻鸥。墨池绕溜春冰满,尘榻翻书夕照收。相见惘然如有失,掉头吟咏出林丘。①

又《晚照轩偶题二首(之二)》云:

南湖春水碧于天,梦作沙鸥狎钓船。绿树拂檐风雨急,觉来依旧北窗眠。②

又《题画》云:

甫里林居静,江湖远浸山。渔舟冲雨出,巢鹤带云还。漉酒松肪滑,敷茵楮雪间。春风一来过,似泊武陵湾。③

王冕《次韵答王敬助》云:

西圃余姜蔗,东皋足稻粱。今年诚有望,吾计未全荒。依杖停吟久,看云引兴长。邻家新酿熟,同醉菊花旁。④

倪瓒《谢仲野诗序》云:"诗亡而为骚,至汉为五言。吟咏得性情之正者,其惟渊明乎?韦、柳冲淡萧散,皆得陶之旨趣。下此则王摩诘矣。何则?富丽穷苦之词易工,幽深闲远之语难造。"⑤明人吴宽评倪瓒诗云:"予尝爱云林诗能脱去元人秾丽之气,而得乎陶、柳之法。"⑥可见倪瓒诗是以陶诗为宗的。元人储思诚《题云林生远山涌翠图》云:"群山重叠势嵯峨,蓼岸蘋洲水不波。落木萧疏风淅淅,渊明归去眄庭柯。"⑦甚至连倪瓒的画也多令人联想到与陶渊明相关的隐逸情趣。上举这些诗作如果单纯从形式上看,与唐人山水诗更加接近,但若从艺术精神上着眼,实在渊源于陶渊明以来的淡远一派,萧散超逸,无一点尘俗之气。这些例子仅是可以看出有陶痕迹者,至于平淡自然而了无痕迹可寻者,虽诗作众多,已经不遑再论了。

---

① 〔清〕顾嗣立编:《元诗选》初集下,第2107页。按,据〔元〕倪瓒《清閟阁遗稿》卷七,明万历刻本,该诗"攲"作"欹",二字古通。

② 〔元〕倪瓒:《清閟阁遗稿》卷八,明万历刻本。

③ 〔元〕倪瓒:《清閟阁遗稿》卷三,明万历刻本。

④ 〔清〕顾嗣立编:《元诗选》二集,第953页。

⑤ 〔元〕倪瓒:《谢仲野诗序》,见《清閟阁遗稿》卷一二。

⑥ 〔明〕吴宽:《跋倪云林诗》,见《家藏集》卷五四,影印清文渊阁《四库全书》本。

⑦ 〔清〕顾嗣立、席世臣编,吴申扬点校:《元诗选癸集》下册,中华书局2001年版,第1340页。

元人尚隐,慕陶渊明之高逸,进而喜其作品,他们接受陶诗有其特殊的社会现实原因。若从接受史的角度看,元代诗人学陶是陶渊明文学史典范地位在宋代确立以后的必然现象。由于宋人的大力推崇,陶渊明很自然地成为元代作家服膺的宗师,尤其是诗歌创作上的宗师。《诗法家数·总论》云:“《文选》刘琨、阮籍、潘、陆、左、郭、鲍、谢诸诗,渊明全集,此诗之宗也。”①《诗法正宗》在几乎重复了上面的意见之后,又云:“简斋以李、杜之才,兼陶、柳之体,最为后来一大宗本。”②他们在谈论诗体的历史流变时,把陶渊明的作品整体(而不是一些代表作)当作“诗之宗”,把学陶体的陈与义(号简斋)也尊为“一大宗本”。因此,他们注意到陶渊明之后诗体学陶的现象。如云:“孟浩然,祖建安,宗渊明,冲淡中有壮逸之气。”③“韦应物诗,得陶渊明之冲淡,而情思自然;柳子厚诗,得渊明之句法,而志趣抑郁。”④陶渊明的诗歌被尊崇为诗体之宗,诗歌史上也出现了一系列学陶而成功的名家,所以,元人主张宗法陶渊明、学习陶诗。方回《西斋秋感二十首(之十七)》云:“齐梁陈隋诗,真可以不作。至如晋宋间,渊明可无学?”⑤又《送俞唯道序》云:“五言古,陶渊明为根柢,三谢尚不满人意。韦、柳善学陶者也。”⑥元人陈绎曾、石柏《诗谱》也将陶渊明作为五言古诗的一种学习典范。但元人也意识到陶诗不易学习:“学诗宜以唐人为宗……然诗至唐方可学,欲学诗,且须宗诸唐名家,诸名家又当以杜为正宗。盖上一等是六朝,陶、谢为高。陶意语自成,谢势气传运,皆未易学。”⑦郝经在《和陶诗序》中称“顾予顽钝鄙隘,踯躅世网,岂能追还高风,激扬清音”,这是自谦,也是事实。范德机在《木天禁语》中说学习陶、韦“含蓄优游”者容易失于“迂阔”⑧,注意到了陶诗难学的现实。大约正是因为陶渊明是宗师,可以作为学习的典范,却又难以超越,所以增加了学习者的慨叹。

---

① 见张健编著《元代诗法校考》,北京大学出版社 2001 年版,第 33 页。
② 见张健编著《元代诗法校考》,第 320 页。
③ 黄清老:《诗谱》,见张健编著《元代诗法校考》,第 362 页。
④ 佚名:《编类》,见张健编著《元代诗法校考》,第 451 页。
⑤ 〔元〕方回:《桐江续集》卷一一。
⑥ 〔元〕方回:《桐江集》卷一,《宛委别藏丛书》第一〇五册,第 91 页。
⑦ 佚名:《诗宗正法眼藏》,见张健编著《元代诗法校考》,第 325 页。
⑧ 〔清〕何文焕:《历代诗话》下册,中华书局 1981 年版,第 752 页。

第三章 从景仰到行动

第一节 醉酒与"醉陶"

陶渊明在元代不仅仅是豪放忠愤的志士和能诗善文的诗家宗师,而且还是潇洒飘逸、逍遥自在的隐士。作为风流飘逸的隐士,陶渊明的种种生活情趣如醇酒一般渗透到元代士人的日常生活中,与他们的心灵水乳交融,这种渗透是如此广泛、如此深入,以至于我们很难把陶渊明形象与他们的人生分别开来。

一、醉陶之酒

在陶渊明身上,元代读者体味最深刻的恐怕要数醉酒。元前诗人也喜欢用陶渊明饮酒的典故,但多是借酒衬托风雅和陶乐天真,往往不至于喝醉。或者说,元前读者心中嗜酒的陶渊明还主要是爱好喝酒而已,不是醉酒者;而在元代诗人的笔下,陶渊明不但嗜酒,而且主要是一位整天醉醺醺、逍遥于酒中乾坤的高士。这种形象几乎是一种共识:

渊明图醉,陈抟贪睡。此时人不解当时意。志相违,事难随,不由他醉了齁睡。今日世途非向日:贤,谁问你;愚,谁问你。(陈草庵【中吕】《山坡羊》)①

玉露冷,蛩吟砌。听落叶西风渭水。寒雁儿长空嘹唳。陶元亮醉在东篱。(白朴【双调】《得胜乐·秋》)②

翠荷残,苍梧坠。千山应瘦,万木皆稀。蜗角名,蝇头利,输与渊明陶

① 隋树森编:《全元散曲》,中华书局 1964 年版,第 148 页。
② 隋树森编:《全元散曲》,第 202 页。

陶醉。尽黄菊围绕东篱。良田数顷,黄牛二只。归去来兮。(滕斌【中吕】《普天乐》)①

君不见渊明有田惟种秫,醉里作诗聊自述。(蒲道源《新曲米酒歌》)②

北窗长日风如水,扶醉归来梦亦凉。[沈梦麟《题渊明醉归图二首(之一)》]③

每日家笑呵呵,陶渊明不似我。跳出天罗,占断烟波。竹坞松坡,到处婆娑。倒大来清闲快活,看时节醉了呵。(张养浩【双调】《新水令·辞官》)④

渊明平生师友,白衣人、借与我持觞。若问醉翁年纪,指渠松柏高冈。(张雨《木兰花慢·秋词》下片)⑤

渊明苦无多语,只高标千古邈难俦。老子新衔自署,醉乡谈笑封侯。(许有壬《木兰花慢·次韵薛寿夫见寄》下片)⑥

右有深杯左有螯。我似渊明多一字,陶陶。明日黄花笑二毛。(许有壬《南乡子·醉书月香亭桂儿》)⑦

先生醉也,甚矣吾衰也。万物不如归去也,陶令真吾师也。[张翥《清平乐·酒后二首(之二)》]⑧

陶谢醺酣,香消莲社,禅悦谁参。(卢挚《浔阳怀古·江州》)⑨

六老瘴儒十二僧,柴桑醉士肯为朋。葫芦自与葫芦缠,更要闲人缠葛藤?(方回《题庐山白莲社十八贤图》)⑩

举世谁不醉,独属陶公。(刘将孙《八声甘州·九日登高》)⑪

渐为启期老,颇慕靖节醉。[刘诜《山中五咏(之四)》]⑫

---

① 隋树森编:《全元散曲》,第300页。

② 〔清〕顾嗣立编:《元诗选》初集,中华书局1987年版,第821页。

③ 〔清〕钱熙彦:《元诗选补遗》,中华书局2002年版,第823页。

④ 隋树森编:《全元散曲》,第442页。

⑤ 唐圭璋编:《全金元词》,中华书局1979年版,第909页。

⑥ 唐圭璋编:《全金元词》,第959页。

⑦ 唐圭璋编:《全金元词》,第973页。

⑧ 唐圭璋编:《全金元词》,第1021页。

⑨ 〔元〕卢挚撰,李修生辑笺:《卢疏斋集辑存》,北京师范大学出版社1984年版,第118页。

⑩ 〔元〕方回:《桐江续集》卷二四,影印清文渊阁《四库全书》本。

⑪ 唐圭璋编:《全宋词》第四册,中华书局1980年版,第3525页。

⑫ 〔元〕刘诜:《桂隐诗集》卷一,影印清文渊阁《四库全书》本。

君不见陶渊明,晚托远公莲社净,孤松傲寄难觅醉,五柳荒凉空入咏。古来文士多苦穷,虚名不值一欬謦。江面微雨澹火云,少昊行秋初布令。相逢且勿论新诗,不如斗酒歌呼乐天命。(刘诜《彭清源用前韵相属秦和为谢》)①

脱巾漉酒心先醉,著屐登山脚便轻。浩饮清游忆陶、谢,古人千载尚留名。[黄庚《漫述十首(之七)》]②

尊酒醉渊明。菊有幽香竹有声。吹破北窗千古梦,风清。小鸟喧啾噪晓晴。(刘秉忠《南乡子》)③

东篱重赋紫萸诗,北海深倾白玉卮。西风了却黄花事,是渊明酒醉时,笑人间名利孜孜。钻醯瓮,检故纸,再谁题归去来兮。(徐再思【双调】《水仙子·重九》)④

理有不可穷,愈穷心愈迷。去日何了了,前途复何疑。前非较今是,了不争毫厘。高哉靖节公,把菊醉东篱。(胡祗遹《戏问正平求卜有感而作》)⑤

陶潜醉中乐,我得如师传。贵为金门客,富有铜山钱。不是饮中趣,与我俱无缘。(祖传中《酌酒似良夫》)⑥

醉倚苍江看落花,阿舒扶上短辕车。河山万里皆刘裕,五柳春风自一家。(彭炳《渊明辞》)⑦

五柳槛前吟醉,一笑人间今古。(无名氏《喜迁莺》)⑧

渊明篱下饮菊杯,全不想彭泽,每日醺醺沉醉,无是非快活了便宜。[无名氏【双调】《一锭银十三首(之八)》]⑨

元代士人仕途受阻,难以实现建功立业的愿望,不得不寻找新的人生价值的支撑点。在将入世与出世、功名富贵与隐逸逍遥放在一起称量时,天平在他们心中严重失衡了,后者似乎毫不费力地压倒了前者,尽管这可能不是

① 〔元〕刘诜:《桂隐诗集》卷二。

② 〔元〕黄庚:《月屋漫稿》,影印清文渊阁《四库全书》本。

③ 唐圭璋编:《全金元词》,第615页。

④ 隋树森编:《全元散曲》,第1057页。

⑤ 〔元〕胡祗遹:《紫山大全集》卷二,影印清文渊阁《四库全书》本。

⑥ 〔清〕顾嗣立、席世臣编,吴申扬点校:《元诗选癸集》下册,中华书局2001年版,第1016页。

⑦ 〔清〕顾嗣立编:《元诗选》三集,第316页。

⑧ 唐圭璋编:《全金元词》,第1291页。

⑨ 隋树森编:《全元散曲》,第1768页。

他们的本意。因为他们别无选择:"今日世途非向日:贤,谁问你;愚,谁问你。"他们只能从现实和历史中寻找人生价值的支撑点。作为与世不偶、出世隐士的代表,陶渊明"寄傲南窗下,千载真吾师"①,成为元人格外青睐的偶像。因为虽然陶渊明心里有愤懑,但他还有超越愤懑的一系列具体可感、可以效仿的高雅化了的言行举止,其中"醉酒"就是扎根于生活又被提高了品位的典型行为。白朴【中吕】《阳春曲·知几》云:"今朝有酒今朝醉,且尽樽前有限杯。回头沧海又尘飞。日月疾,白发故人稀。""不因酒困因诗困,常被吟魂恼醉魂。四时风月一闲身。无用人,诗酒乐天真。"②刘诜《哀杨秋山》云:"幼安(杨秋山)诗酒遁世,如陶靖节。"③"醉酒"与"醉诗"成为元代士人解脱现实苦闷的两种良药,而陶渊明正是"诗酒乐天真"的优秀代表人物,因此,元代士人不但醉酒,而且"醉陶",单纯的酒精麻醉还不足以解决他们精神上的苦闷,他们还需要借助在文化和审美上表现完美的隐士来进一步"麻醉"自己,在与古代圣贤的共鸣中表达苦闷、消解苦闷,以使灵魂获得解脱和升华。陶渊明在元代士人那里充当了一个文化和审美上的"美酒"的角色。所以,在元代士人笔下,陶渊明也醉了,他成了沉溺于酒精、逍遥于醉乡世界、完全忘掉是非矛盾的超脱隐士。

二、醉陶桃源与田园

陶渊明在《饮酒二十首(之十四)》中云:"悠悠迷所留,酒中有深味。"元代士人借助陶渊明的酒否定世俗功名、富贵荣禄,进而否定在政治仕途上实现人生价值的传统选择,他们借助陶渊明的风流雅趣搭建起一片没有喧嚣红尘的审美天地,在其中品味陶渊明曾经品味过的一切。这片天地的理想"符号"除了陶渊明式的"醉乡",还有陶渊明创造的审美天地——桃源和田园。元代人把隐士般的出世理想寄托在其中,也模糊了现实与仙境的界限。一处美景就是一片桃花源,"此地信然尘世隔,昔人何用觅桃源"④;"武陵岂必皆神仙,桃花流水人间

---

① 〔元〕吴敬庭:《古意四首(之四)》,见〔清〕顾嗣立、席世臣编,吴申扬点校《元诗选癸集》,第460页。

② 隋树森编:《全元散曲》,第194页。

③ 〔元〕刘诜:《桂隐诗集》卷三。

④ 〔元〕陈祖仁:《游张公洞》,见〔清〕顾嗣立、席世臣编,吴申扬点校《元诗选癸集》,第925页。

有”①;“人间自有蓬莱”②,“个中尽有闲田地,何必桃源更问津”③;“霞川随处是,何必武陵溪”④。那远离世俗纷乱的地方不一定就是仙境,也不一定就是与世隔绝的深山老林,像“两山流水一川花”⑤这样的地方,只要像山中道人一样不闻世事,任凭世上沧海桑田,也是一片桃源天地、一番神仙生活。更有甚者,桃源不是外境,而是心境:

> 压尽壶天景致。笑桃源、落花流水。个中时复,灵仙高会,彩云摇曳。谈笑沧溟,几番尘土,劫灰弹指。倒金壶碧酒,鲸波一吸,且陶陶醉。[姬翼《水龙吟(其二)》下片]⑥

> 一更里,澄心披襟坐。猿马牢擒锁。慧剑磨。六贼三尸尽奔波。退群魔。困也和衣卧。醒觉朦胧清风送。悟入桃源洞。阆苑中。闲访三茅兴无穷。透窗风。惊觉游仙梦。(无名氏《步步高》)⑦

> 幽寻不索桃源洞,高卧何须太华峰?但得个留心诵周孔,研硃墨训蒙,买犁锄务农,则消得赡老良田二三顷。(汤式《南吕·一枝花·题崇明顾彦昇洲上居》)⑧

> 四围山翠合,缥缈见危楼。地狭星辰少,云深水石幽。溪声晴亦雨,松影夏如秋。寄语游方者,桃源岂外求。(尹廷高《翁村翠流阁》)⑨

醉境就是桃源,梦境就是桃源,耕读田园生活就是桃源生活。桃源不远,在一念之间。

然而人是生活在纷扰的现实和变幻的历史中的,元代读者面对现实和历史,再去观照桃源时,自然也与前代读者一样生发感慨。理性告诉他们,现实中没有桃源:“张家桥西车马尘,北风刮地眯行人。篱落枯桃三五树,不应此地可逃秦。”⑩“朦胧晓色破初春,一洞桃花树树新。此景世间真个有,只今去

---

① 〔元〕王冕:《雪麓渔舟图》,见〔清〕顾嗣立编《元诗选》二集下,第938页。
② 〔元〕梁寅:《木兰花慢·桃源》,见唐圭章编《全金元词》,第1077页。
③ 〔元〕陈深:《平远亭》,见〔清〕顾嗣立编《元诗选》初集上,第329页。
④ 〔元〕程钜夫:《重送戴道士》,见〔清〕顾嗣立编《元诗选》初集上,第515页。
⑤ 〔元〕黄镇成:《桃花岩》,见〔清〕顾嗣立编《元诗选》初集下,第1815页。
⑥ 唐圭璋编:《全金元词》,第1198页。
⑦ 唐圭璋编:《全金元词》,第1300页。
⑧ 隋树森编:《全元散曲》,第1540页。
⑨ 〔清〕顾嗣立编:《元诗选》初集上,第325页。
⑩ 〔元〕陆文圭:《桃源县》,见《墙东类稿》卷一九,影印清文渊阁《四库全书》本。

作捕鱼人。”①“人说桃源是隐民，神仙幻景即非真。如何谷口渔舟路，不许人间再问津。”②现实的景色、现实的生活让理性的诗人保持了清醒的头脑。有时，他们借助桃源感叹历史，如刘因《桃源行》云：“六王扫地阿房起，桃源与秦分一水。小国寡民君所怜，赋役多惭负天子。天家正朔不得知，手种桃枝辨四时。遗风百世尚不泯，俗无君长人熙熙。渔舟载入人间世，却悔桃花露踪迹。曾闻父老说秦强，不信而今解亡国。画图曾识武陵溪，飞鸿灭没天之西。但恨于今又千载，不闻再有渔人迷。”③不但桃源不再，就是问津桃源者也没有了。刘因在这种历史的感慨中分明也寄寓着对现实的不满。以“君所怜”“负天子”表达惭愧人伦之情，与“不知有汉，无论魏晋”的境界相比，显然狭小多了，也世俗化了；言“秦强”而不言秦暴，抗争不平之气散落在不动声色的感慨之中，倒也保留了几分陶诗的平淡，透露出元代人不愿意侈言事功而宁愿转向修养心性的人生价值选择。

仙境桃源既然已经成为幻影，元代人就在理想中选择了审美化的田园隐逸生活。吴景奎《桂枝香·杨润之得家书》云：“笑鬓底、年华老却。问前度刘郎，何处重约。流水桃花，别后几番开落。吾庐三径归来好，任淄尘、暗迷京索。”④面对年华迅逝，面对滚滚红尘，诗人从陶渊明那儿获得人生价值和生活方式上的启示：乐陶陶的田园隐逸生活才是理想生活。请看：

> 佛寺云边。茅舍山前。树阴中、酒旆低悬。峰峦空翠，溪水清涟。只欠梅花，欠沙鸟，欠渔船。　　无限风烟。景趣天然。最宜他、隐者盘旋。何人村墅，若个林泉。恰似敧湖，似枋口，似斜川。（张翥《行香子·山水便面》）⑤
>
> 我本渔樵，不是白驹空谷。对西山、悠然自足。北窗疏竹，南窗丛菊，爱村居、数间茅屋。风烟草屦，满意一川平绿。问前溪、今朝酒熟。幽禽歌

---

① 〔元〕吴澄：《题桃源春晓图》，见《吴文正集》卷九二，影印清文渊阁《四库全书》本。

② 〔元〕陆文圭《江阴有〈桃源图〉，方圆尺许，宫室人物，如针粟可数。相传有仙宿民家，刻桶板为之，一夕而成，明日遁去。友人以本遗，余戏题二绝（之二）》原注：“洪驹父诸人论桃源，谓陶《记》中本言避秦者，初非仙也。东坡、荆公诗得之。如王摩诘、退之、梦得皆误。然余考之本记，亦有可疑，如渔人回舟，竟不能认前路。后有问津者辄死，桃源果在世间何不可复见耶。”见《墙东类稿》卷二〇。

③ 〔元〕刘因：《静修先生文集》卷四，《四部丛刊》景元本。

④ 唐圭璋编：《全金元词》，第1048页。

⑤ 唐圭璋编：《全金元词》，第1016页。

曲。清泉琴筑。欲归来、故人留宿。(刘因《风中柳·饮山亭留宿》)①

开阁南山下,日对南山云。青松俯前楹,秋菊被中园。翳翳修竹林,清泉出其间。岁晏农务息,衔杯乐余闲。时在邻曲游,共称稼穑难。达人贵知己,俗士多所牵。以兹谢簪绂,委心此南轩。列植既敷荣,佳兴日已繁。读书觳儿子,余事焉足言。(揭傒斯《题聂氏陶轩》)②

田家酒初熟,邀予坐篱根。我复不辞饮,喧哗辄倾樽。耳热歌击缶,杂坐忘卑尊。论古似嘲谑,颠倒羲与轩。礼容或稍稍,爱此情义敦。丘原正春意,归路花柳繁。翻翻鸟飞去,悠悠寄情言。(马祖常《饮田家留题》)③

北陆展修晷,薰风荐微凉。麦波浩无津,细路如桥梁。溪光林樾润,雨气桑麻香。春声破幽寂,人影来微茫。缺垣谁所居?红碧相低昂。翁媪老瓦盆,儿女前奉觞。我行适见之,亦觉心乐康。昔闻太古俗,今历华胥乡。向令早知此,讵使田园荒。迷途谅非远,淑景良未央。于焉遂平昔,孤陋庸可伤。(张养浩《拟四季归田乐·夏》)④

日出山东明,荷锄事耕作。日入山西昏,持斧斫松柞。但取朝夕给,不憾筋力弱。秋棉吐圃花,南市酒可博。相携各有徒,稍倦亦暂乐。岂必无机心,嗜欲良已薄。[刘诜《田家咏二首(之二)》]⑤

流水小桥江路景,疏篱矮屋野人家。田园空阔无桃李,一段春光属菜花。(张观光《田家》)⑥

耒耜休耕后,诗书乐事兼。芸香春满屋,灯影夜垂帘。野犊眠幽草,山禽下矮檐。长怜鹿门叟,不似晋陶潜。(林希颜《释耕亭》)⑦

偶过幽人宅,桥横一水流。书声窗日晓,野色豆花秋。地僻无喧马,童闲有卧牛。渊明千载上,此意亦西畴。(黄九高《郑氏西庄》)⑧

垂杨过我屋头青,门对茅峰远世情。赢得行人闲着眼,谓言此处即渊

---

① 〔元〕刘因:《静修先生文集》卷一五。

② 〔元〕揭傒斯著,李梦生标校:《揭傒斯全集》,上海古籍出版社 1985 年版,第 128 ~ 129 页。

③ 〔元〕马祖常撰,李叔毅点校:《石田先生文集》,中州古籍出版社 1991 年版,第 16 页。

④ 〔清〕顾嗣立编:《元诗选》初集上,中华书局 1987 年版,第 753 页。

⑤ 〔元〕刘诜:《桂隐诗集》卷一。

⑥ 〔元〕张观光:《屏岩小稿》,影印清文渊阁《四库全书》本。

⑦ 〔清〕顾嗣立、席世臣编,吴申扬点校:《元诗选癸集》上册,第 599 ~ 600 页。

⑧ 〔清〕顾嗣立、席世臣编,吴申扬点校:《元诗选癸集》上册,第 601 页。

明。[贡宗舒《自题柳隐二首(之一)》]

五柳先生半醉归,门前风动万金丝。谁知田舍荒凉处,都是诗人富贵时。[(贡宗舒《自题柳隐二首》(之二)]①

他们在宁静温馨、美丽清新、充满天伦之乐的田园里,重温着与陶渊明血脉相通的审美情趣和精神境界。他们不但借助与陶渊明有关的典故,还借助与陶诗藕断丝连的语句、意象、韵调、情趣。其中的陶渊明形象自然也飘逸悠闲得如神仙一般。

但是,与陶渊明相比,元代人的田园理想有自己的特点。他们虽然借助了陶渊明开创的田园题材,拉陶渊明做知音,也赞赏其委运乘化、陶乐天真的价值选择,但与陶渊明的悠然神远、静穆如山不一样,元代读者往往随缘任运、漂如浮萍,多了更多无可奈何的世道感叹。如:

买得个扁舟。乘闲到处游。载将图册与衾裯。不问人家僧舍里,堪住处,便夷犹。　　雨歇淡烟浮,黄鹂鸣麦秋。石湖西畔碧悠悠。倘遇桃花源里客,随著去,莫归休。(韩奕《糖多令·湖中》)②

东里先生,家何在、山阴溪曲。对一川平野,掩映数间茅屋。昨夜江头新雨过,门前流水清如玉。傍小桥、环合柳参天,摇新绿。　　疏篱畔,丛丛菊。虚檐外,萧萧竹。叹古今得失,是非荣辱。须信人生归去也,世间万事何时足。问此春、新酿酒如何,今朝熟。(无名氏《满江红》)③

寒英和雨结船头,翠叶铺烟起舵楼。霜枝立月牙樯瘦,泛清香满棹秋,比浮花浪蕊优游。驾银汉星槎梦,载金茎玉露酒,江湖上陶令风流。(乔吉【双调】《水仙子·菊舟》)④

田园隐逸的主人已不仅仅是耕种的农夫,还有傲然江湖的鱼叟。隐士形象由田园而江湖,人生飘泊之感加强了,纵任无羁之感也加强了。陈草庵【中吕】《山坡羊》云:“生涯虽旧,衣食足够,区区自要寻生受。一身忧,一心愁。身心常在他人彀。天道若能随分守,身,也自由;心,也自由。”⑤在身体和精神都摆脱世俗的羁束之后,“自由”就成为唯一的所有和至高的理想。然而完全失重的自由是不存在的,于是禁不住发出感叹,他们的感叹是对现实的无奈,也

① 〔清〕顾嗣立、席世臣编,吴申扬点校:《元诗选癸集》上册,第513页。
② 唐圭璋编:《全金元词》,第1155~1156页。
③ 唐圭璋编:《全金元词》,第1272页。
④ 隋树森编:《全元散曲》,第627~628页。
⑤ 隋树森编:《全元散曲》,第147页。

是穿透历史的沉思，他们不再背负什么历史的责任，他们站在纯粹个体的角度面对茫茫宇宙，以个体的无限自由来抗衡“世间万事”、是非矛盾。在这里，时间仿佛被拉平了，它缓慢地流淌着，不再督促人去建功立业，而是回归它的原始自然，与人浑然一体，融入亘古的苍茫。个体在这种苍茫中似乎也超脱了，如无系之舟，如“一川平野”。但那一丝慨叹分明显示出元代人并没有完全浑忘物我，只是借助田园和陶渊明等混合而成的“美酒”在自我麻醉而已。元代田园隐逸诗里的抒情主体（包括陶渊明）是清醒的“醉酒者”。自由中隐约着沉重，这是元代田园诗最富有特色的地方，这种特色尤其成功地表现在元散曲里。

三、醉陶散曲

元代接受陶渊明较多的散曲作家有白朴、张可久、张养浩、曾瑞、乔吉、任昱、汪元亨、汤式等。此只就优秀散曲作家白朴、张可久、张养浩三人接受陶渊明的情况略做列述。

张养浩虽云“陶渊明不似我”①，但他也说过“闲居爱重九，我固渊明徒”②，晚年归田，怡情济南山水，沉浸在陶渊明式的田园生活之乐里，自称“虽非鹿门庞，或庶彭泽陶。为诗写幽尚，刊落华与豪”③，写出了“菊无元亮不成秋”④这样的仰慕警句。他将作品集命名为《归田类稿》亦受陶渊明影响，其明显带有陶氏痕迹的作品有六十多篇。其《和陶诗序》云：“余年五十二，即退居农圃，日无所事，因取陶诗读之，乃不继其韵，惟拟其题以发己意。可拟者拟，不可者则置之。凡得诗如干篇，既以袪夫数百年滞泥好胜之弊，而又使后之和诗者得以挥毫自恣，不窘于步武。春秋之法，大复古则。余之倡此，他日未必不见赏于识者云。”⑤他对自己的和陶作品颇为自负，惜不见存。今存诗歌中有《村居重九对菊》《田居》《饮田家醉归》《九日》《田居自和十首》《拟四季归田乐》《郊行》《山中拜除自和二首（之二）》《云庄遣兴自和二首（之二）》等四十余首明显受到陶

① 〔元〕张养浩：《新水令·川拨棹》，见〔元〕杨朝英《朝野新声太平乐府》卷七，《四部丛刊》景元本。

② 〔元〕张养浩：《村居重九对菊》，见《归田类稿》卷一六，影印清文渊阁《四库全书》本。

③ 〔元〕张养浩：《拟四季归田乐·冬》，见〔清〕顾嗣立编《元诗选》初集上，第754页。

④ 〔元〕张养浩：《九日》，见《归田类稿》卷一九。

⑤ 〔元〕张养浩：《归田类稿》卷三。

渊明的影响,五言诗得陶诗之质朴淳厚。其【双调】《沽美酒兼太平令》、【双调】《胡十八》、【双调】《庆东原》、【双调】《雁儿落兼清江引》、【双调】《殿前欢·村居》、【双调】《雁儿落兼得胜令》、【双调】《清江引·咏秋日海棠》、【双调】《水仙子·咏遂闲堂》、【双调】《落梅引》、【中吕】《喜春来》、【中吕】《十二月兼尧民歌寒食道中》、【中吕】《普天乐》、【双调】《折桂令》、【中吕】《朝天曲》、【越调】《寒儿令·春》、【南吕】《西番经》、【双调】《新水令·辞官》中的《川拨棹》一支等近二十首散曲作品也明显带有陶渊明的痕迹。

张可久的散曲中有四十多篇明显带有陶渊明的痕迹,它们是:【黄钟】《人月圆·三衢道中有怀会稽》、【双调】《水仙子·秋思二首(之二)》、【双调】《折桂令·桃花菊》、【中吕】《普天乐·次韵归去来》、【中吕】《普天乐·秋怀》、【中吕】《红绣鞋·次韵》、【中吕】《红绣鞋·次归去来韵》、【双调】《庆东原·次马致远先辈韵九篇(之三)》、【中吕】《迎仙客·感旧》、【商调】《梧叶儿·春日郊行》、【南吕】《金字经·醒吟斋》、【南吕】《金字经·金华洞中》、【中吕】《卖花声·秋》、【双调】《水仙子·湖上小隐》、【双调】《沉醉东风·晚春席上》、【商调】《梧叶儿·夏夜即席》、【双调】《折桂令·幽居》、【双调】《折桂令·幽居次韵》、【中吕】《满庭芳·感兴简王公实》、【中吕】《普天乐·道情》、【越调】《寨儿令·桃源亭上》、【双调】《殿前欢·归山》、【中吕】《朝天子·开玄道院赏芙蓉》、【中吕】《朝天子·冷泉亭上》、【中吕】《红绣鞋·次崔雪竹韵》、【中吕】《红绣鞋·开玄堂上》、【双调】《沉醉东风·九月十日见桃花》、【越调】《天净沙·桃源洞》、【双调】《清江引·张子坚运判席上三首(之二)》、【双调】《湘妃怨》、【双调】《折桂令·溪月王真人开元道院二首(之一)》、【双调】《折桂令·寿溪月王真人》、【双调】《折桂令·九月八日谜社会于文昌宫》、【越调】《柳营曲·自会稽迁三衢三首(之三)》、【中吕】《朱履曲·归兴》、【中吕】《四块玉·客中九日》、【正宫】《小梁州三首(之二)》和【正宫】《小梁州三首(之三)》、【南吕】《金字经·乐闲二首(之二)》、【中吕】《齐天乐过红衫儿·隐居》、【正宫】《端正好·渔乐》、【仙吕】《点绛唇·翻归去来辞》、【南吕】《一枝花·秋景》等。张可久对陶渊明的归去情结体会甚深。其【仙吕】《点绛唇·翻归去来辞》以散曲形式铺写《归去来兮辞》,韵律和谐,语词清畅,堪称佳作。如【么】调一节云:“农夫告,春将及,朝来雨一犁。新生禾叶层层密,长流泉水涓涓细。初开黄菊丛丛媚。有时矫首恣游观,策杖老者欣留意。”①虽剪裁陶辞,但多新颖自创语,用叠字

① 隋树森编:《全元散曲》,第989页。

“层层”“涓涓”“丛丛”状物,不但形象生动,也含蕴着归来者掩抑不住的喜悦,有事,有景,有人,有情,有趣,更有境界,是真醉陶者。

白朴所作词《水龙吟》(绣衣揽辔西行)、《水龙吟》(倚阑千里风烟)、《木兰花慢》(听鸣驺入谷)、《石州慢》(千古神州)明显带有陶渊明的印记。【仙吕】《寄生草·饮》、【越调】《天净沙·秋》、【越调】《天净沙·冬》、【双调】《沉醉东风·渔夫》、【双调】《得胜乐·秋》、【仙吕】《点绛唇》中的《上马娇煞》等七首散曲浸润陶诗意趣,清雅飘逸,篇篇精绝。

田园隐逸是元散曲最重要的内容之一,陶渊明及其诗文的影响也就主要表现在这里。其中受陶渊明影响的作品不胜枚举。此仅略举数作如下:

孤村落日残霞,轻烟老树寒鸦。一点飞鸿影下。青山绿水,白草红叶黄花。(白朴【越调】《天净沙·秋》)①

玉露冷,蛩吟砌,听落叶西风渭水。寒雁儿长空嘹唳。陶元亮醉在东篱。(白朴【双调】《得胜乐·秋》)②

绿水边,青山侧,二顷良田一区宅。闲身跳出红尘外。紫蟹肥,黄菊开,归去来![马致远【南吕】《四块玉·恬退三章(之二)》]③

此花,甚佳。淡秋色东篱下,人间凡卉不似他,倒傲得风霜怕。玉蕊珑葱,琼枝低压,雪香春何足夸。羡煞,爱煞,端的是觑一觑千金价。(张养浩【中吕】《朝天曲·咏四景》之《秋》)④

白日迟,锦鸠啼,看儿童汲泉浇菜畦。杨柳风微,苗稼云齐,桑柘翠烟迷。映青山茅舍疏篱,绕孤村流水花堤。看蜂蝶高下舞,任鸥鹭往来飞。笑嘻嘻,不觉日平西。(张养浩【越调】《寨儿令·绰然亭独坐》)⑤

荆棘满途,蓬莱闲住。诸葛茅庐,陶令松菊,张翰莼鲈。不顺俗,不妄图,清高风度。任年年落花飞絮。(任昱【中吕】《上小楼·隐居》)⑥

草堂空,柴门闭,放闲柳枝,伴老山妻,谁传红锦词,自说白云偈。照下渊明休官例,和一篇《归去来兮》,瓜田后溪。梅泉下竺,菊圃东篱。(张可

---

① 隋树森编:《全元散曲》,第197页。
② 隋树森编:《全元散曲》,第202页。
③ 隋树森编:《全元散曲》,第233页。
④ 隋树森编:《全元散曲》,第430页。
⑤ 隋树森编:《全元散曲》,第433页。
⑥ 隋树森编:《全元散曲》,第1007页。

久【中吕】《普天乐·次韵归去来》)①

去来兮！楚天霜满蟹初肥。黄花似得渊明意，开遍东篱。笑山翁醉似泥，喜稚子诗能缀。爱仙果甜如蜜。烟萝路绕，车马声稀。[赵显宏【双调】《殿前欢·闲居四首(之四)》]②

春花闻杜鹃，秋月看归燕。人情薄似云，风景疾如箭。留下买花钱，趱入种桑园，茅苫三间厦，秧肥数顷田。床边，放一册冷淡渊明传。窗前，抄几联清新杜甫篇。[吴西逸【双调】《雁儿落过得胜令·叹世二首(之二)》]③

上举与陶渊明相关的散曲或写田园生活和景色或咏隐逸高情，或叹世态炎凉，多短章逸韵，飘逸超俗；而错落清雅的语言、抑扬顿挫的音调令田园之作别有一番风味。

元散曲中还有篇幅较长者，专门以“闲居”“隐居”等为题，其中写得很出色且与陶渊明直接相关的有很多，仅举三例如下：

雨过分畦种瓜，旱时引水浇麻。(共几个)田舍翁，(说几句)庄稼话。瓦盆边浊酒生涯。醉里乾坤大，(任他)高柳清风睡煞。

(恰离了)绿水青山那答，(早来到)竹篱茅舍人家。(野花)路畔开，(村酒)槽头榨。直吃的欠欠答答。醉了山童不劝咱，白发上黄花乱插。

(学)邵平坡前种瓜，(学)渊明篱下栽花。(旋凿开)菡萏池，(高竖起)荼蘼架。闷来时石鼎烹茶。无是无非快活煞，锁住了心猿意马。

——卢挚《闲居》④

奴耕婢织生涯，门前栽柳，院后桑麻。有客来，汲清泉，自煮茶芽。稚子谦和礼法，山妻软弱贤达。(守着些)实善邻家，无是无非，问甚么富贵荣华。

沙三伴哥来嗏，两腿青泥，只为捞虾，太公庄上，杨柳阴中，磕破西瓜。小二哥昔涎剌塔，碌轴上淹着(个)琵琶。(看)荞麦开花，绿豆生芽，无是无非，快活(煞)庄家。

——卢挚《田家》⑤

---

① 隋树森编:《全元散曲》,第 780 页。

② 隋树森编:《全元散曲》,第 1181 页。

③ 隋树森编:《全元散曲》,第 1173 页。

④ 〔元〕卢挚撰,李修生辑笺:《卢疏斋集辑存》,第 100 页。

⑤ 〔元〕卢挚撰,李修生辑笺:《卢疏斋集辑存》,第 103 页。

撚苍髯笑擎冬夜酒,人事远老怀幽。志难酬知机的王粲,梦无凭见景的庄周。抱孙孙儿成愿足,引甥甥女嫁心休。百年期六分甘到手,数支干周遍又从头。笑频因酒醉,烛换为诗留。

【逍遥乐】江梅并瘦,槛竹同清,岩松共久。无愿何求,笑时人鹤背扬州。明月清风老致优,对绿水青山依旧。曲肱北牖,舒啸东皋,放眼西楼。

【金菊香】想着那红尘黄阁昔年羞,到如今白发青衫此地游。乐桑榆酬诗共酒,酒侣诗俦。诗潦倒酒风流。

【醋葫芦】到春来日迟迟庭馆春,暖溶溶红绿稠。闹春光莺燕语啾啾。自焚香下帘清坐久。闲把那丝桐一奏,涤尘襟消尽了古今愁。

【么】到夏来锁松阴竹坞亭,载荷香柳岸舟。有鲜鱼鲜藕客堪留,放白鹤远邀云外叟,展楸枰消磨长昼。较亏成一笑两奁收。

【么】到秋来醉丹霞树饱霜,绽金钱篱菊秋。半山残照挂城头。老菱香蟹肥堪佐酒,正值着登高时候。染霜毫乘醉赋归休。

【么】到冬来搅清酣鸡语繁,漾茅檐日影稠。压梅梢晴雪带花留。倚蒲团唤童重烫酒,看万里冰绡染就。有王维妙手总难酬。

【梧叶儿】退一步乾坤大,饶一着万虑休。怕狼虎恶图谋。遇事休开口,逢人只点头。见香饵莫吞钩,高抄起经纶大手。

【后庭花】住一间蔽风霜茅草丘,穿一领卧苔莎粗布裘。捏几首写怀抱歪诗句,吃几杯放心胸村醪酒。这潇洒傲王侯。且喜的身登身登中寿。有微资堪赡赒,有亭园堪纵游。保天和自养修,放形骸任自由。把尘缘一笔勾,再休题名利友。

【青哥儿】呀。闲处叹蜂喧蜂喧蚁斗,静中笑蝶讪蝶讪莺羞。你便有快马难熬我这钝炕头。见如今蔬果初熟,浊酒新篘。豆粥香浮,大叫高讴。睁着眼张着口尽胡诌。这快活谁能够。

【尾声】醉时节盘陀石上眠,饱时节婆娑松下走。困时节布衲里睡齁齁。偶乘闲细将玄奥剖。把至理一星星参透,却原来括乾坤物我总浮沤。

——王实甫【商调】《集贤宾·退隐》①

前两首是卢挚的作品,俗中有雅,一方面,如邵平、渊明雅士和“菡萏”“石鼎”雅语的引入,“礼法”“贤达”正经概念的使用等,不仅不显生硬,反觉作者打破雅俗界限,化雅为俗;另一方面,俗语俗调活泼形象,让人感觉民间生活气息扑面

① 隋树森编:《全元散曲》,第 292 ~ 293 页。

而来，大俗至极，反显风雅。后一首是王实甫的作品，雅中有俗，运用赋的手法铺排退隐之乐，这在专写隐居的长篇散曲中很具有代表性。元散曲中的这类作品虽然在题材、意趣上与陶渊明诗文相通，但由于运用了全新的艺术形式和特殊的腔调韵味，特色十分鲜明。如王氏《退隐》一篇"曲肱北牖"得陶闲适自得之趣，"舒啸东皋"见陶傲然自足之神；而"放形骸任自由，把尘缘一笔勾，再休题名利友"直抒隐逸胸怀，吞吐豪侠大气，自具个性。抒情主人公与陶渊明的豪放、旷达、傲然自由、潇洒、风流相通又相异。《退隐》采用散曲的形式把退隐生活按春、夏、秋、冬铺排出来，更加带有陶诗所没有的特殊意味。再加上"绽金钱篱菊秋""染霜毫乘醉赋归休"之类触及渊明的雅丽语与"睁着眼张着口尽胡诌"之类的大俗语相得益彰，语言风貌也是时代性和个性多，而不是力求与陶诗语言形似。

可以说，元散曲中的田园隐逸类是陶渊明开创的特殊题材在元代的新发展。陶渊明接受史上众多的和陶诗、拟陶诗因亦步亦趋地效仿原作，拘囿在五言古诗雅正平淡的诗学樊篱中，大多难以显示出独特的个性，失去了其在文学史中的独立价值，而同类题材的元散曲却借助陌生化的艺术形式和时代意趣在很大程度上克服了这个遗憾。这是陶渊明接受史上学习陶诗时值得肯定的成功范例。可以这样说，元散曲中与陶渊明相关的田园隐逸类是元代接受陶渊明及其诗文在艺术方面结出的最丰硕也最有个性的果实之一。

第二节　有情人、无弦琴与无心云

元代读者对《闲情赋》和无弦琴等意象的接受有超越前代读者之处，这主要表现在对与陶渊明相关的男女之情的肯定和对无弦琴、无心云意蕴的深切体悟上。

一、肯定陶渊明的男女之情

陶渊明在《闲情赋》里表现的爱情，自晚唐以来，几乎没有得到正面承认。宋人虽然不再指责它是"白璧微瑕"，但也只是在"发乎情，止乎礼义"上来肯定它。早在宋初，朱昂就写了一篇《广闲情赋》，在形式上模仿陶渊明的《闲情赋》，但立意是与道德翱翔，如其中间"十愿"句云："愿在首而为弁，束玄发而末衰；会名器之有得，与缨珥兮相宜。愿在足而为舄，何坎险之罹忧；欲效勤于竖亥，思追踵于浮丘。愿在服而为袂，传缯素而饰躬；异化缁之色涅，宁拭面而道穷。愿在目而为鉴,分妍丑于崇朝;惊青阳之难久,庶白首以见招。愿在地而为簟,当暑溽而冰寒;伊肤革之尚疚,胡寤寐以求安?愿在觞而为醴,不乱德而溺真;体虚受之为器,革谲性以归淳。愿在握而为剑,每辅衽而保裾;殊铅铦之效用,比硎刃而有余。愿在橐而为矢,美筈羽之斯全;畴懋勋而锡晋,射穷垒而衄燕。愿在体而为裘,托针缕以成功;非珍华而取饰,将披服而有容。愿在轩而为篁,贯岁寒而不改;挺介节以自持,廓虚心而有待。人之愿兮寔繁,我之心兮若此。”①这简直就是一篇关于道德修养的宣言,对于爱情则只字不提。自苏轼提出陶渊明的《闲情赋》如《国风》《楚辞》一样“好色而不淫”之后,这一说法得到了宋人的广泛认同。如释惠洪《题自诗寄幻住庵》云:“(渊明)作《闲情赋》,足以见其真,而昭明太子曰:‘白璧微瑕,正在此耳。’痴人面前,不可说梦,岂……昭明亦真痴耶?”②葛胜仲《书渊明集后三首(之二)》云:“昭明太子指《闲情》一赋为‘白璧微瑕’,且谓‘亡作可也’。审尔,则诗人之‘变风’、楚人之《离骚》,皆可删矣!晋孝末途,沉湎酒色,何知非讽刺上耶?其序云:‘张衡作《定情赋》,蔡邕作《静情赋》;皆有助于讽谏。缀文之士,奕代继作。’予观张衡《定情》有云:‘想逾里兮折杞,檀惧龙吠兮我所惊。’与《国风》何远?蔡邕《静情》亦名《检逸》,魏文帝爱之,因拟作《正情赋》,且命陈琳、徐幹、王粲、阮瑜、应玚并作,其后如陆机之《闲怀》,袁淑之《整情》,皆佳笔也。谢惠连亦尝作百许字,未就而卒,词人深以为恨。使渊明此赋果可无作,则《登徒》《长门》《高唐》《神女》等赋,统何为著之于选耶?”③不管是说“足以见其真”,还是“讽刺”晋末皇帝,他们对《闲情赋》中的爱情总是闪烁其词、曲为解说。

但在私下场合,宋人对《闲情赋》里的爱情未必不津津乐道。如南宋周紫芝《竹坡诗话》云:

> 客有诵渊明《闲情赋》者,想其于此亦自不浅。或问坐客:“渊明有侍儿否?”皆不知所对。一人言有之。问其何以知,曰:“所谓‘雍端年十三,不识六与七’,岂非有侍儿耶?”于是坐客皆发一笑。④

这虽然近乎玩笑,却已表明宋人在私下场合实际上已经认同了陶渊明的爱情态度。元代人对陶渊明的爱情不再讳言,给以直接肯定。而且这似乎成了渊明风

---

① 〔元〕脱脱等:《宋史》卷四三九《朱昂传》,清乾隆武英殿刻本。

② 〔宋〕释惠洪:《石门文字禅卷》卷二六,《四部丛刊》影明径山寺本。

③ 〔宋〕葛胜仲:《丹阳集》卷八,影印清文渊阁《四库全书》本。

④ 〔清〕何文焕辑:《历代诗话》,中华书局1981年版,第340页。

流的必要组成部分,如:

烟中列岫青无数。遮不断、长安路。杜鹃谁道等闲啼,迤逦得人归去。陇云秦树,周台汉苑,满眼相思处。　　停杯莫放离歌举。至剪烛、西窗语。元都燕麦又东风,自是刘郎迟暮。纫兰结佩,裁冰斫句,细和闲情赋。[王沂《御街行·送王君冕二首(之一)》]①

幽独。疗饥赖有,商芝暖老,尚须燕玉。白璧微瑕,谁把闲情拘束。草深门巷,故人车马萧条,等闲瓢弃樽无绿。风雨近重阳,满东篱黄菊。(白朴《石州慢·丙寅九日,期杨翔卿不至,书怀用少陵诗语》)②

东风园林昨暮,被啼莺唤将春去。煮酒青梅尽醉渠。留下西楼美人图,闲情赋。(马致远【仙吕】《青哥儿·十二月》之《四月》)③

孤高莫比《闲情赋》。(唐元《渊明菊》)④

王沂的词是写给风流才子王冕的,以男女之情写别情,用了写相思之情的典故,如李商隐的《夜雨寄北》、志怪小说中的刘晨艳遇等,陶渊明的《闲情赋》也被用来作为表达浓烈相思的故实。该词对男女相思之情是肯定的,对《闲情赋》里的爱情自然也是肯定的。白朴词里的“闲情”一语双关,一方面是不同意萧统否定《闲情赋》,另一方面则指隐逸闲情。这里虽然没有直接肯定《闲情赋》里的爱情,却也没有否定。马致远的小令就更肯定和直接了,糅合着惜春、伤春、恋春的浓郁情绪写男女之情。尤其是“留下西楼美人图,闲情赋”两句,含蓄地把爱情的感伤和炽烈表达出来,有余意不尽之妙。在元代人的眼里,陶渊明的风流雅趣是包括爱情的,故云“孤高莫比《闲情赋》”。相对于前人,这是元代读者宽容的地方,也是他们留给后代读者的新感受。

元代读者肯定《闲情赋》与他们宽容的品节和艳情的开放心态密切相关。杨维桢《续奁二十首序》云:“陶元亮赋《闲情》,出瞥御之辞,不害其为处士节也。予赋韩偓续奁,亦作娟丽语,又何损吾铁石心也哉?”⑤元代盛行宫词和奁体诗。奁体诗因唐人韩偓《香奁集》而得名,因写女性容貌、生活而被目为淫艳诗体。杨维桢等人不受传统观念的影响,大量创制奁体诗,竟然“为万口传

① 唐圭璋编:《全金元词》,中华书局1979年版,第834页。

② 唐圭璋编:《全金元词》,第642页。璧,原误作“壁”。

③ 隋树森编:《全元散曲》,中华书局1964年版,第231页。

④ 〔明〕程敏政编:《唐氏三先生集·筠轩诗稿》卷七,明正德十三年刻本。

⑤ 〔清〕顾嗣立编:《元诗选》初集下,中华书局1987年版,第2007~2008页。

播”①，足见元代开放风气之一斑。因此，杨维桢认为陶渊明的《闲情赋》“不害其为处士节”，这与奁体诗“何损吾铁石心”是一个道理，都不会让一个节操高洁的人堕落恶道；认为《闲情赋》与艳体诗词都属于“空中语”②，即色见空，寄托情性而已。这当然只是借口，实际上是肯定男女之情，认为《闲情赋》写男女之情没有什么可指责的。顾嗣立云：“铁崖艳体，擅场一时。……《续奁》二十首，尚有学琴、演歌、上头、出浴、相见、相思、的信、私会、成配、洗儿、秋千、钓鱼诸题，其浴、思、信、配等作，多用昔人成语，兹不具载。《西湖游览志》称铁崖雅好声妓，名彻都下。晚居松江，有侍儿四：竹枝、柳枝、桃花、杏花，皆善歌舞。酒酣耳热，命歌《白雪》之曲，自倚凤琶和之。一日，访瞿士衡，饮次，脱妓鞋置杯行酒，名曰‘鞋杯’。谓其侄孙宗吉咏之，宗吉作《沁园春》一阕以呈，铁崖大喜，即命侍儿歌以侑觞，当时传为佳话。尝过玉山草堂，题云：‘无奈道人狂太甚，时携红袖写乌丝。’其风流韵致，要非方幅之士所能及也。”③可见，与仅肯定品节、否定艳情的“方幅之士”不同，杨维桢虽是“铁石心”，但在生活中更是一位放浪不羁的名士，其所嗜好如“鞋杯”一类有远出《闲情赋》之上者。陶渊明在《闲情赋》里对美人“徒勤思而自悲，终阻山而滞河”，最终仅做到“坦万虑以存诚，憩遥情于八遐”般的旷达而已；而杨维桢“雅好声妓”，有审美，也有行动，所以，对杨维桢而言，《闲情赋》所写自然就不是什么大不了的事情，淫艳有害风教的指责也算不了什么。可以说，对艳情的接纳和不囿名教的开放心态使元代人理解和接受了陶渊明的《闲情赋》，相对于宋人“好色而不淫”的评价，元代读者已经往前迈进了一大步，他们于陶渊明之“闲情”不再羞涩，不再借助名教观念为老隐士“遮短”，而是认为此“闲情”无害于隐士品节之高。

元代读者认可陶渊明的有情还表现在将陶渊明直接拉入与爱情婚姻相关的生活场景中。如柯丹邱《荆钗记》第四十六出旦角唱道“尤恐错认陶潜作阮郎”，施惠《幽闺记》第三十七出唱词云“只道是妹见哥哥，却原来错认陶潜”④。“错认陶潜”从宋人张孝祥《鹧鸪天·咏桃花菊》“樽前醉眼空相顾，错认陶潜是阮郎”⑤化出，原意是把菊花误看作桃花，在戏曲中是误把他人（陶潜）看作了情郎（阮郎）。元至正年间隐于洞庭的王鹏有《无题》诗云：“病酒愁花日日眠，心

① 〔清〕顾嗣立编：《元诗选》初集下。

② 〔清〕顾嗣立编：《元诗选》初集下。

③ 〔清〕顾嗣立编：《元诗选》初集下。

④ 〔明〕毛晋编：《六十种曲》，明毛氏汲古阁本。

⑤ 〔宋〕张孝祥著，徐鹏点校：《于湖居士文集》，上海古籍出版社2009年版，第438页。

情不到锦囊边。桃源昨夜成春梦，趁得渔郎洞口船。”①在此，刘晨、阮肇是爱情使者的代名词，桃源是男女欢会场所的隐语，陶渊明与爱情使者虽还有距离，但已经在爱情戏里登场，因此就与传统的板正的陶渊明形象有了区别。因为，元代人也承认陶渊明有爱情婚姻生活。如王实甫《破窑记》第三折云：“但得个安乐窝还家重聚，问甚么官不官便怎的？有一个张良弃印，有一个陶潜罢职，有一个范蠡归湖。”②这是女子劝男子学陶渊明等人不要贪图官职，一起回家过隐逸的家庭生活。推测其言外之意，陶渊明的“情”当然是被肯定的。白朴【仙吕】《点绛唇》【上马娇煞】一支云：“欢会少，烦恼多，心绪乱如麻。偶然行至东篱下。自嗟自呀，冷清清和月对黄花。”③写秋日思念远方情人的女子，亦借东篱黄花抒发孤寂情怀，饶有趣味。更有趣的是，陶渊明与菊花的关系也爱情化了，如王士熙《题四爱堂四首（之四）》云：“余所爱兮秋菊，植之兮堂隩。思夫君兮柴桑，巾漉酒兮杯生馥。菊英黄兮江波缩，欲从之兮不我复。”④这里把菊花拟人为相思中的女子，她正在思念那个在“柴桑”用葛巾“漉酒”的“夫君”，“夫君”当暗指知心人陶渊明。又如吴昌龄《张天师风花雪月》第三折写的菊花也被拟人化为仙女，石榴花奉劝菊花仙子说：“当日陶潜为你可便辞荣仕，在篱东下满饮金卮。”⑤菊花既然是女子，而说陶渊明为了她“辞荣仕”，显然是说陶渊明与菊花的关系非同一般，这也就肯定了陶渊明的“情”。关汉卿【二十换头】【双调】《新水令》之《早乡词》写青年男女在秋天恣意游赏，自在放意：“九秋天，三径边，绽黄花遍撒金钱，露春纤把花笑撚。捧金杯酒频劝，畅好是风流如五柳庄前。”⑥从“露春纤把花笑撚”来看，一起赏花劝酒的实际是一妙龄女郎，“风流如五柳庄前”一句还陶老先生以青春之容，因此，渊明般的菊酒风流在此也就不再是传统隐士的清淡生活，已经融入男女相悦之情。

陶渊明的有情还典型地表现在《桃花源记》和“刘晨阮肇入天台”两个故事的合流上。陶渊明《桃花源记》里的桃源与刘晨、阮肇入天台见到的桃源，本来是两个故事中的两个不同“桃源”，元人对此也有理性的认识，如邵亨贞《桃源图歌》云：“陶公昔作《桃源记》，谓有桃源在人世。不因渔子逐桃花，那得世间知

---

① 〔清〕顾嗣立、席世臣编，吴申扬点校：《元诗选癸集》下，中华书局2001年版，第997页。

② 王季思主编：《全元戏曲》（第二卷），人民文学出版社1990年版，第364页。

③ 隋树森编：《全元散曲》，第204页。

④ 〔清〕顾嗣立编：《元诗选》二集上，第557页。

⑤ 王季思主编：《全元戏曲》（第三卷），第394页。

⑥ 隋树森编：《全元散曲》，第182页。

此地。重寻旧路迷其踪，天阏绝境无由通。偶因天台刘阮事，乃谓此有神仙宫。二事流传本殊觉，后世相沿罔分别。”①但元人在审美上自觉不自觉地将两个桃源联系在一起，甚至互相融会了。有时候，作为爱情使者的刘晨、阮肇往往与陶渊明写的桃花源相联系。如周仲彬【双调】《小桃红·咏碧桃三首（之一）》云：“东风有恨致玄都。吹破枝头玉，夜月梨花也相妒。不寻俗，娇鸾彩凤风流处。刘郎去也，武陵溪上，仙子淡妆梳。”②此处咏碧桃用刘晨的典故，却把桃源的地点变了，“天台”变成了《桃花源记》中的“武陵”。又如迺贤《桃花山水图为桃源屠启明题》诗本咏天台桃源，却说“短棹寻源到水涯”③，分明又把武陵源的乘船渔夫和天台上的砍柴樵夫混合为一了。又如张廷荐《读碑有感》云：“曾有岘山人泪晋，岂无商岭客逃秦。……前度刘郎何处觅，不知人世几番新。”④将两个桃源典故运用在同一首诗中，显然有模糊两者界限的审美倾向。有时候，甚至刘晨、阮肇也不是上山采药的山民，而是不得志的读书人、怀才不遇的高士。王子一的杂剧《刘晨阮肇误入桃源》最具有典型性。在剧中，元代人并没有把陶渊明与刘晨、阮肇等同，但刘晨、阮肇的形象已经发生了变化。在《幽明录》这一志怪小说中，他俩是东汉人；在戏剧中，“太白金星”说他俩“因晋室衰颓，奸谗窃柄，甘分山林之下，修真练药，以度春秋”。在志怪小说中，刘晨、阮肇是采谷皮药的山民；在戏剧中，刘晨说自己“幼攻诗书，长同志趣。因见奸佞当朝，天下将乱，以此潜形林壑之间，无志功名之会”，表示“怎学他屈原湘水，怎学他贾谊长沙。情愿做归湖范蠡，情愿做噀酒栾巴”。⑤ 刘晨、阮肇两个人的生活背景和思想心态更像陶渊明，至少更像元代人所理解的陶渊明。因此，刘晨、阮肇的桃源艳遇就不仅仅是一种奇遇，更是一种理想的隐逸生活的升华。桃源洞里不但景色优美，而且有知心佳人，隐逸与爱情被一起纳入士人的理想生活中。

元人无名氏《青门引·题古阳关》一词所理解的陶渊明否定了“富贵功名”，在田园里享受天伦之乐。这与刘晨的思想心态是一致的。值得注意的是，无名氏在“稚子欢呼，细君迎迓”二句里借用陶渊明《归去来兮辞》“童仆欢迎，稚子候门”的句式和意趣时，略有变化，那就是欢迎的人多了“细君”。元人在隐

① 〔清〕钱熙彦编次：《元诗选补遗》，中华书局2002年版，第556页。

② 〔元〕无名氏选辑，隋树森校订：《类聚名贤乐府群玉》，上海古籍出版社1982年版，第121页。

③ 〔清〕顾嗣立编：《元诗选》初集中，第1441页。

④ 〔清〕钱熙彦编次：《元诗选补遗》，第1000页。

⑤ 王季思主编：《全元戏曲》（第五卷），第531～532页。

居生活里更多的时候不是把妻子亲昵地称呼为“细君”，而是谦虚地称呼为“山妻”。如卢挚《田家》云：“奴耕婢织生涯，门前栽柳，院后桑麻。有客来，汲清泉，自煮茶芽。稚子谦和礼法，山妻软弱贤达。（守着些）实善邻家，无是无非，问甚么富贵荣华。”①张养浩【中吕】《普天乐》云：“折腰惭，迎尘拜。槐根梦觉，苦尽甘来。花也喜欢，山也相爱。万古东篱东天留在，做高人轮到吾侪。山妻稚子，团栾笑语，其乐无涯。”②滕斌【中吕】《普天乐》云：“叹光阴。如流水。区区终日。枉用心机。辞是非。绝名利。笔砚诗书为活计。乐虀盐稚子山妻。茅舍数间。田园二顷。归去来兮。”③张可久【中吕】《普天乐·次韵归去来》云：“草堂空，柴门闭，放闲柳枝，伴老山妻，谁传红锦词，自说白云偈。照下渊明休官例，和一篇《归去来兮》。”④看来，元人在隐逸生活里没有忘记异性伴侣，不管她是“细君”“山妻”，还是美女娇娃。本来陶渊明就曾经感叹过“室无莱妇”，而元代人为隐逸生活增添了“莱妇”，其实元代人本来就格外注意到陶渊明的妻子，如鲜于必仁【双调】《折桂令·晋处士》云：“羡柴桑处士高哉！绿柳新栽，黄菊初开，稚子牵衣，山妻举案。”⑤元代人认为陶渊明不仅有妻子，而且其妻子还很贤惠，这也就恢复了陶渊明“有情”的一面。

元代读者之所以自觉不自觉地接受陶渊明“有情”的一面，主要有三个方面的原因。一是元代众多士人在理想和审美中否定了政治仕途、功名富贵，把人生价值转移到田园隐逸、天伦之乐上。而夫妻是人伦中重要的一伦，因此，他们肯定了陶渊明与能够“安于苦节”的“山妻”之间的关系。二是元代市民文化和情趣在宋代的基础上进一步发展，不讳言男女恋情，肯定男女恋情，这在元散曲和元代戏曲中表现得尤其明显。因此，陶渊明《闲情赋》里的恋情就获得时代的共鸣，陶渊明也不必如传统读书人那样呆板和“正经”，而是“有情”的隐士，甚至是可以调侃的、食人间烟火的普通人。三是隐士的传统有重视女性的一面。陶渊明在诗文中专门引用了黔娄妻子的名言。后世表达隐逸心态也格外看重“山妻”的形象，如宋代刘后村诗云：“稚子呼牛女拾薪，山妻自脍小溪鳞。安知

---

① 〔元〕卢挚著，李修生辑笺：《卢疏斋集辑存》，北京师范大学出版社1984年版，第103页。

② 隋树森编：《全元散曲》，第421页。

③ 隋树森编：《全元散曲》，第301页。

④ 隋树森编：《全元散曲》，第780页。

⑤ 隋树森编：《全元散曲》，第393页。

曝背庭中老，不是渊明行辈人。”[①]罗大经《鹤林玉露》丙编卷四云：“余家深山之中，每青夏之交，苍藓盈阶，落花满径，门无剥啄，松影参差，禽声上下。午睡初足，旋汲山泉，拾松枝，煮苦茗啜之。随意读《周易》《国风》《左氏传》《离骚》《太史公书》及陶杜诗、韩苏文数篇。从容步山径，抚松竹，与麋犊共偃息于长林丰草间。坐弄流泉，漱齿濯足。既归竹窗下，则山妻稚子，作笋蕨，供麦饭，欣然一饱。”[②]段克己《最高楼》云：“贫而乐，天命复奚疑。……山妻解煮胡麻饭，山童自制薜萝衣。问人生，须富贵，是何时。”[③]家有贤妻不仅是世人的理想，也是隐士的传统和理想。因此，推崇隐逸生活的元代读者为隐逸生活或陶渊明加一个“山妻”就是很容易理解的了。

二、耶律楚材与元代读者理解的无弦琴

陶渊明的“有情”当然不同于一般人的“有情”。在元代人看来，陶渊明是在隐逸生活里体道悟真。因此，史传里提到的陶渊明的“无弦琴”及其《归去来兮辞》中的“无心云”就格外引起元代一部分读者的注意。耶律楚材是其中最突出的代表。

耶律楚材是金末元初多才多艺的杰出政治家和诗人，他对无弦琴多有言说和体悟。他在十篇作品中用到无弦琴的典故。这些典故有时候指能够被知音领会的自我真趣，如：

> 昔年平水便相寻，握手临风话素心。刻烛赋成无字句，按徽弹彻没弦琴。风来远渡晚潮急，雨过寒塘秋水深。此乐莫教儿辈觉，又成公案满丛林。（《寄平阳净名院润老》）[④]
>
> 贤帅文章蕴藉深，云川倾盖便同心。掀髯谈道爇灯灺，抵足论文塞月沉。有眼句中君得意，无弦琴上我知音。乘舟误捉波中月，莫学当年李翰林。[《和抟霄韵代水陆疏文因其韵为诗十首（其八）》][⑤]
>
> 雪溪词翰辉星斗，纸蠹尘蒙诗一首。湛然挥墨试续貂，嗫嚅使人难出口。丁年彭泽解官去，遨游三径真三友。悠然把菊见南山，畅饮东篱醉重

① 〔宋〕吴沆：《环溪诗话》卷下，见陈新点校《环溪诗话》，中华书局1988年版，第144页。

② 〔宋〕罗大经：《鹤林玉露》，中华书局1983年版，第304页。

③ 唐圭璋编：《全金元词》，第146～147页。

④ 〔元〕耶律楚材著，谢方点校：《湛然居士文集》，中华书局1986年版，第33页。

⑤ 〔元〕耶律楚材著，谢方点校：《湛然居士文集》，第71页。

九。献陵吴氏治荒园,成趣为名良可取。养高不肯事王侯,闲卧林泉了衰朽。今年扈从过秦川,可怜尚有萧条柳。归计甘输吴子先,丽词已后黄华手。知音谁听断弦琴,临风痛想纱巾酒。嗟乎世路声利人,不知曾忆渊明否?(《和黄华老人题献陵吴氏成趣园诗》)①

他在上面前两个作品中借无弦琴之典寻求知音之意甚明。第三个引文提到的虽是"断弦琴",但是在渊明典故烘托的氛围中与"纱巾酒"对举,因此看似俞伯牙、钟子期典故的"断弦琴"也有了陶渊明"无弦琴"的意味。这种被知音领会的真趣不是"世路声利"之人能够体会的:"渊明幽隐掩柴关,琴已忘弦人亦闲。静倚书窗独寄傲,笑观庭树自怡颜。"②只有像陶渊明那样深得无弦之趣的知音才能够心有灵犀,才能在超言绝象之域理解和欣赏这种只可意会难以言传的真趣。更多的时候,耶律楚材用无弦琴的典故来代指超越世俗水平的绝妙音乐及其传达的玄妙境界,如:

道人尘世厌嚣尘,白雪阳春雅意深。万顷松风皆有趣,一溪流水本无心。忘机触处成佳谱,信手拈来总妙音。陶老无弦犹是剩,何如居士更无琴?(《和王正夫忆琴》)③

书满穹庐酒满樽,龙冈招我谢殷勤。琴中别有无弦曲,醉里开怀举似君。(《和景贤召饮韵》)④

龙冈居士本知音,参透渊明得趣心。暂借桐君休吝惜,玉泉习气未忘琴。(《借琴》)⑤

龙冈能觅淡中欢,心与孤云自在闲。琴阮生涯事松菊,诗书活计老丘山。叩弦声自无中出,得句思从天外还。踏破化工无尽藏,闲人受用亦非悭。[《寄景贤一十首(之一)》]⑥

瑶琴高挂么弦绝,羲易频翻断简残。(《再用韵赠抟霄》)⑦

---

① 〔元〕耶律楚材著,谢方点校:《湛然居士文集》,第1页。

② 〔元〕耶律楚材:《和景(明)贤还书韵二首(之二)》,见谢方点校《湛然居士文集》,第35页。

③ 〔元〕耶律楚材著,谢方点校:《湛然居士文集》,第210页。

④ 〔元〕耶律楚材著,谢方点校:《湛然居士文集》,第318页。

⑤ 〔元〕耶律楚材著,谢方点校:《湛然居士文集》,第251页。按,景贤即龙冈居士,其诗友兼琴友。

⑥ 〔元〕耶律楚材著,谢方点校:《湛然居士文集》,第48页。

⑦ 〔元〕耶律楚材著,谢方点校:《湛然居士文集》,第68页。

元来底许真消息，不在弦边与指边。（《赠万松老人琴谱诗一首》）①

白居易《琵琶行》云：“此时无声胜有声。”音乐的至妙境界是无声之声。陶渊明的无弦琴正好提供了“无声之声”的绝妙喻象，它们都指向有声所难以传达的“无”的境界。因此“无琴曲”“无弦曲”“忘琴曲”“无中音”“弦绝琴”等都主要指音乐修养极高，已经超越了有声阶段，进入无声之声的神妙阶段。耶律楚材《琴道喻五十韵以勉忘忧进道》云：“琴书纸上语，妙趣焉能传？”②琴谱是不能传达音乐“妙趣”的，必须“忘谱”弹琴；而一般人弹琴也不足以传达真正的“妙趣”，必须“忘琴”。《爱栖岩弹琴声法二绝》云：“须信希声是大音，猱多则乱吟多淫。世人不识栖岩意，只爱时宜热闹琴。”“多著吟猱热客耳，强生取与媚俗情。纯音简易谁能识，却道栖岩无木声。”③这称赞的就是音乐超越世俗的超妙境界，也就是“无声之声”，即可以用“无弦曲”“忘琴曲”指称的境界。

有时候，耶律楚材虽然没有直接使用无弦琴的典故，却明显了悟无弦琴的意趣，如《和琴士苗兰韵》云：“曲终声散无人会，撩我高吟一首诗。”④“曲终声散”正是琴声消失而其所烘托的境界依然缭绕的时候，正如琴弦不在却令人生发玄思妙趣。又如《和李世荣韵》云：“异同谁足据，俯仰且随缘。居士难联句，梅轩却解禅。无云皆皓月，何处不青天。话到忘言处，迢迢夜不眠。”⑤这是指友谊的神契已经超越了语言。又其《景贤召予饮，以事不果。翌日，予访景贤，值出，予开樽尽醉而归，留诗戏之》云：“昨朝命我初无兴，今日寻君不在家。不问主人都饮尽，醉吟倒载黑毡车。”⑥识趣何必见人？因为就是主人在也会这样招待，主人与诗人之间的友谊已经达到了默契的程度，这正如“无弦琴”虽然无弦却能传达“无弦”之“无”的意趣和“无声之声”的音乐一样，“知音”会自然理解和领会诗人的做法。此诗之妙处就在于通过主人不在（“无弦”）而做了主人不怪罪的事，来传达神交默契的友谊（“无弦之声”）。兴之所至，天真烂漫，自然属于友谊里可以包容的“妙趣”。此与王子猷雪夜访戴、陶渊明每有酒适就抚弄无弦琴寄托心怀属于同一意趣。湛然居士可谓

① 〔元〕耶律楚材著，谢方点校：《湛然居士文集》，第45页。

② 〔元〕耶律楚材著，谢方点校：《湛然居士文集》，第257页。

③ 〔元〕耶律楚材著，谢方点校：《湛然居士文集》，第240页。

④ 〔元〕耶律楚材著，谢方点校：《湛然居士文集》，第85页。

⑤ 〔元〕耶律楚材著，谢方点校：《湛然居士文集》，第52页。

⑥ 〔元〕耶律楚材著，谢方点校：《湛然居士文集》，第317～318页。

得陶渊明无弦琴意趣之神。

耶律楚材如此频繁地使用陶渊明无弦琴的典故，与他本人嗜好弹琴有密切关系。其《琴道喻五十韵以勉忘忧进道并序》说自己"癖于琴"①，《苗彦实琴谱序》云"予幼年刻意于琴，初受指于待诏弭大用，每得新谱，必与栖岩（按：此为苗彦实之号）商榷妙意，然后弹之"②。他有自己的琴乐审美理想，终身孜孜以求，于音乐妙境深有体会。其《冬夜弹琴颇有所得乱道拙语三十韵以遗犹子兰并序》云：

余幼年刻意于琴，初受指于弭大用，其闲雅平淡，自成一家。余爱栖岩，如蜀声之峻急，快人耳目，每恨不得对指传声。……

……昔我师弭君，平淡声不促。如奏清庙乐，威仪自穆穆。今观栖岩意，节奏变神速。虽繁而不乱，欲断还能续。吟猱从简易，轻重分起伏。一闻栖岩声，不觉倾心服。彼此成一象，春兰与秋菊。我今会为一，沧海涵百谷。稍疾意不急，似迟声不跼。二子终身学，今日皆归仆。我本嗜疏懒，富贵如桎梏。幸遇万松师，一悟消三毒。早晚挂冠去，间山结茅屋。蔬笋粗充庖，粝饭炊脱粟。有我春雷子，岂惮食无肉。旦夕饱纯音，便是平生足。③

这种推崇千变万化而复归于简易的古典音乐美与淡泊隐逸的人生追求是联系在一起的。

耶律楚材虽然身在仕途且居要职，但因仕途凶险等，经常表达对家乡的思念，表达对归隐的渴望，这是他接受陶渊明进而喜欢"无弦琴"的基础。表达"归去来兮"心声的诗文在他的作品中不胜枚举。而且他经常借陶渊明来倾吐这种心声，如：

君恩予久负，贤路我深妨。覆餗恒忧惧，挂盈实恐惶。故山松径碧，旧隐菊花黄。太守方遗舄，初平政牧羊。厚颜居此位，若已纳于隍。吟啸须归去，香山老侍郎。[《和张敏之诗七十韵三首（之一）》]④

名遂宜思退，机危乃自戕。归欤今好赋，闻道故园荒。（《再和世荣二十韵寄薛玄之》）⑤

寄语沙城老故人，别来赢得鬓边尘。马蹄踏破关中月，新句吟空河表

① 〔元〕耶律楚材著，谢方点校：《湛然居士文集》，第256页。
② 〔元〕耶律楚材著，谢方点校：《湛然居士文集》，第183页。
③ 〔元〕耶律楚材著，谢方点校：《湛然居士文集》，第240~241页。
④ 〔元〕耶律楚材著，谢方点校：《湛然居士文集》，第201页。
⑤ 〔元〕耶律楚材著，谢方点校：《湛然居士文集》，第263页。

春。名利相萦余有歉,琴书自乐子非贫。何时策杖君家去,再试渊明漉酒巾。(《寄沙井刘子春》)①

不如归去乐余龄,百岁光阴有几程。文史三冬输曼倩,田园二顷忆渊明。宾朋冷落绝交分,亲戚团圆说话情。植杖耘耔聊自适,笑观南亩绿云平。[《壬午西域河中游春十首(之九)》]②

前生未了妄缘深,薄宦相萦负夙心。只见渊明能印弃,谁知居士解舟沉。穷通荣辱皆真梦,毁誉称讥尽假音。中隐冷官闲况味,归心无日不山林。[《和抟霄韵代水陆疏文因其韵为诗十首(之五)》]③

吾山吾山予将归,予将归深溪,苍松围茅亭,扃扃柴扉,水边林下,琴书乐矣。水边林下,琴书乐矣,不许市朝知。猿鹤悲,吾山胡不归!(《吾山吟》)④

黄华《和同年九日诗》,以“采菊东篱下,悠然见南山”为韵,予爱而继之。前叙思归之心,后述参玄之志,所谓倒食甘蔗者也。(《次韵黄华和同年九日诗十首序》)⑤

归隐田园、重回故乡是耶律楚材心中的一种理想。他在《贫乐庵记》中描述这种理想的生活说:“布衣粝食,任天之真。或鼓琴以自娱,或观书以自适。咏圣人之道,归夫子之门。于是息交游,绝宾客,万虑泯绝,无毫发点翳于胸中。其得失之倚伏,兴亡之反覆,初不知也。……无多财之祸,绝高位之危。”⑥免除祸患、顺任天真、体味如“无弦之声”一样的人生真意,这与元代一般士人的理想生活是相通的。然而,如陶渊明一样归去来兮,对于耶律楚材来说,只是一种愿望而已,所以他感叹道:“归与不得效渊明,细碎功名误此生。”⑦但这种归隐企向、超世憧憬和他深厚的禅宗修养历练了他的心灵,使他对无弦琴预示的人生、音乐意趣深有神会。

耶律楚材之外,其他许多元代人也对无弦琴表现出浓厚的兴趣,他们也借

① 〔元〕耶律楚材著,谢方点校:《湛然居士文集》,第84~85页。
② 〔元〕耶律楚材著,谢方点校:《湛然居士文集》,第97页。
③ 〔元〕耶律楚材著,谢方点校:《湛然居士文集》,第70页。
④ 〔元〕耶律楚材著,谢方点校:《湛然居士文集》,第245页。
⑤ 〔元〕耶律楚材著,谢方点校:《湛然居士文集》,第205页。
⑥ 〔元〕耶律楚材著,谢方点校:《湛然居士文集》,第196页。
⑦ 〔元〕耶律楚材:《寄武川摩诃院圆明老人五首(其四)》,见谢方点校《湛然居士文集》,第144页。

无弦琴体悟真趣。如陆友仁《砚北杂志》卷上记车溪赟上人说自己:"尝与其徒夜登阁听江,贯道鼓琴。贯道信手忘弦,曲尽其妙,于是据琴而弗弹,坐客皆自失,莫不超然得意于丝桐之表。隆茂宗乃画为《据琴图》。"①这里说的是领略琴弦之外的无声之乐,又何尝不是领略一种语言所难以表达、有声所难以传达的人生真境呢?元代读者对此深有体悟,举数例如下:

巨编藏古锦,风雅续遗音。雷电欲下取,辟易不敢侵。真趣谁领会,一如陶潜琴。所言正而大,讵比郑声淫。(杨公远《次省斋韵觅友梅索笑集不蒙见惠再借韵》)②

先生高寄此林泉,懒拙方知此乐全。足屦两忘便不借,人琴俱隐付无弦。云归书帙留残润,日上香盘袅细烟。勘破世纷无一事,又拈枯笔续前编。[方夔《杂兴四首(之四)》]③

郑声与雅乐,今我并无弦。尚不归莲社,谁能爱秫田。青山栗里宅,白发义熙年。嵇阮能逃世,终非出自然。(方澜《渊明》)④

道人坐茅宇,独抱无弦琴。对此景物异,夕云散还阴。雨气一帘润,云意千山深。(黄庚《至后》)⑤

万木凋零岩壑峭。一机消长观天道。松竹园亭时一造。谁敢诮。敲冰煮茗供谈笑。　　自负平生心矫矫。三间何事形容槁。琴到无弦谁与操。怀我宝。相逢且赋渔家傲。(许桢《渔家傲》)⑥

邯郸路。老我头颅如许。黄粱何日逢吕。斜川便是桃源洞,千载归来辞句。巾漉醑。笑琴亦无弦,何处求新谱?茫茫万古。任沧海桑田,白衣苍狗,不到老农圃。(许有孚《摸鱼子》)⑦

劝君休弹绿绮琴,世间何人识琴心?不知无弦挂空壁,幽趣暗逐秋云深。(路琪《次黄资深韵》)⑧

枯桐浑不理朱丝,心醉心弹识者稀。风荡杨花春去远,窗横梅影月来

① 苏连营主编:《中华野史·辽夏金元卷》,泰山出版社2001年版,第654页。
② 〔元〕杨公远:《野趣有声画》卷下,影印清文渊阁《四库全书》本。
③ 〔清〕顾嗣立编:《元诗选》初集上,第281页。
④ 〔清〕顾嗣立编:《元诗选》初集中,第1653页。
⑤ 〔清〕顾嗣立编:《元诗选》初集上,第257页。
⑥ 唐圭璋编:《全金元词》,第996~997页。
⑦ 唐圭璋编:《全金元词》,第988页。
⑧ 〔清〕顾嗣立、席世臣编,吴申扬点校:《元诗选癸集》上册,第466页。

迟。闲中不尽登临意,妙处深涵动静机。千载渊明应冷笑,无弦清味少人知。(笪元德《琴趣》)①

“真趣谁领会,一如陶潜琴”,那些不满于现实社会和生活而且有追求、有憧憬的元代读者看到自己的追求和憧憬就像琴的无弦之“弦”一样,根本不存在,但又不放弃自己高洁的理想,于是就借助陶渊明的“无弦琴”之“无”来指称、表达这种难以实现的理想。“勘破世纷无一事”,世俗的一切都放弃了,“人琴俱隐付无弦”,自己的人生也被放置到空无当中,而这空无正是获得自然真性所必需的,所以才有“先生高寄此林泉,懒拙方知此乐全”的人生,实际也就是借无俗之心体悟无俗之境。“林泉”也罢,“书帙”也罢,“枯笔”也罢,“景物”也罢,那都是借以寄托和传达真性(无弦之“无”)的意象。世事兴废不由人,凭自己的力量不可能扭转乾坤,就像“自负平生心矫矫”的屈原,竭尽忠心之后最终却落得形容枯槁的下场,无济于事。因此,最好的选择就是“任沧海桑田,白衣苍狗”,万事不关心,一切付“无弦”(顺其自然)。神仙世界是荒唐的,“斜川便是桃源洞”,以无心观物,“一机消长观天道”,凡物皆有“无弦琴”般的道意玄趣:“对此景物异,夕云散还阴。雨气一帘润,云意千山深。”此心灵隐逸脱俗之真趣也是无心云、无弦琴之真趣。

三、无心云的玄远意蕴与无弦琴相通

无心云背后的玄远意蕴与无弦琴的喻征在实质上是相通的,即皆借特殊之象传达微妙之真。杨公远《次程斗山村居韵十首(之三)》云:“有累营家燕,无心出岫云。”②与累于“营家”的燕子不同,无心云没有世俗的系累,逍遥徜徉,自由而自然,表现出一片天机和真性。云无心出岫,也自然会如鸟儿一样飞回:“归云有真意,鸣禽发天机。”③“归云”实质上就是迷途知返、复归真性的“无心云”。所谓“悠悠往事不经心,只有闲云来去。停云得句,归去洞府,领取渊明趣”[王沂《御街行·送王君冕二首(之二)》]④、“溪上红尘飞不到,惟有白云来去。出岫无心,凌江有态,水面鱼吹絮”(萨都剌《酹江月·题清溪白云图》)⑤、“闲云淡漠元无系,来去常如见在心”[吴澄《疏斋卢学士和郝奉使立秋感怀,余

① 〔清〕顾嗣立、席世臣编,吴申扬点校:《元诗选癸集》上册,第476页。

② 〔元〕杨公远:《野趣有声画》卷上。

③ 〔元〕刘因:《静修先生文集》卷二,《四部丛刊》景元本。

④ 唐圭璋编:《全金元词》,第834页。

⑤ 唐圭璋编:《全金元词》,第1091页。

亦次韵二首（之二）》］①、“花有信春来春去，客无心云卷云舒。开玄堂上辋川图，冰梅栖翠羽，水藻漾金鱼，雪松摇玉麈”（张可久【中吕】《红绣鞋·开玄堂上》）②、“道人本无心，澹与云相应”（清欲《归云亭》）③等等，说的就是这种丝毫不受世俗外物拘系的纯粹逍遥状态。

那么，是什么让无心云保持了这样一种状态？韩奕《巫山一段云》做出了回答：“寂照山月衔，虚心出岫云。不留不碍赍天轮。来往自通神。　谁向空中作主。端坐放行收聚。有无光曜遍乾坤。真宰默然存。”④是无心云受之于天地乾坤的真性，是默然如无的“真宰”，使它保持那种丝毫不受世俗外物拘系的纯粹逍遥状态。只有保持如无心云一样的真性才能够体悟到人生的真意：“悠然一见南山后，便觉世多尘句。”⑤“最喜疏篱下，悠然见翠岑。”⑥元人所欣赏的这一脱俗意趣也正是陶渊明在“无心”状态下自然生发的。张观光《采菊》云：“篱东闲采菊，三径碧苔深。晓露冷双屐，秋风香一襟。餐英供小酌，嗅蕊伴清吟。会得悠然处，方知靖节心。”⑦陶渊明“采菊见山”时的境界是他最为深妙的人生体悟，而这种体悟与无心云、无弦琴的喻征是一致的。杨公远《见山真意》云：“栗里幽深自结庐，东篱采菊足清娱。偶然触目南山好，相对沉吟一语无。”⑧无心云所喻征的都是“相对沉吟一语无”之外的神妙意境，是超越语言和世俗的化境。刘诜《悠然堂》从主体方面解释这种化境说：

> （悠然堂）面有峰，曰南山。故取陶诗扁之曰：“悠然。”……极天地间富贵之娱，意气之盛，其乐举不如心胸无累，悠然会竟之为适。计渊明赋诗之日，向之仕于州县，其龃龉摧折，足以拂膺而短气者何限，亦既旷然而释于心矣。凡晋、宋间之兴废成败，可以感奋而惊愕者何限，亦既怡然而安于天下矣。岁时耕稼、读书、饮酒，自放于得失穷通之外者已久，采菊之次，悠然见山，此其心，岂有一毫世累哉！吾尝谓此虽其族祖之镇长沙，梦天门，与其同时雄才壮气豪杰燕于戏马之台者，举不能知之。夫天下至清莫如

① 〔元〕卢挚著，李修生辑笺：《卢疏斋集辑存》，第141页。

② 隋树森编：《全元散曲》，第896页。

③ 〔清〕顾嗣立、席世臣编，吴申扬点校：《元诗选癸集》下册，第1400页。

④ 唐圭璋编：《全金元词》，第1223页。

⑤ 〔元〕许有壬：《摸鱼子·明初赋摸鱼子寿予，既次其韵，而可行塘成，和之成什，衰病技痒，亦足为十首（之五）》，见唐圭璋编《全金元词》，第964页。

⑥ 〔元〕杨公远：《次韵山中山居韵二首（之一）》，见《野趣有声画》卷上。

⑦ 〔元〕张观光：《屏岩小稿》，影印清文渊阁《四库全书》本。

⑧ 〔元〕杨公远：《野趣有声画》卷下。

山，然心有所累，则不能见。①

悠然见山时的化境是“心胸无累”的产物，如果“心有所累，则不能见”，这不是说山有什么特别，人人眼中有一山，但能够看到“天下至清”的山，能够与山之真性猝然化合，非“自放于得失穷通之外者”，非胸中阔然清朗者，不能领会。也就是说，只有放弃世俗的追求，保持虚静的审美心境，才能够领略外物真正的美丽，也才能够真正领略超越一切是非得失、物我化合、天人合一的人生真境。

对于这种无心而得的真境，元人一般倾向于在田园隐逸生活中获得，但也有人借陶渊明“心远地自偏”立论，认为不拘何地，关键是心境，如耶律楚材《西域和王君玉诗二十首（之八）》云：“有道不妨居闹市，无心奚碍酌贪泉。何能远遁尘嚣去，且向人间养素玄。”②他所说的“人间”就不只是有天伦之乐、亲朋好友的人际环境，还包括干扰心境的“闹市”甚至仕途官场。这种理解与刘诜《悠然堂》的理解有所不同，虽然都强调主体的能动性，但刘诜倾向于越名教而任自然，以对世俗的放逐来换取心灵的“悠然”；而耶律楚材则更倾向于融合名教与自然，以处世俗而超世俗的态度来显示心灵无系无累的“无心”状态。

第三节 对陶诗“真境”的新阐释

元代读者以“真境”论陶诗的审美特点是他们对陶诗阐释的最大推进。

一、推崇陶诗之“真”

元人论诗尚辨体，在艺术上，首先把陶诗当作一种特殊的诗体来看待。《诗谱·十二范》在“五言古诗”中把“陶潜”作为其中的一种典范，也就是说，元人对学唐学宋的争论主要是针对格律诗而言的，至于五言古诗，陶诗毫无疑问地占据崇高地位，为诗家宗师。《诗谱·十五体》将陶体诗的特点概括为：

心存忠义，身处闲逸，情真景真，意真事真，几于《十九首》矣，但气差缓耳。至其工夫精密，而天然无斧凿痕迹，又有出于《十九首》之表者。盛唐

① 〔元〕刘诜：《桂隐文集》卷一，影印清文渊阁《四库全书》本。

② 〔元〕耶律楚材著，谢方点校：《湛然居士文集》，第119页。

诸家风韵皆出于此。①

简要地说,陶体诗的特点就是“真”和“天然”。这虽然不是元人的独创,却有其自己的体会,他们认为陶诗的“真”无处不在,“情”“景”“意”“事”俱真,而且这“真”是从“忠义”和“闲逸”的结合中得来的,与《古诗十九首》相比,气韵比较从容。陶诗的“天然”不是随意就能获得的,而是需要精密的工夫,与《古诗十九首》的浑朴还有所区别。要言之,陶体诗的特点也可以说是气韵从容的“天真”。元人普遍强调“真”和“天然”两点,如吴澄论“真”强调了陶诗的“情性之真”,其特点是“不炼字,不琢句,不用事”,“无所造作,无所模拟”,不“以练字琢句为工”,而是“一皆本乎情之真,潇洒不尘,略无拘挛局束之态”。② 需要指出的是,“真”不仅仅是喜怒哀乐情感的率然抒发,而且也是识道见性后的自然流露,是对世事俗情、物理人性充分洞达后的人生体悟和风度韵致。因此,元人理解的“真”与其说是自然状态的感情,不如说是天人化合后的人生境界。吴澄说的“真近于古”,“潇洒不尘,略无拘挛局束之态”,实质就是一种淡易闲适、超然出尘的境界,一种近乎人之理想本性的特点。元人比较普遍地认同这一理解,如:

弃置姑饮酒,陶然会天真。万物各遂性,杂沓向我陈。③

青松冠岩列,白雪宿檐端。此中有真意,弱毫多所宣。④

东篱残菊未成尘,所见悠然竟尚真。⑤

酒中有深趣,真乐良在兹。

世上多虚名,樽中有真味。

醒眼举作伪,醉时见天真。⑥

真趣谁领会,一如陶潜琴。所言正而大,讵比郑声淫。⑦

---

① 张健编著:《元代诗法校考》,北京大学出版社 2001 年版,第 360 页。

② 〔元〕吴澄:《谭晋明诗序》,见《吴文正集》,影印清文渊阁《四库全书》本。

③ 〔元〕马祖常:《饮酒六首(之二)》,见李叔毅点校《石田先生文集》卷一,中州古籍出版社 1991 年版,第 11 页。

④ 〔元〕卢挚:《集句饯张知事子中》,见李修生辑笺《卢疏斋集辑存》,北京师范大学出版社 1984 年版,第 53 页。

⑤ 〔元〕方回:《喜程道大至(直方)约诸友二首(之一)》,见《桐江续集》卷一六,影印清文渊阁《四库全书》本。

⑥ 以上三则分别见〔元〕郝经《饮酒二十首(之一、之十二、之十九)》,见《陵川集》卷七,影印清文渊阁《四库全书》本。

⑦ 〔元〕杨公远:《次省斋韵觅友梅索笑集不蒙见惠再借韵》,见《野趣有声画》卷下,影印清文渊阁《四库全书》本。

得酒觅邻叟,真率无欺谩。①

缅思渊明贤,投绂事耕耘。秋获虽不足,掩关乐天真。②

由于陶渊明是文如其人的作家,因此称渊明之真与称其诗文之真是二而一的事情。元人在诗歌创作中对陶诗的真多有感悟,在主体称之为“天真”“真率”“真性”,在主、客体交融的状态称之为“真意”“真趣”“真境”。陶诗的“真”是摆脱世俗尘累后、物与我以本真性情交融后的自然流露,因此就不只是“我”个人“乐天真”,而且是“万物各遂性,杂沓向我陈”,陶诗是自我心灵的表达,也是读者和宇宙本性的呈现。单纯的“情真”不足以概括它丰富的众多侧面,因此说它“情真景真,意真事真”;单纯的“忠愤”不足以说明成真的原因,还必须强调它的“闲逸”。元人所理解的“真”,其形式突破了笼统的概括,其内涵突破了单向的描述,尤其是突破了主观方向的解读,这说明他们对陶诗美学内涵的理解更加深入细致,已经超越了包括宋人在内的前代读者。这对我们从更为恢宏、深细和全面的意义上读解陶诗有重大意义。

元人对“真”的认识有体悟,也有理性的思索,除了描述“真”的特点,他们还着重探索了陶诗之“真”的心灵本源。如云:

结人境之庐,而能绝车马之喧,何哉?喧寂在心,不系乎迹也。故曰“心远地自偏”,东篱之西,南山之北,悠然真意,谁其知之,呜呼!远矣。③

陶渊明当晋、宋革命之际,退归田里,浮沉杯酒,而天资高迈,思致清逸,任真委命,与物无竞。故其诗跌宕于性情之表,直与造物者游。超然属韵,《庄周》一篇,野而不俗,澹而不枯,华而不饰,放而不诞,优游而不迫切,委顺而不怨怼,忠厚岂弟,直出屈、宋之上,庶几颜氏子之乐,曾点之适。无意于诗而独得古诗之正,而古今莫及也。④

余每爱陶靖节之言曰:“少学琴书,偶爱闲静,开卷有得,便欣然忘食。见树木交阴,时鸟变声,亦复欣然有喜。每五六月中,卧北窗下,凉风暂至,自谓羲皇上人。”余亦自谓颇知渊明真趣,然未尝以语人。⑤

① 〔元〕胡祗遹:《题陶令归来图》,见《紫山大全集》卷一,影印清文渊阁《四库全书》本。

② 〔元〕胡祗遹:《郭西草堂独坐》,见《紫山大全集》卷二。

③ 〔元〕吴澄:《心远亭记》,见《吴文正集》卷四四。

④ 〔元〕郝经:《和陶诗序》,见《陵川集》卷六。

⑤ 〔元〕舒岳祥:《爱闲堂记》,见李修生主编《全元文》第三册,江苏古籍出版社1999年版,第221页。

陶诗之真源于诗人超越世俗的高迈天资，是一种高度的心灵自觉："喧寂在心，不系乎迹。"以远离世俗喧嚣之真心方可见"真意"、获得自我人生的"真趣"，闲适自如，"跌宕于性情之表，直与造物者游"，得"颜氏子之乐，曾点之适"。即"真"中蕴"道"，陶渊明的生活是远离世俗功利的审美生活，陶渊明的主体心灵是闻道见性的心灵：有了这样的人生和心境，"超然属韵"，自然"野而不俗，澹而不枯，华而不饰，放而不诞，优游而不迫切，委顺而不怨怼，忠厚岂弟"，"无意于诗而独得古诗之正"。苏轼明白揭示了陶诗外淡而中美的美学特征，元人则进一步强调了陶诗这一美学特征的主体本源。

其实，"真"就是自我性情自然的流露，自然是"真"的一个显著特点。元人格外强调"真"的"天然"特性，推崇陶诗自然淡泊的特点。例如，他们说：

若学陶、王、韦、柳等诗，则当于平淡中求真味，初看未见，愈久不忘。①

渊明诗淡泊渊永，夐出流俗，盖其性情然也。②

颍川冯元益，诗效陶靖节、韦苏州，欲其冲澹自然而然，非求工于一字一句者。③

栗里幽深自结庐，东篱采菊自清娱。偶然触目南山好，相对沉吟一语无。④

发兴如涌泉，愈汲味愈清。安用啜糟粕，虚无剽窃名。百物来扣心，肆口即成声。了不见牵合，精粗聊称情。采菊东篱下，何时值渊明。⑤

昔渊明守彭泽令，仅八十余日，不肯束带见督邮，赋《归去来词》，返柴桑里闲居。重九秋菊盈园，持醪靡由，空服九华，寄怀于言。方其徘徊东篱之下，悠然自得，谓"此中有真意"，盖低头采菊，举头见山，景与心会，所以为奇。而或人辄改"见"字为"望"字，遂使此句神采索然。以"见"之出于无心，而"望"之则有心也。此老胸襟洒落，真寄兴于山川之外，高情逸韵，今古一人而已。⑥

---

① 〔元〕揭傒斯语，见王大鹏编选《中国历代诗话选》第二册，岳麓书社1985年版，第1056页。

② 〔元〕傅若金：《诗法正论》，见王大鹏编选《中国历代诗话选》第二册，第1085页。

③ 〔元〕吴澄：《跋冯元益诗》，见《吴文正集》卷五八。

④ 〔元〕杨公远：《见山真意》，见《野趣有声画》卷下。

⑤ 〔元〕胡祗遹：《迩来复斋洹斋二学士屡以五言相唱酬，不鄙愚庸，每成章即亦垂示，赏叹诵咏，赘作六章，时至元四年七月也（之四）》，见《紫山大全集》卷三。

⑥ 〔元〕陆文圭：《悠然亭记》，见《墙东类稿》卷八，影印清文渊阁《四库全书》本。

陶诗的自然有自己的特点,元人接受了宋人的观点,格外强调其“平淡”、“偶然”、真率的特点。平淡不是枯燥,而是“淡泊渊永”,“平淡中求真味,初看未见,愈久不忘”,表现的是一种远出流俗的“高情逸韵”;“偶然”是强调创作状态下物我偶合、灵感突发时的天然性,陶诗不是“求工于一字一句”锻造出来的,而是“发兴如涌泉,愈汲味愈清。……百物来扣心,肆口即成声”,是无心而得,不期然而然。虽然有人注意到陶诗的“精密工夫”并给以肯定,但有人也针锋相对地提出反对意见。如虞集曾说:“陶渊明诗稳重,句句用意作出。”杨载反驳说:“他曷尝用意作。盖渊明高出一世,标格虚明,胸襟冲澹,自然流出肺腑,他不曾作,句语有浑厚气象,学者失之滞重。”①典范无法复制,陶诗的自然冲淡实在是不易模仿的,因此它才成为元人宗法的理想之一。

二、认识陶诗之“境”

只有对人生极有真情,才会不断探寻人生和宇宙的本真,才会在豪华落尽见真醇之后体悟到本真,听从本真的呼唤,遵循大道的指引,走上一条平淡自然、与道徜徉的超越之路。陶渊明极痴情,故有《闲情赋》,元代读者极痴情,故宽容《闲情赋》,他们在不断超越中走向无心云一般的平淡自然,其中隐然含有“无弦琴”所喻示的弦外妙境。

平淡自然的极致就是与道一体不知其所以然而然的化境、妙境,达于此境即在终端与上节所论“无心云”的舒卷自如、“无弦琴”的弦外之趣契合。因此,追求无心云一般、与道翱翔的自由自然,渴望摆脱有形有限、体悟无形无限、超越语言和世俗的别一境界,就与诗歌的意境美贯通起来。由于高度推崇平淡自然,追求无心之化、无弦之韵,具体到诗歌创作上,其逻辑必然是追求超越人为技巧的言外之意,追求摆脱概念束缚的意外之境,由此也促进了意境观念的诞生。而支撑意境观念的典型诗人诗作就是陶渊明和他的优秀作品。

元代人从“真”和自然生发出对陶诗之“境”的认识。郝经《和陶饮酒二十首(之六)》云:“壶中别一天,饮之造真境。”②又《桃花源诗》云:“到处桃花源,真境不在外。当时避秦人,未必识妙契。”③又《和陶饮酒二十首(之五)》云:

① 佚名:《名公雅论》,见张健编著《元代诗法校考》,第375页。
② 〔元〕郝经:《陵川集》卷七。
③ 〔元〕郝经:《陵川集》卷七。

“诗因酒更多，真境发精英。烂漫醉后言，举是醒时情。”①吴澄《跋张蔡国〈题黄处士《秋江钓月图》〉诗》云：“今读蔡国张公《题黄处士〈秋江钓月图〉诗》，超超出尘，言彼之外境，而观者因以得公之内境也。其澹也，其易也，其闲适也，纯乎一真心声，自然无雕琢之迹，盖非学词章者可到，必其中之有所见，有所养，而后能也。唯陶、韦妙处有此。”②郝经和吴澄说的“真境”“内境”主要是一种借助外物生发的心灵境界，虽然带有物我合一的特点，但重心在心灵的超然体悟和审美沉浸。这种境界首先超脱世欲（如功名利禄），不为俗累；然后超脱外物（“外境”），不为象累；如此“纯乎一真心声”，洁白无瑕之心灵才猝然间自然地达于世俗、外物、语言之外的“真境”。“真境”实质上就是一种真醇的境界。他们对“境”的注意表明元代人在理性上开始注意到陶诗超乎声色臭味之外的意境美。

方回将陶诗的意境美称为“心境”，在《心境记》中云：

> 世之喜新而恶常，厌夫埃坌卑湫之为吾累，而慕夫空妙超旷以自为高，则《山经》《海图》崖梯波航之所传闻，足以幻世而骇众。其说以为扶桑之东有三神山，长生之药所自出。……是以幽人逸客之有志于斯者，或欲弃捐世事，赢粮而从之。惟晋陶渊明则不然。其诗曰：“结庐在人境，而无车马喧。”有问其所以然者，则答之曰：“心远地自偏。”吾尝即其诗而味之。东篱之下，南山之前，采菊徜徉，真意悠然，玩山气之将夕，与飞鸟以俱还，人何以异于我，而我何以异于人哉？“盥濯息檐下，斗酒散襟颜”，人有是，我亦有是也；“相见无杂言，但道桑麻长”，我有是，人亦有是也。其寻壑而舟也，其经丘而车也，其日涉成趣而园也，岂亦抉天地而出，而表能飞翔于人世之外耶？顾我之境与人同，而我之所以为境则存乎方寸之间，与人有不同焉者耳。……然则此渊明之所谓心也，心即境也。治其境而不于其心，则迹与人境远，而心未尝不近。治其心，而不于其境，则迹与人境近，而心未尝不远。蜕人欲之蝉，不必乘列子之风也；融天理之春，不必吹邹衍之律也。③

方回这一段精彩的言论对于加深认识陶渊明的“真境”至关重要。他至少有这样几个富于创见的观点：（1）陶渊明的“真境”之境具有平凡的人间性。它不新

① 〔元〕郝经：《陵川集》卷七。

② 〔元〕吴澄：《吴文正集》卷六〇。

③ 〔元〕方回：《桐江集》卷二，《宛委别藏丛书》第一〇五册，江苏古籍出版社 1988 年版，第 130 ~ 133 页。

异，不“空妙超旷”，不在神仙世界，不在西方佛国，一句话——不在尘世之外，就在与常人生活环境毫无差别的人间，所谓“人有是，我亦有是也”。（2）造成“我”之“境”与他人之“境”产生差异的是“心”，不同的“心”体悟相同的世俗之“境”，“境”于是在人我之间产生差异，所谓“顾我之境与人同，而我之所以为境则存乎方寸之间，与人有不同焉者耳”。（3）“心即境”，也就是说“心”“境”不二，即心即境，心灵与外物融合为一，彼此摆脱了对立与矛盾，进入天人化合的浑融境界。为此，心要安定在与人无异的“境”，就不要渴求超尘出世找到什么适合自己的尘外之“境”，而是就在当下的尘世中修养锤炼；桑麻、圃蔬、泉钓等平凡之“境”及其中的生活就是“心”的安顿之处。陶渊明及其诗歌就表现了这种“心境”，或者说，这就是元代读者所认识到的陶渊明诗歌意境美的特点。无疑，这种认识比把陶渊明的体悟单纯归结为颜回、曾点之乐更接近陶诗的本真特点。

三、“真境”承前启后的意义

侧重于从心灵自觉的角度认识并揭示陶诗特殊的意境美，这是元代读者了不起的创见，在陶渊明接受史上具有突破性的意义，在一定程度上超越了以平淡自然、真醇清旷等概念词语论陶的时代。虽然陶诗平淡深粹的特点一直影响着唐人的诗歌创作，却无人从理性上揭示出来。伴随着平淡诗美的思潮在宋代的展开，梅尧臣、苏轼等人才首先揭示了陶诗的这一艺术特质。理学家杨时论陶诗将之概括为“平淡深粹，出于自然”，后代读者对此不断阐释，多有创见。如江西诗派也注意到陶诗不事雕琢的自然美，但他们认为这种美是“不烦绳削而自合”①，只是从技巧上关注陶诗的“自然美”；朱熹则从创作主体的角度强调了陶渊明诗文的自然美，说：“渊明诗所以为高，正在不待安排，胸中自然流出。”朱熹将陶诗的高度艺术成就（包括众人公推的平淡美）根基于“自然”之上，是对江西派论陶观点的继承，也是力矫江西派雕琢诗风之弊。他们对平淡自然的理解多有发明，但对“深粹”的理解还没有走出苏轼的视野。首先能够在苏轼视野之外有所开拓的是范温。范温在《潜溪诗眼》“论韵”条中云：

有余意之谓韵。……且以文章言之，有巧丽，有雄伟，有奇，有巧，有

---

① 〔宋〕黄庭坚：《题意可诗后》，见郑永晓整理《黄庭坚全集辑校编年》，江西人民出版社2008年版，第1529页。

> 典,有富,有深,有稳,有清,有古。有此一者,则可以立于世而成名矣;然而一不备焉,不足以为韵。众善皆备而露才用长,亦不足以为韵。必也备众善而自韬晦,行于简易闲澹之中,而有深远无穷之味,观于世俗,若出寻常。至于识者遇之,则暗然心服,油然神会。测之而益深,究之而益来,其是之谓矣。其次一长有余,亦足以为韵;故巧丽者发之于平澹,奇伟有余者行之于简易,如此之类是也。……自曹、刘、沈、谢、徐、庾诸人,割据一奇,臻于极致,尽发其美,无复余蕴,皆难以韵与之。惟陶彭泽体兼众妙,不露锋铓,故曰:质而实绮,臞而实腴,初若散缓不收,反覆观之,乃得其奇处;夫绮而腴、与其奇处,韵之所生,行乎质与臞,而又若散缓不收者,韵于是乎成。《饮酒》诗云:"荣衰无定在,彼此更共之。"山谷云:此是西汉人文章,他人多少语言,尽得此理?《归园田居》诗,超然有尘外之趣。《赠周祖谢》诗,皎然明出处之节。《三良》诗,慨然致忠臣之愿。《荆轲》诗,毅然彰烈士之愤。一时之意,必反覆形容;所见之景,皆亲切模写。如"孟夏草木长,绕屋树扶疏";"日暮天无云,春风扇微和",乃更丰浓华美。然人无得而称其长。是以古今诗人,惟渊明最高,所谓出于有余者如此。①

陈善《扪虱新话》虽然也曾认为陶诗以"韵胜",却没有范温阐发得如此深入具体。在范温看来,"韵"的基本内涵是"有余意",是一种超越于外在形式和字面意义之上的境界。它只可意会,不可言传。"一长有余"可以称为"韵","备众善而自韬晦"亦可称为"韵"。后者则是韵之极,是最理想、最完美的风格,陶渊明诗"体兼众妙,不露锋铓",得韵之极,"是以古今诗人,惟渊明最高"。以韵论陶是宋人的创见,是宋人崇尚晋韵的审美观念在评价陶渊明时的反映。"韵"的确揭示出了陶诗本真性、整体性的美学特点,与后世以"境"论陶异曲而同工,都强调了陶诗余意不尽、隽永神妙的特点。但"韵"还仅仅是对陶诗美学特点和艺术表现方面的描述,至于其背后的本源则未论及。元代读者以"境"论陶,把境界定为心灵之"真"与外物之"常"的融合境界,是主体修养极高、摆脱俗世矛盾后,以本真之性圆照寻常之物,进入天人化合的浑融境界。可以说,"真境"这一概念是对"韵"的超越,"真境"一方面保留了韵"有余意"的审美内涵和概括的整体性特点,另一方面又进而揭示了造成"韵"的特点的主体之心的本源性原因,强调了平淡的平常的人间性特点。因此,元代读者以"真境"论陶是对宋代读者以"韵"、以"平淡深粹"论陶的超越,从一定意义上说,也是近人

① 郭绍虞辑:《宋诗话辑佚》卷上,中华书局1980年版,第373~374页。

王国维以境界、意境论陶的先声。

第四节 屈、陶并称与是陶非屈

元代读者对陶渊明的心灵世界进行过深层探测，如果说对陶诗“真境”美的发现是他们品尝到的甘甜，那么对陶渊明和屈原相似性的发现则是他们品尝到的苦涩。将屈原与陶渊明频繁地放在一起赞叹和评论是元代陶渊明接受史上最富有特色的现象之一。

屈原与陶渊明首先以“忠愤”诗人并称。吴澄、虞集、吴师道等人是其中有代表性的读者。吴澄《（詹若麟）渊明集补注序》云：

> 予尝谓楚之屈大夫、韩之张司徒、汉之诸葛丞相、晋之陶征士，是四君子也，其制行也不同，其遭时也不同，而其心一也。一者何？明君臣之义而已。……灵均逆睹谗臣之丧国，渊明坐视强臣之移国，而俱末（莫）如之何也。……末如之何者，将没世而莫之知，则不得不托之空言以泄忠愤。此予所以每读屈辞、陶诗，而为之流涕太息也。……屈子之不忍见楚之亡而先死，陶子不幸见晋之亡而后死，死之先后异尔，易地则皆然。其亦重可哀已夫！①

又其《陶诗注序》云：

> 楚三闾大夫竭其忠志欲强宗国，怀王信谗疏之，国事日非，竟客死于秦。襄王又信谗，放之江南，原不忍见宗国骎骎趁于亡，遂沉江而死。……晋陶渊明自其高祖长沙桓公为晋忠臣……晋祚将易，既无昭烈可辅以兴复，又无高皇可倚以报复。志愿莫伸，其愤闷之情，往往发见于诗。盖四贤者，其遇时不同，其为人不同，而君臣之义重，则其心一也。子房、孔明得伸其志愿者，屈、陶二子抑郁无聊，因其情每托之空言。②

吴澄将屈、陶并称，在《心远亭记》中明确提出“晋陶征士，犹楚屈大夫也”③，如其《（詹若麟）渊明集补注序》所论，如果屈、陶二人对调一下生活的时代和地点，那么他们的表现都会是相同的（“易地则皆然”）。其原因，吴澄认为他们都

---

① 〔元〕吴澄：《（詹若麟）渊明集补注序》，见《吴文正集》卷二一，影印清文渊阁《四库全书》本。

② 〔元〕吴澄：《吴文正集》卷二一。

③ 〔元〕吴澄：《吴文正集》卷四四。

是忠臣，屈原“竭其忠志欲强宗国”，陶渊明“自其高祖长沙桓公为晋忠臣”；而且他们都生不逢时，国家遭难却不能有所作为，“灵均逆睹谗臣之丧国，渊明坐视强臣之移国，而俱莫如之何”，因此“志愿莫伸，其愤闷之情，往往发见于诗”，都不约而同地借助诗歌抒发一腔忠愤之情。他们的诗歌都有“慨然感发而欲有为者”的内容①，就是那些“高飞远举”②、仿佛“遗世绝欲而忘天下”的游仙忘世之作也寄慨遥深③，并非真的忘怀人间。吴澄是元代著名的理学家，与许衡并称为南北学者之宗。吴澄提出的屈、陶并美的观点产生了深远的影响。虞集《跋子昂所画渊明像》复述了吴澄在《(詹若麟)渊明集补注序》等文中的观点，也认为“留侯、武侯，事业可见，而屈、陶托诸空言”④，其《胡师远诗集序》则引申了吴澄《心远亭记》“喧寂在心，不系乎迹”⑤的观点，论道：“《离骚》出于幽愤之极，而《远游》一篇，欲超乎日月之上，与泰初以为邻。陶渊明明乎物理，感乎世变，《读山海经》诸作，略不道人世间事。”⑥后来，吴师道在《吴礼部诗话》中也阐发和突出了屈原和陶渊明在“忠愤”上的共同性。他说：

> 愚尝读《离骚》，见屈子闵宗周之阽危，悲身命之将陨，而其赋《远游》之篇曰：“仍羽人于丹丘，留不死之旧乡”，“超无为以至清，与泰初而为邻。”乃欲制形炼魄，排空御风，浮游八极，后天而终。原虽死，犹不死也。陶公此诗(按，指《述酒》)，愤其主弑国亡，而末言游仙修炼之适，且以天容永固、彭殇非伦赞其君，极其尊爱之至，以见乱臣贼子，乍起倏灭于天地之间者，何足道哉！陶公胸次冲淡和平，而忠愤激烈，时发其间，得无交战之累乎？洪庆善之论屈子，有曰：“屈原之忧，忧国也；其乐，乐天也。”吾于陶公亦云。⑦

宋人多强调陶渊明“冲淡和平”的一面，前人很少注意到陶渊明忠愤激烈的一

① 北京大学北京师范大学中文系、北京大学中文系文学史教研室编：《陶渊明资料汇编》上册，中华书局1962年版，第125页。

② 〔元〕吴澄：《吴文正集》卷四四。

③ 〔元〕吴澄：《吴文正集》卷四四。

④ 北京大学北京师范大学中文系、北京大学中文系文学史教研室编：《陶渊明资料汇编》上册，第129页。

⑤ 〔元〕吴澄：《吴文正集》卷四四。

⑥ 北京大学北京师范大学中文系、北京大学中文系文学史教研室编：《陶渊明资料汇编》上册，第128页。

⑦ 丁福保辑：《历代诗话续编》中册，中华书局1983年版，第584～585页。

面，吴师道则接续汤汉注陶《述酒》为恭帝哀诗的观点，认为汤汉“发千古之未发”①，进而强调陶渊明的忧国忠愤和屈原是相同的；甚至连屈原的“乐天”与陶渊明的安贫乐道也具有了类通的深远意义。

屈原和陶渊明还以所嗜爱的寄寓高洁美好节操的植物意象等并称。如：

别业非菽粟，屈餐陶采余。（方回《题丁适之菊庄》）②

霜菊有正色，堆积深庭隈。绿叶粲金屑，清香动幽怀。愿言穷节士，气韵相与谐。亦有玉华凤，岂无紫冠鸡。俗死委蔓草，绕丛日百回。屈子餐落英，至今辞赋哀。渊明折满把，啸傲东篱开。（郝经和陶《丙辰岁八月中于下潠田舍获》咏菊诗）③

西风转北又旬余，才见黄花粲短篱。底事不开重九日，何心却趁小春时。芳传栗里陶潜径，香入《离骚》屈子辞。不肯趋时真隐逸，岂教尘世俗人知。[杨公远《重阳已过半月菊花方开二首(之二)》]④

屈原在作品中喜用兰、菊作比兴象征，衬托美好高洁的形象和追求。如《离骚》云：“朝饮木兰之坠露兮，夕餐秋菊之落英。”⑤《惜诵》云：“捣木兰以矫蕙兮，糳申椒以为粮。播江离与滋菊兮，愿春日以为糗芳。”⑥《悲回风》云：“故荼荠不同亩兮，兰茝幽而独芳”。⑦ 陶渊明于众花中独钟情于菊花，不但史书中有他与菊花的典故，而且他在诗文中也八次写到菊花，以寄托性情、表现人格追求。可以说，菊花是屈原和陶渊明共同嗜爱的植物意象。后人在吟咏菊花和写九日重阳节的诗歌时每每用到陶渊明的典故。元初陆文圭《菊隐说赠赵与民》云：“菊有黄华，色之正也；夕餐落英，味之烈也；以制颓龄，性之耐久也。周濂翁以配隐逸之士，得非以渊明故耶？”⑧北宋理学家周敦颐（“濂翁”）在他那篇脍炙人口的《爱莲说》中提出陶渊明所钟爱的菊花是花之隐逸者，陶与菊已经融合为一，而首先在诗歌中将菊花意趣化的又是屈原，所以，元人喜欢于菊花诗中将陶、屈并称，写到陶渊明的菊花，就自然联想到屈原的菊花和兰花。同时，从郝

---

① 丁福保辑：《历代诗话续编》中册，第584页。
② ［元］方回：《桐江续集》卷二四，影印清文渊阁《四库全书》本。
③ ［元］郝经：《陵川集》卷六，影印清文渊阁《四库全书》本。
④ ［元］杨公远：《野趣有声画》卷下，影印清文渊阁《四库全书》本。
⑤ ［战国］屈原等：《楚辞》卷一，《四部丛刊初编》影印上海涵芬楼明翻宋本。
⑥ ［战国］屈原等：《楚辞》卷四。
⑦ ［战国］屈原等：《楚辞》卷四。
⑧ ［元］陆文圭：《墙东类稿》卷一一，影印清文渊阁《四库全书》本。

经等人将菊花人格化的咏叹中也可以看出，屈、陶因植物意象并称已经超越了形象思维的类似联想，具有理性认知的特点，因此，元人评论说：

噫，露之朝，风之夕，更得灵均携兰来，靖节携菊来，濂溪携莲来；著梅垣其间，所谓伊人，谁其似之？（王义山《陈梅垣同人诗集后序》）①

水陆草木之蕃，可爱者甚多。李唐以来，多爱牡丹，爱富贵者也，所谓下焉者。灵均爱兰，靖节爱菊。（王义山《章贡刘爱山诗集序》）②

屈、陶、周、林四君子者，其贞节雅操、令德高志，皆人所素仰，所爱草木亦因四贤而得名。（吴海《集芳堂记》）③

在植物意象与诗人个性之间的联系定型后，屈、陶以意象类通并称就不仅仅是灵感想象的结果，而是包含了理性认知。这是在特定接受阶段中的必然现象。

此外，屈原和陶渊明还以各自鲜明的个性特点等并称。如：

屈原之爱君，周子之鸣道，陶潜之明达，杜甫之隘狷，能法四贤足矣，又何他求为耶？（姚燧《归来园记》）④

习隐未成陶令赋，行歌聊共屈原醒。（黄溍《龙谭山》）⑤

陶元亮，楚大夫，醉和醒怎生做一处。恰似杜鹃和鹧鸪，行不得却道不如归去。［无名氏【双调】《寿阳曲十五首（之十五）》］⑥

自负平生心矫矫。三间何事形容槁。琴到无弦谁与操。怀我宝。相逢且赋渔家傲。（许桢《渔家傲》）⑦

以上都是以屈原、陶渊明各自明显的特征将屈、陶并称，或者将“忠君”与“明达”对举，或者将“醉”与“醒”相连，或者将“形容槁”（郁愁）与“无弦琴”（旷远）联系。要之，屈原的突出个性是执着沉郁，陶渊明的突出个性是旷达淡泊，两者似乎水火不容，却皆因与世俗追求格格不入，以高拔独立的共同内核而被元代读者相映成趣地并列在一起，元人对二人的基本赞美态度是毋庸置疑的。

然而，在并称屈原和陶渊明时，元人更为普遍的态度是“是陶非屈”，或者更确切地说是“颂陶嘲屈”。相关例子不胜枚举，如：

---

① 〔元〕王义山：《稼村类稿》卷六，影印清文渊阁《四库全书》本。

② 〔元〕王义山：《稼村类稿》卷六。

③ 〔元〕吴海：《闻过斋集》卷四，民国嘉业堂丛书本。

④ 〔元〕姚燧：《牧庵集》卷八，影印清文渊阁《四库全书》本。

⑤ 〔清〕顾嗣立编：《元诗选》初集中，中华书局 1987 年版，第 1112 页。

⑥ 隋树森辑：《全元散曲》，中华书局 1964 年版，第 1748 页。

⑦ 唐圭璋编：《全金元词》，中华书局 1979 年版，第 996 ~ 997 页。

屈子重违天,陶公乃达道。[郝经《和陶饮酒十九首(之十)》]①

长醉后方何碍,不醒时有甚思。糟腌两个功名字,醅渰千古兴亡事。曲埋万丈虹蜺志。不达时皆笑屈原非,但知音尽说陶潜是。(白朴【仙吕】《寄生草·饮》)②

伯夷耻粟饿,屈原避谗死。独有柴桑翁,一不失张弛。所以百世下,风流激颓靡。遐观八极表,衰荣何足数!(马祖常《读陶潜诗》)③

从前的试观,那一个不遇灾难:楚大夫行吟泽畔,伍将军血污衣冠,乌江岸消磨了好汉,咸阳市乾休了丞相。这几个百般,要安、不安,怎如俺五柳庄逍遥散诞。(张养浩【双调】《沽美酒兼太平令》)④

采薇首阳空忍饥,枉了争闲气。试问屈原醒,争似渊明醉。早寻个稳便处闲坐地。[钟嗣成【双调】《清江引十首(之一)》]⑤

常笑屈原独醒,理论甚斜和正。浑清,争,一事无成,汨罗江倾送了残生。……愿学陶渊明,卸印归三径,不争名,不争名,曾共高人论,且妆昏,且妆昏,识破南柯梦境。(无名氏【中吕】《齐天乐过红衫儿·幽居》)⑥

“不达时皆笑屈原非,但知音尽说陶潜是”“试问屈原醒,争似渊明醉”,这是多么警醒的论断,其中又寓含着多少对现实与历史的感慨!在屈、陶并称时,屈原被责备和嘲讽之处有:“违天”(不达道)、“避谗死”(不善于保身)、“行吟泽畔”(眷恋功名、忧愁憔悴——不会安心)、过于执着清醒(不懂得放弃和隐逸也是一种人生);而陶渊明正相反,屈原欠缺的,他都拥有,他通达大道、明哲保身、不争功名、隐逸自在。两人一热一冷,一浓一淡,一上下求索、虽九死其未悔,一归去来兮、乐天命而不疑。从表面上看,元代读者否定了屈原代表的前者,肯定了陶渊明代表的后者。然而,值得指出的是,元人对屈原的责备和嘲讽并不是恶意的,而是深含苦衷。元人表面上是陶非屈、颂陶嘲屈,内里却认为屈、陶精神相通,正如吴澄所云:“未必灵均酒量悭,独留醒眼看驼颜。几多酒不濡唇者,长在

---

① 〔元〕郝经:《陵川集》卷七。

② 隋树森辑:《全元散曲》,第193页。

③ 〔元〕马祖常撰,李叔毅、傅瑛点校:《石田先生文集》,中州古籍出版社1991年版,第5页。

④ 隋树森辑:《全元散曲》,第401页。

⑤ 隋树森辑:《全元散曲》,第1361页。

⑥ 隋树森辑:《全元散曲》,第1712~1713页。

昏昏醉梦间。”[《独醒吟四首为友人张太亨作(之一)》]①“五柳应殊五斗伶,精神千古印湘灵。当年饮酒终身醉,直到于今心独醒。”[《独醒吟四首为友人张太亨作(之二)》]②屈原独醒于众人之中,未必不饮酒;陶渊明昏酣常醉,未必不心灵独醒。“举世谁不醉,独属陶公”(刘将孙《八声甘州·九日登高》)③,他们对当时的天下形势、时局动态都能够明了于心,因此,他们醉与醒的区别只是形式上的。黄镇成《题墨菊》云:“不随粉黛学时妆,自与幽人同志节。渊明已逝屈子沉,晚节纵有谁知心?”④成廷珪《题贺耕叟晚香亭》云:“陶翁本爱菊,屈子亦餐英。两贤天壤间,千古清风清。翁乎饮辄醉,子也空独醒。”⑤在元人眼中,他们尽管个性不同,但都是品节高洁、傲然独立、有自己追求和理想的文人。元人的理想生活是“佩兰餐菊读离骚,问和陶诗饮浊醪”⑥,屈原和陶渊明在精神实质上是相通的,都是元人灵魂上的知音。二人在追求过程中表面相反而实质相同的特点,使有追求的元人在是陶非屈、颂陶嘲屈时流露出愤世、自嘲的普遍心态:屈原的路已经走不通,只好转而去学陶渊明。

屈原与陶渊明之所以在元代被普遍并称的原因主要有如下三个:

第一,将屈、陶并称和是陶非屈是陶渊明接受史发展到高潮的结果。将屈、陶并称在唐末北宋读者(杜牧、文同、李清照等)那儿就已经出现,而这正是陶渊明及其诗文开始被普遍接受的时期,读者已经明确感受或意识到屈、陶二人人品的高洁和诗歌鲜明的个性,是风格与人格基本统一的优秀诗人,自觉不自觉地把他们尊崇为学习的典范。如李清照《多丽·小楼寒(咏白菊)》称白菊:“细看取、屈平陶令,风韵正相宜。”⑦这是因屈、陶二人清雅拔俗的类似性而将他们放在一起咏物达意。人品之外,陶渊明的作品也被当作创作的典范。苏轼格外尊崇陶渊明,他以为陶渊明诗歌的艺术成就古今莫及,并在《题文选》中将陶渊明《闲情赋》中的“好色”描写与屈原骚赋中的香草美人描写相类比,以便为陶赋争得合法地位。⑧ 此观点得到宋人的普遍认同。如南宋王观国在《学林》中

---

① 〔元〕吴澄:《吴文正集》卷九二。
② 〔元〕吴澄:《吴文正集》卷九二。
③ 唐圭璋编:《全宋词》,中华书局1980年版,第3525页。
④ 〔清〕顾嗣立编:《元诗选》初集下,第1815页。
⑤ 〔元〕成廷珪:《居竹轩诗集》卷一,影印清文渊阁《四库全书》本。
⑥ 〔元〕王旭:《寿张士衡郎中》,见《兰轩集》卷五,影印清文渊阁《四库全书》本。
⑦ 〔宋〕李清照撰,徐北文主编:《李清照全集评注》,济南出版社1990年版,第29页。
⑧ 〔宋〕苏轼撰,孔凡礼点校:《苏轼文集》,中华书局1986年版,第2093页。

进一步阐发了苏轼评价《闲情赋》的观点,先具体列举屈原《离骚》中的相关诗句,然后得出结论说:“《闲情赋》之寄意远矣,以为微瑕者,其不见知耶!”①苏轼之后,陶渊明声名高扬,其作品也如屈原的骚赋一样被尊奉为创作的典范。如,朱熹曾在《答巩仲至第四书》中将陶渊明的《归去来兮辞》看作屈原《楚辞》之流变作中的代表之一,将之附录于《楚辞集注》之后,以便作为创作的典范。朱熹是理学宗师,在元代受到尊奉。理学家兼作家的郝经、吴澄等皆尊崇朱熹。元人在赞颂屈、陶时就自觉接受了朱熹、苏轼等人的观点。如郝经认为陶渊明的诗歌“直出屈、宋之上……无意于诗而独得古诗之正,而古今莫及也”②,这是朱熹和苏轼言论的合版。又如卢挚《文章宗旨》云:“古今文章,大家数甚不多见。……两晋之文,渊明《归去来辞》,李令伯《陈情表》,王逸少《兰亭叙》而已。”③这又几乎是欧阳修言论的翻版。宋人推崇闻道见性,批评在诗歌中表现穷愁哀叹,连屈原的《离骚》也未幸免。朱熹认为陶渊明《归去来兮辞》“虽托楚声,而无尤怨切蹙之病”④。周蟠《靖节先生祠堂记》云:“先生之心,浩然游乎八极之表,视死生穷达,若浮云流水,独与造物者为友,而莫知其所然。固异乎屈原:《离骚》之作,盖自怨生。”⑤总而言之,屈原与陶渊明同时被推上了经典的地位,两人之间的相似性、差异性和微妙联系也就日益为读者所注意和发现。将屈、陶并称是陶渊明和屈原都成为人品典范和文学创作典范后,典范与典范之间吸引、碰撞和融汇的结果。

第二,是陶非屈、颂陶嘲屈是儒释道文化日益融合的产物,是士人心态变化并将道家和释家思想内化的结果。

在儒释道文化相互融合的进程中,从中唐开始,士人主体与外物之间的理想联系越来越超越了外向的事功,而走向越来越内向的心性,中国传统士人的心灵大致走上了一条淡化政治与现实的内在超越之路。简要地说,即由中唐的吏隐心态转向宋代的随缘心态,进而转向元代的空幻心态。其中,主体心灵超越外物、摆脱外物束缚的能力越大,越受到推崇。笔者在拙著《元前陶渊明接受史》中谈论白居易接受陶渊明的原因时分析中唐士人的心态说:“中国古代的逐

---

① 〔宋〕王观国撰,田瑞娟点校:《学林》,中华书局1988年版,第226页。

② 〔元〕郝经:《和陶诗序》,见《陵川集》卷六。

③ 〔元〕卢挚撰,李修生辑笺:《卢疏斋集辑存》,北京师范大学出版社1984年版,第38页。

④ 〔宋〕魏庆之编:《诗人玉屑》上册卷一三,上海古籍出版社1978年版,第282页。

⑤ 见《永乐大典》卷六六九七,原藏日本静嘉堂文库。

臣心境，至此已基本消除了屈原、贾谊之沉于悲愤、不能自拔的特点，而渐与隐、禅结合，超脱旷达。”①可以说，是陶非屈最早滥觞于白居易。白居易在《效陶潜体诗十六首(之十三)》中写道：“楚王疑忠臣，江南放屈平。晋朝轻高士，林下弃刘伶。一人常独醉，一人常独醒。醒者多苦志，醉者多欢情。欢情信独善，苦志竟何成？兀傲瓮间卧，憔悴泽畔行。彼忧而此乐，道理甚分明。愿君且饮酒，勿思身后名！”②白居易在此将屈原和竹林七贤中嗜酒如命的刘伶并称，且明确表示是刘非屈。在仿效同样嗜酒的陶渊明的诗歌里将屈、刘并称，这是深有意味的。我们完全可以推论，如果白居易将屈原与陶渊明并称，那肯定是是陶非屈。但我们要注意，白居易的是刘非屈或者假设意义上的是陶非屈的理由还很浅显，甚至有些世俗和粗疏，原因在于他没有形而上地追问忧与乐的根源，仅以形而下的感官感受作为是非的标准。

在将屈、陶并称时，宋人接续白居易去追问是陶非屈的根源：那就是有没有“达道”——“屈原、贾谊、陶渊明文辞皆喜道‘孟夏’而悲乐不同。虽所遭之时异，要亦怀抱使然耳”③。“屈原自沉于江，虽曰褊心，亦可谓不幸。然圣人亦有不幸，而有以处不幸；亦有不得已，而有以处不得已，必不至于自戕，故如屈平，孔、孟不为也。”④陶渊明就不一样，他安贫乐道，“随所遇而皆适，未尝有择于其间，所谓超世遗物者，要当如是而后可也”⑤。他“视死生穷达，若浮云流水；独与造物者为友，而莫知其所然，固异乎屈原《离骚》之作”⑥。宋人如苏轼等士人普遍受佛家思想影响，在艰难困苦、挫折坎坷面前主张随缘任运，“一蓑烟雨任平生”(《定风波》)⑦；而理学家如朱熹等就推崇曾点、颜回之乐，主张超越人生的艰难困苦和世俗的喜怒哀乐，去体味淡泊的人生，去体味超乎世俗之上、与道优游的大乐。他们以此为标准去衡量文学史上的屈原和陶渊明时，自然就会是陶非屈。因此，作为一代雄杰的辛弃疾在饱受现实阻抑后竟然也说：“记醉眠陶

① 李剑锋：《元前陶渊明接受史》，齐鲁书社2002年版，第106页。

② 〔唐〕白居易撰，顾学颉校点：《白居易集》，中华书局1979年版，第107页。

③ 陈傅良：《和张端士初夏》诗前序，见〔清〕吴之振等选编《宋诗钞》，中华书局1986年版，第2034页。

④ 〔宋〕徐积：《节孝集》卷三一，影印清文渊阁《四库全书》本。

⑤ 郭绍虞辑：《宋诗话辑佚》，第393页。

⑥ 周蟠：《靖节先生祠堂记》，见〔明〕解缙等编《永乐大典》(三)，中华书局1986年版，第2687页。

⑦ 〔宋〕苏轼：《定风波》，见刘乃昌选注《苏轼选集》，齐鲁书社2005年版，第194页。

令,终全至乐;独醒屈子,未免沉菑。”(《沁园春·杯汝知乎》)①依赖功业济世的现实道路在中唐以后已经越来越走不通,士人只好把对外在功业的追求转化为对心灵世界的内在超越,在当下平常生活中体悟人生存在的根本意义,使心灵获得与道同在的安顿,而陶渊明早就为这种安顿提供了成功尝试。

元代去宋最近,于理学上宗师朱熹,会通陆九渊,因此元人是陶非屈多受宋人人生观的影响。“儒学至宋,始将心性与事功分为二途,那些持守心性的理学家不重事功,其清谈又不着边际,故遇事无能,低首无为。”②元代的情况基本上仍然像宋代一样。但元代毕竟不同于宋代,受现实政治、道教和佛教的影响,士人的人生观沾染了宗教思想的空幻色彩,多否定现实功名利禄,甚至以人生为虚幻,主张人生应逍遥无羁。所以元人对于代表事功和隐逸(心性)的这两种不同类型的历史人物表现出完全不同的两种评价趋向,在文学作品中尤其如此。比如,张养浩《庞德公》诗云:“鹿门佳处恣游遨,谁积沉冥一世豪。莫把功名论出处,卧龙终让德公高。”“沉冥一世豪”本是黄庭坚论陶渊明语,此论庞德公,将半事功的诸葛亮与隐逸的庞德公相比,“卧龙终让德公高”。元代散曲作家对事功者多持悲叹、嘲笑、责备等消极评价态度,如对伍子胥、屈原、李斯、韩信、贾谊、项羽、陆机、苏轼等人的态度就是如此;而对隐逸者或急流勇退者则多持赞颂、欣赏、引为同道的态度,如对巢父、许由、伯夷、叔齐、范蠡、老子、庄周、张良、严光、庞德公、陶渊明、林逋等人就是如此。陶渊明与屈原只是元人放在一起褒贬的其中两个人。如果把陶渊明与其他事功者并提,肯定的还是陶渊明,如张可久【双调】《清江引·张子坚运判席上三首(之二)》云:“去来去来归去来,菊老青松在。生前一杯酒,死后名千载,淮阴侯不如彭泽宰。”③元初张观光《酒趣》云:“此味灵均应未解,独醒到死欲何为?”④这实际上是在说像屈原这样的事功者,虽然清醒一生,但过于固执一端,对人天合一、物我同流的心性了无体会,因此屈原的清醒是不值得提倡的。又张观光(一作黄庚)《采菊》云:“篱东闲采菊,三径碧苔深。晓露冷双

---

① 〔宋〕辛弃疾:《沁园春·杯汝知乎》,见邓广铭笺注《稼轩词编年笺注》,上海古籍出版社1978年版,第313页。

② 辛冠洁等主编:《中国古代著名哲学家评传》(续编三),齐鲁书社1982年版,第525页。

③ 隋树森辑:《全元散曲》,第929页。

④ 〔元〕张观光:《屏岩小稿》,影印清文渊阁《四库全书》本。

屐，秋风香一襟。餐英供小酌，嗅蕊伴清吟。会得悠然处，方知靖节心。”①陶渊明是深悟心性妙理者，宜乎受到推崇。他们更赞赏陶乐天真的田园生活，而不再咀嚼难以释怀的愁闷，如马祖常《田间》所云“岂知念湘累，那复嗟汉叟。丈夫贵立志，文字托永久”②。“立志”自然是立与道逍遥之志，而非与世争衡之志。但元代士人又割舍不掉现实人生和儒家理想，因此他们在是陶非屈的同时，又不能够把屈原完全否定掉，而是以高洁愤世的屈原自居，他们的是陶非屈较之宋人又表现出新的形态，也就是颂陶嘲屈，自乐又自嘲。

第三，是陶非屈、颂陶嘲屈是元代社会知识分子特殊遭遇的心态流露。特定的历史原因使元代知识分子的科举仕途被阻塞。他们即使身在仕途，也由于民族歧视政策而受到压抑，大多坎坷蹭蹬，或者沉沦下僚，或者与民为伍。在当时的形势下，知识分子多有不合作心态。因此，不管是真的隐士，还是奔波于仕途的士子，超脱现实、返归自由成为一种普遍的心态。“屈原清死由他恁，醉和醒争甚？”③他们对现实不满，对现实保持着清醒的认识，而又没有能力改变这一切，只好借隐逸以愤世。在将屈、陶并称时，借是陶非屈、颂陶嘲屈来愤世、自嘲和表现个体自我的独立自由。因此，认为元代人将屈、陶并称“既是封建社会知识分子的忠君意识与愤世心理的矛盾统一，也与处在蒙古贵族统治下文人复杂的心态有关”是有道理的④，只是“忠君意识”表达为济世弘道当更确切些。

第五节　赵孟頫及明前陶渊明绘事

陶渊明的《桃花源记》首先在唐代入画。这些画表现的是仙人的生活，风格以“魁奇”出俗为主，与宋代的淡远风格不同。历史上第一位有功于陶渊明的大画家是北宋李公麟，第二位是元代赵孟頫。在接受陶渊明的元代士人中，赵孟頫的陶渊明绘事是极具特色的。从绘画渊源上来看，赵孟頫的陶渊明绘事与宋代李公麟等人奠定的题材、艺术基础遥相呼应，对李公麟的画法有继承也有开拓。宋、元人请陶入画与他们崇敬陶渊明的态度等密切相关。

---

① 〔元〕张观光《屏岩小稿》、〔元〕黄庚《月屋漫稿》，影印清文渊阁《四库全书》本。

② 〔元〕马祖常撰，李叔毅、傅瑛点校：《石田先生文集》，第10页。

③ 〔元〕马致远：【双调】《拨不断》，见隋树森辑《全元散曲》，第253页。

④ 李中华、朱炳祥：《楚辞学史》，武汉出版社1996年版，第137页。

一、宋前陶渊明绘事

陶渊明是否擅长绘画，史无明载。陶渊明喜欢赏画，是毫无异议的。其《读山海经十三首（之一）》云“泛览《周王传》，流观《山海图》”①，《读山海经十三首》在很大程度上是一组赏画诗。陶渊明又有《扇上画赞》，赞赏古代九位尚隐的贤士。陶渊明在世时哪里知道他本人就是一幅画：他的风流逸事、他的诗文意境可点可画之处实在太多！

陶渊明至少在隋末唐初就已经入了《高士传》②，可是唐前历史资料中几乎不见陶渊明入画的记载，倒是陶渊明笔下的桃源最先与绘事结下了缘分。最早将桃源与画联系在一起的是庾信，其《咏画屏风诗二十四首（之四）》云“逍遥游桂苑，寂绝到桃源”③，此指画的风景像桃源而画本身或者并非桃源。但可以肯定地说，陶渊明的《桃花源记》在唐代是入画的。中唐人权德舆《桃源篇》诗云：“小年尝读《桃源记》，忽睹良工施绘事。”④舒元舆《录桃源画记》云：“四明山道士叶沈，囊出古画，画有桃源图，图上有溪，溪名武陵之源。”⑤李贽《诗画》评云：“唐人画《桃源图》，舒元舆为之记云：‘烟岚草木，如带香气。熟视详玩，自觉骨戛青玉，身入镜中。’此画中诗也，绝艺入神矣。”⑥在宋人王安石写《桃源行》之前，唐人自王维《桃源行》、刘禹锡《桃源行》、权德舆《桃源篇》，上言权、舒二人，一直到宋代冯信可《桃源图》等，皆以桃源为仙境。因此画中的桃源也是仙境：“中有溪艇泛上，一人雪华鬓眉，身著秦时衣服，手鼓短枻，意状深远。合而视之，大略山势高，水容深，人貌魁奇，鹤情闲暇；烟岚草木，如带香气。熟得详玩，自觉骨戛清玉，如身入镜中，不似在人寰间。”⑦这种画虽然无法看到，但表现的显然是仙人的生活，风格以“魁奇”出俗为主。中唐“南宫先生”的《桃源图》“文工画妙各臻极，异境恍惚移于斯”⑧，仍然表现了桃源的奇异色彩，与宋人的淡

---

① 〔晋〕陶渊明撰，逯钦立校注：《陶渊明集》，中华书局 1979 年版，第 133 页。

② 详参本书第二编第二章第三节《避俗高士与个性诗人》。

③ 〔北周〕庾信撰，〔清〕倪璠注：《庾子山集注》，中华书局 1980 年版，第 354 页。

④ 〔清〕彭定求等编：《全唐诗》卷三二九，中华书局 1960 年版，第 3679 页。

⑤ 〔清〕董诰等编：《全唐文》卷七二七，中华书局 1983 年版，第 7494 页。

⑥ 〔明〕李贽：《焚书》卷五，中华书局 1974 年版，第 600 页。

⑦ 〔唐〕舒元舆：《录桃源画记》，见〔清〕董诰等编《全唐文》卷七二七，中华书局 1983 年版，第 7494 ~ 7495 页。

⑧ 〔唐〕韩愈：《桃源图》，见钱仲联集释《韩昌黎诗系年集释》，上海古籍出版社 1984 年版，第 911 页。

远不同。① 唐末画家荆浩有“《桃源》《天台》等图传于世”②。五代时,其画学于荆浩的关仝有“《桃源早行》等图传于世”③。“小李将军”李昇有“《桃源洞图》《武陵溪图》……好事得之,为箱箧珍;后学得之,以为无言师”④。明末清初吴其贞《书画记》卷二尚著录“小李将军《桃源图》大绢画一方幅”,题云:“绢质稍有剥落,丹墨则佳,是为金碧山水画法,沉着古雅,气韵浑厚,为唐画无疑。上有胡汝焕题曰:‘小李将军真迹,豫章胡汝焕题,奉鲁中自贞侯世宝。’”⑤此一“小李将军”当指李昭道,今存其《桃花源图》。⑥ 又据《佩文斋书画谱》卷六五,唐无名氏有《桃源图》。⑦ 可见在唐五代时期,桃源已经成为画家熟知和喜欢的题材,被用来表现他们浪漫好奇的审美趣味。

根据现在能够见到的文献资料,最早画陶渊明像的大画家是盛唐郑虔。宋《宣和画谱》卷五云:

> 郑虔……画陶潜,风气高逸,前所未见,非醉卧北窗下,自谓羲皇上人,同有是况者,何足知若人哉,此宜见画于郑虔也。虔官止著作郎。今御府所藏……《陶潜像》一。⑧

郑虔的陶渊明画像一直到明末清初还在流传。如吴其贞《书画记》卷四著录有

---

① 唐人多以桃源为仙境,韩愈作《桃源图》以理性的眼光首先力斥桃源之说的荒唐。宋人自苏轼、王安石始力谓桃源乃避世之地,桃源人仅是避秦人的子孙后代。汪藻《桃源行》、吴芾《和陶桃花源》、李纲《桃源行》、楼钥《桃园图》等承其说。宋末士人为桃源注入了更强烈的现实感喟和理想憧憬。郑思肖的《桃源图》、牟巘的《题渊明图》等可资例证。吴渭编的《月泉吟社诗》“共诗七十四首,又附录句图三十二联……”,“形容模写,尽情极态,使人诵之,如游辋川,如遇桃源,如共柴桑墟里抚荣木、观流泉,种东皋之苗,摘园中之蔬,与义熙人相尔汝也”(清文渊阁《四库全书》本《月泉吟社诗》诗评)。其所附图画当多是田园风景,其中可能有陶渊明的画像;画当与诗的精神相通,他们不再像唐人一样去寻找世外的桃源,而是在平凡的乡村中寻找灵魂的家园,用淡远代替了“魁奇”,诗与画都寓含了宋末元初士人的特定心态。

② 〔宋〕郭若虚:《图画见闻志》卷二,见于安澜编《画史丛书》第一册,上海人民美术出版社1963年版,第19页。

③ 〔宋〕郭若虚:《图画见闻志》卷二,见于安澜编《画史丛书》第一册,第23页。

④ 〔宋〕黄休复:《益州名画录》卷中,见于安澜编《画史丛书》第四册,第17页。

⑤ 〔清〕吴其贞:《书画记》,上海人民美术出版社1963年版,第189页。

⑥ 〔清〕卞永誉:《式古堂书画汇考》卷三二,影印清文渊阁《四库全书》本。李昭道《桃源图》今藏Ostasiatiska Museum(Stockholm)。

⑦ 〔美〕福开森编:《历代著录画目》,人民美术出版社1993年版,附录二第2页。

⑧ 于安澜编:《画史丛书》第二册,上海人民美术出版社1963年版,第57页。

郑虔《渊明图》绢画一卷，并评云：“画法精好，与梁楷所画无异，盖楷祖此而然耶。”①吴其贞是精于鉴赏的古画商人，其所见《渊明像》当为真品，或者至少是模拟中的上品。《全唐诗》“作者小传”称郑虔“最善杜甫”，而杜甫有《醉时歌（赠广文馆博士郑虔）》，写郑虔怀才不遇，穷困潦倒，时常沽酒痛饮，借酒浇愁，诗云：“先生早赋《归去来》，石田茅屋荒苍苔。”②杜甫描绘的郑虔很有些陶渊明的气质。像这样一位画家兼诗人，与陶渊明的精神、趣味和生活都有相通的地方，画陶渊明也就是情理中的事情了。他笔下的陶渊明像“风气高逸”，既是所画对象的传神写照，也透露出他本人的志趣风神。又北京故宫博物院藏传为唐陆曜的《六逸图》有《陶潜葛巾漉酒图》，画渊明袒胸漉酒，颇为老农，无飘逸神韵。五代南唐王齐翰《渊明图》绢画一小幅“画渊明执菊而行，画法古雅，有意到笔不到之妙”③。据明都穆《铁网珊瑚》卷一九、明张丑《清河书画舫》卷四、明汪砢玉《珊瑚网画录》卷二三等著录，中唐韩滉（723—787）有《归去来图》，未知真伪。④ 宋时御府尚藏五代邱文播《田家移居图》《三笑图》。⑤ 如此，唐五代的陶渊明绘事则至少有十多家。

综观宋前的陶渊明绘事，关于陶渊明各种题材的画以“桃源图”最为广泛，虽然陶渊明的肖像图、逸事图等偶尔有之，但从流传到今天的绘画资料和相关诗文文献来看，陶渊明绘事还没有引起画家的广泛注意。浏览一下张彦远的《历代名画记》等画史著作，我们发现，陶渊明作为名士的绘事要远远落后于在魏晋南北朝时期声名显赫的嵇康等人。在宋代之前，陶渊明知音稀少，声誉未重，虽然绘画领域中的人物画已经很成熟，但陶渊明绘事依然很少也就是情理中的事情了。

宋前的陶渊明绘事虽然很少，但毕竟开启了陶渊明绘事的先河。比如，“桃源图”就一直是宋元明清画家喜爱的绘画题材，关于陶渊明肖像和逸事的画在宋代之后也开始多起来，这与唐五代画家的传统分不开。可以说，宋前陶渊明绘事为陶渊明走入绘画领域奠定了基础，它也表明陶渊明对中国文化艺术的影响在不断深入和扩大，预示着陶渊明开始超越人品和文学的范围，走入绘画等其他艺术和文化领域。

---

① 〔清〕吴其贞：《书画记》，第 442 页。

② 〔清〕彭定求等编：《全唐诗》卷二一六，第 2257 页。

③ 〔清〕吴其贞：《书画记》卷六，第 746 页。

④ 参［美］福开森《历代著录画目》，第 446 页次面。

⑤ 《宣和画谱》卷六，见于安澜编《画史丛书》第二册，第 65 ~ 66 页。

二、李公麟与宋代的陶渊明绘事

历史上第一位有伟功于陶渊明的大画家是北宋中期的李公麟(字伯时,号龙眠)。他对陶渊明情有独钟,曾经画过以陶渊明为题材的归去来图、白莲社图、肖像图、采菊图等。其中最有名的是《归去来兮图》和《莲社图》。

李公麟很喜欢画《归去来兮辞》图。有趣的是,他曾把自己画陶渊明归去来兮的活动画在自己的画里。米芾《西园雅集图记》描绘李公麟的《西园雅集图》说:"幅巾野褐,据横卷画渊明归去来者为李伯时。"①由此可见李公麟喜欢画陶之一斑。李公麟的《归去来兮图》很有特色。江西派诗人夏倪《次韵题归去来图》称赞此图栩栩如生,画出了陶渊明"豪逸"的"英姿"②。宋人吴坰也强调了这一特点,其《五总志》云:

> 李伯时为先子作《渊明归去来图》,且将写赋于图上,画成而右臂不举。刘无言毕其事,丹青字画妙绝一时。时川张才叔跋其后曰:"渊明自刘裕盗晋后,凡所著述书甲子而不书年号,盖自视晋室臣也。不得已退而赋《归去来》。"异时常见画渊明像者,往往但作潇洒物外态,今观此图,大小凡十八人,皆须髯奋张,有英伟气。李伯时当如亲见其人。靖康丙午,余被掠于京兆祥符寓舍,画箧荡尽,念之惘惘,没世不斁也。③

与前人单纯刻画陶渊明潇洒物外之态不同,李公麟的陶画更加突出了陶渊明豪放忠烈的一面。这在陶渊明接受史上具有了不起的开创意义,为宋代及其以后诗人发现陶渊明及其诗文"金刚怒目"、豪放矫健的一面奠定了基础。在构思上,李公麟的陶画也新颖独特、高拔流俗。宋宣和年间,御府尚存李公麟《归去来兮图》两幅。《宣和画谱》卷七评李公麟之画云:"大抵公麟以立意为先,布置缘饰为次。其成染精致,俗工或可学焉,至率略简易处,则终不近也。盖深得杜甫作诗体制,而移于画。如甫作《(缚)鸡行》,不在鸡虫之得失,乃在于'注目寒江倚山阁'之时;公麟画陶潜《归去来兮图》,不在于田园松菊,乃在于临清流处。"④与流俗首重"布置缘饰"不同,李公麟所画《归去来兮图》"以立意为先";一般人画陶渊明往往"在于田园松菊",他的画却"在于临清流处"。陶渊明与

---

① 〔宋〕米芾:《宝晋英光集·补遗》,《丛书集成初编》本,中华书局1985年版,第76页。

② 傅璇琮等主编:《全宋诗》第二二册,北京大学出版社1995年版,第14967页。

③ 〔宋〕吴坰:《五总志》一卷,清文渊阁《四库全书》本。

④ 于安澜编:《画史丛书》第二册,第75页。

田园松菊之密切关系乃一般人熟悉的常识,而“临清流”未必人人耳熟能详。陶渊明《归去来兮辞》云:“登东皋以舒啸,临清流而赋诗。”①把陶渊明放在清流之处既有历史的依据,也能够表现出陶渊明脱俗的情趣,甚至还可以传达因感于“逝者如斯”②而“聊乘化以归尽,乐夫天命复奚疑”(《归去来兮辞》)的哲理意趣,真可谓别出心裁。

事实上,李公麟的《归去来兮图》在当时就得到士人名流的激赏。南宋人邓椿在《画继》卷三中提到“《归去来图》”时说:“一时名贤,俱留纪咏也。”③如,苏轼就非常欣赏李公麟所画涉陶之作。其《跋李伯时卜居图》《书林次中所得李伯时〈归去来〉〈阳关〉二图后》《题李伯时〈渊明东篱菊图〉》都提到陶渊明,如后者云:“彼哉嵇阮曹,终以明自膏。靖节固昭旷,归来侣蓬蒿。新霜著疏柳,大风起江涛。东篱理黄菊,意不在芳醪。白衣挈壶至,径醉还游遨。悠然见南山,意与秋气高。”④为世事所缠的苏轼带着欲归不能的愧疚心情向陶渊明靠近时,李公麟的陶渊明画起了一定的兴发作用。而他的题跋也加深了读者对画面内涵的理解。宋代提到和赞赏李公麟画陶归去来的士人很多。如《声画集》卷一所收僧善权《王性之得李伯时所作〈归去来图〉并自书渊明词刻石于琢玉坊为赋长句》《奉题性之所藏李伯时画渊明三首》、僧祖可《李伯时作〈渊明归去来图〉王性之刻于琢玉坊病僧祖可见之赋诗》、陆游《跋归去来、白莲社图》、刘才邵《跋李龙眠〈渊明归去来图〉》等皆提到李公麟所画《渊明归去来图》。据《渊明逸致特展图录》和袁行霈的《陶渊明影像》可知,今存题为李公麟画的归去来图或渊明事迹图至少有四种:第一种,美国华盛顿弗利尔美术馆(Freer Gallery of Art)藏有题为宋李龙眠画的《渊明归隐图》,绢本,将《归去来兮辞》原文分七段录出,分别配图,计七幅;第二种,美国波士顿艺术博物馆(Boston Museum of Fine Art)藏《陶渊明归去来兮图》卷,绢本设色,纵三十厘米,横四百三十八点六厘米,文字七段,图七幅,结构及内容与弗利尔美术馆所藏十分相似⑤;第三种,台北故宫博物院所藏题为李公麟画的《归去来辞图》,纸本水墨,纵三十三点七厘

① 〔晋〕陶渊明撰,逯钦立校注:《陶渊明集》,中华书局 1979 年版,第 162 页。

② 杨伯峻译注:《论语译注》,中华书局 1980 年版,第 92 页。

③ 于安澜编:《画史丛书》第一册,第 13 页。

④ 〔宋〕苏轼撰,〔清〕王文诰辑注,孔凡礼点校:《苏轼诗集》,中华书局 1982 年版,第 2542 页。

⑤ 第一种、第二种介绍分参袁行霈《陶渊明影像》,中华书局 2009 年版,第 9~12 页、第 15~19 页。版本下同。

米，横九百零八点二厘米，其渊明行走像类似波士顿艺术博物馆藏《陶渊明归去来兮图》陶潜行走像；第四种，题为李公麟画的画及渊明抚琴、漉酒、却肉等逸事的《人物真迹图》①。

除《归去来兮图》，李公麟另一种画到陶渊明的重要作品是《莲社图》。元初方回《题庐山白莲社十八贤图序》云："李伯时画六士十二僧共十八贤外，有篮舆自随者，陶渊明。"②李公麟以陶渊明为题材的画质量很高，清人厉鹗《南宋院画录》卷二称其所画人物为"妙品"③。而这幅《莲社图》更是备受推赏。明末清初著名书画商人吴其贞在《书画记》中称赞李氏此画为"神品第一"。《书画记》卷五著录"李伯时《莲社图》绢画一幅"并介绍此画云：

> 绢质甚于剥落，惟人物、山石全然无恙。丹墨尚佳。画三十有八人，皆用乳金书其名字，而侍子不在数内。人物皆为重设色者，山石皆用淡墨；有勾而无皴法，运笔精细，如春蚕吐丝，脱泻光净，风韵超人，可谓前无古后无今，为神品第一，名著当代，价值千金。上面隔首有徽宗题六字曰"李公麟莲社图"，用宣和小玺及吴廷图书。下段副纸，上有文衡山小楷《莲社记》，识曰："嘉靖丙午二月既望书，时年七十有七。"其记系伯时从弟冲元所作也，与晁无咎《莲社记》略差数字。④

李氏原本不存，然影响甚大。今存最早的受李公麟直接影响的《莲社图》是其外甥张激的《白莲社图》卷，纸本，纵三十五厘米，横八十四点九厘米，藏辽宁省博物馆。⑤ 图中与一僧人拄杖同行者当为陶渊明，其人体魁气雄，与苏轼等人所述李公麟笔下的形象相似。上海博物院、南京博物院珍藏李氏《莲社图》南宋摹本二种。图上有陶像，谢灵运骑马而入庐山，前有仆人挑书，后有仆人撑曲柄伞，气息华贵；而对面陶渊明乘篮舆欲出庐山，一儿一门生相抬，又一儿侧后扛一挂酒壶的拐杖，渊明葛巾飘飘，虽寒俭而不失洒脱。然而绘画毕竟有其局限性，如难以传达陶渊明忠愤与超然交织的复杂心态，而文学能做进一步补充，所以晁

---

① 第三种、第四种参台北故宫博物院编辑委员会编《渊明逸致特展图录》，台北故宫博物院 1988 年版。

② 〔元〕方回：《桐江续集》卷二四，影印清文渊阁《四库全书》本。

③ 于安澜编：《画史丛书》第四册，第 8 页。

④ 〔清〕吴其贞：《书画记》，第 563 ~ 564 页。

⑤ 张激，字投子，北宋后期画家，李公麟的外甥。《白莲社图》原传为李公麟原画，据杨仁恺等先生考定实为张激作。可参赵晓华《辽宁省博物馆藏〈白莲社图〉卷作者考》，载《文物》1991 年第 7 期；又见于辽宁省博物馆编《辽宁省博物馆学术论文集》第二辑（1985 ~ 1999），辽海出版社 1999 年版。

补之《白莲社图记》云:“初,法师送客,常以虎溪为限,最厚陶潜、陆修靖①,偶送两客,不觉过溪。然陶忘怀得失,晋、宋间一人耳。修靖后得道度世,两人固非入社者,皆善法师。……故图中所绘陶、陆、谢(灵运)、殷(仲堪)在十八人之外。今龙眠李公麟为此图,笔最胜,然恨其略也,故余稍附益之。”②晁补之《白莲社图记》即上引《书画记》所云“晁无咎《莲社记》”。李公焕《笺注陶渊明集》卷四笺注《杂诗十一首(之六)》云:“石恪遂作《三笑图》,东坡赞之;李伯时《莲社图》,李元宗纪之。足标一时之风致云。”③“元宗”疑为吴其贞《书画记》所云“伯时从弟冲元”。画与诗文相互配合也逐渐成为陶渊明画事中的传统,借画赞陶成为宋人崇陶热潮中的一大景观。

宋、元时期,李公麟以陶渊明为题材的画因为传神脱俗、富有生气,被视为至宝,流传很盛,吟咏题跋不绝如缕,出现了许多题画诗文。元初胡祇遹《龙眠画渊明》云:“义熙甲子有斯人,李白丰神是后身。不遇龙眠高世手,纷纷俗笔岂能真?”④可见宋、元人称赏李画之一斑。除了上文所引苏轼等人的题画作品,又如晁补之《白莲社图记》、许景衡《李伯时画陶渊明其犹子遗余作此谢之》《跋龙眠渊明图》、李彭《题伯时画莲社图》、谢幼槃《陶渊明写真图》、元人吴师道《李龙眠莲社图》等皆提到李氏所画陶渊明像。由于受苏轼酷爱陶渊明的直接影响,宋人于题画诗中大都推赏“渊明风流”。如江西派诗人谢幼槃用《陶渊明写真图》形象地概括了“渊明风流”安贫乐道、洒脱自然的主要内涵。韩驹云:“往在京口,为曾公卷题《采菊图》:‘九日东篱采落英,白衣遥见眼能明。向令自有杯中物,一段风流可得成!’蔡天启屡哦此诗,以为善。然余尝谓古人寄怀于物而无所好,然后为达。况渊明之真,其于黄花直寓意耳,至言饮酒适意,亦非渊明极致,向使无酒,但悠然见南山,其乐多矣,遇酒辄醉,醉醒之后,岂知有江州太守哉? 当以此论渊明。”⑤他们借画兴感,论陶渊明与道俱在,寓意于物而不留意于物,即以外物为寄托,但不执迷于物。苏

---

① 陆修靖,一般作“陆修静”。下同。

② 〔清〕晁补之:《鸡肋集》卷三〇,《四部丛刊》影印明本。

③ 北京大学北京师范大学中文系、北京大学中文系文学史教研室编:《陶渊明资料汇编》下册,中华书局 1962 年版,第 257 页。

④ 〔元〕胡祇遹:《紫山大全集》卷七,影印清文渊阁《四库全书》本。

⑤ 〔宋〕胡仔纂集,廖德明校点:《苕溪渔隐丛话》前集卷四,人民文学出版社 1962 年版,第 24 页。

轼在《宝绘堂记》中提出的“君子可以寓意于物，而不可以留意于物”①的观点及在《书李简夫诗集后》中提出的陶渊明不以出处为意、任真自适的观点对宋人影响甚大。韩驹观《采菊图》所感显然直接受东坡观点的启发，很好地表达了渊明风流任真自适的蕴涵。

宋代画陶渊明而学李公麟者不乏其人。如邓椿《画继》卷四云：“乔仲常，河中人。工杂画，师龙眠……有……《渊明听松风》……等图传于世。”②厉鹗《南宋院画录》卷三云：“贾师古《归去来图》一，笔法古雅，绢素精好，殊可爱玩，亦自龙眠翻出，宋绢中之不易得者。”③南宋人还有李公麟《归去来辞图》的摹本，“气色尚佳”④。我们虽然无从知道宋代的许多陶画是否受了李公麟的影响，但从时间出现的先后和图画的取材来看，其中许多当与李氏的影响分不开。据笔者所阅文献资料，这些画涉及如下几家：

(宋光宗、宁宗朝)马逵画之传世者：……《桃源图》二……⑤

(马逵之弟)马远……《渊明赏菊》……山水人物共二十八轴。⑥

宋无款《莲社图》卷绢墨笔。(藏上海博物馆)⑦

武臣吴元瑜，字公器，京师人。……今御府所藏……《陶潜夏居图》一。⑧

(宋徽宗时画家)李唐有《虎溪三笑图》(又称《三笑图》)、《桃源图》等。⑨

---

① 〔宋〕苏轼撰，孔凡礼点校：《苏轼文集》，中华书局1986年版，第356页。

② 于安澜编：《画史丛书》第一册，第29～30页。

③ 于安澜编：《画史丛书》第四册，第53页。

④ 〔清〕吴其贞：《书画记》，第711页。

⑤ 〔清〕厉鹗：《南宋院画录》卷六，见于安澜编《画史丛书》第四册，第133页。

⑥ 〔清〕厉鹗：《南宋院画录》卷七，见于安澜编《画史丛书》第四册，第137页。

⑦ 中国古代书画鉴定组编：《中国古代书画目录》第三册，文物出版社1987年版，第4页。南京博物院亦藏有一幅南宋无名氏所摹《白莲社图》。

⑧ 《宣和画谱》卷一七，见于安澜编《画史丛书》第二册，第237、242页。

⑨ 〔清〕厉鹗《南宋院画录》卷二载：“吴惟远有李唐……《桃源图》。”(于安澜编《画史丛书》第四册，第9页)“盱眙陈明之藏李唐《桃源图》。”(《画史丛书》第四册，第9页)“李唐……《三笑图》……皆手卷。”(《画史丛书》第四册，第11页)“李唐《虎溪三笑图》跋：‘余尝游匡山，至虎溪，未入东林寺，首见一亭，扁曰‘三笑’，因问其故，谓晋远师以陶渊明、陆修静，且语且行，握手相忘，遂犯送客不过虎溪之戒，乃相顾各掀髯而去。今观李唐此图，千载遗风具存。人生不与路为仇，二三子何哂之有！绍兴庚午季春十一日，陈寿题。’”(《画史丛书》第四册，第17页)

(南宋初)马和之《莲社图》,宋末人跋。① 又《桃源图》(藏台北故宫博物院)②。

赵千里《桃源图》绢画一长卷:丹墨鲜明,画法工致,境界幽邃,为千里生平第一名画也。卷后宋高宗书《桃源赋》,笔法流丽,稍有《鹡鸰颂》遗风。盖南宋书法之妙,首推高宗;画则首推千里。此卷为君臣两绝矣。……后有李西涯题识。③

(南宋中期)刘松年《桃源图》,妙品。黑白石山相间,人物妙趣。④

(南宋嘉泰间)梁楷《渊明图》小绢画一幅,写渊明把菊行松树下,画法工致,精神迥出,为楷之上作也。(按,今台北故宫博物院所藏梁楷《东篱高士图》中的陶渊明持菊拖杖行于虬松下,绢本设色,纵六十一点五厘米,横三十六点七,与此款合)……梁楷《虎溪三笑图》,是折芦描法。⑤

(南宋景定间进士)钱舜举《采菊图》《桃源图》《渊明图》等。⑥

今台北故宫博物院所藏宋无款《柳荫高士图》《虎溪三笑图》《院本桃花源图》,李相《东篱秋色图》,赵令穰《东篱赏菊图》,李唐《梅斋署翠》等。⑦

对于以上这些陶画,文人墨客也多有题咏。如,仇远题李待诏(唐)《虎溪三笑图》诗:“偶然行过溪桥,正自不值一笑。三人必有我师,不笑不足为道。”“人生

① 〔清〕厉鹗:《南宋院画录》卷三,见于安澜编《画史丛书》第四册,第43页。

② 参《渊明逸致特展图录》,台北故宫博物院1988年版,第50页。

③ 〔清〕吴其贞:《书画记》,第327页。据《图绘宝鉴》卷四,赵伯驹,字千里。宋宗室“尤长于人物,精神清润,能别状貌,使人望而知其详也。高宗极爱重之”(于安澜编《画史丛书》第二册,第92页)。

④ 〔清〕厉鹗:《南宋院画录》卷四,见于安澜编《画史丛书》第四册,第76页。

⑤ 〔清〕厉鹗:《南宋院画录》卷五,见于安澜编《画史丛书》第四册,第110页、第113页。据《图绘宝鉴》卷四,梁楷“师贾师古,描写飘逸,青过于蓝”(于安澜编《画史丛书》第二册,第104页)。而贾师古师李公麟,故梁楷实远承公麟。

⑥ 〔清〕吴其贞《书画记》卷三:“钱舜举《采菊图》纸画一卷:法效赵千里,为全壁山水,与《采菊图》同,上有诗识于八月十八日,过虎丘程大生寓观之。”(见《书画记》,第308页)卷四:“钱舜举《桃源图》小纸画一幅:气色平常,效赵千里青绿山水。上有题识,后有十六人题咏。而桃源是四明,非武陵也。”(见《书画记》,第350页)“钱舜举《渊明图》纸画一卷:有题识卷后:鲜于端所书《归去来辞》。又当代一人题识。”(见《书画记》,第403页)

⑦ 参《渊明逸致特展图录》,台北故宫博物院1988年版。该书共收录渊明图三十六幅,书法八幅。其中有所谓六朝陆探微《归去来图》,疑伪;收录宋人陶渊明绘画十幅。

一笑良难,莫问是同是别;青山相对无言,溪声出广长舌。”①胡长孺题李待诏《虎溪三笑图》诗:“元亮缵孔业,修静研耽(按,当作聃)玄。远公学瞿昙,高居著幽禅。人异道岂殊,万散一固全。”②吴宽《题马远古松高士图》诗:“寄傲天地间,不为俗士知。九衢纷车马,有足难并驰。偶来长松下,时复一解颐。手持白羽扇,万事付一麾。吾心在太古,身即太古时。所以陶渊明,羲皇不我欺。须臾白云起,青山变容姿。即此见世故,长歌返茅茨。”③这些题咏在提到图画的同时,借题发挥,咏叹所画本事,阐发画外深意,与陶画相得益彰。

此外,《宣和画谱》卷一一载孙可元有“《陶潜归去来图》一”④,并介绍说:“孙可元,不知何许人,好画吴越间山水,笔力虽不至豪放,而气韵高古,喜图高士幽人、岩居渔隐之趣。尝作《春云出岫》,观其命意,则知其无心于物,聊游戏笔墨以玩世者,所以非陶潜、绮皓之流,不见诸笔下。”⑤孙可元为宋人,生卒年不得而知。有些画家虽然一时没有画到陶渊明,但是相关的画里当也氤氲着陶渊明的风神,如李公年《桃溪春山图》一⑥、宋宗室赵士雷《桃溪图》一⑦、徐崇嗣《桃溪图》二⑧等。这些图画很可能与《桃源图》类似,只是以风景为主,不涉及桃源故事。还有些菊花图也应该作如是观。甚至其他与陶渊明不甚相干的画也让画家和诗人想到陶渊明。如北宋的文同擅长画竹子,其自赋《一至十字成章二首·咏竹》云:“屈大夫逐去徒悦椒兰,陶先生归来但寻松菊。”⑨竹所体现的风神意趣与陶渊明的“松菊”有神似相通之处,这是文同作画或者欣赏画时的诗性联想。有些画陶渊明的画者未必是知名画家,只是出于对陶渊明的兴趣,出于寄托自我情趣的需要,如北宋王当《德清宰俞居安自画渊明图》云:“况今令尹贤,洞照先哲心。出处异轨辙,丘壑同胸襟。予知淡笔墨,良似无弦琴。”⑩县宰俞居安就不一定是知名画家,他画渊明图主要还是因为他与陶渊明“丘壑同

① 〔清〕厉鹗:《南宋院画录》卷二,见于安澜编《画史丛书》第四册,第17页。
② 〔清〕厉鹗:《南宋院画录》卷二,见于安澜编《画史丛书》第四册,第17页。
③ 〔清〕厉鹗:《南宋院画录》卷七,见于安澜编《画史丛书》第四册,第145页。
④ 于安澜编:《画史丛书》第二册,第124页。
⑤ 于安澜编:《画史丛书》第二册,第124页。
⑥ 撰人不详:《宣和画谱》卷一二,见于安澜编《画史丛书》第二册,第132页。
⑦ 撰人不详:《宣和画谱》卷一六,见于安澜编《画史丛书》第二册,第192页。
⑧ 撰人不详:《宣和画谱》卷一七,见于安澜编《画史丛书》第二册,第210页。
⑨ 〔宋〕文同:《一至十字成章二首·咏竹》,见傅璇琮等编《全宋诗》第八册,北京大学出版社1992年版,第5432页。
⑩ 傅璇琮等主编:《全宋诗》第二一册,北京大学出版社1995年版,第14247页。

胸襟”,借陶渊明寄托情趣。又如,晁补之不以画家闻名,亦尝画《莲社图》,并题《满庭芳·忆庐山》一首以抒怀。这种情况在宋代陶渊明接受中当有一定的典型性。

总之,在陶渊明文名和人品声誉日臻巅峰的宋代,与他相关的绘事也开始出现繁荣的局面。据于安澜所编《画史丛书》和福开森、容庚所编《历代著录画目正续编》等初步统计,宋代至少有三十六家画到陶渊明。从实际的接受状况来看,陶渊明绘事的兴盛基本上是与对其文名、人品的高度赞誉同时到来的。苏轼作为陶渊明接受史上的里程碑式的人物,其贡献主要在诗文评价阐释和创作学习方面,他在绘画领域的影响相对较小。而与他交游的李公麟则正好弥补了这个不足,从其陶渊明绘事的成就及其对后代画家和读者的影响来看,可以说,李公麟是当之无愧的请陶入画的里程碑式的接受者。由于媒质方面的特殊原因,李公麟和宋代其他画家的陶画绝大多数失传了,但是有许多题(记)画作品流传下来,这些作品不但有助于我们了解当时陶渊明绘事的盛况和其质量和水平,而且有利于帮助读者丰富、加深对陶渊明本人的体悟和理解。

三、赵孟頫与陶渊明绘事高潮

元代赵孟頫是继承李公麟请陶入画的第二位大画家,画陶渊明几乎贯穿他的后半生。据任道斌著《赵孟頫系年》,赵孟頫一生至少画了七种与陶渊明相关的画。

第一种画于大德二年(1298)四十五岁时。庞元济《虚斋名画录》卷七《元赵文敏写陶靖节小像轴》,款云:“□靖节像,大德二年□三月,吴兴赵孟□。”又云此图:“纸本,设色。独立小像,高一尺九寸一分,阔八寸八分。”唐寅题云:“吴兴此帧,以全力仿龙眠,神形俱得,平生所见,无逾于此矣。”文仲父识云:“赵文敏此幅陶靖节像,简洁淳古,萧然畦町之外,不知于李龙眠□门,后来莫有仿佛其万一。”明末朱之蕃款云:“今观赵松雪五柳先生像,画宗龙眠,故用笔古雅,天真烂漫,宜宝而玩之,异于常品也。”此图又名《五柳先生像》。①

第二种画于大德三年(1299)四十六岁时。《石渠宝笈》卷二五《元赵孟頫书画陶潜遗事一卷》云:“素绢本,行草书,墨画,书画相间,凡十五段”,“引首虞

① 任道斌:《赵孟頫系年》,河南人民出版社1984年版,第82~83页。

集书‘靖节先生遗事’六大字。”①

第三种画于大德四年(1300)春二月四十七岁时。②《大观录》卷一六《赵文敏画渊明像并书归去来辞卷》,款云:“既书《归来》,余兴未尽,乃作竹石,渊明亦当爱此耶!”“元笺本,柴桑翁像,学李伯时白描法,书《辞》竟,复画竹石。”

第四种画于至大二年(1309)五十六岁时。③《石渠宝笈·御书房藏·赵孟頫醉菊图一卷》:“白描陶潜事迹,十四段,书画相间。一画渊明坐像,书残缺不存。二画遣力寄书事。书:先生为彭泽令,遣一力给其子书曰:‘汝旦夕之费,自给为难。今遣此力,助汝薪水之劳,此亦人子也,可善遇之。’三画不见督邮事。(书:)岁终,郡守遣督邮至,县吏白,‘应束带见之’,先生叹曰:‘我岂能为五斗粟折腰,候乡里小儿!’即日解绶。四画弃官事。书:解绶去辞,赋《归去来兮辞》一篇。五画葛巾淋酒事。书:郡将候先生,值酒热,取头上葛巾淋酒毕,复著之。六画抚无弦琴事。书:先生畜无弦琴一张,每醉辄抚弄以寄志,曰:‘但识琴中趣,何劳弦上声。’七画蓝舆赴饮事。书:先生有脚疾,使一门生二子,举蓝舆赴庞通之而饮。八画醉眠麾客事。书:时贵者造先生,先生有酒必没(按,当为“设”),若先生先醉,便语曰,‘我醉欲眠君且去,明朝有意抱琴来。’九画王宏见访事。书:先生方与通之酌酒于栗里之间,俄顷刺史王宏至,亦无忤也。十画王宏度屐事。书:先生缺履,宏顾左右为之造。左右请履度,先生即与其前伸脚令度焉。十一画白衣送酒事。书:九月九日,先生于菊花中独坐久之,满手把菊,值白衣人送酒,即酌。十二画醉菊事。书:菊边独饮,既醉而归。十三画颜延之留钱事。书:颜延之为刘抑(按,当为柳)后军功曹,在浔阳与先生情款。后为始安郡,经过,日造饮焉。延之临去,留二万钱,先生遣送酒家,稍就取酒。十四画辞馈事。书:先生躬耕自资,遂抱羸疾。江州刺史檀道济往候先生,值偃卧瘠馁有日。道济馈粱肉,麾而去之。继而果卒,时年六十有二。款:至大二年二月二十六日,写于舟中。子昂。”“素笺本,纵九寸三分,横一丈六尺二寸五分。”

第五种画于皇庆三年(1315)十月七日六十一岁时。④《石渠宝笈》卷三十四《元赵孟頫画陶潜轶事图一卷》“素绢本,白描,凡十四段。卷前署‘陶渊明小

---

① 任道斌:《赵孟頫系年》,第89页。其余四种分别参任道斌《赵孟頫系年》第93页、第163页、第192页、第225页。

② 任道斌:《赵孟頫系年》,第94页。

③ 任道斌:《赵孟頫系年》,第130页。

④ 任道斌:《赵孟頫系年》,第163页。

像'五字"。

第六种画于延祐六年(1319)六十六岁时。①《辛丑消夏记》卷三《元赵文敏画陶靖节像轴》款云:"大元延祐六年，岁在己未二月十七日，吴兴赵孟頫作于大都咸宜坊之寓舍。""绢本，高三尺八寸九分，阔一尺六寸八分。"有小行楷三行。

第七种见任道斌《赵孟頫系年》附录一《赵孟頫书画旨趣简表》②所列《秘殿珠林初编》卷九《莲社图》。《秘殿珠林石渠宝笈二编》(御书房)所录《醉菊图》疑即上面第四种。

此外，赵孟頫还可能画过"桃源图"，他有《题桃源图》诗、《题四画 · 桃源》诗，又有《题四画 · 渊明》诗云:"渊明为令本非情，解印归来去就轻。稚子迎门松菊在，半壶浊酒慰平生。"③不知此《渊明》是否为其现存陶渊明画像题诗。又《玉几山房画外录》卷上、《听飒楼书画记》续卷上皆著录赵孟頫《画靖节年谱》，"此为年谱别体:图谱，有图有文"④，此谱未能亲见，疑或即上述第四种画。台北故宫博物院藏题赵孟頫《渊明归去来辞》，绢本水墨，纵二十七厘米，横七十二点五厘米。据《中国绘画总合图录续编》，捷克布拉格国立博物馆附属那波斯托科夫博物馆(Praze—Náprstokovo Muzeum)藏有赵孟頫《陶渊明故事图》卷，绢本墨笔，纵三十八点三厘米，横一千一百八十二厘米;图分六段，各以一段文字隔开;其真伪待考。⑤ 赵孟頫次子赵奕(字仲光)也有《桃源图》，见莫友芝《郘亭书画经眼录》附录卷上。⑥

赵孟頫的陶渊明绘事多继承了宋代李公麟的画法，但也有开拓和创新之处:首先，赵孟頫的陶渊明绘事种类臻于完备，如将陶渊明故事连画十几段，犹如连环画，实乃前所未有，这直接影响了明末清初画陶渊明的大画家陈洪绶的画法;其次，质量臻于登峰，得陶渊明之神韵;再次，赵孟頫是画家，也是书法家和诗人，因此他将绘画、书法和诗融为一体，三者相互补充、彼此生发，使历史上的陶渊明绘事进入了完美的境界。

陶渊明接受史的高潮出现在宋代，其代表事件是苏轼崇陶和理学家尊陶，

---

① 任道斌:《赵孟頫系年》，第 192 页。

② 任道斌:《赵孟頫系年》，第 225 页。

③ 〔元〕赵孟頫撰，任道斌校点:《赵孟頫集》，浙江古籍出版社 1986 年版，第 120 页。

④ 谢巍编著:《中国历代人物年谱考录》，中华书局 1992 年版，第 83 ~ 84 页。

⑤ 参袁行霈《陶渊明影像》，第 42 页。

⑥ 参〔清〕莫友芝撰、张剑校点《宋元旧本书经眼录 · 郘亭书画经眼录》，中华书局 2008 年版，第 363 ~ 365 页。

绘画领域虽有李公麟产生极大影响，但是请陶入画的高潮是元代的赵孟頫完成的。李公麟擅长绘画，却相对不擅长文学和书法，其陶画的蕴涵需要借助一时名流和后代欣赏者的题咏和记述得到进一步的开掘。赵孟頫和元代其他画家的陶画则大都与书法和文学结合成一体，体现出中国绘画的鲜明特点。它们之间互相补充、相得益彰，使陶渊明的蕴涵得到多方面的艺术再现，同时也表明陶渊明已经越来越深入地融会到中国传统文化之中，尤其是艺术的血液里了。

书画往往一体，画上题诗可以揭示画所难明的心态，如赵孟頫同时人无名氏《题赵子昂书归去来辞后》云："典午山河半已墟，褰裳宵逝望归庐。翰林学士宋公子，好事多应醉里书。"①将渊明的归去心态和子昂的创作心态抉示出来，与画相得益彰。宋、元之后，不论是从单纯的人品视角还是从单纯的文学视角都不足以全面阐释陶渊明，而是应该注意拓宽视野，从文化艺术等多种角度来全面观照和理解陶渊明现象。

在士大夫中广泛流行着以陶渊明为题材的图画，除了大画家赵孟頫所画的，据于安澜所编《画史丛书》和福开森、容庚所编《历代著录画目正续编》等初步统计，金元时期至少有三十余家画到陶渊明。除赵孟頫外，今传元人渊明画主要有：(1)元王蒙《桃源春晓图》《花溪渔隐图》，元无款《陶潜像》，以上俱藏台北故宫博物院。(2)元何澄《陶潜归庄图》，卷纸墨笔，纵四十一厘米，横七百二十三点八厘米，吉林省博物馆藏。② (3)元方从义《武夷放棹图》，轴纸墨笔，纵七十四点四厘米，横二十七点八厘米，故宫博物院藏。③ (4)元钱选《柴桑翁像》，私人藏，东京美术学校文库内唐宋元明画展览会编纂《唐宋元明名画大观》等收录图版；(5)钱选《归去来图》，纵二十六厘米，横一百零六点六厘米，画初回家一段，卷后题其五言古诗八句，美国纽约大都会艺术博物馆(The Metropolitan Museum of Art)藏。④ (6)北宋末《归去来辞图》卷，绢本水墨淡设色，美国克利夫兰艺术博物馆(The Cleveland Museum of Art)藏，傅熹年《访美所见中国古代名画札记》(下)，载

---

① 〔清〕顾嗣立、席世臣编，吴申扬点校：《元诗选》癸集下册，中华书局 2001 年版，第 1392 页。

② 中国古代书画鉴定组编：《中国古代书画目录》第八册，文物出版社 1993 年版，第 36 页。

③ 中国古代书画鉴定组编：《中国古代书画目录》第二册，文物出版社 1985 年版，第 17 页。

④ 参袁行霈《陶渊明影像》，第 35 ~ 37 页；又可参王耀庭《渊明逸致形象》，见《文物光华(六)》，台北故宫博物院 1992 年版，第 199 页。

《文物》1993年第7期，以为是金末或者蒙古与南宋对峙时期的作品。(7)元俞和抄本前副叶所画陶渊明像，绢本设色，纵十五点七厘米，横九点三厘米，藏台北故宫博物院。(8)元僧人海云所绘《陶渊明赏菊图》，日本之《唐宋元明名画大观》收录，岩村成允藏；“绘渊明立于松树前，一童子捧菊花一盆，两仆人捧酒壶”①。

而从题画诗来看，金元人的涉陶绘画多得不胜枚举，今存至少有一百一十多首(篇)②。其中以“归去来”为题材的画最多。题画作品有胡祗遹《题陶令归来图》诗，刘迎《归来图戏作》《题归去来图》等诗，路铎《题邹公所藏渊明归去来图》诗，王若虚《题渊明归去来图》诗五首，李俊民《渊明归去来图》诗，王恽《归去来图》诗三首，程钜夫《题归去来图》诗，范梈《题靖节征士归来图》诗，朱德润《陶渊明归去来图》诗，钱选《归去来图》诗，揭傒斯《渊明归兴图》(一作《题陶渊明归兴图》)、《渊明归去来图》(“晨兴闻吏言”)、《渊明归去图》、《题何昭文所画归来图》、《渊明归去来图》(“吏事久见牵”)等诗，卢挚《题渊明归来图》诗，方回《题渊明归来图》诗，尚野《渊明归来图》诗，陈麟《题归去来图》诗，吴克恭《题玉山所藏渊明归来图后》诗③等。

此外还有渊明采菊图、莲社图、桃源图、三笑图、渊明像等题画作品，如艾性夫《渊明采菊图》诗，元好问《采菊图》诗二首，赵秉文《东篱采菊图》诗，刘因《采菊图》诗，方回《题渊明采菊图》诗，何贞立《题墨菊卷》，魏初《刘汉卿莲社图》诗，宋九嘉《莲社图》诗，刘永之《渊明入社图》诗，王恽《莲社图》诗四首，吴师道《李龙眠莲社图》，耶律楚材《和裴子法韵序》，赵孟頫《题四画》之《渊明》《桃源》，祖钦《桃源图》诗，冯信可《桃源图》诗，揭傒斯《题桃源图》诗，华幼武《桃源图》诗，释善性《朝中措·桃源图》散曲，葛元喆《题桃源图》诗，邵亨贞《桃源图歌》《桃源画卷》等诗，许衡《学题武郎中桃蹊归隐图二首》诗，杨载《桶底(桃源)图》诗，迺贤《桃花山水图为桃源屠启明题》诗，陈赓《武善夫桃源图》诗，钱选《题桃源图》诗，傅若金《桃源图》诗，王恽《题桃源图后有序》《跋武陵图》《桃源图三首》等诗，陈旅《题天台桃源图》，王恽《三笑图》，陶宗仪《三笑图》笔记，吴澄《题桃源春晓图》诗、《题朱簿渊采菊图》诗二首、《跋虎溪三笑图》题跋，成廷珪《虎溪三笑图》《阮子华所藏桃源图》等诗，张天英《题三笑图》《题玉山中钱舜

① 参袁行霈《陶渊明影像》，第39～43页。

② 本统计主要依据《元诗选》(初集、二集、三集、癸集、补遗)、《全元文》、《全元散曲》、《御定历代题画诗类》卷三七、《中州集》、《全金诗》等。

③ 此据顾瑛编《草堂雅集》卷三，《御定历代题画诗类》卷三七误作张天英诗，皆据文渊阁《四库全书》本。

举画五柳庄图》等诗，郑守仁《虎溪三笑图》诗，黄镇成《虎溪三笑图》诗，马臻《题虎溪三笑图》诗，祖柏《虎溪三笑图》诗，胡长孺《题李待诏虎溪三笑图》诗，方回《题庐山白莲社十八贤图（诗）并序》《题渊明像》诗，陆仁《题题渊明图惠良夫》诗，刘从益《题苏李合画渊明濯足图》诗，释良琦《松下渊明图》诗，陈旅《渊明抚松图》诗，胡祗遹《跋徽宗画渊明夏居图二首》，傅若金《题渊明漉酒图》，杨维桢《题陶渊明漉酒图》《渊明抚松图》诗，王恽《渊明临流赋诗图》《陶潜夏居图三首》，程钜夫《渊明高卧图》诗、《题渊明图》题跋，唐肃《渊明荷鉏图》诗，赵镇《题渊明像》诗，顾济《渊明画像》诗，白贲《题靖节图》诗，王逢《读白寓斋诗序》，李应期《渊明图》诗，马祖常《渊明始末图》诗，沈梦麟《题渊明醉归图二首》诗，张庸《题渊明图》诗，邓文元《题陶渊明像》诗，贡师泰《题渊明小像》诗、《跋陶渊明图》题跋，黄公望《题张叔厚写陶渊明小像》诗，张庸《题渊明图》诗，曹德《三棒鼓声频·题渊明醉归图》散曲，郑元祐《陶靖节像》诗，贡性之《陶靖节像》诗，庞铸《漉酒图》诗，杨维桢《题渊明漉酒图》诗、《渊明抚松图》诗，李俊民《北窗高卧图》诗，《申元帅四隐图·陶渊明》诗，李孝光《白衣送酒图》诗，李庭《晋陶处士画像赞》等都提到渊明画事。这些题陶画诗文比较集中和全面地反映了（金）元读者的陶渊明观，有的立意精警，有的情趣盎然，堪称佳作，如胡祗遹《跋徽宗画渊明夏居图二首（之一）》云："政和天子喜多能，书画文诗要得名。民愠兵骄岂无事，却从闲适慕渊明。"同诗之二云："细咏渊明孟夏诗，此身与物共熙熙。熙春阁上清风起，正是征人渴死时。"①两诗借题发挥，立意警拔，讽刺宋徽宗可谓入骨三分。贡师泰《题渊明小像》云："乌帽青鞋白鹿裘，山中甲子自春秋。呼童检点门前柳，莫放飞花过石头。"②写隐逸闲情，萧散有趣。所谓诗中有画，并不仅仅指技法、色彩、构图等影响了诗歌，应该也包含对优秀作品和作家精神世界和艺术境界的把握；反之，画中有诗当也包含由欣赏绘画而生发的诗情。

四、请陶入画的原因与启示

宋、元人请陶入画与他们崇敬陶渊明的态度密切相关。宋人在人品修养上

---

① 〔元〕胡祗遹：《紫山大全集》卷七，影印清文渊阁《四库全书》本。

② 〔清〕顾嗣立编：《元诗选·初集》中册，中华书局 1987 年版，第 1425 页。此诗，明骆问礼《万一楼集》卷五六《渊明图诗》以为"此王葵轩公题渊明图诗也"（清嘉庆活字本）；清沈德潜、周准编的《明诗别裁集》云袁敬所"酒酣书《五柳图诗》"（上海古籍出版社 1979 年版，第 58 页），并归之袁敬所名下。〔清〕翁方纲《石洲诗话》卷五（中华书局 1985 年版，第 88 页）以为非敬所诗。王葵轩、袁敬所虽题画书写此诗，未必其所创作，今归之贡师泰名下。

强调闻道见性、任真自适、忠贞不移的理想人格，而陶渊明就是这一理想人格的代表。[①] 因此，宋人在推崇之余便禁不住请陶入画了。元人进一步在隐逸、忠愤、诗歌艺术等方面强化了对陶渊明的推崇，他们对陶渊明的爱戴比宋人有过之而无不及，为了突出陶的忠愤，甚至不惜曲解陶诗。元人画陶如宋人一样，是借画传情达意，是陶渊明在士人心中崇高地位的自然流露。马祖常《渊明始末图》云：“画史谢文字，托意有粉绘。高人蹈古道，终造玄澹会。涉世情岂真？采菊心若寄。持须抚自谓，翁也得奇计。载观始末图，悠悠似相契。”[②]正如诗人与陶渊明的“悠悠似相契”，画家与陶渊明也是如此，他们不用文字，而是“托意有粉绘”，使用了另一种艺术表现形式。

渴望回归真我、崇尚隐逸是宋元士人的普遍价值趋向。宋代士人于内忧外困中，多历坎坷，在苏轼和陶之后，宋人多借助陶渊明表达“归去来兮”的心声，希望安顿本心。元代士人更是如此，这与入元的南宋士人仕途坎坷、备受防范甚至歧视密切相关。以在矛盾中出仕的赵孟頫为例，我们会发现他是多么热爱和推崇隐士陶渊明。不管实际行动如何，赵孟頫与一般元代士人一样，有浓郁的尚隐心态。至元二十四年，三十四岁的赵孟頫在《送吴幼清南还序》中云：“既至京师，吴君翻然有归志，曰：‘吾之学无用也，迂而不可行也。’赋渊明之诗一章、朱子之诗二章而归。吴君之心，余之心也。”[③]吴澄乃当时大儒，尝举进士不第，后隐居著述。赵孟頫又于《寄鲜于伯几》中流露慕隐心态云“误落尘网中，四度京华春”[④]，又《次韵周公谨见赠》云“池鱼思故渊，槛兽念旧薮”[⑤]，其隐逸之志借助陶渊明意趣得到表达。赵孟頫又是书法家，他喜欢书写陶渊明诗文以寄托胸臆，如，大德四年，他四十七岁，书《归去来辞》[⑥]；至大二年，五十六岁，行书《归去来辞》。[⑦] 他还在许多诗文中咏赞陶渊明，如其《咏逸民》十一首依次咏叹了他所景仰十一位（组）“逸民”，其中就有陶渊明。这十一位（组）“逸民”是：“孤竹子”、“沮溺”、“鲁连子”、“邵生”、“子真”、严子陵、“牛医儿”、“南州高

① 参本书第三编第一章第二节论述。

② 〔元〕马祖常撰，李叔毅、傅瑛点校：《石田先生文集》，中州古籍出版社1991年版，第8页。

③ 〔元〕赵孟頫撰，任道斌校点：《赵孟頫集》，第132页。

④ 〔元〕赵孟頫撰，任道斌校点：《赵孟頫集》，第19页。

⑤ 〔元〕赵孟頫撰，任道斌校点：《赵孟頫集》，第33页。

⑥ 任道斌：《赵孟頫系年》，第93页。

⑦ 任道斌：《赵孟頫系年》，第135页。

士”、庞德公、“子鱼”和陶渊明。他咏陶云:“尘事非所便,田园久见招。归来三径中,蔚蔚长蓬蒿。虽有荷锄倦,浊酒且自陶。茫茫大化中,委运将焉逃。唐虞去已远,由来非一朝。粲粲霜中菊,采采忘其劳。”①又其《五柳先生传论》云:“仲尼有言曰:‘隐居以求其志,行义以达其道。吾闻其语,未见其人。’嗟乎！如先生近之矣。”②把陶渊明看作“隐居以求其志,行义以达其道”的高士③,这是赵孟頫崇陶心态的自白,也是身在仕途、心存隐逸心态的流露。宋元人的画陶之举也多是回归自我、崇尚隐逸心态的表现。

更为深层的原因是,宋元时期,陶渊明不仅仅是安顿动荡灵魂的清荫,他已经被充分融入士人充满诗情画意的高雅生活了,或者说陶渊明的情趣成为士人雅化的审美生活的一部分。在日常生活中,他们不但喜欢读陶、和陶、学陶,在诗文创作中引陶典,用陶语,抒陶志,写陶趣,还喜欢陶渊明喜欢的菊花、节日、酒,甚至将住处的景点、建筑等用陶渊明诗文中的词句命名。可以说,陶渊明的一切已经成了士人高雅生活和心态的标志。苏轼、辛弃疾、陆游等人不必细说,单就赵孟頫也可以窥斑知豹。他年轻时作行书《读书乐趣》,描述了在家乡深山读书的乐趣,他列举的经常把玩的书目中有一种就是《陶杜诗翰》,而更与陶渊明鱼水相关的是那一种融人生乐趣于自然美景和平凡生活的审美人生方式。春夏之交,从长林丰草间归来竹窗之下,“山妻稚子作笋蕨、供麦饭,欣然一饱,弄笔窗间,随大小作数十字,□所藏法帖墨迹画卷,纵观之兴到,则吟小诗,或草玉露一两段,再烹苦茗一杯,出步溪边,邂逅园翁溪友,问桑麻……归而倚杖柴门之下,则夕阳在山,紫绿万状,变幻顷刻,恍可人目”④。此事被系年于十九岁,文中那种从容和缓、那种老成,只有饱受包括陶渊明诗文在内的传统隐逸文化熏染的人才能做到。如果不是山水田园早已被雅化为士人审美生活的一部分,那么一个十九岁的读书人是不可能以如此平淡欣悦的心态忘情于山水田园间的。可见,他之画陶渊明如书写陶渊明诗文、咏叹陶渊明事迹一样,既是在特定时代出于对陶渊明的无限景仰,出于隐逸心态的需要,也是日常审美生活的必需。其他画陶、题陶画者皆可作如是观。

当然,陶渊明入画与他本人审美化的人生追求、富于个性色彩的魏晋风度

---

① 〔元〕赵孟頫撰,任道斌校点:《赵孟頫集》,第 11 页。

② 〔元〕赵孟頫撰,任道斌校点:《赵孟頫集》,第 125 页。

③ 杨伯峻译注:《论语译注》,第 177 页。

④ 《元赵文敏行书读书乐趣》,见任道斌《赵孟頫系年》,第 27 页。

也密不可分，与文人画的兴起也不无关系，此不赘述。

历史上的陶渊明绘事留给我们的启示意义是多方面的，仅略言其中三点。

第一，它表明陶渊明及其作品对中国文化尤其是包括诗歌、绘画、书法在内的艺术产生了深远的影响（以往人们多关注到诗歌方面的影响），陶渊明已经凝定成一种文化精神和艺术精神，如丝丝春雨一样潜移默化地渗透到中国传统艺术和艺术家的灵魂里。因此，在充分占有资料的基础上，全面考察陶渊明及其作品对以中国艺术精神和士人人格为核心的深刻影响是十分必要的。这至少是研究陶渊明与中国文化和艺术精神的一个独特而有益的途径，与单纯地就文化而谈文化、就艺术而谈艺术相比，这种就某一典型作家作品接受视角的研究有其关切肌理的优越性。而目前学界对接受视角方面的深入研究还比较薄弱，其原因关键在于准备不充分、缺乏细致梳理。

第二，诗和画是相通的，“都是情趣的意象化或意象的情趣化”①，而在中国艺术史上尤其如此，她们相互生发、相得益彰。而中国诗和中国画之间的关系又有其特殊性，并不如莱辛《拉奥孔》所说的“画只宜描写，诗只宜叙述”。②

第三，只有人品、诗品俱高的优秀作家才具有强大的文化和艺术再生能力，换句话说，只有这样的作家作品才可以在历史之流中持续地唤醒艺术的灵性和文化的良心，成为锻造新的艺术品和新的人品的精钢良铁。鉴于此，我们要重视新材料，重视一些被忽视的作家作品的研究，但更应该注重以优秀作家作品为中心的研究，而不应该以大作家被人们说得太多了为借口，懒于下大工夫做更广泛和更深入的探讨。

---

① 朱光潜：《诗论》，安徽教育出版社 1997 年版，第 122 页。

② 朱光潜：《诗论》，第 135 页。

第六编

『定志于性命之始，娱情乎人事之常』

——陶渊明接受史的复变期（明代）

明代的陶渊明接受是在正统的复古理学思潮与新生的浪漫心学思潮前后交替的大视野下展开的。受前者影响，明代读者与陶渊明有一些隔阂，虽然有前代丰厚的成果可以借鉴，陶渊明对他们来说既熟悉又陌生，从诗教的角度看，陶渊明的为人和作品得到肯定，从复古的角度看，陶渊明却受到普遍的误解，这是一个时代的新现象。受后者影响，陶渊明的形象从僵化的道德化形象转变为性灵洒脱的活人形象，陶诗也被明代读者从复古派的误解中解放出来，得到多侧面的深入阐发和创作接受。陶渊明更广泛地渗透到日常生活和文化艺术之中。明江用世辑《史评小品》卷一四云："欧阳公曰：'晋无文章，惟陶渊明《归去来辞》一篇而已。'夫岂惟文章，即晋宋人物，亦当推靖节先生第一。先生之谓无所不可者也，绾彭泽绶可，结虎溪缘可，避世武陵亦可。或送钱酒家，留连日夕，而无高阳趺（当作跌）宕名；或襞彩笺赋闲情，风华掩映，而无登徒佻举名。出处泠泠，生平荦荦，计不但一丘一壑所赏，要当目为六合人龙、九霄威凤可耳。"①此虽是对欧阳修、苏轼观点的继承，却明显带有明人清新入俗的气息。陶渊明是高雅飘逸的隐者、儒士，但更是呼吸着人间空气、有着人的七情六欲、自由洒脱的平凡人，所谓"定志于性命之始，娱情乎人事之常"②，他的人和诗一样，又回复到崇高却不僵化的位置。

---

① 〔明〕江用世辑：《史评小品》卷一四，《四库未收书辑刊》壹辑第二一册，北京出版社版，第252页。

② 〔明〕孟洋：《东皋记》，见《孟有涯集》卷一六，《四库全书存目丛书》集部第五八册，齐鲁书社1997年版，第270页。

第一章 熟悉的陌生人

第一节 第一流人物 一二等作家

从为人评价上看，明代读者把陶渊明归入第一流人物，其高尚的品节、入道的境界和洒脱的人生都受到称赏。然而，从作品接受来看，明代读者一开始并没有像前代读者那样，把陶诗推崇为一流的作品，而是把其贬抑在二流的行列。但伴随着复古思潮的退潮和浪漫思潮的高涨，陶诗也逐渐得到新的评价，螺旋式地回到一流的行列。明代人熟悉陶渊明，但在文学审美上与他存在距离，复古派不满意其诗作气象的“狭窄”，理学家过分凸显他的忠愤，浪漫派格外缩小其脱俗、高迈的情怀，他们在片面上获得了深刻，却在另外的侧面上与陶渊明有颇多隔阂。陶渊明是他们熟悉的陌生人。

经过宋、元读者的接受、阐发和推崇，陶渊明的全貌及其在文化史、文学史中的地位已经明朗化，得到读者的普遍认同。明代读者在既定的接受格局中进一步巩固、补订既有的共识，也随着时代的发展开拓新的接受成果。在陶渊明为人方面，明代读者的主流认识是从儒家立场出发，赞颂渊明的政治气节和“动与道合”的理学修养；陶渊明是得道者，他“定志于性命之始，娱情乎人事之常”①，被理想化、崇高化，甚至被推上了偶像的神坛。虽然明代读者对陶渊明诗文肯定、赞颂的言论一直占主流，但顺着历史轨迹仔细考察，舍弃众多的支脉，我们还是发现明人对陶诗的评价经历了一个起伏变化的过程，即由明初立足诗教的崇高化，转入明中期立足复古的贬抑，再转入晚明立足性灵的张扬，对陶诗的评价走了一个正、反、合的辩证发展历程。当然，这个历程不是一条明晰

① 〔明〕孟洋：《东皋记》，见《孟有涯集》卷一六，《四库全书存目丛书》集部第五八册，齐鲁书社1997年版，第270页。

的直线,而是在众声喧嚣中,穿过纵横交错的网络,像主流河道一样格外引人注意而已。陶渊明及其诗文还被明代读者以文学艺术、融入生活的方式生动鲜活地接受着,在明代诗歌、散文(包括富有时代特点的小品文)、戏剧、小说、绘画、园林、旅游、出版等众多方面留下了明显的痕迹。明代产生了一大批可圈可点的接受成果。

一、人品的崇高化与动合于道

明代读者接受陶渊明的第一个突出特点是将其为人崇高化甚至神化,这在一定程度上使陶渊明背离了历史的具体性,走向人的对立面,变成僵化的偶像。他们认为"渊明高简闲靖,为晋、宋第一辈人"①;"夫岂惟文章,即晋宋人物,亦当推靖节先生第一……要当目为六合人龙、九霄威凤可耳"②;"陶公自三代而下为第一流人物,其诗文自两汉以还为第一等作家"③;"陶公千载一人也……自与日月争光者"④。陶渊明实际上已经成为士人偶像之一。这主要表现在三个方面。

第一,陶渊明的政治气节被进一步高尚化、崇高化。首先强调这一点的是明初宋濂。他在《题渊明小像卷后》中赞成萧统在《陶渊明传》中所谓"耻复屈身后代"的观点,肯定朱熹在《通鉴纲目》中所书"晋征士陶潜卒"为"得其实矣"。⑤ 王祎在《自建昌州还经行庐山下记》中联系历史考论云:"按史,靖节为彭泽令,督邮行县,吏白当束带见之,靖节不肯折腰小儿,遂解官赋《归去来辞》而归,义熙三年也。是岁刘裕实杀刘仲文,将移晋祚,陶氏世为晋臣,义不事二姓,故托为之辞以去,若将以微罪行耳。梁昭明谓'耻复屈身异代',要为得其心。夫岂以一督邮为此悻悻乎? 靖节既归,益放情于酒,人知其乐于酒,而固莫窥其所以然也。"⑥这是对萧统、朱熹等人观点的深入揭示和论证。方弘静在《千一录》中也赞同朱熹论陶为"得高贤之心",斥责王通贬抑陶为放人之论,把

---

① 〔明〕郭良翰辑:《问奇类林》卷一三《恬退》,明万历三十七年黄吉士等刻增修本。

② 〔明〕江用世辑:《史评小品》卷一四,《四库未收书辑刊》壹辑第二一册,第 252 页。

③ 〔明〕何孟春:《陶靖节集跋》,见《陶渊明资料汇编》上册,中华书局 1962 年版,第 146 页。

④ 〔明〕傅占衡:《和陶饮酒诗序》,见杨讷、李晓明编《文渊阁四库全书补遗》"集部·明代卷"第七册《明文海》卷二七六,北京图书馆出版社 2005 年版,第 478 页。

⑤ 〔明〕宋濂撰,罗月霞主编:《宋濂全集·宋学士文粹辑补》,浙江古籍出版社 1999 年版,第 1904 页。

⑥ 〔明〕王祎:《王忠文集》卷九,影印清文渊阁《四库全书》本。

陶渊明辞职归隐的原因归于“耻复屈身异代”,强调陶为“晋臣”。[①] 沈恺《渊明图赞》云:“举皆宋臣,汝独晋人。举皆宋服,汝独葛巾。采菊东篱,感慨良深。悠然南山,是独何心。”[②]谢肇淛《渊明五柳图》云:“唯有门前五株柳,栽时犹是义熙年。”[③]忠义的政治品节被明人凸显了出来。宋濂、郎瑛等人通过考订认为陶渊明并没有使用甲子纪年来彰显微言大义,但这不妨碍他们赞赏陶渊明的忠义。而更多的读者没有这种理性的学术态度,他们仅仅是接受史书成说,赞同陶渊明使用甲子纪年以寄托忠义的记载。如虞堪《题陶靖节赋诗像》云:“一自卷中书甲子,钓璜千古不同心。”[④]谢榛《四溟诗话》卷一云:“陶潜不仕宋,所著诗文,但书甲子。韩偓不仕梁,所著诗文,亦书甲子。偓节行似潜而诗绮靡,盖所养不及尔。薛西原曰:‘立节行易,养性情难。’”[⑤]董斯张《沽酒市脯不食解》云:“公不敢背长沙公讨贼之意,义熙后但书甲子。”[⑥]黄省曾《高士颂九十一首·二陶赞二首(之一)》谓陶:“义熙为文,年书晋氏。永初以来,唯云甲子。”[⑦]张溥在《题陶彭泽集》中也格外赞赏唐人颜真卿赞颂陶渊明“永初以后,题诗甲子,志犹张良思报韩、龚胜耻事新也”[⑧]。刘忠《渊明归去图》云:“公向编年寓意赊。”[⑨]胡广《题渊明》云:“赋诗聊见意,大笔书甲子。”[⑩]顾梦游《和陶饮酒诗二首(之一)》云:“西山匪周粟,柴桑亦晋里。日月代谢去,甲子自为纪。”[⑪]景泰甲戌进士彭华《咏陶渊明》云:“解印归来雪鬓飘,呼儿滴露写前朝。丁宁莫取江头水,恐是金陵一夜潮。”[⑫]此诗学元代诗人贡师泰《题渊明小像》“呼童检点门前柳,莫使飞花过石头”的意趣,传写渊明忠义含蓄隽永却毫不含糊。要之,陶渊

---

① 〔明〕方弘静:《千一录》卷六,明万历年间刻本。

② 〔明〕沈恺:《环溪集》卷二一,《四库全书存目丛书》集部第九二册,第242页。

③ 〔明〕谢肇淛:《小草斋集》卷二八,《四库全书存目丛书》集部第一七五册,第480页。

④ 〔明〕虞堪:《虞山人诗》卷三,《丛书集成续编》第一一一册,上海书店出版社1994年版,第679页。

⑤ 丁福保辑:《历代诗话续编》下册,中华书局2006年版,第1140页。

⑥ 〔明〕董斯张:《吹景集》卷九,明崇祯二年刻本。

⑦ 〔明〕黄省曾:《五岳山人集》卷三,明嘉靖年间刻本。

⑧ 北京大学北京师范大学中文系、北京大学中文系文学史教研室编:《陶渊明资料汇编》上册,第169页。

⑨ 〔明〕刘忠:《野亭刘公遗稿》卷八,明崇祯年间刻本。

⑩ 〔明〕胡广:《胡文穆公文集》卷一,清乾隆十五年刻本。

⑪ 〔明〕顾梦游:《顾与治诗》卷一,清初书林毛恒所刻本。

⑫ 〔明〕黄瑜:《双槐岁抄》卷七,清岭南遗书本。

明“孤高义不食宋禄，千古独绍夷齐风”①，“节义耿耿摩云天”②，是可以与伯夷、屈原、苏武、诸葛亮等并称的“忠义”之士③。

明代出现了一批有关陶渊明的历史记载，都关注到陶渊明为人的忠义。关于陶渊明的传记，除了《宋书》、萧统的《陶渊明传》、《莲社十八高贤传》、《晋书》、《南史》，五代前后出现了《云仙杂记》所征引的《渊明别传》，南宋出现了李焘的《陶潜新传》，这两种传记除了零星佚文，今已不存。④ 明代读者依据上述传记资料和陶渊明作品，编撰、缩写、考论了关于陶渊明的史料传记，体现了对陶渊明政治节操的重视。王世贞、李贽、张岱、张自烈都有篇幅较长的《陶潜传》，此外，钱岱《两晋南北合纂·晋书纂》、王祎《大事记续编》卷三六、严衍《资治通鉴补》卷一二〇、张自勋《纲目续麟》卷一一、嘉靖《九江府志》卷一三、高濂《遵生八笺》、祁承㸁《牧津》卷一九、邵宝《学史》卷三等皆有陶渊明小传或者史实辨正，大都关注到了陶渊明的忠义节操问题。如《九江府志》不是把陶渊明归入《隐逸传》而是归入《忠节传》。张自勋评其兄张自烈《晋陶潜传》云：“《宋书》列潜《隐逸》，为宋言也；《晋书》不入《忠义》，则非知潜者。余初持此议，芑山（张自烈）急韪之，因改《陶潜传》，删《归去来辞》，而补耻屈后代一段，甚合史法。”⑤张自勋等人基本赞同《资治通鉴纲目提要》所书“晋征士陶潜卒”的论断，但就个别细节详加考论。如，明汪克宽等《考异》赞同朱熹在《纲目》中把“处士”改为“征士”，“乃得高贤之心矣”⑥，张自勋则认为“征士亦未当”，“当作‘故晋彭泽令陶潜卒于宋’”，并发明云：“晋《隐逸传》不见其不屈之意，至《南史》始著其说，且载檀道济尝馈粱肉麾而却之之事，则潜之此意显然明白，今《分注》亦本此为说，其有关于世教多矣。”⑦以儒教绳之，谨严入膝，可谓煞费苦心。

第二，与崇尚其政治气节相联系，明代读者普遍认为陶渊明是有志不得

---

① 〔明〕秦夔：《题渊明归去图》，见《五峰遗稿》卷三，明嘉靖元年刻本。

② 〔明〕秦夔：《题渊明归去图送郡守吴公致政南还》，见《五峰遗稿》卷二。

③ 〔明〕杨廷桢：《自传》，见郭登峰编《历代自叙传文钞》下册，商务印书馆1937年版，第305页。

④ 〔元〕脱脱等撰《宋史》卷三八八《李焘传》云李焘有《陶潜新传》，然久佚；金程宇《高丽大学所藏〈精刊补注东坡和陶诗话〉及其价值》（载《文学遗产》2008年第5期）从蔡正孙《精刊补注东坡和陶诗话》中辑录佚文七则。

⑤ 〔明〕张自烈：《芑山诗文集》卷一六，清初刻本。

⑥ 〔明〕方弘静：《千一录》卷六，明万历年间刻本。

⑦ 〔明〕张自勋：《纲目续麟》卷一一，影印清文渊阁《四库全书》本。

实现、富有雄才大略的志士。宋濂《跋匡庐结社图》以为陶渊明是“一时豪杰”①，归隐是迫于刘裕篡晋时势的不得已选择。张以宁《题海陵石仲铭所藏渊明归隐图》着重突出陶渊明“英雄”豪杰的一面。② 释妙声《题归去来图》谓陶渊明“奋身报韩仇，决策扶汉鼎”③。蔡清《白鹿洞书院武侯靖节祠二首(之二)》云：“靖节当年更隐忧，欲为诸葛势难筹。”④其《易经蒙引》卷四上云：“陶渊明志欲为孔明，奈无一旅之众，故终于处士。”⑤孙一元《三隐逸诗·陶渊明》云：“渊明豪杰人，出处亦有道。昔读荆轲诗，彷佛见怀抱。”⑥李昱《题陶渊明归去来图》《渊明醉像》称陶渊明为“管、谢之间见人物”，“醉中犹记义熙年”。⑦ 张琦《五柳图说》云：“古今谓陶为隐者，予固知其欲有为于天下，隐去非其志也。”⑧聂大年《题渊明》云：“典午河山已殆哉，先生独抱济时才。”⑨瞿景淳《白崖先生和陶集序》称陶渊明为“深沉慷慨之士……其志烈，故其辞峻”⑩。画家郭诩将陶渊明画入《九贤图》，与伯夷、太公望、张良、严陵、诸葛亮、王羲之、贺知章、李白并列，图为葛巾半身，双目直视，淡定坚毅，题赞云：“渊明气豪，五斗弗屑；三径艺菊，相看晚节；朝市非故，门庭依然；千古高风，我怀其贤。”⑪题赞很简洁地概括了陶渊明作为圣贤的特点——豪放忠义、品节高尚。李贽虽不完全赞同陶渊明耻事二姓之说，但仍然认为“潜气豪一世，而沉潜不露”⑫。周思兼《渊明漉酒图》称陶渊明“壮心存晋室”⑬，张溥《题陶彭泽集》认为陶渊明笃于君臣大义，赞同吴澄认为陶渊明“欲为汉相孔明而无

---

① 〔明〕宋濂撰，罗月霞主编：《宋濂全集·潜溪后集》卷四，第202页。

② 〔明〕张以宁：《翠屏集》卷一，影印清文渊阁《四库全书》本。

③ 〔明〕释妙声：《东皋录》卷上，影印清文渊阁《四库全书》本。

④ 〔明〕蔡清：《虚斋集》卷一，影印清文渊阁《四库全书》本。

⑤ 〔明〕蔡清：《易经蒙引》，影印清文渊阁《四库全书》本。

⑥ 〔明〕孙一元：《太白山人漫稿》卷二，影印清文渊阁《四库全书》本。

⑦ 〔明〕李昱：《李草阁诗集》卷二、卷六，《丛书集成续编》第一一一册，第409页、第432页。

⑧ 〔明〕张琦：《白斋竹里文略》，《丛书集成续编》第一一四册，第462页。

⑨ 〔明〕聂大年：《东轩集选》，《丛书集成续编》第一一二册，第116页。

⑩ 〔明〕瞿景淳：《瞿文懿公集》卷六，明万历瞿汝稷刻本。

⑪ 郭诩《九贤图》现藏于三门峡市博物馆，此处题赞据张帅峰《文人画家郭诩眼中的圣贤》一文所附插图识读，载《中华文化画报》2012年第4期。

⑫ 〔明〕李贽：《藏书》卷五九《外臣传·身隐·晋陶潜》，明万历二十七年焦竑刻本。

⑬ 〔明〕周思兼：《周叔夜先生集》，《四库全书存目丛书》集部第一一四册，第362页。

其资”的观点。[①] 眭明永居然不顾史实说：“昔闻陶元亮，自比诸葛伦。”[②]黄省曾认为陶渊明“士生而不遇”，“虚尔王佐才”。[③] 彭孙贻《再题渊明把菊图》称“寄奴熊虎姿，毁刘亦蜉蚁”，称赞陶渊明为“山中宰相”。[④] 在宋、元时期，称陶渊明为豪杰还是辛弃疾、吴澄等少数人的切身感受，而在明代则几乎成为共识。

第三，明人认为陶渊明具备动与道合的理学修养。

明代人没有止于单纯的政治评价，而是从“道”的高度进一步推崇陶渊明。宋濂首先提出陶渊明“动合于道”的论断[⑤]，邹元标认为陶渊明“几于道”[⑥]，都穆认为“渊明盖真有得于道者，非常人能蹈其轨辙也”[⑦]。甚至连世俗也传言陶渊明悟道知命。[⑧]

更多的时候，明人普遍直接从儒家的立场肯定陶渊明所得之道近于或者就是儒家之道，如胡直《书陶靖节集后》云：

某少读渊明诗，喜其辞旨冲逸，不犯功力，而未知其几于道。……反覆读，至《神释》诸篇，然后知渊明之几于道，而杜子美未悉也。不然何其明三才之中重鲁叟之思乃出于道丧世衰之余若是乎勤且笃也？而世止以隐逸忠义概之，亦浅矣。然渊明以彼其资乃终逃于酒，弗能大有明于斯道，岂亦未有以参三才之学告之者欤？噫！使斯人果与闻于学，则冉、闵俦矣。[⑨]

---

① 北京大学北京师范大学中文系、北京大学中文系文学史教研室编：《陶渊明资料汇编》上册，第169页。

② 〔明〕眭嵩年：《别曹道闲仲闲二表兄洎季弟修年本儿》，见〔清〕陈济生编《天启崇祯两朝遗诗》卷九，中华书局1958年版，第1255页。

③ 〔明〕黄省曾：《读陶渊明诗述怀七首（之三、之四）》，见《五岳山人集》卷八，《四库全书存目丛书》集部第九四册，第598页。

④ 〔清〕彭孙贻辑：《茗斋集》卷六、卷二一，《四部丛刊》续编本。

⑤ 〔明〕宋濂：《题张泐和陶诗》，见罗月霞主编《宋濂全集·朝京稿》卷二，第1677页。

⑥ 〔明〕邹元标：《书无涯公卷》，见《愿学集》卷八，影印清文渊阁《四库全书》本。

⑦ 都穆：《南濠诗话》，见丁福保辑《历代诗话续编》下册，中华书局2006年版，第1362页。

⑧ 〔元〕陶宗仪《说郛》卷三四上引耐得翁《就日录》云：“陶渊明有云：痴人前不宜说梦，而达人前不可言命。”〔明〕杨慎《丹铅总录》（影印清文渊阁《四库全书》本）卷九、〔明〕唐顺之《荆川稗编》（明万历九年刻本）卷六二引《说海·论命术》、〔明〕沈尧中《沈氏学弢》（明万历年间刻本）卷一五等皆引录之。此言不见史书记载，当是好事术士所造，明人引录，略见世俗对陶渊明道术修养的态度。

⑨ 〔明〕胡直：《衡庐精舍藏稿》卷一八，影印清文渊阁《四库全书》本。

胡直在此认为杜甫说陶“不知道”的言论是值得商榷的，不能仅以“隐逸忠义”看待陶，因为渊明“几于道”。但胡直还没有完全将陶渊明之道崇高化，认为陶“弗能大有明于斯道”，与儒家的冉有、闵子骞等人还存在距离。这似乎是低看了陶渊明，其实，更多的明代士人认为陶渊明是“有志圣贤之学者”。①

明人并不是简单把陶渊明归入儒家之道、做一思想归属判断就裹足不前，而是进一步辨析陶渊明所得之道的个性化特点：

推陶子之道，可以进于孔氏之门。而世之论者，徒以元熙易代之间，谓为大节，而不究其安命乐天之实。夫穷苦迫于外，饥寒憯于肤，而情性不挠。则于晋、宋间，真如蚍蜉聚散耳。②

靖节之诗……悠然之意，每见于言外，不独一时之所适。而中无留滞，见天壤间物，何往而不自得？余尝以为悠然者实与道俱。谓靖节不知道，不可也。……夫“山色日夕佳，飞鸟相与还，此中有真意，欲辨已忘言”，靖节不得而言之，公乌得而言之哉？③

盖以春者众人之所同，而能知之者惟点也。陶渊明《归去来辞》云：“木欣欣以向荣，泉涓涓而始流。善万物之得时，感吾生之行休。”渊明可以语此矣。④

三百篇后，最近情者陶渊明一人而已。原夫性情近道，出处皎然，其于君臣、父子、兄弟、夫妇、朋友之情无之而不真，无之而不真，斯无之而不合也。……世有鲁叟，渊明列颜、冉之科也已。⑤

三郎马队说空陈，莲社犹疑异鲁醇。借问攒眉何即去，渊明原爱浴沂人。⑥

陶靖节之乞食而咏，邵康节之微醺而吟，非有所自得者，能若是乎？过此以往，孔、颜之乐，其几矣。⑦

今兹溯言旨，道在颜闵科。

---

① 〔明〕安磐：《颐山诗话》，影印清文渊阁《四库全书》本。

② 〔明〕归有光：《陶庵记》，见周本淳校点《震川先生集》卷一七，上海古籍出版社1981年版，第426页。

③ 〔明〕归有光：《悠然亭记》，见周本淳校点《震川先生集》卷一五，第386页。

④ 〔明〕归有光：《容春堂记》，见周本淳校点《震川先生集》卷一五，第377页。

⑤ 〔明〕涂伯昌：《陶渊明诗序》，见《涂子一杯水》卷二，《四库全书存目丛书》集部第一九三册，第393～394页。

⑥ 〔明〕郑以伟：《读渊明集》，见《灵山藏·笨庵吟》卷六，明崇祯年间刻本。

⑦ 〔明〕薛应旂：《薛方山纪述》，《丛书集成初编》本，中华书局1985年版，第14页。

出处镜宣尼，圣矩自昭由。……虽云死饥饿，孔乐亦已酬。①

明人明确指出陶渊明所得就是孔、颜之乐，其关注点或者是类似颜回的安贫乐道，或者是近于曾点的悠然之乐，总之，是无往而不自得的悠然超然，是外无拘束、与道同在的精神境界。陶渊明的道被归入儒家，与他人不同，如陈沂《拘虚诗谈》云：

渊明诗云："采菊东篱下，悠然见南山。此中有真意，欲辩已忘言。"又曰："日入群动息。"此道寓于情，非灵运之流也。②

周忱《心远堂记》云：

观其《荣木》之诗有曰："匪道曷依，匪善曷敦。"则其明善之功可知。又曰："脂我名车，策我良骥。千里虽遥，孰敢不至。"则其力行以体道，未尝怠也。……苟不务于明善体道，而惟乐休闲以自足，则浮屠、老氏清静寂灭之谓，非渊明之所以为心。③

赵台鼎《脉望》云：

陶靖节《归去来辞》有曰："悟已往之不谏，知来者之可追；识迷途其未远，觉今是而昨非。"其曰悟、曰知、曰识、曰觉，四字极为分晓，此渊明所以为闻道也。……知止而有定，此知字即是灵和，即是本觉，即是悟，即是止善。既止至善，则定性矣，定性则不迁矣，不迁则静，而安如止水，物来则现，物去无迹，前乎千万世之已往，后乎千万世之未来，皆视诸掌矣。④

与谢灵运不同，陶渊明的诗歌"道寓于情"，其所指是可以把握的，而不是佛教的空幻不实。李梦阳说："赵宋之儒，周子、大程子别是一气象，胸中一尘不染，所谓光霁风月也。前此，陶渊明亦此气象。陶虽不言道，而道不离之，何也？以日用即道也。他人非无讲明述作之功，然涉有意矣。"⑤"日用即道"，陶渊明虽然不把道挂在口头上，但从他"光霁风月"般的胸襟和日常言行来看，陶渊明

① 以上两则出自〔明〕黄省曾《读陶渊明诗述怀七首（之一）》《读陶渊明诗述怀七首（之二）》，见《五岳山人集》卷八，《四库全书存目丛书》集部第九四册，第597、598页。

② 吴文治主编：《明诗话全编》（贰），江苏古籍出版社1997年版，第1944页。

③ 〔明〕周忱：《双崖文集》卷一，《四库未收书辑刊》陆辑第三〇册，第276页。

④ 北京大学北京师范大学中文系、北京大学中文系文学史教研室编：《陶渊明资料汇编》上册，第161页。赵台鼎这段话当是对其前辈理学家李元阳给友人书信（详下文）的摘录。

⑤ 〔明〕李梦阳：《空同集》卷六六《论学下篇第六》，文渊阁《四库全书》本。

是得了真正的儒家之道的。受性理学的影响，明人谓陶渊明“理鉴时运表”①，所体之道止于至善，定性明心。

当然，并不是所有明代士人都完全从儒家角度理解陶渊明。如孟洋（约1520年在世）《东皋记》云：

陶子其有是哉，观其言也，定志于性命之始，娱情乎人事之常，与物无竞，道化同流。是故参乎之耕野，子骞之走汶，庄生逍遥之游，点也舞雩之咏，可异世而同观也，非闻道而能若是乎？传曰：“不怨天、不尤人，君子无入而不自得焉。”陶子其庶也已。②

孟洋虽然以儒家的性命之学论陶渊明，以儒家圣贤闵子骞和曾点等比拟陶渊明，引用《左传》里的话理解陶渊明，但同时把陶渊明所达之境界比作庄子逍遥游的境界，显示出比较通达的评价态度。此外又有完全超出儒家视角者，如张瀚（1511—1593）。他从庄子的角度解读陶渊明，其《江西南昌府通判野亭马公墓志铭》云：

余读陶渊明《与诸子疏》云：“天地赋命，生必有死。自古圣贤，孰能独免。”逮卒自为挽歌、祭文，谓非齐生死而委顺达者乎！③

而万表则从佛家角度理解陶渊明，其《近峰闻略》重述宋人观点云：

渊明诗云：“山气日夕佳，飞鸟相与还。此中有真意，欲辩已忘言。”昔人谓达磨未西来，渊明蚤会禅矣。④

王世贞也以为陶渊明“默契禅宗，得蕴空解证无生忍者”⑤。李应昇《莲社高贤传小引》云：“渊明攒眉回去，乃第一正法眼，加远公一等也。”⑥王嗣奭进一步解释云：

靖节诗“应尽即须尽，无复独疑虑”，死生大矣，而超脱如此。黄面瞿昙，踞蒲面壁，未便能至。远公戒律精严，止可拘束宗、雷辈。靖节海鹤孤

---

① 〔明〕薛瑄：《读陶诗》，见《河汾诗集》卷四，《四库全书存目丛书》集部第三二册，第52页。

② 〔明〕孟洋：《孟有涯集》卷一六，《四库全书存目丛书》集部第五八册，第270页。

③ 〔明〕张瀚：《奚囊蠹余》卷一五，见吴文治主编《明诗话全编》（肆），江苏古籍出版社1997年版，第3757页。

④ 〔明〕万表：《灼艾续集》卷上，见吴文治主编《明诗话全编》（叁），江苏古籍出版社1997年版，第3329页。

⑤ 〔明〕王世贞：《艺苑卮言》卷八，见丁福保辑《历代诗话续编》中册，第1080页。

⑥ 〔明〕李应昇：《落落斋遗集》，明崇祯年间刻本。

骞，宁受其缚？所以攒眉而去，托辞于酒，亦见饮酒无妨作佛耳。①

理学家李元阳在《与龙溪王年兄》中以禅解儒，借陶分析云：

> 陶靖节《归去来辞》有曰："悟已往之不谏，知来者之可追。识迷途其未远，觉今是而昨非。"其曰悟，曰知，曰识，曰觉，四字极为分晓。此四字中有圣、凡、人、天境界，此渊明所为闻道也。后之学者忽而不求，乃改"识"为"实"，渊明之意荒矣。知止而后有定，此"知"字即是灵知，即是本觉，即是大悟，即是止至。善既止至，善则定性矣。性定则不迁矣，不迁则静而安如止水。物来则现，物去无迹。前乎千万世之已往，后乎千万世之未来，皆视诸掌矣。……知是至善，初地得是，至善极功，首尾只是一个"知"字。尧舜"执中"，此知也；孔门"一贯"，此知也。②

李元阳、王嗣奭未必把陶渊明归入佛家，却认为陶渊明于佛理之悟能入圣域，高于常人。

总之，认为陶渊明"知道"是明代士人的共识。明代士人一般从儒家的角度理解陶渊明所得之道，关注到陶渊明得道时超然物外、自得逍遥的个性特点，但又不拘泥于儒家，也从老庄和佛家等角度去理解。

二、贬抑陶诗及其反对意见

明代读者接受陶渊明的第二个突出特点是在明代中期出现了一股否定陶诗的思潮。

复古派主张"文必秦汉，诗必盛唐"③，盛唐诗主要是指近体诗而言④，至于五言古诗，他们首先还是宗尚汉魏。复古派普遍推崇汉魏古诗，李攀龙直接就说唐无古诗，何景明认为"汉兴，不尚文，而诗有古风，岂非风气规模犹有朴略宏远者哉！继汉作者，于魏为盛，然其风斯衰矣。晋逮六朝，作者益盛而风益衰。……唐诗工词，宋诗谈理，虽代有作者，而汉魏之风蔑如也"⑤。既然汉魏古诗是理想典型，那么对汉魏以后的陶诗应该如何评价？宋代苏轼以后，陶诗

---

① 〔明〕王嗣奭：《夷困文编》卷六，《丛书集成续编》第一二〇册，第528页。

② 〔明〕李元阳：《李元阳集·散文卷》，云南大学出版社2008年版，第377页。

③ 〔清〕纪昀等：《四库全书总目》卷一七〇"《怀麓堂集》提要"，影印清文渊阁《四库全书》本。

④ 〔清〕纪昀等《四库全书总目》卷一七一"《空同集》提要"谓复古派："古体必汉魏，近体必盛唐。"

⑤ 〔明〕何景明：《汉魏诗集序》，见《大复集》卷三四，影印清文渊阁《四库全书》本。

被推崇至极,面对前人赞不绝口的言论,一个不可回避的诗学难题摆在了复古派面前。“前七子”之一何景明的回答有石破天惊的意味,其《与李空同论诗书》云:“诗弱于陶,谢力振之,然古诗之法亦亡于谢。”①按照复古派的线性逻辑,既然汉魏造极,“格以代降”②,那么处于汉魏之后的陶诗自然不是最高的典范。何况复古派一直鼓吹浑然雄大、骨力矫健、声韵宏响的格调,而陶诗冲淡清远、骨力内蕴、从容散缓,缺乏符合复古观念的明显的美学特征。因此何景明说“诗弱于陶,谢力振之”。此说影响甚大,明万历年间李绍文《皇明世说新语》云:“何景明天才腾逸,咳唾成珠,尝言:‘文靡于隋,韩力振之,而古文亡于韩。诗弱于陶,谢力振之,而古诗亡于谢。’人以为知言。”③这一论断得到王世贞、冯复京等一批诗人的赞同,即使不赞同者(如许学夷)也不再把陶诗凌驾于李白诗歌、杜甫诗歌之上,仅仅是把陶渊明定位为二等作家或者接近一等作家。

但反对派的意见几乎随着“诗弱(溺)于陶”言论的诞生而诞生。六朝派的代表人物黄省曾首先公开发表了反对意见,对何景明“诗弱(溺)于陶”之论表示了强烈不满。他在《寄北郡宪副李公梦阳书》中说:“隋不足论,至于退之、陶、谢,亦可少宽宥矣。”④晚明复古派诗学理论的总结者许学夷对何景明提出的问题做了更为理性的反驳。许学夷认为:“其(何景明)论诗有三病,而元美又称述之,可谓惑矣。渊明诗真率自然而气韵浑成,而谓‘诗溺于陶’,一病也;五言自太康变至元嘉,乃理之必至,势之必然,而谓‘谢有意振之’,二病也;灵运之名实被一时,渊明之诗后世始知宗尚,当时谢岂有意于振之耶?三病也。”⑤许学夷论诗虽然仍站在推崇汉魏古诗的立场上,但明显从诗歌发展实际和诗歌本身的特点高看陶诗一眼。随着明代复古思潮的退潮,“诗弱(溺)于陶”越来越不符合读者的价值判断,复古派在理论上逐渐走向成熟,陶诗在诗史上的地位也得到灵活纠正,如复古派领袖王世贞《古选古隶》云:“诗自风雅外,当以《古诗十九》及建安‘三曹’为准,若整丽,至‘三谢’而极矣,嗣宗、元亮故是画中之有逸

---

① 〔明〕何景明:《大复集》卷三二。“诗弱于陶”,明人称引时或作“诗溺于陶”,从汉魏古风衰弱的角度而言,二者意义关联。

② 〔明〕胡应麟:《诗薮》内编卷一,上海古籍出版社 1979 年版,第 1 页。

③ 〔明〕李绍文:《皇明世说新语》卷二,明万历年间刻本。

④ 〔明〕黄省曾:《五岳山人集》卷三〇,明嘉靖年间刻本。

⑤ 〔明〕许学夷著,杜维沫校点:《诗源辩体》卷七,人民文学出版社 1987 年版,第 112 页。

品，卉木中之有�竹，不当以时代论也。”①同时代的陈沂在《拘虚诗谈》中也表达过类似的意见。他说：“渊明在义熙时追古近道，驾轶黄初之上，又不可以世代论也。”②继明初宋濂以风雅论陶、以陶诗超建安而上之论，王世贞与复古派终于走出复古逻辑的误区，进而从格调近古、性情近道方面提出陶诗“不当以时代论”，可以超时代而上，跻身《风》、《雅》、汉魏古典之列。诗坛主流的意见与认为陶诗是“宇宙间第一等好诗”的意见逐渐走到了一起。③

但“诗弱（溺）于陶”毕竟曾在复古潮流中风行一时，相对于此前陶诗的崇高地位，陶诗无疑经历了一个被贬抑、不为主流风尚所推崇的接受时期。陶渊明成为明代诗人熟悉的陌生人。明前的否定言论是个别的，明代的否定言论却成为一个时代的误读。相对于其他时代贬陶属于少数人甚至个别人的言论，明代复古思潮中“诗弱（溺）于陶”的喧嚣在陶渊明接受史上是一个普遍性的例外。在贬抑陶诗的思潮中，一直存在着两股反驳势力，一股是复古派内部的反思者，另一股是浪漫派和性灵派立足于诗歌本质的一贯褒扬（详见本编第三章第一节、第二节）。两股力量最终使陶诗批评在晚明走到正常的道路上来。

三、陶诗阐释的深细化

明代读者接受陶渊明的第三个突出特点是对陶渊明的阐释走向深细化。这主要表现在两个方面。

第一，从宋濂开始就注意通过考论补正传统观点，阐发疑难问题，提出新的见解。

关于陶诗甲子纪年的问题，宋濂发新义于端，郎瑛系统考订于后。郎瑛《七修类稿》卷二〇辩证类“陶诗纪甲子”条云：

> 五臣注《文选》以渊明诗晋所作者皆题年号，入宋但题甲子，意谓耻事二姓，故以异之，后世因仍其说，虽少游、鲁直亦以为然也。治平中，虎丘僧思悦编陶之诗，辨其不然，谓渊明之诗有题甲子者始庚子，距丙辰凡十七年，诗一十二首，皆安帝时作也，至恭帝元熙二年庚申始禅宋，夫自庚子至庚申计二十

① 〔明〕王世贞：《弇州续稿》卷一六五，影印清文渊阁《四库全书》本。

② 〔明〕陈沂：《拘虚集》，《丛书集成续编》第一一三册，上海书店出版社 1994 年版，第 971 页。

③ 〔明〕唐顺之：《答茅鹿门知县》，见《陶渊明资料汇编》上册，第 161 页。

年,岂有晋未禅宋之前二十年内,辄有耻事二姓而所作即题甲子以自异哉?矧诗中又无标晋年号者,所题甲子偶记一时事耳,其说出而旧疑释矣。后蔡采之《碧湖杂记》又云:元兴二年,桓玄篡位,继而刘裕秉政,至元熙二年始受禅,前此名虽为晋,实则非也。故恭帝曰:“桓玄之时,晋氏已无天下,重为刘公所延,今日之事,本所甘心。”计时逆推,正二十年也。盖渊明逆知末流必至革代,故所题云云。以予论之,若唐若宋,天下危而复安,常有之也,岂可逆料二十年后事耶?故唐韩偓贬后之诗亦纪甲子耳,后因全忠篡唐,人亦遂以为有渊明之志。蔡说谬矣。惜思悦尚辨未至,若曰:二十年间,陶诗岂止十二首耶?且未革之时,逆知即题甲子,而永初、元嘉之作反不题甲子,何耶?至于《述酒》篇内“豫章抗高门,重华固灵坟。流泪抱中叹,平生去旧京”,正指宋迫恭帝之义,又何不题甲子耶?盖偶尔题之,后人偶尔类之,岂陶公之意耶?因复辨之,以足思悦之义。①

针对甲子纪年问题的由来、承袭、怀疑、解答、新谬等,郎瑛梳理源流,步步引向深入,达到了阐释的最新高度。之后,郭子章在进一步细致辨正总结后,得出相近的结论,认为“渊明心在晋室,亦何必问年号之题不题邪?”②又如宋濂在《跋庐阜三笑图》中对“虎溪三笑”也有考订。他虽然对“虎溪三笑”中的三人是否为同时代的问题保持了谨慎的态度,只是列举了对立两派——“非之者”与“是之者”的观点,不做可否判断,但仍然体现了梳理源流、考问真相的学术努力,为后人提供了思考的平台。此外,孙能传《剡溪漫笔》“渊明种秫”(卷一)、“善言贫”(卷三)、“《文选》纂注”(卷五)等条对陶渊明生活、生死态度的阐发深刻入微③;方弘静《千一录》卷一二、卷二〇、卷二二等的阐释多联系具体语句考论旧话题,细致而新颖。

明人对陶渊明《桃花源记》《闲情赋》《乞食》等作品的阐释富有特点。

他们喜欢《桃花源记》,有大量的《桃源行》《咏桃源》类的作品,据初步统计,至少有二百一十一家,分别是:唐肃《桃源图》,李昱《题桃源图》,梁寅《木兰花慢·桃源》,孙蕡《题桃源图》,李流芳《桃源》,丘濬《桃源行》,贝琼《张继善寄桃源图因赋诗》,沈周《题桃源图》,张以宁《题桃源春晓图》,薛瑄《桃花洞》,林

① 〔明〕郎瑛:《七修类稿》,上海书店出版社2009年版,第202~203页。

② 〔明〕郭子章:《陶渊明义熙以后题甲子辨》,见《蠙衣生黔草》卷一七,《四库全书存目丛书》集部第一五五册,第495页。

③ 〔明〕孙能传:《剡溪漫笔》,明万历四十一年孙能正刻本。

俊《桃源》，王守仁《桃源洞》，刘麟《次桃花溪韵》，林璧《题桃源图送人就婚新都》，孙一元《桃源图》，何景明《桃花源四首》《桃源二首》《过桃源洞》，谢肇淛《桃源道中》，李显《桃源洞》，陈继儒《题桃源图》，毛伯温《过桃川》，江东之《再游桃花源有序》，印伟《桃川》，杨褫《桃源》，万松《秦人洞》，龙翔霄《桃源洞》，唐祺《游桃川》，谢承举《桃源图》，文嘉《桃源图》，文徵明《桃花源》，邹元标《桃源洞歌》，郭显忠《游桃源洞》《小春陪学使王岵云游桃花源》，陈性学《游桃川》，张乔松《书和陈一水方伯壁间韵》，李廷谟《再游桃源洞诗有序四首》、李春熙《桃川》，杜维耀《桃川》，丁乾《桃花源》，石庄《桃花源》，陈言《桃川》，李可蕃《秦人洞》《梦游桃源为友人赋用昌黎桃源图韵》，李侨《桃川》，李杜《古洞》，刘玑《秦人洞》，陈可禹《秋日游桃川》《秦人洞》，李玉《秦人洞》，杜聪《桃花源》，唐诗《桃川》，戴冠《桃花洞》，袁中道《花源道中纪游并示文弱》，张□□《桃源洞二首》，叶□□《桃源洞有序》，史□《游桃源洞有序》，龙膺《忆桃源》《渔仙洞》等，杨嗣昌《游灵岩》《秦人洞和友人韵》，阙士琦《答勿歧僧秦人洞》《桃溪怀古有引》《桃花溪》，罗其鼎《秦人洞桃放寻览陶碑二首》，顾鼎臣《仙源图》，何初《泛舟桃源二首》，裴绍度《游桃川》《忆桃源彭亦龄、江伯通、阙葵向、江茂宏、阙家克、彭小庄》，岳岱《桃溪夜月》，刘崧《桃源》，欧阳重《桃源行用王介甫韵》，万士和《自桃源至辰州道中即事》《桃源舟中》《桃源阻风二首》，李载阳《桃花源》，黄瑾《秋日再游桃源》，唐谊《春夜游桃川登山小饮》，叶子奇《桃花流水》，许宗鲁《桃花树下忆桃花源四首》，赵文明《游桃源洞》，杜镇《桃花源》，尹台《桃花洞》，张治化《游桃花洞次孟襄阳韵》，程学灏《桃源洞》，邹守愚《桃源》，方向《桃源道中》，张时彻《秦人洞》，王在晋《秦人洞》，丁应宾《秦人洞》《钦山洞次韵》，崔桐《秦人洞》，俞南金《游桃川》《秦人洞》，马文升《游桃源洞》，聂铉《游桃源洞》，熊人霖《桃源和王伯安先生韵》，刘廷膏《秦人洞》，葛一龙《桃花源》，朱应登《秦人洞》《遇仙桥》，李辂《桃源仙隐》，韩阳《过桃川宫》，刘丙《过桃川》，陆绑《泛桃川》，王用汲《秦人洞》，徐守诚《仙径亭》，吴珍《缆船洲》，邹湃《武陵源》，邵洪《桃花源》，张镜心《桃源洞》，李得阳《桃花源》，徐中行《岁暮由桃花源入滇》，朱积《题桃源图》，汤登瀛《游桃源洞》，周圣楷《入桃花源》《桃源行》《望桃川渡烟雨如画，促江伯通入洞》《游桃花源》《秦人洞候宪使冯元成先生》，杨山梓《桃源洞》，谭绍琬《渔仙寺》，唐待征《遇仙桥》，樊良枢《渔仙洞》，张翠屏《忆秦人洞》，应履平《桃洞春风》，包裕《桃源洞》，恽巍《桃川洞》，欧阳旦《桃源洞》，赵贞吉《桃冈祠》，娄镇远《过桃源洞》，彭参《秋日游桃川》，朱彦昌《题桃源图》，王节《武陵桃源图》，王世贞《题小桃源图》，僧麟洲《题刘松年桃花山水小幅》,程敏政《桃源行为扬州王彦平太守题画》《桃源图诗》,胡直《桃源行四首》,易震吉《渔家傲·桃源词》,朱一是《木兰花令·题桃源图》,熊敦朴《登桃花源秦人避世处感赋长句》《桃源小境》,林鸿《桃源清玩》,杭淮《桃源山中》,周瑛《桃源篇》,胡奎《桃源即事》《桃花流水图》《桃源图》,夏良胜《桃源行》,陈高吾《桃源诗》,凌云翰《小桃源为朱质夫赋》,郑善夫《桃源行》,刘嵩《桃源》《题桃源仙隐》,张翥《桃源春晓图为玉山题》,谢晋《题桃源图》,龚敩《桃源图》,王阳明《桃源洞》,谢榛《武陵蒋明府子培过邺,因谈桃源之胜,南都杨茂才伯海曾绘斯图并长歌见寄,勉成一篇,用答两意云耳》,吴承恩《桃源图》,蒋信《桃源》,汤显祖《小桃源图》,袁宏道《桃源咏》《桃花源和靖节韵》《入桃花源四首》等,王一翥《入桃源二首》,钟惺《桃源洞二首》《宿天游观已是第六曲,初由五曲,舍舟至此,次日将入舟,终九曲之游,舆行里许,已至七曲,诗记往还所历》其三《小桃源》,谭元春《江北桃源行送君路》《行桃源道中憩于桃花源二首》,许宗鲁《坐桃树下忆桃花源四首》,何初《泛舟桃源二首》,朱孟震之父《桃源洞》,包节《桃源洞》,钱薇《过秦人洞》,苏志皋《桃源图》,茅坤《题园中别构桃源洞》,刘乾《桃源图》,殷士儋《桃源二首》,彭辂《桃源》,李先芳《桃源行》,徐学谟《王山人翘画桃源洞歌》《桃花洞》,张九一《桃源》《桃源峰》,张祥鸢《桃源吊古》,张凤翼《桃源三首》,俞允文《桃源行》,俞安期《桃源洞》,沈明臣《观桃源》,沈鳌《题桃源洞》《题桃源图》,郭子章《游桃源洞》,万道光《桃源》,姚舜牧《桃源洞天》《过桃源》,庄履丰《题桃源洞图并寿蔡愧阳先生》,周汝登《桃源行》,邓原岳《小桃源》,谢肇淛《小桃源》《题桃源图》,黄奂《桃源洞天》,黄克晦《桃源洞》,李日华《题文五峰武陵仙境图为司理姚谷神先生赋》,周履靖《桃源行》,岳正《桃源图》,张宁《桃源图》《桃源图为辽东李都阃端题》,何乔新《题桃源图》,彭华《过桃源》,谢常《桃源图》,朱让栩《桃源图》(七绝)、《桃源图》(七古),赵文华《题武陵源》,冯惟健《桃源洞二首》,李言恭《题桃源图》,徐媛《桃源咏古二首》,释真可《读桃源记》,黄毓祺《桃源》,赵廷松《桃源有怀四首》,朱吉《桃源图》,萧仪《桃源春晓图》,吴节《桃源图》,刘珏《桃源图》,何孟春《桃源图》《过桃源二首》《桃源洞》,陈九川《题桃源图》,龚用卿《桃源图为袁君伯作》,沈一贯《桃源》,张泰阶《桃源歌》《桃源》,熊明遇《桃源行》,葛一龙《桃花源》,王淮《桃源行》,陈贽《桃源行》,蒲秉权《桃源石洞》等。大量咏及桃源的诗作各有己见,如张凤翼《桃源三首(之二)》问:“桃源只在人间世,何事渔郎不复来?”《桃源三首(之三)》回应云:“世上元无问津者，非关桃李不成蹊。"①把桃源的存在与否归结于人的主体意志，显然有心学影响的影子。孙慎行解释《桃花源记》云："隐者非独隐于形，盖亦隐于道乃备至焉。然则桃源之迷，恶知非是耶？将无睹世之滔滔不返，而姑以之寓耶？其末章云'后遂无问津者'，非桃源之绝人，而人之自绝于桃源也。而概以为仙不可方物亦诞矣。夫古人所知者道也，而辞则不无所托。"②以桃源寓道之所在，可为张凤翼诗做一注解。郑鄤以《庄子》解桃花源似华胥国，认为"桃花源固随地有之，直恐无避秦之心耳"③，也是心学思路。顾梦圭《跋桃源图》认为陶渊明创作《桃花源记》并诗的初衷是"际此浊世，安得如避秦者云尔"④。董说《书桃花源记后》云："王元美曰：陶氏《咏荆轲》与《桃花源记》异用而同体。慨然欲为荆轲不可得，然后徙而为桃源避秦之谋。呜呼，悲哉！"⑤桃源寄寓着末世风俗浇薄、权臣篡国的愤慨，这里面已经寓含着对现实的感喟。

明代读者也喜欢《闲情赋》，大多对《闲情赋》比较宽容⑥，如焦竑在《为陈子野作三首·五柳亭》中打趣朋友说："知君亦有《闲情赋》，无那腰肢解恼人。"⑦此虽借人写柳树的袅娜，但分明可知作者、读者双方对《闲情赋》的欣赏态度。祝允明不止一次书写过《闲情赋》，杨慎赞赏《闲情赋》"曲尽丽情，深入冶态"⑧，袁中道"细观《闲情赋》"⑨，对《闲情赋》充满赞赏之情。钱棻《秦楼月·郊园词和家尔斐十八首》之十六《东篱》云："卿且去。篱头好著《闲情赋》。《闲情赋》。南山翠暖，黄花细雨。"⑩《闲情赋》是闲适生活的有机组成部分。他们对《闲情赋》的理解表现出哲理化、道学化、政教化的特点，如孙慎行以好色托言志道解释《闲情赋》云："《闲情》一赋，渊明盖志道也。其悠悠寤想，展转切至，

---

① 〔明〕张凤翼：《处实堂集续集》卷七，《四库全书存目丛书》集部第一三七册，第552页。

② 〔明〕孙慎行：《桃花源》，见《玄晏斋集·玄晏斋文抄》卷三，明崇祯年间刻本。

③ 〔明〕郑鄤：《峚阳草堂诗文集》卷一一，1932年活字本。

④ 〔明〕顾梦圭：《疣赘录叙录》卷下，清雍正七年刻本。

⑤ 〔明〕董说：《丰草庵前集》卷二，《丛书集成续编》第一二二册，第94页。

⑥ 明人也有否定言论，如田汝成依然赞成萧统的贬抑观点，其《重刻文选序》云："若夫《闲情》一赋，明为白璧微瑕，盖处士兴寄冲寂，不当学步艳词。劝百讽一，自舛平生，若以渊明之故，概奖为佳，是宝夏后氏之璜，而忘其考也。"见《田叔禾小集》卷一，《丛书集成续编》第一一六册，第237页。

⑦ 〔明〕焦竑：《焦氏澹园集》卷四五，明万历三十四年刻本。

⑧ 〔明〕杨慎：《升庵诗话》卷三，见丁福保辑《历代诗话续编》中册，第694页。

⑨ 〔明〕袁中道：《珂雪斋集·前集》卷二《艳歌》，明万历四十六年刻本。

⑩ 〔明〕钱棻：《萧林初集》卷三，明崇祯年间刻本。

即颜子之仰钻瞻忽不为疲也。而昭明谓‘白璧微瑕’，若以为真思人者。夫《卫风》之怀西方美人，《离骚》之悲公子，《招魂》之哀王孙，皆极意游骋，以志其无可奈何之情。所谓‘国风好色而不淫’者，盖庶几焉。而独可以是瑕渊明乎？且渊明果思人，则短褐长饥，生平何大相枘凿乎？甚矣！知道者少，而渊明之远也。”①陆时中认为陶渊明是“托闲情以寄意”。他说：“始叙淑女之美，而云‘欲接膝以交言’者，欲得明主而事之也；继云‘待凤鸟以致辞’者，不轻炫也；‘愿为某、愿为某’云云者，致惓惓依待之情也；而复‘悲’云云者，虑谗间携贰也；末叙淑女终不得见，俯仰徘徊无聊赖云云者，是悲盛明难值、岁月易暮而献忠无路也；结云‘坦万虑以存诚，憩遥情于八遐’者，则安命而已。呜呼，味一篇之风旨……明为讽谏……不惟仕者为然，交亦有是。”②先比附仕进，再坐实交情，虽胶柱鼓瑟、倒人胃口，然借象明意，勉强解事亦一大新鲜。王世贞以《闲情赋》旨意比附《赵飞燕外传》，认为《闲情赋》如史家之寄托，惜乎他语焉不详。③ 为了摆脱旧道德观念下的尴尬，有人居然说《闲情赋》“非渊明作耳”。④ 倒是郭子章以“尤物能移人，情荡则难反，故防闲之”解《闲情赋》更为切实。⑤ 王嗣奭《夷困文编》卷六论证此观点云：“人情好色情易荡，而节之以礼，圣贤不过如此。元亮《闲情赋》寓意有在，非《采唐》（《桑中》）、《沤麻》（《东门之池》）之伦。即顺文作解，则所云‘欲自往而结誓，惧冒礼之为愆’，此便是好色而不淫，无愧风雅。”⑥明人还关注到唐刘希夷《公子行》、崔怀宝《琼琼词》等与《闲情赋》的艺术继承关系。⑦ 这些见解开阔了人们解读《闲情赋》的思路。

关于陶渊明的《乞食》诗，自王维、苏轼等人以来的读者都认为所写正如诗题所示，是反映诗人极端贫困生活的，而明人黄廷鹄评注《诗冶》卷一一则云：

---

① 〔明〕孙慎行：《桃花源》，见《玄晏斋集·玄晏斋文抄》卷三，明崇祯年间刻本。

② 〔明〕陆时中：《书陶彭泽闲情赋后》，见〔明〕董斯张《吴兴艺文补》卷三三，明崇祯六年刻本。

③ 〔明〕王世贞：《（书）赵飞燕外传》，见《弇州山人四部稿》卷一三二，明万历年间刻本。

④ 〔明〕方弘静：《千一录》卷一三，明万历年间刻本。

⑤ 〔明〕郭子章：《豫章诗话》卷三，明万历三十年吴献台刻本。

⑥ 〔明〕王嗣奭：《夷困文编》，《丛书集成续编》第一二〇册，第528页。

⑦ 分别参见《唐诗归》卷二“初唐二”钟惺评语和〔明〕徐伯龄《蟫精隽》卷五（清文渊阁《四库全书》本）。《琼琼词》，一作《望江南》，即《全唐诗》卷八九一所载崔怀宝《忆江南》：“平生愿，愿作乐中筝。得近玉人纤手子，砑罗裙上放娇声。便死也为荣。”瞿佑、杨慎《赠筝人》等以为崔怀宝作。清人张德瀛《词徵》卷五、近人潘飞声《粤词雅》皆以为南汉黄益之所作，可参史双元编著《唐五代词纪事会评》，黄山书社1995年版，第228页。

"'谈谐终日夕'、'情欣新知欢',非真乞食也,盖借给园行径,以写其玩世不恭耳。"①他认为《乞食》非实录,而是借佛陀行径表现"玩世不恭"之作。这真是石破天惊之解。黄文焕也否定了实录旧说,认为《乞食》借韩信"辅汉灭项"成功实现报答漂母之愿,诗人活着却只能空言死后报答,来寄托"板荡陆沉"之叹②,使诗意转深一层。

第二,与宋、元以前陶集注重校订、注释词语不同,明代陶集注重审美评选③,接受形式上的变化显示了明人对陶诗阐释的深细化。他们借助系统的批评和选释将对陶渊明的理解推向深入和幽微,这典型地表现在诗学批评著作论陶、《古诗归》大量选评陶诗和《陶诗析义》系统阐释陶诗上。

胡应麟、许学夷在各自的诗论专著中,运用复古派诗学的特殊视角,从正变、源流、体貌等方面对陶诗的历史地位和美学特点进行评论和揭示,摆正了陶诗在复古派文论体系中的位置,回归和深化了宋人的陶诗观,视野开阔,解析深入、辩证,在陶诗阐释史上具有特殊的意义和深远的影响。胡应麟的评陶言论主要集中在《诗薮》中,有十七条之多。许学夷的评陶言论主要集中在《诗源辩体》中。《诗源辩体》计三十六卷九百五十六条,其中第六卷计三十一条集中论述陶诗。胡应麟提出诗人有"大家""名家"之别,尊崇"大家",而"名家"次之,"大家"只有曹植、杜甫和李白,陶渊明属于"名家"。许学夷虽然没有提出诗人有"大家""名家"的分别,没有像胡应麟那样为陶渊明排好座次,但从列专卷评陶渊明来看,他似乎倾向于把陶渊明归入与李白、杜甫并肩的"大家"。许学夷论诗主要从正变源流做历史的审视,崇正尊源而不简单贬抑流变。陶诗不属于正宗的、正对"阶级"的主流诗体,"小偏"于正体,属于诗体变化中的特例;但陶诗文体完美纯粹,"自为一源"④,开宗立派,故地位崇高。即,许学夷对陶诗的评价是高于胡应麟的。许学夷专章论陶,足见他对陶诗的高度重视,代表了复古派理论总结者对陶诗的阐释高度。

---

① 北京大学北京师范大学中文系、北京大学中文系文学史教研室编:《陶渊明资料汇编》下册,第67页。给园,佛教祇树给孤独园的简称。

② 〔晋〕陶潜撰,〔明〕黄文焕析义:《陶元亮诗》,《四库全书存目丛书》集部第三册别集类,第177页。

③ 郭绍虞在《陶集考辨》中指出,梁代以前为陶集的传写时期,宋前为补辑时期,宋代为校订时期,南宋已开注释之风,元遂为注释时期,明代为评选时期,清代为汇集考订时期。其概括得十分精到。参《照隅室古典文学论集》上编,上海古籍出版社1983年版,第262页。

④ 〔明〕许学夷著,杜维沫校点:《诗源辩体》,第99页、第364页。

明代中叶以后，封建专制社会发生着深刻变化，反映到文学领域便是出现了复古思潮与浪漫思潮的交织争衡。晚明性灵派是浪漫思潮的弄潮儿，他们不拘泥于传统伦理道德观念的束缚，以新异的眼光重新打量陶渊明，不纠缠于复古、尚古观念，从性灵的角度充分肯定陶渊明诗文。性灵派的代表人物有徐渭、李贽、汤显祖、公安“三袁”（袁宗道、袁宏道和袁中道）、江盈科等人，他们对陶渊明的接受表现出鲜明的个性化、世俗化倾向，与以往评陶为人崇高化、理想化形成鲜明对比。他们把陶渊明从封建道德的崇高天国拉入充满人情人性的世俗人间，努力驱除陶渊明身上偶像的光环，还他亲切真率的活人面目。晚明文人在表达他们的脱俗韵致、闲适情趣、个性化见解时，往往随手把陶渊明及其诗文拿来作依托，使一向有些古板的老隐士也变得活泼起来，使陶渊明的人品、趣味、兴致也沾染上了晚明文人特有的脾性。与复古派的贬抑和曲为回护相比，他们由于摆脱了复古派的理论藩篱，从性灵、自适等个性化的角度论诗，故对陶诗持完全肯定的态度。李贽《陶潜传》对传统的陶渊明观提出怀疑：“《文选》五臣注云：‘渊明诗，晋所作者皆题年号，入宋所作但题甲子，意者耻事二姓，故以异之耶。’此知潜矣，抑未谓深知潜也耶？当俟如潜者辨之。”①袁宗道《读渊明传》、袁中道《艳歌》等虽也承认陶渊明的高洁，却把陶渊明出仕和归隐的原因归于“恶饥”与“好逸”，还欣赏陶渊明“好酒微兼色”的活人趣味②。这些基于性情的思考和大胆言论有力地廓清了加在陶渊明身上的崇高化、概念化迷雾。晚明毕竟仍然是在传统的社会框架之内，传统的价值观念在现实矛盾的激发下碰撞出夺目的光辉，以钟惺、黄文焕和张岱等人为代表的晚明读者继承了性灵派的基本立场，又不舍弃基本的儒家价值。钟惺、谭元春在《古诗归》中大量选评陶诗，看到陶渊明率真任性的同时，也看到了他身上儒家笃实的精神底色，以温慎忧勤、深厚浑朴崇陶，对陶诗进行了富有个性的阐发，代表了性灵派一脉对陶渊明的重新定位。如果说性灵派、竟陵派所阐发和肯定的陶渊明保持了淡定的风貌，那么黄文焕则深切感受到陶诗背后的忧愤激荡，从情感波澜的角度深入细致地阐释和推崇陶诗。《四库全书总目》概括其《陶诗析义》的鲜明特点云：“其析义之例有三：一曰练句练章，不专平淡；一曰忧时念乱，不徒隐逸；一曰理学标宗，圣贤自任。”③《陶诗析义》代表了儒学立场下以忠愤解陶、以锻炼解陶

① 〔明〕李贽：《藏书》卷五九《外臣传·身隐·晋陶潜》，明万历二十七年焦竑刻本。

② 〔明〕袁中道：《艳歌》，见《珂雪斋集》前集卷二。

③ 〔清〕永瑢、纪昀等：《四库全书总目》卷一七四。

的最高成果,是明初风雅论者、明中期复古论者与中晚明性灵论者三派观点的有机融合。

需要指出的是,复古派于陶诗并非都是懵懂无知的,他们许多人对陶诗还是有深入体会的。其中有代表性的人物是谢榛、唐顺之、茅坤、胡应麟和许学夷等。胡应麟和许学夷等上文已有所论,此仅以谢榛为例。谢榛以布衣的身份交游、跻身于“前七子”之列,主张模拟古人,但反对拟古太甚,强调“超悟”①;他所师法的诗歌对象不局限于盛唐,认为盛唐之前的诗歌才是无法逾越的典范。所以,他把陶诗作为学习的典范之一,引李仲清的言论说:“陈伯玉诗高出六朝,惟渊明乃其伉俪者,当与两汉文字同观。”②他在《四溟诗话》中除了从情感意趣上认为“渊明最有性情”且“发真趣于偶尔,寄至味于澹然”③,更多从形式格调上肯定陶渊明,如云:

《诗》曰:“觏闵既多,受侮不少。”初无意于对也。《十九首》云:“胡马依北风,越鸟巢南枝。”属对虽切,亦自古老。六朝惟渊明得之,若“芳草何茫茫,白杨亦萧萧”是也。(卷一)

梁元帝《春日》诗,用二十三“春”字,鲍泉奉和,亦用二十九“新”字,不及渊明《止酒》诗,用二十“止”字,略无虚设,字字有味。(卷一)

《扪虱新话》曰:“诗有格有韵。渊明‘悠然见南山’之句,格高也;康乐‘池塘生春草’之句,韵胜也。”格高似梅花,韵胜似海棠。欲韵胜者易,欲格高者难。兼此二者,惟李杜得之矣。(卷二)

渊明咏雪曰:“倾耳无希声,在目皓已结。”此语殆似颜谢。罗大经谓其轻虚洁白,尽在于是。但识其趣,体则未也。(卷二)④

上引言论从属对自然、用字有味、格调高胜、体同颜谢、作者品行等方面肯定和批评了陶诗,艺术上的体会细致精微。

四、陶渊明的符号化和艺术化

明代读者接受陶渊明的第四个突出特点是陶渊明进一步被符号化、艺术化

---

① 〔明〕谢榛:《周子才见过谈诗》,见蔡景康编选《明代文论选》,人民文学出版社 1993 年版,第 134 页。

② 〔明〕谢榛:《四溟诗话》卷二,见丁福保辑《历代诗话续编》下册,第 1174 页。

③ 〔明〕谢榛:《四溟诗话》卷二,见丁福保辑《历代诗话续编》下册,第 1161 页。

④ 分别见丁福保辑《历代诗话续编》下册,第 1138 页、第 1155 页、第 1157 页、第 1172 页。

和生活化,渗透到明代读者生活的众多方面,文学中的诗歌、词、散曲、戏剧、小说、散文,艺术中的书法、绘画、园林,生活中的居处、旅游、交友、民俗(节日)、游戏等,无不闪烁着陶渊明的影子。明人把苏轼以来的陶渊明文化现象进一步符号化、艺术化和生活化了,他们接受陶渊明的形式更加丰富多彩,而且出现了一批值得重视的新成果。

在五言古诗的创作上,复古诗人明显受到陶诗的影响。如何景明《平坝城南村三首》饶有陶田园诗风味,其一云:“朝出城南村,策马入荆杞。村中八九家,烟火自成里。儿童候晨光,稍稍荆扉启。四邻务收获,时复披草语。昵昵何所云,但言好禾黍。”①“南村”“烟火”“儿童”“披草”诸语显然从陶而出,更重要的是其中的田园意趣,如“但言好禾黍”与陶“但话桑麻长”是同一机杼。至于使用陶典、流露陶趣的诗歌更是不胜枚举,如谢榛的五言古诗《雨中宿榆林店有感》有陶风。此外,他的诸多诗作明显涉及陶渊明的有三十首之多。谢榛有七言诗《陶渊明图为杨考功虚卿题》直接歌咏陶渊明,在《重阳集李给事仲西宅无菊》《观种菊》《章景南菊下读〈离骚〉,戏赠》《九月十日登清凉峰无酒无菊》《采菊》《九日携酒过王叔野无菊二首》《圆菊为马所啮》七首写到菊花的诗歌都用到陶典。虽然其《形问影》一首是杂言诗,但一望便知是从陶《形影神》而来。从笔者所辑近百万言明代陶渊明研究资料来看,类似的学陶事例在复古派内外不胜枚举。至于整体风格学陶者,也不乏其人。如曹文蔚云:“吾于晋法陶渊明,于唐法杜子美。二公之诗诚有益于世教者。他如苏、李、嵇、阮、曹、刘、谢、鲍之流,非不可与言诗,其于世教抑末矣。”②邴文光“生平学陶,评者谓与潜后先无忝云。所著有拟陶诗及自祭传铭等篇”③。方问孝《苍耳斋诗集》卷三“五言古诗”下专门注明“陶体”,计十六题二十七首。④ 归子慕、黄淳耀“二人古诗皆拟陶”⑤,而“季思(归子慕)人品高洁,抒写性情与柴桑风趣不远”;“诗学陶而得其神髓”⑥,其《西窗》诗被艺术眼光苛刻的王夫之称赞为“此亦不知有陶,

---

① 〔明〕何景明:《何大复先生集》卷七,明嘉靖十年刻本。

② 〔明〕钱福:《曹文蔚山居集序》,见《钱太史鹤滩稿》卷三,明万历三十六年沈思梅居刻本。

③ 〔明〕过庭训:《本朝分省人物考》卷七九,明天启年间刻本。

④ 〔明〕方问孝:《苍耳斋诗集》,《四库全书存目丛书》集部第一五七册,第522~523页。

⑤ 〔清〕陈田:《明诗纪事》辛签卷五陈田按语,清陈氏听诗斋刻本。

⑥ 〔清〕陈田:《明诗纪事》庚签卷一陈田按语引《静志居诗话》语。

正令陶公呵之即舞”①。黄省曾晚年作诗往往“屏渊明之喧埃”，对陶渊明再三致意，作《读陶渊明述怀七首》，又作《陶渊明赞》，效仿陶渊明作《悲士不遇赋》《效陶渊明读山海经二十四首》等。

明代出现了空前繁盛的和陶、效陶、集陶之风，出现了一批值得注意的和陶、学陶作品。如果从元末明初的梵琦算起，到明末清初的张岱为止，就笔者视野所及，拟陶、和陶、集陶、律陶作家至少有一百八十家左右，超过明前所有此类作家的总和（一百一十多家）。至今留存超过二十首（篇）拟陶、效陶作品的明代作家就有二十九家。但这些陶渊明作品的直接衍生品成少败多。明代的和陶诗如果按照抒情言志自我成分之多少来划分，大致可以分两派，一为多我派，一为少我派。多我派的作家有童冀、桑悦、刘储秀、杨起元、祝允明、黄省曾、陈良谟、谢承祐、沈朝焕、张岱、黄淳耀、方以智、郭濬等，少我派的作家有李贤、黎民表、周履靖、唐时升、魏学洢、顾梦游等。当然，这种划分是相对的，因为一个作家往往兼属两派，只是作品数量有多有少而已。总体而言，多我派的艺术成就要高于少我派。因为多我派在保持与陶诗相似性的情况下，更多地抒发了自我个性化的情志，书写了个人的遭遇和感慨，在精神上提供了较多的新质，如童冀、陈良谟、祝允明、沈朝焕等人的身世感慨，张岱、黄淳耀、方以智等人的末世悲愤。但多我派的诗作并非都是成功的作品，其中多有不成功者，如杨起元、谢承祐的诗作多悟道言理，与陈白沙诗及陶诗相比，未能做到理趣交融，故多流于说教；又如沈朝焕等人的作品锻炼不精，多有稚拙生硬篇什。围绕着和陶之风也形成了两派模拟意见，一为求似，二为抒情。两派各有得失，其中有值得后世读者重视的理论问题。

创始于陶渊明的田园诗在明代也有普遍的继承，出现了许多不乏鲜明特点的优秀作品。明代诗作浩瀚，田园诗是其中的一种重要题材。仅就清代《御选明诗》统计，题目中明显写到田园的就有十六家，他们是刘炳《忆园庐》、顾璘《东郊田园四首》、蒋山卿《夏日田园即事五首》《田园秋日杂兴四首》、蔡羽《思田园》、尹伸《病后田园杂咏》、张弼《耕隐》、沈萃桢《田园诗》、张楷《田园乐》、吴与弼《和田园乐》、黎扩《渔樵耕牧四首》、费宷《田园乐用王摩诘韵》（录二首）、李濂《春日田园杂兴二首》、薛惠《田园乐七首》（录四首）、张时彻《田园乐》（原二十首录六首）、钱镇《田家杂兴》、方孟式《田家乐》。此外，林大钦等也

① 〔清〕王夫之：《明诗评选》卷四，见《船山全书》第一四册，岳麓书社 1996 年版，第 1338 页。

有大量的田园诗。

明代田园诗有三个特点值得注意：一是题材方面对前人有继承和创新，如高启所作反映民生疾苦的作品，杨慎所作反映地方风俗的作品（《滇南月节词》），主要直接继承了白居易和范成大的田园诗风。二是形式方面有新的发展，主要表现在六言田园诗的兴盛和田园类散曲名作的出现上。六言田园诗方面的知名作家有张楷、吴与弼、黎扩、费寀、李濂、薛蕙、张时彻、钱镇、方孟式等，其中张时彻的《田园乐》二十首、《武陵道中即事》六首、《武陵道中》十首、《闲居漫兴》二十首等可为代表，它们直接源于王维的六言田园诗《偶然作六首》。田园类散曲名作以刘良臣的【北正宫醉太平】《田园杂兴二十四首（之一）》为代表，如：“蛐蜓豆角长，牛尾黍色黄，垂头谷穗摆成行。绵花开朗朗，葫芦蔓拽西瓜上。石榴树把墙头障，枣儿花眼桃儿香。田园中勾当。”①篇中对田园的亲切感扑面而来，状物的风趣传神、语言的幽默朴实仿佛天生，新鲜的形式也为传统田园诗带来了泥土般的芬芳。三是借田园记实、抒情言志的作品一直持续有作。除了和作中的大量作品，像王阳明贬谪龙场时期的《谪居绝粮请学于农将田南山永言寄怀》《观稼》《龙冈新构二首》《小园》《采薪二首》、《村南》等，张岱的《快园十章》《种鱼》《舂蚕》《舂米》《担粪》等，都能够见出作者的个性、情感和遭遇，切实而不流于浮泛，允为田园诗中的优秀作品。

除了田园诗、《归去来兮辞》等作品，陶渊明其他体裁的作品在明代也有富有个性的接受成果。如，至少有三十人效仿陶渊明的《自祭文》创作过自祭文，优秀作品有徐渭的《自为墓志》、张岱的《自为墓志铭》等；效仿形式也不拘一格，如王象晋的《辞世小言》采用了“辞”体，兼有《归去来兮辞》的风味。陶渊明及其创造的意象等也激发明人创作出了值得关注的作品。如童冀《鞠玄传》、罗仲点《晚香先生传》、任士林《真一先生传》等即与陶渊明的菊花、酒相关，幽默诙谐，别具意趣。值得一提的还有沈长卿的《拟督邮劾彭泽令陶潜疏》，构思新奇，出人意料。伴随着戏剧的兴盛，陶渊明形象更频繁地走上戏剧舞台，成为戏剧文学表现的历史人物之一。明代敷衍出的与陶相关的戏剧至少有十一种，见存比较完整的有四种，即元明之际阙名的《东篱赏菊》杂剧、许潮的《武陵春》杂剧、高濂《节孝记》传奇中的《赋归记》十七出和阙名《四友记》中的“陶渊明之菊”部分。这些陶渊明戏上承元杂剧，下启清代的陶渊明戏和桃源戏，是陶渊明接受史上开出的映日荷花，别样鲜艳。陶渊明还在词（如易震吉《水调歌头·读

① 谢伯阳编：《全明散曲》第二册，齐鲁书社 1993 年版，第 1317 页。

陶诗拈句为赋得三十首》《卜算子·读陶诗拈句三十四首》等)、小说、散曲、散文、小品文等诸多作品形式中留下自己的影子,此不赘述。

此外,陶渊明及其作品还渗透进绘画、书法等艺术形式。此以沈周、祝允明、唐寅、文徵明等浪漫派文人为代表。他们诗、书、画才艺兼绝,往往在绘画、书法、题画作品中涉及陶渊明题材。明代时,在书画中涉及陶渊明及其作品者比比皆是。较著名的绘画作品有王仲玉的《陶渊明像》,马轼、李在和夏芷的《归去来兮图》一至四卷①,周臣的《桃花源图》,仇英的《柳下眠琴图》《桃村草堂图》《桃源仙境图》,蒋乾的《临流图》,张鹏的《渊明醉归图》②,宋旭的《桃花源图》《武陵山水图》,丁云鹏的《漉酒图》③等。文徵明书画中涉及陶渊明处甚多,据美国学者福开森编《历代著录画目》④统计,涉及陶渊明的书画有《桃源图》《归去来辞书画卷》《南窗寄傲图并记卷》等近三十幅。祝允明曾经多次书写过陶渊明诗歌、《闲情赋》等作品,还多次书写自己创作的《和陶渊明饮酒二十首》。此外,明代还有大量与陶有关的题画诗和题跋。如于谦《渊明像》云:“杖履逍遥五柳庄,一辞独擅晋文章。黄花本是无情物,也共先生晚节香。”⑤绝句叹文叹人,画面与性情并现,可谓精警隽永。

明代的园林栽培、居处环境也普遍打上了陶渊明的印记。园林是身体和心灵休憩的净土,须体现主人的审美情趣和理想,而陶渊明则成为园林设计中情趣和理念的重要因素,他身上的隐逸高雅、他诗文中的田园神韵都被吸收运用到明代的园林设计中。明代园林专家计成撰有世界上最早的关于造园艺术的专著《园冶》,在论述中,有意无意地融入了陶渊明因素,详参《陶渊明与中国园林文化》一节。

在花卉栽培中,明人继承宋人嗜好,尤爱菊花。继宋人刘蒙、史正志、范成大之三种《菊谱》之后,明人今存黄省曾和周履靖的两种《菊谱》。黄省曾和周履靖都爱陶成癖,创作过大量的和陶诗。随着人们对菊花栽培技术的掌握以及菊花品种的增多,喜爱菊花的诗人禁不住形诸歌咏。除了散见的大量菊花诗和一部分菊花赋,还出现了篇幅巨大的咏菊组诗,如杨循吉《菊花百咏》一卷、钱福

---

① 以上分别见中国美术全集编辑委员会编《中国美术全集·绘画编6》,上海人民美术出版社1988年版,第11、30、31、32、33页。

② 以上分别见《中国美术全集·绘画编7》,第28、64、65、66、164、194页。

③ 以上分别见《中国美术全集·绘画编8》,第4、5、82页。

④ [美]福开森编:《历代著录画目》,人民美术出版社1993年版。

⑤ 〔明〕于谦:《于忠肃公集》卷六,《丛书集成续编》第一一二册,第55页。

《咏菊花一百十二首》、朱弥钳《咏菊（一百首）》，动辄上百首，规模可谓空前。其中数量众多的咏菊诗直接涉及陶渊明本人或者用到与陶渊明相关的意象、词语、典故等。李绍文《皇明世说新语》记一轶事云：“相嵩诞日，诸翰林称寿，争献其面。时菊花满堂，陆平泉独退处于后，徐曰：‘不要挤坏了陶渊明！’”①菊花简直成了陶渊明的化身，爱菊、爱陶融合难分。

从苏轼之后，陶渊明引起了以士人为主体的广大读者越来越多的关注，历经宋、元，到明代，陶渊明及其作品仍然是读书人绕不开的接受对象，被以丰富多彩的形式接受着、阐发着，而且陶渊明越来越符号化②、生活化，在向雅文化渗透的同时，也广泛渗透到戏剧、小说等俗文化中。

第二节 “儒者之高品，词林之独步”

明嘉靖二十七年（1548），九江知府王廷榦于《靖节先生集跋》中云：“夫人文聿盛，崇尚之途有常；风雅载兴，咏歌之情不一。然古之君子，玄言微文，寄兴托讽……独陶元亮之集，传诵日新，谓非以其有风人之义者耶？元亮远心旷度，气节不群，力振颓风，直超玄乘，遭时不偶，遂解绶归田，赋诗见志，不烦绳削，而有浑然天成之妙。恢之弥广，按之愈深，信儒者之高品，词林之独步也。”③传统读者重视文如其人的优秀作家，明代读者也不例外，在人品、诗韵俱高的典范中，陶渊明无疑是具有特殊意义的一个。在儒学传统和道德修养上，陶渊明“远心旷度，气节不群，力振颓风，直超玄乘”，确实是“儒者之高品”；在风雅传统中，陶诗“有风人之义”“浑然天成之妙”，不愧“词林之独步”。明代读者接受陶渊明有与前代读者相同的文化基因，也有他们自己的时代特殊性。

---

① 〔明〕李绍文：《皇明世说新语》卷七，明万历年间刻本。

② 如继元人虞集之弟虞槃书屋名“陶庵”（《元史·虞集传》）之后，明人取号“陶庵”者甚多，如归子慕、张岱、黄淳耀、施文峰（明黄暐《蓬窗类纪》卷二注文有“陶庵子评曰”，涵芬楼秘笈本；明瞿景淳《瞿文懿公集》卷九有《明故奉政大夫广东按察司佥事文峰施公墓志铭》，《四库全书存目丛书》集部第一〇九册，第587页）、姚某（明程于古《落玄轩集选》卷五有《姚陶庵贻画》诗，明天启三年刻本）、沈贞（明李日华《味水轩日记》卷二，民国嘉业堂丛书本）等。

③ 〔晋〕陶渊明撰：《陶靖节集》，见《陶渊明资料汇编》上册，中华书局1962年版，第148～149页。

一、时代哲学的选择

明代读者接受陶渊明打上了明代理学和心学的鲜明印记，陶渊明是他们用哲学标准筛选出来的古代诗人和士人典范。明代是儒学复古的时代，从明初开始，程朱理学被定于一尊，理学的普及读本《性理大全》选录了朱熹、杨时、吴澄等评论陶渊明的言论。他们关于陶渊明的定位理所当然地引起明代理学家的高度重视。如章懋（1436—1521）云：

> 古今论渊明者多矣，大率以其文章不群，词彩精拔，冲淡深粹，悠然自得为言，要皆未为深知渊明者。独子朱子称其不臣二姓，有得于天命民彝君臣父子之义。吴草庐（吴澄）称其《述酒》《荆轲》等作，殆亦欲为汉相孔明之事。而魏锡山（魏鹤山）则曰：有谢康乐之忠而勇退过之，有阮嗣宗之达而不至于放，有元次山之漫而不著其迹。观是三言，足以见其为人，而节概之高、文章之妙，固有不待言者。呜呼，若渊明，岂徒诗人逸士云乎哉！吾不意两晋人物有若人也。①

明人继承朱熹等人的评论审视陶渊明，发现他比其他诗人更加符合理学标准，所以章懋等以儒学道德立身者首先不是把陶渊明看作“诗人逸士”，而是格外看重他“节概之高”。又如理学家程敏政认为“渊明表圣之节伟矣”②，对友人贬陶之语特予澄清：

> 渊明之事，有程、朱二夫子定论，后学宜无所复置喙者。吾友翟少卿廷光忽大书一跋，并和《归去来辞》，欲自学孔子，而以“不仕无义”责备渊明。予读之，为之大骇。夫渊明自以晋朝世辅，耻复屈身刘宋，故始终托诗酒以自晦，而人莫之知也。朱子《纲目》大书“晋征士陶潜卒”于南宋之朝，可谓得渊明本心于千载之上者矣。渊明平日诗最冲澹，至于《咏荆轲》则激烈之气，奋然如不可遏，以秦喻宋也。平日与物无竞，至于檀道济馈粱肉，则峻却之，以道济事宋为心膂也。此其心事当何如哉！而以孔子“不仕无义”讥之，大失言矣！朱子《楚辞》深罪杨雄，而右渊明。雄之罪，正坐以孔子自任，而误认“不仕无义”之语，遂失身于莽尔。惜吾友生程、朱之后，而为此言，故不得不一订之。③

---

① 〔明〕章懋：《枫山语录》，又见于《枫山集》卷三，影印清文渊阁《四库全书》本。

② 〔明〕程敏政：《湖上青山诗序》，见《篁墩集》卷二九，明正德二年刻本。

③ 〔明〕程敏政：《题宋李龙眠白描渊明图后》，见《篁墩集》卷三六。

程敏政认为理学先师“程、朱二夫子定论”不容置疑，所以对友人“以‘不仕无义’责备渊明”的论点大为惊骇，引朱子评论予以批驳。引朱论陶这种例子在明初中期比较多，又如吴讷赞同朱熹作诗须从陶、柳门径入的观点，认为唐以前，陶卓然称雄，韦应物、柳宗元步其“高风逸韵”①，无疑，朱熹评陶的肯定态度深刻影响了士人对陶的推尊。这与朱熹在明代的崇高理学地位是分不开的。深受理学影响的读者在阅读陶诗时，格外关注陶诗的理学意蕴。郎瑛《七修类稿》卷一六义理类“渊明非诗人”条云：

真西山论陶诗：“荣木之忧，逝川之叹也；贫士之咏，箪瓢之乐也。”以公之学在经术中来。予又以公非自经术，自性理中来。夫《饮酒》第五首，脍炙人口者也；尝往来胸中，若有所得其好者。夫以第一句“结庐在人境”，似静中有动；第二句“而无车马喧”，似动中有静；三四句“问君何能尔？心远地自偏”，即心境混融处也；五句“采菊东篱下”，是潜心求一；六句“悠然见南山”，是得一之征矣；七八句“山气日夕佳，飞鸟相与还”，乃至和充溢，表里盎然；九句“此中有真意”，所立卓尔，十句“欲辩已忘言”，正末由也已。可见陶公心次浑然，无少查滓，所以吐词即理，默契道体，高出诗人。有自哉！②

说“渊明非诗人”，与章懋论陶“岂徒诗人逸士云乎哉”都出于理学思路，只是郎瑛在此关注的不是“节概”，而是陶诗如何细腻有序地呈现理学的最高境界。其“吐词即理，默契道体，高出诗人”的论断正是基于理学眼光的独特观察所得。

明人即使不同意朱熹的个别论断，也往往本于理学立场来做新的矫正，如何孟春（1474—1536）论陶云：

朱子言：“陶渊明亦是庄、老。”真西山曰：“予闻近世之评诗者云：渊明之词甚高，而其旨则出于庄、老；康节之词若卑，而其旨则原于六经。以余观之，渊明之学正自经术中来。……”《朱子语录》出门人杂手，未可信。靖节人品诚有如西山所言者，未可轻议。然吴临川《跋朱子书陶诗》又云：朱子尝言，陶靖节见趣多是老子意。观此《写陶诗四首与刘学古》，而卷末系以老氏之六言，以其诗意出《道德经》之绪余也。何也？此直晦庵一时所见意如此耳，非遂有所贬也。晦庵谓周濂溪《拙赋》“天下拙，刑政彻”，其言似庄、老，岂以濂溪亦庄、老之徒哉！③

---

① 〔明〕吴讷：《晦庵诗抄序》，见《皇明文衡》卷四三，《四部丛刊》本。

② 〔明〕郎瑛：《七修类稿》卷一六，明刻本。

③ 〔明〕何孟春：《余冬诗话》卷上，《丛书集成初编》本，中华书局1985年版，第8页。

何孟春明确否定了朱熹把陶渊明归入老、庄的言论，而赞同真德秀把陶渊明归入儒家的观点。明人诗学复古不尊宋人，但因受理学的影响在论陶上有选择地吸收和认同了宋人的观点，这是一个深有意味的现象。它至少表明尊奉程朱理学、推崇封建道德节操是明代读者在人品方面肯定陶渊明的时代思想原因。

理学的新变派心学也从陶渊明身上发现了他们所需要的精神资源。如果说程朱理学的继承者格外看重陶渊明的道德节操，那么心学家则基于自家学说格外关注陶渊明高度自觉的主体精神，与陶渊明扎根日常、萧然物外、洒脱自由的审美精神取得了更多的共鸣。陈白沙、王阳明、李贽等人之所以接受陶渊明，基本都因缘于此。陈献章是明代大儒，是明代心学大门的开启者，是朱熹理学向王阳明心学过渡的关键性人物，他在品节修养、生活情趣和诗歌创作上深受陶渊明影响。其和陶《归田园三首（之一）》云："乘化以归尽，斯道古来然。"①从哲学观上看，陈白沙之所以接受陶渊明，关键在于他从陶身上发现了一种与他的哲学精神契合的自然自得精神。他的弟子也是如此接受陶渊明的，湛若水在《白沙诗教解》卷六中解释他老师的"采菊复采菊"一诗云："以采菊喻求道，言采菊于严霜之时，桃李皆谢，惟此落英；又餐之者少，古今惟屈原、渊明耳。"②解释"菊花正开时"一诗云："'南山对面'即渊明所谓'悠然见南山'；'不取不舍'即勿忘勿助之意。必如是，则本体自然，而后南山可见也。'南山对面'喻见道。"③陶诗显然成为求道、见道的凭借。贬谪龙场时期是王阳明人生最困顿的时期。他却借助陶渊明的田园精神渡过了人生的危机，创作了他一生中仅见的几首田园诗。如其《观稼》云："下田既宜稌，高田亦宜稷。种蔬须土疏，种蓣须土湿。寒多不实秀，暑多有螟螣。去草不厌频，耘禾不厌密。物理既可玩，化机还默识。即是参赞功，毋为轻稼穑！"④又其《龙冈新构二首（之二）》云："毋为轻鄙事，吾道固斯存。"⑤陶诗《庚戌岁九月中于西田获早稻》云："人生归有道，衣食固其端。"王阳明在田园耕耘中借助类似于陶渊明的现实感受体悟道学玄

---

① 〔明〕陈献章撰，孙通海点校：《陈献章集》，中华书局1987年版，第292页。

② 〔明〕陈献章撰，〔明〕湛若水注：《白沙先生诗教解》卷六，《四库全书存目丛书》集部第三五册，齐鲁书社1997年版，第561页。

③ 〔明〕陈献章撰，〔明〕湛若水注：《白沙先生诗教解》卷八，《四库全书存目丛书》集部第三五册，第573页。

④ 〔明〕王守仁撰，吴光等编校：《王阳明全集》卷一九，上海古籍出版社1992年版，第695～696页。

⑤ 〔明〕王守仁撰，吴光等编校：《王阳明全集》卷一九，第697页。

机，其日用即道，道在耕稼的玄学意趣显然透着陶渊明的影子。又如其《文橘庵墓志》云：“死生之变大，而若人昼夜视之不以讳，非达欤？盖晋之末有陶潜者，尝自志其墓。”①借助陶渊明《自祭文》了悟生死之道。可见陶渊明作品本身的理趣使王阳明产生了共鸣。又如嘉靖时期深受王阳明心学影响的山人谢承祐“笃志圣贤之学，不以闻达求于世”②，他和陶在很大程度上也是借陶明理悟道，故其友人序其和陶集云：“余观子之所和《形影神》，以仕、隐、道配之，则知子之志矣。且天下之道无定在，彼不必是，此不必非。故君子未尝必于仕，亦未尝必于处，惟其时而已。子之作！余见其恬然清修，无慕于外；然忧深思远，情见乎辞，执此以往，贞而不谅焉，子其庶几矣！”③其学生在为其《和陶集》所作的序中说得更干脆：“吾夫子诗之所在，道之所在。”④谢承祐学陶的目的在于感悟心学之道，修身明性，超越出处行迹的拘束，坦然面对命运的安排。陶诗无疑是谢承祐学道的津梁之一。李贽曾自白说：“陶公清风千古，余又何人，敢称庶几，然其一念真实，受不得世间管束，则偶与同耳，敢附骥耶！”⑤明中后期的哲学思潮是资本主义萌芽的发展在思想领域的反映，其核心思想“童心说”等具有强烈的反传统程朱理学的叛逆性。李贽等人从陶渊明身上获取的主要是“一念真实，受不得世间管束”、不为五斗米折腰、为了自由而宁愿乞食受贫的独立精神。要之，心学家们看重的主体精神可以在陶渊明身上找到源头和依据，难怪他们对富有玄学机趣的陶渊明抱有好感。

二、高压政治与人生遭遇的精神慰藉

明代读者接受陶渊明及其作品还有现实政治方面的深刻原因。

第一，因高压政治产生的不自由感，因仕途困顿产生的抑郁不平，都可以从陶渊明那儿找到精神的慰藉。洪武皇帝登基后加强中央集权，实行高压专制，杀人名目千奇百怪。他严格钳制士人，甚至不允许士人不仕，竟然说：“罪人大

---

① 〔明〕王守仁撰，吴光等编校：《王阳明全集》卷二五，第935页。

② 〔明〕钱良佐：《重刻复初山人和陶集后跋》，见〔明〕谢承祐《复初山人和陶集》卷后附，明嘉靖刻本。

③ 〔明〕盛若树：《复初山人和陶集序》，见〔明〕谢承祐《复初山人和陶集》卷首附。

④ 〔明〕卢彦：《复初山人和陶集序》，见〔明〕谢承祐《复初山人和陶集》卷首附。

⑤ 〔明〕李贽：《焚书》卷四《豫约·感慨平生》，中华书局1974年版，第523页。

者莫过严光、周党之徒,不正忘恩,终无补报,可不恨欤!”①诏告天下:“率土之滨,莫非王臣。……寰中士夫不为君用,是外其教者,诛其身而没其家,不为之过。”②于是,魏晋以来隐士备受推崇或者表面尊敬的传统真的走进了历史,明初那些不想出仕的名士遭到史无前例的严厉惩罚:贵溪夏伯启叔侄为不仕断指明志,苏州人才姚润、王谟被征不至,皆遭诛杀且籍没其家。③ 何况,仕途也充满凶险,令人战战兢兢、如履薄冰。但士人对自由的渴望从来就没有泯灭过。一来士人有追求自由的文化传统,二来元末明初动荡的社会现实也有利于滋生自由的思想,而一旦滋生就不是高压所能够消灭的。明初最高统治者虽然用高压政治和理学钳制士人言行,但难以约束他们渴望自由、渴望精神放松的心灵欲求。高启就是一个很典型的例子。他天才高逸,对人格的独立和自由有极其强烈的憧憬和追求。其《池上雁》云:“野性不受畜,逍遥恋江渚。”④他在仕途中感受到的不是新朝的活力,而是官场的沉闷和拘束。因此,他向往同陶渊明一样归去来兮,与陶渊明的饮酒、孤傲、慨叹等取得共鸣就是必然的了。又如方孝孺,是学术纯正的儒者,“恒以明王道、致太平为己任”⑤,明开国之初,本应该毫不犹豫地积极进取,但是受其父因“空印”案牵连被诛的影响而在仕与隐之间徘徊不定:“万事悠悠白发生,强颜阅尽静中声。效忠无计归无路,深愧渊明与孔明。”⑥选择渊明还是孔明的生活方式,这是在专制政治下以道自任、欲有所为的士人不得不考虑的事情。再如岳正,曾经受到英宗赏识,但因为人率直大胆,得罪了皇帝,被贬官流放。他并没有因不幸遭遇而改变对独立人格的坚守,所以他在晚年找到了陶渊明作为人生理想和生活情趣上的知音,其《景陶》诗云:“归去来兮不是辞,陶家家数正如斯。近来次第施行尽,只欠临流会赋诗。”⑦严酷的专制政治和宫廷巨变使知识分子越来越看清——在仕途上难以坚守道义

① 〔明〕朱元璋撰,胡士萼点校:《明太祖集》卷一〇《严光论》,黄山书社1991年版,第209页。

② 《御制大诰三编·苏州人材第十三》,见《明朝开国文献》(一),台湾学生书局1966年版,第343~344页。

③ 参〔清〕张廷玉等《明史》第八册卷九四《刑法志二》,中华书局1974年版,第2318页。

④ 〔明〕高启著,〔清〕金檀辑注,徐澄宇、沈北宗校点:《高青丘集》卷四,上海古籍出版社1985年版,第151页。

⑤ 〔清〕张廷玉等:《明史》第一三册卷一四一《方孝孺传》,第4017页。

⑥ 〔明〕方孝孺:《立春偶题二首(之一)》,见徐光大校点《逊志斋集》卷二四,宁波出版社2000年第2版,第863页。

⑦ 〔明〕岳正:《类博稿》卷二,影印清文渊阁《四库全书》本。

理想和人格尊严,他们只有到体制之外去寻找人生新的价值追求,而陶渊明正适合了他们的精神需要。

明代中晚期,政途黑暗,社会动荡,有理想的士人往往遭遇不偶,极容易同陶渊明归去的心态和愤激的情感产生共鸣。吴国伦《松菊堂》云:"总知归去好,无地不柴桑。"[①]凡是有文化理想的士人一入仕途总是难免与黑暗不合。公安派袁宏道等人对折腰于黑暗仕途有深切的体会,所以才会对顺性自由的陶渊明产生好感。茅坤壮年,恃才傲物,终受排挤,解职乡居长达四五十年。因此,他从陶诗中读出的是"呜咽感慨之旨",认为陶渊明是张良一样伺机复仇的豪杰人物,"岂盼盼然歌咏泉石,沉冥曲蘖者而已哉!吾悲其心悬万里之外,九霄之上,独愤翮之縶而蹄之蹶,故不得已以诗酒自溺,踯躅徘徊,待尽丘壑焉耳"。[②] 黄文焕当生活于危机四伏、政道黑暗的明末,其形势类似陶渊明之于晋末。崇祯末年,黄文焕受黄道周党争案牵连,蒙冤下狱,正是在狱中,完成了《陶诗析义》,也就是说,他是带着愤世之情阅读陶诗的,因此能从陶诗字里行间读出悲愤来。又如南谷翁,少倜傥,有奇气,胸怀大志,"偃蹇迟暮,仅调荔浦令",虽有军功,然"颇为部使者所忌,欲中伤之。翁曰:'松菊犹存,迷途未远,顾吾衰矣。安能与若辈共事?'竟拂衣归……识者以陶令拟之"。[③] 做一小小县令,本与大志不符,何况困于鱼虾,饱受龌龊小儿之气?南谷翁这样很容易同陶渊明产生共鸣。又如朱一斋《和陶渊明归去来辞序》称自己"赋性疏懒,素无宦情,况以衰朽之年,乘迍蹇之运",在京师学宫的寂寞孤独之夜,禁不住思念故乡,诵读、追和陶渊明《归去来兮辞》来舒解心绪。这些奔波于仕途的士人在社会上饱尝不快之后,年龄也近迟暮,归去来兮的选择远比混迹龌龊仕途更具有吸引力,所以自然会对陶渊明所实践的自由人生充满向往之情。

第二,生活境遇与陶渊明类似且于仕途相对自由的浪漫文人、山人隐士、闲居官员容易认同陶渊明的隐逸选择。

明中期的六朝派和浪漫派诗人之所以普遍肯定陶渊明及其作品,与他们中的大部分人沉沦下僚甚至隐居民间的非主流、边缘化心态分不开,也与他们不同于复古派的开放诗歌观念密切相关。祝允明《醉》诗表现其不得志云:"惆怅

---

① 〔明〕吴国伦:《甔甀洞稿》卷三〇,《四库全书存目丛书》集部第一二三册,齐鲁书社1997年版,第76页。

② 〔明〕茅坤:《论陶》,见《陶渊明资料汇编》上册,第143~144页。

③ 〔明〕李默:《渊明抚松图引》,见《群玉楼稿》卷七,《四库全书存目丛书》集部第七七册,齐鲁书社1997年版,第755页。

惟陶阮，悬知磊魄襟。”①黄省曾早年写作《悲士不遇赋》，也表达了因社会体制压抑而生的愤懑。六朝浪漫派诗人意识到复古派机械复古的弊端，论诗基本上不拘守一朝一代，观念相对融通和开放。如祝允明认为历代五言诗“虽则高卑稍殊，要之各有至处”②；薛蕙认为“诗自曹、刘下逮颜、谢，体裁各异，均一时之隽也”③。陶诗虽然不是复古派所推崇的汉魏古诗，但超越流俗，不应以时代先后论。开放的诗学观念使他们把陶诗纳入学习的视野。

六朝派、浪漫派、公安派读者之所以对陶渊明多有创造性的接受成果，除了接受者本人有特出的才华，明中期受商品经济冲击而产生的个性解放思潮也有催助之功。如唐寅对桃花的接受、公安派对陶诗性灵意趣的重视等明显具有与封建传统观念不合的新特点。竟陵派推崇陶渊明与他们寒微自尊的士人心态密不可分。竟陵派士人面对人生的迷茫走上了一条复古派与公安派士人之间的中庸之道，放弃了大而不实的救世抱负，也放弃了遭受朝廷戕害的李贽“异学”影响下的狂放，由傲诞转为内敛，由外向转向内向，由功业转向性灵，但又不甘沉沦，于是在明哲保身中自我救赎，放逐浅俗而追寻高雅孤幽的精神生活。这是一种自尊自立、洁身自好的寒士孤情，与选择隐逸生活方式、不为富贵折腰的陶渊明的精神追求在本质上是相通的。

明代山人隐士在生活境遇上与陶渊明最为相似。早期，孙一元等“大多以布衣、隐士身份出现，很少游谒公卿，干谒求助”④，他们珍惜独立自由的隐逸生活，往往能够同陶诗的平静安详取得共鸣。中期，山人如徐渭、谢榛、沈明臣等“长年奔走于各类幕府中，足迹遍及南北，很少有平静的隐居式生活”⑤，向往隐逸田园而不得，感慨“归欤成远志”⑥，学陶而不得。晚期，山人周履靖的和陶作品在明代中后期山人隐士中具有典型意义，然而周履靖的出现不是偶然的，与明代晚期士人感于政治的腐败转而内敛自守、自娱自适的社会思潮密不可分。受此思潮影响，士人不论是蹭蹬仕途者还是悠游世俗山林者，都不约而同地从陶渊明那儿获得心灵慰藉，使学陶成为风气。与此前奔波于权门的山人不同，

---

① 〔明〕祝允明：《怀星堂集》卷六，影印清文渊阁《四库全书》本。

② 〔明〕祝允明：《祝子罪知录》卷九，明刻本。

③ 〔明〕薛蕙：《杂体诗二十首序》，见《考功集》卷二，影印清文渊阁《四库全书》本。

④ 张德建：《明代山人文学研究》，湖南人民出版社 2005 年版，第 179 页。

⑤ 张德建：《明代山人文学研究》，第 186 页。

⑥ 〔明〕俞安期：《小像自题三百五十字》，见《翏翏集》卷九，《四库全书存目丛书》集部第一四三册，第 86 页。

晚明山人受到官僚和世人的礼遇，许多山人如陈继儒、周履靖等有较为丰裕的生活来源，他们看到仕途的凶险，放弃仕途，却有意与官僚名贵保持若即若离、不离不弃的交往，生活不失优裕而闲适超脱。隐逸的陶渊明因此进入他们的视野，成为可资借鉴的榜样，成为山人生活的精神伴侣。他们不但从陶渊明的为人、生活上各取所需，而且从陶渊明诗文中汲取滋味，“拟陶者日侈”①。他们这样做一是为了附庸风雅，二是为了安顿精神。如陈继儒《捷用云笺》卷二“重阳”、卷三“送菊花”邀请和回执的便签都程式化地提到与陶渊明相关的典故、词语，以此来增加酬答活动的雅致；周履靖通过遍和陶诗来博取能诗名士的认同，也安顿自己寂寞无着的心灵。

即使是出仕的官员，他们在闲居、节日和退休期间也很容易从陶渊明那儿获得精神的慰藉。如顾起元晚年筑遁园隐居，作《园居杂咏·遁园》云“自无车马音，但有烟霞相”②，俨然以陶渊明为知音。其大量闲适生活诗往往有陶渊明的影子，如《故太史石亭陈公有咏斋中十二绝句夏日追和》《余和太史韵益以十二事，寻睹朱元介太史所咏，复如数和之》《复忆得十二事亦斋中所不废也，因漫赋之，一入宦途，雅好都尽，言此但以忆昨梦耳，为之慨然》《李计部古胜园十四咏》《坐隐园杂咏一百十二首》《吴文仲湖山别墅十八家》等诗，在咏及扫径、移榻、摘蔬、高卧、纳凉、晚香圃、西山爽气、夕佳楼、舒啸台等生活和景点时，自然地联想到陶渊明，借助陶渊明使自己的情趣高雅化，使精神得以放松。《坐隐园杂咏一百十二首·西山爽气》云：“山气日夕佳，延颈致堪赏。唯应拄笏观，坐待朝曦朗。”③“山气日夕佳”一句透露出顾起元对陶渊明审美情趣的认同。这是仕宦者超然于仕途矛盾和杂务的精神休整，是在官者以隐士雅兴安顿心灵的需要。朴翁退出仕途后，曾经追和陶诗。赵廷松在《刻〈和陶集〉》中释其原因云：“翁厌仕宦，退息林皋，近似陶公者。”④王思任“腼颜三仕为令，颇遭呵骂。归作蠹鱼，检先生（陶潜）集。童子赞叹，朱墨犹丹。又不觉血潮之湃于首也。……其朝闻夕死之悟，言言圣谛。可以澹生，可以饷日，可以解劳，可以驱怖”⑤。做县令的遭遇使王思任加深了对陶诗的理解。陶诗的情理意趣可以化解他精神

---

① 〔明〕陈仁锡：《玉稠山房大题选序》，见《无梦园初集》马集三，明崇祯六年刻本。

② 陈诒绂：《金陵琐志九种》之《金陵园墅志》，南京出版社2008年版，第526页。

③ 〔明〕顾起元：《懒真草堂集》卷一八，见沈云龙选辑《明人文集丛刊》第一期第二九种，台湾文海出版社1970年版，第1234页。

④ 〔明〕赵廷松著，陈彩云校注：《赵廷松集》卷八，线装书局2009年版，第311页。

⑤ 〔明〕王思任：《律陶序》，见《王季重先生集九种》，明末清晖阁刻本。

上的劳顿畏怖。顾璘《东郊田园四首序》谓“从宦三十年,濩落不就,谢归秉耒,遂与野人相亲……新营田园,辄赋此篇”①。从困顿不快的仕途走向田野,使精神顿时得到放松和自由,此种情形很类似于“陶公归桑里”②,所以自然就联想到并接受了陶渊明。陈良谟退休山居,“无以自遣,偶展渊明诗读之,欣然会心,反复讽咏,恍若揖其人于柴桑、栗里之间,而与之坐清风于窗下也,于是信手拈出,依韵而和之”③,其寂寞的晚年生活因此而变得可以忍受。王三省“以病退闲,万事灰心,百为俱懒,手足艰难,精神愦乱。……遂为赋范蠡、张良、陶元亮,以见意云”④。“迎人跪拜”的仕途生活令人难以忍受⑤,退闲的寂寞也需要精神上的抚慰,而陶渊明的隐居生活无疑为心灵提供了一处休息的港湾。要之,因生活经历和退休生活的需要而追和陶诗是一部分曾经历仕宦生涯的和陶、拟陶诗人接受陶渊明的现实原因。

三、诗史视野回避不了的典范

明代读者之所以推重陶诗,与陶诗在五言古诗发展史上的崇高地位密不可分,是明代复古思潮影响下的诗人对五言古诗优秀作家作品重新审视、筛选的必然结果。明初宋濂等人论文崇道宗经,主张诗歌创作要接续风雅,在审视风雅传统时,发现了陶诗的特殊典范性。这是对朱熹、真德秀等人用理学诗论观论陶观点的继承,也是有诗史眼光者的必然选择。宋濂《题张泐和陶诗》称陶诗为“《风》《雅》之亚”⑥,《答董秀才论诗书》称陶诗“超建安而上之”。张以宁《送曾伯理归省序》云:“诗三百篇古矣,汉苏、李五言及《十九首》次之,建安逮陶、阮又次之。”⑦王祎《练伯上诗序》云:“陶元亮天分独高,

---

① 〔明〕顾璘:《顾华玉集》卷一八《息园存稿》卷三,《丛书集成续编》第一一四册,第135页。

② 〔明〕顾璘:《东郊田园四首(之一)》,见《顾华玉集》卷一八《息园存稿》卷三,《丛书集成续编》第一一四册,第135页。

③ 〔明〕陈良谟:《和陶小稿序》,见《和陶小稿》,明嘉靖四十四年刻本。

④ 〔明〕王三省:《沁园春三首序》,见周明初、叶晔《〈全明词〉续补(二)——台湾所藏珍稀本明人别集所辑明词之二》,载《古籍整理研究学刊》2009年第3期,第40页。

⑤ 〔明〕王三省:《沁园春三首·陶元亮》,见周明初、叶晔《〈全明词〉续补(二)——台湾所藏珍稀本明人别集所辑明词之二》,载《古籍整理研究学刊》2009年第3期,第40页。

⑥ 〔明〕宋濂:《题张泐和陶诗》,见罗月霞主编《宋濂全集·朝京稿》卷二,浙江古籍出版社1999年版,第1678页。

⑦ 〔明〕张以宁:《翠屏集》卷三,影印清文渊阁《四库全书》本。

自其所得，殆超建安而上之。”①吴讷论五言诗亦云：“独陶靖节高风逸韵，直超建安而上之。”②刘丙《西轩效唐集录序》云：“诗以道性情，三百篇之外，惟陶、谢近之。”③瞿景淳《白崖先生和陶集序》云：“古今称陶诗者，皆谓其有三百篇遗风，唐宋诸名家不逮也。”④邵圭洁《白崖先生和陶集序》云：“诗自三百篇后……自六朝延蔓以迄于唐……古风荡然。惟靖节一人，清标高致，夐拔流俗。其诗和平雅淡，上追淳古。晋唐而下，诸凡称名家者，皆不能造其堂室。”⑤田艺蘅《陶渊明集序》云：“盖三百篇自汉魏而下，惟晋陶渊明独得其传。……据其词，可以继商山之《紫芝》；品其人，可以参首阳之二子。若夫韦、柳，曾何足云！”⑥张佳允《奚囊蠹余序》云：“昔人评诗，上下千年间，独无憾于晋之陶潜，非谓其言出性情，而有古诗之遗耶。”⑦这些言论都是纵向诗史视野下的结论。复古派虽然鼓吹诗必盛唐，但又不得不承认唐代的五言古诗难以同汉魏古诗比拟，李攀龙认为“唐无五言古诗”⑧，王世贞认为李杜以意气为诗，“《选》体，太白多露语率语，子美多稚语累语，置之陶谢间，便觉伧父面目，乃欲使之夺曹氏父子位耶！”⑨“《选》体”从某种意义上说主要是五言古诗，李攀龙是格外推崇李白和杜甫的文坛盟主地位的，但他居然不欣赏李、杜的五言古诗，认为没有陶、谢写得好。即使反对李攀龙“唐无五言古诗”言论的复古诗人，在审视五言古诗的历史时，也充分肯定陶渊明的诗史地位，认为：“陶杜乃汉魏之嫡派，但皮毛稍不同耳。……不知五言古一派，陶谢后便

---

① 〔明〕王祎：《王忠文公集》卷二，《丛书集成初编》本，中华书局 1985 年版，第 50 页。

② 〔明〕吴讷撰，于北山校点：《文章辨体序说·古诗》，人民文学出版社 1962 年版，第 31 页。剑锋按，该书版权页误题“吴纳”撰。

③ 〔明〕丁养浩：《西轩效唐集录》，《丛书集成续编》第一一三册，上海书店出版社 1994 年版，第 825 页。

④ 〔明〕瞿景淳：《瞿文懿公集》卷六，明万历瞿汝稷刻本。

⑤ 〔明〕邵圭洁：《北虞先生遗文》卷三，明万历刻本。

⑥ 〔明〕田艺蘅：《香宇集续集》卷六，明嘉靖刻本。

⑦ 〔明〕张瀚：《奚囊蠹余》，《丛书集成续编》第一一六册，第 490 页。

⑧ 〔明〕李攀龙：《选唐诗序》，见蔡景康编选《明代文论选》，人民文学出版社 1993 年版，第 190 页。

⑨ 〔明〕王世贞：《艺苑卮言》卷四，见丁福保辑《历代诗话续编》中册，中华书局 2006 年版，第 1005 页。

数盛唐。"①既然崇尚复古，而陶诗又是去古未远的古诗，因此陶诗被复古派重视是很自然的事情。所以，复古派所歆吹之诗必盛唐主要停留在近体诗上，至于五言古诗，则取法于唐代之上，尤其推尊汉魏。他们虽然在对陶诗的评价上走过贬抑的弯路，但不管是贬抑者还是褒扬者，都在诗史视野下关注到了陶诗。也就是说，陶渊明的五言古诗成为审视历史传统的复古派不得不仔细进行考量的文学遗产。

胡应麟和许学夷是复古派理论的总结者，他们对陶渊明诗歌的评价和阐释使复古派摆脱了因贬评陶诗而备受指责的尴尬处境，逐渐使陶诗的接受走上了正常的道路。这与他们结合正变源流来观察和阐释陶诗密不可分。钟惺和谭元春虽然不属于复古派，但也受到复古思潮的反面激发，他们编选《古诗归》时采用的也是历史的系统性眼光，是在历史的纵向发展中凸显陶诗的特殊价值。明代读者既然要总结前代丰厚文学遗产以利复古新变，那么作为五言古诗的典范作家陶渊明就是不得不仔细审视的重要对象。

何景明发表贬陶言论并非偶然，主要有两个方面的原因。其一，作为"前七子"的领袖之一，他与李攀龙等不满于台阁体迂徐缓慢的文风，致力于复古求变的文学事业，倡导"文必秦汉，诗必盛唐"，认为"诗古体宗汉、魏，近律法李、杜"②，"古作必从汉魏求之"③，诗歌"晋逮六朝，作者益盛，而风益衰"④；追求宏大的气魄，宗尚"朴略宏远"⑤的格调。陶诗出现在晋末宋初，气魄声调与汉魏诗歌相比似乎不够宏大，因此受到贬抑。其二，这也是陶渊明接受史上贬陶声音继续在特定时代的回响。复古派宗唐崇杜，而杜甫曾慨叹陶诗"颇亦恨枯槁"，宋人陈师道等也曾贬抑过陶诗，谢榛《四溟诗话》卷二云："皇甫湜曰：'陶诗切以事情，但不文尔。'湜非知渊明者。……陈后山亦有是评，盖本于湜。"⑥更为重要的是，在明代初期，由于统一局面的感发、对儒道经典的推崇和对用世诗教的强调，文坛已经出现了不满陶诗的端倪。明初士人格外强调陶渊明不得已而隐、有用世之心、不忘故国等入世情志，甚至以为不能用隐逸还是出仕的表

① 〔明〕赵士喆：《石室谈诗》卷下，见吴文治主编《明诗话全编》（拾），江苏古籍出版社 1997 年版，第 10559 页。

② 〔明〕焦竑：《副使何公》，见《熙朝名臣实录》卷二六，明末刻本。

③ 〔明〕何景明：《海叟集序》，见《何大复先生集》卷三四，明嘉靖十年刻本。

④ 〔明〕何景明：《汉魏诗集序》，见《何大复先生集》卷三四。

⑤ 〔明〕何景明：《汉魏诗集序》，见《何大复先生集》卷三四。

⑥ 〔明〕谢榛：《四溟诗话》卷二，见丁福保辑《历代诗话续编》下册，第 1161 页。

象来评价陶渊明之本质，认为陶渊明若出现在明初统一稳定的环境里可能也会出仕等，强调了陶渊明的淑世精神。但明初士人也偶有微词，主要是针对陶渊明内敛退守方面的，如格外推崇陶渊明之为人和诗文的宋濂在《送刘赞府之官都昌五十韵》中说：“勿栖五柳馆，惊见元亮宅。仕隐各有心，忘世非良则。”①于陶诗多有受益的高启在《独庵集序》中说：“盖尝论之，渊明之善旷而不可以颂朝廷之光。”②宁靖王朱奠培说：“陶潜之作……隐显未齐，厌欣犹滞，直适乎此而不能忘隘乎彼者耶！”③从某种意义上说，贬抑之论“诗弱（溺）于陶”实质上是高启等人观点的另一种表达。陶渊明毕竟是隐士，他的诗歌也是山林之作，缺乏装点升平的庙堂色彩。庙堂需要的是恢宏的气魄、响亮有力的格调，陶诗自然不能担当这一重任。对古风的呼唤在精神上实质是对入世精神的呼唤，是明初士人渴望借助复古精神发扬主体意志、干预现实的曲折反映。他们由此也多强调陶诗激荡不平的一面，只是他们胸襟开阔，没有狭隘地抹杀陶渊明的隐逸和平淡，认为他是出于不得已。但明代中期的复古带有相当的狭隘性和粗疏性，在复古领袖的鼓动下，盲从就不可避免了，所以王世贞《艺苑卮言》卷一批评说：“世人《选》体，往往谈西京建安，便薄陶谢。”④为了古而古，不求古之真义，古也就成了纯粹的形式和时间的久远了。所以明代中期的许多士人不独与陶渊明有隔膜，也与陶渊明所代表的一类诗风有相当的隔膜。许学夷《诗源辩体》卷三五云：“敖器之评诗，自魏武而下，人各数语。其评陶彭泽、鲍明远、李太白、王右丞、韦苏州、柳子厚、韩退之、白乐天、孟东野、李义山，正变各得其当，则似有兼识者。元美、元瑞虽极渊源，然于渊明、韦、柳已不能知。”⑤对于食古不化的明代读者而言，陶渊明实在是一位熟悉的陌生人。

值得指出的是，由于受儒学的影响，明人论诗自然看重文如其人的作家，而陶渊明无疑是一个典范。《皇明策衡》卷七对陶渊明的评价很典型地表现了这种接受心态，其文云：“汉魏以来……作者无虑百十家，而说者独称柴桑之士，岂不以陶潜之为人，不事二姓，寄傲于壶觞菊松之间，亦屈子之流亚与？”⑥在儒家文化占统

① 〔明〕宋濂撰，罗月霞主编：《宋濂全集·胡刻辑补》，第2199页。

② 〔明〕高启著，〔清〕金檀辑注，徐澄宇、沈北宗校点：《高青丘集·凫藻集》卷二，第885页。

③ 〔明〕朱奠培：《松石轩诗评》，见《陶渊明资料汇编》上册，第137页。

④ 丁福保：《历代诗话续编》中册，第960页。

⑤ 〔明〕许学夷著，杜维沫校点：《诗源辩体》，人民文学出版社1987年版，第336页。

⑥ 〔明〕茅维辑：《皇明策衡》，《四库禁毁书丛刊》集部第一五一册，第282页。

治地位的明代，纵观诗史，由人品而重诗品是陶渊明被接受的一个基本原因。

四、情境联想与陶集出版

因具体情境的感发，明代读者也容易就近联想到陶渊明。如九日重阳节、吟咏菊花、田园杂兴、观画赏景、饮酒解愁、止酒无酒、致仕归来、生死弥留或者途经渊明故里等容易令读者想到陶渊明，此种种情形在陶渊明接受史上屡见不鲜。值得一提的是，因自己致仕归来而自和陶诗、《归去来兮辞》或者因他人致仕而送人和陶诗、和《归去来兮辞》在明代成为一种别开生面的雅事。如郑棠五次和《归去来兮辞》有三次是为自己的退归而作，一次是送人致政，一次是因观《归来轩》图；何乔新三次和作都是送人致政；杨叔子"加南京太仆少卿以归……工诗者和陶为赠"①。黄伯徵"以令自免，再和《归去来辞》以见志，超然有彭泽之风"②。王世贞感慨于"孙少府迁为王官，两台力挽，署篆飘然而西，和《归去来辞》以见志"③，作诗称赞之。自和是抒发终于脱离仕途的解放感，表明自己的志意；送人则兼有对致仕者高尚情操和风雅情趣的褒扬。因为追和《归去来兮辞》契合了送诗者和被送者心心相印的特定心态，自和是将自己的精神交与一个文化理想中的典型，从而获得归宿，送人对双方来说都是可以接受的高雅之举，也借助陶渊明沟通了彼此的友情。同时，这也是对苏轼以来数十家追和陶渊明《归去来兮辞》风气的传承和发扬。④

陶渊明作品以各种形式出版面世是明人接受陶渊明的一个必要条件。据郭绍虞《陶集考辨》所列陶集统计，两宋有十六种，元代有六种，而明代有三十八种之多。明人所刻陶集不止此数。如据明祁承爜（一作煠）藏并著《澹生堂书目》（清宋氏漫堂钞本）有："《陶渊明集》二卷二册，又《渊明集》一部卷册同，又《宋板校刊渊明集》二卷一册，又《合刻陶王集》四卷二册，李贽选。"又有新安肃卿（名汝纪）《陶靖节先生集》（参焦竑《焦氏澹园集》卷一六《陶靖节先生集序》，明万历三十四年刻本），《陶渊明集》十卷附录上下卷（明嘉靖二十四年刻

---

① 〔明〕钟芳：《和陶拟赠诗序》，见《筠谿文集》卷一，明嘉靖二十七年刻本；《四库全书存目丛书》集部第六四册，齐鲁书社 1997 年版，第 478 页。

② 〔明〕申时行：《五湖归草序》，见《赐闲堂集》卷一〇，明万历刻本。

③ 〔明〕王世贞：《弇州四部稿》卷四一，影印清文渊阁《四库全书》本。

④ 宋代和陶《归去来兮辞》作品传世者有苏轼、苏辙、秦观、晁补之、李之仪、张耒、陈瓘、释惠洪（二篇）、李纲（二篇）、周紫芝、汪大猷、杨万里、喻良能、王质、冯楫、任彪、戒度、胡铨、王十朋、柴望、金履祥、家铉翁、卫宗武、陈普、陈仁子二十五家。

本。据《季羡林先生藏书》，中国嘉德2011秋季拍卖会2011年11月12日，中国嘉德国际拍卖有限公司内部编），田艺蘅删评注《陶渊明集》八卷（参田艺蘅《陶渊明集序》，见《香宇续集》卷六，明嘉靖年间刻本），高敬伯刻《陶靖节先生集》（参费尚伊《刻〈陶靖节先生集〉序》，见《市隐园集》，《沔阳丛书》本），佚名批校《陶靖节集》十卷，明天启刻本《陶靖节集》十卷（以上两种并山东蓬莱慕湘图书馆藏），明崇祯书林张诒谋刻本《陶渊明集》八卷（山东莱阳市图书馆藏），明末敦化堂刻本《笺注陶渊明集》六卷（山东烟台市图书馆藏），《陶谢诗醢》（明张立中著，见张寿镛《四明经籍志》，据贾贵荣、杜泽逊辑《地方经籍志汇编》第三〇册，第173页，北京图书馆出版社2008年版）等，今多不见。据《中国古籍善本书目》（上海古籍出版社1998年版）集部和《中国古籍善本总目》（翁连溪编，线装书局2005年版）统计，宋、元有陶集善本6种，明代有45种，清代有19种。明人除了频繁翻刻汤汉、李公焕等人笺注的宋、元本《陶靖节集》十卷、《笺注陶渊明集》十卷，还在前人基础上编辑印制新本。明人所刻陶集中较早的是李梦阳“去其注与评”的《陶渊明集》八卷，而学术含量最高的当数何孟春“重为整比”①的《陶靖节集》十卷和黄文焕的《陶诗析义》。明人还根据自己的理解将陶渊明与其他作家的作品集合刻，如凌濛初编的《陶韦合集》、杨时伟编的《合刻忠武靖节二编》、王锡衮编的《陶李（贺）合刊》、毛晋编的《屈陶合刻》等。此外还有冠有名人姓氏以利推销的《李卓吾评选陶渊明集》等传世。② 陶渊明的作品被编入多种丛书、众多选本中。丛书如汪士贤的《汉魏诸名家集二十一种》《汉魏六朝诸家文集》，张燮的《七十二家集》，张溥的《汉魏六朝百三名家集》等；选本如李攀龙编选的《古今诗删》，冯惟讷的《古诗纪》，张之象的《古诗类苑》，梅鼎祚的《汉魏诗乘》，臧懋循的《古诗所》，黄廷鹄的《诗冶》，钟惺、谭元春的《古诗归》，曹学佺的《石仓历代诗选》，唐汝谔的《古诗解》，叶绍泰等的《增订汉魏六朝别解》，托名宋人实为明选的《诗准》，等等。此外，萧统的《文选》、刘履的《选诗补注》和真德秀的《文章正宗》是明代士人首选的三种重要文学选本。而这些选本都选录了陶渊明的作品，有的还附录有注解、评语，它们同陶集及其所录历代评陶经典言论一起成为明代陶渊明传播、接受的媒介和基础。

---

① 〔明〕何孟春：《陶靖节集跋》，见《陶渊明资料汇编》，第146页。

② 关于明代陶渊明集的版本源流情况可参看［日］桥川时雄《陶集版本源流考》，民国铅印本；郭绍虞《陶集考辨》，见《照隅室古典文学论集》上编，上海古籍出版社2009年版，第258～326页。

第二章 “动合于道”与“《风》《雅》之亚”

第一节 宋濂等人以儒论陶

明初士人接受陶渊明有自己的视角和特点，但继承多于创新。在评价陶渊明为人方面，他们接受了宋、元人的基本观点，多强调陶渊明的入世情怀，从儒教立论，肯定陶渊明的政治、道德、人生选择，将陶渊明理想化、崇高化的倾向十分明显。在评价其诗文方面，他们也多从儒家诗教出发，继承了朱熹、真德秀等人的基本观点，把陶诗纳入有助于世风教化的风雅传统，肯定其和而有节的中庸之美等艺术特点。但在创作的具体接受中，也出现了高启、陈白沙这样领略到陶诗傲然之气和洒落风神的读者，为明初陶渊明接受史留下了异样的色彩。

明初读者首先把陶渊明看作具有忠义高节、不得已而归隐的豪杰志士，这种政治上的基本定位是对宋、元接受成果的继承，也开启了整个明代对陶渊明的基本政治评价态度。其代表人物是在士人精神领域产生广泛影响的宋濂、方孝孺、林右、郭濬等文学和儒学名士。

一、忠义豪杰，动合于道

宋濂是明初从儒家立场接受陶渊明的第一个重要代表人物，其《题渊明小像卷后》《跋庐阜三笑图》《跋匡庐社图》《题张泐和陶诗》《菊坡新卷题辞》《答章秀才论诗书》《墨鞠图赞》《杂体五首(之二)》等二十余篇作品直接考论、模拟或者涉及陶渊明及其诗文。他在《题渊明小像卷后》批驳了陶渊明在晋所作皆题年号、入宋之诗惟书甲子的旧说，但他并不是否定渊明耻事二姓的忠义，而是从更加自然、更加符合历史真实的角度来理解陶渊明归隐的政治含义。他说：

右龙眠居士所画渊明小像卷，钜公名人题赞于后，发挥其出处者甚备，固不必置辞于其间。有谓渊明耻事二姓，在晋所作皆题年号，入宋之诗惟书甲子，则惑于传记之说，而其事有不得不辨者矣。今渊明之集具在，其诗题甲子者，始于庚子而迄于丙辰，凡十有七年，皆晋安帝时所作，初不闻题隆安、元兴、义熙之号。若《九日闲居》诗有“空视时运倾”之句，《拟古》第九章有“忽值山河改”之语，虽未敢定于何年，必宋受晋禅之后所作，不知何故，反不书以甲子耶？其说盖起于沈约《宋书》之误，而李延寿著《南史》、五臣注《文选》皆因之，虽有识如黄庭坚、秦观、李焘、真德秀亦踵其谬而弗之察。独萧统撰本传谓渊明以曾祖晋世宰辅，耻复屈身后代，见宋王业渐隆，不复肯仕。朱元晦述《通鉴纲目》，遂本其说，书曰“晋征士陶潜”，卒可谓得其实矣。呜呼！渊明之清节，其亦待书甲子而后始见耶？姑参先儒之论而附著于左方云。①

传统的观点认为渊明作品“在晋所作皆题年号，入宋之诗惟书甲子”，但他通过仔细考察，发现陶渊明在作于晋代的作品中用甲子纪年，而在部分作于宋代的作品中“反不书以甲子”。与迷信于甲子纪年的微言大义之说不同，他把陶渊明放在具体的历史背景中加以理解，赞同萧统、朱熹的言论，显示出不同俗流的历史眼光。对于陶渊明归隐的原因，他在《跋匡庐结社图》中说得更切实，可以补充其在《题渊明小像卷后》中提出的不仕宋的观点。他说：“当是时晋室日微，上下相疑，杀戮大臣如刈草菅，士大夫往往不仕，托为方外之游。如元亮、道祖、少文辈，皆一时豪杰，其沉溺山林而弗返者，夫岂得已哉！”②陶渊明归隐既是渊明耻事二姓的节操表现，也是他明了晋末局势后的明智选择，他的归隐体现了他作为“豪杰”之士的无可奈何和睿智果敢。

宋濂没有停止于单纯的政治评价，而是从“道”的高度进一步推崇陶渊明，提出陶渊明“动合于道”的论断。他说：“陶靖节诗，如展禽仕鲁，三仕三止，处之冲然。出言制行，不求甚异于俗，而动合于道。”③这是论诗，也是论人。这样，宋濂就不是在政治道德层面上论陶，不是在出与处上肯定或者否定陶，而是从哲学的高度深入分析人物行为的深层动机。因此，他发表了这样新颖的言论：

观人之道，不于其迹而于其心。迹固朝市也，而心则不忘乎山林，谓之吏而隐可也。迹或滞乎山林之中，而其心则艳华趋荣，无一息之不思市朝，

---

① 〔明〕宋濂撰，罗月霞主编：《宋濂全集 · 宋学士文粹辑补》，浙江古籍出版社 1999 年版，第 1903 ~ 1904 页。

② 〔明〕宋濂撰，罗月霞主编：《宋濂全集 · 潜溪后集》卷四，第 202 页。

③ 〔明〕宋濂：《题张泐和陶诗》，见罗月霞主编《宋濂全集 · 朝京稿》卷二，第 1677 页。

苟谓之为隐，孰能信之？况君子之出处，可仕则仕，可隐则隐，初何容智力于其间哉？设使元亮当今之时，将不能不仕，而用高生于元亮之世，似亦不得不隐也。世之人学元亮者多矣，皆在乎去位之后，用高则见于在官之时，此盖鲁男子之善学柳下惠者也，用高诚贤乎哉！予固不敢以用高方之元亮也，以其志之或同，而他人未必能知也。聊相与一言之，并作采菊之辞以遗用高。①

宋濂以为只从人物的行为选择来评价一个人往往流于表面化，应从心灵来看其为人的本质。虽然陶渊明是隐士，世人也学他的隐逸行为，但实际上陶渊明归隐是时势促成的不得不然的选择，“设使元亮当今之时，将不能不仕”。虽然陶渊明、陶用高处于不同时代，一处末世，一处清平之世，但如果互换他们的时代，陶用高也会做出如陶渊明一样归隐的选择，陶渊明也会做出如陶用高一样出仕的选择。事实上，宋濂是把二人看作二而一的：“当涂陶君用高，盖出于晋征士元亮之裔。凡宦辙所临，必效前人种菊花满坡。当万木摇落时，花始秀拔，低昂枝上，若赤金所铸钱，颇可玩。用高公退之余，酌酒与花对，恍然如在柴桑篱落间，殆忘其章绶之荣，案牍之烦也。”②这虽然是为友人出仕寻找依据，但就对陶渊明的阐释而言，具有承前启后的意义。苏轼、赵孟頫、吴澄等论陶重精神超越而轻外物形迹，或以为陶渊明与张良等“易地皆然”，宋濂这种超越形迹论陶的思路和言论与之一脉相承，论析更加明晰辩证，避免了僵化色彩，对明代深受心学影响的广大读者（如王世贞等）从心灵真实论陶产生了直接影响。

如果说宋濂评价陶渊明已表现出明显的儒家哲学色彩，那么他的学生方孝孺在评价陶渊明时则表现出更加浓厚的儒学色彩。方孝孺曾为人茅舍题名为“心远轩”，并借陶渊明等发挥说：

人之所以参配天地，超乎万物之表，而独贵乎宇宙之内者，特以是心为之宰耳。人孰无是心也，用之得其道，则日月不能擅其明，山岳不能擅其高，河海不能比其容。不善用之，则虽有出万物之资，而终不免与万物同泯，可不知所务乎？居高位而处要势，出有车马而食饫膏粱，众人之所乐也。颜子饥饿陋巷，不忧其身之贱贫，而以舜自望，讲为邦之道，其用心为

---

① 〔明〕宋濂：《菊坡新卷题辞》，见罗月霞主编《宋濂全集·銮坡前集》卷一〇，第541页。

② 〔明〕宋濂：《菊坡新卷题辞》，见罗月霞主编《宋濂全集·銮坡前集》卷一〇，第540页。

何如，而岂同俗浅智之士，所能识哉？惜夫世之不复见斯人也。吾请古辙于千载之上，从而师友之，克私去欲，以复道心之大全，博文稽古，以究王道之始终。会万世为一息，通四海于一体，大行则使昆虫草木蒙其利，穷居则乐之以终身，垂之于简编，岂不诚远矣哉！若夫渊明心远地偏之诗，其意固非混乎世俗者所能及。予之望古辙，则不止是也。①

他首先高度突出人的主体特性，认为人之所以“贵乎宇宙之内者，特以是心为之宰耳”；然后重点论述主体性对物欲、贫困的非凡超越功能；所举正面的事例仅二，一是颜回，二是陶渊明。陶渊明之“心远”的根本含义就在于心灵超迈于世俗之上，不为“车马而食饫膏粱”等私欲所拘束，当然也不为出仕还是归隐的行迹所拘束，这与宋濂超越形迹论陶的言论是一致的。方孝孺认为“心远”也就是超然物外，不为物役，不但不为俗物所拘束，也不为“雅物”所拘束。其《菊趣轩记》云：“夫乐止夫物之内者，其乐浅，乐超乎物之表者，其乐深。渊明之属意于菊，其意不在菊也，寓菊以舒其情耳。乐乎物而不玩物，故其乐全。得乎物之趣，而不损己之天趣，故其用周。”②由于“乐乎物而不玩物”“得乎物之趣，而不损己之天趣”，所以获得真正的审美化、超越化的人生境界。

肯定和推崇陶渊明的为人在明初是很普遍的现象。宋濂曾在《跋〈庐阜三笑图〉》中谦逊地说：“维杨郭君逵以此卷求题。凡渊明之出处，国朝诸大老，若萧贞敏公、同文贞公、杨文献公、商文定公及司业砚公论之已详，区区末学，何敢妄赞一辞。”③其中提到的郭君逵、萧贞敏公、同文贞公、杨文献公、商文定公及司业砚公等对陶渊明的具体评价虽然不得而知，但其赞赏态度是可以推测的。胡翰《童中洲（州）和陶诗后跋》云：“陶征士之高节，非晋、宋人比也。”④张适《王月菊诗序》云：“昔陶靖节恐三径之荒夫松菊也，遂解绶赋归去。其清风高洁，照耀后世。”⑤刘廌“愿效陶彭泽，终为陇亩民”，认为“彭泽千载人，百世谁能

① 〔明〕方孝孺：《心远轩记》，见徐光大校点《逊志斋集》卷一六，宁波出版社2000年版，第535～536页。

② 〔明〕方孝孺著，徐光大校点：《逊志斋集》卷一六，第549页。

③ 〔明〕宋濂撰，罗月霞主编：《宋濂全集·宋学士先生文集辑补》，第2102页。

④ 〔明〕胡翰：《胡仲子集》卷八，影印清文渊阁《四库全书》本。底本原作“洲”，应为“州”。

⑤ 〔明〕张适：《甘白先生张子宜文集》卷一，见吴文治主编《明诗话全编》（壹），江苏古籍出版社1997年版，第220页。

越”。① 与高启、杨基、徐贲并称“关中四杰”的张羽在《陶靖节赞》中更是对陶推崇备至，他说：“彭泽秋风，弦歌徒劳。盍归乎来，田园蓬蒿。寄傲南窗，展啸东皋。挂壶寒柯，浊酒自陶。我非遗世，世不我遭。荆卿之咏，微见其豪。谁疵《闲情》，鄙哉儿曹。我怀若人，云汉之高。”②妙声《题归去来图》云：“奋身报韩仇，决策扶汉鼎。有怀千载上，慷慨心独领。家贫值时变，乐道事幽屏。赋诗聊自娱，去县不待请。高风振六合，名与日月并。朗咏归去篇，犹疑见烟艇。”③首两句肯定陶渊明是本欲在政治上建立功业的豪杰，“高风振六合，名与日月并”句肯定陶的道德选择，“乐道事幽屏”等句却展现陶渊明超越政治道德、与道同乐的拔俗风神。又如张以宁《题海陵石仲铭所藏渊明归隐图》着重突出陶渊明英雄豪杰的一面：“昔无刘豫州，隆中老诸葛。所以陶彭泽，归兴不可遏。……岂知英雄人，有志不得豁？高咏荆轲篇，飒然动毛发。”《题李文则画·渊明送酒》含蓄地写陶渊明不忘故国的一面：“五柳门前秋叶衰，南山佳气满东篱。白衣人到黄花外，正是先生述酒时。”④这些与宋濂等从忠义豪杰和人生哲学方面肯定陶渊明是一致的。

陶渊明的隐逸高趣和洒脱自由是明初许多诗人所欣赏的，这体现了他们所体会的超然物外、“动与道合”的境界。如云：

对酒不解饮，乃与陶潜俱。朝采篱下菊，夕钓江上鱼。荣名如浮云，富贵非我图。隐显吾不知，迂叟方著书。（钱宰《题孔正夫迂隐轩》）⑤

草堂作就资谁寄，彭泽归来愿未违。最忆衡门凝望处，平畴十里豆花肥。（林弼《西村隐居为绕城罗时用题》）⑥

吾爱陶彭泽，萧然遗世姿。高情托云鸟，苦节寄东篱。饥驱时出户，酌酒即成诗。五男俱用晦，三径独逶迤。门种先生柳，卧与羲皇期。斯人怅已矣，清风良在兹。（杜隰《怀古》）⑦

我思陶征君，养素傲樊圃。黄菊绕柴桑，清风满窗户。［陈谟《读五贤

---

① 〔明〕刘廌：《盘谷集》卷一《盘居即事》《孟春赠徐仲成》，见吴文治主编《明诗话全编》（壹），第405页。

② 〔明〕张羽：《张来仪文集》全一卷，见吴文治主编《明诗话全编》（壹），第250页。

③ 章培恒等主编：《全明诗》第一册，上海古籍出版社1990年版，第670页。

④ 章培恒等主编：《全明诗》第一册，第253、343页。

⑤ 〔明〕钱宰：《题孔正夫迂隐轩》，见《临安集》卷一，影印清文渊阁《四库全书》本。

⑥ 〔明〕林弼：《林登州集》卷五，影印清文渊阁《四库全书》本。

⑦ 〔清〕陈田辑：《明诗纪事》甲签卷一五，清陈氏听诗斋刻本。

传偶成五首(之五)》]①

渊明节概士,远慕羲皇风。荣名奚足道?甘分固其穷。得酒即为欢,箪瓢常屡空。朝出山泽游,暮归衡宇中。豪华非所贵,但愿岁时丰。秋菊或盈园,栖栖谁与同?浊醪共斟酌,日入会田翁。此士不再得,吾生焉所从?(李德《题陶渊明像》)②

种菊南山下,种桑长江滨。逍遥脱物累,感激皆天真。腰折岂为屈,所重在辱身。居然典午世,见此羲皇民。高风迥绝代,图书流千春。茂先昧几决,令伯伤邅迍。此翁尚可作,愿卜东西邻。(李东阳《题渊明归来图》)③

在这些诗作中,诗人们或者直接歌咏陶氏或者以陶自比、比人,其情思大要为推其高风、崇其韵致,主要表现了陶渊明超逸洒脱、与道逍遥的一面。这与苏轼所解读的飘逸的陶渊明形象在精神上前后相承,但不同的是明人眼中飘逸的陶渊明形象首先是奠基在节操坚贞上的,这也因此与唐代读者主要赏其风流雅趣相区别。所以,他们在欣赏陶渊明高情时,不忘他的“苦节”“节概”“甘分固其穷”。

二、《风》《雅》之亚,造诗之极

在评价陶渊明诗文方面,明初士人也往往本之儒家,大都给予充分肯定或者高度推崇,认为陶诗是诗人学习的最高典范之一。元末明初江西大儒陈谟说:“称诗之轨范者,盖曰寂寥乎短章,舂容乎大篇。短章贵清夐缠绵,涵思深远,故曰寂寥。造其极者,陶、韦是也。”④张以宁《黄子肃诗集序》云:“后乎《三百篇》,莫高于陶。……陶之继,则韦、孟。”⑤陈谟笼统称陶诗和韦应物诗为“诗之规范”,造诗之极;张以宁则格外突出了陶诗在《诗经》之后开宗立派的地位。

其后,“开国文臣之首”宋濂在《题张泐和陶诗》中就明确说:“(陶诗)盖和而节,质而文,风雅之亚也。他人欲效之者虽众,然乐澹泊则荡而弛,慕平易则

① 〔明〕陈谟:《海桑集》卷一,影印清文渊阁《四库全书》本。

② 〔明〕孙蕡等著,梁守中点校:《南园前五先生诗》卷四,中山大学出版社1990年版,第104页。

③ 〔明〕李东阳撰,周寅宾点校:《李东阳集·诗后稿》卷二,岳麓书社1984年版,第474页。

④ 〔明〕陈谟:《海桑集》卷六《郭生诗序》,影印清文渊阁《四库全书》本。

⑤ 〔明〕张以宁:《翠屏集》卷三,影印清文渊阁《四库全书》本。

野而秽。”①《诗经》乃经孔子首肯的“六经”之一,把陶诗比作《诗经》,称之为“《风》《雅》之亚”,其地位中正而崇高。陶诗的风格也因此与儒家温柔敦厚的诗论完全合拍:“和而节,质而文。”值得注意的是,宋濂视野开阔,没有孤立地审视陶诗,而是将陶诗纳入儒家正统诗史传统,突出陶诗的地位和艺术特点。其《答章秀才论诗书》云:

正始之间,嵇、阮又叠作,诗道于是乎大盛。然皆师少卿而驰骋于《风》《雅》者也。自时厥后,正音衰微。至太康复中兴,陆士衡兄弟则仿子建,潘安仁、张茂先、张景阳则学仲宣,左太冲、张季鹰则法公幹。独陶元亮天分之高,其先虽出于太冲、景阳,究其所自得,直超建安而上之,高情远韵,殆犹大羹充铏,不假盐醯而至味自存者也。……唐初承陈、隋之弊,多尊徐、庾,遂致颓靡不振。……惟陈伯玉痛惩其弊,专师汉魏而友景纯、渊明,可谓挺然不群之士,复古之功,于是为大。开元、天宝中……有王摩诘,依仿渊明,虽运词清雅,而萎弱少风骨。有韦应物,祖袭灵运,能一寄秾鲜于简淡之中,渊明以来,盖一人而已。……韩、柳起于元和之间。……柳斟酌陶、谢之中,而措辞窈眇清妍,应物而下,亦一人而已。②

朱右《西斋和陶诗序》云:“诗者,发乎情也。情则无伪,故莫不适于正焉。古诗《三百篇》,其间邪正、忧喜、隐显虽不同,而温柔敦厚之教,无惑乎后人。圣人删正之,且曰:《雅》《颂》各得其所,岂欺我哉?……陶渊明当晋祚将衰,欲仕则出,一不获志,则幡然隐去。夫岂有患得失之意与?故其发于言也,清而不肆,澹而不枯。后之人虽竭力仿效,而不可得,趣不同也。”③方孝孺在《张彦辉文集序》中也说:“下此魏晋至隋,流丽淫靡,浮急促数,殆欲无文。惟陶元亮以冲旷天然之质,发自肺腑,不为雕刻,其道意也达,其状物也核,稍为近古。”④宋濂、朱右、方孝孺等论文有尚古的倾向,认为陶诗“直超建安而上之”且“近古”,源正风清,辞淡味永,在正始、太康诗人诗作之上。除在追溯源头中上观,宋濂又从诗歌流变中下察,从陈子昂、王维、韦应物、柳宗元等人善于学陶的接受事实上推重陶诗,将陶诗视为一种必须师法的典范。这些言论在台阁体诗人那儿得到回应,如陈谟的外甥杨士奇《畦乐诗集原序》云:“诗以道性情,诗之所以传

① 〔明〕宋濂:《题张泐和陶诗》,见罗月霞主编《宋濂全集·朝京稿》卷二,第1677~1678页。

② 〔明〕宋濂撰,罗月霞主编:《宋濂全集·潜溪后集》卷四,第207~208页。

③ 〔明〕朱右:《白云稿》卷四,影印清文渊阁《四库全书》本。

④ 〔明〕方孝孺著,徐光大校点:《逊志斋集》卷一二,第402页。

也。古今以诗名者多矣，然《三百篇》后得风人之旨者，独推陶靖节。由其冲和雅澹，得性情之正。若无意于诗，而千古能诗者，卒莫过焉。”①

明初读者格外推重源出《风》《雅》的醇正诗风，而陶诗就是优秀的典范，他们认为陶诗温柔敦厚的特点在于冲淡自然。明洪武中与方孝孺同时被征的大儒林右在《北郭集原序》中亦云：“惟高不绝俗，近不遗理，喜怒在物，死生优游，廓之通造化，敛之存方寸，始为得之，若晋之陶渊明是也。故其诗澹然无作，随意而成，言不离乎人世，而与至理相涵，若风之鼓物，虚实相应，自成律吕，识者听之，谓不异《韶濩》。”②明初的一些士人喜欢陶诗的恬淡飘逸，如梁潜的父亲梁兰“筑室城西溪上，环植美竹数万竿，中为蔬畦，浅堤近坞，曲折蔽亏，引泉为渠，萦纡町疃之间，土沃壤润，桑麻蔚然。先君日笑傲其中，或新雨初霁，晴日和煦，必策杖蹑屐，深入竹树之间，牵蔓引竿，欣然自得，曰‘观物之生意郁勃，与我心俱快也’，因自号为畦乐翁，里中士称为畦乐先生。……其为诗尤尚格调，冲容而雅淡，晚喜陶靖节，曰‘靖节之闲旷恬逸，我素所慕也’。尝赋《西畦诗》，油然田园之趣”③。其生活优游如此，自然神会渊明之“闲旷恬逸”、陶诗之“冲容而雅淡”。胡广在其《性理大全·论诗》中引用杨时和朱熹的论陶言论，也主要看中陶诗“冲淡深粹出于自然”的特点，符合理学淡泊寡欲的价值观念。曾经被任命为《永乐大典》副总裁的王洪在论陶诗时，则将之高度理想化了。他说：“及观陶潜诗，见其超旷踔绝，舂容怡愉，视己穷达，一不足以累其心。静而咏之，令人消去渣滓，悠然释然，不知天之高、地之广、万物之众，何其快也。”④

明初的一些士人除了喜欢陶诗的冲淡飘逸，还注重强调陶渊明诗文的自然之美。除了上引方孝孺、朱右等人的言论，又如与高启、张适、谢微等友善的王彝在《跋陶渊明临流赋诗图》中云：“盖其（陶渊明）胸中似与天地同流，其见山临流，皆其偶然，赋诗忘言，亦其适然。故当时人见其然，渊明亦自言其然。然而为渊明者，亦不知其所以然而然也，又何以知其然哉？盖得诸其胸中而已矣。”⑤此后，近明代中期，许多读者还阐发或者引用前人言论来表达对陶诗自然特点的认同，如单宇《菊坡丛话》卷二、叶子奇《霏雪录》卷下、周叙《诗学梯

① 〔明〕梁兰：《畦乐诗集》卷首，影印清文渊阁《四库全书》本。

② 〔明〕林右：《北郭云集序》，见李修生主编《全元文》第五九册卷一八〇六，凤凰出版社2004年版，第327页。

③ 〔明〕梁潜：《泊庵集》卷八《先君畦乐先生行实》，影印清文渊阁《四库全书》本。

④ 〔明〕王洪：《毅斋集》卷六《成趣轩记》，影印清文渊阁《四库全书》本。

⑤ 〔明〕王彝：《王常宗集》卷三，影印清文渊阁《四库全书》本。

航》之《吕藻》及《述作中》二篇、黄仲昭《题陶渊明诗集》等皆据苏轼、敖陶孙等的人观点，强调了陶诗自然天成的艺术特点。

与强调陶渊明为人入世的一面相呼应，明初许多士人感受到了陶渊明豪荡不平的一面，因此论陶诗也就不停留在表面的平淡，而是能够体会其背后的意蕴和趣味。如谢肃《和陶诗集序》云：

> 诗自圣人删后，有正始风气，成一家言，其惟陶靖节乎？盖靖节乃晋室大臣之后，豪壮廓达，心志事功，遭时易代，遂萧然远引，守拙园田。然其赋咏多忠义，所发激烈慷慨。若读《山海经》诸篇，有屈大夫《远游》之志，《咏荆轲》一首，有豫国士吞炭之心，其他未易悉数也，第其寻常措辞雅顺而人不觉焉耳。然后世慕之者众，或效其体，或次其韵，不失之槁则失之华，不失之俗则失之奇，不失之弱则失之豪。其于似枯而腴，似易而高，似粗而微，即自然之趣，寓无穷之悲者，则求之千百无十一也，是其诗岂易和哉?①

又，其《书迂樵传后》云：

> 盖靖节有志当世，而遭晋、宋之易代，耻仕二姓，遂不复仕。既无事功以白于天下，故自述其性情之实，而载之文者，亦欲使其名之称于没世耳。……陶、邵(邵雍)二公它日既无事功以书于史官，史官述其性情或失其实，则非所以为二公矣。此二公所以自为之序传欤？虽然，二公者皆豪杰有为之才也，靖节欲为而不值可为之时……靖节之发于咏歌者皆世内无穷之悲。②

这种观点是对宋、元朱熹、吴澄等人观点的继承和发挥，也是明代中后期读者的共识。典型的言论如明代中期作家黄仲昭(1435—1508)在《题陶渊明诗集》中云：

> 或疑靖节累世仕晋，留侯三世相韩，大致相似，而留侯始终为韩报仇，靖节则托于酒而逃焉，虽终身不仕宋，清节可尚，视留侯终有不能及者。予谓不然。留侯得汉高为之依归，故终能灭秦项以遂其报韩之愿。靖节遭时，无汉高者可托以行其志，是以适意于酒以终身也。然其疾宋祖之弑夺，闵晋室之陵迟，忠愤激烈之气，往往于诗焉发之。观其《咏荆轲》者可见矣。靖节之与留侯，迹虽不同，而心则未始不同，所谓易地则皆然者也。③

---

① 〔明〕谢肃:《密庵稿·文稿》庚卷，《四部丛刊三编》影印明洪武刻本。

② 〔明〕谢肃:《密庵稿·文稿》癸卷。

③ 〔明〕黄仲昭:《未轩文集》卷四，影印清文渊阁《四库全书》本。

体会到陶诗“即自然之趣，写无穷之悲”且有“忠愤激烈之气”可为至论，因此，他们对陶诗的冲淡也有了更深一层的体会。张宁《晚香亭倡和诗序》云：“靖节遭时多故，志念幽微，故其词隐约而冲澹。”[①]“冲澹”为常见，而“隐约”是新评，表象之外，发其苦衷，这与陶诗中的激荡情感是符合的。

明初士人对陶渊明为人的推崇及对其诗文萧散冲淡、自然高妙、感激不平的认识是对宋、元以来读者接受成果认同的结果。这些认识虽然没有多少新的突破，但得到进一步强化和不同侧面的补充，这表明陶渊明为人和诗文的基本特点在明代初期已经被普遍把握，成为有着明确理性认知的时代共识。

第二节 高启学陶与时代困窘

在创作上，陶渊明是明初士人效法的优秀作家，诸多诗人写过效陶诗，如张渤有《和陶诗》，宋濂曾为之题辞肯定，宋濂也有《效陶征君》诗。南园前五先生之一孙蕡有《和陶集》一卷，李德有学陶《神释》诗[②]，童冀有《和陶诗》，蓝智有学陶《饮酒》诗，梵琦有《西斋和陶集》[③]，景辉[④]、李茂卿[⑤]等皆有和陶作品。这些学陶诗或慨叹或超逸，多向陶诗靠近。如宋濂《杂体五首（之二）》（效陶征君）云：“归徕枕肱卧，遐思溯泬寥。黄唐不我逮，缅焉心烦劳。”[⑥]慨叹如从陶出，清雅可读。“为五言诗必出入陶、谢”是明代初期许多诗人的共同选择[⑦]。

明初文学之士刘基、宋濂、高启等，台阁体的部分诗人陈谟、杨士奇等，茶陵派的一些作家李东阳等，以及性气派诗人陈献章等，都或多或少、或深或浅地对陶渊明有所接受，其中的代表作家有高启、陈献章和李东阳。我们准备专节讨论陈献章。下面简要介绍一下高启和李东阳的创作接受情况。

---

① 〔明〕张宁：《方洲集》卷一五，影印清文渊阁《四库全书》本。

② 参〔明〕孙蕡等著、梁守中点校《南园前五先生诗》，中山大学出版社 1990 年版。

③ 参〔明〕朱右《白云稿》卷四《西斋和陶诗序》，影印清文渊阁《四库全书》本。

④ 参〔明〕周瑛《翠渠摘稿》卷二《和陶诗序》，影印清文渊阁《四库全书》本。

⑤ 参〔明〕储巏《柴墟文集》卷一四《与李茂卿》，明嘉靖四年刻本。

⑥ 〔明〕宋濂撰，罗月霞主编：《宋濂全集·宋学士文粹辑补》，浙江古籍出版社 1999 年版，第 1944 页。

⑦ 〔明〕方良永：《方简肃文集》卷三《赠郡守张白斋公致仕序》，影印清文渊阁《四库全书》本。

一、傲然爽快有陶风

史传称高启诗“仍和陶、韦大羹元酒之味”①。据上海古籍出版社 1985 年版《高青丘集》粗略统计，高启作品中留有陶渊明明显痕迹的作品有 26 篇，其中诗歌 25 首，仅占其诗歌总量的近 1.3%。但是如果算上那些没有明显痕迹却渊源于陶渊明的田园诗，数量则远远不止这些。高启在诗歌创作上受到了陶渊明的影响，其中值得注意之处主要有以下几点：

第一，高启的五言古诗得陶诗激荡不平之气。虽然陶诗以平淡为主要特色，但高启学习的主要不是不动声色的淡泊，而是淡泊背后慷慨难抑的激情。其诗于豪爽中自具个性，其中的愤叹之音往往与陶相合。高启在《拟古十二首（之三）》《因病不饮》《初开北窗晚酌》《独酌》《菊邻》《九日》《青丘子歌》等中都写到与陶气息相通的饮酒。写饮酒主要不是为了表现陶乐和气，而是为了宣泄不平，如《因病不饮》云：

> 我昔无所求，但愁酒杯空。引满先四座，醉豪压春风。年来病稍侵，积忧复相攻。举觞不能吞，若有物梗胸。岁晏风雨多，拥炉坐窗中。酒徒散去尽，欢呼与谁同？三杯即颓然，憔颜映灯红。后老当奈何？即今已如翁。斯味禹所恶，摄生笑无功。从此便可止，赋诗继陶公。②

因身体生病而欲学陶止酒，但又恋恋不舍，全诗在昔日“醉豪压春风”和今日“举觞不能吞”的强烈对比中展开，情绪激荡，结尾虽勉强说“从此便可止，赋诗继陶公”，但还是感慨难掩。又如《九日》云：

> 兹晨岂不佳？秋日丽川陆。幽人自凄感，坐念颓运速。去年登高会，朋旧俱在目。霜前紫蟹肥，露下红秔熟。空山有栖乌，归驾不忍促。今年客江皋，落日吟影独。逢辰少欢意，愧此篱下菊。人生苦难知，世事差可卜。但须酹柴桑，有酒吾自漉。③

结尾虽然说“但须酹柴桑，有酒吾自漉”，但诗中蕴含的身世之感、羁旅浓愁还是难以掩抑。除了饮酒诗，他受陶渊明影响的咏史诗《咏三良》《咏荆轲》等也是豪荡不平。

---

① 〔明〕李志光：《凫藻集本传》，见〔明〕高启著，〔清〕金檀辑注，徐澄宇、沈北宗校点《高青丘集》附录，上海古籍出版社 1985 年版，第 994 页。

② 〔明〕高启著，〔清〕金檀辑注，徐澄宇、沈北宗校点：《高青丘集》卷四，第 171 页。

③ 〔明〕高启著，〔清〕金檀辑注，徐澄宇、沈北宗校点：《高青丘集》卷七，第 301 页。

第二，高启学陶之诗虽然在归去、饮酒等意趣上与陶渊明相合，但更为相合的是高度自尊的人格追求；或者说高启以个性化的方式发扬了陶渊明不为五斗米折腰、向往独立自由的人格精神。这典型表现在他的代表作《青丘子歌》里：

青丘子，臞而清，本是五云阁下之仙卿。何年降谪在世间，向人不道姓与名。蹑屩厌远游，荷锄懒躬耕。有剑任锈涩，有书任纵横。不肯折腰为五斗米，不肯掉舌下七十城。但好觅诗句，自吟自酬赓。田间曳杖复带索，旁人不识笑且轻。谓是鲁迂儒、楚狂生。青丘子，闻之不介意，吟声出吻不绝咿咿鸣。朝吟忘其饥，暮吟散不平。当其苦吟时，兀兀如被酲。头发不暇栉，家事不及营。儿啼不知怜，客至不果迎。不忧回也空，不慕猗氏盈。不惭被宽褐，不羡垂华缨。不问龙虎苦战斗，不管乌兔忙奔倾。向水际独坐，林中独行。斫元气，搜元精。造化万物难隐情。冥茫八极游心兵，坐令无象作有声。微如破悬虱，壮若屠长鲸。清同吸沆瀣，险比排峥嵘。霭霭晴云披，轧轧冻草萌。高攀天根探月窟，犀照牛渚万怪呈。妙意俄同鬼神会，佳景每与江山争。星虹助光气，烟露滋华英。听音谐韶乐，咀味得大羹。世间无物为我娱，自出金石相轰铿。江边茅屋风雨晴，闭门睡足诗初成。叩壶自高歌，不顾俗耳惊。欲呼君山老父携诸仙所弄之长笛，和我此歌吹月明。但愁歘忽波浪起，鸟兽骇叫山摇崩。天帝闻之怒，下遣白鹤迎。不容在世作狡狯，复结飞珮还瑶京。①

“青丘子”给人的鲜明印象首先是兀傲不群，洋溢着浓郁的飘逸高蹈的仙气。其对独立、自由、自尊的强烈追求里有李太白的盛唐之音，也有源于陶渊明的魏晋风度：“向人不道姓与名”“荷锄懒躬耕”，其中仿佛可见五柳先生的风神；“不肯折腰为五斗米”，“但好觅诗句，自吟自酬赓。田间曳杖复带索，旁人不识笑且轻”，这显然是以陶渊明自况了。后半部分的狂放完全超越了陶渊明，以自我的方式表现人格追求。此诗精神贯通于陶，但不牢笼于陶，因此实为自出机杼的优秀作品。

第三，在情绪缓和时，高启的一些学陶之诗有陶从容之致，但爽丽过之。如《始归田园二首（其二）》云：

白露芜草木，荒园掩穷秋。归来一芟理，始觉吾庐幽。高柳荫巷疏，清川映门流。落日望禾黍，离离满西畴。乍归意自欣，策杖频览游。名宦诚

① 〔明〕高启著，〔清〕金檀辑注，徐澄宇、沈北宗校点：《高青丘集》卷一一，第433～434页。

足贵，猥承惧愆尤。早退非引年，皇恩未能酬！相逢勿称隐，不是东陵侯。①

这是一首清新自然的田园诗，但与陶诗的古朴平淡相比，高诗还是显得俊丽爽快，其中有谢灵运和王维等山水诗人的影子。又如《菊邻》云：

菊本君子花，幽姿可相亲。清秋发孤艳，似避东风尘。采采霜露余，繁英正鲜新。车马不过赏，相看但幽人。幽人苦爱菊，自是柴桑伦。闲园谁与语，丛栽四为邻。入径朝摘远，循篱暮观频。一壶每对酌，折花插盈巾。殊胜处俗里，歌呼醉遭嗔。②

《题逊庵墨菊》云：

独留铁面傲霜迟，秋蝶来寻莫自疑。须信陶翁醉归后，西风尘土满东篱。③

这是两首受陶渊明影响的咏物诗。超俗的立意和清雅的格调自然浸润着陶渊明的风神，但含蓄中不避直露，前首结尾“殊胜处俗里，歌呼醉遭嗔”绝非陶语，后首“铁面傲霜”是自家新意。两诗都有高启本人特有的高爽，与陶有异。

第四，高启创作了大量富有特色的田园诗。高启于洪武元年（1368）应征入朝，于洪武三年（1370）秋辞官返回青丘，之后一直居住乡里，创作了诸多田园诗。其代表作有《田家行》《看刈禾》《牧牛词》《捕鱼词》《养蚕词》《射鸭词》《伐木词》《打麦词》《采茶词》《始归田园二首》《刘凝之骑牛图》等。这些诗歌如《始归田园二首》《刘凝之骑牛图》等写萧然自得的田园生活，直接继承了陶诗的田园精神；但基本舍弃了陶诗将田园生活理想化的做法，继承了陶诗（如《怨诗楚调示庞主簿邓治中》等）描写田园劳动和辛苦生活的传统，关注农民劳动生活，反映农民疾苦，虽非亲身经历，却是感同身受，体现了一位诗人深厚的仁者情怀，见事也见人，自然有与陶不同的特色。如《湖州歌送陈太守》云：“草茫茫，水汩汩。上田芜，下田没。中田有麦牛尾稀，种成未足输官物。侯来桑下摇玉珂，听侬试唱《湖州歌》。《湖州歌》，悄终阕，几家愁苦荒村月！”④吸收民歌写民情，白描写景如在目前，粗笔叙事悬想可睹，悯农情怀也呼之欲出，风格平畅自然。从直接源头来说，这些诗歌与白居易等人的新乐府有更多的精神联系，但若追溯远源，还是陶渊明的田园诗。

① 〔明〕高启著，〔清〕金檀辑注，徐澄宇、沈北宗校点：《高青丘集》卷七，第292页。

② 〔明〕高启著，〔清〕金檀辑注，徐澄宇、沈北宗校点：《高青丘集》卷七，第277～278页。

③ 〔明〕高启著，〔清〕金檀辑注，徐澄宇、沈北宗校点：《高青丘集》卷一八，第776页。

④ 〔明〕高启著，〔清〕金檀辑注，徐澄宇、沈北宗校点：《高青丘集》卷二，第68页。

以上四点显示了高启学陶的特色，也是他接受陶渊明而不为其所囿的成功之处。

相比之下，李东阳的许多学陶诗则不免有屋下架屋的问题。李东阳《题章元益爱菊亭卷》云：“种花不种菊，物玩志不持。学诗不学陶，虽工亦奚为。”①由此可见他对陶渊明为人和诗作的推崇。李东阳学陶的一个突出特点是，他写了许多以“止”入题的诗歌，有《入春绝不作诗，清明后三日，与鸣治、师召游大德观，为二公所督甚苦，得联句四首。已而悔之，因用止诗韵以自咎。先是诸同年皆有和章，为说不一。鸣治独持两可之说，至是竟为所沮云》《初予止诗，鼎仪有约同止，予援张汝弼故事以只鸡斗酒为惩。鼎仪固未尝止，及予破戒，乃和韵见索，再叠前韵，并鸡酒答之》《予破戒时颇念鼎仪之约。鸣治、师召许为代罚，既有成约，再用韵邀三公同赴》《休斋止酒用陶韵，因叠韵问之》《家君以诗戒夜归，因用陶韵自止(辛丑十二月望日)》《答杨太常止酒，用陶韵二首》六首。如上列六首诗中的第一首诗云：

> 渊明爱酒翁，晚岁方暂止。始知山水兴，不在壶觞里。后来不饮人，效颦乃苏子。吾诗亦何解，似独有深喜。一戒逾七旬，此念灰不起。群公各雄辨，未究同异理。三占从两卜，颇觉吾丧己。惜哉九仞功，一篑今已矣。陶苏虽止酒，所止皆有涘。择例偶不精，遗踪愧前祀。②

诗为宋人议论之体，自然流畅，形式几乎无可挑剔；然立意无特异之处，虽有陶诗意味，难免落于文字游戏的窠臼。李东阳又有《问白髭》《代髭答》《问白发，用髭韵》《代发答》诸诗，也是从形式上学陶，无多少创新发明之处。

当然，李东阳毕竟是大家，也有出色的学陶之作。如《五斗粟》云：

> 五斗粟，不屈人。五株柳，不出门。举世不我容，上作羲皇民。羲皇梦不见，一枕三千春。③

文字音节有乐府诗的自然流利，立意也洒脱不群，很得渊明的傲气和风神。又如《菊花》诗云：

> 寒影萧萧照墨池，西园晚色正相宜。苍颜黑发秋风里，应是陶翁未醉时。④

---

① 〔明〕李东阳撰，周寅宾点校：《李东阳集·诗前稿》卷六，岳麓书社1984年版，第163页。

② 〔明〕李东阳撰，周寅宾点校：《李东阳集·诗前稿》卷四，第138~139页。

③ 〔明〕李东阳撰，周寅宾点校：《李东阳集·诗前稿》卷一，第52页。

④ 〔明〕李东阳撰，周寅宾点校：《李东阳集·诗后稿》卷一〇，第599页。

七言绝句写菊花，前两句似是平平，后两句先以人比花，略示不俗，末又转以未醉之陶拟花，如倒食甘蔗，渐入精警，不失为成功的咏菊之作。

二、崇道尚古与现实困窘

高启与明初士人之所以如此推崇和学习陶渊明有以下几个方面的原因。

第一，崇道宗经的文论追求使明代初期文人从道德化和诗教化的角度关注陶渊明的为人和诗风。作为开国文臣，宋濂、方孝孺等明初文人受天下一统局面的鼓舞，提倡儒学，要求文学载道宗经、“理明而气昌”①，提倡师法秦汉以来的文学大家。因此，陶渊明作为地位已经确立的大作家，自然被纳入接受的视野。由于倡儒师古理论的制约，他们对陶渊明及其诗文的阐释多从儒家立场出发，肯定其古雅出众的特点。

明代尚古之风在明前期已经出现，如张以宁《送曾伯理归省序》云：“诗三百篇古矣，汉苏、李五言及《十九首》次之，建安逮陶、阮又次之，谢宣城以下盛极矣，君子所不敢知也。”②林弼《跋童中州和陶诗后》云：“陶诗作于晋、宋间，不杂时态，夐然绝出，如殷《盘》周《诰》，质素古雅。”③吴讷论五言诗云：“至晋陆士衡兄弟，潘安仁、张茂先、左太冲、郭景纯辈，前后继出，然皆不出曹刘之轨辙；独陶靖节高风逸韵，直超建安而上之。……唐初，承陈隋之弊。惟陈伯玉专师汉魏以及渊明，复古之功，于是为大。……五言古体，实宗《风》《雅》，而出入汉魏陶韦之间。”④韩守益《过采石有怀李白及过彭蠡怀陶令二首（其一）》赞陶诗云：“制作隆中古，寥寥大雅音。文章关有道，天地岂无心。”⑤陶渊明是古代传统中的典范之一，所以格外受到关注。

台阁诗人也尚古，如杨士奇《杜律虞注序》云：“古诗《三百篇》皆出乎情，而和平微婉，可歌可咏，以感发人心，何有所谓法律哉！自屈、宋下至汉、魏及郭景纯、陶渊明，尚有古诗人之意。”⑥累官至文渊阁大学士的胡广于《论诗》中亦引

---

① 〔明〕刘基：《苏平仲文集序》，见林家骊点校《刘伯温集》上册，浙江古籍出版社 2011 年版，第 117 页。

② 〔明〕张以宁：《翠屏集》卷三，影印清文渊阁《四库全书》本。

③ 〔明〕林弼：《林登州集》卷二三，影印清文渊阁《四库全书》本。

④ 〔明〕吴讷撰，于北山校点：《文章辨体序说·古诗》，人民文学出版社 1962 年版，第 31～32 页。

⑤ 〔明〕韩守益：《韩中允集》，见吴文治主编《明诗话全编》（壹），江苏古籍出版社 1997 年版，第 283 页。

⑥ 〔明〕杨士奇：《东里续集》卷一三，影印清文渊阁《四库全书》本。

“临川吴氏”（实本宋人蔡宽夫）语云：“陶、韦则亦以其不练字、不琢句、不用事而情性之真近乎古也。”①在茶陵派等诗人成长起来以后，尚古观念也渐渐兴起。他们因对台阁文风不满而从古代寻找可以学习的典范。李东阳《麓堂诗话》云：“陶诗质厚近古，愈读而愈见其妙。韦应物稍失之平易，柳子厚则过于精刻，世称陶韦，又称韦柳，特概言之。惟谓学陶者，须自韦柳而入，乃为正耳。”②在与同类诗人的对比中，陶诗“近古”的优势使他们更愿意将之作为典范之一。

高启虽然天才卓荦，孤高耿介，但在诗歌创作中仍然虚心向汉魏晋唐名家学习，主张“兼师众长，随事摹拟”，最终熟能生巧，融会贯通，“浑然自成，始可以名大方而免夫偏执之弊”。③ 因此，《四库全书总目》卷一六九“高启《大全集》提要”说他“拟汉魏似汉魏，拟六朝似六朝，拟唐似唐，拟宋似宋，凡古人之所长无不兼之”④。高启模拟、学习陶诗就是这种学古态度的表现。正是由于转益多师的学习态度，他没有迷信陶诗，而是认为：“夫自汉、魏、晋、唐而降，杜甫氏之外，诸作者各以所长名家，而不能相兼也。……渊明之善旷而不可以颂朝廷之光。”⑤他的学陶之作也因此自具个性，不淹没于被学习的对象。

第二，前人接受陶渊明的观点也直接并深刻地影响了明代初期士人对陶渊明的评价和接受态度。宋濂和他的门生方孝孺的论陶视角和观点明显受到宋、元理学家和苏轼的影响。比如，宋濂对刘因、吴澄、虞集等元代对陶渊明接受甚多的读者十分敬重，曾经为他们在《元史》中立传，在赞体文中专门作赞。方孝孺论陶超然于物的观点实际源出于苏轼、陆游等人寓意于物的观点。如果宏观一些来看，我们甚至可以说，在一定程度上，明代初期读者对陶渊明的政治、道德、人生态度只是进行了更加理性化的认知，而在总体上的理解并没有超越宋、元读者。明代初期读者对前代读者接受陶渊明的情况相当熟悉。如黄溥的《诗学权舆》评论陶渊明的条目有三十条左右，他在这些条目中主要引述了苏轼、朱熹、杨时、敖器之等人的言论。单宇《菊坡丛话》等诗话笔记里也存在这种情况。我们还可以以《永乐大典》为例略做说明。《永乐大典》卷二五三五至卷二五四

① 〔明〕胡广：《性理大全书》卷五六，影印清文渊阁《四库全书》本。

② 丁福保辑：《历代诗话续编》下册，中华书局2006年版，第1379页。

③ 〔明〕高启：《独庵集序》，见〔清〕金檀辑注，徐澄宇、沈北宗校点《高青丘集·凫藻集》卷二，第885页。

④ 〔清〕永瑢、纪昀等：《四库全书总目》，影印清文渊阁《四库全书》本。

⑤ 〔明〕高启：《独庵集序》，见〔清〕金檀辑注，徐澄宇、沈北宗校点《高青丘集·凫藻集》卷二，第885页。

○(中华书局1986年版)提到众多"斋"名,其中与陶渊明相关的多是宋金等朝人的斋名,如"远斋"(引宋包宏《远斋记》为例)、"心远斋"(引金李俊民《郎文炳心远斋》为例)、"愧陶斋"(引《山阳县志》记宋绍熙元年事为例)、"效陶斋"(引宋郭祥正《和陈掾效陶斋诗》为例)、"觉非斋"(引宋遗民牟巘《觉非斋说》为例)、"今是斋"(引宋曹勋《今是斋》为例)、"归去来斋"(引《湘潭志》为例)、"贫亦好斋"(引朱许纶《题陈正字贫亦好斋四首》为例)、"怡颜斋"(引明《胡仲子集·怡颜斋铭》所记朱熹书"怡颜亭"等为例)、"容膝斋"(引元程《容膝斋记》为例)、"听雪斋"(引明僧宗泐《赵本初听雪斋》诗为例)、"见南山斋"(引宋刘行简《戏题法真师见南山斋》诗为例)、"菊隐斋"(引宋李应春《唐主簿扁斋曰菊隐以史西楼诗求和》诗为例)等。另卷八二一和八二二引录的宋、元诗话和笔记中有七种十几条提到陶渊明。《永乐大典》卷六六九七引有《九江府志》中一篇珍贵的《靖节先生祠堂记》。这是宋代评陶的代表性言论。其评云:

先生柴桑之高士,上世尝有大功于晋室。耻以身事异代之主,故托于酒而逃焉,将以晦其迹。时释氏远公,方与诸贤为莲社栖遁之游,独先生不可致。欲以其嗜好招之,为置杯酒,公乃去之而弗顾。盖未知先生之志,初不在于酒也。尝诵其《史述》曰:"慨想黄虞,愿比稷契。"知有志尧舜其君而不遇,宁得钱送酒家,淋漓头上巾。方其颓然散发,醉眠溪上石,月洁风清,虎驯鹤唳,瞬息千古,物我两忘,彼高人逸士,顾何以识之?渺乎若沧海而莫测其量,巍乎若太华而莫穷其高。

予求其心而不可得,因以其迹观之。先生环堵萧然,风雨弗蔽。瓶粟而食,败絮自拥。使其爱子,居则奉薪水之劳,出则荷篮舆以往,是岂人情哉?他人不堪当,有愁叹忿激之辞,而先生处之怡然。今读其遗文,平夷旷达,发于中和,淡而实美,幽而不怨。若未尝履忧患之途,处穷约之地,以是知其天也,性也。近代得志之士,乃欲区区追和其诗辞,以跋高躅,虽有超世迈鞅之才,终莫能拟其彷佛。盖先生之心,浩然游乎八极之表,视死生穷达,若浮云流水,独与造物者为友,而莫知其所然。固异乎屈原《离骚》之作,盖自怨生;龚胜、董賨之讥,未免瑕累。其高识先见,绝人远矣。①

该记文末题:"乾道六年(1170)秋中元日,九江周蟠记。"作者在这篇祠堂

① 〔明〕解缙等纂:《永乐大典》第三册,中华书局1986年版,第2687页。

记中先高度评价了陶渊明“耻以身事异代之主”的忠义高节，接着赞赏陶渊明“有志尧舜其君”的功业大志，其后叹服陶渊明“物我两忘”、安贫乐道的超越精神，可谓宋、元时期陶渊明观的共识。对比宋濂和方孝孺等人的赞陶言论，他们之间的承续关系是很明显的。

当然，明代人对程朱理学的接受进一步融汇了庄禅意趣，因此他们更加注意从心灵的真诚和精神对外物的超越上理解陶渊明。如《庄子·山木》主张“物物而不物于物”，苏轼《宝绘堂记》又进一步融入禅趣云：“君子可以寓意于物，而不可以留意于物。寓意于物，虽微物足以为乐，虽尤物不足以为病。留意于物，虽微物足以为病，虽尤物不足以为乐。”①正是基于此，方孝孺才会认为陶渊明“得乎物之趣而不损己之天趣”。

第三，战乱和游宦的经历使他们思念故乡、向往隐逸。如刘基《次李子庚韵》云：“风落余花春事非，愁心烟雨共霏霏。溪云不作从龙起，山石何须学燕飞？篱下旧存彭泽菊，林间新长首阳薇。夜阑忽漫闻啼鸟，肠断天涯信使稀。”②从诗人在诗歌中感叹不得建立功业机遇、思念远方故乡的愁绪来看，该诗当作于元末，对故乡的思念使诗人联想到与陶渊明相联系的篱下菊花。又如元末王冕《次韵》《心远轩》《对菊》《读五柳先生传》等诸多借陶表现隐逸情思的作品也反映了明初老一辈士人的心态。又如陈谟元末隐居不仕，洪武初被征至京师，托疾辞归，家居教授，后来才被聘为江广考试官。入明时，他已年过六十，多少有些遗民情结，因此，他的作品也多隐逸情思。其《为中常题溪山访隐图》云：“只应陶靖节，来往问遗民。”《畦乐诗为王与龄二首（之二）》云：“栗里问渊明，旁舍招云卿。”③仰慕陶渊明，以陶自况况人是其隐逸心态的自然流露。高启《九日》写客游江皋的孤独和寂寞云：“逢辰少欢意，愧此篱下菊。”④诗的结尾自然涉及学陶饮酒解愁。

第四，明初出仕者内心渴望如陶渊明一样归去来兮与高压政治的严酷束缚有直接关系。明初的专制统治极为严酷，用高压政治和理学钳制士人言行，朱元璋连士人不出来做官也不允许，甚至以赐死来报复那些敢于不应聘的士人，但士人对自由的渴望从来就没有泯灭过。一来士人有追求自

① 〔宋〕苏轼撰，孔凡礼点校：《苏轼文集》卷一一，中华书局 1986 年版，第 356 页。

② 〔明〕刘基著，林家骊点校：《刘伯温集》下册，第 576 页。

③ 〔明〕陈谟：《海桑集》卷一，影印清文渊阁《四库全书》本。

④ 〔明〕高启著，〔清〕金檀辑注，徐澄宇、沈北宗校点：《高青丘集·凫藻集》卷七，第 301 页。

由的文化传统，二来元末明初的动荡社会现实也有利于滋生自由的思想，而一旦滋生就不是高压所能够灭绝的。一方面是难以泯灭，另一方面是越严酷打击越会反向刺激士人对自由的渴求。所以，再严酷的打击也难以泯灭士人渴望自由、渴望神经放松的心灵欲求。高启就是一个很典型的例子。他“天才高逸，实据明一代诗人之上”①，对人格独立和自由有着极其强烈的憧憬。高启自云：“野性不受畜，逍遥恋江渚。”②明初，他在仕途感受到的不是新朝的活力，而是官场的沉闷和拘束，因此，向往同陶渊明一样归去来兮，与陶的饮酒、孤傲、慨叹等取得共鸣就是必然的了。何况，仕途充满凶险，其《我昔》诗流露此种心事云：“我昔在家日，有乐不自知；及兹出门游，始复思往时。贫贱为客难，寝食不获宜。异乡寡俦侣，童仆相拥持。天性本至慵，强使赋《载驰》。发言恐有忤，蹈足虑近危。人生贵安逸，壮游亦奚为？何当谢斯役，归守东冈陂。”③以今昔对比抒写对宦游的畏惧和对归乡生活的渴望，与陶诗“静念园林好，人间良可辞”的心绪息息相通。④ 又如本编第一章第二节论及的方孝孺和岳正，他们在严酷的专制政治和宫廷巨变前宁折不弯，试图保持人格的基本尊严，但默对内心时，还是渴望如陶渊明一样到体制之外去寻找人生的独立与自由。

第三节　童冀的因陶寓意与用韵抒怀

童冀（1324—1396？）⑤，字中州，金华人，明太祖洪武九年（1376）被征入书馆修书，出为全州教官，迁为湖州府学教授。⑥ 洪武十三年（1380）六月，因待制

---

① 〔清〕永瑢、纪昀等：《四库全书总目》卷一六九“高启《大全集》提要”，影印清文渊阁《四库全书》本。

② 〔明〕高启：《池上雁》，见〔清〕金檀辑注，徐澄宇、沈北宗校点《高青丘集》卷四，第151页。

③ 〔明〕高启著，〔清〕金檀辑注，徐澄宇、沈北宗校点：《高青丘集》卷六，第265页。

④ 〔晋〕陶渊明：《庚子岁五月中从都还阻风于规林二首（之二）》，见逯钦立校注《陶渊明集》卷三，第74页。

⑤ 关于童冀生卒年，参邓富华《明初诗人童冀及其和陶诗考论》，载《中国韵文学刊》2014年第3期。

⑥ 〔清〕陈田《明诗纪事》甲签卷一三：“洪武丙辰征入书馆，出为全州教官，迁湖州教授。”

吴沉推荐,皇帝遣使征之①,岁末至京师赴征。其前半生,约五十九岁前,主要在家乡浙江金华、湖南永州、浙江湖州等地读书、教授和游历。洪武二十二年(1389)十月,他从南京龙江乘船北上②,渡黄河至幽、燕一带主理贡举③,一直到洪武二十五年(1392)尚滞留燕地。童冀在1395年前后,调北平,坐罪卒。④ 童冀有《金华集》《南行集》《雪川集》《北游集》四种,后合为《尚䌹斋集》五卷,有《文渊阁四库全书》本(民国《续金华丛书》据以影印)。童冀接受陶渊明的主要成果是前、后《和陶诗》和一篇附会陶渊明的《鞠玄传》。

一、前、后《和陶诗》与其他学陶诗

关于童冀的前、后《和陶诗》,钱谦益辑《列朝诗集》甲集卷一七云:

> 中州自序曰:"余往年尝一和陶靖节诗,俯仰垂四十年,浮云世事,何所蔑有。及来河朔,触事感怀,间用其韵,积日既久,辞无诠次,因褒而目之曰《后和陶诗》。然余前所和者,多因其事而寓己意;今所和者,第用其韵不复用其事云。"中州《前和陶诗》,苏平仲书其后。《后诗》则洪武二十五年壬申,与独庵少师同客于燕,少师用蝇头小楷继写成卷,而题其后云:"中州先生才力老成,问学淹贯,二十年来奔走南北,虽涉历世故,乐天知命,有合于靖节之志趣。其和诗如茧抽泉决,略不见其艰窘,矧有牵强者耶?"己丑岁(清顺治六年即1649年)之涂月,子晋得少师手书卷录以示余,余录其什之

---

① 〔明〕黄佐《翰林记》卷三"荐举"称:"十三年五月……编修吴沉荐儒士吴慎明、教授童冀……皆降敕召之。"(影印清文渊阁《四库全书》本)〔明〕廖道南《殿阁词林记》卷三《东阁大学士吴沉》:"十三年(1380)六月丁卯复以为待制,沉荐教授童冀、儒士吴慎,遣使征之。"(影印清文渊阁《四库全书》本)〔明〕陈建《皇明通纪法传全录》卷七载,洪武十三年七月,"遣使齐符召……湖州府学教授童冀赴京"(明崇祯九年刻本)。关于其所征召月份,史料记载略有出入,今暂从《殿阁词林记》。

② 〔明〕童冀《发龙江》:"帝城惜别重依依,棹发龙江已夕晖。十月寻常寒食短,孤帆摇飏暮云飞。"题下小注云:"己巳(1389)十月。"(见童冀《尚䌹斋集》卷五《北游集》,影印清文渊阁《四库全书》本)

③ 〔明〕童冀《送郡庠诸贡士会试》:"圣明纪元首洪武,二十三年岁庚午(1390)。北平贡举数已三,南宫科第谁为伍。朝廷在处兴学校,河朔于今似邹鲁。燕城自昔号多士,黉舍书声喧两庑。"(见童冀《尚䌹斋集》卷五《北游集》)据此,洪武二十三年,童冀已经离开南京到河朔燕城主理贡举。

④ 〔明〕童冀《庚午(1390)立春日偶成》云"一别乡关十五年……倦游何意复幽燕"(见《尚䌹斋集》卷五《北游集》),若从洪武十三年(1380)离开江南北上算起,则1395年尚在河北一带。

二云。①

童冀作于后期的和陶《拟古五首(之一)》云:“我生七九年,始识广莫风。”其《后和陶诗》殆作于六十三岁,时洪武二十五年(1392),与首次和陶相距“俯仰垂四十年”,据此,则童冀约生于1330年,首次和陶在二十四岁左右。苏平仲,名伯衡,也是金华人,明初作家,有《苏平仲文集》十六卷传世。“道庵少师”就是姚广孝(1335—1418),元末明初政治家、高僧、作家,道庵是其僧号,释名道衍,字斯道,曾为太子少师,《明史》有传,有《逃虚集》十卷等传世。苏伯衡的前《和陶诗跋》似已不可见,姚广孝的后《和陶诗跋》当与其小楷《中州先生和陶诗》一起藏于北京故宫博物院。

关于童冀《和陶诗》的跋语,我们今天还可以看到两篇。他们分别是明初林弼的《跋童中州和陶诗后》和胡翰的《童中洲(州)和陶诗后跋》:

> 五言肇于汉苏、李相赠别,一时之倡和也。晋、魏以来有拟古,或曰拟某作,则固追和前人也矣。陶诗作于晋、宋间,不杂时态,敻然绝出,如殷《盘》、周《诰》,质素古雅,益羞涩不可前陈。后世若韦若柳,多用其题,模放步骤,犹未和其韵也。宋苏子瞻氏始因韵为和篇若干首,金华童君中州善为诗,而独于陶,爱其萧散冲澹,有类于古人所谓温柔敦厚之教者,又因苏诗篇数之旧而重和焉。盖其尚友古人,百世上下,犹神交焉。非特于陶于苏为然也。嗟夫,陶、苏二公之诗,旷情达视而能委顺以乐其天者也。黄鲁直谓其出处不同,气味相似,君子以为知言。中州蕴深发茂,方将为世笙镛以鸣治世之盛,顾乃以山林枯槁自居。夫苟得二公之所以乐,则无入不自得,于出处奚择焉。《衡门》《考槃》之咏,尚毋为太早计也。②

> 陶征士之高节,非晋、宋人比也。读其诗者未尝不悠然想见其萧散冲澹之趣,故世慕之,如韦应物之拟作,苏子瞻之和篇,往往不绝。余意欲与之角,顾縻于世之尘鞅,敝于末习之襞积,未能脱去。今中洲(州)是集,何其骎骎逼人若是哉!盖兼取二家,而寤寐乎柴桑、栗里之间者,可谓好之笃,而思之精矣,其有不合于古者乎?抑古之比兴,非以能言为妙,以不能不言者之为妙也。此所谓发乎情也,大音在天地,流被万物,“前者唱于,后者唱喁”,果孰使之?中洲(州)之发乎情者,亦将若是乎?虽尚友千载可

① 〔清〕钱谦益辑:《列朝诗集》,清顺治九年毛氏汲古阁刻本。本节下引童冀《和陶诗》版本下同,不再注出。

② 〔明〕林弼:《林登州集》卷二三,影印清文渊阁《四库全书》本。

也。葛天氏之民欤？无怀氏之民欤？其尚为我补诸“牛尾”之歌，吾固将击壤而和之矣，独不知听之者其谁哉。①

童冀“因苏诗篇数之旧而重和”，则童冀和陶诗的数量当与苏轼《和陶诗》的数量相当，过百首。童冀《和陶诗》兼取陶渊明原诗及苏轼和诗二家，但与陶、苏不同的是“陶、苏二公之诗，旷情达视而能委顺以乐其天者也”，陶、苏二人处身穷困，遭遇坎坷，诗作发自天性；而童冀“方将为世笙镛以鸣治世之盛，顾乃以山林枯槁自居”，是处身隆盛而作山林之思。但童冀“尚友古人，百世上下，犹神交焉”，“寤寐乎柴桑、栗里之间者，可谓好之笃，而思之精矣”，所以也有合乎古人的天性情思，诗风萧散冲淡。两篇跋语中有些客套话，都表达了对和诗的充分肯定。

童冀今存和陶诗共九十九首（今和江淹拟诗一首），各本和（效）陶诗的著录情况如下。

明人杨士奇撰《文渊阁书目》卷二著录有“《童中州和陶集》一部一册”；清初黄虞稷撰《千顷堂书目》卷一七著录有“《童冀和陶集》”，不注卷次。②《明诗综》卷八、《御选明诗》卷首、（雍正）《浙江通志》卷二四九等皆云童冀有《和陶集》。③ 然而，今天已经见不到完整数量的《和陶集》。《尚䌹斋集》卷四《雪川集》录其二首效陶诗。《题凝清轩三首（其二）》（原注：效陶靖节）：“少无簪组念，雅志在丘岑。结庐古涧阿，栖迹嘉树林。南轩纳朝阳，北牖延夕阴。踵门无深辙，入室有鸣琴。良朋以时至，清坐谈古今。秫田秋向熟，浊醪行可斟。倾筐撷园蔬，持竿钓清浔。欢饮聊共适，过满非所钦。”④《云林书舍》（原注：效陶靖节）云：“少微轩冕累，雅志在林垧。读书三十年，乃为尘事婴。束装去京国，遥遥抵南荆。疾风吹单舻，五月凌洞庭。东还岂不乐，尚阻千里程。永怀园田芜，岁月忽屡更。披图觌斯境，依依念平生。云山谅悠邈，缅焉起深情。”⑤二诗用语用韵多拟《和郭主簿二首（之一）》《饮酒二十首（之五）》等诗，前诗少现实感慨，后诗融入身世之感。二诗之外不见其他和陶诗。《御选明诗》卷一九录十四

① 〔明〕胡翰：《胡仲子集》卷八，影印清文渊阁《四库全书》本。

② 〔明〕杨士奇《文渊阁书目》、〔清〕黄虞稷《千顷堂书目》，皆据清文渊阁《四库全书》本。

③ 〔清〕朱彝尊《明诗综》、〔清〕康熙《御选明诗》、〔清〕嵇曾筠（雍正）《浙江通志》，皆据清文渊阁《四库全书》本。

④ 〔明〕童冀：《尚䌹斋集》卷四。

⑤ 〔明〕童冀：《尚䌹斋集》卷四。

首:《效陶彭泽》(少无簪组念)一首、《和陶庚子岁五月中从都还阻风于规林二首》、《和陶拟古》三首、《和陶杂诗》四首、《和陶归田园三首》、《和陶贫士》一首。《明诗综》卷八仅录一首:《庚子岁五月中从都还阻风于规林》(我昔少年日)。《明文在》卷七录一首:《效陶彭泽》。

钱谦益辑《列朝诗集》收录童冀和陶诗最多最全,计二十五首,分别是:《效陶彭泽》(即《题凝清轩三首》其二)、《读山海经》(二首)、《杂诗》(二首)、《庚子岁五月中从都还阻风于规林》(二首)、《拟古》(五首)、《和胡西曹示顾贼曹》、《杂诗》(五首)、《和刘柴桑》、《归园田》(三首)、《己酉九日》、《贫士》(二首)。这几乎囊括了上段所提及的所有和陶诗,只有《云林书舍》(效陶靖节)一首没有选录。

明姚广孝有小楷所书童冀《后和陶诗》,藏于故宫博物院,计录诗九十九首。姚广孝评价童冀和陶诗云:"虽涉历世故,乐天知命,有合于靖节之志趣。其和诗如茧抽泉决,略不见其艰窘,矧有牵强者邪?"①这主要是针对《后和陶诗》而言的,评价很中肯,即旷达自然,较少矫揉造作之态。童冀前期和陶诗主要是模拟习作,后期作品乃感于人生遭际而作,后期作品在艺术上优于前期。当然这种前后期的划分不是绝对的,若打乱时期,按人生遭际是否鲜明来划分,基本可以划分为两类,即人生遭际鲜明的一类和拘束于陶诗泛泛而和的一类,不妨简称为具和诗与泛和诗。

童冀前期和陶诗"多因其事而寓己意"②,在用语、用韵、题材、意趣、诗风方面,刻意模仿陶原诗。所谓的"寓己意",也主要是自己对陶诗旨意的诗意阐释,而缺少现实经历的感慨。如前引《效陶彭泽》(少无簪组念)萧散平淡,自然畅达,用语、意趣仿佛《归园田居五首》《读山海经十三首(之一)》,表面上看是一首很完美、很像陶诗的和陶诗,但由于缺少源于生活的感兴而泯灭了自我。作于后期的《和刘柴桑》也大致如此。从创造性和新颖性上来看,这类泛和诗并不成功。

具和诗如和陶《杂诗五首(之五)》:

> 十月渡黄河,北风凄已凉。河水深且驶,溯洄上吕梁。仰视南雁飞,缅焉怀故乡。吴葛已十暑,楚砧亦三霜。宁知衰莫年,转觉归路长。

该和陶诗实写以垂老之身奉召北上渡黄河之慨。中州《北游集》有《黄河舟中述

① 〔清〕朱彝尊:《明诗综》卷八,影印清文渊阁《四库全书》本。
② 〔清〕钱谦益辑:《列朝诗集》甲集卷一七,清顺治九年毛氏汲古阁刻本。

怀二首》。其一云:“昔年承召沐恩波,投老飘零感慨多。清梦常时怀绛阙,白头今日过黄河。朔云鸿雁来边塞,落日牛羊散近坡。最忆故山茅屋好,春风日夜长烟萝。”其二云:“五更酒醒惟闻雁,一月舟行不见山。半世悠悠孤枕梦,百年扰扰几人闻。劳生宇内成何事,独羡斜阳倦鸟还。”①《黄河舟中述怀二首》所写渡黄河、见北雁南飞、缅怀家乡、感慨暮年征役之苦等所见所感与上引和陶诗相为佐证,确如其自序所云,其后期和陶诗“第用其韵不复用其事”。又如和陶《庚子岁五月中从都还阻风于规林二首(之一)》云:“我昔少年日,无事幸休居。佩弦戒性缓,每师董安于。迨兹桑榆景,始悟失东隅。屡将孱弱躯,触冒风波途。严冬朔风急,夜绝高邮湖。岂不幸利涉,为计良已疏。古人戒垂堂,况我疾病余。前途谅多险,欲悔将焉如。”董安于是董狐之后,有董狐耿直之风。“戒垂堂”即不坐在堂外檐下,怕发生危险,比喻不在有危险的地方停留。此诗针对自己耿介的个性而发,兼及冒险渡过高邮湖的后怕和对前途的忧虑。渡高邮湖与陶原诗之阻风于规林同是旅途遇阻,不同的是陶避风浪而念田园之好,童冀冒风浪而忧前途之险,直写自我遭遇与感慨,与陶似联实断,自我色彩更浓郁一些。此外,和陶《庚子岁五月中从都还阻风于规林二首(之二)》写旅途结识新朋友,慨叹“举觞更相属,满饮不须辞。人生如浮萍,聚散安足疑”。和陶《拟古五首(之一)》感慨漂泊朔方,之二写年老怀乡,之三、之四借史感慨怀才不遇,之五感于“下士困形役”,向往逍遥自由的盛世人生。《和胡西曹示顾贼曹》叹行役之苦。和陶《归园田三首》将自身遭遇、对田园的思念与陶诗的淡泊旷达交融。和陶《己酉九日》写九月登高,与陶原诗题材相关,而与衍师登高则实有其事,感慨与缅怀也不乏真诚。和陶《贫士二首(之一)》庆幸漂泊中结识衍师,之二感慨“人生靡定止,飘荡如转蓬”。这些和陶诗多数是有感而发,写自己的遭遇和感慨;虽然融汇着陶诗的旷达自然、委运顺道的旨趣,但情与事多了自我的影子。所以其后期和陶诗实而不虚,具体而不浮泛,主要是用陶韵抒怀,不是借陶诗原咏之事略寄憧憬之意,由此完成了对自我前期和陶诗的超越。

除了和陶诗,童冀之《古诗十首》《杂诗四首》等五言古诗亦绝类陶诗。如《古诗十首(之一)》:

弱龄抱高尚,雅志在丘园。胡为坐维絷,偪侧城府间。穷年守铅椠,严程如作官。日晏甫朝食,冬裘春不完。达生贵适意,讵敢求晏安。永怀沮

① 〔明〕童冀:《尚䌹斋集》卷五《北游集》。《黄河舟中述怀二首(之一)》“阙”字,原作“闕”,当为“阙”之俗字。

溺徒,躬耕非所叹。①

陶渊明《始作镇军参军经曲阿》云:“弱龄寄事外,委怀在琴书。”②《归园田居五首(之一)》云“性本爱丘山”。《庚戌岁九月中于西田获早稻》云:“遥遥沮溺心,千载乃相关。但愿长如此,躬耕非所叹。”③童冀此诗用语、气貌甚至意趣皆类陶。又有专咏陶者,如《题渊明小像》云:“采菊东篱下,南山入望时。葛巾新烧酒,正耐晚风吹。”④用陶典者如《题睡凫六首(之二、之三、之四、之五、之六)》云:

旧日柴桑里,黄花白发新。误为彭泽令,赢得满衣尘。

栗里秋香晚,东篱菊未黄。翛然山月下,忽见黑衣郎。

九日浊醪尽,黄花笑酒杯。夜深山月黑,不见白衣来。

白发陶彭泽,东篱立晚风。宁能效王掾,早作黑头公。

彭泽休容后,西风满面尘。故交零落尽,谁是素心人。

《又题墨菊二首》云:

采采东篱菊,秋香正满庭。定知陶靖节,不读《太玄经》。

东篱秋色晚,白发对斜晖。独怪休官后,犹纡墨绶归。⑤

诸绝句或者咏陶或者咏物,咏陶与借陶状物皆能捕捉情趣,幽默诙谐。如云酒后“正耐晚风吹”,睡凫晚上“不见白衣来”,陶渊明因欣赏墨菊而“不读《太玄经》”(“太玄”谐义“墨黑”),皆有雅趣。

二、《鞠玄传》与其前类似传记

童冀又有《鞠玄传》,可为陶渊明接受史上一绝。其传云:

鞠玄,剡人也。其先盖黄华之苗裔,当战国时,有名英者,为楚三闾大夫之所齿。至汉而南阳诸族始盛。晋末,有家柴桑者,亟为靖节征士所采擢。其后遂显于世。玄之生也,实有异焉。其母管城氏曰:“尝游墨池,感而有娠。”厥父以玄经筮之,曰:“黄中通理,金复于水。母顾厥子,童乌之祥。奕叶其昌,太玄其有光。”及生,状颀而黝,故命曰玄素。业贫,无立锥之地,寄迹楮先生家。时宗人竞以黄白术显,宾客骑从杂遝旁午。玄环堵

① 〔明〕童冀:《尚䌹斋集》卷一《金华集(上)》。

② 〔晋〕陶渊明撰,逯钦立校注:《陶渊明集》卷三,中华书局1979年版,第71页。

③ 〔晋〕陶渊明撰,逯钦立校注:《陶渊明集》卷三,第84页。

④ 〔明〕童冀:《尚䌹斋集》卷一《金华集(上)》。

⑤ 以上七诗并据〔明〕童冀《尚䌹斋集》卷一《金华集(上)》。

萧然，晏如也。迨诸族凋谢，玄岿然独存。性沉默，不以寒暑荣悴一变其色。当道贵人，或馆致之，尊诸座右。既而久弗见及载召，衣冠垢敝，因拂拭之，笑曰：“君非出尘之器邪？”对曰：“玄所谓抗尘走俗者。”遂自免归。君子谓玄合卷舒之义矣，以时进退，遁世无闷，其知道者哉！①

为菊花作传始于宋人，史铸《百菊集谱》成书于南宋淳祐二年（1242），其“补遗”部分录菊花传两篇。一是广信邢良孠的《黄华传》。该传先介绍黄华的字号、族氏，称“黄华，字季香，世家雍州，隐于山泽间”，然后介绍黄华与屈原、曹丕等的交往逸事，接着介绍与陶渊明的交往：

晋陶渊明旷达有高尚之气，然且见华，俯加采纳，曰：“吾不肯折腰对督邮，今为吾子折腰，与语有味（黄菊味甘）。”华曰：“吾甘心从先生游，余子苦口（白菊味苦），何足置齿牙间哉！”渊明乃剪茅开径，延置家园，觞咏陶写，必访华东篱下，握手至熏夕。渊明醉眠，遣客罢休（罢，部买切），华独露坐，不去。瓶罄樽空，相对悠然。江州刺史王弘闻渊明有佳客，亟遣白衣致馈渊明，贮酒满船（船，谓酒觥），命华拍浮其中，以为乐。渊明有友徂徕十八公，与华齐名，苍髯长身，尝从大夫之后，下膏泽，有酝藉（膏，谓松脂可以酿酒）。能制中山醇醪（《酒经》曰：醪汁滓，浊酒也。东坡《松醪赋》云“制中山之松醪”，愚按：中山在西京以北定州之地，东坡帅定武日尝饮此酒作赋），华讥其非圣人之清。十八公曰：“我自用我家法，卿自用卿家法。”（二句出《世说》子嵩云）或问其所以同。华曰：“陶先生自拔于流俗，十八公不凋于岁寒，华虽当青女降霜，亦不变色。”（《淮南子》：“秋三月，青女乃出，以降霜雪。”高诱注：青女，天神青妖玉女，主霜雪。妖，乙骄切。愚览《渔隐丛话》与高续古《纬略》并引作“青腰玉女”）是则同时人目为三杰。华既经渊明称赏，名声表表，每遇良辰，宾朋登高开宴，华至，天资中正，非栀貌蜡言（栀貌蜡言，出柳文《鞭价说》）；黄衣黄裳，意象闲雅；清风徐来，德馨袭人。至其晚节，不与草木俱腐，群英扫地，华独固蒂岿存。曰：“予自上世以来，晓轻身明目之术。”书名方册，世以为仙。且其所居有潭水，饮之能制颓龄，于华可知矣。子孙枝分，傲睨冰霜，挺有风烈，与黄橙、陆吉同时（东坡有《黄甘陆吉传》）。以为一年好处，人到于今称之。②

① 〔明〕童冀：《尚䌹斋集》卷二《金华集（下）》。

② 〔宋〕史铸：《百菊集谱》“补遗”部分，影印清文渊阁《四库全书》本。按，小括号内为原注。本文又见〔明〕陈邦俊辑《广谐史》卷二、〔清〕陆廷灿《艺菊志》卷二。

结尾赞曰:“有煩黄华,渊乎似道,朱紫竞时,惟华独也正。群英牢落,惟华独也在。”

史铸《百菊集谱》所录第二篇菊花传是建阳马揖的《鞠先生传》,也是先介绍鞠先生的名氏、功业和节操,称:“王公贵人慕其风味,争相迎致,然气类不相合,则虽强留纳交,而先生终不屑意。惟田园守拙之士,岩谷隐逸之人,事之惟谨,即与倾盖定盟,杯酒不相舍。先生虽潜德不耀,然吕令之正四时,成周王后服饰之用,先生与有力焉。所知己者,楚有灵均,晋有渊明,本朝有韩稚圭,皆与结好为平生欢。”接着简要介绍与之交好的崔宁、陶弘景、陆龟蒙等人,并着重描述重阳节盛况云:“白衣送酒,汉宫开酿,太官赐糕,或献茱囊,或荐蓬饵,或烹桑苎之茶,皆为先生之侣也。……至于醉卧篱东,反栽篱西,此又各随所寓,而称寿者也。”①

元末杨维桢有《黄华先生传》,见于明陈邦俊辑《广谐史》卷二。该传先介绍黄华先生祖先“日精”因辅佐农皇氏有功而被赐姓黄氏;其三十世孙黄英交友屈原,黄华在汉代“入平盖山炼九华大药,时时与好事者出,沽酒市中,见者咸呼为九华先生”。之后接着写九华先生与陶渊明的交往:

> 彭泽令陶潜方弃官柴桑,闻先生名,特延致之。后徙宅东,潜不敢名,惟以九华呼之。潜当九月九日无酒,与先生口讲服饵法,语之曰:“南山朝来致有佳气耳。”少时,江州刺史王弘送酒至,潜以酒让先生饮,先生憙曰:“吾得拍浮此足矣。”潜平生交惟两人,先生与五鬣大夫也。五鬣在先生上,先生戏与五鬣较短长,曰:“汝虽长,遭斧戕;我虽短,升中堂。”又以其能相殿最曰:“吾茹能使饥人辟粮,汝能乎?”曰:“能。”“吾饮能使瘥残人康宁寿考,汝能乎?”曰:“能。”曰:“吾一出能使时王知正气,一灰迹能使诸蜩族吞其噪而不声,汝能乎?”曰:“不能矣。”曰:“不能何以上吾也?”五鬣亦曰:“吾一出能栋天子明堂,一灰迹能染历代之文章,子能乎?”曰:“不能也。”曰:“此吾所以上子也。”潜闻而笑曰:“九华既失,而五鬣亦未得也,二三子黜德灭巧,将太上从,太上无名,功故无穷。”二三子无怀氏之蠓孰长短小洪。于是二人者相与持酒,欢甚,潜颓然醉,醉则遣客,而二人者侍门下,至蒙霜露不去。先生自谱其族,凡一百六十三,黜其冒族类者,曰滴金、马兰、

---

① 〔宋〕史铸:《百菊集谱》“补遗”部分,影印清文渊阁《四库全书》本。又见于〔明〕陈邦俊辑《广谐史》卷二、〔清〕陆廷灿《艺菊志》卷二。

童万、钱覆等,凡六种,题曰:《九华寿谱》,藏于家云。①

结尾“太史氏曰”:“华先德活万民,子孙当有兴者,讫与晋处士同逸,奇乎时也,子姓至今有隐君子风,世徒以黄白术却老延年者方之,又乌睹华之大道哉!”表现了怀才不遇的不平慨叹。此外,元代任士林的《真一先生传》将酒拟人化为真一先生,多述陶渊明事,亦一诙谐奇文②,此不赘述。

上面四篇菊花传记以邢良孚的《黄华传》和杨维桢的《黄华先生传》写得最为生动形象,且主要集中写菊花与陶渊明的交往;其特点是本于陶渊明逸事而又加以适当虚构,让人物对话情境顿出、谐趣横生,令人解颐。童冀《鞠玄传》在艺术上有些类似于马揖的《鞠先生传》,不取具体描写,转用抽象概括,虽形象生动不足,但也简洁传神,能得前人传记和陶渊明、菊花之精神。与马揖笔下霜节凛然的鞠先生不同的是,童冀塑造的鞠玄先生兼具洒脱自然的特点,与五柳先生的贫士形象更接近,如称:“晋末,有家柴桑者,亟为靖节征士所采擢。其后遂显于世。”“环堵萧然,晏如也。”但童冀塑造的鞠玄先生又吸收了苏轼关于陶渊

① 〔明〕陈邦俊辑:《广谐史》卷二,明万历四十三年沈应魁刻本。又见〔明〕贾三近编《滑耀编》、〔明〕詹景凤编《古今寓言》卷一二、〔清〕陆廷灿编《艺菊志》卷二、〔清〕汪灏等编《御定佩文斋广群芳谱》卷四九等。

② 《真一先生传》全文如下:“真一先生,家姓酿,名字伯醇,无功乡人。其先秫,有国神农时,黄帝既致杵臼之利,陈师伐其国,秫以俘见,帝不忍播弃,封之为太仓令。崆峒牟氏闻秫贤,有立志,以女妻之。秫得牟,喜曰:‘此真吾糟糠妻也!’生子旨。禹会诸侯于涂山,有仪狄者,以旨进禹,味其言甘,曰:‘吾子孙必有以是亡国者。’心疏之,然亦不斥绝。旨生泛,泛生醴,醴生盎,盎生缇,缇生沈,仕成周,为最盛,朝廷宗庙之上,咸相推尊,下至比闾族党升降酬酢,莫不有礼。遭春秋,历战国,子孙以诈得幸。诸侯独商以清德闻齐威王时,淳于髡以滑稽受上赏,而商去矣。暨至秦汉,商之族通显,然官不过主爵。都尉先生其胤也。晋桓大司马辟先生为青州从事,志不屑,雅与阮宣、毕卓、刘伶、阮籍之徒为忘形之交。义熙间,先生抱瓮自闭,不希荐引。会五柳先生陶元亮弃官归柴桑,与先生交欢,凡戚欣歌哭,平险逆顺之涂,必揖先生商之。元亮沉浸醲郁,先生亦风流酝藉,莫逆于心。元亮尝坐东篱下,望先生不来,唇焦肺渴,心甚苦之,会王江州遣白衣人送先生至,元亮为之倾倒殆尽。先生时枕藉糟中,为浮蛆所困,元亮脱葛巾,手自引拔,笑曰:‘公等碌碌,所谓因人成事者。’其爱嗜如此。元亮晚年多感山阳下国之事,令人酸心,遂有瓶罄罍耻之忧,失笑相顾,举口见疑,作诗戒止,思与先生绝交。先生仰天耳热,抚缶而歌乌乌,曰:‘知我者陶先生乎?罪我者陶先生乎?’退而守口如瓶,不求俎豆贤人之列。著书《子壶子》以自娱。后赵郡苏轼追尊之曰:‘真一先生。’太史公曰:家氏散居天下,而酿以醇和称;大白若辱,不沽市井之誉,其圣之清者欤?自羲叔、和叔以来,爱嗜酿者甚众,惟晋陶元明,最为浃洽。然而酬酢之情,不能白首,君子惜之。弥子之贤,未变于初也。前见贤而后获罪者,爱憎之至变也。酿之于渊明,亦爱憎之至变欤?世之所谓醇酎交者,可不慎哉!”(见〔元〕任士林《松乡集》卷四,影印清文渊阁《四库全书》本)

明仕隐自如、出于自然的观点，如称“君子谓玄合卷舒之义矣，以时进退，遁世无闷，其知道者哉”。此类菊酒传记，其拟人、附会、笔法等可追溯至魏晋的俳谐文和韩愈的《毛颖传》等，却因渊明风流而别具神韵，耐人寻味。

三、艺术学习和心灵憧憬

元末明初有一股和陶之风。如与童冀一同被明朝征召的戴良有《和陶诗》，今存五十一首。被朱元璋尊为明朝第一佛教宗师的梵琦（1296—1370）著有《西斋和陶集》，今存《和陶渊明九日闲居诗》《和渊明仲秋有感》《和渊明新蝉诗》《和怨诗楚调示庞主簿邓治中》等八首和陶诗，又有《和陶归去来辞》、和《闲情赋》之《正情赋》等作品。① 邓雅撰《玉笥集》卷一有《拟古九首》，之九咏陶渊明，表达向往“悠然对松菊，饮酒和陶诗”②的风流雅趣。桂彦良（？—1387）有《和陶诗》传于世（《御选明诗》卷十八录其一首）。明谢肃撰《密庵集》卷七尚存为桂氏和陶诗做的《和陶诗集序》。孙蕡（1337—1393）有《和陶集》，但已佚不传，其《西庵集》中尚存《和归去来辞自平原回作》一篇。莫昌有《和陶诗集》。③ 王洪（1380—1420）有《拟陶彭泽》《和郭主簿》，见其《毅斋集》卷三。唐桂芳有《近辟一室，扁曰琴书所，或者病其湫隘，不称隐者之居也。率二儿各和陶诗》二首，见其《白云集》卷一。此外，有和陶诗的还有范仲彰、莫维贤、包文举④等，张泐“自《九日闲居》以下皆和之，至《咏荆轲》而止。诸四言及《形神释》《桃源》等什则不和”⑤。梁寅（1309—1390）《仲修宅春日分韵得园字》感于春日美景，面对美酒云：“群俊题诗拟陶谢，且同烧烛坐东轩。”⑥和陶拟陶已经成为一种特定情境下的风雅生活方式，是在艺术上向陶诗的学习，更是在心灵上向诗人的靠近。如果再考虑到现实矛盾和世俗纠纷的影响，向陶渊明的靠近就有了更为切实的现实动因。这对于童冀来说也是如此。

---

① 主要见〔明〕叶盛《水东日记》卷二〇，清康熙刻本；〔明〕释正勉、〔明〕释性涵同辑《古今禅藻集》卷一八、〔清〕《御选明诗》卷三五等，皆清文渊阁《四库全书》本。

② 〔元〕邓雅：《拟古九首（之九）》，见《玉笥集》卷一，清钞本。

③ 〔明〕凌云翰：《莫隐君墓志铭》，见《柘轩集》卷四，影印清文渊阁《四库全书》本。

④ 范仲彰、莫维贤、包文举三人，据〔清〕黄虞稷《千顷堂书目》卷一七著录，皆有《和陶集》，不注卷数。范仲彰，《千顷堂书目》称其字仲彰，然据王直《抑庵文后集》卷二九《范仲彰墓志铭》，仲彰姓范氏，讳文焕，有《和陶诗》二卷。

⑤ 〔明〕宋濂：《题张泐和陶诗》，见罗月霞主编《宋濂全集·朝京稿》卷二，浙江古籍出版社 1999 年版，第 1677 页。

⑥ 〔明〕梁寅：《石门集》卷四，影印清文渊阁《四库全书》本。

童冀之所以接受陶渊明，在前期主要是出于艺术学习和心灵憧憬的需要。童冀创作前和陶诗时，尚在青年时期，而陶渊明的诗歌和为人在接受史上都已经是不可忽视的典范。正如胡翰在《童中洲（州）和陶诗后跋》中所云：“陶征士之高节，非晋、宋人比也。读其诗者未尝不悠然想见其萧散冲澹之趣，故世慕之，如韦应物之拟作，苏子瞻之和篇，往往不绝。”①童冀模仿陶诗除了艺术上的学习，关键还是心灵上的向往，是在模拟中向这位千古高士的品节和萧散冲澹的襟怀靠近。所以他自己说，“余前所和者，多因其事而寓己意”，主要还是努力体会古人，而不是抒发自我胸怀。

童冀后期接受陶渊明并不仅仅像林弼等所说，是“得二公之所以乐”，对陶、苏“好之笃，而思之精”，学习陶渊明和苏轼“旷情达视而能委顺以乐”的精神，更根本的现实动因是他在人生后期对社会现实有了深入的感受。童冀“二十年来奔走南北”，“涉历世故”，对故乡充满深切的思念，渴望超脱矛盾，憧憬同陶渊明一样“乐天知命”、洒脱自由。史载童冀到北平后“坐罪卒”②，但到底因何得罪当朝而命丧他乡，史料没有做具体的说明。在凶险的仕途上，他虽然“委愿随所遇，胡为计穷通。用舍固有命，勖哉慎所从”③，但还是不免于悲剧结局。由此可以想见童冀虽然奔波仕途，但并非全然“方将为世笙镛以鸣治世之盛”，而是内心充满对自由、和谐的故乡生活和生命境界的深切呼唤。这是专制制度下奔波仕途、关心世事者的共同心声。

第四节　学陶自得的理学家陈白沙

陈献章（1428—1500）是明代大儒、明代心学大门的开启者，是朱熹理学向王阳明心学过渡的关键性人物。他因曾居江门白沙村，又被称为白沙先生。他对陶渊明的接受在明代心学派读者中具有代表性。陈白沙多次以陶渊明自况，其《菊节后五日，丁明府彦诚携酒来饮白沙社赋补会三首（之一）》云：“对花无阿堵，笑我似陶潜。”④《谢九江惠菊四首（之一）》云：“若道渊明今我是，清香还

① 〔明〕胡翰：《胡仲子集》卷八，影印清文渊阁《四库全书》本。

② 〔清〕钱谦益辑：《列朝诗集》甲集卷一七。

③ 〔明〕童冀：《（和陶）贫士二首（之二）》，见〔清〕钱谦益辑《列朝诗集》甲集卷一七，清顺治九年毛氏汲古阁刻本。

④ 〔明〕陈献章撰，孙通海点校：《陈献章集》卷四，中华书局1987年版，第357页。

属隔江人。"[①]《枕上偶成》云："懒甚陶元亮。"[②]《病疥，用后山韵写怀四首（之四）》感叹："千年无鲍叔，一懒有柴桑。"[③]他也把他赞赏的朋友比作陶渊明，如其《太虚上人以所注定山种树诗见寄，喜而赋此，兼稿呈定山》云太虚上人与庄定山（昶）"宾主依然是远、陶"[④]，其《寄定山》说庄定山"诗变尧夫酒变陶"[⑤]。据中华书局点校本《陈献章集》统计，他明显涉及陶渊明及其作品的诗文有160多篇，其中150多篇是诗歌，约占其诗歌总量的7%。陈白沙于品节修养、饮酒爱菊和诗歌创作上深受陶渊明影响，卓然有所自得、有所成就。

一、安贫乐道，超然自得

首先，陈白沙格外推崇陶渊明不为五斗米折腰的"丈夫"人格。其《得何时矩书》云："丈夫立万仞，肯受寻尺拘？不见柴桑人，丐食能欢娱？"[⑥]孟子的学生陈代劝孟子"枉尺而直寻"[⑦]，为了大的好处，在小节上不妨委屈一些，去拜谒诸侯，与之合作。孟子坚决反对，因为这种只顾眼前利益的做法背离自己的原则。孟子的言行体现了他的大丈夫人格。白沙诗意云：大丈夫壮志如山，屹立万仞，怎能为一点眼前利益所拘束？难道不见陶渊明贫至乞食，仍能超然困顿，欢娱自得吗？陈白沙将陶渊明和孟子并举为"丈夫"人格的典型，以与患得患失的"鄙夫"相区别。陈白沙云："美恶杂，居贤者羞与不肖伍，设若有如陶元亮者，傲睨于其间，肯为五斗米折腰而不去耶？"[⑧]可见他对陶渊明不畏当道、"不折腰于督邮"人格的推崇。[⑨] 在现实中，他也是这样做的。他早年科举不顺，但不因此沮丧；晚年声名盛及朝野，引来他人诸多馈赠，他却一一谢绝，保持了一种超然名利、贫贱不移的大丈夫人格。陈白沙选择归隐讲学，放弃出世做官，在归隐讲学时以道自任，固然是对孔门责任的自觉承担，但在具体的品格涵养上受益于包括陶渊明在内的众多历史人物。

---

① 〔明〕陈献章撰，孙通海点校：《陈献章集》卷六，第568页。
② 〔明〕陈献章撰，孙通海点校：《陈献章集》卷四，第360页。
③ 〔明〕陈献章撰，孙通海点校：《陈献章集》卷四，第373页。
④ 〔明〕陈献章撰，孙通海点校：《陈献章集》卷五，第496页。
⑤ 〔明〕陈献章撰，孙通海点校：《陈献章集》卷五，第434页。
⑥ 〔明〕陈献章撰，孙通海点校：《陈献章集》卷四，第312页。
⑦ 杨伯峻译注：《孟子译注》上册，中华书局1960年版，第138页。
⑧ 〔明〕陈献章：《白沙先生诗教解》卷一二，《四库全书存目丛书》集部第三五册，齐鲁书社1997年版，第597页。
⑨ 〔明〕陈献章：《与宝安诸友》，见孙通海点校《陈献章集》卷二，第218页。

“大丈夫”人格主要是针对外在的诱惑，而“丐食能欢娱”主要是针对自我于性命的领悟。在实际生活中，陈白沙更推崇陶渊明安贫乐道、顺任自然、超然自得的人生境界。这是一种从世俗追逐中觉悟的追求，是人格涵养到纯粹之后、精神得到安顿的道德超越境界。他在《龙冈书院记》中回忆自己求学的心路历程说："予少无师友，学不得其方，汩没于声利、支离于秕糠者盖久之，年几三十，始尽弃举子业，从吴聘君游。然后益叹迷途其未远，觉今是而昨非，取向所汩没而支离者，洗之以长风，荡之以大波，惴惴焉，惟恐其苗之复长也。"①从为"声利""举子业"而学转向自我性命之学，陶渊明《归去来兮辞》"实迷途其未远，觉今是而昨非"②的感悟起了一种引导作用。其和陶《怀古田舍》云："君子固有忧，不在贱与贫。"③和陶《归田园三首(之二)》云："高人谢名利，良马罢羁鞅。"④孔子说："君子忧道不忧贫。"⑤陈白沙以道德自任，但他不因困窘失意而戚戚于色，而是倡导像颜回、陶渊明那样安贫乐道，表现出对陶氏"欢娱"生活的认同和嗜爱："景斜瓦碗方食，日晏柴门未开。五柳前身处士，一瓢今日颜回"⑥，"醉即拍手歌，东西卧林莽"⑦。陶渊明给陈白沙的印象主要是一种超然于名利得失之上而与道逍遥、自得其乐的形象。这种形象又是与饮酒、爱菊密切联系在一起的。

陈白沙深得酒中三昧，而往往借陶发之。他把陶渊明归入古代"善醉"者之列⑧。其《与世卿闲谈，兼呈李宪副九首(之七)》云："深深酒盏寄渊明。"⑨《次韵顾通判夜泊江门见示》云："酒杯无日不渊明。"⑩《漉酒巾》云："但求当日醉，不管后生疑。"⑪陶渊明"性嗜酒"，"偶有名酒，无夕不饮……既醉之后，辄题数句自娱"⑫。陈白沙诗十有三四写到酒，题目中见"饮酒""对酒"等字样者就有

① 〔明〕陈献章撰，孙通海点校：《陈献章集》卷一，第 34 页。

② 〔晋〕陶渊明撰，逯钦立校注：《陶渊明集》卷五，中华书局 1979 年版，第 160 页。

③ 〔明〕陈献章撰，孙通海点校：《陈献章集》卷四，第 295 页。

④ 〔明〕陈献章撰，孙通海点校：《陈献章集》卷四，第 292 页。

⑤ 杨伯峻：《论语译注》，中华书局 1980 年版，第 168 页。

⑥ 〔明〕陈献章：《漫兴四首(之二)》，见《陈献章集》卷五，第 543 页。

⑦ 〔明〕陈献章撰，孙通海点校：《陈献章集》卷四，第 292 页。

⑧ 〔明〕陈献章：《白沙先生诗教解》卷一三，《四库全书存目丛书》集部第三五册，第 601 页。

⑨ 〔明〕陈献章撰，孙通海点校：《陈献章集》卷五，第 441 页。

⑩ 〔明〕陈献章撰，孙通海点校：《陈献章集》卷五，第 467 页。

⑪ 〔明〕陈献章撰，孙通海点校：《陈献章集》"诗文补遗"部分，第 696 页。

⑫ 〔晋〕陶渊明：《饮酒二十首序》，见逯钦立校注《陶渊明集》卷三，中华书局 1979 年版，第 86 页。

二十几首，如其追和陶渊明《饮酒二十首(之九)》云："昔者东篱饮，百榼醉如泥。那知此日花，复与此酒谐。一曲尽一杯，酩酊花间迷。赤脚步明月，酒尽吾当回。"①洒脱天真，与陶之任真不拘相映成趣。陈白沙的《醉乡》是借陶酒写超然境界较好的一首，诗云：

管勾仙家碧酒春，醉乡今日属何人。天高地迥无人到，试就陶潜一问津。②

该诗议论处似宋人，结句借陶表意，含蓄蕴藉而不乏幽默，既有王绩《醉乡记》的意味，又有陶渊明《桃花源记》的风韵，巧妙传达出一种超越现实和矛盾之上、与淳朴太古遥遥相接的超然境界。白沙之酒多有陶氏意趣，故其《批答张廷实诗笺》云："醉以溷俗，醒以行独；醒易于醉，醉非深于《易》者不能也。汉郭林宗，晋陶渊明，唐郭令公，宋邵尧夫，善醉矣夫！"③

陈白沙又爱陶潜之菊，认为陶渊明和屈原"皆以菊为悦者也，皆古之贤人也"④。他明显写到陶菊的作品有五十多首，如和陶《九日闲居》、《寒菊》、《和罗服周见寄》、《对菊》("淅淅西风至")、《九日》、《九日用旧韵》、《九日诸生携酒白沙醉中和答三首(之二)》、《周镐送白菊绮诗》、《邀丁县主赏菊》、《九日木犀未开》、《谢九江惠菊》、《对菊十二首(之一、之二、之三、之六、之九、之十一、之十二)》、《五月菊四首(之三、之四)》、《正月菊二首(之二)》、《渊明爱菊》、《对菊》("因花催酒酒催诗")、《李评事题其弟世卿诗卷曰采菊，盖取予赠世卿古诗首句语名之，因题》、《次韵李子长寒菊》、《九日默然斋送姑苏酒至，次韵奉答》、《怀古次韵王半山二首(之一)》、《菊节后五日，丁明府彦诚携酒来饮白沙社赋补会三首(之一、之三)》、《秋坐碧玉楼》、《吴明府送菊次韵答之》、《鄱阳丘先生远示杰作二章……》二首、《残菊寄兼素》、《衡山与李子长见怀欲过江门》、《听秀夫诵定山先生之作》、《答惠菊》、《对菊》("渊明无钱不沽酒")、《题渊明菊》、《对菊》("陶家园里旧开丛")、《菊逸说》等。陈白沙明确指出"陶元亮似菊……以菊为悦"，称"菊，花之美而隐者也"⑤，是包括陶渊明在内的贤者品行的象征。所以陈白沙格外喜欢菊花，且喜欢在诗歌中吟咏菊花，借菊花传达他高雅超然的人生趣味和超然境界。其

---

① 〔明〕陈献章撰，孙通海点校：《陈献章集》卷四，第294～295页。

② 〔明〕陈献章撰，孙通海点校：《陈献章集》卷六，第656页。

③ 〔明〕陈献章撰，孙通海点校：《陈献章集》卷一，第74页。

④ 〔明〕陈献章：《白沙先生诗教解》卷一三，《四库全书存目丛书》集部第三五册，第601页。

⑤ 〔明〕陈献章：《菊逸说》，见孙通海点校《陈献章集》卷一，第59页。

《怀古次韵王半山二首(之一)》赞陶渊明云：

> 三径五株柳，孤村独板门。先生正高卧，众鸟莫交喧。晋宋当时改，乾坤此老存。手中一把菊，秋色满丘园。①

诗中的陶渊明孤节高拔，气并乾坤。而结句将“一把菊”放在丘园里，不但衬写出陶渊明的高节，也传达出其风度的淡雅和超拔。《李评事题其弟世卿诗卷曰采菊，盖取予赠世卿古诗首句语名之，因题》则借助菊花把拔俗高格进一步升华为超然自得：

> 是处江山有钓蓑，相逢休要问如何。闲吹黄鹤楼前笛，即是庐山采菊歌。②

陶渊明手持菊花，“南山对面时，不取亦不舍”③，意在菊花、南山，又不全在菊花、南山，因为他已经与之一起融入生生不息的自然大化。菊花是诗人意趣、神韵的寄托，是超然的世外伴侣。

陈白沙对菊、酒、诗三者有不解的情缘。更多的时候，他是把陶渊明的菊花和酒一起写入诗歌中。其《对菊五首(之二)》写三者之间的关系云：“因花催酒酒催诗，诗酒平生两不亏。秋到若无诗与酒，看花原似不曾知。”④在此，菊、酒、诗三者精神相通，高雅脱俗，为人生不可缺少的伴侣。陶渊明是第一个大量以酒入诗的诗人，也是第一个把菊花、酒和诗歌密切联系一起的诗人。陈白沙《答惠菊》云：“主人持酒向花笑，坐下无花诗不妙。……世人有眼不识真，爱菊还他晋时人。一瓢酩酊庐山下，万乘之君不得臣。”⑤菊、酒、诗三者在陶渊明身上相得益彰，在陈白沙身上也并泛光彩。陈白沙在这一点上可谓得了陶渊明的真传。菊、酒同时入诗的例子在陈诗中俯拾皆是，又如：

> 渊明无钱不沽酒，九日菊花空在手。我今酒熟花正开，可惜重阳不再来。今日花开颜色好，昨日花开色枯槁。去年对酒人面红，今年对酒鬓成翁。人生百年会有终，好客莫放樽罍空。贫贱或可骄王公，胡乃束缚尘埃中？簪裾何者同牢笼！(《对菊》)
>
> 黄菊有佳晨，良朋乐呼唤。争持渊明杯，来接子桑饭。(《九日诸友会饮白沙得雁字》)

---

① 〔明〕陈献章撰，孙通海点校：《陈献章集》卷四，第337页。

② 〔明〕陈献章撰，孙通海点校：《陈献章集》卷六，第616页。

③ 〔明〕陈献章：《寒菊》，见孙通海点校《陈献章集》卷四，第308页。

④ 〔明〕陈献章撰，孙通海点校：《陈献章集》卷六，第604页。

⑤ 〔明〕陈献章撰，孙通海点校：《陈献章集》卷四，第321页。

严霜百卉枯，三径挺秋菊。……且脱头上巾，茅柴今可漉。（《紫菊吟寄林时嘉》）

霜前淡淡花，瓢内深深酒。今日陶渊明，庐山作重九。［《九日三首（之一）》］

花开无酒醉江滨，莫笑人间破葛巾。庐阜长官归未得，看花还共去年人。［《对菊十二首（之一）》］

白衣刚到黄花下，醒长官为醉长官。社里新知僧酒主，门前高枕石蒲团。（《渊明爱菊》）

篱下花堪把，先生有酒不？遥看白衣者，不复问江州。（《题渊明菊》）

黄菊有名花，渊明无酒官。酒多人自醉，花好月同看。（《吴明府送菊，次韵答之》）

有钱不买重阳醉，篱下黄花也笑人。［《对菊十二首（之九）》］

眼前虽有黄花在，不与陶公解醉醒。［《五月菊四首（之四）》］

酒逢菊日何人送，月照柴关每夜开。［《衡山和李子长见怀欲过江门二首（之一）》］①

与陶渊明相关的菊与酒几乎成了陈白沙平日生活的必需品，它们与诗歌一起成为陈白沙自得人生的寄托。在最适意的时候，陈白沙还可以借助它们获得超然尘外的境界。陈白沙提到陶渊明，十有八九要言及陶酒、陶菊。陶酒、陶菊是陶渊明超然自得的人生里独有的象征，也是陈白沙从陶渊明那儿传承的清雅高趣。

二、虽宗击壤，源出柴桑

从艺术上看，陈白沙诗有两个重要渊源，一个是陶渊明，一个是邵雍。现代学者把陈白沙和庄昶命名为“性气诗派”，认为性气诗派是“借风云月露来谈论道学这样一个奇怪的诗派”②。陈白沙是“性气诗派”的代表作家，也是中国文学史上自东晋玄言诗之后写作哲理诗的一个典型作家。相对于邵雍缺少审美韵味的“性气诗”，陈白沙把理学之理带入诗歌的灵动境界，这种做法与陶渊明摆脱玄言诗的寡情少味、把诗歌重新带回审美领域的做法很像。可以说，陈白

① 以上十一诗分别见〔明〕陈献章撰、孙通海点校《陈献章集》，第 327 页、第 285 页、第 296 页、第 523 页、第 570 页、第 586 页、第 541 页、第 383 页、第 571 页、第 584 页、第 491 页。

② 袁震宇、刘明今：《明代文学批评史》，上海古籍出版社 1991 年版，第 77 页。

沙诗既有以邵雍等为代表的理学家作家以诗言道的特点，也有陶渊明诗感悟人生的情韵理趣，是两者的有机融合。据邹守益《训蒙诗要序》载，明人曾经把陶诗和邵雍、陈白沙等理学家的诗归于一类，作为儒家伦理启蒙的教材。① 明人钱百川高度评价陈白沙诗说：“古诗三百篇，不知几千祀。后来继者谁，一个陶公耳。变风与变雅，其如杜子美。宋周程张朱，道大言莫比。迄今五百年，惟陈白沙氏。”②这里已经有将陶诗、陈白沙诗看作一脉相承的意思。朱彝尊《静志居诗话》卷七评陈献章则一语中的：“成化间，白沙诗与定山（按，指庄昶）齐称，号‘陈庄体’。然白沙虽宗击壤（按，指邵雍），源出柴桑。”③这一论断是很有见地的。

陈白沙的诗风深受包括陶渊明在内的魏晋诗人诗作的影响。他曾经“取魏、晋以下诸名家所作，凡为前辈点出者，反覆玩味”④。陶诗是“古诗冲澹之流”的祖师⑤，当然也是他反复玩味的重要学习对象。陈白沙“五言夙昔慕陶韦”，以为“苏州抚手揖陶潜”⑥，甚至说：“或疑子美圣，未若陶潜淡。”⑦他的学生湛若水解释说：“淡，言陶渊明诗有冲淡之意，自然天成，又非子美用工锻炼者所能及也。”⑧他认为诗圣杜甫难以比拟陶潜。此论与苏轼合。他认真揣摩学习过陶诗，“取陶、谢、少陵诸大家之诗学之，或得其意而亡其辞，或得其辞而遗其意，或并辞意而失之”⑨。陈白沙曾对弟子说：“章闲居，和陶渊明古诗十余

---

① 〔明〕邹守益《训蒙诗要序》：“乃取《诗经》之关于伦理而易晓者，及晋靖节，宋周、程、张、朱及我朝文清、康斋、白沙、一峰、甘泉、阳明诸君子之诗，切于身心而易晓者，属王生仰编而刻之，俾童子讽咏焉。”（见邹守益《东廓邹先生文集》卷一，《四库全书存目丛书》集部第六五册，第 571 页。）

② 〔明〕钱百川：《钱逸人集·观沈石田诗集》，见吴文治主编《明诗话全编》（贰），江苏古籍出版社 1997 年版，第 1889 页。

③ 〔清〕朱彝尊著，姚祖恩编，黄君坦校点：《静志居诗话》，人民文学出版社 1990 年版，第 182 页。

④ 〔明〕陈献章：《论诗不易》，见孙通海点校《陈献章集》卷一，第 59 页。

⑤ 〔明〕陈献章：《白沙先生诗教解》卷一三，《四库全书存目丛书》集部第三五册，第 602 页。

⑥ 〔明〕陈献章：《读韦苏州诗四首（之二、之四）》，见孙通海点校《陈献章集》卷六，第 671 页。

⑦ 〔明〕陈献章：《示李孔修近诗》，见孙通海点校《陈献章集》卷四，第 303 页。

⑧ 〔明〕陈献章撰，湛若水解：《白沙子古诗教解》卷下，见孙通海点校《陈献章集》附录一，第 765 页。

⑨ 〔明〕陈献章：《与王乐用佥宪三则（之一）》，见孙通海点校《陈献章集》卷二，第 154 页。

篇，一二篇中颇自以为近之。”①这“十余篇”和陶诗当是其作品集所录和陶诸诗，即《归田园三首》《移居二首》《九日闲居》《和刘柴桑寄袁道见怀一峰之意》《和郭主簿寄庄定山》《赠羊长史寄辽东贺黄门钦》《饮酒》《庚子岁九月中于西田获早稻》《怀古田舍十二首》。陈白沙诗之得益于陶诗者主要有以下两个方面。

第一是诗风的平淡自然、雅洁醇正。其《对酒用九日韵四首（之四）》云：“作诗尚平淡，当与风雅期。如饮玄酒者，器用瓦为卮。”②《晚酌示藏用诸友十首（之五）》云：“晋魏以前无近体，独怜陶谢不拖泥。”③陈白沙所理解的平淡包括词语的平易质朴，所以他用日常生活中常见的瓦器比喻他推崇的诗歌风貌。但他所理解的平淡不是没有意味，而是应上追《风》《雅》，正如“玄酒”虽淡，却醇厚隽永；也不是不经提炼的“拖泥”带水，而是应雅洁自然。陈白沙又说：“古文字好者，都不见安排之迹，一似信口说出，自然妙也。其间体制非一，然本于自然、不安排者，便觉好。”④而“陶笺写率更”⑤，陶诗的自然是宋代之后的定论，也是陈白沙宗法它的原因之一。尤其是陈白沙的五言古诗，可谓得陶诗平淡自然的真传。故杨慎《升庵诗话》云：“白沙之诗，五言冲淡，有陶靖节遗意。”⑥如其和陶《归田园三首（之一）》云：

> 我始慚名羁，长揖归故山。故山樵采深，焉知世上年？是名鸟抢榆，非曰龙潜渊。东篱采霜菊，南渚收菰田。游目高原外，披怀深树间。禽鸟鸣我后，鹿豕游我前。泠泠玉台风，漠漠圣池烟。闲持一觞酒，欢饮忘华颠。逍遥复逍遥，白云如我闲。乘化以归尽，斯道古来然。⑦

这首和陶诗追和的是陶渊明《归园田居五首（之一）》“少无适俗韵”一首。全诗体制、韵脚用字等与陶诗完全相同。从仕途回归田园的心情、优游田园的情趣以及乘化逍遥的理悟等都如脱胎而出。全诗语句多对偶而能平淡自然，几乎不

---

① 〔明〕陈献章：《与张廷实主事六十九则（之三十一）》，见孙通海点校《陈献章集》卷二，第173页。

② 〔明〕陈献章撰，孙通海点校：《陈献章集》卷五，第537页。

③ 〔明〕陈献章撰，孙通海点校：《陈献章集》卷五，第449页。

④ 〔明〕陈献章：《与张廷实主事六十九则（之九）》，见孙通海点校《陈献章集》卷二，第163页。

⑤ 〔明〕陈献章：《遇雨诗》，见孙通海点校《陈献章集》，第697页。

⑥ 〔明〕杨慎：《升庵诗话》卷七，见丁福保辑《历代诗话续编》中册，中华书局2006年版，第779页。

⑦ 〔明〕陈献章撰，孙通海点校：《陈献章集》卷四，第292页。

见雕琢用力、矫揉造作的痕迹；情感淡泊高远，格调清雅拔俗，言理而无理障，与陶诗可谓神似。当然，与陶诗的朴厚相比，陈诗略显明晰；与陶诗的温暖近人相比，陈诗略显清寂孤远。又如和陶《九日闲居》：

无钱抚秋菊，向夕凉风生。谁为白衣者，颇识江州名。映杯碧水净，曜日丹葩明。天际雁孤去，草根虫一声。荏苒委时节，徘徊阅年龄。兴来发长叹，意尽还一倾。俭德苟不惭，厚禄安可荣？白首希高贤，清谣渺遗情。人生亦易足，何必勤无成！①

陶原诗主要感叹“如何蓬庐士，空视时运倾”，表达隐居守节的志向。陈诗则主要叹赏渊明，凸显渊明委运自然、淡泊自守的高尚品节。陈诗诗风旷远，与陶诗形神兼似。再如其《秋兴三首（之三）》云：

海上有一士，来往不知年。或就胥靡饭，或投上方眠。游处各有徒，孰谓世情然。饮酒不在醉，弄琴本无弦。借问子为谁，得非鲁仲连？②

该诗明显受陶诗影响的地方是“海上有一士”［陶渊明《咏贫士七首（之五）》“东方有一士”］和“弄琴本无弦”两句。此外，对海上高士的赞赏心态，平易中见矫健的语言气度，皆与陶诗神似。

如果说这些学陶诗有些以陶诗为诗的嫌疑，那么那些摆脱陶诗束缚又留有陶诗某些风神的五言古诗则有更多的个性。如其《感鸟》诗写一家仆袭取鸟巢，造成本来和乐美满的小鸟一家巢毁雏死的惨剧，对包括卑微如鸟的生命流露出仁者的深厚同情。这种感情真切朴素，与陶渊明嘱咐儿子善待仆人、见“众鸟欣有托”而欣喜的情怀十分类似。但此诗感人至深，为亲身经历和真实情感的写照，把陶渊明偶然触及的情怀以生动具体的事例集中表现了出来，因而也就完全是自我的声口面貌。诗风也平易自然，“切于身心而易晓”③。至于那些几乎看不出陶诗痕迹的作品，其个性更加明显，如《卧游罗浮·度铁桥》云：

一度一万仞，飞空本无铁。何名为飞空，道是安排绝。夜久天宇高，霜清万籁彻。手持青琅玕，坐弄碧海月。④

其中“夜久天宇高，霜清万籁彻”有陶诗《己酉岁九月九日》“清气澄余滓，

---

① 〔明〕陈献章撰，孙通海点校：《陈献章集》卷四，第293页。

② 〔明〕陈献章撰，孙通海点校：《陈献章集》卷四，第299页。

③ 〔明〕邹守益：《训蒙诗要序》，见《东廓邹先生文集》卷一，《四库全书存目丛书》集部别集类第六五册，第571页。

④ 〔明〕陈献章撰，孙通海点校：《陈献章集》卷四，第307页。

杳然天界高”①的某些踪影，但已经自成境界。全诗平淡自然，但又与陶诗迥然不同，浩然无涯，清空超旷，是自家风度。这也是陈白沙在艺术上不同于复古派的自觉追求。他曾经在《饮陂头》中自白道：“入崦花丛密，遵陂石路高。柴门过午饭，村老对春醪。水白都如练，风清不作刀。自然五字句，非谢亦非陶。”②这首诗有谢灵运诗的幽深，如“入崦花丛绿，遵陂石路高”句，有谢朓诗的清新，如“水白都如练”句，也有陶诗的平淡自然，如“柴门过午饭，村老对春醪”，但已脱略形似，在根本上为自得之诗，因此结云：“自然五字句，非谢亦非陶。”

第二是玄思理趣。陈白沙虽然被归入“性气诗派”，但其诗歌的玄思理趣不全来自邵雍等理学家的诗歌和哲学，而是直接承传陶渊明一脉。其《怀古》诗自白道：“五斗之粟可以生，折腰殆非贤所能。即生斯世须妨俗，莫道前身不是僧。庐阜社中期滚滚，浔阳菊畔醉腾腾。南山歌罢悠然句，谁续先生五字灯？”③陈白沙在这首怀古诗中缅怀的主要对象显然是陶渊明，对陶之精神可谓心领神会。在诗中，陈白沙像僧人禅悟一样把陶渊明的五言诗当作顿悟真理的不二法门。这里感悟的主要是以陶《饮酒》诗“结庐在人境”一首为代表的境界：一种浑忘物我、与道翱翔、自然自由的超越境界。陈白沙的诗歌与陶诗一样，总是在寻求、归依一种理想的境界。用陈白沙的话说，是一种“鸢飞鱼跃”④、超然自由的理学体悟和审美超越。能够形象写出这种境界的诗恰恰是陈诗中最有个性的作品。它们往往涵容着陶诗的玄思理趣，请看下面的例子：

此地还成趣，庭柯几度扳。亭中人不见，月照门前山。（《答王按治求乃翁挽四绝·可怡亭》）

诸君为饮会，老子不须期。尽数篱前菊，一花拈一卮。［《九日诸生携酒饮白沙，醉中和答三首（之二）》］

陶令黄金绕舍，君家白玉满园。千古清风庐阜，几丛细雨江门。［《周镐送白菊乞诗三首（之一）》］

陶家园里旧开丛，复入山窗对此翁。一曲一杯花下醉，人生能得几回逢。（《对菊》）

春光淡荡桃花浔，绝岸回风落碎金。一路潺湲烟锁断，无人知道此溪

---

① 〔晋〕陶渊明撰，逯钦立校注：《陶渊明集》卷三，第83页。

② 〔明〕陈献章撰，孙通海点校：《陈献章集》卷四，第336页。

③ 〔明〕陈献章撰，孙通海点校：《陈献章集》卷五，第419页。

④ 陈白沙多次使用“鸢飞鱼跃”一词，如《夕惕斋诗集后序》《与林郡博》《赠周成》《夜坐因诵康节诗偶成》《次韵仁夫潮连寨见寄》《示湛雨》《拨闷》等。

深。[《麦秀夫于城南小渚中累土结茅居之，容一之、马伯幹取酒共醉桃花下，各赋诗为乐，秀夫谒余同作，附其韵十首(之一)》]

无心可比白云闲，白云被风吹出山。道人肯比桃花水，流向人间更不还？[《葵山小睡次韵谢天锡二首(之二)》]

元亮高栖须避俗，岩青异骨合成仙。东风两岸黄鹂语，我亦中流坐我船。(《马贞卜筑圃中，与容贯同处》)①

这些洒脱自然、富有情韵的诗作中散缀着陶渊明诗文和意趣的影子，如“成趣”、“庭柯”、“篱前菊”、“桃花浔”、“无心”云、“我亦”等词语、意象、句式，饮酒赏菊、人鸟互悦等情趣隐然若睹。因此，其诗歌所传达的“鸢飞鱼跃”、自由自然的境界里就不单纯是性理之趣，还有来自陶渊明的审美化了的玄思意趣。陈白沙《湖山雅趣赋》铺写这种境界道：“放浪形骸之外，俯仰宇宙之间，当其境与心融，时与意会，悠然而适，泰然而安，物我于是乎两忘，死生焉得而相干。……鼓瑟鸣琴，一回一点，气蕴春风之和，心游太古之面，其自得之乐亦无涯也！”②陶诗云：“俯仰终宇宙，不乐复何如？”又云：“延目中流，悠想清沂。童冠齐业，闲咏以归。”③陈白沙所体悟的宇宙境界与儒家圣贤的道德超越境界相通，也与陶渊明的审美玄悟境界相通。只是，对于这样一种境界，陈白沙于感性审美之外，更多了理性上的认知，这与其理学家的身份分不开。

虽然陶诗与陈诗都表现出平易深粹、洞达自然的共性，但是由于两人所处的时代不同、身份不同等，陈白沙诗也显示了自我的个性风貌。所以明人张弼《读陈公甫和陶诗》云：“休惊孟似敖，毕竟敖非孟。删后多变更，随宜写吾性。”④陈诗是他的自得之诗，其中的优秀作品甚多。张弼以为这些优秀作品足以进入《诗经》之后的风雅行列，自我成家，在明代少与伦比。

陈诗与陶诗的分野，自其大者观之，主要有三个方面：

第一，从理性与感性的关系来看，陈诗是在明确理性指导下的审美实践，而陶诗主要是听从感性本心的真诚流露。二人殊途同归，都在传达回归本体、与

---

① 以上六诗分别见〔明〕陈献章撰、孙通海点校《陈献章集》，第529页、第537页、第542页、第667页、第592页、第611页、第401页。

② 〔明〕陈献章撰，孙通海点校：《陈献章集》卷四，第275页。

③ 〔晋〕陶渊明《读山海经十三首(之一)》《时运》，见逯钦立校注《陶渊明集》，第133页、第14页。

④ 〔明〕张弼：《张东海先生诗集》卷一，《四库全书存目丛书》集部第三九册，第389页。

道翱翔的超越之境，但陈白沙是深会于诗性的理学家，而陶渊明是深会于玄学的诗人。陈白沙在《跋沈氏新藏考亭真迹卷后》中引用严羽的“诗有别材，非关书也；诗有别趣，非关理也”和“如羚羊挂角，无迹可寻”两句话后说：“夫诗必如是，然后可以言妙。”①陈白沙论诗强调知识理性之外的性情风韵，足见他对诗性理解的深入，由此也无怪乎作为理学家的他何以写出趣味盎然的诗作。

第二，从与生活的关系来看，与第一点相联系，陈诗固然有生活的激发，但其玄思主要得于理学之思的圆融和读书自得的涵养；陈诗虽然偶有情感的波荡，但更多是直接写对淡泊空灵境界的哲理体悟。而陶诗虽然有“结庐在人境”“孟夏草木长”之类直接表现物我相得、浑忘世俗束缚的化境，但更多的诗歌先写情感上的波荡和人生的矛盾，然后才以玄思超越到淡泊之境。故陶诗给人的阅读感受是悲欣交慨，动荡而飘逸；而陈诗给人的阅读感受主要是愉悦欢欣，平静而超然。陶在生活中悟道，而陈却在悟道中生活。

第三，从诗歌的议论来看，陈诗的议论从理学概念出发时，有时难免会出现这样一种弊病，即哲理的抽象性、晦涩性代替了诗歌的形象性、平易性，也因此受人诟病；陶诗的议论却摆脱了这种弊病，立足于田园劳动，从生活感悟出发，具体可感，绝大多数不流于晦涩。《明儒学案》卷七《崇仁学案四》批评陈白沙此类诗作之弊云：“圣贤之训，明白恳切，无不欲人通晓。白沙之诗，好为隐奥之语，至其论学处，藏形匿影，不可致诘。……诗自汉、魏以来，至唐宋诸大家，皆有典则。至白沙自出机轴，好为跌宕新奇之语，使人不可追逐，盖本之庄定山，定山本之刘静修，规模意气绝相类，诗学为之大变，独《古选》《和陶》诸作近之。”②这里除了肯定《和陶》等少数作品，重点在否定其论学诗的“隐奥”等，虽然批评过当，但还是抓住了陈诗不如陶诗的短处。理语若运用得当，可以提升诗境。若有理语却乏趣味、无感情，那就远离了审美，成为理学化的“玄言诗”了。陈白沙诗与陶诗相比，可谓有得有失。但若同庄昶《与王汝昌魏仲瞻雨后小酌》《渊明二首》《题渊明归庄图二首》等涉及陶渊明的诗作比起来，陈白沙的同类诗作还是蕴藉多味的。

三、诗尚真率，学宗自然

陈白沙之所以接受陶诗，与他的诗论宗尚和理学主张密切相关。

---

① 〔明〕陈献章撰，孙通海点校：《陈献章集》卷一，第66页。

② 〔清〕黄宗羲：《明儒学案》，影印清文渊阁《四库全书》本。

陈白沙论诗崇尚情感的自然真率，当他看到成熟的形式格律等艺术技巧对诗歌的束缚时，甚至发表了“诗之工，诗之衰也”的惊世言论，认为：“言，心之声也，形交乎物，动乎中，喜怒生焉，于是乎形之声，或疾或徐，或洪或微，或为云飞，或为川驰。声之不一，情之变也，率吾情盎然出之，无适不可。有意乎人之赞毁，则《子虚》《长杨》，饰巧夸富，媚人耳目，若俳优然，非诗之教也。”①他从诗歌产生的角度立论，认为诗歌是人感物而动的情感的自然流露，只要“率吾情盎然出之”，即为好诗。而如果顾忌他人毁誉，为了辞藻的华丽而忽视了真情的流露，那么就不可能产生好诗。他由此出发，肯定了表现真情的诗作，说：“故七情之发，发而为诗，虽匹夫匹妇，胸中自有全经，此《风》《雅》之渊源也。而诗家者流，矜奇眩能，迷失本真，乃至旬锻月炼，以求知于世，尚可谓之诗乎？”②因为他认为无真情则无诗，所以雕琢失真的作品受到了他的严厉指责。为了自然，陈白沙提倡平易，针砭隐奥晦涩，认为：“大抵诗贵平易，洞达自然，含蓄不露，不以用意装缀，藏形伏影，如世间一种商度隐语，使人不可模索为工。”③但他所欣赏的真情又与一般人的喜怒哀乐有所不同，陈白沙所欣赏的真情一定是符合儒教的情感，而在实际审美中，又未必拘束于儒教的伦理道德层面，而是能够开阔一层，涵融着更加普遍化的理趣，阅读之后，能产生“枢机造化，开阖万象，不离乎人伦日用而见鸢飞鱼跃之机”的审美体验。④ “鸢飞鱼跃”以具体形象说明万物各得其所，融合于自然化机，体现了一种物我一体、天人合一的化境。陈白沙体会到的这一化境与曾点、颜回、陶渊明、邵雍等一脉相承，而在从真情出发、融真情于诗上却多同于陶渊明。

陈白沙论诗还接受了宋人规约情感的论调。他遵从朱熹对诗歌创作的论述，为后学指示学诗的门径云：

> 晦翁（朱熹）自云：“初学陶诗，平仄皆依韵。闭门两个月，方得逼真。”自古未有不专心致志而得者，更望完养心气，臻极和平，勿为豪放所夺。造诣深后自然如良金美玉，略无瑕颣可指摘。若恣意横为，词气间便一切飞沙走石，无老成典雅，规矩荡然，识者笑之。⑤

---

① 〔明〕陈献章：《认真子诗集序》，见孙通海点校《陈献章集》卷一，第5页。

② 〔明〕陈献章：《夕惕斋诗集后序》，见孙通海点校《陈献章集》卷一，第11页。

③ 〔明〕陈献章：《批答张廷实诗笺》，见孙通海点校《陈献章集》卷一，第74页。

④ 〔明〕陈献章：《夕惕斋诗集后序》，见孙通海点校《陈献章集》卷一，第11～12页。

⑤ 〔明〕陈献章：《与张廷实主事六十九则（之二十四）》，见孙通海点校《陈献章集》卷二，第170页。

又云：

> 欲学古人诗，先理会古人性情是如何，有此性情，方有此声口，只看程明道（程颢）、邵康节（邵雍）诗，真天生温厚和乐，一种好性情也。至如谢枋得，虽气节凌厉，好说诗而不识大雅，观其《注唐绝句》诸诗，事事比喻，是多少牵强，多少穿凿也。①

这里除了强调专心致志、勤奋不辍，还特别强调了性情的和平淡泊、诗境的老成自然，反对“恣意横为”、牵强附会，这与宋代人的诗论是一致的。而与宋人诗论更为一致的是把陶诗推崇为学习的典范，因为陶诗性情较为符合陈白沙的理想。

从哲学观上来看，陈白沙之所以接受陶渊明关键在于他从陶渊明身上发现了一种自然自得的精神。陈白沙哲学以道为本，而道本自然，所以他主张学宗自然，认为“本虚形乃实，立本贵自然”②。陈白沙所谓的自然，一方面是指世界的客观性及其自身发展的规律性，另一方面是指主观涵养所致的自性流露，即天理的自然流露、人格的自然呈现。所以，他一方面说：“一痕春水一条烟，化化生生各自然。七尺形躯非我有，两间寒暑任推迁。”③另一方面又说：“非涵养至极，胸次澄彻，则必不能有见于一动一静之间。”④他的自然论是为了解决安身立命问题。有的学者指出，陈白沙的“以自然为宗”论“不仅是本体论的命题，而且还是一种发展观：是以否定宇宙有主宰为起点，而以追求‘与道翱翔’、‘天人合一’的最高境界为归宿，追求人与自然统一。……人们可以从陈献章的大量诗篇中看到，其终生所追求的是忘我、忘形、任自然、齐万物、顺应自然而翱翔于宇宙”⑤。而此前，陶渊明是一位特色鲜明的自然论实践者。陈白沙在读陶渊明诗文时，强烈感受到陶渊明“素琴本无弦”⑥、宗尚自然的精神与其“以自然为宗”⑦的哲学观点的相通之处。故其和陶《归田园》云：“乘化以归尽，斯道古来

---

① 〔明〕陈献章：《批答张廷实诗笺》，见孙通海点校《陈献章集》卷一，第74页。

② 〔明〕陈献章：《答张内翰廷祥书，括而成诗，呈胡希仁提学》，见孙通海点校《陈献章集》卷四，第279～280页。

③ 〔明〕陈献章：《观物》，见孙通海点校《陈献章集》卷六，第683页。

④ 〔明〕陈献章：《书自题大塘书屋诗后》，见孙通海点校《陈献章集》卷一，第69页。

⑤ 黄明同：《陈宪章评传》，南京大学出版社1998年版，第83页。

⑥ 〔明〕陈献章：《答张内翰廷祥书，括而成诗，呈胡希仁提学》，见孙通海点校《陈献章集》卷四，第280页。

⑦ 〔明〕陈献章：《与湛民泽十一则（之九）》，见孙通海点校《陈献章集》，第192页。

然。”①他在哲学超越的玄思上与陶渊明心有灵犀，认同了陶渊明的乘化观，与道一体，超然自得，甚至以陶渊明的衣钵传人自居。

正是因为以道为本，陈白沙把道放在最为重要的位置上，认为“道至大”②，只要道在我，那么功名利禄皆不足言说。由此，陈白沙强调自我要从道和自然中有所心得，追求一种超然物外、摆脱外累、逍遥自得的境界。陈白沙在他的诗歌中屡屡表现这种“鸢飞鱼跃”、自然自由、逍遥自得的境界，如《随笔六首(之四)》云：“断除嗜欲想，永撤天机障。身居万物中，心在万物上。”③这种超然物外的人生追求与陶渊明渴望摆脱“心为形役”的追求是相通的。陶诗云：“形迹凭化往，灵府长独闲。”④这与陈白沙“身居万物中，心在万物上”的表述和情思有一致之妙，是陈白沙吸收包括陶渊明在内者类似智慧的表现。再比如读书，基于其哲学思想，陈白沙格外强调自得。他说：“道也者，自我得之，自我言之。”⑤他又说：“以我而观书，随处得益；以书博我，则释卷而茫然。”⑥读书强调自得，与陶渊明读书“不求甚解，每有会意，便欣然忘食”十分相似。陈白沙的“自得”一方面是其哲学本体论的自然发展，另一方面也是他求学经验的总结。他在《龙岗书院记》记述自己的读书经历时，曾引用陶渊明的“迷途其未远，觉今是而昨非”两句话来描述自己悟得求学正途之后的喜悦，还透露出这样一个信息：他回归自我，走向自得之学恰恰是受了陶渊明的某种启发！在自得上回归自我、回归自然之道，这是一个在求学路上真诚叩问自我灵魂的学者的必然选择。同时，因为得了这种自立自信的自得精神，他的学陶成果才独具特色，值得后人学习。

当然，陈白沙虽然在回归自我、回归自然上与陶渊明保持了精神上的传承，但“陈白沙对‘心本体’的高度肯定，使他‘以自然为宗’的思想远远不同于陶渊明、老庄的与自然同流，而具有一种高度独立与自足的特征”⑦。也就是说，陶渊明的顺任自然止于委运乘化，与自然一体(“托体同山阿”)，与化一体(“纵浪

---

① 〔明〕陈献章：《归田园三首(之一)》，见孙通海点校《陈献章集》卷四，第292页。

② 〔明〕陈献章：《论前辈言铢视轩冕尘视金玉三则(上)》，见孙通海点校《陈献章集》卷一，第54页。

③ 〔明〕陈献章撰，孙通海点校：《陈献章集》卷五，第517页。

④ 〔晋〕陶渊明：《戊申岁六月中遇火》，见逯钦立校注《陶渊明集》卷三，第82页。

⑤ 〔明〕陈献章：《复张东白内翰》，见孙通海点校《陈献章集》卷二，第131页。

⑥ 〔明〕陈献章：《道学传序》，见孙通海点校《陈献章集》卷一，第20页。

⑦ 章继光：《陈白沙与陶渊明》，见杨伟雄主编《陈白沙研究论文集》，珠海出版社2009年版，第183页。

大化中”),是主体消融于宇宙的本体;陈白沙的顺任自然则是主体与宇宙并立,甚至超出于万物之上。正像有些学者指出的:“陈白沙认为自我与心之本体不依赖客体而存在,具有高度独立、能动的特征与无所不为的知性潜能。”①“陶渊明在悟得此中‘真意’后,只是达到了‘欲辨已忘言’的默契,‘悠然见南山’的从容,而陈献章则有了与万物一体、与天地并立的崇高感。”②陶渊明回归的古朴性已经演变为具有心学性质的新异特性。所谓“君子一心,万理完具,事物虽多,莫非在我”③,“天地我立,万化我出,而宇宙在我矣”④,自得已经不是物我均等性的交流,而是我对道、对宇宙万物的“自我得之”。这虽然有利于高扬主体精神、竭尽主体潜能,但也容易使人无视客观事物和宇宙规律,甚至滑入主观唯心的险境。

---

① 章继光:《陈白沙与陶渊明》,见杨伟雄主编《陈白沙研究论文集》,第182页。

② 左东岭:《王学与中晚明士人心态》第一章第三节之《内在超越与江门心学的价值取向》,人民文学出版社2000年版,第106页。

③ 〔明〕陈献章:《论前辈言铢视轩冕尘视金玉三则(中)》,见孙通海点校《陈献章集》卷一,第55页。

④ 〔明〕陈献章:《与林郡博七则(之七)》,见孙通海点校《陈献章集》卷二,第217页。

陶渊明接受通史

（下）

李剑锋 著

齊魯書社

第三章 从“诗溺于陶”到“不可以世代论”

第一节 祝允明等六朝派、浪漫派文人对陶渊明的接受

在诗歌学习的典范上,明弘治、正德、嘉靖年间的前后七子于古体诗宗尚汉魏,排斥六朝以后诗,取法对象过于机械和狭窄,产生了抄袭雷同的弊病。有鉴于此,新的诗学主张也随之产生,这主要表现在出现了宗尚六朝诗风的诗人。《四库全书总目》卷一九〇“《二家诗选》提要”云:“明自宏(弘)治以迄嘉靖前后七子,轨范略同。惟祯卿、叔嗣,虽名列七子之中,而泊然于声华驰逐之外,其人品本高,其诗亦上规陶、谢,下摹韦、柳,清微婉约,寄托遥深,于七子为别调。”①陈田《明诗纪事》亦云:“暨前后七子出,趋尘蹑景,万喙一声。……至升庵(杨慎)、子业(高叔嗣)诸公,藻艳撷乎齐梁,简质得自魏晋,冲淡趋于陶、韦,沉雅参乎杜、韩。灭灶再炊,异军突起。”②六朝派主要活动在苏州、南京一带,其主要代表人物有祝允明、徐祯卿、徐献忠、黄省曾、黄姬水、皇甫涍、皇甫汸、顾璘、朱应登、朱曰藩、杨慎、薛蕙、张含、陈束等。③ 浪漫派是与六朝派相交叉的一批吴中诗人,以沈周、祝允明、唐寅、文徵明等人为代表,他们大都仕进不得意、诗书画才艺兼绝,与复古派相比,对陶渊明的接受表现出许多鲜明特色。

一、诗史正派

与复古派贬抑陶诗的基本评价取向(详下节)明显不同的是,六朝派和浪漫派的诗人们对陶渊明的为人和诗歌都表现出赞赏和模仿的倾向。茅一相《欣赏

① 〔清〕永瑢、纪昀等:《四库全书总目》,影印清文渊阁《四库全书》本。

② 〔清〕陈田:《明诗纪事》戊签序,清光绪戊申陈氏听诗斋刊本。

③ 参陈斌《明代中古诗歌接受与批评研究》,上海三联书店 2009 年版,第 101 ~ 103 页。

诗法》"诗派"、黄省曾《严沧浪诗题》都引录严羽所云:"李太白(正派)。杜子美(正派)。陶、韦、韩、柳(正派)。王、杨、卢、骆(体弱)……"[1]皇甫汸对陶诗也多肯定语,其《少华山人诗选序》批评"萧统之题陶集,徒彰士节,不能述匠心之源,究作者之概"。他又于《冯侍御刍荛录序》《题吴纯叔坚白藏稿》《仙都草堂记》中赞赏他人诗歌"发乎性情,止乎理义,窃比陶、韦","妙契陶、韦","冲澹萧散,与陶征君《田居》诸作兴寄略相似"。[2] 他称赞黄省曾诗"往往娱康乐之清晖,屏渊明之喧塩,缅景纯之仙游,契摩诘之禅理"[3]。顾璘《辰沅之间》效仿杜甫"焉得思如陶谢手,令渠述作与同游"云:"何处招寻陶谢手,恣渠挥笔竞才雄。"[4]杨慎不满朱熹论陶云:"朱子谓……渊明之学本老、庄,此语末学不敢议,亦不敢从。"[5]持复古主张的胡应麟则针对杨慎之言评曰:"渊明诗词,冲澹玄远,诚老、庄意味相近。文公尝谓古逸民,亦何负哉?"[6]与复古派视陶诗为偏派不同,黄省曾、杨慎把陶渊明纳入正派,六朝派对陶诗的重视显然是超越复古派的。

六朝派对陶渊明的阐释以黄省曾、邱云霄、顾璘和杨慎等为代表。黄省曾《小序六十三首》评陶云:

> 渊明高标绝趣,其胸腑如海月皎空,浮云映岳,光粹无染。故发之诗,撰洁而无疵,贞而不厉,达而不荡,哀而不怨,质而不俚,曲而不烦。古今奋翰之匠,极其称扬不足,至有以为楚骚之亚者,亦为知音矣!以予评之,自是《风》《雅》之调。[7]

又《读陶渊明诗述怀七首(之一)》云:

> 弱龄诵其诗,如咏《国风》歌。缘情去雕饰,峥嵘障颓波。每展襟情悦,宛尔挹藤萝。神契犹旦夕,千载何足多。今兹溯言旨,道在颜闵科。欲谂

---

① 周维德集校:《全明诗话》第三册,齐鲁书社 2005 年版,第 2120 页;吴文治主编:《明诗话全编》(叁),江苏古籍出版社 1997 年版,第 2907 页。

② 〔明〕皇甫汸:《皇甫司勋集》卷三六、卷三七、卷三九、卷四九,影印清文渊阁《四库全书》本。

③ 〔明〕皇甫汸:《五岳黄山人集序》,见《皇甫司勋集》卷三六。

④ 〔明〕顾璘:《凭几集》卷三,影印清文渊阁《四库全书》本。

⑤ 〔明〕杨慎:《丹铅总录》卷二七,影印清文渊阁《四库全书》本。

⑥ 〔明〕胡应麟:《少室山房笔丛》卷一〇《丹铅新录六》,中华书局 1958 年版,第 131 页。

⑦ 〔明〕黄省曾:《五岳山人集》卷二七,明嘉靖年间刻本。

知音人，抒藻写岩阿。①

邱云霄《逸士赋有序》云：

晋上清节，吾于《隐逸传》得五柳先生一人耳。观其诗，原之性情，畅之天真，而冲淡之味，萧散之姿，孤高之节，有如寒泉出石，青兰伴谷，独鹤翔云，疏桐倚月。每叹饱清风于百世，而恨不得相与论志于一时也。时客有携《五柳图》请言为柳塘翁寿者。邱子曰："吾之慕陶久矣，吾不得靖节而见之，得见有似于靖节者，吾爱焉；吾不得似靖节者而见之，得闻有似于靖节者，吾爱焉；夫自周道衰，而士弃德，世皆朵颐腥鼎，附体牺文，以夸餍耀。间有怀异以矫趋者，亦惟取终南为捷径耳。柳塘翁信能澹然无欲，与世相遗，而少似于吾靖节。吾当为其赋之。"赋曰：

……开三径以成趣兮，来五柳之清风。依稀乎吾陶翁之不汩兮，卧北窗之羲农。……②

又其《宾菊堂记》云：

自晋以还，卓哉靖节。开荒径，谢彭泽，日与田翁野老，忘机而侣，相饮而陶，抚景而赋诗，感物而寄傲，将不知俯仰之高深，升沉之明晦，鬼神之诎信，形色之散聚，况区区富贵贫贱，亨屯顺逆能少挂其膺臆哉？③

顾璘《清旷亭记》云：

夫不溷于物之谓清，不牿于物之谓旷，古之圣人皆然。不然不足以言圣，第今未可造次论也。后之人有陶元亮者，吾慕其为人，观所著《五柳传》与《归去来辞》，何其洒然！异哉，究厥所操，不事二姓，蝉蜕一世志，先为之地也。④

黄省曾、邱云霄、顾璘对陶渊明之清节风度追慕至极，故慨叹陶渊明"高标绝趣"，"每叹饱清风于百世，而恨不得相与论志于一时也"，"卓哉靖节"，"吾慕其

---

① 〔明〕黄省曾：《五岳山人集》卷八。

② 见〔明〕邱云霄《山中集》卷五，又见〔明〕顾璘《山中集》卷五，皆影印清文渊阁《四库全书》本。文章既云"邱子"，当归属邱云霄。邱云霄，字凌汉，号止山，福建崇安人，嘉靖间由贡生官至柳城县（今属广西柳州）知县。他虽非处苏州、南京一带，但游走南方，沉沦下僚，可归入六朝派。

③ 见〔明〕邱云霄《山中集》卷五，又见〔明〕顾璘《山中集》卷七。沈云迪在《明代福建作家研究》（上海师范大学2008年硕士学位论文）中论证《四库全书》所收《顾华玉集·山中集》卷五至卷一〇实为因同名误收邱云霄作品，其说可信。

④ 〔明〕顾璘：《息园存稿文》卷四。

为人”。因为陶渊明的高节是真正的清风,“不事二姓,蝉蜕一世”,不是“取终南为捷径”者所能比拟的。陶诗“缘情去雕饰,峥嵘障颓波”,“原之性情,畅之天真,而冲淡之味,萧散之姿,孤高之节,有如寒泉出石,青兰伴谷,独鹤翔云,疏桐倚月”。诗如其人,黄省曾在高度仰慕和评价陶渊明人品的基础上对其诗推崇至极,认为其诗风雅与真情兼得;邱云霄对陶诗的肯定不像复古派那样首先从风雅格调上立论,而是从性情风格的独特性和雅致性上崇尚陶诗,由此开启了晚明读者肯定陶渊明及其诗作的先河。

杨慎对陶渊明及其作品的阐释主要散见于《升庵诗话》中,虽然零散不成体系,但总体可以见出他对陶渊明及其作品的熟悉和肯定。如杨慎云:

《晋书》云:陶渊明读书不求甚解。此语,俗士之见,后世不晓也。余思其故,自两汉来训诂盛行,说五字之文,至于二三万言,如秦近君之训《尧典》“曰稽古”者,比比皆是。后进弥以驰逐,漫羡而无所归。陶心知厌之,故超然真见,独契古初,而晚废训诂。俗士不达,便谓其不求甚解矣。又是时周续之与学士祖企、谢景夷从刺史檀韶聘,讲礼城北,加以雠校,所住公廨近于马肆。渊明示以诗云:“周生述孔业,祖谢响然臻。马队非讲肆,校书亦以勤。”盖不屑之也。观其诗云:“先师遗训,今岂云坠。”又曰:“诗书敦夙好。”又云:“游好在六经。”又云:“泛览《周王传》,流观《山海图》。”其著《圣贤群辅录》《三孝传赞》,考索无遗。又跋之云:“书传所载,故老所传,尽于此矣。”岂世之卤莽不到心者耶?予尝言:人不可不学,但不可为讲师,溺训诂。见《渊明传》语,深有契耳。①

《九歌》“满堂兮美人,忽独与予兮目成”,宋玉《招魂》“娭光眇视目曾波”,相如赋“色授魂与,心愉于侧”,枚乘《菟园赋》“神连未结,已诺不分”,陶渊明《闲情赋》“瞬美目以流盼,含言笑而不分”,曲尽丽情,深入冶态,裴硎《传奇》,元氏《会真》,又瞠乎其后矣,所谓“词人之赋丽以淫”也。②

张衡《定情赋》曰:“思在面而为铅华兮,恨离尘而无光。”陶渊明《闲情赋》祖之。③

---

① 〔明〕杨慎:《丹铅总录》卷一三。

② 〔明〕杨慎:《升庵诗话》卷三,见丁福保辑《历代诗话续编》中册,中华书局 2006 年版,第 694 页。

③ 〔明〕杨慎:《丹铅总录》卷一九。

绝句者,一句一绝,起于《四时咏》“春水满四泽,夏云多奇峰。秋月扬明辉,冬岭秀孤松”是也。或以为陶渊明诗,非。①

古书无讹字,转刻转讹,莫可考证。……刻《陶渊明集》,遗《季札赞》。②

李太白诗:“昔日绣衣何足荣,今朝贳酒与君倾。且就东山赊月色,酣歌一夜送泉明。”泉明即渊明,唐人避高祖讳,改渊为泉也。今人不知,改泉明作泉声,可笑。③

晋释慧远《游庐山》诗……“孰是腾九霄”,与陶靖节“孰是都不营”之句同调,真晋人语也。④

南朝孔欣乐府云:“相逢狭路间,道狭正踟蹰。辍步相与言,君行欲焉如?淳朴久已散,荣利迭相驱。流落尚风波,人情多迁渝。势集堂必满,运去庭亦虚。竞趋尝不暇,谁肯顾桑枢。未若及初九,携手归田庐。躬耕东山畔,乐道读玄书。狭路安足游,方外可寄娱。”此诗高趣,可并渊明。欣早岁辞荣,不负其言矣。⑤

上面第一则论陶渊明“读书不求甚解”可谓惊醒世俗、千古确论。第二、三则论陶渊明《闲情赋》“曲尽丽情,深入冶态”的艺术特点和取法张衡《定情赋》的艺术渊源,能放在同类作品源流中论述,视野开阔,点评简到。第四、五、六、七则考订事实,有真知灼见。最后一则联系陶诗论孔欣乐府可谓善于发现。

二、祝允明《和陶渊明饮酒二十首》

六朝派士人中对陶渊明接受较多者当数祝允明、文徵明、唐寅、沈周、黄省曾、顾璘等。黄省曾《效陶渊明读山海经二十四首》《悲士不遇赋》《读陶渊明述怀诗七首》《二陶赞二首(陶渊明赞)》《采菊》《思田园》《春日田园言怀三首》《秋夜醉起言志七首(之三)》《病体畏寒,仲夏之月,纩衣未舍,一雨初霁,欣然就曝檐下。时逢饥,虽百忧入怀,俯仰候物,率尔咏言四首(之四)》

① 〔明〕杨慎:《升庵诗话》卷一一,见丁福保辑《历代诗话续编》中册,第852~853页。
② 〔明〕杨慎:《升庵诗话》卷八,见丁福保辑《历代诗话续编》中册,第794页。
③ 〔明〕杨慎:《升庵诗话》卷七,见丁福保辑《历代诗话续编》中册,第766页。
④ 〔明〕杨慎:《升庵诗话》卷一二,见丁福保辑《历代诗话续编》中册,第884页。
⑤ 〔明〕杨慎:《升庵诗话》卷一,见丁福保辑《历代诗话续编》中册,第652页。

《读泰山王质云韬堂〈绍陶录〉,其间以草木羽物为山水之友,且慕贞白、渊明之风,爰而咏焉一首》《哭祝京兆希哲》《临终自祭文》《临终自传》等,顾璘《问柳》《严子寅小阁》《宾菊堂记》《辰沅之间》《野田见菊》《东郊田园四首》《吕太史仲木舍对菊三首(之二)》《再过仲木舍对菊四首(之二)》等,薛蕙《杂体诗二十首·陶征君田居》《田园乐七首》等,徐祯卿《题潘进士赠谢昌邑雪山图》《安南歌四首送沈使君(之二)》《月》《青门歌送吴郎》《庭实久约携酒见访不至,贻诗嘲之》《太宰召补职被疾不赴斋中作》《题潘进士赠谢昌邑雪山图》《题唐氏园池》《秋日过故尚书吴公池馆二首(之二)》《九日期登大慈恩寺阁不果寄献吉》《闲居怀泰公》等,朱应登《遇仙桥》《秦人洞》等,高叔嗣《与邹生游香山宿僧房》《偶题》《禁中遇雪时有诏祈之》等,朱曰藩《九江府新建靖节先生祠堂记(代作)》《跋石渚马公所藏元人临桃源卷》等,都对陶渊明有或多或少的接受。

六朝派士人、浪漫派士人对陶渊明的创作接受,除了传统常见的使用来自陶渊明及其诗文的典故、词语、题材、意象等,还有模拟陶渊明的作品、创作与陶相关的书画作品以及题画诗等。其中,黄省曾深爱陶渊明的为人和诗文,目之为怀才不遇的圣贤,在接受作品中对陶渊明的不遇心态深有感悟;祝允明的《和陶渊明饮酒二十首》,沈周、文徵明等人的书画和唐寅的桃花诗等特色鲜明,是最值得注意的接受成果。

祝允明(1460—1527),字希哲,号枝山,长洲(今江苏苏州)人,诗文书法兼善,与唐寅、文徵明、徐祯卿并称"吴中四才子"①。他三十三岁乡试中举,深得主考官王鏊赞赏,自此以后,七次应试礼部,七次铩羽而归。祝允明五十五岁方谒选,授广东惠州府兴宁县知县。嘉靖元年(1522),祝允明六十三岁,调任京兆应天府通判,后托病辞职,回故里苏州度过晚年。《明史》卷二八六有传。其《戏作口号》《归与》《次韵表弟蒋煜及门生翁敏见赠喜予归田之作四首(之二)》《口占寄陆三》《暮春山行》《对酒》等诗明显受到了陶渊明的影响。《祝子志怪录》中的《桃花仕女》这篇小说写狂士葛棠"恒慕陶潜、李白之为人",奇遇桃花仕女,亦有渊明遗风②。然其接受陶渊明的最大成果是四十五岁时创作的《和陶

① 可参张岱《石匮书》卷二〇六,万斯同《明史》卷三八八《徐祯卿传》等。

② 〔明〕祝允明:《祝子志怪录》卷二,明刻本。

渊明饮酒二十首》。①

祝允明是明中期最优秀的书法家之一,其接受陶渊明的成果与书法珠连璧合。在著名书法家中,宋人苏轼、元人赵孟頫喜欢书写陶诗。祝允明也喜欢书写陶渊明的作品,见于记载者有:

明武宗正德五年庚午(1510),五十一岁,行书《闲情赋》②;作行草《陶渊明田居诗(六首)卷》。

正德十一年(1516)夏,五十七岁,为中表外甥蒋垕书陶渊明《饮酒诗》,款云:“五柳先生云,既醉之后,辄题数语,纸墨遂多,词无诠次。今观其诗,皆落落自寄,诚有天真自全之妙,先生其深得酒中三昧欤?正德丙子夏日,为子重书此,因志数语。枝山居士祝允明书。”③既云“重书”,此前当书写过。

正德十六年(1521),六十二岁,十一月三日草书陶渊明《闲情赋》赠谢雍,款云:“冬日,余拥炉于小阁,适云庄至。袖出素纸,索书钟繇张草,勉为呵冻书

---

① 陈麦青在《祝允明年谱》(复旦大学出版社 1996 年版,第 88 页)中,据《和陶渊明饮酒二十首》“行行入四纪”等诗句将其系于 47 岁;又有据“四十不拟老”等句将其系于 40 岁者(参肖燕翼《古书画史论鉴定文集》,紫禁城出版社 2005 年版,第 428 页),皆误。理由如下:(1)和诗诗序云:“仆本拙讷,缪干时名。两年之间,三谒京国。”考允明年谱,1502 年春,43 岁,赴京会试不第;1503 年,44 岁,8 月在京,作《偕美赋》;1504 年,45 岁,9 月在京,多次过往汪道宗。“两年之间,三谒京国”正指 43 岁到 45 岁间三次进京之事。(2)和诗第一首云:“学道三十年,今辰聊寡疑。”《论语·为政》云:“吾十有五而志于学。”朱熹释云:“古者十五而入大学。……此所谓学,即大学之道也。”“学道三十年”即从 15 岁算起至当下,恰好 45 岁。(3)祝允明 33 岁参加乡试,中举。和诗云“有司缪甄录,一出逾十年”,若作于 40 岁,则不足十年,若作于 47 岁,则近二十年;45 岁与“逾十年”最合。(4)和诗第十一首云:“自从强年来,颇不患衰槁。”〔宋〕卫湜《礼记集说》(清通志堂经解本)卷二云:“四十曰强而仕……《广白虎通》云:‘四十不惑,是智虑强,二则气力强也,四十九以前通曰强年。’”〔明〕陆深《范时修墓志铭》云:“是三者皆适于寿之道也,而竟强年以死……以某年月日卒,年至四十有一。”[见《俨山集》(影印清文渊阁《四库全书》本)卷六七]则“自从强年来”确指四十几岁无疑,而非 40 岁。(5)和诗一则曰:“四十不拟老,老状日已至。”再则曰:“骎骎饶二毛,行行入四纪。”(“四纪”,48 岁)一则言少,壮志犹存;一则言老,往心已颓。此乃进退矛盾心态的反映,不可拟定看杀,按图索骥,以为作于 40 岁或者 47 岁。(6)和诗所云“美人隔秋风”“穐(秋)霜瘁荣木”,皆可证作于秋天;所云“冬半多北风”亦可证在秋末冬初。和诗所云“回首望乡林,窗在东南隅”,可证作于由家乡赴京途中。综上可得,祝允明和诗作于明孝宗弘治十七年(1504)秋末赴京旅途舟船中,时 45 岁(旧历)。

② 参《中国古代书画目录》第三册,文物出版社 1987 年版,第 13 页;《祝允明年谱》第 105 页。

③ 〔清〕孔广陶摩刻:《岳雪楼鉴真法帖》卷九《靖节先生饮酒诗》,转引自《祝允明年谱》,第 127 ~ 128 页。

之,似不足以入目也。辛巳十一月三日,枝山祝允明。”①

祝允明格外景仰陶渊明的人品,曾说:“古之人出处合礼义者,位高如裴晋公,卑如陶彭泽等,标映来叶,非以果去为善,良以不愆礼义,志获时合,盖有得夫易之道焉。”②此虽论及“位高”者唐宰相裴度,但祝允明官职卑微,更类陶渊明,更容易同陶渊明产生共鸣。其评价陶诗曰:“今观其诗,皆落落自寄,诚有天真自全之妙,先生其深得酒中三昧欤?”此亦可谓夫子自道。“落落”乃寡合世俗之意,陶借诗寄托,“天真自全”,深得酒中三昧,祝允明又何尝不是呢?到晚年时,祝允明对自己四十五岁创作的《和陶渊明饮酒二十首》仍然倍自珍惜,念念不能释怀,曾经至少三次重复书写:

正德十五年(1520),六十一岁,为友人谢雍书《和陶渊明饮酒二十首》,款云:“云庄谢元和,高旷清真,不特为余历通家,诚合志益友也。为前数年相见间旧作,偶有乌丝纸在案,因还书此旧语。盖此诗虽拙,颇能道愚意中所存,固亦云庄意中语也。它日相见看此,当复如今日视昔爪乎?庚辰十一月十日,允明在新居小楼中书。”③

嘉靖四年(1525)七月,六十六岁,书旧作《和陶渊明饮酒二十首》。④ 同年秋又书之,款云:“向得旧纸,久藏笥中,兴至则随意作数行,乃生平之戏耳。观者勿谓老翁更多儿态也。乙酉秋日,允明记。”⑤

祝允明之所以如此念念不忘旧作《和陶渊明饮酒二十首》,主要是因为它“颇能道愚意中所存,固亦云庄意中语”,即这组和诗反映了祝允明的心灵世界,也反映了虽不得志而高旷清真的浪漫派诗人们的共同心声。和诗主要表现了作者在传统价值观念和浪漫价值观念的矛盾夹缝里对人生、社会和宇宙的深沉

① 〔清〕顾文彬摩刻:《过云楼藏帖》七集《祝允明草书闲情赋》落款,转引自《祝允明年谱》,第150页。

② 〔明〕祝允明:《怀星堂集》卷二三《中丞周公致政诗什后序》,影印清文渊阁《四库全书》本。

③ 〔清〕孔广陶摩刻:《蛰照堂刻明代法书》卷四《明祝枝山书和陶饮酒诗》,转引自《祝允明年谱》,第145页。

④ 〔日〕山本悌二郎:《澄怀堂书画目录》卷三《祝允明和陶饮酒诗册》,据《祝允明年谱》,第162页。

⑤ 《故宫历代法书全集》之《祝允明行楷和陶渊明饮酒二十首》,转引自《祝允明年谱》,第165页。据〔清〕张照《石渠宝笈》(影印清文渊阁《四库全书》本)卷一〇,祝允明65岁书“《和陶饮酒诗》一册,素笺本,凡二十首。第十六、十七二首草书,余俱楷书”。“册计二十二幅,幅高五寸四分,广三寸二分。”

思索，其思索的真诚、情感的深沉、思绪的旷达以及借酒言说的表现方式都与陶渊明原组诗在精神上一脉相通，也表现出许多自我的个性。

《和陶渊明饮酒二十首》诗前小序交代了创作的缘起。祝允明说："仆本拙讷，缪干时名。两年之间，三谒京国。游趣既倦，风埃黯然。舟中有二苏和陶诗，夜灯独酌，读其饮酒二十篇，不胜怅慨，聊复倚和。"与陶渊明《饮酒二十首》诗前小序"余闲居寡欢，兼比夜已长，偶有名酒，无夕不饮。顾影独尽，忽焉复醉"云云相比①，祝允明的交代更加质实，他对陶诗的喜爱透露出他遇到了人生困扰——"游趣既倦，风埃黯然"，而陶诗精神的引入恰恰可以帮助解决这个困扰，这倒类似于因贬谪而追和陶诗殆遍的苏轼。第一首是组诗的序诗：

> 昔者病斯世，庸人常扰之。百物安大化，甚似垂裳时。衮衮元化中，吾生托于兹。学道三十年，今辰聊寡疑。愿言戒迷涂，灵台亦有持。②

《论语·为政》："吾十有五而志于学。"朱熹解释云："古者十五而入大学。……此所谓学，即大学之道也。"③"学道三十年"，正当四十五岁，在三年复三年屡考不中的困辱折磨下，他已经迈过了"不惑"的年龄。陶渊明年过四十时迷途知返，对人生有一大的解悟。祝允明在汲汲功名的旅途中忽然感悟到人生的究竟，所以说"今辰聊寡疑"，断言"灵台亦有持"。既然往迷今悟，故写诗为未来戒，由此开启以下诸首诗从不同角度来化解人生的矛盾。第二首回忆追求功名之始：

> 明时耻韫玉，抱策下丘山。所献几何许，腐蒙数千言。有司缪甄录，一出逾十年。身世无一补，何物期自传？

他所回忆的就是三十三岁举应天乡试、得主试王鏊赏识之事，孰料其后应试竟然一蹶不振，立功传名的传统价值观也面临幻灭的危险。接下来第三首回答上首"何物期自传"：

> 士生三代后，于名本其情。所欲少可知，科版猎空名。二者齐亡之，何以为此生。此生幸长存，得失何复惊。陶公但饮酒，千载名自成。

作者在这首诗中实际采取了陶渊明的思考路向："淹留岂无成？"不依赖干名、空名，但学陶超越得失、饮酒顺性自可传也。其思想源于庄子的"外"名。接

---

① 〔晋〕陶渊明撰，逯钦立校注：《陶渊明集》卷三，中华书局1979年版，第86页。

② 〔明〕祝允明书，陈先行、陈麦青编：《祝允明墨迹大观》，上海人民美术出版社1996年版，第116页。本节下引祝允明和陶诗皆据此版本，不再注出。按："衮衮元化中"五字原缺，据祝允明《怀星堂集》卷三补，影印清文渊阁《四库全书》本。

③ 〔宋〕朱熹：《四书章句集注·论语》卷一，宋刻本。

下来第四首继续借庄言理，认为“天地会有终，修短同一归”，主张师法自然、学陶饮酒。生死盛衰不足挂怀，这是“外”生死。第五首齐同寂喧、参破执着，结云：“逝水喜东流，浮云忘故山。”随缘自然，有东坡理趣。第六首齐同是非、毁誉。第七首齐同爱憎、顺逆。第八首以凤鸟自比，孤芳自赏，寄托怀才不遇之情。第九首于放达中颇有自我个性：

世事不可极，遇酒意自开。宽然处百年，亦有几好怀。吾驾无回辕，何适亦何乖。夫子唯天行，微生病栖栖。孺子濯以清，屈公淈其泥。幸此杯中物，与我多合谐。醉中态多乱，真抱自不迷。皇唐事悠然，古意暂可回。

这首诗主张顺天而行，借酒反真。允明之天与渊明异，增“何适亦何乖”之放达，更近东坡何处非吾乡之意。第十首写怀乡不似陶渊明那样坚决，原因在于“园田苟可治”一句，其话外之意是园田不可治也。此处不苟作高尚飘逸语，忠于内心，与陶相反相成。第十一首不依孔子教导，稍类渊明：

长愧先师言，忧贫不忧道。劳辛救寒饥，容体易枯老。自从强年来，颇不患衰槁。翕翕电影间，英好亦何好。澹然无得丧，恐有身外宝。灵龟不朵颐，乃活岁月表。

渊明《癸卯岁始春怀古田舍（之二）》云：“先师有遗训，忧道不忧贫。瞻望邈难逮，转欲志长勤。”①如陶公愧对孔子一样，祝生亦然，而诗意不是转向“志长勤”，而是集中于思考解决贫与道、得与失之间的矛盾。第十二首感叹往日因功名转蓬无停，“三岁凡五出”，感悟“天运实为尔，通塞任所之”。第十三首慕古遗世，韬光养晦。第十四首叹衰贵生。第十五首向往“一身自宾主，一日足抵百”，获得此生的自由生活。第十六首悟达见机顺天。第十七首主张顺时通天。第十八首破息狂念。第十九首颇见传统儒家观念束缚下的苦闷：

卜商有遗言，学而优则仕。学既非为人，仕复宁为己。有玉求贾姑（沽），无道谷亦耻。仰藏夔龙朝，俯愧蓬蒿里。骎骎饶二毛，行行入四纪。马逸驾可斁，风回楫须止。尔无操御中，烦覆何所恃。

祝允明和诗曾云：“四十不拟老，老状日已至。”今又云：“骎骎饶二毛，行行入四纪。”一则自少（“四十”）言，似乎壮志犹存；一则自老（“入四纪”）言，仿佛往心已颓，见其进退困扰的矛盾心态。第二十首受渊明启发而得人生出路：

二仪不翻覆，万生岂无真。物情虽冯时，中亦含元淳。杨子本清净，衔垢作美新。贾生抗高志，慷慨为过秦。其君或唐虞，彷佛臬契尘。诎已狥

① 〔晋〕陶渊明撰，逯钦立校注：《陶渊明集》卷三，第77页。

一时，哀哉遘其勤。因知纭纭内，心与身自亲。会须直躬行，大道无迷津。

提壶挂舟傍，还戴漉酒巾。何必访巢许，今古皆斯人。

此为组诗结诗，欲学渊明饮酒“养真”，准备摆脱物役，摆脱心灵与行为之间的矛盾，让“心与身自亲”，只需在现实中回归自我、正身直行，不必效仿古代高士。

祝允明虽过四十不惑，但矛盾实积胸中。组诗整体上借陶渊明和老庄思考出任性顺真的人生路向，篇篇似皆有酒，将放达、深思、悲情融合一体，得陶诗之神。与渊明反真归朴、委运乘化相比，祝允明多了一层对当代自我的肯定，“会须直躬行，大道无迷津”，此后虽然一如既往地三年复三年地继续奔科举而去，甚至出任地方小官，但其精神归宿确是沿着和诗思考的路向发展的，而且越到晚年越清晰。他三次书写和诗就表明了这一点。又其款题云：“向得旧纸，久藏笥中，兴至则随意作数行，乃生平之戏耳。观者勿谓老翁更多儿态也。”和诗情思虽放达，但和诗的创作动因实为化解郁闷。祝允明此时六十六岁，已过耳顺，眼见要到“从心所欲”之龄，这时的祝允明已经不是带着苦闷思索人生出路的旧我了，而是彻底放下仕途功名、在家乡安度晚年的新我。这时反视旧作，不免感慨系之。可见，作为人生悟道之作，祝允明在晚年是把这一解悟付诸实践了的。即，他用自己的方式重新诠释了陶渊明的精神和人生境界，经历了人生重重矛盾和心灵磨难后，终于达到了从容淡定的悠然状态。

与陶诗的新颖思索相比，组诗所蕴含的人生答案毕竟有些似曾相识，因此除了“吾驾无回辕，何适亦何乖”“何必访巢许，今古皆斯人”等具有个性的思考，最终因与包括陶渊明、苏轼在内的传统价值取向的重合而缺乏令人警醒的思想蕴含。但组诗旷达里蕴含苦闷，整体性很强，不是无病呻吟，又加以苍劲圆润书法的传达，“翩翩有大令风”①，在陶渊明接受史上仍然是值得惊叹的奇葩。

三、唐寅塑造的“桃花仙人”

在创作接受上突破原作局限，得益于陶渊明而又摆脱形神模拟的诗人非唐寅莫属。唐寅三十岁时，因受会试舞弊案牵连而被黜，往日功名幻梦遂破灭不复；遽遭社会打击和压抑，加上受江南艳风的影响，唐寅言行日益放浪不羁，自称“江南第一风流才子”。好友祝允明云：“寅于文字诗歌不甚措意，谓后世知不在是，奇趣时发，或寄于画。”“晚年赋诗云：‘不炼金丹不坐禅，不为商贾不耕田。

① 〔明〕王世贞：《小西馆选帖》，见《弇州续稿》卷一六六，影印清文渊阁《四库全书》本。

起来就写青山买(应为“卖”),不使人间造业钱。’其标寄如此,真迹传在江右者,有……《桃源》……等图。”①唐寅不但画过陶渊明题材的画(如《陶潜赏菊图》《东篱赏菊图》轴卷设色,今藏上海博物馆)②,更重要的是他将陶渊明创造的艺术元素以洒脱不羁的精神做了个性化的创造。这典型地表现在他对桃花意象的偏爱和歌咏上:

桃花坞里桃花庵,桃花庵里桃花仙。桃花仙人种桃树,又摘桃花换酒钱。酒醒只来花前坐,酒醉还来花下眠。半醒半醉日复日,花落花开年复年。但愿老死花酒间,不愿鞠躬车马前。车尘马足贵者趣,酒盏花枝贫贱缘。若将富贵比贫者,一在平地一在天。若将花酒比车马,他得驱驰我得闲。别人笑我忒风骚,我笑他人看不穿。不见五陵豪杰墓,无花无酒锄作田。(《桃花庵歌》)

花开烂漫满村坞,风烟酷似桃源古。千林映日莺乱啼,万树围春燕双舞。青山寥绝无烟埃,刘郎一去不复来。此中应有避秦者,何须远去寻天台?(《姑苏八咏》之四《桃花坞》)

我也不登天子船,我也不上长安眠。姑苏城外一茅屋,万树桃花月满天。(《把酒对月歌》)

桑出罗兮柘出绫,绫罗妆束出娉婷。娉婷红粉歌金缕,歌与桃花柳絮听。(《题桑》)

野店桃花万树低,春光都在画桥西。幽人自得寻芳兴,马背诗成路欲迷。[《题画九十首(之七十)》]

草屋柴门无点尘,门前溪水绿粼粼。中间有甚堪画图,满坞桃花一醉人。[《题画九十首(之六十一)》]

满目晴山春滃滃,一溪春水碧粼粼。画桥有客携筇去,可是桃源避世人?[《题画一百二十三首(之四十)》]③

在此,唐寅不是模拟陶诗,而是将陶诗创造的桃花意象、桃源意象与自我性情、兴趣、憧憬和自己开辟改造的现实景观桃花坞有机地融为一体,创造出一个生活在世俗人间的“桃花仙人”形象。元代王恽《题桃源图后有序》云:“桃花流水

---

① 〔明〕朱谋垔:《画史会要》卷四,影印清文渊阁《四库全书》本。

② 据〔明〕唐寅绘《唐寅画集》,天津人民美术出版社2001年版,第7页、第12页。

③ 〔明〕唐寅著,周道振、张月尊辑校:《唐伯虎全集》,中国美术学院出版社2002年版,第24~25页、第21页、第26页、第149页、第142页、第140页、第437页。下文所引唐寅诗文皆据此版本,不再详注。

窈然在，放浪而即斯人徒。"①吴师道《桃源图》云："花开酒熟身无事，便是桃源画里人。"②他们笔下的桃源人已经有"桃花仙人"的影子，"桃花仙人"的形象与陶渊明及其读者创造的桃源人一脉相承，但"桃花仙人"又是全新的这一个。他既不是唐人所理解的与世隔绝、不食人间烟火的道家仙人，也不是宋人所理解的因交通阻隔而实际存在于人世的古朴山民③，而是就在酒色性情、风花雪月里优游自如的士人！这个"桃花仙人"与桃源人相似的地方在于他们的居住地都有纷披烂漫的桃花，他们的生活自由自在；这个"桃花仙人"还有同陶渊明一样的嗜好和不为五斗米折腰的品节，嗜酒醉花，"不愿鞠躬车马前"。但"桃花仙人"更多的是自我风貌，他更加狂放洒脱，"生涯画笔兼诗笔，踪迹花边与柳边"④，不受传统道德观念和生活方式的束缚，甚而倾情香艳诗画，寄托于醇酒妇人，"但愿老死花酒间"也在所不辞，他没有陶渊明《闲情赋》里的苦闷，也不会坚守"发乎情，止乎礼义"的传统价值观念，其所纵任已非儒教所能规范，已经展现了明清时期江南新型市民的浪漫个性。

这个"桃花庵里桃花仙"实际上是江南浪漫派士人（往往是仕途不得意而富于诗书画奇才者）的艺术写照。与唐寅同属"吴门四家"的著名画家仇英的名作《桃源仙境图》，被绘画界称为"青绿金碧山水的杰作"⑤，其中描绘的桃花源深有意味。在青翠疏旷的万叠山内，小桥流水，古松虬曲，一派江南景象；更有深意的是，它所描绘的人物情景不是其老师周臣在《桃花源图》中描绘的那样让渔人与一群桃源人相见的情景，而是三位高士模样的人临流席地而谈。这图画里的高士就像"桃花庵里桃花仙"一样，他们实质上是趣味高雅脱俗的高士，而不是"率妻子邑人来此绝境"耕种的秦民⑥。在上引桃花诗中，《桃花庵歌》可谓《桃花源记并诗》接受史上的奇葩，桃源人变化为"桃花仙人"，住所从深山之内转移到桃花坞下，主人公在清高风雅之外展现了更多的新形象，他冲破传统束

---

① 〔清〕陈邦彦校刊：《御定历代题画诗类》卷三一，影印清文渊阁《四库全书》本。

② 〔清〕陈邦彦校刊：《御定历代题画诗类》卷三一。

③ 如〔宋〕王十朋《和桃源图诗序》云："世有图画桃源者，皆以为仙也。故退之《桃源图诗》诋其说为妄，及观陶渊明所作《桃花源志》，乃谓先世避秦至此，则知渔人所遇乃其子孙，非始入山者能长生不死，与刘阮天台之事异焉。东坡和陶诗尝序而辨之矣。故余按陶志以和韩诗，聊证世俗之谬云。"（见《御定历代题画诗类》卷三一）

④ 〔明〕唐寅：《感怀》，见周道振、张月尊辑校见《唐伯虎全集》卷二，第 86 页。

⑤ 单国霖：《吴门画派综述》，见《中国美术全集 · 绘画编 7》，上海人民美术出版社 1988 年版，序文第 22 页。

⑥ 〔晋〕陶渊明：《桃花源记并诗》，见逯钦立校注《陶渊明集》卷六，第 166 页。

缚、无拘无束、疏狂洒脱，传达出江南商品经济潮流下的新声。

除了桃花，唐寅还深爱菊花。其《菊隐记》曰：“余又窃自谓曰：‘朱君于余，友也。君隐于菊，而余也隐于酒；对菊命酒，世必有知陶渊明、刘伯伦者矣。’因绘为图，而并记之。”①他画菊画陶自然有一个陶渊明在，每每于题画诗中吐露心声：

佳色含霜向日开，余香冉冉覆莓苔。独怜节操非凡种，曾向陶君径里来。[《题菊花三首(之二)》]

飒飒金飙拂素英，倚阑璚朵入杯明。秋光满眼无殊品，笑傲东篱羡尔荣。[《题菊花三首(之三)》]

白衣人换太元衣，浴罢山阴洗研池。铁骨不教秋色淡，满身香汗立东篱。(《题自画墨菊》)

满地风霜菊绽金，醉来还弄不弦琴。南山多少悠然意，千载无人会此心。[《题画渊明卷二首(之一)》]

五柳先生日醉眠，客来清赏榻无毡。酒赀尽在东篱下，散贮黄金万斛钱。[《题画渊明卷二首(之二)》]②

如果说桃花主要喻征了唐寅浓艳热烈、轻狂热闹的一面，那么菊花则喻征了他高洁自守、淡然冷静的一面，但两者的划分不是绝对的。他笔下的菊花和陶渊明从来就是淡与浓、清与艳的混合体，如云“铁骨不教秋色淡，满身香汗立东篱”，又云“酒赀尽在东篱下，散贮黄金万斛钱”，一面说“色淡”，一面又说“香汗”；一面说朴素的“东篱”，一面又说“黄金万斛钱”。真是冷淡与热烈并列、朴素与繁华兼收，是典型的唐寅式样的菊花和陶渊明。

唐寅对陶渊明的接受打上了绘画的艺术色彩，使陶渊明及其艺术创造更加形象、更加富有视觉感染力。这一点在同为“吴门四家”之一的画家、书法家、诗人文徵明身上表现也很突出。其《九日游双塔院次渊明己酉九日韵》《陈以可近岁筑室陈湖，专理农业，时以诗见寄，夸其所得，比来秋成，当益乐，辄赋秋晚田家乐事十首寄之》《对酒》《和陈鲁南二色菊·白菊》《九日闲居用渊明韵》《秋日同杜允胜汤子重游东禅次子重韵》《九日娄门胜感寺》《寄顾横泾》《答吴次明》《咏庭前丛菊》《顾荣夫园池》《秋日早朝待漏有感》《春日斋居漫兴二首(之一)》《停云馆燕坐有怀昌国》《顾春潜先生传》《袁飞卿墓志铭》等二十多首诗文明显带有陶渊明的印

① 〔明〕唐寅著，周道振、张月尊辑校：《唐伯虎全集》卷五，第243～244页。

② 〔明〕唐寅著，周道振、张月尊辑校：《唐伯虎全集》，第147页、第147页、第148页、第124页、第124页。

记。如其《对酒》云：“晚得酒中趣，三杯时畅然。难忘是花下，何物胜樽前。世事有千变，人生无百年。还应骑马客，输我北窗眠。”[1]全诗酒趣似陶，结二句用陶“北窗”典，却不似陶之淡然，旷雅中也有唐寅疏狂的影子。

四、书画里的陶渊明及其作品

明代读者在书画中涉及陶渊明及其作品者比比皆是。较著名的绘画如王仲玉的《陶渊明像》轴，马轼、李在和夏芷的《归去来兮图》一至四卷[2]，周臣的《桃花源图》，仇英的《柳下眠琴图》《桃村草堂图》《桃源仙境图》，蒋乾的《临流图》，张鹏的《渊明醉归图》[3]，宋旭的《桃花源图》《武陵山水图》，丁云鹏的《漉酒图》[4]等。王仲玉的《陶渊明像》、张鹏的《渊明醉归图》刻画了陶渊明飘逸、酣醉的形象，栩栩如生，极易给人留下深刻印象，流传甚广。如后者图上渊明颔首倾颓，醉敛双目，沉入内心，颓然自足；宽衣垂裳，似亦有醉意。渊明右侧画一小童左手搀扶，右手持山菊一枝，菊似与童一起回首倾斜，皆似目视渊明，不乏幽默意趣。渊明后有古树枯枝，皴染含混，不明何树，如中酒气。醉然尽兴，万物同酣，令人过目不忘！据中国古代书画鉴定组编《中国古代书画目录》，从范围题材来看，明代的陶画多为桃源图、采菊图、归去来图、陶渊明肖像图、陶渊明事迹图等，画者除上面提到的，尚有文徵明、沈士充、袁尚统、蓝瑛、朱栻、汪肇、陆治、张宏、陈裸、朱之蕃、汪肇、李翠兰等。此外，仇英的女儿仇珠有《渊明像轴》《桃花源图卷》等。[5] 此真可谓画陶成风。仅就《桃源图》统计，“唐宋元三朝共有 4 幅《桃源图》题材的画作传世，而明代有 36 幅，清代有 42 幅……这些画作的创作时间多集中于明代中晚期”[6]，主要反映了科举和仕途失意的江南士人不满现实、归隐避世的心态。此统计未必完全，却可以反映一时的画坛风气。

---

① 〔明〕文徵明：《甫田集》卷一二，影印清文渊阁《四库全书》本。

② 以上分别见《中国美术全集·绘画编 6》，第 11 页、第 30 页、第 31 页、第 32 页、第 33 页。

③ 以上分别见《中国美术全集·绘画编 7》，第 28 页、第 64 页、第 65 页、第 66 页、第 164 页、第 194 页。

④ 以上分别见《中国美术全集·绘画编 8》，第 4 页、第 5 页、第 82 页。

⑤ 〔美〕福开森、容庚编：《历代著录画目正续编》下册，北京图书馆出版社 2007 年版，第 12 页。

⑥ 赵琰哲：《文徵明与明代中晚期江南地区〈桃源图〉题材绘画的关系》，中央美术学院 2009 年硕士学位论文。该文附录中的《唐宋元明清历代传世〈桃源图〉题材画作列表》《明代〈桃源图〉绘画列表》对了解历代《桃源图》情况极有参考价值。

文徵明书画中涉及陶渊明的甚多。据美国学者福开森编《历代著录画目》①统计，文徵明有《桃源图》、《菊圃图》、《自题菊石便面》、《松菊犹存图》、《菊图并题二》、《菊圃图卷》、《桃源别境图并题卷》、《存菊图卷》、《桃源行书画合璧卷》、《竹菊图轴》、《存菊图卷》（疑重出）、《归去来辞书画卷》、《桃源洞图立幅》、《桃源别境图卷》（疑重出）、《存菊图卷》（疑重出）、《停云馆言别图轴》、《松菊犹存图书画卷》、《竹菊图》、《倦鸟栖林》、《墨菊》、《南窗寄傲图并记卷》、《桃源图卷》、《桃源图卷》（疑重出）、《桃源图卷》（疑重出）、《桃源图》（疑重出）、《玉洞仙桃》（疑重出者不计）等二十幅画与陶渊明相关。容庚《历代著录画目续编》又录《归去来图卷》《莲社图长卷》《桃源别境图卷》《存菊图卷》《莲社图轴》等六幅。② 桃源和菊花是其主要绘画题材，由此可见，文徵明与唐寅的兴趣是一致的。据徐邦达编《历代流传书画作品编年表》，文徵明流传至今的与陶渊明相关的书画有十种：

正德十五年（1520）与潘明合作《莲社图轴》（清内府《石渠宝笈续编》）

嘉靖三年（1524）有《桃源别境图卷》（崇彝《选学斋书画寓目续记》）

嘉靖十年（1531）有《停云言别图》（集册之一）（卞永誉《式古堂书画汇考》）

嘉靖十五年（1536）有《书和陶诗卷》（清高士奇《江村销夏录》）

嘉靖十八年（1539）有《归去来辞书画卷》（清陆心源《穰梨馆过眼录》）

嘉靖十八年（1539）有《书归去来辞卷》（清潘正炜《听飒楼书画记》）

嘉靖十八年（1539）有《书归去来辞卷》（清潘正炜《听飒楼书画记》）

嘉靖二十年（1541）有《松菊犹存图书画卷》（庞元济《虚斋名画续录》）

嘉靖三十年（1551）有《小楷书归去来辞卷》（清安岐《墨缘汇观》）

嘉靖三十一年（1552）有《书归去来辞卷》（清陆时化《吴越所见书画录》）

嘉靖三十三年（1554）有《桃源问津图卷》（清内府《石渠宝笈续编》）③

其中《桃源别境图》并题卷今藏台北鸿禧美术馆，纸本设色，长七百厘米，宽二十

① 人民美术出版社 1993 年版。

② ［美］福开森、容庚编：《历代著录画目正续编》下册，第 22 页上、第 23 页下、第 25 页上、第 27 页上、第 29 页上。

③ 参徐邦达编《历代流传书画作品编年表》，上海人民美术出版社 1963 年版，第 57 页、第 58 页、第 60 页、第 61 页、第 64 页、第 65 页。

八点五厘米。该图由三截四段故事组成①，“重山叠水，酒肆渔村，繁桃细柳，古松修竹，备尽诗意。闲堂展对，不啻身入武陵源也”②，鸿篇巨制，风华清靡，堪称桃源图中杰构。

文徵明在54岁时以岁贡生荐试吏部，任翰林院待诏，三年之后辞官归来。就上面罗列的情况看，文徵明在书法方面喜写《归去来兮辞》，且都作于退居以后，此既是书法爱好使然，也反映了他与陶渊明的共鸣心态。其《小楷书归去来兮辞卷》款云：“辛亥九月十一日横塘舟中书，时年八十又二。”③书法一笔不苟，端谨温润而意态灵秀，壮年时期的劲拔凌厉已经内化为蕴藉的骨力。书写时，徵明已长渊明近二十岁，可能是旅居舟中联想到渊明《归去来兮辞》“舟遥遥以轻飏”等句，忆想平生，有感而书。

文徵明的祖父文洪有《归得园二十八咏》咏及归来堂、今是亭、晨光楼、三荒径、菊存坡、自酌轩、寄傲窗、容膝窝、日涉园、常关门、流憩坳、出云岫、知还巢、盘桓处、息交斋、情话馆、琴书室、西畴舍、巾车冈、棹舟溪、窈窕壑、崎岖丘、欣欣林、涓涓泉、植杖坪、舒啸岭、清流阁、乐天居二十八处景点，而每处景点的名字都出自《归去来兮辞》，诗意亦承自陶渊明诗文。文徵明喜欢书写《归去来兮辞》当有祖风泽溉。徵明长子文彭、次子文嘉等有父风，对陶渊明亦有接受，如文嘉有《桃源图》并诗、《采菊见山图轴》④等；侄子文伯仁有《写陶靖节诗意轴》，文元献有《桃源图卷》等。⑤

五、“心与陶翁有相得”

沈周（1427—1509），字启南，号石田，苏州府长洲县人。他是“吴门画派”的开创者，虽与文徵明、唐寅、仇英并称“吴门四家”，但实为后三者师长辈。沈周一生专事书画诗文创作，不曾参加世俗趋之若鹜的科举考试，可谓名副其实的隐士。其传记入《明史·隐逸传》。据《历代著录画目》，沈周有《桃源图巨轴》《五柳图》《五柳庄图并题》《菊图》《菊图并题》等；据徐渭《书沈征君周画》，沈周还有工笔画

---

① 参袁行霈《陶渊明影像》，中华书局2009年版，第90～95页。

② 〔清〕卞永誉：《式古堂书画汇考》卷五八，影印清文渊阁《四库全书》本。

③ 曹惠民、寇建军编注：《文徵明诗文书画全集》，中国言实出版社2006年版，第194页。此卷纸本，13.7×16.1cm，藏故宫博物院。

④ ［美］福开森、容庚编：《历代著录画目正续编》下册，第19页下。

⑤ ［美］福开森、容庚编：《历代著录画目正续编》下册，第17页上、15页下。文元献身份待考。

《渊明对客弹阮》。[①] 其画中渗透着源自陶渊明的淡雅精神，故徐渭《跋书卷尾二首（之一）》评曰："沈征君启南画，大约如伯阳初生，便堪几杖，是谓稚中藏老。又如谢道韫，虽是夫人，却有林下风韵，是谓秀中现雅。而大苏评靖节诗亦云：'由腴而造平淡，辟食石蜜，中边皆甜。'因知评别启南，如此则真，不如此则赝。"[②]沈周深爱陶渊明其人其诗，曾有《怀古·读渔父辞饮酒诗有感》感叹大厦将倾之时"灵均耿耿独醒死，陶令沉沉烂醉生。千载文章共肝胆，令人长叹莫收声"[③]。他对渊明心事品节叹赏不已。其晚年所作《闲居》诗云："心与陶翁有相得，时歌吾亦爱吾庐。"[④]这是与渊明闲适相得。他又有《读陶诗二首》云：

采菊见南山，赋诗临清流。偶耳与物会，微言适相酬。浩荡思惟表，其心共天游。江不阻水逝，天不碍云浮。后人涉雕斫，七窍混沌愁。掩卷三太息，至山莫容丘。

元气本无声，宣和偶宫徵。沨沨合自然，其音无淲瀌。流之天地间，六代激绮靡。溯观删余什，雅岂不在是。后来庶有知，韦柳实兴起。更后邈无人，斯文止于此。[⑤]

这是深慕陶诗真风。沈周对陶诗天趣自然的特点可谓推崇备至，其五言古诗写得颇有陶风。沈周受陶渊明影响的七言绝句平淡有味，更富特色，如：

啼饥儿女正连村，况有催租吏打门。一夜老夫眠不得，起来寻纸画桃源。（《题桃源图》）[⑥]

典午山河已莫支，先生归去自嫌迟。寄奴小草连天绿，刚剩黄花一两枝。（题于《赵文敏白描渊明像后行书归来辞》）

花开烂漫属秋风，满地黄金醉眼中。千古陶潜晋征士，乾坤独在此篱中。弘治甲寅秋九月望集匏庵东庄作此。（《五柳图》）[⑦]

---

① 〔明〕徐渭《书沈征君周画》："予少客吴中，见其所为《渊明对客弹阮》，两人躯高可二尺许，数古木乱云霭中，其高再倍之，作细描秀润，绝类赵文敏、杜惧男。"见《徐渭集·徐文长三集》卷二〇，中华书局1983版，第574页。

② 〔明〕徐渭：《徐渭集·徐文长三集》卷二〇，第575页。

③ 〔明〕沈周：《石田诗选》卷五，影印清文渊阁《四库全书》本。

④ 〔明〕沈周：《石田诗选》卷三。

⑤ 〔明〕沈周：《石田诗选》卷八。

⑥ 〔清〕陈邦彦校刊：《御定历代题画诗类》卷三一。

⑦ 以上两则见于〔明〕汪砢玉《珊瑚网》卷三二、卷三八，影印清文渊阁《四库全书》本。前一首，〔明〕沈周《石田诗选》卷五题作《渊明采菊》："典午江山醉不支，先生归去自嫌迟。寄奴蔓草无容地，慳剩黄花一雨篱。"

沈周《墙下野菊》借菊自道：“墙根野菊自烂漫，新黄琐碎无人怜。幽芳不扬抱隐德，僻地萧条宜养贤。聊因杯酒少慰藉，三嗅三叹秋风前。”①作为隐士，沈周高尚其事，仿佛对民生疾苦、道德伦理默然无视，实不尽然：因听到催租引发的啼哭之声，老隐士一夜无眠，禁不住“起来寻纸画桃源”，于温厚蕴藉中透露出仁者的悲愤。此外，其杂言诗《桃源图》《九日无菊》皆深长有味；七言诗《成趣亭》、《德韫弟禁酒有作兼呇鸿儿》、《喜施知州焕伯致政》、《病中折菊为供》、《九日值雨无菊》、《可菊》、《古中静学写菊旧号铁梅改为菊堂次张碧溪韵》、《题菊花图诗》②、《赏翼南庄上半开菊》③等皆有陶影。与祝允明、唐寅等不同的是，沈周解读的陶渊明带有较多传统的风雅闲适之气，其“有酒有花皆乐事，人间无日不重阳”④的自得与“酒醒只在花前坐，酒醉还来花下眠”的疏狂显然不同。

明中期的六朝派和浪漫派诗人之所以普遍肯定陶渊明及其作品，与他们中的大部分人沉沦下僚甚至隐居民间的非主流、边缘化心态容易与同样怀才不遇、高洁自守的陶渊明产生共鸣分不开，与他们不同于复古派的开放诗歌观念也密切相关。祝允明《醉》诗云：“惆怅惟陶阮，悬知磊块襟。”⑤黄省曾在早年所之作《悲士不遇赋》中也表达了因社会体制压抑而生的愤懑。六朝派和浪漫派诗人意识到复古派机械复古的弊端，他们论诗基本上不拘守一朝一代，观念相对融通和开放。如祝允明《祝子罪知录》云：“况又一制之间，还能变化，各臻妙地，亦故殊科。是故其为五言也，汉家肯构，接武之，是西京一格也；东都少辨，犹当弟昆，亦一格也；曹一格也（谓魏），马、刘一格也（晋、宋），二萧一格也（齐、梁）；陈、杨少靡，当萧附庸（陈、隋）。陶信自挺，要冠其代（渊明夐然尘表，然不可谓二汉一门，所以云尔）。虽则高卑稍殊，要之各有至处，亦不必如后世所谓陈隋绮靡、悬绝汉魏之风骨，过为抑扬，而不依乎中庸也。”⑥与复古派格以代降论不同，祝允明以为历代五言“各臻妙地”，而陶诗虽然不是复古派所推崇的汉魏古诗，但“夐然尘表”，不应以时代先后论。这不是孤立的观点，如薛蕙认为

---

① 〔明〕沈周：《石田诗选》卷九。

② 《寓意录》卷三著录《菊花图》并题诗及跋，据陈正宏《沈周年谱》，复旦大学出版社1993年版，第210页。

③ 《式古堂书画汇考》书卷二四录沈周书法，题目为笔者所拟，据陈正宏《沈周年谱》，第240页。

④ 〔明〕沈周：《古中静学写菊旧号铁梅改为菊堂次张碧溪韵》，据《石田诗选》卷八。

⑤ 〔明〕祝允明：《祝氏集略》卷六，转引自陈麦青《祝允明年谱》，第110页。

⑥ 〔明〕祝允明：《祝子罪知录》卷九，明刻本。

“诗自曹、刘下逮颜、谢,体裁各异,均一时之隽也”①。黄省曾在《寄北郡副宪李公梦阳书》中直接向复古派代表人物何景明贬抑陶、谢的言论开战。六朝派因此也肯定和效仿对汉魏风骨之外、包括陶诗高情远韵在内的六朝诗风,以此来矫正复古诗风虽然宏大负气却失于粗糙无味的弊端。六朝派诗人以此对抗复古派还有江南地域文化的特殊影响②,江南自东吴、东晋以来一直是人文绚烂之地,陶渊明作为临近这个文化地域的代表作家自然格外受到关注。

六朝派、浪漫派读者对陶渊明富有创造性的接受成果除了得益于接受者本人特出的才华,也得益于明中期受商品经济(如苏州乃丝织业发达的富庶之地)冲击而产生的新的个性解放思潮,此不赘论。此外,书画家们喜欢书写和绘制陶渊明题材的作品,与自宋人李公麟、苏轼以及元人赵孟頫、倪瓒等人形成的接受传统一脉相承。通过清代《御定历代题画诗类》卷三一所收历代题桃源图诗,便可以窥斑知豹。其所收录的作者依次为唐人韩愈,宋人王十朋、魏了翁,元人王恽(五首)、钱选、赵孟頫(三首)、吴澄、揭傒斯、黄溍、傅若金、成廷珪、吴师道、周权(二首)、华幼武、唐肃、丁鹤年,明人张以宁(《题桃源春晓图》)、贝琼(《张继善寄桃源图因赋诗》)、林璧(《题桃源图送人就婚新都》)、孙一元(《桃源图》)、何景明(《桃源图歌》)、谢承举(《桃源图》)、文嘉(《桃源图》)、朱彦昌(《题桃源图》)、沈周(《题桃源图》)、王世贞(《题小桃源图》)、僧麟洲(《题刘松年桃花山水小幅》)等。诗书画相结合的传统自宋元以来已成风气,在与陶渊明相关的书画作品中同样存在着,明人承之更加圆融,如王仲玉所绘渊明立轴,渊明像居下仅占全幅三分之一,似不成比例,然上面三分之二空白处却书写了《归去来辞》,仿佛天空与渊明心里都回旋着“归去来兮”的心声。

陶渊明是一位宜诗、宜书、宜画的特殊人物,恰又遭逢诗、书、画兼长的苏州等地的才子们,于是,伴随着诗、书、画三位一体流行时代的到来,陶渊明及其作品的精神在接受史上普遍地浸润到传统高雅艺术的综合领域里,放射出更为动人的光彩。

---

① 〔明〕薛蕙:《拟江淹杂体诗二十首序》,据《考功录》卷二,影印清文渊阁《四库全书》本。

② 可参看陈斌《七子派与六朝派的宗尚对峙及其他》,见《明代中古诗歌接受与批评研究》,上海三联书店2009年版,第171~185页。陈斌认为两大阵营其实不仅是诗学观念的分畛异趋,在他们宗尚对峙中,还牵涉各自背后的南北文学地域传统问题,牵涉如何为各自的诗歌主张与悠久地域文学传统争胜的问题。

第二节 王世贞与复古派对陶诗的疏离与靠近

王世贞(1526—1590)是明代复古思潮中“后七子”的代表人物。学者指出：“虽然他的思想深度不及李贽，创作成就不及徐渭，但真正能够代表嘉靖、隆庆、万历间文人的精神风貌、生活态度、审美趣味与文学思想的，是他，而不是徐渭或李贽。”①就复古派对陶渊明的接受而言，王世贞作为主流文学思潮的中心人物，其陶渊明观也具有典型性，其涉及陶渊明及其作品的言论和作品有一百五十处之多，主要集中在《艺苑卮言》、《陶氏五隐传》(有陶潜传)和部分五言古诗、题跋中，其中既有对“前七子”复古观念影响下的陶渊明观的认真实践和言论呼应，也有随着时代迁移而对旧陶渊明观的反思和突破，从而开启了复古派后学胡应麟、许学夷甚至性灵派新的陶渊明观。

一、赞赏“诗弱(溺)于陶”

在“前七子”的陶渊明观中，最引人注目的是何景明(1483—1521)提出的“诗弱(溺)于陶”之论。何景明《与李空同论诗书》云：“诗弱于陶，谢力振之，然古诗之法亦亡于谢。”②复古派的基本主张虽然是“文必秦、汉，诗必盛唐”③，但此主张中的诗主要指近体诗而言④；至于五言古诗，首先还是宗尚浑然雄大、体正格高的汉魏五言古诗。受“格以代降”机械复古观念的影响⑤，复古派对汉魏之后即使卓有成就且受到前人一致好评的大作家的五言诗也武断地加以怀疑。何景明认为：“汉兴，不尚文，而诗有古风，岂非风气规模犹有朴略宏远哉！继汉

① 孙学堂：《崇古理念的淡退——王世贞与十六世纪文学思想》，天津古籍出版社2004年版，第13页。

② 〔明〕何景明：《大复集》卷三二，影印清文渊阁《四库全书》本。“诗弱于陶”明人称引时或作“诗溺于陶”，从汉魏古风衰弱的角度而言，二者意义关联。

③ 〔清〕张廷玉等：《明史》卷二八六《李梦阳传》，中华书局1974年版，第7348页。

④ 〔清〕纪昀等《四库全书总目》卷一七一“《空同集》提要”谓复古派：“古体必汉魏，近体必盛唐。”

⑤ 〔明〕胡应麟《诗薮》内编卷一：“《三百篇》降而《骚》，《骚》降而汉，汉降而魏，魏降而六朝，六朝降而三唐，诗之格以代降也。上下千年，虽气运推移，文质迭尚，而异曲同工，咸臻厥美。”(上海古籍出版社1979年版，第1页)“格以代降”的概念虽由胡应麟明确提出，但之前已有普遍论调，且与胡氏“异曲同工，咸臻厥美”论不同，基本倾向于格调一代不如一代之意。本文用意取后者。

作者,于魏为盛,然其风斯衰矣。晋逮六朝,作者益盛而风益衰。……唐诗工词,宋诗谈理,虽代有作者,而汉魏之风蔑如也。”①受此观念影响,如何评价宋人以后推崇至极的陶诗就成为复古派在文学理论方面不可回避的一个难题。既然“格以代降”,汉魏造极,那么处于晋、宋之交的陶诗自然逊色于汉魏五言古诗。何况复古派一直鼓吹浑然雄大、骨力矫健、声韵宏响的格调,而陶诗冲淡清远、骨力内蕴、从容散缓,缺乏符合复古观念的明显的美学特征。因此何景明说“诗弱(溺)于陶”。

王世贞是前七子复古文学观念的积极鼓吹和实践者,也基本接受了何景明“诗弱(溺)于陶”的观点。其作于嘉靖、隆庆年间的《艺苑卮言》云:

何景明曰:“文靡于隋,韩力振之,然古文之法亡于韩。诗溺于陶,谢力振之,然古诗之法亦亡于谢。”已上诸家语,虽深浅不同,或志在扬扢,或寄切诲诱,撷而观之,其于艺文思过半矣。②

从其行文来看,王世贞是在肯定何景明“诗弱(溺)于陶”之说“寄切诲诱”,“于艺文思过半矣”。他以谦虚的心态认为何景明是在教诲和诱导后学找到正确的复古学诗的道路,对包括五言古诗在内的诗歌创作体会极为深切入里。王世贞不但赞赏“诗溺于陶”,而且还认真实践过。其《梅季豹居诸集序》云:

余少年时称诗,盖以盛唐为鹄云,已而不能无疑于五言古。及李于鳞氏之论曰“唐无古诗,而有其古诗”,则洒然悟矣。进而求之“三谢”之整丽,渊明之闲雅,以为无加焉。及读何仲默氏之书曰“诗盛于陶、谢,而亦亡于陶、谢”,则窃怪其语之过。盖又进之而上为“三曹”,又进之而上为苏、李、枚、蔡,然后知何氏之语不为过也。③

王世贞的五言古诗观念全盘接受了李攀龙“唐无古诗,而有其古诗”之论,即认为唐代的五言古诗与汉魏六朝的五言古诗比起来要远为逊色,唐人的五言古诗仅仅体现了唐朝的自我风貌,艺术品位并不符合复古派推崇的古雅理想。以此为前提,王世贞越唐而上“求之‘三谢’之整丽,渊明之闲雅”,学习六朝五言古诗。他在读到何景明“诗盛于陶、谢,而亦亡于陶、谢”的言论后,先是怀疑,但还是在实践中奉行,“进之而上为‘三曹’,又进之而上为苏、李、枚、蔡”,最终得出结论——“然后知何氏之语不为过也”,即从实践中进一步佐证了何景明“诗溺

① 〔明〕何景明:《汉魏诗集序》,见《大复集》卷三四。

② 丁福保辑:《历代诗话续编》中册,中华书局2006年版,第959页。

③ 〔明〕王世贞:《弇州续稿》卷五五,影印清文渊阁《四库全书》本。

于陶”的论断。但他们的理解略有不同,即何景明认为谢比陶有骨力,“然古诗之法亦亡于谢”,并没有直接说“古诗之法亡于陶”。从逻辑上来看,何景明似乎还肯定了陶诗有“古法”,只是力弱而已。而王世贞更宏观,直接忽略了陶、谢之间的区别,把陶诗、谢诗作为汉魏古诗理想特点消亡的转折点。如果单纯从古诗风貌变化上立论,未尝不是高明之见。但因王世贞基于“格以代降”作褒贬,所以其论也就仅成为何景明之论的继承和补充。正因此贬评,王世贞敢于指摘“陶渊明《止酒》用二十‘止’字……一时游戏之语,不足多尚”①。

受此影响,明人出现了敢于指摘陶诗的言论,以论诗宗法复古派的冯复京(1573—1622)的言论为代表。其相关言论如:

> (四言诗)至晋又有陆机之冗缛,陶潜之枯澹,不足法矣。
>
> 彭泽四言,正如其五言,汉魏晋之外,别构一体,朴直自遂,斤两太轻。“浊酒半壶”之类,拙于句;“民生在勤”之类,俗于境。就厥体中,《答庞参军》差胜。
>
> 五言自《文选》八首外,集中佳者,《归田园居》、《野外种豆》二首,《赠羊长史》、《酬刘柴桑》、《王抚军坐送客》、《咏荆轲》、《桃花源》、《移居》(“昔欲居南村”),《饮酒》(“长公曾一仕”),《杂诗》(“人生无根蒂”“白日沦西河”),总十一篇,余朴茂信口农家者流,似不必读也。……
>
> 集中语有太率易者,如“终日无一欣”“草屋八九间”“只鸡招近属”“空负头上巾”“春兴岂自免”“相知不忠厚”“三皇大圣人”“区区诸老翁”“哀哉亦可伤”“理也可奈何”之类是也。有太凡鄙者,“衔戢知何谢,冥报以相诒”“人生归有道,衣食固其端”“衣食当须纪,力耕不吾欺”之类是也。有太戏剧者,《止酒》《责子》之类是也。宋人不能辨,翻以为法。②

冯复京深于陶诗,其《说诗补遗》对陶渊明及其诗作也推崇有加,如云:“予谓:此老胸中,真是一尘不染,千仞独翔,绝不经意,而翛然自远,欲平躁释。后人无此真趣,强拟其格,则不类诗人,浸成田叟。”③但他还是从自己的诗论出发,大胆指摘陶诗的“弊病”,这不能不说是受到“诗弱(溺)于陶”之论的鼓励。

何景明“诗弱(溺)于陶”的观点对复古派五言古诗创作的意义重大,它开

---

① 〔明〕王世贞:《艺苑卮言》卷三,见丁福保辑《历代诗话续编》中册,第999~1000页。

② 〔明〕冯复京:《说诗补遗》,见周维德集校《全明诗话》第五册,齐鲁书社2005年版,第3834页、第3875~3876页。

③ 〔明〕冯复京:《说诗补遗》,见周维德集校《全明诗话》第五册,第3875页。

启了明代复古派宗尚汉魏五言古诗的大门，即胡应麟《诗薮》续编卷二所云“遂开一代作者门户”①，所以不独得到王世贞的响应。万历年间李绍文《皇明世说新语》云：“何景明天才腾逸，咳唾成珠，尝言：‘文靡于隋，韩力振之，故亡于韩。诗弱于陶，谢力振之，而古诗亡于谢。’人以为知言。”②焦竑《熙朝名臣实录》卷二六、李贽《续藏书》卷二六《副使何公（传）》、丁元荐《西山日记》卷下等都有“人以为知言”的记载。③ 可见在复古观念的影响下，大部分诗人认同了“诗弱（溺）于陶”的观点。清代还有人对此观念持保留性的赞同意见，如毛先舒在《诗辩坻》卷二“六朝”部分云：“何大复尝称：‘……诗弱于陶④，谢力振之，然古诗之法亡于谢。’斯言世共推其鉴，予尝疑之。……靖节清思遥属，筋力颓然，‘诗弱于陶’，则诚如何说；至谓‘谢力振之’，而古法更亡于谢，则尤为谬悠也。”⑤

但反对性的意见几乎随着“诗弱（溺）于陶”言论的诞生而诞生。六朝派的代表人物黄省曾首先公开发表了反对意见。他在给与何景明同为“前七子”领袖的李梦阳的信中说：

> 今有号称海内名流，而乃为论曰：“文靡于隋，其法亡于退之；诗溺于陶，其法亡于灵运。”嗟夫，嗟夫！是何言哉?！隋不足论，至于退之、陶、谢，亦可少宽宥矣。⑥

黄省曾对何景明“诗溺于陶”的观点表示出强烈不满，这与他欣赏六朝清远诗风密不可分。但在接下来的论述中，他主要为谢灵运辩解，于陶并没有进一步阐释。晚明复古派诗学理论的总结者许学夷和清代的大部分接受者的批评言论弥补了这一不足。许学夷（1563—1633）《诗源辩体》卷七第十三条云：

> 语有似是而实非者，最易惑人。如何仲默云：“……诗溺于陶，谢力振之，然古诗之法亦亡于谢。”其论诗有三病，而元美又称述之，可谓惑矣。渊

---

① 〔明〕胡应麟：《诗薮》，上海古籍出版社1979年版，第362页。

② 〔明〕李绍文：《皇明世说新语》卷二，明万历年间刻本。

③ 〔明〕焦竑《熙朝名臣实录》、〔明〕李贽《续藏书》、〔明〕丁元荐《西山日记》分别为明末刻本、明万历二十九年刻本、清康熙二十八年刻本。

④ 原注：“弱：何景明《大复集·与李空同论诗书》同，而王世贞《艺苑卮言》、胡应麟《诗薮》、钱谦益《列朝诗集》及《明史·何景明传》所引并作‘溺’。”

⑤ 〔清〕毛先舒：《诗辩坻》，见郭绍虞编选、富寿荪校点《清诗话续编》上册，上海古籍出版社1983年版，第40~41页。

⑥ 〔明〕黄省曾：《寄北郡副宪李公梦阳书一首》，见《五岳山人集》卷三〇，明嘉靖年间刻本。

明诗真率自然而气韵浑成,而谓“诗溺于陶”,一病也;五言自太康至元嘉,乃理之必至,势之必然,而谓谢有意振之,二病也;灵运之名实被一时,渊明之诗后世始知宗尚,当时谢岂有意于振之耶?三病也。若云“古诗之法亡于谢”,庶不为谬。而黄勉之又深诋之,岂以古诗之法尚犹在耶?①

许学夷谓渊明诗本有可称道的符合古雅理想的审美价值,渊明诗在当时并非诗坛主流,不为灵运所关注,也就不应当说“谢有意振之”。此评可谓切中要害。清张廷玉《明史》卷二八六《何景明传》云:“其持论,谓:‘诗溺于陶,谢力振之,古诗之法亡于谢。……’钱谦益撰《列朝诗》,力诋之。”②钱谦益《列朝诗集小传·何副使景明》云:“余独怪仲默之论,曰:‘诗溺于陶,谢力振之,古诗之法亡于谢。……’呜呼。诗至于陶、谢……亦可以已矣!仲默不难以一言抹杀者,何也?渊明之诗,钟嵘以为‘古今隐逸之宗’,梁昭明以为‘跌宕昭彰’,‘抑扬爽朗’,‘横素波而傍流,干青云而直上’。评之曰‘溺’,于义何居?”③汪师韩《诗学纂闻》曰:“何仲默谓‘古诗之法亡于谢’,洵特识也,独不当先谓‘诗溺于陶’耳。”④万斯同《明史》卷三八八《何景明传》谓其“大为识者所讥”⑤,潘德舆《养一斋诗话》讥其“尤为诞谩,前人多驳正之者,予不复论”⑥。陈仅《竹林答问》云:“至评陶诗为弱,尤属谬妄。此七子所以为七子也。彼但知为《明月篇》耳,又安知陶、谢?”⑦

通过以上反驳“诗溺于陶”的言论可以看出,随着明代复古思潮的退潮,“诗溺于陶”越来越不符合读者的价值判断。但“诗溺于陶”曾经在复古潮流中风行一时,相对于此前陶诗的崇高地位,陶诗无疑经历了一个被贬抑、不为主流风尚所推崇的接受时期。相对于其他时代贬陶属于少数人甚至个别人的言论,明代复古思潮中“诗弱(溺)于陶”的喧嚣在陶渊明接受史上是一个普遍性的例外。

二、“不当以时代论”

然而陶诗的魅力可以穿透每一个真诚面对内心的读者,对于王世贞等复古

---

① 〔明〕许学夷:《诗源辩体》,人民文学出版社 1987 年版,第 112 页。
② 〔清〕张廷玉等:《明史》,第 7350 页。
③ 〔清〕钱谦益:《列朝诗集小传》上册,古典文学出版社 1957 年版,第 323 页。
④ 〔清〕汪师韩:《诗学纂闻》,见《清诗话》,中华书局 1963 年版,第 456 页。
⑤ 〔清〕万斯同:《明史》,清抄本。
⑥ 〔清〕潘德舆著,朱德慈辑校:《养一斋诗话》卷一〇,中华书局 2010 年版,第 169 页。
⑦ 郭绍虞:《中国历代文论选》第三册,上海古籍出版社 1980 年版,第 40 页。

派的读者也不例外。王世贞对陶诗的评价经历了由拘束于复古观念到设法突破复古观念的过程。

王世贞前期虽然认为陶诗与汉魏古诗不能相提并论，但仍对陶诗抱有好感和积极评价。其《韦给事诗集序》云："自昔人谓，言为心之声，而诗又其精者。予窃以诗而得其人，若靖节之言，澹雅而超诣。"①《艺苑卮言》云："世人《选》体，往往谈西京、建安，便薄陶、谢，此似晓不晓者。毋论彼时诸公，即齐、梁纤调，李、杜变风，亦自可采，贞元而后，方足覆瓿。大抵诗以专诣为境，以饶美为材，师匠宜高，捃拾宜博。"②王世贞首先宗尚汉魏古诗是毫无疑问的，所以他说："五言古，苏、李其风乎？而法极黄初矣。"③他赞成"诗溺于陶"，但是他视野开阔，胸襟广博，不赞成"谈西京、建安，便薄陶、谢"，认为陶渊明虽非汉魏高格，但不应排斥在博涉之列；所以他赞赏友人张助甫"于古诗则知有枚乘、苏、李、曹公父子，旁及陶、谢"④。虽然陶诗的地位不及汉魏古诗，但陶渊明五言古诗达到的艺术高度远远超越了唐人的五言古诗。首先，他认为人所推尊的盛唐大家李白、杜甫的五言古诗远不及陶诗："《选》体，太白多露语率语，子美多稚语累语，置之陶、谢间，便觉伧父面目，乃欲使之夺曹氏父子位耶！"⑤其次，他认为与陶同属闲雅淡远的著名诗人韦应物、柳宗元远不及陶："韦左司平淡和雅，为元和之冠。至于拟古，如'无事此离别，不如今生死'语，使枚李诸公见之，不作呕耶？此不敢与文通同日，宋人乃欲令之配陶陵谢，岂知诗者。柳州刻削虽工，去之稍远，近体卑凡，尤不足道。"⑥他肯定了陶诗在田园诗史上的地位，认为王维《渭川田家》"田家本色，无一字淆杂，陶诗后少见"⑦。王世贞评陶地位的这些言论实际上是对宋代苏轼等人言论的批评、辨析和有限度的接纳。苏轼认为曹、刘、鲍、谢、李、杜诸人之诗皆不及陶诗，并将陶渊明与韦应物、柳宗元并推为平淡诗美的代表；复古思潮中的王世贞首先推崇的是汉魏古诗，也接受了"格以代降"的诗史观念，所以他把陶渊明放在曹、刘之后，放在李、杜、韦、柳之前，但

---

① 〔明〕王世贞：《弇州四部稿》卷六九，影印清文渊阁《四库全书》本。

② 〔明〕王世贞：《艺苑卮言》卷一，见丁福保辑《历代诗话续编》中册，第960页。

③ 〔明〕王世贞：《王氏金虎集序》，见《弇州山人四部稿》卷七一。

④ 〔明〕王世贞：《弇州山人四部稿》卷一二一。

⑤ 〔明〕王世贞：《艺苑卮言》卷四，见丁福保辑《历代诗话续编》中册，第1005页。

⑥ 〔明〕王世贞：《艺苑卮言》卷四，见丁福保辑《历代诗话续编》中册，第1011页。

⑦ 〔明〕周敬、〔明〕周珽辑，〔明〕陈继儒等评点：《唐诗选脉会通评林》，明崇祯八年刻本。转引自陈伯海主编《唐诗汇评》，浙江教育出版社1995年版，第287页。

他又不是泛论诗歌成就，而是单纯地观照五言古诗，有辨析地接受了李、杜不及陶的言论，避免了苏轼言论过犹不及的一面。从创作主体精神和艺术价值的角度来看，王世贞这样做是不妥当的，但从辨体的角度、复古的理念出发，如此评价自有其合理性。

王世贞意识到陶诗“闲雅”的艺术个性，但这不是他最推赏的。他最推赏的是陶诗自然的美学风貌。王世贞在《艺苑卮言》卷五中引述了宋人敖陶孙评陶渊明如“绛云在霄，舒卷自如”的言论①，表明他对陶诗自然特点的认同。但王世贞对陶诗自然的解释不同一般。他说：

> 渊明托旨冲澹，其造语有极工者，乃大入思来，琢之使无痕迹耳。后人苦一切深沉，取其形似，谓为自然，谬以千里。（《艺苑卮言》卷三）
>
> 剽窃模拟，诗之大病。亦有神与境触，师心独造，偶合古语者。如“客从远方来”，“白杨多悲风”，“春水船如天上坐”，不妨俱美，定非窃也。其次裒览既富，机锋亦圆，古语口吻间，若不自觉。如……陶渊明‘鸡鸣桑树颠，狗吠深巷中’之于古乐府“鸡鸣高树颠，狗吠深宫中”……（《艺苑卮言》卷四）②

王世贞欣赏陶诗的自然美，赞赏“靖节之《赠族》”等四言诗不加“冒头”③，简省直率。陶诗虽然“造语有极工”，但并非天籁自鸣，而是经过炉锤之功，是“琢之使无痕迹”，那些借鉴古人的例子也是“裒览既富，机锋亦圆，古语口吻间，若不自觉”。因此，相对于汉魏古诗，陶诗自然之美终落第二义：

> “问君何为尔？心远地自偏。”“此还有真意，欲辨已忘言。”清悠淡水，有自然之味。然坐此不得入汉魏果中，是未妆严佛阶级语。（《艺苑卮言》卷三）④

陶诗“清适和平者情思趋于内敛，感情缺少外向的张力，有意境而少风骨”⑤，汉魏古诗“极自有法，无阶级可寻”⑥，其自然之美是浑然天发的，陶诗是有“阶级可寻”的，有雕琢作用痕迹，其“自然之味”尚未至于浑融无迹的境界。因此，汉

---

① 丁福保辑：《历代诗话续编》中册，第1031页。

② 丁福保辑：《历代诗话续编》中册，第994页，第1018～1019页。

③ 〔明〕王世贞：《艺苑卮言》卷三，见丁福保辑《历代诗话续编》中册，第995页。

④ 丁福保辑：《历代诗话续编》中册，第994页。王世贞《游东林天池记》记东林寺佛像云：“独三世佛像存，而皆端严妙好，衣领皆精绝。”（《弇州山人四部稿》卷七三）

⑤ 孙学堂：《崇古理念的淡退——王世贞与十六世纪文学思想》，第123页。

⑥ 〔明〕王世贞：《艺苑卮言》卷一，见丁福保辑《历代诗话续编》中册，第964页。

魏古诗是正果，仿佛“妆严佛”，陶诗离正果有距离，仿佛“未妆严佛”。这与宋人认为陶诗平淡深粹出于自然的理解是有分歧的。宋人黄庭坚等认为：“谢康乐、庾义城之诗，炉锤之功，不遗余力，然未能窥彭泽数仞之墙者，二子有意于俗人赞毁其工拙，渊明直寄焉。”①这是从主体精神的自然流露论陶。王世贞从诗法论陶，遂注意到陶诗与汉魏古诗的区别。但他以“琢之使无痕迹”论陶诗的自然特点，与陶诗精神还是存在隔膜。王世贞此论对读者产生了正反两方面的影响，如王圻赞同云：“陶诗淡，不是无绳削，但绳削到自然处，故见其淡之妙，不见其削之迹。”②清人黄子云发挥云：“陶、杜之诗，无句不琢，却无纤毫斧凿痕者，能炼气也……雕句者有迹，炼气者无形。”③他试图从主体炼气修养的角度统一自然与雕琢的矛盾论题。许学夷则对“琢之使无痕迹”表示不满，向宋人陶诗自然观回归（详本稿许学夷一节）。

到后期，王世贞对陶诗的评价有所改变，他努力将陶诗从“格以代降”的诗史观中凸现出来。其最为典型的言论表现在他作的《陶氏五隐传·陶潜传》中。该传传末云：

> 潜生平好为诗。诗自东京《十九首》以还，建安“三曹”，浑浑有气，潘、陆因之，渐成雕靡。至潜而始自然出之，大巧若拙，至秾若澹，令人击节有淳古想。④

王世贞在此处以复古观念评陶诗，纳入“格以代降”的诗史观却能摆脱复古派前期的偏见，把陶渊明作为例外特别予以表扬，认为陶诗接续了汉魏古诗的优良传统，超越雕琢而至于自然，巧艳之极而至于拙淡。这虽然与前期《艺苑卮言》所论没有根本不同，也没有像晚明性灵派那样从个性创造的角度肯定陶诗的独特性，但不再在字面上强调“琢之”，且其中发自肺腑的赞赏之情与粗糙、机械的复古观念相比，毕竟初步走出了贬抑的误区，为复古派后学如胡应麟、许学夷等人准确、辩证地认识陶诗在复古诗史中的特殊性奠定了基础。即使以复古观念

---

① 〔宋〕葛立方：《韵语阳秋》卷三，见〔清〕何文焕辑《历代诗话》下册，中华书局2004年版，第507页。原见〔宋〕黄庭坚《山谷外集》卷二四《论诗》，参郑永晓整理《黄庭坚全集辑校编年》，江西人民出版社2008年版，第1613页。

② 〔明〕王圻纂集：《稗史》，转引自陶澍《靖节先生集注·诸本评陶汇集》，见陶用舒校点《陶澍全集》第八册，岳麓书社2010年版，第187页。剑锋按：此段引文，北京出版社1993年版《稗史汇编》中无“但绳削”三字，参该书第1803页“陶淡李逸”条。

③ 黄子云：《野鸿诗的》，见丁福保辑录《清诗话》下册，上海古籍出版社1978年版，第859页。

④ 〔明〕王世贞：《弇州续稿》卷七七。

衡量，王世贞在此处也肯定了陶诗“令人击节有淳古想”的近古特点，这在复古派中不是孤立的，如吴国伦《与子得论诗》认为：“汉以前亡论，六朝惟嵇、阮、陶、谢近古，以下琢句雕章，非不工且丽，按之则色泽愈艳，风气愈漓，靡去汉远矣。”①吴国伦格外强调陶诗“近古”，与王世贞论陶超越潘陆、直接汉魏是一致的。

随着社会环境和入世心态的变化，王世贞后期已经不再锐意复古，不再格外强调气高体正、雄浑博大，而是折衷诸家，更加宽容地接纳名家时辈的不同诗美，也注意转向内心，从创作主体精神的角度来理解包括陶渊明在内的诗歌。其作于隆庆、万历之交的《章给事诗集序》云：

> 自昔人谓，言为心之声，而诗又其精者。予窃以诗而得其人，若靖节之言，澹雅而超诣；青莲之言，豪逸而自喜；少陵之言，宏奇而饶境；左司之言，幽冲而偏造；香山之言，浅率而尚达。是无论其张门户，树颐颏，以高下为境，然要自心而声之，即其人亦不必征之史，而十已得其八九矣。后之人好剽写余似，以苟猎一时之好，思踳而格杂，无取于性情之真。得其言而不得其人，与得其集而不得其时者，相比比也。……煮茗匡坐，征其（章给事）诗数篇，相与吟咀，恍然而若置身于陶、韦之间，而厌吾曹之工于藻也。……又二十年，而其子某属余叙，而余始尽读之，然后知君之诗非君之诗，而陶与韦之诗也。……其所以合于陶与韦者，虽君之苦心，君亦自不得而知也。陶、韦之言潇洒物外，若与世事夐相左者。然陶之壮志不能仇，发之于《咏荆轲》；韦之壮迹不能掩，纪之于《逢杨开府》。彼虽仅有以自见，要之，皆非其得已者。②

诗为心声，应写“性情之真”，使读者读其诗如见其人。这样的言论与王世贞等人前期主要着眼于格调形式的复古主张大相径庭。所以，他认为陶诗“澹雅而超诣”，发于不得已，如其为人；肯定章给事不随流俗、不事藻采的淡雅诗风。王世贞在《凤洲笔记》卷九《明诗评一》中也表达过类似的观点。他评华察诗：“刊洗浮靡，独秀本色。如秋水涸、天根露、木叶脱、明蟾出，诚陶、韦之妙境，盖诗宗之玄解也。”《翰林院侍读学士鸿山华公寿藏记》亦云：“公为诗……绝不守故武，务汰其色泽，而陶洗之，天骨自露，萧澹简远，冲融悠隽，出入彭泽、襄阳

① 〔明〕吴国伦：《甔甀洞续稿》文部卷八，明万历年间刻本。

② 〔明〕王世贞：《章给事诗集序》，见《弇州四部稿》卷六九。

间。”①王世贞后期对陶诗的推崇态度至少表明他已经接纳了陶诗发自“性情之真”、“澹雅而超诣”的清雅诗美。王世贞此论与“后七子”中的布衣诗人谢榛的陶诗观有异曲同工之妙。谢榛认为“自然妙者为上,精工者次之,此着力不着力之分”,而陶诗属于“不着力”的“自然妙者”②。他认为陶诗之所以达到如此艺术高度,并不是因为王世贞所说的艺术锻炼,而是因为性情的偶然流露。他认为:“渊明最有性情,使加藻饰,无异鲍谢,何以发真趣于偶尔,寄至味于澹然?”③这一扣紧诗歌本质的理解比单纯的形式观照更加深入,也与性灵派、竟陵派等读者的理解贯通起来。另一方面,王世贞还注意强调陶诗入世豪健的一面,称“陶、韦之言潇洒物外,若与世事夐相左者。然陶之壮志不能仇,发之于《咏荆轲》”,在《徐太仆南还日纪序》中亦称“达莫过于陶氏,至《荆卿》一章,而稍见其用”④。这是对前人朱熹等人论陶豪放观点的继承,也是基于复古观念从陶诗中发现的符合格调理想的特征。王世贞后期对陶渊明的肯定不是贸然出现的。这在《艺苑卮言》卷八中已经有端倪可见。如云:“古人云:‘诗能穷人。’究其质情,诚有合者。今夫贫老愁病,流窜滞留,人所不谓佳者也,然而入诗则佳。……陶潜驱饥乞食,思效冥报……”⑤他在这里注意到作为作家主体的陶渊明的身世遭遇对其诗歌创作的影响。而到后期,这一端倪就发展为“更注重作家的人品学识和作品的旨趣风味”的审美批评特点⑥。所以,他后期更加关注陶诗独特而后人难以超越的典型性特点,从而做出较前期更为客观、贴切的评价。

至于陶诗在王世贞后期心目中的地位,可用其《古选古隶》中的一段话作结:“诗自《风》《雅》外,当以《古诗十九》及建安三曹为准,若整丽,至三谢而极矣,嗣宗、元亮故是画中之有逸品,卉木中之有筠竹,不当以时代论也。”⑦同时代的陈沂在《拘虚诗谈》中也表达过类似的意见,他说。“渊明在义熙时追古近道,驾轶黄初之上,又不可以世代论也。”⑧影响所及,清人李重华等也赞成陶诗

---

① 〔明〕王世贞:《弇州四部稿》卷七七。
② 〔明〕谢榛:《四溟诗话》卷四,见丁福保辑《历代诗话续编》下册,第1229页。
③ 〔明〕谢榛:《四溟诗话》卷二,见丁福保辑《历代诗话续编》下册,第1161页。
④ 〔明〕王世贞:《弇州四部稿》卷六七。
⑤ 丁福保辑:《历代诗话续编》中册,第1080~1081页。
⑥ 孙学堂:《崇古理念的淡退——王世贞与十六世纪文学思想》,第171页。
⑦ 〔明〕王世贞:《弇州续稿》卷一六五。
⑧ 〔明〕陈沂:《拘虚诗谈》,《丛书集成续编》第一一三册,上海书店出版社1994年版,第971页。

“不可以时代论”[1]。继明初宋濂以风雅论陶、以陶诗超建安而上之论，王世贞与复古派终于走出复古逻辑的误区，进而从格调近古、性情近道方面提出陶诗“不当以时代论”，可以超时代而上，跻身《风》《雅》、汉魏古典之列。

三、“默契禅宗”与“人隐之最”

王世贞论陶言论中尤其值得注意处还有两点，一是论陶“默契禅宗”，二是论陶为“人隐之最”。

《艺苑卮言》卷八云：

> 每叹嵇生琴夏侯色，令千古他人览之，犹为不堪，况其身乎！与陶征士自祭预挽，皆超脱人累，默契禅宗，得蕴空解证无生忍者。陶云：“但恨在生时，饮酒未得足。”此非牵障语，第乘谑去耳。[2]

《般若波罗密多心经》云：“观自在菩萨，行深般若多罗密多时，照见五蕴皆空，度一切苦厄。……舍利子：色不异空，空不异色；色即是空，空即是色。受想行识，亦复如是。”[3]王世贞所云之“蕴”即佛家“五蕴”，即“色、受、想、行、识”。王世贞所云“无生忍”即无生法忍，是“无生无灭法忍”的简语，佛教认为一切法不生不灭。王世贞认为陶氏之心已脱离五蕴所生诸苦，绽放于“心无挂碍”的“究竟涅槃”之境界。[4] 陶渊明委运乘化、与天合一、与道一体的境界，的确与“无生忍”的境界有相通之处，两者在面对外物矛盾方面，都实现了解脱，即“心无挂碍”；但也有不同之处，陶渊明是既属于现象界又超越现象界，心虽无挂碍，而实际托有（自然万物）于无（大道运化），而禅则灭弃万有，也不托乘于无，心灵直指“究竟涅槃”。

王世贞的言论是对陶渊明接受史上以佛解陶者的继承和发挥。苏轼是第一个致力于以禅解陶的重要读者。秉承苏轼论陶“知道”[5]、于和陶诗中渗透禅思的解读，后代不少读者不断从禅理意趣方面解读陶渊明。如葛胜仲《书渊明集后三首》云：“渊明垂死之文，读之令人恍然自失，与今世悟道坐脱立亡者何以

---

① 〔明〕李重华：《贞一斋诗说》，见丁福保辑录《清诗话》下册，第926页。

② 丁福保辑：《历代诗话续编》中册，第1080页。

③ 〔明〕释真可：《紫柏老人集》卷六。

④ 《般若波罗密多心经》，见〔明〕释真可《紫柏老人集》卷六。

⑤ 〔宋〕苏轼：《书渊明饮酒诗后》，见孔凡礼点校《苏轼文集》第五册，中华书局1986年版，2112页。

异?”[1]许顗《彦周诗话》谓:“陶彭泽《归去来辞》云:‘既自以心为形役,奚惆怅而独悲?’是此老悟道处。若人能用此两句,出处有余裕也。”[2]周必大《跋向氏邵康节手写陶靖节诗》云:“康节先生蕴先天经世之学,顾独手抄靖节诗集。是岂专取词章哉?盖慕其知道也。”[3]陈仁子《文选补遗》卷三六阐释《神释》云:“末‘纵浪大化中’四句,是不以死生祸福动其心,泰然委顺养神之道也。渊明可谓知道之士矣。”[4]《鹤林玉露》甲编卷五评陶《神释》一诗:“乃是不以死生祸福动其心,泰然委顺,养神之道也。渊明可谓知道之士矣。”[5]明人都穆《南濠诗话》赞成东坡之论,认为“渊明盖真有得于道者”[6]。这些言论虽未直言所知之道为儒、为道、为佛,然皆承接东坡,遂沾染以禅解陶意趣。

首先明确提出陶渊明学佛的当是与苏轼同时代的王韶。他说:“晋朝危乱有遗贤,陶谢宗雷总学禅。”[7]之后,葛立方、施德操等就直接说:“不立文字,见性成佛之宗,达磨西来方有之,陶渊明时未有也。……其《形影神》三篇,皆寓意高远,盖第一达磨也。”[8]“时达摩未西来,渊明早会禅。”[9]王世贞《光禄署丞少荆王先生五十寿序》亦云:“余谓陶靖节,攒眉白莲社,而远公欲得之迫,以其去佛理近。”[10]超迹探心,王世贞以为陶渊明“去佛理近”。之前,读者论陶虽涉及禅,但未明何种禅义,没有指实之论,而王世贞则予以明确化,认为是“得蕴空解证无生忍者”,实为新见。

王世贞在评价陶渊明的为人时,表现出脱略形迹拘束、探寻心灵本质的接受特点,并由此称赏陶渊明为“人隐之最”。

王世贞对陶渊明的超然和忠义都有深入体会,但体会的重心倾向于深隐的忠义一面。其《题赵承旨画〈陶令像〉、鲜于太常书〈归去来辞〉及余所作长歌后》既赞赏“家旧藏赵承旨画陶靖节像,飘然有羲皇上人意”,又说:“靖节令彭泽,甫八十日而遽归,若大不相伦者。是不然,公之不为功名系,与靖节之不忘

---

① 〔宋〕葛胜仲:《丹阳集》卷八,影印清文渊阁《四库全书》本。
② 〔清〕何文焕辑:《历代诗话》上册,第 401 页。
③ 〔宋〕周必大:《文忠集》卷一八,影印清文渊阁《四库全书》本。
④ 〔宋〕陈仁子:《文选补遗》,影印清文渊阁《四库全书》本。
⑤ 〔宋〕罗大经撰,王瑞来点校:《鹤林玉露》,中华书局 1983 年版,第 92 页。
⑥ 丁福保辑:《历代诗话续编》下册,第 1362 页。
⑦ 傅璇琮等主编:《全宋诗》第一二册,北京大学出版社 1993 年版,第 7911 页。
⑧ 〔宋〕葛立方:《韵语阳秋》,见〔清〕何文焕辑《历代诗话》下册,第 575 页。
⑨ 〔宋〕施德操:《北窗炙輠录》卷下,影印清文渊阁《四库全书》本。
⑩ 〔明〕王世贞:《弇州续稿》卷三四。

宗国，其致一也；昔人有以武侯《出师表》，偕《归去来辞》互称，盖深识之矣。且公忠顺勤劳，奚啻倍蓰长沙公，至于急流勇退，岂复为八十老人婆娑态耶？”①这一“长歌”当即本集中所录《题赵承旨〈陶令像〉、鲜于太常〈归去来辞〉赠致政太宰杨公》诗：

陶令生平兴萧瑟，到官毋过八十日。五株杨柳胜栽花，百亩公田都种秫。拂袖长歌《归去》篇，舁篮岂是膏肓疾。世事从他三复四，生儿任昧六与七。却怪渠祖长沙公，婆娑八十讳称翁。即论运甓铃阁底，何似抱瓮春畦中。孤剑雄扶江左日，一丝高挽义熙风。忘年自识将军意，易姓方怜处士忠。千载从人论行止，谁似关西杨伯起。力在寸心输社稷，功成余事施山水。未老能抛太尉章，得归即号柴桑里。五男却是五麒麟，海内俱称万石君。今去山中看宰相，由来平地有仙人。吴兴才子工写真，渔阳老手书绝伦。风流一代不可即，翰墨万古恒如新。我题此图见微向，须从迹外探心赏。长沙太迟彭泽速，君臣道尽公当往。②

该诗在与陶侃执着于功业仕途的对比中，凸显陶渊明淡泊超然的个性风貌，同时也肯定祖孙二人忠于晋朝的丹心。结尾发出“长沙太迟彭泽速”的慨叹，似是贬抑陶公，实为下面扣题称扬“杨公”（杨博）作铺垫③，也增添了行文的跌宕起伏之致。王世贞评陶提出“须从迹外探心赏”，借助形迹而又超越行迹以体悟心灵为旨归的接受观，这是对玄学的得意忘言和佛道参究心性本质方法的继承，也是对明初宋濂《菊坡新卷题辞》论陶时提出的“观人之道，不于其迹而于其心”④观点的继承和阐发，是陶渊明接受史上新颖、有见地的接受方式，它的运用避免了停留于仕、隐行为做表面褒贬的弊端，也是对前人从超然世外和眷恋王室两个矛盾方面都做肯定评价的合理调剂。王世贞“心赏”陶渊明心灵的堂奥——包含悲愤无奈的“处士忠”心，即归隐及种种行迹只是心灵的外像，系念旧朝、忠心日苦才是陶渊明的深心。褒扬陶氏之忠本无新颖之处，但诗意的感发使“处士忠”别具委婉低回之美。由此可见，王世贞是努力在心灵上贴近陶

---

① 〔明〕王世贞：《弇州四部稿》卷一二九。

② 〔明〕王世贞：《弇州四部稿》卷二二。

③ 〔明〕王世贞《盛事述四·三长兵部》：“杨襄毅公博，初以蓟辽总督入为兵部尚书，再以蓟辽总督加少保入兵部三，以致仕。”见《弇山堂别集》卷四，影印清文渊阁《四库全书》本。

④ 〔明〕宋濂撰，罗月霞主编：《宋濂全集·銮坡前集》卷一〇，浙江古籍出版社1999年版，第541页。

公，而非简单的理性认知。

上引题跋所云“靖节令彭泽……”恰是“从迹外探心赏”，不拘束于形迹看待陶渊明和杨博，他们“其致一也”之处就是前代读者所说的“异地皆然”，即彼此互换处境会做出相同的选择，因为他们在本质上都是为道而出、为道而归。论人不依迹而依心，陶渊明与诸葛亮、杨博等人在本质上都是为道而存在的贤能，他们的价值观念不因出处而相互隔阂。又如其《陆子传先生传》云：“以陆先生之初尚羊山泽，诗酒自藏，即渊明奚啻焉？晚乃聊出，栖迟金马，庶几东方曼倩之所称者。浮云在霄，舒卷自如，亦胡弗适也？嗟夫，令典午不易社羔雁，娄下人亦胡能以一隐逸测渊明、而何乃迹陆先生为？”①此将友人与陶渊明对比，也表现了不依形迹论人的观照和评论方式。又《国香集序》不以兰花配屈原而配陶渊明，并解释云：“兰，君子也。贵而大国，贱而幽谷，所为香不改也。屈子才大于兰，而志趣不一，吾故取陶氏焉。今之鞠(菊)丽矣，非陶氏鞠也。以故不能与兰偕，兰亦不妒，不尔，宁无东篱数枝以伴我九畹哉？吾取兰而陶之，取陶而兰之，即屈子所不能妒，而况鞠也？”②遵照传统观念，兰花配屈原、配《离骚》，菊花配陶潜、配陶诗。而王世贞则以兰花配陶渊明。此兰花既不取于菊花，也不取于屈原。他认为菊花“非陶氏鞠也”，已经沾染了俗气；屈原“才大于兰，而志趣不一”，与兰花风神有所出入。言外之意，陶渊明与兰花志趣合一，即“贵而大国，贱而幽谷，所为香不改也”，“出不失身，退不忘君，文不蔽质，质不灭文”③，出世间而即世间，不论在“大国”还是“幽谷”，品节神韵如兰花之香，不改其嗅，深得出处之道。这与王世贞的儒家用世观分不开，不顾廉耻钻营富贵名利自然不为所齿，而抽身功业逍遥于一己小天地亦非所重。当出则出，当处则处，任其性情之真而已，这里面有苏轼评陶观念的影响，只是苏轼重在作家角度的“任真”，而王世贞重在接受者角度的“心赏”。

王世贞晚年极为推重陶渊明的人品，最重要的表现就是在《陶氏五隐传》中创作《陶潜传》，提出了陶渊明为“人隐之最”的重要论断。“五隐”依次为：陶淡、陶渊明、陶弘景、陶岘、陶宗仪。对于这五位隐士，王世贞在传末总评云：他们与陶氏祖上以功勋显名不同，而以“隐德”流芳；五位隐士也各有特点，“淡也，人而几天者也。若乃出不失身，退不忘君，文不蔽质，质不灭文，潜其人隐之最乎？弘景庶几

① 〔明〕王世贞：《弇州续稿》卷七六。

② 〔明〕王世贞：《弇州续稿》卷四五。

③ 〔明〕王世贞：《陶氏五隐传》，见《弇州续稿》卷七七。

通极于天者哉？不然，吾斯之未能信也。岘故不晓媒仕进，然客游诸侯，以资其适。九成之身，一乱一治，而不与其荣辱，卒保全归，斯为优矣”。陶淡、陶弘景趋向于远离人世的天隐，陶渊明、陶岘、陶宗仪趋向于“人隐”，但陶渊明的行迹与陶岘“客游诸侯”显然不同，与陶宗仪不参与政治、乱世治世皆能明哲保身、“以高寿终”也不同，陶渊明关注世道变化，得进退之道、中庸之理，“出不失身，退不忘君，文不蔽质，质不灭文”，出世间而即世间，允为“人隐之最”。

所以王世贞在《钱舜举画陶征君〈归去来辞〉后》中称陶为“浔阳三隐”中的“龙首”：“元亮任真，乐天冥迹，隐显故当推为龙首。遗民迹挂尘外，而栖心净土，犹涉趣舍，聊屈称腹。续之金华之学，著声九重，竟接万乘，虽不膺蝉冕，而移止钟山以殁，犹恐不称尾耳。今世三尺儿知有元亮，而无能举遗民、续之者。”①王世贞作于《陶潜传》之前的《赵松雪书〈归去来辞〉二首（之二）》曾云②：“彭泽天隐人，作此天隐文字，一绝也。”③王世贞在传记中却没有把陶渊明归入“天隐”而是归入“人隐之最”。这既体现了王世贞对陶渊明认识的发展变化，也隐然透露出两个方面的信息：第一，陶渊明作为“人隐之最”，在其终极体验里已经“几于天”“通极于天”，与“天隐”最近；第二，陶渊明不能忘怀人世，即其《书〈晋史·隐逸传〉后》所云“陶元亮之达也，而不能忘言也。夫所以不能忘者，名之根也，又次之矣。虽然，元亮之所为次以隐，第附于节为近”④。能隐而有名节恰是王世贞所欣赏的。

值得注意的是，王世贞的《陶潜传》也体现了“从迹外探心赏”的观照方式。具体表现为王世贞《陶潜传》虽基本遵循史书，然能斟酌损益，以意逆志，有所创造发明。(1)将陶渊明纳入宏观的家族历史考察，在对比中凸现其个性特点，此古之传记未曾有者，实乃体例之创新，也是理解陶渊明角度的创新。⑤ (2)用五

---

① 〔明〕王世贞：《弇州续稿》卷一六八。

② 《弇州续稿》卷七七末录《陶氏五隐传》，同卷第一篇传记散文《徐尚书传》传主徐栻(1519—1581)，《明史》卷二二〇有传，卒于万历九年；则《陶氏五隐传》当是王世贞于万历年间即其晚年所作。《赵松雪书〈归去来辞〉二首(之二)》云：“吾弟敬美，近弃秦中绂。”《明史》卷二八七《王世贞传》所附《王世懋传》云：“世贞弟世懋，字敬美。……父雪，始(剑锋按：在隆庆初)选南京礼部主事。历陕西……”(中华书局 1974 年版，第 7382 页)则“历陕西”当在隆庆后，陕西即秦中，由此可知世贞《赵松雪书〈归去来辞〉》作于隆庆后。

③ 〔明〕王世贞：《弇州续稿》卷一六二。

④ 〔明〕王世贞：《读书后》卷三，影印清文渊阁《四库全书》本。

⑤ 宋人李焘有《陶潜新传》，其佚文借助陶集作品，于史传陶渊明传多有补充；此当为陶渊明专人别传，非合传。

十字的心得之言集中评及陶渊明诗，这是前代史书传记所忽略的。(3)细节方面，多有心得，着意美化陶渊明的形象，显示了王世贞对陶渊明的景仰之情，也最足以体现"从迹外探心赏"的观照和创作方式。如史书说陶渊明"少有高趣"(《宋书》本传)、"颖脱不群，任真自得"(萧统《陶渊明传》)，而王世贞在传记中却说"生而冲素任真"，强调了陶渊明禀性的先天性，增加了"冲素"品质的认定，但联系陶诗"少无适俗韵，性本爱丘山"来品味，王世贞又不是毫无所本。又如云"潜既归，得山田而耕之……园著五柳树"，"山田"一词未见史书提及，而实际本于陶诗"种豆南山下"；"园著五柳树"当本于"宅边有五柳树"，而陶渊明有"园田居"，不说"宅"而说"园"，似也可通；王世贞《陶潜传》云陶渊明"游庐山五老峰"，史书只说陶渊明于庐山游观，而王世贞《陶潜传》坐实为"五老峰"，是以点带面法。改动最大的是下面一段话：

> 每将至寺，闻钟声，辄攒眉而返。元熙中，王弘为江州刺史，慕潜甚，使使请之不得，乃躬造之，复匿不见。既而语人曰："性不狎世，因疾成懒，岂敢不以王公纡轸为荣?"弘乃蚤伺潜，知当往庐山，使其故人参军庞通之为酒于中道相要，潜见酒，便与对引，欣然忘往，弘遽出掩之，遂酣畅。穷曰：欲要与还州，问潜："有所乘否?"答曰："素有脚疾，向藉蓝轝，亦粗足支。"顾询，乃一门生、二儿共舁之耳。弘载以副乘，与至州，咏言笑赏，都不间也。自是，欲见潜，辄于山泽间中道置酒，以为恒。性好艺菊，尝于菊时欲有所契领，而酒不具。适弘使白衣送酒，且饷钱二万。①

对照史书描述，我们发现王世贞在传记中对陶渊明与慧远、王弘的交往做了很大的改动。史书记述的与慧远的交往是一次性事件，即陶应邀参加白莲社时闻钟声则攒眉而返，而王世贞《陶潜传》中的"每""辄"二字明显将一次性事件夸大为经常性行为。至于与王弘的交往，其中的对话都是王世贞悬想的；"弘载以副乘，与至州，咏言笑赏，都不间也"属于合理性的虚构，"辄于山泽间中道置酒"也是将一次性事件夸大为经常性行为。至于"且饷钱二万"，则是张冠李戴，把颜延之的钱和友情一厢情愿地慷慨给了王弘。传尾说陶"有五子，俱不仕"，好像五子因受父风影响而俱不出仕，与陶《责子》有些出入。王世贞之所以这样做有凸显陶渊明高节魅力的主观用心，由此可见他对陶渊明为人的倾慕之情。

---

① 〔明〕王世贞：《弇州续稿》卷七七。

四、矛盾的接受心态：“望而愧之”与“不能释手”

王世贞于《二赵书、画〈归去来辞〉二首(之一)》中云：“余生平好靖节之为人，而不能忍饥；又不任负耒，中间强颜一出，盖望而愧之。独于其文章，虽愧之，而不能释手。”①他之所以对陶渊明做独特评论和选择性接受，可以从以下三个方面认识。

首先，复古派在五言古诗方面虽然尊尚汉魏古诗，但陶渊明、李白、杜甫等人在明代已经成为公认和不可忽视的大作家，因此就面临一个如何评价他们的五言古诗成就的问题。王世贞是文坛领袖，视野开阔，胸襟宽容，而复古派内部和外部对复古创作弊病的批评也促使他进行理性的反思②，所以他不得不从自己的角度对陶渊明做出评论，在复古理念和不满复古理念的批评者之间进行折中，将陶渊明确定为不可忽视的学习对象之一。正像其他复古派成员一样，王世贞拟古的主要对象还是古乐府和汉魏古诗，拟古乐府的数量(其拟乐府诗仅在《弇州四部稿》中就占了整整四卷，共计三百八十六首)又远远超过所拟汉魏古诗的数量。王世贞在拟汉魏古诗时，主要拟《古诗十九首》、苏李诗、建安体、阮公体，有时也旁及晋、宋以下。虽然学陶体不是主流诗坛的倡导，但王世贞从“捃拾宜博”、丰富诗材、集成众美的角度出发，仍将陶诗作为拟习的对象。如效江淹《杂拟诗三十首》，仿拟“自李都尉而下至休上人，凡二十九；广自苏属国至韦左司，凡四十一”③。其中就有《陶征君潜田居》一首。其《止酒二首》《挽歌三首》《过田家小饮》《三良诗》《题素节堂》《题小桃源图》《为凌郡丞题〈柴桑雅致图〉》《赠陆丈人》《始访前奉化令徐征君三首(之二)》《东篱秋晚》《邀李河内石给事冷太仆于使院园亭观菊》《菊花》《为范母题晚节寒香卷》《佘明府翔》等，或者直接模拟或者明显撷取陶韵，皆明显接受了陶渊明及其作品的影响。其中《过田家小饮有作》一首云：“今晨风日佳，默默鲜所亲。改服从田父，相与过西邻。虽无超时韵，所得亦以真。约略婚嫁资，岁功稍一论。瓠壶盈浊醪，芋叶裹鲜新。谦言酌卮酒，仓卒无主人。唉我栖埘鸡，为尔代司晨。东壁吐蚕丝，可以充钓缗。笑谓指顾间，遂穷水陆珍。代主计则然，毋乃非嘉宾。隗俄复隗俄，目

---

① 〔明〕王世贞：《弇州续稿》卷一六八。

② 《明史》卷二八七《王世贞传》载：“其持论，文必西汉，诗必盛唐，大历以后书勿读，而藻饰太甚。晚年，攻者渐起，世贞顾渐造平淡。”

③ 〔明〕王世贞：《弇州四部稿》卷一九。

送西归轮。”①此诗主要推衍陶渊明《饮酒二十首(之十四)》“父老杂乱言,觞酌失行次”之意,尤其得陶诗风神格调,同时不失自家情趣。由此足见王世贞对陶诗的学习不止于题材、典故、语句的撷取,而是有过深入揣摩的。这种揣摩主要是复古学习的需要,锻炼纯熟也流露出自家性情来,并非一无是处。复古派学陶诗比较普遍,如王世贞《虞竹西先生集序》称:“虞先生又工诗若文,所模画陶、柳诸名家,并其语体得之。”②明人学陶虽各有原因,但皆如王世贞一样普遍认为陶渊明是不可忽视的作家。

其次,王世贞的正直为人和人生遭遇也使他从内心不能忽视陶渊明的品节和志趣。嘉靖间,王世贞初入仕途,秉公执法,得罪权贵严嵩,为其父冤死埋下了祸根。隆庆以后,所幸父冤得雪,王世贞遂辗转仕途,一方面关心国家民生的艰难,另一方面又顾恋名位,追求个体的自适,由前期的愤慨国事转向后期的优游自娱。因此他一方面强调陶渊明不忘世事,眷念故国,为人有忠节;另一方面又瞩目于陶渊明关注个体的生命情怀。如他出任广西右布政使,经彭泽而羡隐逸,正是这种心态的反映。其《经彭泽有怀陶公》云:“陶公辞彭泽,亦复聊其生。磬折岂足劳,而以事躬耕。安能如旅葵,百谷产中庭。鼎鼎百年内,贵在愿与并。浊醪佐新诗,聊以娱性灵。偶然获为人,偶获千载名。名者自随之,获者安所营?窃窥逸民言,令人愧浮荣。”③他羡慕隐逸,但并不打算在行为上学陶归隐,他真正欣赏的是“鼎鼎百年内,贵在愿与并。浊醪佐新诗,聊以娱性灵”。他对陶渊明为人的效仿是有选择的,即主要学习其优游自适的一面。所以,他更倾向于师心不师迹,即《为凌郡丞题〈柴桑雅致图〉》所云:“展图三叹息,欲往道疑乖。应迹若浮云,丘壑在轩阶。请以无累衷,契彼千载怀。”④“欲往道疑乖”是对隐逸归田行为的否定,不打算离开仕途,而“请以无累衷,契彼千载怀”则是超迹以学心,关注个人超越世俗系累的生命情怀。因此,王世贞后期优游园林,自娱自适,时常从陶渊明那儿获得启迪。其“约圃”俨然小桃源,其“约圃”景点的命名也带有陶渊明的印记。他在其中“优然而恒有余”⑤,尽情地享受生命的适然之乐,在审美境界里安顿灵魂,与陶靠近。王世贞接受陶渊明自娱情趣的这一转向既与其本人的遭际和晚年的生活观念分不开,从大环境上看,也有追

① 〔明〕王世贞:《弇州四部稿》卷一二。
② 〔明〕王世贞:《弇州四部稿》卷六四。
③ 〔明〕王世贞:《弇州四部稿》卷一〇。
④ 〔明〕王世贞:《弇州四部稿》卷一〇。
⑤ 〔明〕王世贞:《宁翁季尊师八十寿叙》,见《弇州续稿》卷三五。

求个性解放的晚明思潮的影响。

再次，王世贞接受陶渊明的观念大多有所承续，是陶渊明接受史影响的结果。如他晚年好苏轼，而苏轼于陶浸淫最深。《明史·王世贞传》载王世贞“病亟时，刘凤往视，见其手苏子瞻集，讽玩不置也”①。他曾经在《沈纯甫行戍稿序》中说：“苏氏（苏轼）老矣，其学成矣，故能取适于庄生、陶征士，矢口而发者亦似之。”②他论陶“默契禅宗”，认为李白诗、杜甫诗等不如陶五言古诗就明显受到苏轼的启发。此外，其不以时代论陶虽然是基于复古派批评者而做的自我矫正，但联系朱熹、宋濂、吴讷等人论陶自为一体、超建安而上的肯定言论③，王世贞此论未尝不是从格调角度对前人意见的吸收。再如，王世贞酷爱书画，而此前，苏轼、赵孟頫等书画家以书画形式创作了大量作品，这些富于创造性的优秀成果无疑给了王世贞一种潜移默化的影响。他在作品集中提及的陶渊明书画甚多，如：

坡公为卓道人契顺书靖节先生《归去来辞》，于法书中最为高名。（《苏长公书〈归去来辞〉真迹》，《弇州续稿》卷一六一）

家有陶靖节《归去来辞》，赵千里画、子昂书，以为三绝。[《二赵书、画〈归去来辞〉二首（之二）》，《弇州续稿》卷一六八]

余所见《桃花源图》如赵伯绣、文征仲、陆叔平，诗如陶元亮、王摩诘，皆令人神爽飞越，如身游其间。独至武陵，求所谓真桃源而不可得。岂陵谷沧桑之说果尔耶？异日扁舟醉此桃花下三日足矣。因题一诗，以为张本。（《题小桃源图》，《弇州续稿》卷一七〇）

吴兴钱选舜举画陶元亮《归去来辞》独多，余所见凡数本，而此卷最古雅，翩翩有龙眠、松雪遗意，第少却“僮仆欢迎，稚子候门。三径就荒，松菊犹存”一段。柴桑景当是兵燹时，不免破镜耳。宋南宫仲温以章法书此辞，遒密劲媚，却堪作三绝也。（《钱舜举画陶征君〈归去来辞〉后》，《弇州续稿》卷一六八）

---

① 〔清〕张廷玉等：《明史》卷二八七，第7381页。

② 〔明〕王世贞：《弇州续稿》卷四六。

③ 如〔明〕吴讷《文章辨体·五言》：“五言古诗，载于昭明《文选》者，唯汉魏为盛，若苏李之天成，曹刘之自得，固为一时之冠。究其所自，则皆宗乎《国风》与楚人之辞者也。至晋陆士衡兄弟、潘安仁、张茂先、左太冲、郭景纯辈，前后继出，然皆不出曹刘之轨辙；独陶靖节高风逸韵，直超建安而上之。”见于北山校点《文章辨体》，人民文学出版社1962年版，第31页。

余尝跋赵松雪图白莲社临本,颇亦有所考据,而图为陆与绳取去,跋今留弇州稿中。后游匡庐,憩东林寺,访遗像断碑于荒烟落照间,视虎溪,不数十武,仅涓涓细流,叹忾久之。今者复一觏此图,与前位置虽小别,而彷佛见大都。(《再题〈白莲社图〉》,《弇州续稿》卷一七一)

赵承旨好图陶靖节高逸事及《归去来辞》,余先所睹凡十本,皆不能如此图之妙。其工力与李伯时抗衡,而曲尽潇洒夷穆之度,令人宛然有北窗羲皇上人想。(《赵承旨画陶靖节事》,《弇州续稿》卷一六八)

李忠文公时勉,凡二纸……其一题《陶靖节度履图》。(《国朝名贤遗墨五卷》,《弇州续稿》卷一六三)

穆生临宋仲温七姬帖,陶靖节、杜少陵诗歌,皆极精,与真本对核之,几不可辨。(《穆光胤临七姬帖》,《弇州续稿》卷一六五)

在王世贞所处的时代,陶渊明借助书画被读者接受已经普遍流行,书写陶诗、绘制陶事已经成为士大夫审美生活中不可忽视的休闲甚至生存方式之一。王世贞受此风影响自然对陶渊明抱有独特的好感。

第三节　胡应麟、许学夷对平淡派宗师的深细阐释

胡应麟(1551—1602)和许学夷(1563—1633)是明末复古派后期最有建树的诗论家。他们的诗歌理论既是对复古派创作实践、理论和教训的总结,也是对中国诗歌发展变化、艺术规律和美学特点的深入揭示。他们在各自的诗论代表作中,运用复古派诗学的特殊视角,从正变、源流、体貌等方面对陶诗的历史地位和美学特点进行评论和揭示,摆正了陶诗在复古派文论体系中的位置,回归和深化了宋人的陶诗观,视野开阔,解析深入、辩证,在陶诗阐释史上具有特殊意义和深远影响。

胡应麟的评陶言论主要集中在《诗薮》中,有十七条之多,散见于卷一、卷二、卷四等中。此外,《少室山房笔谈·丹铅新录六》"孔明渊明"条,《少室山房集》卷一三《心远堂为陈立父题》、卷一六《翠筠轩十六韵为姑蔑柴生起用题》、卷二二《华阳博议上》、卷三三《挽赵别驾汝申四首(之三)》、卷三四《寄居曲水园柬张氏伯仲二首(之二)》、卷三五《寒食夜集邦相署中分韵得吟字》、卷四〇《题赵鸿胪文镇西园并蒂黄花》、卷四四《题画赠陈生东父兼柬王伯宠将军十八韵》、卷四八《挽王元美先生二百四十韵》、卷五二《题陈玉叔雪坡草堂二首(之二)》、卷五五《新洞或以飞龙名之,余谓弗善,与邦相谋更他名,洞中最胜

者,苍壁陡立,飞泉数十道回旋直下,邦相击节目余曰水帘哉,余因为更赋二首,洞虽晚出,故不谓不遇也》、卷五八《寄赠长洲江明府,明府楚之桃源人》、卷七八《渡黄河抵吕梁,再寄徐参知即景舒怀共十绝句(之五)》、卷八五《松茂兰芳集序》、卷九八《松溪说寿李隐君》、卷一〇〇《策一首问士称文章学问尚矣》、卷一〇八《跋家藏吴德基陶诗》等诗文都用到与陶渊明相关的典故词语。

许学夷的评陶言论主要集中在《诗源辩体》中。该书计三十六卷、九百五十六条,其中第六卷计三十一条集中论述陶诗。该书卷首《世次》“东晋”之末专列“陶渊明(渊明别为一卷,故次于无名氏后)”①。除陶渊明被专卷单列外,只有李白、杜甫有此殊遇,白居易与元稹出现在一卷,差可入此行列。设专卷论陶,足见许学夷对陶诗的重视超过了胡应麟。此外,散见于全书的评陶言论还有二十条。

一、“诚老、庄意味”与“犹孔门视伯夷”

胡应麟和许学夷都对陶诗的成就给予高度评价,把陶渊明归入“卓乎以文章师百代者也”②的行列,但又不约而同地不把陶渊明的作品看作文学的正宗,而是接受了朱熹将陶渊明归入老、庄的言论。针对杨慎所言“渊明之学本老、庄,此语末学不敢议,亦不敢从”,胡应麟评曰:“渊明诗词,冲澹玄远,诚老、庄意味相近。文公尝谓古逸民,亦何负哉?”③杨慎对朱熹将陶渊明归入老、庄“不敢从”,胡应麟则认为陶诗“诚老、庄意味”,赞同朱熹认为陶渊明属于“古逸民”的言论,即从儒家的角度立论,认为陶诗不属于文学的正宗。许学夷也赞成这个论点,但主要是从肯定的角度论说的:

> 晋人贵玄虚、尚黄老,故其言皆放诞无实。陶靖节见趣虽亦老子,而其诗无玄虚放诞之语。中如“纵浪大化中,不喜亦不惧。应尽便须尽,无复独多虑。”“中觞纵遥情,忘彼千载忧。且极今朝乐,明日非所求。”“寒暑有代谢,人道每如兹。达人解其会,逝将不复疑。”“所以贵我身,岂不在一生。一生复能几,倏如流电惊。”“客养千金躯,临化消其宝。裸葬何必恶,人当解意表。”“孰若当世士,冰炭满怀抱。百年归丘陇,用此空名道。”“壑舟无

① 〔明〕许学夷著,杜维沫校点:《诗源辩体》卷首《世次》,人民文学出版社1987年版,第6页。

② 〔明〕胡应麟:《策一首问士称文章学问尚矣》,见《少室山房集》卷一〇〇,影印清文渊阁《四库全书》本。

③ 〔明〕胡应麟:《少室山房笔丛·丹铅新录六》,中华书局1958年版,第131页。

须臾,引我不得住。前涂当几许,未知止泊处。""家为逆旅舍,我如当去客。去去欲何之,南山有旧宅"等句,皆达人超世、见理安分之言,非玄虚放诞者比也。①

康乐诗,上承汉、魏、太康,其脉似正,而文体破碎,殆非可法。靖节诗,真率自然,自为一源,虽若小偏,而文体完纯,实有可取。康乐譬吾儒之有荀杨,靖节犹孔门视伯夷也。②

"陶靖节见趣虽亦老子,而其诗无玄虚放诞之语",陶诗虽然难免受时代风气的影响,但"皆达人超世、见理安分之言,非玄虚放诞者比也",这比朱熹、胡应麟简要的评判又更进一层。谢诗虽属于正统的正变源流中的宗绪,但因"文体破碎"而难与陶诗比肩;陶诗相对正宗而言,"虽若小偏",而"文体完纯",其成就远在谢诗之上。不但陶诗被比作"犹孔门视伯夷",连陶渊明开创的诗派也难脱干系:

唐人五言古,气象宏远,惟韦应物、柳子厚。其源出于渊明,以萧散冲淡为主。然要其归,乃唐体之小偏,亦犹孔门视伯夷也。③

除了受朱熹把陶渊明归入逸民、老、庄主张的影响和复古派一向重视宏壮、轻视清远的评价倾向的左右,胡、许二人对陶诗的这一基本定位直接接受了宋人《西清诗话》的观点。《苕溪渔隐丛话》前集卷四《五柳先生》引《西清诗话》云:"渊明意趣真古,清淡之宗。诗家视渊明,犹孔门视伯夷也。"④胡应麟和许学夷的诗论与前期复古派的一大不同就在于他们充分肯定了偏于优美的清远诗风。许学夷继承《西清诗话》评陶的观点,既体现了他对清远平淡诗风的肯定,也为复古派在评价陶诗地位上的尴尬处境做了一较易为人接受的合理解说。

二、"名家"与"大家"

在《诗薮》中,胡应麟提出诗人有"大家""名家"之别,并表现出尊崇"大家"而"名家"次之的基本评价倾向。他说:"大家名家之目,前古无之。……偏精独诣,名家也;具范兼镕,大家也。"⑤"清新、秀逸、冲远、和平、流丽、精工、庄严、奇

① 〔明〕许学夷著,杜维沫校点:《诗源辩体》卷六,第105~106页。

② 〔明〕许学夷著,杜维沫校点:《诗源辩体》卷六,第99页。

③ 〔明〕许学夷著,杜维沫校点:《诗源辩体》,第239页。

④ 〔宋〕胡仔纂集,廖德明校点:《苕溪渔隐丛话》前集,人民文学出版社1962年版,第26页。

⑤ 〔明〕胡应麟:《诗薮》外编卷四,上海古籍出版社1979年版,第184页。

峭,名家所擅,大家之所兼也。浩瀚、汪洋、错综、变幻、浑雄、豪宕、闳廓、沉深,大家所长,名家之所短也。”①“名家”属偏才,在某方面造诣独到,“大家”属于兼才,兼融诸家,在诗才、格调、气象等方面皆高于名家。纵观整个中国诗歌史,胡应麟拈出的“大家”只有曹植、杜甫和李白:“备诸体于建安者,陈王也;集大成于开元者,工部也。”“古今专门大家,吾得三人:陈思之古,拾遗之律,翰林之绝。皆天授,非人力也。”②“大家”集诸家之大成,同时自己也有专精独诣之处。曹植、杜甫和李白当之无愧,而陶渊明不在其列。陶渊明专精独诣之处虽他人不及,但非诸体兼工,非雄浑多变,非集大成者,故只可归入名家。

胡应麟将陶渊明定位于“名家”,在近源上是对何景明“诗弱(溺)于陶”观点的深入辨析,在远源上是对苏轼的陶诗远胜于曹植、李白、杜甫之诗观点的扬弃。

受复古派论调的影响,胡应麟还是首先推崇山高海阔、气象雄浑、源远流长、格高调正的作品,并没有突破复古论的基本倾向。他说:“曹、刘、阮、陆之为古诗也,其源远,其流长,其调高,其格正。陶、孟、韦、柳之为古诗也,其源浅,其流狭,其调弱,其格偏。”③又云:“仲默(何景明)称曹、刘、阮、陆,而不取陶、谢。陶,阮之变而淡也,唐古之滥觞也;谢,陆之增而华也,唐律之先兆也。”④又称:“李、杜歌行,虽宕逸、沉郁不同,然皆才大气雄,非子建、渊明判不相入者比。”⑤胡应麟认为陶诗源浅流狭、调弱格偏、风味淡近,与复古理想不合,故不入第一流。这与何景明等人的复古论调一脉相承。但胡氏没有简单地否定了事,而是否定中有肯定,像王世贞一样看到了陶诗的优长,并将陶渊明归于“名家”,不致引人误解、招人非议。

胡应麟的评陶视野是开阔的,其陶诗观综合他人之论,也有对宋代苏轼等人观点的辨正。他不赞同宋人“至古诗第沾沾靖节,苏、李、曹、刘,邈不介意”的

---

① 〔明〕胡应麟:《诗薮》外编卷四,第 184 ~ 185 页。

② 〔明〕胡应麟:《诗薮》内编卷二,第 35 页。

③ 〔明〕胡应麟:《诗薮》内编卷二,第 28 页。

④ 〔明〕胡应麟:《诗薮》内编卷二,第 29 页。

⑤ 〔清〕潘德舆著,朱德慈辑校:《养一斋诗话》之《李杜诗话》卷二,中华书局 2010 版,第 209 页。清人潘德舆于此辨正云:“且胡氏谓‘李、杜才不尽于古诗,而尽于歌行’,尤不然。诗各有体,体各有才,才各宜尽,谓‘李、杜之才不尽于古诗’,将子建、渊明歌行绝少,其才犹有未尽者耶?无怪乎谓子建、渊明与李、杜为判不相入也,无怪乎谓李、杜七古廓大于汉、魏而古质不及也。”

偏颇，对苏轼"陶诗愈于子建"的言论提出批评①，认为"子美之不甚喜陶诗，而恨其枯槁也；子瞻剧喜陶诗，而以曹、刘、李、杜俱莫及也。二人者之所言皆过也"②。胡应麟于杜甫之贬、苏轼之扬皆不取，而是从自家诗论观予以重新定位。

许学夷论诗主要从正变源流做历史的审视，崇正尊源而不简单贬抑流变。陶诗不属于正宗的、正对"阶级"的诗体，"小偏"于正体，属于诗体变化中的特例；但陶诗又"自为一源"（论详下节），开宗立派，故地位崇高。许学夷虽然没有提出诗人有"大家""名家"之别，没有像胡应麟那样为陶渊明排好座次，但从列专卷评陶来看，他似乎倾向于把陶归入与李、杜并肩的"大家"，即许学夷对陶诗的评价是高于胡应麟的。

三、"千古平淡之宗"与"自为一源"

胡应麟和许学夷评陶诗都强调了它的宗师地位，在相当程度上是向钟嵘论陶为"古今隐逸诗人之宗"的定位回归。

胡应麟说："善乎钟氏之品元亮也，千古隐逸诗人之宗也，而以源出应璩，则亦非也。"③与简单定位、肯定或者否定相比，胡应麟阐发陶诗的高明之处在于有自己的辨析；换句话说，胡应麟接续何景明、王世贞等复古派贬抑陶诗的言论说下去，却在自家的诗论体系中给予陶诗应有的地位与合理的阐发。他说：

> 陈王古诗独擅，然诸体各有师承。惟陶之五言，开千古平淡之宗；杜之乐府，扫六代沿洄之习。真谓自启堂奥，别创门户。然终不以彼易此者，陶之意调虽新，源流匪远；杜之篇目虽变，风格靡超。故知三正④迭兴，未若一中相授也。⑤

> 文章自有体裁，凡为某体，务须寻其本色，庶几当行。柴桑《归去来辞》，说者谓虽本楚声，而无其哀怨切蹙之病。不知不类《楚辞》，正坐阿堵中。如《停云》、"采菊"诸篇，非不夷犹恬旷，然第陶一家语，律以建安，面

---

① 〔明〕胡应麟：《诗薮》内编卷二，第 38 页。

② 〔明〕胡应麟：《诗薮》外编卷二，第 151 ~ 152 页。

③ 〔明〕胡应麟：《诗薮》外编卷二，第 152 页。

④ 班固《幽通赋》："震鳞漦于夏庭兮，匝三正而灭姬。"李善注引曹大家曰："三正，谓夏、殷、周也。"见〔南朝梁〕萧统编、〔唐〕李善注《文选》，上海古籍出版社 1986 年版，第 641 页。

⑤ 〔明〕胡应麟：《诗薮》内编卷二，第 35 页。

目顿自悬殊，况《三百篇》、《十九首》耶？①

陶渊明五言诗、杜甫乐府诗虽然开宗立户，却不能取代曹植古诗的崇高地位。原因在于曹植诗“诸体各有师承”，仿佛在朝代迭兴中顺天地之道、走中庸之途一样，源远流长，卓有古道。贬抑杜甫，这看似与胡应麟推崇“大家”的言论相矛盾，但评杜为“大家”是就杜诗整体宏观立论，注重其源远流长的古意。而杜甫乐府诗正像陶渊明五言诗“意调虽新，源流匪远”一样，“篇目虽变，风格靡超”。对于陶渊明其他独创性的体裁，胡应麟也持否定态度，认为《归去来辞》“不类《楚辞》，正坐阿堵中”，不是当行本色的楚辞体；“《停云》、‘采菊’诸篇，非不夷犹恬旷，然第陶一家语”，与《诗经》以来正体有别。从诗体特点出发，胡应麟将钟嵘的“古今隐逸诗人之宗”进一步具体化为“开千古平淡之宗”，但仍然局限于格以代降等复古观念，没有给予陶诗像曹植古诗一样的崇高地位。他说：

汉、魏、晋、宋、齐、梁、陈、隋，八代之阶级森如也。枚、李、曹、刘、阮、陆、陶、谢、鲍、江、何、沈、徐、庾、薛、卢，诸公之品第秩如也。其文日变而盛，而古意日衰也；其格日变而新，而前规日远也。②

《十九首》后，得其调者，古今曹子建而已。《三百篇》后，得其意者，古今杜子美而已。元亮之高、太白之逸，自是词坛绝步，但入此二流不得。③

胡应麟教导人写诗，认为正像“登岱者，必于岱之麓也”一样，学诗也应从最古的源头学起，入门需正：“世之日降而下也，学汉、魏，犹惧晋、宋也；学晋、宋，靡弗齐、梁矣。”④陶诗属于晋、宋，自然不是岱岳之麓。可见，胡应麟在正变观念上还在固守正宗的“阶级”“品第”，首先推崇的不是独立门户、别开新意的诗作，而是师承有序、不失古道的前代大家、名家之作。

许学夷的正变观念要圆融、辩证得多，所以同样是把陶诗归作开宗立派的源头、重视陶诗的宗师地位，他转而从变的角度高度肯定陶诗，从创造性的一面肯定陶诗。

许学夷对胡应麟评陶渊源颇为不满，认为“元美、元瑞虽极渊源，然于渊明、韦、柳已不能知”⑤，又谓：

吴敏德《文章辩体》……谓“渊明突过建安……”，其论出于宋人。渊

---

① 〔明〕胡应麟：《诗薮》内编卷一，第21页。

② 〔明〕胡应麟：《诗薮》外编卷二，第143～144页。

③ 〔明〕胡应麟：《诗薮》外编卷四，第185页。

④ 〔明〕胡应麟：《诗薮》外编卷二，第144页。

⑤ 〔明〕许学夷著，杜维沫校点：《诗源辩体》卷二五第十六条，第336页。

明虽本《风》《雅》,而自为一源。①

五言自汉魏至六朝,皆自一源流出,而其体渐降。惟陶靖节不宗古体,不习新语,而真率自然,则自为一源也。然已兆唐体矣。②

与简单认为陶诗"源流匪远"不同,许学夷认为陶诗"本《风》《雅》",在这个前提下,进而认为"陶靖节不宗古体,不习新语,而真率自然,则自为一源"。这就不是否定"自为一源",而是强调陶诗的特殊性和"已兆唐体"的宗师地位。即许学夷从流变的角度肯定了陶诗的创造性,肯定了陶诗的个性。所以他说:

陶靖节四言,章法虽本《风》《雅》,而语自己出,初不欲范古求工耳。然他人规规摹仿,而性情反窒。靖节无一语盗袭,而性情溢出矣。③

钟嵘谓:"渊明诗,其源出于应璩,又协左思风力。"叶少蕴尝辩之矣。愚按:太冲诗浑朴,与靖节略相类。又太冲常用鱼、虞二韵,靖节亦常用之,其声气又相类。应璩有《百一诗》,亦用此韵,中有云"前者隳官去,有人适我闾。田家无所有,酌醴焚枯鱼"。又《三叟诗》简朴无文,中具问答,亦与靖节口语相近,嵘盖得之于骊黄间耳。要知靖节为诗,但欲写胸中之妙,何尝依仿前人哉。山谷谓:"渊明为诗,直寄焉耳。"斯得之矣。④

或问:"汉魏与靖节诗皆本乎情之真,而体有不同,何也?"曰:汉魏近古,兴寄深,故其体委婉;靖节去古渐远,直是直写己怀,固当以气为主耳。《扪虱清话》云:"文章以气为主,气韵不足,虽有辞藻,要非佳作也。昨读渊明诗,颇似枯淡而有味。⑤

许学夷不割裂陶诗与《风》、《雅》、五言古诗的联系,认为陶诗有远源、近源上的借鉴,但这些与创作主体之源相比,处于附属地位。许学夷没有把陶诗的源头机械地定为某家某派,而是更强调陶诗的独创性,即陶诗"自为一源"。许学夷格外看重这个源头中的创作主体的性情和胸怀。他肯定陶诗"性情溢出",肯定"但欲写胸中之妙,何尝依仿前人",是从创作主体的性情、个性(所谓"以气为主")、精神方面肯定陶诗,关注到其诗歌形式背后的本体意味,与公安派、竟陵派论陶有一致之处,在一定程度上突破了包括胡应麟在内的复古派的形式论、唯古论。

---

① 〔明〕许学夷著,杜维沫校点:《诗源辩体》卷三六,第363页。
② 〔明〕许学夷著,杜维沫校点:《诗源辩体》卷六,第98页。
③ 〔明〕许学夷著,杜维沫校点:《诗源辩体》卷六,第98页。
④ 〔明〕许学夷著,杜维沫校点:《诗源辩体》卷六,第99页。
⑤ 〔明〕许学夷著,杜维沫校点:《诗源辩体》卷六,第103页。

四、陶诗三种及其与唐代五言古诗之间的关系

胡应麟将陶诗看作“千古平淡之宗”，许学夷认为陶诗“自为一源”，他们由此关注到陶诗一派，尤其关注到陶诗与唐代五言古诗的源流关系。

胡应麟云：“曲江、鹿门、右丞、常尉、昌龄、光羲、宗元、应物，陶也。”①又云：“靖节清而远，康乐清而丽，曲江清而澹，浩然清而旷，常建清而僻，王维清而秀，储光羲清而适，韦应物清而润，柳子厚清而峭，徐昌谷清而朗，高子业清而婉。”②他关注到陶诗一派的相似性，关注到后代诗风，尤其是唐代五言古诗与陶诗之间的渊源关系，但他并没有深入论析。这一缺憾是由许学夷弥补的。

从源流关系入手，深入揭示陶诗的风格特点及其与唐代五言古诗之间的渊源是许学夷阐释陶诗的一大创获。他说：

> 靖节诗有三种。如“少无适俗韵”、“昔欲居南村”、“春秋多佳日”、“先师有遗训”、“衰荣无定在”、“道丧向千载”、“故人赏我趣”、“孟夏草木长”、“蔼蔼堂前林”、“蕤宾五月中”、“穷居寡人用”、“运生会归尽”等篇，皆快心自得而有奇趣，乃次山③、白、苏之所自出也。如“寝迹衡门下”、“草庐寄穷巷”、“靡靡秋已夕”、“山泽久见招”、“结庐在人境”、“秋菊有佳色”、“万族各有托”、“凄厉岁云暮”等篇，皆萧散冲淡而有远韵，乃韦柳之所自出也。如“行行循归路”、“自古叹行役”、“游好非久长”、“愚生三季后”、“弱龄寄事外”、“闲居三十载”等篇，则声韵浑成，气格兼胜，实与子美无异矣。④

许学夷通过细致梳理，认为陶诗风格可以概括为三种，即“快心自得而有奇趣”“萧散冲淡而有远韵”“声韵浑成，气格兼胜”，并一一举例落实，与笼统评论陶诗风格相比，这是一个了不起的深入。陶诗既然是宗师，其流向就是需要考察的重要诗史问题。许学夷在前人的基础上更加深细地揭示了陶诗与唐代五言古诗之间的源流关系，也为正变系统之外的五言古诗找到了自成源流的体系，为后人进一步研究和揭示此一派别的特点奠定了扎实的基础。

---

① 〔明〕胡应麟：《诗薮》内编卷二，第35页。

② 〔明〕胡应麟：《诗薮》外编卷四，第186页。

③ 元结，字次山。《诗源辩体》云：“元结五言古……中如《贱士吟》、《贫妇词》、《下客谣》等，质实无华，最为淳古。其他意在匠心，故多游戏自得而有奇趣。盖上源渊明，下开白苏之门户矣。惜调多一律耳。”见杜维沫校点《诗源辩体》卷一七，第176页。

④ 〔明〕许学夷著，杜维沫校点：《诗源辩体》卷六，第102页。

许学夷格外关注到韦应物与陶诗之间的异同和渊源关系。他认为:“要知应物之诗本出于陶,六朝支离琐屑,正不当与之并言,不得以字句形似求之。”①他进而具体梳理云:

> 应物五言古……如“霜露悴百草”、“携酒花林下”、“田家已耕作”、“偶然弃官去”、“春雷起萌蛰”等篇,乃学渊明之真率自然。如“济济众君子”、“宦游三十载”、“弱志厌众纷”、“简略非世器”、“亭亭心中人”、“献岁抱深恻”、“凌雾朝阊阖”、“兹晨乃休暇”、“登高创危构”、“临流一舒啸”、“霭霭高馆暮”等篇,则学渊明之萧散冲淡,而实则唐体也。至如“负暄衡门下”、“湛湛嘉树阴”、“仲春时景好”、“贵贱虽异等”、“青苔幽巷遍”、“池上鸣佳禽”、“萧条竹林院”、“朝出自不还”、“心绝去来缘”、“北望极长廊”、“见月出东山”等篇,则近于无声色臭味矣。②

白居易最早在《题浔阳楼》《自吟拙什,偶有所怀》等诗中将陶渊明和韦应物并列推崇。之后,苏轼在《书黄子思诗集后》中指出韦应物诗类似于陶诗的美学特点,影响深远。葛立方《韵语阳秋》、方回《桐江集》卷五评刘元辉《问田夫》诗、无名氏《编类》等偶然涉及韦诗似陶诗之处,但都说得比较笼统。许学夷则分析得很具体。在许学夷看来,韦应物是唐代诗人中最善于学习陶诗的人,韦应物的学陶诗有三种,一种是“学渊明之真率自然”,与陶近似;一种是“学渊明之萧散冲淡,而实则唐体”,即像柳宗元诗一样“气象宏远”③,小偏于正宗唐体;一种是“近于无声色臭味”,虽出于陶而成自家风貌。虽然许学夷没有对这三种风格进行褒贬优劣的评价,但这对揭示韦诗特点及其与陶诗之间的深细联系无疑是极富有启发意义的。许学夷还注意到白居易诗歌对陶诗的继承与创变。他说:“白乐天五言古,其源出于渊明,但以其才大而限于时,故终成大变;其叙事详明,议论痛快,此皆以文为诗,实开宋人之门户耳。”④这一观察十分精到。许学夷还注意到陶诗与杜甫五言古诗的联系,这是一个新的发现。他说:“人知陶韦为一源,不知子美音调实与陶为一源也。”⑤许氏还注意到韩愈《南溪始泛三首(之二)》“‘南溪亦清驶’,亦近渊明”⑥。可见其审美感觉和辨析是非常敏锐和

---

① 〔明〕许学夷著,杜维沫校点:《诗源辩体》卷二三,第243页。
② 〔明〕许学夷著,杜维沫校点:《诗源辩体》卷二三,第242页。
③ 〔明〕许学夷著,杜维沫校点:《诗源辩体》卷二三,第239页。
④ 〔明〕许学夷著,杜维沫校点:《诗源辩体》卷二八,第271页。
⑤ 〔明〕许学夷著,杜维沫校点:《诗源辩体·后集纂要》卷一,第388页。
⑥ 〔明〕许学夷著,杜维沫校点:《诗源辩体》卷二四,第253页。

新颖的。

胡应麟、许学夷把陶诗派作为整体从源流上考察是对前人陶渊明观的继承和发展。苏轼最早在《书柳子厚诗》《评韩柳诗》等题跋中将陶渊明与韦应物、柳宗元并论。许学夷为此评论说:“东坡云:‘柳子诗在渊明下、韦苏州上。’朱子云:‘韦苏州高于王维孟浩然诸人,以其无声色臭味也。’愚按:韦柳虽由工入微,然应物入微而不见其工;子厚虽入微,而经纬绵密,其功自见。故由唐人而论,是柳胜韦;由渊明而论,是韦胜柳。东坡迁海外,惟以陶柳二集自随,是岂真知陶者哉!朱子初年五言古悉学苏州。”①此一则接续苏轼、朱熹,论韦、柳之不同,却表现出推崇陶诗、韦诗而又不贬抑柳诗的基本倾向。苏轼之后,宋、元、明人都普遍关注到陶诗与韦、柳等清远诗派的关系。这方面的言论不在少数,如:

唐称韦、柳有晋、宋高风。而柳实学陶者。(包恢《答傅当可论诗》)②

自有诗人以来,惟……陶渊明自是一家……其诗遂独步千古。唐诗人最多,惟韦、柳得其遗意。李、杜虽大家数,使为陶体,则不近矣。(刘克庄《赵寺丞和陶诗序》)③

坡公独以柳子厚、韦应物发纤秾于简古,寄至味于淡泊。盖韦、柳皆以靖节翁为指归,而卒之齐足并驱也。(方岳《深雪偶谈》)④

陶、谢一的也,韦、柳取之。(林希逸《刘元高诗序》)⑤

自唐以来效渊明为诗者,皆大家数。王摩诘得其清妍,韦苏州得其散远,柳子厚得其幽洁,白乐天得其平淡。(舒岳祥《刘正仲和陶集序》)⑥

韦、柳善学陶者也。(方回《送俞唯道序》)⑦

韦应物诗得渊明之冲淡,而情思自然。柳子厚诗得渊明之句法,而志趣抑郁。盖其心忧愁实多,而强排遣之也。惟其所遇有不同,故其诗亦有不同也。陶、韦、柳,虽是三家,其实只是一体。学之者舍其异而会其同,则可以得三子之妙处。(无名氏《编类》)⑧

---

① 〔明〕许学夷著,杜维沫校点:《诗源辩体》卷二三,页241页。

② 〔宋〕包恢:《敝帚稿略》卷二,影印清文渊阁《四库全书》本。

③ 〔宋〕刘克庄:《后村集》卷二三,影印清文渊阁《四库全书》本。

④ 王大鹏等编选:《中国历代诗话选》,岳麓书社1985年版,第914页。

⑤ 〔宋〕林希逸:《竹溪鬳斋十一稿续集》卷一二,影印清文渊阁《四库全书》本。

⑥ 〔宋〕舒岳祥:《阆风集》卷一〇,影印清文渊阁《四库全书》本。

⑦ 〔元〕方回:《桐江集》卷一,《宛委别藏丛书》第一〇五册,第60~61页。

⑧ 〔明〕解缙等:《永乐大典》卷八二三,中华书局1982年版。

陶诗质厚近古，愈读而愈见其妙。韦应物稍失之平易，柳子厚则过于精刻，世称陶韦，又称韦柳，特概言之。惟谓学陶者，须自韦柳而入，乃为正耳。（李东阳《麓堂诗话》）①

高闲一宗，在古则陶，在唐则王、孟、常、储、韦、柳诸家。（胡震亨《唐音癸签》卷七）②

《读山海经》诸篇，简洁清劲，如冰稜石骨，渐启唐人五言短章矣。（冯复京《说诗补遗》）③

明人在选评唐诗时，论及具体诗作与陶诗之关联的言论更是俯拾多见。如周珽评王维《辋川闲居赠裴秀才迪》诗“淡荡闲适，绝类渊明”，评储光羲《田园杂兴八首（之四）》“储诗近陶，刻处是骨，转处是神，遂觉字字得力，语语得趣”。④ 高棅辑《唐诗品汇》引刘某评储光羲《田园杂兴八首（之八）》“比陶差健，而赡然各自好”，评韦应物诗“去陶自近”，评柳宗元《觉衰》“最近陶，然意尤佳”。⑤ 吴敬夫评柳宗元诗云：“人皆学陶矣，学陶之弊流于枯深，故子厚从基干深入也。”⑥周履靖评孟浩然诗“祖建安，宗渊明，冲淡有壮逸之气”⑦。何良俊谓“韦左司性情闲远，最近《风》《雅》，其恬淡之趣，亦不减陶靖节。唐人中五言古诗有陶、谢遗韵者，独左司一人”⑧。又有人谓韦应物《效陶彭泽》“逼陶”⑨，韦应物《送李十四山东游》“此篇便与渊明《荆轲》作相近，以其气相敌也”⑩，等等。

明人的这些点评往往具体而深到，对揭示陶诗与其有源流关系的诗人诗作有积薪之功。胡应麟、许学夷无疑就是在这种氛围中揭示陶诗的三种风格类型

① 丁福保辑：《历代诗话续编》下册，第1379页。

② 〔明〕胡震亨：《唐音癸签》，上海古籍出版社1981年版，第68页。

③ 〔明〕冯复京：《说诗补遗》，见周维德集校《全明诗话》，齐鲁书社2005年版，第3875页。

④ 〔明〕周敬、周珽辑，陈继儒等评点：《唐诗选脉会通评林》，转引自陈伯海主编《唐诗汇评》，第301页、第413页。

⑤ 〔明〕高棅辑：《唐诗品汇》，转引自陈伯海主编《唐诗汇评》，第414页、第745页、第1780页。

⑥ 〔明〕高棅辑：《唐诗归折衷》，转引自陈伯海主编《唐诗汇评》，第1759页。

⑦ 〔明〕周履靖：《骚坛秘语》，转引自陈伯海主编《唐诗汇评》，第517页。

⑧ 〔明〕何良俊：《四友斋丛说》，中华书局1959年版，第225页。

⑨ 〔明〕李攀龙辑，凌宏宪集评：《唐诗广选》，转引自陈伯海主编《唐诗汇评》，第745页。

⑩ 〔明〕邢昉编：《唐风定》，转引自陈伯海主编《唐诗汇评》，第745页、第757页。

及其与唐诗之间的渊源关系的。①

五、“以趣为宗”与“平淡出于自然”

因为复古派一贯重视辨体,所以陶体诗的美学特点也是胡应麟和许学夷着重揭示的。尤其值得注意的是,他们肯定了陶诗的个性和天然无饰的特点。

胡应麟把五言古诗分为二格,即“以和平、浑厚、悲怆、婉丽为宗者”和“以高闲、旷逸、清远、玄妙为宗者”②。胡应麟认为陶诗属于后者,其突出个性特点是“趣”。他说:“元亮得步兵之澹,而以趣为宗。故时与灵运合也,而于汉离也。”③他指出陶诗平淡源于阮籍,此可谓千古高见;又指出陶诗的美学特点总体上是平淡,也有“超然”“天然”“清而远”等特点④,不同于阮籍诗和汉魏古诗的个性特点却是“趣”。所以他说:“陶、谢俱韵胜者也。谢之才高,而陶趣差远也。”⑤陶渊明和谢灵运的诗都以含蓄蕴藉、韵味隽永取胜,但陶诗更胜一筹的是富有趣味。史称陶渊明“少有高趣”,深得酒中趣、弦上趣、田园趣,后人称为“陶家趣”⑥、“真趣”⑦。苏轼首先明确用“趣”揭示陶诗个性,他说:“陶彭泽诗,初若散缓不收,反复不已,乃识奇趣。”⑧胡应麟把陶诗之趣凸现了出来,提出陶诗“以趣为宗”的论断,这是前代读者注重不够的。但胡应麟没有进一步揭示陶诗之趣的具体特点。许学夷于此有所推进,他说:

晋宋间谢灵运辈,纵情丘壑,动逾旬朔,人相尚以为高,乃其心则未尝无累者。(灵运尝求入远公社,远公察其心杂,拒之。)惟陶靖节超然物表,遇境成趣,不必泉石是娱、烟霞是托耳。其诗如“暧暧远人村,依依墟里烟。

---

① 当然也有对李攀龙“唐无古诗而有其古诗”言论的有力回应,为唐代五言古诗寻找存在价值的理由。此不赘述。

② 〔明〕胡应麟:《诗薮》内编卷二,第23~24页。

③ 〔明〕胡应麟:《诗薮》外编卷二,第143页。

④ 〔明〕胡应麟:《诗薮》外编卷二、外编卷四,第145页、第186页。

⑤ 〔明〕胡应麟:《诗薮》外编卷二,第147页。

⑥ 〔唐〕孟浩然:《李氏园卧疾》,见李景白校注《孟浩然诗集校注》卷四,巴蜀书社1983年版,第461页。

⑦ 〔宋〕苏过:《和叔父移居东斋》,见傅璇琮等主编《全宋诗》第二三册,北京大学出版社1995年版,第15445页;〔宋〕米友仁:《诉衷情·渊明诗》,见唐圭璋编《全宋词》第二册,中华书局1965年版,第731页;〔宋〕舒岳祥:《爱闲堂记》,见《阆风集》卷一一,影印清文渊阁《四库全书》本。

⑧ 〔宋〕苏轼:《书唐氏六家书后》,见孔凡礼点校《苏轼文集》卷六九,中华书局1986年版,第2206页。

狗吠深巷中，鸡鸣桑树颠。”“春秋多佳日，登高赋新诗。过门更相呼，有酒斟酌之。”“平畴交远风，良苗亦怀新。虽未量岁功，即事多所欣。”“孟夏草木长，绕屋树扶疏。众鸟欣有托，吾亦爱吾庐。”“蔼蔼堂前林，中夏贮清阴。凯风因时来，回飙开我襟。”“舂秫作美酒，酒熟吾自斟。弱子戏我侧，学语未成音。”“蕤宾五月中，清朝起南飔。不驶亦不迟，飘飘吹我衣。”“日入群动息，归鸟趋林鸣。啸傲东轩下，聊复得此生”等句，皆遇境成趣，趣境两忘，岂尝有所择哉。本传谓其“任真自得”，信然。①

许学夷提出陶渊明“遇境成趣，趣境两忘”的论断，不但超越了胡应麟“以趣为宗”的审美感悟，而且接触到了陶诗的本质特点。许学夷提出的这一论断着眼于创作主体的具体审美感受和心灵境界，在对比中凸显陶诗的个性，精到而新颖，接触到了陶诗的意境美问题，这与元代方回等人侧重于从心灵自觉的角度认识并揭示陶诗特殊的真境美可以相互参看。这些阐释对后人从“趣”和“境”方面认识陶诗的个性是具有启发意义的。如清人温汝能说“陶诗多有真趣”②，刘熙载、钟官城等评陶诗有“理趣”③，陈毅《冬夜杂咏·吾读五首（之一）》云“吾读渊明诗，喜其有生趣。时鸟变声喜，良苗怀新穗”④。陶诗之趣被具体化为“真趣”“理趣”“生趣”和现代的“情趣”等，以“趣”论陶遂成系统。

许学夷认为陶诗突出的风格特点是真率自然、天然无饰。他的论述是有针对性的，也是对宋人观点的深入阐发。这一阐发达到了陶渊明自然风格阐释史的新高峰。

许学夷的陶诗自然论在现实层面是针对王世贞的陶诗自然论而发的。他说：

靖节诗，初读之觉甚平易，及其下笔，不得一语仿佛，乃是其才高趣远使然，初非琢磨所至也。王元美云：“渊明托旨冲淡，造语有极工者，乃大入思来，琢之使无痕迹耳。”此唐人淘洗造诣之功，非所以论汉、魏、晋人，尤非

① 〔明〕许学夷著，杜维沫校点：《诗源辩体》卷六，第106～107页。

② 〔清〕温汝能：《陶诗汇评》卷二《归园田居五首》第二首末评，清宣统元年石印本。

③ 〔清〕刘熙载《艺概·诗概》：“陶、谢用理语各有胜境。钟嵘《诗品》称‘孙绰、许询、桓、庾诸公诗，皆平典似《道德论》。’此由乏理趣耳，夫岂尚理之过哉！”见郭绍虞编选、富寿荪校点《清诗话续编》下册，上海古籍出版社1983年版，第2422页。〔清〕钟官城《观我生诗话》（清光绪刻本）卷一“趣”条评陶渊明“平畴交远风”“山气日夕佳”“能曲肖物理，托出毫素，所谓理趣是也”。

④ 陈毅：《陈毅诗稿》，南京出版社1977年版，第99页。

所以论靖节也。朱子云:“渊明诗,平淡出于自然。”斯得之矣。①

王世贞以为陶诗的自然是出于锻炼,是“琢之使无痕迹”,许学夷赞同宋人所论,认为陶诗看似“平易”无饰的美乃“出于自然”,“乃是其才高趣远使然,初非琢磨所至”。许学夷如此论陶诗自然并非平面地反驳王世贞,而是建立在他深细的诗史观基础上的。明代复古派笼统地推崇汉魏五言古诗,许学夷则将汉魏五言古诗区别开来,认为“汉魏五言,由天成以变至作用,非造诣有深浅也”;“汉人五言,本乎天成,固无堂奥可臻;魏人虽渐见作用,然亦无阶级、无造诣”。② 汉人五言诗本于天成,魏人五言诗“渐见作用”,这是两者的区别,但两者的共同之处是都不像唐代以后的五言古诗那样,是刻苦锻炼、积累造诣而成,都具有自然天成之美(即使魏诗有人工痕迹)。“晋宋间诗以俳偶雕刻为工,靖节则真率自然,倾倒所有,当时人初不知尚也。颜延之作《靖节诔》云:‘学非称师,文取指达。’延之意或少之,不知正是靖节妙境。”③陶诗虽然处在“晋、宋间诗以俳偶雕刻为工”的阶段,但陶诗与主流诗风不同,故“当时人初不知尚”,“后世始知宗尚”④。他认为陶诗之美的特殊性就是“真率自然,倾倒所有”,陶诗之美与汉魏古诗的天成之美更接近。所以,他一方面一再强调陶渊明作诗是“倾倒所有”,直抒胸臆,另一方面提醒读者不要忽视陶诗“渐见作用”,已经有意为诗:

或问:“以兰亭诸诗较靖节,靖节自是当家,然靖节未可谓无意为诗。”曰:渡江后以清谈胜,而诗实非所长,故《兰亭》诸诗仅尔。若靖节,则所好实在诗文,而其意但欲写胸中之妙耳,不欲效颜谢刻意求工也。故谓靖节造语极工、琢之使无痕迹既非;谓靖节全无意于为诗,亦非也。⑤

叶少蕴云:“诗本触物寓兴,吟咏性情,但能输写胸中所欲言,无有不佳。而世人多役于组织雕镂,故语言虽工而淡然无味,与人意了不相关。尝观渊明《告俨等疏》云:‘少学琴书,偶爱闲静,开卷有得,便欣然忘食。见树木交荫,时鸟变声,亦复欢然有喜。尝言五六月中北窗下卧,遇凉风暂至,自谓是羲皇上人。’此其平生真意。及读其诗‘孟夏草木长’云云,直是倾倒所有,借书于手,初不自知语言文字也。此其所以不可及。”愚按:少蕴

① 〔明〕许学夷著,杜维沫校点:《诗源辩体》卷六,第99页。
② 〔明〕许学夷著,杜维沫校点:《诗源辩体》卷六,第73页、第77页。
③ 〔明〕许学夷著,杜维沫校点:《诗源辩体》卷六,第101页。
④ 〔明〕许学夷著,杜维沫校点:《诗源辩体》卷七,第112页。
⑤ 〔明〕许学夷著,杜维沫校点:《诗源辩体》卷六,第100页。

此论，于靖节最得其实。靖节平生为诗，皆是倾倒所有，学者于此有得，斯知所以学靖节矣。①

靖节诗真率自然，倾倒所有，晋宋以还，初不知尚；虽靖节亦不过写其所欲言，亦非有意胜人耳。至唐王摩诘、元次山、韦应物、柳子厚、白乐天，宋苏子瞻诸公，并宗尚之，后人始多得其旨趣矣。②

靖节诗直写己怀，自然成文，中惟"饥来驱我去""相知何必旧""天道幽且远"二三篇，语近质野耳。陈后山云："渊明之诗，切于事情，但不文耳。"岂以颜谢雕刻为文、靖节自然反为不文耶？此见远出苏黄诸子下矣。③

靖节诗，惟《拟古》及《述酒》一篇中有悼国伤时之语，其他不过写其常情耳，未尝沾沾以忠悃自居也。赵凡夫云："凡论诗不得兼道义，兼则诗道终不发矣。如谈屈、宋、陶、杜，动引忠诚悃款以实之，遂令尘腐宿气孛然而起。且诗句何足以概诸公？即稍露心腹，不过偶然，政不在此时诵其德业也。"④

一言以蔽之，虽然陶诗是有意之作，但绝非可以锻炼而成，而是诗人"直写己怀"，"真率自然，倾倒所有"，"不过写其常情耳"。

值得注意的是，许学夷论陶诗不仅将自然与"作用"统一起来，而且进一步揭示自然达到的深度，以与世俗所理解的所谓"自然"区别开来。他说：

靖节诗，句法天成而语意透彻，有似《孟子》一书。谓《孟子》全无意于为文，不可；谓孟子为文琢之使无痕迹，又岂足以知圣贤哉！以此论靖节，尤易晓也。⑤

靖节诗不可及者，有一等直写己怀，不事雕饰，故其语圆而气足；有一等见得道理精明、世事透彻，故其语简而意尽。昭明不能多录，惜哉！⑥

靖节诗皆是写其所欲言，故集中并无重复之语，观田家诸诗可见。今或以庸言套语为自然，则易于重复矣，非所以学靖节也。⑦

---

① 〔明〕许学夷著，杜维沫校点：《诗源辩体》卷六，第 100～101 页。
② 〔明〕许学夷著，杜维沫校点：《诗源辩体》卷六，第 101 页。
③ 〔明〕许学夷著，杜维沫校点：《诗源辩体》卷六，第 101 页。
④ 〔明〕许学夷著，杜维沫校点：《诗源辩体》卷六，第 104 页。
⑤ 〔明〕许学夷著，杜维沫校点：《诗源辩体》卷六，第 100 页。
⑥ 〔明〕许学夷著，杜维沫校点：《诗源辩体》卷六，第 102 页。
⑦ 〔明〕许学夷著，杜维沫校点：《诗源辩体》卷六，第 101～102 页。

靖节诗不为冗语,惟意尽便了,故集中长篇甚少,此韦柳所不及也。①

或问予:“子尝言元和诸公以议论为诗,故为大变,若靖节‘大钧无私力’‘颜生称为仁’等篇,亦颇涉议论,与元和诸公宁有异耶?”曰:靖节诗乃是见理之言,盖出于自然,而非以智力得之,非若元和诸公骋聪明、构奇巧,而皆以文为诗也。②

陶诗的自然是“句法天成而语意透彻”,“语圆而气足”,“语简而意尽”,“无重复之语”,“不为冗语,惟意尽便了”,“见理之言……非以智力得之”。即陶诗的自然不是“庸言套语”,而是与语言的清新简到、气势的充足、理趣的天然等密切结合在一起的。这就把对陶诗自然特点的阐释引向了深入。

许学夷还在纵向的对比中凸显陶诗自然美的特点。他说:

晋人作达,未必能达。靖节悲欢忧喜出于自然,所以为达。蔡宽夫云:“柳子厚之贬,其忧悲憔悴之叹发于诗者,特为酸楚,卒以愤死,未为达理。白乐天似能脱屣轩冕者,然荣辱得失之际,锱铢较量,而自矜其达,每诗未尝不着此意,是岂真能忘之者哉?亦力胜之耳。惟渊明则不然。观其《咏贫士》、《责子》与其他所作,当忧则忧,当喜则喜,忽然忧乐两忘,则随所遇而皆适,未尝有择于其间,所谓超世遗物者。”③

靖节与灵运诗,本不当并称。东坡云“陶谢之超然”,但谓其意趣超远耳。子美诗云:“为人性僻耽佳句,语不惊人死不休。焉得思如陶谢手,令渠述作与同游。”岂以靖节亦为“性僻耽佳句”者乎?④

靖节诗语皆自然,初未可以句摘,即如东坡所称“暧暧远人村,依依墟里烟。狗吠深巷中,鸡鸣桑树颠。”“平畴交远风,良苗亦怀新。”“采菊东篱下,悠然见南山”等句,亦不过爱其意趣超远耳。非若灵运诸公,用意琢磨,可称佳句也。⑤

韦柳之诗,萧散冲淡,后进不宜遽学。譬之黄老恬淡无为,乃是超世之术,若少年便耽此道,则颓堕委靡,不能自振。东坡学渊明,乃晚年事耳。⑥

韦柳五言古,虽以萧散冲淡为主,然旧史称子厚诗“精裁密致”,宋景濂

---

① 〔明〕许学夷著,杜维沫校点:《诗源辩体》卷六,第102页。
② 〔明〕许学夷著,杜维沫校点:《诗源辩体》卷六,第103页。
③ 〔明〕许学夷著,杜维沫校点:《诗源辩体》卷六,第106页。
④ 〔明〕许学夷著,杜维沫校点:《诗源辩体》卷六,第103~104页。
⑤ 〔明〕许学夷著,杜维沫校点:《诗源辩体》卷六,第105页。
⑥ 〔明〕许学夷著,杜维沫校点:《诗源辩体》卷二三,第241页。

谓柳"斟酌于陶谢之中",斯并得其实,故其长篇古律用韵险绝,七言古锻炼深刻。应物之诗较子厚虽精密弗如,然其句亦自有法,故其五言古短篇仄韵最工,七言古既多矫逸,而劲峭独出。乃知二公是由工入微,非若渊明平淡出于自然也。①

许学夷在对比陶渊明与同时代人以及谢灵运、韦应物、柳宗元等有相似风格的人的过程中凸显了陶诗的自然美特点,尤其是在对比陶、谢的过程中有力地回应了何景明"诗溺于陶"的论调,从而解决了如何合理评价和措置陶诗的尴尬问题。

六、"借名拟古"与"不易学"

许学夷还关注到胡应麟忽视的问题,主要是陶渊明的拟古诗评价和陶诗"不易学"的问题。

许学夷《诗源辩体凡例》第十六条云:"此编凡六朝、唐人拟古等作不录。盖此编以辩体为主,拟古不足以辩诸家之体也。何晏、陶渊明拟古则录之者,何陶借名拟古,而实非拟古也。(说见渊明论中。)"②《诗源辩体》卷六第二十一条云:"靖节《拟古》九首,略借引喻,而实写己怀,绝无摹拟之迹,非其识见超越、才力有余,不克至此。后人学陶者,于其平直处仅得一二,至此百不得一矣。"第二十二条云:"先儒谓靖节退归后所作,多悼国伤时托讽之语,然不欲显斥,故以《拟古》等目名其题云。愚按:此论靖节甚当,不然,则靖节亦有意与作者争衡耳。且如士衡诸公《拟古》,皆各有所拟;靖节拟古,何尝有所拟哉?斯可见矣。"这是把陶渊明的《拟古》诗也看作是真率自然的独创作品,在独创上肯定《拟古》诗,是其论高明于机械复古论的表现。

同样是模拟,许学夷对苏轼的《和陶诗》颇有微词。他说:"子瞻和陶诗,篇篇次韵,既甚牵絷,又境界各别,旨趣亦异。如和《归园田》,乃以游白水山至荔枝浦当之,其境趣判不相合,安在其为和陶也。其他率多类此。又如拟古杂诗等作,用事殆无虚句,去陶益远。"又说:"子瞻在黄州、扬州有和陶诗,绝不相肖。晚年在惠州和陶,稍有类者。"③在此,许学夷似乎又把类陶看作和陶诗的优长。但许学夷不是在书写性情方面而是在雕琢、有失自然、境趣不合方面贬抑苏轼

---

① 〔明〕许学夷著,杜维沫校点:《诗源辩体》卷二三,第241页。

② 〔明〕许学夷著,杜维沫校点:《诗源辩体》凡例,第3页。

③ 〔明〕许学夷著,杜维沫校点:《诗源辩体·后集纂要》卷一,第383页。

和陶诗。

大才如苏轼者在学习陶诗时也难以达到陶诗的自然境界和高妙旨趣，所以许学夷提出了陶诗难学甚至不可学的观点：

靖节诗平淡自然，本非有所造诣。但后之学者天分不足，风气亦漓，欲学平淡，必从峥嵘豪荡得之，乃不至于卑弱耳。东坡《与侄书》云：“大凡为文，当使气象峥嵘，采色绚烂，渐老渐熟，乃造平淡。”故东坡为诗，尝学退之；晚年寓惠州，和靖节，始有相类者。今人才力绵弱，不能自砺，辄自托于靖节，此非欺人，适自欺也。①

元晦尝言：“其后生见人做得诗好，锐意要学，遂将渊明诗平仄用字，一一依他，做到一月后，方得作诗之法。”盖元晦本学渊明，然未易仿佛，故其冲淡者遂为应物，宏大者即成子美也。②

作诗出于智力者，亦可以智力求；出于自然者，无迹可求也。故今人学灵运者多相类，学靖节者百无一焉。③

靖节诗甚不易学，不失之浅易，则伤于过巧。予少时初学靖节，终岁得百余篇，率浅易无足采录；今间一为之，又不免类白苏矣，（白苏学陶而失之巧。）因遂绝笔不复为也。④

许学夷从他人和自己的学习实践中，得出“靖节诗甚不易学”的结论，也证明了像陶渊明诗歌这样的经典作品是不可重复的。正如宋人刘克庄《赵寺丞和陶诗序》所云：“自有诗人以来，惟阮嗣宗、陶渊明自是一家，譬如景星庆云、醴泉灵芝，虽天地间物，而天地亦不能使之常有也。”⑤其实，岂止是陶诗不可重复，所有的经典都不可重复，许学夷的这一观点无意中暗示出复古派模仿经典的作品总体上是失败的，那些耗费精力的和陶作品总体上也是不成功的。

七、余论

胡应麟和许学夷还谈到陶诗的其他一些相关问题。如胡应麟评及陶诗的佳句、《归去来兮辞》，认为“元亮《停云》、《荣木》，类其所为五言。要之叔夜太

---

① 〔明〕许学夷著，杜维沫校点：《诗源辩体》卷六，第107页。
② 〔明〕许学夷著，杜维沫校点：《诗源辩体·后集纂要》卷一，第388页。
③ 〔明〕许学夷著，杜维沫校点：《诗源辩体》卷六，第103页。
④ 〔明〕许学夷著，杜维沫校点：《诗源辩体》卷六，第107页。
⑤ 〔宋〕刘克庄：《后村集》卷二三，影印清文渊阁《四库全书》本。

浓，渊明太淡，律之大雅，俱偏门耳”①。许学夷则偶有校勘、辨伪，如认为陶渊明《劝农》诗“‘气节既过，和泽难久’以下，当脱一两章。然韵实相合者，疑后人改韵凑合，或韵自偶合耳。又第三章‘令音’二字，疑亦有误”②。许学夷还谈到一些与陶诗基本风貌相左的现象，如云：

> 靖节《岁暮》诗云：“市朝凄旧人，骤骥感悲泉。”《三良》诗云：“弹冠乘通津，但惧时我遗。”此正晋宋间语，靖节耳目所濡，故不觉出诸口耳，非有意为之也。又“世短意常多，斯人乐久生”二句，亦非本相。③
>
> 靖节诗有《王抚军座送客》一首，句法工练，与靖节不类，疑晋宋诸家所为。又《五月旦作》，意虽类陶，而语不类。《饮酒》末篇，语意俱类。至“若复不快饮，空负头上巾”，又疑附会。盖葛巾漉酒，乃一时乘兴所为，非有意也。④

胡应麟和许学夷对陶渊明诗歌的评价和阐释在陶渊明接受史上具有重要意义。第一，他们在复古派的理论框架内合理地评价了陶诗的诗史地位，使复古派摆脱了因贬评陶诗而备受指责的尴尬处境，逐渐使陶诗的接受走上了正常的道路。陈斌指出：“在明代中古诗歌辨体论诗史秩序中，汉魏诗歌的正宗地位是无可置疑的，而陶渊明、谢灵运这样唐宋以来公认的六朝大家，在此体系中一直很难得到与其诗名相副的诗史定位……如何在坚持‘古体宗汉魏’的同时，兼顾对陶、谢诗史地位的合理评价，就成了辨体中有待充实的薄弱环节。”⑤胡应麟和许学夷尤其是许学夷对陶诗的定位和阐释无疑有效地加强了这一薄弱环节。第二，他们结合正变源流对陶诗的问题和特征进行深细阐释，在经历过对何景明、王世贞等人贬陶观的否定以后，在相当程度上回归和深化了宋人的陶诗观，如论陶诗平淡出于自然就是一个典型的例证，这一宋人提出的观点从此更加稳固地成为人们评价陶诗的基本定论。第三，他们的一些发明如论述陶诗与唐代五言古诗的关系等，在后代被发扬光大。当然，他们的局限也是显而易见的。即缺乏对陶诗生命世界的深入体验，他们虽然也认识到陶诗“性情溢出”、直抒胸怀的特点，但在根本上没有走出复古派注重形式阐发的基本倾向。

---

① 〔明〕胡应麟：《诗薮》内编卷一，第10页。

② 〔明〕许学夷著，杜维沫校点：《诗源辩体》卷六，第98页。

③ 〔明〕许学夷著，杜维沫校点：《诗源辩体》卷六，第105页。

④ 〔明〕许学夷著，杜维沫校点：《诗源辩体》卷六，第105页。

⑤ 陈斌：《明代中古诗歌接受与批评研究》，上海三联出版社2009年版，第316页。

第四节 周履靖与明代的和陶诗文

明代的和陶诗文在数量上远远超越前代。早在南朝时，陶诗就成为模拟的对象。可考的拟陶或和陶或集陶的作家，南朝时有鲍照、江淹两家；唐五代有崔颢、白居易、韦应物、刘驾、曹邺、司马扎等七家；宋代至少有一百家①，其中苏轼的一百多首和陶诗影响甚巨，开后世追和之风，使后世和陶之作源源不绝、蔚成大观，成为陶渊明接受史上不可忽视的文化财富；金元时期有赵秉文、郝经、方回、刘因、吴澄、戴良等三十家。及至明代，从梵琦开始，到张岱止，就笔者视野所及，拟陶、和陶、集陶、律陶的作家至少有一百八十家。

一、明代和陶诗文两派

明代至今留存超过二十首（篇）拟和效陶作品的作家至少有二十九家，今列表如下：

作者及其生活时代	作品名称	存量（首）	出 处	备 注
童冀（1330年？—1395年？）	前、后《和陶诗》	99	《御选明诗》卷一九、钱谦益辑《列朝诗集》、《尚䌹斋集》卷四等，文渊阁《四库全书》本等；明姚广孝书《小楷中州先生后和陶诗》，黄山书社2008年版	明林弼《林登州集》卷二三、明胡翰《胡仲子集》卷八有童氏和陶诗跋
李贤（1408—1466）	《和陶诗》二卷	122	李贤《古穰集》卷二三、卷二四，文渊阁《四库全书》本	不含和《归园田居》“第六首”（即江淹《拟陶征君田居》）、《四时》、《问来使》三首
周坦率，约正德（1505—1521）、嘉靖（1522—1567）时人	《和陶诗集》四卷	123	周坦率《和陶诗集》，明正德八年邵武周璧刊本	不含和《归园田居》“第六首”（即江淹《拟陶征君田居》）、《问来使》二首

① 据统计，《全宋诗》有49位和陶诗人、523首和陶诗，参丁素敏《宋代和陶诗研究》，辽宁大学2008年硕士学位论文。

（续表）

作者及其生活时代	作品名称	存量（首）	出处	备注
桑悦（1447—1513）	《和古人诗》(《和陶(苏)杂诗十二首》),《空亭闲坐兴味悠然和渊明诗二首》《和渊明诗七首有序》	21	桑悦《思玄集》卷一一,《四库全书存目丛书》集部第三九册收录	
刘储秀,正德九年(1514)进士	《四言古诗和陶》二首、《移居金华旧墅二首和陶》、《九日薛渭野同年邀宴罔极寺二首和陶韵》、《咏史效陶》二十三首,外有《和陶归去来兮辞》一篇	30	刘储秀《刘西陂集》,《四库未收书辑刊》第五辑第一八册收录	传记见《孤本明代人物小传》第994人
杨起元,万历五年(1577)进士	《拟陶征君饮酒二十首》	20	杨起元《杨复所先生家藏文集》卷八,《四库禁毁丛刊》集部第六三册收录	
祝允明(1460—1527)	《和陶饮酒诗》二十首	20	祝允明《怀星堂集》卷三,文渊阁《四库全书》本	
陈良谟(1482—1572)	《和陶小稿》一册一卷	60	明嘉靖四十四年陈氏天目山房刻本,国家图书馆藏	有《四明丛书》本《陈良谟遗集》
黄省曾(1490—1540)	《效陶渊明读山海经二十四首》	24	黄省曾《五岳山人集》卷八,《四库全书存目丛书》集部第九四册收录	
黎民表(1515—1581)	《和陶征君饮酒》	20	黎民表《瑶石山人稿》卷二,文渊阁《四库全书》本	
谢承祐(1518—?)	《复初山人和陶集》五卷	131	谢承祐《复初山人和陶集》,明嘉靖刻本,国家图书馆藏	不含误和的《和四时》《和来使》《和归田园居之六》《和孝传赞》四首

（续表）

作者及其生活时代	作品名称	存量（首）	出　处	备　注
方问孝，约与汪道昆（1525—1593）同时	《五言古诗陶体》一卷	27	方问孝《苍耳斋诗集》卷三，《四库全书存目丛书》集部第一五七册收录	
周履靖（1542—1632）	《五柳赓歌》四卷	131	周履靖辑《夷门广牍》本，《丛书集成初编》影印本	详下
张瑞图（1570—1641）	《和陶有引》等二十题	53	张瑞图《白毫庵内篇》，明崇祯刻本	不含《和问来使》一首
王思任（1572—1646）	《律陶》	34	王思任《王季重先生集》，明末清辉阁藏板，国家图书馆藏	
黄槐开，万历二十二年（1594）举人	《敦好斋律陶纂》一卷	27	黄槐开《敦好斋律陶纂》，清康熙刻本。蒋薰评《陶靖节集》附录	律陶诗
陈勋，万历二十九年（1601）进士	《拟田园杂和二十二首》	22	陈勋《陈元凯集》，《四库全书存目丛书》集部第一七九册，第178～179页	形式为七言绝句
唐时升（1551—1636）	《和陶诗》五十四首	54	唐时升《三易集》，明崇祯刻康熙补修本	《御选明诗》卷三二选八首
沈朝焕（1558—1616）	《和陶诗》一卷；《别和陶饮酒诗二十首》	20	沈朝焕《沈伯含集》，明万历年间刻本，国家图书馆藏	参《明沈朝焕集的两种刻本》，载《文献》2001年3期
何白（1562—1642）	《和陶渊明饮酒诗二十首（有序）》	20	何白《汲古堂集》卷一，道光丙申重镌本	
沈德符（1578—1642）	《友访集陶为律》等	33	沈德符《清欢堂集》，明刻本	
吴梦旸（1595年前后在世）	《和陶饮酒二十首》《拟陶田园居四首》	24	吴梦旸《射堂诗抄》卷一，《四库全书存目丛书》集部第一九四册收录	《御选明诗》卷三三录一首，《列朝诗集》丁集卷一四录二首

（续表）

作者及其生活时代	作品名称	存量（首）	出　处	备　注
戴重，明末人	《师陶集》	20	陈允衡编《诗慰》选辑《河村集选》一卷；《四库禁毁书丛刊》集部第五六册收录	
魏学洢（约1596—1625?）	《和陶饮酒》	20	魏学洢《茅檐集》卷二，文渊阁《四库全书》本	
张岱（1597—1689）	《和贫士七首有序》等	40	《张岱诗文集》，夏咸淳校点，上海古籍出版社1991年版；上海市图书馆藏清抄本张岱评东坡《和陶集》一册。又国家图书馆普通古籍库藏，索书号110085	
顾梦游（1599—1660）	《和陶饮酒诗》二十首	20	顾梦游《顾与治诗集》卷一《和陶饮酒诗》二十首，《金陵丛书》本	
王永积（1600—1660）	《和陶饮酒二十首》	20	王永积《心远堂集》，《四库全书存目丛书》集部第一九四册收录	另有《和廉公田园诗十六首》《田园诗三十首》《家园诗三十首》等
陶汝鼐（1601—1683）	《律陶》	40	陶汝鼐《荣木堂合集》，《四库禁毁丛刊》集部第八五册收录	
黄淳耀（1605—1645）	《和陶诗》	102	黄淳耀《陶庵集》卷一六，《丛书集成续编》第一二一册；袁行霈《陶渊明集笺注》本	不含《和归园田居六首（之六）》

明代的和陶诗如果按照抒情言志自我成分之多少来划分，上表中的作家大致可以分为两派，一为多我派，一为少我派。就上表而言，多我派的作家有童

冀、周坦率、桑悦、刘储秀、杨起元、祝允明、黄省曾、陈良谟、谢承祐、沈朝焕、吴梦旸、张岱、王永积、黄淳耀等,少我派的作家有李贤、黎民表、周履靖、唐时升、魏学洢、顾梦游等。当然,这种划分是相对的,因为一个作家往往兼属两派,只是我之色彩或深或浅、作品数量有多有少而已。总体而言,多我派的艺术成就要高于少我派。因为多我派在保持与陶诗相似性的情况下,更多地抒发了自我个性化的情志,书写了个人的遭遇和感慨,在精神上提供了较多的新质,如童冀、陈良谟、祝允明、沈朝焕等人的身世感慨,张岱、黄淳耀等人的末世悲愤。但多我派的诗作并非就是成功的作品,其中多有不成功者,如杨起元、谢承祐之诗作,其内容多悟道言理,与陈白沙诗、陶诗相比,未能做到理趣交融,故多流于说教;又如沈朝焕等人的作品,锻炼不精,多有稚拙生硬篇什。下面以陈良谟、沈朝焕、黄淳耀等人的诗作为例,简要论析之。

陈良谟《和陶小稿》录其和陶作品六十篇,其中诗歌十四题五十九首,另有和《归去来兮辞》一篇。其《和陶诗自序》云:“余年迫桑榆,百念销歇,简编铅椠,都成长物。又性不饮酒,索居山中,无以自遣。偶展渊明诗读之,欣然会心,反覆讽咏,恍若揖其人于柴桑、栗里之间,而与之坐清风于窗下也。于是信手拈出,依韵而和之。旬日间,遂得若干首焉。……余直取其胸次流出,不为雕镂绮绘语,而又非近体排比拘束之严,可以置思易就,因得宣志适情,以永日焉耳矣。初无学之之心,固不知孰为陶,孰为我也。亦不知吾之诗平淡与否?如必一一而求其似焉,则是优孟抵掌效孙叔敖,政可作一笑柄耳,非吾意矣。”①从追和的形式看是“依韵而和之”,但作者的目的在于“宣志适情”,故不求与陶诗形神相似,而是“取其胸次流出,不为雕镂绮绘语”,直抒胸臆,剪裁和韵,更多自我风貌。如《和饮酒二十首》,其中除三首外,居然无一首涉及饮酒内容。据其自序可知,《和陶小稿》成书于嘉靖四十四年乙丑(1565)夏天,他当时已经是八十四岁的老翁,难能可贵的是,和诗竟然不见衰惫之气。其中最有艺术价值的是那些抒发现实感喟的作品,如:

> 嘤嘤黄鸟,傍人低飞。巧音如簧,杨柳是依。霜降柳悴,戢翼他归。曾不回翔,弃之若遗。[《和归鸟(四章之二)》]
>
> 阅历田家事,吟咏夷中诗。剜肉用医疮,此苦谁问之?徘徊墟曲间,恻怆兴悲思。陟屺望所恃,斯人来何时?皇泽洽九土,胡为独遗兹?需人偏易久,古语良不欺。[《和移居二首(之二)》]

---

① 〔明〕陈良谟:《和陶小稿》,明嘉靖四十四年陈氏天目山房刻本。版本下同。

少年不解事，长笑马少游。堂堂七尺躯，所志隘九州。猛欲挽落日，渴思障颓流。渐觉不如意，归来卧林丘。孔子大圣人，何以不用周？始知身外物，非可智力求。［《和拟古九首（之八）》］

陶渊明在《归鸟》中慕鸟以言退，陈良谟却贬鸟以嘲世；陶渊明的《移居》是尽兴于春日邻曲交游，陈良谟却为田家之苦悲愤不平。《和拟古九首（之八）》与陶原诗都有碰壁退归的意思，但陶是叹知音"难再得"、世风不古，而陈则是愤言壮志不伸。陈良谟和诗虽然难免拗折生硬，在艺术上稚拙、欠自然，但毕竟有沉郁之情、傲然之气，不像一般和陶诗那样缺少生趣。

沈朝焕《别和陶饮酒诗二十首》居然无一首依陶原韵而作，其所谓"和"仅仅是关联饮酒而已，然能抒发其感慨不平之气。如"一笑等形骸，何异裈中虱""世态尽傀儡，壮语不如戏""鸡鸣徒有怀，无路可惊救""蛮触了未罢，声息夸嶒嵘"等句，皆露愤懑，带性负气，有生意。①

黄淳耀的一百多首和陶诗作于崇祯十四年（1641）冬以后。其和陶诗较为旷达，但也偶有愤慨之情流露，如《和饮酒二十首（之二十）》咏陶云："我爱陶夫子，逸气含清真。遗民耦柴桑，墨语如饮醇。有时荷锄归，悦喜良苗新。薄醉便忘天，急觞欲椎秦。"②虽是借陶说事，但毕竟隐有苦衷。他能从陶渊明身上得到精神支撑，如《和乞食》云："事事逊渊明，独如彼寡才。才拙性复刚，我穷真自贻。"甚至以为陶公"亦学佛家"，故在学陶时，兼有禅趣和苏东坡的影响，如其《和连雨独饮》云："乘流且安行，遇坎当徐还。庶几风波中，养此草木年。"即从以禅和陶的苏轼和陶诗"乘流且复逝，抵曲吾当回"化来。潘德舆《养一斋诗话》评云："明季黄陶庵先生，道德忠节，一代伟人。……《和陶诗》数十首，虽与陶不似，而胎源实在两晋。"③

要之，和陶的多我派之情志或者偏于沉郁愤慨，或者略显旷达平淡，但他们基本上能够避免亦步亦趋地追模陶诗，以表达自我感慨和胸怀为主。其作品虽然因为拘束于陶诗原韵、牵连于陶诗原意，难免有剪裁不当、意脉不畅、语言不奇等缺陷，但基本上能够保持自我生气，不至于湮没于原作或沦为原作的传声筒。

---

① 〔明〕沈朝焕：《沈伯含集》附录《和陶诗》一卷，明万历刻本。

② 〔明〕黄淳耀：《陶庵全集》卷一〇，影印清文渊阁《四库全书》本。下引黄氏和陶诗所据版本、卷次相同。

③ 〔清〕潘德舆著，朱德慈辑校：《养一斋诗话》卷三，中华书局2010年版，第43页。

与多我派相比，少我派的和陶诗总体成就不高。他们的作品或者亦步亦趋追摹原作意趣，如李贤和诗；或者整体借陶悟理，坚定归隐之志，但立意本陶、用语平常，乏奇妙之处，如黎民表和诗。但少我派也偶有上乘之作。这些较成功的作品有的自然畅达地表现了陶诗原有的隽永意蕴，如顾梦游《和陶饮酒》诗云：“吾生初何为，入世乃纷之。一饮忘百虑，宁异羲皇时。焉用悲既往，为欢方在兹。来日非我事，纵心复奚疑。可与达者言，觞来聊共持。”①该诗意趣虽然与陶不异，但艺术形式出现了一定陌生化；诗歌大半以一连串的疑问、反问句言说类陶志趣，结句归于放达饮酒，节奏明快，畅达自然，自有风度。少我派的和陶诗有时也较多掺杂了自我的生活，流露了自我的真情，如周履靖的某些和陶诗。

二、周履靖和陶诗文

周履靖（1542—1632）②，字逸之，号梅墟、梅坞居士、螺冠子等，嘉禾（今浙江嘉兴）檇李人，后隐于檇李城南五里余南湖附近的白苎村；二十岁时因父亲病逝，弃举子业；三十岁始婚顾氏，顾氏不久病逝；三十九岁左右③，续娶桑贞白，贞白能诗能画，有《香奁诗草》传世。周履靖为明代中晚期著名的山人隐士，为人负气任侠，能赈人之急，善养生，性嗜吟咏，工书法，广交游，所与酬唱者多为山林隐士和达官贵人。他著述甚丰，有诗文集《闲云稿》《狂夫酒语》《山家语》《野人清啸》《燎松吟》《寻芳咏》《泛泖吟》《毛公坛倡和诗》《鸳湖倡和稿》《五柳赓

① 〔明〕顾梦游：《顾与治诗》卷一，清初书林毛恒所刻本。

② 周履靖生卒年，此从徐朔方《晚明曲家年谱》第二卷《周履靖年谱》，浙江古籍出版社1993年版。张军德《周履靖的生卒及其他》（载《戏曲研究》第28期，文化艺术出版社1988年版）以周生卒年为1549年至1640年，王廷信《周履靖述略》（载《中华戏曲》1996年第2期）指出张氏少往前推算一年，是。张说似难成立，刘凤《螺冠子传》引周氏《怨歌》自述云：“辛苦续断弦，逾四方育息。”若“逾四”按四十一岁算，据作于万历二十一年（1593）的《五柳赓歌》卷三《和责子》诗，是年其长子十二岁，当生于1582年；若按张说，却生于1589年。且若按张说，1593年周氏才四十六岁，周氏不当在《五柳赓歌》卷一《和归园田居六首（之一）》《和饮酒二十首（之十五）》中云“倏忽五十年”“徜徉天地间，五十可抵百”（见《丛书集成初编》本，中华书局1985年版，第34页、第55页）。

③ 周履靖《怨歌》自述云：“辛苦续断弦，逾四方育息。”以结婚一年后生子推算，当在三十九岁左右再婚；又周氏与前妻生有三位子女，故前妻去世时，他至少三十四五岁，又李日华《梅墟先生别录》卷上云：“婚无何，竟构痨疾，遂惘惘谢绝一切，幽栖于邑之郁秀观者几三年。”并从观主紫霞道人学成黄素之术，疾病得以痊愈，三十七岁编刊了《赤凤髓》。其再婚当是身体康复之后，以此推知，其再婚时也年届四十。

歌》《青莲觞咏》《千片雪》等、传奇《锦笺记》、杂著《菊谱》《赤凤髓》等，又有杂著《夷门广牍》（一百六十二卷，收书一百零六种）等传世。其生平资料可参明人李日华、郑琰所撰《梅墟先生别录》、刘凤《螺冠子传》、周氏自撰《螺冠子自叙》及清人盛枫《嘉禾征献录》卷四七本传等。

周履靖尊崇陶渊明，曾作《陶靖节赞》《五柳先生赞》（并见《闲云稿》卷四）等专门颂赞，自称“元亮我所师”（《感怀》）①，对陶渊明“无日不颂之”（《和饮酒二十首（之十二）》）。② 他以陶渊明自许，在和李白《答潮州迦叶司马问白是何人》中自称“世间若问名和姓，五柳先生即此身”③。他学诗“从陶、谢门入”④，其《对酒读五柳诗》云“得解诗中味，陶公我可师”⑤，五言古诗深得陶诗平淡自然、温雅飘逸之风。其接受陶渊明的史料除和陶诗《五柳赓歌》外，尚有大量田园诗、饮酒诗、咏菊诗等，如《士不遇赋》《酒赋》《桃源行》《春日田园杂兴（八首）》《秋怀拟陶》《集陶句六首》《（和李白）杨叛儿》《（和李白）春日独酌二首（之一）》《（和李白）对酒醉题屈突明府》《（和李白）九日龙山歌》《送陶征君归山咏二十四首（之三、之四、之二十三）》《五言律清啸三十首（之二）》《七言律清啸三十首（之三十）》《寄定湖谥上人》《客途对菊》《懒翁歌》等。此外，他还创作过《闲情赋》《悲士不遇赋》《（和陶）归去来兮辞二首》等承陶之作，编纂过《晋宋明十三家归去来辞》（一卷）、《宋明名公和陶诗》（又称《宋明和陶诗》，上下二卷）等陶渊明接受作品集。

周履靖的《五柳赓歌》共四卷，遍和陶诗一百二十五首（不含误和的江淹拟作《陶征君田居》《问来使》《四时》三首）及辞赋散文四篇。除《五柳赓歌》所收《和陶归去来兮辞》外，《宋明名公和陶诗》另收录《（和陶）归去来兮辞二首》。周履靖的和陶诗在少我派和陶诗中具有很大的典型性。

第一，周履靖和陶诗是深受复古思潮影响的和作，多亦步亦趋之诗，但气韵、意脉和语言畅达如水，表现出高度的模拟技巧。其友人郑琰评云：“靖节陶

---

① 〔明〕周履靖：《闲云稿》卷三，《丛书集成续编》第六八册（文学类、诗文别集），台湾新文丰出版公司影印本。

② 〔明〕周履靖：《五柳赓歌》卷一，《丛书集成初编》本。下文所引《五柳赓歌》和陶诗文所据版本相同。

③ 〔明〕周履靖：《青莲觞咏》卷下，《丛书集成初编》，商务印书馆1936年版，第95页。

④ 〔明〕李日华、郑琰：《梅墟先生别录》卷上，《丛书集成初编》本，中华书局1985年版。版本下同。

⑤ 〔明〕周履靖：《狂夫酒语》卷上，《丛书集成初编》本，中华书局1985年版，第39页。

君芳声高躅，历千古而莫之与京。槜李梅墟君，词气口吻，直逼其真，观之和陶诸什，宛是‘采菊东篱，悠然南山’之句风致。梅耶，菊耶，何幸有两主人耶！逸之诗晚年精诣，其和陶诸什俨若居五柳宅中作。”①所谓的“直逼其真”主要表现在周履靖在和陶时大多和韵、和形又和意上。这主要有两种情况。一种是代陶渊明立心，即假想自己为陶渊明，代陶渊明在当时的情景下换用另外的语言表达陶诗原意。这类和诗极少，如《和赠长沙公族祖》首章云：“同枝共本，世远情疏。浔阳邂逅，得究厥初。尊卑有分，岂云代徂？喜叙令祖，奚用踌躇。”按陶诗首章为：“同源分流，人易世疏。慨然寤叹，念兹厥初。礼服遂悠，岁月眇徂。感彼行路，眷然踌躇。”通过对比不难发现，和诗意、事并拟，仿佛代原作者捉刀，有书法双勾填廓之似。周履靖之前，李贤和陶诗大都如此，把自己设想为陶渊明，和韵代作，基本上可以将之看作陶诗原作的传声筒，加之语言淡然寡味，意趣少奇警，故无足取。周履靖的和陶诗有与李贤相似的一面，但他更多的不是把自己设想为陶渊明，而是自己与陶渊明交心而谈，且在艺术上较李贤和诗成熟得多。所以周履靖可以代表少我派和陶诗的最高成就，而不是李贤。另一种和韵、和形又和意的情况是与陶渊明交心，使用陶诗原韵，选用陶诗原来的意趣、意象，甚至结构与意脉，变换的只是自己熟悉或者经历的事象，以此来表示对陶渊明精神的追慕，这类作品较代陶渊明立心者略增自我因素，在周履靖和诗中占绝对多数。如《和归园田居六首（之三）》云：“锄秫陟北磵，径僻人语稀。禽鸟伴幽独，依锄看云归。情高忘日暮，不觉月满衣。自适田中趣，世路揔相违。”对照陶诗原诗，周履靖把“锄豆”改为“锄秫”，立意与原诗“但使愿无违”相同，着意突出了飘逸的“情高”之趣，虽然略有一些自我志趣，甚至有一点现实感受做基础，但基本上步趋原诗风神意趣，创造性甚少。这种情况在周氏和陶诗中最为常见。

但周履靖和陶诗的过人之处在于他善于揣摩原作意味，表现出娴熟的模拟技巧，即使是双勾填廓，也是笔意流畅、气贯神联，甚至偶有传神之笔，令人惊奇，这有些像江淹的杂拟诗。如《和饮酒二十首（之七）》《拟古九首（之七）》：

梅持岁寒操，严冬发奇英。契彼冰雪姿，玩此忘俗情。悠然兴自适，开尊花底倾。夕阳下西岭，归鸦林端鸣。优游茅茨间，诗酒了余生。

春来天气佳，风轻日融和。临流开野酌，把盏肆狂歌。人生易聚散，良辰苦不多。松杪悬皎月，枝头吐秾华。清光沦碧海，花落将奈何。

---

① 〔明〕李日华、郑琰：《梅墟先生别录》卷下。

第一首诗保持了原诗“秋菊有佳色”的意脉和雅趣，转写梅花；第二首基本保持了原诗意脉和“日暮天无云”感叹美景良辰易逝不再的立意。两首诗虽乏奇警之句，但总体气韵流畅，用语自然，能道自我心意，不失为和诗中的上乘之作。唐时升、何白、归昌世、魏学洢等人的和陶诗与周履靖的很相似，如魏学洢《和陶饮酒二十首(之五)》云：“邻家有新竹，日夕百鸟喧。更有古梅花，植我西北偏。启窗与相向，幽幽同空山。朝看樵竖来，暮看樵竖还。似得古人趣，有意未敢言。”①自然清新，韵调流畅，意趣淡雅，不乏自我感喟。但就艺术价值而言，不宜过高估计，因为这类诗作的雅趣、用语往往流于滑熟，缺少现实矛盾的激发，缺少心灵的冲击，难以突破读者的固有审美模式，读完诗歌，言尽意了，不能引发较多新颖的想象和回味余地。周履靖和陶诗中的传神之笔有时令人惊叹，几乎可以比美原作，其代表作当属《和咏贫士七首(之一)》：

蓬户绝炊烟，萧然无所依。亭午未成饷，颓檐照残辉。枫叶林杪落，愁云窗外飞。鱼艇乘潮出，寒乌背日归。月临溪畔树，奈子腹尚饥。何肯移清操，睹此令人悲。

袁行霈先生称之为“佳作”②，确为明见。此诗如褚模兰亭，立意虽有根本，但景中含情，有自我苦衷，如“枫叶林杪落，愁云窗外飞。鱼艇乘潮出，寒乌背日归”数句，状物工巧如在目前，而自然融情，有含蓄不尽之妙。周履靖的和陶之作终于破茧而出，孕育出新的生命！可惜这类作品太少。

第二，周履靖的和陶诗文也偶有以自我性情为主的作品。这方面的代表作当数《和悲从弟仲德》和模仿《五柳先生传》而作的《梅颠道人传》《螺冠子自叙》。前者云：“痛哉堂上母，二子方弱龄。广厦无客至，孤房有哭声。蛛丝蒙绿牖，苔藓余闲庭。惟有梁间燕，依依恋故情。”③周履靖《闲云稿》有《惜卿逝》云：“弃捐二女去，零涕不成宿。”④细味之，和作乃为悼念亡妻顾氏所作，语句无奇，而发自肺腑，心痛情真，遂有动人之处。《梅颠道人传》虽然模拟痕迹太重，但毕竟有我在，倒是他的《螺冠子自叙》更加富有文学性，如云：“颓然自放，不问生产，筑舍鸳湖之滨，前引清渠，后薙畦圃，周遭种梅百余株，玉鳞点砌，铁虬怒撑，时引二鹤，咿吾其下。或临古帖，或吟小诗，或展名玩，左图右书，艳花硕果，倦

① 〔明〕魏学洢：《茅檐集》卷二，影印清文渊阁《四库全书》本。

② 袁行霈：《论和陶诗及其文化意蕴》，载《中国社会科学》2003年第6期。

③ 〔明〕周履靖：《五柳赓歌》卷四。

④ 〔明〕周履靖：《闲云稿》卷四，第198～199页。

则剪蔬沃酒自供,人谓兴不减柴桑。懒拙成癖,念与世人隔绝久矣。而好事者,草木臭味,谬有题赠,久之遂盈箧笥。”(《梅墟先生别录》卷上)与《梅颠道人传》相比,更见周氏行实和个性。

第三,周履靖的和陶诗体现了较为典型的山人隐士心态,与陶渊明诗文相比,二者气象有狭隘和恢宏之别,艺术有滑熟和新颖之异。

气象之不同是周履靖和陶诗与原作的主要区别之一。陶诗虽出以平淡,但抑郁之怀、傲岸之气难以掩抑,故被评为“跌宕昭彰,独超众类,抑扬爽朗,莫之与京”①;气象大,其胸襟直可以与宇宙往还。如《形影神三首》,形、影、神三者之观念与情怀皆不同,然皆一往情深,磊砢不平,自我表达慷慨淋漓,境界逐一超越,终与大化相通,超然无我,气象莽荡而归于恢宏。周履靖《和形影神三首》第一首《和形赠影》与原作之意亦步亦趋,主张“为乐在年少,遇饮休云辞”②;第二首《和影答形》未和立功传名的原意,重复饮酒忘忧行乐的主旨;第三首《和神释》虽然落脚于顺任自然,表示“万事听自然,衰荣任来去。遇顺不足欣,逢逆胡可惧。寸心苟无欺,朝夕斯忘虑”③,但仍然主张饮酒自娱,并没有对前二首的意见提出批驳。换言之,三首和诗之间并不存在观念上的矛盾造成的张力,总体上缺少陶诗“跌宕”“抑扬”之美;而和诗之主旨或多或少地局限于饮酒忘忧,即使改变原诗立意也重复饮酒自遣的滑熟意趣,原诗形、影、神之间的矛盾多剩下对死亡的畏惧,境界变得狭小了,总体拘束在原作的阴影里,令人难免有屋下架屋之叹。再如《和陶归园田居六首(之二)》略去了“披草共来往”的人事交往,只取“野外罕人事”的清寂来和;《和饮酒二十首(之三)》把原诗“道丧向千载”的大我关怀丢掉了,只取小我的沉醉忘忧;《和连雨独饮》把陶原诗以天合天的玄远境界丢掉了,只取饮酒行乐。因此,周履靖的和诗整体气象较为狭窄。刘凤《五柳赓歌序》云:“渊明自以耻臣后代,故托焉而逃,其诗固徜徉事外,无复有当世意;周君亦愤世忧生,触事兴感,叹无所出,舒其抑郁之怀,惟肆于艺事,故其言虽磊砢不平,复不伤于用气。”④实质上,周履靖的感慨虽有流露,但大多躲避在已经被他狭隘化的陶渊明意趣里,其所涉及的田园山水、饮酒述怀、读书咏史、羁旅叹贫等题材不出陶诗范围,其感慨又较少社会现实激发出来的傲岸

① 〔南朝梁〕萧统:《陶渊明集序》,见陶渊明著、逯钦立校注《陶渊明集》,中华书局1979年版,第10页。

② 〔明〕周履靖:《五柳赓歌》卷三。

③ 〔明〕周履靖:《五柳赓歌》卷三。

④ 〔明〕周履靖:《五柳赓歌》前附。

之气，所谓“不伤于用气”，恰好说明他把自我过分消解到熟套的雅趣和小我的自娱中去了。

如果不过分苛求，周履靖的和陶诗文似乎不乏惊醒新颖之句，但整体显得熟套。周履靖的朋友郑琰曾经在《梅墟先生别录》卷下“摘其神句”[①]甚多，此不赘录，仅就个人眼光列举一二，如：“杨花点径，麦浪翻郊。暄风拂面，野鹅凌霄”[《和时运四首（之一）》][②]；“一岁之功，惟在春时；文字之奥，妙于静思”[《和命子十首（之八）》][③]；“此心苟不欺，一任世毁誉”[《和陶饮酒二十首（之六）》][④]；“侠情空四海，雄心窄九州。青春去不返，江波无回流”[《和拟古九首（之八）》][⑤]；“浮生枝上花，风摧逐飞尘”[《和杂诗十二首（之一）》][⑥]；“娇鸟流新声，和风弄花影”[《和杂诗十二首（之二）》][⑦]；“白云满穹苍，万叠无断绝”[《和郭主簿二首（之二）》][⑧]；“归心浓似酒，不寐向前征”（《和辛丑岁七月赴假还江陵夜行途中》）[⑨]；“松风满耳，白云盈门”（《和归去来兮辞》）[⑩]；“酌酒半醺，抱膝北轩；禽声聒耳，苍翠凝山”（《和闲情赋》）[⑪]，等等。

要之，读周履靖《五柳赓歌》，虽叹赏其和陶诗气韵流畅和偶尔闪现才情的警句，但总感觉少了些什么。通过仔细琢磨分析发现，其诗歌关键是缺少了抗击现实的生命力，满足于“依时输征税”（《和庚戌岁九月于西田获早稻》）的小康生活；缺少了贴近泥土的湿润和干涩，将鲜活的生活包裹上模式化的文雅外衣，情趣风雅却流于滑熟。这大约是一般和陶诗的通病。诗人一定是愤怒和苦闷的人，陶渊明的特殊性在于陶渊明用自己的方式处理了自己的不满和火气，平淡、纠结却没有丢失生命之奇；而周履靖虽以高雅度世，却沉沦于世俗，沉浸在古典优秀文艺的赏玩与效仿中，以获取文化名士（尤其是大量的达官显贵）给予的虚名浮誉，虽消解了寂寞，却淡化了人格在独立和自

---

① 〔明〕李日华、郑琰：《梅墟先生别录》卷下。

② 〔明〕周履靖：《五柳赓歌》卷一。

③ 〔明〕周履靖：《五柳赓歌》卷一。

④ 〔明〕周履靖：《五柳赓歌》卷一。

⑤ 〔明〕周履靖：《五柳赓歌》卷二。

⑥ 〔明〕周履靖：《五柳赓歌》卷二。

⑦ 〔明〕周履靖：《五柳赓歌》卷二。

⑧ 〔明〕周履靖：《五柳赓歌》卷三。

⑨ 〔明〕周履靖：《五柳赓歌》卷三。

⑩ 〔明〕周履靖：《五柳赓歌》卷四。

⑪ 〔明〕周履靖：《五柳赓歌》卷四。

由方面的超越追求。

三、周履靖的集陶诗及其和陶的原因、意义

值得一提的是，周履靖的集陶诗可以称得上是众多集陶诗中的压卷之作。集陶诗始于苏轼《归去来集字十首》，此后集陶诗作相续不绝，宋黎廷瑞有《集陶句题吴雅翁心远堂》①；金元时期有元好问《杂著集陶句五首》，黄溍《集渊明句题李中甫员外稼亭》《集渊明句题胡主簿嘉树轩》《永嘉王君自制挽歌词，盖能安死生而未忘情乎死生者也，集渊明句以释之》②，刘因《杂著集陶句二首》，刘绍《集陶句奉秋壁》③，金岷《植芳堂诗集陶一首》④；明代有李东阳《岁末即事二首》，袁华《日夕佳轩集陶诗》《耕读轩集陶诗》⑤，倪谦《集陶挽王守正主事》⑥，边贡《题放鹤图集陶句》⑦，黄佐《南雄返棹集陶句二首》⑧，吕旭《题醉归渊明图集陶句》《集陶句题吴季文经锄轩》⑨，何乔新《集渊明句挽吴处士》⑩等。这些集陶诗大多用于题赠，也有些是为了抒情自娱，在形式上大多是古诗。而周履靖今存六首集陶诗却是五言绝句，且首首自然有奇：

披榛步荒墟，守拙归园田。了无一可悦，桃李罗堂前。（其一）
草庐寄穷巷，晨夕看山川。漉我新酿酒，开饮自欢然。（其二）
寝迹衡门下，而无车马喧。卧起弄琴书，甘以辞华轩。（其三）
笑傲东轩下，素心正如此。徘徊丘陇间，不学狂驰子。（其四）
浊酒聊自足，杯尽壶自倾。未知明日事，聊复得此生。（其五）
有酒斟酌之，日夕欢相持。浪莽林野娱，终身与世辞。（其六）⑪

陶诗中律句不多，集陶句为格律诗甚难，以上六首除其二、其四勉强合律，其余

---

① 〔清〕史简：《鄱阳五家集》卷二所收宋《黎廷瑞芳洲集》卷二，影印清文渊阁《四库全书》本。

② 参〔清〕顾嗣立编《元诗选》初集中，中华书局1987年版，第1122～1123页。

③ 〔明〕佚名辑录：《元音遗响》卷一〇，影印清文渊阁《四库全书》本。

④ 〔清〕张豫章辑：《御选元诗》卷八一，影印清文渊阁《四库全书》本。

⑤ 〔明〕袁华：《耕学斋诗集》卷四、卷三，影印清文渊阁《四库全书》本。

⑥ 〔明〕倪谦：《倪文僖集》卷二，清武林往哲遗著本。

⑦ 〔明〕边贡：《华泉集》卷一，影印清文渊阁《四库全书》本。

⑧ 〔明〕黄佐：《泰泉集》卷一〇，影印清文渊阁《四库全书》本。

⑨ 〔明〕程敏政：《新安文献志》卷五九，影印清文渊阁《四库全书》本。

⑩ 〔明〕何乔新：《椒邱文集》卷二一五，影印清文渊阁《四库全书》本。

⑪ 〔明〕周履靖：《闲云稿》卷四。

多不合律,但颇得绝句承转之奇。其后,王思任、沈德符、陶汝鼎等作《律陶》①,以陶诗为悟道圣谛,割裂配合成律诗,它们与集陶诗一样,偶有契合无间者,但多为棋艺游戏,难免饤饾之讥。而律陶先驱周氏所作之《集陶六首》之诗句与意趣却都能够契合无间,体现了作者高超的集陶技巧。

周履靖和陶在明代中后期山人隐士中具有典型意义,他的出现不是偶然的。

第一,这与明代晚期士人感于政治的腐败,转而内敛自守、自娱自适的社会思潮密不可分。受此思潮影响,士人不论是蹭蹬仕途者还是悠游世俗山林者,都不约而同地从陶渊明那儿获得心灵慰藉,学陶成为风气。晚明山人更是如此,与此前奔波于权门的山人不同,晚明山人受到官僚和世人的礼遇,许多山人如陈继儒等有较为丰裕的生活来源,他们看到仕途的凶险,放弃仕途,却有意与官僚名贵保持若即若离、不离不弃的交往,生活闲适超脱。周履靖《将进酒七首(之五)》云:"山枫叶赤篱菊黄,每忆靖节居柴桑。葛巾漉酒情自适,懒践人间名利场。我侪讵无经济手,不学时辈雌黄口。闲来漫咏两三题,兴致频倾几斗酒。"②作为明代晚期山人的代表人物之一,周履靖自云"我侪讵无经济手",道出其内敛自适的人生取向。他们不但从陶渊明的为人上各取所需,而且从其诗文中汲取滋味,晚明诗人在上表所录和拟陶诗者中占到过半,明末陈仁锡指出"今诗家拟陶者日侈"③,也可见此风气。周履靖特其一家而已。

第二,周氏和陶是山人隐逸生活的需要,有两个目的。一是打发寂寞,把情趣高雅化。故其《雪窗读五柳诗即事三十韵》交代《五柳赓歌》的创作缘起云:"寥寥无所闻,寂寂卧虚室。下帷瞑双瞳,胡床抱两膝。溪上到扁舟,云是吴会客。手持五柳诗,自言宋所刻。茧白墨如新,剞劂皆妙画。孤怀顿尔欢,展玩手弗释。……兴追四五题,摹写晋人笔。聊以适闲情,高风胡可匹。"④卷末《跋五柳诗四言五十韵》也记述自己在癸巳孟春,寒冷寂寥的时候喜得陶集精刻,爱不

---

① 此外,冒嵩少(冒辟疆父)、范凤翼、黄子虚等也有律陶诗,参陈维崧《中宪大夫嵩少冒公墓志铭(代)》,见《陈迦陵文集》,《四部丛刊》影清本;又范凤翼《新春怀冒嵩少先生因其集杜律陶见惠余乃集律陶中二首致之》,见《范勋卿诗集》卷一〇,明崇祯年间刻本;方都秦《韩梧村集陶序》《程山人律陶诗序》,见《梅谿文集》卷二,清乾隆十五年方汝翼刻本。清代的律陶作品亦不少。

② 〔明〕周履靖撰,〔明〕陈继儒选:《梅颠稿选》卷三,《四库全书存目丛书》集部第一八七册,齐鲁书社1997年版,第355页。

③ 〔明〕陈仁锡:《玉稠山房大题选序》,见《陈太史无梦园初集》,明崇祯六年刻本。

④ 〔明〕周履靖:《五柳赓歌》卷一。

释手,“情契胶膝,遂尔和赓”①。二是获取社会声誉。周履靖连篇累牍的名人唱和作品和序言很能说明问题。仅《五柳赓歌序》就依次罗列了六位名士达贵的序言,这六位名士达贵分别是“赐进士河南按察司副使茅坤”“赐进士河南按察司佥事前监察御史刘凤”“长洲张献翼”“前进士礼部尚书郎东海屠隆”“赐进士出身南京国子监司业前翰林院修撰奉敕纂修、两朝实录兼理制诰、经筵讲官沈懋孝”“赐进士第中宪大夫詹事府少詹事兼翰林院侍读学士春坊庶子同修、国史经筵讲官黄宏宪”。值得注意的是,据李培《水西全集》(明天启元年刻本)卷九,这六篇序中,屠隆、沈懋孝、黄宏宪三人的全非其本人所作,而是李培一人代笔。周履靖的其他作品集也是名人序言排队领头,他甚至专门编集了与他交往的有文化修养的达官贵人和山人衲子赠予他的作品总集《梅坞贻琼》,涉及一百多人。可见,周氏于此是有心为之。作为化解寂寞的一种交游方式,这种行为无可厚非,但其中暗含着沽名钓誉的初衷,这就与诗歌的创作本质大相径庭了,也难怪追和之作少有性情突出的作品了。从这个意义上来说,《五柳赓歌》的创作难免有赢取虚名之嫌。

第三,周氏和陶与复古思潮的影响分不开。他与王世贞“为莫逆交”②,两人有唱和之作,李日华和刘凤所作的周氏传记均提到王世贞对周氏书法赞赏有加。作为文坛盟主,王世贞代表的复古思潮对周履靖创作的直接影响是他创作了大量的模拟追和诗,除《五柳赓歌》,《狂夫酒语》追和唐前酒诗,《青莲觞咏》《香山酒颂》《千片雪》三个诗歌集分别追和李白、白居易、冯子振,此外《山家语》中有《和贯休山居十咏》,至于追和同时代人的作品更是屡见不鲜。这些追和的作品是创作学习、寄寓性情的需要,更是时代思潮左右下的自觉追求。

第四,周氏和陶与他文思敏捷而有诗癖密不可分。周氏对陶渊明的为人心有戚戚,对陶渊明诗文爱不释手,追摹中不排除抒情言志、向古人靠近的需要,但并非全是如此,而是欲罢不能,“一一和之,且按章撷句,按句撷字,按字循声,毋乃近于俗所谓无病而呻吟者”③。这正像临摹书法经典,对于嗜好者而言,属于高雅的文字游戏,往往沉浸其中而不能自拔,尽情摹完全部作品方才尽兴。

周履靖虽非出身于簪缨之家,但文化艺术修养极高,有才情却因与社会的

---

① 〔明〕周履靖:《五柳赓歌》卷四。

② 〔明〕皇甫涍撰,〔明〕刘凤补遗:《逸民传·周履靖传》,《丛书集成初编》本,商务印书馆1935年版。

③ 〔明〕茅坤:《五柳赓歌序》,见〔明〕周履靖《五柳赓歌》前附。

妥协而不能迸发为奇观壮采，深得传统文化艺术之味，也深受其毒，对文学经典安于古董般的鉴赏、品味和仿制，钝于现实的感受，懒于新鲜的创造和开拓。这类文人如果经历现实的磨炼，睁开眼睛看世界，或者能够超越历史的局限，或许能把自己的追和模拟之作升华为更加辉煌的艺术财富。可惜他们做不到了，这个任务有待于明遗民去完成，“周履靖们”不再愿意打破生活和生命的平静。文化与文学的精致把人高雅化，居然也令人把生命的洪流自觉地麻醉成散漫的死水微澜。如何对待传统经典，周履靖和陶诗的得失是值得我们深思的。

第四章 回归性灵

第一节 性灵派与陶渊明的非崇高化

明代性灵派文学的代表人物有徐渭、李贽、汤显祖、“公安三袁”(袁宗道、袁宏道和袁中道)、江盈科等人。他们对陶渊明的接受表现出鲜明的个性化、世俗化倾向,与以往评陶为人崇高化、理想化形成鲜明对比,他们把陶渊明从封建道德的崇高天国拉入充满人情人性的世俗人间,努力驱除陶渊明身上偶像化的光环,还他以亲切真率的活人面目。与复古派的贬抑和曲为回护相比,他们由于摆脱了复古派的理论藩篱,从性灵、自适等个性化的角度论诗,故对陶诗持完全肯定的态度。

一、“一念真实,受不得世间管束”

李贽曾经称“三种人决宜出家”,而陶渊明是其中一种的代表:

三种者何?盖世有一种如梅福之徒,以生为我酷,形为我辱,智为我毒,身为我桎梏,的然见身世之为赘疣,不得不弃官而隐夫洪崖、玉笥之间者,一也。又有一种如严光、阮籍、陈抟、邵雍辈,苟不得比于吕尚之遇文王,管仲之遇齐桓,孔明之遇先主,傅说之遇高宗,则宁隐无出。……此又一种也。……又有一种,则陶渊明辈是也:亦贪富贵,亦苦贫穷。苦贫穷故以乞食为耻,而曰“扣门拙言词”;爱富贵故求为彭泽令,因遣一力与儿,而曰“助汝薪水之劳”。然无耐其不肯折腰何,是以八十日便赋《归去》也。此又一种也。适怀林在傍研墨,问曰:“不审和尚于此三种何居?”余曰:“卓哉!梅福、庄周之见,我无是也。必遇知己之主而后出,必有盖世真才,我无是才也,故亦无是见也。其唯陶公乎?”夫陶公清风千古,余又何人,敢称庶几，然其一念真实，受不得世间管束，则偶与同耳，敢附骥耶！①

第一种人如梅福、庄周完全否定现世，目空一切；第二种如严光、阮籍、陈抟、邵雍辈太关注现世，不遇明主，“则宁隐无出”；第三种则在前二种之间，处于俗与不俗之间，俗指有世俗人情的贪恋和烦恼，“亦贪富贵，亦苦贫穷”，不俗指不因口腹自累，能够聆听自我性灵的呼唤，敢于放弃世俗的追逐，所谓“其一念真实，受不得世间管束”。陶渊明“不肯折腰”已经不单纯是不事二姓的愤然之举，而是自我性情的纵任自放。李贽把个性的独立自由、人格的倔强超绝作为陶渊明为人的突出特点。这在他为陶渊明作的传记中也有集中表现。

李贽《藏书》卷六七专列陶渊明传。其《续焚书》卷二《隐者说》把隐士分为四大类——时隐、身隐、心隐、吏隐，陶渊明属于“身隐”的隐士。李贽说：

时隐者，时当隐而隐，所谓邦无道则隐是也。此其人固有保身之哲矣，然而稍有志者亦能之，未足为难也。若夫身隐者，以隐为事，不论时世是也。此其人盖若有数等焉：有志在长林丰草，恶喧躭寂而隐者；有懒散不耐烦，不能事生产作业，而其势不得不隐者。以此而隐，又何取于隐也？等而上之，不有志在神仙，愿弃人世如陶弘景辈者乎？身游物外，心切救民如鲁连子者乎？志趣超绝，不屈一人之下，如庄周、严光、陶潜、邵雍、陈抟数公者乎？盖身虽隐而心实未尝隐也。此其隐盖高矣，然犹未大也。必如阮嗣宗等始为身心俱隐，无得而称焉。嗟夫！大隐居朝市，东方生其人也。彼阮公虽大，犹有逃名之累，尚未离乎隐之迹也。吾谓阮公虽欲为东方、冯道之事而不能，若冯公则真无所不可者矣。②

陶渊明不属于待时而出的“时隐”，不属于“身心俱隐”的“心隐”（如阮籍），也不属于“居朝市”的吏隐（大隐，如东方朔、冯道），而是属于身隐心未隐的隐士。“身隐者，以隐为事，不论时世”，但内部也有等差，陶渊明属于李贽赞赏的一等，具体而言即“志趣超绝，不屈一人之下”。

那么李贽在传记中是如何描述这位隐士的呢？李贽在传记开头简要述及姓字族望，总括论云：“潜少怀高尚，博学善属文，任真自得，为乡邻所贵。”他接着依次述及《五柳先生传》，任彭泽令，结识王宏、颜延之，与人并称“浔阳三隐”，飘逸的琴酒生活以及与慧远的交往等事；最后引述他人言论评价其文学成就。李贽赞赏陶渊明“气豪一世，而沉潜不露”的隐士气度，所选逸事主要突出

① 〔明〕李贽：《焚书》卷四，中华书局 1975 年版，第 188 页。

② 〔明〕李贽：《续焚书》卷二，中华书局 1975 年版，第 74 ~ 75 页。

他洒脱不羁的自由个性。如评述与慧远的交往云：

一日过慧远，甫及寺，闻钟声，不觉颦容，遽命返驾。故法眼禅师晚参示众云：“今夜闻钟鸣，复来有何事？若是陶渊明，攒眉却回去。”此法眼特为陶公揄扬也。

李贽记叙陶渊明闻钟声攒眉而去这则旧事虽不新鲜，但他引述“法眼禅师”的禅语来深入“揄扬”陶渊明，凸现陶渊明不受羁勒、摆脱物累的自由个性和深悟至道的人生境界，却是其他陶渊明传记中所没有的新写法。

在“决宜出家”的三种人中，李贽认为只有陶渊明可为自己的师表。李贽看到了陶渊明身上的“千古清风”，也看到了陶渊明平易近人、有血有肉的一面。如他把陶渊明的超脱表述为“官既懒做，家事又懒治”①，这与标榜《风》《雅》的传统做法完全不同。对于性灵派来说，陶渊明不是道德教化的偶像，而是可以效法的性情中人。

二、“可谓亲切矣”

李贽的观点和非道德化视角不是孤立的。如徐渭、汤显祖、袁宗道等人云：

莲社若戒酒，何以娱渊明？（《病起，过访柳君彬仲，因玉公先在座，因招丁君肖甫共斋饭，分韵得行字》）②

这是以陶渊明嗜酒为典实，向提供斋饭的僧人讨酒。又云：

欲敛东皋税，须清南亩菑。独笑陶彭泽，持筹写簿时。［汤显祖《题租历后四首（之一）》］③

风定乌纱且莫飘，莲城秋色半寒潮。黄花向客如相笑，今日陶潜在折腰。（汤显祖《九日登处州万象山，时绣衣按郡》）④

净似远公尚剃发，贫如陶令未休官。（袁宗道《即事》）⑤

这是以陶彭泽自况，为苦于县令催租收税、折腰仕途的差事解嘲。

袁宏道的理解更接近李贽，他在《（与）汤义仍》中说陶渊明也想当官，也以

① 〔明〕李贽：《答耿司寇》，见《焚书》卷一，第 37 页。

② 〔明〕徐渭：《徐渭集·徐文长三集》卷四，中华书局 1983 年版，第 74 页。

③ 〔明〕汤显祖撰，徐朔方笺校：《汤显祖诗文集》卷一八，上海古籍出版社 1982 年版，第 729 页。版本下同。

④ 〔明〕汤显祖撰，徐朔方笺校：《汤显祖诗文集》卷一三，第 508 页。

⑤ 〔明〕袁宗道著，钱伯城标点：《白苏斋类集》卷五，上海古籍出版社 1989 年版，第 56 页。版本下同。

贫穷为耻，但为了满足自己“好适”“厌劳”的自由个性，“羞见督邮”①，洁身自好，宁愿归来受穷。他又在《(与)沈博士》中说：

夫伯鸾佣工人耳，尚尔逃世；彭泽乞丐子耳，羞见督邮，而况乡党自好之士乎？但以作吏此中，尚有一二件未了事欲了，故尔迟迟，亦是名根未除。若复桃花水发，鱼苗风生，请看渔郎归棹，别是一番行径矣。②

这是从世俗人的角度理解陶渊明的归隐行为和脱俗品节，当然“受穷”是袁宏道不愿承受的，他欣羡的是无拘无束的自由和对生活尽情的享受，所以他说：

又得季宣为友，江上柳下，时时纳凉赋诗，享人世不肯享之福，说人间不敢说之话，事他人不屑为之事，颇觉受用过陶元亮、王无功日子。[袁宏道《(与)江进之》]③

袁宏道一点也不掩饰对风雅、自由甚至放纵人生的追求，所以他笔下的陶渊明也是一位很懂得享受生活的诗人，过着诗酒风雅、自由洒脱的日子。袁中道甚至赞赏陶渊明“好酒微兼色”④。而“好色”一条是前代读者所否定或者曲意回护的。

袁宗道也有将陶渊明自我化的类似观点。他说：

矫矫陶彭泽，飘飘赋归田。六月北窗下，五柳衡门前。有巾将漉酒，有琴慵上弦。老死无储粟，扣门语可怜。亦有白居士，分司饶俸钱。既卜洛中宅，常开花下筵。侍儿蛮、素姣，宾客韦、刘贤。杨枝歌《子夜》，《霓裳》舞春烟。伊余慕古人，冉冉迫中年。局蹐忽已久，未得一日欢。幸有祖父庐，兼之江郭田。虽缺声伎奉，不乏腐儒餐。为白非所望，为陶谅难堪。揣分得所处，将处陶白间。(《咏怀》)⑤

陶渊明太穷，白居易太奢。“为白非所望，为陶谅难堪。揣分得所处，将处陶、白间。”袁宗道看中的不是陶渊明“老死无储粟，扣门语可怜”，而是其放意自适、洒脱自由的人生。

袁宗道对陶渊明归隐的原因也有一世俗化的独到阐释，其《读渊明传》可为代表。文章指出“人固好逸，亦复恶饥”，这是人的本性，陶渊明也不例外，为了

---

① 〔明〕袁宏道撰，钱伯城笺校：《袁宏道集笺校》卷五，上海古籍出版社1981年版，第215页。版本下同。

② 〔明〕袁宏道著，钱伯城笺校：《袁宏道集笺校》卷五，第219～220页。

③ 〔明〕袁宏道著，钱伯城笺校：《袁宏道集笺校》卷一一，第515页。

④ 〔明〕袁中道：《艳歌》，见《珂雪集》前集卷三，明万历四十六年刻本。

⑤ 〔明〕袁宗道著，钱伯城标点：《白苏斋类集》卷一，第7页。

解决“好逸”和“恶饥”之间的矛盾，陶渊明曾经暂时放弃“好逸”一端，而去满足口腹之需，奔波于仕途。但时间一长，还是“好逸”之性占了上风，所谓“疏粗之骨，不堪拜起；慵惰之性，不惯簿书。虽欲不归而贫，贫而饿，不可得也”。陶渊明归隐不单是因为什么高尚的追求，还有其本性和个性方面的主观动因。这个动因是如此接近人性，如此让一般人感到“可谓亲切矣”。袁宗道禁不住用了一个极为世俗化的比喻：“譬如好色之人，不幸禀受清羸，一纵辄死，欲无独眠，亦不可得。盖命之急于色也。”①违背此一本性，必然发狂！真是让人忍俊不禁，这与将陶渊明崇高化形成鲜明对比。袁宗道认为陶渊明之所以断然归隐决不像“萧统、魏鹤山诸公所称”，即不能概念化地归之于“禀性孤洁”，归之于“耻复屈身异代”②，归之于“大道贤笃志，与道污隆”③，这些都是“不近人情之誉”。对于陶渊明归隐的原因，他给出的合理合情的解释是“审缓急，识重轻，见事透彻，去就瞥脱”，即陶渊明是一位洞察能力非凡、行动果敢的高士，绝非一般“恶嚣就静，厌华乐淡之士”，这与李贽不把陶渊明归入“恶喧耽寂而隐者”有一致之处，虽推重但不拔高，保持陶渊明的活人本色。

袁宏道、袁宗道等人受晚明个性解放思潮的影响，在理解和阐释陶渊明为人方面基本上摆脱了僵化理学的影响，把陶渊明从崇高化、理想化的祠庙偶像演变为世俗化、平凡化的平民高士；去除了陶渊明身上人为添加的耀眼光环，使读者终于可以走近他了，可以去注视他、触摸他了。性灵派恢复了陶渊明亲切真率、有血有肉的活人面目；但也因此让诗人的精神跌落到尘俗，面临随时遭受亵渎的危险。

袁宏道论陶渊明的为人还有值得注意的一个观点，即把陶渊明归入孔子所许可的“狂者”之列。他说：

> 以生观之，若晋之陶潜，唐之李白，其识趣皆可大用，而世特无能用之者。世以若人为骚坛曲社之狂，初无意于用世也，故卒不用，而孰知无意于用者，乃其所以大用也。渊明之气似巽而实高，似和而实不恭，是故耻于见督邮，而不耻于为丐，其狂可见也。天下知其为耻于折腰之人，而不知其为耻事二姓之人，其狂不可见也。夫脱屣一官，犹曰细事；至于死生之际，坦焉若倦鸟之投枝，此岂寻常胆识所敢望乎？陶之沉密，甚似安石，而惜乎当

---

① 〔明〕袁宗道著，钱伯城标点：《白苏斋类集》卷二〇，第292～293页。

② 〔南朝梁〕萧统：《陶渊明传》，见〔宋〕李公焕《笺注陶渊明集》卷末附录，《四部丛刊》影印本。

③ 〔南朝梁〕萧统：《陶渊明集序》，见〔晋〕陶渊明著、逯钦立校注《陶渊明集》，中华书局1979年版，第10页。

> 晋、宋之际也，亢而潜者也。……盖曾点而后，自有此一种流派，恬于趣而远于识。无蹊径可寻，辟则花光山色之自为工，而穷天下之绘不能点染也；无辙迹可守，辟则风之因激为力，因窍为响，而竭天下之智不能扑捉也。其用也有入微之功，其藏也无刻露之迹，此正吾夫子之所谓狂，而岂若后世之傲肆不检者哉？（袁宏道《疏策论》第五问）①

袁宏道将陶渊明与张良、谢安等人并称，称许他的功业大志，这是接受了宋、元读者的意见。他把陶渊明归于孔子赞叹的曾点一派，目之为不动声色的狂者；认为“渊明之气似巽而实高，似和而实不恭”，“其识趣皆可大用，而世特无能用之者”，“陶之沉密，甚似安石，而惜乎当晋、宋之际也，亢而潜者也”。可以看得出来，袁宏道虽然努力突出陶渊明的个性，从陶渊明的个性气质着眼，将陶渊明定位于狂者，但受“策论”体裁、代正统立言的影响，其论陶胸怀抱负不得不向儒家理想靠拢，继承多于创造。

三、诗家之宗，本于性情

与复古派从复古观念出发贬抑陶诗形成鲜明对比，性灵派把陶诗推举为当然的经典：

> 《诗三百篇》流为《楚辞》，为乐府，为《古诗十九首》，为苏、李五言，为建安、黄初，此诗之祖也。《文选》刘琨、阮籍、左、郭、鲍、谢诸诗，渊明全集，此诗之宗也。老杜全集，诗之大成也。（李贽《骚坛千金诀》）②
>
> 若晋、魏、六朝，则趋于软媚，纵有美才秀笔，终是风骨脆弱。惟曹氏父子，不乏横槊跃马之气。陶渊明超然尘外，独辟一家。盖人非六朝之人，故诗亦非六朝之诗。（江盈科《雪涛诗评》）③
>
> 余观陶靖节诗冲澹潇洒，妙在格调之外。六朝诸名士诗非不工，要于不求工，而令工者引以为不及，则靖节一人而已。若置靖节于六朝诸名士中，譬之高僧羽客飘然翘举于王侯君公、贵介公子之前，一味烟霞，自觉富贵都俗，有难以同日而语者。（江盈科《壁苇编序》）④
>
> 仆尝谓六朝无诗，陶公有诗趣，谢公有诗料，余子碌碌，无足观者。至

---

① 〔明〕袁宗道著，钱伯城笺校：《袁宏道集笺校》卷五三，第1519～1521页。

② 吴文治主编：《明诗话全编》（五），江苏古籍出版社1997年版，第4640页。

③ 〔明〕江盈科：《雪涛诗评·法古》，民国铅印本。

④ 〔明〕江盈科：《雪涛阁集》卷八，明万历年间刻本。

李、杜而诗道始大。韩、柳、元、白、欧,诗之圣也;苏,诗之神也。(袁宏道《与李龙湖》)①

至六朝,绘极矣,而陶以素救之。近日文藻日繁,所少者非绘也,素也。公之诗本于性情,骨色相合,盖有陶靖节之遗风焉,信乎其为诗人也。(袁中道《于少府诗序》)②

诗文之道,绘素两者耳。三代而上,素即是绘;三代而后,绘素相参。盖至六朝,而绘极矣。颜延之十八为绘,十二为素。谢灵运十六为绘,十四为素。夫真能即素成绘者,其惟陶靖节乎?非素也,绘之极也。……今晋侯迹大类于陶,皆得恬澹之趣者也。故其诗深厚隽永,可以救世之靡靡浮夸者焉。(袁中道《程晋侯诗序》)③

在诗史流变中,性灵派格外突出了陶诗的地位,不再纠缠于诗人的高下位次;他们关注陶诗的个性,不再胶柱鼓瑟于声宏气豪的雄大格调;认为陶渊明为诗家之宗,本于性情,不饰雕琢,平淡自然,“妙在格调之外”,能见其真人。这与他们从性灵论诗而能看到陶诗表现性灵、有真我面目分不开。

性灵派对陶诗的艺术成就十分赞赏。这以李贽在《藏书·陶潜传》中的评论为代表。其引述苏轼等人的言论云:

萧统云:“渊明文章不群,词彩精拔,跌宕昭彰,独超众类,抑扬爽朗,莫之与京。横素波而旁流,干青云而直上,语时事则指而可想,论怀抱则旷而且真。加以贞志不休,安道苦节,自非大贤笃志、与道污隆,孰能如是乎?”苏轼曰:“所贵于枯淡者,谓外枯而中膏,似淡而实美。渊明、子厚之流是也。若中边皆枯,亦何足道?”黄庭坚曰:“宁律不谐,不使句弱;用字不工,不使语俗。此庾信之所长也,然有意于为诗也。至于渊明,则所谓不烦绳削而自合者。虽然巧于斧斤者,多疑其拙,窘于检括者,辄病其放。渊明之诗,要当与一丘一壑者共之耳。”《文选》五臣注云:“渊明诗,晋所作者皆题年号,入宋所作但题甲子,意者耻事二姓,故以异之耶。”此知潜矣,抑未谓深知潜也耶?当竢如潜者辨之。④

相对于南朝、唐初人在传记中对陶渊明诗文几乎不作评论的做法,李贽的传记

---

① 〔明〕袁宏道著,钱伯城笺校:《袁宏道集笺校》卷二一,第750页。

② 〔明〕袁中道著,钱伯城点校:《珂雪斋集》卷一〇,第471页。

③ 〔明〕袁中道著,钱伯城点校:《珂雪斋集》卷一〇,第470页。

④ 〔明〕李贽:《藏书》卷六七《外臣传·身隐·陶潜传》,明万历二十七年刻本。

格外突显了陶渊明作为卓越文人的一面。

性灵派对和陶、学陶诗也有自己的见解。这主要表现在几篇序言里：

今之和人之诗者，非欲以凌而压之，则且求跂而及之。未必凌且压，跂且及也，而胜心一起，所得者少，而所失者多矣。古之和诗，其多莫如苏文忠公在惠州时和渊明之作，今味其词，皆泛泛兮若鸥，悠悠兮若萍之相遭；盖不求以胜人，而求以自适其趣。而不知者误较其工拙，是犹两人本揖让，未有争也，而眩者曰："彼拳胜，此肘负。"不亦可笑矣乎？郦君之簿绩也，取苏文定公之诗而和之，多至百四十余首，其数几及文忠公之于渊明，其嬉游傲睨，而不屑屑于工拙，亦犹文忠公之于渊明也。（徐渭《郦绩溪和诗序》）①

吾友葛公旦氏……往往以渊明自况，然而退焉犹若有所不敢也，故其集成，自题亦止曰"亦陶"而已。人知者许之，其不尽知者，似亦不尽许也。今夫茭芦之似竹也，岂校其篆籦而尽同哉？亦取其一节而已矣。人谓渊明所弃令也，公旦弃直弃生耳。夫生者宁非致令具耶？抑又岂可以令限生耶？故公旦所弃与渊明弃一也。竹与茭芦一节似，似矣，他何知？至于公旦诗乃多似少陵，少似陶，然庭坚评陶则又曰："他人为诗，有意于人赞毁其工拙，至陶直寄焉。"如此，则公旦诗又亦似陶。（徐渭《亦陶集序》）②

苏子瞻酷嗜陶令诗，贵其淡而适也。凡物酿之得甘，炙之得苦，唯淡也不可造；不可造，是文之真性灵也。浓者不复薄，甘者不复辛，唯淡也无不可造；无不可造，是文之真变态也。风值水而漪生，日薄山而岚出，虽有顾、吴，不能设色也，淡之至也。元亮以之。东野、长江欲以人力取淡，刻露之极，遂成寒瘦。香山之率也，玉局之放也，而一累于理，一累于学，故皆望岫焉而却，其才非不至也，非淡之本色也。里呙氏，世有文誉，而遂溪公尤多著述。前后为令，不及数十日，辄自罢去。家甚贫，出处志节，大约似陶令，而诗文之淡亦似之。非似陶令也，公自似也。公之出处，超然甘味，似公之性；公之性，真率简易，无复雕饰，似公之文若诗。故曰公自似者也。今之学陶者，率如响榻，其勾画是也，而韵致非，故不类。公以身为陶，故信心而言，皆东篱也。（袁宏道《叙呙氏家绳集》）③

① 〔明〕徐渭：《徐渭集·徐文长逸稿》卷一四，中华书局 1983 版，第 903 页。

② 〔明〕徐渭：《徐渭集·徐文长三集》卷一九，第 566 页。

③ 〔明〕袁宏道著，钱伯城笺校：《袁宏道集笺校》卷三五，第 1103 页。"响榻"之"榻"，"木"原从"扌"，此据明崇祯刻本《袁中郎全集》卷一改。

元定之才,诸体皆入其藩,而五言古尤为胜场。如《饮酒诗》二十首,天趣横生,离陶而能合陶,庶几得其筋骨心髓者也。(袁中道《四牡歌序》)①

徐渭、袁宏道和袁中道这四篇序言的具体观点虽有细微差别,但也有共同之处,即都反对模拟,批评“今之学陶者,率如响榻,其勾画是也,而韵致非,故不类”;赞成独抒性灵、“信心而言”、率真自然之作,徐渭赞赏“自适其趣”,“不屑屑于工拙”,袁宏道推崇“淡而适”的“真性灵”,反对雕琢浓艳,袁中道称许“天趣横生,离陶而能合陶”。虽然他们的话语有别,但他们提倡和陶、学陶诗作诗风自然、天趣真率的主张是一致的。

四、师心不弃迹

性灵派在创作实践中也注意从陶渊明那儿吸取艺术与精神的营养,除用词、用韵、用典,他们更注重撷取陶渊明的性灵意趣。

据袁宏道《李温陵传》,李贽曾抄写陶诗为善本,逐字加以雠校,现在流传的《李卓吾先生合选陶王集》(又称《陶王合集》)中的《李卓吾批选陶渊明集》(《泉州府志·艺文志》作《评选陶诗》)二卷很可能就是袁中道所说“卓吾所批《陶靖节集》”②。李贽《九日同袁中夫看菊寄谢主人》《恨菊》《九日坪上三首(之一)》《盆荷》等诗皆用陶典。其《张陶亭逼除上山,既还写竹赠诗,故以酬之》一诗把友人比作陶渊明云:

我闻张陶亭,直似陶渊明。渊明求为令,陶亭有宦情。更有相似处,不醉吟不成。一千五百年,相看两宿星。俯视文与可,仰接颜真卿。袜材萃于是,抱脚而长鸣。柴桑饶古调,多艺羡陶亭。定有五男儿,贤于五柳生。

① 〔明〕袁中道著,钱伯城点校:《珂雪斋集》之《珂雪斋近集》卷九,第453页。

② 据袁中道《游居柿录》卷二载,万历三十七年(1609)春天,在“夏道甫寓,见卓吾所批《陶靖节集》”。〔明〕祁承㸁藏并著《澹生堂书目》(清宋氏漫堂钞本)著录有李贽选《合刻陶王集》四卷二册,今传《李卓吾先生合选陶王集》(万历四十三年钱塘钟人杰刻本),据《中国丛书综录》,藏于上海图书馆;据《浙江省出版志》(浙江人民出版社2007年版),绍兴鲁迅图书馆、福建师范大学有藏本;据《山西文献总目提要》(山西人民出版社1998年版)、《李贽思想评介资料选辑》(福建省晋江文物管理委员会1975年印,第173页),安徽博物院、北京图书馆也有藏本。杨海清编著《中国丛书综录补正》(江苏广陵古籍刻印社1984年版)云:“是刻半页九行,行十九字,白口,四周单边,有刻工陈文宇、徐玉阳姓名。”(第227页)并云另有同一款式的明刊本,无刻工姓名,刊刻年代不详。左东岭认为《李卓吾先生合选陶王集》“基本可以肯定是伪书,不是李卓吾的著作”(《在〈中华大典·明清文学分典〉出版座谈会上的讲话》,载《武汉大学学报》2006年第1期,第25页),似嫌武断。钟人杰刻本离袁中道所见之本不过才三十四年,钟人杰似无作伪之必要,除非中道所见即伪,否则无由断然疑伪。

岁晚登黄山，言此是蓬瀛。我为何病来，君胡自商城？惭非白莲社，误作《苦寒行》。赠我七言古，写君雪里青。古木倚孤竹，相将结岁盟。张三并李四，既幸得同声。老病一相怜，遂得附骥名。①

诗人在两相对比中，将朋友、自我和陶渊明的精神情趣融为一体。

徐渭有三十首左右的诗歌明显带有陶渊明及其作品的印记。如《病起，过访柳君彬仲，因玉公先在座，因招丁君肖甫共斋饭，分韵得行字》《游大尖》《铜器出则腐败矣，狮尚藏光简家。闽有黄兔窑二首》《洞岩入鼈口，有石枰石桥及石池诸景》《继溪篇》《朱次公读书飞来山，群彦过访，携饮塔颠，方拈六韵拟赋，雨至，踉锵而下，漫闻次之三首（之一）》《南镇之南原，桃树数百，花时余数游赏，当武陵也。道士苦打搅，尽伐之，忆以诗》《姚崇明晚映堂》《重游武夷》《张大夫生朝》《某氏新园二首（之一）》《流霞阁》《入武夷寻一线天，道中述事二首》《渔画五首（之一）》《画菊二首（之一）》《中六字为潘伯子赋》《郁颖上》《菊花》《乐闲园诗》《顺昌诸友约陪游武夷，后俱不赴，道中追忆》《赠徐君》《病起过仲虚山人迁斋》《菊》《无弦诗》《渔》《雨雪十首（之一）》《秋容》②等。其中《画菊二首（之一）》（“身世浑如拍海舟，关门累月不梳头。东篱蝴蝶闲来往，看写黄花过一秋”③）、《菊》（“内园木槿今无色，彭泽花枝别有春。草木从来无定准，一时抬价要高人”④）等写得精警动人，颇见青藤疏狂个性。徐渭所作对联也带有陶渊明的印记，如《赠朱东武》《采菊》《心远堂》等。他所作对联如：“脱屣尘缘，别有胸襟洒落。结庐人境，不妨车马喧阗。”⑤可作渊明写照。而徐渭的散文也带有陶渊明的印记，如《寿诸左泉序》云：“左泉之为人，不薄于亲，不凌辱于乡党，不疏于友，不泛于检括算筹……其嗜饮可附柴桑。”⑥此段与袁宏道《醉叟传》开头（“醉叟者，不知何地人，亦不言其姓字，以其常醉，呼曰‘醉叟’”⑦）一样，很有《五柳先生传》“不”字句遗风。徐渭在散文方面接受陶渊明影响最重要的成果是创作了《自为墓志铭》。这篇奇文从自悼入手为自己作传，

---

① 〔明〕李贽：《续焚书》卷五，第104页。

② 《徐渭集》补编部分收录《秋容》，中华书局1983年版，第1317页。一作唐寅诗，大道书局1925年版影印《唐伯虎全集》卷五题作《题菊花三首（之二）》，中国书店1985年版。待考。

③ 〔明〕徐渭：《徐渭集·徐文长三集》卷一〇一，第396页。

④ 〔明〕徐渭：《徐渭集·徐文长逸稿》卷八，第851页。

⑤ 〔明〕徐渭：《徐渭集·徐文长佚草》卷七，第1169页。

⑥ 〔明〕徐渭：《徐渭集·徐文长逸稿》卷一五，第950页。

⑦ 〔明〕袁宏道著，钱伯城笺校：《袁宏道集笺校》卷一九，第719页。

以写实为主,兼有写意,带有自嘲、果决的口吻,个性形象鲜明,允为陶渊明《自祭文》《五柳先生传》的后世奇响。

汤显祖有二十多篇诗文明显带有陶渊明及其作品的印记,如《和大父云盖怀仙之作》《吾庐》《闻俞义乌稍懊外除,慰赠之》《徐本充饷辽西归,有怀万和父》《送徐司理金华,司理时以县属相戏及之》《九日宴别奉赠任太府开宪潮阳》《瓯江别郑生孔授时生可谏朱生九纶辈》《送于掌故宰彭泽》《送周掌故迁掌宁都故事归于越,与彭泽于明府同西》《和宋周太常平昌草堂四咏·吴皋春作》《九日登处州万象山,时绣衣按郡》《答周松阳》《遣梦》《彭兴祖远过别去访刘广平。广平守温郡时,闻予且以平昌令擢丞温,喜甚,为起书楼五间,不果,然感其意焉》《送石首王司理南康》《题租历后四首(之一)》《楼外二首(之二)》《送李质卿孺德叔侄吉水口号。二生予通家门士,秋场为刘临川所录,来求资具以北,戏之四首(之四)》《送吴龙游徙阳春长,乞藤障子四首(之四)》《送袁乘游还闽二首(之二)》《九日寿刘元承尊人,故西粤令,有五男子》《小桃源图》《百仙图赋寿郭年伯相奎父》《西音赋》《霞美山赋序》《阳秋馆诗赋选序》等。其《吾庐》云:“大父喜书诗,大母爱林池。嘉鱼荐君子,嘉树引其虆。藏书倏以火,林藻积披离。十载居无常,辛勤严与慈。连石构川崎,凿翠启堂基。四阿长中绳,三门映重规。文昌通旧观,东井饮余晖。出入桥梁望,郁葱佳气微。层台对金玉,限阡隐灵芝。吾庐亦可爱,复此倦游时。”①借陶渊明《读山海经》之一“吾亦爱吾庐”意趣作独立吟咏,大有陶渊明《归园田居》五首遗风,而结构、语言、句式等自具特点。

“公安三袁”在创作上对陶渊明皆有不少接受。

袁宏道喜陶渊明为人,也喜读陶诗,曾云:“一片篱花谱,吴绡墨未成。何人工点染,添我作渊明?”②又云:“多闲方喜读渊明。”③袁宏道有六十篇诗文明显带有陶渊明及其作品的印记,如《病起偶题四首(之三)》《万二酉老师有垂老之疾,感而赋此。万,里中老儒,余家父子兄弟祖孙皆从之游,其人可知。时丁亥九月也二首(之二)》《过二酉师旧斋》《偶成》《郊外水亭小集》《冬菊》《夏日邹伯学园亭》《出燕别大哥、三哥》《乞归不得》《斋居戏题》《偶成》《赠江进之八首

---

① 〔明〕汤显祖撰,徐朔方笺校:《汤显祖诗文集》卷六,第159~160页。

② 〔明〕袁宏道:《灯下观菊花影,与社中诸友赋八首(之二)》,见钱伯城笺校《袁宏道集笺校》卷三二,第1028页。

③ 〔明〕袁宏道:《偶成》,见钱伯城笺校《袁宏道集笺校》卷三〇,第992页。

（之二）》《闲居杂题六首（之五）》《述内》《雨中过苏》《王太古令郎有父风，即赋》《游仙诗为胡仲鱼作》《初正偶题》《龙君御载酒过德山见访，一别十三年矣，感念存没，不觉凄然。已复自笑，举觥相乐，送大醉》《答龙君御见忆之作。君御诗云“我家德山不得住”，故末句云云，用博一笑。次篇聊为解嘲，亦可作一段公案也二首》《德山闻长嫂去世，恸念伯修，感而有作二首（之二）》《别龙君超、君御兄弟》《答君御诸作四首（之二）》《九日登高河洑山》《夜入桃源县月中》《入桃花源四首》《五弟清梵阁落成，闰九月九日同邹伯学、王闇然、王连玉、刘绳之、方平弟觞其上，得清字》《甲辰初度》《梅花二首（之二）》《送君超兄还武陵二首（之二）》《哭江进之》《彭长卿自武陵至公安，游甚困，便欲由梁之鲁入都，歌以送之》《叙呙氏家绳集》《由渌罗山至桃源县记》《龚惟学先生》《李湘洲司业》《夏日过葡萄园，赋得熏风自南来》《雪中看山，二仲呈诗一章，后来似亦粗能者，喜而有作》《又赠朗哉，仍用前韵》《寿毕侍御两尊人》《觞政·十之掌故》《黄粱祠》《又得人字》《游庐山初入东林雨中》《汤义仍》《沈博士》《潘去华》《张幼于》《朱司理（又）》《诸学博》《江进之》《醉叟传》《与李龙湖》等。

袁宏道诗风在白、苏之间，而率真之气于陶为近。如《偶成》云：“嵇叔终疑傲，陶潜总任真。只因图事简，不敢恨家贫。宦邸为欢少，乡书报花频。弥天都是网，何处有闲身？”①又如《桃花源和靖节韵》云：

> 一笑叩烟岚，白云今几世？桃花不肯流，溪水无情逝。窍开浑沌亡，朴散羲黄废。青山一舍邮，仙家偶来憩。白头老黄冠，茧手事耕艺。呵呼随里胥，鞭笞了官税。岫老鹧鸪斑，溪浅琉璃呋。日供冠裳驺，宁晓芰荷制。缅想紫芝人，骖云几相诣。洞府帘堂深，云霞空凛厉。天人一昏旦，人间百余岁。宇宙何不有，谩劳作聪慧。迂儒饱世情，俗肠非境界。纷纷辨伪真，等为方内蔽。常闻列子风，可以驾烟外。长驱入仙林，遍觅心所契。②

虽题、事、韵出自陶渊明《桃花源诗》，然议论风发自苏轼出。

袁宏道钟情于桃源，万历三十二年（1604），他三十七岁时，欢游德山、桃源，作《桃源咏》四十余首③，并作《花源注》一册。《武陵县志·流寓》称袁宏道“扁

---

① 〔明〕袁宏道著，钱伯城笺校：《袁宏道集笺校》卷三，第123页。

② 〔明〕袁宏道著，钱伯城笺校：《袁宏道集笺校》卷三一，第1015页。

③ 《桃源咏》一卷，据袁中道《书雪照存中郎花源诗草册后》，又名《花源诗草》，为袁宏道自己编定，曾单行，后收入其《潇碧堂集》，今存《袁中郎十集》明末刻本（国家图书馆、中国社会科学院图书馆等藏）等。钱伯城笺校《袁宏道集笺校》未收录。

舟入武陵访龙膺兄弟。其过龙君超翠微山庄,又托龙君超为觅仙源隐居,皆有诗”①。袁宏道《(与)李湘洲司业》云:“去岁直穷花源之胜,真方士仙人之所客也。山尖秀略如越,而幽僻胜之,奇正相发,瘦妍异态。弟已选得渔仙寺一片地,为栖隐之所。他时白头阁老,渡武陵溪时,或可迂道一至也。《花源注》一册,附贵门生某去。……《花源注》看竟,乞转致之。”②袁中道《书雪照存中郎花源诗草册后》:“此先中郎兄甲辰、乙巳年间笔也。甲辰夏,中郎偕雪照、冷云、寒灰诸衲及予,避暑山村,凡两月余,松林荷池,聚首话言,为生平第一快事。入秋,中郎偕诸衲走德山、桃源,予走黄山。初冬复聚柳浪,收簏见其游程诗记,倩冶秀媚之极,不惟读之有声,览之有色,而且嗅之有香,较前诸作更进一格。盖花源以前,诗伤俚质,此后神理粉泽合并而出,文词亦然。今底稿具存,数数改易,非信笔便成者,良工苦心,未易可测。”③袁宏道密友曹蕃《桃源咏跋》云:“遇新安潘景升于亭下,出《桃源咏》四十余章视余,其诗语翩翩欲仙,大脱楚歌猛厉气习。”④袁宏道自白将来要隐居桃源,袁中道、曹蕃认为袁宏道的《桃源咏》是其诗风变化的转折点,由刻露俚俗转向沉潜雅致,可见“桃源”对袁宏道影响之一斑。桃源是隐逸与仙境的合体,是高雅风流与世俗生活融洽的象征,对袁宏道的心灵具有特殊的吸引力。故沈仲雨《桃源咏引》云:“桃源灵境,袁中郎灵物,如中郎可入桃源,源中人尚不知有汉,无论魏、晋,何暇识中郎面目,又何暇及中郎诗?向令武陵渔人鼓吹《十九首》,因之以左建安而右元熙,欸乃沿洄,政恐溪老婆娑失笑,何物婴儿啼将山山红叶尽作金篦,止不给,遑相与讴而咢诸?虽然,唯中郎可入桃源,先中郎或纪桃源,为中郎不可眯桃源。”⑤桃源县自渊明《桃花源记》后,逐渐成名胜境地,万历四年所修《桃源县志》⑥即反映了袁宏道等人看到的桃源概况。公安派因地理之便,颇与桃源有缘,除袁宏道、袁中道之外,又如中道子袁祈年《楚望亭》诗⑦、桃源人江盈科《桃花洞天草序》《秦人洞说》《灵仙之府记》、杜维耀《桃源洞说》、阙士奇《桃源避秦考》、陈瑾《游桃源洞

① 〔明〕袁宏道著,钱伯城笺校:《袁宏道集笺校》附录。

② 〔明〕袁宏道著,钱伯城笺校:《袁宏道集笺校》卷四三,第1264页。

③ 〔明〕袁宏道著,钱伯城笺校:《袁宏道集笺校》,第1698页。

④ 〔明〕袁宏道著,钱伯城笺校:《袁宏道集笺校》,第1698页。

⑤ 〔明〕袁宏道著,钱伯城笺校:《袁宏道集笺校》,第1697页。

⑥ 明万历初《桃源县志》二卷,收入《日本藏中国罕见地方志丛刊》,书目文献出版社1986年版。

⑦ 〔明〕袁宏道著,钱伯城笺校:《袁宏道集笺校》,第1473页。

记》、文澍《桃源赋》等都集中写到桃源，可参看清康熙间《古今图书集成》卷一六一桃花源部、清光绪《桃源县志》（余良栋等修、刘凤苞纂）等。

袁宗道受陶渊明影响的诗文除上面提到的作品外，尚有《咏怀》《闲云馆》《即事》《信阳道中即事六首（之一、之二）》《桃花洞》《读渊明传》等。

袁中道也有三十篇左右作品明显涉及陶渊明，如《九日》《艳歌》《三游洞》《别陶不退，时陶有长子病死瘞于此，分手凄然，故有此赠》《陶孝若、谢于楚偕来赋赠，于楚自蜀至，而孝若游吴》《偶有俗冗入郡别篔筜谷二首（之一）》《感怀诗五十八首（之二五、之四十三、之五十六）》《即事三首（之一）》《雨泊东流县，登渊明祠（东流即彭泽旧址）二首》《花源道中纪游，并示文弱（之一、之三、之四、之十）》《送张广文归桃源》《病中漫兴八首（之五）》《寿安远令田近薇七十序》《寿桃源张母序》《四牡歌序》《程晋侯诗序》《于少府诗序》《游桃源记》《平倩归去来词跋》《次苏子瞻先后事》《珂雪斋游居柿录》《珂雪斋游居柿录》《再游花源记》（《古今图书集成》卷一六一桃源山部）等。

性灵派对陶渊明诗做出的非崇高化解读明显受到明代心学尤其是以李贽为代表的泰州“王学左派”哲学思潮的影响。明中后期的哲学思潮是资本主义萌芽的发展在思想领域的反映，其核心思想“童心说”等具有强烈的反传统程、朱理学的叛逆性，反对复古盲从，倡导独立思考，反对空谈道德，倡导功利价值观。因此，深受时代思潮影响的性灵派不再单纯从传统道德的角度去接受陶渊明，而是从至情人性的角度去理解这位被崇高化了的高士，从而发现了一个贴近人间的全新的陶渊明形象。性灵派的诗学观念更接近于浪漫派，主张抒写性灵，破除格套，认为“诗本性情。若系真诗，则一读其诗，而其人性情，入眼便见”①。因此他们能够摆脱明代正统复古诗学观念的影响，重新评价历史上包括陶诗在内的诗人诗作，把陶诗作为抒发性灵、个性鲜明的典范来对待。性灵派诗人大多生长于江南，有过中下层的仕宦经历，他们熟悉和憧憬陶渊明的生活环境和桃源理想，对折腰于黑暗仕途也有深切的体会，所以很容易同陶渊明产生共鸣。

第二节　《诗归》以温慎忧勤、深厚浑朴论陶

学者在研究中指出，嘉靖以来，“陶、王、孟、韦诗歌由此表现的‘悠然清远’

① 〔明〕江盈科：《雪涛诗评·诗品》，民国铅印本。

那一路审美趣味，自然就被奉为一种审美理想”，“陶渊明诗歌素朴自然的恬淡之趣，也因此在某种程度上被赋予了抗衡七子一派藻缋浮响的特定意义而重新成为某种时尚”。[①] 竟陵派继承六朝派、唐宋派和公安派赞赏陶诗、不满复古之风的潮流，对受到复古派贬抑的陶诗也格外青睐。竟陵派的陶渊明观主要表现在钟惺和谭元春主编的《诗归》中，也零星地散见于二人的诗文和其他竟陵派作家的言论里。钟惺称自己“盖平生精力，十九尽于《诗归》一书”[②]。此书编成后影响深广，下面主要借助《诗归》的评陶言论考察竟陵派富有特色的陶渊明观。

《诗归》分《古诗归》和《唐诗归》两部分。其中《古诗归》选录的是汉魏六朝诗人诗作，所选诗人诗歌的数量情况为：最多的是陶渊明，五十二首（四言诗一章计算为一首）；其次为谢灵运，二十六首；再次为谢朓，二十二首；鲍照，十八首；颜延之，十四首；简文帝，十三首；曹植，十首。复古派领袖李攀龙的《古今诗删》选录诗人诗作的数量情况为：最多的是谢朓，三十二首；其次是陶渊明，二十四首；然后是曹植十九首，鲍照十九首，谢灵运十六首，陆机十七首，王融十二首，何逊十二首。[③] 单纯从数量来看，《古诗归》选录陶诗最多，高出第二名数量一倍多；《古今诗删》选录的陶诗虽然不少，且位居第二，但与曹植、鲍照相差无几。由此可见，钟惺、谭元春在汉魏六朝诗人中最重陶渊明，对陶渊明推崇备至，认为其他诗人难与比肩。李东阳门生、“茶陵派”诗人何孟春《陶靖节集跋》云：“陶公自三代而下为第一流人物，其诗文自两汉以还为第一等作家。”[④]这一明代中期个别读者关于陶渊明及其诗歌历史地位的论断可以作为晚明竟陵派群体的心声。

一、温慎忧勤的诗人形象

与复古派着重从格调论陶渊明不同，像性灵派一样，竟陵派注意从人格精神方面论陶，而且揭示出一个“温慎忧勤”的诗人形象，这是前代读者所没有论及的新颖解读。他们在《古诗归》等中评陶云：

人知陶公高逸，读《荣木》《劝农》《命子》诸四言诗，竟是一小心翼翼、

---

① 陈广宏：《竟陵派研究》，复旦大学出版社 2006 年版，第 328 页、第 329 页。

② 〔明〕钟惺：《与谭友夏》，见李先耕、崔重庆标校《隐秀轩集》，上海古籍出版社 1992 年版，第 472 页。

③ 关于《古今诗删》的选诗数据参考了景献力《李攀龙〈古今诗删〉删诗标准与其理论主张的偏离》，载《杭州大学学报》2006 年第 4 期，第 53 页。

④ 北京大学北京师范大学中文系、北京大学中文系文学史教研室编：《陶渊明资料汇编》上册，中华书局 1962 年版，第 146 页。

温慎忧勤之人。东晋放达,少此一段原委,公实补之。(钟惺总评《荣木》)

即从作息勤厉中,写景观物,讨出一段快乐。高人性情,细民之业,不作二义看,惟真旷远人知之。(钟惺总评《劝农》)

陶公山水、朋友、诗文之乐,即从田园耕凿中一段忧勤讨出,不别作一幅旷达之语,所以为真旷达也。(钟惺总评《丙辰岁八月中于西田获早稻》)

每诵老陶真实本分语,觉不事生产人,反是俗根未脱,故作清态。(钟惺评《庚戌岁九月中于西田获早稻》)①

予同年徐子卿……蹶蹶瞿瞿,似陶公之忧勤,而风流绝世。(钟惺《江夏纪事小引》)②

元春尝读陶元亮为孟长史嘉作传,其言曰:"惧或乖谬,有亏大雅君子之德,所以战战兢兢,若履深薄云尔。"盖古人之慎如此。③

此前评陶为人多云"高逸",唐、宋、金、元、明读者大都如此;他们从高逸背后品味出来的还有不满南朝刘宋篡晋的忠愤。但钟惺不同,他在承认陶渊明"高逸""旷远"的前提下,格外突出了陶渊明精神中深沉厚重的一面,看到了陶渊明高逸旷远冰山一角之下的巨大底座,且不再从人云亦云的封建伦理道德的忠君思想立论,而是从诗歌中体会出的诗人人格精神出发,认为陶渊明"竟是一小心翼翼、温慎忧勤之人","从作息勤厉中,写景观物,讨出一段快乐",这真是振聋发聩的独到高见!前无古人,却后有来者,后人祖述者甚多,如清人陶必铨(1755—1805)云:"先生每及治生,不作放浪一流,此其绍长沙之勤慎,异晋士之玄虚欤?"④钟秀云:"后人云晋人一味狂放,陶公有忧勤处,有安分处,有自任处。"⑤近人梁启超云,陶渊明的"快乐不是从安逸得来,完全从勤劳得来",又云,"渊明一生快乐,都是从勤劳后的休息得来"。⑥ 当代学者戴建业在《澄明之

① 〔明〕钟惺、谭元春选评,张国光等点校:《诗归》,湖北人民出版社 1985 年版,第 170 页、第 179 页。本节所引《诗归》原文,版本下同,不再注出。

② 〔明〕钟惺著,李先耕、崔重庆标校:《隐秀轩集》卷一七,第 278 页。

③ 〔明〕谭元春:《冯郎中葛太公传》,见陈杏珍标校《谭元春集》卷二一,上海古籍出版社 1998 年版,第 568 页。

④ 〔清〕陶必铨:《萸江诗话》,见〔晋〕陶渊明撰、〔清〕陶澍注《靖节先生集》卷二,《四部备要》本,第 36 页。

⑤ 〔清〕钟秀:《陶靖节纪事诗品》卷四,清华大学图书馆藏朱自清据周作人藏本抄录核校本。

⑥ 北京大学北京师范大学中文系、北京大学中文系文学史教研室编:《陶渊明资料汇编》上册,中华书局 1962 年版,第 278 页。

境——陶渊明新论》第一章《洒落与忧勤——论陶渊明的生命境界及其文化底蕴》中先系统论述,后总结云:“陶渊明则在饥寒之忧、陇亩之勤、居常之念中,经由忧勤克己的工夫而臻于洒落悠然的境界,他脱弃了穷达、贫富、耕禄、生死等人生的束缚,实现了精神的自由与自我的超越。陶渊明的人生境界孕育于深厚的传统文化精神,体现了晋宋之际名教与自然合一的时代特点:儒道兼综,孔老并重。他高出于魏晋名士者正在此:任真肆志又固穷守节,洒落悠然又尽性至命。我国古代的伟大诗人中只有他才达到了一种人生化境——既‘放浪形骸之外’(洒落悠然),又‘谨守规矩之中’(忧勤执著)。”①竟陵派关于陶渊明“温慎忧勤”的观点真是触及陶渊明精神根须的崭新阐释,也成为后世读者理解陶渊明永远绕不过去的坚实接受成果。

史称“陶公(陶侃)性检厉,勤于事”,“侃勤而整,自强不息”,常云:“民生在勤……岂可游逸……君子当正其衣冠,摄以威仪,何有乱头养望,自谓宏达邪?”②钟惺从深厚处评陶渊明很有些史书中陶侃的影子,或者说陶渊明的精神底蕴与他的曾祖父是一脉相通的,而这正是自诩放达的东晋贵族名士所欠缺的健康血色。陶渊明是经历辛劳洗礼的诗人,但他的高明在于“高人性情,细民之业,不作二义看”,极高雅而极入俗,即世间却超世间,不在概念上故作高雅姿态,而在人间烟火中闪现金子般的性灵。因此,竟陵派多从贴近泥土的底层士人眼光审视陶渊明厚道、温和的为人,如《古诗归》评陶诗云:

> 读此知渊明接物,非一概疏简。陶公于物有简处,无傲处,只是一厚字。古今傲人终浅。(谭元春、钟惺评《与殷晋安》“游好非久长,一遇展殷勤”)
>
> 是厚道,不是卑鄙。(谭元春评《乞食》“衔戢知何谢,冥报以相贻”)
>
> 二诗移居,意重求友。其不苟不必言,亦想见公和粹坦易,一种近人处。(钟惺评《移居》二首)③

他们更愿意在儒家的笃实和偏离儒家的旷达之间为陶渊明定位,如《古诗

---

① 戴建业:《澄明之境——陶渊明新论》,华中师范大学出版社 1998 年版,第 61 页。

② 《世说新语·政事》,见〔南朝宋〕刘义庆撰,余嘉锡笺疏、周祖谟等整理《世说新语笺疏》,上海古籍出版社 1993 年版,第 178～179 页。“性检厉”,性格上严于律己,要求严格。检,约束。厉,严格、严肃。《汉语大词典》释“检厉”为“方正严肃”。参沈光海《〈世说新语〉三词考补》,载《湖州师范学院学报》2000 年第 4 期,第 7 页。

③ 分别参见〔明〕钟惺、谭元春选评,张国光等点校《诗归》,第 173 页、第 176 页、第 178 页。

归》评陶诗文云：

真是“六经”胸中。（谭元春评《荣木》“匪道何依，匪善奚敦”）

“狂老子自负。”“达人真话。”（谭元春评《命子》“尚想孔伋，庶其企而”与“既见其生，实欲其可”）

“渊明自赞。”“自任自感之言。”“千古高人旷士……渊明自传神。”（谭元春、钟惺评《时运》“称心而足，人亦易言”、“黄唐莫逮，慨独在余”与“延目中流……我爱其静”）

“略露其狂。”（钟惺评《饮酒序》“顾影独尽”）①

在钟惺、谭元春看来，陶渊明是真的儒家信徒，所以陶诗所说都是感慨之言、肺腑之语，是实实在在的“真话”，然而却是“达人”的“真话”，故每每略微流露狂态，或有“疏简”等稍稍偏离儒家的言行。换句话说，陶渊明是“千古高人旷士”，但又是服膺儒家理想观念、忠实于内心的高人旷士，这正是陶渊明的“厚道”，是陶渊明“温慎忧勤”、认真对待人世生活的思想根基。

钟惺评《桃花源记》“便舍船，从口入”云：“‘舍船’妙，不是俗人举动。”评“初极狭，才通人”云：“俗人至此便反矣。”②这是评价渔人的脱俗和任真，实质上也可以看作对陶渊明的写照。陶渊明的“温慎忧勤”不是对外在名教规范的循规蹈矩，而是顺任真性的一往情深，陶渊明的旷达不是显耀名士派头的矫揉造作，而是“不别作一幅旷达之语”，奠基在脚踏实地的现实生活之上，即钟惺所云“真旷达”。这样，《古诗归》便把陶渊明同名教之士和非毁名教的傲诞之士区别开来，在深入细微之处把握到陶渊明形象的个性特点和精神底蕴。

二、深厚浑朴的艺术特点

《诗归》评陶诗与评陶为人是一致的，即首先阐发和突出了陶诗深厚浑朴的艺术特点，并把这一特点看作不可企及的艺术典范。《古诗归》卷九选录陶诗，于卷首总评陶潜，开宗明义云：

坡公谓陶诗外枯中腴，似未读储光羲、王昌龄古诗耳。储、王古诗极深厚处，方能仿佛陶诗。知此，则“枯”“腴”二字俱说不着矣。古人论诗文曰朴茂，曰清深，曰雄浑，曰积厚流光，不朴不茂，不深不清，不浑不雄，不厚不

① 分别参见〔明〕钟惺、谭元春选评，张国光等点校《诗归》，第169页、第171页、第169页、第180页。

② 〔明〕钟惺、谭元春选评，张国光等点校：《诗归》，第174页。

光。了此可读陶诗。又云:陶诗闲远,自其本色。一段渊永淹润之气,其妙全在不枯。(钟惺评语)①

在苏轼论陶诗外枯而中腴、似淡而实美之后,后代读者每以平淡有味阐发陶诗的美学特点,几乎成为不言自明的常识。如姜夔《白石道人诗说》云:“陶渊明天资既高,趣诣又远,故其诗散而庄,淡而腴,断不容作邯郸步也。”②陈知柔《休斋诗话》云:“人之为诗要有野意。盖诗非文不腴,非质不枯,能始腴而终枯,无中边之殊,意味自长,风人以来得野意者,惟渊明耳。”③姜夔是从相反相成的美学角度阐发的。陈知柔则继承苏轼渐老渐造平淡、绚烂之极归于平淡等言论,从创作历程的角度阐发平淡有味乃艺术修养的极致。而吴可、周紫芝等人则是从隐显内外的角度阐发的:

又子由《叙陶》诗“外枯中膏,质而实绮,癯而实腴”,乃是叙意在内者也。(吴可《藏海诗话》)④

士大夫学渊明作诗,往往故为平淡之语,而不知渊明制作之妙,已在其中矣。(周紫芝《竹坡诗话》)⑤

这种阐发已经很接近钟惺评语,只是吴可、周紫芝把陶诗“隐”的意味阐发为“叙意在内”“制作之妙”,是蕴涵和形式有机融合的蕴藉之美,至于陶诗显在的“枯”“平淡”,他们并没有予以否定,而是延续了成说。从概念形式来看,钟惺仅用“深厚浑朴”和“清光雄茂”分别代替了“枯质癯淡”和“膏绮腴味”,把“枯质癯淡”的贬抑意味变为“深厚浑朴”的褒扬色彩。若仔细分析其内涵,钟惺已经把苏轼等人对立统一的概念关系进一步发展为本末关系,即“不朴(则)不茂,不深(则)不清,不浑(则)不雄,不厚(则)不光”,或曰“积厚流光”“积浑成雄”“积深见清”“积朴自茂”,没有“深厚浑朴”也就谈不上真正的“清光雄茂”,前者是基础,是根本。这样,原来被宋人有意无意赋予贬抑意味的概念在此反而成为极力褒扬的词语。换句话说,陶诗的“深厚浑朴”和“清光雄茂”是修养积累所致的自然生发,是沛然从胸中流出的精华,是“一段渊永淹润之气”的天然展

① 〔明〕钟惺、谭元春选评,张国光等点校:《诗归》,第168页。

② 〔宋〕姜夔:《白石道人诗说》,见〔清〕何文焕辑《历代诗话》下册,中华书局2004年版,第681页。

③ 〔宋〕陈知柔:《休斋诗话》,见郭绍虞辑《宋诗话辑佚》下册,中华书局1980年版,第484页。

④ 丁福保辑:《历代诗话续编》上册,中华书局2006年版,第331页。

⑤ 〔清〕何文焕辑:《历代诗话》上册,第340~341页。

露。谭元春《朴草引》云："汉魏以前，吐肠而止。苏劝李酬，虽之夷狄，良不可弃。故元亮田畴、饮酒之言，韦应物不能和之于唐，苏端明（苏轼曾为端明殿学士）不能和之于宋，则何也？文采恣用，而朴心不足以达于咏也。"①陶诗"吐肠而止"乃"朴心"达于吟咏的自然表现。又其《读陶诗为鲁文恪手录》云："陶诗淡如此，微云沉古潭。密奥了无际，冥冥真气参。"②他所表述的基本也是这个意思，只是把创作主体的精神依据推衍到更根本的宇宙"真气"了。正如学者所论："所谓'积厚流光'，说明陶诗全然是陶渊明性习修养的自然显现、率真表达。……钟、谭拈出'深厚浑朴'，已不同于一般个性气质意义上的'胸次'、'性情'，是形而上的精神境界，是对创作主体内向追寻的一种极端化表现。一如'元气大化，声嗅已绝'，颇具神秘色调的玄虚之态。钟、谭以此为贯穿陶诗的旨趣。"③

的确，在《诗归》和竟陵派的评陶言论中，"深厚浑朴"是一个基本色调。其意蕴非常丰厚，概而言之，它或为陶诗风貌的笼统概括，或指诗歌思想情感的深刻古朴，或指表达用语的含蓄深微。《古诗归》概括陶诗的风貌如：

幽厚之气，有似乐府。（钟惺评《归园田居二首》）

幽生于朴，清出于老，高本于厚，逸原于细，此陶诗也，读此等作，当自得之。［钟惺评《癸卯岁始春怀古田舍二首》（之一）］④

"深厚浑朴"或指诗歌思想情感深厚透彻、浑朴自然、慨叹深沉，如：

读"饥来驱我去""叩门拙言辞""主人解余意""冥报以相贻"四语，廉耻忠厚，溢于言外……妙在无悲愤，亦不是嘲戏。只作寻常素位事，便高，便厚，便深。（谭元春、钟惺评《乞食》，第176页）

语厚。（钟惺评《庚戌岁九月中于西田获早稻》"人生归有道，衣食固其端"，第179页）

游览诗，人只说得"欣"字，说不得"慨"字，合此二字，始为真旷真远，浅人不知。（钟惺评《时运序》"欣慨交心"，第168页）

简质之中，多少感慨在内。（谭元春评《荣木四首（之一）》"总角闻道，

---

① 〔明〕谭元春著，陈杏珍标校：《谭元春集》，第678页。

② 〔明〕谭元春著，陈杏珍标校：《谭元春集》，第55页。

③ 岳进：《〈诗归〉中的陶渊明——兼论明代复古派对陶渊明的评价》，载《殷都学刊》2009年第3期。

④ 分别参见〔明〕钟惺、谭元春选评，张国光等点校《诗归》，第176页、第178页。下文因引述密集，直接随文标示页码，不再注出。

白首无成”，第 169 页）

“怀愧”字深，不负心，不苟食，只此两字。（钟惺评《劝农六首（之五）》“能不怀愧”，第 171 页）

二诗皆叹交道衰薄，朋友不足倚赖。然寓意立言，感慨深厚。（钟惺评《拟古二首》，第 183 页）

劝农诗，谁想从朴真智巧说起？何等胸中！（钟惺评《劝农六首（之一）》，第 170 页）

顶戴造物，不敢负心之语。（钟惺评《劝农六首（之四）》“气节易过，和泽难久”，第 170 页）

深厚。（谭元春评《乙巳岁三月为建威参军使都经钱溪》“谅哉宜霜柏”以上四句，第 174 页）

悲得深！（谭元春评《拟挽歌辞》“死去何所道，托体同山阿”，第 185 页）

从来说曾点为“狂”，不曾道破“静”字，今始拈出，深心体贴，俗人不知。（钟惺评《时运四首（之三）》“我爱其静”，第 169 页。按，此言体会古人精神深入。）

“独”字深衷。（钟惺评《时运四首（之四）》“慨独在予”，第 169 页。按，此言能表达内心深意。）

气森意远。（钟惺评《庚戌岁九月中于西田获早稻》“田家岂不苦，弗获辞此难”，第 179 页）

渊明洞鉴乃尔。（谭元春评《拟古二首（之一）》“意气倾人命”，第 183 页）

“深厚浑朴”或指表达用语含蓄蕴藉、深微而不粗浅，如：

温甚，厚甚。（钟惺评《时运四首（之一）》“有风自南，翼彼新苗”，第 168 页）

不直说妙！（钟惺评《荣木四首（之一）》“憔悴有时”，第 169 页）

四字情词多少，含吐不尽。（钟惺评《荣木四首（之二）》“慨暮不存”，第 169 页）

深奇。（谭元春评《归鸟四首（之一）》“翻翮求心”以上六句，第 172 页）

寂、喧二境皆深。（钟惺评《饮酒六首（之四）》“日入群动息，归鸟趋林鸣”，第 181 页）

二语说不得傲，亦说不得谦。妙有言外之微！（钟惺评《饮酒六首（之

六)》"但恨多谬误,君当恕醉人",第182页)

"始念"妙!胸中原不在此,却说得微。(谭元春评《有会而作序》"旬日已来,始念饥乏",第182页)

有深旨。唐人"贫贱寡情欲"似从此悟出。(钟惺评《有会而作》"菽麦实所羡,孰敢慕甘肥",第182页)

也正是因为重视"深厚浑朴",《古诗归》选录陶诗表现出独特的审美趣味。《古诗归》选录的陶诗多涉及劳动和艰难生活,是朴实描写中见旷达的诗作,如《移居》二首、《癸卯岁始春怀古田舍》二首、《庚戌岁九月中于西田获早稻》、《丙辰岁八月中于下潠田舍获》、《有会而作》、《劝农》、《乞食》等都是如此。而"复古派并不看重这方面的诗作。《古今诗删》选入陶渊明二十四首诗:《读山海经》(十三首)是咏史诗:《和刘柴桑》,《饮酒》(二首),《杂诗》(二首)、《辛丑岁七月赴假还江陵夜行涂口作》等六首是咏怀诗;《归园田居》(五首)是田园诗。田园诗所占比重最小,占比重最大的是咏怀诗"①。复古派对陶诗激烈豪放的一面较为偏嗜,《古诗归》除选录《归园田居》二首("少无适俗韵"和"种豆南山下")、《饮酒》("结庐在人境"一首)与《古今诗删》相同外,其余都为新选,这表现出竟陵派士人特殊的选诗视角和趣味。

明末赵士喆评《古诗归》云:"陶诗不多,吾不难其选,而难其评。其不满子瞻外苦中腴之言,而直以'厚'之一字尽之,可谓卓识。"②的确,能在苏轼之评外发现前人所没有揭示的陶诗是有的"深厚浑朴"之美,是钟惺和谭元春的"卓识",也是陶渊明接受史上的巨大创获。

三、源远流长的陶诗派系

《诗归》除了《古诗归》卷九专列陶诗作集中点评,于他处也屡屡联系陶诗评论相关诗人诗作。《诗归》中相关的诗人有十八人之多,他们是傅玄、谢朓、江淹、柳恽、周弘让、刘希夷、沈佺期、宋之问、张九龄、刘眘虚、储光羲、孟浩然、王昌龄、韦应物、常建、柳宗元、虎丘鬼和苏轼。在评论这些诗人及其诗作时,《诗归》反复强调的还是陶诗的"深厚浑朴"。如对于前代读者注意到的源出于陶诗

---

① 岳进:《〈诗归〉中的陶渊明——兼论明代复古派对陶渊明的评价》,载《殷都学刊》2009年第3期。

② 赵士喆:《石室谈诗》卷下《论诸家二十二条》第五条,见周维德集校《全明诗话》(六),齐鲁书社2005年版,第5151页。

的王维、孟浩然、储光羲、韦应物、柳宗元诗，《诗归》点评云：

储、王田园诗妙处出此。浩然非不近陶，而似不能为此一派，曰清而微逊其朴。（钟惺评陶《归园田居二首》）①

如此说话，气自质厚，深于陶者。（谭评储光羲《吃茗粥作》“敝庐既不远，日暮徐徐归”，《唐诗归》卷七）

寄兴入想皆高一层，厚一层，远一层，田家诸诗皆然。有此心手，方许拟陶，方许作王、孟，莫为浅薄人一路便门。（谭评储光羲《同王十三维偶然作》，《唐诗归》卷七）

韦苏州诗，胸中、腕中，皆先有一段真至深永之趣，落笔自然清妙，非专以浅淡拟陶者。世人误认陶诗作浅淡，所以不知韦诗也。（钟评韦应物，《唐诗归》卷二六）

亦以其气韵淳古处似陶，不在其清响。（钟评韦应物《答畅校书当》，《唐诗归》卷二六）

非不似陶，只觉音调外，不见一段宽然有余处。（钟评柳宗元《南涧中题》，《唐诗归》卷二六）

由以上言论可以看出，他们对“深厚浑朴”处似陶的都予以肯定，对“深厚浑朴”处不似陶的则颇有微词。

难能可贵的是，《诗归》还注意到前代读者所忽视的其他诗人与陶诗之间的密切关系。

一类是风貌似陶者，如评谢朓：“谢玄晖灵妙之心，英秀之骨，幽恬之气，俊慧之舌，一时无对。似撮康乐、渊明之胜，而似皆有不敌处曰厚。”（《古诗归》卷一三）又评其《郡内高斋闲望答吕法曹》“语似陶，亦似王、孟”（《古诗归》卷一三）。评周弘让《留赠山中隐士》：“陈、隋靡靡中，忽有此骨韵幽厚者，亦是元气不断于诗文之中。何尝拟陶，是真正陶诗。”（《古诗归》卷一五）钟惺评王昌龄：“人知王、孟出于陶，不知细读储光羲及王昌龄诗，浑厚处益见陶诗渊源脉络。善学陶者宁从二公入，莫从王、孟入。”又云：“储与王以厚掩其清，然所不足者非清；常建以清掩其厚，然所不足者非厚。”（《唐诗归》卷一一）又钟惺评王昌龄《宿裴氏山庄》：“能读此以下三诗（外《秋兴》《斋心》），方许看陶诗，许作王、孟。”（《唐诗归》卷一一）钟惺等首先明确指出谢朓、周弘让和王昌龄三人诗与陶诗之间的关系，尤其是把王昌龄诗归入陶诗身后一脉更是见解独到，发前人所未发。

---

① 〔明〕钟惺、谭元春选评，张国光等点校：《诗归》，第176页。

另一类是拟陶者。如评江淹《拟陶征君田居》:“以深细效其清适,妙于似陶。”“文通所拟诸诗,独此妙耳,盖其身手秀丽而少真至。以征君真至,一路发其思理,则秀丽之笔不为浮华用,而为性情用,夫是以幽细易妙。今人先无此手笔,又无此思性,而文之以枯槁、肤窘,曰:‘此陶体也。’唐名家不免失脚,而况后之庸庸逐逐者?慎之慎之!”(《古诗归》卷一三)评柳恽《捣衣诗》:“轻光激响,体气仅能不俗。后人学陶语者,止学得此等诗,不是陶诗。”(《古诗归》卷一四)江淹诗、柳恽诗之风貌与陶诗相比,一似一不似,似处在深细真至,不似处在枯槁肤窘。

还有一类是部分学陶而与陶不谋而合者。如钟惺评刘希夷《公子行》“愿作轻罗着细腰,原为明镜分娇面”云:“情中妙语,然从陶公《闲情赋》语讨出。”(《唐诗归》卷二)谭元春评宋之问《初到陆浑山庄》“浩歌步榛樾,栖鸟随我还”:“二语直沈、宋中陶诗也。”(《唐诗归》卷三)谭元春评张九龄《岁初巡属县登高安南楼言怀》“时哉无与言”云:“此处肯住,便是陶诗。”钟惺评韦应物《林园晚斋》:“每于庸常语意着数虚字回旋,便深便警。此陶诗秘法也。”(《唐诗归》卷二六)这是局部得陶神韵者。又有因相似而可比者,如评傅玄《车遥遥篇》:“比陶公形诗似妙,此尤妙在浅。”(《古诗归》卷八)钟惺评虎丘鬼《大历十三年虎丘寺石壁鬼诗》“神仙不可学,形化空游魂。白日非我期,青松为我门”云:“陆士衡、陶渊明挽歌说不到此。”

《诗归》在评陶方法方面也有独到之处,概括而言即略训诂而重心赏,对陶诗的把握从细部到总评基本上可以有机统一成一个整体。即《诗归》的点评摒弃了从《文选》开始的重视具体字词典故解释的批评方式,转而注重从陶诗整体的独到精神(主要是浑朴深厚)出发,细腻而完整地体会陶诗精神和艺术上的脉动,故虽不面面俱到,却对其字、词、句、语气、章与全诗以及陶诗整体精神的把握自成系统,避免了琐碎支离。就艺术赏析而言(涉及诗人形象者除外),摘录字词批评近四十处、摘句批评有二十几处,章法批评十几处,语气批评二处,更多的是特点揭示和赏析,有一百处左右。如评《归鸟》“游不旷林,宿则森标”云“‘不’字、‘则’字虚用得挺然”,摘字之评也隐然在赞赏诗人的独立精神;赏析“虽无昔侣,众声每谐”云“处群处独妙用”,简洁地提示出读者容易忽视的深层思想意蕴;揭示章法如评首章末句云“以此句终,便不肤浅,移放在前不得”,既点明了陶诗结构的严谨,也与论陶深厚相合;在全诗结尾总评云:“其语言之妙,往往累言说不出处,数字回翔略尽。有一种清和婉约之气在笔墨外,使人心平累消。”此评前半部分即颜延之所评“文取旨达”、钟嵘所评“省净”问题,但钟惺还关注到简洁之外的精妙;此评后半部分进而把这言外的“精妙”落到实处,概括为“清和婉约之气”和读者“心平累消”的阅读感受。这个总评并不是对《归鸟》面面俱到的概括,却能够抓住该诗简洁传神、“清和婉约”的总特点,也是对前面细部赏析的进一步升华。《古诗归》对陶诗的点评赏析鲜活而富有个性,在陶渊明接受史上称得上是少数成功典型之一。

四、接受原因:幽情孤绪的先导和矫偏归正的典型

竟陵派推崇陶渊明与他们寒微自尊的士人心态密不可分。

以钟惺、谭元春为代表的竟陵派有很强的自我意识。钟惺被称为“冷人”,自称“不能违心背古以悦人”①。谭元春也是孤怀独往,不媚世俗,自白“静抱幽琴看,高深指外求”②。他们是污浊社会中的洁身自好者,在晚明恶劣的社会政治环境中,无法产生复古派士人投身国事的热情,也很难像性灵派、公安派那样狂放不羁,正如严迪昌所云,“在钟惺、谭元春树帜诗坛的时代,袁中郎式的潇洒脱略、清狂放逸行径已失去相应的社会氛围”③,所以,“钟惺、谭元春一类的孤清之士另筑精神家园,追求孤行独往的人生和幽寒孤峭的诗音”④。面对人生的迷茫,他们选择了一条中庸之道,他们放弃了大而不实的救世抱负,也放弃了遭受朝廷戕害的李贽“异学”影响下的狂放,由傲诞转为内敛,由外向转向内向,由功业转向性灵,但又不甘沉沦,于是在明哲保身中进行自我救赎,放逐浅俗,追寻高雅孤幽的精神生活。这是一种自尊自立、洁身自好的寒士孤情,与选择隐逸生活方式、不为富贵折腰的陶渊明的精神追求在本质上是相通的。陶渊明和他的诗作超然于东晋主流之外的高洁孤拔,很容易使竟陵派产生共鸣。钟惺《桃源洞二首》《孙女诗》、谭元春《远村二首》《行桃源道中憩于桃花源二首》《秋初饮刘钧天宅(同吕望公、舍弟远韵拟陶)》等许多诗作带有陶渊明的痕迹。而他们的服膺者沈德符更是学陶渊明隐居,创作了大量学陶的田园诗、集陶诗。⑤ 钟惺评刘昚虚诗云:“陶公坐高秋,俗士不敢入。不受人去取,孤意先自立。”⑥这是评价刘昚虚诗,也是评价陶渊明及其诗作。前两句突出陶渊明的脱

① 〔明〕钟惺:《潘无隐集序》,见李先耕、崔重庆标校《隐秀轩集》卷一七,第266页。

② 〔明〕谭元春:《寄赠蔡仁夫》,见陈杏珍标校《谭元春集》卷一三,第360页。

③ 严迪昌:《清诗史》,浙江古籍出版社2002年版,第35页。

④ 李圣华:《晚明诗歌研究》,人民文学出版社2002年版,第176页。

⑤ 据沈德符《清权堂集》(明刻本)统计,其田园诗和涉及陶渊明的诗歌至少有一百四十首,如《晚秋田舍十二首》《首夏园居十首》《晚春园居十首》《夏日省农十二首》《初寒田舍作食八首》《友访》等十三首“集陶为律”诗、《对食集陶》等十九首集陶诗等。

⑥ 〔明〕钟惺:《题茂之所书刘昚虚诗册》,见李先耕、崔重庆标校《隐秀轩集》卷二,第18页。

俗高旷，后二句则突出陶渊明的孤峭自立，这正是竟陵派与陶渊明精神对接的地方。

值得注意的是，竟陵派赞陶诗旷远，称陶渊明为“千古高人旷士”，有时还注意到陶渊明的狂放，但这些前人称道之处并不是竟陵派要特意突出的。他们强调的是陶渊明为人与儒家相合的“温慎忧勤”，强调陶渊明被忽视的接近世俗平凡、接近泥土芬芳的一面。这与竟陵派大多出身寒微、官位不高却自尊自立密不可分。他们虽然身为寒士，却并不羞惭，也不自轻自贱，反而推崇自我的“幽情单绪”①、孤怀孤诣，“傲睨当世，自重自怜，又彼此同气相求，互相推挹”②，有意与富贵庸俗拉开距离。所以，他们在选诗时注意选那些被世俗冷落的诗人诗作，在评价诗人时也注意以底层寒士的心态，强调包括陶渊明在内的诗人身上厚重不浮的一面。

《诗归》标举陶诗，也是诗风变革的需要。

竟陵派论诗矫正复古派和公安派两派之弊。《明史・文苑传・钟惺传》载：“自宏道矫正李诗之弊，倡以清真，惺复矫其弊，变而为幽深孤峭。”③正像《诗归序》等所反映的，竟陵派对公安派的浅俗和复古派的肤廓都表示了不满，又从两派中吸取了性灵和雅致的合理内核，标榜真情灵动、深厚浑朴，将明代诗论推向一个综合辩证的新高度。钟惺在《与高孩之观察》中说：“诗至于厚而无余事矣。然从古未有无灵心而能为诗者，厚出于灵，而灵者不即能厚。弟尝谓古人诗有两派难入手处：有如元气大化，声臭已绝，此以平而厚者也，《古诗十九首》、苏李是也。有如高岩峻壑，岸壁无阶，此以险而厚者也，汉郊祀、铙歌、魏武帝乐府是也。非不灵也，厚之极，灵不足以言之也。然必保此灵心，方可读书养气，以求其厚。若夫以顽冥不灵为厚，又岂吾孩之所谓厚哉！”④从某种意义上来说，复古派与公安派的矛盾实质就是灵与厚的矛盾。竟陵派把这一矛盾统一到“元气大化”和“古人精神所在”⑤即创作主体的精神上，又不忽视“古人”，用心可谓良苦。

《诗归》是“拈出古人精神”的选本⑥，在竟陵派看来，陶渊明的精神是“温慎

---

① 〔明〕钟惺：《诗归序》，见李先耕、崔重庆标校《隐秀轩集》卷一六，第 236 页。

② 李圣华：《晚明诗歌研究》，第 177 页。

③ 〔清〕张廷玉等：《明史》卷二八八，中华书局 1974 年版，第 7399 页。

④ 〔明〕钟惺：《与高孩之观察》，见李先耕、崔重庆标校《隐秀轩集》卷二八，第 474 页。

⑤ 〔明〕钟惺：《隐秀轩集自序》，见李先耕、崔重庆标校《隐秀轩集》卷一七，260 页。

⑥ 〔明〕钟惺：《再报蔡敬夫》，见李先耕、崔重庆标校《隐秀轩集》卷二八，第 470 页。

忧勤”和高远旷达的统一,陶诗是“厚”与“灵”的完美结合,所体现的正是复古与性灵的精华。竟陵派对陶渊明及其诗文做出的新颖阐释,融合了复古派和性灵派(主要是公安派)的优长,既像复古派那样看到陶诗高雅脱俗、惠泽唐诗的一面,也像性灵派那样从人格精神方面用心谛听陶诗的深厚意蕴,由此避免了复古派侧重形式格调而贬抑陶诗的不足,也避免了性灵派把陶诗过度俗化的倾向。可以说,竟陵派的陶渊明观是对复古派和性灵派两派对立观点的辩证否定和综合扬弃,他们把对陶渊明及其诗歌的阐释推向明代接受史的高峰。

竟陵派对陶渊明及其诗作的接受还是对前代读者接受成果学习借鉴的结果。如其亲近与赞赏的态度、从性情和人格等精神方面论陶等主要继承了性灵派和公安派,也有复古派晚期王世贞、谢榛等人论陶言论的端绪;其对陶诗与唐诗等关系的论述则继承和发展了高棅、胡应麟、许学夷等人的接受视角和成果。如其论陶诗之厚,远绪可追李东阳,东阳《麓堂诗话》云:“陶诗质厚近古,愈读而愈见其妙。韦应物稍失之平易,柳子厚则过于精刻,世称陶、韦,又称韦、柳,特概言之。惟谓学陶者,须自韦、柳而入,乃为正耳。”①明人选评唐诗甚多,在评论王维、孟浩然、储光羲、韦应物、柳宗元等诗人诗作时,都注意揭示其诗歌与陶诗的渊源和异同。如高棅辑《唐诗品汇》,明李攀龙辑、凌宏宪集评《唐诗广选》,周敬与周珽辑、陈继儒等评点《唐诗选脉会通评林》,陆时雍辑《唐诗镜》,何良俊撰《四友斋丛说》等皆有类似言论,此不赘述。

第三节 黄文焕与陶诗阐释的陌生化

黄文焕(1598—1667),字维章,号坤五,又号觚庵等,明末学者、名士、诗人,福建省福州府永泰县白云乡(今福建省福州市永泰县)人,明熹宗天启五年(1625)进士,历知海阳、山阳、番禺三县。明思宗崇祯十三年(1640),受同乡黄道周一案牵连蒙冤下狱,崇祯十四年(1641)四、五月间,在狱中著《陶诗析义》四卷。年底出狱后,入为弘光朝廷翰林院编修,不久又隐退。清世祖顺治二年乙酉(1645)十一月,受洪承畴举荐,未应。清圣祖康熙六年(1667),卒于浙中,年七十。其对陶渊明阐释的贡献主要体现在《陶诗析义》这部学术著作中。

郭绍虞《陶集考辨》介绍《陶诗析义》时称,自来评陶之作,要不得不推此书为首创,吾尝以明代为《陶集》之评释时期,是则虽谓此本为《陶集》评析之代表

① 〔明〕李东阳:《麓堂诗话》,见丁福保辑《历代诗话续编》下册,第1379页。

作可也。[1] 黄文焕对陶诗的阐释系统而深入,表现出迥异于前人的"陌生化"特点。这个特点主要表现在三个方面。其《陶诗析义》自序云:

> 析之之例有三:古今尊陶,统归平淡,以平淡概陶,陶不得见也;析之以练句练章,字字奇奥,分合隐现,险峭多端,斯陶之手眼出矣。钟嵘品陶,徒曰"隐逸之宗",以隐逸蔽陶,陶又不得见也;析之以忧时念乱,思扶晋衰,思抗宋禅,经济愤肠,语藏本末,涌若海立,屹若剑飞,斯陶之心胆出矣。若夫理学标宗,圣贤自任,重华、孔子,耿耿不忘,六籍无亲,悠悠生叹,汉魏诸诗,谁及此解?斯则靖节之品位,竟当俎豆于孔庑之间,弥析而弥高者也。开此三例,悬之万年,佳咏本原,方免埋没。否则摩诘、韦、孟,群附陶派,谁察其霄壤者![2]

纪昀等撰《四库全书总目》卷一七四《陶诗析义》提要将上面一段话进一步凝练为:

> 其析义之例有三:一曰练句练章,不专平淡;一曰忧时念乱,不徒隐逸;一曰理学标宗,圣贤自任。[3]

纪昀就黄文焕评陶诗的艺术特色、时代内涵和思想旨趣所做的概括可谓简明扼要。此就三个方面申论之。

一

首先是"练句练章,不专平淡"。黄文焕十分善于在一般读者不会留意之处,通过深入体会和合理阐释,让读者蓦然醒悟到从前未留意的平常处居然有如此奇奥的深意。这首先表现在他对陶诗字、词、句、章、篇和组诗等形式方面的精到批点上。

黄文焕认为陶诗字词"奇奥",用意深曲。黄文焕不无夸张地说,陶诗"炼字炼句之奇奥,前无汉魏,后压三唐"。他点评这些"奇奥"之字词句时,大多做深细、透辟的分析。如释陶《时运》"延目中流"云:"情短则境短,吾之入目,与之俱截以短;情长则境长,吾之触目,与之俱延以长;'延'字有深情。"[4]释《荣木》

---

① 郭绍虞:《陶集考辨》,载《燕京学报》1936 年第 20 期。

② 〔晋〕陶潜撰,〔明〕黄文焕析义:《陶元亮诗》,《四库全书存目丛书》集部第三册别集类,齐鲁书社 1997 年版,第 153 页。版本下同。

③ 〔清〕永瑢、纪昀等:《四库全书总目》,影印清文渊阁《四库全书》本。

④ 〔晋〕陶潜撰,〔明〕黄文焕析义:《陶元亮诗》,第 165 页下。

“结根于此”云：“从结根说起，费多少岁月，乃获耀华。映下久丧之易，倍见可痛。”①释《答庞参军》“在始思终”云：“四字抵一大篇文，说理能奥，自不患坠腐。”释同诗“敬此良辰”云：“‘良辰’着一‘敬’字，自然不敢玩愒。敬辰乃所以敬身，但说敬身，恐尚有偶疏之日。曰敬辰，则一刻不容放过矣。”②释《游斜川》“弱湍驰文鲂，闲谷矫鸣鸥”云：“‘弱湍’字奇，湍壮则鱼避，至于渐缓而势弱，鱼斯敢于‘驰’矣。”释同诗“迥泽散游目”云：“‘散’字奇，意纷于四顾，睛不得专聚也。”又释同诗“中觞纵遥情”云：“‘纵遥’曰‘中觞’，酒趣深远。初觞之情矜持，未能纵也；席至半而为中觞之候，酒渐以多，情渐以纵矣，一切近俗之怀，杳然丧矣，近者丧则遥者出矣。”③释《始作镇军参军经曲阿》“望云惭高鸟，临水愧游鱼”云：“‘高’字、‘游’字尤有味，鸟或受弋，鱼或受饵，惟务高务游者能免。”④释《杂诗十二首（之四）》“用此空名道”云：“‘用’字、‘道’字尖冷。生前役役不肯休，丘垄中复能用否乎？复能道否乎？”⑤“延”“结根”“敬”“弱湍”“散”“高”“游”“用”“道”等字词在陶诗原句中大多平淡无奇，经黄文焕如此点评、深细分析，顿时有无穷意味，陶诗平淡背后的奇奥、情志的隐曲都被阐释者的智慧之光照亮。

黄文焕又认为陶诗善用技法，互映往复。黄文焕分析陶诗字、词、句、章、篇（组诗）贯穿始终而超越前人的突出特点不仅仅在于指出其意义的奇奥，还在于有意识地阐发其彼此映带联系的巧妙技法。

在释陶诗字词句时，黄文焕不单纯就某字词句而论某字词句，而是善于放在上下文中理解，用他的话说就是陶诗之“法”深奥。如释《劝农》“智巧既萌，资待靡因”云：“二语含蓄深厚，不说如何驯致贫困，但曰智巧一萌，即‘资待靡因’，说得可惧。‘资’者，无以‘资’夫即时也。‘待’者，无以‘待’夫异时也，字法奥。”⑥释陶《酬丁柴桑》“载言载眺，以写我忧。放欢一遇，既醉还休。实欣心期，方从我游”数句云：“‘放’字、‘遇’字奇甚，意有拘束，则我景中之情不能往而迎物，情中之景不能来而接我，‘放’之而可以相‘遇’矣。此既往迎，彼亦来接，适相凑合，‘遇’之妙也。‘还休’与‘一遇’相映，‘一遇’已足以‘休’，况其

① 〔晋〕陶潜撰，〔明〕黄文焕析义：《陶元亮诗》，第166页上。
② 〔晋〕陶潜撰，〔明〕黄文焕析义：《陶元亮诗》，第168页。
③ 〔晋〕陶潜撰，〔明〕黄文焕析义：《陶元亮诗》，第176~177页。
④ 〔晋〕陶潜撰，〔明〕黄文焕析义：《陶元亮诗》，第184页上。
⑤ 〔晋〕陶潜撰，〔明〕黄文焕析义：《陶元亮诗》，第204页下。
⑥ 〔晋〕陶潜撰，〔明〕黄文焕析义：《陶元亮诗》，第168页下。

屡乎？‘方从’复与‘还休’相映，由此不‘休’，由此日‘遇’，是在善‘放’。从‘忧’说‘放’，从‘放’说‘休’，从‘休’又再说‘欣’，逐句转换。”①《劝农》中的“资”“待”两字之间似无法则相连，而经此一析，不但奥义顿出，而且两字仿佛也不是随便选择并联用的；《酬丁柴桑》中的“放”与“遇”、“还休”与“一遇”、“忧”与“放”、“放”与“休”、“休”与“欣”之间的关联，经此一析，彼此顾盼生姿、相映成意，如此奇奥，仿佛真有字法在内。

字有字法，句也有句法。上例释陶《酬丁柴桑》“逐句转换”，即由字词而及陶诗善于语句转换的特点。又如评《游斜川》“未知从此去，当复如此否”云：“两语婉挚，章法能于实中取松。”该句之前实写游览之乐，所以评之“能于实中取松”；接下来评同诗“明日非所求”云：“‘未知’、‘当复’，远计他日；此却云不求明日。章法互扫翻变。”②点出前后句看似矛盾之处，章法波澜的回溯之姿遂得显明。又评《咏二疏》“离别情所悲”云：“着此一句，别生波澜，章法能于顺中取逆。恋阙之忱、协恭之雅，岂尽能恝然无情？然畏殆辱，不得不辞余荣。”③该句之前写疏广、疏受兄弟急流勇退乃自觉选择，此却云离别之悲，因此说“别生波澜，章法能于顺中取逆”。又评《与殷晋安别》“飘飘西来风，悠悠东去云”云：“忽入比兴，章法便于救平。”④又评《戊申岁六月中遇火》“一盼周九天”云：“悲酸中忽着此奇语生壮，以振章法。”⑤如此种种，正是陶诗章法“波澜多姿”在语句上的具体体现。

黄文焕评陶诗章法深于布置，给人留下的印象更为深刻。他认为陶诗章与章之间、诗与序之间布置有法。如评析《停云》：“章法映带，各有次第。序曰‘初荣’，诗曰‘再荣’；序曰‘不从’，诗曰‘靡从’。意义同异，互相阐发。”⑥析《时运》云：

> 四首始末回环，首言春，二、三漱濯，“闲咏”言游，终言息庐，此小始末也；前二首为“欣”，后二首为“慨”，此大始末也。“迈迈时运”，逝景难留，未“欣”而“慨”已先交；“但恨殊世”，本之“我爱其静”，抱“慨”而“欣”愈中交，此一回环也；“载欣”则一觞自得，人不知乐而我独乐；抱“慨”则半壶长

① 〔晋〕陶潜撰，〔明〕黄文焕析义：《陶元亮诗》，第167页下。
② 〔晋〕陶潜撰，〔明〕黄文焕析义：《陶元亮诗》，第177页上。
③ 〔晋〕陶潜撰，〔明〕黄文焕析义：《陶元亮诗》，第209页上。
④ 〔晋〕陶潜撰，〔明〕黄文焕析义：《陶元亮诗》，第182页上。
⑤ 〔晋〕陶潜撰，〔明〕黄文焕析义：《陶元亮诗》，第187页下。
⑥ 〔晋〕陶潜撰，〔明〕黄文焕析义：《陶元亮诗》，第164页下。

存，人不知“慨”而我独“慨”，此又一回环也。序中“欣慨交心”一语，四章隐现布置。①

“小始末”指行事，“大始末”指心情；“回环”指情感的往复变动。章与章之间、诗与序之间“隐现布置”，不是草草行文。又如评《怨诗楚调示庞主簿邓治中》“章法奇幻”②，评《连雨独饮》章法前后相映等。值得注意的是，黄文焕有时还注意诗歌题目与正文的关联，如评《归鸟》“题属《归鸟》，而四首各殊”③，评《癸卯岁怀古田舍二首》云“题曰‘岁怀古田舍’，故二首纯是‘怀古’之论”等④；黄文焕还多次揭示陶诗结句善于转折的艺术特点，如评《岁暮和张常侍》：“到末忽扫一语曰‘靡攸虑’，而归之‘履运增慨’。深怀在世道，不在一身。”⑤评《拟古九首(之三)》结句“荣华诚足贵，亦复可怜伤”云“看他收法，喷起截回之妙”等⑥。黄文焕还注意揭示组诗首与首之间布置有法，明确指出：“陶诗凡数首相连者，章法必深于布置。”⑦如总论《咏贫士》七首曰：

贫士多列古人，初首叹今世之无知音，后六首追古人之有同调。……七首布置大有主张，“岂不寒与饥”“窃有恨见言”“岂忘袭轻裘”“岂不知其极”“岂不实辛苦”“所乐非穷通”“固为儿女忧”，七首层层说难堪，然后以坚骨静力胜之，道出安贫中勉强下手工夫，不浪说高话。以故笔能深入，法能喷起。⑧

黄文焕评《归园田居五首》“最有次第”，在总论中先疏通五首各自大意，把前三首诗概括为“以入俗之苦，形归居之乐”，把后二首诗归结为“以邻里之死，形独游之欢”，精辟而显立意章法；次从五首诗细部勾连彼此联系的线索，指出其章法的细密；最后指出“‘返自然’三字是归园田大本领，诸首之总纲”等关键所在。如此从多侧面阐发，使该诗的章法显得丰富饱满，也使该诗的意趣得到彰显。他认为《杂诗十二首》是有机的组诗，指出前十一首诗“愁叹万端”，而末首诗“极愁之后，结以不复言愁，其愁乃深”⑨，此解深入而能自圆其说。黄文焕把

① 〔晋〕陶潜撰，〔明〕黄文焕析义：《陶元亮诗》，第166页上。
② 〔晋〕陶潜撰，〔明〕黄文焕析义：《陶元亮诗》，第178页下。
③ 〔晋〕陶潜撰，〔明〕黄文焕析义：《陶元亮诗》，第171页上。
④ 〔晋〕陶潜撰，〔明〕黄文焕析义：《陶元亮诗》，第186页上。
⑤ 〔晋〕陶潜撰，〔明〕黄文焕析义：《陶元亮诗》，第183页上。
⑥ 〔晋〕陶潜撰，〔明〕黄文焕析义：《陶元亮诗》，第201页上。
⑦ 〔晋〕陶潜撰，〔明〕黄文焕析义：《陶元亮诗》，第109页下。
⑧ 〔晋〕陶潜撰，〔明〕黄文焕析义：《陶元亮诗》，第208~209页。
⑨ 〔晋〕陶潜撰，〔明〕黄文焕析义：《陶元亮诗》，第207页上。

《饮酒二十首》也看作有机的组诗,认为它“淋漓变幻,义多对竖,意则环映”①,指出“合汉魏与三唐,未见如此大章法”②,用长达一千余字的总论予以深细系统的论析,这还不包括随文点评中揭示首与首之间关系的文字。系统深入揭示组诗之间的联系变化,这在陶渊明阐释史上是一大开创。

虽然明代复古派诗人王世贞等也肯定陶诗的自然,但他们认为这种自然是锻炼雕琢后的水到渠成,不像谢榛等人一样认为那是“发真趣于偶尔”③。黄文焕循此解读思路做系统深入解析,对陶诗章法进行深细、系统的阐发,这在陶渊明接受史上实属首次,而且后世也罕有整体超越者。其所采取的形式批评视角也是前代读者极少采用的。

二

其次是“忧时念乱,不徒隐逸”。与从飘逸淡泊处解陶的主流意见不同,黄文焕主要从浓郁愤热处阐释陶渊明及其作品,由此集中凸显出一个与传统迥异的陶渊明形象。在《陶诗析义》中,他直接采用到此种角度论析的诗作有《停云》《时运》《荣木》《乞食》《赠羊长史》《癸卯岁始春怀古田舍二首(之二)》《饮酒二十首》《述酒》《责子》《拟古九首》《杂诗十二首》《读山海经十三首》《咏二疏》《咏三良》《咏荆轲》和《桃花源诗》等,数量占到陶诗总数的一半。如云:

(《停云》)四首皆匡扶世道之热肠,非但离索思群之闲悰也。“八表同昏,平路伊阻”,“平陆成江”,日月山河交失其恒,此复何等景象,可乏同心亟商匡扶哉!……比兴愤极,高处在使人骤读之不觉。④

此首(《时运》末章)所慨在逮黄、唐,经世之虑也。黄、唐之化理不作,山林总非安地。⑤

[《癸卯岁始春怀古田舍二首(之二)》]胸中道德经济之怀,岂易向人道哉!⑥

(《乞食》:)愧非韩才,时代将易,英雄无聊,……板荡陆沉之叹,寄托

① 〔晋〕陶潜撰,〔明〕黄文焕析义:《陶元亮诗》,第194页下。

② 〔晋〕陶潜撰,〔明〕黄文焕析义:《陶元亮诗》,第196页上。

③ 〔明〕谢榛:《四溟诗话》卷二,见丁福保辑《历代诗话续编》下册,中华书局2006年版,第1161页。

④ 〔晋〕陶潜撰,〔明〕黄文焕析义:《陶元亮诗》,第164~165页。

⑤ 〔晋〕陶潜撰,〔明〕黄文焕析义:《陶元亮诗》,第165页下。

⑥ 〔晋〕陶潜撰,〔明〕黄文焕析义:《陶元亮诗》,第186页上。

于此。生不能申志于世上，乃死欲申志于地下，果何物可贻哉？“贻”字冷甚。东坡以为真欲报谢主人，哀其口颊，抑何误也！①

此（《赠羊长史》）松龄诣宋公裕贺平关洛，诗末乃尔愁虑，其预有先见于禅篡耶？②

《责子》诗忽说天运如此，非真责子也。国运已改，世世不愿出仕，父子共安于愚贱足矣。一语寄托，逗露本怀。③

黄文焕在点评这些诗作时，格外强调那些不易被人觉察的浓郁情绪，指出《饮酒二十首》“一味牢骚”④，《杂诗十二首》“藏多少感愤”，“愁叹万端”，“悲愤等于楚词”⑤，《读山海经十三首（之二）》“寄意愤俗”⑥；《咏二疏》《咏三良》《咏荆轲》三首“大约为禅宋后”所作，《咏二疏》表达陶渊明“本朝犹不肯久恋，况事伪朝”的寄托，《咏三良》表达“祚移君逝”之后不见如“三良”一样忠臣的慨叹，《咏荆轲》则表达不见“生而报君父之仇如荆轲”者的愤慨。⑦

黄文焕对《述酒》《拟古九首》《桃花源诗》的创造性阐发把从浓热之处解陶的做法发挥到了极端。黄文焕论陶《述酒》诗云：

黄山谷谓此篇似是读异书所作，其中多不可解。汤东涧谓是零陵哀诗。晋元熙二年，刘裕逼恭帝禅位，既而废帝为零陵王。明年，以毒酒一罂授张伟，使鸩王，伟自饮而卒。继又令兵人逾垣进药，王不肯饮，遂掩杀之。此诗所为作，故以《述酒》名篇。东涧此论殊确。细观全诗次第，其所隐寓尤详。逼禅在六月，故首言日照南陆，秋草未黄，盖隐纪其月也。曰“豫章抗高门”者，裕为扬州牧，初受封地属豫章，故暗言其地也。曰重华者，裕逼帝以禅让，故引舜之禅天下也。曰“固灵坟”者，隐言恭帝之死也。舜葬于九疑山，九疑在零陵界中，裕废帝为零陵王，故举界内之舜坟也。裕欲自抗以高其门，不帝制不止，于是乎恭帝不得不就死地无生路矣，则“抗高门”“固灵坟”之微旨也。亟承一语曰“流泪抱中叹”，益显然矣。“神州献嘉粟”，则特因毒酒点露此语。题之所云“述酒”也，天不生嘉粟，无繇造毒酒，

① 〔晋〕陶潜撰，〔明〕黄文焕析义：《陶元亮诗》，第 177 页下。
② 〔晋〕陶潜撰，〔明〕黄文焕析义：《陶元亮诗》，第 182 页下。
③ 〔晋〕陶潜撰，〔明〕黄文焕析义：《陶元亮诗》，第 198 页上。
④ 〔晋〕陶潜撰，〔明〕黄文焕析义：《陶元亮诗》，第 188 页下。
⑤ 〔晋〕陶潜撰，〔明〕黄文焕析义：《陶元亮诗》，第 204 ~ 205 页。
⑥ 〔晋〕陶潜撰，〔明〕黄文焕析义：《陶元亮诗》，第 211 页上。
⑦ 〔晋〕陶潜撰，〔明〕黄文焕析义：《陶元亮诗》，第 210 页下。

则嘉粟殆恨端哉。"西灵为我驯",暗指张伟之自饮也。引诸梁、芊胜尤为愤绝。白公胜欲杀王篡楚,得沈诸梁、叶公诛之,楚国卒以存。晋之能为诸梁者,何人乎?再引汉献帝事以深致慨焉。裕之加九锡自为王,与操同,逼恭帝禅位与丕逼献同。献为山阳公十五年始卒,而零陵王乃以次年进毒不遂,竟加掩杀,不得如献帝之偷余生也。裕之视丕,倍忍心矣。"成名犹不勤"者,言丕已成其帝位之名,犹能不以杀山阳为应勤之事,而置之度外,留其余年也。"卜生",如握策出卜之"卜",用《子书》"牧乎君乎"之语。为天子而不能自保其身,即求为人牧,亦何可得。自卜此生者,宁以人牧为善,为可安乐,而不愿为君也。"平王去旧京",则特援东迁与东晋相映。平王得以东迁,再永其国,而东晋竟为裕所灭,不获复为东也。"峡中纳遗熏",指东迁之后,犹足自荫也。"王子爱清吹",引子晋吹笙事,语意尤悲。于晋为太子者也,居君位而见弑于其臣,篡贼接踵,何可胜叹!但有辞位学仙,庶可免祸耳。"日中翔河汾",则指子晋之白日飞升也。"双陵"、"九齿",语不可解,殆故晦之以自藏耶。然凤举鸾骞,高遁不仕之意,已居然显白矣。末曰"天容自永固,彭殇非等伦",为废帝之死再申低徊也。裕即杀帝而君臣之分自在,千古所不能磨灭也。然则帝何尝死哉?是不待以彭殇较论者也。用意至曲至愤。①

黄文焕接续汤汉等人的笼统见解,以史证诗,使这首谜一样令人费解的诗作终于得到具体而丰富的阐释。这一阐释得到了后世读者的普遍认同。如果说黄文焕对《述酒》的阐释还是对前代接受成果的补充和丰富,那么对《拟古九首》和《桃花源诗》的阐释则多有自己的独到见解。他评《拟古九首》"愤甚,热甚,悼晋之怀,千盘百结"②;"独此九首,专感革运,最为明显,与他诗隐语不同"③。他认为《桃花源诗》也体现了忠晋愤宋之情,谓此诗"当属晋衰裕横之日,借往事以抒新恨耳。……盖以避宋之怀匹避秦也,避秦有地,避宋无地,奈之何哉!篇内曰'无论魏晋',而况宋乎!曰'皆叹惋',悲革运之易也"④。桃源人,唐人多以为神仙,宋人苏轼之后多以为隐者子孙,而黄文焕独明"愤宋"之说,于桃花源又添新解,为接受史上历久不绝的忠晋愤宋之说添一崭新注脚。

① 〔晋〕陶潜撰,〔明〕黄文焕析义:《陶元亮诗》,第197~198页。
② 〔晋〕陶潜撰,〔明〕黄文焕析义:《陶元亮诗》,第200页上。
③ 〔晋〕陶潜撰,〔明〕黄文焕析义:《陶元亮诗》,第203页上。
④ 〔晋〕陶潜撰,〔明〕黄文焕析义:《陶元亮诗》,第217页上。

三

再次是“理学标宗，圣贤自任”。黄文焕是站在儒家立场上来阐释陶渊明的，或者说，他是把陶渊明当作一位儒家圣贤来解析和推崇的。黄文焕在《陶诗析义》自序中云：“晚节相师，益为不知元亮。元亮当晋未衰之时，从无宦情。迨祚之将移，宋之既禅，其诗愤气火发，无聊不平，处处见之。志子春，咏荆轲，赞夷、齐，是岂以一隐为避患计者哉？初为祭酒、参军，原非堪展经济之膴秩。继受彭泽令，不过贫仕三径之本怀，故卒辞之。使晋大用元亮，必不肯□守松菊，置君父于膜外，自表名高，勋烈亦必有可观，何至八表同昏，平陆成江，种桑三年，山河忽改，种种深暮年之浩叹耶！然则元亮激昂负荷，正在晚岁诗心。以未尝立一日之朝，而抱匡复之愤思，痛肉食之误国，此其纯忠，所以独标千古，诗品迥莫与京也。若只与曹、刘诸诗人絜声律高下，又曷足论哉？”①陶渊明对旧朝的“纯忠”，对“宋之既禅”的“愤气火发”，其情感发生方式、其对人伦世道的关怀，都是一位淳儒的典型表现，这也是黄文焕把陶渊明归入儒家的根本原因。黄文焕还认为陶渊明推崇孔子等儒家圣贤，解析《劝农》云：“举舜、禹、稷、周作榜样，以劝君相之重农；举冀缺、沮、溺作榜样，以劝仕隐之重农。竟无一人不在农中矣……殿章独援孔子，次及仲舒，必勤学而后不暇勤农，藉口为仲舒且未易，敢云千古有两孔子否乎？”②他又特别点评陶渊明对儒家经典的重视和学习，如评《答庞参军》“谈谐无俗调，所说圣人篇”句云：“谐语亦说圣人，不独庄论。”③析《饮酒二十首(之十六)》“淹留遂无成”云：“以读经自惭，未深圣贤之奥也。”④

黄文焕保持了对陶渊明真诚的推崇态度，尽管偶有佛、庄解语，但多以儒家为落脚点，以圣贤相推重。他在对陶诗进行阐释时难免求之过深、阐释过度。如解释《拟古九首(之三)》“仲春遘时雨”云：“始雷发而众蛰各潜骇，天地更变，说得可惧。先巢在而新燕还旧居，物情贞一，说得可爱。再拈荒芜之感作一喷起，燕虽已来，情尚未可知，况飞入他家者哉！所自明者，仅我之自心耳。说得世界竟无一堪信，凄危欲绝！”⑤一首兴致勃勃的写景诗被阐释为写“更革之惨”

---

① 〔晋〕陶潜撰，〔明〕黄文焕析义：《陶元亮诗》，第158～159页。
② 〔晋〕陶潜撰，〔明〕黄文焕析义：《陶元亮诗》，第169页。
③ 〔晋〕陶潜撰，〔明〕黄文焕析义：《陶元亮诗》，第178页下。
④ 〔晋〕陶潜撰，〔明〕黄文焕析义：《陶元亮诗》，第193页上。
⑤ 〔晋〕陶潜撰，〔明〕黄文焕析义：《陶元亮诗》，第200页下。

的隐语诗，深则深矣，然读诗似猜谜，令人兴味全无。他把《乞食》《责子》等诗也解析为愤世诗，令人觉得陶渊明胸中的汤火竟然如此沸旺，全然不像个“南岳之幽居者”。黄文焕在解析陶诗、谈论陶诗的情感时，总用“惨”“怆”“愤甚”“闷绝”等非中庸语言，而陶渊明本人的理想则是“不喜亦不惧”，超然于人事境遇之上。因此，黄文焕过度从浓郁热烈处解陶的弊端，如果变用《荀子·解蔽》批评庄子“蔽于天而不知人”的话来说，实在是“蔽于人而不知天”，限制了陶诗辽阔的审美天地。

黄文焕说：“古今尊陶，统归平淡，以平淡概陶，陶不得见也。”这不是危言耸听，而是指出了陶渊明接受史中日益形成的一种审美惰性。自从苏轼等人以平淡自然论陶之后，虽然读者也感受到平淡自然背后奇特有味的一面，但奇特有味在何处并没有得到系统深入的开掘。读者遵循审美惯性，习惯于从平淡自然处感受陶诗，习惯于运用“沛然从胸中流出”的现成结论，而懒做深入的思索和分析，连和陶诗也大多重复着陶诗艺术特点的皮毛，少见惊人的个性波澜。黄文焕就陶诗艺术特点的分析一反常规，刻意求深求奇，于平常不起眼处分析“字字奇奥，分合隐现，险峭多端”；他虽然也意识到陶诗的平淡自然（如其评《归园田居》曰“诸首纯以质语真语胜”，“极平常之景，各生趣味”①），但不再突出强调此特点，而是处处凸显锻炼雕琢。这一集中系统化的阐释使陶诗以完全陌生的面貌出现在读者面前，延长了读者对陶诗的感受长度，引发了读者对陶诗的深度思索。

继苏轼平淡之评以后，黄文焕的批评可谓发奇响而出蚌珠。黄文焕解陶带有强烈的主观情感，评陶为人也给人留下深刻的印象。他的学生沃仪仲在《读析陶说》中云：“临平石鼓，今逢茂先桐鱼，乃发奇响；从前风雨剥蚀，皆莛击耳。夫陶有浴日补天之手，而世云空谷之兰；有惊涛飞电之才，而世云太玄之羹；有坤复刚反之学，而世云鹤氅之仙。何瞀瞀也？陶之诗岂但晋人诗，吾师评陶，岂但评晋人中之陶，浊酒浇愁，长歌代泣，为千百世之真经济、真气节擢髓招魂，使悠悠之徒不敢复以平淡轻易自托，斯所析之义，弥引而无穷乎！……若石蚌之内守，遇吾师赏析，而后其义命方有达时。”②如果说苏轼之评是“正”，那么黄文焕之评恰好辩证地走到了“反”，他的陌生化批评为后代读者从“合”的角度接

---

① 〔晋〕陶潜撰，〔明〕黄文焕析义：《陶元亮诗》，第174页下、第175页下。

② 〔明〕沃仪仲：《读析陶说》，见〔晋〕陶潜撰、〔明〕黄文焕析义《陶元亮诗》，第161页上。

近陶诗奠定了基础。纪昀等《四库全书总目》卷一七四“《陶诗析义》提要”云：“陶诗之妙，所谓寄至味于淡泊，发纤秾于简古，其神理在笔墨之外，可以涵泳与化，而不可一字一句求之于饤饾之内。如伯英、逸少之迹，不可钩摹以波磔；襄阳、云林之画，不可比量以形象。文焕遭逢世难，借以寓意则可，必谓得陶诗之精微则不然也。”①纪昀的批评在很长一段时期内代表了后代读者对黄文焕陶诗观的认识。直到21世纪初，才有学者对黄文焕的陶诗观做系统研究。刘萍萍在学位论文《黄文焕〈陶诗析义〉研究》中指出黄文焕从浓郁处阐释陶渊明是建立在承认陶诗平淡特点基础之上的。② 这基本符合黄文焕陶诗观的实际。黄文焕陶诗观的贡献恰恰与他有意凸显一极的阐释方式密不可分，没有这种片面的深刻，也就没有阐释的陌生化，也就难以引发当代和后代读者走出惯常的审美惰性从而进行更加合理化的审美解读。

黄文焕从浓烈处接受陶渊明有其原因。首先，末世的特殊遭遇激发了他从浓郁愤热处解陶的热情。黄文焕生于明末，与陶渊明生于晋末类似，当时社会危机四伏，风雨已来，政道黑暗，党争纷起，黄文焕也难免卷入其中。明思宗崇祯末年，他受黄道周党争案牵连蒙冤下狱，在《陶诗析义自序》中曾回忆自己被捕时的轰动情况，一时百姓空巷，“施倪雨集，潦渭雷殷，目胎手指，谓此又一词臣钩连继至矣”③。他正是在狱中完成了《陶诗析义》，也就是说他是带着愤世之情阅读陶诗的，因此能从陶诗字里行间中读出悲愤来。后来，明遗民解读陶渊明也大多从浓郁悲愤处体会，可谓同一大背景使然。其次，黄文焕是一位修养深厚的理学家，一生以儒家君子人格律己衡人，解读陶渊明也就基本采取儒家视角。据刘萍萍的学位论文《黄文焕〈陶诗析义〉研究》，黄文焕的著作除另存《楚辞听直》八卷、《诗经考》十八卷、《诗经嫏嬛》六卷外，存目的有《易释》、《书释》、《毛诗笺》、《四书嫏嬛》(一名《四书解》)、《老子知常》二卷、《庄子句解》、《秦汉文评》、《汉诗审索》、《杜诗掣碧》六卷、《韩诗审索》、《昌谷集评注》、《馆阁诗文

① 〔清〕永瑢、〔清〕纪昀等：《四库全书总目》，影印清文渊阁《四库全书》本。

② 刘萍萍：《黄文焕〈陶诗析义〉研究》，首都师范大学2007年博士学位论文。该论文梳理了黄文焕的生平事迹和著述，并编成简谱附后；考论《陶诗析义》的底本乃源出宋庠本的善本，从语言艺术、篇章结构、抒情本质、制题艺术等方面论析黄氏论陶不专主平淡的特点；指出黄氏以诗史互证等方法揭示陶渊明忠晋愤宋的政治态度和《陶诗》忧时念乱的历史内容、理学标宗的思想境界；最后从诗人的创作活动、身世遭际和理学修为三个方面考察了黄氏成功解析陶渊明的原因。该论文论析周详，可资参看。

③ 〔晋〕陶潜撰，〔明〕黄文焕析义：《陶元亮诗》，第154页下。

稿》、《曰及堂文集》、《曰及堂尺版》、《觳庵草》、《赭留集》、《谈谈草》、《蜂史》一卷、《尚书遗羸集解》等。他对儒家基本典籍如《诗》、《书》、《易》、"四书"等都有深入研讨。他之所以卷入党争,从他本人的品格来讲,是因为他痛恨奸人蒙蔽圣听和他坚守正直的政治品格。黄文焕《别黄道周》诗云:"自闻钩党独行忧,痛哭批鳞泪未休。欲格君心甘溅血,不教汉祚付清流。雷霆怒尽天回笑,生死移时我掉头。今日全躯同去国,莫将厨俊傲林丘。"①可见其政治感情的激愤和政治品格的坚定不渝。以此感情和品格解读陶渊明自然容易与陶渊明忠晋愤宋的政治态度多有共鸣,容易借陶渊明之情志和品格来消解自我愤懑。

当然,黄文焕从浓郁愤热处解读陶渊明也有历史提供的必然条件,这主要体现在两个方面。

一方面,这是陶渊明接受史发展推助的。苏轼解读陶渊明注意到平淡之后的不平淡之处、有味之处,这个特点不断被读者阐释,一开始普遍倾向于说陶诗浓郁之味是"道味",经历过亡国之痛的南宋读者辛弃疾等人开始感受到陶诗的苦楚和英雄豪放的一面,至于伤时念乱、用字用句之奇、儒家视角等,前人注家(如汤汉、方回、李公焕等)及读者(如真德秀、吴澄、宋濂等)也多有阐解和发明。明中期黄溥(正统戊戌进士)解释陶潜《停云》《荣木》《归鸟》《咏贫士》等诗比附痕迹甚明,如其承接刘履《选诗补注》卷五释《咏贫士》云:"族,类也;故辙,故人之迹也。亦靖节更历世变,安贫守节,而叹人之莫我知也。言众人各得其所,而已独穷困无赖,恐没世而无闻,譬犹飞潜动植之物各有所托,而孤云独飘飘无依,行将灭于空中,不复可见矣。且所谓朝霞开雾,喻朝廷之更新,众鸟群飞,比诸臣之趋附;而迟迟出林、未夕来归者,则自况而其审时出处与众异趣也。我于此时固守不易,甘分饥寒如此,苟无知音者存,亦自已矣,夫复何悲!此真所谓乐夫天命而不疑者欤?"②陈继儒解释陶渊明《命子》《责子》两诗责备儿子的诗句云:"盖先生诸子,皆不欲其仕宋,故作诗自污,以晦其才。才则必以陶氏门第拔矣!善乎庄生曰:'以不才终其天年。'"③从此角度来看,黄文焕的评陶成就可谓涓涓细流汇总的结果。

① 〔清〕郑方坤辑,陈节、刘大治点校:《全闽诗话》,福建人民出版社 2006 年版,第 437 页。

② 〔明〕黄溥编:《诗学权舆》卷一〇二,《四库全书存目丛书》集部第二九二册,齐鲁书社 1997 年版,第 157 页。

③ 〔明〕宋存标:《情种八卷》卷七,《四库未收书辑刊》叁辑第二八册,北京出版社 2000 年版,第 761 页上。又张燧《千百年眼》卷七收录,昆仑出版社 2001 年版,第 356 页,引文首句作"先生之于诸子,皆不欲其仕宋",余文全同。

另一方面,明代复古思潮影响下的形式主义文论为黄氏批评提供了基本切入点。明人学诗、解诗多从字词句章篇做细致入微的涵泳和解析,关于古诗形式技巧方面的体会和论述十分丰富,黄文焕解陶虽然没有流于形式主义,但多结合形式阐发意蕴,正是一代作者、读者和学者们创作、阅读和批评成果积累的体现。

第四节 张岱和陶诗及其他

张岱是明末优秀的散文家、史学家、诗人,而陶渊明是他最喜欢的诗人之一,其“陶庵”之号就透露出这种心声。张岱是明代陶渊明接受史上的殿军,是一位里程碑式的读者。其卓越的接受成果主要表现在创作影响方面。他有和陶诗四十首、《快园十章》《种鱼》《看蚕》《舂米》《担粪》等田园诗十几首,还创作出《瓶中梅影映壁上画梅影》《自为墓志铭》《琅嬛福地》《桃源历》等受陶《形影神》《自祭文》《桃花源记》等影响甚巨的诗文。他还对陶诗进行了个性化阐释。为便于探讨问题,下面仅就其和陶诗及其相关问题予以讨论。

一、佚失的二十八首和陶诗

张岱在文学史和文化史上具有重要地位。今人夏咸淳点校的《张岱诗文集》据《张子诗秕》收录明亡后张岱和陶诗四题十二首,它们是:《和贫士七首有序》《和述酒》《和有会而作》《和挽歌辞三首》。近日笔者发现除此之外,张岱尚另有和陶诗十六题二十八首,它们是:《和荣木》(四章按 1 首计),《和赠长沙公》(四章按 1 首计),《和酬丁柴桑》(1 首),《和命子》(十章按 1 首计),《和归鸟》(组诗,按 4 首计),《和周家墓柏下》(1 首),《和悲从弟仲德》(1 首),《和五月中都还规林阻风》(组诗,按 2 首计),《和七月还江陵夜行途中》(1 首),《和与从弟敬远》(1 首),《和六月遇火》(1 首),《和述酒》(1 首),《和责子》(1 首),《和有会而作》(1 首),《和腊日》(1 首),《和读史述九章》(组诗,按 9 首计)。学者于此长期忽视,无人论及,故见之如宝,考察如下。

张岱这二十八首诗见于上海市图书馆藏清抄本张岱评东坡《和陶集》一册(以下简称“沪藏抄本”)①,不分卷,长二十七厘米,宽十七厘米,棉纸,四周单

① 王友胜《简论明代的苏诗选评》(载《惠州学院学报》2002 年第 1 期)一文注释云有明崇祯刻本,未详藏于何处。

边，半页八行，行十八字。封面为牛皮纸装裱，首页空白，有二枚篆体方印——白文“芬客珍赏”①、朱文“情禅”；卷前录苏辙《和陶集引》全文，右列首行为标题《和陶集引》，其所在行自上而下依次排列六枚篆体印章——白文长方印“曜真云阁”、朱文长方印“上海图书馆藏”、朱文长方印“萝轩书画”、白文方印“白沙山樵”、朱文圆印“诗瘦”、白文方印“刘氏家珍”；正文卷首“《和陶集》”下注明“晋陶潜著、宋苏轼和、明张岱评”，右列首行下角自上而下依次罗列三枚篆体方印——白文“睥睨九秋”、白文“鸣玉私印”、朱文“封山”；正文前半部分是陶渊明原诗及相应的苏轼和陶诗；正文后半部分是陶渊明原诗及张岱相应的和陶诗。张岱和陶诗部分首页自上而下有二枚篆体方印——白文“百岩私印”、朱文“孟度”。末页自上而下有二枚篆体印章：朱文长方印“鸣玉”、白文方印“西河刘氏”。

就印章情况来看，该抄本应抄录于清代乾隆以前。翁嵩年（1647—1728），字康饴，号萝轩，有白沙山樵印，钱塘（今杭州）人；康熙二十七年（1688）进士，著名画家、诗人；历官刑部郎中等，晚年退休西湖以诗酒书画自娱，卒年八十二。② 刘鸣玉，字封山，清雍正、乾隆间浙江绍兴诸生，兼工诗画、书法、篆刻，为越中才子。③ 现代导演钱英郁，曾用名钱善根，笔名孟度，浙江省舟山人，1918年出生于上海，晚年曾居上海，不知印章中的“孟度”是否指他。如果依据印章，此抄本被收藏的过程大致如下：翁嵩年（据朱文长方印“萝轩书画”、白文方印“白沙山樵”）→刘鸣玉（据白文方印“刘氏家珍”、白文“鸣玉私印”、朱文“封山”，“睥睨九秋”或许也是刘鸣玉的印章）→芬客（据白文“芬客珍赏”，“情禅”或许也是“芬客”的印章）→钱善根（据朱文“孟度”）→百岩（据白文“百岩私印”）→上海市图书馆。④

《和陶集》正文为墨笔行楷精抄，有涂改处和朱笔圈点，天头有红笔行楷评

---

① “芬客”变形较大，曾请教刘心明先生，难以确定；以下印章识读“诗瘦”等亦得指教，特此致谢。

② 据清法式善《清秘述闻》（嘉庆四年刻本）卷一二和卷一四、葛金烺《爱日吟庐书画录》（清宣统二年刻本）卷三、冯金伯《国朝画识》（清道光刻本）卷七、阮元《两浙輶轩录》（清嘉庆刻本）卷一〇等。

③ 据〔清〕阮元《两浙輶轩录》卷一〇、〔清〕陶元藻《全浙诗话》（清嘉庆元年刻本）卷四九、〔清〕彭蕴璨《历代画史汇传》（清道光刻本）卷三五等。

④ 学生赵鑫提醒，一般藏书印惯例为自下向上用印，即最早的藏书印在最右下角，依次而上。故“百岩”似在“孟度”之后，又刘鸣玉之印有三处都在右下角，似可推断刘氏为此书的最早收藏者。但刘氏较翁嵩年为晚，又“芬客”“情禅”也属于推测，一并俟考。

语。最早提到张岱《和陶集》的是周作人。其《陶集小记》云:

《和陶集》不分卷,抄本一册,张岱评。书名和陶,而实则具录渊明原诗,附列东坡和作,其后有张宗子补和者二十五首,前半有张氏评语,其评宗子和作部分或出于王白岳辈之手乎?抄本在东坡和诗末尾有朱笔题记五行云:“张岱号蝶庵,所著小品如《西湖梦寻》,《越人三不朽》,已经梓行,其未梓者有《陶庵文集》,《石匮全书》,《夜行船》,《快园道古》数种。兹编予于会稽谢氏案头见之,丹墨犹新,盖其手自评点者也,较订陶集异同各字,视他本最善,因借抄一册,以为行笈秘玩云。戊子仲冬朔有三日,汉阳朱景超识。”

宗子和诗后又有三行云:“右蝶庵和陶,如和‘规林阻风’及‘六月遇火’等作,中间涂抹不一,或注改字另入字,此盖其未必定稿也,姑仍之,以俟获正集时再订。虎亭识。”

案抄本中胤字缺笔,所署戊子当是乾隆之三十三年,去今亦已百七十五年矣。①

张岱《四书遇》抄本中有《寿王白岳八十》诗手稿二纸②,又有《廉书小序》提到王白岳有《廉书》,周作人推测的“王白岳辈”实际指张岱相识的友人。“沪藏抄本”中不见“东坡和诗末尾有朱笔题记五行”“朱景超识”,亦不见“三行”“虎亭识”字样。如果说因为后二者位于抄本之末,所以可能是“沪藏抄本”残缺,而在张岱和诗之前、东坡和诗末尾处的五行朱笔题记则一般不可能残缺,可见“沪藏抄本”当非周作人所见抄本。

值得注意的是,“沪藏抄本”书法精致工整而不失闲雅自然,前后基本整齐划一,几无殆惰之笔,极为用心,似出一人之手;与张岱《寿王白岳八十》诗手稿二纸书法相比,风格迥异,知非张岱本人所抄。“沪藏抄本”所用纸张中缝皆有“嫏嬛福地”四字,张岱有《琅嬛文集》,其中收录《琅嬛福地记》一文;张岱《陶庵梦忆》中有《琅嬛福地》一文,此纸张很可能出自张岱家。故“沪藏抄本”若非“王白岳辈”所抄,则为张岱子孙所抄。

《和陶集》所录张岱和陶诗计十六题二十八首。张岱和陶诗小引全文云:

子瞻喜彭泽诗,必欲和尽乃已,不知《荣木》等篇何以尚遗什分之二。

① 周作人:《知堂书话》,中国人民大学出版社2004年版,第848页。

② 〔明〕张岱著,朱宏达点校:《四书遇》,浙江古籍出版社1985年版,卷前附《寿王白岳八十》诗手稿前半影像。

今余山居无事，借题追和，已尽其数。子瞻云，古人无追和古人者，追和古人自子瞻始。乃今五百年后，又有追和古人者为之拾遗补阙，子瞻见之，得不掀髯一笑乎！

按照张岱和陶诗小引所云，知张岱追和的是苏轼没有和过的。苏轼没有和过的陶诗有：《荣木并序》《赠长沙公并序》《酬丁柴桑》《命子》《归鸟》《诸人共游周家墓柏下》《悲从弟仲德》《庚子岁五月中从都还阻风于规林二首》《癸卯岁十二月中作与从弟敬远》《戊申岁六月中遇火》《述酒》《责子》《有会而作并序》《蜡日》《拟挽歌辞三首》等十八首（不含《联句》），不足周作人所云二十五首之数。据"沪藏抄本"，张岱今存和陶诗中除《拟挽歌辞三首》外，苏轼未和者皆有和诗，并多出苏轼已经和过的《和七月还江陵夜行涂中》一首、苏轼没有和过的"述"《读史述九章》九首。据周作人看到的张岱附录于东坡《和陶集》后的和陶诗，"鸽峰草堂周氏抄本《陶庵诗集》中……五言《和贫士》七章，《和述酒》《和有会而作》《和挽歌辞》三章，此本均无之，盖因东坡已和，故不重复收入欤"①，沪藏抄本中却有《和有会而作》及与《张岱诗文集》（即《张子诗秕》）中完全不同的另一首《和述酒》。据此也可知，"沪藏抄本"与周作人所见抄本当非同本。

二、忠愤清奇的诗风

"沪藏抄本"张岱和陶诗与《张子诗秕》中的和陶诗并非作于同时，据《和荣木序》"三十不遇"、《和七月还江陵夜行涂中序》"癸酉（1633）八月游兰亭步彭泽前韵"等语及和诗风格，"沪藏抄本"和陶诗应作于明亡之前，而《张子诗秕》中的和陶诗则作于明亡之后避难期间。前者题材涉及田居、颂祖、咏物、游览、记事、感怀、咏史等，后者集中在叹贫固穷上；就艺术特色而论，前者清奇超旷，后者沉郁顿挫，感慨转深。故下文以后者为中心，以前者为参照，加以论述。

张岱《张子诗秕》中的和陶诗当集中作于明末避难嵊县西白山时期。清顺治三年（1646）六月，清军进攻绍兴，追捕抗清志士，支持过鲁王监国的张岱挟一子一仆，逃至离山阴城西南五十里远的越王峥佛寺避难，岂知为人认出，只好仓促转移。其《避兵越王峥留谢远明上人》记其事甚详。同年九月，张岱避难嵊县西白山中。不久，全家老小也辗转至此。由于家口不少，身边的奴仆也逃走了，颠沛流离中有时甚至断炊。在这种生活境遇极为困窘的情况下，张岱创作出他诗作中最优秀的部分篇章。张岱作品集中今可见的十二首和陶诗是：《和陶咏

① 周作人：《知堂书话》，第849页。

贫士七首（有序）》《和述酒》《和有会而作》《和挽歌辞三首》。此选三首为例：

空山堆落叶，夜壑声不闻。攀条逾绝巘，人过荆榛分。行到悬崖下，伫立看飞云。生前一杯酒，未必到荒坟。中夜常堕泪，伏枕听司晨。愤惋从中出，意气不得驯。天宇尽寥阔，谁能客吾身？余生有几日，著书敢不勤？手勒大明字（胸抱万古悲），凄凉失所群。易水声变徵，断琴奏《南薰》。竹简书日月，石鼓发奇文。王通抱空策，默塞老河、汾。灌圃南山下，愿言解世纷。得与豺虎远（所之不合宜），自来（与）鱼鸟亲。若说陶弘景，拟我非其伦。（《和述酒》）

张子自觅死，不受人鬼促。义不帝强秦，微功何足录。出走已无家，安得狸首木？行道或能悲，亲旧敢抚哭。我死备千辛，世界全不觉。千秋万岁后，岂遂无荣辱。但恨《石匮书》，此身修不足。［《和挽歌辞三首（之一）》］

西山月淡淡，剡水风萧萧。白衣冠送者，弃我于荒郊。山林甚杳冥，北邙在嶕峣。翳然茂松柏，孝子自攀条。身虽（既）死泉下，心犹念本（千岁如一）朝。目睹两京失（岁月除），中兴事（心竟）若何。匈奴尚未灭（平生不得志），魂决（亦）不归家。凄凄《蒿里曲》，何如《易水歌》？魂兮欲何之？应来庙坞阿。自注：庙坞，为先父母葬地。［《和挽歌辞三首（之三）》］①

张岱这类诗的情感内容和风格特点都很相似，皆纪实明志、言情抒怀，兼具《离骚》、杜甫诗歌沉郁顿挫、血泪崩落的特点，感人至深。所有的和诗渗透着一种挥之不去、浓墨重彩的深沉悲哀，如“悄然思故苑，禾黍忽生悲”（《和陶贫士七首（之一）》）、“丹崖与白石，彼或谅吾心”（《和陶贫士七首（之三）》）、“身不仕二姓，何如楚两龚”（《和陶贫士七首（之六）》）、“义不帝强秦，微功何足录”、“胸抱万古悲，凄凉失所群”、“但恨《石匮书》，此身修不足”、“匈奴尚未灭，魂亦不归家”，无不明显表达了眷恋故国、义不降清的忠愤之情。《和述酒》与《和挽歌辞三首》尤其悲不自胜，“愤惋从中出”，“深情出纸上”（《画中剑客》）②，与前期同题诗写“煎茶非孟浪，要与烟霞亲”的闲雅相比，此处《和述酒》径云“若说陶弘景，拟我非其伦”，可见其生活感受的深沉。《和述酒》《和挽歌辞三首（之

---

① 〔明〕张岱著，夏咸淳校点：《张岱诗文集》，上海古籍出版社 1991 年版，第 24 ~ 26 页，其中《和述酒》《和挽歌辞三首（之三）》据黄裳藏手稿本《琅嬛文集》，括号中为刻本所改选用字。本文所引《张岱诗文集》中的和陶诗等引文，如不特殊注明，皆据夏氏点校本。

② 〔明〕张岱著，夏咸淳校点：《张岱诗文集》，第 31 页。

三)》括号中的文字,当是清代刊刻者后来修订取用的,与原来直言不讳、充满激愤的文字相比,大为逊色。正是因此忠愤,诗人才在诗歌中表示愿同陶渊明、黔娄、伯夷、叔齐等高尚、困穷的士人一样,固穷守节,“身不仕二姓”。在这些诗歌中,除《和贫士七首》之二(风雨当重九)、之六(陶公坐高秋)等少数几首略显旷达以外,大多悲情浓郁,似与陶诗不类,但都源自现实生活的遭遇,诗情真诚动人。而这一真诚无伪的特点又与陶诗的精神取得了深刻的一致。也就是说,张岱后期的和陶诗不像前人那些不成功的和作一样,不是在字句、韵调、意趣等方面亦步亦趋或模拟陶诗原来风貌,而是情由衷出,坚定不移,看似散缓素朴的外表下却是矫健有力、气凝神完。与单纯的萧散飘逸和故作高雅形成鲜明对比,此种真诚坚定更契合陶诗精神的本质特点。

与后期和陶诗的内容集中在叹贫明志上相比,张岱前期和陶诗的内容较丰富,涉及咏史(11 首)、咏物(6 首)、游览(6 首)、感怀(2 首)、纪事、述祖、节日(各 1 首)等。前后和陶诗的相同之处在于都是有感而发,善于在实录中感怀悟道。但与后期的沉挚清拔不同,前期更显空灵清奇。如《和六月遇火》叹虎丘火灾云:“顷刻灰烬尽,兴亡如等闲。”不是写深陷其中的悲愤,而是表达旁观审视的理悟。又如《和七月还江陵夜行涂中》写兰亭风景云:“酒气通泉味,轻岚带月明。白云无意出,秋水上岸平。”灵隽清奇,闲雅萧散。后期和诗中无此类诗作。要之,张岱前期的和陶诗虽感慨不深,然风流自赏,自有倜傥超群之处。试比较前后两首《和有会而作》:

> 山中无俗事,粗粝可充饥。涧下青荠嫩,坡前笋蕨肥。不藉松为饭,无劳薜作衣。兰亭去感慨,彭泽无伤悲。不求今日是,不知昔日非。孤藤悬夜壑,四大空如遗。一念既不住,万念复何归?自到移情处,成连安足师?(“沪藏抄本”和陶诗)

> 乱来家愈乏,老至更长饥。菽麦实所羡,孰敢慕甘肥?未晓舂瓶粟,将寒补衲衣。婢仆褰裳去,妻孥长作悲。彼但悲歧路,讵知世事非!近稍力耕凿,田间有秉遗。喜此偶延伫,每携明月归。但愿岁时熟,丈人是吾师。(《张子诗秕》本和陶诗)

作者创作前一首和陶诗时,身处富贵,憧憬淡泊,因超俗之雅趣而得身心空如之超脱;创作后一首和陶诗时,跌落穷困,感同身受,虽强作旷达,而悲不自抑。又如前期《和五月中都还规林阻风二首(之二)》云:“入径皆田舍,度桥始见之。四山原意外,一水更难期。吐奇阳羡口,楼阁蜃吞时。适值山崖缺,亭台又在兹。石借藤萝系,花随流水辞。武陵当日路,到此更何疑。”借桃源结构写曹山景色移步换奇之美,令人应接不暇,虽无后期和陶诗的深沉,但风雅自然、清奇灵异,足以动人。

周作人云:“宗子所和诗不知视东坡何如,读去觉得却也还不恶。”①可以说苏轼和陶诗、张岱和陶诗面目各异,却都有很强的可读性和独到的文学价值。据笔者初步考察,苏轼之后,创作和陶诗的作者有据可按者至少有二百多人。和陶诗创作蔚然成风,作家作品层出不穷,但真正能够与苏轼和陶诗抗衡、写出自我至情、富有鲜明特色和艺术价值、可以进入文学史优秀作品行列的并不多,而张岱的和陶诗虽然仅有四十首,却可以获得这个殊荣。

三、在抑苏的点评中扬陶

“沪藏抄本”和陶诗中有一百余处张岱的评陶评苏言论。笔者发现,不仅《陶渊明资料汇编》(北京大学北京师范大学中文系等编,中华书局版)、《陶渊明研究资料新编》(钟优民编,吉林教育出版社版)丝毫没有注意到这些言论,而且在学者的相关论述中也几乎找不到这些言论的踪迹。张岱的评陶言论特点鲜明,易给人留下深刻的印象。首先令人惊讶的是张岱对陶诗偶有贬评。周作人论云:

> 宗子对于东坡殊不客气,评渊明诗固多倾倒,但也有一两处,如《答庞参军》批云,“亦是应酬语”。又《和胡西曹》批云,陶诗“亦复不佳”,语甚戆直,陶诗评语中殆不多见,颇有意思。②

又如评陶《和胡西曹示顾贼曹》“响然臻”三字云:“句亦生。”在众口一词的颂扬声中,有此率真之评,非张岱难能。

其实,除了上面提到的三处,张岱对陶诗全是褒扬备至的赞评。但值得注意的是,张岱每每在贬抑苏轼和陶诗的情景下或明或暗地褒扬陶诗。其评苏轼和诗艺术特点多为不留情面的贬抑,一方面否定苏轼和陶诗缺少韵味,效颦多于个性,俗气,如:评《和五月旦日作和戴主簿》及《和饮酒二十首(之二十)》“意味都尽”,评《和己酉岁九月九日》“意味索然”,评《和停云》其一“通篇意味俱短”,评《和游斜川》“押韵而已,意味亦俗”,评《和郭主簿二首(之二)》“味同嚼蜡,奈何奈何”,评《和拟古九首(之八)》“徒具他人面目,不露自己精神,虽说得乱堕天花,终同嚼蜡”,评《和饮酒二十首(之一)》“偶得酒中趣,空杯亦常持”一

---

① 周作人:《知堂书话》,第 849 页。

② 周作人:《知堂书话》,第 848 ~ 849 页。

句"是效颦无弦琴",评《和饮酒二十首(之七)》"顷者大雪年,海派翻玉英"一句"五字雪诗,最恶道",评《归去来集字十首并引》"集本字诗成句而已,无甚佳境"。另一方面,张岱讥讽苏轼和陶诗缺少淡泊从容、自然纯真的风度,如:评《和刘柴桑》"万劫互起灭"一首"东坡毕竟是高华中人,凡说隐居,终带忙碌",评《和王抚军座送客》"古来处困,独彭泽一人,东坡记榔桄,子厚赋囚山,语虽旷达,终带牢骚",评《和庚戌岁九月中于西田获早稻》"东坡豪气未除,何得便言稼穑,虽费揣摩终属勉强",评《和归园田居六首(之四)》"意、景俱忙促",评《和陶咏贫士七首(之五)》"意既不纯,语复夹杂",评《和陶归园田居六首(之五)》"和韵诗最忌凑砌",评《和陶神释》"语尚粘滞",等等。

批评苏轼和陶诗也就意味着对陶诗原作不动声色的褒扬。实际上,张岱的确把陶诗的优点摆在了苏诗的对立面。有学者指出:

> 关于陶诗与苏轼的和陶诗优劣之争,由来已久,众说纷纭,莫衷一是。张氏对此则是褒陶诗而贬苏诗,在对二人诗歌的比较分析中,对苏诗时有微辞,如评陶潜的《时运并序》其四说"意兴勃勃",而评苏轼的《和时运》其二则说"自动斧凿"。评《答庞参军并序》其六"以保尔躬"句说"尾语情深",而评苏轼的《和答庞参军》其一"而非玄德,三顾我庐"二句却说"俗境"。评《劝农》其六"无所不备,其言如海",推崇之至,可以想见;而评苏轼的《和劝农》其二却说"自带烟火",言外之意,苏轼尚未澄心静虑,归隐田园。有的时候,张氏于同一评语中直接是渊明而非东坡,如评《和读山海经》其一说"人谓东坡窥禅学之藩篱,余谓东坡得玄门之糟粕,力如缚蛋,语复骑墙,孰若渊明不言仙佛、菽粟、布素,皆证好果"。又如评《和拟古九首》其二说"元亮语短情长,子瞻词繁意简,是其二人优劣"。①

张岱评苏轼的确有些刻薄,但也具体切实地指出了苏轼和陶诗与陶诗的差距。这种差距概括起来就是陶诗语短情长、意兴勃勃,而苏诗词繁意简、兴味索然;陶诗自然传神,而苏诗雕琢拼凑。苏轼这样的天才和陶尚且难免自露己短,一方面说明陶诗作为经典的不可重复性,另一方面也表明诗歌的产生有自己的内在逻辑,不是通过单纯的模仿就能获得自我本质的。张岱其他专门赞赏陶诗的言论也多在突出陶诗意味深长之处,如评《饮酒二十首(之十七)》云:"渊明清标历历言表,以《饮酒》名篇,大有深意。"评陶《答庞参军》云:"凡说幽隐语俱着意兴,方知渊明非止山泽之臞。"评陶《杂诗》"欲言无予和,挥杯劝孤影"二句

---

① 王友胜:《简论明代的苏诗选评》,载《惠州学院学报(社会科学版)》2002年第1期。

云：“渊明诗每于议论中插入模景数语，必以冷艳惊人。”评《桃花源记》语句“诗中有画”，“数语括数代，又复婉尽”。评陶《归园田居五首（之四）》“死殁无复余”云：“便是深惜，言及于此，三教圣人皆低头不语。”……此皆注意就其意趣和诗艺的深婉意味、阅读感受的新颖动人点评。

值得指出的是，张岱评苏轼和陶诗是基于自己的艺术偏嗜，并非把苏诗贬斥得一无是处。一则，张岱对苏轼和陶诗有零星褒评。如评苏轼《和陶还旧居》“不敢梦故山，恐兴坟墓悲”二句云：“泫然此语，便胜彭泽。”评《和陶饮酒二十首（之八）》“煌煌凌霄花，缠绕复何为”等句云：“喻言最妙！”评《和陶饮酒二十首（之十四）》云：“凡说子由，津津不置，古今友爱至谊，自以眉山第一。”评《和陶杂诗十一首（之二）》“西窗半明月，散乱梧楸影”云：“好光景！”张岱还引述东坡评陶之语对陶表示赞赏，实际也是对苏轼评语的赞同。二则，张岱对苏轼爱之切，故憾之深。读张岱自己的和陶诗小引，知他和陶本来是为苏轼和陶诗“拾遗补阙”，他还诙谐地说：“子瞻见之，得不掀髯一笑乎！”足见他对苏轼和陶诗是喜欢在先，只是在与陶诗的对比中，苏轼和陶诗显示出雕琢乏味之弊，令他不能容忍，故往往率真指责。

四、鲜活的精神支撑

张岱既然对苏轼和陶诗多有指责，深知和陶之不易，但他为什么又宁愿“重蹈覆辙”呢？

张岱前期对陶渊明的接受主要是出于对风雅的仰慕，如《述史十四章》中《陶靖节》一首云：“有晋高士，柴桑陶潜。荷锄带月，植杖听泉。瓶则缺粟，琴亦无弦。诏客且去，我醉欲眠。”《和读史述九章》题作《陶潜》云：“有晋征士，柴桑陶潜。庭栽五柳，环堵萧然。醉不在酒，琴亦无弦。北窗高卧，无怀葛天。”其仰慕之情栩然如见。就现实境遇而言，张岱前期接受陶渊明还与他三十岁尚无功名密不可分。其前期和陶诗《和荣木序》云：“三十不遇，不得不言田舍也。”此语显然有激而发，也表明他与陶渊明放弃仕途、专注自我爱好的人生选择产生了共鸣。因此，张岱前期和陶不仅是要与苏轼甚至陶渊明在艺术上一比高下，随人评说，更根本的动因在于将陶渊明纳入自己的精神世界，以加强这个世界对自我人生的支撑作用。

张岱后期继续接受陶渊明事出有因，就现实原因而言，主要是在天翻地覆所造成的艰难生活面前，效仿陶渊明在现实中立身，借陶以固穷守节、坚定政治人格追求。张岱出身于诗书簪缨之家，明亡前生活豪华，曾嬉游今之浙、苏、鲁、皖等省，广交朋友。清顺治二年(1645)，清兵入杭州，鲁王监国绍兴，张岱积极投入抗清复明斗争中。后迫于时世，张岱避难嵊县西白山、山阴县州山项王里，撰述明史《石匮书》。顺治六年(1649)九月，时局缓和，他才回到山阴城，租居卧龙山下快园，直至去世。张岱《和贫士七首序》云："丙戌九月九日，避兵西白山中，风雨凄然，午炊不继，乃和靖节《贫士》诗七首，寄剡中诸弟子。"《陶庵梦忆自序》云："陶庵国破家亡，无所归止，披发入山，駴駴为野人。故旧见之，如毒药猛兽，愕窒不敢与接。作自挽诗，每欲引决。因《石匮书》未成，尚视息人世。"①明清改朝换代之际，生活的窘迫、遭遇的艰难、内心的激愤令他想起善于处穷的陶渊明。他甚至创作《桃源历》，"不存年号，无魏晋也，不立甲子，无壶官也。春蚕秋熟，岁序依然；木落草荣，时令不失"②。亡国之痛隐然其间。观张岱后期的和陶诗可知，他效仿陶渊明立身苦隐躬耕，固穷守节，始终表露出维持民族大义的遗民情绪。张岱评苏轼《和咏荆轲》云："二疏取其知退，三良取其狥主，荆轲取其报仇，元亮于此深情一往。"身处困境的张岱深会了渊明精神。陶渊明"不仕二姓"、君子固穷的坚毅人格和操守无疑给了张岱生动鲜活的精神支撑。

从陶渊明接受史的角度来看，张岱之所以采用和陶、效陶、用陶语陶典的形式，与苏轼、徐渭、王思任等前辈的影响分不开。陶渊明自苏轼之后，成为包括明人在内的读者最不可忽视的士人之一。除了艺术拟仿，张岱在行文中还顺手引用陶渊明诗文及其典实，如《石匮书》卷二〇七下引述陶渊明《乞食》诗贬评屠龙晚年"以文词为乞食，其志安得不降，而文安得不卑"③，《陶庵梦忆》卷三《丝社》用无弦琴典故云"但识琴中，无劳弦上，元亮辈正堪佳侣"等。张岱《夜航船》卷一"天文部"、卷二"地理部"、卷三"人物部"、卷六"选举部"、卷八"文学部"、卷九"礼乐部"、卷一七四"灵部"等中有十二条与陶渊明相关的故实。《夜航船》本是趣味性的类书，陶渊明成为其中不可忽视的关注对象。这不仅说明了张岱对陶渊明的熟悉和喜爱，也表明了陶渊明自苏轼之后是读者不可忽视的士人之一。张岱对本朝前辈徐渭、王思任等十分敬重，如二十七岁辑录《徐文长佚稿》，乞求祖父张汝霖及汝霖好友王思任为之作序。明代和陶成风，徐渭曾经为郦绩溪的和陶诗作过序言，王思任嗜陶，今天仍存其《律陶》诗。再如张岱

① 〔明〕张岱著，夏咸淳校点：《张岱诗文集》，第110页。

② 〔明〕张岱：《桃源历序》，见《琅嬛文集》，岳麓书社1985年版，第33页。

③ 〔明〕张岱：《石匮书》，稿本补配清抄本。

父亲张耀芳待下人宽厚，“见儿辈有怒笞臧获者，辄诵陶渊明《诫子书》‘彼亦人子，可善视之’”①。张岱耳濡目染，自然会对陶渊明抱有好感，在和陶作诗、效陶自为墓志铭方面直接受到苏轼、徐渭、王思任等人的启发。和陶、学陶已经成为一种传统精神的传递。

值得注意的是，张岱接受陶渊明而没有淹没于陶渊明，这与在末世巨变环境中产生的空幻感分不开，更与他受晚明解放思潮影响形成的强烈个性追求密不可分。其《琅嬛文集·琅嬛诗集序》赞赏云：“我与我周旋久，则宁学我。”②此语虽承晋人风度，实则是对晚明个性化思潮的认同。张岱做人如此，作文也如此。因此，张岱在接受陶渊明时，对陶渊明的坚毅品格感受深刻，对陶诗的不足也直言不讳。

第五节 晚明小品文与活泼的陶渊明

晚明文人把陶渊明看作寄托、表现性灵的朋友，他们往往以陶自许或者许人。如：徐渭的朋友葛公旦弃功名如敝屣，“往往以渊明自况”③；诸左泉“嗜饮可附柴桑”④；陈全之《蓬窗日录》对宋人罗大经山居时读陶渊明诗文之类的闲适生活表示了欣羡之情；张大复的朋友傅孝玄种一盆白迎春“与陶渊明集并列，额其斋曰‘白陶’”⑤。其实，《陶渊明集》是晚明文人必备的清课。乐纯《雪庵清史》就把陶集作为与佛书、道书、白居易集、苏轼集、李贽《焚书》《藏书》等并列的必修课程。晚明文人似乎无人不读陶集。

一、以陶渊明为话题解悟理趣

小品文是晚明最有特色的文体之一，活泼里透着俏皮，灵动里不乏幽默，浅易中富有韵致。晚明文人在表现他们脱俗的韵致、闲适的情趣、个性化的见解等性灵文字里，往往随手将陶渊明及其诗文拿来作依托，使一直有些古板的老隐士在此也活泼起来，使陶渊明的人品、趣味、兴致沾染上了晚明小品文特有的脾性。

---

① 〔明〕张岱：《快园道古》，浙江古籍出版社1996年版，第12页。

② 〔明〕张岱著，云告点校：《琅嬛文集》，第63页。

③ 〔明〕徐渭：《亦陶集序》，见《徐渭集·徐文长三集》卷一九，中华书局1983年版，第566页。

④ 〔明〕徐渭：《寿诸左泉序》，见《徐渭集·徐文长逸稿》卷一五，第950页。

⑤ 〔明〕张大复：《梅花草堂笔谈》，上海古籍出版社1986年版，第524页。

以陶渊明为话题的晚明小品文往往表达作者不拘俗套的新颖见解。他们从自己的人生出发解读陶渊明，发表惊世骇俗的言论。最值得注意的是，晚明文人虽赞赏陶渊明的高尚品格，但不像道学家那样做崇高化处理，即不从人伦道德上将陶渊明偶像化，而是从人情、人性、人欲的角度理解陶渊明的“高尚”选择，把陶渊明从圣洁的神坛上拉到世俗的人间。其中最有代表性的人物是袁宗道、李贽等。袁宗道有一篇题为《读渊明传》的奇文。现将全文照录如下：

> 口于味，四肢于安逸，性也。然山泽静者，不厌脱粟；而啖肥甘者，必冒寒出入，冲暑拜起之劳人也。何口体二性相妨如此乎？人固好逸，亦复恶饥，未有厚于四肢，而薄于口者。渊明夷犹柳下，高卧窗前，身则逸矣，瓶无储粟，三旬九食，其如口何哉？今考其终始，一为州祭酒，再参建威军，三令彭泽，与世人奔走禄仕，以餍馋吻者等耳。观其自荐之辞曰：“聊欲弦歌，为三径资。”及得公田，亟命种秫，以求一醉。由此观之，渊明岂以藜藿为清，恶肉食而逃之哉？疏粗之骨，不堪拜起；慵惰之性，不惯簿书。虽欲不归而贫，贫而饿，不可得也。子瞻隐括《归去来辞》为《哨遍》，首句云：“为口折腰，因酒弃官，口体交相累。”可谓亲切矣。譬如好色之人，不幸禀受清羸，一纵辄死，欲无独眠，亦不可得。盖命之急于色也。
>
> 渊明解印而归，尚可执杖耘丘，持钵乞食，不至有性命之忧。而长为县令，则韩退之所谓“抑而行之，必发狂疾”，未有不丧身失命者也。然则渊明者，但可谓之审缓急，识重轻，见事透彻，去就瞥脱者耳。若萧统、魏鹤山诸公所称，殊为过当。渊明达者，亦不肯受此不近人情之誉也。然自古高士，超人万倍，正在见事透彻，去就瞥脱。何也？见事是识，去就瞥脱是才，其隐识隐才如此，其得时而驾，识与才可推也。若如萧、魏诸公所云，不过恶嚣就静，厌华乐淡之士耳。世亦有禀性孤洁如此者，然非君子所重，何足以拟渊明哉！①

文章立论精警，一反常言。开头先提出大前提，把追求安逸作为人的一般本性，但是“人固好逸，亦复恶饥”，“好逸”与“恶饥”两者之间的矛盾促使人在社会生活中做出种种选择。陶渊明之所以出仕是由于安逸的生活没有了物质的保障，是为了满足口腹之欲，是“恶饥”。但进入仕途后，因为劳碌的仕途生活与其“慵惰之性”（“好逸”）产生矛盾，所以陶渊明弃官归来，陶渊明归隐不是清高之举，

---

① 〔明〕袁宗道著，钱伯城标点：《白苏斋类集》卷二〇，上海古籍出版社1989年版，第292～293页。

而是吃不了当官之苦，是为了追求安逸。这“慵惰之性”也就注定了陶渊明的贫穷。看来陶渊明与一般人没有什么特别不同。那么，陶渊明的高明之处何在？袁宗道认为是明哲保身、识高行果，“渊明解印而归，尚可执杖耘丘，持钵乞食，不至有性命之忧”；“然则渊明者，但可谓之审缓急，识重轻，见事透彻，去就瞥脱者耳”。陶渊明与自称“禀性孤洁”的“君子”的最大不同就在于陶渊明“好逸恶劳”，明智果敢，根本不是什么天生“恶嚣就静，厌华乐淡”。袁宏道、李贽等也有类似的观点，他们说：

作吴令，备诸苦趣，不知遂昌仙令，趣复云何？俗语云：“鹄般白，鸦般黑。”由此推之，当不免矣。人生几日耳，长林丰草，何所不适，而自苦若是？每看陶潜，非不欲官者，非不丑贫者；但欲官之心，不胜其好适之心，丑贫之心，不胜其厌劳之心；故竟‘归去来兮’，宁乞食而不悔耳。①

夫所谓超脱者，如渊明之徒，官既懒做，家事又懒治，乃可耳。②

为了追求闲适而超脱一切，这种阐释显然是晚明文人自我价值观、人生观投射的结果。追求道德上的完美与纯粹或许不是陶渊明的全部初衷，但一味任情适性、追求享乐也不是真实的陶渊明，至少不是完整意义上的陶渊明。晚明文人把陶渊明拉入世俗自由的天地，但也把他拘束在了个人狭小的空间里。

正因为被晚明文人视为世俗人，陶渊明也就有了世俗人的缺点，不免遭到非议，如敖英《东谷赘言》卷上云：“陶靖节非无义方者，五男儿皆不好纸笔，何耶？此之谓教亦不善者也。”③当然也有人持截然不同的意见，如陈继儒《狂夫之言》卷二云：

陶渊明《命子篇》则曰：“夙兴夜寐，愿尔之才，尔之不才，亦已焉哉！”其《责子篇》曰：“虽有五男儿，总不好纸笔。……天运苟如此，且进杯中物。”盖先生即诸子皆不欲其仕宋，故作诗自污，以晦其才。才则必以陶氏门地拔矣！此苦心也。善乎庄生曰：“以不才终其天年。”④

与从儒家道德的角度责陶不同，陈继儒用道家的无为思想解陶，窥探陶氏责子的微言大义。不论是哪一种见解，这些见解都是大胆和新颖的，体现了晚明文

---

① 〔明〕袁宏道著，钱伯城笺校：《袁宏道集笺校》卷五，上海古籍出版社1981年版，第215页。

② 〔明〕李贽：《答耿司寇》，见《焚书》卷一，中华书局1974年版，第37页。

③ 〔明〕敖英：《东谷赘言》卷上，见胡思敬辑《豫章丛书》第六九册，南昌古籍书店、杭州古籍书店1985年版。

④ 〔明〕宋存标：《情种八卷》卷七，《四库未收书辑刊》三辑第二八册，第761页。

人思想的洒脱。又如：

元亮劝农，而赞"田园不履"，似非稼穑本义。且以舜、禹之耕稼，伊尹之有莘，岂不学者耶？契为司徒，后稷播殖，岂不相为谋者耶？夫劝农则耕，劝学则读，是以士之为士，农之为农也。方志于学而请学稼，迟也鄙矣。若稼事方殷，而曰下帷，不见臧获之亡羊者乎？①

以陶渊明为话题的小品文还有一部分是以陶为范来说理达意。有时借陶解嘲，如陆树声《清暑笔谈》云：

余不蓄琴，客有为余解嘲者曰："昔陶靖节蓄无弦琴，今君并琴不蓄，视靖节又进一解矣。"余曰："虽然，此近于贫汉自傅王夷甫，口不言阿堵物耳。"②

有时借陶解悟为政之道，如李乐《见闻杂记》卷九云：

当官者衙门固欲整肃，而用刑尤贵得当。"当"之一字，即孔子所云"中"也。若不中，令人何以趋避？有一等偏责，衙门人自谓严治，然衙门人独非苍生赤子乎？陶渊明戒子待童仆曰："彼亦人子也，须善遇之。"此意可以治民束下。③

有时借陶表达旷达情思，如朱国祯《涌幢小品》卷六云：

吴明卿自作生穴，旁为祠，题其柱曰："陶元亮属自祭之文，知生知死；刘伯伦荷随行之锸，且醉且醒。"明年登七十四，方贺者履不绝于户时，语二子：事小定，且自为志。无何遂卒。④

又如洪月诚《秋水镜》三则云：

渊明《田园乐》（应为《归园田居》）云："犬吠深巷中，鸡鸣桑树颠。"虽是农家常事，然景出天然，意会偶尔，自是田野中真率趣味。若春日莺声，戴颙以柑酒听之；草际鸣蛙，稚圭以鼓吹视之。襟怀虽是旷达，然清幽境中着一浓艳想，恐犹是情识用事。

陶渊明云："偶有美酒，顾影独酌。"酒尽兴酣，犹然而乐天。论襟怀，渊明不及文举之豪迈；论趣味，文举不及渊明之恬夷。然正不当以优劣论也。时可同人，则高朋满座不以为滥；时可独乐，则挥杯劝影不以为僻。总之，

---

① 〔明〕方弘静：《千一录》卷二二，明万历刻本。

② 参《中华野史》卷八，三秦出版社2000年版，第7134页。

③ 〔明〕李乐：《见闻杂记》，上海古籍出版社1996年版，第756～757页。

④ 〔明〕朱国祯：《涌幢小品》，中华书局1959年版，第131页。

期于得趣而已。

前人《对菊》诗云：“三闾大夫不愿醉，五柳先生不愿醒。一醒一醉缘何事，坐对寒花烟满庭。”噫，不愿醉者，偏于清；不愿醒者，偏于和。总不若清不绝俗，和不尚同。醒醉两忘，才是涉世一圆机也。①

有时借陶反弹琵琶，如张燧《千百年眼》卷七《孟嘉论乐非是》《陶渊明不欲诸子仕宋》。前者云：

“丝不如竹，竹不如肉。”或问其故，曰：“渐近自然。”此晋孟嘉语也。不知丝者，丝之声也，出乎手；竹者，竹之声也，出乎口；假丝竹而声，总之皆肉也，则亦何尝不自然耶？况夫伯牙之琴、王子之箫、孙登之啸，亦可谓之不自然，亦可谓之不如肉乎？②

晚明文人对待生死的旷达态度时受陶渊明的启发，但也有自己的个性。比如徐渭、张岱都写过《自为墓志铭》，这一行为本身就受到陶渊明创作《自祭文》的启发，但与陶渊明的旷达不同，他们的旷达多了浓重的自嘲和玩世意味。又如张岱《自题小像》很有些《五柳先生传》的影子，文云：“功名邪落空，富贵邪如梦。忠臣邪怕痛，锄头邪怕重，著书二十年耶仅堪覆瓮。之人邪有用没用？”③作为贵族纨绔子弟的反思，情感真实而耐人咀嚼，其旷达中无可奈何的自嘲、沉痛、幻灭等是很明显的。

二、涉及陶渊明的诗话与传闻

涉及陶渊明的小品文还有许多类似诗话、传闻性质的笔记。直接评价陶诗的，如：

陶渊明《饮酒》《田园》诸作，见者若疑其为闲淡绝物，散诞自居也，而不知其雅操坚持，苦心独复处。观其诗曰：“凄凄失群鸟，日暮犹独飞。徘徊无定止，夜夜声转悲。厉响思清远，去来何依依？”又云：“劲风无荣木，此荫独不衰。托身已得所，千载真相违。”其特立愓厉若此。至其会意忘言处，则心境廓然，此正独复从道处，亦所谓忧世乐天，并行不悖。④

柴桑翁《卜居》诗曰：“昔欲居南村，非为卜其宅。闻多素心人，乐与数

---

① 〔明〕何伟然纂：《广快书》卷一八，明崇祯年间刻本。

② 〔明〕张燧：《千百年眼》，昆仑出版社2001年版，第353页。

③ 〔明〕张岱著，夏咸淳校点：《张岱诗文集》，第329页。

④ 〔明〕陆树声：《长水日抄》，《丛书集成初编》本，中华书局1985年版，第7页。

晨夕。奇文共欣赏，疑义相与析。”此可见翁择邻不苟之意。其后《与子之疏》有曰：“邻靡二仲”，岂所谓素心人者，亦不当其心哉！①

作者能于平淡处神会“特立惕厉”之味，于诗文的矛盾处敏锐地觉察到陶之心灵，其见解与眼光都摆脱了俗套。这类小品文在形式上继承了宋代诗话，最有代表性的是蒋一葵的《尧山堂外纪》。该书掇拾历代传闻逸事，上起黄、虞、三代，下到明代万历年间，搜罗鸿富。其中与陶渊明直接相关的有四十多条，除几条直接写陶渊明外，大多涉及陶渊明接受史上的一些诗话。如卷一二“六朝（晋）”部分记莲社传闻等事云：

庐山释慧远结社东林，秘书丞谢灵运于山后凿二池，植白莲，呼曰莲社。潜与慧远素为方外交，而不与莲社之列。一日，过慧远，甫及寺，闻钟声，不觉颦容，遽命返驾。法眼禅师晚参示众云：“今夜闻钟鸣，复来有何事？若是陶渊明，攒眉却回去。”此法眼特为陶公揄扬也。慧远持戒精严，送客远者不过虎溪。一日，偕潜及简寂观主陆修静，不觉过虎溪数百步，乃相与大笑而别。好事者遂作《三笑图》以纪之。

渊明尝闻田间水声，倚杖听之，叹曰：“秫稻已秀，翠色染人，时剖胸襟，一洗荆棘。此水过吾师丈人矣。”②

前一则传闻主要出于《莲社十八高贤传》，但已经加入了李贽《藏书》卷六七《陶潜传》所叙“法眼禅师”的传说。后一则出于唐人冯贽的笔记《云仙杂记》卷二所引《渊明别传》。虽然不知《渊明别传》为何人所撰，但《云仙杂记》凡三引之，明人很熟悉它③。另二则分别见于卷三和卷六：

陶渊明得太守送酒，多以春秫水杂投之。曰：“少延清欢数日。”

陶渊明日用铜钵煮粥，为二食具。遇发火，则再拜曰：“非有是火，何以

---

① 〔明〕敖英：《东谷赘言》卷下，见胡思敬辑《豫章丛书》第六九册，南昌古籍书店、杭州古籍书店1985年影印本。据清黄虞稷《千顷堂书目》卷二二，敖英有《心远堂文草》一卷，又《续草》一卷，又《诗草》一卷。

② 〔明〕蒋一葵：《尧山堂外纪》卷一二，明刻本。

③ 如〔明〕严衍撰《资治通鉴补》卷一二一“陶渊明传记”中就有陶渊明田间听水声的轶事。与杨慎有交往的杨士云似乎曾读到《渊明别传》，其两首《陶靖节别传》诗云：“倚杖听水声，剖胸洗荆棘。煮粥拜火发，充腹伊谁力。秫米投酒中，清欢少延得。”（此诗用到本节所引三则轶事）“秋容忽新沐，绕园忻细履。清空照水中，罗幕垂镜里。万状不可名，如媚闲居子。”（此诗所用轶事不见典籍记载）分见《杨弘山先生存稿》卷七，《丛书集成续编》第一一四册，第784页、第786页。

充腹？”①

这两则曾被明末朱国祯《涌幢小品》卷一七转引，文字略有出入。从《渊明别传》的文字来看，关于陶渊明逸事的记述可能多为传闻或者杜撰，但很得陶渊明洒脱出尘的个性风神，所以为晚明笔记小品作家所钟爱。类似的记述还有“北窗”“无弦琴”“宅边多种菊”等趣闻。

《尧山堂外纪》涉及唐、宋、元、明陶渊明接受史上的许多诗话，饶有趣味。如记唐末郑薰云：“郑薰既老，号所居为隐岩，莳小松七本于庭，自号七松处士，尝曰：‘异时可对五柳先生。’”②记宋代苏轼、辛弃疾等人诗（词）话甚多，如记辛弃疾赋词停云亭云：

> 辛幼安有园亭，皆为赋词。一日，独坐停云亭，水声山色，竞来樽俎。意溪山欲援例者，遂作数语云：“甚矣吾衰矣！怅平生、交游零落，只今余几？白发空垂三千丈，一笑人间万事。问何物、能令公喜？我见青山多妩媚，料青山、见我应如是。情与貌，略相似。一樽搔首东窗里。想渊明、《停云》诗就，此时风味。江左沉酣求名者，岂识浊醪妙理！回首叫云飞风起。不恨古人吾不见，恨古人、不见吾狂耳。知我者，二三子。”稼轩每开燕，必命侍妓歌其所作，特好歌此词。③

又记南宋康与之（字伯可）重阳节奉旨撰词云：

> 重阳日，常有疏风冷雨。康伯可在翰苑日，尝重九遇雨，奉敕撰词，伯可口占《望江南》一阕进云：“重阳日，阴雨四郊垂。戏马台前泥拍肚，龙山会上水平脐。直浸到东篱。茱萸胖，菊蕊湿滋滋。落帽孟嘉寻箬笠，休官陶令觅蓑衣。两个一身泥。”盖蒜酪体也。上览之大笑。④

又记明人庄昶滑稽诗云：

> 庄定山诗：“赠我一壶陶靖节，还他两首邵尧夫。”有滑稽者改作外官，《答京官苞苴》云：“赠我两包陈福建，还他一匹好南京。”闻者捧腹。⑤

辛弃疾赋词停云亭的诗话是借陶渊明言说雅趣，而康与之、庄昶诗（词）话则借陶渊明言说俗趣，陶渊明成为雅俗共赏的人物，正显示了晚明文人的独特趣味。

---

① 失名：《渊明别传》，见〔唐〕冯贽《云仙杂记》，《四部丛刊续编》影印明刊本。

② 〔明〕蒋一葵：《尧山堂外纪》卷一二。

③ 〔明〕蒋一葵：《尧山堂外纪》卷五九。

④ 〔明〕蒋一葵：《尧山堂外纪》卷五八。

⑤ 〔明〕蒋一葵：《尧山堂外纪》卷八六。

三、浸润着陶渊明趣味的小品

虽然晚明文人有时不直接以陶渊明为话题，但他们创作的小品文浸润着陶渊明的趣味，或者说陶渊明是文章的灵魂，如果抽掉了陶渊明，小品文的韵味也就倒塌了。如凌约言《与高刺史》云：

> 悬鱼休问，正尔嘉畅。乃遽归艎返溯，旧事寂寥，岂督邮嗔陶子不折腰耶？不折腰而赋归，乃所以见陶子矣。五柳扶疏，更不惜脱巾漉酒。日与高阳之徒寻鹤经丘，以高蹈风尘之外。其放情舒眸，方将神游八极，视当途之子鞅掌，可以超然适也。①

作者在书信中表达纵情事外的超然心境，全以陶潜自比，"不折腰而赋归"显其风骨，柳下纵酒、放情丘壑显其洒脱与高远；是写自我胸怀，却全借陶为言，隐然有一作者理解的陶渊明在；抽去陶渊明，不复成文。这类小品文可以王思任的《闲居百咏序》为例。全文如下：

> 对开美之人，天下无苦诗；读开美之诗，天下无苦人。诗从思起，思以品上。古今能乐其苦者，惟渊明与观复，两先生俱有"靖"名，其行住坐卧之会，莫非陶情怡性之真。故其诗淡而实腴，近而实邈；每奏一篇，恍然见羲皇而嚼冰雪；品高者，韵自胜也。开美笔耕自给，常不逢年，萧然环堵，残书数卷，一妾执爨，一子力勤，瓶无储粟，而意若万钟，其神气之所啸傲，大约在云兴霞蔚、图嶂镜波之内。盆蓄渊明之菊，无其园；庭植观复之梅，无其阜。闲居有百咏，无字不笑，无笑不欢。中多以酒为适，则开美浮自誉饰者。开美酒不能一蠡，而亦无所得酒，酒何可许开美也？然开美一日无酒，则老餮涎出，间之友人所乞酒，一沾便醉，戟手歌乌乌，则虽以酒还开美也而亦可。予为开美题像：在方朔、司马之际；今为开美题诗：在渊明、观复之间。开美必受之，海内或知吾两人不枉取。②

作为序跋类的小品文，本文的主旨在于突出开美诗歌的特点、赞赏开美与众不同的为人。但是作者没有直接单纯进行议论和描写，而是充分借用与开美诗风、为人接近的文化名人作比较，特别是充分借用了陶渊明，使开美的诗风和为人更加形象可感、含蓄蕴藉。前半部分评开美诗风抓住层层推进的三个字——

---

① 〔明〕徐渭辑：《古今振雅云笺》卷九，明末刻本。

② 〔明〕王思任：《王季重先生文集》卷一，见〔清〕姚莹、〔清〕顾沅、〔清〕潘锡恩编辑《乾坤正气集》卷一六八，清道光二十八年刊本。

“思”“品”“韵”，而重在突出“品”和“韵”，其人品是“能乐其苦”“其行住坐卧之会，莫非陶情怡性之真”，其诗品是“淡而实腴，近而实邈”，与一般流俗迥然有别，而与渊明则千载相通，这实质上也是其诗之“韵”胜所在。后半部分写开美为人也饱受陶渊明趣味的浸润，如以“萧然环堵”“瓶无储粟”写清贫，以“盆蓄渊明之菊”写园趣，以“一日无酒，则老饕涎出”写嗜酒，无不与陶渊明保持丝丝缕缕的精神牵连。作者虽然只说开美诗歌在“渊明、观复之间”，说其为人在“方朔、司马之际”，但在实际描写中不能不见出开美为人也有陶渊明的深刻影响。张岱《王谑庵先生传》称赞王思任“聪明绝世，出言灵巧，与人谐谑，矢口放言，略无忌惮”①。思任有大节，曾作书斥骂马士英；清兵破绍兴，他绝食而死。作为一位有雅兴、有气节的士人，他非常喜欢陶渊明及其作品，曾经创作《律陶》一卷，开启后代律陶之风。他的小品文能够浸润陶渊明的神韵与他如此喜欢陶渊明是分不开的。

陶渊明是晚明文人闲适清雅生活中不可缺少的空气，所以晚明小品也就经常浸润着陶渊明的芬芳。因为园林景致、居处玩好是晚明文人寄托兴趣最为集中的载体，所以此期出现了大量的庄园类题材小品。作为田园诗鼻祖的陶渊明也就成为庄园的美丽“景观”，如张侗初《题尔遐园居序》云：

> 缁衣化于京尘，非尘能化人也。地不择其偏，交不绝其靡；精神五脏，皆为劳薪，能于此中得自在者，其惟简远者乎；尔遐以治行人官柱下，卜居西城之隅，数椽不饰，虚庭寥旷；绿树成林，绮蔬盈圃；红蓼植于前除，黄华栽于篱下；亭延西爽，山气日佳；户对层城，云物不变；钩帘缓步，开卷放歌；花影近人，琴声相悦；灌畦汲井，锄地栽兰；场圃之间，别有余适。②

陈继儒《花史跋》云：

> 有野趣而不知水者，樵牧是也；有果窳而不及尝者，菜亻庸牙贩是也；有花木而不能享者，达人贵人是也。古之名贤，独渊明寄兴往往在桑麻松菊，田野篱落之间。东坡好种植，能手接花木，此得之性生，不可得而强也。强之，虽授以《花史》，将艴然掷而去之。若果性近而复好焉，请相与偃曝林间，谛看花开花落，便与千万年兴亡盛衰之辙何异，虽谓二十一史尽在左编一史中，可也。③

---

① 〔明〕张岱著，云告点校：《琅嬛文集》，岳麓书社 1985 年版，第 193 页。

② 施蛰存编：《晚明二十家小品》，上海书店 1984 年版，第 173 页。版本下同。

③ 施蛰存编：《晚明二十家小品》，第 341 ~ 342 页。

张岱《西湖梦寻》卷五《西湖外景·西溪》云：

栗山高六十二丈，周回十八里二百步。山下有石人岭，峭拔凝立，形如人状，双髻耸然。过岭为西溪，居民数百家，聚为村市。相传宋南渡时，高宗初至武林，以其地丰厚，欲都之。后得凤凰山，乃云："西溪且留下。"后人遂以名。地甚幽僻，多古梅，梅格短小，屈曲槎枒，大似黄山松。好事者至其地，买得极小者，列之盆池，以作小景。其地有秋雪庵，一片芦花，明月映之，白如积雪，大是奇景。余谓西湖真江南锦绣之地，入其中者，目厌绮丽，耳厌笙歌，欲寻深溪盘谷，可以避世如桃源菊水者，当以西溪为最。余友江道闇有精舍在西溪，招余同隐，余以鹿鹿风尘，未能赴之，至今犹有遗恨。①

张大复（明遗民）《梅花草堂笔谈》卷八"茶菊"条云：

甘菊单瓣，味香甜。性宜分植，骈久则瓣渐稠，香亦渐减。寒菊差耐，满中小铃，簇凑成枝，俗谓之金铃菊。予所意东篱故种不过如此，顾未闻有茶菊也。黄介子自顾山来，贻茶菊一本。花似马兰，中满不铃，而香韵清远，殊有金石荳花之气，绝不类菊，名茶当不诬耳。顾山菊冠江南，其小品亦自超。②

可以说，陶渊明隐逸（回归自然）与以田园为美的理念普遍影响了明代的庄园建设。园林是人的安身之地，又是安心之地，不但为身体提供止息的场所，也为心灵提供休憩的净土。它要体现人的审美情趣和审美理想，它是自然、文化和人工联合一体的家园。人们在园林中可以赏心悦目于当前，也可以悠然回味于久远。明末，园林建设已经成为一门艺术，设计大家充分认识到园林意境营造的重要性："水不得潆带之情，山不领回接之势，草与木不适掩映之容，安日涉成趣哉？"③如果园林不能尽其艺术之美，那么就不能吸引主人徜徉其间，在有限的空间内涵泳品味无限的情趣、领会玄远微妙的意境。园林必是自己喜欢、适合自我意趣的居所，才可以"日涉成趣"、百看不厌。因此，把园林景致文化意象化就成为一种追求。陶渊明及其诗文为园林体现无尽有味的意境提供了丰富的文化意象，因此，作为情景合一——景致之美与胸怀志趣相统一的物质体现的园林就自然浸润着陶渊明在田园生活里的生命体验："凡结园林，无分村

---

① 〔明〕张岱撰，马兴荣点校：《西湖梦寻》，上海古籍出版社 1982 年版，第 78 页。

② 〔明〕张大复撰：《梅花草堂笔谈》，上海古籍出版社 1986 年版，第 541 ~ 542 页。

③ 〔明〕郑元勋：《题词》，见〔明〕计成撰、赵农注释《园冶图说》，山东画报出版社 2003 年版，第 19 页。

郭。地偏为胜,开林择剪蓬蒿;景到随机,在涧共修兰芷。径缘三益,业拟春秋。围墙隐约于萝间,架屋蜿蜒于木末。山楼凭运,纵目皆然;竹坞寻幽,醉心即是。轩楹高爽,窗户虚邻。纳千顷之汪洋,受四时之烂漫。梧阴匝地,槐荫当庭;插柳沿堤,栽梅绕屋。结茅竹里,浚一派之长源;障锦山屏,列千寻之耸翠。虽由人作,宛自天开。”①园林布局“虽由人作,宛自天开”,其宗尚自然、清雅、含蓄等的审美趣味,无不与古典山水田园诗的审美趣味相通相合,其中当然就有陶渊明的影子:“径缘三益”有陶渊明“三径就荒”的含义;“市井不可园也”②,“地偏为胜”,这与陶渊明之归田取向一致;“编篱种菊,因之陶令当年”③,景物的选择与布置,如松竹梅菊的选择、桃源意境的营造显然受陶渊明的启发。陶渊明为隐逸文化提供了闲适生活的典范,作为闲适生活的理想场所——庄园也就有了浓郁的“陶味”。除了上面的引文,晚明小品文但凡涉及庄园情趣的作品,大多氤氲着陶渊明的清影。

四、借陶渊明趣味点染韵致

晚明小品文更多的时候是借陶渊明趣味与文章合拍的某一点,使之成为风韵独特的景致。典型的如一些精短的清言小品:

孤云出岫,去留一无所系;朗镜悬空,静躁两不相干。(洪应明《菜根谭》)

宠辱不惊,闲看庭前花开花落;去留无意,漫随天外云卷云舒。(洪应明《菜根谭》)④

三徙成名,笑范蠡碌碌扶生,纵扁舟,负却五湖之风月;一朝解绶,羡渊明飘飘遗世,命巾车,归来满架琴书。(李鼎《偶谭》)⑤

诗堪适性,笑子美之苦吟;酒可怡情,嫌渊明之酷嗜。若诗而嫉妒争名,岂云适性?若酒而猖狂骂座,安取怡情?(屠隆《娑罗馆清言》)⑥

空斋无一枝菊,大为五柳先生揶揄。但咏“满城风雨近重阳”,便昏昏

① 〔明〕计成撰,赵农注释:《园冶图说》,第37页。
② 〔明〕计成撰,赵农注释:《园冶图说》,第49页。
③ 〔明〕计成撰,赵农注释:《园冶图说》,第60页。
④ 〔明〕洪应明:《菜根谭》,山西古籍出版社1999年版,第141页、第159页。
⑤ 〔明〕李鼎:《偶谭》,《丛书集成初编》本,中华书局1985年版,第2页。
⑥ 〔明〕屠隆:《娑罗馆清言》,《丛书集成初编》本,中华书局1985年版,第3页。

欲睡,足下幸过我一破寂寥。(王稚登《重九风雨邀友人》)①

前两则翻用陶《归去来兮辞》"云无心以出岫",第三、四则直用渊明典实,都能够推陈出新,表达富有禅趣的哲理,留下隽永的意味;最后一则虚构五柳先生的心态,角度出人意表,表情达意反常合道。在众多小品中,陶渊明仅在某一点被借用,往往意趣深长。如黄贞父《题懒园记》云:

天地间人,懒者多矣,而独一嵇叔夜当之,懒亦未易言。真懒者世外而得身,外身而得性。性便神逸,形骸不能束,尘鞅不能绁,故足尚也。叔夜之懒,见于绝山巨源一书。鄙薄荣进,遗弃世俗,即肢体骨节,非其所检。而于琴于锻,于往古高士,于当世之名流仙品,欣然有合,率尔天放,此真懒者也。吾里有秦心卿,亦以懒自命,即以懒名园。园之中,玄对山水,而尤寄兴于画。所逢旷达之士,醉眠任意,而亦不奈见俗人,酬俗务。即楚楚风仪,而颓然土木。识者谓心卿之类叔夜,犹长卿之慕相如,有之似之耳。余笑谓心卿:"请以子之园,以葛天、无怀为懒祖,巢、许、卞、务而下,若子陵、渊明、嗣宗、叔夜一辈人,高列两庑,若五斗先生之祠杜康,配以焦革,心卿即于此中参一座。且著我作懒侯,附庸如何?"心卿亦笑不答,遂书其语云。②

小品文论"懒"主要以嵇叔夜为例,而末尾忽然出一谐谑语,要把陶渊明作为"高列两庑"的"懒"贤来祠敬,不但加深了人们对"懒"的独特意义的理解,同时令人解颐、回味有余。此类小品还有一篇奇文,即卫泳所辑《谈美人》中的《招隐》一节,今录如下:

谢安之屐也,嵇康之琴也,陶潜之菊也,皆有托而成癖者也。古未闻以色隐者,然隐孰有如色哉?一遇冶容,令人名利心俱淡,视世之人奔蜗角蝇头者,殆胸中无癖,卒怅靡托者也。真英雄豪杰,能把臂入林,借一个红粉佳人作知己。将白日消磨,有一种解语言的花竹;清宵魂梦,饶几多枕席上的烟霞。须知色有桃源,绝胜寻真绝欲,以视买山而隐者如何?③

吴承学分析该文说:"这是一篇奇谈怪论。古人说,小隐隐山林,大隐隐朝市,此外古人也有隐于书者,隐于吏者,隐于酒者,而卫泳则匠心独运,开辟了隐的另一大途径,这就是隐于色。他认为色是最适宜隐的,人们一见美色冶容,名利心

① 〔明〕徐渭辑:《古今振雅云笺》卷三。

② 施蛰存编:《晚明二十家小品》,第165～166页。

③ 刘大杰编选:《明人小品选》,上海古籍出版社1995年版,第7页。

便都淡了，于是名缰利锁顿可挣脱。那些整天营营于名利场上的人，就因为他们胸中没有这种癖好，精神没有寄托。而英雄豪杰，有一个红粉佳人，便可以把臂入林，所以女色冶容可以让人忘却世事，这便达到隐居的目的。相比之下，那些寻找神仙者，禁欲寡欲者，或跑到深山去隐居者，那些隐居方法真笨，根本不能与隐于色的方式相比。美色本身就是‘桃源’，逃到里头，便‘不知有汉，无论魏晋’，这不是最好的隐居吗？”①在这篇文章中，陶渊明隐居东篱仅仅是“色隐”的陪衬，但这一陪衬凸显了“色隐”的意义和韵味，而结尾说“色有桃源”，不仅切合隐逸含义，又回应了开头的“陶潜之菊”，别具陶氏妙韵。陆树声小品写一次游韦庄云：“时日光微漏，吏报亭午，轻飔扇暑，雨气蒸燠。予左坐当风，顾二君曰：‘此陶元亮故人，吾一面而当之矣。’”②文章主体写游览经过，中间插此谐谑，以凉爽之风为“陶元亮故人”，暗用陶渊明“北窗”之典，含蓄而有雅趣。朱国祯《涌幢小品》卷一七记唐桂芳逸事云：“尝私谥渊明为‘酒圣陶先生’，王无功为‘酒贤’，自称‘酒狂’。凡岁时令节，以图像祭享，设酒浆，陈俎豆，举觞浮之，不至沉醉不止。或披衣哭泣，歌笑自放。识者谓有托而逃，盖佯狂云。”③陶渊明不是所写的全部，而谑称陶渊明为“酒圣”却反衬出唐桂芳狂诞的个性。张大复《梅花草堂笔谈》卷三云：“钱先生景行，古貌赤心，好谈名理，闻之者如从避秦人话桃花豁中事，心形俱远，烦悴都消。”④写钱先生的为人，用此一妙喻，使其个性风神形象可睹、呼之欲出。

要之，晚明小品文对陶渊明的接受活泼多致，对陶渊明的理解带有明显的时代烙印，见解新颖而大胆；对陶渊明的接受方式灵活多变，除了传统意趣的借用和阐发，往往推陈出新，灵动隽永，甚至反弹琵琶，不乏诙谐意味，表现出晚明文人独特的审美嗜好。陶渊明也因此变得活泼灵动、平易近人。晚明文人之所以如此接受陶渊明主要有如下几个原因。第一，受心学和资本主义萌芽的影响，晚明兴起了一股“浪漫主义思潮”。在这一思潮的影响下，文人普遍追求个性和精神自由，追求洒脱闲适的生活方式，接受被传统鄙视的物欲享受，接受市民的世俗审美趣味。他们思想自由，能够摆脱旧理学的约束，独出己见，能够从人性、人情、人欲出发阐释历史人物，发表一些前人看不到或者不敢说的大胆新

① 吴承学：《晚明小品研究》，江苏古籍出版社1999年版，第355页。
② 〔明〕陆树声：《游韦庄记》，见施蛰存编《晚明二十家小品》，第21页。
③ 〔明〕朱国祯：《涌幢小品》，第400页。
④ 〔明〕张大复：《梅花草堂笔谈》，第238～239页。

颖见解。第二,小品文是晚明文人生活和心灵审美化的载体。晚明文人对趣、韵、味的追求,对自然、清雅、含蓄的追求,对隐逸、田园、山水的向往等都可以溯源到陶渊明。第三,晚明文人熟悉陶渊明接受史上的著名典实,这从蒋一葵《尧山堂外纪》记载的许多与陶渊明相关的逸事以及以陶集为清课中可以窥知。此外,印刷业的发达使陶集得到更为广泛的传播,这也是晚明小品文作者普遍接受陶渊明的一个必要条件。

第七编

『碑碣当头题晋字，其余何事不千秋！』

——陶渊明接受史的收获期（清代）

相对于宋代苏轼推动的第一个高潮，清代是陶渊明接受史的又一个高潮。苏轼激发了读者对陶渊明为人和诗文持续的热爱，所以后世读者对陶渊明的接受不论是在阐发还是在创作方面都呈现出异彩纷呈的局面。然而，丰富多彩的言论和成果中还存在诸多主观臆断和接受的盲点，还需要更为冷静的思考、坚实的学术梳理和深入的理性总结；作为历经数代读者筛选的经典，陶渊明的人品和他的作品也在呼唤新的接受成果的诞生。清代读者无愧于传统陶渊明接受史的殿军，历经二百余年持续的关注和接受，把陶渊明接受史推向更为广阔、更为深入的领域。如果把陶渊明接受史比喻作九曲十八弯的黄河，那么清代读者对陶渊明的接受就仿佛是面朝大海的黄河口，它携带着历史上波澜壮阔的水流、物产和泥沙，走到了古代农业文明的尽头，也走到了与现代文明和世界文明交汇的雄浑壮丽的开端。在这样一个海天相接的时空背景下，陶渊明接受史的成果就像风景美丽、物产丰富、河汊复杂、令人难以一眼看清而又禁不住流连忘返的黄河三角洲一样，充满无穷的魅力。

与明代读者有一个贬抑陶诗的思潮不同，从明遗民开始，到清遗民结束，清代读者在整体上始终把陶渊明视作不可逾越的圣贤，高度评价他妙绝千古、平淡而醇厚的诗作。相对于前人，受考据之风和儒学复古之风的影响，清代读者对陶渊明的接受和阐释更为理性和学术化，他们在前人言论的基础上，对陶渊明的家世、生平、思想、品节和风雅等有了更全面、客观、深入的阐发。在创作接受上，他们也创造了形式多样、琳琅满目的作品，呈现出各具特色的风格与个性。

第一章 不可逾越的圣贤与经典

第一节 松菊高风卧龙豪

如前代读者一样，清代读者对陶渊明的为人充满了浓厚的兴趣。如果说唐代读者迷恋于陶渊明作为风雅之士的隐逸和酒风，宋代读者叹赏他作为士人的飘逸和淡泊，元明读者仰慕他的得道和忠愤，那么清代读者则综合诸种，各有所取，而总归于雄豪和儒雅。受考据之风和儒学复古之风的影响，清代读者对陶渊明的家世、生平、思想、品节和风雅等有了更全面、客观、深入的理解、接受和阐发。

一、家世生平与微言大义

清人对陶渊明家世生平的关注最集中地体现在关于陶渊明的家谱和相关题跋中。宋人所作年谱可知者有七种：王质《栗里谱》一卷、张缜《陶靖节年谱辨正》一卷、吴仁杰《陶靖节先生年谱》一卷、李焘《陶渊明诗谱》三卷、赵彦慧《靖节年谱》二卷、杨恪《陶渊明年谱》、黄公绍《陶渊明年谱》。[①] 元明人所作年谱有五种：元杨奂（紫阳）《陶渊明年谱》、元赵孟頫《画靖节年谱》[②]、明陶宗仪《陶栗

① 后两种见〔宋〕蔡正孙《精刊补注东坡和陶诗话》引录，杨恪《陶渊明年谱》有二十则，黄公绍《陶渊明年谱》有九则，另有四则未署名，可能出自杨、黄二谱，参卞东波《宋代诗话与诗学文献研究》所录《韩国所藏孤本诗话〈精刊补注东坡和陶诗话〉考论》，中华书局2013年版，第119～120页。

② 按，此《画靖节年谱》乃据〔清〕陈撰《玉几山房画外录》卷上和〔清〕潘正炜《听驱楼书画记》续卷上，真伪待考。〔清〕陈梓《删后文集》卷一二《再跋子昂画五柳年谱图后》云：“《五柳先生年谱》，《全集》不载，他无可考。……况先生寿六十三，此云六十二；《朱子纲目》书晋征士陶潜卒在宋元嘉四年，今云元嘉五年，时年六十，皆大舛误也。松雪博学之士，不应冒昧至是。或者伯时画卷本属赝作，松雪震其名，遂不暇详审，为依样葫芦耶？后有明眼当熟辨之。”（见《清代诗文集汇编》第二五四册，上海古籍出版社2010年版，第159页）如果《五柳先生年谱》是《画靖节年谱》，那么陈梓的怀疑是很有道理的。

里年谱》一卷、明潘璁《陶渊明年谱》[1]、阙名《陶靖节年谱》一卷（据明《世善堂藏书目录》卷上）。以上十种，清人可见者仅三种，即吴仁杰《陶靖节年谱》一卷、张缜《陶靖节年谱辨正》一卷、王质《栗里谱》（《陶靖节先生年谱》）一卷。清人在这三种年谱的基础上又编制出至少六种年谱。现据谢巍辑《中国历代人物年谱考录》、许逸民辑校《陶渊明年谱》等简录如下：

（1）昆山顾易撰，雍正年间刊本《柳村集陶》中《谱陶》一卷（以下称《柳村谱陶》）。此谱考陶潜生于兴宁三年（365），卒于元嘉四年（427）。作者思理缜密，其最有特色者乃考论陶渊明任彭泽令不仅八十余天。作者据《归去来辞》"乙巳岁"（晋义熙元年）和《晋书·陶潜传》所载"义熙二年，解印去县"相矛盾等推论，认为陶渊明辞去彭泽令乃在义熙二年。可惜这一问题在清代和现当代都没有引起读者的充分重视。

（2）安化陶澍撰，道光二十年刊《靖节先生年谱考异》二卷。该谱考生卒年同上谱，其考所异者，以渊明为江西宜丰人，浔阳柴桑为其葬地。该谱用功最深，创获亦多，为陶谱集大成之作（详参后面陶澍专节论述）。

（3）山阳丁晏撰，道光、同治年间刊《晋陶靖节年谱》一卷。此谱考生卒年同上谱。此谱未能参考顾易的《柳村谱陶》，虽然提到张缜《陶靖节年谱辨正》，但又未提及视吴仁杰《陶靖节年谱》，当是未参考吴谱。此谱虽缜密不足，然最为简明扼要，能纠王质《栗里谱》之谬。

（4）新城杨希闵撰，光绪四年（1878）刊《晋陶征士年谱》一卷。该谱平实概要，乃据史传、陶集略加主观按语而成，未能详细参考前人年谱，疏漏难免。如仍从王质《栗里谱》系陶三十七岁丁父忧，而陶澍《靖节先生年谱考异》等已辨析其非。

（5）新化邓显鹤撰《陶渊明年谱》，据《直介堂丛书》本《桐城文学撰述考》，本谱待访。

（6）仁和孙德谦（隘堪）撰《靖节先生年谱》未竟稿本，据王遽常撰《孙隘堪先生行状》（见《四益宧骈文稿》卷首），本谱待访。

此外，陈澧（1810—1882）所撰《陶诗编年》[2]也带有年谱性质。还有很多涉及陶渊明生平身世考订的文章，此举其重要者二十家如下。朱鹤龄

---

① 明人潘璁有《渊明年谱》，当佚，参〔清〕陈沆《诗比兴笺》卷二，上海古籍出版社1981年版，第76页。

② 据顾廷龙等主编《中国古籍善本书目》可知有清抄本。未见。

(1606—1683)《陶潜论》①，傅占衡(1606—1660)《永初甲子辨》②，吴瞻泰(1657—1735)《陶诗汇注序》，何焯(1661—1722)《义门读书记·文选》，阎咏(1671？—？)《陶彭泽非祖桓公》，全祖望(1705—1755)《陶渊明世系考》③，卢文弨(1717—1796)《陶潜传(札记)》④，王鸣盛(1722—1797)《潜年六十三(驳张缜七十六岁说)》、《渊明改深明》⑤，王昶(1724—1806)《书陶渊明传后》⑥，赵翼(1727—1814)《陶诗甲子纪年》⑦，钱大昕(1728—1804)《跋陶渊明集》⑧、《跋何义门读书记》⑨、《陶靖节诗》⑩，沈可培(1737—1799)《答陶诗问》⑪，李宪乔(1743—1797)《陶渊明诗甲子辨》⑫，赵绍祖(1752—1833)《年号甲子为后人所删说》⑬，恽敬(1757—1817)《靖节集书后》⑭，徐养源(1758—1825)《陶渊明世系考》⑮，黄丕烈(1763—1825)《陶靖节先生诗注跋》，方东树(1772—1851)《陶诗附考》，包世臣(1775—1855)《书韩文后下篇》⑯，姚莹(1785—1853)《与方植之论陶渊明为桓公后说》⑰等。清人整理的重要陶集也多涉及陶渊明的身世生平，此不赘述。

综观以上年谱、题跋等资料，我们会发现，清代读者已经不满足于史书传记和前人粗疏的年谱，而是对陶渊明的出身、名字、履历、诗文编年、生卒年等基本

① 〔清〕朱鹤龄：《愚庵小集》卷一一，清康熙十年松陵朱氏刻本。

② 〔清〕傅占衡：《湘帆堂集》卷一一，清康熙活字本。

③ 〔清〕全祖望：《鲒埼亭集·外编》卷四〇，《四部丛刊》本。

④ 〔清〕卢文弨：《读史札记》，清《聚学轩丛书》本。

⑤ 〔清〕王鸣盛：《十七史商榷》卷五一、卷六四，《丛书集成》本。

⑥ 〔清〕王昶：《春融堂集》卷四三，清嘉庆十二年塾南书舍藏版。

⑦ 〔清〕赵翼：《陔余丛考》卷二四，乾隆五十五年湛贻堂初刊本。

⑧ 〔清〕钱大昕：《潜研堂集》文集卷三一，清嘉庆十一年刻本。

⑨ 〔清〕钱大昕：《潜研堂文集》，《续修四库全书》第一四三九册，上海古籍出版社2002年版，第45页。

⑩ 〔清〕钱大昕：《十驾斋养新录附余录》卷一六，清嘉庆年间刻本。

⑪ 〔清〕沈可培：《泺源问答》卷一一，清嘉庆二十年雪浪斋刻本。题目代拟。

⑫ 〔清〕李宪乔：《凝寒阁诗话》一卷，山东师范大学图书馆藏抄本；又山东省博物馆藏《高密三李诗话》稿抄本。

⑬ 〔清〕赵绍祖：《读书偶记》卷七，民国《文渊楼丛书》本。题目代拟。

⑭ 〔清〕恽敬：《大云山房文稿》二集卷二，《四部丛刊》影印清同治刊本。

⑮ 〔清〕徐养源：《顽石庐文集》卷七，《清代诗文集汇编》第四五三册，上海古籍出版社2010年版，第634页。

⑯ 〔清〕包世臣：《艺舟双楫·论文》，中国书店1983年版。

⑰ 〔清〕姚莹：《东溟文集》文后集卷一，清《中复堂全集》本。

问题进行了全面系统的考论，对陶渊明生平中的诸多问题展开了热烈讨论，基本厘清了陶渊明的身世生平，即使有些问题一时没有解决，但也为后人进一步探讨奠定了基础。

第一，关于陶渊明的曾祖父是否是陶侃的问题。清初阎咏和他的父亲阎若璩首先抛出陶侃非渊明曾祖之论。其论略云：

若璩案：儿子咏有辩一篇曰：自昭明太子误读陶《命子》诗，其五章云“桓桓长沙，伊勋伊德”，其六章云“肃矣我祖，惠和千里；於皇仁考，淡焉虚止”，以祖与考系于陶侃之下，遂作《渊明传》曰“曾祖侃，晋大司马”，又曰“自以曾祖晋世宰辅，耻复屈身后代”，若以渊明高隐不出，为承其先志也者，不知其实不尔。此诗第一章原陶姓出自唐，昌于周；二章隐于战国，显于汉初，功臣陶舍；三章舍之子青，为孝景丞相；四章则言枝分派别，直至晋有长沙公出；五章实言长沙勋德；六章方挽到自己祖考。细玩自明。更参以《赠长沙公诗序》云：“长沙公与予为族（‘族’是一句），祖同出大司马，昭穆既远，已为路人，经过浔阳，临别赠此。”大司马当作右司马，即汉高时功臣舍，丞相青之父，惟误称大司马，侃赠大司马者也。昭明认作侃，以此为渊明曾祖。果真出于侃，此袭公爵者，方为吾从祖昆弟之子，岂得曰“昭穆既远，已为路人”哉？诗云“同源分流，人易世疏；慨然寤叹，念兹厥初”，“初”正指在汉初而言。且侃，庐江郡寻阳人，渊明，寻阳郡柴桑人，其址贯亦不同。或曰：《陶氏家谱》以岱为渊明祖。案《晋书·陶潜列传》“祖茂，武昌太守”，此与“惠和千里”之语合。岱则侃十七子中之一子，官散骑侍郎，非太守也。家谱多不足信。余因援正史，及所自著诗正之如此。或曰：朱子亦称渊明无忝乃祖，贤于王、谢后人，子必苦辩之，与近日傅占衡《永初甲子辩》谓陶十题甲子皆是晋年，不著晋号，沈约、李延寿说并非此，古今传陶二段佳话，一切将抹杀乎？余曰：占衡有言：“史文本集，岁月炳然，前后可考，胸次磊落，随意书年，陶何必藉此为佳话乎？”余亦谓渊明自有祖，何必藉侃而后重也哉！咏又曰：案渊明《孟府君传》“君讳嘉，娶大司马长沙桓公陶侃第十女”，此岂称其曾祖之辞哉？①

李善《文选》注渊明《辛丑岁七月赴假还江陵夜行涂口》诗引及沈约《宋书》“晋世宰辅”等语，沈约之书时间最早，当为萧统《陶渊明传》所本。明前读者对渊明曾祖乃陶侃的记载向无异词，因此阎氏之说一出，如石破天惊，附论者有全

---

① 〔清〕汪师韩：《文选理学权舆》卷六，清《读画斋丛书》本。

祖望、方东树、王昶、徐养原和马星翼①等人。其中徐养原借鉴反对者钱大昕等人的意见，但有所修订，认为庐江、丹阳之陶本为同源，陶渊明出于陶侃之父陶丹，但非陶侃嫡裔，有可能“出于侃之兄”。② 但反对者的阵营更大，计有何焯（1661—1722）、卢文弨（1717—1796）、钱大昕（1728—1804）、孙志祖（1737—1801）、姚莹（1785—1853）和陶澍等著名学者。钱大昕所论最为详尽有力，列出内证、外证等七大理由予以驳论（详参第三编第三章第四节），可谓周到有力。正如姚莹所云：“岂有以他人之祖与己列祖杂陈之，以命其子者哉？渊明《命子》及《赠长沙公序》，义本分明，乃以本传曾祖二字之误，至使渊明不得为桓公后，毋乃过欤？”③不论是从情感、价值观念而言，还是从史书、文本的实证而言，清代读者大多最终接受了陶渊明的曾祖乃陶侃的记载，此遂成为陶渊明接受史上的基本共识。

第二个争论热烈的问题是甲子纪年之辨。关于甲子纪年问题，北宋僧人思悦最早提出不同意见，认为陶诗“无标晋年号者，其所题甲子，盖偶记一时事耳”，陶诗题甲子者皆在晋朝，陶渊明不会在“晋禅宋前二十年，辄耻事二姓，所作诗但题甲子，以自取异者”④。其基本观点得到宋人严有翼（《艺苑雌黄》）、曾裘父（《艇斋诗话》）、谢枋得（《碧湖杂记》）及明人宋濂、郎瑛等的认同。明人宋濂梳理云：“有谓渊明耻事二姓，在晋所作皆题年号，入宋之诗惟书甲子。……其说盖起于沈约《宋书》之误，而李延寿著《南史》、五臣注《文选》皆因之。虽有识如黄庭坚、秦观、李焘、真德秀，亦踵其谬而弗之察。”⑤其中谢枋得修正云：“渊明自庚子以后题甲子者，盖逆知末流必至于此，忠之至义之尽也。思悦、裘父殆不足以知之。”⑥此中不乏遗民心得。清人对这一问题也表现出浓厚的兴趣，并在前人基础上有创造性阐发。

清人对陶诗书甲子寓托微言大义之论基本也是有赞成与不赞成两种意见。

---

① 〔清〕马星翼：《困学纪闻札记》不分卷，《山东文献集成》第一辑第三三册，山东大学出版社2006年版，第679页。

② 〔清〕徐养原：《陶渊明世系考》，见《顽石庐文集》卷七，第634页。

③ 〔清〕姚莹：《东溟文集》文后集卷一。

④ 北京大学北京师范大学中文系、北京大学中文系文学史教研室编：《陶渊明资料汇编》上册，中华书局1962年版，第24页。

⑤ 〔明〕宋濂撰，罗月霞主编：《宋濂全集·潜溪后集》卷四，浙江古籍出版社1999年版，第201页。

⑥ 北京大学北京师范大学中文系、北京大学中文系文学史教研室编：《陶渊明资料汇编》上册，第114页。

明遗民多赞成之，故作诗多效陶甲子纪年，不书清朝年号。这是情感态度，不是学术思考。赞成者的学术思路以朱鹤龄、陈梦璧等人的为代表。朱鹤龄在《陶潜论》中先是回顾了谢叠山（号枋得）的言论，接着说："叠山之论固核，然吾观渊明之意，有进于是者。彼夫刘裕之猜忌，傅亮、谢晦诸人之卖国，不难以司马天子为几上肉。其肯容晋室遗臣，傲然削新朝之帝号，而优游以羲皇上人终老耶？况渊明之烈祖之清名，又诸人之所深恶，而思欲媒蘖其短者耶！故其诗之止书甲子者，所以存其耻事二姓之心，书甲子而始于二十年以前者，又所以泯其不书年号之迹，王弘之要路可就也，颜延年之酒钱可纳也，任天下以羸疾弃我，旷达容我，绝不以养高钓名疑我，夫然后可以逍遥容与，卒全此生于东篱北牖之间，不然而洵如沈约所称，其有不婴宋氏之网罗者几希矣。……渊明为古今隐逸诗人之宗者，其亦以识胜也夫。"①朱鹤龄虽然继承了谢枋得的见解，但在理性阐发上显然更为深曲。他从陶渊明所处的险恶政治环境、陶渊明韬光养晦的见几知微以及历史上同类现象的比照中一步步推论渊明书甲子的良苦心态。非有遗民经历者，难以将这种深曲隐衷阐发得如此感同身受、情深意切。但这也只能是逻辑的一种可能，不能避免主观臆断。

与朱鹤龄不同，赞成者还有另一种思路，即文献流传信息失落的思路，以陈梦璧、陶澍、赵绍祖等为代表。早在宋末元初，蔡正孙在《精刊补注东坡和陶诗话》中已经循此思路辩论云："此据《宋史》、萧统传及《南史》，而统《传》独不书'文章但题甲子'事，盖疏略也。晋史则殊不载，唐史官乃尔无识。东坡先生所以恶许敬宗辈，当亦坐此等事耳。五臣注潜《辛丑岁赴假还江陵夜行涂中》诗尝举此。而或者又非之，以为潜诗题甲子凡九首，皆晋安帝时作，因谓萧统所未尝书，而五臣妄注。不知五臣盖因沈约《宋史》，约距渊明未远，则此说必不空设。虽晋世九诗皆题甲子，未足以破此也。又云潜诗未尝有标晋年号者，彼徒以世所传潜集为证，而不知沈约辈固尝见潜真迹矣。"②蔡正孙《精刊补注东坡和陶诗话》久佚，清人当无由看到蔡正孙的言论。但清人的猜测更为细致，邱嘉穗在《东山草堂诗笺》中引陈梦璧的言论指出："考古人著作，无于诗每首文每篇俱题年月体，陶公所题（年月），当在卷轴之端，近世久抄轶弗存耳，未必篇章首逐条

① 北京大学北京师范大学中文系、北京大学中文系文学史教研室编：《陶渊明资料汇编》上册，第181～182页。

② 〔宋〕蔡正孙：《精刊补注东坡和陶诗话》，国内不见，现藏于韩国高丽大学，原为十三卷，现仅存八卷。引文据卞东波《韩国所藏孤本诗话〈精刊补注东坡和陶诗话〉考论》，载《学灯》第20期。

大书特书也。”①赵绍祖认为沈约离渊明时代未远、李善态度严谨，都有可能直接读过陶渊明集，定是看见篇篇晋标年号、宋书甲子，所以才如是说，故推论：

集中所书年号甲子，转相传写，必为后人所删去，而此数首者，特删之未尽耳。（自注：且渊明未必首首题年号甲子，不过于一年所作之前题之，如《饮酒》《读山海经》等，使题云“某年号某甲子饮酒、读山海经”，成何语耶？此数首特记一事，故书甲子于题首，而是岁中所标年号必在前矣，后人删而去之；而此数首之甲子，以在题上，故不删。此情理自然可想而知者也）未可便以为《宋书》《文选注》之失也。②

赵绍祖与陈梦璧是同一思路，只是推测得更为细致。他的老师陶澍也赞成这一意见。陶澍云：“余门人泾县赵绍祖谓：‘先生未必首首题年号甲子，不过于一年所作之前题之。而《阻风》《赴假》等诗，盖偶书甲子于题首。后人删其每岁所标之甲子，而此数首甲子以在题上，故不删。’其说近是。……不书宋号，正孤臣惓惓故朝，托空文以见志者。王厚斋谓与箕子称殷祀、陈咸用汉腊同意，真先生旷代知己。异说纷纷，可以息其喙矣。”③

不赞成陶渊明书年号甲子以寓托微言大义的代表是傅占衡。其《永初甲子辨》云：

陶诗中凡题甲子者十，皆是晋年。最后丙辰，安帝尚在，琅琊未立，虽知裕篡代形成，何得先弃司马家年号而豫题甲子者乎？……且两史云：所著文章，皆题其年月，义熙以前，明书晋氏年号，自永初以来，唯云甲子。今按诗外文章，如《祭程氏妹文》，则曰“维晋义熙三年”而已，《祭从弟敬远》“岁在辛亥”，及《自祭文》“岁惟丁卯”，一在晋年，一入元嘉。并称甲子。若以丁卯不称年为有意，则辛亥不称年无义矣。若史谓题年断自永初，陶永初以后，即不见其题甲子也。若谓靖节知几，见宋武王业日隆，遂并没义熙反正之号，则《祭程氏妹》不应称之，且隆安中桓玄尚未窃号，何以亦只称甲子也。……予谓史文本集，岁月炳然，前后可考，胸次磊落，随意书年。④

---

① 北京大学北京师范大学中文系、北京大学中文系文学史教研室编：《陶渊明资料汇编》上册，第188页。

② 〔清〕赵绍祖：《读书偶记》卷七，见《陶渊明资料汇编》上册，第220页。

③ 〔清〕陶澍：《靖节先生集注》卷三，见《陶澍全集》第八册，岳麓书社2010年版，第74页。

④ 北京大学北京师范大学中文系、北京大学中文系文学史教研室编：《陶渊明资料汇编》上册，第183页。

傅占衡在基本意见上向宋代思悦、明代宋濂等人的观点回归，但又细心地注意到史书只言“文章”而未言诗，他在两难逻辑推理中把文章有意题书年号甲子也否定了。此论符合且补充了前人的观点。他还提出陶渊明“随意书年”的鲜明观点，认为这无妨陶氏大义。梁玉绳也认为“盖年号之或书或不书，随意所在，何足以论陶公”①。此派貌似尊重当前陶集的客观情况，但与赞成陶诗书甲子寓托微言大义者一样，也是逻辑推测，只是不过分拘泥形迹而已。

第三个重要问题是陶渊明是否出仕桓玄、刘裕的问题。这个问题与甲子纪年问题有一个共同点，那就是都与陶渊明的思想品节密切联系在一起，由此可见清代的考据之学绝非没有思想和价值倾向的学问。清人对陶渊明生平疑点的热烈讨论不仅仅是为学术而学术，而多关系其气节。此点详论见下文。

此外，清人还关注到陶渊明的里居、墓地、名字、丧父时的年龄、生卒年岁②、作品系年等诸多问题，且有创造性发现，此不赘论。

二、出处大节与圣贤之人

宋代朱熹之后，陶渊明的出处大节开始备受关注，这在年谱中有集中体现。北宋王质《栗里谱》乃渊明年谱草创之作，极为疏略。清人对此不满，陶澍批评它“未尝细考出处之年”③，于陶氏忠节未予特别关注。南宋吴仁杰《陶靖节先生年谱》较为详细，已有意辨明陶渊明出处大节，其谱前小序云“先生虽晋臣，未尝一食宋粟”，又辨年号，有精到之语：“集中诗文于晋年号或书或否，固不一概，卒无一字称宋初以来年号者，此史氏所以著之也。”吴仁杰第一次在年谱中提出陶渊明不曾出仕桓玄和刘裕的问题，云：

> 详味先生出处大节，当桓灵宝（桓玄）僭窃位号与刘氏（刘裕）创业之初，未尝一日出仕，而眷眷于本朝之意，自见于诗文者多矣。④

---

① 〔清〕梁玉绳：《瞥记》卷四，清嘉庆刻《清白士集》本。

② 诸谱皆赞成享年六十三岁说，但清代也有人赞成七十六岁说。如清光绪丙午《陶氏宗谱》所载嘉庆年间方体所撰《重修晋征士陶靖节先生祠堂碑记》据辛丑游斜川五十岁，定为卒年七十六岁。按，元方回评刘元辉“我爱陶元亮”诗后注文云：“陶渊明，穆帝永和八年壬子生，宋文帝元嘉八年丁卯卒，实年七十六。以其诗考之，班班可见。今虚谷谓陶年六十三以死，不知何所本也，俟考。”见〔元〕方回《桐江集》卷五，《宛委别藏丛书》第一〇五册）。不知此注文为何人所加，但一定出张缜、方回之后，待考。

③ 〔清〕陶澍：《靖节先生集·例言》，见《陶澍全集》第八册《靖节先生集注》，岳麓书社2010年版，第7页。

④ 〔宋〕王质等撰，许逸民辑：《陶渊明年谱》，中华书局1986年版，第21页。

此外,吴仁杰还辨别渊明乃在晋之名,入宋更名潜,为清代学者所遵从。总之,强调渊明出处大节已经是一种自觉的意识。

清人为陶渊明作谱、关注渊明仕履者即继承了吴仁杰的精神,一是求真的考证精神,二是注意明了渊明出处大节。如傅云龑为吴谱作的《陶靖节年谱序》云:

> 辨明靖节未曾一就桓玄、刘裕之辟,以辟叶少蕴之谬说,而证李善《选》注之非,关系靖节一生出处大节,洵为栗里功臣。①

傅云龑认为吴仁杰《陶靖节先生年谱》的重要贡献之一就是否定了李善、叶梦得等人认为陶渊明曾经出仕桓玄、刘裕幕府的传统观点②,认为这“关系靖节一生出处大节”,因此赞扬吴仁杰为“栗里功臣”。傅云龑之子傅汝砺也附和乃父之说云“是谱(吴仁杰《陶靖节先生年谱》)功陶,在辩就桓、刘辟之谬”,并对恽子居“诬先生(陶渊明)受桓玄之辟”进行了批驳。③ 恽敬在《书陶靖节集后》中对渊明仕桓玄之说的批驳情绪更为激烈,论证更为周曲。他先是提出论点说:“最悖理不可不辨者,则以先生受桓玄之辟。此先生出处之大节,岂可诬之!”继而引吴仁杰之说(恽敬实际误嫁叶梦得之说于吴仁杰)予以批驳,并加臆说,认为渊明庚子至都乃如其《饮酒》诗所云“言远游,言饥驱,言营一饱,则非仕事矣。其言阻中途,即阻风规林事也。是先生以远游至都耳”,并不是在仕途出差奔波,至于陶渊明赴假江陵乃在陶渊明初仕任州主簿时。此种曲护可谓煞费苦心。但恽敬尚承认陶渊明曾经出仕刘裕幕府,认为这是陶渊明“附义旗而起,以刘裕为可安晋室耳”,但后来微窥刘裕异志,见晋室无望,“故自镇军参建威,自建威令彭泽,然后脱然远去,永遂其不臣二姓之志耳”。④

顾易《柳村谱陶》对陶渊明是否出仕桓玄、刘裕的问题做了技术处理,即把任镇军将军系于太元二十年乙未,时渊明三十一岁,加按语云:“镇军将军无可考,昔人谓桓玄、刘裕,无论与公作参军岁月不合,且公亦岂仕于玄、裕者哉!”顾易承认渊明仕江陵,但猜测说:“想镇军移镇江陵也。”⑤丁晏《晋陶靖节年谱》对陶渊明是否出仕桓玄、刘裕的问题做了模糊处理,即避而不谈。陶澍在《靖节先

---

① 〔宋〕王质等撰,许逸民辑:《陶渊明年谱》,第 29 页。

② 叶梦得之论详参吴仁杰《陶靖节先生年谱》隆安五年所引,见许逸民辑《陶渊明年谱》,第 14 页。

③ 〔清〕傅汝砺:《陶靖节年谱跋》,见许逸民辑《陶渊明年谱》,第 30 ~ 31 页。

④ 北京大学北京师范大学中文系、北京大学中文系文学史教研室编:《陶渊明资料汇编》上册,第 216 ~ 218 页。

⑤ 〔清〕顾易:《柳村谱陶》,见许逸民辑《陶渊明年谱》,第 36 页、第 37 页。

生年谱考异》中则赞同吴仁杰的基本意见，并进一步详尽考论，认为渊明所仕之镇军将军乃镇北将军刘牢之，至于“赴假还江陵”，不是销假回江陵任职，而是“赴假还自江陵”，请假后从江陵回家，即“意必（以刘牢之参军身份）以事使江陵，路出浔阳，事毕，便道请假归视”①。之后，杨希闵《晋陶征士年谱》对此采取了审慎阙疑的意见，但未能明言仕于何人，或者不便或者不肯明言仕于何人。包世臣在《书韩文后下篇》及注解中展现的态度较为客观。他否定了陶澍指镇军为刘牢之之说，也否定了周济主张的武陵王遵之说，而是回到李善的观点，认为“镇军之为宋武无疑”，但包世臣有一个前提，即渊明为镇军参军时，刘裕迎安帝还都，“可谓功盖宇宙，忠贯金石，渊明岂能逆料十五年后之必代晋哉”！② 他还是在保证渊明大节的前提下承认史实。

是否出仕桓玄和刘裕关系到陶渊明的忠君大节，因此这成为清人绕不开又不得不苦心“考论”的重要问题。因为心中预先有情感倾向和视野成见，即认为陶渊明不会出仕僭位、篡权的贰臣、野心家桓玄和刘裕，所以他们无论如何都要寻找可以为陶渊明自圆其说的理由。而最好的理由是论证陶渊明根本不曾在桓玄、刘裕幕府任职，这一方面反映出清代读者对陶渊明儒家人伦大节的格外看重，另一方面也成为清代读者观察陶渊明仕履极难避免的陷阱。

清人的文学吟咏和随意感发不会如学者那样深细索解，往往就耻事二姓、甲子纪年等典实凸现渊明忠节。这普遍地表现在明清之际的遗民身上，不管是诗人还是学者，他们都不约而同地纷纷认同和效仿陶渊明甲子纪年的做法。借“独书甲子依彭泽”来抒发悲愤之情、忠义之怀，是典型的遗民言行③（详参下文有关章节）。连士节有所亏缺的“江左三大家”中的钱谦益和吴伟业也不能摆脱。钱谦益《跋本草》记金遗民：“金源氏以夷狄右文，隔绝江左。其遗书尤可贵重，平水所刻《本草》，题泰和甲子下己酉岁。金章宗泰和四年甲子，宋宁宗嘉泰四年也。至己酉岁，为宋理宗淳祐九年，距甲子四十五年，金源之亡，已十六年矣。犹书泰和甲子者，蒙古虽灭金，未立年号，又当女后摄政、国内大乱之时，而金人犹不忘故国，故以己酉系泰和甲子之下与？”④他在其所编《列朝诗集》甲集

① 〔清〕陶澍：《靖节先生年谱考异》上卷，见许逸民辑《陶渊明年谱》，第 77 页、第 78 页。

② 〔清〕包世臣：《艺舟双楫·论文》，中国书店 1983 年版，第 29 页。

③ 邓之诚：《清诗纪事初编》卷一，中华书局 1965 年版，第 49 页。

④ 〔清〕钱谦益著，〔清〕钱曾笺注，钱仲联标校：《牧斋有学集》下册，上海古籍出版社 1996 年版，第 1522 页。

前编中云，元代忠臣唐兀氏翰的友人吴海，“元亡，隐居不出，卒于洪武末年，为文但书甲子”。又《题天遗菊龄图四首(之二)》称吕天遗云：“甲子迁讹记不真，东篱花是老遗民。茫茫典午山河里，剩得陶家漉酒巾。”①他于顺治年间编定《列朝诗集》，在序言中不提年号，云：“托始于丙戌(顺治三年)，彻简于己丑(顺治六年)。”其苦心可见一斑。徐珂《清稗类钞·艺术类》载：“太仓吴梅村祭酒伟业，曾为莆田余澹心怀作山水立帧，极萧疏澹远之致，并题《菩萨蛮》词一阕，下署庚寅重九前五日。庚寅为顺治七年，不著年号，殆与渊明仅书甲子之意相仿。”②可见渊明忠节已经成为清代士人共同赞赏、不言自明的典范。正因如此，汪琬《题渊明集》对司马光未在《资治通鉴》“元嘉四年”条下记载渊明之卒大为感慨：

> 《通鉴》不尚奇节之士，其于原(屈原)之湛身，略而不取可也。乃元嘉四年并不载渊明之卒，何也？渊明出处始末，具详本传，至其为诗也，哀夷、齐之固穷，感精卫之填海，大节炳然，微独以甲子纪年而已。而《通鉴》不载，岂偶轶之耶？抑别有义例也？夫子云曲学之士，本不足道也。……若温公之不取原与渊明也，得非平时之所好，不免深中子云之毒，故有时而发与？予三复渊明诗，不能不为温公太息也。③

“渊明岂肯臣寄奴”④，陶渊明的忠节是不能怀疑的，也是不容忽视的，这是清代读者普遍的观念。到乾、嘉年间，洪亮吉作《义羲号》云：“仇池一隅世忠孝，宋家日月飞不到。永初年间义羲号，当时彤弓与卢矢。老臣自当臣晋死，我死善事新天子。呜呼国亡不与亡，柴桑处士仇池王。”⑤天翻地覆的时代远去了，清代读者对陶渊明忠节的赞赏态度并没有因此而改变，只是变得更为理性和镇定，诗题“义羲号”象征性地显示了这一点。清人许潜壶赞云：“清风高节，三代而下，首推陶令。”⑥此虽过誉之词，却是普遍意见。

关于陶渊明的思想归属，清代读者的主流意见与元明读者相同，都是把他归入儒家。清初吴淇《六朝选诗定论》云：“六朝诗，其作者圣贤之徒甚少，相类

---

① 〔清〕钱谦益著，〔清〕钱曾笺注，钱仲联标校：《牧斋有学集》上册，第438页。

② 〔清〕徐珂编撰：《清稗类钞·艺术类》第九册，中华书局1986年版，第4079页。

③ 〔清〕汪琬：《尧峰文钞》卷三八，《四部丛刊》本。

④ 〔清〕杨学易：《顾侠君选元百家诗以元遗山先生冠其首因题于后》，见《抑隅堂集》卷二。

⑤ 〔清〕洪亮吉：《洪北江诗文集·拟两晋南北史乐府(卷上)》，《四部丛刊初编》本。

⑥ 〔清〕吴庄：《无罪草》，《清代诗文集汇编》第九三册，第130页。

者止陶靖节一人,其所为诗每合乎圣贤之道。……靖节之人,圣贤之人也,其言纯乎圣贤之言。"①清中期沈德潜云:"(陶渊明)倘幸列孔门,何必不在季次、原宪下?"②清末钟秀《陶靖节纪事诗品》卷四云:"有晋一代,知尊孔子者,元亮一人而已。"③这样说虽有些夸张,却道出清人归陶入儒的基本意见。对此,诗人于吟咏中有明确的表达,如程楷《读陶作》云:"陶公古儒者,怀抱托闲吟。但识弥缝意,能还天地心。"④陈励《美陶公次舅氏笋石先生韵》云:"不习佛老教,世运汩难屯。身生孔颜后,道契周程先。"⑤王元文《读陶诗三首(之二)》云:"晋世尚玄言,老庄为之祖。清高实放诞,罪首王夷甫。惟公志忧勤,称述在东鲁。"⑥刘彬华《题陶渊明集》云:"挥麈无人问六经,俨从洙泗别门庭。西山薇蕨南山菊,两地于今不断馨。"⑦伊秉绶《四贤画像诗·陶靖节》云:"三月宰彭泽,几年书义熙。睠言松菊存,何殊风浴归。忧时冥于酒,乐天见诸诗。倘升夫子堂,冉闵相与期。"⑧女诗人觉罗八姑称:"陶诗清真雅正……如'汲汲鲁中叟,弥缝使其淳'、'夫子有遗训,忧道不忧贫'——此即愿学孔子之意。"⑨梁章钜说:"汉、魏而降,惟陶靖节诗须全读。其立言之旨,息息与周、孔相关,故韩昌黎惜其不遇孔子。"⑩连放浪不羁的袁枚也说:"士君子纵不能学孟子,亦当法渊明。名教中境本廓然,奚必叛而他适?"把陶渊明归为"颜(回)、闵(子骞)"一类的儒家。⑪

但与前人有所不同的是,清人比前人归属得更具体、论述得更圆融。归属

① 〔清〕吴淇撰,汪俊、黄进德点校:《六朝选诗定论》,广陵书社2009年版,第292页。

② 〔清〕沈德潜:《说诗晬语》卷上,见《清诗话》下册,上海古籍出版社1978年版,第532页。

③ 〔清〕钟秀:《陶靖节纪事诗品》卷四,清华大学图书馆藏朱自清据周作人藏本抄录核校本。

④ 〔清〕朱滋年:《南州诗略》卷一〇,清乾隆年间刻本。

⑤ 〔清〕陈励:《运甓斋诗稿》卷四,《清代诗文集汇编》第六二一册,第119页。

⑥ 〔清〕王元文:《北溪诗文集》卷六,《清代诗文集汇编》第三七七册,第670页。首句"玄言"原作"元言",乃避讳语,故改。

⑦ 〔清〕刘彬华:《岭南群雅》,清嘉庆十八年玉壶山房刻本。

⑧ 〔清〕伊秉绶:《留春草堂诗钞》卷六,清嘉庆十九年秋水园刻本。

⑨ 〔清〕王蕴章撰,王培军校点:《然脂余韵》,见张寅彭主编《民国诗话丛编》第五册,上海书店出版社2002年版,第188页。

⑩ 〔清〕梁章钜:《退庵随笔》第八册卷二一,江苏广陵古籍刻印社1997年版。

⑪ 〔清〕袁枚:《答彭尺木进士书》,见《小仓山房诗文集》下册,上海古籍出版社1988年版,第1570页。

得更具体指把陶渊明思想归源于《论语》。如沈德潜认为“陶公专用《论语》。汉人以下，宋儒以前，可推圣门弟子者，渊明也”①。刘熙载指出：“陶渊明则大要出于《论语》。”“陶诗有‘贤哉回也’、‘吾与点也’之意，直可嗣洙、泗遗音。其贵尚节义，如《咏荆卿》、美田子泰等作，则亦孔子贤夷、齐之志也。”②论述得更圆融指关注陶渊明之含摄道、释又归根儒家的生存方式和生命境界。历代文人对此生存方式和生命境界皆有个性化体验，唐人体验到其诗酒风流，未肯许其闻道知性，宋人苏轼归之于随缘任运，朱熹之后则归于孔、颜乐处，元明读者则顺理成章地称赏陶渊明儒家化的安贫乐道，认为他“定志于性命之始，娱情乎人事之常”。清代读者尤其是诗人对陶渊明创造的生存方式和生命境界也深有领会。清初明遗民安身立命，借陶渊明抚慰悲愤的灵魂，使陶渊明的生存方式、价值观念和审美境界成为一代士人的避难所。由于归陶入儒，陶渊明式的风雅带有儒家鲜明的特点。清代读者不但在吟咏中体验，而且有意识地分清此一风雅境界区别于道家、佛教等其他文化的独特性。这可以清末钟秀《陶靖节纪事诗品》和方宗诚《陶诗真诠》对陶渊明的阐释为代表。他们在归陶入儒时没有停留于概念化的文化归属上，而注意强调陶渊明不同于佛教、道教、隐逸等其他文化的个性，注意揭示其独特的存在特点、生命境界及修养路径，即与天人同流一体、“无入而不自得”的生命境界和“素位而行”“修身以俟”的儒家修养路径，强调其含摄佛教、道教、隐逸等非儒家文化而归宗儒家的包容性特点，从而构建了中国古代陶渊明接受史上极为深细和系统的儒家陶渊明观。

与把陶渊明为人基本归入儒家一致，清人评陶诗也多着眼其儒家旨趣。如方东树《昭昧詹言》卷四评陶渊明《饮酒二十首(之二十)》云：“此首盖以举世少真，而己独一人任真，如鲁哀公云：‘以鲁国而止有儒一人’也。而此意不便自说，故谬悠其词于饮酒，曰恐负此儒巾也。下二句又就饮酒中为荒唐吊诡，谬悠中又复谬悠之，却又顾题也。……少真，谓皆从于苟妄也。举世习非，不得一真，欲弥缝之，道在‘六经’。崇尚乎此，庶可以反性情，美风教，成治化，著诚去伪，返朴还淳。……经所以载道也，达道则无苟妄，而无不任真矣，故归宿孔子及诸儒。言己非徒独自任真，亦欲弥缝斯世，此陶公绝大本量处，非他诗人所能

① 〔清〕沈德潜：《古诗源》卷九评《饮酒》“羲农去我久”一首，中华书局1963年版，第204页。

② 〔清〕刘熙载：《艺概》，见郭绍虞编选、富寿荪校点《清诗话续编》下册，上海古籍出版社1983年版，第2421页。

及。故此篇义理可以冠集。”①邱嘉穗评云：“《乞食》此诗当与杜子美《彭衙行》参看，方知古人一饭之惠亦不肯忘，而况于食君之禄乎？二公爱国忠君之心，皆时时发见于诗歌者，故知其平时必不肯轻受人惠，苟一受之，必知所感，非遽忘其身份而甘为卑谄也，亦足见高人之本心如是其厚耳。彼有自处岸然、受人之爱敬而漠不留情者，吾知其于乡既忘恩，于国必负义矣。”②贺贻孙不满于王维对《乞食》诗的贬抑，认为乞食是陶渊明介而能通的圣贤权变：“惟其能通，所以能介，使不安于乞食而委蛇仕进，必有所不安者矣。忍其小者，全其大者，所以为元亮也。”③否则与黔娄无异。李光地评陶诗“汲汲鲁中叟，弥缝使其淳”云：“当时风尚，盛道老庄，以为周、孔之道，凿朴生伪，而渊明谓孔子欲使其淳。可知连上‘真’字亦非放达谑浪之谓。以此意选诗，便寥寥矣。”④陈澧录陶《连雨独饮》后评云：“从‘僶俛四十年’而至于此，殆入圣域者欤？形化心在，仙佛不过如是，然陶公之学非得自仙佛也，故云：‘世间有松乔，于今定何间？’他日远公招之入社，则攒眉而去矣。”⑤孙衣言《病起读陶诗有作》云：“陶公悦道者，意与鲁叟同。勤勤责躬语，渺矣羲与农。……阮放徒越礼，浩废愁书空。岂知好修士，自得名教中。于今翫章句，圣远安可逢。才华后世儒，枯槁希遗踪。学道苟未至，立言难为工。”⑥各种形式的解读都注意到陶诗根基儒家的特点。

清代多数读者虽然认为儒家的旨趣是陶诗的主要旨趣，但也有少数读者关注到了陶诗与儒家旨趣不相符合一面，在评价陶诗具体语句时，也往往指出其与道家、佛家的联系。如《昭昧詹言》卷四云：

> 陶公所以不得与于传道之统者，堕庄、老也。其失在纵浪大化，有放肆意，非圣人独立不惧，君子不忧不惑不惧之道。圣人是尽性至命，此是放肆也。不忧不惧，是今日居身循道大主脑。庄周、陶公，处以委运任化，殊无下梢。圣人则践之以内省不疚，是何等脚踏实地。⑦

---

① 〔清〕方东树著，汪绍楹校点：《昭昧詹言》，人民文学出版社 1961 年版，第 118 页。

② 〔清〕邱嘉穗：《东山草堂陶诗笺》卷二，《四库全书存目丛书》集部第三册别集类，齐鲁书社 1997 年版。

③ 〔清〕贺贻孙：《与李贞行》，见《水田居文集》卷五，《清代诗文集汇编》第二一册，第 558 页。

④ 〔清〕李光地著，陈祖武点校：《榕村语录》卷三〇，中华书局 1995 年版，第 539 页。

⑤ 〔清〕陈澧：《东塾杂俎》，见《陶渊明资料汇编》上册，第 247 页。

⑥ 〔清〕孙衣言：《逊学斋诗钞》卷三，《续修四库全书》第一五四四册，第 168 页。

⑦ 〔清〕方东树著，汪绍楹校点：《昭昧詹言》卷四第三十八条“评析《形影神三首》之《神释》”，第 111 页。

方熊评陶《神释》诗云：

公于禅理似达，此章笔端亦复潇洒。①

曾刚甫《题靖节桃花源记》一首自注云：

《桃花源记》，是性境现量，所谓三界唯心，万法唯识也。②

方东树、方熊对陶诗的儒家倾向也是肯定的，他们只是没有把陶渊明的放达同道家区别开来。清人更多从儒家角度论析《形影神》等诗。钟秀、方宗诚、潘德舆等借此指出陶渊明是与偏僻放达的庄老晋人有别的儒隐，是“为圣为贤本领，成仁成义根源”③，是“进道观化……真知六籍之蕴者”④。清人从道家、佛家解陶，只是从局部认识而言，并非真要把陶渊明完全归入道家和佛家。查慎行云：“先生精于释理，但不入社耳。”⑤这是说陶渊明精通而不信仰释理，并非说陶渊明是佛家弟子。

三、英雄与风雅兼具的奇才

自宋人黄庭坚、朱熹、辛弃疾、汤汉以及元人吴澄等以豪放英雄、以诸葛亮和张良等看待陶渊明之后，明代读者和清代读者都接受了这一基本认识。在宋、元，目陶为英雄还不是普遍的观念，而到明清，这已成为大多数读者的共识。自清初到清末，陶渊明的英雄情怀一直被读者阐发着。

顾炎武认为陶渊明“实有志天下者”，是关心世道人间的“伉爽高迈”之人。⑥ 吴菘《论陶》认为“渊明非隐逸者流也，其忠君爱国，忧愁感愤，不能自已”⑦。方苞《陶渊明》云：“陶潜经世人，志不关沮溺。观其咏春蚕，自视侪禹稷。东皋日荷锄，忧勤同运甓。春风沂水情，孔颜宜命席。”⑧刘仲修在《槎翁诗序》中称陶渊明为“魁垒奇杰之士，不得志于时，而其胸中超然无穷达之累，故能

---

① 〔清〕方熊评：《陶靖节集》卷三，见《陶渊明资料汇编》下册，第43页。

② 〔清〕黄浚：《花随人圣庵摭忆》，上海古籍出版社1983年版，第372页。

③ 〔清〕温汝能纂集：《陶诗汇评》卷二，见《陶渊明资料汇编》下册，第44页。

④ 〔清〕潘德舆著，朱德慈辑校：《养一斋诗话》卷四，中华书局2010年版，第60页。

⑤ 〔清〕查慎行：《初白庵诗评》卷上，见《陶渊明资料汇编》下册，第58页。

⑥ 〔清〕顾炎武：《菰中随笔》，见《陶渊明资料汇编》上册，第177页。

⑦ 北京大学北京师范大学中文系、北京大学中文系文学史教研室编：《陶渊明资料汇编》上册，第187页。

⑧ 〔清〕徐世昌：《晚晴簃诗汇》卷五七，中华书局1990年版，第2290页。

发其豪迈隽伟之才,高古冲淡之趣,以成一家之言,名世而垂后"①。陆元鋐《青芙蓉阁诗话》云:"明张志道《题渊明归隐图》云:'岂知英雄人,有志不得伸。'渊明一生心事,为明眼人一语窥破,徒以羲皇上人目之,陋矣!铁云有《论渊明诗》云:'仕宦中朝如酒醉,英雄末路以诗传。'亦同此意。后见镇洋彭湘涵上舍兆荪《题陶靖节像诗》云:'代易元嘉号,诗留正始音。桃花身世感,秫酒圣贤心。黄绮貌犹在,荆高悲独深。谁知填海志,归鸟是冤禽。'尤为淋漓入妙。"②沈德潜《题渊明像》谓:"渊明本志士,慷慨咏荆轲。"③翁荃《读武侯靖节合集》承接元明读者之习,将诸葛亮、陶渊明并称,且赞云:"士生三代下,著书日纷纭。武侯与靖节,述作称完人。三聘出草庐,治国兼治军。灭贼志未遂,鞠躬竟忘身。彭泽归去来,耻为二姓臣。甘守西山节,荆轲愿空存。二公重志行,岂惟尚华文。隆中倘未出,悠然乐天真。柴桑苟任事,述祖抒忠纯。易地则皆然,孟子曾有云。"沈德潜评此诗云:"三代下汉以武侯为完人,晋以靖节为完人,显晦不同,志节一也。"④一句话,陶渊明是诸葛亮一般的豪杰志士,是有雅怀的"完人"。陈光亨《读陶公诗序》称陶渊明痛愤晋室既亡云:"世称其高尚,然而公亦豪士也。"⑤徐子苓《读陶诗》云:"北窗风枕东篱菊,谁识先生是卧龙。"⑥谭嗣同《与刘淞芙书》称陶渊明为"慷慨悲歌之士"⑦。李鸿章《丁亥春日醇邸召游适园漫成五言诗六十韵》认为陶渊明和王羲之"二子皆人豪,岂止达士模"⑧,语本左思《咏史》之八"巢林栖一枝,可为达士模"而翻进一层。陶渊明已经不是隐士所能概括的士人,而是慷慨志士。

1921 年 10 月,清遗民刘廷琛在《陶靖节先生祠堂记》⑨中深入论述了陶渊明豪雄的人格风貌:

---

① 〔清〕伍涵芬:《读书乐趣》卷一,见《陶渊明资料汇编》上册,第 188 页。又见于《秋爽斋诗话》,蒋箸超《民族素粹编》第二卷,1926 年版。

② 北京大学北京师范大学中文系、北京大学中文系教研室编:《陶渊明资料汇编》上册,第 259 页。

③ 〔清〕沈德潜:《归愚诗钞》卷五,清刻本。

④ 〔清〕沈德潜:《清诗别裁集》卷二二,清乾隆二十五年教忠堂刻本。

⑤ 〔清〕陈光亨:《晚香亭诗抄》,《清代诗文集汇编》第五九五册,第 199 页。

⑥ 〔清〕徐子苓:《敦艮吉斋诗存》,《清代诗文集汇编》第六四九册,第 731 页。

⑦ 蔡尚思、方行编:《谭嗣同全集》(增订本),中华书局 1981 年版,第 11 页。

⑧ 陈衍编:《近代诗抄》,商务印书馆排印本。

⑨ 刘廷琛的思想没有近代气息,传统保守,故可把他的意见看作清代正统读者的意见。

靖节先生高风，敻乎尚已，虽妇人孺子，田夫野老，皆知爱慕，岂待赞述哉！余幼读先生诗，喜其闲澹冲逸，叹为知道者之言。不幸遭国大变，乃知先生悯世愤俗，拳拳故国，其《咏贫士》、《饮酒》诸作，类深微沉痛之词；至若慨荆卿之雄心，骋夸父之诞志，其志量所自负者，何如哉！钟氏仅以隐逸之宗当之，陋矣！昔吾夫子，疏食饮水，视富贵如浮云，而悲天命、悯人穷，则栖栖皇皇，席不暇暖，冀得一当，以成东周之志。盖穷达命也，则听诸天；仁义性也，则尽诸人。圣贤所营，凡以尽其性而已。先生于出处，则明澹泊之志；于君国，则极悲愤之情，盖与吾夫子之旨有合焉！程子谓三代下，惟诸葛忠武有儒者气象。先生有意乎忠武之为人，至效其名字，以寄慕思。然忠武欲兴复汉室，虽不克还于旧都，而犹佐先主崛兴于蜀；而先生眷怀君国，精卫之诚，仅托诸咏歌，余每读其诗而深悲之。呜呼！当刘宋之篡晋而代之也，其势位可谓盛哉，而先生屏居穷僻之野，乞食以自活，虽嗜酒亦不能常得，其贫困盖如此者。然高怀亮节，流风余韵，沾溉于千百年之间，至今犹慕弗衰，而刘裕之行事，虽妇人、孺子、田夫、野老皆丑之，鄙为不足道。则世之骋诈力以争一时之权利者，独何心欤？①

称陶渊明为“隐逸之宗”已经被指责为极为狭隘的过时观点。陶渊明有荆轲、夸父、诸葛亮一样的大志和忠诚，虽不得志，但达命尽性，淡泊自适，“高怀亮节，流风余韵”泽溉千百年间。陶渊明是一代雄杰，是不得志、胸怀愤慨的雄杰，更是悟道尽性的雄杰。

龚自珍在诗中对陶渊明这种英雄情怀的描述更为精警动人：

陶潜诗喜说荆轲，想见《停云》发浩歌。吟到恩仇心事涌，江湖侠骨恐无多。（原注：舟中读陶诗三首）

陶潜酷似卧龙豪，（原注：语意本辛弃疾）万古浔阳松菊高。莫信诗人竟平淡，二分《梁甫》一分《骚》。②

值得指出的是，龚自珍在陶渊明的豪迈中读到的不仅有儒家兼济天下的抱负、高洁自守的品格以及诗人怀才不遇的感慨，还有难以超越恩仇的“江湖侠骨”。历代读者虽关注到陶渊明咏赞荆轲，但多从儒家观念、不忘故国着眼，没有从侠

① 北京大学北京师范大学中文系、北京大学中文系文学史教研室编：《陶渊明资料汇编》上册，第263～264页。

② 〔清〕龚自珍：《龚自珍全集》第十辑《己亥杂诗》，上海古籍出版社1975年版，第521页。

义精神着眼，龚自珍却用自我的精神领会到陶渊明潜隐的“抚剑独行游”、意欲快意恩仇的侠义精神，可谓千古独唱。此为现代读者关注陶渊明与墨家思想的关系开启了先河。

陶渊明是英雄豪杰，但不是简单的平面人物，而是复杂的，即作为豪杰的陶渊明有着丰富复杂的人生经历和深刻丰富的思想世界。在这一点上，清人比明人感受更为深刻。孙奇逢《题渊明像赞》赞云：“五柳先生，生来高洁。闲静少言，荣利不屑。性好读书，意会心悦。抚无弦琴，消有情热。诗咏性灵，短褐常结。爱菊嗜酒，石名醉乐，总因时而设。不愤不激，既明且哲。隐士、诗人之目，俱不足尽先生之清节。先生其学道而有得于心者耶？晋室何得而私之？乃真旷古之豪杰。”①这一形象以儒家文化为生命根基，含摄着道家、佛教和隐逸等丰富的历史文化内涵和现实感慨，他不是隐士、诗人等概念可以单独概括的，陶渊明已经摆脱单纯的、平面的历史影像，在接受史上成长为一个丰富、立体、蕴含深厚的士人形象。光绪三十二年（1906）《陶氏宗谱》卷六录清顺治间赵皇梅②所撰之《陶靖节先生赞》淋漓尽致地传达了这一读者心声：

> 呜呼陶公，伊何人哉？以为隐士耶，而一绾彭泽之铜墨；以为仕耶，而终老彭泽之泽国；以为禅耶，而不入匡山淄臾之社；以为玄（按，原作元，疑避讳径改）也，而不挂漆园仙吏之牒。盖天之逸民，圣之清节。故以魁垒奇特之才，而寄之乎披抹风月（按，原作目，据文意径改）；以湮郁逼仄之襟，而寓之乎耽嗜曲糵。此千秋吊古之士，往往与报韩之司马、复汉之武侯同称为振古之忠烈。③

仕、隐、禅、道、儒，诗人、酒徒、忠烈，陶渊明似乎都沾边；但总的气象已经不是单纯高士、隐士的狭隘，而是“魁垒奇特之才”特定遭遇下的丰富多彩。乾隆年间的方体也认为陶渊明的形象不是诗人所能够涵盖的，其《晋征士靖节先生祠堂碑记》赞叹云：

> 呜呼！自古高隐之士，或愤世绝俗，或委蜕遗荣，其中心之皭然不滓者，皆有贯日星而流金石之气，是以精曜同乎天地，令名传于无穷，盖其志节有不可磨灭者矣。先生当晋、宋易代之际，名位未显，功业未光，而介石

① 〔清〕孙奇逢：《孙征君日谱录存》卷一五，清顺治十八年辛丑二十九日题，清光绪十一年刻本。

② 〔清〕徐世昌《大清畿辅先哲传》下册卷二〇《赵皇梅传》：“赵皇梅，字香雪，顺治间诸生。”（北京古籍出版社1993年版，第628页）受魏裔介知赏。

③ 《陶氏宗谱》卷一，光绪三十二年重修本，此据九江陶旭春所赠内部复印本。

之操，如海月皎空，晴云映岳，有嵇叔夜之愤，而不及于祸，有阮嗣宗之达，而不至于放，其高风峻节有不可及者。后之人不深究其始终，而仅以诗人共相标举，不已失乎!①

陶渊明如高隐之士一样“志节有不可磨灭者”，兼有嵇康、阮籍之长而无其短，愤世旷达，高风峻节，因此仅把他看作“诗人”是十分片面的。

如元明读者一样，清代读者也强调陶渊明“知道”，但清人除了关注陶渊明悟道之后萧然自得的风雅，还格外关注其“见几”早以及其高出常人的识见。钱谦益《追和朽庵和尚乐归田园十咏》之一《归去来兮至觉今是而昨非次韵》慨叹：“久在樊笼始见几，高人只是急流归。畏荣未必知吾意，忤物何妨与世违。”朽庵和尚的原诗也说：“宦海漂流早见几，故园荒废正思归。往迷来悟心方乐，投老寻闲愿不违。新别庙堂无怅恨，旧栽松菊有光辉。池鱼羁鸟还渊薮，童子何劳讲是非。”②这里虽是借陶言怀，但已经涉及渊明归隐原因中的主观因素，即“见几”。陶渊明“见几”主要指他全身而退，恽敬《靖节集书后》云：“敬思先生与刘穆之、王弘、徐羡之、谢晦同在刘裕幕府，其差池不待言，而刘裕之怀异志、穆之等之附裕，先生必微窥得之，于是晋室之安无可望，故自镇军参建威，自建威令彭泽，然后脱然远去，永遂其不臣二姓之志耳。先生去官时，刘裕尚未执政，以为王业渐隆者，非其实矣。先生处己之高，见机之决，进退之裕，皆于此可见。其诗清微通彻，雄厉奋发，如其人，如其人焉。”③这是从政治角度赞陶见几，尚未从哲学层面阐发。朱鹤龄在《陶潜论》中最先从哲理层面深入论述这一问题，前文已有所引述。他依《周易》蛊卦的解释，引申到渊明时世处境的凶险，高度称赞渊明见机先隐、善于韬晦。全面接续朱鹤龄之思路解陶见几的是凌廷堪。其《陶靖节画像赞并序》云：

《易》曰：“知几其神乎!”又曰：“君子见几而作，不俟终日。”非作之难，盖见几之难也。沈约称陶靖节以宋高祖王业渐降，不复肯仕。后人耳食，信为固然，不核诸简编，不证诸时事，第羡其入山之深，宁悟其见几之早?心窃陋焉。考靖节乙巳岁，由建威参军为彭泽令，耻折腰以事吏，爰解组以归田，是时实安帝返正之后，义熙改元之始。彼宋祖者，方秉天钺以夷伪

---

① 北京大学北京师范大学中文系、北京大学中文系文学史教研室编：《陶渊明资料汇编》上册，第219页。

② 〔清〕钱谦益：《牧斋初学集》上册，上海古籍出版社1985年版，第222页。

③ 〔清〕恽敬：《大云山房文稿》二集卷二，《四部丛刊》本。

楚，提神器而还弱晋，皇舆重造，金运再开；苟略其本衷，观其外迹，虽郗鉴之讨王敦，温峤之翦苏峻，衡其功烈，未之或过。此正勇夫奋身之秋，忠臣效节之日。非若刘藩既诛，跋扈之形已著；宋台既建，禅代之势已成也。夫陈子公之筹略，莫测新莽于未然；荀文若之英材，亦信曹武于伊始。而靖节独以静妙之心，烛奸宄之胆，褰裳去之，惟恐不速。谅非明哲，能若是乎？意其春醪乍熟，秋鞠旋滋。闻奏慕容氏之捷，献姚秦之俘，当必卧北窗以笑之；睹韩延之之出奔，诸葛长民之被害，当必倚东篱以吊之。群雄之力方屈，一士之齿独冷。世徒称其咏荆轲以寄慨，书甲子以见意，斯盖前史之美谈，而非高贤之深识也。知人论世，良不易哉！今饼师之室，日者之肆，卖浆之家，村夫子之塾，莫不书其像而悬诸壁。过者咸曰："是晋之诗人也，是宋之处士也！"乌睹其为见几之哲乎？乃为之赞曰：

遐哉陶君，澄怀渊静。坐照几先，如鉴取影。德舆狐媚，睥睨晋鼎。举国皆醉，惟君独醒。英英藏璞，暧暧含光。拂衣彭泽，归耕柴桑。三径之内，十亩之旁。卑视魏晋，高卧羲皇。不求甚解，时还读书。不嫌人境，可以结庐。与物浮沉，与时卷舒。穷新伎俩，奚足浼余。与艾而进，宁荪而退。臧获穆之，何有谢晦。匡阜嵯峨，长江汪涉。桃源仙人，庶几同辈。饱则赋诗，饥则乞食。太山秋毫，无分畛域。屠沽所栖，牧竖所息。画君之像，嬉戏君侧。泥于迹者，谓之逸民。涉其浅者，谓之达人。夫惟明哲，足以保身。千载而下，罕有等伦。①

知道、悟道的陶渊明如《周易》中所赞赏的"知几"的神圣、"见几而作"的君子，在晋、宋异代之际，"举国皆醉，惟君独醒"，能够"坐照几先，如鉴取影"，能够及时隐身而退、明哲保身。像这样的大哲大贤，当然已经不是"晋之诗人""宋之处士"所能够涵盖的，那只是世俗人看到的假象而已。他在传统的认识之外，指出并论证陶渊明乃"见几之哲"，可谓深曲而周详。

文廷式《题陶渊明集后》以诗歌的形式吟咏这种英雄识见和风神：

典午得国本狐媚，晋祚不长天所弃。一马化龙帝江东，礼乐乃复存华风。百余年来略整饬，种桑江边望能植。八公草木破苻坚，群乌哑哑自相得。举杯忽劝长星酒，宝鼎已落他人手。彭泽宰官先见机，五斗折腰吾自归。不论阀阅政可隐，三径松菊西山薇。笑谈不入远公社，纵浪形神凭大

① 〔清〕凌廷堪：《校礼堂文集》卷一一，中华书局1998年版，第89~91页。

化。皂帽还同辽海宁,苍生莫忘东山谢。①

这里把“见机”、高节、潇洒和失路英雄的情怀融为一体,所描绘的陶渊明形象已经与史书隐逸传中隐士的形象大有不同了。

陶渊明虽被普遍解读为见机退隐的失路英雄,但对于他身上风雅潇洒的一面,清人并没有视而不见。这些风雅涉及前人关注的所有渊明风流,诸如饮酒、爱菊、作诗、种田、郊游、乞食、自挽、自祭等,无所不包,“于松亦三致意焉”②。此类资料浩如烟海,不胜枚举,仅据《清代诗文集汇编》粗略统计,在诗题中直接咏及陶渊明的至少有一百二十三家,分别是曹烨《过陶靖节先生故里》,阎尔梅《陶靖节墓四首》,王岱《泊南康谒陶靖节先生故里》,李渔《陶白二公祠》,史夔《陶靖节故里》,叶绍炳《拜陶靖节墓道碑》,沈谦《咏陶渊明》,谢良琦《过柴桑有怀陶靖节先生二首》,汪琬《渊明》《陶渊明像赞并序》,余为霖《过陶潜故里》,曾灿《过渊明先生墓道》,王昊《陶靖节》,赵士麟《陶潜》,张英《读陶诗慨然有作》《读陶诗》,李光地《陶靖节怀古》,卢锡晋《陶靖节诗》,裘琏《晋陶元亮潜》《过陶征君故里》,彭定求《读靖节尧夫二先生集作歌二首(之一)》,潘耒《渊明故里》,黄越《陶渊明饮酒》,释元璟《题陶靖节像》,徐旭旦《志陶》,俞楷《陶彭泽》,田肇丽《读陶靖节传有感》,蔡衍锐《庞陶二先生》,詹贤《谒靖节祠》,成永健《步濂村读陶作》,陈万策《咏陶渊明》,沈近思《陶渊明》,沈德潜《陶靖节》,爱新觉罗·弘历《读陶诗》,徐永宣《读陶诗》,文昭《读陶诗》,薛雪《陶彭泽》,朱稻孙《读陶靖节先生集》,邱上峰《彭泽怀陶公》,顾我琦《陶渊明》,龙为霖《过浔阳有怀陶靖节公》,张照《书陶元亮集》,桑调元《彭泽奉怀陶公》,吴玉搢《洞口怀陶靖节》,旷敬本《读陶》,储麟趾《陶渊明饮酒》,全祖望《读陶公饮酒诗》,毛曙《陶潜》,英廉《题陶彭泽像》,任陈晋《冬夜读陶杜诗有感》,朱仕玠《陶令》,涂锡盛《靖节祠》,允禧《读渊明诗》,卓奇图《题渊明小像》,周煌《过渊明故居》,孙扩图《陶渊明》,袁果铬《读陶诗二首》,汤修业《书陶靖节集后》,顾光旭《论诗四首·陶靖节》,王元文《读陶诗三首》,王继耀《读史五首·陶潜爱菊》,爱新觉罗·弘瞻《题陶渊明像》,詹肇堂《题陶渊明像》,沈叔埏《读陶诗》,严如煜《陶征君》,颙琰《陶征君》,王廷绍《陶潜》,程含章《陶公祠》,鲍桂星《陶潜》,张鉴《读

---

① 〔清〕文廷式:《文道希先生遗诗》,1929 年叶恭绰本。

② 〔清〕梁章钜:《陶靖节诗》,见《浪迹丛谈》卷一〇,清道光年间刊本。甚至有怪谈云:“昔人嗜酒,今人嗜烟,气运使然也。若再历数百年,更不知又有何物之可嗜也。使古时有烟,吾知嵇康、阮籍、刘伶、陶潜诸人,必溺烟而不起矣。”见〔清〕李庆辰《醉茶志怪》卷一,光绪十八年津门刊本。

陶》，夏际唐《读陶靖节诗》，黄承吉《读陶诗偶作》，夏翼朝《读陶征士集感赋六首》，傅潢《书陶潜传后》，俞正燮《读陶靖节诗》，余成教《读陶靖节集》，孙珩《陶潜》，于俞渐《题陶集后》，王宗燿《陶潜》，凌泰封《咏陶渊明次诚斋读渊明诗韵》，杨庆琛《陶潜》，张绅《陶靖节》，方熊《陶靖节采菊图》，王庆霖《读陶诗》，吴清鹏《释渊明》（又和一首），谢葵《读陶诗》，袁翼《柴桑》，戴淳《读陶渊明诗》《读陶诗》，杨炳《陶处士像》，陈其锟《陶潜》，黄爵滋《读汉魏六朝人文集诗一百首·陶彭泽》，苏宗经《读五柳先生传》，易堂《陶彭泽》《陶靖节》，马国翰《读陶靖节集》，张安保《陶渊明》，唐廷诏《陶靖节》，刘仲瑀《咏陶》，陈光亨《陶渊明》《读陶公诗有序》，龚宝善《读陶诗》，顾广誉《陶靖节祠》，李映棻《陶靖节像》，张铨《咏史·陶潜》，严廷珏《彭泽怀陶靖节》《二君咏》，朱瀚《雨中过虎溪怀陶渊明》《读陶诗叠前韵》，魏承柷《读陶诗五首》，陈励《读陶诗三首》，叶坤厚《陶靖节四首》，恩华《读陶靖节传书后》，白恩佑《读陶诗有感》，徐子苓《读陶诗》，张经赞《五君咏·陶渊明》，何桂清《陶渊明故里》，刘蓉《陶渊明故里》，秦焕《陶元亮》，龙汝霖《读陶诗书后》，沈宝森《读陶诗》，黄振成《过陶靖节故里》，奕志《题靖节先生像》，倪鸿《读靖节诗集》，邓绎《诵陶靖节诗》，杨恩寿《谒靖节祠》，李宝翰《读陶集作》，胡薇元《陶渊明集》，汪渊《读陶集》，仇兆鳌《读陶渊明诗》，陈三立《陶渊明》，鲍珍《读陶诗》等。吴嘉纪《遣兴》云："陶潜重其腰，慷慨归乡井。有田须自耕，举室无宿廪。吟咏喜身逸，辛苦逢岁稔。酒熟秋气佳，黄花秀挺挺。茅檐聚素心，言笑到酩酊。客去枕肱卧，梦寐优游甚。"①这是下层士人赞陶有坚守，虽辛苦但心灵自由，乐道优游，自得其乐。而一般士人、仕途官僚亦多赞叹与向往，此仅以陶集考论、整理的集大成者陶澍的一首诗为例，窥斑知豹。其诗曰：

昔者白太傅，作诗始效陶。坡老海外来，和陶诗益高。陶公古隐士，何以兴起百代之贤豪。高人性本薄尘网，云归鸟倦弥知劳。譬诸筝琶聒俗耳，素琴更以无弦超。松菊未荒三径在，依依墟色烟周遭。南山种豆南村获，私田秫比公田饶。短衣曳锄者谁氏，舒啸居然事耘耔。大儿牧归率犊肥，小儿钓罢得鱼美。养志真能慰倚闾，候隙遥看迎稚子。一枝筇杖晚风前，茅屋方塘照新水。桃源世界此中人，不道朝衫映金紫。只今事业逮曾元，风景依稀尚故园。六十年来秘巾笥，可知欲辨已忘言。茱萸江上吾庐隘，曾记浔阳通一派。下濮田芜草木长，浪游每被江神怪。何时携幼访农

① 〔清〕吴嘉纪：《陋轩诗》，《清代诗文集汇编》第六三册，第454页。

人,青山到处皆图画。①

作为归来的隐士,陶渊明的风雅生活在《归去来辞》中有集中的想象性描述。面对一幅作于乾隆年间的《渊明诗意图》,学者型诗人陶澍展开合理的想象,描述他所敬仰的祖先的风雅生活:有无弦琴能够奏出天籁之音,有松菊三径可以盘桓,有宁静的乡村可以息神,有自家的田地需要耕种;大儿放牛,小儿钓鱼,晚风习习,池塘清清,皆如桃源一般和谐快乐。这是陶渊明在诗文中描述的生活,也是清代读者所理解和向往的陶氏风雅。

清初吴庄《东篱》云:“夫人之情必有所寄,豪士之情寄酒,幽人之情寄花……则花、酒二者固不可得而兼也,兼花与酒其惟陶令乎?”他认为陶渊明本“千秋豪士”,因时不可为,不得已而寄情于酒、于花,为幽人。② 允禧《读渊明诗》赞渊明云:“轻重若云殊,毫末形泰山。此身亦外物,穷达应齐观。渊明瑰伟人,毕世空投闲。弹琴与饮酒,笑语杂长叹。微辞契道妙,冥心何怨言。遗编照寰宇,把读怡心颜。娟娟松柏林,惠风流其间。精金宁思锻,良玉非待镌。眷怀世已远,知音古所难。”③英雄和风雅,慨世和任化,两相不悖,有机地融为一体,这正是清代读者所普遍认同的陶渊明形象。

第二节 妙绝千古淡而厚

清代读者所理解的陶渊明形象由单纯、平面走向丰富、立体,他们解读陶渊明诗文也不满足于表象和感受,而是进行更为深入细致的理性分析,在诗史流变和同类对比中探究其本质性特点,观照其诗史地位和艺术个性。在明代读者研究的基础上,清代对陶诗的阐释进一步深细化,将审美感受、理性解析与学术考论相结合,体现出鲜明的特色。由于仰慕陶渊明的为人,认识到了陶渊明为人和作品的特殊价值,清代以之为创造的基因,展开了丰富多彩的创作接受,创造了数量丰富、形式多样而质量上乘的学陶作品。陶渊明及其诗文在新的历史环境中又一次展现出经典的魅力和无穷的艺术生发力。

---

① 〔清〕陶澍:《题渊明诗意图》,见〔清〕邓显鹤《沅湘耆旧集》卷一三七,清道光二十三年邓氏南邨草堂刻本。

② 〔清〕吴庄:《东篱》,见《无罪草》,《清代诗文集汇编》第九三册,第171页。

③ 〔清〕允禧:《花间堂诗钞》,清乾隆年间刻本。按,“精金宁思锻”之“思”原作“畏”,据《晚晴簃诗汇》卷五选改。

一、理性地推崇陶诗地位

与明代受复古思潮影响出现一股贬抑陶诗的潮流不同，清代整体上不存在对陶诗的否定潮流，清代读者以更理性的态度普遍承认和赞赏陶诗在诗歌史中的崇高地位。

这首先鲜明地表现在清人对明代及前代读者贬抑言论的理性反思上。针对何景明"诗弱（溺）于陶"的观点，清人鲜明地表达出反对意见。钱谦益《何副使景明（小传）》云："余独怪仲默之论，曰：'诗溺于陶，谢力振之，古诗之法亡于谢。……'呜呼。诗至于陶、谢……亦可以已矣！仲默不难以一言抹杀者，何也？渊明之诗，钟嵘以为古今隐逸之宗，梁昭明以为跌宕昭彰，抑扬爽朗，横素波而傍流，干青云而直上。评之曰'溺'，于义何居？"①卢世㴶《又题许葺翁和陶诗》亦云："自有声音以来，陶诗遂成绝唱。……何大复直以古诗法亡于陶，轻俊之士喜道之，然迟大复二十年不死，定悔其言。千载来惟唐子西、王元美颇知陶之微，顾世罕有述其语者。"②汪师韩《诗学纂闻》曰："何仲默谓'古诗之法亡于谢'，洵特识也，独不当先谓'诗溺于陶'耳。"③潘德舆《养一斋诗话》讥其"尤为诞谩"④。陈仅《竹林答问》云："此直是英雄欺人语。……至评陶诗为弱，尤属谬妄。"⑤即使是对何景明"诗弱（溺）于陶"观点有所赞同者，也是在肯定陶诗的前提下立论，如毛先舒认为"靖节清思遥属，筋力颓然，'诗弱于陶'，则诚如何说"⑥。朱庭珍在《筱园诗话》中也采取了类似的理性分析态度，曰：

> 何大复答空同书，谓诗盛于陶、杜，文盛于韩、欧，而诗之亡即自陶、杜始，文之亡自韩、欧始。后人执为口实，群起而攻，此论遂为诟府。其实确有所见，意非尽妄，特放言高论过易，故招尤丛谤，理无由伸耳。自古极衰之根，每伏于极盛之中，循环往复，不止诗文为然。陶、杜出而人争学为陶、杜，韩、欧出而人争学为韩、欧，既未窥见本原，又未洞其得失，于是陶、杜、

---

① 〔清〕钱谦益：《列朝诗集小传》上册，古典文学出版社 1957 年版，第 323 页。

② 〔清〕卢世㴶：《尊水园集略》卷八，清顺治刻十七年卢孝余增修本。

③ 〔清〕汪师韩：《诗学纂闻》，见丁福保辑录《清诗话》上册，上海古籍出版社 1978 年新版，第 456 页。

④ 〔清〕潘德舆著，朱德慈辑校：《养一斋诗话》卷一〇，中华书局 2010 年版，第 169 页。

⑤ 〔清〕陈仅：《竹林答问》，见《陶渊明资料汇编》上册，第 236 页。

⑥ 〔清〕毛先舒：《诗辩坻》卷二"六朝"，见郭绍虞编选、富寿荪校点《清诗话续编》上册，上海古籍出版社 1983 年，第 40 页。

韩、欧独至之诣不能法也。其不至处,与无心之失,率意之病,则尽法之,遗其内之精英,袭其外之面目,高自位置,流弊百出,不可救药矣。此非陶、杜、韩、欧之过,学为陶、杜、韩、欧之过也。极衰始于极盛,理本不诬。大复任意纵笔,故作大言惊人,而词不达意,致招掊击,原属自取。第不究其言之所以然,一味诋诃,则又耳食之过矣。①

如毛先舒一样,朱庭珍也是在充分肯定陶诗的前提下,从盛极必衰的哲理出发,认为“诗之亡即自陶、杜始”,罪不在陶、杜,而在“学为陶、杜”者,认为何景明“特放言高论过易,故招尤丛谤”。

针对钟嵘评陶源出应璩之论,明人许学夷不同意宋人叶梦得的反对意见,认为陶诗与应璩诗在用韵、用语等方面有相似之处。清人则大多反对钟嵘的意见。清初诗论家贺贻孙云:“钟嵘云:‘陶彭泽出自应璩。’陋哉斯言!使彭泽果出自应璩,岂复有好彭泽哉?余谓彭泽序《桃源诗》:‘不知有汉,何论魏、晋。’此即陶诗自评也。后人必拟何者为汉诗,何者为魏、晋诗,字句摹仿,仅得古人皮毛耳。此无他,名心为之累也……陶公不知有古今,自适己意而已,此所以不朽也。”②陶诗乃“不知有古今,自适己意”,未尝泥古,应璩更非所出。诗人王士禛也说:“钟嵘《诗品》……中品之……陶潜……宜在上品……至以陶潜出于应璩……尤陋矣。又不足深辩也。”③沈德潜云:“钟记室谓其原出于应璩,目为中品。一言不智,难辞厥咎已。”④李调元云:“钟嵘《诗品》云,其原出于应璩;真小儿之语矣。”⑤

此外,对于其他贬抑陶诗的言论,清人也多予以反驳。如陈澧《东塾杂俎》云:“王通《中说》云:‘或问陶元亮,子曰:放人也。’王通浮躁,宜其不能读渊明文耳。”⑥贺贻孙《诗筏》云:“少陵云:‘李陵苏武是吾师。’少陵沉雄顿挫,与苏、李淡宕一派,殊不相类。乃知古人师资,不在形声相似,但以气味相取。然渊明

① 〔清〕朱庭珍:《筱园诗话》卷二,见郭绍虞编选、富寿荪校点《清诗话续编》下册,第2360页。

② 〔清〕贺贻孙:《诗筏》,见郭绍虞编选、富寿荪校点《清诗话续编》上册,第159~160页。

③ 〔清〕王士禛:《渔洋诗话》卷下,见丁福保辑录《清诗话》上册,第203页。

④ 〔清〕沈德潜:《说诗晬语》卷上,见丁福保辑录《清诗话》下册,第532页。

⑤ 〔清〕李调元:《雨村诗话》,见郭绍虞编选、富寿荪校点《清诗话续编》下册,第1523页。

⑥ 北京大学北京师范大学中文系、北京大学中文系文学史教研室编:《陶渊明资料汇编》上册,第249页。

气味大近苏、李，少陵既师苏、李矣，奈何诋渊明为枯槁耶！”①潘德舆《养一斋诗话》云：“宋人论诗，每以陶、阮并称。不知陶之天机自运，其言平易而昭明，君子之诗也；阮之荒唐隐谲，纯为避祸起见，小人之诗也。尚不逮嵇中散之朴直，何论陶彭泽哉！”②他又批评陈师道论“陶渊明之诗，切于事情，但不文耳”云：“论陶之语，实有三病：陶诗之美，不止于‘切事情’，一也；陶诗未尝‘不文’，其文并胜后山之诗，二也；陶之平淡入神，即‘不文’，并不足以为陶病，三也。”③宋大樽《茗香诗论》云：“前人谓‘孔氏之门如有诗，则公幹升堂，思王入室，景阳、潘、陆，自可坐于廊庑之间。’噫！是何言也？以汉之乐府古歌辞升堂，《十九首》入室，廊庑之间坐陶、杜，庶几得之。”④潘德舆进而认为宋大樽之论“自胜矣，然亦未尽允也”，指出“陶之高逸，杜之沉厚，气体虽不尽与汉同，亦皆升堂者也。使陶、杜犹坐廊庑，则王、孟、韩、白等将安置乎？然汉之乐府古歌辞、《十九首》与陶、杜集，其中有精而又精者，实足以动天地而感鬼神，是又时入《三百篇》之室者也。茗香高视《十九首》而卑乐府，高视汉而卑陶、杜，此第以气体论诗，非知诗之本数者”⑤。

在陶诗特点和地位得到充分认识的时代，以上纠偏正名的反驳是接受史上顺理成章的回音。纵观接受诗史，清代读者给予了陶诗更为公允和理性的尊奉，他们称赞陶渊明诗为“六代孤唱”⑥，尊称陶渊明为“诗圣”⑦，是达到“佛地位”的诗人⑧，但并没有把这顶桂冠专给一人。如潘德舆《养一斋诗话》将陶渊明与曹植、杜甫、李白并称为诗圣。黄子云《野鸿诗的》云：“古来称诗圣者，唯陶、杜二公而已。陶以己之天真，运汉之风格，词意又加烹炼，故能度越前人；若杜兼众善而有之者也。余以为靖节如老子，少陵如孔子。”⑨以佛地位类比陶渊明诗史地位起于元代，元人刘壎《禁题绝句序》引刘玉渊之言云：“渊明诗之佛，

---

① 〔清〕贺贻孙：《诗筏》，见郭绍虞编选、富寿荪校点《清诗话续编》上册，第 167 页。

② 〔清〕潘德舆著，朱德慈辑校：《养一斋诗话》卷一，第 8 页。

③ 〔清〕潘德舆著，朱德慈辑校：《养一斋诗话》卷七，第 118 页。

④ 〔清〕宋大樽：《茗香诗论》，见丁福保辑录《清诗话》上册，第 106 页。

⑤ 〔清〕潘德舆著，朱德慈辑校：《养一斋诗话》卷一〇，第 166 页。

⑥ 〔清〕乾隆选辑：《御选唐宋诗醇》卷二九李光地评韩愈《荐士》，影印清文渊阁《四库全书》本。

⑦ 可参〔清〕潘德舆著、朱德慈点校《养一斋诗话》卷三第二十二条，第 48 页；见丁福保辑录《清诗话》下册，第 862 页。

⑧ 〔清〕刘宝书：《诗家位业图》一卷，清光绪十八年张善音刻本。参蒋寅《清诗话考》著录，中华书局 2005 年版，第 624～625 页。

⑨ 丁福保辑录：《清诗话》下册，第 862 页。

太白诗之仙，少陵仙佛备。”①明人屠隆也说：“以禅论诗，《三百篇》是如来祖师，《十九首》是大乘菩萨，曹、刘、三谢是大阿罗汉，颜、鲍、沈、宋、高、岑是有道高僧，陶、韦、王、孟是深山野衲，杜少陵是如来总持弟子，李太白是散圣。”②清人刘宝书在《诗家位业图》中以佛家位业分“佛地位”“菩萨乘”“罗汉果”等九等论历代诗人，将屈原、《古诗十九首》作者、苏武、李陵、曹植、陶潜、李白、杜甫等数家列入最高等的“佛地位”③，而非仅陶渊明一家。可见清人推崇陶渊明在五言诗史上登峰造极的艺术成就，但并没有把陶诗绝对化。

清代诗学家从诗歌的本质、诗史的流变、诗体的独创等角度，全面廓清了明代诗论家以保守的态度低看陶诗历史地位的迷雾。清初就已经完成了这一廓清任务。贺贻孙《诗筏》评陶在对诗歌本质进行深入理解的基础上，走出了复古派因尚汉魏、尚古而贬陶、贬今的误区，意识到明复古派否定陶诗这一做法的不足，在诗体和艺术境界方面肯定陶诗，认为陶诗是《诗经》的“嫡裔”④，但还没有充分在诗史流变中彻底完成对陶诗崇高地位的论证。完成这一任务的是比他略晚的诗论家叶燮。虽然叶燮《原诗》中集中论陶诗的言论并不多，但是他是清初最具诗史理论眼光的批评家，他对陶渊明的诗史定位十分精到，以“源流正变”的诗史观充分肯定了陶渊明作为一流大家的诗史地位，称陶公“矫然自成一家”⑤，认为“六朝诗家，惟陶潜、谢灵运、谢朓三人最杰出，可以鼎立”⑥。胡凤丹认为“靖节为晋代第一流人物，而其诗亦如其人，澹远冲和，卓然独有千古”⑦。王士禛认为陶诗“卓绝先后，不可以时代拘墟”⑧。他们的观点为后人从诗史流变中看待陶诗的地位奠定了深刻的基础。黄子云《野鸿诗的》云：“诗有道统，不可不究其所自。姑综其要而言：《风》《骚》之外，于汉曰《十九首》，曰苏、李，于魏曰曹、刘，于晋曰左、阮、渊明……之数公者，虽各自为一家言，而正始之绪，截

---

① 李修生主编：《全元文》第十册卷三四四，江苏古籍出版社1998年版，第301页。

② 见〔明〕屠隆《鸿苞》卷一七，转引自刘学锴、余恕诚、黄世中编《李商隐资料汇编》上册，中华书局2001年版，第165页。

③ 〔清〕刘宝书：《诗家位业图》一卷，清光绪十八年张善音刻本。参蒋寅《清诗话考》著录，第624～625页。

④ 〔清〕贺贻孙：《诗筏》，见郭绍虞编选、富寿荪校点《清诗话续编》上册，第174页。

⑤ 〔清〕叶燮：《原诗》卷一，见丁福保辑录《清诗话》下册，第566页。

⑥ 〔清〕叶燮：《原诗》卷四，见丁福保辑录《清诗话》下册，第602页。

⑦ 〔清〕胡凤丹：《六朝四家全集序》，见许逸民校点《六朝四家全集》，辽宁教育出版社2000年版，第1页。

⑧ 〔清〕王士禛：《古诗选一则》，见《陶渊明资料汇编》上册，第190页。

然不紊。”①宋大樽《茗香诗论》云：“《三百》后有《离骚》，《离骚》后有苏李赠答、《古诗十九首》，苏李赠答、《古诗十九首》外有乐府，后有‘建安体’，有嗣宗《咏怀诗》，有陶诗，陶诗后有李、杜，乃复古也，拟议以成其变化也。”②牟愿相《小澥草堂杂论》云：“诗自《三百篇》后，有三大宗：曹子建、陶渊明、杜子美也。”③鲁九皋《诗学源流考》云：“吾由汉迄明，其间得大宗五人焉：曰曹子建、陶渊明、李太白、杜子美、韩昌黎。”④厉志《白华山人诗说》云：“古今诗人，推思王及《古诗》第一，陶、阮、鲍左次之，建安、六朝又次之。”⑤朱庭珍《筱园诗话》云：“古今合计，惟陈思王、阮步兵、陶渊明、谢康乐、李太白、杜工部、韩昌黎、苏东坡可为今古大家，不止冠一代一时。”⑥李调元《雨村诗话》云：“陶渊明生于晋末，人品最高，诗亦独有千古，则又晋之集大成也。”⑦潘德舆《养一斋诗话》云：“吾于六朝人，极服膺陶之古诗，鲍之乐府，盖接汉、魏之统，开有唐之派者止此。其余非无能者，皆出二公下。”⑧陈廷焯撰、屈兴国校注《白雨斋词话》云：“唐诗可以越两晋六朝，而不能越苏、李、曹、陶者，彼已臻其极也。”⑨王国维则云：“三代以下之诗人，无过于屈子、渊明、子美、子瞻者。此四子者苟无文学之天才，其人格亦自足千古。故无高尚伟大之人格，而有高尚伟大之文学者，殆未之有也。”“天才者，或数十年而一出，或数百年而一出，而又须济之以学问，助之以德性，始能产真正之大文学。此屈子、渊明、子美、子瞻等所以旷世而不一遇也。”“屈子之后，文学上之雄者，渊明其尤也。”⑩可谓推崇至极。历数诗史大家，唐代读者茫然

---

① 〔清〕黄子云：《野鸿诗的》第七条，见丁福保辑录《清诗话》下册，第 848 页。

② 〔清〕宋大樽：《茗香诗论》第六条，见丁福保辑录《清诗话》上册，第 103 页。

③ 〔清〕牟愿相：《小澥草堂杂论诗》，见郭绍虞编选、富寿荪校点《清诗话续编》上册，第 916 页。

④ 〔清〕鲁九皋：《诗学源流考》，见郭绍虞编选、富寿荪校点《清诗话续编》下册，第 1359 页。

⑤ 〔清〕厉志：《白华山人诗说》卷一，见郭绍虞编选、富寿荪校点《清诗话续编》下册，第 2273 页。

⑥ 〔清〕朱庭珍：《筱园诗话》卷二，见郭绍虞编选、富寿荪校点《清诗话续编》下册，第 2371 页。

⑦ 〔清〕李调元：《雨村诗话》卷上，见郭绍虞编选、富寿荪校点《清诗话续编》下册，第 1523 页。

⑧ 〔清〕潘德舆著，朱德慈辑校：《养一斋诗话》卷二，第 24 页。

⑨ 〔清〕陈廷焯著，屈兴国校注：《白雨斋词话足本校注》卷一〇第六十二条，齐鲁书社 1983 年版，第 773 页。

⑩ 王国维：《文学小言》第六则、第七则、第十则，载《教育世界》第 139 号，1906 年 12 月。转引自郑振铎《晚清文选》卷下，上海书店出版社 1987 年版，第 713 页。

不知有陶，明代读者懵然打一问号，而清代读者与苏轼之后的宋代读者遥相呼应，使陶渊明彻底摆脱了被忽视和怀疑的困境。在整个诗史中，陶诗不可忽视，陶渊明是时代难以拘束、屈指可数的大家之一；在晋代，陶诗是“集大成”者，能上承《诗经》，而下开“有唐之派”。

清人对陶诗历史地位更加具体的论析集中体现于对陶诗在五言诗史上的特殊性的论述中。

靖节五古，可谓旷代无两。（刘然辑评、朱豫增辑《诗乘发凡》）①

论者谓五言诗平远一派，自苏、李、《十九首》后，当推陶彭泽为传灯之祖，而以储光羲、王维、刘眘虚、孟浩然、韦应物、柳宗元诸家为法嗣。（贺贻孙《诗筏》）②

五言古以陶靖节为极诣，但后人轻易摹仿不得。王、孟、韦、柳虽与陶为近，亦各具本色。韦公天骨最秀，然亦参学谢康乐。至坡老和陶，好在不学状貌。（李重华《贞一斋诗说》）③

历友答：“五言之至者，其惟《十九首》乎！其次则两汉诸家及鲍明远、陶彭泽，骎骎乎古人矣。子建健哉，而伤于丽，然抑五言圣境矣。韦苏州其后劲也。”（王士禛等《诗友师传录》）④

五言古诗正派，未有不权舆于《十九首》与苏、李者。建安之盛，思王为宗；邺下之末，阮籍为最。至于典午之朝，左思、郭璞、刘琨称鼎立焉。渊明一出，空前绝后，学者谁敢轻加位置？由其诗高，其人异也。（田雯《古欢堂集杂著》）⑤

至陶渊明、谢康乐，又以韵不以气，盖五言之极则。（牟愿相《小澥草堂杂论诗》）⑥

---

① 〔清〕刘然辑评，朱豫增辑：《诗乘发凡》一卷，《四库禁毁书丛刊》集部第一五六册，第23页。

② 〔清〕贺贻孙：《诗筏》，见郭绍虞编选、富寿荪校点《清诗话续编》上册，第159页。

③ 〔清〕李重华：《贞一斋诗说》第八十条，见《清诗话》下册，第936页。

④ 〔清〕郎廷槐问，〔清〕王士禛等答：《师友诗传录》第九条，见丁福保辑录《清诗话》上册，第133页。

⑤ 〔清〕田雯：《古欢堂集杂著》卷二“论五言古诗”，见郭绍虞编选、富寿荪校点《清诗话续编》，第699页。

⑥ 〔清〕牟愿相：《小澥草堂杂论诗》，见郭绍虞编选、富寿荪校点《清诗话续编》，第921页。

陶诗是五言诗史上最秀逸的高峰之一，是“五言古神品”①，“极诣”，“极则”，是后代平远一派的“传灯之祖”，可谓空前绝后，“独有千古”②。相对于经典《诗经》，陶诗何止“坐于廊庑”，甚至直接可以升堂入室了。其中“直超建安而上”③之说虽然继承了明代王世贞等人的观点，但已经有了更为圆通的诗史流变眼光和对诗歌本质特点的认识作为基础。

清人是理性的，他们尊崇陶诗，但并没有走向极端。他们在纠正钟嵘、何景明等人贬陶言论的同时，也理性地审视像苏轼论陶以为李、杜不及那样的言论。康熙时进士张泰来不满于苏轼之论，云：“渊明既往，诸家皆南北宗尔，摩围老人（黄庭坚号）即欲避此一席，何可得哉？”④潘德舆认为“东坡持论太易……不可以元亮为胜子建，亦不可以元亮为胜太白、子美也”⑤。吴觐文认为：“曹、刘以下六人，岂肯少让渊明哉？欲推尊渊明，而抑诸人为莫及焉，坡公之论过矣。夫亦曰以诸人之诗较之渊明，譬之春兰秋菊不同其芳，菜羹肉脍各有其味，听人之自好耳，如此乃为公论。……杜老诗已独绝千古，而谓其不及渊明，吾尤至死不服！”⑥他认为李白、杜甫等人之诗与陶诗相比，千秋各别，所以他们可以并列为大家，苏轼抑此扬彼只是个人嗜好和遭遇所致，不是公允之论，表现出清醒的读者意识。

除了推尊和客观的评价，清人也有对陶诗不满的言论，虽不成主流，但也可见接受史的另一面貌。贬抑陶诗，历代不绝，清末钱振锽之论最为另类。钱振锽发惊人之论云：“渊明诗多不过百余首，即使其篇篇佳作，亦不得称大家，况美不掩恶，瑕胜于瑜，其中佳诗不过二十首耳。然其所为佳者，亦非独得之秘，后人颇能学而似之。”⑦这种以数量不多、佳作不丰、后人能学作标准从整体上否定陶诗为“大家”的观点可谓大胆而荒唐，只是个别读者的谬见。清人又有具体指摘陶诗者，如王夫之不满于陶渊明的《乞食》诗，批评道：“钟嵘谓陶令为隐逸诗人之宗，亦以其量不弘而气不胜。”⑧又如：

---

① 〔清〕吴骞：《拜经楼诗话》，见《陶渊明资料汇编》上册，第207页。

② 〔清〕俞文鳌：《考田诗话》，见《陶渊明资料汇编》上册，第213页。

③ 〔清〕浦起龙：《诗学源流》《汉魏六朝诗》，见《陶渊明资料汇编》上册，第201页、第202页。

④ 〔清〕张泰来：《江西诗社宗派图录》，见丁福保辑录《清诗话》上册，第49页。

⑤ 〔清〕潘德舆著，朱德慈辑校：《养一斋诗话》之《李杜诗话》，第200页。

⑥ 〔清〕吴觐文：《陶渊明集批语》，见《陶渊明资料汇编》上册，第202~203页。

⑦ 〔清〕钱振锽：《快雪轩全集》卷上，见《陶渊明资料汇编》上册，第261页。

⑧ 〔清〕王夫之：《薑斋诗话》卷下第四十五条，见丁福何辑录《清诗话》上册，第21页。

陶公独为近古,然较汉魏气稍疏,味稍薄,句意间有不完,押韵间有不稳者,然于圣人辞达之旨未远,故足尚也。(庞垲《诗义固说》)①

陶公,汉魏后一人,若“鬼神茫昧然”,“曲肱岂伤冲”,“芳菊开林耀”,“我来淹已弥”,皆不浑成,习气未除耳。(庞垲《诗义固说》)②

陶公《咏贫士》诗,引荣叟、原生起,“弊襟不掩肘”至末,俱单用原生,荣叟竟无着落,亦是疏略处,作者当知。(庞垲《诗义固说》)③

渊明只去得一“傲”字,其诗遂高妙乃尔。可见“傲”字坏人。(牟愿相《小澥草堂杂论诗》)④

陶公云:“被褐忻自得,屡空常晏如”,未免贫贱骄语耳。(叶矫然《龙性堂诗话初集》)⑤

韦《咏声》诗:“万物自生听,大空恒寂寥。还从静中起,却向静中消。”此乃静坐功深,领得无始气象,又在希夷、康节前也。较陶靖节“纵浪大化中,不喜亦不惧”,更入玄通。(乔亿《剑谿说诗》)⑥

《庚子阻风》云:“巽坎难与期。”《于王抚军座送客》云:“瞻夕欲良谦。”陶诗用卦名不甚可解。陶诗通脱,亦有质白少味者,如“四体诚乃疲,庶无异患干”,“岂不实辛苦,所惧非饥寒”,“即事已为高,何必升华嵩”,此类太自暴白,学之令人生厌。咏雪句“倾耳无希声,在目皓已洁”,亦似拙滞,未如摩诘“隔牖风惊竹,开门雪满山”之工。(马星翼《东泉诗话》)⑦

具体指摘陶诗与整体贬抑不同,不管其所指摘对错与否,都是在整体肯定的前提下,对陶诗有所贬抑,贬抑仅就个别诗篇、个别细节而言,而非整体否定。这些声音在众声赞誉中虽然有些不和谐,但从辩证看待陶诗方面而言,实在难能

---

① 〔清〕庞垲:《诗义固说》卷上,见郭绍虞编选、富寿荪校点《清诗话续编》上册,第728页。

② 〔清〕庞垲:《诗义固说》卷上,见郭绍虞编选、富寿荪校点《清诗话续编》上册,第732页。

③ 〔清〕庞垲:《诗义固说》卷上,见郭绍虞编选、富寿荪校点《清诗话续编》上册,第735页。

④ 〔清〕牟愿相:《小澥草堂杂论诗》,见郭绍虞编选、富寿荪校点《清诗话续编》,第922页。

⑤ 〔清〕叶矫然:《龙性堂诗话初集》,见郭绍虞编选、富寿荪校点《清诗话续编》上册,第962页。

⑥ 〔清〕乔亿:《剑谿说诗》所附《剑溪说诗又编·书元稹论李杜优劣后》,见郭绍虞编选、富寿荪校点《清诗话续编》,第1119页。

⑦ 〔清〕马星翼:《东泉诗话》,见《陶渊明资料汇编》上册,第230页。

可贵。

二、具体阐发陶诗真淡深味

关于陶诗的基本特点，清代读者在概念使用上并没有大的突破，即大多数读者赞同陶诗之真情自然、平淡醇厚，只是在阐发上更为具体。陶诗之“真”主要是感情之真挚。顾炎武《文辞欺人》慨叹于“末世人情弥巧，文而不惭”，指出“栗里之征士，淡然若忘于世，而感愤之怀，有时不能自止，而微见其情者，真也”①。黄宗羲《金介山诗序》云“古之能自尽其情者，莫如渊明”②。贺贻孙《诗筏》云“晋人诗能以真朴立门户者，惟陶元亮一人”③。沈德潜《说诗晬语》云“真”是陶诗他人“不可及处”④。刘熙载《艺概》卷二云：“诗可数年不作，不可一作不真。陶渊明自庚子距丙辰十七年间，作诗九首，其诗之真，更须问耶?”⑤温汝能《陶诗汇评》的中心论点之一就是陶诗之“真”。“真”有时也指真率：贺贻孙认为唐代王维、孟浩然、柳宗元、储光羲等人虽然近似陶渊明，但“独其一段真率处，终不及陶”⑥；王士禛认为“陶渊明纯任真率，自写胸臆，亦不易学”⑦；刘熙载《艺概》卷五云“‘真率’二字，最为难得，陶诗所以过人者在此”⑧。王寿昌《小清华园诗谈》云：“自来言情之真者，无如靖节；写景之真者，无如康乐、玄晖；纪事之真者，无如潘安仁、左太冲、颜延年。少陵皆兼而有之。”⑨“真”故能见人，杜濬因此推崇陶渊明“古今真诗一人而已”，其《与范仲阍》云：“即诗至少陵，诗中之人亦仅有六七分可以想见；独陶渊明片语脱口便如自写小像，其人之岂弟风流、闲情旷远，千载而上如在目前。人即是诗，诗即是人。古今真诗一人而已。”⑩以此论陶之真可谓新颖而警醒。而方东树吸取元代读者的意见，扩大真

---

① 〔清〕顾炎武：《日知录》卷一九，见《陶渊明资料汇编》上册，第176页。

② 〔清〕黄宗羲著，陈乃乾编：《黄梨洲文集·序类》，中华书局1959年版，第361页。

③ 〔清〕贺贻孙：《诗筏》，见郭绍虞编选、富寿荪校点《清诗话续编》上册，第173页。

④ 〔清〕沈德潜：《说诗晬语》卷上，见丁福保辑录《清诗话》下册，第532页。

⑤ 〔清〕刘熙载：《艺概》卷二，上海古籍出版社1978年版，第55页。

⑥ 〔清〕贺贻孙：《诗筏》，见郭绍虞编选、富寿荪校点《清诗话续编》上册，第158页。

⑦ 〔清〕郎廷槐问，〔清〕王士禛等答：《师友诗传录》第九条，见丁福保辑录《清诗话》上册，第133页。

⑧ 〔清〕刘熙载：《艺概》卷五，第159页。

⑨ 〔清〕王寿昌：《小清华园诗谈》卷上，见郭绍虞编选、富寿荪校点《清诗话读编》下册，第1865页。

⑩ 〔清〕杜濬：《变雅堂文集》卷八，清光绪二十年黄冈沈氏刊本。

的适用范围,认为“读陶公诗,专取其真:事真景真,情真理真,不烦绳削而自合”。①

“真”故能直抒胸臆,率然而语,去掉雕饰,使诗风自然浑朴。所以清人格外突出了陶诗的自然浑朴美:

可常读陶先生诗……其诗不使才,而句句皆高才;不见学,而无篇非学,学极博大。此等诗真足千古,须熟读之。(傅山《霜红龛家训》)②

陶诗合下自然,不可及处,在真在厚。谢诗经营而反于自然,不可及处,在新在俊。陶诗胜人在不排;谢诗胜人正在排。(沈德潜《说诗晬语》)③

渊明精劲静细,出以自然。(厉志《白华山人诗说》)④

渊明以古淡自然为宗。(朱庭珍《筱园诗话》)⑤

陶诗他且勿论,即如咏桃源一诗,摩诘之绮丽,昌黎之雄奇,皆不如其浑朴,便见古人地步真高。(张谦宜《絸斋诗谈》)⑥

陶诗浑然元古,在六朝中自为一格。(乔亿《剑谿说诗》)⑦

陶公之心渊如,其诗穆如,寄意之微,有神无迹。赵泉山、张九成辈,必谓某篇指某事,何其谬哉!(方薰《静居绪言》)⑧

---

① 〔元〕陈绎曾《诗谱·十五体》云陶体诗“心存忠义,身处闲逸,情真景真,意真事真,几于《十九首》矣,但气差缓耳。至其工夫精密,而天然无斧凿痕迹,又有出于《十九首》之表者。盛唐诸家风韵皆出于此”。见张健编著《元代诗法校考》,北京大学出版社 2001 年版,第 360 页。

② 〔清〕傅山:《霜红龛家训》,清《昭代丛书》本。

③ 〔清〕沈德潜:《说诗晬语》卷上,见丁福保辑录《清诗话》下册,第 532 页。

④ 〔清〕厉志:《白华山人诗说》卷一,见郭绍虞编选、富寿荪校点《清诗话续编》下册,第 2277 页。

⑤ 〔清〕朱庭珍:《筱园诗话》卷一,见郭绍虞编选、富寿荪校点《清诗话续编》下册,第 2329 页。

⑥ 〔清〕张谦宜:《絸斋诗谈》卷四,见郭绍虞编选、富寿荪校点《清诗话续编》上册,第 824 页。

⑦ 〔清〕乔亿:《剑谿说诗》卷上,见郭绍虞编选、富寿荪校点《清诗话续编》上册,第 1078 页。

⑧ 〔清〕方薰:《静居绪言》,见郭绍虞编选、富寿荪校点《清诗话续编》下册,第 1633 页。《清诗话续编》所录《静居绪言》原属“阙名”。方薰(1736—1799)有《山静居诗论》抄本,藏中国社会科学院文学研究所,蒋寅先生曾将之与《静居绪言》对读,“两本相校,《诗论》末多一条……两书条目偶有分合之异……文字各有短长”。参见蒋寅《稿抄本清诗话经眼录》,《国学研究》第十五卷,第 9 页。今径直归属方薰,下同。

陶、杜之诗，无句不琢，却无纤毫斧凿痕者，能炼气也；气炼则句自炼矣。雕句者有迹，炼气者无形。（黄子云《野鸿诗的》）①

陶诗独绝千古，在“自然”二字。《十九首》、苏、李五言亦然。元气浑沦，天然入妙，似非可以人力及者。……此中妙谛，实费功夫。盖根底深厚，性情真挚，理愈积而愈精，气弥炼而弥粹。酝酿之熟，火色俱融；涵养之纯，痕迹迸化。天机洋溢，意趣活泼，诚中形外，有触即发，自在流出，毫不费力。故能兴象玲珑，气体超妙，高浑古淡，妙合自然，所谓绚烂之极，归于平淡是也。……经百炼而渐归自然，庶不致蹈空耳。（朱庭珍《筱园诗话》）②

陶诗的自然是“合下自然”，是“内性既充，率其胸臆而发为德音”③，“直书即目，直书胸臆，逼真而皆道腴”④，“全是胸臆自流出，不学人而自成，无意为诗而已至”⑤，是元气、天机的生发洋溢，是炼气、修养的极致表现，而不是出于技巧语词的雕琢。

自苏轼揭示陶诗“质而实绮，癯而实腴”、“似淡而实美”的美学内涵后，这一观点得到了后代大多数读者的一致赞同。清代读者也从自己的体会出发进行了回应，认为陶诗“词淡而意浓”⑥，“语淡而味腴”⑦，“淡而不厌”⑧，“见超意自远，外槁中实滋”⑨，“淡中有味”，“淡而远，咀之不尽”，“淡而实浓，近而实远”⑩。值得指出的是，他们尤其注意发掘平淡背后丰富多彩、气象万千的深厚意蕴，如陈祚明云：“陶靖节诗，如巫峡高秋，白云舒卷，木落水清，日寒山皎之中，长空曳练，萦郁纡回。望者但见素色澄明，以为一目可了，不知封岩蔽壑，参

① 〔清〕黄子云：《野鸿诗的》第五十九条，见丁福何辑录《清诗话》下册，第859页。

② 〔清〕朱庭珍：《筱园诗话》卷一，见郭绍虞编选、富寿荪校点《清诗话续编》下册，第2340页。

③ 〔清〕方东树著，汪绍楹校点：《昭昧詹言》卷四第六条，人民文学出版社1961年版，第98页。

④ 〔清〕方东树著，汪绍楹校点：《昭昧詹言》卷四第三条，第37页。

⑤ 〔清〕方东树著，汪绍楹校点：《昭昧詹言》卷一第一〇五条，第35页。

⑥ 〔清〕张谦宜：《絸斋诗谈》卷四，见郭绍虞编选、富寿荪校点《清诗话续编》上册，第823页。

⑦ 〔清〕伍涵芬：《读书乐趣》，见《陶渊明资料汇编》上册，第189页。

⑧ 〔清〕贺贻孙：《诗筏》，见郭绍虞编选、富寿荪校点《清诗话续编》上册，第137页。

⑨ 〔清〕董平章：《读陶靖节集》，见《秦川焚余草》卷五，清光绪二十七年容斋刻本。

⑩ 〔清〕谢丕振：《左陶右邵》评《归园田居五首（之一）》《游斜川》《癸卯岁始春怀谷田舍二首（之二）》，见《青云洞遗书二刻》，《清代诗文集汇编》第二三一册，第571～573页。

差断续，中多灵境。”[①]陶诗之美如巫峡高秋，看似“素色澄明”、平淡高远、尽收眼底，但“不知封岩蔽壑，参差断续，中多灵境”，是气象万千，是平淡而山高水深。除了美学上的感受，清代读者所理解的醇厚主要指陶诗“曲折激荡”的情感。[②] 这与清人认为陶渊明不能忘怀世情、难免英雄之慨有密切联系。故清人除了关注陶诗“色香臭味俱无”[③]的极淡特点，还格外关注其劲健勃发的特点。从王夫之等明遗民到龚自珍、谭嗣同等，都注意阐发陶诗这一与其人生遭遇和人格相一致的美学特点。诗论家也是如此，如吴乔《围炉诗话》云“诗中须有人”，而“读渊明……可想见其心术行己，境遇学问”。[④] 黄中《谈芳洲诗稿序》“读陶靖节，于冲和平淡之内，当得其英奇俊伟之风”[⑤]。钱林《论诗绝句六十四首(之三)》云：“种田亦喜饮醇酒，倔强难回此老心。”[⑥]延君寿《老生常谈》评云：“人生做事，全要各人自拿主意，断断不可听人怂恿。古人如陶公，人但知其‘倾身营一饱，少许便有余’，几与乡里小民无异。细读其《饮酒》诗‘清晨闻叩门’一首，行文至后半，忽然勒转，用答田父语云：‘深感父老言，禀气寡所谐。纡辔诚可学，违已讵非迷！且共欢此饮，吾驾不可回！’斩钉截铁，劲气勃发，可以想见陶公之为人。”[⑦]又称陶：“劲直之气，与有生俱来，安能不偶然流露于楮墨之间！”[⑧]恽敬《书靖节集后》云：“其诗清微通彻，雄厉奋发，如其人，如其人焉。”[⑨]这是对宋代朱熹论陶豪放、任性负气的回应，但已经更为具体切实。清代读者在观照陶渊明人格全貌的同时，也关注到了陶诗风格的全貌，这已经是一个时代读者的共识。从平淡陶诗中读出不平淡是一大进步，而从不平淡与平淡的结合中进而读出诗中之人、理解诗中的抒情主人公形象，又是一大进步。清代读者在解读陶渊明的作品时，由平淡看到醇厚，看到豪放劲健，进而看到丰

---

① 〔清〕陈祚明：《采菽堂古诗选》，见《陶渊明资料汇编》上册，第 180 页。

② 〔清〕潘德舆著，朱德慈辑校：《养一斋诗话》，第 157 页。

③ 〔清〕宋大樽：《茗香诗论》第十六条，见丁福保辑录《清诗话》上册，第 106 页。

④ 〔清〕吴乔：《围炉诗话》卷一，见郭绍虞编选、富寿荪校点《清诗话续编》上册，第 490 页。

⑤ 〔清〕黄中：《黄雪瀑集》，清康熙泳古堂刻本。

⑥ 〔清〕钱林：《玉山草堂集》卷二五，《清代诗文集汇编》第四六九册，第 633 页。

⑦ 〔清〕延君寿：《老生常谈》，见郭绍虞编选、富寿荪校点《清诗话续编》下册，第 1820 页。

⑧ 〔清〕延君寿：《老生常谈》，见郭绍虞编选、富寿荪校点《清诗话续编》下册，第 1822 页。

⑨ 〔清〕恽敬：《大云山房文稿》二集卷二，见《陶渊明资料汇编》上册，第 218 页。

富多彩、人格鲜明的人。在前人的基础上，清代读者对陶渊明的解读终于实现了有机统一。平淡醇厚，这醇厚里有复杂的美感，也有相反相成的风格，更有完整立体的人格。

格外值得注意的是，清代读者已经触及陶诗的独特意境之美。钟秀《观我生斋诗话》卷一云：

> 读少陵诗者，只知其雄厚；读太白诗者，只知其豪放。而不知其澹远处实与陶公同一胎息。盖李、杜与陶公虽世有先后，而诗之面目亦各不同，然皆发源汉魏，以上接《三百篇》者也。如太白之“风吹柳花满店香”，少陵之“四更山吐月，残夜水明楼”，较陶公之“平畴交远风”“山气日夕佳”，以上溯乎子建之“明月照高楼”，再上溯至《三百篇》之“春日迟迟”、“杨柳依依”，可不谓同一胎息者乎？凡此皆能曲肖物理，托出毫素，所谓理趣是也。①

钟秀所论精彩而深刻，他借助具体例证揭示澹远风格共同的气脉和富含理趣的特点。这是为陶诗及其类似诗作指示源流，但他不再单线索地把陶诗看作澹远的渊源，即不把某一诗人的源头简单归入主导风格类似的诗人之列，而是在历史线索中指出同气相应的类通现象，不再局限于以澹远为主导风格的诗人诗作，而是涵盖有类似特点的诗人诗作（如李白、杜甫及其某些诗作），在更形而上的意义上，归纳揭示出以陶诗为代表的同一类别诗作共同的美学特点，这已经超越了传统的风格流派论，由文学批评出发触及诗歌的终极之美——意境了。钟秀说陶诗等“曲肖物理，托出毫素”，与王国维以“不隔”论陶诗意境特点也很类似（详下）。钟秀评陶《己酉岁九月九日》诗“纯是静字意境”，也偶尔触及陶诗的独特境界问题。

陈廷焯《白雨斋词话》云：“诗有诗境，词有词境，诗词一理也。然有诗人所辟之境，词人尚未见者，则以时代先后远近不同之故。一则如渊明之诗，淡而弥永，朴而愈厚，极疏极冷，极平极正之中，自有一片热肠，缠绵往复，此陶公所以独有千古，无能为继也。求之于词，未见有造此境者。一则如杜陵之诗，包括万有，空诸倚傍，纵横博大，千变万化之中，却极沉郁顿挫，忠厚和平。此子美所以横绝古今，无与为敌也。求之于词，亦未见有造此境者。”②陈廷焯在比较陶诗

---

① 〔清〕钟秀：《观我生斋诗话》卷一，清光绪刻本，藏山东大学图书馆特藏部第二书库。

② 〔清〕陈廷焯著，屈兴国校注：《白雨斋词话足本校注》卷一〇第七六条，第 781 ~ 782 页。

与杜诗的基础上,凸显陶渊明创造的独特境界,认为诗词中“未见有造此境”者,可谓见解高卓。以境界论陶与以风格论陶的最大不同在于风格具有类别性,没有完全顾及诗歌从内容到形式的整体圆融的典型特点,如田同之《西圃诗说》云:“苏、李之诗长于高妙,曹、刘之诗长于豪逸,陶、阮之诗长于冲澹,谢、鲍之诗长于俊洁,徐、庾之诗长于藻丽,而兼之者其惟杜乎?”①陶诗虽以“冲澹”风格与其他风格区别,但与阮籍等人之诗同类,缺少分别,没有涉及境界的高下判断;而与兼有众体的杜诗相比,似乎又处于劣势。而意境则有意强调个别性,强调他人无法拥有的完美个性,又强调超越个体的终极诗美境界。钟秀、陈廷焯等以境界论陶,上承元人方回,下启晚清人王国维,虽是先鸣孤掌,却为空谷足音,清响逸韵格外引人注目。到王国维,他把陶诗的意境归结为“无我之境”。王国维以其精湛的境界论观察陶诗,认为陶诗“采菊东篱下,悠然见南山”写景“不隔”,“语语都在目前”,体现了与“有我之境”相对的“无我之境”。“有我之境,以我观物,故物皆著我之色彩;无我之境,以物观物,故不知何者为我,何者为物。”“无我之境,人唯于静中得之;有我之境,于由动之静时得之。故一优美,一宏壮也。”②陶诗中的无我之境,无疑属于“静中得之”的“优美”意境。此与钟秀称陶诗“托出毫素”、归陶诗入“静境”可谓灵犀暗通。王国维虽然没有专门探讨陶诗个性,却精到地把陶诗归入他推崇的天机凑泊的审美之境,为后人利用他的意境理论进一步探讨陶诗境界的个性奠定了理论基础,开启了新的法门。③

此外,关于陶诗的艺术特点,清人还注意到许多。如平易亲切,刘熙载云:“钟嵘《诗品》谓阮籍《咏怀》之作,‘言在耳目之内,情寄八荒之表’。余谓渊明《读山海经》,言在八荒之表,而情甚亲切,尤诗之深致也。”④又如物我交融,王夫之《古诗评选》评陶“日暮天无云,春风扇微和”云:“摘出作景语,自是佳胜,然此又非景语。雅人胸中胜概,天地山川无不自我而成其荣观。”⑤刘熙载云:“陶诗‘吾亦爱吾庐’,我亦具物之情也;‘良苗亦怀新’,物亦具我之情

---

① 〔清〕田同之:《西圃诗说》,见郭绍虞编选、富寿荪校点《清诗话续编》上册,第751页。

② 王国维著,滕咸惠校注:《人间词话新注》(修订本),齐鲁书社1986年版,第34页、第36页。

③ 如朱光潜就在《诗的隐与显——关于王静安的〈人间词话〉的几点意见》中曾经予以赞赏并提出过不同意见,十分精到,可参看。

④ 〔清〕刘熙载:《艺概》卷二,第55页。

⑤ 〔清〕王夫之:《古诗评选》,见《船山全书》第一四册,岳麓书社1996年版,第721页。

也。《归去来辞》亦云:‘善万物之得时,感吾生之行休。’”①又如题材多集中在田园朋友方面,牟愿相《小澥草堂杂论》云:“曹子建全幅精神在君臣上用,陶渊明全幅精神在朋友、田园上用,谢康乐全幅精神在山水上用。”②王士禛等以为:“田园丘壑,当学陶、韦。”③又如拟古诗“是用古人格,作自家诗”④,“神韵自不减于古人”⑤,汪师韩《诗学纂闻》云:“古人名作,惟鲍明远《拟古》八首,陶靖节《拟古》九首,未尝明言所拟何诗。然题曰‘拟古’,必非若后人漫然为之者矣。”⑥

除了宏观的评论阐发,清代读者对陶诗阐释的深细化还突出表现在对陶诗字词句章篇、起承转结以及用韵的赏析评议上。此以吴淇的《六朝选诗定论》为代表。《六朝选诗定论》将《文选》所选陶渊明诗文九篇(八首诗歌与一篇《归去来兮辞》)集中在一起,分篇做了系统深细的评析。其论析文字之长、思理之细,可称古代陶渊明接受史之冠。此外,延君寿(《老生常谈》)、温汝能(《陶诗汇注》)、邱嘉穗(《东山草堂陶诗笺注》)等也多有细评。此仅举数例如下:

《五月旦作》起笔云:“虚舟纵逸棹,回复遂无穷。”写舟行之妙,不可思议。“逸”字下得新,“回复无穷”是从上“纵”字来。“神渊泻时雨,晨色奏景风”,用“泻”字、“奏”字妙,能状出“神”字、“晨”字来。末云:“即事如已高,何必升华嵩。”收得挺健。于此可悟用字起结之法。又《和刘柴桑》云:“良辰入奇怀,挈杖还西庐。”“奇怀”字是自家觉得于无奇处领会出来,他人不得而知也。(延君寿《老生常谈》)⑦

虚舟纵逸棹,回复遂无穷。(遂字妙仄。)发岁始俯仰,星纪奄将中。南窗罕悴物,北林荣且丰。神渊写时雨,晨色奏景风。(三四字上去互扭。)既

① 〔清〕刘熙载:《艺概》卷二,第55页。

② 〔清〕牟愿相:《小澥草堂杂论诗》,见郭绍虞编选、富寿荪校点《清诗话续编》上册,第918页。

③ 〔清〕刘大勤问,王士禛答:《师友诗传续录》第五条,见丁福保辑录《清诗话》上册,第149页。

④ 〔清〕方东树:《昭昧詹言》卷一第一一三条,第37页。

⑤ 〔清〕王寿昌:《小清华园诗谈》卷下,见郭绍虞编选、富寿荪校点《清诗话读编》,第1910页。

⑥ 〔清〕汪师韩:《诗学纂闻》杂拟杂诗之别,见丁福保辑录《清诗话》上册,第444页。

⑦ 〔清〕延君寿:《老生常谈》,见郭绍虞编选、富寿荪校点《清诗话续编》下册,第1821页。

来孰不去,人理固有终。居常待其尽,曲肱岂伤冲?迁化或夷险,肆志无窊隆。即事如已高,(高字妙平。)何必升华嵩?(翁方纲《小石帆亭著录》三《五言诗平仄举隅》)①

“少无适俗”八句,当一篇大序文,而气势浩迈,跌宕飞动,顿挫沉郁。“羁鸟”二句,于大气驰纵之中,回鞭辨鞚,顾盼回旋,所谓顿挫也。“方宅”十句,不过写田园耳,而笔势骞举,情景即目,得一幅画意。而音节铿锵,措词秀韵,均非尘世吃烟火食人语。“久在”二句接起处,换笔另收。(方东树《昭昧詹言》)②

“咏贫士”者,怜士之贫也。一怜其微,一怜其拙。凡人生在世必有所凭藉而起,或祖、父之余荣、或亲友之旁援,惟士孑然无依,犹似孤云在太虚之中,任其自生自灭,总无有人理论,微之至矣。又人生未必皆有凭藉,必须自己经营支持。犹如天色甫晓,群鸟散飞,各各争先觅食。贫士偏以笨鸟,晚出早归,不能为谋生之计,拙之极矣。“量力”二句,应“拙”。贫士不能谋生,岂怠于经营哉?实亦忖量自己无支持之力,故其守旧辙。甘守旧辙,不免饥寒耳。“知音”二句,又应“微”,今既不能自免饥寒,或可望援于他人乎?然知音不存,谁为引手?“已矣”者,绝望之词。至贫与士终身,贫士与世终古矣。此诗最有深意,盖三代封建之世,士皆养于上,其井田、学校之制相表里,故养士之具甚备,安所称“贫”哉?封建变而为郡县,则井田废而学校为故事,于是人各自养,而贫独属士矣。靖节先生深知其然,故其《田家》诸作,寓复井田之意;而《贫士》一咏,见学校之实不可不修举也。若以为勖贫士以安贫立节,犹其余意耳。(吴淇评《咏贫士》)③

如此细读分析实际承接明朝黄文焕《陶诗析义》而来,只是关注的范围有所扩大(如用韵),分析更加具体备至(如从细节到全篇、从形式到思想,各方面都被关注到),这种细读是清代陶渊明诗歌接受深细化的重要表现。

至于对具体名篇的解读,清人也有值得注意的见解。如评《桃花源记》,钟优民指出:“桃源故事是真是幻,当时论坛大体可分三派:寓意派,纪实派,折中派。”④

---

① 〔清〕翁方纲:《小石帆亭著录》,见丁福保辑录《清诗话》上册,第265页。

② 〔清〕方东树著,汪绍楹校点:《昭昧詹言》卷四第二十六条,第106页。

③ 〔清〕吴淇撰,汪俊、黄进德点校:《六朝选诗定论》,广陵书社2009年版,第298页。

④ 钟优民:《陶学发展史》,吉林教育出版社2000年版,第221页。

清代读者多数主张寓意之说，一般认为“渊明生当晋、宋之际，志欲弃尘离垢，高举远引，托而为此记，非真有是事”①。流传甚广的《古文观止》可为代表，编者吴楚材、吴调侯云：“桃源人要自与尘俗相去万里，不必问其为仙为隐。靖节当晋衰乱时，超然有高举之思，故作《记》以寓志，亦《归去来兮辞》之意也。”②林云铭《古文析义》亦云：“元亮生于晋、宋之间，遐思治世，不欲作三代以下人物，为此寓言寄兴，犹王绩之《醉乡》，不必实有是乡，白玉蟾之‘寂光国’，不必实有是国也。”③清末陈作霖《书陶靖节闲情赋后》云：“其名渔父，桃开纪事。而幻其境，以文为戏，其情则伤。是赋寓言，亦犹此志，借美人以写意，居然屈子离骚；怀故国而不忘，尚记义熙甲子。”④总而言之，“桃华之源，特寓言尔”⑤。桃源实际反映了作者因不满动乱现实而怀念故国、向往和平治世的理想。方坤在《桃源避世考》中则妄加臆说：“考《博异记》，以桃花神为陶氏，则篇中夹岸桃花，盖隐言‘陶’，沿溪水源，盖隐言‘渊’，小口有光，盖隐言‘明’。渊明旷世相感，述古以自况，谓之寓言可也，谓之为仙幻不可也。”⑥解说如谶纬猜谜一般，虽云奇特，难免恶趣。

纪实论者乃附和苏轼以桃源人乃秦人避世子孙之说，代表者有张廷玉⑦、翁方纲⑧、王先谦⑨等。王先谦之论最为系统笃实。折中派代表有沈德潜（《古诗源》）、马墣（《陶诗本义》）、王文治等人，大要认为桃源在有无之间，不必计较于晋宋秦汉，“亦自谓羲皇上人同其寄托耳”⑩。

寓意派、纪实派、折中派之外，尚有桃源乃渊明心境之说，认为只是“一念之静”⑪，这种说法最值得注意。清初徐增在《桃源说寿李密庵先生》中所论极为

---

① 〔清〕戴名世：《蓼庄图记》，见《南山集》卷一一，清光绪二十六年刻本。

② 〔清〕吴楚材、吴调侯选注，安平秋点校：《古文观止》，中华书局1987年版，第271页。

③ 北京大学北京师范大学中文系、北京大学中文系文学史教研室编：《陶渊明资料汇编》下册，第351页。

④ 〔清〕陈作霖：《可园文存》卷七，清宣统元年刻增修本。

⑤ 〔清〕汪琬：《陶渊明像赞并序》，见《尧峰文钞》卷三七，《四部丛刊》本。

⑥ 〔清〕唐开韶、〔清〕胡焯编纂：《桃花源志略》，岳麓书社2008年版，第138页。

⑦ 〔清〕张廷玉：《澄怀园语》卷四，《清代诗文集汇编》第二二九册，第183页。

⑧ 〔清〕翁方纲：《石洲诗话》卷一，见郭绍虞编选、富寿荪校点《清诗话续编》下册，第1368页。

⑨ 〔清〕王先谦：《吴中丞游桃源洞记书后》，见《虚受堂文集》卷五，《续修四库全书》第一五七〇册，第345页。

⑩ 〔清〕王文治：《自书桃源记》，见《快雨堂题跋》卷六，广智书局影印本，第19页。

⑪ 〔清〕孙奇峰：《成趣园偶书》，见《夏峰先生集》卷一一，《续修四库全书》第一三九一册，第239页。

充分。他认为桃源不是自古以来的“实境”，而是经陶渊明才诞生的心境，进而提出：

五柳先生所在即为桃源。在彭泽时则彭泽为桃源，在柴桑时则柴桑为桃源，在庐山东林时则庐山东林为桃源。于是知义熙甲子，乃桃源中之岁时也；南山之豆，桃源中之糗粮也；东篱之菊，桃源中之下酒物也；北窗高卧，桃源中之事业也；远社十八士，桃源中之衣冠也。桃源之君，尧、舜、禹、文；桃源之相，益、说、周、召；桃源之民，不识不知，顺帝之则。此盖嬴秦之所不能虐，楚汉之所不能争，刘宋之所不能篡者也。①

像王绩《醉乡记》认为只有陶渊明数人曾游其境一样，徐增认为桃源之境“千余年来，人无问津者”，只有李密庵“俨然有之”，而且认为较之渊明桃源有过之而无不及，“以晋之桃源乃靖节之别业，今之桃源则密公之住持”，这里面的人读经度日，家庭和乐。② 桃源不远，因人而生。清人在诗歌吟咏中也多以桃源为心境，如潘江《芜阴遇萧尺木为予画扇，书此以赠》、文昭《读陶诗》、周礼《题熊若凤宜所书桃源图》、蒋攸铦《桃源行》、朱为弼《题友人担菊图》、查有新《醉想西畴学作农图辛雨乡上舍索题》、陈光亨《陶渊明》、叶坤厚《陶靖节四首（之二）》、沈宝森《书桃花源记后》、冯栻宗《桃源歌呈张境人丈》等皆是。

清人对《闲情赋》也是争论纷纭。赞赏者称“晋无文，惟渊明《闲情》一赋而已”③。阎若璩赞成苏轼将其比作《国风》好色而不淫之说，认为《闲情赋》“终归闲正”，符合辞赋“曲终奏雅”之旨④；陈沆、陆棻也认为“渊明此赋，真得楚骚的派，坡公比之《国风》好色而不淫，非过也。当与《洛神》思君之作并传”⑤。方濬颐认为：“无非托诸寓言，以写其怀抱，华而不靡，庄而不佻。”⑥陈廷焯《白雨斋词话》云：“《闲情》一赋，白璧微瑕，昭明误会其旨矣。渊明以名臣之后，际易代之时，欲言难言，时时寄托，闲情云者，闲其情使不得逸也。是以历写诸愿，而终以所愿必违，其不仕刘宋之心，言外可见。浅见者胶柱鼓瑟，致使美人香草之遗意，等诸桑间濮上之淫声，此昭明之过也。”⑦胡光伯论《闲情赋》云：“闲，阑

① 〔清〕徐增：《九诰堂集》古文部分卷三，《清代诗文集汇编》第四一册，第421页。
② 〔清〕徐增：《九诰堂集》古文部分卷三，《清代诗文集汇编》第四一册，第421页。
③ 〔清〕陈沆：《诗比兴笺》，上海古籍出版社1981年版，第78页。
④ 〔清〕阎若璩：《潜邱札记》卷六，影印清文渊阁《四库全书》本。
⑤ 〔清〕陆棻：《历朝赋格》中集骚赋格卷四，清康熙年间刻本。
⑥ 〔清〕方濬颐：《陶渊明白璧微瑕辨》，见《二知轩文存》卷一一，清光绪四年刻本。
⑦ 〔清〕陈廷焯著，屈兴国校注：《白雨斋词话足本校注》卷七第十六条，第541页。

也，从门中有木。《易》曰：‘闲邪存其诚。’陶渊明《闲情赋》谓闲止其情欲也。其自序谓：‘张衡《定情赋》、蔡邕《静情赋》荡以思虑，终归闲止，抑流荡之邪心，有益于讽谏。园闾多暇，复染翰为之。’今诵其赋词，婉而义正，庶合乎‘乐而不淫，哀而不伤’之恉焉。自昭明谓为‘白璧微瑕’，不入《文选》。浅者遂误以闲为闲暇之闲，以闲情为淫佚之情，乃至丧心病狂之徒，自命诗人，败乱风教，其罪不容诛，亦敢借口陶公！”①此回归本文与文化之论，能得原作之实。刘光贲则总括了诸种肯定性意旨，云陶公“身处乱世，敢于贫贱，宗国之覆既不忍见，而又无如之何，故托为闲情。其所赋之词，以为学人之求道也可，以为忠臣之恋主也可，即以为自悲身世以思圣帝明王也亦无不可”②。

反对者仍然远承萧统的意见。如田雯《古欢堂集杂著》云：“渊明之赋《闲情》，柔姿丽语，大非高士本色。苏子瞻曰：‘渊明作《闲情赋》，所谓《国风》好色而不淫，正使不及《周南》，与屈、宋所陈何异？’然亦曲为解嘲耳。孰谓挂冠高尚人，便无冶思艳态也?”③方东树也认为：“昔人谓正人不宜作艳诗，此说甚正，贺裳驳之，非也。如渊明《闲情赋》，可以不作。后世循之，直是轻薄淫亵，最误子弟。”④王闿运的态度更为鲜明，直接指责云：“《闲情赋》十愿，有伤大雅，何止‘微瑕’！”⑤

然而值得注意的是，不论肯定还是否定，皆以政治道德为准绳，而非就真情而言，这显示了深受传统价值观念制约的清代读者与《闲情赋》的隔膜，在这一点上，他们倒不如晚明读者开明。

此外，清代读者较前代读者更为广泛地注意到了历代诗人学习和接受陶诗的问题，也格外关注到历史上与陶渊明诗风一脉相承的诗歌流派问题。相关言论见于各种诗话中，也散落在各种别集、选集、总集的注解文字里。资料浩瀚，

---

① 〔清〕邓显鹤《沅湘耆旧集前编》卷一七所录朱昂《送新知永州陈秘丞瞻赴任》一诗按语引，清道光二十四年邓氏小九华山楼刻本。〔清〕王应奎《柳南续笔》（清借月山房汇钞本）卷四《误解闲情》：“陶靖节《闲情赋》自序云：‘将以抑流荡之邪心，谅有助于讽谏。’则知闲乃防闲之闲，与逸致闲情之闲迥别。缀文之士竟不深考，遂致误认，昭明既訾为白璧微瑕，即《容斋三笔》中亦以为寄意女色，可一笑也。”〔清〕乔松年《萝藦亭札记》（清同治年间刻本）卷五：“陶令《闲情赋》谓防闲其情……抑情之意，人误以闲为闲适之闲。”王、乔二人立意与胡光伯类似。

② 〔清〕刘光贲：《陶渊明闲情赋注》，见《陶渊明资料汇编》下册，第325页。

③ 〔清〕田雯：《古欢堂集杂著》卷三“闲情赋”，见郭绍虞编选、富寿荪校点《清诗话续编》上册，第718页。

④ 〔清〕方东树著，汪绍楹校点：《昭昧詹言》卷二一第三十九条，第482页。

⑤ 〔清〕王闿运：《湘绮楼日记》“宣统二年十二月五日”，岳麓书社1997年版，第3086页。

一言难尽。仅依时代先后列举其所论与陶渊明有渊源关系者如下：南朝人学陶者有江淹，唐人学陶者有储光羲、王昌龄、王维、孟浩然、常征君、王龙林、刘昚虚、韦应物、柳宗元、白居易、刘禹锡①、皇甫持正②，宋人学陶者有江西诗派、苏轼，元人学陶者有赵闲闲、元裕之③，明人学陶者有童冀、张楷、周诏④、黄陶庵等。清代对这一问题的解读最值得注意的是称江西诗派宗师陶渊明：“江西之派，实祖渊明。山谷云：‘渊明于诗，直寄焉耳。’绛云在霄，舒卷自如，宁复有派？夫无派即渊明之派也。”⑤此为前朝读者所未言，甚有启发意义。又李调元《雨村诗话》称李白诗亦有从陶出者，其论云：“李诗本陶渊明……余尝持此论，而人多疑之。……李与陶似绝不相近。不知善读古人书，在观其神与气之间，不在区区形迹也。如‘问余何事栖碧山，笑而不答心自闲。桃花流水杳然去，别有天地非人间。’（按，此为李白《山中问答》诗）岂非《桃源记》拓本乎？”⑥所论虽以偏概全，却是有根有据，得一孔之见。

三、与其他诗人的并称

关于清代读者所认识的陶诗历史地位和艺术特点，还可以通过他们将陶渊明与屈原、杜甫、谢灵运、阮籍等人并称并论窥斑知豹。

人们将屈、陶或陶、杜并称是因为他们都具有高洁拔俗的人品和崇高无比的艺术成就。明末毛晋有《屈陶合刻》，这是前代（尤其是元代以来）之屈、陶并称观念在合集中的落实，也影响了清代读者对屈、陶并称的接受方式。清初彭襄《书屈陶合刻后》云：“变风以后数灵均，彭泽天然见性真。对酒不忘书甲子，

---

① 可参〔清〕牟愿相《小澥草堂杂论诗》，见郭绍虞编选、富寿荪校点《清诗话续编》上册，第918页；沈德潜《说诗晬语》卷上，见丁福保辑录《清诗话》下册，第535页；施补华《岘傭说诗》，见丁福保辑录《清诗话》下册，第982页；李重华《贞一斋诗说》，见丁福保辑录《清诗话》下册，第936页；田雯《古欢堂集杂著》，见郭绍虞编选、富寿荪校点《清诗话续编》上册，第698页；贺贻孙《诗筏》，见郭绍虞编选、富寿荪校点《清诗话续编》上册，第190页。

② 〔清〕延君寿：《老生常谈》，见郭绍虞编选、富寿荪校点《清诗话续编》下册，第1800页。

③ 参〔清〕潘德舆著、朱德慈辑校《养一斋诗话》卷九，第48页。

④ 〔清〕汪师韩《诗学纂闻》云以上三人“俱有《和陶集》”，见丁福保辑录《清诗话》上册，第442页。

⑤ 〔清〕张泰来：《江西诗社宗派图录》，见丁福保辑录《清诗话》上册，第62页。这得到清末同光体诗人陈三立的认同，但他强调陶诗平淡中寄寓政治风雷之声的特点。参钱仲联《论“同光体”》，见《文学评论丛刊》第九辑，中国社会科学出版社1981年版。

⑥ 〔清〕李调元：《雨村诗话》卷下，见郭绍虞编选、富寿荪校点《清诗话续编》下册，第1525～1526页。

怀沙空自叹庚寅。滋兰九畹心偏远，采菊东篱句有神。五柳三闾异醒醉，何妨千载德为邻。”[①]清中期孙致弥《和赵砥之偶论屈陶有感》云：“彭泽湘江迹未陈，郢都宗老晋遗臣。大王风冷怀沙赋，处士星高漉酒巾。碧柳五株悲甲子，紫兰九畹怨庚寅。两贤惜不同时遇，采菊餐英足自亲。”[②]清末刘熙载《艺概》云：“屈灵均、陶渊明，皆狂狷之资也。屈子《离骚》皆一往特立独行之意；陶自言‘性刚才拙，与物多忤；自量为己，必贻俗患’，其赋品之高，亦有以矣。”[③]三人不约而同地高度评价了屈原与陶渊明人品诗艺的卓越和特出。此外，如屈大均《家园菊》《赠张丈天生》等都曾将屈、陶并称，此不赘述。

至于将陶渊明和杜甫并称，清代读者更是热衷不疲。清代甚至出现了《陶杜诗选》[④]、《陶杜诗集注》[⑤]、《陶杜诗说》[⑥]、《与友人论陶杜诗》[⑦]、《冬夜读陶杜诗有感》[⑧]这样的专门著作、论文和诗歌。杨伦《杜诗镜铨》等多引陶注杜，往往指出杜“诗亦似陶”“绝似渊明”之处。[⑨] 著名诗话家方薰[⑩]、潘德舆和施补华等都有陶、杜并崇的言论：

汉、晋以来，称诗之能道性情者，莫如元亮；能述政事者，莫如子美。是二公者，虽名为诗，而微文渺指之中时陈悲痛之辞、刺讥之实，盖犹有《春秋》之遗意焉。（陈瑚《顽潭诗话》序）[⑪]

靖节之人，圣贤之人也，其言纯乎圣贤之言。唐以后，合乎圣贤之言

① 〔清〕沈德潜：《清诗别裁集》，上海古籍出版社1984年版，第161页。

② 〔清〕孙致弥：《杕左堂集》，《清代诗文集汇编》第一五九册，第229页。

③ 〔清〕刘熙载：《艺概》，第93页。

④ 〔清〕王晦：《武林沈亦田评选陶杜诗序》，见《御赐齐年堂文集》，《清代诗文集汇编》第一六九册，第584页。

⑤ 〔清〕刘志圻：《光绪重修安徽通志·艺文志》著录，佚。参孙微《清代杜诗学史》所附《已散佚杜诗注本简介》第七十八条，齐鲁书社2004年版，第216页。

⑥ 〔清〕桂万青《光绪重修安徽通志·艺文志》著录，参蒋寅《清诗话考》，中华书局2005年版，第96页。

⑦ 〔清〕彭端淑：《白鹤堂稿》，《清代诗文集汇编》第二九一册，第39页。

⑧ 〔清〕任陈晋：《后山诗集》，《清代诗文集汇编》第三一六册，第238页。

⑨ 〔清〕杨伦《杜诗镜铨》卷三引邵长蘅语评杜甫《晦日寻崔戢李封》诗、卷二评杜甫《夏日李公见访》，上海古籍出版社1962年版，第114页、第89页。

⑩ 蒋寅《清诗话考》录方薰《山静居诗论》一卷，中国社科院文学所藏咸丰末年陆杏荪抄本，蒋寅考论称：“论诗最推陶、杜二家，论二家诗甚有见地，示人学二家之门径亦有精到入微处。”见蒋寅《清诗话考》，第441页。

⑪ 〔清〕陈瑚：《顽潭诗话》序，民国《峭帆楼丛书》本。

者，惟杜少陵而已。然靖节之诗，全是“己欲立而立人，己欲达而达人”；少陵之诗，正是“老者安之，朋友信之，少者怀之”之意。世人谓少陵每饭不忘君，少陵虽遭丧乱，而继立者犹是唐家，故其词显著。靖节独当易姓之际，更有难于言者，观入宋以后诗，以甲子纪年，何尝一刻忘君哉！（吴淇《六朝选诗定论》）①

宋人诗话多论字句，以致后人见闻愈狭。然炼字与琢句不同，琢句者，淘汰陈浊也。常言俗语，惟靖节、子美能用之；学此，便流于尧夫《击壤集》五七字为句之语录也。（吴乔《围炉诗话》）②

诗如陶渊明之涵冶性情，杜子美之忧君爱国者，契于《三百篇》，上也。（吴乔《围炉诗话》）③

古来称诗圣者，唯陶、杜二公而已。陶以己之天真，运汉之风格，词意又加烹炼，故能度越前人；若杜，兼众善而有之者也。余以为靖节如老子，少陵如孔子。（黄子云《野鸿诗的》）④

陶公诗一往真气，自胸中流出，字字雅淡，字字沉痛。盖系心君国，不异《离骚》，特变其面目耳。少陵忠义之心，亦如陶公，又变陶公之面目。语云：“听曲识其真。”读诗亦须识其真处。后来王、孟、韦、柳，皆得陶公之雅淡，然其沉痛处率不能至也。境遇使然，故曰：“是以论其世也。”（施补华《岘傭说诗》）⑤

《羌村三首》，惊心动魄，真至极矣。陶公真至，寓于平淡，少陵真至，结为沉痛。此境遇之分，亦情性之分。（施补华《岘傭说诗》）⑥

仆性喜陶、杜诗，谓文章之极至，即二公之为人，亦不可仅以诗人目之也。然每以杜陵老不识栗里翁为恨。杜陵讥栗里“有子贤与愚，何其挂怀抱”，未免过矣。杜陵与栗里用心不同，由所遭之不同也。杜陵示宗武辈数诗，教诲期望，不容少懈。及“弟妹干戈里，朝廷涕泪中”，流离一身，唯家国为念，即栗里躬耕教子，妹丧去官，一流人物。（方薰《静居绪言》）⑦

终汉、魏、六朝之世，善学《三百篇》者，以渊明为最。终唐之世，善学

① 〔清〕吴淇撰，汪俊、黄进德点校：《六朝选诗定论》陶潜目下总论，第292页。

② 〔清〕吴乔：《围炉诗话》卷一，见郭绍虞编选、富寿荪校点《清诗话续编》上册，第506页。

③ 〔清〕吴乔：《围炉诗话》卷一，见郭绍虞编选、富寿荪校点《清诗话续编》上册，第474页。

④ 〔清〕黄子云：《野鸿诗的》第七十五条，见丁福保辑录《清诗话》下册，第862页。

⑤ 〔清〕施补华：《岘傭说诗》第二十八条，见丁福保辑录《清诗话》下册，第977页。

⑥ 〔清〕施补华：《岘傭说诗》第四十六条，见丁福保辑录《清诗话》下册，第978页。

⑦ 〔清〕方薰：《静居绪言》，见郭绍虞编选、富寿荪校点《清诗话续编》下册，第1633页。

汉、魏、六朝，以少陵为最。渊明之于《三百篇》，非即而取之，但遥而望之。望之而见，无所喜也；望而不见，亦无所愠。此其所谓渊明之诗也。少陵之于汉、魏，少陵犹土也，汉、魏犹粪壅也，粪壅入于土中，久之亦变为土，则土之所以厚，土之所以大也。（厉志《白华山人诗说》）①

温柔敦厚，诗教之本也。有温柔敦厚之性情，乃能有温柔敦厚之诗。……如阴（应为“殷”）参军已为宋臣矣，而陶渊明送之，但曰“才华不隐世，江湖多贱贫”，何等忠厚，何等微婉！若出后人手，不知如何浅露矣。少陵哭房琯，送严公，梦李白，寄王维，别郑虔，其诗无一不深厚沉挚，情见乎词，友朋风义，何其笃也！昌黎于柳州、东野，一往情深。有陶、杜、韩三公之性情，自宜有陶、杜、韩三公之诗文也。（朱庭珍《筱园诗话》）②

陶渊明与杜甫是宋代读者遴选出来的最优秀作家的代表。他们的人品和诗品都崇高如岳，泽被后人。陶渊明和杜甫之所以被并称“诗圣”，主要是因为他们为人忠义，乃“圣贤之徒”、“一流人物”而面目不同，一多言说忠君爱国，一多涵冶性情；他们的诗歌都得了《诗经》真传，温柔敦厚，“有诗人遗意”③，有为而作，为其生存时代之前诗歌的集大成者，为“千古之冠”，都是至真至诚之情的艺术表现，一沉痛忧患，一平淡超然。清代读者在将陶、杜并称时，也清晰地区别出二者的异同。

承接前人，清代读者还将陶渊明和谢灵运并称，故清代出现并流行陶、谢合集。④ 与并称而并褒不同，清代读者大多扬陶而抑谢。如：

灵运志存故国，但牵于禄位，不能如征士之高蹈，意欲以禄代耕；又义

---

① 〔清〕厉志：《白华山人诗说》卷二，见郭绍虞编选、富寿荪校点《清诗话续编》下册，第2281～2282页。

② 〔清〕朱庭珍：《筱园诗话》卷三，见郭绍虞编选、富寿荪校点《清诗话续编》下册，第2391页。

③ 〔清〕彭端淑：《白鹤堂稿》，《清代诗文集汇编》第二九一册，第39页。

④ 如郭绍虞《陶集考辨》提到二种：《曹陶谢三家诗》，合曹植、陶渊明、谢灵运三家，清张潮、卓尔堪、张师孔辑，康熙刻本；《陶谢四家诗》，合陶潜、谢灵运、谢惠连、谢朓四家，又被称为《陶谢诗集》，清姚培谦辑，乾隆刻本，翁同龢咸丰辛酉批注本，今藏国家图书馆。今皆存。陶、谢合集，由来已久，如清顺治年间卢世漼即有《读陶谢集有述》，诗云：“从来陶谢有遗编，今日重开意爽然。山泽形神归栗里（陶诗云‘山泽久见招’，又有《形影神》诗），天云怀抱属临川（谢诗云‘高情属天云’又云‘怀抱观古今’）。两人精蕴凭谁绎，六代浮华赖此镌。亘古诗豪惟杜甫，犹将老手让前贤。（杜诗云：‘焉得思如陶谢手，令渠述作与同游。’）”参卢世漼《尊水园集略》卷三，清顺治刻十七年卢孝余增修本。

心时激，发为狂躁，卒与祸遘。节虽不足称，而志亦有足哀已。①

晋、宋间，陶、谢齐名而背驰，独有“虚舟纵逸棹”一首，酷似谢作。②

康乐文章出处，事与陶异，远公招距亦见差别，独不解作乐府，斯同病耳。③

西晋诗当以阮籍作主，潘、左辈辅之。若陶公高骨，不可以时代论；即照时代序列，断属东晋。今人以陶、谢并称，俯列宋代，不得以知言目之。④

余尤服膺者，谓彭泽令不当与康乐公并称陶谢。⑤

诗文须神气浑涵，不露圭角。汉、魏以下，惟陶公能尔。大谢以人巧肖天工，已自逊之，是根本不逮，然犹自浑厚。⑥

大约谢公清旷，有似陶公，而气之骞举，词之奔会，造化天全，皆不逮，固由其根底源头本领不逮矣；而出之以雕缛、坚凝、老重，实能别开一宗。⑦

陶公说不要富贵，是真不要；康乐本以愤惋，而诗中故作恬淡，以比陶公，则探其深浅远近，居然有江湖涧沚之别。⑧

陶公胸中别有大业，匪浅儒所知，太白胸中蓄理亦多，皆非康乐所望见。读谢诗，令人无兴、观、群、怨之益。⑨

诗以自然为宗，故谢胜于颜，陶胜于谢。自然者，非率直之谓也，乃凝练到极处也。⑩

陶、谢并称，韦，柳并称。苏州出于渊明，柳州出于康乐，殆各得其性之所近。⑪

除了偶尔关注陶、谢性行志向的相似之处，清代读者像宋代以来的读者一样，多扬陶抑谢，在对比中用谢灵运的缺点突出陶渊明的优点，以谢灵运的狂躁凸显

---

① 〔清〕毛先舒：《诗辩坻》，见郭绍虞编选、富寿荪校点《清诗话续编》上册，第33页。

② 〔清〕毛先舒：《诗辩坻》，见郭绍虞编选、富寿荪校点《清诗话续编》上册，第32页。

③ 〔清〕毛先舒：《诗辩坻》，见郭绍虞编选、富寿荪校点《清诗话续编》，第33页。

④ 〔清〕李重华：《贞一斋诗说》第十三条，见丁福保辑录《清诗话》下册，第926页。

⑤ 〔清〕沈懋悳：《贞一斋诗说跋》，见丁福保辑录《清诗话》下册，第939页。

⑥ 〔清〕方东树著，汪绍楹校点：《昭昧詹言》卷一第一〇八条，第36页。

⑦ 〔清〕方东树著，汪绍楹校点：《昭昧詹言》卷五第四条，第127页。

⑧ 〔清〕方东树著，汪绍楹校点：《昭昧詹言》卷五第十五条，第129～130页。

⑨ 〔清〕方东树著，汪绍楹校点：《昭昧詹言》卷五第十六条，第130页。

⑩ 〔清〕吴文溥：《南野塘笔记》，清嘉庆年间味兰居刊巾箱本，收入《南野堂全集》，中华国粹书社1912年石印本。此转引自蒋寅《清诗话考》，中华书局2005年版，第458页。

⑪ 〔清〕刘熙载：《艺概》卷二，第64页。

陶渊明的恬淡，以谢诗的掩饰铺排凸显陶诗的真率自然。当然，也有将陶、谢一并称颂者，如谢丕振《读陶谢诗》云："赏心陶谢句，且诵且评之。二公既有作，六代再无诗。"①其夸张的评价中并无轩轾之意。

第三节　琳琅满目的学陶作品

清代读者对陶渊明的创作接受真可称得上丰富多彩，他们创造了数量众多、形式多样而质量上乘的学陶作品，使陶渊明及其诗文又一次展现出作为经典的无穷魅力和强大再生力。清人诗文别集有版本流传于世者三万余种②，其中受过陶渊明影响的到底有多少家，这是至今无法统计的。但我们可以依据《清代诗文集汇编》《四库全书》《续修四库全书》《四库全书存目丛书》《四库未收书辑刊》《四库禁毁丛刊》《中国基本古籍数据库》等做初步观察，发现绝大多数诗人多少接受过陶渊明，而明确提到陶渊明、作品明显带有陶渊明诗文印记的作家也有三千家左右。《清代诗文集汇编》收书四千多种，收录作家三千多人，据笔者粗略统计，作品明显带有陶渊明印记的作家不下一千四百人，约占作家总量的二分之一，如果细致观察用词用典，这个比例至少要超过三分之二。无疑，陶渊明及其作品已经是清代作家绕不过去的经典。至于诗风直接慕陶、学陶者，不乏其人，仅据邓之诚《清诗纪事初编》等可窥斑测豹：

张仁熙，入清隐居藕湾。"五言师靖节"，有《归来诗》云："归来不觉鬓如丝，下马愁看靖节诗。"③

傅占衡，入明放弃诸生，顺治十七年卒，年五十三，"所宗则陶靖节、王无功"。④

陈常夏，顺治八年举人，"《江园居士传》，比于五柳"。黄景昉赠之诗云："吟咏远师陶靖节。"⑤

---

① 〔清〕谢丕振：《青云洞遗书二刻》，《清代诗文集汇编》第二三一册，第606页。

② 杜泽逊《略论清代别集的学术价值——在"〈清代诗文集汇编〉编纂出版总结会"上的发言》："根据我们承担的国家清史项目《清人著述总目》的初步统计，清人诗文别集多达68244种，其中有版本流传于世的36810种。"该文发表于《文汇读书周报》2011年10月14日，题《清代别集的学术价值》；又见于2011年10月28日《古籍新书报》。

③ 邓之诚：《清诗纪事初编》卷二，中华书局1965年版，第190页。

④ 邓之诚：《清诗纪事初编》卷二，第219页。

⑤ 邓之诚：《清诗纪事初编》卷八，第968页。

李时震,字雷中,号恂庵。山阳人。顺治十八年进士……撰《去来吟》一卷,盖取渊明《归去来》之义。其诗淡远,一如其人。①

梁逸,字逸民,隐居苏州红叶村。“五言学陶,悠然意远。”②

姜埰“甲申以后始为诗,大抵取法于柴桑、浣花,其志同,其调不觉其自同”。③

汪巩庵的弟弟凤翔,博学多才。“尝为《销夏》四言诗云:‘阴阴嘉木,喈喈鸣蜩。下有流水,适容我舠。载登载钓,聊以逍遥。喈喈鸣蜩,阴阴嘉木。湛彼流水,堪濯我足。柴门初晴,白云相逐。夏山叠画,呼幼与读。嘉木阴阴,鸣蜩喈喈。左右清泉,有鲂有鳜。彼瘦者石,芳樽独对。曲岸风来,冷然解醉。鸣蜩喈喈,嘉木阴阴。客至无言,但坐鼓琴。山高水远,实洗我心。乃知太古,即是于今。’其人其诗,皆似陶靖节,与巩庵称二难云。”④

杨昌言,康熙四十三年,六十岁。“为诗宗陶潜、杜甫。”所作五言古《纪异》等有陶风。⑤

黄文彪,卒于乾隆六年,年六十。“赋性恬淡,慕渊明之为人,故多闲适之作。”⑥

曾刚甫诗凡三变,“蚤年近体宗玉谿(李商隐),古体宗大谢(谢灵运)……及其晚岁,直凑渊微,妙契自然,神与境合,所得往往入陶(渊明)、柳(宗元)圣处”。⑦

这个学陶名单很难详细穷尽,但从所见资料来看,清代文人把明代已经广泛存在的学陶之风进一步扩展和深化了。

首先,与明代复古派的贬抑态度不同,陶渊明是清代著名作家和诸诗歌流派普遍赞赏、不能忽视的优秀作家。

明遗民掀起了学习陶诗的高潮,不约而同地形成了一个学陶群体,他们的

---

① 邓之诚:《清诗纪事初编》卷五,第544页。

② 邓之诚:《清诗纪事初编》卷一,第45页。

③ 〔清〕钱澄之:《敬亭集序》,见《敬亭集》,华东师范大学出版社2011年版,第26页。

④ 〔清〕赵炳麟:《柏岩感旧诗话》卷一,见《赵柏岩集》下册,广西人民出版社2001年版,第315页。

⑤ 邓之诚:《清诗纪事初编》卷一,第45页。

⑥ 邓之诚:《清诗纪事初编》卷五,第594页。

⑦ 梁启超:《曾刚甫诗集序》,见《清诗纪事》第一九册,江苏古籍出版社1989年版,第13604页。

五言古诗多受惠于陶诗。清初三大家王夫之、顾炎武和黄宗羲都有受陶渊明影响的作品。王夫之《薑斋六十自定稿自叙》云："和阮和陶各如其量。"①他似乎有大量的和陶诗，但今存《王船山诗文集》仅有《和陶停云赠芋岩五十初度乙巳》一首四章，另有《南窗铭》《自题墓石》《和白沙怀古》《避乱石鸡村同载谋小憩》等明显带有陶渊明印记的诗文十多篇。顾炎武《精卫》诗和黄宗羲《两异人传》等也是明显受陶渊明影响的作品。和陶是遗民诗人学习陶诗和保持类陶情操志节的一种特殊方式。和（拟）陶在遗民中蔚然成风，仅据《明代千遗民诗咏》《明遗民诗》《明诗纪事》《清诗纪事初编》《明遗民录汇辑》等书统计，和陶作者就有黄淳耀、顾梦游等二十多家。今存和陶作品超过二十首的作者则有黄淳耀（102 首）、钱陆灿（121 首）、方以智（20 首）、顾梦游（20 首）、陈瑚（24 首）等。钱澄之和徐夜创作的大量学陶诗中不乏质量上乘的田园诗，钱澄之的《田园杂诗十七首》、徐夜的《初夏田园》都可称佳作。

明遗民陈瑚入清后绝意仕进，组织和参与了清初江南太仓（今属江苏）一带的莲社，此社唱和活动频繁，参与此社活动的有名有号者就有二十多人。陈瑚将参社作品集为《顽潭诗话》。它的性质与宋遗民结社作品集《月泉吟社诗》相似，二者前后呼应，都从遗民的角度对陶渊明及其作品做了集体性接受。我们可以将其看作明遗民接受陶渊明作品的一个典型案例。陈瑚《顽潭诗话》自序云："春秋、汉、晋以来，称诗之能道性情者，莫如元亮；能述政事者，莫如子美。是二公者，虽名为诗，而微文渺指之中时陈悲痛之辞、刺讥之实，盖犹有《春秋》之遗意焉。"②可见陶渊明对莲社诗歌创作的影响实际处于核心地位。泛览全书，《顽潭诗话》所有纪年皆用甲子而不用清朝年号，其效陶寄寓忠愤之义可见一斑。《顽潭诗话》收录的作品在抒发悲愤、留连山水田园、憧憬桃源绝境方面多受陶诗精神和艺术的影响。如陈瑚为友人《村居诗》所作序云："昔者靖节先生好读书，不求甚解。饥则叩门乞食，饱则弃余。亲旧置酒相招，造饮辄醉，既醉而退，曾不吝情去留。素不解音律，每酒适，辄抚弄以寄其意。其心迹所之，皆在于有意无意之间。惟其胸中无欲，故能澹然而忘情，任真而自得也。吾闻其风矣，未见其人也。丙戌之春，予遁迹蔚村，得接吾莩青李子，李子居澜漕之上，结茅三楹，朴而不斫，花卉一栏，修竹数竿，萧然有远古风味。客至则壶酒谈心，乐而忘归。其遇田夫野老如等夷，不立间架。每一兴发，便有所吟咏。吟咏

① 〔清〕王夫之：《王船山诗文集》上册卷九，中华书局 1962 年版，第 190 页。
② 〔清〕陈瑚：《顽潭诗话》卷上，民国《峭帆楼丛书》本。

便佳,多为人所传诵。然不存稿,予过而问焉,则往往忘之矣。夫李子以忘世故,故有诗,乃并其所为诗而忘之,忘情之至,殆有近于草木者。是真可以学为渊明者也。”①又为《和陶田舍诗》(一组同题唱和诗)作序云:“晋靖节先生有《癸卯始春怀古田舍诗二首》,中庵首和之,与参亦和。已而两公又相继迭和,往来交错,靖节为不孤矣。予受而读之,率成二首,以附会为知音者,乃两公复不我弃,再赓和相酧(同‘酬’)。即使靖节复生,宁不以今日之唱和为乐哉!予汇为一卷,而仍以靖节原韵冠之于端,亦尚友古人之意云尔。”②可以说,整部诗集和多次创作活动都浸润在陶渊明及其作品的精神中。通过此典型可见明遗民接受陶诗热情之一般。

明遗民之外,仕清大家钱谦益、吴伟业、朱彝尊、查慎行、龚鼎孳等皆有学陶、和陶诗文。钱谦益有近四十题诗文明显与陶渊明有关,其《追和朽庵和尚乐归田园十咏》《饮酒七首》《后饮酒七首》《东皋种菊诗四首赠稼轩给谏》《得许同生书寄示拟归去来兮辞》等三十余首诗歌明显受陶渊明影响;吴伟业《送何省斋》《风流子·绿酒黄花》等用陶渊明之典;朱彝尊有《桥下小轩对菊效陶》;查慎行有《连雨不止独居小楼和陶杂诗十一首但借其韵不拟其体也》《春分后大雪和陶连雨独饮韵》《喜雨集陶》《希文将南归次渊明田居诗韵来索和章四首》等十七首和陶诗,在《寓楼读陶诗毕敬题其后》中赞云:“颜谢非同调,千秋第一人。精深涵道味,烂熳发天真。有耻难谐俗,无官肯计贫。平生顽懦意,感动赖先民。”③他们对陶渊明虽非痴迷,但偶或难以释怀是事实。至于像朱彝尊《鸳鸯湖棹歌》一百首那样词意优美的风土人情诗,虽然风貌与陶诗不类,但从精神上看,是田园诗的远裔。被列为“贰臣”的龚鼎孳虽然在《水月庵和壁间韵》其一中自谦“不敢学渊明”④,但也以委曲的心态向陶渊明靠拢,有《游子岁晏,冰雪载途,盎粟行尽,饥驱无所,见杜子于皇乞食诗,恻然心伤,为赋反乞食诗用渊明原韵》《和陶公咏贫士七首》《题孙沚亭太宰山雨楼图和陶公韵五首》《为吴子无称题远风堂即送南归和陶谢韵二首》《偶集友人寓斋用陶公饮酒韵五首》《除夕过别于皇,适伯紫先至,同饮饥凤轩,用渊明韵分赋》《问菊篇引》等近三十篇和

---

① 〔清〕陈瑚:《顽潭诗话》卷上。

② 〔清〕陈瑚:《顽潭诗话》卷下。

③ 〔清〕查慎行:《敬业堂诗集》卷四二,《四部丛刊》本。

④ 〔清〕龚鼎孳:《定山堂诗集》,《清代诗文集汇编》第五〇册,上海古籍出版社 2010 年版,第 322 页。

陶诗文。

康熙时期，以王士禛为首的神韵派诗人也对陶诗青睐有加。因为王士禛创作倡导神韵之美，所以陶诗无疑是神韵派尊奉的宗师之一。王士禛明确提出陶渊明五言诗“独为近古”①，“卓绝后先，不可以时代拘虚”②。王士禛现存诗3000多首，其中明显带有陶渊明及其诗文痕迹的诗作有140多首，约占4%，像《题乔子静桃花流水图》《南园二首（之一）》《和吴孟举种菜》《艺圃杂咏十二首·南村》《济北田家题壁》《峄山即事》《访宾公大谷山口》《江浦道中田家》《弯头》《见田家饭牛者意有所感赋得牛饭就松凉》等山水田园诗除了题材、语句有受陶渊明影响的痕迹，其雅淡清远的神韵也遥承陶诗。像《山中有虫，声如击磬，甚清越，蜀人谓之山子；又有花名龙爪，甚艳，偶成绝句》《真州绝句五首（之四）》这样的田园、写物诗，虽然受到陶诗澹远精神的浸润，但已经难以从中找到痕迹，已蝉蜕为自家风神了。其他神韵派诗人如田雯喜欢种植菊花，号菊隐，今传《鬲津草堂诗》，其《对菊杂咏十首》《村居词十首》等也颇有陶诗风神。吴培源《鬲津草堂诗序》云：“今读香城先生诗集，知其恬养有素，超然声利之外，实有靖节之品。而又癖于爱菊，其性情嗜好，遥遥千载，上偶柴桑。故其诗有曰：‘历穷浩劫谁知己，岂但萧萧五柳门。’则先生之自比于陶也如此。至读《乃了集》诗数首，了然于死生去来之间，又与靖节《自祭文》若合一契。”③刘廷玑诗宗陆游，深受王士禛称赏④，但《菊》《对菊》《题画册》《则轩即景》《僚友席上听琴》《过桃源》等二十多首诗歌明显有陶渊明的影子。

乾嘉时期，以沈德潜等为代表的格调派诗人也尊奉陶诗。沈德潜《说诗晬语》卷上和《古诗源》卷八、卷九中共有四十多条论及陶诗。诗学观点深受沈德潜影响的潘德舆所作《养一斋诗话》中也有四十多条评陶言论。他们都认为陶渊明是诗如其人的圣贤，诗风真厚自然，是唐代王、储、韦、柳一派五言古诗的正宗源头。沈德潜等格调派和诗教论者既然对陶诗多所推尊，因此在实际创作中

---

① 〔清〕王士禛：《带经堂诗话》上册，人民文学出版社1963年版，第20页。

② 〔清〕王士禛：《（古诗选）五言诗凡例》，见《王士禛全集》第三册，齐鲁书社2007年版，第1758页。

③ 〔清〕吴培源：《鬲津草堂诗序》，见〔清〕田雯《鬲津草堂诗》卷首，《四库全书存目丛书》集部第二五四册，齐鲁书社1997年版，第751页。

④ 〔清〕王士禛《葛庄分体诗抄序》赞云：“襟期卓荦，不受羁绕，而摅词命意，仍不爽乎绳尺之间，则又其才、其情一本乎品与识矣。”见《清代诗文集汇编》第一八七册，第235页。

也多有接受。据《沈归愚诗文稿》①统计，沈德潜涉及陶渊明典故、词语的诗词有十七首，其中《陶靖节》《读陶诗》《读韦左司元微之诗有感》三首集中评论到陶渊明为人和诗歌的特点。格调派的副将王昶在创作上兼容并取，也把陶诗作为学习对象之一。翁方纲有《宋芝山以所摹罗浮画册廿八幅属题，捡箧中辛卯旧草和陶诗韵与此册同题者录之》组诗用陶韵题咏罗浮山景点，《为梧门题陶靖节像》诗赞画家所画无弦琴寄意澹远。最有意味的是格调派的后台支持者乾隆皇帝也创作了180多首明显受陶渊明影响的诗歌，其中有大量的菊花诗、一部分题咏陶画诗，甚至有数首拟和陶诗，如《陶征君田居》《陶渊明咏贫士》《集陶渊明归去来兮字效其体》《观稼效陶潜体》《和陶二首用其韵兼效其体》《董其昌采菊望山图用陶潜韵兼效其体》《赋得山气日夕佳》等（这些诗作赫然存其集中），《读陶诗》《陶琴》由陶而发，《拟桃花源中人送渔郎出源》《拟渔人复至桃花源不复得路》二首雅有意味。此外，他还借助得天独厚的条件欣赏了大量与陶渊明密切相关的名画，从《董其昌采菊望山图用陶潜韵兼效其体》《文徵明桃源图》《仇英桃源图》《题和田玉桃源图》《偶为松阴居士图并题以诗》等诗作可以得知。乾隆之后，嘉庆皇帝颙琰有《拟桃源中人送渔人出洞》《拟渔人复至桃源不复得路》五言律诗二首等接踵乃父效陶之作。皇帝对陶渊明作品的接受可称陶渊明接受史上值得一提的奇异风光。

如果说格调派对陶诗的接受侧重于诗风的醇厚自然，那么以袁枚为代表的性灵派诗人对陶渊明作品的接受则更倾向于性灵精神。据《小仓山房诗文集》统计，袁枚明显涉及陶渊明及其诗文词语、典故的诗文有70多题150多篇。其所作《随园诗话》中至少有60多条涉及陶渊明及其作品。袁枚受陶渊明影响的诗歌至少有141首，约占其诗歌总量的2%。袁枚接受陶渊明及其作品最富于特点的成果是《不饮酒二十首》、自挽诗和告存诗。《不饮酒二十首》与陶《饮酒》诗相反相成，虽自陶诗而来却个性鲜明；自挽诗和告存诗受到陶渊明《拟挽歌辞》的启发，而独饶诙谐乐观的意味，可称陶渊明接受史上的绝唱。袁枚以其诗坛领袖的地位带动了一个群体的学陶活动，这典型地表现在数量众多的生挽诗创作活动中。因响应袁枚生挽邀请而诞生的诗作，仅《续同人集》所收友人、门生投递的“生挽类”就有31家66首。这是一个以性灵派为主体而辐射广泛的诗人群体，由此可见陶诗对性灵派等清代中期诗人影响之一斑。

---

① 故宫博物院编：《故宫珍本丛刊》影印清乾隆自写进呈本，海南出版社2006年版。

晚清诗坛递嬗有序，道光以后，直至光绪时期，宋诗派、汉魏诗派、中晚唐诗派、诗界革命派等陆续产生，他们对陶渊明及其作品都有或多或少的接受，但创作接受成果最突出的是宋诗派的郑珍和汉魏诗派的邓辅纶、王闿运，此外，中晚唐诗派的范增祥、诗界革命派的丘逢甲等对陶渊明的接受也富有鲜明的时代特色。

其次，陶诗明显影响了清代文学的大量题材内容。清代出现了无数借陶生发的作品，内容包罗万象，尤其是田园、桃源、菊花、赞陶、九日等题材内容都直接渊源于陶渊明。此仅以田园、桃源题材为例略述概貌。

清代田园诗的实绩足可以与唐、宋并称。首先是产生了大量的田园诗，从清初到清末，络绎不绝，对于田园风光、劳作、风习等相关内容几乎无所不包。其次，不乏优秀的田园诗作家。除了前面提到的钱澄之、徐夜等人，较为突出的还有田雯、黎简、纪昀、国梁、常纪、魏燮均等。田雯是康熙年间的著名诗人，晚年退归家乡德州，创作了大量颇有陶诗风味的田园诗，其《村居杂诗二十首》《河村杂咏五首》《瓜隐园杂诗九首》《村中韩坡见访》等作品艺术成就颇高。如《瓜隐园杂诗九首（之一、之四、之六、之九）》云：

一双春鸟尾檐鸣，树杪风声似雨声。吾辈从来非解事，全凭鸠妇道阴晴。

瓜圃宽长二亩余，东陵野老较何如。绝奇觅得西洋种，皮色斑青蝌蚪书。

小妇三度报蚕眠，准备新丝浴夏天。自是吾村好光景，打门无吏横催钱。

偶欲跨驴入城去，楝花风下立多时。遍询村口三叉路，林鸟潭鱼总不知。①

田雯在诗中将对田园发自内心的热爱与浓厚的文雅气息有机融为一体，其田园诗有陶诗的真诚自然，有王士禛的雅丽清远，又增加了个性化的自然清新和活泼机趣，在田园诗中可谓别具特色。刘大櫆是桐城派早期代表人物，散文之外，亦工诗歌。他的《田居杂诗二首》《雨晴》《入山》等恬静真朴，在陶诗、韦诗之间。黎简是乾隆年间岭南诗人之冠②。他的田园诗中有继承陶渊明专写田园风

① 〔清〕田雯：《田雯诗选》，首都师范大学出版社 1996 年版，第 241 ~ 242 页。

② 参〔清〕王昶辑《湖海诗传》卷三八，清嘉庆八年刻本。

光的,如《春江吟》等,但更多且更有成就的是反映田家疾苦的作品。纪昀、国梁是乾隆年间喜欢在诗作中反映西域田园风光的优秀诗人。纪昀《风土二十三首》《民俗三十八首》《物产六十七首》等诗作、国梁《吐鲁番道中》《勒木沁即事三首》《之仓房沟丈地》《宣仁堡丈地口占》《之辑怀城道中》《自卡子弯旋署》等作品写西域田园风光和生活明朗奇丽,有一种似曾相识而新鲜动人的独特审美体验。据吴蔼宸选辑《历代西域诗抄》①,写西域田园风光的共有纪昀、洪亮吉、林则徐等22人,共有诗歌800多首。星汉《清代西域诗辑注》②则收录了清代诗人58人,收录诗歌1100多首。上述这两种书选录了许多典型的西域田园诗。常纪也是乾隆年间诗人,其《杂兴十五首》《村居杂咏四首》《观田家刈稻,稻在水中,男妇俱赤足刈之,慨然有作二首》《观农人犁水田》《冬月自府回途中偶成》等作品豪宕新奇,充满了对田园生活和风物的热爱之情。魏燮均是晚清诗人,创作了大量田园诗。他的《田家夕望》《山中杂述十二首》《田家杂兴》《秋日田园杂兴》《田家杂感》《长夏村居杂兴》《村暮》等诗作或者闲适安逸,或者笃于耕作,或者沉浸风俗,皆淳厚清雅,耐人咀嚼。至于反映田家悲苦的作品,从明遗民到晚清近代,蔚然成一大宗,名家名作、可圈可点者甚多。从屈大均的《雷女织葛歌》、吴嘉纪的《绝句》、施闰章的《牵船夫行》、陈维崧的《贺新郎·纤夫词》、宋琬的《同欧阳令饮凤凰山下》、周弘的《道旁叹》、查慎行的《村家四月词》、蒋楷的《河堤曲》、赵执信的《甿入城行》,到黎简的《田中歌》《官放仓》、魏源的《江南吟十章》、陆嵩的《鬻儿行》、姚燮的《谁家七岁儿》、贝青乔的《杂谣》、郑珍的《经死哀》、黄遵宪的《邻妇叹》、周实的《睹江北流民有感》等,都表现了最下层百姓啼饥号寒、泣血沬泪的现象,虽然其精神与陶诗有差异,更多与汉唐乐府歌行一脉相承,但其内容属于田园诗写田家苦一类,又与陶诗情牵一绪,同属真诚动人的田园诗作。此外,许多优秀作家在创作方面虽不以田园诗为特色,但创作过优秀的田园诗,除了前面提到的王士禛等,还有施闰章(《过湖北山家》)、赵执信(《即事》)等。

自从陶渊明创作了《桃花源记并诗》,至少从梁代萧统、庾信等人开始,历代有关桃源的诗作就络绎不绝,而接受史上最负盛名者为王维、韩愈、王安石三家,其实,三家之外,仅专咏桃源者就不胜枚举。据笔者统计,今存唐五代桃源

---

① 吴蔼宸选辑:《历代西域诗抄》,新疆人民出版社1982年版。

② 星汉:《清代西域诗辑注》,新疆人民出版社1996年版。

题材的诗作有三十一家①，宋代有四十二家②，金元有三十三家③，至于明代、清代到底有多少家直接咏及桃源，实在难以详细统计，但就《清代诗文集汇编》《四库全书》《续修四库全书》《四库全书存目丛书》《四库未收书辑刊》《四库禁毁丛刊》《桃花源志略》《中国基本古籍数据库》等所录作家作品情况来看，其留存数量当超过前代读者所有创作总量的八倍，其中明代至少有二百一十一家。到清

---

① 唐代三十一家是：包融《桃源行》《武陵桃源送人》，孟浩然《武陵泛舟》，王昌龄《武陵春色》《武陵开元观黄炼师院三首》，张旭《桃花溪》，王维《桃源行》，李白《小桃源》《桃源》二首，刘长卿《桃源》《送郭六侍从之武陵郡》，卢纶《同吉中孚梦桃源》，李皋《桃源》，薛莹《访武陵隐者不遇》，武元衡《桃源行送友》《桃源洞》，权德舆《桃源篇》，韩愈《桃源图》，刘禹锡《游桃源一百韵》《桃源行》，王建《武陵春日》，施肩吾《桃源词二首》，杜牧《桃源洞》，司空图《武陵路》，雍陶《小桃源诗》，李群玉《桃源》，张乔《寻桃源》，曹唐《题武陵洞五首》，章碣《桃源》，刘商《题水洞》，释皎然《兵后西日溪行并序》《晚春寻桃源观》，释齐己《怀武陵因寄幕中韩先辈何从事》，胡曾《武陵溪》，李宏皋《题桃源》，吕岩《桃花溪》《秦人洞》《桃川仙隐》等，无名氏《桃源行送友人》，等等。

② 宋代四十二家是：王安石《桃源行》，张咏《下武陵溪》，梅询《桃源》，冯信可《桃源图》，梅尧臣《桃花源诗并序》《武陵行》，许当《小桃溪》，王安石《桃源行》，曾巩《桃花源》，刘敞《桃源》，刘攽《桃源》，林旦《桃源径》，陶弼《武陵》《桃花源》《题司马错城》，周行已《武陵烟雨》，苏轼《和陶桃花源》，黄庭坚《武陵》，郭祥正《桃源行寄张兵部》，程正辅《桃花源》，秦观《点绛唇·桃源》，唐庚《武陵道中》，华镇《题桃源图》《桃源》，汪藻《桃源行》，李纲《桃源行》，胡致隆《题吴生画桃源图》，胡宏《桃源行》，张栻《桃花坞》，陆游《桃源》，楼钥《桃源图》，魏了翁《题桃源图》，朱熹《桃溪》，姜夔《昔游诗·昔游桃源山》，施枢《题桃源图》，王十朋《题桃源图并序》，王庭珪《和刘美中尚书听宝月弹桃源春晓》，郑樵《过桃花洞田家留饮》，斯建中《过桃源》，谢枋得《秦人洞二首》（其中一首又题为《庆全庵桃花》或《桃》），胡仲弓《桃源图二首》《题桃源图》，郑思肖《桃源图》，李韦《桃源》，无名氏《题桃源四首》，王景月《桃源行》，薛季宣《武陵行》，汴高士《秦人洞》（见《桃源县志》，参〔清〕唐开韶、胡焯编纂《桃花源志略》卷二《纪胜》，岳麓书社2008年版，第210页），等等。

③ 金元三十三家是：元德明《桃源行》，方回《桃源行》，元好问《武善夫桃溪图二章》，赵孟頫《题桃源图》《题四画·桃源》《题商德符学士桃源春晓》，许衡《题武郎中桃溪归隐图二首》，揭傒斯《桃源图》，钱选《题桃源图》，陈赓《武善夫桃源图》，吴澄《和桃源行效何判县钟作》《题桃源春晓图》，释善性《朝中措·桃源图》，黄溍《桃源图》，傅若金《桃源图》，成廷珪《阮子华所藏桃源图》，葛元喆《题桃源图》，华幼武《桃源图》，杨弘道《望江南·咏桃源》，王恽《桃源图三首》《跋武陵图》《题桃源图后有序》，刘因《桃源行》，张可久［越调］《寨儿令·桃源亭上》、［越调］《天净沙·桃源洞》，陆文圭《桃源县》《江阴有〈桃源图〉，方圆尺许，宫室人物，如针粟可数。相传有仙宿民家，刻桶板为之，一夕而成，明日遁去。友人以本遗余，戏题二绝》，吾丘衍《桃源》，邵亨贞《桃源图歌》《桃源画卷》，张宪《王氏小桃源》《青山白云图》，丁鹤年《题桃源图》《桃源洞》，郑允端《桃源》，邓雅《题龙伯原桃源小饮》，周权《桃源图》，吴师道《桃源图二首》，唐肃《桃源图》，李昱《题桃源图》《桃源小境》，迺贤《桃花山水图为桃源屠启明题》，萨都剌《桃源行题赵仲穆画》，黄镇成《题桃花岩》，杜本《题桃源渔隐图》。

代，仅笔者所检就有五百九十八家。

清代五百九十八家桃源诗是：徐士俊《桃源行》，卢紘《桃源行》，张盖《读桃源记》，贺贻孙《题桃源图二首》，朱鹤龄《梦桃源》，王岱《李吉津索画桃源图并题》《画桃源华阳二图寄陶仲调并题》（《四库禁毁》第一五六册题作《题画桃源华阳二图寄陶仲调先生》），金人瑞《桃源行》《桃源》，吴伟业《桃源县》，冯溥《题桃源图三首》，李渔《桃花源图》《舟次桃源戏作》，徐增《桃源行》，叶矫然《舟过小桃源》，彭孙贻《集字和桃花源诗十首》《桃源图题》《又题桃源图二首》《题吕谦画桃源图》，魏裔介《桃源行有引》，余缙《舟过桃源》，彭年《梦桃源》，周容《题桃源图》，顾景星《桃花源图》，黄生《宿桃源精舍》，赵作舟《桃源洞小憩》《过桃源》，毛奇龄《题同年齐编修桃花泛舟画像五首》《桃源图》《桃花津前》，潘高《题桃花源图》，姚夔《桃源舟次》《秦人洞》，余为霖《桃源花》，曾灿《次桃源县》，潘柽章《桃花源和吴晓山》，姜宸英《桃源渔父行》，董以宁《桃源图歌赠汪处士》，赵士麟《桃花源即事》，严我斯《陶渊明桃源图》（五绝六首），孔贞瑄《再题桃源》《桃源道上》《武陵道上》《摸鱼儿·题桃花源图》，田雯《题桃源图二首》《秦人洞》，范秉秀《桃源》《桃源和吴克庵韵》，沈寓《经桃源》，吴之振《桃源县》，江闿《古桃源》，钱良择《题桃花图后二首》，高士奇《书文待诏桃花图后》，严虞惇《题桃源图》，汪森《题文待诏桃源图卷》，刘廷玑《过桃源》，徐旭旦《桃源感赋》《桃源县》《桃源即事》《高山流水·寻桃源洞》，高景芳《小桃源》，王锡《桃源图》《桃源忆故人·题桃源图》，史申义《桃源》，周起渭《题桃源问津图送志尹》《叠前韵题桃源问津图再送志尹》，许贺来《咏桃花源集记内字限韵二十首》《桃源县》《秦人洞》，陈鹏年《小桃源》，费锡璜《桃源》，顾嗣立《桃源图》，程瑞祊《题桃花流水图》《雨后再游桃花源》，陈万策《题桃源图》，刘正谊《题沈梵陵桃源图》，胡宗绪《武陵杂咏》，魏嘉琬《桃源县》，沈近思《咏桃花源记》，秦文超《游桃花洞》《桃源》，程庭《桃花源》，沈德潜《咏桃花源》（五古、七绝各一首）《桃花溪》《题桃源图》《桃花源》，许廷鑅《题桃源依棹图》，李重华《梦桃源》，何梦篆《桃花源》，陈梓《为武康山人题桃源图》《拟桃源人赠别》《拟渔人复入桃花源》《手书桃花源记，装潢长卷，敬修见题七言，岐周借观，夜为偷儿取去，戏柬二君》，汤斯祚《桃源洞》，庄亨阳《游桃源县作》，周礼《题熊若凤宜所画桃源图》，朱定元《桃源洞》（五律、七律各一首），岳礼《桃花源》，陈德荣《桃源县》，陈荣杰《桃源行》，鲍鈖《桃源行》，王玮《为卫维熙题文衡山写桃源图并小楷桃源记》，谢道承《题桃源图》，邓中岳《题桃源图》，曼斯盛《过桃源》，赵知希《寻桃源和唐人韵》，汪由敦《题陈笱湄给事桃源图小照》，闵华《桃源道中》，金世昌《渔父逢桃源》《桃源人惊见渔父》《桃源人延渔父至家数日》《渔父复至桃源迷不得路》，严遂成《由武陵之桃源》，陈浩《题家筍湄侍御桃源图照》，桑调元《世果有花源行》《和桃源行忆梁山旧游韵并序》，张湄《游桃源洞》，允礼《题桃源图用王摩诘桃源行原韵（赵大年画）》，黄永年《桃源行》《咏桃花源四首》（五古、五绝各四首）《桃源怀古用刘侍御韵》，郑相如《寻桃用唐人韵》，钱载《观钱舜举桃花源图用题者钱思复韵》，乾隆皇帝《拟桃花源中人送渔郎出》《拟渔人复至桃花源不复得路》《文徵明桃源图》《仇英桃源图》《题和田玉桃源图》，弘昼《拟桃花源主人送渔人出源》《拟渔人复至桃花源不复得路》《和桃源图》，国梁《过桃源洞》，金磪《题楼山中丞宦迹图十二幅·桃花源》，孙士毅《桃源》，刘墉《桃源图》《题桃源图》，吴镇《桃源行》，王鸣盛《桃源图》，刘塄《桃花源》，王元文《桃源道中》，爱新觉罗·弘瞻《咏桃花源》，李天英《桃源图二首》，詹肇堂《摄山杂咏·桃花洞》，管榦珍《桃溪晓霞》，李梦松《游桃源山》，徐秉文《桃源》，曹文埴《桃源洞》《齐云山十六咏·桃花涧》，江浚源《过桃源》，张德懋《桃源县》，孔继涵《桃源行》，贾朝琮《桃源》，陈寅《梦桃源吟》，焦式冲《桃源行》，曾燠《桃源行》《题唐竹谷武陵竹枝辞后》，嘉庆皇帝《拟桃源中人送渔人出洞》《拟渔人复至桃源不复得路》，钱林《桃源》，王家相《桃源洞》，李如筠《桃源硐》，蒋攸铦《桃源行》，顾廷纶《武陵渔人误入桃花源赠隐者》《桃花源隐者赠别渔人》《渔人重寻桃花源不得》，孔庆镕《渔人入桃花源赠隐者》《隐者答渔人即以送别》《渔人再觅桃花源不得路忆隐者》，朱为弼《题桃源图》，毛国翰《桃源杂咏》，沈道宽《秦人洞》，钱师曾《包山桃源》，金学莲《题桃源图》，洪饴孙《自清浪卫至桃源县舟中》《同人游桃源洞》，林家杜《桃花源六首与陆研香令李翌堂同作次香令韵》，周济华《桃源观龙舟》，汪桂月《桃洞探奇》，聂镐敏《题丰竹斋问津图》，张庆成《桃源行》，李晨垣《桃源》，丰绅殷德《桃源行送范琴山先生任桃源》《题桃源图即以祝寿》，傅潢《桃源》，梁章钜《小桃源》，郭仪霄《题桃源图》，严学淦《过桃源》，王煦《桃源洞》，胡承珙《桃源图为某题》，潘咨《仙源说春阁示桃源诗作题人桃花源图》，张家榘《桃源县有怀》，黄安涛《桃源洞》，王玮庆《读陶渊明桃花源记》，李宗昉《桃源歌为新昌刘藜阁大令作》，吴其濬《桃源县》，刘敦元《武陵渔人黄道真出桃花源留别诸父老》，江尔维《桃源》，宋其沅《题谭篔圃桃花源缆船图》，朱王林《题桃花源缆船图为谭篔园明府作》，屠倬《仇实父桃源前后图》，周济《之桃源》，查林《桃源》，王宗燿《和桃花源诗》，道光皇帝《桃源仙棹》，丁廷枢《桃花源图为杨滨州题》，姚元之《桃花洞》，钱仪吉《题桃源图叠前韵》，杨庆琛《题桃源图》，张绅《桃花源》，郑祖琛《桃花源》，程恩泽《桃源偶作二首》，钱宝琛《桃花源四首》《桃花源用陶靖节韵》，孙义钧《桃源》，汤国泰《桃花源》，温训《桃源洞》，张朝桂《桃源涧》《桃源行和少坪作》，陈偕灿《桃源问津图为查元白题三首》，彭泰来《题桃源图》，彭蕴章《题唐六如画桃花源图》，范凌霎《辨桃花源记并序》，全望欣《游桃花源诗》《桃源》，黄子高《武陵舟行》《桃源》，瑞元《过桃源》，熊少牧《题桃源图》，吉年《桃源》，戴䌹《舟泊武陵》，仪克中《渔家傲·为姚述斋题桃源问津图》，李明农《过桃源访秦人洞》，杨季鸾《桃源二首》，李映棻《题桃源图》，沈兆霖《桃源洞》《桃源溪》，李文安《读桃花源记》《敬题先大人画桃源图稿有序》，陆初望《题桃源图次占仙韵》，魏承柷《桃源问答》(六问六答七言绝句组诗)，朱绪曾《桃源行》，黄夔清《十三古印斋小集朱浮山中表以其先世西洲先生所绘桃源图索题》，杨柄锃《舟泊武陵二首》，叶坤厚《题桃源图》，潘曾莹《桃源洞》，王锡纶《为宝澄斋题赵文敏桃源图》，白恩佑《游桃源洞得诗六首》，王文玮《题德砚香小桃源图》，田依渠《桃花源》，周木润《桃源图》，赵瑞敏《题桃源图》，鲍深源《武陵》，王景彝《题桃源图》，傅寿彤《桃源洞》，孙鼎臣《过桃源感旧一首》，朱锡绶《桃花源图为岳紫藩司马作》，姚步瀛《桃花源行》，谢庭兰《读桃花源记》，王惟成《读陶渊明桃花源记》，沈宝森《书桃花源记后》，易佩申《桃源行用王摩诘韵》，杨恩寿《泊桃源》，吴大澂《访桃源洞集陶诗》，赵国华《桃源》，王泳霓《题桃花源图为程清泉二首》，郭庆藩《游桃源洞次劳次芗广文韵》，宗韶《桃源》，苏瑞《拟陶靖节桃花源诗五古用王右丞桃源行韵》《再咏桃源集桃花源字》，周家禄《桃源》，陈遹声《桃源》，黎汝谦《过桃源县》《桃源道中》，吴翊寅《小桃源》《再题桃花源图诗》，同治皇帝《桃花源》，曾廉《桃源》，赵金鉴《桃源》，曾炎权《武陵渔父入桃花源歌》，顾澍《武陵渔人歌》，周篆《桃源县》，潘耒《桃花源》《桃源》，钱澄之《题顾伊人桃源图》，李绂《梦游桃源为友人赋用昌黎桃源图韵》，盛大士《桃源送渔人出洞赠别》，张维屏《桃花源》，赵文哲《武陵》《经桃源县作》，蒋士铨《李竹溪太守桃源图》，王昶《将至桃源书渊明集后》，钱大昕《题仇十洲桃花源图用陶靖节韵》，金德瑛《桃源》，陆继辂《戏题桃花源图》，吴荣光《桃花源》，童怀《武陵山桃花歌》，翟灏《桃源》，张九钺《桃源洞行》，石韫玉《桃源行》《自题花间乐府·桃源渔父》《经桃花源》，洪亮吉《桃源行》《桃源洞》，顾宗泰《桃源县二首》《题桃源小景》，和瑛《桃源》《小桃源》，潘奕隽《桃源洞》《桃源洞又二首》，吴浚《桃花源》《桃源》，吴省钦《桃花谿》，顾光旭《题赵承旨桃源图》《桃源涧》，翁方纲《桃花源》《松巢桃源图三首》《查梅壑画桃花源图并书陶记卷为梅舫题四首》，宋翔凤《读桃花源记过桃源县作》，陈文述《六世祖小源公花源卜居图》《武陵种桃》，张五典《桃花源图二首》，刘秉恬

《桃源洞》《武陵道中》，胡天游《画桃源行》《后画桃源行》，尹继善《桃源可问》，桂超万《桃花林行》，齐召南《桃源》，袁枚《桃源行》，李景沅《望桃源》，何绍基《次藉舲桃源洞诗韵》，罗汝怀《赋得桃花源记》，陆应谷《桃源道中》，尤侗《题刘六皆桃源图》，王庆勋《桃花源图为龚岳庵丈题》，徐乾学《桃源》，许瑶光《桃园图》，郭崑涛《桃源文后》，叶名沣《桃源洞行》《晚泊桃源洞对岸》，贝青乔《秦人洞》，魏燮均《雁门桃源行有序》《桃源洞》《拟桃源行》，龙启瑞《桃源》，徐时栋《题翁荔芗桃源问津图》《读桃源记同远香子舟》，徐元第《读桃源记二首》，徐时梁《读桃源记三首》，徐庆澜《桃源道中》，袁昶《和云门桃花源诗三首》《再和云门桃花源诗》《书陶靖节桃花源记后》，范增祥《武陵渔人误入桃花源赠隐者》《桃花源隐者送武陵人出洞》《武陵渔人再至桃花源寻隐者不遇》，释敬安《武陵春传奇书后》，赵藩《雪后泊桃源》，丘逢甲《题桃源图》、《送谢四之桃源》，张仁熙《桃花源》，王顼龄《桃花流水扁舟》，吴文《桃源》，汤之锜《桃源咏》，陆次云《桃花源》《和桃花源记集字诗原韵二首》，余光耿《和袁恒山补遗韵一律》《和桃花源记集字诗原韵二十首》，董讷《过桃源》，徐肇森《游桃花源二首》，李澄中《游桃源洞》，李良年《桃源》，孙琮《游桃源洞》，章金牧《题桃源图》，孙蕙《桃源县》，胡浚《游武陵花源一百韵》，王文清《桃花源》，吴骐《题桃花源图》，薛敬孟《桃源行》，徐釚《於陵行为长山李君赋》，王廷抡《桃源》，朱伦瀚《路经桃源》，郑世元《游小桃源》《集句题桃源图》，张学举《桃源图》，程之鵕《由桃花源出桃源洞》，郑炎《桃花洞》，蔡新《桃源行忆梁山旧游》《桃源怀古次黄静山韵二首》，任端书《题仇十洲桃源图》，塞尔赫《桃花谿》，郭起元《桃花源》，沈寿民《桃源》，徐世溥《书桃源图》，廖元度《桃源洞》《桃源洞后壁》《桃花洞》《桃源》，陈祖法《拟桃源人赠别》《拟渔父复入桃源》，李骈《读桃花源记》，胡苏云《经桃源》，王楫《小桃源》，李天爵《题武陵源图》《题桃源渔郎图》，罗光忻《题桃源图》，李润《武陵舟中》，庄今舆《和陶诗桃花源韵题桃花书屋》，陈檀禧《桃源道中》，赵岛《题桃源图》，高道素《舟泊桃源》，陈昂《武陵道中》，王翥《小桃源》，杨山子《桃源洞》，唐时渊《桃花洞》，汤准《桃源》，张廷玉《桃花源》，陈正谬《桃花源记集字诗》，李继圣《桃源怀古》，马振楷《桃花源》，骆问礼《桃源洞》《桃源道中》，刘授易《过桃源洞》《和倍千步俞都督游桃源洞韵》，吴寿昌《过桃源县》《游桃源》《桃源县境》，周灿《题桃花源》，张际亮《桃源》，郑侠如《霜天晓角・小桃源》，何采《莺啼序・隐括桃花源记书文五峰桃源图后》，徐石麒《念奴娇・拟桃源》，叶映榴《摸鱼儿・题桃源图》，董儒龙《水龙吟・庚申秋日行桃源道中》，杨春星《摸鱼儿・桃花源记》，盛枫《莺啼序・桃源》，邹天嘉《清平乐・题桃源图》，吴绮《清平乐·题悔庵醉桃源杂剧》《醉桃源·桃花源》，梁国治《桃源采药》，熊文举《桃源行》，顾成俊《天台桃源行用王右丞桃源行韵》，黄本骐《过桃源用王右丞桃源行韵》，方濬颐《次芗溪拟王右丞桃源行用眇目山人韵》，毕沅《桃源行》《桃花涧》，宝廷《桃源行》《桃源》，孙宜《武陵行送李子》，陈孝逸《武陵行》，吴仕朝《题问津图》（二首），邓正琮《桃花洞》，张熙纯《桃源》，陶金谐《游桃源》，褚廷璋《访桃花源》，朱筠《入桃源县》，查虞昌《岁秋山作桃源图，赠钱第五先生，第五没后，图亦散失，去秋于市肆购得之，喜以示余，为作短古，和渊明桃花源诗韵》，陈士本《奉调上沅访桃源洞》《探桃洞偶成》，王象天《和靖节桃花源诗》，唐子木《桃源洞竹枝词》，佟凤彩《桃源洞》，戴明说《桃花》，沈荃《冯个臣客武陵以椰杯见贻赋答》，范承斌《读陶渊明桃花源记》，范承烈《读陶渊明桃花源记》，陈宝钥《石溪云武陵桃源旧境荡然无迹矣为之纪感》，龙之池《乙丑夏同石首熊子蔚庵游秦人洞并序》，阙士琳《桃花溪》，瞿龙跃《重游桃源洞》，艾暹《春游桃川》，黄琪《桃川宫》，泉文鹄《宿水溪听》，董思恭《桃源行》《桃源洞》，朱椽《宿白马渡》，罗人琮《将经理桃川，选僧住洞傍大士庵，于其往作诗送之，用刘禹锡百韵》《偕友游秦人洞值雨宿洞前村舍》《桃川》《桃花溪》，车万育《春暮李郡伯招诸公游桃源洞》，沈远《同故乡诸友游秦人洞，遇默识上人，善琴画，次武陵诸公原韵留赠》，文志鲸《春游桃川途中作》，宁诰《秦人洞》，范秉秀《桃源》，查慎行《舟发桃源》，李渔《桃花源图》，胡觐徵《送去骄弟归武陵》，罗天绪《问津图》，商盘《题春泉图为天都汪攻石》，何如兰《游秦人洞》，巫桢孙《去桃源赋诗》，俞益谟《游桃源洞》，陈一揆《过桃源》，陈养元《桃源早行》，胡绍安《秦人洞》，方宣绥《拟陶渊明桃花源诗原韵》，黄任《题桃花流水画册》，张汉《寄桃川道士》，邹仲孺《桃源洞》，郑虎文《题文伯仁桃源图》，赵文哲《过桃源初上一滩名毛瓮子》，杨松年《桃源》，乔光烈《桃源洞诗并序》，杨文篙《舟次桃源》，刘潢《拟王维桃源行》，邱岱《桃花源》，李时春《桃花洞》，刘昌臣《再游桃川二首》《桃源洞》，陈万隽《灵岩瞿树并序》，罗时昶《问津图》，陈长镇《游灵岩》，王为垣《桃花洞》，顾鉴《桃源洞》，冯廷魁《桃花洞》，赵希鼎《三游桃花源》，顾开雍《桃花洞》，汪虬《桃花溪》，黄国塾《游桃源》，高迈祖《桃源洞》，邓封远《读桃源记》，李发甲《桃源》，谢如式《桃川仙隐》、《秦人洞》，李绂《梦游桃源为友人赋》，徐昌支《渔仙寺用谭友夏韵》，徐昌夏《游渔仙寺次谭友夏韵》，陶士偰《梦偕一老僧，牵舟入洞壑，淡烟微月，落蕊缤纷，余疑桃花源境界，赋诗纪胜，记一联云‘犬吠隔溪火，鱼听静夜琴’，忘其首尾，因续成短章》，林埙《武陵洞》《忆武陵洞》，谢瑛《游桃川和韵》，杨尚载《桃川》，文曙《遇仙桥》，陈光堂《题桃源图》，吴菎《仲秋游桃源洞，遇默上人，善琴画，同沈云奇次武陵诸公韵》，陈熺《秦人洞同程奇峰分韵》，夏逢夔《桃源洞纪行口占》，黄孝伊《早过桃源》，邓胜逵《授徒桃花江上，以桃花源课诸学子有作》，刘诚《桃花源纪游》，朱定元《桃源洞》，熊炳《桃川》，金德瑛《桃源》，王文治《桃源洞》《桃源县》《再过桃源县》，姚颐《访秦人洞》，郭中望《春游桃川洞》，徐昌源《炼丹台》，罗天经《摩顶松》，罗天纬《秦人洞》，蒯嵩芬《桃花洞》，龚大万《桃源洞》，吴俊升《武陵杂诗》，汪征远《桃源寄讯浙江上人》，张九钺《桃源洞》《渔网溪》《晓过白马渡》，吴锡麒《题石谷子为王耕客画桃源图》，张百龄《过秦人洞》《之任黔中，道经桃花源，停舆延眺，率尔成咏，即次范令尹韵》，范鹤年《再至桃源》《游桃源洞》，师范《武陵杂诗》，汪坤《舟中望桃源洞》，费应泰《桃源洞》，罗天纯《桃川仙隐》，何琏《桃源洞》，水卫《桃源舟中》，叶自渊《再访桃源洞》，钱棨《武陵道中》，胡浚《游武陵花源一百韵》，胡先琅《游桃花源寄友人》，唐世皞《和陶渊明桃花源诗》，唐仲冕《招同人集金陵草堂桥之小桃源，因出文衡山桃源图同观，分次昌黎桃源图韵》，杨宗岱《桃源行赠邑宰赵叔明》，赵慎畛《题唐竹谷武陵竹枝辞后》，高应璧《桃花源》，向曾贤《读陶靖节桃花源记》，李廷选《访秦人洞》，孙镜《桃川仙隐》，罗南英《为唐竹谷写桃花源图自题二绝句》，陈德超《拟陶渊明桃花源诗即用原韵》，郭连测《和陶渊明桃花源诗》，王昶《将至桃源书渊明集后》《泊桃源县》，赵永钦《川上亭对月》，文自奎《晚过白马渡，寻花源口不见》，何鸣凤《桃源洞》，张世濬《桃源》，郭堃《舟过桃花源》，叶绍楏《桃花源口占》，邢都迁《春游桃源》，邓鸿志《桃源》，宋和壂《桃源洞》，张姚成《经桃源有感》，吴亭一《和张忍斋学使经桃源有感韵》，王敬禧《望桃源后洞》，陈廷鸿《游桃源洞》，费学竑《桃溪渔父辞》，高堦《登三阳峰望川石》，邓枝麟《秦人洞》，胡士诖《桃源洞》，汤准《桃源》，赵量公《桃源仙隐》，李书吉《泊桃源》，张埴《武陵阻水遥寄高明府旭斋》，李彪白《桃川仙隐》，陈圭《题潘鸾坡桃源问津图》，高桂《桃花源》，冯学醇《桃源洞》，余秉健《桃源纪行诗》，张炳《秦人洞》，丁佩玉《桃源洞题壁》，杨渟《桃源》，张晋本《桃源杂诗》，路华《桃源洞》，邵明铣《行经桃源》，戴世泰《过桃源》，艾晟《春游桃川》，彭希郑《题谭篔园桃花源缆船图》，王煦《梦游桃源》，李宗瀚《过桃源》，陶澍《过桃花溪》，余世清《秦人洞》，何学林《过桃源》，刘熊《题桃源图》，严烺《桃源》，陈楷礼《彝望溪》，秦关《桃源》，陈本廉《桃源游仙辞》，吴炯《桃源行用王右丞韵》，罗世镇《过桃源》，万师韩《题谭篔园司马十三次入桃源图》，胡启荣《题桃源图》，姚定益《三门山》，艾濂《过桃源洞》，杨树《桃花溪》，刘诏升《游桃源洞与聂藻庭话别》，章正位《桃花源》，蒋维光《游桃花源》，聂铣敏《题徐东园画桃源图》，沈学廉《题桃源图》，朱怡钰《秦人洞》，龚立海《舟次白马渡，同查花依昆季、罗生鼎华游桃花源秦人洞》，吴荣光《道光甲申三月过桃花源作》，翟漱芳《题桃花源图》，卢尔秋《题桃源图》，唐开铨《题蔡盘谷春江垂钓图》，夏元成《秦人洞》，张琳《拟韩昌黎桃源图》，周廷杰《观陈吾山为百菊溪制军写桃源图》，戴南崑《沅阳讲舍遣怀》，黎际时《桃源图》，王文海《游桃花源》，吴景乡《桃花源次陶渊明韵》，吴士麟《游桃花源用陶渊明原韵》《题桃花源记后仍用渊明韵》《是夜梦桃花源再用渊明韵》、《补种仙源桃花偶成》，杨先铎《登川上亭望桃源洞》《桃源洞种桃柬吴素村》《桃花溪》《绿萝山》，黄镛《游桃源洞歌》，方捷昌《桃源洞》，方宣绮《桃花源》，徐其相《桃花源集陶句》，葛树蕃《桃花源》，于学勤《桃源洞》，易元健《桃源》，程恩泽《绿萝岩》《桃源诗》《（桃源诗）又绝句》，谭震《三门山》，谭精品《自题画桃源图》，王泽《桃源纪游》，王步云《游秦人古洞》，马士图《五松园观汤雨生写花溪渔隐图，是日秦远亭、何梅坞、黄子湘、杨蓼汀、孙竹庲、释鹰巢同赋》，陈式勋《题周月溪画桃花源图》，唐开源《自穿石一日至朗江，友人约游桃源洞未果》，郁位中《鲍薇庵舅氏命题桃花源图》，许棻《题刘觉香出所藏桃花源图》，陈濬《闻竹谷游桃花源搜罗残碑甚夥赋诗奉寄》，张礼《和陶渊明桃花源诗》，徐正琳《题周月溪写桃花源图》，陈盘礼《偕唐竹谷游桃源洞止宿洞旁大士阁》，王才果《题桃源图》，吴嵩梁《桃源洞》《金惕庵太守解组访桃源图》，高正昂《过桃源》，毛元炜《桃花源行》，张家榘《桃源有怀》，黄本骐《过桃源洞同家弟仲良用王右丞桃源行韵》，吴登选《游桃源洞》，何光业《秦人洞》，沈允桂《秦人洞》，阮芝《桃源》，尹普《再游桃源洞》，杨文治《灵岩洞》，杨培之《桃源道中》，林联桂《桃花源诗与陆研香、王香令、李翼堂同作次香令韵》，王佐《游桃源》，王寅《游桃源洞》，周成炜《桃源》，唐开宸《种桃》，余昌穀《桃源道中》，岳士镛《题桃花源图》，蔡以偁《寄武陵源友人》，唐可久《游桃花溪待崔书城孝廉不至》，伍朝赞《拟韩文公桃源图诗》，徐朝彝《题纪退庵画桃花源图》，金方培《桃花源》，康学伦《题唐小侠画桃花源图》，唐鸿绪《写桃源图自题绝句》，杨绍霆《桃源雪霁》，陈乐光《题蔡静生写桃花源图》《桃花源》，杨寅《写桃花源图自题绝句于后》，龙泽澔《重游桃源》，段为黼《题唐小侠写桃花源图》，李翿《题潘鸾坡桃源问津小照二首》，李翊《桃源》，李因培《桃源二首》等。

清代的桃源诗体裁涉及诗歌的诸种形式，有七言古、五言古、七言律绝、五言律绝、杂言歌行、骚体诗、长短句（词）等，内容有专咏桃源事者，可谓正题，有桃源怀古、抒怀、纪游者，可谓辅题，当然更多的还是正辅交融。如此众多的桃源诗中不乏精警、新颖之作，其中绝句多以精警取胜，古体则以翻新出奇。徐增七言《桃源行》共一百零八句,铺陈、想象极为详尽,为陶渊明接受史上最长的桃源诗。清初魏裔介《桃源行》云:"渊明自谓羲皇人,作为诗记拟避秦。……柴桑自有桃源渡,洞口云深落英聚。"①否定神仙、避秦人子孙之说,立意新颖。清中期袁枚《桃源行》以七言歌行咏天台桃源,立意造语脱出窠臼,可以上齐唐宋名作。清晚期魏燮均《雁门桃源行有序》写雁门桃源,虽依据野史笔记,却别有洞天。此并序转录如下:

按《大有奇书》云:唐开元中,有僧游雁门山,入一石洞,见数女子,鬟发飘云,草裳叶袂,见僧讶曰:"汝何人,髡发刈须,作此异状耶?"僧曰:"我僧也。"女子曰:"何为僧?"曰:"佛之徒也。"女子曰:"何为佛?"曰:"西方之圣人也。"女子曰:"何以吾未闻之耶?"曰:"佛于汉明时入中国。"女子益讶曰:"何为汉?"曰:"继秦之代也。"女子曰:"我秦人也,蒙恬筑城,役及妇人,我等逃避于此。啖菖蒲,遂得不死。年岁并忘,安知秦亡,又有所谓汉耶?"僧辞出,后再访之,但见青霭白云,不知洞之所在。又《花史》云:福州城外东山庄有樵者蓝起,逐一鹿入石门,内有鸡犬人烟。一翁谓曰:"此避秦地也,可留之。"起曰:"归别妻子,当复来。"与榴花一枝而出,后再访,则迷矣。余谓此二事,颇类晋之桃源。因赋《雁门桃源行》。

雁门山高高插天,千峰万壑相钩连。阴崖邃谷不可数,安知何处藏神仙。神仙自闭烟霞宅,谁能力劈青山石。况经汉魏六朝过,荒唐自昔无人迹。忽有石洞豁然开,中藏世界无尘埃。开元有僧飞锡入,仿佛武陵疑天台。飘然欻睹群娥至,草裳叶袂饶仙气。见僧骇愕前致词,髡发如鹙状何异。僧言我本佛之徒,佛从西域来东都。当年伊始汉明帝,遥遥千载留浮屠。群娥惊问何为汉,我是秦人避秦乱。蒙恬老将筑长城,役及妇人逃此难。孰知世上嬴秦亡,但觉山中甲子长。自啖菖蒲寿不死,此间颇乐弗思乡。故乡亲戚久别离,尘世沧桑总不知。尔时无僧本无佛,即今朝代焉知谁。僧闻未毕旋辞去,仓皇出洞寻归路。回头再望雁门山,白云青霭迷其处。君不见福州樵子名蓝起,逐鹿曾入石门里。亦逢黄发避秦翁,惜不能留恋妻子。与僧一样无仙缘,不能摆脱为神仙。徒令再访枉惆怅,依然武陵天台山。可怜残暴虎狼秦,虐政何堪及妇人。竟使遗民逃乐土,世间都变桃花津。吁嗟乎,武陵石门皆隐谷,雁门亦是避秦毒。惟有天台采药行,

---

① 〔清〕魏裔介:《兼济堂文集》卷一八,影印清文渊阁《四库全书》本。

曾作神仙好眷属。①

在“中原满地干戈起,安得寻源逐流水”的艰难时世②,魏燮均因陶渊明的武陵桃源而创造出一个崭新的雁门桃源,可作武陵桃源、天台桃源之补充。此外,还有许多韵味别致的桃源词,仅据《全清词》顺康卷统计,就有郑侠如、徐旭旦、何采、徐石麒、叶映榴、董儒龙、杨景星、盛枫、王锡、邹天嘉十家。

渊明之后,菊花诗渐盛,且多带有陶渊明的影子。继宋代人刘蒙、史正志、范成大以及明代人黄省曾、周履靖的五种《菊谱》之后,清初陆廷灿著有《艺菊志》(有清康熙刻本),其中收录历代咏菊诗文甚丰。清代菊花诗的数量又远超桃源诗,凡菊花之形、影、神,菊花之品种类别,爱菊之选种、种植、护理、探访、采摘、入画、入梦等,诸种情景无不行诸笔墨。徐述夔《野菊诗三十首》(今存二十八首半,七律)借野菊写遗民孤高情绪,蔚为奇观③,其中凛然的气节、幽雅的神韵多有陶渊明的影子。《红楼梦》所写菊花诗会上产生的大量菊花诗自是读者群体写作菊花诗的一个缩影,而东篱傲姿、五柳雅趣则浸润其中。宋琬《梁太保菊花倡和诗序》是一次同题共作菊花诗的序言。查为仁等二十六人作《菊花倡和诗》,每人二首,一次聚会就产生五十二首。王积耀咏菊组诗有二十题,题目依次为:《黄菊》《白菊》《红菊》《紫菊》《墨菊》《寻菊》《种菊》《买菊》《盆菊》《画菊》《餐菊》《簪菊》《瓶菊》《采菊为枕》《菊蕊烹茶》《菊花酿酒》《菊影》《自题咏菊后》《对盆菊柬佃之》《九日无菊五首》。徐秉文有《赏菊》组诗五十首。方濬师《蕉轩随录》卷一二记《燕门百菊咏》,不著作者姓名,陶凫芗“曾为署签”。④这些菊花诗往往有陶渊明的踪影,其数量如此众多,涉及的诗人也比比皆是,上起明遗民,下到诗界革命派,若作探究,已经不是有限篇幅所能胜任。

再次,清代读者接受陶渊明进行创作的形式真可称得上丰富多彩,集历代之大成。

据《四库全书》《续修四库全书》《四库全书存目丛书》《四库全书存目丛书补编》《四库未收书辑刊》《四库禁毁书丛刊》《四库禁毁书丛刊续编》《清代诗文集汇编》《中国基本古籍数据库》等初步统计,清代和陶、拟陶、效陶、集陶、律陶诗等慕陶诗辞(《归去来兮辞》)有 800 多家。而此前所有的慕陶诗总共才 300

---

① 〔清〕魏燮均:《九梅村诗集》卷一二,清光绪元年红杏山庄刻本。

② 〔清〕魏燮均:《拟桃源行》,见《九梅村诗集》卷七。

③ 〔清〕徐述夔《一柱楼外集》收录《野菊诗》,有江苏泰州图书馆所藏民国十年东台栟茶“启秀石印社”刊印本;赵志毅编《徐述夔诗案资料集》收录《野菊三十律》,1996 年印行。

④ 〔清〕方濬师:《蕉轩随录》卷一二,方氏原刻本。

多家,其中南朝2家、唐五代7家、宋代102家、金元51家、明代200家左右(其中今存过百首者6家,童冀101首、李贤122首、周坦率123首、谢承祐131首、周履靖131首、黄淳耀102首)。清代800多家中今存慕陶诗50首以上的至少有28家,他们是钱陆灿(122首)、周金然(119首)、许濬(53首)、华霭(164首)、黄利通(60首)、沈近思(143首)、陈正谬(159首)、邱上峰(76首)、任瑗(115首)、齐召南(119首)、舒梦兰(90首)、陈赫(98首)、姚椿(130首)、姚柬之(131首)、徐献廷(245首)、孔继鑅(127首)、王官彦(111首)、陶世徵(137首)、厉同勋(100首)、邓辅纶(64首)、王以敏(123首)、夏仁虎(120首)、吴庆焘(110首)、蒋泽沄(76首)、百夫长(107)、王官彦(111首)、王藻(效苏和陶诗105首)、汤鹏(《拟归去来集杜》160首)。此外,直接的赞陶诗、读陶集有感诗、题陶画诗、过彭泽等陶渊明故地诗、九日诗、东篱诗、以陶诗诗句命题诗以及虚拟情境诗(如吴骐《拟陶渊明寄慧远诗》、魏源《拟庐山石门涧诗三章·拟陶》等)也为数不少,这对我们了解清代读者所理解的陶渊明形象和作品特点等都有直接的助益。

清代读者的学陶形式除诗歌外,还广泛涉及戏曲、小说、绘画、辞赋、散文、笔记、诗话、地记、园林、旅游、对联、书法、音乐、印谱等。

戏曲。明代敷演与陶渊明相关的戏剧至少有十一种,清人关于陶渊明的戏剧至少有十二种,其中尤侗的《桃花源》杂剧情兼儒释道,结构紧凑,曲词雅洁传神,允称压卷之作。清代曲艺中也不乏陶渊明的身影。如张照等奉乾隆之命所编《升平署岔曲》收录《采菊东篱下》一曲、《归去来辞》两曲、《桃花源记》两曲①;据傅惜华《子弟书总目》、黄仕忠等《新编子弟书总目》,清代有子弟书说唱曲词《天台传》(又称《天台缘》《刘阮入天台》)一回、《武陵源》一回、《桃洞仙缘》二回、《刘阮天台》一回、《天台奇遇》三回。②

小说。陶渊明与中国小说有着密切的关系,他的形象和诗文对中国小说产生了深远的影响。清代这种影响成果最为突出者要数《聊斋志异》中《黄英》《翩翩》两篇脍炙人口的小说和《红楼梦》中林黛玉形象的塑造。此外,《阅微草堂笔记》等短篇小说、《镜花缘》等长篇小说都或多或少地带有陶渊明及其作品

① 〔清〕张照等编:《升平署岔曲》,北京故宫博物院1935年印行,据国家图书馆藏本。按,岔曲是北京鼓曲词之一种。

② 参傅惜华《子弟书总目》,上海文艺联合会出版社1954年版,第35页、第62页、第96页、第161页;黄仕忠、李芳、关谨华《新编子弟书总目》,广西师范大学出版社2012年版,第107~110页。

的痕迹。

散文辞赋。此就桃源、陶菊、《归去来兮辞》、自祭文、《五柳先生传》、《感士不遇赋》等简略陈述如下。

关于桃源，宋元除王令《桃源行》(楚辞体)外，不见以桃源为题的辞赋。清唐开韶、胡焯编纂《桃花源志略》收录明代五家赋作:文澍《桃源赋》、曹玉《过秦人洞赋》、徐谦《桃花源赋并序》、唐待征《三十六洞别为一天赋并序》、周圣楷《渔仙洞莎罗庵赋并序》，此外还有宋讷的《桃溪图赋》。《桃花源志略》还收录清代七家赋作:姚舜华《桃花源赋》、罗天绪《桃源问津赋》、吴锡麒《渔郎重到桃源赋》、余秉健《武陵渔人重访桃源不遇赋》、王敬禧《武陵渔人重访桃源不遇赋》、赵慎畛《桃花源人送渔父赋》、翁映斗《武陵渔人重访桃源不遇赋》。《桃花源志略》所录之外，还有二十多家:顾汧《桃源赋》，陈长镇《桃源洞赋》，李懿曾《桃花源赋》，禹星《桃花仙洞赋》，刘本锐《桃花源人送渔父赋》，宋景濂《桃花源里人家赋》，俞国鉴《桃花源人送渔父赋》，程炌《桃花源赋》，于雪椝《桃花源赋》，张畿《桃花源赋》，陈濬《桃花源赋》，张邦彦《桃花源赋》(二篇)，赵新《桃花源赋》，陈浩恩《桃源避秦赋》，郭道清《桃花源赋》，洪良品《渔父再入桃源赋》，朱凤毛《渔父再访桃源赋》，林大谔《渔郎重到桃源赋》，盛观潮《武陵渔郎入桃源赋》，施颖《桃源避秦赋》，沈仲阳《桃花源人送渔父赋》《渔郎重到桃源赋》，费亶《桃源避秦赋》，程元焘《桃花源赋》，刘源汇《桃源人送渔父赋》，谢庭芝《桃源避秦赋》①，郑继善《桃花源赋》。《桃花源志略》还收录了清代赋外游记、辨说等二十家二十六篇散文，收录徐增《桃源说寿李密庵先生》、赵吉士《题松菊图祝海昌惕非陈太翁八十寿》、卫既齐《重修桃花洞记》、秦文超《游桃花洞》等数量不少的桃源散文。

关于受陶渊明影响的菊花赋、文，宋金元时期已经蔚然成观，到清代则更加异彩纷呈。以《秋菊有佳色赋》为题者就有范驹、于宗英、路德、周矗(二篇)、王汝金、孙炳荣、黄道淳七家。以《采菊东篱(下)赋》(黄道泰、胡祖复、王师俭)、《松菊犹存赋》(赵曾望、张预、徐有珂)、《东篱采菊赋》(李文安)、《采菊赋》(黄达、王师俭)等为题者也有不少。此外还有潘江《慰菊赋》、弘昼《拟陶渊明爱菊说》、蔡仲光《秋菊赋》、王端淑《菊赋》、张昕《重阳赏菊赋》、彭孙遹《残菊赋》、康熙皇帝《菊赋》、方学成《菊赋》、焦袁熹《代渊明爱菊说》、黄之隽《采菊赋》《代陶渊明为爱菊说》、郁长裕《寻菊赋(以秋菊有佳色为韵)》、邹炳泰《菊有黄

---

① 参马积高主编《历代辞赋总汇》，湖南文艺出版社 2014 年版。

花赋》、王叶滋《菊影赋》《催菊花檄》、程景伊《菊花赋》、林愈蕃《菊赋》、朱为弼《菊隐赋》、余锡春《菊枕赋》、汪有典《菊赋》、阚凤楼《访菊赋》《问菊赋》《梦菊赋》《画菊赋》等。

追和陶渊明《归去来兮辞》从宋人开始大盛。《容斋随笔》三笔卷三云："今人好和《归去来辞》……建中靖国间，东坡和《归去来》，初至京师，其门下宾客从而和者数人，皆自谓得意也，陶渊明纷然一日满人前矣。"①明代周履靖曾辑录《晋宋明十三家归去来辞》一卷。而今存仿和《归去来兮辞》作品远不止十三家，就笔者统计，宋、元、明今存三十一家：释冯檝（或作凭楫）、释幻住居士任彪、释拙庵宗师戒度、晁迥、苏轼、苏辙、秦观、晁补之、张耒、释惠洪（即觉范，和二篇）、周紫芝、李纲（和二篇）、王质、杨万里、陈莹中、胡澹庵、家铉翁、柴望（以上宋十八家），汪克宽（和二篇）、戴良、梵琦（以上元三家），朱善、孙蕡、解缙、郑棠（和作五篇）、何乔新（和作四篇）、杜学文、刘储秀、王时槐、叶春及、郭濬（以上明十家）。至于作品不流传的作者还有很多，不再统计。继承前人，清代追和者今见尤珍、旷敏本、彭绍升、汪学金、张而暗、张祖年、吴德纯、王祖畬、张一麟、金弘勋十家，似乎不如前代兴盛。但清代《集归去来辞》作品数量大增，其中包括乾隆皇帝、陈祖法、吴景旭、赵吉士、张照、毕沅、秦武域、张远春、张远、顾光旭等人的作品，与同样数量巨大的《桃花源记》集字诗、集陶诗、律陶诗等一起构成了清代高雅的艺术游艺园。

关于受陶渊明《自祭文》和《五柳先生传》等影响而创作的散文有张自烈《自撰墓志铭》，蔡衍鎤《自作墓志铭》，卢世漼《自题生志》，王夫之《自题墓石》，黄宗羲《梨洲未命》，李伍渶《自为墓志铭》，李苏、纪昀、许桂林、陶庆增、何铁生、张舜琴、王闿运等人众多的自挽联，郑相如《五柳引》，冯晋昌、陶然、冯翰英各自的《五柳先生赋》，戴名世《一壶先生传》，李调元《四桂先生传》，保培基《四乡荡子传》，徐有珂《北窗高卧赋》，丁绍周《秋菊有佳色赋》，廷清《孟夏草木长赋》，夏思沺、赵新、曾绶各自的《绕屋树扶疏赋》，田依渠、陶镜莹、袁青各自的《时还读我书赋》，杨浚《拟陶靖节闲情赋》，杨锐《拟陶靖节闲情赋》，李佐贤《春秋多佳日赋》，谭宗浚《爱吾庐赋》，金武祥《奇文共欣赏赋》，范光昌《停云赋》，谢庭芝《山涤余霭赋》，朱禄中《委怀琴书赋》，包国璋《委怀琴书赋》，谢庭花《悦亲戚情话赋》等。

① 〔宋〕洪迈：《容斋随笔》，上海古籍出版社1978年版，第32页。

继唐张随、宋宋祁、明钱文荐《无弦琴赋》①之后，有吴兆骞《陶彭泽无弦琴赋并序》、李光地《云无心以出岫赋》、赵楫《云无心以出岫赋(二篇)》《云无心赋(二篇)》、阿克敦《云无心以出岫赋》、裕瑞《陶渊明无弦琴赋》、侯凤苞《无弦琴赋》、张宗祥《无弦琴赋》、包国璋《无弦琴赋(三篇)》、雷宗焕《无弦琴赋》等相关作品。

全祖望《跋所书渊明感士不遇赋》谓感士不遇类赋作:“权舆董、马，畅其旨者，其渊明乎!”赞渊明所作“切而多旨”，可谓精确。② 继宋周紫芝《感士不遇后赋》及明张翰《士不遇赋》、伍瑞隆《惜士不遇赋有序》等赋作之后，清尤侗《感士不遇赋并序》、黄秀《感士不遇赋》、陆棻《惜士不遇赋》、丁寿昌《幸士不遇赋》等又能够别出新意。

此外，其他以陶渊明及其典故等为题作赋文者甚多，如王云锦、吴锟、禹星《渊明归隐赋》，蒋仁《渊明博学不群躬耕自资赋》，来鸿瑨《陶渊明三径赋》，李文安《陶渊明葛巾漉酒赋》，金和《陶渊明乘篮舆游庐山赋》，石景芳、朱凤鸣各自的《开径望三益赋》，瑞常、夏思沺各自的《陶渊明归里赋》(瑞常二篇)，瑞常《陶渊明移家赋》，陈大铉、徐有珂《陶渊明读山海经赋》，薛春黎《五斗折腰赋》，陶镜莹《门垂碧柳似陶潜赋》，欧阳正亨《彭泽县赋》，丁宝之《白衣送酒赋》，朱禄中《葛巾漉酒赋》，刘城《拟彭泽父老送邑令陶公致仕序》③，邱嘉穗《补陶靖节先生传并序》，吴名凤《陶彭泽折腰论》，张蓉镜《葛巾漉酒赋》，钱湄《葛巾漉酒赋》，邵荣洗《白衣送酒赋》等。

绘画。到清代，陶渊明绘事较前代更为繁荣。就数量而言，留存作品众多，初步统计，清代绘陶画家多达一百一十二人，留存作品相当于前代留存所有陶画数量的百分之七十二。就质量来看，清代也产生了足以冠称整个中国绘画史的陶渊明绘画，如陈洪绶、戴本孝和石涛等人的作品可为代表，他们足可与李公麟、赵孟頫、董其昌等画陶大家媲美。

书法。书法家大量书写陶诗开始于苏轼，甚至陶集中还有传为苏轼所写的大字本传世。之后，黄庭坚、米芾、朱熹、赵孟頫、鲜于枢、张仲寿、俞希鲁、贯云

---

① 按，北宋蒋敬修有《无弦琴赋》，当佚。清同治庚午重修《江华县志》云敬修年十五，“其父灿命作《无弦琴赋》，顷刻立就”。

② 〔清〕徐元文:《含经堂集》卷三〇，清刻本。

③ 明人张凤翔有《拟彭泽士夫送陶潜解任归序》(据朱彝尊《静志居诗话》卷九，清嘉庆扶荔山房刻本)、郑晓有《拟彭泽父老送陶令序》(据熊文举《侣鸥阁近集》卷一，清康熙刻本)。

石、沈度、宋克、陈璧、陈淳、俞和、彭年、文徵明、祝允明、孙鼎、罗鹿龄等历代书法家、文人相沿成风。① 清代书法家继承了这一接受传统。他们一方面欣赏前代书家所写有关陶渊明诗文的名帖，一方面又自己书写有关陶渊明的诗文。如方以智、孙枝蔚、陈奕禧、郑簠、王澍、王昶、永瑆、高翔、邓石如、徐元文、何绍基、曾纪泽等文人、书法家都书写过陶渊明诗文。如曾纪泽《出使英法俄国日记》记自己的日常生活云："初五日晴。……为仲妹写册叶《五柳传》毕。又写《时运篇》四言诗草书一幅，写折扇二柄。"②书写陶渊明诗文已经成为士人日常生活中的一种消遣方式和自我陶冶方式。

地志杂著。专门关于桃源的地志著述以南朝梁代黄闵和唐代鲍坚的《武陵记》最早，以后相续不绝，《宋史·艺文志》著录道士龚元正《桃花源集》二卷，宋陈振孙《直斋书录解题》著录田孳《桃花源集》二卷，宋晁公武《郡斋读书志》著录赵彦琇、张栎曾《桃花源集》一卷。另，北宋姚孳曾任职武陵县令，编撰《桃花源集》，明冯子京也编撰过《桃花源集》，明遗民邢祚允编有《桃源拾遗》③，清康熙初罗人琮有《桃源旧志》④，清乾隆年间释一休辑有《桃源洞天志》，清嘉庆年间谭镇修、方堃纂有《桃源新志》等⑤，但以上志书绝多散佚。应国斌在考察后指出："到嘉庆、道光年间，先由唐开韶纂辑、后经胡焯参与修改编定而成的《桃花源志略》，是目前我们能见到的最早被刻印的桃花源志书。到清同治五年，僧人兰岩纂成《桃源洞天志》。此后，清光绪二十一年，曾昭寅编成《蕉花园合编桃花源志》。胡凤丹所编纂的《桃源县志》也于清朝末年刻印问世。"⑥《桃花源志略》全书十三卷，分原始、纪胜、征文和志余四个部分，其中征文部分占十卷，析为文、赋、诗、石刻、书志、书画等子类，收录南北朝到清代505家（不包括陶渊明）相关作品⑦，蔚为壮观。它与今存民国期间吕光锡编纂的《桃花源诗话》前

---

① 部分书法作品可参《渊明逸致特展图录》附录，台湾故宫博物院1988年版。

② 〔清〕曾纪泽：《出使英法俄国日记》，光绪四年通行本。

③ 据张其淦《明代千遗民诗咏二编》卷一，北京图书业同业公会1929年排印本。〔清〕唐开韶、胡焯编纂《桃花源志略》卷二《纪胜》有征引。

④ 〔清〕唐开韶、〔清〕胡焯编纂：《桃花源志略》卷二《纪胜》，岳麓书社2008年版，第27页。

⑤ 〔清〕唐开韶、〔清〕胡焯编纂：《桃花源志略》卷二《纪胜》，第32页。

⑥ 〔清〕唐开韶、〔清〕胡焯编纂：《桃花源志略》前言。

⑦ 其中诗歌473家（包括卷七末按语附录三家和卷首乾隆皇帝）：唐前4家，唐37家，宋25家，金元25家，明137家，清245家；文50家87篇：唐代6家，宋代1家，明代23家，清代20家；赋14家14篇：唐代1家，明代5家，清代8家。

后辉映,成为桃源接受史上带有集大成性质的资料汇编。关于菊花的杂著有陆廷灿《艺菊志》八卷,前有康熙御制《菊赋》和《九日对菊诗》,目录分“考”“谱”“法”“文”“诗”“词”“题槎溪艺菊图”等收录菊花资料,其中收录菊花赋 20 篇、诗歌 935 首、词 22 阙,可谓清初之前菊花资料的一次大汇集,反映了历代读者对陶渊明菊花的接受概况。

陶渊明及其作品已经成为文学艺术创造的精神和活水源头,它所流经的地方和时代,总会滋润出青青的禾苗、素雅的鲜花和挺拔的树木,留下一片绿色的精神家园。清代读者借助它所创造出的文学艺术大观园已经足以说明这个问题。

第四节 各以其情而遇之

清代读者之所以接受陶渊明有社会政治方面的原因,也有时代思想文化方面的原因。同时,清朝一代的学风、陶集的传播和接受成果的传承也影响了他们对陶渊明的接受。

一、现实存在的理由

时代遭际和社会政治的影响是清代读者接受陶渊明最基本的现实动因。

清初,汉民族面临改朝换代的严峻政治局势和惊天动地的剧烈社会变革,士人迅速分化为三大阵营:壮烈殉国者、隐忍归隐者和变节妥协者。这三部分读者对陶渊明都有赞扬、肯定和多侧面的接受,但他们接受的初衷是不同的。壮烈殉国者以之砥砺节操,隐忍归隐者以之为生存依据,变节妥协者则以之在士人阶层中寻找归属感。而实质上,前两者基本可以归为一类,即大节不亏的烈士和遗民。如方以智,康熙十年(1671)被捕,在押解途中自沉江水殉国。二十年前,他曾创作《和陶饮酒诗二十首》,表现困顿的人生经历、愤慨的遗民情绪和对节操的坚守。他还效仿陶渊明作《自祭文》,表现亡国悲愤。可以说,陶渊明是他无可寄托的寄托。《明史 · 刘宗周传》所附“王毓蓍传”载:“杭州不守,宗周绝粒未死。毓蓍上书曰:‘愿先生早自裁,毋为王炎午所吊。’俄一友来视,毓蓍曰:‘子如何?’曰:‘有陶渊明故事在。’”①从陈洪绶

① 〔清〕张廷玉等:《明史》卷二五五《刘宗周传》,中华书局 1974 年版,第 6591 页。

《挽王义正先生》“劝诫逾千语”等诗语推测①,此“一友”或为陈洪绶。刘宗周、王毓蓍是殉明的烈士,而陈洪绶是隐忍苟活者,但与变节事清者不同,他不与清廷合作,这类遗民是清初遗民的主流,他们首先要从历史中寻找安身立命的依据,恰好,“陶渊明故事”无疑是最好的生动事例,即陶渊明的生存方式、气节追求和精神世界提供了一个生动具体、容易效仿的经典。陶渊明的行为充分体现了那种耻事二姓的遗民节操和超然物外的士人风流,因此陶渊明成为一代遗民在改朝换代之际活下来的最好榜样甚至借口。所以,有人感叹讥讽说“陶渊明一夕满人间”②,但无论如何不能否认陶渊明对于明末清初大批士人的精神支柱作用。

因此对于遗民诗人而言,陶诗具有特殊的审美意义。黄宗羲《万履先生诗序》云:“逮夫流极之运,东观、兰台,但记事功,而天地之所以不毁、名教之所以仅存者,多在亡国之人物,血心流注。”③正是在此意义上,文天祥等人的诗作可以称为诗史,陶诗也可以称为诗史。因为他们的诗歌可以补史之阙,更关系天地的成毁、名教的存亡,关系文化之国的延续问题,即朝代更替、国破家亡而文化精神不亡,这需要“亡国之人物,血心流注”,用心灵和诗歌去创造和传承。所以,汪端《明三十家诗选》卷七下评顾炎武诗说:“其诗凭吊沧桑,语多激楚,茹芝采蕨之志,黍离麦秀之悲,渊深朴茂,直合靖节、浣花为一手。”④明遗民中的优秀分子精神卓绝,坚忍不拔,他们惺惺相惜,也与古人精神贯通,他们借助诗歌宣泄悲愤、传达心曲、维系文化价值。比如甲子纪年、不使用新朝年号几乎成为明遗民诗人著述时共同的自觉效仿。这与陶渊明借助诗歌传达忠愤之气、高洁节操和处穷之道异代同致,只是比陶渊明更为自觉而已。值得一提的是,到清末,清朝遗老面对辛亥革命,居然也表现出特殊的遗民之悲,如郑文焯批点陶诗的一大动因就是与陶渊明的忠愤之情发生共鸣。这是忠于清朝、愤于革命,但其真诚不容怀疑,所以“他对陶诗的微义、对渊明的‘忠愤’,更有切己的体验。或者可以说,郑文焯借陶诗来表达他在近代世变中的‘忠愤’,因此在评论中,他

① 〔清〕陈洪绶:《宝纶堂集》卷六,清光绪十四年戊子春会稽取斯堂刻本。

② 〔清〕钱谦益:《陶庐记》,见《牧斋全集·有学集》卷二六,宣统二年庚戌邃汉斋校印本。

③ 〔清〕黄宗羲著,陈乃乾编:《黄梨洲文集·序类》,中华书局1959年版,第346页。

④ 〔清〕汪端:《明三十家诗选》,清道光二年自然好学斋刊本。转引自蒋寅《汪端的诗歌创作与批评初论》,见《国学研究》第八卷,北京大学出版社2001年版,第163页。

过分着力于陶渊明的‘世变感’，甚至放大了陶渊明诗歌中的‘忠愤’情怀”①。

隐居处穷既要坚贞自守，不忘故国，同时又要超然物外，萧然自得，获得超越现实和历史的宇宙胸怀，而陶渊明提供了前者，也提供了后者。明遗民在人伦价值追求中如中流砥柱，在天地精神中又洒然如风；想起亡国，悲愤不已，着眼生活，又从容淡定。黄宗羲《山居杂咏》之六云：“数间茅屋尽从容，一半书斋一半农。左手犁锄三四件，右方翰墨百千通。牛宫豕圈亲僮仆，药灶茶铛坐老翁。十口萧然皆自得，年来经济不无功。”②虽然亡国，但生活还得继续。这种耕读自立、萧然自得、踏实而淡定的生活隐然透着建立在固穷守节基础之上的孔、颜之乐，更与陶渊明在归园田居后用诗意之笔描绘出的审美人生精神贯通。因此，对明遗民来说，陶渊明及其诗作不但可敬而且可亲了。

高尚的气节、淡定的气度和文化上的清醒责任让明遗民和陶渊明的手紧紧握在了一起。

大节有亏和变节事清的士人之所以接受陶渊明，主要不是为了从陶渊明那儿汲取坚守节操的精神力量，也不单纯是为了从经典诗人那儿汲取艺术的营养，他们有更为深隐的精神苦衷。士人虽然是一个松散的群体，但有着相对统一的精神趋尚，比如尊尚高雅、真挚、超脱、友谊、经典等，这都是不言而喻的。钱谦益、吴伟业、朱彝尊、查慎行、龚鼎孳等皆曾用陶之典，甚至染指学陶之作，基本可以从此角度得到解释。值得强调的是，他们更需要得到士人群体的认同和接纳，在士人阶层中寻找归属感，而陶渊明是沟通自我和其他士人——尤其是与不仕清朝的明遗民清流——的最佳媒介之一。如钱谦益有《追和朽庵和尚乐归田园十咏》《东皋种菊诗四首赠稼轩给谏》《得许同生书寄示拟归去来兮辞》等，查慎行有《希文将南归次渊明田居诗韵来索和章四首》，都是借助陶渊明实现与他人的心灵沟通和情调共鸣。被列为“贰臣”的龚鼎孳有近三十篇明显受陶渊明影响的诗文，他甚至写作和陶诗，有《游子岁晏，冰雪载途，盎粟行尽，饥驱无所，见杜子于皇乞食诗，恻然心伤，为赋反乞食诗，用渊明原韵》《和陶公咏贫士七首》等二十八首和陶诗。在和陶乞食诗作中，他并非单纯与陶渊明之固穷守节产生共鸣，而是借此取得士人群体的好感，向他们的精神靠拢。杜于皇，名濬，是品节自守的明遗民，有《和陶乞食诗》，影响一时，和者甚多，如明遗

① 周兴陆：《上海图书馆藏郑文焯手批〈陶渊明全集〉真迹本》，载《文献》2005 年第 4 期。按：此文收入其《诗歌评点与理论研究》，凤凰出版社 2011 年版。

② 〔清〕黄宗羲：《南雷诗历》卷一，清郑大节刻本。

民邢昉有《同于皇和陶渊明乞食诗三首》，龚鼎孳和诗六首即受杜于皇和诗影响而作。龚鼎孳虽自谦"不敢学渊明"①，但在和诗中也显示了向陶渊明及其崇奉者靠拢的委曲心态，其五颇见此情："贫贱岂不贵，恨吾离去之。失身志肥甘，温饱复我辞。枯腴颇自取，人谁知怀来。违性甚饥寒，万钟等一杯。……庶免苟得诮，请辞长者贻。"②虽然龚鼎孳之名节为人不齿，却他慷慨抚恤困顿贫穷之士，这是物质上的接济，而该诗中的真率悔恨是精神上的乞食（靠拢）；又如其《和陶公咏贫士七首（之一）》写羁旅之困云："托身天地间，四顾无所归。辛苦具脱粟，对食翻忘饥。我友多箪瓢，固穷安足悲。"之二写自居曲巷云："世士与我乖，屏迹于陵园。"③他在诗中表现出明显的求友相知的倾向，他不能孤立于士人群体，自然也不能无视陶渊明的存在。

即使在和平盛世，陶渊明的饮酒、隐逸、桃源等雅趣也可以成为生活和社会的点缀。遇到饮酒、菊花、九日、美景等情境，接受者往往想起陶渊明的飘逸闲雅和相关描述，如乾隆帝诸多受陶影响的菊花诗提到陶渊明大多如此。个人的遭际有起伏升降，失意之际、寂寞之时往往能从陶渊明那儿获得精神上的抚慰，如袁枚较多接受陶渊明恰在脱离仕途之后，许多和陶作者往往在处穷时较多接受陶诗，专制政治总会催生对自由的渴求、对归去来兮的向往。朱仕玠《拟陶彭泽四十三首》诗前小序云："余年逾四十，困棘围，自分为世所弃，偶读陶彭泽诗，爱其寄托闲旷，有感于心，窃效其体。"④落拓不遇，正可借陶阔其心胸。宝廷《和陶靖节归园田居》诗前小序说自己性和迂缓，"本不乐仕进，而家贫亲老，强从事焉"，结果入仕后感觉"官卑秩散，既不能宣力朝廷，复不足以为养"，于是读陶集有感而和陶⑤，这是性格不合又遭受压抑，故和陶排遣。郑炎《和陶归园田居》诗前小序说自己"少困忧患，中岁迫于家累，欲息靡由"⑥，老来退归惬意，故和陶诗，这是一生奔波、终得休息而与陶共鸣。至于晚清近代，邓辅纶等人接受陶渊明创作和陶诗多是怀才不遇的感慨，而有为之士如龚自珍、谭嗣同、丘逢甲

---

① 〔清〕龚鼎孳：《定山堂诗集》卷五《水月庵和壁间韵》，《清代诗文集汇编》第五〇册，第322页。

② 〔清〕龚鼎孳：《定山堂诗集》卷一。

③ 〔清〕龚鼎孳：《定山堂诗集》卷一。明遗民中和陶乞食诗甚多，乃至王夫之在《古诗选》中借用讥讽陶渊明《乞食诗》抨击清初啼寒号饥之风，此亦从侧面可见学陶之风。

④ 〔清〕朱仕玠：《溪音》卷三，清乾隆松谷刻本。

⑤ 〔清〕宝廷：《偶斋诗草》内集卷二，清光绪二十一年方家澍刻本。

⑥ 〔清〕郑炎：《雪杖山人诗集》卷八，清嘉庆五年郑师尚刻本。

等人因时势的感发而会通于陶渊明的慷慨,憧憬于桃源之境。总之,不论是动荡,还是太平,陶渊明总有其存在的理由,他是动荡时代的支撑和抚慰者,也是太平时代高雅生活的提升者。

二、人品与诗文相得益彰

清代思想文化虽然受到近代西风欧雨的影响,但在整体上依然归宗儒道释旧学,强调人伦道德修养,尊尚主体高尚超越的精神人格。各派文论家大多推崇文如其人的作家作品。用儒家的人伦道德标准衡量,陶渊明是高尚的忠义之士;从道释的角度衡量,陶渊明是得道之士;从诗言志的角度说,陶诗是真诗,是主体精神人格的真实呈现。此一精神人格不管是被描述为儒家人伦道德还是普泛的真纯性灵,都与传统精神境界相合。

清统治者在入清之初,顺治四年(1647)即采用明朝科举制度笼络士人;在平定三藩、局势稳定后,又于康熙十八年(1679)开博学鸿词科,网罗博学鸿儒、在野名流。清代诸帝倡导朱熹理学,尊尚经术,礼待儒士,相沿成为传统。因此,在思想意识形态方面,清朝同明朝没有本质区别。朝廷取士虽重才学,但一般将品行放在首位,注重“学行兼优”(设博学鸿词科诏命语)。[①] 这种意识导向与传统文化首重品德是一致的,表现在文论批评上就是重视文如其人的优秀作家作品。故沈德潜认为“有第一等襟抱,第一等学识,斯有第一等真诗”[②];纪昀《诗教堂诗集序》云:“人品高,则诗格高;心术正,则诗体正。陶诗无雕琢之工,亦无巧丽之句,而论者谓‘如绛云在霄,舒卷自如’。”[③]这代表了一般士人对人品与诗文关系的看法,而陶渊明无疑是人、诗两者关系高度统一的最优秀典范之一。乾隆皇帝有《读陶诗》、效陶诗和大量带有陶渊明痕迹的诗作,他之所以接受和尊尚陶渊明,一方面在于这样做可以与汉族士人进行文化沟通,取得臣下的认同和爱戴;另一方面关键在于陶诗的思想情感可以完全纳入儒家温柔敦厚的诗教进行阐释,有利于统治者引导士人心态,使他们在向儒教的回归中消除对抗,实现彼此合作。纪昀深会圣意,其《恭和圣制有真意轩原韵》云:“轩名

---

① 〔清〕赵尔巽:《清史稿》卷一〇九《选举志四》,中华书局1976年版,第3175~3176页。

② 〔清〕沈德潜:《说诗晬语》卷上,见丁福保辑录《清诗话》下册,上海古籍出版社1978年版,第532页。

③ 〔清〕纪晓岚撰,孙致中等校点:《纪晓岚文集》第一册,河北教育出版社1995年版,第209页。

采取陶潜句，更比陶潜见理真。天下平从诚意始，三才万象总陶甄。”①乾隆日理万机，也慕陶真意，而此真意非仅为物我化合之真，更是儒家诚心正意之真。纪昀所和契合经典又附会圣意，可谓用心良苦。然而，我们正可以从中看出陶诗与儒家的诚心正意暗合有缘。作为收服人心的高明统治者，自然会从自家的角度予以阐发利用，并进而影响周围侍臣和天下文士。陶渊明的“真意”即使并非如此，也已无可奈何。正如博学鸿词科所要求的“学行兼优，文辞卓越”，陶渊明为人“潇洒标逸致”，其诗歌也是“别才擅能事”（《读陶诗》）②，继踪《风》《雅》；可以说，陶渊明人品与诗文的统一让统治者把陶渊明也纳入“博学鸿词科”了。

统治者看重陶渊明文如其人，一般文论家也是如此。清初吴乔认为诗中须有人，“读渊明……可想见其心术行己、境遇学问”。③ 叶燮把陶诗的优秀、“不可学”、他人之不能及归于“胸次浩然，吐弃人间一切”④，其观点与人品决定诗品的观点一致。类似的言论甚多，也被一般读者接受。又如：明遗民宋惕《江蓠吟诗序》称“陶诗不可拟”，认为拟陶诗仿佛掺了水的酒，不如自酿自家酒。⑤ 清中期薛雪云：“著作以人品为先，文章次之，安可将‘不以人废言’为借口？昔人云：阮步兵《咏怀》，寄愁天上，埋忧地下，其胸次非复人间机轴；而为诸臣作劝进表，又不足多矣。陶征士《饮酒》，前无古人，后无来者，真有绛云在霄，舒卷自如之致，虽有《闲情》一赋，何妨托兴？”⑥稍后的方东树也说：“有德者必有言，诗虽吟咏短篇，足当著书，可以睹其人之德性、学识、操持之本末，古今不过数人而已，阮公、陶公、杜、韩也。余观太冲，仍是荣华客气，但气格差高耳。”⑦晚清刘熙载云：“陶渊明为文不多，且若未尝经意，然其文字不可以学而能，非文之难，

① 〔清〕纪晓岚撰，孙致中等校点：《纪晓岚文集》第一册，第433页。

② 〔清〕爱新觉罗·弘历：《乐山堂全集》卷二三，《清代诗文集汇编》第三二九册，第326页。

③ 〔清〕吴乔：《围炉诗话》卷一，见郭绍虞编选、富寿荪校点《清诗话续编》上册，上海古籍出版社，第490页。

④ 〔清〕叶燮：《原诗》，见丁福保辑录《清诗话》下册，上海古籍出版社1978年版，第603～604页。

⑤ 〔清〕宋惕：《髻山文钞》卷下，见陶福履、胡思敬原编《豫章丛书》集部十，江西教育出版社2007年版，第812页。

⑥ 〔清〕薛雪：《一瓢诗话》，见丁福保辑录《清诗话》下册，上海古籍出版社1978年版，第696页。

⑦ 〔清〕方东树著，汪绍楹校点：《昭昧詹言》，人民文学出版社1961年版，第97页。

有其胸次为难也。"①人品在著述中得到优先强调,陶渊明人品极高,乃"有德者",一般人不能企及,故其诗作前无古人、后无来者。叶燮、薛雪、方东树和刘熙载等人是儒家学者,也是见解非凡的诗论家,他们考量古代诗人都不约而同地格外关注了创作主体的精神境界。用此思路追究诗歌创作成功的根本原因,自然重视创作主体精神境界的高下,而陶渊明自古称高士,再加上人们多以儒学视角的接受和阐释,所以陶渊明已经广受赞誉,从人品角度评论诗歌,陶诗自然是最佳典范之一。故方薰《静居绪言》云:"靖节人与诗俱臻无上品,生非其时,而乐有其道,与世浮沉,涅而不淄,自得之趣,一寓于诗。故其诗多未经人道语,'独寐寤言,永矢弗谖,'靖节之谓乎!"②情虽发于具体境遇,但人品决定了诗情的品位。

尊尚品节卓越的高士是古代士人的普遍心态,在文学创作领域,品节高尚的作家作品也因此更受推重。清人乔亿《剑谿说诗》卷下云:"虞山诗才诗学诚无愧前贤,而不可以言品,正与其人相似耳。"③钱谦益诗才诗学甚高,而品位不足,这显然是受了人品气节的影响;而陶渊明则不同,乔亿对此有明确议论:"渊明人品不以诗文重,实以诗文显。试观两汉逸民,若二龚、薛方、逢萌、台佟、矫慎、法真诸人,志洁行芳,类不出渊明下,而后世名在隐见间。渊明则妇孺亦解道其姓字,由爱其文词,用为故实,散见于诗歌曲调之中者众也。汉末如黄宪、徐稚、申屠蟠、郭泰、管宁、庞德公、司马徽,与晋陶潜皆第一流人,而陶更有诗文供后人玩赏。"④人品因诗文而得到显扬,陶渊明是品节卓特的高士,又能诗,故备受青睐,其声名因此高过其他高士;人品与诗文相得益彰,不论是从圣贤角度,还是从诗史角度,陶渊明都成为不可忽视的优秀作家。

即使把人品和创作分开来看的读者,他们也尊崇陶渊明的人品和作品。吴雷发是清代雍正、乾隆时期性灵派诗说的张扬者。他鲜明地把人品和创作分开来说:"吾谓诗自诗而人自人,若以人求诗,则古来当惟皋、夔、伊、吕诸人为解诗,后世当惟房、杜、韩、富诸人为能诗矣。且范希文自做秀才时便以天下为己

---

① 〔清〕刘熙载:《艺概》卷一,见薛正兴点校《刘熙载文集》,江苏古籍出版社 2001 年版,第 68 页。

② 〔清〕方薰:《静居绪言》,见郭绍虞编选、富寿荪校点《清诗话续编》下册,第 1633 页。

③ 郭绍虞编选,富寿荪校点:《清诗话续编》上册,第 1106 页。

④ 〔清〕乔亿:《剑谿说诗》卷下,见郭绍虞编选、富寿荪校点《清诗话续编》上册,第 1100 页。

任，王介甫以新法害天下，两人之行如是悬绝，而诗名独不能不让拗相公者，又何说也？陶靖节《闲情》一赋，欧阳文忠《江南柳》一词，岂能为两公累耶？今人执古人绪言以绳天下，辄欲优劣诗人。”①与复古派不同，吴雷发能够从道德约束下解放出来论诗，这是很富有近代气息的言论。如果陶渊明人品不佳，比如像“王介甫以新法害天下”，那么他的作品仍然与王安石的作品一样得到肯定，何况情况正相反呢？按此思路，即使不免指责的《闲情赋》也获得了被肯定的接受空间，不必曲为解说。

三、浓重的朴学色彩

清代尚实重证、推陈出新的学术风气影响了陶渊明接受成果的特点。

相对于明代学术的空疏，清代学术尚实重证。清初思想家和学者主要思考宋明以来的程、陆、王的理学问题，批判心学玄虚之风，倡导经世致用，崇尚实践，以经学救济理学流弊；乾嘉时期，汉学、宋学相得益彰，形成了富有时代特点的乾嘉朴学，考论结合，阐幽发微，虽思想性深隐，但实证性加强；咸丰、同治之间的经学今古之论以及光绪年间的新旧中西之论虽渐乖正统，而意在济弱救危，借虚务实。② 清代又是传统学问的集大成时期，学者们视野开阔，能够占有前代丰富的资料，整理旧学，综合创新，蔚然成风。

尚实重证的学风尤其是朴学求实考辨之风直接影响了清代陶渊明接受成果的特点。这首先表现在清代读者不回避陶渊明接受中的疑难问题，总能在前人意见的基础上考镜源流、辨析求新。比如对陶渊明生平、作品疑难问题的解决就非常具有典型性，清人在前人的基础上对甲子纪年、是否出仕桓玄、享年等接受史上争论不休的问题都能够条理旧说，在考论的基础上提出自己的见解。即使对有关陶渊明接受成果的考察，也能在梳理源流中指出其特点，清代学者和藏书家（如黄丕烈、杨绍和）关于陶集的序言题跋往往具有类似特点，此不赘述。其次，尚实考辨之风也决定了陶渊明接受成果具有集成性质的形式。其中最重要的就是出现了数种陶渊明年谱，甚至出现了《陶诗编年》（陈澧撰）③，在

---

① 〔清〕吴雷发：《说诗菅蒯》，见丁福保辑录《清诗话》下册，上海古籍出版社1978年，第905页。

② 梁启超《论中国学术思想变迁之大势》的“近代之学术”部分将清代学术分为四期，此处借鉴梁说。

③ 有广东省立中山图书馆所藏清钞本，收入《中国古籍珍本丛刊·广东省立中山图书馆卷》第三七册。

考论基础上把陶诗按时间编年,据南宋末陈造《江湖长翁集》卷五《题五柳先生诗编年后二首》、卷九《谢襄阳陶宰惠靖节先生编年大本》,前人虽有开创,然早已湮没无闻,陈澧当是另起炉灶。陶集出版不再满足于简单翻刻前人版本,而是注意学术考察,汇集前人和今人的学术创见,如蒋薰评《陶渊明诗集》(各卷卷首题作《陶靖节诗集》)四卷、温汝能《陶诗汇评》、詹夔锡《陶诗集注》四卷、吴瞻泰《陶诗汇注》四卷、邱嘉穗《东山草堂诗笺注》五卷等都注意吸纳前人成果,带有一定的集成性质,最终产生了陶澍《靖节先生集集注》这样朴学功底深厚的集大成之作。因为前代读者采用这些形式的不多,或虽采用而存在较多粗疏之处,所以清代的这一接受成果具有鲜明的时代特点。再次,即使是论析陶诗特点的言论,也往往不流于单纯、普泛的读后感言,能够针对具体作品进行细致深入的阐发和注析。如吴淇《六朝选诗定论》就《文选》所选陶诗做深细评点,又如方东树、何焯、郑文焯等论陶诗话多有针对具体诗篇的批评,最典型的莫如钟秀《陶靖节纪事诗品》,将作品、生平与批评结合起来进行阐释,引述他人言论、表述自己的意见都是针对具体诗作和问题,在接受史上可谓别具一格;还出现了对单篇作品(如《闲情赋》《述酒》诗)的专门注解,这是前代所没有的深细解读。

清代统治者在取士制度和文化政策上笼络汉族文人,给他们仕途功名的出路和整理旧籍、考论故纸的引导,同时又实行思想钳制,以专制政治、高压姿态严格打压、禁绝对统治不利的士人和著述。这典型表现在血腥的文字狱和对典籍的毁灭删改上。仅据上海书店所编《清代文字狱档》(2007 年版)统计,清代雍正、乾隆两朝的文字狱就达 70 次之多,其毁尸灭门的残酷令人发指、不寒而栗,时人深感切肤之痛,至于“避席畏闻文字狱”①。对于典籍的摧残,鲁迅先生曾在《且介亭杂文·病后杂谈之余》中有深刻的批判。他说:

> 单看雍正乾隆两朝的对于中国人著作的手段,就足够令人惊心动魄。全毁,抽毁,剜去之类也且不说,最阴险的是删改了古书的内容。乾隆朝的纂修《四库全书》,是许多人颂为一代之盛业的,但他们却不但捣乱了古书的格式,还修改了古人的文章;不但藏之内廷,还颁之文风较盛之处,使天下士子阅读,永不会觉得我们中国的作者里面,也曾经有过很有些骨气的人。②

① 〔清〕龚自珍:《咏史》,见《龚自珍全集》,上海人民出版社 1975 年版,第 471 页。

② 鲁迅:《鲁迅全集》第六卷,人民文学出版社 1981 年版,第 182 页。

这些被屠杀的人中,就有写过《一柱楼和陶诗》的徐述夔的后人,还有为庞垲和陶诗作过序言的戴名世、为钱陆灿和陶诗做过题跋的吕留良及他的后人,等等。生前被皇帝尊为诗友的沈德潜甚至也被牵连。这种令人谈虎色变的严酷专制不能不影响士气和他们的兴趣。朴学兴盛虽有学术发展内部的规律,但皓首穷经的追求与严酷的思想文化钳制也脱不了干系。鉴于此,清代的陶渊明接受至少在两个方面打上了文化专制的烙印。一是游戏性文字有增无减,诸如集陶、律陶等虽是高雅生活的消遣,但也是士气遭受沮辱之后才力的一种转移;二是更感受到自由的可贵。此外,思想文化钳制还影响到诸多和陶、学陶诗文,使这些诗文难免流于附庸风雅、缺少创造性和可读性,此不赘述。

与思想文化钳制互为表里的是封建专制等级制度,其本质都是对个性思想和人性自由的束缚甚至扼杀,这使得踏入仕途的士人容易与陶渊明归去来兮的自由呼声产生共鸣。此在性灵派诗人中有典型表现,如袁枚《俗吏篇》云:

> 俗吏未必从我始,吏俗当亦从我止。老母迎养病在衙,有子不见常千里。为言不见良如何,朝朝五鼓车马驮,参谒大吏苦迎送,应答宾客时奔波。金陵内城六十里,约略一转时光过。归来但见灯两廊,夕阳同下如牛羊。嫤嫞崽子拦满道,牵裾各各陈衷肠。但恨长官归来晚,不知长官未餐饭。忍饥息气排衙坐,欲决不决头屡顾。既恐羁迟转累民,又恐仓皇事多误。乱丝抽割将下堂,犹有秀才呈文章。使君既是翰林出,不加礼貌非循良。……倦极酣眠门又响,失火民呼公速往。抽丰宾客太无聊,重叠书来请绝交。仰天大笑卿知否,折腰只为米五斗。何不高歌归去来,也学先生种五柳。①

此与袁宏道诗文写为县令之苦状如出一辙,"拜迎长官心欲碎,鞭挞黎庶令人悲"②。在制度制约下,诸多俗务,令人身心俱瘁。在这样的制度下,保持良心做一循吏,只能身心俱疲,所以"何不高歌归去来,也学先生种五柳"就成为进入仕途的士人清流共同的心声,所以陶渊明也就更深切地受到他们的关注。

---

① 〔清〕袁枚:《小仓山房诗集》补遗卷一,见王英志主编《袁枚全集》(第一集),江苏古籍出版社 1993 年版,第 942 ~ 943 页。按,袁枚另有一篇迥异的《俗吏篇》(首句"劝食升米把酒止"),收入《小仓山房诗集》。

② 〔唐〕高适:《封丘县》,见刘开扬笺注《高适诗集编年笺注》,中华书局 1981 年版,第 230 页。

四、陶集的纷繁刊布

前代陶渊明集的传承以及清代陶集的重新出版、选刊是清代陶渊明接受的一个重要条件。

据郭绍虞《陶集考辨》所列陶集统计，明前有50种，明代有38种，而清代的陶集有32种。其实，清代读者新出的陶集远不止这个数目，据初步统计，至少有80种之多。此在郭绍虞先生所辨之外，粗列如下。

最有特点的是富含清人学术见解的注解评注编年本，如：

陶诗选评四卷，(清)董废翁撰，约清康熙间刻本。《贩书偶记》著录。

陶公诗评注初学读本二卷首一卷，(清)孙仁龙纂，清乾隆十三年刻本。《贩书偶记》著录。

读陶纪年四卷，(清)沈可培撰，稿本，存佚不详。①

陶靖节纪事诗品四卷，(清)钟秀撰，无明确刊刻年月，书首仅录作者同治甲戌(1874年)仲夏序言。该书有周作人收藏本，今存国家图书馆北海古籍馆，该馆另有两部同书的刻本。又有复旦大学图书馆藏本，清华大学图书馆藏朱自清据周作人本抄录核校本。

陶诗编年，(清)陈澧(1810—1882)撰，清抄本。据顾廷龙等主编《中国古籍善本书目》(以下简称《善目》)。

陶诗真诠一卷，(清)方宗诚撰，载其《柏堂读书笔记》，有光绪八年刻本。

陶渊明闲情赋注一卷，(清)刘光蕡撰，烟霞草堂遗书本。据上海图书馆编《中国丛书综录》(以下简称《综录》)。

陶诗附考一卷，(清)方东树撰，《方植之全集》本。

陶渊明述酒诗解一卷，(清)张谐之撰，为己精舍藏书本。《综录》著录。

读陶小注一卷，(清)李树谷撰，清乾隆间刻本。《贩书偶记》著录。

陶杜诗集注，(清)刘志圻撰，《光绪重修安徽通志・艺文志》著录，佚。据孙微《清代杜诗学史》所附《已散佚杜诗注本简介》第七十八条。

陶杜诗说一卷，(清)桂万青撰，《光绪重修安徽通志・艺文志》著录，

① 据罗振玉《依竹山房诗集不分卷(稿本)》题解，参罗振玉撰述、萧文立编校《雪堂类稿戊・长物簿录》(三)，辽宁教育出版社2003年版，第1312页。

清嘉庆刊本《啸月山房诗》附。据蒋寅《清诗话考》。

陶杜诗选二卷，（清）查岐昌选，手抄本，有黄丕烈跋。蒋寅《清诗话考》称，该书“稿本今存台湾中央图书馆”①。

陶靖节先生集八卷，清据明万历三十一年刻本，有吴汝伦刻本、周氏跋本、佚名批校本、丁丙跋本等。据国家图书馆出版社影印《（稿本）中国古籍善本书目》（以下简称《稿本善目》）。

陶诗注一卷，（清）蒋芳洲撰，据张惟骧《清代毗陵书目》。②

陶诗注二卷，（清）周利亲撰，据吴庆坻《杭州府志・艺文志》，管廷芬原辑、蒋学坚续辑《海昌艺文志》。③

陶渊明集注十卷，（清）戴熙撰，据吴庆坻《杭州府志・艺文志》。④

陶靖节集辑注十卷，（清）陈诗撰，据清英启等《黄州府志・艺文志》。⑤

陶靖节集辑注集外丛书，据清张康逊等《湖北书征存目》。⑥

有在前人基础上新出的全集、选集，如：

陶渊明集八卷，《四库全书》本。

陶靖节文集十卷，清康熙三十三年毛扆汲古阁刻本。《稿本善目》著录。

陶渊明文集十卷，清嘉庆十二年丹徒鲁铨仿宋刻本。济南市图书馆、蓬莱慕湘图书馆有藏，后者有周作人跋。⑦ 据周作人《陶集小记》，此本另有四种刊本。

陶彭泽集选一卷，（清）吴汝伦评选，汉魏六朝百三家集选本。《综录》著录。

陶渊明集十卷，光绪二年徐椒岑仿宋刻本，前有莫友芝题字，世俗所谓莫刻本也。据周作人《陶集小记》。

---

① 见《清诗话考》，中华书局2005年版，第151页。

② 贾贵荣、杜泽逊：《地方经籍志汇编》第一六册，国家图书馆出版社2008年版，第516页；同书第27册，第393页。

③ 贾贵荣、杜泽逊：《地方经籍志汇编》第二五册，第588页。

④ 贾贵荣、杜泽逊：《地方经籍志汇编》第二五册，第589页。

⑤ 贾贵荣、杜泽逊：《地方经籍志汇编》第四四册，第436页。

⑥ 贾贵荣、杜泽逊：《地方经籍志汇编》第四四册，第447页。

⑦ 蓬莱慕湘图书馆藏本周作人跋云：“后世所谓苏书陶集的祖本是汲古阁刻本，丹徒鲁氏复刻在清嘉庆中，在时间上最早，据《书目问答》说也要算是最好了。一九五二年四月十五日。知堂。”盖“知堂书记”长方红印。

陶渊明集八卷，（清）丁福保宣统二年《汉魏六朝名家集初刻》本。《综录》著录。

陶靖节集十卷，清初李文韩刻本，（清）沈廷芳跋并录查慎行跋，吴宿长录何焯评。《稿本善目》著录。

陶靖节先生诗四卷，（清）姚椿批（宋）汤汉笺注本，清乾隆五十一年吴氏拜经楼刻《愚谷丛书》（即《拜经楼丛书》）本。

陶谢诗集十三卷（其中陶彭泽诗四卷），（清）姚培谦编，清乾隆二十九年姚培谦刻本。

陶渊明集十卷，清道光二十一年李廷钰秋柯草堂刻本。中国人民大学图书馆、南京图书馆藏。

陶靖节先生诗四卷，（宋）汤汉注，（清）骞又辑，清同治刻本。南京大学图书馆、武汉大学图书馆藏。

陶渊明集十卷，清光绪桐城徐氏刻本（二册），又：清光绪二年桐城徐氏翻刻旌德缩刻宋本（一册）。并南京图书馆藏。

陶靖节集八卷首末二卷，清套印本。南京图书馆藏。

陶渊明集八卷卷首一卷卷末一卷，清乾隆、嘉庆间活字四色套印本。①

陶、邵、陈三先生诗选，据贺贻孙《陶、邵、陈三先生诗选序》。

陶诗选，（清）吴大廷选，据刘声木《桐城文学撰述考》。②

还有数量可观的抄本，如：

陶渊明集，清抄本，藏北京图书馆。据谢巍《中国历代人物年谱考录》。

靖节先生集抄不分卷，陶及申校录，手写本。据周作人《陶集小记》。

陶渊明集十卷存疑一卷，清同治十二年刘履芬抄本。《稿本善目》著录。

陶渊明集十卷，清影宋抄本。《稿本善目》著录。

陶渊明集十卷，清周锡瓒抄本。《稿本善目》著录。

陶彭泽诗四卷，陶谢四家诗抄本。《稿本善目》著录。

靖节公集十卷，清康熙抄本，有道光间张廷济跋，佚名批校。中国人民大学图书馆藏。

---

① 此据《季羡林先生藏书》，中国嘉德 2011 秋季拍卖会 2011 年 11 月 12 日，中国嘉德拍卖有限公司内部编。据介绍，该书一函四册。

② 贾贵荣、杜泽逊：《地方经籍志汇编》第三五册，第 386 页。

陶渊明集十卷，清光绪五年影明汲古阁仿苏写本，又：宣统元年著易堂影明汲古阁仿苏写本。并南京图书馆藏。

陶靖节诗选，（清）查其昌（药师）抄本。《江西地方文献索引》下册著录。①

陶渊明集八卷，清抄本。《江西地方文献索引》下册著录。

流传至今的明代及其以前的刻本当然也在清代流传，有些还被清人以批校题跋的形式重刊，如陶集中有两种宋本在清代备受藏书家的青睐，即：黄丕烈陶陶室等所藏《陶渊明集》十卷，南宋刻递修本；《陶靖节先生诗》，宋汤汉等注，南宋刻本。二书为陶集最早刻本，极为清代藏书家所珍，根据有关题跋、印章、藏书记等，其递藏线索宛转可见。② 诸多陶集都有批校题跋，如：

陶靖节集十卷，（明）何孟春注，（明）正德刻本，（清）笪重光跋。③

陶靖节集六卷，（清）钱陆灿批点明崇祯十三年叶益孙春画堂刻本。《稿本善目》著录。

陶渊明全集四卷，明白鹿斋刻陶李合刻本。有（清）王仲□跋本，钱大昕批校本，吴祖修录诸家说本，佚名录李光地、何焯批校本，郑文焯批校并跋本等。《稿本善目》著录。上海图书馆藏。

陶靖节集十卷，明万历四年周敬松刻本，有吴骞批本。《稿本善目》著录。

陶靖节集十卷，明万历十五年休阳程氏刻本，有邱嘉穗批点本，张元济跋本等。《稿本善目》著录。

笺注陶渊明集十卷，（清）邵渊耀、（清）宋康济跋本。

陶诗集解六卷，（明）张自烈撰，清康熙巫敬□等刻本。《稿本善目》著录。④

陶靖节集八卷，（清）沈廷芳、钱泰吉跋，据明崇□堂刻本。

---

① 江西社科院、情报研究所编：《江西地方文献索引》下册，1985 年内部发行本，第 305 页。

② 可参焦从海《陶陶室藏宋版陶集聚散流传考》，载《文献》1985 年第 3 期；陈杏珍《宋刻陶渊明集两种》，载《文献》1987 年第 4 期；李坚《宋版〈陶渊明集〉、〈陶靖节先生诗注〉递藏源流》，载《文津流觞》第 10 期，2013 年版。

③ 参韦力《芷兰斋书跋初集》，国家图书馆出版社 2012 年版，第 123 页。

④ 按：雷梦水《古书经眼录》第 523 条著录云：“《陶诗集解》六卷，清采石巫之峦评阅，康熙三十六年（丁丑）刊。”（齐鲁书社 1984 年版，第 132 页。）当即此本。

笺注陶渊明集十卷，贵池刘氏宣统三年《玉海堂影宋丛书》十一。上海图书馆藏。

另外，一些总集也选录了数量可观的陶渊明诗文，如王夫之《古诗评选》计选陶五言诗17首（另选四言诗3首），这个数量在魏晋南北朝诗人中仅次于谢灵运（28首）、江淹（23首）、阮籍（20首）、谢朓（19首）四人；在陈祚明《采菽堂古诗选》（选陶诗56题124首）、王士禛《古诗选》（选30题70首）、沈德潜《古诗源》（选34题63首）、张玉榖《古诗赏析》（选31题55首）和焦袁熹《此木轩删后录》（选21题39首）等几种清代初中期古诗选本中，陶诗入选的数量都在第一位。此外，陶渊明的散文赋作也是必选的篇目，如流传甚广的《古文观止》选录陶渊明的《桃花源记》《归去来辞》《五柳先生传》，《古文辞类纂》选录《归去来辞》，《历代赋汇》选录《感士不遇赋》《闲情赋》等。

如此丰富多彩、琳琅满目的陶渊明诗文读本为陶渊明的传播和接受奠定了最基本的文本基础。相对于前代，清代陶集更富于学术含量，学者、名人（或者借助名人）的序跋、批注、注解、考论、阐释，当然也包括历代集评与陶集相伴传播，直接影响了读者的阅读接受。

五、在传承中接受

清代学术整理和总结前人成果具有中国古代学术集大成的性质，清代陶渊明接受史也是如此。因此，从历史传承的角度来看，清代读者之所以接受陶渊明，之所以取得具有总结性质的接受成果，可以看作是对前人接受成果和传统加以整理与借鉴的结果。

清代出版的陶渊明集大多辑录历代读者关于陶渊明的经典性评价言论，清代读者自然不可能无视这些精辟的论述。清人对陶渊明及其作品的认识、辨析、争议、阐发也往往具有相当的传承性和针对性，既有对前代成果的认同，也有在与前人言论切磋基础上的推陈出新。比如陶渊明为人忠义旷达、萧然自得，陶诗平淡自然、慷慨豪放、真醇朴厚等特点，清人在概念形式上多袭用前人，但在理解上又有自己的感受。此点已于前文论述清代读者所认识的陶诗特点时有较充分的说明。再如典故词语的使用，菊花诗、田园诗、桃源诗等特殊题材诗歌的创作都不可避免地受到前代作家接受传统和作品的影响。

苏轼和陶诗开启了历代和陶的先河。清代产生了大量的和陶诗，有时是受苏轼启发直接去和陶。如张岱入清以后和陶的动因之一就是注意到有些陶诗苏轼没有和，张岱和陶是要弥补这个遗憾；桑调元《和渊明挽歌诗三首》诗前小序云："渊明自作挽歌，后人亦多效作，而东坡和陶反无此篇。"①于是自己就补和了三篇，这与张岱是同一思路。宋征舆《拟陶渊明荣木篇用原韵》诗前小序云："苏子瞻在海外追和陶诗，和之者，友之也；拟之者，师之也。遂次以《停云》等篇。"②他的这首和陶诗虽然因退居在家读陶诗而作，但想到了苏轼和陶，可见和陶行为本身实际受到苏轼的影响。黎简《和陶二首》诗前小序云："仆不喜为和韵诗，今春览东坡和陶之作，欣然作二首。"③这是更明显直接受了东坡和陶诗影响而和陶的。

至于那些没有提到苏轼和陶诗的和陶诗，其受苏轼的隐然影响也是题中之意。清代产生了数量不少的和苏诗，如王士禛《和苏诗二集序》为龙雷岸和苏诗而作，田雯《石楼和苏诗序》为石楼和苏诗而作，两人都不约而同地评价到苏轼和陶诗。其中也有介于两者之间的和苏和陶诗，即直接追和的对象不是陶诗，而是苏轼的和陶诗。如陈廷敬《和苏和陶读山海经十三首》④、潘奕隽《和苏和陶》二首⑤、彭慰高《正月九日翰孙具饮馔消寒和东坡正月五日与子过出游和陶游斜川韵》⑥、史念祖《和东坡饮酒诗二十首》⑦、吴清鹏《拟东坡和陶》《陶甘评集同人于小西园，效东坡为展重阳之会，诗用渊明〈己酉九月九日〉韵，以甘评为靖节后，今岁又值己酉也，余不能赴，仍作诗一首》《又拟东坡和陶二首》《又和一首》⑧、乐钧《效东坡和陶形影神三首》⑨，等等。这种特殊的追和现象很典型地说明接受陶渊明的重要读者也间接影响了后代读者对接受源头的接受。

因读者中介而接受源头作家及其作品，这在陶渊明接受史上是一个普遍的现象。不独苏轼等前代接受者对清代读者产生了影响，同时代的和陶作家与和陶作品也影响了周围读者对陶渊明的接受，如前面提到的杜濬，他写了《和陶乞食诗》，与他交往的邢昉、龚鼎孳等为了传达心意也进而追和，由此形成对陶渊明及其诗文接受的群体互动；再如明遗民陈瑚组织的莲社吟咏活动也有类似的和陶互动，其《顽潭诗话》卷下就记录了社友之间追和陶渊明《癸卯岁始春怀古

① 〔清〕桑调元：《弢甫集》卷一，清乾隆年间刻本。
② 〔清〕宋征舆：《林屋诗文稿》文稿卷一六，清康熙九籥楼刻本。
③ 〔清〕黎简：《五百四峰堂诗抄》卷五，清嘉庆元年刻本。
④ 〔清〕陈廷敬：《午亭文编》，《清代诗文集汇编》第一五三册，第61页。
⑤ 〔清〕潘奕隽：《三松堂集》续集卷二，清嘉庆年间刻本。
⑥ 〔清〕彭慰高：《仙心阁诗抄》，《清代诗文集汇编》第六四五册，第229页。
⑦ 〔清〕史念祖：《俞俞斋诗稿初集》，《清代诗文集汇编》第七五二册，第447页。
⑧ 〔清〕吴清鹏：《笏庵诗》卷一七，清咸丰五年刻吴氏一家稿本。
⑨ 〔清〕乐钧：《青芝山馆诗集》卷三，清嘉庆二十二年刻本。

田舍二首》的创作活动,辑录了数人的二十首和陶诗;又如嘉庆年间马星翼在《听泉诗话》中对同友人相互激发和陶的创作活动有许多真切的记录,如云:

> 听泉前寄和陶四言《时运》一篇,余已勉和之矣。……听泉和陶四言见赠之作,余未能和,乃检陶诗《赠庞参军》,复有五言一首。余和韵答之,听泉次韵,又寄云……雨山寄和余《春日和陶游斜川韵》一首……爱泉兄亦和一首:“……和陶如饮酒,主献宾乐酬。……”①

“和陶如饮酒,主献宾乐酬”,这句诗非常形象地表现了朋友间和陶互动、传情达意、提高生活品位的创作活动。和陶有与古人的互动,也有与同代人的互动,读者作为中介直接导致了互动者对陶渊明的接受。此外还有许多“馆课诗”“试帖诗”拈陶为题,以“赋得”某陶句为具体题目训练,如阿克敦《德荫堂集》卷三《馆课诗》中有《和陶靖节〈饮酒〉“羲农去我久”一首原韵》,马国翰《五峰山馆诗课》中有《奇文共欣赏》等八首诗以陶诗名句为题,吴寿昌《虚白斋存稿》“馆课诗”部分的《赋得“平畴交远风”(得交字)》《赋得“良苗亦怀新”(得怀字)》也透露出其中信息,陈昌图《南屏山房集》卷一〇收录的五首“赋得”陶诗名句之作当也是课业习作。这些诗也可归属为同题互动的接受活动成果。

至于集陶、律陶以及对陶渊明的阐发等接受形式也离不开前代开创者和同代交游的启发和互动。集陶起源于苏轼《集归去来辞》,清人所作甚多,律陶也是其变化形式。明王思任首开律陶之风,明黄槐开又接踵其后,两人的律陶诗附录于清人蒋薰评的《陶渊明诗集》(各卷卷首题作《陶靖节诗集》),广为传播。清初吴肃公有《律陶》二十五首,友人于《小引》中赞其“近诗律陶者,皆不及也”②;徐其相的律陶诗多至四十二首,可见当时律陶成风。关于借鉴前人意见对陶渊明的阐发,此仅略举三例以见一斑:

> 杨龟山云:“渊明诗所不可及者,冲淡深粹出于自然,非苦力之所能也。”熊鞠孙太史祖诒云:“陶诗之不易学,在其胸襟不可及耳。”龟山只道得体制,太史从其志趣上说,更高一层。③

> 古人评陶、谢诗,谓“谢康乐、庾义城之于诗,不遗锤炉之功,然陶彭泽之墙数仞,谢庾未能窥者,何哉?盖二子有意于俗人赞其工拙,至于渊明之于诗,直寄焉耳。”(剑锋按,此黄庭坚评陶语)此非深知诗者不能道。故陆

① 〔清〕马星翼:《东泉诗话》卷六,清刻本。
② 〔清〕吴肃公:《律陶》前附录,《清代诗文集汇编》第一〇一册,第255页。
③ 〔清〕沈其光:《瓶粟斋诗话》卷一,民国铅印本。

放翁云:“俗人犹爱未为诗。”又云:“诗到无人爱处工。”①

陶诗“质而实绮,癯而实腴”(剑锋按,此苏轼评陶语),无意求工而妙绝于世。黄山谷曰:“谢康乐、庾义城之之诗,锤炉之功,不遗余力,然未能窥陶彭泽之墙数仞者,何哉?二子有意于俗赞毁其工拙。渊明直寄焉。”此论甚妙。袁子才《谒靖节祠》云:“品高情转近,诗淡味乃余。”亦可见一斑。②

在此,诗话作者采择前人评陶精彩之见,然后予以赞赏比较,从而表达对陶诗的基本意见。其创造性虽不突出,但从中可以看出前代读者的接受意见对清代读者的明显影响。任何创造都离不开继承,清代的陶渊明成果最为古代殿军,自然更是如此。

① 〔清〕沈其光:《瓶粟斋诗话》卷五。

② 〔清〕李少白:《竹溪诗话》,光绪三年刻本。

第二章 清初前期：柴桑自命士，一夕满人间

第一节 明遗民对陶渊明的接受

在明清易代之际，天翻地覆的巨变不仅改变了一代士人的命运，而且也改变了他们对文化传统及其代表人物的评价观念和接受态度。其中，对陶渊明的评价和接受就是一种深有意味的历史文化现象。

陶渊明首先是被明遗民作为晋、宋易代之际的“遗民”接受的。传统的儒家和史家对“遗民”和“逸民”基本没有严格的区分，笼统指称品格高洁、不愿意出仕的隐士，不管这隐士是出于什么目的隐逸的。而“明清之际的论者，对‘逸’、‘遗’，却辨之特严”①，一般认为“凡怀道抱德不用于世者，皆谓之逸民；而遗民则惟在废兴之际，以为此前朝之所遗也”②。“遗民”并不如“逸民”一样飘然于世外，而是在隐居或者抗争中积极地关注世界，即隐而不逸、遗而不甘。在“遗民”和“逸民”还没有严格区分的时代，陶渊明被笼统地归入“隐逸”行列，而在明清易代之际，陶渊明基本被看作品行高逸而心怀故国的“遗民”。全祖望《移明史馆帖子五》云：“惟是隐逸一传，历代未有能言其失者。少读《世说》所载向长、禽庆之语，爱其高洁，以为是冥飞之孤凤也，及考其轶事，则皆不仕新室而逃者，然后知其所谓富不如贫、贵不如贱，盖皆有所托以长往，而非遗世者流也。范史不知其旨，遂与逢萌俱归逸民，于是后之作史者，凡遇陶潜、周续之、宗炳之徒，皆依其例，不知其判然两途也。”③全祖望在此区分了“遗民”和“逸民”的不同，没有明确把陶渊明划归为哪一类，但联系前面对“不仕新室”者的肯定，陶渊

① 赵园：《明清之际士大夫研究》，北京大学出版社1999年版，第258页。

② 〔明〕归庄：《历代遗民录序》，见《归庄集》卷三，中华书局1962年版，第170页。版本下同。

③ 〔清〕全祖望：《鲒埼亭集外编》卷四二，《四部丛刊》本。

明属于"有所托以长往"的遗民无疑。在明清之际,隐逸的政治含义受到格外的强调,因此,陶渊明不仕二姓的忠贞之节也就获得格外的关注和普遍的共鸣,陶渊明成为被反复称引和尊崇的处世典范之一。在这个特殊的历史时期,被反复称引和言说的典型涉及整个遗民史,其中主要有伯夷、叔齐、范粲、庞公、袁粲以及著名的宋遗民谢翱(皋羽)、郑思肖(所南)、谢枋得(叠山)、汪元量(水云)等,对陶渊明的称引频率尤其超越一般"遗民"。钱谦益曾经讥讽时人说:"今世隐约之士俯仰无聊,哦几篇诗,种几丛菊,咸以柴桑自命,殆长公所云陶渊明一夕满人间者,此不足为伊人道也。"①彭士望也有类似的言论:"今则惟陶元亮、谢叠山满天下耳。……元亮宽易,宜效者众,使其有知,必恨且悔,以为不幸其俑也。"②吴钟峦曾经"合累朝革命之际仗节死者,自孤竹两公子始,合为一集,题曰《岁寒松柏》,而陶渊明、谢皋羽之徒则附见焉"③。不管是出于何种动机效陶尊陶,可见在这个特殊时期陶渊明受欢迎和关注的程度和广度。

那么,作为"遗民",陶渊明有哪些格外值得注意的特性呢?最首要的恐怕就是"耻事异姓"的忠义思想。阎尔梅《陶靖节墓》云:"庐山西麓老松楸,处士星高此一丘。碑碣当头题晋字,其余何事不千秋!"④该诗前两句推崇陶渊明高尚的节操,认为他可与松楸比洁,可与星辰并命。这种推崇似乎与前人一样,没有什么特别之处,但第三句陡然一转,突出陶渊明忠于晋朝的忠义高节,其余诸事虽然也可以旌之千古,但唯此一事格外醒目!当然这也是作者遗民心态真实投射的结果。"具柴桑之耻"是遗民悲愤莫名的最大感受⑤。因此,明清之际的众多遗民几乎不约而同地赞赏和效仿陶渊明不与新朝合作等行为。下面举其大端以申述之。

一、甲子纪年寓悲愤

年号是一个朝代的象征,古代年号与纪年紧密相连。因此,在易代之际,怎

---

① 〔清〕钱谦益:《陶庐记》,见《牧斋全集·有学集》卷二六,宣统二年庚戌邃汉斋校印本。

② 〔清〕彭士望:《彭躬庵文钞》卷一《与王乾维书》,见《易堂九子文钞》,道光丙申刊本。

③ 〔清〕全祖望:《跋吴稚山岁寒集》,见《鲒埼亭集外编》卷三一。

④ 〔清〕卓尔堪选辑:《明遗民诗》卷三,中华书局1961年版,第112页。

⑤ 〔清〕任王谷:《陈定生山阳录集序》,见张其淦著、祁正注《明代千遗民诗咏二编》卷一,北京市图书业同业公会1929年印刷本。

样纪年就成为一个费人心思和深有意味的问题。陶渊明身逢晋、宋易代，沈约《宋书》本传说他在入宋以后的作品中只书甲子，不书年号。这种观点得到后代读者尤其是易代之际读者的普遍认同，比如宋末、元末都有一批遗民效法陶渊明。但有些学者型的读者在辨析陶渊明作品后，提出怀疑意见，如北宋僧人思悦、明人宋濂等，他们指出陶诗不独入宋后只以甲子纪年，写于晋代的作品也只以甲子纪年，这是现存陶集的事实。但诗人型的读者似乎不管这一套，依然故我地认定陶渊明当时就是用甲子纪年寓含不忘故国、耻事新朝的忠义观念。明清之际的遗民，不管是诗人型的，还是学者型的，都乐意认同陶渊明甲子纪年的做法。王夫之今存入清诗歌多有纪年，这些纪年无一例外地使用甲子纪年，不用年号。黄宗羲本人有感于易代之际士人的人生选择云：“钟石变声，谁不欲以清流自矢？靖节甲子，依斋易卦，年运而往，突兀不平之气，已为饥火之所销铄。落落寰宇，守其异时之面目者，复有几人？”①他激赏遗民甲子纪年的态度是很鲜明的。顾炎武的诗虽然没有直接以甲子纪年，但其纪年方法显然从陶书甲子的做法发展而来。王蘧常在注解顾炎武《大行皇帝哀诗》题下“已下阏逢涒滩”的纪年说明时说：“以岁阳岁阴纪诗者，亦犹陶潜自宋武王业渐隆，永初以来唯云‘甲子’之意相同也。”②明末清初“三大家”如此，其他许多遗民也是如此，如邢昉、徐夜等遗民诗人，他们在诗题中多以甲子或日月书写时间。再请看如下资料：

> 四方士大夫与宫相（剑锋按，代指吴封君）游及出其门下者，争援笔为介寿之词。其大指谓先生南国名儒，昔为封君，今为遗老，望古遥集，咏南山而书甲子，约略与晋之渊明相似。（钱谦益《吴封君七十序》，《牧斋全集·有学集》卷二四）
>
> 庄祖谊，成都人。全蜀入复社者八人，祖谊诗名特著，有《除夕》诗云：“泥涂甲子容衰贱，不问南山种豆田。”（张其淦《明代千遗民诗咏二编》卷一〇）
>
> 大书甲子依柴桑，载记黑白标朱黄。（钱谦益《竹溪草堂歌为宝应李子素臣作》，《牧斋全集·有学集》卷六）
>
> 君自南虞衡请急还里，遭乙酉之变，痛愤不欲生，念太夫人春秋高，终鲜兄弟，未能即自引决。……吾观其……《病中述志》曰：“和陶书甲子，吊

① 〔清〕黄宗羲著，陈乃乾编：《黄梨洲文集·寿序类》，中华书局1959年版，第503页。
② 〔清〕顾炎武：《顾亭林诗集汇注》卷一，上海古籍出版社1983年版，第2页。

屈赋庚寅。”……（钱谦益《高寓公稽古堂诗集序》，《牧斋全集·有学集》卷一六）

独书甲子依彭泽，老向乾坤哭富春。（李崧《戴南枝八十》）①

明朝书甲子，又见泪光浓。［屈大均《乙丑岁除作五首（之五）》］②

这些甲子纪年的行为寄寓着难以明言的忠愤、悲哀之情，透露出他们与新朝的对抗、对立和对故国华族的眷恋、忠诚。实际上，不仅标准的遗民以甲子纪年，那些品节有所欠缺但衷心不忘故国的士人也自觉以甲子纪年，如徐珂《清稗类钞·艺术类》指出吴伟业曾“题《菩萨蛮》词一阕，下署庚寅重九前五日。庚寅为顺治七年，不著年号，殆与渊明仅书甲子之意相仿”③。

遗民们之所以用甲子纪年除了寄托忠愤之情，还有两个方面的原因值得注意。一是在清初书甲子有避祸的实际考虑。清人三余氏《南明野史》卷下《永历皇帝纪》云：“成栋故令群盗逼城下，呼声动天以怵之。养甲勉示安民，成栋请于榜尾但书甲子。成栋既得此榜，遂直书永历年号。养甲愕然，然已无可奈何。”④在两军交接的背景下，忠于明朝的“总督”成栋连甲子都嫌隐讳，直接在安民榜上书写永历年号，这使佟养甲惊惧不已。可以想象在清朝统治势力控制局面的环境下，如果在诗文中使用明帝年号显然是自取灭顶之灾，而对于遗民来说，用清帝年号，则与薙发一样意味着臣服。因此，不论从民族和故国感情来考虑，还是从实际利害来考虑，诗文纪年用甲子都不失为明智的选择。

书甲子的另一个重要原因就是这种做法由来已久，已经成为遗民接受陶渊明的一个传统。在沈约之后，最早感受书甲子忠义情思的著名人物是经历“安史之乱”的颜真卿（《咏陶渊明》诗），唐末五代以后就出现了用甲子纪年表达忠义情思的士人和作品。如在陶渊明声名趋盛的五代时期，南唐士大夫“碑文但书甲子”就很可能受到陶渊明的启发；在陶渊明声名鼎盛的北宋建炎末年，赵俊“凡家书文字一不用豫僭号，但书甲子”⑤更是如此。至于宋末元初，学陶书甲子已经成为风气。朱彝尊《曝书亭集》卷三六《序》（三）云：“从来易姓之际，孤臣节士，不见载于朝野史者，何可胜数。其偶然著述，或隐姓名，或仅书甲子，如

---

① 邓之诚编：《清诗纪事初编》上册卷一，上海古籍出版社 1965 年版，第 49 页。

② 欧初、王贵忱主编：《屈大均全集》，人民文学出版社 1996 年版，第 658 页。

③ 徐珂编著：《清稗类钞·艺术类》第九册，中华书局 1986 年版，第 4079 页。

④ 〔清〕三余氏：《南明野史》，商务印书馆 1930 年影印本。

⑤ 〔清〕王士禛：《香祖笔记》卷一〇，上海古籍出版社 1982 年版，第 206 页。

今所传亡宋遗民《天地间集》《月泉吟社》《谷音》之类是已。”①翻检宋、金遗民的诗作，会发现推崇陶渊明甲子纪年的言论和行为不胜枚举。元代末年也有遗民但书甲子以寄托故国情思，如元代忠臣唐兀氏翰的友人吴海，“元亡，隐居不出，卒于洪武末年，为文但书甲子”②。可见明遗民学陶渊明甲子纪年，除了受沈约《宋书》等史料相关记述的直接启发，也是对陶渊明之后历代接受者尤其是易姓之际“孤臣节士”接受传统继承的结果。

二、桃源避秦求超脱

书甲子除了表达忠心故国的节操，还有一层深曲悲凉的含义，那就是借助没有朝代更迭的纪年方式，寻求个体对悲愤的解脱，如：

> (袁)敬所不知其名。靖难后流寓常山之松岭，酒酣书《五柳图诗》，掷笔悲吟，继以溅泪。(剑锋按，敬所所书《题渊明五柳图》诗云：“藜杖芒鞋白布裘，山中甲子自春秋。呼儿点检门前柳，莫遣飞花过石头。”)③
>
> 西山匪周粟，柴桑亦晋里。日月代谢去，甲子自为纪。(顾梦游《和陶饮酒二首(之一)》)④

然而亡国悲愤过于沉郁愤激，在“呼儿点检门前柳，莫遣飞花过石头”“日月代谢去，甲子自为纪”之类的闲适诗句里，如果联系诗人的身世遭遇，仍然可以读出一股令人“溅泪”的悲愤来。

明遗民这种个体超脱时世的渴望往往借助对陶渊明桃源意象的接受得到表达。陶渊明《桃花源记》所塑造的桃源意象最初被作为仙境看待，唐人王维、刘禹锡等多有认同；到宋人王安石、苏轼等始强调桃源乃避世之地，桃源人乃秦代避世者的后代子孙，世上如桃源一样与世隔绝的地方很多。渐渐地，有的读者联系陶渊明耻事二姓的行为理解桃源意象，突出桃源避秦的政治含义和桃源人不事暴秦的高蹈品格。宋人洪迈回顾“桃源”接受史并总结说：

---

① 〔清〕朱彝尊：《曝书亭集》卷三六，《四部丛刊》本。

② 〔清〕钱谦益编：《列朝诗集》甲集前编卷一〇，清顺治九年毛氏汲古阁刻本。

③ 〔清〕沈德潜选：《明诗别裁集》，上海古籍出版社 1979 年版，第 58 页。按，顾嗣立辑《元诗选》初集二戊集(中华书局 1987 年版)第 1425 页作贡师泰《题渊明小像》，文字有出入：“乌帽青鞋白鹿裘，山中甲子自春秋。呼童检点门前柳，莫放飞花过石头。”疑袁敬所只是“酒酣书《五柳图诗》”，当是借他人酒杯，浇自己块垒，沈德潜误以为袁诗。

④ 〔明〕顾梦游：《顾与治诗》卷一，《丛书集成续编》第一二〇册，上海书店出版社 1994 年版。

陶渊明作《桃源记》云："源中人自言，先世避秦时乱，率妻子邑人来此绝境，不复出焉，乃不知有汉，无论魏、晋。"系之以诗曰："嬴氏乱天纪，贤者避其世。黄、绮之商山，伊人亦云逝。愿言蹑轻风，高举寻吾契。"自是之后，诗人多赋《桃源行》，不过称赞仙家之乐。唯韩公云："神仙有无何渺茫，桃源之说诚荒唐。世俗那知伪为真，至今传者武陵人。"亦不及渊明所以作记之意。按《宋书》本传云："潜自以曾祖晋世宰辅，耻复屈身后代。自宋高祖王业渐隆，不复肯仕。所著文章，皆题其年月。义熙以前，则书晋氏年号，自永初以来，唯云甲子而已。"故五臣注《文选》用其语。又继之云："意者耻事二姓，故以异之。"此说虽经前辈所诋，然予窃意桃源之事，以避秦为言。至云"无论魏、晋"，乃寓意于刘裕，托之于秦，借以为喻耳。近时胡宏仁仲一诗，屈折有奇味，大略云："靖节先生绝世人，奈何记伪不考真？先生高步窘末代，雅志不肯为秦民。故作斯文写幽意，要似寰海离风尘。"其说得之矣。①

桃源避世不但在说秦，也在说刘宋，明遗民则承之说清。朱舜水对陶渊明《桃花源记》的理解可以代表明遗民对桃源创作动机的基本理解，他说："此时晋室，岌岌乎欲为宋矣。先生逃之于酒而不得，思得如此境界，率妻子往避之，付理乱于不闻耳。后人乃疑为高隐，疑为神仙，何异刻舟求剑也！"②这种解读显然是遗民心态投入的结果。明遗民对桃源意象感受最深的正是"避秦"的现实选择和"雅志不肯为秦民"的高尚品节：

与君同是避秦人，不醉春光良可惜。（顾炎武《桃花溪歌赠陈处士梅》，张其淦《明代千遗民诗咏三编》卷九）

千章夏木倚窗清，黄鸟相呼动远情。自是主人应胜竹，得因吾友与班荆。乱余对酒皆兵气，老去论诗尽史评。为问武陵今在否？好将此地报渊明。（姚康《濡须赠某》，《明遗民诗》卷九）

武陵闻有避秦人，吾亦前身黄道真。尚拟携诗买村酒，桃花深处访遗民。（顾梦麟《盗警诗和陈确庵》，《明遗民诗》卷八）

杜曲桑麻旧隐沦，草堂深掩落花津。平桥古树溪村午，宿雨荒烟故国

① 〔宋〕洪迈：《容斋随笔》下册《容斋三笔》，上海古籍出版社 1978 年版，第 536 ~ 537 页。

② 〔明〕朱舜水：《读古文奇赏札记》，见《朱舜水全集》卷二四，中国书店 1991 年版，第 268 页。

春。一榻久悬频岁月,十年高蹈隔风尘。吾侪拟泛仙源棹,携手殷勤说避秦。(萧芷厓《题徐湘波俨然室》,《明遗民诗》卷一三)①

在这样一个特定的时代,暴秦与清朝、避秦与避清、桃源人与遗民两相之间形成了微妙的对应关系。由此,遗民的复杂心曲得到多侧面的含蓄表达。明清之际与秦末毕竟不同,黄宗羲说:“昔陶渊明作《桃花源记》,古今想望其高风,如三神山之不可即。然亦寓言,以见秦之暴耳。秦虽暴,何至人人不能保有其身体发肤?即无桃花源,亦何往而不可避乎?故是时之避地易,而无有真避者;今日之避地难,徐氏乃能以寓言为实事,岂可及哉?”②朝代的变革夹杂着民族矛盾和阶级矛盾,斗争的酷烈和广泛远远超过了秦末,“人人不能保有其身体发肤”,几乎没有人能逃过这一场灾难,遗民避地之难远过秦时,因此遗民往往借助桃源发出无地可避的慨叹:“乾坤何处不干戈,四海难容一客过。触世姓名随地变,傍人眉角小心多。饥寒劳顿身非屈,门户江山事总讹。纵有桃源千百里,也应无地避风波。”③“江上何年别故人,临流相忆泪沾巾。沧桑漫问当时事,湖海难容此日身。明月空林惊木叶,秋风短棹觅花津。自怜野性耽泉壑,岂有桃源可避秦。”④“秦皇后有秦皇起,桃源更有桃源几?”⑤“而今何处觅桃源,风雨清明且闭门。春草萋萋归不得,江南多少未招魂?”⑥

但遗民“不能为报韩之子房,则当法避秦之楚客”⑦,还是想方设法寻找避地,通过追寻桃源和使用意象来表达特定时期的隐逸心态。如,黄宗羲曾记一现实“桃源”——雁荡山云:“闻丙戌(1646)间有徐姓者,莫详其名,不肯剃发,约其宗族数十人,携牛羊鸡犬、菜谷之种、耕织之具,凡人世资生之所需者毕备,攀援而上,剪茅架屋数十间,遂塞来路,去之三十年,其亲串莫得其音尘,不知其

---

① 以上三则引文分见〔清〕卓尔堪辑《明遗民诗》,第316页、第368页、第547~548页。

② 〔清〕黄宗羲:《两异人传》,见《黄梨洲文集·传状类》,第80页。

③ 〔清〕吴拱辰:《丰城兵火后荒凉竟无客舍》,见《明遗民诗》卷一四,第608页。

④ 〔清〕徐象娄:《秋兴二首(之一)》,见《明遗民诗》卷一五,第633页。“岂有桃源可避秦”用明初贝琼《述怀》诗成句。

⑤ 〔清〕周容:《题桃源图》,见《春酒堂诗存》卷二,《丛书集成续编》第一二三册,上海书店1994年版,第1057页。

⑥ 〔清〕吴山:《清明》,见徐世昌《晚晴簃诗汇》卷一八三,中华书局1990年版,第8061页。

⑦ 〔清〕董说:《书桃花源记后》,见《丰草庵前集》卷二,《丛书集成续编》第一二二册,上海书店1994年版,第94页。

生死如何也。"①徐珂《清稗类钞·盗贼类》亦记一"桃源"云:"闽有九龙山,亦素称盗薮,然不为近地之患,似一方之雄耳。有自其中出者,谓俨然一国也。世界之所有,无不具备,枪礮尤精美,物产丰饶,制造工巧,男多业农,女多业织,故终岁温饱,可不外求。据云,二百余年前,已啸聚于此。若以年代考之,或即明末遗民,以山作桃源也。"②此类现实"桃源"以各种形式被遗民实践着。有时隐居乡村,以乡村为避地桃源:"庭垣欹倾葺荆榛,日日溪云泠作邻。三径蓬蒿嗟类蒋,桃源鸡犬不知秦。家余经史生涯薄,人习农桑里俗淳。寂寞杜门无个事,碧窗高卧梦先民。"③有些遗民因居住地与桃源类似而获得避地桃源的心境,如知休和尚等居住在茶陵秦人洞,后人感叹说:"知休行不休,秦人洞中趋。各抱君父戚,殆有托而逃。谁访桃花源,居然见僧雏!"④又如,弘济和尚(益然)隐居在故乡歙县,歙县有小桃源,在美丽的太湖附近,他的隐居隐然有避地桃源的意味,难怪后人说:"益然归田园,胜迹渊明寻。武陵桃花源,秦代留至今。"⑤李向若云:"晚岁于乳萝山凿石室以居,名小桃花源。"⑥更多的时候是见美景而悬想为桃源:"一山红树五湖春,花底轻风扫陌尘。今日桃源在人世,不愁无地避嬴秦。"⑦"青嶂悬崖断,双岩峙石门。日晴熏草色,松绿静云根。谢客真同屐,桃源别有村。天台多瀑水,此处似儿孙。"⑧"画舫随风入画溪,秋高天阔五峰低。绿萝僧院孤烟外,红树人家小阁西。箬水长清鱼可数,篁山将尽鸟空啼。桃源不是无寻处,枫叶纷纷路转迷。"⑨"江山佳处总难论,春在林皋赖酒尊。我被春风久留恋,桃源犹有晋时村。"⑩有时对图悬想亦可入桃源之境:"秦复何难避,人徒不避秦。闭门高枕日,酌酒万山春。点缀劳君手,栖迟借我身。桃花看处是,渔者自迷津。"⑪渴望超脱避秦,已经完全打破了地理约束,这里的桃源之境

---

① 〔清〕黄宗羲:《两异人传》,见《黄梨洲文集·传状类》,第79~80页。
② 〔清〕徐珂:《清稗类钞·盗贼类》,第5341页。
③ 〔清〕朱玺:《村居二首(之一)》,见《明遗民诗》卷一五,第625页。
④ 张其淦:《明代千遗民诗咏二编》卷一〇。
⑤ 张其淦:《明代千遗民诗咏二编》卷一〇。
⑥ 张其淦:《明代千遗民诗咏初编》卷一。
⑦ 〔清〕归庄:《桃花》,见《归庄集》卷一,第85页。
⑧ 〔清〕史玄:《游谢公石门山同龙友孟贞》,见《明遗民诗》卷五,第208页。
⑨ 〔清〕余怀:《由画溪经三箬至合溪二首(之一)》,见《明遗民诗》卷三,第124页。
⑩ 〔清〕杨大郁:《清明前四日,同季水、徙侯、子山、澹心、静夫过蘘霄道院,至清凉山看花竟日四首(之三)》,见《明遗民诗》卷一五,第635页。
⑪ 〔清〕赵岛:《桃源图》,见《明遗民诗》卷一二,第490页。

成为一种超越时空的纯粹心灵境界。

桃源在明遗民这里已经不仅仅是一个神话，也是现实，更是心灵的避难地，他们的悲愤、他们的忠义、他们对历史时空的超越意识、他们灵魂的寄托和期望在桃源意象里都得到了诗意化的表达。

三、隐逸力田度乱世

陶渊明最初也最明显的身份是隐士，因为处在晋宋易代之际，他的隐逸就显得不同于一般的高蹈。他的行为方式为明末遗民提供了一种可以效仿的典范。

首先是陶渊明的有激而隐。明清易代之际，随着清朝势力对全国局面的控制，许多抗清志士也不得不转入隐逸的行列，他们与那些一开始就感于乱世而归隐的明末士人一起构成了明代遗民隐逸群体。隐逸风气如此盛行，乃至引来一些有为遗民的不满，如傅山曾讥讽道：“高尚名归义士羞，只缘人见彼王侯。钩除巢许严陵老，隐逸真堪塞九州。”①“张煌言…欲作《陶潜论》，以斥逍遥泉石，无意当世者。振名曰：‘人心胥溺，幸二三遗民，高尚其事，留此面目。公论出，无乃激使往乎？’乃止。”②然而学陶隐逸的确成为一代遗民的一种共同生活选择：

金澥，德清人，壬午乡荐，甲申后避贼移家入城，绝仕进，或以计偕劝驾者。澥曰：“尝奉先人训，谓学者读书，贵识大义。家世簪缨，可昧此而慕浮荣乎？”殆隐然以晋处士自命矣。（张其淦《明代千遗民诗咏二编》卷六）

费晳……国亡后弃儒冠，愿终老于山水间……人比之五柳先生。（张其淦《明代千遗民诗咏二编》卷六）

徐安世……鼎革后，闭户啸傲，论者谓安世有陶、阮风致。（张其淦《明代千遗民诗咏二编》卷二）

顾朱……甲申国变，就选南都。又明年……鲁王监国，造军门晋谒，命往义乌招张大司马。张曰：“吾义在必死，子可为陶潜。吾有山某所，今之桃源，盍往居焉。”明年，越城溃，乃抵家奉母，杜门不出。（张其淦《明代千遗民诗咏二编》卷一）

---

① 〔清〕傅山：《口号十一首》，见《霜红龛集》卷一三，山西人民出版社1985年版，第339页。

② 〔清〕邵廷采：《东南纪事》卷九，北京古籍出版社2002年版，第291页。

张鸣喈，镇海人……国亡弃诸生，隐居觉海山，与薛孝定、陈鸿宾、艾仲可诸人啸歌林壑，时人比之陶元亮。（张其淦《明代千遗民诗咏三编》卷三）

谢晋，会稽人，有《赠余若水城南隐居》诗云："宇内忽岑寂，草木黯不芳。平居慕栗里，松菊犹未荒。"（张其淦《明代千遗民诗咏三编》卷九）

廖岂偶……隐居不仕，殆古之陶元亮、谢叠山之俦。（张其淦《明代千遗民诗咏三编》卷九）

（隐士欧嘉可去世后，）同里李文灿哭以诗，有"迹真邻靖节，才肯近虞翻"句。（张其淦《明代千遗民诗咏初编》卷六）

吴宗潜，字东篱……归隐严墓村，与吴兴沈祖孝、范风仁，嘉禾金瓯、朱临，同邑叶继武、吴珂等结惊隐诗社，士之高蹈而能文者胥集焉。岁以五日奠屈原，九日祀陶元亮，而宗潜常为之祭酒。①

遗民从陶渊明的隐逸那儿领会到不与新朝合作、高尚其事的深意，是有托而逃，与太平年代徒然羡慕他的飘逸显然不同。

遗民学陶隐逸还可以从命名这个饶有意味的现象上窥见一斑：

（姚潜）字后陶，原名景明，字仲潜，歙县人。（《明遗民诗》卷一三）

徐晟，长洲人，县学生，有《陶庵诗删》（号陶庵）。（张其淦《明代千遗民诗咏初编》卷六）

沈汝琳，沅陵人，崇祯贡士……遭乱世，杜门谢客……晚喜陶诗，因自号陶庵。（张其淦《明代千遗民诗咏三编》卷一）

张嘉昺……著有《陶庵集》。（张其淦《明代千遗民诗咏三编》卷八）

乔可聘，字圣任，号陶庵。……隐柘溪，杜门著书。（《明遗民诗》卷二）

（陶璜）尝寓北田，与何衡、何绛、陈恭尹、梁琏称"北田五子"，取陶靖节"慨独在余"以"慨独"名其宅。（张其淦《明代千遗民诗咏初编》卷六）

崇祯壬午、癸未间，（毛子晋）遍搜宋遗民《忠义二录》、《西台恸哭记》与月泉吟社《河汾谷音》诸诗，刻而广之。未几，遂有甲申、乙酉南北之事。每自叹人之精神意思所在，便有鬼物凭依其间，即予亦不知其何谓也。变革以后，杜门却扫，著书自娱，无矫矫之迹，而有渊明乐天之风。……子晋初名凤苞，字子九，后更名晋，字子晋；潜在，其别号也。（陈瑚《为毛潜在隐

① 〔清〕潘柽章：《松陵文献》卷一〇《吴宗潜传》，清康熙三十二年潘耒刻本。

居乞言小传》)①

遗民中还有名李潜、吕潜、汤潜、常元亮、盛集陶、张陶庵(问明)者，很可能也是受到陶潜名字的启发。名字尤其是自己起的名号，是人生志趣的一种凝缩。一些明遗民青睐于“陶庵”等名号，折射出他们效法陶渊明隐逸生活方式、不忘故明的隐曲心态。

陶渊明隐逸还有一个鲜明的个性特点，那就是躬耕自给，把力田纳入隐逸的生活方式、作为人生的基础。“到明清易代之际，‘力田’更成遗民普遍选择的生活方式与自我象征。而‘力田’的被作为政治表达，也由来已久；只不过其语义尤严重于易代之际而已。”②明末许多遗民效法陶潜隐逸，也接受了他躬耕力田的生活方式。邢昉、钱澄之等就比较典型，详后。又如于陶有所接受的遗民中，余若水“晨则秉耒而出，与老农杂作，较量勤惰”③，王璜感叹“相逢莫语兴亡事，耕稼惟应学老农”④。

饮酒是陶渊明隐逸的另一个鲜明个性特点，明末遗民多效法之。“卞焕文，毗陵人，弱冠补诸生，有声。甲申，闻烈皇死国，意忽忽不欲生，焚其衣冠。性嗜酒，既绝意仕进，益以酒自豪。尝曰：‘陶潜欲为子房所为而力不能，乃不得已托于酒。朱子曰：《咏荆轲》诗，渊明露出本色。千古知渊明者，朱子耳！’又谓：‘阮籍有用世意，沉醉非其本怀……’”⑤卞焕文性格豪放，情绪激愤，因此饮酒所体会的是陶渊明豪放的一面，宣泄的是欲有所作为而“力不能”的愤懑。曹廷杰于明末以疏草《魏忠贤二十四大罪》而闻名士人间，性喜酒，“与陈允昌善，允昌劝其止饮，廷杰笑曰：‘遭时混浊，我当与陶、阮游。子达者，乃止我饮乎?’”⑥曹廷杰等人在学陶饮酒时，不自觉地将陶渊明和阮籍并称，由此可知这是一个令人愤懑的时代。钱谦益《题吕天遗菊龄图》称吕天遗云：“甲子迁讹记不真，东篱花是老遗民。茫茫典午山河里，剩得陶家漉酒巾。”⑦吕天遗学陶饮酒，其放达萧散与卞焕文的豪放不同，但对易代之恨同样难以释怀。尽管他们学习陶渊

① 〔清〕陈瑚：《确庵文稿》卷一六，清康熙毛氏汲古阁刻本。

② 赵园：《明清之际士大夫研究》，第138页。

③ 〔清〕黄宗羲：《余若水周唯一两先生墓志铭》，见《南雷文定前集》卷六。

④ 〔清〕王璜：《吴门访徐元叹》，见《明遗民诗》卷五，第213页。

⑤ 张其淦：《明代千遗民诗咏二编》卷四。

⑥ 张其淦：《明代千遗民诗咏三编》卷一〇。

⑦ 张其淦：《明代千遗民诗咏三编》卷四。

明“以诗酒自娱”①,和陶《饮酒》诗,但往往难以尽欢,“陶令难谋醉,东篱冷自伤”②。

四、和陶学陶遣性情

和陶是遗民诗人学习陶诗和保持类陶情操志节的一种特殊接受方式。和(拟)陶在遗民中比较普遍,仅据《明代千遗民诗咏》《明遗民诗》《明诗纪事》《清诗纪事初编》《明遗民录汇辑》等书统计,明遗民和陶作者有黄淳耀、顾梦游、王亹、戴重、邢昉、张煌言、姜垛、周灿、钱澄之、王夫之、释大错(钱邦芑)、顾有孝、潘柽章、李世熊、傅山、归昌世、黄陶庵、高寓公、颜栖筠、吴肃公、杜于皇、高承埏、谢镗等二十几家。遗民的和陶诗是在苏轼以来的和陶传统中产生的,但由于受特定时代氛围的影响,他们的和陶诗并非一味萧散冲澹,而是渗透着时代的悲凉和对悲凉意绪的超越情怀。

遗民学习陶诗的方式很多,有借鉴和运用字句、典故,有沉咏主题意趣,还有借用诗题、作品集名称等。作品集命名如“顾从乔,怀宁人,有集名《种秫》”③,“吴系,吴江人,有《东篱野人集》”④,“邢祚允,桃源人,博学工文,鼎革高蹈不仕……著有《桃源拾遗》”⑤,诗题命名如《饮酒》《移居》《田园杂咏》《归园田居》《桃源》《止酒》《醉菊吟》《精卫》等,显然受到陶诗的直接启发。沉咏主题意趣的如“精卫”诗,自陶渊明于《读山海经》歌咏之后,遗民又以特定的心境为之增添了悲愤灼目的光彩,其中最突出者要数顾炎武的《精卫》诗、方文的《初度书怀》和邢昉的《精卫谣》(二首),就三人(尤其是顾、方)诗作展现出的悲愤之情和坚定意志而言,三人之诗作可与陶诗并为名作。

明遗民不自觉地形成了一个学陶群体,他们的五言古诗多受惠于陶诗。如:

> 方嵞山(文),桐城人。居金陵。少多才华,晚学白乐天,好作俚浅之语,为世口实。以己壬子生,命画师作《四壬子图》。中为陶渊明,次杜子美,次白乐天,皆高坐,而己伛偻于前,呈其诗卷。余为题要,语座客曰:“陶坦率,白令老妪可解,皆不足虑;所虑杜陵老子,文峻网密。恐嵞山不免吃

① 张其淦:《明代千遗民诗咏二编》卷三。
② 〔清〕谢德宏:《残菊诗》,见张其淦《明代千遗民诗咏三编》卷七。
③ 张其淦:《明代千遗民诗咏初编》卷六。
④ 张其淦:《明代千遗民诗咏初编》卷八。
⑤ 张其淦:《明代千遗民诗咏二编》卷一。

藤条耳。"一座绝倒。①

(冒襄)《怀纪伯紫》诗云:"五言追栗里,八口住真州。"(张其淦《明代千遗民诗咏初编》卷五)

(徐晟)虽以陶庵自称,不尽规模栗里。(张其淦《明代千遗民诗咏初编》卷六引《竹坨诗话》)

茂先(万时华)五言古,出入陶、谢。(黎遂球《莲须阁集》)②

敬夫(戴重)诗,心苦语硬。《师陶》一集,稍觉和平,而艰苦之音,弥复满纸。是以柴桑心事为西山痛哭者。③

吴野人(吴嘉纪)诗,字字入人心腑。殆天地元气所结,真陶、杜之衣钵。(《明诗纪事》第十册引《养一斋诗话》)

余张远(余生生),青神人,诸生,鼎革后,流离维扬、姑苏,摈落人事。好吟诗,一吐牢落骯髒离忧之况。慕陶潜为人,故多为五言古诗。(张其淦《明代千遗民诗咏二编》卷十)

蒋伟……诗绝高,与陶、谢近。(张其淦《明代千遗民诗咏初编》卷九)

王春光……甲申后,弃诸生……隐居授徒,诗学渊明,其淡远处神似。(张其淦《明代千遗民诗咏三编》卷七)

读其(吴中蕃)诗,若颜若谢,若陶若杜。(顾彩《敝帚集序》)④

此(周灿诗)义熙遗音也。后有知人能论世者,其必以公与靖节翁,同为三闾之瓣香无疑矣。(严鸿逵《泽畔吟序》)⑤

除了以上数人,学陶富有个性、推陈出新而成绩卓然的遗民诗人要数钱澄之、徐夜和邢昉,后面专节论述。

遗民表彰陶渊明的忠义,最终目的还是为自我的人生寻找历史依托,借助古人抒发难言的亡国悲愤。他们有时以纯正的儒家自命,持论甚严,不免对陶渊明也有微词。如屈大均认为:"昔朱子谓陶渊明古之逸民,然所说者庄老。噫

① 〔清〕王士禛:《渔洋诗话》卷下第三十四条,见丁福保辑录《清诗话》上册,上海古籍出版社 1978 年版,第 208 ~ 209 页。

② 〔清〕陈田:《明诗纪事》辛签卷二四,清光绪戊申陈氏听诗斋刊本。

③ 〔清〕陈田:《明诗纪事》辛签卷九下。

④ 〔清〕吴中蕃:《敝帚集》前附,《丛书集成续编》第一二二册,上海书店 1994 年版,第 830 页。

⑤ 〔清〕周灿:《泽畔吟》前附,《丛书集成续编》第一二三册,上海书店 1994 年版,第 467 页。

嘻！先儒已惜之也。"(《翁山佚文辑》卷中《书逸民传后》)。作为遗民,陶渊明首先是被政治化和道德化了的。

遗民的处境毕竟是尴尬的,开始时,他们不得不承认亡国,继而担忧因亡国而亡天下,怀念故国,隐逸叹世,逃死于僧禅。然而,"渊明归去来,门栽五柳碧。待得柳成阴,主人翻作客"①。所谓"风景不殊,正自有山河之异!"②随着清统治局面的稳固,从政治上克复神州已经日益空幻,有志气的遗民们所能做的就是不要因亡国而亡天下、丧失民族文化的血脉,同时,作为个体的自我要在异代生存,还存在一个如何营造超越政治、道德和现实的文化世界、审美理想和宇宙时空的问题。

因此,并不是所有的明清之际的士人都简单地强调陶渊明的政治含义,认为把他归入"遗民"就万事大吉了。他们能够超越于政治之上,以更为开阔的胸襟看待陶渊明和"逸民",将陶渊明和逸民身上那种高远超逸的精神引向更为广袤的宇宙和人性领域。朱鹤龄《竹笑轩诗集序》云:"介白为人,磊珂自异,峭岸不为俗所喜,盖冯敬通、梁鸿、赵壹一流。山居之后,不异头陀,钟夕香朝,意颇自适,犹之渊明,隐逸自出天性,非尽以不臣刘裕为高也。"③他认为陶渊明的隐逸并非仅仅因为"不臣刘裕",更是因为"自出天性"。朱舜水却从时命的角度理解陶渊明的隐逸,他说:"古今人所贵乎天下之士者,以其识时焉尔。……力不能为,则洁身而去,犹愈也;力能为之,则为汾阳临淮西平;力不能回,则为箕、微。若夫委运会于适然,视君父为秦、越,则无贵为天下士矣!靖节先生不能束带折节,解印绶长往,赋《归去来辞》,乐夫天命,岂真居官余职,以傲督邮为贤哉?知几也。"④这就把陶渊明隐逸人生的境界从狭隘的改朝换代中超拔出来,使陶渊明的隐逸具有了更为广阔和普遍的意义。因此,明清之际的一些士人并不单纯以遗世独立的隐逸为高,而是关注隐逸所体现出来的永恒道义。如孙奇逢说:"陈太邱、郭林宗、管幼安、陶渊明、王文中子、周濂溪、邵尧夫、刘静修,不亢不悔,皆隐而蕴行之趣,未可与山林枯槁之士律论也。"⑤陶渊明突破了"山林

---

① 〔清〕吴重晖:《将移居题壁》,见〔清〕卓尔堪选辑《明遗民诗》卷一四,第600页。

② 〔南朝宋〕刘义庆撰,〔南朝梁〕刘孝标注,余嘉锡笺疏,周祖谟等整理:《世说新语笺疏》之《言语》篇,上海古籍出版社1993年版,第92页。

③ 〔清〕朱鹤龄:《愚庵小集》卷八,清康熙十年松陵朱氏刻本。

④ 〔明〕朱舜水:《题陶靖节像》,见《朱舜水全集》卷二五,第283~284页。引文中的"余职"费解,原注:"按,'余'字疑为草书'临'字之误。"

⑤ 〔清〕孙奇逢:《语录》,见《夏峰先生集》卷一三,《畿辅丛书》本。

枯槁之士”和政治性生存的局限,获得了更为深远和广阔的人生时空。王夫之《读通鉴论》卷一七曰:“陶令之风,不能以感当时,而可以兴后世,则又不可以世论者也。”①他认为陶渊明的归隐并不只是在悲叹晋室之亡,亦在悲叹“天下之亡”②,陶渊明超越了现实的局限,穿越了历史的时空,成为“可以兴后世”的士人楷模,这实际上也是明清遗民面对人生和现实困境而找到的一条人生出路。遗民学陶中的和陶、借助言说桃源、隐居田园以超越现实的姿态营建一个审美的理想世界,就是他们探询现实出路的一种典型表现。既然在有生之年无法改变现实,那么就应该寄托于将来,把遗民的精神通过文化、文学、艺术和学术的形式传之于后代,影响民族的未来。这种发愤著书的精神实质上带有文化复仇的性质,体现了高度的历史责任感。吴肃公《宋遗民四先生(林霁山、郑所南、谢皋羽、梁隆吉)诗序》云:“宋之天下亡于蒙古,而人心不与之俱亡。”③这实际是借宋、元说明、清,言外之意很明显:“明之天下亡于满清,而人心不与之俱亡。”一种文化、一种有着悠久历史的文化所塑造出来的民族感情、道德情操和超越情怀是不会那么快就随着朝代的更迭和暴力的屠戮就销声匿迹的。综观明末遗民对陶渊明的接受情况,我们可以说陶渊明就是支撑这种民族感情、道德情操和超越情怀的历史基石之一。

第二节 方以智、钱澄之、徐夜、邢昉的学陶诗

由于特定的时代原因,明遗民与晋遗民陶渊明及其作品有一种注定的因缘,天翻地覆的历史变局、骤遭荼毒的人生遭际和陶渊明接受史水到渠成的影响使他们不自觉地形成了一个巨大的学陶群体。以陶自居成为清初明遗民在新朝安身立命的生存依据,和陶、效陶成为他们学习陶诗和砥砺志节、陶冶情操的特殊接受方式。在诗歌创作中学陶的明遗民作家中,富有个性、推陈出新而成绩卓然的作家不少,举其大端,主要有张岱、方以智、钱澄之、徐夜和邢昉等几家。张岱学陶的主要成绩体现在其和陶诗和田园诗上。他是明代已经成名的作家,其学陶成果中有不少是创作于明代的,今遵从文学史惯例,把他归入晚明

---

① 〔清〕王夫之:《读通鉴论》卷一七,见《船山全书》第一〇册,岳麓书社1988年版,第624页。

② 〔清〕王夫之:《读通鉴论》卷一五,见《船山全书》第一〇册,第554页。

③ 邓之诚编:《清诗纪事初编》上册卷一,第126页。

作家行列。此仅简论方以智、钱澄之、徐夜、邢昉四家在创作上对陶渊明的接受情况，并兼述与邢昉相联系的历代精卫诗。

一、方以智磊落感愤的《和陶饮酒诗》

方以智（1611—1671），字密之，安徽桐城人。崇祯十三年（1640），中进士，官检讨。弘光、永历时屡遭搜捕诬劾。清兵入粤，变服为僧，法名弘智，秘密组织反清复明活动。康熙十年被捕，在押解途中自沉江水殉国。他著述丰博，诗文集有《浮山后集》《桐城方氏诗辑》等。今存《和陶饮酒诗》共二十首，有台湾故宫博物院藏方以智手书和陶诗十首本和安徽博物院藏清初刻本《浮山后集》二十首本。具体可参：（1）方豪《方以智和陶诗手卷及其全文（观王雪艇先生旧藏方以智手书长卷跋言）》，载台湾《东方杂志》合订本第十四册，复刊第七卷第七期（1974 年 1 月）；（2）任道斌《方以智的和陶诗》，据安徽博物院藏清初刻本《浮山后集》辑录，载《文献》1983 年第 4 期，收入其《思嘉室集》中卷，中国美术学院出版社 2009 年版；（3）袁行霈《陶渊明集笺注》附录，据台湾故宫博物院藏方以智手书和陶诗十首和安徽博物院藏清初刻本《浮山后集》辑录。本节引文据袁行霈辑录本。

方以智和陶诗在遗民创作中的数量虽非最多，但成就甚高。方以智《和陶饮酒诗》二十首题下小注云："辛卯（1651）梧州冰舍作，尚白（施闰章）倡之。"又第十九首云："老大爱忘事，甲子犹可纪。"以甲子纪年而不用顺治年号，其效陶渊明入宋后不书甲子之意甚明。① 其诗作多露遗民愤慨，如云："举世无可语，曳杖将安之？""终古北窗下，一片心谁传？""八极纷茫茫，中路能无悲？""天地已倾覆，何论东南偏？""被发如佯狂，高冠不妨毁。"等等。山河变色带来的沉重打击让他的和陶诗难以飘逸起来。其和陶诗带有典型的遗民悲愤，是其自我情感难以掩抑的涌发，语语沉挚，字字孤泪，允为和陶诗中的优秀作品。此仅列举二首以见一斑：

> 十年避乱走，畏闻人语喧。天地已倾覆，何论东南偏。网罗不可脱，杀戮到深山。有路不早达，无家何用还。所以蜗牛庐，十问无一言。（其五）

---

① 〔清〕潘江《挽无可大师十一首（之一）》谓方以智"纪年陶甲子"，据任道斌《方以智年谱》，安徽教育出版社 1983 年版，第 283 页。方以智《药树堂碑铭》："兆牂阳月，援毫以记。"余英时云："'兆牂'为康熙五年丙午（1666），以岁阳岁名系年者，亦渊明入宋后不书甲子之意，晚明遗民及密之父子莫不皆然焉。"见《方以智晚节考》（增订版），生活·读书·新知三联书店 2004 年版，第 15 页。

修士多顾忌,吾宁率吾真。末世风俗薄,犹喜山中淳。终岁无闻见,但道禾苗新。虽历干戈后,口不言胡秦。茅屋各相望,永无车马尘。始知衡山懒,无异丈人勤。远公不饮酒,偏与陶公亲。饱食但高枕,绝迹不问津。有时濯清流,漉以手中巾。古今不同调,同是羲皇人。(其二十)

前者磊落健快,势若鹘落,而议论发于时事遭遇,理味不减渊明。后者虽言欲学陶率真,绝迹人世,渴望彻底超脱尘间苦难,但"末世风俗薄,犹喜山中淳""虽历干戈后,口不言胡秦"数语隐然流露出对清朝血腥暴政和永历政权的双重不满①,可谓"语时事则指而可想"(萧统《陶渊明集序》);加上语言真率爽快,风骨雅健,含蓄蕴藉,有咀嚼不尽之意,故足为佳作。

在作《和陶饮酒诗》前后,方以智还效陶创作了《自祭文》,略云:"无道人自燃香而祭之曰:生死一昼夜,昼夜一古今,此汝之所知也。汝以今日乃死耶?甲申死矣!……此年来感天地之大恩,痛自洗刮者也。犹眷眷者,白发望之久矣,尚未得伏膝下。"②人生似乎已经无可眷恋,然对故乡老亲终究不能忘怀。其因亡国而悲哀无寄的心情可见一斑,和陶是他无可寄托的寄托。

方以智作《和陶饮酒诗》时,正在梧州冰井寺为烧火僧,生活清苦至极,这可从和诗首篇"残生不能饿,乞食今何时"诗句中感知。此时永历政权的党争倾轧也让他失去复明的信心,清兵灭明已成定局。所以他甘于清苦,效陶避俗。任道斌指出:"其友人新建熊人霖(伯甘),雅好陶诗,曾辑《陶渊明集》八卷行世,密之受影响,深慕陶渊明淡然轩冕之品格……故于兵乱之后、穷极之中,吟《和陶诗》自娱。"③陶渊明及其诗作正是其精神与生活的有力支撑。

二、钱澄之真中蕴奇的田园诗

钱澄之(1612—1693),安徽桐城人,原名秉镫,字幼光。明亡后,他改名澄之,字饮光,号西顽道人,又号田间。他著述有《田间集》十卷、《田间诗集》(又称《田间全集》)二十八卷、《田间文集》三十卷、《所知录》、《藏山阁集》二十四卷、《田间易学》十二卷、《田间诗学》十二卷、《庄屈合诂》等。④ 澄之今存诗三

---

① 任道斌认为"胡"指清朝,"秦"指永历政权,今从之;参任道斌《方以智的〈和陶诗〉》,见《思嘉室集》中卷,中国美术学院出版社2009年版,第133页。

② 〔清〕方以智:《浮山后集》卷一《无生寱·辛卯梧州自祭文,又诗一首》,转引自任道斌编著《方以智年谱》,安徽教育出版社1983年版,第173页。

③ 任道斌:《方以智的〈和陶诗〉》,载《文献》1983年第4期。

④ 据陈祖武《钱澄之著述考略》,载《文献》1984年第21期。

千四百七十五首,其学陶作品众多,有《仿渊明归鸟四章》《仿渊明饮酒诗十二首》《命子诗》《夏日田家作》《田园杂诗十七首》《园居杂诗八首》《杂诗二首(之一)》《赠胡处士星卿》《徐果亭耕圃》等,超过其作品的三分之一。甚至扩大开来说,他的其他诗作也隐然浸润着陶风,因此受陶影响作品的数量统计,对他来说,不存在绝对的意义。

钱澄之五言诗平淡朴实,情真意挚,时露悲凉激楚之音。朱彝尊《静志居诗话》云:"昔贤评陶元亮诗云:'心存忠义,地处闲逸;情真景真、事真意真。'《田间》一集,庶几其近之。"①韩菼《有怀堂集》云:"其为诗,冲淡深粹,出于自然,度王、孟而及于陶矣!"②的确,钱澄之五言诗有与陶渊明非常相似的一面,这主要有两个原因,一是钱澄之曾经专心学习过陶诗,二是他与陶渊明一样真心实意地参加并接受了田园劳动。但其"五言似陶公,亦在神理,不在字句"③,有自己的个性。首先是自具真情,不是无病呻吟;其次是有警句,写景传神,理与趣融。如《田园杂诗十七首(之二、之四)》云:

仲春遘时雨,既雨旋亦晴。百草吐生意,众鸟喧新声。纷纷群动出,各各有其营。孰是形骸具,而怀安居情。秉耒赴田皋,叱牛出柴荆。耒耜非素习,用力多不精。老农悯我拙,解轭为我耕。教以驾驭法,使我牛肯行。置酒谢老农,愿言俟秋成。

鸡鸣识夜旦,鸟鸣识天时。东皋人有声,我起毋乃迟。揽衣出门早,且复驱其儿。黄犊初教成,我锄子则犁。犁锄岂不苦,衣食道在兹。道傍一老父,颦蹙前致辞。言儿筋力薄,稼穑非所宜。诗书虽不尊,犹是祖父遗。如何舍素业,自甘辛苦为。多谢老父意,此意君未知。呼儿且饭牛,吾去烧东菑。④

这两首诗"冲淡深粹,出于自然",与陶诗"神理"、韵调等极其类似,如"犁锄岂不苦,衣食道在兹"两句与陶诗"田家岂不苦""人生归有道,衣食固其端"(《庚戌岁九月中于西田获早稻》)句式、立意都神似,但可贵的是"情真、景真、事真、意真",出于自然,源于实际的力田生活,如"老父""老农"的劝说和帮助显得朴实而真切。两诗的语言整体上都平易自然,但又不是平庸无味;而在细部也不

① 〔清〕朱彝尊:《静志居诗话》,人民文学出版社1990年版,第671页。

② 〔清〕陈田:《明诗纪事》辛签卷一〇,清光绪戊申陈氏听诗斋刊本。

③ 〔清〕沈德潜:《明诗别裁集》,上海古籍出版社1979年版,第298页。

④ 〔清〕钱澄之撰,诸伟奇校点,孟醒仁审订:《钱澄之全集·田间诗集》,黄山书社1998年版,第157页、第158页。

是随便用笔，如第二首“百草吐生意，众鸟喧新声。纷纷群动出，各各有其营”四句，从形式上看，对偶工整（这是陶诗极少有的），注意选词造句（如“吐”“喧”）；从意趣上看，精警传神，可为名句。

钱澄之《北山楼记》云：“予少时慷慨有大志，颇欲为陶士行之所为。生非其时，患难颠沛，乃窃慕君曾孙靖节先生栗里之隐，以诗酒终其余生。”①《江村杂述六首（之六）》云：“勿进王孙饭，逢人许报恩。也知季布勇，且闭贾彪门。博浪奇功少，柴桑雅志存。休文慎交接，天道正难论。”②《感怀诗十首（之八）》云：“刑天舞干戚，千载毅其尸。”③《仿渊明饮酒十二首（之一）》云：“在世虽百年，毕竟舍之去。临去岂不恋，恋亦不得住。所以达观人，澹然随所遇。委顺生死间，不厌亦不慕。日饮一杯酒，可以全此趣。”④与方以智等遗民相似，他也经历了九死一生的抗清和对桂王等明代残余贵族失望的过程，欲效志士仁人而不得，无可奈何之下，隐忍归田，学陶耕读，借陶精神和诗作度日砺节。

三、徐夜得陶清寒之风

徐夜（1614—1685）⑤，初名元善，字长公，更字嵇庵，又字东痴，山东新城（今淄博桓台县新城镇）人。“年二十九，弃诸生，隐居东皋郑潢河上，掘门土室，绝迹城市。”⑥虽冻饿，不屈身干人。“与顾亭林、王端士、费此度诸名士于康熙己未膺荐举，俱辞不就试。王渔洋与东痴为中表兄弟，称其诗近陶渊明、孟东野。”⑦他的诗歌时有清寒独到之处，卓然成家，有《阮亭选徐诗》二卷、《隐君诗集》四卷等。今人武润婷有《徐夜诗集校注》⑧，该书在徐夜后人徐承诩所藏民国三十四年《隐君诗集》原本及其粗略校注的基础上整理而成，收徐诗 460 首。据此校注本统计，徐夜有与陶渊明相关诗作 54 首，约占其作品总量的九分之一。

徐夜多有受陶影响之处，主要表现在三个方面：

---

① 〔清〕钱澄之撰，彭君华校点，何庆善审订：《钱澄之全集 · 田间文集》，黄山书社 1998 年版，第 174 ~ 175 页。

② 〔清〕钱澄之撰，诸伟奇校点，孟醒仁审订：《钱澄之全集 · 田间诗集》，第 26 页。

③ 〔清〕钱澄之撰，诸伟奇校点，孟醒仁审订：《钱澄之全集 · 田间诗集》，第 28 页。

④ 〔清〕钱澄之撰，诸伟奇校点，孟醒仁审订：《钱澄之全集 · 田间诗集》，第 50 页。

⑤ 参李崇葵《关于徐夜生卒年的考订》，载《文献》1997 年第 4 期。

⑥ 〔清〕王士禛：《池北偶谈 · 谈献二》卷六《徐东痴》，中华书局 1982 年版，第 125 页。

⑦ 〔清〕法式善：《陶庐杂录》，中华书局 1959 年版，第 33 页。

⑧ 〔清〕徐夜撰，武润婷、徐承诩校注：《徐夜诗集校注》，山东大学出版社 1997 年版。

第一,田园诗创作,主要作品有《初夏田园》《东村二首》《雨中去湖上十五里作》《归园后作》《题王瓦吟东山草堂》《月下望南山一带》等,基本是五言古诗。王渔洋《徐诗序》云:“(徐夜)五言诗似陶渊明,巉刻处更似孟郊。中岁已往,屏居田庐,邈与世绝,写林水之趣,道田家之致,率皆世外语,储、王已下不及也。”①如果把王渔洋的高度评价再具体一些,可以说,徐夜的五言古诗尤其是其中的田园诗,得陶之清新超然,而益加亲切、逼真,读其诗,如在其中,这与他本人亲自参加劳动、熟悉田园、接纳田园是密不可分的。如其《初夏田园》云:

朱夏辄复变,深绿日已肥。感彼生物勤,节候曾不违。清晨荷锄出,田间人尚稀。观物适自然,时见朝雉飞。不惜筋力疲,但恐坐食非。作劳有时息,高舂行来归。端坐抚素琴,可以理朝饥。②

此诗既耕还息的思路和景色描写似陶《读山海经十三首(之一)》等诗,王渔洋评其“田园语,渐近自然,觉彭泽不远”③。该诗最得陶诗精神,旷达闲雅而不废耕凿,身在田园而神超物外,清雅高远而不失亲切逼真。“清晨荷锄出,田间人尚稀”诸句写景传神、感受清新,“深绿日以肥”一句,“肥”字何其亲切逼真!此外,《榆钱曲》等五言诗有白居易的平易,《沿篱引》七言诗似范成大的《四时田园杂兴》,但写农家景象和生活,逼真而富有生气,在精神上与陶田园诗一脉相承。

第二,叹贫之作,主要作品有《饥颂》《以诗代疏向诸公乞酒》《予以诗乞酒诸先生遂各以酒至得延暮年谨复以拙句志感》《杂咏四首(之一)》《春日寄东亭阮亭兄弟》等。这类诗歌从广义上也可以归于田园诗,但数量较多,代表了诗人对生活感受特殊而深刻的一面,因此单独列出。如《春日寄东亭阮亭兄弟》云:

计拙谋生事,常年只旧贫。粟瓶储断日,米帖乞从春。老态乖时趣,穷交累故人。犹存青眼在,未觉白头新。④

《饥颂》云:

生理故多端,饮啄任其巨。一身无所事,爨烟待以举。曾无隔日粮,见笑仓间鼠。妻子晨未餐,饥来不敢语。伤哉此际贫,痴哉彼儿女。闻道蒙

① 〔清〕徐夜撰,武润婷、徐承诩校注:《徐夜诗集校注·徐诗序》,第1页。
② 〔清〕徐夜撰,武润婷、徐承诩校注:《徐夜诗集校注》,第1页。
③ 转引自〔清〕徐夜撰,武润婷、徐承诩校注《徐夜诗集校注》,第1页。
④ 〔清〕徐夜撰,武润婷、徐承诩校注:《徐夜诗集校注》,第70~71页。

袂徒，独能慎取与。当其枵腹时，与之岂复拒？一饱既已过，曾何当于汝？所以嗟来食，宁死不肯茹。彼独为何人，清光照行楮。千载首阳风，移邻相与处。[①]

《春日寄东亭阮亭兄弟》为五言律诗，《饥颂》是五言古诗，但俱从陶《乞食》诗出，其贫贱不移（如云“所以嗟来食，宁死不肯茹”）、坚忍凄苦（“妻子晨未餐，饥来不敢语”二语读来令人下泪）与陶相比，有过之而无不及。所以王渔洋评云：“与陶之冥报相贻，杜之残杯冷炙异矣，可以觇先生之志。”[②]又其《杂咏四首（之一）》借陶自嘲说：“可笑陶渊明，耻为五斗米。饥来却扣门，终身耻不洗。”[③]语含沉痛，与王维身在富贵贬抑陶渊明乞食的态度不同。但与陶诗的深远豁达比起来，徐夜之诗作还是显得狷狭苦涩。

第三，徐夜其他咏物、节俗（九日）、行役、兴感等作也多用陶语、陶典和陶趣等。如爱用桃源以写憧憬，计有六处：“我闻人世有桃源，秦时诸人今尚存。……此日风尘哪得避，桃源却在人间世”（《菊潭》）[④]；“一自桃源出，渔人绝古今”（《得张元明书以〈过蒙山〉诗见示》）[⑤]；“徒有桃源志，台泉应卜邻”（《告外祖季木公柩》）[⑥]；“花缘夹岸涨新溪”（《清明野集》）[⑦]；“春来绕舍花红处，人世桃源尚可寻”（《题李五弦尚书桃花坞村》）[⑧]。徐夜喜写桃源有乱世遭遇的社会原因，也与乃祖王象春的影响有关。王象春曾作《避秦诗》，还藏有名画家的《桃源图》。徐夜在《王长青舅初为诗即清新明动可喜问山亭子为不颓矣志感》中称“陶令文成忆孟嘉”[⑨]，“山亭子”为徐夜外祖父王象春读书处，该句诗借陶为外祖父孟嘉作传之典怀念王象春；又在《和郯嬛五舅读〈问山·避秦诗〉有感之作》中把祖父比作诸葛亮、陶渊明云“有志南阳高士死，谁为元亮写心期”[⑩]，悲叹祖父不及避世桃源，赍志以殁；又在《告外祖季木公柩序》中说：“公

---

① 〔清〕徐夜撰，武润婷、徐承诩校注：《徐夜诗集校注》，第 28 页。
② 〔清〕徐夜撰，武润婷、徐承诩校注：《徐夜诗集校注》，第 28 页。
③ 〔清〕徐夜撰，武润婷、徐承诩校注：《徐夜诗集校注》，第 135 页。
④ 〔清〕徐夜撰，武润婷、徐承诩校注：《徐夜诗集校注》，第 47 页。
⑤ 〔清〕徐夜撰，武润婷、徐承诩校注：《徐夜诗集校注》，第 48 页。
⑥ 〔清〕徐夜撰，武润婷、徐承诩校注：《徐夜诗集校注》，第 259 页。
⑦ 〔清〕徐夜撰，武润婷、徐承诩校注：《徐夜诗集校注》，第 301 ~ 302 页。
⑧ 〔清〕徐夜撰，武润婷、徐承诩校注：《徐夜诗集校注》，第 344 页。
⑨ 〔清〕徐夜撰，武润婷、徐承诩校注：《徐夜诗集校注》，第 300 页。
⑩ 〔清〕徐夜撰，武润婷、徐承诩校注：《徐夜诗集校注》，第 299 页。

尝购得赵千里《桃源图》,云:'悬此以当卧,吾志足矣!'"[①]可见徐夜对其祖父喜爱桃源之情印象深刻。其他用典及相关语趣如《题王瓦吟东山草堂》:"简栖得妙理,萧然五柳环。自谓北窗卧,直与羲皇班。"[②]《九日得顾宁人书约游黄山》:"故国千年恨,他乡九日心。山陵余涕泪,风雨罢登临。异县传书远,经时怨别深。陶潜篱下意,谁复继高吟?"[③]避世风雅与亡国遗恨皆有陶风。

崇祯壬午(1642),降清的李九成攻陷济南,继下新城,徐夜家族十余人遇害,其中包括一直与他相依为命的母亲。入清后,徐夜坚决弃绝仕进,隐居明志,其高尚节操受到陶渊明的启迪和激励,如其《节孝田先生赞》云"岁晚贞心,寄情松菊"[④],《九日访嘉禾不遇留题二首(之一)》云"陶潜一去独松菊,千古重阳只爱名"[⑤],都表现了对陶渊明松菊般高节的赞赏和共鸣。作为明遗民,他对清朝难免仇恨;作为士人,他宁愿孤苦清守。他经历过艰苦生活的折磨,对陶渊明躬耕田园、辛勤劳作有切实感受,对陶之清贫与节操景仰不已,因此在创作中自然浸染了陶渊明的清雅和孤傲。

四、邢昉意绪悲凉上溯渊明

邢昉(1590—1653),字孟贞,一字石湖,江南高淳人,明诸生。王士禛《渔洋诗话》卷上认为邢昉五言诗源出韦应物和柳宗元。邢昉有《石臼前集》九卷《后集》七卷[⑥]、《宛游草》[⑦]等。顾与治《石臼集序》称其平日为诗,"上溯颜、谢,旁及郊、岛",又称其为人"生平不慕荣利,不问生产,不屑借交游以博名誉,落穆踽凉,多否少可……一语不合,见色拂衣,耻为俯仰"[⑧]。其性情与陶有合有离,诗歌也有继承陶渊明的一面。蒋国榜《石臼集跋》云:"陶渊明身丁晋、宋之交,而其诗冲和萧淡,辞微而旨隐,有温厚之遗,无怨悱之失。今先生之诗亦然。……先生与顾与治为深友,其诗亦相伯仲,盖皆自韦、柳以上溯渊明者。"[⑨]其作品有

---

① 〔清〕徐夜撰,武润婷、徐承诩校注:《徐夜诗集校注》,第 259 页。

② 〔清〕徐夜撰,武润婷、徐承诩校注:《徐夜诗集校注》,第 27 页。

③ 〔清〕徐夜撰,武润婷、徐承诩校注:《徐夜诗集校注》,第 58 页。

④ 〔清〕徐夜撰,武润婷、徐承诩校注:《徐夜诗集校注》,第 358 页。

⑤ 〔清〕徐夜撰,武润婷、徐承诩校注:《徐夜诗集校注》,第 334 页。

⑥ 据〔清〕黄虞稷《千顷堂书目》卷二八,上海古籍出版社 2001 年版。

⑦ 据徐世昌编《晚晴簃诗汇》卷一五,中国书店 1988 年版。

⑧ 〔清〕邢昉:《石臼前集》前附,《丛书集成续编》第一七二册,台湾新文丰出版公司版。

⑨ 蒋国榜、翁长森、冯煦等辑校:《金陵丛书》第八函,1910 年铅印本。

陶痕迹者甚多,据《石臼集》[1]统计,有七十多首,如《粜谷谣》《杂感十四首(之四)》《旅空》《同于皇和陶渊明乞食诗三首》《忆稚子二首》《闻韩氏妹讣》《曲阿旅次》《家园九日》《甲申秋尔止唁予庐居有诗见遗,寝苫痛定始追酬之》《江行忆田园》《除草》《蔬圃》《九日望后始见菊》《早夏忆石臼湖田舍作》《再归田园二首》《播种》《麦雨二首》《芟麦》《种豆》《观莳秧印度适至留饮赋此》《陈翼仲过里舍因同观湖田刈稻作》《和汪希伯归稼》《获早稻》《对雨怀田舍》《种菜》《观田家》《仲夏田家》《夜过田家》《过黄叔宿园居》《忆获》《陶渊明故里》《暮秋归田园二首》《彭泽县》《悯雨》《雨中遣怀》《秋雨遣怀》《家园九日》《雨忧二首》《仲夏田家》《野望》《麦畦》《雨获》《晚获》《早稼二首》《九日舟中题盛林玉画菊》《精卫谣》等。

邢昉有较多以田园为题材的五言诗,萧散冲淡,将悲凉慨叹寓于诗后,少有噍杀、牢愁的直露之语。其诗所谓“上溯渊明”者如此,但不同于陶诗之处也是很明显的。其诗多写田园,主要分两类,一类是羁旅田园诗,写旅途中对家乡田园生活的回忆、对时下家乡田园庄稼长势和收获等的关切或者写旅途所见田园生活及旅途感慨,表达对和平安定田园生活的思念和向往。这些诗比较多,如《对雨怀田舍》《观田家》《夜过田家》等,将行役与田园相结合,继承和发扬了陶渊明《辛丑岁七月赴假还江陵夜行涂口》等羁旅思归诗的特点。一类是安居田园诗,写亲自参加的田园生活。如《麦雨二首》《芟麦》《种豆》等诗都表现出他对田园生活的接纳心态。其田园诗有一特点与陶诗差别较大,那就是其诗透露着诗人对农事浓郁的关切态度——诗人经常忧虑庄稼的长势、收获、旱涝等情况。如他多次写到雨,而且每每因雨及农,不能释怀,如《对雨怀田舍》《雨忧》等都鲜明表现出这一特点。这与他的羁旅忧思一起使其田园诗在萧散之外,独饶凄清悲凉之气。如“伤心纪甲子,非复旧柴桑”(《家园九日》)、“山川虽信美,欲耕园田非”(《和汪希伯归稼》)、“眷言我南畴,白水应汩汩”等,都是邢昉特殊身世经历和禀性心态的自然流露。[2]

此外,其叹贫乞食诗感受深切,格外动人。如《粜谷谣》云:

仲夏焚巫尪,龟甲遍原膴。十日谷价高,乃与山岳伍。人生有积谷,不须腰下组。列囷开前门,喧隘如官府。钱容黄胜金,金气白过乳。咄嗟盼睐间,粟出如风雨。忆昔陶渊明,乞食意何取。不能安五斗,而有终身苦。

---

① 〔清〕邢昉:《石臼集》,清康熙年间刻本。

② 〔清〕邢昉:《石臼前集》,《丛书集成续编》第一七二册。

矢之以冥报，气结伤千古。（前集卷一）

《旅空》云：

曾闻虫百足，至死犹不殭。吾独愧此虫，在生已傍徨。况乎作旅人，谁复询游装。瘥居赖密友，灌灌语一床。亦值友之匮，安不谋尔粮。蚤起夙戒仆，致书我同乡。朝出方忍饥，夕归汗如雾（按，原字无"立"形）。陶公昔乞食，辞拙神内伤。自矢以冥报，读之断人肠。我既同其乞，神气安得王。愧仆走碌碌，夜宿还空囊。（前集卷二）

《同于皇和陶渊明乞食诗三首（之一）》云：

斯世实丧乱，四顾将何之。晨起策我蹇，乃与妻子辞。我行庶未远，日夕望归来。廪庾久萧瑟，断绝藜羹杯。稚子甫十龄，向壁诵书诗。我方谋尔饱，曷敢觊其才。终焉南山豆，荷锄足相贻。（前集卷二）

不有切肤之痛、枵腹之饥、举家之累，如何会得渊明"辞拙神内伤"？这是战乱下的民生，浸透灵魂苦涩的历史。

五、明遗民诗人与精卫诗

邢昉《精卫谣》二首不言效陶，而实自陶渊明《读山海经十三首》之"精卫衔微木"而来：

精卫衔木石，飞飞尔不栖。朝飞海东暮海西，口中流血将谁诉，海水茫茫尚如故。

精卫衔木石，朝飞暮飞折双翼。尔不见夸父逐日成邓林，思欲填海尔何心。邓林之木有时尽，东海东流万古深。①

此二首可称得上诗史上最精粹的咏精卫短章之一。《山海经》开始记述的精卫神话进入文学作品，当以陶渊明《读山海经十三首》之"精卫衔微木"最早得其抗争精神和遗恨悲愤（此前郭璞的《精卫赞》还仅仅是陈述事实），且影响深远。

南北朝不见专门的精卫诗。唐代有三首精卫诗，即岑参的《精卫》、韩愈的《学诸进士作精卫衔石填海》、王建的《精卫词》。王建立意不从陶来，诗亦平平；岑参《精卫》云："负剑出北门，乘桴适东溟。一鸟海上飞，云是帝女灵。玉颜溺水死，精卫空为名。怨积徒有志，力微竟不成。西山木石尽，巨壑何时平。"②立意从陶遗恨悲愤来，而高华雄爽，自具奇情。韩愈诗云："鸟有偿冤者，终年抱

① 〔清〕邢昉：《石臼集》。

② 〔清〕彭定求等编：《全唐诗》卷一九八，中华书局1960年版，第2049页。

寸诚。口衔山石细，心望海波平。渺渺功难见，区区命已轻。人皆讥造次，我独赏专精。岂计休无日，唯应尽此生。何惭刺客传，不著报仇名。”①五言排律，立意精警，“口衔山石细”以下每两联相反相成，跌宕奇拔。

宋人精卫诗以立意胜。王安石《精卫》开其端，诗云：“帝子衔冤久未平，区区微意欲何成。情知木石无云补，待见桑田几变更。”②胡仲弓的《精卫》诗进一步阐发此一立意云：“子房铸铁报韩仇，智者反为豪侠误。倾秦岂在博浪沙，继世自闻嬴业仆。吁嗟精卫亦偿冤，一旦奋飞身不顾。衔石填海抑何愚，岂在朝朝与暮暮。精卫精卫汝不知，沧海终有陵谷时。”③黎廷瑞《精卫行》亦云：“劳形区区雠浩渺，志虽可尚难乎酬。蓬莱有人怜尔苦，劝尔休休早归去。精卫精卫我亦劝汝归，沧海自有变作桑田时。”④以清醒的理性指出精卫填海精神可悯而行为不足取法，应放长眼光以待沧海桑田的变化，大大转移了陶诗的精神。倒是吕本中的《精卫诗》略有承续，如云：“海流不改，汝堙不迁。嗟哉精卫，志则可怜。我昔读书，惟圣之求。竭力从之，以春及秋。”⑤但该诗借精卫填海以喻读书求道，缺少言外之意。

元代诗人于精卫诗立意、情韵皆有拓展。作品有杨维桢《精卫操》、郭翼《精卫操和铁崖韵》、王逢《精卫辞》、许恕《精卫词》、顾瑛《精卫辞》、陆仁《精卫辞》、张宪《精卫》等等。首先值得一提的是杨维桢创制的琴曲《精卫操》：“水在海，石在山。海水不缩石不刊，衔石向海安，口血离离海同干。”⑥含蓄蕴藉而精神不减。此外，郭翼、许恕之作或立意惊醒或遥承抗争精神，可称佳作：

> 东海水虽大，精卫心不移。衔石填海有满时，有满时，海有底，吁嗟人心不如海。（郭翼《精卫操和铁崖韵》）⑦

> 西山石，东海波。海波浩渺山巍峨，衔石填海奈苦何。羽毛摧折口流血，心不转，海可竭。（许恕《精卫词》）⑧

前诗引申至人心欲壑难填，立意警醒而深刻。后诗虽承续传统立意，但重在肯

---

① 〔唐〕韩愈撰，钱仲联集释：《韩昌黎诗系年集释》，古典文学出版社 1957 年版，第 335～336 页。

② 〔宋〕王安石：《临川先生文集》卷三三，《四部丛刊》本。

③ 〔宋〕胡仲弓：《苇航漫游稿》卷一，影印清文渊阁《四库全书》本。

④ 〔清〕陆心源：《宋诗纪事补遗》卷七六，清光绪年间刻本。

⑤ 〔宋〕吕本中：《东莱先生诗集》卷八，《四部丛刊续编》本。

⑥ 〔元〕杨维桢：《铁崖古乐府》卷一，《四部丛刊》本。

⑦ 〔元〕郭翼：《林外野言》卷上，民国刻《又满楼丛书》本。

⑧ 〔清〕顾嗣立：《元诗选》三集卷一四，影印清文渊阁《四库全书》本。

定有志者事竟成,语简而志坚。

元末明初胡奎《精卫词》将郭翼《精卫操和铁崖韵》的立意表达得更为明显:“海水尚可填,人心浩无底。”①明代诗人所作精卫诗还有刘炳《精卫操》、胡俨《调啸词四首(之三)》、陈琏《精卫辞》、董应举《感咏(五首之三)》、卢昭《精卫词》、贝琼《精卫愤》、苏平《精卫操》、刘储秀《精卫操》、孙继皋《精卫》、田艺蘅《咏精卫衔石填海》等不下十首,但立意炼词无多少可取之处。刘炳《精卫操》等略有可称,诗云:“海石白凝雪,海波青照天,衔石填海无穷年。但愿沧海扬尘化为土,尔无冤兮尔无苦。”②虽情意和缓少健,但自然有韵致,尤其是首二句以“石白”“波清”烘托精卫皎洁之志,给人以陌生新颖的审美印象。

精卫本是失败的英雄,不向命运低头的生命。这一抗争精神在明遗民那儿得到前所未有的普遍共鸣,精卫神话和陶诗意蕴在这个特定的时代散发出璀璨的光彩。明代产生了诸多优秀的作品,几乎篇篇可读,情韵俱佳,字字血泪,动人心魄。举例如下:

> 北风荡天地,有鸟鸣空林。志长羽翼短,衔石随浮沉。崇山日以高,沧海日以深。愧非补天匹,延颈振哀音。辛苦徒自力,慷慨谁为心。滔滔东逝波,劳劳成古今。(夏完淳《精卫》)③
>
> 万事有不平,尔何空自苦?长将一寸身,衔木到终古。我愿平东海,身沉心不改。大海无平期,我心无绝时。呜呼,君不见西山衔木众鸟多,鹊来燕去自成窠。(顾炎武《精卫》)④
>
> 重瞳孤坟在何处,青鸟衔珠泪如雨。海思云愁为别离,道逢精卫邀相语。日日填河力已穷,凌霄未得羽毛丰。荆山之玉君休抵,待雪深冤天地中。(屈大均《精卫行》)⑤
>
> 西山木,一日一枝衔未足。口血沾濡枝忽荣,化作扶桑向旸谷。扶桑枝枝有一日,一日未终一日出。人间十日不妨多,后羿弯弓休更弹。日光

---

① 〔明〕胡奎:《斗南老人集》卷二,影印清文渊阁《四库全书》本。

② 〔明〕刘炳:《春雨轩集》三,见〔清〕史简《鄱阳五家集》卷一四,影印清文渊阁《四库全书》本。

③ 〔清〕沈德潜:《明诗别裁集》卷一一,上海古籍出版社1979年版,第290页。沈德潜评云:“此渊明咏荆轲作也。”该诗工于起调,善用对比烘托,可谓情韵俱佳。

④ 〔清〕顾炎武著,王蘧常辑注,吴丕绩标校:《顾亭林诗集汇注》,上海古籍出版社1983年版,第196~197页。

⑤ 〔清〕屈大均:《翁山诗外》卷三,清康熙刻凌凤翔补修本。

倘肯照心肝,但教烧得海水干。海水干时精卫死,魂作一金乌,与日相终始。(屈大均《精卫词》)①

移山驱石未足奇,精卫乃欲填天池。朝发发鸠暮沧海,口衔木石云中飞。飞来咯咯作人语,只为当年死水渚。大造何为产不平,海水万里摇空青。鞭挞日月无出没,蹴翻蓬岛如瓶瓴。精诚自能开浩劫,仡仡力与天吴争。西山草木会有穷,怨气往来终不歇。天地沈冥沧海枯,帝女之灵乃可绝。(朱鹤龄《精卫词》)②

精卫衔木石,将以填东海。力微愿不薄,终见桑田改。愚公徙北山,子孙期有待。山灵畏其诚,一夜移千磊。匹夫有至性,可以贯真宰。况乃忠孝人,九死犹未悔。世眼多懵懵,此理谁复解。[方文《初度书怀九首(之五)》]③

精卫英魂万古传,抱謽人岂瞑重泉。凭教东海风涛恶,自有西山木石填。[方文《除夕感怀六首(之四)》]④

以上诸首精卫诗,首首浓烈如酒,透出明遗民特有的血泪悲愤与坚毅骨鲠。然就艺术成就而言,顾炎武的《精卫》可以称雄,它不但精健警醒,且创造性地引入精卫与燕鹊的对比,引人深思,卓绝非凡。王蘧常引钱邦彦语云:"先生身世既与陶同,而壮心未已,故亦赋《精卫》以寄托也。"⑤其他遗民诗也正可如此看待。

清初之后的精卫诗尚有高景芳《精卫》、汪琬《精卫操》、周文学《矫志诗三首(之三)》、贾田祖《已丑岁初秋杂诗十首(之五)》、程晋芳《精卫词》、刘墉《精卫词》、陈起《饮酒拟陶十首(之一)》、陆嵩《精卫》、徐明节《精卫》、王曾祺《题精卫填海图》等,虽各有千秋,但情感的真挚和热力已难以与明遗民媲美了。明遗民的精卫诗可谓陶渊明精卫诗接受史上的绝唱。

第三节 王夫之论陶归隐大义与远大体势

王夫之论及陶渊明及其诗歌的言论主要集中在《读通鉴论》《薑斋诗话》《诗广传》《古诗评选》等著作中。这些言论虽然多是即兴所发,东零西落,然碎

① 〔清〕屈大均:《翁山诗外》卷四。

② 〔清〕朱鹤龄:《愚庵小集》卷三,清康熙十年松陵朱氏刻本。

③ 〔清〕方文:《嵞山集》卷一,清康熙二十八年王概刻本。

④ 〔清〕方文:《嵞山集》续集《北游草》。

⑤ 〔清〕顾炎武著,王蘧常辑注,吴丕绩标校:《顾亭林诗集汇注》,第196页。

金片玉，不乏真知灼见，综而观之，又相互贯通，颇成体系。因为王夫之对陶渊明及其诗歌的理解和阐释是建立在深厚思想文化修养和特殊身世经历基础上的，所以其陶渊明观具有超越前人的深刻性和鲜明的独特性。

一、越政治而上的归隐大义

王夫之是站在严格的儒家立场上论陶渊明为人的。他首先看重的是陶渊明的"君臣之义"。这是陶渊明的大节，是陶之所以受到肯定的第一要素。王夫之审视文化传统，把历史上的隐士分为四类。他说：

> 被征不屈，名为征士。名均也，而实有辨。守君臣之义，远篡逆之党，非无当世之心，而洁己以自靖者，管宁、陶潜是也。矫厉亢爽，耻为物下，道非可隐，而自旌其志，严光、周党是也。闲适自安，萧清自喜，知不足以经世，而怡然委顺，林逋、魏野之类是也。处有余之地，可以优游，全身保名而得其所便，则韦敻、种放是也。考其行，论其世，察其志，辨其方，则其高下可得而睹矣。①

这四类隐士，一类是坚守君臣大义的隐士，一类是弃道自高的隐士，一类是不足经世的隐士，最后一类是全身保名的隐士。从品行来看，王夫之认为四类隐士每况愈下，而陶渊明属于最高一级类别的隐士，其特点是"守君臣之义，远篡逆之党，非无当世之心，而洁己以自靖"，符合儒家的基本道德要求。王夫之对此有深刻的理解，这主要表现在他对陶出仕和归隐原因的深曲体会和阐释上。他说：

> 陶靖节之不仕，不可仕也，不忍仕也。其小试于彭泽，以家世而为仕，道在仕也。仕而知其终不可而去之，其用意深矣。用意深而终不可形之言，故多诡其辞焉。不可形之于言而托之诡词者，非畏祸也，晋未亡，刘裕未篡，而先发其未然之隐，固不可也。万一裕死于三年之前，义符辈不足以篡，一如桓温死而谢安可保晋以复兴，何事以未成之逆加诸再造晋室之元勋，而为已甚之辞哉？此君子之厚也。故其归也，但曰"岂能为五斗米向乡里小儿折腰"，如是而已矣。②

陶渊明出仕是因为家族世代为晋臣，出仕合乎君臣之义，出仕理所当然。以往，读者把陶渊明归隐的原因主要归结为两点，一是相信陶渊明不为五斗米折腰之

① 〔清〕王夫之：《读通鉴论》，见《船山全书》第一〇册，岳麓书社1988年版，第673页。
② 〔清〕王夫之：《读通鉴论》，见《船山全书》第一〇册，第560页。

说，二是直接接受史家“耻复屈身后代”的忠义之说①，前者流于表面，后者流于笼统。王夫之以儒家道义为立论依据，对后者做了深入而委曲的解说和辨析。他认为陶渊明家族世代为晋臣，陶渊明出仕是“道在仕”；但对于陶渊明在晋代便去仕归隐，不能简单地说是“耻复屈身后代”，因为在陶渊明做出这个决定时，“晋未亡，刘裕未篡”，即便陶渊明逆料有此改朝换代之必然，他也不便于“先发其未然之隐”，历史还有另外的偶然性，不能为彰显自己的大义而捅破那层窗户纸。王夫之认为这是“君子之厚”，陶渊明说不为五斗米折腰仅是一种托词。

因此，陶渊明归隐实在是有言不由衷的缘由，陶渊明归隐是“知晋之将亡而去之，不亲见篡夺之惨也”②，其主要原因在于不忍心看见未来晋王朝灭亡的惨象。王夫之说：

> 女有不择礼，士有不择仕。呜呼！非精诚内专、而拣美无疑者，孰能与于斯乎？殷俗之未革也，凶年之杀礼也，《摽有梅》之女所以求于士也。伯夷不立于飞廉、恶来之廷，虽欲为殷之遗臣而不可得，《采薇》之怨，其尚有求心而未慊者与！殆夫拣美已疏，增疑而未专者与！陶潜、司空图之早遁，吾未能信之以诚也。③

《摽有梅》之女正当“殷俗之未革”“凶年之杀礼”，热切希望青春未落之时有所归宿，此情真诚，此心无假，所谓“精诚内专、而拣美无疑”。正像《摽有梅》之女的真诚热切一样，效命当朝、济世弘道是君子义不容辞的选择。然而，时势不同，君子也难免存其苦衷。伯夷不愿意立于殷纣朝廷，这样他即使希望做殷商遗臣的真诚愿望也不可能实现。《采薇》之怨卒虽选择了“王事”，但其心“伤悲”，未能完全精诚于“王事”，与伯夷不得为殷商之臣一样，都是“有求心而未慊”。《摽有梅》之女“不择”人而成婚礼，伯夷则不能“不择禄而仕”。伯夷与《采薇》之怨卒都属于“拣美已疏，增疑而未专者”，不能像《摽有梅》之女那样精诚专一。陶潜之“早遁”类似于伯夷的选择，迫于旧朝时势难为，难以做到“不择禄而仕”，不得已选择了隐遁，但是随着刘宋代晋，他想做晋朝遗臣的愿望也难以实现。严格地说，陶渊明不论是在出仕还是在归隐的选择上，都没有做到“精诚内专、而拣美无疑”，单从归隐初衷来说，陶渊明并非为隐逸而隐逸，而是不忍见晋朝覆亡，借隐逸以自洁，有其深微的、不便言说（所谓“用意深而终不可形之

① 〔南朝梁〕沈约：《宋书》卷九三，中华书局1974年版，第2288页。
② 〔清〕王夫之：《读通鉴论》，见《船山全书》第一〇册，第424页。
③ 〔清〕王夫之撰，王孝鱼点校：《诗广传》，中华书局1964年版，第11页。

言”)的原因,因此王夫之说,对陶渊明在改朝换代之前就归隐“未能信之以诚”。

陶渊明不忍见晋朝覆亡,但他在晚年还是不幸经历了国家覆亡的巨痛,他的悲愤也就不可避免了。王夫之深会陶渊明的亡国悲愤,他说:

为陶潜、司空图而哀思之尽忘者,则是尧、舜其仇雠而聊为之巢、许也。对酒有不消之愁,登山有不极之目,临水有不愉之归,古人有不可同之调,皇天有不可问之疑,“众鸟欣有托,吾亦爱吾庐”,苟自爱矣,恶得而弗悲!①

陶渊明不是巢父、许由一类彻底的世俗超脱者,向往尧、舜治道的他有自己不得不然的悲哀和欢悦。此陶之所以是有血有肉之人。而陶渊明最不能化解的情感之一就是改朝换代的悲愤,王夫之说:

呜呼!六合一王,九州一主,当吾世而遇主、以荣身而施及其亲,生之者此君也,成之者此君也,极吾福也,迈吾安也,凶矜吾义也,柳凋于林而就荫于棘,非彼心之无不臻,而事君者之无所不至矣。俾陶潜、司空图无悲闵之心,萧然自适于栗里、王官之下,则其去傅亮、张文蔚之苟容者,能几何哉!②

在君主专制制度下,君主对于百姓和士人来说具有不可替代的地位,“生之者此君也,成之者此君也”。因此,那些“当吾世而遇主”的士人不幸而遇到改朝换代时,对旧朝旧主的眷恋就是不可避免的了。陶渊明就是这样的士人。因此,王夫之说:如果陶渊明没有悲悯之心,单纯地萧然自适于家乡栗里,那么他与本为晋臣而终做宋仆的傅亮这样苟容取合的人能有多大区别?王夫之具有强烈的君臣伦理意识,他认为“唯弑君之罪为神人所不容”③,陶渊明不幸罹此劫难,其悲愤之情也就不言而喻了。

王夫之认为陶渊明的悲愤首先是为晋室之亡,因为这是“通国之变,盈庭之耻”。王夫之的阐释并没有停止于此。他又基于自己的文化理想提出陶渊明的悲愤不仅仅是为晋室之亡,而是为天下之亡,“救世陷溺之道穷矣”④。王夫之说:

人自行,禽自飞,兰自芳,莸自臭,同域而不惊,同时而不掩。呜呼!天

① 〔清〕王夫之撰,王孝鱼点校:《诗广传》,第16页。
② 〔清〕王夫之撰,王孝鱼点校:《诗广传》,第107页。
③ 〔清〕王夫之:《读通鉴论》,见《船山全书》第一〇册,第555页。
④ 〔清〕王夫之:《读通鉴论》,见《船山全书》第一〇册,第547页。

下若此,而君子所以救世陷溺之道穷矣。微独晦(按,指谢晦)也,宋君臣皆夷然听广(按,指徐广)之异己而无忌之者。嗣是而刘彧、萧道成、萧鸾、萧衍,相袭以怙为故常。君臣义绝,廉耻道丧,置忠孝于不论不议之科,为其所为,而是非相忘于无迹。不知者以为其宽厚,而孰知其天良灭绝之已极哉!曹操之杀孔北海,司马昭之杀嵇中散,耻心存焉。至于晋、宋之际,而荡尽以无余,“八表同昏,平路伊阻”,陶元亮之悲,岂徒为晋室之存亡哉!①

王夫之认为:“原于天之仁,则不可无父子;原于天之义,则不可无君臣。均是人而戴之为君,尊亲于父,则旦易一主,夕易一主,稽首匍伏,以势为从违而不知耻,生人之道蔑矣。”②晋、宋之际,“君臣义绝,廉耻道丧,置忠孝于不论不议之科……天良灭绝之已极”,也就是陶渊明在《感士不遇赋》中所感叹的“闾阎懈廉退之节,市朝驱易进之心。怀正志道之士,或潜玉于当年;洁己清操之人,或没世以徒勤”③,面对如此沦丧的世道人心,不能不悲愤。陶渊明之悲不是“徒为晋室之存亡”,而是悲愤于“道丧向千载”④,因为如果侍奉新朝,“稽首匍伏,以势为从违而不知耻,生人之道蔑矣”,天下已亡,俯首称臣如跟风起伏而不知廉耻,世风败坏,不可拯救,这才是陶渊明归隐更为深广的原因。王夫之的这一阐释虽然带有他本人的遗民情怀,但无疑也强调了陶渊明归隐之因中超越时事政治的人文关怀,这是前代读者所普遍忽视的。

陶渊明对隐逸的选择仿佛是对朝廷和社会责任的放弃,与儒家不合。但是他保持了对“道的真诚”,保持了更深远的人文关怀。陶渊明遵循“有道则仕,无道则隐;合则从,离则去”的原则,不得已选择归隐,正如女不得吉士、卒不得休息、伯夷不得为遗臣,是天意如此:“天且损之矣。天损之,无为而更薄之。”⑤既然天意如此,就随他去吧;大厦将倾,非一木可支,没有必要徒劳无益,但也不必雪上加霜,让一切顺其自然,君子不要刻意去改变什么,也不必因此怨天尤人、愁苦终日。君子要做的应该是“己不可失”⑥,亢龙虽然有悔,但君子应该像圣人那样知进退存亡而不失其正,做到处逆若顺、不失己、不怨天尤人,尽己之天,完成自我拯救,合德于天,“洁己以自靖”。陶渊明庶几近之。

---

① 〔清〕王夫之:《读通鉴论》,见《船山全书》第一〇册,第547页。
② 〔清〕王夫之:《读通鉴论》,见《船山全书》第一〇册,第416页。
③ 〔晋〕陶渊明撰,逯钦立校注:《陶渊明集》,中华书局1979年版,第145页。
④ 〔晋〕陶渊明:《饮酒二十首(之三)》,见逯钦立校注《陶渊明集》,第88页。
⑤ 〔清〕王夫之撰,王孝鱼点校:《诗广传》,第12页。
⑥ 〔清〕王夫之撰,王孝鱼点校:《诗广传》,第26页。

因此，王夫之认为陶渊明是合乎儒家道义的贞士君子。陶渊明是归隐了，也努力超脱世事，但他终不能完全超脱世事。王夫之对这一点有深刻的体会，他认为，作为君子，陶渊明有所爱，有所坚持，有是非观念，自然难以摆脱情感的缠绕。君子对贫富、贵贱和生死应持非常慎重的态度。君子对它们的不同选择所依据的不是个人性情的偏好，而是天道。君子应该"以其贫成天下之大义，以其贱成天下之大仁"①。陶渊明放弃富贵、选择隐逸而遭遇贫穷困窘，其目的可以归于"以其贫成天下之大义，以其贱成天下之大仁"，是君子对浇薄世风的反拨。对于这种反拨，王夫之基本是持赞赏态度的，但也略有微词。他说：

其贞士曰："衡门之下，可以栖迟。泌之洋洋，可以乐饥。"则其淫人曰："东门之池，可以沤麻。彼美淑姬，可与晤歌。"降其志以从康，降其情以从欲，均之乎降，而贞士之去淫人也无几矣。

"众鸟欣有托，吾亦爱吾庐"，殆哉！其不以鸟之欣为欣矣。虽然，若陶靖节者，非齐姜、宋子而宁无娶者也。东门之池，不屑染其菅麻久矣。然则庐、吾庐也，爱、吾爱也，有以爱而非苟可、而遽可之也乎？②

《诗经·陈风·衡门》的作者有所坚守、不放任自流，是真贞士、真君子，而《东门之池》的作者却"降其志以从康，降其情以从欲"，放弃坚守而纵情物欲，这种所谓的"贞士"与"淫人"也就相去不远了。与此相较，陶渊明自守已乐，"不以鸟之欣为欣"，似乎并非"成天下之大义""成天下之大仁"；但陶渊明绝非"淫人"，而是更接近于有所坚守的"贞士"，因为陶渊明虽然没有忘记私爱，但是此爱必是其所应之爱，此庐必须是"吾庐"，娶妻必娶"齐姜、宋子"，决不做沤麻之池，决不苟且纳污受贿、纵情施爱，陶渊明对自然之坚守更接近君子对仁义之坚守。（需要指出的是，王夫之于此对陶渊明实在过于苛责。这当是他对陶渊明理解有隔阂。"众鸟欣有托，吾亦爱吾庐"并非"不以鸟之欣为欣"。即按王夫之情景不二之观点阐释这两句诗，无论如何也应该是物我交融、彼此和谐之境，陶爱吾庐，由庐推之而及于鸟，乐鸟之所乐；或者反方向理解为：由鸟之所乐而联想及吾庐之乐，要旨是彼此欢欣。以此解陶则不必强加微词矣。）这种坚守就是对道的坚守，对天下兴亡的人文关怀，所以王夫之说："'八表同昏，平路伊阻'，陶令之风，不能以感当时，而可以兴后世，则又不可以世论者也。"③

① 〔清〕王夫之撰，王孝鱼点校：《诗广传》，第60页。

② 〔清〕王夫之撰，王孝鱼点校：《诗广传》，第60～61页。

③ 〔清〕王夫之：《读通鉴论》，见《船山全书》第一〇册，第624页。

王夫之不但推崇陶渊明的君臣大义、高尚品节，作为明遗民，他也在实际行动中效仿晋遗民陶渊明。史书中所言陶渊明不以新朝年号纪年而用甲子纪年的做法，一直深深影响着王夫之后半生的行为。王夫之说：“宋之篡晋，义熙以后以甲子纪，而不奉宋之元朔，千古推陶公之高节。”①王夫之在他的诗文中也一直坚持不用清朝年号，以显示他坚定的遗民风骨。这是明遗民一种普遍性的行为。学者在论述这种现象时指出：

余英时《方以智晚节考》说方氏“以岁阳岁名系年者，亦渊明入宋后不书甲子之意，晚明遗老及密之父子莫不皆然焉”（增订版第20页）。钱谦益《书南城徐府君行实后》记徐氏于“弘光改元”后，“岁时家祭，称崇祯年如故”。叹曰：“嗟乎！称弘光犹不忍，况忍改王氏腊耶？”（《牧斋有学集》卷49第1604页）年号问题的严重性，也因了有清当道的提示。戴名世即因《与余生书》论永历正朔获诛。但将文章作在纪年方式上，确也像是一种“遗民传统”。……到明清之际，这类密码解密已久，由遗民用来，仍像是惟恐别人不能领解，且方式不厌其变换。王夫之自题墓石，书“戊申纪元后……”（按戊申纪元为洪武元年），尤大有深意（参看《船山全书》第15册第227页），亦遗民表达追求创意之一例。②

陶渊明影响王夫之的第二个重要行为就是创作了《自题墓石》。其铭及序文曰：

有明遗臣，行人王夫之，字而农，葬于此。其左则继配襄阳郑氏之所祔也。自为铭曰：“抱刘越石之孤愤而命无从致，希张横渠之正学而力不能企。幸全归于兹丘，固衔恤以永世。”戊申纪元后三百年十有年月日男勒石。③

此墓志铭中还有王夫之对儿子们的一个严正告诫：“墓石可不作，徇汝兄弟为之，止此不可增损一字。……背此者自昧其心。”④王夫之乃严正而深刻的大儒，他知道什么是真正的自我，爱惜自己的品节和名誉。他在铭文中将自己定位为“明遗臣”，心甘情愿地把自己装到大明的棺椁里，所显示的正是遗民的气节，所坚守的正是文化的道义。这表面上与陶渊明《自祭文》之旷达不同，而他们在守护真我和品节上的坚定不移性却高度一致、千古相通。

---

① 〔清〕王夫之：《读通鉴论》，见《船山全书》第一〇册，第554页。
② 赵园：《明清之际士大夫研究》，北京大学出版社1999年版，第471页。
③ 〔清〕王夫之：《王船山诗文集》，中华书局1962年版，第116页。
④ 〔清〕王夫之：《王船山诗文集》，第116页。

王夫之对陶渊明的为人也有微词。王夫之服膺儒学,议论严正,思路辩通,依照他所理解的儒学大义,肯定陶渊明归隐行为中寓托的大义,但决不因此美化之,而是看到其为人中有可能损害儒学基础的短处,毫不留情地否定了渊明有违礼义的傲慢言行。他批评道:

> 此言(按,指"岂能为五斗米向乡里小儿折腰")出而长无礼者之傲,不揣而乐称之,则斯言过矣。君子之仕也,非但道之行也,义也;其交上下必遵时王之制者,非但法之守也,礼也。县令之束带以见督邮,时王之制,郡守之命,居是官者必由之,礼也。知其为督邮而已矣,岂择人哉!少长也,贤不肖也,皆非所问也。孔子之于阳货,往拜其门,非屈于货,屈于大夫也;屈于大夫者,屈于礼也。贤人在下位而亢,虽龙犹悔,靖节斯言,悔道也。庄周曰:"无所逃于天地之间。"君子犹非之。君臣之义,上下之礼,性也,非但不可逃也。亢而悔,则蔑礼失义而不尽其性,过岂小哉!非有靖节不能言之隐,而信斯言以长傲,则下可以陵上;下可以陵上,则臣可以侮君;臣可以侮君,则子可以抗父。言不可不慎,诵古人之言,不可以昧其志而徇其词,有如是夫!①

王夫之从儒家尊卑等级观念出发认为县令束带见督邮是当世礼法制度,"居是官者必由之",之所以折腰是为礼法制度折腰,而不是为具体的人折腰;王夫之还把这说成是源自人的本性的礼义:"君臣之义,上下之礼,性也,非但不可逃也。"因此,陶渊明尽管有难言之隐,但他的言行属于"蔑礼失义而不尽性",会推助傲慢之风,极而言之,最终会危害封建君臣父子一类的伦理秩序。王夫之不能超越他的时代,他对陶渊明的批评限于严格的儒家观念之内。但他毕竟是深刻的大儒,而不是目光短浅的腐儒,所以他在批评之后说:"不可以昧其志而徇其词。"不要被陶渊明不折腰言论的表面意思迷惑,而应深入体会他不得不借此归隐的苦衷,而这个苦衷如前所论就是符合儒家微言大义的君臣之义、君子之义。王夫之还对陶诗中有违圣道的言论提出严厉批评,在《古诗评选》卷四中云:"陶固有'人生归有道'、'忧道不忧贫'一种语,为老措大称赏者。一部《十三经》,元不听腐汉挦剥作头巾戴。侮圣人之言,必诛无赦,余固将建钟鼓以伐之。"②陶《庚戌岁九月中于西田获早稻》诗云:"人生归有道,衣食固其端。"③

---

① 〔清〕王夫之:《读通鉴论》,见《船山全书》第一〇册,第560页。

② 〔清〕王夫之:《古诗评选》,见《船山全书》第一四册,岳麓书社1996年版,第720页。

③ 〔晋〕陶渊明撰,逯钦立校注:《陶渊明集》,第84页。

《癸卯岁始春怀古田舍》诗云：“先师有遗训，忧道不忧贫。瞻望邈难逮，转欲志（“志”，从李公焕本陶集）长勤。”①这与儒家的义利观念相违背。陶诗又云：“若复不快饮，空负头上巾。”②陶之本心是如圣贤一样感叹世风沦落，但这类饮酒纵情之行、带性负气之言有违儒家之道，难免有“侮圣人之言”的嫌疑，所以王夫之对此深为不满。

二、气俗量狭与广大深远

王夫之对陶渊明诗歌的批评与对其为人的批评具有一致性，他往往站在儒家诗教的立场上做深曲的阐发，而且不无微词，带有鲜明的个性。

王夫之评陶诗的最大特点之一是赞同钟嵘《诗品》论陶的观点，对钟嵘的观点给予肯定和新颖的解释。《古诗评选》计选陶五言诗 17 首（另选四言诗 3 首），这个数量在魏晋南北朝诗人中仅次于谢灵运（28 首）、江淹（23 首）、阮籍（20 首）、谢朓（19 首）四人，可见王夫之对陶五言诗是很重视的。但这种重视正如在陶诗声名未振之时，钟嵘虽慧眼独具却仍把陶诗置于中品一样，王夫之仅把陶渊明看作可以师法的大家之一，所选陶诗数量少于在《诗品》中就位于上品的谢灵运诗作、阮籍诗作，从对二人诗歌的极口称赞来看，其基本评价当也是陶诗整体上逊色于二人诗作。王夫之还赞同钟嵘具体的评陶论断，他说：

> 钟嵘目陶诗“出于应璩”，为“古今隐逸诗人之宗”，论者不以为然。自非沉酣六义，宜不知此语之确也。
>
> 此（按，指《拟古》“迢迢百尺楼”一首）真《百一诗》中杰作。钟嵘一品，千秋论定矣。③

王夫之赞同陶诗“出于应璩”，一是因为他看到二人诗作“沉酣六义”，蕴含儒家的微言大义，意蕴深远，所谓“陶、谢以下，不闻寄托之音久矣”④，感叹的就是陶诗此种远承《诗经》精义的优点；二是因为他不欣赏陶诗中率意通俗的作品。尽管陶诗以平淡胜，但在王夫之看来，平淡并不是俚俗无味。“平者取势不杂，淡者遣意不烦之谓也。陶诗于此固多得之”⑤，但也有一部分陶诗背离了平淡旨趣：

---

① 〔晋〕陶渊明撰，逯钦立校注：《陶渊明集》，第 77 页。
② 〔晋〕陶渊明撰，逯钦立校注：《陶渊明集》，第 99 页。
③ 〔清〕王夫之：《古诗评选》，见《船山全书》第一四册，第 716 页、第 721 页。
④ 〔清〕王夫之：《古诗评选》，见《船山全书》第一四册，第 779 页。
⑤ 〔清〕王夫之：《古诗评选》，见《船山全书》第一四册，第 716 ~ 717 页。

唐之元、白，宋之欧、梅……彼所称平淡者，淫而不返，伤而无节者也。陶诗恒有率意一往，或篇多数句，句多数字，正惟恐愚蒙者不知其意，故以乐以哀，如闻其哭笑。斯惟隐者弗获已而与田舍翁妪相酬答，故习与性成，因之放不知归尔。夫乃知钟嵘之品陶为得陶真也。今以诗存诗，不以陶存陶，故为世所艳称者，皆刊落之。①

正像不满于元稹、白居易等人之诗率意俚俗，"淫而不返，伤而无节"，王夫之对陶诗中率意而作的"田家语"诗也不满意，他认为这些诗尽管生动形象，"以乐以哀，如闻其哭笑"，但是不属于士君子所应当染指的。王夫之解释这些率意之作产生的原因，一个是"隐者弗获已"，隐士怀才不遇而放意情怀，一个是"与田舍翁妪相酬答，故习与性成"。前者是说陶渊明仍然属于"隐逸诗人"，不是严格的儒者，后者实质是说陶诗之率意乃后天习染而成，与儒家肯定的本性相违背。率意之作虽然为世俗所艳称，为苏东坡所欣赏，但王夫之选诗时"皆刊落之"，他选诗的目的是"以诗存诗，不以陶存陶"，即以自己的诗歌标准选陶诗，而不是用陶诗来保留完整的陶渊明自己。这个标准就是去除钟嵘已经否定的"田家语"诗，也是去除类似应璩诗歌的率意俚俗之作。王夫之评应璩诗说："《乐府广题》谓应璩以习俗之言，傅会其意。《诗品》评陶潜诗自璩《百一诗》来。合此二评，可以知应，可以知陶矣。"他评其"下流不可处"一首云"降雅谐俗，而居然冲远"②，所肯定的是"冲远"，所否定的是"随俗"。从雅俗意义上看，这也可算作陶诗之评，所以王夫之才说陶诗"能清其所清，不能清其所浊"，即陶诗中的高雅蕴藉一类值得肯定，而率意谐俗一类，情感"一引气而早已不禁"，缺乏"微风远韵"，不能像曹丕诗歌那样"映带人心于哀乐"。③ 比如陶渊明《杂诗》一首，王夫之评曰："'挥杯劝孤影'，是此老霸气语。才有霸气，即入流俗，无怪乎流俗之亟赏也。"④批评陶渊明《责子》《劝农》这种受"浅人"称赏、"令人可喜"的四言诗，只是"如软美之酒，令人易下咽耳"，犯了"媚世"的大病⑤。而他所肯定的陶诗如《杂诗》（"白日沦西河"）也是因为"绝不淫放"⑥。

与否定陶诗率意之作联系在一起的是王夫之对陶渊明《乞食》诗的强烈不

① 〔清〕王夫之：《古诗评选》，见《船山全书》第一四册，第717页。
② 〔清〕王夫之：《古诗评选》，见《船山全书》第一四册，第673页。
③ 〔清〕王夫之：《古诗评选》，见《船山全书》第一四册，第505页。
④ 〔清〕王夫之：《古诗评选》，见《船山全书》第一四册，第722页。
⑤ 〔清〕王夫之：《古诗评选》，见《船山全书》第一四册，第606页。
⑥ 〔清〕王夫之：《古诗评选》，见《船山全书》第一四册，第722页。

满。他说：

> 晋、宋以后，柔曼移于壮夫；近则王辰玉、谭友夏中之。似衲子者，其源自东晋来。钟嵘谓陶令为隐逸诗人之宗，亦以其量不弘而气不胜，下此者可知已。自是而贾岛固其本色。……陶公“饥来驱我去”，误堕其中。杜陵不审，鼓其余波。嗣后啼饥号寒、望门求索之子，奉为羔雉，至陈昂、宋登春而丑秽极矣。学诗者一染此数家之习，白练受污，终不可复白，尚戒之哉！①

王夫之对“啼饥号寒”之作深恶痛绝，主要是因为这些作品“柔曼移于壮夫”，“其识量不出针线蔬笋、数米量盐、抽丰告贷之中，古今上下哀乐，了不相关”，缺乏与天地古今相贯通的大气，多的是小我私情的率意流露；其次还因为这类诗作“似衲子”，入佛教，与儒家正风相异。王夫之认为这种恶劣诗风源于《诗经》中的《北门》一诗，而“陶公‘饥来驱我去’误堕其中”。王夫之在批评时看诗不看人，尤其不愿意附和世俗艳称者，陶渊明、杜甫是宋、元以来众口交赞的诗人，而王夫之在此也毫不留情；联系其“饥来驱我去”之诗，直接指出陶渊明作为诗人有“量不弘而气不胜”的一面，为钟嵘“隐逸诗人之宗”添一新颖注脚。

但不能因此以为王夫之否定了陶诗，相反，他对陶诗的态度主要还是肯定和赞赏。王夫之所肯定的陶诗的艺术特点主要有如下几点。

从诗史的角度来看，王夫之认为陶诗摆脱了曹植“铺排整饰”、有迹可学的弊端，接续了曹丕等人“精思逸韵”、“绝人攀跻”、天然风发的优秀传统。他评价《归园田居》“种豆南山下”一首云：“此作之佳，正在空中鸟道，非以其和丽可喜也。”②王夫之肯定的就是陶诗自然平淡，了无人工痕迹，并不降雅随俗、近俚取容、随意可学的特点。

王夫之以“体”“势”论诗。所谓“体”指诗作赖以生发的本体，关乎作者涵容宇宙万物的胸怀大小。所谓“势”指诗作本身所蕴含的精力内敛而腾挪欲飞的美感趋向，关乎审美空间的丰腴贫乏。王夫之很欣赏陶诗特有的广大深远的体势。他说：

> 此篇之佳，在尺幅平远，故托体大。如托体小者，虽有佳致，亦山人诗尔。“少无适俗韵”“结庐在人境”“万族各有托”，不满余意者以此。（评《读山海经》“孟夏草木长”一首）

---

① 〔清〕王夫之：《夕堂永日绪论内编》，见《船山全书》第一五册，岳麓书社 1996 年版，第 840 页。

② 〔清〕王夫之：《古诗评选》，见《船山全书》第一四册，第 717 页。

端委纡夷，五十字耳，而有万言之势。（评《拟古》"日暮天无云"一首）

结构规恢，真大作手。今人读之，不辨其为陶诗矣。（评《拟古》"东方有一士"一首）

广大深密，学陶者何尝见其涯涘！（评《和胡西曹示顾贼曹》）

"人亦有言"一转，广大平远。四章往复之间，言句有限，取比《离骚》，尤为深远广大。（评《停云》）①

王夫之认为陶诗取势"平远"，不剑拔弩张、狭隘局促，但又不是一览无余，而是"有留势"（评《诸人共游周家墓柏下》），"端委纡夷"，耐人咀嚼、玩味；一般"山人"诗可能也有此"佳致"，但"托体小"，就连世俗喜欢的"少无适俗韵""结庐在人境""万族各有托"诸首也难免此弊。王夫之特意推崇陶诗中"托体大"、简约"而有万言之势"的作品，认为它们"结构规恢"、"广大深密"且"平而远，淡而深"，具有与宇宙时空、人伦关怀息息相通的无垠广远境界。不是大作手，没有大胸怀，是学不来这种境界的。②

值得注意的是，与论陶诗之势相联系，王夫之用"劲媚"评陶诗，指出其精力内蕴、秀雅内含的审美特点，如其评《归鸟》诗云："层层转入，虽有笔墨之气，而腕力有余，皆中锋劲媚也。"③王夫之于诗歌尚阳刚，但不尚粗豪浅露，韩愈诗、宋诗等多遭严厉批评就是因为犯此弊病，他所喜欢的阳刚之美必须内敛留势，而非声嘶力竭、言尽意了。陶诗"神骏"有力，是因为"陶公高音亮节"④，皎洁贞立，对于道之所之、心之所向"勇之甚，士之甚"，弘毅不拔，不是"啜茗看山闲汉"之类学得来的⑤。因此，"学者谈陶靖节……之诗，无其志与识而效之，则其违禽兽不远矣，庄周所谓人莫悲于心死者也"⑥。陶渊明并非饱食终日、无所事事者，而是心存礼义、不忘世道者。陶诗有力是诗人修养的自然流露，有深厚的人文内涵，这种内涵沛然流出后表现为"劲媚"，仿佛书法用中锋。王羲之的书法被评为"劲媚"，其媚虽如天女散花，但自蕴贞刚之气；谢灵运诗云"潜虬媚幽姿"，其诗也有此"劲媚"留势之美，所以受到王夫之的称赏。"劲媚"将两种气

① 〔清〕王夫之：《古诗评选》，见《船山全书》第一四册，第723页、第721页、第721页、第718页、第604页。

② 〔清〕王夫之：《古诗评选》，见《船山全书》第一四册，第718页、第721页。

③ 〔清〕王夫之：《古诗评选》，见《船山全书》第一四册，第606页。

④ 〔清〕王夫之：《古诗评选》，见《船山全书》第一四册，第722页。

⑤ 〔清〕王夫之：《古诗评选》，见《船山全书》第一四册，第605页。

⑥ 〔清〕王夫之：《张子蒙正注》，北京古籍出版社1956年版，第134页。

质合为一体,如庐山之雄秀,很得陶诗神理骨鲠。

此外,王夫之还肯定陶诗情景交融的优点,称赏“日暮天无云,春风扇微和”云“摘出作景语,自是佳胜,然此又非景语”,因为其中蕴蓄着雅人胜概①;肯定陶诗淳至的特点,称赏《饮酒》“栖栖失群鸟”一首为“情至、理至、气至”的“杰作”,“幽兰生前庭”为“真理,真诗”②;赞赏陶诗自然平淡的特点,喻其《归园田居》“种豆南山下”一首如“空中鸟道”③,自然平淡得“天衣无缝”④,不见痕迹,这是因为陶诗乃“兴会”⑤之作,符合其“现在”“现成”“显现真实”的“现量”原则⑥。

王夫之还注意到唐后诸多作家五言古诗、田园意绪等与陶诗的关系,在《古诗评选》中多次特意拈出。但他的着眼点在于入选之诗的优点,如韦应物诗是王夫之格外欣赏的,《唐诗评选》卷二评其《效陶彭泽体》云“题云效陶,则韦所效陶者此耳”,认为韦应物的其他诗作别有渊源,“乃心直在《十九首》间”,并由此批评世俗将陶、韦并称是“抹尽古今经纬”⑦。《唐诗评选》卷二评储光羲《采菱词》云:“俗目以其多闲逸之旨,遂概以陶拟之;二公(储光羲、韦应物)自有闳博深远于陶者,固难以古今分等杀也。”⑧《明诗评选》卷四评许继《村中晚兴》云:“深于陶,纯于柳。旧云公诗有陶、柳之风,皮相耳。”⑨这一凸显学陶者个性的批评方式在陶渊明接受史上是崭新的思路,也是应该值得肯定的接受路向。王夫之肯定后人学陶的个性特点,也肯定学陶而得其神理的优秀作品,如评王绩《石竹咏》:“得句即转,转处如环之无端,落笔常作收势,居然在陶、谢之先。”⑩评储光羲《同王十三维偶然作》:“得转皆无预设,此乃似陶,亦似江文通之拟陶。”⑪王夫之肯定了学陶者得陶诗转意自然的特点,对苏轼等人从率意偏

① 〔清〕王夫之:《古诗评选》,见《船山全书》第一四册,第721页。

② 〔清〕王夫之:《古诗评选》,见《船山全书》第一四册,第720页。

③ 〔清〕王夫之:《古诗评选》,见《船山全书》第一四册,第717页。

④ 〔清〕王夫之:《古诗评选》,见《船山全书》第一四册,第604页。

⑤ 〔清〕王夫之:《古诗评选》,见《船山全书》第一四册,第723页。

⑥ 〔清〕王夫之:《相宗络索·三量》,见《船山全书》第一三册,岳麓书社1996年版,第536页。

⑦ 〔清〕王夫之:《唐诗评选》,见《船山全书》第一四册,岳麓书社1996年版,第970页。

⑧ 〔清〕王夫之:《古诗评选》,见《船山全书》第一四册,第937页。

⑨ 〔清〕王夫之:《明诗评选》,见《船山全书》第一四册,岳麓书社1996年版,第1288页。

⑩ 〔清〕王夫之:《唐诗评选》,见《船山全书》第一四册,第927页。

⑪ 〔清〕王夫之:《唐诗评选》,见《船山全书》第一四册,第938页。

狭处学陶则大加挞伐，认为“古今拟陶人皆于死处写，几令陶为褊率之俑”①；“得其妙者，和之有余，苏子瞻未尝望见也”②；“苏子瞻酸溜杀人，何况余子！”③

王夫之评陶诗刻意拔俗，虽始终持辩证态度，但难免指摘过甚。如其《古诗评选》不选“结庐在人境”“少无适俗韵”等佳作，不是因为觉得这些作品脍炙人口，不必再选，而是因为不满意其“局量狭小”④。虽然这些诗天人融合无迹，但王夫之尚嫌量小，可见其严厉。他又批评“平畴交远风，良苗亦怀新”云：

> “平畴交远风”，信佳句矣，“良苗亦怀新”，乃生入语。杜陵得此，遂以无私之德，横被花鸟；不竞之心，武断流水。不知两间景物关至极者，如其涯量亦何限，而以已所偏得，非分相推，良苗有知，宁不笑人之曲谀哉！⑤

王夫之主张诗人应尊重景物的独立性，因为景物也是天地间（“两间”）自具日月精华、关乎道理至极的恒河一沙，诗人不能将自己的喜怒哀乐强加于景物，“不敛天物之荣凋，以益己之悲愉”⑥，因为景物不会迎合人的喜怒哀乐，即使悲哀的时候，也有可愉悦的景物。如评《诗经》“昔我往矣，杨柳依依。今我来思，雨雪霏霏”四句诗：“其悲也，不失物之可愉者焉，虽然，不失悲也；其愉也，不失物之可悲者焉，虽然，不失愉也。”⑦如此物我两得，方“导天下以广心，而不奔注于一情之发”⑧，方免心胸褊促。王夫之所推崇的类似于王国维所云“无我之境”。王夫之以此观念批评陶诗“良苗亦怀新”是“以已所偏得，非分相推”，即过于将自己的情感强加于景物。关于杜甫“感时花溅泪，恨别鸟惊心”“水流心不竞，云在意俱迟”等诗，类似于王国维所云“有我之境”，我们不去辩解，但就陶诗而言，平畴交会远风，荡漾似有天地之感，苗受此风亦微作感动，彼此俱受自然灵感，类通于一风一气之中，乃是兴会之语，不得以“生入语”看待。

要之，王夫之评陶之见多越流俗。流俗肯定的好诗，他多从反面看到不足；流俗看不到的好诗，他予以选出并给出褒评。王夫之以其深刻的哲学眼光和辩证的思想智慧重新审视和阐释了陶诗，对陶渊明之为人和诗歌成就给予了充分

---

① 〔清〕王夫之：《明诗评选》，见《船山全书》第一四册，第1338页。
② 〔清〕王夫之：《明诗评选》，见《船山全书》第一四册，第1342页。
③ 〔清〕王夫之：《明诗评选》，见《船山全书》第一四册，第1305页。
④ 〔清〕王夫之：《古诗评选》，见《船山全书》第一四册，第723页。
⑤ 〔清〕王夫之：《古诗评选》，见《船山全书》第一四册，第719页。
⑥ 〔清〕王夫之撰，王孝鱼点校：《诗广传》，第75页。
⑦ 〔清〕王夫之撰，王孝鱼点校：《诗广传》，第75～76页。
⑧ 〔清〕王夫之撰，王孝鱼点校：《诗广传》，第76页。

肯定,尤其激赏他与儒家旨趣贯通的归隐大义和广大深远的体势。这种儒家立场和以诗论诗的态度避免了传统接受中拔高陶渊明及其作品的弊端,使王夫之对陶渊明的批评在更深入的层次上回到了钟嵘的论点,把陶渊明的身份定位为不失儒家君子本色的隐士,把陶诗定位为难免俚俗倾向而不失为大作手所写的杰作,使陶渊明在更深入的层次上回复自身。但王夫之持论太严,责人就己,有时候难免偏颇之弊。

第四节 贺贻孙、叶燮、吴淇论陶诗特点和地位

明末清初的诗话家如贺贻孙、贺裳、吴乔、毛先舒、叶燮等人对陶诗多有阐发。其中,贺贻孙和叶燮的言论最为重要。诗歌选家如王夫之、吴淇等也有大量的评点言论,王夫之的评陶言论有相当一部分被收入《薑斋诗话》,吴淇的言论留存于他的《六朝选诗定论》中。他们处在文化氛围相对宽松的特定时期,又受到朝代变迁所激发的注重品节的时代风气的影响,在阐发陶诗时表现出一些共同的倾向,比如重视其诗如其人的艺术特点,从更为通达的诗史流变中肯定陶诗的历史地位,注重对陶诗艺术特点的深入分析等。因王夫之评陶已经有专节论析,故本节主要论析贺贻孙、吴淇、叶燮等人的论陶情况。

一、贺贻孙论陶诗“无厚之厚”

贺贻孙的《诗筏》中有17条论及陶诗,其《水田居文集》中有4处论及陶渊明,其《水田居存诗》中有20余首带有陶渊明印记的诗歌。贺贻孙论陶有三点值得注意。

第一,他认为陶诗的审美特点是“无厚之厚”。贺贻孙说:

> 陶元亮诗淡而不厌。何以不厌?厚为之也。诗固有浓而薄,淡而厚者矣。①

这主要是从读者“淡而不厌”的审美感受出发,认为陶诗“淡而厚”,即表象淡薄,但实质上有咀嚼不尽之味。到清代,陶诗的平淡真醇逐渐成为读者的共识,这主要继承了苏轼、元好问等人的观点。但苏轼、元好问是强调其豪华落尽的淡泊和真醇,主要是从艺术修炼的过程和结果来理解的;贺贻孙则换用了新

---

① 郭绍虞编选,富寿荪校点:《清诗话续编》上册,上海古籍出版社1983年版,第137页。本节所引《诗筏》原文,皆据此版本,不再注出。

的概念且强调陶诗变化不见痕迹的特点，即“无厚之厚”：

《庄子》云：“彼节者有间，而刀刃者无厚。”所谓“无厚”者，金之至精，炼之至熟，刃之至神，而厚之至变至化者也。夫惟能厚，斯能无厚。古今诗文能厚者有之，能无厚者未易觏也。无厚之厚，文惟孟、庄，诗惟苏、李、《十九首》与渊明。后来太白之诗，子瞻之文，庶几近之。虽然，无厚与薄，毫厘千里，不可不辨。①

“厚”的概念直接借鉴于钟惺评陶的观点。但钟惺着眼于陶诗抒情主体的厚道、温和以及诗歌意蕴的深厚，其思想依据主要是儒家的忧勤忠厚；贺贻孙则着眼于陶诗炉火纯青的审美特点，是“金之至精，炼之至熟，刃之至神，而厚之至变至化者”，没有特别强调厚道真醇之类的审美内涵，虽然这已经是“无厚之厚”的题中之意。这种“无厚之厚”与滋味浓厚的“厚”和索然无味的“薄”都是不可相提并论的。也许正因此，他对杜甫“诋渊明为枯槁”表示不理解。② 文学史上达到这一境界的只有屈指可数的陶渊明等人。“无厚之厚”的诗歌实质上类似于《庄子》入乎道、用于解牛的刀刃，是道在技术上的体现、在诗歌创作中的体现。因此，其中隐约着这样一个命题：陶诗是得道者的天然发露。

第二，贺贻孙认为陶诗是见道者自适己怀，出于天籁，具有真率自然的特点。他对此有十分精到、细致、贴切的分析言论：

余曾谓陶靖节绝无名根。靖节诗亦云：“虽留身后名，生前亦枯槁。死者何所知，称心固为好。”则其不好名可知矣。然其《拟古》诗又云“生有高世名，既殁传无穷”，则又何也？黄山谷云：“谢康乐、庾义城之诗，炉锤之功，不遗力也。然陶彭泽之墙数仞未能窥者，何哉？盖二子有意于俗人赞其工耳。”此语妙甚。从古才人诗文所以不能久传者，总从俗人赞处失脚耳。然则陶公之人与诗，亦止不许俗人赞而已。使当时复有陶公者，从而倡和赞叹，我知公纵不喜，亦决不掷卷而怒也。陶公之不好名，岂同他人之不好名哉！③

钟嵘云：“陶彭泽出自应璩。”陋哉斯言！使彭泽果出自应璩，岂复有好彭泽哉？余谓彭泽序《桃源诗》：“不知有汉，何论魏、晋。”此即陶诗自评也。后人必拟何者为汉诗，何者为魏、晋诗，字句摹仿，仅得古人皮毛耳。

① 郭绍虞编选，富寿荪校点：《清诗话续编》上册，第136页。
② 郭绍虞编选，富寿荪校点：《清诗话续编》上册，第167～168页。
③ 郭绍虞编选，富寿荪校点：《清诗话续编》上册，第175页。

此无他,名心为之累也。大率世俗作诗有二病:一患不知好名,率意应酬,饾饤苟且而已;一患好古而名心太急,沿饰浮华,脍炙一时而已。必前不见古人,后不见来者,具千古之识,乃能取千古之名。然总非所语于陶公。何也?彼不见有古今,不过孤行一意,以取名耳;陶公不知有古今,自适己意而已,此所以不朽也。①

凡我诗人之心思肺肠,啼笑寤歌,皆天之唱喁、唱于,刁刁调调者也;任天而发,吹万不同,听其自取,而真诗存焉。得其趣者其陶靖节先生乎?……其为诗也,悠然有会,命笔成篇,取适己意,不为名□,倘所谓天籁者耶?……陶诗与《三百篇》惟不言理故理至焉。②

储、王诸人学苏、李、《十九首》,亦学彭泽,彼皆有意为诗。有意学古诗者,名士之根尚在,诗人之意未忘。若彭泽悠然有会,率尔成篇,取适己怀而已,何尝以古诗某篇最佳而斤斤焉学之,以吾诗某篇必可传而勤勤焉为之?名士与诗人,两不入其胸中,其视人之爱憎,与身后所传之久暂,如吹剑首,一吷而已。彭泽作《五柳先生传》云:“尝著文章自娱,颇示己志,忘怀得失。”其戒子书云:“少来好书,偶爱闲静,开卷有得,欣然忘食。见树木交荫,时鸟变声,亦复欢尔有喜。”味“自娱”二字,便见彭泽平日读书作诗文本领,绝无名根。而所云“开卷有得”,所得何事?岂从字句间矜创获者哉!且以区区树荫鸟声,遂与开卷同一冥会,则其开卷时已置身空明之内,耳目间别有见闻,其视“树木交荫”皆自然之文章,而“时鸟变声”皆自然之丝竹也。所谓“悠然见南山”,岂虚语哉!大抵彭泽乃见道者,其诗则无意于传而自然不朽者。嗟夫!古今诗文人不知凡几,而传者百无一二,岂非有意于传者之过哉!③

唐人诗近陶者,如储、王、孟、韦、柳诸人,其雅懿之度,朴茂之色,闲远之神,澹宕之气,隽永之味,各有一二,皆足以名家,独其一段真率处,终不及陶。陶诗中雅懿、朴茂、闲远、澹宕、隽永,种种妙境,皆从真率中流出,所谓“称心而言,人亦易足”也。真率处不能学,亦不可学,当独以品胜耳。渊明自云:“夏月虚凉,高枕北窗下,清风飒至,自谓羲皇上人。”颜延之作《陶

① 郭绍虞编选,富寿荪校点:《清诗话续编》上册,第159~160页。

② 贺贻孙:《陶邵陈三先生诗选序》,见《水田居文集》卷三,《清代诗文集汇编》第二一册,上海古籍出版社2010年版,第467页。

③ 郭绍虞编选,富寿荪校点:《清诗话续编》上册,第159页。

公诔》，亦云："学非称师，文取指达，在众不失其寡，处言愈见其默。"又云："廉深简洁，贞夷粹温，和而能峻，博而不繁。"又云："解体世纷，结志区外。"此公之诗，所以为真率也。能如陶公，则不患无公之诗。然能如陶公，亦不必学公之诗。储、王辈生平为人，事事不及陶公，其所以能近陶者，以其风流洒落，无俗韵耳。①

陶诗平淡出于自然也是宋、元、明读者的共识，但这种自然产生的动因是什么呢？读者也曾普遍认识到是抒情主体的特殊性，与陶渊明得道见性密不可分，但以往的论析多摘录陶诗富有理趣的诗句作证，极少从其他角度进行细致论析。贺贻孙精通诗史，主要以比较的视角凸显了陶诗真率自然的个性特点。在形而上的思考上，他认为"大抵彭泽乃见道者"，至于"见道"的特点，他主要强调"绝无名根"，发自天籁；在此大前提下，他又认同黄庭坚的观点，认为陶渊明作诗的态度具有迥然不同的特性，即陶渊明不在乎诗歌的成败毁誉，"其视人之爱憎，与身后所传之久暂，如吹剑首，一吷而已"。"彭泽悠然有会，率尔成篇，取适已怀而已，何尝以古诗某篇最佳而斤斤焉学之，以吾诗某篇必可传而勤勤焉为之?"而"陶公不知有古今，自适已意而已，此所以不朽"，"其诗则无意于传而自然不朽"。他人则未见道，名根尚存，作诗有意为之，对成败毁誉不能释怀，"有意于俗人赞其工"，"有意学古诗者，名士之根尚在，诗人之意未忘"。这就造成了陶诗与"储、王、孟、韦、柳诸人"之诗一个根本不同的艺术特点。他们学陶成名家，虽各有一二至处，但其诗歌总体成就也就略逊一筹，"独其一段真率处，终不及陶。陶诗中雅懿、朴茂、闲远、澹宕、隽永，种种妙境，皆从真率中流出，所谓'称心而言，人亦易足'也。真率处不能学，亦不可学"。"真率"自然如其为人是陶诗区别于他人之诗最大的艺术特点。没有陶渊明的人品胸襟，也就不可能达到陶诗的一流水准。"能如陶公，则不患无公之诗。然能如陶公，亦不必学公之诗。储、王辈生平为人，事事不及陶公，其所以能近陶者，以其风流洒落，无俗韵耳。"学陶诗要先学其为人，而学其为人到"风流洒落，无俗韵"的程度也就不需要再学陶诗，因为自己胸中流出者就是好诗。否则，一学陶诗就属于有意，一有意就属于非见道之行，终不得陶诗真率之精神。陶诗的艺术"妙境"是陶渊明人生境界的天然流露，单纯的艺术借鉴是难以达到其高度的。贺贻孙在此把陶渊明接受史上认为陶渊明未尝有意作诗而作诗只是"直寄"的论断阐发得系统而条理，由此也为真率自然的特点做了理论上的论证，解决了陶诗为

① 郭绍虞编选，富寿荪校点：《清诗话续编》上册，第158页。

什么“不可学”的疑问。

贺贻孙因此认为陶诗属于无法剽窃盗取的作品。① 他说:“江文通《拟陶征君》一首,非不酷似,然皆有意为之。如富贵人家园林,时效竹篱茅舍,闻鸡鸣犬吠声,以为胜绝,而繁华之意不除。若陶诗则如桃源异境,鸡犬桑麻,非复人间,究竟不异人间;又如西湖风月,虽日在歌舞浓艳中,而天然澹雅,非妆点可到也。”②江淹拟陶诗向来被称赞为似陶,贺贻孙却看到了它不似陶、不及陶的缺点。因此,他赞赏不学陶而自写性灵的作品,认为只有这样的作品才会在本质上似陶:

> 后之学诗者,毛举琐求,以一字之累,一语之犯,遂弃其全。而负才不羁之士,又不肯深求古人精神之所存,见陶之时有似于枯淡也,遂以枯淡为陶;见杜之偶似于滞累也,遂以滞累为杜……此犹学孔子者,但学其微服过宋,君命召不俟驾,见南子,佛肸召欲往而已,岂学孔子者哉!③

> 韦苏州拟陶诸篇,非不逼肖,而非苏州本色。苏州本色在“微雨夜来过,不知春草生”,“落叶满空山,何处寻行迹”,“岂无终日会,惜此花间月”,“空馆忽相思,微钟坐来歇”。如此等语,未尝拟陶,然欲不指为陶诗,不可得也。④

> 晋人诗能以真朴自立门户者,惟陶元亮一人。唐诗人能以真朴自立门户者,惟元次山一人。次山不惟不似唐人,并不似元亮。盖次山自有次山之真朴,此其所以自立门户也。⑤

学陶不能学皮毛,不能以为“枯淡为陶”,不能斤斤于陶,而应学陶“精神之所存”,所以他不赞赏韦应物“非苏州本色”的拟陶诗,赞赏“未尝拟陶”却有自我本色的诗作,认为这些诗作更得陶诗精神;元结虽然像陶渊明一样“以真朴自立门户”,但“不惟不似唐人,并不似元亮”,因为“次山自有次山之真朴”,他的诗是他自己情感个性的抒写,在本质上得陶诗精神。

第三,贺贻孙肯定陶诗还在于他赞同其在五言诗史上的特殊地位,即认为“五言诗平远一派,自苏、李、《十九首》后,当推陶彭泽为传灯之祖,而以储光羲、

---

① 贺贻孙《诗筏》:“凡诗文可盗者,非盗者之罪,而诲盗者之罪。若彭泽诗、诸葛《出师》文,宁可盗乎?”见郭绍虞编选、富寿荪校点《清诗话续编》上册,第139页。

② 郭绍虞编选,富寿荪校点:《清诗话续编》上册,第162页。

③ 郭绍虞编选,富寿荪校点:《清诗话续编》上册,第179页。

④ 郭绍虞编选,富寿荪校点:《清诗话续编》上册,第190页。

⑤ 郭绍虞编选,富寿荪校点:《清诗话续编》上册,第173页。

王维、刘昚虚、孟浩然、韦应物、柳宗元诸家为法嗣”①。同时代的毛先舒在《诗辩坻》中也说“五言……魏、晋则阮、陆、陶、谢”②,认识到了陶诗独特的个性,还说“曹植始开奇宕,顿失汉音;陆机笃尚高华,竟变魏制。浔阳省静体,已非晋骨;宣城惊人句,实始唐音”③。陶诗的地位和特点在诗史流变中首先得到凸显。

总之,贺贻孙评陶已经从对诗歌本质的深入理解上走出了复古派因尚汉魏、尚古而贬陶、贬今的误区。但他尚在诗体和艺术境界上肯定陶渊明,意识到明复古派否定陶诗的不足,还没能在诗史流变中廓清人们对陶诗认识的迷雾。完成这一任务要等比他略晚的诗论家叶燮。

二、叶燮等论陶为文如其人的一流大家

虽然叶燮集中论陶诗的言论不多,但他是清初最具诗史理论眼光的批评家,他对陶渊明的诗史定位十分精到,其观点对其弟子沈德潜和后代诗论家的陶渊明观产生了直接而深远的影响。

首先,叶燮以“源流正变”的诗史观充分肯定了陶渊明作为一流大家的诗史地位,称陶公“矫然自成一家”④。叶燮不满于僵化的崇古诗论,以盛衰变化论诗。他说:“综千古而论,则盛而必至于衰,又必自衰而复盛;非在前者之必居于盛,后者之必居于衰也。”⑤“这样就从理论上否定了厚古薄今,诗文代降的崇古观念。”⑥因此,他肯定诗歌在变化中的价值,重视在大变中“独开生面”的诗人诗作。⑦ 以这种眼光观察诗歌史,他格外重视独具个性的陶诗,认为“陶潜之澹远……咸矫然自成一家,不肯沿袭前人以为依傍”⑧,“六朝诗家,惟陶潜、谢灵运、谢朓三人最杰出,可以鼎立。三家之诗不相谋,陶澹远,灵运警秀,朓高华,

---

① 郭绍虞编选,富寿荪校点:《清诗话续编》上册,第159页。

② 郭绍虞编选,富寿荪校点:《清诗话续编》上册,第7页。

③ 郭绍虞编选,富寿荪校点:《清诗话续编》上册,第8页。

④ 〔清〕叶燮:《原诗》卷一内篇上,见丁福保辑录《清诗话》下册,上海古籍出版社1978年版,第566页。

⑤ 〔清〕叶燮:《原诗》卷一内篇上,见丁福保辑录《清诗话》下册,第565页。

⑥ 王运熙、顾易生主编,邬国平、王镇远撰:《中国文学批评通史·清代卷》,上海古籍出版社1996年版,第279页。

⑦ 〔清〕叶燮:《原诗》卷一内篇上,见丁福保辑录《清诗话》下册,第569页。

⑧ 〔清〕叶燮:《原诗》卷一内篇上,见丁福保辑录《清诗话》下册,第566页。

各辟境界,开生面,其名句无人能道”①。

叶燮在诗史流变中肯定陶渊明的大家地位,从变的角度肯定陶诗能辟境界、开生面,肯定陶渊明写出无人能道的名句,从根本上冲破了复古派诗学理论的束缚。也就是说,叶燮不再需要像明代复古派肯定陶诗的读者那样为其寻找“超时代而上”的理由,他把陶诗放在陶渊明生活的时代同样可以看到和肯定其独特而非凡的艺术成就和地位。这深刻地影响了主张创新的诗论家。如方薰(《静居绪言》)最值得注意的论诗宗旨之一就是主张新变,因此他也从新变的角度肯定陶诗说:

> “诗之不可不变,不得不新”,其言旨哉!陶、谢之诗变极矣,新至矣。然不悖物理,不乖人情,无戾乎辞而正其气,斯为善变者也。暂与一二同志勉之。②

叶燮认为:“陈熟、生新,不可一偏,必二者相济,于陈中见新,生中得熟,方全其美。”(《原诗》卷三)方薰更简要地概括为:“培陈根而出新颖。”③因此方薰也从新变的角度高度肯定陶诗,认为陶诗“变极矣,新至矣”。但这种新变不是毫无根基的尖新佻巧,而是“不悖物理,不乖人情,无戾乎辞而正其气”,符合中国传统诗歌美学的理想。应该说,方薰的陶诗观是对叶燮陶诗观的继承和发展。从创新变化的角度充分肯定陶渊明在诗歌史上的艺术贡献和地位,把新变理论运用于对具体作家的批评实践中,这在陶渊明接受史上是一个了不起的大突破,在根本上宣告了复古派陶诗诗史地位观的结束。

其次,叶燮格外看重陶诗文如其人的特点,高度赞赏陶渊明超越一般诗人的胸怀。《原诗》云:

> 陶潜胸次浩然,吐弃人间一切,故其诗俱不从人间得,诗家之方外,别有三昧也。游方以内者,不可学,学之犹章甫而适越也。唐人学之者,如储光羲,如韦应物;韦既不如陶,储虽在韦前,又不如韦。总之:俱不能有陶之胸次故也。④
>
> 诗是心声,不可违心而出,亦不能违心而出。功名之士,决不能为泉石

① 〔清〕叶燮:《原诗》卷四外篇下,见丁福保辑录《清诗话》下册,第602页。

② 〔清〕方薰:《静居绪言》,见郭绍虞编选、富寿荪校点《清诗话续编》下册,第1632页。

③ 〔清〕方薰:《静居绪言》,见郭绍虞编选、富寿荪校点《清诗话续编》下册,第1639页。

④ 〔清〕叶燮:《原诗》卷四外篇下,见丁福保辑录《清诗话》下册,第602~603页。

淡泊之音;轻浮之子,必不能为敦庞大雅之响。故陶潜多素心之语;李白有遗世之句;杜甫兴广厦万间之愿;苏轼师四海弟昆之言。凡如此类,皆应声而出,其心如日月,其诗如日月之光,随其光之所至,即日月见焉。①

作诗有性情,必有面目……此外诸大家,虽所就各有差别,而面目无不于诗见之。其中有全见者,有半见者。如陶潜、李白之诗,皆全见面目。②

志士之诗,虽代不乏人,然推其至,如晋之陶潜,唐之杜甫、韩愈,宋之苏轼,为能造极乎其诗,实能造极乎其志。盖其本乎性之高明以为其质,历乎事之常变以坚其学,遭乎境之坎壈郁怫以老其识,而后以无所不可之才出之。此固非号称才人之所可得而几。如是乃为传诗即为传人矣。③

叶燮认为陶诗“不可学”,学习陶诗的韦应物、储光羲都不如陶渊明的艺术成就高。叶燮指出其中的原因是“陶潜胸次浩然,吐弃人间一切”,“其心如日月”,“故其诗俱不从人间得”,“其诗如日月之光”,是“素心之语”。这与贺贻孙的观点有异曲同工之处,只是叶燮仅就“胸次”之高洁旷朗而言,没有直接说陶渊明见道而已。更值得肯定的是,叶燮除了强调“本性之高明”,还就遭遇、识见、学问等来看待陶渊明的“胸次”,认为其人其诗都能“安于境之澹”④,“为传诗即为传人”,对其文如其人特点的认识可谓全面而深到。

叶燮虽然格外赞赏陶渊明胸怀高旷、诗如其人的特点,但并没有像苏轼一样认为陶渊明的成就超越了李白、杜甫,而是将陶渊明与李白、杜甫、苏轼并称。宋代读者开始将陶渊明与杜甫并称,之后相沿成习。清代读者也是如此。如吴乔《围炉诗话》云:“诗如陶渊明之涵冶性情,杜子美之忧君爱国者,契于《三百篇》,上也;如李太白之遗弃尘事,放旷物表者,契于庄、列,为次之;怡情景物,优闲自适者,又次之;叹老嗟卑者,又次之;留连声色者,又次之;攀缘贵要者为下。”⑤吴乔甚至说:“常言俗语,惟靖节、子美能用之。”⑥陶渊明和杜甫在“涵冶性情”和“忧君爱国”方面各得极致,“陶、杜风雅之句”⑦都符合《诗经》精神,其

① 〔清〕叶燮:《原诗》卷三外篇上,见丁福保辑录《清诗话》下册,第597页。

② 〔清〕叶燮:《原诗》卷三外篇上,见丁福保辑录《清诗话》下册,第596页。

③ 〔清〕叶燮:《密游集序》,见《己畦集》卷八,《清代诗文集汇编》第一〇四册,第398页。

④ 〔清〕叶燮:《涧庵诗草序》,见《己畦集》卷九,《清代诗文集汇编》第一〇四册,第418页。

⑤ 郭绍虞编选,富寿荪校点:《清诗话续编》上册,第474~475页。

⑥ 郭绍虞编选,富寿荪校点:《清诗话续编》上册,第506页。

⑦ 郭绍虞编选,富寿荪校点:《清诗话续编》上册,第603页。

他作家则每况愈下，背雅趋俗。吴乔可称得上是清代明确把陶、杜推向极端的最早的诗话家之一。吴乔、贺贻孙、叶燮等人之后，将陶、杜并称屡见不鲜，不时可见极端化倾向。比如方薰、黄子云、潘德舆等就对陶渊明和杜甫推崇至极。方薰《静居绪言》云：

仆性喜陶、杜诗，谓文章之极至，即二公之为人，亦不可仅以诗人目之也。然每以杜陵老不识栗里翁为恨。杜陵讥栗里“有子贤与愚，何其挂怀抱”，未免过矣。杜陵与栗里用心不同，由所遭之不同也。杜陵示宗武辈数诗，教诲期望，不容少懈。及“弟妹干戈里，朝廷涕泪中”，流离一身，唯家国为念，即栗里躬耕教子，妹丧去官，一流人物。①

黄子云《野鸿诗的》云：

古来称诗圣者，唯陶、杜二公而已。陶以己之天真，运汉之风格，词意又加烹炼，故能度越前人；若杜兼众善而有之者也。余以为靖节如老子，少陵如孔子。

韩、柳之文，陶、杜之诗，无句不琢，却无纤毫斧凿痕者，能炼气也；气炼则句自炼矣。雕句者有迹；炼气者无形。②

陶渊明和杜甫不但“文章”达到“极至”，在为人方面，也是“一流人物”。他们二人都是文如其人的人，堪称“诗圣”。“靖节忽然躬耕，忽然乞食，忽然出仕，忽然便归，日出携壶采菊，日入随鸟投林，抹倒一切世故造作，真道学人，故其文章亦本天德，不烦绳削。”“陶公之心渊如，其时（笔者疑当作“诗”）穆如，寄意之微，有神无迹。”“靖节人与诗俱臻无上品，生非其时，而乐有其道，与世浮沉，涅而不淄，自得之趣，一寓于诗。故其诗多未经人道语，‘独寐寤言，永矢弗谖’，靖节之谓乎！”③方薰等人对陶渊明和杜甫的格外推崇，是继承和发展了贺贻孙、叶燮推重陶、杜诗的观点，只是把这种推崇推向极端了。

此外，诗话家贺裳对学陶诗有精到的批评，观点类似于贺贻孙、叶燮的“不可学”之论。其《载酒园诗话》云：

（谢榛）又曰：“专于陶者失之浅易，专于谢者失之饾饤。”此深合诗道

① 郭绍虞编选，富寿荪校点：《清诗话续编》下册，第1633页。

② 丁福保辑录：《清诗话》下册，第862页、第859页。

③ 〔清〕方薰：《静居绪言》，见郭绍虞编选、富寿荪校点《清诗话续编》下册，第1633页。

之言。①

古人和意不和韵，故篇什多佳。始于元、白作俑，极于苏、黄助澜，遂成艺林业海。然如子瞻和陶《饮酒》，虽不似陶，尚有双雕并起之妙。至子由所和，竟不知何语矣。子瞻于惠州炙食羊骨，谓子由三年堂庖所饱刍豢，灭齿而不得骨，岂复知此味？此诗和于秉政时，宜其强笑不乐也。然余喜其“生平不饮酒，欲醉何由成”，反真率得陶致。②

诗之乱头粗服而好者，千载一渊明耳。乐天效之，便伤俚浅，惟王无功差得其仿佛。陶、王之称，余尝欲以东皋代辋川。辋川诚佳，太秀，多以绮思掩其朴趣。东皋潇洒落穆，不衫不履，如“来时常道贳，惭愧酒家胡”，“家贫留客久，不暇道精粗”。至若“相逢宁可醉，定不学丹砂”，“昔我未生时，谁者令我萌？弃置勿重陈，委化何足惊”，真齐得丧、一死生之言。旷怀高致，其人自堪尚友，不徒音响似之。摩诘曰：“五帝与三王，古来称君子。干戈将揖让，毕竟何者是？”识田中尚费此一番辗转。无功直曰：“礼乐囚姬旦，诗书缚孔丘。不如高枕上，时取醉消愁。”个中纤影不留矣。彭泽、东皋，皆素心之士。陶为饥寒所驱，时有凉音；王黍秫果药粗足，故饶逸趣。以九方皋相马法观之，顾不河汉。③

贺裳精于评赏中晚唐诗和宋诗，遂对学陶者有深细的了解和品评。他指出“诗之乱头粗服而好者，千载一渊明耳”，也就是注意到了陶诗独特而难学的特点。凡是只学皮毛、淹没于陶诗的学陶作品，贺裳都予以否定。在贺裳这里，苏辙的大部分和陶诗也不免被讥讽为“强笑不乐”，倒是那些“真率得陶致”的不似陶之作反而得到了肯定。苏轼的和陶诗不似陶，基本值得肯定，王绩“潇洒落穆，不衫不履”正如陶渊明的“乱头粗服”，他们“旷怀高致”，都是“素心之士”，但互相不是形貌的模仿，而是心灵的契合，诗歌又是自我性灵的真率表现，所以王绩比王维更得陶渊明精神。此外，贺裳还肯定柳宗元诗“句字高洁，何尝不澹，何病于秾”，得陶诗“外枯而中膏，似淡而实美”的美学特点，但又指出柳与陶旷达

---

① 〔清〕贺裳：《载酒园诗话》，见郭绍虞编选、富寿荪校点《清诗话续编》上册，第268页。

② 〔清〕贺裳：《载酒园诗话》，见郭绍虞编选、富寿荪校点《清诗话续编》上册，第282页。

③ 〔清〕贺裳：《载酒园诗话》，见郭绍虞编选、富寿荪校点《清诗话续编》上册，第296～297页。

不同的郁结心理。[①] 他指出“摩诘才高于储,拟陶则储较王为近”[②],王维才华虽高,在拟陶上却不如储光羲更得神似,其辨析可谓深细。

三、吴淇论陶为圣贤诗人

吴淇《六朝选诗定论》将《文选》所选陶渊明诗文九篇(八首诗歌、一篇《归去来兮辞》)集中在一起,分篇做了系统深细的评析。其论陶为圣贤的精神和评析思路都与明末黄文焕的《陶诗析义》遥相呼应,甚至有过之而无不及,又与明末清初诗话家论陶文如其人的倾向一致,是陶渊明接受史上格外华艳的一笔。

关于吴淇评陶的基本价值倾向,其《六朝选诗定论》“陶潜”目下有一总论可见概要,论云:

> 六朝诗,其作者圣贤之徒甚少,相类者止陶靖节一人。其所为诗,每合乎圣贤之道。使夫子生六朝之后,其于诸人之诗,诚未知其取舍。若靖节之诗,必多所存。惜《选》主词不主意,所取者少耳。靖节之人,圣贤之人也,其言纯乎圣贤之言。唐以后合乎圣贤之言者,惟杜少陵而已。然靖节之诗,全是己欲立而立人,己欲达而达人。少陵之诗,正得老者安之、朋友信之、少者怀之之意。世人谓少陵“每饭不忘君”,少陵虽遭丧乱,而继立者犹是唐家,故其词显著。靖节独当易姓之际,更有难于言者,观入宋以后诗,以甲子纪年,何尝一刻忘君哉![③]

一句话,吴淇在《诗经》之后的所有诗人中只找到两位“圣贤之人”,“其言纯乎圣贤之言”,他们就是陶渊明和杜甫。虽然两人都是圣贤,都忠心国君,但其圣贤之道的表现有别,陶渊明是推己及人,杜甫是爱人以德;因所处背景不同,陶诗隐而杜诗显。

在对具体篇章的评论中,吴淇遵循的宗旨就是“靖节之人,圣贤之人也,其言纯乎圣贤之言”,很注意揭示体现圣贤性情的诗句。如评《读山海经》(孟夏草木长)云:

> “众鸟欣有托”二句,是万物各遂其性,却以“乐”字补出知命之学。“万族各有托”二句,是万物各正其命,后却以“守”字补出尽性之学。合二

---

① 〔清〕贺裳:《载酒园诗话》,见郭绍虞编选、富寿荪校点《清诗话续编》上册,第346页。

② 〔清〕贺裳:《载酒园诗话》,见郭绍虞编选、富寿荪校点《清诗话续编》上册,第310页。

③ 〔清〕吴淇撰,汪俊、黄进德点校:《六朝选诗定论》,广陵书社2009年版,第292页。

项，深得乾道变化之旨。谢康乐硬用《易》语犹肤。章末“乐”字，作诗之根本，即孔、颜之乐处。靖节会得孔、颜乐处，偶为读书而发。“书”上着一“我”字，自有靖节所读一种书，不专指《山海经》与《周穆传》。二书原非圣人之书，乃好事者所作，语最荒唐，只是偶尔借他消夏耳。①

评“秋菊有佳色”诗云：

上章写自得中带不得有为之意，此章写不得有为带自得之意。……“聊复”句，即武侯所云“苟全性命于乱世”意。②

可贵的是，吴淇虽然难免求之太深，但往往解析得深细新颖，令人有耳目一新之感。如评《杂诗》二首“结庐在人境”一首（即《饮酒二十首（之五）》）云：

吾非斯人之徒而谁与？“结庐在人境”，便别于长沮避世一流，但虽在人境，却不染于世俗，由其心远，故觉地远，连地也不必避耳。近而“东篱”，远而“南山”，何尝在人境之外？但我与世远，世亦与我远，故地无车马之喧，转觉更为僻静耳。

“采菊”二句，俱偶尔之兴味，“东篱”有菊，偶尔采之，非必供下文佐饮之需；而“南山”之见，亦是偶尔凑趣。

下四句，却单承“南山”说来。庐之结此，原因南山之佳；太远则喧，若竟在南山深处，又与人境绝。结庐之妙，正在不远不近，可望而见之间，所谓“在人境”也。若不从南山说起，何异阛阓？然直从南山说起，又少含蕴，故不曰“望”而曰“见”。“望”有意，“见”无意。山且无意而见，菊岂有意而采？不过借“东篱下”以为“见南山”之地，而取采菊为见山之由也。“悠”字具“远”“久”二义，加一“然”字，则不取义而取意，乃自得之谓也。此意宜在“见南山”之后，乃置于“见”字之上者，盖此自得之趣在于吾心，不关南山之见与不见也。既见南山矣，只得就南山说起。南山之色无时不佳，只因此见适值日夕之时，故以为“日夕佳”耳。山中飞鸟，为日夕而归，非为山色之佳而归；但其归也，适值吾见南山之时，得此飞归之鸟点缀之，益增山色之佳，此亦偶凑之趣也。

“此中”句，紧承四句，而“意”字从上文“心”字生出，又加一“真”字，更跨进一层。则“心远”为一篇之骨，而“真意”又为一篇之髓。“欲辩忘言”，谓此真意，非言所能辨。谢客曰：“心迹两寂寞。”首四句，车马无喧，是迹寂

① 〔清〕吴淇撰，汪俊、黄进德点校：《六朝选诗定论》，第293页。

② 〔清〕吴淇撰，汪俊、黄进德点校：《六朝选诗定论》，第295～296页。

寞。夫迹由于心，故问迹寂寞之所以然，则可以一言辨之曰“心远地自偏”。至于“采菊”四句，乃心寂寞。试问心寂寞之所以然，其一点真意，乃千圣不传之秘，即道书千卷、佛经万叶，犹不能尽厥蕴。故但以“欲辩已忘言”五字喝断。“此中有真意”之问，虽然固已言之矣，不曰“采菊东篱”云云乎？天何言哉？时行物生，在学者默默神会而已。

指“此中有真意”，俗本有作“此还”者，专指归鸟，未当。昔人有诗云“此波涵太极”，东野为“波”不能“含太极”，以“中”字易之，盖本于靖节此诗。而此诗之“中”，又从《孟子》“舜居深山之中”来，更觉脱化。盖舜所居者，山之深处，故曰“与木石居，与鹿豕游”。此犹在人境之中，更不离斯人之徒也。①

就形式而言，以近千字的篇幅（其解析《归去来辞》更达一千三百余字，为古代陶渊明接受史上所仅有）解析陶诗是前所未有的，即使黄文焕的《陶诗析义》也望尘莫及。吴淇对此诗隐藏的深曲蕴含（如“吾非斯人之徒而谁与”的儒家旨趣）、意脉的流走转接（如云“见南山”之后为转，下面“山气”四句、“此中”四句递相承接）、肌理的细密（如细致剔抉“见”“悠然”“此还”的确切含义）等剖析之深细不仅前所未有，就是他身后的整个清代也罕有其匹！这种解析已经超越了单纯的美感表达，加入了反复的咀嚼回味和深刻的理性思考，表明清人对陶渊明的接受已经大大地向纵深细致处发展了。值得指出的是，吴淇长篇的解析并没有湮没其以儒解陶的宏观宗旨。即如此诗，他对“人境”与世俗不即不离特点的分析深细周详，臻于此诗接受的最新高度，而整体上却笼罩在典型的儒家价值观念内。

此外，吴淇评陶新颖之处随处可见。如评《始作镇军参军经曲阿作》渊明以圣贤自任云：“首句言己无仕宦之意，二句所志者圣贤之道，三句有藐王侯之胸襟。……古今丈夫之杰有二：曰圣贤、曰英雄。唐虞之世，圣贤道长，虽有英雄无所施。汉魏以后，英雄道长，虽有圣贤无所用。宋公世称英雄，元亮自命圣贤。当晋末造，英雄得意之时也。宋公镇军，而元亮为之参军。以参军之藐藐，视镇军之赫赫，何啻云泥之殊耶？……彼自有彼之事业，我自有我之事业。彼之事业，或不止于镇军；我之事业，亦当不止于屡空。屡空晏如，我弱龄之造诣，贤者之事也。岂壮至老，曾无进步？遁世无闷，但俟之返庐之后耳。”②评《拟古

① 〔清〕吴淇撰，汪俊、黄进德点校：《六朝选诗定论》，第 294～295 页。

② 〔清〕吴淇撰，汪俊、黄进德点校：《六朝选诗定论》，第 296～298 页。

诗》(日暮天无云)有怨情云:“首四句,全不露怨意,关要虚字只一‘美’字。若非后六句,何由知其为怨,且怨之深也?”①解析《归去来辞》立意云:“通篇以‘觉今是而昨非’为主。‘田园’二字作两大柱。……然‘昨非’只有‘心为形役’一句,而通篇俱说今是。”②评《挽歌》之深痛云:“‘亲戚’二句妙在‘或’、‘亦’二字,他人已歌,即亲戚亦在或然之间。只得未归之前片刻之哭耳。夫幽室之闭,悠悠千载,以送者片时之哭校之,济得甚事?真可痛也!”③当然有些新颖的见解未必切当,如评《咏贫士》:“见学校之实不可不修举也。若以为勗贫士以安贫之节,犹其余意耳。”④即有求之过深之嫌。

总之,贺贻孙、叶燮扫清了明代复古派贬抑陶诗的理论障碍,直接深刻地影响了沈德潜、方薰等人对陶诗文如其人等特点的认识。吴淇以儒家圣贤视陶,解析深细,联系作品对陶诗文如其人等特点做了具体呼应。他们的评陶言论一方面是对明代以儒解陶论的总结和深入,另一方面也是清代陶渊明观的有力开启。可以说,此后,清代读者对陶诗虽然偶有微词,但多从大处着眼,称赏陶渊明及其作品。陶渊明的诗史地位又整体回归到屈指可数的一流大家行列,回归到宋代陶、杜并崇的时代。

第五节　王士禛尊奉的神韵宗师

王士禛是继钱谦益之后引领清初文坛的卓越诗人,从顺治十四年(1657)创作《秋柳》诗蜚声海内始,至康熙五十年(1711)去世止,活跃于诗坛50多年。他生前自定的《渔洋精华录》收诗1694首,其中明显带有陶渊明及其诗文痕迹的诗作有57首,仅占3%多一点;王士禛现存诗3000多首,其中明显带有陶渊明及其诗文痕迹的诗作有140多首,约占其中4%。此外,据《带经堂诗话》《古欢录》等诗话杂著统计,王士禛涉及陶渊明的言论有80多处。单纯从其接受陶渊明的诗作、相关言论的数量和所占比率来看,王士禛在陶渊明接受史上并不是很突出的,但考虑到其诗坛地位、影响及陶渊明在其神韵说中的特殊作用,王士禛对陶渊明的接受仍然值得关注,其接受成果深有意味且值得重视。

① 〔清〕吴淇撰,汪俊、黄进德点校:《六朝选诗定论》,第292页。
② 〔清〕吴淇撰,汪俊、黄进德点校:《六朝选诗定论》,第300页。
③ 〔清〕吴淇撰,汪俊、黄进德点校:《六朝选诗定论》,第303页。
④ 〔清〕吴淇撰,汪俊、黄进德点校:《六朝选诗定论》,第298页。

一、传陶渊明高逸之神

对陶渊明为人的评价，在朱熹、真德秀等南宋理学家之后，读者格外注意他身上隐含的忠义高节和入世情怀。由于特殊的时代原因，包括明遗民在内的明代读者也强化了这一浓郁的政治伦理特点。相形之下，史书传记和苏轼所确立的飘逸的陶渊明形象反而漂渺起来，成为依附于忠愤形象的精神影像。令人深思的是，王士禛在有意无意间突出了陶渊明形象的淡泊闲远，把明末以来的忠愤形象转换成高逸形象，但与苏轼的理解相比，王士禛理解的陶渊明更加神韵悠远。

明末清初高兆（字云客）所撰《续高士传》上续皇甫谧（字士安）《高士传》，收录晋代到明代高士 143 人，收录标准十分苛刻。王晫《今世说》卷三曰：“高云客少遭丧乱，自江左还旧乡，补衣蔬食，块处蓬室中。采搜隐逸，辑为《高士续传》。鉴别精严，论者谓其才识不让士安。”①高兆《续高士传》收录晋代高士 31 人，居然没有收录陶渊明。因为此书“凡名入仕籍、后挂冠者黜……虽以二陶（按：指陶渊明和陶弘景）之贤，其最著已，以其迹适有类于是，终不得列夫是篇，其他则又奚论？夫渊明之隐为晋也，使晋不为宋，渊明未必不仕也”②。

与高兆局限于仕与不仕而隐约寓含明遗民心态不同，王士禛虽然也是受皇甫谧《高士传》的影响而作《古欢录》，但其去取标准已经十分宽容。其《自序》称取古诗“良人惟古欢”句为名，借夫妇恩爱以喻“尚友”古人之意。其所收“古欢”高贤上起唐虞时代的传说人物被衣，下迄明代赵白云。收录魏晋南北朝人物 97 题 100 多人，其中既有高隐之士，也有王羲之、萧统等仕途贤达，陶渊明自然在其行列，且陶传附录《桃花源记》全文，传记文字长于一般人，可见王士禛是把陶渊明看作“古欢”中的良友的。从陶渊明传末注来看，该传记节录于《晋书·陶潜传》，而《桃花源记》则录于“《陶靖节集》”。③ 王士禛在所作传记中依次述及《五柳先生传》、任彭泽令、抚无弦琴、葛巾漉酒、与子书言志等洒脱之举，竟然没有提及“耻事二姓”、却檀道济粱肉等忠节之事，这当不是偶然为之。传末附录《桃花源记》，这在陶渊明接受史上还是第一次。《桃花源记》虽非陶传，

---

① 〔清〕王晫：《今世说》，《丛书集成初编》本，中华书局 1985 年版，第 29 页。

② 〔清〕陈日浴：《续高士传序》，《四库全书存目丛书》史部第一二一册，齐鲁书社 1996 年版，第 634 ~ 635 页。据陶澂序，《续高士传序》撰作始辛丑终壬寅。

③ 〔清〕王士禛：《古欢录》卷三，《四库全书存目丛书》史部第一二一册，第 114 页。

却寄寓了陶渊明深远的志趣,应该说,这一附录不动声色地传达了陶渊明飘然高逸、不羁世俗的神韵,很有含蓄蕴藉、悠然不尽的意味。这是王士禛独特的神来之笔,与其作诗倡导神韵说气类相通。

王士禛虽然在《古欢录》中回避了陶渊明的忠节高义问题,但在他处,还是含蓄表露了对陶渊明政治伦理品格的评价态度。《池北偶谈》卷一二有《陶诗甲子辨》一则,不辞抄录明人傅占衡和宋濂两人辨析陶诗甲子纪年的长篇言论,表面上是说自己发现傅占衡《永初甲子辨》乃踵继宋濂之论,实质上也是赞同傅、宋二人的观点,即不赞成陶诗采用甲子纪年表露忠节之说,但赞成"以曾祖晋世宰辅,耻复屈身后代"①之言。士禛似乎只是以学术的态度触及"耻事二姓"的问题,却在不动声色中表露了对渊明节义的赞赏。虽同是赞赏,却不大声张扬,与宋明读者的明朗态度大不一样。

王士禛在《跋牟氏陵阳集》中也表露了对渊明节义的特殊理解。其跋云:

> 其(牟巘)《九日诗序》云:"陶公再为建威参军,刘裕幕府也,忽弃去为彭泽令,未几又弃去。裕是时已有异志,刘穆之宁死不与九锡。王弘自江北来,首以此议讽朝廷。裕遂移晋祚,而弘为吏部尚书,为江州刺史,遂被心腹之寄。既来江州,柴桑近在境内,于陶公时惓惓焉。岂非内怀前愧,欲附高人胜士以自湔祓耶?陶公未易致,则使人中路具酒食,候其出,醉而要之,庶几一见,斯已甚迫,则亦可以见我胸怀本趣固有在,岂端为一王弘哉!适乘篮舆足以自返,其视华轩为何物,而弘欲以此荣其归,此又可一笑也。"云云。此论前人所未发,特录之。②

王士禛云"此论前人所未发",为牟巘独创,实为慧眼。细窥其心,王士禛于牟氏评王弘之论实心有戚戚焉。相合处有两层意思,一是赞赏陶渊明"视华轩"如敝屣、不与新朝合作的"胸怀本趣",二是与王弘心态幽微暗契。第二层意思如味外之味,难以言传,此强为简析之。王士禛官扬州时,孙枝蔚"侨居扬州,高不见之节",王士禛先送诗传意云:"焦穫奇人孙豹人,新诗雅健出风尘。王弘不见陶潜迹,端木宁知原宪贫。"③投其所好,方才定交。此王弘友陶故技也。联系此

① 〔清〕王士禛著,袁世硕主编:《王士禛全集》第四册,齐鲁书社2007年版,第3129页。本节所引《王士禛全集》文字,皆据此版本,不再详注。

② 〔清〕王士禛著,袁世硕主编:《王士禛全集》第三册,第1945页。"既来江州,柴桑近在境内"一句原断作"既来江州柴桑,近在境内",误,引文径改之。

③ 〔清〕王士禛著,张宗柟纂集,夏闳校点:《带经堂诗话》上册,人民文学出版社1963年版,190页。

事,对读《跋牟氏陵阳集》,仕于清朝的王士禛有以王弘自居的幽微心态,他虽对陶渊明这样的隐士谦礼有加,赞赏陶渊明的“胸怀本趣”,但其故国之思已经与明遗民的浓烈情绪不同,决不会大张旗鼓地赞扬其“耻事二姓”的忠义高节。

所以,在对比陶渊明和苏轼时,王士禛更认同迟迟不离仕途的苏轼,而对陶渊明略持保留态度。其《和苏诗二集序》云:

> 夫文忠(苏轼)兄弟生当宋庆历、元祐极盛之时,仁祖赏其文,至谓“今日为子孙得二宰相”。神宗虽不进用其身,宫中每叹以为奇才。异时宣仁述之,至于泣下。古来文人遇合之奇,盖未有如文忠者。公即杀身成仁以报累朝之遇,亦其宜也。故虽流离颠沛,窜逐于海外瘴疠之乡,至于百折九死,而其气不挫,其与渊明生当晋之末造,自以先世宰辅不肯仕他姓者,固不可同日而语矣。……吾谓渊明为其易,而文忠为其难。渊明之不仕也,楚狂、接舆、荷蓧丈人之类也;文忠之仕也,迟迟去鲁之类也。渊明、子瞻易地皆然,未可轩轾乎其间也。①

王士禛虽然说“渊明、子瞻易地皆然”,但他把苏轼归入“迟迟去鲁”、汲汲用世的儒家孔子一派并加以肯定,而把陶渊明归入隐者狂狷之流并略持保留态度。与苏轼一样,王士禛在康熙一朝也备受隆遇,他更赞赏“百折九死,而其气不挫”的积极入世精神。但这并不表明王士禛否定忠于前朝的政治节操,如他格外喜欢阮籍,但明确说阮籍人品在陶渊明下:“阮、陶二公在典午皆高流。然嗣宗能辞婚司马氏,而不能不为公卿作劝进表,其品远出渊明下矣。”②值得注意的是,王士禛虽赞赏但不效仿。因此,他对陶渊明政治上的忠义高节的肯定与明遗民的坚定态度不同,显示出含蓄的保留意见。这与在清王朝长大而进入仕途的第一代汉族读者的复杂心态密不可分。

与不愿彰显陶渊明不仕新朝的政治节操不同,王士禛对陶渊明在生活上的高尚情操、飘逸情趣的肯定和欣赏毫不含糊其辞。上引言论的总体倾向都能表现这一点,又如《古夫于亭杂录》卷四注意到渊明对节义之士田畴“企慕之至、形于篇什”;《分甘余话》记云:“一乡先达……作古诗恐坏人心术。或闻之,笑曰:‘……但不知何以处陶渊明?’”③又云:“念远开莲社,众至百数十人,何其多耶?

① 〔清〕王士禛著,袁世硕主编:《王士禛全集》第三册,第1797~1798页。

② 〔清〕郎廷槐问,王士禛等答:《师友诗传录》,见丁福保辑录《清诗话》上册,上海古籍出版社1978年版,第140页。

③ 〔清〕王士禛撰,张宗柟纂集,夏闳校点:《带经堂诗话》下册,第769页。

岂此百数十人者,心尽不杂过康乐乎?抑来者不拒乎?宜渊明之攒眉。"①他在轻松幽默的笔调中传达出对陶渊明为人不容置疑的肯定。他赞赏友人"高风激颓波,遥揖柴桑躅",自白"忽见东篱人,更忆东篱菊"②,其《题王勤中松菊图》云:"三径荒芜忆故林,何来松菊草堂阴。凭将笠泽高人笔,写出柴桑处士心。"③欣慕陶氏高节雅趣不言而自明。又其《与释智朴》二十一通之八云:"日月依辰,忽逾重九。仆仆朝市,空爱佳名。承和尚手裁金英,遥以相寄。菊制颓龄,渊明固已言之。吾师之爱我深矣。前录陶公及张商英二诗颂,奉寄后……"④情谊和用语皆求雅人深致,一望便知从陶渊明《九日闲居》"日月依辰至,举俗爱其名。……菊能制颓龄"等语意化出。其诗文中的陶典、陶语屡见不鲜,也透露出他对陶渊明清操雅趣的赞赏之情。

二、陶诗为神韵之宗

王士禛论诗最有特点且影响最为深远的是他的神韵说。神韵说的出现不是偶然的,是他对自己和历代诗人创作实践,是他对钟嵘、司空图、严羽等人诗学理论的总结、继承和发扬。陶渊明的诗歌、受陶诗影响的唐代山水田园诗作和历代借助陶诗所作的理论阐发无疑是神韵说重要的三大宗源。这充分体现在王士禛论诗的言论里。

关于陶诗,王士禛格外肯定其在五言诗史中独特而重要的地位。他说:

江左以降,(五言古诗)渊明独为近古,康乐以下其变也。⑤

过江而后,笃生渊明,卓绝后先,不可以时代论矣。⑥

秦诗具于诗之《秦风》。汉人苏武、李陵、枚乘、傅毅之作,去《国风》未远。六代惟陶彭泽,三唐惟韦苏州,二公可以企及。⑦

王士禛认为《诗经》中的五言句是"五言权舆",汉苏武诗、李陵诗以及《古

① 〔清〕王士禛著,张世林点校:《分甘余话》,中华书局1989年版,第20页。

② 〔清〕王士禛:《赵君书来求东篱诗雪后赋答》,见袁世硕主编《王士禛全集》第二册,第1392页。

③ 〔清〕王士禛著,袁世硕主编:《王士禛全集》第二册,第1036页。

④ 〔清〕王士禛著,袁世硕主编:《王士禛全集》第三册,第2389页。

⑤ 〔清〕王士禛著,张宗柟纂集,夏闳校点:《带经堂诗话》上册,第20页。

⑥ 〔清〕王士禛:《古诗选》之《五言诗凡例》,见袁世硕主编《王士禛全集》第三册,第1758页。

⑦ 〔清〕郎廷槐问,〔清〕王士禛等答:《师友诗传录》,见丁福保辑录《清诗话》上册,第139页。

诗十九首》是“体制大备”之作,魏晋时期曹植、阮籍、左思、郭璞等人的诗作“最为挺出”,陶渊明虽为入宋诗人,但与谢灵运开启五言古诗新变局面不同,陶诗仍然属于晋前古风,“独为近古”①,“卓绝后先,不可以时代拘虚”。王士禛的诗友张笃庆也有类似的观点,认为“五言之至者,其惟《十九首》乎!其次则两汉诸家及鲍明远、陶彭泽,骎骎乎古人矣”②。因此,王士禛选五言古诗,设陶渊明自成一卷,魏晋六朝诗人只有阮籍和陶渊明各自成卷,其他人皆与他人合卷。王士禛论陶诗的历史地位与明代复古派肯定陶诗的言论如出一辙,没有多大新意。

王士禛的新见主要表现在对与其神韵论相合的陶诗特点的肯定与把握上。唐代王维、孟浩然、韦应物、柳宗元等山水田园诗人是王士禛进行神韵理论阐发的主要对象,他们的作品是神韵诗在历史发展脉络中最美丽的景观,对于这些美丽景观的源头,王士禛又追溯到陶诗,认为:“盛唐诸公五言之妙,多本阮籍、郭璞、陶潜、谢灵运、谢朓、江淹、何逊……唐人于六朝,率揽其菁华,汰其芜蔓,可为学古者之法。”③从写作实践考虑,王士禛认为陶诗“不易学”,有弟子问:“五古句法宜宗何人?从何人入手简易?”阮亭答云:“《古诗十九首》如天衣无缝,不可学已。陶渊明纯任真率,自写胸臆,亦不易学。六朝则二谢、鲍照、何逊,唐人则张曲江、韦苏州数家,庶可宗法。”④“不易学”并非不准学和不能学,陶诗对唐人和清代诗人来说都是必须师法的宗师。

陶诗的突出特点之一是“纯任真率,自写胸臆”,即文如其人、真率自然。王士禛《梅厓诗意序》云:“窃谓诗以言志,古之作者,如陶靖节、谢康乐、王右丞、杜工部、韦苏州之属,其诗具在,尝试以平生出处考之,莫不各肖其为人。”⑤又《澹远堂诗集序》自谓读诵横徐先生“《春日田家》、《杨叟山居》诸篇,喟然叹曰:‘是今之靖节也。’已,又征诸司寇(剑锋按,指向王士禛介绍横徐先生的司寇郑公),稔其出处之概,不慕荣利,箪瓢晏如,拟诸靖节,殆无愧焉者”⑥。此虽论同时代

---

① 〔清〕王士禛著,张宗柟纂等集,夏闳校点:《带经堂诗话》上册,第20页。

② 〔清〕郎廷槐问,〔清〕王士禛等答:《师友诗传录》,见丁福保辑录《清诗话》上册,第134页。

③ 〔清〕王士禛著,张宗柟纂集,夏闳校点:《带经堂诗话》上册引《居易录》,第20页。

④ 〔清〕郎廷槐问,〔清〕王士禛等答:《师友诗传录》,见丁福保辑录《清诗话》上册,第133页。

⑤ 〔清〕王士禛著,袁世硕主编:《王士禛全集》第三册,第1787~1788页。

⑥ 〔清〕王士禛著,袁世硕主编:《王士禛全集》第三册,第1781页。

诗人,但从中可以看出王士禛对陶渊明文如其人特点的推崇。

真率自然之外,王士禛格外重视的还是陶诗的古淡清远,因为这更符合他神韵诗美的理想。王士禛继承陶诗接续《风》《雅》之说,把陶诗放在艳丽萎靡的对立面加以肯定。他说:“至西园诸子(按,指建安诸子)而风(按,指‘以艳丽为工’)斯滥。迨于张华、傅玄以及潘、陆而风斯漓。虽正之以左、鲍、陶、谢而不能振。终之以《玉台》、徐、庾,而词弥盛,而气弥薾矣。若然者,岂非艳丽之为害,而《雅》《颂》之日亡也耶?盖艳则精华泄而真气消;丽则慆心生而正声灭。有志于风雅之君子,所为大忧也。救之以陶、韦,以渐几于苏、李,其庶几欤?故欲反古者,必自五言始。”①在五言诗史上,陶诗精华内蕴,真气合古,最近《风》《雅》,为“风雅宗”②;其典型的风格特点就是古淡清远,或者说,陶诗是属于最足以体现王维、孟浩然、韦应物、柳宗元一派艺术特点的宗源作家。王士禛对陶诗、韦应物诗和柳宗元诗做了一个比较。他说:

> 东坡谓柳柳州诗在陶彭泽下,韦苏州上。此言误矣。余更其语曰:韦诗在陶彭泽下,柳柳州上。余昔在扬州,作《论诗绝句》,有云:“风怀澄澹推韦柳,佳句多从五字求;解识无声弦指妙,柳州那得并苏州?”又尝谓陶如佛语,韦如菩萨语,王右丞如祖师语也。③

王士禛把陶渊明、韦应物、王维依次比作佛教中的佛、菩萨、祖师,在这个诗派序列中,陶渊明的地位显然高高在上。这个派别的突出优点是“风怀澄淡”,具备“无声弦指妙”,即符合神韵诗淡远、蕴藉、隽永的理想。这是韦应物诗的特点,

---

① 〔清〕郎廷槐问,〔清〕王士禛等答:《师友诗传录》,见丁福保辑录《清诗话》上册,第144页。

② 〔清〕王士禛《谢灵运》:“陶谢风雅宗,名不惭烈祖。”见袁世硕主编《王士禛全集》第二册,第1398页。

③ 〔清〕王士禛著,张宗柟纂集,夏闳校点:《带经堂诗话》,第40页。翁方纲《石洲诗话》卷八云:“其不以柳与陶并言,而言其继谢,不以陶与韦并言,而言其似白者,盖陶与白皆萧散闲适之品,谢与柳皆蕴酿神秀之品也。渔洋先生不喜白诗,故独取韦以继陶也。独取韦以继陶,则竟云陶、韦可矣,奚其必取柳以居陶、韦之次乎?且以渔洋之意推之,则有孟浩然、祖咏一辈人皆可以继陶者,奚必其及柳乎?则必曰但取中唐时人,不得不以柳并言耳。是则因言陶、韦而及之,犹若局于东坡之论矣。夫东坡之言陶、柳、韦也,以诗品定之也,非专以襟抱闲旷定之也。若专以襟抱闲旷定之,则以陶、韦并称足矣,不必系以柳矣。若以诗论,则诗教温柔敦厚之旨,自必以理味事境为节制,即使以神兴空旷为至,亦必于实际出之也。……渔洋生于李、何一辈冒袭伪体之后,欲以冲淡矫之,此亦势所不得不然。而究以诗家上下原委,核其实际,则断以遗山之论为定耳。”见郭绍虞编选、富寿荪校点《清诗话续编》下册,第1504页。

更是陶渊明诗的特点。由此，王士禛十分欣赏陶渊明咏雪的诗句“倾耳无希声，在目皓已洁”，称之为“上乘”“最佳”之作。① 王士禛认为“咏物之作，须如禅家所谓不粘不脱，不即不离，乃为上乘”。“咏物诗最难超脱，超脱而复精切则尤难也。”②陶渊明咏雪的诗句形神兼备，极好地体现了淡远飘逸的神韵，体现了王士禛所欣赏的陶诗特点和诗美理想。所以，王士禛在评他人类似陶诗的诗作时，往往用源自陶诗评论的闲远古淡一类词语相嘉许：

予喜其闲适古淡，类自陶、韦门庭中来。(《金素公问学集序》)③

敝乡杨梦山太宰，其诗萧疏简远，得渊明、摩诘之真。[《与朱彝尊(三通之二)》]④

王庭字彦远……罢官归，足迹不入城市，常衣布袍行田间，人不知其二品大僚也。……五言诗清真古澹，有陶、韦风，与石湖、邢昉相上下，足称逸品。⑤

孙君廷铎……尤喜其五言《闲旷》《闭关》诸作，非彭泽、右丞不足拟也。⑥

鄢陵梁晳次……于诗嗜陶渊明，少得句云：“明月生东隅，清辉照北床。”长老惊异。⑦

张昉(明遗民)……时为五言诗，学陶靖节。⑧

但王士禛毕竟面对着陶渊明接受史的丰富成果，他对陶诗特点的把握没有流于片面化，充分关注到了闲远古淡下的“沉着痛快”。他听到有人论南宗画“古澹闲远，而中实沉着痛快”后说：

予曰：子之论画也至矣。虽然，非独画也，古今风骚流别之道，固不越

---

① 〔清〕王士禛著，张宗柟纂集，夏闳校点：《带经堂诗话》上册，304 页。所引陶诗为《癸卯岁十二月中作与从弟敬远》诗句。

② 〔清〕王士禛著，张宗柟纂集，夏闳校点：《带经堂诗话》上册，第 305 页、第 308 页。

③ 〔清〕王士禛著，袁世硕主编：《王士禛全集》第三册，第 2006 页。

④ 〔清〕王士禛著，袁世硕主编：《王士禛全集》第三册，第 2436 页。

⑤ 〔清〕王士禛著，张宗柟纂集，夏闳校点：《带经堂诗话》上册引《池北偶谈》，第 241 页。

⑥ 〔清〕王士禛著，张宗柟纂集，夏闳校点：《带经堂诗话》上册引《蚕尾续文》，第 160 页。

⑦ 〔清〕王士禛著，张宗柟纂集，夏闳校点：《带经堂诗话》上册引《蚕尾文》，第 245 ~ 246 页。

⑧ 〔清〕王士禛著，张宗柟纂集，夏闳校点：《带经堂诗话》下册引《池北偶谈》，第 541 页。

此。唐宋以还,自右丞以逮华原、营邱、洪谷、河阳之流,其诗之陶、谢、沈、宋、射洪、李、杜乎?……沉着痛快,非惟李、杜、昌黎有之,乃陶、谢、王、孟而下莫不有之。①

又其《陶庵诗选序》云:

综而论之,则刘勰所谓"结体散文,直而不野",汉人之作,夐不可追。"慷慨""磊落","清峻""遥深",魏晋作者,抑其次也。"极貌写物,穷力追新",宋初以还,文胜而质衰矣。昭明称陶诗"跌宕昭彰,抑扬爽朗,莫之与京",故后之论者,以为"外枯中腴",犹未为知陶者也。君古诗大抵原本于陶,而杂采诸家之美,此其能自名一家,而可传于世不疑也。古诗之绝响久矣!规模者工形似,驰骋者偭规矩,当淫哇竞奏,而闻琴瑟古澹之音,或倦而思卧者有矣。予乃点次古诗为一卷,与海内知诗者共之。②

王士禛认为陶诗的平淡不是枯淡无味,这与苏轼的基本观点一致。但与苏轼认为陶诗"外枯中腴"不同的是,王士禛赞同萧统论陶诗"跌宕昭彰,抑扬爽朗",与南朝宋初以后"极貌写物,穷力追新""文胜而质衰"不类,而与魏晋作者"慷慨""磊落""清峻""遥深"的诗歌精神更加相通,即陶诗也体现了"沉着痛快"的一面,只是与李、杜等人的以之为显在风貌不同,更与"淫哇竞奏"、直接宣泄的当代末流诗风不同,陶诗的"沉着痛快"是隐含在"古澹之音"背后的底色。由此,王士禛对陶诗特点的认识就显得格外圆通,也借助陶诗为他所提倡的神韵说注入了更为深广的内涵。

三、雅淡清远的创作接受

关于其诗歌创作的渊源,王士禛在晚年时曾自己总结说,早年宗尚唐音,"博综该洽,以求兼长";中岁"越三唐而事两宋",喜好清利新灵;晚年复归于唐,但与早年博宗不同,而是以"太音希声,药淫哇锢习",是绚烂至极,"乃造平淡"。③ 他虽然使用了苏轼借助陶诗等所阐发的"平淡"概念,却没有明确说自己学尚陶诗。王掞《诰授资政大夫经筵讲官刑部尚书王公神道碑铭》云:"公之诗,笼盖百家,囊括千载,自汉、魏、六朝以迄唐、宋、元、明,无不有以咀其精华,探其堂奥。而尤浸淫于陶、孟、王、韦诸公,独得其象外之旨,意外之神,不雕饰

① 〔清〕王士禛著,张宗柟纂集,夏闳校点:《带经堂诗话》上册引《蚕尾文》,第87页。

② 〔清〕王士禛著,袁世硕主编:《王士禛全集》第三册,第1549页。

③ 〔清〕俞兆晟:《渔洋诗话序》,见丁福保辑录《清诗话》上册,第163页。

而工，不锤铸而炼。极沉郁排奡之气，而深造自然；尽镵刻绚烂之奇，而不由人力。”①宋荦《诰授资政大夫经筵讲官、刑部尚书阮亭王公暨元配诰赠夫人张夫人合葬墓志铭》称士禛“诗备诸体，不名一家，自汉魏以下兼综而集其成。大抵以神韵为标准，以自然为极则，风味在陶、韦、王、孟间，正始之遗音也”②。张云章《蚕尾诗集序》也称士禛诗“其澄淡简远者，得之二谢、渊明、王、孟、韦、柳”③。王士禛“以神韵为标准，以自然为极则”，追求“象外之旨，意外之神”，追求“大音希声”的淡远之风，其古体创作“惟宗王、孟，上及于谢朓而止”④，“其主导风格以王、孟为宗”⑤，就总体风貌而言，的确与唐人近而与陶、谢(灵运)远，但考虑到“孟、王、韦诸公”远宗陶、谢，士禛也以陶为宗师，尤其是联系其具体作品考察，会发现王士禛诗作的确也浸润着陶诗的风神意趣。

王士禛身在仕途，却对田园生活充满温馨的回忆和向往之情。其《扶风道中》云：“田园情话好，何事不归来。”⑥这是他联想着陶渊明和他的《归去来兮辞》而流出的诗句。陶渊明《归去来兮辞》云：“归去来兮，田园将芜胡不归……悦亲戚之情话。”只是王士禛淡淡道来，没有陶渊明那样迫切。又如《徂徕山下田家》云：“行行空翠里，明晦更多姿。碧树通村路，青山向岳祠。林深鸡犬静，雨足陇苗滋。他日龟阴稼，躬耕亦不迟。”⑦如唐代王维《渭川田家》等田园诗一样，王士禛也是从旁观者的角度表现对田园美景和生活的欣赏和羡慕，滤掉了现实艰苦，淡雅空灵，有唐人之风，陶诗只是作为田园的背景远远地投射出光源而已。又如《南园二首(之一)》：

> 晚起思园林，昨夜西堂雨。负杖眺前山，初阳散平楚。渌池萍始合，芳树禽交语。户庭寂无人，慨然念终古。⑧

从律句的形式、清雅的神韵看，自然近于唐人山水诗。王士禛有诗云：“诗里渊

---

① 〔清〕王士禛撰，孙言诚点校：《王士禛年谱》附录一，中华书局1992年版，第102页。

② 〔清〕王士禛撰，孙言诚点校：《王士禛年谱》附录一，第111页。

③ 〔清〕王士禛著，袁世硕主编：《王士禛全集》第二册，第1056页。

④ 〔清〕永瑢、纪昀等：《四库全书总目》卷一七三“《(渔洋)精华录》提要”，影印清文渊阁《四库全书》本。

⑤ 王利民：《王士禛诗歌研究》，中华书局2007年版，第66页。

⑥ 〔清〕王士禛著，李毓芙、牟通、李茂肃整理：《渔洋精华录集释》中册，上海古籍出版社1999年版，第767页。

⑦ 〔清〕王士禛著，李毓芙、牟通、李茂肃整理：《渔洋精华录集释》上册，第633页。

⑧ 〔清〕王士禛著，李毓芙、牟通、李茂肃整理：《渔洋精华录集释》上册，第116页。

明子细寻。”①如果仔细品味,会发现该诗中可以指实的陶渊明意趣至少有三处:“芳树禽交语”自陶《与子俨等疏》“见树木交阴,时鸟变声,亦复欢然有喜”化出,“户庭寂无人”自陶《归园田居》“户庭无尘杂,虚室有余闲”化出,“慨然念终古”自陶《赠羊长史》“慨然念黄虞”、《辛丑岁七月赴假还江陵夜行涂口》“怀古一何深”等化出。惠栋注士禛诗引《国雅》评云:“逼肖韦左司。要知韦之淡处,从陶、谢浸淫而出,非空疏人作清谈也。”②士禛此诗风格清淡,属于陶、韦一派,虽新近似韦,而源发于陶。此外,王士禛的《和吴孟举种菜》、《艺圃杂咏十二首》之《南村》、《济北田家题壁》、《峄山即事》、《访宾公大谷山口》、《江浦道中田家》、《弯头》和《见田家饭牛者意有所感,赋得牛饭就松凉》等田园诗写“处处桑榆绿,村村饼饵香”(《济北田家题壁》)、“田家驱犊返,仄径负樵归”(《访宾公大谷山口》)一类田家生活,一望便知遥承陶渊明田园诗而来,其影响虽多从唐出,但或多或少也留有陶诗痕迹,不再一一指陈。

最能体现王士禛诗歌特点的田园诗莫如《山中有虫声如击磬甚清越,蜀人谓之山子,又有花名龙爪甚艳,偶成绝句》和《真州绝句五首(之四)》。二诗云:

稻熟田家雨又风,枝枝龙爪出林红。数声清磬不知处,山子晚啼黄叶中。

江干多是钓人居,柳陌菱塘一带疏。好是日斜风定后,半江红树卖鲈鱼。③

前首虽咏物,实乃写田园风光,充分调动视觉和听觉,风光之奇美与心情之欣悦,不着一字,尽得风流;后首写江南水乡,清雅宁静的渔家风光浸染在夕阳红霞之中,虽是实境,却为虚笔,生机与美丽变得含蓄蕴藉,韵致悠远。两诗已经褪尽陶、孟、王、韦的明显痕迹,全然自家风神矣。此外,王士禛描写生产劳动和民风民俗的诗也远承陶诗而自具特色,其中《蚕词四首》和《山蚕词四首》描述养蚕女养蚕的过程、齐地养蚕缫丝的盛况,最为著名。然而这类诗歌正如其友人朱彝尊《鸳鸯湖棹歌》一百首集中描写家乡秀水(今浙江嘉兴)之风土人情和生产生活一样,泥土气息浓厚,陶诗踪影难见,陶诗的影响真如良玉生烟,远观可见,近视难得,故不作论析。

---

① 〔清〕王士禛:《程侍郎青溪遗集序》,见袁世硕主编《王士禛全集》第三册,第1990页。

② 〔清〕王士禛著,李毓芙、牟通、李茂肃整理:《渔洋精华录集释》上册,第117页。

③ 〔清〕王士禛著,李毓芙、牟通、李茂肃整理:《渔洋精华录集释》中册,第857页;上册,第293页。

王士禛其他题材的诗作如山水诗、题赠诗等也存在受陶影响的情况，优秀作品以《题乔子静桃花流水图》为代表，诗云：

青山白云外，合沓无终始。小艇漾溪流，幽兴何穷已。夹岸桃花林，连绵复相似。落英正缤纷，芳草亦鲜美。茗碗置船头，笭箵挂船尾。不愁风水逆，去住皆可喜。傥遇避秦人，或逢鬼谷子，鸾啸一逌然，沙禽忽惊起。①

全诗如李白《山中问答》诗所云“桃花流水窅然去，别有天地非人间”，构造出一个纯美超逸、灵动清静的山水境界。然而李白是从虚处写意传神，而王士禛则用王维、孟浩然等人白描山水的手法，虚实兼顾。王士禛说：“唐、宋以来作《桃源行》最传者，王摩诘、韩退之、王介甫三篇。观退之、介甫二诗，笔力意思甚可喜；及读摩诘诗，多少自在，二公便如努力挽强，不免面赤耳热，此盛唐所以高不可及。”②王士禛的这首《题乔子静桃花流水图》“多少自在”，正从唐人而来。从诗风来看，它因抽掉了现实的感喟，与王维、孟浩然的清华禅悦更近，而与陶渊明的朴素深厚较远；但从题材、构思、意趣、用语来看，又皆以陶渊明《桃花源记》并诗为祖。

除了前面提到的诗作，王士禛明显受到陶渊明影响的诗作还有很多，如：《自米堆山下行至上阳村钱家磡望湖中渔洋、法华诸山》《望终南山气》《送陶季之潞州》《长沮桀溺耦而耕处》《雪中送徐东痴二首（之二）》《订庵学士移居》《金孝章以壬子冬画梅寄予兄弟，今六年矣；丁巳七月，先生之子祖生至京师始见之，而先生与先兄考功皆已下世。怆然赋诗四首（之四）》《遥题王威中石坞山房四首（之二）》《风氏园老松》《冬杪卧疾寄山辛斋耦长》《万杉寺》《雪中送酒与东痴二首（之二）》《彭泽》③《集陶寄订庵》《长白杂诗八首同宾公作·黛溪》《送金会公太史归广济兼寄开先颙公二首》《三笑堂见徐五东痴题壁感赋》《题门人朱翠庭（从延）载菊图》《春日怀樊川旧游》《送田纶霞少司徒告还德州六首（之二、三、五）》《题门人徐内丘道冲（增祚）松泉图》《题门人孙贞伯嗣端松石间图》《舍北林塘为门人狄立人庶常作八首（之一）》《雪中盆兰又作数花赋之》《赵千里桃源图》《题门人程圣跂（哲）蓉槎菊舫二图》《艺圃杂咏十二首·南

① 〔清〕王士禛著，李毓芙、牟通、李茂肃整理：《渔洋精华录集释》中册，第 1282 ~ 1283 页。笭箵，鱼篓。

② 〔清〕王士禛著，张宗柟纂集，夏闳校点：《带经堂诗话》上册引《池北偶谈》，第 50 页。

③ 《彭泽》，《王士禛全集》题作《彭泽雨泊有怀陶公》；本段此上诗题从《渔洋精华录》，此下从《王士禛全集》。

村》等。从整体意蕴风神或部分语词典故上看，这些诗作都明显带有陶渊明的印记。如在意境营造方面，王士禛对陶渊明《归去来兮辞》“云无心以出岫”所体现的审美意味格外钟情：

山霭接湖云，日夕自来去。(《雨中寻米堆山》)

不雨不晴最窈窕，一东一西时往还。……无心羡汝能舒卷，惭负秋来水石闲。(《望终南云气》)

朝吟看云出，暮吟逐云归。(《读冯圃芝余事集因题天章还山诗卷》)

山气化云云作烟，幽人蓑笠不知年。(《为寓山侍讲题严荪友画》)

心与孤云闲。(《送王石谷南归》)①

行止水何意？卷舒云共闲。[《送田纶霞少司徒告还德州六首(之二)》]②

这些借云喻写闲远、自由心境的语句，不一定直接从陶渊明而来，但无疑渊源于陶渊明；在王士禛笔下，它们大多表现出脱略陶氏痕迹的淡远新风。但毋庸讳言，王士禛的神韵诗过于淡化自我情感和现实事理，与陶诗淡远背后的灼热终究有些隔膜。赵执信《论诗二绝句(之二)》云：“无弦只许陶彭泽，会得无弦响更长。若使无弦亦无响，人间悦耳足笙簧。”③陶诗含蓄蕴藉、淡远空灵而实际意蕴丰厚、真醇有味，所谓无弦而“响更长”是也；而神韵诗的末流则“无弦亦无响”，难免空洞无物之讥。

四、精神暗契非无因

王士禛之所以接受陶渊明，从其为人来看，与他淡泊清廉的人格精神密不可分。王士禛《古欢录自序》称自己云：“山人少无宦情，虽在周行，时有灭景云栖之志。幼读诗至《秦风·蒹葭》，辄流连三复，掩卷旁皇久之。至《考槃》《衡门》《十亩之间》，未尝不想见其人，冀将旦暮遇也。徒以祖父督课，从事科举，弱冠从政，回翔中外，忽四十年，夙昔之愿，纡郁未申，然不能须臾忘也。”④这种淡泊静退的独白不是故作姿态，而是基本属实。冒辟疆《序考绩》云：“公素性澹

① 以上引文分见〔清〕王士禛著，李毓芙、牟通、李茂肃整理《渔洋精华录集释》，第209页、第757页、第1344页、第1356页、第1966页。

② 〔清〕王士禛著，袁世硕主编：《王士禛全集》第二册，第1320页。

③ 〔清〕赵执信著，赵蔚芝、刘聿鑫校点：《赵执信全集》，淄博赵执信纪念馆2010年内部印本，第94页。

④ 〔清〕王士禛著，袁世硕主编：《王士禛全集》第三册，第2019~2020页。

约……日食蔬菜一二器，不枉费县官一钱。……公尝有一莫逆至，临别，公曰：‘愧官贫，无以为长者寿，署有十鹤，敬赠其二，志素交也。’……可不谓廉而慎乎！”①母亲去世后，他严谨守孝，“终三年丧，未尝一饮酒茹荤也”②。王士禛虽出身清贵，但为人为官端庄清廉，七十一岁免官归里时，除了“图书数簏”③，几无长物。我们通过这些典型事例可见其人格精神、淡泊清廉之一斑。因此，王士禛历经宦海风波，于陶归隐心态多有认同，如其《凌云杂咏五首(之五)》咏洗墨池云：“故山归未得，空和渊明诗。”④又《彭泽雨泊有怀陶公》云：“陶公令彭泽，柴桑一舍耳。犹对匡庐山，共饮西江水。一朝悟昨非，扁舟归栗里。笑指故山云，吾心亦如此。”⑤前人缅怀陶渊明多赞赏其高节忠义和洒脱拔俗的情趣，王士禛虽然也是“三叹颜延诔”(《彭泽雨泊有怀陶公》)，但并没有点明不为五斗米折腰、耻事二姓之类的节操，而是格外突出他的归隐之志。正是因为王士禛有着清醒的仕隐意识，不贪恋禄位，常思念谦隐自洁，在公务之余，流连风雅高趣，所以才把陶渊明看作古代良友并收入《古欢录》。

王士禛为人谦虚下礼，尤其注意与地位远在自己之下的诸多士人交往。泛览王士禛作品集和《带经堂诗话》等著作，我们发现他所交往的布衣诗人十分广泛，上至垂名文学史的优秀作家，下到工匠凡夫，包揽博杂。《渔洋诗话》称：“余在广陵五年，多布衣交。”⑥他与布衣交往，情深意笃，留下诸多文学史佳话，与徐夜、蒲松龄、邵潜夫、孙枝蔚、邢昉等隐逸、布衣诗人作家的交往堪称典型。在王士禛交往的这些布衣诗人中，有人品、诗风与陶渊明相似者，王士禛油然而生欣赏敬重之情。例如遗民诗人徐夜，王士禛与他虽有亲戚关系⑦，但其交往笃厚主要缘于志趣相投。徐夜为人和诗风皆有似陶渊明处。王士禛在《雪中送酒与东痴二首》中把徐夜描绘为固穷守节的高士，“欲寄一壶酒，聊以慰幽独”，很有

---

① 〔清〕王士禛撰：《渔洋山人自撰年谱》，见李毓芙、牟通、李茂肃整理《渔洋精华录集释》下册，第2025～2026页。

② 〔清〕王士禛撰：《渔洋山人自撰年谱》，见李毓芙、牟通、李茂肃整理《渔洋精华录集释》下册，第2029页。

③ 〔清〕王士禛撰：《渔洋山人自撰年谱》，见李毓芙、牟通、李茂肃整理《渔洋精华录集释》下册，第2048页。

④ 〔清〕王士禛著，李毓芙、牟通、李茂萧整理：《渔洋精华录集释》中册，第892页。

⑤ 〔清〕王士禛著，袁世硕主编：《王士禛全集》第二册，第1226页。

⑥ 〔清〕王士禛著，张宗柟纂集，夏闳校点：《带经堂诗话》上册，第191页。

⑦ 〔清〕王士禛《渔洋诗话》：“徐夜……叔祖季木考功(象春)外孙，与余兄弟为外从兄弟。”见丁福保辑录《清诗话》上册，第167页。

当年王弘关心陶渊明的意味。他们之间的交往更多的是精神上的深层契合，即对魏晋风流的共同期许。徐夜号嵇庵，士禛号阮亭，两人之交类似魏晋时期的阮籍和嵇康，士禛的《徐五兄自号嵇庵》诗对此有专门阐发。嵇、阮神交，虽于司马氏政治态度有向背之不同，但都任性自然；王、徐神交，虽有与清政权合作不合作之分，但皆向往冰雪高操。徐夜的处境无疑是王士禛的未仕状态。王士禛惜徐夜，乃自惜高怀。再如与王士禛交往甚多的孙枝蔚，也是深受陶渊明影响的隐士和布衣诗人，其《小寒食雨中读陶公〈乞食诗〉》云："陶公我所师，遗篇存梗概。"①《春木四章》云："诗如陶公，无闻是愧。"②《答方圣羽见怀起句用陶诗"开岁倏五日"》云："敢学陶渊明，汲汲但盈樽。"③他有《饮酒二十首和陶韵》《题五柳图》《书陶诗后》《和陶〈止酒〉诗韵东吴尔世》《喜得与王丰垣为邻次渊明移居二首韵》《清明日闲再彭携歌童泛舟城北取"今日天气佳，清吹与鸣弹"为韵（十首）》《小寒食雨中读陶公〈乞食〉诗》《书陶渊明集后》等明显接受陶渊明的作品，他的诗歌、饮酒、叹贫和高雅情趣无不浸染着陶渊明的影响。王士禛与布衣、与遗民的交往从这种意义上来说也是高洁相许。由此，也可以理解他与陶渊明何以有精神上的契合。

王士禛是一位情趣雅洁的诗人、博览群书的批评家，爱好诗歌创作，崇尚淡雅神韵。他之所以接受陶渊明，与历代和当代读者阐发陶诗的言论有关，尤其是钟嵘、司空图、苏轼、黄庭坚、严羽、敖陶孙等的陶渊明观直接影响了他。王士禛神韵说深受钟嵘《诗品》的影响，但对其评陶渊明多有反驳，如云陶诗"宜在上品"，"至以陶潜出于应璩……尤陋矣。又不足深辩也"④。对于司空图的《二十四诗品》，王士禛最推崇"冲澹""自然""清奇"三品，以为是"品之最上"。⑤ 而"冲澹""自然"恰是宋苏轼等人以来对陶诗特点的定论。严羽赞赏陶诗"质而自然"⑥，王士禛则欣赏严羽的以禅喻诗，且引陶为证，说："严仪卿所谓'如镜中花，如水中月，如水中盐味，如羚羊挂角，无迹可求。'皆以禅理喻诗。内典所云不即不离，不粘不脱；曹洞宗所云参活句是也。……故仆尝云，……田园丘壑，

① 〔清〕孙枝蔚：《溉堂集》前集卷一，清康熙刻本。

② 〔清〕孙枝蔚：《溉堂集》续集卷五。

③ 〔清〕孙枝蔚：《溉堂集》前集卷二。

④ 〔清〕王士禛：《渔洋诗话》，见丁福保辑录《清诗话》上册，第 203～204 页。

⑤ 〔清〕王士禛：《鬲津草堂诗集序》，见袁世硕主编《王士禛全集》第三册，第 1799 页。

⑥ 〔宋〕严羽：《沧浪集》卷三七，影印清文渊阁《四库全书》本。

当学陶、韦。”[①]王士禛认为敖陶孙“其评诗最精”[②]，敖陶孙评“陶彭泽如绛云在霄，舒卷自如”[③]。王士禛语弟子云：“征士《饮酒》《田家》诸篇，前无古人，后无来者，真有绛云在霄，卷舒自如之致。敖陶孙之评，可谓知言。”[④]王士禛于苏轼嗜陶屡次致言。除了上文提到的《和苏诗二集序》，又如其《跋东坡先生小字帖（之一）》称赞不易获得的东坡小楷《归去来辞》如“优钵昙花时一见”，之二云：“山谷诗云：‘子瞻谪南海，时宰欲杀之。饱吃惠州饭，细和渊明诗。’吾友黄州杜濬亦有诗云：‘堂堂复堂堂，子瞻出峨眉。早读《范滂传》，晚和渊明诗。’二作说尽东坡一生。”[⑤]王士禛《香祖笔记》还引李格非论“陶渊明《归来引》，沛然如肺肝流出，殊不见斧凿痕”[⑥]。此外，他还提到论及陶渊明的《西溪丛语》[⑦]、提到宋淳熙初罗端良的《陶令祠堂记》（《池北偶谈》卷一二“谈艺二”）。至于明人论陶言语的影响，除上文提到的傅占衡、宋濂等人的言论，还有李攀龙等的言论。如士禛认识到陶诗与唐诗之间的区别：“唐五言古固多妙绪，较诸《十九首》、陈思、陶、谢，自然区别。”[⑧]这是有感于明人李攀龙唐无古诗之论而发的；士禛少时喜读明人颜从乔的《僧世说》，后来知道颜氏有《隐士诗》，文集名《种秫》，“种秫”源于陶渊明之典。[⑨] 类似的涉及陶渊明的言语给王士禛带来的间接影响是不言而喻的。

值得一提的是，王士禛的亲人对王士禛接受陶渊明也不无启发。他家藏书丰富，年少即熟读《文选》等汉魏六朝典籍，《渔洋山人自撰年谱》特意提到其祖父王象晋临终前效仿陶渊明作自祭文云：“不敢丧心，不求满意。能甘澹泊，能

---

① 〔清〕刘大勤问，〔清〕王士禛答：《师友诗传续录》，见丁福保辑录《清诗话》上册，第150页。

② 〔清〕王士禛著，张宗柟纂集，夏闳校点：《带经堂诗话》上册引《香祖笔记》，第233页。

③ 《臞翁诗评》，见《中国历代诗话选》，岳麓书社1985年版，第784页。

④ 〔清〕郎廷槐问，〔清〕王士禛等答：《师友诗传录》，见丁福保辑录《清诗话》上册，第140页。

⑤ 〔清〕王士禛著，袁世硕主编：《王士禛全集》第三册，第1915页。杜濬，《带经堂诗话》第191页引《渔洋诗话》作“黄冈”人，是。

⑥ 〔清〕王士禛著，张宗柟纂集，夏闳校点：《带经堂诗话》上册，第40～41页。

⑦ 参〔清〕王士禛《答拙庵禅师二首（之二）》，见袁世硕主编《王士禛全集》第三册，第1840页。

⑧ 〔清〕郎廷槐问，〔清〕王士禛等答：《师友诗传录》，见丁福保辑录《清诗话》上册，第130页。

⑨ 〔清〕王士禛著，张宗柟纂集，夏闳校点：《带经堂诗话》下册引《居易录》，第544页。

忍闲气。九十年来，于心无愧。可偕众而同游，可含笑而长逝。”①又于《王考功年谱》中提到他所亲重的兄长王士禄游大泽山时曾作《反乞食诗》，年谱引金孝章评此诗云：“辞旨峻洁，非反陶公，正为世之托饥驱者坊耳。此正陶公之流与？”②历代和当代这些接受和阐发陶渊明及其作品的言行无疑是王士禛接受陶渊明的重要影响源。

与陶渊明相关的地理环境的感发也是王士禛接受陶渊明的一个机缘。据其《北归志》，康熙二十四年五月初中旬，士禛五十二岁，曾经游历彭蠡、庐山一代，“十一日……出建昌门数里，过玉京山，陶诗所谓‘夙昔家上京’即此”③。《居易录》卷七亦云：“予游庐山……匆匆题五言一篇云：‘晨过玉京山，缅想陶公里……’”④《彭泽雨泊有怀陶公》也作于此时。

---

① 〔清〕王士禛著，李毓芙、牟通、李茂肃整理：《渔洋精华录集释》下册，第 2011 页。

② 〔清〕王士禛著，袁世硕主编：《王士禛全集》第四册，第 2500 页。

③ 〔清〕王士禛著，袁世硕主编：《王士禛全集》第四册，第 2633 页。

④ 〔清〕王士禛著，袁世硕主编：《王士禛全集》第五册，第 3799 页。

第三章 清中期的学者、皇帝、诗人与陶渊明

第一节 沈德潜等论陶圣贤襟怀与诗冠千古

乾嘉时期,儒家诗评家和诗人对陶渊明的为人和诗歌成就给予全面肯定,把陶渊明看作人品和诗品统一的典范。他们从儒家立场出发,在人品方面高度评价陶渊明,甚至将陶渊明和杜甫尊崇为文学史上最为突出的圣贤;在文学成就方面,尤其是在对其五言古诗和四言诗的评价上,完全跳出了以明代复古派为代表的贬抑态度,对陶诗的艺术成就和历史地位给予崇高的评价。这以格调派诗人、诗评家沈德潜及发扬其诗教立场的诗评家潘德舆等人的评论为代表。可以说,经过明代读者的争论、清初读者的重新思考之后,清代中期对陶渊明及其诗歌的褒扬态度又螺旋式地回到了苏轼的时代,陶渊明的人品和五言古诗成就成为超越除杜甫之外所有作家的优秀代表,这逐渐成为一代共识,且深远地影响了后世读者。

沈德潜的评陶言论主要见于沈德潜《说诗晬语》卷上和《古诗源》卷八、卷九,共有40余条。他在《唐诗别裁》中评储光羲、韦应物等人诗时也偶有论及陶渊明。潘德舆的评陶言论主要散见于《养一斋诗话》,也有40多条,但多非专论,而是评论其他诗人时涉及的;又有《古诗源》批点涉及107条,《陶渊明诗》批点涉及评语140多条,多简短零碎;此外《王摩诘诗》批点、《唐贤三昧集》批点、《寓庸室遗草》批点、《李杜诗话》和《养一斋诗话賸稿》等中也有零星条目涉及。[①] 潘德舆(1785—1839)虽然生活在清代晚期的道光年间,但他自云谈

① 〔清〕潘德舆《养一斋诗话》和诸种评点等并见朱德慈辑校《养一斋诗话》,中华书局2010年版。

论、批点陶渊明在嘉庆年间已经开始;更重要的是其论陶的诗教立场、文如其人的基本观念等都可以看作是对沈德潜陶学观的阐发和丰富,故放在一处并论。

一、诗如其人的圣贤

与明代读者基本肯定陶渊明为得道之士相通,包括沈德潜等诗教论者在内的清代读者则格外突出陶渊明超出于一般诗人的一流人品和襟怀,把陶渊明看作儒门圣贤,认为陶渊明是文如其人的最高典型之一。典型言论如:

> 陶公以名臣之后,际易代之时,欲言难言,时时寄托,不独《咏荆轲》一章也。六朝第一流人物,其诗自能旷世独立。钟记室谓其原出于应璩,目为中品。一言不智,难辞厥咎已。(沈德潜《说诗晬语》卷上)①
>
> 不惧饥寒,达天安命,陶公人品,不在季次、原宪下,而概以晋人视之,何耶?(《古诗源》卷九评《咏贫士》“仲蔚爱穷居”)②
>
> 陶渊明生于晋末,人品最高,诗亦独有千古,则又晋之集大成也。(李调元《雨村诗话》卷上)③
>
> 陶公曰:“黄唐莫逮,慨独在予。”杜公曰:“许身一何愚,自比稷与契。”有此等襟抱,诗乃为千古之冠,然又非好作褒衣大袑语者所能仿佛也。文章之道,传真不传伪,亦观其平日胸次行止为何如耳。(潘德舆《养一斋诗话》卷二)
>
> 苏、李《录别》,《古诗十九首》,皆圣于诗者也。然或篇章寂寥,或姓名沈晦,推尊虽允,未厌人心。两汉以后,必求诗圣,得四人焉:子建如文、武,文质适中;陶公如夷、惠,独开风教;太白如伊、吕,气举一世;子美如周、孔,统括千秋。此论本于古人,而不尽本于古人,书之以俟识者。(潘德舆《养一斋诗话》卷三)
>
> 渊明诗云:“纵浪大化中,不喜亦不惧。”又云:“古人惜分阴,念此使人惧。”进道观化,两义并行而不相悖,此真知六籍之蕴者。若徒解作“笑傲东轩下,聊复得此生”,只一石隐之流耳。(潘德舆《养一斋诗话》卷四)

---

① 〔清〕沈德潜:《说诗晬语》卷上,见丁福保辑录《清诗话》下册,上海古籍出版社1978年版,第532页。

② 〔清〕沈德潜:《古诗源》,中华书局1963年版,第209页。

③ 郭绍虞编选,富寿荪校点:《清诗话续编》三,上海古籍出版社1983年版,第1523页。

六代以后，积案盈箱，不出风云月露，徒争胜于一字一句之间，自诧奇特，而不知其陋之甚。胸有实得者，无意于诗，而触物肖形，都成绝境，其根柢使然也。愚尝谓陶公之诗三达德具备：冲澹虚明，知也；温良和厚，仁也；坚贞刚介，勇也。盖夷、惠之间，曾晳、原思之流，右丞、左司尚不能尽其阃奥所在，况余子哉？（潘德舆《养一斋诗话》卷一〇）①

陶公委生任运，胸次甚大。若在圣门，冉、闵之亚也。末二句自命处可。诗人中可许以见道者，《三百篇》后，陶公一人而已。（《咏贫士七首（其三）》潘德舆批点）②

如果说萧统论陶渊明为“大贤笃志”还仅仅是带有个体色彩的偶然敬仰，那么经过宋、明读者对陶渊明“达道”的辨析，陶渊明的圣贤地位已经呼之欲出。只是南宋、金、元、明读者更强调陶渊明欲有所作为而不得的用世、愤世心态，把陶渊明比作管仲、张良、诸葛亮类的一流豪杰、经济人物；而清代读者在继承这一解读的同时，不再斤斤计较于此，而是从更为宽泛、道德化的人品境界上来评定陶渊明。沈德潜谓“有第一等襟抱，第一等学识，斯有第一等真诗”，认为陶渊明是“六朝第一流人物”、六朝唯一的圣贤作家，有圣贤一样的“襟抱”，“倘幸列孔门，何必不在季次、原宪下”③，所以他的诗歌也是与杜甫诗并称的“千古之冠”，钟嵘《诗品》“目为中品”自然就受到“不智”的讥讽，而萧统选陶诗甚少的做法则是忽视人品而“徒求体格中”④。在陈祚明《采菽堂古诗选》（选陶诗 56 题 124 首）、王士禛《古诗选》（选 30 题 70 首）、沈德潜《古诗源》（选 34 题 63 首）和张玉穀《古诗赏析》（选 31 题 55 首）等几种流行的清代初中期古诗选本中，陶诗入选的数量都在第一位。经过对人品与诗品的反复汰选，中国文学史上只有陶渊明和杜甫有幸成为诗教论者心中金字塔尖的作家。

二、真厚自然的陶诗风雅

沈德潜论陶诗艺术特点的最大贡献在于，他虽然站在儒家风雅诗教的立场上，却从一个新颖的视角（即将陶诗与晋诗等进行对比）来凸显陶诗个性化的风

---

① 以上四则据〔清〕潘德舆著、朱德慈辑校《养一斋诗话》，中华书局 2010 年版，第 23 页、第 48 页、第 60 页、第 158 页。

② 〔清〕潘德舆著，朱德慈辑校：《养一斋诗话》附录《古诗源》批点，第 376 页。

③ 〔清〕沈德潜：《说诗晬语》卷上，见丁福保辑录《清诗话》下册，第 532 页。

④ 〔清〕沈德潜：《读陶诗》，见《沈归愚诗文稿》，《故宫珍本丛刊》影印清乾隆自写进呈本，海南出版社 2006 年版，第 502 页。

雅特点——每在耕稼、温厚风雅、合下自然,从而令人耳目一新。例如:

《移居》诗曰:“衣食终须纪,力耕不吾欺。”此云:“人生归有道,衣食固其端。”又云:“贫居依稼穑。”自勉勉人,每在耕稼,陶公异于晋人如此。(《古诗源》卷九评《庚戌岁九月中于西田获早稻》)

晋人诗,旷达者征引老庄,繁缛者征引班扬,而陶公专用《论语》。汉人以下,宋儒以前,可推圣门弟子者,渊明也。康乐亦善用经语,而逊其无痕。(《古诗源》卷九评《饮酒》“羲农去我久”一首)①

晋人多尚放达,独渊明有忧勤语,有自任语,有知足语,有悲愤语,有乐天安命语,有物我同得语。(《说诗晬语》卷上,第61条)②

渊明咏雪,未尝不刻画,却不似后人粘滞。愚于汉人得两语曰:“前日风雪中,故人从此去。”于晋人得两语曰:“倾耳无希声,在目皓已洁。”于宋人得一语曰:“明月照积雪。”为千古咏雪之式。(《古诗源》卷八评《癸卯岁十二月中作与从弟敬远》)③

此理非清谈者所能解。高旷从勤劳中出,乃真高旷。(潘德舆批点《庚戌岁九月中于西田获早稻》“人生归有道”四句)④

数语非清谈者可解。(潘德舆批点《饮酒》“羲农去我久”四句)⑤

从宋代朱熹评陶渊明为人高洁与晋人放达不同之后,钟惺、谭元春在《古诗归》卷九评《荣木》诗时开始联系陶诗评陶渊明温慎忧勤与晋人放达迥异。沈德潜接续这一思路,扩大批评范围,论陶为人,即论陶艺术特点;认为在晋人放达的社会思潮中,陶渊明人品卓越,不空谈,“每在耕稼”,真超脱,“达天知命”;陶诗语言如其为人,本于真心,丰富多彩,多用《论语》,准于风雅圣教。沈德潜评陶诗虽然站在儒家立场上,却在很大程度上能够摆脱概念化,凸显出陶诗的个性特点。

除了与晋人对比,沈德潜还将陶诗与谢灵运诗作对比。其《古诗源》卷一〇论及陶诗、谢诗的区别,云:“陶诗合下自然,不可及处,在真在厚。谢诗追琢而返于自然,不可及处,在新在俊。千古并称,厥有由夫。”⑥此语在《说诗晬语》中

---

① 〔清〕沈德潜:《古诗源》,中华书局1963年版,第201页、第204页。

② 〔清〕沈德潜:《说诗晬语》卷上,见丁福保辑录《清诗话》下册,第532页。

③ 〔清〕沈德潜:《古诗源》,第192~193页。

④ 〔清〕潘德舆著,朱德慈辑校:《养一斋诗话》附录《古诗源》批点,第371页。

⑤ 〔清〕潘德舆著,朱德慈辑校:《养一斋诗话》附录《古诗源》批点,第374页。

⑥ 〔清〕沈德潜:《古诗源》,第232页。

有类似表述，多出“陶诗胜人在不排，谢诗胜人正在排”两句。在与谢诗的对比中，沈德潜凸显了陶诗真厚自然的个性特点。李重华也有相应之论，认为：“若陶公高骨，不可以时代论；即照时代序列，断属东晋。今人以陶、谢并称，俯列宋代，不得以知言目之。”①关于陶诗的自然特点，自宋人黄庭坚以来有锤炼归于自然和元气沛然自发的争论，沈德潜显然是同意后者。所以其《古诗源》评《饮酒》“结庐在人境”一首云：“胸有元气，自然流出，稍有痕迹便失之。”评《读山海经十三首(之一)》云：“观物观我，纯乎元气。”赞“平畴交远风”二句是“一时兴到”的佳句。《说诗晬语》卷上又云：

> 梁、陈、隋间，专尚琢句。庾肩吾云“雁与云俱阵，沙将蓬共惊”“残虹收宿雨，缺岸上新流”“水光悬荡壁，山翠下添流”，阴铿云“莺随入户树，花逐下山风”，江总云“露洗山扉月，云开石路烟”，隋炀帝云“鸟警初移树，鱼寒欲隐苔”，皆成名句；然比之小谢“天际识归舟，云中辨江树”，痕迹宛然矣。若渊明“采菊东篱下，悠然见南山”“平畴交远风，良苗亦怀新”，中有元化自在流出，乌可以道里计?②

潘德舆《养一斋诗话》卷一云：“宋人论诗，每以陶、阮并称，不知陶之天机自运，其言平易而昭明，君子之诗也；阮之荒唐隐谲，纯为避祸起见，小人之诗也。尚不逮嵇中散之朴直，何论陶彭泽哉!”“谓白乐天为似陶，沿遗山‘陶为唐之白乐天’语，不知陶乃达人天机，白乃家人琐语，高简平铺，绝不相侔也。”③他又比较陶、谢云：“后人拟陶诗最可笑。六朝诸家最易拟者莫如康乐，最难拟者莫如陶诗。何者？谢以雕刻胜。雕刻可拟之物也，天下有自然之物而能拟者哉？使拟而自然，则仍我诗耳，不得归功于拟矣。”④潘德舆在对比中凸显了陶诗天机自运、绝人模拟的自然特点，与沈德潜可谓琴瑟相应。潘德舆对陶诗的自然神妙多有体会。除以上所论，又如：“古来诗之脱口而成者，当无逾靖节先生，然观其田舍诗题纪年，一年只一首，合之他作，一生不过一百十余首耳。今人好作诗，一年可抵渊明一生，自以为求益，不知不苟作乃有益，常作转有损也。”⑤“愚谓千古诗如风水成文者，止渊明一人。”⑥《饮酒(其五)》“采菊东篱下”二句“直

---

① 〔清〕李重华：《贞一斋诗说》，见丁福保辑录《清诗话》下册，第 926 页。

② 〔清〕沈德潜：《说诗晬语》卷上，见丁福保辑录《清诗话》下册，第 533 页。

③ 〔清〕潘德舆著，朱德慈辑校：《养一斋诗话》，第 8 页、第 12 页。

④ 〔清〕潘德舆著，朱德慈辑校：《养一斋诗话》，第 363 页。

⑤ 〔清〕潘德舆著，朱德慈辑校：《养一斋诗话》，第 162 页。

⑥ 〔清〕潘德舆著，朱德慈辑校：《养一斋诗话》，第 161 ~ 162 页。

是化工，是天籁”[①]；《读〈山海经〉》“孟夏草木长”四句“随口道出，百摹不到”[②]；《答庞参军》“或有数斗酒，闲饮自欢然”为“自然流露”[③]，等等。

但陶诗的自然不是随意，而是“神化”[④]、“化工”和“真气流行”[⑤]，即潘德舆所云：“任举一境一物，皆能曲肖神理，托出豪素，百世之下，如在目前，此达之妙也。《三百篇》以后之诗到此境者，陶乎？杜乎？坡未尽逮也。”[⑥]陶诗不但自然，而且能得自然神理，像自然一样多姿善变。潘德舆在对陶诗的批点中还注意抉发陶诗平远、古雅、峭拔、沉奥、奇警、婉挚、劲健、精炼、清绝、朴拙、洒脱、旷达、肃穆、名隽、新俊、闲逸、宏朗、高爽、秀绝、拔俗、淡宕多姿、神采跃然、苍凉悲壮、沉郁激壮、英气勃发等山高水深、多姿多彩的艺术风貌。这是对沈德潜评陶“有忧勤语，有自任语，有知足语，有悲愤语，有乐天安命语，有物我同得语”之论的发展，也是陶诗自然而“曲肖神理”的多样表现，与笼统论陶平淡自然相比，有了具体深入的发展，其崇陶之意可谓达于极致。

陶诗之厚是沈德潜等人格外肯定的艺术特点。陶诗的厚在风貌上表现为“渊深朴茂”，在思想情感上主要表现为忠厚。《古诗源》评《归园田居》云：“储、王极力拟之，然终似微隔，厚处、朴处不能到也。”评《与殷晋安别》“才华不隐世”云：“何等周旋！所云故者无失其故也，即此见古人忠厚。”评《乞食》云：“结言厚道。少陵受人一饭，终身不忘，俱古人不可及处。”潘德舆在《陶渊明诗》批点中也多次用厚来评论陶诗，如评《乞食》“感子漂母惠”四句云“一饭不忘，古人厚处”[⑦]；评《和刘柴桑》“弱女虽非男”二句“直极厚极”[⑧]；评《癸卯岁始春怀古田舍二首（其二）》“秉耒欢时务”四句“写得醇厚和平乃尔”[⑨]。沈德潜与前代读者一样，还格外重视陶诗中的家国之慨。《顾中孚律陶序》云：“予惟陶公为晋室遗老，湛隐于酒，深自晦匿。而欲言难言之隐，于夷叔首阳、田畴无终，常致意焉，其遭际使然。”[⑩]《古诗源》卷八总评陶诗首句云：“渊明以名臣之后，际易

---

① 〔清〕潘德舆著，朱德慈辑校：《养一斋诗话》，第460页。
② 〔清〕潘德舆著，朱德慈辑校：《养一斋诗话》，第462页。
③ 〔清〕潘德舆著，朱德慈辑校：《养一斋诗话》，第456页。
④ 〔清〕沈德潜：《古诗源》，第204页。
⑤ 〔清〕潘德舆著，朱德慈辑校：《养一斋诗话》，第372页、第370页。
⑥ 〔清〕潘德舆著，朱德慈辑校：《养一斋诗话》，第38页。
⑦ 〔清〕潘德舆著，朱德慈辑校：《养一斋诗话》，第458页。
⑧ 〔清〕潘德舆著，朱德慈辑校：《养一斋诗话》，第456页。
⑨ 〔清〕潘德舆著，朱德慈辑校：《养一斋诗话》，第458页。
⑩ 转引自胡幼峰《沈德潜诗论探研》，学海出版社1986年版，第173页。

代之时,欲言难言,时时寄托,不独《咏荆轲》一章也。”这是对国家的忠厚。潘德舆在《养一斋诗话》卷一〇中也做广泛例证云:

> 陶公诗虽天机和鬯,静气流溢,而其中曲折激荡处,实有忧愤沉郁、不可一世之概。不独于易代之际奋欲图报,如《拟古》之“枝条始欲茂,忽值山河改。本不植高原,今日复何悔”,《咏荆轲》之“雄发指危冠,猛气冲长缨。其人虽已殁,千载有余情”,《读〈山海经〉》之“精卫衔微木,将以填沧海。刑天舞干戚,猛志故常在。徒设在昔心,良晨讵可待”也。即平居酬酢间,忧愤亦多矣,不为拈出,何以论其世、察其心乎?如“醒醉还相笑,发言各不领”,“是非苟相形,雷同共誉毁”,“赐也徒能辩,乃不见予心”,“摆落悠悠谈,请从予所之。知音苟不存,已矣何所悲”,“孰若当世士,冰炭满怀抱”,“不怨道里长,但畏人我欺”,“多谢诸少年,相知不忠厚”,“迂辔诚可学,违己讵非迷”,“我心固非石,君情定何如”,“不见相知人,惟见古时丘。此士难再得,吾行欲何求”。盖所学任天,自与俗异,同时必有貌为推尊、内实非薄者,必又有多方讪笑、交讧其侧者,非具定识定力,何以能不为之动而卒成所学也。故端居自励,亦深以怀疑改辙为警,曰“当年讵有几,纵心复何疑”,曰“达人解其会,逝将不复疑”,曰“一往便当已,何为复狐疑”。然则和鬯流溢,学成之候也;愤激沈郁,刻苦之功也,先有绝俗之特操,后乃有天然之真境。彼一味平和而不能屏绝俗学者,特乡原之流,岂风雅之诣乎?①

潘德舆继承沈德潜以“厚”论诗云,“诗只一字诀,曰:厚。厚必由于性情”,“真则厚,率则不厚”②,陶诗“和畅流溢”且“愤激沉郁”正是真性情的发露,是“厚”的表现。集中论陶诗之厚始于钟惺、谭元春,继承者为清初贺贻孙。钟、谭二人论厚主要还是指陶诗感慨深厚、陶渊明品行厚道,没有特别与儒家诗教相扣合;贺贻孙的“无厚之厚”也只笼统地指称陶诗平淡有味的特点。而沈德潜等人在继承这一概念评陶时,将厚与风雅诗教、人品节操密切联系在一起,还格外强调了这种特点不是后天的点缀,而是发自内心的真诚流露,其儒家诗教的立场是鲜明的。

三、五言古诗的正宗

明代复古派在按照复古观念梳理诗史时,基本把陶渊明的五言古诗排除在

---

① 〔清〕潘德舆著,朱德慈辑校:《养一斋诗话》,第157页。

② 〔清〕潘德舆:《养一斋集卷首》,见王运熙、顾易生主编《清代文论选》下,人民文学出版社1999年版,第729页。

正宗流变之外，最多是把陶诗看作小偏的别派，认为陶诗具有超越时代、比肩汉魏的艺术特点。而沈德潜等人则直接为陶诗争得了正宗地位，把陶渊明的五言古诗看作唐代王、储、韦、柳一派五言古诗的正宗源头。

沈德潜认为陶诗“清远闲放，是其本色，而其中有一段渊深朴茂不可几及处。唐人王、储、韦、柳诸公，学焉而得其性之所近”（《古诗源》卷八）。他在《说诗晬语》卷上和《唐诗别裁·凡例》中把这个意思说得更为清晰：

> 陶诗胸次浩然，其中有一段渊深朴茂不可到处。唐人祖述者，王右丞有其清腴，孟山人有其闲远，储太祝有其朴实，韦左司有其冲和，柳仪曹有其峻洁，皆学焉而得其性之所近。①
>
> 过江以后，渊明诗胸次浩然，天真绝俗，当于语言意象外求之。唐人祖述者，王右丞得其清腴，孟山人得其闲远，储太祝得其真朴，韦苏州得其冲和，柳柳州得其峻洁，气体风神，翛然埃壒之外。②

《唐诗别裁集》成书于《说诗晬语》之后，以上两段引文虽然大同小异，但后段把“王右丞有其清腴”等表述为“王右丞得其清腴”等，一个“得”字透露出沈德潜对陶诗作为唐代五言古诗源头的肯定性评价。在《唐诗别裁集》正文选诗的具体评语中，他明确评储诗云“太祝诗学陶而得其真朴”③，评韦诗云“化工笔，与渊明‘采菊东篱下，悠然见南山’，妙处不关语言意思”④。其《读韦左司元微之诗有感》亦评韦应物诗：“诗品晚愈高，直欲追柴桑。”⑤他在《唐诗别裁》中格外强调陶诗作为唐代五言古诗的宗师地位，其实是矫正明代复古派李攀龙等人否定唐代五言古诗而发，目的是为王、储、韦、柳一派五言古诗寻找一个正宗的源头。沈德潜的论述得到李重华、潘德舆等人的直接回应，李重华《贞一斋诗说》云：“五言古以陶靖节为诣极，但后人轻易摹仿不得。王、孟、韦、柳虽与陶为近，亦各具本色。”⑥潘德舆接续了沈德潜的评论，云“王、孟、储、韦、柳五家相似。予尝抄陶诗，而以五家五言古诗附之，类聚之义也”。他还进一步区分了学陶者的优劣，并在陶诗流派中增加了其他人，认为：“盛唐中，常征君、王龙标、刘昚虚

① 〔清〕沈德潜：《说诗晬语》卷上第七八条，见丁福保辑录《清诗话》下册，第535页。
② 〔清〕沈德潜选注：《唐诗别裁集》“凡例”，上海古籍出版社1979年版，第2页。
③ 〔清〕沈德潜选注：《唐诗别裁集》，第25页。
④ 〔清〕沈德潜选注：《唐诗别裁集》，第96页。
⑤ 〔清〕沈德潜：《沈归愚诗文稿》，第500页。
⑥ 〔清〕李重华：《贞一斋诗说》，见丁福保辑录《清诗话》下册，第936页。

五言古诗,亦有一段清趣古音,盖陶之支派也。陶之衣被远矣。”①

其实诗教论者不仅认为唐代清远一派的山水田园诗人宗法陶渊明,还将非清远派的某些诗人诗作与陶诗联系起来评论和赏析。如乾隆令儒臣编撰的《御选唐宋诗醇》评李白《月下独酌》云,“陶潜云‘挥杯劝孤影’,白意本此”,“置之陶《饮酒》中,真趣正复相似”。② 评李白《独酌》云:“闲适诸篇,大概与陶近似;非有意拟古,其自然处合以天耳。”③评李白《春日醉起言志》云:“萧士赟曰:太白此诗拟陶之化也。”④评李白《望终南山寄紫阁隐者》:“淡雅自然处神似渊明。白云天际无心舒卷,白诗妙有其意。”⑤引范温语评杜甫《无家别》云:“唐诸诗人高者学陶、谢,下者学徐、庾。”⑥评杜甫《西枝村寻置草堂地,夜宿赞公土室》“天寒鸟已归,月出人更静”云:“起语亦陶、谢之遗。”⑦评杜甫《行官张望补稻畦水归》云:“黄生曰:杜田园诸诗,觉有傲睨陶公之色,其气力沉雄,骨格苍劲,本色自不可掩。”⑧评韩愈《南溪始泛三首》云:“三首神似陶公,所谓奸穷变怪得往往造平淡者。”⑨评白居易《不致仕》云:“‘朝露贪名利’二句入之渊明集中几无以辨,或谓乐天浅易,岂其然乎?”⑩评白居易《病假中南亭闲望》云:“神韵酷似渊明。‘西檐’二句亦摹‘采菊东篱下’语意。”⑪评白居易《出府归吾庐》云:“胸有真得,信手拈来,自饶天趣。此种诗境的是从渊明脱化而出,但不无繁简古近之别,必以字句形迹求之,是耳食之见也。”⑫评苏轼《次韵秦少章和钱蒙仲》云:“如追和陶诗,真与之齐驱。”⑬评苏轼《雨后行菜》云:“质而实绮,癯而实腴,得陶公田园诸诗神髓。”⑭评苏轼《籴米》云:“此与陶潜诗云‘田家岂不苦,弗获辞

---

① 〔清〕潘德舆著,朱德慈辑校:《养一斋诗话》卷一,第22页。

② 〔清〕爱新觉罗·弘历(乾隆皇帝)选:《御选唐宋诗醇》卷八,影印清文渊阁《四库全书》本。

③ 〔清〕爱新觉罗·弘历(乾隆皇帝)选:《御选唐宋诗醇》卷八。

④ 〔清〕爱新觉罗·弘历(乾隆皇帝)选:《御选唐宋诗醇》卷八。

⑤ 〔清〕爱新觉罗·弘历(乾隆皇帝)选:《御选唐宋诗醇》卷六。

⑥ 〔清〕爱新觉罗·弘历(乾隆皇帝)选:《御选唐宋诗醇》卷一〇。

⑦ 〔清〕爱新觉罗·弘历(乾隆皇帝)选:《御选唐宋诗醇》卷一〇。

⑧ 〔清〕爱新觉罗·弘历(乾隆皇帝)选:《御选唐宋诗醇》卷一一。

⑨ 〔清〕爱新觉罗·弘历(乾隆皇帝)选:《御选唐宋诗醇》卷三一。

⑩ 〔清〕爱新觉罗·弘历(乾隆皇帝)选:《御选唐宋诗醇》卷一九。

⑪ 〔清〕爱新觉罗·弘历(乾隆皇帝)选:《御选唐宋诗醇》卷二一。

⑫ 〔清〕爱新觉罗·弘历(乾隆皇帝)选:《御选唐宋诗醇》卷二五。

⑬ 〔清〕爱新觉罗·弘历(乾隆皇帝)选:《御选唐宋诗醇》卷三九。

⑭ 〔清〕爱新觉罗·弘历(乾隆皇帝)选:《御选唐宋诗醇》卷四一。

此难。四体诚乃疲，庶无异患干'同为学道有得之语。"①评苏轼《西斋》云："目见耳闻，具有万物各得其所气象。昔人称渊明为古闲淡之宗，此则升堂入室矣。"②这种现象在有关唐宋人诗的学术注评本中也较多见。如纪昀评点的苏轼诗集就是一个典型，详本章纪昀一节。

陶渊明五言古诗正宗地位的牢固树立也鲜明地体现在《古诗源》等几种古诗选本中。试看下表对七种有代表性的古诗选本所选陶渊明五言古诗的统计状况。

选本	位次	卷次	特色	数量	备注
李攀龙《古今诗删》	第二	卷七，与其他诗人混杂	《读山海经十三首》全选，不似清人关注田园题材	6 题 24 首	谢朓数量第一
钟惺、谭元春《古诗归》	第一	卷九，与其四言诗合为一卷	选《拟古》（苍苍谷中树）、《杂诗》（袅袅松标崖）等（清人不选），不选《读山海经》第一首	19 题 29 首	
陆时雍《古诗镜》	第五	卷十，与其他诗人混杂	不选四言诗和豪放类诗歌	25 题 45 首	次于鲍照、萧纲、萧衍、庾信
王夫之《古诗评选》	第五	卷四，与其他诗人混杂	不选《乞食》、《饮酒》（结庐在人境）等世俗滑熟的诗	10 题 17 首	次于谢灵运、江淹、阮籍和谢朓
陈祚明《采菽堂古诗选》	第一	卷一三、一四全卷，卷一五半卷	全选	47 题 115 首	联句一首未录，所选《四时》未统计
王士禛《古诗选》	第一	卷六，独立一卷	选《于王抚军座送客》《岁暮和张常侍》，不选《咏荆轲》等骨气外露的诗	30 题 70 首	

① 〔清〕爱新觉罗·弘历（乾隆皇帝）选：《御选唐宋诗醇》卷四一。
② 〔清〕爱新觉罗·弘历（乾隆皇帝）选：《御选唐宋诗醇》卷三四。

（续表）

选本	位次	卷次	特色	数量	备注
沈德潜《古诗源》	第一	卷八后半卷、卷九前半卷	选《咏荆轲》	28 题 57 首	
张玉穀《古诗赏析》	第一	卷一三全卷、卷一四前半卷	除《责子》外，选目皆为《古诗源》所选	27 题 51 首	

结合明代复古派的言论，从上表的统计可以看出，明代选本除了《古诗归》，其他选本并没有绝对推崇陶诗；清代除王夫之（《古诗选》）眼光独特、不甚尊陶，其他选本所选陶诗数量皆为最多，且绝多将陶渊明独立成卷。除《古诗选外》，清代选本涉及的陶诗题目数量远远多于明人，所选陶渊明五言古诗的数量皆为第一，陶渊明的宗师地位格外显赫。尤其值得注意的是王士禛的《古诗选》、沈德潜的《古诗源》和张玉穀的《古诗赏析》不但时间先后相续，而且选目绝多相同，所选数量也大致平衡；所不同的是沈德潜、张玉穀已经不满足于神韵束缚，选录了有关风教的《咏荆轲》等骨气凌厉的诗作，更多关注到了代表陶诗整体风貌的不同类型作品。在批评形式方面，清代诸选本除了继承了钟惺、谭元春《古诗归》的点评方式，还发扬了黄文焕《陶诗析义》等注重章法分析、细读文本的批评方式，吴淇的《六朝选诗定论》对陶诗的解析可谓登峰造极，但惜乎所评仅限《文选》所录八首；张玉穀的《古诗赏析》则将章法分析和细读文本的评析规范化。潘德舆《养一斋诗话》云：“吾于六朝人，极服膺陶之古诗、鲍之乐府，盖接汉、魏之统，开有唐之派者止此。其余非无能者，皆出二公下。”①经历了明代复古派的争议，竟陵派、明遗民或者推崇或者进行保留性的批评，到乾隆年间，站在儒家立场上的诗教论者牢固地树立了陶诗在五言古诗史上的正宗独尊地位。至此，经过更加理性的选择和审美赏析，清代读者对陶诗的评价又螺旋式地恢复到苏轼推尊的时代。

四、四言诗清腴简远，别成一格

沈德潜从四言诗风雅流变的角度，精到地肯定了陶渊明四言诗的地位并阐发了其艺术特点。《说诗晬语》卷上云：

① 〔清〕潘德舆著，朱德慈辑校：《养一斋诗话》卷二，第 24 页。

四言诗缔造良难；于《三百篇》太离不得，太肖不得。太离则失其源，太肖只袭其貌也。韦孟《讽谏》《在邹》之作，肃肃穆穆，未离雅正。刘琨《答卢谌篇》，拙重之中，感激豪荡，准之变雅，似离而合。张华、二陆、潘岳辈，恹恹欲息矣。渊明《停云》《时运》等篇，清腴简远，别成一格。①

《古诗源》卷八评《归鸟四章之三》云："亦谐众声，自有旷怀，此是何等品格！"评《归鸟四章之四》云："他人学《三百篇》，痴而重，与风雅日远；此不学《三百篇》，清而腴，与风雅日近。"

沈德潜在第一段引文中主要从格调的角度总结四言诗创作的艺术规律，在纵观四言诗诗史的基础上，特别肯定了陶诗"清腴简远，别成一格"的独特艺术成就。他在第二段引文中则联系具体篇章评析，强调其与《诗经》相反相成的个性特点。张谦宜《絸斋诗谈》评陶渊明四言诗也有一段类似沈德潜的经典评语。他说：

《停云》温雅和平，与《三百篇》近，流逸松脆，与《三百篇》远，世自有知此者。

《劝农》词淡而意浓，此最是难学处。全集俱以是求之，乃见其高绝。②

如沈德潜一样，张谦宜论陶亦重胸怀，如云："陶诗句句近人，却字字高妙。不是工夫，亦不是悟性，只缘胸襟浩荡，所以矢口超绝。"③张谦宜论陶四言诗与《诗经》远近的话也与沈德潜合。冒春荣《葚原诗说》卷四照录了《说诗晬语》"四言诗缔造良难"一段话后，历数历代四言名篇，肯定了"渊明《停云》《时运》等篇"④。潘德舆《养一斋诗话》卷七云："汉、魏以来，四言自以韦孟《讽谏》为第一，魏武帝《短歌行》《观沧海》《龟虽寿》、曹子建《应诏》《责躬》《朔风》等诗次之，皆在晋、宋人上。然晋人如渊明《停云》《时运》等作，又不可以风会论。"可以说，经过沈德潜等人的大力推扬，陶渊明四言诗的诗史地位和艺术价值得到普遍承认。

关注、肯定和赏析陶渊明四言诗在沈德潜所处的时代是一种普遍现象。此以上述诸种选本所选陶渊明四言诗为例略说明之。

---

① 〔清〕沈德潜：《说诗晬语》卷上第四六条，见丁福保辑录《清诗话》下册，第530页。

② 郭绍虞编选，富寿荪校点：《清诗话续编》上册，第823页。

③ 郭绍虞编选，富寿荪校点：《清诗话续编》上册，第823页。

④ 郭绍虞编选，富寿荪校点：《清诗话续编》下册，第1614页。

选本	卷次	数量	选目
《古今诗删》		0	(除卷一“古逸”外,不选四言诗)
《古诗归》	卷九,与其五言诗合为一卷	5题5首	《时运》《荣木》《停云》《劝农》《归鸟》
《古诗评选》	卷二,与其他诗人混杂	3题3首	《停云》《归鸟》《时运》
《采菽堂古诗选》	卷一三,与其五言诗合为一卷	9题9首	略(全选)
《古诗选》		0	(不选四言诗)
《古诗源》	卷八后半卷	6题6首	《停云》《时运》《劝农》《命子》《酬丁柴桑》《归鸟》
《古诗赏析》	卷一二,与其他诗人混杂	4题4首	《停云》《时运》《劝农》《命子》

由上表可知,除李攀龙和王士禛外,自钟惺、谭元春开始重视陶渊明四言诗的选录和评点,关注其个性特点。陈祚明《采菽堂古诗选》全选,是个例外。同为影响主流诗风的选本,沈德潜《古诗源》不遵王士禛《古诗选》之例,选六题六首,表现了对陶渊明四言诗的高度重视。我们可以将其看作诗教论者的代表性选本。明代读者局囿于复古观念,对陶渊明四言诗基本是有隔膜的,如胡应麟《诗薮》卷一称:“元亮《停云》《荣木》,类其所为五言。要之叔夜太浓,渊明太淡,律之大雅,俱偏门耳。”①冯复京《说诗补遗》云:“陶潜之枯澹,不足法矣。”“彭泽四言,正如其五言,汉魏晋之外,别构一体,朴直自遂,斤两太轻,‘浊酒半壶’之类,拙于句。‘民生在勤’之类,俗于境,就厥体中《答庞参军》差胜。”②陆时雍《古诗镜》卷一〇谓:“四言诗惟有王粲既温且雅,亦典亦则,此外俱骈丽语、赞颂体。渊明《停云》虽佳,然气格亦晚。”③《古诗源》等重视陶渊明五言诗,也重视其四言诗,足以表明诗教论者格外推尊陶诗的态度。

---

① 〔明〕胡应麟撰:《诗薮》卷一,上海古籍出版社1979年版,第10页。

② 〔明〕冯复京:《说诗补遗》,见吴文治主编《明诗话全编》(柒),江苏古籍出版社1997年版,第7164页、第7212页。

③ 〔明〕陆时雍:《古诗镜》,影印清文渊阁《四库全书》本。

五、历史传承与儒家诗教的影响

沈德潜等既然对陶诗多所推尊，在实际创作中也就多有接受。

据《沈归愚诗文稿》统计，沈德潜涉及陶渊明典故、词语的诗词有 17 首，其中《陶靖节》《读陶诗》《读韦左司元微之诗有感》三首集中论到陶渊明为人和诗歌的特点。格调派的副将王昶在创作上兼容并取，而陶诗即其学习对象之一。据其《春融堂集》初步统计，王昶诗文中明显带有陶渊明及其作品印记的有 40 多处。如《舟中无事偶作论诗绝句四十六首・陶渊明》《偶成》《和袁子才病中自挽四首》《生朝有作》《移居城东李氏宅和渊明韵》《将至桃源书渊明集后》《自发京师，相好者多言滇南炎热，饮酒易以致疾，道中屡欲绝之而不果，既抵昆明，冯泰占(光熊)戒余益坚，自分此身来去，如臂屈伸，本不定深计，然良友谆复之言，不可忘也。乃和渊明〈止酒〉诗以自警》《村居杂咏》《题文衡山〈五柳归来图〉(后幅并录〈移居〉诗)》《抵镇远寓舍，临溪水榭，彷佛秦淮，因题三绝句，兼寄子才、蘅川两君》《菊》《题坤一墨菊》《送邵中允蔚田(嗣宗)乞假归太仓，即题其〈垂纶图小帧〉》《泊桃源县》《桃源书所见》等。

格外值得注意且饶有兴味的是乾隆皇帝居然对陶渊明也多有接受。据《御制诗》(初集到五集)、《御制乐善堂全集定本》统计，乾隆帝有 180 多首诗歌、两篇辞赋受陶渊明及其作品的影响。他居然作过和陶诗，《和陶二首用其韵兼效其体》赫然存其集中。此外多为咏菊诗、题画诗、题楼阁诗以及一些应景即兴诗。其《古风十三首(之十二)》赞渊明不为五斗米折腰的"亮节"，《读陶诗》赞赏陶诗"自然无安排，一以道已意。至味寓澹泊，字句绝诡异"①。他还在《陶琴》中表示"不独学彭泽，自取琴中情"②。乾隆诗风淡泊平畅有陶风，惜乎意趣平平，惟《拟桃花源中人送渔郎出》《拟渔人复至桃花源不复得路》二首可为陶渊明接受史上值得一提的一处奇异风光。

沈德潜等人高度评价陶渊明并做出立足诗教且富有新意的阐释不是偶然的。

首先，清代初年叶燮、王士禛等人为全面肯定陶诗扫清了理论上的障碍，提

---

① 〔清〕爱新觉罗・弘历：《乐善堂全集》卷二三，《清代诗文集汇编》第三三一册，第 326 页。

② 〔清〕爱新觉罗・弘历：《乐善堂全集》卷二三，《清代诗文集汇编》第三三一册，第 330 页。

供了诗学上的依据。沈德潜是叶燮的学生,论诗、论陶深受叶氏影响,曾为叶燮《原诗》作跋云:“自有诗以来,求其尽一代之人,取古人之诗之气体声辞、篇章字句,节节摩仿而不容纤毫自致其性情,盖未有如前明者。国初诸老,尚多沿袭,独横山(按,指叶燮)起而力破之。”①可见沈德潜对《原诗》之宗旨深有领会。他虽主要立足风雅诗教,放弃了叶燮变化工拙的立场,但仍然吸收了重性情、重“胸次”人品的基本诗学观念,把陶渊明在诗歌史上的独特地位凸显了出来。沈德潜的“格调说”还吸收了王士禛“神韵说”重清远神韵的特质,又注意肯定那些刚健顿挫、气象雄大的诗作。陶渊明是神韵说标举的祖师之一,但多被局限于淡泊、清远的作品,王士禛《古诗选》不选《咏荆轲》一类豪放之作就是一个典型例证,但毕竟把陶诗看作五言古诗中最值得注意的作品,所选陶诗的数量排在唐前其他作家之首。王士禛的尊陶和选诗态度直接影响了沈德潜的论陶和选陶。如王士禛以陶诗“倾耳无希声”二语为咏雪佳句,辨析过陶诗与韦应物诗的关系等,都为沈德潜所同样关注;《古诗源》与《古诗选》所选陶五言古诗重合的有 27 题,而《古诗源》所选陶五言古诗仅 28 题,其中所选《拟古》八首、《咏贫士》五首具体篇目全同。可见《古诗源》与《古诗选》的继承关系非同一般。此外,《说诗晬语》和《古诗源》肯定和多选四言诗以及评陶诗深厚等观点还明显受到《古诗归》的直接影响,上文已经略有所述。

其次,沈德潜等人之所以推尊陶渊明五言古诗和四言诗也是对陶渊明接受史上相关成果吸取消化的结果。沈德潜要在《说诗晬语》和《唐诗别裁》中肯定唐代的五言古诗,必然要追溯其诗歌源头。而苏轼以来,明代和清初读者有大量论及陶诗与唐代王、孟、韦、柳等清远一派渊源关系的言论。这些言论直接影响了沈德潜等人对唐代五言古诗渊源的判断。至于对四言诗的肯定言论,自宋代刘克庄等人论陶四言诗“突过建安”②、“无一语盗袭,而性情溢出矣”③以来,断续不绝。如:

> 渊明四言所以不可及者,全不在犯古诗句,虽间有一二,不多见。他人作未免犯古句又殊不类。④
>
> 四言绝倡,旷世寡闻。辞骚句雅,《荣木》《停云》。《劝农》《命子》,志

---

① 〔清〕叶燮:《原诗》跋,见丁福保辑录《清诗话》下册,第 612 页。

② 〔宋〕刘克庄撰,王秀梅点校:《后村诗话》前集卷一,中华书局 1983 年版,第 3 页。

③ 〔明〕许学夷著,杜维沫校点:《诗源辩体》,人民文学出版社 1987 年版,第 98 页。

④ 〔元〕陈仁子:《文选补遗》卷三六评《停云》,影印清文渊阁《四库全书》本。

旷思宏。衡门高志,《答庞参军》。①

学《风》《雅》则难成,学晋、宋则易厌,惟学汉魏人乐府可耳。予每读陶之《荣木》《停云》,虽不能纯乎《风》《雅》,而潇洒中犹存温厚。②

四言古诗如舜典之歌,已其始矣,今但以《三百篇》而下论之;汉有韦孟一篇,虽入诸选,其辞多诽怨而无优柔不迫之意。若晋渊明《停云》、茂先《励志》等作,当为最古者也。③

五言诗为澹穆易,为奇峭难。四言诗为奇峭易,为澹穆难。陶公四言诗如其五言诗,所以独妙。④

田雯《古欢堂集杂著》称刘后村评陶渊明四言诗"之言当矣"⑤,上引言论亦应作如是观。沈德潜在众多肯定言论中,不单纯取复古论调,也不单纯取变化论调,而是融合两者,在复古与新变中折中于与《诗经》的似与不似,肯定其新变而以风雅为标准。但其基本肯定态度与前人是一致的。可以说,没有前人对陶渊明四言诗的肯定评价,也很难有沈德潜等人发现其独特的美学价值。

至于对陶诗地位的肯定和对陶诗特点的认识,更是离不开陶渊明接受史成果的积累,这从沈德潜等人论陶时随手引用和赞同前人的观点可见一斑。如《采菽堂古诗选》卷一三引钟嵘、朱熹等人言论评陶,《御选唐宋诗醇》往往引苏轼等宋人评陶言论评析与陶渊明有关的诗人诗作。潘德舆《养一斋诗话》卷一引朱熹言论云:"陶渊明之所作,自为一编,而附于《三百篇》《楚词》之后,以为诗之根本准则。"并评论说:"愚按诗之源流得失,实尽此数十言之中。"⑥又辨析蔡絛、苏轼论陶言论云:"愚窃谓东坡持论太易,如子建、公幹,先不可以并称,鲍、谢亦非子建之匹,三代以下之诗圣,子建、元亮、太白、子美而已。子建、元亮,浑然天成,不在太白、子美下;其诗体则不如太白、子美之兼容并包。不可以元亮为胜子建,亦不可以元亮为胜太白、子美也。蔡氏比元亮于伯夷,是亦以诗

---

① 〔晋〕陶渊明撰,〔明〕周履靖和韵:《五柳赓歌·跋五柳诗四言五十韵》,《丛书集成初编》本,中华书局1985年版。

② 〔明〕赵士喆:《石室谈诗》卷下《论各体二十一条》第一条,《东莱赵氏楹书丛刊》本,1935年东莱赵氏永廊堂刊本。转引自吴文治主编《明诗话全编》(拾),江苏古籍出版社1997年版,第10558页。

③ 〔明〕郎瑛:《七修类稿》,中华书局1959年版,第438页。

④ 〔清〕贺贻孙:《诗筏》,见郭绍虞选编、富寿荪校点《清诗话续编》上册,第159页。

⑤ 〔清〕田雯:《古欢堂集杂著》,见郭绍虞选编、富寿荪校点《清诗话续编》上册,第691页。

⑥ 〔清〕潘德舆著,朱德慈辑校:《养一斋诗话》,第17~18页。

圣品之，极得分际。”①这些辨析有继承、有创新，显得更为理性。类似的例子不胜枚举。

再次，康熙后半期至乾隆年间，清朝统治趋于平稳，提倡儒学和诗教，迎合了汉族知识分子的文化心理。深受时代思潮影响的读者在纵观中国诗歌史时，格外看重文如其人的优秀作家。陶渊明和杜甫等人因此成为被筛选出来的最高典范。沈德潜在《沈归愚诗文稿》中单独评价的诗人只有陶渊明和杜甫两人，而且被先后编排在一起，诗题作《读陶诗》和《读杜诗》，但其评价都充分关注到他们高尚忠爱的人品，这显然是把他们作为诗品如人品的优秀典范来推尊的。潘德舆《养一斋诗话》卷二云：“子建不知爱君恋阙，报国奋身，诗必不能出‘七子’之上。渊明不知洁身植行，安命乐天，诗必不能出六代之上。子美之于五伦，皆极肫挚，动鬼神，不独一饭不忘君已也。《三百篇》以还，得此三家，人乃不敢以诗为小技。”②对曹植、陶渊明、杜甫诗歌的肯定首先是对其人品修养的肯定，这是他们诗歌的艺术价值得到肯定的根基，也是在儒家诗教论影响下对创作主体的必然要求。

第二节 乾隆皇帝对隐士陶潜的接受及其意义

高宗乾隆皇帝名爱新觉罗·弘历（1711—1799），是清代第六位皇帝，执政时间长达60年，文治武功鼎盛一时，泽被久远，在世时就号称“十全老人”。难能可贵的是，作为日理万机的最高统治者，他对文学艺术有着浓厚的兴趣，“几务之暇，无他可娱，往往作为诗古文赋，文赋不数十篇，诗则托兴寄情，朝吟夕讽”③。就其存世的《御制诗》（包括初集、二集、三集、四集、五集和余集）、《乐善堂全集》统计，“合共43580多首。这样的数目，几乎抵得上《全唐诗》全部的数量”④。虽然“或出词臣之手，真赝各半”⑤，其数量之多也足以令人瞠目观止了。

乾隆是历史上留存受陶渊明及其诗文影响的诗作数量最多的帝王。据初步统计，乾隆今存诗作中至少有180多首诗歌明显带有陶渊明及其诗文的印

① 〔清〕潘德舆著，朱德慈辑校：《养一斋诗话》附《李杜诗话》，第200页。

② 〔清〕潘德舆著，朱德慈辑校：《养一斋诗话》，第26页。

③ 〔清〕爱新觉罗·弘历：《御制诗》初集小序。按，《御制诗》，乾隆嘉庆武英殿刻本，本文所引皆据上海古籍出版社2010年版的《清代诗文集汇编》本。

④ 史礼心：《“十全老人”“十全”诗——清高宗乾隆的诗歌创作》，载《民族文学研究》2005年第4期。

⑤ 〔清〕爱新觉罗·弘历：《御制诗》初集小序。

记。帝王接受陶渊明始于梁代萧纲,他酷爱陶诗,经常讽咏;之后是萧绎、陈叔宝,在《芳树》《全德志论》《荆州放生碑》(以上萧绎)、《立春日泛舟玄圃各赋一字六韵成篇》《上巳宴丽晖殿各赋一字十韵诗》等诗文中用到“桃源”“三径”等典。唐中宗李显《九月九日临幸渭亭登高得秋字并序》、武则天《夏日游石淙诗序》,辽代道宗耶律洪基《题李俨黄菊赋》,清代康熙皇帝《菊赋》等偶或用到“陶菊”等典故。但总体来看,“唐宗宋祖,稍逊风骚,一代天骄,成吉思汗,只识弯弓射大雕”,帝王们普遍对文学和陶渊明兴趣不大。相比之下,乾隆就显得较为突出,这是一个令人兴味盎然而极具鲜明特点的话题。

一、拟陶桃源与题画赏陶

从内容来看,乾隆受陶渊明及其诗文影响的诗作可分为学陶诗(包括拟陶、和陶、效陶、集陶、赋得等诗作)、桃源诗、咏菊诗、题跋诗(包括题画、居处、园林楼阁等诗作)、农事诗和其他类别。此就其数量初步列表如下:

<table>
<tr><th rowspan="2">名称</th><th colspan="5">学陶诗</th><th>咏菊诗</th><th>桃源诗</th><th colspan="3">题跋诗</th><th>农事诗</th><th>其他</th></tr>
<tr><td>拟陶</td><td>效陶</td><td>和陶</td><td>集陶</td><td>赋得</td><td></td><td></td><td>题画</td><td>题居</td><td>题楼</td><td rowspan="3">未统计</td><td>如《读陶诗》《陶琴》</td></tr>
<tr><th rowspan="2">数量(首)</th><td>5</td><td>5</td><td>2</td><td>1</td><td>1</td><td>42</td><td>6</td><td>9</td><td>22</td><td>7</td><td rowspan="2">30</td></tr>
<tr><td colspan="5"></td><td>42</td><td>6</td><td colspan="3">38</td></tr>
</table>

论者指出“综观乾隆全部诗作,虽不乏有清新自然、韵味醇厚之作,但总的来说是佳篇不多,佳句不多,形象性不强,艺术成就不高”①。乾隆受陶渊明及其诗文影响的诗作大致也可作如是观,但也颇有特点。

第一,乾隆学陶诗中有虚构桃源情境的两首诗作颇为新奇。

乾隆诗风淡泊平畅有陶风,惜乎大多意趣平平,惟《拟桃花源中人送渔郎出源》《拟渔人复至桃花源不复得路》二首可为陶渊明接受史上值得一提的一处奇异风光。此录如下:

① 史礼心:《“十全老人”“十全”诗——清高宗乾隆的诗歌创作》,载《民族文学研究》2005 年第 4 期。

日长山静春归早，千树霞绡缬林表。无赖东风吹落英，沿溪为引渔郎道。晋代铜驼荆棘中，秦家宫阙埋烟草。何缘几日共盘桓，翻知多少纷争扰。君有家乡君自归，来路去路两杳渺。送君还复闭洞天，洞里花香春浩浩。（《拟桃花源中人送渔郎出源》）

忆昔入桃源，万古仙家趣。桑麻满平畴，绯英缬千树。惜我羁世网，未能骖云雾。洞口执手别，殷勤频属付。重来问仙源，历历想前度。云水两渺茫，欲涉迷故路。归来日已西，租吏守门户。烹鸡送租吏，自愧初心误。（《拟渔人复至桃花源不复得路》）①

两诗立意新颖，甚至出人意表。前诗虚拟桃花源中人送渔郎出的情景，隐约表露兴亡离别之愁，补充《桃花源记》所未言，诗风温雅蕴藉；后诗结尾“归来日已西，租吏守门户。烹鸡送租吏，自愧初心误”数句虽淡淡道来，却精警动人，很难令人相信是出自租税收缴总头目皇帝的手笔。作者的特殊身份和陶渊明之间的反差也为这两首诗增添了特殊的意味。清初陈祖法有《拟桃源人赠别》《拟渔父复入桃源》五古二首。《拟桃源人赠别》与《拟桃花源中人送渔郎出源》立意相似，但形式不同，诗意显露豪纵，少蕴藉；《拟渔父复入桃源》则绝多回忆入源往事，仅结尾“故道莫予追，渺然天汉横”两句感慨桃源不再②，不如乾隆诗作精警。比乾隆略早的金世昌有《渔父逢桃源》《桃源人惊见渔父》《桃源人延渔父至家数日》《桃源人送渔父出口》《渔父复至桃源迷不得路》五首诗作，陈梓有《拟桃源人赠别》《拟渔人复入桃源》二首诗作，其构题思路与乾隆同一机杼。乾隆的兄弟弘昼也有同题诗，诗意平平，因此很令人怀疑这是宫廷贵族的命题作文。③ 乾隆之后，嘉庆皇帝颙琰有《拟桃源中人送渔人出洞》《拟渔人复至桃源不复得路》五言律诗二首，立意不出窠臼；顾廷纶［《云台先生（阮元）效秋叶体复拟三题命余同作》］、孔庆镕各将此二题增加为三题。顾氏诗题为《武陵渔人误入桃花源赠隐者》《桃花源隐者送赠别渔人》《渔人重寻桃花源不得》，孔氏诗题为《渔人入桃花源赠隐者》《隐者答渔人即以送别》《渔人再觅桃花源不得路忆隐者》，皆为七言律诗，立意新奇有致；盛大士有《桃花源送渔人出洞赠别》一题一首；同治十年（1884），晚清中晚唐派代表诗人樊增祥又接续此题衍变为

① 〔清〕爱新觉罗·弘历：《乐善堂全集》卷二二，《清代诗文集汇编》第三三一册，第318～319页。

② 〔清〕陈祖法：《古处斋诗集》，《四库禁毁书丛刊》集部第一二八册，第670页。

③ 参〔清〕爱新觉罗·弘昼《稽古斋全集》卷八，《清代诗文集汇编》第三三二册，第294页。

《拟桃花源诗三首》组诗、《爽翁再和桃花源诗，语益奇俊，奉同三首》，两者的题目都是《武陵渔人误入桃花源赠隐者》《桃花源隐者送武陵渔人出洞》《武陵渔人再至桃花源寻隐者不遇》，诗中包含着诗人的身世之慨，同时氤氲着末世梦醒的悲凉，可称此一构题的佳作。① 在众多的虚拟桃源诗作中，乾隆的两首出现较早，平淡新奇，颇耐玩赏。

值得一提的是，乾隆有一首《意》诗借桃源传达对“意”的发现历程，借喻形象而巧妙，翻空出奇，诗云：“舟自溪源舍，径从洞口寻。行行初极狭，去去欲穷深。屋舍犹未见，仙凡觉异音。渊明当搁笔，五字作何吟。”②此借桃源发现之过程写意之渐次明朗出奇，构思甚好。

第二，乾隆的题画诗（尤其是专门题跋陶渊明题材画的诗作）展现了他接受陶渊明的独特性。

乾隆的特殊地位使他接触到大量绘画珍品。他曾命令大臣编纂《石渠宝笈》，著录清廷内府所藏历代书画藏品，初编成书于乾隆十年（1745），共四十四卷。乾隆不但过目欣赏其中的许多画作，而且擅自题跋诗文，加盖御宝，流传至今。《石渠宝笈》涉及不少有关陶渊明的珍贵绘画，多被乾隆欣赏过。如其《仇英桃源图》云：“粉本问从谁所得，伯驹真迹石渠存。”③可见乾隆是欣赏揣摩过这幅画的。据袁行霈《陶渊明影像——文学史与艺术史之交叉研究》，其中印有“乾隆御览之宝”“乾隆鉴赏”的著名陶画有：唐代陆曜《六逸图》，南宋马和之《桃源图》，元代王蒙《桃源春晓图》，明唐寅《采菊图》、文徵明《桃源别境图》、陆治《彭泽高踪图》、董其昌《采菊望山图》，清代王炳《仿赵伯驹桃源图》等。佳制名作，尽寓帝王之目；清流雅隐，岂是百姓所观！

乾隆涉及陶渊明题材绘画的典型题诗至少有《偶为松阴高士图并题以诗》《董其昌采菊望山图用陶潜韵兼效其体》《文徵明桃源图》《仇英桃源图》《题和田玉桃源图》《再题李公麟醉僧图》《周素元渊明逸致（图）》《菊（图）》八首。乾隆的题画诗与上述陶渊明题材画可以相互印证。通过题画诗，可以看出乾隆对陶渊明的欣赏和精神接纳。如《董其昌采菊望山图用陶潜诗韵兼效其体》云：

---

① 参〔清〕樊增祥著，涂晓马、陈宇俊校点《樊樊山诗集》上册、中册，上海古籍出版社2004年版，第162～164页、第649页。

② 〔清〕爱新觉罗·弘历：《御制诗》三集卷九一，《清代诗文集汇编》第三二四册，第149页。

③ 〔清〕爱新觉罗·弘历：《御制诗》四集卷五六，《清代诗文集汇编》第三二六册，第11页。

征君赋归来，五斗犹厌喧。采菊传佳句，寄傲岂性偏。香光结神契，援笔写望山。望山思其人，如与相往还。此意足千秋，余亦复何言。①

《文徵明桃源图》云：

舍船入访洞中春，逢有人言此避秦。一自渊明成记后，渔郎未免是知津。②

与《(题)周素元渊明逸致(图)》明显倾向于画艺欣赏不同，上引两诗对陶渊明高洁的人格志趣、对《桃花源记》所描述的美好世界充满向往、赞赏之情。乾隆鄙视“充隐”，赞赏“真隐”，而陶渊明就属于后者。所以他在《戏题驰烟驿》中嘲讽“饶于财、卜筑城西寒山之麓”的赵宧光说：“驰烟驿本寓幽人，隐亦当征其假真。吴下富翁乐山水，宧光曾此会嘉宾。”他态度鲜明地指出，赵宧光“托名隐逸而梯岩架壑，构筑精雅，甚且倚其资财广结交游，因以欺世盗名，岂可与陶潜、司马承祯之流同日语哉”③。借助著名画家的艺术传达，皇帝本人一次次得到来自陶渊明的精神浸润，而他在珍稀宝画上的题跋也足见他面对画作和陶渊明的自信和高贵心态。如果说在这些以陶渊明及其艺术创造为中心的诗作里，皇帝所受的熏陶是以陶渊明为中心的，那么在那些偶然用到桃源、陶菊等典故、词语的题画诗作里，陶渊明已经化作传统文化中的优美浪花和星星细雨，成为皇帝不忍舍弃的精神意绪和审美情趣。此外，乾隆在大量的咏菊诗、题居诗和即兴诗等中联想到陶渊明以及乾隆用源于陶诗的“夕佳”“怀新”“真意”“旷真”等命名也应如此看待。乾隆皇帝的精神生活因淡泊高趣的加入而变得雅致和高远了。

二、俯视者善意的嘲戏

乾隆皇帝虽然向往、赞赏和羡慕陶渊明的高洁人格和闲适生活，但绝没有放弃高位、起身效仿去做一隐士的想法。面对陶渊明的生活方式和精神风流，乾隆皇帝流露出难以掩抑的矛盾心态，一方面赞赏和向往，另一方面又坚毅地固守皇帝勤政进取的价值理念，甚至以优越的君王心态友好地嘲戏、揶揄陶隐

① 〔清〕爱新觉罗·弘历：《御制诗》二集卷二六，《清代诗文集汇编》第三二〇册，第512页。

② 〔清〕爱新觉罗·弘历：《御制诗》三集卷五四，《清代诗文集汇编》第三二三册，第276页。

③ 〔清〕爱新觉罗·弘历：《御制诗》五集卷五，《清代诗文集汇编》第三二七册，第281页。祯，原作“桢”，避讳，今改回。

士及其生活情趣。这在题夕佳楼的诗作中有集中表现。

在乾隆所作与陶渊明相关的题居诗中，题夕佳楼的诗作最多，“夕佳楼”是北京颐和园昆明湖东岸的一座二层观景楼。“夕佳”二字取源于陶诗“山气日夕佳”，乾隆有《赋得山气日夕佳》诗，其《夕佳书屋》云：“西窗向日受斜照，到处夕佳名命之。”①可见他对这首陶诗的喜爱。乾隆《夕佳楼》写沉浸其中的闲适生活云：“夏晚犹炎冬晚冷，夕佳景最合深秋。西南开牖正当岭，东北倚山旧有楼。红叶都从绿叶染，松林特异槲林留。砌边更喜黄花放，一幅陶家画总收。”②深秋时节，气候宜人，登楼而望，远楼近岭、林木花叶尽收眼底，足可以令忙碌紧张的帝王顿觉心旷神怡、思接陶潜。

如果总是沉浸在陶渊明一样的闲适中，那绝非乾隆本色。对于勤政的皇帝，“难得浮生半日闲”更切合他的生活实际和心态，像《夕佳楼》这样的闲适诗作，如果与掺杂匆忙心态的“夕佳诗”对比看，我们就走进了人君的内心深处：

> 兴寄陶诗号夕佳，每还未过午时牌。高楼莫笑相孤负，本是忙人那畅怀。（《戏题夕佳楼》）③

这是忙里偷闲、难以畅怀，与陶渊明的从容自在不同。更多的时候，乾隆只是路过“夕佳楼”时想一想闲适的陶渊明而已，故其《夕佳楼口号》表现愧陶之情云：“趣拟陶诗号夕佳，斜阳图入一楼皆。来旋去率无过午，责实循名每恧怀。”④恧者，惭愧也。《夕佳楼题句》云：“最爱陶家诗趣闲……然于游每戒留恋，骋目何曾对夕间。”⑤此诗自注云：“每游此不过辰至巳返，未曾用晚膳、待夕景，故尹继善有‘驰驿登山’之谑，不怒之而更以为是也。”⑥日理万机，心怀闲适，却不能如意，臣下尹继善的戏谑可谓得其实情。

---

① 〔清〕爱新觉罗・弘历：《御制诗》五集卷四五，《清代诗文集汇编》第三二八册，第260页。

② 〔清〕爱新觉罗・弘历：《御制诗》四集卷四〇，《清代诗文集汇编》第三二五册，第468页。

③ 〔清〕爱新觉罗・弘历：《御制诗》三集卷六二，《清代诗文集汇编》第三二三册，第395页。

④ 〔清〕爱新觉罗・弘历：《御制诗》四集卷一〇，《清代诗文集汇编》第三二四册，第703页。

⑤ 〔清〕爱新觉罗・弘历：《御制诗》五集卷八二，《清代诗文集汇编》第三二九册，第136页。

⑥ 〔清〕爱新觉罗・弘历：《御制诗》五集卷八二，《清代诗文集汇编》第三二九册，第136页。

但乾隆并不止步于惭愧，否则与在羁旅行役中“静念园林好，人间良可辞”的陶渊明也就没有多少距离了。乾隆有更为入世的儒家情怀、帝王意志。他在《夕佳楼书屋有会》中说：

御园惟假山，陶诗似不伦。然而吾名之，问何尊所闻。曾忆宋儒语，宵得(即夕也)瞬有存(即佳也)。必己私克夕，庶夜气清晨。设曰玩斜阳，未识泉明真。①

按，泉明即渊明，括号中语乃其自注。此诗明言“夕佳”除了得于陶渊明，还得于“宋儒”，故“夕佳”别有慎独克己、朝夕不殆之意，此虽勉强，却是志意坚决的儒家入世语。“夕佳”的取意还源于范成大，乾隆《夕佳楼》诗与注云：“本拟陶家意，兼如范氏诗(‘佳晴有新课’，范成大句也)。三朝欣已定(自昨初七日雨后已开霁三朝矣)，五字实相宜。鸦背翩翻影，林梢闪烁枝。老农都不顾，正是力耕时。”②“佳晴”取宋范成大“佳晴有新课”诗句，这新工作(“新课”)就是“晒种催秝秫”③。《春秋穀梁传·僖公三年》云：“喜雨者，有志乎民者也。”④乾隆为“开霁三朝”而欣喜，正是重农心态的表现。闲适自得与及时劳作并陈，但闲适自得只是辅助，只是寓托，劳作勤政才是中心，才是目的。所以乾隆另一首《夕佳楼口号》云：

缀景书楼号夕佳，卯来辰返历年皆。违陶依尹岂无意，于豫弗耽是雅怀。⑤

乾隆自注云：“楼对西山，因节陶渊明‘山气日夕佳’语名之。然当夏间日长，率以卯来，辰末即返，几曾傍夕？登此宛似尹继善‘驰驿游山’之意。既寓意而不留意，无敢逸豫，素志本如是也。”⑥夫子自道，昭然明白，陶渊明所言夕佳代表

---

① 〔清〕爱新觉罗·弘历：《御制诗》五集卷八七，《清代诗文集汇编》第三二九册，第213页。

② 〔清〕爱新觉罗·弘历：《御制诗》五集卷九一，《清代诗文集汇编》第三二九册，第282页。

③ 〔宋〕范成大：《与周子充侍郎同宿石湖》，见《范石湖集》，上海古籍出版社2006年版，第138页。

④ 〔晋〕范宁注，〔唐〕杨士勋疏，黄侃经文句读：《春秋穀梁传注疏》卷七，上海古籍出版社1990年版，第70页。

⑤ 〔清〕爱新觉罗·弘历：《御制诗》五集卷九六，《清代诗文集汇编》第三二九册，第361页。

⑥ 〔清〕爱新觉罗·弘历：《御制诗》五集卷九六，《清代诗文集汇编》第三二九册，第361页。

的闲适只是寓托而已，泛言之，乾隆之赏识陶渊明也只是借渊明以寓意而已。乾隆更坚定的乃儒家的勤勉惕励，可见，乾隆对陶渊明的"勤靡余劳"不曾有深入体会，似乎更愿意把陶渊明看作闲适的隐士，也以此来彰显帝王的不同人生追求。

乾隆与陶渊明执着与洒脱的不同还表现在读书和对待农事的态度上。乾隆《读书》诗云："无非稽古居今处，宁为博闻强识观。六卷尚书垂政要，一言鲁论作君难。自嗤所异渊明者，不甚解心总不安。"①乾隆以求甚解的读书态度与渊明相区别，这是自嘲，也是自傲。其《有暇》诗说得更明确：

> 有暇芸编绨几披，果然乐此不为疲。一端独异渊明者，求解殷勤欲去疑。②

乾隆加按语云："陶渊明'不求甚解'为儒林佳话，然在渊明则可，在他人则不可，而在为人君者尤不可也。彼其隐居遁世，不系人间是非，闲情读书而不求甚解，此物此志也。周公仰而思之，夜以继之，内圣外王之学，备于是矣。若今居古稽之士，进德修业之俦，一切付之不解，将何以探赜索隐、钩深致远以穷理尽性乎？格物致知，程、朱所以汲汲也，若夫为君者敕命几康将以大公示天下。有疑而不决，何以服天下之心而为出治临民之本乎？予故曰：'在为人君者尤不可也。'"③又于《咏贫士》下注云："尝谓'六经'岂可不求甚解，若《山海经》则宜用渊明之意耳。"④乾隆显然对陶渊明"不求甚解"中得意忘言的含义不太了然，他一方面依托儒家理学勤学穷理思想，一方面显示自己特殊的政治身份，试图以此来否定读书不求甚解、否定"隐居遁世"者的"闲情"。

在涉及农事的诗作里，乾隆也表现出与陶渊明不同的心态。如其《怀新书屋》云："陇间已喜芃稻润，埒上仍看种豆骈。最惜农劳不留暇，益廑吾念为祈年。怀新意异陶居士，无事惟吟归去篇。"⑤《怀新馆》云："渊明咏良苗，清言曰

---

① 〔清〕爱新觉罗·弘历：《御制诗》四集卷二二，《清代诗文集汇编》第三二五册，第132页。

② 〔清〕爱新觉罗·弘历：《御制诗》四集卷七八，《清代诗文集汇编》第三二六册，第317页。

③ 〔清〕爱新觉罗·弘历：《御制诗》四集卷七八，《清代诗文集汇编》第三二六册，第317页。

④ 〔清〕爱新觉罗·弘历：《御制诗》三集卷七二，《清代诗文集汇编》第三二三册，第545页。

⑤ 〔清〕爱新觉罗·弘历：《御制诗》五集卷一六，《清代诗文集汇编》第三二七册，第470页。

怀新。初韶时尚遥，借用理则均。试看百昌意，无一不含闓。所包较陶广，仰识造物仁。”①乾隆在此以祈求丰年与陶渊明的闲适相区别，以仁济万物的广阔胸怀俯视陶渊明的“狭隘”。乾隆有大量关注农业生产的诗作，表达了重农劝耕的殷切心情。陶渊明也重视农业，作有《劝农》诗，但诗意直接所指是归复淳朴的社会风气，不是政局的巩固安定。

有趣的是，乾隆对陶渊明及其情趣时常作些嘲戏和揶揄，由此见出帝王的自信和优越。在咏菊诗里，他常常借助嘲戏菊花来表达轻松的揶揄。如《洋菊》云：“一例秋芳种益杂，出奇竞胜态姗子。虽然得与东篱并，陶令何曾识海西。”②《菊》云：“竞开五色竞葳蕤，未必渊明此识之。近日西洋名特盛，直教数典减东篱。”③这是嘲戏，亦是真言，足不离田的渊明何由见过“别开生面出洋西”④的“洋菊”呢？乾隆还幽默地嘲戏陶渊明的“折腰”，如《缫枝菊》云：“西番色相异东篱，菊也缘何称缫枝。应是折腰五斗后，归来却扫闭门时。”⑤《戏咏洋菊二首（之二）》云：“嵇含名色未曾知，碗大花头重欲垂。绞缚藉他红竹拄，笑如陶令折腰时。”⑥《戏题盆菊》云：“常傲春兰称后凋，金英翠叶自飘萧。花师剪缚争新样，那管东篱竟折腰。”⑦另一同题诗云：“徒沾杯水润，不改傲霜姿。恰似柴桑老，折腰五斗时。”⑧借陶渊明折腰写缫枝菊等菊花的形态，形象而风趣。

其他有趣的嘲戏又如《金钱菊》云：“叶和花态都如菊，具体而微也自妍。五

---

① 〔清〕爱新觉罗·弘历：《御制诗》五集卷三五，《清代诗文集汇编》第三二八册，第87页。

② 〔清〕爱新觉罗·弘历：《御制诗》三集卷七六，《清代诗文集汇编》第三二三册，第607页。

③ 〔清〕爱新觉罗·弘历：《御制诗》五集卷四五，《清代诗文集汇编》第三二八册，第267页。

④ 〔清〕爱新觉罗·弘历：《菊花》，见《御制诗》五集卷三七，《清代诗文集汇编》第三二八册，第261页。

⑤ 〔清〕爱新觉罗·弘历：《御制诗》四集卷一三，《清代诗文集汇编》第三二四册，第755页。

⑥ 〔清〕爱新觉罗·弘历：《御制诗》三集卷三四，《清代诗文集汇编》第三二二册，第729页。

⑦ 〔清〕爱新觉罗·弘历：《御制诗》二集卷八一，《清代诗文集汇编》第三二一册，第540页。

⑧ 〔清〕爱新觉罗·弘历：《御制诗》初集卷四四，《清代诗文集汇编》第三一九册，第637页。

柳先生应不爱，为他名字号金钱。”[①]《梅菊绝句二首（之一）》云：“爱梅属和靖，爱菊称渊明。设无梅菊时，二老何为情。”[②]《菊》云：“月令惟称花有黄，何来五色厕柴桑。便教处士应迷目，笑似花中充隐郎。”[③]此诗将老子“五色令人目盲”和陶渊明爱菊典故糅合。菊花以黄色为正色，五色菊绚烂多姿，令渊明迷惑，不识其为真菊、假菊。诗意诙谐有味。这些都是轻松的打趣，都是平视或者俯视陶渊明，要之，都是不存敌意的，都是善意尚存的嘲戏、轻松的揶揄。

总之，乾隆总是以自我的思想、政治追求和高贵的人君身份来平视或俯视陶渊明，将自己与陶渊明区别开来，即使欣赏、羡慕，也不仰视、依归，表现出特殊读者的自我个性。乾隆《春及轩》诗云：“缅怀渊明翁，清风穆如新。我当勤思政，安能效其人。”[④]作为隐士，陶渊明可以清高闲适，投足田园山水；作为帝王，天降大任于斯，义不容辞，必然要勤勉惕励，建功立业，岂能效仿“隐者”所为？帝王与隐士终究不能走到一起。

三、帝王钟情自有因

对于隐士陶渊明而言，真可谓山高皇帝远，其《桃花源诗并记》所表现的桃源世界，“秋熟靡王税”，“只有父子无君臣”，与体制化的帝王社会显然格格不入；他独立自由、洒脱自然的精神和朴素平实、闲适自娱的日常生活也与帝王相去甚远。可在庙堂最高处的帝王乾隆为什么偏偏钟情于居处山林的隐士陶渊明呢？

帝王钟情自有因，本节开头已经提到乾隆以诗文创作自娱的人生意趣，他虽自言不愿意与文士较量长短，却不能不关注文士的思想动态、情感特点，不论

---

① 〔清〕爱新觉罗·弘历：《御制诗》四集卷一五，《清代诗文集汇编》第三二五册，第10页。

② 〔清〕爱新觉罗·弘历：《御制诗》五集卷二六，《清代诗文集汇编》第三二七册，第654页。

③ 〔清〕爱新觉罗·弘历：《御制诗》三集卷六五，《清代诗文集汇编》第三二三册，第437页。据中贸圣佳2011年春季艺术品拍卖会“中国古代书画专场（一）”图录编号2592，有邹一桂（1686—1722）工笔《菊图》，上录此菊诗，有白文“臣一桂印”，款识：“丁未冬日，邹一桂写”。邹一桂曾作《百花卷》，每种赋诗，进呈后，皇上亦赐题诗，一桂复写一卷，恭录御制于前，书己作于后。若此图可信，则此诗当为乾隆题邹一桂菊花图诗。按：此《菊图》所画当为五色菊，上下两丛，根扎在高低岩石上，工笔秀整，清奇可观。

④ 〔清〕爱新觉罗·弘历：《御制诗》三集卷三六，《清代诗文集汇编》第三二三册，第9页。

是阅读古代文集还是应对臣下,都注定不能对包括陶渊明在内的优秀作家采取漠不关心的态度。

乾隆称赞陶渊明平淡自然的高妙诗风,与他提倡温柔敦厚的诗风来引导文风的意图紧密相关。清初,帝王忙于稳定政局,无暇对文化建设投入精力,对于因亡国破家而带来的遗民诗风也基本无暇关注。以王士禛为代表的神韵派开始转变遗民悲愤外露的诗风,以沈德潜为代表的格调派踵武其后,进一步提出更加接近儒家有益政教的诗学主张,并得到乾隆皇帝的大力扶持,从而形成了广泛影响。沈德潜与乾隆建立起亦师亦友亦臣的亲密关系,乾隆皇帝的诗风与格调派的文学主张互为表里、灵犀暗通。乾隆甚至乐得让这位诗友代为捉刀。史称乾隆在沈氏死后“搜其(沈德潜)遗诗读之,则己平时所乞捉刀者咸录焉”①。乾隆的诗歌创作主张与格调派的文学主张是彼此合拍的,故云“言志要归正,丽句却须删”(《藻韵楼》),“触兴便拈吟,绮丽非所羡”(《盘岗精舍》)。因为乾隆不尚绮丽,重雅正自然,所以陶诗能得到他的赞赏。其《读陶诗》云:

> 风雅义失坠,三百无人继。斯文苏李徒,权舆成五字。子建嗣其音,清辞发幽思。卓哉彭泽翁,别擅此能事。自然无安排,一以道己意。至味寓澹泊,字句绝诡异。寄情五柳间,潇洒标逸致。我今读公诗,数过不能置。拟学眉山叟,和咏良匪易。②

对于陶诗,乾隆赞赏其接续《诗经》,平淡自然,没有“诡异”。这在本质上是对儒家审美观念的倡导。推崇陶渊明平淡自然的诗风有利于恢复温柔敦厚的诗教,有利于正统儒家诗教的示范和传播。

帝王的身份使乾隆对陶渊明的接受有所选择。即首先看重陶渊明身上有利于统治的特点,如高洁的品节、纯真的性情和闲适的生活,而对明遗民所普遍赞赏的不事二姓、寄心旧国的忠愤则不予理会。平和的陶渊明有助于人伦教化,有利于平息不满、愤懑的情绪,也可以劝勉臣下淡泊自守。从其自身而言,乾隆接受陶渊明是其休闲高雅化的表现,在紧张忙碌之余以陶为友,可以自娱放松,而保有士人的“潇洒”“逸致”、不落鄙俗,有利于获得有深厚文化文学修养的臣工的爱戴。其拟古诗《陶渊明(潜)咏贫士》云:“亨屯信有命,达人安所

① 小横香室主人编:《清朝野史大观》卷三,上海书店1981年版,第104页。

② 〔清〕爱新觉罗·弘历:《乐善堂全集》卷二三,《清代诗文集汇编》第三三一册,第326页。

丁。已或不介意，旁观为侧生。伤哉彼贫士，踽踽林中行。未火出荜门，见肘归柴楹。岂不苦饥寒，嗟来羞见称。愧我诚何谓，五斗犹系情。”①作者以旁观者的身份同情固穷守节的陶渊明，结尾似乎是愧陶，但实际表现了对清白自守者的赞赏，是向儒教观念的回归。借陶渊明放松心情、回归儒教，这才是乾隆接受陶渊明的初衷。

很明显，“五斗犹系情”是乾隆的常态，对于陶渊明身上不利于体制化政治的因素，乾隆看得很清楚，他因此要表现出自己与陶渊明的不同，以勤勉的施政者形象将自己与陶渊明相区别，这是儒家积极入世价值观的反映，有利于在臣民中树立良好的风范。如果真像隐士一样总是闲适，则臣将不臣、君将不君了。

此外，陶渊明的声名在清代初中期已经卓然确立。如沈德潜《古诗源》多选陶诗并给予崇高评价就是典型例证。又，乾隆还很欣赏苏轼，如果对照苏轼解读的飘逸的陶渊明形象，不难发现其与帝王理解的相似之处。

四、皇帝与隐士握手的文化意义

从宏观的文化发展来看，乾隆皇帝对隐士陶潜的接受具有特殊的意义。

首先，皇帝对陶渊明的接纳说明不同阶层的文化创造并非水火不容。在一定条件下，异质文化可以彼此欣赏、共存发展。

乾隆接受陶渊明，这是皇帝与贫士的对话，是帝王倡导与隐士文化的融合，是富贵功名对闲适优雅的接纳。两个极端阶层的优秀代表人物在精神追求和审美上实现了某种沟通。陶渊明和陶诗虽然在被接受中失去了直面现实、追问生存意义的勃勃生气，却保留了优雅的色彩。这使皇帝本人在政务繁杂之余，有一方自由闲适的精神净土，对他自己来说，是一种放松和休息，对百姓、士人来说，是一种宽松和容纳。集权的最高层与弃权的最底层之间有了缓冲的文化地带。相对于朱元璋的专制蛮横、不许归隐，这无疑是值得肯定的。陶渊明等人被皇帝接纳显示了优秀文化的魅力，为极权下的生活带来了一缕自由宽松的阳光，它虽然十分柔弱、有限，但毕竟那么温暖绚丽，并一日日走向未来的美好明天。

其次，乾隆皇帝对陶渊明的隔膜说明道不同者永远不能对对立方有深层理解和宽容。异质文化的对立、上下阶层文化的对立在社会发展的不完善阶

① 〔清〕爱新觉罗·弘历：《御制诗》二集卷五〇，《清代诗文集汇编》第三二一册，第122页。

段是永远存在的，矛盾是永恒的，和谐是暂时的，所有的融合都只能是碰撞之后的融合，是彼此视野交融之处的谅解，是各取所需的某些侧面的接纳。而且这被接纳的一面往往面临被符号化的倾向、被意识形态捉弄嘲戏的窘迫，至于那些鲜活的因素，因为生活方式、生存状态存在隔膜而被接受者有意无意之间舍弃了。

再次，接受与融合是读者与作者双方共同促成的，专横固执只会断送美好情思的交流。权力、富贵与自由、淡泊，两相之间的融合如何可能？其实，魏晋时期的玄学已经初步解决了这个问题，其结果是名教与自然在东晋握手言和，隐逸与出仕不再矛盾对立，中隐、大隐或者居庙堂而有江湖之心成为对立两极的新价值追求。只是陶渊明过于认真，在实践新思想观念的时候，发现两者之间根本无法调和，要建功立业、走上仕途必然要付出牺牲顺任自然、自由逍遥的代价，这个代价对于重视内心的诗人来说太为昂贵，所以断然放弃前者而纵浪大化，以个体的回归抵抗功名的诱惑，这是专制体制下追求独立与自由者的必然归宿。皇帝试图实践无为而治的理念，以超然的心态面对繁杂的政务和紧张的生活，但毕竟难以做到，仅仅走到附庸风雅、自娱自乐已经难能可贵了，真的要他放弃功名富贵、放弃获取功名富贵的权力，恐怕他连附庸风雅也不要了，因为封建专制缺少或者干脆没有缓冲的民主机制，统治者放弃权力的结局只能是像为自己所奴役的被统治者一样，处于百般不自由状态。这是陶渊明与皇帝的不同，也是政权的疏离者与政权的掌握者之间的不同，可见，体制之外的士人要与体制之内的当权者相安无事还需要对彼此的生活、文化和审美等有所了解和包容，更需要机制的保障，以避免陷入彼此难以忍受的生存状态。陶渊明留恋人间、痛悔功名难建是他对皇帝价值观念中儒家合理内核的保留和认同，皇帝对陶渊明闲适自由的向往、高洁淡泊坚守的认同也是对隐士观念的宽容和接纳，然而他们注定不能完全走入对方。

陶渊明憧憬“秋熟靡王税”，很带有无君论的色彩；皇帝是最大的税收受益者，是君权论的代表。陶渊明面对功利时，曾经为之奔波幻想过，但最终选择弃皇帝而去；皇帝面对审美时，也曾爱慕老隐士的闲适，但最终不会放弃王座。他们都彼此眺望、羡慕了一番，甚至在一定程度上向对方靠近过，但终于不能走到一起，又各自回到自己的追求中去了。陶渊明看中的是皇帝名下的功名事业，对于权力仕途带来的异化却有一种本能的反感；皇帝看中的是隐士闲适淡泊的心态，对于其远离体制、不问世事却有意识地淡化不言或者予以嘲戏。在没有民主机制的封建专制社会，隐士的手与皇帝的手偶尔握在了一起，却终究不能长久地、真心地握在一起。

第三节 袁枚的《不饮酒》、自挽诗及其对桃源之爱

仅据《小仓山房诗文集》统计，袁枚明显涉及陶渊明及其诗文词语、典故的诗文有 70 多题 150 多篇。《随园诗话》涉及陶渊明及其作品的条目至少有 60 多条，大多与诗话所述诗人作品有关，不是正面谈论。此外，《随园随笔》《诗学全书》等还有多处涉及。袁枚受陶渊明影响的诗歌至少有 141 首，此与其近 7000 首诗作相比，所占比率很小，约是 2%。但作为清代中期成就卓越、个性鲜明、思想新异而又影响一代的大作家，他对陶渊明的接受不但打上了鲜明的个人印记，有值得称道的接受成果。而我们也可借此观察性灵派接受陶渊明的新特点。袁枚接受陶渊明及其作品最富于特点的成果主要表现在《不饮酒二十首》的创作、自挽与告存活动、对桃源的特殊感受和“不求甚解”的读书认识上。此外，他与同道诗人使用在词语典故等方面也有新异动人之处。

一、《不饮酒》二十首

就袁枚诗歌创作的实际和诗学评论来看，陶渊明并不是他刻意学习和尊崇的对象。袁枚虽然转益多师，不拘守唐宋畛域，但他最推崇的还是李白、杜甫、白居易、韩愈、苏轼和陆游等唐宋名家。陶诗一向被尊为五言古诗的典范，而袁枚在《诗学全书》中谈及五言古诗时竟然没有举证一首陶诗为例，只是在谈四言诗时举了陶渊明的《停云》和《答庞参军》。袁枚认为“诗有宗派：李太白、杜子美、陶、韦、韩、柳、储、孟、元、白、高达夫、郎士元、李商隐皆正派也”①。不论是按照时代顺序，还是按照诗史地位，袁枚都没有把陶诗排在第一位的意图。因为陶渊明虽然是诗家正派，但毕竟偏于隐士淡泊，不能表现庙堂气象，所谓“苦守陶、韦，贫贱骄人”②批评的就是学宗陶诗者的偏颇。但毫无疑问，袁枚对陶诗非常熟悉，而且有特殊的喜好之情。其《秋兴杂诗十五首（之十）》云：“唯有

---

① 〔清〕袁枚：《诗学全书》卷一，见王英志主编《袁枚全集》，江苏古籍出版社 1993 年版，第 2 页。

② 〔清〕袁枚：《续诗品三十二首·戒偏》，见周本淳标校《小仓山房诗文集》上册，上海古籍出版社 1988 年版，第 491 页。

渊明诗，甜如丹山蜜。”[①]所谓“甜”就是“意深词浅，思苦言甘”之“甘”[②]。而“诗淡味乃余”之“余”[③]，即去掉雕琢痕迹，易于为人理解、目击道存而又意味深厚隽永的审美特点。这同时也与陶诗多写淡泊自娱的生活相关，所以《随园诗话》补遗卷一第八条云：“人问：‘杜陵不喜陶诗……何耶？’余曰：‘各有性情。陶诗甘，杜诗苦……此其所以不合也。’”[④]也许是出于这种独特的感受，袁枚四十四岁时创作了《陶渊明有饮酒二十首，余性不饮，故反之，作不饮酒二十首》（以下简称《不饮酒》）。

袁枚在《不饮酒》中明言受到陶渊明《饮酒二十首》的激发。陶诗与后代诗人学陶的饮酒诗都是借饮酒言怀，而袁诗正相反，借“不饮酒”言怀。袁诗首先值得注意的是诗中蕴含的思想情感表现出突破封建伦理规范的鲜明异端色彩。其中最突出的有三首，其五云：

> 有目必好色，有口必好味，戒之使不然，口目成虚器。纵之使无涯，我又为渠累。圣人善调停，君子素其位。[⑤]

《礼记·中庸》云：“君子素其位而行，不愿乎其外。素富贵，行乎富贵；素贫贱，行乎贫贱；素夷狄，行乎夷狄；素患难，行乎患难。君子无入而不自得焉。”[⑥]袁枚对“色”“味”等欲望的态度并不是“过”和“不及”，不是简单的防止和放纵。他认为应善于依据实际情况采取行动，左右逢源，“无入而不自得”。该诗体现了袁枚坦言好色的放诞和真率。这与陶渊明在《闲情赋》中表现的态度有所不同。陶渊明是“始则荡以思虑，而终归闲正”[⑦]，心理活动放纵有加，实际行为却回归到礼义上，“坦万虑以存诚”；袁枚则迈出了心理的樊篱，随所遇而多所物色，落实到实际行动中。又其《不饮酒（之十一）》云：

> 古来功名人，三皇与五帝。所以名赫赫，比我先出世。我已让一先，何劳复多事？平生行自然，无心学仁义。婚嫁不视历，营葬不择地。人皆为我危，而我偏福利。想作混沌人，阴阳亦相避。灌花时雨来，弹琴山月至。

---

① 〔清〕袁枚著，周本淳标校：《小仓山房诗文集》上册，第231页。

② 〔清〕袁枚：《续诗品三十二首·灭迹》，见周本淳标校《小仓山房诗文集》上册，第492页。

③ 〔清〕袁枚：《谒靖节先生祠》，见周本淳标校《小仓山房诗文集》上册，第782页。

④ 〔清〕袁枚著，顾学颉校点：《随园诗话》，人民文学出版社1960年版，第568页。

⑤ 〔清〕袁枚著，周本淳标校：《小仓山房诗文集》上册，第343页。《不饮酒》录在342～345页，不再注出。

⑥ 丁鼎：《礼记解读》，中国人民年大学出版社2010年版，第524页。

⑦ 〔晋〕陶渊明撰，逯钦立校注：《陶渊明集》，中华书局1979年版，第153页。

天地亦偶然，往往如吾意。

放弃功名与陶渊明的价值取向相合，而“无心学仁义”却与陶“朝与仁义生，夕死复何求”大异其趣；至于“婚嫁不视历，营葬不择地”，不相信阴阳风水更与世俗相左，因为他认为万物乃“气化推迁，偶然而生”①，“万事偶然耳”②，偶然所生，方成奇观，有意造作，反失生趣。摆脱了世俗观念的束缚，自我的真性方可与自然同美。又其《不饮酒（之二十）》云：

尝读《高士传》，过洁亦无聊。太溪刻自处，生世如鸿毛。我虽不饮酒，恰能餔其糟。云阁自层层，风裳必楚楚。灯围花万重，屋聚书千古。寄语於陵子，君辈徒自苦。

陶渊明固穷守节，他在《五柳先生传》和《咏贫士七首》中塑造的高士形象都是高洁拔俗、不以贫困挂怀的高士。如五柳先生“环堵萧然，不蔽风日，短褐穿结，箪瓢屡空，晏如也”，而袁枚却认为这是“自苦”，他向往（实际在享受着）的生活是“云阁自层层，风裳必楚楚。灯围花万重，屋聚书千古”。他在这里断然否定了传统以贫为高雅的生活价值观念，毫不讳言对富裕舒适人生的肯定。总之，这些富于异端色彩的诗作表现出的是一种迥异于陶渊明传统人格的新的自由人生价值观念。这是奠基于儒道融合的玄学观念上的陶诗和进一步吸纳佛教观念的苏轼和陶诗所不能涵盖的崭新意蕴，袁诗因此也成为受陶渊明影响而个性卓异的新创造。

其次，袁枚在《不饮酒》中扬长避短，采用了不受陶渊明《饮酒》原诗拘束的自由形式。《不饮酒》于形式上放弃和陶诗所保留的韵脚，这表现了袁枚不愿意受陶诗约束的自由个性，与他的创作主张也是一致的。《随园诗话》卷一第五十四条云：“咏物已难，而和前人之韵则更难。”③又第六条云：“余作诗，雅不喜叠韵、和韵及用古人韵。以为诗写性情，惟吾所适。一韵中有千百字，凭吾所选，尚有用定后不慊意而别改者；何得以一二韵约束为之？既约束，则不得不凑拍；既凑拍，安得有性情哉？《庄子》曰：‘忘足，履之适也。’余亦曰：忘韵，诗之适也。”④《不饮酒》可谓这种诗学观念指导下的创作实践。此与以往和陶诗拘束于陶诗韵脚甚至字词语句是一个很大的不同。袁诗的语言虽然也有陶诗的真

---

① 〔清〕袁枚：《有黄龙山记》，见周本淳标校《小仓山房诗文集》下册，第 1785 页。

② 〔清〕袁枚：《落齿有悟》，见周本淳标校《小仓山房诗文集》上册，第 740 页。

③ 〔清〕袁枚著，顾学颉校点：《随园诗话》，第 25 页。

④ 〔清〕袁枚著，顾学颉校点：《随园诗话》，第 3 页。

率和平易,但更加直爽不讳,表意也就较陶诗明朗直接。如其八“名教有乐地”一首表白自己厌弃佛教和老子云:“英雄与文人,往往托佛老。匪自矜清超,即是贪寿考。譬如饮酒人,非此难自了。吾学无不窥,惟憎二氏书。”议论说理晓畅纵横,在白居易和苏轼之间。陶诗也有爽直的一面,如《饮酒二十首(之九)》云:“深感父老言,禀气寡所谐。纡辔诚可学,违己讵非迷。且共欢此饮,吾驾不可回。”语气斩截,但与袁诗不同,陶诗转向自我内省,严己以恕人,而不是对外指责、贬人以自显。故陶诗在醇厚上与传统更近,袁诗则表现了舍此取彼、张扬自我的近代性。

当然,袁枚《不饮酒》中的大多数诗作在写作宗旨上很类似于苏轼和陶诗,即表面上立意与陶相反,却往往反常合道,与陶诗原来的意趣相互发明。如其一云“酒味吾不知,酒意吾能领”;其三写客来相聚甚欢,结云“若问有酒否,此事未可必”;其四云“仪狄尚未生,何由知酒味”;其九云陶潜感于有子愚鲁,“借酒解怀抱”,而自己无子,“无所藉杯酌”;其十四云“君去我欲眠,君眠我欲去。不藉醉为辞,天怀有深趣”……上述所举皆借助不饮酒的言说表现脱俗意趣,生动活泼,发展了陶诗的幽默风趣。袁枚论诗重趣,《随园诗话补遗》卷二第六十一条称赞王碧云《扫径》云:“‘菊残三径懒徘徊,枫叶飘丹积满苔。正欲有心呼婢扫,那知风过替吹开。’颇有天趣。”①《哭张芸墅司马》云:“我诗重生趣。”②洪亮吉《北江诗话》也以趣论诗,认为:“趣亦有三:有天趣,有生趣,有别趣。庄漆园、陶彭泽之作,可云有天趣者矣。”赞赏陶诗“天机活泼”,出于“化工”③。陶诗写饮酒出于嗜饮的天性,袁枚写不饮酒也出于不善饮酒的天性。袁枚的酒量极小,喝半杯就“顷刻玉山颓不住,头若崩云眼坠雾”④,他之所以写不饮酒,也是出于天性,并非故意与陶渊明唱反调。

薛雪《一瓢诗话》云:“陶征士《饮酒》,前无古人,后无来者,真有绛云在霄,舒卷自如之致,虽有《闲情》一赋,何妨托兴?”⑤效仿陶渊明《饮酒》诗而可以超越经典,实属不易。袁枚的《不饮酒》在思想情感、表现形式和宗旨立意上都能

---

① 〔清〕袁枚著,顾学颉校点:《随园诗话》,第615~616页。

② 〔清〕袁枚:《小仓山房诗文集》上册,第517页。

③ 〔清〕洪亮吉:《北江诗话》,人民文学出版社版1981年版,第22、76、24页。

④ 〔清〕袁枚:《酒友歌》,见周本淳标校《小仓山房诗文集》上册,第388页。又《自嘲三绝之一》云:“官量原如酒量,千杯半盏殊科。”

⑤ 〔清〕王夫之等撰,丁福保辑录:《清诗话》下册,上海古籍出版社1978年版,第696页。

够以自我面目出现，有个性，有独到的生趣，虽在陶诗的激发下产生，却能够超越陶诗的笼罩，与陶诗相得益彰、并行不悖。不论是与诸多屋下架屋的和陶诗、拟陶诗相比，还是与张问陶、洪亮吉等人的《饮酒诗》相比，袁枚的《不饮酒》在接受陶诗方面的创造性和个性都是格外突出的。值得说明的是明末清初释函罡早就作有《不饮酒》《不厌酒》。其《不饮酒序》云："读陶元亮《饮酒》诗，顾侍僧曰：'世之高士，酒以陶情，吾教所禁，当何易此？'侍僧曰：'世人以饮酒为乐，又安知不饮酒之为乐更伙。即以不饮酒为乐，可勿易也。'予颔之，作《不饮酒》诗如数。"①虽出自僧人之口，却与袁枚的思路类似。

二、生挽与告存活动

陶渊明对待生死一往情深而又旷达超脱，他的《拟挽歌三首》和《自祭文》广受共鸣，后代效仿者相续不绝，但大都是自我表达，不曾拉他人追和。袁枚为一代诗坛领袖人物，交游广泛，为人风趣又喜欢繁华，他效仿陶渊明创作自挽诗居然掀起一场热闹异常、影响广远的"悼念"活动，成为一种策源于陶渊明而光华自耀的接受史新现象。《随园诗话补遗》卷九第五十四条简要记述缘起经过云："初，相士胡文炳决我六十三而生子，七十六而考终。六十三果生阿迟，心以为神，故临期自作《生挽诗》索和。不料过期不验，乃又作《告存诗》以解嘲。"②袁枚先作了一首五言长古诗《腹疾久而不愈，作歌自挽，邀好我者同作焉，不拘体不限韵》。其诗云：

人生如客耳，有来必有去。其来既无端，其去亦无故。但其临去时，各有一条路。或以三年淹，或以顷刻仆。或明如水精，或瘦如涸鲋。黄帝虽成仙，依然有陵墓。扁鹊被刺死，医病不医妒。去路不雷同，偻指难悉数。

我年垂八十，神明颇强固。客秋伤暑痢，服药偶然误。膳饮辄滞留，肠胃失常度。每有前后溲，相约必齐赴。如船张破帆，虽行不速渡；如客骑病驴，无鞭更缓步；如酒滴漏卮，前茹后已吐。临食不忘忧，非僧强茹素。虽然子公指，染鼎心犹慕；其奈廉将军，三遗矢可怖。人身即国家，脏腑乃仓库。五仓逐渐空，危亡在朝暮。

因之将平生，历历自追溯：弱冠登玉堂，早献《凌云赋》。飞凫到江左，民吏俱无恶。山居四十年，虚名海内布。著书一尺高，梨枣俱交付。妻妾

① 〔明〕释函罡：《瞎堂诗集》卷四，《清代诗文集汇编》第二七册，第488页。
② 〔清〕袁枚著，顾学颉校点：《随园诗话》，第813页。

鬓发白,儿童头角露。黄粱梦太长,仙枕何时寤?晨星虽竟天,孤悬亦寡趣。逝者如斯夫,水流花不住。

但愿着翅飞,岂肯回头顾?伟哉造化炉,洪钧大鼓铸。我学不祥金,跃冶自号呼。作速海风迎,仙凫陪白傅。或游天外天,目睹所未睹。勿再入轮回,依旧诗人作。①

该诗首段议论“去路不雷同”但死亡是必然的,次段写将逝者的衰病老态,第三段追忆浮生如梦,结尾一段表达超越生死的旷达态度,至云“或游天外天,目睹所未睹”,把死亡当作人间山水游览之外的开拓,思路奇特,风趣而超旷。严格地说,袁枚自挽诗不属于自挽诗的正格,陶渊明等人的自挽诗是首先设想自己死去了,从死者的角度自挽以审视死亡,袁枚并没有把自己设想为一个死者,而是从衰老者的角度透视人生。因此,与其说是自挽诗,不如说是觉衰诗、叹老诗。至于诗风,与白居易诗更相似。

袁枚邀请友朋和作自挽诗的做法过于离谱,令有传统忌讳心理的友朋难以遽然接受,因此一开始并不见回音。袁枚邀请人追和挽诗实质上不过是自娱自乐、自示旷达,搞一次特殊的创作活动而已,所以袁枚在《答钱竹初》云:“仆之自挽,非有所强也,闲居无俚,不善饮,不工博弈,结习未忘,作诗自挽,邀人和挽,借游戏篇章,聊以自娱,不自知其达,亦不自知其不达也。”②但他人不敢贸然猜测这一层意思,此正如赵翼和诗所云:“《薤露》如何可预支,渡江来似别交知。故人惟恐君真去,不肯轻为执绋词。”③于是他又写《诸公挽章不至,口号四首催之》诗云:

久住人间去已迟,行期将近自家知。老夫未肯空归去,处处敲门索挽诗。(之一)

挽诗最好是生存,读罢犹能饮一樽。莫学当年痴宋玉,九天九地乱招魂。(之二)

莫怪诗人万念空,一言我且问诸公:韩苏李杜从头数,谁是人间七十翁。(之三)

腊尽春归又见梅,三才万象总轮回。人人有死何须讳,都是当初死过

① 〔清〕袁枚著,周本淳标校:《小仓山房诗文集》上册,第923页。

② 〔清〕袁枚著,王英志主编:《袁枚全集》第五册《小仓山房尺牍》,第143页。

③ 〔清〕袁枚著,周本淳标校:《小仓山房诗文集》上册,第924页。

来。(之四)①

袁枚在上述四首诗中直面生死,于死亡无所忌讳,较之渊明旷达中寓含悲慨,更显坦然从容。王英志指出:“袁枚不仅自挽,而且邀人生挽,这是袁枚的创举,较之陶渊明仅自挽无疑又跨出了一步。这不仅显示袁枚旷达的人生观与诙谐的性格,而且另有意义。一是表现出打破传统观念的精神与勇气。……袁枚邀友人作挽诗之举是他的一大创造,是陶渊明所没有的。袁枚把挽诗这种诗歌题材升华为纯审美的境界,已不再只是悲悼的载体,这完全取决于袁枚生死观的旷达。其乐生乐死的思想境界已远远超出于陶渊明之上。”②袁枚的生死境界是否“远远超出于陶渊明之上”还值得商榷,但说“袁枚邀友人作挽诗之举是他的一大创造”则是事实,当时和诗者已经意识到这一点,所以朱黼和诗云:“陶潜自挽诗,高怀千载独。继之随园翁,兼命和者续。”③赵怀玉和诗云:“柴桑三首太寂寞,酬和遍索亲朋辞。”④

因袁枚的催促和鼓励,友朋的顾虑消除,“上自名公巨卿,下至方外闺秀,其所和作,不可纪数”⑤。据《续同人集》所收友人、门生投递的“生挽类”诗作统计,有31家66首。这31家依次是项墉、俞葆寅、孙传曾、梁履绳、孙士毅、钮孝思、严守田、梁同书、李廷敬、韩朝衡、郭麟、管松年、陶莹、钱维乔、周春发、朱黼、吕昌际、赵怀玉、何承燕、洪亮吉、法式善、钱大昕、奇丰额、刘锡五、刘熙、余旻、张示范、吴照、明义、王昶、周之桐和潘奕秀等。此外,姚鼐、袁枚的女弟子孙云凤等也有和作,但《续同人集》没有收入。在这些诗作中,袁枚最欣赏的是赵翼和孙士毅的和作。其《与洪稚存书》云:

> 因腹疾未平,自作挽诗一首,催人和挽诗四章,一时和者如云,赵云松观察、孙补山宫保最为超妙。录稿寄上,求老先生与渊如太史同寄数首来,以张吾军,且他日到九原可以傲陶渊明、司空表圣两达人之所未有也。⑥

除了洪亮吉和《续同人集》所收诗人,袁枚还曾经邀请张船山等人同作。袁枚

---

① 〔清〕袁枚著,周本淳标校:《小仓山房诗文集》上册,第924页。

② 王英志:《袁枚自挽与邀人生挽》,原载《中国社会科学报》,转引自“中国社会科学院网”。

③ 〔清〕袁枚著,王英志主编:《袁枚全集》第六册《续同人集》,第157页。

④ 〔清〕袁枚著,王英志主编:《袁枚全集》第六册《续同人集》,第158页。

⑤ 〔清〕袁枚著,王英志主编:《袁枚全集》第八册附录四《随园轶事》,第23页。

⑥ 赵厚均:《袁枚集外书札十九通考释》,载《南京师范大学文学院学报》2010年第3期。

《与洪稚存书》云：“前寄一函，缴还谦帖，极夸《生挽诗》之妙，谅久当收到矣。近在王葑亭给谏处，接到何水部、刘太史二人翰墨，皆当今英绝领袖之才也。老人虽不得见面，而诵其诗，读其书，仿佛如遇其人。且知皆与阁下交好，可见文字之知，聆音识曲，自有无心而聚合之缘。惟尊札所夸四川张船山太史之诗清妙绝伦，仆不能尝一脬而知全鼎之味，此心缺然。望阁下为我寄声，索其诗稿一读，或即以仆生挽诗索渠和章，大妙，大妙!”①对于个别的和作，袁枚还做了回复，如孙士毅和诗中有“文书眯目验吾衰，腹痛凭谁奠酒杯”之句②，袁枚便回复《补山宫保见和挽章中有自挽之言，调羹未毕，遽想骑箕，恐商岩老人见机不如是之早也，再呈小诗以当大谏》四首。这些挽诗和自挽诗都在精神上远接陶渊明，故和者项墉云：“作诗既自挽，复邀人其为。此调久绝响，渊明其先师。”③陶莹云：“吾祖渊明轻五斗，半腰不折归吾庐。启视手足无毁伤，自挽自祭欢有余。随园老人会斯旨，委怀任化无拘拘。”④余旻云：“唯有陶公《自祭文》，逸兴高情差可拟。”⑤但又因受制于袁枚的自挽诗和催挽诗，受制于与袁枚的特殊友朋、师生关系，这些和作主要表现对袁枚生死观和自挽邀挽行为的赞叹、对袁枚健康的祝福和生平品行的评价，较少含有一般挽诗浓郁的悲哀之音。面对死亡的旷达和理性经由袁枚的张扬居然成为一群诗人的共同精神，这一精神与陶渊明的自挽、自祭一脉相承。

与自挽、生挽活动密切联系在一起的还有“告存”活动。袁枚在《除夕告存戏作七首》诗前小序中称他听信术士之言，本以为在劫难逃，“不料天假光阴，已届除夕矣。桑田之巫不召，狸脤之梦可占，将改名为‘刘更生’乎？‘李延寿’乎？喜而有作”⑥。此诗序言风趣，诗作亦风趣，如其六云：“生圹司空久造成，家家生挽和渊明。如何竟失阎罗信，唱杀《阳关》马不行。”于是亲朋好友的告存和作如雪飞来。据《续同人集》“告存类”统计，有22家72首。这还不包括袁枚的女弟子席佩兰和孙云凤等人的作品。袁枚的“告存”活动是生挽活动的继续，

① 赵厚均：《袁枚集外书札十九通考释》，载《南京师范大学文学院学报》2010年第3期。

② 〔清〕孙士毅：《和简斋先生自挽诗六首(之五)》，见周本淳标校《小仓山房诗文集》上册，第929页。

③ 〔清〕袁枚著，王英志主编：《袁枚全集》第六册《续同人集》，第150页。

④ 〔清〕袁枚著，王英志主编：《袁枚全集》第六册《续同人集》，第156页。

⑤ 〔清〕袁枚著，王英志主编：《袁枚全集》第六册《续同人集》，第162页。

⑥ 〔清〕袁枚著，周本淳标校：《小仓山房诗文集》上册，第941页。

告存类诗作也就可以看作是自挽诗和生挽诗的继续。与生挽诗不同的是，告存诗在超越死亡之后表现出更多生的诙谐乐趣，更多对生命、生活的热爱、享受和品味，“较渊明《自挽》尤为作达”①。袁枚因此被友人戏称为“乾隆壬子第一岁老人”②。从陶渊明接受史来看，这些告存诗属于袁枚和性灵派友朋接受陶渊明的创作成果，只是它们已经完全独立于陶诗，是老树新生的鲜花，成为与陶诗相视而笑、莫逆于心的独立存在了。

袁枚把生死置之度外，深受陶渊明“浮沉大化中，不恋亦不惧”③自然生死观的影响，但又认为陶渊明的生死观不是“理之至足者”④，因为袁枚虽达观，但不流于佛道空幻，而是仍然难免活人面对死亡的畏惧和忧伤。他赞同陶渊明是就终极而言，即在“一身之生死”上⑤，修身以俟，如陶渊明一样“浮沉大化中，不恋亦不惧”⑥，“听其自生自死，自去自来而已”⑦；不赞同陶渊明是就日常具体的生死观念而言，即在“一念之生死”上⑧，不主张佛教灭尽声色欲念以了生死，而主张不离人情，肯定活人的声色生趣。所以袁枚认为孔门弟子中投身政事的子由、冉求高于风乎舞雩的曾点，陶渊明的纵浪大化过分超然、于理不足。活着的时候要有思有为、有声有色，死去的时候要听天由命、顺其自然，不必如佛家之禁欲，不必为生死绞尽脑汁、回互思虑，也不必如道教掩耳盗铃、乞求长生。明乎此，我们才能够理解袁枚何以对生死之事也津津乐道并从中品出生者的趣味来。其实，袁枚认为陶渊明的生死观不是“理之至足者”还是与陶渊明隔了一层，陶渊明因为勘破生死才能放弃外役而优游于田园，同样表现了因明了死而珍爱生的精神，只是陶渊明略纵心于酒，袁枚多纵意于色，陶渊明守拙就道，袁

---

① 〔清〕惠龄：《寄随园先生除夕告存诗序》，见王英志主编《袁枚全集》第六册《续同人集》，第148页。

② 〔清〕袁枚著，顾学颉校点：《随园诗话》，第813页。

③ 〔清〕袁枚：《答彭尺木进士书》，见周本淳标校《小仓山房诗文集》下册，第1570页。陶《神释》原诗作“纵浪大化中不喜亦不惧”。

④ 〔清〕袁枚：《再答彭尺木进士书》，见周本淳标校《小仓山房诗文集》下册，第1573页。

⑤ 〔清〕袁枚：《再答彭尺木进士书》，见周本淳标校《小仓山房诗文集》下册，第1571页。

⑥ 〔清〕袁枚：《答彭尺木进士书》引陶诗，见周本淳标校《小仓山房诗文集》下册，第1570页。

⑦ 〔清〕袁枚著，周本淳标校：《小仓山房诗文集》下册，第1570页。

⑧ 〔清〕袁枚：《再答彭尺木进士书》，见周本淳标校《小仓山房诗文集》下册，第1571页。

枚放任感性而已。

值得说明的是，早在明代，诗人倪味易已经举行过类似的活动，《明诗纪事》乙签卷六引《甬上耆旧集》云其：“年八十，生而举殡，拟陶公自祭、杜牧之志墓事，悬像设奠延庆寺，为诗自挽，群公皆属和。”①可惜诗文没有留存下来。

三、随园与桃源及其他

袁枚辞官归随园，大有陶渊明归去来兮之感，临行前作《解组归随园二首（之二）》曰：“满园都有山，满山都有书。一一位置定，先生赋归欤。”②《又作六言三章（之一）》云：“六载元嘉政满，五株杨柳花低。田饶黄鹄举矣，陶潜归去来兮。”③陶渊明是回归家乡，袁枚则是回归做官时购置的随园。袁枚耗尽财力悉心营造人间桃源——随园。虽然袁枚在随园中没有利用陶渊明诗文命名景点，但在随园中大量种植了两种与陶渊明密切相关的植物——柳树和桃树。在袁枚的意识中，随园仿佛是他的桃源世界，因此他多次把随园比作桃源：

> 日日桃花洞里行，莺啼燕语已忘情。听来丝竹愁仍起，作到神仙味亦平。精力尽消文字障，史书先让贵人名。闲身颇觉垂垂老，不斗心兵斗墨兵。（《日日》）
>
> 照来悲喜灯俱笑，说到沧桑酒不辞。重入桃源莫相讶，仙山楼阁倍参差。（《尹三公子璞斋观察芜湖相晤白门喜而有赠》）
>
> 柳渐芊绵水渐波，随园此际好烟萝。桃花千树开如雪，让与渔郎看得多。（《路上忆随园桃花》）
>
> 迎门儿女庆团圞，邻里争当远客看。不是桃源真福地，如何鸡犬尽平安！［《新正十一日还山六首（之二）》］④

《日日》作于康熙乙亥（1755）即四十岁壮年归园七年之后，此时的生活用袁枚的诗来说是“小仓山下水潺潺，一个陶潜日闭关”（《送李晴江还通州三首（之三）》）⑤，陪着妻妾亲朋过着神仙一样的生活。虽日久生厌，但仍没有出仕“斗心兵”的打算，宁愿在这桃源一般的随园里“斗墨兵”。随园经营日益豪华，“仙

---

① 本事又见于《明诗纪事》乙签卷二一，清陈氏听诗斋刻本。

② 〔清〕袁枚著，周本淳标校：《小仓山房诗文集》上册，第101页。

③ 〔清〕袁枚著，周本淳标校：《小仓山房诗文集》上册，第101页。

④ 以上四首诗作引文分别见〔清〕袁枚著、周本淳标校《小仓山房诗文集》上册，第250页、第626页、第783页、第846页。

⑤ 〔清〕袁枚著，周本淳标校：《小仓山房诗文集》上册，第240页。

山楼阁倍参差”，与往日的萧条自然有天壤之别，故袁枚在《尹三公子璞斋观察芜湖相晤白门喜而有赠》中幽默地讽喻说“重入桃源莫相讶”。袁枚在《路上忆随园桃花》中因忆随园桃花而用桃源典。乾隆乙巳（1785）年，七十岁的老诗人在游庐山经彭泽归来之后作《新正十一日还山》。此次出游前后一年，行程“一万三千里”（《新正十一日还山六首（之一）》），一门家小、邻里亲朋争相迎候，真如桃源人接待武陵渔人。三首诗翻用桃源之典，首首新颖出俗，《日日》从似乎厌烦桃源般的生活运思，《尹三公子璞斋观察芜湖相晤白门喜而有赠》从桃源变出“仙山楼阁”着眼，《路上忆随园桃花》从自比桃源中人而不能赏花入手，《新正十一日还山》则从返回随园与渔人误入桃源情境类同的角度进行描写。袁枚《答某山人书》云：“武陵渔人，无心得津；有心求之，转不可得。”①袁枚用桃源之典虽翻新出奇，却如“无心得津”，自然妥帖。

此外，袁枚还有《野行》《送李晴江还通州三首（之二）》《出山词四首（之四）》《寻竹墩访沈永之同年不值，其尊人留饮家酿，惠六响一方四首（之一、之四）》《真州竹枝词八首（之八）》《寻蕁江意钓图》《题画》《赠祝芷堂给谏接叶亭图四首（之二）》《会仙岩四首（之三）》《六言杂诗五首（之四）》《从金鸡寨入小桃源》《题竹初庵图赠树骖主人》《梨里行》《桃源行》《留诗谢虞氏》②等十七首诗作直接用到陶渊明桃源之典。其中《题画》《六言杂诗（五首之四）》最为短小隽永，诗云：

> 茅屋千竿竹，农歌四面邻。桃花源自在，只少问津人。（《题画》）
>
> 仄仄红泉石磴，萋萋翠竹篱笆。生怕渔郎闯入，满山不种桃花。[《六言杂诗五首（之四）》]③

前者用桃源之典不以翻新出奇，然写景如在目前；后者用典翻新出奇，写景亦复如是。

其实，以袁枚好繁华、好美色的个性，他更喜欢《幽明录》所记刘晨、阮肇误入的那个桃源，所以他不但有大量用天台桃源之典的诗作，还专程到天台游览一遭。有时候，天台桃源和武陵桃源是融合成一体的，袁枚也没有刻意分别，如《诗学全书》注曹唐《小游仙》“教向桃源嫁阮郎”句竟然简述的是《桃花源记》梗

---

① 〔清〕袁枚著，周本淳标校：《小仓山房诗文集》下册，第1515页。

② 见〔清〕袁枚著、顾学颉校点《随园诗话》卷一二第九〇条：“余留诗谢云：‘我是渔郎无介绍，公然三夜宿桃源。’”（第425页）

③ 以上两处引文分见〔清〕袁枚著、周本淳标校《小仓山房诗文集》上册，第943页、第742页。

概。由此，袁枚写出了以天台桃源为题材的《桃源行》。其序云：“古人咏武陵桃源者，自陶渊明、王摩诘至萨雁门不下十余人，各极其妙。惟天台桃源，歌咏阙如。予过其地，为补其诗。”其诗云：

天台山高万八千，中有窟宅藏神仙。相传汉朝刘与阮，两人采药山之巅。一重桃花一重水，花光入水红霞起。四顾无人忽有声，一双玉女来烟里。吹气如兰前致词，道郎未到妾先知。金盘共进胡麻饭，琼叶分裁合叠诗。谁作姨夫谁作嫂，鸳牒开看都了了。但觉山中日渐长，不知世上人能老。仙乡住久忆人间，想把红尘换白云。奈他一点凡心动，便把人天两界分。再四留郎郎不肯，送郎直到青山顶。嘶断风中班马声，回头还见娉婷影。还乡重扣旧柴扉，岂料沧桑事事非。半年夫婿分明记，七世儿孙认识稀。两人相对情于邑，懊悔当初轻作别。一段仙缘世莫知，且邀邻里从容说。寻仙从此走天涯，万古茫茫白日斜。不知终竟团圆否，桃树无言但作花。①

该诗风华旖旎、生动活泼，自是袁枚特色，可谓在两种桃源共同激发下的优秀接受成果。瑶华赠袁枚诗云：“汉庭梅福晋陶潜，隐逸神仙那得兼？”②从对桃源的喜爱观之，袁枚的随园生活可谓隐逸神仙兼而有之。

《随园诗话补遗》卷六第五〇条云：“咏桃源诗，古来最多，意义俱被说过，作者往往有叠床架屋之病，最难出色。朱涧东来诵黄岱洲其仁《过桃源》一绝云：‘桃源盘曲小山河，一洞深深锁薜萝。行过溪桥云密处，但闻花外有渔歌。’淡而有味。《沧浪诗话》所谓作诗不贵用力，而贵有神韵，即此是也。”③袁枚在《随园诗话》等中论及许多使用桃源之典的诗作。我们从中可以窥探性灵派作诗尚巧思、言奇情的特点。此摘录如下：

丙辰征士王藻，字载扬，吴江人，贩米为业。《偶题〈桃源图〉》云：“相看何物同尘世？只有秦时月在天。”（卷四，第三四条）

咏古诗有寄托固妙，亦须读者知其所寄托之意，而后觉其诗之佳。卢雅雨先生长不满三尺，人呼“矮卢”，故……《题〈桃源图〉》云：“桃花不相拒，源路自家寻。”（卷五，第三一条）

宝山范秀才起凤，字瘦生，有诗癖。……咏《桃源》云：“树木自生无税

① 〔清〕袁枚著，周本淳标校：《小仓山房诗文集》上册，第711～712页。
② 〔清〕袁枚著，周本淳标校：《小仓山房诗文集》上册，第983页。
③ 〔清〕袁枚著，顾学颉校点：《随园诗话》，第731页。

地，子孙常读未烧书。”“避地不知谁日月，成仙可惜废君臣。”（卷六，第二三条）

余在桂林，淑兰女弟子偶过随园，题壁见怀云：“为访桃源偶驻车，仙云何处落天涯？喜看几笔簪花字，犹领春风护绛纱。”（卷六，第六〇条）

余过苏州，许穆堂侍御极夸方大章名燮者之诗。……录其《题内子桃源放舟小照》云：“碧桃湾里听鸣榔，水复山重路渺茫。过此便为仙世界，来时还着嫁衣裳。云中鸡犬应同听，月下房栊好对床。愿种秫秔三十亩，画眉窗下话羲皇。”（卷一〇，第六〇条）

有熊澹仙者……《红树》云：“老树经霜色更鲜，半竿斜日影前川。渔郎指点烟波外，错认桃源二月天。”（补遗卷三，第三五条）

离随园数武，地名小桃源，有东岳道院羽士徐景仙直青，颇爱吟咏。……《漫兴》云：“药炉丹鼎伴闲身，山似屏遮树作邻。自得桃源为地主，不成仙也胜凡人。”（补遗卷一〇，第一八条）①

袁枚化用陶典陶语处甚多，多贴切自然，新颖入巧，摆脱平庸。如《船上卧月作》云：“相对久忘言，吾亦见吾性。”②此化用陶《读〈山海经〉十三首（之一）》“吾亦爱吾庐”等。《示送行吏民》云：“云归云出亦偶尔，必问所以云不知。”③此化用陶《归去来兮辞》“云无心以出岫”。《书怀》云：“何不肆微勤，潜心书与诗。”④此化用陶《庚戌岁九月中于西田获早稻》“晨出肆微勤，日入负耒还”。《山中行乐词十二首（之一）》：“意行随所适，不乐复何如？”⑤此借用陶《读〈山海经〉十三首（之一）》“俯仰终宇宙，不乐复何如”。《嫁女词四首（之二）》云：“我又无男儿，衰鬓如蓬葆。借此慰所无，起居伴昏晓。”⑥《三月二十四日又生一女》云：“慰情良胜无，陶公言是也。”⑦此化用陶《和刘柴桑》“弱女虽非男，慰情良胜无”。《喜老七首（之六）》云：“眠起即轮回，无喜亦无恼。”⑧此化用陶《戊申岁六月中遇火》“鼓腹无所思，朝起暮归眠”和《神释》“不喜亦不惧”。此外，虽然

① 以上诸条分见〔清〕袁枚著、顾学颉校点《随园诗话》，第 114 页、第 145 页、第 176 页、第 352 页、第 189～190 页、第 643 页、第 824～825 页。

② 〔清〕袁枚著，周本淳标校：《小仓山诗文集》上册，第 18 页。

③ 〔清〕袁枚著，周本淳标校：《小仓山诗文集》上册，第 102 页。

④ 〔清〕袁枚著，周本淳标校：《小仓山诗文集》上册，第 257 页。

⑤ 〔清〕袁枚著，周本淳标校：《小仓山诗文集》上册，第 569 页。

⑥ 〔清〕袁枚著，周本淳标校：《小仓山诗文集》上册，第 399 页。

⑦ 〔清〕袁枚著，周本淳标校：《小仓山诗文集》上册，第 508 页。

⑧ 〔清〕袁枚著，周本淳标校：《小仓山诗文集》上册，第 1023 页。

《劝农歌七首》《春兴五首（之一）》《夸父杖》《刑天舞》《对日歌》等诗作之诗风不自陶来，然题材、意趣与陶一脉相承。

四、不求甚解的读书治学主张

陶渊明“不求甚解，每有会意，辄欣然忘食”的读书方式对后代读者影响深远，而真正理解其中趣味的并不多。一般人多理解为陶渊明读书好像不索解。南宋以后，这一方式才逐渐为人所理解。南宋楼钥《谢湖山居士示和陶诗》赞颂陶渊明语云：“书不求甚解，眼高得玄要。”①元初方回《场圃处士吴公墓志铭》记吴公云：“我读书不求甚解，训诂章句声病帖括，非我所谓学也。”②元黄溍《闲止斋论》云：“其取义皆非寻常梏于章句、训诂者所能通，予方欲见‘好读书’而‘不求甚解’如渊明者共论斯事。”③可见元前人已经理解《五柳先生传》“不求甚解”与“章句、训诂”的对立关系，明白此语背后得意忘言的“玄要”。明人杨慎说得最清晰充分，以为陶渊明厌弃汉代繁琐学风，“晚废训诂”④，未尝否定学问，并举渊明读书诗句论证陶渊明并非不读书、不懂书意。

袁枚不满汉学训诂考据之繁琐附会，也不满宋学之玄虚空疏，尤其不满当时的考据之学，甚至嘲讽云：“考据之学，不可与舆夫争长。”⑤他由此主张有别于考据家的著作者读书方式，追求得意忘言，“镕书以就己”。这种读书方式深受陶渊明影响。其《散书后记》云：

> 孔明厌之（考据繁琐的读书方式），故读书但观大略；渊明厌之，故读书不求甚解。二人者，一圣贤，一高士也。余性不耐杂，窃慕二人之所见，而又苦本朝考据之才之太多也，盍以书之备参考者尽散之！⑥

《随园诗话补遗》卷一第七条云：

> 近日有巨公教人作诗，必须穷经读注疏，然后落笔，诗乃可传。余闻之，笑曰：且勿论建安、大历，开府、参军，其经学何如，只问“关关雎鸠”“采采卷耳”，是穷何经、何注疏，得此不朽之作？陶诗独绝千古，而读书“不求

---

① 〔宋〕楼钥：《攻媿集》卷一，清《武英殿聚珍版丛书》本。

② 〔元〕方回：《桐江集》卷八，《宛委别藏丛书》第一〇五册，江苏古籍出版社 1988 年版，第 540 页。

③ 〔元〕黄溍：《金华黄先生文集》卷一五，元钞本。

④ 〔明〕杨慎：《丹铅总录》卷一三，影印清文渊阁《四库全书》本。

⑤ 〔清〕袁枚著，周本淳标校：《小仓山房诗文集》下册，第 1790 页。

⑥ 〔清〕袁枚著，周本淳标校：《小仓山房诗文集》下册，第 1777 页。

甚解”;何不读此疏以解之?梁昭明太子《与湘东王书》云:“夫六典、三礼,所施有地,所用有宜。未闻吟咏情性,反拟《内则》之篇;操笔写志,更摹《酒诰》之作。‘迟迟春日’,翻学《归藏》;‘湛湛江水’,竟同《大诰》。”此数言振聋发聩;想当时必有迂儒曲士,以经学谈诗者,故为此语以晓之。①

袁枚《答惠定宇书》云:“古之文人,孰非根柢‘六经’者,要在明其大义,而不以琐屑为功。即如说《关雎》,鄙意以为主孔子哀乐之旨足矣。而说经者必争为后妃作、宫人作、毕公作、刺康王所作……其他说经,大率类此。最甚者,秦近君说‘尧典’二字至三万余言。”②袁枚放弃以繁琐考据解陶渊明读书“不求甚解”直接继承了明人杨慎之论。其实,在解读陶渊明时,袁枚也采取了不求甚解、得意忘言的理解方式。其《兰陔堂诗序》云:“读诗者,得古人所言,不如得古人所不言。渊明不肯折腰见督邮,乃赋《归来》,是说也,余尝疑之。夫督邮之必至,与县令腰之必折,渊明岂不知之?胡所见之晚,而初筮仕之轻也!盖当日渊明有他意存焉,不可明言,而藉此为言。”③袁枚于渊明归去之意有心解,不盲目迷信史书记载。此虽承宋人韩子苍等人的观点④,也是袁枚由仕入隐的感悟之言。

如陶渊明学养深厚一样,袁枚也不是学问浅薄之徒。读其《小仓山房文集》卷二一至卷二三所收论说文等陈述学术见解的作品,观其诗赋文章之用典,都足以感受到袁枚学识的渊博。何况袁枚读书成瘾,积书甚富,甚至自认为好书是“好味、好色、好葺屋、好游、好友、好花竹泉石,好珪璋彝尊、名人字画”诸种嗜好中最为胜意者。⑤ 袁枚把发源于陶渊明等人的读书态度壮大为一种治学态度,影响广泛而深远。

五、接受陶渊明的独特原因

袁枚之所以接受陶渊明并表现出鲜明的特点,与他先仕后隐和壮游庐山的

---

① 〔清〕袁枚著,顾学颉校点:《随园诗话》,第567页。

② 〔清〕袁枚著,周本淳标校:《小仓山房诗文集》下册,第1529页。

③ 〔清〕袁枚著,周本淳标校:《小仓山房诗文集》下册,第1383页。

④ 〔宋〕胡仔纂集、廖德明校点《苕溪渔隐丛话》前集卷三《五柳先生》上引韩子苍云:“传言:‘渊明以郡遣督邮至,即日解印绶去。’而渊明《自序》以程氏妹丧去奔武昌。余观此士,既以违己交病,又愧役于口腹,意不欲仕久矣,及因妹丧即去,盖其孝友如此。世人但以不屈于州县吏为高,故以因督邮而去。此士识时委命,其意固有在矣,岂一督邮能为之去就哉?躬耕乞食,且犹不耻,而耻屈于督邮,必不然矣。”(人民文学出版社1962年版,第14~15页)王夫之也有类言论,参前王夫之一节引述。

⑤ 〔清〕袁枚:《所好轩记》,见周本淳标校《小仓山房诗文集》下册,第1775页。

人生经历、追求自由的思想个性、商品经济思潮的影响、保持儒家基本情怀分不开。

袁枚“三十未及强,拂衣赋归欤”①,归随园虽非归家乡,但在归去来兮这一点上与陶渊明是一致的,故归园时一口气创作了《解组归随园》《又作六言三章》等五首诗歌表达归园的感受,自然联想到陶渊明。他自己和友朋的诗作中也多有把他比作陶潜的诗句,这也正是由于他长期的归隐经历。袁枚接受陶渊明还与他漫游天台、庐山等与陶渊明相关的地域分不开。游天台等美景自然想到桃源,天台山已略如前言,又如《随园诗话》卷一二第九〇条记游黄山云:“余过处州,想游仙都峰,以路远中止。出县城,到黄碧塘,将止宿矣;望前村瓦屋鞶如,随缓步焉。与主人虞姓者,略通数语,即还寓;将弛衣眠,闻户外人声嗷嗷;询之,则虞氏见余名纸,兄弟六七人来问:‘先生可即袁太史耶?’曰:‘然。’乃手烛上下照,诧曰:‘我辈读《太史稿》,以为国初人。今年仅花甲,是古人复生矣,岂容遽去?愿作地主,陪游仙都。’于是少者解帐,长者卷席,诸奴肩行李,相与舁至其家。余留诗谢云:‘我是渔郎无介绍,公然三夜宿桃源。’”②游庐山,不论是前往还是归来,都要经过陶渊明做官的彭泽等处,就近联想,因此不能没有诗作。袁枚在《过彭泽县爱其风景清绝有怀靖节先生》《过柴桑乱峰中蹑梯而上陶公醉石》《谒靖节先生祠》《腊月二十六日阻风彭泽谅岁内不能还家赋诗自遣》等诗中直接咏叹陶渊明。有时候,未必亲历类似陶渊明所创设的诗文情境,仅在想象中因情境的类似联想而及。如《随园诗话补遗》卷三第一条云:“刘明府大观……宰天保三年,为极乐世界。其地离桂林二千余里,乾隆四年,改土归流,方设府、县。岁有三秋,狱无一犯。每月收公牒一二纸,胥吏辰来听役,午即归耕。县中无乞丐、倡优、盗贼,亦不知有樗捕、海菜、绸缎等物。养廉八百金,而每岁薪、米、鸡、豚,皆父老儿童背负以供。月下秧歌四起,方知桃源风景,尚在人间。”③当然,这种因经历和联想而生的接受与陶渊明及其作品的广泛传播和备受喜爱是分不开的。

魏晋时期是人的觉醒时代,包括陶渊明在内的士人往往具有强烈的自我意识和自由个性,即使他人有胜己处,也表示“我与我周旋久,宁作我”④。陶渊明的自

---

① 〔清〕李宪乔:《读随园集题辞》,见周本淳标校《小仓山房诗文集》前附。

② 〔清〕袁枚著,顾学颉校点:《随园诗话》,第 425 页。

③ 〔清〕袁枚著,顾学颉校点:《随园诗话》,第 625 页。

④ 〔南朝宋〕刘义庆著,〔南朝梁〕刘孝标注,余嘉锡笺疏,周祖谟等整理:《世说新语笺疏》,上海古籍出版社 1993 年版,第 520 页。

我意识和自由意识表现得格外突出，尤其是“我醉欲眠卿且去”的率真任性和不为五斗米折腰的自由人格更是影响深远。袁枚接受陶渊明也渗透着强烈的自我个性意识和对自由人格的追求，因此他所接受的陶渊明及其诗文就打上了鲜明的个性印记，与拘守在传统人格范围内称颂陶渊明及其作品者迥异。袁枚在《谒靖节先生祠》中表现了对陶渊明的倾慕，突出了陶为人“绝不作身分，随人作步趋”的独立自由精神。① 袁枚率真任性的人性特点与陶渊明在根本上是一致的，即忠实于自我，不愿意就范于他人。他说“六经虽读不全信”②，很类似于陶渊明怀疑孔子对待农耕的态度；但在“我有青蚨飞处好，半寻烟水半寻花”③方面，陶渊明就“逊色”许多，至少陶渊明没有那么多钱游山玩水、寻花问柳，即使有，他也是尽予酒家，游观止于庐山附近而已，其内敛如此，而袁枚则是李白、白居易一类外放型人物，他好色好货且不耻言说，率真可与陶等，但嗜好绝对不同。渊明好色，一而足矣，《闲情赋》之外不见滥情；袁枚则美妾至十尚不满足，四处寻花问柳，虽然不是不加选择，但毕竟与陶“坦万虑以存诚，憩遥情于八遐”（《闲情赋》）而止乎礼仪的传统人格不同。在袁枚看来，好色无关人品，他认为“隐于酒者多，隐于色者少”④。司马相如隐于色是他之向往。袁枚弃酒而就色，亦其天性使然。他在创作上也极力抨击模仿，主张写出与他人作品有不同面貌的作品。因此，他虽喜爱陶渊明及其作品，但没有顶礼膜拜的兴趣和亦步亦趋的追和。

袁枚虽然赞叹陶渊明“直乃颜闵徒”⑤，但基本认为陶渊明是高士而不是圣贤，这就与明代以来立足儒家之尊崇褒扬的主流言论大不相同。对于渊明所赞赏的高士，袁枚也不买账。他在《书留侯传后》中对渊明赏慕之四皓大加鄙陋，以失人、不智、不仁、不义责之。⑥《春日即事》云：“豁刻由来最恼公，仙家服食自从容。士安《高士》分明在，不数夷齐与两龚。”⑦（按，皇甫谧字士安）袁枚尚从容，贬豁刻，古来固穷守节之高士多自苦，伯夷、叔齐、两龚都是渊明所极力

① 〔清〕袁枚著，周本淳标校：《小仓山房诗文集》上册，第782页。

② 〔清〕袁枚著，周本淳标校：《小仓山房诗文集》上册，第318页。

③ 〔清〕袁枚：《咏钱六首（之六）》，见周本淳标校《小仓山房诗文集》上册，第279页。

④ 〔清〕袁枚：《和葑亭舍人司马相如诗》，见周本淳标校《小仓山房诗文集》上册，第529页。

⑤ 〔清〕袁枚：《谒靖节先生祠》，见周本淳标校《小仓山房诗文集》上册，第782页。

⑥ 〔清〕袁枚著，周本淳标校：《小仓山房诗文集》下册，第1642页。

⑦ 〔清〕袁枚著，周本淳标校：《小仓山房诗文集》上册，第243页。

赞赏者,袁枚一笔抹杀。至于诗歌创作,渊明写《饮酒》诗,袁枚偏作《不饮酒》;他人写武陵《桃源行》,袁枚偏写天台《桃源行》,他用陶典陶语虽也有应景之处,但多翻新求巧,赞赏的是“若无新变,不能代雄”①。可以说,正是这种思想个性和文学主张方面自由自立的创新意识,成就了袁枚特殊的陶渊明接受成果。

放远视野来看,以袁枚为代表的性灵派的陶渊明观与明代中晚期浪漫派诗人、公安派文人的陶渊明观是一脉相承的,都是资本主义萌芽时期新的社会思潮影响下的新现象。袁枚虽然不做官,但坦言“解好长卿色,亦营陶朱财”②,他经营有道,也接受润笔费用、他人馈赠,颇饶于财,否则如何营建豪华的随园、养活成群的妻妾、游访万里的山水?经商之外,他也种田。《自寿诗亦嫌有未尽者再赋四首(之三)》云:“十顷水田生计足,四时风月夜窗虚。”③自给自足的小农生活方式决定了陶渊明固穷守节的人生选择。因为他要坚守自己的节操,就不得不把物质利益放在知足常乐的水平线上,否则他会因折腰付出牺牲人格的代价。袁枚不同,他生活的时代和城市区域已经在小农经济之外滋生了商品经济,南宋以来,尤其是晚明以来,袁枚生活、往来的南京、杭州都是南方的商业中心,在这种商品经济影响下,曾产生了李贽等以放任自我为特点的叛逆型士人,他们在传统人格之外,在“学而优则仕”之外,探求新的人生出路。袁枚的狂放精神与他们一脉相承。其《遣兴六首(之一)》称自己是“古今第一聪明士”④。他还时常对自己早慧早达的人生经历念念不忘,如袁枚被征博学鸿词科,年龄最小却被列入《征士录》中,他因此津津自道。⑤ 虽然袁枚托词养亲而归隐,但从根本上说,他归隐还是因为他自由的个性难以为官场所容、他难以迎合官场的要求。袁枚无疑是李贽一类的人物,他的狂放不羁是对晚明精神的张扬。因此,袁枚接受陶渊明及其作品时如李贽一样能够从自我思想个性出发,不屑效尤学步,不作人云亦云。

但袁枚又对陶渊明保持了基本的好感。从诗作来说,陶诗有我、有性灵,自成一家,故得青睐;从为人来说,他对陶渊明的自由人格追求是认同的,所以他

---

① 〔清〕袁枚著,顾学颉校点:《随园诗话》卷七论诗引南朝梁萧子显语。

② 〔清〕袁枚:《秋夜杂诗十五首(之五)》,见周本淳校《小仓山房诗文集》上册,第 228 页。

③ 〔清〕袁枚著,周本淳标校:《小仓山房诗文集》上册,第 1011 页。

④ 〔清〕袁枚著,周本淳标校:《小仓山房诗文集》上册,第 1035 页。

⑤ 参其《锡寿堂公宴诗序》,见周本淳标校《小仓山房诗文集》上册,第 431 页。

说"陶令一官真偶耳"①,"先生彭泽宰,仅可傲羲皇。多事督邮至,惹人归兴忙"②,"陶潜乐事君知否,添种柴桑一亩麻"③。在儒、释、道三家传统思想中,袁枚的思想基础是儒家思想,即使退归后,他思考安身立命的价值依据仍然是儒家,当然他有自己个性化的理解。陶渊明在仕途之外选择归隐,困扰他的是"淹留岂无成",在思考和实践中,陶渊明终于闯出官僚体制之外的一条士人路途;袁枚辞官退归也要思考同一问题:"男儿不作官,岂遂无立身?"④他思考和实践的结果与陶渊明取得了一致,那就是士人不做官也可以有价值地度过一生。只是与陶渊明艰难地跋涉于仕与隐、功名与自然之间相比,袁枚显得更加洒脱,他部分抛弃了传统人格中固穷守节的僵化成分,欣然接受了著述不朽的价值观和有声有色的快意人生观。从哲学上来说,他与陶渊明一样接纳了现实和人伦物理的世界,放弃了佛教和道教的空幻不切实际。因此,其《杂书十一绝句》之一云:"老夫心在羲皇上,可肯攒眉入社来。"⑤《寄怀净慈寺佛裔上人》云:"我本柴桑民,攒眉白社避。"⑥《香亭弟僦居白门来往甚欢,今年服阕,有仍赴蜀中别驾之行,予老矣,难乎为别,赋诗送之》云:"我乃无怀民,岂是佞佛者。"⑦在保持儒家基本情怀方面,袁枚与陶渊明保持了一致,这是袁枚认同陶渊明的思想基础。

第四节　纪昀、钱大昕等学问家论陶

乾嘉学派对陶渊明的接受充分体现出学问家的特点,与作家接受陶渊明相比,他们更注重采用考辨的方式表达对陶渊明及其作品的认识,对一些陶学史上的疑难问题做出疏通、提出新说,深深影响了后代读者对陶渊明的认识和理解。乾嘉学派大家、名家林立,如纪昀、钱大昕、王鸣盛、惠栋、余萧客、段玉裁、王念孙、阎若璩、阮元等都曾经对陶渊明有所接受,其中纪昀、钱大昕对陶渊明

---

① 〔清〕袁枚:《寄钱竹初》,见周本淳标校《小仓山房诗文集》上册,第913页。

② 〔清〕袁枚:《过彭泽县爱其风景清绝有怀靖节先生》,见周本淳标校《小仓山房诗文集》上册,第777页。

③ 〔清〕袁枚:《四答(张明府)》,见周本淳标校《小仓山房诗文集》上册,第1127页。

④ 〔清〕袁枚:《遣兴七首(之一)》,见周本淳标校《小仓山房诗文集》上册,第327页。

⑤ 〔清〕袁枚著,周本淳标校:《小仓山房诗文集》上册,第1037页。

⑥ 〔清〕袁枚著,周本淳标校:《小仓山房诗文集》上册,第727页。

⑦ 〔清〕袁枚著,周本淳标校:《小仓山房诗文集》上册,第606页。

的接受可为代表。

纪昀是饱览群集、学问淹通的学者,也是才思敏捷、卓有成就的作家。纪昀在接受陶渊明方面主要采取了学术理性的态度,这主要表现在《四库全书总目》(本节下文简称《总目》)对陶渊明作品集的考订、评价和对苏轼和陶诗的评点上。他考辨《四八目》和《搜神后记》为伪作、肯定苏轼和陶诗的个性特色等学术观点对后代读者产生了直接影响,至今仍然具有重要的学术意义。纪昀对陶渊明的接受也有感性的一面,这主要表现在他的诗歌创作和小说写作中。纪昀诗歌的风格与陶诗不类,然立意情趣时有得于陶者。

纪昀在《总目》中著录、考订、评价了陶渊明的作品集。

《总目》直接解题的陶渊明作品集有两种,即《陶渊明集》和《搜神后记》。《总目》卷一四八评《陶渊明集》八卷(内府藏本)云:

> 晋陶潜撰。案北齐阳休之序录潜集行世凡三本。一本八卷,无序。一本六卷,有序目,而编比颠乱,兼复阙少。一本为萧统所撰(案语略),亦八卷,而少《五孝传》及《四八目》。《四八目》即《圣贤群辅录》也。休之参合三本,定为十卷,已非昭明之旧。又宋庠《私记》称《隋·经籍志》潜集九卷,又云梁有五卷,录一卷。《唐志》作五卷。庠时所行,一为萧统八卷本,以文列诗前。一为阳休之十卷本。其他又数十本,终不知何者为是。晚乃得江左旧本,次第最若伦贯。今世所行,即庠称江左本也。然昭明太子去潜世近,已不见《五孝传》《四八目》,不以入集,阳休之何由续得?且《五孝传》及《四八目》所引《尚书》自相矛盾,决不出于一手,当必依托之文,休之误信而增之。以后诸本,虽卷帙多少,次第先后,各有不同,其窜入伪作,则同一辙,实自休之所编始。庠《私记》但疑《八儒》《三墨》二条之误,亦考之不审矣。今《四八目》已经睿鉴指示,灼知其赝,别著录于子部类书而详辨之。其《五孝传》文义庸浅,决非潜作。既与《四八目》一时同出,其赝亦不待言。今并删除。惟编潜诗文仍从昭明太子为八卷。虽梁时旧第今不可考,而黜伪存真,庶几犹为近古焉。

此提要主要考论了两个问题。一是陶集的版本问题。提要指出宋前陶集版本有五种,即八卷本、六卷本、萧统八卷本、阳休之十卷本、五卷本;北宋时流行的版本主要有三种,即萧统八卷本、阳休之十卷本、江左旧本。二是陶集中《四八目》《五孝传》的真伪问题。《总目》同意宋庠认为《八儒》《三墨》乃非《四八目》所有的观点,并进一步提出《四八目》《五孝传》并为伪作,认为“《群辅录》(按即

《四八目》)托名陶潜,实为伪本"①。这一观点影响深远。现当代学者多赞同《五孝传》乃伪作,而《四八目》则存疑,至今没有定论。

《总目》卷一四二评《搜神后记》十卷(内府藏本)云:

> 旧本题晋陶潜撰。中记桃花源事一条,全录本集所载诗序,惟增注"渔人姓黄名道真"七字。又载干宝父婢事,亦全录《晋书》。剽掇之迹,显然可见。明沈士龙跋,谓潜卒于元嘉四年,而此有十四、十六年两事。陶集多不称年号,以干支代之,而此书题永初、元嘉,其为伪托,固不待辨。然其书文词古雅,非唐以后人所能。《隋书·经籍志》著录,已称陶潜,则赝撰嫁名,其来已久。又陆羽《茶经》引其中晋武帝时宣城人秦精入武昌山采茗一条,与此本所载相合,《封演闻见记》引其中有人因病能饮一斛二斗,后吐一物一条,与此书桓宣武督将一条仅文有详略;及牛肺字作土肚,茗瘕字作斛二瘕,其事亦与此本所载相合;知今所传刻犹古本矣。其中丁令威化鹤、阿香雷车,唐、宋词人并递相援引,承用至今。题陶潜撰者固妄,要不可谓非六代遗书也。

此提要鲜明地提出《搜神后记》不是陶渊明的作品,理由主要是赞同明代沈士龙的意见,认为:"(陶)潜卒于元嘉四年,而此有十四、十六年两事。陶集多不称年号,以干支代之,而此书题永初、元嘉,其为伪托,固不待辨。"此说影响深远,也引发诸多争议。汪绍楹校注本《搜神后记》在学界多被称引。汪绍楹在前言中就赞同《总目》中的观点,并进而赞同鲁迅的观点,认为像陶渊明这样旷达的人不会拳拳于鬼神之事,这是对纪昀观点的进一步补充论证。《隋书》卷三三《经籍志二》著录《搜神后记》十卷,明云陶潜撰。梁释慧皎《高僧传》也称引陶潜《搜神录》云云。郑樵《通志》卷六五《艺文略第三》著录相同。《旧唐书·经籍志》《新唐书·艺文志》不见著录。宋人书志多不著录。《艺文类聚》《太平御览》《册府元龟》《太平寰宇记》等书对《搜神后记》多有征引,题目或作《续搜神记》《搜神续记》《搜神录》。明人祁氏藏并撰《澹生堂藏书目》②又称《后搜神记》(九卷)。因今传十卷本条目文字与唐宋类书所引文字出入甚大,学者一般认为今传十卷本很可能是明人纂辑,非为原本。因此,书中出现陶渊明去世后

---

① 〔清〕永瑢、纪昀等:《四库全书总目》卷一三九《广群辅录》提要,影印清文渊阁《四库全书》本。

② 〔明〕祁承㸁:《澹生堂藏书目》有清宋氏漫堂钞本。常见本有《丛书集成续编》(史部目录类)本和《续修四库全书》(史部第九一九册)本等,今有上海古籍出版社版点校本。

的事情就不足为怪了。“陶集多不称年号”,但也有称年号者,如《桃花源记》即称“晋太元中”云云,何况小说以幻求真,述说年号自是文体所需。《总目》所论虽非定论,但毕竟可备一说。

《总目》卷一七四还评价了三种明清人评注的陶集,即明黄文焕撰《陶诗析义》二卷、清邱嘉穗撰《陶诗笺》五卷、清吴瞻泰撰《陶诗汇注》四卷。这是三种特色鲜明的陶集注评本,《总目》选评极富眼光。

《总目》评《陶诗析义》十分精到:“其析义之例有三,一曰练句练章,不专平淡;一曰忧时念乱,不徒隐逸;一曰理学标宗,圣贤自任。每首附批句下,而又总论于篇末。陶诗之妙,所谓‘寄至味于淡泊,发纤秾于简古’,其神理在笔墨之外。可以涵泳与化,而不可一字一句求之于町畦之内。如伯英、逸少之迹,不可钩摹以波磔;襄阳、云林之书,不可比量以形象。文焕遭逢世难,借以寓意则可,必谓得陶之精微则不然也。”北宋苏轼以来,读者习惯了从平淡处读陶,虽有一二读者揭示陶诗豪放不平的特点,但未形成系统深细的解析。《陶诗析义》透过平淡,主要从不平淡处解陶,在陶渊明接受史上可谓独树一帜;当然也有求之过深之弊,即《总目》所谓“一字一句求之于町畦之内”,难免割裂陶诗。

《总目》卷一七四评《陶诗笺》云:“力辨潜不信佛为能崇正学,远异端,尤为拘滞。潜之可重,在于人品志节。其不入白莲社,特萧散性成,不耐禅仪拘束,非有儒佛门户在其意中也。嘉穗刻意讲学,故以潜不入慧远之社为千古第一大事,不知唐以前人正不以是论贤否耳。”邱嘉穗《陶诗笺》可谓是从儒学观点阐释陶渊明的一个代表,然失之狭隘。

《总目》卷一七四评《陶诗汇注》云:“诗注则采宋汤汉、元刘履、明何孟春、张尔躬、黄文焕诸家之说。”汇集诸家注文,虽非精品,可览众说。此外,《总目》卷五七在介绍《诸葛忠武书》时,还提到此书“旧本与《陶潜集》合刻,题曰《忠武靖节二编》”,但认为两书体例不类,“潜之诗文自为别集之流,亮之事迹自为传记之类,难以并为一书。故今录此书于‘史部’,而《潜集》则仍著录于‘集部’焉”。这一见解独特,与世俗不同。此后,陶澍在《靖节先生集序录》中、阮元在《四库未收书提要》(卷五)中对汤汉等人的陶集校注本也有精到的评论,此不赘述。

《总目》在评价其他著作和其他作者时也多次涉及陶渊明及其作品。对陶渊明为人的评价,其总体的尊崇倾向与前人基本相同,但往往出以学术理性,如云:

(陈)友仁字君复,湖州人。《序》题“丙子后九岁”。丙子为宋亡之岁,友仁不题至元年号而上溯丙子以系年，盖亦宋之遗民，故仿陶潜不书年号，但称甲子之例。然陶潜在晋诸诗，亦但题甲子，非以入宋之故。原集具存，友仁未之详考耳。（《总目》卷一九《周礼集说》提要）

（牟）巘亦登进士第，官至大理少卿，入元不仕，闭户三十六年。故其集中《九日五言诗序》，论陶潜于王弘中路具酒食事，及题渊明图诸文，意皆自寓。又尝谓世喜称渊明入宋书甲子无年号，黄豫章亦曰："甲子不数义熙前"。然今陶集诗本无书年号者，渊明耻事刘裕，大节较然，此未须深论云云。故巘文中多书至元年号，意本此也。（《总目》卷一六五《牟氏陵阳集》提要）

沈约《宋书·陶潜传》称陶渊明生当易代之际，耻事二姓，不用刘宋年号，以甲子纪年，赞赏他的忠义高节，后代读者多从之；而《总目》则考之陶集，辨明"陶潜在晋诸诗，亦但题甲子，非以入宋之故"，认为不书年号并不能成为评价陶渊明忠义高节的标准。这里既辨明了事实，又肯定了陶渊明"大节较然"，其学术理性可见一斑。当然，遗民学陶潜不书年号实际已经成为接受史上的事实。《总目》充分注意到了这一点，如：

原书无《序》，后人以书后应麟《自跋》移冠于前。所云"上章执徐橘壮之月"，乃元世祖至元十六年庚辰八月。是时宋亡已三年，盖用陶潜但书甲子之义。书内称"梓慎"为"梓谨"，亦犹为宋讳云。（《总目》卷四七《通鉴地理通释》提要）

俊民抗志遁荒，于出处之际能洁其身。集中于入元后只书甲子，隐然自比陶潜。故所作诗类多幽忧激烈之音，系念宗邦，寄怀深远，不徒以清新奇崛为工。（《总目》卷一六六《庄靖集》提要）

（王）质于淳熙中奉祠山居，以陶潜、陶弘景皆弃官遗世，其同时唐汝舟、鹿何可继其风，因作此书。上卷载栗里、华阳二谱，而各摘其遗文遗事为题，别为词以咏之。（《总目》卷五七《绍陶录》提要）

这种注意显示了《总目》作者对陶渊明的熟悉和尊崇。《总目》中类似的联系陶渊明评价他人的言论还有不少，如：

次焱在宋、元作者之中，尚未能自辟门户，而其人有陶潜栗里之风，故是集至今犹传。（《总目》卷一六五《梅岩文集》提要）

此本佚去此序（方回序言），殆后人以德邻高节，不减陶潜，不欲以《回序》污之，故黜而刊削欤。（《总目》卷一六五《佩韦斋文集》提要）

宋陈渊……《与翁子静论陶渊明》，以不知义责之，未免讲学诸人好为

高论之锢习。（《总目》一五八《默堂集》提要）

诸老以金源遗逸，抗节林泉，均有渊明义熙之志，人品既高，故文章亦超然拔俗，吉光片羽，弥足宝贵，又何论其完阙乎？（《总目》一八八《河汾诸老诗集》提要）

纪昀虽然未必完全赞同陶渊明的隐逸①，但绝对赞赏他的高尚节操和风流雅趣。明人程敏政《题宋李龙眠白描渊明图后》云：“夫渊明自以晋朝世辅，耻复屈身刘宋，故始终托诗酒以自晦，而人莫之知也。朱子《纲目》大书‘晋征士陶潜卒’于南宋之朝，可谓得渊明本心于千载之上者矣。”②纪昀对此是赞同的，所以其《建阳域外谢叠山卖卜处》云：“陶潜大书晋征士，纲目实继麟经修。”③因此，《总目》每每将后世遗民节操比于陶潜。《总目》的作者学养深厚，在论及陶渊明为人时，一般能够摆脱感情用事的弊病，或者实事求是，或者理性推论；在肯定陶渊明高节对后世作家影响的同时，尽量对陶渊明本人做学术上的考察。这种学术态度与一般读者是有区别的。

《总目》还论及陶渊明的诗文，尤其是关注到陶渊明诗文对后世的影响，如云：

其（储光羲）诗源出陶潜，质朴之中有古雅之味。（《总目》卷一四九《储光羲诗》提要）

（韦应物）五言古体源出于陶，而熔化于三谢。故真而不朴，华而不绮。但以为步趋柴桑，未为得实。如“乔木生夏凉，流云吐华月”，陶诗安有是格耶？（《总目》卷一四九《韦苏州集》提要）

元陈高……五言古体，源出陶潜。（《总目》卷一六八《不系舟渔集》提要）

明方盱……五言比陶潜。（《总目》卷一七九《研山山人漫集》提要）

王安石尝赠以“风流谢安石，潇洒陶渊明”之句。而安石子雱亦云“前日览佳作，渊明知不如”。皆以柴桑格调为比，其倾倒可谓甚至。然（沈）辽诗实主于生峭，与陶诗蹊径颇不相类。观其生平，屡与黄庭坚酬和，而庭坚

① 〔清〕纪昀《滦阳消夏录（二）》云：“（冥司）不甚重隐逸，谓天地生才，原期于世事有补。人人为巢、许，则至今洪水横流，并挂瓢饮犊之地，亦不可得矣。”见〔清〕纪昀著、汪贤度校点《阅微草堂笔记》卷二，上海古籍出版社 2001 年版，第 30 页。此虽借小说人物顾德懋之口说出，然参之纪昀小说观念及多言因果事，当亦为夫子自道。

② 〔明〕程敏政：《篁墩集》卷三六，明正德二年刻本。

③ 〔清〕纪晓岚：《纪晓岚诗文集》卷八，江苏广陵古籍刻印社 1997 年版，第 401 页。

亦称其“能转古语为我家物”。知为豫章之别派，非彭泽之支流矣。（《总目》卷一五四《云巢编》提要）

（李贺）《勉爱行》“洛郊无俎豆，弊厩惭老马”句，旧本误“惭”为“斩”。曾益注遂云“斩老马以祖别”。直谓杀马食客，固非事理。余光注“斩”为绝，谓厩中无马可乘，亦牵强未安。琦不从之，是矣。然不知此用陶潜诗“马厩讲肆”之意。（《总目》一七四《李长吉歌诗汇解》提要）

其武陵源一条，则袭陶潜所记，而于桃外增李，移其地于吴中。（《总目》卷一四二任昉《述异记》提要）

宋淳熙间，赵彦琇、张栎曾修《桃花源集》一卷，见晁公武《读书志》。隆庆中，（冯）子京取旧集补其阙逸，更为铨次，又增以元人、明人之作。（《总目》一九二《桃花源集》提要）

陶渊明诗时有庄论，然不至如明人道学诗之迂拙也。（纪昀《赐砚斋诗抄序》）①

《总目》作者的学术眼光深刻精到，其关涉陶渊明的这些观点对我们梳理陶渊明作品创作方面的接受史是十分有益的。

值得关注的是，纪昀还对苏轼和陶诗做出中肯评价，从侧面肯定了陶诗的价值。

苏轼一生共创作和陶诗 109 首。纪昀对苏轼和陶诗的评点言论见于清人王文诰辑注的《苏轼诗集》的有 46 条，评及 44 首诗，它们分别是：《和陶饮酒二十首》其一、其三、其四、其五、其八、其九、其十二、其十三、其十四、其十五、其十九、其二十，《和陶归园田居六首》其二、其三、其四，《和陶贫士七首》其一、其二、其三、其四、其五、其七，《和陶移居二首》其二，《和陶桃花源》，《和陶胡西曹示顾贼曹》，《和陶答庞参军六首》其一、其六，《和陶连雨独饮二首》其二，《和陶示周掾祖谢》，《和陶赴假江陵夜行》，《和陶九日闲居》，《和陶拟古九首》其三、其八、其九，《和陶停云四首》其一、其三，《和陶杂诗十一首》其二、其四、其五、其十，《和陶赠羊长史》，《和陶形赠影》，《和陶西田获早稻》，《和陶游斜川》和《和陶王抚军座送客》。翻检纪昀评点的《苏文忠公诗集》②，发现纪昀评点苏轼和陶诗的言论并不止这个数量，王文诰仅仅选辑了一部分。这些评点主要涉及苏轼和陶诗与陶诗的关系、苏诗的艺术特点等。

---

① 〔清〕伊朝栋：《赐砚斋诗抄》卷首，《清代诗文集汇编》第三六八册，第 373 页。
② 《宋集珍本丛刊》，线装书局 2004 年版。

关于苏轼和陶诗与陶诗之间关系的评点是纪昀最富于创见性的言论。纪昀将苏轼和陶诗主要分为三种类型。(1)全是本色者。如评《和陶饮酒二十首(之十二)》云:“此全是本色。”①评《和陶饮酒二十首(之十三)》云:“参以禅悦，全然本色，兴之所至，忽合忽离，非有意于似，亦非有意于不似。”②纪昀评《和陶饮酒二十首(之十二)》“我梦入小学”一首纯是议论，是苏诗本色；认为《和陶饮酒二十首(之十三)》则于议论之外又“参以禅悦”。渊明诗虽有禅意，但非作者有意为之，而是读者从禅宗角度阅读的体会；苏轼和陶诗则直接用禅语禅意入诗，此点迥然于陶诗。纪昀深信佛教，自然深会其中三昧，品出了苏轼和陶诗不同于陶诗的主要特点。对于这些全然本色的诗作，纪昀并没有像前代读者那样以不似陶诗予以否定，而是基本予以肯定，如评《和陶归园田居六首(之二)》云:“此种是东坡独造。”③评《和陶停云四首(之四)》云:“此章自用本色。却佳。”④(2)时露本色者。如评《和陶饮酒二十首(之三)》云:“此参以本色，未尝不佳。”⑤评《和陶饮酒二十首(之九)》云“刻意效古，而结处仍露本色”⑥。此诗结句云“乘流且复逝，抵曲吾当回”，有随缘任运之禅意，非陶诗所有。这种评价不止于和陶诗，如评《东坡八首并叙》云:“八章皆出入陶、杜之间，而参以本色，不摹古而气息自古。”⑦这揭示了苏、陶之间的联系，也揭示了苏诗的个性。(3)陶意居多，或曰形神似陶者。如评《和陶饮酒二十首(之十五)》云:“亦陶意居多。”⑧评《和陶饮酒二十首(之十四)》云:“陶意多于本色。”⑨评《和陶贫士七首(之五)》云:“置之《陶集》，几不可辨。”⑩评《和陶停云四首(之一)》云:“此章颇有陶意。”⑪纪昀说“颇有陶意”，除了指意蕴，还指平淡而深厚的韵味。如评《和陶归园田居六首(之三)》云:“极平浅而有深味，神似陶公。”⑫评《和陶贫士

① 〔宋〕苏轼撰，〔清〕王文诰辑注，孔凡礼点校:《苏轼诗集》，中华书局1982年版，第1888页。本节所引苏轼和陶诗、纪昀评语皆据此版本，不再详注。

② 〔宋〕苏轼撰，〔清〕王文诰辑注，孔凡礼点校:《苏轼诗集》，第1888页。

③ 〔宋〕苏轼撰，〔清〕王文诰辑注，孔凡礼点校:《苏轼诗集》，第2105页。

④ 〔宋〕苏轼撰，〔清〕王文诰辑注，孔凡礼点校:《苏轼诗集》，第2271页。

⑤ 〔宋〕苏轼撰，〔清〕王文诰辑注，孔凡礼点校:《苏轼诗集》，第1884页。

⑥ 〔宋〕苏轼撰，〔清〕王文诰辑注，孔凡礼点校:《苏轼诗集》，第1886页。

⑦ 〔宋〕苏轼撰，〔清〕王文诰辑注，孔凡礼点校:《苏轼诗集》，第1079页。

⑧ 〔宋〕苏轼撰，〔清〕王文诰辑注，孔凡礼点校:《苏轼诗集》，第1889页。

⑨ 〔清〕苏轼撰，〔清〕王文诰辑注，孔凡礼点校:《苏轼全集》，第1888页。

⑩ 〔宋〕苏轼撰，〔清〕王文诰辑注，孔凡礼点校:《苏轼诗集》，第2139页。

⑪ 〔宋〕苏轼撰，〔清〕王文诰辑注，孔凡礼点校:《苏轼诗集》，第2270页。

⑫ 〔宋〕苏轼撰，〔清〕王文诰辑注，孔凡礼点校:《苏轼诗集》，第2105页。

七首(之二)》云:“借渊明以自托,愈说得平易,愈见身分之高。”①对于这种似陶之作,纪昀也没有一笔抹煞,因为苏诗并非屋下架屋的拙劣之作,而是自有其真情意趣。纪昀评《和陶游斜川》曰:“有自然之乐,形神俱似陶公。”②“似”是“和而不同”,如诗中云:“春江渌未波,人卧船自流。我本无所适,泛泛随鸣鸥。”这当然是“有自然之乐”,但隐然也有深悟佛理后随缘自乐的意趣,只是比较深隐而已,所以纪昀没有立足苏诗用“时露本色”一类的评语评价,而是主要立足陶诗用彼此相似之语评价。

总览纪昀对三类苏轼和陶诗的评价,其总体倾向是肯定苏轼和诗的个性特色。正如其评《和陶饮酒二十首(之二十)》所云:“敛才就陶,亦时时自露本色,正如褚摹《兰亭》,颇参己法,而正是其善于摹处。明七子之摹古,不过双钩填廓耳。”③纪昀否定了如明代七子那样泯灭个性的简单摹古,肯定了苏轼“时时自露本色”的和陶诗。这一评价是对前人以似与不似来褒贬包括苏轼和陶诗在内的和陶诗意见的批判和总结。如元好问《跋东坡和渊明饮酒诗后》云:“东坡和陶,气象衹(按,应为祗)是坡诗。如云‘三杯洗战国,一斗消强秦’,渊明决不能办此。独恨‘空杯亦尝持’之句与论无弦琴者自相矛盾。别一诗云:‘二子真我客,不醉亦陶然。’此为佳。”④元好问在此肯定了苏轼和陶诗如“二子真我客,不醉亦陶然”一类平淡深厚、神似陶诗的作品;否定了“三杯洗战国,一斗消强秦”之类全然本色的作品。这显然是有偏颇的。纪昀则从似与不似入手深入细致地阅读苏轼和陶诗,将其分为不同类别,从而结束了笼统评价苏轼和陶诗的历史状况,也摆脱了用“似与不似”做标准来评价的局限。把诗歌的成功与否放在是否有本色(个性)、有真情意趣上,这是纪昀评价和陶诗高人一筹之所在,也对后人产生了深远影响。王文诰评苏轼和陶诗就继承和发扬了纪昀的观点。如王文诰评《和陶归园田居六首(之六)》云:“公之和陶,但以陶自托耳。至于其诗,极有区别。有作意效之,与陶一色者;有本不求合,适与陶相似者;有借韵为诗,置陶不问者;有毫不经意,信口改一韵者。若《饮酒》《山海经》《拟古杂诗》,则篇幅太多,无此若干作意,势必杂取咏古纪游诸事以足之,此虽和陶,而有与陶绝不相干者,盖未尝规规于学陶也。……每见诗话及前人所论,辄以此句似

---

① 〔宋〕苏轼撰,〔清〕王文诰辑注,孔凡礼点校:《苏轼诗集》,第2138页。

② 〔宋〕苏轼撰,〔清〕王文诰辑注,孔凡礼点校:《苏轼诗集》,第2319页。

③ 〔宋〕苏轼撰,〔清〕王文诰辑注,孔凡礼点校:《苏轼诗集》,第1892页。

④ 〔金〕元好问撰,姚奠中主编,李正民增订:《元好问全集》(增订本),山西古籍出版社2004年版,第838页。

陶，彼句非陶，为牢不可破之说，使陶自和其诗，亦不能逐句皆似原唱，何所见之鄙也。唐时以欧、虞、褚摹《兰亭》为佳者，正取其各有己意，如必毫发似之，而后为工，此即双钩填廓，治木石者皆能为之，而欧、虞、褚之所不屑也。书且如此，而况诗乎？”①这一段话实际上是对上引纪昀评《和陶饮酒二十首(之二十)》等言论的继承和深细阐释。一方面，王文诰肯定和陶诗“有己意”(包括纪昀所揭示的“参以禅悦”等特点)才是其价值所在，似与不似不是根本标准；另一方面，王文诰如纪昀一样深细阅读了苏轼和陶诗，对和陶诗的诸种具体情况做了分析归纳。此后论苏轼和陶诗者多受纪昀、王文诰言论的影响和限制。

钱大昕接受陶渊明的主要贡献在于阐明了陶渊明接受史上的两个难题，即“题甲子”和陶渊明是否为陶侃曾孙的问题。他对第一个问题的考辨体现在《跋义门读书记》里，对第二个问题的考辨集中于《跋陶渊明诗集》里。

钱大昕在《跋义门读书记》中批评何焯《义门读书记》“援引史传，掎摭古人，有绝可笑者”。其考辨“题甲子”问题云：

《宋书·陶潜传》云：“所著文章，皆题其年月，义熙以前，则书晋氏年号，自永初以来，唯云甲子而已。”休文生于元嘉中，所见闻必不误。义门乃援陶诗书甲子者八事，讥其记事之失实。夫本传固云“所著文章”，不云所著诗也。诗亦文章之一，而其体则殊。文章当题年月，诗不必题年月，夫人而知之矣。《隋志》载《渊明集》凡九卷，今文之存者不过数首。就此数首考之，《桃花源诗序》称太元中，《祭程氏妹文》称义熙三年，此书晋氏年号之证也。《自祭文》则但称丁卯，此永初以后书甲子之证也。与休文所云，如合符节。休文于渊明之文，固遍观而尽识之；义门未尝尽见渊明所著文，何由知其失实？以是訾謷休文，恐两公有知，当胡卢地下矣。

予作是辨，在戊戌五月，后读《七修类稿》，乃知义门亦有所本。今附其说于左云。五臣注《文选》，以渊明诗晋所作者皆题年号，入宋但题甲子，意谓耻事二姓，故以异之。后世因仍其说。治平中，虎丘僧思悦编陶之诗，辨其不然，谓“渊明之诗有题甲子者，始庚子，终丙辰，凡十七年，诗一十二首，皆安帝时作也。至恭帝元熙二年庚申始禅宋，夫自庚子至庚申，计二十年，岂有晋未禅宋之前二十年内，辄有耻事二姓而所作即题甲子以自异哉！矧诗中又无标晋年号者，所题甲子，偶记一时事耳”。予谓五臣误读《宋书》，妄欲以诗证史，思悦辨之当矣。后人乃援以攻休文，不知本传只言文章，未

① 〔宋〕苏轼撰，〔清〕王文诰辑注，孔凡礼点校：《苏轼诗集》，第 2107 页。

尝及诗,休文初无误也。①

正如钱大昕所云,辨析渊明作品"题甲子"的问题由来已久,《文选》注承袭沈约旧说,宋人思悦指出陶诗甲子纪年的情况与旧说不符,但并没有论及陶渊明文章与甲子纪年的问题。在此,钱大昕出人意外地把陶渊明甲子纪年的问题与其文章联系起来,而且点出了一个历代读者普遍忽视的证据,即《宋书·陶潜传》不是针对陶诗而是针对陶"所著文章"提出此说的。这样就釜底抽薪,有力地反驳了何焯借陶诗讥讽沈约"记事之失实"的观点。钱大昕在论证中指出《桃花源诗序》《祭程氏妹文》《自祭文》三篇文章皆称"晋氏年号",而"《自祭文》则但称丁卯",证据凿凿,从一个全新的角度阐释了陶学史上一个困扰读者已久的难题。

钱大昕在《跋陶渊明诗集》中阐明了陶渊明曾祖父是否是陶侃的问题。其论云:

靖节为陶桓公曾孙,载于晋、宋二书及《南史》,千有余年,从无异议。近世山阳阎咏乃据《赠长沙公》诗序"昭穆既远,已为路人"二语,辨其非侃后,且谓渊明自有祖,何必藉侃而重。咏既名父之子,说又新奇可喜,恐后来通人惑于其说,故不可不辩。靖节自述世系,莫备于《命子》诗,首溯得姓之始,次述远祖愍侯舍、丞相青,然后颂扬长沙勋德,即以已之祖考承之,此士行为渊明曾大父之实证也。六朝最重门第,百家之谱,皆上于吏部。沈休文撰宋史,在齐武帝之世,亲见谱牒,故于本传书之。梁昭明太子作靖节传,不过承《宋书》旧闻,而阎乃云始于昭明误读《命子》诗,则是《宋书》亦未寓目。其谬一也。昭明传云:"自以曾祖晋世宰辅,耻复屈身后代。"此亦出《宋书》之文,而阎又以訾昭明,曾不知休文卒时,昭明才十有三岁,即使传有舛误,亦当先訾休文,况传本不误乎!其谬二也。且使士行与渊明果属疏远如路人也者,则《命子》篇中,何用述其勋德?攀援贵族乡党,自好者不为,靖节千秋高士岂宜有此?此谬三也。阎所据者,惟有《赠长沙公》诗序,而序固言同出大司马矣。大司马之称,非侃而谁?虽阎亦知其不可通也。词遁而穷,因检《史》《汉》表,陶舍尝以右司马从汉王,遂谓序中"大司马"当做"右司马",谓舍,非谓侃也。不知汉初军营有左右司马,品秩最卑,不过中涓、舍人之比。舍既位为列侯,不称侯而称右司马,在稍通管制者且知其不可,岂可以诬靖节乎!夫擅改古书以成曲说,最为后儒之陋,况此大

① 〔清〕钱大昕:《潜研堂文集》,《续修四库全书》第一四三九册,第45~46页。

司马又万无可改之理。其谬四也。惟是长沙公与靖节属小功之亲，而云“昭穆既远，已为路人”，似有罅隙可指。今以《晋书》考之，士行虽以功名终，而诸子不协，自相鱼肉，再传之后，视如路人，固其宜矣。昭穆犹言两世，两世未远而情谊已疏，故诗有“慨然悟叹，念兹厥初”之句。其云“昭穆既远”者，隐痛家难，而不忍斥言之耳。若以为同出于舍，则自汉初分支，已阅六百余年，人易世疏，又何足怪。其谬五也。阎又云：“侃，庐江郡浔阳人；渊明，浔阳郡柴桑人，其址贯不同。考浔阳郡即庐江所分，南渡后移于江南。士行生于郡未分之前，渊明生于侨立郡之后，史各据实书之，似异而仍同也。颜延之做靖节诔，虽不叙先世，而辞云：“韬此洪族，蔑彼名级。”藉非宰辅之胄，焉得洪族之称？此亦一证。戊申八月，读靖节集竟，因书于后。①

萧统《陶渊明传》据《命子》诗等以为陶侃是陶渊明的曾祖父。历代读者对此没有疑问。阎咏是康熙年间的经学名家、阎若璩之子，他提出“渊明自有祖”，不是陶侃后裔。此论可谓石破天惊。② 此说得到不少人的赞同，如全祖望在《陶渊明世系考》③中、王昶在《书陶渊明传后》④中、方东树在《陶诗附考》中从多侧面予以论证。早于钱大昕的何焯最先表示反对，在《义门读书记》卷五〇《陶靖节诗》第三条“赠长沙公族祖”下反驳云：“颜延之《陶征士诔》云：‘韬此洪族，抑彼名级。’可证此诗序中大司马断指士行，非汉初开封侯陶舍以右司马从高祖。讹右为大也（按，阎咏以为《赠长沙公》诗序所云“祖同出大司马”之“大”当作“右”）。延之与渊明同时，安得云传文、昭明误读《命子》及此二诗乎？”⑤钱大昕在跋文中也驳斥了阎咏的论断。与何焯的单证相比，钱大昕的论证十分周全。他主要从五个方面反驳了阎咏的观点，最后又做了两点补证。第一，虽然陶侃与陶渊明的籍贯似乎有庐江、浔阳之别，但郡有沿革，浔阳郡实从庐江郡分出，两人籍贯“似异而仍同”。第二，颜延之《陶征士诔》所云“洪族”并非妄言，此点乃承续何焯之说。由此，陶渊明乃陶侃后裔的观点更加得到读者的认同。如陶澍注《靖节先生集》卷一《赠长沙公序》云：“大司马，谓桓公。《晋书》公本

---

① 〔清〕钱大昕：《潜研堂文集》，《续修四库全书》第一四三九册，第46～47页。

② 详参阎若璩《潜邱札记》附录阎咏《左汾近稿》，有清乾隆十年眷西堂刊本。本书第三编第一章第一节引录。

③ 〔清〕全祖望：《鲒埼亭集·外编》卷四〇，《四部丛刊》本。

④ 〔清〕王昶：《春融堂集》卷四三，清嘉庆十二年塾南书舍藏版。

⑤ 〔清〕何焯：《义门读书记》下册，中华书局1987年版，第977页。

传:咸和九年,追赠大司马。《邓岳传》:大司马陶侃。先生《孟府君传赞》:娶大司马长沙桓公陶侃第十女是也。若开封愍侯,考《史记》、《汉书》皆云:'汉王五年,为右司马。'非大司马。且汉初无大司马官名。至武帝元狩四年,始置。此注误也。国朝阎若璩,反据此注(按,指李公焕注大司马为陶舍,此亦阎说所本),谓先生祖愍侯,而非出于桓公,遂欲改'大'为'右',其说尤谬。"①从其《靖节先生年谱考异》上卷引何焯和钱大昕注语和跋语可知,陶澍确实受到了他们的影响并对自己的观点做了补证,还连带批评了洪亮吉《后萧陶氏重修族谱序》赞同阎氏之论的观点。钱大昕指出"靖节为陶桓公曾孙",这看似是向史书记载的回归,没有多少新意,却是在对名家名论(所谓"名父之子,说又新奇可喜")提出疑问后所做的论证结果,是一种经过学术理性分析之后的螺旋式回归。

其他乾嘉学者在接受陶渊明时也体现出学者的特点。如王鸣盛在《十七史商榷》卷五一中辨析赞同陶渊明卒年六十三岁说,对宋人张缜的七十六岁说提出批评,从而对《游斜川》序及诗中是"辛丑"还是"辛酉"、是"五十"还是"五日"的问题做出选择。他还在卷六四"渊明改深明"条考订了陶渊明的名字。段玉裁《经韵楼集》卷八释"巾车"即江淹拟诗中的"巾柴车",以为巾是"拂拭而用之也"②。他们更多是将陶渊明诗文作为考论的材料使用。如段玉裁《说文解字注》卷七篇上释"梠"、卷七篇下释"巾"、卷一〇篇下释"规"、卷一二篇上释"矫",王鸣盛《十七史商榷》卷五一释"衡山二石囷"、《蛾术编》卷七九释"余不",阎若璩《四书辉地》释地续三释"柳下",余萧客《古经解钩沉》卷三释"四岳",王念孙《广雅疏证》卷十上释"秫",阮元《经籍纂诂》卷一一、卷四三、卷四七、卷九八、卷一〇三等释"尘""宛""皛""结""裛"等皆将陶渊明诗文或者传记文字用作佐证。以陶解史甚至可以产生新说,如惠栋《后汉书补注》卷一五注韩融(字元长)"年七十卒"引陶渊明《与子俨等疏》称韩元长"八十而终"云"七当为八也"③,可谓卓然有识,类似的例子还见于卷九、卷一六、卷一九等处。这些情况表明学问家对陶渊明诗文格外熟悉。

纪昀、钱大昕对陶渊明及其诗文的创作接受主要表现在诗歌和小说中。纪昀的诗歌风格与陶渊明诗不类,然立意情趣时有得于陶者。如其《赋得无弦琴》

① 〔晋〕陶渊明撰,〔清〕陶澍注,陶用舒校点:《靖节先生集注》,见《陶澍全集》第八册,岳麓书社 2010 年版,第 40 ~ 41 页。

② 〔清〕段玉裁:《经韵楼集》,清嘉庆十九年刻本。巾柴车当即农用独轮手推车,巾乃拴系在两个车把上的带子,套在肩上用以助力、平衡。段玉裁对其用途亦想当然耳。

③ 〔清〕惠栋:《后汉书补注》,清嘉庆九年冯集梧刻本。

《王菊庄艺菊图》《赋得山梁悦孔性》《恭和圣制有真意轩元韵》《岁暮怀人各成一咏》《次奇丽川中丞寄菊图韵兼示积庆亭明府》等皆有陶诗之意趣。纪昀素喜陶渊明雅趣,曾于“厅事挂《渊明采菊图》”便可为证①,喜好之余,吟咏于诗,也是自然。至于陶渊明对其《阅微草堂笔记》的影响,可参《陶渊明与清代小说》一节,此不赘述。钱大昕的田家诗质朴自然,多受到陶诗的影响,如《田家杂诗》《拟田家词》《访上沙陆氏园居》等。钱大昕咏赞陶渊明为人或者有陶诗意趣的诗作也不少,如《和唐陶山明府修复唐伯虎墓》《题翁霁堂征君秋林觅句图》《题尤西堂〈梦游三山图〉,图为海宁俞体仁画,作庄生、曼倩、渊明、太白、东坡五像,最后一人则西堂也。王阮亭、朱竹垞、韩慕庐诸公,皆有题咏予,亦作六君咏继之(之三)》《题陶吾庐归去来馆图》《移寓》《苦雨》《到家偶成》《题袁介隐遗像》《汤雪樵五十》《洽隐园三友图为韩旭亭作》《恭和御制晴元韵》等。② 王鸣盛的《还家即事(四首)》《为吴企晋题秋江归兴图》等③,阮元的《孟夏草木长》《天台行帐题杨补帆画天台桃源》等也多有陶风陶趣④。凌廷堪在《陶靖节画像赞并序》中则直接以陶渊明为题材说理、言志和抒情了。⑤

第五节 方东树以古文义法论陶渊明

方东树(1772—1851)是桐城派文论的集大成者。其诗论《昭昧詹言》设专卷(该书卷四)论述陶诗,计 85 条;此外,在论述其他诗人诗作时涉及陶渊明的还有 50 多条;附录《陶诗附考》一篇还有 22 条。诗话设专目论陶始于南宋,南宋中期胡仔《苕溪渔隐丛话》专列“五柳先生”条;宋末江湖诗人魏庆之《诗人玉屑》专列“靖节”条目,罗列历代评陶言论;宋末元初蔡正孙编撰的《诗林广记》亦有“陶渊明”一目,但多为征引前人意见,极少自己评论。至于诗话设专卷列述自己读陶心得,明人许学夷《诗源辩体》开其端绪,清人诗话甚盛,多有集中评述陶诗者,如沈德潜《说诗晬语》卷上涉及 40 多条,方东树《昭昧詹言》设专卷论陶。推源《昭昧詹言》成书之始,乃是诗歌选本的评语,其中古体诗部分以王士

① 〔清〕纪昀:《阅微草堂笔记》卷二《滦阳消夏录》二,上海古籍出版社 2001 年版,第 25 页。

② 据钱大昕《潜研堂诗集》及《续集》,《续修四库全书》第一四三九册。

③ 〔清〕王鸣盛:《西庄始存稿》卷四、卷八,清乾隆三十年刻本。

④ 〔清〕阮元:《揅经室集》续集卷八及四集诗卷五、卷一一,《四部丛刊》本。

⑤ 〔清〕凌廷堪:《校礼堂文集》,中华书局 1988 年版,第 88 ~ 89 页。

禛的《古诗选》为底本。《昭昧詹言》卷一第一五条云:“吾于陶公、谢公,皆依事大概,移易前后题目编次,俾其语意诸事明晓,而后得以领其妙,及其语言之次第。”①方东树大致按照创作年代的先后,调整了《古诗选》所选陶诗的次序,此虽不及陶诗全部,当是陶渊明接受史上最早将陶诗编年的一次实践。

然而方东树接受陶渊明的主要贡献不在为部分陶诗编年,作为“把古文理论直接运用到诗歌批评中的代表人物”②,他接受陶渊明的最大贡献是以古文义法论陶诗,凸显了陶诗的跌宕变化之妙,指示了学习陶诗的有效途径。

方东树借鉴唐代古文家李翱的理论,从“文(语辞)”“理(意蕴情态)”“义(文法)”论析诗歌。《昭昧詹言》云:“求通其辞,求通其意也。求通其意,必论世以知其怀抱。然后再研其语句之工拙得失所在,及其所以然,以别高下,决从违。而其所以学之之功,则在讲求文、理、义。此学诗之正轨也。”③由于《昭昧詹言》编撰的初衷是教育子弟,所以此段话从阅读接受诗歌的角度自三个方面分层次扼要地指示了“学诗之正轨”。第一步,最基础的层次是“求通其辞”,这类似于刘勰所云“披文入情”;第二步,中间的层次是“求通其意”,主要指把握诗歌意蕴;第三步,最高一层才是“研其语句之工拙得失所在”,即把握以笔法、章法等文法为主的表现技巧。这三步三层分别对应着“文(语辞)”“理(意蕴情态)”“义(文法)”三个概念。当然,最终的阅读学习目的还是掌握诗歌创作的方法,以达到儒家兴、观、群、怨的教育目的,由此《昭昧詹言》不断指示行之有效的学诗途径,强调符合儒家人品的诗人修养。在这种诗学理论和教育目的的双重作用下,方东树对陶渊明展开了批评。

一、杜公较陶公更为笃实正大

方东树尊崇宋代程、朱理学,格外重视诗人的人品修养,重视诗歌的儒家政教作用,但他持论甚严,对有儒家与佛道倾向的诗人诗作做严格的区分。大略而言,方东树明确推崇主要以儒立身且诗作内涵可以实现儒家兴、观、群、怨目的的诗人诗作,如阮籍、陶渊明、杜甫和韩愈等人及其作品;严肃贬抑了审美价值虽高但“无当于兴、观、群、怨,失《风》、《骚》之旨,远圣人之教”的诗人诗

---

① 〔清〕方东树著,汪绍楹校点:《昭昧詹言》,人民文学出版社 1961 年版,第 6 页。本节所引《昭昧詹言》原文皆据此版本,不再详注。

② 张健:《清代诗学研究》,北京大学出版社 1999 年版,第 650 页。

③ 〔清〕方东树著,汪绍楹校点:《昭昧詹言》卷一第一八条,第 7 页。

作①，如谢灵运、谢朓、王维等人及其作品。他因此三番五次地评陶渊明云：

有德者必有言，诗虽吟咏短章，足当著书，可以觇其人之德性、学识、操持之本末，古今不过数人而已，阮公、陶公、杜、韩也。余观太冲，仍是荣华客气，但气格差高耳。②

（左思）只说到鲁仲连、子房而止矣，向上更有大人物，非太冲之识所能及矣。庶惟陶公能见之耳。③

陶公说不要富贵，是真不要。康乐本以愤惋，而诗中故作恬淡；以比陶公，则探其深浅远近，居然有江湖涧沚之别。

陶公胸中别有大业，匪浅儒所知，太白胸中蓄理亦多，皆非康乐所望见。读谢诗，令人无兴、观、群、怨之益。

古人处变革之际，其立言皆可觇其志性……陶公淡而忘之，犹有《荆轲》等作。康乐仕不得志，却自以脱屣富贵，模山范水，流连光景，言之不一而足，如是而已，其志无先朝思也。

（谢灵运）道思本领未深，不如陶。④

如小谢……口中不要富贵，而身恋之不舍。《朝雨》之篇，自供结状。岂能如陶公之至性恬淡，怀抱如洗也。⑤

求之唐以前诗，惟有陈思、阮、陶、杜、韩，文义与理兼备，故能嗣经、《骚》，得诗教之正，玄晖未及此也。⑥

（谢朓）《直中书省》……全无事主之诚，致身图报之意，岂得以陶公高节不乐仕为藉口耶？⑦

韦公之学陶，多得其兴象秀杰之句，而其中无物也，譬如空华禅悦而已。故阮亭独喜之。陶公岂仅如是而已哉！⑧

桐城派论陶渊明看重他的道德学问修养，如姚鼐论陶渊明首先不是一位诗人，

---

① 〔清〕方东树著，汪绍楹校点：《昭昧詹言》卷一六，第一条，第387页。

② 〔清〕方东树著，汪绍楹校点：《昭昧詹言》卷四第二条，第97页。

③ 〔清〕方东树著，汪绍楹校点：《昭昧詹言》卷三第四一条，第94页。

④ 以上四条见〔清〕方东树著、汪绍楹校点《昭昧詹言》卷五第一五条至第一八条，第129～130页。

⑤ 〔清〕方东树著，汪绍楹校点：《昭昧詹言》卷一第一一六条，第38～39页。

⑥ 〔清〕方东树著，汪绍楹校点：《昭昧詹言》卷七第一七条，第191页。

⑦ 〔清〕方东树著，汪绍楹校点：《昭昧詹言》卷七第二七条，第195页。

⑧ 〔清〕方东树著，汪绍楹校点：《昭昧詹言》卷一第一三一条，第42页。

而是有“忠义之气,高亮之节,道德之养,经济天下之才”[①]的贤者;梅曾亮则认为“渊明诗豪不若太白,然其天守全矣”[②]。方东树论诗也是首先注重人品修养,认为道德是根本,而诗为末用[③],陶诗属于“有德者”之言,从中“可以睹其人之德性、学识、操持之本末”;他“不要富贵,是真不要”,“胸中别有大业,匪浅儒所知”,因此与眷恋富贵、缺乏诗教助益的谢灵运、谢朓不同;他的基本立场是儒教,有更深远的文化眼光,其诗言之有物,因此陶诗与“空华禅悦”般的韦应物诗、视野有限的左思诗不同。

方东树虽然从人品和诗歌内涵的儒家倾向上充分肯定了陶渊明,但与前代读者相比,并没有提供多少新颖之见。方东树评陶值得关注的是他的贬抑言论,他推崇陶渊明及其作品但仍然不乏苛责,肯定其儒家面目而排斥其道家倾向。他认为“陶公所以不得与于传道之统者,堕庄、老也”[④],云:

《形》《影》《神》三诗,用庄子之理,见人生贤愚贵贱,穷通寿夭,莫非天定。人当委运任化,无为欣戚喜惧于其中,以作庸人无益之扰,即有意于醉酒立善,皆非达道之自然。……由今观之,杜公悲天悯人,忠君爱国,而不责子之贤愚,其识抱较陶公更为笃实正大也。[⑤]

庄以放旷,屈以穷愁,古今诗人,不出此二大派,进之则为经矣。……阮公似屈,兼似经;渊明似庄,兼似道:此皆不得仅以诗人目之。[⑥]

昔人谓正人不宜作艳诗,此说甚正。贺裳驳之,非也。如渊明《闲情赋》可以不作。后世循之,直是轻薄淫亵,最误子弟。[⑦]

陶公诗,于圣人所言诗教皆得,然无经制大篇,则于《雅》《颂》之义为缺,故不及杜、韩之为备体,奄有六艺之全也。[⑧]

朱熹曾把陶渊明归入老、庄,真德秀明确表示不赞同,认为:“渊明之学,正自经

---

① 〔清〕姚鼐:《荷塘诗集序》,见《惜抱轩诗文集》文集卷四,清嘉庆十二年刻本。

② 〔清〕梅曾亮:《邹松友诗集序》,见梅曾亮《柏枧山房全集》之文集卷六,清咸丰六年刻民国补修本。梅曾亮认为“渊明之诗和而傲,其人然,其诗亦然”。参梅曾亮《杂说》,见《柏枧山房全集》之文集卷一。这与方东树论陶诗有自我面目也相通。

③ 〔清〕方东树《徐荔庵诗集序》:“古之立言以蕲不朽者,必以德为之本……陶渊明、杜子美、韩退之诸贤,犹可因以想见诗之本用。”见《考槃集文录》卷三,清光绪二十年刻本。

④ 〔清〕方东树著,汪绍楹校点:《昭昧詹言》卷四第三八条,第111页。

⑤ 〔清〕方东树著,汪绍楹校点:《昭昧詹言》卷四第一七条,第101~102页。

⑥ 〔清〕方东树著,汪绍楹校点:《昭昧詹言》卷一第一四条,第5页。

⑦ 〔清〕方东树著,汪绍楹校点:《昭昧詹言》卷二一第三九条,第482页。

⑧ 〔清〕方东树著,汪绍楹校点:《昭昧詹言》卷四第八条,第99页。

术中来。”①汤汉、黄文焕等人注陶也格外强调《咏荆轲》等诗的政治意义。清代读者通观诗史，绝大多数高度评价陶渊明的人品，把陶渊明归入儒家，把陶渊看作孔门圣贤。但方东树对此论断持相当的保留态度，他在此处说陶渊明“似庄兼似道”还算客气，于其《续天道论》中则云：“陶公《形神》诗其意见不出老、庄境地，尚不有佛氏之行愿，而何以希鲁叟之弥缝也？”②方东树不是凭感受下此论断的，而是建立在对《形影神》组诗等作品的理解上。他认为“陶公本量，不在此数诗（按，指《咏荆轲》《咏二疏》《咏三良》一类诗作），读《归去来辞》及《形》《神》等诗可见”③。陶渊明在《形影神》组诗中排斥喜怒哀乐、主张委运任化是“用《庄子》之理”，与感情丰富、“悲天悯人，忠君爱国”且像圣人一样汲汲以求的杜甫相比，显然逊色一筹。因此，方东树认为陶渊明的“识抱”不如杜甫“更为笃实正大”，“陶公所以不得与于传道之统者，堕庄、老也”。他站在严正的儒教立场上，否定了《闲情赋》，对陶渊明不能“奄有六艺之全”表示遗憾。有论者因此指出他如此论陶“不可否认地有其偏狭与武断之处。然而另一方面，若站在方氏推阐桐城派雅正的诗学主张来看，便不难理解其评论中，带有导正时人积极观念的教育意义存在。尤其方东树本身对于国事甚为关心，虽因考场失利而赖馆课讲学为生，犹不忘提携后进，希冀培养晚辈学成诗文的同时，亦具备经世济民的胸襟”④。此论有见地。需要补充的是，方氏为陶渊明“无经制大篇”、不够“笃实正大”而遗憾，把陶诗置于杜诗之后，当与他推崇豪雄跌宕的文风密不可分。

二、不易先学而有途径可学

方东树认为陶诗最大的特点是真，真乃元气发露、胸襟自流，是修养至极的天然表现，故陶渊明首先不是诗人，而是知道的圣贤，陶诗是与天为徒、不烦绳削，不是刻意雕琢、巧夺天工。这是方东树对陶渊明诗如其人特点的基本观察，故其评论云：

读陶公诗，专取其真：事真景真，情真理真，不烦绳削而自合。谢、鲍则

---

① 〔宋〕真德秀：《跋黄瀛甫拟陶诗》，见《西山文集》卷三六，影印清文渊阁《四库全书》本。

② 〔清〕方东树：《考槃集文录》卷一。

③ 〔清〕方东树著，汪绍楹校点：《昭昧詹言》卷四第一二条，第100页。

④ 张俐盈：《方东树〈昭昧詹言〉论陶诗》，载《东华汉学》（台湾）2009年12月第10期，第252页。

专事绳削,而其佳处,则在以绳削而造于真。”①

至于陶公之无容心于修辞琢句,杜公之峥嵘飞动,元气浑运,圣矣,不可以此例论。②

如庄、屈、陶公、阮公,其知道乎!(评阮籍《咏怀诗》“天网弥四野”)③

汉、魏、阮公、陶公,皆出之自然天成。惟大谢以人巧夺天工。④

陶公别是一种,自然清深,去《三百篇》未远。⑤

陶公不烦绳削,谢则全由绳削,一天事,一人功也。……谢从陶出,而加琢句工矣。⑥

诗文须神气浑涵,不露圭角。汉、魏以下,惟陶公能尔。大谢以人巧肖天工,已自逊之,是根本不逮,然犹自浑厚。⑦

如阮公、陶公,曷尝有意于为诗;内性既充,率其胸臆而发为德音耳。钟嵘乃谓陶公出于应璩,又处之以第七品,何其陋哉!宜乎叶石林之辟之也。⑧

大约陶、阮诸公,皆不自学诗来。惟鲍、谢始有意作诗耳。

惟陶公则全是胸臆自流出,不学人而自成,无意为诗而已。至东坡亦如是,固是天生不再之贤。虽杜、韩犹是先学人而后自成家。如杜《同谷七歌》从《胡笳十八拍》来,韩《南山》诗从《京都赋》来。⑨

阮公、陶公,自尔深人无浅语,不当以诗人求之。⑩

论陶诗真率自然并不新颖,主要是继承了萧统、黄庭坚等人论陶诗真旷自然的观点,如元人《诗谱·十五体》谓陶诗“情真景真,意真事真……至其工夫精密,而天然无斧凿痕迹”⑪,方东树论陶诗“事真景真,情真理真,不烦绳削而自

① 〔清〕方东树著,汪绍楹校点:《昭昧詹言》卷四第五条,第98页。

② 〔清〕方东树著,汪绍楹校点:《昭昧詹言》卷七第四条,第187页。

③ 〔清〕方东树著,汪绍楹校点:《昭昧詹言》卷三第三三条,第91页。

④ 〔清〕方东树著,汪绍楹校点:《昭昧詹言》卷一第一二六条,第41页。

⑤ 〔清〕方东树著,汪绍楹校点:《昭昧詹言》卷一第一〇二条,第34页。

⑥ 〔清〕方东树著,汪绍楹校点:《昭昧詹言》卷五第二一条,第131页。

⑦ 〔清〕方东树著,汪绍楹校点:《昭昧詹言》卷一第一〇八条,第36页。

⑧ 〔清〕方东树著,汪绍楹校点:《昭昧詹言》卷四第六条,第98页。

⑨ 以上两条并见〔清〕方东树著、汪绍楹校点:《昭昧詹言》卷一第一〇五条、第一〇四条,第35页。

⑩ 〔清〕方东树著,汪绍楹校点:《昭昧詹言》卷四第七条,第98页。

⑪ 张健编:《元代诗法校考》,北京大学出版社2001年版,第360页。

合”，有明显的传承关系。但方东树的论述较为系统，且反复强调，将陶诗与缺少自然真率特点的其他诗人诗作相对比，遂令人印象深刻。他还格外强调了创作主体的特殊性，即陶诗本于“元气”性理，首先得益于人品的修养，是陶渊明高尚人品和深厚修养的天然流露，是直抒胸臆，没有“客气假象”①，即所谓“深人无浅语，不当以诗人求之”，“曷尝有意于为诗；内性既充，率其胸臆而发为德音耳”，“全是胸臆自流出，不学人而自成”。因此，陶诗“自然天成”，个性风格也十分明显，“自道己意”②，“自见其心胸面目”③，文如其人。

因此，陶诗不易学。朱熹云：“渊明平淡出于自然，后人学他平淡，便相去远矣。”④明人谢榛《四溟诗话》论诗语云：“自然妙者为上，精工者次之，此著力不著力之分，学之者不必专一而逼真也。专于陶者失之浅易，专于谢者失之饾饤。”⑤谢榛的观点得到了后代诗论家的认同。如许学夷：“靖节诗甚不易学，不失之浅易，则伤于过巧。”⑥贺贻孙《诗筏》云：“真率处不能学，亦不可学，当独以品胜耳。”⑦叶燮《原诗》云陶诗：“游方以内者，不可学，学之犹章甫而适越也。唐人学之者，如储光羲，如韦应物……俱不能有陶之胸次故也。”⑧王士禛《师友诗传录》云：“陶渊明纯任真率，自写胸臆，亦不易学。”乔亿《剑溪说诗》：“太白诗有似《国风》《小雅》者……独无一篇似陶。子美间有陶句，亦无全篇似之者，虽李、杜之不为陶，不足为病，而陶之难拟可见也。”洪亮吉《北江诗话》云：“陶渊明以后，学陶者，韦应物、柳宗元以迄苏轼、陈无已等若干人，而皆不及陶，亦以绝调难学也。”章学诚《与邵二云》云：“学渊明诗者率为浅俚之句。”⑨方东树论陶不易学也是继承了前人的观点，比如他曾摘引上引朱熹语、谢榛《四溟诗话》语。

① 〔清〕方东树著，汪绍楹校点：《昭昧詹言》卷九第一九条，第222页。

② 〔清〕方东树著，汪绍楹校点：《昭昧詹言》卷一第三一条，第11页。

③ 〔清〕方东树著，汪绍楹校点：《昭昧詹言》卷三第七条，第82页。

④ 〔清〕方东树著，汪绍楹校点：《昭昧詹言》卷二一第一〇一条，第498页。

⑤ 〔清〕方东树著，汪绍楹校点：《昭昧詹言》卷二一第三五条，第481页。

⑥ 〔明〕许学夷著，杜维沫校点：《诗源辩体》卷六第三一条，人民文学出版社1987年版，第107页。

⑦ 郭绍虞编选，富寿荪校点：《清诗话续编》上册，上海古籍出版社1983年版，第158页。

⑧ 〔清〕叶燮：《原诗·外篇下》，见丁福保辑录《清诗话》下册，上海古籍出版社1978年版，第602~603页。

⑨ 章学诚：《文史通义》外篇三，民国嘉业堂章氏遗书本。

但作为最高艺术水准的作家作品，陶诗又不能不学。方东树在《昭昧詹言》卷四第一条即明确云："学诗当从《三百篇》来，以屈子、汉、魏、阮公、渊明嗣之，如此方见吟咏之本。"像朱熹一样，方东树不仅肯定要学，而且将陶诗作为"吟咏之本"来学，于是就产生了如何学的问题。方东树总结前人学陶得失，指出学陶有两大基本思路。第一，先从容易学的诗人诗作学起，即先学会可以学、容易学的作家作品；第二，进一步学习陶渊明等最高层次的诗人诗作。如云：

诗有用力不用力之分。然学诗先必用力，久之不见用力之痕，所谓炫烂之极，归于平淡。此非易到，不可先从事于此，恐入于浅俗流易也。故谓学者宜先学鲍、谢，不可便先学陶公。①

学者若不先从鲍、谢入手，而便学此，未有不失之滑浅庸近，如今凡俗所为者也。……若执笔便拟陶公，是黄口孺子，轻学老成宿德，举止风轨纵似之，亦可鄙笑，不惟优孟衣冠，抑且滑熟无力。②

古人文之高妙，无不艰苦者。但阮公、陶公艰在用意用笔，谢、鲍艰在造语下字。初学人不先从鲍、谢用功，而便学阮、陶，未有不凡近浅率，终身无所知。以此求之，数千年不得数人，纷纷俗士，不足讥矣。③

学康乐之沉厚深重，须济以明远之俊逸，乃免滞气。学明远久，又入于轻俊，又当济以康乐。至陶公、杜公则全美。④

学黄必探源于杜、韩，而学杜、韩必以经、骚、汉、魏、阮、陶、谢、鲍为之源。取境古，用笔锐，造语朴，使气奇，选字坚，神兀骨重，思沉意厚，此亦诗家极至之诣也。⑤

方东树认为"如能合陶、杜、汉、魏而兼其胜，乃可俯视谢、鲍"⑥，陶诗是"诗家极致之诣"，但初学者不应"轻学老成宿德"，而应循序渐进，认为学陶要先从有门径可学的诗人学起，具体就是"先从鲍、谢入手"，学习的时候"每篇百遍烂熟"⑦，于谢、鲍等人主要学习"造语下字"、如何用力，于陶则主要学习"用意用笔"，进而达于"不见用力之痕"的最高境界。方东树之所以特别把学鲍照和谢

① 〔清〕方东树著，汪绍楹校点：《昭昧詹言》卷一四第一六条，第380页。
② 〔清〕方东树著，汪绍楹校点：《昭昧詹言》卷四第三二条，第108页。
③ 〔清〕方东树著，汪绍楹校点：《昭昧詹言》卷四第三五条，第110页。
④ 〔清〕方东树著，汪绍楹校点：《昭昧詹言》卷五第四六条，第138页。
⑤ 〔清〕方东树著，汪绍楹校点：《昭昧詹言》卷一〇第一〇条，第227～228页。
⑥ 〔清〕方东树著，汪绍楹校点：《昭昧詹言》卷五第三四条，第135页。
⑦ 〔清〕方东树著，汪绍楹校点：《昭昧詹言》卷五第二一条，第131页。

灵运作为学陶前的捷径，一是因为他们“造语下字”等用力的地方有痕迹可学，二是因为“谢从陶出，而加琢句工矣”①，彼此有相似之处。

第二，方东树认为学陶要先学做人，在修养上下功夫。他认为对于陶诗“须求其本领，兼取其文法，盖义理与文辞合焉者也”，而谢灵运、鲍照、谢朓等人只是“取其刱言造句及律法之严”，但是“本领义理未深”，甚至连“文法亦无甚深妙”。② “本领义理”既然与“文法”相对，则“本领义理”主要指其合乎儒家之道的意蕴和修养，这是第一位的，是首先需要研求的。方氏引张九溪语云：“文章必以理胜。诗赋乃文之有韵者耳……倘胸无根柢，而徒取涂于五七言中，纵极工致，风骨不凝，寻味甚短，不过陆、潘牢笼中物耳，于陶、杜、韩、苏诸大家之风，弗之悟解矣。”③这是强调诗人修养对诗歌境界的限制问题，落脚到学陶诗上，就是应该有同陶渊明一样的“根柢”，要学陶“知道”，此为“深人”的根本面，否则难以达到陶诗的境界。

方东树论陶诗不易先学而有途径可学是桐城派文论在具体诗人身上的运用，是其对自身艺术经验的总结，也是对前人学习陶诗经验的总结。如苏轼、黄庭坚、朱熹等已经屡次提出陶诗不易学，但仍把陶诗作为学习的根本准则。基于学诗和教育的需要，方东树对如何学陶的问题做了有效回答。

三、以义法论陶诗变化之妙

方东树具体评点陶诗最值得注意的是以桐城派的义法理论为指导发掘其中的“微言胜理”④，揭示其中的跌宕变化之妙。这可以看作是其指示学陶途径的延伸，是具体的学习例解。《昭昧詹言》卷一论“文（语辞）”“理（意蕴物理）”“义（文法）”云：“文者辞也；其法万变，而大要在必去陈言。理者所陈事理、物理、义理也；见理未周，不赅不备，体物未亮，状之不工，道思不深，性识不超，则终于粗浅凡近而已。义者法也；古人不可及，只是文法高妙，无定而有定，不可执著，不可告语，妙运从心，随手多变，有法则体成，无法则伧荒。率尔操觚，纵

① 〔清〕方东树著，汪绍楹校点：《昭昧詹言》卷五第二一条，第131页。

② 〔清〕方东树著，汪绍楹校点：《昭昧詹言》卷四第四条，第98页。

③ 〔清〕方东树著，汪绍楹校点：《昭昧詹言》卷二一第一一七条，第502页。由“九溪诸论，惟深于文理者知之”（《昭昧詹言》卷二一第一二九条，第505页）可见，方东树对张九溪此论是持赞成态度的。

④ 〔清〕方东树著，汪绍楹校点：《昭昧詹言》卷四第一八条，第102页。按《昭昧詹言》卷四前十八条总论陶诗，后六十七条为针对具体篇目的评点。

有佳意佳语，而安置布放不得其所，退之所以讥六朝人为乱杂无章也。”①陶诗“笔力强，文法妙，言皆有本。寻其意绪，皆一线明白，有归宿，令人了然”②，是最符合其义法理想的作品之一。此分析论之如下。

首先，陶诗语词（“文”）推陈出新、自然新奇。如评《连雨独饮》云：

不过言人生必死，世无仙人，不如饮酒，而用意用笔，俱回曲深峻。天者自然，而己任真，则亦同于天，曰“忘”，曰“无所先”，皆笔之曲也。……起四句本是古人陈言，看他折洗翻用入妙。③

《连雨独饮》中的“忘”和“无所先”很好地体现了陶诗“回曲深峻”的特点。该诗开头四句云：“运生会归尽，终古谓之然。世间有松乔，于今定何间。”此种命运生死慨叹在陶渊明之前屡见不鲜，如《古诗十九首》“人生忽如寄，寿无金石固”“人生寄一世，奄忽若飙尘”“服食求神仙，多为药所误”“仙人王子乔，难可与等期”，曹植《赠白马王彪》“虚无求列仙，松子久吾欺。变故在斯须，百年谁能持”，等等，在诸多名句前翻新实属不易，而陶诗居然“折洗翻用入妙”。又如方氏评《癸卯岁始春怀古田舍二首（之二）》“平畴交远风，良苗亦怀新”为陶诗名句，“奇丽千古，他人雕肝琢肾不能到”，可谓新颖，但这种新颖与谢朓的雕琢不同，而是“本色自然”。④ 此外，方氏还指出陶诗善用虚字、开启后学之句、言简意足等特点。⑤ 值得注意的是，方东树对拟古诗有颇多否定，其原因就是“拟古而无所托意”，即使“东坡和陶，虽自有题，亦觉无味”⑥；但他关注到陶渊明拟古诗的特殊，认为“渊明拟古，是用古人格，作自家诗”⑦。即陶渊明拟古诗值得肯定之处是有自己的个性面目，与个性化相比，语言的创新还在其次。

其次，方东树结合文法的变化之妙凸显陶诗隐微的思想意蕴，认为陶诗之“理”言之有物，表达高妙深曲、鲜明贴切。“理者，所陈事理、物理、义理也”，方氏所谓“理”既包括偏于内容意蕴方面的“事理”“义理”，相当于言有物之“物”，也包括“物理”，即物象之情态神形。方东树在具体评点中注重联系表达方式钩

---

① 〔清〕方东树著，汪绍楹校点：《昭昧詹言》卷一第二〇条，第8页。

② 〔清〕方东树著，汪绍楹校点：《昭昧詹言》卷一第三一条，第11～12页。

③ 〔清〕方东树著，汪绍楹校点：《昭昧詹言》卷四第七一条，第122页。

④ 〔清〕方东树著，汪绍楹校点：《昭昧詹言》卷四第二四条，第105页。

⑤ 如〔清〕方东树著，汪绍楹校点：《昭昧詹言》评鲍照《和王丞》：“‘限生’二句，即‘人生不满百’意，陶公衍之为五字（按：指陶《九日闲居》“世短意恒多”句），更言简意足。”见该书卷六第三五条，第174页。

⑥ 〔清〕方东树著，汪绍楹校点：《昭昧詹言》卷一第一一二条，第37页。

⑦ 〔清〕方东树著，汪绍楹校点：《昭昧詹言》卷一第一一三条，第37页。

沉“理”的意蕴情态，如评《饮酒二十首（之二十）》为“义理可以冠集”云：

昔孔子不用而归，则删定《六经》，已今亦欲如是，但述而不作，好而亲之，以继微响而已。此与扬云、仲淹之僭作者，已不同矣。　不言己之好，但言人之不好，亦避直取曲，以虚形实也。　此首盖以举世少真，而己独一人任真，如鲁哀公云“以鲁国而止有儒一人”也。而此意不便自说，故谬悠其词于饮酒，曰恐负此儒巾也。下二句又就饮酒中为荒唐吊诡，谬悠中又复谬悠之，却又顾题也。……少真，谓皆从于苟妄也。举世习非，不得一真，欲弥缝之，道在《六经》。崇尚乎此，庶可以反性情，美风教，成治化，著诚去伪，返朴还淳。无如世竟无一人问津，此其可痛可恨；而己之所怀，则愿学孔子，从事于此，亦欲弥缝斯世，而有志不获，惟有饮酒遣此悲愤也。以用意论，极其恍惚，以文法论，极其恣肆奇妙不测。　收言举世皆庸奴，无可庄语，只有饮酒。愈缓愈肆愈远。　经所以载道也，载道则无苟妄，而无不任真矣，故归宿孔子及诸儒。言己非徒独自任真，亦欲弥缝斯世，此陶公绝大本量处，非他诗人所能及。故此篇义理可以冠集。……此二十首，篇篇具奇旨旷趣，名理名言，非常恣肆，皆道腴也。①

方氏在这篇评论中揭示了陶诗合道真诚的儒家旨趣，但主要是剔抉其中用意的深曲变化，以评“少真”为例即“以用意论，极其恍惚”；在揭示这些“义理”时，又时时注意提示其表达方式恣肆高妙，即“以文法论，极其恣肆奇妙不测”，“不言己之好，但言人之不好，亦避直取曲，以虚形实也”。推而广之，《饮酒诗二十首》“篇篇具奇旨旷趣，名理名言，非常恣肆，皆道腴也”，义理“皆道腴”，而表达“非常恣肆”。此外，其解《始作镇军参军经曲阿作》亦钩深索隐，卓有高见。

评《饮酒二十首（之二十）》等主要是针对“义理”，又如针对“事理”“物理”评点云：

此诗叙一大事，本末曲折具备……议论精卓，抵论赞。（评《桃花源诗》）②

此忽然慨世庸愚之人，可怜而不悟，而吐属温雅蕴藉，无恶谑丑诋直骂，气象渊懿。（评《饮酒二十首》“有客常同止”）③

---

① 〔清〕方东树著，汪绍楹校点：《昭昧詹言》卷四第五九条，第117～118页。
② 〔清〕方东树著，汪绍楹校点：《昭昧詹言》卷四第三五条，第110页。
③ 〔清〕方东树著，汪绍楹校点：《昭昧詹言》卷四第五二条，第115页。

此但书即目即事，而高致高怀可见。［评《饮酒二十首（之五）》“结庐在人境”］①

“方宅”十句，不过写田园耳，而笔势骞举，情景即目，得一幅画意。（评《归田园五首》）②

一往真味，景与情俱带画意。（评《于王抚军座送客》）③

方东树认为“读陶公诗，须知其直书即目，直书胸臆，逼真而皆道腴，乃得之”④。此论陶诗叙述事理曲折完整，感慨世事“气象渊懿”，写景写物贴切逼真，与情交融，有画意，是其“直书即目，直书胸臆”的结果，也是与“道腴”真醇联系在一起的特点。

再次，方东树关注最多的是陶诗文法变化入妙。如评《岁暮和张常侍》云“章法文法，曲折顿挫，变化不可执著”⑤，评《有会而作》云“读此乃见公用笔之变，用意之深曲，文法妙不测”⑥等，又认为“《羊长史》篇文法可以冠集”⑦，“其文法之妙，与太史公《六国表》同工”。此摘录一节为例：

“中都”不必呆数典，此即指关中耳。此上承黄、虞，下伏四皓，草蛇灰线过脉。若云君当往事佐命，吾当为四皓以避乱耳，却借如此指出，毫不见正意痕迹，其妙如此。前后惟阮公、杜公有之。韩公亦能之。坡则罕见此矣。何况余人。　　“路若经商山”，以笔势论，亦是蹴起陡势，神来气来之笔。⑧

又如评《饮酒二十首（之三）》（“积善云有报”）云：

言不必计善恶之报爽，但以固穷守道为正。求仁得仁，同一穷死，不如留名没世。　　一起四句，偏反飞动，先有断决，而后发此端问，先非真有所疑也。反复疑迷，收二句，语势尤劲折，无一平直浅滞顺滑之笔。明明爽报，却云不爽，求仁得仁也。以二人证之，而文法相承互解，言即此所以报夷、齐、荣公也。　　上言其爽而空言诘之，作波澜，以起下百世之传，折出

① 〔清〕方东树著，汪绍楹校点：《昭昧詹言》卷四第四四条，第113页。
② 〔清〕方东树著，汪绍楹校点：《昭昧詹言》卷四第二六条，第106页。
③ 〔清〕方东树著，汪绍楹校点：《昭昧詹言》卷四第六八条，第120页。
④ 〔清〕方东树著，汪绍楹校点：《昭昧詹言》卷四第三条，第97页。
⑤ 〔清〕方东树著，汪绍楹校点：《昭昧詹言》卷四第六九条，第121页。
⑥ 〔清〕方东树著，汪绍楹校点：《昭昧詹言》卷四第七〇条，第121页。
⑦ 〔清〕方东树著，汪绍楹校点：《昭昧詹言》卷四第五九条，第118页。
⑧ 〔清〕方东树著，汪绍楹校点：《昭昧詹言》卷四第三四条，第109页。

一荣公,文法变化如此。以福报则爽,以名报则应,文法变化。收忽然自断决截,坚定不复疑,若忽悟彻者然。①

这些评论注意揭示陶诗内部结构的前后照应之妙,突出陶诗“文法”如何上接下递、突起变化、生气灌注的特点。平淡之下有深味,文似看山不喜平。方东树以古文义法理论解析陶诗,解构陶诗平淡的传统观点,极力挖掘陶诗山高水深的一面,这与方氏的艺术宗尚有关,也是对陶渊明接受史类似成果继承的结果。方氏认为“诗以豪宕奇恣为贵,此惟李、杜、韩、苏四公有之。前此则惟汉、魏、曹、阮、陶公、孔北海、刘越石数贤而已”②。对于陶诗,他首先看重的不是平淡,而是“豪宕奇恣”,看重的是如阮籍一样的“宏放”③之作。萧统评价陶诗有“跌宕”“抑扬”之说,黄文焕、吴淇评点陶诗已经格外注重揭示章法和激荡不平的情感意蕴,在方式方法上起了先导作用,只是没有格外关注文法的变化恣肆而已。与方东树同时代的延君寿在《老生常谈》中论诗,与方氏颇有相通之处,其论陶诗也涉及文法,如云:

《五月旦作》起笔云:“虚舟纵逸棹,回复遂无穷。”写舟行之妙,不可思议。“逸”字下得新,“回复无穷”是从上“纵”字来。“神渊泻时雨,晨色奏景风”,用“泻”字、“奏”字,妙能状出“神”字、“晨”字来。末云:“即事如已高,何必升华嵩。”收得挺健。于此可悟用字起结之法。又《和刘柴桑》云:“良辰入奇怀,挈杖还西庐。”“奇怀”字是自家觉得于无奇处领会出来,他人不得而知也。

《九日闲居》一首,上面平平叙下,至末幅“敛襟独闲谣,缅焉起深情”,忽作一折笔以顿挫之。下二句“栖迟固多娱,淹留岂无成”,以一意作两层收束,开后人无数法门。④

此论陶诗用字之新奇、文法之变化,与方东树十分类似,只是没有强调变化中恣肆的特点,也没有系统用于陶诗整体批评。方东树的观点和解读方式在前人的基础上进一步定型化、理论化和模式化。他将陶诗归宗于变化恣肆是对以恬淡真醇论陶诗观点的突破和深化,突破指不再流于平易散缓之类的表面感受,深化则指深入思索和揭示了陶诗真醇所隐藏的意蕴理路和形式

① 〔清〕方东树著,汪绍楹校点:《昭昧詹言》卷四第四一条,第112页。

② 〔清〕方东树著,汪绍楹校点:《昭昧詹言》卷一第八四条,第28~29页。

③ 〔清〕方东树著,汪绍楹校点:《昭昧詹言》卷三第三一条,第91页。

④ 郭绍虞编选,富寿荪校点:《清诗话续编》,第1821页。

特点。

《昭昧詹言》云:“前人说陶诗者甚众,然多迹论常解,无关微言胜理。”[①]就揭示陶诗用意深曲、变化之妙来说,方东树此言不应归于狂妄。

方东树赞同阎咏等人考论补证陶侃不是陶渊明曾祖父的观点。对于阎咏的观点,早于方东树近半个世纪的著名学者钱大昕在《跋陶渊明诗集》中、与方氏同时而早去世十二年的陶澍在《(靖节先生)年谱考异》中驳论甚详。方东树的《陶诗附考》计 22 条,文字短者一二百字,长者过千,条分缕析,言之凿凿,自成体系,可称传统陶渊明接受史上反驳陶侃乃渊明曾祖这一观点最为系统的考论和分析;但毕竟推测过多,难成定论,也不为一般读者所接受,不再赘论。方东树之所以下这一考论功夫主要有三个方面的原因。第一,这是他推重陶诗的表现。第二,这是他对知人论世观点的实践,他认为“若夫古人所处之时,所值之事,及作诗之岁月,必合前后考之而始可见。如阮公、陶公、谢公,苟不知其世,不考其次,则于其语句之妙,反若曼羡无谓;何由得其义,知其味,会其精神之妙乎”[②]? 正如为陶诗编年一样,考订陶渊明谱系有助于理解陶诗。第三,与他尚宋代义理之学、不满乾嘉汉学有关,他有《汉学商兑》贬斥钱大昕等汉学大家乱道惑众,而钱大昕正是驳斥阎咏观点、赞成陶渊明曾祖父为陶侃者,故方氏反其道而行之,认为“阎氏此说,卓绝千古”[③],严厉驳斥钱大昕驳论阎咏的言论。

第六节　陶澍辑注《靖节先生集》

清代陶澍辑注的《靖节先生集》是中国古代陶渊明接受史上陶渊明集的集大成之作。据其《靖节先生集例言》,《靖节先生集》是他公务倥偬之余集腋成裘的辛勤之作。“稿凡七易,铨叙始定”,“所征书史、诗话、别集共计百余种”,在其门生帮助下,至“道光十一年(1831)十月”定稿[④],但在陶澍去世前并没有刊刻。据《靖节先生集序》,我们今天读到的《靖节先生集》,首先由他的女婿周

---

① 〔清〕方东树著,汪绍楹校点:《昭昧詹言》卷四第一八条,第 102 页。

② 〔清〕方东树著,汪绍楹校点:《昭昧詹言》卷一第一五条,第 6 页。

③ 〔清〕方东树著,汪绍楹校点:《昭昧詹言》卷一三第二六条,第 353 页。

④ 此则陶澍《例言》不见今传《靖节先生集》,此转引自郑伟章、姜亚沙《湖湘近现代文献家通考》,岳麓出版社 2007 年版,第 51 ~ 52 页,据云此《陶靖节集辑注》十八卷,当是《靖节先生集》原稿,未能查阅。

诒朴在其去世后的次年即道光二十年(1840)刊刻于金陵。[①]《靖节先生集》初名《陶渊明集辑注》,又名《靖节先生集注》《陶靖节先生集注》《陶渊明全集》等,十卷。其体例、校勘、释义、考论和对陶诗内容、艺术特色的揭示等皆笃实精到,成为后来陶集整理和陶渊明研究方面的基础性学术读本。

一、综合众家 体例精当

陶澍的《靖节先生集》在体例上综合众家之长,但在借鉴前人成果方面有主有次。虽然他在书中未明言其所据底本,但所据底本实际为当时最常见且学术性得到普遍认可的元人李公焕《笺注陶渊明集》本。之所以如此认定,一是因为陶澍在《例言》中把李公焕本列为第一本,二是因为陶澍《靖节先生集》全书的总体例与李公焕本一致。李公焕本“以梁昭明《序》及《传》冠首,次采集诸家评陶为总论,中分十卷,前四卷诗,五卷记、辞、传、述,六卷赋,七卷五孝传、画赞,八卷疏、祭文,九卷十卷《圣贤群辅录》,末附录颜延之诔,阳休之序录,宋庠私记,僧思悦书后,无名氏记”[②]。陶澍认为这是继承了阳休之本的体例,“今若以八卷疏祭文移于七卷《五孝传》前,《五孝传》退居八卷,则昭文与休之编次,俱可想像而得矣”[③]。即,如果对李公焕本的体例稍加调整就可以恢复萧统和阳休之编定本的优长,而陶澍也是这样调整的。对于陶渊明作品之外的相关资料的附益,陶澍充分借鉴了李公焕本等陶集的体例,于书前附《诸本序录》《诔传杂识》等,在诗文集中随文夹注字词音义和校勘记,一般在每一篇诗文末附录有代表性的不适合入注的诸家评论,在夹注和附录的评论的最后一般加注自家按语,以申明己见。李公焕本的按语极少,而陶澍则在参考、利用前人注解、校勘

---

① 《靖节先生集》版本情况可参《中国古籍善本书目·集部上》卷二二“汉魏六朝别集类”著录、魏晓娟《陶澍靖节先生集研究》(西北师范大学 2010 年硕士学位论文)等。有道光二十年刻本(文学古籍刊行社 1955 年铅印《靖节先生集》句读本以此为底本),光绪九年(1883)刻附图本(上海中华书局 1926 年石印《陶靖节先生集注》本、《四部备要》上海中华书局 1928 年铅印及 1936 年重印《靖节先生集》本、岳麓书社 2010 年版《陶澍全集》第八册陶用舒校点《靖节先生集注》本、上海古籍出版社 2015 年版龚斌校点《陶渊明全集》本等多以此为底本)。

② 〔晋〕陶渊明撰,〔清〕陶澍注,陶用舒校点:《靖节先生集注》,见《陶澍全集》第八册,岳麓书社 2010 年版,第 16 页。本节所引陶澍辑注《靖节先生集》原文如不特别注明,皆据此版本。

③ 〔晋〕陶渊明撰,〔清〕陶澍注,陶用舒校点:《靖节先生集注》,见《陶澍全集》第八册,第 16 页。昭文,避讳称呼,即昭明太子萧统。

和评论的基础上大量加入按语，这是陶澍最富有创造性的学术开创，是陶澍本之所以成为集大成之作的原因之一。全书卷末附录的《靖节先生年谱考异》是陶澍为辑注陶集所作的基础性学术论证，使陶集主体避免了许多不便展开的考论文字，更显篇幅减省而内容精要，这也是包括李公焕本在内的其他诸本所难以比拟的原因之一。

除李公焕本之外，陶澍还主要参考了汤文清、何孟春等十二家注本。陶澍在《例言》中云："世所传者，惟汤文清、李公焕、何孟春三家最著……虽博采群贤，要以三家为本……今参取汤文清本、李公焕本、何孟春本、焦弱侯本、汲古阁旧本、毛晋绿君亭本、何义门所校宣和本，择善而存。"①这七种陶集版本是陶澍在校勘时采纳最多的本子。仅就陶澍明确标明某本注的注语而言，"李（公焕）注"最多，有140处；"何（孟春）注"次之，有136处；"汤（汉）注"第三，有67处。这个统计不完全，因为有许多虽然没明确标示"李注""何注""汤注"字样，但也明显属于李公焕、何孟春、汤文清所作注文或校勘。但这已经足以说明陶澍以"三家为本"的校订思路。陶澍参考的陶集版本除上述三家本外，还有他在卷首《序录》中所云他见到的张溥《汉魏百三名家集》本、黄文焕本、吴瞻泰本、蒋薰本、张自烈（尔公）本。以上十二本是陶澍明言看到的。通读全集，我们发现他还关注和参考了宋绍兴间无名氏后记本、张缜（季长）辩证本、詹若麟补注本、刘履选诗补注本、陈祚明选本、温汝能本等，当然，有的是间接参考的，如刘履选诗补注本是通过何孟春本获取资料的。

陶澍校勘陶集还注重选用宋前典籍参校，主要有《宋书》《文选》《北堂书钞》《艺文类聚》《初学记》《太平御览》《太平寰宇记》等。其中《文选》很受关注，采用"李（善）注"的多达29处。

对于这些陶集版本和包括宋前典籍在内的其他参校典籍的相关资料，陶澍都能够做到精心研读，明其优劣，择善而从。恢复萧统和阳休之编定本之旧是陶澍编订陶集的最终目标。他的目的是想编纂一部精审而集大成的新陶集，这个新陶集接近萧统编订的八卷本原貌，同时兼取阳休之十卷本之长，既保留陶集真实作品，又合理处理存疑作品和材料。在综合所见十二种陶集后，他"惟以《五孝传》移为第八卷，使与《四八目》相次，后之览者，庶知前七卷，虽非昭明旧第，然其编比大概可想。后三卷则阳休之附

① 〔晋〕陶渊明撰，〔清〕陶澍注，陶用舒校点：《靖节先生集注》，见《陶澍全集》第八册，第7页。

益，而真赝亦无难辨识矣”①。即，他把陶集真实作品编为前七卷（卷一为四言诗，卷二至卷四为五言诗，卷五为赋辞，卷六为记传述赞，卷七为疏祭文），是为正集，此为陶澍推测的接近萧统编订本的部分；把李公焕本等杂入正集中间的《五孝传》挪到正集之外，与《集圣贤群辅录》(《四八目》)作为书末三卷（卷八为五孝传，卷九、卷十分别为《集圣贤群辅录》上、下），此为陶澍推测的阳休之在萧统编订本之外增益的部分；由此“真赝亦无难辨识”，使陶集作品真伪呈现出清晰的界限。在对诗歌的编排上，陶澍也是这样做的，即把《联句》、江淹拟陶《归园田居》、《问来使》、《四时》这四首“问题诗”排在所有诗作之末。陶澍在辨析陶渊明作品真伪基础上的编排方式深深地影响了近现代陶集的编纂。

二、校勘精审　系统深入

陶澍在校勘时首先重视源于宋本的陶集，然后是重视《宋书》《文选》等宋前典籍选录的陶渊明诗文。陶澍在《例言》中格外提到的汤文清本等七种陶集有四种与宋本有关，汤文清本是“吴骞《拜经楼》以宋本重雕者”，李公焕本“当是宋丞相所记江左旧书”，焦弱侯本“系宋刻”，何义门所校宣和本为“宋宣和枣木板原本校对者”。② 在校勘时，陶澍对这些受宋本影响者和宋前典籍多所取资。

陶澍在整理《靖节先生集》时在校勘上下了很大功夫。据初步统计，仅针对陶渊明作品（伪作和存疑作品如《问来使》《集圣贤群辅录》等除外）所出的校勘记就有近300处。他对每一处都做了审慎的处理。陶澍在校勘时主要坚持“择善而存”和“义可两存”两种原则（俱详《例言》）。

所谓“择善而存”就是在对比诸本字句异同的基础上合理取舍、明辨是非，或者在校语中表明“今从之”。如校《时运》“人亦有言，称心易足”云：

> 焦本云：宋本一作“称心而言，人亦易足”，非。③

校《荣木》“脂我名车”之“名”云：

---

① 〔晋〕陶渊明撰，〔清〕陶澍注，陶用舒校点：《靖节先生集注》，见《陶澍全集》第八册，第22页。

② 〔晋〕陶渊明撰，〔清〕陶澍注，陶用舒校点：《靖节先生集注》，见《陶澍全集》第八册，第21页、第16页、第18页、第20页。

③ 〔晋〕陶渊明撰，〔清〕陶澍注，陶用舒校点：《靖节先生集注》，见《陶澍全集》第八册，第38页。

焦本云:一本作“行”,非。①

校《赠长沙公》“谐气冬暄”之“暄”云:

焦本云:一作“辉”,非。②

校《九日闲居》“菊解制颓龄”之“解”云:

焦本云:宋本作“解”。一作“为”,非。③

这是不动声色地赞成焦竑校语。又校《赠长沙公》“爰采春华”之“华”云:

各本作“花”。汤本云:“花”一作“华”,今从之。④

校《命子》“冥兹愠喜”之“冥”云:

各本作“寘”,汤本云:“寘”一作“冥”,今从之。⑤

校《归园田居》“可以濯吾足”之“可”云:

各本作“遇”,焦本作“可”,云一作“遇”,非。今从之。⑥

校《和郭主簿》“天高肃景澈”之“肃”云:

各本作“风”。何校宣和本、汲古阁本、绿君亭本,作“肃”,今从之。⑦

这是用“今从之”的倾向语明确表示赞同一说。在使用类似这种从某说来校勘时,陶澍重视何焯所校宣和本,有时虽然两存异文,但多从之或倾向之。如校《杂诗》“白日沦西阿”云:“从何校宣和本作‘阿’。各本作河。”校《有会而作》“深念蒙袂非”之“念”云:“从何校宣和本作‘念’。各本作‘恨’。”校“斯滥岂攸志”之“攸”云:“从何校宣和本作‘攸’。各本作‘彼’。”校《荣木》“已九夏”之“九”云:“从何校宣和本。各本作‘有’,云,一作‘九’。”此外,校《答庞参军》(四言古诗)“容与冲冲”之“冲冲”、《命子》“抚剑风迈”之“风”、《归鸟》“相林

① 〔晋〕陶渊明撰,〔清〕陶澍注,陶用舒校点:《靖节先生集注》,见《陶澍全集》第八册,第40页。

② 〔晋〕陶渊明撰,〔清〕陶澍注,陶用舒校点:《靖节先生集注》,见《陶澍全集》第八册,第41页。

③ 〔晋〕陶渊明撰,〔清〕陶澍注,陶用舒校点:《靖节先生集注》,见《陶澍全集》第八册,第53页。

④ 〔晋〕陶渊明撰,〔清〕陶澍注,陶用舒校点:《靖节先生集注》,见《陶澍全集》第八册,第41页。

⑤ 〔晋〕陶渊明撰,〔清〕陶澍注,陶用舒校点:《靖节先生集注》,见《陶澍全集》第八册,第48页。

⑥ 〔晋〕陶渊明撰,〔清〕陶澍注,陶用舒校点:《靖节先生集注》,见《陶澍全集》第八册,第55页。

⑦ 〔晋〕陶渊明撰,〔清〕陶澍注,陶用舒校点:《靖节先生集注》,见《陶澍全集》第八册,第64页。

徘徊”之“相”、《答庞参军并序》（五言古诗）“周礼”之“礼”等都遵从或者倾向于何焯校本。

又校《乞食》“愧我非韩才”之“韩才”云：

汲古阁、绿君亭本作“贤才”，非。①

校《悲从弟仲德》“恩爱若同生”之“同生”云：吴本作“平生”，非。②

校《晋故征西大将军长史孟府君传》之“征西”云：

李何诸本，作西征，误。

校《晋故征西大将军长史孟府君传》“自除吏名”之“名”云：

李本、何本脱“名”字，非。③

校《闲情赋》之“闲”云：

何本“闲”作“閒”，非。

校《闲情赋》“夫何瑰逸之令姿”之“瑰”云：

一作“怀”，又作“环”，皆非。④

这是用明确的判断去非取是。有时候，陶澍也使用理校，如校《时运》“宇暖微霄”云：

焦本作“余霭微消”，云一作“宇暖微霄”，非。澍按：“宇暖微霄”，即《归园田居》诗“暖暖远人村，依依墟里烟”景状，若作“余霭微消”，则与“山涤余霭”词重意复矣。⑤

此通过内证和上下文诗意分析进行理校，选择其中一说，理由合理，令人信服。

所谓“义可两存”就是难分优劣，虽正文择取其一，但对异文不做否定，在校语中“但云某本作某，去取从违，不敢专辄”（《例言》）⑥。陶澍对汤汉本提及的

---

① 〔晋〕陶渊明撰，〔清〕陶澍注，陶用舒校点：《靖节先生集注》，见《陶澍全集》第八册，第58页。

② 〔晋〕陶渊明撰，〔清〕陶澍注，陶用舒校点：《靖节先生集注》，见《陶澍全集》第八册，第68页。

③ 〔晋〕陶渊明撰，〔清〕陶澍注，陶用舒校点：《靖节先生集注》，见《陶澍全集》第八册，第131页。

④ 〔晋〕陶渊明撰，〔清〕陶澍注，陶用舒校点：《靖节先生集注》，见《陶澍全集》第八册，第121页、第122页。

⑤ 〔晋〕陶渊明撰，〔清〕陶澍注，陶用舒校点：《靖节先生集注》，见《陶澍全集》第八册，第38页。按，笔者对此段引文标点有修订。

⑥ 〔晋〕陶渊明撰，〔清〕陶澍注，陶用舒校点：《靖节先生集注》，见《陶澍全集》第八册，第7页。

异文多照录。在校勘中,陶澍虽然以多种方式决疑取是,但他的态度很审慎,在遇到难以明断是非的异文时,往往并存,不做去取,令读者自断。如校《挽歌诗三首(之三)》"马为仰天鸣,风为自萧条"云:"绿君亭本云:一作'鸟为动哀鸣,林为结风飙'。"校《挽歌诗三首(之二)》"今宿荒草乡"云:"汤本云:一本有'荒草无人眠,极视正茫茫'二句,'极'又作'直'。"[①]校《饮酒》"独树众乃奇"之"奇"云"一作知",校"一世皆尚同"之"一"云"汤本云:'一'作'举'"。[②] 例证甚多,不烦赘举。

这种审慎、深入的校勘是贯穿陶渊明全部作品的,甚至延伸到存疑或者赝伪的作品中。这是陶澍对陶集进行的一次全面、系统而深细的校勘。他的取舍大多合情合理,为后代读者所接受。但他也有个别校勘取舍未必得当,如校《答庞参军》从何焯本取"容与冲冲",而放弃各本"容裔江中"[③],未必恰切。按,"容裔"为魏晋常语,为水波荡漾貌,如曹丕《济川赋》"临济川之层淮,览洪波之容裔"[④]及《三国志·蜀书·郤正传》"收止足以言归,泛浩然以容裔"[⑤]等可为旁证;"冲冲"早见于《诗经·豳风·七月》"二之日凿冰冲冲",指凿冰的声音,而且我们在魏晋典籍中尚未见"冲冲"联用之例,故"容裔江中"较当。但是,这些可以商榷的校勘毕竟瑕不掩瑜,况且陶澍还注出了异文,并没有武断地去除它们在校注中的踪迹,为读者进一步判断留下了思考的余地。

三、释义明艺　尚儒精到

校勘之外,陶澍还注意注释字音字义、典故人物、地理名物等。他在释义时,择善而从,多闻阙疑;择善多择精到言论,时加简要按语。其解释诗句意义、点明全诗意蕴、揭示艺术特点多立足儒家,简明独到。

陶澍于《例言》中云,陶诗"首阳、易水之思,精卫、刑天之咏,其惓惓于故君旧国者,情见乎辞。《述酒》一篇,汤东磵、黄文焕十得六七。尚有庾词隐语,一

---

① 〔晋〕陶渊明撰,〔清〕陶澍注,陶用舒校点:《靖节先生集注》,见《陶澍全集》第八册,第115页。

② 〔晋〕陶渊明撰,〔清〕陶澍注,陶用舒校点:《靖节先生集注》,见《陶澍全集》第八册,第84页。

③ 〔晋〕陶渊明撰,〔清〕陶澍注,陶用舒校点:《靖节先生集注》,见《陶澍全集》第八册,第44页。

④ 〔唐〕欧阳询撰,汪绍楹校:《艺文类聚》,上海古籍出版社1965年版,第149页。

⑤ 〔晋〕陈寿:《三国志》,中华书局1982年版,第1038页。

经拈出，疑滞胥通”①。陶澍在汤汉、黄文焕等人从儒家的角度注释阐发陶诗的基础上，对陶诗的“庾词隐语”又有新的发明。

陶澍继承前人阐发陶渊明“惓惓于故君旧国”之情。比如，陶澍提出陶渊明咏史诗都是咏怀诗的观点，而这一怀抱的初衷是不忘故国旧君的政治情怀。其评《咏三良》云：“古人咏史，皆是咏怀，未有泛作史论者。曹子建咏三良曰：‘功名不可为，忠义我所安。’此慨魏文之凉薄，而欲效秦公子上书，愿葬骊山之足者也。渊明云：‘厚恩固难忘，投义志攸希。’此悼张祎之不忍进毒，而自饮先死也。况二疏明进退之节，荆轲寓报仇之志，皆是咏怀，无关论古。而诸家纷纷论三良之当死不当死，去诗意何啻千里？”②陶澍观察诗歌史上咏史诗的共性，提出一个深刻的见解，认为“古人咏史，皆是咏怀”，而陶渊明的咏史诗也不例外。在以往对陶渊明咏史诗的接受中，读者明确认识到《咏荆轲》的政治含义，而对《咏三良》则缺少明确的阐发。

苏轼、严有翼、葛立方等人联系陶诗“纷纷论三良之当死不当死”，仅把陶渊明《咏三良》看作对历史的评论。汤汉首先对这首诗的政治含义做总体点示，注《咏二疏》云：“二疏取其归，三良与主同死，荆卿为主报仇，皆托古以自见云。”③但仅仅说“托古以自见”，并没有联系晋代史实做出明晰阐发。黄文焕在汤汉的基础上有了进一步阐发，云：“诗意言从殉者三子忠君之夙怀，非一时勉强就死。不肯说坏康公、穆公，别有深寄。臣子报君，即从殉不为过，其可忘君而贪生事他朝乎？”又云：“咏二疏、三良、荆轲，想属一时所作。大约在禅宋后也。知止弃官，本朝犹不肯久恋，况事易代？此渊明之以二疏自比也。祚移君弑，有死而报恩如三良者乎？无人矣。有生而报仇如荆轲者乎？又无人矣。此（按：指《咏荆轲》）则以吊古之怀，洒伤今之泪也。”④他在《靖节先生集》中，将《咏二疏》《咏三良》《咏荆轲》依次连续编排在一起。黄文焕“咏二疏、三良、荆轲”一段评论被陶澍引用在三诗之末，可见他对黄文焕的言论是持赞成态度的。否则，

---

① 〔晋〕陶渊明撰，〔清〕陶澍注，陶用舒校点：《靖节先生集注》，见《陶澍全集》第八册，第7页。

② 〔晋〕陶渊明撰，〔清〕陶澍注，陶用舒校点：《靖节先生集注》，见《陶澍全集》第八册，第108页。

③ 〔晋〕陶渊明撰，〔清〕陶澍注，陶用舒校点：《靖节先生集注》，见《陶澍全集》第八册，第106页。

④ 〔晋〕陶渊明撰，〔清〕陶澍注，陶用舒校点：《靖节先生集注》，见《陶澍全集》第八册，第108页、第109页。

他不会联系“张祎之不忍进毒，而自饮先死”的史实揭示《咏三良》的政治情怀。

又如评《归去来兮辞》，先引欧阳修、李格非、李公焕、晁以道、王若虚、张自烈、林云铭等宋金明清读者的典型评论，最后加按语云：“先生之归，史言不肯折腰督邮，序言因妹丧自免，窃意先生何托而去，初假督邮为名，至属文，又迂其说于妹丧以自晦耳。其实闵晋祚之将终，深知时不可为，思以岩栖谷隐，置身理乱之外，庶得全其后凋之节也。故曰：‘景翳翳以将入，抚孤松而盘桓。’又曰：‘帝乡不可期。’一篇之中，三致意焉。特旨远辞文，未易窥测，今为拈出，读者自可以推寻而得之矣。”①前人除了艺术评赏，谈其思想情感时主要留意的是不为五斗米折腰的高节，只有林云铭提到陶渊明“于晋为遗老”，“五斗折腰之说，有托而逃，犹张翰因秋风而思莼鲈，所谓见几而作，不俟终日也”。② 陶澍在此基础上明晰了不愿见督邮、程氏妹丧等都是“何托”之“托”，否定了把陶渊明归隐的原因归于具体事件的理解方式，明确提出不愿背弃即将灭亡的晋朝从而保全自我节操才是陶渊明归隐的根本原因。此外在阐发《饮酒二十首》《述酒》《拟古九首》《杂诗十二首》《读山海经十三首（第九至十三首）》《乞食》《岁暮和张常侍》《归园田居》（“野外罕人事”）等诗作时，他都注意引述汤汉、刘履等人言论或者加按语阐发陶渊明眷念故国的兴亡慨叹。从儒家的角度阐发陶诗的微言大义是陶澍继承汤汉等人解陶时一以贯之的思路。

陶澍虽然在《例言》中说自己力求避免注杜“每饭不忘君”的迂曲，对于“词意本与时事无关”的牵强附会之论，“在所不取”③，但在阐发少数诗作时，还是难以避免迂曲牵强。如释《饮酒二十首（之五）》结句“此中有真意，欲辨已忘言”引李公焕注云：“张九成曰：此即渊明‘畎亩不忘君’之意。”④虽然简明不迂曲，也没有表明赞成态度，对前人注评本也是择善而从，但把“此中有真意，欲辨已忘言”的意思也引向“畎亩不忘君”，与诗意相去甚远。又如解读《读山海经

① 〔晋〕陶渊明撰，〔清〕陶澍注，陶用舒校点：《靖节先生集注》，见《陶澍全集》第八册，第127页。

② 〔晋〕陶渊明撰，〔清〕陶澍注，陶用舒校点：《靖节先生集注》，见《陶澍全集》第八册，第127页。

③ 〔晋〕陶渊明撰，〔清〕陶澍注，陶用舒校点：《靖节先生集注》，见《陶澍全集》第八册，第7页。

④ 〔晋〕陶渊明撰，〔清〕陶澍注，陶用舒校点：《靖节先生集注》，见《陶澍全集》第八册，第83页。

十三首》“夸父诞宏志”一首云：“此盖笑宋武垂暮举事，急图禅代，而志欲无厌，究其统绪所贻，不过一隅之荫而已。乃反言若正也。”①“反言若正”是说陶诗表面赞颂夸父，实际是以夸父喻刘裕，表达贬抑态度。这一解读虽然新颖，但实在匪夷所思，与本诗不以失败论英雄的精神相比，令人委顿无语。这种未必被后代读者认同的解读虽然见于少数作品的评注，但也从一个侧面表明陶澍在解读陶诗方面坚定不移的儒教立场。值得指出的是，陶澍较少引述庄子的语句解陶，初步统计不过四五处，这也与陶澍以儒解陶的立场分不开。

陶澍在阐明陶诗意蕴和艺术特点方面往往简明精到、富有新意。如阐明《归鸟》“矰缴奚施？已卷安劳”云：“言业已倦飞知还，不劳虞人之视，超举傲睨之辞也。”②此略述大意，揭示诗人个性。又如阐明《和郭主簿二首（之二）》“衔觞念幽人，千载抚尔诀。检素不获展，厌厌竟良月”云：“‘衔觞’四句，盖谓千载幽人，无不抱此松菊之操。抚之而志节益坚，以今准古，亦犹是也。自检平素，有怀莫展，厌厌寡绪，其谁知之乎？”③此贯通前后断续的诗意脉络。又如阐明《庚戌岁九月中于西田获早稻》“四体诚乃疲，庶无异患干”云：“四体二语，即庞德公率妻子躬耕陇亩，而曰‘世人皆贻以危，我独贻以安也’。”④此借典明义。又如解释《饮酒二十首（之八）》“远望时复为”云：“此倒句，言时复为远望也。”⑤此通过揭示诗句特殊语法阐明诗意。又如解释《杂诗十二首（之四）》“樽中酒不燥”云：“澍按：燥，干也。与孔文举‘樽中酒不空’意同。”⑥于《杂诗十二首（之十一）》“遥遥春夜长”下加按语云：“‘遥遥从羁役’，至此三章，皆羁旅行役之感也。”⑦至引孔融诗句明意，以“皆羁旅行役之感”数字明三首诗歌主

---

① 〔晋〕陶渊明撰，〔清〕陶澍注，陶用舒校点：《靖节先生集注》，见《陶澍全集》第八册，第112页。

② 〔晋〕陶渊明撰，〔清〕陶澍注，陶用舒校点：《靖节先生集注》，见《陶澍全集》第八册，第50页。

③ 〔晋〕陶渊明撰，〔清〕陶澍注，陶用舒校点：《靖节先生集注》，见《陶澍全集》第八册，第64页。

④ 〔晋〕陶渊明撰，〔清〕陶澍注，陶用舒校点：《靖节先生集注》，见《陶澍全集》第八册，第80页。

⑤ 〔晋〕陶渊明撰，〔清〕陶澍注，陶用舒校点：《靖节先生集注》，见《陶澍全集》第八册，第84页。

⑥ 〔晋〕陶渊明撰，〔清〕陶澍注，陶用舒校点：《靖节先生集注》，见《陶澍全集》第八册，第101页。

⑦ 〔晋〕陶渊明撰，〔清〕陶澍注，陶用舒校点：《靖节先生集注》，见《陶澍全集》第八册，第103页。

旨，何其简到！此外还有借助名物等的解释、揭示反语等修辞方式来阐明陶诗的。[①] 此不赘述。

更多的时候，陶澍不是直接阐明诗意，而是在前人阐发的基础上，转出更为深入贴切的解释。如阐明《九日闲居》“日月依辰至，举俗爱其名”云：“汤注：魏文帝书云：九为阳数，而日月并应。俗嘉其名，以为宜于长久。澍按：诗意盖言俗以重九取义长九，而爱其名。其实日月自依辰至，言其有常期也，语可破惑。”[②]汤汉注只解释了“举俗爱其名”的表面意义，陶澍则进而阐明了陶诗的言外意义。再如阐明《荣木》“志彼不舍，安此日富”云：

汤注：或曰“志”当作“忘”。《荀子》“功在不舍”，《诗》“一醉日富”，盖自咎其废学而乐饮云尔。蒋薰曰：“增业在不舍，不舍故日富。”此《易》所云：“富有之谓大业，日新之谓盛德。虽我怀于兹，不无内疚，此所以嗟固陋乎。”或引《诗》“一醉日富”，靖节自咎其废学而乐饮。观其自挽曰：“但恨在世时，饮酒不得足。”肯自咎耶？澍按：蒋说，非也。望道未见，归咎沉酣。刻责之心，固当如是。蒋以“富有日新”释“日富”，既割裂无理，且自矜日进，全与诗意相违。[③]

通过两相对比，陶澍采纳了汤汉注的意见，但与汤汉“自咎其废学而乐饮”之说相比，略有修订。即自咎的原因由“废学”变为“望道未见”，此诗前面既然说“志彼不舍”、为学不已，便不当解释为“自咎其废学”，而应是学而未能如意，也就是“望道未见”。因此，陶澍的修订与诗意更贴切。又如赏析《拟古》“荣荣窗下兰”一首云：

吴注：刘履曰：“君，谓晋君。靖节见几而作，由建威参军，即求为彭泽令，未几赋归。及晋宋易代之后，终身不仕。岂在朝诸亲旧或有讽劝之者，故作此诗以寄意欤？”何注：“此诗，解者谓兰柳易衰之物而荣茂者，以喻晋室虽弱，尚可望其有为。不图一别，既久且远，中道迷留，至于今日枯衰，而遂不可为也。诸少年，即向之所谓嘉友者，当时相逢未言心

---

① 如，有的论者指出：“陶澍能初辟草莱，对陶洲明诗歌语法作了一些有益的探索。”见王一鹗《试论陶澍集注陶渊明的学术成就》，载《长沙水电师院学报》1991年第2期。魏晓娟在《陶澍靖节先生集研究》（西北师范大学2010年硕士学位论文）中也有简单分析举证。

② 〔晋〕陶渊明撰，〔清〕陶澍注，陶用舒校点：《靖节先生集注》，见《陶澍全集》第八册，第53页。

③ 〔晋〕陶渊明撰，〔清〕陶澍注，陶用舒校点：《靖节先生集注》，见《陶澍全集》第八册，第39页。按，笔者对本段引文标点有修订。

醉,其意气似可以倾人命。今日离隔,竟何所成就乎?此靖节为当时无可与同心忧国者发也。而刘履以为易代之后,在朝诸亲旧,或有劝其仕者,故作此寄意,岂其然哉?”澍按:诗托兰柳起兴,“君”即指兰柳。初别之时,本不谓久,因嘉友留连,致乖始愿,虚弃景物,有负前言。“多谢诸少年”,乃兰柳责望之词,言其所谓嘉友,皆非老成忠厚,徒以意气相倾,迷溺之深,命且不保,何有于离别乎?直斥之曰“相知不忠厚”,其亦可以翻然变计,久出知归矣。诗意似借兰柳作《北山移文》,以为招隐,欲其谢外诱而坚肥遁也。①

吴詹泰注引刘履的解释认为该诗以兰柳喻晋朝始盛今衰,而陶渊明则坚辞出仕之劝、见机而退;何孟春的理解则是,该诗以兰柳尚茂喻晋朝尚可辅助,但“诸少年”背叛相约助晋的初衷,陶渊明由此感叹没有共同忧心国事的知音;而陶澍以为“君”不指晋朝国君,而指诗中所言兰柳,此如《北山移文》中代表北山隐逸立场的山水草木,而“诸少年”即所谓“嘉友”,乃如北山之假隐士,陶渊明要表达的初衷如同北山的立场,是“招隐”、崇隐,是坚决谢绝仕途诱惑、谢绝假隐士。如果联系《示周续之祖企谢景夷三郎时三人共在城北讲礼教书》“愿言诲诸子,从我颍水滨”等招隐之意,陶澍在刘履、何孟春基础上的解释不失为一种更为合理通达的阐发,其中既含摄刘履辞仕归隐的意蕴,又渗透着何孟春对出仕异朝者不满的倾向,只是不像他们那样指实。

在难以深入阐发时,陶澍并不强作解释,而是引述前人意见,或者择善而从,上面的例子已经涉及,或者审慎存疑,如解释《和刘柴桑》“弱女虽非男,慰情良胜无”云:“李注:赵泉山曰:谷风四句,虽出于一时之谐谑,亦可谓巧于处穷矣。以弱女喻酒之醨薄,饥则濡枯肠,寒则若挟纩,曲尽贫士嗜酒之常态。吴注:王棠曰:柴桑(按,指刘遗民)有女无男,潜心白业,酒亦不欲,想必以无男为憾。故公以达者之言解之。澍按:赵以弱女为比,王则赋也。说并通,两存之。”②陶渊明有没有女儿一直是一个有争议的问题,在陶渊明作品和传记史料中找不到确切证据,因此陶澍不取有女之说,并提出对“弱女”的两种解释,以为“说并通,两存之”。又如评注《蜡日》云:“此诗不知所谓,未敢强解。”接着引吴

---

① 〔晋〕陶渊明撰,〔清〕陶澍注,陶用舒校点:《靖节先生集注》,见《陶澍全集》第八册,第97页。按,笔者对本段引文标点有修订。

② 〔晋〕陶渊明撰,〔清〕陶澍注,陶用舒校点:《靖节先生集注》,见《陶澍全集》第八册,第62~63页。

骞《拜经楼诗话》作解,最后加按语云:“吴说迂晦,恐未必然,姑识于此,以俟知者。”[1]此为有疑问,暂时提供他人解释,不做肯定解答。其态度审慎,可见一斑。

四、《年谱考异》及《诸家陶集汇评》

陶澍《靖节先生集》附录的《(靖节先生)年谱考异》是他辑注陶集的学术支撑,也是传统陶渊明接受史上陶渊明年谱的集大成之作。从整体而言,陶澍在考证陶渊明履历及其著作真相方面的成就远远超越了前人。有论者指出,“陶澍《集注》卷末所附《靖节先生年谱考异》二卷,是陶澍钩稽最勤、征引最博、考证最精、创获最大的一部研究陶渊明生平事迹及诗文著作的力作。共收按语五十六条(笔者按,有“按”字的按语应为八十二条,另有十余条不带“按”字的注语)”[2],涉及世系、籍贯、姓氏、出处、著作、年岁等方面内容。

陶澍的《(靖节先生)年谱考异》是在充分了解前人所著陶渊明传记和年谱的基础上撰成的。他在此谱序言中提到了宋人李焘的《靖节新传》(当时已经佚失)、吴仁杰的《(陶渊明)年谱》、张缜的《(陶渊明年谱)辨证》、王质的《绍陶录》《栗里年谱》。[3] 通过研读,他认为吴仁杰的《(陶渊明)年谱》和王质的《栗里年谱》“各有发明,而考核之精,王不如吴”,于是,他“窃仿季长《辨证》之例,以王、吴二谱列于前,参考宋、元以来诸家所说,为《考异》如左”。此仅举其考证陶母孟氏卒年一例以明其体例和创见。

> 太元元年丙子,十二岁。
>
> 王《谱》:“君年十二,失母。《祭妹文》曰:‘兹妣早世,我年二六。’”
>
> 吴《谱》:“《祭程氏妹文》云:‘慈妣早世,我年二六。’先生生于乙丑,至是十有二岁,丁母夫人孟氏忧……”
>
> 澍按:颜延之《诔》云:“母老子幼,就养勤匮。远惟田生致亲之义,追悟毛子捧檄之怀。”似为州祭酒以后,母夫人尚在。若十二岁即失母,无所为田生、毛子云云也。延之与先生同时,宜所审知。及考汤东礀注《祭妹文》,以慈妣为庶母,于“昔在江陵,重罹天罚”注云:“晋安帝隆安五年秋七月,赴

---

① 〔晋〕陶渊明撰,〔清〕陶澍注,陶用舒校点:《靖节先生集注》,见《陶澍全集》第八册,第95~96页。

② 邓新跃:《陶澍的陶渊明研究述评》,载《益阳师专学报》2000年第4期。

③ 明人潘璁有《渊明年谱》,当佚,参陈沆《诗比兴笺》卷二,上海古籍出版社1981年版,第76页。陶澍未能参考。

江陵假还。是冬，母夫人孟氏卒。”于是积年之疑始释。然则“慈妣早世”者，盖程氏妹之生母，而先生之庶母也。又先生诗“久游恋所生”，盖谓母孟夫人，故有“凯风负我心”之句。即集中《孟府君传》曰：“渊明先亲，君第四女。凯风寒泉之思，实钟厥心也。”乃吴、王二谱，并以江陵之丧为丁太公忧，岂知凯风念母，则是父先母亡，故《命子》诗“於皇仁考”，即云“嗟予寡陋，瞻望弗及”。若隆安五年太公始卒，则是年先生已三十七岁，胡得云“弗及”乎？说者亦知难通，乃以颜《诔》之“母老”为继母，曾不思州辟之时，太公果在，则当云“亲老子幼”，乌得舍父而耑称继母乎？此云“慈妣”，或是程氏妹生母，乃先生慈母。《丧服传》：“慈母如母。”断非谓孟夫人也。①

陶澍先列出王质、吴仁杰的观点，然后以按语的形式进行考论。此段考论澄清了一个基本事实，那就是陶渊明十二岁所丧“慈母”是“庶母”，即程氏妹的生母，而不是陶渊明的生母孟氏，由此纠正了以往陶渊明年谱中的一个大错误，也进而解决了相关的问题，成为陶渊明生平研究中的定论。

陶澍考异多有卓见，非此一例。他自信的卓见一是纠正了王质、吴仁杰“误以上京为上都”（《例言》）的错误，认为上京是南康（星子）城西七里的上京山（又名玉京山），与栗里相近；二是考证了陶渊明不曾仕于桓玄、刘裕，而是曾任刘牢之参军。关于第二点，当代学者虽多不从之，但陶澍的考论委曲详尽，为这一问题的探讨提供了有力的参照。其实，他在考异方面的创新比比皆是，如对陶诗文甲子系年、《赠长沙公族祖》诗题“族祖”二字为衍文、“始室丧其偏”乃丧妻而非丧妾、《归去来兮辞序》所云“家叔”当为陶夔、《与殷晋安别》之“晋安”别为殷景仁（名铁）等问题的考证都触及了陶诗疑难问题的真相。此不遑细论。

因此，梁启超《陶渊明年谱 · 序》称：“安化陶文毅公澍箸（著）《靖节先生年谱考异》二卷，备列两旧谱而加以考证，至博赡矣。”②朱自清赞云：“《陶考》旁征博引，辨析精详。”③

《靖节先生集》卷前的附录主要有“例言”“诸本序录”“诔传杂识”等，其中创见最大的是《例言》和《序录》，前者简要说明本书的主要体例，后者简述李公焕笺注本等十二种陶集的优劣，都十分精到。卷末附录的《诸家陶集汇评》也非

---

① 〔晋〕陶渊明撰，〔清〕陶澍注，陶用舒校点：《靖节先生集注》，见《陶澍全集》第八册，第200～201页。

② 梁启超：《陶渊明》，商务印书馆1929年版，第32页。

③ 朱自清：《朱自清古典文学论文集 · 陶渊明年谱中之问题》，上海古籍出版社1981年版，第452页。

苟且罗列。其《例言》云:“诗无达诂。古今善说诗者,无过孟子。《小弁》《凯风》,《北山》《云汉》,不过片言,砉然以解。宋元以来,诗话兴而诗道晦,连篇累幅,强聒不休。其实旨趣无关,徒费纸墨而已。陶集自李公焕录诸家总论于前,嗣是何孟春、毛晋、吴瞻泰,增续益多。然遽加刊削,亦嫌专辄,故于卷末汇集一编,未能免俗,聊复效颦焉尔。”①李公焕录诸家总论于陶集前,而陶澍则“于卷末汇集一编”,这是对体例的一个调整。但在编辑时,陶澍不是简单照抄,而是有周到细致的考虑。故《诸家陶集汇评》第一条前小序云:“自李公焕本,靖节集前有总论,诸本踵之,递有增录,今汇为一卷,删其重复,又续采数条,附于其后,其已见本篇者,则悉略焉。”②简要地说,陶澍对诸家评说做了删重续新的工作。具体而言,先列“李公焕原采总论”十四条,次列“何孟春陶集录附及总论所增”十二条,三列“毛晋绿君亭本陶集总评所增”九条,四列“吴詹泰《陶诗汇评》所增”二十四条,五列“蒋薰陶诗总论所增”一条,最后列陶澍自己新增七条。这些评论虽不完备,却汇集了此前五种重要陶集的资料。通过陶澍辑注的陶集,就可以了解其他五种陶集所收录的评陶言论的情况。因此,在汇集评论资料方面,陶澍辑注的陶集也带有集大成的特点。

陶澍接受和研究陶渊明是在尊崇儒学、考据之学尚盛的嘉庆、道光年间,故其接受陶渊明多从儒家出发,遵循乾嘉学派求实严谨的治学态度。当然,他接受陶渊明还有家族的特殊条件和影响。陶澍把自己的家族归入陶侃、陶渊明一脉,曾云“自靖节至不佞盖六十余世矣”③,显然以陶渊明的后代子孙自居,在宗法社会里,自然对陶渊明另看一眼。就家庭的影响而言,他的父亲陶必铨(号萸江)嗜好陶渊明,曾借陶渊明诗句把自己的书室命名为“爱吾庐”④,陶澍从“童年即笃嗜”陶渊明作品⑤,读的就是他父亲萸江先生亲自校订的读本。陶澍评陶也受到父亲的直接影响,这从《靖节先生集》引录《萸江诗话》十四处评陶言论可见一斑。就陶澍的为人而言,这与他务实能干、勠力国事民瘼、“见义勇为,胸无城府”(《清史稿·陶澍传》)的严正追求和高尚人品分不开。陶澍是深受

① 〔晋〕陶渊明撰,〔清〕陶澍注,陶用舒校点:《靖节先生集注》,见《陶澍全集》第八册,第8页。

② 〔晋〕陶渊明撰,〔清〕陶澍注,陶用舒校点:《靖节先生集注》,见《陶澍全集》第八册,第173页。

③ 陶澍:《答高丽驸马都尉丰山君洪显周书》,见《陶文毅公全集》卷四〇,清道光刻本。

④ 陶澍:《例赠儒林郎翰林院编修显考萸江府君行述》,见《陶文毅公全集》卷四七。

⑤ 郑伟章、姜亚沙:《湖湘近现代文献家通考》,岳麓书社2007年版,第51页。

实学经世思想影响、卓有建树的政治家,但他学养深厚,表现出典型的封建士大夫崇尚雅正淡退的品格。其《题渊明诗意图》诗云:“昔者白太傅,作诗始效陶。坡老海外来,和陶诗益高。陶公古隐士,何以兴起百代之贤豪?高人性本薄尘网,云归鸟倦弥知劳。譬诸筝琶聒俗耳,素琴更以无弦超。”[①]他对陶渊明文采风流的向往之情与白居易、苏轼等人是一致的。陶渊明到清代已经被塑造成一位忠义节操堪称楷模的特殊儒家圣贤,陶诗也受到格外推崇,他的优秀品质和诗歌魅力与陶澍的价值追求和审美憧憬是相通的。陶澍之所以嗜爱陶渊明与其传统文化素养和文学理想是分不开的。

---

① 〔清〕陶澍:《陶文毅公全集》卷五六。

第四章　清晚期的慷慨共鸣与桃源旧梦

第一节　郑珍、邓辅纶、王闿运等人的学陶诗

晚清诗坛递嬗有序、宗派林立,伴随着康乾盛世的衰落,主要宗法唐音的神韵派、格调派逐渐为诗人所不满,首先是以袁枚为代表的性灵派在当时给予有力的回击。至道光以后,直至光绪时期,宋诗派、汉魏诗派、中晚唐诗派、诗界革命派等陆续产生,领异标新,影响时代诗坛。晚清诗派的诗人对陶渊明及其作品都有或多或少的接受,但创作接受成果最突出的是宋诗派的郑珍和汉魏诗派的邓辅纶、王闿运,中晚唐诗派的范增祥、诗界革命派的丘逢甲等对陶渊明的接受也富有鲜明的时代特色。本节主要论述郑珍、邓辅纶、王闿运等诗人的和陶、拟陶诗。

一、郑珍:学陶有大家风范

宋诗本来宗尚陶诗,清代宋诗派也格外青睐陶诗,其主要代表人物祁寯藻、郑珍、何绍基、曾国藩等都尊崇陶诗。何绍基认为学诗"惟有学陶之淡远、谢之精凿"才能避免世俗佳句鲜丽的皮毛,因为陶、谢诗歌"鞭辟入里,诗心向内"①。曾国藩称陶渊明诗"不著力而得自然之味"②,是"无心遇之,偶然触之"、"人功与天机相凑泊"的"机神"之诗③。其《十八家诗抄》魏晋古诗部分只录三家,即曹植、阮籍和陶渊明,录曹植诗 55 首、阮籍诗 82 首、陶渊明诗 114 首,抄录了陶

---

① 〔清〕何绍基:《东洲草堂文抄》卷五,清光绪刻本。

② 〔清〕曾国著:《求阙斋全集 · 日记类钞》卷下"甲子五月",清光绪二年传忠书局刻本。

③ 〔清〕曾国藩撰,萧守英等整理:《曾国藩全集 · 日记》,岳麓书社 1987 年版,第 1497 页。

渊明所有的五言古诗，并附有简要校释。他又曾“阅陶诗全部，取其太闲适者记出，将抄一册，合之杜、韦、白、苏、陆五家之闲适诗，纂成一集，以备朝夕讽诵，洗涤名利争胜之心”①。从咸丰十一年到同治十年，他于日记中所记温习陶诗之次数达22次之多。其《家训·喻纪泽》称：“五言诗若能学到陶潜、谢朓一种和淡之味、和谐之音，亦天下之至乐，人间之奇福也！”（同治元年七月十四日）②又自白道：“余所好者，尤在陶之五古、杜之五律、陆之七绝，以为人生具此高淡襟怀，虽南面王不以易其乐也。”（同治六年三月二十二日）③由此可见他对陶诗的重视。祁寯藻有《和陶移居二首》《和陶结庐秋菊二首》《重阳日段芳山、吴筠轩、郭玉麓、夏芝岑、贺云甫携酒集南邻袁男之宅并馈盆菊，和渊明九日诗二首奉谢》《段芳山遗盆菊赋谢》《东林寺》等诗直接追和承接陶诗。郑珍是晚清宋诗派杰出的代表作家，钱仲联、胡先骕甚至认为郑珍的诗歌成就为“清代第一”④、“卓然大家，为有清一代冠冕”⑤。郑知同在《行述》中称其诗早年学苏轼，晚年学韩愈、杜甫。但从其诗平易自然的总体风貌来看，其五言古诗深受陶渊明和白居易诗歌的影响，如《和渊明饮酒二十首》《和渊明责子示同知》《月夜诵山谷江湖吞天之作感次其韵》《柏容种菊盛开招赏》《至仁怀厅五日即病危将取道重庆归述怀与樾峰平公四首（之二）》《夏山饮酒杂诗十二首》等题材风味明显远承陶渊明。据杨元桢《郑珍巢经巢诗集校注》（贵州人民出版社1992年版）统计，郑珍今存诗893首，其受陶渊明影响的诗作有80多首，约占其诗作总量的9%。

郑珍的《和渊明饮酒二十首》《夏山饮酒杂诗十二首》深受陶渊明影响。

郑珍《和渊明饮酒二十首序》云：“壬寅七月，自郡归，倦不欲出。每独饮数杯，有所触寄，辄和陶作。至十月之尽，诸章俱备，除去重复，见意足矣。”⑥该组诗作于道光二十二年（1842），感慨平生，朴素自然而富含理趣，与陶诗类通，如其四、其十一云：

> 少志横四海，夜梦负天飞。将老气血静，少乐多所悲。相彼白项乌，一朝失其依。萧条空枝上，哀思暮忘归。天寒惨将雪，北风声不衰。命微运

① 〔清〕曾国藩：《求阙斋全集·日记类钞》卷下“辛未十二月”。

② 〔清〕曾国藩：《曾文正公家书》，在达图书供应社1934年版，第647页。

③ 〔清〕曾国藩：《曾文正公家书》，第686页。

④ 钱仲联：《梦苕庵诗话》，《民国诗话丛编》第六册，上海书店2002年版，第398页。

⑤ 胡先骕：《读郑子尹巢经巢诗集》，载《学衡》1922年第7期。

⑥ 〔清〕郑珍：《巢经巢诗文集》卷六，民国遵义郑征君遗著本。

复尔，身受那得违。

生著人路上，谁能出其道。展转无奈何，可怜佛与老。百方会想尽，一朝亦僵槁。枉死究何益，顺生岂不好。眼前一壶酒，是诚无价宝。我请处人中，看君立物表。①

郑珍时年三十七岁，正值青壮年，已经多有品尝人生悲愁，身体虽壮而老气始入，他在前诗中抒发的就是这种壮志无成、无所依归的悲哀。这与陶诗“如何穷庐士，空视时运倾”是同一悲慨，而郑诗较偏于哀伤。全诗自然形象，蕴藉有味，“夜梦负天飞”可称名句。后诗以顺生观念超越对生死的畏惧，与陶渊明的委运乘化观相通。“百方会想尽，一朝亦僵槁”“眼前一壶酒，是诚无价宝”这些朴素如白话的诗歌语言，在理趣的表达方面居然也如陶诗般精警。和诗写这类抽象感慨和言理的诗作居多，但成功之作不多。因此，有着具体事件且渗透哲理感悟的作品就显得难能可贵，如其五：

参差五男女，媚爷争酌喧。爷醉颜如花，临风反以偏。念我盖棺时，汝曹扛入山。风雨一堆土，有酒岂得还。今日及舌在，用饮莫用言。②

此诗叹生死人情，说得真率惊人，又以儿女具体事为例，死理活说，虽不如陶诗感慨世事、感慨历史显得深远辽阔，但较陶《拟挽歌诗》等感慨生死更为切身和爽快。

此外，郑珍诗七言绝句《夏山饮酒杂诗十二首》写田园生活、景色、感受，清雅而朴实，在田园诗中值得称赏，其一、其二最为出色：

尺五疏椇对圃开，豆藤瓜叶舞青来。群雏嬲罢须臾静，风度瓶花坠酒杯。

荞花为落竹为墙，宿雨开晴苔气香。角黍新包蔗霜白，归人喜过大端阳。③

此类田园诗虽遥承陶诗同类题材和意趣，但写景之细腻入微、感受之真切形象，甚至用字之精粹自然（如“舞”），都可为郑珍赢得大家之名。

二、邓辅纶：学陶得其醇厚真味

郑珍在《和渊明饮酒二十首》中感慨人生，初步表现出封建末世的悲凉，但

---

① 〔清〕郑珍：《巢经巢诗文集》卷六。
② 〔清〕郑珍：《巢经巢诗文集》卷六。
③ 〔清〕郑珍：《巢经巢诗文集》卷五。

因他相对缺少苦难的磨炼，故其诗作的现实感和历史感不够深沉厚重。从其《夏山饮酒杂诗十二首》看，他珍爱田园人生，如一晌贪欢，似乎有意忽视生活背后的苦难，仍然表现出对传统社会桃源之梦的沉浸和欢欣。从生活时代来看，这与郑珍大半生主要生活于近代社会到来之前有关；而从地域和活动范围来说，又与郑珍生活于相对封闭的贵州大西南有关。而邓辅纶(字弥之，号香亭)则不同:1840 年，他已经十三岁，到 1893 年去世，其青年、壮年、老年都是在鸦片战争以后度过的，他经历甚至参与过(如参加剿灭太平天国的战争)中国封建社会近代化的苦难过程。郑珍诗歌中遥望在目的悲凉之雾，到邓辅纶诗歌中已经触手在握。因此，邓辅纶的学陶之作与郑珍的相比，更加贴近社会现实，美感也更加醇厚。

邓辅纶和王闿运是汉魏诗派湖湘籍的领袖人物，他们的诗歌创作都宗法汉魏六朝，但趣味有素淡和绮丽之别。邓辅纶年长于王闿运，其诗歌成就和特色与王闿运各有短长，学陶诗的成就和特色也是如此。邓辅纶的诗歌被后人辑为《白香亭诗》三卷，内有《诗集》二卷(存诗 318 首)、《和陶诗》一卷(存诗 64 首)。① 后者通常被称为《白香亭和陶诗》，作于五十岁以后绝意仕途、执教湖南期间②，是他接受陶渊明的主要成果。和诗内容多属感遇咏怀，涉及饮酒、田园、赠友、离别、招隐、羁旅、哀悼、干谒、念归、郊游等题材，以抒情言理为主，形式多是五言。王闿运《致邓亲家》指出邓诗与陶诗之间的渊源关系云，邓辅纶“由杜而陶，所谓渐近自然”③，而其和陶诗就是直接学习陶诗且“渐近自然”的成熟作品。

邓辅纶的和陶诗历来评价很高。杨彝珍《白香亭和陶诗题词》赞其“格韵甚闲远，中自涵孤清”④。汪辟疆《近代诗人述评》称其“五言诗精严不亚湘绮(王闿运)，而《和陶》尤工”⑤，这是把邓辅纶的和陶诗作为他甚至整个汉魏诗派的

① 据山东大学图书馆藏光绪十九年刻《白香亭诗》卷三统计，又有《清代诗文集汇编》第七〇六册影印本。

② 据邓辅纶《和游斜川》诗前小序“庚辰八月十五”云云，此诗应作于光绪六年(1880)，时五十三岁；又其《和赠羊长史》诗前小序云:“王壬秋孝廉掌教成都尊经书院，入蜀后有诗见寄，书此奉怀。”按，据王闿运《夜雪后集·周甲七夕词六十一绝句(之三十八)》注，邓辅纶于光绪九年癸未(1883)入蜀主讲尊经书院，时邓辅纶五十六岁。又其《和劝农》也明确标明作于“癸未”(光绪九年年即 1883 年)。

③ 〔清〕王闿运著，马积高主编:《湘绮楼诗文集》，岳麓书社 1996 年版，第 923 页。

④ 〔清〕杨彝珍:《移芝堂全集》卷三，《清代诗文集汇编》第六二七册，第 323 页。

⑤ 汪辟疆:《近代诗人述评》，载《南京大学学报》1962 年第 1 期，第 31 页。

五言诗代表作品来看待。至钱仲联则推崇至极,其《梦苕庵诗话》云:“古来和陶诸作,坡公为上,白香亭《和陶诗》一卷,萧寥高旷,味在淡中,足以把臂相上下。”①又《论诗四十首》云:“弥天白香翁,高揖谢与陶。已得长生果,惜哉未伐毛。”②这是高度评价邓辅纶的五言诗(包括其和陶诗),虽然没有达到脱胎换骨的至高境界,但也已经可以与陶渊明诗、谢灵运诗抗礼,可以与苏轼和陶诗相媲美。

那么,邓辅纶和陶诗的过人之处主要表现在哪里呢?前人多就“味在淡中”作评价。如其友人袁昶《邓弥之山长挽诗》云:“遗我一卷诗,浤峥思入神。和陶脱畦町,宗趣资清新。处约玩消息,抱冲澹无邻。俗言竞蝉噪,穷年斫椎轮。意匠出平澹,谁知中苦辛。”③这是用宋代苏轼、黄庭坚等人的审美理想来褒扬邓诗冲淡之美从辛苦锻炼中来,已经达到自然入神的境界。萧晓阳认为邓辅纶诗有动、静两种,前期诗歌情感鲜明,风格偏于激进恣纵,可以用“肆”来概括;后期诗歌情感内敛,销尽锋芒,可以用“醇”来概括。④ 这一观察和归纳简洁扼要,可谓抓住了邓诗前后期的主要风格特点。邓辅纶和陶诗的美学特点主要表现为旷淡真醇。旷淡者多写闲适之境、静境,表达了诗人晚年力图消除不平、寻求宁静生活的企向,此类诗歌如:

> 生小好奇服,撷佩都梁山。惧令馨香歇,惜此后凋年。灭迹爱深林,洗耳思清渊。遂弃负郭业,烧畬南山田。[《和归园田居五首(之一)》]
>
> 息息有生死,吾徒胡昧之?颠倒醉梦中,宁有澄醒时?至人齐寤寐,念释时在兹。知化守其常,一觉不复疑。倏然与物忘,得酒聊相持。[《和饮酒二十首(之一)》]⑤

前诗表达昨非今是,珍惜当前的归田之乐;后诗借醉梦之境表达对超越世俗、忘物忘我境界的向往。然而此类诗歌仍未摆脱陶诗闲适境界的约束,仅仅写得自然练达而已,不能称为可以抗礼陶诗、自铸伟词的不朽之作,《和饮酒二十首》多属于此类。真醇者多及友情,如《和胡西曹示顾贼曹》写离别之情云:“孟夏近炎燠,清襟散凉飔。中觞忘饥渴,言笑披我衣。温温识酒德,但见酡

---

① 钱仲联:《梦苕庵诗话》,《民国诗话丛编》第六册,第269页。

② 钱仲联:《梦苕庵诗词》,北京图书馆出版社2004年版,第46页。

③ 〔清〕袁昶:《于湖小集》卷一,清光绪袁氏水明楼刻本。

④ 参萧晓阳《湖湘诗派研究》,人民文学出版社2008年版,第182~183页。

⑤ 〔清〕邓辅纶:《白香亭诗》卷三,清光绪十九年刻本。本节所引邓辅纶诗皆据此版本,不再注出。

颜微。两诚相倾向，譬彼园中葵。子实我畏爱，交好长无衰。惜此须臾欢，取琴再三挥。山中储良酝，岁暮聊相遗。赏析赖友朋，歧素古同悲。”言语朴实，情真意切，没有过分渲染离别之悲，但对离别情事的款款诉说浸润着醇厚的友情和呼之欲出的感伤。《和羊长史》是酬赠入蜀掌教的好朋友王闿运的，结云：“况闻闺中贤，未怨白头疏。因君奏巴歈，西笑眉为舒。”真诚的怀念中透出幽默和戏谑。

正像归田之后的陶渊明没有总是平淡闲适一样，绝意仕途后的邓辅纶也没有完全做到平淡闲适。萧晓阳指出邓辅纶的诗歌就是表现闲适，“也有悲情的表达……邓绎《白香亭和陶诗序》有言：‘醇者，人知之，其醇之出于肆而以肆为醇者人不知之也。’则可见邓诗写静境的诗歌也并不以平淡闲适为归”①。如其《和岁暮和张常侍》云：

> 结交必断金，求剑须龙泉。宿昔千万意，欲别终无言。风火自博薄，病苦日以繁。惜哉未黄发，遽令旅力愆。经济满腹中，束缚卧东山。冉冉壮心尽，凄凄移疾还。自叹槁木枝，不任寒霜缠。……

此为留别友人龙白皋所作。虽然自谦“自叹槁木枝，不任寒霜缠”，不失含蓄蕴藉，但又利用“经济满腹中，束缚卧东山”等主要篇幅倾吐英雄备受压抑的不平之气，如有“我”在；再加上语健词遒，自然警醒，此诗遂成为和陶诗中的拔萃之作。可称优秀的作品还有《和癸卯岁始春怀古田舍二首》，第一首“吾乡有桃源”，主要写家乡“桃源”之美和田园生活的惬意，结句陡然一转曰：“此静亦偶然，自哂为人浅。”第二首写决意效仿古人辛勤躬耕，忽然转折云：“今年幸有秋，得饱且共欣。”结尾禁不住云：“逍遥怀葛天，粒我思先民。”诗人对现实的幻灭、不满从热烈的诗句里冷冷地兀然而出，有人评邓诗“静穆里渗着冷峻，冷峻里拌着热烈，而激越、不平和憎恶便往往从这里面巧妙地奔突了出来”②，移在这里评这两首和陶诗也很恰切。钱仲联《梦苕庵诗话》评《和癸卯岁始春怀古田舍二首（之一）》云：“远情景真，矜炼自然，与陶公胸次合也。若言不由衷，则面目虽肖，神致终非，亦何取哉！”③期望闲适而终于不能闲适，渴望平淡而难以进入平淡，时代已经不允许一位真实面对内心的诗人像他

---

① 萧晓阳：《湖湘诗派研究》，人民文学出版社 2008 年版，第 183 页。

② 张玉玲、易重廉：《论城南书院“异才”邓辅纶的爱国诗歌》，见《书院研究》，湖南大学出版社 1988 年版，第 150 页。

③ 钱仲联：《梦苕庵诗话》，《民国诗话丛编》第六册，第 269 页。

的前辈郑珍那样生活在田园、桃源的幻想里了。这才是直面现实的邓辅纶的真实情感状态。正是这一真实内心的表达,使邓辅纶的和陶诗与陶诗相合的同时,保持了自我的面目,为优秀作品的诞生提供了有根源的动力。但除了凤毛麟角的出类拔萃之作,可惜其大多数作品未能达到出神入化的精品之列。如果说邓诗与陶诗、苏轼和陶诗鼎足而三,那么此鼎是大大向邓辅纶倾斜了。

邓辅纶这类"醇"中有"肆"的作品,如果从内容着眼即邓绎在《白香亭和陶诗序》中所强调的"言有物",当然,从主体来说就是诗中有我。这些作品未必篇篇优秀、篇篇可与文学史上的一流作品抗礼,但其真实的个性面貌足以产生吸引读者阅读的艺术魅力。邓辅纶和陶诗的价值和文学史地位基本可以从此判断。

三、王闿运:不满陶诗的拟陶者

同属于汉魏诗派,王闿运的诗歌渊源和论诗主张与邓辅纶、邓绎兄弟不同。王闿运宗法汉魏,但又宗尚六朝绮丽文风,不专主风雅;而邓氏兄弟则宗尚风雅,先重视诗歌的言志写意功能,然后才是语言形式问题,所谓"有物而序在其中者,言之上也;有序而物在其中者,言之次也"①,从根本上看,强调的正是质本文末的问题。夏敬观《抱碧斋集序》云:"咸、同间湘人能诗者,推武冈邓先生弥之、湘潭王先生壬秋。邓先生祖陶祢杜,王先生则沈潜汉、魏,矫世风尚,论诗微抑陶。两先生颇异趣。"②邓绎认为:"陶靖节之诗言情体物,神契风骚,雅量高致,亦与《考槃》《衡门》之诗人不异。"③王闿运认为诗要以情意动人,但是"必得藻采发之,乃有鲜新之光",认为情意的表达需要美丽动人的词语④,由此他不赞成以意为重,明确提出"如以意为重,便是陶渊明一派"⑤。可见他对陶诗平淡质朴的艺术风貌是颇有微词的。

王闿运在学问方面不专主儒家,兼及纵横杂家,为人豪纵不羁,其诗歌审美宗尚也倾向于豪荡清劲,而不太满意平淡宽和。这典型地表现在他的《八代诗评》里。咸丰九年(1859),王闿运"选汉魏六朝诸家诗为《八代诗选》,与同人分

---

① 〔清〕邓绎:《白香亭和陶诗序》,见《白香亭诗》前附。
② 转引自《清诗纪事》第十六册"咸丰朝卷",江苏古籍出版社 1989 年版,第 11194 页。
③ 〔清〕邓绎:《藻川堂谭艺》之《唐虞篇》,清刻本。
④ 〔清〕王闿运著,马积高主编:《湘绮楼诗文集》,第 542 页。
⑤ 〔清〕王闿运著,马积高主编:《湘绮楼诗文集》,第 2274 页。

写而自加评语焉”①。夏敬观辑录其评语时指出王闿运将汉魏人诗“大旨以宽和清劲，分为二派”②。其总体旨趣是尚清劲而抑宽和，尚文采而抑平淡。而陶诗中有平淡宽和一类，这是读者评价陶诗的一般意见，也是宋诗的审美理想。王闿运论诗不满宋诗派，也不满此类风格的陶诗作品，故在选目下总评陶渊明时时破天荒地指出：

陶皆宽和，格调卑耳。有乞丐语，非廊庙人也。乡曲人自命圣贤，便易流入乞丐，不可不知。③

对此，夏敬观加按语批评说：“王氏此说，殊未能知陶。陶诗不附和当时格调，正是其格调高处，何卑之云？至陶之处境，本非廊庙，恰是田间人语，身分相合，何乞丐语之有？使廊庙人作陶语，则不合耳。然王氏选陶诗独多，几于全录，及观其逐条评语，则又非不知陶者矣。”王闿运贬评陶诗，也是在贬评传统陶诗观。宽和之诗容易格调卑下，虽然谦卑是传统的美德，王闿运却不赞赏。故其《乞食》诗眉批云：“一起如翻鹤下云。”夏敬观加按语说：“此题为《乞食》，乃真作乞丐语矣，果乞丐语耶？而王氏之评，与前矛盾，乃恶为宋诗者，身分不顾，而辄作此类语也。”又《归园田居》第一首眉批曰：“此篇格颇驳杂，少遒炼之致，复离浑朴之美。”《饮酒二十首》之五居然眉批云：“结嫌落筌蹄。”《拟古》之一眉批云：“嫌乡曲未除。”《拟古》之七眉批云：“起则高矣，后八句俗。”夏敬观于《归园田居》第一首眉批加按语批评说：“此诗如‘暧暧远人村’四句，宋人累称道之，盖不特开唐派，且开宋派也。王氏不喜宋诗，故有此评。”如此贬评除了因为审美期待视野的差异，还因为在言论上受到王夫之不满陶渊明《乞食》诗等所发贬抑言论的影响，但王夫之还是就具体篇章批评，没有从整体上贬抑陶诗宽和的倾向。夏敬观的反驳很得要领，值得补充的是，王闿运如此评陶实质上源于对自我宗尚的审美风范的过分执着，忽视了诗歌言志写真的本质。由此，在单篇点评中，王闿运接续宋人陈师道称“陶诗不文”的观点④，贬评陶诗质朴无文的特点。如《杂诗》第一首眉批：“质直一派。”《读山海经》第二首眉批：“以下亦

---

① 王代功述：《湘绮府君年谱》，《近代中国史料丛刊》第五九六册，台北文海出版社1970年版，第35页。

② 夏敬观：《八代诗评》，载《同声月刊》第一卷第二号。

③ 夏敬观：《八代诗评》，载《同声月刊》第一卷第五号。下文王闿运关于陶诗的评语及夏敬观相应按语如不特别注明，出处皆与此同，不再注出。

④ 〔宋〕陈师道《后山诗话》云：“陶渊明之诗，切于事情，但不文耳。”见何文焕辑《历代诗话》上册，中华书局2004年版，第313页。

咏史质直一派。”评语不多置一词，其保留态度可以窥见。

就是这样一个不满陶诗的人居然也创作了一定数量的拟陶诗。检《湘绮楼诗文集》，其中有二十余首诗歌可以归入“拟陶诗”，它们是：《拟陶渊明咏二疏》，《览二邓拟陶诗，试效作一首》，《和陶(〈己酉岁九月九日〉)韵》①，《己亥山中度岁八首》，《秋兴十九首(之九、之十八、之十九)》，《观获》，《前甽种荷，南池插蔬作》，《阅东安水道志，忆前游，慕物外，颇有独往之志，作诗寄怀云》，《春怀诗四十八首(之三十一)》，《咏史杂诗八首(之一、之七、之八)》等。此外，他还有近一百首明显带有陶渊明印记的诗，他还在诗作中广泛使用陶典陶语如陶潜、陶令、柴桑、栗里、彭泽、南村、北窗、桃源、五柳、五斗、无心云、闲情赋、停云、归去来、松菊、浊醪、桑麻、庭柯等。此外，其《湘绮楼日记》涉及陶渊明的有十余处。

就学陶的形式而言，王闿运主要采用了“拟陶诗”，这与邓辅纶大量采用“和陶诗”不同。“拟陶”始于鲍照和江淹，唐人崔颢、韦应物、白居易、刘驾、曹邺、司马扎以及宋金元人梅尧臣、韩维、刘敞、郭祥正、戴良、赵秉文等都有诗题明言拟陶、效陶的诗作，但数量不多，其中白居易(《效陶体十六首》)最多。当然也存在诗题不明言效陶而实际效陶的作品，如柳宗元的《觉衰》等作。这两种拟陶诗在明清诗人那里明显增多，王闿运是有特点的一家。拟陶不限陶诗原韵体式，只是袭取原诗体貌风神、题材意趣等某些意味。在王闿运看来，“拟陶”是“学古人如镜取形，故无先后照应”②，即摆脱原诗的形式拘束，熔铸陶诗语趣，抒发自我情感，成自家光鲜。王闿运富有个性的拟陶诗不以真醇胜，而以纵横慷慨胜，如《秋兴十九首(之九、之十九)》：

> 秋菊扬微英，冉冉陵霜时。细质岂违众，开荣乃天机。物情重偶得，唱和为嘉辞。何用识隐德，但贵时所稀。至今东篱下，众草不敢欺。方知万物理，名至实乃归。生民无贤愚，乘时始扬辉。
>
> 陶潜虽隐居，其气常纵横。闲庭视草木，万感来峥嵘。晋代已陵替，卑官念无成。岁月坐憔悴，岂不伤其生。远松托孤怀，浊酒徒自倾。饥寒与醉饱，宁识达士情③

---

① 按，本诗文集未载，参〔清〕王闿运《说诗》卷七，见《湘绮楼诗文集》，第2324页。又可参《湘绮楼日记》宣统元年五月九日，岳麓书社1997年版，第3001页。

② 〔清〕王闿运著，马积高主编：《湘绮楼日记》光绪七年闰七月十日，第1036页。

③ 〔清〕王闿运著，马积高主编：《湘绮楼诗文集》，第1203页、第1205页。

两诗与其《己亥山中度岁八首（之一、之五）》《咏史杂诗八首（之一）》诸诗都不受陶诗原韵、体式限制，多处采纳陶诗语词句式，虽然未必达到点铁成金之效，却如百衲之衣，采择多源而以情采统御，似陶之处主要不是闲适淡远，而是某些清劲的风神和璀璨的镶嵌。如云“至今东篱下，众草不敢欺”，“陶潜虽隐居，其气常纵横”，“陶公何为者，乞食乃佯狂”①，出语劲拔峥嵘，不是闲适和缓一路；再就陶渊明式的精神形象而言，他所理解的陶渊明与接受史上凸显陶之英雄豪放的言论相通，但又略有不同，即王闿运不是用心把陶渊明归入儒家政治伦理所赞赏的张良、诸葛亮一类人物，而是用儒家之外的“纵横”“佯狂”等词汇来彰显陶渊明身上不受羁勒的纵恣形象，这更近于纵横家、楚狂、《离骚》等所散发出来的非正统精神。但王闿运这样理解陶渊明并非空穴来风，陶渊明《拟古九首（之三）》云：“众蛰各潜骇，草木纵横舒。”《和胡西曹示顾贼曹》云：“逸想不可淹，猖狂独长悲。”可见陶诗中的自我情感并非总是静穆，而是偶有张扬不羁的流露，王闿运把这种情感放大了以合于自己的嗜好。因此，其拟陶诗的个性风貌与陶诗的真醇敦厚不同，显得清劲勃发、气势凌厉。如果说邓辅纶的和陶诗是醇中有肆，那么王闿运拟陶诗中个性鲜明的作品则是肆中有醇。两人学陶皆有警句名篇，特点鲜明自得，在陶渊明创作接受史上可谓双星并辉。

值得注意的是王闿运那些明言学陶的作品也往往突破规范。如《己酉九日麓山精舍集和黎监督，用陶己酉九日诗韵》是他唯一一首明言和陶原作的诗。该诗虽然诗题明言用陶韵，但实际上韵脚与陶原诗顺序不同②。类似的情况同样存在于《拟陶渊明咏二疏》中，该诗用陶《咏二疏》韵，但基本丢开了原来的韵脚用字。同时，王闿运的拟陶诗也杂有其他作家语趣，如《秋兴十九首》除了似陶，气象多在陶、阮（籍）之间，《前畛种荷，南池插蔬作》清劲似谢而有陶风。这种现象也表明王闿运拟古学陶有自由化倾向，并不愿意规规矩矩以陶为进退准绳，而是如镜取影，撷取风神一角，采择零语片趣，铸为自家“百衲衣”。

王闿运如此学陶与他对陶诗的独特理解密不可分，《八代诗选》选录陶渊明五言诗一百零七首，几乎是陶渊明五言诗的全部，可见他对陶诗的重视。从评语看，他对陶诗不仅有贬抑，更有独到的褒扬和深刻的揭示：

---

① 〔清〕王闿运：《己亥山中度岁八首（之六）》，见马积高主编《湘绮楼诗文集》，第1594页。

② 在突破陶诗约束的拟陶诗中也有类似现象，《己亥山中度岁八首（之一）》用陶《饮酒二十首（之五）》的韵，但不限于原诗韵脚。

(总评《饮酒二十首》:)此二十首,具见陶公峥嵘壮气。后人专以陶为冲凝,失之远矣。

(评《饮酒二十首》之三:)大学问,大性情;(之六:)傲睨;(之十五:)睹此则陶之恬退,只是自负;(之十九:)使人不敢轻视。古来真者,未有模棱人。

(评《和郭主簿二首》之二:)"怀此贞秀姿"四句清劲,露出悲壮。

(评《赠羊长史》:)言今中原惟于古人书中见之而已,无限悲感。

(评《咏二疏》:)孤傲。

(评《连雨独饮》:)横逸。

(评《己酉岁九月九日》:)浑中见挺特之致。

(评《庚戌岁九月中于西田获早稻》"山中饶霜露"以下:)陶公此等处,所谓前无古、后无今。

(评《拟古》之一:)气劲语宽,亦奇作也……何等悲愤!

(评《杂诗》之五:)冷语惊人。

(评《读山海经》之十三:)沉痛。

(评《拟挽歌辞》之二:)达语悲怀尤有余趣;(之三:)"我"字惊绝。

王闿运不是没有意识到陶诗真朴平淡、宽和闲远的特点,但这不是他首先要肯定的。其评储光羲《采菱词》"义不游浊水,志士多苦言"等语云:"忽发狂言,陶渊明一辈人!"①王闿运更赞赏陶诗狂傲不平的一面。因此,他在《八代诗选》中褒扬的多是不同于宽和的清劲式的特点。不论是气象峥嵘,还是情感跌宕,都是富有气势、纵横不羁的特点。从接受史的角度来看,这是对萧统评陶"跌宕昭彰,抑扬爽朗"的继承和发展。继承的一面在于彰显了陶诗动荡不羁的特点,发展的一面在于突破了儒家圣贤视角,增加了杂家视角,为观察陶渊明和陶诗提供了更为广阔的接受空间。王闿运接受陶渊明也经历了一个"逐渐加深"的过程②,对陶诗的淡泊真醇也不是完全有隔膜,此不遑细论。

要之,王闿运学陶和评陶的特异之处在于他为陶渊明为人和诗作注入了儒、释、道之外的杂家因素,尤其是不受羁勒的纵横家和重视文采的纯粹诗家的接受特色。

---

① 〔清〕王闿运选:《王闿运手批唐诗选》,上海古籍出版社 1989 年版,第 80 页。

② 参何荣誉《王闿运对陶渊明的接受》一文中的"王闿运对陶渊明人格的接受"一节,载《中南大学学报》2011 年第 1 期。

郑珍、邓辅纶、王闿运的和陶、拟陶、学陶之作是传统陶渊明创作接受史上实力杰出的殿军。如果说郑珍的和陶诗因对传统的幻想，因对宋诗的推崇，还总体笼罩在陶诗创造的和谐审美范式之内，邓辅纶的和陶诗已经因面对社会现实和真实内心而弹奏出不和谐的音符，表现出醇厚中见恣纵的特点，那么，王闿运的拟陶诗则因试图驾驭社会现实和内心动荡的持续努力而挣脱了平淡真醇的传统美约束，走向恣纵慷慨一派，把陶诗接受中非主流的一面发扬光大了。但无论三人中的哪一位学陶诗人，不管他受到的近代思潮的冲击有多大，他们学陶时在形式和内容上都没有冲破传统文化的规约，他们仍然是封建时代的陶渊明接受者。也正因此，他们的学陶成就也就拘束在儒、释、道、杂家所框定的传统文化范围内，也决定了所有学陶、和陶、拟陶的作品在思想情感的意蕴方面整体上超越不了陶诗和以禅和陶的苏轼和陶诗，他们能够超越的方面绝多是来自社会现实和内心感受的真实性。由此也注定了在创作上学陶诗者只能在生活、情感层面就意蕴做修补的工作，而艺术上的优劣则总体上取决于学陶诗人诗歌艺术成就的高低。虽然忠实于生活和内心的优秀诗人的和陶诗难以在整体上超越陶诗和苏轼和陶诗，但有根须的生活动力所催生出的艺术精华还是突破艺术超越上的困难，使这些和陶诗进入可以与陶诗抗礼的不朽作品的行列。有真生活、真感受，然后有真和陶诗。郑珍、邓辅纶、王闿运的和陶、拟陶、学陶作品的成败在于此，苏轼之后成千上百的和陶作家的成败也在于此。

第二节　刘熙载以陶论陶与清代屈、陶并论

刘熙载（1813—1881）立身儒家，一生安贫乐道、淡泊自守，颇慕陶渊明之风，于晚年撰《寤崖子传》自述生平云：“于古人志趣尤契陶渊明。其为学与教人，以迁善改过为归，而不斤斤为先儒争辨门户。”①《对玉环带清江引》二阕之二借陶言志云：“归去来兮，问有谁阻伊，复驾言兮，又有谁劝伊？便有上天梯，不如平踹地。杨柳横欹，要探春信息，篱菊开齐，好谙秋意味。　陶公傲许当年寄，只不受官场气。烟霞疗我饥，车马从人意，彼此代谋无善计。”②其《昨非集序》云：“偶忆陶渊明辞，有‘昨非’二字，因以名集。昨之云者，岂独为四十岁

① 〔清〕刘熙载著，薛正兴校点：《刘熙载文集》，江苏古籍出版社2000年版，第665页。

② 〔清〕刘熙载：《昨非集》卷四附曲，清刻古桐书屋六种本。

以前言之乎？四十以后附入者，自视实亦未见是也，故并以‘昨非’概之。”①其志趣、人生感受和作品集命名等直接受到陶渊明为人和《归去来兮辞》等作品的影响。陶渊明在他精神中留下了深刻的印记。

刘勰《文心雕龙》与刘熙载《艺概》两大文艺论著在中国文艺批评史上一前一后交相辉映。《艺概》纵论文、诗、赋、词曲、书法等几乎整个艺术领域的问题，其博大精深足以媲美前人著作。刘勰《文心雕龙》没有评及陶渊明，这成为后代许多读者的遗憾，而刘熙载的《艺概》则弥补了这个遗憾。《艺概》论及陶渊明的条目并不多，仅有二十四条，大都不是集中在一处，多散见于论述其他作家或者文学现象的言论里。刘熙载所撰与《艺概》性质相类的另一书《游艺约言》里还有七条涉及陶渊明。此外，其诗文《解愠》《答人问徐子》《赠符南樵》《赠成子清回里》《如梦令题再到桃源图》等也明显受到陶渊明的影响。《艺概》论陶多有与前代、同代读者相合者，如论陶诗文如其人、诗品出于人品云：“陶渊明为文不多，且若未尝经意，然其文字不可以学而能，非文之难，有其胸次为难也。”②此与叶燮、沈德潜、方东树等论陶首先强调其人品高胜、胸怀超旷、诗不易学相类通；又如刘熙载格外欣赏陶诗的真率云：“‘真率’二字，最为难得，陶诗所以过人者在此。”③又云：“诗可数年不作，不可一作不真。陶渊明自庚子距丙辰十七年间，作诗九首，其诗之真，更须问耶？彼无岁无诗，乃至无日无诗者，意欲何明？”④“真”是诗人的生命，“真”更是陶诗的生命。其《题杨一丈诗文集》云：“作诗不必多，所贵肝胆真。”⑤陶渊明其人甚真，故其诗也真。刘熙载论陶诗真率，此与前人相比并无多少新颖之处，然个性化的言说方式还是给人留下了深刻印象。

《艺概》论陶最为新颖之处是以陶论陶和屈、陶并论，即借助陶渊明自己的论文言论来揭示陶诗的特点，十分注意将屈原与陶渊明放在一起讨论，进而凸显陶渊明及其作品的特点。

一、以陶论陶

刘熙载称得上是第一个深入关注陶渊明文论并给予高度评价和深入阐释

---

① 〔清〕萧穆：《刘融斋中允别传》，见薛正兴校点《刘熙载文集》附录部分，第798页。
② 〔清〕刘熙载：《艺概》卷一，上海古籍出版社1978年版，第18页。
③ 〔清〕刘熙载：《艺概》卷五，第159页。
④ 〔清〕刘熙载：《艺概》卷二，第55页。
⑤ 〔清〕刘熙载著，薛正兴校点：《刘熙载文集》，第672页。

的批评家。陶渊明直接论文的言论不多,刘熙载格外关注其《五柳先生传》“常著文章自娱,颇示己志”一句,曾数次引用之:

> 或问:“渊明所谓示己志者,己志其有以别于人乎?”曰:“只是称心而言耳,使必以异人为尚,岂天下之大,千古之远,绝无同己者哉?”
>
> 志者,文之总持。文不同而志则一。犹鼓琴者声虽改而操不变也。善夫陶渊明之言曰:“尝著文章自娱,颇示己志。”①
>
> 陶渊明言:“常著文章自娱,颇示己志。”书画家当亦云尔,彼盖即以书画为文章也。②
>
> 文求自慊(按,通“惬”),非以慊人。然人心之同,卒亦不出自慊之外。陶渊明文“示己志”,所以人多好之。③

刘熙载论文,重质轻文,尊心志而贬文饰,故云:“余谓文章取‘示己志’。”④“文,心学也。心当有余于文,不可使文余于心。”⑤上面独立引文的前两则是借陶渊明语强调“文不同而志则一”,谓诗言志之志有其普遍性,不应为了与人不同而故意标新立异。但此志又不是抽象的,要借助具体的心、具体的自我来表达。陶渊明言志是“称心而言”,不是违心而言;是“示己志”,不是示他人之志;是为了“自慊,非以慊人”,即陶渊明所云“自娱”,与孔子所谓“学者为己”类通。陶渊明如此,书画家和优秀的文艺作品都应当如此。刘熙载云:“文取自慊,非求慊人。慊人者,乡愿之文也。”⑥而“乡愿之文,要做成个雅俗共赏,究之俗赏而已”⑦。真正的诗文不应该像丧失品格的乡原一样“以悦人为心与以夸人为心”⑧来违心而言,而应该写自己的志趣怀抱。刘熙载云:“陶诗:‘谁谓形迹拘,任真无所先。’《五柳先生传》大意,即此可括。”⑨真正的诗文是“任真”,不是掺假,其中要有自我。刘熙载曾“偶为书诀云:‘古人之书不学可,但要书中有个我。我之本色若不高,脱尽凡胎方证果。’不惟书也”⑩。陶诗一方面展现了“人

---

① 以上两条引文皆据〔清〕刘熙载《艺概》卷一,第37页。
② 〔清〕刘熙载:《游艺约言》,见薛正兴校点《刘熙载文集》,第756页。
③ 〔清〕刘熙载:《游艺约言》,见薛正兴校点《刘熙载文集》,第752页。
④ 〔清〕刘熙载:《游艺约言》,见薛正兴校点《刘熙载文集》,第751页。
⑤ 〔清〕刘熙载著,薛正兴校点:《刘熙载文集》,第751页。
⑥ 〔清〕刘熙载著,薛正兴校点:《刘熙载文集》,第753页。
⑦ 〔清〕刘熙载著,薛正兴校点:《刘熙载文集》,第757页。
⑧ 〔清〕刘熙载:《艺概》卷二,第83页。
⑨ 〔清〕刘熙载著,薛正兴校点:《刘熙载文集》,第763页。
⑩ 〔清〕刘熙载著,薛正兴校点:《刘熙载文集》,第755页。

心之同”的志，也就是自己的本志，有自我面目，所谓“陶渊明诗文，几于知道。至语气真率，亦不夸，亦不让，亦令人想见其为人”①，说的就是“示己志”这个意思。

那么陶渊明的志除了真率、有我，还有什么特点呢？刘熙载云：“曹子建、王仲宣之诗出于《骚》，阮步兵出于《庄》，陶渊明则大要出于《论语》。”②既然“大要出于《论语》”，那么陶志就是符合儒家要求的志，陶诗也是从心而发以表现这个志，故刘熙载云：

> 陶诗有“贤哉回也”“吾与点也”之意，直可嗣洙、泗遗音。其贵尚节义，如《咏荆卿》、美田子泰等作，则亦孔子贤夷、齐之志也。③
>
> 陶渊明《感士不遇赋》云：“宁固穷以济意，不委曲而累己。”此即屡空晏如之意。可见古人言必由志也。④
>
> 陶诗云：“愿言蹑清风，高举寻吾契。”又云：“即事如已高，何必升华嵩”。可见其玩心高明，未尝不脚踏实地，不是偶然无所归宿也。⑤

刘熙载紧扣《论语》论陶渊明诗文，认为陶诗文所体现的是“屡空晏如”“浴乎沂”的孔颜之乐，是得道者天人合一、“与天为徒”⑥的境界，是“贵尚节义”且“脚踏实地”的儒家入世精神。

因此，陶诗旷远而亲切，体现了物我交融的特点：

> 钟嵘《诗品》谓阮籍《咏怀》之作，“言在耳目之内，情寄八荒之表”。余谓渊明《读山海经》，言在八荒之表，而情甚亲切，尤诗之深致也。
>
> 陶诗“吾亦爱吾庐”，我亦具物之情也；“良苗亦怀新”，物亦具我之情也。《归去来辞》亦云：“善万物之得时，感吾生之行休。”⑦
>
> 东坡诗，字字华严法界。……列子文，字字现“华胥界”；陶渊明诗，字字现“桃源界”。⑧

“阮步兵出于《庄》”，故“情寄八荒之表”，渊明出于《论语》，故其“情甚亲切”，

---

① 〔清〕刘熙载著，薛正兴校点：《刘熙载文集》，第763页。

② 〔清〕刘熙载：《艺概》卷二，第54页。

③ 〔清〕刘熙载：《艺概》卷二，第54页。

④ 〔清〕刘熙载：《艺概》卷三，第96页。

⑤ 〔清〕刘熙载：《艺概》卷二，第55页。

⑥ 〔清〕刘熙载：《游艺约言》：“东坡文有与天为徒之意。前此，则庄子、渊明、太白也。”见薛正兴校点《刘熙载文集》，第761页。

⑦ 〔清〕刘熙载：《艺概》卷二，第55页。

⑧ 〔清〕刘熙载：《游艺约言》，见薛正兴校点《刘熙载文集》，第758页。

不同的价值取向、不同的志趣决定了阮、陶之间的分野。东坡诗近佛禅，列子文近仙道，惟陶渊明诗如桃源一般即世间又出世间，平凡中寓含高远，“言在八荒之表，而情甚亲切”，体现了典型的儒家文化特点。刘熙载认为诗歌是“天地之心”和“民之性情”的写照，“此可见诗为天人之合”①。如果单纯从拟物、拟人手法来认识“吾亦爱吾庐”“良苗亦怀新”两句诗，那就太肤浅了；而如果联系刘熙载的天人合一论（如上引“陶诗有‘贤哉回也’、‘吾与点也’之意”）来解读这种情景交融，那么这就是物我相得、与天地同流的境界，如此方可深入到陶诗深厚的精神文化底蕴中去。

陶渊明的志还有一个特点，刘熙载云：“诗，持也，此意通之于赋。如陶渊明之感士不遇，持己也。”②刘熙载认为“诗之言持，莫先于内持其志，而外持风化从之”③。诗歌言志有两种倾向，一种倾向于固守自我志趣，一种倾向于关注教化。陶渊明诗文虽然也关注世风，如《感士不遇赋》所云“閭阎懈廉退之节，市朝驱易进之心”，但该赋总体意旨确如刘熙载所云是“持己”，而非“外持风化”，即超拔自我高志是陶诗所长，像杜甫那样每饭不忘君、念念忧国虑民是陶诗所短。陶渊明并非完全不关心世事，只是言说得非常深微，故《艺概》卷三云：“‘升高能赋’，升高虽指身之所处而言，然才识怀抱之当高，即此可见。如陶渊明言‘登高赋新诗’，亦有微旨。”④陶诗在深微地“示己志”方面，的确高人一筹，按照刘熙载的评论，当可推论陶渊明属于擅长“内持其志”的最优秀作家之一。

二、屈、陶并论

除了以陶渊明“示己志”论陶，刘熙载论陶最值得注意处就是把陶渊明与其他作家进行对比评论，尤其是与屈原的对比格外引人注目。如论屈原、陶渊明之为人云：

> 屈灵均、陶渊明，皆狂狷之资也。屈子《离骚》一往皆特立独行之意，陶自言“性刚才拙，与物多忤；自量为己，必贻俗患”，其赋品之高，亦有以矣。⑤

刘熙载论文推崇有真情自我、写出本心本志的作品，抨击虚情假意、矫揉造作的

---

① 〔清〕刘熙载：《艺概》卷二，第49页。
② 〔清〕刘熙载：《艺概》卷三，第104页。
③ 〔清〕刘熙载：《艺概》卷二，第80页。
④ 〔清〕刘熙载：《艺概》卷三，第104页。
⑤ 〔清〕刘熙载：《艺概》卷三，第93页。

作品。他说志是“人之大主意”[1],“大抵狂狷异于乡愿,惟能不为利害压住”[2],屈原“一往独行”,陶渊明刚直不阿,虽然都有偏执之嫌,但他们在人生大节上都坚贞不二、屹然山立,“能不为利害压住”。这也是他们作品高拔流俗的主要原因。但屈、陶也有区别,刘熙载云:

渊明少欲,屈子多情,此就两家文而论其迹也。然其趋则未尝不同。[3]

刘熙载认为“诗要超乎‘空’、‘欲’二界。空则入禅,欲则入俗。超之之道无他,曰‘发乎情,止乎礼义’而已”[4]。“渊明少欲”自然不是入禅之空,而是“发乎情,止乎礼义”;但也不是寡淡无味,而是富含理趣,故刘熙载云:“陶、谢用理语各有胜境。钟嵘《诗品》称‘孙绰、许询、桓、庾诸公诗,皆平典似《道德论》’。此由乏理趣耳,夫岂尚理之过哉!”[5]“屈子多情”但不是流于庸俗的“欲”界,比如他的《惜誓》也是“发乎情,止乎礼义”,屈原之多情很类似于陶渊明《闲情赋》之多情,只是屈原多国事之忧愤,而陶渊明是“好色而不淫”,都是“仁人志士”持志不苟的表现。[6] 所谓“其趋则未尝不同”,不论是就人品的忠贞而言,还是就诗文“浮夸中自有谨严意在”[7]的确然不拔之志而言,屈、陶是一致的。

刘熙载认为屈原与陶渊明都是文如其人的志士仁人和优秀作家,论其为人特点实质上也是论其诗文特点。刘熙载又专论二人之文云:

屈子之缠绵,枚叔、长卿之巨丽,渊明之高逸,宇宙间赋,归趣总不外此三种。[8]

屈子辞“雷填”“风飒”之音,陶公辞“木荣”“泉流”之趣,虽有一激一平之别,其为独往独来则一也。[9]

上引两则引文一概括、一形象,从两个方面指出了两人在文学风格上的不同特点。屈原《山鬼》云:“雷填填兮雨冥冥,猨啾啾兮又夜鸣。风飒飒兮木萧萧,思公子兮徒离忧。”此极尽“缠绵”悱恻、激荡难平之能事。陶渊明《归去来兮辞》

---

① 〔清〕刘熙载:《持志塾言·立志》,见薛正兴校点《刘熙载文集》,第7页。

② 〔清〕刘熙载:《持志塾言·人品》,见薛正兴校点《刘熙载文集》,第30页。

③ 〔清〕刘熙载:《游艺约言》,见薛正兴校点《刘熙载文集》,第763页。

④ 〔清〕刘熙载:《艺概》卷二,第83页。

⑤ 〔清〕刘熙载:《艺概》卷二,第55页。

⑥ 〔清〕刘熙载《艺概》卷三云:“读屈、贾辞,不问而知其为志士仁人之作。太史公之合传,陶渊明之合赞,非徒以其遇,殆以其心。”(第91页)

⑦ 〔清〕刘熙载:《艺概》卷三,第88页。

⑧ 〔清〕刘熙载:《艺概》卷三,第94页。

⑨ 〔清〕刘熙载:《艺概》卷三,第93页。

云:“木欣欣以向荣,泉涓涓而始流。”此乐天委命、与天和谐之趣可谓淡泊而“高逸”。虽然屈、陶二人不同,然皆“与天为徒”、交心于宇宙自然,他们身上“独往独来”的狂狷精神气质是一样的。诗品出于人品,诗品也表现人品,屈原和陶渊明诗歌的特点也体现出他们为人的特点。

要之,刘熙载以狂狷之志和正直不阿论屈原和陶渊明之同,以缠绵激荡和淡泊高逸论二人文学风格之异,可谓体会精到、概括简约。

将屈、陶并称始于唐末北宋杜牧、文同、李清照等人,主要体现在诗文创作中清雅拔俗情趣的就近联想方面。元代人频繁将屈、陶并称,且出现了是陶非屈、借以抒发愤懑的现象,可谓将屈陶并称的第一次高潮。将屈、陶并称的第二次高潮出现在明末清初,读者格外关注他们的忠愤心态。明末清初著名刻书家毛晋在少年时期刻印过《屈陶合刻》,这在将陶渊明集与其他诗人(如诸葛亮、王维、韦应物等)作品合刻的风气中,可谓独树一帜,也体现了明末读者对陶诗、屈赋的特殊感受。清初顺治年间诗人彭襄《书屈陶合刻后》云:

> 变风以后数灵均,彭泽天然见性真。对酒不忘书甲子,怀沙空自叹庚寅。滋兰九畹心偏远,采菊东篱句有神。五柳三闾异醒醉,何妨千载德为邻。①

沈德潜评云:“分分合合,律细语工。”②此仅就形式着眼,如蜻蜓点水,不愿深入;就其蕴含来看,该诗咏叹屈、陶同异极具概括性,二人在诗歌史上都远承《诗经·国风》,卓然大家;皆怀亡国之愤,不能释意;志行、诗趣皆清雅高逸,如兰菊化身;虽有醒、醉之别却,但道德光辉皆可照耀千秋。该诗与明遗民心态一脉相承而不露圭角,难怪被沈德潜看中并选入《清诗别裁集》。

明遗民“和陶书甲子,吊屈赋庚寅”③一时成风。明遗民赵砥之等有《屈陶合咏》诗集④。葛芝《书屈陶合咏后》云:

---

① 〔清〕沈德潜:《清诗别裁集》,上海古籍出版社1984年版,第162页。

② 〔清〕沈德潜:《清诗别裁集》,第162页。

③ 〔清〕钱谦益《高寓公稽古堂诗集序》云:“君(高寓公)自南虞衡请急还里,遭乙酉之变,痛愤不欲生,念太夫人春秋高,终鲜兄弟,未能即自引决。……吾观其……《病中述志》曰:‘和陶书甲子,吊屈赋庚寅。’”见〔清〕钱曾笺注、钱仲联标校《牧斋有学集》中册卷一六,上海古籍出版社1996年版,第749页。

④ 〔清〕王晫《今世说》卷五《规箴》云:“邹子先,赵砥之并居吴江之西郊,乱后,邑人多谢去子衿。俄学使者来,传相告言,不出且遣戍。赵颇心动。邹正色曰:‘我辈但当论是非,不当计利害。’于是遂止。赵每为人言:‘微邹君几丧吾守!’”(清康熙二十二年刻本)《屈陶合咏》当是赵砥之首咏、众人酬和的合集,查未见。

灵均沉渊不返，近于怼；元亮任真自得，近于放。二子者，不同道也。今读《离骚》一书，虽多疾痛之辞，然其《远游》一章所云壹气孔神等语，何其几于道也！元亮之集夷犹旷达，翛然独远，其人类有所得，至观其《荆轲》诸咏，胸中抑郁，若有不释然者。吾是以知严气正性之人，始可与语性命之微。士之遗世自得，长往不返者，其中常有所甚忧，而未可为庸俗人告也。特灵均以公族近臣不得不死，元亮位居下僚，未参国论，庶可以肥遁耳。要之，易地则皆然。孔子所以发三仁之论，而孟子有一致之说也。嗟呼，此赵子砥之合咏之微意、诸君子唱酬之雅志与？①

钱谦益《吴江赵砥之灵岩偶论屈陶有感》（亦涉及《屈陶合咏》）云：

沅湘之兰，化为茅艾。东篱之菊，夷于枳棘。生斯世也，而有吊屈和陶之思、望古遥集，若砥之者与？吾不能和其诗，有长歌当泣而已。戊戌季秋日虞山蒙叟钱谦益书。②

钱谦益《题菊谱》也并论屈、陶云：

屈子云："朝饮木兰之坠露兮，夕餐秋菊之落英。"盖其遭时鞠穷，众芳芜秽，不欲与鸡鹜争食，哺糟啜醨，故以饮兰餐菊自况，其怀沙抱石之志决矣。悠悠千载，惟陶翁知之。其诗曰："秋菊有佳色，裛露掇其英。"《饮酒》《荆轲》诸篇，抚己悼世，往往相发。③

葛芝、钱谦益并论屈、陶，如向秀《思旧赋》吞吐简约，隐含遗民苦衷。葛芝《卧龙山人集自序》云："发凄清之音而不入骄亢，多悲悯之辞而不流怨悱，其昔者栗里、东皋之俦，而固异于抱石沉湘者与。"④他以遗民心态论屈、陶，自有深刻感触，理性中渗透着鲜明的感情色彩。他赞同元人吴澄等认为屈原、陶渊明"易地皆然"的观点，在比较屈、陶异同时，认为二人为人有愤懑和"任真"之别、贵族和庶民之分，但都是"严气正性之人"，遭逢乱世、"遗世"而忧愤；作品有"疾痛"和"旷达"之别，但都互有对方的特点，可谓殊途同归，"易地皆然"。钱谦益虽非严格意义上的遗民，但也"有吊屈和陶之思"，流露出浓郁的遗民心态，此处将两人并论，以屈原"饮兰餐菊"、"怀沙抱石"，以渊明裛露掇英、"抚己悼世"，可谓别有深怀。

① 〔清〕葛芝：《卧龙山人集》卷一四，清康熙九年自刻本。

② 〔清〕钱谦益著，潘景郑辑校：《绛云楼题跋》，中华书局1985年版，第158页。

③ 〔清〕钱谦益著，〔清〕钱曾笺注，钱仲联标校：《牧斋有学集》下册，第1635页。

④ 〔清〕葛芝：《卧龙山人集》。

明末清初的读者不再像元人那样是陶非屈、自我解嘲,他们更愿意去感通屈、陶共通的忠愤之情,同时也关注到他们作品异中有同的特点。此后读者并论屈、陶偶或有之。如宋琬《题渊明集》注意到司马光《资治通鉴》“不尚奇节之士”,感慨司马光居然没有关注“杀身成仁”的屈原和“大节炳然”的陶渊明。①此论清末尚有人附和云:“如屈原,如陶潜,皆奇节之士也,以文章论,何者不及扬雄? 而皆不得书于《通鉴》。”②又如“屈醒陶醉”成为一通用语,季纶全有《屈醒陶醉室雅令》一卷。③ 贝青乔《题程三室》云:“屈醒陶醉吟分格。”④张维屏云:“屈醒陶醉,不类也,然两人志洁行芳,实相类。”⑤有些读者在诗话中论诗时,往往把屈原和陶渊明同推为一流大家,如方东树《昭昧詹言》云:“屈子则渊渊理窟,与风、雅同其精蕴。陶公、杜公、韩公亦然。”⑥且注意把陶诗与屈赋比较,如评陶《饮酒二十首(之三)》“积善云有报”一诗云:“收忽然自断决截,坚定不复疑,若忽悟彻者然。屈子《天问》亦此意,古贤无不然”。⑦

从陶渊明接受史上将屈、陶并称的传统来看,刘熙载并论屈原和陶渊明是对前代读者接受成果的继承和发展。他的观点与前人的成果一起深深影响了后代读者对两位诗人的态度,如王国维、梁启超都曾屈、陶并崇,此不赘论。

此外,刘熙载对陶渊明与谢灵运、苏东坡等人的比较也值得关注,如云:

> 谢才颜学,谢奇颜法,陶则兼而有之,大而化之,故其品为尤上。
>
> 康乐诗较颜为放手,较陶为刻意,炼句用字,在生熟深浅之间。⑧
>
> 元、韦两家皆学陶。然苏州犹多一“慕陶直可庶”之意,吾尤爱次山以不必似为真似也。⑨
>
> 陶、谢并称,韦、柳并称。苏州出于渊明,柳州出于康乐,殆各得其性之所近。⑩

---

① 〔清〕宋琬:《尧峰文钞》卷三八,《四部丛刊初集》本。

② 〔清〕昂孙:《网庐漫墨》一卷,山西古籍出版社 1996 年版,第 173 页。

③ 〔清〕丁仁:《八千卷楼书目》卷一二,民国铅印本。

④ 〔清〕贝青乔:《半行庵诗存稿》卷一,清同治五年刻本。

⑤ 〔清〕张维屏:《国朝诗人征略》卷四引《听松庐诗话》,清道光十年刻本。

⑥ 〔清〕方东树:《昭昧詹言》卷一第六条,人民文学出版社 1961 年版,第 3 页。

⑦ 〔清〕方东树:《昭昧詹言》卷四第四一条,第 112 页。

⑧ 以上两条引文皆据〔清〕刘熙载《艺概》卷二,第 55 页。

⑨ 〔清〕刘熙载:《艺概》卷二,第 62 页。

⑩ 〔清〕刘熙载:《艺概》卷二,第 64 页。

五言尚安恬……安恬者,前莫如陶靖节,后莫如韦左司。①

陶诗醇厚,东坡和之以清劲。如宫商之奏,各自为宫,其美正复不相掩也。②

东坡谓陶渊明诗"癯而实腴,质而实绮",余谓元刘静修之词亦然。③

刘熙载在比较中凸显了陶诗的特点,如"醇厚""安恬"等,值得注意的是,与方东树否定苏轼和陶诗不同,刘熙载充分肯定了苏轼和陶诗"清劲"的个性特点,还赞赏元结"不必似而真似"陶诗的个性特点,因为原作与拟作"美正复不相掩"。刘熙载还论及陶诗的用字问题。其《艺概》卷二有一条云:"诗有双关字,有偏举字。如陶靖节:"'望云惭高鸟,临水愧游鱼。''云''鸟''水''鱼'是偏举;'高''游'是双关。偏举,举物也;双关,关己也。"④此为他人所未道及。

第三节 钟秀、方宗诚论陶渊明的儒家生命境界

纵观历代对陶渊明的接受,读者对其思想境界的理解是发展变化的,关注的重心有明显的变化。此仅以其历代传记所属传目为主,概述以见一斑。唐前的传记虽然关注了陶渊明耻事二姓的政治向背问题,但关注的重心不在此,而在于着重突出其隐士、高士、风雅之士的特征。因此在纪传体的《宋书》等正史中,陶渊明是被归入"隐逸传"的,而读者也没有提出质疑。高尚其事、远离世俗是这位高士的第一特征。这一特征一直延续到苏轼时代才有改变。苏轼为陶渊明形象注入了崭新的内容,即认为陶渊明不是隐士,而是"闻道"之士,由此开启了陶所闻之道为儒、为道、为释之争,朱熹定为庄、老⑤,但在《向芗林文集后续》《资治通鉴纲目》中也强调陶渊明的忠晋节操,真德秀在《跋黄瀛甫拟陶诗》中则坚决把陶渊明归入儒家,伴随着理学接受视野的普及,归陶入儒遂成为南宋元明清读者接受的主流意见。同时,随着韩子苍、汤汉以来陶集注解者的刻意发掘,陶渊明诗文成为《春秋》一样充满微言大义的文本,甚至成为《诗经》之

① 〔清〕刘熙载:《艺概》卷二,第70页。

② 〔清〕刘熙载:《艺概》卷二,第67页。

③ 〔清〕刘熙载:《艺概》卷四,第113页。

④ 〔清〕刘熙载:《艺概》卷二,第79页。

⑤ 〔宋〕黎德靖编,王星贤校点:《朱子语类》卷一三六:"渊明所说者庄老。"中华书局1986年版,第3243页。

后儒家经典的附翼，陶渊明也成为可以厕身孔门如曾点、颜回般一流的圣贤人物。其可圈可点处也就不仅仅是风流脱俗，还包括忠义高节。于是，到明代，陶渊明被正大光明地请入“忠节传”“忠义传”①，隐士已不能涵盖这一政治形象。明清时代的陶渊明传记虽然皆归陶入儒，但明代重在儒者形象的重塑，而清代倾向理性的考论。将陶之一生作一正本清源的学术梳理是清代陶渊明生平研究最大的学术贡献之一，陶澍的《靖节先生年谱考异》可为代表。

到清代晚期，读者在归陶入儒的时候出现了一些不同于前代读者而值得注意的特点，这主要表现在不停留于概念化的政治和文化定位，而注意强调陶渊明不同于佛教、道教、隐逸等其他文化的个性，注意揭示其独特的存在特点和生命境界。这在钟秀的《陶靖节纪事诗品》和方宗诚的《陶诗真诠》中有集中体现。②《陶靖节纪事诗品》四卷十二篇，每篇先总括评叙人事，中间佐以陶诗为例证，结尾摘录历代相关评论并加自家按语；其所摘评论涉及 50 多家 110 多条。《陶诗真诠》一卷，计 43 条评语。钟秀(1808—1877 年后)，字官城，江西赣县人，曾在直隶一带浮沉郎署，任观察，与湖湘派诗人李寿蓉等有交往；另有《观我生斋诗话》(光绪四年刻本)。方宗诚(1818—1888)，字存之，号柏堂，安徽桐城人；中年客游四方，任过曾国藩幕友、枣强知县，晚年隐居著述，为桐城派后期代表作家，著述繁富，有《柏堂集》等传世。

一、与佛有别的儒家文化根基

钟秀在《陶靖节纪事诗品》中、方宗诚在《陶诗真诠》中把陶渊明归入儒家是毫无疑问的，他们赞同前代读者论陶“心存忠义”(卷一引陈绎语)③，“凡靖节退休之后，类多悼国伤时托讽之词”(卷一引刘履语)，虽“淡然若忘于世，而感愤之怀，有时不能自止”(卷一引顾炎武语)。但他们强调的重心已经不单纯是

---

① 如明人张自勋评其兄张自烈《晋陶潜传》云：“《宋书》列潜《隐逸》，为宋言也；《晋书》不入《忠义》，则非知潜者。余初持此义，芑山(张自烈)急韪之，因改《陶潜传》，删《归去来辞》，而补耻屈后代一段，甚合史法。”见〔明〕张自烈《芑山文集》卷一六，清初刻本。

② 〔清〕钟秀的《陶靖节纪事诗品》四卷无明确刊刻年月，书首仅录作者同治甲戌(1874 年)仲夏序言。该书有周作人收藏本，今存国家图书馆北海古籍馆，该馆另有两部同书的刻本。又有复旦大学图书馆藏本，清华大学图书馆朱自清据周作人藏本抄录核校本。据该书李寿蓉(1825—1894)跋推算，知钟秀生于嘉庆十五年(1810)，至光绪三年(1877)，年七十，仍然健在。桐城方宗诚《陶诗真诠》一卷，见《柏堂读书笔记》，有复旦大学藏清光绪八年刻本。

③ 〔清〕钟秀：《陶靖节纪事诗品》，清华大学图书馆朱自清据周作人藏本抄录核校本。

政治品节和情感，而是境界更为深远的文化品格：

陶征士诣趣高旷，而胸有主宰。平生志在吾道，念切先师，其性定已久，故有时慨想羲皇，而非狃于羲皇；寄托仙、释，而非惑于仙、释。（《陶靖节纪事诗品》卷一）

《答庞参军》："谈谐无俗调，所说圣人篇。"渊明志在圣人，故每结想在黄、唐、羲、农、先师、"六经"，此其本领，与他放达者不同。（《陶诗真诠》）

《咏二疏》《咏三良》《咏荆轲》：但以渊明为隐逸人、旷达人，失之远矣。渊明盖志希圣贤，学期用世，而遭时不偶，遂以乐天安命终其世耳。（《陶诗真诠》）①

他们虽然也强调陶渊明的忠义慷慨，但关注的重心显然不仅仅是政治品节问题，而是格外强调"志希圣贤"，"念切先师"，其"性定"和"主宰"根基于儒家先圣，而不是庄、老、仙、释；肯定其能够不拘束儒家概念，可以洒脱不羁、"乐天安命"，但万变不离儒家之根。

凸显陶渊明与佛教之间的区别渊源有自。唐宋时期，针对《莲社高贤传》所记渊明不入莲社等轶事而产生了李公麟的《莲社图》、李冲元的《莲社十八贤图记》等大量书画诗文。这些书画诗文所描述咏叹的主要是"渊明不肯入社，视众人固已高"②的孤高品节，读者吟咏谈论陶渊明与慧远之间的轶事，主要关注的是其中所体现的高雅脱俗的风流高格，并没有区分儒、道之别的特别用意。南宋周蟠在《靖节先生祠堂记》中评及渊明不入莲社，意在说明陶渊明"初不在于酒"，是"托于酒而逃"③，不是嗜酒贪杯。元人吴师道首先戳破了这一层儒、道矛盾的窗纸，其《李龙眠莲社图》云："止饮谅匪难，耻受异教牵。"④"耻受异教牵"简洁扼要地揭示了陶渊明的文化立场。到清代道光年间，张维屏以更为理性的方式深入阐释了这一文化立场。他评儒生杜春生《东林寺》"儒宗凭砥柱，千载仰陶公"一首云：

远公创白莲社，招致群贤，六朝人士多宗仰之，而靖节陶公当佛教盛行之时，独能卓然不惑。远公招之入社，攒眉而去，是真特立独行，笃志信道

---

① 以上两条引文皆据〔清〕方宗诚《陶诗真诠》一卷，见《柏堂读书笔记》，复旦大学藏清光绪八年刻本。

② 〔宋〕阮阅编：《诗话总龟》后集卷四五，《四部丛刊》本。

③ 参日本静嘉堂文库藏《永乐大典》卷六六九七，见《永乐大典方志辑佚》第三册，中华书局 2004 年版，第 1714 页。

④ 〔清〕顾嗣立编：《元诗选》初集二己集，中华书局 1987 年版，第 1546 页。

者矣。余尝谓陶公实圣人之徒，不知者第以诗人、酒人目之，而前明诸儒多涉元(玄)虚，高谈心性，但效前人为语录，遂谓道学得真传。①

张维屏“不愿学仙佛”②，是希仰儒家圣贤的士人，其《斋中读书偶成断句·陶靖节》概括上述引文大意云：“尊崇佛老尚虚无，异学争鸣举世趋。独向此时思鲁叟，柴桑高士是真儒。”③他在此揭示出“靖节陶公当佛教盛行之时，独能卓然不惑”的鲜明文化立场，并以此抨击“明诸儒多涉元(玄)虚，高谈心性”，认为陶渊明才是儒家道学的真传。这与单纯的归陶入儒相比，体现出更为宽阔的文化视野和深刻的理性判断，在陶渊明接受史上具有里程碑式的意义。

如果说张维屏是强调陶渊明“卓然不惑”的文化立场，那么钟秀和方宗诚则更注重强调陶渊明立足儒家圣贤的文化根基。“根基”虽然也含有“立场”的价值倾向，但更关注文化的根源性和生命的根本特点。如云：

《咏贫士》……第四首合于孔子“朝闻道，夕死可矣”之旨，“闻”字兼真知力行，而后有此候也；然后世佛学往往以顿悟心解为闻道，失之远矣。(《陶诗真诠》)

元亮与白莲舍中人，朝夕聚首，虽劝驾有人，终不为所污。及观其诗，乃多涉仙、释。可见，人只要心有主宰，若假托之辞，何必庄、老，何必不庄、老；何必仙、释，何必不仙、释。放浪形骸之外，谨守规矩之中，古今来元亮一人而已。(《陶靖节纪事诗品》卷一)

《中庸》记孔子之言曰：“好学近乎知，力行近乎仁。”④接续张维屏的理性判断，方宗诚进一步指出，陶渊明的儒家特点类似儒家的“真知力行”，有坚实的学习实践功夫，不同于佛教的不立文字、见性成佛，所以“其及时乐天之学有非莲社诸贤所能仿佛者”(《陶靖节纪事诗品》卷四)，这是陶、佛相区别的主要表现之一。钟秀则指出，陶渊明虽然不同于佛教，但不是机械地与佛教等划一鸿沟，而是在根基上立足儒家，“心有主宰”，“谨守规矩之中”，日常言行为何一定摒弃庄、老、仙、释？万物皆道之所寓，圣人无可无不可，“朝夕聚首”之人、“假托之辞”与“忽庄、忽醉、忽醒，语真无诠次”⑤都是“放浪形骸之外”的心象和枝节。其关键不是立意与他者相区别，而是立足有根，卓然不倚，不为外物所牵。有

① 〔清〕张维屏：《花甲闲谈》卷一三，清道光富文斋刻本。

② 〔清〕张维屏：《陶白庵》，见《松心诗录》卷八，清咸丰四年赵惟濂羊城刻本。

③ 〔清〕张维屏：《松心诗录》卷八。

④ 丁鼎：《礼记解读》，中国人民大学出版社2010年版，第528页。

⑤ 《陶靖节纪事诗品》卷四引清汪洪度评陶语。

根的文化立场才是风吹不倒的生命之树，陶渊明不是徒见绿枝红花的假植物，也不是左右摇摆的墙头之草，在春夏秋冬、阴晴风雨中变幻出不同的面貌又何妨？

二、异乎庄老晋人的圣贤儒隐

陶渊明与佛教确定的区别是陶渊明以儒家为主的基本中国传统文化立场，是“中体”而不是“西体”。而中国传统文化中又有陶渊明归儒、归道的解读。钟秀和方宗诚归陶入儒的最大特点之一在于多侧面地揭示出陶渊明与庄老、与放达的晋人、与孤僻的隐士之间的区别，从而在本土文化中凸显出陶渊明关怀人间的独特性。

方宗诚和钟秀在评论中直接揭示陶渊明与道家、道教思想的不同云：

《读山海经》第八首“不死复不老，万岁如平常”二句，真大澈大悟，使秦皇、汉武读之，真可破其愚也。第十一首，《庄子》言“为善无近名”，然则惧近名，则不敢为善矣；“为恶无近刑”，然则不近刑，则可为恶矣。异端之言，非圣道也。陶公则云“立善有遗爱”，“立善常所欣”，“庶以善自名”。不求名而亦不辞名，惟孳孳为善而已。又曰“明明上天鉴，为恶不可履”，与《庄子》之言迥异。吾故曰圣人之徒，非老庄之学也。（《陶诗真诠》）

《连雨独饮》……收二句“形骸久已化，心在复何言”，得克己复礼、欲净理存之意，与老庄之学不同。（《陶诗真诠》）

《庚戌岁九月中于西田获早稻》：陶公高于老庄，在不废人事人理，不离人情，只是志趣高远，能超然于境遇形骸之上耳。（《陶诗真诠》）

秀按：“临水愧游鱼”五字可括庄子“游濠梁”一段，较“子非我，安知我不知鱼之乐”一句，意更靠实些。盖庄子道家，陶公乃儒者耳。（《陶靖节纪事诗品》卷一）①

对于道家所否定的“善”“礼”“名”“刑”等规范和约束，对于道教所迷信的长视久生，方宗诚从陶诗中找出例证反驳，以此证明陶渊明为“圣人之徒，非老、庄之学”，非“秦皇、汉武”可比。但陶渊明又不止于伦理道德和法纪规范层面的

---

① 有学者解释云：“盖渊明观鱼，感慨的是人生不自由的实际境遇，而庄子与惠子观鱼，意趣完全在‘究竟知不知鱼之乐否’这样一个玄虚的问题上。”参张寅彭、行磊《旨归“儒隐”的清人陶诗观——钟秀之〈陶诗（按，“陶诗”应为“陶靖节”）纪事诗品〉论析》，见《中国诗学研究》第10辑，中国文联出版社2007年版，第267页。良是。

“善”“礼”“名”“刑”,而是经由“克己复礼”的“靠实”功夫,至于“欲净理存”的境界,所以看似与道家都是“超然于境遇形骸之上”,但在根本上是根基于儒家的人伦性和现实性,即“不废人事人理,不离人情”,对人伦现实世界的关怀是陶渊明区别于道家的根本性特征。

与关注陶渊明与道家庄老的不同相联系,钟秀和方宗诚都格外关注陶渊明与以晋人为主的放达之士的不同。如云:

《饮酒》……皆托饮酒以反真还淳、忘怀名利,以了死生。希羲、农、唐、虞、孔子、夷、叔、颜回、曾点为志量,与刘伯伦之放旷不同。晋人不亲“六经”,老庄之流害之也。陶公不然,实醇儒也。“汲汲鲁中叟,弥缝使其淳”,尤真知孔子之心者。(《陶诗真诠》)

《还旧居》“拨置且莫念,一觞聊可挥”二句,非放旷之词,正是用力克己去私之意。凡为此类之词,皆当作如是观。与“出自北门”诗意同。(《陶诗真诠》)

晋人放达,非庄即老,独元亮抗志大圣,寄慨硕儒,于天命民彝之大,世道人心之变,未尝漠然于怀,其所以快饮者,亦不得已之极思耳。(《陶靖节纪事诗品》卷四)

陶渊明无疑是魏晋风流中的典型个案,唐代的读者多注意其放达的诗酒风流,这是陶渊明为人的时代共性;到宋代,读者开始区分陶渊明与“竹林七贤”等魏晋名士的不同,强调其得道忠义的品性。之后,读者往往站在儒家的立场上把陶渊明与晋人区别开来,如明代的钟惺与谭元春、清代的沈德潜等都格外注意陶渊明在时代风流中的个性,认为陶渊明与征引庄老的近人不同,多用《论语》,是“圣门弟子”①。方宗诚和钟秀格外注意否定传统以放达、旷达论陶的言论是对前辈观点的继承,只是他俩更为自觉,甚至有些刻意为之,其目的就是把陶渊明的文化根基从道家转移到儒家来。如果说解释《咏荆轲》等诗不是“隐逸人、旷达人”所能概括的,还是类似于前人寻找正面而明显的事例论证;那么,上引诸评专门针对容易被理解为放旷的嗜酒者行为的言论,则是刻意寻找反面而隐蔽的事例来论证了。即除了如前代读者一样强调陶渊明忠义慷慨、关怀世事,更注重从心性方面发掘陶渊明“用力克己去私”“返真还淳”的儒家修养特点。

---

① 〔清〕沈德潜:《古诗源》卷九评《饮酒》“羲农去我久”一首,中华书局1963年版,第172页。

钟秀和方宗诚都不约而同地认为陶渊明不是一个简单的隐士或者诗人的概念可以概括的：

知有身而不知有世者，僻隐之流也，其乐也隘；知有我而不知有物者，孤隐之流也，其乐也浅。惟陶公则全一身之乐，未尝忘一世之忧。如《饮酒》第二十是也。(《陶靖节纪事诗品》卷四)

隐逸者流，多以绝物为高，如巢父、许由诸人，心如槁木，毫无生机，吾何取焉？又如老子知我者希，则亦视己太重，视人太轻，以为天壤间竟无一人能与己匹，是诚何心？今观靖节以上诸诗，情致缠绵，词语委婉，不侪俗，亦不绝俗，不徇人，亦不亵人，古人柳下惠而外，能介而和者，其先生乎？(《陶靖节纪事诗品》卷四)

若后世所称不过如宋景濂所云："竹溪逸民，戴青霞冠，披白鹿裘，不复与尘事接。所居近大溪，篁竹翛翛然。当明月高照，水光潋滟，共月争清辉，辄腰短箫，乘小舫，荡漾空明中。箫声挟秋气为豪，直入无际，宛转若龙吟深泓，绝可听。"此得隐之皮毛，未得隐之精神，得隐之地位，未得隐之情性。似此一味作快乐，不知有世，不知有物，天地间亦何赖有此人乎？三代而后，可称儒隐者，舍陶公其谁与归？秀故独有取焉。(《陶靖节纪事诗品》卷四)

陶公实志在圣贤，非诗人也。……(略去《荣木》"匪道曷依，匪善奚敦"等例)是何黾皇也！或谓陶公志在田园，亦非也，其《劝农》诗曰："孔耽道德，樊须是鄙。……"是岂隐逸人邪？其《命子》诗有曰："温恭朝夕，念兹在兹。尚想孔汲，庶其企而。"而是又以希圣希贤命其子矣。(《陶诗真诠》)

这与只知道有小我而不知道有大我、只知道"一身之乐""志在田园"而不知道关怀世事和万物的"僻隐""孤隐"不同。陶渊明不是巢父、许由一类"心如槁木，毫无生机"的隐士，他们孤高倒孤高了，但生活孤苦乏味，远离人群与社会；也不是逍遥山水、"一味作快乐"的道士神仙般隐士，他们清雅倒清雅了，但"不知有世，不知有物"。这些隐士"得隐之皮毛，未得隐之精神，得隐之地位，未得隐之情性"，而陶渊明正相反，他"志在圣贤"，物我兼得，身世并怀，"不侪俗，亦不绝俗，不徇人，亦不亵人"，"能介而和"，深得儒家中庸精神的真谛。主张积极入世、建功立业的儒士与倡导明哲保身、高洁自守的隐士看似十分矛盾，却在陶渊明身上奇妙地融合起来，而其底色仍然是儒家文化，钟秀不得已使用了一个自造的新概念——"儒隐"来指称陶渊明，以此来凸显陶渊明与其他隐士的根本不同。①《宋书》《晋书》《南史》等正史把陶渊明归入《隐逸传》,是没有刻意分辨陶渊明与陶淡、郭翻等孤僻隐士的区别的,而钟秀和方宗诚继承前代读者的意见,以儒家圣贤目陶,遂清晰地把陶渊明同其他隐士区别开来。

三、与天人同流一体的生命境界

没有渗透生命的文化是干枯的文化,没有文化根基的生命是浅薄的生命,而根基不正、根须不深,生命之树也不会茂盛,其枝叶伸展所及的境界也不会高远。方宗诚和钟秀在辨别陶渊明与佛、道、隐、田园诗人等之间的不同时,也就凸显了陶渊明所独有的有志圣贤的儒家文化特点,交代了陶渊明生命基础的主根所在,并进而联系其诗文阐释陶渊明在此根基之上的独特生命境界以及进达此一境界的修养路径。

概言之,方宗诚和钟秀认为陶渊明所获得的超越之境是与天人同流一体的生命境界。方宗诚把这一境界表述为“乐天安命”“无入而不自得”,直接的描述并不多。钟秀的阐述较为丰富,他在《陶靖节纪事诗品序》中整体上把陶渊明的人品和诗品概括为四个方面:“曰洒落、曰宁静、曰淡泊、曰恬雅。”这四个方面都是他“心目中所模拟之境”,也是陶渊明生命境界的不同侧面。这四个方面的作用主要是“荡胸”“澄心”“明志”和“怡情”②,带有鲜明的心性内倾特点,是立足生命的超越境界。在涉及自我、自然和群体时,这个生命却因儒家文化根基和陶氏个体的实践而具有鲜明的个性特点。

在自我方面,这种境界是适情乐道,有平易近人的特点。故钟秀云:“靖节先生品格高迈,而性情则平易近人。盖无往不与人以可亲,人亦无不乐亲之者。”(《陶靖节纪事诗品》卷四)虽然陶渊明被归入儒家圣贤之徒,但并不等同于圣贤,钟秀关注到了他们共同的“淡泊”境界,指出陶渊明的淡泊偏向于“高人”,有“适情”近人的独特性(《陶靖节纪事诗品》卷三“淡泊”)。

在自然方面,陶渊明的生命境界是根基儒家的“宁静”和“自乐”。钟秀说《己酉岁九月九日诗》“纯是静字意境。而程子(按,实为邵雍)诗有句云:‘春深

---

① 有学者认为“儒隐”是从儒家立场认识陶渊明的“一个最为精辟的概括”,钟秀“侧重政治节概的抉择”。参张寅彭、行磊《旨归“儒隐”的清人陶诗观——钟秀之〈陶诗纪事诗品〉论析》,第266页、第269页。但钟秀的最大贡献不在于指出隐士陶渊明的儒家归属,而是立足儒家揭示陶渊明富有特色的生命境界,并由此与方宗诚一起完成了中国古代陶渊明接受史上极为深细和系统的儒家陶学观。

② 〔清〕钟秀《陶靖节纪事诗品》各卷卷首标题注文。

昼永帘垂地，庭院无风花自飞。'唐子西有句云：'山静似太古，日长如小年。'亦道得静字，意境亦脱化。明王阳明《龙潭独坐》有句云：'幽人月出每孤往，栖鸟山空时一鸣。'亦非静者不能见，得静中境界。然此犹皆空摹静字，意境乃是既静之后，自然流露而出。究不若靖节之静察物理，似尤为靠实也”（《陶靖节纪事诗品》卷二“宁静”）。这是论诗，也是论境界；宋明理学家“程子”、王阳明等人之静境是“静中境界”，是诗人“既静之后，自然流露而出”；而陶渊明则是由动而静，是“静察物理”的自然过程。这真是精警独到的深刻之论！陶诗往往在情绪的波动中化解情绪，在行动和矛盾的过程中呈现本体的宁静。又如最脍炙人口的《饮酒二十首（之五）》，陶渊明在写出“采菊东篱下，悠然见南山”之前，已经有了“结庐在人境，而无车马喧”等诸多行为和心理活动，况且这两句的“静”也是用“采”“见”两个自然连贯的动作烘托而出的！没有死寂的静，只有生机勃勃的静，而这正是生命的本质，是陶诗和陶渊明生命境界的鲜明特点，是陶渊明不同于理学家过分看重内省寂静的所在。钟秀又曾阐发陶渊明于自然田园中“自乐”的生命境界，前代读者朱熹、包恢、陈献章等人都感受到陶渊明得孔、颜、曾点之乐，但没有明确分辨两者的区别，钟秀则指出两者都是洒脱超俗、气象恢宏、与宇宙相合，而曾点是“与人偕乐”，陶渊明则为“陶然自乐”（《陶靖节纪事诗品》卷四）。这种分辨并非绝对，因为陶渊明“也有时偕乐”（《陶靖节纪事诗品》卷四），但这显示了凸显陶氏生命境界特点的努力。

在群体方面，陶渊明的生命境界是民胞物与、介而能和。钟秀云：

> 后人云：晋人一味狂放，陶公有忧勤处，有安分处，有自任处。秀谓：陶公所以异于晋人者，全在有人我一体之量。其不流于楚狂处，全在有及时自勉之心，故以上诸诗全是民胞物与之胸怀，无一毫薄待斯人之意。恍然见太古，'不独亲其亲，不独子其子'景象，无他，其能合万物之乐以为一己之乐者，在于能通万物之情以为一己之情也。（《陶靖节纪事诗品》卷四）
>
> 晋人不放诞则委（萎）靡，渊明惜时守道，矫然自立，学者但得其神味，便是云鹤凌空。（《观我生斋诗话》卷三）①

陶渊明生命境界高远并不意味着他不食人间烟火，不顾人伦亲情，不与常人为伍，恰好相反，他性情平易近人，对待他人厚道，对待子女慈爱，“人我一体”，“民胞物与”，推而及于万物，能与万物融合。“能合万物之乐以为一己之乐”，“能通万物之情以为一己之情”，就是与群体、与万物休戚与共的生命境界，不是单

① 〔清〕钟秀：《观我生斋诗话》，厦门大学图书馆藏清光绪四年刻本。

纯的怡悦，也不是单纯的忧虑，更根本的怕是“勤靡余劳，心有常闲”式的乐天安命①，是透悟人生究竟、饱尝人生艰难后的悲欣交集。清人伍涵芬《读书乐趣》卷三评《归去来兮辞》云：“陶元亮《归去来辞》，一种旷情逸致，令人反复吟咏，翩然欲仙。然尤妙于‘息交绝游’一句。下即接云‘悦亲戚之情话，乐琴书以消忧’，若无此两句，不将疑是孤僻一流，同于槁木乎?”②陶渊明生命境界的高远不是孤芳自赏，而是人我一体、与化同流。

当然，以上论述是就其与不同人、物之间的关系分析开来说，事实上，陶渊明的生命境界是整体和混沦的，即与万化同流，忧国乐天，并行不悖。获得此境界的关键在于主体非凡的超越能力。钟秀云：“靖节于交游之际，不即不离，不粘不脱。”(《陶靖节纪事诗品》卷四)距离感的把握是超越的关键，而不为外物所牵、不受矛盾所累、顺性自然则是超越的根本：

> 陶靖节胸次阔大，世间事能容得许多，而无交战之累，故忧国乐天，并行不悖。当桓、刘窥伺之时，不复肯仕，往往赋诗见志，平淡之中，时露激烈。(《陶靖节纪事诗品》卷一)
>
> 元亮先生为晋遗民，不以仕为嫌，不以隐为高，雅有无可无不可本领，即其临流赋诗，见山忘言，旨趣高旷，未尝拘于境地。(《陶靖节纪事诗品》卷一)
>
> 陶征士嗜酒而不为酒困，爱菊而不为菊淫，盖能用物而不为物役者。(《陶靖节纪事诗品》卷四)

苏轼赞赏《庄子》“物物而不物于物”③的观点，其《题渊明诗》云：“靖节以无事自适为得此生，则凡役于物者，非失此生耶?”④又曾云陶仕、隐不拘束于世俗褒贬之见，皆出真性。钟秀论陶“不为物所牵”(《陶靖节纪事诗品》卷二“宁静”)、“无可无不可”显然受到苏轼的影响，所以他说“陶靖节居一世之中，未尝劳于忧畏，役于人间，与大决而荣枯，随中和而任放。……胸中阔达，有与天地同流气象。观其生前之顺受，临终之高态，觉矫揉造作，导引气行，托仙、释之名，干造物之化，以自贼其神者，固为多事；即凡吾人之拘拘目前，摆脱不开，使天地之宽乃如一室之小，境不必尽逆，事不必皆拂，而一人愁城，终难自克者，读《形影神》

---

① 〔晋〕陶渊明：《自祭文》，见逯钦立校注《陶渊明集》，中华书局 1979 年版，第 197 页。

② 北京大学北京师范大学中文系、北京大学中文系文学史教研室编：《陶渊明资料汇编》下册，中华书局 1962 年版，第 333 页。

③ 〔清〕郭庆藩著，王孝鱼点校：《庄子集释》中册，中华书局 2004 年版，第 668 页。

④ 〔宋〕苏轼著，孔凡礼点校：《苏轼文集》第五册，中华书局 1986 年版，第 2091 页。

《挽歌》六诗,可以爽然释矣”(《陶靖节纪事诗品》卷一)。钟秀所描述的超越生死名利、“与天地同流”的生命境界显然有理想化倾向。但需要提醒的是,这种境界与庄子纯粹的精神逍遥不同,是踏实地站在土地上、行走在人世间的境界,因此更为切近陶渊明生命境界本质的恐怕还是钟秀所说的“忧国乐天,并行不悖”,而这也是与苏轼仅突出陶渊明超然飘逸、与道德家突出陶渊明忠君忧国不同的独特之处。

四、进达生命境界的修养路径

文化设定的生命高度必待生活实践和生命体验方可进入个性化的生存和生命境界。陶渊明之不同于佛道庄老的根基在于,他看似放达的言行和乐天知命的境界是脚踏实地一步步修养而来的。钟秀称之为“厚”“真实”“靠实”①,方宗诚则强调“真知实践”②,更侧重于论述路径的确认,这个路径就是儒家的“素位而行”、“顺天理而行”和“修身以俟”。

方宗诚《陶诗真诠》论陶渊明专意破除常见、破除表象,以求达到对陶渊明的本质性理解。他通过对诗人、田园隐逸、嗜酒、旷达等传统见解和表象的否定,把陶渊明境界的本质归于儒家乐天安命的圣贤境界。而这一境界的获得既不是老庄的旷达,也不是魏晋名士的放废,更不是佛教的顿悟,而是踏踏实实扎根于人伦物理的儒家修为。这在他对陶《形影神》组诗的创造性解释中表现得最明显:

> 陶公《神释》诗……似将酒与善一举扫净,非也。上篇《影答形》有曰:“立善有遗爱,胡可不自竭。”是惧身死名尽,不如立善以留遗爱,虽竭力为善,犹欲留名,私也,非天理也。《神释》所云“立善常所欣,谁当为汝誉”,破除留名之私,非谓不必立善也。委运纵浪大化,不喜不惧,应尽须尽,无复多虑,是谓顺天理而行,与孟子“顺受其正,修身以俟”同旨。
>
> 《形影神》首章“我无腾化术,必尔不复遗(按,应为‘疑’)。愿君取吾言,得酒莫苟辞”四句,虽不贪生,尚未能忘生死。二章“身没名亦尽,念之五情热。立善有遗爱,胡可不自竭”四句,虽进一解,尚未能忘名。三章“甚念伤吾生”以下,合素位而行,不愿乎外,夭寿不贰,无入不自得,乐天安命之旨矣。(《陶诗真诠》)

---

① 〔清〕钟秀:《陶靖节纪事诗品》序及卷一、卷二等评语。

② 〔清〕方宗诚《陶诗真诠》评《咏贫士》第四首“朝与仁义生,夕死复何求”语。

此前，温汝能《陶诗汇评》卷二指出组诗第三章：“不喜不惧，应尽须尽，是为圣为贤本领，成仁成义根源，若徒以旷达语赏之，非深于陶者也。”①但他没有联系前二首《形赠影》《影答形》进行系统分析。按传统的理解，《形影神》组诗前两章“似将酒与善一举扫净”，钟秀则明确予以否定，指出首章否定的不是饮酒行乐，而是“未能忘死”；二章否定的不是立善仁爱，而是“未能忘名”。这两章中的形、影在根本上都不能克尽私欲，未得人生正解。真正的人生正解乃是第三章的主旨，即由“素位而行”、“顺天理而行”而终达“无入不自得，乐天安命”的生命圣境。这样就给陶渊明的委运自然观注入了坚实的儒家内涵，因此，陶渊明的委运自然虽然类似庄子般的乐天委命，但已经含摄了儒家立善去私的修养功夫，或者说，已经将倾向于伦理道德层面的儒家的价值观内化、升华为一种去除矫饰、根基心性的自觉自然境界。因此，陶渊明生命境界的造达便被钟秀合理地规约到儒家的“素位而行”“修身以俟”中。《礼记·中庸》云：“君子素其位而行，不愿乎其外。素富贵，行乎富贵；素贫贱，行乎贫贱；素夷狄，行乎夷狄；素患难，行乎患难。君子无入而不自得焉。”②孟子曰：“尽其心者，知其性也，知其性，则知天矣。存其心，养其性，所以事天也。夭寿不贰，修身以俟之，所以立命也。”③这两段话分别从身份地位、先天性分外内两个方面指出了儒家君子修养的根本路径，即安于现在所处的地位和性分，并努力做好应当做的事情、平淡地看待生死贵贱问题，直至达到生命的自由自觉状态，达到自然的境界。无疑，在最高境界里，儒家和道家走到了一起，然而到达终点的路径迥然不同，其特点也有“靠实”和玄虚之别。钟秀正是从这个不同上格外凸显了陶渊明的儒家本色，“把历来界定的位置从天地万物靠向实际社会人生”④，把儒教以名利地位诱导芸芸众生的世俗化追求转化为根植生命的人格修养。

此外，钟秀阐释《五月中和戴主簿》《和刘柴桑》《己酉岁九月九日》《归去来辞》《游斜川》《诸人共游周家墓柏下》等其他诗作时，亦多次用到“素位而行”“修身以俟”之类的儒家观念，他所举的陶氏例句都是容易被理解为庄老旷达的诗文，他把它们一一归结为儒家去私存性的修养功夫及其所达到的自得境界。他有时虽然没有直接使用儒家经典的语词，但也表达了类似的修养指向。如评

① 〔清〕温汝能：《陶诗汇评》，清扫叶山房石印本。

② 丁鼎：《礼记解读》，第524页。

③ 杨伯峻译注：《孟子译注》，中华书局1960年版，第301页。

④ 张寅彭、行磊：《旨归“儒隐”的清人陶诗观——钟秀之〈陶诗纪事诗品〉论析》，第268页。

《乞食》"'叩门'句,极善形容。收四句,非旷达人语,正渊明之所以为贤也"。这是"素贫贱,行乎贫贱",不是"旷达"骇世;评《移居》"'衣食当须纪,力耕不吾欺',尽人事人理,与旷达不同"。这是"尽人事人理"的实践,不是释道玄虚的空想。总之,钟秀对陶渊明造达"无入而不自得"的儒家生命境界做了充分而深细的论析,避免了前代读者的粗疏和表面化。

钟秀和方宗诚的最大贡献不在于指出隐士陶渊明的儒家归属,而是立足儒家揭示陶渊明富有特色的生存特点和生命境界,继承和发展了苏轼、朱熹、真德秀、刘履、黄文焕、吴瞻泰、沈德潜、温汝能等读者的评陶见解,完成了中国古代陶渊明接受史上极为深细、系统且贴近生命存在本身的儒家陶渊明观;在一贯崇奉诗教传统、重视文如其人的古代社会,也正是这样一种儒家文化根基的归属和生命境界的深刻揭示为陶诗地位的确立和崇高化提供了坚实的理性基础,由此也可以明白陶诗何以被抬尊为《诗经》之后最杰出、能够与杜甫诗歌比肩并立的经典之一。陶诗地位的崇高化不开始于钟秀和方宗诚,却在他们的阐发中走向圆融和深刻。从文化阐释的角度来看,钟秀和方宗诚也借助陶渊明对儒家文化进行了一番生动形象的论证,把儒家文化同佛、道区别开来,为士人君子指明了一条具有陶渊明特色的成圣成贤的修养之道;相对于抽象的伦理道德观念,陶渊明毕其一生实践了一条具体生动、切实可行、兼顾自由与规范的修养之道、存在之道,这也是士人喜读陶渊明诗文的基本原因之一。

第四节 "诗界革命派"与旧桃源时代的结束

晚清"诗界革命派"在政治上属维新变法派,是时代的英雄和弄潮儿,他们对陶渊明的接受带有鲜明的时代特点。尤其是丘逢甲与黄遵宪对桃源的创作接受、谭嗣同的陶诗观等成果最为显著。

在传统的自给自足的小农社会里,如果没有天灾人祸的干扰,悠闲从容的田园生活实质上与《桃花源记》所描述的桃源世界十分类通。因此,中国文学史上反映闲适心态的田园诗所描绘的审美世界就是读者们所憧憬的桃源世界。然而每到一个朝代的末世,田园经济总是遭到不同程度的破坏,桃源梦想也就被搅乱殆破。晚唐五代,内乱中的诗人慨叹"桃源路不通"①,"惆怅桃源路,惟

---

① 〔唐〕李群玉:《赠花》,见《李群玉诗集》卷下,《四部丛刊》本。

教梦寐知”①；宋末、元末、明末清初，遗民痛感天地变色，渴望“寻得桃源好避秦”②，慨叹“岂有桃源可避秦”③；到了清末，随着内忧外患的加深，这种慨叹益发强烈起来。而“诗界革命派”的代表作家丘逢甲可谓典型。

一、丘逢甲与桃源旧梦的破灭

丘逢甲《岭云海日楼诗抄》收诗1700余首，其中明显留有陶渊明及其诗文痕迹的有50多首，而涉及桃源的诗作就有18首，它们是：《送谢四之桃源二首》《村居书感次崧甫韵二首（之二）》《山居二首（之二）》《岁暮杂感十首（之十）》《春日杂诗二首（之一）》《芷谷居士画大幅水墨云山瀑布二图并题句见赠，长句赋谢》《次韵奉答藕华五首（之一）》《三叠醇字韵赠实甫》《题桃源图》《桃源女史朱伯姬九江先生女公子也，能诗画，为兰史作小幅而自题绝句其上，兰史出观，因为书此》《春感次许蕴伯大令韵十首（之六）》《王寿山诗十首（之一）》《答人问澹定村》《题丘园雅集图》《以摄影法成澹定邨心太平草庐图，张六士为题长句，次其韵》《东山感春诗，次己亥感秋韵六首（之三）》《珠江行乐词》《有忆叠前韵》。此外涉及陶典的还有《柏庄诗草》中的《立春前一日，与吕大瑜玉游部子山，用前冬韵四首（之一）》、《老番行》、《早春园花次第开放各赏以诗十六首》之《桃花》和《千叶桃花》四首（按，后两首用天台桃源典），等等。康有为《京师强学会序》云近代中国如不变法，“觅泉明（按，指渊明）之桃源，则寸埃更无净土”④。丘逢甲借桃源表达的最强音就是这种桃源难觅的家国之慨，如云：

乾坤苍莽正风尘，力挽狂澜仗要人。岂有桃源堪避世，不妨蔬水且安贫。［《村居书感次崧甫韵二首（之二）》］

太阴守岁愁兵气，故国逢春怆梦痕。熳烂桃花过残腊，人间无路访仙源。［《岁暮杂感十首（之十）》］

乱红成阵满天涯，黯黯春帆细雨斜。何处仙源容避世，赚人毕竟是桃花。［《春日杂诗二首（之一）》］

九州无地不胡尘，难觅名山老此身。……莫向武陵寻旧梦，桃花零落

---

① 〔唐〕韩偓：《欲去》，见〔清〕李调元《全五代诗》卷七九，清《函海》本。

② 〔宋〕谢枋得：《庆全庵桃花》，见《宋诗纪事》卷六七，影印清文渊阁《四库全书》本。

③ 〔清〕徐象娄：《秋兴二首（之一）》，见《明遗民诗》卷一五，中华书局1961年版，第633页。“岂有桃源可避秦”用明初贝琼《述怀》诗成句。

④ 〔清〕康有为撰，姜义华、张荣华编校：《康有为全集》第二集，中国人民大学出版社2007年版，第89页。

不成春。[《春感次许蕴伯大令韵十首(之六)》]

桃花春水涨前滩,待渡无舟欲济难。落日孤云心万里,望仙桥畔望长安。[《东山感春诗,次己亥感秋韵六首(之三)》]

何处桃源许问津,移家愿作避秦人。洞门一片红云影,遮住中原逐鹿尘。(《题桃源图》)

填胸垒块化丘壑,臆造桃源付耕凿。胡尘不到画里天,如此江山殊不恶。(《芷谷居士画大幅水墨云山瀑布二图并题句见赠,长句赋谢》)①

丘逢甲出生在台湾,成长在台湾,中法战争后为台湾的安危讲学游幕,中日甲午战争后又为台湾浴血奋战;被迫弃台渡海后,更是对帝国主义列强瓜分中国的现状充满强烈的愤慨;再加上清政府腐朽无能、盘剥压榨,所以中华大地千疮百孔、民不聊生。可以说,诗意的田园景象已经难以寻觅,"桃花零落不成春","人间无路访仙源",田园社会的美好景象已经一去不返。因此,积愤满怀的一代爱国英雄禁不住长歌当哭,屡屡叩问:"岂有桃源堪避世""何处仙源容避世""何处桃源许问津",渴望有一片桃源一样的宁静世界。桃源之想即使偶尔闪现,清醒的国人也明白其背后真实的悲怆。故丘逢甲《送谢四之桃源二首(之一)》尚且幻想请桃源中的神仙"径将今世人,置之太古前",之二则径直冷峻地指出:"恐君到桃源,已异昔所闻。租税遍桑麻,丁役及子孙。桃花斫为薪,渔舟觅无门。君当废然返,就我同灌园。"②虽然"梦中古桃源,思之辄心醉"③,但诗人清醒地明白那属于过去的梦今日已经破碎不堪,家乡的菊花可以为此作证:

前年菊花时,登高作重阳。墓门一瞻拜,宰木寒烟苍。去年菊花时,奔走为戎装。枕戈待旦心,力筹保鲲洋。今年菊花时,故园成战场。不及哭墓行,寸草心徒伤。空山此高卧,哀泪沾秋裳。[《菊枕诗二首(之一)》]④

这是丘逢甲想起慈母为儿女采菊缝制枕囊时的深情悲叹,在台湾的美好生活仿佛往日的桃源,再也难以返回了。即使偶然闪现的美丽田园也忽然传来不和谐的噪音,如《山村即目三首》组诗云:

---

① 以上七则独立引文分别见丘逢甲著、丘铸昌校点《岭云海日楼诗抄》,上海古籍出版社2009年版,第17页、第47页、第67页、第120页、第195页、第374页、第123页。本节所引丘逢甲诗如不特别注明,皆据此版本。

② 〔清〕丘逢甲著,丘铸昌校点:《岭云海日楼诗抄》,第9页。

③ 〔清〕丘逢甲:《山居诗五首(之二)》,见丘铸昌校点《岭云海日楼诗抄》,第19页。

④ 〔清〕丘逢甲著,丘铸昌校点:《岭云海日楼诗抄》,第11页。

轧轧车声水满陂，溪山佳处客行迟。林腰一抹炊烟淡，知是人家饭熟时。

一角西峰夕照中，断云东岭雨濛濛。林枫欲老柿将熟，秋在万山深处红。

山田一雨稻初苏，村景宜添七月图。鸡犬惊喧官牒下，农忙时节隶催租。①

若单独来看，前两首承续陶渊明田园诗的精神，把田园景象描绘得奇丽迷人，令人神往；但若作组诗看，到第三首“鸡犬惊喧官牒下，农忙时节隶催租”，读者才豁然对前两首有了全新的审美感悟：田园之梦在贪官污吏的盘剥下已经变得不真实！这是一种夹杂着痛感的田园审美。我们由此也可以理解陶渊明田园生活苦与乐的两极，只是陶渊明还可以躲避和超脱，而丘逢甲已经无处躲藏、悲愤难抑了。对于陶渊明而言，故乡“松菊犹存”，而对于丘逢甲而言呢，桃源之梦已经破碎：“昔为称意花，今作断肠枝！”②借助陶渊明诗情的笔墨缔造出来的田园世界、桃源梦想在丘逢甲的笔下已经痛彻地粉碎了！

丘逢甲因此对桃源梦的破坏者——帝国主义列强和腐朽的清政府充满着强烈的愤恨之情。他也在为这个梦的复活呼吁奔走，冲破现实的重重阻抑，做着切实的努力。在那个风雨如磐的年代，丘逢甲是愤懑的、孤独的。其《野菊》诗云：

入眼惊看秋气新，孤芳难掩出丛榛。英华岂复关培植，烂熳依然见本真。淡极名心宜在野，生成傲骨不依人。陶潜死后无知己，沦落天涯为怆神。③

这是一首出色的咏菊诗，神采、品格、气韵活泼而警醒。诗中的野菊、陶渊明和抒情主人公丘逢甲三者合一，品节孤傲而怀才不遇，“沦落天涯”，悲愤难抑。“淡极名心宜在野，生成傲骨不依人”，不愿同流合污，自然被朝廷弃而不用，难免感慨：“绕篱晚菊寒谁采，补屋秋萝冷自牵。”（《秋怀八首》之三）④虽被朝廷弃而不用，但仍然孤芳自爱，其《采菊歌》云：“秋霜杀物百卉死，若抱晚节天为彰。空山无人蔚深秀，正色独得中央黄。”⑤虽沦落天涯而心系国是：“北痛逆胡南篡贼，渊

① 〔清〕丘逢甲著，丘铸昌校点：《岭云海日楼诗抄》，第133页。
② 〔清〕丘逢甲：《菊枕诗二首（之二）》，见丘铸昌校点《岭云海日楼诗抄》，第11页。
③ 〔清〕丘逢甲著，丘铸昌校点：《岭云海日楼诗抄》，第9页。
④ 〔清〕丘逢甲著，丘铸昌校点：《岭云海日楼诗抄》，第227页。
⑤ 〔清〕丘逢甲著，丘铸昌校点：《岭云海日楼诗抄》，第10页。

明心事菊花知。看花不尽千秋感，残照西风又一时。”①“眼前世事饶堪醉，待续陶潜《饮酒》篇。”②借助时代的风雨之痛，丘逢甲读懂了陶渊明隐逸行为背后的伤痛、《饮酒》诗里流溢的块垒。一代仁人志士深深理解了陶渊明。

二、黄遵宪与桃源新梦的憧憬

诗界革命派作家是时代的精英、民族的精锐，他们虽然清醒地认识到桃源之梦的破灭，但决不会停止于破灭的感伤，他们还要通过切实的努力改变社会现实、修补旧梦，憧憬一个新的桃源、一个根基于文化传统又受近代西方思潮影响而呼之欲出的理想大同世界。如果说丘逢甲家国破碎的切肤之痛更多源于桃源旧梦的破灭，那么黄遵宪则因其开阔的世界眼光更加憧憬桃源新梦的诞生。

清光绪三年（1877）旧历十月深秋，黄遵宪赴日本做任日本使馆参赞，光绪八年（1882）旧历二月仲春方调任美国旧金山总领事，在日本任职近四年半。其任职期间正值日本明治维新初期，日本政治日趋西化，经济实力增强，1879 年吞并琉球，对东南亚诸国表现出觊觎攫取的勃勃野心。对照日本在列强世界的崛起，黄遵宪清醒地意识到清朝的维新改革势在必行，否则朝廷没有出路、民族没有出路。有鉴于此，日本就成为一个理想社会的参照。陶渊明创造的桃源世界被黄遵宪挪移到对日本社会的解读中；桃源不在中国，却在被中国漠视的日本。黄遵宪风靡一时的《日本杂事诗》有两首诗格外值得注意。他在诗中把日本明确比作桃源，如第五首云：

避秦男女渡三千，海外蓬瀛别有天。镜玺永传笠缝殿，倘疑世系出神仙。③

黄遵宪在此诗注中考证认为，日本人的祖先是中国人，具体说来就是徐福带领的秦代人。证据主要是：第一，日本的传国重器剑、镜、玺“皆秦制”；第二，日本的典章称呼“命”“大夫”“将军”等“皆周、秦制”；第三，日本“立教首重敬神”传承了徐福等人的“方士之术”；第四，中国史书载“求仙东来事”当是东汉建武年间（25—31）出使日本的使者所听闻的；第五，日本仍然有徐福祠、徐福墓；第六，日本史学

---

① 〔清〕丘逢甲：《题菊花诗卷五首（之一）》，见丘铸昌校点《岭云海日楼诗抄》，第 211 页。

② 〔清〕丘逢甲：《次韵陈汝臣见赠四首（之一）》，见丘铸昌校点《岭云海日楼诗抄》，第 337 页。

③ 〔清〕黄遵宪撰，陈铮编：《黄遵宪全集》，中华书局 2005 年版，第 9 页。本节所引黄遵宪诗文，如不特别注明，皆据此版本。

家曾云日本乃“周吴泰伯”、徐福之后。① 黄遵宪结合实际考察所著的《日本国志》是我国近代第一部系统而深入地研究日本的专著。其卷一《国统志一》的注文和卷三七《礼俗志四》都曾记述和辨析徐福到日本一事。黄遵宪的这首《日本杂事诗》无疑是在明确指明日本民族的祖先极可能就是秦代人，是徐福率领的三千“避秦男女”，而日本仿佛是传说中的桃源世界。这是历史的溯源，黄遵宪还有从地理和风俗角度做的解说。《日本杂事诗》第十九首云：

九州地脉阻昆仑，裨海环瀛水作门。圆峤方壶虽妄语，分明世外此桃源。②

此诗注云：“四面环海，自德川氏主持锁港，益与诸国相隔绝。然承平无事，闭户高卧者二百余年。有客长崎者为言：商贾交易以诚信，妇姑无勃谿声，道有拾遗者，必询所主归之，商人所佣客作，令司管钥，他出，归无失者。盛哉此风，所谓人崇礼让，民不盗淫者邪！”③又其《日本国志》卷一〇《地理志一》云：“日本之为国，乃独立于大海中，旷然邈然不与邻接。……自神武纪元以来二千五百有余岁，未尝举尺寸之土与人，亦未尝得尺寸之土于人。……余闻欧西有瑞士，山水清华，士女明媚，以介居诸大间，各谋保护，不相侵扰，世人比之桃源。而东方之日本，乃以远隔强国，自成乐土。”④日本“与诸国相隔绝”的地理环境，德川氏（1600—1868）以来诚信纯朴的社会风气，皆可与桃源社会相比。对此，其《日本国志》卷三六《礼俗志》亦云：“德川氏承战争扰攘之余，思以觞酒之欢，销兵戈之气。武将健卒，多赏花品茗，自命风流，游冶之事，无一不具。二百余载，优游太平，可谓乐矣。然当其丸泥封关，谢绝外客，如秦人之桃花源，与人世旷隔；虽曰过于逸乐，而一国之人，自成风气，要亦无害。”除了“谢绝外客，如秦人之桃花源，与人世旷隔”，德川氏统治时期社会安定、人民生活优游欢乐也可以看作是符合桃源理想的特性。

黄遵宪看到，可贵的是，随着德川时代的结束，日本的明治维新取得了明显的功效。《日本国志》卷三六《礼俗志》云：“及欧美劫盟，西客杂处，见其善居积，能劳苦，当路者始惊叹弗及。朝廷屡下诏书，兢兢焉以勤俭为务，佚荡为戒，族长以勉其子弟，官长以教其人民。虽风气渐积，难于骤挽，然可不谓

---

① 〔清〕黄遵宪撰，陈铮编：《黄遵宪全集》，第9页。
② 〔清〕黄遵宪撰，陈铮编：《黄遵宪全集》，第13页。
③ 〔清〕黄遵宪撰，陈铮编：《黄遵宪全集》，第13页。
④ 〔清〕黄遵宪：《日本国志》，清光绪刻本。本节所引该书原文皆据此版本，不再注出。

知所先务乎？”面对西方列强的侵逼，日本“朝廷屡下诏书”，与时维新，使西方列强不敢小觑。于是日本的桃源世界得以维持，黄遵宪在日本得以享受桃源般安定、和谐的生活。黄遵宪在此无意中回答了丘逢甲“何处桃源许问津”的问题，找到了中国通往桃源社会的改革之路。我们不妨把黄遵宪的《樱花歌》看作他的《桃花源诗》。该诗首段简要写明治维新时期日本人游赏樱花的盛况，次段浓墨重彩地铺写德川时代更为繁盛的樱花狂欢，末段写西方列强的炮声惊醒了沉醉于赏花梦中的人们，并祝愿那个逝去的桃源一般的美好世界再持续一千年云：

欧西诸大日逞强，渐剪黑奴及黄种。芙蓉毒雾海漫漫，我自闭关眠不动。一朝轮船炮声来，惊破看花众人梦。我闻桃花源，洞口云迷离，人间汉魏了不知。又闻净土落花深四寸，每读《华严经》卷神为痴。拈花再拜开耶姬，上告丰苇原国天尊人皇百神祇。仍愿丸泥封关再闭一千载，天雨新好花，长是看花时。①

尽管列强“惊破看花众人梦”，在黄遵宪看来，日本社会的旧梦持续还是有希望的，这个希望也为大清国的未来指示了方向。因此，他在诗歌中屡次把日本的园邸、生活比作桃源，如《庚辰四月，重野成斋（安绎）、岩谷六一（修）、日下部东作（鸣鹤）、蒲生絅斋（重章）、冈鹿门（千仞）诸君子约游后乐园，园即源光国旧藩邸，感而赋此》云：

泓峥萧瑟不可言，周遭水木围亭轩。夏初若有新秋意，褰裳来游后乐园。主人者谁源黄门，脱弃簪绂甘邱樊。夷齐西山不可得，欲以此地为桃源。②

《宫本鸭北以旧题长华园诗索和》云：

绕榭山花红欲然，林中结屋屋如船。人来蓬岛无宾主，境比桃源别洞天。近事披图谈斗虎（谓英、俄二国因突厥事），旧游濡笔纪飞鸢（曾使高丽）。登楼北望方多事，未许偷闲作散仙。③

《鹤田嫩姹先生今年八十，夫人亦七十，其子元缟官司法省，来乞诗上寿，赋此以祝》云：

---

① 〔清〕黄遵宪撰，陈铮编：《黄遵宪全集》，第95页。“惊破”原作“警破”，此从钱仲联笺注《人境庐诗草笺注》（上海古籍出版社1981年版）第84页改。

② 〔清〕黄遵宪撰，陈铮编：《黄遵宪全集》，第96页。

③ 〔清〕黄遵宪撰，陈铮编：《黄遵宪全集》，第94页。

仙家占得旧桃源，一室雍和古谊敦。马援贻书垂雅训，于公治狱大名门。东方君子国多寿，南极老人是独尊。左指蓬壶右玄圃，捧觞想见笑言温。①

黄遵宪很清楚国内桃源不再的社会状况，但他仍然回忆和憧憬着桃源，把日本当下的园邸、生活比作桃源，并表示“行携《桃源图》，归我筼筜谷”②，要把桃源带回中国的隐居圣地。

黄遵宪虽然不是第一次把日本比作桃源世界，却是第一次借之寄寓近代政治理想。流亡日本的明遗民朱舜水有《漫兴》诗云：“远逐徐生迹，移舟住别峰。遗书搜孔壁，仙路隔秦封。流水去无尽，故人何日逢？乡书经岁达，离恨转重重。”③“徐生”指徐福，“仙路”所在的桃源代指日本，“秦”代指清朝统治下的中国。《漫兴》一诗借仙凡阻隔，以桃源比日本，以桃源之外的世界比中国（清朝），其中流露的是对故乡旧朝浓郁的思念之情。其目的不在于彰显日本的社会理想性，仅在于把日本比作与外界隔绝的桃源空间形式而已。这与黄遵宪以桃源比日本有很大的不同。同时代的康有为虽然提出与桃源世界息息相通的“大同之道”④，也曾把自己游历的世界景点比喻成桃源⑤，但他最终还是“避地避人天与游”⑥，逃避到一个封闭的桃花源了，只有黄遵宪赋予桃源以开放的姿

---

① 〔清〕黄遵宪撰，陈铮编：《黄遵宪全集》，第209页。

② 〔清〕黄遵宪：《游箱根四首（之四）》，见陈铮编《黄遵宪全集》，第98页。黄遵宪《以桃兰二花赠节庵承惠诗索和依韵奉答》云：“烦君为写《桃源图》，相期携手筼筜谷！”见陈铮编《黄遵宪全集》，220页。筼筜谷在陕西洋州，苏轼有《文与可画筼筜谷偃竹记》。

③ 〔明〕朱舜水著，朱谦之整理：《朱舜水集》，中华书局1981年版，第427页。明初宋濂有《日东曲》十首写日本风情提及日本“千年犹效汉衣冠”（其一），“不知秦世童男女，还有儿孙跨鹤行”（其四），只是比作“蓬瀛”，但没有明确比作桃源；乾嘉时期沙起云《日本杂诗》十六首暂未寻阅。黄遵宪之后有陈道华《日京竹枝词》一百首、单士厘《日本竹枝词》十六首等（此二种可参《中华竹枝词全编》第七册，北京出版社2007年版）写日本风俗皆不及桃源。林思进《乙巳（1905）赴日本杂诗》十五首为记事咏怀之作，末首云：“成败功殊十载间，江山如画不能闲。渔人那管兴亡恨，只趁斜阳打网还。”自注云：“长崎泊轮，感合肥东乡近事。”见林思进《清寂堂集》，巴蜀书社1989年版，第226页。此借桃源叹兴亡，非以喻理想。

④ 〔清〕康有为：《大同书绪言》，见章锡琛、周振甫校点《大同书》，古籍出版社1956年版，第8页。

⑤ 如康有为《近墨京架的有墨前王故宫苑遗迹，人家数千依山居，泥砖平顶，满山皆桃花》云：“亿万桃花夹流水，此山又见武陵源。”见姜义华、张荣华编校《康有为全集》第十二集，中国人民大学出版社2007年版，第270页。

⑥ 可参康有为《一天园十章》之一《桃花源》诗，见姜义华、张荣华编校《康有为全集》第十二集，第350页。

态和创造性的内涵,将之作为政治理想的依托。

黄遵宪是诗人,也是目光远大和脚踏实地的政治家。他很明白,中国的旧桃源虽然远去了,但活着的当代人只有立足于现实,才有建立新桃源的希望。带着这种坚毅的精神,黄遵宪出色地解读了陶渊明"结庐在人境"诗句中"人境"的深刻内涵。

黄遵宪大半生漂泊在外,尽瘁国是,却把自己在中国广东嘉应州(今梅州市)的居处定名为"人境庐",把自己编定的诗集也命名为《人境庐诗草》。[①] 此中大有意味,值得深解。黄遵宪《人境庐大门联》有两副涉及陶诗,其中一幅云:

> 结庐在人境[陶《饮酒二十首(之五)》],步屧随春风[杜甫《遭田父泥饮美严中丞》]。[②]

集陶为对联不起于黄遵宪,如其前辈王闿运就有"曲径通幽处,园林无俗情"的妙联。[③] 但黄遵宪《人境庐题联》集陶的意义不同,他借助陶诗为自己的居处赋予诗意安顿的意义。黄遵宪宦游世界,"忽然凤皇受诒鸩告绝,百灵闭门门昼扃",禁不住唱出了自己的《归去来兮辞》——《放歌用前韵》,在诗中三唱"归来归来兮"。[④] "人境庐"是他归来后一个安顿肉体和灵魂的场所,1898 年,戊戌政变失败,黄遵宪被罢官后即居住于此。他曾专为"人境庐"创作了《人境庐杂诗》十首。如其二云:"门前几株树,树外一亭茅。唼絮鱼行水,衔雏鸟恋巢。月随瓜架漏,花入药栏交。难怪陶征士,移居乐近郊。"[⑤]居处清雅闲适,似乎看不

---

① 与陶渊明相关的别集命名当源于初唐王绩《东皋子集》,北宋欧阳修《归田录》、苏辙《斜川集》等继之,嗣后元、明、清相续不绝,渐成风气。据《清人诗文集总目提要》(柯愈春著,北京古籍出版社 2002 年版),清人相关诗集、别集有《小桃源诗抄》《小容膝楼诗抄》《归来堂遗集》《云无心轩诗》《寄吾庐诗稿选抄》《爱吾庐诗稿》《归去来集》《武陵山人杂著》《归田杂咏》《陶庵诗抄》《养真文集》《守拙庐诗草》《容膝轩近体诗草》《守吾庐斋诗草》《舒啸楼稿》《养真斋诗集》《守拙斋诗稿》《容安轩诗抄初稿》《敦宿好斋诗集》《抚松轩诗稿》《东皋堂诗集》《守拙斋未定草》《涉园文存》《寄傲楼诗》《松菊山房诗删》《希陶轩集》《东皋堂诗》《守拙山房诗存》《汪慕陶稿》《寄傲轩兵燹覆瓿稿》《归来轩遗稿》《容膝轩诗草》等。值得注意的是清末褚维圮(1816—1886)有《人境庐诗稿》,褚维垲,字子卿,号爽斋,余杭人,曾任安徽候补道、直隶州知州。(参单锦珩总主编《浙江古今人物大辞典》,江西人民出版社 1998 年版)丘逢甲诗集有时候也被称作《人境庐诗稿》。诗集命名相同多是不谋而合。

② 〔清〕黄遵宪撰,陈铮编:《黄遵宪全集》,第 235 页。

③ 〔清〕王闿运:《题曲园》,见马积高主编《湘绮楼诗文集》,岳麓书社 1996 年版,第 1964 页。

④ 〔清〕黄遵宪撰,陈铮编:《黄遵宪全集》,第 146 页。

⑤ 〔清〕黄遵宪撰,陈铮编:《黄遵宪全集》,第 83 页。

到一点末世的影子。又其《诗五大舅归自西宁相见有诗(辛未四首)(之三)》云:“陶公居南郊,为人有素心。已以赏奇文,亦以闻良箴。我家与君家,十里隔山林;每一相从过,眷眷惜分阴。当其作离别,辄复情难禁。为兰贵同心,为苔贵同岑;岂自无他人,惟子知我深。为君除敝庐,待君张鸣琴;空谷深复深,何时来足音!”①亲情与交情也不像世俗的浇薄,暂时的安顿和真情所体现的正是陶渊明“结庐在人境,而无车马喧”的闲雅境界。如果“人境”的诗意回应仅止于此,那黄遵宪并没有为陶渊明接受提供多少新鲜东西。

《人境庐大门联》另一副对联云:“结庐人境,伐檀河干。”②上联基本可以理解为“结庐在人境,步屧随春风”,所指主要是闲适自在的隐居生活,而下联不妨理解为其集陶联“春燕应节起,鸣雁乘风飞”③的象征意义,即应时而起,有所作为,哪怕是隐居,也应该“伐檀河干”,方不辜负今生到世上一遭。黄遵宪晚年也未能优哉游哉,而是著述讲学,依旧忧国忧民。因此,“人境”是一个联系桃源和现实的词语,是清雅和苦难、悠闲和忧虑、历史和现实等两相对应的意识互相激荡出来的概念。检阅《黄遵宪全集》,以下两段话可以帮助我们理解“人境”的深刻内涵:

> 释迦令人出家,而从之入极乐国;耶稣教人去其父母、妻子、兄弟、姊妹之乐,而从之生于天国。……古之人愚,非天堂不足以劝,非地狱不足以诫,故彼教以孔子为不知天道,而陋之为小。后之人智,知天堂之不可求,于耶稣冉冉升天之说,今既不之信,何况于后来。后来格致日精,教化日进,人人知吾为人身,当尽人道于一息尚存之时,犹未敢存君子止息之念,上不必问天堂,下不必畏地狱,人人而自尽人道,真足以参赞天地。世界至此,人理大行,势必舍一切虚无元妙之谈,专言日用饮食之事,而孔子之说胜矣。④

> 余之生死观略异于公,谓一死则泯然澌灭耳;然一息尚存,尚有生人应

① 〔清〕黄遵宪撰,北京大学中文系近代诗研究小组编:《人境庐集外诗辑》,中华书局1960年版,第32页。该诗辑入陈铮编《黄遵宪全集》,第203~204页,“为苔贵同岑”句误“贵”为“责”,又“当其作离别”句作“当其作别离”。

② 〔清〕黄遵宪:《致梁启超函》(1902年5月),见陈铮编《黄遵宪全集》,第235页。

③ 陈铮编《黄遵宪全集》未收,参吴振清、徐勇、王家祥编《黄遵宪集》,天津人民出版社2003年版,第362页。“春燕应节起”见陶《杂诗十二首(之十一)》,“鸣雁乘风飞”见陶《联句》诗。

④ 〔清〕黄遵宪撰,陈铮编:《黄遵宪全集》,第427页。

尽之义务，于此而不能自尽其职，无益于群，则顽然七尺，虽躯壳犹存，亦无异于死人。无辟死之法而有不虚生之责，孔子所谓“君子息焉，死而后已。”未死则无息已时也。①

与佛教等执迷于来世虚幻的彼岸世界不同，以孔子为代表的中国传统文化的精髓在于“专言日用饮食之事”，就在此岸。此岸者何？“人境”也。面对“人境”，不但要有陶渊明一样的闲远，也要有陶渊明一样的忧患。包括黄遵宪在内的诗界革命派因为特殊的时代形势，格外强调了“忧患”，即“当尽人道于一息尚存之时，犹未敢存君子止息之念”，“一息尚存，尚有生人应尽之义务”。这正是近代仁人志士为社会理想前仆后继的人生理念，也是“人境”应该接纳的沉重内容。因此，陶诗“人境”所蕴含是中国传统文化的精髓理念，是闲远与沉重并存的生命境界，是萧然物外又不忘“日用饮食之事”的人间之道。黄遵宪虽然没有明确解释这一层深刻内涵，但它已经呼之欲出了。

三、谭嗣同论陶“慷慨悲歌之士”

黄遵宪的《人境庐诗草》“上感国变，中伤种族，下哀生民……情深而意远”②。丘逢甲的诗作也是如此。诗界革命派带着这种强烈的忧患意识接受陶渊明，很自然地关注到了陶渊明及其作品情感愤懑、济世弘道的深层内涵。对这一内涵做深入系统阐释的是谭嗣同。其《报刘淞芙书》云：

足下论陶，与嗣同所见若重规叠矩。真西山称陶公学本经术，最为特识。如足下所举之外，它若“道丧向千载”云云，“汲汲鲁中叟”云云，“遥遥沮溺心”云云，皆足为证。然嗣同尤有妄解，以为陶公慷慨悲歌之士也，非无意于世者，世人惟以冲澹目之，失远矣。朱子据箕子荆轲诸篇，识其非冲澹人。今按其诗，不仅此也。如“本不植高原”云云，似自明所以不死之故；“若不委穷达”云云，伤己感时，衷情如诉，真可以泣鬼神，裂金石，兴亡之际，盖难言之。使不幸而居高位，必铮铮以烈鸣矣。今其诗转多中正和平也者，斯其涵养所致，经术之效也。张南轩讥其委心之言，不知皆其不得已而托焉者也。且南轩能知其所委为何心乎？后此若王、孟、韦、柳、储、苏，特各各成家，于陶无涉。世人辄曰“原出于陶”，真皮相之言也。故尝云：学

① 〔清〕黄遵宪：《致梁启超函》（1905 年 2 月 21 日），见陈铮编《黄遵宪全集》，第 458 页。

② 〔清〕康有为：《〈人境庐诗草〉序》，见陈铮编《黄遵宪全集》，第 68 页。

诗宜穷经，方不终身囿于词人，闻者或不信之，今于陶公，既验其然矣。……（欧阳中鹄）经义湛深，彭泽后未尝有也。①

谭嗣同论陶渊明赞成"学本经术"，认为"陶公慷慨悲歌之士也，非无意于世者"，这在陶渊明接受史上并不新颖，是对韩愈、真德秀等人归陶入儒、论陶忧世观点的继承。但谭嗣同是在自己所理解的仁学体系内理解陶渊明的，因此他对传统观点的阐发尚有深意。第一，他空前看重陶渊明在经学史上的地位。质言之，谭嗣同把陶渊明看作其仁学思想中最重要的思想来源之一，故其《仁学》第二十五条云："凡为仁学者，于佛书当通《华严》及心宗、相宗之书；于西书当通《新约》及算学、格致、社会学之书；于中国书当通《易》《春秋公羊传》《论语》《礼记》《孟子》《庄子》《墨子》《史记》，及陶渊明、周茂叔、张横渠、陆子静、王阳明、王船山、黄梨洲之书。"②在这个序列中，只有陶渊明没有专门的学术著述。第二，谭嗣同格外看重陶渊明关怀世事的思想情感，发展了忠愤之说，直接把陶渊明称为"慷慨悲歌之士"。他认为这不仅仅表现在前人注意到的《咏荆轲》诸篇，即使那些看似平淡和平的诗作，也是"伤己感时，衷情如诉，真可以泣鬼神，裂金石"，这就赋予了陶诗超越冲澹的更深细的内涵。第三，谭嗣同由论人进而论诗，他本着文如其人的思路认为陶诗"转多中正和平也者，斯其涵养所致，经术之效也"，即陶渊明首先是学养深厚的仁者，然后才是诗人，其平淡和平的表象下深隐着入世热肠的性情修炼。他认为这与"王、孟、韦、柳、储、苏"从"皮相"似陶不同，他们如世人没有"穷经"就"学诗"一样，都"囿于词人"，不是性情修养的自然生发。要之，一腔热血的谭嗣同主要是从济世弘道的角度理解陶渊明及其作品的，这与丘逢甲的感受是一致的。

谭嗣同以身许国，即使面对美景，也感慨不应隐身退居。其《崆峒》诗云：

斗星高被众峰吞，莽荡山河剑气昏。隔断尘寰云似海，划开天路岭为门。松拿霄汉来龙斗，石负苔衣挟兽奔。四望桃花红满谷，不应仍问武陵源。③

崆峒山高峻险奇却杀气隐隐，云层似海，峻岭如门，松石若龙若兽，争斗扰攘；桃花满谷，仿佛是个适合隐逸的好去处，但是联想到国家内忧外患、危如坠石，诗

① 〔清〕谭嗣同撰，蔡尚思、方行编：《谭嗣同全集》（增订本）之《寥天一阁文》，中华书局1981年版，第11～12页。

② 〔清〕谭嗣同撰，蔡尚思、方行编：《谭嗣同全集》（增订本）之《仁学》，第293页。

③ 〔清〕谭嗣同撰，蔡尚思、方行编：《谭嗣同全集》（增订本）之《莽苍苍斋诗》，第67页。

人最后还是毅然放弃了寻桃源隐居的幻想。丘逢甲是感慨世上无处可寻桃花源，黄遵宪指出学日本维新可恢复桃花源，而谭嗣同则认识到时势已经不允许问津桃花源，言外之意应着手整顿变乱的乾坤。

谭嗣同投身维新变法的精神也浸润着陶渊明视富贵如浮云的高尚人格。其《石菊影庐笔记》之《思篇》第四十一条云：

> 县产菊花石，尝铭以为砚，因名庐曰石菊影。又以陶诗“远我遗世情”之言，名堂曰远遗。集《禊帖》字联于壁曰：“人在有情天，得此群山，暂舍事事；生岂无怀世，每当九日，亦自欣欣。”跋曰：“浏阳菊石，温而缜，野而文，复生谓己其影，名石菊影于庐，欲言其意不能。而‘远我遗世情’，柴桑固为我言。复名远遗于堂，欲书其言不能。……”①

菊石影如菊石，“温而缜，野而文”，中和淡定；其意蕴正是远遗堂命名所自，是陶诗《饮酒二十首（之七）》所云“远我遗世情”。谭嗣同借陶淡泊以明志，为自己的人格注入了无欲则刚的高尚品性。其《致龙绂瑞书八篇（之一）》云：“‘人生行乐耳，须富贵何时’，弟屡诵斯言，觉陶渊明尚为大福，犹得作羲皇上人，脱生今日，益饥驱无状而已。”②“人生行乐耳，须富贵何时”实际是西汉司马迁外孙杨恽《报孙会宗书》所言。陶渊明《归去来兮辞》云“富贵非我愿……寓形宇内复几时，曷不委心任去留”，从审美上发扬了杨恽的观点。谭嗣同虽为误记，但实际上是针对陶渊明而言，是羡慕陶渊明“羲皇上人”一样的“大福”，但这一“大福”是以浮云富贵为前提的。谭嗣同虽然感慨在现实生活中“饥驱无状”，其淡泊之志却确然不拔。唯淡泊者方可在根本上做有益民族和家国之事。

谭嗣同《随意》《道旁柳七绝》《题江标（建霞）修书图四首（之一）》和《岳阳楼五律》等诗皆有陶渊明的踪影，此不赘论。谭嗣同接受陶渊明有时代原因，也有特殊的个人原因。鸦片战争前后，面对民族危亡的外患和万马齐喑的内忧，敏锐的仁人志士禁不住慷慨激昂，龚自珍、张维屏等人早已在《己亥杂诗》《论诗绝句二十四首·陶靖节》《咏史·桃花源》等诗作中从豪荡忧愤、难忘现实的角度解读陶渊明，谭嗣同接续了这一时代视野下的解读。又谭嗣同十岁时师从欧阳中鹄③，而欧阳中鹄酷爱陶诗，谭嗣同称其“经义湛深，彭泽后未尝有也”（《报

---

① 〔清〕谭嗣同撰，蔡尚思、方行编：《谭嗣同全集》（增订本）之《石菊影庐笔记》，第146页。

② 〔清〕谭嗣同撰，蔡尚思、方行编：《谭嗣同全集》（增订本），第523页。

③ 参杨廷福《谭嗣同年谱》，人民出版社1957年版，第37页。

刘淞芙书》)。欧阳予倩《先王父瓣姜府君家传》云:“其于诗,远追元亮,近较船山。有《遣兴》及效陶《饮酒》数十首,尤为世重。”①据其《论艺绝句六篇(之三)》等,谭嗣同又对同乡邓辅纶的诗歌评价甚高,而邓辅纶诗学陶渊明,有《和陶诗》一卷。谭嗣同捐助南学会的书籍中就有《陶渊明集》,《石菊影庐笔记》之《学篇》第六十六条是一则读《陶渊明集》的读书笔记,可见其关注陶渊明有师学渊源等多方面的影响。

桃源是田园的审美升华,是借助陶渊明之笔创造出来的民族旧梦,随着近代社会的到来,可以编织这个旧梦的自给自足的小农经济和田园生活遭到毁灭性的打击。面对这个现实,晚清读者都表现出无可奈何的感伤、失落甚至悲愤。汉魏诗派的读者如此,前面论邓辅纶时已经涉及;中晚唐派代表读者也是如此,如樊增祥《武陵人再至桃花源寻隐者不遇序》云“苟有一廛如渊明所记”,则归如江水赴东海,而现实是“重寻烟水真如梦,若问桃花定不言”②;清朝官僚士子们也充分感受到风雨飘摇、桃源难觅的悲哀,如梁鼎芬《风雨一首》云:“不知千里外,眼底孰桃源。”③周家禄感于“县境多会匪”作《桃源》云:“仙源犹伏莽,避世更何由?”④近代诗人记庚子之变云:“人鬼同城倏半年,忧心焦急比油煎。军衰直似迎风草,敌悍浑如下水船。菊径虽荒曾寄傲,桃源何境可寻仙!回銮总盼宣明诏,秦岭遥遥望眼穿。”⑤简言之,一个民族共同的美好梦幻在西方列强的强横暴力和朝廷的腐朽统治下破碎了,古老的桃源一时间很难长上幻想的翅膀。而诗界革命派对此感受更为强烈,他们尚有能力在未来描绘一个新的桃源形象,并为这个桃源的到来慷慨悲歌,他们是旧桃源的终结者,也是近代新桃源的开启者。陶渊明创造的桃源在历史的转折时刻又一次表现出无穷的魅力,在新思想和新现实的碰撞下产生出新的解读方向,产生出新的接受成果。这在陶渊明接受史上具有象征意味:传统的陶渊明接受史结束了,在新时代到来的时候,古老的陶渊明和他的作品也开始迎来现代陶渊明接受史凌晨的曙光!

---

① 长沙市政协文史资料研究委员会、浏阳县政协文史资料研究委员会及谭嗣同纪念馆合编:《谭嗣同研究资料汇编》,1988 年内部印刷,第 169 页。

② 〔清〕樊增祥著,涂晓马、陈宇俊校点:《樊樊山诗集》上册,上海古籍出版社 2004 年版,第 163 页、第 164 页。

③ 〔清〕梁鼎芬:《节庵先生遗诗》卷一,《近代中国史料丛刊》第七四四册,台湾文海出版社 1966 年版,第 14 页。

④ 〔清〕周家禄:《寿恺堂集》卷一一,《清代诗文集汇编》第七六二册,第 96 页。

⑤ 〔清〕延清:《庚子都门纪事诗》卷二《附郭子新司马锡铭闲居感作用元遗山集壬辰十二月车驾东狩后即事五首韵》,《清代诗文集汇编》第七六五册,第 159 页。

第五章 无所不在的陶渊明

第一节 陶渊明戏及其在中国文化史上的意义

以陶渊明及其作品为表现核心的戏剧,我们通称之为陶渊明戏。

陶渊明被写入戏剧最早在南宋,几乎与戏剧的兴起同步。宋末元初,周密在《武林旧事》卷一〇"官本杂剧段数"中所录《五柳菊花新》很可能是用当时词调连缀敷衍的一段可以搬演的陶渊明故事。[①] 元代涉及陶渊明的戏至少有六种,即尚仲贤《陶渊明归去来辞》杂剧、王子一《误入桃源》杂剧、汪元亨《桃源洞》杂剧、马致远《晋刘阮误入桃源》、陈伯将《晋刘阮误入桃源》、刘晋元《小桃源》传奇。可惜除前三种有佚文和全剧留存外,其余皆佚失。在尚仲贤、王子一、汪元亨等人的陶渊明戏里,陶渊明及其所创造的桃源开始以戏剧舞台的形象亮相,成为陶渊明接受史上一种崭新而富有生命力的文学现象,隐逸是元代陶渊明戏的中心主题。[②]

一、明代的陶渊明戏

到明代,以陶渊明作敷衍的戏剧多了起来,据《远山堂曲品剧品校录》[③]、《古典戏曲存目汇考》[④]、《清代杂剧全目》[⑤]、《明清传奇综录》[⑥]等统计,明代敷

① 〔宋〕四水潜夫辑:《武林旧事》,西湖书社 1981 年版,第 155 页。
② 关于元代之前陶渊明戏较具体的情况可参本稿元代概论部分。
③ 〔明〕祁彪佳撰录,黄裳校录:《远山堂曲品剧品校录》,古典文学出版社 1957 年版。
④ 庄一拂:《古典戏曲存目汇考》卷六,上海古籍出版社 1982 年版。
⑤ 傅惜华:《清代杂剧全目》,人民文学出版社 1981 年版。
⑥ 郭英德:《明清传奇综录》,河北教育出版社 1997 年版。

衍与陶渊明有关的戏剧至少有十一种[1]，它们分别是：(1)阙名《东篱赏菊》杂剧，存脉望馆抄明内府校本；(2)许潮《武陵春》杂剧，存沈泰编《盛明杂剧》本；(3)许潮《陶处士栗里致交游》杂剧，今存明万历间尊生馆校刻《隅春奏》所收本，国家图书馆藏[2]；(4)叶宪祖《桃花源》杂剧，佚；(5)田艺蘅《归去来辞》杂剧，佚；(6)阙名《陶彭泽》杂剧，佚；(7)阙名《陶潜归田记》，疑为传奇，佚；(8)高濂《节孝记》，即明万历间世德堂刻本上卷“节”部《赋归记》十七出，传奇；(9)阙名《四友》[3]，疑为传奇组剧之一，当佚；(10)无名氏《四贤记》，传奇组剧之一，《群音类选》卷二四录《白衣送酒》《父老追随》二节；(11)阙名《赛四节记》，传奇组剧之一，《群音类选》卷二三录《归去来辞》《葛巾漉酒》《白衣送酒》三节。此外，取材天台桃源的还有杨之炯《天台奇遇》杂剧(存)、吴琪《天台梦》杂剧(佚)等。

明代见存完整的陶渊明戏有三种，即元明之际阙名的《东篱赏菊》杂剧、许潮《武陵春》杂剧、高濂《节孝记》传奇中的《赋归记》十七出。这些戏剧在题材上的分野比较清楚，即主要写陶渊明归隐生活或者敷衍《桃花源记》故事，两者极少混融；在主题取向上，以突出陶渊明隐逸高节为主，也寄寓着作者怀才不遇之类的现实感慨。如阙名的《东篱赏菊》杂剧，其题目正名为《檀道济举善荐贤，陶渊明东篱赏菊》，全剧写陶渊明归隐生活，但结尾竟写檀道济奉皇帝之命下旨嘉奖荐举渊明及其家人，作者一厢情愿地让檀道济做了个举善荐贤的好官，太委屈了跪身接旨的隐士陶渊明。许潮《武陵春》将隐逸与升仙、《桃花源记》之桃源与《幽明录》所录刘晨和阮肇之桃源糅合为一体，可作为明人桃花源剧的代表作品之一。高濂《赋归记》叙陶潜事涉及弃州官祭酒职、辞为州官、却檀道济所馈粱肉、任刘裕参军、出为彭泽令、与颜延之叙旧、受王弘所送酒、至庐山与惠

---

① 按，据“绍兴市档案信息网”，周懋宗(生卒不详，字因仲)有《桃花源》杂剧，佚；刘新文在《〈录鬼簿〉中历史剧探源》(南开大学出版社 1989 年版，第 153 页)中云有《五柳先生》剧。二者皆未详所据。

② 《群音类选》卷二三录部分曲文。黄仕忠编校《明清孤本稀见戏曲汇刊》上册收录，广西师范大学出版社 2014 年版，第 47 页。

③ 郑振铎《西谛曲目》卷五(文物出版社 1963 年版)有清抄本《四友记》二卷四册、莲勺庐抄本《四友记传奇》二卷二册，未录撰者名氏。今国家图书馆藏有此二种抄本及其刻本。《四友记》传奇，实为清永恩撰，《漪园四种曲》之一，敷衍苏东坡与风花雪月四友事，与祁彪佳《远山堂曲品》著录者无涉。

远等共结莲社、弃家入莲社等事。其情节大率依据史实，只有结尾部分说陶弃家入莲社，显然是与史实不合的虚构。其用意在于突出陶潜的忠义高节，“清风史载高人传，素节青留归去篇”（第十七出《弃家入社》[尾声]）①，“焉肯屈膝非人士节亏”②。其剧同时也多少流露出浓郁的隐逸情趣和空幻之悲，如卷末收场诗云：“堪笑人生共戏场，无论真假浪悲伤。当筵有酒不尽醉，碌碌风尘空自忙。”③许潮和高濂的戏剧在主题趋向上有一致性，那就是对隐逸高节的褒扬，同时融入宗教情绪，流露出人生空幻之感。这是当时道教和佛教深入影响的结果。由此塑造出来的陶渊明形象在傲节自守外又显得高逸空幻，这与唐人所理解的好酒隐逸、宋人所赞赏的飘逸淡雅、元人所钟情的忠贞颓放有所不同。

二、清代的陶渊明戏

承接前代，清代陶渊明戏的数量也较可观。据《传奇汇考标目》、《清代杂剧全目》、庄一拂《古典戏曲存目汇考》等著录和笔者的考察，清人关于陶渊明的戏剧至少有 12 种，它们分别是：(1)叶时章《归去来》传奇，佚；(2)尤侗《桃花源》杂剧，存清刻《西堂乐府》第三种本；(3)方轮子《柴桑乐》杂剧，南京图书馆藏存稿本；(4)魏荔彤《归去来辞曲》一折，仅见其《怀舫别集·杂曲》，雍正四年(1726)自刻本，收入《四库全书存目丛书补编》第四册，第 350 页至第 352 页；(5)袁栋《桃花源》杂剧，南京图书馆藏清乾隆间刻本；(6)汪柱《陶渊明玩菊倾樽》杂剧，国家图书馆藏清乾隆间松月轩刻砥石斋二种曲附刻本；(7)石韫玉《桃源渔父》杂剧，国家图书馆藏清乾隆间花韵庵原刻《花间九奏》第四种本、《清人杂剧初集》本；(8)刘龙恤《桃花源传奇》杂剧，国家图书馆藏清光绪间刻本、民国八年刊本；(9)张云骧《桃花源》杂剧，当佚④；(10)李崇恕《桃花源记》

① 〔明〕高濂：《节孝记》，《古本戏曲丛刊初集》第一一函，国家图书馆出版社 2016 年版，第 82 页。

② 阙名：《赛四节记》唱词，见胡文焕编《群音类选》第二册，中华书局 1980 年版，第 1241 页。

③ 〔明〕高濂：《节孝记》，《古本戏曲丛刊初集》第一一函，第 83 页。

④ 〔清〕张云骧《芙蓉碣传奇》卷首王璞《题词》“武陵春水唱桃花”注云：“南湖（张云骧字）十七岁时，谱《桃花源》杂剧，词甚瑰丽。”（清光绪刻本，国家图书馆藏）今未见此《桃花源》杂剧流传之本。

杂剧，有清光绪五年(1879)刻本①;(11)杨恩寿《桃花源》杂剧，国家图书馆、辽宁图书馆等藏光绪《坦园六种》刻本;(12)无名氏《江州送酒》《东篱啸傲》两折，故宫博物院藏升平署抄本。此外，取材天台桃源的还有袁于令《长生乐》(存)、张匀《长生乐》(存)等。有些戏剧虽未直接叙写陶渊明和桃花源故事，却与陶渊明藕断丝连，如清中期赵文楷《菊花新梦稿》②写山中一老儒，生平慕陶渊明为人，自号陶居士，菊花盛开时节，在菊花边醉梦菊花仙事。陈时泌《武陵春》传奇一卷八出，有光绪二十七年(1901)抄本，国家图书馆藏。③ 此剧只是借武陵渔人之口演述清末庚子之变，非直接演绎桃源事。释敬安《武陵春传奇书后》云:“世已无净土，烟波寄此身。长谣楚天暮，一曲武陵春。时事纷棋局，生涯托钓纶。沧浪何处是，满目但迷津……塞海哀精卫，蒙尘痛至尊。含凄向渔父，休更说桃源。”④以桃源为背景来演述时事乱局，增其凄迷沉痛之感。

清代的陶渊明戏大多数留存到了今天。方轮子的《柴桑乐》八出杂剧是清代戏剧中最富于戏剧性且在场上演出过的作品⑤，其情节、动作、语言等的设计增加了许多幽默诙谐的因素，极富于舞台戏剧性，可以说代表了明清陶渊明戏与世俗观众相结合的一面。但综观清代的陶渊明戏，主要还是以案头清赏为主，即使是演出过，大多当非针对下层民众，而是为了满足雅士观摩。据《玉田乐府自序》，袁栋《桃花源》单折杂剧主要是为抒发胸怀、展示文才而作，其说略云:北曲难度，“非具浩瀚文江者，尤未易窥其涯涘者哉”，他暮年度曲乃“取古人

---

① 此剧，傅惜华《清代杂剧全目》著录云正名作《桃花源词曲》，在国内未能查检到。黄仕忠《日本天理图书馆所藏中国戏曲目录》(《文学遗产》网络版 2014 年第 2 期)云日本奈良县天理市天理大学图书馆藏有李崇恕杂剧“《桃花源记词曲》一册，版高 215 × 140，框 161 × 125，李崇恕撰，光绪五年己卯(1879)寓形斋刊本。十行二十字，白口左右双边……内封:光绪己卯夏月刊/桃花源记词曲/板存寓形斋。首有小序，署:光绪丙子岁季春月中浣日颠悟主人评于寓形斋;并镌有‘兰州李氏崇恕之印’。次录陶潜之《桃花源记》并诗、唐王维《桃源行》，再次为《桃花源记词曲后序》，署:颠悟主人录于寓形斋。并了因题[临江仙]一阕。正文为探源、惊渔、嘱别、访洞，凡四段”。又参黄仕忠《日藏中国戏曲文献综录》，广西师范大学出版社 2010 年版，第 75 页。王汉民、刘奇玉在《清代戏曲史编年》(巴蜀书社 2008 年版)中，据《近代上海戏曲系年初编》云其当作于光绪二年(1876)，有光绪五年寓形斋刊本。

② 参李修生主编《古本戏曲剧目提要》，文化艺术出版社 1997 年版，第 765 ~ 766 页。

③ 见郭英德《明清传奇综录》下册第 1205 页著录陈时泌《武陵春》传奇。

④ 〔清〕释敬安:《八指头陀诗集》，《续修四库全书》第一五七五册，第 433 页。

⑤ 参杨惠玲《戏曲班社研究》第 257 ~ 260 页论析，厦门大学出版社 2006 年版。

往事有触于心者……借他人之酒杯,浇自己之礧磈”,作《桃花源》等足以“尽人世之纷纭矣。有能为我演之氍毹者,宁不抚掌而称快乎”!① 从“能为我演之”云云推测,此剧在创作之初当是案头清赏之作,至于此后演出的可能性也不大。无名氏《江州送酒》《东篱啸傲》本是清代掌管宫廷戏曲演出活动的机构升平署的承应戏,宫外不见流传。汪柱《陶渊明玩菊倾樽》、石韫玉《桃源渔父》为单折特写戏,有明显抒怀倾向,前者借渊明赞菊花云:“一层层捧玉毬,一朵朵蟠金绣,一枝枝傲骨撑,一阵阵馨风透。(待我把)酒瓶倾尽,即将此花插入数枝,以作案头之供。”②陶渊明戏大多像这些菊花一样,雅丽清爽,可赏可玩,陶冶情趣,具有浓厚的文人雅化趣味。

此外,陶渊明戏还有如下三大特点。

第一,在题材上,陶渊明故事与桃花源故事融合。明代的陶渊明戏形成了两大题材,一是陶渊明故事题材,二是桃源故事题材。而写桃源题材的作品一般把桃源附会为仙境,却少把陶渊明设计为桃花源戏的主角或者其中的一个人物形象。这种情况在清代的戏剧中有继承,也有新变。清代人继承了陶渊明故事和桃源故事这两种题材,且进一步将它们融合起来。如尤侗的《桃花源》四折全是围绕陶渊明展开,剧情在正目有简要归纳:“陶处士去官彭泽,王刺史送酒浔阳;白莲社参禅慧远,桃花源问渡渔郎。”③可见,剧名虽是《桃花源》,主要还是写陶渊明,结尾的楔子才写到桃花源,而写的也是陶渊明回归桃花源。石韫玉的《桃源渔父》一折以陶渊明赏菊饮酒见王宏始,继写渔夫向王宏(陶渊明在场)报告桃源奇遇,结以请陶为桃源作记。刘龙恤的《桃花源传奇》前三折写桃源的历史由来,第四折写“陶隐居喜为笔记”。陶渊明和桃花源已经水乳交融在一起了。杨恩寿《桃花源》虽然没有让陶渊明出场,但武陵渔人俨然陶渊明的化身,且人物在每出戏里出场亮相,定场诗每集陶而成。袁栋《桃花源》中的桃源洞主人自称“甚是散诞逍遥”,“冷眼常将看尔曹”,“胸腹牢骚,不受那猛腥臊人间封号”,“是山中歌啸王侯傲”,俨然一个心怀忠愤的隐士形象,有前代读者所解读的陶渊明形象的特点,而非桃源“黄发”“怡然自乐”的老人形象。

① 〔清〕袁栋:《桃花源》杂剧,南京图书馆藏清乾隆年间刻本。

② 〔清〕汪柱:《陶渊明玩菊倾樽》,国家图书馆藏清乾隆年间松月轩刻砥石斋二种曲附刻本。

③ 〔清〕尤侗:《桃花源》,见《清人杂剧初集》所录《西堂乐府》之三,长乐郑振铎 1931 年线装印行本。下文所引尤侗《桃花源》原文皆据此版本,不再注出。

第二,在陶渊明的形象塑造上,凸现了他与佛教、道教的关系。这一特点早在明代陶渊明戏中已经有所表现,其中以高濂的《赋归记》最为突出,十七出中的第九出是《谒见慧远》,第十四出是《匡庐结社》,第十七出是《弃家入社》。其他剧作在这方面表现很少或者竟没有,如阙名《赛四节记》中的《葛巾漉酒》一节叙及“几番上榻参禅”,但这只是隐逸生活的点缀。汪柱《陶渊明玩菊倾樽》、石韫玉《桃源渔父》和无名氏《江州送酒》《东篱啸傲》等剧作中的陶渊明主要是志趣高雅之士,更多是传统的一面,与佛教基本无涉。方轮子《柴桑乐》中的陶渊明也基本如此,借“虎溪”“独漉”“挂冠”“归田”“谱琴”“栗里”“送酒”“菊寿”八大轶事多层皴染出陶渊明的高逸风雅,只有“虎溪”一出借酒为题,让渊明与慧远在辩论中显露出令禅僧叹服的话语机锋,但渊明仅仅是作为慧远的朋友而非信徒出现的。值得重视的是,尤侗《桃花源》中的陶渊明形象有全新的突破,与高濂在《赋归记》中写陶渊明有出家倾向之事相对散漫(这一定程度上是由传奇涵盖过多内容的体制造成的)相比,尤侗的《桃花源》杂剧自始至终笼罩着浓郁的佛教旨趣,且以“白莲社参禅慧远,桃花源问渡渔郎”二折高度集中地表现了陶渊明皈依佛教的精神历程。

第三,优秀剧作的曲词生动活泼,雅洁传神。如尤侗《桃花源》第二折写陶渊明赏菊无酒云:

> 有此好花可无酒赏?儿子每热酒来者。(内)酒已吃完,止剩空瓶了!(末叹云)咳,吾尝谓:“酒能祛百虑,菊为制颓龄。”二者缺一不可。今有菊无酒,世人邑邑气尽。正是:竹叶于人既无分,菊花从此不须开了。
>
> [普天乐]遮莫百年名,不如一杯酒。最爱春醪独抚,秋树相樛。为甚的菊花绕四围,竹叶悭三斗,巡檐倚徙欲何求?也罢,酒既没有,且将菊花细细嚼,以代醇醪。(做嚼科)只落得餐落英,离骚满口,忽地抬头,则见南山飞鸟,相对悠悠。

此段依据陶渊明诸多诗文轶事敷衍成文,却如水乳交融,天衣无缝,曲词雅洁,颇得渊明无酒失意而雅趣不坠的精神风貌。第四折之后的“楔子”结尾写陶渊明唱[仙吕]《端正好》云:“俺只道向孤坟埋荒草,眠长夜魂魄消遥。又谁知顺风儿吹上蓬莱岛,辞绿柳,觅红桃;缘溪口,过山椒;呼黄绮,访松乔;友麋鹿,伴渔樵;着芒屦,束丝绦;扶藤杖,挂茄瓢;食松柏,醉葡萄;击鱼鼓,引鸾箫;背晋代,指秦朝;忘岁远,谢尘劳;问迷路,笑儿曹,笑儿曹,休把武陵花认作天台药。”与上段文字不离陶渊明诗文、事迹不同,此段文字全凭虚构,三字句如长河赴海,而每个三字句中的动词则如浪花跳荡般活泼,一气连贯而摇曳多姿,把渊明彻底解脱之后的行踪、欢快、慨叹刻画得活灵活现，如在目前。又如杨恩寿《桃花源》六出杂剧几乎“无事不韵，无语不韵”，曲词意境优美，令人口齿生香。其第三出《逢源》一节云：

[前腔(风入松)]青青一色上层霄，望断粘天芳草。(作泊船介)靠垂杨，紧系乌油棹。(拖篷介)料理了蓑衣鱼罩，(行介)剩一片荒烟夕照。缓缓行来，但觉淑气宜人，仙风御我，这等好所在，不独搢绅冠盖未曾来过一遭，就是那些韵士高人，何尝梦见？终日在那笙歌丛里，酒肉堆中，扰扰纷纷，糊涂过去。现放着好山好水，弃在荒凉寂寞之乡，真可惜耳！也非近，也非遥，奈尘心自嚣，只向那危幕争巢。俺今日好侥幸也！莽渔郎不免山灵笑，偏有这闲中趣，水云饶。(场上立假山两座，中有小径，生登山介)

[前腔]湾环曲折度山坳。这山好不奇怪，越行越远。道路才可通人，想是山穷水尽了。待俺转去罢。(见小径介)呀，这里有条小径，只有一二尺之宽。(窥介)咦，里面有光呀！放光明，透出(了)些儿窍。待俺侧身而入。(由小径入，转出山外介)哎呀，把乾坤混沌圈儿跳，别有个蓬莱仙岛。①

评者指出：“这段曲词，是此出中的核心段落，也是全剧中最优美的文字。它的妙处，在于作者根据《桃花源记》中的简略描写进行发挥的时候，把本来不存在的景物描写得活灵活现。此剧刊本对于此曲有吴锦章所写评语云：‘以生龙活虎之笔，写虚无缥缈之事，读之宛如身历其境，固知作者自有丘壑。’这里肯定了作者丰富的想像力和文学才华。读曲至此，对陶渊明《桃花源记》原作中的记述增加了鲜明而具体的印象。”②此评指出杨恩寿《桃花源》描写胜人之处，可谓精到。像尤侗和杨恩寿的《桃花源》杂剧，其艺术成就足可与尚仲贤《归去来兮》比美，而又留存全璧，允为陶渊明戏的压卷之作。这些特点也是清代陶渊明戏超越明代同类剧作的艺术价值所在。

三、陶渊明戏的文化意义

陶渊明戏的出现在陶渊明接受史和中国文化史上具有重要的意义。

陶渊明进入戏剧首先显示了传统高雅文化与世俗文化不可避免的融合趋势。陶渊明素以高雅著称，是文人雅士喜欢称引的高士，比如，明代读者接受陶

---

① 〔清〕杨恩寿：《桃花源》，见《坦园传奇六种》本，国家图书馆普通古籍库藏清刻本。

② 吕薇芬、金宁芬、黄克、王永宽主编：《古典剧曲鉴赏辞典》，湖北辞书出版社2004年版，第1035～1036页。按，该书所选《逢源》一节文字删节了宾白。

渊明一个突出的特点是将其为人崇高化甚至神化，这在一定程度上使陶渊明背离了历史的具体性，走向人的对立面，变成僵化的偶像。他们认为“渊明高简闲靖，为晋、宋第一辈人”①；“夫岂惟文章，即晋、宋人物，亦当推靖节先生第一……要当目为六合人龙、九霄威凤可耳”②；“陶公自三代而下为第一流人物，其诗文自两汉以还为第一等作家”③；“陶公千载一人也……自与日月争光者”④。陶渊明实际上已经成为士人的偶像之一。很难想象，在接受史上，陶渊明居然与世俗一直保持着密切的联系。署名他撰写的《搜神后记》至少从梁代就在社会上流传，他的《桃花源记》一直被作为小说看待，乃至在后世形成了桃源模式的系列小说，小说中也不断有接受陶渊明及其诗文的现象。宋、元以后，随着市民文化的兴盛、戏剧文学的兴起，陶渊明也与世俗性较强的词、散曲和戏剧结下了深厚的缘分。戏剧中的陶渊明形象在很大程度上恢复了他的活人面貌，尽管这些形象仍然以表现他的高雅脱俗为主，却把他放在具体环境和生活中加以塑造，在很大程度上避免了道德化的说教。尤其是方轮子《柴桑乐》中的陶渊明更是如此，他与惠远争论酒的好处和坏处，尴尬面对酒店女老板的调戏，有些迂腐地回答他人对《闲情赋》的质疑，培养四个儿子成为渔、樵、耕、牧四个行业的能手等，都体现了在世俗中脱俗却生动鲜活的一面。在那些借用与陶相关典实的作品中，甚至出现了打趣陶渊明的现象：

> 【前腔(麻婆子)】有才有才诚高妙，渊明见我便折腰。(无心子《金雀记》第七出《定婚》)
>
> 〔净〕……这个乃是刘二姐家，他是临清搬来的，能会吟诗作赋。陶渊明尚且说他“临清流而赋诗”，我这秀才怎么对得他过?(杨柔胜《玉环记》第六出《韦皋嫖院》)⑤

这里把陶渊明置于世俗趣味中，新鲜而风趣；如为了说自己才高，竟然打趣说“渊明见我便折腰”；为了取得幽默效果，让附庸风雅的人故意利用字面相同和谐义(按，“临清”为山东地名)来曲解渊明“临清流而赋诗”的句子，真是让人忍

---

① 〔明〕郭良翰辑:《问奇类林》卷一三《恬退》，明万历二十七年黄吉士等刻增修本。

② 〔明〕王世用辑:《史评小品》卷一四“六朝上”，明末刻本。

③ 〔明〕何孟春:《陶靖节集跋》，见《陶渊明资料汇编》上册，中华书局1962年版，第146页。

④ 〔明〕傅占衡:《和陶饮酒诗序》，见杨讷、李晓明编《文渊阁四库全书补遗》集部明代卷第七册《明文海》，北京图书馆出版社2005年版，第478页。

⑤ 〔明〕毛晋:《六十种曲》，明汲古阁刻本。

俊不住。陶渊明成为有血有肉的活人，这与戏剧这种特殊的综合艺术表现形式以及市民特殊的欣赏趣味是分不开的。陶渊明形象的世俗化表明，具有经典意义的作家的生命力总是能够摆脱僵化的命运，与富有活力的新文化融为一体，一定可以成为新文化建设的绿色源泉。

其次，人们在戏剧中所塑造的高洁自守的陶渊明形象是传统文化理想的一种审美投射，是知识阶层灵魂净化的形象诉求。陶渊明进入戏剧是宋元明清陶渊明接受史上的新现象，剧作家借助陶渊明和桃花源故事所敷衍的戏剧大多不是流行于民众中间、脍炙人口的通俗剧目，而是得到同好赏爱的案头清赏戏，或者说，剧作家借助陶剧所演绎的不仅是历史和故事，更重要的还是心情和志趣；其功用主要不是对一般民众"劝使为善，诫使勿恶"①，而是满足士人自身自我反思、坚守理想、抚慰情怀和提升灵魂的需要。正像苏轼之后的和陶诗一样，它们本身是文学作品，但又超越了文学存在，成为一种坚守自我志趣和理想的文化符号。陶渊明戏剧也应当如此看待。尤侗深爱陶渊明，有《赋得采菊东篱下悠然见南山》等诗表现对陶渊明情趣的景慕，他的至交蒋超在读完《桃花源》戏后说："公，陶公后身也，吾其为慧远乎？"②在蒋超看来，《桃花源》是士人自身情趣的写照。尤侗《桃花源》剧尾诗云："北窗散发容高卧，聊谱新词代和陶。"在尤侗看来，以戏剧的形式铺写陶渊明逸事只是"和陶"的另一种形式而已，其初衷主要在于借助陶渊明来抒发自我胸怀，借助尚友古人来表达对人生的解悟、对理想的坚守。当然，"和陶剧"比和陶诗更加形象生动、具体可感。王国维云："元剧最佳之处，不在其思想结构，而在其文章。其文章之妙，亦一言以蔽之曰：有意境而已矣。何以谓之有意境？曰：写情则沁人心脾，写景则在人耳目，述事则如其口出是也。"③此虽论元剧，然亦可移于概括戏剧创作情境动人的艺术特点。因此，借助戏剧对陶渊明的接受和认同，与以往借助和陶、书写陶诗等形式的接受相比，也就更具有身临其境、感同身受的艺术效果。古代戏剧对陶渊明身上高尚情怀的认同和对禅机道情的感悟，与其看作传统士人的一种现实逃避或者孤芳自赏，不如看作不愿意同流合污者精神上的自我救赎，后者较之前者更足以激发士人清廉自守，有利于为文化的健康发展增添不受污染的雨水和新

---

① 〔清〕李渔：《闲情偶记》卷一，《中国文学珍本丛书》本，上海扫叶山房 1937 年版，第 7 页。

② 〔清〕尤侗：《悔庵年谱》卷上，见《清初名儒年谱》（六），北京图书馆出版社 2006 年版，第 695 页。

③ 王国维：《宋元戏曲史》第十二章《元剧之文章》，东方出版社 1996 年版，第 102 页。

鲜的空气。因为那些对高尚情怀的认同和对禅机道情的感悟不是僵化、迂腐的道德说教,而是在对现实、人生、历史和宇宙的总体反思基础上的人性企向,这在认同和感悟中获得的涵融着真善美的自由境界虽然高处不胜寒,又缺少现实机制的可靠保障,但毕竟可以激发后来人不满足于污浊的现实状态,去追求一种高尚的人格、憧憬一个真正的桃源世界。

再次,值得注意的是在历代陶渊明戏中有近一半的题目关注了桃源题材,桃源题材的陶渊明戏既是个人渴望超脱现实束缚的梦幻,也是民族迈向理想的心理动力。陶渊明《桃花源记》对桃源世界的创造不仅仅是为了个人的超脱,更重要的是它以与桃源形成截然对比的现实世界为参照系,以形象的语言展现了一幅人类理想的生存家园图,散发着农业文明中人与人、人与社会、人与自然和谐无间的诱人光彩;它的乌托邦色彩“表现了人的本质、人生存的深层目的;它显示了人本质上所是的那种东西。每一个乌托邦都表现了人作为深层目的所具有的一切和作为一个人为了自己将来的实现而必须具有的一切”①,桃源这一合目的、合规律的理想性是传统文化的精华,也吸引着后世读者以不同的形式接受和解读,并借以反观、思考、批判和改造现实。陶渊明戏中的桃源戏无疑是包括诗歌、小说、绘画、动漫视频、旅游等众多桃源解读中最富有特色的一种。② 这些桃源戏里既有幻想化、宗教化的个人超脱,又有基于历史和现实的群体理想的憧憬。如果说杨恩寿的《桃花源》杂剧分渔唱、农歌、逢源、假馆、讯古、饯宾六出借桃源展现了田园牧歌式的农业文明生活场景,似乎还有些平铺直叙,那么刘龙恤的《桃花源传奇》则激荡着历史的激愤,其正目概括情节云:“始皇帝恶焰熏天,秦才人巧缘避地。莽渔父幸入桃源,陶隐居喜为笔记。”这个四折杂剧形象折射出专制文化下民众对暴政的强烈不满和对自由幸福乐土的无限向往。桃源戏扩大了桃源在民众中的影响,成为传播桃源理想的新文学形式。根系深远的桃源理想激励读者形成群体意志,在特定历史时势下就会转变

① [德]保罗·蒂里希著,徐钧尧译:《政治期望》,四川人民出版社 1989 年版,第 214 页。

② 继《桃花源记》之后,桃源模式的小说至少从南朝宋代刘义庆《幽明录》所记刘晨与阮肇误入天台桃源、刘敬叔《异苑》卷一所记武陵蛮人入石穴就已经开始了,唐宋至现当代延续不绝。据统计,留存到今天的桃源画就有 82 幅(参赵琰哲《文徵明与明代中晚期江南地区〈桃源图〉题材绘画的关系》附录《唐宋元明清历代传世〈桃源图〉题材画作列表》,中央美术学院 2009 年硕士学位论文)。深圳环球数码公司制作、陈明导演的《桃花源记》视频可谓当代相关视频中的代表,多次获中外大奖。

为抗争黑暗不平、改造现实甚至抗击外来侵略者的精神动力①，因为单纯的政治理论无论多么科学合理，无论把未来描绘得多么美好，如果失去民族的根源，失去被群众情绪接受的家园化心理依据，总会缺乏历久弥新、自强不息的文化动力。

陶渊明戏是陶渊明接受史上崭新的接受形式和文学成果，也是历史留给我们的珍贵文化遗产，如果加以合理开发利用，必将成为当代文化建设的积极因素。如马季创作的相声《新桃花源记》虚构陶渊明在今天重游桃花源，具有强烈的喜剧效果，发扬了陶渊明戏中世俗化的幽默、生动趣味，惜其媚世气息太浓。陈明导演的《桃花源记》动漫视频在艺术形式上将皮影、绘画和现代动漫技术结合起来，生动形象地凸显了桃源的唯美特点和与历史现实形成强烈对照的理想意义。当代艺术家的这些成功创作未必借鉴过陶渊明戏，而是直接源自陶渊明及其作品，但已经取得了非凡的成功。艺术家如果进一步开发包括陶渊明戏在内的接受成果，必将收获更为丰富多彩和更加丰满的艺术成果。陶渊明戏不仅有利于加深对陶渊明及其作品的理解，而且对扩大陶渊明及其桃源理想的大众传播等也具有非同寻常的意义。

四、非陶渊明戏的陶渊明因素

值得赘言的是，除了以陶渊明和桃源为中心的陶渊明戏，其他戏剧也多有陶渊明因素。据《元曲选》《六十种曲》《盛明杂剧》等初步统计，涉及陶渊明因素的戏剧就有二十四种，其中元代有三种，即石君宝《李亚仙花酒曲江池》第一折、乔孟符《李太白匹配金钱记》第二折、无名氏《锦云堂暗定连环计》第二折；明代有二十一种，即杨珽《龙膏记》第十三出，无名氏《赠书记》第五出，杨柔胜《玉环记》第六出，无心子《金雀记》第七出，许自昌《水浒记》第二十九出，汤显祖《紫箫记》第十六出、第二十出，汤显祖《南柯记》第十三出、第十六出，张凤翼《红拂记》第十六出、第二十六出、第三十四出，梁辰鱼《浣纱记》第二十三出，陈汝元《金莲记》第十出、第十一出、第十三出、第二十四出、第二十九出，无名氏《四贤记》第五出、第九出、第十三出，徐霖《绣襦记》第十七出，孟称舜《娇红记》

① 如张恨水长篇《虎贲万岁》、沈东导演的电影《喋血孤城》等反映余程万师长率部同仇敌忾，抗击日本侵略者、保卫常德的真实历史，就发生在桃源传说的产生地，极富有象征意味。上海风雨书屋 1938 年版鹰隼（阿英）所著《桃花源》三幕剧（上海图书馆有藏；亚新书店 1940 年、潮铎出版社 1947 年曾分别重版，南京图书馆有藏；收入安徽教育出版社 2003 年版《阿英全集》第九卷）即抗战时代的产物。

第二十三出、第四十出，孟称舜《桃花人面》第五出，叶宪祖《鸾鎞记》第七出、第十五出，叶宪祖《团花凤》第一折、第四折，高濂《玉簪记》第十四出，屠隆《彩毫记》第二十四出、第四十出，吾丘瑞《运甓记》第二十出，冯惟敏《不伏老》第三折，徐复祚《一文钱》第六出，等等。

清代涉及陶渊明因素的戏剧数量当超越明代①，此仅以孔尚任的《桃花扇》为例略析之。该剧“借离合之情，写兴亡之感”②，多次借助桃源、渔翁等意象，甚至在《桃花扇本末》中特意记述楚地“古桃源”美容洞主曾经搬演《桃花扇》，全剧氤氲在浓郁的桃源幻境之中。在此，桃源至少有两重意蕴，一重用以借指摆脱纷扰世俗的隐逸之境。第一出《听稗》：柳敬亭为造访的陈贞慧、吴应箕和侯朝宗说《论语》，开场诗即李白《山中问答》，诗中“桃花流水窅然去，别有天地非人间”用桃源典故；以此渲染氛围之后，接着说孔子自卫返鲁，然后乐正，乐官们因此恍然大悟，纷纷逃离欺君越礼的鲁国权臣，乐官逃离前唱到：“俺们一叶扁舟桃源路，这才是江湖满地，几个渔翁。”③实际上是借助历史演绎间接预兆了即将发生的南明变局和清流人物的命运归宿。所以，《桃花扇》第三十九出《入道》让那些忠义君子们都走向了避世隐逸，正如徐振贵辑注本解题中所云：“作者创作《桃花扇》，旨在为明清易代之际的迷津人指明出处，亦即避世桃源，入道结社，继续抒发亡国之恨。”④因为只有“桃源洞里无征战”⑤，而第四十出让这些隐逸之人如柳敬亭、苏昆生等都变成渔翁、樵夫，他们闲话往事一如桃源人议论秦末。首先实践这一桃源路线的是任锦衣卫仪正的张薇，由于他不愿意替马士英、阮大铖助纣为虐、残害忠良，所以决意归山，到城南松风阁“养病”，他把松风阁称作“这是俺的世外桃源”，结果衙门校尉又来禀报案件进展，他慨叹道：“衙役走入花丛，犯人锁在松树，还成一个什么桃源哩。”于是逃到更深的山里

---

① 据金宁芬《明代戏曲史》（社会科学文献出版社2007年版）第一章第一节统计，明代戏曲今存全本391种，包括亡佚曲目有1481种。据中国人民大学文学院网页2012年1月报道，2011年10月28日国家社科基金重大项目《全清戏曲整理编纂与文献研究》项目举行了开题报告会，据素馨斋主人《萧咏网络阅读日志》2008年1月1日公布的《〈全清戏曲〉选目（部分）》一文信息，清代留存戏曲近2000种，包括亡佚曲目当达3000种，留存戏曲是明代戏曲的五倍。目前，涉及陶渊明因素的戏曲难以估计，但基本可以肯定在数量上要远超明代。

② 〔清〕孔尚任：《桃花扇》试一出《先声》，见徐振贵主编《孔尚任全集辑校注评》第一册，齐鲁书社2004年版，第44页。本节所引《桃花扇》原文皆据此版本，不再详注。

③ 〔清〕孔尚任：《桃花扇》，见徐振贵主编《孔尚任全集辑校注评》第一册，第50页。

④ 〔清〕孔尚任：《桃花扇》，见徐振贵主编《孔尚任全集辑校注评》第一册，第300页。

⑤ 〔清〕孔尚任：《桃花扇》，见徐振贵主编《孔尚任全集辑校注评》第一册，第275页。

去，其避世心态正如结尾诗所云："境隔仙凡几树桃，才知容易谢尘嚣。清晨检点白云署，行到深山日尚高。"①张薇避世桃源的心态和实践，在南明士人中带有典型性，而当南明灭亡、大局已定、无力回天之时，像侯朝宗、柳敬亭等曾经为复兴大业奔忙的忠义之士也步张薇后尘，避世桃源了。实际上，孔尚任是把这些真正意义上的明朝遗民当作桃源人来对待的。除了张薇，柳敬亭也较典型，所以传奇一开头就让他敷衍一段与桃源有关的故事，还让他自己把自己比作渔郎："重来访，但是桃花误处，问俺渔郎。"②而他最终归隐，也成了真渔翁。如果说香君艳如桃花，命如桃花，那么，她又出淤泥而不染，仿佛是一枝从桃源飘零而出、历经世俗风雨的桃花，她自然也是地道的桃源人。

孔尚任《桃花扇》中的桃源还有第二重意蕴，即借指爱情的美好和幻灭。李香君和侯朝宗的爱情故事还隐喻着一个天台桃源的故事。他们才子佳人成就一段风流佳话，却因乱局而变为牛郎织女，为了相逢，他们历经身心磨难，但最终难以找回往日情缘，双双遁入道门。他们相守在一起的爱情时光仅仅半年有余，犹如桃源一般美好，分开后，却如迷津人一样再也回不去了。第三十五出《选优》，香君得到弘光皇帝赏赐的一柄桃花宫扇，她禁不住睹物起情，叹道："为甚的玉真重溯武陵源，也只为水点花飞在眼前。"③香君以玉真仙女自比，问为什么要重新寻找桃源仙境，只因为桃花宫扇上水点花飞的美景勾起了她昔日与情人鱼水相乐的回忆，但这美好回忆已经成了过去，她入宫如陷囹圄，情人又杳无音信，旧日"桃源"回不去了。而侯朝宗呢，也在苦苦追寻爱情桃源的回归，南明复兴已成泡影，爱情美梦却没有因此破灭。第二十八出《题画》，侯朝宗重访媚香楼没有见到香君，见到租住在这里的画家蓝瑛，蓝瑛创作《桃源图》，侯朝宗应邀题诗其上云："原是看花洞里人，重来那得便迷津？渔郎诳指空山路，留取桃源自避秦。"他虽然见到的是没有香君的媚香楼，是一座"空桃源"④，但还是自信一定会找到香君，因为他认为自己就是桃源人，不会像渔郎那样迷了路；况且，渔郎可能是为了自己住进桃源故意诳骗他人呢。传奇结尾，一对有情人终于相遇了，似乎又回到了爱情的桃花源，但已经人是物非，在张薇道士的点化下，斩断情缘，双双入道，兴亡梦破，爱梦亦破。

---

① 〔清〕孔尚任：《桃花扇》，见徐振贵主编《孔尚任全集辑校注评》第一册，第236～237页。

② 〔清〕孔尚任：《桃花扇》，见徐振贵主编《孔尚任全集辑校注评》第一册，第51页。

③ 〔清〕孔尚任：《桃花扇》，见徐振贵主编《孔尚任全集辑校注评》第一册，第203页。

④ 〔清〕孔尚任：《桃花扇》，见徐振贵主编《孔尚任全集辑校注评》第一册，第221页。

南明复兴已成桃源之梦,爱的重燃也成桃源之梦,孔尚任借助桃源写兴亡之感可谓深入骨髓,桃源之用也可谓出神入化。《桃花扇》一剧因桃源意蕴的深层开掘和灵活运用而更富于历史感、哲理性和美学价值,从此而言,把《桃花扇》看作一部《桃源梦》也未尝不可!而且也是脱胎换骨,褪尽旧貌,补写出历史与现实本质的一篇《桃花源记》!

第二节 陈洪绶等与渊明绘事的风骨、诗意和入俗

就题材而言,唐代的陶渊明绘事主要集中在桃源图和陶渊明肖像图,桃源注意表现其富有神仙气息的"异境"(韩愈《桃源图》)特性①,肖像则注意突出其隐士的"高逸"(《宣和画谱》卷五评郑虔《陶潜像》)②;到宋代,除了这两类题材,李公麟开拓出两类影响深远的绘画题材,即《归去来辞图》和《莲社图》,表现陶渊明身上高尚的节操和独特的出世情怀,他的杖藜前行肖像图也成为后世画家取法的经典;到元代,赵孟頫画陶不论在题材上还是在质量上,都几乎集前代之大成,他把《归去来辞图》演化为《渊明故事图》,书画结合,设色精妙,充分体现出士人趣味的高雅化特点。明代的桃源图以文徵明、仇远等创作的作品为代表,由"非世间"(王蒙《题桃源春晓图》)的异境和幽远奇境③转变为以江南水乡景色和劳动场景为典型特点的"别境"和令人亲近的清丽之境;而以周位《渊明逸致》、王仲玉《靖节先生像》等为代表的肖像图等则在造型上突破了李公麟的杖藜前行标准像,让陶渊明在醉态和创作中见超逸;明代与陶渊明有关的绘画在题材上也有突破,如文徵明侄子文伯仁有《写陶靖节诗意图轴》④,李流芳有《写彭泽诗意图》⑤,又如董其昌《采菊望山图》等注意表现渊明诗境,陶潜诗意图被明确引入绘画领域意义重大,一种新的题材预示了广阔的未来。

到清代,陶渊明绘事较前代更为繁荣。就数量而言,留存作品众多,创作者

① 〔唐〕韩愈著,钱仲联集释:《韩昌黎诗系年集释》,上海古籍出版社1984年版,第911页。

② 于安澜编:《画史丛书》第二册,上海美术出版社1963年版,第57页。

③ 〔元〕王蒙:《桃源春晓图》,纸本设色,纵157.3厘米,横58.7厘米,右上方自题七绝三首,今藏台北故宫博物院。

④ 据〔清〕陈焯《湘管斋寓赏编》卷六,见容庚《历代著录画目续编》,国家图书馆出版社2007年影印本,第17页。

⑤ 〔清〕陶梁:《红豆树馆书画记》,见徐邦达编《历代流传书画作品编年表》,上海人民美术出版社1963年版,第109页。

也众多，据《中国古代书画目录》、徐邦达《历代流传书画作品编年表》、于安澜编《画史丛书》、福开森与容庚编《历代著录画目正续编》等初步统计，唐代有十一人，宋代有三十六人，金代有二人，元代有二十九人，明代有七十八人，而清代多达一百一十二人。即使清代距今较前代近，留存画作丰富，但考虑到这是很不完整的统计（比如没有把菊花画统计进来，诗文等其他文献资料中提到的大量画者①也未完全统计），已经可以看出清代陶渊明绘事的繁荣情形了。就质量来看，清代也产生了足以冠称整个中国绘画史的陶渊明绘画，如陈洪绶、戴本孝和石涛等人的作品可为代表。综观清代陶渊明绘事，共有三大创造：第一，人物肖像图与故事图相结合产生了优秀作品，以傲然的风骨给人留下难以磨灭的印象，使传统的陶渊明画像得到改观，这以陈洪绶为代表；第二，发扬光大了渊明诗意图，将陶诗境界以绘画的形式进行艺术再创造，这以戴本孝和石涛等人为代表；第三，版画等工艺陶渊明形象出现，其中最引人注目的是其世俗化和人间化倾向。下面主要从这三个方面做具体论述。

一、陈洪绶：风骨凛然的陶渊明画像

陈洪绶（1588—1652），字章侯，号老莲、莲子，晚号悔迟，更号弗迟、老迟，又号云门僧、九品莲台主等，诸暨枫桥（今属浙江）人，明末清初著名人物画画家。后人辑有《宝纶堂集》传世。当代国际学者认为陈洪绶是“代表十七世纪出现许多有彻底的个人独特风格艺术家之中的第一人”②，他笔下的陶渊明在中国绘画史上也是个性鲜明，前无古人，后乏来者。其所画陶渊明画至少有十五种：

（1）《玩菊图》，纸本设色，纵一百一十八点六厘米，横五十五点一厘米；题“洪绶仿李希古玩菊图，似抑之盟弟清教”③，台北故宫博物院藏。约1645年作，参翁万戈《陈洪绶》上卷（第187页）《陈洪绶书画编年表》。

---

① 清人题陶图诗如：杨庆琛《题陶靖节归去来兮图卷》（《绛雪山房诗抄》，《清代诗文集汇编》第五四二册，上海古籍出版社2009年版，第444页）、王庆麟《归去来图》诗六首（《清代诗文集汇编》第五五三册，第88页）、汤国泰《题汪冰壶守拙归田园图》（《清代诗文集汇编》第五五九册，第485页）、况澄《题陶醉图》（《清代诗文集汇编》第六〇一册，第633页）等。

② 黄涌泉：《陈洪绶·序言》，见［美］翁万戈编著《陈洪绶》（上卷），上海人民美术出版社1997年版，第1页。

③ “盟”，或释作“贤”。图版、题跋可并参翁万戈《陈洪绶》（下卷），第147页。

(2)《桃源图》一轴,《石渠宝笈初编》卷三八著录①;自题“避兵薄坞”时(1646)作,参翁万戈《陈洪绶书画附表》。② 此前(1622)曾画《桃花扇面》送沈相如到武陵任太守,题《送沈相如出守武陵》云:“风流太守玉骢骄,结辔桃源路不遥。送我落英酬醉墨,一绡玉迴遇周瑶。”③糅合两桃源及宋人王迴遇仙女周瑶英事调侃沈相如,与此《桃源图》旨趣不同。

(3)《史实人物图卷》四幅中之二《渊明挂绶图》和之四《陶渊明簪花图》,约1647年作,台湾石头书屋藏。④《渊明挂绶图》构思别出心裁,据“解印绶归”的历史记述,让渊明肩挑行囊,回望挂于枯树怪枝之上的官带,新奇而在意中。在《陶渊明簪花图》中,渊明簪花满头左行,似有酒意,前后仕女三人,持枝叶伴行;左手持酒杯,右手笼于袖内似是前指;右侧不远处有三男子坐临长案,作观议渊明状。此似表现渊明嗜酒爱菊,然其花酒风流、不羁之状,为渊明绘事中所仅有,不像发生在渊明身上,倒像洪绶自状。

(4)《渊明载菊图》轴,卷本设色,纵一百七十厘米,横三十八点五厘米,款题“云溪老迟洪绶画于翻经阁”,约1649年作,徐悲鸿纪念馆藏;悲鸿题诗云:“罢官陶令出门去,两个侏儒冠服随。视察收成好半日,借瓶养得菊花归。”⑤

(5)《陶渊明故事图》卷,又名《归去来图》《陶渊明归去来图》,绢本设色,纵三十点三厘米,横三百零八厘米;款题“老迟洪绶”,卷末题款云:“庚寅夏仲,周栎老(周亮工)见索。夏季林仲青所,萧数青理笔墨于定香桥下。冬仲却寄栎老,当示我许友老。老莲洪绶,名儒(洪绶子)设色。”1650年作,参翁万戈《陈洪绶》上卷第192页《陈洪绶书画编年表》。民国初年,商务印书馆采用珂罗印刷术出版过《陈老莲归去来图卷》一册。据周亮工《读画录》,崇祯末离京时,陈洪绶曾为之画《归去图》,与此图当名同实二,今当不存。

(6)《陶渊明对菊图》页,绢本设色,纵二十七点三厘米,横二十三点九厘米,图上渊明跪对磐石之上的瓶菊,手抚菊花,庞目深情,约1650年作。美国私

---

① [美]福开森:《历代著录画目》,人民美术出版社1993年版,第298页。

② [美]翁万戈:《陈洪绶》上卷,第199页。

③ 《石渠宝笈(初编)》,影印清文渊阁《四库全书》本。按,此诗见吴敢点校《陈洪绶集》(以光绪重刻《宝纶堂集》为底本)附录,浙江古籍出版社1994年版,第571页。

④ 《中国古代名家作品选粹:陈洪绶》,人民美术出版社2011年版。《陈洪绶书画集》下(中国民族摄影艺术出版社2003年版)并选录。

⑤ [美]翁万戈:《陈洪绶》下卷,第161页。

人藏，参翁万戈《陈洪绶》上卷第193页《陈洪绶书画编年表》；又见录于日本铃木敬主编的《海外所存中国绘画目录（东南亚、欧洲篇）》，东京大学东洋文献研究所附属东洋文献中心1981年刊行。①

（7）《（渊明）孤往》，台北故宫博物院藏；为《隐居十六观》册之第十四叶，纸本淡着色，纵二十一点四厘米，横二十九点八厘米；款题“老迟”，1651年作，参翁万戈《陈洪绶》上卷第194页《陈洪绶书画编年表》。

（8）《博古叶子》“空汤瓶”，翁万戈藏，1651年作，参翁万戈《陈洪绶》上卷第194页《陈洪绶书画编年表》。

（9）《橅古双册》之五为《陶渊明像》、之十一为《五柳先生图》（又之八为菊石图，之十六为折枝菊），约1651年作，藏克利夫兰博物馆，参翁万戈《陈洪绶》上卷第196页《陈洪绶书画编年表》。陈洪绶《放舟》诗云：“桃源信有之，真隐谁能为？聊种五株树，一看慰所思。”②《五柳先生图》用意可与对观。

（10）《渊明饮酒图》，轴绢设色，广东省博物馆藏。③

（11）《白衣送酒图》，绢本设色，纵九十一点六厘米，横四十七厘米，藏美国伯克利加州大学美术馆，据《海外所存中国绘画目录》。

（12）《三笑图立轴》，清陆化时《吴越所见书画录》卷二著录。④

（13）《渊明采菊图》，据陈祚明《陈章侯渊明采菊图赠方贻》，载其《稽留山人集》之《敝帚集》卷七，南开大学图书馆藏清雍正刻本，《清代诗文集汇编》第233册，第520页。又《宝纶堂集》卷九《云门寺九日》云：“老夫怀抱当重九，写纸渊明采菊花。”⑤可见陈洪绶画采菊图之一斑。

（14）《渊明簪菊图轴》，纵横一百三十一厘米，横五十二点五厘米。武汉丝宝艺术馆提供图文，载《大美术》2004年第4期。此文称此画经谢稚柳鉴定：“是陈洪绶40岁左右的作品。……用笔劲挺，格律谨严，尚保存着他用笔的‘少年故态’。”《草心楼读画集》著录云：“老莲此画为世父所爱玩者，其笔力无人能及，而古意亦寖微矣：羲皇上人亦有癖，葛巾一只秋露滴。我家潭湖半亩园，千

---

① 此转引自刘御风、南飞雁《不言春作苦，长恐负所怀——介绍日本学者编〈海外所存中国绘画目录〉》，见《中国文化与中国哲学》，三联书店1990年版，第497页。

② 〔清〕陈洪绶：《宝纶堂集》卷六，清光绪十四年会稽取斯堂刻本。

③ 据中国古代书画鉴定组编《中国古代书画目录》第九册，文物出版社1991年版，第8页。该书编者下同，不再详注。

④ 〔美〕福开森编：《历代著录画目》，第299页。

⑤ 〔清〕陈洪绶：《宝纶堂集》。

朵万朵无人摘。”①

(15)《二亮图》，画诸葛亮、陶元亮，大风堂旧藏。②

陈洪绶之陶渊明画的代表作是《陶渊明故事图》，此图所绘故事基于史书《陶潜传》和萧统《陶渊明传》，全卷分为十一段，分别为：采菊、寄力、种秫、归去、无酒、解印、贳酒、赞扇、却馈、行乞、漉酒。③ 这十一段仿佛是十一个特写镜头，描绘陶渊明弃官归田生活中富有个性特色的瞬间，每图都以陶渊明为中心，有的配以衬托人物和必要的人物道具，各有题名和简要的题跋。画中的人物除“采菊”“归去”“赞扇”三幅是陶渊明单人外，其余十幅画均为二人以上，画工精妙，人物形象栩栩如生，神情仪态变化万方。

张庚在《国朝画征录》中说：“洪绶画人物，躯干伟岸，衣纹清圆细劲，兼有公麟、子昂之妙。设色学吴生法，其力量气局，超拔磊落，在仇（英）、唐（寅）之上，盖三百年无此笔墨也。”④陈洪绶画中的陶渊明大多一反清癯之态，壮硕高大，古韵奇骇，勃勃有生气；构图简括，造型夸张，衣袖飘荡而有质感，蕴含劲拔之力，节奏感很强，有效地传达出渊明狂放不羁、风骨凛然的精神气度。如上述第一幅《采菊》，画中的陶渊明浓眉巨面，眼耳亦大，长袍飘荡，端坐石上，右手持三朵鲜菊，正入神嗅闻菊花芳香；腿上横放一具古琴，仿佛若有音韵。陈氏构图善用主宾对比之法，陶渊明高古奇特，其他人物和物品只是起陪衬作用，多形体矮小。如《解印》一段中，渊明形象伟岸，傲然远视，气宇轩昂，洒脱交印，而其后小吏却形体短小，躬身捧接，一副拘束猥琐之态，这种对比有力地衬托出陶渊明

---

① 〔清〕黄崇惺：《草心楼读画集》，见黄宾虹、邓实编《美术丛书初集》第一辑，神州国光社 1936 年版，第 109 页。此外，陈洪绶还有涉及菊花的绘画，如顺治八年作《三处士图卷》之《菊花图》等（翁万戈藏，参《陈洪绶书画编年表》）也明显氤氲着陶渊明的精神，此不作考察。

② 参王耀庭《渊明逸致的形象》，见《文物光华（六）》，台北故宫博物院 1992 年版，第 200 页。

③ 或以为此图结构特殊：“自右至左看完全图之后，首先感到一个突出的问题，便是前后次序排列的紊乱：刚种了秫，马上就要归去了；既然已经归去了，却还要被抬着回衙门去‘解印’；仿佛画家把我们卷进了时间隧道，一切都乱了套！”（见裘沙《陈洪绶研究——时代、思想和插图创作》，人民美术出版社 2004 年版，第 211 页）他认为全画是以解印为中心，两两相对，向两边展开；或以赞扇为中心，其余辅助。此一猜测很费解。其实画面不乱，明了《归去来辞》作于回家之前，乃“想象”之词，时间顺序即迎刃而解。至于“解印”之后乃实际生活，不属于《归去来辞》内容，从这个意义上来说，此图与传统的《归去来图》有区别，命名为《陶渊明故事图》更确切。

④ 〔清〕张庚：《国朝画征录》卷上，清乾隆刻本。

“不为五斗米折腰”的高洁傲然品格，显示出奇骇拔俗的画风。

陈洪绶的陶渊明画意蕴丰富，与图上配有的题跋相得益彰；正如构图注意对比一样，其题跋也善于在对比的张力中传达出微妙隽永的韵味、高傲的风骨。如《无酒》一段题词云：“佛法甚远，米计甚迩，吾不能去彼而就此。”①《贳酒》一段题词云：“有钱不守，吾媚吾口。”《却馈》一段题词云：“乞食者却肉，吾竟不爱吾腹。”《行乞》一段题词云：“辞禄之臣，乞食之人。”佛法、钱肉、仕禄作为张力的一端，代表丧失自我和人格的世俗之路；粮米、口腹、乞食作为张力的另一端，代表坚持自我和人格的拔俗之路。在对比的张力中，彰显出陶渊明高蹈拔俗、傲然不群的人格风度，也透露出陈洪绶本人的精神风貌。陈洪绶题跋中的陶渊明总是透着一股傲气和一种狂态，凛然如松，粲然似菊，上引题词都有这一特点，又如题《采菊》云：“黄花初开，白衣酒来，吾何求于人哉！”题《归去》云：“松景思余，余乃归欤！”题《解印》云：“糊口而来，折腰而去，乱世之出处。”写得陶渊明何等傲气，松菊关心，世俗仕途哪里看在眼里！陶渊明又是蔼然的仁者，所以题《寄力》云：“人子役我子，我子役人子，不作子人观，谆谆付此纸。”如果没这种宽博的仁爱心胸，陶渊明总是狂傲，又有多少值得称道之处？陈洪绶题跋与画一体，相得益彰，可谓深得陶心，能帮助我们进一步理解画外之意。

陈洪绶所画其他陶渊明像也具有类似的特点，如台北故宫博物院藏《玩菊图》中的陶渊明视线与瓶菊不对，目半敛若深思；人物形象高古瑰奇，躯干头颅鼻目耳颔皆硕大，蕴含傲然拔俗之气。《孤往》中的陶渊明一人独行，着冠执扇，“怡然中透着高傲之气”②，沉静中掩抑不住雄沉之韵。《橅古双册》之五中的陶渊明像虽然传承了李公麟所绘持杖前行的构图，但风骨凛然、气韵沉雄，宽袍飘然而带质感，造型和精神与《陶渊明故事图》中的形象更是如出一辙。

陈洪绶又能够传渊明醉酒之神。其《陶渊明故事图》中的《行乞》一段就画到渊明醉态：其眼脸微红，眼神回望，颓然欲倒，似含感愧，又似悠然而远，情绪复杂。旁边一老妇背米袋相搀扶，当是其妻，后边一老妇相送，当是陶《乞食》诗所云“漂母”。此图产生之前，今台北故宫博物院藏宋人《柳荫高士图》、明代周位《渊明逸致》图中陶渊明的醉酒形象给人留下了深刻印象。前者陶渊明白衣袒胸，醉坐于古柳荫下，胸廓臂壮，右臂撑地，左臂横搭于左膝，葛巾黑髯，双目

① [美]翁万戈：《陈洪绶》中卷，第223页。下文《陶渊明故事图》题跋皆据该本识读，不再加注。

② 袁行霈：《陶渊明影像》，中华书局2009年版，第71页。

炯炯，孤闷清澈，土木形骸的姿态里蕴蓄着豪逸之气，最得渊明之神。后者据袁行霈先生介绍云：“画中陶渊明头戴葛巾，宽袍，衣带松解，袒胸，颔首，细髯，目半闭，右一人搀扶行进。陶渊明在醉态中显出高远超逸，若玉山自倒。”①陈洪绶的《行乞》亦用搀扶来表现醉态，只是搀扶的人不是青年男子，而是老妻，把送米的恩人想象成形貌瘦奇拔俗的老妇也颇具创造力。这里面有陈洪绶本人醉酒的体验。陈洪绶嗜酒狂放，而且饮酒后也能够作画，如其题《隐居十六观图》《冰壶秋色图》皆醉时所作。陈洪绶醉酒的时候，有时还想到陶渊明，如其《冰壶秋色图》所题联句诗提及陶渊明的采菊典实，结句“沉醉扶归去”很容易令人联想到他所画的渊明醉归时被人扶持的情态。②

但陈洪绶画陶能够得陶之神还不在于他对醉酒的体验，关键在于他愤懑无聊的遗民苦衷。以往的陶渊明画像大多以高士的面貌出现，而且着重画他的萧然神远、高古淡泊。而陈洪绶把渊明世俗生活化了，他不是把陶渊明放在高山流水、松荫深涧里，而是把他放在现实生活中，还原历史的生活情态。但陈洪绶又没有把陶渊明庸俗化，而是借助神情、体态、线条传达他身上高出世俗的精神风韵。如其题《陶渊明故事图》中的《赞扇》云：“寄生晋宋，携手商周，松烟鹤管，以写我忧。”题《漉酒》云：“衣冠我累，曲糵我醉。”题《种秫》云：“米桶中人，争食是力；狂药中人，何须得食！”写得陶渊明何等洒落狂狷、坚确不拔！忧愁愤懑，无处抒发，只好借助诗酒宣之。而画上的陶渊明也俨然如此神态。其画中之陶所传达的精神风韵主要是狂放、高傲和愤懑。而这正是陈洪绶本人的遗民心态。

陈洪绶有非常浓郁的遗民心态。他曾经师事明末正直的儒学宗师刘宗周，刘宗周的思想和为亡明殉节的行为深刻地影响了陈洪绶。在明朝危急存亡的岁月里，陈洪绶看不到希望，纵酒狂放；当清兵入关后，面对师友黄道周、王毓蓍等人的殉国③，他又面临着生死的矛盾抉择，他以陶渊明为前辙，最终选择了饮恨偷生的道路，但他的痛苦愤懑无法从余生中消除。1646 年夏，迫于时势和内心苦闷，陈洪绶一度削发为僧，避乱云门寺，拒不仕清。在为僧期间，有感而作《桃源图》，表达对没有战乱和矛盾的桃源世界的向往之情，也隐约流露出遗民

① 袁行霈：《陶渊明影像》，第 47 页。

② ［美］翁万戈：《陈洪绶》中卷，第 88 页。

③ 乾隆《绍兴府志》卷五六《王毓蓍传》载：（杭州失守前）“宗周绝粒未死。毓蓍上书曰：‘愿先生早自裁，毋为王炎午所吊。’俄一友来视，毓蓍曰：‘子如何？’曰：‘有陶渊明故事在。’”从陈洪绶《挽王义正先生》“劝诫逾千语”等诗语推测，此“一友”当为陈洪绶。

的悲愤心态。陈洪绶“在这甲申、乙酉亡国世乱之际，既悲愤、激越，感慨万千，甚至装疯作狂；而另一方面，却表现出消极的无能为力，认命而自安，内心充满矛盾，性格也兼具激烈正直和软弱自安的两重性”①。国破家亡是他最为刻骨难消的忧愤，他吟咏说，“最是国亡家破恨，青天白日上心窝”②，乃至“梦见先帝”，“泪滴袈裟荷叶裳”③，以此心态和性格灌注于陶画的创作，陶渊明自然也会被带上狂放、悲愤、孤傲和醉酒时的无奈等种种精神特征。《陶渊明故事图》的创作缘起就体现了这一点。明亡后，为了生计，陈洪绶在绍兴、杭州卖画糊口。他虽然穷困潦倒，却很有气节，豪强权贵索画，“虽千金不为搦笔”④，至于小民稚子、歌妓老卒等穷贱之人，他却乐于作画相送。老友周亮工降清做官后，多次向他索画，他都回绝了。顺治七年（1650）夏天，周亮工从福建北上经杭州向他再次索画，他还是“坚不落笔如昔”。⑤ 但周亮工走后，陈洪绶若有所思，非常投入地画了此卷《归去来图》，时年已五十三岁。陈洪绶作此图寄托深微，其中当有讽示老友放弃清朝仕途的微衷。⑥ 其遗民情绪与故宫博物院藏明遗民张风《渊明嗅菊图》之意蕴有相通之处⑦，这是一代士人的苦闷在陈洪绶个人身上的独特体现。

画陶是明遗民借陶自指、以陶抒愤明志的表现方式之一。遗民画家中画陶者不止陈洪绶一人。如顺治十八年（1661），髡残画了轴纸设色《仙源图》⑧，借画传达忘世的企求，故其七言题画诗云：“绿荫覆屋绕清流，曾道仙源花片浮。径僻自然来岛屿，尘疏何必不瀛洲。碧潭竞跃游鱼乐，青嶂翻翻野鹭幽。即此山中淹岁月，山光云影两悠悠。”⑨画家弘仁也在他的题画诗中借陶言志，如其《画偈》云：“衣缁倏忽十余年，方外交游子独贤，为爱门前五株柳，风神犹是义熙

① 王璜生：《陈洪绶》，吉林美术出版社1996年版，第40页。

② 〔清〕陈洪绶：《偶题五首（之五）》，见《宝纶堂集》卷九。

③ 〔清〕陈洪绶：《梦见先帝泣赋三首（之三）》，《宝纶堂集》卷九。

④ 〔清〕周亮工：《读画录》卷一，西泠印社2008年版，第75页。

⑤ 〔清〕周亮工：《赖古堂集》卷二二，清康熙十四年周在浚刻本。

⑥ 吕晓《陈洪绶的渊明故事图——兼论陈洪绶与周亮工的交往》（载《荣宝斋》2004年第3期）就此有较详细的考察。

⑦ 其论可参看袁行霈《陶渊明影像》，第61～65页。

⑧ 中国古代书画鉴定组编：《中国古代书画目录》第二册，文物出版社1985年版，第91页。该画现藏故宫博物院。

⑨ 卢辅圣、曹锦炎主编：《黄宾虹文集·书画编（下）》，上海书画出版社1999年版，第291页。

前。”[①]表达了对明朝的眷恋之情。陈洪绶的陶画也有类似的寓意，读其《陶渊明故事图》题词可以强烈感受到这一点，其避世自高的心态仿佛可以触摸。

从分段画陶的渊源来看，陈洪绶继承了李公麟、赵孟頫以来的《归去来图》和《陶潜轶事图》。明清多有此类画图，如明李翠兰《渊明轶事图》卷，绢本墨笔，万历十年（1582）画，故宫博物院藏[②]；明朱之蕃《归去来图》卷，纸本墨笔，天启元年（1621）画[③]；清王式《归去来兮辞图》（十六开）册卷设色，顺治元年（1644）画[④]；清焦丙贞《归去来图》卷，绢本设色，康熙四十一年（1702）画[⑤]，等等。

二、戴本孝、石涛：陶诗意境的绘画传达

如果说陈洪绶借助陶渊明绘事来表达作为遗民的愤懑是呼之欲出的，那么戴本孝、石涛等人的表达则深隐不露，他们选择用与世俗生活保持距离的诗意图来表现陶渊明高逸、孤独和遁世的心态。在他们的陶渊明诗意图中，直接描绘的中心对象已经不是陶渊明，而是陶诗中的田园山水和精神气韵。也就是说，丰满奇骇、棱角傲然的人物不再是画面的主角，或者工细或者简括的山水草木占据了画面主体，人物仅仅是山水中一粒、万物中的灵心；画面传达的不再是扑面而来的人格形象和流溢的情绪，而是接源于陶渊明的深远意境和蕴藉风韵。

戴本孝（1621—1693）[⑥]，字务旃，安徽和州（今和县）人。明亡后，其父绝食死，本孝一生隐居不仕。康熙二十八年（1689），年六十九岁，作《陶渊明诗意山水轴》十二帧。[⑦] 该画今藏南通博物苑。[⑧] 袁行霈先生介绍说：“这些绘画有一个明显的特点，就是以山水为主，人物点缀其间，人物所占篇幅不但很小，而且人物的色调与山水也没有明显区别，人物和山水融合无间。另一个特点就是每

---

① 郑锡珍：《弘仁髡残》，上海人民美术出版社1979年版，第9页。

② 中国古代书画鉴定组编：《中国古代书画目录》第二册，第48页。

③ 中国古代书画鉴定组编：《中国古代书画目录》第二册，第55页。

④ 中国古代书画鉴定组编：《中国古代书画目录》第二册，第82页。

⑤ 中国古代书画鉴定组编：《中国古代书画目录》第二册，第124页。

⑥ 参［日］西上实《戴本孝研究》，见安徽省文学艺术研究所《论黄山诸画派文集》，上海人民美术出版社1987年版，第119页。

⑦ 许宏泉：《戴本孝》，河北教育出版社2002年版，第263页。

⑧ 王云栋主编：《南通博物苑文物精华》，文物出版社2005年版，第89页。

一条屏上各写有陶渊明的一首诗。……各诗之下,戴本孝又写有自己的一段题识。"①这十二首陶诗第一首实际是江淹的《拟陶征君田居》,以后十一首为《和郭主簿二首(之一)》《游斜川》《饮酒二十首(之五、之十四)》《始作镇军参军经曲阿作》《归园田居五首(之一)》《读山海经十三首(之一)》《移居二首(之一)》《饮酒二十首(之八)》《和郭主簿二首(之二)》《癸卯岁十二月中作与从弟敬远》。画面山高树疏,枯淡幽深,草庐高士隐藏其间,避世隐逸之趣甚浓。其中高山大壑又往往为大雪所封,天地寂寥,传达的不是隐逸的愉悦,而是静穆的悲凉;只有山上那些点缀的青松见出冷峻的生意和不动声色的风骨。

戴本孝以布衣隐居今安徽和县西埠镇鹰阿山中,生活、思想、品性与陶渊明千古同调。《清诗别裁》卷七录其律陶诗四首,分别是《赠野人》《课农》《田家》《葺山中田庐》,其最出色者为《田家》,诗云:"少无适俗韵,甘以辞华轩。但道桑麻长,而无车马喧。服勤尽岁月,守拙归园田。终晓不能静,鸡鸣桑树颠。"②又有《巢民老人观菊图》,上题七律二首之一云:"三径蒿蓬谁送酒。"③其隐逸守志之心、爱陶效陶之情可见一斑。虽为遗民,但心中像陈洪绶那种狂躁难静的悲愤情绪已经深隐在大道运行的宇宙之中了,戴本孝《饮酒二十首(之十四)》诗意图题跋云"乐天知命,与时偕行,渊明有焉",其实也是夫子自道,国破家亡的难抑愤懑转化为旷达的悲凉意绪,体现出明遗民精神自救的主体超越性,而陶渊明及陶诗无疑是这一路向的指引者。

石涛(1642—约1707)的《陶渊明诗意图》是继戴本孝之后的同题名作。此据《石涛陶渊明诗意图册》(紫禁城出版社版)将石涛所画及王文治题跋移录如下(引号之内为原题文字):

第一帧:"狗吠深巷中,鸡鸣桑树颠。"按,语出陶诗《归园田居五首(之一)》。王题:"林际点金斜日照,溪边跃锦月初升。静中万籁此俱寂,妙悟惟能入定僧。元亮以喧嚣之境,写至静之机,此中三昧,匪石老其谁参之?"

第二帧:"悠然见南山。"按,语出陶诗《饮酒二十首(之五)》。王题:"黄菊东篱已著花,醉余扶杖憩山家。怡情最是南山色,秋柳西风夕照斜。先生醉矣!菊已著花,餐英者谁?正无事,白衣送酒也。"石涛又有《墨笔柳下陶渊明》册页

---

① 袁行霈:《陶渊明影像》,第79页。

② 〔清〕沈德潜等编:《清诗别裁集》,上海古籍出版社1984年版,第265页。

③ 刘景龙主编:《安徽省文物志稿》中册,安徽省文物志编辑室1988年内部印行本,第109页。该画现藏安徽博物院。

题诗(与《采菊图》轴纸所题诗同)云：“采之东篱间，寒香爱盈把。人与境俱忘，此语语谁者。”①康熙十年(1671)有《采菊望山图轴》。②

第三帧：“若复不快饮，空负头上巾。但恨多谬误，君当恕醉人。”按，语出陶诗《饮酒二十首(之二十)》。王题：“得意三杯能悟道，酕醄数斗亦通神。先生饮酒犹知误，慎矣高风独醒人。先生欲饮辄醉，是隐于酒，非溺于酒也，欲赴糟邱，盍师靖节？”

第四帧：“一士常独醉，一夫终年醒。醒醉还相笑，发言各不领。”按，语出陶诗《饮酒二十首(之十三)》。王题：“童仆欢迎子候门，归来检点旧山村。多君识我壶觞趣，垂落盈罂与细论。先生志迈羲皇，田父复有好怀相与，此情此景，正未可与折腰时同日语也。”

第五帧：“带月荷锄归。”按，语出陶诗《归园田居五首(之三)》。王题：“山光水色两悠然，耕罢东皋好放船。犬吠柴门人语寂，一林明月龙溪烟。荷锄者伊谁？种瑶草欤？种梅花欤？清况宜人，却与雅怀相称。”

第六帧：“遥遥望白云，怀古一何深。”按，语出陶诗《和郭主簿二首(之一)》。王题：“书览前贤堪尚论，醉凭中圣亦陶然。不求甚解心常领，悦性陶情信乐天。惟醒欲醉，惟醉欲醒，靖节高风，其趣谁领？”

第七帧：“平生不止酒，止酒情无喜。”按，语出陶诗《止酒》。王题：“解组归来尘梦醒，新醅初熟贮瓷瓶。一杯在手吟将罢，又得看山两眼青。小饮欲醉，山气正佳，登楼遐观，此乐何极！”

第八帧：“饥来驱我去，不知竟何之。”按，语出陶诗《乞食》。王题：“先生何事被饥驱，来往松间读我书。赋罢归欤初服遂，孤松五柳自扶疏。富贵非吾愿，帝乡不可期。归去来兮！农圃自适，乐天知命，元亮其庶几乎？”

第九帧：“虽有五男儿，总不好纸笔。”按，语出陶诗《责子》。王题：“玉壶倾倒养天真，策杖闲吟自在身。椎髻在窗诸子戏，先生已是葛天民。蓬头王霸之子，椎髻梁鸿之妻。先生传，先生之子亦传矣。爱纸笔也奚事？”

第十帧：“连林人不觉，独树众乃奇。”按，语出陶诗《饮酒二十首(之八)》。王题：“参天松树倚山根，万里清流直到门。独立平原看山色，羡他归鸟返烟村。

① 傅抱石编著：《大涤子题画诗跋校补》，上海辞书出版社2006年版，第250页。

② 徐邦达编：《历代流传书画作品编年表》，上海人民美术出版社1963年版，第174页。该图当即文物出版社1985年版《中国古代书画目录》第二册第111页所录《采菊图》，轴纸墨笔，藏故宫博物院；其率野之风与《陶渊明诗意图》类似。

以石涛清旷之思，写彭泽出尘之致，合而参之，其得抚松盘桓之意欤。”

第十一帧：“东方有一士，被服常不完；三旬九遇食，十年著一冠。”按，语出陶诗《拟古九首（之五）》。王题：“静听涛声翠霭阴，松风一曲寄琴心。先生已得琴中趣，何事泠泠弦上音。但得琴中趣，何劳弦上声。良友适至，正襟危坐，挥麈清谈。得此知音，快我心曲。”

第十二帧：“清晨闻叩门，倒裳往自开。问子为谁欤，田父有好怀。”按，语出陶诗《饮酒二十首（之九）》。王题：“远性难堪彭泽柳，逸情遥寄武陵桃。青天搔首凭谁问，恬憺何如饮浊醪。石涛写渊明诗意十二帧，旧为秋史太史所藏，今扬州寓斋属余题识，录以请正。同馆弟王文治记。”

石涛壮年时在南京与戴本孝结识①，相见恨晚，其《陶渊明诗意图册》十二幅表现隐逸之趣，当为晚年作品，顺承戴本孝的思路，但又有新的创造。第一，从取材和数量来看，石涛和戴本孝所画都是《陶渊明诗意图》十二幅，但形式很不一样，戴画是绢本设色，各幅纵一百六十九点一厘米、横五十四点二厘米，石画纸本设色，各幅纵二十七厘米、横二十一点三厘米，是小画册。石画与戴画取材重复者仅三，即《饮酒二十首之五、之八》和《归园田居五首之一》；其余十首皆为石画独有，它们是《饮酒二十首之二十、之十三、之九》《归园田居五首之三》，《和郭主簿二首之一》《止酒》《乞食》《责子》《拟古九首之五》。第二，从题诗来看，戴画所题乃整首陶诗并自作题跋，题字皆在画面内留白处；石画则仅选陶诗一二句作题，故宫博物院所藏各幅画面之外配有王文治自作七言绝句题诗和题跋一幅。第三，笔墨工拙不同，戴画用笔工致，一丝不苟，有陶诗枯淡醇厚之风；石画用笔粗率，颇有野趣，得陶诗真率无饰之味。第四，就人物与景色的关系和构图来看，石画显然继承了戴画模糊人物形象（甚至连五官都没有）、缩小人物比例的做法和物我一体的构思，但戴画山高人渺，幽深穆远之感较强，石画则较为平近，田园气息、人间意味较浓。如“悠然见南山”一幅，不仅渊明、柳线花竹皆有见山之神，而人与景都未刻意精雕细琢，只是粗略传神，甚至有些拙朴，加以设色随意点染，令人顿生散淡之感。《石涛画语录》“境界第十”论构图不尊三叠而主张两段，石涛所画陶画基本如此，又故宫博物院藏石涛《对菊图》，创作于 1671 年即三十岁时，图

---

① 石涛从康熙十九年（1680）秋到康熙二十六年（1687）春在南京，参韩林德《石涛年表》，见《石涛评传》，南京大学出版社 1998 年版，第 289 ~ 291 页。时石涛三十九岁到四十六岁，戴本孝六十岁到六十七岁。

上自题陶诗“采菊东篱下，悠然见南山”，图作两段，上段以山峦为主体，突出其重叠高远，下段以青松为主体，松树交错盘结，立根岩石而郁郁葱葱，间有菊花簇簇，高士形体虽小，渺然如融自然，既见其悠然超逸的精神，也可体会其高洁峻拔的人格。与图册同题画相比，《对菊图》更峻拔恣肆且富有气势，而图册整体风格则平近许多。此外，石涛曾作《桃源图》《梅菊合卷·菊图》（藏上海博物馆）等相关画作。

石涛俗姓朱，本朱元璋从孙后裔，广西全州人，流寓宣城、南京等地，晚年定居扬州。石涛是明末清初最富个性的画家之一，画风恣肆奔放，扫却仿古习气。《陶渊明诗意图册》也带有这个特点。其画虽然画面粗率不羁，但酣畅淋漓，妙趣横生，活泼多致，气韵流荡。其中的陶渊明形象虽然粗见其形，但不是平面化的高逸，而是或孤独或悠然或率意或愤懑或深慨或自得或失意，情感丰富多彩，所画田园隐逸诗意题材富有生趣，易给人留下深刻印象。相对于戴本孝《陶渊明诗意山水轴》整体寄托遥深的象征性，石涛《陶渊明诗意图册》则显得顾盼多姿、清雅动人。而王文治（1730—1802）是乾隆年间的书法家、诗人和画家，浙江省衢州市博物馆今藏其《行书归去来辞》卷，纸本，乾隆五十八年（1793）作①，他的题跋与石画相映成趣，既是对石画的诗意解读，又增其风神隽致，可谓珠联璧合。臧克家曾评论说：“历代诗人，对陶诗无不崇拜，或和答，或手写。而画家石涛，却以十二幅画，写陶诗意境，这可说别开生面。他把诗情化作画意，两者互相辉映，相得益彰。读了陶诗，可于画中得其具体形象与意趣；看了石画，从山水人物中体味到浓郁的诗的气氛。……梦楼（王文治）的字，疏淡耐看，独具风格。写字，也表现一个人的性格。墨的浓淡，气势的韵味，字如其人。他的字，和陶诗、石画，气韵情趣，浑然三而为一。他的诗，发挥了陶诗的意趣，也写出了石画的精神。”②老诗人的解读可谓确切，把石画、陶诗、王书三位一体的独特审美价值揭示了出来。

只是王文治诗中已经少了陶诗、石画中那种深隐的苦涩和不平，更多清旷

---

① 中国古代书画鉴定组编：《中国古代书画目录》第六册，文物出版社 1993 年版，第 48 页。

② 臧克家：《臧克家全集》第八卷，时代文艺出版社 2002 年版，第 374 ~ 376 页。八大山人与石涛也有书画合作的陶渊明绘事。康熙三十五年，八大山人行书《书桃花源记》（黄苗子旧藏，见《八大山人书画集》第一集，人民美术出版社 1983 年版，第 220 ~ 221 页），卷后有石涛补画山水及长题。石涛尚有《莲社图》《竹菊图》及与八大山人合作之《松菊石图》等与陶渊明相关的绘画。

出尘之趣，仅可看作盛平年代的一种解读。近代篆刻家、考古家褚德彝（1871—1942）跋此画之尾云："画家于摩诘、杜陵诗，多节取诗句写作画册。独陶诗图写者甚罕，泉明（按，即渊明）诗意渊深，匪浅人所能窥测。此苦瓜僧（石涛）取彭泽诗画成十二叶，如二叶之'悠然见南山'，四叶之'一士长独醉'，六叶之'遥遥望白云'，八叶之'饥来驱我去'，皆于画中将陶公心事传出。实即自己写出心曲，所谓借他人之酒杯浇自家块垒。寻常画士岂能梦见？梦楼太史写作俱精。"褚德彝就石涛画在题材上的开拓、画里蕴涵的深意所发的评论十分精到，而王文治虽"写作俱精"，却有意无意忽视了陶诗和石画的深沉性。从陈洪绶到戴本孝，再到石涛和王文治，可以清晰地看出遗民精神的变化和消散。这与时代的变迁有密切的关系。"文变染乎世情"，书画亦然。

明中期吴门画派画家谢时臣早就画有《陶渊明诗意图》卷，今藏无锡市博物馆[①]。明沈颢（1586—1661）有《东篱南山图》，轴绢墨笔，万历四十五年作，今藏山东博物馆。[②] 清初作渊明诗意图者还有叶欣、髡残等。顺治十二年（1655），叶欣曾为周亮工作《陶渊明诗意图》册页"小幅满百，用笔楚楚，觉陶公句倍增幽澹"[③]，今藏美国旧金山亚洲艺术馆。[④] 康熙八年（1669），髡残作《彭泽诗意轴》，此外，其《北窗绿阴图》及《物外田园书画册》（如第四叶题跋涉及武陵桃源）皆有陶渊明诗意。以东篱采菊为题材的图较为普遍，如清陈昌的《渊明采菊图》，轴绢设色，上海文物商店藏[⑤]；清马莒有《渊明采菊图》，轴纸设色，上海文物商店藏[⑥]；清顾见龙的《东篱采菊图》[⑦]；清蔡泽的《东篱采菊图》，轴纸墨笔，中国美术馆藏[⑧]；清韩荪的《东篱采菊图》，轴纸设色，中央美术学院藏[⑨]；清王树穀的《渊明采菊扇页》[⑩]。戴、石之后，渊明诗意图遂成绘画领域常见的题材。

① 参陈瑞农《无锡市博物馆藏历代书画综述》，载《中国书画》2007 年第 1 期。

② 中国古代书画鉴定组编：《中国古代书画目录》第八册，文物出版社 1993 年版，第 46 页。

③ 〔清〕周亮工：《读画录》卷三，西泠印社 2008 年版，第 186 页。

④ 据林树中《清初金陵画派年表》，人民美术出版社 2010 年版，第 75 页。

⑤ 中国古代书画鉴定组编：《中国古代书画目录》第四册，第 55 页。

⑥ 中国古代书画鉴定组编：《中国古代书画目录》第四册，第 61 页。

⑦ 《红豆树馆书画记》卷八，见福开森编《历代著录画目》，人民美术出版社 1993 年版，第 464 页次面。

⑧ 中国古代书画鉴定组编：《中国古代书画目录》第一册，文物出版社 1984 年，第 10 页。

⑨ 中国古代书画鉴定组编：《中国古代书画目录》第一册，第 27 页。

⑩ 殷伟：《菊：中华千古文人的隐逸之风》，中国文史出版社 2008 年版，第 177 页。

如清黄慎,“扬州八怪”中的布衣画家,有《陶渊明诗意图》卷,纸本设色,雍正元年(1723)作,藏上海朵云轩。① 据陆损之《陶靖节诗意摘句图序》②、任伯年光绪年间所画《采菊东篱下》等可知,清代中晚期也不乏陶潜诗意图。③

三、版画、年画与渊明形象的入俗

工艺陶渊明像的出现是明清时期陶渊明绘事的一大特色。这些陶渊明肖像一方面附着于陶集,一方面与酒牌、浮雕、象牙雕像、瓷器胎绘等结缘。其中最富于个性者当数武强年画。

今传历代陶渊明集多有陶渊明肖像。如明汲古阁影宋绍兴刻苏写大字本《陶渊明集》卷首有渊明正面全身像,状如圣贤。清吴骞拜经楼翻刻宋汤汉《陶靖节先生诗》卷首有两幅陶渊明肖像,一幅是半身《靖节先生像》,系清人张燕昌从明人《历代名贤像》中摹出,葛巾蓑(或鹿)披,表情略显呆滞;一幅是全身《陶靖节先生小像》,系方薰从元代何澄《渊明归庄图》中摹出。袁行霈先生指出,方薰所摹“虽然同是着葛巾、宽袍,持杖,但神情实在相差很远。似乎多了几分怡然的态度,而少了深邃的表情”④。然版刻甚精,居然衣带如飘,眉目清远,很是难得。此外,陶澍《靖节先生集》等通行陶集卷首都附有张燕昌、方薰等所摹陶像。南京图书馆藏清李廷钰道光二十一年刻本《陶渊明集》卷首陶像,体态魁伟而表情和蔼,近俗而无飘逸之气。温汝能《陶诗汇评》卷首附静立陶像,右手拄杖,左手搭于右手腕上,蔼然一老者,敦实有余,而灵动不足。南京图书馆所藏清章炜辑注《陶靖节集辑注》(清嘉庆二十三年刻本)卷首附陶渊明像,头圆戴斗笠,脸面亦圆,有满族人特点,虽持杖立,但作回视状,体态若往若还,表情雅和灵远,堪称版刻中的上乘。

---

① 中国古代书画鉴定组编:《中国古代书画目录》第四册,文物出版社 1991 年版,第 18 页。

② 〔清〕陆损之:《东萝遗稿》,《清代诗文集汇编》第五一八册,第 361 页。

③ 如 2007 年春季广州拍卖会所拍金城 1902 年作《陶潜诗意图》立轴,水墨纸本。甚至延续到近现代,如广东省博物馆藏李砚山(1898—1961)《仿原济写陶潜诗意图》“还是用陶诗之意,却改变了构图,把野逸变成了优雅”,但仍然有明显的石涛影子。参吴瑾《李研山的书画艺术略述》,见广州艺术博物院编《广州艺术博物院年鉴 2006》,广东新世纪出版社 2007 年版,第 86 页。据相关资料,陆俨少(《2010 古董拍卖年鉴》,湖南美术出版社 2010 年版,第 414 页)、张大千(《中国书画拍卖行情》,文汇出版社 1996 年版,第 54 页)、冯其庸(《冯其庸书画集》,文物出版社 2006 年版,第 173 页)等都曾画过渊明诗意图。

④ 袁行霈:《陶渊明影像》,第 59 页。

清代，陶渊明像还被刻入圣贤群体像中。早在明代，陶渊明即被收入《历代人物像赞》。该书一卷，前有弘治戊午（1498）天然翁书序，不著绘者姓氏，收一百七十五人像赞。其中所载陶渊明像赞，右像左跋。像为半身像，葛巾褒衣，端然而神远，右上角题姓名“陶渊明”，左上角题辞曰“耻事二姓，克全三纲。高志远识，播之词章”①。左半部所跋为陶渊明简介。该版画刀法精工，神态自然，为明版画精品。《十竹斋笺谱》（成书于1644）卷三所录七十二幅版画中“陶巾”一幅，现存。② 清人传承者，如清顾沅辑《古圣贤像传略》十六卷，道光十年（1830）刻本，前载屠倬序，收四百二十五人，前图后文，人一图一赞，所收“陶靖节像”，半身像，葛巾绰袍，略带微笑，悠然远视，胡须三绺与巾带同飘。③ 清上官周绘《晚笑堂画传》二卷，乾隆八年（1743）刻本，收一百二十人，所收陶靖节像，全身立像，抱无弦琴，若有所思，构思新颖，为前人所罕及。左侧行楷引萧统语介绍陶之生平。④ 郭味蕖评上官周画：“人物面貌表情细腻，构图富有变化，衣纹刀刻硬整流利。”此画当之无愧。又深可值得注意者，山东博物馆所藏、清潍县丁善长编著《历代画像传》（光绪二十二年至二十三年潍县丁氏刻本）有陶渊明醉酒图一幅，渊明垂头持菊，踉跄左行，全身略向后倾斜，颓然欲倒；妙在身后缀一小童，左脚着地，右脚腾空，正全力头手并用抵住渊明臀部；表现渊明醉状栩栩如生，而构思新颖，诙谐有味，前所未见。⑤

版画中值得重视的还有酒牌陶渊明肖像。无名氏绘，明万历末黄应绅刻《酣酣斋酒牌》第四张为陶潜，画陶渊明葛巾漉酒，上书“百万贯”⑥。徐渭《酒牌引》“九钱”为陶渊明，题云：“每恨陶彭泽，无钱对菊花。如今九日至，自举酒须赊。”⑦承之者有陈洪绶木刻版陶渊明画。这是他顺治八年（1651）五十四岁时

---

① 郭磬、廖东主编：《中国历代人物像传》，齐鲁书社2002年版，第130页。此图又见明成化十一年刊本《历代人物像赞》，见郑振铎主编《中国历代版画丛刊》（一），上海古籍出版社1988年版，第459页。

② 郭味蕖编著：《中国版画史略》，朝花美术出版社1962年版，第117页。

③ 郭磬、廖东主编：《中国历代人物像传》，第1039页。

④ 郭磬、廖东主编：《中国历代人物像传》，第527页。

⑤ 《山东文献集成》第二辑第一三册收录《历代画像传》，山东大学出版社2007年版，第693页。

⑥ 参郑振铎主编《中国历代版画丛刊》（一），第586页。此图所绘渊明于篱内坐持葛巾，一童子弯身抱瓶倒酒；篱外一老者持杖回头，如与其后童子相语；篱门左侧二松并立，挺拔耸天。右下角缀岩石、瓶罐，左上角题陶漉酒逸事并酒约（“白衣长者一觥”）。

⑦ 〔明〕徐渭：《徐渭集·徐文长逸稿》卷二四，中华书局1983年版，第1069页。

创作的《博古叶子》中的“空汤瓶”叶，“叶子”是古人对酒牌的称呼，类似于画片，上面一般画着人物，写着题名和酒令，酒场上人们从一堆酒牌中抽取一张，按照上面写的行令劝酒以活跃气氛。陈洪绶《博古叶子》四十八张，从赌牌的钱数来看，与《酣酣斋酒牌》所绘异趣，显然呈现出一个贫富排行榜，富者往往不仁而钱多，贫者高尚却钱少。杜甫因“囊中恐羞涩，留得一钱看”而名列“一文钱”，陶渊明断炊乞食自然名列“空汤瓶”。“空汤瓶”是其中很富于独创性的一幅。此画配有陈氏所书明人汪道昆的题赞，赞云：“其卧徐徐，其视于于；瓶之罄矣，其乐只且。”①画面上，陶渊明葛巾宽袍，席地枯坐，颓然低头，敛目内视，萧然若有所思；身右磐石上立着空酒坛，身左的拐杖头压在一枝菊花上，“它们和自己的主人同样沉默，真有万籁俱寂之感”②。此画之所以能传陶渊明贫穷神韵，与陈洪绶本人贫穷感触良深密不可分。他晚年家口多，倍尝衣食艰难之苦，往往卖画度生，其《博古叶子》因贫而作，自题云：“廿口一家，不能力作；乞食累人，身为沟壑；刻此聊生，免人络索。”③又题《花卉山鸟图》云：“孟冬，老莲以博古页子饷茂齐，时邸中缺米，实无一文钱，便向茂齐乞米，茂齐遗我一金，恐坠市道，作此酬之。”④由此可见陈洪绶的穷困之状。读《宝纶堂集》，多见陈洪绶类似渊明《乞食》诗的作品，如《无米》《陶去病赠米烛书谢》《无钱买酒怀刘道迁》《无钱》《借米》《助予》等，其实际人生体会如此，自然可以传渊明乞食、“空汤”之神。这套叶子以陶朱公开始，以陶渊明作结，可谓意味深长，寄寓了作者的身世浮沉之慨，也借助陶渊明表达了固穷守节的品格追求。陈洪绶题《博古叶子》云：“集我酒徒，各付康爵，嗟嗟遗民，不知愧怍！”⑤陈洪绶以明遗民自居，而清贫自守的陶渊明就是他立身行事的榜样。

据《武强石刻艺术与武强年画》可知，“2003 年 10 月 11 日，武强县从贾振邦家老屋房顶内发掘出古画版 159 块……像《洗砚鱼吞墨》《烹茶鹤避烟》《陶渊明爱菊》《孟浩然踏雪寻梅》等许多武强古版古画，都十分明显地彰显着从石

---

① 参栾保群《酒牌故事——八 陶渊明 空汤瓶》，载《紫禁城》2009 年第 9 期。

② 裘沙：《陈洪绶研究——时代、思想和插图创作》，人民美术出版社 2004 年版，第 264 页。

③ 〔清〕陈洪绶等著，栾保群解说：《酒牌》，山东画报出版社 2005 年版，第 13 页。

④ 转引自王璜生《陈洪绶》，吉林美术出版社 1996 年版，第 217 页。〔清〕陈焯《湘管斋寓赏编》卷三所载《陈章侯梅竹》（见黄宾虹、邓宝编《美术丛书》第四集第八辑，神州国光社 1947 年版）第 438 页亦录，有阙文，略异。

⑤ 〔清〕陈洪绶等著，栾保群解说：《酒牌》，第 13 页。

刻转木刻而来的金石韵味”①。此版未能亲见。②《陶渊明爱菊》图画面色彩鲜明，栩栩如生，线条粗犷而流畅。尤其是陶渊明形象格外漂亮，甚至可以说妩媚多姿。他脚踏白底皂邦鞋，身穿淡蓝袍，袍子下摆、胸腋和肩膀三部位点缀红心转轮黄色花瓣，袍子镶黑、红、黄等各色缀边；下身袍外罩一缀蓝白裙，腹部扎黑色绦带，绦带与袍罩飘如柳丝。右手用肩杆背一菊花提篮，上身侧倾，回头左手致意担盆送菊的童子。他前面的另一童子抱着一瓶菊花，也是微笑回视。妙在渊明神情，他面如银月，眉清目秀，须黑唇红，眉目皆含笑意，充分流露出“爱”的心情。渊明形象整体上洋溢着喜庆色彩，细节方面，他的发髻居然也用粉红扎巾，鲜艳得像一朵菊花。两童子皆着多色搭配的鲜艳衣服，主画面人物所持的四丛菊花都是砖红色，周边是青松、红梅、泛绿的山及镶蓝的白色祥云；山外的天空倒成了黑色，正好做背景压住这多彩的画面、欢乐的气氛，上面楷书之白色诗句“为有渊明把菊爱，朵朵飞香花正开”正是点睛之笔，用情感和香气为五彩缤纷的画面注入了灵魂。这是生活中的陶渊明、风俗中的陶渊明，他并不孤独，也不忧愁，他充分享受着人间节日的欢乐，充分享受着菊花的美丽与芬芳，他虽然胡须飘然，却了无老惫之气，天然婀娜，生机流畅，像绽开的菊花一般展现出泥土的芬芳、青春的诗意！这里的陶渊明与文人笔下不食人间烟火的高雅、孤傲的陶渊明比起来，别有一番风味。

陶渊明肖像还见于雕塑、家具浮雕、瓷器等诸种工艺和日常用品上。③ 可以说，凡有绘事处皆有陶渊明，陶渊明从高雅走向世俗，从书斋走向民间，显示出对绘画艺术强大的渗透力和在文化史上的广泛影响。

此外，唐代以来画家的桃源图、采菊图、菊花图、肖像图和三笑图等也或写实或写意，在继承中有创新。如清初张风的《渊明嗅菊图》等注重以细腻的笔法在细节中传神，更形象化且富于人间气息；台北故宫博物院藏清王翚《桃花鱼艇图》构图大胆新颖，“堪称历代桃源图中的上上之作”④；安徽博物院藏清黄慎的

① 《衡水晚报》，2011 年 7 月 28 日第 B8 版《人文衡水》。

② 薄松年《中国武强年画艺术》插图有《渊明爱菊》一幅，河北美术出版社 2006 年版，第 125 页；在 188 购物网上幸得见到两张，具名《陶渊明爱菊》，其中一幅即下文描述所本。

③ 如，苏州天平山庄、留园等有陶渊明爱菊的雕塑；中华古玩网康熙《陶渊明爱菊》瓷片［藏品编号：1701221］，结构类似陈洪绶渊明《玩菊图》，只是形象清虚平实一些；2010 年春美国纽约佳士得推出“乘物游心：普孟斐文房清玩珍藏”专拍，其中有《陶渊明畅饮犀角杯》，杯外壁浮雕渊明赏菊像；等等。

④ 袁行霈：《陶渊明影像》，第 112 页。

《桃花源图》简劲清雅,一扫此类题材纷纭繁复的习气;与恽寿平工笔写实的东篱菊花图不同,清八大山人的《苍松菊石图》(藏上海博物馆)变形夸张,郑板桥的《兰菊书画合璧图》并题跋,书大于图,具有强烈的写意抒情意味。至晚近吴昌硕的菊花,虚实相生,浓淡相间,更富生趣。此难细述。

第三节 黄英、翩翩、林黛玉与小说中的陶渊明接受

陶渊明与中国小说有着密切的关系,他在世时喜欢读小说类异书,其中《山海经》和《穆天子传》是他在《读山海经十三首(之一)》中明确提到的。从“即事如已高,何必升华嵩”等诗句来看,他对神仙传记当也不陌生。此外,还有一种《搜神录》(即今传《搜神后记》)。梁代慧皎在《高僧传》中就提到此书是陶潜所撰。陶渊明去世后,他的形象和诗文也悄悄浸润着日渐蔚为大观的小说创作,对中国小说产生了深远的影响。明清时期其影响成果最为突出者要数《聊斋志异》中《黄英》《翩翩》两篇脍炙人口的小说和《红楼梦》中的林黛玉形象了。有此三者,陶渊明可以手持《桃花源记》在小说史上卓然而立、飒然而笑了。

一、为彭泽解嘲的黄英

蒲松龄《聊斋志异》中的小说名篇《黄英》是陶渊明接受史上遥承东篱神采的一朵时代奇葩,其中塑造的几个人物形象都与陶渊明有关。小说中的陶黄英和她的弟弟陶生本为陶渊明嗜爱的菊花所化生的菊神,他们姓“陶”,精晓种菊,经营有道,卖菊致富,还自称“聊为我家彭泽解嘲”,旷达不羁,风流潇洒,神似于陶。陶生如陶渊明一样好喝酒,醉后化菊,死后化为菊花,“浇之以酒则茂”,名曰“醉陶”,正如何氏所评:“陶弟托命寒香,寄情曲蘖,彭泽二致,兼而有之。乃至顺化委形,犹存酒气,是菊是人,几不可辨,名曰‘醉陶’,风斯远矣。”①男主人公马子才“世好菊,至才尤甚,闻有佳种必购之,千里不惮”,但他与经商的陶氏姐弟不同,他更多地从精神上传承了陶渊明固穷守节的品格,当他听说陶氏姐弟不安于“升斗馈恤”而要种菊卖菊时,批评说:“仆以君风流高士,当能安贫;今作是论,则以东篱为市井,有辱黄花矣。”可见小说中的三个主要人物无一不与陶渊明有某种风神气质上的联系。马瑞芳师曾精彩地指出,陶氏姐弟是“花神”加“企业家”的形象,马子才是“花痴”加“迂阔君子”的形象,除了这三个人物形

① 〔清〕蒲松龄著,任笃行辑校:《聊斋志异》下册,齐鲁书社2000年版,第2100页。

象，“更妙的是，小说还有一个凌驾于三人之上、无处不在的灵魂般主角——菊花：第一，两家知交情深，缘于菊花；第二，马子才和陶生因卖菊而疏远，因艺菊而复合；第三，黄英对马子才妙论‘菊经’，表现出完全不同的人生观念；第四，花神现身菊花，呈现《聊斋》最美的场景……三人关系以爱菊始，以花神现身终。他们的订交、矛盾、复合，始终以菊花为中心。小说是三人的性格史，也是一部别致的菊花传”①。实际上，《黄英》不仅是“一部别致的菊花传”，也是一部陶渊明接受史的缩影，浓缩了陶渊明形象由传统社会到近代社会变迁的历史，浓缩了自给自足小农经济制约下的传统人格向深受商业经济影响的近代人格的转变历程。

陶渊明喜爱菊花，于诗文中八次写到菊花，后世读者也认为菊花是陶渊明的象征，“自有渊明方有菊”②，把菊花作为隐逸、高雅的象征。陶渊明使菊花人格化、文雅化、诗意化了。诗文之外，小说多有涉及，最值得注意的是以传记笔法为菊花立传的作品。称其为传记是就形式而言，但就其志怪拟人色彩而言，其实称作小说也很恰当。为菊花作传始于宋人，史铸《百菊集谱》成书于淳祐壬寅（1242），其“补遗”部分录菊花传两篇，一是广信邢良孠的《黄华传》，其二是建阳马揖的《鞠先生传》。元末杨维桢有《黄华先生传》，童冀有《鞠玄传》。上面所说的四篇菊花传记，以邢良孠的《黄华传》和杨维桢的《黄华先生传》写得最为生动形象。这两篇传记主要集中写菊花与陶渊明的交往。其特点是本于陶渊明逸事而又加以适当虚构，写到陶渊明与菊花的交游、对话，谐趣横生，令人解颐。他们笔下的菊花被拟人化，菊花形象霜节凛然、洒脱自然，与五柳先生的贫士形象以及陶渊明仕隐自如、安贫乐道的表现十分契合。在这些作品中，菊花形象主要是隐逸高洁的化身，是传统知识分子孤高自守品格的象征化和形象化。

至小说《黄英》，深受商业意识影响的菊花神形象相对于传统高洁士人象征的倾向有了根本改观。蒲松龄赋予人物以时代的个性、思想和浓郁的生活气息，显示了小说大家非凡的独创。黄英姐弟保持了菊花独立人间的品性、隐士自食其力的传统、陶渊明好酒喜花的情趣，但不再以固穷实现守节，而是以对富

---

① 〔清〕蒲松龄撰，马瑞芳校评：《马瑞芳重校评批聊斋志异》第四册，河北教育出版社2008年版，第1270页。

② 〔宋〕辛弃疾：《浣溪沙》（百世孤芳肯自媒），见邓广铭笺注《稼轩词编年笺注》，上海古籍出版社1993年版，第366页。

裕的追求代替了对贫穷的坚守。陶渊明曾经感叹“众人皆获宜，拙生失其方”，束缚在土地上的老隐士时时感受到生活的压力，经受贫富交战的心灵折磨；马子才这个形象还保留着这种传统士人以对贫穷的坚守而换来的高洁人格，而陶氏姐弟已经摆脱掉贫富交战的心灵折磨，这两个菊花新形象谋生有方，不再有衣食匮乏之叹，不再需要用贫穷显示节操的高洁，他们的高洁主要表现在自食其力上。针对马子才重农轻商、以贫养德的传统观念，陶三郎和黄英反驳说：“自食其力不为贪，贩花为业不为俗。人固不可苟求富，然亦不必务求贫也。”“妾非贪鄙，但不少致丰盈，遂令千载下人，谓渊明贫贱骨，百世不能发迹，故聊为我家彭泽解嘲耳。然贫者愿富为难，富者求贫固亦甚易。床头金任君挥去之，妾不靳也。”①在自食其力方面，他们继承了陶渊明和其他隐士的传统，但随着时代的发展有了新的理解，传统的小农意识让位于时代的商业意识。富裕之乐战胜了知足常乐。于是种花不仅是为了欣赏，也为了换钱，正像袁枚写诗作文也不妨收润笔费；饮酒也不再是为穷困不得志而愤叹，变为享受生活的乐趣。陶氏姐弟身上既保持了传统人格的洒脱高雅，又展现了“近代文明色彩”的光辉②。

蒲松龄对黄英及其弟弟形象的塑造极其成功。两人如菊花般风流倜傥，但绝不如俗儒般酸腐呆板，也不像暴发户一样庸俗不堪，他们完全改观了“花之隐逸者”的形象。《黄英》在艺术表现上可谓惊心动魄、一字千金，精美绝伦而隽永有味、爽人神气，其纯粹性和经典性可以与陶诗并美，不仅为彭泽解嘲，而且真为东篱增辉无限。后世读者读陶诗未必想到蒲松龄和《黄英》，但读《黄英》一定感慨于陶渊明和他创造的菊花意象。此远离本论，不再赘述。

二、桃源体小说的巅峰之作《翩翩》

自陶渊明创作《桃花源记》后，中国小说史上一直盛行一种“桃源体小说”，有的论者在考察宋代之前的桃源体小说之后指出：“‘桃源体’小说指的是中国古代小说中用‘桃源体’叙事模式讲述故事，主要以道教为思想背景，阐述理想性内涵的小说类型。是从叙事模式角度来区分的。其叙事模式源于汉魏的洞窟传说，定型于陶渊明的《桃花源记》，题材一般分为‘神道方术’、‘人神(仙)恋爱’和‘乌托邦’三种；理想性内涵涉及‘宗教’、‘世俗’和‘社会政治’三个方

① 〔清〕蒲松龄著，任笃行辑校：《聊斋志异》下册，第 2095 页、第 2097 页。

② 〔清〕蒲松龄撰，马瑞芳校评：《马瑞芳重校评批聊斋志异》第四册，第 1266 页。

面。这一小说类型从产生之后，就被以各种方式重写，不断形成流变与创新，有旺盛的生命力。'桃源体'小说研究是中国古代小说类型研究的重要一环。"①其中"乌托邦"一种表现社会政治理想，与《桃花源记》渊源最近，但借桃源式奇遇表现"神道方术""人神恋爱"也与桃源有着密切关系，即都基本遵循"误入异境——经历异境生活——走出异境"的情节结构模式。《桃花源记》是这一模式小说中最为成熟和脍炙人口的早期名篇，在南北朝时期已经产生广泛影响。单就小说而言，南朝时期受其影响产生的作品有《异苑》"武溪蛮人射鹿"条②、黄闵的《武陵记》、伍安贫《武陵图志》、鲍坚《武陵记》等③。值得指出的是，刘义庆在《幽明录》中创造的刘晨、阮肇误入天台桃源的故事或许没有受到《桃花源记》的直接影响，但分明写到桃树、桃子，后世读者也明确把他们误入的地方称作桃源，它为陶渊明笔下的桃源注入了男女（人仙）恋爱的世俗内容，两种桃源模式在后世出现了合流的趋向。唐传奇中的一些小说在故事结构、情节叙述等方面也继承了桃源模式，如《游仙窟》和《仙游记》。有论者指出："套用了类似误入桃源游仙的情节，与陶渊明的《桃花源记》、顾况《仙游记》《莽墟赋》也可归属为一个类型。"④

宋代以后，氤氲着桃源影响的传说和小说依旧层出不穷。著名者如北宋徐铉《稽神录》卷二"青州客"记云："（青州客）泛海遇风，漂至一处，远望有山川城郭。……庐舍田亩皆如中国。"王禹偁《录海人书》写秦末海滨渔民遇暴风误入海人国，海人国人民耕钓渔猎，生活幸福，"熙熙然殆非人世之所能及也"。⑤苏轼因桃源而记述到仇池。南宋初康与之的《昨梦录》写杨氏三兄弟经洞穴进入西京隐乡，西京隐乡虽与外人隔绝，"田土、鸡犬、陶冶"与外界无异，民风淳朴，"虽异姓，然皆信厚和睦"，衣食丰足，"所享者惟米薪鱼肉蔬果，此殊不缺也"；耕而后食，"惟计口授地，以耕以蚕，不可取衣食于他人耳"。⑥郭象《睽车志》卷四载："建炎间，泉州有人泛海，值恶风，漂至一岛。其徒数人登岸，但见花草甚

① 张艳：《宋前"桃源体"小说研究》摘要，西南大学2010年硕士学位论文。

② 〔南朝宋〕刘敬叔撰，范宁校点：《异苑》卷一，中华书局1996年版。

③ 〔南朝齐〕黄闵《武陵记》、〔南朝梁〕伍安贫《武陵图志》（又名《武陵记》《武陵地理记》），见中华书局版《汉唐地理书钞》附录《麓山精舍丛书》六十六种。〔南朝梁〕鲍坚《武陵记》有《四库全书》子部杂家类所录《说郛》本。

④ 戴伟华、伯秀娟：《超越与回归——从〈桃花源记〉、〈游仙窟〉到〈仙游记〉》，载《中国文化研究》2003年夏之卷。

⑤ 〔宋〕王禹偁：《小畜集》卷一四，《四部丛刊》本。

⑥ 〔明〕陆楫：《古今说海》卷九四《昨梦录》，影印清文渊阁《四库全书》本。

芳美,初无路径,行入一大林,有溪限其前,水石清浅,众皆揭涉,得一径,入大山谷间。”但泉州人遇到的不是善良的民众,而是“身皆丈余,耳垂至腹”的食人族。① 这些记述在诗文中也多有反映,除“食人族”外,大多表现出对桃源世界的憧憬和赞美之情。

随着明清小说的兴盛,桃源体小说也展现出新的艺术活力,出现了诸多优秀的作品。如李汝珍《镜花缘》借“君子国”表现社会理想,其中“耕者让田畔,行者让路。士庶人等,无论富贵贫贱,举止言谈,莫不慕而有礼”,俨然一世外桃源。丁耀亢《续金瓶梅》第五十二回写刘公隐居之地云:“四面大海,只有水路进去。有十八村,出汉唐贤人的所在。风俗淳厚,周围五百余里,名贤隐迹甚多。刘公在海中而隐,使奴仆耕钓为业,自己做了一套陶渊明《归去来辞》,说他弃官避地。(辞略)”②鲁迅在《中国小说史略》第二十二篇《清之拟晋唐小说及其支流》中揭示《聊斋志异》的艺术特点时,称其“出于幻域,顿入人间”。这一艺术特点虽然有多种艺术渊源的滋养,但从《桃花源记》和桃源体小说着眼,我们会发现其中不乏对“误入桃源”“豁然开朗”模式的借鉴。如《婴宁》写王子服不知不觉进入婴宁生活的环境云:“伶仃独步,无可问程,但望南山行去。约三十余里,乱山合沓,空翠爽肌,寂无人行,止有鸟道。遥望谷底,丛花乱树中,隐隐有小里落。下山入村,见舍宇无多,皆茅屋,而意甚修雅。北向一家,门前皆丝柳,墙内桃杏尤繁,间以修竹,野鸟格磔其中。”③这样桃源般与世隔绝、优美天然的环境方才孕育出天真、无瑕的婴宁。《贾奉稚》写贾奉稚决意学道,“渐入深山,至一洞府,其中别有天地”,但因情缘未断,被逐出洞府,回本村后见物是人非,“村中老幼,竟无一相识者,心始骇异。忽念刘、阮返自天台,情景真似”④。《粉蝶》写阳曰旦泛海遭飓风,乘虚舟飘荡,风定开眼,“忽见岛屿,舍宇连亘”⑤,经历一番艳遇后归家,居然发现已经离家十六年,顿悟所历之境为神仙世界。《王者》写州佐在盲人的引导下“入深山,忽睹城郭,居人辐辏。……渐入之,一人出,衣冠汉制”,见到一个专门惩治人间贪官污吏的王者府第;这个府第也是子虚乌有的,故“遣人寻其处,则皆重岩绝壑,更无径路矣”,异史氏想把它比作桃

① 〔宋〕郭彖:《睽车志》,影印清文渊阁《四库全书》本。
② 〔明〕丁耀亢:《续金瓶梅》,中国戏剧出版社2000年版,第273页。
③ 〔清〕蒲松龄著,任笃行辑校:《聊斋志异》上册,第219~220页。
④ 〔清〕蒲松龄著,任笃行辑校:《聊斋志异》下册,第1979页。
⑤ 〔清〕蒲松龄著,任笃行辑校:《聊斋志异》下册,第2413页。

源,但又有些不类。[1] 这实在是一个没有人间污秽、严正廉明、别具个性的桃源式世界。《莲花公主》写窦旭在"褐衣人"(蜂子精)的导引下"转过墙屋,导至一处,叠阁重楼,万椽相接。曲折而行,觉万户千门,迥非人世"[2]。《巩仙》所写之巩仙袖里乾坤"何殊桃源鸡犬"。[3]《花姑子》写安幼舆夜行华山迷路,"忽见灯火,趋投之"[4],误入獐精和蛇怪幻设的世界。《罗刹海市》写马骥"从人浮海,为飓风引去,数昼夜至一都会",虽然是罗刹国,但毕竟是新的异域。《聊斋志异》所写事件、所表现的思想内容虽然迥异,但不知不觉误入另一世界的思路与桃源体小说经脉相通。

蒲松龄《聊斋志异》中的《翩翩》可谓桃源体小说最优秀的作品之一。其借鉴《桃花源记》的构思最突出地表现在情节结构上。可以说,它采用了以《桃花源记》为代表的桃源体小说的基本情节结构模式,即"误入异境——享受异境幸福生活——走出异境而欲返不能"的基本情节架构。浪子王子服潦倒不堪、走投无路之余,在路途所遇女子的导引下,"入深山中,见一洞府。入则门横溪水,石梁架之;又数武,有石室二,光明彻照,无须灯烛"。这类似于《桃花源记》"豁然开朗"后的景象。接下来写王子服在仙女翩翩的关护下,浪子回头,有一段美满幸福的眷侣生活,此一"异境幸福生活"与《桃花源记》武陵渔人的遭遇不类,而与《幽明录》刘晨、阮肇的遭遇大似。结尾写王子服执意回家看望亲人,见到亲人之后,王子服思念翩翩,"偕儿往探之,则黄叶满径,洞口路迷,零涕而返",这与《桃花源记》结尾写渔人回访桃花源时"遂迷不复得路"相似,而与刘晨、阮肇回家后又"忽复去,不知何所"不同。可以说,《翩翩》在情节结构上是典型的桃源体小说。异史氏评云:"而云迷洞口,无迹可寻,睹其景况,真刘、阮返棹时矣。"[5]蒲松龄提到天台桃源,说明蒲松龄明确意识到《翩翩》与刘晨、阮肇桃源故事的精神联系,但这评论的无意错误透露出《翩翩》与《桃花源记》之间的渊源关系。这个错误就是"刘、阮返棹",刘晨、阮肇是回天台山寻仙女,《桃花源记》里的武陵渔人才是"返棹"寻桃源,这个错误反映出蒲松龄的潜意识,这个潜意识也告诉我们,蒲松龄的《翩翩》既与天台桃源有关,又与《桃花源记》中的桃

---

① 参〔清〕蒲松龄著、任笃行辑校《聊斋志异》下册,第2157~2159页。

② 〔清〕蒲松龄著,任笃行辑校:《聊斋志异》中册,第1014页。

③ 〔清〕蒲松龄著,任笃行辑校:《聊斋志异》中册,第1339页。

④ 〔清〕蒲松龄著,任笃行辑校:《聊斋志异》中册,第956页。

⑤ 本段关于《翩翩》引文据〔清〕蒲松龄著、任笃行辑校《聊斋志异》上册,第642~645页。

源有着千丝万缕的联系。

当然,蒲松龄不愧为短篇小说之王,他的《翩翩》虽然借鉴了桃源体小说的模式,却有更多的艺术创造,是完全可以与《桃花源记》并美、与之一起成为脍炙人口的不朽之作的独立创作。《翩翩》的创造性首先表现在:"把《桃花源记》中平凡的天伦之乐和《幽明录》中浪漫的爱情奇遇水乳交融地统一在了一起。……在《翩翩》中,既有凡人罗子浮与仙女翩翩的浪漫爱情故事,又有翩翩和女友的谈笑风生以及翩翩戏儿而歌的天伦之乐;而其中奇异而富于生活情趣的细节描写更是深得平淡自然和真醇隽永的意趣,如翩翩掇拾白云为絮、蕉叶为布为罗子浮剪裁衣裳,所用材料甚为奇异,而为人缝衣却甚为平凡,奇异与平凡妙合无间,在精神上实在得陶渊明《桃花源记》的精髓!"①其次,在艺术上以传奇法志怪,改变了以往桃源体小说重在叙述奇异事件的做法,塑造了崭新、丰满而不朽的人物形象,实现了由重写事向重写人的转变。此外,其丰富生动与韵味隽永的生动想象、曲折多变与摇曳多姿的情节构设、传神灵动与逼肖性情的细节描写等,也使它成为鲜活精美的艺术品。总之,就《翩翩》所取得的艺术成就而言,《翩翩》已经足可比肩《桃花源记》和刘晨、阮肇桃源故事,是文学殿堂中优秀而独立的经典篇章。

三、林黛玉与菊花诗

《红楼梦》第二回借冷子兴之口云,灵秀之气与邪僻之气偶合为人时,"在上则不能成仁人君子,下亦不能为大凶大恶。置之于万万人中,其聪俊灵秀之气,则在万万人之上;其乖僻邪谬不近人情之态,又在万万人之下。若生于公侯富贵之家,则为情痴情种;若生于诗书清贫之族,则为逸士高人,纵再偶生于薄祚寒门,断不能为走卒健仆,甘遭庸人驱制驾驭,必为奇优名倡。如前代之许由、陶潜、阮籍、嵇康、刘伶、王谢二族、顾虎头、陈后主、唐明皇、宋徽宗、刘庭芝、温飞卿、米南宫、石曼卿、柳耆卿、秦少游,近日之倪云林、唐伯虎、祝枝山,再如李龟年、黄幡绰、敬新磨、卓文君、红拂、薛涛、崔莺、朝云之流,此皆易地则同之人也"②。依此而论,《红楼梦》中的贾宝玉、林黛玉等"聪俊灵秀""乖僻邪谬"的一类人物形象,都是"情痴情种",他们如果"生于诗书清贫之族,则为逸士高

---

① 参拙文《蒲松龄与魏晋风流》,载《文史哲》2003 年第 5 期。

② 〔清〕曹雪芹、〔清〕高鹗著,中国艺术研究院红楼梦研究所校注:《红楼梦》,人民文学出版社 1996 年版,第 29 ~ 30 页。

人”，是可以与陶渊明“皆易地则同之人”。由此可知，《红楼梦》所塑造的一系列人物，从“禀性恬淡，不以功名为念”的甄士隐①、侠义冷峻的柳湘莲、风雅任性的蒋玉菡到小说的主人公爱博心劳的贾宝玉等男性人物形象，从身世凄苦与痴心风雅的香菱、心高气傲的晴雯、侠义决绝的尤二姐到冰清玉洁的林黛玉等女性人物形象，在先天气质上都是可以与陶渊明等“易地则同”、气类相通的人物。

《红楼梦》中与陶渊明精神气质最为接近的人物形象却不是男性，也不是一般女性，恰是小说的主人公之一林黛玉。林黛玉的精神气质融合了文学史上许多重要作家的气质，如屈原兰花般的幽洁、陶渊明菊花般的孤傲、李清照泉水般的灵慧等。而这些精神气质又非绝然对立，而是气类贯通，易地、易时皆可为“情痴情种”者。第五回写宝玉看到的太虚幻境中的警幻仙姑“其素若何，春梅绽雪。其洁若何，秋菊被霜。其静若何，松生空谷”②。警幻仙姑兼具大观园优秀女性之美，其梅、菊、松般的高洁静美所体现的主要是林黛玉的美。《金陵十二钗正册》说林黛玉“堪怜咏絮才，玉带林中挂”③，突出的是黛玉的才气和高洁。陶渊明不为五斗米折腰，倚南窗以寄傲，体现的是隐士狷介高洁的品性，这一品格被作者赋予到孤标傲世的林黛玉身上了。这在《红楼梦》第三十七回、第三十八回写菊花诗会时有集中的表现。

据第三十七回《秋爽斋偶结海棠社　蘅芜苑夜拟菊花题》，在咏海棠的诗作评比中，薛宝钗诗因“含蓄浑厚”被评为第一，黛玉诗虽“风流别致”却屈居第二④，这里除了评诗者的好恶，与花与人通的气质不可分，海棠艳丽与黛玉有隔，而与宝钗更类。作者并没有格外让林黛玉一上来就诗压群芳，也是为进一步刻画黛玉咏菊诗的出类拔萃作铺垫。古今咏菊诗太多，宝钗、湘云恐怕落于俗套，为命题颇费心思。最后，宝钗从思路上解决了这个问题，她说：“有了，如今以菊花为宾，以人为主，竟拟出几个题目来，都是两个字：一个虚字，一个实字，实字便用‘菊’字，虚字就用通用门的。如此又是咏菊，又是赋事，前人也没作过，也

① 〔清〕曹雪芹、〔清〕高鹗著，中国艺术研究院红楼梦研究所校注：《红楼梦》，第7页。

② 〔清〕曹雪芹、〔清〕高鹗著，中国艺术研究院红楼梦研究所校注：《红楼梦》，第73页。

③ 〔清〕曹雪芹、〔清〕高鹗著，中国艺术研究院红楼梦研究所校注：《红楼梦》，第76页。

④ 〔清〕曹雪芹、〔清〕高鹗著，中国艺术研究院红楼梦研究所校注：《红楼梦》，第494页。

不能落套。赋景咏物两关着，又新鲜，又大方。”①于是二人共同拟了十二个相互关联的组诗题目：“起首是《忆菊》；忆之不得，故访，第二是《访菊》；访之既得，便种，第三是《种菊》；种既盛开，故相对而赏，第四是《对菊》；相对而兴有余，故折来供瓶为玩，第五是《供菊》；既供而不吟，亦觉菊无彩色，第六便是《咏菊》；既入词章，不可不供笔墨，第七便是《画菊》；既为菊如是碌碌，究竟不知菊有何妙处，不禁有所问，第八便是《问菊》；菊如解语，使人狂喜不禁，第九便是《簪菊》；如此人事虽尽，犹有菊之可咏者，《菊影》《菊梦》二首续在第十第十一；末卷便以《残菊》总收前题之盛。”②她说菊花诗题虚实结合，“又是咏菊，又是赋事，前人也没有作过“有些绝对。元末明初人王拱就有《探菊》《问菊》二首，诗云：

杖藜徐步过东篱，吩咐丛丛菊芷(当作“蕊”)知。明日重阳当胜赏，花须开早莫令迟。

知君曾不负秋芳，何事包金未吐香。若是白衣人未至，也须赊酒过重阳。③

其诗题构思得宝钗、湘云之先，当为二人所未及阅，或是小说家也未曾涉猎过，或是他故作狡狯。不论如何，这一咏菊组诗的确是咏菊诗中的创造性构思，虽是小说中语，却可以在陶渊明接受史上留下精彩的一笔。

第三十八回就把宝钗、湘云所拟十二题咏菊组诗的优秀诗人诗作展现在读者面前。正如回题所云“林潇湘魁夺菊花诗”，林黛玉的三首咏菊诗获得同声赞赏：“今日公评：《咏菊》第一，《问菊》第二，《菊梦》第三，题目新，诗也新，立意更新，恼不得要推潇湘妃子为魁了。”④此将二首诗录如下：

无赖诗魔昏晓侵，绕篱欹石自沉音。毫端蕴秀临霜写，口角噙香对月吟。满纸自怜题素怨，片言谁解诉秋心。一从陶令平章后，千古高风说到今。(《咏菊》)

① 〔清〕曹雪芹、〔清〕高鹗著，中国艺术研究院红楼梦研究所校注：《红楼梦》，第502页。

② 〔清〕曹雪芹、〔清〕高鹗著，中国艺术研究院红楼梦研究所校注：《红楼梦》，第502页。

③ 〔明〕王拱：《朱居集》一卷(不分卷)，《四库全书存目丛书》集部别集类第二五册，齐鲁书社1996年版，第531页。

④ 〔清〕曹雪芹、〔清〕高鹗著，中国艺术研究院红楼梦研究所校注：《红楼梦》，第515页。

欲讯秋情众莫知，喃喃负手叩东篱。孤标傲世偕谁隐，一样花开为底迟？圃露庭霜何寂寞，鸿归蛩病可相思？休言举世无谈者，解语何妨片语时。（《问菊》）

篱畔秋酣一觉清，和云伴月不分明。登仙非慕庄生蝶，忆旧还寻陶令盟。睡去依依随雁断，惊回故故恼蛩鸣。醒时幽怨同谁诉，衰草寒烟无限情。（《菊梦》）①

这三首诗的确构思新颖，林黛玉虽然自谦“到底伤于纤巧些”，但正如李纨所评“巧的却好，不露堆砌生硬”。如《问菊》诗首联之后，次第问来，问得巧妙新颖，故湘云赞叹：“真把个菊花问的无言可对。”更重要的是，这三首菊花诗传神地表现了林黛玉精神上与菊花和陶渊明的深深契合。曹雪芹没有安排诗才同样极高的宝钗和湘云夺冠（此前已经安排宝钗夺海棠诗之冠，接下来又让她在咏螃蟹中占尽风头）是用心良苦的。曹雪芹等在《红楼梦》中喜欢用花象征不同女孩的精神气质，无疑，菊花鄙弃世俗、坚守高洁、“孤标傲世”的精神气质更合于林黛玉。《问菊》诗以孤傲寂寞的菊花和陶渊明为知音，所以才“喃喃负手叩东篱”，称“休言举世无谈者，解语何妨片语时”，她对菊花和陶渊明“孤标傲世”的高洁节操可谓心有灵犀。《咏菊》诗写黛玉对诗、美与高风的痴情，因久慕菊花而心魂不能自主，许为知音倾诉衷肠，至于“绕篱欹石自沉音”“口角噙香对月吟”，可谓心魂萦绕，不能自已；而这种痴情不仅因为菊花的形象雅美，更因为岁寒始放，高风难及。黛玉明白，此风赖陶渊明而彰显，所以尾联说：“一从陶令平章后，千古高风说到今。”《梦菊》说“忆旧还寻陶令盟”，把对菊的痴情进一步升华，因痴情而入梦，因梦醒不可见而“恼蛩鸣”，慨叹“幽怨同谁诉”。其情真而痴，怨而傲；其趣雅而洁，幽而远；真是人、菊合一，林、陶难分。但两者也有不同，虽然都是自然清雅，而与陶诗的淡而现成相比，林诗少了一份旷达的萧散，多了一份执着的痴心。

林黛玉除了喜欢菊花，景仰陶令高风，也格外喜欢陶诗，对陶诗别有胜解。第四十八回《滥情人情误思游艺，慕雅女雅集苦吟诗》写林黛玉教香菱作诗云：“你只听我说，你若真心要学，我这里有《王摩诘全集》。你且把他的五言律读一百首，细心揣摩透熟了，然后再读一二百首老杜的七言律，次再李青莲的七言绝句读一二百首。肚子里先有了这三个人作了底子，然后再把陶渊明、应玚、谢、

① 〔清〕曹雪芹、〔清〕高鹗著，中国艺术研究院红楼梦研究所校注：《红楼梦》，第512页、第513页、第514～515页。

阮、庾、鲍等人的一看。你又是一个极聪敏伶俐的人，不用一年的工夫，不愁不是诗翁了！”①看来，作为入门的学习对象和基础，林黛玉把王维、杜甫和李白排在了前面，而把陶渊明等人排在基础之上。这并不说明林黛玉觉得陶诗不好，而是如王士禛等人所云“陶渊明纯任真率，自写胸臆，亦不易学”②，初学者不容易掌握。所以她在对比陶诗和王维诗的时候，更欣赏陶诗，听了香菱分析王维《辋川闲居赠裴秀才迪》“渡头余落日，墟里上孤烟”的好处后，黛玉笑道：“你说他这‘上孤烟’好，你还不知他这一句还是套了前人的来。我给你这一句瞧瞧，更比这个淡而现成。”说着便把陶渊明的“暧暧远人村，依依墟里烟”翻了出来。香菱瞧了，点头叹赏，笑道：“原来‘上’字是从‘依依’两个字上化出来的。”③

林黛玉“淡而现成”的评语所指的正是陶诗平淡自然的特点，而将王维诗同陶诗做具体比较，则贴切而具体，令香菱一下子就领会到两人诗作的不同。没有对陶诗精神的深入把握，是体会不出这些细微差别的。

李清照《醉花阴》词云：“东篱把酒黄昏后。有暗香盈袖。莫道不消魂，帘卷西风，人比黄花瘦。”④继女词人把精神遥接陶渊明之后，曹雪芹在《红楼梦》中把让他呕心沥血的人物形象林黛玉也与陶渊明承接起来。他们如宝玉所赞赏的女儿一样，都是“清爽”之水做成的骨肉，共同追求一种冰清玉洁的高士风韵，陶渊明和他的菊花给了她们精神的光辉。

四、其他小说对渊明风神的挹取

陶渊明进入小说与进入戏剧和绘画不同。他进入戏剧和绘画主要是以舞台形象和绘画形象进入的，是他本人历史影像的直接艺术化；而进入小说则主要是借助人物形象展现宗源于他的精神风貌。除了上面提到的《红楼梦》，其他明清小说中也偶或闪现出陶渊明的身影，而尤其以吴敬梓《儒林外史》为代表，如该书第三十六回借杜少卿赞虞博士道：“他襟怀冲淡，上而伯夷、柳下惠，下而

① 〔清〕曹雪芹、〔清〕高鹗著，中国艺术研究院红楼梦研究所校注：《红楼梦》，第 646 页。

② 〔清〕郎廷槐问，〔清〕王士禛等答：《师友诗传录》，见丁福保辑录《清诗话》上册，上海古籍出版社 1978 年版，第 133 页。

③ 〔清〕曹雪芹、〔清〕高鹗著，中国艺术研究院红楼梦研究所校注：《红楼梦》，第 648 页。

④ 〔宋〕李清照著，徐培均笺注：《李清照集笺注》，上海古籍出版社 2002 年版，第 53 页。

陶靖节一流人物。”①甚至可以说，《儒林外史》所褒扬的王冕、庄征君、杜少卿、虞博士等都多少与“陶靖节一流人物”精神贯通，是士人清流的代表，是儒林的希望所在。至于陶渊明诗文对小说的影响则与诗文中接受陶渊明有类似之处。《桃花源记》对桃源体小说的影响有些类似于和陶诗，和陶诗则套用陶诗韵脚限制的结构，而桃源体小说套用《桃花源记》的基本结构模式，而且在内容意趣方面，接受者往往或多或少地挹取了原作的某些精神。

此外，正如于诗文中使用陶渊明及其诗文的典故词语一样，小说也普遍存在着类似现象，如《水浒传》第三回写鲁提辖请李忠喝酒，望到一酒肆，作者称赞其好云：“正是：李白点头便饮，渊明招手回来。”②第二十九回写武松、施恩看见的酒店“壁上描刘伶贪饮，窗前画李白传杯，渊明归去，王弘送酒到东篱”③。褚人获《隋唐演义》第八十二回写李白傲视圣旨云：“李白全然不理，且放下手中杯，向龟年念一句陶渊明的诗来道：‘我醉欲眠君且去。’念罢，便瞑然欲睡。”④雀市道人《醒风流》第一回云：“只见有送书礼的传进，梅挺庵接看，有陶潜归隐画图一卷，名《五柳图》。”⑤此仅以纪昀《阅微草堂笔记》为例略述之。

纪昀的《阅微草堂笔记》也受到了陶渊明的影响，不乏关涉陶氏意味的雅趣和谐趣。盛时彦《姑妄听之》跋述纪昀语云：“《聊斋志异》盛行一时，然才子之笔，非著书者之笔也。虞初以下，天宝以上，古书多佚矣。其可见完帙者，刘敬叔《异苑》、陶潜《续搜神记》，小说类也。”⑥《阅微草堂笔记》在艺术上推崇六朝笔记小说，而陶渊明的《搜神后记》（即《续搜神记》）即其渊源之一。况且纪昀直接用陶渊明事语之处亦不少。《滦阳消夏录》（二）记云：“海阳李漱六，名承芳，余丁卯同年也。余厅事挂《渊明采菊图》，是蓝田叔画。董曲江曰：‘一何神似李漱六！’余审视信然。后漱六公车入都，乞此画去，云平生所作小照，都不及此。此事亦不可解。”⑦偶然的巧合让千古之上的陶渊明也觉奇异。又如《槐西

① 〔清〕吴敬梓著，李汉秋辑校：《儒林外史汇校汇评本》，上海古籍出版社 2010 年版，第 449 页。

② 〔明〕施耐庵原著，盛巽昌补证：《水浒传补证本》，上海人民出版社 2010 年版，第 30 页。

③ 〔明〕施耐庵原著，盛巽昌补证：《水浒传补证本》，第 256 页。

④ 〔清〕褚人获：《隋唐演义》，中华书局 2009 年版，第 600 页。

⑤ 〔清〕雀市道人：《醉风流》，春风文艺出版社 1981 年版，第 6 页。

⑥ 〔清〕纪昀著，汪贤度校点：《阅微草堂笔记》卷一八，上海古籍出版社 2001 年版，第 411 页。

⑦ 〔清〕纪昀著，汪贤度校点：《阅微草堂笔记》卷二，第 25 页。

杂志》(一)记云:

事有先兆,莫知其然。如日将出而霞明,雨将至而础润,动乎彼则应乎此也。余自四岁至今,无一日离笔砚。壬子三月初二日,偶在直庐,戏语诸公曰:“昔陶靖节自作挽歌,余亦自题一联曰:‘浮沉宦海如鸥鸟,生死书丛似蠹鱼。’百年之后,诸公书以见挽足矣。”刘石庵参知曰:“上句殊不类公,若以挽陆耳山,乃确当耳。”越三日而耳山讣音至,岂非机之先见欤!①

笔记借陶渊明《拟挽歌辞》表现出对生死的旷达,也表现出生命无常的诡异。此用陶事。用陶语者如:

先曾祖母王太夫人八旬时,宾客满堂,奴子李荣司茶酒,窃沧酒半罂,匿房内。夜归将寝,闻罂中有鼾声,怪而撼之。罂中忽语曰:“我醉欲眠,尔勿扰。”知为狐魅,怒而极撼之。②

乾隆壬午九月,门人吴惠叔邀一扶乩者至,降仙于余绿意轩中。下坛诗曰:“沉香亭畔艳阳天,斗酒曾题诗百篇。二八娇娆亲捧砚,至今身带御炉烟。”“满城风叶蓟门秋,五百年前感旧游。偶与蓬莱仙子遇,相携便上酒家楼。”余曰:“然则青莲居士耶?”批曰:“然。”赵春涧突起问曰:“大仙斗酒百篇,似不在沉香亭上。杨贵妃马嵬陨玉,年已三十有八,似尔时不止十六岁。大仙平生足迹,未至渔阳,何以忽感旧游?天宝至今,亦不止五百年,何以大仙误记?”乩惟批“我醉欲眠”四字。再叩之,不动矣。③

纪昀《寄族侄贻孙》云:“干宝《搜神》,东坡说鬼,古人与有同嗜焉。余平生亦喜听人谈狐鬼,每当黄昏烛烬,我醉欲眠,恒强家人姑妄言之。”④陶渊明所云“我醉欲眠”之语实为纪昀所好。小说让狐狸学陶渊明说“我醉欲眠”,雅有陶趣,而谐味盎然,令人忍俊不住,实是千古奇文。纪昀在《阅微草堂笔记》卷一五《姑妄听之》(一)前小序赞陶渊明等“简淡数言,自然妙远”⑤,其文风也颇受陶渊明影响,此不赘论。

与在诗文中借陶抒情言志不同,小说在具体情境中借鉴与陶渊明相关的典

---

① 〔清〕纪昀著,汪贤度校点:《阅微草堂笔记》卷一一,第216~217页。

② 〔清〕纪昀著,汪贤度校点:《阅微草堂笔记》卷一五《姑妄听之》(一),第334页。

③ 〔清〕纪昀著,汪贤度校点:《阅微草堂笔记》卷二一《滦阳续录》(三),第443~444页。

④ 〔清〕纪昀著,马松源主编:《纪晓岚全书》(第十二卷),中国戏剧出版社2000年版,第297页。

⑤ 〔清〕纪昀著,汪贤度校点:《阅微草堂笔记》,第313页。

故、词语和精神主要是用来烘托环境、塑造人物和构思故事的，其具体功用虽有差别，但借鉴与陶渊明相关的典故、语句和精神是一致的。有时用来令人不觉，已经是精神的浸润，这很像没有用陶典的田园诗之类，如《红楼梦》中的大观园便暗有桃源意味，是与现实世界形成鲜明对比的世界。① 比如黛玉葬花是怕桃花流出大观园后，“有人家的地方脏的臭的混倒，仍旧把花糟塌了”②，不如埋在园内干净，即所谓“质本洁来还洁去，强于污淖陷渠沟”③，这是从园内人（桃源人）的角度观照园外世界（世俗世界），类似《桃花源记》所谓“不足为外人道也”；桃花流出的意象也与渔人寻找桃源时所遇到的“落英缤纷”的意象相同，只是一在园（源）内、一在园（源）外而已，角度做了变换，不仔细品味，不容易意识到两者的联系。小说人物刘姥姥仿佛渔人闯入桃源一般闯入大观园，贾宝玉等大观园里的居民在现实世界侵入之后再也回不去了，大观园成了太虚幻境，成了永远的桃源旧梦。

小说家接受陶渊明及其诗文虽然各有原因，但有一个原因是共同的，即他们都不约而同地对魏晋风流表现出景仰之情。魏晋风流最有历史穿透力和影响力的价值理念是“越名教而任自然”，主要表现为顺任真情、高度张扬自我、旷达自然。魏晋风流借助《世说新语》等典籍提供了一系列的人物典范，他们成为小说家汲取精神和艺术营养的渊薮。我们通过蒲松龄诗文小说所涉及的魏晋南北朝时期的著名人物就可以蠡测他的精神与魏晋风流是如何千丝万缕地联系在一起的！这些人物有曹操、关羽、孔融、祢衡、蔡琰、刘桢、曹丕、曹植、甄氏、王粲、孙登、阮籍、嵇康、刘伶、向秀、张华、裴逸民、王敦、石崇、陈寿、鲁褒、韩寿、陆机、陆云、潘岳、左思、苏若兰、荀粲、桓温、陶侃、卫玠、王济、温峤、孙楚、孟嘉、支遁、干宝、王羲之、谢安、孙绰、谢道韫、谢鲲、王献之、王徽之、慧远、王弘、陶渊明、谢灵运、鲍照、刘义庆、谢朓、沈约、江淹、孔稚珪、吴均、谢超宗、杨衒之、庾信等。他们当中既有建安风流人物，又有竹林放达名士；既有西晋清英，又有东晋名流；既有权臣豪杰，又有闺中才女；既有文人雅士，又有玄佛高胜。这真可谓是将魏晋（南北朝）风流人物囊括殆尽！蒲松龄虽然一生蹭蹬，郁愤不已，但也常常在人生反思中变得淡泊而萧散，并遥遥地从陶渊明那儿获取精神家园的花

---

① 见何俊编《余英时学术思想文选》，上海古籍出版社2010年版，第25页。

② 〔清〕曹雪芹、〔清〕高鹗著，中国艺术研究院红楼梦研究所校注：《红楼梦》第二三回，第205页。

③ 〔清〕曹雪芹、〔清〕高鹗著，中国艺术研究院红楼梦研究所校注：《红楼梦》第二七回，第241页。

草树木。如《清韵居记》云:“清不必离尘绝俗也,一无尘染即为清;韵不必操缦安弦也,饶有余致则为韵。陶元亮不屑以五斗米折腰,清矣;而蓄无弦琴一张,宁遂不韵乎?”①他从陶渊明身上吸取到的正是不受俗染、饶有雅趣的清韵风度,而清韵正是蒲松龄所解读的一种理想的审美人生。同样的情况也存在于曹雪芹和吴敬梓等小说家身上。他们对封建社会的悲凉之雾有共同的感受,面对现实,他们不满,但找不到出路,又不愿意同流合污,于是把眼光投向传统文化培育出来的士人清流。而魏晋名士无疑具有格外眩目的光彩,陶渊明又是其中优秀的代表,是魏晋风流的典型,所以小说家在塑造人物、叙写情节和环境时也频频关注这位历久弥新的特殊作家。

第四节 陶渊明与中国园林文化

园林是人的身心安顿之地,不仅为身体提供止息的场所,也为心灵提供休憩的净土。它要体现人的审美情趣和审美理想,它是自然、文化和人工联合创造的家园,处身其中,人们可以赏心悦目于当前,也可以悠然回味于久远。中国园林文化源远流长,南朝之后,逐渐打上了陶渊明的鲜明印记,陶渊明意趣成为园林文化中不可缺少的精粹。

一、宋代陶渊明主题园的出现

大致而言,宋代之前,陶渊明对园林的影响不甚明显,主要还是作为个别点缀要素而隐约存在。如南朝庾信《小园赋》云:“虽有门而长闭,实无水而恒沉。三春负锄相识,五月披裘见寻。”②化用陶渊明《归去来兮辞》“园日涉以成趣,门虽设而长关”和陶诗“白日掩荆扉,对酒绝尘想。时复墟里人,披草共来往”等隐逸之趣③,写小园生活。到唐代,文人的山水庄园大量出现,著名的如诗人王维的辋川、李德裕建于洛阳城外的平泉庄、白居易庐山香炉峰下的草堂、司空图庄等。但我们在这些园林别墅的主要景点中,似乎不见以陶渊明及其诗文典故语词命名的景点。只是他们所写的关于园林的诗作常常涉及陶渊明,如王维《辋

---

① 〔清〕蒲松龄著,路大荒整理:《蒲松龄集》,上海古籍出版社 1986 年版,第 38 页。

② 〔北周〕庾信著,〔清〕倪璠注、许逸民点校:《庾子山集注》,中华书局 1980 年版,第 25 页。

③ 〔晋〕陶渊明撰,逯钦立校注:《陶渊明集》,中华书局 1979 年版,第 161 页、第 41 页。

川闲居赠裴秀才迪》云："寒山转苍翠，秋水日潺湲。依杖柴门外，临风听暮蝉。渡头余落日，墟里上孤烟。复值接舆醉，狂歌五柳前。"①李德裕《夏晚有怀平泉林居》云："稚子候我归，衡门独延伫。"②司空图《丁未岁归王官谷》云："将取一壶闲日月，长歌深入武陵溪。"③陶渊明主要以隐士的形象为唐代及其以前的园林文化打上了些许印记。

宋代是陶渊明对中国园林产生实质性影响的开端，陶渊明及其作品成为主题园的重要主题，这与其声名的高涨和中国园林中主题园林的出现密不可分。宋人唐庚、罗从彦等居处都有"寄傲"之所，取意《归去来兮辞》"倚南窗以寄傲，审容膝之易安"。如北宋唐庚《寄傲斋记》云：

> 吾谪居惠州，扫室于所居之南，号"寄傲斋"……设不吾死，得脱谪籍以归，则吾将以三十年之身，穷渊明之乐。圃，吾名之以"日涉"之园；门，吾名之以"常关"之扉；林，吾名之以"欣欣"之林；谷，吾名之以"涓涓"之谷；壑，吾名之以"窈窕"之壑；丘，吾名之以"崎岖"之丘，岂特取"寄傲"之语名一室而已哉！惟诗不近渊明，虽近亦不敢作。独得其读书饮酒之趣，亦足以了一生矣。④

唐庚与苏轼是四川同乡，贬所又同为惠州，年辈小于苏轼，对苏轼道德文章极为尊崇，人称"小东坡"。唐庚对陶渊明多有接受，他不但实际标榜了"寄傲斋"，而且设想了未来的"渊明之乐圃"，其中的景点全用渊明《归去来兮辞》语句命名。晁补之则把唐庚的设想落实下来，晁氏遭贬回家后，慕陶潜为人，自号归来子，修建归来园，"屋名尽挂陶家牓"⑤。其《归来子名缗城所居记》云："庐舍登览游息之地，一户一牖，皆欲致归去来之意，故颇摭陶词以名之。为堂，面园之草木，曰'松菊'，'松菊犹存'也；为轩，达其屏，使虚以来风，曰'舒啸'，'登东皋以舒啸'也；为亭，广其趾，使庳以瞰池，曰'临赋'，'临清流而赋诗'也；封土为台，架屋其颠，若楼瞰百里，曰'遐观'，穿室其腹，若洞深五步，曰'流憩'，'策扶老以流憩，时矫首而遐观'也；为庵，抱阳而圆之，以嬉昼，'倚南窗以寄傲'也，曰'寄傲'；为庵，负阴而方之，以休夜，'鸟倦飞而知还'也，曰'倦飞'……俯而就

---

① 〔唐〕王维撰，〔清〕赵殿成笺注：《王右丞集笺注》，上海古籍出版社 1984 年版，第 122 页。

② 〔清〕彭定求等编：《全唐诗》卷四七五，中华书局 1960 年版，第 5399 页。

③ 〔清〕彭定求等编：《全唐诗》卷六三二，第 7249 页。

④ 〔宋〕唐庚：《眉山唐先生文集》卷八，《四部丛刊三编》本。

⑤ 〔宋〕晁补之：《东皋十首（之一）》，见《鸡肋集》卷二一，《四部丛刊》本。

其深为亭，曰‘窈窕’，‘既窈窕以寻壑’也；跂而即其高为亭，曰‘崎岖’，‘亦崎岖而经丘’也。凡因其词以名者九，既牓而书之，日往来其间，则若渊明卧起与俱；仰牓而味其词，则如与渊明晤语接，踌躇自得，无往而不归来矣。”①此可谓陶渊明进入园林文化的典型个案。宋人苏轼、惠洪、陈杰、陈思、韩淲、方逢辰等都写过“寄傲轩”诗，可见陶渊明对宋代文人园林主题景点影响之一斑。又如苏过《小斜川引》云：

予近卜筑城西鸭陂之南，依层城，绕流水，结茅而居之，名曰小斜川。偶读陶渊明诗，“辛丑岁正月五日，与二三邻曲，同游斜川。各赋诗。”渊明诗云：“开岁倏五十”，今岁适在辛丑，而予年亦五十。盖渊明与予同生于壬子岁也，畸穷既略相似，而晚景所得又同，所乏者高世之名耳。感叹兹事，取其诗和之，以遗行甫、信中、巽夫三友请同赋，庶几仿佛当时之游，而掩彼二三邻曲之无闻也，当以榜予堂上。②

把自我园居与陶渊明在《游斜川》中赞美的斜川融为一体，不但景色相似，连友朋相乐的情趣、超然物外的精神追求都遥遥相续。陶渊明无疑是这些主题园的灵魂，是宋代士大夫精神憩息的家园。

辛弃疾作词好用渊明故实词语，他所营建的带湖新居、瓢泉等颇有渊明主题景点，著名的如“停云堂”，其《蓦山溪·停云竹径初成》云：“一尊遐想，剩有渊明趣。山上有停云，看山下、濛濛细雨。野花啼鸟，不肯入诗来，还一似，笑翁诗，自没安排处。”③英雄无聊之时，带有渊明情趣的园林景点意趣抚平了他的愤懑不平。园内景点借陶渊明命名的还有司马光“独乐园”中的“见山台”④，朱长文“乐圃”中的“见山冈”，南宋临安宫廷“内御园”中的“松菊三径”，洪适“盘洲”中的“种秫仓”“日涉门”“欣对亭”“容膝斋”，南宋御花园“南园”中的“归耕之庄”，叶梦得“叶氏石林”中的“真意亭”，“赵氏菊坡园”种柳百株、种菊百种，等等。⑤ 陶渊明作为文人主题园灵魂的精神形象在宋代普遍树立起来，深刻地

---

① 〔宋〕晁补之：《鸡肋集》卷三一。

② 傅璇琮等主编：《全宋诗》第二三册，北京大学出版社 1995 年版，第 15456 页。

③ 〔宋〕辛弃疾著，邓广铭笺注：《稼轩词编年笺注》，上海古籍出版社 1993 年版，第 413 页。

④ 〔宋〕司马光有《独乐园七题·见山台》诗云：“吾爱陶渊明，拂衣遂长往。手辞梁主命，牺牛惮金鞅。爱君心岂忘，居山神可养。轻举向千龄，高风犹尚想。”见《全宋诗》第九册，北京大学出版社 1992 年版，第 6057 页。

⑤ 以上宋代园林借陶命名景点可参张承安主编《中国园林艺术词典》，湖北人民出版社 1994 年版，第 43～49 页。

影响着明清园林的构建。

二、金元陶渊明主题园的发展

金元时期，士人私家陶渊明主题园仍然屡见不鲜。

金代读者虽不全是以陶名居，但在创作吟咏居处的诗文时往往联系陶渊明，表现出借陶尚隐的意趣。如宇文虚中《题稽古轩》《醉墨斋》，高士谈《予所居之南，下临短壑，因凿壁开窗，规为书室。坐获山林之趣，榜曰野斋，且作诗约诸友同赋》《志隐轩》，洪皓《所居三章，二章八句，一章十句》之二，姚孝锡《柳溪别墅》，李晏《白云亭》，王寂《题佶大师松菊堂》《三友轩记》，蔡珪《临屋如江村》，刘汲《到家》，丘处机《烟霞洞》《神清观》，周昂《山家七首（之一）》《靳子温款春亭》《家园》，元德明《家园假山》，元好问《郎文炳心远斋二首》《长寿新居三首》，路铎《辋川》，冯子登《兰子野晚节轩》，张特立《归潜堂诗》，杨宏道《次韵张敏之新居》，段克己《兰文晚节轩》，段成己《梁国祥静乐堂》《陈子正容安堂》《兰氏晚节轩二首（之二）》《容安轩》《兰氏自然斋》《杨茂之志适轩》，李庭《题谈子文秀麓轩》，李惟寅《归潜堂诗二首》，兰光庭《归潜堂诗》，张纬《归潜堂诗》，薛玄《归潜堂诗三首（之三）》，高鸣《归潜堂诗二首》，刘德渊《归潜堂诗》，路铎《高唐刘氏驻春园》《遂初园》《成趣园记》，初昌绍《成趣园诗文序》，范怿《掖县孛术鲁园亭碑》，党怀英、张昌祚、李楫、路铎、初昌绍、李永安、郦掖、崔巍、田时秀、刘仲杰、郭安民、高延年等人的《成趣园诗》。以上诗题中的松菊堂、容安堂、容安轩、自然斋、成趣园都直接截取陶渊明诗文词语命名。在上面所提到的与陶渊明相关的主题园中，成趣园是众多诗人同题共咏的典型。笔者在这里仅以此名为例，论析以陶名居对金代读者的非常意义。

据初昌绍《成趣园诗文序》和路铎《成趣园记》，成趣园乃“献州古河间郡”“梁公子直”“读《晋史·隐逸传》，爱陶渊明之为人”，于“背城而东几一里”①，买田三顷余五十亩而修筑的私人园林。关于其中亭轩栏槛、花草树木的布置，初昌绍《成趣园诗文序》描述得很详细。园林及其景点“成趣亭”“容安轩”“静乐”等的命名“皆取其退居闲静之义”（《成趣园诗文序》）。对于“成趣园”的命名含义，路铎在《成趣园记》中有精彩的解读：

美哉名乎，诚慕陶之深矣！昔渊明去彭泽，返故居，日涉其园，而至于

① 〔清〕张金吾辑：《金文最》卷四二、卷三六，光绪七年粤雅堂刊本。

> 成趣者，盖其所向之意深焉。尝摭陶事而论之，得其所以谓之趣者：陶蓄素琴一张，弦徽不具，每与朋会，则抚而和之，曰：“但识琴中趣，何劳弦上声。”又著《孟府君嘉传》，桓温尝问嘉：“酒有何好？而卿嗜之。”嘉笑而答曰：“明公但不识酒中趣尔。”盖惟琴抱太古之质，惟酒适无何之乡，以其妙意有不可言传者，故谓之趣。而园中之游，亦得其趣者，岂非不寓不传之妙而与琴酒均耶？今梁君榜园必取此者，是欲因其名而究其实，诵其语而师其行，余故曰：“诚慕陶之深矣。”如或用志不分，乃凝于神，则兀然而遗世，寂然而忘言，揖南山之佳气，卧北窗之清风，其于羲皇上人，几何其不为也。《语》曰：“我欲仁，斯仁至矣。”可不勉哉！①

路铎对“趣”的解释和发现可谓陶渊明接受史上的创举。他没有把“成趣”之“趣”释为“趋”，而是从表面意义发挥，认为“趣”是通于“太古之质”“无何之乡”的不可言传的妙意，是与终极之道相通、只可意会而难以言传的境界。人们主要通过神志高度专一（“用志不分，乃凝于神”），遗忘世俗和言语，从而以纯一无染之心灵与物往还，实现物我融合（“揖南山之佳气，卧北窗之清风”），达于物我两忘的最高人生境界。由此，趣之妙意不仅仅是主观神志，而是摆脱俗累物役后的审美心境与审美物象交互融合后的物我合一、天人合一的理想境界和审美境界。

以陶名居在宋金既已盛行，元代读者也乐此不疲。如《元史》卷一八一《虞集传》称虞集“早岁与弟槃同辟书舍为二室，左室书陶渊明诗于壁，题曰‘陶庵’”②。虞集之友吴澄因此有《题陶庵邵庵记后》解释其命名初衷。卢琦《悠然亭赋》云：“靖山蒋君慕靖节之风，而以‘靖山’为号，取采菊之句而以‘悠然’名亭。”③以“悠然”名住处者还有刘仲修［胡祗遹《题刘仲修悠然亭诗十首（之五）》］、张可与（陆文圭《悠然亭记》）、萧氏（刘诜《悠然堂》）、何坤璋（蒲道源《悠然堂记》）等人。④ 其他名称有“陶轩”（揭傒斯《题聂氏陶轩》）⑤、“景陶”

---

① 〔清〕郭元釪编，〔清〕康熙御订：《御订全金诗增补中州集》卷六二，影印清文渊阁《四库全书》本。

② 〔明〕宋濂等：《元史》，中华书局 1976 年版，第 4181 页。

③ 〔元〕卢琦：《圭峰集》卷下，影印清文渊阁《四库全书》本。

④ 见〔元〕胡祗遹《紫山大全集》卷七、陆文圭《墙东类稿》卷八、刘诜《桂隐文集》卷一、蒲道源《闲居丛稿》卷一四，皆清文渊阁《四库全书》本。

⑤ 〔元〕揭傒斯著，李梦生标校：《揭傒斯全集》卷五，上海古籍出版社 1985 年版，第 128 页。

(李庭《景陶轩记》)①、"心远"(揭傒斯《寄题括苍王氏东野二亭》②、吴澄《心远亭记》③、高晞远《心远堂》④、吴海《心远堂记》⑤)、"园趣"(吴澄《寄题胡氏园趣圃》)⑥、"心境"(方回《心境记》)⑦、"容膝"(戴表元《容膝轩记》)⑧、"四止"(艾性夫《题四止菴并序》)⑨、"怡颜"(陆文圭《怡颜亭曹若晦子无易为奉亲作》)⑩、"归云"(胡祗遹《归云堂》)、"流憩"[胡祗遹《流憩园三首(其一)》]、"远风"(胡祗遹《韩氏南园远风台记》)⑪,等等。苏州一带,有"桃源小隐""南村"主题园,后者为元末隐士张璹所居,其中有"陶庵""素心堂"诸胜取自陶渊明及其诗歌⑫;此外,"狮子林"内有"园涉成趣""见山楼";据《元诗选癸集》,以"题徐良夫渔耕""题徐良夫遂幽轩""题秀野轩""友竹轩"等为题的同题共咏之作也多及陶渊明。这些居处有的就是主题园林,有的是园林中的景点,许多名称都源于与陶相关的词句,表现出类似陶渊明的精神意趣和隐逸情怀。如王沂《心远亭》云:

物外青霞想,山中白板扉。有时扪虱坐,举目送鸿飞。自笑身将隐,宁论世与违。闲云分半席,谁道客来稀。⑬

成廷珪《李子英心远亭》云:

门外黄尘扫不开,何由吹得到灵台。闲看倦鸟投林去,静爱孤云出岫来。彭泽高人多逸兴,峨眉仙客有天才。只今谁到悠然处,同采秋香共一杯。⑭

正如绘画尺幅之内居然有万里之势,园林欣赏者悠然于"容膝"之地,却能把心

① 李修生主编:《全元文》第二册,江苏古籍出版社1998年版,第135页。

② 〔元〕揭傒斯著,李梦生标校:《揭傒斯全集》,第151页。

③ 〔元〕吴澄:《吴文正集》卷四四,影印清文渊阁《四库全书》本。

④ 〔清〕顾嗣立、席世臣编:《元诗选癸集》上册,中华书局2001年版,第37页。

⑤ 〔元〕吴海:《闻过斋集》卷四,民国《嘉业堂丛书》本。

⑥ 〔元〕吴澄:《吴文正集》卷九六。

⑦ 〔元〕方回:《桐江集》卷二,《宛委别藏丛书》第一〇五册,江苏古籍出版社1988年版。

⑧ 〔元〕戴表元:《剡源文集》卷三,影印清文渊阁《四库全书》本。

⑨ 〔元〕艾性夫:《剩语》卷下,影印清文渊阁《四库全书》本。

⑩ 〔元〕陆文圭:《墙东类稿》卷一五。

⑪ 〔元〕胡祗遹:《紫山大全集》卷五、卷一一,影印清文渊阁《四库全书》本。

⑫ 参魏嘉瓒编《苏州历代园林录》,燕山书社1992年版,第107页。

⑬ 〔清〕钱熙彦编:《元诗选》补遗丁集,中华书局2002年版,第369页。

⑭ 〔清〕顾嗣立编:《元诗选》二集上,中华书局1987年版,第687页。

灵超拔于世俗之外的高远境界。借助对陶渊明“心远地自偏”等诗文意趣的吸收，元人园林居处的境界得到审美的升华。

三、明代陶渊明主题园的成熟

研究园林文化的学者指出：“私家园林经过明初一段时期的沉寂，到明代正德、嘉靖、万历前后勃郁而起。中国‘四大名园’中的两座私家园林，苏州的拙政园和留园分别建于明正德初年和嘉靖年间，其他如顾大典的谐赏园，上海潘允端的豫园和顾名世的露香园、无锡的寄畅园和西林、南林等名园，皆初建于明代中叶。中国特色的园林文化体系基本成熟，园林艺术也日臻完美。”①承接前代，明代园林艺术又迎来一次发展高潮，陶渊明作为成熟的构园因素被自觉纳入进来。

园林为身体和心灵提供休憩的空间，它要体现主人的审美情趣和理想，而陶渊明则成为园林设计中情趣和理念的重要因素，他身上的隐逸高雅、他诗文中的田园神韵，都被有意识地吸取到明代园林设计中。

首先，陶渊明隐逸田园，其远离尘嚣、回归自然的人生理念普遍影响了明代的园林建设思路。明代园林专家计成撰有《园冶》，这是世界上最早的关于造园艺术的专著。计成在论述中有意无意地融入了陶渊明因素，在园林设计上提出与市井保持距离、回归自然的基本价值理念。其中《园说》开宗明义，多浸润陶氏情趣，指出“凡结园林，无分村郭，地偏为胜”②，“市井不可园也；如园之，必向幽偏可筑”③。其出发点就整体浸润在陶渊明《饮酒二十首（之五）》《归去来辞》《桃花源记》等诗文远离尘嚣、回归自然的旨趣里。

其次，陶渊明及其诗文为园林提供了丰富的、能够体现自然意趣的审美意象。明代园林建设已经成为一门艺术，优秀的设计者充分认识到园林意境营造的重要性，如云：“水不得潆带之情，山不领回接之势，草与木不适掩映之容，安能日涉成趣哉？”④如果园林不能尽其艺术之美，那么就不能吸引主人徜徉其间，在有限的空间内涵咏品味无限的情趣，领会玄远微妙的意境。园林必是自己喜欢、适合自我意趣的，才可以“日涉成趣”、百看不厌。因此，把园林景致的

---

① 曹林娣、许金生：《中日古典园林文化比较》，中国建筑工业出版社 2004 年版，第 50 页。

② 〔明〕计成撰，赵农注释《园冶图说》，山东画报出版社 2003 年版，第 37 页。

③ 〔明〕计成撰，赵农注释：《园冶图说》，第 49 页。

④ 〔明〕计成著，赵农注释：《园冶图说》，第 19 页。

文化意象化就很有必要。一方面要选择符合自然的审美意象，另一方面在布局上要以自然天成为美。广受读者喜爱的陶渊明及其诗文蕴藏着丰富的文化审美意象，陶渊明的田园生活体验经过读者阅读消化后可以再一次物化为园林的景点布局，体现导源于陶渊明的自然意趣。《园冶·园说》指出景物设置“径缘三益”，“插柳沿堤”，“结茅竹里，浚一派之长源”，“看山上个篮舆，问水拖条枥杖”；又《相地》云“涉门成趣”，《山林地》云“欲藉陶舆”，《立基》云“编篱种菊，因之陶令当年”等。[①] 园林布局“虽由人作，宛自天开”[②]，其中村落、三径、柳树、桃源等文化意味浓郁的大量审美意象，尚自然、清雅、含蓄的审美趣味，往往与以陶渊明为代表的隐逸文化和古典山水田园诗的审美趣味相通相合，作为休闲、起居生活理想场所的园林也就有了浓郁的“陶味”。

明代的一些园林设计以陶为中心构思，景点密集，超越宋人。如孙鳌(《五柳庄》二十二首)[③]、文洪(《归得园二十八咏》)对各自私家园林中的所有景点皆摘用陶渊明《归去来辞》等作品词语命名，并一一进行题咏，可谓典型；“明余文敏公有丁，以南学士告归。即东钱湖月波寺废址，营‘五柳庄’。辟地百亩，园林之胜，甲于两浙。其中楼台亭榭，悉摘《归去来辞》中字名之”[④]；建安杨叔子的“陶园”也是如此，“堂斋轩馆，亭楼寮径，云泉丘壑，意兴所适，皆摘陶辞以名，曰：‘微夫是，吾蔑有事焉已。’”[⑤]号称扬州最小园林的容膝园，纵深约仅三十步，宽仅十余步，山石、花木、房廊虚实相映，真是“审容膝之易安”；又明万历年间陈所蕴在上海建有“日涉园”等。据统计，明代苏州有宅第园林二百七十多处[⑥]，其中名字与陶渊明及其诗文相关的主题园有“悠然亭”、“寄傲园”、“日涉轩”、“杨氏日涉园”、“西畴”、“日涉园”(由“洞庭分秀”、“怡园”更名)、“归田园居”、“涉趣园”等。其中“归园田居”是苏州城市园林中著名的一所，“在娄门内迎春坊，为吴县王心一侍郎弃官归田后于崇祯四年始建，崇祯八年落成。园占地四十多亩，临狭巷，编竹为扉”[⑦]。现在拙政园东半部分是其故址。王心一在《归田园居记》中述及园中景点云：“峰之下有洞，曰‘小桃源’。……余性不耐

① 〔明〕计成撰，赵农注释：《园冶图说》，第37页、第43页、第47页。

② 〔明〕计成撰，赵农注释：《园冶图说》，第37页。

③ 据〔明〕孙鳌《端峰先生松菊堂集》卷二，明万历三十八年刻本。

④ 〔清〕徐时栋：《烟屿楼笔记》卷八，蘧学斋徐氏校印本。

⑤ 〔明〕钟芳：《和陶拟赠诗序》，见《钟筠溪集》，海南出版社2006年版，第15页。

⑥ 魏嘉瓒编：《苏州历代园林录》，第109页。

⑦ 魏嘉瓒编：《苏州历代园林录》，第179页。

烦,家居不免人事应酬,如苦秦法。步游入洞,如渔郎入桃花源,见桑麻鸡犬,别成世界,故以小桃源名之。”①值得注意的是,除“小桃源”等个别景点,园内景点并没有如孙鳌“五柳庄”、文洪“归得园”一样处处摘陶命名,而是因景点曲折变化随机命名,充分吸取其他山水园林文化意象,如“一丘一壑”取自《世说新语》等。这一方面显示出园林主人广泛的清雅志趣,另一方面也说明在整体的陶渊明隐逸语境中,涵容了丰富的与之类通的山水园林意趣,体现了陶渊明与园林文化精神的互通与融合。从此,陶渊明主题园的两种基本类型完全定型了,一种是园林名称和园内景点全部用陶渊明及其诗文命名;一种是园林总名用陶渊明及其诗文命名,而园内景点则杂用众多非陶名称。②

至于私家园林内借陶命名的亭台楼阁、某处景点等更是多得不可计数。如吴江“谐赏园”中有“静寄轩”“舒啸桥台”“武陵一曲”等,无锡“西林”中有“荣木轩”“醉石”,无锡“南林”中有“夕佳轩”,祁彪佳《寓山注》涉及的园林中有“小斜川”“东篱”“日涉轩”“日涉园”等③,苏州“拙政园”中有“见山楼”“怡颜处”、“废园”中有“小桃源”、“真适园”中有“菊径”、“招隐园”中有“停云峰”、“天平山庄”中有“桃源”、“五湖田舍”中有“花源”、“志圃”中有“小桃源”等,镇江“乐志园”中有“心远亭”,金陵“徐氏东园”有“心远堂”,等等。又如叔礼“心远轩”④、杨琢“心远楼”⑤、余学夔“成趣轩”“临清轩”⑥、李指挥“怡颜堂”⑦、郑棠“容膝轩”⑧等亦是借陶命名。王世贞后期优游园林,自娱自适,时常从陶渊明那儿获得启迪,其“约圃”中便多有借陶命名的景点意趣:

无住馆之西北偏,得一窦,穿而出,可十余武,轩三楹,翼然,前为中庭。

---

① 〔明〕王心一:《兰雪堂集》卷四,清乾隆年间刻本。

② 又如蒋翁“菊庄”(徐溥《菊庄为蒋翁题》,见《徐文靖公谦斋文录》,明嘉靖八年刊本)、杨少卿“陶园”(郑岳《访陶园杨少卿述赠》,见《郑山斋先生文集》卷六,万历十九年刊本)、王受所“日涉园”(据明钱士升《日涉园诗序》,见《赐余堂集》,《四库全书存目丛书》集部第二〇七册)、成复庵“成趣园”(冯惟健《成趣园卷》,见《陂门山人集》卷二,《四库未收书辑刊》伍辑第二一册,第577页),等等。

③ 〔明〕祁彪佳:《祁彪佳集》,中华书局1960年版,第156页、第180页。

④ 据〔明〕杨守陈《心远轩记》,见《杨文懿公文集》卷五,《四库未收书辑刊》伍辑第一七册,第443页。

⑤ 〔明〕杨琢:《心远楼》,见《心远楼存稿》卷一,清康熙三十九年刻本。

⑥ 〔明〕余学夔:《成趣轩三首》《临清轩》,见《北轩集》卷一二、卷一六,清乾隆三十四年刻本。

⑦ 〔明〕余学夔:《怡颜堂为李指挥赋》,见《北轩集》卷一六。

⑧ 〔明〕郑棠:《容膝轩》,见《道山集》卷二,清活字本。

……中庋之为儿骐读书所向背，就池为明晦，宽者支榻，陋者容膝，亦各自有名，复循而东转，小岭皆种竹及梅桃；度平桥复西，则梅桃益盛，海棠杏间之。复有轩三楹，不扉不窗，其前亦临池，扁之曰“适我”，取靖节“适我无非亲”语也。后赘一楹，辟周除其背，杂莳花草，夏木阴阴，时禽弄声，骐坐其中，甚怿也。扁之曰“欣托”，亦取靖节“众鸟欣有托”语也。①

王世贞对“约圃”景点的命名带有陶渊明的印记。他在其中“优然而恒有余”②，尽情地享受生命的适然之乐，在审美境界里安顿灵魂、与陶靠近。王世贞晚年修建的弇山园更是豪华动人，他自己谦虚地说：“弊庐园池，容膝之外，尚可游目，藏书万卷，作蠹鱼其间，亦自足老。”③与陶渊明在“草屋八九间”里的生活相比，王世贞的“容膝”生活更受主流士人的艳羡，董份《答大中丞凤洲王公》赞弇山园生活云：“而幸舁篮舆，追飞盖，笙吹前导，伶伎后随，出入洞天，宛转丘壑，亦何异泛桃水之源，迷天台之路，恍然乐也！”④这个“桃源”容纳了天台桃源的华丽和享乐色彩，但也不难看出陶渊明自娱情趣的影响。

园林居处是晚明文人寄托兴趣最为集中的场所，此期出现了大量的庄园类题材小品，大多氤氲着陶渊明的清影。如吴伯裔《墙东诗自记》云：“暮春休夏，时息其中，荫满苔砌，众鸟欣托，或微雨南来，好风与俱，独酌短吟，悠然有会。出门望平畴，万谷垂颖，粱麻铺菜，或与老农说农事，亦不减无怀、葛天民也。”⑤一望便知有陶渊明《读山海经十三首（之一）》《癸卯岁始春怀古田舍二首（之二）》《归园田居五首（之三）》《五柳先生传》等诗文的语句意趣。

四、清代陶渊明主题园的入俗

清代园林承续明代，或者增补旧园，或者另辟新址，公私园林兴建十分繁盛，至乾隆时期达于鼎盛，既有以北方皇家园林为代表的空间阔大的壶中天地，也有以江南私家园林为代表的空间趋向狭小的芥子须弥。“中国四大园林”中的三座出现在清代，即北京颐和园、河北承德避暑山庄和江苏苏州的留园。江南园林不下上千处，据清同治《苏州府志》记载，仅苏州宅第园林就有一百三十

① 〔明〕王世贞：《约圃记》，见《弇州续稿》卷六〇，影印清文渊阁《四库全书》本。

② 〔明〕王世贞：《宁翁季尊师八十寿叙》，见《弇州续稿》卷三五。

③ 〔明〕王世贞：《（与）吴明卿》，见《弇州山人四部稿》卷一二一，明万历年间刻本。

④ 〔明〕董份：《董学士泌园集》卷二六，《四库全书存目丛书》集部第一〇七册，齐鲁书社1997年版，第416页。

⑤ 卢润祥：《明人小品选》，四川文艺出版社1986年版，第246～247页。

多处，可见盛况之一斑。清代园林中的陶渊明因素在继承前代之外又出现了一些新特点。

首先，皇家园林普遍纳入了以陶命名的景点。最典型的代表是颐和园（乾隆时称清漪园）。这座皇家园林中有夕佳楼，是坐落在北京颐和园昆明湖东岸的一座二层观景楼，为乾隆皇帝所喜爱。在乾隆所作与陶渊明相关的题居诗中，题夕佳楼的诗作最多，至少有八首。“夕佳”二字取源于陶诗“山气日夕佳”，乾隆又有《赋得山气日夕佳》《夕佳书屋》诗，后者云：“西窗向日受斜照，到处夕佳名命之。”①可见他对这首陶诗的喜爱。乾隆《夕佳楼》写沉浸其中的闲适生活云：“夏晚犹炎冬晚冷，夕佳景最合深秋。西南开牖正当岭，东北倚山旧有楼。红叶都从绿叶染，松林特异槲林留。砌边更喜黄花放，一幅陶家画总收。”②深秋时节，气候宜人，登楼而望，远楼近岭、林木花叶，尽收眼底，足以让忙碌紧张的帝王顿觉心旷神怡、思接陶潜。皇帝在政务繁忙之余，在以陶渊明诗语命名的观景楼里与当年僻居一隅的贫寒隐士千载相接，可谓陶渊明接受史上的一大奇观，也是中国园林史上值得书写之笔。“避暑山庄”中有“真意轩”，取意陶渊明《饮酒二十首（之五）》“此中有真意，欲辨已忘言”；圆明园中原有“武陵春色”的景区。它们都显示了相似的园林意义。清代皇家园林不会用陶渊明及其诗文整体命名，因为陶渊明的山林气息毕竟难与庙堂华贵相融合，但部分景点的取用还是显示了陶渊明对园林文化产生的广泛而深远的影响，即使是皇家园林也已经不能漠视他的存在。这在宋元皇家园林中比较少见。

其次，私家园林的设计注重营造源自陶诗的意境，每一处园林都是一座规避凡尘、寄托身心的桃花源，与宋人强烈的回归意识、元人的隐逸避世意识和明人的休闲享乐意识相比，清代的园林更具有日常实用性。如江苏苏州市仓街小新桥巷“耦园”，原名“涉园”，为清顺治年间保宁知府陆锦所筑，取意陶渊明《归去来兮辞》中的“园日涉以成趣”。东侧陡山名“留云岫”，西侧小山名“桃屿”，隐然与陶“云无心以出岫”和桃花源相联系。其中有“吾爱亭”“无俗韵轩”，得自陶诗“吾亦爱吾庐”和“少无适俗韵”。耦园的造园主题在于构筑一个可居可品的隐逸桃源，显示出淡泊俗情的素雅情致。无独有偶，浙江海盐也有一座“涉

① 〔清〕爱新觉罗·弘历：《御制诗》五集卷四五，《清代诗文集汇编》第三二八册，上海古籍出版社2010年版，第260页。

② 〔清〕爱新觉罗·弘历：《御制诗》四集卷四〇，《清代诗文集汇编》第三二五册，上海古籍出版社2010年版，第468页。

园”，据张鹤征辑《涉园题咏》、张元济辑《涉园序跋集录》、张元济辑《涉园题咏续编》等资料记载，此园乃清顺治朝张元济九世祖张惟赤营建的林泉胜地，由文人雅集之地逐渐成为藏书宝地，此可谓以藏书宝地为桃源。还有以园林为讲堂者，如光绪《泰兴县志》卷九“名迹”载，清初吉人曾筑“东皋草堂”，后成为著名的讲学之地；福建泉州“春夏秋冬四花园”中的“秋园”有“东篱菊圃”，园中设“崇正书院”。此以讲学之地为桃源。叶燮筑“已畦”，中有田畦篱落，杂种桃柳花竹、豆麦蔬果，主人亲自劳作，大有陶渊明躬耕之志趣，此乃以田园为桃源。袁枚虽然没有用陶渊明诗文命名随园中的景点，但在随园中大量种植了两种与陶渊明密切相关的植物——柳树和桃树，其《路上忆随园桃花》等诗隐然比之为桃源，随园中有花草树木、奇峰怪石，又多有图书法帖、古董玩好，袁枚与他的妻妾过着桃源人一样的诗意化生活。继随园之后，南京名园数愚园，为名宦名士聚游之所，其中有“容安小舍”，取意陶渊明《归去来兮辞》“审容膝之易安”，清赵彦修《愚园三十一咏》曾经咏及。

在私人园林中，苏州金狮巷“五柳园”可谓一处影响久远、山水与人文色彩浓郁的陶渊明主题园。乾隆年间，石韫玉在旧园的基础上重加修葺，因池旁有五棵柳树，故更名为“五柳园”，园内清雅淡致，文人雅士多有记述和吟咏，乾隆也曾驻跸于此。私家园林因众人的游览欣赏也殆如公家园林，成为君臣雅士赞赏的桃源。类似的都市私家园林与明代计成在《园冶》中提出的“市井不可园”的建园理念似有出入，这表明清代园林已经大大世俗化了。

中国园林在意境营造上取意于陶渊明的实践已经形成一些典型模式。曹林娣等在《陶渊明诗文与中国园林营构》中总结了五柳园、桃源园、归来园、归田园和人境庐五种陶渊明主题园，指出各种园林中还有来自陶渊明的意境营造、装饰符号和布局模式。① 常见的意境营造有桃源、带月荷锄、夕佳、真意、见山、怡颜等，已经见于前文的论析中。又如扬州寄啸山庄（何园）是清代光绪年间何芷舠的宅园，文人雅士流连忘返，被誉为“晚清第一园”，取意于陶渊明《归去来兮辞》“登东皋以舒啸，临清流而赋诗”。常见的装饰符号有关于陶渊明的雕像、松菊、书法等。如广西桂林的雁山别墅，是清同治年间建构，至今保留一副对联云：“春秋多佳日，林园无俗情。”此乃集陶《移居》和《辛丑岁七月赴假还江陵夜行涂中》诗句联。常见的布局设计莫过于桃花源模式了。武陵渔人缘溪偶入桃

① 参曹林娣、齐慎、赵江华《陶渊明诗文与中国园林营构》，见政协彭泽县委员会编《陶渊明与彭泽》，江西人民出版社 2013 年版。

源的途径和感受，是园林营造入口到胜景的最经典模式之一，这是一个桃源意境发现的历程。如苏州留园就是这一布局模式的典型，金学智分析说：“从沿街的大厅到宅后的园林，其间有一条狭窄漫长（按五十米）、敞幽交替而几经曲折的夹弄。这条入境的夹弄，其中大有文章。……渔人是带着一种神秘好奇的心理进入洞口的，在山洞这个奥如空间探行的过程中，他必然会消去种种尘虑，而‘世外桃源’也正是靠其狭小幽暗的入口来保证其清幽静谧、独立自足的境界的。留园入门……的夹弄有类于此，它能使人在入口处就收敛心神，洗涤尘襟，进行心理的净化，为审美准备必要的精神条件。经过这种委曲式的奥如空间的过滤，‘尘俗’之心就不易带进去，而园内清幽静谧的意境情氛也就不易外泄。……光线由暗渐明，空间由窄渐宽，于是，迎面有光影参差的一排漏窗，隐约可见窗外优美的山水、花木、屋舍之属，再绕过弯去，在对比的错觉心理影响下，会特别感到一望旷如，豁然开朗，风光如画，眼界一舒，这是一个空间和心理上欲扬先抑的审美过程。”①“山重水复疑无路，柳暗花明又一村。”这种移步换景而又含蓄蕴藉的桃源构造方式，已经成为中国园林的典型特点。

陶渊明对中国园林的深刻意义并不仅仅表现为影响了中国园林的发展，把他的形象、意趣渗透到园林居处的营造上，而且表现在借助文化的物化形态广泛浸润了中国文人高雅但不离俗的精神和生活。正如曹林娣指出的：“渊明是中国文化史上的一个奇特现象，他的审美理想、超功利的人生风范以及审美的心理特征等，深刻地契合了中国农业文化的深层底蕴、美学基本特征以及文人士大夫的内心情结，‘为后世士大夫筑了一个“巢”，一个精神家园’，文人士大夫们还把这个积淀在心理深层的精神堡垒‘物化’，融入可居、可游、可观的山水园林，稳稳地、惬意地逍遥在陶渊明创设的桃源仙境之中。陶渊明是随着中国主题园的诞生，才被文人们‘解读’进自己营构的小园中的。”②陶渊明就是一座中国文化的园林，只是他自己原初构建的处所是自然的山水，而不是喧嚣的城市，他向大自然敞开心扉，而不是把大自然关进家门；他亲自耕种，以辛勤的劳作献给园林，而不是靠空谈道德、占有他人成果来堆积自家清闲。宋代以后，越来越倾向于心性内在超越、躲进园林的士人似乎平静和超脱了，但也因此失去了广阔天地带来的慷慨和豪旷。陶渊明融入了中国传统园林，但传统园林永远关不住鲜活的陶渊明。

---

① 金学智：《中国园林美学》（第二版），中国建筑工业出版社 2005 年版，第 280 页。

② 曹林娣：《中国园林文化》，中国建筑工业出版社 2005 年版，第 271 页。

第五节 陶渊明与中国书法

陶渊明生活的时代是中国书法艺术自觉的时代，出现了以钟繇、王羲之等人为代表的一大批杰出书法家。陶渊明是否擅长书法，史无明载，唐张彦远的《法书要录》列举唐前能书人之名，不见陶渊明在列。今传所谓《陶渊明草书真迹》帖后有所谓南朝梁袁昂、沈约、萧衍，唐武则天、狄仁杰，宋王十朋，清张孝捏等人的题跋。[①] 学者指出："此草牵丝连带，笔画连绵不断，与晋人笔画法若断而意连的意趣大相径庭。……先唐法帖并未有跋语之制，此当为爱好陶诗的书家所为。"[②]但陶渊明与书法结下了不解之缘，从现存史料来看，这个缘分主要是从宋代开始的。

一、苏轼与宋代书陶之风

陶渊明在世时，就曾"聊命故人书"[③]其作品。在印刷术推广之前，陶集无疑是以抄本的形式流传的，沧海桑田，历经战火，其基本面貌得以幸存，这在魏晋南北朝文人作品集中是一个奇迹。但很可惜，我们今天已经看不到这些抄录的早期作品集了。据朱家溍《历代著录法书目》（紫禁城出版社 1997 年版），宋代之前不见有书法家书写陶渊明诗文的作品，这表明陶渊明诗史地位确立之前，陶诗文较少受到书法家的青睐。

陶渊明作品成为重要的书写对象是从北宋的苏轼开始的。朱家溍《历代著录法书目》著录苏轼书写的陶渊明诗文二十三种，包括《归去来兮辞》十三种和《饮酒》诗等十种，其中有些可能是重复统计。据孔凡礼点校《苏轼文集》统计，书及陶渊明诗文的书法作品也有二十三种，他们是：《与朱康叔二十首（之十三）》（即《般涉调哨遍》集《归去来辞》）、《渊明非达》《渊明无弦琴》《书渊明〈孟府君传〉后》《书渊明〈述史章〉后》《书渊明〈归去来序〉》《渊明〈饮酒〉诗后》

① 《陶渊明草书真迹》有民国中国图书公司印行本、广西美术出版社 2005 年重版。陈大利《书法世界中的陶渊明》对此有所辨析，载《天中学刊》2013 年第 4 期。

② 魏耕原：《当代陶学研究的方向与任务——以古今书法、绘画、篆刻等对陶学的传播为中心》，见星子陶渊明学会编《栗里论陶——中国星子陶渊明国际学术研讨会论文集》，江西美术出版社 2013 年版，第 302 页。

③ 〔晋〕陶渊明：《饮酒二十首序》，见逯钦立校注《陶渊明集》，中华书局 1979 年版，第 87 页。

(“颜生称为仁”)、《书渊明“羲农去我久”诗》《题渊明诗二首》(“平畴交远风”和“秋菊有佳色”)、《题渊明〈咏二疏〉诗》《题渊明〈饮酒〉诗后》(“采菊东篱下”)《录陶渊明诗》(“清晨闻扣门”)、《书渊明〈乞食〉诗后》《书渊明〈饮酒〉诗后》(“客养千金躯”)、《书渊明诗二首》(“偶有佳酒”“但恐多谬误”)、《书〈归来去词〉赠契顺》《书渊明“东方有一士”诗后》《书渊明〈酬刘柴桑〉诗》《题陶靖节〈归去来辞〉后》《陶渊明诗》(“丈夫志四海”)和《题所书〈归去来词〉后》(《毛镇国从余求书》)等。苏轼多次书写《归去来兮辞》和《饮酒》，此外，还书写过《癸卯岁始春怀古田舍》《咏二疏》《归园田居五首(之三)》《乞食》《拟古九首(之二)》《酬刘柴桑》等。由此可见苏轼嗜书陶诗之一斑。

现在，我们可以见到的苏轼书陶作品是《归去来兮辞》，纸本，纵三十二厘米，横一百八十一点八厘米，台北故宫博物院藏。书为行楷体，一点一画，有自然烂漫之妙，骨力内蕴，浑然一体，有若天成，为苏轼传世行书珍品，也是历代《归去来兮辞》书法作品中流传最早、最有代表性的开山之作。苏轼曾为门人毛滂书写《归去来兮辞》，其《题所书〈归去来词〉后》云：

> 毛国镇从余求书，且曰：“当于林下展玩。”故书陶潜《归去来》以遗之。然国镇岂林下人也哉，譬如今之纨扇，多画寒林雪竹，当世所难得者，正使在庙堂之上，尤可观也矣！①

此书作于毛滂致仕之时，“从末句可知，苏轼还寄希望于毛重新出仕，并升之于‘庙堂之上’”②。苏轼因贬谪岭南而对《归去来兮辞》更加钟情，其《题陶靖节〈归去来辞〉后》云：

> 予久有陶彭泽赋《归去来辞》之愿而未能。兹复有岭南之命，料此生难遂素志。舟中无事，倚原韵用鲁公书法，为此长卷，不过暂舒胸中结滞，敢云与古人并驾寰区也耶！东坡居士轼并识。③

此明言借陶“暂舒胸中结滞”，可谓夫子自道。“绍圣三年三月二日，契顺涉江度岭，徒行露宿，僵仆瘴雾，黧面茧足以至惠州”，为苏轼与儿子传达书问，苏轼感激之余，“故为书渊明《归去来词》以遗之”④，以此表彰僧契顺的忠义之举。清方浚颐《梦园书画录》卷三著录《宋苏文忠为释契顺书〈归去来辞〉卷》(有清光

---

① 〔宋〕苏轼撰，孔凡礼点校：《苏轼文集》，中华书局 1986 年版，第 2198 页。

② 曾枣庄：《苏轼与毛滂》，见《唐宋文学研究》，巴蜀书社 1999 年版，第 201 页。

③ 〔宋〕苏轼撰，孔凡礼点校：《苏轼文集》，第 2551 页。

④ 〔宋〕苏轼：《书归来去词赠契顺》，见孔凡礼点校《苏轼文集》，第 2201 页。

绪刻本),上有梁章钜等人题跋可资参考。台北故宫博物院所藏即书赠契顺者。

魏耕原教授指出,历代的书陶作品分为三类:"一是书写陶之诗文辞赋;二是集句成联,或以陶集陶,或用他人诗句来集陶句成联;三是书写自己的和陶诗。第一类为大宗,贯穿古今。第二类从明代伊始,至清为大盛。第三类不多,偶尔可见。"①而从苏轼曾经书写自己集陶《归去来兮辞》与和陶诗来看,第二类和第三类都非"从明代伊始",而是肇始于苏轼,只是没有书法作品流传下来而已。实际上,在上述三类作品之外,还有第四类,即从陶渊明作品诞生之日起就已经存在的陶渊明集抄本书法。今传所谓苏写大字本当亦源于苏轼。清钱谦益《跋坡书陶渊明集》赞其"书法雄秀……镂版精好。精华苍老之气,凛然于行墨之间。真希世之宝也"②。

宋代书写陶渊明诗文者还有黄庭坚等人。《漫叟诗话》云:

> 山谷晚年,草字高出古人,余尝收得草书陶渊明"结庐在人境"一篇,纸尾复作行书小字跋之,云:"往时作草,殊不称意,人甚爱之,惟钱穆父、苏子瞻以为笔俗,予心知其然,而不能改。数年,百忧所集,不复玩思于笔墨,试以作草,乃能蝉蜕于尘埃之外,然自此人当不爱耳。"又"荣衰无定在"一篇跋云:"陶渊明此诗,乃知阮嗣宗当敛衽,何况鲍、谢诸子邪?诗中不见斧斤,而磊落清壮,惟陶能之。"③

可见,作为文人书法家,黄庭坚也嗜好书写陶诗,且能从中获得"蝉蜕于尘埃之外"的脱俗之致和"磊落清壮"的骨鲠气概。据《山谷题跋》卷四,黄庭坚有《元祐间大书陶渊明诗赠周元章》。南宋时期,文天祥书写过《归去来辞》,宋高宗赵构书写过《桃花源记》④;朱熹书写的《归去来辞》"笔势遒劲,天机逸发,如枯藤朽木,云舒雾敛,当为公平生所书第一帖"⑤;"吴云壑(吴琚)书《归去来辞》真迹,笔笔飞舞,全用米法"⑥。陶渊明诗文有助于宋代书法家者甚多。

---

① 魏耕原:《陶渊明论》,北京大学出版社 2011 年版,第 350 页。

② 〔清〕钱谦益:《牧斋初学集》卷八五题跋三,《四部丛刊》本。

③ 〔宋〕胡仔纂集,廖德明校点:《苕溪渔隐丛话》前集,人民文学出版社 1962 年版,第 324 页。

④ 朱家溍:《历代著录法书目》,紫禁城出版社 1997 年版,第 3 页下、第 105 页上。

⑤ 〔明〕晏宁:《题晦庵翰墨卷后》,据高令印《朱熹事迹考》,上海人民出版社 1987 年版,第 297 页;又据该书第 322~323 页可知,收入《朱子尺牍墨迹》,1930 年版。

⑥ 〔清〕钱泳撰,张伟校点:《履园丛话》卷一〇,中华书局 1979 年版,第 274 页。明董其昌《画禅室随笔·评旧帖》"跋吴云壑书后"云:"客持晦翁书《归去来辞》,乃绝似米元章。后有'云壑'二字,因得审定,今藏余家。"见中国书店 1983 年版,第 33 页。

二、赵孟頫与元代《归去来兮辞》等书法

元代赵孟頫不但继承宋代李公麟把陶渊明画推向一个高潮，而且继承苏轼把书陶艺术也推向一个新的高潮。他与苏轼仿佛是书陶书法史上两座巍峨的里程碑，前后辉映，光耀千秋。

据朱家溍《历代著录法书目》，历代著录赵孟頫书陶作品有三十七种，其中书《归去来兮辞》十八种，另外涉及陶诗、陶潜赞、陶潜逸事等。这些著录可能存在重复之处。在书写内容上，除了写陶潜赞、在他的陶渊明画上书写陶潜逸事，他还书写《归去来兮辞》和陶诗。而书写《归去来兮辞》的频率之高、成就之大也足可与苏轼颉颃。如：元大德元年（1297）十二月五日，赵孟頫“以火炙砚”，行书《归去来兮辞》，藏上海博物馆；元大德四年（1300）画陶渊明像时书《归去来辞卷》；至大二年（1309）白描渊明事迹十四段，并配书相关史书文字，同年行书《归去来兮辞》①；延祐五年（1318）年书大字本《归去来兮辞》，藏湖州博物馆；至治元年（1321）行草《归去来辞》，藏辽宁博物馆；等等。② 清张照《石渠宝笈》卷三〇著录《元赵孟俯（頫）书〈归去来辞〉一卷》，为至治元年（1321）十二月二十六日赵孟頫晚年所作，曾藏东北博物馆③，今藏辽宁博物馆。《石渠宝笈》卷一三还著录另一种《元赵孟俯（頫）书〈归去来词〉一卷》云：“宋笺本，行书，款署子昂，下有赵子昂氏一印，后李升隶书跋，云：松雪翁极喜书此词，流传世间，何啻数百本。余家亦有数卷，此特其尤者。”此本上有僧自厚题云：“赵公笔法称独步，陶令文章不厌听。此卷只宜天上有，莫嗔萧翼赚兰亭。”④可谓推崇备至。《归去来兮辞》的书写者和书法欣赏者对书文一体的精美艺术品可谓百读不厌。清人钱泳在《履园丛话》卷一〇中提到自己见到两种小楷《归去来辞》，一种“画陶靖节像，阔袖幅巾，手携一杖，翩翩欲仙，上书《归去来辞》小楷十二行，真妙笔也”，另一种他曾经“模入《集珍帖》中”，以为乃赵氏中年之作。⑤ 像赵孟頫这样

---

① 可参任道斌《赵孟頫系年》，河南人民出版社1984年版。

② 张华编著《归去来兮辞》云：“2007年9月28日至10月17日，由浙江省文物局和浙江省湖州市人民政府主办的‘归去来兮——赵孟頫书画珍品回家展’，在湖州市博物馆展出。”（重庆出版社2009年版，第58页）其中就有藏于上海博物馆、辽宁博物馆和湖州博物馆的三种《归去来兮辞》。

③ 参杨仁恺《国宝沉浮录》（彩图修订本），上海古籍出版社2006年版，第195页。有辽宁博物馆供稿、河北美术出版社1995年版《赵孟頫书归去来辞》。

④ 〔清〕张照：《石渠宝笈》卷一三，影印清文渊阁《四库全书》本。

⑤ 〔清〕钱泳撰，张伟校点：《履园丛话》卷一〇，第278页。

深爱书写《归去来兮辞》者，罕有其人。

赵孟頫还书写过《饮酒（之一）》《饮酒（之七）》等。今存行书《饮酒（之七）》（“秋菊有佳色”），纸本，纵三十二点七厘米，横四十五点八厘米，藏北京故宫博物院。书风遒劲飘逸，自具媚姿，其中“之”字、“足”字等有晋人笔意。较之苏轼所书，赵孟頫的书陶作品更加妩媚流动，近人可喜，而高风绝尘之姿略逊一筹。今存草书《饮酒（之一）》，纵三十二点六厘米，横五十六点六厘米，洒落飘游，荡而不狂，自然有则，曾为乾隆御赏，藏台北故宫博物院。赵氏书法与陶渊明身上平易和畅、纵而不诞的精神极为相似。

值得注意的是，赵孟頫的有些题画诗明显是书写与陶渊明相关的内容，如《题四画》中的《桃源》和《渊明》云：

> 桃源一去绝埃尘，无复渔郎再问津。想得耕田并凿井，依然淳朴太平民。
>
> 渊明为令本非情，解印归来去就轻。稚子迎门松菊在，半壶浊酒慰平生。①

除了赵孟頫，朱家溍《历代著录法书目》还著录元代鲜于枢的三种《归去来辞》，关冕钧《三秋阁书画录》卷上著录其《归去来辞》一卷，钤其孙“困学后人鲜于端印章”②。美国纽约大都会艺术博物馆藏其元大德四年（1300）《行书〈归去来辞〉于钱选图卷后》③，纵二十六厘米，横一百六十点七厘米。鲜于枢在元代书坛的地位仅次于赵孟頫，其草书《归去来辞》“笔法圆劲，奇态横生，宛转遒劲中而略带妍媚，或受‘赵体’影响，故与赵并称‘二妙’”④。元初何澄名作《归庄图》后另纸有张仲寿至大二年（1309）夏天所书《归去来辞并叙》，“笔法清瘦如篆隶，衣作粗铁线纹，信笔为之，有风起水涌之妙”⑤。其拖尾有姚燧、赵孟頫等元明清三代诸家的题跋，藏吉林省博物院。朱家溍《历代著录法书目》著录元末书家俞和的两种《陶潜诗》，皆二册，当为一种；俞和，字子中，号紫芝，早年学赵孟頫，极为神似。朱家溍所录《陶潜诗》应当就是抄本《陶靖节诗》，又被称为

---

① 〔元〕赵孟頫撰，任道斌校点：《赵孟頫集》，浙江古籍出版社1986年版，第120页。

② 戴立强：《鲜于枢研究七题》，见辽宁省博物馆编《辽宁省博物馆学术论文集》第二辑（1985—1999），辽海出版社1999年版，第656页。

③ 据刘九庵编《宋元明清书画家传世作品年表》，上海书画出版社1997年版，第85页。

④ 魏耕原：《陶渊明论》，第352页。

⑤ 〔清〕方薰：《山静居画论》卷下，《知不足斋丛书》本。

《书陶潜诗》，凡书陶诗九十九首，纸本，七十七幅，均为楷书，今藏台北故宫博物院；从其藏印看，曾为明文徵明所赏。①

三、明代祝允明等人的书陶作品与董其昌尚淡的书法理论

明代书法家书陶成为一代风气，从明初一直延续到明末，络绎不绝。据朱家溍《历代著录法书目》，明人书陶书家作品有：宋克书《陶诗》八种，沈度隶书《归去来辞》二种，祝允明行草书《和陶〈饮酒〉诗》、行草书《陶靖节〈田居〉诗》和楷书《闲情赋》册等三种，文徵明《〈归去来辞〉册》《〈松菊犹存图〉并行书陶靖节〈归去来词〉卷》《〈桃源行〉书画合璧》三种，张寰《书〈归去来辞〉卷》一种，陈淳《书陶诗》一种，彭年《临苏轼〈归去来辞〉》三种，董其昌《书陶诗》《〈归去来辞〉卷》《书〈桃源行〉》《书陶潜诗》四种。但实际数量远不止如此。

据刘九庵编《宋元明清书画家传世作品年表》、中国古代书画鉴定组编《中国古代书画目》等，尚有明洪武二十五年（1397）姚广孝《楷书中州先生后和陶诗卷》，藏故宫博物院；明初陈璧草书《陶渊明诗》、俞希鲁隶书《归去来辞》（题于王仲玉《靖节先生像轴》上部，藏故宫博物院）；明前期孙鼎草书临写《与子俨等疏》，藏台北故宫博物院；嘉靖元年（1522），王宠草书《五柳先生传》；嘉靖二年（1523），许宗鲁行书《题陶渊明事迹卷》，藏故宫博物院；陈道复（1483—1544）《草书陶诗》，藏故宫博物院；嘉靖三十年（1551），王榖祥（1501—1568）《行书陶渊明诗卷》，行书《饮酒二十首》，其中第六首少录最后八个字，接着录第九首第三联，第七、八首未录，藏上海博物馆；嘉靖三十七年（1558），马一龙书《桃花源记》；罗鹿龄《楷书〈归去来兮辞〉》册，藏台北故宫博物院；嘉靖四十二年（1563），彭年《临苏轼〈归去来辞〉》，藏台北故宫博物院；嘉靖四十四年（1565），彭年《楷书〈桃花源记〉》，藏上海博物馆；万历八年（1580），徐渭（1521—1593）行草《陶诗二十首卷》，藏上海博物馆；万历三十年（1602），周叔宗《草书陶诗卷》，藏首都博物馆；万历三十年（1602），吴梦旸《行书〈和陶饮酒二十章并序〉》，藏辽宁省博物馆；万历四十八年（1620），李流芳（1575—1629）《楷书陶渊明诗》，藏浙江省博物馆；陈继儒（1558—1639）《行书题桃源图诗》，藏沈阳故宫博物院；皇甫钦《行书〈桃源记〉》，藏上海朵云轩藏；天启元年（1621），朱之蕃作《书〈归去来辞〉卷》，藏故宫博物院；崇祯五年（1632），范允临为云岫作《行书〈桃花源记〉》；崇祯十三年（1640），薛禧作《行书陶诗卷》，藏故

① 据《渊明逸致特展图录》附录，台北故宫博物院1988年版，第59页、第113~114页。

宫博物院;等等。

明代的书陶作品一方面继承宋元书家,多书《归去来兮辞》和陶渊明诗歌,另一方面也有新的开拓,涉及《与子俨等疏》《五柳先生传》《桃花源记》《闲情赋》等散文作品。此外,还涉及和陶诗和受陶氏影响的作品《桃源行》等。就书体而言,真、行、草、隶皆有且各有特色。

明中期书陶作品以“吴门书派”成就最高,代表书法家有祝允明、文徵明、王宠和王穀祥等。

明祝允明(1460—1527)书陶最有特色者有两种,一是书自己创作的《和陶渊明〈饮酒二十首〉》,二是书陶《闲情赋》。《和陶渊明〈饮酒二十首〉》至少有正德十五年(1520)和嘉靖四年(1525)所书两种。如后者又称《饮酒诗册》,纸本,纵十七点三厘米,横二百二十六点六厘米,行楷或草书,藏台北故宫博物院;为六十二岁离京回吴时在舟中所书。该作品真率朴拙,姿态烂漫,有王羲之的超逸;宽博扁平,有钟繇的遒劲;左撇短促,右捺飘长,时露郁愤不平之气。祝允明多次书写过陶渊明的《闲情赋》,有行书,有草书,还有楷书;楷书《闲情赋》册,每幅均纵十四点七厘米,横十点二厘米,共九十三行,各行字数不一,藏台北故宫博物院;书法极具个性特色,字体狭长清劲,撇捺健拔,横竖洒脱;能于钟繇、颜真卿、柳公权等名家楷书之外别开天地。其酣畅淋漓与陶渊明《闲情赋》之感情颇有异曲同工之妙。此外,祝允明还不止一次书写过陶渊明的《饮酒》诗和《归园田居》诗。

文徵明(1470—1559)对陶渊明也具深情,嘉靖三十九年(1560),他编集家藏晋、唐、宋、元、明人书迹,由儿子文彭、文嘉摹勒,由温恕、章简甫镌刻,终成《停云馆帖》十二卷,积聚二十三年辛苦方成,文徵明名之为《停云馆帖》,既来自父亲文林所筑停云馆,又借陶渊明《停云》诗表达对父亲的怀念,还有远慕风雅的审美追求,可谓意味深远。他晚年尤其喜欢书陶作品,于嘉靖十三年(1534)、十七年(1538)、十八年(1539)、三十年(1551)书《五柳先生传》(小行书)、《桃花源记》(扇面)、《归去来兮辞》(多幅,其中有小楷本纵三十厘米、横三十九厘米,古淡清劲,妙有神韵,藏故宫博物院)、《桃花源记并诗》(又书《归去来兮辞》),嘉靖三十六年(1557)又书《归去来兮辞》。① 文徵明以行草体书《陶

① 周锡卿、施丁、周用宜编著:《中国书画、美术与美学》,团结出版社 2006 年版,第505、507、508、518、523 页。

渊明〈饮酒二十首〉》①，作于嘉靖三十三年（1554），时已八十五岁高龄。该作品苍劲圆熟，不见老迈之气，为其“老年最标准之行草体”②。归去与桃源是他晚年书陶的两大主题。

王宠是明中期“吴门书派”的重要代表书家，行楷颇得晋法，拙朴中见秀雅，其行草《五柳先生传》萧散旷逸，多得陶致。此书创作于唐寅的桃花庵中，写于赵孟頫所画陶渊明像册③，借五柳先生的志趣表达了对唐寅高尚志趣的赞赏。王穀祥《行书陶渊明诗卷》行草相间，笔致遒逸。

“吴门书派”是明中期苏州最为活跃也最有成就的书法流派，他们普遍喜欢书写陶渊明作品，借之导达意气、挥洒情绪，创造出书法史上的新篇章，也创造出陶渊明接受史上的新篇章，对此后的书陶之风产生了深远的影响。

明末张瑞图与邢侗、董其昌、米万钟并称“晚明四大家”，其《和陶渊明拟古送康侯杨外孙北上七篇》落款“崇祯戊寅冬孟录寄康侯于长安中，白毫老人图书”④。诗册，金笺，行楷；书风古朴平实，萧散自然，代表了张瑞图晚期的小楷风貌；藏故宫博物院。天启六年（1626），有《行书〈归去来辞〉》二种，分藏广东省博物馆和湖北省博物馆。张瑞图还书有小楷《陶渊明〈桃花源记〉》，古朴自然，远追晋人萧散天真风致。万历四十三年（1615）刻入《果亭墨翰》卷一。学者评论云：“张氏突破传统的重围，以奇崛的结体，劲利的点画和流畅的气韵来开拓楷书新境。”⑤此外，明天启七年（1627），张瑞图作有《行书〈归去来辞〉四疏乞归卷》，藏浙江省博物馆。

明末书陶的代表还有名震一时的书画家董其昌（1555—1636）。因欣赏倪瓒《龙门僧画》和“荆蛮民”印章，又观雪上华溪渔隐之画，董其昌“欲买山雪上，作桃源人，以应画谶”⑥；借桃源人“不知有汉，无论魏晋”悟道禅机。⑦ 他曾数次书写《归去来兮辞》“以志吾乐”⑧，体会“桃源人”的诗意生活。他又曾画渊明

---

① 参齐德金、吴文彬编《中国书法精品》，名家出版社1984年版，第71页。

② 张龙文《中华书史概述》，台湾中华书局1983年版，第92页。

③ 参《唐伯虎年表》，见周道振、张月尊辑校《唐伯虎全集》附录，中国美术学院出版社2002年版，第695页。

④ 李松晨、王秀峰主编：《中国书法大观——行书第八卷》，中国文史出版社2006年版，第19~32页。

⑤ 刘胜角：《古代楷书发展史》，中国戏剧出版社2002年版，第493页。

⑥ 〔明〕董其昌：《画禅室随笔·画源》，中国书店1983年版，第41页。

⑦ 〔明〕董其昌：《画禅室随笔·禅语》，第80页。

⑧ 〔明〕董其昌：《画禅室随笔·跋自书》“书罗语题尾”，第9页。

诗意图,“款识云‘奇踪秘千载,一日敞神界’”①,所画可能就是桃源图。魏耕原云:“他曾画横幅《采菊望山图》,左少半幅书《饮酒》其五,书画左右相映。其书画清逸,然画清不掩拙,书清而见薄,似与名声不符,或者可能出于代笔。董其昌另两幅行书《归园田居》:其二,其四,用笔颇为讲究,精神集中,颇可一观。”②又,万历十六年(1588)有《书陶潜、谢灵运诗册》,万历三十九年(1611)有《书〈归去来辞〉卷》。③ 据清张照《石渠宝笈》卷一,康熙还曾临摹董其昌书《五柳先生传》一卷。

然而,董其昌接受陶渊明最值得注意之处乃在其宗尚平淡真率的书法理论明显受到了陶渊明的影响。董其昌《书〈归去来辞〉后》云:“以米元章笔法书渊明辞,差为近之。”④学者指出:“董其昌书陶渊明的《归去来辞》之所以要用米芾笔法,不但由于他特好米书,而且由于米芾的书画评论标举‘平淡天真’、‘真率可爱’、‘超世真趣’……其书法也多直率之美。”⑤董其昌云:“诗文书画少而工,老而淡,淡胜工,不工亦何能淡?东坡云:笔势峥嵘,文采绚烂,渐老渐熟,乃造平淡。实非平淡,绚烂之极也。”⑥这简直是对苏轼借陶倡导平淡美学追求理论的翻版。董其昌把背临比喻为陶渊明弹无弦琴云:“余书《兰亭》,皆以意背临,未曾对古刻,一似抚无弦琴者。”⑦求神似,不拘泥于形似。赞《云江图》“如武陵渔夫,怅然桃源”,观《江山雪霁图》经岁,如入桃源,不观则“如出桃源”⑧,表现出对如真如幻审美境界的神往。可见,董其昌的书学主张与陶渊明诗文任真率意、平淡自然、神超形越的美学特点是一致的。借陶体悟书法之道是书法史上书陶盛行之后的必然体现。之后清代读者也偶尔借陶揭示书法美学特点,如云:

> 裴公美书,大段宗欧,米襄阳评之以“真率可爱”。“真率”二字,最为难得,陶诗所以过人者在此。⑨

---

① 〔清〕张照:《石渠宝笈》卷四一。

② 魏耕原:《陶渊明论》,第 363 页。

③ 参徐邦达编《历代流传书画作品编年表》,上海人民美术出版社 1963 年版,第 94 页、第 96 页。

④ 〔明〕董其昌:《画禅室随笔·跋自书》“题归去来辞后”,第 23 页。

⑤ 金学智:《论书法与文学的亲缘美学关系》,载《艺术百家》1993 年第 2 期。

⑥ 〔明〕董其昌:《容台集》,明崇祯三年刻本。

⑦ 〔明〕董其昌:《画禅室随笔·跋自书》“临禊帖跋后”,第 18 页。

⑧ 〔明〕董其昌:《画禅室随笔·画源》,第 41 页。

⑨ 〔清〕刘熙载:《艺概》卷二,上海古籍出版社 1978 年版,第 159 页。

学杨少师书如读周秦诸子,乍看若散漫无纪,细玩却自有条理可寻,于诗则陶靖节也。王右军如《史记》之文,变化皆行于自然,其于诗则无名氏之《十九首》也。①

周幔亭如靖节读书,不求甚解。②

追溯这些借陶揭示书法美学特点的言论,董其昌可谓发其先声。

四、众体兼备的清代书陶作品

清初,董其昌、赵孟頫书风相继风行。雍正、乾隆年间,文字学、金石学、考据学逐渐盛行,嘉庆、道光之后北碑席卷书坛。清代书法颇受影响,“古文字学、金石学的研究成果被广泛应用到书法领域,篆隶书法空前发展,并取得了前所未有的成就,篆刻艺术超过前代,北碑及种种民间书法备受重视,风格多样化倾向突出”③。因此清代书法众体兼备,各体均有值得称道之作,其中多有书陶名作。

清代书陶的壮丽篇章是明遗民开创的。其代表作家是方以智。他有《和陶饮酒诗》二十首,台北故宫博物院藏其手书和陶诗十首,绢本,纵二十六点三厘米,横五百零八点四厘米;草体,书风真淳峻急,骨力雅健,似有悲愤难抑之情;气韵流贯,前后左右顾盼应接,自然洒脱而略无散漫,有咀嚼不尽之妙。此可谓书陶作品中的神品。顺治五年(1648),祁豸佳作《行书〈桃源行〉卷》,藏中国文物商店总店④,有狷狭之风。傅山草书《时运》有劲健豪放之气。此外,顾梦游有《行书录陶诗》,藏苏州文物商店;沈楫《行书〈桃花源记〉》,藏上海博物馆;康熙三十五年(1696),八大山人(朱耷)行书《书〈桃花源记〉》;王时敏(1592—1680)有《隶书陶诗》轴,藏故宫博物院。

康熙年间的书陶者有陈奕禧、皇甫钦、何焯等。陈奕禧(1648—1709)《行书陶诗轴》,绫本,墨迹,纵二百零三点二厘米,横四十五点五厘米。其书临赵孟頫书陶渊明《饮酒诗二十首(之八)》,兼有董其昌之风,姿态秀媚,意趣横生。《艺舟双楫》列其行书为佳品上。皇甫钦书《桃花源记(并诗)》卷,纸本,墨迹,纵二

---

① 〔清〕吴德旋:《初月楼论书随笔》,见王伯敏等主编《书学集成 清》,河北美术出版社 2002 年版,第 464 页。

② 〔清〕桂馥:《国朝隶品》,见王伯敏等主编《书学集成 清》,第 383 页。

③ 徐超、泰永龙:《书法》,山东文艺出版社 2004 年版,第 17 页。

④ 中国古代书画鉴定组编:《中国古代书画图目》第一册,文物出版社 1986 年版,第 348 页。可参萧菲等编《明清书法墨迹丛帖·行书桃源行》,广西美术出版社 2000 年版。

十五厘米，横二百五十八厘米。款署“岁在辛丑重九前四日，罗浮山人皇甫钦敬为价人道兄临”①。该书亦师赵孟頫，遒媚俊逸，清新雅致。此外，何焯在帖学名家中是书陶的代表。他的“行书录陶渊明《饮酒诗》（按，为二十首中的第十四首‘故人赏我趣’）轴为其与友朋间饮酒欢娱、诗兴大发时的意临之作，纵八十四点二厘米，横四十四点一厘米，绢本。……全诗结体气韵连贯，虚实结合，章法布局疏密相间，意韵情趣萧散简远，展现了何焯秀逸圆媚的书法风貌”②。此外，何焯还有小楷《桃花源记》（即小楷《湜庵老师陶诗》轴），藏故宫博物院。又康熙四十七年（1708），孙岳颁作《行书〈归去来辞〉卷》，藏故宫博物院；康熙五十五年（1716），汪士鋐作《行书〈归去来辞〉卷》，藏故宫博物院。此后，乾隆亦模仿赵孟頫之作，清张照《石渠宝笈》卷二录其《御临赵孟俯（頫）书陶潜诗帖一册》《御临赵孟俯（頫）书陶潜诗帖一轴》《御临苏轼书〈归去来辞〉一卷》。王文治题石涛《陶渊明诗意图册》诗、《行书〈归去来辞〉》书风流丽妩媚，亦有赵、董之风。

清代的隶书陶渊明诗文成就最高，也最富特色。著名的代表书法家有郑簠、高翔、何绍基等。

郑簠（1622—1693）隶书陶渊明《时运》和《移居二首（之二）》（“春秋多佳日”）等。前者为诗轴，书“延目中流”一章，滞重深厚，不如《移居》流丽可喜。《移居二首（之二）》为纸本，落款云“陶靖节先生《移居》之一，己巳（1689）五月……谷口老农簠”，四行，清雅飘逸，疏朗活泼，楚楚有风致，与汉隶朴拙滞重绝不同。书法传达的喜悦之气与陶渊明《移居》原作中的乔迁、里仁之乐融融相通。后者可称隶书陶诗中最优秀的作品之一。

高翔（1688—1753）隶书陶《饮酒》诗轴“羲农去我久”一首，纸本，五行，纵一百五十四点三厘米，横五十点七厘米，未署年款，现藏上海博物馆。他的隶书渊源于曹全碑，“结构匀稳而秀逸，用笔细劲，波磔分明，转折圆浑，在一画之间变起伏于锋颖，显得抑扬有致。……以隶笔写篆字，颇有古雅之趣，这种笔势飘逸的书体在当时别成新调”③。该隶书有“至”“恨”“辍”“走”等篆字点缀其中，清静秀润中偶见活泼童趣，别有风味。

---

① 华宁编：《清代行书》，光明日报出版社 1993 年版，第 151 ~ 152 页。

② 房学惠：《旅顺博物馆藏明清书法作品述略》，见郭富纯主编《旅顺博物馆学苑》，吉林文史出版社 2007 年版，第 115 页。

③ 国家文物局主编：《中国文物精华大辞典 · 书画卷》，上海辞书出版社、商务印书馆 1996 年版，第 107 页。

此外，邓石如(1743—1805)《少学琴书隶书册》浑厚从容，为隶书精品；有嘉庆二年(1797)书《四体书册》本，藏日本东京国立博物馆。[①] 包世臣(1775—1855)的隶书《庚戌岁九月中于西田获早稻》《癸卯岁始春怀古田舍》《归园田居》《拟古》等有魏碑意，亦为名作。乾隆二十九年(1764)，朱文震有《隶书陶诗》轴，藏故宫博物院。

清代中期以后，篆书盛行，以之书写陶渊明诗文者有邓石如、杨沂孙(1812—1881)、吴大澂(1835—1902)等。邓石如的篆书和隶书被包世臣推为神品一人，其《陶渊明〈饮酒〉诗篆书册》书“结庐在人境”“秋菊有佳色”“清晨闻敲门”三首，笔圆势方，古茂浑朴，雄健有度[②]；又有“爱吾庐”“觉非庵主”等篆书闲章。杨沂孙篆书《饮酒》四条屏，纸本，纵一百七十厘米，横四十二厘米，每屏三行，行十一字，排列整齐如方阵，闲雅从容，不乏意趣。学者认为其篆书书法“在文字结构和形态上，则跳出以前书家均遵循《说文解字》和秦代小篆规则的做法，对《石鼓文》下了很大功夫，又汲取两周铜器铭文的结字特点。他写篆书，将字形由瘦长变为方整，点画则参差错落，呈左低右高之势，从而形成了自己独有的面貌”[③]。清吴大澂的《吴大澂集陶渊明诗句》亦为篆书中的精品。[④]

草书陶渊明诗文者有傅山、朱耷等。“著名大草书家傅山，主张‘宁拙勿巧，宁丑勿媚，宁支离破勿轻滑，宁真率勿安排’，首开清代书法尚朴风气。他在明清之际，学问人品有重名。其草书生气郁勃，缠绵飞腾，圆转中含劲健，寓刚于柔，笔力雄奇宕逸，咄咄逼人。所书《时运》，气象峥嵘，虽与陶之外在平淡不吻，却与陶之内在金刚怒目相合。”[⑤]2006 年 6 月 3 日，中国嘉德拍卖公司所拍有傅山草书《归去来辞》十二屏，未详真伪。[⑥] 清初朱耷兼通书画，别号八大山人，他七十岁所书行草《桃花源记》卷，“纸本墨笔，纵二六厘米，横二一一厘米”[⑦]，康

---

① 按，据《中国书法全集》第 67 卷“邓石如卷”，荣宝斋出版社 1995 年版，第 308 页。无锡博物院、安徽博物院亦藏其《四体书册》，不详内情。

② 参〔清〕邓石如书篆、孟滢等编注《邓石如书法篆刻全集》第二卷，安徽美术出版社 1994 年版，第 327 ~ 334 页。该书第一卷第 378 页《敖陶孙诗评隶书册》所书评陶之语萧然从容，古雅清隽。

③ 刘恒：《中国书法史：清代卷》，江苏教育出版社 1999 年版，第 209 页。

④ 君如、闻赋编：《中国历代名家书法篆隶集粹》，团结出版社 1993 年版，第 141 页。

⑤ 魏耕原：《陶渊明论》，第 376 页。

⑥ 参古董拍卖年鉴编委会主编《2007 古董拍卖年鉴 · 书画》，湖南美术出版社 2007 年版，第 14 页。

⑦ 〔清〕朱耷：《八大山人书法全集》上册，人民美术出版社 2005 年版，第 198 页。

熙三十五年(1696)书,藏故宫博物院。此书豪华落尽,拙中见巧,不守故常,自成一家别趣。扬州八怪黄慎(1687—?)草书《桃花源记》,纸本,设色,纵三十八厘米,横三百四十九厘米,落款"乾隆甲申冬月录。黄慎"。此年黄慎七十八岁。其草书笔断意联,有晋风;又多用方笔,有唐意;与其《桃花源图》相配,图简练传神,书错落有致,简拙而有味。康有为行草《读山海经》仅录四句:"孟夏草木长,绕屋树扶疏。众鸟欣有托,吾亦爱吾庐。"丑中见媚,深衷浅貌,笔致拙朴萧散,纯以自然为宗,神闲而意定,苍劲之气不可掩抑。此与陶诗精神深为契合。

何绍基(1799—1873)的草书陶诗也是精品。中国艺术研究院"美研所所藏字屏四幅(每幅 30×179 厘米),是杂写陶渊明《移居二首》、《示周续之祖企谢景夷三郎》和传为陶诗的《归田园居》(按即江淹拟陶诗)等诗作。应属他晚年成熟时期的作品。从这些作品中不仅可以看出其功力的深厚,也可看出其运笔的灵动和气度的洒落"。书风"沉着、峻拔、谨严中见恣肆",神和而气厚。① 如《移居二首》字体大小不一,笔画粗细不等,纵恣而不怪诞,虽颜筋峻骨而飘逸有度。何绍基还有陶诗轴"人生归有道",集句联"驾言登五岳(曹植诗),游好在六经(陶诗)"等。

此外,金农书法介于楷、隶之间,拙朴怪异。传为其所创作的《客都门名贤诗文画册》十二画页中有墨笔画并书陶渊明《归去来辞》。② 赵之谦行书《集陶诗》"方宅十余亩,洪柯百万寻",用笔有方有圆,融入魏碑和草书,洒脱豪放,得陶诗奇趣。万寿祺(1603—1652)《楷书〈归去来词〉》轴绫,藏上海博物馆;纪之竹有《行书陶潜诗》六开花绫,藏南京博物院;清王翚(1632—1717)《行书陶诗》立轴,藏中国历史博物馆;康熙十二年(1673),于颢有《行书陶诗》轴,藏武汉市文物商店;康熙三十三年(1694),查升有《楷书〈桃花源记〉》卷,藏上海朵云轩;徐元文(1634—1691)有《行书陶诗》轴,藏山东省博物馆;郑燮(1693—1765)《行书陶诗》轴,藏无锡市博物馆;王澍今存欧体楷书《与子俨等疏》"少学琴书"一段,成亲王永瑆今存镇江焦山碑林东廊楷书《归去来兮辞》;等等。

清代书法家、文人、学者凡喜欢书法者往往喜书陶渊明。上面所举诸多例证已经能够说明这一现象是如何普遍,反观唐代以前书家罕见写陶渊明诗文的状况,可谓天壤之别。此再举清人日记一则,窥斑知豹:"初五日晴。……为仲

① 名月:《何绍基的陶诗字屏》,载《美术史论丛刊》1982 年第 1 期。

② 刘九庵:《金农的亲笔与代笔画考析》,见《文物考古论丛:敏求精舍三十周年纪念论文集》,两木出版社 1995 年版,第 69 页。

妹写册叶《五柳传》毕。又写《时运篇》四言诗草书一幅，写折扇二柄。”①当书写陶渊明诗文变成日常功课，陶渊明的精神也就浸润到书法艺术中了。伴随着陶渊明及其诗文的广泛接受，从苏轼开始，到清代结束，书写陶渊明诗文已经成为书法家书法创作中的习见现象。这种风气一直延续到现当代。

对于书法来说，“文字翰墨，卓为双美”②，方能相得益彰，如果“文词芜秽，不足发其书”，则“书便不足观”。③ 正如研究者指出的：“书写成熟的文学作品，有利于书艺章法中的行气；文学作品中的‘气’，对于行、草书通幅的节奏、贯气更是深有影响。”“文学作品的文意，对书法创作的感兴、情感有启发、孕育的作用，它不但能促成书法创作的‘神来、气来、情来’，从而‘气倍辞前’，而且还有可能生成书法创作中的书文‘应感’现象。”④因此，许多书法家在特定的心态下往往会选择与此相合的优秀作品作为书写对象，以有助于创作心态的优化，而广受文人士大夫青睐的陶渊明就成了被自觉审美选择的作家，如赵孟頫书写《归去来辞》不下十幅，贯云石“自谓平日不写古今人诗章，而独慕陶靖节之为人，书其《归去来辞》”⑤。“这都是由于所书文学作品的文意、文风和书法家的性情、书风有着某种异质同构之处。……也说明书法家未尝置所书内容于不顾，而往往是根据自己的审美志趣加以精心选择，而选中后又不惜一而再、再而三地书写。”⑥

陶诗的精、气、神无疑给书法带来了特殊的陶家风貌，这些书法不管是平淡自然，还是劲健挺拔，不管是拙朴古雅，还是风流遒媚，不管是卓然出奇，还是萧散自在，都能从陶渊明诗文的某种风神中获得息息相通的神韵。陶渊明的精神和他的作品已经化身千百，如影随形，散落书坛，为中国传统的书法艺术打上了独特的烙印，化生了别具风神的艺术珍品。陶渊明未必在能书人之列，却一定是与书法艺术精神息息相通的优秀作家。

---

① 〔清〕曾纪泽:《出使英法俄国日记》，光绪四年通行本。

② 〔元〕李鸣凤:《赵孟頫小楷洛神赋跋》，见《中国书画全书》第四册《郁氏书画题跋记》，上海书画出版社 1993 年版，第 729 页。

③ 〔宋〕黄庭坚:《跋法帖》，见《中国书画全书》第一册《山谷题跋》，上海书画出版社 1993 年版，第 682 页。

④ 金学智:《论书法与文学的亲缘美学关系》，载《艺术百家》1993 年第 2 期。

⑤ 〔元〕陈基:《跋贯酸斋书归去来辞》，见《夷白斋稿外集》卷下，《四部丛刊三编》本。

⑥ 金学智:《论书法与文学的亲缘美学关系》，载《艺术百家》1993 年第 2 期。

余论:关于陶渊明接受史的几点思考

《庄子·秋水》云:“可以言论者,物之粗也;可以意致者,物之精也。言之所不能论,意之所不能察致者,不期粗精焉。”①在拙著《元前陶渊明接受史》的基础上,我们完成了陶渊明接受史的纵向梳理,展现了许多丰富多彩的人文景观,也肯定遗漏了许多,但不管如何,还是陪伴陶渊明亲自到中国文化和文学的丛林里闯了一番。或许开辟的只是粗糙的一条小径,不是精彩的康庄之路,更不是“不期粗精”的精彩大道,但毕竟亲身经历了。等走出古代陶渊明接受的丛林之后,闭目反思,多少感悟到某些有价值的、规律性的启示。在行文之末,强为言说,虽然难免桃源之隔,对后来者空存指示之心,但毕竟可以有助好奇者。

在对陶渊明为人的接受中,历代读者格外赞赏陶渊明独特的魏晋风流。我曾经在《元前陶渊明接受史》“余论”部分论述过这个问题,提出“回归自然、审美地享受平凡而美好的人生是中国文人乃至人类摆脱文明社会异化现象的强烈要求”。我在论析中,关注了陶渊明与物理自然和人性自然之间的关系,提出文明和异化之间的矛盾是私有制社会的永恒矛盾,由于陶渊明以个性的方式为解决这一矛盾提供了一条可行的途径,他的人生追求和艺术创造满足了读者心灵的深层渴求,因此得到历代读者的共鸣。现在看来,这一论断在辽金元明清陶渊明接受史中仍然可以得到验证。但需要补充的是,由于陶渊明最终的人生选择是以舍弃体制控制、甘愿边缘化为前提的,后世读者尤其是在仕途中摸爬滚打的士人总是试图把陶渊明及其诗意化的人生纳入体制中来。实际上,这一努力从苏轼就开始了,随着儒家文化对佛道心性学说的融汇,越到后来,读者越不再拘束于陶渊明的隐逸行为,而是借助其与儒家相合的言行观念把陶渊明拉

① 〔清〕郭庆藩撰,王孝鱼点校:《庄子集释》中册,中华书局1961年版,第572页。

入主流意识形态,连陶渊明的诗意化人生、个性化爱好都被看作儒家的孔、颜之乐。这无疑消解了陶渊明身上傲岸不羁的洒脱风神,使他这个世俗的抗争者、自由的实践者、社会的边缘化诗人一步步成为儒教的合作者、主流意识形态的赞助者或者默认者。陶渊明似乎被驯服了。但同时,像李贽、袁枚等新思潮影响下的读者又可以从陶渊明身上看出棱角和性灵来,诸多的隐士、遗民也继续以陶渊明寄托安顿灵魂。陶渊明就在这种无形的撕扯中一路走来,被越来越多的人以各种方式接受,最终融入传统文化大河,成为难以清晰分辨源头底色的水流。作为直接被面对的阅读对象,陶渊明的本来面目需要澄清,作为经过读者心灵体验的解读形象,他也需要澄清。其实,在根本上需要澄清的不是陶渊明和众声喧嚣的读者们,而是我们自己作为人的本质,是自然世界、生活世界的本质,只要我们活得纯粹了,自然界回复它的家园本性,社会生活展现出真善美的底色,那么陶渊明所憧憬的诗意化人生也就实现了。否则,陶渊明式的回归自然、独立自由、审美化的人生追求就永远有其存在的参照意义,正如他的桃源永远是现实世界的梦一样。

第一节　接受视野下的价值追求与诗学理论

《周易·系辞》云:“书不尽言,言不尽意。”①然而“书不尽言之烦而尽其要,言不尽意之委曲而尽其理”②。元前陶渊明接受史的底蕴正如陶渊明其人其文一样,是难以穷尽的。但毕竟有些基本的、规律性的东西是可以言说的。上面就我的视野所及谈了自己的理解。现在在这一理解的基础上,谈几点启示,借以抛砖引玉。

第一,回归自然、以审美的心态享受平凡而美好的人生是中国古代文人乃至人类摆脱文明社会异化现象的强烈渴求。

陶诗本来是个体吸取文化营养、现实营养后的个人独创,但它有着强劲的生命力。它仿佛地下的清泉,潜滋暗流着,并终于冲出地面,流成小河,汇入文化的大流,为群体文化增添了新的生命力。从文化生成的角度看,整个元前陶渊明接受史便是这样一个由个体独创渐变为群体共有的过程。

那么陶诗何以具有如此强劲的文化穿透力呢?即陶诗为越来越多的读者

① 高亨注:《周易大传今注》,齐鲁书社1979年版,第541页。
② 〔宋〕欧阳修:《试笔·系辞说》,见《欧阳文忠公集》卷一三〇,《四部丛刊》本。

接受的根本原因何在？

关键在于陶诗写活了一种穿透历史时空的人类文化的心灵律动——摆脱异化，回归自然。换言之，陶渊明笔下的审美人生同人类摆脱异化、回归自然的心灵渴求是一致的，陶渊明的艺术概括满足了人类心灵的深层需要。这是在较宽泛的意义上使用“异化”一词。它是指私有制社会带给人的负作用，质言之，即人不能占有自己的自由本质而被私有制社会、外物扭曲、役使而变为非我的状态。“自然”并非指荒古未化、没有留下人类印记的宇宙万物，而是指人与宇宙万物在历史的长期发展中建立起来的和谐的生存状态。而在具体运用中，“自然”主要偏指与人处在和谐状态中、显现人的自由本质的日月星辰、山川草木、虫鱼鸟兽等宇宙万物。因此，自然与异化基本是一组对立的概念。文明代表着人类文明史的发展方向，但同时也带来了人的异化问题。个体不得不痛苦地生存在文明与异化的矛盾夹缝中。在人与社会的关系中，社会压抑独立自由的个人，剥夺个人的生存权利。个人成为社会规范、政治斗争的奴隶和工具。特别是在文明变更的岁月里，血与火、饥饿与死亡成为文明的可怕伴侣。人与社会失去了和谐，人与自我也不再相亲。天下熙熙，皆为利来；天下攘攘，皆为利往。人们只顾对外追求，而忽视了生命的本质特征。人在社会中变得焦虑、彷徨、孤独无据，失去了安全感和归宿感。在人与自然的关系中，人更是越来越远离了自己本来的家园，割断了同自然的亲缘关系。现有的人类文明史表明，在到目前为止的文明岁月里，人类离大自然越来越远了。在古代，古人虽还没有像现代人一样因打破生态平衡而承受自然规律给予人的惩罚。但战争、饥馑、等级剥削制度下的种种异化现象，已足以刺激每一个有头脑的人渴望回归自我、回归自然、回归和谐的理想国。老子要回到小国寡民的原始时代，寻求人与自然、与社会、与大道的和谐化一；庄子走得更远，他要到人与兽为伍的荒古时代，以彻底消除文明社会的异化现象。之后，那些深深体会到文明社会异化之苦的人（如一些隐士）纷纷从自然那里获得或多或少的心灵慰藉。但在陶渊明之前，他们至多也只是哲理玄思或生活实践，而缺少诗性的记录。

魏晋时期的动乱、灾难、痛苦使个体的人觉醒。个体在痛苦、迷惘中追寻着自我。陶渊明拒绝乘坐载满血与火的文明列车，顶住了来自文明的诱惑，特别是建功立业和物质欲望的诱惑，断然斩断了役心之物，超越异化之苦带给人的悲情，扑进了大自然的怀抱——田园。田园里有人间烟火味而无社会异化痛苦，有自然美景而非蛮荒未化。这是一个自然与社会的结合部。陶渊明用充满着无限爱意且纯真的心灵倾听到田园、自然带给人类的遥远历史回响和未来钟声。他用他的生花妙笔把这天籁之音传达出来,便成了他的田园诗。至此,他写活了一种文化,写活了一种回响在古今时空中的人类共通的心灵律动。陶渊明笔下的田园和桃源便是这一人类心灵律动的典型形象。在文明与异化的矛盾冲突中,马克思曾提出共产主义可解决这一矛盾:

> 共产主义是私有财产即人的自我异化的积极的扬弃,因而是通过人并且为了人而对人的本质的真正占有;因此,它是人向自身、向社会的(即人的)人的复归,这种复归是完全的、自觉的而且保存了以往发展的全部财富的。这种共产主义,作为完成了的自然主义,等于人道主义,而作为完成了的人道主义,等于自然主义,它是人和自然界之间、人和人之间矛盾的真正解决,是存在和本质、对象化和自我确证、自由和必然、个体和类之间的斗争的真正解决。①

陶渊明不可能如马克思一样憧憬着一个物质财富极大丰富、人充分占有自我的未来理想世界,而是驻足现在和向后看。驻足现在即关注田园,将田园日常平凡生活审美化,将田园变为灵魂的憩所;向后看,即去寻找一个已逝的桃花源之梦,找回人与自然、人与人之间的和谐统一状态。这审美的人生、往古的憧憬在解除异化、回归自然、回归自我的渴望心情上同共产主义却是相通的。而中国文化又是一种关注现世生活、尊崇古代传统的文化,异化现象也一直伴随着封建社会的历史发展。因此,陶渊明成功塑造的田园、桃源便足以慰藉封建社会中文人士大夫们异化的心灵。

总之,文明与异化是私有制社会的永恒矛盾。陶渊明根基于中国传统文化,找到了一条切实可行并亲身实践、用诗文记录下来的、解决文明与异化的道路——回归自然、田园与审美人生。在封建社会中亲历封建文明异化之苦的士大夫文人正是借助陶渊明在一定程度上解决了文明与异化的矛盾,减少甚至消除了异化之苦。这是在元前陶渊明接受者身上都可以找到的接受陶渊明的共同而根本的原因。而且,根据我现有的视野推测,这也是迄今为止爱陶者的一个共因。

第二,中国读者对作品的阐释评价在形式上偏于以直观、具体、随感、漫谈为特点的审美鉴赏,中国古代诗论体系是在读者不断审美鉴赏的历史积淀中形

① [德]马克思:《1844年经济学哲学手稿》,见《马克思恩格斯全集》第42卷,人民出版社1979年版,第120页。

成的。

西方读者对作品的阐释评价往往偏于抽象、思辩，并脱离具体作品上升为体系化的文学理论。从古希腊亚里士多德的《诗学》开始，经罗马贺拉斯的《诗艺》、意大利明屠尔诺的《诗的艺术》、法国布瓦洛的《诗的艺术》、德国莱辛的《拉奥孔》，一直到现当代西方文论著作，无不注重抽象的论述、明晰的理性分析，绝不止于漫谈式的审美鉴赏，而是进而综合、上升到抽象理论的高度，思辩性、抽象性很强。这与中国读者接受文学作品时偏于以直观、具体为特点的审美鉴赏形成鲜明对比。不说历代读者对陶渊明创作上的接受，也不说一般读者的偶然感悟，单说一般诗评家对陶的阐释评价也多是随意手书、偶然感悟，而非对陶做系统解释、评价。如苏轼的评陶言论多是题跋或读某某陶诗或给某某人的信等形式，观点也是有感而发，带有很大的直观感性特点。评陶言论本身就是一篇优美的文字，甚至运用比喻、以形象的语言描述审美感受，意尽言止，简洁扼要，不多费一笔一墨，根本不注重抽象的分析，不注重对概念、术语做严格的界定，当然也就很少上升到抽象的理论层次。像《苕溪渔隐丛话》这样将“五柳先生”单列批评的诗论著作，也只是罗列前人观点，即使偶或杂入一己之见，其意也不在构成一个理论系统，仍是偶然所感。但是这种评论往往画龙点睛，得对象之神，甚至石破天惊，一语破的，片言解要，达到一种后人很难超越的深度。如苏轼评陶“质而实绮，癯而实腴”“初看若散缓，熟视有奇趣”，朱熹评陶“豪放得令人不觉”等，皆为一语破的之语。其所达到的深度让今天的读者也叹为观止。

在对陶渊明的接受中，形成或丰富了一些有中国特色的接受理论术语，如真古、旷远、平淡、豪放、自然、闲雅、趣、味、韵等。这些术语不像西方文论中的术语那样内涵精确、界说分明，而是模糊、难以捉摸的，但在实际运用中有很大的灵活性、伸缩性，能较为传神地与批评对象相吻合，避免了机械、削足适履的弊端。

要之，表述语言的直观感性特点、表述术语内涵的难以精确把握及其表述功能的传神达微都体现了中国接受理论的审美鉴赏特点。

我国审美鉴赏虽不像西方文论那样建构一种抽象的思辩理论体系，但审美鉴赏中常用的术语体现了某种恒定的价值和审美标准。随着历代读者对同一术语使用频率的增加和对其内涵的改造，术语的基本内涵大致可以通过溯源探流的方式加以把握；术语之间的联系也日益密切化，有一定的互补性、系统性。在读者接受的历史长河中，这些具有稳定性特征的批评术语因直接来自审美鉴赏、切合作品实际而表现出强大的生命力,它们在互相配合中足以较为全面地反映某个作家作品、流派思潮的特点。比如平淡与豪放是在陶渊明接受史中逐渐形成的、批评陶诗的两个重要术语。它们相反相成,足以概括陶诗艺术风格的全貌。因此我们可以说,虽然中国古代接受诗论体系的建立不能抹杀个别诗论家的独特贡献,但实际上中国古代接受诗论体系是在读者不断审美鉴赏的历史积淀中形成的,而不是像西方文论家那样一开始便注重建构自成一家的带有体系性特点的学说。

第三,平淡深粹、自然悠远是我国古典诗美理想和艺术精神之一,它主要是在对陶渊明的接受历史中形成的,体现了中国读者的审美追求。

平淡自然诗美理想的凝定也是走了一条由个体独创到群体共尊的道路。唐代山水田园诗派对陶渊明的创造性接受是其形成的一个重要环节。正是一大批有个性的优秀山水田园诗人诗作同陶诗共同凝成平淡自然风格的物质载体,为后代诗论家揭示其理性内涵提供了厚实的作家作品基础。司空图的冲淡论、韵味说便是对这一大批诗人诗作风格特点的理性揭示。梅尧臣、苏轼则把这种理性揭示引向深入,并把它同陶诗直接联系起来。同时因它契合了宋人的美学追求而被推为一代诗美理想,并渐渐凝定为中国古代诗论中的典型范畴。其合理内核进一步发展演变,充实了后代诗论。从明人的格调说、清人的神韵说、近人的境界论中,无不可以窥见渊源于陶诗的风格、理想——平淡深粹、自然悠远。

平淡自然的诗美理想主要偏于优美,当然也有壮美的因素。但正如朱熹论陶诗豪放得令人不觉,壮美是含而不露的。平淡自然的诗美理想是主客体(心与物)在审美中暝化合一的境界。它融汇着中国传统文化哲学的内在超越精神,是儒、道、释三家文化所追求的最高人生境界在诗学领域中的反映。平淡自然的诗美理想因此也越来越成为作者与读者共同欣赏的艺术精神。这一极具特色的中国艺术精神与西方所推崇的艺术精神是有很大区别的。

西方哲学家尼采将源于古希腊的西方艺术精神概括为酒神精神和日神精神。尼采说:“肯定生命,哪怕是在它最异样最艰难的问题上,生命意志在其最高类型的牺牲中,为自身的不可穷竭而欢欣鼓舞——我称这为酒神精神,我把这看作通往悲剧诗人心理的桥梁。不是为了摆脱恐惧和怜悯,不是为了通过猛烈的渲泄而从一种危险的激情中净化自己(亚里士多德如此误解);而是为了超越恐惧和怜悯,为了成为生成之永恒喜悦本身——这种喜悦在自身中也包含着毁灭的喜悦。”①可见，尼采的酒神精神所追求的是主体因触及意志本体而显示出的非理性的、忘我的癫狂境界，是生命历经大动荡甚至大毁灭后的大醉迷狂。这显然是一种崇高美，它以生命激情淋漓尽致、毫无节制的放纵为特点，与中国平淡自然的艺术精神是背道而驰的。不用说酒神似的迷狂，就是一般的叫嚣怒骂也是平淡自然的艺术精神所排斥的。平淡自然精神表现真情，但它是纯正的、有节制的，是淡泊人生境界的自然流露，而非偏激的、放纵的、单纯的激情迸发。

日神精神则是一种和谐、优美的艺术精神。它以静观的态度审视人世间的悲欢离合、沧桑巨变。这与平淡自然的艺术精神是相同的。但细究起来，它们的一些本质性特点又是迥异的。

首先，平淡自然艺术精神的生命内核是内敛的，而日神精神是外倾的。所谓内敛指它重在表现主体具有内在超越特点的精神境界，而非重在描绘、再现外部世界。中国诗学一向强调抒情言志，而平淡自然愈来愈成为情、志的重要规定。因此平淡自然的艺术精神在本质上便是写意的，强调表现主体淡泊、真淳的性情。客观外物只是主体精神的寓托、外射。而日神精神维系下的艺术倾向于再现客观世界的静穆、和谐、优美，当然也表现主体精神境界，但那不是主体心境的直接外射、主客体泯一的“真”境，而是“振奋人心的幻觉”、“充满快乐的外观”，是“对于外观以及通过外观而得解脱的热烈渴望”②。质言之，即主体因看到虚幻外观的静穆、和谐，而在虚假的满足中获得解脱。因此古希腊的雕塑是静穆的，也是逼真的，是对神的形象的逼真刻画，而不是写意的、象征的，不是对人的内心世界的传神写照。

其次，平淡自然艺术精神是“入世”的，而日神精神是“出世”的。所谓“入世”即虽以超功利的态度看待世界，但它所追求的境界存在于现实平凡的日常生活、充满人间气息的田园、摆脱人间矛盾的优美自然中。而日神精神所追求的是一种梦幻之境，是一种超越于现实之上的神境：

> 希腊人知道并且感觉到生存的恐怖和可怕，为了能够活下去，他们必须在它前面安排奥林匹斯众神的光辉梦境之诞生。③

① ［德］尼采：《看哪，这人》，见周国平译《悲剧的诞生——尼采美学文选》，生活·读书·新知三联书店1986年版，第345页。

② ［德］尼采：《悲剧的诞生》，见周国平译《悲剧的诞生——尼采美学文选》，第14页。

③ ［德］尼采：《悲剧的诞生》，见周国平译《悲剧的诞生——尼采美学文选》，第11页。

日神精神产生于希腊人摆脱痛苦的现实需要。是惊险、恐怖、动荡不安的泰坦神使希腊人调动虚幻的、静观普照的日神精神,创造了充满和谐、静穆、秩序的奥林匹斯神。这实质是用梦幻的图境逃避现实,以神与宗教的幻想来化解人世的痛苦。西方人所颂美的自然也只是神明与灵魂的寓所,是外在于我的存在。因此日神精神所追求的和谐是与神的世界的和谐、与现实之外的宗教世界的和谐。这种"出世"精神与平淡自然的"入世"精神是大异其趣的。

第四,作者与作品之间的界线模糊,人格批评与诗学批评混一,重视文如其人的作家作品,重视作者、作品的道德评价是中国接受理论不同于西方接受理论的重要特色。

陶渊明接受史上常常出现这样的现象:有时读者的接受言论将评人和评诗紧密相连,甚至根本分不清是评人还是评诗,即作品同作者、风格同人格之间的界线在读者接受过程中变得模糊起来。如黄庭坚评渊明《责子》诗云:

> 观渊明此诗,想见其人,慈祥戏谑可观也。俗人便谓渊明诸子皆不肖,而渊明以愁叹见于诗耳。所谓"痴人前不得说梦"也。①

又如《臞翁诗话》云:

> 陶彭泽如绛云在霄,舒卷自如。②

又如《西清诗话》云:

> 渊明意趣,真古清淡之宗,诗家视渊明,犹孔门视伯夷也。③

上述评论或由作品而想到作者的为人,或者评诗如评人。总之,作品与作者间的界线已不分明,作品风格批评与作者人品批评已混合统一。苏轼评陶《饮酒二十首(之五)》那段著名的言论也体现了这一特点。他先说"陶渊明意不在诗,诗以寄其意耳"④,接着分析"采菊东篱下,悠然见南山"的妙处。所作分析言论既是评诗,又是评人。这种模糊作品与作者界线、统一风格与人品的批评方式在元后的明清诗论、评陶言论中也层出不穷。这种现象也频繁出现在风格与人格基本统一的其他优秀诗人(如屈原、杜甫、苏轼)身上。因此同西方接受理论中完全区分作者与作品、强调作品一旦产生就脱离作者的独立性不同,在中国接受史实中,作者与作品的划分是不明晰的。这是中国接受批评不同于西

---

① 〔宋〕蔡正孙撰,常振国等点校:《诗林广记》卷一,中华书局1982年版,第6页。

② 郭绍虞主编:《中国历代文论选》,中华书局1962年版,第453页。

③ 〔宋〕蔡正孙撰,常振国等点校:《诗林广记》卷一,第7页。

④ 〔宋〕蔡正孙撰,常振国等点校:《诗林广记》卷一,第2页。

方接受批评的重要特色之一。

产生上述差异的重要原因在于中国读者受伦理道德色彩浓厚的中国文化的影响，格外看重作品内容的纯正、作者人格的高尚，即格外重视文学作品与作者的伦理道德评价。中国诗论的基本传统是强调诗的言志抒情传统。而受儒家文化的影响，对情、志的根本要求是归于纯正、“思无邪”，情、志在根本上又是人格的自然流露和具体形态，因此诗也是人格的显现（这在第三编第一章中略有论述）。陶渊明作为隐士，有着固穷守节、安贫乐道的高尚人格，从颜延之的《陶征士诔》开始，终陶渊明接受史而赞声不绝。他的诗文经历了一个由否定而被肯定、推崇的过程。在重视道德批评、将诗看为人格显现的古代，读者最终把对陶诗文与人格的批评统一起来是合乎逻辑的。这一统一从钟嵘、萧统便开始了，到宋代更是登峰造极，这与宋代的时代精神紧密相连，但也是由中国文化的伦理道德色彩决定的。

第五，仿作、和作、用典等的层出不穷是中国文学接受史上一个普遍而重要的现象，这对读者、作者、作品都有着不可忽视的意义。

陶诗产生的时代本有模拟之风。最早模拟陶诗的是鲍照、江淹。其后，盛唐的高适、中唐的韦应物及白居易、晚唐的一些诗人等都有模陶之作。宋代苏轼之后，和陶之举便蔚然成风。至于用陶典、化用陶诗字词与句式等学习借鉴现象更不必细论。一个独具个性的优秀诗人、诗作出现后，他的为人和诗文便往往成为后世诗人借鉴、学习的目标。这不独表现在对待陶渊明的态度上，也表现在对待其他一些优秀诗人诗作上，乃至出现了强调“无一字无来处”的江西诗派和明代复古主义思潮。这在中国文学史上实在是一个值得格外重视的接受史现象。

过去，人们往往批评仿作、和作、用典等的弊端，从文学创新的角度讲，这种批评也是应该的，但从积极的方面看，仿作等自有其积极的接受史意义。

首先，从读者方面来看，仿作等是后代读者继承和发扬优秀文学遗产的一种最直接的形式，也是一个不可超越的初级阶段。正如儿童在模仿中才能成人一样，后代读者在模仿中才能成熟起来。模仿为审美视野的扩大、为个性独创的出现做了必要的准备。仿作、和作、用典等学习前人优秀作品的形式是艺术、文化传承过程中的必然现象，也与中国文化、艺术崇古、复古以及在崇古、复古中求新变的文化、艺术心理密不可分。祖先崇拜心理传承到封建文化里便形成了中国文化的尚古特点。但尚古并非惟古是尊，而是以古为式，结合时世，寻求新变。艺术上也是如此，“诗不学古，谓之野体。然泥古而不能通变，犹学书者但讲临摹，分寸不失，而己之神理不存也。作者积久用力，不求助长，充养既久，变化自生，可以换却凡骨矣”①。许多优秀的学陶诗人都是在模仿、学习陶诗的基础上，融入自己的性灵，独出机杼，推陈出新的。王维、孟浩然、韦应物、柳宗元等人就是例证。没有模仿学习的初级阶段，是难以在诗歌领域创造出独特成就的。

其次，从作者、作品来看，作者、作品的历史地位，特别是典范地位、风格特点，在一定程度上应归因于后世读者的模仿、唱和、用典等。比如陶渊明《归去来兮辞》，从词语、句式、意象、意趣到格调、结构等，历代借鉴、模仿、唱和之作俯拾皆是。这些借鉴之作、仿作、和作不断重复并强化着陶诗原有的精神意蕴和艺术形式。历代读者也在阅读和模仿中熟稔了陶诗，接受了陶诗的精神意蕴、审美范式，特别是在仿作与原作的对比中，深味了陶诗的典范性、不可企及之处。如黄山谷云：

> 白乐天、柳子厚俱效陶渊明作诗，而惟柳子厚诗为近。然以予观之，子厚语近而气不近，乐天气近而语不近。子厚气凄怆，乐天语散缓，虽各得其一，要于渊明诗未能尽似也。东坡亦尝和陶诗百余篇，自谓不甚愧渊明，然坡诗亦微伤巧，不若陶诗体合自然也。要知渊明诗，须观江文通《杂体诗》中拟渊明作者，方是逼真。②

韩子苍云：

> 江淹《杂拟诗》亦颇似之，但《拟渊明诗》“开径望三益”，此一句为不类。故人张子西向余如此说，余亦以为不然。淹之比渊明情致，徒效其语，乃取《归去来》句以充入之，固应不类。予观古今诗人，惟韦苏州得其清闲，尚不得其枯淡；柳州独得之，但恨其少遒尔。③

正是通过对比后代模陶、学陶之作与陶原作，他们突出了陶诗的难以企及和典范性，突出了陶诗自然、朴质、清闲、枯淡等艺术特点。没有比较便没有优劣，也难辨特点。而后世模仿之作等为原作提供了最直接的参照作品，因而也最足以在对比中凸现原作的优劣、特点。

第六，读者对作家作品的接受明显受制于他所处的时代，特别是这个时代的美学追求和价值追求。同时，读者对时代也有能动性，有着特殊阅历、禀性和

---

① 〔清〕沈德潜：《说诗晬语》卷上，见丁福保辑录《清诗话》下册，上海古籍出版社 1978 年版，第 525 页。

② 〔宋〕陈善：《扪虱新话》下集卷四，中华书局 1985 年版，第 86 页。

③ 〔宋〕胡仔纂集，廖德明校点：《苕溪渔隐丛话》前集卷四引录，人民文学出版社 1962 年版，第 25～26 页。

能力的读者尤其如此。

西方接受理论认为，读者对作品的接受受制于他的期待视界（又译为“视野”）。视野是一切人生经验的总和，是读者进行阅读活动时的知识、情感等方面的结构、“先见”。这一概念虽有极广泛的概括性，但在接受研究的实践中显得过于宽泛、不切实际。陶渊明接受史启示我们，在考察读者的期待视野时，应特别注重时代的美学追求、价值追求及读者个人在时代变迁中的特殊阅历。

首先是美学追求。时代的美学追求往往体现在时代的文艺风气中，它是一个时代中大多数人的审美心理需求汇合而成的主流风气。“一个艺术家总在某些社会条件下创作，也总在某种文艺风气里创作。这个风气影响到他对题材、体裁、风格的去取，给予他以机会，同时也限制了他的范围。就是抗拒或背弃这个风气的人也受到它负面的支配，因为他不得不另出手眼来逃避或矫正他所厌恶的风气。”①艺术家是从事创作的特殊读者，他们受制于当时的文艺风气、美学追求，一般读者也是如此。南朝文艺风气的主流是绮艳工巧，质朴无华的陶诗便相对被忽视，即使肯定陶诗的读者也是因为陶诗有“风华清靡”、合乎时代审美标准的一面。唐代文艺风气中有追求情景交融、言外之意的倾向，所以陶诗受到一定的重视。宋代推崇的平淡质朴、雅正无邪正与陶诗特质吻合，因此陶诗被奉为典范。时代的文艺风气、美学追求在总体上制约着读者对前代作品的亲疏态度。

其次是时代价值追求。时代价值追求制约着读者对作者为人及作品思想内容的评价态度。价值追求源于现实生活和心理、理想的需要。在中国古代，这种人生价值追求主要源于封建社会的政治伦理生活和儒、道、释文化的综合作用。前者决定着读者在世时的人生遭遇，后者塑造着读者的人格取向，即制约着读者面对种种人生遭遇时的人生态度和选择。现实和文化制约下的价值需求促使读者寻求灵魂的寄托、人生的知音。而向古代作家作品寻求知音、寄托便是读者（特别是特殊读者——作家）实现自我价值追求的途径。因此时代价值追求制约了读者对古代作家作品的取舍和评价。同时读者也在作家作品中找到了灵魂的寄托和往古的知音，满足或化解了价值追求中的心理需要或焦虑。盛唐人追求自由洒脱，因此对陶渊明身上表现出的魏晋风度极感兴趣。宋代人既要活得自在，又要自觉合乎礼教，因此既学陶诗酒风流，又崇陶高洁人

---

① 钱锺书:《中国诗与中国画》,见《七缀集》,生活·读书·新知三联书店 2004 年版,第 1 页。

格。人生价值的实现是在不断的现实选择中完成的，不同时代的读者因受了儒、道、释文化侧重不同的熏陶而对陶渊明表现出不同的反映。唐代“三教”合流，但儒家还没有充分吸纳佛家心性学说，在实际运用中便不免机械，因此唐人每每抓住陶渊明不合于儒家规范的行迹，贬抑陶之为人。宋代理学充分涵融佛、道二家学说，圆融变通，不拘形迹，深入心性，因此往往评陶为“悟道”之人。所以我们在一定程度上可以说，从时代价值追求的角度看，读者对作家作品的接受主要是对时代价值追求的认同。换言之，时代价值追求制约着读者对作者作品的接受。

再次，有着特殊阅历、禀性和才能的读者对作家作品的历史接受史具有极大的能动性。时代美学追求、价值追求对读者接受的制约性是相对的。读者在改变或促成时代美学追求、价值追求中也有不可忽视的能动性。这主要表现在一批有头脑、有能力的优秀读者身上。这些读者在时代、社会中的特殊阅历激发了他们对某作家作品的特殊兴趣和共鸣感，他们因此慧眼独具，首先在对作家作品的接受中做出富有创见性、突破性的评价、阐释，并进而影响同时代或后代的读者。认同者多了，便会改变或促成某种时代美学追求和价值追求，改变人们的期待视野。陶诗冲淡自然的诗风在唐代首先被有着特殊阅历、禀性的王、孟、韦、柳等人发扬光大，在当时便成很大气候。后代读者对这一导源于陶诗的山水田园诗风又不断认同，终于使之成为宋代诗美理想之一。而宋代平淡自然诗美理想的形成与有着特殊人生经历的梅尧臣、苏轼是分不开的。可以说，没有梅、苏二人的个人提倡和创作努力，没有他们对平淡美的追求、对陶渊明的高度推崇，虽不能说是不可能的，至少可以说不会来得如此早并发展到一个接受高潮。

当然，认同和接受是一个方面。另一方面，这批优秀读者又以认同和接受为基础，融入自己的个性进行创新，创造出同陶诗面目不同的“这一个”。这是读者能动性的又一重要方面。正是在认同与创新的结合中，读者才在历史中不断充实着作家作品的思想和艺术内涵，为作家作品开拓出一个具有更多相似特点的新作家作品参照系列和接受前景。

综上所言，陶渊明接受史留给我们的启示是多方面的。在人类的价值追求方面，回归自然，以审美对抗异化、消解异化是私有制社会中人类心灵最深层的渴求。在诗学理论方面，深深扎根于民族文化土壤的中国古代接受理论是富有个性的。首先，在理论的表现形式上，虽偏于直观、具体且类同于审美鉴赏，但自有其简洁传神、片言解要的优点；个别读者虽不注重理论体系的建构，但历代读者审美鉴赏经验的层积为理论体系的形成不断添砖加瓦。其次，在理论内容上，平淡自然的诗美理想和艺术精神，作者与作品之间、人品与风格之间界线的模糊特点，对文如其人的作家作品的推重、对作家作品道德批评的重视，以及以仿作等形式接受作家作品的普遍现象，读者与时代之间的相互影响等都或多或少地显示出中国接受理论不同于西方接受理论的特色。

当然，陶渊明接受史留给我们的启示远不是上面的论述所能涵盖和讲清的。“欲穷千里目，更上一层楼。”一切都刚开了个头，一切都有待于视野的进一步开阔。

第二节　仁爱精神的历史穿透力

自然与诗意是陶渊明身上最为恒久的精神之光。他的独立自由、安贫乐道、固穷守节、忠义高洁也历受称赏，具有永恒的意义，他人言之多矣。但有一种精神是学者较少关注的，它在陶渊明接受史中似断实连，相续不绝，最终汇入现代人的精神世界，而且也必将照耀于未来，这就是陶渊明的仁爱精神，唯此一点灵光成为他与千古读者形神相亲的源头。在人伦世界内，陶渊明的仁爱精神主要表现为推己及人的仁恕精神和对子女的关爱。陶渊明做彭泽令时，“不以家累自随，送一力给其子，书曰：‘汝旦夕之费，自给为难，今遣此力，助汝薪水之劳。此亦人子也，可善遇之。’”①孔子倡导仁爱精神，主张推己及人。孟子则精到地概括为：“老吾老以及人之老，幼吾幼以及人之幼。”②陶渊明亲爱自己的孩子，进而关爱他人，体现了儒家的仁爱精神。陶渊明“直为亲旧故，未忍言索居”③。不能像刘遗民一样放弃家室、孤独隐居，对人伦常情充满依恋，对亲朋好友不能放弃关爱，甚至对奴仆也十分宽厚，这是他作为隐士的独特之处，也是非凡之处。陶渊明这种推己及人的仁爱精神在他做彭泽令时因遣力助子一事而被广为传道，像一束灿烂的光芒，穿透历史，不断化为后代读者心灵的力量。这是一种超越等级偏见的大爱，体现出浓厚的人道主义精神。这种仁爱在等级分明的封建社会里散发着异样的光彩，不断吸引仁人志士与之产生共鸣，被发

---

① 〔南朝梁〕萧统：《陶渊明传》，见《陶渊明资料汇编》上册，中华书局1962年版，第7页。

② 杨伯峻译注：《孟子译注》，中华书局1960年版，第16页。

③ 〔晋〕陶渊明：《和刘柴桑》，见逯钦立校注《陶渊明集》，中华书局1979年版，第57页。

扬而广大。萧统、李延寿皆在各自所作《陶潜传》中郑重记载了陶渊明遣力寄书的轶事。轶事此后被广泛传播。

北宋徐积把这种精神阐释为儒家的“恕”,其《江宁府句容县厅壁记》云:“昔者彭泽令陶公遣一力给其子,戒之曰:‘此亦人子也,宜善待之。’嗟乎!如陶公之用心,肯有暴人之亲、虐人之子、营己之利者乎?如此则上不负于朝廷,下不负于赤子,孽不积于其身,殃不遗乎其子孙。知利其身而不知恤其子孙者,岂不哀哉?故因大夫之恕,而及乎陶公之恕焉也。”①南宋“杨诚斋夫人罗氏,年七十余,每寒月,黎明即起,诣厨躬作粥一釜,遍享奴婢,然后使之服役。其子东山先生启曰:‘天寒,何自苦如此?’夫人曰:‘奴婢亦人子也。清晨寒冷,须使其腹中略有火气,乃堪服役耳。’”②罗氏仁及奴婢,后人津津乐道,使用了渊明遣力与子书信中的句式,可谓是对渊明精神的承续和发扬。刘克庄《郑枢密与族子仲度诗》也赞渊明遣力助子是“勉以恕也”③。罗愿也表达了类似的见解,其《陶令祠堂记》云:“在县日浅,事虽不具见,然初不以家累自随,送一力助其子,而慈祥缱绻之意,与视俨等不殊。只此一语,便可祠之百世。”④此“慈祥缱绻”正是由己及人的大爱情怀。葛立方把这种精神归结为儒家的“忠厚”,其《韵语阳秋》云:

> 老杜《课伯夷辛秀伐木》,则曰:“报之以微寒,共给酒一斛。”遣信行修水筒,则以浮瓜裂饼以答其恭谨。陶渊明告其子,则曰:“辄遣一力助汝薪水之劳,亦人子也,可善遇之。”盖古人之役仆夫,其忠厚率如此。《初学记》载王褒买便了为奴,作约使苦作,以致听券而泪下,鼻涕长一尺,有“不如早归黄土陌,令蚯蚓钻额”之语,其少陵、柴桑之罪人哉!⑤

葛立方通过对比王褒和陶、杜对待仆人的态度,肯定了陶渊明和杜甫的“忠厚”。读者至少从宋代就充分认识到这种精神的可贵,故黄庭坚《解疑》云:“昔陶渊明为彭泽令,遣一力助其子之耕耘,告之曰:‘此亦人子也,善遇之。’此所谓临人而有父母之心者也。夫临人而无父母之心,是岂人也哉?是岂人也哉!”⑥这种由陶渊明激发的仁爱精神已经很类似于人道主义的博爱情怀。元代赵孟頫曾画

---

① 〔宋〕徐积:《节孝集》卷二八,影印清文渊阁《四库全书》本。

② 〔宋〕罗大经撰,王瑞来点校:《鹤林玉露》,中华书局 1983 年版,第 309 页。

③ 〔宋〕刘克庄:《后村先生大全集》卷一〇〇,《四部丛刊》本。

④ 〔宋〕程敏政:《鄂州小集》卷三,明抄本。

⑤ 〔清〕何文焕辑:《历代诗话》下册,中华书局 1982 版,第 650 页。

⑥ 〔宋〕黄庭坚撰,郑永晓整理:《黄庭坚全集辑校编年》,江西人民出版社 2008 年版,第 1642 页。

过十四段陶潜事迹图,第二幅"画遣力寄书事"①,并将陶渊明书信题于画上,表现了对陶渊明人道精神的赞赏。明末清初最富有个性的优秀画家之一陈洪绶曾画《陶渊明故事图》十一段,而"寄力"就是这十一个特写镜头中的一个,可见彭泽遣力助子已经成为陶渊明精神中最受重视一个闪光点。

陶渊明的仁恕精神有其特殊性,即它所关注的主要是弱势群体,是等级社会中处身底层的生命,因此,它深深地影响了古代读者对待奴仆下人的态度和行为。如宋王炎午《先父槐坡居士先母刘氏孺人事状》称赞其父:"每课儿深夜读书,见执烛者假寐,即令先就寝曰:'此亦人子。'"②元洪希文《读陶公遣力与子助劳书》云:"吾求诸古人,日力皆自给。……陶公遣力书,恻怛予所羡。谆谆善驭之,言锻而语炼。薄俗难具论,请读王褒券。"③明罗洪先《与邃夫弟静海别言》嘱咐弟弟云:"省浮费,以均僮仆;足其衣食,令免饥寒。元亮有云:'此亦人子,可善遇之。'恩结其心,缓急得济。"④《古今图书集成》引《安庆府志》云明人刘若实妻阮氏:"性恺恻,视奴婢如儿女,终身不形怒色,至老犹躬自除地,常引陶渊明训子之言曰:'此亦人子也,可善视之。'"⑤明末鲍应鳌《处士南山叶公行状》称叶公"即奴婢不轻谯诃,每闻比舍行笞,辄蹙额曰:'此亦人子也,奈何以尺棰苦乎!'其仁慈如此。"⑥明末黄淳耀自白云:"予生平躁而多怒,每痛戒之。尝观陶渊明买仆遗其子书曰:'此亦人子也,宜善遇之。'文中子曰:'僮仆称其恩,可以从政矣。'故所畜长须赤脚,未尝遽以疾言厉色加之,至过从友朋之家,读书夜分,苍头侍侧,则必先命之寝而后安。"⑦清张云章《诰赠征仕郎行人司司副乔君墓志铭》记乔豫云:"举陶靖节之教子者,下至奴仆,皆曰:'此亦人子也,可善遇之。'而君之自言则尝曰:'天地以和气生人,人当以和气还天地。疾声盛气出之,自我则易受之,自人则难。'"⑧清陆圻景撰《新妇谱》也引陶训诫家人云:"陶渊明有云:'此亦人子也,可善视之。'盖此辈与我同为父母所生,可怜他命不好。我吃他还未吃,我厚衣他还薄衣,我睡他迟,我起他蚤,俱是命苦可怜也。常常

① 任道斌:《赵孟頫系年》,河南人民出版社1984年版,第129页。

② 〔宋〕王炎午:《吾汶稿》卷九,影印清文渊阁《四库全书》本。

③ 〔元〕洪希文:《续轩渠集》卷二,影印清文渊阁《四库全书》本。

④ 〔明〕罗洪先:《念庵文集》卷六,影印清文渊阁《四库全书》本。

⑤ 〔清〕陈梦雷等编:《古今图书集成·明伦汇编·闺媛典》卷二六《闺淑部列传四》,台湾鼎文书局1977年版。

⑥ 〔明〕鲍应鳌:《瑞芝山房集》卷一一,明崇祯年间刻本。

⑦ 〔明〕黄淳耀:《陶庵全集》卷一九,影印清文渊阁《四库全书》本。

⑧ 〔清〕张云章:《朴村文集》卷一四,清康熙华希闵等刻本。

要照顾他,但又不可过于爱护。”①清郭嵩焘《魏母王夫人墓志铭》云王夫人:“病甚,日仆婢侍疾者,使更其劳。谓诸子曰:‘此亦人子!渊明之诗可念也。’呜呼,其存心之厚又如是也。”②在这些事例中,有的对陶之精神虽有所保留,但毕竟从仁爱出发对待下人,其心态、行为深受渊明影响。古人甚至把陶公善遇奴仆事写进蒙书与家戒诗文里教育孩子,如托名朱熹编的《小学集注》、宋人刘清之《戒子通录》、元人胡文炳《纯正蒙求》、明吴国伦《士儿赴南雍赋四诗送之(之四)》、黄省曾《仆从篇一首》、清沈起元《家戒》、陈弘谋《五种遗规》之《教女遗规》和《训俗遗规》、金甡《家戒五十首(之四十三)》等都没有落漏“陶子善遇”的故事③。这种仁恕精神甚至被写入戏剧、绘成图画,明沈龄撰《三元记》第三十四出写冯商教子云:“古人有云:‘此亦人子也,可善抚之。’大凡人家奴仆,一般父母所生,出乎无奈,为人驱使。人虽有贵贱,身体发肤,却无贵贱,不可动彻鞭笞。只怕天运循环,难保百年富贵,那时人亦不能容也,汝当反己自修。”④孙枝蔚所见《恤下图》画的就是陶渊明故事,他写诗赞叹云:“彭泽书一纸,万古在人口。一纸语无多,恤下意则厚。”⑤蒙书、戏剧人物和绘画对陶渊明仁爱精神的接受表明其在古代读者中传播影响之广。清人王培荀《乡园忆旧录》“石氏妇”一条写悍妇对待婢妾过于残忍,上帝罚以三年手足拘挛颠蹶,到期后,“忽一日,手足皆复其常,所患若失。屈指计之,正满三年云”。作者接着评论说:“陶渊明宰彭泽,遣一力与儿书云:‘此亦人子也,可善视之。’仁人之言哉!”⑥引陶渊明故事警示悍妇、称赏上帝的仁人心肠,可谓神来的有味之笔。

值得一提的是,古人对陶渊明“此亦人子”所体现之精神的认识不止于儒家伦理学的仁爱宽恕,还能够从更形而上的意义来解读。如明人陈绛曰:“世有‘奴婢’之名,乃妄为之称耳;要是天地间苍生,岂天地实施生斯辈耶?”⑦包括奴

---

① 〔清〕陆圻:《新妇谱》一卷,清《檀几丛书》本。

② 〔清〕郭嵩焘著,杨坚点校:《郭嵩焘诗文集》,岳麓书社1984年版,第491页。

③ 〔元〕胡文炳编:《纯正蒙求》,影印清文渊阁《四库全书》本。

④ 〔明〕毛晋辑录:《六十种曲》,明毛氏汲古阁本。

⑤ 〔清〕孙枝蔚:《溉堂集》后集卷五,清康熙年间刻本。

⑥ 〔清〕王培荀著,蒲泽校点,严薇青审订:《乡园忆旧录》,齐鲁书社1993年版,第345页。

⑦ 〔清〕张萱辑录:《西园闻见录》卷六引,民国哈佛燕京学社印本。原文见〔明〕陈绛《金罍子》上篇卷一一,明万历三十四年陈昱刻本,文字略异。此段引文之外,陈绎还举例谈到卫青等由贱变贵之例。孙枝蔚《恤下图》诗云:“人生受命有贵贱,无异风吹三月花。或飘朱户锦茵土,或污溷厕沾泥沙。”(见《溉堂集》后集卷五)古人难以摆脱命有贵贱的观念。

婢在内"要是天地间苍生",人不是生下来就是奴仆,人的命运自小到大多有翻覆,除去贵贱观念,其中生而无别的观念已经很接近人道主义精神了。

陶渊明仁爱精神的影响至近现代相续不绝,逐渐升华为针对广大劳苦大众的人道主义精神。如胡适在《领袖人才的来源》一文中说:"'此亦人子也,可善遇之。'这寥寥九个字的家书,印在脑子里,也颇有很深刻的效力,使我三十年来不敢轻用一句暴戾的辞气对待那帮我做事的人。"①马叙伦在《婢亦人子也》中对"高于豢犬豕者几稀"的低贱婢女阶层寄寓深厚同情②。漫画家丰子恺《此亦人子》一幅漫画描绘四个衣不遮体的大小穷人到垃圾箱争寻食物,充满着对赤贫阶层的深切关怀和同情。③ 此种同情博大宽厚,已经超越了单纯的感性,而升华为理性的认知,超越了对具体人物的怜悯、仁恕,升华为对被奴役阶层的同情和对社会不平等现象的愤慨,包含着近代知识分子对近代男女平等观念的衷心拥护、对阶级压迫现象的反感和鞭挞。西方人道主义、农工神圣等思想之所以能顺利被近现代知识分子接受,与陶渊明"此亦人子"之类的传统文化精神的影响是分不开的。

朱光潜以为陶渊明善遇奴仆的书信"寥寥数语,既可以见出做父母的仔细,尤可见出人道主义者的深广的同情"④。这大约是明确将陶渊明仁恕精神固定化为"人道主义"最早的言论。近现代以来,陶渊明推己及人的精神在当代仍然激发着读者的仁爱情怀,已经积淀凝定为一种关爱弱者、众生平等的人道主义精神,成为关注现实、反思历史的精神武器。作家余杰在杂文《此亦人子》中说:"'此亦人子,须善遇之'这是一种人间深情。陶渊明之为陶渊明,就在于有这份深情。……陶渊明对人性表达了最高的尊重,真正实践了孟子所说的'老吾老以及人之老,幼吾幼以及人之幼'。"⑤并由此观照现实,引发出这样的感慨:"在贫富差距越来越悬殊的今天,人人都是某一阶层的一分子。不同阶层之间的人,疏离、冷漠甚至仇恨,谁能有'此亦人子'的想法呢?"⑥散文作家钟叔河也有一篇《此亦人子》的文章,专门就陶渊明的这件轶事阐发说:"'此亦人子'这句

① 胡适:《胡适全集》卷四,安徽教育出版社 2003 年版,第 536 页。

② 马叙伦:《石屋余渖》,《民国丛书》第三编第八七册,上海书店 1989 年版,第 197 ~ 198 页。

③ 丰子恺:《丰子恺漫画精品集》,中国青年出版社 2009 年版,第 195 页。

④ 朱光潜:《诗论》,广西师范大学出版社,2004 年版,第 205 页。

⑤ 余杰:《尴尬时代》,岳麓书社 2001 年版,第 322 页。

⑥ 余杰:《尴尬时代》,第 325 页。

话最可贵的价值,就在于要把人当人。和这种价值观相反,一切专制独裁者最核心的观念,就是不把人当人。为了他们的野心和妄想,可以让成千上万、几十万几百万甚至几千万几万万的人去死。”①钟叔河拿陶渊明关爱生命的人道精神对照专制独裁者糟蹋生命的行为,赋予了“此亦人子”以深刻的历史和现实意义。遗君明珠的同题杂文《此亦人子》鞭挞处上位者不尊重人的粗暴行为,鼓励处下位者养成“吾亦人子”的自尊人格②,也彰显了陶渊明关爱生命的现实意义,发展了其众生平等、自尊自强的隐含意义。由此足见陶渊明的精神仍然活在当代读者心中。陶渊明是学者书斋里高雅的研究对象,但也是普通读者、芸芸众生可以亲近的诗人和长者。人人心中有一陶渊明,人人有热爱陶渊明的理由。读者热爱陶渊明的理由不止一条,但他“以温煦慈祥的口气说出来”(不是口号式样的堂皇道德教训)的人生至理名言③,表达“把人当人”的平等观念是被大众广泛接受的一个重要理由。这是陶渊明永远不会过时、永远活在读者心中的关键原因之一。当然,渊明的推己及人有其局限性,萧涤非先生认为陶渊明“心肠是热的”,但在人道主义精神方面,“表现得最充分、最突出的还是杜甫”。④ 文学史家也认为“在士族当权的六朝,这种人道主义思想自然是可贵的。……然而他们都还没有……一心一意为民兴利除弊,而且总是自责未能尽职”⑤。这些评价还是很中肯的,毕竟时代限制了诗人,陶渊明的仁爱精神离现代民主、离人民立场还存在距离。但我们也不必因此苛责古人,至少陶渊明为儒家仁爱精神的传播、为人道主义精神的发扬、为民族民主观念的诞生提供了一种极为沁人心脾的具体感召方式。

鲁迅先生曾经感慨,中国的父母只管生养,不管教育;中国旧传统把孩子当作自己的私有财产,做父亲的总是对他们严厉过头,像贾政对待贾宝玉一样,用旧道德的约束取代人性的关怀,把外在的礼法看得比孩子的生命还重要,这似乎是一个做父亲的男人的光荣“壮举”。关爱自己的孩子是陶渊明与正统礼法之士的一大区别。综观魏晋时期,在留给子女诗文方面,陶渊明可谓最引人注目的作家之一(所作相关作品如诗歌《命子》《责子》、散文《与子俨等疏》,所作其他作品亦多次涉及);在父子一伦方面,继左思《娇女诗》之后,陶渊明为文学

---

① 钟叔河:《笼中鸟集》,青岛出版社2009年版,第238~239页。

② 遗君明珠:《此亦人子》,载《杂文选刊》2008年第12期。

③ 钟叔河:《笼中鸟集》,第238页。

④ 萧涤非:《萧涤非文选》,山东大学出版社2006年版,第181页。

⑤ 刘世南:《清诗流派史》,人民文学出版社2004年版,第383页。

史提供了新鲜而独特的新景观，备受后人关注。对子女的关爱可以看作推己及人的仁爱精神的表现，却更具本源性，这一点也对后世产生了深远影响。

苏轼《和陶咏贫士七首（之七）》云："我家六儿子，流落三四州。辛苦见不识，今与农圃俦。买田带修竹，筑室依清流。未能遣一力，分汝薪水忧。"①此借助陶渊明遣力助子表达了对儿子的愧疚之情。关爱子女是"此亦人子"轶事中应有之义，但后代读者更倾向于从其《责子》等作品来观察陶渊明的父爱情怀。陶渊明可谓亲子之爱的集中表现者，他把嵇康的《家诫》和左思的《娇女诗》所体现出来的父爱精神发扬光大了，因而引起后代读者的格外关注。开始，读者不理解，这以杜甫为代表，杜甫《遣兴五首（之三）》云："陶潜避俗翁，未必能达道。有子贤与愚，何其挂怀抱。"②杜甫的言论引起了宋人的争议。北宋释惠洪《题自诗寄幻任庵》云："渊明作《训子》诗，可以想见其恺弟，而杜子美乃曰：'有子贤与愚，何其挂怀抱。'……痴人面前，不可说梦，岂子美……真痴耶?"③葛胜仲《次韵良器真意亭探韵》亦云："少陵罪《责子》，颇谓达道非。……乃知第一流，尚此知音稀。"④宋人从心性角度理解陶渊明，不再拘泥于隐逸或者出仕的行迹，因此普遍赞成陶渊明为得道之士，其对孩子的关爱也就不是不能超脱世俗的例证，而是"恺弟"仁爱的表现。但宋代读者对杜甫也推尊有加，于是有人出来为杜甫开脱，最有代表性的是黄庭坚。宋人叶氏在《爱日斋丛钞》中对此评论说：

> 渊明五子：俨、俟、份、佚、佟。《责子》诗曰：……黄鲁直云："观渊明此诗，想见其人，慈祥、戏谑可观也。俗人便谓渊明诸子皆不肖，而愁叹见于诗尔。"又云："杜子美诗：'有子贤与愚，何其挂怀抱。'子美困顿于三川，盖为不知者诟病。又往往讥议宗文、宗武失学，故聊解嘲。其诗名曰《遣兴》，可解也。俗人便谓讥病渊明，所谓'痴人前不得说梦'也。"按东坡诗云："我笑陶渊明，种秫二顷半。妇言既不用，还有责子叹。"苏公肯亦效痴人说梦邪？予谓渊明《和郭主簿》诗："弱子戏我前，学语未成音。此事真复乐，聊用忘华簪。"时当初有俨也。又《命子》诗……盖所谓阿舒者，先长而名之，末语正近责子意，其成否则天也。此所以为渊明之达。在彭泽，送一力

① 〔宋〕苏轼撰，〔清〕王文诰辑注，孔凡礼点校：《苏轼诗集》，中华书局1982年版，第2139～2140页。

② 〔唐〕杜甫著，〔清〕仇兆鳌注：《杜诗详注》第二册，中华书局1979年版，第563页。

③ 〔宋〕释惠洪：《石门文字禅》卷二六，《四部丛刊》本。

④ 傅璇琮主编：《全宋诗》第二四册，北京大学出版社1995年版，第15595页。

助其子薪水之劳。《与俨等书》有云："吾年过五十，少而穷苦，每以家敝，东西游走。性刚才拙，与物多忤。自量为己，必贻俗患。僶俛辞世，使汝等幼而饥寒。汝辈稚小家贫，每役薪水之劳，何时可免。念之在心，若何可言。"则知俨辈，固能服劳家事，特学业未可知尔。观遣力给其子则云："此亦人子也，可善遇之。"戒俨等同居同财则云："汝等虽不同生，当思四海皆兄弟之义。"岂任其自为贤愚者？《责子》诗聊洗人间誉子癖，少陵、东坡亦戏言之，非不知渊明也。①

黄庭坚以为杜甫不是不理解陶渊明，而是借陶渊明责子自我解嘲。叶氏认为陶渊明并非像他自己的诗歌所显示的不去教诲孩子，而是尽父亲之责后，"其成否则天也"，他还从陶渊明诗文中搜罗例证，有力证明了陶渊明不是不负责任的父亲，不是"任其自为贤愚者"，因此，杜甫也好，苏轼也好，他们在诗歌中看似对陶渊明的指责，实际上是自嘲，是"戏言之"。此虽然是为杜甫和苏轼辩解，但也是为陶渊明仁爱之心正名。从儒家伦理价值观出发，陶渊明的父爱甚至被上纲上线，如吴澄《湖口县靖节先生祠堂记》云："责子有诗，与子有疏，志趣之同，苦乐之安，一家父子夫妇又如此。夫人道三纲为首，先生一身而三纲举无愧焉。"②明人邵经邦云："《三百篇》子道备矣，父道缺如也。渊明《责子诗》，可补删后之缺。"③其实，大可不必将陶渊明的父爱如此崇高化。陶渊明的父爱是人性的天然流露，不是概念化的故作姿态。正如鲁迅《答客诮》诗所反问："无情未必真豪杰，怜子如何不丈夫？"④陶渊明在《酬刘柴桑》中没有答应像刘柴桑一样抛家舍子、孤独归隐，正是一个典型例证。正是这浓郁的恋子之情拉近了陶渊明与读者的距离，拉近了陶渊明与世俗人生的距离，使陶渊明没有像一些不食人间烟火的隐士一样走向自恋式的孤芳自赏，甚至孤僻不近人情。这也是陶渊明被后代读者喜爱的根本原因之一。

对于中国传统文化的道义观，历来有一种迂腐的理解和残忍的实践，简要言之即为了堂而皇之的大道义而无视生命本身的私情，对草芥弱势者更是如此，其极端表现的留存可以随手拈来，如"存天理，灭人欲"、割股疗疾、易子而食等。史书中也有记载，如鞭挞百姓，如杀死家小然后自杀殉国等，仿佛"崇高"的

---

① 〔宋〕叶寘：《爱日斋丛抄》卷三，清《守山阁丛书》本。
② 〔元〕吴澄：《吴文正集》卷三七，影印清文渊阁《四库全书》本。
③ 吴文治主编：《明诗话全编》第三册，江苏古籍出版社 1997 年版，第 2949 页。
④ 吴海发：《鲁迅诗歌编年译释》，中国社会科学出版社 2010 年版，第 183 页。

目的就是生命的一切，至于衣食住行和儿女私情都不能登上大雅之台。鲁迅诗云“横眉冷对千夫指，俯身甘为孺子牛”，又云“怜子如何不丈夫”。豪杰之士并非总是“横眉冷对”恶势力，也非总是满脑子庙堂大事，他们内心深处应该也有“怜子”柔情，以此仁恻之心，推己及人，才不会漠视他人、漠视天下苍生，才可以真正为仁政爱民找到深入泥土的根须。陶渊明在彭泽遣力助子，看似为私，而实际就是这一点“私心”为仁之端绪，令他推己及人，关注社会，关注天下。史书虽然没有记录陶渊明的仁政爱民之举，但《劝农》诗已经可以展现出他对民生根本的重视，我们完全有理由推论，他一定是一位关爱百姓、关心民生的好县令。古人称：“夫观陶公数语，克爱厥子，与御僮仆有恩具见之矣。施于有政如此，亟于挂冠，岂其才不逮吏治耶？特不耐轩冕耳！”①可谓深得其实。陶渊明的仁爱精神萌生于私爱而超越私爱，初放光芒于彭泽，从彭泽光照于天下，每当想起他人性的光辉，我们至今能亲切感受到它带来的温暖和希望。

第三节　陶诗阐释的经学化与意境化

钱锺书先生在《谈艺录》里以较为翔实的资料初步揭示了陶渊明在历代声名的显晦，提出“渊明在六代三唐，正以知希为贵”“渊明文名，至宋而极”的精到论断。② 陶渊明诗歌的艺术价值和崇高地位此后虽然仍有波动，但陶诗的经典地位在清代终于牢固树立起来，这固然得力于其自身的魅力，但在接受中日益走向经学化和经典化（意境化）是它被普遍褒扬的两个基本原因。

一、陶诗的经学化

《诗》《书》《礼》《易》《乐》《春秋》是经学的原典，经孔子整理后，遂成儒家“一家之学”③，也日益成为传统社会主流意识形态的价值依据，广泛渗透到政治、思想、文化、文学等各个领域，成为“天下之公理”。④ 具体到各种文学领域，“六经”又各有其统绪。刘勰《文心雕龙》云：“‘经’也者，恒久之至道，不刊之鸿教也。……故论、说、辞、序，则《易》统其首；诏、策、章、奏，则《书》发其源；赋、

---

① 〔明〕陈师：《禅寄笔谈》卷九，明万历二十一年自刻本。

② 钱锺书：《谈艺录》（补订本），中华书局 1984 年版，第 91 页、第 88 页。

③ 马宗霍：《中国经学史》，上海书店 1984 年版，第 9 页。

④ 〔清〕永瑢、〔清〕纪昀等：《四库全书总目 · 经部总叙》，影印清文渊阁《四库全书》本。

颂、歌、赞,则《诗》立其本;铭、诔、箴、祝,则《礼》总其端;记、传、铭、檄,则《春秋》为根。并穷高以树表,极远以启疆,所以百家腾跃,终入环内者也。”①大致而言,《诗经》是以诗歌为主的文学的本源,后世凡是宗法《诗经》、以《诗经》为根本准则的诗人诗作都受到文论家的肯定,或者说,文论家往往把《诗经》作为文学(诗歌)批评的根本标准,作为一把公认的黄金尺度去衡量历代作家作品。魏晋作家在创作诗歌时,喜用《诗经》典故和词语。据统计,曹操诗歌用到近三十次,曹丕诗歌用到五十多次,曹植诗歌用到一百一十多次,陶渊明诗歌用到一百二十多次。在陶渊明生活的时代,儒家思想的绝对统治局面被打破,作家和文论家尚且难以无视《诗经》的重要地位,在儒家思想占据统治地位的时代更是如此。

历代读者以《诗经》为源头性准则,不断地精心选择出一个准经典的系列。这种选择制约于两个方面,一是作家作品的思想情感雅正与否,二是艺术成就的高低如何,而后者往往从属于前者。也就是说,作品的经典化有赖于作家人品的儒学化及其作品思想情感的雅正化。这表现在选本领域是崇尚雅正,萧统《文选》可谓最富影响的典型例证,之后的接续者络绎不绝。主流批评家也往往依经立论,从刘勰、陈子昂、韩愈、真德秀到明清时期的宋濂、王夫之、叶燮、刘熙载等人,概莫例外。

纵观陶渊明接受史,我们发现人们对陶渊明人品的评价经历了一个由高尚化而儒学化的过程,其作品则经历了一个由支流化而主流化的过程,这两个过程的发展虽然有些交叉和不平衡,但大致在宋代之后不约而同地走向了崇高化和经学化。宋代苏轼之前,陶渊明主要是一位高尚的隐士,苏轼之后,读者开始超越隐逸的行迹而从心灵的本质上看待陶渊明,把他看作得道之士。这与北宋后期士大夫心态“从以天下为己任的外向淑世意识转为以内在精神天地为主要关怀对象”的内在超越趋向密不可分②。至于所得之道归儒家、归道家,苏轼没有明言,朱熹归入老、庄,而在诗文中又赞赏陶渊明得孔、颜之乐,于是到真德秀就完全把陶渊明拉入儒家,认为陶渊明的学问从“经术中来”③。随着韩子苍、汤汉以忠义解读陶诗之言论和陶集注本的传世,陶渊明身上的忠义思想、儒家

---

① 〔南朝梁〕刘勰著,陆侃如、牟世金译注:《文心雕龙译注》,齐鲁书社 1995 年版,第 110~115 页。

② 朱刚:《从“先忧后乐”到“箪食瓢饮”——北宋士大夫心态之转变》,载《文学遗产》2009 年第 2 期。

③ 〔宋〕真德秀:《西山文集》卷三六,影印清文渊阁《四库全书》本。

风范不断被后代读者丰富化，如明代黄文焕的《陶诗析义》和清代吴骞、陶澍整理的陶渊明集可谓儒化陶渊明的典型注本。钟秀的《陶靖节纪事诗品》和方宗诚的《陶诗真诠》更进一步系统地把陶渊明为人儒学化。二人在归陶入儒时没有停留于概念化的文化归属上，而注意强调陶渊明不同于佛教、道教、隐逸等其他文化的个性，认为陶渊明因根基于儒家文化而与佛教徒相区别，因关怀人间而异乎老庄隐逸之士，还注意揭示其独特的存在特点、生命境界及其修养路径，即与天人同流一体、“无入而不自得”的生命境界和“素位而行”“修身以俟”的儒家修为路径①，从而完成了古代陶渊明接受史上极为深细和系统的儒家陶渊明观。在一贯崇奉诗教传统、文如其人的古代社会中，也正是这样一种儒家文化根基的归属和生命境界的深刻揭示为陶诗地位的确立和崇高化提供了坚实的理性基础，由此也可以明白陶诗何以被抬尊为《诗经》之后能够与杜甫诗歌并称、最为杰出的经典之一；相对于抽象的伦理道德观念，陶渊明毕其一生实践了一条具体生动、切实可行、兼顾自由与规范的修养之道、存在之道，陶诗俨然成为一种诗化的经学读本，这也是士人喜读陶渊明的基本原因之一。

陶渊明诗歌的经典化、经学化与把陶渊明为人儒学化是联系在一起的，其具体标志是陶诗被纳入以《诗经》为源头的经典作品行列，被肯定为创作的根本艺术准则。

首先把陶渊明与《诗经》联系在一起是苏轼，苏轼不满于萧统批评陶渊明《闲情赋》无助讽谏的言论，认为《闲情赋》一如《诗经·国风》，是“好色而不淫”②，表现的是天真的性灵。但苏轼没有从总体上思考陶诗与《诗经》的关系问题。第一个明确思考这个问题的当是宋代诗话家张戒。其《岁寒堂诗话》卷上云：

孔子曰：“《诗三百》，一言以蔽之，曰：‘思无邪。’”世儒解释终不了。余尝观古今诗人，然后知斯言良有以也。《诗序》有云：“诗者，志之所之也。在心为志，发言为诗。情动于中，而形于言。”其正少，其邪多。孔子删诗，取其思无邪者而已。自建安七子、六朝、有唐及近世诸人，思无邪者，惟陶渊明、杜子美耳，余皆不免落邪思也。六朝颜鲍徐庾，唐李义山，国朝黄鲁直，乃邪思之尤者。③

① 〔清〕方宗诚：《陶诗真诠》一卷，见《柏堂读书笔记》，复旦大学藏光绪八年刻本。

② 〔宋〕苏轼：《题文选》，见孔凡礼点校《苏轼文集》第五册，中华书局 1986 年版，第 2093 页。

③ 〔宋〕张戒：《岁寒堂诗话》卷上，见丁福保辑录《历代诗话续编》上册，中华书局 2006 年版，第 465 页。

就评论陶诗和《诗经》的关系而言,张戒这段话实质上继承了苏轼。张戒认为陶诗像《诗经》一样“思无邪”,而苏轼认为陶诗像《诗经》一样“好色而不淫”,两人都是从思想情感的纯正上肯定陶诗,只是张戒把这一评价扩大到陶诗整体,而且把陶诗放到诗歌史中加以突出。此后,朱熹把陶诗与《诗经》联系在一起的言论遂对后代读者起了决定性的影响。朱熹看重陶渊明的人品和诗文,要将陶诗立为《诗经》之后诗之“根本准则”。他说:

古今之诗,凡有三变:盖自书传所记,虞夏以来下及魏晋,自为一等。自晋宋间颜谢以后,下及唐初,自为一等。自沈宋以后定著律诗,下及今日,又为一等。然自唐初以前,其为诗者,固有高下,而法犹未变。至律诗出,而后诗之与法,始皆大变,以至今日,益巧益密,而无复古人之风矣,故尝妄欲抄取经史诸书所载韵语,下及《文选》、汉魏古词,以尽乎郭景纯、陶渊明之所作,自为一编,而附于《三百篇》《楚辞》之后,以为诗之根本准则。又于其下二等之中,择其近于古者,各为一编,以为之羽翼舆卫。其不合者,则悉去之,不使其接于吾之耳目,而入于吾之胸次,要使方寸之中无一字世俗言语意思,则其为诗,不期于高远而自高远矣。①

朱熹的言论不断被后世论陶诗者引用。如真德秀《文章正宗·诗赋》、魏庆之《诗人玉屑》卷一《诗法第二》等予以抄录,明清时期各种陶集也往往附录朱熹这一言论。陶渊明的为人在宋代被儒学化,陶诗也几乎同步被经典化。

陶诗的经典化在明代复古思潮下经历了一个曲折过程,即由于复古派推崇雄浑矫健、声韵宏响的格调,贬抑陶诗的冲淡散缓、风骨衰弱,何景明、胡应麟、许学夷等作家、诗评家把陶诗归入大家之外的名家行列,即由宋元推崇的一流作家而转入二流行列。但这一认识几乎从产生之初就受到了黄省曾等人的挑战,随着复古派对自身诗学理论的调整和晚明诗歌新审美追求的流行,陶诗也走出了被贬抑的低谷,重新进入一流大家的行列,如钟惺、谭元春的《古诗归》选录的汉魏六朝诗人诗作以陶诗最多(五十二首),而选录的明代复古派胡应麟所尊崇的大家曹植诗作仅有十首。陶诗被肯定虽有种种理由,但把它与《诗经》联系起来作为诗歌创作的正途加以推崇是一个普遍的共识。明代读者如此,清代读者更是如此。明代宋濂、张以宁、谢肃等都强调陶诗属于《诗经》之后的“风雅之亚”②,清代读

---

① 〔宋〕朱熹:《答巩仲至第四书》,见《晦庵先生朱文公文集》卷六四,《四部丛刊》本。

② 〔明〕宋濂:《题张泐和陶诗》,见罗月霞主编《宋濂全集·朝京稿》,浙江古籍出版社1999年版,第1678页。

者沈德潜、潘德舆、陶澍等都认为陶诗是“时入《三百篇》之室者”①的优秀作品，与杜甫诗歌并被推崇为诗家圣典。而解读陶诗时，读者也仿佛面对儒家经书一样发掘其中具有渊明特色的微言大义，如黄文焕《陶诗析义》和邱嘉穗《东山草堂诗笺注》过于强调儒家内涵，曲为解说，似乎句句都有忠义寄托，这种做法当时就遭到如纪昀、陶澍等人的诟病；又如钟秀《陶靖节纪事诗品》和方宗诚《陶诗真诠》也注意揭示陶诗的儒家特色，将陶诗意蕴同老庄、佛家旨趣区别开来的做法可谓用心良苦，但他们比较清醒，文化眼光比较开阔，因此阐释得较为通达，与胶柱鼓瑟者有别。

经学家甚至把陶诗作经学文本阅读。真德秀之后，明清经学家往往把陶渊明纳入必读书目。陈献章是一个典型，其自然任化的思想明显受陶渊明的直接影响，据邹守益《训蒙诗要序》载，明人曾经把陶诗和邵雍、白沙等理学家的诗归于一类，作为儒家伦理启蒙的教材。② 明人钱百川高度评价陈白沙诗说：“古诗三百篇，不知几千祀。后来继者谁，一个陶公耳。变风与变雅，其如杜子美。宋周程张朱，道大言莫比。迄今五百年，唯陈白沙氏。”③这里已经有将陶诗与白沙诗看作一脉相承的意思。朱彝尊在《静志居诗话》卷七中评陈献章一语中的：“成化间，白沙诗与定山（按，指庄昶）诗齐称，号‘陈庄体’。然白沙虽宗击壤（按，指邵雍），源出柴桑。”④又如嘉靖时期深受王阳明心学影响的山人谢承祐，他的和陶诗在很大程度上也是借陶渊明明理悟道，故其学生序其诗云：“吾夫子诗之所在，道之所在。”⑤再如晚明影响甚巨的大儒黄道周，在给家人的书信中明确把陶渊明与董仲舒、诸葛亮、王通、韩愈、文天祥等人的著述作为必读书目，认为经常阅读他们的著述“久之自然成人”⑥。

可以说，伴随着陶渊明人品崇高化、儒学化的完成，陶诗也几乎同步成为《诗经》的嫡传，被有意无意地经学化了。中国诗歌史上遭遇同样命运的不止陶

① 〔清〕潘德舆著，朱德慈辑校：《养一斋诗话》卷一〇，中华书局2010年版，第166页。

② 〔明〕邹守益《训蒙诗要序》：“乃取《诗经》关于伦理而易者，及晋靖节，宋周、程、张、宋及我朝文清、康斋、白沙、一峰、百泉、阳明诸君子之诗，切于身心而易晓者，属王生仰编而刻之，俾童子讽咏焉。”见邹守益《东廓邹先生文集》，《四库全书存目丛书》集部第六五册。

③ 〔明〕钱百川：《钱逸人集·观沈石田诗集》，见吴文治主编《明诗话全编》（贰），江苏古籍出版社1997年版，第1889页。

④ 〔清〕朱彝尊著，黄君坦校点：《静志居诗话》，人民文学出版社1990年版，第182页。

⑤ 〔明〕卢彦：《复初山人和陶集序》，见〔明〕谢承祐《复初山人和陶集》，明嘉靖年间刻本。

⑥ 〔明〕黄道周：《京师与侄书》，见《黄石斋先生文集》卷五，清康熙五十三年刻本。

渊明，可以与陶渊明并为典型的还有杜甫。如诗话家云："诗如陶渊明之涵冶性情，杜子美之忧君爱国者，契于《三百篇》，上也。"①陶、杜与《诗经》鼎足而三，此论在清代读者中具有代表性。陶渊明及其诗歌被崇高化和经学化的过程也就是其为人和作品由边缘进入主流的过程，也就是说，从历史流变来看，陶渊明的为人和诗作在东晋南北朝时期不被重视，不为贵族主流社会和时髦文风所推重，唐代基本延续了这一格局，而宋代以后，虽然有明代复古时期的一时波折，但陶渊明的人品和作品声名基本居高不下，在文学和经学之流中的崇高地位难以撼动。这是陶渊明的幸运，也是陶渊明的不幸。幸运是说，他在世时"淹留岂无成"的疑惑终于一去不返，他的人格光辉和文学创造一起成为传统文化和艺术中的一股清流，洗涤着后世读者的心灵，也滋养着后世艺术的灵魂；不幸是说，陶渊明为人和诗歌的本真因为主流意识形态的刻意附会、爱陶者的过度阐释而越来越固定化、模式化，褒衣博带代替了短褐穿结，一个活生生的诗人在儒学化过程中深深地隐蔽起来，丰满动荡的陶诗也因经学化而被阐释得单薄扭曲。这需要有勇气的读者，尤其是新的处于边缘化状态的读者，重新去发现和阐释。于是，那些有思想、忠实于鲜活生命和生活的读者，如李贽、袁宏道、袁中道、袁枚等人，坚持本真、自然的立场解读陶渊明，甚至认为陶渊明"好酒微兼色"②，使陶渊明保持了活人的面目。不同阶层、不同思想、不同遭遇的读者看到了不同的陶渊明，陶诗的经学化虽然是传统陶渊明接受史的一个趋势和结果，但它不是所有和最终的结果。这也许就是陶渊明及其作品的魅力，也是与每一个读者本性联系在一起的人性与文学的魅力。

二、陶诗的经典化与意境美的揭示

如果说陶诗的经学化关乎陶诗思想情感的雅正与否，那么陶诗的经典化就关乎其艺术成就的高低。纵观陶渊明诗歌创作接受史和阐释史，我们不难得出结论，随着陶诗价值的凸显，几乎每一个诗歌流派都把陶诗作为创作上学习的典范之一，把对陶诗的阐释作为创作主张的表达方式之一。尤其是宋代梅尧臣、苏轼以后，江西诗派、竟陵派、格调派等更是如此；至于有重要诗史贡献的优

① 〔清〕吴乔：《围炉诗话》卷一，见郭绍虞编选、富寿荪校点《清诗话续编》上册，上海古籍出版社 1983 年版，第 474 页。

② 〔明〕袁中道：《艳歌》，见钱伯城笺校《珂雪斋集》卷二，上海古籍出版社 1989 年版，第 85 页。

秀作家,如元好问、王世贞、王士禛、袁枚等人,都莫能例外。他们或多或少都有一个学习陶诗的过程,对陶渊明及其作品有较多的创造性接受。尤其值得注意的是,他们和一些重要的诗评家借助对陶诗的阐释来加强自己的创作主张。似乎每家诗学主张的审美理想都能从陶诗那儿得到创作支持。苏轼发现陶诗平淡有奇趣,朱熹说陶诗豪放而蕴藉,陆游说陶诗是淡到看不见诗的典范,元好问认为陶诗是真淳之美的最高体现者,袁宏道、钟惺看见了性灵和厚道,明遗民看到了忠愤和洒落,王士禛、沈德潜看见了神韵和温柔敦厚,袁枚看到了性情和旷达,不一而足。如果透过喧嚣、求同存异,那么我们可以说陶诗体现了中国传统诗歌最高的审美特点,它浑融如道,可以为诸多诗学主张提供理想坐标。

由于着眼点不同,中国传统诗歌最高的审美特点在不同诗评家那儿有不同的概括。诗学理论流派纷呈的清代就有神韵、格调、肌理、性灵等种种概念。王国维拈出的"境界"二字受到后来学人的热情关注,后经多方补充论证,以为"意境"乃中国传统诗歌最为典型和理想的审美特点,是一个核心性的诗学概念。意境的这一终极性地位致使学者对它的产生流变、意蕴所指等莫衷一是。但无论如何,把"意境"作为接续古典诗学最高概念的一个殿军来看待还是有其理论价值的,意境是古典诗歌审美理想的艺术显现,它的诞生与读者对陶诗的阐释密不可分,此点似为文学理论研究者所忽视。

意境的核心价值所指是"道",在本质上是超越人伦世界、天人合一的浑融之道。按照传统文化对道的解释,在根源上更倾向于老子之道①,老子云道不可道,而诗作为言说道的一种人为方式,如果表现了道境,那么一定具有道的特点,即道中有真、道法自然、"道之出口,淡乎其寡味"等种种特点。而真淳、平淡和自然恰恰是读者所普遍认可的陶诗最重要的三个审美特点。换言之,陶诗的审美特点契合了道的本质特点。钟嵘、萧统首先用"真"来评论陶诗的审美特点,这成为后来普遍的共识,甚至有泛化的倾向,即把陶诗的情感、事件和景色等与真联系在一起。梅尧臣和苏轼首先用平淡自然评陶诗,这也不断得到后代读者的回应。他们(如沈德潜、潘德舆)从陶诗中找出种种例证,注意其平淡而山高水深的特点,即平淡中包含着跌宕、风骨、豪放等,这是与大千世界无奇不有相类似的博大包容的特点,而这也是道的特性,因为道无所不包,因物成性。一句话,陶诗是道的一种体现形式,这一形式圆融完美,契合最高的审美理想,

① 儒家罕言抽象之道,魏晋玄学引道入儒,遂使关注重心在人伦政治领域的儒家具有形而上的色彩。

体现了意境的典型特点。

对陶诗的阐释并不目的性地指向意境,但逻辑性地指向最高的审美理想。假言之,即使中国诗歌理论没有出现一个总括最高审美理想的意境概念,而出现了另一个总括性最高概念,那么这个最高概念的体现必然也要借助陶诗。因此,我们借助对意境的理解,简要梳理一下陶诗与意境概念的直接关系。

与初唐人简单地重风骨、重声律对偶不同,盛唐人重意境、兴象、情景交融。因此盛唐诗人比初唐诗人有着更为敏锐的审美鉴赏能力和创造力,在创作出意境完美之诗作的同时,也发现了意境完美的作家作品。陶渊明诗便是他们最新发现的兴象兼具、情景交融的诗。旧题王昌龄撰《诗格》把诗分为"五趣向",其中第三为"闲逸",云:"闲逸三:陶渊明诗:'众鸟欣有托,吾亦爱吾庐。'"①司空图论诗推崇冲淡之美,在《与王驾评诗书》《与李生论诗书》等中推崇王维诗、韦应物诗"澄淡精致,格在其中",有"韵外之致""味外之旨"②,并于《二十四诗品》的第二品中专列"冲淡",以比喻象征的手法来描绘冲淡之美韵味深远、品格高雅的特点。司空图虽然没有把冲淡诗祖推到陶渊明,却拈出受陶诗影响甚巨的王维诗、韦应物诗作典范。他的诗歌理论为宋人梅尧臣、苏轼等进一步发现陶诗冲淡有味之美及陶诗在诗史上的特殊地位奠定了坚实的基础。唐宋人以平淡有味等论陶诗,但显然主要是把陶诗看作一种风格境界的代表,而非把平淡有味当作诗歌审美理想的整体特点。

元代人从"真"和自然生发出对陶诗之"境"的认识。郝经《和陶饮酒二十首(之十)》云:"壶中别一天,饮之造真境。"③又其《桃花源诗》云:"到处桃花源,真境不在外。当时避秦人,未必识妙契。"④又《和陶饮酒二十首(之五)》云:"诗因酒更多,真境发精英。烂漫醉后言,举是醒时情。"⑤吴澄《跋张蔡国〈题黄处士《秋江钓月图》〉诗》云:"今读蔡国张公《题黄处士〈秋江钓月图〉诗》,超超出尘,言彼之外境,而观者因以得公之内境也。其澹也,其易也,其闲适也,纯乎一真心声,自然而无雕琢之迹,盖非学词章者可到,必其中之有所见,有所养,而后能也。唯陶、韦妙处有此。"⑥郝经和吴澄说的"真境""内境"主要是一种借助

① 张伯伟:《全唐五代诗格汇考》,江苏古籍出版社2002年版,第183页。

② 〔唐〕司空图:《司空表圣文集》卷二,《四部丛刊》本。

③ 〔元〕郝经:《陵川集》卷七,影印清文渊阁《四库全书》本。

④ 〔元〕郝经:《陵川集》卷七。

⑤ 〔元〕郝经:《陵川集》卷七。

⑥ 〔元〕吴澄:《吴文正集》卷六〇,影印清文渊阁《四库全书》本。

外物生发的心灵境界，虽然带有物我合一的特点，但重心在心灵的超然体悟和审美沉浸上。这种境界首先超脱世欲（如功名利禄），不为俗累；然后超脱外物（“外境”），不为象累；如此“纯乎一真心声”，洁白无瑕之心灵才能猝然间自然达于世俗、外物、语言之外的“真境”。“真境”实质上就是一种真醇的境界。他们对“境”的注意表明元代人在理性上开始注意到陶诗超乎声色臭味之外的意境美。

用“境”自觉来论陶诗是元代读者的贡献。陶诗的意境美被方回称为“心境”。其《心境记》曰：

> 顾我之境与人同，而我之所以为境，则存乎方寸之间，与人有不同焉者耳。……然则此渊明之所谓心也，心即境也。治其境而不于其心，则迹与人境远，而心未尝不近；治其心而不于其境，则迹与人境近，而心未尝不远。①

方回这一段精彩的言论对加深认识陶渊明的“真境”至关重要。最关键的是他明确指出造成“我”之“境”与他人之“境”差异的是“心”，不同的“心”体悟相同的世俗之“境”，“境”于是在人我之间产生差异。他强调了主体心境对审美境界产生的决定作用，并进而提出“心即境”的重要观点，也就是说“心”“境”不二，即心即境，心灵与外物融合为一，彼此摆脱了对立与矛盾，进入天人化合的浑融境界。陶渊明及其诗歌就表现了这种“心境”，或者说，这就是元代读者所认识到的陶渊明诗歌意境美的特点。这种认识无疑比把陶渊明的体悟单纯归结为颜回、曾点之乐更接近陶诗的本真特点。

宋代人对平淡自然的理解多有发明，但对平淡背后的“深粹”的理解还没有走出苏轼的视野。首先能够在苏轼视野之外有所开拓的是范温。范温在《潜溪诗眼》“论韵”条中云：

> 有余意之谓韵。……自曹、刘、沈、谢、徐、庾诸人，割据一奇，臻于极致，尽发其美，无复余蕴，皆难以韵与之。惟陶彭泽体兼众妙，不露锋铓，故曰：质而实绮，癯而实腴，初若散缓不收，反覆观之，乃得其奇处；夫绮而腴、与其奇处，韵之所从生，行乎质与癯，而又若散缓不收者，韵于是乎成。②

陈善在《扪虱新话》中虽然也指出陶诗以“韵胜”，却没有范温阐发得如此深入

---

① 〔元〕方回：《桐江集》卷二，《宛委别藏丛书》第一〇五册，江苏古籍出版社 1988 年版，第 132 页。

② 郭绍虞辑：《宋诗话辑佚》卷上，中华书局 1980 年版，第 373 页。

具体。在范温看来,“韵”的基本内涵是“有余意”,是一种超越于外在形式和字面意义之上的境界。它只可意会,不可言传。“一长有余”可以称之为“韵”,识见有余也可称之为“韵”,“备众善而自韬晦”亦可称为“韵”。而后者是韵之极,是最理想、最完美的风格,陶渊明诗“体兼众妙,不露锋铓”,得韵之极,“是以古今诗人,惟渊明最高”。[①] 以韵论陶是宋人的创见,是宋人崇尚晋韵的审美观念在评价陶渊明时的反映。“韵”的确揭示出了陶诗本真性、整体性的美学特点,与后世以“境”论陶异曲而同工,都强调了陶诗余意不尽、隽永神妙的特点。但“韵”还仅仅是对陶诗美学特点和艺术表现的描述,对其背后的本源则未论及。元代读者以“境”论陶,把境界定为心灵之“真”与外物之“常”的融合境界,是主体修养极高、摆脱俗世矛盾后,以本真之性圆照寻常之物,进入天人化合的浑融境界。可以说,“真境”这一概念是对“韵”的超越,“真境”一方面保留了韵“有余意”的审美内涵和概括的整体性特点,另一方面又揭示了造成“韵”的特点的本源性原因——主体之心,强调了平淡、平常的人间性特点。因此,元代读者方回等以“真境”“心境”论陶是对宋代读者以“韵”、以“平淡深粹”论陶的超越,即除了整体性的审美特点,关注到整体性的主体根源,它在一定程度上超越了以平淡自然、真醇清旷等概念论陶的时代,在陶渊明接受史上具有突破性的意义,也是近人王国维以境界、意境论陶的先声。

此后,明清读者也偶然关注到陶诗得境界而忘境界的特点。苏轼认为陶诗有奇趣。胡应麟进而提出陶诗“以趣为宗”,凸显了趣在陶诗中的地位。许学夷在此基础上的阐释又有所深入,他说:

> 惟陶靖节超然物表,遇境成趣,不必泉石是娱、烟霞是托耳。其诗如“暧暧远人村,依依墟里烟。狗吠深巷中,鸡鸣桑树颠”。……皆遇境成趣,趣境两忘,岂尝有所择哉。[②]

许学夷提出陶渊明“遇境成趣,趣境两忘”的论断,不但超越了胡应麟“以趣为宗”的审美感悟,而且接触到了陶诗的本质特点。许学夷这一论断的提出,着眼于创作主体的具体审美感受和心灵境界,又没有漠视外物,精到而新颖,接触到了陶诗的意境美问题,这与元代方回等人侧重于从心灵自觉的角度认识并揭示陶诗特殊的真境美可以相互参看。

---

① 郭绍虞辑:《宋诗话辑佚》卷上,第373~374页。

② 〔明〕许学夷著,杜维沫校点:《诗源辩体》卷六,人民文学出版社1987年版,第106~107页。

清人钟秀《观我生斋诗话》卷一触及陶诗的独特意境之美，云：

> 读少陵诗者，只知其雄厚；读太白诗者，只知其豪放。而不知其澹远处实与陶公同一胎息。盖李、杜与陶公虽世有先后，而诗之面目亦各不同，然皆发源汉魏以上，接《三百篇》者也。如太白之“风吹柳花满店香”，少陵之“四更山吐月，残夜水明楼”，较陶公之“平畴交远风”“山气日夕佳”，以上溯乎子建之“明月照高楼”，再上溯至《三百篇》之“春日迟迟”“杨柳依依”，可不谓同一胎息者乎？凡此皆能曲肖物理，托出毫素，所谓理趣是也。①

钟秀所论精彩而深刻，他借助具体例证揭示澹远风格共同的气脉和富含理趣的特点。这是为陶诗及其类似诗作指示源流，但他不再单线索地把陶诗看作澹远的渊源，即不把某一诗人的源头简单地指称为另一风格类似的诗人，而是在历史线索中指出同气相应的类通现象，不再局限于以澹远为主导风格的诗人诗作，而是涵盖李白、杜甫这样某些诗作有类似特点的诗人诗作，在更形而上的意义上，归纳揭示出以陶诗为代表的同一类别诗作共同的美学特点，这已经超越了传统的风格流派论，由文学批评出发触及诗歌的终极之美——意境了。至于说陶诗等“曲肖物理，托出毫素”，也很类似于王国维以“不隔”论陶诗意境特点。所以钟秀评陶《己酉岁九月九日》诗“纯是静字意境”，偶尔触及陶诗的独特境界问题。陈廷焯《白雨斋词话》云“诗有诗境，词有词境”，通过比较陶诗与杜诗等凸显陶渊明创造的独特境界，认为“未见有造此境”者。② 以境界论陶与以风格论陶的最大不同在于风格还具有类别性，没有完全顾及诗歌从内容到形式的整体圆融的典型特点，如田同之《西圃诗说》云：“苏、李之诗长于高妙，曹、刘之诗长于豪逸，陶、阮之诗长于冲澹，谢、鲍之诗长于俊洁，徐、庾之诗长于藻丽，而兼之者其惟杜乎？”③陶诗虽以“冲澹”风格与其他诗区别，但与阮籍诗等同类，缺少分别，没有涉及境界的高下判断；且当与兼有众体的杜诗比较时，似乎又处于劣势。而意境有意强调个别性，强调他人无法造达的完美个性，又强调超越个体的终极诗美境界，是个别性寓于整体性的典型美、理想美。钟秀、陈廷焯等以境界论陶，上承元人方回，下启晚清人王国维，虽是孤掌先鸣，却为空谷足音，清响逸韵，格外引人注目。到王国维，他把陶诗的意境归结为“无我之

---

① 〔清〕钟秀：《观我生斋诗话》卷一，清光绪年间刻本。

② 〔清〕陈廷焯：《白雨斋词话》卷八，陈氏手稿本。

③ 〔清〕田同之：《西圃诗说》，见《清诗话续编》上册，上海古籍出版社 1983 年版，第751 页。

境”。王国维以其精湛的境界论观察陶诗,认为陶诗“采菊东篱下,悠然见南山”写景“不隔”,“语语都在目前”,体现了与“有我之境”相对的“无我之境”;“有我之境,以我观物,故物皆著我之色彩;无我之境,以物观物,故不知何者为我,何者为物”。“无我之境,人唯于静中得之;有我之境,于由动之静时得之,故一优美,一宏壮也。”①陶诗呈现的无我之境无疑属于“静中得之”的“优美”意境。此与钟秀称陶诗“托出毫素”、归陶诗入“静境”可谓灵犀暗通。王国维虽然没有专门探讨陶诗个性,却精到地把陶诗归入他推崇的天机凑泊的审美之境,为后人利用他的意境理论进一步探讨陶诗境界的个性奠定了理论基础,开启了新的法门。②

要之,陶诗意境美的发现经历了这样一个历程:南朝唐宋时期,读者先是感受认识到真淳、平淡、自然等某些重要的审美特点,但没有用一个更加形而上的概念进一步指称它整体的特点;宋代范温之后,读者认识到陶诗得韵之极,也是对其审美特点的认识,但已经超越了具体性,具有更高的整体性,只是尚没有探讨其背后的主客观动因;元代方回等读者则感受和揭示了陶诗的真境美,探讨了真境美产生的主体动因,但没有顾及外物的特点,没有把真境美与浑忘物我的特点联系起来;而明清读者则提出“境趣两忘”的命题,触及陶诗境界美的个性特点,即所谓“静境”、写景不隔等特点。这实质上也就是一种物我猝然相遇、情景融合无间而又浑忘物我的境界。至此,陶诗意境美在读者的阐释中已经被揭示出来,只是尚没有得到系统论析,这需要近现代读者来进一步完成。

陶诗阐释的意境化与经学化对陶诗的意义大有不同,经学化虽然抬高了陶诗地位,却难免以理性强感性之难,从某种意义上来说是对陶诗非儒家特点的遮蔽,而意境化则是披文入情,由情寻理,是对陶诗本质艺术特点的澄明。宋代以来,读者阅读陶诗,因推崇与道表里的平淡美而推崇真淳、自然、无心之美,因推崇真淳、自然、无心之美而破除人为勉强、追求弦外之音,因追求弦外之音而欣赏自在自由之态、含蓄不尽之韵,憧憬不即不离的超越之境,此境有心有物而忘心忘物,天人融洽亲和、混沦合一,合目的、合规律而入自然化机,而这正是陶诗的魅力所在,也是在自给自足的农业经济基础上产生的中国传统文化的魅力所在。

---

① 王国维著,滕咸惠校注:《人间词话新注》(修订本),齐鲁书社 1986 年版,第 34 页、第 36 页。按,第 34 页引文从滕氏校文所引“通行本”文字。

② 如朱光潜就在《诗的隐与显——关于王静安的〈人间词话〉的几点意见》中曾经予以赞赏并提出过不同意见,十分精到,此不赘述。

第四节 在作家与读者之间的平衡

1912年,王国维在《宋元戏曲考》“自序”中提出:“凡一代有一代之文学:楚之骚,汉之赋,六代之骈语,唐之诗,宋之词,元之曲,皆所谓一代之文学,而后世莫能继焉者也。”①“一代有一代之文学”的文学史观虽然有其局限性,但其合理性是不容置疑的。这一文学史观深刻影响了现当代对古代文学史的编写和研究,文学史教学和研究也集中在一代文学的代表文体中。由此,我们也可以说一代有一代之学术,这是学术史所证明的,如先秦之诸子学、两汉之史学、魏晋之玄学、隋唐之佛学、宋元之理学、明代之心学、清代之朴学等,此其大端;专就文学研究而言,因各时代文学发展状态不同、时代观念不同,其观察研究文学的成果也各有千秋,如因五言诗的兴盛而有钟嵘《诗品》的产生,因永明体和近体诗的盛行而产生韵律学著述,因小说的流行而有小说评点理论的繁盛,等等。可见文学批评和研究是根基于各时代盛行的文学现象上的。

但我们所说一代有一代之学术还包含另一层含义,即针对历史相对久远的古代文学研究,除了恒久性的朴学、知人论世等共性的理性考察,学者应当立足于当代社会现实和理论资源,对传统文学有更为新颖的观察和思考,这是当代学人义不容辞的使命。根据20世纪美国著名文艺批评家艾布拉姆斯(M. H. Abrams)的观点,“每一件艺术品总要涉及四个要点”②,文学是由世界、艺术家(作家)、作品和欣赏者(读者)四要素构成的,现代文学理论应当研究四要素所构成的文学系统,而不是像过去一样单纯地研究某一方面,这种开放的文学观念越来越为人们所接受。在20世纪的古代文学研究中,我们最早重视过世界、作家、作品三个要点,但对读者相对忽视了,兴起于20世纪60年代的西方接受理论,直到20世纪80年代初,才被介绍到国内,学者开始关注读者在文学中的作用和地位,继而尝试运用它观察和研究古代文学则是90年代以后的事情。在宏观考察现代文学理论发展史时,当代英国文艺理论家伊格尔顿曾精到地把它划分为三个历史时期:“只注意作者(浪漫主义和19世纪);只关心作品文本(新批评);以及最近几年把注意力明显转向读者”,“接受理论考察读

---

① 王国维:《宋元戏曲史》(原名《宋元戏曲考》)自序,东方出版社1996年版,第1页。

② [美]艾布拉姆斯著,郦稚牛等译:《镜与灯——浪漫主义文论及其批评传统》,北京大学出版社1989年版,第5页。

者在文学中的作用,因此是一个全新的发展”。[①] 我们不否认作家、作品及其产生世界的研究具有恒久性价值,但直到今天,从读者角度出发的接受理论的研究仍然没有失去它的现实意义。原因主要有三点:第一,需要用接受理论去观察和研究的对象接受问题远没有得到较完全和系统的解决,何况在接受理论的实际运用中,因缺少方法论的自觉而多流于浅表的观察,而不是问题的深度思索和有效解决;第二,当代社会还没有走出读者时代,或者说当代社会是读者消费引领文学创作的时代,影视文学的创作、接受状况最足以说明这个问题。我们所处的商品时代固然离不了处于根本地位的生产,但生产与消费之间的关系已经发生了重大的变化,生产的绝对决定地位受到了消费的挑战,一方面,生产价值实现的多少大小取决于消费完成的多少大小,否则产品难以发挥其应有的实际效用,甚至可能成为巨大的浪费,极而言之,如果没有消费,可能意味着没有生产;另一方面,消费的需要拉动甚至制约着生产的品种、数量和质量,而这一方面的制约甚至起到决定性作用。我们不怀疑“生产是实际的起点,因而也是起支配作用的要素”[②],生产对消费具有最终决定作用,在传统的自给自足的小农社会中尤其如此,那时产品所要供应的消费者是相对固定和有限的,但当生产的产品所供应的对象成为无数不确定的散点,生产和消费之间的关系也就失衡了。一句话,当代社会是一个消费制约生产的时代。通过文学消费研究,了解读者需求,方可以发挥文学产品的最大效用,并逐渐找到提高消费和阅读品位的渠道。有鉴于此,在社会生活中应该重视消费现象的研究,在文学研究中也应该重视消费研究,而接受理论无疑为文学的消费研究提供了得力的思想资源和依据。因此,我们不得不承认接受研究是商品社会消费时代学者的重要使命。第三,当代中国古代文学接受史研究在方法论上无疑首先受惠于西方接受理论,但同时也不应该忽视,它实际也受惠于传统的影响研究和鉴赏批评之风,因此,它之所以在近年来迅速成为古代文学研究领域一股强而有力的研究风潮,迅速出现一大批研究成果,也与中国古代文学研究领域比较雄厚的资料积累和朴学研究的基础密不可分。[③] 当代学人要避免闭门造车,就不能不重视

---

① [英]特里·伊格尔顿著,王逢振译:《现象学·阐释学·接受理论——当代西方文学理论》,江苏教育出版社 2006 年版,第 72 页。

② [德]马克思:《〈政治经济学批判〉导言》,见《马克思恩格斯全集》第 46 卷上册,人民出版社 1979 年版,第 31 页。

③ 详参拙文《中国古代文学接受史研究的回顾》,见《中国古代文学跨学科研究》第六章第五节,清华大学出版社 2009 年版。

与源头作家作品相联系的各个历史时期读者留下的丰富研究史料，在电子文献资源越来越提供极大便捷的时代更应如此。

中国古代包括陶渊明在内的优秀作家已经为我们提供了质量上乘的优秀作品，而且历代读者消费和阅读了它们，当代读者也正在消费和阅读他们。读者在消费和阅读的过程中产生了海量的消费阅读现象，还包括因消化原始作品而新创作的带有源头作家作品影响的新产品（包括文学作品和书法、绘画等其他艺术品），它们的存在状况如何，它们之间有没有共性的规律，它们的价值以及与原始作品的关系如何，它们对当代读者的价值和意义如何，等等，都是需要消费时代的学者认真搜集材料、观察现象、解释原因和透视本质的。因为只有把消费现象揭示清楚了，才能更好地揭示作品的真实状态和艺术特点，才能更好地把这些优秀的产品推向当代读者，引起他们阅读的兴味，激发他们创造的活力，实现读者（消费）向新的作者作品（生产）的转换，更加有效地延续优秀文学和文化的生命力和影响力。

借助消费和阅读揭示作品的真实状态和艺术特点，从一定意义上来说就是充分借助读者的意见接近历史的真实、有效阐释其艺术特点。比如陶渊明与所谓莲社之间的关系问题，因源头资料的匮乏很难做一准确判断。今人对《莲社高贤传》真伪的看法和对陶渊明与慧远之关系的看法多受汤用彤先生《汉魏两晋南北朝佛教史》第十一章“慧远与弥陀净土”一节文字的影响，汤先生认为“《十八高贤传》乃妄人杂取旧史、采摭无稽传说而成。至陈舜俞、志磐为之修正，采用旧史，《十八高贤传》中当已加入可靠之材料”。为证明“莲社故事妄伪”，学界多承汤说，似无疑议。汤用彤先生说，隋时智者大师在匡山致晋王书“既不言为莲池，亦未言及立社。中唐以后，乃间见莲社之名（贯休题东林寺诗云：‘今欲更从莲社去。’）”①。这一说法大致正确，然而需要修正。汤用彤先生所云“中唐以后”始见莲社之名，在时间上有些笼统，汤先生举的最早的例证只有晚唐贯休《题东林寺诗》，这令人容易误认为“中唐以后”仅指晚唐，不包括中唐，更遑论盛唐。如果充分搜集相关接受史料，我们发现中唐人已经“言及立社”，如皇甫冉(717—770)《望南山雪怀山寺普上人》云：

> 夜夜梦莲宫，无由见远公。（《全唐诗》卷二五〇）

又如戴叔伦(732—789)《与友人过山寺》云：

---

① 汤用彤：《汉魏两晋南北朝佛教史》，北京大学出版社1997年版，第258页、第259页。

谈诗访灵彻,入社愧陶公。(《全唐诗》卷二七三)

又《赴抚州对酬崔法曹雨滴空阶五首(之二)》云:

清言莲社僧。(《全唐诗》卷二七四)①

戴叔伦兴元元年(784)任抚州刺史,皇甫冉卒于大历五年(770)。可见,中唐肯定有"莲社"之名。从戴叔伦、皇甫冉生活时代跨越盛唐来看,甚至盛唐时期也难以遽然排除在外。晚唐"莲社"之名已经很普遍,而非"间见"。通过进一步考察,我们发现可以对汤用彤先生的观点做如下修订和补充:"从戴叔伦、白居易等人的诗作看,《莲社十八贤传》至少在中唐早期就已经有它的雏形或相关传说了。关于'莲社'的固定称呼最早出现在中唐,晚唐已经很普遍。但认为慧远结社庐山,且所结之社与莲花相联系的看法,不能排除盛唐就已经开始的可能性。慧远、陶渊明与陆修静之间虎溪三笑的佳话,在中晚唐尚未发现可靠的例证,宋人始有此说,大约黄庭坚、苏辙、陈舜俞等人首倡此说。《莲社高贤传》中所记载的和世间所传陶渊明和慧远的故事过于渺茫,但流传久远,尚不能完全排除它的可能性。"②这虽不能完全解决陶渊明与慧远等佛教徒之间的交往问题,但至少逼近了历史真实,揭示了所谓"虎溪三笑"佳话的历史虚假性。至于有效阐释作品艺术特点,在陶渊明作品接受史中更是俯拾皆是。比较典型的如苏轼通过比较"望"与"见"的优劣来阐释陶诗"采菊东篱下,悠然见南山"二句自然入化的特点,可谓揭示陶诗艺术特点方面的一大创造。又如关于陶诗情景交融特点的认识,王夫之《古诗评选》评陶"日暮天无云,春风扇微和"云:"摘出作景语,自是佳胜,然此又非景语。雅人胸中自有胜概,天地山川,无不自我成其荣观。"③刘熙载:"陶诗'吾亦爱吾庐',我亦具物之情也;'良苗亦怀新',物亦具我之情也。"④王夫之与刘熙载的阐释可谓精微深到,可为我们认识陶诗物我融合的艺术特点提供最好的帮助。

借助消费和阅读的研究还可以更好地把优秀作品推向当代读者,引起他们阅读的兴趣,激发他们的理解力和创造力。比如,如果在文学史的讲授中引进

---

① 〔清〕彭定求等编:《全唐诗》,中华书局1985年版,第2833页、第3078页、第3098页。

② 详参拙文《从接受史的角度蠡测陶渊明与慧远之关系——汤用彤先生〈十八高贤传〉伪作说补正》,载《九江师专学报(哲学社会科学版)》2003年第4期。

③ 〔清〕王夫之评选:《古诗评选》,见《船山全书》第一四册,岳麓书社1996年版,第721页。

④ 〔清〕刘熙载:《艺概》卷二,上海古籍出版社1978年版,第55页。

历史上的陶渊明绘事作辅助，那么，通过陈洪绶所绘的陶渊明像，学生会很直观地理解陶渊明的豪放和风骨，而通过石涛的陶渊明诗意图，可以直观地理解陶诗的平淡洒落之美。借助接受考察所揭示出来的这些新的艺术品在无形之中增加了作家作品的生动性和艺术魅力，能给读者带来最为直观的感受，潜移默化地增强读者的阅读欲求，当然也就有助于读者理解作家作品，有助于作家作品影响、传播和生命力的延续。拙著《元前陶渊明接受史·绪论》曾论陶渊明接受研究的意义云："对陶诗的一般读者来说，陶渊明接受史研究可以提高他们的鉴赏力；对作者来说，可以提高他们借鉴他人作品的有效方法。"①据初步考察，在古代，因阅读《桃花源记并诗》而产生的诗歌就有一千家左右，这些作品中不乏具有独立审美价值的优秀作品，可见阅读的激发也会产生优秀作品。当代作家和艺术家也不乏从阅读陶渊明作品中受益的现象，如梁启超、鲁迅、周作人、林语堂、废名、沈从文等大家作品中都有明显的例证。至于普通读者因阅读陶渊明名篇而受到的影响更是可以推论的。笔者多年来开设"陶渊明与中国文化"一课，连续三年曾布置学生模仿《五柳先生传》创作自传，不管是较好的仿作还是稚拙的仿作，都借助原作精神和特点表达了对现实自我或者理想自我的审美认识。通过仿作，学生对《五柳先生传》有了一次审美认识，也经历了一次来自陶渊明的审美熏陶。我曾请选课学生创作与陶渊明相关的对联，从中了解学生对陶渊明的审美认识，其中不乏可读之作。这种对联的创作活动激发了学生阅读陶渊明的兴味，也激发了他们创造的才情。

接受研究也是打通古代文学与现当代文学之间壁垒的有效途径。当前的学术研究普遍存在各自为营的状况，尤其是古代文学研究与现当代文学研究之间更是壁垒森严，从二级学科划分到本科、研究生教学，无不如此，二者属于汉语言文学一级学科下的两个二级学科，任课教师也是学术有专攻、互不染指，教古代文学的不染指现当代文学的课程，教现当代文学的不涉足古代文学教学。我们也很少见到跨越二级学科的成果，很少见到打通古今的通代考察成果。所谓"中国文学通史"，通到近代已经截止，现当代文学似乎与古代文学断裂了。但实际情况是如此吗？回答是否定的，就像新文化与传统文化之间不可能断裂一样，新文学与旧文学之间也不可能断裂，至于奠基在文学基础之上的学术研究更应该如此。我们每每感叹"五四"时期的作家和学者学贯中西、打通古今，像鲁迅、周作人、朱自清、郭沫若、茅盾、闻一多等，无不如此，他们是著名作家，

① 李剑锋：《元前陶渊明接受史》，齐鲁书社2002年版，第9页。

也是学养深厚的学者,不说西学修养,单说古代文学修养,如鲁迅的古代小说史研究、魏晋文学研究,周作人的版本文献学知识、晚明文学修养,朱自清的《诗经》研究、陶渊明研究,郭沫若的古文字研究、历史研究,茅盾的神话研究,闻一多的楚辞研究、唐诗研究等,无不可以在学术史上占据重要地位。而他们的文学作品之所以不浅薄,其中一个关键原因就是接受了古典文学的滋养。比如文字的简练雅正,即使在白话文的写作中,也在整体上远远高出当代作家的水平。当代作家的古代文学和学术修养大多已赶不上"五四"时期的大师们了。从现代文学巨匠们的古代文学和学术修养及其作品所接受的古典影响来看,他们依托得天独厚的历史机遇很好地打通了古代文学和现代文学、古代学术和现代学术之间的壁垒,为当代作家和学者提供了成功的借鉴。限于本课题,我们不去进一步总体思考如何打通古代文学和现代文学之间的壁垒问题,而是仅仅关注接受研究如何使古代文学走向现当代文学的问题。

第一,我们要关注现代文学巨匠们如何以读者的身份接受和阐释了古代文学作品,如何把古代文学的营养吸收到当代文学作品中去,这可以为古代文学的现代转换提供有益的借鉴。以陶渊明为例,他无疑是一位对现当代作家产生深远影响的作家,在周作人、朱自清、林语堂、废名和沈从文等人身上表现得更为明显,通过深细考察可以观察到陶渊明与他们之间内在的联系,可以关注到现当代作家身上为读者们所忽视的与传统血脉相连的一面。第二,我们要关注现当代学者如何阐释和评价古代作家作品,观察学术的薪火如何从古代传递到现代,揭示他们在对包括陶渊明在内的作家作品的解读中提供了哪些有价值的学术创见,从而建构完整的学术通史。第三,通过接受研究,可以在一定的历史序列中评价现当代文学作品的优劣,指出其成功与失败的原因,因为创作接受史是积淀与新变的历史,如果新作品不是借助已有的积淀因素创造出的守陈出新、厚重而清新的产品,那么它即使轰动一时,也难以进入文学史优秀作品的行列。第四,对陶渊明和古代文学作家作品的接受及其研究还可以激发新的文学艺术创造,上面我们已经借助"陶渊明与中国文化"的教学略有论证,再如丰子恺、陈少梅、范曾等书画家都曾以陶渊明及其作品为题材创作过字画,甚至出现了以《桃花源记》为题材的动漫、相声等作品。总之,古代文学的现当代接受研究为古代文学和现代文学的融通提供了一条切实可行的有效途径。而陶渊明的古代接受史研究正是走向现当代接受研究的坚实步履,是射向当代文学和学术领域的一支劲箭,是作家作品转向读者作品、历史文本进入当代精神的一架天平。

陶渊明接受研究的实践还启示我们：接受史研究的立足点无疑是处于源头地位的作家作品，但关注点应该是源头与读者交汇时碰撞出的火花；这些火花里有源头的影子，也有读者的创造；理清读者的创造也就可以从一定角度认识陶渊明的某一侧面，同时可以照亮读者的某一心灵空间。接受史研究因此要在作家和读者之间寻找平衡，即在具体操作上应思考如何挪移重心，使天平保持平衡，寻找作家与读者之间的通道。为此，历时的接受史研究应注意以下几个步骤。

第一，如实描述现象，交代接受事实，不能捕风捉影，变接受研究为平行比较研究。这对创作接受研究尤其重要。说某个读者（或作家）的作品受了陶渊明的影响容易，但要指出无可辩驳的现象并非总是那么容易。有些影响痕迹是显在的，往往以模拟、追和、借用语词句、使用相关典故和意象等形式出现，只要仔细研读，这是容易发现的。但有时候如果是题材和风格等较为深隐层面的影响，虽然没有明显的痕迹，却可以通过细细品味发现，这种像良玉生烟的接受成果最不容易把握。如果仅是读者创作时偶尔为之，忽略也未尝不可，但如果是读者创作的主要特点，就不能无视，需要做深细的观察。如王士禛倡导神韵说，其田园山水诗淡远灵秀，从语辞和典故上看，很难指实是受到了陶渊明某一诗作的影响，但仔细品味又发现其作品有陶诗的淡远且在题材上有渊源关系，这就不能漠视，要给予关注。同时要避免另一种倾向，即不借助有关联的材料而做比较分析，从而使接受研究滑向平行的比较研究，后者虽然也有其价值，但毕竟偏离了接受研究的桥梁。总之，首先要关注创作接受中那些显在的现象，同时根据价值的大小，不忽视那些重要的隐在影响，如此才能全面地描述接受事实、避免以偏概全。

第二，本着对接受史研究的本质理解，注重读者的创新性接受成果，不论是作品的创作接受成果，还是理性的阐释接受成果，都应该如此。

既然“考察一部作品的接受史，最应注意描绘的是积淀性成果形成的轨迹和突破性成果产生的历程”（本书《绪论》），那么就应该以历史的眼光梳理源流，把最优秀的成果揭示出来。比如历代的陶渊明戏，肇始于宋、元，发展兴盛于明清，而清代尤侗等人的《桃花源》是代表作品；又如历代的陶渊明绘画，肇始于唐代，宋代李公麟推波助澜，遂使陶渊明成为绘画领域内一热门题材，元明清时期则层出不穷，其中赵孟頫和陈洪绶是最优秀的代表。如此，则一方面描述了“积淀性成果形成的轨迹”，另一方面也突出了“突破性成果”；如果没有轨迹的描述，突破就无从看出，而突破性成果则是群山众水烘托出的奇丽景观，也是接受研究最应该重视的。

读者接受现象和结果纷纭芜杂,如何从中选取创造性成果是梳理陶渊明接受史必须要面对的实际问题。孔子云:“无友不如己者。”①对于读者的意见和成果也应该如此看待,也就是说要关注那些超越、丰富了前人接受成果的见解和成果,以此为依据合理地判定他们在陶渊明接受史上的历史地位;那些重复前人意见、没有多少新意的成果则要一带而过,由此可以避免枝蔓、不得要领。如,同动辄百首左右的和陶诗相比,张岱的和陶诗虽然数量不多,但他前后期的作品都提供了新鲜的文学价值,丰富和印证了陶诗的内涵,在澄明陶诗的同时,也成为进入文学史优秀作品行列的个性化创造,因此应该重点考察。又如钟惺、谭元春《古诗归》以温慎忧勤、深厚浑朴论陶渊明,颠覆了飘逸的传统形象,且对清代沈德潜等一代读者产生了深远影响,就应该花力气做深入揭示和阐释。

第三,重视梳理和揭示共性和过渡性的成果,开掘接受史自上而下的通道。重视创造性成果是接受史研究的首要任务,但同时也应照顾到一些普遍现象的钩沉,如周履靖所作和陶诗中优秀的凤毛麟角,但在晚明山人文学中具有典型性,也可以作为和陶而难获成功的一个例证,像这样创造性较少但在共性上具有代表性的接受现象也应适当考察,但不宜花费太多笔墨。又如明代复古派对陶诗的贬抑既是新颖的见解,也具有时代的共性,更重要的是它是陶渊明接受史中由一个肯定的山巅到另一个肯定的山巅之间的重要过渡,如果不对它深入揭示,不做前后贯通的历史考察,陶渊明接受史的水流就很难顺畅地从宋元流淌到明晚期和清代。

第四,不局限于关注文学接受,要探讨接受现象背后的原因。不局限于关注文学接受就是要开阔视野,把陶渊明接受史扩展到包括书法、绘画、雕塑、制印、园艺、旅游、餐饮等各种领域,充分考察其强大的文化渗透力。因为陶渊明作为优秀的士人和作家,他的影响已经不是文学可以涵盖的,他已经成为一种具有特殊意义的符号,成为融汇到传统文化大河的一股清流,生活在这个文化氛围中的每一个读者都有可能在有意无意间与陶渊明和他的作品、与读者接受

---

① 杨伯峻:《论语译注》,中华书局1980年版,第6页。按“无友不如己者”历来解释不通,如今人有解释为:“不要(故意)同那些并不知己的人亲近得像知己朋友一样。”见郑志强《新诠:“无友不如己者”——兼与李金坤、栾贵川、蒋国保、倪祥保诸先生商榷》,载《中国社会科学报》2011年6月2日。本稿采用通行解释。

陶渊明的优秀成果不期而遇,会心而笑。在古代如此,在现当代也是如此,何况他又走向了世界。而具体到每一个读者和时代,读者之所以如此接受陶渊明既有个体独特身世经历方面的原因,也有时代赋予的必然性,重视探讨这些偶然和必然的原因,可以把陶渊明接受史的研究引向深入。这也应该是所有文学接受研究应该重视的。

第五,陶渊明接受研究要注意点面结合,元代之前如此,元代之后也应该如此。与元前相比,元后的接受资料更为丰富多彩,就数量而言,元前搜集的相关资料约有七十万言,而元代及其以后搜集到至少有五百万言;就读者而言,相对于前代更加众声喧嚣,据初步统计来估计,仅和陶、拟陶者就有一千多家。如此繁杂的现象应该如何处理?这是课题研究必须要小心面对的。除了紧紧把握住对接受史研究的本质理解,在策略上就是注重共性现象和代表性读者。以代表性读者的成果为主,吸纳类似读者的意见,以点带面,凸显创造性成果的同时,烘托出时代的共性和历史的回声。如袁枚对陶渊明的接受在性灵派中具有代表性,不但应该突出他的《不饮酒》诗、自悼诗和桃源诗,而且应注意相关的唱和诗作,以更开阔的视野概览一个流派、一个读者群对陶渊明的接受情况。

第六,每一编的概论承担更多的宏观观察的任务,即主要描述某段接受史概况和基本发展线索,探讨接受的时代共因和重要条件。在描述时,尽量利用具体章节所选代表读者之外的典型材料,以丰富的材料增加历史的可信性和多样性。以对清代接受概况的描述为例,在概论中,我们对清代陶渊明接受史发展线索的描述以简洁扼要为主,因为在后面的具体章节中还要展开论述,而把更多的篇幅留给那些具有普遍性、创造性的接受现象和成果,如基本的陶渊明形象观、陶诗观和各种接受形式等,因为这些都是后面具体章节中难以借助较多读者接受材料做全面展示的。

第七,材料的丰富与论述的精要一样重要,两者只能相辅相成,不能偏胜,偏胜不臃肿则单弱。为此,在具体研究中,一方面要注意割爱,舍弃大量材料;另一方面要充分利用统计法、罗列法,以附录和注解的形式为论点提供足够的支撑。比如清代有丰富的和陶诗和桃源诗,数量太大,在论述中也只能罗列数量多寡、举证质量有特点者,至于更丰富的材料信息只好采用附录和注解,否则将形成喧宾夺主的臃肿问题。观点如果不精要,明清陶渊明接受史写起来将无限加长,只见森林而不见树木。为此,有些较重要问题只好留待将来做专题研究,比如田园诗、桃源诗、菊花诗、和陶诗,每一类都几乎是一部专著才能解决问题的。本书对此只能点到为止、挂一漏万了。

陶渊明及其作品具有永恒的历史穿透力,他的精神和诗歌与自然、自由、和谐同在,儒学化和经学化束缚不了他,甚至意境化也不能涵盖其艺术的精髓,他的作品必将以日读日新的面貌出现在现当代读者和未来读者面前。陶渊明永远走在作家与读者之间的平衡木上,接受史写作的立足点就是要摆脱静止视角,在动态中寻找作家和读者之间的平衡。如此,像陶渊明这样优秀的作家才可以永葆青春,活在他的时代,活在他的后代,也活在我们的时代,且必将以新的形象活在将来。

参考文献

宋前

《周易大传今注》,高亨注,齐鲁书社1987年版。
《老子译注》,冯达甫译注,上海古籍出版社1991年版。
《论语译注》,杨伯峻译注,中华书局1980年版。
《孟子译注》,杨伯峻译注,中华书局1960年版。
《庄子集释》,〔清〕郭庆藩撰,王孝鱼点校,中华书局1961年版。
《庄子歧解》,崔大华编,中州古籍出版社1988年版。
《楚辞》,〔战国〕屈原等,《四部丛刊初编》影印上海涵芬楼明翻宋本。
《史记》,〔汉〕司马迁,中华书局1982年版。
《汉书》,〔汉〕班固,中华书局1962年版。
《三国志》,〔晋〕陈寿,中华书局1982年版。
《莲社十八高贤传》,无名氏,上海扫叶山房发行《五朝小说大观》本。
《北史》,〔唐〕李延寿,中华书局1974年版。
《南史》,〔唐〕李延寿,中华书局1975年版。
《晋书》,〔唐〕房玄龄等,中华书局1974年版。
《南齐书》,〔南朝梁〕萧子显,中华书局1972年版。
《北齐书》,〔唐〕李百药,中华书局1972年版。
《梁书》,〔唐〕姚思廉,中华书局1973年版。
《周书》,〔唐〕令狐德棻等,中华书局1971年版。
《陈书》,〔唐〕姚思廉,中华书局1972年版。
《隋书》,〔唐〕魏征、令狐德棻,中华书局1972年版。
《高僧传》,〔南朝梁〕释慧皎撰,汤用彤校注,中华书局1980年版。

《旧唐书》，〔五代〕刘昫等，中华书局1975年版。

《新唐书》，〔宋〕欧阳修、宋祁等，中华书局1975年版。

《唐会要》，〔宋〕王溥，影印清文渊阁《四库全书》本。

《资治通鉴》，〔宋〕司马光，上海古籍出版社1992年版。

《庄子注》，〔晋〕郭象注，见中国科学院哲学研究所中国哲学史组、北京大学哲学系中国哲学史教研室编《中国历代哲学文选》两汉—隋唐编下册，中华书局1963年版。

《笺注陶渊明集》，〔晋〕陶渊明撰，〔宋〕李公焕笺注，《四部丛刊》影印宋刊巾箱本。

《陶渊明集》，〔晋〕陶渊明撰，逯钦立校注，中华书局1979年版。

《靖节先生集》，〔清〕陶澍编，高时显、吴汝霖辑校，上海中华书局据陶文毅公集注本校勘《四部备要》本。

《异苑》，〔南朝宋〕刘敬叔撰，范宁点校，中华书局1996年版。

《世说新语笺疏》(修订本)，〔南朝宋〕刘义庆著，〔南朝梁〕刘孝标注，余嘉锡笺疏，周祖谟等整理，上海古籍出版社1993年版。

《宋书》，〔南朝梁〕沈约，中华书局1974年版。

《谢灵运集校注》，〔南朝宋〕谢灵运撰，顾绍伯校注，中州古籍出版社1987年版。

《鲍参军集注》，〔南朝宋〕鲍照著，钱仲联增补集说校，上海古籍出版社1980年版。

《谢宣城集校注》，〔南朝齐〕谢朓著，曹融南校注集说，上海古籍出版社1991年版。

《文选》，〔南朝梁〕萧统编，〔唐〕李善注，上海古籍出版社1986年版。

《昭明太子集》，〔南朝梁〕萧统，吉林文史出版社1988年版。

《文心雕龙译注》，〔南朝梁〕刘勰撰，陆侃如、牟世金译注，齐鲁书社1981年版。

《文心雕龙校注拾遗》，杨明照著，上海古籍出版社1982年版。

《钟嵘诗品校释》，〔南朝梁〕钟嵘撰，吕德申校释，北京大学出版社2000年版。

《江文通集汇注》，〔南朝梁〕江淹撰，〔明〕胡之骥注，李长路、赵威点校，中华书局1984年版。

《何逊集校注》，〔南朝梁〕何逊著，李伯齐校注，齐鲁书社1989年版。

《玉台新咏笺注》,〔南朝陈〕徐陵编,〔清〕吴兆宜注,〔清〕程琰删补,穆克宏点校,中华书局1985年版。

《庾子山集注》,〔北周〕庾信撰,〔清〕倪璠注,许逸民点校,中华书局1980年版。

《先秦汉魏晋南北朝诗》,逯钦立辑校,中华书局1983年版。

《全上古三代秦汉三国六朝文》,〔清〕严可均校辑,中华书局1958年版。

《艺文类聚》,〔唐〕欧阳询撰,汪绍楹校,上海古籍出版社1965年版。

《初学记》,〔唐〕徐坚等编,中华书局1962年版。

《王无功文集》,〔唐〕王绩著,韩理洲校点,上海古籍出版社1987年版。

《王梵志诗校辑》,〔唐〕王梵志撰,张锡厚校辑,中华书局1983年版。

《卢照邻集》,〔唐〕卢照邻著,徐明霞点校,中华书局1980年版。

《杨炯集》,〔唐〕杨炯著,徐明霞点校,中华书局1980年版。

《骆临海集笺注》,〔唐〕骆宾王著,〔清〕陈熙晋笺注,上海古籍出版社1985年版。

《李太白全集》,〔唐〕李白著,〔清〕王琦注,中华书局1977年版。

《孟浩然诗集校注》,〔唐〕孟浩然撰,李景白校注,巴蜀书社1988年版。

《王右丞集笺注》,〔唐〕王维撰,〔清〕赵殿成注,上海古籍出版社1984年版。

《杜诗详注》,〔唐〕杜甫著,〔清〕仇兆鳌注,中华书局1979年版。

《高适集校注》,〔唐〕高适著,孙钦善校注,上海古籍出版社1984年版。

《高适诗集编年笺注》,〔唐〕高适著,刘开扬笺注,中华书局1981年版。

《王昌龄诗注》,〔唐〕王昌龄撰,李云逸注,上海古籍出版社1984年版。

《文镜秘府论校注》,〔日〕弘法大师原撰,王利器校注,中国社会科学出版社1983年版。

《诗式校注》,〔唐〕释皎然著,李壮鹰校注,齐鲁书社1986年版。

《白居易集》,〔唐〕白居易撰,顾学颉校点,中华书局1979年版。

《白居易集笺校》,〔唐〕白居易著,朱金城笺校,上海古籍出版社1988年版。

《韩昌黎诗系年集释》,〔唐〕韩愈著,钱仲联集释,上海古籍出版社1984年版。

《刘禹锡集》,〔唐〕刘禹锡著,上海人民出版社1975年版。

《元稹集》,〔唐〕元稹撰,冀勤点校,中华书局1982年版。

《郑谷诗集笺注》,〔唐〕郑谷著,严寿澂、黄明、赵昌平笺注,上海古籍出版社 1991 年版。

《聂夷中诗注析》,〔唐〕聂夷中撰,任三杰注析,山西人民出版社 1987 年版。

《司空表圣文集》,〔唐〕司空图,《四部丛刊初编》缩印旧抄本。

《李商隐诗歌集解》,〔唐〕李商隐撰,刘学锴、余恕诚编,中华书局 1988 年版。

《樊川诗集注》,〔唐〕杜牧著,冯集梧注,上海古籍出版社 1978 年版。

《温飞卿诗集笺注》,〔唐〕温庭筠著,〔清〕曾益等笺注,上海古籍出版社 1980 年版。

《云仙杂记》,〔唐〕冯贽撰,《四部丛刊续编》影印明刊本。

《全唐诗》,〔清〕彭定求等编,中华书局 1960 年版。

《全唐文》,〔清〕董诰等编,中华书局 1983 年版。

《全唐诗外编》,王重民、孙望、童养年辑录,中华书局 1982 年版。

《全五代诗》,〔清〕李调元编,何光清点校,巴蜀书社 1992 年版。

《太平广记》,〔宋〕李昉等编,中华书局 1986 年版。

《太平御览》,〔宋〕李昉等编,中华书局 1960 年版。

《小畜集》,〔宋〕王禹偁,《四部丛刊》影印宋本。

《临川集》,〔宋〕王安石,《四部丛刊》影印明嘉靖本。

《节孝集》,〔宋〕徐积,影印清文渊阁《四库全书》本。

《梅尧臣集编年校注》,〔宋〕梅尧臣著,朱东润编年校注,上海古籍出版社 1980 年版。

《伊川击壤集》,〔宋〕邵雍,《四部丛刊初编》影印明刊本。

《临川先生文集》,〔宋〕王安石,中华书局 1959 年版。

《王安石年谱三种》,〔宋〕詹大和等撰,裴汝诚点校,中华书局 1994 年版。

《王文公文集》,〔宋〕王安石著,唐武标校,上海人民出版社 1974 年版。

《苏轼诗集》,〔宋〕苏轼撰,〔清〕王文诰等辑注,孔凡礼点校,中华书局 1982 年版。

《苏轼文集》,〔宋〕苏轼撰,孔凡礼点校,中华书局 1986 年版。

《东坡乐府编年笺注》,〔宋〕苏轼著,石声淮、唐玲玲笺注,华中师范大学出版社 1990 年版。

《栾城集》,〔宋〕苏辙著,曾枣庄、马德富校点,上海古籍出版社 1987 年版。

《东坡诗》,〔宋〕苏轼著,贯三校点,岳麓书社 1992 年版。

《黄庭坚诗集注》,〔宋〕黄庭坚撰,〔宋〕任渊、史容、史季温注,刘尚荣校点,中华书局2003年版。

《黄庭坚全集辑校编年》,〔宋〕黄庭坚著,郑永晓整理,江西人民出版社2008年版。

《山谷集》,〔宋〕黄庭坚,影印清文渊阁《四库全书》本。

《山谷诗》,〔宋〕黄庭坚著,贯三校点,岳麓书社1992年版。

《后山居士文集》,〔宋〕陈师道,上海古籍出版社1984年版。

《后山诗话》,〔宋〕陈师道,见何文焕辑《历代诗话》,中华书局2005年版。

《鸡肋集》,〔宋〕晁补之,《四部丛刊》本。

《龟山集》,〔宋〕杨时,影印清文渊阁《四库全书》本。

《景迂生集》,〔宋〕晁说之,影印清文渊阁《四库全书》本。

《诗话总龟》,〔宋〕阮阅编,《四部丛刊》影印明嘉靖本。

《诗话总龟后集》,〔宋〕阮阅编,影印清文渊阁《四库全书》本。

《冷斋夜话》,〔宋〕释惠洪撰,陈新点校,中华书局1988年版。

《丹阳集》,〔宋〕葛胜仲,影印清文渊阁《四库全书》本。

《李清照集笺注》,〔宋〕李清照著,徐培均笺注,上海古籍出版社2002年版。

《学林》,〔宋〕王观国撰,田瑞娟点校,中华书局1988年版。

《湖山集》,〔宋〕吴芾,影印清文渊阁《四库全书》本。

《苕溪渔隐丛话》(前集),〔宋〕胡仔纂集,廖德明校点,人民文学出版社1962年版。

《韵语阳秋》,〔宋〕葛立方,上海古籍出版社1984年版。

《南涧甲乙稿》,〔宋〕韩元吉,《丛书集成初编》本,中华书局1985年版。

《容斋随笔》,〔宋〕洪迈,上海古籍出版社1978年版。

《陆放翁全集》,〔宋〕陆游,中国书店1986年版。

《陆游集》,〔宋〕陆游,中华书局1976年版。

《老学庵笔记》,〔宋〕陆游,上海书店出版社1990年版。

《百菊集谱》,〔宋〕史铸,影印清文渊阁《四库全书》本。

《大金国志校证》,〔宋〕宇文懋昭撰,崔文印校证,中华书局1986年版。

《诚斋集》,〔宋〕杨万里,影印清文渊阁《四库全书》本。

《杨万里诗文集》,〔宋〕杨万里著,王琦珍整理,江西人民出版社2006年版。

《晦庵先生朱文公文集》,〔宋〕朱熹,《四部丛刊》本。

《朱子语类》,〔宋〕黎靖德编,王星贤点校,中华书局1986年版。

《北窗炙輠录》,〔宋〕施德操,影印清文渊阁《四库全书》本。

《稼轩词编年笺注》,〔宋〕辛弃疾撰,邓广铭笺注,上海古籍出版社 1993 年版。

《辛稼轩诗文笺注》,〔宋〕辛弃疾撰,邓广铭辑校审订,辛更儒笺注,上海古籍出版社 1995 年版。

《章泉集》,〔宋〕赵蕃,影印清文渊阁《四库全书》本。

《习学纪言》,〔宋〕叶适,影印清文渊阁《四库全书》本。

《涧泉集》,〔宋〕韩淲,影印清文渊阁《四库全书》本。

《永嘉四灵诗集》,〔宋〕徐照等撰,陈增杰校点,浙江古籍出版社 1985 年版。

《西山文集》,〔宋〕真德秀,影印清文渊阁《四库全书》本。

《文章正宗》,〔宋〕真德秀编,影印清文渊阁《四库全书》本。

《敝帚稿略》,〔宋〕包恢,影印清文渊阁《四库全书》本。

《后村集》,〔宋〕刘克庄,影印清文渊阁《四库全书》本。

《后村先生大全集》,〔宋〕刘克庄,《四部丛刊》本。

《秋崖集》,〔宋〕方岳,影印清文渊阁《四库全书》本。

《契丹国志》,〔宋〕叶隆礼撰,贾敬颜、林荣贵点校,上海古籍出版社 1985 年版。

《诗人玉屑》,〔宋〕魏庆之编,上海古籍出版社 1978 年版。

《武林旧事》,〔宋〕四水潜夫辑,西湖书社 1981 年版。

《齐东野语》,〔宋〕周密撰,张茂鹏点校,中华书局 1983 年版。

《须溪集》,〔宋〕刘辰翁,影印清文渊阁《四库全书》本。

《诗林广记》,〔宋〕蔡正孙撰,常振国、降云点校,中华书局 1982 年版。

《文天祥全集》,〔宋〕文天祥,北京市中国书店 1985 年版。

《郑思肖集》,〔宋〕郑思肖著,陈福康校点,上海古籍出版社 1991 年版。

《月泉吟社诗》,〔元〕吴渭编,影印清文渊阁《四库全书》本。

《江湖小集》,〔宋〕陈起,影印清文渊阁《四库全书》本。

《江湖长翁集》,〔宋〕陈造,影印清文渊阁《四库全书》本。

《文选补遗》,〔宋〕陈仁子,影印清文渊阁《四库全书》本。

《宋诗钞》,〔清〕吴之振、〔清〕吕留良、〔清〕吴自牧选,〔清〕管庭芬等补,中华书局 1986 年版。

《全宋词》,唐圭璋编,中华书局 1965 年版。

《全宋诗》,傅璇琮等主编,北京大学出版社 1991 年后陆续出版。

《全宋文》,曾枣庄、刘琳等主编,巴蜀书社 1988 年后陆续出版。

《鹤林玉露》,〔宋〕罗大经撰,王瑞来点校,中华书局1983年版。

《宋诗话辑佚》,郭绍虞辑,中华书局1980年版。

《历代诗话》,〔清〕何文焕辑,中华书局2004年版。

《历代诗话续编》,丁福保辑,中华书局2006年版。

辽金元

《全辽诗话》,蒋祖怡、张涤云整理,岳麓书社1992年版。

《全辽文》,陈述辑校,中华书局1982年版。

《滏水集》,〔金〕赵秉文,影印清文渊阁《四库全书》本。

《闲闲老人滏水文集》,〔金〕赵秉文,《四部丛刊初编》本。

《滹南集》,〔金〕王若虚,影印清文渊阁《四库全书》本。

《唐诗鼓吹》,〔金〕元好问辑,〔元〕郝天挺注,清顺治十六年陆贻典、钱朝鼒等刻本。

《元遗山诗集笺注》,〔金〕元好问撰,〔清〕施国祁注,人民文学出版社1958年版。

《元好问论诗三十首集说》,〔金〕元好问撰,刘泽集说,山西人民出版社1992年版。

《元好问全集》(增订本),〔金〕元好问撰,姚奠中主编,李正民增订,山西古籍出版社2004年版;又三晋出版社2015年版。

《二妙集》,〔金〕段克己、段成己,影印清文渊阁《四库全书》本。

《归潜志》,〔金〕刘祁撰,崔文印点校,中华书局1983年版。

《御订全金诗增补中州集》,〔金〕元好问辑,〔清〕郭元釪补辑,康熙御订,影印清《文渊阁四库全书》本。

《金文最》,〔清〕张金吾辑,光绪七年粤雅堂刊本;又中华书局1990年版。

《全辽金诗》,阎凤梧、康金声主编,山西古籍出版社1999年版。

《全金诗》,薛瑞兆、郭明志编纂,南开大学出版社1995年版。

《桐江集》,〔元〕方回,《宛委别藏丛书》第一〇五册,江苏古籍出版社1988年版。

《桐江续集》,〔元〕方回,影印清文渊阁《四库全书》本。

《瀛奎律髓》,〔元〕方回编,影印清文渊阁《四库全书》本。

《佩韦斋集》,〔元〕俞德邻,影印清文渊阁《四库全书》本。

《湛然居士文集》,〔元〕耶律楚材著,谢方点校,中华书局1986年版。

《稼村类稿》,〔元〕王义山,影印清文渊阁《四库全书》本。

《陵川集》,〔元〕郝经,影印清文渊阁《四库全书》本。

《紫山大全集》,〔元〕胡祗遹,影印清文渊阁《四库全书》本。

《秋涧先生大全文集》,〔元〕王恽,《四部丛刊》影印明刊本。

《水云村稿》,〔元〕刘埙,影印清文渊阁《四库全书》本。

《卢疏斋集辑存》,〔元〕卢挚撰,李修生辑笺,北京师范大学出版社1984年版。

《剡源文集》,〔元〕戴表元,影印清文渊阁《四库全书》本。

《吴文正集》,〔元〕吴澄,影印清文渊阁《四库全书》本。

《雪楼集》,〔元〕程钜夫,影印清文渊阁《四库全书》本。

《静修先生文集》,〔元〕刘因,《四部丛刊》缩印元本。

《墙东类稿》,〔元〕陆文圭,影印清文渊阁《四库全书》本。

《松雪斋集》,〔元〕赵孟頫,影印清文渊阁《四库全书》本。

《赵孟頫集》,〔元〕赵孟頫撰,任道斌校点,浙江古籍出版社1986年版。

《文献通考》,〔元〕马端临,影印清文渊阁《四库全书》本。

《桂隐诗集》,〔元〕刘诜,影印清文渊阁《四库全书》本。

《归田类稿》,〔元〕张养浩,影印清文渊阁《四库全书》本。

《竹素山房诗集》,〔元〕吾丘衍,影印清文渊阁《四库全书》本。

《揭傒斯全集》,〔元〕揭傒斯撰,李梦生标校,上海古籍出版社1985年版。

《石田先生文集》,〔元〕马祖常撰,李叔毅点校,中州古籍出版社1991年版。

《类聚名贤乐府群玉》,〔元〕无名氏选辑,隋树森校订,上海古籍出版社1982年版。

《录鬼簿》(外四种),〔元〕钟嗣成等,上海古籍出版社1978年版。

《录鬼簿新校注》,〔元〕钟嗣成、〔明〕贾仲明撰,马廉校注,文学古籍刊行社1957年版。

《至正集》,〔元〕许有壬,影印清文渊阁《四库全书》本。

《居竹轩诗集》,〔元〕成廷珪,影印清文渊阁《四库全书》本。

《东维子集》,〔元〕杨维桢,影印清文渊阁《四库全书》本。

《铁崖古乐府》,〔元〕杨维桢,《四部丛刊》影印明成化本。

《傅与砺诗集》,〔元〕傅若金,影印清文渊阁《四库全书》本。

《辽史》,〔元〕脱脱等,中华书局1974年版。

《宋史》,〔元〕脱脱等,中华书局1977年版。

《金史》,〔元〕脱脱等,中华书局 1975 年版。
《说郛》,〔元〕陶宗仪,影印清文渊阁《四库全书》本。
《九灵山房集》,〔元〕戴良,《四部丛刊》影印明正统间戴统刊本。
《闻过斋集》,〔元〕吴海,民国嘉业堂丛书本。
《元曲选》,〔明〕臧晋叔编,中华书局 1958 年版。
《孤本元明杂剧》,中国戏剧出版社 1958 年版。
《六十种曲》,〔明〕毛晋编,明毛氏汲古阁本。
《元诗选》初集,〔清〕顾嗣立编,中华书局 1987 年版。
《元诗选》二集,〔清〕顾嗣立编,中华书局 1987 年版。
《元诗选》三集,〔清〕顾嗣立编,中华书局 1987 年版。
《元诗选癸集》,〔清〕顾嗣立、席世臣编,吴申扬点校,中华书局 2001 年版。
《元诗选补遗》,〔清〕钱熙彦编次,中华书局 2002 年版。
《全金元词》,唐圭璋编,中华书局 1979 年版。
《全元散曲》,隋树森编,中华书局 1964 年版。
《全元戏曲》,王季思主编,人民文学出版社 1990 年版。
《全元文》,李修生主编,江苏古籍出版社 1998 年版。
《元代诗法校考》,张健编著,北京大学出版社 2001 年版。
《全元诗》,杨镰主编,中华书局 2013 年版。
《历代辞赋总汇》,马积高主编,湖南文艺出版社 2014 年版。

明

《密庵诗文稿》,〔明〕谢肃,《四部丛刊三编》影印明洪武本。
《翠屏集》,〔明〕张以宁,影印清文渊阁《四库全书》本。
《海桑集》,〔明〕陈谟,影印清文渊阁《四库全书》本。
《胡仲子集》,〔明〕胡翰,影印清文渊阁《四库全书》本。
《元史》,〔明〕宋濂等,中华书局 1976 年版。
《文宪集》,〔明〕宋濂,影印清文渊阁《四库全书》本。
《宋濂全集》,〔明〕宋濂撰,罗月霞主编,浙江古籍出版社 1999 年版。
《刘伯温集》,〔明〕刘基著,林家骊点校,浙江古籍出版社 2011 年版。
《王忠文集》,〔明〕王祎,影印清文渊阁《四库全书》本。
《柘轩集》,〔明〕凌云翰,影印清文渊阁《四库全书》本。
《林登州集》,〔明〕林弼,影印清文渊阁《四库全书》本。

《明太祖集》,〔明〕朱元璋撰,胡士萼点校,刘学锴审订,黄山书社 1991 年版。

《高青丘集》,〔明〕高启著,〔清〕金檀辑注,徐澄宇、沈北宗校点,上海古籍出版社 1985 年版。

《高太史凫藻集》,〔明〕高启,《四部丛刊》影印明正统本。

《南园前五先生诗》,〔明〕孙蕡等著,梁守中点校,中山大学出版社 1990 年版。

《逊志斋集》,〔明〕方孝孺著,徐光大校点,宁波出版社 2000 年版。

《尚䌹斋集》,〔明〕童冀,影印清文渊阁《四库全书》本。

《永乐大典》,〔明〕解缙、姚广孝等编,中华书局 1960 年版。

《性理大全书》,〔明〕胡广等编,影印清文渊阁《四库全书》本。

《文章辨体序说》,〔明〕吴纳著,于北山校点,人民文学出版社 1962 年版。

《河汾诗集》,〔明〕薛瑄,《四库全书存目丛书》集部第三二册,齐鲁书社 1997 年版。

《石田诗选》,〔明〕沈周,影印清文渊阁《四库全书》本。

《白沙先生诗教解》,〔明〕陈献章撰,〔明〕湛若水注,《四库全书存目丛书》集部第三五册,齐鲁书社 1997 年版。

《陈献章集》,〔明〕陈献章撰,孙通海点校,中华书局 1987 年版。

《皇明文衡》,〔明〕程敏政选编,《四部丛刊》影印明嘉靖卢焕刊本。

《篁墩集》,〔明〕程敏政,明正德二年刻本。

《李东阳集》,〔明〕李东阳撰,周寅宾点校,岳麓书社 1984 年版。

《怀星堂集》,〔明〕祝允明,影印清文渊阁《四库全书》本。

《拘虚集》,〔明〕陈沂,《丛书集成续编》第一一三册,上海书店 1994 年版。

《唐寅画集》,〔明〕唐寅,天津人民美术出版社 2001 年版。

《唐伯虎全集》,〔明〕唐寅著,周道振、张月尊辑校,中国美术学院出版社 2002 年版。

《甫田集》,〔明〕文徵明,影印清文渊阁《四库全书》本。

《空同集》,〔明〕李梦阳,影印清文渊阁《四库全书》本。

《余冬诗话》,〔明〕何孟春,《丛书集成初编》本,中华书局 1985 年版。

《和陶小稿》,〔明〕陈良谟,明嘉靖四十四年陈氏天目山房刻本。

《大复集》,〔明〕何景明,影印清文渊阁《四库全书》本。

《何大复先生集》,〔明〕何景明,明嘉靖十年刻本。

《七修类稿》,〔明〕郎瑛著,中华书局上海编辑所编辑,中华书局1959年版。
《五岳山人集》,〔明〕黄省曾,《四库全书存目丛书》集部第九四册,齐鲁书社1997年版。
《复初山人和陶集》,〔明〕谢承祐,明嘉靖年间刻本。
《震川先生集》,〔明〕归有光著,周本淳校点,上海古籍出版社1981年版。
《长水日抄》,〔明〕陆树声,《丛书集成初编》本,中华书局1985年版。
《明代文论选》,蔡景康编选,人民文学出版社1993年版。
《千一录》,〔明〕方弘静,明万历年间刻本。
《徐渭集》,〔明〕徐渭,中华书局1983年版。
《弇州山人四部稿》,〔明〕王世贞,明万历年间刻本。
《弇州续稿》,〔明〕王世贞,影印清文渊阁《四库全书》本。
《藏书》,〔明〕李贽,明万历二十七年刻本。
《焚书　续焚书》,〔明〕李贽,中华书局1975年版。
《焦氏澹园集》,〔明〕焦竑,明万历三十四年刻本。
《娑罗馆清言》,〔明〕屠隆,《丛书集成初编》本,中华书局1985年版。
《五柳赓歌》,〔晋〕陶潜撰,〔明〕周履靖和韵,《丛书集成初编》本,中华书局1985年版。
《紫柏老人集》,〔明〕释真可,明天启七年释三炬刻本。
《汤显祖诗文集》,〔明〕汤显祖著,徐朔方笺校,上海古籍出版社1982年版。
《诗薮》,〔明〕胡应麟,上海古籍出版社1979年版。
《雪涛阁集》,〔明〕江盈科,明万历年间刻本。
《雪涛诗评》,〔明〕江盈科,民国铅印本。
《容台集》,〔明〕董其昌,明崇祯庚午本。
《画禅室随笔》,〔明〕董其昌,中国书店1983年版。
《群音类选》,〔明〕胡文焕编,中华书局1980年影印明刊本。
《沈伯含集》(附录《和陶诗》一卷),〔明〕沈朝焕,明万历年间刻本。
《菜根谭》,〔明〕洪应明著,琮琼译注,山西古籍出版社1999年版。
《白苏斋类集》,〔明〕袁宗道著,钱伯城标点,上海古籍出版社1989年版。
《诗源辩体》,〔明〕许学夷著,杜维沫点校,人民文学出版社1987年版。
《澹生堂藏书目》,〔明〕祁承㸁,《续修四库全书》第九一九册。
《袁宏道集笺校》,〔明〕袁宏道著,钱伯城笺校,上海古籍出版社1981年版。
《袁中郎全集》,〔明〕袁宏道,明崇祯二年陆之选佩兰居刻本。

《唐音癸签》,〔明〕胡震亨,上海古籍出版社 1981 年版。

《尧山堂外纪》,〔明〕蒋一葵,明刻本。

《皇明世说新语》,〔明〕李绍文,明万历年间刻本。

《诗归》,〔明〕钟惺、〔明〕谭元春选评,张国光、张业茂、曾大兴点校,湖北人民出版社 1985 年版。

《隐秀轩集》,〔明〕钟惺著,李先耕、崔重庆标校,上海古籍出版社 1992 年版。

《谭元春集》,〔明〕谭元春著,陈杏珍标校,上海古籍出版社 1998 年版。

《王季重先生集九种》,〔明〕王思任撰,明末清晖阁刻本。

《王季重先生文集》,〔明〕王思任撰,〔清〕姚莹、〔清〕顾沅、〔清〕潘锡恩编辑《乾坤正气集》本,清道光二十八年刻本。

《园冶图说》,〔明〕计成著,赵农注释,山东画报出版社 2003 年版。

《古诗镜》,〔明〕陆时雍,影印清文渊阁《四库全书》本。

《珊瑚网》,〔明〕汪珂玉,影印清文渊阁《四库全书》本。

《广谐史》,〔明〕陈邦俊辑,明万历四十三年沈应魁刻本。

《芑山诗文集》,〔明〕张自烈,清初刻本。

《石匮书》,〔明〕张岱,上海古籍出版社 2008 年版。

《四书遇》,〔明〕张岱著,朱宏达点校,浙江古籍出版社 1985 年版。

《张岱诗文集》,〔明〕张岱著,夏咸淳校点,上海古籍出版社 1991 年版。

《琅嬛文集》,〔明〕张岱著,云告点校,岳麓书社 1985 年版。

《快园道古》,〔明〕张岱撰,高学安、佘德余标点,浙江古籍出版社 1986 年版。

《西湖梦寻》,〔明〕张岱撰,马兴荣点校,上海古籍出版社 1982 年版。

《和陶集》(附录张岱和陶诗十六题),〔宋〕苏轼撰,〔明〕张岱评,上海图书馆藏清乾隆前抄本。

《陶诗析义》,〔明〕黄文焕析义,《四库全书存目丛书》集部别集类第三册,齐鲁书社 1997 年版。

《顾与治诗》,〔明〕顾梦游,《丛书集成续编》第一二〇册,上海书店出版社 1994 年版。

《广快书》,〔明〕何伟然纂,明崇祯年间刻本。

《画史会要》,〔明〕朱谋垔,影印清文渊阁《四库全书》本。

《朱舜水全集》,〔明〕朱之瑜,中国书店 1991 年版。

《朱舜水集》,〔明〕朱舜水著,朱谦之整理,中华书局1981年版。

《远山堂曲品》,〔明〕祁彪佳,书目文献出版社1991年版。

《远山堂明曲品剧品校录》,〔明〕祁彪佳著,黄裳校录,古典文学出版社1957年版。

《祁彪佳集》,〔明〕祁彪佳撰,中华书局上海编辑所编辑,中华书局1960年版。

《陶庵全集》,〔明〕黄淳耀,影印清文渊阁《四库全书》本。

《敬亭集》,〔明〕姜埰撰,印晓峰点校,华东师范大学出版社2011年版。

《茗斋集》《茗斋杂著》,〔明〕彭孙贻辑,《四部丛刊续编》本。

《列朝诗集》,〔清〕钱谦益辑,清顺治九年毛氏汲古阁刻本。

《列朝诗集小传》,〔清〕钱谦益,古典文学出版社1957年版。

《明诗纪事》,〔清〕陈田辑,清陈氏听诗斋刻本。

《晚明二十家小品》,施蛰存编,上海书店1984年版。

《全明杂剧》,陈万鼐主编,台湾鼎文书局1979年版。

《全明诗》第一册,全明诗编纂委员会编,上海古籍出版社1990年版。

《全明散曲》,谢伯阳编,齐鲁书社1993年版。

《明诗话全编》,吴文治主编,江苏古籍出版社1997年版。

《全明诗话》,周维德集校,齐鲁书社2005年版。

《文渊阁四库全书补遗》"集部·明代卷"之《明文海》,杨讷、李晓明编,北京图书馆出版社2005年版。

清

《牧斋有学集》,〔清〕钱谦益著,钱曾笺注、钱仲联标校,上海古籍出版社1996年版。

《绛云楼题跋》,〔清〕钱谦益撰,潘景郑辑校,中华书局1958年版。

《孙征君日谱录存》,〔清〕孙奇逢,清光绪十一年刻本。

《夏峰先生集》,〔清〕孙奇逢,《续修四库全书》第一三九一册。

《尊水园集略》,〔清〕卢世㴶,清顺治十七年刻庐孝余增修本。

《石臼集》,〔清〕邢昉,清康熙刻本。

《石臼前集》,〔清〕邢昉,《丛书集成续编》第一七二册,新文丰出版公司民国间出版。

《陈洪绶集》,〔清〕陈洪绶撰,吴敢点校,浙江古籍出版社1994年版。

《宝纶堂集》,〔清〕陈洪绶,清光绪戊子春会稽取斯堂刻本。

《酒牌》,〔清〕陈洪绶等编绘,栾保群解说,山东画报出版社2005年版。

《天启崇祯两朝遗诗》,〔清〕陈济生编,中华书局1958年版。

《水田居文集》,〔清〕贺贻孙,《清代诗文集汇编》第二一册,上海古籍出版社2010年版。

《愚庵小集》,〔清〕朱鹤龄,清康熙十年松陵朱氏刻本。

《湘帆堂集》,〔清〕傅占衡,清康熙活字本。

《霜红龛集》,〔清〕傅山,山西人民出版社1985年版。

《书画记》,〔清〕吴其贞,上海人民美术出版社1963年版。

《黄宗羲全集》,〔清〕黄宗羲著,浙江古籍出版社1985年版。

《黄梨洲文集》,〔清〕黄宗羲著,陈乃乾编,中华书局1959年版。

《明儒学案》,〔清〕黄宗羲,影印清文渊阁《四库全书》本。

《彭躬庵文钞》,〔清〕彭士望,《易堂九子文钞》,道光丙申刊本。

《徐夜诗集校注》,〔清〕徐夜撰,武润婷、徐承诩校注,山东大学出版社1997年版。

《历代诗话》,〔清〕吴景旭著,陈卫平、徐杰点校,京华出版社1998年版。

《变雅堂文集》,〔清〕杜濬,清光绪二十年黄冈沈氏刊本。

《闲情偶寄》,〔清〕李渔,《中国文学珍本丛书》本,上海扫叶山房1937年版。

《田间诗集》,〔清〕钱澄之撰,诸伟奇校点,孟醒仁审订,黄山书社1998年版。

《田间文集》,〔清〕钱澄之撰,彭君华校点,何庆善审订,黄山书社1998年版。

《嵞山集》,〔清〕方文,清康熙二十八年王槩刻本。

《九诰堂集》,〔清〕徐增,《清代诗文集汇编》第四一册,上海古籍出版社2010年版。

《顾亭林诗集汇注》,〔清〕顾炎武著,王蘧常辑注,吴丕绩标校,上海古籍出版社1983年版。

《顽潭诗话》,〔清〕陈瑚,民国峭帆楼丛书本。

《确庵文稿》,〔清〕陈瑚,清毛氏汲古古阁刻本。

《定山堂诗集》,〔清〕龚鼎孳,《清代诗文集汇编》第五〇册,上海古籍出版社2010年版。

《兼济堂文集》,〔清〕魏裔介,影印清文渊阁《四库全书》本。

《桃花源》,〔清〕尤侗,见郑振铎编辑《清人杂剧初集》所录《西堂乐府》之三,1931 年版。

《悔庵年谱》,〔清〕尤侗,见《清初名儒年谱》(六),北京图书馆出版社 2006 年版。

《古诗评选》,〔清〕王夫之,见《船山全书》第一四册,岳麓书社 1996 年版。

《读通鉴论》,〔清〕王夫之,见《船山全书》第一〇册,岳麓书社 1988 年版。

《诗广传》,〔清〕王夫之著,王孝鱼点校,中华书局 1964 年版。

《夕堂永日绪论内编》,〔清〕王夫之,见《船山全书》第一五册,岳麓书社 1996 年版。

《张子正蒙注》,〔清〕王夫之著,章锡琛校点,古籍出版社 1956 年版。

《王船山诗文集》,〔清〕王夫之,中华书局 1962 年版。

《清诗话》,〔清〕王夫之等撰,丁福保辑录,上海古籍出版社 1978 年版。

《清诗话续编》,郭绍虞编选,富寿荪点校,上海古籍出版社 1983 年版。

《溉堂集》,〔清〕孙枝蔚,清康熙刻本。

《尧峰文钞》,〔清〕汪琬,《四部丛刊》本。

《律陶》,〔清〕吴肃公,《清代诗文集汇编》第一〇一册,上海古籍出版社 2010 年版。

《六朝选诗定论》,〔清〕吴淇撰,汪俊、黄进德点校,广陵书社 2009 年版。

《八大山人书法全集》,〔清〕八大山人,人民美术出版社 2005 年版。

《己畦集》,〔清〕叶燮,《清代诗文集汇编》第一〇四册。

《静志居诗话》,〔清〕朱彝尊著,姚祖恩编,黄君坦校点,人民文学出版社 1990 年版。

《明诗综》,〔清〕朱彝尊编,影印清文渊阁《四库全书》本。

《曝书亭集》,〔清〕朱彝尊,《四部丛刊》本。

《千顷堂书目》,〔清〕黄虞稷撰,瞿凤起、潘景郑整理,上海古籍出版社 2001 年版。

《屈大均全集》,〔清〕屈大均撰,欧初、王贵忱主编,人民文学出版社 1996 年版。

《翁山诗外》,〔清〕屈大均,清康熙刻凌凤翔补修本。

《池北偶谈》,〔清〕王士禛撰,勒斯仁点校,中华书局 1982 年版。

《香祖笔记》,〔清〕王士禛著,湛之点校,上海古籍出版社 1982 年版。

《带经堂诗话》,〔清〕王士禛著,张宗柟纂集,夏闳校点,人民文学出版社1963年版。

《古欢录》,〔清〕王士禛,《四库全书存目丛书》史部第一二一册,齐鲁书社1996年版。

《王士禛全集》,〔清〕王士禛著,袁世硕主编,齐鲁书社2007年版。

《分甘余话》,〔清〕王士禛著,张世林点校,中华书局1989年版。

《渔洋精华录集释》,〔清〕王士禛著,李毓芙、牟通、李茂肃整理,上海古籍出版社1999年版。

《古诗笺》,〔清〕王士禛选,闻人倓笺,上海古籍出版社1980年版。

《潜邱札记》,〔清〕阎若璩,清乾隆十年眷西堂刊本。

《今世说》,〔清〕王晫,清康熙二十二年刻本。

《明史》,〔清〕万斯同,清抄本。

《全闽诗话》,〔清〕郑方坤编辑,陈节、刘大治点校,福建人民出版社2006年版。

《全校会注集评聊斋志异》,〔清〕蒲松龄著,任笃行辑校,齐鲁书社2000年版。

《蒲松龄集》,〔清〕蒲松龄著,路大荒整理,上海古籍出版社1986年版。

《榕村语录》,〔清〕李光地著,陈祖武点校,中华书局1995年版。

《式古堂书画汇考》,〔清〕卞永誉,影印清文渊阁《四库全书》本。

《孔尚任全集辑校注评》,〔清〕孔尚任撰,徐振贵主编,齐鲁书社2004年版。

《东南纪事(外十二种)》,〔清〕邵廷寀乖,北京古籍出版社2002年版。

《敬业堂诗集》,〔清〕查慎行,《四部丛刊》本。

《南山集》,〔清〕戴名世,清光绪二十六年刻本。

《古文观止》,〔清〕吴楚材、吴调侯选注,安平秋点校,中华书局1987年版。

《明遗民诗》,〔清〕卓尔堪选辑,中华书局1961年版。

《义门读书记》,〔清〕何焯著,崔高维点校,中华书局1987年版。

《赵执信全集》,〔清〕赵执信撰,赵蔚芝、刘聿鑫校点,淄博赵执信纪念馆2010年内部印本。

《明史》,〔清〕张廷玉等,清乾隆武英殿刻本;又中华书局1974年版。

《归愚诗钞》,〔清〕沈德潜,清刻本。

《沈归愚诗文稿》,〔清〕沈德潜,《故宫珍本丛刊》本,海南出版社2006年版。

《古诗源》,〔清〕沈德潜选,中华书局 1963 年版。

《唐诗别裁》,〔清〕沈德潜选注,上海古籍出版社 1979 年版。

《清诗别裁集》,〔清〕沈德潜等编,上海古籍出版社 1984 年版。

《东山草堂陶诗笺》,〔清〕邱嘉穗,《四库全书存目丛书》集部第三册别集类,齐鲁书社 1997 年版。

《国朝画征录》,〔清〕张庚,清刻本。

《石渠宝笈》,〔清〕张照等,影印清文渊阁《四库全书》本。

《升平署岔曲》,〔清〕张照等编,北京故宫博物院 1935 年印行。

《南明野史》,〔清〕三余氏,商务印书馆 1930 年影印本。

《桃花源》杂剧,〔清〕袁栋,南京图书馆藏清乾隆间刻本。

《儒林外史汇校汇评本》,〔清〕吴敬梓著,李汉秋辑校,上海古籍出版社 2010 年版。

《鲒埼亭集》,〔清〕全祖望,《四部丛刊初编》本。

《鲒埼亭集外编》,〔清〕全祖望,《四部丛刊》本。

《含经堂集》,〔清〕徐元文,清刻本。

《乐善堂全集》,〔清〕爱新觉罗·弘历,《清代诗文集汇编》第三二九册,上海古籍出版社 2010 年版。

《红楼梦》,〔清〕曹雪芹、高鹗著,中国艺术研究院红楼梦研究所校注,人民文学出版社 1996 年版。

《小仓山房诗文集》,袁枚著,周本淳标校,上海古籍出版社 1988 年版。

《袁枚全集》,〔清〕袁枚著,王英志主编,江苏古籍出版社 1993 年版。

《随园诗话》,〔清〕袁枚著,顾学颉校点,人民文学出版社 1960 年版。

《读史札记》,〔清〕卢文弨,清《聚学轩丛书》本。

《十七史商榷》,〔清〕王鸣盛,《丛书集成》本。

《西庄始存稿》,〔清〕王鸣盛,清乾隆三十年刻本。

《纪晓岚文集》,〔清〕纪昀撰,孙致中、吴恩扬等校点,河北教育出版社 1995 年版。

《纪晓岚诗文集》,〔清〕纪昀,江苏广陵古籍刻印社 1997 年版。

《纪晓岚全书》,〔清〕纪昀撰,马松源主编,中国戏剧出版社 2000 年版。

《阅微草堂笔记》,〔清〕纪昀著,汪贤度校点,上海古籍出版社 2001 年版。

《春融堂集》,〔清〕王昶,清嘉庆年间刻本。

《湖海诗传》,〔清〕王昶辑,清嘉庆八年刻本。

《陔余丛考》,〔清〕赵翼,清乾隆五十五年刻本。

《潜研堂集》,〔清〕钱大昕,清嘉庆十一年刻本。

《潜研堂文集》《潜研堂诗集》《潜研堂诗续集》,〔清〕钱大昕,《续修四库全书》第一四三九册,上海古籍出版社2002年版。

《十驾斋养新录附余录》,〔清〕钱大昕,清嘉庆刻本。

《惜抱轩诗文集》,〔清〕姚鼐,清嘉庆十二年刻本。

《经韵楼集》,〔清〕段玉裁,清嘉庆十九年刻本。

《陶渊明玩菊倾樽》,〔清〕汪柱,国家图书馆藏清乾隆年间刻本。

《四库全书总目提要》,〔清〕永瑢、纪昀等,影印清文渊阁《四库全书》本。

《洪北江诗文集》,〔清〕洪亮吉,《四部丛刊初编》本。

《北江诗话》,〔清〕洪亮吉著,陈迩冬校点,人民文学出版社版1983年版。

《陶诗汇评》,〔清〕温汝能,清宣统元年石印本。

《大云山房文稿》,〔清〕恽敬,《四部丛刊》本。

《揅经室集》,〔清〕阮元,《四部丛刊》本。

《考槃集文录》,〔清〕方东树,清光绪二十年刻本。

《御制诗》(初集、二集、三集、四集、五集、余集),〔清〕爱新觉罗·弘历,《清代诗文集汇编》第三一九册至第三三一册,上海古籍出版社2010年版。

《御制乐善堂全集定本》,〔清〕爱新觉罗·弘历,影印清文渊阁《四库全书》本。

《昭昧詹言》,〔清〕方东树著,汪绍楹点校,人民文学出版社1961年版。

《艺舟双楫》,〔清〕包世臣,中国书店1983年版。

《退庵随笔》,〔清〕梁章钜,江苏广陵古籍刻印社1997年版。

《浪迹丛谈》,〔清〕梁章钜,道光刊本。

《沅湘耆旧集》,〔清〕邓显鹤,清道光二十三年邓氏南邨草堂刻本。

《靖节先生集注》,〔清〕陶澍注,见《陶澍全集》第八册,岳麓书社2010年版。

《靖节先生集》,〔清〕陶澍编,文学古籍刊行社1955年版。

《国朝诗人征略》,〔清〕张维屏,清道光十年刻本。

《东溟文集》,〔清〕姚莹,清《中复堂全集》本。

《桃花源志略》,〔清〕唐开韶、胡焯编纂,刘静等点校,岳麓书社2008年版。

《诗比兴笺》,〔清〕陈沆,上海古籍出版社1981年版。

《养一斋诗话》,〔清〕潘德舆著,朱德慈辑校,中华书局2010年版。

《龚自珍全集》,〔清〕龚自珍,上海人民出版社1975年版。

《巢经巢诗文集》,〔清〕郑珍,民国遵义郑征君遗著本。

《陶靖节纪事诗品》,〔清〕钟秀,清华大学图书馆藏朱自清据周作人藏本抄录核校本。

《观我生斋诗话》,〔清〕钟秀,清光绪四年刻本。

《求阙斋日记类钞》,〔清〕曾国藩,清光绪二年刻本。

《曾文正公家书》,〔清〕曾国藩,商务印书馆1934年版。

《九梅村诗集》,〔清〕魏燮均,清光绪元年刻本。

《艺概》,〔清〕刘熙载,上海古籍出版社1978年版。

《刘熙载文集》,〔清〕刘熙载著,薛正兴点校,江苏古籍出版社2000年版。

《昨非集》,〔清〕刘熙载,清刻古桐书屋六种本。

《陶诗真诠》一卷,〔清〕方宗诚,见《柏堂读书笔记》,复旦大学藏光绪八年刻本。

《白香亭诗》,〔清〕邓辅纶,清光绪十九年刻本。

《湘绮楼日记》,〔清〕王闿运著,马积高主编,岳麓书社1997年版。

《湘绮楼诗文集》,〔清〕王闿运著,马积高主编,岳麓书社1996年版。

《王闿运手批唐诗选》,〔清〕王闿运手批,上海古籍出版社1989年版。

《桃花源》,〔清〕杨恩寿,《坦园传奇六种》本,国家图书馆藏清刻本。

《偶斋诗草》,〔清〕宝廷,清光绪二十一年刻本。

《清史稿》,〔清〕赵尔巽,中华书局1976年版。

《于湖小集》,〔清〕袁昶,清光绪年间刻本。

《樊山集》,〔清〕樊增祥,清光绪十九年刻本。

《樊樊山诗集》,〔清〕樊增祥著,涂晓马、陈宇俊校点,上海古籍出版社2004年版。

《黄遵宪全集》,〔清〕黄遵宪撰,陈铮编,中华书局2005年版。

《人境庐诗草笺注》,〔清〕黄遵宪著,钱仲联笺注,上海古籍出版社1981年版。

《白雨斋词话》,〔清〕陈廷焯,陈氏手稿本。

《白雨斋词话足本校注》,〔清〕陈廷焯著,屈兴国校注,齐鲁书社1983年版。

《晚晴簃诗汇》,〔清〕徐世昌辑,中国书店1988年版;又中华书局1990年版。

《康有为全集》,〔清〕康有为撰,姜义华、张荣华编校,中国人民大学出版社

2007 年版。

《大同书》,〔清〕康有为著,章锡琛、周振甫校点,古籍出版社 1956 年版。

《明代千遗民诗咏》(初编、二编、三编),〔清〕张其淦著,祁正注,北京图书业同业公会 1929 年排印本。

《岭云海日楼诗钞》,〔清〕丘逢甲著,丘铸昌校点,上海古籍出版社 2009 年版。

《丘逢甲文集》,〔清〕丘逢甲撰,丘晨波、黄志萍、李尚行等编,花城出版社 1994 年版。

《谭嗣同全集》(增订本),〔清〕谭嗣同撰,蔡尚思、方行编,中华书局 1981 年版。

《清稗类钞》,〔清〕徐珂编撰,中华书局 1984 年版。

《然脂余韵》,〔清〕王蕴章辑,王培军等校点,《民国诗话丛编》第五册,上海书店出版社 2002 年版。

《清诗纪事初编》,〔清〕邓之诚,中华书局 1965 年版。

《瓶粟斋诗话》,〔清〕沈其光,民国年间铅印本。

文渊阁《四库全书》,〔清〕纪昀等主编,台湾商务印书馆影印本。

《四库禁毁书丛刊》,四库禁毁书丛刊编纂委员会编,北京出版社版。

《四库全书存目丛书》,四库全书存目丛书编纂委员会编,齐鲁书社版。

《四库未收书辑刊》,四库未收书辑刊编纂委员会编,北京出版社版。按:本书未见版权页及出版时间标识,前言写于 1997 年。

《续修四库全书》,《续修四库全书》编纂委员会编,上海古籍出版社版。

《清代诗文集汇编》,《清代诗文集汇编》编纂委员会编,上海古籍出版社 2010 年版。

现当代

著作

《近代诗抄》,陈衍编,商务印书馆排印本。

《陶渊明》,梁启超,商务印书馆 1929 年版。

《历代自叙传文钞》,郭登峰,商务印书馆 1937 年版。

《汉魏两晋南北朝佛教史》,汤用彤,北京大学出版社 1997 年版。

《陶渊明批评》,萧望卿,开明书店 1947 年版。

《子弟书总目》，傅惜华，上海文艺联合出版社1954年版。

《谭嗣同年谱》，杨廷福，人民出版社1957年版。

《曲海总目提要》，董康校订，人民文学出版社1959年版。

《中国思想通史》第四卷，侯外庐主编，人民出版社1959年版。

《陈洪绶年谱》，黄涌泉编著，人民美术出版社1960年版。

《陶渊明资料汇编》，北京大学北京师范大学中文系、北京大学中文系文学史教研室编，中华书局1962年版。

《中国版画史略》，郭味蕖，朝花美术出版社1962年版。

《弘仁髡残》，郑锡珍，上海人民美术出版社1979年版。

《历代流传书画作品编年表》，徐邦达编，上海人民美术出版社1963年版。

《西谛曲目》，郑振铎，文物出版社1963年版。

《湘绮府君年谱》，《近代中国史料丛刊》第五九六册，文海出版社1970年版。

《画史丛书》，于安澜编，上海人民美术出版社1963年版。

《马克思恩格斯全集》第二卷，[德]马克思、[德]恩格斯，人民出版社1979年版。

《魏晋南北朝史》，王仲荦，上海人民出版社1980年版。

《中国古代著名哲学家评传》第一卷，辛冠洁等编，齐鲁书社1980年版。

《鲁迅全集》，鲁迅，人民文学出版社1981年版。

《朱自清古典文学论文集》，朱自清，上海古籍出版社1981年版。

《清代杂剧全目》，傅惜华，人民文学出版社1981年版。

《古典戏曲存目汇考》，庄一拂编著，上海古籍出版社1982年版。

《中古文学史论集》，王瑶，上海古籍出版社1982年版。

《唐代文学论丛》总第三辑，陕西人民出版社1983年版。

《方以智年谱》，任道斌，安徽教育出版社1983年版。

《赵孟頫系年》，任道斌，河南人民出版社1984年版。

《汉魏六朝文学论集》，逯钦立，陕西人民出版社1984年版。

《照隅室古典文学论集》，郭绍虞，上海古籍出版社2009年版。

《谈艺录》（补订本），钱锺书，中华书局1984年版。

《中国经学史》，马宗霍，上海书店1984年版。

《中国古代书画目录》，中国古代书画鉴定组编，文物出版社1984年后陆续出版。

《中国哲学发展史》,任继愈主编,人民出版社1985年版。

《江西地方文献索引》,江西省社会科学院情报资料研究所编,1985年内部发行本。

《中国历代诗话选》,王大鹏等编选,岳麓书社1985年版。

《中西比较美学论文集》,曹顺庆选编,四川文艺出版社1985年版。

《七缀集》,钱锺书,上海古籍出版社1985年版。

《苏东坡和陶渊明诗之比较研究》,宋丘龙,台湾商务印书馆1985年版。

《东坡研究论丛》,苏轼研究学会编,四川文艺出版社1986年版。

《江西诗派研究》,莫砺锋,齐鲁书社1986年版。

《闻一多选唐诗》,张志浩、俞润泉注,岳麓书社1986年版。

《唐史学会论文集》,中国唐史学会编,陕西人民出版社1986年版。

《中古文学史论文集》,曹道衡,中华书局1986年版。

《隋唐五代文学思想史》,罗宗强,上海古籍出版社1986年版。

《管锥编》,钱锺书,中华书局1986年版。

《中国美学史》,李泽厚、刘纲纪主编,中国社会科学出版社1987年版。

《陶渊明年谱》,[宋]王质等撰,许逸民校辑,中华书局1986年版。

《人间词话新注》(修订本),王国维著,滕咸惠校注,齐鲁书社1986年版。

《接受美学与接受理论》,[德]H. R. 姚斯、[美]R. C. 霍拉勃著,周宁、金元浦译,滕守尧审校,辽宁人民出版社1987年版。

《二十世纪哲学》,[英]艾耶尔著,李步楼等译,上海译文出版社1987年版。

《中国美术全集》,中国美术全集编辑委员会编,上海人民美术出版社1988年版。

《中国历代版画丛刊》,郑振铎编,上海古籍出版社1988年版。

《谭嗣同研究资料汇编》,政协长沙市委员会文史资料研究委员会、政协浏阳县委员会文史资料研究委员会、谭嗣同纪念馆合编,1988年内部印刷。

《二十世纪文学理论》,[荷兰]佛克马、[荷兰]易布思著,林书武、陈圣生等译,生活·读书·新知三联书店1988年版。

《当代西方文学理论》,[英]特里·伊格尔顿著,王逢振译,中国社会科学出版社1988年版。

《渊明逸致画特展图录》,台北故宫博物院编,台北故宫博物院1988年版。

《接受美学》,朱立元,上海人民出版社1989年版。

《镜与灯——浪漫主义文论及批评传统》,[美]M. H. 艾布拉姆斯著,郦稚牛、张照进、童庆生译，王宁校，北京大学出版社1989年版。

《政治期望》，[德]保罗·蒂里希著，徐钧尧译，四川人民出版社1989年版。

《魏晋南北朝文学批评史》，王运熙、杨明，上海古籍出版社1989年版。

《文选学》，骆鸿凯，中华书局1989年版。

《两宋文学史》，程千帆、吴新雷，上海古籍出版社1991年版。

《中国历史纪年表》，方诗铭编，上海辞书出版社1991年版。

《时间史之谜》，[美]斯蒂芬·霍金著，张星岩、刘建华译，上海人民出版社1991年版。

《大历诗风》，蒋寅，上海古籍出版社1992年版。

《中国历代人物年谱考录》，谢巍编撰，中华书局1992年版。

《陶渊明新论》，李华，北京师范学院出版社1992年版。

《东晋文艺系年》，张可礼，山东教育出版社1992年版。

《悲剧的诞生——尼采美学文选》，[德]尼采撰，周国平译，生活·读书·新知三联书店1992年版。

《苏州历代园林录》，魏嘉瓒编著，燕山书社1992年版。

《文艺传播学》，孙宜君，济南出版社1993年版。

《批判哲学与解释哲学》，郑涌，中国社会科学出版社1993年版。

《历代著录画目》，[美]福开森编，人民美术出版社1993年版。

《国学研究》第一卷，袁行霈主编，北京大学出版社1993年版。

《中国古代文学史长编》（宋辽金卷），郭预衡主编，北京师范学院出版社1993年版。

《国学研究》第二卷，袁行霈主编，北京大学出版社1994年版。

《唐代文学研究》第五辑，中国唐代文学学会等编，广西师范大学出版社1994年版。

《美的历程》，李泽厚，安徽文艺出版社1994年版。

《魏晋南北朝文学论集》，香港中文大学中国语言文学系主编，文史哲出版社1994年版。

《隋唐五代文学批评史》，王运熙、杨明，上海古籍出版社1994年版。

《杜甫诗话校注五种》，张忠纲校注，书目文献出版社1994年版。

《明人小品选》，刘大杰编选，上海古籍出版社1995年版。

《辽金元诗歌史论》，张晶，吉林教育出版社1995年版。

《唐五代词纪事会评》，史双元编著，黄山书社1995年版。

《唐诗汇评》,陈伯海主编,浙江教育出版社 1995 年版。

《中国古典文学研究史》,郭英德、谢思炜等,中华书局 1995 年版。

《大历诗人研究》,蒋寅,中华书局 1995 年版。

《江湖诗派研究》,张宏生,中华书局 1995 年版。

《宋代文学思想史》,张毅,中华书局 1995 年版。

《人,诗意地安居——海德格尔语要》,[德]海德格尔著,郜元宝译,张汝伦校,上海远东出版社 1995 年版。

《宋金元文学批评史》,顾易生、蒋凡、刘明今,上海古籍出版社 1996 年版。

《中国诗话辞典》,蒋祖怡、陈志椿主编,北京出版社 1996 年版。

《魏晋南北朝文学思想史》,罗宗强,中华书局 1996 年版。

《海德格尔思想与中国天道:终极视域的开启与交融》,张祥龙,生活·读书·新知三联书店 1996 年版。

《陈洪绶》,王璜生,吉林美术出版社 1996 年版。

《宋元戏曲史》,王国维,东方出版社 1996 年版。

《中国文学批评通史——明代卷》,袁震宇、刘明今,上海古籍出版社 1996 年版。

《祝允明年谱》,陈麦青,复旦大学出版社 1996 年版。

《楚辞学史》,李中华、朱炳祥,武汉出版社 1996 年版。

《中国文学批评通史——清代卷》,邬国平、王镇远,上海古籍出版社 1996 年版。

《中国文物精华大辞典·书画卷》,国家文物局主编,上海辞书出版社、商务印书馆(香港)1996 年版。

《宋代诗学通论》,周裕锴,巴蜀书社 1997 年版。

《积淀与突破》,陈炎,广西师范大学出版社 1997 年版。

《陈洪绶》,[美]翁万戈编著,上海人民美术出版社 1997 年版。

《诗论》,朱光潜,安徽教育出版社 1997 年版。

《明清传奇综录》,郭英德编著,河北教育出版社 1997 年版。

《古本戏曲剧目提要》,李修生主编,文化艺术出版社 1997 年版。

《历代著录法书目》,朱家溍主编,紫禁城出版社 1997 年版。

《宋元明清书画家传世作品年表》,刘九庵编,上海书画出版社 1997 年版。

《陶渊明研究》,袁行霈,北京大学出版社 1997 年版。

《魏晋南北朝隋唐史三论》,唐长孺,武汉大学出版社 1998 年版。

《陈献章评传》，黄明同，南京大学出版社1998年版。

《澄明之境——陶渊明新论》，戴建业，华中师范大学出版社1998年版。

《石涛评传》，韩林德，南京大学出版社1998年版。

《黄宾虹文集·书画编(下)》，上海书画出版社、浙江省博物馆编，上海书画出版社1999年版。

《现象学与解释学文论》，王岳川，山东教育出版社1999年版。

《真理与方法》，[德]加达默尔著，洪汉鼎译，上海译文出版社1999年版。

《辽宁博物馆学术论文集》第二辑(1985—1999)，辽宁省博物馆编，辽海出版社1999年版。

《晚明小品研究》，吴承学，江苏古籍出版社1999年版。

《清代文论选》，王运熙、顾易生主编，人民文学出版社1999年版。

《明清之际士大夫研究》，赵园，北京大学出版社1999年版。

《清代诗学研究》，张健，北京大学出版社1999年版。

《庾信研究》，林怡，人民文学出版社2000年版。

《陶学发展史》，钟优民，吉林教育出版社2000年版。

《陶渊明研究资料新编》，钟优民编，吉林教育出版社2000年版。

《金代文学研究》，胡传志，安徽大学出版社2000年版。

《王学与中晚明士人心态》，左东岭，人民文学出版社2000年版。

《尴尬时代》，余杰，岳麓书社2001年版。

《东晋文艺综合研究》，张可礼，山东大学出版社2001年版。

《文艺学新论》，狄其骢、王汶成、凌晨光，山东教育出版社2001年版。

《全唐五代诗格汇考》，张伯伟，江苏古籍出版社2002年版。

《中国历代人物像传》，郭磬、廖东编，齐鲁书社2002年版。

《戴本孝》，戴本孝绘，许宏泉编著，河北教育出版社2002年版。

《元前陶渊明接受史》，李剑锋，齐鲁书社2002年版。

《文学史的权力》，戴燕，北京大学出版社2002年版。

《晚明诗歌研究》，李圣华，人民文学出版社2002年版。

《书学集成　清》，王伯敏等主编，河北美术出版社2002年版。

《明代山人文学研究》，张德建，湖南人民出版社2005年版。

《胡适全集》，胡适，安徽教育出版社2003年版。

《元诗史》，杨镰，人民文学出版社2003年版。

《清诗流派史》，刘世南，人民文学出版社2004年版。

《方以智晚节考》(增订版),余英时,生活·读书·新知三联书店2004年版。

《古典剧曲鉴赏辞典》,吕薇芬、金宁芬、黄克、王永宽主编,湖北辞书出版社2004年版。

《陈洪绶研究——时代、思想和插图创作》,裘沙,人民美术出版社2004年版。

《知堂书话》,周作人,中国人民大学出版社2004年版。

《崇古理念的淡退——王世贞与十六世纪文学思想》,孙学堂,天津古籍出版社2004年版。

《中日古典园林文化比较》,曹林娣、许金生,中国建筑工业出版社2004年版。

《金元诗选》,邓绍基选注,人民文学出版社2005年版。

《中国园林文化》,曹林娣,中国建筑工业出版社2005年版。

《中国园林美学》(第二版),金学智,中国建筑工业出版社2005年版。

《清诗话考》,蒋寅,中华书局2005年版。

《陶渊明及其诗文渊源研究》,李剑锋,山东大学出版社2005年版。

《南通博物苑文物精华》,南通博物苑编,文物出版社2005年版。

《大涤子题画诗跋校补》,傅抱石撰,上海辞书出版社2006年版。

《中国武强年画艺术》,寇红玉编,河北美术出版社2006年版。

《戏曲班社研究:明清家班》,杨惠玲,厦门大学出版社2006年版。

《竟陵派研究》,陈广宏,复旦大学出版社2006年版。

《文徵明诗文书画全集》,曹惠民、寇建军编注,中国言实出版社2006年版。

《萧涤非文选》,萧涤非著,萧光乾选编,山东大学出版社2006年版。

《明代戏曲史》,金宁芬,社会科学文献出版社2007年版。

《王士禛诗歌研究》,王利民,中华书局2007年版。

《湖湘近现代文献家通考》,郑伟章、姜亚沙,岳麓书社2007年版。

《历代著录画目正续编》,[美]福开森、容庚编,北京图书馆出版社2007年版。

《湖湘诗派研究》,萧晓阳,人民文学出版社2008年版。

《地方经籍志汇编》,贾贵荣、杜泽逊辑,北京图书馆出版社2008年版。

《清代戏曲史编年》,王汉民、刘奇玉编著,巴蜀书社2008年版。

《马瑞芳重校评批聊斋志异》,〔清〕蒲松龄著,马瑞芳校评,河北教育出版社2008年版。

《菊:中华千古文人的隐逸之风》,殷伟,中国文史出版社2008年版。

《宋元旧本书经眼录》,莫友芝著,张剑校点,中华书局2008年版。

《元代辞赋研究》,李新宇,中国社会科学出版社2008年版。

《陶渊明影像》,袁行霈,中华书局2009年版。

《明代中古诗歌接受与批评研究》,陈斌,上海三联书店2009年版。

《丰子恺漫画精品集》,丰子恺,中国青年出版社2009年版。

《中国古代文学跨学科研究》第六章,郑杰文主编,清华大学出版社2009年版。

《礼记解读》,丁鼎,中国人民大学出版社2010年版。

《元末明初浙东三作家研究》,魏青,齐鲁书社2010年版。

《陶渊明论》,魏耕原,北京大学出版社2011年版。

《中国古代文学史料学》,张可礼,凤凰出版社2011年版。

《宋代诗话与诗学文献研究》,卞东波,中华书局2013年版。

论文

《八代诗评》,夏敬观,《同声月刊》第1卷第2号。

《读郑子尹巢经巢诗集》,胡先骕,《学衡》1922年第7期。

《近代诗人述评》,汪辟疆,《南京大学学报》1962年第1期。

《方以智的和陶诗》,任道斌,《文献》1983年第4期。

《钱澄之著述考略》,陈祖武,《文献》1984年第3期。

《陶陶室藏宋板陶集聚散流传考》,焦从海,《文献》1985年第3期。

《宋刻陶渊明集两种》,陈杏珍,《文献》1987年第4期。

《辽代科举制度述略》,朱子方、黄凤岐,见陈述主编《辽金史论集》第三辑,文献书目出版社1987年版。

《豪华落尽见真淳——试论元遗山〈论诗绝句〉第四首》,邓昭祺,《忻州师专学报》1987年第2期。

《戴本孝研究》,[日]西上实,见安徽省文学艺术研究所编《论黄山诸画派文集》,上海人民美术出版社1987年版。

《金代科举制度研究》,赵冬晖,见中国辽金史学会编《辽金史论集》第四辑,书目文献出版社1989年版。

《不言春作苦　常恐负所怀——介绍日本学者编〈海外所存中国绘画目

录〉》，刘御风、南飞雁，见汤一介主编《中国文化与中国哲学》，生活·读书·新知三联书店1990年版。

《渊明逸致的形象》，王耀庭，见《文物光华》（六），台北故宫博物院1992年版。

《论元代科举与辞赋》，黄仁生，《文学评论》1995年第3期。

《关于徐夜生卒年的考订》，李崇葵，《文献》1997年第4期。

《辽宁省博物馆藏〈白莲社图〉卷作者考》，赵晓华，《文物》1991年第7期；又载辽宁省博物馆编《辽宁省博物馆学术论文集》第二辑（1985—1999），辽海出版社1999年版。

《陶澍的陶渊明研究述评》，邓新跃，《益阳师专学报》2000年第4期。

《汪端的诗歌创作与批评初论》，蒋寅，见袁行霈主编《国学研究》第八卷，北京大学出版社2001年版。

《建国以来辽金元诗文总集整理概况》，刘达科，《古籍整理出版情况简报》2001年第11期（总369期）。

《加强陶渊明接受史研究》，李剑锋，《中国古代、近代文学研究》2001年第3期。

《简论明代的苏诗选评》，王友胜，《惠州学院学报（社会科学版）》2002年第1期。

《蒲松龄与魏晋风流》，李剑锋，《文史哲》2003年第5期。

《论和陶诗及其文化意蕴》，袁行霈，《中国社会科学》2003年第6期。

《超越与回归——从〈桃花源记〉、〈游仙窟〉到〈仙游记〉》，戴伟华、柏秀娟，《中国文化研究》2003年夏之卷。

《宋版〈陶渊明集〉、〈陶靖节先生诗注〉递藏源流》，李坚，见《文津流觞》第十辑，2003年版。

《陈洪绶的〈陶渊明故事图〉——兼论陈洪绶与周亮工的交往》，吕晓，《荣宝斋》2004年第3期。

《"十全老人""十全"诗——清高宗乾隆的诗歌创作》，史礼心，《民族文学研究》2005年第4期。

《李攀龙〈古今诗删〉删诗标准与其理论主张的偏离》，景献力，《福州大学学报（哲学社会科学版）》2006年第4期。

《旨归"儒隐"的清人陶诗观——钟秀之〈陶诗纪事诗品〉论析》，张寅彭、行磊，《中国文学研究》2007年第3期。

《高丽大学所藏〈精刊补注东坡和陶诗话〉及其价值》，金程宇，《文学遗产》2008 年第 5 期。

《方东树〈昭昧詹言〉论陶诗》，张俐盈，《东华汉学》（台湾）2009 年 12 月第 10 期。

《酒牌故事——八　陶渊明　空汤瓶》，栾保群，《紫禁城》2009 年第 9 期。

《从“先忧后乐”到“箪食瓢饮”——北宋士大夫心态之转变》，朱刚，《文学遗产》2009 年第 2 期。

《〈诗归〉中的陶渊明——兼论明代复古派对陶渊明的评价》，岳进，《殷都学刊》2009 年第 3 期。

《〈全明词〉续补（二）——台湾所藏珍稀本明人别集所辑明词之二》，周明初、叶晔，《古籍整理研究学刊》2009 年第 3 期。

《陈白沙与陶渊明》，章继光，见杨伟雄主编《陈白沙研究论文集》，珠海出版社 2009 年版。

《略论清代别集的学术价值——在“〈清代诗文集汇编〉编纂出版总结会”上的发言》，杜泽逊，《古籍新书报》2011 年 10 月 28 日。

《日本天理图书馆所藏中国戏曲目录》，黄仕忠，《文学遗产（网络版）》2014 年第 2 期。

《文人画家郭诩眼中的圣贤》，张帅峰，《中华文化画报》2012 年第 4 期。

《黄文焕〈陶诗析义〉研究》，刘萍萍，首都师范大学 2007 年博士学位论文。

《文徵明与明代中晚期江南地区〈桃源图〉题材绘画的关系》，赵琰哲，中央美术学院 2009 年硕士学位论文。

《宋前“桃源体”小说研究》，张艳，西南大学 2010 年硕士学位论文。

后　记

一

我本农家子，拔过草，喂过牛，锄过地，割过麦子。虽无过人的天资，凭那少时生活的赐予，我也对上大学后才接触的陶渊明颇有好感了。是从陶渊明那儿，我才明白，原来农家生活并不只是艰辛，竟也有如此的诗意。在城市待得久了，更感到陶渊明的可亲可爱。

1995 年 5 月刚考上博士研究生时，我的导师张可礼先生曾建议我考虑是否研究“谢氏家族与文学”方面的问题。根据张先生的建议，我用了整整一个暑假的时间，读了一些这方面的文献和论著，结果收获不大，一个关键的原因是我很难同谢灵运沟通。1994 年 6 月读硕士研究生时，我曾向导师马瑞芳先生提交过一篇《〈牡丹亭〉阐释史述评》的作业，这是我探讨古代文学接受史的尝试。对魏晋南北朝文学思之再三，便产生了写陶渊明接受史的念头。我把这一想法跟张先生谈了，他表示赞同，并提出了许多指导意见。按照导师的指点，一入学，我就着手搜集资料，每当发现一些新资料，便油然而生一种莫名的喜悦，每当向导师报告新发现，又时时得到鼓励。中间我曾就萧统、颜延之等人对陶渊明的接受写过几篇读书报告，交给导师以后，导师提出了修改意见。改好以后，交给导师再阅，导师又提出新的修改意见。有的读书报告要这样往返数次。导师如此严格与认真，逼我写作时再不敢粗心大意；我修改时，常常绞尽脑汁，甚至一筹莫展。以后漫长的资料搜集和论文写作过程几乎是这样走过来的。现在回想起来，论文能写到今天这个面貌，并有幸忝列“山东大学首届优秀博士论文”，推荐参评全国优秀博士论文，导师不知耗费了多少心血！这还没有算上先生对我生活的无私关心。

1998 年 5 月 22 日，我顺利完成了毕业论文答辩。邓绍基、曹道衡、袁世硕、董治安、张忠纲、王洲明、张可礼诸位先生评阅了我的论文并参加了答辩会，郭延礼先生、徐传武先生也评阅了我的论文。我永远忘不了这些前辈对我的热情鼓励和中肯建议。其中，邓绍基、曹道衡二位先生不顾年高，从北京乘火车来济，尤其令我感念。曹道衡先生是魏晋南北朝文学研究方面公认的大家，也是我久仰的老前辈，我没想到，他在下榻处客厅一听到我自报家门，就热情地握住我的手说："您的论文写得真好！这是我近年来看到的最好的博士论文之一。"我一时不知所措，觉得这是老先生的客套话。没想到曹先生在论文答辩会上又重申了这个意思，这使我很受鼓舞。

论文得以在修改后出版，还得感谢山东大学文学与新闻传播学院的领导和学术委员会老师们的关怀，没有他们，本书难以纳入我校"211工程"建设内容。感谢山东省出版总社的张立升编审和齐鲁书社有关同志对本书出版的鼎助。最后我应该感谢石红英女士，本书所论与辛弃疾相关一节得其惠赐，做论文时若没有她及时将我凌乱的草稿打印出来，恐怕我能够提交答辩的论文达不到三十万字。

1998年毕业至今，我又拜读过不少有关中国古代文学接受史方面的论著。2000年8月，应九江师范专科学校陶渊明研究中心陈忠先生之邀，我有幸到庐山参加了第二届中日学者陶渊明学术讨论会，在会上宣读了《加强陶渊明接受史研究》的论文，并结识了许多研究陶渊明的学者，了解到许多与陶渊明接受史相关的新材料、新信息。这些对我有很多启发和帮助。论文出版前，我尽力改写了小部分内容、章节标题，并查对了引文。在元后陶渊明接受史方面，我又搜集了几十万言资料，写过一些文章，但离成书尚有距离。陶公云："及时当勉励，岁月不待人！"念此自警，方不辜负导师与其他前辈的期望与鼓励。

本书有些部分的修改稿和相关内容曾在刊物上发表过，发表的题目和刊物如下：

《论萧统对陶渊明的接受》，《山东大学学报(哲学社会科学版)》1997年第4期。《中国古代、近代文学研究》1998年第2期全文复印。

《陶渊明接受史新局面的开创者梅尧臣》，《山东师大学报(社会科学版)》1997年第5期。

《清韵人格菊花香——蒲松龄与陶渊明》，《烟台师范学院学报(哲社版)》1999年第1期。

《论唐代人接受陶渊明的原因和条件》，《文史哲》1999年第3期。《中国古代、近代文学研究》1999年第9期全文复印；《二〇〇〇年唐代文学研究年鉴》(广西师范大学出版社2001年版)收录本文摘要。

《晚唐五代诗人与陶渊明》,《九江师专学报(哲学社会科学版)》1999年第2期。

《论江淹在陶渊明接受史上的贡献》,《山东师大学报(社会科学版)》1999年第3期。

《世称陶谢诗,陶岂谢可比——宋代文学史上的扬陶抑谢论》,《古典文学知识》1999年第2期。

《颜延之论陶渊明的道玄精神和儒家人格》,《人文述林》(第二辑),山东大学出版社1999年版。

《陶渊明与〈诗经〉》,《第四届诗经国际学术研讨会论文集》,学苑出版社2000年版。

《元前陶渊明接受史》,《文学评论》2000年青年学者专号。

《钟嵘论隐逸诗人之宗》,《人文述林》(第三辑),山东大学出版社1999年版。

《加强陶渊明接受史研究》,《九江师专学报(哲学社会科学版)》2000年第3期。《中国古代、近代文学研究》2001年第3期全文复印。

《隋唐五代陶渊明接受史概论》,《山东师范大学学报(人文社会科学版)》2001年第3期。

《与陶渊明别有神会的王安石》,《人文述林》(第四辑),山东大学出版社2001年版。

《青山遮不住　毕竟东流去——陶渊明在南北朝的传播》,《文史知识》2001年第12期。

《宋末爱国士人与陶渊明的深刻共鸣》,《九江师专学报(哲学社会科学版)》2002年第1期。

借此出版机会,谨向帮助过我的上述刊物、出版社及方晓明等先生致以诚挚的谢意!

2002年4月于山东大学

二

1998年,我完成博士论文《元前陶渊明接受史》初稿后,雄心勃勃,立志要把元后的接受史一口气写完,这似乎也是顺理成章的事情。无奈造化弄人,不能免俗,中间多有曲折。2005 年,完成《陶渊明及其诗文渊源研究》后,便继续搜集元后陶渊明接受史资料,并就个别专题陆续做集中考察。

2009 年,"辽金元明清陶渊明接受史"获得国家社会科学基金立项,我全力以赴,搜集材料,思考写作。我用一年左右的时间,基本完成了明前陶渊明资料的搜集;至清代时,恍若河伯见到海若,不禁望洋兴叹,依清代文献目前的整理、存放状况,涸泽而渔是绝对不可能的,只能览其大概,放舟中流了。张可礼师提醒我说,不妨让学生帮助一块儿搜集,可以教学相长。我先搜集了一些重要作家和诗话资料,以此为基础形成对清代接受史的初步认识。此后配合"陶渊明研究"课安排从业诸生一起翻检清代资料,收获甚丰。虽说教学相长,有的学生因此完成期末论文或者毕业论文,但最受益的还是我自己。在这些材料的基础上,我终于敢对清代陶渊明接受史做出基本判断、梳理和概括。感谢这些从业的学生,他们有 2008 级硕士研究生王翀、张赛、亓琳琳、李晓霞、李玲玲、李文、刘宏领、杨寿苹,2010 级硕士研究生萧海川、滕延秋、张少博、汪祥君、马颖、苏朋、于琮,2010 级博士生刘坤,2011 级博士生郭慧,2008 级和 2009 级"陶渊明与中国文化"选修课本科生宫美宁、赵鑫和郑迪等。此外,我在使用外地资料时,得到了上海图书馆陈建华老师、清华大学图书馆张蔷老师、复旦大学图书馆杨光辉与眭俊老师、厦门大学图书馆张徐芳老师的无私帮助,还麻烦我在南京大学读博士的弟子郑伟、胡文娣抄校稀见资料。"众人拾柴火焰高",这些帮我"拾柴"者是值得永远铭记的,是他们让我收获了喜悦和友谊,获得了更多的温暖。

课题的完成离不开各方面的支持,那些尊敬的师友,他们友好的指导、提携和帮助像阳光雨露一般,呵护着课题的成长,更呵护着我心灵的净土。课题从申报、资料搜集到构思写作、解疑释惑,无不渗透着可礼师的关怀之情和指导之恩,每当静对先生,常常暗暗慨叹:毕业十多年了还继续劳烦先生,一方面感到过意不去,另一方面又感到真是一种幸福,能留在先生身边真好!詹福瑞先生的无私提携之恩也非言语所能表达,先生位尊业精,虽事务繁忙,却挂怀本来素昧平生的一介后生,每当忆及与先生的几次珍贵谋面,恍然如沐春风,他对我专业的关怀是我学术成长道路上永远的鞭策。我的硕士导师马瑞芳先生也多次予以关怀,勉励我要出学术精品,时时让我感受到向上的力量。

本稿阶段性的成果和相关成果承蒙各方不弃,曾陆续发表过。其主要发表情况如下:

《中国历史上的陶渊明绘事》,《文史哲》2006 年第 4 期。

《明遗民对陶渊明的接受》,《山东大学学报(哲学社会科学版)》2010

年第1期。

《张岱和陶诗辑佚与研究》,《文献》2011年第1期。

《根基于儒家的生命境界——〈陶靖节纪事诗品〉与〈陶诗真诠〉论陶渊明》,《文史哲》2012年第4期。

《陶渊明戏及其在中国文化史上的意义》,《安徽大学学报(哲学社会科学版)》2015年第3期。

如果没有这些刊物编辑周广璜、刘运兴、张廷银、刘培、吴怀东等师友对文章的谬爱,这些专题成果难以与读者早日见面。此外,2009年8月下旬,为江西九江陶渊明国际学术研讨会提交《辽金元陶渊明接受史》《归隐之大义与广大深远之体势——王夫之论陶渊明的为人和诗歌》两篇论文;2011年7月下旬,为内蒙古锡林浩特陶渊明国际学术研讨会提交《元代陶渊明接受史概论》一篇论文。这些论文在大会上曾以主题发言的形式做过介绍。

稿子初成之日,没有终于松一口气的感觉,也没有踌躇满志的心态。岁月蹉跎,倏过不惑,想我1995年定题陶渊明做博士论文以来已十有八年,完成本稿后,关于陶渊明的言论总计达百余万言,不可谓不冗长,然于陶公尚且百惑不解,何况其余?借用夫子之言,真可谓"瞻望邈难逮"矣。又陶公所尚之自然与田园,今日千疮百孔,面目全非;百姓住处多如闹市,日夜不宁,能享受田园者反不在芸芸众生。深夜不寐,慨然赋诗二首,以告陶公——

一

庐山四海独雄秀,君与庐山守百年。
托体山阿归造化,传神史册过宋元。
东坡居士和陶暖,北满破关入境寒。
谁料西风吹雨后,人间无处可耕田!

二

费尽口舌百万言,聒君双耳又三年。
成峰成岭凭我说,识破真颜蜀道难!

李剑锋于泉城玫瑰花园居所

2012年8月27日

本书稿出版之际,恩师张可礼先生欣然拨冗赐序,感恩之情非复语言所能尽了。先生已是八十四岁的高龄,平日又笔耕不辍,寸阴寸金,夏日炎炎,实在不忍心劳驾。我本想用先生为拙著《元前陶渊明接受史》写的旧序缀上自己的按语作新序，奈何出版社再三相劝应重写新序。一旦要写新序，舍先生其谁？“寄意一言外，此契谁能别！”赘此数语，聊表寸心于万一。

本书稿“辽金元明清陶渊明接受史”部分，在2014年9月结题前后有较多修订；2015年夏秋间，又将该部分交学生赵鑫参订。赵鑫读书精细，“能扫落叶”，减少书稿错误甚夥，有为师所不及者。书稿校样正文部分，曾分发从业诸君董舒心、郁冲聪、潘磊、侯光耀、侯洪震、刘璐、孙倩、赵国英和郭晗九位同学耗时月余核校引文，颇多是正；童仁亮、付婕、李通、陈曲等同学参与二校修订。特此致谢！

因乏出版经费资助，乞食诸方，为此多次烦请张可礼师、詹福瑞先生、龚斌先生写推荐意见，谬承厚爱，然稿子积压两年未有面世之日；感谢齐鲁书社领导助为化缘，费心耗神，诚恳鼎助，终得一果，获得“2017年山东省重点文化企业发展专项资金”资助；感谢责任编辑刘玉林先生、张敏敏女士的认真编辑，多所修订，避免诸多不足。

交稿之际，谨念陶诗“衔戢知何谢，冥报以相贻”以示感恩之情。向以各种方式对本课题提供帮助和给予关心的师友一并致谢！

作者又及

2018年6月13日